Großkommentare der Praxis

Handelsgesetzbuch

Großkommentar

Begründet von Hermann Staub

4., neubearbeitete Auflage

herausgegeben von

Claus-Wilhelm Canaris
Wolfgang Schilling †
Peter Ulmer

Sechster Band
§§ 383–424

Bearbeiter:
§§ 383–406: Ingo Koller
§§ 407–415 (mit ADSp, SVS/RVS, Sp-Police, Int. Sped. Dok.):
Johann Georg Helm
§§ 416–424: Ingo Koller
Sachregister: Volker Kluge

De Gruyter Recht · Berlin

Erscheinungsdaten der Lieferungen:

§§ 383–406	(6. Lieferung):	Oktober 1985
§§ 407–415 (mit ADSp, SVS/RVS, Sp-Police, Int. Sped. Dok.)	(7. Lieferung):	März 1986
§§ 416–424	(8. Lieferung):	Juni 1987
Sachregister	(22. Lieferung):	Juni 2004

Zitiervorschlag z. B.: *Koller* in Großkomm. HGB, § 384 Rdn. 26

Register: Rechtsanwalt Dr. Dr. *Volker Kluge*, Berlin

ISBN 3-89949-118-1

Bibliografische Information Der Deutschen Bibliothek

Die Deutsche Bibliothek verzeichnet diese Publikation in der Deutschen Nationalbibliografie; detaillierte bibliografische Daten sind im Internet über http://dnb.ddb.de abrufbar.

© Copyright 2004 by De Gruyter Rechtswissenschaften Verlags-GmbH, D-10785 Berlin

Dieses Werk einschließlich aller seiner Teile ist urheberrechtlich geschützt. Jede Verwertung außerhalb der engen Grenzen des Urheberrechtsgesetzes ist ohne Zustimmung des Verlages unzulässig und strafbar. Das gilt insbesondere für Vervielfältigungen, Übersetzungen, Mikroverfilmungen und die Einspeicherung und Verarbeitung in elektronischen Systemen.

Datenkonvertierung/Satz: WERKSATZ Schmidt & Schulz, 06773 Gräfenhainichen
Druck: Druckerei H. Heenemann GmbH, 12103 Berlin
Bindearbeiten: Lüderitz & Bauer GmbH, 10963 Berlin
Printed in Germany

Bearbeiter der 4. Auflage:

Dr. *Dieter Brüggemann* (†), Ministerialrat a. D., Celle

Professor Dr. Dr. h.c. mult. *Claus-Wilhelm Canaris*, München

Professor Dr. *Gerhard Dannecker*, Bayreuth

Professor Dr. *Mathias Habersack*, Mainz

Professor Dr. *Johann Georg Helm* (†), Königstein

Professor Dr. Dr. h. c. *Peter Hommelhoff*, Heidelberg

Professor Dr. *Uwe Hüffer*, Bochum

Professor Dr. *Rainer Hüttemann*, Osnabrück

Professor Dr. *Detlev Joost*, Hamburg

Professor Dr. *Peter Kindler*, Bochum

Professor Dr. *Detlef Kleindiek*, Bielefeld

Professor Dr. *Ingo Koller*, Regensburg

Professor Dr. Dr. h. c. Dr. h. c. *Horst Konzen*, Mainz
  (unter Mitarbeit von Dr. *Christoph Weber*, Mainz)

Dr. *Ernst Thomas Kraft*, Rechtsanwalt, Wirtschaftsprüfer und Steuerberater, Frankfurt/Main

Professor Dr. *Wolfgang Schilling* (†), Rechtsanwalt, Mannheim

Professor Dr. Dr. h.c. mult. *Peter Ulmer*, Heidelberg

Professor Dr. *Daniel Zimmer*, LL.M., Bonn

Dr. *Jürg Zutt*, Rechtsanwalt, Mannheim

Inhaltsübersicht

DRITTES BUCH

Handelsgeschäfte

Dritter Abschnitt. Kommissionsgeschäft	§§ 383–406
Vierter Abschnitt. Speditionsgeschäft	§§ 407–415

Anhang I nach § 415
  Allgemeine Deutsche Spediteurbedingungen (ADSp) §§ 1–42; 49–65
Anhang II nach § 415
  Speditions- und Rollfuhrversicherungsschein (SVS/RVS)
  Anhang zum Speditions- und Rollfuhrversicherungsschein (SVS/RVS)
    über internationale europäische Güterbeförderungen
Anhang III nach § 415
  Speditions-Police (Sp-Police) Versicherungsbedingungen
Anhang IV nach § 415
  Internationale Spediteurdokumente

Fünfter Abschnitt. Lagergeschäft	§§ 416–424

Anhang I zu § 424
  Verordnung über Orderlagerscheine (OLSchVO)
Anhang II zu § 424
  Lagerordnung für die Lagerung von Gütern gegen Orderlagerschein
Anhang III zu § 424
  Allgemeine Deutsche Spediteurbedingungen (ADSp) §§ 43–48
Anhang IV zu § 424
  Allgemeine Lagerbedingungen des deutschen Möbeltransports (ALB)
Anhang V zu § 424
  Hamburger Lagerungsbedingungen
Anhang VI zu § 424
  Betriebsordnung der Bremer Lagerhaus-Gesellschaft
Anhang VII zu § 424
  Allgemeine Bedingungen für die Kaltlagerung

Sachregister

Dritter Abschnitt

Kommissionsgeschäft

§ 383

Kommissionär ist, wer es gewerbsmäßig übernimmt, Waren oder Wertpapiere für Rechnung eines anderen (des Kommittenten) in eigenem Namen zu kaufen oder zu verkaufen.

Übersicht

	Rdn.
A. Vorbemerkung	
I. Wirtschaftliche Bedeutung des Kommissionshandels	1
II. Die wirtschaftlichen Funktionen der Kommission	2
B. Der Typus „Kommissionsgeschäft" und der Begriff des Kommissionärs	
I. Einleitung	3
II. Der Kommissionär	4
III. Der Typus des Kommissionsgeschäftes	
1. Leitende Züge	5
2. Typenübergänge	13
IV. Auslegung der Parteivereinbarung und Zuordnung zum Typus des Kommissionsgeschäftes	
1. Auslegung	18
2. Für ein Kommissionsgeschäft sprechende Indizien	19
3. Gegen ein Kommissionsgeschäft sprechende Indizien	20
4. Indizien ohne Aussagekraft	21
V. Einzelfälle	
1. Anzeigenvermittler	22
2. Arbeitsgemeinschaft s. Gesellschaft	23
3. Aufführungsvertretung	24
4. Auktion s. Versteigerung	25
5. Effektenkommission	26
6. Eigentumsvorbehalt	27
7. Emission s. Effektenkommission	28
8. Factoring	29
9. Filmverleihkommission	30
10. Gesellschaft	31
11. Inkasso-Kommission	32
12. Kommissionsagentur	33
13. Kommissionsverlag	42
14. Konditionsgeschäft	43
15. Konsignationsgeschäft	44
16. Sicherungsübereignung	45
17. Syndikate s. Gesellschaft (31)	46
18. Vermittlung von Remboursrediten und Dokumentenakkreditiven	47
19. Versicherung auf fremde Rechnung	48
20. Versteigerung	49
21. Vertragshändler	50
C. Der Kommissionsvertrag und seine rechtliche Struktur	
I. Abschluß des Vertrages und Kontrahierungszwang	51
II. Form	54
III. Nichtigkeitsgründe sowie Börsentermineinwand und Differenzeinwand	
1. Die Vorschriften der §§ 65 ff BörsG bei Termingeschäften in Getreide und Erzeugnissen der Getreidemüllerei	55
2. Spiel- und Differenzeinwand	56
3. Kartellrechtliche Schranken der Preis- und Vertriebsbindung sowie Ausschließlichkeitsvereinbarungen	57
IV. Rechtsnatur des Kommissionsvertrages	58
V. Übersicht über die Pflichten des Kommissionärs und Kommittenten	
1. Pflichten des Kommissionärs	60
2. Pflichten des Kommittenten	61
VI. Die Risikostruktur des Kommissionsvertrages	62
VII. Erfüllungsort und Gerichtsstand	63
1. Erfüllungsort für Leistungen des Kommissionärs	64
2. Erfüllungsort für Leistungen des Kommittenten	65
3. Gerichtsstand	66
VIII. Anzuwendendes Recht	67
D. Das Ausführungsgeschäft	
I. Abschluß	68
II. Willensmängel im Hinblick auf das Ausführungsgeschäft	69

§ 383 Drittes Buch. Handelsgeschäfte

	Rdn.		Rdn.

1. Willensmängel in der Person des Kommissionärs
2. Willensmängel in der Person des Kommittenten
III. Zurechnung von „Wissen" und „Wissen-Müssen" ... 70
IV. Relevanz persönlicher Eigenschaften des Kommittenten für die Gültigkeit des Ausführungsgeschäftes ... 71
V. Leistungsstörungen ... 72
VI. Drittschadensliquidation ... 73
VII. Zuordnung des Ausführungsgeschäftes
   1. Meinungsstand ... 74
   2. Kritische Stellungnahme und eigene Lösung ... 75
E. Ende des Kommissionsvertrages
   I. Zeitablauf, Bedingung ... 78
   II. Tod des Kommissionärs bzw. des Kommittenten
      1. Tod des Kommissionärs ... 79
      2. Tod des Kommittenten ... 80
   III. Unmöglichkeit und Zweckstörung ... 81
   IV. Kündigung (Widerruf)
      1. Kündigung durch den Kommittenten . 82
      2. Kündigung durch den Kommissionär . 83
   V. Rücktritt ... 84
F. Die dinglichen Verhältnisse am Kommissionsgut ... 85
   1. Verkaufskommission ... 86
   2. Einkaufskommission ... 87
G. Die Kommission in Konkurs und Vergleich
   I. Konkurs
      1. Konkurs des Kommittenten ... 91
      2. Konkurs des Kommissionärs ... 93
   II. Vergleich ... 94
H. Strafbestimmungen ... 95

Schrifttum

Adler ZHR **1961** 456 ff; *Ahlert* Vertragliche Vertriebssysteme zwischen Industrie und Handel (1981); *Avancini* Ist § 392 Abs. 2 HGB auf die vom Kommissionär in Durchführung eines Kommissionsgeschäftes erworbenen Sachenrechte analog anwendbar? Festschrift Kastner (1972) S. 5 ff; *Barz* Großkommentar AktG[3] (1970—1975); *Baumbach/Duden* HGB[26] (1985); *Baumbach/Hueck* AktG[13] (1968); *Baur* J. Der Mißbrauch im deutschen Kartellrecht (1972); *Benisch* Kooperationsfibel 4. Aufl. (1973); *Bette* Das Factoring-Geschäft (1973); *Beuthien* Zweckerreichung und Zweckstörung im Schuldverhältnis (1969); *Böhm* Auslegung und systematische Einordnung des § 392 Abs. 2 HGB (1971); *Börsen-Enquête-Kommission* Bericht der..., (1892/98); *Breit* Kommentar zum Börsengesetz (1909); *Bremer* Grundzüge des deutschen und ausländischen Börsenrechts (1969); *Brox* Handelsrecht und Wertpapierrecht[3] (1985); *Canaris* Ansprüche wegen „positiver Vertragsverletzung" und „Schutzwirkung für Dritte" bei nichtigen Verträgen, JZ **1965** 475 ff; *Canaris* Die Verdinglichung obligatorischer Rechte, Festschrift Flume (1978), S. 414; *Canaris* Großkommentar HGB[3] 2. Bearbeitung (1981), Bd. III/3; *Canaris* Großkommentar HGB[3] (1973—1975); *Canaris* Vertrauenshaftung im Deutschen Privatrecht (1971), S. 212; *Capelle* Das Außenverhältnis der Vertretung fremder Interessen nach skandinavischem Recht, Festschrift Raape (1948), S. 332; *Capelle* Handelsrecht, 18. Aufl. (1977); *Capelle/Canaris,* Handelsrecht[19] (1980); *Coing* Die Treuhand kraft privaten Rechtsgeschäfts (1973); *v. Dalwigk zu Lichtenfels* Das Effektenkommissionsgeschäft (1975); *Dobmann* Rechtsfragen der Anzeigenmittlung, MA **1953** 363; *Düringer/Hachenburg* HGB[3] (1930—1935); *Ebenroth* Kollisionsrechtliche Anknüpfung der Vertragsverhältnisse von Handelsvertretern, Kommissionsagenten, RIW **1984** 165; *Ebenroth/Obermann* Absatzmittlungsverträge im Spannungsverhältnis von Kartell- und Zivilrecht (1980); *Ehling* Zivilrechtliche Probleme der vertraglichen Ausgestaltung des Inland-Factoring Geschäftes in Deutschland (1977); Entwurf eines HGB nebst Denkschrift (1896); *Erman* Handkommentar zum BGB[7] (1981); *Esser/Schmidt* Schuldrecht Bd. I, Allgemeiner Teil[6] (1984); *Gierke/Sandrock* Handels- und Wirtschaftsrecht[9] (1975), Bd. I; *Grünhut* Das Recht des Kommissionshandels (1879); *Hadding/Wagner* Börsentermingeschäfte an ausländischen Börsen und in ausländischen Wertpapieren, WM **1976** 310; *Hager* Die Prinzipien der mittelbaren Stellvertretung, AcP **180** (1980) 239; *Hager* Entwicklungsstadien der bereicherungsrechtlichen Durchgriffshaftung, in: Ungerechtfertigte Bereicherung — Grundlagen, Tendenzen, Perspektiven (1984), S. 151; *Heinsius/Horn/Than* DepG (1975); *Heymann/Kötter* HGB[21] (1971); *Hopt* Der Kapitalanlegerschutz im Recht der Banken (1975); *Hopt/Will* Europäisches Insiderrecht (1973), *Isele* Geschäftsbesorgung (1935); *Jenny* Die Außenseite der Warenkommission in der Rechtsvereinheitlichung unter Berücksichtigung des deutschen, schweizerischen, englischen und amerikanischen Rechts (1962); *Knütel* Weisungen bei Geschäftsbesorgungsverhältnissen, insbesondere bei Kommission und Spedition, ZHR **137** (1973) S. 285 ff; *Knütel* Zur Frage der sog. Dilligenzpflichten des Gläubigers gegenüber dem Bürgen, Festschrift Flume (1978) Bd. I, S. 559 ff; *Koller* Interessenkonflikte im Kommissionsverhältnis, in: BB **1978** 1733; *Koller* Das Provisions- und Aufwendungsrisiko bei der Kommission BB **1979** 1725; *Koller* Risikozurechnung bei Vertragsstörungen in Austauschverträgen (1979); *Larenz* Allgemeiner Teil des deutschen Bürgerlichen Rechts[6] (1983); *Larenz* Schuldrecht I[13] (1982); *Larenz* Schuldrecht II Besonderer Teil[12] (1981); *Leser* Zum Entwurf eines einheitlichen Kommissionsgesetzes für den internationalen Handelsverkehr, ZHR **126** 118; *Locher* Die Auskunfts- und Rechenschaftspflicht des Architekten und Baubetreuers, NJW **1968** 2324; *v. Lübtow* Das Geschäft „für den es angeht" und sogenannte „antizipierte" Besitzkonstitut, ZHR **112** 262 f; *Modest* Über den Selbsteintritt des Bankkommissionärs NJW **1950** 53; *Müller-Erzbach* Die Grundsätze der mittelbaren Stellvertretung aus der Interessenlage entwickelt (1905); *Müller-Graff* Rechtliche Auswirkungen einer laufenden Geschäftsverbindung im amerikanischen und deutschen Recht (1974); *Musielak* Haftung für Rat, Auskunft und Gutachten (1974); *Nußbaum* Kommentar zum Börsengesetz (1910); *Nußbaum* Tatsachen und Begriffe im deutschen Kommissionsrecht (1917); *Nußbaum* Die Börsengeschäfte, in: Ehrenbergs Handbuch des gesamten Handelsrechts (1918), Bd. IV 2. Abt., S. 613; *Palandt* Bürgerliches Gesetzbuch[44] (1985); *Pickart* Maklervertrag und Kommissionsgeschäft in der neueren höchstrichterlichen Rechtsprechung, WM **1956** 110 ff; *Prellberg* Der Selbsteintritt der Banken im Wertpapierhandel, Diss. Göttingen 1962; *Protokolle* der Commission zur Berathung eines ADHGB (1858); Reichsgerichtsrätekommentar zum HGB, Bd. V (Bearbeiter: *Ratz*) (1969); *Samm* Börsenrecht (1978); *Schilken* Wissenszurechnung im Zivilrecht (1983); *Schlegelberger/Hefermehl* HGB[5] Bd. VI (1977); *Schmidt* Börsenorganisation zum Schutz der Anleger (1970); *K. Schmidt* Handelsrecht (1980); *Schmidt-Rimpler* Das Kommissionsgeschäft, in: Ehrenbergs Handbuch des gesamten Handelsrechts (1928) Bd. V 1. Abt. 2. Hälfte; *Schneiders* Anlegerschutz im Recht der Effektenkommission (1977); *Schwark* BörsG (1976); *Schwark* Anlegerschutz und deutsches Wirtschaftsrecht (1979); *Schwark* Rechtsprobleme bei der mittelbaren Stellvertretung, JuS **1980** 777; *Schwarz* § 392 Abs. 2 HGB als Aufrechnungshindernis, NJW **1969** 1942; *Staub* ADHGB (1893); *Steindorff* Festschrift Dölle (1963) Bd. I, S. 283; *Stoll* Kollisionsrechtliche Fragen beim Kommissionsgeschäft, RabelsZ 24 (1959) 601; *Ulmer* Vertragshändler (1969); *Wermert* Hirths Annalen 1908, S. 1 (37); *Wolf* Der mittelbare Stellvertreter als nichtberechtigt Verfügender, JZ **1968** 414; *Wolter* Effektenkommission und Eigentumserwerb (1979).

A. Vorbemerkung
I. Wirtschaftliche Bedeutung des Kommissionshandels

Bis zur Mitte des 19. Jahrhunderts war der Kommissionshandel in Waren vornehmlich in der Form des Export- und Importhandels verbreitet (*Schmidt-Rimpler* S. 549 f). Seit dieser Zeit ist die Warenkommission stark zurückgegangen. Ursache dafür dürfte zum einen die Fortentwicklung der Verkehrs- und Nachrichtentechnik gewesen sein, die es dem Kommittenten erleichterte, die Stufe des Kommissionärs zu überspringen und unmittelbar mit entfernteren Anbietern und Abnehmern in Kontakt zu treten. Zum anderen nahmen auf dem Gebiet der Warenkommission die Lieferanten ein immer größeres Interesse an der Entwicklung des good will ihrer Firma und ihrer Produkte (*Schmidt-Rimpler* S. 551 ff). Dieses Interesse läßt sich im Rahmen eines Kommissionsverhältnisses nur schwer wahren. Die Mittlerfunktionen des Handels verlagerten sich daher auf den Handelsvertreter und in neuerer Zeit auf den Vertragshändler. Parallel dazu verlief eine Stärkung der Position des Eigenhandels, dessen Kapitalbasis breiter und der dadurch fähig geworden war, in größerem Umfang die mit dem Eigenhandel verbundenen Risiken auf sich zu nehmen.

Über die heutige Verbreitung der Warenkommission lassen sich nur schwer sichere Aussagen machen, da Kommissionsgeschäfte in der Regel mit Eigengeschäften sowie Vermittlungsgeschäften verknüpft sind, und im Handelsverkehr der Begriff „Kommission" vielfach für Konditionsgeschäfte, die eine Form des Eigenhandels darstellen

§ 383   Drittes Buch. Handelsgeschäfte

(§ 383 43), verwandt wird (*Gierke/Sandrock* S. 457). Soweit ersichtlich findet sich im Binnenhandel die Warenkommission im wesentlichen beim Kunst-, Antiquitäten-, Briefmarkenhandel sowie im Versteigerungsgewerbe. Aus Gründen der Steuerersparnis wird die Kommission neuerdings häufiger im Gebrauchtwagenhandel vereinbart (BGH WM **1980** 1010). Im Im- und Export hat die Kommission nur noch geringe praktische Bedeutung.

Größere Relevanz hat das Kommissionsgeschäft im Rahmen der Effektenkommission erlangt, da nur die Banken, nicht aber das Anbieter- und Nachfragerpublikum Zutritt zu den maßgeblichen Handelsplätzen, den Börsen, besitzen. Andererseits ist es den Banken nicht gelungen, aus ihrer Rolle als Kommissionäre herauszutreten und in die der Eigenhändler überzuwechseln. Dazu haben mehrere Faktoren beigetragen. Zum einen ist das Publikum regelmäßig außerstande, die für den Wert eines Wertpapieres relevanten Faktoren ausreichend abzuschätzen. Es bedarf daher eines Geschäftsbesorgers, der als seine Vertrauensperson die Effekten an der Börse handelt, an der sich der „wahre Wert" der Papiere am ehesten herauskristallieren dürfte. Die Rechtsprechung schützt dieses Publikumsinteresse, indem sie Versuchen der Banken, die „Fesseln" des Kommissionsrechtes abzustreifen, die Vermutung entgegenstellt, daß eine Ausführung von Kundenorders im Zweifel nicht im Wege des Eigenhandels, sondern der Kommission gewollt sei (*Canaris* Großkommentar HGB[3] (2. Bearb.), Bd. III/3, 1828 mit Nachw.). Zum anderen haben es die Effektenkommissionäre verstanden, sich über die Vorschriften, die die Abwicklung ihrer Geschäfte im Wege des Selbsteintritts stark eingeengt hätten, hinwegzusetzen (statt aller *Schneiders* S. 29 ff). Die heutige Verbreitung der Effektenkommission hat sich deutlich in Nr. 29 AGB der Banken niedergeschlagen. Danach führen die Banken alle Aufträge zum Kauf oder Verkauf von Wertpapieren, die an der Börse des Ausführungsplatzes zum amtlichen Handel zugelassen sind, als Kommissionäre durch Selbsteintritt aus. — Steigende Bedeutung erlangt in neuerster Zeit wieder der auf Kommissionsbasis betriebene Terminhandel in Effekten, aber auch in Waren. — Neben der Kommission im engeren Sinn, die nur Aufträge zum Kauf bzw. Verkauf von Waren oder Wertpapieren umfaßt, steht die atypische, in § 406 geregelte Kommission. Als wirtschaftlich relevante Formen der atypischen Kommission sind die Inkassokommission und der Kommissionsverlag, als Mischform die Kommissionsagentur (§ 383 33), zu nennen.

II. Die wirtschaftlichen Funktionen der Kommission

2   Der Kommissionär ist wie der Eigenhändler, Makler oder Handelsvertreter im wirtschaftlichen Sinne Mittler zwischen Angebot und Nachfrage. Er wird wie jeder Mittler wegen seiner besonderen Marktkenntnisse sowie seines Marktzuganges — Faktoren, die unter Umständen auf besonderen organisatorischen Vorkehrungen beruhen — eingeschaltet. Daß die Mittlerfunktionen gerade im Rahmen des Typus „Kommissionsvertrag" erfüllt werden sollen, kann auf verschiedenen Faktoren beruhen. Aus der Sicht des Kommissionärs kann es Kapitalmangel sein; denn der Kommissionär braucht im Vergleich zu einem Eigenhändler bedeutend geringere Marktrisiken auf sich zu nehmen[1]. Dies spielt vor allem auf Märkten eine erhebliche Rolle, deren Erschließung mit großen Schwierigkeiten verbunden ist, oder bei Waren, deren Preise stark schwanken. Aus der Sicht der Kommissionäre spricht hier gegen die Übernahme der Handelsvertreterfunktion, daß die Aufträge bestimmter Kunden entweder nicht kontinuierlich ein-

---

[1] *Schmidt-Rimpler* S. 508, 553, 566; RGRKzHGB-*Ratz* § 383 Einl.

gehen oder daß sie sich nicht so stark an den good will ihres Auftraggebers binden wollen. Der Kommissionär mag auch ein Interesse daran haben, seine Geschäftsverbindungen geheimzuhalten. Zwischen der Figur des Kommissions- und des Handelsvertretervertrages steht die Kommissionsagentur (dazu § 383 33).

Der Kommittent, der ein Kommissionsverhältnis vereinbart, obwohl er einen typischen Kaufvertrag abschließen könnte, wird sich das Ziel gesetzt haben, nicht nur einen Durchschnittspreis, sondern den besten Preis zu erlösen, den er erlangen könnte, wenn er selbst über den Marktzugang und die nötige Geschäftsgewandtheit verfügen würde. Er schaltet daher den Kommissionär als seine Vertrauensperson ein (*Schmidt-Rimpler* S. 508 f, 538 ff). Gleiches gilt in Fällen, in denen der Kommittent aus irgendwelchen Gründen im Dunkeln bleiben will (*Schmidt-Rimpler* S. 564, 590). Die Möglichkeiten des Kommissionsgeschäftes wird er freilich regelmäßig nur dann für sich nutzen können, wenn er wirtschaftlich so mächtig ist, daß er ein „Aufsteigen" des Kommissionärs in die Position des Eigenhändlers zu verhindern vermag, oder die Rechtsordnung dafür sorgt, daß sein Wunsch, eine Vertrauensperson mit Transaktionen zu beauftragen, respektiert wird. Ein weiterer Grund für die Beauftragung von Kommissionären kann in Steuerersparnissen liegen. Schließlich ist daran zu denken, daß der Auftraggeber keinen Handelsmittler findet, der bereit wäre, das volle Handelsrisiko auf sich zu nehmen (*Schmidt-Rimpler* S. 553), weil die Marktchancen des Gutes zu schlecht sind oder weil die in Betracht kommenden Handelsmittler über zu wenig Kapital verfügen. Allerdings wird hier vielfach anstatt eines Kommissionsgeschäftes ein sog. Konditionsgeschäft (dazu § 383 43) getätigt.

B. Der Typus „Kommissionsgeschäft" und der Begriff des Kommissionärs
I. Einleitung

Das HGB geht im § 383 nicht von der Eigenart des konkret vereinbarten Geschäftes **3** aus, sondern von der Art und Weise, in der sich üblicherweise einer der Vertragspartner betätigt. Im § 383 heißt es nämlich, **Kommissionär** sei, wer es gewerbsmäßig übernehme, Waren oder Wertpapiere für Rechnung eines anderen (des Kommittenten) im eigenen Namen zu kaufen oder zu verkaufen. Den Waren und Wertpapieren werden in § 406 Abs. 2 (praktisch völlig unbedeutend) Werklieferungsverträge über unvertretbare bewegliche Sachen gleichgestellt.

Der Kreis der in der Überschrift zum dritten Abschnitt des dritten Buches angesprochenen „**Kommissionsgeschäfte**" ist erheblich weiter. Er umfaßt darüber hinaus alle Geschäfte, die im eigenen Namen für fremde Rechnung ausgeführt werden, sofern der Ausführende Kaufmann ist (§ 406 Abs. 1). In diesem Zusammenhang wird gelegentlich — um den Unterschied zu den in § 383 genannten Formen des Kommissionsgeschäftes (*Schmidt-Rimpler* S. 481) hervorzuheben — von der „unechten", „uneigentlichen" oder „unregelmäßigen" Kommission gesprochen (*Gierke/Sandrock* S. 454; *Baumbach/Duden/ Hopt* HGB[26], § 383 1 A). Von juristischer Relevanz ist diese Differenzierung kaum. Auf beide Formen des Kommissionsgeschäftes finden die §§ 383 ff in nahezu vollem Umfang Anwendung. Eine Ausnahme gilt z. B. nur für die Ausführung der Kommission durch Selbsteintritt, die dem Wortlaut des § 400 Abs. 1 zufolge nur bei der Kommission über Waren oder Wertpapiere zulässig ist (zur Analogiefähigkeit des § 400 Abs. 1 s. § 406 4).

Kommissionsgeschäft ist mithin jeder Vertrag, durch den sich ein Kaufmann verpflichtet, im eigenen Namen auf fremde Rechnung ein Geschäft abzuschließen. Die Kaufmannseigenschaft wird, sofern sie nicht schon anderen Umständen entspringt,

§ 383 Drittes Buch. Handelsgeschäfte

durch die gewerbsmäßige Übernahme des Kaufes bzw. des Verkaufes von Waren oder Wertpapieren (§ 1 Abs. 2 Nr. 6, § 383) sowie des Abschlusses von Werklieferungsverträgen auf fremde Rechnung (§ 406 Abs. 2) erworben. Als Kommissionsgeschäfte werden daher im folgenden alle Handelsgeschäfte bezeichnet, kraft deren ein Kaufmann gehalten ist, im eigenen Namen auf fremde Rechnung Verträge abzuschließen (*Schlegelberger/Hefermehl* HGB[5], § 383 8). Zur Klarstellung sei angemerkt, daß zu Kommissionsgeschäften nicht nur diejenigen Vereinbarungen gehören, denen zufolge die Kommission durch ein Ausführungsgeschäft mit einem Dritten ausgeführt werden muß, sondern auch Kommissionen, die es dem Kommissionär erlauben, selbst als Verkäufer oder Käufer einzutreten (§ 400 Abs. 1). Der Selbsteintritt ist nämlich eine gesetzlich anerkannte Variante der Kommissionsausführung (§ 400 20). Deshalb kann man auch hier von Kommissionsgeschäften sprechen (*Schlegelberger/Hefermehl* HGB[5], § 383 9). *K. Schmidt* (Handelsrecht, § 30 III 1 a) zufolge sind die §§ 383 ff analog anzuwenden, wenn ein Unternehmer, der nicht Kaufmann ist, einen Abschluß im eigenen Namen auf fremde Rechnung übernimmt.

In der Literatur ist häufig vom **Begriff** des Kommissionsgeschäftes oder vom Kommissionsbegriff die Rede[2]. Wie die gesetzlich geregelten schuldrechtlichen Austauschverträge, einseitig verpflichtenden Verträge und Gesellschaftsverträge des BGB wird man aber auch das Kommissionsgeschäft als **Vertragstypus** bezeichnen müssen[3]. Der Ausdruck „Typus" meint im Gegensatz zu „Begriff" ein Merkmalganzes, dessen einzelne Züge in gewissem Grade ersetzbar oder verschieden stark ausgeprägt sind. Der Typus kann deshalb in den einzelnen Erscheinungsformen durchaus unterschiedliche Züge aufweisen; er kann Abwandlungen erfahren (so z. B. durch die Aufnahme einer ständigen Geschäftsverbindung bei der Kommissionsagentur; dazu § 383 33) oder in einen anderen Typus umschlagen. — Die maßgeblichen Züge des Kommissionsgeschäftes dürfen nicht allein dem § 383 entnommen werden. Zur näheren Kennzeichnung des Kommissionsgeschäftes ist es darüber hinaus notwendig, diejenigen „Merkmale" mit einzubringen, die sich mittelbar aus den §§ 384 ff ergeben. Dabei sind diese Merkmale ihrerseits in ihrer Gesamtheit wieder daran zu kontrollieren, ob die so gewonnene Typenbeschreibung und -zuordnung zu angemessenen Ergebnissen führt (*Leenen* S. 149 ff). Dieser Ansatz liegt auch der Rechtsprechung zugrunde, die im Einzelfall die jeweiligen Verträge lediglich anhand von Indizien den Kommissionsgeschäften zuordnet (näher dazu § 383 19 ff).

II. Der Kommissionär

4 Kommissionär ist gemäß § 383, wer Kommissionsgeschäfte (§ 383 3) gewerbsmäßig tätigt, und zwar in der Form des Kaufes/Verkaufes von Waren oder Wertpapieren. Gegenstand des zwischen einem Kommissionär und einem Kommittenten abgeschlossenen Vertrages muß also ein Kommissionsgeschäft sein, das auf eine bestimmte Art von Ausführungsgeschäften gerichtet ist; das Kommissionsgeschäft muß gewerbsmäßig betrieben werden; die Tätigkeit als Kommissionär verleiht ohne weiteres die Kaufmannseigenschaft (§ 1 Abs. 2 Nr. 6). — Im einzelnen ist dazu zu bemerken: Die Eigenschaft als Kommissionär hängt davon ab, daß das Ausführungsgeschäft auf einen Kauf oder Verkauf gerichtet ist. Dem Kauf steht der Tausch gleich. Gemäß § 406 Abs. 2 wird der Werklieferungsvertrag über unvertretbare bewegliche Sachen wie ein Kauf-

---

[2] *Schmidt-Rimpler* S. 478 ff; *Schlegelberger/Hefermehl* HGB[5], § 383 7 ff; *Gierke/Sandrock* S. 453.
[3] *Leenen* Typus und Rechtsfindung (1971), S. 118 ff; *Larenz* Lehrbuch des Schuldrechts, Bd. II[12], § 38; kritisch *Kuhlen* Typuskonzeptionen in der Rechtstheorie (1977).

vertrag behandelt. Werklieferungsverträge über vertretbare Sachen gelten schon gemäß § 651 Abs. 1 BGB als Kaufverträge. Bei anderen Typen von Ausführungsgeschäften kann § 406 Abs. 1 eingreifen. — Das Ausführungsgeschäft muß ferner auf Waren oder Wertpapiere gerichtet sein. Zu den Begriffen Waren und Wertpapiere, § 1 29, 33. Forderungen, dingliche Rechte oder Grundstücke fallen nicht unter den Begriff „Waren" bzw. „Wertpapiere". Gleiches gilt für Gesellschaftsanteile (BGH NJW **1960** 1852). Auch Auszahlungen sind keine Wertpapiere[4]. In derartigen Fällen ist allerdings immer zu prüfen, ob nicht § 406 Abs. 1 S. 2 eingreift. — Die Kommissionsgeschäfte müssen schließlich gewerbsmäßig abgeschlossen werden. Gewerbsmäßigkeit heißt zum einen, daß die gelegentliche Übernahme von Kommissionsgeschäften nicht genügt (BGH NJW **1960** 1852). Die Tätigkeit als Kommissionär muß zum anderen auf ständige Wiederholung gerichtet sein; nicht notwendig ist es hingegen, daß der Mittler schon als Kommissionär tätig geworden ist; es genügt der erstmalige Abschluß eines Kommissionsgeschäftes, wenn dies den Beginn einer laufenden gewerblichen Berufsausübung darstellen soll oder nach der Willensrichtung des Kommissionärs darstellen soll. Die Tätigkeit muß der Gewinnerzielung durch Einnahme von Provisionen oder sonstigen Vergütungen dienen. Wird gelegentlich ein Kommissionsgeschäft unentgeltlich getätigt, so nimmt dies nicht ohne weiteres die Eigenschaft als Kommissionär. Ein Mittler, der im eigenen Namen Kaufverträge über Waren oder Wertpapiere für fremde Rechnung abschließt, handelt nämlich auch dann gewerbsmäßig, wenn sich zwar der Vertragspartner zu keiner Gegenleistung verpflichtet, das Geschäft aber in einem weiteren Sinne seinem Gewerbebetrieb zugute kommen soll (RGZ **33** 110). Anders ist die Situation dort, wo das Geschäft auf reiner Gefälligkeit beruht[5]. Es liegt dann ein Auftrag vor, auf den gegebenenfalls ergänzend Kommissionsrecht anzuwenden ist. Andererseits rechtfertigt die in einem Einzelfall gewährte, besonders hohe Provision noch keinen Schluß auf die Gewerbsmäßigkeit (BGH NJW **1960** 1852). Die Tätigkeit des Kommissionärs darf nicht im Rahmen eines persönlichen Abhängigkeitsverhältnisses als Arbeitnehmer oder als Geschäftsführer einer Kapitalgesellschaft erfolgen. Der Kommissionär muß selbständig tätig sein, unbeschadet seiner Weisungsgebundenheit gegenüber dem Kommittenten (§ 384 22). Dagegen ist es ohne weiteres denkbar, daß jemand zugleich Angestellter ist und daneben selbständig gewerbsmäßig Kommissionsgeschäfte betreibt (*Schmidt-Rimpler* S. 500).

III. Der Typus des Kommissionsgeschäftes
1. Leitende Züge

a) Das Kommissionsgeschäft, das zwischen dem Kommissionär und dem Kommittenten abgeschlossen wird, ist grundsätzlich auf einen **Drittmarkt bezogen,** auf dem ein „Ausführungsgeschäft" abgeschlossen werden soll. Dieser Bezug ist spezifischer Art: Zum einen sollen die auf dem Drittmarkt erzielten Vorteile durch Zession oder Übereignung auf den Kommittenten überführt werden. Die Überführung kann auch im Wege eines Vertrages zugunsten Dritter ohne förmlichen Transfer geschehen. Es geht hier also um ein **Handeln auf fremde Rechnung im engeren Sinn,** d. h. um die Pflicht zum Transfer der erzielten Vorteile „in natura". In der Literatur (*P. Ulmer* Vertragshändler (1969), S. 8, 77, 79, 85) wird der Komplementärbegriff „Handeln auf eigene Rechnung" hingegen verschiedentlich dadurch gekennzeichnet, daß der Mittler auf ei-

---

[4] *Schlegelberger/Hefermehl* HGB5, § 383 12; a. A. *Schmidt-Rimpler* S. 489 f.
[5] So auch RGRKzHGB-*Ratz* § 383 16; ROHG **9** 425 ff; a. A. wohl *Schmidt-Rimpler* S. 502; *Schlegelberger/Hefermehl* HGB5, § 383 14.

genes Risiko handle, seine Aufwendungen voll zu tragen habe und nicht verpflichtet sei, den auf dem Drittmarkt erzielten Vorteil zu transferieren, sondern nur einen zwischen Partner und Mittler bestimmten Preis zu zahlen habe. Entscheidend für ein Handeln auf eigene Rechnung ist aber lediglich, daß der Mittler nicht die Vorteile „in natura" transferieren muß, sondern selbst Vergütung schuldet oder Vergütung für die Ware bekommt (a. A. *Schneiders* S. 103). Für ein **Handeln auf fremde Rechnung** genügt es aber auch, daß der Geschäftsbesorger den Vertragspartner so zu stellen hat, als habe er die im Rahmen der Geschäftsbesorgung erreichbaren Vorteile auf Rechnung des Partners erlangt und herauszugeben (vgl. § 401 Abs. 1). Das ist auch dann der Fall, wenn zwischen Mittler und Partner ein Preis für eine Ware festgesetzt wird, der sich danach bemißt, was der Mittler abzüglich seiner Handelsspanne faktisch auf dem Drittmarkt erzielt hat, und der Mittler nahezu alle Handelsrisiken auf seinen Partner abwälzt, — etwa dadurch, daß der Kauf unter eine Bedingung gestellt wird.

Zum anderen ergibt sich der Bezug zum Drittmarkt daraus, daß der Kommissionär dort ein Geschäft „besonderer Art" abzuschließen hat. Art und Inhalt dieses Geschäftes sind nämlich regelmäßig nicht exakt festgelegt. Vielmehr steht es normalerweise im pflichtgemäßen Ermessen des Kommissionärs, welches Ergebnis er erzielt. Der Kommissionär hat diesen Spielraum unter Berücksichtigung der besonderen Interessen des Kommittenten auszufüllen. Der Kommissionär nimmt deshalb in den Augen des Kommittenten eine Vertrauensposition ein. Er wird **fremdnützig tätig,** weil seine Bemühungen auf dem Drittmarkt maßgeblich an den Interessen des Kommittenten orientiert sind, d. h. daran, wie den Interessen des Kommittenten am besten zum Erfolg verholfen werden kann.

6 b) Der Pflicht des Kommissionärs, die Interessen des Kommittenten auf den Drittmärkten optimal zu wahren und ihm die daraus resultierenden Vorteile zu verschaffen, entspricht typischerweise die Pflicht des Kommittenten, dem Kommissionär die mit diesen Bemühungen zusammenhängenden **Aufwendungen zu ersetzen und ihm die daraus resultierenden Risiken abzunehmen** (*Koller* BB **1979** 1725, 1726 ff). Wirtschaftliche Vor- und Nachteile der Tätigkeit auf dem Drittmarkt sollen sich beim Kommittenten konzentrieren.

7 c) Der Kommissionär wird im Unterschied zum Handelsvertreter auf den Drittmärkten im **eigenen Namen tätig** (BGH WM **1976** 182; unzutreffend WM **1980** 1010, 1011). Der durch einen Kommissionsvertrag verpflichtete Kommissionär hat — mit anderen Worten — das Ausführungsgeschäft im eigenen Namen abzuschließen. Anders als der Makler (§ 93) hat er das Ausführungsgeschäft auch nicht lediglich vorzubereiten oder zu vermitteln, sondern den Dritten mit Hilfe des Ausführungsgeschäftes rechtlich zu binden und sich hierzu gegebenenfalls selbst zu verpflichten. Ob nun im konkreten Einzelfall der Mittler im eigenen oder fremden Namen abzuschließen hat, ist durch Auslegung des Vertrages zu ermitteln (§ 157 BGB). Die Bezeichnung des Vertrages allein ist hierfür nicht maßgeblich. Ebensowenig kann es entscheidend darauf ankommen, ob es im Vertrag „für Rechnung", „im Auftrag", „für mich" heißt (näher § 383 21, 68).

Die Art und Weise, wie der Mittler im Einzelfall tatsächlich auf den Drittmärkten tätig wurde, ob er im konkreten Fall im eigenen oder im fremden Namen abgeschlossen hat, ist für die Qualifikation des zugrunde liegenden Vertragsverhältnisses grundsätzlich unerheblich. Maßgeblich ist allein, wie der Mittler vertragsgemäß auf den Drittmärkten auftreten sollte. Die Tatsache, daß der Mittler in einer bestimmten Weise auftrat, kann allerdings für die Auslegung des Vertrages unter dem Gesichtspunkt des verkehrsüblichen Verhaltens eine Rolle spielen (RGRKz HGB-*Ratz* § 383, 13).

d) Im Unterschied zu § 84 Abs. 1 fordert § 383 nicht, daß der Kommissionär vom **8** Kommittenten **ständig** mit dem Abschluß von Verträgen betraut wird. Die Struktur der auf das Kommissionsgeschäft zugeschnittenen Normen zeigt vielmehr, daß der Typus „Kommissionsgeschäft" auf eine Person zugeschnitten ist, die für ständig wechselnde Vertragspartner tätig wird.

e) Die Kommissionsgeschäfte werden von Personen ausgeführt, die **selbständig als** **9** **Kaufleute** tätig sind und in keinem sozialen Abhängigkeitsverhältnis stehen (§ 383 1 f).

f) Ihre Tätigkeit ist **entgeltlich,** und zwar unmittelbar entgeltlich. Die Vergütung **10** stammt also z. B. nicht aus dem Gewinn einer mit dem „Auftraggeber" eingegangenen Gesellschaft, die die Tätigkeit auf den Drittmärkten zum Gegenstand hat (§ 383 32).

g) Der Warenkommissionär, auf den die gesetzlichen Regelungen zugeschnitten **11** wurden, gehörte tendenziell zum Kreis der **kapitalschwachen** Mittler oder zum Kreis von Personen, die **keine starke Stellung** auf dem Markt haben und sich daher nicht die Chancen eines Eigenhändlers sichern können (OLG Hamburg DB **1960** 1389; *Koller* BB **1979** 1725 ff). Das hat sich in einer starken Risikoentlastung der Kommissionäre niedergeschlagen.

h) Der wirtschaftlich wesentliche Teil des gesamten Kommissionsgeschäftes, das **Ef-** **12** **fektenkommissionsgeschäft,** wird heute allerdings durch im Vergleich zu ihren Kunden besonders marktstarke und kapitalkräftige Kommissionäre, vornehmlich Banken, abgewickelt. Das hängt damit zusammen, daß der Effektenmarkt durch starke Schwankungen gekennzeichnet ist und den Kommittenten typischerweise nur unzulängliche Informationen über die Marktentwicklung zur Verfügung stehen. Die Kommittenten haben daher ein besonders starkes Interesse daran, Mittler einzuschalten, die nicht eigennützig handeln, sondern ihre Interessen bestmöglich wahrnehmen. Darüber hinaus sollen die Kommissionäre den Kommittenten mittelbar Zugang zu einem Markt (Börse) verschaffen, auf dem ein großes Angebot bzw. Nachfrage zusammenkommt, einem Markt, an dem sich auf breiter Ebene die Einschätzung der Chancen und Risiken des Wertpapierengagements widerspiegelt. Wenn sich der Effektenhandel über diese Interessen der Kommittenten noch nicht völlig hinweggesetzt hat und zum Eigenhandel übergegangen ist[6], so dürfte dies wesentlich damit zusammenhängen, daß sich die Rechtsprechung dem mehr oder minder verdeckten Übergang zum Eigenhandel entgegengestellt hat (vgl. Nachweise bei *Canaris* Großkommentar (3. Aufl.), Bd. III/3 (2. Bearb. 1981), 1289) und daß die Selbsteintrittskommission, so wie sie die h. M. ausgeformt hat, den Interessen der Kommissionäre sehr entgegenkommt. Dies zeigt, daß das Kommissionsgeschäft teilweise seine Funktionen gewandelt hat. Es wurde (auch) zu einem Rechtsinstitut, das dem Schutz wenig informierter, tendenziell marktschwächerer Kunden gegenüber marktstärkeren Vertragspartnern dient, die sich im Besitz wesentlicher Informationsvorsprünge befinden, falls die Geschäfte auf intransparenten, von erheblichen Kursschwankungen geprägten Märkten abgewickelt werden sollen. Wenn man zusätzlich das Interesse der Allgemeinheit an der Funktionsfähigkeit des Kapitalmarktes berücksichtigt (*Hopt/Will* Europäisches Insiderrecht (1973), S. 49 f), so ist dies Anlaß, die **Schutzfunktion des Kommissionsrechtes** im Bereich der Effektenkommission noch stärker zu betonen. Diese Charakterisierung des Kommissionsrechtes provoziert nicht ohne weiteres eine Flucht aus dem Kommissonsvertrag in den Eigenhändlervertrag, sofern man die kommissionsrechtlichen, anleger-

---

[6] Zur dahingehenden Tendenz vgl. Bericht der Börsen-Enquête-Kommission (1892/98), S. 168; *Schneiders* S. 91 ff.

schützenden Elemente, wie fremdnützige Interessenwahrung und unmittelbare Orientierung der Preisbildung am Börsengeschehen, in das Kaufrecht einbringt (*Hopt* Der Kapitalanlegerschutz im Recht der Banken (1975), S. 380 ff; ferner *Schneiders* S. 94 ff). Andererseits kann dort, wo das Gewicht auf der kundenschützenden Funktion des Kommissionsrechts liegt, das für die normale Geschäftsbesorgungskommission typische Element der Risikoentlastung des Kommissionärs stärker in den Hintergrund treten (*Koller* BB **1979** 1725, 1732).

2. Typenübergänge

13 Das Kommissionsgeschäft ist als Rechtsfigur bezogen auf die Überwindung des Gefälles zwischen Angebot und Nachfrage, also auf eine Mittlertätigkeit zwischen Angebot und Nachfrage. In seiner grundlegenden wirtschaftlichen Funktion unterscheidet es sich mithin z. B. nicht wesentlich von dem mit Hilfe von Käufen und Verkäufen ausgeübten Eigenhandel einerseits und von der Tätigkeit des Handelsvertreters bzw. von dem im Rahmen einer Gesellschaft geleisteten Mittlerbeitrag andererseits. Es ist deshalb auch nicht verwunderlich, daß die **Übergänge** vom Kommissionsgeschäft **zum Kauf** und zur **Gesellschaft** sowie **sonstigen Geschäftsbesorgungsverträgen** fließend sind[7]. Dies zeigt sich vor allem an den für das Kommissionsgeschäft charakteristischen Zügen des „Handelns auf fremde Rechnung", der „Wahrnehmung fremder Interessen", der „Risikoentlastung des Mittlers", der Ausrichtung der Tätigkeit auf „wechselnde Kunden" sowie der unmittelbaren Entgeltlichkeit im Sinne einer Provision, die nicht eine Folge einer Gewinnausschüttung darstellt.

a) Interessenwahrung

14 So nimmt die Ausrichtung der Tätigkeit auf das Interesse des Vertragspartners etwa in folgenden Stufen ab: Die Marktlage auf den Drittmärkten gibt kaum Spielraum, innerhalb dessen der „Mittler" entscheiden könnte, was am meisten im Interesse des Vertragspartners liegt. — Der Mittler darf wesentliche Vorteile, die im Zusammenhang mit dem Ausführungsgeschäft erlangt werden, für sich behalten (etwa Sammelrabatte). Das erhöht bei ihm die Neigung, das Ausführungsgeschäft nicht so abzuschließen, wie es am ehesten im Interesse seines Vertragspartners liegt, sondern wie er am besten die ihm persönlich aus dem Ausführungsgeschäft zufließenden Vorteile maximieren kann. — Der Mittler darf aus eigenen Beständen liefern, wenn er seinem Vertragspartner nur den üblichen Marktpreis in Rechnung stellt. — Er muß für den Fall, daß es zu einem Ausführungsgeschäft kommt, die Vorteile nur bis zu einem bestimmten Höchstbetrag herausgeben; im übrigen kann er sie behalten. Der Mittler wird hier also nur bis zur Grenze dieses Höchstbetrages in fremdem Interesse tätig; muß also nur bis zu dieser Grenze seine Bemühungen an den Interessen seines Vertragspartners ausrichten. Dies ist allerdings nur auf den Kaufpreis bezogen, nicht auf sonstige Interessen. — Der Mittler ist zwar innerhalb der ihm vorgegebenen Spielräume zur Wahrnehmung der Interessen des Vertragspartners aufgerufen; die Möglichkeit von Sanktionen bei Verstößen ist aber eingeschränkt, weil die Rechenschaftspflicht weitgehend oder ganz abbedungen ist. Bis zu dieser Stufe überwiegen noch die **geschäftsbesorgungsvertraglichen Züge**.

---

[7] Generell zur Entscheidung fließender Übergänge zwischen den Vertragstypen *Leenen* S. 133 ff; abweichend im Ansatz *Weick* NJW **1978** 14 f.

Kaufrechtliche Züge gewinnen die Oberhand, falls der Mittler die Ware unter der Bedingung übernimmt, daß er sie auf dem Drittmarkt unterbringen kann und im Falle des Erfolges eine Vergütung bekommt, die sich nach dem auf dem Drittmarkt erzielten Preis abzüglich eines Rabattes richtet; denn hier braucht sich der Mittler nicht mehr an den individuellen Interessen seines Vertragspartners zu orientieren. Gleiches gilt erst recht dort, wo der Mittler die Ware unter einer Bedingung übernimmt und für den Fall des Eintrittes der Bedingung im Innenverhältnis ein fester Preis vereinbart ist. Der Vertragspartner hat keinerlei Einfluß darauf, wie der Mittler das Drittgeschäft abschließt (vgl. BGHZ 1 80). Die Tatsache, daß der Mittler auf den Drittmärkten im eigenen Namen auftreten und die Interessen seines Partners wahrnehmen soll, heißt freilich noch nicht, daß ein Kommissionsgeschäft vorliegt. Denkbar ist auch, daß ein Mittler, der nicht zur Herausgabe der auf dem Drittmarkt durch Ausführungsgeschäfte erzielten Vorteile verpflichtet ist, der also insoweit auf eigene Rechnung (z. Begriff § 383 5) handelt, gleichwohl im fremden Interesse tätig werden muß. Es liegt hier ein Geschäftsbesorgungsvertrag (§ 675 BGB) vor (*Ulmer* S. 264 ff), der unmittelbar keinem der im HGB geregelten Typen entspricht.

Dabei ist es gleichgültig, ob der Mittler, der in fremdem Interesse und auf eigene Rechnung handelt, wie ein Vertragshändler (*Ulmer* S. 76 ff, 147 ff) die Aufwendungen und Handelsrisiken selbst zu tragen hat, oder ob er sie auf seinen Partner abwälzen kann. Die Abwälzung wäre dadurch möglich, daß sich der Partner im Rahmen des Geschäftsbesorgungsvertrages verpflichtet, alle Aufwendungen zu tragen und alle Risiken, wie etwa Lagerrisiko, Delkredererisiko, auf sich zu nehmen. Das Weiterveräußerungs- bzw. Lieferrisiko im Rahmen des mit dem Geschäftsbesorgungsvertrag gekoppelten Kaufvertrages könnte dadurch dem Partner aufgebürdet werden, daß die Konditionen des Kaufvertrages von dem auf dem Drittmarkt abgeschlossenen Ausführungsgeschäft abhängig gemacht werden.

In beiden zuletzt genannten Varianten liegt kein Kommissionsgeschäft vor, da ein Handeln auf fremde Rechnung fehlt, obwohl sich in der zweiten Variante das Geschäft aus wirtschaftlicher Sicht weitgehend mit einem Kommissionsgeschäft decken kann (**a. A.** *Schneiders* S. 103 f). Es ist daher bei derartigen, nicht unmittelbar zu einer Spezialform der Geschäftsbesorgung zählenden Geschäftsbesorgungsverträgen immer zu prüfen, inwieweit das Kommissionsrecht, und bei ständiger Verbindung das Handelsvertreterrecht, analog herangezogen werden kann oder kommissionsrechtliche Wertungen übernommen werden müssen. Zum Kommissionsvertrag zählen allerdings noch solche Vereinbarungen, in denen zwar der Geschäftsbesorger auf eigene Rechnung Deckung sucht, sich aber verpflichtet, den Vertragspartner zumindest so zu stellen, als ob er pflichtgemäß die Interessen seines Partners durch ein Geschäft mit einem Dritten auf Rechnung seines Partners wahrgenommen hätte. Diese Konstellation ist bei einer Kommission zu finden, bei der sich der Kommissionär verpflichtet, die Kommission ausschließlich durch Selbsteintritt auszuführen (§ 401 Abs. 1).

b) Die Intensität der Risikobelastung des Mittlers

Der Mittler kann vom Eindeckungs- bzw. Wiederverkaufsrisiko dadurch entlastet **15** werden, daß keine Tätigkeitspflicht begründet und die Pflicht zur Übernahme der Ware bzw. Lieferpflicht vom Abschluß am Drittmarkt abhängig gemacht wird. Hier fehlt es an einem wichtigen Geschäftsbesorgungselement. Das gleiche gilt, falls umgekehrt der Mittler von vornherein eine Abnahme- oder Lieferpflicht auf sich nimmt.

Für Geschäftsbesorgungsverträge ist es typisch, daß der Geschäftsbesorger von dem erforderlichen Aufwand (§ 670 BGB) entlastet wird (*Koller* BB **1979** 1725, 1726 f). Es kann aber durchaus auch sein, daß der Geschäftsbesorger die gewöhnlichen Aufwendungen selbst zu tragen hat (§ 87 d). Gegen eine Geschäftsbesorgung spricht insbesondere nicht ohne weiteres der Umstand, daß der Mittler Gefahren, die er besser zu beherrschen vermag oder deren Folgen er besser zu absorbieren in der Lage ist[8], auf sich zu nehmen hat.

Ein Indiz dafür, daß der Handlungsspielraum des Mittlers nicht so auszunutzen ist, wie dies dem Interesse seines Vertragspartners entspricht, daß also kein Kommissionsvertrag vereinbart wurde, liegt freilich darin, daß der Mittler sämtliche Aufwendungen und Risiken im Zusammenhang mit dem Ausführungsgeschäft auf sich zu nehmen hat. Dafür genügt noch nicht eine bloße Mindestpreisgarantie (OLG Frankfurt WM **1967** 219; OLG München BB **1960** 642). Der größeren Belastung mit Kosten und Gefahren entspricht regelmäßig eine größere Freiheit, die eigenen Interessen zu realisieren[9]. Auch hier kommen Übergangsformen vor, wie z. B. die Selbsteintrittskommisson (§ 403).

Umgekehrt darf aus dem Umstand, daß der Mittler alle Risiken und Aufwendungen auf den Vertragspartner abwälzt, nicht geschlossen werden, daß ein Kommissionsvertrag vorliegt. Eine dem Kommissionsgeschäft entsprechende Risiko- und Aufwendungsentlastung des Mittlers ist auch im Rahmen eines als Konditionsgeschäft ausgestatteten Kaufvertrages möglich. Freilich wird man im Zweifel eine Aufwands- und Risikoentlastung des Mittlers mit einer stärkeren Beschränkung seiner Freiheit, seine Interessen zu verfolgen, koppeln müssen. Wo der Mittler sich die Entlastung ausbedingt, weil er wirtschaftlich schwach ist, wird er typischerweise mit einem Ausgleich durch eine stärkere Bindung an die Interessen des Auftraggebers einverstanden sein. Wo der Mittler aus einer Position wirtschaftlicher Stärke heraus die Entlastung durchsetzt, ist der Ausgleich durch eine stärkere Orientierung an den Interessen des anderen Teils nach Maßgabe zentraler kommissionsrechtlicher Vorschriften ein Gebot der Gerechtigkeit. Häufig wird sich bei einer solchen Vertragskonstellation aber aus den Umständen ergeben, daß eine „Fremdnützigkeit" nicht gewollt ist. Dann ist jedoch immer noch zu prüfen, inwieweit die Schutzfunktion des Kommissionsrechts (§ 383 12) dazu zwingt, auf solche atypische Kaufverträge wesentliche kommissionsrechtliche Elemente anzuwenden.

c) Übergang zum Handelsvertreterrecht

16 Die Grenze zum Handelsvertreterverhältnis ist erst dann überschritten, wenn der Mittler auf den Drittmärkten im fremden Namen Geschäfte tätigen will. Der Umstand allein, daß der Mittler ständig (und hauptsächlich) für einen bestimmten Auftraggeber im eigenen Namen Geschäfte wahrnehmen soll, führt nicht dazu, dieses Vertragsverhältnis aus dem Kreis der Kommissionsgeschäfte herauszunehmen. Allerdings findet auf diese Variante der Kommission in stärkerem Umfang Handelsvertreterrecht Anwendung, soweit dieses auf die ständigen Beziehungen zwischen Unternehmer und Handelsvertreter zugeschnitten ist (näher dazu § 383 33 ff).

d) Übergang zur Gesellschaft

17 Die partiarische Ausgestaltung der Vergütung für die Bemühungen, auf fremde Rechnung im eigenen Namen Geschäfte zu tätigen, hindert nicht, derartige Verträge

---

[8] *Koller* Die Risikozurechnung bei Vertragsstörungen in Austauschverträgen (1979), S. 78 ff.

[9] Auch *Serick* BB **1974** 287; OLG Hamburg DB **1960** 1389; ferner BGH WM **1976** 181, 182 f.

dem Kommissionsrecht zu unterstellen. Durch die Vereinbarung einer partiarischen Gewinnbeteiligung fließen zwar gesellschaftsrechtliche Elemente in das Kommissionsgeschäft ein (*Larenz* Schuldrecht II, § 62 II d). Dadurch wird aber der Geschäftstypus nicht in seinen Grundzügen modifiziert. Prägend bleibt die Tätigkeit des Mittlers in fremdem Interesse; das heißt, die Ausrichtung der Tätigkeit im Rahmen der vorgegebenen Spielräume an den Interessen des Vertragspartners. Der Übergang zum Gesellschaftsverhältnis findet erst dort statt, wo dem Mittler maßgeblicher Einfluß darauf eingeräumt ist, wie aus seinen Leistungen Gewinn gezogen wird, oder wo die Parteien eine Verlust- und Gewinngemeinschaft vereinbart haben (*Larenz* aaO; enger *Schlegelberger/Hefermehl* HGB[5], § 383 83). Die Vereinbarung einer besonders hohen partiarischen Beteiligung oder gar nur einer besonders hohen Vergütung allein genügt für die Bejahung eines Gesellschaftsverhältnisses nicht; wenngleich bei Vereinbarung einer ungewöhnlich hohen partiarischen Beteiligung zu vermuten ist, daß dem Mittler auch ausgedehnte Kontrollrechte im Hinblick auf die Verwertung der Vermittlungsleistung eingeräumt sein sollen (*Schmidt-Rimpler* S. 523).

Die Qualifikation einer Vermittlungsleistung, die im eigenen Namen auf fremde Rechnung erbracht werden soll, als „Beitrag" im Rahmen eines Gesellschaftsverhältnisses, verbietet es nicht, kommissionsrechtliche Normen heranzuziehen, soweit dies mit der Ausgestaltung der Gesellschaftsbeziehungen im Einzelfall in Einklang gebracht werden kann [10].

IV. Auslegung der Parteivereinbarung und Zuordnung zum Typus des Kommissionsgeschäftes

1. Auslegung

Der Zuordnung eines konkreten Geschäfts zu einem bestimmten Typus oder zu einer der Übergangsformen hat eine Auslegung der Willenserklärungen voranzugehen. In erster Linie ist der wirkliche Wille heranzuziehen, der für den jeweiligen Vertragspartner erkennbar wurde. In diesem Zusammenhang hat man den gesamten wirtschaftlichen Inhalt der beiderseitigen Abmachungen zu erforschen und zu berücksichtigen (RG HRR **33** Nr. 1449; RGZ **114** 10). Soweit der wahre Wille nicht hinreichend deutlich hervortritt, sind die Erklärungen nach Treu und Glauben unter Beachtung der Verkehrssitte auszulegen (*Schmidt-Rimpler* S. 512, 518; *Heymann/Kötter* HGB[21], § 383 2). Eine besondere Rolle spielt hierbei die Angemessenheit der Zuordnung einer konkreten Vereinbarung zum Typus des Kommissionsgeschäftes (§ 383 11 f). Die Indizien, die im einzelnen für und gegen eine Zuordnung einer Vereinbarung zum Kommissionsgeschäft sprechen, werden unten näher erörtert.

18

Festzuhalten ist hier, daß für die Zuordnung der Vereinbarung zum Typus des Kommissionsgeschäftes die wirtschaftlichen Kräfteverhältnisse von erheblicher Bedeutung sind. Nimmt der Mittler nur eine schwache Marktstellung ein und ist die Risikoverteilung nicht besonders geregelt, so spricht dies im Zweifel für die Vereinbarung eines Kommissionsgeschäftes (OLG Hamburg DB **1960** 1389). Ist nur die Risikoverteilung in dem Sinne geregelt worden, daß der Mittler von wesentlichen Risiken entlastet wird und den Aufwand abwälzen darf, so ist normalerweise dort, wo der Mittler die marktstärkere Position einnimmt, im Interesse einer angemessenen Lastenverteilung ein Kommissionsverhältnis anzunehmen, falls der Vertragspartner den Mittler als sei-

---

[10] RGZ **97** 235; *Schmidt-Rimpler* S. 521 f; ferner § 383 32.

nen Vertrauensmann ansieht und er ein bedeutsames Interesse daran hat, daß seine Wünsche innerhalb eines gewissen Spielraumes vorrangig gewahrt werden (vgl. aber auch RGZ **83** 204). Ist der Mittler in der schwächeren Marktposition und trotz dieses Kräfteverhältnisses von wesentlichen Risiken entlastet worden, so liegt im Zweifel ein Kaufvertrag in Form eines Konditionsgeschäftes vor, wenn der Vertragspartner kein besonderes Interesse daran hat, wie das Geschäft auf den nachgelagerten Märkten abgewickelt wird, weil ihm z. B. nur an der Erreichung eines bestimmten Mindestpreises gelegen ist (so wohl BGH DB **1975** 589 f, der aber nicht auf die wirtschaftlichen Kräfteverhältnisse eingeht). Kann ein Eigeninteresse des Vertragspartners an der Geschäftsführung des Mittlers nicht verneint werden, so spricht die schwächere Marktposition des Mittlers für ein Kommissionsverhältnis, da nicht anzunehmen ist, daß sich der Vertragspartner zu einer Risikoentlastung bereitfindet, ohne die Vorteile, die ein Handeln auf fremde Rechnung (§ 383 5) mit sich bringt, in Anspruch zu nehmen (*Ahlert* S. 93). Bei ausgewogenen Kräfteverhältnissen werden die Parteien, die sich zu einer Risikoentlastung des Mittlers entschlossen haben, in aller Regel ein Kommissionsverhältnis gewollt haben, falls dem Vertragspartner die Geschäftsführung des Mittlers nicht völlig gleichgültig sein konnte. — Der Vertrag ist nicht deshalb nichtig, weil aus der Vereinbarung und den zugrunde liegenden Umständen nicht entnommen werden kann, ob ein Eigenhandelsgeschäft oder ein Kommissionsgeschäft vereinbart worden ist (a. A. *Schmidt-Rimpler* S. 518). Der Vertrag ist vielmehr den Kommissionsgeschäften zuzuordnen, da sie dem Mittler, der vom Vertragspartner eingeschaltet wird, die geringeren Risiken auferlegen und ihn mit der relativ geringsten Mittlerleistung belasten. Zur Frage, ob im Rahmen eines Effektengeschäftes ein Eigenhandels- oder Kommissionsgeschäft vereinbart worden ist, *Canaris* Großkommentar HGB[3], Bd. III/3 (2. Bearb. 1981), 1825 ff.

2. Für ein Kommissionsgeschäft sprechende Indizien

19 Vereinbarung, daß zum bestmöglichen Preis gekauft oder verkauft werden soll (RGZ **94** 66; **114** 11; OLG München BB **1955** 682; *Schmidt-Rimpler* S. 512); dies allerdings nur dann, wenn der Preis aus der Sicht des Kommittenten „bestmöglich" sein soll. — Vereinbarung einer Provision[11]. — Pflicht zur Abrechnung über das Drittgeschäft (OLG München BB **1955** 682). — Eine Partei setzt besonderes Vertrauen in die Fähigkeiten des Mittlers. Der Mittler hat mit anderen Worten eine Vertrauensposition inne (RGZ **114** 11). — Es läßt sich nicht feststellen, daß der Mittler Vollmacht erhalten hat (**a. A.** *Schlegelberger/Hefermehl* HGB[5], § 383 20).

3. Gegen ein Kommissionsgeschäft sprechende Indizien

20 Fester Preis[12]. — Der Preis liegt zwar bei Vertragsschluß nicht fest, ist aber anhand von Daten, die bei Vertragsschluß schon existieren, zu ermitteln. In der Rechtsprechung ist hier meist schlechthin von „feststellbaren Preisen" die Rede (RGZ **94** 66). Kein in diesem Sinne fester Preis liegt ohne weiteres dort vor, wo sich der Preis an dem vom Mittler erzielten Preis orientieren soll (*Schneiders* S. 98 ff). — Kein Rückgaberecht (OLG Frankfurt BB **1982** 208). — Aufgrund des Vertrages keine Weisungsbefugnis

---

[11] OLG München BB **1955** 682; OLG Hamburg DB **1960** 1389; OLG Köln MDR **1973** 230; einschränkend OLG Hamburg BB **1957** 911; BGH LM Nr. 2 zu § 384 HGB.
[12] RGZ **94** 66; **101** 380; BGHZ **8** 222; BGH WM **1955** 1588; DB **1975** 589; OLG Karlsruhe DB **1971** 1410; OLG Köln MDR **1973** 230; OLG Frankfurt BB **1982** 208; *Schlegelberger/Hefermehl* HGB[5], § 383 24; *Heymann/Kötter* HGB[21], § 383 2.

des Kommittenten[13]. — Nicht immer der Umstand, daß der Kommittent keine Abrechnung verlangen kann[14]. — Der Mittler hat nach „festen Terminen" zu zahlen, ohne Rücksicht darauf, ob die Ware untergebracht ist (OLG Köln MDR **1973** 230). Dieses Indiz darf jedoch angesichts der Nähe zum Delkredererisiko und zur Mindesterlösgarantie (§ 383 15) nicht überbewertet werden. — Verkauf von Ware, die zur Sicherung übereignet ist, im normalen Geschäftsgang, ebenso bei Ware, die unter Eigentumsvorbehalt erworben ist (§ 383 27, 45). — Abrede bei der Überlassung von Waren, daß der Vertragspartner berechtigt sei, die Waren bis zu einem bestimmten Zeitpunkt weiter zu veräußern oder zurückzugeben (OLG Karlsruhe OLGZ **72** 278). — Der Mittler soll Ware oder Wertpapiere verschaffen, die er bereits hat oder auf deren Lieferung er bereits einen Anspruch erworben hat (RGZ **101** 381; *Heymann/Kötter* HGB[21], § 383 2).

4. Indizien ohne Aussagekraft

Nicht notwendig gegen ein Kommissionsgeschäft spricht eine faktische Mindestpreisgarantie (OLG München BB **1955** 782; *Schlegelberger/Hefermehl* HGB[5], § 383 25; vgl. auch BGH NJW **1981** 388). — Fehlen einer ausdrücklichen Provisionsvereinbarung; denn die Provision kann konkludent vereinbart sein oder sich aus der Verkehrssitte ergeben (RGZ **94** 66; **110** 121; OLG Hamburg BB **1957** 911; *Schlegelberger/Hefermehl* HGB[5], § 383 24; a.A. OLG Hamburg DB **1960** 1389; *Schmidt-Rimpler* S. 511). — Allein der Umstand, wem das wirtschaftliche Risiko und der wirtschaftliche Erfolg zufallen sollen[15]. — Abrede, daß nur ein Mindesterlös abzuführen sei[16]. — Der isolierte Umstand, daß jemand, der Ware liefert, sich das Eigentum vorbehält.[17] — Der Mittler wählt die Ware, die er vertreibt, aus einem Sortiment aus; der Anstoß dafür, welche Ware auf Drittmärkten untergebracht werden soll, geht nicht vom angeblichen Kommittenten aus (a.A. OLG Köln MDR **1973** 230; vgl. auch BGH DB **1975** 589). — Der Umstand allein, daß im Vertrag von „Kauf", „Vertretung" oder „Kommission" die Rede ist[18].

21

V. Einzelfälle

1. Anzeigenvermittler

a) Die Anzeigenvermittler beschränkten sich früher darauf, Anzeigen für gewerbliche Leistungen Dritter zu streuen. Sie schlossen zu diesem Zwecke im eigenen Namen auf Rechnung der Werbungstreibenden Verträge mit den Verlegern der Zeitungen und Zeitschriften über die Veröffentlichung von Anzeigen. Diesen Verträgen lagen Kommissionsgeschäfte zugrunde, die nach Kommissionsrecht zu beurteilen sind, sofern der Anzeigenvermittler Kaufmann war (§ 406 Abs. 1). Die Rechtsprechung des ROHG (ROHG **1** 207, 217; **4** 134; **12** 213) und des RG (RGZ **20** 51), die hier auch speditionsrechtliche Elemente sehen wollte, ist nicht haltbar, da keine Beförderungsleistungen

22

---

[13] BGHZ **1** 79 f; BGH DB **1975** 589; OLG München BB **1955** 682; OLG Hamburg BB **1957** 911; OLG Frankfurt BB **1982** 208; *Schlegelberger/Hefermehl* HGB[5], § 383 25; *Heymann/Kötter* HGB[21], § 383 2.

[14] *Schlegelberger/Hefermehl* HGB[5], § 385 25; *Heymann/Kötter* HGB[21], § 383 2; RGRKzHGB-*Ratz* § 383 9; a.A. OLG Hamburg BB **1957** 911; OLG Köln MDR **1973** 230.

[15] RGZ **110** 121; *Schlegelberger/Hefermehl* HGB[5], § 383 25.

[16] RGZ **110** 121; RGRKzHGB-*Ratz* § 383 9; *Schmidt-Rimpler* S. 512; vgl. auch BGH NJW **1981** 388.

[17] BGH WM **1959** 1006; vgl. aber auch RGZ **101** 381; RGRKzHGB-*Ratz* § 383 9.

[18] RGZ **101** 380; **114** 10; *Heymann/Kötter* HGB[21], § 383 2; RGRKzHGB-*Ratz* § 383 9; abschwächend *Schmidt-Rimpler* S. 515.

„vermittelt" werden (*Dobmann* MA **1953** 363; *Heider* Das Recht der Werbeagentur, Diss. Hamburg 1964, S. 27).

b) Aus der Anzeigenvermittlung hat sich die Werbeagentur entwickelt. Ihr Tätigkeitsbereich erstreckt sich auf die Vorbereitung der Werbung nach Zielen und Mitteln, Planung der Werbestrategie, Gestaltung der Werbemittel sowie Streuung der Werbung (*Fikentscher* Die Preislistentreue im Recht der Werbeagenturen (Rechtsgutachten), 1968, S. 12). Die Werbemittelgestaltungsverträge werden, soweit dritte Unternehmen herangezogen werden, von den Agenturen im allgemeinen im Namen und für Rechnung des Werbungstreibenden geschlossen (*Möhring/Illert* BB **1974** 65). Insoweit scheidet Kommissionsrecht von vornherein aus. Andere Verträge mit den Werbeträgern werden heute regelmäßig im eigenen Namen für eigene Rechnung eingegangen (BKartA WuW/E 482; *Löffler* Presserecht, S. 674; *Dobmann* MA **1953** 364 ff; *Schneider* WuW **1962** 264 ff).

Verschiedentlich wird aber auch im eigenen Namen auf fremde Rechnung gearbeitet. Das ist immer dann anzunehmen, wenn sich der pflichtgemäße Spielraum der Werbeagenturen nicht nur darauf bezieht, welche der in Frage kommenden Werbeträger am besten zur Erreichung des angesetzten Werbeerfolges geeignet sind, sondern auch darauf, ob angesichts der Kosten-Nutzen-Relation die Auswahl bestimmter Werbeträger am ehesten im Interesse des Werbungstreibenden liegt. Die Werbeagentur, die im Interesse des Werbungstreibenden für einen möglichst preisgünstigen Werbeträger sorgt, tätigt insoweit Kommissionsgeschäfte. Die kommissionsrechtlichen Normen finden dann im Rahmen des Gesamtvertrages Anwendung, sofern es sich bei dem jeweiligen Werbeagenten um einen Kaufmann handelt (§ 406 Abs. 1). Dabei ist es gleichgültig, ob die Tätigkeit des Werbeagenten durch einen von den Werbeträgern gewährten Rabatt, dessen Höhe den Werbungstreibenden bekannt ist, beglichen wird (Parallele zu § 403) oder ob die Werbeagenturen von ihren Kunden den Ersatz der realen Aufwendungen und eine Pauschalprovision verlangen. Nimmt der Werbeagent im Vergleich zu seinem „Auftraggeber" eine erheblich kapital- und marktschwächere Position ein, so müssen allerdings dort, wo die Aufwendungen des Werbeagenten nur durch den Rabatt gedeckt sind, starke Anhaltspunkte dafür greifbar sein, daß der Werbeagent auch die im engeren Sinne wirtschaftlichen Interessen des Auftraggebers auf dem Werbeträgermarkt wahrzunehmen hat (§ 383 15).

23 2. **Arbeitsgemeinschaft** s. Gesellschaft

3. Aufführungsvertretung

24 Ein Kommissionsgeschäft liegt vor, wenn sich jemand verpflichtet, ein Werk, für das die Urheberrechte bei einem anderen liegen, im eigenen Namen auf Rechnung des anderen durch Abschluß eines Ausführungsgeschäftes zur Aufführung zu bringen. Die Frage, ob auf eigene oder fremde Rechnung gehandelt wird, ist nach allgemeinen Grundsätzen zu beurteilen. Wird auf fremde Rechnung gehandelt, so findet unter der Voraussetzung des § 406 Abs. 1 Kommissionsrecht Anwendung. Praktische Bedeutung erlangt die Aufführungsvertretung bei der Filmverleihkommission.

25 4. **Auktion** s. Versteigerung

5. Effektenkommission

26 Zur kommissionsrechtlichen Qualifikation von **Emissionen** *Canaris* Großkommentar HGB[3], Bd. III/3 (2. Bearb. 1981), 1810 ff. Auch der Vertrag der emittierenden

Bank mit dem Effektenkunden kann ein Kommissionsgeschäft darstellen, das durch wirtschaftlichen Selbsteintritt (zum Begriff § 400 2) oder durch Kompensation (zum Begriff § 400 4) ausgeführt wird (a. A. *Canaris* Großkommentar HGB³, Bd. III/3 (2. Bearb. 1981), 2271). Voraussetzung ist allerdings nach dispositivem Recht die Existenz eines amtlichen Markt- oder Börsenpreises (§ 400 Abs. 1). Zur Behandlung von Emissionsbonifikationen *Koller* BB **1978** 1738 f; § 384 20. Schließt die Bank mit ihren Kunden Kaufverträge ab, so sind die kommissionsrechtlichen Regeln über die Interessenwahrung entsprechend anzuwenden (§ 383 12).

6. Eigentumsvorbehalt

Wird die Ware an den Händler unter verlängertem Eigentumsvorbehalt veräußert, **27** so wird verschiedentlich von den Verkäufern versucht, für den Fall, daß die Ware vom Händler weiterveräußert wird, den Schutz des § 392 Abs. 2 zu erlangen. Dazu wird vereinbart, daß der Händler die unter Eigentumsvorbehalt erworbene Ware „auf Kommissionsbasis" im Rahmen seines Geschäftsbetriebes veräußern müsse. Diese Abrede allein macht aus den Beziehungen zwischen „Verkäufer" und „Käufer" noch kein Kommissionsgeschäft. Vielmehr ist in jedem Einzelfall zu prüfen, ob die Parteien wirklich eine Kommission vereinbart haben (*Serick* BB **1974** 288 f). Maßgeblich ist, ob der Händler die Ware unter Wahrung eigener oder fremder Interessen veräußern soll. Normalerweise ist der Händler auch bei der erlaubten Weiterveräußerung von unter Eigentumsvorbehalt gekaufter Ware in seiner Geschäftspolitik auf den Drittmärkten völlig frei. Er darf seine Verkaufspolitik primär an seinen Interessen orientieren, soweit dies nicht zum Verschleudern der Ware führt. Ein Weisungsrecht des Eigentümers besteht nicht. Der Eigentümer hat hieran auch kein Interesse; denn er kann davon ausgehen, daß für die Ware im marktüblichen Rahmen Entgelte erzielt werden, die in etwa seine Kaufpreisforderung decken. Das Interesse des Eigentümers allein, in Hinblick auf die Forderungen gegen den Zweitkäufer eine Vorzugsstellung zu bekommen, führt nicht ohne weiteres dazu, daß der Händler auf fremde Rechnung handeln muß.

7. Emission s. Effektenkommission **28**

8. Factoring

a) Zum Factoring-Geschäft allgemein *Canaris* Großkommentar HGB³, Bd. III/3 **29** (2. Bearb. 1981), 1652 ff.

b) Verschiedentlich wird versucht, Factoring-Geschäft und Kommission zu kombinieren (*Serick* BB **1974** 288 f). Die Vereinbarung einer Kommissionsklausel soll zum einen dazu verhelfen, Abtretungsverbote, die bei Forderungen des Kunden des Factors gegen Dritte befürchtet werden, auszumanövrieren. Eine solche Kommissionsklausel kann etwa vorsehen, daß der Factor von seinem Kunden anstelle der unübertragbaren Forderung gegen Dritte zunächst die Ware erwirbt und der Kunde dann die Ware im eigenen Namen auf Rechnung des Factors veräußert. Zum anderen wird versucht, dem Factor die Rolle eines Kommissionärs und seinem Kunden die eines Kommittenten zuzuweisen. Zu diesem Zweck veräußert der Kunde die Waren im Namen des Factors, der seinerseits auf Rechnung des Kunden agiert. Eine weitere Funktion derartiger Kommissionsklauseln kann darin liegen, Vorausabtretungen zu überspielen (vgl. Parallelproblematik bei Eigentumsvorbehalt und Sicherungseigentum).

Diese Kommissionsklauseln können nicht dazu führen, daß auf derartige Verträge Kommissionsrecht anzuwenden ist. In der ersten Variante der Kommissionsklausel wird der Kunde faktisch und rechtlich im eigenen Interesse tätig, obwohl er nach dem

Wortlaut des Vertrages nur die Funktion eines Kommissionärs wahrzunehmen hätte. Seine Geschäftspolitik, seine Interessen werden dafür maßgeblich sein, mit welchen Geschäftspartnern er in Kontakt tritt und zu welchen Konditionen er die Waren vertreibt. Der Wunsch des Factors, zur Förderung seines Kreditgeschäftes möglichst alle Forderungen, die sein Kunde aus Geschäften mit Dritten erwirbt, bei sich zu konzentrieren, reicht im Interesse einer ausgewogenen Risikoverteilung nicht aus, den Kunden zu verpflichten (*Ehling* Zivilrechtliche Probleme der vertraglichen Ausgestaltung des Inland-Factoring in Deutschland, 1977, S. 44), daß er seine Geschäftspolitik an den Vorstellungen des Factors orientiert, obwohl er die vollen Gefahren seiner Geschäftspolitik zu tragen hat. Für die Qualifikation eines Vertrages als Kommissionsverhältnis kommt es aber wesentlich darauf an, daß die auf dieser Basis geschlossenen Ausführungsgeschäfte überwiegend an den Interessen des Kommittenten zu orientieren sind. Das Interesse des Factors, die gesamten Debitorenbestände seines Kunden bei sich zu konzentrieren, führt mithin nicht zu einem nach Treu und Glauben anerkennenswerten Interesse des Factors an der Ausgestaltung der konkreten „Ausführungsgeschäfte". Daran ändert auch der Umstand nichts, daß die Ware des Kunden vor der Veräußerung an Dritte an den Factor übereignet wird; denn auf das Eigentum allein kann kein überwiegendes Interesse des Factors an den Konditionen des „Ausführungsgeschäftes" gestützt werden (ebenso im Ergebnis *Serick* BB **1974** 289; **a. A.** *Bette* Das Factoring-Geschäft, 1973, S. 95 f).

In der zweiten Variante ist es entgegen *Serick* (BB **1974** 289) zwar vorstellbar, daß der Kunde wirklich als Vertreter (§ 164 BGB) des Factors auftreten will. Dadurch wird jedoch kein Kommissionsverhältnis begründet. Der Kunde als Vertreter des Factors wird nämlich nicht so handeln, wie der Factor handeln würde, der fremde Interessen bei Geschäften mit Dritten wahrzunehmen hat, sondern so, wie es unmittelbar seiner eigenen Geschäftspolitik entspricht (ablehnend im Ergebnis auch *Serick* BB **1974** 289).

Eine andere Frage ist es, ob das Factoring in Hinblick auf die Tätigkeit des Einziehens von Forderungen eine Form der Inkasso-Kommission darstellt. Vgl. dazu bei Inkasso-Kommission (§ 383 32).

9. Filmverleihkommission

30 Eine Filmverleihkommission ist auf den Abschluß von Aufführungsverträgen im eigenen Namen auf Rechnung Dritter gerichtet. Sie ist ein Kommissionsgeschäft im Sinne des § 406 Abs. 1 S. 2, wenn ein Kaufmann im Rahmen seines Handelsgeschäftes tätig wird. Die Aufführungsagentur, bei der ein Autor einen anderen beauftragt, im eigenen Namen auf seine Rechnung einen Aufführungsvertrag abzuschließen, fällt desgleichen in den Kreis der Kommissionsverträge.

10. Gesellschaft

31 Bei Personengesellschaften kann die Beitragspflicht eines oder mehrerer Gesellschafter darin bestehen, auf Rechnung der Gesellschaft im eigenen Namen Geschäfte abzuschließen. Eine ähnliche Konstellation taucht bei Innengesellschaften auf, wenn der nach außen auftretende Gesellschafter auf Rechnung der Innengesellschaft Ausführungsverträge abschließt (zur Abgrenzung Kommission — Gesellschaft § 383 10). In derartigen Fällen findet Kommissionsrecht keine unmittelbare Anwendung. Basis der Verpflichtungen der Gesellschafter ist der Gesellschaftsvertrag. Freilich ist Kommissionsrecht analog heranzuziehen [19]. Dabei ist im Einzelfall zu prüfen, inwieweit die

---

[19] *Schmidt-Rimpler* S. 521 f; *Schlegelberger/Hefermehl* HGB 5, § 383 82.

Berücksichtigung kommissionsrechtlicher Normen mit der besonderen Treuepflicht der Gesellschafter, mit dem Umstand, daß der Gesellschafter mit seiner Beitragsleistung mittelbar seine eigenen Interessen fördert, mit der gesellschaftsvertraglichen Gewinn- und Verlustgemeinschaft sowie mit dem auf Dauer angelegten Gesellschaftsvertrag vereinbar ist.

Kommissionsrecht findet unmittelbar auch nicht auf GmbH-Verträge Anwendung, bei denen als Nebenleistung (§ 3 Abs. 2 GmbHG) für die Gesellschafter die Pflicht statuiert ist, im eigenen Namen auf Rechnung der GmbH Waren zu vertreiben oder zu kaufen. Auch diese Nebenleistungspflichten wurzeln im Gesellschaftsrecht. Das gilt selbst dann, wenn im GmbH-Vertrag nur eine grundsätzliche Verpflichtung aufgenommen ist, die von Fall zu Fall durch Verträge konkretisiert werden muß, oder wenn in diesen Verträgen Entgeltlichkeit vereinbart wird[20]. Die die Verpflichtung konkretisierenden Verträge werden nämlich maßgeblich durch die Stellung der Parteien als Gesellschafter geprägt. Die gesellschaftsrechtliche Qualifikation steht freilich einer analogen Heranziehung einzelner kommissionsrechtlicher Vorschriften ebensowenig wie bei den Personengesellschaften im Wege. Zu beachten sind aber insbesondere die gesteigerten Treuepflichten der Gesellschafter sowie der Umstand, daß die GmbH auf Dauer angelegt ist (*Ulmer* in: *Hachenburg* GmbHG[7], § 3 76). Es liegen hier also Mischtypen mit Schwergewicht im Gesellschaftsvertrag vor.

Bei Verkaufssyndikaten und Verkaufsgemeinschaften sind ebenfalls Vereinbarungen zu finden, denen zufolge die Gesellschaft Waren, die die Gesellschafter selbständig produzieren, in eigenem Namen auf Rechnung des jeweils liefernden Gesellschafters verkaufen sollen (*Benisch* Kooperationsfibel, 4. Aufl. 1973, S. 324 f). Trotz dieser Abrede liegen hier in der Regel ebenfalls keine Kommissionsverhältnisse vor; denn normalerweise werden die Gesellschafter gemeinsam oder durch ein Gesellschaftsorgan bestimmen, zu welchen Konditionen und in welchem Ausmaß Waren der einzelnen Gesellschafter veräußert werden. Ein Weisungsrecht des liefernden Gesellschafters fehlt. Das allein schließt schon die Annahme eines Kommissionsverhältnisses aus[21]. Ferner ist relevant, daß die Gesellschaft regelmäßig die Konditionen der Ausführungsgeschäfte nicht so festsetzen wird, wie dies dem Interesse des jeweiligen Lieferanten am bestmöglichen Umsatz, sondern wie dies dem Interesse der Gesellschaft entspricht, Wettbewerbsaktivitäten zu unterbinden und die Kapazitäten aller Gesellschafter im Einklang mit der Politik der Gesellschaft angemessen auszulasten. Aus der gesellschaftsinternen Abstimmung darf der einzelne Lieferant nicht mehr ausbrechen; seine aktuellen Interessen beeinflussen nicht die Geschäftspolitik der Gesellschaft (*Benisch* aaO, S. 340 ff). Es fehlt somit die primäre Orientierung an den Interessen des Kommittenten. Ein wesentliches Indiz für einen Gesellschaftsvertrag ist ferner z. B. der Umstand, daß die Erlöse aus den von den einzelnen Werken angelieferten Waren nicht abzüglich der konkret angefallenen Kosten weitergeleitet werden, sondern daß als „pauschalierte Aufwendungen" Durchschnittsfrachten in Rechnung gestellt werden, um Standortvorteile einzelner Gesellschafter zu eliminieren. Gegen die Anwendung von Kommissionsrecht spricht hingegen nicht der Umstand, daß die Verkaufsgemeinschaft nur unter Deckung ihrer Unkosten tätig werden soll, weil dies letztlich eine Form der

---

[20] BGH BB **1978** 169; *Schilling* in: *Hachenburg* GmbHG[6], § 3 32; *Barz* Großkommentar AktG, § 55 12; *Lutter* Kölner Komm AktG, § 55 10, 14; *Baumbach/Hueck* AktG, § 55 12; **a. A.** *Ulmer* in: *Hachenburg* GbmHG[7], § 3 75 f.

[21] BGHZ 1 80; *Schlegelberger/Hefermehl* HGB[5], § 383 25; **a. A.** *Schmidt-Rimpler* S. 531.

§ 383 Drittes Buch. Handelsgeschäfte

„Gewinnverteilung" ist, ohne daß deshalb die „Gewerbsmäßigkeit" oder „Selbständigkeit" zu bezweifeln wäre (so aber *Schmidt-Rimpler*, S. 531).

Nur ganz ausnahmsweise betreiben Verkaufsgemeinschaften Kommissionsgeschäfte, wenn der einzelne Gesellschafter die Preisbildung für seine Ware, die er liefert, zu beeinflussen vermag, und die Gesellschaft im Interesse des einzelnen Gesellschafters möglichst günstige Konditionen zu erreichen und möglichst große Ausführungsgeschäfte abzuschließen sucht. Ist der Kommissionscharakter zu bejahen, so liegt eine Kommissionsagentur (§ 383 33) vor.

11. Inkasso-Kommission

32 Unter der Voraussetzung der Kaufmannseigenschaft kann ein Kommissionsgeschäft (§ 406 Abs. 1) vorliegen, wenn es jemand übernimmt, Forderungen, Wechsel oder Schecks im eigenen Namen auf fremde Rechnung einzuziehen (*Gierke/Sandrock* S. 455; zweifelnd *K. Schmidt* Handelsrecht, § 30 III 1 d). Dabei ist es gleichgültig, ob der mit der Einziehung Beauftragte nur eine Einziehungsermächtigung erhält oder das Vollrecht übertragen bekommt. Der Umstand, daß der Beauftragte an den Forderungen eigene Sicherungsinteressen besitzt, führt nicht dazu, daß der Beauftragte überwiegend in eigenem Interesse tätig ist. Die §§ 397 ff zeigen, daß Sicherungsinteressen mit der Rolle eines Kommissionärs vereinbar sind (a. A. *Ehling* S. 45). Voraussetzung ist es aber immer, daß der Einziehende bei seiner Tätigkeit einen gewissen Spielraum besitzt, innerhalb dessen er entscheiden kann, wie er am besten den Interessen seines Auftraggebers Rechnung trägt (*Koller* BB **1979** 1725, 1726 f), daß sich seine Aufgabe also nicht in der Funktion einer Mahn- und Zahlstelle erschöpft, weil sonst lediglich ein Dienstvertrag ohne Geschäftsbesorgungscharakter vorliegt.

Der Factor wird in aller Regel nicht auf fremde Rechnung tätig, gleichgültig, ob man der Darlehenstheorie (*Canaris* Großkommentar HGB³, Bd. III/3 (2. Bearb. 1981) 1655) oder der Kauftheorie (*Ehling* S. 51 ff m. w. Nachw.) folgt; denn der Factor hat sich eine Position einräumen lassen, die es ihm gestattet, bei der Einziehung der Forderungen ausschließlich sein Interesse zu verfolgen. Er ist also z. B. nicht gehalten, den Schuldner vor Zwangsvollstreckungsmaßnahmen zu verschonen, um die Geschäftsverbindungen seines Kunden mit dem Schuldner nicht zu gefährden. Er hat seinen Kunden allenfalls über die zur Einziehung eingesetzten Mittel auf dem laufenden zu halten. Das reicht aber nicht aus, um eine Geschäftsbesorgung des Factors zu bejahen (so i. E. auch *Ehling* S. 45 f, 162; a. A. *Canaris* Großkommentar HGB³, Bd. III/3 (2. Bearb. 1981), 1656). Daran ändert auch die Tatsache nichts, daß der Factor beim sog. unechten Factoring nach der Darlehenstheorie verpflichtet ist, die Forderungen einzuziehen; denn diese Verpflichtung dient nicht dazu, die geschäftlichen Interessen des Kunden zu berücksichtigen, sondern nur dazu, dem Factor einen unbeschränkten Rückgriff auf seine Forderungen aus dem „Vorschuß" abzuschneiden.

12. Kommissionsagentur

33 a) Als Kommissionsagent wird der Kaufmann tätig, der ständig mit Kommissionsgeschäften betraut ist (BGH BB **1964** 823). Als Typus steht er zwischen dem gewöhnlichen Kommissionär und dem Handelsvertreter. Er hebt sich vom Handelsvertreter dadurch ab, daß er die Ausführungsgeschäfte im eigenen Namen abschließt, und vom normalen Kommissionär dadurch, daß er sich verpflichtet hat, für den Kommittenten ständig tätig zu werden, insbesondere ein Kommissionslager zu unterhalten und den Vertrieb für ein bestimmtes Gebiet zu übernehmen (*Wüstendörfer* ZHR **58** 118, 133;

Nußbaum Tatsachen, aaO, S. 41 f). Die Basis der ständigen Beziehungen zwischen dem Kommittenten und dem Kommissionsagenten ist ein Rahmenvertrag, kraft dessen der Kommissionsagent fortlaufend die Interessen des Kommittenten wahrzunehmen hat (*Gierke/Sandrock* S. 476 ff).

Vom Kommissionsagenten ist der Vertragshändler zu unterscheiden. Auch den Vertragshändler verbindet mit seinem Lieferanten ein Rahmenvertrag; auch der Vertragshändler wird im Interesse des Lieferanten im eigenen Namen absatzfördernd tätig. Vom Kommissionsagenten unterscheidet er sich dadurch maßgeblich, daß er auf eigene Rechnung (zum Begriff § 383 5) tätig wird [22].

b) Wie allgemein anerkannt ist, findet auf die Kommissionsagenten **im Außenverhältnis Kommissionsrecht** Anwendung. Im **Innenverhältnis** zwischen Kommittenten und Kommissionsagenten kann das Kommissionsrecht durch das **Handelsvertreterrecht** verdrängt werden [23]. In welchem **Umfang** dies der Fall ist, ist **strittig**. Die Antwort auf diese Frage hängt wesentlich davon ab, von welchen Faktoren man die analoge Anwendung des Handelsvertreterrechts abhängig macht. *Hefermehl* (*Schlegelberger/Hefermehl* HGB[5], § 383 96) statuiert als Voraussetzung einer analogen Anwendung, daß der Kommissionsagent für den Kommittenten ständig tätig sei und daraus im Einzelfall eine wirtschaftliche Abhängigkeit resultiere. Ferner müsse das Verhältnis des Kommissionsagenten zum Kommittenten im wesentlichen wie das des Handelsvertreters zum Unternehmer gestaltet sein. Schließlich sei jede Norm des Handelsvertreterrechts auf ihre Analogiefähigkeit zu überprüfen. *Sandrock* (*Gierke/Sandrock* Handels- und Wirtschaftsrecht, Bd. I, S. 486 ff) legt das Schwergewicht auf die ständigen Beziehungen. Sie würden ohne weiteres die Vermutung rechtfertigen, daß der Kommissionsagent schutzbedürftig sei. Im Ergebnis wendet er Handelsvertreterrecht an, soweit dies mit dem Umstand, daß der Kommissionär im eigenen Namen handelt, vertretbar ist (ebenso *Heymann/Kötter* HGB[21], § 84 1). *Schmidt-Rimpler*, aaO, zieht die Parallele zum Handelsvertreterrecht, soweit dies durch die Ständigkeit der Geschäftsverbindung gerechtfertigt ist oder dem Kommissionsagenten ein Bezirk zur Bearbeitung überlassen ist.

Diese Sicht ist zu wenig differenziert. Bei der Prüfung, inwieweit Normen des Handelsvertreterrechts auf den Kommissionsagentenvertrag anzuwenden sind, hat man drei Elemente auseinanderzuhalten, die in den §§ 84 ff einzeln oder kumulativ auszumachen sind: Das Element der „Ständigkeit" der Beziehungen aufgrund eines Rahmenvertrages; das Element der „Verschaffung oder Steigerung des „good will" des Unternehmers" auf dem vom Handelsvertreter bearbeiteten Teilmarkt; das Element der „Schutzbedürftigkeit" (RGZ **69** 365; BGH NJW **1959** 145; NJW **1961** 663 f) des Handelsvertreters infolge seiner typischen, im Vergleich zum Kommissionär erhöhten Kapitalschwäche (*Wüstendörfer* ZHR **58** 132). Die ständige Zusammenarbeit mit einem oder einigen wenigen Unternehmen, bei der das langfristige Ergebnis der Arbeit „Erhöhung des good will der Unternehmen" tendenziell zunächst letzteren unmittelbar zugute kommt, erhöht die Abhängigkeit des Handelsvertreters.

Diese Elemente müssen — anders als beim Handelsvertreter — beim Kommissionsagenten typischerweise nicht kumulativ vorliegen. So fehlt dort das Element einer Förderung des good will eines anderen Unternehmens, wo sich der Kommittent regelmä-

---

[22] BGHZ **54** 340; *P. Ulmer* Vertragshändler, S. 206; *Gierke/Sandrock* S. 479 ff; vor § 84 7 ff.
[23] RGZ **69** 364 f; BGHZ **29** 83, 86 = NJW **1959** 145; *Schmidt-Rimpler* S. 539; *Schlegelberger/Hefermehl* HGB[5], § 383 96; *Gierke/Sandrock* S. 486 ff; *Heymann/Kötter* HGB[21], § 383 1; *Ebenroth/Obermann* Absatzmittlungsverträge, aaO, S. 31.

ßig eines wirtschaftlich potenteren Kommissionärs bedient, weil er einen Strohmann vorschieben will (*Wüstendörfer* ZHR **58** 133). Auch die Schutzbedürftigkeit ist hier recht zweifelhaft. Die Schutzbedürftigkeit dürfte ferner dort nicht zu bejahen sein, wo sich ein Kaufmann nur deshalb weigert, als Handelsvertreter für den Unternehmer aufzutreten, weil er auf sein Ansehen als selbständiger Händler oder Bankier, der im eigenen Namen abschließt, Wert legt (*Nußbaum* Tatsachen, aaO, S. 42). In einem derartigen Fall kann es durchaus sein, daß durch ständiges Zusammenwirken, etwa die Unterhaltung eines Kommissionslagers, gerade der „good will" des Kommissionärs maßgeblich intensiviert wird. Es ist also von Fall zu Fall zu untersuchen, inwieweit einzelne Normen des Handelsvertreterrechts auf die konkrete wirtschaftliche Situation zugeschnitten sind, in der sich der Kommissionsagent befindet (zum methodischen Ansatz vgl. BGH NJW **1961** 662). Man hat demnach im Einzelfall zu prüfen, ob für eine entsprechende Anwendung des Handelsvertreterrechts das Element der ständigen Beziehung ausreicht oder daneben noch eine spezifische Schutzbedürftigkeit und/oder eine Förderung fremden „good will" erforderlich ist.

35   **c)** Die **Kündigungsvorschriften** der §§ 89 ff HGB sind anstatt des § 627 BGB (BGH BB **1967** 229; *K. Schmidt* Handelsrecht, § 30 III 3 a) analog anzuwenden, wenn im Einzelfall der Kommissionsagent schutzbedürftig ist (RGZ **69** 365 unterstellt beim Kommissionsagenten wie beim Handelsvertreter generelle Schutzbedürftigkeit und -würdigkeit; ebenso *Wüstendörfer* ZHR **58** 134), insbesondere deshalb, weil er ohne wesentliches eigenes Kapital arbeitet. Der Einsatz von wesentlichem Eigenkapital kann zwar im Laufe der Vertragsdauer starke Abhängigkeiten schaffen[24]. Die für die analoge Anwendung der §§ 89 ff relevante Schutzbedürftigkeit muß aber schon bei Vertragsschluß bestehen (BT-Drucksache I/3856 S. 10 f). Von einem mit erheblichem Eigenkapital arbeitenden Kaufmann, der bei Vertragsschluß eine wesentlich stärkere Stellung besitzt, kann erwartet werden, daß er sich gegen eine plötzliche Vertragsbeendigung durch Vereinbarung entsprechender Kündigungsfristen schützt (vgl. auch P. *Ulmer* Vertragshändler, aaO, S. 402 f). Er bedarf normalerweise nicht des Schutzes des § 89 Abs. 1 S. 2, Abs. 2, 3. Aber auch die dispositive Norm des § 89 Abs. 1 S. 1 findet mangels einer besonderen Schutzbedürftigkeit keine analoge Anwendung; denn der gesamte § 89 Abs. 1 ist auf den bei Vertragsschluß typischerweise schwächeren Handelsvertreter zugeschnitten[25]. Dies erhellt ein Vergleich zwischen § 621 BGB, der, wie die Zahlungsmodalität zeigt, ebenfalls auf Dienstverhältnisse zugeschnitten ist, die längere Zeit dauern sollen, und der Sondervorschrift des § 627 BGB, der es dem Gläubiger, der die Leistung des Schuldners nicht exakt kontrollieren kann, erlaubt, das Risiko der Unkontrollierbarkeit durch sofortige Lösung der Bindung zu minimieren, auch wenn das Austauschverhältnis an sich auf längere Zeit angelegt ist (**a. A.** *Schmidt-Rimpler* S. 541 f; *Ulmer* S. 448 f; RG JW **1929** 1291 f). Dort, wo der Kommissionsagent im Laufe einer intensiven Zusammenarbeit immer tiefer in Abhängigkeit geraten ist und ihm infolge der Auflösung des Vertragsverhältnisses erhebliche Schwierigkeiten entstehen würden, ist es freilich Aufgabe der Rechtsprechung, im Einzelfall für die Umstellung der Betriebsorganisation angemessene Schutzfristen zu entwickeln (**a. A.** *Ulmer* S. 448). Indizien hierfür sind: Spätere Zuführung erheblichen Eigenkapitals im Interesse des Kommittenten; vom Kommittenten gefördertes Vertrauen auf die Fortsetzung des Vertrages und dadurch hervorgerufener Verzicht, sich nach Alternativen umzuse-

---

[24] *Kreifels/Lang* NJW **1970** 1772; *Gierke/Sandrock* S. 496.
[25] BT-Drucksache I/3856 S. 10 f; ambivalent, S. 31 f; **a. A.** die h. M.: RGZ **69** 365; RG SeuffA **82** Nr. 168; **88** Nr. 125; *Schmidt-Rimpler* S. 541 f; *Schlegelberger/Hefermehl* HGB5, § 383 97; *Gierke/Sandrock* S. 488; *Schuler* NJW **1959** 649; *Heymann/Kötter* HGB21, § 383 1.

hen; vom Kommittenten unterstützte Spezialisierung im Laufe der Vertragsdauer. Diese Schutzfristen können erheblich über den Fristen des § 89 liegen.

36 d) Mit der herrschenden Meinung ist dem Kommissionsagenten wie einem Handelsvertreter in analoger Anwendung des § 87 Abs. 2 ein Anspruch auf **Bezirksprovision** zuzugestehen[26]; denn die Bezirksprovision stellt eine weitere Vergütung für die Wahrnehmung der Belange des Kommittenten im Bezirk dar. Allerdings hat der BGH (NJW **1984** 2411) es abgelehnt, dem alleinvertretungsberechtigten Eigenhändler einen Anspruch analog § 87 Abs. 2 zu geben. Er begründet dies damit, daß dem Eigenhändler jede Absatzsteigerung in seinem Verkaufsgebiet unmittelbar zugute komme. Dies gilt aber insbesondere für Markenartikel nur solange, als das Alleinvertriebsrecht respektiert wird. Der tiefere Grund dafür, warum sich der Eigenhändler anders als der Kommissionsagent mit einem Anspruch aus positiver Forderungsverletzung begnügen muß, ist der, daß die Handelsspanne nicht der Provision gleichzusetzen ist. Der Eigenhändler arbeitet anders als der Handelsvertreter und Kommissionsagent auf eigene Rechnung. Dies bleibt bei der Kalkulation der Handelsspanne nicht unberücksichtigt (vor § 84 10). In Hinblick auf derartige Ansprüche bestehen Ansprüche auf Buchauszug analog § 87 c Abs. 2 (*Schlegelberger/Hefermehl* HGB⁵, § 383 87).

37 e) Die §§ 396 Abs. 2 HGB, 675, 670 BGB werden durch eine entsprechende Anwendung des § 87 d verdrängt, soweit es um **Aufwendungen** geht, die nicht unmittelbar aus dem als Ausführungsgeschäft geschlossenen Vertrag resultieren (unklar *Gierke/Sandrock* S. 487). § 87 d ist im Vergleich zu §§ 396 Abs. 2 HGB, 675, 670 BGB insoweit enger, als der Handelsvertreter alle im regelmäßigen Geschäftsbetrieb entstandenen Aufwendungen auf sich zu nehmen hat, während den Kommissionär nur die Kosten der allgemeinen Geschäftsorganisation treffen. Für die Parallele zu § 87 d ist weniger entscheidend, daß der Kommittent von Risiken entlastet werden soll, die ihn bei einem Vertrieb mit Handlungsgehilfen unweigerlich treffen würden (*Steindorff* Festschrift *Dölle* (1963) Bd. I, S. 285 f m. w. Nachw.), sondern daß der Kommissionsagent längere Zeit mit dem Kommittenten zusammenarbeitet und daher die durchschnittliche, gewöhnliche Aufwendungslast leichter kalkulierbar ist, als wenn sie jeweils von den Umständen des Einzelfalles abhängig ist. Außerdem ist der Kommittent bei längerfristiger Zusammenarbeit infolge der daraus resultierenden Kontroll- und Druckmittel weniger der Gefahr ausgesetzt, daß der Kommissionär zugunsten einer Minimierung seiner Geschäftskosten (*Koller* BB **1979** 1725, 1726 f) darauf verzichtet, den Markt, auf dem die Ausführungsgeschäfte abgeschlossen werden, optimal zu bearbeiten. Der Kommittent braucht daher dieser Gefahr bei der Kommissionsagentur nicht mit vollem Aufwendungsersatz entgegenzusteuern.

38 f) Gegen eine analoge Anwendung der **§§ 86 Abs. 2, 90**, die einen Ausfluß der für jede Geschäftsbesorgung typischen Treuepflicht darstellen, bestehen keine Bedenken (*Schmidt-Rimpler* S. 541). Die **Verjährung** erfolgt nach allgemeinen kommissionsrechtlichen Regeln, nicht analog § 88 (BGH NJW **1981** 918, 920).

39 g) Nach herrschender Meinung hat der Kommittent **Provision** nach den Vorschriften der §§ 87 ff zu bezahlen[27]. Dieser Ansicht ist im Grundsatz zu folgen. Dabei ist je-

---

[26] RG JW **1917** 157; *Schlegelberger/Hefermehl* HGB⁵, § 383 97; *Gierke/Sandrock* S. 478; *Baumbach/Duden/Hopt* HGB²⁶, § 84 A 3 F; *Nußbaum* Tatsachen, aaO, S. 42; *Schmidt-Rimpler* S. 541; a. A. *Wüstendorfer* ZHR **58** 134.

[27] RG SeuffA **94** (1940) Nr. 40; LG Wuppertal NJW **1966** 1130; *Schmidt-Rimpler* S. 541; *Baumbach/Duden/Hopt* HGB²⁶, § 84 A 3 F; RGRKzHGB-*Ratz* § 383 3 a; *K. Schmidt* Handelsrecht, § 30 IV 3 a; differenzierend *Gierke/Sandrock* S. 187 f.

doch zu beachten, daß diejenigen Regelungen nicht zur Anwendung kommen, die darauf beruhen, daß der Unternehmer selbst das „Ausführungsgeschäft" abschließt. Ferner dürfen zwingende Normen als zwingende Regeln nur dann eingesetzt werden, wenn der Kommissionsagent im Einzelfall auch schutzbedürftig ist. Somit entfällt analog § 87 Abs. 3 S. 2 der Provisionsanspruch schon dann, wenn der Kommittent die Unmöglichkeit nicht zu vertreten hat oder ihm die Belieferung des Kommissionärs nicht zuzumuten ist (Abweichung von § 396 Abs. 1 S. 2). Die auf Dauer angelegte Vertragsbeziehung verstärkt den partiarischen Charakter des Austauschverhältnisses.

40   h) Das Entstehen eines **Ausgleichsanspruches** des Kommissionsagenten in Analogie zu § 89 b ist grundsätzlich möglich (*Schuler* NJW **1959** 649; *Schlegelberger/Hefermehl* HGB 5, § 383 97; *Baumbach/Duden/Hopt* HGB 26, § 84 A 3 F; *Gierke/Sandrock* S. 488). Voraussetzung ist, daß der Kommissionsagent wie üblich in das Absatz- oder Beschaffungssystem des Kommittenten eingegliedert ist, nach Weisungen des Kommittenten dessen Interessen wahrzunehmen hat und verpflichtet ist, dem Kommittenten bei Beendigung des Vertragsverhältnisses seinen Kundenstamm zu überlassen (BGHZ **68** 340, 343; BGH NJW **1981** 1961; **1982** 2819 f; **1983** 1789). Es genügt, daß der Kommittent im Rahmen des Anspruchs auf Rechnungslegung verlangen kann, daß ihm die Namen und Anschriften der Partner des Ausführungsgeschäfts genannt werden (BGH NJW **1982** 2819, 2820).

41   i) Die entsprechende Anwendung des § **90 a** hängt von der Schutzbedürftigkeit des Kommissionsagenten im Einzelfall ab (weitergehend *Gierke/Sandrock* S. 488).

j) § **392** greift ein (*Schmidt-Rimpler* S. 542; *Nußbaum* Tatsachen, aaO, S. 43).

k) Ebenso greifen die §§ 397 ff[28] sowie die §§ 388 Abs. 2, 389, 391 ein (*Gierke/Sandrock* aaO), weil sie auf das Handeln im eigenen Namen zugeschnitten sind (**a. A.** *Heymann/Kötter* HGB 21, § 383 1).

l) Die Selbsteintrittsregeln der §§ **400 ff** sind nicht von vornherein ausgeschlossen (**a. A.** *Schmidt-Rimpler* S. 542). Doch wird kaum jemals in den in § 400 Abs. 1 genannten Bereichen und Formen eine Kommissionsagentur vereinbart werden; da der Kommittent im Rahmen der ständigen Geschäftsbeziehung im Interesse der Förderung seines Absatz- bzw. Beschaffungssystems auf Weisungsrechte und Rechenschaftspflichten des Kommissionsagenten Wert legen wird.

m) Zur **wettbewerbsrechtlichen Zulässigkeit** von Weisungen zur Preis- und sonstigen Konditionengestaltung, zur Vertriebsbindung und zu Wettbewerbsverboten § 383 57.

n) Zur kollisionsrechtlichen Anknüpfung *Ebenroth* RIW **1984** 165, 168.

13. Kommissionsverlag

42   Der Kommissionsverleger übernimmt die Herstellung und die Vervielfältigung eines Buches im eigenen Namen auf Rechnung des Auftraggebers, in der Regel des Urhebers (RGZ **78** 300). Dieser Vertrag fällt unter § 406 Abs. 1 und, soweit es um den Verkauf geht, unter § 383. Das Verlagsgesetz ist auf ihn nicht anzuwenden; denn gemäß § 1 VerlG vervielfältigt und verbreitet der Verleger auf eigene Rechnung[29].

---

[28] *Schmidt-Rimpler* S. 542; *Nußbaum* Tatsachen, aaO, S. 43; *Gierke/Sandrock* S. 488.

[29] *Schlegelberger/Hefermehl* HGB 5, § 383 90; *Gierke/Sandrock* S. 456; *Schmidt-Rimpler* S. 524.

14. Konditionsgeschäft

Unter Konditionsgeschäft versteht man die Übergabe von Waren an einen anderen **43** mit der Vereinbarung, daß der Empfänger befugt sei, die Ware — gegebenenfalls innerhalb eines bestimmten Zeitraumes — gegen Zahlung einer Vergütung an den Lieferanten selbst zu übernehmen bzw. weiterzuveräußern oder aber zurückzugeben[30]. Derartige Vereinbarungen gehören **nicht** zum Kreis der Kommissionsgeschäfte. Sie stellen Kaufverträge dar (zur Abgrenzung Kauf — Kommission siehe auch § 383 14 ff). Das „Rückgaberecht" ist regelmäßig als aufschiebende oder auflösende Bedingung des Kaufvertrages zu qualifizieren[31], wobei die Annahme einer aufschiebenden Bedingung näher liegt (BGH NJW **1975** 777). Im Zweifel ist der Vertrag nicht als Konditionsgeschäft abgeschlossen worden (**a. A.** OLG Karlsruhe OLGZ **72** 277 ff), da der Kommissionstypus dort, wo der Abnehmer nicht das Warenrisiko übernehmen will, Risiken und Pflichten der Parteien ausgewogener verteilt (§ 383 15). Hingegen hat der Lieferant, der Zahlung vor Weiterverkauf fordert, zu beweisen, daß ein unbedingter Kaufvertrag zustandegekommen war (RGZ **107** 406; BGH BB **1981** 1732; *K. Schmidt* Handelsrecht, § 30 III 2 c).

Der Preis ist für den Fall, daß der Empfänger die Ware nicht zurückgeben will, fest vereinbart. Denkbar ist auch, daß er an dem vom Empfänger erzielten Wiederverkaufspreis orientiert ist, wobei der Lieferant den Wiederverkaufspreis fest oder rahmenmäßig vorgibt. Das Folgegeschäft wird vom Empfänger der Waren auf eigene Rechnung abgeschlossen. Er schuldet einen Kaufpreis und braucht das beim Weiterverkauf Erlangte allenfalls zur Sicherung herauszugeben. Er handelt im eigenen Interesse und kann beim Weiterverkauf, soweit ihm nicht wirksam (§§ 15, 16 GWB) Preise vorgeschrieben sind, frei seine marktpolitischen Ziele zu realisieren suchen. Die Bedingungsabhängigkeit des Konditionsgeschäftes rückt den Kauf in die Nähe des Kommissionsgeschäftes. Der Empfänger der Ware braucht nach allgemeiner Ansicht nicht die Gefahr zu tragen, daß die Ware unveräußerlich ist. Bei einer aufschiebenden Bedingung braucht er auch nicht das Risiko auf sich zu nehmen, daß die Ware vor dem Abschluß des zweiten Kaufvertrages auf dem Transport oder nach der Übergabe untergeht. Die §§ 446 f BGB gelten nicht zu Lasten des Empfängers (BGH NJW **1975** 776 ff). Gleiches gilt für die auflösende Bedingung, falls sie eintritt[32]. Entgegen der Ansicht des BGH (NJW **1975** 778) erscheint diese Risikoverteilung jedoch als unbillig, weil die Ware im Herrschaftsbereich des Empfängers untergeht und der Empfänger beim Konditionsgeschäft darüber hinaus in viel größerem Umfang seine eigenen Interessen realisieren kann als der fremdnützig arbeitende Kommissionär; zumal Konditionsgeschäfte immer von einer gewissen Marktstärke des „Käufers" zeugen. Eine Lösung des Problems ist in der Parallele zu der Interpretation der Rücktrittsvorschriften zu suchen.

Kommissionsrechtliche Vorschriften können vereinzelt auf das Konditionsgeschäft Anwendung finden: so § 384 Abs. 2 mit der Pflicht, den Eintritt der Bedingung durch Weiterverkauf anzuzeigen (*Schlegelberger/Hefermehl* HGB[5], § 383 85); ferner die §§ 388 ff als Konkretisierung allgemeiner Schutzpflichten. Entgegen OLG Hamburg (DB **1960** 1389) ist § 396 Abs. 2 nicht entsprechend heranzuziehen (*Schlegelberger/ Hefermehl* HGB[5], § 383 85), da der Käufer im eigenen Interesse handelt und daher

---

30 Schmidt-Rimpler S. 532 ff; *Schlegelberger/Hefermehl* HGB[5], § 383 85.
31 BGH NJW **1975** 776; OLG Karlsruhe OLGZ **1972** 277 ff; DB **1971** 1410; OLG Hamburg DB **1960** 1389; *Schmidt-Rimpler* S. 534; *Schlegelberger/Hefermehl* HGB[5], § 383 85.
32 Soergel/Ballerstedt BGB, § 446 8 f; *Erman/Weitnauer* BGB[7], § 446 4; *Palandt/Putzo* BGB[44], § 446 3b; *Larenz* Schuldrecht II[12], § 42 II a.

selbständig seine Kosten-Nutzen-Rechnung optimal gestalten soll (*Koller* BB **1979** 1725 f). Außerdem ist die Entlastung von Aufwendungen angesichts der typischen wirtschaftlichen Stärke des „Käufers" nicht erforderlich. Eine Ausnahme ist bei offensichtlich kapitalschwachen Käufern zu machen, die schwer veräußerliche Ware übernehmen und wo das Konditionsgeschäft nur gewählt wurde, weil die eventuellen Weiterverkaufspreise aus der Sicht der Parteien ohnehin feststanden.

Zur analogen Anwendung des § 392 Abs. 2 auf das Konditionsgeschäft § 392 2.

15. Konsignationsgeschäft

44 Der Begriff Konsignation bezeichnet in weiterem Sinne jede Verkaufskommission; unter Umständen wird dieser Begriff aber auch bei Handeln im fremden Namen oder auf eigene Rechnung verwandt (*Schmidt-Rimpler* S. 539). Seine rechtliche Bedeutung hat der Begriff Konsignation im Exporthandel, d. h. beim Absatz inländischer Ware in Übersee.

In einer Grundsatzentscheidung hat das RG (RGZ **63** 301 ff) vier Formen der Konsignation herausgearbeitet: Erstens kann gewollt sein, daß der Kommissionär selbst für den Absatz der Ware in Übersee sorgt. Es liegt dann eine Verkaufskommission im Sinne des § 383 vor. — Zweitens können zwei Kommissionsverhältnisse hintereinander geschaltet sein. Der Kommittent beauftragt einen inländischen Exporteur, im eigenen Namen auf Rechnung des Kommittenten mit einem überseeischen Importeur einen Kommissionsvertrag über den Verkauf der Waren des Kommittenten zu schließen. Hier erteilt der Kommittent eine Geschäftsbesorgungskommission (§ 406 Abs. 1 S. 2). Im Verhältnis zwischen dem inländischen Exporteur und dem Importeur in Übersee liegt eine Verkaufskommission (§ 383) vor. — Drittens ist es denkbar, daß drei Kommissionsgeschäfte entstehen. In dieser Variante übernimmt der erste Kommissionär eine Geschäftsbesorgungskommission, der seinerseits einen zweiten Kommissionär mit einer Geschäftsbesorgungskommission auf Abschluß einer Verkaufskommission mit einem dritten Kommissionär beauftragt. — Viertens kann es so sein, daß dem vom ersten Kommittenten selbst beauftragten Kommissionär die Befugnis eingeräumt wird, die ganze Kommission auf einen anderen Kommissionär als Substituten zu übertragen (*Schmidt-Rimpler* S. 538; *Nußbaum* Tatsachen, aaO, S. 5 f).

Die Staffelung der Kommissionsverhältnisse wird dadurch notwendig, daß die Ware in Übersee erst vermarktet werden muß, der inländische Exporteur aber nicht über die Organisation verfügt, um mit eigenen Mitteln die Ware in Übersee an dort ansässige Händler oder Einkaufskommissionäre zu veräußern. Es ist daher von Fall zu Fall durch Auslegung festzustellen, ob der Exporteur verpflichtet werden sollte, als Verkaufskommissionär für den Absatz der Ware in Übersee zu sorgen und dazu gegebenenfalls andere selbständige Händler und Kommissionäre als seine Erfüllungsgehilfen heranzuziehen, oder ob er lediglich beauftragt ist, im eigenen Namen auf Rechnung des Kommittenten einen weiteren Kommissionär mit dem Verkauf bzw. einer Geschäftsbesorgungskommission zu betrauen. Ersteres ist dort anzunehmen, wo der Kommissionär in Übersee über eine eigene ausgebaute Absatzorganisation verfügt (*Schlegelberger/Hefermehl* HGB[5], § 383 99). In der Regel wird im Exporthandel mit relativ unerschlossenen überseeischen Gebieten wegen des großen Risikos nur eine Geschäftsbesorgungskommission zwischen dem ersten Kommittenten und Kommissionär zu bejahen sein (*Schlegelberger/Hefermehl* HGB[5], § 383 99). In diesem Fall ist der ausländische Verkaufskommissionär nicht Erfüllungsgehilfe. Der Geschäftsbesorgungskommissionär haftet dann nur für Sorgfalt bei der Auswahl.

16. Sicherungsübereignung

Bei Sicherungsübereignungen von Warenlagern vereinbaren die Parteien regelmäßig, daß der Übereignende weiterhin befugt sei, die nun dem Treunehmer gehörenden Waren im eigenen Namen zu verkaufen, und verpflichtet sei, die daraus resultierenden Forderungen zur Sicherung an den Treunehmer abzutreten. Bei derartigen Verträgen handelt der Treugeber zwar auf Rechnung des Treunehmers, weil er die durch das Handeln im eigenen Namen erzielten Vorteile an den Treunehmer herauszugeben hat, wo sie entweder als Sicherheit gehalten oder verrechnet werden[33]. Gleichwohl liegt entgegen einer älteren Rechtsprechung[34] regelmäßig kein Kommissionsgeschäft vor (*Serick* BB **1974** 287). Entscheidend ist hierfür nicht der Umstand, daß der Treugeber aus wirtschaftlicher Sicht „sein" — fiduziarisch gebundenes Eigentum — veräußert. Ebensowenig steht der Umstand im Wege, daß die Regeln über Provision, Aufwendungsersatz und Selbsteintritt nicht passen[35]; denn es sind auch atypische Kommissionsgeschäfte denkbar[36]. Ausschlaggebend ist vielmehr, daß der Treugeber bei der Veräußerung des Sicherungseigentums seine eigenen Interessen verfolgt und sich an seiner eigenen Geschäftspolitik orientiert. Ein Weisungsrecht des Treunehmers existiert nicht. Daraus folgt, daß im Verhältnis zwischen Treugeber und Treunehmer keine Geschäftsbesorgung im Hinblick auf ein Ausführungsgeschäft vereinbart ist. Die Annahme eines Kommissionsvertrages scheidet somit aus. Ganz ausnahmsweise wird der Treunehmer ein Ziel im Auge haben und vertraglich absichern können, das über sein Interesse hinausgeht, für das veräußerte Sicherungsgut ein angemessenes Äquivalent zu erlangen. Nur in solchen Fällen muß sich der Treugeber beim Verkauf der Waren derart an den Vorstellungen des Treunehmers über die beim Weiterverkauf zu erzielenden Konditionen ausrichten, daß von einem Kommissionsvertrag gesprochen werden kann (RG Recht **1917** Nr. 1422).

45

17. Syndikate s. Gesellschaft (§ 383 31).

46

18. Vermittlung von Rembourskrediten und Dokumentenakkreditiven

Übernimmt es eine Bank ihrem Kunden gegenüber, eine ausländische Bank mit der Eröffnung eines Rembourskredites (dazu *Canaris* Großkommentar HGB[3], Bd. III/3 (2. Bearb. 1981), 1085) an den Vertragspartner ihres Kunden zu beauftragen, so liegt eine Geschäftsbesorgungskommission im Sinne des § 406 Abs. 1 S. 2 vor. Die Bank wird gegenüber der anderen Bank im eigenen Namen auf fremde Rechnung tätig. Gleiches gilt, wenn eine inländische Bank im eigenen Namen auf Rechnung ihres Kunden eine andere Bank mit dem Avis oder der Bestätigung des Akkreditivs bzw. der Prüfung und Hereinnahme des Akkreditivs beauftragt (*Schlegelberger/Hefermehl* HGB[5], § 383 93).

47

19. Versicherung auf fremde Rechnung

Die Versicherung auf fremde Rechnung ist in den §§ 74 ff VVG geregelt. Wird eine Versicherung auf Rechnung eines Dritten genommen, so stehen die Rechte aus dem Versicherungsvertrag unmittelbar dem Versicherten zu (§ 75 Abs. 1 VVG). Es ist hier

48

---

[33] *Schmidt-Rimpler* S. 524; *Schlegelberger/Hefermehl* HGB[5], § 383 81; a. A. *Oertmann* DJZ 1911 Sp. 1178 ff.
[34] RG JW **11** 324; **11** 650; RG Recht **1909** Nr. 73; OLG Braunschweig, Recht **1913** Nr. 510; vgl. auch *Mauer* ZfgK **1969** 136 ff.
[35] A. A. *Serick* BB **1974** 285 ff; *Schlegelberger/Hefermehl* HGB[5], § 383 81.
[36] *Schlegelberger/Hefermehl* HGB[5], § 383 81; *Palandt/Bassenge* BGB[44], § 930 4 a, cc.

also eine besondere Form des Vertrages zugunsten Dritter gegeben (*Schmidt-Rimpler* S. 525 f), dem ein Geschäftsbesorgungsverhältnis zugrunde liegen kann, aber nicht muß. Auf den Geschäftsbesorgungsvertrag kann gemäß § 406 Abs. 1 Kommissionsrecht Anwendung finden. Dabei ist es unerheblich, ob die Rechte aus dem Versicherungsvertrag gleichzeitig in der Person des Versicherungsnehmers entstehen; denn für ein Handeln auf fremde Rechnung ist nicht ausschlaggebend, daß die angestrebten Rechtswirkungen zuerst in der Person des Beauftragten entstehen und dann transferiert werden[37]. Es genügt, daß der Kommissionär die aus dem Ausführungsgeschäft resultierenden Vorteile dem Kommittenten zukommen lassen muß, so wie er sie im Interesse des Kommittenten erzielt hat. Der rechtstechnische Weg ist zwar normalerweise eine Verfügung des Kommissionärs; einer Zession muß aber ein Vertrag zugunsten des Kommittenten gleichgesetzt werden (*Schmidt-Rimpler* S. 526).

20. Versteigerung

49 Freiwillige Versteigerungen finden sich heute vor allem auf dem Gebiet des Kunst- und Antiquitätenhandels sowie des Buch-, Münzen- und Briefmarkenhandels. Sie erfolgen teils im eigenen, teils im fremden Namen. Soweit die dem Versteigerer eingelieferten Objekte im eigenen Namen versteigert werden, findet Kommissionsrecht Anwendung (v. *Hoyningen/Huene* NJW **1973** 1475). Wenn die Parteien nichts darüber vereinbaren, ob der Versteigerer im eigenen oder fremden Namen auftreten soll, so kann entgegen v. *Hoyningen/Huene* (NJW **1973** 1476 m. Nachw.) aus den §§ 34b Abs. 6 Nr. 4 GewO, 1 VerstVO (BGBl 1976/I, S. 1345) nicht abgeleitet werden, daß der Versteigerer im fremden Namen zu handeln hat, nur weil er die Waren Dritter veräußert. Ebensowenig kann aus dem Umstand zwingend auf ein Handeln im fremden Namen geschlossen werden, daß in der Öffentlichkeit bekannt ist, daß der Versteigerer fremde Geschäfte besorgt. Gerade Kommissionäre besorgen gewerbsmäßig fremde Geschäfte, und der Gesetzgeber ging bei der Schaffung des § 392 Abs. 2 auch davon aus, daß dies in der Öffentlichkeit bekannt sei (Protokoll zum BGB, Bd. II, S. 360 ff; § 392 2). Maßgeblich ist vielmehr primär die Verkehrssitte auf dem jeweiligen Markt. Dort, wo sich keine Verkehrssitte herausgebildet hat, ist im Zweifel Kommission zu bejahen; denn der Ersteigerer hat ein großes Interesse daran, daß er mit dem ihm bekannten Versteigerer kontrahiert (*Wolf* in *Wolf/Horn/Lindacher* AGB-Gesetz, § 9 A 91). Der Einlieferer ist durch § 392 und eventuell durch die Vereinbarung von Vorausabtretungen hinreichend geschützt, zumal er die geschäftlichen Verhältnisse des Versteigerers leichter erforschen kann als der Ersteigerer die des Einlieferers. Zur Gültigkeit allgemeiner Versteigerungsbedingungen *Wolf* in *Wolf/Horn/Lindacher* AGB-Gesetz, § 9 A 91 ff; BGH WM **1985** 389.

21. Vertragshändler

50 Vertragshändler ist nach der Definition, die *P. Ulmer* (Der Vertragshändler, S. 206) gegeben hat, ein Kaufmann, dessen Unternehmen in die Vertriebsorganisation eines Herstellers von Markenwaren in der Weise eingegliedert ist, daß er es durch Vertrag mit dem Hersteller oder einem von diesem eingesetzten Zwischenhändler ständig übernimmt, im eigenen Namen auf eigene Rechnung die Vertragswaren im Vertragsgebiet zu vertreiben und ihren Absatz zu fördern, die Funktionen und Risiken seiner

---

[37] § 383 5; a. A. *Schlegelberger/Hefermehl* HBG 5, § 383 89; *K. Schmidt* Handelsrecht, § 30 III 1 d.

Handelstätigkeit hieran auszurichten und im Geschäftsverkehr das Herstellerzeichen neben der eigenen Firma herauszustellen (vgl. auch *Ebenroth/Obermann* Absatzmittlungsverträge, aaO, S. 32 ff). Der Vertragshändler ist kein Kommissionär, da er Waren auf eigene Rechnung vertreibt. Die ständige Verbindung mit einem Hersteller oder eingesetzten Zwischenhändler in einem Geschäftsbesorgungsverhältnis legt weniger die Parallele zum Kommissionsrecht als zum Handelsvertreterrecht nahe (*Gierke/Sandrock* S. 479 ff, 489 ff m. Nachw.).

C. Der Kommissionsvertrag und seine rechtliche Struktur
I. Abschluß des Vertrages

a) „Übernehmen" im Sinne der §§ 383, 406 heißt, sich vertraglich binden. Für den Abschluß des Vertrages gelten die allgemeinen Vorschriften (§§ 145 ff BGB). **51**

b) Der Vertrag muß — soweit nicht einer der Parteien das Recht eingeräumt ist, den Inhalt des Vertrages näher zu bestimmen (§ 315 BGB) — inhaltlich nach der Art der vom Kommissionär auszuführenden Geschäfte **hinreichend bestimmt** sein. Bestimmbarkeit durch Auslegung der Vereinbarung genügt. Auch bei der Effektenkommission genügt Bestimmbarkeit nach Art des Wertpapieres, der Stückzahl oder des Nennwertes. Es ist nicht erforderlich, daß eine genaue Bezeichnung der zu kaufenden bzw. zu verkaufenden Wertpapiere erfolgt (a. A. *Schlegelberger/Hefermehl* HGB⁵, § 406 24), wenn diese auch regelmäßig erfolgen wird. Ebensowenig muß angegeben werden, wie lange der Auftrag gelten und zu welchen Konditionen er ausgeführt werden soll. Etwaige Lücken füllen die allgemeinen Regeln über die Interessenwahrung (§ 384 3, 17 ff). Der Kommissionär hat so schnell wie möglich auszuführen, ohne daß dies zu Lasten eines optimalen Abschlusses gehen darf. Zeitlich nicht limitierte Aufträge gelten bis zur Erledigung oder bis zur Kündigung (§ 383 82 ff). Gemäß Nr. 31 Abs. 1 S. 1 AGB der Banken sind Aufträge auf den letzten Börsentag des laufenden Monats befristet; Aufträge, die erst am letzten Börsentag eingehen und an diesem Tag nicht mehr erledigt werden können, sind noch für den nächsten Börsentag vorgemerkt. Im Rahmen dieser zeitlichen Schranken sind die Interessen des Kunden optimal zu wahren.

c) Das Angebot kann konkludent angenommen werden, gegebenenfalls ohne daß es **52** eines Zugangs der Annahme bedarf (§ 151 Abs. 1 BGB), wenn der Zugang nach der Verkehrssitte nicht zu erwarten ist oder hierauf verzichtet worden war. Doch kann ein Vertrag auch trotz **Schweigens des Kommissionärs** zustande kommen, wenn der Kommittent mit dem Kommissionär in Geschäftsbeziehungen steht und der Kommissionär den Antrag nicht unverzüglich ablehnt (§ 362 Abs. 1 S. 1). Zur Frage der „Unverzüglichkeit" bei der Effektenkommission s. *Canaris* Großkommentar HGB³, Bd. III/3 (2. Bearb. 1981), 1839. Gleiches gilt, falls sich der Kommissionär dem Kommittenten gegenüber zur Besorgung eines Kommissionsgeschäftes erboten hat (§ 362 Abs. 1 S. 2). Zur Behandlung des Schweigens des Kommissionärs als Annahme vgl. ferner *Canaris* Vorauflage Anh. § 362 4 ff. Hat sich der Kommissionär lediglich öffentlich, etwa durch Anzeigen, zur Übernahme von Kommissionen erboten, so macht er sich gemäß §§ 675, 663 S. 1 BGB schadensersatzpflichtig, wenn er dem Auftraggeber nicht unverzüglich die Ablehnung der Kommission anzeigt. Zu weitergehenden Wirkungen des Schweigens *Canaris* Vorauflage Anh. § 362 23 ff.

d) Bei der Effektenkommission kann die Bank einen Auftrag ihres Kunden nicht beliebig ablehnen. Das Geschäftsverhältnis zwischen Bank und Kunden, das gemäß Ziff. I vor Nr. 1 AGB der Banken auf gegenseitiges Vertrauen gegründet sein soll, schließt die **53**

willkürliche Ablehnung von Aufträgen oder die willkürliche Verzögerung ihrer Annahme aus. Insoweit besteht ein gewisser Kontrahierungszwang[38]. Gleiches gilt in Fällen, in denen ein sonstiger Kommissionär einen Auftrag angenommen hat, der seiner Art nach weitere Kommissionsgeschäfte nach sich zieht. Das ist insbesondere bei Spekulationsgeschäften, wie Börsentermingeschäften, der Fall, wo der Kommittent Waren oder Wertpapiere nicht real abnehmen bzw. liefern, sondern sein Engagement durch ein gegenläufiges Kommissionsgeschäft wieder auflösen will (*Schmidt-Rimpler* S. 652 m. Nachw.). Ein **Kontrahierungszwang** kann sich ferner aus § 26 Abs. 2 GWB ergeben, falls der Kommittent durch die Ablehnung des Vertragsschlusses oder einer Vertragsänderung unbillig behindert oder ungerechtfertigt unterschiedlich behandelt wird (zu Einzelheiten s. Kommentierungen zu § 26 Abs. 2 GWB; ferner *Ebenroth/Obermann* DB **1981** 829 ff). Für eine analoge Anwendung des § 38 a Abs. 3 GWB *Vollmer* BB **1984** 226, 229; a. A. *Riesenkampff* BB **1984** 2026, 2029.

II. Form

54 a) Der Vertrag bedarf regelmäßig keiner Form. Es ist weitgehend ungesichert, inwieweit Kommissionsverträge gemäß § 34 GWB der Schriftform unterliegen. Die Schriftform ist grundsätzlich immer dann erforderlich, wenn sich der Kommissionär oder der Kommittent Bindungen unterworfen hat, die in den Geltungsbereich des § 18 GWB fallen. Die Reichweite des § 18 GWB ist in Hinblick auf Kommissionsgeschäfte stark umstritten (§ 383 57 a). Eine gesicherte Meinung hat sich noch nicht herauskristallisiert, doch geht die Tendenz dahin, § 18 GWB auch dann anzuwenden, wenn die Interessenwahrungspflicht des Kommissionärs im konkreten Fall ein Wettbewerbsverbot nach sich zieht oder wenn Weisungen zum Auftreten auf den Drittmärkten gegeben werden (§ 383 57 a). Haben die Parteien in einem Rahmenvertrag alle wettbewerbsbeschränkenden Abreden schriftlich niedergelegt, so können sie in der Folgezeit formlos einzelne Lieferverträge abschließen (*Immenga/Mestmäcker/Emmerich* GWB (1981), § 34 39 m. Nachw.). Bei der **Effektenkommission** läßt sich allerdings die Bank mündliche Aufträge schriftlich bestätigen. Sonstige, nicht schriftliche Aufträge bestätigt sie spätestens am folgenden Tag selbst oder sie läßt sie sich bestätigen. Bei mündlichen Aufträgen kommt der Vertrag so zustande, wie er schriftlich fixiert ist (a. A. *Schmidt-Rimpler* S. 647). Bei den „sonstigen" Aufträgen hat die Bestätigung primär die Funktion einer Mitteilung bzw. einer deklaratorischen Wiederholung des Auftrages zur Ausschaltung von Übermittlungsfehlern. Hat die Bank eine Bestätigung abgesandt, die der Order des Kommittenten widerspricht, so gibt das dem Kommittenten die Gelegenheit, seinen Auftrag zu widerrufen oder anzufechten, da der Kommissionsvertrag durch sofortige Versuche zur Ausführung des Auftrages zustande kommen (§ 151 BGB) kann. Eine vom ursprünglichen Auftrag abweichende „Bestätigung" durch den Kommittenten stellt mithin im Zweifel keine Anfechtungserklärung (§§ 119 f BGB) dar. Hat der Kommittent eine von der Order abweichende Bestätigung übermittelt, so kann hierin unter Umständen ein neues Angebot unter Widerruf des alten liegen; im Zweifel signalisiert die abweichende Bestätigung nur Kommunikationsfehler. Die Bank hat daher immer wegen der Möglichkeit von Übermittlungsfehlern mit der Ausführung des Auftrages soweit tunlich zu warten und unverzüglich die Divergenz von Bestätigung und Auftrag aufzuklären. Bei besonders dringlichen Orders, bei denen ein Zu-

---

[38] *Canaris* Großkommentar HGB[3], Bd. III/3 (2. Bearb. 1981), 1843; *Schlegelberger/Hefermehl* HBG[5], § 406 23; *Schmidt-Rimpler* S. 653.

warten nicht im erkennbaren Interesse des Kommittenten liegt, kann die Bank das erste Angebot, bzw. im Fall eines wirksamen Widerrufs, das zweite sofort durch Ausführung annehmen (§ 151 BGB). Der Versteigerer darf gemäß § 1 VerstVO (BGBl. 1976/I, S. 1345) nur schriftliche Versteigerungsaufträge hereinnehmen. Ein Verstoß führt nicht zur Nichtigkeit, sondern löst lediglich strafrechtliche Folgen aus (*v. Hoyningen/ Huene* NJW **1973** 1476 m. Nachw.).

b) Der Kommissionsvertrag ist grundsätzlich auch dann formlos gültig, wenn das Ausführungsgeschäft — wie beim Handel mit **Grundstücken** oder **GmbH-Anteilen** (§§ 313 BGB, 15 Abs. 6 GmbHG) — der Form bedarf. Die Verpflichtung des Kommittenten, das Grundstück oder die GmbH-Anteile zu übertragen, wird bei der Verkaufskommission nicht als rechtsgeschäftliche Verpflichtung angesehen, da sie unmittelbar den §§ 396 Abs. 2 HGB, 675, 670 BGB entspringt (*Palandt/Heinrichs* BGB[44], § 313 5 c). Allerdings gilt insbesondere bei der **Verkaufskommission** der Grundsatz, daß der Auftrag keine sofortige Bindung des Kommittenten begründen darf, nach dem Willen des Kommissionärs das Grundstück aus der Hand zu geben (*Palandt/Heinrichs* BGB[44], § 313 5 a, 6). Formbedürftig ist daher die unwiderrufliche Kommission zur Veräußerung eines Grundstückes; ferner in den Fällen, in denen der Kommissionär eine unwiderrufliche Auflassungsvollmacht besitzt (*Schlegelberger/Hefermehl* HGB[5], § 383 39). Allerdings ist es hier ohnehin fraglich, ob noch ein Geschäftsbesorgungsvertrag in Form einer Kommission gewollt ist, da es mit diesem Vertragstypus unvereinbar ist, daß der Kommissionär seine Interessen vor die des Kommittenten setzt. Bei der **Einkaufskommission** ist zu beachten, daß durch den Kommissionsvertrag eine Erwerbsverpflichtung des Kommissionärs begründet wird, die gemäß § 313 S. 1 BGB bei Grundstücken zur Formbedürftigkeit führt (BGHZ **85** 247; *Palandt/Heinrichs* BGB[44], § 313 5 a m. w. Nachw.).

Die Formbedürftigkeit eines Kommissionsvertrages über Grundstücke oder GmbH-Anteile, der kraft besonderer Vereinbarung im Wege des **Selbsteintritts** ausgeführt werden darf, ist umstritten[39]. Ein Verzicht auf die Form würde bei Ausübung des Selbsteintritts dazu führen, daß weder der Kommissionsvertrag noch das Ausführungsgeschäft beurkundet wären. Bei der widerruflichen Verkaufskommission über ein Grundstück ist das hinzunehmen, weil die Beurkundung des Ausführungsgeschäftes dafür sorgt, daß zumindest die Konditionen dieses — für das Innenverhältnis Kommittent — Kommissionär — maßgeblichen Geschäftes ohne Überstürzung ausgehandelt werden. Die §§ 400 ff bieten angesichts der starken Einschränkung der Rechenschaftspflicht dem Kommittenten keinen vergleichbaren Schutz. Daher ist ein Kommissionsvertrag über Grundstücke formbedürftig, falls der Kommissionär zum Selbsteintritt berechtigt ist. Ist die Form eingehalten, so bedarf die Erklärung des Selbsteintrittes nicht mehr der Form (Analogie zu § 505 BGB). Zum gleichen Ergebnis muß man bei der Verkaufskommission über GmbH-Anteile kommen, da § 15 GmbHG den Handelsverkehr mit GmbH-Anteilen erschweren will, um vorschnelle, ohne reifliche Überlegung getätigte Spekulationsgeschäfte zu verhindern (*Hachenburg* GmbHG[6], § 15 6).

---

[39] Generell für Formbedürftigkeit: *Schlegelberger/ Hefermehl* HBG[5], § 383 39; *Baumbach/Duden/ Hopt* HGB[26], § 405 1 A; lediglich für Formbedürftigkeit der Erklärung des Selbsteintritts: *Schmidt-Rimpler* S. 647; für Formfreiheit: RGZ **80** 99 ff; RGRKzHGB-*Ratz* § 383 38; *Düringer/ Hachenburg/Lehmann* HGB[3], § 383 14.

III. Sonstige Nichtigkeitsgründe sowie Börsentermineinwand und Differenzeinwand

Neben den allgemeinen Nichtigkeitsgründen (zum Einwand des Formmangels § 383 54; zur Anfechtbarkeit bei der Effektenkommission *Canaris* § 357 788 ff) sind bei der Kommission im besonderen zu beachten:

1. Die Vorschriften der §§ 65 ff BörsG bei Termingeschäften in Getreide und Erzeugnissen der Getreidemüllerei

55 a) §§ 65—68 BörsG

§ 65. Börsentermingeschäfte in Getreide und Erzeugnissen der Getreidemüllerei sind verboten.

§ 66. Durch ein verbotenes Börsentermingeschäft in Getreide oder Erzeugnissen der Getreidemüllerei wird eine Verbindlichkeit nicht begründet. Die Unwirksamkeit erstreckt sich auch auf die Bestellung einer Sicherheit.

Das Recht, das auf Grund des Geschäfts Geleistete deshalb zurückzufordern, weil nach Abs. 1 Satz 1 eine Verbindlichkeit nicht bestanden hat, erlischt mit dem Ablaufe von zwei Jahren seit der Bewirkung der Leistung, es sei denn, daß der zur Rückforderung Berechtigte vor dem Ablaufe der Frist dem Verpflichteten gegenüber schriftlich erklärt hat, daß er die Herausgabe verlange.

§ 67. Die Vorschriften der §§ 50 bis 66 finden keine Anwendung auf den Kauf oder die sonstige Anschaffung von Getreide oder Erzeugnissen der Getreidemüllerei, wenn der Abschluß nach Geschäftsbedingungen erfolgt, die der Bundesrat genehmigt hat, und als Vertragsschließende nur beteiligt sind:
1. Erzeuger oder Verarbeiter von Waren derselben Art, wie die, welche den Gegenstand des Geschäfts bilden, oder
2. solche Kaufleute oder eingetragene Genossenschaften, zu deren Geschäftsbetriebe der Ankauf, der Verkauf oder die Beleihung von Getreide oder Erzeugnissen der Getreidemüllerei gehört.

In den Geschäftsbedingungen muß festgesetzt sein:
1. daß im Falle des Verzugs der nicht säumige Teil die Annahme der Leistung nicht ablehnen kann, ohne dem säumigen Teil eine angemessene Frist zur Bewirkung der Leistung zu bestimmen;
2. daß nur eine Ware geliefert werden darf, die vor der Erklärung der Lieferungsbereitschaft (Andienung) von beeidigten Sachverständigen untersucht und lieferbar befunden worden ist;
3. daß auch eine nicht vertragsmäßig beschaffene Ware geliefert werden darf, wenn der Minderwert nach der Feststellung der Sachverständigen eine bestimmte Höhe nicht überschreitet und dem Käufer der Minderwert vergütet wird, sowie daß ein von den Sachverständigen festgestellter Mehrwert bis zu einer bestimmten Höhe dem Verkäufer zu vergüten ist.

§ 68. Wird ein auf Lieferung von Getreide oder Erzeugnissen der Getreidemüllerei lautender Vertrag in der Absicht geschlossen, daß der Unterschied zwischen dem vereinbarten Preise und dem Börsen- oder Marktpreise der Lieferungszeit von dem verlierenden Teil an den gewinnenden gezahlt werden soll, so finden die Vorschriften des § 66 auch dann Anwendung, wenn es sich nicht um ein verbotenes Börsentermingeschäft handelt. Dies gilt auch dann, wenn nur die Absicht des einen Teiles auf die Zahlung des Unterschieds gerichtet ist, der andere Teil aber diese Absicht kennt oder kennen muß.

Die Vorschriften der §§ 762, 764 des Bürgerlichen Gesetzbuchs bleiben bei einem auf die Lieferung von Getreide oder Erzeugnissen der Getreidemüllerei lautenden Vertrag außer Anwendung.

b) Erläuterung

aa) Im Unterschied zu sonstigen verbotenen Börsentermingeschäften, die normalerweise gemäß § 64 BörsG nicht nichtig, sondern unklagbar sind (*Canaris* Großkommentar HGB³, Bd. III/3 (2. Bearb. 1981) 1870), führt ein Verstoß gegen das Verbot von Börsentermingeschäften in Getreide und Erzeugnissen der Getreidemüllerei gemäß § 66 Abs. 1 BörsG zur Nichtigkeit[40]. Aus § 70 BörsG ergibt sich, daß die Nichtigkeit auch den Kommissionsvertrag ergreift. Bei Kommissionen mit Selbsteintritt unterfallen außerdem die kaufrechtlichen Beziehungen, die normalerweise durch die Ausübung des Gestaltungsrechts „Selbsteintritt" entstehen, unmittelbar den §§ 65 ff BörsG.

Zum Begriff des Börsentermingeschäftes siehe *Canaris* Großkommentar HGB³, Bd. III/3 (2. Bearb. 1981), 1872. Entgegen *Schwark* BörsG, § 65 2 muß das Geschäft nicht den Charakter einer Fixschuld haben (s. *Canaris*, aaO). Ein Börsengeschäft liegt aber nicht allein schon deshalb vor, weil die Zuständigkeit eines Börsenschiedsgerichtes vereinbart wurde (*Schwark* BörsG, § 65 2). Betroffen von dem Verbot des § 65 BörsG sind neben dem Getreide Erzeugnisse der Getreidemüllerei. Dazu gehören insbesondere Mehle, aber auch Kleie, Stärke, Malz; nicht aber andere Getreidefabrikate, wie Braumalz oder Erzeugnisse anderer Müllereien[41]. Das Verbot ist umfassend. Ausnahmen sind gemäß § 67 BörsG möglich (dazu unten). Das Verbot gilt nicht, wie sich im Umkehrschluß aus § 61 BörsG ergibt, soweit der Vertrag im Ausland abgeschlossen oder zu erfüllen ist (*Schwark* BörsG, § 65 3). Maßgeblich ist der Abschlußort des Ausführungsgeschäftes. Wird deutsches Recht für das Geschäft vereinbart, so kommt § 65 BörsG zur Anwendung, auch wenn die allgemeinen Anknüpfungspunkte für das Ausführungsgeschäft im Ausland liegen.

Bei Verstoß gegen das Verbot entsteht ein Anspruch, daß das aufgrund des Geschäftes Geleistete zurückgegeben wird. Der Anspruch stellt, wie der Wortlaut des § 66 BörsG zeigt, einen Bereicherungsanspruch dar[42]. Nach ganz herrschender Meinung finden auf den Bereicherungsanspruch die allgemeinen bereicherungsrechtlichen Vorschriften Anwendung (*Breit* aaO, 229; *Nußbaum* aaO, § 66 III m. Nachw.). Insbesondere findet § 814 BGB Anwendung, wenn der Leistende die Nichtigkeit gekannt hatte (RG BankArch **1905/06** 119; *Nußbaum* aaO, § 66 III; *Breit* aaO, 230). Andererseits schließt die § 66 BörsG zugrunde liegende wirtschaftspolitische Wertung es aus, daß die Leistung Sitte oder Anstand entspricht[43]. § 817 S. 1 BGB soll keine Anwendung finden[44]. Das ist im Lichte der neueren Diskussion um den § 817 S. 2 BGB (dazu *Larenz* Schuldrecht II¹², § 69 III) äußerst zweifelhaft, da dem wirtschaftspolitischen Präventionszweck nur durch die weitgehende Labilität der Austauschbeziehungen Rechnung getragen werden kann. Der Kommissionär kann sich nicht auf § 818

---

[40] *Breit* in *Düringer/Hachenburg/Lehmann* HGB³, Anh. § 382 228; *Bremer* Grundzüge des deutschen und ausländischen Börsenrechts (1969), S. 137; a. A. *Schwark* BörsG, § 66 1; unklagbar und nicht ohne weiteres erfüllbar.

[41] *Breit* in *Düringer/Hachenburg* HGB³, Anh. § 382 227; *Schwark* BörsG, § 65 1.

[42] *Breit* in *Düringer/Hachenburg* HGB³, Anh. § 382 229; *Nußbaum* BörsG, § 66 III; a. A. *Schwark* BörsG, § 66 2, 3: § 66 II BörsG gibt neben dem allgemeinen Bereicherungsanspruch eine zusätzliche Forderung.

[43] RG BankArch **5** 262; *Schwark* aaO, § 66 3 m. Nachw.; a. A. *Nußbaum* aaO, § 66 III; differenzierend *Breit* aaO, Anh. § 382 230.

[44] *Nußbaum* aaO, § 66 III; *Schwark* aaO, § 66 3; *Breit* aaO, 230.

Abs. 3 BGB berufen, wenn er den als Aufwendung verlangten Betrag an den Dritten weitergeleitet hatte (RGZ **138** 124). — Die wirtschaftspolitisch zweckmäßige Labilität der Austauschbeziehungen ist freilich durch § 66 Abs. 2 BörsG begrenzt, der den Rückforderungsanspruch auf zwei Jahre beschränkt. Die Frist des § 66 Abs. 2 BörsG ist im Interesse einer im Handelsverkehr erwünschten Verkehrssicherheit eine Ausschlußfrist, die von Amts wegen zu beachten ist. Die §§ 202 ff BGB sind daher auch nicht analog anzuwenden (*Schwark* BörsG, § 66 2). An die Stelle der Ausschlußfrist von zwei Jahren tritt gemäß § 66 Abs. 2 BörsG die allgemeine Verjährungsfrist von 30 Jahren, falls der Leistende schriftlich vor Ablauf der Ausschlußfrist die Herausgabe verlangt hatte.

bb) Aus der Sicht des hier vertretenen Begriffs des Börsentermingeschäftes stellt § 67 BörsG eine Ausnahme von § 66 BörsG dar (a. A. *Schwark*, BörsG, § 67 1 m. Nachw.). Seine Funktion ist es, trotz einer weiten Auslegung des Begriffs „Börsentermingeschäft" börsenmäßig abgewickelte Zeitgeschäfte zu ermöglichen, soweit dies im berechtigten wirtschaftlichen Interesse der Beteiligten liegt. Es ist richtig, daß § 67 BörsG geschaffen wurde, um zu verhindern, daß der Lieferungshandel den Regeln des Terminhandels unterworfen wird, falls im Laufe der Rechtsentwicklung auf das Kriterium des Fixgeschäftes verzichtet werden sollte. Der Gesetzgeber hat sich aber nicht dazu bereit gefunden, den Begriff des Börsentermingeschäftes eng zu fassen oder alle Nicht-Fixgeschäfte aus dem Kreis der den Terminhandel beschränkenden Normen herauszunehmen. Vielmehr hat er gerade für Verträge, die keine Fixgeschäfte darstellen, vorgesehen, daß die ihnen zugrunde liegenden Geschäftsbedingungen hoheitlich genehmigt sein müssen, und nur unter dieser Bedingung nicht dem Verdikt des § 66 BörsG unterfallen sollen. Daraus ergibt sich, daß er es als durchaus möglich anerkannte, den Begriff des Börsentermingeschäftes weit zu fassen (a. A. *Nußbaum* BörsG, § 67 I; *Breit* aaO, 237; *Schwark* aaO, § 67 1). Tut man dies, so können börsenmäßige Lieferungsgeschäfte in Getreide oder Getreideprodukten, die nicht unter die Voraussetzungen des § 67 BörsG fallen, nichtig sein, obwohl sie mit einer Nachfristklausel versehen sind.

cc) Auch die unter der Voraussetzung des § 67 BörsG abgeschlossenen Geschäfte sowie die Kommissionen (§ 70 BörsG) sind gemäß § 68 BörsG nichtig, falls die Lieferungsgeschäfte zu wirtschaftlich unberechtigten Zwecken mißbraucht werden, d. h. wenn ihnen der Differenzeinwand (*Canaris* Großkommentar HGB³, Bd. III/3 (2. Bearb. 1981), 1877) entgegengesetzt werden könnte. Geht man von einer engen Interpretation des Begriffes Börsentermingeschäft aus, so schützt dies nicht gegen die Anwendung des § 68 BörsG, der dann auch bei sonstigen Lieferungsgeschäften eingreifen muß, sofern eine Differenzabsicht einer Partei bestand und dies der anderen bekannt sein mußte (*Schwark* BörsG, § 68 2 m. Nachw.).

Lieferungsgeschäfte an ausländischen Börsen sind ausschließlich nach den allgemeinen Regeln der §§ 762, 764 BGB zu beurteilen (*Schwark* BörsG, § 68 6).

55a Zum Börsenterminhandel in **Effekten** und **anderen Waren** als Getreide und Erzeugnissen der Getreidemüllerei und zu den auf derartige Geschäfte gerichteten Kommissionen (§§ 61, 70 BörsG) *Canaris* Großkommentar HGB³, Bd. III/3 (2. Bearb. 1981) 1868 ff sowie *Häuser* ZIP **1981** 933. Vgl. ferner zur **Aufklärungspflicht** des Mittlers BGH NJW **1981** 1266; **1981** 1440; WM **1982** 738; **1985** 81; zu Termingeschäften an **ausländischen Börsen** BGH WM **1981** 711; NJW **1981** 1898; WM **1983** 82; **1984** 329; OLG München WM **1982** 80; OLG Düsseldorf WM **1982** 751; *Steindorff* IPrax **1982** 49; *Kümpel* in: Europäisches Rechtsdenken in Geschichte und Gegenwart, Festschrift *Coing* (1982) II, S. 193; *Samtleben* RabelsZ **1981** 218; zu **Optionen** BGH WM **1984** 1598; OLG Köln WM **1983** 1072; *v. Arnim* AG **1983** 67, 68 f; zu § 55 BörsG BGH

WM **1985** 449; OLG Karlsruhe WM **1984** 21; zur **Prolongation** *Hopt* BB **1984** 417; zum **Konkurs** des Bankkunden *Obermüller* WM **1984** 325; zur Abgrenzung zum **Kassageschäft** *Kümpel* WM **1985** 73; *Koller* WM **1985** 593 ff.

2. Spiel- und Differenzeinwand

Der allgemeine Spiel- und Differenzeinwand gemäß den §§ 762, 764 BGB kann ebenfalls gegen Kommissionen erhoben werden, die auf Spiel- oder Differenzgeschäfte zielen oder als solche zu qualifizieren sind (BGH NJW **1974** 1821; *Palandt/Thomas* BGB⁴⁴, § 762 3; *Erman/H. H. Seiler* BGB⁷, § 762 7, § 764 1). Entgegen RGZ 40 259; 58 280 ist hiervon auch nicht der Anspruch auf Herausgabe des von dem Kommissionär aus dem Ausführungsgeschäft Erlangten ausgenommen, da die Durchsetzbarkeit dieses Anspruches die Präventionswirkung der §§ 762, 764 BGB aushöhlt (i. E. wie hier *Schwark* BörsG, § 60 415; **a. A.** *Erman/H. H. Seiler* BGB⁷, § 762 7; *Palandt/Thomas* BGB⁴⁴, § 762 3; zweifelnd *Nußbaum* BörsG, § 60 IV). Der Differenzeinwand kann durch das BörsG ausgeschlossen sein (§§ 58, 68 Abs. 2 BörsG).

3. Kartellrechtliche Schranken der Preis-, Ausschließlichkeits-, Vertriebsbindungen und Wettbewerbsverbote

a) Kommissionsverträge, denen zufolge der Kommissionär nicht die nach eigenem Ermessen optimalen Preise und Konditionen zu erzielen hat, sondern genaue **Preis- und Konditionenvorgaben** des Kommissionärs zu beachten hat, können wegen Verstoßes gegen § 15 GWB unwirksam sein. Es ist bislang nicht geklärt, in welchen Fallgruppen § 15 GWB eingreift (*Ebenroth/Obermann* Absatzmittlungsverträge, aaO, S. 84 f; *Brühl* Das kartellrechtliche Preis- und Konditionenbindungsverbot (1982), S. 168 ff jeweils m. Nachw.). Gesichert ist nur, daß Kommissionsverträge nicht schon deshalb gemäß § 15 GWB nichtig sind, weil der Kommittent über das ihm gemäß § 384 Abs. 1 zustehende Weisungsrecht auf die Preisgestaltung Einfluß zu nehmen vermag (*Mestmäcker/Immenga/Emmerich* GWB, § 15 30). Vielmehr ist § 15 GWB angesichts der institutionellen Gegebenheiten der Vertragstypen, die der GWB-Gesetzgeber nicht vollständig hat modifizieren wollen und weil Kommissionäre Hilfspersonen des Kommittenten sind, zu restringieren (BKartA WuW/E BKartA 1936, 1940; KG WuW/E OLG 2819, 2820; *Riesenkampff* BB **1984** 2026 ff m. w. Nachw.). Sicher ist ferner, daß § 15 GWB eingreift, wenn mit Hilfe von Kommissionsverträgen ein einheitliches, lückenloses Preisbindungssystem errichtet wird und dadurch das Preisbindungsverbot umgangen wird (ähnlich *Hertz-Eichenrode* WuW **1983** 785, 786 f; *Keßler* WRP **1982** 450, 451; *Riesenkampff* BB **1984** 2026, 2030). Dem KG (WuW/E OLG 2819, 2821) und dem BKartA (WuW/E BKartA 1936, 1940) zufolge sollen ferner solche Kommissionsverträge nichtig sein, in denen in erheblichem Umfang von den unter Wettbewerbsgesichtspunkten sensiblen dispositiven Vorschriften der §§ 384 ff HGB abgewichen wird. Diese Schranke leuchtet ein; denn zum gesetzlichen Leitbild des Kommissionsgeschäfts gehört es ja gerade, daß der Kommissionär alle Interessen des Kommittenten wahrzunehmen hat. Zu diesen Interessen können je nach Marktlage eine möglichst gleichmäßige Preis- und Konditionengestaltung aller Absatzmittler gehören. § 384 Abs. 1 spricht deshalb, um den Typus des Kommissionsvertrages offen zu halten, nur von Weisungen (zutreffend *Riesenkampff* BB **1984** 2026, 2029). Daher wird man unter dem Aspekt der atypischen Modifikation des Kommissionsgeschäfts solche Kommissionsverträge ohne weiteres dem § 15 GWB unterwerfen dürfen, die atypisch wesentliche Absatzrisiken auf den Kommissionär verlagern (*Ebenroth/Obermann* Absatzmittlungsverträge, S. 82 f) und damit das legitime Interesse des Kommittenten mindern, sein Absatzrisiko

§ 383　　　　　　　　Drittes Buch. Handelsgeschäfte

zu beeinflussen. Weiterführend erscheint der Hinweis des KG (WuW/E OLG 2819, 2822), daß § 15 GWB ferner dann anzuwenden sei, wenn der Kommissionsvertrag im konkreten Fall zu einer spürbaren Beeinträchtigung des Wettbewerbs führe, ohne daß dies durch anerkennenswerte, im Sinne der Interessenabwägung billigenswerte Interessen des Kommittenten gerechtfertigt sei (*Keßler* WRP **1984** 124, 126 f). Demnach können insbesondere Vertriebssysteme auf Kommissionsbasis dem § 15 GWB unterfallen, wenn der Kommittent nicht vorbringen kann, daß er auf den Kommissionsvertrieb angewiesen ist. Ein Sanierungsprivileg des Kommittenten existiert nicht (a. A. *Autenrieth* BB **1983** 458 f). *Vollmer* (BB **1984** 226 ff) schlägt eine Analogie zu § 38 a Abs. 3 GWB vor. Die Analogiebasis ist jedoch unzulänglich (*Riesenkampff* aaO, 2029); außerdem widerspricht eine Mißbrauchskontrolle dem Ziel des § 15 GWB, wettbewerbsgefährdende Vertragsformen im Vorfeld des Mißbrauchs auszuschalten.

57 a　b) Kommissionäre können durch Kommissionsverträge in vielfältiger Form auch in ihrer Wettbewerbsfreiheit beschränkt werden. So kann dem § 384 das Verbot entspringen, **Konkurrenzware** zu vertreiben oder sonst in Konkurrenzfirmen tätig zu werden (§ 384 21 a); ein **Wettbewerbsverbot** kann auch ausdrücklich begründet werden. Denkbar ist ferner, daß der Kommittent den Kommissionär anweist, nur auf bestimmten Märkten tätig zu werden, oder daß die Parteien von vornherein derartige Beschränkungen vereinbaren. Darüber hinaus werden gerade bei Kommissionsagenten häufig **Ausschließlichkeitsvereinbarungen** getroffen, denen zufolge der Kommissionär nur oder in bestimmtem Umfang für den Kommittenten tätig zu werden bzw. der Kommittent den Kommissionär zu beliefern hat. Alle diese Verträge, auch soweit die Bindung dem dispositiven Recht entspringt (*Ebenroth/Obermann* Absatzmittlungsverträge, aaO, S. 79), werden vom Wortlaut des § 18 GWB erfaßt. Auch hier wird verbreitet eine Restriktion des § 18 GWB vertreten, ohne daß über die Reichweite der Restriktion Einigkeit erzielt worden wäre. Die sog. absolute Theorie lehnt eine Anwendung des § 18 GWB auf sämtliche Interessenwahrungsverträge und damit auch auf den Kommissionsvertrag ab (*Rittner* ZHR **135** (1971) 289; OLG Stuttgart WuW/E OLG 1302, 1303). Der sog. Immanenztheorie zufolge unterfallen solche Beschränkungen nicht dem § 18 GWB, die unmittelbar dem dispositiven Recht entspringen (KG WuW/E OLG 1961, 1963). *Ebenroth/Obermann* (Absatzmittlungsverträge, aaO, S. 83) klammert solche Bindungen aus dem Anwendungsbereich des § 18 GWB aus, soweit die reine Hilfsfunktion des Kommissionärs berührt ist. Ausschließlichkeitsbindungen und Wettbewerbsverbote unterfallen ihrer Ansicht zufolge dem § 18 GWB. Mit einer im Vordringen begriffenen Ansicht sind jedoch alle Bindungsabreden einschließlich der vertragstypischen Bindungen am Maßstab des § 18 GWB zu messen (*Immenga/Mestmäcker/Emmerich* GWB (1981), § 18 51; *Langen/Niederleithinger/Ritter/Schmidt* GWB[6] (1982), § 18 67 ff jeweils m. w. Nachw.). Den Besonderheiten der Interessenwahrungsverträge kann im Rahmen der Billigkeitsprüfung Rechnung getragen werden.

IV. Rechtsnatur des Kommissionsvertrages

58　a) Der dem Kommissionsgeschäft zugrunde liegende Vertrag ist nach allgemeiner Ansicht eine Variante des Geschäftsbesorgungsvertrages im Sinne des § 675 BGB.

b) Umstritten ist es, ob der Kommissionsvertrag einen Dienst- oder einen Werkvertrag darstellt, der eine Geschäftsbesorgung zum Gegenstand hat.

aa) Für Werkvertrag plädieren: RGZ **71** 76; *Düringer/Hachenburg/Lehmann* HGB[3], Vorb. zu § 383 3; *Heymann/Kötter* HGB[21], § 383 2; *Knütel* ZHR **137** (1973) 286 f; bei Einzelgeschäften *Gierke/Sandrock* S. 461; *Baumbach/Duden/Hopt* HGB[26], § 383 2 A;

Capelle/Canaris Handelsrecht [19], S. 188. Begründet wird diese Ansicht damit, die Tätigkeit des Kommissionärs werde nur bei Erfolg vergütet. Er habe bei der Beauftragung mit einem Ausführungsgeschäft diesen Erfolg herbeizuführen. Außerdem erscheine die Möglichkeit einer jederzeitigen Kündigung gemäß §§ 621 Nr. 5, 627 BGB als nicht sachgerecht.

bb) Dienstvertragscharakter bejahen: RGZ **110** 119 ff; RG JW **1932** 2607; Denkschrift zum Entwurf eines HGB, S. 232; *Canaris* Großkommentar HGB[3], Bd. III/3 (2. Bearb. 1981), 1822; *Schlegelberger/Hefermehl* HGB[5], § 383 37; *Schmidt-Rimpler* S. 497 ff; *Soergel/Ballerstedt* BGB[10], vor § 631 29; *Schönle* Bank- und Börsenrecht, 2. Aufl., § 17 II 2; *v. Dalwigk zu Lichtenfels* Das Effektenkommissionsgeschäft, S. 5 f; *Müller-Erzbach* Deutsches Handelsrecht, 2/3. Aufl., S. 168. — Für die Qualifikation als Dienstvertrag wird der Umstand ins Feld geführt, daß es nicht allein von dem Bemühen des Kommissionärs abhänge, ob eine Kommission auch tatsächlich ausgeführt werden könne; maßgeblich sei vielmehr die jeweilige Marktsituation. Es komme häufig vor, daß sich ein Kommissionsauftrag nicht ausführen lasse, besonders in Fällen, in denen der Kommittent ein Limit gesetzt habe. Das zeige, daß der Kommissionär nur eine Tätigkeit (§ 611 BGB) versprochen habe. Dies gelte vor allem dort, wo sich ein Kommissionär verpflichtet habe, ständig für einen Kommittenten tätig zu werden.

cc) Die Lösung dieses Problems hat vor allem Bedeutung für die Kündigung und die Verjährung. Geht man von einem Dienstvertrag aus, so finden die §§ 621 Nr. 5, 627 BGB Anwendung; beim Werkvertrag hingegen grundsätzlich § 649 BGB. Schadensersatzansprüche aus dem Dienstvertrag verjähren gemäß § 194 BGB in 30 Jahren; aus dem Werkvertrag in 6 Monaten nach Ausführung der Kommission (§ 638 BGB). Ein Kommissionär, der nach Dienstvertragsrecht verpflichtet ist, ein Ausführungsgeschäft abzuschließen, braucht sich lediglich mit angemessenen Mitteln und zumutbarer Sorgfalt um den Abschluß zu bemühen. Unterstellt man den Kommissionsvertrag hingegen dem Werkvertragsrecht, so schuldet der Kommissionär den Erfolg, wobei es im Rahmen der erkennbaren oder vorhersehbaren Risiken unerheblich ist, welche Anstrengungen notwendig sind, um zum Erfolg zu gelangen (*Koller* Die Risikozurechnung bei Vertragsstörungen in Austauschverträgen (1979), S. 244 f). Die Verpflichtung ist durch § 888 Abs. 1 ZPO bewehrt. Dieser Unterschied wird durch den Umstand, daß nach der Verkehrssitte oder dem Vertrag für die Erledigung des Auftrages bestimmte Erfüllungszeiträume (*Larenz* Schuldrecht I[13], § 21 I a) bestehen (*Schlegelberger/Hefermehl* HGB[5], § 383 36), nur gemildert, aber nicht behoben.

c) Die Frage, ob der Kommissionsvertrag dem Dienst- oder Werkvertragsrecht unterfällt, kann **nicht einheitlich** beantwortet werden. Es kommt vielmehr auf die Umstände des Einzelfalles an (so auch *Schlegelberger/Hefermehl* HGB[5], § 383 37). Ausgangspunkt der Abgrenzung von Dienst- und Werkvertrag ist gemäß den §§ 611, 631 BGB der Umstand, ob eine Tätigkeit oder ein Erfolg geschuldet ist. Dabei ist die bloße finale Ausrichtung der Tätigkeit des Schuldners auf einen Erfolg hin (das Ausführungsgeschäft) ohne Aussagekraft (*Leenen* Typus, aaO, S. 147). Entscheidend ist die gesamte Ausgestaltung des Vertrages, wobei z. B. die Unselbständigkeit der Arbeit, die Tatsache, daß der Arbeitserfolg nicht in der Macht des Schuldners liegt, sowie der Umstand, daß die Arbeitsleistung sich unter den Augen des Gläubigers vollzieht, für einen Dienstvertrag sprechen (*Staudinger/Nipperdey/Mohnen/Neumann* BGB[11], vor § 611 144 ff). Das Argument, der Kommissonär habe auf die Marktsituation keinen Einfluß, kann zur Lösung des Einordnungsproblems nicht ohne weiteres herangezogen werden. Es steht nämlich im Widerspruch zur Behandlung des Gattungskaufes. Zieht man z. B. die Parallele von dem Einkaufskommissionär zu dem Verkäufer von Gattungsobjekten, so sieht man, daß der Verkäufer den Erfolg „versprochen" hat. Von ihm wird erwartet, daß er die Marktverhältnisse ohne Rücksicht auf Kosten beeinflußt, gegebenenfalls neue Quellen erschließt sowie die Gefahr auf sich nimmt, daß wegen vorhersehbarer Veränderungen der Marktkonstellationen höhere Kosten als geplant notwendig werden (*Koller* Risikozurechnung, aaO, S. 211 ff), um die Waren zu beschaffen. Diese Risiken werden als abstrakt beherrschbar oder zumindest als absorbierbar angesehen. In der gleichen Situation befindet sich grundsätzlich auch ein Einkaufskommissionär im Hinblick auf die Arbeitsleistung, die er einsetzen muß, um zum angestrebten Erfolg zu gelangen. Die Position eines Kommissionärs läßt sich auch nicht ohne weiteres mit der eines Arztes, Lehrers oder Rechtsanwaltes vergleichen, für die Dienstvertragsrecht gilt (*Staudinger/Nipperdey/Mohnen/Neumann* BGB[11] vor § 611 145). Es liegt deshalb die Qualifikation des Kommissionsvertrages als **Werkvertrag** nahe, selbst wenn der Kommittent bei Vertragsschluß ein Limit gesetzt haben sollte (*K. Schmidt* Handelsrecht, § 30 III a; *Brox* Handelsrecht und Wertpapierrecht[4], S. 198). Es ist nämlich grundsätzlich Sache des Kommissionärs, der über die besseren Marktkenntnisse verfügt, zu beurteilen, welche Aussichten er hat, zum Erfolg zu gelangen (zur Risikoverteilung bei nachträglicher Setzung eines Limits § 384 26).

Gleichwohl wird man häufig **Dienstvertragsrecht** anzuwenden haben. Das gilt zunächst für all die Bereiche, in denen relativ kapitalschwache Kommissionäre auftreten, denen ausreichende Eigenmittel fehlen, um als Eigenhändler tätig zu werden (BGH LM Nr. 21 zu § 611 BGB); ferner dort, wo es für den Kommittenten erkennbar ist, daß der Abschluß eines passenden Ausführungsgeschäftes sehr zweifelhaft ist oder wo der Kommissionär **auf Dauer** tätig werden soll (Kommissionsagent § 383 33; *Brox* aaO, S. 198). Des weiteren greift Dienstvertragsrecht ein, falls die Veranstaltungen des Kommissionärs zeigen, daß er lediglich gewillt ist, sich mit seinen üblichen Mitteln für ein Ausführungsgeschäft einzusetzen (z. B. Versteigerer). Der Umstand, daß das Entgelt vom Erfolg abhängig ist, steht dem nicht entgegen. Anders als bei Akkordlohnverträgen[45], wo einem begrenzten Element der Beherrschbarkeit Rechnung getragen wird, kommt hier nämlich ein partiarischer Zug des Kommissionsrechts zur Geltung[46]. Bei der Effektenkommission oder bei der in Händen kapitalkräftiger Exporteure liegenden Einkaufskommission hat man demnach normalerweise Werkvertragsrecht heranzuziehen.

V. Übersicht über die Pflichten des Kommissionärs und Kommittenten
1. Pflichten des Kommissionärs

60 Der Kommissionsvertrag ist ein Geschäftsbesorgungsvertrag (§ 675 BGB), in dessen Rahmen der Kommissionär es übernimmt, im eigenen Namen für Rechnung des Kommittenten Verträge abzuschließen. Daraus resultiert zunächst einmal — je nachdem, ob im Einzelfall ein Dienst- oder Werkvertrag vorliegt (§ 383 59) — die Pflicht, auf das gewünschte Ausführungsgeschäft hinzuwirken bzw. das Ausführungsgeschäft zustande zu bringen, wobei der Kommissionär primär die Interessen des Kommittenten wahrzunehmen hat. Diese Pflicht zur fremdnützigen Interessenwahrung prägt nicht nur die Ausführung der Kommission (§ 384 17 ff). Sie setzt schon vor der Beauftragung des Kommissionärs mit der Pflicht zur Beratung und Aufklärung ein (§ 384 4 ff). Die

---

[45] *Staudinger/Nipperdey/Mohnen/Neumann* BGB[11], vor § 611 143; *Koller* Risikozurechnung, aaO, S. 171.
[46] *Müller-Erzbach* Deutsches Handelsrecht[2/3], S. 167 f; Protokolle der Commission zur Berathung eines ADHGB (1857), S. 716; ferner § 396 4.

Pflicht zur Interessenwahrung geht Hand in Hand mit den Pflichten, sich nach den Weisungen des Kommittenten zu richten, dem Kommittenten die erforderlichen Nachrichten zu geben und Rechenschaft abzulegen. Das Handeln auf fremde Rechnung manifestiert sich in der Pflicht, das aus dem Ausführungsgeschäft Erlangte an den Kommittenten herauszugeben, gegebenenfalls das Ausführungsgeschäft auf Rechnung des Kommittenten abzuwickeln. Ein großer Teil dieser Pflichten ist in § 384 normiert; besondere Ausprägungen finden sich in den darauffolgenden Vorschriften sowie im BGB, DepG, BörsG.

2. Pflichten des Kommittenten

Im Mittelpunkt der Pflichten des Kommittenten steht die Obligation, die Leistung **61** des Kommissionärs zu vergüten. Daneben ist er gehalten, die Aufwendungen des Kommissionärs, die nötig waren, um das Ausführungsgeschäft abzuschließen, ferner die Aufwendungen für die Abwicklung des Ausführungsgeschäftes zu ersetzen, und dem Kommissionär die Belastungen, die ihm durch das Ausführungsgeschäft selbst erwachsen, abzunehmen. Näher dazu § 396 24 ff.

VI. Die Risikostruktur des Kommissionsvertrages

Der Kommissionsvertrag ist ein Geschäftsbesorgungsvertrag. Hieraus und aus der **62** vom Gesetz für den normalen Kommissionsvertrag als typisch vorausgesetzten Marktstellung des Kommissionärs (§ 383 11) resultiert eine weitgehende Risikoentlastung des Kommissionärs (*Koller* BB **1979** 1725, 1727 ff). Sie macht sich besonders deutlich bei der Regelung der Aufwandsgefahr bemerkbar. Der Kommissionär ist in weitem Umfang von der Gefahr erhöhten oder nutzlosen Aufwandes befreit, soweit sie nicht den Einsatz der eigenen Arbeitskraft und der eigenen Verwaltungsorganisation betrifft. So braucht der Kommissionär nicht die Gefahr zu tragen, daß seine Investitionen nicht zu dem angestrebten Ziel führen. Dabei ist es z. B. gleichgültig, ob nur eine bestimmte Investition im konkreten Fall ohne sein Verschulden nutzlos bleibt, oder ob sich herausstellt, daß ein interessengerechtes Ausführungsgeschäft gänzlich unmöglich ist (§ 396 5). Den Kommissionär trifft auch nicht das Risiko, daß er, um ein Ausführungsgeschäft abzuschließen, höhere Investitionen machen muß, als er eingeplant hatte. Dies gilt nicht, wenn den Kommissionär ein Verschulden trifft, sei es, daß die von ihm gemachten Aufwendungen bei verkehrserforderlicher Sorgfalt als nicht sachgemäß angesehen werden konnten oder sei es, daß der Kommissionär nicht annehmen durfte, die konkreten Aufwendungen lägen im Interesse des Kommittenten (§ 396 31). Ferner trifft den Kommissionär das Aufwendungsrisiko bei schuldhaften Weisungsverstößen (§ 385 11). Führt der Kommissionär das Geschäft durch Selbsteintritt aus, so wird er stärker mit dem Aufwendungsrisiko belastet (§ 403 5 ff).

Der Kommissionär hat auch nicht die Gefahr zu tragen, daß die Kommissionsware in seiner Sphäre untergeht, es sei denn, daß ihn ein Verschuldensvorwurf trifft (§ 390). Für den Ausfall der aus dem Ausführungsgeschäft resultierenden Forderungen hat der Kommissionär nur einzustehen, wenn er das Delkredere übernommen hat (§ 394).

In großem Ausmaß ist der Kommissionär dagegen mit dem Provisionsrisiko belastet. Er hat das Risiko zu tragen, daß er ein Ausführungsgeschäft zustande bringt (§ 396 5). Darüber hinaus trägt er die Gefahr, daß der Dritte, mit dem er das Ausführungsgeschäft abgeschlossen hat, die im Ausführungsgeschäft versprochene Leistung erbringt, es sei denn, daß der Grund für die Nichtausführung des Geschäftes in der Sphäre des Kommittenten liegt oder sich dort zuerst ausgewirkt (§ 396 Abs. 1) hat. Bei

Störungen, die aus der neutralen Sphäre stammen und sich zuerst auf den Bereich des Kommittenten ausgewirkt haben, kann der Kommissionär gleichwohl dann keine Provision verlangen, wenn die Störung allgemein war und sich auf alle potentiellen Vertragspartner des Kommissionärs ausgewirkt hat (§ 396 8 ff).

Der Anspruch auf Provision entfällt ferner, wenn dem Kommissionär aus Gründen, die in seiner Sphäre lagen oder sich in ihr zuerst ausgewirkt haben, die Herausgabe des aus dem Ausführungsgeschäft „Erlangten" unmöglich wird (**a. A.** die h. M.; § 396 13). Gleiches gilt, falls der Kommittent das Ausführungsgeschäft wegen eines Weisungsverstoßes zurückweist, auch wenn die Zuwiderhandlung unverschuldet gewesen sein sollte (§ 385 11).

Das Risiko eines höheren als geplanten Aufwandes an eigener Arbeitskraft und eines stärkeren Einsatzes seiner Verwaltungsorganisation trägt regelmäßig der Kommissionär (Ausnahme bei unvorhersehbaren, von außen kommenden Störungen, *Koller* Risikozurechnung, aaO, S. 244).

VII. Erfüllungsort und Gerichtsstand

63 Primär maßgeblich ist die Parteivereinbarung. Es ist durch Auslegung festzustellen, an welchem Ort der Schuldner die letzte Phase (*Larenz* Schuldrecht I[13], § 14 IV a) der Erfüllungshandlung vorzunehmen hat. Nebenpflichten sind im Zweifel am Ort der Hauptverpflichtung zu erfüllen (OLG Düsseldorf NJW **1974** 2185; *Palandt/Heinrichs* BGB[44], § 269 1 d). Soweit die Parteivereinbarungen keine Anhaltspunkte liefern, kann sich aus den Umständen ergeben, wo der Erfüllungsort liegt; hilfsweise ist gemäß § 269 BGB auf den Wohnsitz bzw. die gewerbliche Niederlassung des Schuldners zurückzugreifen.

1. Erfüllungsort für Leistungen des Kommissionärs

64 *Schmidt-Rimpler* (S. 789 f) zufolge bestimmt sich der Ort, an dem das Ausführungsgeschäft abzuschließen ist, nach den allgemeinen Auslegungsregeln. Dabei könne sich herausstellen, daß der Abschluß an einem anderen Ort als dem Niederlassungsort erfolgen soll. Durch Auslegung könne auch ermittelt werden, ob der Kommissionär selbst zum Abschlußort zu reisen habe, ob er den Abschluß durch einen Gehilfen vornehmen lassen dürfe oder ob er von seiner Niederlassung aus den Abschluß telefonisch, fernschriftlich bzw. per Brief herbeiführen könne. So könne bei der Aufkaufkommission eine Reise zum Dritten notwendig sein; ähnliches sei bei der Versteigerungskommission denkbar. Hilfsweise greife § 269 BGB ein. *Lehmann* (*Düringer/Hachenburg* HGB[3], § 383 23) zufolge hat die Frage, wo der Kommissionär das kommittierte Geschäft abzuschließen habe, nichts mit dem Erfüllungsort des Kommissionsgeschäftes zu tun. Über den Ort, an dem das Ausführungsgeschäft abzuschließen sei, entscheide der Vertrag. Gegebenenfalls habe der Kommissionär nach pflichtgemäßem Ermessen den Ort zu wählen, an dem der günstigste Abschluß möglich sei. Man müsse daher davon ausgehen, daß die Verpflichtungen der Parteien zwar ihren konkreten Inhalt erst durch das Ausführungsgeschäft erhalten, gleichwohl unabhängig von ihnen bestehen.

Der hier vertretenen Ansicht zufolge ist die Ermittlung des Erfüllungsortes dort unproblematisch, wo sich aus dem Vertrage ergibt, daß der Kommissionär von seiner Niederlassung aus mit den Dritten in Kontakt treten oder aber bestimmte Dritte persönlich aufsuchen soll. Normalerweise wird dies jedoch im Vertrag nicht geregelt sein; denn es ist ja gerade Aufgabe des Kommissionärs zu entscheiden, an welchem Ort und auf welche Weise (undifferenziert insoweit RGRKz HGB-*Ratz*, § 383 37) er die Abschlüsse tätigt, die am besten den Interessen des Kommittenten entsprechen. Der Kommissionär hat insoweit einen gewissen Ermessensspielraum. Auch wenn Kommissionsgeschäfte für auswärtige Plätze üblicherweise vom Niederlassungsort des Kommissionärs aus erledigt werden sollten, so kann es unter Umständen doch im Einzelfall im Rahmen der Ausführung des Kommissionsgeschäftes unvorhergesehen notwendig werden, die „Dritten" für Abschlußverhandlungen aufzusuchen. Man darf deshalb die Freiheit des Kommissionärs in der Wahl der Mittel des Abschlusses so wenig wie möglich einschränken.

Andererseits muß der Erfüllungsort im Sinne des Gesetzes, an den z. B. der Gerichtsstand anknüpft (§ 29 ZPO), von vornherein feststehen und darf nicht erst ex post festgelegt werden (BGH NJW **1974** 412), wenn der Kommissionär seine Wahl getroffen hat, auf eine bestimmte Weise das Ausführungsgeschäft abzuschließen. Es ist daher in all den Fällen, in denen sich nicht ex ante aus dem Vertrag oder aus den Umständen ergibt, daß der Kommissionär an einem anderen Platz als seinem Niederlassungsort (nicht etwa per Telex von der Niederlassung aus; unklar *Schmidt-Rimpler* S. 789) mit dem Dritten zu kontrahieren hat, als Erfüllungsort die Niederlassung des Kommissionärs, hilfsweise sein Wohnort anzusehen (§ 269 BGB). Man kann insoweit eine Parallele zur vertraglichen Unterlassungspflicht ziehen (BGH NJW **1974** 411 f; *Palandt/Heinrichs* BGB 44, § 269 3 a). Im Ergebnis hat man demnach davon auszugehen, daß der Erfüllungsort für die Hauptleistung „Abschluß des Ausführungsgeschäftes" grundsätzlich die Niederlassung bzw. der Wohnort des Kommissionärs ist [47].

Für **Nebenpflichten** (Rechenschaft; Herausgabe des Erlöses) gilt nur im Zweifel, daß sie dort zu erfüllen sind, wo die Hauptpflicht geschuldet wird. Für die Rechenschaftspflicht folgt daraus, daß Erfüllungsort typischerweise die Niederlassung bzw. der Wohnort des Kommissionärs ist, weil der Kommissionär regelmäßig dort die in Betracht kommenden Unterlagen aufbewahrt [48]. Die h. M. legt auch den Erfüllungsort für die Herausgabe des aus der Ausführung „Erlangten" auf die Niederlassung bzw. den Wohnort des Kommissionärs [49]. Dem ist zuzustimmen, soweit es um die Abtretung der aus dem Ausführungsgeschäft erworbenen Forderungen geht bzw. um das, was der Dritte an die Niederlassung des Kommissionärs geleistet hat (zutreffend *Schmidt-Rimpler* S. 789 f). Ergibt sich aus der Vereinbarung, daß der Kommissionär eine Forderung einziehen soll, so ist für den Fall, daß der Kommissionär die Forderung bereits realisiert hat, im Hinblick auf das aus der Forderung Erlangte der Erfüllungsort die Niederlassung des Kommissionärs (i. E. daher zutreffend RGZ **112** 81). Im übrigen verlagert sich grundsätzlich der Erfüllungsort, falls der Kommissionär die Forderung aus dem Ausführungsgeschäft einzuziehen hat, auf den Erfüllungsort des Ausführungsgeschäftes; denn das Transportrisiko hat — wie generell die Aufwandsgefahr — der Kommittent zu tragen (zutreffend *Schmidt-Rimpler* S. 790).

Für den Fall der Erledigung der Kommission durch **Selbsteintritt** ist regelmäßig für alle Pflichten die Niederlassung des Kommissionärs Erfüllungsort, auch wenn ein Deckungsgeschäft an auswärtigen Plätzen vorgenommen worden ist.

---

[47] Ebenso weitgehend i. E. *Schlegelberger/Hefermehl* HBG 5, § 383 42; *Heymann/Kötter* HGB 21, § 383 2; *Baumbach/Duden/Hopt* HGB 26, § 383 2 C; *Düringer/Hachenburg/Lehmann* HGB 3, § 383 23; *Müller Erzbach* Deutsches Handelsrecht 2/3, S. 168; a. A. RGRKzHGB-*Ratz* § 383 37.

[48] OLG Düsseldorf NJW **1974** 2187; *Schlegelberger/Hefermehl* HBG 5, § 383 42; RGRKzHGB-*Ratz* § 383 37.

[49] RGZ **112** 81; *Schlegelberger/Hefermehl* HBG 5, § 383 42; RGRKzHGB-*Ratz* § 383 37; *Düringer/Hachenburg/Lehmann* HGB 3, § 383 23.

2. Erfüllungsort für Leistungen des Kommittenten

65 Als Erfüllungsort ist, sofern sich aus dem Vertrag oder den Handelsbräuchen nichts anderes ergibt, die Niederlassung bzw. der Wohnsitz des Kommittenten jedenfalls dann anzusehen[50], wenn der Kommittent ein Gewerbe betreibt. Schaltet ein Nichtkaufmann einen Kommissionär ein, so ist freilich davon auszugehen, daß der Erfüllungsort die Niederlassung des Kommissionärs ist; so im Versteigerungsgewerbe.

3. Gerichtsstand

66 Der Erfüllungsort ist unter anderem maßgeblich für den Gerichtsstand (§ 29 Abs. 1 ZPO). Vereinbarungen über den Erfüllungsort unterliegen im Hinblick auf ihre gerichtsstandbegründende Wirkung der Beschränkung des § 29 Abs. 2 ZPO. Zum EWG-Abkommen über die gerichtliche Zuständigkeit in den EWG-Staaten (BGBl. 1972 II, 774) *Zöller/Geimer* ZPO [14], Internationales Zivilprozeßrecht 639.

VIII. Anzuwendendes Recht

67 Zur Frage, welche Rechtsordnung bei Auslandsbezug des Kommissionsgeschäftes in Frage kommt: RGZ **112** 81; **120** 72; **161** 299; BGH WM **1965** 126 f; **1971** 989; OLG Frankfurt WM **1967** 219; **1972** 1474; *Stoll* RabelsZ 24 (1959), S. 601 ff; *Ebenroth* RIW **1984** 165, 168. Zu Börsentermingeschäften mit Auslandsberührung vgl. ferner *Schwark* Börsengesetz, § 61 1; *Hadding/Wagner* WM **1976** 310 ff; *Horn* Das Börsentermingeschäft in Wertpapieren mit dem Ausland (1974), S. 31 ff.

D. Das Ausführungsgeschäft
I. Abschluß

68 Der Kommissionär schließt das Ausführungsgeschäft mit dem Dritten im eigenen Namen. Er allein wird hieraus unmittelbar berechtigt und verpflichtet. Der Kommittent kann von dem Dritten nicht unmittelbar als Schuldner in Anspruch genommen werden (BGH NJW **1965** 250). Umgekehrt vermag auch der Kommittent erst nach einer Zession der Ansprüche, die dem Kommissionär aus dem Ausführungsgeschäft zustehen, gegen den Dritten vorzugehen (§ 392 Abs. 1). Eine gewisse Durchbrechung dieses Grundsatzes bringt § 392 Abs. 2.

Für die Frage, ob der Kommissionär tatsächlich im eigenen oder fremden (§ 164 Abs. 1 BGB) Namen handelt, kommt es nicht allein darauf an, was der Kommissionär will oder gar soll. Maßgeblich ist vielmehr der nach allgemeinen Auslegungsgrundsätzen zu ermittelnde Erklärungswert seines Verhaltens. Handeln im fremden Namen darf nicht schon deshalb bejaht werden, weil der Kommissionär erklärt, er handle „auf Rechnung eines anderen" (so aber RGZ **97** 261; RGRKz HGB-*Ratz,* § 383 9). Die Formel „auf Rechnung eines anderen" ist ambivalent (*Schlegelberger/Hefermehl* HGB[5], § 383 19; vgl. auch RGZ **56** 300), da sie nur das Innenverhältnis betrifft. Umgekehrt ist dadurch, daß sich der Beauftragte als „Agent" oder „Vertreter" bezeichnete, die Kommissionärseigenschaft noch nicht ausgeschlossen, selbst wenn der Name des Auftraggebers genannt worden sein sollte. — Die Entscheidung darüber, ob das Ausführungsgeschäft im eigenen oder fremden Namen abgeschlossen wurde, hat aufgrund aller Um-

---

[50] OLG Düsseldorf NJW **1974** 2185; *Schlegelberger/Hefermehl* HBG[5], § 383 44; *Baumbach/Duden/Hopt* HGB[26], § 383 2 C; a. A. RGRKzHGB-*Ratz*

§ 383 37: Niederlassung des Kommissionärs, soweit es um Vorschuß und Aufwendungsersatz geht.

stände des Einzelfalles unter Beachtung der in Betracht kommenden Handelsbräuche zu erfolgen. Dabei wird es eine erhebliche Rolle spielen, ob dem Dritten bekannt ist, in welcher Funktion der Geschäftspartner üblicherweise im Verkehr auftritt; welche erkennbaren Interessen die Parteien daran besitzen, daß das Ausführungsgeschäft unmittelbar zwischen den Vertragschließenden und nicht zwischen dem Dritten und dem Vertretenen zustande kommt. Bleiben Zweifel offen, so ist auf die Auslegungsregel des § 164 BGB (*Larenz* Allgemeiner Teil des deutschen Bürgerlichen Rechts[6], § 30 IIb) zurückzugreifen.

Handelte der Kommissionär dem objektiven Erklärungswert seines Verhaltens zufolge **im fremden Namen,** obwohl er im eigenen Namen auftreten wollte, so ergeben sich die Rechtsfolgen aus § 164 Abs. 1 BGB bzw. §§ 177 ff BGB, je nachdem, ob der Kommissionär eine Vollmacht besaß oder nicht (BGHZ **36** 33; BGH WM **1970** 816; *Erman/Brox* BGB[7], § 164 4). Eine Anfechtung scheidet in Anwendung des Gedankens des § 164 Abs. 2 BGB aus, da sonst der Dritte entgegen der Wertung dieser Norm Gefahr laufen würde, nur seinen Vertrauensschaden liquidieren zu können (**a. A.** h. M.: *Erman/Brox* BGB[7], § 164 23; Münchener Kommentar—*Thiele* BGB[2], § 164 57; wie hier *Fikentscher* AcP **154**, 20; wohl auch BGHZ **36** 30, 34; BGH NJW **1962** 2196). Dort, wo der Kommissionär keine Vertretungsmacht besaß, darf sich der Kommittent nicht ohne weiteres auf den Standpunkt stellen, das von dem Kommissionär als falsus procurator abgeschlossene Geschäft stelle kein „Ausführungsgeschäft" dar (so aber *Schlegelberger/Hefermehl* HGB[5], § 383 19). Hat der Kommittent kein besonderes Interesse daran, daß er nicht unmittelbar verpflichtet wird, so ergibt sich nach Treu und Glauben aus dem Geschäftsbesorgungsverhältnis die Pflicht, den Vertragsschluß zu genehmigen, um den Kommissionär vor Schaden zu bewahren, und die Pflicht, die aus der Ausführung resultierenden Vorteile an sich zu ziehen.

Kein Ausführungsgeschäft im kommissionsrechtlichen Sinn liegt vor, wenn der **Vertrag mit dem Dritten** bereits **vor Übernahme der Kommission** geschlossen worden war; denn dann kann der Kommissionär auch nicht als Geschäftsbesorger die spezifischen Interessen des Kommittenten wahrgenommen haben. Soll der „Kommissionär" eine Ware liefern, die er zum Zeitpunkt der Vereinbarung des „Kommissionsvertrages" bereits gekauft hatte, so ist dieser Vertrag als Kaufvertrag zu qualifizieren (RGZ **101** 380), falls dies für den Kommittenten erkennbar war; andernfalls ist die versprochene Ausführung von Anfang an unmöglich. § 306 BGB findet keine Anwendung; der Kommissionär haftet vielmehr nach Maßgabe der Regeln über das anfängliche Unvermögen, da der vorangegangene Abschluß des Kaufvertrages zu den Interna des Kommissionärs gehört. — Verwenden die Parteien in Kenntnis des Umstandes, daß sich der „Kommissionär" bereits eingedeckt hatte, kommissionsrechtliche Begriffe oder müssen sie von dem früheren Abschluß wissen, so kann aus diesem Verhalten abgeleitet werden, daß die Parteien ihre Beziehungen nicht dem Kaufrecht, sondern dem Kommissionsrecht unterstellen wollen. Hat man dies im Einzelfall zu bejahen, so ist das Geschäft mit dem Dritten als Ausführungsgeschäft zu behandeln. Die Beweislast trägt hierfür diejenige Partei, die für sich aus der Anwendung kommissionsrechtlicher Normen Rechtsvorteile herleitet.

II. Willensmängel im Hinblick auf das Ausführungsgeschäft
1. Willensmängel in der Person des Kommissionärs

Für Willensmängel in der Person des Kommissionärs gilt nichts Besonderes, da dieser in eigenem Namen handelt. Auch bei der mittelbaren Stellvertretung kommt es nur

§ 383

darauf an, ob Willensmängel in der Person des „Vertreters" (Kommissionärs) vorhanden sind (*Staudinger/Dilcher* BGB, § 166 2; *Schilken* S. 153; a. A. *Hager* AcP **180** (1980) 239, 242). Das gilt auch für arglistige Täuschungen des Kommissionärs durch Dritte oder in Fällen der Nötigung.

2. Willensmängel in der Person des Kommittenten

Beispiel: Der Kommittent gibt Auftrag zum Verkauf eines Objektes, das er verwechselt hat. Derartige Willensmängel haben keinen unmittelbaren Einfluß auf das Ausführungsgeschäft (*Hager* AcP **180** (1980) 239, 240). Dem Kommittenten steht nur die Möglichkeit offen, sich auf die Nichtigkeit des Kommissionsgeschäftes und auf die Nichtigkeit der Ermächtigung zur Veräußerung der Kommissionsware zu berufen bzw. gegebenenfalls diese Verträge anzufechten[51]. Ist der Kommissionär bereits tätig geworden und war der Kommissionsvertrag nichtig bzw. wurde er ex tunc nichtig (§ 142 BGB), so werden regelmäßig die Grundsätze über die Geschäftsführung ohne Auftrag eingreifen[52]. Daneben kommt § 122 BGB in Betracht.

III. Zurechnung von „Wissen" und „Wissen-Müssen"

70 a) Entscheidend ist in der Regel das „Kennen" oder „Kennenmüssen" des Kommissionärs, der das Ausführungsgeschäft abschließt; z. B. im Hinblick auf Mängel des Kaufgegenstandes, auf die Absicht der Gläubigerbenachteiligung. Schließt der Kommissionär ausnahmsweise das Ausführungsgeschäft in der Form eines „echten" Vertrages zugunsten Dritter, d. h. des Kommittenten, ab, so muß sich der Kommittent das Kennen oder Kennenmüssen des Kommissionärs auch für den in seiner Person entstandenen Anspruch zurechnen lassen, da der Kommissionär im Auftrag sowie Interesse des Kommittenten handelt und in weisungsgebundener Position die wirtschaftliche Funktion des Kommittenten erfüllt (BGH NJW **1964** 1277 (1279); **1971** 1703; *Richardi* AcP **169** (1969), 397 ff).

b) Das „Kennen oder Kennenmüssen" des Kommittenten kann sich ebenfalls auf das Ausführungsgeschäft auswirken. Zu denken ist hier an Konstellationen, in denen der Kommittent den Mangel oder die Zahlungseinstellung kennt. In solchen Konstellationen ist § 166 Abs. 2 BGB analog heranzuziehen (*Schmidt-Rimpler* S. 612 f). *Hefermehl* (*Schlegelberger/Hefermehl* HGB[5], § 383 31) will hingegen nur den Einwand der unzulässigen Rechtsausübung gelten lassen (ebenso *Schilken* S. 153 f m. Nachw.). Er verkennt, daß sich der Kommissionär in einer ähnlichen Lage befindet wie ein Vertreter, und daß dem Kommittenten ähnlich wie dem Vertretenen die Rechtswirkungen des Geschäftes zugute kommen[53]. Der Unterschied, daß die Vorteile des Geschäftes noch auf den Kommittenten übertragen werden müssen, rechtfertigt keine Entlastung des Kommittenten. Maßgebend ist allein, daß die Kommission eine Rechtsfigur darstellt, mit deren Hilfe der Kommittent die durch das Handeln eines anderen erzielten Vorteile an sich ziehen und dessen Aktionen er wie bei einem rechtsgeschäftlichen Vertreter steuern kann (BGH NJW **1971** 1702, 1703). Solange der Kommissionär nach eigenem Ermessen handelt, wird die Kenntnis des Kommittenten freilich nicht relevant, da das Ausführungsgeschäft nach Inhalt und/oder Art durch den Kommittenten beein-

---

[51] *Capelle* Festschrift für *Raape* S. 336; *Heymann/Kötter* HGB[21], § 383 4; *Schlegelberger/Hefermehl* HBG[5], § 383 31; a. M. *Schmidt-Rimpler* S. 613.
[52] BGH NJW **1963** 951; BGH VersR **1970** 422; *Coing* Die Treuhand kraft privaten Rechtsgeschäfts (1973), S. 136; a. A. *Palandt/Thomas* BGB[44], § 677 4.
[53] *Schwark* JuS **1980** 777, 779; *Larenz* Allgemeiner Teil[6], aaO, § 30 I b, Fn. 14; *Hager* Ungerechtfertigte Bereicherung, aaO, S. 164.

Stand: 1. 4. 1985

flußt worden sein muß oder doch nach Treu und Glauben hätte beeinflußt werden müssen. So kann dem Kommissionär die Kenntnis des Kommittenten von einem Mangel des Kaufobjekts nur entgegengehalten werden, falls der Kommittent Weisung gegeben hatte, dieses Objekt auf seine Rechnung zu erwerben oder sich dem Kommittenten die Vermutung aufdrängen mußte, der Kommissionär werde das fehlerhafte Objekt kaufen [54].

Wird das Kommissionsgut unmittelbar an den Kommittenten geliefert, dem die Forderung aus dem Ausführungsgeschäft noch nicht abgetreten worden war, so ist im Rahmen des § 464 BGB (vorbehaltlose Annahme der mangelhaften Kaufsache) § 166 Abs. 1 BGB und nicht § 278 BGB analog heranzuziehen, da hier ein Entscheidungsspielraum desjenigen, der über die Annahme befindet, erforderlich und vorhanden ist (*Richardi* AcP **169** (1969), S. 402). Daß im wirtschaftlichen Sinne der Kommittent der Geschäftsherr ist, ist unerheblich; denn Inhaber der Forderung aus dem Austauschgeschäft war der Kommissionär.

Unerheblich für die Anfechtung des Ausführungsgeschäftes durch den Kommissionär ist der Umstand, daß der Kommittent alle relevanten Faktoren gekannt und sich nicht getäuscht hatte (*Heymann/Kötter* HGB [21], § 383 4). Dem RG (RGZ **124** 115 (120)) zufolge soll der Kommittent Rückforderungsansprüche, die der Kommissionär an ihn abgetreten hatte, nachdem der Kommissionär das Ausführungsgeschäft gemäß § 119 Abs. 2 BGB angefochten hatte, nur geltend machen dürfen, wenn er ebenfalls im Irrtum war (ebenso i. E. *Schlegelberger/Hefermehl* HGB [5], § 383 31). Dem kann nur dort zugestimmt werden, wo sich der Kommissionär streng an die Weisungen des Kommittenten gehalten hatte. Hatte der Kommissionär dagegen Spielraum, so muß der Umstand, daß der Kommittent den Kommissionär hätte aufklären können, unbeachtlich bleiben; andernfalls würde man mit der Wertung des § 119 BGB, der eine verschuldensunabhängige Anfechtungsmöglichkeit eröffnet, in Kollision geraten.

Der Kommittent ist nicht „Dritter" im Sinne des § 123 Abs. 2 S. 1 BGB; denn er steht nicht unbeteiligt außerhalb des Austausches, sondern ist im wirtschaftlichen Sinne Vertragspartei. Es ist hier die Wertung des § 166 Abs. 2 BGB heranzuziehen (ebenso i. E. *Schlegelberger/Hefermehl* HGB [5], § 383 32 m. Nachw.; *Hager* AcP **180** (1980) 239, 241). — Andererseits darf der Kommittent den Kommissionsauftrag nicht deshalb gemäß § 123 BGB anfechten, weil er durch den Dritten arglistig getäuscht worden war, mit dem der Kommissionär später ein Ausführungsgeschäft getätigt hat. Der Vertragspartner des Kommissionärs ist „Dritter" im Sinne des § 123 Abs. 2 S. 1 BGB [55]. Der Kommissionär braucht sich nicht das Verhalten seines Vertragsgegners, der nicht auf seiner Seite steht und auch nicht auf seine Veranlassung hin maßgeblich am Zustandekommen des Kommissionsauftrages beteiligt ist, zurechnen zu lassen. Der Kommissionär kann jedoch den Ansprüchen des Dritten aus dem Ausführungsgeschäft den Einwand unzulässiger Rechtsausübung entgegenhalten. Ferner kann der Kommittent nach §§ 826, 823 Abs. 2 BGB i. V. m. § 263 StGB vorgehen. Der Kommissionär behält dann trotz Nichtdurchführung des Ausführungsgeschäftes gemäß § 396 Abs. 1 2. HS seinen Provisionsanspruch (§ 396 11). Zur Anfechtbarkeit des Ausführungsgeschäftes *Hager* AcP **180** (1980) 239, 242 (dazu auch BGHZ **51** 141, 144 ff).

---

[54] Insoweit wird der Zurechnungsmaßstab der groben Fahrlässigkeit (§ 460 BGB) relevant.
[55] *Schlegelberger/Hefermehl* HBG [5], § 383 32 gegen *Schmidt-Rimpler* S. 618; *Capelle* Festschrift *Raape* S. 337.

IV. Relevanz persönlicher Eigenschaften des Kommittenten für die Gültigkeit des Ausführungsgeschäftes

71 Insbesondere dort, wo ein Kommissionsvertrag eingegangen wird, weil der Kommittent das Ausführungsgeschäft nicht selbst abschließen darf, stellt sich die Frage, ob derartige Geschäfte gültig sind.

Sowohl der Kommissionsvertrag als auch das Ausführungsgeschäft sind keine Scheingeschäfte gem. § 117 BGB, da sie wirklich gewollt sind (BGH NJW **1959** 332 f). Derartige Geschäfte können aber nichtig sein, wenn dadurch ein Verbotsgesetz umgangen werden soll. Zur Dogmatik des Umgehungsgeschäftes vgl. *Teichmann* Die Gesetzesumgehung (1962); *J. Baur* Der Mißbrauch im deutschen Kartellrecht (1972), S. 94 ff. Danach hängt die Frage, ob eine Umgehung erfolgreich ist, davon ab, wie weit der „Schutzbereich" des Kommissionsgeschäftes im Verhältnis zur Verbotsnorm reicht. Da es die Funktion des Kommissionsgeschäftes ist, die wirtschaftlichen Vorteile des Ausführungsgeschäftes möglichst vollständig auf den Kommittenten zu übertragen, und der Kommissionär auch umfassend weisungsgebunden ist, fehlt es in aller Regel an einem schutzwürdigen Interesse der Parteien, sich der Figur des Kommissionsgeschäftes zu bedienen. Die Ausführungsgeschäfte sind daher in analoger Anwendung der Verbotsnorm nichtig; der Kommissionsvertrag unterfällt den §§ 306 bzw. 323 f BGB.

V. Leistungsstörungen

72 Im Rahmen des Austauschvertrages ist der Kommittent normalerweise nicht Erfüllungsgehilfe (*Hager* AcP **180** (1980) 239, 247; a. A. *Esser/Schmidt* Schuldrecht I, § 34 IV 1 e). Er steht, wie ein typischer Zulieferer oder Abnehmer, isoliert neben dem Kommissionär. Der Umstand, daß die wirtschaftlichen Vorteile auf den Kommittenten übergeleitet werden sollen und daß der Kommittent weisungsberechtigt ist, rechtfertigt es nicht, dem Kommissionär ein Verhalten des Kommittenten zuzurechnen. Sonst würde der Kommissionär, der das Risiko zu tragen hätte, daß er beim Kommittenten seinen Rückgriffsanspruch durchsetzen könnte, unangemessen belastet werden. Der Dritte darf nicht begünstigt werden, nur weil der Kommissionär als Geschäftsbesorger in fremdem Interesse tätig ist. *Hager* (AcP **180** (1980) 239, 245) schlägt vor, die Rechtsstellung des Dritten dadurch zu verbessern, daß der Kommissionär seinen gegen den Kommittenten gerichteten Schuldbefreiungsanspruch an den Dritten abtritt. Er übersieht jedoch, daß ein Anspruch auf Schuldbefreiung nur soweit bestehen kann, als der Kommissionär selbst (noch) verpflichtet ist. Es besteht auch weder eine garantieähnliche Einstandspflicht noch ein Bedürfnis, den Dritten in Umkehrung der Drittschadensliquidation davor zu schützen, daß vertragliche Ansprüche nur gegenüber dem Vertragspartner geltend gemacht werden können (a. A. *Hager* AcP **180** (1980) 239, 247). Der Dritte ist nicht deshalb schutzbedürftiger, weil sein Vertragspartner nur Kommissionär und nicht Eigenhändler ist. Soweit der Kommittent arglistig handelt, greift § 826 BGB ein. Etwas anderes gilt, soweit sich der Kommissionär des Kommittenten bedient, um seine eigenen Pflichten erfüllen zu lassen. Andererseits darf sich der Verkaufskommissionär nicht auf Leistungshindernisse berufen, die nur den Kommittenten treffen (ROHG **23** 107; *Hager* AcP **180** (1980) 239, 241).

Der Kommittent, der außerhalb des Ausführungsvertrages steht, kann normalerweise dem Dritten gegenüber nur nach Deliktsrecht schadensersatzpflichtig werden. In Betracht kommt die Verletzung eines Forderungsrechts des Dritten gegen den Kommissionär durch den Kommittenten. Eine deliktische Schadensersatzpflicht des Dritten gegenüber dem Kommittenten ist hier insoweit abzulehnen, als dessen Verhalten lediglich die ordnungsgemäße Erfüllung der Schuldnerpflichten des Kommissionärs gestört hat (*Larenz* Schuldrecht II¹², § 72 I a m. w. Nachw.). Zu weitgehend BGH NJW **1965** 250: Die Umstände des Einzelfalles können aber auch erfordern, daß der Kommittent auf die Rechte, die dem Dritten gegen den Kommissionär zustehen, Rücksicht nimmt und insbesondere ihre Erfüllung nicht vereitelt. Es gelten hier allein die allgemeinen, im Rahmen des § 826 BGB entwickelten Regeln über die Gläubigerbenachteiligung. Im Ergebnis kann jedoch der Entscheidung des BGH zugestimmt werden. Der Kommittent, der von den finanziellen Schwierigkeiten des Einkaufskommissionärs Kenntnis hat, handelt sittenwidrig, wenn er die gegen ihn gerichteten Forderungen auf Aufwendungsersatz so begleicht, daß er vorsätzlich einer Bank die Aufrechnung ermöglicht, während der Lieferant auf die Konkursquote verwiesen wird (ebenso i. E. *Schlegelberger/Hefermehl* HGB⁵, § 383 33). Darüber hinaus besteht jedoch kein Anlaß, den Dritten, der ausschließlich auf die Solvenz des Kommissionärs vertraut und vertrauen kann, besser zu stellen als einen Lieferanten im Fall der Weiterveräußerung der Ware (a. A. *Hager* AcP **180** (1980) 239, 243, 251 f). Dabei ist zu berücksichtigen, daß ein verlängerter Eigentumsvorbehalt gemäß § 157 BGB auch den Aufwendungsersatzanspruch des Kommissionärs ergreift.

Keine Besonderheiten gelten ferner für die Frage, in welchem Umfang sich der Dritte bei der Erfüllung der ihm obliegenden Pflichten darauf berufen darf, der Kommittent habe die Ursache einer Störung gesetzt. Hier muß sich der Kommissionär das Verhalten des Kommittenten oder sonstige in dessen Sphäre liegende Störungsquellen zurechnen lassen, soweit er den Kommittenten — etwa als Empfänger der Leistung — in den Austauschprozeß einschaltet oder ihm eine Einflußmöglichkeit auf die Leistung eröffnet hat.

VI. Drittschadensliquidation

Das „Ob" der Haftung des Dritten aus dem Ausführungsgeschäft bzw. der Haftung wegen deliktischer Handlungen richtet sich nach den allgemeinen Regeln. Die Tatsache, daß der Kommittent einen deliktischen Schadensersatzanspruch gegen den Schädiger besitzt, hindert den Kommissionär nicht daran, seine vertraglichen Ansprüche im Weg der Drittschadensliquidation geltend zu machen (BGB VersR **1984** 932). Etwas anderes gilt, falls der Kommittent selbst aus dem Vertrag gegen den Dritten vorzugehen vermag (BGH VersR **1984** 932; *Koller* VersR **1982** 414, 416). Die Höhe des Schadensersatzanspruches bemißt sich, wie heute nahezu allgemein anerkannt ist, nach den Verhältnissen des Kommittenten[56]. Eine Beschränkung auf den typischen oder abstrakten Schaden ist nicht möglich, da dieser häufig mangels Marktpreises nicht zu ermitteln sein wird. Außerdem ist es nicht gerechtfertigt, in den Fällen mittelbarer Stellvertretung individuelle Gewinnchancen total zu ignorieren und auf diese Weise die Ausgleichsfunktion der Schadensersatzpflicht zu schwächen. Der Dritte ist im Falle atypischer Schäden mit Hilfe des § 254 Abs. 2 S. 1 BGB zu schützen (*K. Schmidt* Handelsrecht, § 30 V 1 b aa). Der Kommittent ist dann Erfüllungsgehilfe des Kommissionärs (BGH NJW **1972** 289; *Esser/Schmidt* Schuldrecht I⁶, § 34 IV 1 e). Der Ersatzanspruch steht nur dem Kommissionär zu, so daß der Kommittent seinen Schaden erst liquidieren kann, nachdem ihm der Kommissionär den Anspruch aufgrund seiner Herausgabepflicht abgetreten hat. Will der Kommittent den Dritten nicht in Anspruch neh-

---

[56] Drittschadensliquidation: RGZ **90** 246; **115** 425; **170** 249; BGHZ **15** 227; **49** 360 f; **57** 335; *Larenz* Schuldrecht I¹³, § 27 IV b 3 m. Nachw.; a. A. *Peters* AcP **180** (1980) 329, 350 ff.

men, so handelt der Kommissionär, der gleichwohl die Forderung einzieht, lediglich pflichtwidrig (a. A. *Schlegelberger/Hefermehl* HGB[5], § 383 34).

VII. Zuordnung des Ausführungsgeschäftes

74 Das Ausführungsgeschäft wird nach Abschluß des Kommissionsvertrages geschlossen. Es stellt sich dann die Frage, welche der vom Kommissionär in eigenem Namen mit Dritten abgeschlossenen Geschäfte auf Rechnung des Kommissionärs, welche auf Rechnung des Kommittenten gehen. Haben mehrere Kommittenten Aufträge über die gleiche Ware oder über dieselbe Gattung von Wertpapieren erteilt, so stellt sich ferner das Problem, welches Ausführungsgeschäft welchem der Kommittenten zuzuordnen ist.

1. Meinungsstand

Der reinen **Willenstheorie** zufolge ist ausschließlich der Wille maßgeblich, auf Rechnung eines bestimmten Kommittenten zu handeln (RGZ **18** 20; *Schmidt-Rimpler* S. 889 f). Der Wille muß danach zwar nicht schon bei Abschluß eines Geschäftes mit einem Dritten vorhanden sein. Es sei auch möglich, daß der Kommissionär die Frage, ob er auf eigene oder fremde Rechnung bzw. auf Rechnung eines bestimmten Kommittenten handelt, bei Abschluß des Geschäfts bewußt offen läßt und erst nachträglich das Geschäft für sich oder einen Kommittenten bestimmt. Zulässig sei es auch, das Ausführungsgeschäft erst auf eigene Rechnung zu tätigen und gegebenenfalls dann einem Kommittenten zuzuweisen. In einem solchen Fall komme es auf den Willen an, der die Zuweisung trägt. — Die reine Willenstheorie ist wegen der Beweissituation, in die die Parteien gedrängt werden, mißlich; denn der innerlich gebliebene Wille kann nur selten und dann unter großen Schwierigkeiten nachgewiesen werden (RGRKz HGB-*Ratz* § 383 11; *Schlegelberger/Hefermehl* HGB[5], § 383 28). *Lehmann* (*Düringer/Hachenburg* HGB[3], § 383 7) führt deshalb den — angeblich allgemeinen — Rechtsgrundsatz ins Feld, daß es immer nur auf den geäußerten Willen ankommen solle.

Die „**Anzeige**"-**Theorie** stellt sich demgegenüber auf den Standpunkt, daß nicht der Wille, sondern die Erklärung des Kommissionärs darüber entscheidet, ob das Geschäft mit dem Dritten auf fremde Rechnung und zugunsten eines bestimmten Kommittenten abgeschlossen worden sei. Erst mit der Anzeige der Ausführung eines bestimmten Geschäftes binde sich der Kommissionär endgültig; erst dann könne der Kommittent Herausgabe des Erlangten verlangen[57]. Solange keine Anzeige erfolgt sei, dürfe der Kommissionär z. B. das mit dem Willen für den Kommittenten A abgeschlossene Geschäft dem Kommittenten B zuweisen oder es auch als für eigene Rechnung geschlossen behandeln (RGRKz HGB-*Ratz* § 383 11).

Ganz streng halten sich *Lehmann*[58] und *Ratz*[59] allerdings nicht an die Anzeigetheorie. Will nämlich ein Kommittent ein bestimmtes Geschäft für sich in Anspruch nehmen, so komme es doch auf den Willen des Kommissionärs an. Der Kommittent müsse nachweisen, daß das konkrete Geschäft auf seine (fremde) Rechnung getätigt worden sei oder, falls es unbestimmt abgeschlossen worden sei, später der Wille entstanden sei, es gerade ihm zuzuweisen. Dafür, daß das Geschäft für einen bestimmten Kommittenten getätigt worden sei, könnten bestimmte **Indizien** ins Feld geführt werden. Als derartige

---

[57] *Düringer/Hachenburg/Lehmann* HGB[3], § 383 7; kritisch dazu *Schneiders* S. 102.
[58] *Düringer/Hachenburg* HGB[3], § 392 3 ff.
[59] RGRKz HGB, § 383 11.

Indizien seien objektive Faktoren wie Warengattung, Preis, Lieferkonditionen aussagekräftig. Wenn mehrere Kommittenten Kommissionen über die gleiche Effekten- oder Warengattung aufgegeben haben, greife die Vermutung für die Gesamtheit der Kommittenten Platz, sofern das abgeschlossene Geschäft der Summe der Kommissionen entspreche (RGZ **96** 7). Ein Gegenbeweis sei möglich; so aufgrund einer entsprechenden Notiz im Orderbuch oder anderen Handelsbüchern. Dort, wo sich aufgrund von Indizien keine klare Antwort finden lasse, habe man auf die Erklärung des Kommissionärs abzustellen (*Schlegelberger/Hefermehl* HGB 5, § 383 29); solange diese nicht erfolgt ist, bleibe der Charakter des Geschäftes als Ausführungsgeschäft für einen konkreten Kommittenten oder als Geschäft für eigene Rechnung in Schwebe.

Verschiedentlich wird aber auch vertreten, daß es weder auf den inneren Willen des Kommissionärs noch auf dessen Erklärung nach dem Abschluß des Geschäftes ankomme. Der Verkauf von Kommissionsgut durch den Kommissionär dürfe nicht allein deshalb als für Rechnung des Kommissionärs erfolgt gelten, weil der Kommissionär den Willen hatte, das Geschäft für eigene Rechnung abzuschließen (RGZ **148** 190, 192). Maßgeblich sei vielmehr, ob sich das abgeschlossene Geschäft **objektiv** mit dem decke, wozu der Kommissionär beauftragt war. Der Kommissionär habe es nicht in der Hand, sich zu entscheiden, ob er für eigene oder fremde Rechnung handeln wolle; wenn er sich als solcher verpflichtet habe, handle er immer auf fremde Rechnung (*Bansa* Bankdepotgeschäft, S. 27 ff). Diese Ansicht wird von *Hefermehl* (*Schlegelberger/Hefermehl* HGB 5, § 383 28) und *Kötter* (*Heymann/Kötter* HGB 21, § 383 4) dahin abgemildert, daß das Geschäft als fremdes gelte, falls der Kommissionär nicht ausdrücklich vor oder bei Abschluß des Geschäftes erklärt habe, er wolle es für eigene Rechnung tätigen.

2. Kritische Stellungnahme und eigene Lösung

Die Anzeigentheorie beraubt den Kommittenten des Schutzes des § 392 Abs. 2. Die Theorie der dinglichen Wirkung ist ebenfalls nicht haltbar. § 687 BGB zeigt deutlich, daß es in Fällen der Geschäftsführung immer entscheidend darauf ankommt, mit welchem Willen der Geschäftsführer tätig wird (vgl. auch § 1646 Abs. 1 BGB). Auch objektiv fremde Geschäfte, wie sie bei der Verkaufskommission über unvertretbare Waren oder Wertpapiere vorkommen, können als eigene betrieben werden, sofern der Kommissionär den Willen dazu hat. Der subjektive Ansatz ist letztlich auch sachgerecht. Der Kommissionär wird als Geschäftsbesorger tätig, dessen Handeln dadurch gekennzeichnet ist, daß er kraft seiner Treuepflicht gehalten ist, seine Aktionen an den Interessen des Geschäftsherrn auszurichten. Der Geschäftsbesorger verfügt dabei über einen gewissen Ermessensspielraum, der rechtlich nachweisbar nicht verfestigt ist. Die Zubilligung eines Ermessensspielraumes ist tragbar, weil vom Geschäftsbesorger erwartet wird, daß es seine Absicht ist, dem Geschäftsherrn dasjenige zu verschaffen, was am meisten in dessen Interesse liegt. — Bei der Kommission ist es Aufgabe des Kommissionärs, auf Rechnung des Kommittenten Geschäfte abzuschließen. Der Kommissionär muß sich deshalb grundsätzlich schon bei Abschluß des Geschäftes klar werden, ob ein bestimmtes Geschäft am optimalsten dem Interesse eines konkreten Kommittenten gerecht wird. Das verbietet es, daß der Kommissionär ein Geschäft in seinem Interesse vereinbart und es dann erst einem bestimmten Kommittenten zuweist (unklar insoweit *Schmidt-Rimpler* S. 891 f). Würde man dies gestatten, so würden notwendigerweise in stärkerem Umfang eigene Interessen des Kommissionärs einfließen und das treuegebundene Handeln in fremdem Interesse in Frage stellen. Der Wille, auf fremde Rechnung zu handeln, muß daher in dem Moment gegeben sein, in dem der Kommissionär das Ausführungsgeschäft abschließt. Ebensowenig geht es an, daß der Kommissionär es sich offenhält, welchem von mehreren Kommittenten er ein Geschäft zuweisen soll. Das gilt auch dann, wenn die Interessen ganz gleichgelagert sind. In einem solchen Fall ist der Kommissionär kraft seiner Pflicht zur Interessenwahrung gehalten, von vornherein die Ausführungsgeschäfte in einer bestimmten Reihenfolge einzugehen (§ 384 20). Er darf über die Reihenfolge nicht erst später befinden wollen. Dagegen spricht auch nicht der Umstand, daß auch der Kommissionär, der lediglich auf eigene Rechnung ein Deckungsgeschäft vereinbart, verpflichtet ist, die Interessen des Kommittenten wahrzunehmen (§ 401 Abs. 1). Diese Interessenwahrungspflicht bezieht sich nämlich nicht auf konkrete Deckungsgeschäfte. Wenn § 401 Abs. 2 den Kommissionär verpflichtet, dem Kommittenten die Vorteile des Deckungsgeschäftes zukommen zu lassen, so doch nur in dem Sinne, daß der Kommittent mindestens die Vorteile des Deckungsgeschäftes verlangen kann, sofern er nicht nachweist, daß ihm der Kommissionär günstigere Konditionen hätte verschaffen können, falls er pflichtgemäß die Kommittenteninteressen in den Vordergrund gestellt und gewahrt hätte (§ 401 Abs. 1; § 401 4).

76 Das schließt freilich nicht aus, daß der Kommissionär dort, wo er verpflichtet gewesen war, auf fremde Rechnung abzuschließen, ein Geschäft für eigene Rechnung macht. Gleiches gilt dort, wo der Kommissionär z. B. für den Kommittenten A auftreten sollte, aber in Wahrheit auf Rechnung des Kommittenten B gehandelt hat. In allen diesen Konstellationen kommt es immer auf den Willen des Kommissionärs an. Entspricht der Wille nicht dem, mit dem der Kommissionär pflichtgemäß handeln sollte, so kann der Kommittent einen Schadensersatzanspruch geltend machen (zutr. *v. Dalwigk zu Lichtenfels* S. 80). Dieser Schadensersatzanspruch geht aber nicht von vornherein ausschließlich auf Geld[60]; kraft der Pflicht zur Naturalrestitution (§ 249 BGB) kann der Kommittent auch verlangen, daß der Kommissionär ihn so stellt, als ob er pflichtgemäß in seinem Interesse gehandelt hat. Die Naturalrestitution erfolgt durch Herausgabe des Erlangten (*Düringer/Hachenburg/Lehmann* HGB[3], § 392 10). § 392 Abs. 2 ist analog anzuwenden; dazu § 392 6.

Die wirtschaftlich auf das gleiche Ziel hinauslaufende Schadensersatzpflicht entschärft regelmäßig das Problem, den innerlich gebliebenen Geschäftsbesorgerwillen zu beweisen. Im übrigen müssen für den Beweis des Geschäftsbesorgerwillens regelmäßig Indizien genügen. Dabei hat man zwischen zwei Konstellationen zu unterscheiden: Zwischen der Variante, in der der Kommissionär nicht selbst eintreten darf und der Variante, in der ihm der Selbsteintritt erlaubt ist.

Hat der Kommissionär keine Möglichkeit, selbst einzutreten, so greift die Vermutung ein, daß das Geschäft mit dem Dritten auf fremde Rechnung geschlossen wurde; sie besteht immer bei der Verkaufskommission[61]. Bei der Einkaufskommission spricht die Vermutung für ein Fremdgeschäft zugunsten eines bestimmten Kommittenten, wenn das Ausführungsgeschäft nach Warengattung, Lieferzeit, Preis dem entspricht, das der Kommissionär abschließen sollte. Man hat hier davon auszugehen, daß der Kommissionär wahrscheinlich pflichtgemäß gehandelt und seine eigenen Interessen zurückgestellt hat[62]. Wenn mehrere Kommittenten Kommissionsgeschäfte über die gleiche Warengattung schließen, greift die gleiche Vermutung für die Gesamtheit der

---

[60] So aber *Schlegelberger/Hefermehl* HGB[5], § 383 28; *v. Dalwigk zu Lichtenfels* S. 80.
[61] Analogie zu § 1646 S. 1 BGB; *Canaris* Festschrift *Flume* (1978), S. 414; i. E. auch *Schlegelberger/ Hefermehl* HBG[5], § 383 28.
[62] § 384 20 f; ferner *Düringer/Hachenburg/Lehmann* HGB[3], § 392 4; *Schlegelberger/Hefermehl* HBG[5], § 383 29; *Schmidt-Rimpler* S. 890; *Heymann/Kötter* HGB[21], § 383 4.

Kommittenten Platz, sofern das mit dem Dritten getätigte Geschäft der Summe der Aufträge entspricht[63]. Deckt sich das abgeschlossene Geschäft nicht mit der Summe der Aufträge, so soll nach h. M. keine Vermutung Platz greifen[64]. Der Kommittent müsse sich dann mit dem Geschäft zufriedengeben, das ihm der Kommissionär zuweise. *Hefermehl* (*Schlegelberger/Hefermehl* HGB[5], § 383 29) gestattet hier dem Kommissionär sogar, von seinem „inneren" Willen, den er bei Abschluß des Ausführungsgeschäftes hatte, abzuweichen. Dies schränkt er allerdings wieder dadurch ein, daß die Zuweisung nicht gegen die Treuepflicht des Kommissionärs verstoßen dürfe. Einer sachgerechten Lösung muß daran gelegen sein, den Spekulationsspielraum und die Möglichkeit zur Begünstigung gewisser ausgewählter Kommittenten einzuengen. Dies erfolgt dadurch, daß der Kommissionär grundsätzlich das Prioritätsprinzip zu beachten hat, soweit er nicht parallel gelagerte Aufträge auf einmal erledigen kann (§ 384 20). Natürlich kann der Kommissionär diesen Pflichten zuwider handeln. Es existiert jedoch die Vermutung, daß der Kommissionär pflichtgemäß gehandelt hat. Diese Vermutung wird auch nicht ohne weiteres durch eine anderslautende Ausführungsanzeige entkräftet.

Steht dem Kommissionär die Befugnis zu, die Kommission durch **Selbsteintritt** auszuführen, so ist zu differenzieren. **77**

Dort, wo die Ausführung der Kommission durch Selbsteintritt vereinbart ist, wie dies gemäß Nr. 29 AGB der Banken bei der Effektenkommission der Fall ist, spricht die Vermutung für ein Deckungsgeschäft (*Düringer/Hachenburg/Lehmann* HGB[3], § 383 8).

Soweit der Kommissionär nicht verpflichtet ist, durch Selbsteintritt auszuführen, kann aber nicht schon aus dem Umstand, daß der Selbsteintritt üblich ist, abgeleitet werden, der Kommissionär habe das Geschäft mit dem Dritten auf eigene Rechnung vereinbart[65]. Man kann auch nicht mit *Ratz* (RGRKz HGB, § 383 11) ganz auf eine Vermutung verzichten und ausschließlich auf die Anzeige des Kommissionärs abstellen. Wenn *Ratz* sich darauf stützt, die Lage des Kommittenten werde durch das Fehlen einer Vermutung nicht beeinträchtigt, so verkennt er, daß § 392 Abs. 2 nicht zur Anwendung kommt, solange der Kommissionär nicht erklärt hat, er habe auf fremde Rechnung gehandelt. Es ist daher hier ebenfalls die Vermutung aufzustellen, daß der Kommissionär auf fremde Rechnung tätig geworden ist. Dadurch wird dem Kommissionär das Recht zum Selbsteintritt nicht abgeschnitten. Mit dem Selbsteintritt wandelt sich das Kommissionsverhältnis; der Herausgabeanspruch des Kommittenten weicht einer Lieferungs- bzw. Zahlungsforderung auch dann, wenn der Kommissionär ursprünglich tatsächlich auf fremde Rechnung gehandelt haben sollte. Das ist Ausfluß des im Selbsteintritt angelegten Gestaltungsrechtes (§ 400 19). Auf diese Weise wird erreicht, daß der Kommittent, soweit der Kommissionär nicht nachweisbar auf eigene Rechnung tätig geworden ist, durch § 392 Abs. 2 geschützt bleibt. Soweit in Konstellationen, in denen ein Selbsteintritt möglich ist, eine Kollision mehrerer Kommissionsgeschäfte denkbar ist, gilt das oben Gesagte.

---

[63] RGZ **96** 7; *Düringer/Hachenburg/Lehmann* HGB[3], § 392 4; *Schmidt-Rimpler* S. 890.

[64] *Düringer/Hachenburg/Lehmann* HGB[3], § 392 4; *Schlegelberger/Hefermehl* HBG[5], § 383 29; *Schmidt-Rimpler* S. 891 f.

[65] So aber *Düringer/Hachenburg/Lehmann* HGB[3], § 383 8; *Schmidt-Rimpler* S. 891.

§ 383   Drittes Buch. Handelsgeschäfte

E. Ende des Kommissionsvertrages

Das Ende des Kommissionsverhältnisses richtet sich nach den allgemeinen Regeln. Es kann insbesondere durch Kündigung, Zeitablauf, Bedingungseintritt, Tod eines der Vertragspartner, Unmöglichkeit sowie Konkurs (§ 383 91 f) eintreten.

I. Zeitablauf, Bedingung

78   Der Kommissionsvertrag kann befristet oder auflösend bedingt abgeschlossen werden. Eine Befristung findet sich häufig bei der Effektenkommission. Zeitlich nicht ausdrücklich anders limitierte Aufträge gelten längstens bis zum letzten Börsentag des laufenden Monats; Aufträge, die erst am letzten Börsentag des Monats eingehen und an diesem Tag nicht mehr abgewickelt werden können, bis zum nächsten Börsentag (§ 31 Abs. 1 AGB der Banken). Eine Befristung kann sich ferner aus Handelsbrauch oder sonst aus den Umständen ergeben. Mit Ablauf der Frist endet der Kommissionsvertrag. Der Kommissionär kann dann Ersatz seiner Aufwendungen, nicht aber (teilweise) Zahlung einer Provision verlangen. Insoweit schlägt der partiarische Charakter des § 396 Abs. 1 S. 1 durch (§ 396 4). Weder Aufwendungsersatz noch Provision darf der Kommissionär fordern, falls der Vertrag durch Eintritt einer auflösenden Bedingung endet (§ 158 Abs. 2 BGB).

II. Tod des Kommissionärs bzw. des Kommittenten

1. Tod des Kommissionärs

79   Entgegen der Auslegungsregel der §§ 675, 673 BGB hat man anzunehmen, daß der Tod des Kommissionärs normalerweise den Kommissionsvertrag dort nicht erlöschen läßt, wo ein Vertrag nicht mit Rücksicht auf die Person des Kommissionärs, sondern auf die vom Kommissionär aufgebaute oder geleitete Organisation abgeschlossen worden ist[66]. Beim Tod eines Kommissionsagenten wird der Kommissionsvertrag häufiger enden, da die Beziehungen vielfach stärker auf die Person des Kommissionärs ausgerichtet sein werden. Der Vertragspartner des Kommissionsagenten braucht sich daher nicht auf eine Kündigung aus wichtigem Grund zu berufen. Im übrigen kann ordentlich gekündigt werden, falls der Kommissionsvertrag nicht durch den Tod des Kommissionärs aufgelöst worden ist.

2. Tod des Kommittenten

80   Es gelten hier die §§ 672, 675 BGB, wonach der Kommissionsvertrag als Geschäftsbesorgungsvertrag im Zweifel nicht erlischt. Dies gilt auch dort, wo der Kommittent weder Kaufmann noch Gewerbetreibender ist (**a. A.** *Schlegelberger/Hefermehl*, HGB[5], § 383 51); anders dort, wo der Kommissionär ein Geschäft besorgen soll, das ganz auf die Person des Kommittenten zugeschnitten ist und für dessen Erben offensichtlich ohne Interesse ist; § 672 BGB ist eine Ausprägung des Erlöschensgrundes der Zweckstörung. Der Kommissionär kann im Falle des Erlöschens der Kommission vor Abschluß des Ausführungsgeschäftes keinen Provisionsanspruch geltend machen.

---

[66] *Düringer/Hachenburg/Lehmann* HGB[3], § 383 19; *Schlegelberger/Hefermehl* HBG[5], § 383 50 m. Nachw.

Stand: 1. 4. 1985   (52)

III. Unmöglichkeit und Zweckstörung

Die Pflichten des Kommissionärs aus dem Kommissionsvertrag enden — von nachwirkenden Nebenpflichten abgesehen — ferner, wenn dem Kommissionär die von ihm versprochene Leistung aus einem Grund unmöglich wird, den er nicht zu vertreten hat (§ 275 BGB; z. B. Untergang der zum Zweck des Verkaufes übergebenen Ware). Gleiches gilt in Fällen der Zweckstörung; z. B. die vom Kommissionär zu besorgenden Waren dürfen auf unabsehbare Zeit nicht importiert werden (*Beuthien* Zweckerreichung und Zweckstörung im Schuldverhältnis (1969), S. 145 ff). Das Provisionsrisiko trägt in einem solchen Fall der Kommissionär (*Koller* BB 1979 1725, 1728 ff).

IV. Kündigung (Widerruf)

1. Kündigung durch den Kommittenten

Die Zulässigkeit von Kündigungen richtet sich primär nach den vertraglichen Vereinbarungen, den Handelsbräuchen oder den allgemeinen Geschäftsbedingungen (z. B. § 31 I AGB der Banken). Soweit hier nichts Besonderes geregelt ist, ist danach zu differenzieren, ob im konkreten Fall der Kommissionsvertrag als Dienstvertrag oder als Werkvertrag zu qualifizieren ist (§ 383 58 f) und ob er nach dem Parteiwillen auf längere Dauer angelegt war (z. B. Kommissionsagentur).

a) Qualifiziert man den **Kommissionsvertrag als Werkvertrag,** so kann er grundsätzlich gemäß § 649 BGB jederzeit widerrufen werden. Eine Stütze findet dieses Ergebnis in § 405 Abs. 2, der inzident von der freien Widerruflichkeit des Kommissionsvertrages ausgeht [67]. Allerdings hat die Anwendung des § 649 BGB nicht zur Folge, daß der Kommissionär neben seinem Aufwendungsersatzanspruch (§ 396 26) auch den vollen Provisionsanspruch behält und sich auf die Provision lediglich anderweitigen Verdienst und etwaige Einsparungen anrechnen zu lassen braucht. In der Denkschrift zum Entwurf eines HGB (1896), S. 239, wurde zwar ein § 367 Abs. 3 erwogen, der eine dem § 649 BGB entsprechende Regelung vorsah. Diese Regelung wurde jedoch nicht Gesetz. Der Gesetzgeber blieb bei der partiarischen Ausgestaltung des Provisionsanspruches stehen, derzufolge die Provisionsforderung davon abhängt, daß der Kommissionär ein den ihm erkennbaren Interessen des Kommittenten entsprechendes Ausführungsgeschäft zustande bringt [68]. Daraus ergibt sich, daß der Provisionsanspruch entfallen muß, sobald der Kommittent durch den Widerruf zu erkennen gibt, daß er an dem Ausführungsgeschäft kein Interesse mehr habe. § 396 Abs. 1 S. 1 gilt mithin im Hinblick auf das Provisionsrisiko auch bei einer Kündigung der Kommission [69].

Problematisch ist es, ob die Befugnis des Kommittenten zum Widerruf in dem Moment endet, in dem der Kommissionär das **Ausführungsgeschäft getätigt** hat. Dies wird von der h. M. bejaht [70]. Das RG (RGZ 107 139) geht noch einen Schritt weiter. Es hält den Widerruf auch dann für unwirksam, wenn schon solche Handlungen vorgenommen worden sind, die bereits zur Ausführung gehören und die bewirken, daß nicht mehr res integra vorliege [71]. Ihm ist grundsätzlich zuzustimmen. Das partiarische Ele-

---

[67] *Düringer/Hachenburg/Lehmann* HGB 3, § 383 17; *Schlegelberger/Hefermehl* HBG 5, § 383 53; *Heymann/Kötter* HGB 21, § 383 2; *Schmidt-Rimpler* S. 1053 f.
[68] Protokolle der Commission zur Berathung eines ADHGB (1858), 3. Buch, 657. Sitzung, S. 1215 f; ferner § 396 4.
[69] So auch *Schlegelberger/Hefermehl* HBG 5, § 383 53; *Düringer/Hachenburg/Lehmann* HGB 3, § 383 17; *Heymann/Kötter* HGB 21, § 383 2; abweichend im Ansatz *Schmidt-Rimpler* S. 1059.
[70] RGZ 107 139; *Düringer/Hachenburg/Lehmann* HGB 3, § 383 17; *Schlegelberger/Hefermehl* HBG 5, § 383 53; *Heymann/Kötter* HGB 21, § 383 2; *Schmidt-Rimpler* S. 1055.
[71] Ebenso *Düringer/Hachenburg/Lehmann* HGB 3, § 383 17; kritisch *Schmidt-Rimpler* S. 1055.

ment des Kommissionsvertrages färbt lediglich die Phase bis zur Vereinbarung des Ausführungsgeschäftes. Nach Abschluß des Ausführungsgeschäftes kann dem Kommissonär der Provisionsanspruch nicht mehr durch freien Widerruf genommen werden. Es stellt sich aber die Frage, ob in der Phase nach Abschluß des Ausführungsgeschäftes § 649 BGB mit der Konsequenz angewendet werden kann, daß sich der Kommissionär auf seinen Provisionsanspruch etwaige Ersparnisse und anderweitigen Verdienst anrechnen lassen muß. Soweit der Kommissionär nach Abschluß des Ausführungsgeschäftes lediglich verpflichtet ist, den gegen den Dritten erlangten Anspruch auf Abtretung herauszugeben (§ 384 Abs. 2), ist das zu verneinen; denn ein Widerruf könnte nie zur Folge haben, daß der Kommissionär etwas zu ersparen oder seine Arbeitskraft anderweit einzusetzen in der Lage wäre; andererseits versteht es sich von selbst, daß der Kommissionär auch nach einem Widerruf im Sinne des § 649 BGB das Erlangte herauszugeben hat. Die Situation ändert sich jedoch, wenn der Kommissionär z. B. verpflichtet ist, die Forderung aus dem Ausführungsgeschäft einzuziehen und das hierdurch Erlangte — eventuell in besonderer Form — an den Kommittenten weiterzuleiten. Hier hat eine Anwendung des § 649 BGB durchaus Sinn; denn mit der Kündigung kann der Kommittent die Einziehung der Forderung an sich ziehen oder sie gegebenenfalls an einen anderen abtreten, um dadurch seine Vergütungspflicht zu mindern. Der Kommissionär wird hierdurch nicht übermäßig belastet. In der Durchführungsphase kommt nämlich das partiarische Element des Kommissionsgeschäftes nicht mehr zum Tragen. Der Kommissionär kann daher bei einem in der Durchführungsphase erfolgten Widerruf neben dem Aufwendungsersatz weiterhin die vereinbarte Provision geltend machen. Er braucht sich auf die Provisionsforderung nur ersparte Aufwendungen und anderweit erzielten Verdienst anrechnen zu lassen.

b) Qualifiziert man den konkreten **Kommissionsvertrag als Dienstvertrag,** so ist bis zum Abschluß des Ausführungsgeschäftes der Widerruf der Kommission ebenfalls unbeschränkt statthaft (§§ 621 Nr. 5, 627 Abs. 1 BGB). Für seine bisherige Tätigkeit darf der Kommissionär keine Provision verlangen. § 396 Abs. 1 S. 1 geht vor (s. oben). Auch das Kündigungsrecht aus den §§ 621 Nr. 5, 627 Abs. 1 BGB entfällt grundsätzlich mit der Vereinbarung des Ausführungsgeschäftes. Hat der Kommissionär in der Durchführungsphase Aufgaben übernommen, die über die bloße Abtretung der Forderung aus dem Ausführungsgeschäft hinausreichen, so kann die Kommission auch nach Abschluß des Ausführungsgeschäftes gekündigt werden (§ 649 BGB). Der Kommissionär behält dann seinen Aufwendungsersatzanspruch und braucht sich auf die vereinbarte Provision nur anderweitigen Verdienst sowie ersparte Aufwendungen anrechnen zu lassen. Der Kommittent behält trotz der Kündigung u. a. seinen Anspruch auf Herausgabe des Erlangten (§ 384 Abs. 2).

c) Bei den von vornherein auf **längere Zeit angelegten Kommissionsverträgen** entfällt nicht ohne weiteres ein ordentliches Recht zur fristlosen Kündigung. Zumal bei Störung des Vertrauensverhältnisses muß sich der Kommittent sofort vom Vertrag lösen können (§ 627 BGB). Wegen der Erfolgsabhängigkeit der Provision wird man indessen in ergänzender Auslegung des Kommissionsvertrages häufiger annehmen können, daß der Kommittent den Vertrag nicht ohne wichtigen Grund vorzeitig lösen darf, da der Kommittent nicht das Risiko läuft, eine Vergütung zu bezahlen, ohne den ursprünglich gewünschten Erfolg einstreichen zu können[72]. Das Kündigungsrecht bei der Kommissionsagentur orientiert sich regelmäßig an den §§ 89 ff (§ 383 35).

Zum Kündigungsrecht bei der **Selbsteintrittskommission** § 405 14 ff.

---

[72] *Düringer/Hachenburg/Lehmann* HGB 3, § 383 17; *Schlegelberger/Hefermehl* HBG 5, § 383 53.

2. Kündigung durch den Kommissionär

Bei Annahme eines Werkvertrages (§ 383 59) steht dem Kommissionär kein Kündigungsrecht zu[73], es sei denn, daß es ausdrücklich oder stillschweigend vereinbart wurde. Ist der Kommissionsvertrag als Dienstvertrag zu qualifizieren (§ 383 59), so kann der Kommissionär für sich ein Kündigungsrecht aus den §§ 621 Nr. 5, 627 BGB ableiten. Aus § 627 Abs. 2 BGB, der eine Konkretisierung von Treu und Glauben darstellt, ergibt sich jedoch, daß der Kommissionär nicht ohne wichtigen Grund zur Unzeit kündigen darf, wenn er einer Schadensersatzpflicht entgehen will[74]. Zur Inzahlungnahme eines Gebrauchtwagens OLG Hamm BB **1978** 123. Eine dem Kündigungsrecht des Kommissionärs entgegenstehende Verkehrssitte oder Handelsbrauch geht vor (*Schmidt-Rimpler* S. 1060). 83

V. Rücktritt

Zum Rücktritt vom Vertrag gemäß §§ 325, 326 BGB § 384 58 ff. Beachte ferner § 25 DepG (*Canaris* Großkommentar HGB³, Bd. III/3 (2. Bearb. 1981), 1963). 84

F. Die dinglichen Verhältnisse am Kommissionsgut

Die dinglichen Verhältnisse am Kommissionsgut haben keine kommissionsrechtliche Sonderregelung erfahren. Das gilt auch für die Ausführung der Kommission durch Selbsteintritt. Es finden vielmehr die allgemeinen Regeln über Eigentumsbegründung und -verlust Anwendung. Nur für den Bereich der **Effektenkommission** existieren in den §§ 18 ff DepG Spezialnormen (*Canaris* Großkommentar HGB³, Bd. III/3 (2. Bearb. 1981), 1949 ff) Zur **Drittschadensliquidation** § 383 73. 85

1. Verkaufskommission

Der Kommissionär erwirbt normalerweise an den ihm zum Zwecke des Verkaufs übergebenen Waren oder Wertpapieren **kein Eigentum**; denn zur Erfüllung des Ausführungsgeschäftes genügt eine Verfügungsermächtigung des Kommittenten (BGH WM **1959** 1004, 1006). Es ist deshalb auch regelmäßig nicht anzunehmen, daß sich der Kommittent mit dem Kommissionär dahin geeinigt hat, daß der Kommissionär Eigentümer des Kommissionsgutes werden solle. Soweit Wertpapiere an den Kommissionär indossiert werden, liegt im Zweifel nur ein Legitimations- und Ermächtigungsindossament vor (*Schmidt-Rimpler* S. 923). Allerdings können Kommittent und Kommissionär jederzeit auch vereinbaren, daß der Kommissionär — z. B. sicherheitshalber — Eigentum erlangen soll. Dieser Eigentumserwerb kann durch den Sicherungszweck auflösend bedingt oder mit einer Rückübertragungsverpflichtung gekoppelt sein. Ferner kommt als Erwerbsgrund Verbindung oder Vermischung in Betracht. 86

In Fällen des **Selbsteintritts** wird ein Eigentumserwerb bejaht, falls der Kommissionär selbst eintritt und die Ware auf das eigene Lager nimmt (*Schlegelberger/Hefermehl* HGB⁵, § 383 56). Dem ist allenfalls dann zuzustimmen, wenn die Parteien von vornherein vereinbart hatten, daß der Kommissionär durch Selbsteintritt ausführt. In anderen Situationen wird der Kommittent keinen Anlaß haben, von vornherein eine bedingte Einigung auszusprechen; auch sonst ist es zweifelhaft, ob der Kommittent, der mit einem Selbsteintritt rechnet, von vornherein gewillt ist, auf sein Recht zur Erfül-

---

[73] *Düringer/Hachenburg/Lehmann* HGB³, § 383 17 a; *Schlegelberger/Hefermehl* HBG⁵, § 383 54.

[74] *Schlegelberger/Hefermehl* HBG⁵, § 383 54; *Düringer/Hachenburg/Lehmann* HGB³, § 383 17 a.

lung Zug um Zug zu verzichten und vorweg unter der Bedingung des Selbsteintritts seine Einigung i. S. d. § 929 S. 2 BGB zu erklären (§ 400 40).

Ist der Kommittent Eigentümer geblieben und hat er das Kommissionsgut dem Kommissionär ausgehändigt, so wird er regelmäßig den Kommissionär zu Verfügungen **ermächtigt** haben (§ 185 Abs. 1 BGB). Darauf darf der Dritte normalerweise vertrauen (§ 366), soweit er den Kommissionär nicht ohnehin für den Eigentümer hält. Die Verfügungsermächtigung des Kommissionärs ist nicht unbegrenzt. Sie ist normalerweise nur auf die Übertragung des Kommissionsguts an den Partner des Ausführungsgeschäftes bezogen (RGZ **94** 111). Man wird den Kommissionär aber auch für ermächtigt ansehen dürfen, das Kommissionsgut sicherungshalber an einen Dritten zu übereignen, der zur Finanzierung des Kaufgeschäftes ein Darlehen gewährt hat, das dem Kommittenten wirtschaftlich zugute kommt (RGZ **132** 196; *Schlegelberger/Hefermehl* HGB 5, § 383 57). Schließt der Kommissionär ein anderes Geschäft ab, z. B. ein Sicherungsgeschäft für eigene Schulden, und übereignet er daraufhin die Waren an den Sicherungsnehmer, so handelt er ohne Einwilligung des Kommittenten[75].

Ebenso fehlt es an der Einwilligung, wenn der Kommissionär das Ausführungsgeschäft unter Mißachtung von Weisungen, insbesondere von Limits vereinbart hat (Ausnahme: Fall des § 386 Abs. 2). Die Fiktion der Genehmigung gemäß § 386 Abs. 1 ergreift nicht die dingliche Genehmigung gem. § 185 Abs. 2 BGB (a. A. *Schmidt-Rimpler* S. 924). Genehmigt der Kommittent ausdrücklich oder stillschweigend das unter Weisungsverstoß abgeschlossene Geschäft, so betrifft dies auch die dingliche Genehmigung. Umgekehrt ist bei einer Zurückweisung gem. § 385 Abs. 1 ein Widerruf der dinglichen Ermächtigung (§ 183 BGB) anzunehmen, — unabhängig davon, ob die Zurückweisung im konkreten Fall zu Recht erfolgte. In all diesen Situationen, in denen der Kommissionär als Nichtberechtigter verfügt hat, kann der Dritte gutgläubig erwerben[76]. Der Eigentümer erwirbt einen Konditionsanspruch gegen den Kommissionär aus § 816 Abs. 1 S. 1 BGB (*Reuter/Martinek* Ungerechtfertigte Bereicherung (1983), § 8 I 1 d bb m. Nachw.; *K. Schmidt* Handelsrecht, § 30 V 2c; a. A. *Hager* AcP **180** (1980), 239, 294). Der Kommissionär, der den Erlös an den Kommittenten abgeführt hat, kann sich auf § 818 Abs. 3 BGB berufen (BGHZ **47** 128, 131). Es haftet dann unter Umständen der Kommittent (§ 822 BGB, *Reuter/Martinek* aaO, § 8 I 1 d bb, S. 294 f).

Wird das Ausführungsgeschäft rückabgewickelt, nachdem der Dritte Eigentum erworben hatte, so wird im Fall der Rückübereignung der Kommittent wieder Eigentümer. Das Eigentum geht hierbei nicht durch die Person des Kommissionärs hindurch[77].

Die Eigentumsverhältnisse an der im Ausführungsgeschäft vereinbarten Gegenleistung richten sich nach den Regeln, die im folgenden für die Einkaufskommission entwickelt werden.

2. Einkaufskommission

87 Erfüllt der Dritte seine Verpflichtungen aus dem Ausführungsgeschäft, so wird in aller Regel der Kommissionär Eigentümer der Waren oder Inhaberpapiere bzw. Inhaber der geschuldeten sonstigen Wertpapiere oder Forderungen (§§ 398 ff, 929 ff BGB, 364 HGB, 11 WG, 18 ff DepG); denn der Kommissionär ist dem Dritten gegenüber im eigenen Namen aufgetreten. Dem Wesen des Kommissionsgeschäftes zufolge ist es

---

[75] BGH WM **1963** 1186; *Schlegelberger/Hefermehl* HGB 5, § 383 57; *Schmidt-Rimpler* S. 923.
[76] §§ 932 ff BGB, 366 HGB; vgl. BGH WM **1963** 1186, zur Veräußerung sicherheitshalber.
[77] *Schlegelberger/Hefermehl* HGB 5, § 383 59 m. Nachw.; ferner *Palandt/Bassenge* BGB 44, vor § 932 1 c m. Nachw.

zwar nur bei Abschluß des Ausführungsgeschäftes als Kausalgeschäft erforderlich, daß im eigenen Namen gehandelt wird. In aller Regel wird aber weder der Kommissionär Anlaß haben, im Hinblick auf das dingliche Geschäft aus seiner Rolle als mittelbarer Stellvertreter herauszutreten, noch wird der Kommittent dies wollen. Das gilt auch dort, wo die vom Kommissionär erworbenen Waren auf Geheiß des Kommissionärs unmittelbar an den Kommittenten übersandt werden (BGH NJW **1973** 141; *Palandt-Bassenge* BGB⁴⁴, § 929 3 m. Nachw.); denn das anweisungsgemäße Handeln des Dritten umfaßt nicht zugleich eine dingliche Einigung zwischen Drittem und Kommittenten. Kraft seiner Pflicht zur Herausgabe des Erlangten (§ 384 Abs. 2) hat der Kommissionär die Waren, Wertpapiere und sonstigen Forderungen auf den Kommittenten zu übertragen. Hierbei kommen für den Kommittenten **drei Wege** in Betracht, um in die dingliche Rechtsposition einzurücken. Erstens die Übertragung der Rechte gemäß § 929 BGB durch Zession oder Indossament; ferner die Übereignung durch antizipiertes Besitzkonstitut sowie die nachträgliche Einigung unter Begründung eines Besitzkonstitutes; schließlich durch Abtretung des Herausgabeanspruches (§ 931 BGB). Ausnahmsweise kann der Kommissionär aber auch als Vertreter des Kommittenten handeln. Das Eigentum geht dann sofort und unmittelbar mit der Übergabe des Gutes an den Kommissionär über, weil der Kommissionär Besitzmittler des Kommittenten ist. Ferner ist denkbar, daß der Kommittent nach den Grundsätzen über den Erwerb dessen, „den es angeht", unmittelbar Eigentum bzw. die Inhaberposition erlangt (dazu näher § 383 90).

Hager (AcP **180** (1980) 239, 256) vertritt die Ansicht, daß der Kommittent immer ohne Durchgangserwerb unmittelbar Eigentum erlange. Für eine derartige Rechtsfortbildung fehlt es jedoch an dem erforderlichen dringenden Anlaß.

Übersendet oder übergibt der Kommissionär dem Kommittenten das Kommissionsgut, so wird hierin im Zweifel die Abgabe der dinglichen Einigungserklärung liegen. Die gemäß § 929 BGB erforderliche Übergabe kann durch Aushändigung an den Kommittenten selbst, seinen Besitzdiener oder an seinen Besitzmittler erfolgen. Es genügt, daß der Kommissionär den Dritten anweist, das Gut dem Kommittenten auszuhändigen[78].

Vor Übergabe der Ware kann der Kommittent mit Hilfe eines **antizipierten Besitz- 88 konstitutes** Eigentum erwerben (§ 930 BGB). Ihm liegt die Einigung der Parteien darüber zugrunde, daß der Kommittent Eigentümer werden soll, bevor der Kommissionär das Eigentum am Kommissionsgut erlangt hat. Gekoppelt ist diese Einigung mit der Vereinbarung eines Besitzmittlungsverhältnisses, dem zufolge der Kommissionär das vom Dritten in der Zukunft erlangte Kommissionsgut für den Kommittenten besitzen soll. Die Vereinbarung ist regelmäßig im Kommissionsverhältnis enthalten (*K. Schmidt* Handelsrecht, § 30 V 3 a). Die auf die Zukunft gerichtete Willenseinigung hat zur Konsequenz, daß der Kommittent gemäß § 930 BGB in dem Moment Eigentum erwirbt, in dem der Kommissionär den Besitz erlangt. Das antizipierte Besitzkonstitut ist heute in Lehre und Rechtsprechung allgemein anerkannt. Streitig ist lediglich seine Ausgestaltung im einzelnen. Hierbei ist für das Kommissionsverhältnis z. B. die Frage von besonderer Bedeutung, ob der Kommittent das Eigentum unmittelbar vom Dritten oder in einer logischen Sekunde durch die Person des Kommissionärs hindurch erlangt. Diese Frage ist im Sinne des Durchgangserwerbes zu entscheiden (RGZ **140** 231; *Erman/H. Westermann* BGB, § 930 8), da der Kommissionär im eigenen Namen aufge-

---

[78] BGH NJW **1973** 141; *Palandt/Bassenge* BGB⁴⁴, § 929 3; *Erman/Schmidt* BGB⁷, § 929 10.

treten ist. Der Rechtsprechung zufolge muß der Übertragungswille noch bestehen, wenn der Kommissionär das Eigentum erwirbt[79]. Der Fortbestand des Willens ist jedoch zu vermuten (BGH WM **1965** 1248). Besondere Ausführungshandlungen, durch die der Kommissionär den Eigentumserwerb des Kommittenten für die Beteiligten deutlich macht, sind hingegen nicht notwendig. § 930 BGB stellt eine Ausnahme vom Offenkundigkeitsprinzip dar; man darf es daher auch nicht durch die Hintertür wieder einführen, indem man zumindest die Erkennbarkeit der Ausführungshandlung für den Erwerber postuliert[80]. Die Kommission bildet die Basis für ein Besitzmittlungsverhältnis; denn gemäß § 384 Abs. 2 ist der Kommissionär dem Kommittenten zur Herausgabe verpflichtet. Solange der Kommissionär nicht erkennbar gemacht hat, daß er nicht gedenkt, seiner Herausgabepflicht nachzukommen, ist zu vermuten, daß sein Besitzmittlerwille fortbesteht. Der Bestimmtheitsgrundsatz, der auch im Rahmen des antizipierten Besitzkonstituts gilt, kann jedoch gegebenenfalls Ausführungshandlungen erforderlich machen. Hatte der Kommissionär individuell bestimmte Sachen zu besorgen, so kann man darauf verzichten, weil sich dann der Besitzmittlungswille selbstverständlich auf diese vom Dritten gelieferten Gegenstände erstreckt. Muß jedoch eine Aussonderung erfolgen, weil der Kommissionär z. B. mehrere parallele Kommissionen erledigt hatte, so geht das Eigentum auf die einzelnen Kommittenten erst über, wenn der Kommissionär die dem jeweiligen Kommittenten zugedachten Objekte durch Ausführungshandlungen individualisiert hat[81]. Hierfür genügt Inventarisierung, Einbringung in ein bestimmtes Lager.

89 Soweit die Einigung nicht im Rahmen eines antizipierten Besitzkonstitutes vorweg erfolgt, kann sie auch durch **Insichgeschäft** vorgenommen werden. Man wird den Kommissionär, der das von ihm erlangte Kommissionsgut an den Kommittenten zu transferieren hat, als bevollmächtigt ansehen müssen, als Vertreter des Kommittenten die dingliche Einigung zu erklären und selbst anzunehmen. § 181 BGB steht dem nicht entgegen, weil der Kommissionär hierbei in Erfüllung seiner Herausgabepflicht handelt. Da das für die Vollendung der Übereignung notwendige Besitzmittlungsverhältnis seine Grundlage im Kommissionsvertrag hat, tritt in dieser Variante der Eigentumserwerb des Kommittenten in dem Augenblick ein, in dem der Kommissionär die Einigung in Form des Insichgeschäftes erkennbar macht. Die bloße Ausführungsanzeige genügt hierfür regelmäßig nicht (KG WM **1959** 1227). Darauf kann man entgegen *Flume* (Rechtsgeschäft, aaO, § 48/1) auch dann nicht verzichten (BGH NJW **1962** 587), wenn das Insichgeschäft eine an sich selbstverständliche Folge des Eigentumserwerbes durch den mittelbaren Stellvertreter ist. In dieser Variante findet ebenfalls ein Durchgangserwerb statt.

90 Kein Durchgangserwerb findet statt, wenn sich die vom Dritten geschuldete Verschaffung des Eigentums nach den Grundsätzen über das **„Handeln für den, den es angeht"** erfolgt. Die Anerkennung dieser Rechtsfigur beruht einerseits auf dem Bedürfnis, den im Hintergrund bleibenden „Vertretenen" unmittelbar Eigentum erwerben zu lassen, und andererseits auf dem Umstand, daß dem Dritten nach der objektiven Sachlage vielfach die Person des Erwerbers gleichgültig sein kann. Die Rechtsfigur ist an sich auf Bargeschäfte des täglichen Lebens zugeschnitten (RGZ 100 190). Sie wird aber

---

[79] BGH NJW **1952** 1169 (1170); a. A. *Erman/H. Westermann* BGB[7], § 930 6.
[80] Wie hier: *Erman/Schmidt* BGB[7], § 930 7; *Palandt/Bassenge* BGB[44], § 930 3 b; *Schlegelberger/Hefermehl* HBG[5], § 383 65 jeweils m. Nachw.; a. A. RGZ 140 231; *Staudinger/Berg* BGB[11], § 930 6 m. Nachw.; BGH NJW **1964** 398.
[81] *Schlegelberger/Hefermehl* HBG[5], § 383 65; *Palandt/Bassenge* BGB[44], § 930 3 b; *Erman/Schmidt* BGB[7], § 930 7.

auch im Rahmen von Kommissionsgeschäften Anwendung finden können. Voraussetzung hierfür ist zum einen, daß dem Dritten die Person des Warenerwerbers gleichgültig ist. Das wird immer dort der Fall sein, wo der Kommissionär nicht eigentlich Strohmann ist, wo er die Funktion eines Zwischenhändlers ausübt und der Dritte das Eigentum Zug um Zug gegen die Gegenleistung überträgt oder, wie bei der Effektenkommission, wo mit alsbaldiger Gutschrift zu rechnen ist (enger *Canaris* Festschrift *Flume* (1978), S. 424). Der innere Wille des Kommissionärs, unmittelbar für den Kommittenten zu erwerben, darf zwar nicht ohne weiteres unterstellt werden. Es müssen aber andererseits auch nicht besondere Anhaltspunkte im Einzelfall vorliegen (so aber *Schlegelberger/Hefermehl* HGB⁵, § 383 67). Vielmehr hat man darauf abzustellen, ob der Kommissionär ein eigenes Interesse am Eigentumserwerb hatte. Fehlt es, wie z. B. in dem Fall, daß der Kommittent dem Kommissionär einen Vorschuß ausgehändigt hatte, der Aufwendungen und Provision deckt, so ist zu vermuten, daß der Kommissionär dem Kommittenten schnellstmöglich die optimale Rechtsposition durch unmittelbaren Rechtserwerb nach den Grundsätzen des Geschäftes „wen es angeht" verschaffen wollte. Der Eigentumserwerb des Kommittenten vollendet sich somit in dieser Variante, sobald der Kommissionär Besitz erlangt, den er dem Kommittenten aufgrund des Kommissionsvertrages als Besitzmittlungsverhältnis vermittelt. Eine äußerliche Kenntlichmachung ist hierbei entbehrlich (*Palandt/Bassenge* BGB⁴⁴, § 929 5 a bb).

Zum Eigentumserwerb an Effekten im Rahmen der **Effektenkommission** aufgrund des § 18 Abs. 3 DepG durch Absendung des Stückeverzeichnisses sowie durch Übertragung des Miteigentums am Sammelbestand (§ 24 DepG) *Canaris* Großkommentar HGB³, Bd. III/3 (2. Bearb. 1981), 1949 ff; *Wolter* Effektenkommission und Eigentumserwerb (1979), 125 ff.

G. Die Kommission in Konkurs und Vergleich
I. Konkurs
1. Konkurs des Kommittenten

a) War die **Kommission** zum Zeitpunkt der Eröffnung des Konkursverfahrens noch **91** nicht ausgeführt, so erlischt gemäß § 23 Abs. 2 KO automatisch der Kommissionsvertrag; denn der Kommissionsvertrag gehört zur Gattung der Geschäftsbesorgungsverträge und ist auf eine Dienst- bzw. Werkleistung gerichtet. Der Konkursverwalter hat somit nicht die ihm im Rahmen des § 17 KO eröffnete Wahl, ob er Erfüllung verlangt oder nicht. § 23 Abs. 2 KO ist im Verhältnis zu § 17 KO lex specialis (*Schlegelberger/Hefermehl* HGB⁵, § 383 68 m. w. Nachw.). Mit dem Erlöschen der Kommission vermag der Kommissionär keine persönlichen oder dinglichen Rechte mehr gegenüber dem Kommittenten zu erwerben; z. B. kein Pfandrecht am Kommissionsgut (§ 397), das nach Konkurseröffnung in den Besitz des Kommissionärs gelangt ist (vgl. RGZ 71 79). Desgleichen endet das Selbsteintrittsrecht, das lediglich eine besondere Form der Ausführung der Kommission darstellt.

Ausnahmsweise gilt das Kommissionsverhältnis trotz der Konkurseröffnung als fortbestehend. § 23 Abs. 2 i. V. m. § 23 Abs. 1 S. 2 KO verweist auf die §§ 672 S. 2, 674 BGB. Danach hat der Kommissionär die Besorgung des ihm übertragenen Geschäftes fortzusetzen, bis der Konkursverwalter anderweitig Vorsorge treffen kann, falls mit dem Aufschub der Ausführung Gefahr verbunden ist oder der Kommissionär die Konkurseröffnung weder kennt noch kennen mußte. Eine Gefahr i. S. d. § 672 S. 2 BGB wird man überall dort zu bejahen haben, wo dem Kommittenten aus der Verzögerung der Ausführung erhebliche Verluste drohen. Dies ist etwa bei Verkaufskommissionen in Zeiten einer starken Baisse-Tendenz der Fall (*Canaris* Großkommentar HGB[3], Bd. III/3 (2. Bearb. 1981), 2067). Führt der Kommissionär die Geschäfte fort, so hat man für die Frage, inwieweit er seine Provisions- und Aufwendungsersatzansprüche aus der Masse gedeckt erhält, danach zu differenzieren, ob ein Fall des § 672 BGB oder des § 674 BGB vorliegt. Wird der Kommissionär tätig, um den Kommittenten vor Schaden zu bewahren (§ 672 S. 2 BGB), so sind die Vergütungs- und Ersatzansprüche Masseforderungen i. S. d. § 59 Nr. 2 KO, soweit sie nach Konkurseröffnung entstanden sind (§ 27 KO). Früher entstandene Forderungen gehören zu den normalen Konkursansprüchen[82]. Der Kommissionär ist insoweit nur durch sein Pfand- und Zurückbehaltungsrecht geschützt (§§ 369, 397 ff HGB, 49 Abs. 1 Nr. 2, 4 KO). In der Variante, in der der Kommissionär weiter tätig wird, weil ihm die Konkurseröffnung nicht zur Kenntnis gelangt ist, sind gemäß § 27 KO auch die nach Eröffnung des Konkurses begründeten Ansprüche gewöhnliche Konkursforderungen, da die Fiktion des Fortbestandes den Kommissionär ausschließlich in seinem Interesse schützen soll, auftragsgemäß gehandelt zu haben. Soweit die Masse durch die spätere Tätigkeit des Kommissionärs bereichert ist, kann sich der Kommissionär gegebenenfalls auf § 59 Nr. 3 KO berufen. Analog § 54 KO wird man dem Kommissionär ein Recht zur Aufrechnung gegen ein Guthaben geben müssen, das der Kommittent bei ihm unterhält (*Canaris* Großkommentar HGB[3], Bd. III/3 (2. Bearb. 1981), 2067).

92   **b) Nach Ausführung** der Kommission durch Abschluß eines weisungsgerechten Ausführungsgeschäftes wird die Wirksamkeit des Kommissionsverhältnisses durch den Konkurs des Kommittenten nicht tangiert. § 23 KO findet in dieser Phase des Vertrages keine Anwendung.

Bei der **Einkaufskommission** hat der Kommissionär die Pflicht, alles herauszugeben, was er aus dem Ausführungsgeschäft erlangt hat. Eigene Vergütungs- und Aufwendungsersatzansprüche des Kommissionärs sind normale Konkursforderungen; doch kann der Kommissionär ein Recht auf abgesonderte Befriedigung nach Maßgabe der §§ 369, 397 ff HGB i. V. m. § 49 Abs. 1 Nr. 2, 4 KO geltend machen. Das gilt gemäß § 399 auch für die Forderungen des Kommissionärs gegen den Dritten aus dem Ausführungsgeschäft. Hatte der Kommissionär die von ihm gekauften, aber noch nicht vollständig bezahlten Waren auf den Weg zum Kommittenten gebracht, so vermag er gemäß § 44 KO ein Verfolgungsrecht auszuüben (*Schlegelberger/Hefermehl* HGB[5], § 383 72).

Bei der **Verkaufskommisson** fällt die Kaufpreisforderung aus dem Ausführungsgeschäft unter § 392 Abs. 2. Der Konkursverwalter des Kommittenten kann daher vom Kommissionär die Abtretung dieser Forderung verlangen; doch darf sich der Kommissionär gemäß § 399 im Hinblick auf seine Vergütungs- und Aufwendungsersatzansprüche sowie alle Forderungen aus laufender Rechnung in Kommissionsgeschäften vorweg befriedigen. Ist der Kommissionär infolge des Konkurses des Kommittenten außerstande, die verkaufte Ware an den Dritten zu liefern, so darf er den Schadensersatzanspruch, den der Dritte aus § 326 BGB gegen ihn geltend macht, nur als Konkursforderung auf den Kommittenten abwälzen; denn der Rückgriffsanspruch in Form eines Aufwendungsersatzanspruches war zur Zeit der Konkurseröffnung bereits bedingt entstanden (§ 3 KO; *Schlegelberger/Hefermehl* HGB[5], § 383 73).

Hat der Kommissionär den **Selbsteintritt** erklärt, so gilt die Kommission als ausgeführt; die Anwendung des § 23 KO scheidet demnach aus. Mit dem Selbsteintritt tritt

---

[82] *Canaris* aaO, 2067; *Schlegelberger/Hefermehl* HBG[5], § 383 69 m. Nachw.

die Geschäftsbesorgungskomponente zurück und die kaufrechtliche Komponente in den Vordergrund. Der Konkursverwalter hat deshalb bei von keinem Teil vollständig erfüllten Austauschbeziehungen gemäß § 17 KO das Recht zu wählen, ob er erfüllen will oder nicht. Entscheidet sich der Konkursverwalter für Erfüllung, so wird die Forderung auf Zahlung des Kaufpreises zur Masseschuld (§ 59 Nr. 2 KO). Das gilt auch für Provisions- und pauschalierte Aufwendungsersatzansprüche, da man diese Ansprüche den Hauptleistungspflichten zuzurechnen hat[83]. Lehnt der Konkursverwalter die Erfüllung ab, so kann der Kommissionär Schadensersatz wegen Nichterfüllung fordern (§ 26 KO); der Anspruch gehört zu den normalen Konkursforderungen.

2. Konkurs des Kommissionärs

Im Falle des Kommissionär-Konkurses bleibt nach h. M. der Kommissionsvertrag **93** bestehen (RGZ **78** 91; *Schlegelberger/Hefermehl* HGB 5, § 383 75 m. Nachw.). *Schmidt-Rimpler* (S. 1061 f) hingegen leitet das Erlöschen des Vertrages daraus ab, daß das Kommissionsverhältnis durch persönliches oder finanzielles Vertrauen geprägt werde. In ergänzender Auslegung des **Vertrages** müsse man annehmen, daß der Vertrag mit dem Konkurs **erlöschen** solle. Dem ist in Parallele zum Tod des Kommissionärs (§ 383 79) zuzustimmen, wenn im konkreten Fall der Kommittent nicht generell auf die Firma des Kommissionärs vertraute, sondern sein Vertrauen eng mit der Person des Kommissionärs verknüpft war; denn das Kündigungsrecht bietet dem Kommittenten zu wenig Schutz, da es erst ausgeübt werden kann, wenn der Kommittent vom Konkurs des Kommissionärs Kenntnis erlangt hat. Welche Konsequenzen der Konkurs des Kommissionärs bei einem Fortbestand der Kommission auf die dem Kommissionsverhältnis entspringenden Ansprüche hat, ist davon abhängig, ob der Kommissionsvertrag schon ausgeführt ist oder nicht. Ist der **Kommissionsvertrag** von beiden Teilen noch nicht voll erfüllt, insbesondere die Kommission **noch nicht** — gegebenenfalls durch Selbsteintritt — **ausgeführt,** so hat der Konkursverwalter die Wahl, ob er erfüllen will oder nicht (§ 17 Abs. 1 KO). Entscheidet sich der Konkursverwalter für die Erfüllung, so sind die Ansprüche gegen den Kommissionär Masseschulden (§ 59 Nr. 2 KO). Lehnt der Konkursverwalter hingegen die Erfüllung ab, so sind die Rückforderungsansprüche (z. B. Vorschuß) sowie Schadensersatzansprüche des Kommittenten nur gewöhnliche Konkursforderungen (§ 26 KO). Gleiches gilt für den Fall der durch Selbsteintritt auszuführenden Kommission; hier wird man die Erklärung des Selbsteintritts durch den Konkursverwalter nach Treu und Glauben auch als Entscheidung für eine Erfüllung des „Kaufvertrages" zu werten haben. Ob der Kommittent in dieser Phase des Kommissionsverhältnisses einen Aussonderungsanspruch besitzt, bestimmt sich danach, ob er z. B. bei der Verkaufskommission sein Eigentum am Kommissionsgut zugunsten des Kommissionärs aufgegeben hat. Das ist regelmäßig zu verneinen (§ 383 86). § 17 KO kommt im Hinblick auf die **Kommission** nicht mehr zur Anwendung, sobald die Kommission — auch durch Selbsteintritt — **ausgeführt** ist. Ungeachtet des Ausführungsgeschäftes darf der Kommittent bei der **Verkaufskommission** das Kommissionsgut aussondern, wenn es der Kommissionär bereits veräußert, aber noch nicht an den Dritten übereignet hatte (*Schlegelberger/Hefermehl* HGB 5, § 383 77). Dabei ist davon auszugehen, daß die Verfügungsermächtigung des Kommissionärs mit dem Konkurs erloschen ist. Eine andere Frage ist es, ob der Kommittent damit seiner Pflicht zum Aufwendungsersatz zuwiderhandelt. Ist der Selbsteintritt vereinbart, so kann freilich diese

---

[83] *Koller* BB **1979** 1725, 1731 f; i. E. wie hier *Schlegelberger/Hefermehl* HGB5, § 383 74; a. A. *Canaris* Großkommentar HGB3, Bd. III/3 (2. Bearb. 1981), 2069.

§ 383　Drittes Buch. Handelsgeschäfte

Vereinbarung eine antizipierte dingliche Einigung enthalten (§ 400 40), so daß mit dem Selbsteintritt ein Aussonderungsrecht entfällt. Allerdings spricht vieles dafür, daß die antizipierte Einigung durch die Entrichtung der Gegenleistung aufschiebend bedingt ist (*Canaris* Großkommentar HGB³, Bd. III/3 (2. Bearb. 1981), 2072). Im Rahmen der **Effektenkommission** ist eine antizipierte dingliche Einigung wegen des sogenannten freiwilligen Börsenzwanges (§ 29 Abs. 1 AGB der Banken) zu verneinen. Hierzu und zum Konkursvorrecht gemäß § 32 DepG *Canaris* Großkommentar HGB³, Bd. III/3 (2. Bearb. 1981), 2074; ferner *Hopt* BB **1975** 397 ff; *Heinsius/Horn/Than* DepG, § 32 20 ff. Ferner kann der Kommittent bei der normalen Kommission gem. § 392 Abs. 2 die Forderung auf Zahlung des Kaufpreises gegen den Dritten aussondern. Hatte der Dritte bereits vor Konkurseröffnung an den Kommissionär bezahlt, so steht nach h. M. (*Schlegelberger/Hefermehl* HGB⁵, § 392 20 m. Nachw.) dem Kommittenten weder ein Aussonderungs- noch ein Ersatzaussonderungsrecht zu; denn § 46 KO beziehe sich nur auf unrechtmäßige Verfügungen des Gemeinschuldners. Die Rechtswidrigkeit der Verfügung und damit ein Ersatzaussonderungsrecht gem. § 46 KO sei jedoch zu bejahen, falls der Konkursverwalter die Forderung eingezogen habe. Der vom Kommittenten erteilten Einzugsermächtigung sei nämlich die Bedingung immanent, daß im Zeitpunkt der Einziehung das Erlangte an den Kommittenten abgeführt werden kann. Soweit das vom Konkursverwalter Erlangte unterscheidbar in der Masse vorhanden ist, könne der Kommittent gemäß § 46 KO aussondern; andernfalls besitze er einen Masseanspruch gemäß § 59 Nr. 1, 3 KO. Nach der hier vertretenen Ansicht ist jedoch auf die hier genannten Konstellationen grundsätzlich § 392 Abs. 2 analog anzuwenden (§ 392 2, 19).

Auch bei der **Einkaufskommission** vermag der Kommittent die Forderung aus dem Ausführungsgeschäft gegen den Dritten auszusondern (§ 392 Abs. 2). Im übrigen hängt das Aussonderungsrecht des Kommittenten nach h. M. wesentlich davon ab, zu welchem Zeitpunkt man den Eigentumsübergang an den Kommittenten und ob man überhaupt einen Durchgangserwerb des Kommissionärs bejaht (§ 383 88). Gibt man, wie hier vertreten wird, den Grundsätzen über das „Geschäft für den, den es angeht" einen relativ weiten Anwendungsbereich, so wird der Kommittent in einer Vielzahl von Fällen zur Aussonderung berechtigt sein. Dort, wo der Kommissionär im Zeitpunkt der Konkurseröffnung noch Eigentümer gewesen ist, scheidet ein auf die Stellung als Eigentümer bzw. Forderungsinhaber gestütztes Aussonderungsrecht aus § 43 KO aus. Es kann nach h. M. auch nicht auf das zwischen Kommittent und Kommissionär bestehende Trueband gestützt werden (BGH NJW **1959** 1224; *Schlegelberger/Hefermehl* HGB⁵, § 383 77 m. Nachw.).

Richtiger Ansicht nach ist die Position des Kommittenten durch eine analoge Anwendung des § 392 Abs. 2 auf das zur Erfüllung des Ausführungsgeschäftes an den Kommissionär Geleistete zu verstärken[84]; denn durch die Ausübung des Kommissionsgewerbes ist die Treuhänderposition des Kommissionärs hinreichend offenkundig, so daß die Kreditgeber des Kommissionärs damit rechnen müssen, daß ein Großteil der sich im Vermögen des Kommissionärs befindlichen Gegenstände wirtschaftlich einem Kommittenten gehört (näher dazu § 392 2, 19). Für die Effekteneinkaufskommission beachte ferner § 32 DepG[85].

---

[84] *Schmidt-Rimpler* S. 938 ff; *v. Lübtow* ZHR **112** 262 f; *Avancini* Festschrift *Kastner* (1972), S. 5 ff; *Canaris* Festschrift *Flume* (1978), S. 424.

[85] Dazu *Canaris* Großkommentar HGB³, Bd. III/3 (2. Bearb. 1981), 2074 ff; *Heinsius/Horn/Than* DepG, § 32 9, 26 ff.

II. Vergleich

Das Vergleichsverfahren ist ohne Einfluß auf den Kommissionsvertrag, unabhängig **94** davon, ob das Vergleichsverfahren über das Vermögen des Kommissionärs oder über das des Kommittenten eröffnet worden ist (§§ 36, 50 bzw. 51 VerglO); unter Umständen kann das Vergleichsverfahren jedoch einen wichtigen Kündigungsgrund (RGRKz HGB-*Ratz* § 383 28 c) auslösen. Ist der Kommissionsvertrag im konkreten Fall dem Typus der Werkverträge zuzuordnen, oder ist das Vergleichsverfahren über das Vermögen des Kommittenten eröffnet worden, so kann das Vergleichsgericht eine Ermächtigung zur Ablehnung der Erfüllung aussprechen (§§ 50 Abs. 2, 51 Abs. 2 VerglO). Wird von dieser Ermächtigung Gebrauch gemacht, so darf der andere Teil Schadensersatz wegen Nichterfüllung verlangen (§ 52 VerglO).

§ 392 Abs. 2 gilt auch im Vergleichsverfahren. Der Kommittent kann deshalb gemäß § 26 VerglO aussondern. Ebenso wie im Konkurs steht dem Kommissionär gegebenenfalls ein Verfolgungsrecht zu (§§ 26 Abs. 1 VerglO, 44 KO), wenn im Rahmen der Einkaufskommission Ware an den Kommittenten abgegangen ist und der Kommittent Aufwendungen sowie Provision noch nicht vollständig bezahlt hat.

H. Strafbestimmungen

Verletzt der Kommissionär seine Pflichten aus dem Kommissionsvertrag, so kann er **95** sich wegen Untreue (§ 266 StGB) strafbar machen (BGH NJW **1963** 486; OLG Köln BB **1965** 107). Besonders im Rahmen der Effektenkommission sind ferner die §§ 88 ff BörsG über den Kursbetrug und die Verleitung zur Börsenspekulation zu beachten. § 95 BörsG, der früher den Kommissionsbetrug regelte, ist aufgehoben.

§ 384

(1) Der Kommissionär ist verpflichtet, das übernommene Geschäft mit der Sorgfalt eines ordentlichen Kaufmanns auszuführen; er hat hierbei das Interesse des Kommittenten wahrzunehmen und dessen Weisungen zu befolgen.

(2) Er hat dem Kommittenten die erforderlichen Nachrichten zu geben, insbesondere von der Ausführung der Kommission unverzüglich Anzeige zu machen; er ist verpflichtet, dem Kommittenten über das Geschäft Rechenschaft abzulegen und ihm dasjenige herauszugeben, was er aus der Geschäftsbesorgung erlangt hat.

(3) Der Kommissionär haftet dem Kommittenten für die Erfüllung des Geschäfts, wenn er ihm nicht zugleich mit der Anzeige von der Ausführung der Kommission den Dritten namhaft macht, mit dem er das Geschäft abgeschlossen hat.

Übersicht

	Rdn.		Rdn.
A. Vorbemerkung	1	1. Vorbemerkung	4
B. Ausführungspflicht		2. Pflicht zur Beratung	5
I. Vorbemerkung		3. Haftung für die Erteilung eines falschen Rates, einer falschen Empfehlung oder Auskunft	6
1. Terminologie	2		
2. Treue- und Interessenwahrungspflicht als prägendes Element des Kommissionsvertrages	3	4. Haftung wegen unterlassener Aufklärung und Beratung	9
II. Beratungs- und Aufklärungspflichten vor Vertragsschluß		5. Rechtsfolgen	16
		III. Interessenwahrung bei der Ausführung der Kommission	

§ 384 Drittes Buch. Handelsgeschäfte

Rdn.		Rdn.

1. Vorbemerkung 17
2. Art der geschuldeten Leistung 18
3. Interessenkonflikte und Wettbewerbsverbote 20
IV. Weisungen
  1. Vorbemerkung 22
  2. Rechtsnatur der Weisung 23
  3. Arten der Weisung 24
  4. Ausmaß der Bindung 25
  5. Grenzen der Weisungsberechtigung . . 26
C. Benachrichtigungspflicht
  I. Vorbemerkung 27
  II. Benachrichtigungspflicht vor Abschluß des Ausführungsgeschäftes 28
  III. Benachrichtigungspflicht nach Abschluß des Ausführungsgeschäftes 29
    1. Ausführungsanzeige 30
    2. Name des Dritten 31
    3. Absendung der Ausführungsanzeige . 32
    4. Rechtsnatur der Ausführungsanzeige . 33
D. Abwicklung des Ausführungsgeschäftes und Herausgabe des Erlangten
  I. Vorbemerkung 34
  II. Abwicklung des Ausführungsgeschäftes . . 35
  III. Herausgabe des Erlangten
    1. Anwendungsbereich 36
    2. Inhalt und Umfang der Herausgabepflicht 37
    3. Einzelfälle 40
    4. Art und Weise der Herausgabe 41
    5. Zeitpunkt der Herausgabe und Erfüllungsort 42
    6. Beweislast 43
    7. Schadensersatzverpflichtung 44
    8. Verjährung 45
    9. Verfügungen als Nichtberechtigter . . 46
E. Die Pflicht, Rechenschaft abzulegen
  I. Vorbemerkung 47
  II. Die Rechenschaftslegung
    1. Umfang der Pflicht........... 48
    2. Die Rechnungslegung 49
    3. Rechtfertigung des Verhaltens 50
    4. Zeitpunkt des Entstehens der Pflicht zur Rechenschaftslegung 51
    5. Erfüllung der Pflicht zur Rechenschaftslegung 52

  6. Pflichtverletzung 53
  7. Verzicht 54
  8. Anerkennung der Rechnungslegung . 55
F. Haftungsmaßstab 56
G. Die Zurechnung des Aufwands- und Schadensrisikos an den Kommissionär bei Verzug sowie Unmöglichwerden der Aus- bzw. Durchführung des Kommissionsgeschäftes
  I. Der Kommissionsvertrag als gegenseitiger Vertrag 57
  II. Die Ansprüche gegen den Kommissionär bei einem Unmöglichwerden der Ausführung
    1. Beiderseits nicht zu vertretende Unmöglichkeit 59
    2. Vom Kommissionär zu vertretende Unmöglichkeit 60
    3. Vom Kommittenten zu vertretende Unmöglichkeit 61
  III. Unmöglichwerden der Durchführung der Kommission
    1. Vom Kommissionär zu vertretende Unmöglichkeit 62
    2. Vom Kommittenten zu vertretende Unmöglichkeit 63
    3. Beiderseits nicht zu vertretende Unmöglichkeit 64
  IV. Verzug
    1. Verzug des Kommissionärs 65
    2. Gläubigerverzug der Kommittenten . . 66
    3. Schuldnerverzug des Kommittenten . . 67
  V. Zurückbehaltungsrecht 68
H. Selbsthaftung des Kommissionärs
  I. Vorbemerkung 69
  II. Voraussetzungen der Selbsthaftung
    1. Anzeige 70
    2. Keine Namhaftmachung des Dritten . 71
    3. Zeitpunkt der Namhaftmachung . . . 72
    4. Kein Verschulden 73
    5. Selbsteintritt 74
    6. Ausschluß der Selbsthaftung 75
    7. Anfechtbarkeit/Berichtigung der Anzeige 76
  III. Ausmaß der Selbsthaftung 78
    1. Die Kommission wurde ausgeführt . . 79
    2. Nicht ausgeführte Kommission 82

Schrifttum

siehe Angaben zu § 383.

A. Vorbemerkung

1 § 384 zählt in den Absätzen 1 und 2 zunächst einige Pflichten auf, die der Kommissionär bei der Ausführung der Kommission und ihrer Durchführung zu beachten hat. Er nennt die Ausführungspflicht, die er durch die Pflicht näher charakterisiert, das Interesse des Kommittenten wahrzunehmen und dessen Weisungen zu befolgen. Um den Kommittenten instand zu setzen, Weisungen zu erteilen, hat der Kommissionär unver-

züglich die erforderlichen Nachrichten zu geben. Zur Abwicklungsphase gehören vor allem die Pflichten, die Ausführung der Kommission anzuzeigen, Rechenschaft abzulegen und dasjenige herauszugeben, was der Kommissionär aus der Geschäftsbesorgung erlangt hat. Als Haftungsmaßstab wird die Sorgfalt eines ordentlichen Kaufmanns eingeführt.

Die in § 384 Abs. 1 und Abs. 2 genannten Pflichten umreißen nicht den gesamten Pflichtenkreis des Kommissionärs. Sie sind lediglich gesetzlich fixierte Ausprägungen der für Geschäftsbesorgungsverträge charakteristischen, allgemeinen Treue- und Interessenwahrnehmungspflicht. Sie sind deshalb durch weitere Pflichten zu ergänzen, die ebenfalls dem spezifischen Treueverhältnis zwischen Kommissionär und Kommittenten entspringen. Zu erwähnen ist hier vor allem die Pflicht zur Aufklärung und Beratung sowie die Pflicht, Interessenkollisionen zu vermeiden.

In § 384 Abs. 3 ist die Selbsthaftung des Kommissionärs für den Fall geregelt, daß der Dritte nicht zugleich mit der Ausführungsanzeige namhaft gemacht wird. Damit soll insbesondere das Risiko des Kommittenten gemindert werden, daß er seine Ansprüche gegen den Dritten nicht oder nicht vollständig durchzusetzen in der Lage ist.

B. Ausführungspflicht
I. Vorbemerkung
1. Terminologie

Gemäß § 384 Abs. 1 ist der Kommissionär verpflichtet, das „übernommene Geschäft ... auszuführen". In Absatz 2 des § 384 ist von der „Ausführung der Kommission" die Rede. Es stellt sich daher die Frage, ob zwischen der „Ausführung" der „Kommission" und des „übertragenen Geschäftes" ein Unterschied besteht. — Das ist zu bejahen. Dort, wo das Gesetz die Begriffe „Ausführung der Kommission" verwendet (§§ 384 Abs. 2, 3, 400 Abs. 1, 2, 3, 401 Abs. 1, 404, 405), bezeichnet es damit lediglich den Abschluß des Ausführungsgeschäftes. Die Begriffe „Ausführung des Geschäftes" werden hingegen mehrdeutig eingesetzt. In § 386 bedeuten sie dasselbe wie Ausführung der Kommission, während sie sich in § 396 Abs. 1 auf die Abwicklung des Ausführungsgeschäftes beziehen (§ 396 8). In § 384 Abs. 1 wiederum ist mit „Ausführung des übernommenen Geschäftes" die Vereinbarung eines interessengerechten Ausführungsgeschäftes sowie gegebenenfalls dessen Abwicklung gemeint[1]. Eine abweichende Ansicht vertritt der BGH (LM Nr. 2 zu § 384 HGB), demzufolge unter Ausführung des Geschäftes in der Regel nur der Abschluß eines Vertrages mit einem Dritten, nicht aber auch die Erfüllung des Geschäftes selbst verstanden werden könne. Soweit der BGH hier ein Regel-Ausnahmeverhältnis ins Spiel bringt, ist dem nicht zuzustimmen. Der Begriff „Ausführung des Geschäftes" ist offen sowohl für den isolierten Abschluß des Ausführungsgeschäftes als auch für die Zusammenfassung von Abschluß sowie Abwicklung des Ausführungsgeschäftes. Beides kann „Geschäft" i. S. d. § 384 Abs. 1 sein. Was im Einzelfall gilt, kann nur durch eine Auslegung des Kommissionsvertrages nach Treu und Glauben unter Berücksichtigung aller Umstände ermittelt werden. Unter Umständen kann die Verpflichtung sogar auf den Abschluß eines zweiten Ausführungsgeschäftes gehen; z. B. bei Börsentermingeschäften auf ein Gegengeschäft (RGRKz HGB-*Ratz* § 384 2). Eine Vermutung für eine Abwicklungspflicht des

---
[1] *Düringer/Hachenburg/Lehmann* HGB 3, § 384 15; *Schmidt-Rimpler* S. 661 f; *Schlegelberger/Hefermehl* HBG 5, § 384 4.

Kommissionärs existiert nicht, mag sie auch die Praxis des Kommissionsgeschäftes kennzeichnen (näher zum Begriff der Abwicklung bzw. Durchführung, § 384 35).

2. Treue- und Interessenwahrungspflicht als prägendes Element des Kommissionsvertrages

3   Das Kommissionsgeschäft ist ein Vertrauensgeschäft. Seine Funktion ist es, den Kommissionär dazu zu verpflichten, die Interessen des Kommittenten am Abschluß eines Geschäftes mit einem Dritten optimal zu realisieren. Optimal heißt in diesem Zusammenhang, daß der Kommissionär so zu handeln hat, wie dies aus seiner Sicht der Kommittent täte, falls dieser die dem Kommissionär zur Verfügung stehenden Kenntnisse, Fähigkeiten sowie Geschäftsverbindungen besäße. Der Kommissionär hat sich somit in die Person des Kommittenten hineinzuversetzen und aus dieser Perspektive heraus im Rahmen des Vertrages und der dispositiven Normen den Interessen des Kommittenten bestmöglich Rechnung zu tragen.

Darin unterscheiden sich Geschäftsbesorgungsverträge von normalen Austauschverträgen, bei denen die Parteien als Interessengegner auftreten und als gleichwertige, selbstverantwortliche Wirtschaftssubjekte versuchen sollen, ihre eigenen Interessen möglichst weitgehend zu realisieren. Eine Pflicht zur Interessenwahrung durch den jeweiligen Vertragspartner würde bei reinen Austauschverträgen nur den Antrieb erlahmen lassen, das optimale Angebot zu erkunden und Marktlücken aufzuspüren (*Hopt* Kapitalanlegerschutz, aaO, S. 238 ff; *Kronman* 1 Journal of Legal Studies (1973), S. 1 (28 ff)). Die Rechtsordnung verpflichtet deshalb grundsätzlich den Vertragspartner, lediglich dann Risiken auf sich zu nehmen, wenn deren Ursachen in seiner Sphäre liegen oder von ihm typischerweise erheblich besser gesteuert werden können (*Koller* Risikozurechnung bei Vertragsstörungen in Austauschverträgen (1979), S. 84 ff, 91 ff). Der Kommissionär als Geschäftsbesorger soll hingegen in dem Bereich, in dem er die Interessen des Kommittenten wahrzunehmen hat, den Kommittenten gerade davon entlasten, die optimalen Chancen für die Befriedigung der eigenen Wünsche ausfindig zu machen. In Erfüllung dieser Aufgabe hat der Kommissionär notwendigerweise einen mehr oder minder großen Ermessensspielraum (*Schmidt-Rimpler* S. 719); denn vielfach wird man nicht intersubjektiv gültig behaupten können, nur eine bestimmte Handlungsvariante entspräche optimal den Bedürfnissen des Kommittenten (*Koller* BB **1979** 1725, 1727 f). Die Treuepflicht des Kommissionärs umschreibt mithin zum Teil ein „inneres Ausgerichtetsein". Darin erschöpft sie sich jedoch nicht. Dort, wo die mit der Sorgfalt eines ordentlichen Kaufmannes gewählte Sichtweise des Kommissionärs intersubjektive Aussagen über die optimale Interessenwahrung zuläßt, verdichtet sie sich zur faktisch durchsetzbaren Pflicht, in einer bestimmten Weise vorzugehen. Wo mehrere Handlungsvarianten als im wohlverstandenen Interesse des Kommittenten gelegen erscheinen, ist es Pflicht des Kommissionärs, nach pflichtgemäßem Ermessen eine von ihnen auszuwählen und nicht ermessensmißbräuchlich die Interessen des Kommittenten zu vernachlässigen. Ermessensmißbräuchlich handelt der Kommissionär z. B. dort, wo er — ohne daß ihm dies vertraglich gestattet ist — seine eigenen Interessen vor die des Kommittenten stellt (näher dazu § 384 21). Egoistische Ziele darf der Kommissionär nur beim Aushandeln der Konditionen des Kommissionsvertrages, insbesondere der Provisionshöhe, verfolgen.

Die Treuepflicht wird in allen Phasen der vertraglichen und vorvertraglichen Beziehungen zwischen Kommissionär und Kommittenten wirksam. Sie schlägt sich schon in den Pflichten des Kommissionärs bei den Vertragsverhandlungen nieder. Der Kommissionär hat den Kommittenten zu beraten und über die Risiken des intendierten Ausführungsgeschäftes aufzuklären, soweit die Aufklärung erkennbar im Interesse des Kommittenten liegt und zumutbar ist. Das Geschäft, das der Kommissionär in Ausführung der Kommission vereinbart, muß im Lichte der spezifischen Interessen des Kommittenten zu möglichst günstigen Konditionen abgeschlossen werden. Der Kommissionär ist Vertrauensmann, Helfer des Kommittenten, nicht dessen Vormund (*Schmidt-Rimpler* S. 719). Da der Kommittent am besten weiß, was in seinem Interesse liegt, ist es Pflicht des Kommissionärs, dessen Weisungen zu folgen. Um den Kommittenten instand zu setzen, sachgerechte Weisungen zu erteilen, hat er ihm die erforderlichen Nachrichten zu geben. Das gilt vor allem auch dort, wo der Kommissionär nicht genau weiß, welche Handlungsvariante am besten den Interessen des Kommittenten entspricht, es sei denn, ein Aufschub der Ausführung würde zu erheblichen Nachteilen führen, oder der zu erwartende Nutzen stünde außer Relation zu den Kosten. Die Treuepflicht formt auch den Inhalt der Abwicklungspflichten, sofern sich der Kommissionär bereit erklärt hat, die aus dem Ausführungsgeschäft resultierenden Forderungen einzuziehen und das hierbei Erlangte an den Kommittenten zu transferieren.

Auch wenn dem Kommissionär der **Selbsteintritt** erlaubt ist, steht er unter dem Gebot einer treuegemäßen Interessenwahrnehmung; mit der Erklärung des Selbsteintritts schwächt sich die Treuepflicht ab; sie schwindet aber nicht ganz (näher dazu § 400 43; **a. A.** *Düringer/Hachenburg/Lehmann* HGB³, § 384 4).

II. Beratungs- und Aufklärungspflichten vor Vertragsschluß
1. Vorbemerkung

Eine Aufklärungs- und Beratungspflicht des Kommissionärs wird in weitem Umfang zumindest in dem Sinne bejaht, daß der Kommissionär für schuldhaftes Unterlassen der erforderlichen Aufklärung und für falsche Beratung einzustehen hat [2]. Allerdings besteht über die Grundlage dieser Aufklärungs- und Beratungspflichten noch keine volle Einigkeit. Zum Teil werden sie auf einen — stillschweigend geschlossenen — Auskunfts- bzw. Haftungsvertrag gestützt [3]. Andere leiten die Aufklärungs- und Beratungspflichten aus dem Institut der c. i. c. bzw. einem diesem Institut nahestehenden gesetzlichen Schuldverhältnis ab [4]. Verschiedentlich wird die Quelle dieser Pflichten auch in der dauernden oder auf Dauer angelegten Geschäftsverbindung gesehen [5].

Gegen die Bejahung von Auskunfts- bzw. Haftungsverträgen wird zumindest für den Bereich der Kommission zutreffend eingewandt, daß derartige Verträge eine reine Fiktion darstellen [6]. Diesem Vorwurf kann man ausweichen, wenn man mit *Musielak*

4

---

[2] BGHZ **8** 235; BGH NJW **1953** 380; *Schlegelberger/Hefermehl* HBG⁵, § 384 11; *Schmidt-Rimpler* S. 730 ff; *Heymann/Kötter* HGB²¹, § 384 2; *Düringer/Hachenburg/Lehmann* HGB³, § 384 5 ff; *RGRKzHGB-Ratz* § 384 1; zur Effektenkommission im besonderen *Canaris* Großkommentar HGB³, Bd. III/3 (2. Bearb. 1981), 1880 ff; *Schlegelberger/Hefermehl* HBG⁵, Anh. § 406 25 ff; *Hopt* Kapitalanlegerschutz, aaO, S. 413 ff.

[3] BGH WM **1985** 450, 451; *Baumbach/Duden/Hopt* HGB²⁶, § 384 1 B; allgemein *Palandt/Thomas* BGB⁴⁴, § 676 3b m. Nachw. aus der Rechtsprechung; ferner *Musielak* Haftung für Rat, Auskunft und Gutachten (1974), S. 7 ff; im Bereich der Effektenkommission *Hopt* Kapitalanlegerschutz, aaO, S. 391 ff.

[4] *Canaris* Großkommentar HGB³, Bd. III/3 (2. Bearb. 1981), 1880, 12 ff; *Schlegelberger/Hefermehl* HGB⁵, § 384 11; *Schmidt-Rimpler* S. 731; *Erman/Hauß* BGB⁷, § 676 4 m. Nachw.; *Düringer/Hachenburg/Lehmann* HGB³, § 384 5; *Heymann/Kötter* HGB²¹, § 384 2.

[5] Dazu *Canaris* Großkommentar HGB³, Bd. III/3 (2. Bearb. 1981), 12 ff m. Nachw. aus der Rechtsprechung; ferner *Müller-Graff* Rechtliche Auswirkungen einer laufenden Geschäftsverbindung im amerikanischen und deutschen Recht (1974), S. 217 ff; *Hopt* Kapitalanlegerschutz, aaO, S. 408 ff; *Schlegelberger/Hefermehl* HBG⁵, Anh. § 406 27.

[6] *Canaris* Großkommentar HGB³, Bd. III/3 (2. Bearb. 1981), 78; *Müller-Graff* Geschäftsverbindung, aaO, S. 220 ff; *v. Bar* RabelsZ **44** (1980) 455; *Lammel* AcP **179** (1979) 337, 352 ff; *Rümker* ZHR **147** (1983) 27, 31.

auf ein rechtsgeschäftliches Erklärungsbewußtsein völlig verzichtet und es durch objektive Elemente ersetzt. Ob man die im Erfordernis des Erklärungsbewußtseins angelegte Selbstbestimmung ohne weiteres über Bord werfen kann, ist freilich sehr fraglich. Ein vertraglicher Ansatz für Aufklärungs- und Beratungspflichten ist deshalb nur dort möglich, wo man mit guten Gründen behaupten kann, zwischen den Partnern sei ein Rahmenvertrag, etwa in Form eines allgemeinen Bankvertrages, abgeschlossen worden[7].

Normalerweise wird man die Aufklärungs- und Beratungspflichten in einem gesetzlichen Schuldverhältnis ohne primäre Leistungspflichten anzusiedeln haben, das auf dem durch den rechtsgeschäftlichen Kontakt begründeten, besonderen — objektiv typisierten — Vertrauensverhältnis zwischen den Parteien beruht (*Canaris* Großkommentar HGB[3], Bd. III/3 (2. Bearb. 1981), 77 f; *Erman/Hauß* BGB[7], § 676 4 ff jeweils m. w. Nachw.; a. A. *Hopt* Kapitalanlegerschutz, aaO, S. 407). Will sich der Kommissionär nicht den Vorwurf eines Pflichtverstoßes machen lassen, so hat er den Kommittenten im erforderlichen und zumutbaren Ausmaß zu beraten und aufzuklären. Die Intensität dieser Pflichten wird wesentlich durch den Vertragstypus bestimmt, der zwischen den Parteien angebahnt werden soll. D. h., daß der Kommissionär schon im vorvertraglichen Stadium der spezifisch kommissionsrechtlichen Treuepflicht unterliegt und deshalb den Interessen des Kommittenten in weitestem Umfang Rechnung tragen muß[8]. Die Pflichten werden weiter verstärkt durch die Existenz einer Geschäftsverbindung zwischen Kommittent und Kommissionär. Die Geschäftsverbindung als solche stellt zwar kein eigenständiges Institut dar (*Canaris* Großkommentar HGB[3], Bd. III/3 (2. Bearb. 1981), 13 ff; a. A. *Hopt* Kapitalanlegerschutz, aaO, S. 408 f; *Müller-Graff* Geschäftsverbindung, aaO, S. 247 ff; MünchKomm-*Emmerich* BGB, vor § 275 332), doch ist sie für die Umschreibung der Aufklärungspflichten nicht irrelevant. Die Dichte der Kontakte kann nämlich zum Abbau generellen Mißtrauens, zum besseren Kennenlernen der individuellen Bedürfnisse des anderen geführt haben. Das rechtfertigt es, dem Kommissionär, der mit dem Kommittenten in dauernden Geschäftsverbindungen steht, größere Pflichten aufzuerlegen. Im Bereich der Effektenkommission gestattet es die Offenheit des Ansatzes bei der objektiv typisierten Vertrauenshaftung, die besondere Machtposition der Banken sowie die rechtlich anerkannte Schutzwürdigkeit der Anleger (*Hopt* Kapitalanlegerschutz, aaO, S. 289 ff) zu berücksichtigen.

2. Pflicht zur Beratung

5   Eine generelle Pflicht zur Beratung einer Person, die mit dem Kommissionär einen Kommissionsvertrag abschließen will, existiert nicht. Der Kommissionär, der nicht geneigt ist, mit der anderen Partei ein Kommissionsverhältnis einzugehen, braucht auch nicht zu beraten[9]. Ausnahmen gelten lediglich dort, wo den Kommissionär in Hinblick auf den Kommissionsvertrag ein Kontrahierungszwang trifft, der auf § 826 BGB, § 26 Abs. 2 GWB oder auf den Bankvertrag als Rahmenvertrag (*Hopt* Kapitalanlegerschutz, aaO, S. 397) beruhen kann. Befindet sich der Kommittent mit dem Kommissionär in dauernden Geschäftsbeziehungen, so entsteht eine Beratungs- und Warnpflicht, sofern der Kommissionär den ihm zugegangenen Auftrag nicht unverzüglich ablehnt (Wertung des § 362 Abs. 1).

---

[7] *Hopt* Kapitalanlegerschutz, aaO, S. 393 ff; ablehnend *Canaris* Großkommentar HGB[3], Bd. III/3 (2. Bearb. 1981), 4 ff.

[8] RGRKzHGB-*Ratz* § 384 1; *Düringer/Hachenburg/Lehmann* HGB[3], § 384 5.

[9] *Canaris* Großkommentar HGB[3], Bd. III/3 (2. Bearb. 1981), 75; *Schmidt-Rimpler* S. 730.

Davon ist die Frage zu unterscheiden, ob der Kommissionär dort, wo er freiwillig berät, für die Unrichtigkeit oder Unvollständigkeit seines Rates einzustehen hat. Unabhängig von einer generellen Pflicht zur Beratung ist ferner das Problem zu lösen, ob der Kommissionär, der mit dem Kommittenten in Verhandlungen über den Abschluß eines Kommissionsvertrages eingetreten ist, gehalten sein soll, den Kommittenten über Eigenart und Risiken des von diesem beabsichtigten Ausführungsgeschäftes aufzuklären [10].

3. Haftung für die Erteilung eines falschen Rates, einer falschen Empfehlung oder Auskunft

a) Erteilt der Kommissionär im Rahmen der vertragsanbahnenden Verhandlungen Ratschläge oder Empfehlungen, so müssen sie richtig und vollständig sein. Der Kommissionär mag zu den von ihm im Einzelfall gegebenen Ratschlägen und Empfehlungen nicht verpflichtet gewesen sein. Gleichwohl darf er sich nicht auf § 676 BGB berufen. Wenn er sich entschließt, den potentiellen Kommittenten zu beraten, so verlangt es das zwischen den Parteien schon in der Phase der Vertragsverhandlungen objektiv typisierte Vertrauensverhältnis, daß die Ratschläge und Empfehlungen richtig und vollständig gehalten sind. In besonderen Situationen kann dieser Anspruch auch einem Beratungsvertrag entspringen (§ 384 4). Zu deliktischen Ansprüchen § 384 14 a. E. Zur **Effektenkommission** *Canaris* Großkommentar HGB[3], Bd. III/3 (2. Bearb. 1981), 1880 ff. Der Rat muß nicht objektiv richtig sein; geschuldet wird vielmehr die pflichtgemäße **Richtigkeit**. Sie ist an dem erkennbaren Informationsbedürfnis des Kommittenten, an dessen Verständnishorizont sowie an den von einem Kommissionär zu erwartenden Fähigkeiten zu messen.

6

Es gilt hierbei zunächst das Prinzip der **Klarheit**. Der Kommissionär hat schon im vorvertraglichen Stadium dafür zu sorgen, daß die Interessen des Kommittenten optimal wahrgenommen werden können. Nur wenn dem Kommittenten die Empfehlungen voll verständlich mitgeteilt werden, ist der Kommittent in der Lage, seine Interessen ausreichend zu artikulieren, sachgerechte Entschlüsse zu fassen und Weisungen zu erteilen, die die eigenen Wünsche präzisieren. Die kommissionsrechtliche Treuepflicht verbietet es daher, daß sich der Kommissionär ohne besondere Anhaltspunkte darauf verläßt, der Kommittent vertraue nicht blind auf den Rat oder die Auskunft[11]. Der Kommissionär hat deshalb seinen Verhandlungspartner je nach dessen erkennbarem Informationsstand und Fähigkeiten verschieden anzusprechen und sicherzustellen, daß im Einzelfall kein täuschendes Gesamtbild (BGH WM **1982** 862; BGHZ **77** 172, 178) entsteht[12]. Er genügt seiner Pflicht zur sachgerechten Beratung nicht dadurch, daß er dem Kommittenten schriftliches Material überläßt, das erläuterungsbedürftig oder gar widersprüchlich ist (BGH NJW **1983** 1730 f).

Tatsachen, die der Kommissionär dem Kommittenten mitteilt, müssen mit der **Sorgfalt** eines ordentlichen Kaufmannes **ermittelt und übermittelt** werden. Der Kommissionär hat demnach die Informationen, auf die er sich stützt, vor ihrer Weitergabe auf ihre Zuverlässigkeit hin zu überprüfen[13]. Diese Pflicht findet ihre Grenze in der wirtschaftlichen Tragbarkeit und Angemessenheit. Vom Kommissionär darf nicht die Überprüfung von Angaben verlangt werden, wenn erfahrungsgemäß deren Verläßlich-

---

[10] Unzutreffend *Düringer/Hachenburg/Lehmann* HGB[3], § 384 6.
[11] Ebenso im Ergebnis *Hopt* Kapitalanlegerschutz, aaO, S. 434; ferner BGH WM **1982** 862, 863.
[12] BGH NJW **1983** 1730 f; WM **1982** 862, 863; **1981** 374, 375; **1980** 284, 287.
[13] RG BankArch **11** 62; ferner BGH WM **1982** 862, 864; *Assmann* WM **1982** 138, 141.

keit sehr groß und eine Überprüfung nur mit unzumutbaren Kosten möglich ist. Dabei sind aber die betrieblichen Möglichkeiten im Massengeschäft zu berücksichtigen; denn im Massengeschäft kann ein Informationssystem aufgebaut werden, das im Einzelfall nur geringe Kosten entstehen läßt (*Hopt* Kapitalanlegerschutz, aaO, S. 425 f). Falsche Informationen durch seine Mittelsmänner muß sich der Kommissionär zurechnen lassen, soweit diese als seine Erfüllungsgehilfen tätig geworden sind. Der Informationsfluß im Betrieb des Kommissionärs ist mit zumutbaren Mitteln so zu organisieren, daß auch die den Kommittenten beratenden Angestellten schnell und zuverlässig in den Besitz der wahren Tatsachen gelangen[14]. — Selbst wenn der Kommissionär mit guten Gründen der Ansicht ist, ein bestimmtes Geschäft sei für den Kommittenten günstig, so darf er dies doch nicht mit der falschen Behauptung begründen, er habe besondere Informationen eingezogen (RG BankArch 11 311).

Die Pflicht, kein täuschendes Bild entstehen zu lassen, impliziert auch die sich mit der allgemeinen Aufklärungspflicht überschneidende Pflicht, die für die mit pflichtgemäßer Sorgfalt erkennbaren (BGH NJW **1968** 589) Interessen des Kommittenten relevanten Tatsachen einschließlich der Risikofaktoren[15] **vollständig** zu übermitteln. Der Kommissionär darf nicht — bewußt oder fahrlässig unbewußt — Tatsachen verschweigen, die der Kommittent benötigt, um sachgerecht zu entscheiden[16]. Der Kommissionär hat also nicht nur alle einschlägigen, ihm bekannten Tatsachen zu erwähnen[17], auch wenn sie dem eigenen Bild, das sich der Kommissionär von der Situation macht, widersprechen sollten (BGH NJW **1983** 1730 f). Dazu gehören auch sämtliche ex ante ins Gewicht fallende Risikofaktoren (BGHZ **72** 382, 388). Unter Umständen hat der Kommissionär sogar Gerüchte mitzuteilen, die — fundiert oder nicht — auf die Marktentwicklung einwirken könnten (*Hopt* Kapitalanlegerschutz, aaO, S. 434). Der Kommissionär muß sich auch mit pflichtgemäßer Sorgfalt darum bemühen, weitere Umstände zu ermitteln, wenn Zweifel daran bestehen, daß die von ihm mitgeteilten Tatsachen im wesentlichen vollständig sind. Wie stark er sich hierbei anzustrengen hat, hängt wesentlich davon ab, welche erkennbaren Risiken für den Kommittenten mit dem Geschäft verbunden sind. Zur Aufklärung über einen Konflikt mit eigenen Interessen § 384 14. Auf das Gebot der Vollständigkeit kann nur dann verzichtet werden, wenn der Kommissionär dem Kommittenten hinreichend klar zu erkennen gibt, seine Auskunft bzw. sein Rat sei nicht umfassend, weil er selbst nicht über vollständige Informationen verfüge (BGH WM **1962** 1111). Der Kommittent, der gleichwohl darauf vertraut, daß die ihm mitgeteilten Tatsachen ein richtiges Bild ergeben, handelt auf eigenes Risiko.

7 Soweit der Kommissionär **Wertungen** einfließen läßt, darf er nicht schuldhaft einen falschen Eindruck entstehen lassen (BGH WM **1982** 862). Ein Rat muß also mit Blick auf die Interessen des Kommittenten nach bestem Wissen und Gewissen erteilt werden. Ist er von der Richtigkeit seines Rates selbst nicht überzeugt, so muß er dies offenbaren (RG Warn **1915** Nr. 110; SeuffA **87** Nr. 2). Daß die Wertung mit dem subjektiv besten Gewissen des Kommissionärs im Einklang steht, genügt nicht. Der Kommissionär hat auch dafür zu sorgen, daß die von ihm getroffenen Wertungen auf richtigen und voll-

---

[14] Für Differenzierungen *Kübler* ZHR **145** (1981) 204, 210 f; Differenzierungen sind jedoch nur unter dem Aspekt der Verhältnismäßigkeit von Aufwand zur Schadensvermeidung und Schadensrisiko im Einzelfall zulässig.

[15] BGH NJW **1983** 1730 f; WM **1982** 862, 865; BGHZ **72** 382, 388.

[16] *Canaris* Großkommentar HGB[3], Bd. III/3 (2. Bearb. 1981), 80; *Hopt* Kapitalanlegerschutz, aaO, S. 433 ff.

[17] RGZ **27** 124; BGH NJW **1968** 589; **1972** 1200; **1973** 457; ferner BGHZ **71** 284, 288; **79** 337, 344; BGH WM **1981** 374, 375; **1982** 862, 863; NJW **1983** 1730 f.

ständigen Tatsachen basieren (*Kübler* ZHR **145** (1981) 204, 208) und nach den verkehrserforderlichen Standards als ausgewogen und fachmännisch erscheinen[18]. Einen verhältnismäßig breiten Raum für Irrtum darf man deshalb dem Kommissionär nur dort einräumen, wo die Bewertung von Chancen und Risiken eine Rolle spielt, für die kaum objektive Anhaltspunkte vorhanden sind, so daß die Prognose wesentlich von der Persönlichkeit des Prognostizierenden abhängt (*Kübler* ZHR **145** (1981) 204, 208, 213). Der Kommissionär muß dann jedoch offenbaren, daß seine Prognose eine persönliche Einschätzung darstellt und mit erheblichen Risiken behaftet ist (BGH WM **1982** 862, 865). Hierauf kann verzichtet werden, wenn die Unsicherheit der Wertung evident ist oder umgekehrt das Risiko einer falschen Wertung sehr gering ist. Im Zweifel hat der Kommissionär Zurückhaltung zu üben[19]. Zu einer sachgemäßen Beratung gehört auch, daß der Kommissionär, soweit erforderlich, die seine Empfehlung tragenden **Gründe klar** herausstellt. Nur dann läßt sich kontrollieren, ob der konkrete Rat fachmännisch zustande kam. So kann es, gestützt auf solide Informationen, z. B. durchaus denkbar sein, daß der Kommissionär ein Wertpapier als billig empfehlen kann, das er selbst eine Woche zuvor zu einem Drittel des Preises eingekauft hatte[20].

Anders als bei normalen Austauschverträgen (aber BGH WM **1981** 374) hat der Kommissionär die Interessen des Kommittenten als vorrangig zu behandeln. Soweit **Interessenkonflikte** nicht dadurch ausgeschaltet sind, daß der Kommissionär die Aufträge in einer bestimmten Reihenfolge abzuwickeln hat (§ 384 20 f), muß der Kommissionär den Kommittenten darüber aufklären, daß der Ausführung der Kommission eigene Interessen oder Interessen von Kommittenten, die früher geordert haben, *notwendig* im Wege stehen[21]. Will der Kommissionär die widerstreitenden Interessen nicht aufdecken oder darf er das nicht, so hat der Kommissionär die Kommission abzulehnen[22]. Ebensowenig darf man dem Kommissionär erlauben, eigene Interessen oder die Kollision mit Interessen anderer Kommittenten zu verschweigen, die *möglicherweise* die Ausführung der Kommission tangieren könnten (BGHZ **79** 337, 345; BGH WM **1982** 862, 865; aber RG BankArch **35** 493; *Canaris* Großkommentar HGB³, Bd. III/3 (2. Bearb. 1981), 1890; *Schlegelberger/Hefermehl* HGB⁵, § 384 12). Sind widerstreitende eigene Interessen oder die anderer Kommittenten so groß, daß eine Vernachlässigung der Wünsche des Kommittenten sehr nahe liegt, so verlangt es das Vertrauensverhältnis zwischen Kommissionär und Kommittenten, daß der Kommissionär keinen Ratschlag erteilt, ohne zugleich auf einen nicht allgemein bekannten Interessenkonflikt hinzuweisen[23]. Es ist dann Sache des Kommittenten, ob er darauf vertraut, daß der Kommissionär primär seine Interessen wahrnimmt oder ob er vom Geschäft Abstand nimmt. Jedenfalls sind in Fällen, in denen der Kommissionär selbst an einer bestimmten Marktentwicklung oder dem Ausführungsgeschäft interessiert ist, besonders strenge Maßstäbe an die Richtigkeit des Rates zu stellen. Die Treuepflicht verlangt von dem Kommissionär hierbei, daß er den eigenen Erwartungen eher kritisch gegenübersteht. Dem Kommittenten mögen dadurch Chancen entgehen; dies wird aber dadurch aufgewogen, daß die Gefahr einer Vernachlässigung seiner Interessen gemindert ist. Erhöhte

---

[18] BGH WM **1982** 862, 865; *Canaris* Großkommentar HGB³, Bd. III/3 (2. Bearb. 1981), 101; *Hopt* Kapitalanlegerschutz, aaO, S. 433; **a. A.** *Klein/Kümpel/Lau* in Bankrecht und Bankpraxis (1979), 7/47.
[19] BGH WM **1982** 862, 865; **a. A.** *Assmann* WM **1983** 138, 140; *Kübler* ZHR **145** (1981) 204 (213), die von einer Pflicht zur wertenden Beurteilung der Informationen ausgehen.
[20] *Düringer/Hachenburg/Lehmann* HGB³, § 384 8; a. A. RG BankArch **11** 61.
[21] BGHZ **79** 337, 345; NJW **1980** 1162; OLG Frankfurt WM **1981** 499, 501; *Schlegelberger/Hefermehl* HGB⁵, § 384 12.
[22] *Klein/Kümpel/Lau* in Bankrecht und Bankpraxis (1979), 7/55.
[23] *Düringer/Hachenburg/Lehmann* HGB³, § 384 5.

§ 384 Drittes Buch. Handelsgeschäfte

Anforderungen an die Richtigkeit der Ratschläge sind erst recht dort zu stellen, wo der Rat zum Kommissionsauftrag animieren soll [24].

8 Tauchen Umstände auf, die den früher mitgeteilten Tatsachen widersprechen, oder sieht der Kommissionär seinen früher abgegebenen Rat in einem anderen Licht, so hat sich der Kommissionär unverzüglich zu **berichtigen** [25]. Voraussetzung ist, daß die Berichtigung mit zumutbaren Kosten möglich ist. Diese Pflicht entspringt dem Kommissionsvertrag, wenn der Kommittent aufgrund des Rates einen Auftrag erteilt hat. Ist es nicht zu einer Order gekommen, so resultiert die Pflicht aus dem gesetzlichen Schuldverhältnis. Der Kommissionär hat sich deshalb auch dann zu berichtigen, wenn die Auskunft oder der Rat ursprünglich richtig waren, sofern die Berichtigung der Auskunft den Kommittenten noch in die Lage versetzt, sachgerechte Weisungen zu erteilen (BGHZ 71 285, 291). Mit dem Abschluß des Ausführungsgeschäftes erlischt die Berichtigungspflicht, es sei denn, daß eine Geschäftsverbindung oder bei der Effektenkommission das Anlegerschutzprinzip [26] die Position des Kommittenten in Hinblick auf spätere Geschäfte und sonstige Dispositionen verstärkt. Ist kein Vertrag zustande gekommen, so fordert das vorvertragliche Vertrauensverhältnis nur, daß der Kommissionär seinen ex ante objektiv falschen Rat berichtigt. Spätere Veränderungen muß der potentielle Vertragspartner selbstverantwortlich beobachten [27]. Ausnahmen gelten auch hier bei länger dauernden Geschäftsverbindungen und insbesondere im Verkehr der Banken mit ihren Dauerkunden. D. h. nicht, daß der Kommissionär den potentiellen Kommittenten auf unabsehbare Dauer beraten oder ihn über Fakten informieren müßte, die den Fähigkeiten des Kommittenten entsprechend leicht zugänglich sind.

Zu den Rechtsfolgen einer Pflichtverletzung § 384 16.

Neben den vorvertraglichen und vertraglichen Ansprüchen kommen deliktische Ansprüche in Betracht [28]. Im Rahmen der Effektenkommission sind die §§ 88 ff BörsG als Schutzgesetze i. S. d. § 823 Abs. 2 BGB zu beachten.

4. Haftung wegen unterlassener Aufklärung und Beratung

9 Haftungsgrundlage ist, wie in den Fällen falschen Rates oder falscher Auskunft, die Verletzung der vorvertraglichen Schutzpflichten, die hier durch das kommissionsrechtliche Vertrauensverhältnis besonders intensiv ausgeprägt sind (BGH NJW **1953** 380). Daneben kommen vertragliche Ansprüche (§ 384 4) sowie deliktische Ansprüche in Betracht, sofern der Kommissionär eine Garantenstellung innehatte. Zur Aufklärunspflicht bei der Effektenkommission *Canaris* Großkommentar HGB³, Bd III/3 (2. Bearb. 1981), 1880; ferner *Hopt* Kapitalanlegerschutz, aaO, S. 413 ff.

Anders als bei gewöhnlichen Austauschverträgen (*Hopt* Kapitalanlegerschutz, aaO, S. 413 f), bei denen der im Vertrag angelegte Interessenkonflikt nicht völlig durch Aufklärungsgebote verdeckt werden soll, besteht im Rahmen der auf einen Kommissionsvertrag zielenden Vertragsverhandlungen die Pflicht des Kommissionärs, zu einer optimalen Realisierung der Interessen des Kommittenten beizutragen. Der Kommissionär hat demgemäß den Kommittenten zu **warnen** und **aufzuklären,** sobald ein Informationsbedürfnis des Kommittenten erkennbar wird und diesem Bedürfnis mit **zumutba-**

---

[24] RG LZ **1908** 539; *Düringer/Hachenburg/Lehmann* HGB³, § 384 8.
[25] RG JW **1917** 286; BGHZ 71 285, 291; **72** 382, 387; BGH WM **1962** 1111; **1985** 450, 452; *Canaris* Großkommentar. HGB³, Bd. III/3 (2. Bearb. 1981), 81; RGRKzHGB-*Ratz* § 384 1.
[26] *Hopt* Kapitalanlegerschutz, aaO, S. 413 ff.
[27] *Kübler* ZHR 145 (1981) 204, 215.
[28] BGH WM **1984** 221; *Canaris* Großkommentar HGB³, Bd. III/3 (2. Bearb. 1981), 96; ferner *Assmann/Kübler* in Sozialwissenschaften im Zivilrecht (Hrsg. *Walz* 1983), 221 f.

rem Aufwand abgeholfen werden kann. Allgemein verbindliche Maßstäbe für die Ausformung dieser Pflicht lassen sich nicht aufstellen; vielmehr ist sie von Fall zu Fall anhand der konkreten Fallgestaltung zu entwickeln. Dabei spielen die im folgenden erörterten Gesichtspunkte eine wesentliche Rolle.

Die Intensität der Schutzpflichten hängt zunächst von dem für den Kommissionär erkennbaren **Informationsstand des Kommittenten** ab. Der Kommissionär darf hierbei nicht ohne weiteres davon ausgehen, der Kommittent, der keine Aufklärung verlange, sei zumindest über relativ naheliegende Dinge hinreichend informiert. Er hat vielmehr den Kommittenten immer dann unaufgefordert aufzuklären, wenn vernünftige Zweifel am Platze sind, daß der Kommittent die für seine Entschließung wesentlichen Tatsachen, Risikofaktoren (BGHZ 72 382, 388), Alternativen und Erfahrungssätze kennt[29]. Der Kommissionär darf sich dabei, soweit nicht besondere Umstände ein Aufklärungsbedürfnis signalisieren, an den Berufen und sonstigen ihm bekannten persönlichen Verhältnissen des Kommittenten orientieren (BGH WM **1981** 374, 375; **1982** 862, 863; NJW **1983** 1730, 1731; *Canaris* Großkommentar HGB³, Bd. III/3 (2. Bearb. 1981), 1881; *Schlegelberger/Hefermehl* HGB⁵, Anh. § 406 30). Bei einem einfachen Schneidermeister, einem Rentner und Weingutbesitzer aus einem kleineren Ort wird man ein großes Informationsbedürfnis erwarten können[30]. Bei diesem Personenkreis können z. B. keine genaueren Kenntnisse über die Risiken von Termingeschäften vorausgesetzt werden. Bei einem Vollkaufmann kann der Kommissionär hingegen normalerweise davon ausgehen, daß dieser die notwendige Sachkunde und Erfahrung besitzt[31]. Doch darf man dieses Kriterium nicht überbewerten (*Kübler* ZHR 145 (1981) 204, 215). So wird der Kommissionär z. B. annehmen können, daß dem Kommittenten der Unterschied in der Sicherheit zwischen einer Staatsanleihe und den Aktien eines vor kurzem gegründeten Unternehmens bekannt ist. Eine Analogie zu § 8 AbzG im Bereich des Kommissionsrechtes ist verfehlt. Das intendierte Kommissionsgeschäft muß deshalb im Bereich des von dem Kommittenten als Vollkaufmann ausgeübten Gewerbes liegen, oder es müssen derartige Geschäfte doch häufiger vom Kommittenten getätigt worden sein, damit der Kommissionär unterstellen kann, eine besondere Beratung sei überflüssig. Auch dann hat der Kommissionär noch unaufgefordert zu beraten, wenn bestimmte Indizien auf Informationslücken des Kommittenten hinweisen, dem Kommittenten z. B. üblicherweise Spezialwissen fehlt (BGH WM **1982** 862, 863) oder dem Kommissionär aufgrund seiner Marktnähe ganz frische Nachrichten zugegangen sind, die dem Kommittenten großer Wahrscheinlichkeit nach noch fehlen (*Hopt* Kapitalanlegerschutz, aaO, S. 418). Unerheblich ist es grundsätzlich, ob der Kommittent zum Kreis der Anleger oder der Spekulanten gehört[32]; denn auch der Informationsstand des Spekulanten kann unzureichend sein. Dafür, daß das Risiko der Spekulation nicht beim Kommissionär hängen bleibt, sorgt der Umstand, daß der Kommissionär dem Spekulanten wie jedem anderen Kommittenten nur in zumutbarem Umfang fachmännische Information schuldet.

---

[29] BGH WM **1981** 374, 375; *Schlegelberger/Hefermehl* HGB⁵, Anh. § 406 29; ferner aus der Perspektive des Anlegerschutzes, *Hopt* Kapitalanlegerschutz, aaO, S. 428.
[30] RG Warn **1908** Nr. 463; **1916** Nr. 277; ferner OLG München OLGZ **28** 204.
[31] RG BankArch **29** 455; *Canaris* Großkommentar HGB³, Bd. III/3 (2. Bearb. 1981), 1881; *Schlegelberger/Hefermehl* HGB⁵, Anh. § 406 30.

[32] RG Warn **1919** Nr. 35; BGHZ **79** 337, 344; *Köndgen* JZ **1978** 392; *Kübler* ZHR 145 (1981) 204, 215; *Hopt* Kapitalanlegerschutz, aaO, S. 419; enger *Canaris* Großkommentar HGB³, Bd. III/3 (2. Bearb. 1981), 1883; *Schlegelberger/Hefermehl* HBG⁵, Anh. § 406 419.

10 Von Bedeutung ist ferner, wie **allgemein bekannt oder allgemein zugänglich** bestimmte Informationen und Erfahrungssätze sind. Die Rolle des Kommissionärs als Fachmann und Vertrauensmann des Kommittenten wirkt sich um so stärker aus, je berufsspezifischer die in Frage stehenden Informationen sind und je besser gerade der Zugang des Kommissionärs zu diesen Informationen ist[33]. Dazu gehören auch die in Fachkreisen gängigen Erwartungen. So hat der Kommissionär darüber aufzuklären, daß die zukünftige Entwicklung wegen unmittelbar bevorstehender währungspolitischer Maßnahmen als besonders unübersichtlich angesehen werde (BGH WM **1972** 281, 282). Ferner hat der Kommissionär den Kommittenten gegebenenfalls auf die mit bestimmten Formen eines Ausführungsgeschäftes verbundenen Steuervor- bzw. -nachteile hinzuweisen, falls der Kommissionär nicht davon ausgehen kann, der Kommittent besitze selbst die notwendige Sachkunde[34]. Soweit vom Kommittenten nicht erwartet werden kann, daß er allgemein bekannte Tatsachen richtig einordnet, hat ihm der Kommissionär ebenfalls mit fachmännischem Rat beizuspringen.

Der Grad des Informationsbedürfnisses wird ferner durch die vom Kommittenten beabsichtigten **Sekundärzwecke** bestimmt. Will der Kommittent z. B. kurzfristig eine Anlage liquidieren, so hat ihm der Kommissionär hierzu die besten Möglichkeiten zu weisen; andernfalls hat er ihm gegebenenfalls anzuraten, mit der Order zu warten, bis sich die Marktsituation gebessert hat.

Die **Intensität der Geschäftsverbindung** spielt für den Umfang der Aufklärungspflichten lediglich insoweit eine Rolle, als von einem Kommissionär, der mit einem Kommittenten seit längerer Zeit in Geschäftsbeziehungen steht, eher erwartet werden kann, daß er die spezifischen Informationslücken und die spezifischen Bedürfnisse des Kommittenten kennt[35].

Der Kommittent kann auf die **Aufklärung** durch den Kommissionär **verzichten**, indem er zu erkennen gibt, daß er eine Beratung für überflüssig hält, oder indem er sich als Experte aufspielt. Er handelt dann auf eigenes Risiko[36]. Bloße Lethargie des Kommittenten, der sich nicht von sich aus um Aufklärung bemüht, darf allerdings nicht als Verzicht auf Aufklärung gedeutet werden[37].

11 Der Kommissionär kann natürlich nicht immer zu einer umfassenden Aufklärung verpflichtet werden, wenn ein noch so geringes Informationsbedürfnis des Kommittenten existiert. Eine derartige Pflicht würde das Kommissionsgeschäft mit übermäßigen Kosten belasten; denn der Kommissionär müßte sich dann auf breitester Basis mit theoretisch unbegrenzten Mitteln Informationen beschaffen. Vor allem würde dadurch der Abschluß von Kommissionsgeschäften erheblich verzögert werden. Die Aufklärungspflichten des Kommissionärs sind daher auf einen **zumutbaren Umfang** zu begrenzen[38]. Das heißt, daß ein angemessenes Verhältnis zwischen dem für die Aufklärung des Kommittenten notwendigen Aufwand einerseits und dem Schaden andererseits herzustellen ist, der dem Kommittenten erkennbar entstehen dürfte, wenn er wegen der Nichtaufklärung die falschen Dispositionen trifft[39]. Zu dem im Rahmen der Abwä-

---

[33] *Canaris* Großkommentar HGB[3], Bd. III/3 (2. Bearb. 1981), 1885; *Hopt* Kapitalanlegerschutz, aaO, S. 432.
[34] BGHZ **28** 373 f; BGH WM **1964** 609; OLG Celle NJW **1954** 1810 f.
[35] Abweichend im Ansatz *Schlegelberger/Hefermehl* HGB[5], Anh. § 406 27; *Hopt* Kapitalanlegerschutz, aaO, S. 421 f.
[36] RG JW **1905** 502; LZ **1916** 592; *Schlegelberger/Hefermehl* HGB[5], Anh. § 406 29.
[37] *Hopt* Kapitalanlegerschutz, aaO, S. 423.
[38] *Hopt* Kapitalanlegerschutz, aaO, S. 425 f.
[39] Abweichend wohl *Kübler* ZHR **145** (1981) 204, 211.

gung zu berücksichtigenden Aufwand zählen sowohl die Kosten für die Übermittlung von Informationen als auch die Kosten für deren Beschaffung.

Diese Ausformung der Aufklärungspflichten führt sicherlich dazu, daß den Kommissionär bei Verhandlungen mit geschäftsungewandten Kommittenten größere Aufklärungspflichten und damit Kosten treffen als bei Verhandlungen mit Kunden, die weitgehend mit den Risiken des Geschäftes vertraut sind. Daraus resultiert bei gleichen Provisionssätzen eine Externalisierung von Risiken. Der geschäftsgewandte Kommittent hat die Kosten mitzutragen, die durch die Ausschaltung von Informationslücken bei den geschäftsungewandten Kommittenten entstehen (*Kübler* ZHR 145 (1981) 204, 211). Das Vertrauensverhältnis zwischen Kommissionär und Kommittent darf jedoch nicht eingeschränkt werden, nur um eine Externalisierung von Risiken zu vermeiden. Vielmehr ist der Kommissionär aufgerufen, seine Provisionssätze nach dem Grad der in Anspruch genommenen Beratung zu staffeln und damit in gewissem Umfang Externalisierungen auszugleichen.

Die Aufklärung des Kommittenten muß dem erkennbaren **Verständnishorizont des Kommittenten** angepaßt sein. Sie muß in diesem Sinne dem Gebot der Klarheit (§ 384 6) genügen.

12 In der Literatur wird verschiedentlich behauptet, der Kommissionär, der selbst eintreten wolle, ohne sich vorher durch ein **Deckungsgeschäft** gesichert zu haben, obwohl er wirtschaftlich außerstande ist, die daraus resultierenden Kursrisiken zu tragen, sei dem Kommittenten kraft seiner Pflicht zur Interessenwahrung zur rechtzeitigen Aufklärung verpflichtet [40]. Dieser Ansicht ist zu folgen. Der aus einer Verletzung der Aufklärungspflicht entspringende Schadensersatzanspruch hilft dem Kommittenten zwar nicht weiter als die kaufrechtlichen Ansprüche und Rechtsbehelfe. Auf die Unterlassung der Aufklärung kann aber die Anfechtung wegen arglistiger Täuschung gestützt werden. — Daneben kommt eine Anfechtung des Kommissionsvertrages wegen Irrtums über die Kreditwürdigkeit in Betracht (§ 119 Abs. 2 BGB). — Eine Aufklärungspflicht wird ferner bejaht, falls der Kommissionär dem Kommittenten zu einem bestimmten Geschäft rät, dabei jedoch von vornherein nicht die Absicht hat, sich selbst einzudecken, obwohl er keine Kompensationsmöglichkeiten besitzt und nicht selbst über das Kommissionsgut verfügen kann bzw. es endgültig für sich übernehmen will. Aus einem derartigen Verhalten folge nämlich, daß der Kommissionär bewußt einen falschen Rat gegeben habe oder gegen die Pflicht zur Interessenwahrung verstoße. Hätte nämlich der Kommissionär selbst an seine Empfehlungen geglaubt (z. B., daß der Kurs steigen werde), so hätte er sich auch eingedeckt, um nicht später einen Kursverlust tragen zu müssen [41]. Dem ist grundsätzlich zuzustimmen. Das Problem liegt nur darin, die Absicht des Kommissionärs festzustellen, sich im Widerspruch zu seiner Empfehlung nicht selbst einzudecken. Aus dem Umstand allein, daß er sich im konkreten Fall nicht selbst eingedeckt hat, läßt sich eine derartige Absicht nicht ohne weiteres ableiten. Es müssen schon weitere Indizien, wie regelmäßiges Handeln, ständige Praktik (*Schmidt-Rimpler* S. 1031), hinzukommen. Um den Schutz des Kommittenten zu verstärken, sollte man daher dem Kommissionär, der in Hinblick auf ein Kommissionsgut selbst einzutreten beabsichtigt, ohne sich vorher durch ein Deckungsgeschäft zu sichern, obwohl er weder zur alsbaldigen Kompensation in der Lage ist, noch das Gut selbst hat bzw. es auf längere Zeit übernehmen will, die Pflicht auferlegen, den Kom-

---

[40] *Canaris* Großkommentar HGB³, Bd. III/3 (2. Bearb. 1981), 1906; Schlegelberger/Hefermehl HGB⁵, § 400 26; *Schmidt Rimpler* S. 1031 m. Nachw.

[41] *Canaris* Großkommentar HGB³, aaO, 1906; *Schmidt-Rimpler* S. 1031; Schlegelberger/Hefermehl HGB⁵, § 400 26.

mittenten hiervon rechtzeitig zu benachrichtigen, sofern der Aufschub der Ausführung keine unverhältnismäßigen Nachteile mit sich bringt. Der Kommittent kann dann, wenn er den Verdacht hat, daß der Kommissionär zu einem für ihn ungünstigen Zeitpunkt durch Selbsteintritt ausführen will, die Kommission entweder widerrufen oder besondere Weisungen über den Ausführungszeitpunkt erteilen. Eine Verletzung der Benachrichtigungspflicht zieht Schadensersatzsanktionen nach sich.

13 Problematisch ist die Behandlung des *Insiderwissens*. Es geht hier um das Problem, inwieweit der Kommissionär dem Kommittenten auch Informationen zukommen lassen muß, die er nicht aus allgemein zugänglichen Quellen geschöpft, sondern nur aufgrund besonderer Beziehungen erhalten hat. Diese Frage spielt vor allem im Rahmen der Effektenkommission eine wichtige Rolle [42]. Sie ist aber auch für sonstige Kommissionsgeschäfte von Bedeutung. Sicher ist zunächst, daß der Kommissionär sein Insiderwissen nicht dazu benutzen darf, sich zu Lasten des Kommittenten einen Vorteil zu verschaffen [43]. Keine Einigkeit besteht jedoch darin, ob und inwieweit der Kommissionär seine Kenntnisse dem Kommittenten zu eröffnen hat, damit dieser sie für sich fruchtbar zu machen vermag. Zum Teil wird im Bereich der Effektenkommission eine Pflicht zur Offenlegung jedenfalls dort bejaht, wo demjenigen, aus dessen Sphäre die Insiderinformation stammt, lediglich ein unerheblicher Nachteil droht [44]. Andere verneinen eine Aufklärungspflicht und berufen sich hierbei auf das Bankgeheimnis sowie auf die Gleichheit der Marktchancen [45]. Das Problem, inwieweit eine Preisgabe von Insiderwissen gegen das Bankgeheimnis verstößt, kann hier offenbleiben. Nicht durchschlagend ist jedenfalls das Argument, die Gleichheit der Marktchancen stehe einer Aufklärungspflicht im Wege. Konsequenterweise müßte man dann nämlich nicht nur eine Aufklärungspflicht verneinen, sondern dem Kommissionär generell verbieten, freiwillig einzelnen Kunden Informationen zukommen zu lassen [46]. Dafür gibt es aber im Normalfall keine Rechtsgrundlage, sofern der Kommissionär den Prioritätsgrundsatz beachtet (Ausnahme: § 26 Abs. 2 GWB, § 826 BGB). Im übrigen kann Gleichheit der Marktchancen nicht heißen, daß die Aufklärungspflichten so ausgestaltet werden, daß die Struktur der Märkte möglichst wenig tangiert wird. Sicherlich haben größere Kommissionsfirmen mit einem Netz vielfältiger Beziehungen Wettbewerbsvorteile vor kleineren Konkurrenten, wenn sie verpflichtet werden, ihre Kunden mit Insiderinformationen zu versorgen. Dieser Vorteil ist aber nur Ausdruck ihrer größeren wirtschaftlichen Leistungsfähigkeit. Wenn sich ein Kommittent einen Kommissionär aussucht, von dem er den größeren Informationsstand erwartet, so muß er auch daran partizipieren können. Das mag den Trend zur Konzentration begünstigen. Ob man diesen Trend aber gerade dadurch bremsen sollte, daß man dem Kommissionär die Freiheit läßt, nach Belieben zu entscheiden, wem er seine Insiderinformation zugute kommen lassen will, erscheint jedoch als äußerst fraglich, — dies um so mehr, als bei der Statuierung einer Pflicht zur Weitergabe des Insiderwissens damit zu rechnen ist, daß die Informationen binnen kürzester Frist auch den konkurrierenden Kommissionären zur Kenntnis gelangen. Aufgabe des Rechts sollte es daher vielmehr sein, Markttransparenz zu be-

---

[42] *Canaris* Großkommentar HGB 3, Bd. III/3 (2. Bearb. 1981), 1892 ff; ferner *Heinsius* ZHR 145 (1981) 193; *Kübler* ZHR 145 (1981) 204, 209 f; ferner *Hopt* Kapitalanlegerschutz, aaO, S. 448 ff; *Schlegelberger/Hefermehl* HGB 5, Anh. § 406 34, 39 jeweils mit Nachw.

[43] *Canaris* Großkommentar HGB 3, Bd. III/3 (2. Bearb. 1981), 1892.

[44] Analogie zu § 131 Abs. 3 Nr. 1 AktG; *Hopt* Kapitalanlegerschutz, aaO, S. 460 ff m. Nachw.; ferner BGHZ 70 356; *Kübler* ZHR 145 (1981) 204, 209 f.

[45] *Canaris* Großkommentar HGB 3, Bd. III/3 (2. Bearb. 1981), 1893; *Schlegelberger/Hefermehl* HGB 5, § 406 34 m. Nachw.

[46] Ablehnend wohl *Canaris* Großkommentar HGB 3, Bd. III/3 (2. Bearb. 1981), 1895.

günstigen, als sie vom Belieben einzelner Marktteilnehmer abhängig zu machen. Jedenfalls darf der Kommissionär keine Empfehlungen abgeben, die im Widerspruch zu Insiderinformationen stehen (*Assmann* WM **1983** 138, 140 f). Eine **Ausnahme** gilt immer dort, wo der Kommissionär aus Geschäftsbesorgungs- oder sonstigen Verträgen Dritten gegenüber zum Schweigen verpflichtet ist und ein Bruch der Schweigepflicht den Dritten nicht unerhebliche Nachteile zufügen würde. Ferner muß man es dem Kommissionär erlauben, daß er sich dem Kommittenten gegenüber offen weigert, irgendwelche Insiderinformationen weiterzugeben. Der Kommittent muß nur über die eingeschränkte Information oder die Existenz genereller Informationsschranken aufgeklärt werden[47].

Das die Kommission prägende Treueverhältnis zwischen Kommissionär und Kommittenten verpflichtet den Kommissionär, die Interessen des Kommittenten optimal unter Zurückstellung eigener Interessen zu realisieren (§ 384 21). **Kollidieren die Interessen** mehrerer Kommittenten, so hat der Kommissionär an sich das Interesse eines jeden der Kommittenten optimal zu verfolgen, es sei denn, daß es üblich ist, daß der Kommissionär regelmäßig von einer Vielzahl von Kommittenten Aufträge mit potentiell widerstreitenden Zielen entgegennimmt. Dann hat der Kommissionär grundsätzlich den Auftrag desjenigen Kommittenten, der zuerst den Auftrag erteilt hatte, bevorzugt zu erledigen (dazu und zu den Ausnahmen von dieser Regel § 384 20). Wird hierdurch die bestmögliche Wahrnehmung der Interessen des späteren Kommittenten auf eine Weise gefährdet oder mit Sicherheit vereitelt, mit der üblicherweise oder im Einzelfall erkennbar nicht gerechnet wird, so hat der Kommissionär den späteren Kommittenten vor dieser Gefahr zu warnen. Es ist dann Sache des späteren Kommittenten, sich mit einer suboptimalen Durchsetzung seiner Interessen zu begnügen oder auf den Vertragsschluß zu verzichten. Scheitert eine Aufklärung an dem Gebot zur Verschwiegenheit, so muß der Kommissionär die Vertragsverhandlungen abbrechen. Eine Ausnahme gilt bei Kurspflegeaktionen[48]. Andererseits hat der Kommissionär den Kommittenten, der zuerst Order erteilt hatte, über spätere Aufträge zu informieren, falls diese ausnahmsweise nicht zurückgestellt zu werden brauchen (ausführlicher dazu § 384 20).

In Hinblick auf die Kollision eigener Interessen des Kommissionärs mit denen des Kommittenten wird eine Aufklärungspflicht des Kommissionärs verschiedentlich erst dann bejaht, wenn der Kommissionär durch die eigenen Interessen gehindert ist, die Ziele des Kommittenten bestmöglich zu realisieren. Die bloße Existenz eigener Interessen verpflichte den Kommissionär indessen nicht zur Mitteilung, solange diese Interessen nicht die treuegemäße Erledigung der Kommission stören[49]. Begründet wird dies mit dem Argument, der Kommittent sei in der Regel dadurch ausreichend geschützt, daß der Kommissionär seine Interessen hintanstellen muß. In der Tat bedarf es an sich dort keiner Aufklärung des Kommittenten, wo der Kommissionär die Zwecke des Kommittenten vorrangig zu wahren hat, und dies auch tut, sowie dort, wo er, falls dies unmöglich ist, die Kommission ablehnt. Der Aufklärungspflicht kann dann in der zweiten Variante nur noch die Funktion zukommen, vom Kommittenten das Einverständnis für eine suboptimale Durchsetzung seiner Interessen einzuholen. Ob aber der Kommittent allein durch die Pflicht, ihn vorrangig zu bedienen, zumal bei der durch Selbsteintritt ausführbaren Kommission, ausreichend gesichert ist, erscheint doch als sehr zwei-

---

[47] *Kübler* ZHR **145** (1981) 204, 210.
[48] *Hopt* Kapitalanlegerschutz, aaO, S. 489.
[49] *Canaris* Großkommentar HGB[3], Bd. III/3 (2. Bearb. 1981), 1890; *Schlegelberger/Hefermehl* HGB[5], § 384 12, Anh. § 406 36; **a. A.** z. T. *Düringer/Hachenburg/Lehmann* HGB[3], § 384 6; ferner BGHZ **79** 337, 345; *Klein/Kümpel/Lau* in Bankrecht und Bankpraxis (1979) 7/55, aber 7/47.

§ 384

felhaft. Der Kommittent kann deshalb durchaus sein Interesse daran haben, für die Ausführung der Order einen Vertragspartner auszuwählen, der sich mit möglichst geringen Interessenkonflikten konfrontiert sieht (BGHZ 79 337, 345). Man denke nur an den Fall, daß der Kommittent den Auftrag erteilt, ein Objekt bei einem bestimmten Dritten zu erwerben, an dem der Kommissionär, ohne daß dies der Kommittent weiß oder wissen muß, wirtschaftlich beteiligt ist. Wenn man mit der Rede vom Vertrauensverhältnis, das zwischen Kommissionär und Kommittent bestehen soll, ernst macht, so muß auch das Vertrauen des Kommittenten darauf geschützt sein, daß der Kommissionär erst gar nicht durch eigene Interessen in Versuchung geführt werden kann, die Interessen des Kommittenten hintanzusetzen. Das gilt jedenfalls dort, wo eine Benachteiligung des Kommittenten nicht bloß ganz abstrakt zu besorgen ist, sondern der praktischen Erfahrung nach eine gewisse Wahrscheinlichkeit für sich hat. Das rechtfertigt es, eine Pflicht des Kommissionärs zu statuieren, die eigenen Interessen an dem Ausführungsgeschäft aufzudecken, falls eine Vernachlässigung der Ziele des Kommittenten konkret zu befürchten ist[50]. Es ist dann Sache des Kommittenten, ob er gleichwohl dem Kommissionär vertraut oder ob er sich an einen anderen Kommissionär wendet. Eine **Ausnahme** von dieser Regel ist in Situationen zuzulassen, in denen wie bei der Effektenkommission Interessenkonflikte üblich sind und dem Kommittenten ohnehin keine Ausweichmöglichkeit offensteht. Darf nämlich der Kommissionär damit rechnen[51], daß der Kommittent um seine Eigengeschäfte oder sonstige Interessenkonflikte begründenden Umstände weiß, so ist eine besondere Aufklärung überflüssig. Ebenso müßte z. B. eine Aufklärung ins Leere stoßen, falls angesichts der Struktur des Marktes kein Kommissionär vorhanden ist, der nicht normalerweise auch Eigengeschäfte abwickelt; denn die Aufklärungspflicht kann natürlich nicht so weit gehen, daß der Kommissionär offenlegt, welche Eigengeschäfte er im einzelnen geplant hat. Andernfalls würde man die Chancen des Kommissionärs für Eigengeschäfte unzumutbar verschlechtern, manchmal sogar die Realisierung des Eigengeschäftes gänzlich blockieren[52]. Hier kann die Gefahr von Interessenkonflikten nur durch einen totalen Verzicht auf Eigengeschäfte nachhaltig gebannt werden, mag dies unter dem Druck des Wettbewerbs oder aufgrund hoheitlicher Anordnung erfolgen. § 384 21 zu dem aus der Pflicht zur Interessenwahrung abgeleiteten Verbot bestimmter Eigengeschäfte.

Geringere Aufklärungspflichten bestehen in Hinblick auf die **Konditionen des Kommissionsvertrages** selbst. Insoweit steht der Kommissionär dem Kommittenten nicht als Vertrauensperson gegenüber. Es kann deshalb auch vom Kommittenten in weitem Umfang erwartet werden, daß er sein Interesse an einer möglichst günstigen Ausgestaltung des Kommissionsvertrages nachhaltig selbstverantwortlich sichert. Ausnahmen: BGH WM **1981** 374, 375; OLG Frankfurt WM **1981** 499, 501; *Kübler* ZHR **145** (1981) 204, 213 f.

15 Da es in den Fällen unterlassener Aufklärung regelmäßig um den Ersatz allgemeiner Vermögensschäden geht, spielen **deliktische Ansprüche** eine geringe Rolle. Sie können auf § 826 BGB sowie auf § 823 Abs. 2 BGB i. V. m. §§ 263, 266 StGB gestützt werden, wenn eine Pflicht zum Reden bestand[53]. Hätte ein Angestellter des Kommissionärs aufklären müssen, so sind weiter die Voraussetzungen des § 831 BGB zu prüfen. Unter Umständen kommt eine Organhaftung (§ 31 BGB) in Betracht. Das Organ und

---

[50] *Düringer/Hachenburg/Lehmann* HGB[3], § 384 6.
[51] *Düringer/Hachenburg/Lehmann* HGB[3], § 384 5; *Schlegelberger/Hefermehl* HGB[5], Anh. § 406 36 sprechen davon, daß der Kommittent „hiermit rechnen muß".
[52] *Canaris* Großkommentar HGB[3], Bd. III/3 (2. Bearb. 1981), 1899.
[53] Vgl. aber auch *Assmann/Kübler* in: *Walz* Sozialwissenschaften im Zivilrecht (1983), S. 221 f.

Gesellschafter können auch persönlich aus § 826 BGB haften, wenn sie es vorsätzlich verhindert haben, daß die Kommissionär-Gesellschaft ihre Aufklärungspflichten erfüllt (BGH WM **1984** 221).

Beweislast: *Kübler* ZHR **145** (1981) 204, 217 m. Nachw.; ferner BGHZ **79** 337, 346; BGH NJW **1983** 1730, 1731; WM **1984** 221, 222; **1985** 381 ff.

Die Haftung für Aufklärungspflichtverletzungen kann in **Allgemeinen Geschäftsbedingungen** auch für leichte Fahrlässigkeit nicht abbedungen werden (§ 9 AGBG); denn Aufklärungspflichten sind Kardinalpflichten (*Köndgen* AG **1983** 120, 130 ff m. w. Nachw.).

5. Rechtsfolgen

Gründet man die Haftung des Kommissionärs wegen einer falschen Auskunft, **16** Empfehlung oder wegen einer Unterlassung der Aufklärung bzw. Beratung auf einen vorsätzlichen oder fahrlässigen Verstoß gegen die vorvertraglichen, durch das kommissionsrechtliche Vertrauensverhältnis geprägten Schutzpflichten, so hat der Kommissionär grundsätzlich das negative Interesse zu ersetzen. Er hat also den Kommittenten so zu stellen, als ob er keine Auskunft/Empfehlung oder die richtige Auskunft/Empfehlung ausgesprochen hätte (*Canaris* Großkommentar HGB³, Bd. III/3 (2. Bearb. 1981), 34). In der Regel bedeutet das, daß der Kommittent in die Lage zu versetzen ist, als ob er den Vertrag nicht geschlossen hätte. Insbesondere bei Verletzung der Aufklärungs- oder Beratungspflicht kann der Schadensersatzanspruch aber auch darauf abzielen, den Kommittenten so zu stellen, wie er stünde, wenn die richtigen Informationen pflichtgemäß geliefert worden wären (BGH WM **1976** 1310; NJW **1960** 238) und deshalb ein anderer Vertrag geschlossen worden wäre. Läßt sich nicht feststellen, ob der Kommittent auf eine wahrheitsgemäße Auskunft/Empfehlung hin vom Vertrag Abstand genommen hätte (oder ihn in anderer Form geschlossen hätte), so trägt der Kommissionär das Risiko der Unaufklärbarkeit (BGH WM **1977** 756). Bei Mitverschulden gilt § 254 BGB. Zu Ansprüchen Dritter BGH WM **1985** 450.

Grundsätzlich kann der Kommittent hingegen nicht fordern, ihm die Position einzuräumen, als ob die ihm gegebene Auskunft/Empfehlung den Tatsachen oder gültigen Erfahrungssätzen entsprochen hätte (*Erman/Hauß* BGB⁷, § 676 14).

Die vorsätzliche Verletzung der Aufklärungspflicht berechtigt zur Anfechtung wegen arglistiger Täuschung.

III. Interessenwahrung bei der Ausführung der Kommission
1. Vorbemerkung

Die Ausrichtung des Kommissionsvertrages an den Interessen des Kommittenten **17** bestimmt auch den Umfang der Pflichten des Kommissionärs bei der Ausführung der Kommission bzw. den Inhalt des geschuldeten Ausführungsgeschäftes (§ 384 Abs. 1). Die kommissionsrechtliche Treuepflicht gebietet ferner dem Kommissionär, alle wesentlichen Umstände mitzuteilen, die den Kommittenten dazu bewegen könnten, Weisungen (§ 384 22 ff) zu geben oder den Vertrag zu kündigen (näher dazu § 384 28). Die Mitteilungspflicht impliziert das Gebot, den Kommittenten, soweit erkennbar notwendig, fortlaufend zu beraten. Zu denken ist hier vor allem daran, daß sich unvorhergesehen neue Entwicklungen ergeben oder wichtige Tatsachen bekannt werden, wie z. B. Ausreißerkurse oder ein neuer Börsentrend.

2. Art der geschuldeten Leistung

18 a) Der Inhalt der geschuldeten Leistung bestimmt sich im einzelnen zunächst einmal danach, ob der konkrete Kommissionsvertrag den Dienst- oder Werkverträgen zuzurechnen ist (§ 383 58 f). In der ersten Variante wird lediglich die Erfüllung von Dienstpflichten mit zumutbarem (*Schmidt-Rimpler* S. 666) Arbeits- und Organisationsaufwand geschuldet; in der zweiten Variante schuldet der Kommissionär den Erfolg „Ausführungsgeschäft" grundsätzlich unabhängig von dem hierzu nötigen eigenen Aufwand (Ausnahme: unvorhersehbare Leistungserschwerungen; *Koller* Die Risikozurechnung bei Vertragsstörungen in Austauschverträgen (1979), S. 244). In beiden Varianten sind die geschuldeten Bemühungspflichten bzw. der Inhalt des Erfolges regelmäßig im Vertrag mehr oder weniger rahmenartig umrissen (z. B. Kauf von Waren einer bestimmten Gattung bis zu einem bestimmten Limit; *Schmidt-Rimpler* S. 664). Ziel der Bemühungen bzw. Inhalt des Erfolges ist die optimale Wahrnehmung der Interessen des Kommittenten durch ein Ausführungsgeschäft, — gegebenenfalls einschließlich der Abwicklung des Ausführungsgeschäftes (Durchführung) (dazu § 384 35). Hierbei hat der Kommissionär, soweit dies mit der Sorgfalt eines ordentlichen Kaufmannes (§ 384 Abs. 1) vereinbar ist, nach seinem pflichtgemäßen Ermessen festzulegen, welches Ausführungsgeschäft am besten den durch den Vertrag fixierten oder ihm sonst erkennbaren Interessen des Kommittenten entspricht (*Koller* BB **1979** 1725, 1727 ff). Der Rahmen des Ausführungsgeschäftes kann vom Kommittenten auch nachträglich durch Weisungen jedenfalls dort festgelegt werden, wo dem Kommissionär hieraus keine größeren Lasten entstehen (*Schmidt-Rimpler* S. 667; § 384 22 ff).

Am meisten wird regelmäßig dasjenige Ausführungsgeschäft den Interessen des Kommittenten entsprechen, das die günstigsten Konditionen bietet. Bezogen auf die Verkaufskommission heißt dies z. B. die relativ höchsten Preise; doch kann es dem Kommittenten durchaus auch daran gelegen sein, lediglich durchschnittliche Preise zu erzielen, um seinen Waren einen Markt zu erschließen (RGRKz HGB-*Ratz* § 384 6). Der Kommissionär hat die Günstigkeit des Geschäftes immer in einer alle Konditionen umfassenden Äquivalenzbetrachtung zu beurteilen. So kann ein Geschäft trotz niedrigerer Preise günstiger sein, weil der Dritte kreditwürdiger ist oder sich bereit erklärt hat, höhere Risiken zu übernehmen, die dem Kommittenten unangenehm sind. In der Regel wird der Kommissionär die Ware auch zur Sicherheit an einen Geldgeber übereignen dürfen, der dem Käufer den Kaufpreis finanziert (RGZ **132** 198). Hat der Kommissionär Zweifel daran, welches Geschäft den Interessen des Kommittenten am meisten dient, so hat er rückzufragen (OLG Hamm OLGZ **94** 196). Würden dadurch wertvolle Chancen verloren gehen, so muß er nach bestem Gewissen selbst entscheiden. Wann und wo der Kommissionär die Kommission auszuführen hat, richtet sich ebenfalls primär nach Vertrag und Weisungen; sekundär nach dem pflichtgemäßen Ermessen des Kommissionärs. Unter Umständen kann sich aus der Art der Benachrichtigung (Telegramm) ergeben, daß der Auftrag möglichst schnell ausgeführt werden soll. Wo keine derartigen Anhaltspunkte existieren, muß der Kommissionär die Vorteile, die seinen Informationen zufolge eine sofortige Erledigung der Kommission dem Kommittenten bringen würde, gegen die Vorteile abwägen, die bei einigem Zuwarten infolge einer Verbesserung der Marktlage erwartet werden können. Ebenso hat der Kommissionär die Chancen einer Ausführung an einem auswärtigen Ort gegen die hierdurch entstehenden Aufwendungen abzuwägen und die für den Kommittenten günstigere Variante zu wählen (zur Effektenkommission *Canaris* Großkommentar HGB³, Bd. III/3 (2. Bearb. 1981), 1920 f).

Stand: 1. 4. 1985

b) Grundsätzlich hat der Kommissionär die Kommission selbst auszuführen oder **19** durch seine Leute ausführen zu lassen. Die Übertragung der ganzen Kommission an einen **Unterkommissionär** ist ihm regelmäßig nicht gestattet (§ 664 Abs. 1 S. 1 BGB; RGZ **63** 304). Doch kann ausdrücklich eine Substitutionsbefugnis vereinbart sein; sie kann sich auch aus den Umständen ergeben; z. B. wenn von vornherein erkennbar ist, daß die Kommission nur unter Einschaltung der auswärtigen Verbindungen des Kommissionärs ausgeführt werden kann.[54] Diese Situation ist etwa dort gegeben, wo der Kommissionär an der Börse, an der ausgeführt werden soll, nicht selbst handeln kann. Im Rahmen der Effektenkommission findet hierbei Nr. 9 Abs. 1 AGB der Banken Anwendung. Hat der Kommissionär zulässigerweise die Ausführung an einen Unterkommissionär übertragen, so haftet er nur noch für culpa in eligendo (§ 664 Abs. 1 S. 2 BGB; RGZ **63** 304; **78** 312; **109** 302). Außerdem hat er dafür einzustehen, daß er den Unterkommissionär durch Weisungen dazu anhält, die Interessen des Kommittenten sachgemäß zu wahren (RGRKz HGB-*Ratz* § 384 4). Hat der Unterkommissionär pflichtwidrig gehandelt, so finden die Grundsätze der Drittschadensliquidation (dazu § 383 73) Anwendung. Die an die Unterkommissionäre gezahlten Provisionen darf er dem Kommittenten, der die Herausgabe des vom Unterkommissionär erzielten Erlöses verlangt, nicht entgegenhalten (BGH WM **1961** 750), da die Provisionen keine Aufwendungen i. S. d. § 670 BGB darstellen.

Zur Ausführung bei der Selbsteintrittskommission § 400 19.

3. Interessenkonflikte und Wettbewerbsverbote

Interessenkonflikte können auf zwei Ebenen auftauchen: zum einen auf der Ebene **20** zwischen Kommissionär und Kommittenten; zum anderen auf der Ebene der Kommittenten untereinander, die dem gleichen Kommissionär einen Auftrag erteilt haben, der nur unter Vernachlässigung der Interessen eines der Kommittenten ausgeführt zu werden vermag. Bei der Lösung des Interessenkonfliktes hat man zwischen zwei Fallgruppen zu unterscheiden: In der ersten Fallgruppe geht es um homogene Waren und Wertpapiere. Hier ist der Interessenkonflikt besonders scharf. In der zweiten Variante bezieht sich der Auftrag auf Waren oder Wertpapiere, die zueinander nur in einem mehr oder minder starken Substitutionswettbewerb stehen (heterogene Güter, z. B. Waren verschiedener Marken, Gebrauchtwaren unterschiedlicher Abnützung). In dieser Fallgruppe fällt vor allem ins Gewicht, daß diese Güter typischerweise im Rahmen eines Sortiments vertrieben werden.

a) Homogene Waren und Wertpapiere

Die Übernahme entgegengesetzter Aufträge **verschiedener Kommittenten** wird für allgemein zulässig angesehen, falls sich die Konditionen für die Ausführung objektiven Faktoren, wie dem Börsenpreis, entnehmen lassen. In Fällen, in denen die Kommittenten sich widersprechende Nebenabsichten verfolgen, soll der Kommissionär freilich gehalten sein, die Interessen desjenigen Kommittenten vorrangig zu behandeln, der zuerst den Auftrag erteilt hatte. Die anderen Kommittenten seien darüber zu informieren; wo dies untunlich sei, müsse der Kommissionär die später erteilten Orders ablehnen.[55] In gewissem Widerspruch dazu wird bei der Zuteilung von Ausführungsgeschäften behauptet, der Kommissionär sei frei, welchem der Kommittenten er ein be-

---

[54] RG BankA **21** 357; RGRKzHGB-*Ratz* § 384 4; *Schlegelberger/Hefermehl* HGB[5], § 384 7.

[55] *Schlegelberger/Hefermehl* HGB[5], Anh. § 406 35; RGRKzHGB-*Ratz* § 384 8.

§ 384 Drittes Buch. Handelsgeschäfte

sonders vorteilhaftes Ausführungsgeschäft zuweise (*Düringer/Hachenburg/Lehmann* HGB³, § 392 3). Andere postulieren, der Kommissionär dürfe nicht vom normalen Geschäftsgang abweichen und müsse grundsätzlich die zeitliche Reihenfolge einhalten (*Hopt* Kapitalanlegerschutz, aaO, S. 484 f). Ferner wird zur Lösung der Interessenkollision die für nicht voll erfüllbare Gattungsschulden entwickelte Gleichbehandlungspflicht herangezogen (*Schneiders* S. 50; einschränkend *v. Dalwigk zu Lichtenfels* S. 35 ff). Der hier vertretenen Ansicht zufolge hat man den Konflikt zwischen mehreren Kommittenten, die nicht absolut gleichzeitig ihre Orders abgegeben haben, nach dem Prinzip der Priorität aufzulösen (*K. Schmidt* Handelsrecht, § 30 IV 1 a); denn jeder Kommittent muß damit rechnen, daß schon vor ihm ein anderer Kommittent geordert hat. Bei außergewöhnlichen Kollisionen, mit denen nicht gerechnet wird, hat der Kommissionär aufzuklären, notfalls muß er den Auftrag ausschlagen (näher dazu *Koller* BB **1978** 1735). Aufträge verschiedener Kommittenten dürfen jedoch gemeinsam im Massengeschäft erledigt werden, selbst wenn durch diese Art der Ausführung die Kurse beeinflußt werden könnten. Dies gilt auch dort, wo Aufträge zur interessenwahrenden Beschaffung eines größeren Postens oder mit dem Ziel der Kursbeeinflussung mit den üblichen Aufträgen zusammenstoßen. Soweit jedoch Aufträge mit entgegengesetzter kursbeeinflussender Tendenz kollidieren, gilt das Prioritätsprinzip (näher dazu *Koller* BB **1978** 1735 f).

21   Kollidieren **Interessen des Kommittenten mit denen des Kommissionärs**, so hat der Kommissionär kraft seiner Treuepflicht den Interessen des Kommittenten den Vorrang einzuräumen (*Koller* BB **1978** 1736). Er darf nicht für den Kommittenten deshalb schlechtere Geschäfte abschließen, weil er an eigenen Geschäften interessiert ist (BGH NJW **1982** 1752). So ist ihm ein „Vorlaufen" mit vergleichbaren Geschäften untersagt. Verboten ist dem Kommissionär auch, aus Anlaß der Order durch Gegendispositionen Vorteile für sich herauszuschlagen[56]. Der Kommissionär soll aber verbreiteter Ansicht zufolge unbeschränkt Eigenhandel betreiben dürfen, sofern dies nicht gerade aufgrund des Kommittentenauftrages geschieht und der Kommissionär dazu den Entschluß gefaßt hatte, bevor er die Order erhielt[57]. Dadurch wird der Kommittent jedoch nur unzureichend vor der Gefahr einer Benachteiligung geschützt. Aus dem kommissionsrechtlichen Treueverhältnis ist deshalb ein begrenztes **Wettbewerbsverbot** abzuleiten (näher dazu *Koller* BB **1978** 1736 f). Aus ihm folgt, daß der Kommissionär die Erledigung gleichlaufender Eigengeschäfte zurückzustellen hat, bis er die Kommission ausgeführt hat. Der Kommissionär, der sich schuldhaft nicht an diese Regel hält, hat dem Kommittenten Schadensersatz zu leisten. Dabei kann der Kommittent auch verlangen, daß das pflichtwidrig abgeschlossene Geschäft auf ihn überführt wird (*Koller* BB **1978** 1737). Eine Bündelung von eigenen mit fremden Orders kann man dem Kommissionär aber dort gestatten, wo die Aufträge an Börsen zum Einheitskurs ausgeführt werden. Stoßen Kommittenten-Aufträge mit gegenläufigen Eigengeschäften zusammen, so muß man sich mit dem Verbot der Gegendispositionen und dem Verbot, Kundeninformationen interessenschädigend für sich fruchtbar zu machen, begnügen. Im übrigen hat man darauf zu vertrauen, daß die Börsenpreise, zu denen abgerechnet wird, nicht manipuliert sind, sondern die wahre Marktlage wiedergeben (näher dazu *Koller* BB **1978** 1738).

---

[56] *Hopt* Kapitalanlegerschutz, aaO, S. 484 ff; *v. Dalwigk zu Lichtenfels* S. 39 ff; *Canaris* Großkommentar HGB³, Bd. III/3 (2. Bearb. 1981), 1937 ff.

[57] *Hopt* Kapitalanlegerschutz, aaO, S. 498; weiter: *Canaris* Großkommentar HGB³, Bd. III/3 (2. Bearb. 1981), 1937 f; enger: *Schlegelberger/Hefermehl* HGB⁵, Anh. § 406 36 f; *Düringer/Hachenburg/Lehmann* HGB³, § 384 26.

Nach h. M. darf der Kommissionär von dem Dritten auch **Bonifikationen** für den Abschluß des Ausführungsgeschäftes in Empfang nehmen. Allerdings könne die ungewöhnliche Höhe einer Bonifikation ein Indiz dafür sein, daß der Kommissionär die Interessen des Kommittenten nicht pflichtgemäß wahrgenommen habe [58]. Mit der Vertrauensposition, die der Kommissionär einnimmt, ist jedoch angesichts des dem Kommissionär offenstehenden Ermessensspielraums die Annahme einer Vergütung von dritter Seite für den Abschluß des Ausführungsgeschäftes unvereinbar; denn der Kommittent müßte sonst immer damit rechnen, daß der Kommissionär seine Ermessensentscheidung im Zweifel zu seinen eigenen Gunsten trifft (*Koller* BB **1978** 1738 f). Auf die abstrakte Gefahr hebt auch der BGH (NJW **1982** 1752) ab.

b) Heterogene Waren und Wertpapiere

Betreibt der Kommissionär einen auf ein **Sortiment** angelegten Eigenhandel und erhält er dann einen Kommissionsauftrag, so unterliegt der Kommissionär nur geminderten Interessenwahrungspflichten. Der Kommittent konnte nämlich erkennen, daß der Betrieb des Kommissionärs das Angebot eines Sortiments mit sich bringt, und daß es deshalb nicht möglich ist, daß die Kommissionsware vorrangig vertrieben wird. Der Kommittent kann vom Kommissionär nicht erwarten, daß er den Vertrieb des gesamten Sortiments zeitweise aussetzt; er darf auch nicht erwarten, daß der Kommissionär seine Kunden zum schnelleren Absatz der Kommissionsware falsch berät, indem er z. B. die Kommissionsware übermäßig preist oder die sonstige Sortimentsware herabsetzt (unzutreffend daher BKartA WuW/E BKartA 1935, 1941). Gemäß § 157 BGB ist daher der Kommissionsvertrag dahin auszulegen, daß der Kommissionär seine Kunden sowohl über die Kommissionsware als auch über die im Eigenhandel vertriebene Sortimentsware objektiv und sachlich zu beraten hat. Der Umstand, daß der Kommissionär die eine oder die andere Warengattung mit mehr unterschwelligem Nachdruck vertreibt, ist nicht nachprüfbar und muß daher außer Betracht bleiben. Dem Kommissionär kann daher auch nicht mit dem Argument, das Kommissionsgeschäft sei besonders lukrativ und verleite zur wettbewerbswidrigen Absatzförderung der Kommissionsware, ein Verstoß gegen § 1 UWG vorgeworfen werden (**a. A.** *Vollmer* BB **1984** 226, 228); denn alle Absatzmittler werden unterschwellig immer diejenigen Produkte ihres Sortiments besonders intensiv vertreiben, bei denen ihre Gewinnchancen überdurchschnittlich sind.

Anders ist die Situation, wenn der Kommissionär erst nach Übernahme des Kommissionsauftrages den Eigenvertrieb von Substitutionsprodukten aufnehmen will. Besteht zwischen der Kommissionsware und den Substitutsprodukten ein relativ **enges Wettbewerbsverhältnis**, so hat der Kommissionär zuerst den Kommissionsauftrag abzuwickeln und, wo dies bei auf Dauer angelegten Geschäftsbeziehungen nicht möglich ist, den Eigenvertrieb zu unterlassen. Er unterliegt insoweit einem Wettbewerbsverbot, § 18 GWB steht dem nicht entgegen (BGH WuW/E BGH 1624 f; *Ebenroth/Obermann* DB **1981** 829, 833; ferner § 383 57). Will der Kommissionär hingegen ein **weites Substitutionsprodukt** vertreiben und sind daher allenfalls geringfügige Interessenkonflikte zu erwarten (Motorrad — Fahrrad), so besteht kein Anlaß, schon im Vorfeld sicherzustellen, daß die Interessen des Kommittenten wahrgenommen werden. Der Kommissionär darf beide Warenarten nebeneinander vertreiben. Er ist nur gehalten, die Kommis-

---

[58] *Canaris* Großkommentar HGB3, Bd. III/3 (2. Bearb. 1981), 1891; *Schlegelberger/Hefermehl* HGB5, § 384 15; *Düringer/Hachenburg/Lehmann* HGB3, § 387 5; *v. Dalwigk zu Lichtenfels* S. 57 m. w. Nachw.

§ 384   Drittes Buch. Handelsgeschäfte

sionsware sachlich und objektiv sowie mit gleicher Intensität wie die anderen Waren anzupreisen.

21b Die gleichen Regeln gelten, wenn verschiedene Kommissionsaufträge aufeinandertreffen. Dies wird insbesondere im Gebrauchtwarenhandel der Fall sein. Es ist aber auch denkbar, daß ein Kommissionsagent eine Zweitvertretung übernehmen will (*Ebenroth/Obermann* DB **1981** 829 ff).

21c Zu vertraglichen Vertriebsbindungen und Ausschließlichkeitsvereinbarungen § 383 57.

IV. Weisungen
1. Vorbemerkung

22 Gemäß § 384 Abs. 1 2. HS hat der Kommissionär Weisungen zu befolgen. Über die Reichweite des Begriffs „Weisung" konnte bislang noch keine Einigkeit erzielt werden. Zum Teil rechnet man zu den „Weisungen" ausschließlich die vom Kommittenten nach Vertragsschluß getroffenen Bestimmungen (RG Warn **1940** Nr. 20, S. 38 f; *Heymann/Kötter* HGB[21], § 385 1). *Hefermehl* dehnt den so verstandenen Begriff auf Anordnungen aus, die bei Abschluß des Kommissionsvertrages vom Kommittenten getroffen werden (*Schlegelberger/Hefermehl* HGB[5], § 384 18, s. auch § 385 3). Eine dritte Gruppe zählt auch die zum Vertragsschluß gehörenden Erklärungen, ja sogar das dispositive Recht, zu den „Weisungen"[59]. Die weite Fassung des „Weisungs"-Begriffs wird vor allem damit begründet, aus der Entstehungsgeschichte des § 385 Abs. 1, der ebenfalls von Weisungen spricht, ergebe sich, daß weisungswidriges Handeln schlechthin mit vertragswidrigem Handeln gleichzusetzen sei (*Knütel* ZHR **137** (1973) 289 f). Außerdem sei nicht recht einzusehen, warum der Kommissionär besser gestellt sein solle, wenn er Pflichten verletze, die bei Vertragsschluß vereinbart worden seien, als wenn er gegen nachträgliche Anordnungen verstoße. Schließlich sei es unangebracht, da der Kommissionär aufgrund der §§ 385 Abs. 2 HGB, 665 BGB nur von nachträglichen Weisungen, nicht aber von sonstigen Vertragsbestimmungen abweichen darf, falls dies im Interesse des Kommittenten läge. Der Begriff der „Weisung" müsse daher weit gefaßt werden[60]. Dem wird entgegengehalten, daß dem allgemeinen Sprachgebrauch zufolge „Weisung" etwas Einseitiges sei, zumal der Anspruch auf Erfüllung der bereits im Vertrag enthaltenen Verpflichtungen, und bei Nichterfüllung ihre Sanktionen, nach den Regeln über die Leistungsstörung selbstverständlich seien[61].

Richtiger Ansicht nach verwendet das Gesetz den **Begriff „Weisung"** in den §§ 384 Abs. 1, 385 Abs. 1 HGB, 665 BGB in durchaus **unterschiedlichem Sinne**. Für den Bereich des § 384 Abs. 1 wäre es in der Tat widersinnig, den Begriff weit zu fassen und auf alle, auch dem dispositiven Recht entspringenden Pflichten auszudehnen, soweit diese Pflichten den Abschluß des Ausführungsgeschäftes betreffen. Sonst wäre nämlich die in § 384 Abs. 1 ebenfalls ausdrücklich erwähnte Pflicht, das übernommene Geschäft auszuführen und dabei die Interessen des Kommittenten wahrzunehmen, überflüssig. Daraus folgt, daß im Bereich des § 384 Abs. 1 der Begriff „Weisung" im Sinne „nachträglicher Anordnungen" des Kommittenten zu interpretieren ist. Im Rahmen der

---

[59] *Schmidt-Rimpler* S. 664 ff; *Düringer/Hachenburg/Lehmann* HGB[3], § 384 32; RGRKzHGB-*Ratz* § 384 5; *Knütel* ZHR **137** (1973) 287 ff.
[60] *Schmidt-Rimpler* S. 860 ff; *Knütel* ZHR **137** (1973) 290 f m. w. Nachw.
[61] *Schlegelberger/Hefermehl* HGB[5], § 385 3; *Heymann/Kötter* HGB[21], § 385 1.

§§ 385 HGB, 665 BGB hat man hingegen grundsätzlich sämtliche Vertragspflichten zum Kreis der Weisungen zu zählen, um zu einer effizienten Sanktion für Pflichtverstöße zu gelangen (näher dazu § 385 11). Funktion des § 384 Abs. 1 2. HS ist es mithin, klarzustellen, daß der Kommittent normalerweise auch dann, wenn der Vertrag bereits abgeschlossen ist und die Pflichten dadurch festgelegt sind, nachträglich gegebene Weisungen zu befolgen hat.

2. Rechtsnatur der Weisung

Die vom Kommittenten erteilten Weisungen binden den Kommissionär. Sie sind demnach keine bloßen Empfehlungen. Vielmehr müssen sie von einem rechtsgeschäftlichen Geltungswillen getragen werden. Sie dienen dem Kommittenten dazu, auch nach Abschluß des Vertrages das Verhalten des Kommissionärs zu steuern und diesen bindend dazu anzuhalten, seine Interessen entsprechend den jeweiligen Gegebenheiten optimal zu verfolgen. Zu diesem Zweck gibt § 384 Abs. 1 dem Kommittenten das Recht, die aufgrund des Vertrages geschuldete Leistung durch Weisungen näher auszuformen oder umzugestalten. Die Weisung i. S. d. § 384 Abs. 1 ist somit ein ausfüllendes Gestaltungsrecht des Kommittenten, durch das der Vertragsinhalt näher bestimmt wird (zutreffend insoweit *Knütel* ZHR **137** (1973) 288). Fehlt ein Weisungsrecht gänzlich, so liegt auch kein Kommissionsvertrag vor (BGHZ **1** 80; vgl. ferner oben § 383 20).

3. Arten der Weisung

Die Weisung muß nicht ausdrücklich erteilt werden; sie kann auch konkludent ergehen (*Schmidt-Rimpler* S. 668 f m. w. Nachw.). So kann in der Erklärung, mit dem angegebenen Preis des Ausführungsgeschäftes einverstanden zu sein, die Weisung liegen, sofort abzuschließen. Besonders häufig beziehen sich Weisungen auf die Preisgestaltung des Ausführungsgeschäftes, auf die Ausführungszeit und die Art der Abwicklung. Die den Preis betreffenden Weisungen können einen bestimmten Preis vorschreiben (z. B. zum Zweck der Kursbeeinflussung) oder — wie in der Regel — einen Höchstpreis für den Ankauf bzw. einen Mindestpreis für den Verkauf. Man spricht dann von Limitierung, Setzung eines Limits. Die bloße Kursangabe gilt bei Börsengeschäften im Zweifel als Limit. Andererseits darf bei einer Verkaufskommission die bloße Angabe der Selbstkosten nicht ohne nähere Anhaltspunkte als Limitierung gewertet werden (*Schmidt-Rimpler* S. 670). Wird ein Börsenauftrag zum ersten Kurs erteilt, so hat man hierin eine Bestimmung des Zeitpunktes zu sehen, zu dem die Kommission ausgeführt werden soll. Der Kommissionär darf also nicht zu den Konditionen des Anfangskurses vorher oder später abschließen (*Schmidt-Rimpler* S. 670), denn das Ausführungsgeschäft hätte kursbeeinflussend wirken können. Die Weisungen können auch in der Abwicklungsphase ergehen; sie können z. B. die Lagerung, Versendung oder Prozeßführung betreffen.

4. Ausmaß der Bindung

Das Ausmaß der Pflicht, Weisungen des Kommittenten zu befolgen, richtet sich zunächst nach dem Inhalt der Weisungen, der durch Auslegung der Weisung nach Treu und Glauben unter Berücksichtigung der Verkehrssitte (§ 157 BGB) zu ermitteln ist. Besteht die Weisung darin, daß der Kommissionär das Ausführungsgeschäft mit bestimmten Konditionen abschließen soll, so hat eine solche Weisung im Zweifel den Sinn, daß damit die Mindestkonditionen genannt sind. Der Kommissionär ist also regelmäßig nicht gehindert, sondern kraft seiner Pflicht zur Interessenwahrung gehalten, die Interessen des Kommittenten optimal wahrzunehmen. Soweit tunlich, hat der Kommissionär jedoch Zweifel durch Rückfragen auszuräumen. Ist für den Kommissionär erkennbar, daß dem Kommittenten an der exakten Einhaltung der von diesem mitgeteilten Konditionen gelegen ist, so hat sie der Kommissionär zu beachten. Er darf von ihnen nicht abweichen, weil er die Weisungen des Kommittenten für falsch oder unzweckmäßig hält (BGH WM **1976** 630 (632)). Es ist Sache des Kommittenten zu definieren, was richtig und was falsch ist. Das ergibt sich aus § 683 BGB, wonach primär der wirkliche Wille maßgebend ist, mag dieser auch nach objektiven Standards als unsinnig erscheinen (*Schmidt-Rimpler* S. 669; *Schlegelberger/Hefermehl* HGB[5], § 384 19). So darf der Kommissionär nicht weisungswidrig Effekten verkaufen, weil er annimmt, der Kommittent werde angesichts der Geschäftslage doch verkaufen müssen (RGZ **6** 52 f). Soll der Kommissionär die Kommission „bestens" ausführen, so hat der Kommissionär den Auftrag im Zweifel auch dann so schnell wie möglich auszuführen, wenn dadurch die Kurse stärker belastet werden, als dies bei „interessenwahrender" Ausführung der Fall wäre (*Schmidt-Rimpler* S. 669). Bei unerfahrenen Kunden muß „bestens" aber nicht notwendig „schnellstens" heißen; denn diese wissen häufig nicht um die Gefahr der Kursbeeinflussung. Gleiches gilt im Hinblick auf das Risiko von Ausreißerkursen[62]. Der Kommissionär darf es niemals ohne weiteres dabei bewenden lassen, daß er die Weisungen respektiert. Die kommissionsrechtliche Treuepflicht gebietet zumindest, den Kommittenten auf drohende Nachteile hinzuweisen und auf die Entscheidung des Kommittenten zu warten, sofern mit dem Aufschub keine unverhältnismäßigen Risiken verbunden sind (BGH WM **1976** 630, 632; VersR **1984** 658; *Erman/Hauß* BGB[7], § 665 6 m. w. Nachw.). Abweichen darf und gegebenenfalls muß der Kommissionär von Weisungen des Kommittenten unter den Voraussetzungen des § 665 BGB (§ 385 13 ff).

5. Grenzen der Weisungsberechtigung

26   Der Kommittent ist nicht unbegrenzt berechtigt, durch einseitige Weisungen auf den Vertragsinhalt einzuwirken. Zunächst kann sich aus der Vereinbarung selbst ergeben, in welchem Umfang der Kommittent Weisungen erteilen darf. Dabei kann der Kreis der zulässigen Weisungen sowohl ausgedehnt als auch eingeschränkt werden. Auch dort, wo die Befugnis, Weisungen zu geben, dem dispositiven Recht entspringt, ist sie nicht umfassend. Die Weisungen müssen sich nämlich im Rahmen des Auftrages halten. So kann der Kommittent den Kommissionär bei einer Einkaufskommission nicht anweisen, nunmehr etwas zu verkaufen. Andererseits ist die Weisung durch den Auftrag gedeckt, wenn der Kommittent lediglich seine dem Kommissionär von vornherein erkennbaren Interessen näher konkretisiert und dadurch den Ermessensspielraum des Kommissionärs einengt. Was zum Rahmen des Auftrages gehört, läßt sich nicht danach bestimmen, ob die Weisung einen Haupt- oder Nebenpunkt tangiert (so aber *Knütel* ZHR **137** (1973) 293) oder ob die geschuldete Leistung aufgrund besonderer Sachkunde und Befähigung zu erbringen ist. Maßgeblich ist vielmehr zum einen das Kriterium der unangemessenen Erschwerung. Die Weisung darf im Zweifel den Kommissionär nicht mit erheblichen zusätzlichen Risiken oder sonstigen Lasten beschweren. Als Risiko gilt hierbei insbesondere die Minderung der Chance, die Kommission auszuführen und dadurch die Provision zu verdienen, da dem Kommissionär nicht der Schutz des § 645 Abs. 1 BGB zugute kommt (*Schmidt-Rimpler* S. 668; § 396 5). Ob im

---

[62] RG BankA **26** 303 f; *Schmidt-Rimpler* S. 676.

Einzelfall eine zusätzliche Belastung des Kommissionärs angemessen ist, hat man vor allem anhand der Geschäftsüblichkeit und Vorhersehbarkeit von Weisungen (*Knütel* ZHR **137** (1973) 294) zu bestimmen. Zum anderen darf der Kommittent nicht mit Hilfe von Weisungen die Position des Kommissionärs aushöhlen (*Knütel* ZHR **137** (1973) 292). Weisungen, die den vom Kommissionär erworbenen Rechten zuwiderlaufen, vermögen nicht zu binden. So kann der Kommittent den Kommissionär nicht anweisen, von seinem Pfandrecht am Kommissionsgut keinen Gebrauch zu machen. Daraus folgt freilich nicht, daß der Kommissionär sich zur Sicherung des Pfandrechtes nicht um den Verkauf bemühen müßte. Die Weisung ist auch dann unerheblich, falls sie rechtlich gesicherte Chancen des Kommissionärs gefährdet. Eine solche Konstellation ist z. B. dort zu bejahen, wo der Kommissionär bei einer Verkaufskommission eine Mindestpreisgarantie gegeben hat und der Kommittent dann Weisung gibt, mit dem Verkauf zuzuwarten, obwohl der Verderb der Ware droht (OLG München BB **1955** 682). Die für das Kommissionsverhältnis atypische Mindestpreisgarantie führt dazu, daß das Eigeninteresse des Kommissionärs, das Geschäft ausführen zu können, stärker geschützt werden muß. Daraus folgt, daß es dem Kommittenten verwehrt sein muß, die Chancen, die sich der Kommissionär bei Vertragsschluß ausrechnen konnte, durch Weisungen zu schmälern, nur um — gedeckt durch die Mindestpreisgarantie — auf Kosten des Kommissionärs spekulieren zu können (vgl. auch RG Recht 07 Nr. 1359).

Ist die Weisung unzulässig, so kann sie als Widerruf des Kommissionsvertrages, verbunden mit dem Antrag zum Abschluß eines neuen Kommissionsvertrages, interpretiert werden (*Schmidt-Rimpler* S. 668). Dazu sind alle Umstände des Einzelfalles heranzuziehen. Es besteht jedoch keine Vermutung dafür, daß die unzulässige Weisung als Widerruf zu verstehen ist. Eher wird der Kommittent dort, wo die Weisung den Vertrag nicht total umgestalten sollte, damit einverstanden sein, daß die Kommission notfalls, wie früher vereinbart, ausgeführt werden soll. Die unzulässige Weisung ist dann lediglich als Offerte zum Abschluß eines Abänderungsvertrages zu verstehen, deren Ablehnung den ursprünglichen Kommissionsvertrag weiter bestehen läßt (*Schlegelberger/Hefermehl* HGB⁵, § 384 18). Jedenfalls hat der Kommissionär im Falle unzulässiger Weisungen den Kommittenten unverzüglich davon zu unterrichten, daß er der Weisung nicht zu folgen gedenkt. Tut er dies nicht, so greift § 362 Abs. 1 ein, und der Vertrag ist im Sinne der Weisungen abgeändert.

Zu den Rechtsfolgen einer Weisungsverletzung § 385.

C. Benachrichtigungspflicht
I. Vorbemerkung

Gemäß § 384 Abs. 2 ist der Kommissionär verpflichtet, dem Kommittenten die erforderlichen Nachrichten zu geben. Damit wird lediglich die für Geschäftsbesorgungsverhältnisse selbstverständliche Benachrichtigungspflicht wiederholt, die in den §§ 675, 666 BGB normiert ist, und dahin präzisiert, daß der Kommissionär von der Ausführung der Kommission unverzüglich Anzeige zu machen hat. Die Pflicht zur Benachrichtigung wird auch im Kommissionsverhältnis nicht nur in der Phase nach Abschluß des Ausführungsgeschäftes wirksam, sondern berührt auch schon die Phase der Ausführungsbemühungen. **27**

II. Benachrichtigungspflicht vor Abschluß des Ausführungsgeschäftes

Vor Abschluß des Ausführungsgeschäftes hat der Kommissionär dem Kommittenten ohne schuldhaftes Zögern sämtliche Umstände mitzuteilen, die erkennbar den **28**

Kommittenten zu Weisungen in Hinblick auf das Ausführungsgeschäft, dessen Abwicklung oder zur Kündigung des Kommissionsvertrages veranlassen könnten (BGH LM Nr. 2 zu § 384 HGB; *Schmidt-Rimpler* S. 724). Insbesondere hat er beim Kommittenten anzufragen, bevor er sich zur gerichtlichen Durchsetzung der Ansprüche aus den auf Rechnung des Kommittenten getätigten Geschäften entschließt (vgl. OLG Celle WM **1974** 736). Umstände, die nicht für sich selbst sprechen, hat der Kommissionär dem Kommittenten, soweit dies als erforderlich angesehen werden muß, unaufgefordert zu erläutern. Ob eine Beratung notwendig ist, ist anhand der Kriterien zu entscheiden, die für die vorvertragliche Aufklärungs- und Beratungspflicht entwickelt worden sind (§ 384 4 ff). Die Pflicht zur Benachrichtigung entfällt dort, wo der Kommittent nicht mehr rechtzeitig reagieren könnte. Gleiches gilt, falls der Kommissionär aus der Sicht der ihm erkennbaren Wünsche des Kommittenten zu dem Ergebnis kommen muß, daß die Nachteile, die voraussichtlich eine Verzögerung der Ausführung mit sich bringen würden, durch die Vorteile einer zuverlässigen Abstimmung des Ausführungsgeschäftes mit den Wünschen des Kommittenten nicht aufgewogen werden. Unbedeutende und nebensächliche Vorgänge, die aus der Sicht des Kommissionärs die Entschließungen des Kommittenten mit größter Wahrscheinlichkeit nicht berühren dürften, braucht der Kommissionär nicht mitzuteilen. Über den Stand des Geschäftes braucht der Kommissionär ohne einen oben näher umschriebenen Anlaß nicht zu unterrichten; auf Verlangen des Kommittenten hat der Kommissionär jedoch unverzüglich Auskunft zu geben (§§ 675, 666 BGB). Ein genereller Verzicht auf Benachrichtigung ist in AGB nicht möglich.

III. Benachrichtigungspflicht nach Abschluß des Ausführungsgeschäftes

29 Nach dem Abschluß des Ausführungsgeschäftes hat der Kommissionär, von der Anzeige über die Ausführung abgesehen, unaufgefordert all die Nachrichten zu geben, die der Kommittent aus der Perspektive des Kommissionärs heraus für weitere geschäftliche Dispositionen brauchen könnte (*Schmidt-Rimpler* S. 724 ff). So hat der Kommissionär beispielsweise den Zustand der gekauften Ware, Änderungen der Kreditwürdigkeit des Dritten (ROHG **22** 83; RGZ **27** 124), die Absendung der Ware, Einziehung der Forderung, unter Umständen die Aufnahme der Ware beim Publikum mitzuteilen. Den selbsteintretenden Kommissionär trifft nach „Erklärung des Selbsteintritts" und der Ausführungsanzeige (dazu § 405 4 f) ebenfalls eine Benachrichtigungspflicht, wenn er besondere Abwicklungspflichten übernommen hat und dafür Provision erhält.

1. Ausführungsanzeige

30 Als „erforderliche Nachricht" hebt das Gesetz die Anzeige der Ausführung hervor (§ 384 Abs. 2). Die Kommission ist im Sinne des § 384 Abs. 2 ausgeführt, sobald der Kommissionär den Vertrag mit dem Dritten geschlossen hat. Tritt der Kommissionär erlaubterweise selbst ein, so enthält regelmäßig die Selbsteintrittsanzeige die Ausführungsanzeige (näher § 405 4). Zeigt der Kommissionär die Ausführung an, ohne zugleich mitzuteilen, daß er selbst eingetreten sei und ergibt sich das auch nicht aus den Umständen, so gilt dies als Erklärung, daß die Kommission durch Vereinbarung mit einem Dritten ausgeführt worden sei (§§ 405 Abs. 1; näher dazu § 405 5 ff). Die Ausführungsanzeige ist die Vollzugsmeldung. Zu ihr gehören regelmäßig alle wichtigen Angaben über den Inhalt des Ausführungsgeschäftes, wie Zeit des Abschlusses, Konditionen der Vereinbarung sowie grundsätzlich der Name des Dritten (*Schmidt-Rimpler* S. 727 f; a. A. *Schlegelberger/Hefermehl* HGB[5], § 384 25; *Heymann/Kötter* HGB[21], § 384 3).

Stand: 1. 4. 1985

2. Name des Dritten

Aus § 384 Abs. 3 kann gegen diesen weiten Umfang der Ausführungsanzeige kein **31** Einwand hergeleitet werden. Freilich wird manchmal ausdrücklich, öfter auch stillschweigend, auf die Nennung des Namens des Dritten verzichtet. Ferner kann Verkehrssitte bzw. Handelsbrauch den Kommissionär von der Pflicht befreien, den Namen des Dritten anzuzeigen. Mit der Annahme einer konkludenten Abbedingung der auf den Namen des Dritten bezogenen Anzeigepflicht bzw. mit der Bejahung eines dahin gehenden Handelsbrauches sollte man indessen vorsichtig sein (RGRKz HGB-*Ratz* § 384 43). Der praktische Wert der Pflicht zur Rechenschaftslegung hängt nämlich weitgehend davon ab, ob der Kommittent den Namen des Dritten erfährt und die Belege vorgelegt bekommt, die den Namen des Dritten tragen (*Schmidt-Rimpler* S. 712 f). Eine Befreiung von der Pflicht, den Namen des Dritten namhaft zu machen, ist daher im Zweifel nur dort zu bejahen, wo üblicherweise oder im Einzelfall eine sehr große Wahrscheinlichkeit dafür spricht, daß der Kommittent bei weiteren Geschäften nicht mehr die Dienste des Kommissionärs in Anspruch nehmen, sondern die Geschäftsverbindungen des Kommissionärs unmittelbar für sich ausnutzen würde.

Verfehlt wäre es, aus dem Umstand, daß der Kommittent, der sich faktisch zunächst auf eine Abwicklung des Kommissionsverhältnisses ohne Nennung des Dritten eingelassen hatte, weil es ihm lediglich auf den wirtschaftlichen Erfolg ankam, zu folgern, daß der Kommittent konkludent auf seinen Anspruch, den Namen des Dritten kennenzulernen, verzichtet habe (so aber *Schlegelberger/Hefermehl* HGB5, § 384 37; **a. A.** RGRKz HGB-*Ratz* § 384 43). Der Kommittent, der zunächst kein Interesse an der Benennung des Dritten besitzt, hat keinerlei endgültigen Verzichtswillen. Der Kommissionär darf das Verhalten des Kommittenten nicht anders verstehen; denn im Zusammenhang mit einer späteren Überprüfung der Belege kann immer noch ein Interesse des Kommittenten entstehen, doch noch den Namen des Dritten kennenzulernen. Allerdings kann der Anspruch des Kommittenten auf Namhaftmachung des Dritten verwirkt werden. Davon ist die Frage zu unterscheiden, ob der Kommissionär unverzüglich, insbesondere zugleich mit der Ausführungsanzeige, den Dritten benennen muß. Hier wird die Verkehrssitte häufig dahin gehen, daß zunächst die bloße Anzeige über die Ausführung ohne Angabe näherer Einzelheiten genügt; denn vielfach ist dem Kommittenten lediglich an der sofortigen Nachricht über den Vollzug ohne die zeitraubende Aufnahme weiterer Daten gelegen. Auf Anforderung des Kommittenten hat der Kommissionär jedoch seine Anzeige zu vervollständigen und den Dritten namhaft zu machen. Spätestens im Rahmen der Rechenschaftslegung sind die Belege mit dem Namen des Dritten vorzuweisen.

Im Bereich der **Effektenkommission** spielt das Problem, inwieweit die Bank den Dritten zu benennen hat, grundsätzlich keine Rolle, da die Aufträge in amtlich notierten Werten den AGB der Banken (Nr. 29 I) zufolge immer im Weg des Selbsteintritts ausgeführt werden und der Partner eines eventuellen Deckungsgeschäftes nicht benannt werden muß (§ 400 45).

3. Absendung der Ausführungsanzeige

Die Ausführungsanzeige ist unverzüglich, d. h. ohne schuldhaftes Zögern **32** (§ 121 BGB), abzusenden; gegebenenfalls auch nach einer Teilausführung. Unter Umständen muß der schnellste Weg zur Benachrichtigung gewählt werden. Die Gefahr der Beförderung trägt der Kommittent[63]; doch hat der Kommissionär mit pflichtgemäßer

---

[63] Es gilt der Rechtsgedanke des § 447 BGB; wie hier *Schmidt-Rimpler* S. 727; *Baumbach/Duden/Hopt* HGB26, § 384 2; RGRKzHGB-*Ratz* § 384 10; **a. A.** *Schlegelberger/Hefermehl* HGB5, § 384 26.

Sorgfalt ein angemessen sicheres Transportmittel einzusetzen. Stellen sich Zweifel über die Ankunft der Nachricht ein, so muß der Kommissionär nachfragen und die Nachricht gegebenenfalls wiederholen. Die schuldhafte Unterlassung oder Verzögerung der ordnungsgemäßen Anzeige macht den Kommissionär schadensersatzpflichtig; sie gibt dem Kommittenten jedoch nicht das Recht, das Ausführungsgeschäft zurückzuweisen[64]. Zur Pflicht zur Übersendung des Stückeverzeichnisses bei der Effektenkommission s. *Canaris* Großkommentar HGB[3], Bd. III/3 (2. Bearb. 1981), 1948 ff.

4. Rechtsnatur der Ausführungsanzeige

33 Die Ausführungsanzeige wirkt lediglich deklaratorisch, sie ist keine empfangsbedürftige Willenserklärung[65]. Insbesondere hat die Anzeige keine unmittelbar gestaltenden Auswirkungen auf die Zuordnung des Ausführungsgeschäftes (§ 383 74 ff). Sie erlangt auch nicht dadurch rechtsgeschäftlichen Charakter, daß § 384 Abs. 3 an eine Anzeige ohne gleichzeitige Namhaftmachung des Dritten die Selbsthaftung des Kommissionärs knüpft. Die Selbsthaftung wird nämlich durch ein Unterlassen ausgelöst, das von keinerlei Geltungswillen getragen sein muß. Daraus folgt jedoch nicht, daß die Ausführungsanzeige nicht angefochten werden könnte, wenn die Anzeige durch einen i. S. d. §§ 119 ff BGB relevanten Irrtum beeinflußt worden war. Die Regeln über die Anfechtung von Willenserklärungen können grundsätzlich auch auf deklaratorische Erklärungen, die das Gesetz zum Ausgangspunkt für gewisse Rechtsfolgen macht, analog angewandt werden[66]. Das gilt auch hier, da das Vertrauen des Kommittenten auf die durch die unvollständige Anzeige ausgelöste Selbsthaftung nicht größer sein kann, als wenn sich der Kommissionär ausdrücklich zur Übernahme der Haftung verpflichtet hätte[67]. Ficht der Kommissionär wirksam an, so hat er das negative Interesse zu ersetzen (§ 122 BGB analog). Jenseits des Regelungsbereiches der §§ 384 Abs. 3, 405 Abs. 1 kann die Ausführungsanzeige jederzeit formlos berichtigt werden[68]; der inzwischen entstandene Schaden ist vom Kommissionär, der schuldhaft eine falsche Anzeige gemacht hat, zu erstatten. Eingehender zur Reichweite der Anfechtungsmöglichkeit § 384 76.

D. Abwicklung des Ausführungsgeschäftes und Herausgabe des Erlangten
I. Vorbemerkung

34 § 384 Abs. 2 2. HS statuiert die für das Kommissionsverhältnis selbstverständliche Pflicht, dasjenige herauszugeben, was durch die Geschäftsbesorgung erlangt worden ist. Da der Kommissionär in erster Linie gehalten ist, ein Ausführungsgeschäft zustande zu bringen, bezieht sich die Herausgabepflicht zunächst auf die dem Ausführungsgeschäft entspringenden Ansprüche; sie hat der Kommissionär an den Kommittenten abzutreten. Vielfach übernimmt es der Kommissionär aber auch, das Ausfüh-

---

[64] *Schmidt-Rimpler* S. 729; *Schlegelberger/Hefermehl* HGB[5], § 384 27; differenzierend RGRKzHGB-*Ratz* § 384 14; näher dazu § 385 4.
[65] *Schmidt-Rimpler* S. 960; *Heymann/Kötter* HGB[21], § 384 3; *Baumbach/Duden/Hopt* HGB[26], § 384 2; unklar *Schlegelberger/Hefermehl* HGB[5], § 384 26.
[66] *Canaris* Die Vertrauenshaftung im deutschen Privatrecht (1971), S. 453 ff, der aber keine besondere Anfechtungserklärung verlangt, sondern eo ipso beim Vorliegen von Anfechtungsgründen die Zurechnung der deklaratorischen Erklärung verneint und die rechtzeitige Aufdeckung des Irrtums genügen läßt.
[67] Ebenso i. E. RGZ 94 67; *Heymann/Kötter* HGB[21], § 384 3; *Schmidt-Rimpler* S. 970; *Schlegelberger/Hefermehl* HGB[5], § 384 26 m.w. Nachw.
[68] *Schmidt-Rimpler* S. 972; *Schlegelberger/Hefermehl* HGB[5], § 384 65; unklar *Heymann/Kötter* HGB[21], § 384 3; a. A. RGZ 94 67.

rungsgeschäft abzuwickeln, insbesondere die Forderungen einzuziehen und das Erlangte an den Kommittenten zu transferieren.

II. Abwicklung des Ausführungsgeschäftes

§ 383 sieht die charakteristische Hauptpflicht des Kommissionärs auf den Abschluß **35** eines Ausführungsgeschäftes gerichtet. Durch Vertrag kann jedoch ohne weiteres ein Mehr an Tätigkeit übernommen werden. Dazu gehört vor allem die Abwicklung (Durchführung) des abgeschlossenen Geschäftes, wie die Abnahme der Ware, Versendung des Gutes an den Kommittenten bei der Einkaufskommission sowie die Übereignung des Kommissionsgutes an den Dritten, Einziehung des Kaufpreises bei der Verkaufskommission; gegebenenfalls auch die Pflicht, Ansprüche aus dem Ausführungsgeschäft gerichtlich geltend zu machen. Diese Erweiterung der Kommissionärspflichten prägt die meisten Kommissionsverhältnisse; denn der Kommittent will in der Regel wegen seiner Marktferne oder geschäftlichen Unerfahrenheit nicht die Mühe auf sich nehmen, sich selbst um die Abwicklung des Ausführungsgeschäftes zu kümmern. Besonders deutlich wird dies bei der Kommissionsagentur (§ 383 33). Eine ähnliche Interessenkonstellation findet sich dort, wo der Kommissionär die Rolle eines Strohmannes spielt. Andererseits möchte auch der Kommissionär vielfach dem Dritten nicht seine Position aufdecken oder dem Kommittenten seine Geschäftsverbindungen verraten. Daraus ergibt sich, daß der Kommissionsvertrag normalerweise selbst dann, wenn in ihm nicht von Abwicklung die Rede ist, dahin ausgelegt werden muß, daß der Kommissionär das Ausführungsgeschäft abzuwickeln hat (*Schmidt-Rimpler* S. 662).

Das Ausmaß der Abwicklungspflichten orientiert sich am Maßstab eines ordentlichen Kaufmannes und den erkennbaren Interessen des Kommittenten. Auch im Abwicklungsstadium unterliegt der Kommissionär der Treuepflicht (§ 384 3). Manchmal kann die dem Kommissionär nach Abschluß des Ausführungsgeschäftes obliegende Tätigkeit Gegenstand eines besonderen Vertrages sein; z. B. eines Speditionsvertrages oder Lagergeschäftes, insbesondere eines Depotgeschäftes (*Schmidt-Rimpler* S. 663).

Auch dort, wo die Abwicklung zum Aufgabenkreis des Kommittenten gehört, darf sich der Kommissionär nach Abschluß des Ausführungsgeschäftes nicht immer darauf beschränken, lediglich die erlangten Ansprüche abzutreten (§ 384 41). Er hat unter Umständen die Gestaltungsrechte auszuüben, die nicht an den Kommittenten abgetreten werden können. Dazu zählt das Anfechtungsrecht (*Palandt/Heinrichs* BGB[44], § 413 3c (str.)). Das Recht auf Wandlung und Minderung sowie sonstige gesetzliche Rücktrittsrechte können hingegen auf den Kommittenten übertragen werden (BGH NJW **1973** 1793) und brauchen deshalb in der Abwicklungsphase nicht notwendig vom Kommissionär wahrgenommen zu werden.

III. Herausgabe des Erlangten
1. Anwendungsbereich

§ 384 Abs. 2 2. HS, demzufolge der Kommissionär dasjenige herauszugeben hat, **36** was er aus der Geschäftsführung erlangt hat, wiederholt letztlich für das Kommissionsrecht die für sämtliche Geschäftsbesorgungsverträge gültige Regelung der §§ 675, 667 BGB. Die Herausgabepflicht ist somit wesentlicher Bestandteil eines jeden Geschäftsbesorgungsverhältnisses; sie prägt daher die spezifische Treuepflicht des Geschäftsbesorgers. Die Herausgabepflicht trifft in erster Linie den normalen Kommissionär, der ein Ausführungsgeschäft abzuschließen hat; sie kann aber auch bei Kommissionen, die durch Selbsteintritt ausgeführt worden sind, relevant werden; z. B. im Hinblick auf den vom Kommittenten gewährten Vorschuß.

2. Inhalt und Umfang der Herausgabepflicht

37   Herauszugeben ist in erster Linie alles, was der Kommissionär unmittelbar aus dem Ausführungsgeschäft (zur Frage der Zuordnung von Ausführungsgeschäften, § 383 74 ff) sowie aus auf Rechnung des Kommittenten getätigten Nebengeschäften erlangt hat. D. h. zunächst, daß der Kommissionär die durch das Ausführungsgeschäft begründeten Forderungen auf den Kommittenten zu übertragen hat. Dabei ist es unerheblich, ob diese Forderungen zu den Leistungsansprüchen oder zu den Schadensersatzforderungen, Ansprüchen auf Zahlung einer Vertragsstrafe, etc. gehören. Das Ausführungsgeschäft kann durchaus auch nichtig sein, ohne daß dies den Herausgabeanspruch berührt (*Schlegelberger/Hefermehl* HGB5, § 384 37). Sind die Ansprüche durch Vertragsänderungen modifiziert worden, so sind die modifizierten Forderungen herauszugeben. Gleiches gilt für die einem Vergleich entstammenden Forderungen. Gestaltungsrechte sind ebenfalls, soweit sie übertragbar sind, an den Kommittenten zu transferieren. Auch die für die Durchsetzung der Forderungen und Rechte notwendigen Beweisurkunden muß der Kommissionär an den Kommittenten herausgeben. Zur Herausgabepflicht in Hinblick auf Versicherungsentschädigungen OLG Koblenz MDR **1967** 770.

Die Herausgabepflicht aus § 384 Abs. 2 2. HS bezieht sich ferner auf das Kommissionsgut, das der Kommissionär im Rahmen einer Verkaufskommission nicht veräußern konnte, sowie auf nicht verbrauchte Vorschüsse. Eine Ausnahme von dieser Regel gilt dort, wo der Kommissionär ein noch nicht verbrauchtes Recht auf Ausführung der Kommission besitzt (*Schmidt-Rimpler* S. 691). Bereicherungsansprüche, die dem Kommissionär im Rahmen des Ausführungsgeschäftes gegen den Dritten erwachsen sind, braucht er dann nicht herauszugeben, wenn die rechtsgrundlose Zahlung an den Dritten aus der Perspektive des Kommissionsverhältnisses schuldhaft erfolgt ist und die Zahlung deshalb nicht als Aufwendung anzusehen ist (abw. *Schmidt-Rimpler* S. 684). Nutzungen (§ 100 BGB) des Kommissionsgutes, der Vorschüsse oder sonstiger im Rahmen der Kommission erlangter Gegenstände sind gleichfalls an den Kommittenten abzuführen, unabhängig davon, ob sie mit dem Willen des Kommittenten oder gegen seinen Willen gezogen worden sind. Haben Kommissionär und Kommittent Mindestpreise vereinbart, so entspringt der Anspruch, soweit er das tatsächlich Erlangte übersteigt, unmittelbar dieser Vereinbarung (OLG Frankfurt WM **1967** 219). Lieferte der Kommittent mangelhafte Ware, so stehen dem Kommissionär in Hinblick auf die Mindestpreisgarantie analog §§ 459 ff BGB die Rechte zur Wandelung oder Minderung, gegebenenfalls auch auf Lieferung mangelfreien Kommissionsgutes zu. Hingegen braucht sich der Kommittent, der mangelhafte Ware geliefert hat, nicht den Einwand unzulässiger Rechtsausübung entgegenhalten und auf die tatsächlich beim Verkauf erzielten Erlöse verweisen zu lassen (a. A. OLG München BB **1960** 642).

38   Im übrigen soll der Kommissionär nach verbreiteter Ansicht jede Zuwendung oder sonstigen Vorteil herausgeben müssen, der mit der Geschäftsbesorgung **in innerem Zusammenhang** steht[69]. Dabei soll es für die Frage des „inneren Zusammenhanges" keine Rolle spielen, ob die Zuwendung nur dem Kommissionär persönlich zufließen sollte, sofern die Besorgnis bestand, der Kommissionär könnte durch die Zuwendung veranlaßt werden, die Interessen des Kommittenten außer acht zu lassen. Unerheblich sei es auch, ob dem Kommittenten als Auftraggeber ein Schaden als Folge schlechter Ge-

---

[69] RGZ **99** 31; **164** 98; BGH NJW **1963** 649 f; NJW **1982** 1752; OLG Koblenz MDR **1967** 770; *Schlegelberger/Hefermehl* HGB5, § 384 36; RGRKzHGB-*Ratz* § 384 29; *Palandt/Thomas* BGB44, § 667 3 a m. w. Nachw.

schäftsbesorgung entstanden sei. Das Kriterium des „inneren Zusammenhanges" ist allerdings recht konturenlos. Es besteht die Gefahr, daß es beliebig ausgefüllt wird. So wird denn auch vertreten, daß der Kommissionär Schmiergelder, die der Dritte dem Kommissionär zuwendet, um einen für sich vorteilhafteren Kontrakt zu erzielen, gemäß § 384 Abs. 2 herausgeben soll, während etwa eine Bank als Kommissionärin Bonifikationen soll behalten dürfen, die ihr vom Emittenten für die Emission von Wertpapieren ausgezahlt werden (§ 384 21). *Schmidt-Rimpler* (S. 685 ff) sucht die Reichweite der Herausgabepflicht gemäß § 384 Abs. 2 dadurch schärfer zu umreißen, daß er zwischen Herausgabe des dem Kommissionär als Geschäftsbesorger Zugewandten und dem Problemkreis „interessenschädigendes Verhalten" des Kommissionärs trennt. Die Frage, ob dem Kommissionär etwas zugeflossen sei, das die Besorgnis einer Vernachlässigung der Kommittenteninteressen begründe, sei im Rahmen des § 384 Abs. 2 völlig irrelevant. Sie sei vielmehr schadensersatzrechtlich in dem Sinne zu lösen, daß der Kommissionär überall dort, wo er sich mit schlechteren Konditionen des Ausführungsgeschäftes zufrieden gegeben habe, Schadensersatz leisten müsse. Der Anspruch des Kommittenten belaufe sich hierbei der Höhe nach in der Regel mindestens auf die dem Kommissionär zugeflossenen Zuwendungen. Wo der Kommissionär trotz der Annahme eines Vorteils bei der Ausführung der Kommission die Interessen des Kommittenten optimal wahrgenommen habe, hänge die Herausgabepflicht aus § 384 Abs. 2 davon ab, ob der Kommissionär die Zuwendung „in Ausführung" oder lediglich „persönlich anläßlich der Ausführung" erhalten habe. Ersteres sei immer dann zu bejahen, wenn der wesentliche Rechtfertigungsgrund der Zuwendung objektiv nur darin liege, daß der Kommissionär das Geschäft so abgeschlossen oder durchgeführt habe, wie er es tatsächlich im Hinblick auf Gegenleistung, Umfang, Zeitpunkt, Tatsache des Abschlusses getan habe. Derartige Zuwendungen müsse der Kommissionär gemäß § 384 Abs. 2 herausgeben. Zuwendungen, deren wesentlicher Rechtfertigungsgrund ein auf die Person des Kommissionärs bezogener Umstand bilde, der außerhalb des bloßen Abschlusses oder der bloßen Durchführung liege, dürfe der Kommissionär hingegen behalten. Diese Theorie hat jedoch die Schwäche, daß nicht ganz klar ist, was im Rahmen einer von subjektiven Äquivalenzerwägungen getragenen Vereinbarung mit Rechtfertigungsgrund gemeint ist. Interpretiert man ihn mit „causa", so hat das etwa zur Folge, daß der Kommissionär einen Gesamtumsatzbonus oder einen Großhandelsfunktions-Bonus, mit dem der Dritte die Ausübung von Großhandelsfunktionen belohnt, nicht abzuführen bräuchte.

Gleichwohl ist *Schmidt-Rimpler* in dem Ansatz zuzustimmen, daß zwischen den **39** normalen Herausgabepflichten, die dem § 384 Abs. 2 entspringen, und den Fällen, in denen der Kommissionär durch Handeln auf eigene Rechnung seine Pflichten verletzt, zu unterscheiden ist. Man hat diesen Ansatz nur dadurch zu modifizieren, daß man die Pflicht des Kommissionärs, die Interessen des Kommittenten zu wahren, ins Vorfeld der Interessengefährdung verlagert (§ 384 21) und bei Pflichtverstößen dem Kommittenten einen Herausgabeanspruch in Analogie zu den §§ 61 Abs. 1 2. Alt., 113 Abs. 1 2. Alt. HGB, 88 Abs. 2 S. 2 AktG gibt. Im übrigen hat man in erster Linie davon auszugehen, daß der Kommissionär all die Vorteile an den Kommittenten zu transferieren hat, deren causa in dem Ausführungsgeschäft liegt. Dies ist überall dort zu vermuten, wo der Kommittent die gleichen Zuwendungen erhalten hätte, wenn er mit denselben Marktkenntnissen und Fähigkeiten, die der Kommissionär besitzt, das Geschäft getätigt hätte.

Schwieriger ist es, in Situationen zu entscheiden, in denen der Dritte ein eigenes Interesse daran hat, daß der Kommissionar bestimmte Mittlerfunktionen erfüllt (z. B.

Großhandels-Bonus). Zur Lösung dieses Problems hat man davon auszugehen, daß der Kommissionär, soweit dies zur Ausführung der Order erforderlich ist, seine gesamten Mittlerfunktionen in den Dienst des Kommittenten gestellt hat. *Schmidt-Rimpler* (S. 686) spricht hier zu Recht davon, daß dem Kommittenten die geschäftlichen Beziehungen des Kommissionärs zugute kommen sollen. Für die Bereitstellung der Mittlerfunktionen erhält der Kommissionär Provision und Aufwendungsersatz. Wenn nun der Kommissionär alle seine Mittlerfunktionen zur Förderung der Interessen des Kommittenten einsetzen soll, so spricht auch die Vermutung dafür, daß der Kommissionär in Fällen, in denen der Partner des Ausführungsgeschäftes die dem Kommittenten geschuldeten Mittlerdienste belohnt, die Zuwendungen auf Rechnung des Kommittenten in Empfang nimmt. Daraus folgt, daß der Kommissionär normalerweise die ihm von Dritten gewährten Funktionsrabatten gleichwertigen Funktions-Boni an den Kommittenten (anteilig) abzuführen hat. Sollte der Kommissionär in Einzelfällen nachweisen können, daß die Boni ihm auf eigene Rechnung zufließen sollten, so entfällt damit noch nicht die Herausgabepflicht. Boni, durch die eine bestimmte Ausübung von Mittlerfunktionen belohnt wird und die ausschließlich dem Kommissionär zufließen sollen, begründen immer den Verdacht interessenwidrigen Verhaltens. Es gehört zu den Pflichten des Kommissionärs, einen derartigen Verdacht gar nicht erst entstehen zu lassen (*Koller* BB **1978** 1737). Handelt der Kommissionär dem zuwider, so kann der Kommittent mit einem Schadensersatzanspruch vorgehen oder in Analogie zu den §§ 61 Abs. 1 2. Alt., 113 Abs. 1 2. Alt. HGB, 88 Abs. 2 S. 2 AktG die Überführung des Erlangten an sich fordern[70]. Demnach darf der Kommissionär eine Zuwendung, die mit seiner Tätigkeit als Handelsmittler in Zusammenhang steht, nur dann für sich behalten, wenn augenscheinlich jeder Bezug auf konkrete gegenwärtige oder zukünftige Ausführungsgeschäfte fehlt.

3. Einzelfälle

40 Macht der Partner des Ausführungsgeschäftes an den Kommissionär Zuwendungen, so hat dieser sie regelmäßig aufgrund § 384 Abs. 2 oder in Analogie zu der Regelung des Wettbewerbsverbotes herauszugeben. Eindeutig dem § 384 Abs. 2 unterfällt der Mengen-Bonus, der für die Abnahme einer größeren Menge gewährt wird. Dies gilt auch dann, wenn der Kommissionär die Aufträge mehrerer Kommittenten zusammengefaßt hatte; denn zu den Mittlerfunktionen des Kommissionärs gehört die Bündelung von Aufträgen ebenso wie bei einem Großhändler die Verteilerfunktion. § 413 findet deshalb keine entsprechende Anwendung (*Schmidt-Rimpler* S. 687). Daraus folgt, daß der Kommissionär auch Großhandels-Boni herauszugeben hat. Gleiches gilt für Gesamtumsatz-Boni, die einerseits die Machtposition des Kommissionärs auf dem Markt belohnen, andererseits einen Anreiz für die Konzentration der Aufträge bei dem Geschäftspartner, der den Bonus in Aussicht stellt, schaffen sollten. Hier wird die Mittlerposition des Kommissionärs ebenso angesprochen wie bei Zuwendungen, die dem Kommissionär als „gutem Kunden" gewährt werden (vgl. *Schmidt-Rimpler* S. 686). Nicht anders liegt es, wenn, wie in dem vom KG entschiedenen Fall, gerade Hamburger Kaufleuten die Kaigelder vergütet werden; denn es fiele völlig aus dem Rahmen der Geschäftsgepflogenheiten, wenn Kaufleute anderen Kaufleuten Zuwendungen ausschließlich wegen deren Herkunft machen würden. Es kann dahinstehen, warum ge-

---

[70] So i. E. auch RGZ 99 31; **164** 98; BGH NJW **1963** 649 f; **1982** 1752; *Palandt/Thomas* BGB⁴⁴, § 667 3 a.

rade Hamburger Kaufleute bevorzugt werden sollten; jedenfalls geschah dies sicherlich auch deshalb, weil die Geschäftspartner gerade als Mittler in Hamburg ansässig waren (**a. A.** KG LZ **1909** 330; *Schmidt-Rimpler* S. 686). — Ferner wird die Mittlerposition des Kommissionärs tangiert, wenn er vom Emittenten Bonifikationen für den Vertrieb von Wertpapieren erhält. Eine Ausnahme ist nur dort zuzulassen, wo mit Hilfe von Bonifikationen der Kommissionär motiviert werden soll, mit einer bestimmten Schicht von Kommittenten (z. B. Spekulanten) gar nicht erst zu kontrahieren. Allerdings muß dann die Bonifikation nach Art und Höhe mit diesem Ziel im Einklang stehen[71]. — Herauszugeben hat der Kommissionär ferner Zugaben sowie die durch die Eröffnung eines Kassakontos entstehenden Vorteile (*Schmidt-Rimpler* S. 689). Immer können die Parteien jedoch vereinbaren, daß der Kommissionär Zuwendungen behalten darf, die ihm mit Rücksicht auf seine besonderen Geschäftsbeziehungen zum Dritten zufließen und die der Kommittent selbst nicht hätte erlangen können. — Schmiergelder hat der Kommissionär in Analogie zu den §§ 61 Abs. 1 2. Alt., 113 Abs. 1 2. Alt. HGB, 88 Abs. 2 S. 2 AktG an den Kommittenten zu überführen[72]. Der Kommittent ist hierbei als Verletzter im Sinne des § 73 StGB anzusehen, so daß das Schmiergeld nicht zugunsten des Staates für verfallen erklärt werden darf (*Schlegelberger/Hefermehl* HGB[5], § 384 36; *Palandt/Thomas* BGB[44], § 667 3 a m. Nachw. zum Streitstand; **a. A.** BGHZ **39** 1). — Hat der Kommissionär Zuwendungen erhalten, die ihm der Dritte z. B. aus persönlicher Freundschaft gewährt hat, so braucht er sie nicht herauszugeben. Derartige Konstellationen werden freilich nur selten auftauchen; denn in aller Regel hat der Dritte ein eigenes Interesse an der Mittlerposition des Kommissionärs und an der daraus resultierenden Chance, günstige Aufträge zu erhalten. Großzügiger kann man sein, falls ein Vierter dem Kommissionär Zuwendungen macht. Zu denken ist etwa an Subventionen, die dem Kommissionär die Fortführung seines Geschäftes ermöglichen sollen. Hier fehlt der Bezug auf konkrete Ausführungsgeschäfte mit bestimmten Geschäftspartnern zu bestimmten Konditionen.

4. Art und Weise der Herausgabe

Der Kommissionär hat das Erlangte so herauszugeben, wie er es bekommen hat. **41** Hat er für den Kommittenten Gattungsobjekte besorgt, so hat er die ihm vom Dritten gelieferten Sachen — gegebenenfalls nach Aussonderung — an den Kommittenten zu übereignen. Er besitzt kein Austauschrecht[73]. Dies gilt grundsätzlich auch bei vertretbaren Sachen, so daß ein sog. Depotfixen schadensersatzpflichtig macht. Hierbei sollte man auch in den Fällen keine Ausnahme zulassen, in denen der Kommissionär jederzeit zur Lieferung anderer Stücke in der Lage ist; denn durch die Verwendung des Kommissionsgutes zu eigenen Zwecken steigt immer das Risiko einer Veruntreuung[74]. — Bei dem für Effektenkommissionen typischen Selbsteintritt besteht freilich im Hinblick auf das Deckungsgeschäft keine Herausgabepflicht, sondern nur eine normale Lieferpflicht.

Ist **Buch- oder Bargeld** herauszugeben, so wird es jedoch meist im Sinne des Vertrages liegen, daß nur ein entsprechender Geldbetrag — zumeist auf dem Wege des bar-

---

[71] *Koller* BB **1978** 1739; **a. A.** die h. M., *Schlegelberger/Hefermehl* HGB[5], § 384 36 m. Nachw.
[72] So i. E. auch BGH NJW **1963** 649 f; **1982** 1752; *Schlegelberger/Hefermehl* HGB[5], § 384 36; *Palandt/Thomas* BGB[44], § 667 3a jeweils m. w. Nachw.
[73] RGZ **53** 363, 369 f; *Schlegelberger/Hefermehl* HGB[5], § 384 39 m. Nachw.
[74] **A. A.** RGZ **73** 244; *Schmidt-Rimpler* S. 678 m. Nachw.

§ 384 Drittes Buch. Handelsgeschäfte

geldlosen Zahlungsverkehrs — geleistet werden muß. Die eingezogenen Geldbeträge dürfen dann aber nicht mit eigenem Geld vermischt oder auf ein eigenes, allgemeines Konto eingezahlt werden, wenn dadurch der Herausgabeanspruch des Kommittenten gefährdet wird (BGH NJW 1963 486). Sind Waren oder Effekten im Ausland verkauft worden und sind die Erlöse in ausländischer Währung angefallen, so hängt es von den Umständen des Einzelfalles ab, ob der Kommissionär seine Herausgabepflicht in deutscher oder in ausländischer Währung zu erfüllen hat (*Schmidt-Rimpler* S. 681 f). Dort, wo mit erheblichen Schwankungen der Wertrelationen zwischen den Währungen zu rechnen ist, ist angesichts des Umstandes, daß der Kommissionär auf Rechnung des Kommittenten handeln soll, davon auszugehen, daß im Zweifel die Fremdwährung herauszugeben ist. Das schließt nicht aus, daß zu den Abwicklungspflichten des Kommissionärs auch der Umtausch der Fremdwährung in deutsche Währung nach Weisung des Kommittenten gehört. Kraft der allgemeinen Pflicht zur Interessenwahrung kann der Kommissionär gehalten sein, den Kommittenten vor einer Entwertung des Erlöses zu bewahren.

Forderungen hat der Kommissionär so herauszugeben, wie er sie erlangt hat, es sei denn, es gehört zu seinen Aufgaben, die Forderungen einzuziehen. Hat sich die ursprüngliche Forderung in eine Schadensersatzforderung verwandelt, so ist diese an den Kommittenten zu übertragen. Gleiches gilt, wenn das Ausführungsgeschäft nachträglich, z. B. durch Vergleich, Gleitklausel, abgeändert worden ist. Die Herausgabepflicht darf der Kommissionär nicht dadurch vereiteln, daß er über die Forderungen ohne Zustimmung des Kommittenten verfügt (BGH LM Nr. 1 zu § 392 HGB). Zu den Folgen einer rechtswidrigen Verfügung § 392 14.

Die Herausgabepflicht wird, je nachdem, was herauszugeben ist, durch bloße Übertragung des Besitzes, Übereignung (§ 383 86 f), Zession, Indossament erfüllt. Bei der **Effektenkommission** sind ferner die Vorschriften der §§ 18 ff DepG zu beachten (*Canaris* Großkommentar HGB³, Bd. III/3 (2. Bearb. 1981), 1948 ff).

5. Zeitpunkt der Herausgabe und Erfüllungsort

42 Die Herausgabe hat unverzüglich zu erfolgen, sofern die Parteien nichts Besonderes vereinbart haben. Der Kommissionär braucht seiner Pflicht nur Zug um Zug gegen Erstattung der Aufwendungen sowie Zahlung der Provision nachzukommen (§ 273 BGB; gegebenenfalls § 320 BGB). Von einer vorherigen Rechnungslegung hängt der Herausgabeanspruch nicht ab; er kann deshalb zusammen mit der Klage auf Rechnungslegung insbesondere im Weg der Stufenklage geltend gemacht werden (§ 254 ZPO). Sondervorschriften über den Zeitpunkt der Herausgabe enthalten für die Effektenkommission die §§ 18 ff DepG. Kommt der Kommittent in Annahmeverzug, so greift § 389 unmittelbar bzw. entsprechend ein.

Erfüllungsort für die Herausgabepflicht ist mangels besonderer Anhaltspunkte der Geschäftssitz des Kommissionärs (§ 269 BGB). Hat der Kommissionär das Ausführungsgeschäft abzuwickeln, so bestimmt sich der Erfüllungsort danach, wo der Kommissionär die vom Dritten geschuldeten Gegenstände erhält. Sendet der Dritte z. B. Ware an den Niederlassungsort des Kommissionärs, so ist dort der Erfüllungsort (*Schmidt-Rimpler* S. 789 f). Damit ist nicht gesagt, daß die Ware zum Kommissionär auf dessen Gefahr reist; denn das Transportrisiko hat letztlich der Kommittent zu tragen, wenn im Verhältnis Kommissionär—Dritter § 447 BGB eingreift. Hat der Kommissionär seinerseits die Ware an den Kommittenten weiterzusenden, so gilt im Verhältnis Kommissionär—Kommittent ebenfalls der Rechtsgedanke des § 447 BGB (*Schmidt-Rimpler* S. 690). Weist der Kommissionär den Dritten an, unmittelbar an den

Kommittenten zu versenden, so ist als Erfüllungsort die Niederlassung des Dritten anzusehen.

6. Beweislast

Die Beweislast für die Existenz des Herausgabeanspruchs trifft den Kommissionär insoweit, als es um die Frage geht, ob der Kommissionär überhaupt etwas erlangt hat (*Schmidt-Rimpler* S. 691 m. Nachw.). **43**

7. Schadensersatzverpflichtung

Bei schuldhaften Verletzungen der Herausgabepflicht haftet der Kommissionär auf Schadensersatz. Ist ihm die Herausgabe des zunächst Erlangten unmöglich geworden, so kann der Kommittent auch die Herausgabe des als Ersatz Empfangenen oder des Ersatzanspruches fordern (§ 281 BGB). Eine schuldhafte Verletzung der Herausgabepflicht ist z. B. regelmäßig dort zu bejahen, wo der Kommissionär ohne Weisung des Kommittenten vom Ausführungsgeschäft zurücktritt oder eine Nachfrist im Sinne des § 326 BGB setzt. Gleiches gilt für eine Anfechtung gemäß §§ 119 ff BGB. Zur Frage, ob der Kommittent wegen Unmöglichkeit der Herausgabe oder der Verletzung von Herausgabepflichten das Ausführungsgeschäft zurückweisen kann, § 385 4. Bei der Effektenkommission beachte die §§ 25 ff DepG (*Canaris* Großkommentar HGB³, Bd. III/3 (2. Bearb. 1981), 1963 ff). Zur Einordnung der Herausgabepflicht ins Synallagma § 383 62, § 384 58. **44**

8. Verjährung

Die Verjährung des Herausgabeanspruchs ergibt sich aus § 195 BGB (BGH NJW **1981** 918). Das gilt auch für den Kommissionsagenten (§ 383 38). **45**

9. Verfügungen als Nichtberechtigter

Hat der Verkaufskommissionär eine nicht dem Kommittenten gehörende Sache rechtswirksam veräußert, so kann der frühere Eigentümer den Erlös vom Kommissionär insoweit nicht herausverlangen, als dieser ihn an den Kommittenten abgeführt hatte[75]. Der Kommittent haftet analog § 822 BGB (*Reuter/Martinek* aaO). **46**

E. Die Pflicht, Rechenschaft abzulegen
I. Vorbemerkung

Als Geschäftsbesorger hat der Kommissionär gemäß den §§ 675, 666 BGB über das Geschäft Rechenschaft abzulegen. § 384 Abs. 2 wiederholt dies ausdrücklich. Die Pflicht zur Rechenschaftslegung erstreckt sich dem Wortlaut des § 384 Abs. 2 zufolge auf das Geschäft schlechthin. Darunter ist nicht nur die bis zum Abschluß eines Ausführungsgeschäftes reichende Tätigkeit des Kommissionärs zu zählen, sondern die gesamte Tätigkeit einschließlich z. B. der Durchführung der Kommission, der Beförderung des Gutes usw. Auch der Kommissionär, der Delkredere steht oder gemäß § 384 Abs. 2 in Anspruch genommen werden kann, hat grundsätzlich umfassend Rechenschaft abzulegen. Im Falle des Selbsteintritts entfällt die Pflicht zur Rechenschaftsle- **47**

---

[75] BGH WM **1967** 394; *Palandt/Thomas* BGB⁴⁴, § 816 5c; *Erman/H. P. Westermann* BGB⁷, § 816 21; *K. Schmidt* Handelsrecht, § 30 V 2 c; *Reuter/Martinek* Ungerechtfertigte Bereicherung (1983), § 8 I 1 d bb; kritisch *Wolf* JZ **1968** 414.

gung nicht ganz; sie wird aber durch den § 400 eingeschränkt (näher dazu § 400 45 ff). Die Pflicht zur Rechenschaftslegung hängt nicht davon ab, daß ein Ausführungsgeschäft zustande kam. Sie setzt auch kein „Verlangen" des Kommittenten voraus, soweit nicht ein abweichender Handelsbrauch existiert[76].

II. Die Rechenschaftslegung
1. Umfang der Pflicht

48 Der Begriff Rechenschaft umfaßt zum einen die Rechnungslegung und zum anderen die sonstige Rechtfertigung des Verhaltens als Geschäftsbesorger.

2. Die Rechnungslegung

49 Die Rechnungslegung ist in § 259 BGB behandelt. Dieser Vorschrift zufolge hat der Kommissionär zunächst eine geordnete Zusammenstellung der Einnahmen und Ausgaben vorzulegen. Diese Zusammenstellung muß schriftlich erfolgen und den vollen Betrag jeder Einnahme und jeder Aufwendung enthalten. Es dürfen also die einzelnen Posten nicht saldiert werden, damit der Kommittent die Berechtigung der einzelnen Aufwendungen und die Vollständigkeit der Einnahmen nachprüfen kann (BGH LM Nr. 6 zu § 254 ZPO; BGH WM **1961** 750). Die Rechnung muß in sich verständlich und übersichtlich sein. Die Rechnungslegung erfolgt pflichtwidrig, wenn sich der Kommittent die Posten erst aus Büchern oder Belegen zusammensuchen muß bzw. wenn wichtige Belege fehlen (RGZ 100 150).

Für die in der Zusammenstellung eingesetzten Posten hat der Kommissionär **Belege** vorzulegen, soweit sie verkehrsüblich erteilt werden (§ 259 Abs. 1 BGB). Notfalls hat sich der Kommissionär die Belege noch nachträglich zu beschaffen. Auch hier gilt der Grundsatz von Treu und Glauben. Unbedeutende oder offensichtlich notwendige Ausgaben braucht der Kommissionär nicht zu belegen. Nach verbreiteter Ansicht braucht der Kommissionär die Belege in der Urschrift nur vorzulegen, nicht aber an den Kommittenten **herauszugeben,** weil der Kommissionär die Urkunden als eigene Beweismittel gegenüber dem Dritten benötige[77]. Dem kann nicht gefolgt werden. Soweit der Kommissionär die Belege nicht mehr als Beweismittel benötigt, bedarf dies keiner Begründung. Eine Herausgabepflicht ist aber auch darüber hinaus zu bejahen. Der Kommissionär ist dadurch zu schützen, daß der Kommittent die Belege aufzubewahren hat, solange der Kommissionär hieran ein Interesse hat. Im übrigen müßte der Kommittent Lasten, die dem Kommissionär infolge Beweisschwierigkeiten entstehen, ohnehin als Aufwendungen ersetzen[78]. Allerdings kann ein Handelsbrauch bestehen, demzufolge der Kommissionär die Belege gar nicht vorzulegen oder jedenfalls nicht herauszugeben braucht. Eine Herausgabepflicht entfällt auch dort, wo der Kommittent an der Herausgabe augenscheinlich kein Interesse hat.

Zur besonderen **Aufbewahrung** der Belege, an deren Herausgabe der Kommittent kein Interesse kundtut, ist der Kommissionär nach deren Vorlage nicht verpflichtet (*Schmidt-Rimpler* S. 707). Hat er sie aber noch im Besitz, so muß er auch später noch dem Kommittenten Einsicht gestatten bzw. sie herausgeben. Ein genereller Anspruch auf Einsicht in die **Handelsbücher** kann nicht auf die §§ 384 Abs. 2 HGB, 666,

---

[76] *Schmidt-Rimpler* S. 705 f; *Schlegelberger/Hefermehl* HGB 5, § 384 32.
[77] *Schlegelberger/Hefermehl* HGB 5, § 384 30; *Schmidt-Rimpler* S. 707 m. Nachw.
[78] Ebenso i. E. *Palandt/Thomas* BGB 44, § 667 3a; *Erman/Hauß* BGB 7, § 666 2.

259 BGB gestützt werden (*Schlegelberger/Hefermehl* HGB[5], § 384 30 m. Nachw.). Er kann sich aber ausnahmsweise aus § 810 BGB ergeben, — so, wenn aufgrund bestimmter Tatsachen zu vermuten ist, daß die Rechnungslegung falsch gewesen ist (*Schlegelberger/Hefermehl* HGB[5], § 384 30 m. Nachw.). Daneben kann § 45 eingreifen.

War die Rechnungslegung über die Einnahmen formell ordnungsgemäß, waren also die Einnahmen in der richtigen Form zusammengestellt und alle wichtigen Belege vorgelegt worden, so kann der Kommittent keinen Anspruch auf **Ergänzung der Rechnungslegung** mit der Behauptung geltend machen, die Rechnungslegung sei materiell unvollständig oder unrichtig. In dieser Konstellation greift vielmehr § 259 Abs. 2 BGB ein, der den Kommissionär verpflichtet, eine **eidesstattliche Versicherung** abzugeben, wenn Grund zur Annahme besteht, daß die in der Rechnung enthaltenen Angaben nicht mit der erforderlichen Sorgfalt gemacht worden sind (BGH LM Nr. 3, 6 zu § 254 ZPO). Der Verdacht fahrlässiger Unrichtigkeit kann auch auf die Unvollständigkeit der Rechnungslegung gestützt werden (BGH WM **1961** 750). In Angelegenheiten von geringer Bedeutung besteht diese Pflicht nicht (§ 259 Abs. 3 BGB). In Hinblick auf die Ausgaben kann der Kommittent den Kommissionär nicht zur Abgabe einer eidesstattlichen Versicherung zwingen; denn insoweit trifft den Kommissionär ohnehin die Beweislast für seinen Aufwendungsersatzanspruch (*Palandt/Heinrichs* BGB[44], § 261 6a). Das gilt dort nicht, wo der Kommissionär Einnahmeposten anführt, von denen bereits — im Verhältnis zum Kommittenten — unberechtigt Ausgaben abgezogen worden waren (BGH WM **1961** 750).

3. Rechtfertigung des Verhaltens

50 Im übrigen hat der Kommissionär alle Umstände offenzulegen, aus denen sich ergibt, wie der Kommissionär die Kommission ausgeführt, wie er das Ausführungsgeschäft abgewickelt hat und gegebenenfalls, warum das Geschäft gescheitert ist (OLG Celle WM **1974** 736). Dazu gehört die genaue Kennzeichnung der abgeschlossenen Verträge nach Inhalt und Zeitpunkt sowie die Rechtfertigung, warum der Kommissionär Vereinbarungen, so wie es geschehen ist, getroffen hat. Freilich ist es häufig zur Einsparung von Geschäftsunkosten üblich, daß der Kommissionär zunächst von sich aus nur Rechnung zu legen braucht und erst auf Verlangen des Kommittenten weitere Angaben über die Art und Weise zu machen hat, in der das Geschäft geführt wurde. Eine derartige Verkehrssitte ist öfter auch dort zu finden, wo die Parteien in laufenden Geschäftsbeziehungen stehen. Zum Verzicht auf Rechenschaftslegung § 384 54. Die Pflicht zur Rechenschaftslegung stellt eine weitere Wurzel des Anspruchs des Kommittenten auf Mitteilung des Namens des Dritten dar (§ 384 31). Ein Zurückbehaltungsrecht wegen eines Gegenanspruchs kann der Kommissionär nicht geltend machen. Er muß auch dann Rechenschaft ablegen, wenn er dadurch aufdeckt, daß er sich strafbar gemacht hat (BGHZ **41** 318 (322)).

Der Kommissionär hat der Pflicht, Rechenschaft abzulegen, persönlich nachzukommen, auch wenn er in Konkurs gefallen ist. Nach dem Tod des Kommissionärs trifft diese Pflicht seine Erben.

4. Zeitpunkt des Entstehens der Pflicht zur Rechenschaftslegung

51 Die Pflicht, Rechenschaft abzulegen, entsteht grundsätzlich in dem Moment, in dem der Kommissionär seine Tätigkeit beendet hat und einen Gesamtüberblick über seine Tätigkeit sowie eine Gesamtzusammenstellung seiner Einnahmen und Ausgaben anfertigen kann. Von einem besonderen Verlangen des Kommittenten ist sie vorbehaltlich einer anderslautenden Vereinbarung oder Verkehrssitte nicht abhängig. Stehen die Parteien in laufenden Geschäftsverbindungen, so kann sich aus den Umständen ergeben, daß nur in periodischen Abständen Rechenschaft abzulegen ist[79].

5. Erfüllung der Pflicht zu Rechenschaftslegung

52 Die Pflicht zur Rechenschaftslegung ist erfüllt, sobald der Kommissionär die Art und Weise seiner Geschäftsführung geschildert und eine Abrechnung vorgelegt hat, die eine Aufstellung der Einnahmen und Ausgaben enthält, mögen auch die Posten saldiert sein (BGH LM Nr. 6 zu § 254 ZPO). An der Erfüllung fehlt es insbesondere, falls wichtige Belege fehlen oder die Rechnung augenscheinlich aufgrund falscher Unterlagen aufgemacht worden ist (RGZ 100 153; RG SeuffA 86 Nr. 193; Soergel/Schmidt BGB, § 259 14). Bestehen berechtigte Zweifel daran, daß der Kommissionär die Angaben über die Einnahmen mit der erforderlichen Sorgfalt gemacht hat, so kann der Kommittent trotz Erfüllung der Pflicht zur Rechnungslegung eine eidesstattliche Versicherung fordern (§ 383 49). Die Angaben über die Aufwendungen hat immer der Kommissionär zu beweisen (§ 383 49).

6. Pflichtverletzung

53 Kommt der Kommissionär schuldhaft seinen Pflichten zur Rechenschaftslegung nicht nach, so ist er zum Schadensersatz verpflichtet. Zur Frage, ob die Pflicht zur Rechenschaftslegung im Synallagma steht, § 383 57 f. Außerdem kann sich die Darlegungs- und Beweislast zu seinen Lasten verschieben (OLG Celle WM 1974 736).

7. Verzicht

54 Die Pflicht zur Rechenschaftslegung kann abbedungen oder eingeschränkt werden. Ist während jahrelanger Geschäftsbeziehungen keine Rechenschaft verlangt worden, so stellt ein plötzliches Verlangen nach Rechenschaftslegung unter Umständen ein venire contra factum proprium dar. Der Verzicht ist unwirksam, falls er gegen die guten Sitten verstößt oder falls sich nachträglich Zweifel an der Zuverlässigkeit des Kommissionärs ergeben[80]. Den allgemeinen Regeln über die Geschäftsgrundlage zufolge muß aber die Zuverlässigkeit des Kommissionärs im Moment des Verzichts außer allem Zweifel gestanden haben.

8. Anerkennung der Rechnungslegung

55 Der Geschäftsbesorger hat nach verbreiteter Ansicht vielfach einen Anspruch auf Entlastung durch Anerkennung seiner Rechenschaftslegung als vollständig und richtig[81]. Dem Kommissionär wird man als Geschäftsbesorger, der in aller Regel von Fall zu Fall tätig wird, einen derartigen Anspruch nicht zubilligen dürfen (*Isele* aaO, S. 133), es sei denn, daß sich der Anspruch unmittelbar aus der Vereinbarung ergibt. Doch kann der Kommittent im Einzelfall freiwillig die Rechenschaftslegung ausdrücklich oder konkludent anerkennen. Hingegen darf man nicht einmal in Hinblick auf die Rechnungslegung sagen, daß die Rechnung als anerkannt gilt, wenn der Kommittent die Rechnung nicht binnen angemessener Frist bemängelt hat[82]. Hier kann man allen-

---

[79] *Schmidt-Rimpler* S. 706; vgl. auch BGH WM 1976 868.
[80] BGH LM Nr. 19 zu § 242 BGB B e; OLG Stuttgart NJW 1968 2338; *Locher* NJW 1968 2324; *Erman/Hauß* BGB[7], § 666 5.
[81] *Isele* Geschäftsbesorgung (1935), S. 131 ff; *Erman/Hauß* BGB[7], § 666 3; *Soergel/Mühl* BGB[11], § 666 9.
[82] So aber *Schlegelberger/Hefermehl* HGB[5], § 384 33; *Schmidt-Rimpler* S. 716.

falls die Grundsätze über das kaufmännische Bestätigungsschreiben fruchtbar machen. Das hat zur Folge, daß die Rechnung nur dann als anerkannt gilt, wenn sie nicht augenscheinlich falsch bzw. unvollständig ist und der Kommittent (grundsätzlich) Kaufmann ist[83]. In der Anerkennung liegt regelmäßig eine Quittung. Sie kann auch in Parallele zum Institut der Entlastung in Hinblick auf die Pflichten, weiter Rechenschaft ablegen, eine eidesstattliche Versicherung abgeben zu müssen, sowie in Hinblick auf Ansprüche, die sich nicht aus der Rechnung ergeben, ein negatives Schuldanerkenntnis (*Palandt/Heinrichs* BGB[44], § 397 3 a) enthalten (*Schmidt-Rimpler* S. 715). Der Kommittent, der die Rechnung anerkannt hat, vermag also später weder ergänzende Rechnungslegung noch Versicherung an Eides statt zu beanspruchen. Ansprüche, die nicht in der Rechnung ihren Niederschlag gefunden haben, erlöschen freilich nur insoweit, als ihre Existenz dem Kommittenten angesichts der vom Kommissionär gemachten Angaben bekannt oder sonst bei sorgfältiger Prüfung erkennbar war[84], da der Kommittent keinen vollständigen Überblick über die Art und Weise der Geschäftsführung haben konnte. Die Anerkennung kann nach Maßgabe der §§ 119 ff BGB angefochten werden. Soweit die Anerkennung durch Schweigen als erfolgt gilt, greifen die §§ 119 ff BGB analog ein. Der Kommittent darf sich jedoch nicht darauf berufen, er habe die Bedeutung des Schweigens verkannt (*Canaris* Vertrauenshaftung, aaO, S. 210). Eine Kondiktion kommt in Betracht, falls die Anerkennung ausnahmsweise weitergehende Wirkungen zeitigt, weil sie z. B. im Rahmen eines Kontokorrents erfolgte oder der generellen Klarstellung der Geschäftsbeziehungen diente[85].

Das Erlöschen der Pflicht zur Rechnungslegung durch Anerkennung hindert den Kommittenten indessen nicht, angemessene Zeit danach, auch nach völliger Abwicklung des Auftrages, noch Rechenschaft über die Art und Weise der Ausführung sowie Durchführung des Auftrages zu fordern (*Schlegelberger/Hefermehl* HGB[5], § 384 33 m. Nachw.).

Zur Anerkennung der Rechnungslegung im Rahmen der **Effektenkommission** *Canaris* Großkommentar HGB[3], Bd. III/3 (2. Bearb. 1981), 1930 ff.

F. Haftungsmaßstab

56 Gemäß § 384 Abs. 1 hat der Kommissionär für die Sorgfalt eines ordentlichen Kaufmannes einzustehen. § 384 Abs. 1 wiederholt damit letztlich nur die §§ 347 Abs. 1 HGB, 276 BGB. Der Kommissionär hat mithin bei der Aus- und Durchführung der Kommission die Sorgfalt eines ordentlichen Kaufmannes seines Berufskreises aufzuwenden. Daraus folgt, daß die Sorgfalt eines Kommissionärs, und zwar derjenigen Schicht von Kommissionären maßgeblich ist, der der Kommissionär nach der Art der von ihm übernommenen Tätigkeit zuzurechnen ist. Der Exportkommissionär hat demnach unter Umständen höhere Sorgfalt aufzuwenden als etwa ein Gebrauchtwagenhändler, der nebenbei Kommissionsgeschäfte betreibt (*Schmidt-Rimpler* S. 766). Der Haftungsmaßstab spielt vornehmlich eine Rolle für die Schadensersatzpflicht aus c. i. c., positiver Forderungsverletzung, wegen Verzugs oder Unmöglichwerdens der Leistung, aber auch im Rahmen der deliktischen Haftung. Er kommt ferner bei der Zu-

---

[83] BGH WM **1981** 991; *Canaris* Vertrauenshaftung im deutschen Privatrecht (1971), S. 212; ferner Vorauflage Anh. § 357 841.
[84] *Schmidt-Rimpler* S. 715; vgl. ferner BGH NJW **1959** 192; **1969** 131.
[85] *Schmidt-Rimpler* S. 716; *Schlegelberger/Hefermehl* HGB[5], § 384 33; ferner *Erman/H. P. Westermann* BGB[7], § 397 8; str.

§ 384 Drittes Buch. Handelsgeschäfte

rechnung des Verhaltens von Erfüllungsgehilfen (§ 278 BGB) oder der Auswahl von Substituten (§ 664 BGB) zur Anwendung.

Den Kommissionär trifft grundsätzlich die Beweislast dafür, daß er mit der Sorgfalt eines ordentlichen Kaufmannes seines Tätigkeitsbereiches gehandelt hat (*Schmidt-Rimpler* S. 768 m. Nachw.).

Bei einer Änderung des Haftungsmaßstabes durch Allgemeine Geschäftsbedingungen sind vor allem die §§ 11 Nr. 7, 24 AGB-Gesetz zu beachten.

G. Die Zurechnung des Aufwands- und Schadensrisikos an den Kommissionär bei Verzug sowie Unmöglichwerden der Aus- bzw. Durchführung des Kommissionsgeschäftes

I. Der Kommissionsvertrag als gegenseitiger Vertrag

57 Der Kommissionsvertrag ist als Geschäftsbesorgungsvertrag, der auf eine Dienst- oder Werkleistung gerichtet ist, ein, wenn auch mit partiarischen Elementen (*Koller* BB **1979** 1725, 1728) angereicherter, gegenseitiger Vertrag. Damit ist nicht gesagt, daß alle dem Kommissionsvertrag entspringenden Pflichten, wie etwa die Pflicht zur Ausführung, Herausgabe, Rechenschaftslegung, Benachrichtigung einerseits und die Pflicht zum Aufwendungsersatz und zur Provisionszahlung andererseits, in Synallagma stünden (BGH NJW **1981** 918, 919). Nach verbreiteter Ansicht stehen nur die Pflicht zur Ausführung der Kommission und die Pflicht zur Zahlung der Provision im Gegenseitigkeitsverhältnis[86]. Gestützt wird diese These vor allem auf einen Umkehrschluß aus § 396 Abs. 1 sowie darauf, daß der Kommissionär nur die Ausführung der Kommission als Entgelt für die Provision versprochen habe. Dem wird entgegengehalten, daß der Kommittent weniger an dem Ausführungsgeschäft als solchem als vielmehr an dem ihm hieraus zufließenden Ergebnis interessiert sei und nur hierfür Provision aufopfern wolle[87].

58 Auch die Frage, ob der Anspruch auf Aufwendungsersatz im Synallagma steht, ist umstritten. Zum Teil wird dies mit dem Argument verneint, der Kommissionär wolle das Geschäft nicht ausführen, um Aufwendungsersatz zu erhalten. Die Leistung des Aufwendungsersatzes bilde daher auch nicht das Entgelt für die Ausführung oder gar die Durchführung der Kommission[88]. Eine ältere RG-Entscheidung hatte jedoch ohne nähere Begründung den Aufwendungsersatz — und den Herausgabeanspruch als „gegenseitige" Ansprüche qualifiziert[89]. *Schmidt-Rimpler* (S. 849) kommt weitgehend zum gleichen Ergebnis, indem er zwar das Gegenseitigkeitsverhältnis verneint, dem Kommissionär jedoch den Aufwendungsersatzanspruch als „Modalität der Herausgabe" nur Zug um Zug gegen die Herausgabe des im Rahmen der Geschäftsbesorgung Erlangten zugesteht. — Zu folgen ist derjenigen Meinung, die die Pflicht zur Ausführung der Kommission sowie die Herausgabepflicht ins Synallagma zum Provisionsanspruch stellt. Diese Qualifikation der beiderseitigen Pflichten trägt zum einen dem Ziel Rechnung, den Kommissionär nicht durch eine allzu große Risikobelastung (Aufwandsgefahr) davon abzuhalten, das für den Kommittenten optimale Ausführungsgeschäft an-

---

[86] *Knütel* ZHR **137** (1973) 310 ff; RGRKzHGB-Ratz § 384 31; *Schlegelberger/Hefermehl* HGB5, § 384 46.

[87] RGZ **53** 371; *Baumbach/Duden/Hopt* HGB26, § 384 4 C; *Düringer/Hachenburg/Lehmann* HGB3, § 384 68; *Schmidt-Rimpler* S. 848 f m. Nachw.

[88] So i. E. RGZ **82** 403; *Knütel* ZHR **137** (1973) 285, 311; *Schlegelberger/Hefermehl* HGB5, § 384 46 jeweils m. Nachw.

[89] RGZ **53** 371; ebenso *Düringer/Hachenburg/Lehmann* HGB3, § 384 71.

zusteuern (*Koller* BB **1979** 1725, 1727). Zum anderen fördert die Zurechnung des Provisionsrisikos für den Fall, daß die Herausgabe unmöglich wird, die Bemühungen des Kommissionärs, sich über das verkehrserforderliche Maß hinaus für einen sicheren Transfer des Erlangten an den Kommittenten einzusetzen, ohne daß deshalb schädliche Rückwirkungen auf die Anstrengungen um den Abschluß eines bestmöglichen Ausführungsgeschäftes zu besorgen wären (*Koller* BB **1979** 1725, 1728 ff). Außerhalb des Gegenseitigkeitsverhältnisses sind somit die Ansprüche auf Aufwendungsersatz, aber auch auf Rechenschaftslegung und Benachrichtigung, angesiedelt.

Zur Frage der Reichweite des Synallagmas bei der durch Selbsteintritt ausgeführten Kommission § 400 21.

II. Die Ansprüche gegen den Kommissionär bei einem Unmöglichwerden der Ausführung

Die Rechtsfolgen bei Unmöglichkeit der Ausführung der Kommission hängen davon ab, ob eine der Parteien und gegebenenfalls welche die Unmöglichkeit zu vertreten hat.

1. Beiderseits nicht zu vertretende Unmöglichkeit

Braucht sich weder der Kommissionär noch der Kommittent das Unmöglichwerden **59** der Ausführung vorwerfen zu lassen, so wird der Kommissionär von seiner Leistungspflicht frei. Er braucht auch keinen Schadensersatz zu zahlen. Der Kommittent hingegen hat keine Provision zu entrichten (§ 396 5 f), muß jedoch die Aufwendungen des Kommissionärs ersetzen (§ 396 26).

2. Vom Kommissionär zu vertretende Unmöglichkeit

Hat der Kommissionär die Unmöglichkeit zu vertreten, so ist er zum **Schadenser- 60 satz** verpflichtet, sofern der Kommittent nicht vom Vertrag zurücktritt oder die in § 323 BGB genannten Rechte ausübt (§ 325 BGB). Das **Rücktrittsrecht** aus § 325 BGB kann neben der Kündigung (§ 383 82) geltend gemacht werden (RGZ **158** 326). Der **Provisionsanspruch** kommt nicht mehr zur Entstehung.

In der Literatur wird vielfach vertreten, daß im Falle des Rücktritts gemäß § 325 BGB der gesamte **Aufwendungsersatzanspruch** ohne weiteres erlösche[90]. In dieser undifferenzierten Form kann dem nicht zugestimmt werden. Auf den Rücktritt aus § 325 BGB findet gemäß § 327 S. 1 BGB der § 346 BGB Anwendung. Diese Vorschrift läßt grundsätzlich nur die Hauptleistungsansprüche, nicht aber die Nebenansprüche (*Leser* Der Rücktritt vom Vertrag (1975), S. 173), wie den Aufwendungsersatzanspruch, untergehen, da dieser nicht auf das positive Interesse gerichtet ist. Wendet man mit der h. M. in Fällen des § 325 BGB auf das gesetzliche Rücktrittsrecht die in § 327 S. 2 BGB genannte Rechtsfolge, das Bereicherungsrecht, an (*Palandt/Heinrichs* BGB[44], § 327 2), so kommt man ebenfalls nicht immer zu einem totalen Fortfall des Aufwendungsersatzanspruches. Der Kommittent kann sich nämlich nicht in vollem Umfang darauf berufen, daß er durch die vom Kommissionär getätigten Aufwendungen gar nicht bereichert worden sei (§ 818 Abs. 3 BGB). Zulässig ist die Berufung auf die Nichtberei-

---

[90] *Schlegelberger/Hefermehl* HGB[5], § 384 50; *Düringer/Hachenburg/Lehmann* HGB[3], § 383 17; *Knütel* ZHR **137** (1973) 285, 330.

cherung nur insoweit, als sie gerade darauf beruht, daß der Kommissionär sich die Ausführung der Kommission aus einem ihm zuzurechnenden Grunde (Verschulden) unmöglich gemacht hat und dadurch die von diesem getätigten Aufwendungen nutzlos geworden sind [91]. Nun ist es aber keineswegs immer so, daß sämtliche Aufwendungen des Kommissionärs gerade deshalb zwecklos geworden sind, weil die Ausführung an einem vom Kommissionär zu vertretenden Ereignis gescheitert ist. Man denke nur an die Konstellation, in der der Kommissionär unter Einsatz von Aufwendungen zunächst einen ersten Versuch zur Ausführung gemacht hatte, der dann ohne sein Verschulden gescheitert ist. Diese Aufwendungen sind nicht erst dadurch zwecklos geworden, daß sich der Kommissionär bei einem späteren Leistungsversuch fehlsam verhielt. Sie müssen daher vom Kommittenten auch dann erstattet werden, wenn er gemäß § 325 BGB wegen einer vom Kommissionär zu vertretenden Unmöglichkeit vom Vertrag zurücktritt; denn der Kommittent trägt im Hinblick auf sämtliche sachgerechten Aufwendungen das Risiko der Verwendungsentscheidung (*Flume* NJW **1970** 1161 ff) in voller Höhe (§§ 396 Abs. 2 HGB, 675, 670 BGB).

3. Vom Kommittenten zu vertretende Unmöglichkeit

61 Im Falle der vom Kommittenten zu vertretenden Unmöglichkeit wird der Kommissionär ebenfalls von seiner Leistungspflicht frei und braucht keinen Schadensersatz zu entrichten (§ 275 BGB). Andererseits kann er Ersatz seiner Aufwendungen, nicht aber Provision fordern (§ 396 5 f, 26; ebenso *Schlegelberger/Hefermehl* HGB [5], § 384 51). Bei Verschulden des Kommittenten kann der Kommissionär allerdings Schadensersatz mit der Konsequenz der Erstattung des nachweislich entgangenen Gewinnes verlangen.

III. Unmöglichwerden der Durchführung der Kommission

Hat der Kommissionär das Ausführungsgeschäft abgeschlossen und wird ihm dann dessen Abwicklung unmöglich, weil beispielsweise die von ihm aus dem Ausführungsgeschäft erlangten Gegenstände untergegangen sind, so ist gleichfalls danach zu differenzieren, wer die Unmöglichkeit zu vertreten hat.

1. Vom Kommissionär zu vertretende Unmöglichkeit

62 Muß sich der Kommissionär die Unmöglichkeit der Herausgabe des Erlangten vorwerfen lassen, so findet § 325 BGB Anwendung. Der Maßstab für das „vertreten müssen" des Kommissionärs ist hierbei den §§ 347 Abs. 1, 384 Abs. 1 zu entnehmen. § 279 BGB findet auch dann keine Anwendung, wenn der Kommissionär für mehrere Kommittenten Gattungsobjekte eingekauft hat und diese vor Aussonderung untergegangen sind. Es gelten dann die Regeln über die Interessengemeinschaft. Gemäß § 325 BGB ist der Kommissionär im Falle schuldhaften Verhaltens zum Schadensersatz verpflichtet, sofern der Kommittent nicht von seinem Rücktrittsrecht Gebrauch macht. Provision kann er nicht verlangen. Hingegen bleibt der Anspruch auf Aufwendungsersatz im gleichen Umfang bestehen wie im Falle einer vom Kommissionär zu vertretenden Unmöglichkeit der Ausführung (§ 384 60). Daneben vermag der Kommittent mit dem Schadensersatzanspruch gegen den Anspruch auf Ersatz der erstattungsfähigen Aufwendungen aufzurechnen (*Schlegelberger/Hefermehl* HGB [5], § 384 53). Wird die Erfül-

---

[91] RGZ **94** 253, 255; *Flume* NJW **1970** 1161, 1162 Fn. 5; ferner *von Caemmerer* Festschrift *Larenz* (1973), S. 621, 627 ff.

lung einer Nebenpflicht, wie die der Rechenschaftslegung, schuldhaft unmöglich, so ist der Kommittent auf einen Schadensersatzanspruch beschränkt (§ 280 BGB).

2. Vom Kommittenten zu vertretende Unmöglichkeit

Die Unmöglichkeit hat der Kommittent nach den für den Gläubigerverzug maßgeblichen Risikozurechnungsgründen (dazu *Koller* Die Risikozurechnung bei Vertragsstörungen in Austauschverträgen (1979), S. 132 ff, 196 f) zu vertreten. Hat der Kommittent die Unmöglichkeit der Herausgabe zu vertreten, so wird der Kommissionär gemäß § 275 BGB von seiner Leistungspflicht frei. Die Ansprüche auf Provision und Aufwendungsersatz bleiben ihm erhalten (§§ 324 Abs. 1 BGB, 396 Abs. 1 S. 2 HGB). Werden Nebenpflichten unerfüllbar, so hat der Kommittent den ihm daraus resultierenden Schaden zu tragen. **63**

3. Beiderseits nicht zu vertretende Unmöglichkeit

Haben weder der Kommissionär noch der Kommittent die Unmöglichkeit der Herausgabe zu vertreten, so braucht der Kommissionär keinen Schadensersatz zu entrichten. Der Kommissionär geht allerdings seines Provisionsanspruches verlustig[92]. Er behält jedoch seinen Aufwendungsersatzanspruch. **64**

IV. Verzug

1. Verzug des Kommissionärs

Gerät der Kommissionär mit der Ausführung der Kommission in Verzug, so hat der Kommittent die Rechte aus § 326 BGB. Der Aufwendungsersatzanspruch im Falle des Rücktritts bestimmt sich nach den gleichen Kriterien, die für den Rücktritt bei einer vom Kommissionär zu vertretenden Unmöglichkeit entwickelt worden sind (§ 384 60). Der nach Setzung einer ausreichenden Nachfrist erfolgte Rücktritt macht die bisherigen Aufwendungen, die bei pflichtgemäßem Verhalten des Kommissionärs zu einer Ausführung der Kommission und gegebenenfalls zu deren Durchführung geführt hätten, aus einem vom Kommissionär zu vertretenden Grunde nutzlos. Insoweit braucht der Kommittent Aufwendungen nicht zu erstatten. Daneben kann der Kommittent von seinem Zurückweisungsrecht Gebrauch machen (§ 385 4). Dieselben Rechte kann der Kommittent geltend machen, falls der Kommissionär die Herausgabe des aus dem Ausführungsgeschäft Erlangten schuldhaft verzögert (*Koller* BB **1979** 1725, 1730 f). Ein Verzug im Hinblick auf Nebenpflichten, wie die Rechenschaftspflicht, zieht nur Schadensersatzforderungen nach sich (§§ 284 ff BGB). **65**

2. Gläubigerverzug des Kommittenten

Gerät der Kommittent in Gläubigerverzug, weil er die vom Kommissionär zur Erfüllung seines Auftrages benötigten Mitwirkungshandlungen nicht tätigt oder Leistungssubstrate nicht bereitstellt (§§ 293 ff BGB), so vermag der Kommissionär unabhängig davon, ob der konkrete Kommissionsvertrag zu den Dienst- oder Werkverträgen zu rechnen ist, keinen Anspruch auf angemessene Entschädigung gemäß § 642 BGB bzw. in analoger Anwendung dieser Vorschrift geltend zu machen. Auch § 615 **66**

---
[92] § 323 BGB; *Koller* BB **1979** 1725, 1728; a. A. *Schlegelberger/Hefermehl* HGB³, § 396 28.

§ 384 Drittes Buch. Handelsgeschäfte

BGB paßt nicht bei Kommissionsgeschäften, da bei ihnen das Entgelt partiarischen Charakter hat (§ 396 5). Der Kommittent hat jedoch die vollen Aufwendungen zu ersetzen. Bei schuldhaftem Verhalten des Kommittenten kommt darüber hinaus ein Schadensersatzanspruch in Betracht.

Nur ganz ausnahmsweise wird man annehmen dürfen, daß der Kommissionsvertrag als solcher durch die rechtzeitige Vornahme der Mitwirkungshandlung auflösend bedingt ist (vgl. aber BGH LM Nr. 2 zu § 384 HGB). Ebenso selten dürfte die Vereinbarung der Mitwirkung des Kommittenten als Fixschuld i. S. v. § 361 BGB erfolgen. Richtiger erscheint es hier, mit dem Kriterium des Erfüllungszeitraumes zu arbeiten, dessen Überschreitung die Leistung unmöglich macht.

Ereignet sich hingegen der Gläubigerverzug in der Durchführungsphase, so finden die §§ 642, 615, 293 ff BGB Anwendung.

3. Schuldnerverzug des Kommittenten

67 Zahlt der Kommittent trotz Setzung einer Nachfrist die geschuldete Provision nicht rechtzeitig, so kann der Kommissionär die Rechte aus § 326 BGB ausüben (§ 398 5). Gehört der Kommissionsvertrag zu den Dienstverträgen, so braucht sich der Kommissionär nicht auf eine Kündigung wegen wichtigen Grundes verweisen zu lassen, da hier nicht das Element des Dauerschuldverhältnisses im Vordergrund steht (a. A. RGRKz HGB-*Ratz* § 397 11).

V. Zurückbehaltungsrecht

68 Der Kommittent braucht gemäß den §§ 320, 322 BGB die Provision nur Zug um Zug gegen Herausgabe des Erlangten zu bezahlen (a. A. *Schlegelberger/Hefermehl* HGB[5], § 384 47; §§ 273 f BGB). Umgekehrt kann der Kommissionär regelmäßig die Ausführung verweigern, solange ihm nicht die geschuldeten Vorschüsse gezahlt sind (§ 273 BGB). Gleiches gilt für die Herausgabe, falls die Aufwendungen des Kommissionärs nicht Zug um Zug ersetzt werden. Im Hinblick auf die Pflicht zur Rechenschaftslegung ist der Kommissionär vorleistungspflichtig. Der Kommittent darf daher die Zahlung der Provision und die Erstattung der Aufwendungen verweigern, bis der Kommissionär formal vollständig Rechenschaft abgelegt hat (§ 273 BGB).

H. Selbsthaftung des Kommissionärs
I. Vorbemerkung

69 Gemäß § 384 Abs. 3 haftet der Kommissionär dem Kommittenten für die Erfüllung des Ausführungsgeschäftes, wenn er nicht zugleich mit der Anzeige von der Ausführung der Kommission den Dritten namhaft macht, mit dem er ein Ausführungsgeschäft (nicht Deckungsgeschäft) abgeschlossen hatte. Grundsätzlich hat der Kommissionär zusammen mit der Ausführungsanzeige den Dritten zu benennen (§ 384 Abs. 2 2. HS). Vielfach wird diese Pflicht aber ausdrücklich oder stillschweigend ausgeschlossen. Auch eine Verkehrssitte bzw. ein Handelsbrauch kann den Umfang der Anzeigepflichten einschränken (§ 384 31). Für die Frage der Selbsthaftung gemäß § 384 Abs. 3 ist es jedoch völlig **unerheblich**, ob der Kommissionär den Namen des Dritten **berechtigterweise oder pflichtwidrig verschweigt**. Die Selbsthaftung knüpft ausschließlich an der Tatsache an, daß der Dritte nicht zugleich mit der Ausführungsanzeige benannt worden ist. Der § 384 Abs. 3 greift in Verbindung mit § 405 Abs. 1 grundsätzlich auch dann ein, wenn der Kommissionär überhaupt kein Ausführungsgeschäft auf Rechnung des

Kommittenten getätigt hat, gleichwohl aber die Ausführung anzeigt, ohne dabei ausdrücklich wirksam den Selbsteintritt zu erklären[93]. Der Anwendungsbereich des § 384 Abs. 3 beschränkt sich nicht auf die Waren- und Wertpapierkommission im Sinne des § 383. Er umfaßt vielmehr jegliche Kommissionsform. Im Rahmen der **Effektenkommission** spielt der § 384 Abs. 3 normalerweise keine Rolle, da die Banken alle Aufträge durch Selbsteintritt ausführen, ohne daß es einer ausdrücklichen Anzeige des Selbsteintritts bedarf[94]. § 384 Abs. 3 ist entsprechend auf Geschäftsbesorgungsverträge anzuwenden, bei denen der Geschäftsbesorger im Namen des Auftraggebers tätig werden soll, falls der Geschäftsbesorger im Vertrag mit dem Dritten nicht offenlegt, für wen er als Vertreter tätig wird. Die zulässige Einschränkung des vertretungsrechtlichen Offenkundigkeitsprinzips rechtfertigt eine Analogie zu § 384 Abs. 3 (OLG Celle WM 1974 736).

Die **ratio der Selbsthaftung** des Kommissionärs liegt zunächst darin, daß der Kommittent vor Spekulationen des Kommissionärs geschützt werden soll. Es besteht nämlich in Fällen, in denen dem Kommittenten lediglich die Ausführung angezeigt wird, die Gefahr, daß dem Kommittenten später ein weniger leistungsfähiger Dritter untergeschoben wird und der Kommissionär das Geschäft mit dem leistungsfähigen Partner für sich oder für einen anderen Kommittenten in Anspruch nimmt. Ferner soll der Kommittent in seinem Vertrauen geschützt werden, daß er rechtzeitig in den Genuß der Vorteile kommt, die er nach dem ihm angezeigten Geschäft erwarten kann. Mangels einer Benennung des Dritten muß sich sein Vertrauen notwendigerweise voll auf den Kommissionär konzentrieren; denn er selbst vermag weder eigenverantwortlich die Leistungsfähigkeit des Dritten zu überprüfen, noch kann er mit dem Dritten Verbindung aufnehmen, um festzustellen, ob tatsächlich ein Ausführungsgeschäft zu den angezeigten Konditionen abgeschlossen worden ist. Hat der Kommissionär dem Kommittenten zugleich mit der Ausführungsanzeige den Namen einer Person mitgeteilt, mit der er nach seinen späteren Behauptungen zwar ein Geschäft, aber kein Ausführungsgeschäft auf Rechnung des Kommittenten abgeschlossen hatte, so besteht gleichfalls immer die Gefahr, daß dem Kommittenten ein weniger leistungsfähiger Dritter unterschoben wird. Gegen die Gefahr allein, daß der Kommissionär fälschlicherweise zu günstige Konditionen des Ausführungsgeschäftes anzeigt, bietet § 384 Abs. 3 keinen Schutz.

II. Voraussetzungen der Selbsthaftung

1. Anzeige

Der Kommissionär muß zunächst die Ausführung der Kommission angezeigt haben. Ohne Anzeige entsteht kein schutzwürdiges Vertrauen auf ein bestimmtes Ausführungsgeschäft. Ein schuldhaftes Unterlassen der rechtzeitigen Ausführungsanzeige zieht deshalb nur Schadensersatzpflichten nach sich (*Schlegelberger/Hefermehl* HGB[5], § 384 60 m. Nachw.).

70

2. Keine Namhaftmachung des Dritten

Ferner muß es der Kommissionär versäumt haben, dem Kommittenten **zugleich** mit der Nachricht von der Ausführung den Dritten namhaft zu machen, mit dem er das Ausführungsgeschäft abgeschlossen hatte. Gleich zu behandeln sind die Fälle, in denen

71

---

[93] *Schmidt-Rimpler* S. 957; *Schlegelberger/Hefermehl* HGB[5], § 384 57; vgl. auch § 405 8.

[94] Nr. 29 AGB der Banken; *Canaris* Großkommentar HGB[3], Bd. III/3 (2. Bearb. 1981), 1910 ff.

der Kommissionär — ohne wirksam selbst einzutreten — ohne Namensnennung die Ausführung anzeigt, obwohl er überhaupt kein wirksames Ausführungsgeschäft oder das Geschäft jedenfalls nicht auf Rechnung des Kommittenten getätigt hatte (BGH LM Nr. 3 zu § 675 BGB). — Nach ganz h. M. haftet der Kommissionär schließlich auch dann selbst, wenn er zwar eine Person als Dritten benannt hatte, mit ihr aber überhaupt nicht oder nicht auf Rechnung des Kommittenten abgeschlossen hatte [95]. Ihr ist zum Teil zuzustimmen; denn angesichts des Umstandes, daß es sich vielfach ex post nur sehr schwer nachweisen läßt, ob ein bestimmtes Geschäft auf Rechnung des Kommittenten gemacht worden ist, besteht auch hier immer die Gefahr, daß der Kommissionär nachträglich einen bedeutend leistungsschwächeren Dritten als den „wahren" Partner des Ausführungsgeschäftes hinstellt oder gar das Geschäft ganz an sich zu ziehen sucht. Dem schiebt § 384 Abs. 3 von vornherein einen Riegel vor. — Anders ist indessen die Situation, falls der Kommissionär mit dem Dritten überhaupt kein auch nur entfernt passendes Geschäft getätigt hatte. Hier vermag sich auch der Kommittent jederzeit zuverlässig beim Dritten darüber zu erkundigen, ob ein Geschäft zustandegekommen ist, und darauf seine Dispositionen zu gründen. Für einen absoluten, von den Informationsmöglichkeiten des Kommittenten unabhängigen Schutz des Vertrauens, das der Kommittent in die Existenz eines Ausführungsgeschäftes gesetzt hat, spricht im Handelsverkehr sicherlich das erhöhte Bedürfnis nach Verkehrssicherheit. Ihm hat jedoch das Gesetz z. B. in Hinblick auf die Konditionen des Ausführungsgeschäftes nicht Rechnung getragen. Macht der Kommissionär zugleich mit der Ausführungsanzeige den wahren Partner des Geschäftes namhaft, teilt er dabei aber fälschlicherweise (schuldlos) zu günstige Konditionen mit, so braucht er nicht in Höhe der von ihm angezeigten Konditionen selbst zu haften. § 384 Abs. 3 greift nicht ein. Der tiefere Grund hierfür kann nur darin gesehen werden, daß der Kommittent in der Lage war, sich selbst beim Dritten über die Konditionen zu vergewissern und einen Irrtum alsbald aufzudecken [96]. Aus dieser Perspektive heraus muß denn die Selbsthaftung des Kommissionärs auch dort entfallen, wo der Kommissionär mit dem von ihm benannten Dritten überhaupt kein in etwa passendes Geschäft abgeschlossen hatte. Allein diese Deutung des § 384 Abs. 3 vermeidet Wertungswidersprüche.

Eine Namhaftmachung im Sinne des § 384 Abs. 3 liegt nur dann vor, wenn der Dritte für den Kommittenten hinreichend **exakt bestimmt** ist. Dieser Anforderung ist Genüge getan, falls dem Kommittenten die Identifizierung des Dritten ohne größere Schwierigkeiten und Rückfragen möglich ist, so daß er sich unmittelbar mit dem Dritten in Verbindung zu setzen oder über dessen Solvenz Erkundigungen einzuziehen in der Lage ist (RGZ **101** 413 (415); ROHG **23** 103). Die Bezeichnung mit dem Vornamen oder mit der Verwandtschaftsbeziehung (z. B. „mein Sohn") reicht in aller Regel nicht aus, es sei denn, der Kommittent konnte aus den Umständen ohne weiteres entnehmen, wer gemeint war. Im allgemeinen wird sogar die Mitteilung der Adresse des Dritten erfolgen müssen. Nicht nötig ist sie in Fällen, in denen die Adresse bestimmter Kaufleute in den Verkehrskreisen, denen der Kommittent zuzurechnen ist, allgemein bekannt ist. Unter Umständen reicht sogar eine Ausführungsanzeige ohne jegliche Namensnennung aus, wenn aus den Umständen hervorgeht, wer Vertragspartner ist. Als ein solcher Umstand ist jedoch nicht allein die Tatsache anzusehen, daß der Kommissionär mit einem bestimmten Dritten abschließen sollte (so aber *Schlegelberger/Hefer-*

---

[95] *Schmidt-Rimpler* S. 958; *Heymann/Kötter* HGB[21], § 384 6; *Schlegelberger/Hefermehl* HGB[5], § 384 61 m. w. Nachw.

[96] Zur Abschwächung der Risikozurechnung bei beiderseitiger Beherrschbarkeit *Koller* Risikozurechnung, aaO, S. 100 ff.

mehl HGB⁵, § 384 61); denn der Kommissionär kann auch pflichtwidrig gehandelt haben. In einer solchen Konstellation ist z. B. der Zusatz „vereinbarungsgemäß" erforderlich, um die Haftung aus § 384 Abs. 3 zu vermeiden.

3. Zeitpunkt der Namhaftmachung

Nach h. M. muß der Dritte spätestens mit dem Zugang der Ausführungsanzeige benannt sein[97]. Es kann daher dieser Ansicht zufolge der Name des Dritten noch nachträglich angegeben werden, sofern diese Mitteilung dem Kommittenten spätestens zusammen mit der Ausführungsanzeige zugeht. Stellt man in dieser Weise auf den Zugang ab, so birgt dies die — sicherlich nicht allzu große — Gefahr in sich, daß dem Kommittenten nachträglich ein weniger solventer Geschäftspartner untergeschoben wird. Um dies zu verhindern, ist generell auf die Absendung der Ausführungsanzeige abzustellen. Zugleich mit ihr, nicht notwendig im gleichen Brief, muß der Dritte namhaft gemacht werden, wenn der Kommissionär die Selbsthaftung nicht in Kauf nehmen will. Die Parteien können indessen auch vereinbaren, daß der Dritte erst nach der Ausführungsanzeige benannt werden muß. Ist dies nicht geschehen, so erlischt die durch die Ausführungsanzeige ohne Benennung des Dritten ausgelöste Selbsthaftung natürlich nicht dadurch, daß der Name nachträglich bekannt gegeben wird, da dies das Risiko einer Unterschiebung nicht beseitigt. — Beweislast BGH MDR **1985** 25.

72

4. Kein Verschulden

Der Eintritt der Selbsthaftung ist unabhängig vom Verschulden des Kommissionärs. Dem Kommissionär wird nach den Grundsätzen „abstrakter Beherrschbarkeit" ein Umstand zugerechnet, der in seiner Sphäre liegt, — nämlich die Tatsache, daß er den Namen des Dritten nicht vollständig angibt. War der Kommissionär berechtigt, den Namen des Dritten zu verschweigen, so stellt die Selbsthaftung einen Ausgleich für dieses Recht dar. Die Selbsthaftung wird auch dort wirksam, wo der Name erst auf dem Weg zum Kommittenten aus der Ausführungsanzeige verschwindet (z. B. Telegramm). Es findet allerdings § 120 BGB analog Anwendung. Aus Gründen der Verkehrssicherheit haftet der Kommissionär, ohne daß der Kommittent nachweisen müßte, er habe Fehldispositionen getroffen, oder daß der Kommissionär vortragen könnte, die Gefahr einer Unterschiebung eines anderen „Dritten" sei im konkreten Fall mit an Sicherheit grenzender Wahrscheinlichkeit auszuschließen gewesen. Zum Problem der Anfechtbarkeit bzw. Berichtigung einer unbewußt unvollständigen oder falschen Ausführungsanzeige § 384 76.

73

5. Selbsteintritt

§ 384 Abs. 3 findet keine Anwendung, falls der Kommissionär rechtswirksam und rechtzeitig (§ 405 Abs. 1) den Selbsteintritt erklärt hat. Die unwirksame Erklärung eines Selbsteintritts führt regelmäßig zur Selbsthaftung, da der Kommissionär dann weder den Namen eines Dritten mitgeteilt noch ein Geschäft auf Rechnung des Kommittenten abgeschlossen haben wird (BGH LM Nr. 3 zu § 675 BGB). Die bloße Zulässigkeit einer Ausführung der Kommission durch Selbsteintritt schließt die Selbsthaftung gemäß § 384 Abs. 3 nicht von vornherein aus (arg. e. § 405 Abs. 1).

74

---

[97] *Schmidt-Rimpler* S. 959; *Schlegelberger/Hefermehl* HGB⁵, § 384 62 m. Nachw.

6. Ausschluß der Selbsthaftung

75 Die Selbsthaftung des Kommissionärs kann vereinbarungsgemäß oder kraft Handelsbrauches ausgeschlossen sein (BGH LM Nr. 3 zu § 675 BGB). Die Tatsache, daß der Kommittent auf die Benennung des Dritten verzichtet hat, beinhaltet keinen Ausschluß der Selbsthaftung. Man wird im Gegenteil davon ausgehen müssen, daß für den Kommittenten der Verzicht auf die Namhaftmachung nur tragbar ist, weil der Kommissionär selbst haftet.

7. Anfechtbarkeit/Berichtigung der Anzeige

76 Verschiedentlich wird angenommen, daß die Ausführungsanzeige als bloße Mitteilung über den Abschluß des Ausführungsgeschäftes auch im Hinblick auf die Namhaftmachung jederzeit berichtigt werden kann[98]. Diese Ansicht verkennt, daß § 384 Abs. 3 eine Vertrauenshaftung bzw. einen Ausgleichsanspruch statuiert, die nicht nachträglich durch eine bloße Berichtigung wieder aus der Welt geschafft werden können (ebenso i. E. *Schmidt-Rimpler* S. 970; *Heymann/Kötter* HGB[21], § 384 3; *Schlegelberger/Hefermehl* HGB[5], § 384 65 m. w. Nachw.). Auf die Frage, ob man die Ausführungsanzeige als rechtsgeschäftsähnliche Handlung qualifizieren kann, kommt es hierbei nicht an. Auch die eine Vertrauenshaftung auslösenden Handlungen können jedoch grundsätzlich angefochten werden (*Canaris* Vertrauenshaftung im Deutschen Privatrecht (1971), S. 453 f). Dies gilt auch hier; denn der Verkehrsschutz erfordert nicht, daß der Kommissionär unter allen Umständen selbst haftet, wenn er den Dritten nicht rechtzeitig benannt hatte. Die Gefahr des Unterschiebens eines leistungsunfähigen „Dritten" steigt durch die Zulassung der Anfechtung nur unwesentlich, da der Kommissionär einen relevanten Irrtum nachzuweisen und immer zumindest das Vertrauensinteresse zu ersetzen hat. Die §§ 119 ff BGB finden somit analoge Anwendung.

Problematisch ist freilich die **Reichweite der Anfechtungsmöglichkeiten**. Sicher ist zunächst, daß der Kommissionär analog § 119 Abs. 1 BGB anfechten kann, wenn er versehentlich in die Ausführungsanzeige gar keinen oder den falschen Namen aufgenommen hatte. Beruht der Irrtum darauf, daß der Kommissionär sich in seinen Unterlagen falsch orientiert hatte, so ist das ein „Motivirrtum" i. S. d. § 119 Abs. 2 BGB. Wollte er bewußt den Namen des Dritten nicht mitteilen, so scheidet die Anfechtung grundsätzlich aus. Gleiches gilt dort, wo der Kommissionär bloß nicht wußte, daß die Anzeige ohne Namhaftmachung des Dritten die Selbsthaftung nach sich zieht. Dort, wo der Kommissionär ein Ausführungsgeschäft unter Namensnennung anzeigt, obwohl er gar kein Geschäft getätigt hatte, greift nach der hier vertretenen Ansicht § 384 Abs. 3 nicht ein (§ 383 69; **a. A.** die h. M.).

77 Auf einer anderen Ebene liegt der Fall, daß der Kommissionär **bewußt ohne Namhaftmachung** anzeigt, weil er davon ausgeht, daß er ein Deckungsgeschäft abgeschlossen habe. Stellt sich dies später als falsch heraus, so erhebt sich die Frage, ob der Kommissionär auch hier anzufechten in der Lage ist. Dies wird zum Teil bejaht; denn die Anzeige ohne Benennung des Dritten erfolge meist bewußt, um die Selbsthaftung gemäß § 384 Abs. 3 zu übernehmen. In der namenslosen Ausführungsanzeige liege daher konkludent die Erklärung über den Abschluß eines Ausführungsgeschäftes bzw. Deckungsgeschäftes. Demnach gehöre der Abschluß des Deckungsgeschäftes zum Inhalt der Erklärung. Habe also der Kommissionär, um die Selbsthaftung zu übernehmen,

---

[98] RG Warn **16** Nr. 145; RG JW **1926** 1961; *Baumbach/Duden/Hopt* HGB[26], § 384 5 B.

dem Kommittenten die Ausführung ohne Namensnennung angezeigt, so könne er anfechten, wenn er irrtümlich davon ausgegangen sei, daß er ein Deckungsgeschäft getätigt habe. Gleiches gelte für einen Irrtum über den Abschluß eines Ausführungsgeschäftes[99]. Dem ist i. E. zu folgen, auch wenn man die Konturen des „Inhaltsirrtums" nicht so weit ziehen will. Der Irrtum über die Existenz eines der Anzeige zugrunde liegenden Ausführungs- bzw. Deckungsgeschäftes entspricht nämlich dem Irrtum über eine verkehrswesentliche Eigenschaft i. S. d. § 119 Abs. 2 BGB; denn dieser Faktor stellt typischerweise bei jedem Kommissionär ein zentrales Motiv für die Abgabe einer Anzeige dar. Dies ist für den Kommittenten auch erkennbar.

Die zulässige Anfechtung muß unverzüglich erfolgen (§ 121 BGB). Sie läßt die Selbsthaftung des Kommissionärs mit rückwirkender Kraft entfallen (§ 142 BGB analog); nach wirksamer Anfechtung haftet der Kommissionär nur noch auf das negative Interesse (§ 122 BGB analog). Muß sich der Kommissionär den Vorwurf schuldhaften Verhaltens gefallen lassen, so ist er dem Kommittenten zum Ersatz des vollen Schadens verpflichtet.

III. Ausmaß der Selbsthaftung

78 Gemäß § 384 Abs. 3 haftet der Kommissionär „für die Erfüllung des Geschäftes". Die Selbsthaftung bezieht sich somit in erster Linie auf das Geschäft, das der Kommissionär in Ausführung der Kommission mit einem von ihm nicht genannten Dritten abgeschlossen hat. Insoweit ähnelt § 384 Abs. 3 der Delkrederehaftung (§ 394). Da § 384 Abs. 3 aber auch dann eingreift, wenn der Kommissionär überhaupt kein Ausführungsgeschäft getätigt hatte, trotzdem aber die Ausführung angezeigt hat, ist in dieser Fallgruppe das Ausmaß der Selbsthaftung an einem hypothetischen Geschäft zu orientieren. Es sind demnach zwei Fallgruppen zu unterscheiden: Die eine Fallgruppe ist dadurch gekennzeichnet, daß die Kommission ausgeführt wurde; in der anderen Fallgruppe wurde die Kommission nicht durch ein Ausführungsgeschäft ausgeführt.

1. Die Kommission wurde ausgeführt

79 Selbsthaftung des Kommissionärs heißt hier grundsätzlich, daß der Kommittent den Kommissionär auf Erfüllung zu den Konditionen des tatsächlich abgeschlossenen Ausführungsgeschäftes in Anspruch nehmen darf. Der Kommittent kann mithin, gestützt auf § 384 Abs. 3, nicht fordern, daß der Kommissionär so zu leisten hat, als ob er das Geschäft interesse- und weisungsgemäß getätigt hätte; denn der Zweck des § 384 Abs. 3 zielt ausschließlich darauf ab, den Kommittenten vor Nachteilen zu schützen, die ihm aus der Unkenntnis des Namens des Dritten entstehen könnten. Gegen das Risiko des Unterschiebens eines insolventen Dritten und die Unüberprüfbarkeit des Abschlusses schützt die Selbsthaftung zu den angezeigten Konditionen des tatsächlich abgeschlossenen Geschäftes[100]. Im Ergebnis wird der Kommittent durch diese Deutung des § 384 Abs. 3 an der angemessenen Realisierung seiner Interessen nicht gehindert. Er kann nämlich das weisungswidrige Geschäft zurückweisen oder Schadensersatz (positives Interesse) verlangen (§ 385 Abs. 1). Hat der Kommittent das Geschäft zurückgewiesen, so erlischt auch die Selbsthaftung.

---

[99] *Schmidt-Rimpler* S. 971; *Heymann/Kötter* HGB 21, § 384 3, *Schlegelberger/Hefermehl* HGB 5, § 384 65 m. Nachw.

[100] *Schmidt-Rimpler* S. 961; *Schlegelberger/Hefermehl* HGB 5, § 384 70.

Ingo Koller

§ 384　　　　　Drittes Buch. Handelsgeschäfte

80　Das Ausmaß der Selbsthaftung weicht jedoch von dem tatsächlich abgeschlossenen Ausführungsgeschäft ab, falls der Kommissionär in seiner Anzeige **günstigere Konditionen** mitgeteilt hat, als er tatsächlich erzielt hatte. Da in dieser Konstellation der Kommittent ebenfalls außerstande ist, die Richtigkeit der Angaben selbständig zu überprüfen, haftet der Kommissionär auf die Erfüllung des Geschäftes zu den von ihm gemachten Angaben [101].

81　Der Kommissionär haftet gemäß § 384 Abs. 3 **unmittelbar und persönlich** auf die Erfüllung „des Ausführungsgeschäftes". Die Haftung deckt sich somit ihrer Struktur nach mit der Delkredere-Haftung, so daß in Hinblick auf Einzelheiten auf die Erläuterungen zu § 394 verwiesen werden kann. Leistet der Kommissionär in Erfüllung der Selbsthaftung, so kann er keine Delkredere-Provision verlangen, — jedenfalls dann nicht, wenn er berechtigt war, den Namen des Dritten zu verschweigen, da dem Kommittenten der Zugriff auf den Dritten abgeschnitten ist (§ 394 12; a. A. *Schlegelberger/ Hefermehl* HGB[5], § 394 20 m. Nachw.). Er darf auch nur in dem Umfang Aufwendungsersatz fordern, in dem Aufwendungen tatsächlich angefallen sind. Zu diesem Zweck hat der Kommissionär die realen Aufwendungen nachzuweisen. Auch im übrigen bleibt der Kommissionär zur vollen Rechenschaft verpflichtet, es sei denn, dem Kommissionär war vereinbarungsgemäß erlaubt, den Namen des Dritten zu verschweigen. Dann braucht der Kommissionär Belege, die den Namen des Dritten tragen, nicht vorzulegen.

Der Kommittent muß den Kommissionär nicht auf Erfüllung in Anspruch nehmen. Er kann auch die **Übertragung der Rechte aus dem Ausführungsgeschäft** und gegebenenfalls interessenwahrende Abwicklung fordern. Kommt der Kommissionär dem nicht nach, so kann der Kommittent das Geschäft nach Fristsetzung zurückweisen oder Schadensersatz verlangen (§ 385 4). Überträgt der Kommissionär dem Kommittenten die Rechte gegen den Dritten, so haften Kommissionär und Dritter dem Kommittenten als Gesamtschuldner. Der Kommittent kann nach seiner Wahl gegen einen von beiden vorgehen. Erbringt der Dritte seine Leistung, so wird die Selbsthaftung in diesem Ausmaß gegenstandslos. Leistet hingegen der Kommissionär aufgrund seiner Selbsthaftung, so braucht er das nur Zug um Zug gegen Abtretung der Ansprüche aus dem Ausführungsgeschäft zu tun, falls diese bereits auf den Kommittenten übertragen worden waren [102]. Das Recht des Kommittenten zu wählen, ob er den Dritten oder den Kommissionär in Anspruch nimmt, stellt keine Wahlschuld im Sinne des § 262 BGB dar. Der Kommittent geht somit durch die Erklärung, die Abtretung der Ansprüche aus dem Ausführungsgeschäft zu verlangen, nicht seines Rechts verlustig, vom Kommissionär persönlich Erfüllung zu fordern. Die Annahme einer Wahlschuld würde dem Ziel, dem Kommittenten Schutz vor dem Insolvenzrisiko zu bieten, zuwiderlaufen; denn erst nach der Erfüllung läßt sich absehen, ob der Dritte ausreichend leistungsfähig war. Umgekehrt besteht kein Anlaß, die ursprünglichen Pflichten des Kommissionärs, der sich durch zurechenbares Verhalten eine Selbsthaftung aufgebürdet hat, einzuengen [103]. Man wird deshalb dem Kommissionär auch nicht das Recht zubilligen können, dem Kommittenten eine Frist zu setzen, binnen deren dieser zu erklären hat, ob er Ansprüche aus § 384 Abs. 3 geltend machen wolle [104]. Die Interessen des Kommissionärs

---

[101] *Schmidt-Rimpler* S. 961 f; *Schlegelberger/Hefermehl* HGB[5], § 384 70 m. Nachw.
[102] Analogie zu § 255 BGB; anders *Schlegelberger/ Hefermehl* HGB[5], § 384 69: § 426 Abs. 2 BGB.
[103] *Schmidt-Rimpler* S. 972; *Schlegelberger/Hefermehl* HGB[5], § 384 72.
[104] RGRKzHGB-*Ratz* § 384 42; a. A. *Schmidt-Rimpler* S. 973 m. Nachw.; *Schlegelberger/Hefermehl* HGB[5], § 384 72.

sind durch die Vorschriften über den Annahmeverzug, die auch für die Selbsthaftung gelten, ausreichend geschützt [105].

2. Nicht ausgeführte Kommission

Hat der Kommissionär kein Ausführungsgeschäft auf Rechnung des Kommittenten getätigt, und bestehen deshalb auch keine Herausgabepflichten, so kann der Kommittent letztlich nur gegen den Kommissionär vorgehen.

a) Selbsthaftung

Er kann in erster Linie vom Kommissionär die Erfüllung des als abgeschlossen angezeigten Geschäftes verlangen [106]. Vielfach wird der Kommissionär in der Ausführungsanzeige die Konditionen des angeblichen Ausführungsgeschäftes überhaupt nicht oder nur partiell mitgeteilt haben. Die Lücken sind in diesen Fällen mit Hilfe des Maßstabes eines konkret weisungsgemäßen und auch im übrigen ordnungsgemäßen fiktiven Ausführungsgeschäftes zu füllen (*Schmidt-Rimpler* S. 963). In Hinblick auf ein Deckungsgeschäft findet § 401 Abs. 2 entsprechende Anwendung. Sind die in der Ausführungsanzeige mitgeteilten (angeblichen) Konditionen so, daß der Kommittent ein reales Ausführungsgeschäft zurückweisen oder Schadensersatz fordern dürfte (§ 385), so kann er dies auch im Rahmen des § 384 Abs. 3 tun.

Aus dem Umstand, daß es in der hier behandelten Variante an einem realen Ausführungsgeschäft fehlt, ergibt sich, daß sich der Kommissionär grundsätzlich nicht auf fiktive Einwendungen Dritter berufen darf. Wo dem Kommissionär eine Berufung auf eine Stundung gestattet ist, weil sie handelsüblich ist [107], ist dem nur dann zuzustimmen, wenn die anderen Konditionen des fiktiven Geschäftes mit der fiktiven Stundung in Einklang stehen. Es geht nicht an, daß der Kommissionär Konditionen anzeigt, die üblicherweise bei sofortiger Erfüllung vereinbart werden und sich darüber hinaus auf das Recht zur Gewährung einer Stundung (§ 393 Abs. 2) beruft. Als Aufwendungen kann der Kommissionär zunächst die real auf Rechnung des Kommittenten angefallenen Kosten ersetzt verlangen. Darüber hinaus darf er Kosten geltend machen, die bei weisungs- und interessengemäßer Ausführung entstanden wären [108]. Das ist insbesondere für den Fall bedeutsam, daß der Kommissionär anstelle des Ausführungsgeschäftes lediglich ein Deckungsgeschäft oder ein Ausführungsgeschäft für einen anderen Kommittenten getätigt hatte. Die in diesem Zusammenhang eingegangenen Verpflichtungen sind keine Aufwendungen im Rahmen des konkreten Kommissionsverhältnisses, da sie nicht zum Zwecke der Ausführung des Auftrages gemacht wurden. Eine Ausnahme gilt dort, wo der Umfang der Selbsthaftung analog § 401 Abs. 2 bestimmt wird. Erst recht sind keine realen Aufwendungen entstanden, wenn der Kommissionär erst nachträglich zur Abdeckung seiner Selbsthaftung ein Geschäft mit einem Dritten schließt. Wenn nun dem Kommittenten schon die Vorteile aus einem fiktiven Ausführungsgeschäft zugewiesen werden, so muß er auch die Lasten tragen, die mit größter Wahrscheinlichkeit bei pflichtgemäßem Verhalten entstanden wären. Insoweit trägt der Kommissionär die Beweislast. § 403 findet keine Anwendung, da kein Fall des Selbsteintritts vorliegt (*Schlegelberger/Hefermehl* HGB[5], § 384 76). Zur Rechenschaft ist auch

---

[105] Ausnahmsweise für Fristsetzung nach Treu und Glauben: RGRKzHGB-*Ratz* § 384 42.
[106] *Schmidt-Rimpler* S. 962; *Schlegelberger/Hefermehl* HGB[5], § 384 75 m. Nachw.
[107] *Schlegelberger/Hefermehl* HGB[5], § 384 76; *Heymann/Kötter* HGB[21], § 384 6; *Schmidt-Rimpler* S. 964.
[108] A. A. *Schmidt-Rimpler* S. 965 f; *Schlegelberger/Hefermehl* HGB[5], § 384 76.

der Kommissionär verpflichtet, der den Abschluß eines nicht existenten Ausführungsgeschäftes angezeigt hat. Die Rechenschaft erstreckt sich dann auf die Darlegung, daß das angezeigte (fiktive) Geschäft interessengemäß ist (*Schmidt-Rimpler* S. 968). Bei der Verkaufskommission kann der Kommissionär, der gemäß § 384 Abs. 3 auf den Kaufpreis in Anspruch genommen wird, Lieferung der Ware verlangen. Ist diese mangelhaft, so kann er die Gewährleistungsrechte geltend machen, — muß dabei aber als Kaufmann die Rügeobliegenheiten (§ 377) beachten[109], es sei denn, daß der Kommissionär verpflichtet war, mit einem Nichtkaufmann abzuschließen (*Schmidt-Rimpler* S. 967). Bei der Einkaufskommission trägt der Kommissionär das volle Risiko der von ihm mangelhaft gelieferten Waren (RGZ 101 415).

Erfüllt der Kommissionär seine der Selbsthaftung entspringenden Pflichten, so kann er **Provision** in gleichem Umfang beanspruchen, wie wenn er ein Ausführungsgeschäft abgeschlossen hätte, das seitens des Dritten erfüllt worden ist. Im übrigen stehen ihm die kommissionsrechtlichen **Sicherungsrechte** in gleichem Umfang zu wie einem Kommissionär, der ein auf Rechnung des Kommittenten abgeschlossenes Ausführungsgeschäft angezeigt hat.

b) Berufung auf die Pflicht zur Ausführung

83 Dem Kommittenten, dem der Abschluß eines Geschäftes angezeigt worden ist, das in Wahrheit gar nicht auf seine Rechnung abgeschlossen worden war, steht es außerdem frei, weiterhin reale Ausführung der Kommission zu verlangen. Daneben kann er Schadensersatz wegen der Verzögerung der Ausführung, gegebenenfalls die Rechte aus § 326 BGB geltend machen[110]. Ist die Ausführung der Kommission aus einem vom Kommissionär zu vertretenden Grund unmöglich geworden, so stehen dem Kommittenten die im § 325 BGB genannten Rechte zu (§ 384 60). Die Verzögerung oder das Unmöglichwerden der Ausführung hat dabei der Kommissionär nicht zu vertreten, falls er sich nicht rechtzeitig um die reale Ausführung bemüht hat, weil ihn der Kommittent ersichtlich ausschließlich gemäß § 384 Abs. 3 auf der Basis der in der Ausführungsanzeige mitgeteilten Konditionen bzw. der Konditionen eines ordnungsgemäßen (fiktiven) Ausführungsgeschäftes in Anspruch nehmen wollte. Voraussetzung hierfür ist immer, daß der Kommissionär ohne schuldhaftes Zögern aufgedeckt hat, daß der Anzeige kein auf Rechnung des Kommittenten abgeschlossenes Ausführungsgeschäft zugrunde lag. Hatte der Kommissionär den Kommittenten auf der Basis der fikiven Konditionen befriedigt, so hat er das aus einem späteren Ausführungsgeschäft Erlangte ebenfalls an den Kommittenten herauszugeben. Der Kommissionär kann seinerseits das aufgrund der Selbsthaftung Geleistete zurückverlangen (*Selb* Festschrift *Larenz* (1973), S. 547) und insoweit ein Zurückbehaltungsrecht geltend machen (§ 273 BGB).

§ 385

(1) Handelt der Kommissionär nicht gemäß den Weisungen des Kommittenten, so ist er diesem zum Ersatze des Schadens verpflichtet; der Kommittent braucht das Geschäft nicht für seine Rechnung gelten zu lassen.

(2) Die Vorschrift des § 665 des Bürgerlichen Gesetzbuches bleiben unberührt.

---

[109] *Heymann/Kötter* HGB[21], § 384 6; *Schlegelberger/Hefermehl* HGB[5], § 384 76; RGRKzHGB-*Ratz* § 384 38.
[110] *Schmidt-Rimpler* S. 964; *Schlegelberger/Hefermehl* HGB[5], § 384 74; *Düringer/Hachenburg/Lehmann* HGB[3], § 384 92; RGRKzHGB-*Ratz* § 384 39; s. ferner § 384 65.

Übersicht

	Rdn.		Rdn.
A. Vorbemerkung	1	V. Keine Genehmigung des Weisungsverstoßes	7
B. Nichtbefolgung von Weisungen (Voraussetzungen von Zurückweisung und Schadensersatz)		VI. Ausführungsgeschäft	8
		VII. Sonstige Voraussetzungen des Zurückweisungsrechtes	9
I. Rechtsnatur des Zurückweisungsrechtes und Schadensersatzanspruches		VIII. Sonstige Voraussetzungen des Schadensersatzrechtes	10
1. Zurückweisungsrecht	2	C. Rechtsfolgen	
2. Schadensersatzanspruch	3	I. Zurückweisungsrecht	11
II. Weisungswidrige Handlung	4	II. Schadensersatzanspruch	12
III. Intensität des Weisungsverstoßes	5	D. Berechtigte Abweichung	13
IV. Anerbieten des Ausgleichs	6		

Schrifttum
siehe Angaben zu § 383.

A. Vorbemerkung

Gemäß § 384 Abs. 1 2. HS hat der Kommissionär Weisungen des Kommittenten zu **1** befolgen (zum Ausmaß dieser Pflicht und zum Begriff der Weisung im Rahmen des § 384 HGB s. § 384 22). § 385 Abs. 1 knüpft an einen vergleichsweise weiter gefaßten Weisungsbegriff an. Er bestimmt die Rechtsfolgen, die sich aus einem Verstoß gegen die Pflicht ergeben, die Interessen des Kommittenten zu wahren und insbesondere Weisungen i. S. d. § 384 nachzukommen (§ 385 4). Die Regelung des § 385 Abs. 1 ist entgegen einer vielfach geäußerten Ansicht[1] nur insoweit überflüssig, als sie eine Schadensersatzpflicht statuiert. Das Recht, das weisungswidrige Geschäft zurückzuweisen (§ 385 Abs. 1 2. HS), besitzt hingegen durchaus eigenständigen Charakter (*Koller* BB **1979** 1725, 1730 ff). Eine Spezialvorschrift für einen bestimmten Typus des Weisungsverstoßes (Nichteinhaltung des Limits) enthält § 386.

§ 385 Abs. 2 gehört ebenfalls in den Zusammenhang des § 384 Abs. 1 2. HS. Er schränkt die Pflicht ein, Weisungen des Kommittenten zu befolgen, wenn der Kommissionär den Umständen nach annehmen darf, daß der Kommittent die Abweichung von der Weisung bei Kenntnis der Sachlage billigen würde. In § 665 BGB, auf den § 385 Abs. 2 verweist, ist von „berechtigt" die Rede. Daneben kann durchaus eine Pflicht entstehen, den Weisungen zuwiderzuhandeln. Schon aus dem Wortlaut des § 385 Abs. 2 („unberührt") ergibt sich, daß § 385 Abs. 2 keine eigenständige Regelung schaffen wollte. Es wird lediglich der Klarheit wegen auf die für den Kommissionsvertrag als Geschäftsbesorgungsvertrag (§ 675 BGB) ohnehin geltende Vorschrift hingewiesen.

B. Nichtbefolgung von Weisungen
(Voraussetzungen von Zurückweisung und Schadensersatz)
I. Rechtsnatur des Zurückweisungsrechtes und Schadensersatzanspruches
1. Zurückweisungsrecht

Das Recht, das Geschäft bei einem Weisungsverstoß mit der Folge zurückzuweisen, **2** daß der Kommittent das Geschäft nicht als für seine Rechnung geschlossen gelten las-

---
[1] *Schmidt Rimpler* S. 860 ff; *Schlegelberger/Hefermehl* HGB 5, § 385 1.

sen muß, wird verschiedentlich als Reaktion auf einen untauglichen Erfüllungsversuch qualifiziert. Ein weisungswidrig getätigtes Ausführungsgeschäft sei keine Erfüllung des Vertrages und könne daher auch im Hinblick auf den Aufwendungsersatzanspruch vom Kommittenten jederzeit zurückgewiesen werden, ohne daß der Kommittent in Annahmeverzug gerate[2]. Diese Einordnung des § 385 Abs. 1 2. HS geht von dem Standpunkt aus, daß das Zurückweisungsrecht immer ohne Rücksicht auf Verschulden geltend gemacht werden könne. Richtigerweise greift das Zurückweisungsrecht mit der Konsequenz, daß der Kommittent die mit dem Ausführungsgeschäft im Zusammenhang stehenden Aufwendungen nicht für seine Rechnung gelten lassen muß, nur ein, falls der Weisungsverstoß verschuldet war (*Koller* BB **1979** 1725, 1730 f). Lediglich im Hinblick auf das Provisionsrisiko und die Gefahr, sich nochmals um die Ausführung der Kommission bemühen zu müssen, kann die Zurückweisung gemäß § 385 Abs. 1 2. HS verschuldensunabhängig ausgeübt werden, weil die geschuldete Leistung nicht erbracht ist (*Koller* BB **1979** 1725). Das rechtfertigt es, das Zurückweisungsrecht als eigenständigen kommissionsrechtlichen Rechtsbehelf zu charakterisieren, der freilich weitgehend auf andere Geschäftsbesorgungsverträge übertragen werden kann.

2. Schadensersatzanspruch

3   Der Schadensersatzanspruch fügt sich hingegen ohne weiteres in das allgemeine System ein. Man ist sich einig, daß entgegen dem Wortlaut der Norm auch bei Weisungsverstößen Schadensersatz nur gezahlt werden muß, falls der Kommissionär schuldhaft gehandelt hat. Somit wiederholt § 385 Abs. 1 1. HS letztlich nur die allgemeinen Sanktionen einer schuldhaften Verletzung der Leistungspflichten.

II. Weisungswidrige Handlung

4   Die Interpretation des Begriffes „Weisung" ist umstritten (§ 384 22). Im Rahmen des § 385 Abs. 1 ist der Begriff „Weisung" weit zu fassen. Unter Weisung fallen demnach nicht nur konkret formulierte Handlungs- oder Unterlassungsprogramme (*Heymann/Kötter* HGB[21], § 385 1), sondern auch Erklärungen, die zum Abschluß des Vertrages selbst gehören[3]. Darüber hinaus stellt z. B. auch die im dispositiven Recht angesiedelte Pflicht zur Interessenwahrung eine Weisung im Sinne des § 385 Abs. 1 dar[4]; denn der Kommissionär muß seine allgemeinen Pflichten genauso gut kennen und beachten wie die vom Kommittenten konkret formulierten Handlungs- oder Unterlassungsprogramme. Unerheblich ist es deshalb auch, ob die „Weisung" bei Vertragsschluß oder erst später einseitig erging.

Nach herrschender Meinung findet § 385 Abs. 1 keine Anwendung in der Phase der **Durchführung**, wenn das Ausführungsgeschäft bereits ordnungsgemäß abgeschlossen worden war. Zwar könne der Kommittent auch im Rahmen der Durchführung des Ausführungsgeschäftes Anordnungen erteilen, von der Pflicht des Kommissionärs, in diesem Stadium die Interessen des Kommittenten zu wahren, ganz zu schweigen. Ein Verstoß gegen diese Anordnungen bzw. die Pflichten sei jedoch kein Weisungsverstoß im Sinne des § 385 Abs. 1[5]. Es sei nämlich unangemessen, dem Kommittenten das

---

[2] *Knütel* ZHR **137** (1973), 285, 297; *Schmidt-Rimpler* S. 860 f.

[3] *Schmidt-Rimpler* S. 664 ff; *Düringer/Hachenburg/Lehmann* HGB[3], § 384 32; a. A. RG Warn 40 Nr. 20; *Schlegelberger/Hefermehl* HGB[5], § 385 3 m. Nachw.

[4] *Knütel* ZHR **137** (1973), 285, 287 ff; *Schmidt-Rimpler* S. 863; *Koller* BB **1979** 1725, 1731.

[5] *Schmidt-Rimpler* S. 861; RGRKzHGB-*Ratz* § 385 5; *Schlegelberger/Hefermehl* HGB[5], § 385 5; *Knütel* ZHR **137** (1973), 285, 309 ff; a. A. *Düringer/Hachenburg/Lehmann* HGB[3], § 385 2; *Heymann/Kötter* HGB[21], § 385 1; *Koller* BB **1979** 1725, 1731.

Recht zu geben, ein weisungsgemäß auf Rechnung des Kommittenten abgeschlossenes Geschäft deshalb zurückzuweisen, weil sich der Kommissionär bei der späteren Abwicklung weisungswidrig verhalten habe. Dadurch würde man dem Kommittenten lediglich eine ungerechtfertigte Spekulationschance eröffnen und letztlich mit der Wertung des § 396 Abs. 1 S. 1 kollidieren (kritisch dazu *Koller* BB **1979** 1725, 1731). — Richtiger Ansicht nach greift § 385 Abs. 1 auch im Bereich der Durchführung von Ausführungsgeschäften ein; denn letztlich ist der Kommittent nur daran interessiert, das aus einem weisungsgemäßen Abschluß Erlangte ordnungsgemäß zu erhalten. Eine Schadensersatzpflicht trägt hierbei seinen Interessen nur unzureichend Rechnung, da sie immer zum Nachweis des Schadens nötigt, während § 385 Abs. 1 es erlaubt, sich bei schuldhaftem Verhalten des Kommissionärs ohne Rücksicht auf einen Schaden von Aufwendungslasten zu befreien. Im Falle schuldloser Pflichtverletzungen vermag der Kommittent immerhin nach Zurückweisung nochmals Ausführung zu den alten Vertragsbedingungen zu fordern (*Koller* BB **1979** 1725, 1731). Allerdings darf der Kommittent von seinem Zurückweisungsrecht in Fällen, in denen sich der Kommissionär lediglich eine weisungswidrige Verzögerung der Durchführung zuschulden kommen läßt, erst nach Ablauf einer angemessenen Nachfrist Gebrauch machen (*Koller* BB **1979** 1725, 1731). Ferner scheidet das Zurückweisungsrecht in der Durchführungsphase im Hinblick auf die Verletzung von **Nebenpflichten** aus (*Koller* BB **1979** 1725, 1731). Bei einer verzögerten Abwicklung im Rahmen der **Effektenkommission** beachte §§ 25 f DepG (dazu *Canaris* Großkommentar HGB³, Bd. III/3 (2. Bearb. 1981), 1963 ff).

Zur **berechtigten Abweichung** von Weisungen des Kommittenten § 385 13 ff.

III. Intensität des Weisungsverstoßes

Ein **Weisungsverstoß ist irrelevant**, wenn der wirtschaftliche und gegebenenfalls 5 ideelle Erfolg des Geschäftes trotz des weisungswidrigen Verhaltens des Kommissionärs den Interessen des Kommittenten entspricht[6], da dann eine Berufung auf § 385 Abs. 1 Treu und Glauben zuwiderlaufen würde (s. auch die Wertung des § 665 BGB). Hat der Kommittent durch den Weisungsverstoß nur einen geringfügigen Nachteil erlitten, so ist er auf den Schadensersatzanspruch zu verweisen (Wertung der §§ 459 Abs. 1 S. 2, 634 Abs. 3 BGB; *K. Schmidt* Handelsrecht, § 30 IV 1 a; *Koller* BB **1979** 1725, 1731). Hierbei sind auch immaterielle Nachteile, nicht nur wirtschaftliche Schäden[7] zu berücksichtigen. Entgegen dem BGH (aaO) kann man aber nicht ohne weiteres all die Interessen für unerheblich erklären, die von einem objektiven Beobachter für wirtschaftlich unvernünftig erachtet werden. Entscheidend sind immer die individuellen Interessen des Kommittenten und die Intensität, mit der sie der Weisungsverstoß tangiert. Daß in der Zurückweisung des Geschäftes ein Verstoß gegen Treu und Glauben liegt, hat der Kommissionär darzutun (BGH WM **1976** 630, 632).

IV. Anerbieten des Ausgleichs

Das Zurückweisungsrecht entfällt gemäß § 386 Abs. 2, wenn sich der Kommissio- 6 när, der von einem Limit abgewichen ist, zugleich mit der Ausführungsanzeige zur Deckung des Preisunterschiedes erbietet. Diese Regelung ist analogiefähig[8]. Voraus-

---

[6] RG SeuffA **85** Nr. 52; *Heymann/Kötter* HGB²¹, § 385 2; *Schlegelberger/Hefermehl* HGB⁵, § 385 9 m. Nachw.

[7] BGH WM **1976** 630, 632; a. A. wohl *Schlegelberger/Hefermehl* HGB⁵, § 385 9.

[8] RGZ **57** 392; RG SeuffA **85** Nr. 52; *Schlegelberger/Hefermehl* HGB⁵, § 385 10 m. w. Nachw.

setzung für eine entsprechende Anwendung ist aber immer, daß sich der Kommissionär erbietet, den Kommittenten in die gleiche Lage zu versetzen, in der er stünde, wenn sich der Kommissionär an die Weisungen gehalten hätte. Die „Differenz", zu deren Ausgleich sich der Kommissionär erbietet, muß darüber hinaus mit Sicherheit feststellbar sein. Sie ist es z. B. nicht bei Qualitätsunterschieden (§ 386 15), wohl aber bei der weisungswidrigen Stundung oder bei der weisungswidrigen Vereinbarung einer Risikoübernahme. Unter Umständen wird der Kommissionär sein Ausgleichsversprechen auch noch nach der Ausführungsanzeige abgeben können, wenn er damit rechnen durfte, daß der Kommittent den Weisungsverstoß genehmigen werde. In einem solchen Fall ist die sofortige Erklärung des Kommittenten, zurückzuweisen, ohne dem Kommissionär vorher Gelegenheit zu geben, sich über einen eventuellen Ausgleich zu erklären, treuewidrig. Bietet der Kommissionär alsbald nach Zugang der Zurückweisung den Ausgleich an, so tritt die Erfüllungswirkung ein; die Zurückweisung wird unwirksam[9]. Der Schadensersatzanspruch bleibt dem Kommittenten jedoch erhalten (§ 386 16).

V. Keine Genehmigung des Weisungsverstoßes

7   Der Verstoß gegen die Weisung wird ferner geheilt, falls der Kommittent das weisungswidrige Geschäft genehmigt. Diese Genehmigung stellt ein Angebot zur Vertragsänderung bzw. die Annahme des Angebotes dar (*Knütel* ZHR **137** (1973) 285, 332 f m. Nachw.). Eine mit der vorbehaltlosen Genehmigung verbundene Vertragsänderung läßt ex post das weisungswidrige Verhalten des Kommissionärs zu einem vertragsgemäßen werden. Freilich kann die Vertragsänderung auch die durch den Weisungsverstoß entstandenen Schadensersatzansprüche ausklammern[10]. — Die Genehmigung kann ausdrücklich oder konkludent erteilt werden. Äußert sich der Kommittent nicht binnen angemessener Frist auf die Anzeige eines weisungswidrigen Geschäftes, so kann dort, wo § 386 Abs. 1 nicht eingreift, nicht ohne weiteres eine Analogie zu § 386 Abs. 1 gezogen werden. § 386 Abs. 1 beruht nämlich auf dem Gedanken, daß Abweichungen von Preislimits leichter als andere Weisungsverstöße zu erkennen und zu bewerten sind. Wenn der Kommissionär z. B. den weisungswidrigen Abschluß über ein anderes Gut anzeigt, eröffnet dies nicht notwendig die Analogie zu § 386 Abs. 1, da ein derartiger Weisungsverstoß zwar typischerweise leicht zu erkennen, aber vielfach nicht ohne Schwierigkeiten zu bewerten ist. Daraus folgt nicht, daß Schweigen auf eine Anzeige nur unter den Voraussetzungen des § 362 als Genehmigung anzusehen ist (so *Schmidt-Rimpler* S. 867 f). Auch sonst kann das Schweigen als Genehmigung zu qualifizieren sein. Dies ist zum einen in Fallgruppen anzunehmen, bei denen die Abweichung von der Weisung ohne weiteres zu erkennen und deren Konsequenzen zu gewichten sind (Analogie zu § 386 Abs. 1; dazu näher § 386 1, 3). Ferner können die Geschäftsverbindungen zwischen den Parteien so eng sein, daß die Berufung darauf, man habe das angezeigte Geschäft nicht stillschweigend genehmigt, ein venire contra factum proprium darstellt.

Aus der Qualifikation der Heilung durch Genehmigung als Vertragsänderung folgt, daß sich der Kommissionär die Genehmigung nicht aufdrängen zu lassen braucht (*Schmidt-Rimpler* S. 870). Davor ist er durch das Erfordernis eines vertraglichen Konsenses geschützt. Allerdings wird man in der Regel überall dort, wo der Kommissionär

---

[9] RG SeuffA **85** Nr. 52; *Schlegelberger/Hefermehl* HGB5, § 385 10 m. Nachw.
[10] *Düringer/Hachenburg/Lehmann* HGB3, § 385 10; *Schmidt-Rimpler* S. 896 f; *Schlegelberger/Hefermehl* HGB5, § 385 13.

erkennen konnte, daß er von der Weisung abgewichen war, in der Anzeige des weisungswidrigen Geschäftes ein Angebot zur Vertragsänderung erblicken müssen. An dieses Angebot ist der Kommissionär nur im Rahmen des § 145 BGB gebunden. Gegebenenfalls hat der Kommissionär nachzuweisen, daß ihm bei der Anzeige das rechtsgeschäftliche Erklärungsbewußtsein mangelte. Ferner sind in diesem Zusammenhang die Grundsätze der Vertrauenshaftung zu beachten.

VI. Das Ausführungsgeschäft

In § 385 Abs. 1 ist schlechthin davon die Rede, daß der Kommissionär nicht gemäß den Weisungen des Kommittenten handelt. Entgegen dem Wortlaut greift § 385 Abs. 1 aber erst ein, wenn der Kommissionär ein weisungswidriges Ausführungsgeschäft abgeschlossen hat[11]. Weisungsverstöße vor Abschluß des Ausführungsgeschäftes werden zum einen dadurch sanktioniert, daß konkrete Aufwendungen, die zu den Weisungen im Widerspruch stehen, nicht ersatzfähig sind. Sollte der Kommissionär weisungsgemäß sofort ein Ausführungsgeschäft tätigen, verzögert er aber die Ausführung, so kann der Kommittent ohnehin den Verzugsschaden geltend machen, gegebenenfalls sich auch auf die Rechte aus § 326 BGB berufen (§ 384 65). Der Anspruch auf Ersatz von Aufwendungen wird damit freilich nicht ohne weiteres total hinfällig; denn auch die mit Verzögerung gemachten Aufwendungen können vielfach vom Kommissionär durchaus den Umständen nach für erforderlich gehalten werden. Diese Aufwendungen sind daher insoweit erstattungsfähig. Anders ist die Situation, falls der Kommissionär entgegen der Weisung, an einem bestimmten Tag oder spätestens zu einem bestimmten Datum abzuschließen, das Ausführungsgeschäft an einem anderen Tag bzw. danach getätigt hat (RGZ **53** 372; *Schlegelberger/Hefermehl* HGB5, § 385 4 m. Nachw.).

VII. Sonstige Voraussetzungen des Zurückweisungsrechtes

§ 385 Abs. 1 macht das Zurückweisungsrecht mit der Konsequenz, daß der Kommittent das Geschäft nicht für seine Rechnung zu gelten lassen braucht, nicht von einem **Verschulden des Kommissionärs** abhängig. In der Literatur wird das mit einer Parallele zum Werkvertrag gerechtfertigt. Der weisungswidrige Abschluß sei eben keine Erfüllung des Kommissionsvertrages und die Frage, ob erfüllt sei oder nicht, sei von der Frage des Verschuldens unabhängig[12]. Von anderer Seite wird darauf hingewiesen, daß § 385 Abs. 1 einen Tatbestand umschreibe, der ohne weiteres eine schuldhafte Verletzung vertraglicher Pflichten einschließe (*Heymann/Kötter* HGB21, § 385 2). Dem kann nicht gefolgt werden; denn es sind z. B. durchaus Fälle denkbar, in denen dem Kommissionär eine Weisung zugegangen, aber ohne sein Verschulden nicht zur Kenntnis gelangt ist. Eröffnet man das Zurückweisungsrecht ohne Rücksicht auf ein Verschulden des Kommissionärs, so würde man mit der Wertung des § 670 BGB in Konflikt geraten, der zufolge der Kommittent das Risiko von Aufwendungen zu tragen hat, soweit der Kommissionär bei Einsatz pflichtgemäßen Ermessens annehmen durfte, daß sie erforderlich seien. Man hat daher § 385 Abs. 1 zu restringieren und seine Anwendbarkeit von einem Verschulden des Kommissionärs abhängig zu machen, soweit er dem Kommittenten das Recht gibt, die Aufwendungen nicht für seine Rechnung gel-

---

[11] RG JW **1932** 2607; *Schmidt-Rimpler* S. 868; *Schlegelberger/Hefermehl* HGB5, § 385 4; *Knütel* ZHR **137** (1973), 285, 326 für das Zurückweisungsrecht; a. A. *Düringer/Hachenburg/Lehmann* HGB3, § 385 2.

[12] *Knütel* ZHR **137** (1973), 285, 297 f; *Schlegelberger/Hefermehl* HGB5, § 385 12; *Schmidt-Rimpler* S. 864.

§ 385 Drittes Buch. Handelsgeschäfte

ten zu lassen (*Koller* BB **1979** 1725, 1730 f). Im Hinblick auf die Provisions- und Leistungsgefahr (§ 385 2) findet das Zurückweisungsrecht indessen ohne Rücksicht auf ein Verschulden Anwendung. Macht der Kommittent in der zweiten Variante von ihm Gebrauch, so muß er die Aufwendungen ersetzen, kann aber zu den alten Konditionen nochmalige Ausführung verlangen.

Die Zurückweisung als Hinweis darauf, daß noch nicht erfüllt worden ist, bedarf keiner besonderen Form; sie kann auch konkludent erfolgen. Bloße Untätigkeit kann freilich Heilung durch Genehmigung bedeuten (§ 385 7).

VIII. Sonstige Voraussetzungen des Schadensersatzrechtes

10 Entgegen dem Wortlaut des § 385 Abs. 1 schuldet der Kommissionär ausschließlich bei schuldhaften Weisungsverstößen Schadensersatz. Die Restriktion des § 385 Abs. 1 ergibt sich aus allgemeinen schadensersatzrechtlichen Grundsätzen[13]. Der Anspruch steht kumulativ neben dem Zurückweisungsrecht[14].

C. Rechtsfolgen

I. Zurückweisungsrecht

11 Bei schuldhaften Weisungsverstößen braucht der Kommittent die aus dem weisungswidrigen Ausführungsgeschäft stammenden Verpflichtungen nicht auf sich zu nehmen. Gleiches gilt für Aufwendungen, die unter Verstoß gegen Weisungen getätigt wurden, um zum Abschluß eines Ausführungsgeschäftes zu gelangen (*Koller* BB **1979** 1725, 1730 f). Ohne Rücksicht auf ein Verschulden kommt der Provisionsanspruch immer dort nicht zum Entstehen, wo der Kommittent das weisungswidrige Geschäft ablehnt. Die Zurückweisung läßt die Leistungspflichten des Kommissionärs nicht erlöschen. Der Kommissionär muß sich vielmehr erneut um ein Ausführungsgeschäft bemühen, falls ein weisungsgemäßes Geschäft noch im Rahmen des Möglichen liegt. Der Kommissionär trägt also die Leistungsgefahr (RG JW **1932** 2607). Der Kommittent kann freilich mit der Zurückweisung die Kündigung des Kommissionsvertrages (§ 383 82) verbinden, wenn er nicht wünscht, daß der Kommissionär erneut für ihn tätig wird. Unter Umständen kann er auch gemäß § 326 BGB, z. B. aufgrund einer ernstlichen Erfüllungsverweigerung (*Palandt/Heinrichs* BGB[44], § 326 6), zurücktreten, — mit der Konsequenz, daß die Leistungspflicht erlischt. In jedem Fall hat der Kommissionär das, was er im Rahmen der Geschäftsbesorgung erlangt hat, an den Kommittenten herauszugeben (*Schlegelberger/Hefermehl* HGB[5], § 385 12); die Vorteile aus dem weisungswidrigen Geschäft insoweit, als er berechtigt ist, mangels Verschuldens Aufwendungserstattung zu fordern (*Koller* BB **1979** 1725, 1730 f).

II. Schadensersatzanspruch

12 Für die Bemessung des Schadensersatzanspruches aus § 385 Abs. 1, der auf das positive Interesse geht, gelten die allgemeinen Vorschriften. Seine Höhe bestimmt sich danach, ob der Kommittent das Geschäft zurückgewiesen hat. Bejahendenfalls kann er den Schaden geltend machen, der ihm durch die Nichtausführung, z. B. durch die Verzögerung der Ausführung infolge eines Steigens des Kurses entstanden ist (i. E. ebenso

---

[13] RGZ **56** 151; *Schmidt-Rimpler* S. 864; *Schlegelberger/Hefermehl* HGB[5], § 385 6; vgl. aber *Heymann/Kötter* HGB[21], § 385 2.

[14] RG JW **1914** 102; *Schmidt-Rimpler* S. 868; *Schlegelberger/Hefermehl* HGB[5], § 385 15 m. Nachw.

Schmidt-Rimpler S. 869). Hat er dagegen genehmigt und sich konkludent den Ersatz seines Schadens vorbehalten (§ 385 7), so vermag er den Ersatz eines ihm durch den Inhalt des Abschlusses erwachsenen Nachteils zu beanspruchen. § 254 BGB findet Anwendung (BGH WM **1981** 712, 713). Die Beweislast für die Höhe des Schadens trägt der Kommittent; der Kommissionär hat die Wahrung der Sorgfalt eines ordentlichen Kaufmannes nachzuweisen[15].

D. Berechtigte Abweichung

Das oberste Ziel bei der Ausführung und Durchführung der Kommission ist die optimale Wahrnehmung der dem Kommissionär erkennbaren bzw. der mutmaßlichen Interessen des Kommittenten. § 385 Abs. 2 verweist daher auf § 665 BGB. Danach darf der Kommissionär von den Weisungen (im allgemeinsten Sinn; § 385 1) abweichen, wenn er den Umständen nach als ordentlicher Kaufmann annehmen durfte, daß der Kommittent die Abweichung billigen würde und die rechtzeitige Einholung neuer Weisungen undienlich war (BGH VersR **1977** 421). Dies ist vor allem dort der Fall, wo der Kommittent bei der Weisung ersichtlich von falschen Vorstellungen ausgegangen ist oder sich später die Umstände geändert haben. Eine derartige Konstellation darf der Kommissionär nicht leichtfertig bejahen. Vor allem im Hinblick auf Limits hat der Kommissionär zu unterstellen, daß sich der Kommittent im Zweifel seine Sache reiflich überlegt hat. Gleiches gilt regelmäßig für Bankaufträge, weil der Kommissionär hier vielfach nicht zu überschauen vermag, welche Gründe den Kommittenten bewogen haben, bestimmte Weisungen zu geben, und ob nicht geringfügige Abweichungen den Auftraggeber beträchtlich schädigen können (BGH WM **1976** 631). Die Beweislast für das Vorliegen der eine berechtigte Abweichung tragenden Umstände liegt beim Kommissionär (*Schlegelberger/Hefermehl* HGB[5], § 385 14; ferner KG OLGZ **73** 18). **13**

Bevor der Kommissionär aus eigener Verantwortung von Weisungen des Kommittenten abweicht, hat er dem Kommittenten von seiner Absicht Anzeige zu machen und dessen Entschließung abzuwarten, sofern damit nicht unverhältnismäßige Risiken verbunden sind. Im Rahmen dieser Anzeige hat der Kommissionär kraft seiner kommissionsrechtlichen Treuepflicht auch auf die Konsequenzen hinzuweisen, die sich für den Kommittenten aus einem Festhalten an seiner Weisung ergeben könnten. Das Ausmaß der Aufklärungs- und Beratungspflicht bestimmt sich nach den allgemeinen Regeln (§ 384 28). Gleiches gilt, wenn Zweifel an der Zweckmäßigkeit der Weisung auftauchen und eine Rückfrage keine unverhältnismäßigen Risiken mit sich bringt (BGH WM **1976** 630, 632).

Besteht der Kommittent auf seiner Weisung, so muß sie der Kommissionär getreulich befolgen; denn der Kommissionär ist nicht der Vormund des Kommittenten. Den Schaden trägt dann der Kommittent.

Kann der Kommissionär nicht mehr rechtzeitig neue Weisungen einholen, so ist er nicht nur berechtigt abzuweichen. Er ist hierzu kraft seiner Pflicht, die erkennbaren oder mutmaßlichen Interessen des Kommittenten optimal zu verfolgen, auch verpflichtet[16]. Die **Pflicht zur Abweichung** besteht nur im Rahmen des pflichtgemäßen Ermessens. Es kann also durchaus sein, daß der Kommissionär zwar in der gleichen Situation als berechtigt angesehen werden kann, von den Weisungen abzuweichen, hierzu aber nicht verpflichtet ist; denn die Pflicht hängt wesentlich von seiner Einschätzung der Ri- **14**

---

[15] *Schmidt-Rimpler* S. 868; *Schlegelberger/Hefermehl* HGB[5], § 385 7.
[16] Zurückhaltender *Schlegelberger/Hefermehl* HGB[5], § 385 14; vgl. *Canaris* Großkommentar HGB[3], Bd. III/3 (2. Bearb. 1981), 1920.

siken und Chancen des sich bietenden Geschäftes ab. Voraussetzung hierfür ist freilich, daß der Kommissionär nicht davon ausgehen mußte, daß die Weisung „unter allen Umständen" Bestand haben sollte oder daß der Kommittent vor einer Abweichung immer gehört sein wollte. Ist dies zu bejahen, so fehlt es auch am Recht zur Abweichung.

Weicht der Kommissionär unberechtigt von Weisungen ab, so ist er zum Ersatz des dadurch entstehenden Schadens verpflichtet. Das Ausführungsgeschäft kann der Kommittent gegebenenfalls zurückweisen (§ 385 Abs. 1). Eine Verletzung der Pflicht zur Abweichung macht den Kommissionär ebenfalls schadensersatzpflichtig.

§ 386

(1) Hat der Kommissionär unter dem ihm gesetzten Preise verkauft oder hat er den ihm für den Einkauf gesetzten Preis überschritten, so muß der Kommittent, falls er das Geschäft als nicht für seine Rechnung abgeschlossen zurückweisen will, dies unverzüglich auf die Anzeige von der Ausführung des Geschäfts erklären; anderenfalls gilt die Abweichung von der Preisbestimmung als genehmigt.

(2) Erbietet sich der Kommissionär zugleich mit der Anzeige von der Ausführung des Geschäfts zur Deckung des Preisunterschieds, so ist der Kommittent zur Zurückweisung nicht berechtigt. Der Anspruch des Kommittenten auf den Ersatz eines den Preisunterschied übersteigenden Schadens bleibt unberührt.

Übersicht

	Rdn.
A. Vorbemerkung	1
B. Abweichung von der Preissetzung	
I. Preissetzung	2
II. Festsetzung anderer Konditionen	3
III. Verstoß gegen die Preissetzung oder eine gleich zu behandelnde Kondition	4
IV. Zurückweisungsrecht	
1. Vorbemerkung	5
2. Anzeige der Ausführung	6
3. Frist	7
4. Form	8
5. Zugang der Erklärung über die Zurückweisung	9
6. Einschränkungen der Genehmigungsfiktion	10
7. Rechtsfolge einer rechtzeitigen Zurückweisung	11
8. Rechtsfolge verspäteter oder fehlender Zurückweisung	12
V. Anerbieten der Deckung des Preisunterschiedes	
1. Zeitpunkt	13
2. Preisdifferenz	14
3. Deckung des Qualitäts- oder Quantitätsunterschiedes	15
4. Rechtsfolge	16

Schrifttum
siehe Angaben zu § 383.

A. Vorbemerkung

1 § 386 modifiziert den § 385 für den Fall, daß der Einkaufskommissionär einen ihm gesetzten Höchstpreis überschreitet oder daß der Verkaufskommissionär den ihm gesetzten Mindestverkaufspreis nicht einhält (abweichend *Heymann/Kötter* HGB[21], § 386 1). Im Unterschied zu sonstigen Weisungsverstößen steht es nicht weitgehend im Belieben des Kommittenten, wie lange er sich Zeit läßt, das Geschäft zurückzuweisen oder zu genehmigen. Übt der Kommittent sein Zurückweisungsrecht nicht unverzüglich aus, so soll die Abweichung vom gesetzten Preis als genehmigt gelten. Das Zurückweisungsrecht entfällt ferner, wenn sich der Kommissionär zum Ausgleich der Preisdiffe-

renz erbietet. Durch diese Regelung soll vor allem verhindert werden, daß der Kommittent mit der Zurückweisung wartet, um zu sehen, ob sich die Marktverhältnisse doch noch zu seinen Gunsten ändern, oder zurückweist, falls sich die Marktverhältnisse zu seinen Ungunsten verschoben haben. Derartige Spekulationen sollen durch die Obliegenheit zur unverzüglichen Zurückweisung unterbunden werden (Entwurf eines HGB nebst Denkschrift (1896), S. 234). Dem Kommittenten kann andererseits die unverzügliche Entscheidung über die Zurückweisung zugemutet werden, da er sofort feststellen kann, ob der Preis dem Limit entspricht, und er auch die aus einer Mißachtung des Limits resultierenden wirtschaftlichen oder sonstigen Nachteile leicht abzuschätzen vermag (*Schlegelberger/Hefermehl* HGB⁵, § 386 1). Erbietet sich der Kommissionär zugleich mit der Ausführungsanzeige zur Deckung des Preisunterschiedes, so bekommt der Kommittent in aller Regel letztlich das, was er als Minimum erwarten konnte. Ein Zurückweisungsrecht wäre dann unbillig. § 386 Abs. 2 schneidet es ihm deshalb ab.

Die Regelung des § 386 Abs. 1 kann ausgedehnt werden auf solche Elemente des Ausführungsgeschäftes, bei denen Weisungsverstöße ebenso einfach festgestellt werden können und der Kommittent eventuelle Verluste zuverlässig zu bewerten in der Lage ist. Zu der Genehmigungsfiktion im Rahmen der von den Banken betriebenen **Effektenkommission** gemäß Nr. 32 AGB, *Canaris* Großkommentar HGB³, Bd. III/3 (2. Bearb. 1981), 1932 ff.

B. Abweichung von der Preissetzung
I. Preissetzung

Der Kommittent hat im Sinne des § 386 Abs. 1 dann „einen Preis gesetzt", wenn das **2** Ermessen des Kommissionärs in Hinblick auf den Mindestverkaufspreis oder den höchsten Einkaufspreis auf Null reduziert war.

Die Preissetzung muß für den Kommissionär bindend gewesen sein. Sie ist das immer dann, wenn sie von den Parteien schon bei Vertragsschluß vereinbart wurde. Bei börsengängigen Waren und Wertpapieren gilt die Kursangabe als Limit (RGZ 114 11). Eine Preissetzung liegt auch dort vor, wo dem Verkaufskommissionär ein bestimmter Mindestpreis mit der Maßgabe vorgeschrieben ist, daß er den höheren Verkaufspreis als Vergütung behalten darf (RGZ 94 289; **110** 121). Eine andere Frage ist es, ob der Kommissionär abweichen darf (dazu § 386 4). Keine bindende Preissetzung kann man jedoch ohne das Vorliegen besonderer Umstände in der Tatsache sehen, daß der Einkaufskommissionär einen bestimmten Vorschuß erhalten hat oder daß bei der Verkaufskommission an den Kommissionär zusammen mit dem Kommissionsgut Rechnungen mit bestimmten Preisangaben ausgeliefert wurden (KG MDR **1984** 143). Im Zweifel wird nämlich das Kommissionsverhältnis dadurch geprägt, daß der Kommissionär nach pflichtgemäßem Ermessen das den jeweiligen Marktverhältnissen entsprechende Optimum anzustreben hat. Das gilt insbesondere in Konstellationen, in denen vom Kommittenten nicht die gleiche Marktübersicht wie vom Kommissionär erwartet werden kann. Nachträgliche, einseitige Weisungen des Kommittenten, durch die dem Kommissionär Preise gesetzt werden, sind ebenfalls bindend, wenn sich der Kommittent vertraglich die spätere Anordnung von Limits vorbehalten hat. Im übrigen sind Weisungen nur zulässig, falls durch die Beachtung der Weisung die Ausführbarkeit der Kommission nicht erheblich erschwert wird (§ 384 26), da der Kommittent nicht einseitig die Lasten und Risiken des Kommissionärs erhöhen darf. Setzt der Kommittent nachträglich die Preise so fest, daß dadurch die Ausführung der Kommission auf absehbare Zeit (Erfüllungszeitraum) objektiv unmöglich wird, so ist diese Preissetzung

§ 386 Drittes Buch. Handelsgeschäfte

ebenfalls unwirksam. Man wird aber unter Umständen in der vertragswidrigen Preissetzung zugleich eine Kündigung des Kommissionsvertrages zu sehen haben, falls aus der Weisung hervorgeht, daß der Kommittent ausschließlich an eine Ausführung zu den „weisungswidrigen" Konditionen interessiert ist (§ 384 26). Jedenfalls hat sich der Kommissionär sofort mit dem Kommittenten in Verbindung zu setzen, wenn ihm eine Weisung des Kommittenten als nicht bindend erscheint und ein Aufschub der Ausführung nicht mit unverhältnismäßigen Gefahren verbunden ist (§ 384 28).

II. Festsetzung anderer Konditionen

3   § 386 Abs. 1 spricht ausdrücklich nur von dem Höchstpreis bei der Einkaufskommission und dem Mindestpreis bei der Verkaufskommission. Auch der Vorgänger des § 386 Abs. 1, der Art. 384 Abs. 1 ADHGB, hatte nur das Preislimit im Auge. Beide Vorschriften sind jedoch zu eng gefaßt. Sieht man die Funktion des § 386 Abs. 1 in der Unterbindung der Spekulation anläßlich von Weisungsverstößen, die vom Kommittenten einfach und zuverlässig ermittelt werden können, so muß diese Vorschrift analog auf gleichgelagerte Fälle Anwendung finden, bei denen es nicht um bestimmte Formen der Preisabweichung geht (so schon *Staub* ADHGB (1893), § 364 Anm. § 4 Zus. 1). Dazu können z. B. Abweichungen von der Art und Menge der zu besorgenden Ware oder Wertpapiere gehören (a. A. *Schlegelberger/Hefermehl* HGB[5], § 386 5). Es ist auch kein Grund ersichtlich, warum § 386 Abs. 1 nicht auch entsprechend in dem Fall eingreifen sollte, in dem der Verkaufskommissionär einen Höchstpreis mißachtete, den der Kommittent zur Marktpflege gesetzt hatte (a. A. *Schlegelberger/Hefermehl* HGB[5], § 386 7). Der Tatbestand des § 386 Abs. 1 ist aber weder unmittelbar noch mittelbar erfüllt, wenn sich der Verstoß gegen eine Weisung richtet, die nicht so stark wie der Preis im Vordergrund steht, und wo der Verstoß nicht so leicht gewichtet werden kann, auch wenn dies mittelbar Auswirkungen auf die Preisgestaltung gehabt haben sollte; z. B. Zahlungsziele.

III. Verstoß gegen die Preissetzung oder eine gleich zu behandelnde Kondition

4   Ein relevanter Verstoß liegt grundsätzlich immer dann vor, wenn die Konditionen des Ausführungsgeschäftes die dem Einkaufskommissionär gesetzten Höchstpreise überschreiten, bei der Verkaufskommission die Mindestpreise unterschreiten oder dem Preis gleich zu behandelnde Konditionen nicht gewahrt wurden.

Der Kommissionär ist verpflichtet, die Weisungen des Kommittenten zu beachten. Dies gilt insbesondere für die Preislimits. Er darf sich regelmäßig nicht darauf berufen, daß der limitierte Preis nicht zu erzielen war. Er hätte unter diesen Umständen das Geschäft eben nicht ausführen dürfen. Allerdings kann in Einzelfällen eine Abweichung von Preissetzungen oder sonstigen vorgegebenen Konditionen gemäß §§ 385 Abs. 2 HGB, 665 BGB gerechtfertigt sein[1]. Dies kann jedoch nicht schon dann bejaht werden, wenn der Kommissionär glaubte, eine Unter- bzw. Überschreitung des Limits liege im wohlverstandenen Interesse des Kommittenten, weil der Markt nicht mehr hergebe. Der Kommittent, der ein Limit setzt, gibt damit zu erkennen, daß er sich insoweit selbst ausreichende Kenntnisse in Hinblick auf die längerfristige Marktentwicklung zutraut. Das hat der Kommissionär ebenso zu respektieren[2] wie die Tatsache, daß

---

[1] § 385 13f; ferner *Schmidt-Rimpler* aaO, S. 871; *Schlegelberger/Hefermehl* HGB[5], § 386 6 m. Nachw.; a. A. *Heymann/Kötter* HGB[21], § 386 2.

[2] Protokolle der Commission zur Berathung eines ADHGB (1858), Bd. III S. 1188.

sich der Kommittent von einem Gegenstand nur zu einem bestimmten Preis trennen will. Eine Abweichung von Preissetzungen wird man daher normalerweise lediglich dort als berechtigt anerkennen dürfen, wo dies unvorhersehbare Marktentwicklungen als im erkennbaren oder mutmaßlichen Interesse des Kommittenten gelegen erscheinen lassen und der Kommittent nicht mehr rechtzeitig erreicht werden konnte. Ist das Limit nicht eingehalten, weil das Kommissionsgut in derart beschädigtem Zustand beim Kommissionär eingetroffen ist, daß der limitierte Preis offensichtlich unter keinen Umständen erreichbar ist, so wird man im Zweifel eine Abweichung für zulässig halten müssen. Immer hat der Kommissionär jedoch zu versuchen, vor einer Abweichung die Zustimmung des Kommittenten einzuholen, sofern nicht mit dem Aufschub der Ausführung unverhältnismäßige Gefahren verbunden sind. Schweigt der Kommittent auf die Ankündigung des Kommissionärs, daß er vom Limit abgehen werde, so kann dies grundsätzlich nur dort als Zustimmung gewertet werden, wo der Kommittent als Kaufmann tätig ist oder in größerem Umfang am Geschäftsverkehr teilnimmt (weiter *Schmidt-Rimpler* S. 871). Liegt im Schweigen keine Zustimmung, so kann der Kommissionär nach pflichtgemäßem Ermessen entscheiden, welche Art der Ausführung am besten den Interessen des Kommittenten entspricht. Kein Verstoß im Sinne des § 386 gegen eine Preissetzung liegt vor, wenn der Kommissionär einen bestimmten Preis derart garantiert hat, daß er sich von vornherein zur Deckung des Preisunterschiedes erboten hat, falls die Kommission nicht zu einem bestimmten Mindest- oder Höchstpreis ausgeführt werden kann. Von derartigen Preissetzungen darf der Kommissionär abweichen, sofern er damit nicht die Pflicht zur Interessenwahrung verletzt (*Schlegelberger/Hefermehl* HGB⁵, § 386 3).

IV. Zurückweisungsrecht
1. Vorbemerkung
Gemäß § 385 Abs. 1 darf der Kommissionär das Geschäft bei Weisungsverstößen **5** ohne weiteres zurückweisen. Zur Situation bei schuldlosen Weisungsverstößen § 385 9. § 386 schränkt dieses Recht ein. Er macht es davon abhängig, daß der Kommittent unverzüglich zurückweist und daß der Kommissionär sich nicht zur Deckung des Unterschiedsbetrages erboten hat. Es ist jedoch auch der Wertung des § 378 Rechnung zu tragen. Voraussetzungen des Zurückweisungsrechtes sind somit:

2. Anzeige der Ausführung
Der Kommissionär muß die Ausführung des Geschäftes angezeigt haben. Die Aus- **6** führungsanzeige muß eindeutig die Abweichung von der Preissetzung bzw. von den gleichzustellenden Konditionen erkennen lassen. Dies allein genügt regelmäßig aber nicht, da z. B. die Abweichung im Preis durch andere überaus günstige Konditionen voll kompensiert sein kann. Die Erklärungsfrist fängt daher erst dann zu laufen an, wenn dem Kommittenten sämtliche Bedingungen des Ausführungsgeschäftes mitgeteilt worden sind (*Schlegelberger/Hefermehl* HGB⁵, § 386 9).

3. Frist
Die Zurückweisung ist nur wirksam, wenn sie nach vollständiger Information über **7** die Konditionen unverzüglich, d. h. ohne schuldhaftes Zögern (§ 121 BGB), erfolgte. Dabei kann der Kommittent eine angemessene Überlegungsfrist für sich in Anspruch nehmen. Der vom Kommittenten einzuschlagende Kommunikationsweg hängt von den Umständen ab. Ist mit häufigen oder heftigen Marktschwankungen zu rechnen, so muß

sich der Kommittent zur Zurückweisung des Telefons, Telegramms oder Fernschreibers bedienen. Hätte ein Brief genügt, so erfolgt die Zurückweisung auch dann noch unverzüglich, falls der Kommittent den Zeitverlust ausgleicht, indem er telefoniert (a. A. *Heymann/Kötter* HGB[21], § 386 2).

4. Form

8 Die Zurückweisung muß nicht eindeutig sein[3]. Insbesondere braucht der Kommittent nicht das Wort „Zurückweisung" verwenden. Maßgeblich sind auch hier die allgemeinen Auslegungsregeln für empfangsbedürftige Willenserklärungen. Der Kommissionär muß also erkennen können, daß der Kommittent das angezeigte Geschäft nicht auf seine Rechnung gelten lassen will. Das vermag er nicht, wenn der Kommittent das Geschäft lediglich beanstandet, da hieraus nicht hervorgeht, wie der Kommittent weiter vorzugehen gedenkt. Ebensowenig sind grundsätzlich Bedingungen zulässig, es sei denn, der Eintritt der Bedingung stünde in der Willkür des Kommissionärs, da dem Kommittenten dann keinerlei Spekulationsmöglichkeiten offenstehen (*Schlegelberger/ Hefermehl* HGB[5], § 386 11).

5. Zugang der Erklärung über die Zurückweisung

9 Die Erklärung über die Zurückweisung „reist" auf Gefahr des Kommissionärs. Geht die Zurückweisungserklärung ohne Verschulden des Kommittenten dem Kommissionär nicht zu, so tritt die Genehmigungsfiktion nicht ein (Wertung des § 377 Abs. 4). Der Kommittent muß die Zurückweisung aber unverzüglich wiederholen, sobald er vom Verlust der Erklärung erfährt (*Schlegelberger/Hefermehl* HGB[5], § 386 10). Dadurch erlangt der Kommittent zwar eine Spekulationsmöglichkeit; denn er braucht nun nicht mehr zurückzuweisen, falls sich herausgestellt hat, daß das weisungswidrige Geschäft doch günstiger als gedacht war (*Heymann/Kötter* HGB[21], § 386 2). Diese Konsequenz kann aber hingenommen werden. Hat nämlich der Kommissionär binnen angemessener Frist nichts vom Kommittenten gehört, so wird er davon ausgehen, daß das Geschäft genehmigt sei. Eine spätere Genehmigung, sei es ausdrücklich, sei es stillschweigend, kann daher seine Dispositionen nicht stören. Es besteht daher kein Anlaß, den Kommittenten an seiner früheren, nicht wirksam gewordenen Erklärung festzuhalten. Weist nun andererseits der Kommittent erneut zurück, nachdem er vom Verlust seiner Erklärung Kenntnis erlangt hat, so wird hierdurch zwar vielfach den Dispositionen des Kommissionärs der Boden entzogen. Dieses Risiko muß aber der Kommissionär tragen; denn die Abweichung von der Preissetzung etc. beruht auf Gründen, die in seiner Sphäre lagen. Will sich der Kommissionär gegen dieses Risiko absichern, so muß er beim Kommittenten rückfragen, ob dieser zurückgewiesen hat.

6. Einschränkungen der Genehmigungsfiktion

10 Dem Wortlaut des § 386 Abs. 1 zufolge erlischt das Recht zur Zurückweisung unabhängig davon, ob die Ausführung so erheblich von der Weisung abweicht, daß der Kommissionär die Genehmigung des Kommittenten als ausgeschlossen erachten mußte. Im Bereich des Handelskaufes ist die Rügeobliegenheit eingeschränkt, falls der Verkäufer Ware liefert, die von der Bestellung so offensichtlich abweicht, daß aus der Sicht des Verkäufers eine Genehmigung der Lieferung außerhalb aller Wahrschein-

---

[3] A. A. *Schlegelberger/Hefermehl* HGB[5], § 386 11;
Heymann/Kötter HGB[21], § 386 2.

keit liegen mußte (§ 378 2. HS). Diese Wertung ist auch im Rahmen des § 386 Abs. 1 zu berücksichtigen. Es widerspricht Treu und Glauben, wenn sich der Kommissionär auf sein Interesse an klaren Verhältnissen berufen dürfte, obwohl er von vornherein nicht mit einer Genehmigung des Geschäftes rechnen konnte. Das Bedürfnis an Verkehrssicherheit ist bei Kommissionsgeschäften nicht größer als im Bereich des Handelskaufes. Die durch diese Restriktion des § 386 Abs. 1 entstehende Spekulationsgefahr ist äußerst gering, da die Einschränkung des § 386 Abs. 1 ja voraussetzt, daß eine Genehmigung als ausgeschlossen erachtet werden mußte. Sollte der Kommittent im Einzelfall wegen einer unvorhersehbar günstigen Entwicklung der Marktverhältnisse doch genehmigen, so muß dies der Kommissionär ebenso wie der Verkäufer hinnehmen, zumal dies den Kommissionär, der durch das angezeigte Ausführungsgeschäft gedeckt ist, nicht allzu hart trifft.

Unter Umständen kann sich der Kommittent sein Zurückweisungsrecht mit Hilfe einer **Anfechtung** erhalten. Die §§ 119 ff BGB greifen zwar nicht unmittelbar ein, wenn es der Kommittent infolge eines Irrtums versäumt hat, rechtzeitig zurückzuweisen. Sie finden jedoch analoge Anwendung[4]. Nicht erforderlich ist, daß der Kommittent mit seinem Schweigen die Genehmigung zum Ausdruck bringen wollte (so aber *Schmidt-Rimpler* S. 878; *Schlegelberger/Hefermehl* HGB[5], § 386 12), was er häufig deshalb nicht tun wird, weil er dazu infolge seines Irrtums keinen Anlaß sieht. Vielmehr hat man für die analoge Anwendung der §§ 119 ff BGB lediglich zu unterstellen, daß durch das Schweigen eine Erklärung des Inhalts abgegeben wird, es werde das angezeigte Geschäft genehmigt. Eine Anfechtung ist demnach z. B. dort zuzulassen, wo der Kommittent die Ausführungsanzeige mißverstanden hatte (*Canaris* Vertrauenshaftung, aaO, S. 211); ferner dort, wo er glaubte, zurückgewiesen zu haben, aber die Zurückweisung so formuliert hatte, daß sie lediglich als Beanstandung interpretiert werden konnte (*Canaris* aaO, S. 211); weiter in Fällen, in denen er vom Kommissionär arglistig getäuscht worden war. Dagegen besteht keine Anfechtungsmöglichkeit, falls der Kommittent davon ausging, das angezeigte Geschäft stehe im Einklang mit der Preissetzung etc. (*Canaris* aaO, S. 211; str.). Unerheblich ist auch ein Irrtum über die gesetzliche Bedeutung des Schweigens.

7. Rechtsfolge einer rechtzeitigen Zurückweisung

Hat der Kommittent unverzüglich zurückgewiesen, so braucht er keine Provision zu zahlen. Der Kommissionär muß sich nochmals um die Ausführung bemühen. Die Aufwendungen hat der Kommissionär zu tragen, sofern er schuldhaft die Preissetzung etc. mißachtet hatte. Daneben muß er im Falle schuldhaften Verhaltens Schadensersatz leisten (näher dazu § 385 11 f). **11**

8. Rechtsfolge verspäteter oder fehlender Zurückweisung

Erfolgt keine oder eine verspätete Zurückweisung, so gilt das Geschäft mit den angezeigten Preisabweichungen etc. als genehmigt. Die Zurechnung des Schweigens beruht auf keinem realen Willen des Kommittenten, sondern unmittelbar auf dem Gesetz. Durch die fiktive Genehmigung werden dem Kommittenten auch Schadensersatzansprüche wegen Mißachtung des Limits abgeschnitten[5]. Will der Kommittent aus- **12**

---

[4] *Schlegelberger/Hefermehl* HGB[5], § 386 12; ferner allgemein *Canaris* Die Vertrauenshaftung im deutschen Privatrecht (1971), S. 453; a. A. RCRKzHGB *Ratz*, § 386 7; *Heymann/Kötter* HGB[21], § 386 3.

[5] *Düringer/Hachenburg/Lehmann* HGB[3], § 386 11; *Schlegelberger/Hefermehl* HGB[5], § 386 12; *Heymann/Kötter* HGB[21], § 386 3; *K. Schmidt* Handelsrecht, § 30 IV 1b; a. A. *Schmidt-Rimpler* S. 879.

schließlich Schadensersatz geltend machen, so muß er sich den Anspruch auf Ersatz des Schadens rechtzeitig (unverzüglich) vorbehalten. Damit ist die Spekulationsgefahr ebenfalls gebannt. Zugleich hat der Kommissionär die nötige Gewißheit erlangt. Durch den Zwang zu einer derartigen Initiative wird der Kommittent auch nicht allzu sehr belastet. § 386 Abs. 1 2. HS kann deshalb in dieser Konstellation restringiert werden (*Schlegelberger/Hefermehl* HGB[5], § 386 12). Ist der Kommissionär nicht nur von Limits, sondern auch von anderen Weisungen abgewichen, so bleiben dem Kommittenten im Hinblick auf diese Weisungen das Zurückweisungsrecht und Schadensersatzansprüche (§ 385) trotz Schweigens erhalten[6].

V. Anerbieten der Deckung des Preisunterschiedes

Das Zurückweisungsrecht entfällt gemäß § 386 Abs. 2 ferner dann, wenn sich der Kommissionär zugleich mit der Anzeige zur Deckung des Preisunterschiedes erbietet.

1. Zeitpunkt

13 Das Anerbieten zur Deckung muß zugleich mit der Ausführungsanzeige erfolgen. Der maßgebliche Zeitpunkt für die Beurteilung des „zugleich" orientiert sich dabei nicht an der Absendung der Ausführungsanzeige, sondern an deren Zugang[7]. Hat der Kommissionär angezeigt, ohne die erzielten Preise mitzuteilen, so kann das Deckungserbieten auch noch nachträglich bis zu dem Moment geschehen, in dem dem Kommittenten die Mitteilung des Kommissionärs über die Preise des Ausführungsgeschäftes zugeht; denn erst in diesem Moment muß sich der Kommittent entscheiden, ob er zurückweisen will oder nicht[8]. Hat der Kommittent aus anderen Quellen von der weisungswidrigen Ausführung erfahren, weil Anzeige und Anerbietenserklärung verloren gegangen sind, so muß er mit der Zurückweisung warten, bis der Kommissionär Gelegenheit gehabt hat, erneut die Ausführung anzuzeigen und Deckung anzubieten. Vor diesem Zeitpunkt verstößt eine Zurückweisung gegen Treu und Glauben. Der Kommittent muß auch dann eine nachträgliche Anzeige hinnehmen, wenn der Kommissionär ohne sein Verschulden der Meinung war, er habe sich innerhalb des Limits gehalten (weitergehend wohl *K. Schmidt* Handelsrecht, § 30 IV 1 b).

2. Preisdifferenz

14 Das Anerbieten der Deckung muß auf die volle Preisdifferenz gerichtet sein. Es darf nicht bedingt sein. Ob dies der Fall ist, ist vom Horizont des Kommittenten aus zu beurteilen. Es wird mit der Konsequenz, daß der Kommittent das Zurückweisungsrecht verliert, wirksam, wenn die Erklärung dem Kommittenten zugegangen ist. Das spielt dort eine Rolle, wo zwar die Deckungserklärung, nicht aber die Anzeige, die in getrennten Briefen abgesandt worden sind, verloren gegangen ist. Dem Wortlaut des § 386 Abs. 2 zufolge braucht der Kommissionär für sein Erbieten keine Sicherheit zu leisten (weiter: *Schmidt-Rimpler* S. 875). Das Gesetz geht augenscheinlich davon aus, daß der Kommissionär hinreichend zahlungskräftig ist. Ist der Kommissionär jedoch augenscheinlich **zahlungsunfähig** oder ist seine Liquidität offensichtlich stark gefährdet, so paßt die Regelung des § 386 Abs. 2 nicht, da der Kommittent dann nicht erwarten

---

[6] *Schmidt-Rimpler* Kommissionsgeschäft, aaO, S. 878; *Schlegelberger/Hefermehl* HGB[5], § 386 16.
[7] Wertung des § 130 Abs. 1 S. 2 BGB; **a. A.** im Ergebnis RGRKzHGB-*Ratz*, § 386 6, der auf Verschulden abstellt.
[8] RG Recht **1926** Nr. 2156; *Schlegelberger/Hefermehl* HGB[5], § 386 14 m. Nachw.; a. A. *Schmidt-Rimpler* S. 872.

kann, daß er im wesentlichen das erhält, was er bei Beachtung des Limits erhalten hätte. § 386 Abs. 2 ist daher für die Verkaufskommission zu weit gefaßt und ist zu restringieren[9]. Der Kommittent kann deshalb in solchen Situationen ungeachtet des Anerbietens der Deckung zurückweisen. Bei der Einkaufskommission ist der Kommittent durch die Möglichkeit der Aufrechnung gesichert.

3. Deckung des Qualitäts- oder Quantitätsunterschiedes

Hat der Kommissionär weisungswidrig eine zu geringe Menge ge- oder verkauft, obwohl der Kommittent zu erkennen gegeben hat, daß ihm nur an einem Ausführungsgeschäft über die in Auftrag gegebene Menge gelegen ist, so kann § 386 Abs. 2 nicht analog herangezogen werden. Es fehlen nämlich Daten für den Preis der gewünschten Menge. Die tatsächlich vereinbarten Preise können nicht ohne weiteres herangezogen werden; denn z. B. bei der Abnahme einer größeren Menge hätte der Kommissionär unter Umständen einen Mengenrabatt erhalten können. Bei Qualitätsunterschieden scheidet eine Deckung der Divergenz zur Order von vornherein aus. Anders ist z. B. die Situation dort, wo der Kommissionär im Widerspruch zur Weisung Stundung gewährt hat (§ 385 6). **15**

4. Rechtsfolge

Hat sich der Kommissionär wirksam zur Deckung des vollen Preisunterschiedes erboten, so haftet er auf diesen Betrag. Das Anerbieten ist die Ausübung eines Gestaltungsrechts, das den Kommissionsvertrag umformt (*a. A. Schmidt-Rimpler* S. 873: Schuldversprechen). Demnach kann sich der Kommissionär auch später nicht mehr darauf berufen, der Kommittent hätte niemals seine Preisvorstellungen ganz oder teilweise realisieren können und das Geschäft zwangsweise zu unter bzw. über dem Limit liegenden Konditionen abschließen müssen. Das zu beurteilen ist — vorbehaltlich des § 665 BGB — Sache des Kommittenten (*Schlegelberger/Hefermehl* HGB[5], § 386 16). Der Kommittent braucht sich deshalb sein Zurückweisungsrecht nur dort aus der Hand schlagen zu lassen, wo ihm zum Ausgleich das an Ansprüchen erwächst, was er bei weisungsgemäßer Ausführung gehabt hätte. Glaubt der Kommissionär, daß die weisungswidrige Ausführung marktgerecht war, so braucht er keine Deckung zu offerieren. **16**

Mit dem wirksamen Deckungsanerbieten geht der Kommittent ohne Rücksicht darauf, welcher Schuldvorwurf den Kommissionär trifft, (lediglich) seines Zurückweisungsrechtes verlustig. Der Anspruch auf Ersatz eines überschießenden Schadens bleibt ihm erhalten (§ 386 Abs. 2 S. 2). Ein solcher Schaden kann bei der Einkaufskommission etwa dort entstehen, wo der Kauf über dem gesetzten Höchstpreis nachweisbar die Kurse nach oben getrieben hat und dem Kommittenten bei weiteren Käufen höhere Kosten entstehen. Erst recht bleibt natürlich die Forderung auf Erstattung des Schadens unberührt, der daraus resultiert, daß der Kommissionär den Einkauf bei pflichtgemäßer Sorgfalt zu einem Preis unter dem Höchstpreis hätte tätigen können.

---

[9] Ebenso i. E. *Düringer/Hachenburg/Lehmann* HGB[3], § 386 16; *Schmidt Rimpler* S. 874 f; *Schlegelberger/Hefermehl* HGB[5], § 386 15 m. Nachw.

§ 387

(1) Schließt der Kommissionär zu vorteilhafteren Bedingungen ab, als sie ihm von dem Kommittenten gesetzt worden sind, so kommt dies dem Kommittenten zustatten.

(2) Dies gilt insbesondere, wenn der Preis, für welchen der Kommissionär verkauft, den von dem Kommittenten bestimmten niedrigsten Preis übersteigt oder wenn der Preis, für welchen er einkauft, den von dem Kommittenten bestimmten höchsten Preis nicht erreicht.

Übersicht

	Rdn.		Rdn.
A. Vorbemerkung	1	IV. Beweislast	5
B. Vorteilhaftere Bedingungen		V. Abschluß	6
I. Preis	2	C. Rechtsfolgen	7
II. Sonstige Bedingungen	3	D. Abdingbarkeit des § 387	8
III. Zeitpunkt des Abschlusses	4		

Schrifttum

siehe Angaben zu § 383.

A. Vorbemerkung

1 Der Kommissionär hat als Geschäftsbesorger die Interessen des Kommittenten bestmöglich wahrzunehmen. Dazu gehört es z. B. auch, daß er in Fällen, in denen der Kommittent bestimmte Bedingungen gesetzt hat, versucht, zu günstigeren Konditionen abzuschließen und das Erlangte an den Kommittenten herausgibt (§ 384 Abs. 2). § 387 regelt mithin etwas, das sich schon aus dem Wesen des Kommissionsvertrages ableiten läßt[1]. Der Kommissionär soll grundsätzlich nicht am Ausführungsgeschäft, sondern an der Provision verdienen. § 387 gilt nur für die Kommission, die durch ein Geschäft mit einem Dritten auszuführen ist. Wird die Kommission durch Selbsteintritt ausgeführt, so ist § 401 zu beachten (§ 387 6). Zur Auslegung einer Limitierungsabrede kann die Wertung des § 387 herangezogen werden.

B. Vorteilhaftere Bedingungen

I. Preis

2 § 387 Abs. 2 stellt klar, daß zu den Bedingungen im Sinne des § 387 Abs. 1 vor allem der Preis gehört. Preislimitierungen wirken grundsätzlich nur zugunsten des Kommittenten. § 387 enthält also inzident eine Auslegungsregel (*Heymann/Kötter* HGB[21], § 387 1), der zufolge im Zweifel Bedingungen so „gesetzt" werden, daß eine Abweichung zugunsten des Kommittenten zulässig ist. Der Kommissionär ist sogar verpflichtet, im Interesse des Kommittenten auf günstigere Bedingungen hinzuarbeiten, als sie gesetzt sind (zur Ausdrucksweise des Gesetzes: *Schmidt-Rimpler* S. 699). Das Interesse des Kommittenten hat, wie § 387 signalisiert, absoluten Vorrang. Unter Umständen kann bei der Einkaufskommission der höchste Preis und bei der Verkaufskommission der niedrigste Preis auch so gesetzt sein, daß der Kommissionär die ihm gesetzten Preise weder über- noch unterschreiten darf, weil dem Kommittenten an der Einhal-

---

[1] *Schmidt-Rimpler* S. 698; *Schlegelberger/Hefermehl* HGB[5], § 387 1.

tung einer bestimmten Verkaufspolitik gelegen ist (absolutes Limit). Weicht der Kommissionär von einer derartigen Weisung ab, so kann der Kommittent das Geschäft zurückweisen (§§ 385 f). Außerdem darf der Kommittent bei schuldhaftem Verhalten des Kommissionärs Schadensersatz verlangen. Genehmigt der Kommittent das Geschäft (dazu § 385 7), so erstreckt sich sein Herausgabeanspruch auch auf das Entgelt, das z. B. bei der Verkaufskommission über dem absolut gesetzten Preis liegt. Der Begriff „vorteilhaft" im Sinne des § 387 Abs. 1 ist mithin generell — typisch zu interpretieren[2].

II. Sonstige Bedingungen

§ 387 Abs. 1 umfaßt sämtliche Bedingungen, die vom Standpunkt des Kommittenten **3** aus von Interesse sind, deren causa im Ausführungsgeschäft liegt, oder Vorteile, die vom Kommissionär auf Rechnung des Kommittenten in Empfang genommen werden[3]. Dazu gehören etwa vorteilhafte Zahlungsziele bei der Einkaufskommission oder Barzahlung bei der Verkaufskommission; ferner alle Arten von Rabatten oder Boni. Auch eine bessere Qualität der einzukaufenden Ware oder eine stabilere Währung ist eine „vorteilhafte Bedingung". In den zuletzt erwähnten Fällen kann es dem Kommittenten freilich häufig daran gelegen sein, daß die Kommission exakt zu den von ihm genannten Konditionen ausgeführt wird (absolute Weisung). Sofern der Kommittent aber auf eine Mißachtung der Weisung nicht mit Zurückweisung (§ 385 Abs. 1) reagiert, sondern genehmigt, kommt ihm der „vorteilhaftere" Abschluß zustatten (§ 387 Abs. 1). Die Wertung des § 387 spielt auch dort eine Rolle, wo der Kommissionär die vom Kommittenten gesetzten Bedingungen einhält, daneben aber im Zusammenhang mit dem Ausführungsgeschäft auf Rechnung des Kommittenten sonstige Vorteile erzielt, die das Verhältnis „Aufwendungen/Vorteile" der Geschäfte zugunsten des Kommissionärs verschieben. Soweit der Kommissionär sich persönlich aus Anlaß des Ausführungsgeschäftes Vorteile versprechen läßt, die den Verdacht einer Vernachlässigung der Kommittenteninteressen begründen, sind die §§ 61 Abs. 1 2. Alt., 113 Abs. 1 2. Alt. HGB, 88 Abs. 2 S. 2 AktG analog heranzuziehen (näher dazu § 384 37).

III. Zeitpunkt des Abschlusses

Die günstigeren Bedingungen im Sinne des § 387 müssen nicht zum Zeitpunkt des **4** Abschlusses des Ausführungsgeschäftes vereinbart worden sein. § 387 greift auch dann ein, wenn durch eine nachträgliche Änderung des Ausführungsgeschäftes dessen Konditionen vorteilhafter gestaltet worden sind[4].

IV. Beweislast

Der Kommissionär hat auch im Hinblick auf etwaige vorteilhaftere Bedingungen **5** Rechenschaft abzulegen. Es gelten hierfür die allgemeinen Regeln (§ 384 47 f).

V. Abschluß

Unter Abschluß im Sinne des § 387 Abs. 1 fallen nur das Ausführungsgeschäft und **6** sonstige auf Rechnung des Kommittenten getätigten Geschäfte[5]. Hat sich der Kom-

---

[2] *Schmidt-Rimpler* S. 699; *Schlegelberger/Hefermehl* HGB5, § 387 3.

[3] § 384 36 ff; dort auch zu den dem Kommissionär persönlich zugewandten Vergütungen.

[4] *Schmidt-Rimpler* S. 700; *Schlegelberger/Hefermehl* HGB5, § 387 4.

[5] *Schmidt-Rimpler* S. 700; **a. A.** wohl *Heymann/Kötter* HGB21, § 387 1; *Schlegelberger/Hefermehl* HGB5, § 387 4 m. Nachw.

missionär irrtümlich zum Selbsteintritt für berechtigt gehalten und verkauft er beispielsweise das Kommissionsgut zu einem höheren als dem gesetzten Preis an einen Dritten, so kann der Kommittent unter Umständen ebenfalls das höhere Entgelt (faktisch) für sich in Anspruch nehmen. Der Kommissionär, der der Ansicht ist, er habe ein Selbsteintrittsrecht, wird zwar regelmäßig ein Deckungsgeschäft auf eigene Rechnung vereinbart haben. Daran scheitert die Anwendung des § 387. Der Kommittent kann jedoch, wenn ihm gegenüber der Selbsteintritt erklärt wird, den Selbsteintritt genehmigen. Dadurch wird nachträglich der Selbsteintritt zulässig. Die Verpflichtung des Kommissionärs bestimmt sich dann nach § 401 Abs. 2, so daß der Kommittent gegen den Kommissionär einen Anspruch nach Maßgabe der vorteilhaften Bedingungen erlangt. Genehmigt der Kommittent den Selbsteintritt nicht, so muß der Kommissionär gegebenenfalls nochmals ausführen. Hat der Kommissionär das Kommissionsgut schon an den Dritten übereignet, so kann dies gemäß § 366 wirksam sein. Der Kommissionär ist dann zur Herausgabe des Erlangten gemäß § 816 BGB verpflichtet. Daneben kann immer eine Schadensersatzpflicht wegen pflichtwidriger Geschäfte auf eigene Rechnung in Betracht kommen (§ 384 21, 37), in deren Zusammenhang der Wertung des § 387 Abs. 1 Rechnung zu tragen ist.

C. Rechtsfolgen

7 § 387 Abs. 1 spricht farblos von „zustatten kommen". Für die Verkaufskommission bedeutet das, daß der Kommissionär die aus dem Ausführungsgeschäft stammenden Forderungen auch insoweit herauszugeben hat (§ 384 Abs. 2), als sie von den gesetzten Bedingungen zum Vorteil des Kommittenten abweichen. Bei der Einkaufskommission orientiert sich die Pflicht zur Erstattung der Aufwendungen nicht an den gesetzten Bedingungen, sondern an den realen (günstigeren) Konditionen des Ausführungsgeschäftes (§§ 396 Abs. 2 HGB, 675, 670 BGB). Einen höheren Vorschuß kann der Kommittent zurückfordern (§§ 675, 667 BGB). Hat der Kommittent zu hohe Aufwendungen ersetzt, so beruht sein Zurückforderungsrecht auf §§ 812 ff BGB; gegebenenfalls kommt auch ein Schadensersatzanspruch wegen Verletzung der Rechenschaftspflicht in Betracht.

D. Abdingbarkeit des § 387

8 § 387 kann vertraglich abbedungen werden. So können die Parteien vereinbaren, daß der Kommissionär das, was er an Mehrerlös erzielt hat, für sich behalten darf. Denkbar ist auch eine Vereinbarung, der zufolge sich der Kommittent bei der Einkaufskommission verpflichtet, unter allen Umständen Aufwendungen in Höhe eines bestimmten Preises zu vergüten. Der Sinn dieser Vereinbarung besteht darin, daß der Kommissionär zwar auf Rechnung des Kommittenten die optimalen Konditionen zu erzielen hat, daß er aber den Mehrerlös bzw. die Differenz zwischen realen Aufwendungen und gesetztem Einkaufspreis als Entgelt für seine Bemühungen behalten darf [6]. Gleiches gilt für Rabatte. Dagegen ist eine solche Vereinbarung im Hinblick auf die Qualität der Ware undenkbar. Haben die Parteien eine solche Abrede getroffen, so kann die Kommission nur aus wichtigem Grund gekündigt werden. Eine Kündigungsmöglichkeit entfällt völlig, falls die Abrede zeigt, daß trotz Verwendung des Wortes „Kommission" in Wahrheit kein Kommissionsvertrag, sondern z. B. ein sog. Konditionsgeschäft geschlossen wurde (§ 383 43).

---

[6] *Schmidt-Rimpler* S. 701; *Schlegelberger/Hefermehl* HGB 5, § 387 7.

Der Kommissionär hat den Kommittenten bei den Vertragsverhandlungen auch dann, wenn die Parteien beabsichtigen, den § 387 abzubedingen, unter Hintanstellung der eigenen Interessen **aufzuklären und zu beraten** (*Heymann/Kötter* HGB[21], § 387 2; ferner § 384 4 ff). Insbesondere hat er den Kommittenten nach pflichtgemäß bestem Wissen und Gewissen über die Wahrscheinlichkeit aufzuklären, mit der bestimmte Preise und sonstige Konditionen auf dem Markt zu erzielen sind. Die Situation ist hier anders als bei der Vereinbarung einer Provision, wo dem Kommittenten die Provisionshöhe von vornherein zumindest in Prozentsätzen bekannt ist (**a. A.** *Schmidt-Rimpler* S. 703). Tut er dies nicht oder unrichtig, so kann er sich schadensersatzpflichtig machen. Daneben kann der Kommittent den Vertrag gemäß § 123 BGB anfechten, falls der Kommissionär den Kommittenten veranlaßt hatte, ein relativ ungünstiges Limit zu setzen, obwohl er wußte oder damit rechnete, daß er zu günstigeren Bedingungen ausführen könne. Gleiches gilt, falls der Kommissionär arglistig eine günstigere Möglichkeit verschwiegen hatte[7]. Die Arglist muß sich auf Konditionen beziehen, die beim normalen Kommissionsgeschäft dem Kommittenten zugute kommen. Ein Recht zur Anfechtung scheidet indessen dort aus, wo feststeht, daß der Kommittent den Auftrag auch dann wie vereinbart erteilt hätte, wenn ihm die wahre Marktlage bekannt gewesen wäre. Die Beweislast trägt hierfür der Kommissionär.

§ 388

(1) Befindet sich das Gut, welches dem Kommissionär zugesendet ist, bei der Ablieferung in einem beschädigten oder mangelhaften Zustande, der äußerlich erkennbar ist, so hat der Kommissionär die Rechte gegen den Frachtführer oder Schiffer zu wahren, für den Beweis des Zustandes zu sorgen und dem Kommittenten unverzüglich Nachricht zu geben; im Falle der Unterlassung ist er zum Schadensersatze verpflichtet.

(2) Ist das Gut dem Verderb ausgesetzt oder treten später Veränderungen an dem Gute ein, die dessen Entwertung befürchten lassen, und ist keine Zeit vorhanden, die Verfügung des Kommittenten einzuholen, oder ist der Kommittent in der Erteilung der Verfügung säumig, so kann der Kommissionär den Verkauf des Gutes nach Maßgabe der Vorschriften des § 373 bewirken.

Übersicht

	Rdn.		Rdn.
A. Vorbemerkung	1	3. Benachrichtigung	8
B. Absatz 1		VI. Sonstige Pflichten	9
I. Gut	2	VII. Pflichtverstoß	10
II. Zugesandt	3	C. Absatz 2	
III. Beschädigtes oder mangelhaftes Gut	4	I. Dem Verderb oder der Entwertung ausgesetztes Gut	11
IV. Erkennbarkeit der Mängel	5	II. Weisung des Kommittenten	12
V. Pflicht zur Rechtswahrung, Beweissicherung, Benachrichtigung		III. Recht zum Selbsthilfeverkauf	13
1. Wahrung der Rechte	6	IV. Pflicht zum Selbsthilfeverkauf	14
2. Beweissicherung	7	V. Rechtsfolgen	15

---

[7] *Düringer/Hachenburg/Lehmann* HGB[3], § 387 13; *Schlegelberger/Hefermehl* HGB[5], § 387 7 m. Nachw.; enger *Schmidt-Rimpler* S. 703 f.

§ 388

Schrifttum

siehe Angaben zu § 383.

A. Vorbemerkung

1 § 388 konkretisiert die allgemeine Pflicht des Kommissionärs, mit pflichtgemäßer Sorgfalt die Interessen des Kommittenten bestmöglich zu wahren[1]. Danach ist der Kommissionär insbesondere gehalten, bei Ankunft von erkennbar beschädigten oder mangelhaften Gütern Beweise zu sichern, die Rechte gegen Frachtführer und Schiffer zu wahren, den Kommittenten zu benachrichtigen und notfalls der gänzlichen Entwertung durch Selbsthilfeverkauf vorzubeugen. Die Konkretisierung der dem § 384 Abs. 1 2. HS entspringenden Interessenwahrungspflicht in Fällen, in denen der Kommissionär Güter in die Hand bekommt, die nicht voll den Wünschen des Kommittenten entsprechen, ist nicht abschließend. In Situationen, die den in § 388 genannten Konstellationen vergleichbar sind, greift deshalb diese Vorschrift analog ein. Im übrigen ist immer die Reichweite der allgemeinen Pflicht zur Interessenwahrung zu prüfen (*Schlegelberger/Hefermehl* HGB[5], § 388 1). Dabei kann man die Wertung des § 388 als Leitlinie nutzen.

B. Absatz 1

I. Gut

2 Gut im Sinne des § 388 Abs. 1 sind Waren oder Wertpapiere. Es muß dem Kommissionär in innerem Zusammenhang mit dem Ausführungsgeschäft zugesandt worden sein. Dabei ist es gleichgültig, ob es sich um Kommissionsgut handelt, das erst verkauft werden soll, oder um Güter, die der Dritte aus Anlaß einer Einkaufskommission geliefert hat. Auch als Vorschuß gelieferte Güter sowie z. B. Werbematerial fallen unter § 388 Abs. 1. Die Eigentumslage ist unerheblich. Eine dem Kommissionär als Sicherheit zugesandte Sache ist ebenfalls ein „Gut", wenn dies zur Förderung der Aus- bzw. Durchführung der Kommission erfolgte (**a. A.** *Schlegelberger/Hefermehl* HGB[5], § 388 5).

II. Zugesandt

3 Das Gut darf dem Kommissionär nicht unmittelbar vom Kommittenten ausgehändigt worden sein[2]; denn dann hatte der Kommittent selbst Gelegenheit, sich von dessen Zustand bei der Ankunft zu überzeugen. Entdeckt der Kommissionär später Schäden, so hat er gemäß § 384 Abs. 2 1. HS den Kommittenten zu benachrichtigen. § 388 greift ferner nicht ein, falls der Dritte selbst dem Kommissionär das verkaufte Gut übergeben hat[3]. Es muß mithin das Gut durch eine Zwischenperson (Frachtführer, Schiffer) übergeben worden sein. Freilich hat in der zweiten Variante der Kommissionär dem Dritten gegenüber die Rügeobliegenheit beim Handelskauf zu erfüllen (§§ 377 f) und dem Kommittenten unverzüglich die erforderlichen Nachrichten zu geben (*Schmidt-Rimpler* S. 754). Bei einer Kommission mit Mindestpreisgarantie treffen den Kommissionär die Rügeobliegenheiten aus §§ 377 f auch dann, wenn ihm das Gut vom Kommittenten übergeben worden war (OLG München BB **1960** 642).

---

[1] *Schmidt-Rimpler* S. 752 ff; *Schlegelberger/Hefermehl* HGB[5], § 388 1 m. Nachw.; vgl. auch OLG Düsseldorf, DB **1973** 1943.

[2] *Schmidt-Rimpler* S. 753; *Schlegelberger/Hefermehl* HGB[5], § 388 4 m. Nachw.

[3] *Schmidt-Rimpler* S. 753; *Schlegelberger/Hefermehl* HGB[5], § 388 4; **a. A.** *Heymann/Kötter* HGB[21], § 388 1.

Der Ort, von dem aus dem Kommissionär das Gut zugesandt wurde, spielt keine Rolle. Es kann eine Niederlassung in der gleichen Gemeinde sein. Das Gut muß auch nicht in der Niederlassung des Kommissionärs abgeliefert worden sein. Es genügt, daß der Kommissionär das Gut bei der Mittelsperson in Empfang nimmt [4].

Dem Gesetzeswortlaut zufolge hat der Kommissionär nur dem Frachtführer oder Schiffer gegenüber die Rechte zu wahren. Als Zwischenpersonen kommen jedoch z. B. auch Spediteure, Verfrachter, Lagerhalter in Betracht. Da kein Grund ersichtlich ist, warum § 388 Abs. 1 lediglich die Frachtführer und Schiffer nennt, ist diese Vorschrift analog anzuwenden, soweit es um die Wahrung der Rechte gegen andere Zwischenpersonen geht. In Hinblick auf die Feststellung des Zustandes, die Beweissicherung und Benachrichtigung setzt der Wortlaut des § 388 Abs. 1 keine Schranken, so daß diese Norm unmittelbar bei allen durch Zwischenpersonen bewirkten Zusendungen relevant werden kann [5].

III. Beschädigtes oder mangelhaftes Gut

Wenn § 388 Abs. 1 den Ausdruck „beschädigt oder mangelhaft" gebraucht, so erfaßt er hiermit ausschließlich Qualitätsmängel (**a. A.** *Schlegelberger/Hefermehl* HGB[5], § 388 6). Es braucht sich hierbei jedoch nicht notwendig um Transportschäden zu handeln [6]. Eine Analogie zu § 388 Abs. 1 ist dort geboten, wo Quantitätsmängel vorliegen. Kommen beim Kommissionär gänzlich andere Güter an, als er erwarten durfte, oder kommen die Güter mit Verzögerung an, so ist § 388 ebenfalls analog heranzuziehen (so im Ergebnis auch *Schlegelberger/Hefermehl* HGB[5], § 388 6). **4**

IV. Erkennbarkeit der Mängel

Die Qualitäts- bzw. Quantitätsmängel müssen äußerlich erkennbar sein. Das sind sie, wenn sie vom Kommissionär bei einer mit zumutbarem Aufwand vorgenommenen Untersuchung ohne Beschädigung der Verpackung wahrgenommen werden können. Fachleute müssen hierfür regelmäßig nicht herangezogen werden. Besteht aufgrund bestimmter Umstände dringender Verdacht dafür, daß das Gut beschädigt ist, ohne daß hierfür äußerliche Anhaltspunkte vorhanden sind, so ist der Kommissionär analog § 388 Abs. 1 ebenfalls gehalten, das Gut mit zumutbaren Mitteln auf verdeckte Schäden etc. hin zu untersuchen. **5**

Das Gut muß sich in dem Moment, in dem es in den Herrschaftsbereich des Kommissionärs gelangte, in einem beschädigten Zustand befunden haben, der äußerlich erkennbar war. Wird der Schaden (etc.) später äußerlich sichtbar, so ist § 388 Abs. 1 analog heranzuziehen (**a. A.** RGRKz HGB-*Ratz*, § 388 2: § 384 Abs. 1). Gleiches gilt für später eintretende Schäden, falls hierfür ein anderer verantwortlich gemacht werden könnte. Im übrigen hat der Kommissionär jedenfalls gemäß § 384 Abs. 1 den Kommittenten unverzüglich von Schäden oder Verlusten zu benachrichtigen und Beweise zu sichern.

---

[4] *Heymann/Kötter* HGB[21], § 388 1; *Schlegelberger/Hefermehl* HGB[5], § 388 4.

[5] *Schmidt-Rimpler* S. 754; *Heymann/Kötter* HGB[21], § 388 1; *Schlegelberger/Hefermehl* HGB[5], § 388 4.

[6] *Schmidt-Rimpler* S. 755; *Schlegelberger/Hefermehl* HGB[5], § 388 6.

§ 388 Drittes Buch. Handelsgeschäfte

V. Pflicht zur Rechtswahrung, Beweissicherung, Benachrichtigung
1. Wahrung der Rechte

6 Bei den in § 388 Abs. 1 genannten Rechten gegen Frachtführer oder Schiffer handelt es sich um Rechte, die dem Kommissionär als Empfänger im eigenen Namen zustehen, wie die Rechte aus §§ 429 ff HGB, 58, 73 ff BSchG. In analoger Anwendung des § 388 Abs. 1 kommen ferner die Rechte aus §§ 408, 417 Abs. 1, 454 ff, 606 ff HGB, 82 ff EVO in Betracht. Zu wahren hat der Kommissionär die Rechte mit pflichtgemäßer Sorgfalt. Vielfach genügt hierfür ein bloßer Vorbehalt (§ 30 CMR). Bei Ansprüchen gegen Frachtführer sind die §§ 438 HGB, 39 KVO, 93 EVO zu beachten. Unter Umständen hat der Kommissionär einen Arrest oder eine einstweilige Verfügung zu erwirken (RGZ 47 121). Darüber hinaus ist der Einkaufskommissionär dem Kommittenten gegenüber verpflichtet, sich die Gewährleistungsrechte durch rechtzeitige Rüge (§§ 377 f) zu erhalten (*Schlegelberger/Hefermehl* HGB[5], § 388 10 m. Nachw.).

2. Beweissicherung

7 In der Wahl der Mittel zur Sicherung des Beweises ist der Kommissionär frei. Er muß sie nur mit pflichtgemäßer Sorgfalt so auswählen, daß die Rechte, an deren Wahrung der Kommittent ein Interesse besitzt, mit an Sicherheit grenzender Wahrscheinlichkeit durchgesetzt werden können.

Im Hinblick auf Ansprüche gegen Frachtführer, Eisenbahn oder Schiffer genügt die Heranziehung amtlich bestellter Sachverständiger (§§ 438 Abs. 2, 608 HGB, 81 EVO) oder die Feststellung des Schadens durch die Zwischenperson (§§ 37 KVO, 81 EVO). Bei anderen zum Transport oder zur Lagerung eingeschalteten Zwischenpersonen hat der Kommissionär für eine gerichtliche Beweissicherung (§ 485 ZPO) zu sorgen, falls sich der Schadensverursacher nicht zu einem Schuldanerkenntnis bereit erklärt. Ist mit einem Aufschub keine Gefahr verbunden, so hat der Kommissionär vor Beantragung einer gerichtlichen Beweissicherung die Weisungen des Kommittenten einzuholen (*Schlegelberger/Hefermehl* HGB[5], § 388 12).

3. Benachrichtigung

8 Der Kommissionär hat den Kommittenten, wie sich schon aus § 384 Abs. 2 ergibt, unverzüglich (§ 121 BGB) zu benachrichtigen und vor weiteren Maßnahmen dessen Weisungen abzuwarten, es sei denn, daß damit unverhältnismäßige Risiken verbunden wären[7]. Letzterenfalls hat er sofort nach pflichtgemäßem Ermessen für die Interessen des Kommittenten zu sorgen.

VI. Sonstige Pflichten

9 Hat der Kommissionär selbst das Gut beim Dritten abgeholt, so hat er die Rügeobliegenheit der §§ 377 f zu erfüllen, den Beweis zu sichern und den Kommittenten baldmöglichst zu informieren. Letzteres gilt auch dann, wenn er selbst den Schaden verursacht hat (§ 390). In jedem Fall ist er aber gehalten, sich nach den Weisungen des Kommittenten zu richten, sofern nicht eine sofortige Abweichung von den Weisungen im erkennbaren oder mutmaßlichen Interesse des Kommittenten liegt (§ 665 BGB).

---

[7] *Schmidt-Rimpler* S. 757; *Schlegelberger/Hefermehl* HGB[5], § 388 12 m. Nachw.

VII. Pflichtverstoß

Verstößt der Kommissionär schuldhaft gegen die in § 388 Abs. 1 niedergelegten **10** Pflichten, so ist er zum Schadensersatz verpflichtet[8]. Der Schaden des Kommittenten besteht in dem Verlust, der daraus resultiert, daß die Rechte nicht rechtzeitig gewahrt und gesichert worden sind oder daß der Kommittent nicht rechtzeitig mit Weisungen reagieren konnte. War die Zwischenperson, die den Schaden verursacht hatte, von Anfang an zahlungsunfähig, so entsteht ein Schadensersatzanspruch des Kommittenten gegen den Kommissionär wegen Untergangs der zu sichernden Rechte erst, wenn die Zwischenperson wieder liquide wird (*Schlegelberger/Hefermehl* HGB[5], § 388 12). Im übrigen entfällt durch den Pflichtverstoß nicht das Recht des Verkaufskommissionärs, sich in Hinblick auf die Ausführung der Kommission auf die Mangelhaftigkeit des Gutes zu berufen[9]. Hat der Kommissionär bei der Einkaufskommission nicht pflichtgemäß die Rechte gegen die Zwischenperson gewahrt, so darf der Kommittent das Geschäft nicht zurückweisen; denn es wurde nur eine Nebenpflicht verletzt (§ 385 4). Außerdem ist die Wertung des § 447 BGB zu beachten, der zufolge der Kommittent das Transportrisiko zu tragen hat[10]. Wenn der Kommissionär gegen Weisungen verstoßen hat, siehe ferner oben § 384 22 ff. — Bei einer Kommission mit Mindestpreisgarantie treffen den Kommissionär, der nicht rechtzeitig rügt, die Rechtsfolgen der §§ 377 f (OLG München BB **1960** 642).

C. Absatz 2

§ 388 Abs. 2 berechtigt den Kommissionär unter bestimmten Umständen zum Selbsthilfeverkauf des Gutes. Eine korrelierende Pflicht kann sich aus den allgemeinen Grundsätzen über die Interessenwahrung ergeben.

I. Dem Verderb oder der Entwertung ausgesetztes Gut

Der Begriff Gut wird hier wie in § 388 Abs. 1 verwandt (§ 388 2). Das Gut muß ent- **11** weder schon bei Ablieferung an den Kommissionär dem Verderb ausgesetzt gewesen sein (§ 373 39, § 379 18), oder es müssen nach der Ablieferung Veränderungen eingetreten sein, die dessen Entwertung befürchten lassen. Bei dem aus einem Ausführungsgeschäft Erlangten oder zur Erfüllung eines Ausführungsgeschäftes bestimmten Gut sind nur solche Veränderungen relevant, die einen Mangel im Sinne des Gewährleistungsrechtes begründen. Die h. M., die gestützt auf den Wortlaut ausschließlich stoffliche Veränderungen anerkennt[11], ist zu eng. Richtig ist es, daß bloße Marktschwankungen oder Modeänderungen nicht unter § 388 Abs. 2 fallen. Derartigen Veränderungen kann und muß der Kommissionär im Rahmen des Abschlusses eines normalen Ausführungsgeschäftes Rechnung tragen. Dieser Weg liegt auch eher im mutmaßlichen Interesse des Kommittenten, da der Kommittent im allgemeinen mit Kursstürzen oder Modeveränderungen gerechnet haben wird und gleichwohl für diesen Fall keine besonderen Weisungen gegeben hat. In Einzelfällen kann es aber in derartigen Konstellationen durchaus den Interessen des Kommittenten entsprechen, das Gut im Wege des

---

[8] *Schmidt-Rimpler* S. 757; *Schlegelberger/Hefermehl* HGB[5], § 388 13; weiter *Heymann/Kötter* HGB[21], § 388 2.
[9] *Schmidt-Rimpler* S. 758; OLG München MDR **1957** 678; OLG Stuttgart MDR **1958** 774.
[10] *Schmidt-Rimpler* S. 758; **a. A.** *Schlegelberger/Hefermehl* HGB[5], § 388 14.

[11] *Düringer/Hachenburg/Lehmann* HGB[3], § 388 12; *Schmidt-Rimpler* S. 759; *Heymann/Kötter* HGB[21], § 388 3; *Schlegelberger/Hefermehl* HGB[5], § 388 15.

Selbsthilfeverkaufs sobald wie möglich loszuschlagen (*Schmidt-Rimpler* S. 759). Anders liegt aber der Fall, wenn z. B. der Vertrieb von Fleisch zum menschlichen Verzehr unmöglich wird, weil der Verdacht eines Befalles mit Salmonellen entsteht. Die Veränderung braucht noch nicht abgeschlossen zu sein. Sie muß nur mit so großer Wahrscheinlichkeit bevorstehen, daß ein sorgfältiger Kaufmann die Aussichten des Notverkaufes für günstiger hält als eine normale Ausführung (*Schmidt-Rimpler* S. 759). — Das Gut muß zugesandt sein[12]; doch findet § 388 Abs. 2 analog Anwendung, falls der Kommissionär das Gut unmittelbar vom Dritten oder vom Kommittenten selbst erhalten hatte.

II. Weisung des Kommittenten

12 Als weitere Voraussetzung des Rechtes zum Selbsthilfeverkauf nennt § 388 Abs. 2, daß entweder keine Zeit vorhanden war, die Weisung des Kommittenten einzuholen, oder daß der Kommittent mit der Weisung säumig war. Daraus ergibt sich, daß eine Situation vorliegen muß, in der jeder Aufschub des Selbsthilfeverkaufes vom Standpunkt eines ordentlichen Kaufmannes aus unverhältnismäßige Verluste befürchten läßt (Parallele zu § 665 BGB). Säumig ist der Kommittent mit einer Weisung, wenn bis zu dem Zeitpunkt, in dem die Entscheidung des Kommissionärs fallen muß, keine Weisung in den Machtbereich des Kommissionärs gelangt ist (a. A. *Schlegelberger/Hefermehl* HGB[5], § 388 16, der aber zusätzlich eine Androhung des Selbsthilfeverkaufes verlangt). Ein Verschulden des Kommittenten an der Verzögerung der Weisungserteilung ist irrelevant. Trifft eine Weisung des Kommittenten noch rechtzeitig ein, so hat sich der Kommissionär danach zu richten.

III. Recht zum Selbsthilfeverkauf

13 § 388 Abs. 2 eröffnet dem Kommissionär uneingeschränkt die Möglichkeit des Selbsthilfeverkaufs, falls Verderb oder Entwertung zu befürchten und Weisungen des Kommittenten nicht rechtzeitig zu erlangen sind. § 388 Abs. 2 darf jedoch nicht isoliert für sich gesehen werden, sondern muß in den Gesamtzusammenhang der kommissionsrechtlichen Pflichten gestellt werden. Daraus ergibt sich, daß der Kommissionär trotz Erfüllung der Tatbestandsmerkmale des § 388 Abs. 2 nicht zum Selbsthilfeverkauf schreiten darf, wenn hierdurch erkennbar die Interessen des Kommittenten verletzt werden würden[13]. Sein eigenes Interesse muß der Kommissionär völlig aus dem Spiel lassen. Die Funktion des § 388 Abs. 2 liegt mithin darin, daß er das „mutmaßliche" Interesse des Kommittenten gesetzlich konkretisiert, um die Verkehrssicherheit zu erhöhen. Der Kommittent hat daher zu beweisen, daß der Kommissionär die Kollision zwischen Selbsthilfeverkauf und seinen Belangen zu erkennen in der Lage war (*Schlegelberger/Hefermehl* HGB[5], § 388 19).

Der Kommissionär hat den Selbsthilfeverkauf nach den Regeln des § 373 vorzunehmen. Die „Androhung" im Sinne des § 373 ist hierbei durch die Einholung von Weisungen ersetzt, zu der der Kommissionär verpflichtet ist, sofern mit dem Aufschub des Selbsthilfeverkaufs keine übermäßigen Gefahren verbunden sind. Ist der Kommittent mit der Erteilung der Weisung säumig (§ 388 12), so braucht der Kommissionär den Selbsthilfeverkauf nicht noch besonders anzudrohen (a. A. *Schlegelberger/Hefermehl* HGB[5], § 388 21). Er hat aber dem Kommittenten den beabsichtigten oder später den vollzogenen Selbsthilfeverkauf anzuzeigen.

---

[12] *Schmidt-Rimpler* S. 758; *Düringer/Hachenburg/Lehmann* HGB[3], § 388 11; a. A. *Schlegelberger/Hefermehl* HGB[5], § 388 15 m. Nachw.

[13] *Schmidt-Rimpler* S. 760; *Schlegelberger/Hefermehl* HGB[5], § 388 19 m. Nachw.

IV. Pflicht zum Selbsthilfeverkauf

Der Kommissionär ist nicht immer schon dann zum Selbsthilfeverkauf verpflichtet, **14** wenn die Voraussetzungen des § 388 Abs. 2 vorliegen. Die Vorschrift konkretisiert zwar das „mutmaßliche" Interesse des Kommittenten, aber nicht in der einzig vertretbaren Weise. Es ist auch durchaus denkbar, daß der Kommissionär vom Standpunkt eines ordentlichen Kaufmannes davon ausgehen kann, ein anderer Weg der Verwertung liege eher im mutmaßlichen Interesse des Kommittenten (*Schmidt-Rimpler* S. 760; *Schlegelberger/Hefermehl* HGB[5], § 388 18). Deshalb darf der Kommissionär das Gut auch freihändig verwerten. Da § 388 Abs. 2 im Interesse der Verkehrssicherheit das typische mutmaßliche Interesse des Kommittenten fixiert, hat der Kommissionär im Streitfall zu beweisen, daß eine andere Form der Verwertung zumindest ebenso sehr dem Interesse des Kommittenten entsprach wie ein Selbsthilfeverkauf (OLG München MDR **1957** 679; *Schlegelberger/Hefermehl* HGB[5], § 388 18).

Andererseits steht der Selbsthilfeverkauf nicht im Belieben des Kommissionärs. Wählt der Kommissionär keinen anderen Weg zur sachgerechten Verwertung, so hat er grundsätzlich zum Selbsthilfeverkauf zu schreiten, ohne daß er bei Gefahr im Verzug eine entsprechende Weisung abwarten darf[14]. Dabei spielt es keine Rolle, ob sich der Kommittent bei der Einkaufskommission im Annahmeverzug befindet; denn der Annahmeverzug mildert nur den Haftungsmaßstab, nicht aber die Pflichten[15].

V. Rechtsfolgen

Hat der Kommissionär rechtswidrig den Selbsthilfeverkauf durchgeführt, so kann **15** der Kommittent bei der Einkaufskommission hieraus das Recht ableiten, das Ausführungsgeschäft zurückzuweisen (§ 385 4). Bei der Verkaufskommission braucht der Kommittent in analoger Anwendung des § 385 Abs. 1 den Selbsthilfeverkauf nicht auf seine Rechnung gelten zu lassen (*Schmidt-Rimpler* S. 761; a. A. *Schlegelberger/Hefermehl* HGB[5], § 388 22). Allerdings kann auf die Nichtbeachtung der in §§ 373 f erwähnten Formvorschriften oder auf die Verletzung der Pflicht zur Benachrichtigung eine Zurückweisung nicht gegründet werden. Gleiches gilt für andere Formen der Verwertung. Unabhängig von einem Zurückweisungsrecht kann der Kommittent immer Ersatz des Schadens fordern, der ihm durch schuldhafte Pflichtverletzung entstanden ist. Der Kommissionär hat hierbei zu beweisen, daß ihm kein Verschulden vorzuwerfen ist. Ebenso trifft ihn die Beweislast für die Höhe eines etwaigen Schadens, wenn der Kommissionär durch sein Verhalten den Kommittenten der Möglichkeit beraubt hat, selbst den Wert des mangelhaften Gutes und damit die Höhe des Schadens zu beweisen (OLG München MDR **1957** 678 f; *Schlegelberger/Hefermehl* HGB[5], § 388 22).

§ 389

Unterläßt der Kommittent über das Gut zu verfügen, obwohl er dazu nach Lage der Sache verpflichtet ist, so hat der Kommissionär die nach § 373 dem Verkäufer zustehenden Rechte.

---

[14] *Düringer/Hachenburg/Lehmann* HGB[3], § 388 14; *Schlegelberger/Hefermehl* HGB[5], § 388 20 m. Nachw.

[15] *Schlegelberger/Hefermehl* HGB[5], § 388 20; a. A. *Schmidt-Rimpler* S. 761.

§ 389

Übersicht

	Rdn.		Rdn.
A. Vorbemerkung	1	C. Rechtsfolgen	3
B. Verpflichtung zur Verfügung	2	D. Konkurrenz mit anderen Vorschriften	4

Schrifttum
siehe Angaben zu § 383.

A. Vorbemerkung

1 § 389 gibt dem Kommissionär, wie einem Verkäufer bei Annahmeverzug des Käufers, das Recht zur Hinterlegung und zum Selbsthilfeverkauf. Ebenso wie § 373 stellt § 389 eine Norm dar, die auf einen Fall des Gläubigerverzuges zugeschnitten ist. Der Begriff „verpflichtet" in § 389 ist daher im uneigentlichen Sinne zu verstehen[1]. Die Funktion dieser Vorschrift ist es, den Kommissionär so schnell und so effizient wie möglich von der Pflicht zur Aufbewahrung zu befreien. Auf eine derartige Pflicht ist nämlich der Kommissionär, der in erster Linie Geschäfte mit Dritten tätigen soll, — jedenfalls auf längere Sicht — typischerweise nicht vorbereitet. Freilich gibt die Vorschrift des § 389 dem Kommissionär nicht das Recht, ausschließlich die eigenen Belange in den Vordergrund zu stellen. Vielmehr hat er in angemessenem Umfang auch die Interessen des Kommittenten zu wahren. — Nach Wirksamwerden des Selbsteintritts findet § 389 keine Anwendung mehr[2].

B. Verpflichtung zur Verfügung

2 Bei der „Verpflichtung" zu einer Verfügung über das Gut handelt es sich um sonstige Mitwirkungshandlungen (§ 296 BGB), die vom Kommittenten programmgemäß vorgenommen werden sollen. Derartige Mitwirkungshandlungen können ausdrücklich im Vertrag erwähnt sein[3]. Auch eine ergänzende Auslegung des Vertrages kann die Notwendigkeit solcher Mitwirkungshandlungen ergeben. Besteht kein Anlaß mehr, daß das Kommissionsgut weiter beim Kommissionär verbleibt, weil beispielsweise die Ausführung unmöglich geworden oder die Kommission widerrufen worden ist, so kann § 389 zwar nicht unmittelbar angewandt werden[4]. Es entsteht jedoch eine Pflicht des Kommissionärs zur Herausgabe des Gutes, mit der die Annahme des Gutes durch den Kommittenten korreliert. Nimmt der Kommittent das ihm angebotene Gut nicht an, so ist eine Analogie zu § 389 zu ziehen. Gleiches gilt für die Fälle der Einkaufskommission, wenn der Kommittent das ihm angebotene Gut nicht entgegennimmt.

Sofern sich der Zeitpunkt der Mitwirkungshandlung bzw. der Annahme nicht als festes Datum unmittelbar oder mittelbar aus dem Vertrag herleiten läßt, hat der Kommissionär dem Kommittenten seine Leistungsbereitschaft anzuzeigen[5], damit eine „Verpflichtung" zur Verfügung entsteht. Diese Anzeige ist bei der Einkaufskommission in der Ausführungsanzeige und, wenn dem Kommissionär die Abwicklung der Kommission obliegt, in der Nachricht zu erblicken, daß er das Gut empfangen habe.

---

[1] *Schmidt-Rimpler* S. 824; *Düringer/Hachenburg/Lehmann* HGB[3], § 389 6; *Schlegelberger/Hefermehl* HGB[5], § 389 6.
[2] A. A. *Schmidt-Rimpler* S. 825; *Schlegelberger/Hefermehl* HGB[5], § 400 54.
[3] Abruf der eingekauften Güter innerhalb einer gewissen Frist; Weisung, mit welcher Käufergruppe der Kommissionär in Verhandlungen einzutreten hat.
[4] So aber *Schmidt-Rimpler* S. 822; *Schlegelberger/Hefermehl* HGB[5], § 389 2 m. Nachw.
[5] Analogie zu § 295 BGB; a. A. *Schlegelberger/Hefermehl* HGB[5], § 389 2; differenzierend: *Schmidt-Rimpler* S. 823.

Als eine solche Anzeige ist auch die Nachricht zu qualifizieren, daß sich die Ausführung im Erfüllungszeitraum als unmöglich erwiesen habe. Die Anzeigen reisen auf Gefahr des Kommissionärs, da der Kommissionär das Kommunikationsmittel auszuwählen vermag (so i. E. auch *Schlegelberger/Hefermehl* HGB⁵, § 389 2).

Das „Unterlassen der Verfügung" wird dem Kommittenten ohne Rücksicht auf Verschulden zugerechnet[6]. Beruht das Unterlassen auf Hindernissen, die außerhalb des Herrschaftsbereiches des Kommittenten liegen, so ist das unerheblich. Es wird ihm deshalb auch der Verlust einer Nachricht, die die vertragsgemäße Verfügung enthält, angelastet.

C. Rechtsfolgen

Hat der Kommittent die vertragsgemäße Annahme oder Mitwirkungshandlung **3** nicht rechtzeitig vorgenommen, so hat der Kommissionär das Recht zur Hinterlegung oder zum Selbsthilfeverkauf (§ 373). Bei der Ausübung dieses Rechtes muß der Kommissionär nach Maßgabe des § 373 verfahren. Die in dieser Vorschrift genannten Rechte erlöschen, falls der Kommittent die erforderlichen Verfügungen nachholt, bevor das Gut hinterlegt oder verkauft ist (*Schmidt-Rimpler* S. 823; *Schlegelberger/Hefermehl* HGB⁵, § 389 4).

Hat der Kommissionär zu Unrecht hinterlegt oder verkauft, so ist er bei Verschulden zum Schadensersatz verpflichtet (zum Haftungsmaßstab § 384 56). Im Falle des Selbsthilfeverkaufs kann der Kommittent (daneben) das Geschäft zurückweisen (§ 385 4).

Obwohl der § 389 dem Kommissionär nur die Rechte aus § 373 eröffnet, wird man den Kommissionär für berechtigt[7] und sogar für verpflichtet halten müssen, das Gut auf andere Weise als durch Selbsthilfeverkauf zu verwerten, falls dadurch die Interessen des Kommittenten besser gewahrt werden und der Kommissionär nicht wesentlich stärker belastet wird. Geht der Kommissionär so vor, so hat er auch Anspruch auf Provision. Den Beweis für die „besseren" Verwertungsmöglichkeiten hat für den Fall, daß der Kommissionär nach § 373 verfahren ist, der Kommittent zu führen, andernfalls der Kommissionär.

D. Konkurrenz mit anderen Vorschriften

Der Kommittent wird sich regelmäßig zugleich im Gläubigerverzug befinden. Es **4** kommen daher auch die §§ 293 ff, 383 ff BGB zur Anwendung, insbesondere der Haftungsmaßstab des § 300 Abs. 1 BGB. Hingegen wird der Kommittent in aller Regel nicht im eigentlichen Sinne zu einer Annahme oder Mitwirkungshandlung verpflichtet gewesen sein. Damit scheiden normalerweise die Regeln über den Schuldnerverzug aus (*Schlegelberger/Hefermehl* HGB⁵, § 389 6 m. Nachw.). Eine Konkurrenz mit den Vorschriften über den Schuldnerverzug kommt dagegen dort in Betracht, wo sich eine echte Schuldnerpflicht des Kommittenten aus dem Vertrag ergibt, weil der Kommissionär z. B. erkennbar ein besonders großes Interesse an der rechtzeitigen Vornahme der Mitwirkungshandlung besaß.

---

[6] *Schmidt-Rimpler* S. 823; *Heymann/Kötter* HGB²¹, § 389 1; *Schlegelberger/Hefermehl* HGB⁵, § 389 3 m. Nachw.

[7] So *Schmidt-Rimpler* S. 823; *Schlegelberger/Hefermehl* HGB⁵, § 389 5.

§ 390

(1) Der Kommissionär ist für den Verlust und die Beschädigung des in seiner Verwahrung befindlichen Gutes verantwortlich, es sei denn, daß der Verlust oder die Beschädigung auf Umständen beruht, die durch die Sorgfalt eines ordentlichen Kaufmanns nicht abgewendet werden konnten.

(2) Der Kommissionär ist wegen der Unterlassung der Versicherung des Gutes nur verantwortlich, wenn er von dem Kommittenten angewiesen war, die Versicherung zu bewirken.

Übersicht

	Rdn.		Rdn.
A. Vorbemerkung	1	V. Verschulden	6
B. Schadensersatzpflicht bei Verlust oder Beschädigung (Abs. 1)		VI. Verantwortung	7
		VII. Vertragliche Haftungsbeschränkungen	8
I. Gut	2	C. Versicherungen des Gutes (Abs. 2)	
II. Bestehen eines Kommissionsvertrages	3	I. Pflicht zur Versicherung	9
III. Verwahrung	4	II. Versicherung nach pflichtgemäßem Ermessen	10
IV. Verlust, Beschädigung	5		

Schrifttum
siehe Angaben zu § 383.

A. Vorbemerkung

1 Die Ausführung und vor allem die Durchführung der Kommission bringt es häufig mit sich, daß das zu verkaufende oder eingekaufte Gut in den Herrschaftsbereich des Kommissionärs gelangt und vom Kommissionär vorübergehend verwahrt werden muß. § 390 Abs. 1 statuiert für diese Konstellation eine Schadensersatzpflicht, falls die Sachen infolge eines Verschuldens des Kommissionärs beschädigt werden oder verloren gehen. Als Anspruchsgrundlage ist § 390 Abs. 1 überflüssig; denn die Schadensersatzpflicht ergibt sich schon aus den allgemeinen Regeln über die positive Forderungsverletzung. Gleichwohl ist § 390 Abs. 1 nicht völlig bedeutungslos. Seine Relevanz liegt zum einen auf beweisrechtlichem Gebiet. Die Formulierung der Vorschrift zeigt nämlich, daß sich der Kommissionär zu entlasten hat. Zum anderen hält § 390 Abs. 1 fest, daß der Kommissionär nur für Verschulden und nicht, wie manche Transportunternehmer, bis zur Grenze der höheren Gewalt haftet. Handelsbräuche können eine abweichende Risikoverteilung vorsehen (OLG Karlsruhe BB **1982** 704).

§ 390 Abs. 2 konkretisiert die Pflichten des Kommissionärs, die Interessen des Kommittenten wahrzunehmen, dahin, daß der Kommissionär nicht gehalten ist, von sich aus das Gut zu versichern. Allerdings kann sich aus einem Handelsbrauch Abweichendes ergeben (§ 390 9).

Nach wirksamer Erklärung des **Selbsteintritts** ist § 390 nicht mehr anwendbar. Das gilt auch dann, wenn der durch Selbsteintritt zustande gekommene Kaufvertrag durch Wandlung oder Rücktritt wieder rückgängig gemacht wird[1].

---

[1] § 400 57; **a. A.** *Schmidt-Rimpler* S. 755; *Schlegelberger/Hefermehl* HGB 5, § 400 55.

B. Schadensersatzpflicht bei Verlust oder Beschädigung (Abs. 1)

I. Gut

Der Begriff „Gut" deckt sich mit dem in § 389 verwandten Terminus. Unter diesen **2** Begriff fallen also nicht nur alle Sachen, die Gegenstand eines Ausführungsgeschäftes sind bzw. sein sollen, sondern auch andere Sachen, die aus Anlaß der Kommission in den Machtbereich des Kommissionärs gelangt sind (*Schmidt-Rimpler* S. 769). Die Eigentumslage ist irrelevant. Nicht zum Gut gehören Rechte. Gehen sie verloren, so finden ausschließlich die Grundsätze der positiven Forderungsverletzung Anwendung; für eine analoge Anwendung des § 390 Abs. 1 fehlt es im Hinblick auf die Beweislastverteilung an einem so aussagekräftigen Kriterium wie der Sachherrschaft.

II. Bestehen eines Kommissionsvertrages

§ 390 Abs. 1 setzt seinem Wortlaut nach das Zustandekommen eines Kommissions- **3** vertrages voraus[2], der noch nicht einschließlich der Durchführung voll erfüllt sein darf. Das in Erwartung des Abschlusses eines Kommissionsvertrages dem Kommissionär zugesandte Gut begründet eine Haftung des Kommissionärs gemäß § 362 Abs. 2. Ist der Kommissionsvertrag aus irgendeinem Grunde nichtig, so kann die Haftung des Kommissionärs entgegen der h. M. regelmäßig auf die Regeln der positiven Forderungsverletzung gestützt werden (*Canaris* JZ **1965** 475 ff; a. A. *Palandt/Heinrichs* BGB 44, § 276 7 A b m. Nachw.). Für die Beweislastverteilung ist die Wertung des § 390 Abs. 1 heranzuziehen. Darüber hinaus kommt eine Haftung gemäß § 823 BGB und im Falle der Nichtigkeit des Kommissionsvertrages gemäß §§ 990, 989 BGB in Betracht.

III. Verwahrung

Der Kommissionär muß das Gut aufgrund des Kommissionsvertrages aufbewahren. **4** Daran fehlt es, wenn das Kommissionsverhältnis abgewickelt ist und der Kommissionär das Gut aufgrund eines besonderen Lagergeschäftes aufbewahrt. So erfolgt bei der Effektenkommission die Verwahrung der von der Bank eingekauften Papiere im Zweifel aufgrund eines Depot-Vertrages[3], wenn der Kommittent bei der Bank ein Depot unterhält[4]. Hat der Kommissionär für mehrere Kommittenten ein Ausführungsgeschäft über Gattungsobjekte getätigt, so greift § 390 ein, auch wenn die Objekte noch nicht ausgesondert und den einzelnen Kommittenten zugewiesen sind; denn die Kommittenten tragen etwaige Verluste gemeinsam nach den Regeln der Interessengemeinschaft[5].

Der Kommissionär muß grundsätzlich das Gut selbst verwahren. Er muß also in der Lage sein, jederzeit selbst auf das Gut einwirken und die Einwirkung anderer ausschließen zu können[6]. Mittelbarer Besitz genügt regelmäßig nicht. Hat der Kommissionär befugt das Gut an einen selbständigen Lagerhalter, Spediteur oder eine selbständige Transportperson weitergegeben, so verwahrt er nicht mehr selbst. Er haftet dann nur noch für die sorgfältige Auswahl und sachgerechte Weisung (§§ 675, 664 Abs. 1 S. 2 BGB). Denkbar ist es aber auch, daß der Kommissionär das Gut in fremde Verwahrung geben durfte, ohne daß dadurch die eigenen Verwahrungspflichten erloschen sein sollten. Es greift dann § 390 Abs. 1 in Verbindung mit § 278 BGB ein. War der Kommissionär nicht berechtigt, die Verwahrung anderen selbständigen Unternehmen

---

[2] *Schmidt-Rimpler* S. 770; *Heymann/Kötter* HGB 21, § 390 1; *Schlegelberger/Hefermehl* HGB 5, § 390 2 m. Nachw.
[3] *Canaris* Großkommentar HGB 3, Bd. III/3 (2. Bearb. 1981), 2089 ff.
[4] *Schlegelberger/Hefermehl* HGB 5, § 390 4.
[5] A. A. wohl RGRKzHGB-*Ratz* § 390 2.
[6] *Schmidt-Rimpler* S. 770; *Heymann/Kötter* HGB 21, § 390 1; *Schlegelberger/Hefermehl* HGB 5, § 390 5.

zu übertragen, so liegt bereits hierin eine Pflichtverletzung. Der Kommissionär ist dann für jeden kausal verursachten Schaden verantwortlich[7].

IV. Verlust, Beschädigung

5 Das vom Kommissionär verwahrte Gut ist verlorengegangen, wenn der Kommissionär dem Kommittenten auf unübersehbare Zeit nicht mehr den Besitz verschaffen kann. Dagegen liegt kein Verlust des Gutes vor, wenn es lediglich seinen Wert völlig verloren hat. Hierfür haftet der Kommissionär lediglich auf der Grundlage seiner allgemeinen Verpflichtung zur Interessenwahrung[8]. Es trifft ihn daher auch nicht ohne weiteres die Beweislast für sorgfältiges Verhalten (*Larenz* Schuldrecht I, § 24 Ib). — Eine Beschädigung des Gutes liegt vor, wenn durch ein Ereignis die Substanz des Gutes verändert worden ist. Eine solche Veränderung erfährt das Gut auch durch die Annahme eines schlechten Geruches (RGZ **60** 45; **66** 39). Eine Wertminderung ist nur als Voraussetzung eines Schadensersatzanspruches erforderlich[9]; sie genügt aber ohne Substanzänderung nicht für sich allein. Bei Wertminderung ohne Substanzänderung haftet der Kommissionär nach den allgemeinen Regeln über die Verletzung von Interessenwahrungspflichten. — Verlust oder Beschädigung müssen während der Zeit, in der das Gut beim Kommissionär verwahrt worden war, verursacht worden sein. Nicht erforderlich ist es, daß der Schaden schon zu diesem Zeitpunkt erkennbar war. Der Kommittent muß aber nach Treu und Glauben dem Kommissionär binnen angemessener Frist den Schaden mitteilen, damit dieser sich rechtzeitig Beweise zu sichern vermag[10]. Siehe auch § 391.

V. Verschulden

6 Gemäß § 390 Abs. 1 wird vermutet, daß Verluste oder Beschädigungen, die während der Aufbewahrung des Gutes beim Kommissionär eingetreten sind, vom Kommissionär verschuldet worden sind. Diese Vermutung kann der Kommissionär widerlegen. Er muß hierzu nachweisen, daß der Verlust oder die Beschädigung auf Umständen beruht, die er bzw. seine Erfüllungsgehilfen (§ 278 BGB) nicht mit der Sorgfalt eines ordentlichen Kaufmannes seiner Sparte abzuwenden in der Lage waren[11]. Trägt der Kommissionär das Argument vor, er habe sich um seine eigenen Güter kümmern müssen, so entlastet ihn das nicht (a. A. *Schmidt-Rimpler* S. 774). Für den Entlastungsbeweis des Kommissionärs muß es in der Regel genügen, daß der Kommissionär nachweist, er und seine Leute hätten die verkehrserforderlichen Vorkehrungen für das in Frage stehende Schadensereignis getroffen (*Schmidt-Rimpler* S. 773). Der Kommittent hat seinerseits darzutun und zu beweisen, daß der Verlust bzw. die Beschädigung während der Verwahrung beim Kommissionär erfolgt ist (RGZ **126** 70; ferner BGHZ **41** 153). Befand sich der Kommittent zum Zeitpunkt der Schadensverursachung im Annahmeverzug, so mildert sich gemäß § 300 Abs. 1 BGB der Grad der Verantwortlichkeit auf Vorsatz und grobe Fahrlässigkeit.

---

[7] *Heymann/Kötter* HGB[21], § 390 1; *Schlegelberger/Hefermehl* HGB[5], § 390 5; a. A. RGRKzHGB-*Ratz* § 390 2.
[8] *Schlegelberger/Hefermehl* HGB[5], § 390 6.
[9] Weiter *Schmidt-Rimpler* S. 771 f; *Heymann/Kötter* HGB[21], § 390 1; *Schlegelberger/Hefermehl* HGB[5], § 390 6.
[10] OLG Stuttgart MDR **1958** 774; a. A. *Schlegelberger/Hefermehl* HGB[5], § 391 15.
[11] RG JW **1927** 1351; *Schlegelberger/Hefermehl* HGB[5], § 390 11 m. Nachw.

VI. Verantwortung

§ 390 Abs. 1 spricht schlechthin von „zu verantworten", ohne eine konkrete Rechts- 7
folge anzugeben. Verantwortung heißt grundsätzlich Ersatz des Schadens. Es ist der
gemeine Wert ohne Abzug einer hypothetischen Provision zu ersetzen (OLG Stuttgart
VersR **1983** 644). — Verantworten heißt ferner „vertreten müssen" im Sinne der
§§ 323 ff BGB. Werden im Rahmen der Einkaufskommission beschaffte Güter beschädigt und hat der Kommissionär dies zu vertreten, so kann daher der Kommittent von
seinem Zurückweisungsrecht (§ 385 Abs. 1) Gebrauch machen und den Ersatz der Aufwendungen ablehnen (§ 385 4).

VII. Vertragliche Haftungsbeschränkungen

Durch einzelvertragliche Vereinbarungen kann grundsätzlich die Verantwor- 8
tung des Kommissionärs bis zur Grenze des eigenen Vorsatzes abgeschwächt
werden (§§ 276 Abs. 2, 278 S. 2 BGB). Nimmt der Kommissionär eine marktbeherrschende Stellung ein, so kann dies jedoch mißbräuchlich sein (§§ 826 BGB,
22 GWB).

Normalerweise werden Haftungsbeschränkungen aber nur auf dem Wege über **Allgemeine Geschäftsbedingungen** Aufnahme in den Vertrag finden. Es sind dann die Regelungen des AGB-Gesetzes zu beachten.

Ist der **Kommittent Nichtkaufmann** oder gehört das Kommissionsgeschäft nicht
zum Betrieb seines Handelsgewerbes, so ist unter allen Umständen eine Beschränkung
der Haftung für eigenes grobes Verschulden oder das von Erfüllungsgehilfen unwirksam (§ 11 Nr. 7 AGB-Gesetz).

Ob darüber hinausgehende Haftungsausschlüsse wirksam sind, ist umstritten. Viel- **8a**
fach wird ein Umkehrschluß aus § 11 Nr. 7 AGBG gezogen (*Staudinger/Schlosser*
BGB[12], § 11 Nr. 7 AGBG 35). Der Ausschluß der Haftung für **leichte Fahrlässigkeit**
soll also grundsätzlich wirksam sein. Von diesem Grundsatz werden Ausnahmen bei
der Verletzung von „Kardinalpflichten" (OLG Hamburg VersR **1982** 1104, 1105; *Palandt/Heinrichs* BGB[44], § 9 AGBG 6), bei der Enttäuschung besonderen Vertrauens
(*Wolf* in *Wolf/Horn/Lindacher* AGBG (1984), § 11 Nr. 8 8, § 11 Nr. 7 28; *Graf von
Westphalen* BB **1983** 974, 977 f) oder dort gemacht, wo sich der Verwender der AGB
zumutbar zu versichern vermag (*Graf von Westphalen* BB **1983** 974, 979 f; a. A. *Hensen*
in *Ulmer/Brandner/Hensen* AGBG[4], § 11 Nr. 7 25 jeweils m. Nachw.). Sowohl der Begriff der „Kardinalpflicht" als auch der des „besonderen Vertrauens" sind zwar äußerst
vage. Im Kern knüpfen jedoch beide Kriterien an den Präventionsgedanken an: Ein
Haftungsausschluß mindert die Bereitschaft des Schuldners, sich für die reibungslose
Erfüllung des Vertrages einzusetzen und erhöht die Wahrscheinlichkeit, daß infolge eines Versehens das Vertragsziel nicht erreicht wird. Der Gläubiger kann sich regelmäßig nur unzureichend schützen, da die arbeitsteilige Spezialisierung dazu geführt hat,
daß er typischerweise weder die Schadensrisiken beherrscht noch das Schadensrisiko
ausreichend zu kalkulieren vermag (*Kötz* VersR **1983** Beiheft Karlsruher Forum,
S. 145, 147 ff). Aus diesem Grunde wird verbreitet angenommen, daß es demjenigen,
der wie der Kommissionär die Obhut übernommen hat, verwehrt ist, die Haftung für
leichte Fahrlässigkeit auszuschließen (*Staudinger/Schlosser* BGB[12], § 11 Nr. 7
AGBG 37; *Wolf* in *Wolf/Horn/Lindacher* AGBG (1984), § 11 Nr. 7 28; *Graf von Westphalen* BB **1983** 974, 978). Allerdings ist zu berücksichtigen, daß es auch für sorgfältige
Schuldner unvermeidbar ist, daß ihnen mittelfristig Fehler unterlaufen (*Koller* VersR
1980 1, 3). Die daraus resultierenden Schäden können schlecht kalkulierbar sein, sie

§ 390   Drittes Buch. Handelsgeschäfte

können die Vertragspartner unterschiedlich belasten, sie können existenzgefährdend werden. Hieran hat eine Haftungsfreistellung anzuknüpfen (*Koller* aaO). Der Kommissionär kann sich zwar nicht darauf berufen, daß er den Wert der Ware nicht kennt; denn er soll ja gerade mit der Ware handeln. Die Tatsache, daß er je nach Art des Auftrags ein unterschiedliches Risiko zu tragen hat, ist irrelevant, da einem höheren Warenwert auch eine höhere Provision gegenübersteht, aus der das Risiko abgedeckt werden kann. Außerdem kann der Kommissionär das bei ihm lagernde Gut leichter versichern. Deshalb erscheint der Ausschluß der Haftung für leichte Fahrlässigkeit nur dort als zulässig, wo typischerweise existenzgefährdende Großschadensrisiken ausgeschlossen werden sollen (*Koller* VersR **1980** 1, 6; *Schlechtriem* BB **1984** 1177, 1185) oder dort, wo der Kommittent eine konkret auf das Aufbewahrungsrisiko bezogene Sachversicherung nehmen konnte (*Kötz* VersR, Beiheft Karlsruher Forum **1983** 145, 149; *Koller* VersR **1980** 1, 9).

8 b   Begrenzungen des **Haftungsumfangs** sind in größerem Umfang zuzulassen. Gänzlich unwirksam sind sie nur im Bereich des § 11 Nr. 7 AGBG. Es können daher im Falle leichter Fahrlässigkeit sämtliche unvorhersehbaren Schäden (zum Begriff der Unvorhersehbarkeit vor § 373 Art. 82 EKG) sowie atypischen mittelbaren Schäden ausgeschlossen werden (*Wolf* in *Wolf/Horn/Lindacher* AGBG (1984), § 11 Nr. 7 30; *Graf von Westphalen* BB **1983** 974, 982; für weitergehende Freizeichnung *Hensen* in *Ulmer/Brandner/Hensen* AGBG[4], § 11 Nr. 7 26; *Staudinger/Schlosser* BGB[12], § 11 Nr. 7 AGBG 40 a). Der Kommittent darf auf die Versicherung verwiesen werden, wenn diese hinreichend Deckung gewährleistet. Die **Beweislast** darf nicht zum Nachteil des Kommittenten verschoben werden (§ 11 Nr. 15 AGBG).

8 c   Im Verhältnis zum Kommittenten, der als **Kaufmann** den Kommissionsvertrag im Rahmen seines Handelsgeschäfts abgeschlossen hat, ist der Kommissionär im wesentlichen den gleichen Schranken unterworfen. Zwar ist die Zulässigkeit von Haftungsausschlüssen nicht an § 11 Nr. 7 AGBG, sondern nur an § 9 AGBG zu messen, doch stellen die Rechtsprechung und Literatur immer schärfere Anforderungen an wirksame Freizeichnungsklauseln. Unter allen Umständen unwirksam sind Freizeichnungen für eigenes grobes Verschulden und das leitender Angestellter (BGHZ **38** 183; BGH WM **1980** 287, 288; OLG Hamburg VersR **1984** 164 ff), auch wenn sich der Kommittent durch eine Versicherung schützen konnte. Da der Zweck des Kommissionsvertrages nur erreicht wird, wenn die Ware sorgfältig aufbewahrt wird, darf sich der Kommissionär für grobes Verschulden sonstiger Erfüllungsgehilfen jedenfalls dort nicht freizeichnen, wo die Schäden vorhersehbar sind (BGH NJW **1984** 1350, 1351). Darüber hinaus wird man aber die Verwahrung der Güter als so zentrale Pflicht bezeichnen müssen, daß angesichts der ausreichenden Kalkulierbarkeit des Schadensrisikos und der ausschließlichen Beherrschbarkeit der Gefahr durch den Kommissionär auch hier grundsätzlich eine Freizeichnung von der Haftung für einfache Fahrlässigkeit unwirksam ist (OLG Hamburg VersR **1982** 1104, 1105; *Palandt/Heinrichs* BGB[44], § 9 AGBG 4, 6; *Graf von Westphalen* BB **1983** 974, 978, 981; *Kötz* VersR, Beiheft Karlsruher Forum **1983** 145, 152; *Koller* VersR **1980** 2 ff; *Wolf* in *Wolf/Horn/Lindacher* AGBG (1984), § 11 Nr. 7 49; **a. A.** wohl *Staudinger/Schlosser* BGB[12], § 11 Nr. 7 AGBG 52; *Hensen* in *Ulmer/Brandner/Hensen* AGBG, § 11 Nr. 7 AGBG 33). Eine Ausnahme gilt bei Schäden, die der Kommittent selbst zumutbar versichern kann (BGH NJW **1980** 1953, 1955) oder bei Großrisiken.

Die Haftung für leichte Fahrlässigkeit kann auf vorhersehbare Schäden, nicht aber alle unmittelbaren Schäden **begrenzt** werden (BGH BB **1984** 939, 940; *Wolf* in *Wolf/Horn/Lindacher* AGBG (1984), § 11 Nr. 7 50). Außerdem erscheinen Haftungsbegrenzungen dort als zulässig, wo unversicherbare und weit über den typischen Schäden liegende Risiken ausgeschlossen werden sollen (*Graf von Westphalen* BB **1983** 974, 982). Eine weitergehende Freizeichnung ist möglich, wenn der totale Haftungsausschluß zulässig ist. Hat der Kommissionär oder ein leitender Angestellter grob fahrlässig gehandelt, so ist jede Haftungsbegrenzung unwirksam. Bei grob fahrlässigem Handeln sonstiger Erfüllungsgehilfen ist eine Begrenzung der Haftpflicht auf vorhersehbare Schäden gültig (weitergehend Münchener Kommentar² — *Kötz* BGB, § 11 Nr. 7 AGBG 70). Zur **Beweislast** BGH BB **1984** 939.

Die Beweislastverteilung kann normalerweise auch gegenüber dem Kaufmann nicht zu dessen Nachteil abgeändert werden (§§ 9, 24 Abs. 2 AGB-Gesetz); denn § 390 Abs. 1 trägt einem grundlegenden Gerechtigkeitsgebot (BGH NJW **1964** 1123; BB **1984** 939) Rechnung (*Schlegelberger/Hefermehl* HGB⁵, § 390 10). Anders ist die Situation etwa bei der Exportkommission, falls der Kommissionär selbst typischerweise Schwierigkeiten hat, den Beweis zu sichern. **8d**

C. Versicherungen des Gutes (Abs. 2)
I. Pflicht zur Versicherung

§ 390 Abs. 2 konkretisiert die Pflichten des Kommissionärs dahin, daß er unabhängig von dem konkret erkennbaren Interesse des Kommittenten ohne Weisung keine Sachversicherung zu nehmen braucht. — Die Anweisung auf Versicherung kann ausdrücklich oder konkludent, bei Vertragsschluß oder später erfolgen. Weist der Kommittent den Kommissionär nach Abschluß des Kommissionsvertrages zur Versicherung an, so wird dadurch zulässigerweise einseitig das Vertragsverhältnis umgestaltet. Es entsteht die Pflicht, zu versichern. Diese Pflicht kann sich aus der Auslegung der Vereinbarung nach Treu und Glauben ergeben. Hatte bislang der Kommittent immer auf einer Versicherung bestanden, so ist sie auch bei einer neuen Order zu bewirken, falls für den Kommissionär kein Grund ersichtlich ist, warum der Kommittent nun auf eine Versicherung verzichten sollte. Er hat jedenfalls anzufragen, falls ihm nach bestem Wissen und Gewissen eine Versicherung als angebracht erscheinen muß[12]. Die Versicherungspflicht kann sich auch aus der Verkehrssitte ergeben, da die Vereinbarung unter Berücksichtigung der Verkehrssitte auszulegen ist (§ 157 BGB). Auch der Handelsbrauch kann eine Versicherungspflicht begründen[13]. **9**

Ist der Kommissionär zur Versicherung verpflichtet, so hat er sich in Hinblick auf Wahl des Versicherungsunternehmens, der Versicherungsart und -höhe primär von den Weisungen des Kommittenten leiten zu lassen. Sind diese nicht näher konkretisiert oder fehlen sie ganz, so muß er so verfahren, wie dies aus seiner Sicht am besten im Interesse des Kommittenten liegt. Bei Kommissionsverhältnissen, die auf der Seite des Kommittenten zu den Handelsgeschäften zählen, ist im Zweifel auch der imaginäre Gewinn zu versichern[14]. Unerheblich ist es, ob der Kommissionär die Versicherung auf Rechnung des Kommittenten nimmt (§ 74 VVG) oder sich selbst versichert; denn in der zweiten Variante ist der Kommittent durch § 392 Abs. 2 geschützt. Eine Versicherung derart, daß der Kommissionär selbst das Risiko übernimmt, wird regelmäßig nicht gewollt sein, da der Kommittent einen von einfachem Verschulden unabhängigen

---

[12] Heymann/Kötter HGB²¹, § 390 3; Schlegelberger/Hefermehl HGB⁵, § 390 15.
[13] Schmidt-Rimpler S. 762; Heymann/Kötter HGB²¹, § 390 3; Schlegelberger/Hefermehl HGB⁵, § 390 12.
[14] **A. A.** Schlegelberger/Hefermehl HGB⁵, § 390 13; Heymann/Kötter HGB²¹, § 390 3.

Anspruch gegen einen Versicherungsträger erwarten darf, dessen Solvenz durch Staatsaufsicht überwacht wird[15]. Das Versicherungsunternehmen ist kein Erfüllungsgehilfe des Kommissionärs. — Nimmt der Kommissionär pflichtwidrig keine Versicherung, so ist er dem Kommittenten zum Schadensersatz verpflichtet. Ein Recht, das Geschäft zurückzuweisen (§ 385 Abs. 1), kann aus diesem Verstoß gegen eine Nebenpflicht nicht hergeleitet werden (§ 385 4). Die Versicherungsentschädigung hat der Kommissionär gemäß § 384 Abs. 2 herauszugeben (OLG Koblenz MDR **1967** 770).

Der Anspruch hängt nicht davon ab, daß die Entschädigung im Wege des Vergleiches festgesetzt wurde, oder daß später die verlorengegangenen Waren wieder aufgefunden werden. In Fällen, in denen die Versicherung die Schäden mehrerer Kommittenten deckt, ist die Entschädigung anteilig herauszugeben. Es gelten die Regeln über die Gefahrengemeinschaft.

II. Versicherung nach pflichtgemäßem Ermessen

10 § 390 Abs. 2 stellt lediglich klar, daß den Kommissionär eine Pflicht zur Versicherung nur auf „Anweisung" trifft, der z. B. ein abweichender Handelsbrauch gleichzustellen ist. Dadurch wird jedoch der Kommissionär nicht gehindert, von sich aus das Gut zu versichern, wenn er bei Anwendung pflichtgemäßer Sorgfalt annehmen kann, daß dies im Interesse des Kommittenten gelegen ist. Es wäre sinnlos, wenn § 390 Abs. 2, der den Kommissionär vor den Folgen von Ermessensfehlern schützen soll, zur Folge hätte, daß der Kommissionär die Interessen des Kommittenten vernachlässigen müßte (*Schmidt-Rimpler* S. 763). Entgegenstehende Weisungen des Kommittenten hat der Kommissionär jedoch immer zu respektieren.

§ 391

Ist eine Einkaufskommission erteilt, die für beide Teile ein Handelsgeschäft ist, so finden in bezug auf die Verpflichtung des Kommittenten, das Gut zu untersuchen und dem Kommissionär von den entdeckten Mängeln Anzeige zu machen, sowie in bezug auf die Sorge für die Aufbewahrung des beanstandeten Gutes und auf den Verkauf bei drohendem Verderbe die für den Käufer geltenden Vorschriften der §§ 377 bis 379 entsprechende Anwendung. Der Anspruch des Kommittenten auf Abtretung der Rechte, die dem Kommissionär gegen den Dritten zustehen, von welchem er das Gut für Rechnung des Kommittenten gekauft hat, wird durch eine verspätete Anzeige des Mangels nicht berührt.

Übersicht

	Rdn.		Rdn.
A. Vorbemerkung	1	III. Untersuchung und Rüge	5
B. Untersuchungs- und Rügeobliegenheit		IV. Rechtsfolgen bei rechtzeitiger Rüge	6
I. Beiderseitiges Handelsgeschäft	3	V. Rechtsfolgen der verspäteten Untersuchung bzw. Rüge	7
II. Ablieferung	4		

---

[15] Ebenso *Schlegelberger/Hefermehl* HGB[5], § 390 13 m. Nachw.

Schrifttum
siehe Angaben zu § 383.

A. Vorbemerkung

§ 391 Satz 1 stellt den Kommittenten, für den die Abrede über eine Einkaufskommission ein Handelsgeschäft ist, einem Käufer gleich, der als Kaufmann Ware erwirbt. Der Einkaufskommittent hat mithin in gewissem Umfang für die Wahrnehmung der eigenen Interessen zu sorgen und darf vom Kommissionär nicht erwarten, daß dieser ihm das völlig abnimmt. Die ratio dieser Regelung besteht darin, daß auch der Kommissionär ein großes Interesse daran hat, möglichst schnell Gewißheit zu haben, ob der Kommittent die ihm gelieferte Ware als vertragsgemäß anerkennt oder beanstandet und damit den Kommissionär mit Ansprüchen wegen einer Verletzung der Pflicht zur Interessenwahrung konfrontiert. Der Einkaufskommissionär hat nämlich selbst die Untersuchungs- und Rügeobliegenheiten (§§ 377 f) gegenüber seinem Verkäufer zu erfüllen. Tut er dies nicht rechtzeitig, so gilt die Ware als genehmigt. Der Einkaufskommissionär geht als Käufer seiner Gewährleistungsrechte verlustig. Die Konsequenz ist nicht ohne weiteres, daß der Kommissionär gleichwohl den Ersatz des für mangelfreie Ware vereinbarten Kaufpreises verlangen dürfte (§§ 396 Abs. 2 HGB, 670 BGB), der Kommittent aber nur einen Anspruch auf Herausgabe der mangelhaften Ware besäße, ohne z. B. mindern oder wandeln zu können. Die Unterlassung der rechtzeitigen Untersuchung und Rüge stellt nämlich eine Verletzung der Pflicht zur Interessenwahrung dar und verpflichtet den Kommissionär im Falle des Verschuldens zum Schadensersatz. Außerdem könnte der Kommittent das Geschäft zurückweisen (§ 385 4). Gleiches gilt für die Fälle, in denen der Kommissionär den Fehler bei Abschluß des Kaufvertrages mit dem Dritten kannte oder infolge grober Fahrlässigkeit nicht erkannte (§ 460 BGB). Ferner geht der Kommissionär seiner Gewährleistungsrechte verlustig, falls er mangelhafte Ware trotz Kenntnis des Fehlers annimmt, ohne sich seine Rechte vorzubehalten (§ 464 BGB). Eine Haftung des Kommissionärs kommt schließlich dann in Betracht, wenn der Kommissionär die Beschädigung des Kommissionsgutes zu vertreten hat (§ 390 Abs. 1). In allen diesen Konstellationen soll der Kommissionär so bald wie möglich Gewißheit über die auf ihn eventuell zukommenden Belastungen erlangen. Dem Kommittenten, der als Kaufmann eine Order zum Einkauf gegeben hat, ist es im Rahmen der §§ 377 f zuzumuten, dem Kommissionär diese Gewißheit zu verschaffen.

§ 391 gilt nur für die Kommission über den **Einkauf** von **Waren**, wie sich aus dem Wortlaut des § 391 einerseits und dem des § 377 anderseits ergibt[1]. Hatte der Kommissionär **Wertpapiere** zu beschaffen oder ein **sonstiges Geschäft** zu besorgen (z. B. Werklieferung; § 406 Abs. 2), so hat allerdings der Kommittent, für den die Kommission ein Handelsgeschäft ist, binnen angemessener Frist den Kommissionär von etwaigen Mängeln zu unterrichten[2]. Eine Verletzung der Benachrichtigungspflicht zieht freilich nur einen Schadensersatzanspruch nach sich. Verschulden ist Voraussetzung. Die schärfere Sanktion des § 377 greift nicht ein, weil Kaufleute nur bei Warenlieferungen mit weitgehenden Rügelasten rechnen und es nicht einzusehen ist, warum ein Kommittent schlechter gestellt sein soll als ein Händler.

Eine analoge Anwendung des § 391 auf die **Verkaufskommission** in der Form, daß den Kommissionär die Rügelast mit der Folge trifft, daß sich die Konditionen des Aus-

---
[1] Schmidt-Rimpler S. 1070; Schlegelberger/Hefermehl HGB 5, § 391 4 m. Nachw.
[2] Rechtsgedanke der §§ 377, 391 in Verbindung mit dem allgemeinen Grundsatz von Treu und Glauben.

führungsgeschäftes an mangelfreien Waren orientieren, scheidet aus, da der Kommittent unabhängig von etwaigen Mängeln nicht erwarten kann, einen bestimmten Preis zu erzielen[3]. Die Informationspflicht aus §§ 384 Abs. 2 1. HS, 388 Abs. 1 wird davon nicht berührt; ihre schuldhafte Verletzung zieht freilich nur eine Schadensersatzpflicht nach sich. Hat dagegen der Kommissionär eine Mindestpreisgarantie abgegeben, ohne daß ein Konditionsgeschäft (§ 383 43) vorliegt, so ist § 391 analog heranzuziehen[4].

Hat der Einkaufskommissionär den **Selbsteintritt** erklärt, so kommen die §§ 377 ff zu Lasten des Kommittenten unmittelbar zur Anwendung. Im Falle der Selbsthaftung (§ 384 Abs. 3) des Einkaufskommissionärs sind die §§ 377 ff gleichfalls unmittelbar heranzuziehen, falls der Kommissionär selbst erfüllt[5].

B. Untersuchungs- und Rügeobliegenheit
I. Beiderseitiges Handelsgeschäft

3   Bei der Einkaufskommission müssen auf beiden Seiten Kaufleute stehen. Das Kommissionsgeschäft muß auch zum Betrieb des Kommittenten gehören (§ 343). Dafür spricht die Vermutung des § 344. Ist der Kommittent Nichtkaufmann oder ist er das Kommissionsverhältnis zur Deckung privater Bedürfnisse eingegangen, so greift § 391 nicht ein. Es besteht dann auch keine Verpflichtung zur alsbaldigen Rüge. Es besteht kein Anlaß, den Kommissionär besser zu stellen als einen Händler, der mit einem Nichtkaufmann kontrahiert.

II. Ablieferung

4   Gemäß § 377 Abs. 1, auf den § 391 S. 1 verweist, ist Voraussetzung der Untersuchungspflicht die Ablieferung. Zum Begriff vgl. oben § 377 25. Dabei ist es im Rahmen des § 391 irrelevant, ob der Kommittent das Gut vom Kommissionär oder unmittelbar von Dritten erhält. In der zweiten Variante erfolgt die Ablieferung des Gutes auch in Hinblick auf den Kaufvertrag zwischen Kommissionär und Drittem beim Kommittenten (§ 377 32). Man wird daher vom Kommittenten verlangen können, daß er nicht nur gegenüber dem Kommissionär rügt, sondern auch gegenüber dem Dritten, wenn anders die Fristen des § 377 Abs. 1 nicht eingehalten werden können. Die Tatsache, daß bis zur Abtretung die Gewährleistungsrechte dem Kommissionär zustehen, stellt kein Hindernis dar.

III. Untersuchung und Rüge

5   Die Untersuchung hat unverzüglich (§ 121 BGB) nach der Ablieferung zu geschehen, soweit dies im ordnungsgemäßen Geschäftsgang tunlich ist. Zeigt sich ein Mangel, so ist dem Kommissionär unverzüglich Anzeige zu machen (§ 377). Vergleiche dazu die Kommentierung zu § 377. Im Sinne des § 391 relevante Mängel sind nicht nur Fehler (§ 459 Abs. 1 BGB) des Gutes, sondern auch eine andere als die im Kommissionsvertrag vereinbarte Ware bzw. eine andere als die vereinbarte Menge, es sei denn, die Abweichung ist so offensichtlich, daß der Kommissionär keine Genehmigung erwarten

---

[3] *Schlegelberger/Hefermehl* HGB[5], § 391 14 f; *Schmidt-Rimpler* S. 882; *Heymann/Kötter* HGB[21], § 391 1.

[4] OLG München BB **1955** 682; **1960** 642; *Schlegelberger/Hefermehl* HGB[5], § 391 14; *Heymann/Kötter* HGB[21], § 391 2; *Baumbach/Duden/Hopt* HGB[26], § 384 1 F.

[5] *Schmidt-Rimpler* S. 881; *Schlegelberger/Hefermehl* HGB[5], § 391 4; a. A. *Heymann/Kötter* HGB[21], § 391 2; *Düringer/Hachenburg/Lehmann* HGB[3], § 391 2.

konnte (§ 378). Dabei spielt es keine Rolle, daß der Kommissionär mit dem Dritten über die gelieferte Ware und Menge in Mißachtung seines Auftrages kontrahiert hatte. § 391 schützt den Kommissionär auch insoweit, als eine Verletzung der Interessenwahrungspflicht nicht gerade auf dem Verlust der eigenen Gewährleistungsrechte beruht[6].

IV. Rechtsfolgen bei rechtzeitiger Rüge

Untersucht und rügt der Kommittent rechtzeitig (dazu beachte § 377 Abs. 4), so kann er gegen den Kommissionär **Schadensersatzansprüche** geltend machen, falls dieser die Gewährleistungsrechte schuldhaft verloren hat oder das Gut bei ihm durch sein Verschulden beschädigt worden ist (§ 390 Abs. 1). Trifft den Kommissionär ein Verschulden, so kann der Kommittent das Geschäft auch mit der Folge zurückweisen, daß er keine Aufwendungen zu erstatten braucht (§ 385 9). Kann dem Kommissionär kein Schuldvorwurf gemacht werden, so steht dem Kommittenten wenigstens das Recht der Zurückweisung mit der Maßgabe offen, daß er keine Provision zu zahlen und der Kommissionär nochmals auszuführen hat (§ 385 9; enger *Schlegelberger/Hefermehl* HGB[5], § 391 11). Vermag der Kommissionär noch die Gewährleistungsrechte gegen den Dritten geltend zu machen, so hat er sie dem Kommittenten abzutreten; gegebenenfalls hat er sie nach Weisung des Kommittenten bzw. nach dessen erkennbaren oder mutmaßlichen Interessen auszuüben.

Der Kommittent hat für die **einstweilige Aufbewahrung** des Gutes zu sorgen (§ 379). Verderbliche Ware kann er bei Gefahr im Verzug im Wege des Selbsthilfeverkaufes veräußern (§ 379 Abs. 2; näher dazu die Kommentierung zu § 379).

V. Rechtsfolgen der verspäteten Untersuchung bzw. Rüge

Hat der Kommittent nicht ordentlich und fristgerecht untersucht sowie gerügt, so gilt die mangelhafte bzw. die nach Art oder Quantität falsche Ware als genehmigt. Eine Ausnahme gilt bei arglistigem Verschweigen des Fehlers etc. (§ 377 Abs. 5). Die Genehmigung wirkt nur soweit, als eine Untersuchungs- und Rügepflicht bestand. In Hinblick auf sonstige Pflichtverletzungen und Weisungsverstöße wird der Kommittent nicht gehindert, Schadensersatz zu verlangen und gegebenenfalls zurückzuweisen (§ 385 Abs. 1).

Durch die verspätete Rüge wird der Kommittent ferner nicht gehindert, den Kommissionär anzuweisen, von den Gewährleistungsrechten Gebrauch zu machen oder sie ihm abzutreten, soweit sie diesem noch zustehen (§ 391 S. 2), weil der Kommissionär seinerseits rechtzeitig gerügt hatte. Die Genehmigung im Sinne des § 391 S. 1 deckt nur Verletzungen des Kommissionsvertrages und blockiert das Zurückweisungsrecht sowie Schadensersatzansprüche des Kommittenten gegen den Kommissionär; sie gilt nicht im Verhältnis zwischen Kommissionär und Drittem. Der Kommissionär soll auch keine Vorteile auf Kosten des Kommittenten erlangen. Der Kommissionär kann daher nicht vollen Ersatz des Kaufpreises fordern, falls er im Verhältnis zum Dritten wirksam die Minderung erklärt hatte. Gleiches gilt für die Fälle der Wandlung.

---

[6] *Schmidt-Rimpler* S. 882; *Schlegelberger/Hefermehl* HGB[5], § 391 8.

§ 392

(1) Forderungen aus einem Geschäfte, das der Kommissionär abgeschlossen hat, kann der Kommittent dem Schuldner gegenüber erst nach der Abtretung geltend machen.

(2) Jedoch gelten solche Forderungen, auch wenn sie nicht abgetreten sind, im Verhältnisse zwischen dem Kommittenten und dem Kommissionär oder dessen Gläubigern als Forderungen des Kommittenten.

Übersicht

	Rdn.		Rdn.
A. Vorbemerkung	1	C. Die Forderung im Verhältnis zwischen Kommissionär und Kommittenten (Abs. 2)	
B. Das Verhältnis des Kommittenten zu dritten Schuldnern (Abs. 1)		I. Forderung	13
I. Vom Kommissionär abgeschlossenes Geschäft	3	II. Verhältnis Kommissionär — Kommittent	14
II. Auf Rechnung des Kommittenten	4	D. Das Verhältnis des Kommittenten zu Gläubigern des Kommissionärs	17
III. Kein Gegenstand der Kommission	5	I. Zwangsvollstreckung	18
IV. Forderungen		II. Konkurs	19
1. Forderungen aus dem Ausführungsgeschäft	6	III. Aufrechnung, Zurückbehaltung	20
2. Forderungen aus Nebengeschäften	7	IV. Sonstige Verfügungen	21
3. Sicherheiten	8	E. Abdingbarkeit des § 392	
4. Gestaltungsrechte	9	I. Absatz 1	22
5. Übertragbarkeit der Forderungen	10	II. Absatz 2	23
V. Recht, die Forderung geltend zu machen			
1. Nach Abtretung	11		
2. Vor Abtretung	12		

Schrifttum

siehe Angaben zu § 383.

A. Vorbemerkung

1 In § 392 Abs. 1 formuliert das Gesetz die rechtlichen Konsequenzen aus der Tatsache, daß der Kommissionär die Verträge mit dem Dritten im eigenen Namen eingeht. Nur der Kommissionär wird unmittelbar durch das Ausführungsgeschäft berechtigt und verpflichtet. Selbst wenn dem Dritten mitgeteilt worden ist, daß der Kommissionär auf fremde Rechnung tätig werde, ändert sich hieran nichts. Da durch das Ausführungsgeschäft ein vertragliches Band ausschließlich zwischen dem Kommissionär und dem Dritten geknüpft wird und das Gesetz dem Kommittenten lediglich einen Herausgabeanspruch zugestanden hat (§ 384 Abs. 2), kann der Kommittent die Ansprüche gegen den Dritten aus dem Geschäft erst nach deren Abtretung geltend machen (§ 392 Abs. 1). Die Rechtsstellung des Kommittenten ist mithin grundsätzlich schuldrechtlich ausgeformt. Dieser Grundsatz wird durch § 392 Abs. 2 eingeschränkt, der in mehrfacher Hinsicht eine Verdinglichung der Rechtsstellung des Kommittenten bewirkt. Im Verhältnis des Kommittenten zum Kommissionär und dessen Gläubigern wird die Forderung dem Kommittenten absolut zugeordnet. Hierdurch wird der Kommittent dagegen gesichert, daß sich Gläubiger des Kommissionärs aus dieser Forderung befriedigen, obwohl diese Forderung aus einem Geschäft stammt, das auf Rechnung des Kommittenten abgeschlossen worden ist.

2 Die ratio dieser Verdinglichung beruht zum einen darauf, daß der Kommissionär das Ausführungsgeschäft auf Rechnung des Kommittenten abschließt und auch sonst

auf Rechnung des Kommittenten tätig wird. Chancen und Risiken, Vorteile und Lasten des Geschäfts sollen sich in der Person des Kommittenten niederschlagen (BGH NJW **1981** 918, 919; *Hager* AcP **180** (1980) 239, 249 f; *K. Schmidt* Handelsrecht, § 30 V 4 a). Ferner spielt, wie *Canaris* (Festschrift *Flume* (1978), S. 406 f) unter Hinweis auf die Materialien zu den §§ 662 ff BGB und zum ADHGB herausgearbeitet hat, der Umstand eine entscheidende Rolle, daß die Gläubiger eines gewerbsmäßigen Kommissionärs typischerweise wissen, daß dieser auf fremde Rechnung handelt (**a. A.** *K. Schmidt* Handelsrecht, § 30 V 4 a). Eine Täuschung über die Kreditverhältnisse sei daher kaum zu besorgen. Dieser Deutung der ratio legis kann man auch nicht § 406 Abs. 1 S. 2 entgegenhalten, demzufolge das Kommissionsrecht auch auf den Gelegenheitskommissionär Anwendung findet (so *Schlegelberger/Hefermehl* HGB⁵, § 392 1); denn durch eine solche pauschale Verweisung, wie sie sich in § 406 Abs. 1 S. 2 findet, können nicht die Grundwertungen einer Regelung außer Kraft gesetzt werden, die auf die für typisch angesehenen Konstellationen (§ 383) zugeschnitten ist. Die Auflösung dieses Widerspruchs hat vielmehr dadurch zu erfolgen, daß man die in § 406 Abs. 1 S. 2 enthaltene Verweisung im Wege der Restriktion enger faßt (*Canaris*, Festschrift *Flume* aaO, S. 408). Allerdings darf man die ratio legis nicht ohne weiteres ausschließlich auf die Faktoren „Handeln auf fremde Rechnung" in Verbindung mit „Offenkundigkeit kraft Gewerbes" gründen. Nicht umsonst ist § 392 Abs. 2 nur auf Ansprüche bezogen, die dem Kommissionär im Rahmen der Kommissionsausführung und -durchführung erwachsen. Auf diese Forderungen hat der Kommittent keinen unmittelbaren Zugriff. Er könnte sich nur mit Hilfe einer antizipierten Zession schützen. Diese Sicherheit ist jedoch unzulänglich, da diese Forderungen nicht konkursfest (BGH NJW **1955** 544) und durch ältere Pfändungen aller künftigen Forderungen des Kommissionärs gegen einen bestimmten Dritten bedroht sind. Die Gefahr wird erst durch § 392 Abs. 2 gebannt.

Anders ist die Situation in Hinblick auf **das in Erfüllung** dieser Forderungen **Geleistete**. Hier könnte der Kommittent der Gefahr, daß ein Gläubiger das an den Kommissionär Geleistete für sich mit Beschlag belegt, oder daß der Kommissionär in Konkurs fällt, dadurch ausweichen, daß er die Forderungen selbst einzieht oder den Kommissionär anweist, mit dem Dritten zu vereinbaren, daß durch Leistung an den Kommittenten zu erfüllen ist[1]. Wenn man § 392 Abs. 2 ausschließlich auf Forderungen anwendet, so kann man das damit rechtfertigen, daß der Kommittent seine Interessen in Hinblick auf das in Erfüllung dieser Forderungen Geleistete selbst zu wahren vermöge, daß die Gefährdung seiner Interessen nicht unausweichlich sei. Die heutige Praxis des Kommissionsgeschäftes, der zufolge in aller Regel dem Kommissionär der Einzug der Forderungen obliegt, weil der Kommittent dies nicht mit angemessenem Aufwand erledigen kann oder der Kommissionär den Namen des Dritten nicht nennen will, zeigt jedoch, daß sich der Kommittent nicht ausreichend zu schützen vermag; denn der Kommittent wird nur mit großen Schwierigkeiten den Namen des Dritten zu erfahren in der Lage sein und selbst auf den Dritten zur Erfüllung der Forderung, insbesondere durch Leistung Zug um Zug, nur unwesentlichen wirtschaftlichen Druck ausüben können, — von dem Umstand ganz zu schweigen, daß der Kommissionär kraft seiner Spezialisierung besser darauf eingerichtet ist, derartige Forderungen zu realisieren. Gänzlich ungeschützt ist der Kommittent, wenn die Forderung, wie häufig, einem Abtretungsverbot unterliegt. Im Ergebnis ist somit *Canaris* (Festschrift *Flume* aaO, S. 407) darin zuzustimmen, daß die Vorschrift des § 392 Abs. 2 vorrangig auf den beiden Fak-

---

[1] *Schlegelberger/Hefermehl* HGB⁵, § 392 2; *Gierke/Sandrock*, S. 472; *Brox* Handelsrecht und Wertpapierrecht (1984), § 23 III 3 c.

§ 392

toren „Handeln auf fremde Rechnung" und „Offenkundigkeit kraft Gewerbes" beruht. Das hat zur Konsequenz, daß man mit der Mindermeinung den § 392 Abs. 2 analog auch auf Gegenstände anzuwenden hat, die in Erfüllung der in § 392 Abs. 2 genannten Forderungen geleistet worden sind[2]. Der Vertragspartner des Ausführungsgeschäftes kann jedoch uneingeschränkt geltend machen, daß die von ihm in Erfüllung des Ausführungsgeschäftes gelieferten Gegenstände dem Kommissionär zustehen (enger *K. Schmidt* Handelsrecht, § 30 V 4c cc: nur wegen konnexer Ansprüche). Es gelten hier die für die Aufrechnung entwickelten Regeln (§ 392 20). Voraussetzung ist allerdings, daß die geleisteten Gegenstände noch nicht rechtsgeschäftlich an den Kommittenten übertragen worden sind.

Im Falle des Selbsteintritts ist § 392 unanwendbar. Anders ist die Rechtslage in den Fällen der Selbsthaftung (§ 384 Abs. 3) oder der Delkrederehaftung (§ 394).

B. Das Verhältnis des Kommittenten zu dritten Schuldnern (Abs. 1)
I. Vom Kommissionär abgeschlossenes Geschäft

3   § 392 Abs. 1 spricht von Forderungen aus Geschäften, die der Kommissionär abgeschlossen hat. Damit sind Geschäfte gemeint, die der Kommissionär im eigenen Namen auf Rechnung des Kommittenten getätigt hatte. — Demnach fallen z. B. Hilfsgeschäfte, die der Kommittent selbst vereinbart hatte, nicht unter § 392. Das gilt auch dort, wo der Kommissionär berechtigt ist, die aus dem vom Kommittenten abgeschlossenen Geschäft entspringenden Ansprüche auf Rechnung des Kommittenten geltend zu machen (Beispiele: § 435 oder sonstige Verträge zugunsten Dritter). Als Vertragspartner des Dritten kann der Kommittent jederzeit selbst gegen diesen vorgehen oder sich ausreichende Sicherheit verschaffen, indem er verhindert, daß der Kommissionär im eigenen Namen Ansprüche realisieren kann[3]. — Nicht unter § 392 fallen auch Forderungen, die aus Geschäften des Dritten mit einem Vierten stammen und vom Dritten an den Kommissionär abgetreten worden sind (näher § 392 5).

II. Auf Rechnung des Kommittenten

4   Das Geschäft muß auf fremde Rechnung abgeschlossen worden sein. Maßgeblich ist hierbei der Wille des Kommissionärs. Die Vermutung spricht in diesem Zusammenhang dafür, daß der Kommissionär pflichtgemäß gehandelt hat. Es geht aber nicht an, daß etwa bei der Verkaufskommission der wahre Wille entgegen der Wertung des § 687 BGB für unbeachtlich erklärt wird (so aber RGZ **148** 190; *Schlegelberger/Hefermehl* HGB[5], § 392 5). Näher dazu und zu den Konstellationen, in denen der Kommissionär zum Selbsteintritt berechtigt ist, § 383 74 ff.

Der Kommissionär, der pflichtwidrig auf eigene Rechnung handelt oder sich pflichtwidrig einen Vorteil verschafft (§ 384 21), macht sich allerdings schadensersatzpflichtig. Der Anspruch des Kommittenten geht dann ebenfalls auf Abtretung der Forderung, die durch das auf eigene Rechnung getätigte Geschäft erlangt worden ist, hilfsweise auf Herausgabe des in Erfüllung dieser Forderung Erlangten (§ 384 39).

---

[2] *Canaris* Festschrift *Flume* S. 424; ferner *Schmidt-Rimpler* S. 938 ff; *v. Lübtow* ZHR **112** 262 f; *K. Schmidt* Handelsrecht, § 30 V 4c; *Avancini* Festschrift *Kastner* (1972), S. 5 ff; **a. A.** BGH WM **1974** 156 f; NJW **1981** 918, 919; *Heymann/Kötter* HGB[21], § 392 3; *Gierke/Sandrock* S. 472; *Brox* Handelsrecht, § 23 III 3c; *Hager* AcP **180** (1980) 239, 255 f; *Musielak* Gutachten und Vorschläge zur Überarbeitung des Schuldrechts, Bd. II (1981), S. 1209, 1260; *Schlegelberger/Hefermehl* HGB[5], § 392 2 m. Nachw.

[3] *Düringer/Hachenburg/Lehmann* HGB[3], § 392 18; *Schmidt-Rimpler* S. 909; *Schlegelberger/Hefermehl* HGB[5], § 392 4.

§ 392 ist analog anzuwenden, da die Schadensersatzansprüche letztlich auf das Gleiche gehen wie die Ansprüche auf Herausgabe der im Rahmen des Handelns auf fremde Rechnung erlangten Forderungen und sonstigen Gegenstände (str.). Ferner ist zu berücksichtigen, daß diese Schadensersatzpflichten die Funktion haben, das Handeln auf fremde Rechnung abzusichern. Der Kommittent soll mit anderen Worten so gestellt werden, als ob der Kommissionär pflichtgemäß auf dessen Rechnung agiert hätte.

III. Kein Gegenstand der Kommission

Die Forderung darf nicht Gegenstand der Kommission sein. Deshalb findet § 392 in einem Fall, in dem der Kommissionär eine Forderung zu verkaufen hat, keine Anwendung. Unmittelbar greift § 392 auch nicht bei Forderungen ein, die der Dritte dem Kommissionär in Erfüllung des Ausführungsgeschäftes abtritt[4]. Gleiches gilt für Forderungen, die an Erfüllungs Statt oder erfüllungshalber (§ 364 BGB) an den Kommissionär zediert werden[5]. Allerdings ist in diesen Fällen § 392 im Hinblick auf die Forderungszuständigkeit analog heranzuziehen (§ 392 2). Hat der Dritte an den Kommissionär ein Orderpapier indossiert, aus dem er haftet, oder hat er nicht-akzessorische Sicherheiten bestellt, so ist ebenfalls nur eine Analogie zu § 392 möglich[6].

5

IV. Forderungen

1. Forderungen aus dem Ausführungsgeschäft

Als Forderungen im Sinne des § 392 kommen in erster Linie Ansprüche des Kommissionärs gegen den Dritten in Betracht. Darunter fallen sämtliche Ansprüche: nicht nur die im Synallagma stehenden Forderungen, wie Anspruch auf Lieferung von Ware oder Zahlung des Kaufpreises, sondern auch der Anspruch auf Gewährung einer Sicherheit oder auf eine besondere Zuwendung (z. B. Bonus), die im Zusammenhang mit dem Vertragsschluß (§ 384 38 f und § 392 4) ausgeschüttet wurden (*Schlegelberger/Hefermehl* HGB 5, § 392 6). Gleichgültig ist die Anspruchsgrundlage. „Forderungen" stellen demnach sowohl vertragliche Leistungsansprüche als auch Gewährleistungs-, Schadensersatz- und Rückgewähransprüche dar. Auch Bereicherungsansprüche, die auf einer auf fremde Rechnung getätigten Leistung sine causa beruhen, stammen aus einem Geschäft mit dem Schuldner[7]. Auf deliktische Ansprüche wendet die h. M. ebenfalls den § 392 unmittelbar an, falls der Kommittent die Abtretung verlangen konnte[8]. Da hier die Forderung nicht aus einem Geschäft mit einem Dritten stammt, kommt nur eine Analogie zu § 392 in Frage, es sei denn, daß der deliktische Schadensersatzanspruch mit vertraglichen Ansprüchen konkurrieren sollte[9]. Gleiches gilt für Kondiktionsansprüche aus sonstigem Grund (§ 812 Abs. 1 S. 1 2. Alt. BGB).

6

2. Forderungen aus Nebengeschäften

§ 392 erfaßt nicht nur die mit dem Ausführungsgeschäft zusammenhängenden Forderungen, sondern auch solche aus Hilfs- und Nebengeschäften. Voraussetzung ist

7

---

[4] *Schlegelberger/Hefermehl* HGB 5, § 392 7.
[5] KG OLG 34 380; *Schmidt-Rimpler* S. 910; *Schlegelberger/Hefermehl* HGB 5, § 392 7; *Heymann/Kötter* HGB 21, § 392 3.
[6] Für eine unmittelbare Anwendung des § 392 im Falle des Erwerbs eines Orderpapieres RGZ 41 1; *Düringer/Hachenburg/Lehmann* HGB 3, § 392 13, 18; RGRKzHGB-*Ratz* § 392 4; *Heymann/Kötter* HGB 21, § 392 3; a. A. *Schmidt-Rimpler* S. 910; *Schlegelberger/Hefermehl* HGB 5, § 392 7 m. Nachw.; für unmittelbare Anwendung auf Sicherheiten: RGRKzHGB-*Ratz* § 392 4; *Heymann/Kötter* HGB 21, § 392 7; a. A. *Schlegelberger/Hefermehl* HGB 5, § 392 7.
[7] *Heymann/Kötter* HGB 21, § 392 3; *Schlegelberger/Hefermehl* HGB 5, § 392 6 m. w. Nachw.
[8] *Schlegelberger/Hefermehl* HGB 5, § 392 6 m. w. Nachw.
[9] *Heymann/Kötter* HGB 21, § 392 3.

nur, daß die Geschäfte vom Kommissionär auf Rechnung des Kommittenten abgeschlossen worden sind (§ 392 2). Zu diesen Hilfs- und Nebengeschäften zählen insbesondere Speditions-, Lager- und Frachtverträge, aber auch Versicherungsverträge sowie Dienst- und Werkverträge aller Art[10].

3. Sicherheiten

8 § 392 bezieht sich nur auf Forderungen. Sicherheiten fallen zum Teil darunter. So der akzessorische Anspruch gegen den Bürgen oder sonstige akzessorische Sicherheiten, da diese nicht von der Forderung aus dem Haupt- bzw. Nebengeschäft getrennt werden können[11]. Werden Sicherheiten gestellt, die nicht-akzessorischer Natur sind, so ist die gleiche Situation gegeben, wie wenn in Erfüllung des im Ausführungsgeschäft gegebenen Leistungsversprechens an den Kommissionär geleistet worden ist. In dieser Konstellation kann § 392 nur analog herangezogen werden (§ 392 2 und 5).

4. Gestaltungsrechte

9 Lediglich eine entsprechende Anwendung des § 392 kommt ferner bei Gestaltungsrechten in Frage, die ihre Grundlage in den auf Rechnung des Kommittenten abgeschlossenen Geschäften haben.

5. Übertragbarkeit der Forderungen

10 Die Forderung muß übertragbar sein. Ist sie das nicht, so stößt § 392 Abs. 1 ins Leere. Die Übertragbarkeit kann kraft Gesetzes oder kraft Vereinbarung fehlen; so z. B. aufgrund einer Kontokorrentabrede[12]. Dagegen wird man im Rahmen des § 392 Abs. 2 auf das Erfordernis der Abtretbarkeit verzichten können[13]; denn der Kommittent muß zumindest dann geschützt werden, wenn die Forderung gepfändet werden kann (§ 851 Abs. 2 ZPO). Wenn die Forderung nicht auf den Kommittenten übertragbar ist, so heißt das noch nicht, daß der wirtschaftliche Nutzen nicht in irgendeiner Form dem Kommittenten zufließen könnte. Ist die Forderung nicht übertragbar, weil der geschuldete Gegenstand der Pfändung nicht unterworfen ist, so bedarf der Kommittent keines Schutzes durch den § 392 Abs. 2.

V. Recht, die Forderung geltend zu machen
1. Nach Abtretung

11 Der Kommissionär ist gemäß § 384 Abs. 2 zur Herausgabe der Forderung an den Kommittenten verpflichtet, obgleich der Kommittent diesen Anspruch vielfach nicht geltend machen wird, weil er dem Kommissionär die Durchführung der Kommission übertragen hatte. Die Herausgabe der Forderung erfolgt durch Abtretung gemäß den §§ 398 ff BGB. Soweit § 392 auf Orderpapiere etc. analoge Anwendung findet (§ 392 5), sind die für diese Gegenstände geltenden Übertragungsregeln zu beachten.

Denkbar ist es auch, daß der Kommissionär schon vor Abschluß des Ausführungsgeschäftes oder sonstiger Hilfs- und Nebengeschäfte alle künftig auf Rechnung des

---

[10] *Schmidt-Rimpler* S. 909; *Düringer/Hachenburg/Lehmann* HGB3, § 392 18; *Heymann/Kötter* HGB21, § 392 3; *RGRKzHGB-Ratz* § 392 4; *Schlegelberger/Hefermehl* HGB5, § 392 3.
[11] *Schmidt-Rimpler* S. 910; *Schlegelberger/Hefermehl* HGB5, § 392 6.
[12] OLG Stuttgart JW **1932** 2639; *Schlegelberger/Hefermehl* HGB5, § 392 8; ferner § 355 60.
[13] **A. A.** *Schmidt-Rimpler* S. 911; *Schlegelberger/Hefermehl* HGB5, § 392 8.

Kommittenten begründeten Forderungen an den Kommittenten zediert hatte. Die Zulässigkeit derartiger Vorausabtretungen ist allgemein anerkannt (*Palandt/Heinrichs* BGB⁴⁴, § 398 4c m. Nachw.). Da in den hier zur Diskussion stehenden Fällen die Rechtsgrundlage für die Forderung im Zeitpunkt ihrer Vorausabtretung noch nicht gelegt ist, findet lediglich ein Durchgangserwerb statt. Die abgetretene Forderung entsteht nicht unmittelbar in der Person des Kommittenten, sondern eine logische Sekunde lang in der Person des Kommissionärs[14]. Während dieser logischen Sekunde und im Falle des Konkurses ist der Kommittent durch § 392 Abs. 2 geschützt. Gleiches gilt, wenn der Kommissionär die zukünftigen Forderungen bereits vorher, z. B. im Rahmen einer Globalzession, an einen seiner Gläubiger abgetreten hatte[15].

2. Vor Abtretung

Solange die Forderung nicht abgetreten ist, kann nur der Kommissionär gegen den Dritten vorgehen. Der Dritte kann an den Kommissionär befreiend leisten, ihm gegenüber aufrechnen (str. § 392 20) etc. An die Stelle des Kommissionärs tritt im Konkursfall der Konkursverwalter, an den der Dritte vor Kenntnis der Abtretung befreiend leisten kann (§ 407 BGB). Der Kommittent wird nicht automatisch mit dem Konkurs Inhaber der Forderung. Der Kommittent vermag Art und Weise, wie die Forderung eingezogen wird, nur mit Hilfe von Weisungen an den Kommissionär zu bestimmen; denn nach außen ist grundsätzlich allein der Kommissionär der Inhaber der Forderung, weil er sie im eigenen Namen begründet hatte. Der Kommissionär ist daher auch grundsätzlich in der Lage, wirksam in beliebiger Weise über die Forderung zu verfügen; sie z. B. an eine andere Person zu übertragen. Der Umstand, daß er hierzu nicht berechtigt ist, zieht normalerweise lediglich Schadensersatzpflichten und gegebenenfalls die Zurückweisung (§ 385 Abs. 1; dazu § 385 4) nach sich. Die Regeln über den Mißbrauch der Vollmacht können nicht analog herangezogen werden, weil der Erwerber der Forderung nicht in unmittelbaren Kontakt zum Kommittenten tritt und der Erwerber dem Kommittenten gegenüber nicht nach Treu und Glauben (§ 242 BGB) erhöhte Rücksicht nehmen muß. Schranken für die Wirksamkeit der Verfügung ergeben sich lediglich aus § 138 Abs. 1 BGB. Im Falle vorsätzlicher, sittenwidriger Schädigung, wie Verleitung zum Vertragsbruch oder Handeln mit Benachteiligungsabsicht, kann der Erwerber der Forderung gemäß § 826 BGB zu deren Abtretung verpflichtet sein[16].

Eine wichtige Ausnahme von diesem Grundsatz ist in den Konstellationen zu machen, in denen der **Kommissionär** die Forderung **an einen seiner Gläubiger** mit Rücksicht auf dessen Eigenschaft als Gläubiger **abtritt** oder mit ihm ein **anderes Verfügungsgeschäft**, z. B. Verpfändung, abschließt[17]. Erfolgt die Abtretung an den Gläubiger des Kommissionärs ohne Rücksicht auf dessen Gläubigereigenschaft, so ist die Abtretung unabhängig davon wirksam, ob der Dritte gewußt hat, daß sein Vertragspartner die Forderung als Kommissionär begründet hat. § 392 Abs. 2 verbietet es ferner, daß der Kommissionär seinen Gläubiger bevollmächtigt oder ermächtigt, die Forderung einzuziehen und sich auf diese Weise zu sichern bzw. zu befriedigen (BGH NJW **1959** 1678;

---

[14] *Larenz* Schuldrecht I, § 34 III; *Palandt/Heinrichs* BGB⁴⁴, § 398 4c m. w. Nachw.; a. A. OLG Hamburg MDR **1956** 227; *Schlegelberger/Hefermehl* HGB⁵, § 392 12; *Soergel/Schmidt* BGB¹¹, § 398 11.

[15] *Canaris* Festschrift *Flume* S. 407 Fn. 170; ebenso i. E. *Schlegelberger/Hefermehl* HGB⁵, § 392 12 m. Nachw.

[16] BGH LM 1, 2 zu § 392 HGB; *Canaris* Festschrift *Flume*, aaO, S. 408; *Schmidt-Rimpler* S. 913; *Schlegelberger/Hefermehl* HGB⁵, § 392 9, 14.

[17] BGH NJW **1959** 1678; **1972** 2044; *Schlegelberger/Hefermehl* HGB⁵, § 392 23 m. w. Nachw.; a. A. *Böhm* Auslegung und systematische Einordnung des § 392 Abs. 2 HGB (1971), S. 81 f m. Nachw.

1972 2044). — Daraus, daß der Kommissionär das vom Dritten in Erfüllung Geleistete entgegennehmen darf (§ 362 BGB), darf nicht ohne weiteres abgeleitet werden, daß der Kommissionär immer berechtigt wäre, gegen Forderungen des Dritten **aufzurechnen**[18]. Der hier vertretenen Ansicht zufolge erstreckt sich nämlich der Schutz des § 392 Abs. 2 auch auf das in Erfüllung der Forderung Geleistete (§ 392 2). Diesen Schutz würde der Kommittent verlieren, wenn es dem Kommissionär erlaubt wäre, gegen Forderungen des Dritten aufzurechnen, die nicht aus auf Rechnung des Kommittenten abgeschlossenen Geschäften stammen (*K. Schmidt* Handelsrecht, § 30 V 4 b). Es ist aber auch zu berücksichtigen, daß der Dritte jederzeit berechtigt ist, seinerseits gegen den Kommissionär aufzurechnen (§ 392 20). Außerdem kann die Aufrechnung im Falle der Zahlungsunfähigkeit des Dritten der einzige Weg sein, Befriedigung zu erlangen. Die vom Kommissionär dem Dritten gegenüber erklärte Aufrechnung ist mithin im allgemeinen wirksam. Es ist allerdings immer zu beachten, daß der Kommissionär kraft seiner Pflicht zur Interessenwahrung grundsätzlich gehalten ist, darauf hinzuwirken, daß die auf Rechnung des Kommittenten begründeten Ansprüche i. S. d. §§ 362 f BGB erfüllt werden, um dem Kommittenten den Schutz des § 392 Abs. 2 (§ 392 2) zu sichern[19].

C. Die Forderung im Verhältnis zwischen Kommissionär und Kommittenten (Abs. 2)

I. Forderung

13   Zum Begriff der Forderung und den Möglichkeiten einer analogen Anwendung auf das aus der Forderung Erlangte sowie Sicherheiten § 392 2, 6 ff.

II. Verhältnis Kommissionär — Kommittent

14   Die Forderungen aus den auf Rechnung des Kommittenten geschlossenen Geschäften gelten im Verhältnis zwischen dem Kommissionär und dem Kommittenten als Forderungen des Kommittenten[20]. Dabei kommt es nicht darauf an, ob der Kommissionsvertrag wirksam oder etwa infolge der Geschäftsunfähigkeit des Kommittenten nichtig war[21].

15   Die Fiktion des § 392 Abs. 2 ist im Verhältnis Kommissionär — Kommittent von geringer Relevanz. Aus der Pflicht zur Interessenwahrung und Herausgabe (§ 384) folgt bereits, daß es dem Kommissionär — obligatorisch — verboten ist, mit der Forderung nach Belieben zu verfahren. Er darf also nicht entgegen der Vertragsabrede oder den erkennbaren bzw. mußmaßlichen Interessen des Kommittenten die Forderung einziehen, abtreten, erlassen, aufrechnen oder durch Ausübung eines sonstigen Gestaltungsrechtes ganz oder teilweise umgestalten (Ausnahme: § 399, dem zufolge sich der Kommissionär aus den Forderungen in gewissem Umfang befriedigen darf). Ein schuldhafter Verstoß gegen diese Pflichten macht den Kommissionär schadensersatzpflichtig und gibt eventuell dem Kommittenten das Recht zur Zurückweisung (§ 385; dazu § 385 4). Erfolgt der Verstoß vorsätzlich, so begeht der Kommissionär unter Umständen eine Straftat (§ 266 StGB), deren Gehilfe oder Anstifter jemand sein kann, der durch die pflichtwidrige Verfügung begünstigt wird (BGH LM Nr. 1 zu § 392 HGB). Der Zedent kann sich daher ebenfalls gemäß § 823 Abs. 2 BGB schadensersatzpflichtig machen. Ferner ist immer § 826 BGB zu beachten.

---

[18] So aber *Schlegelberger/Hefermehl* HGB5, § 392 25 m. w. Nachw.
[19] *Schlegelberger/Hefermehl* HGB5, § 392 25.
[20] Zu den pflichtwidrig auf eigene Rechnung getätigten Geschäften § 392 4.
[21] *Schlegelberger/Hefermehl* HGB5, § 392 13.

Die Fiktion des § 392 Abs. 2 hat jedoch grundsätzlich nicht zur Folge, daß pflichtwidrige Verfügungen nach außen hin unwirksam wären (Ausnahme: § 138 Abs. 1 BGB; ferner § 392 12 a).

§ 392 Abs. 2 bietet demnach dem Kommittenten nur einen äußerst geringen Verfügungs- und Sukzessionsschutz (§ 392 12). Eine Ausnahme gilt dort, wo eine Verfügung zugunsten eines Gläubigers des Kommissionärs mit Rücksicht auf dessen Gläubigerposition geschieht (Beispiele: Abtretung von Forderungen erfüllungshalber oder zur Sicherheit). Für diese Einschränkung der Verfügungsmacht des Kommissionärs spricht nicht nur der Wortlaut des § 392 Abs. 2, sondern auch das Argument, daß der Gläubiger des Kommissionärs nicht das soll erlangen können, was mit den Mitteln der Zwangsvollstreckung oder im Konkurs außerhalb seines Zugriffs bleibt. Die Interessen der Gläubiger werden durch diese Regelung nicht unangemessen beeinträchtigt, da die Gläubiger normalerweise wissen können, daß sie es mit einem Kommissionär zu tun haben, der Forderungen auf fremde Rechnung begründet (§ 392 2). Gehört der Kommissionär zum Kreis der Gelegenheitskommissionäre (§ 406 Abs. 1 S. 2), so greift der Verfügungsschutz aus § 392 Abs. 2 ein, falls der Gläubiger aus den Umständen erkennen konnte, daß die Forderung von einem Kommissionär auf fremde Rechnung begründet worden war (§ 392 2). — Zu der Situation, in der der Dritte als Gläubiger gegen den Kommissionär aufrechnet, § 392 20.

Die Verfügungsmacht des Kommissionärs ist weiterhin faktisch durch das Gesetz **16** betreffend die Anfechtung von Rechtshandlungen eines Schuldners außerhalb des Konkursverfahrens eingeschränkt. Hat der Kommissionär die Forderung an eine andere Person abgetreten, so kann der Kommittent die Rückgewähr (§ 7 AnfG) verlangen, sofern die Voraussetzungen der §§ 2 ff AnfG gegeben sind (*Schlegelberger/Hefermehl* HGB[5], § 392 18). Diese Möglichkeit steht nur dem Kommittenten zur Verfügung. Den anderen Gläubigern des Kommissionärs bleibt sie durch § 392 Abs. 2 verschlossen; denn sie dürfen sich grundsätzlich nicht aus der Forderung befriedigen (*Schmidt-Rimpler* S. 914). Auch die Gläubiger des Kommittenten sollen nach h. M. die Abtretung nicht anfechten können, weil es sich nicht um eine Forderung des Kommittenten handle und die anfechtbare Verfügung nicht von dem Kommittenten vorgenommen worden sei[22]. Dem kann jedoch nicht gefolgt werden, falls ein Gläubiger des Kommittenten die Herausgabeforderung gepfändet hat und sie ihm zur Einziehung überwiesen worden ist. Dann ist nämlich der Gläubiger in die Rechtsposition des Kommittenten eingerückt.

D. Das Verhältnis des Kommittenten zu Gläubigern des Kommissionärs

Auch im Verhältnis Kommittent einerseits und den Gläubigern des Kommissionärs **17** andererseits gelten die **Forderungen** aus dem Ausführungsgeschäft sowie Hilfsgeschäften (näher dazu § 392 6 f) als solche des Kommittenten. Zur analogen Anwendung auf das **in Erfüllung der Forderung Geleistete** sowie auf **Sicherheiten** § 392 2, 8. § 392 Abs. 2 bringt mithin zugunsten des Kommittenten eine gewisse Verdinglichung seiner Rechtsposition, indem er einen Konkurs- und Zwangsvollstreckungsschutz gewährt. Dieser Schutz des Kommittenten wird durch einen begrenzten Verfügungsschutz (dazu § 392 12) ergänzt. Heftig umstritten ist es, inwieweit § 392 Abs. 2 dem Kommittenten auch Sicherheit gegen Aufrechnungserklärungen seitens des Dritten bietet, der

---

[22] *Schmidt-Rimpler* S. 914; *Schlegelberger/Hefermehl* HGB[5], § 392 14.

gegen den Kommissionär einen gleichartigen Anspruch geltend machen kann (§ 392 20). Der Umstand, daß sich der Kommissionär der Delkrederehaftung unterworfen hat, steht der Anwendung des § 392 Abs. 2 nicht entgegen, da der Kommittent auch gegen Zahlungsschwierigkeiten des Kommissionärs gesichert werden soll[23].

I. Zwangsvollstreckung

18 Der Kommittent kann gegen einen Gläubiger des Kommissionärs, der die Forderung (zum Begriff § 392 6) im Wege der Zwangsvollstreckung gepfändet hat, die Drittwiderspruchsklage (§ 771 ZPO) erheben. Im Verhältnis zum Gläubiger gilt nämlich der Kommittent als Inhaber der Forderung, der sich eine Verwertung „seiner" Forderung zugunsten des Gläubigers eines anderen nicht gefallen zu lassen braucht (RGZ 148 190; BGH LM Nr. 1 zu § 392 HGB). Auf eine Kenntnis des Gläubigers von der Existenz des Kommissionsverhältnisses oder der Tätigkeit seines Schuldners als Kommissionär kommt es nicht an. Sie ist aufgrund seines Gewerbes (§ 383) hinreichend offenkundig (§ 392 2). Gehört der Kommissionär zum Kreis der Gelegenheitskommissionäre (§ 406 Abs. 1 S. 2), so ist darauf abzuheben, ob der Gläubiger die Tätigkeit seines Schuldners als Gelegenheitskommissionär aus den Umständen erkennen konnte[24].

II. Konkurs

19 Im Konkurs des Kommissionärs kann der Kommittent die Forderungen (zur Analogie auf andere Gegenstände § 392 2, 8 f) aussondern. Da die Forderungen im Verhältnis zu den übrigen Gläubigern als Forderungen des Kommittenten gelten, sind sie als dem Kommissionär nicht gehörige Gegenstände zu qualifizieren. Es greift somit § 43 KO ein. Eine Stundung steht der Aussonderung nicht entgegen, wohl aber eine Kontokorrentabrede, da dann zuerst zu saldieren ist. Gegen den Dritten erlangt der Kommittent freilich erst dann Rechte, wenn die Aussonderung durch Abtretung der Forderung an den Kommittenten erfolgt ist.

Nach h. M. eröffnet § 392 Abs. 2 dem Kommittenten ein Aussonderungsrecht nur unter der Voraussetzung, daß die Forderung aus dem Ausführungsgeschäft noch existiert und nicht etwa durch Erfüllung erloschen ist (§ 392 2 a. E.). Auf das vor Konkurseröffnung **auf die Forderung Geleistete** sei § 392 Abs. 2 nicht, auch nicht analog, anzuwenden[25]. Nach der hier vertretenen Ansicht ist die Frage, ob die in § 392 Abs. 2 enthaltene konkursrechtliche Privilegierung auf Gegenstände, die dem Kommissionär in Erfüllung der Forderung oder erfüllungshalber übertragen worden sind, ausgedehnt werden kann, grundsätzlich zu bejahen (näher dazu § 392 2). Gleiches gilt für Sicherheiten. Beim Kommissionär im Sinne des § 383 greift mithin in Analogie zu § 392 Abs. 2 das Aussonderungsrecht immer ein; beim Gelegenheitskommissionär (§ 406 Abs. 1 S. 2) dort, wo das Handeln auf fremde Rechnung aufgrund besonderer Umstände des Einzelfalles offenkundig ist[26].

Die Möglichkeit, eine vom Kommissionär vorgenommene Vermögensverschiebung gemäß den §§ 29 ff KO anzufechten, bleibt dem Konkursverwalter verschlossen, da die Forderung und die aus der Forderung erlangten Gegenstände nicht zur Befriedigung der Gläubiger des Kommissionärs dienen sollen[27]. Eine Ausnahme gilt dann, wenn sich

---

[23] RGRKzHGB-*Ratz* § 392 6.
[24] *Canaris* Festschrift *Flume*, aaO, S. 424; str. § 392 2.
[25] Statt aller *Schlegelberger/Hefermehl* HGB[5], § 392 20 m. Nachw.
[26] *Canaris* Festschrift *Flume*, aaO, S. 424.
[27] *Schmidt-Rimpler* S. 914; *Schlegelberger/Hefermehl* HGB[5], § 392 22.

der Kommissionär dem Kommittenten gegenüber auf § 399 zu berufen vermag. Ist er dazu nicht in der Lage, so kann nur der Kommittent eine Vermögensverschiebung anfechten (§ 392 16).

III. Aufrechnung, Zurückbehaltung

a) Die Frage, inwieweit der Dritte als Gläubiger des Kommissionärs gegen diesen aufrechnen oder ein Zurückbehaltungsrecht ausüben kann, wird nicht einheitlich beantwortet.

Die herrschende Lehre wendet auf inkonnexe Forderungen § 392 Abs. 2 mit dem Argument an, der Wortlaut der Norm enthalte keinerlei Einschränkungen. Deshalb gelte auch im Fall der Aufrechnung die Forderung des Kommissionärs gegen den Dritten in Hinblick auf dessen Gläubigerposition als eine Forderung des Kommittenten, so daß mangels Gegenseitigkeit Aufrechnung und Zurückbehaltung scheiterten[28]. Eine vermittelnde Ansicht wird von *Capelle*[29] für die Konstellation vertreten, in der der Dritte wußte, daß er mit einem Kommissionär abschließt. In dieser Fallgruppe sei der Dritte nicht schutzbedürftig, da er sich hinreichend absichern könnte. Die ständige Rechtsprechung hat hingegen die Anwendbarkeit des § 392 Abs. 2 auf die Aufrechnung verneint[30]. Die Sicherheit und die Rechte des Drittkontrahenten dürften durch das Innenverhältnis zwischen Kommissionär und Kommittenten nicht beeinträchtigt werden. Eine Ausnahme sei nur dort zuzulassen, wo sich der Dritte die Aufrechnungsgrundlage verschafft habe, um sich wegen einer Forderung gegen den Kommissionär materiell zu Lasten des Kommittenten zu befriedigen. Auch könne es rechtsmißbräuchlich sein, wenn der Dritte den Kommissionär in den Glauben versetzt habe, er werde nicht aufrechnen. Der Rechtsprechung ist mit *Canaris* (Festschrift *Flume*, aaO, S. 409) zu folgen. Der Dritte muß nämlich von vornherein volle Klarheit über die Person seines Vertragspartners und die daraus resultierenden Rechte haben. Vertragspartner ist nun allein der Kommissionär. Daran ändert auch der Umstand nichts, daß der Dritte weiß, daß der Kommissionär das konkrete Geschäft auf Rechnung des Kommittenten getätigt hatte; denn möglicherweise hat ja der Dritte auch nur deshalb ein Geschäft mit dem Kommissionär vereinbart, weil er durch die Aufrechnungs- und Zurückbehaltungsmöglichkeit Sicherung erhielt. Der Kommittent muß dann auch das daraus resultierende Risiko tragen. Im übrigen verfügt hier der Kommittent — anders als gegenüber anderen Gläubigern — über ausreichende Schutzmöglichkeiten. Er braucht nämlich den Kommissionär lediglich anzuweisen, mit dem Dritten einen totalen oder partiellen Verzicht auf die Aufrechnung und das Zurückbehaltungsrecht zu vereinbaren. Gegebenenfalls ist der Kommissionär von sich aus hierzu verpflichtet. Konkludent erfolgt ein solcher Verzicht von seiten des Dritten nicht schon deshalb, weil er weiß, daß er mit einem Kommissionär kontrahiert; denn möglicherweise hätte er ohne die Sicherheit, sich auf die §§ 387 ff, 273 BGB, 369 HGB stützen zu können, mit dem Kommissionär gar nicht oder nicht zu den vereinbarten Konditionen kontrahiert.

---

[28] *Schmidt-Rimpler* S. 911 f; *Gierke/Sandrock* S. 471 f; *K. Schmidt* Handelsrecht, § 30 V 4 b; *Heymann/Kötter* HGB[21], § 392 1; *Schlegelberger/Hefermehl* HGB[5], § 392 24 m. w. Nachw.

[29] *Capelle* Festschrift *Raape* (1948) S. 332 und Handelsrecht, 18. Aufl. (1977), § 13 VII 2 c; ebenso *Schwarz* NJW **1969** 1942; *Schwark* JuS **1980** 777, 781.

[30] RGZ **32** 39; **121** 177; BGH NJW **1969** 276; ebenso *Düringer/Hachenburg/Lehmann* HGB[3], § 392 2; RGRKzHGB-*Ratz* § 392 11 f; *Baumbach/Duden/Hopt* HGB[26], § 392 2 C; *Böhm* Auslegung, aaO, S. 82 ff; *Hager* AcP **180** (1980) 239, 261 f.

Die Aufrechnung und Ausübung des Zurückbehaltungsrechtes ist auch noch **nach Abtretung** der Forderung im Rahmen der §§ 404, 406 f BGB zulässig.

Bei der **Effektenkommission** beachte § 4 DepG.

b) Der Kommissionär kann seinerseits gegen konnexe und inkonnexe Forderungen des Dritten uneingeschränkt aufrechnen (§ 392 12). Der Kommissionär ist dann zum Wertersatz verpflichtet.

IV. Sonstige Verfügungen

21 Der Kommittent braucht auch nicht die Abtretung der Forderung (Zur analogen Anwendung des § 392 bei anderen Gegenständen § 392 2, 8 f) an einen Gläubiger zur Sicherheit oder zur Deckung einer Forderung des Gläubigers gegen den Kommissionär hinzunehmen (näher dazu § 392 12). Gleiches gilt für andere Formen der Sicherheit, wie Verpfändung. Ebenso verhindert § 392 Abs. 2, daß der Kommissionär einem seiner Gläubiger eine Einziehungsermächtigung erteilt, so daß dieser in die Lage kommt, mit seiner Forderung gegen den Herausgabeanspruch des Kommissionärs aufzurechnen oder sich auf ein Zurückbehaltungsrecht zu berufen; denn auch insoweit genießt der Gedanke Vorrang, daß den Gläubigern grundsätzlich der Zugriff auf die auf fremde Rechnung erworbenen Forderungen verwehrt ist.

E. Abdingbarkeit des § 392
I. Absatz 1

22 § 392 Abs. 1 ist zwingendes Recht. Er kann von den Parteien nicht abbedungen werden. Denkbar ist nur, daß der Kommittent in einem Fall, in dem die Forderung aus dem Ausführungsgeschäft einem Abtretungsverbot unterworfen ist (§ 399 BGB), eine Einziehungsermächtigung erhält[31].

II. Absatz 2

23 § 392 Abs. 2 enthält hingegen kein zwingendes Recht. Kommittent und Kommissionär können daher die Anwendbarkeit des § 392 Abs. 2 abbedingen[32]. Dagegen kann der Geltungsbereich des § 392 Abs. 2 nicht erweitert werden[33]. Es gilt hier das Prinzip des „numerus clausus" verdinglichter obligatorischer Rechte[34].

§ 393

(1) Wird von dem Kommissionär ohne Zustimmung des Kommittenten einem Dritten ein Vorschuß geleistet oder Kredit gewährt, so handelt der Kommissionär auf eigene Gefahr.

(2) Insoweit jedoch der Handelsgebrauch am Orte des Geschäfts die Stundung des Kaufpreises mit sich bringt, ist in Ermangelung einer anderen Bestimmung des Kommittenten auch der Kommissionär dazu berechtigt.

---

[31] Ablehnend BGH NJW **1969** 1100 für gesetzliche Abtretungsverbote; ferner *Palandt/Heinrichs* BGB 44, § 398 8 f m. Nachw. zum Streitstand.
[32] *Schmidt-Rimpler* S. 917; *Düringer/Hachenburg/ Lehmann* HGB 3, § 392 23; *Schlegelberger/Hefermehl* HGB 5, § 392 27.
[33] *Schlegelberger/Hefermehl* HGB 5, § 392 28.
[34] *Canaris* Festschrift *Flume*, aaO, S. 376.

(3) Verkauft der Kommissionär unbefugt auf Kredit, so ist er verpflichtet, dem Kommittenten sofort als Schuldner des Kaufpreises die Zahlung zu leisten. Wäre beim Verkaufe gegen bar der Preis geringer gewesen, so hat der Kommissionär nur den geringeren Preis und, wenn dieser niedriger ist als der ihm gesetzte Preis, auch den Unterschied nach § 386 zu vergüten.

Übersicht

	Rdn.		Rdn.
A. Vorbemerkung	1	V. Art der Kreditgewährung, Beratung des Kommittenten	6
B. Unbefugte Gewährung eines Vorschusses oder Kredits		C. Rechtsfolgen unbefugter Kreditgewährung	
I. Dritter	2	I. Handeln auf eigene Gefahr	7
II. Vorschuß, Kredit	3	II. Haftung des Verkaufskommissionärs	8
III. Zustimmung des Kommittenten	4	III. Beweislast	9
IV. Ausnahme vom Zustimmungserfordernis	5		

Schrifttum
siehe Angaben zu § 383.

A. Vorbemerkung

§ 393 konkretisiert die Pflicht zur Interessenwahrung. An sich darf der Kommissionär nach allgemeinen Regeln (§ 384 3) anderen Personen auf Rechnung des Kommittenten insoweit Kredit gewähren und damit den Kommittenten mit dem Risiko eines Verlustes konfrontieren, als dies durch einen überwiegenden Nutzen gedeckt ist. Wie hoch im Einzelfall der Nutzen anzusetzen ist, hängt entscheidend davon ab, wie groß die Gefahr einer Zahlungsunfähigkeit des Kreditnehmers einzuschätzen ist. Da hierfür kaum intersubjektiv verbindliche Kriterien vorhanden sind, müßte dem Kommissionär ein großer Ermessensspielraum zugestanden werden. Um Streitigkeiten darüber vorzubeugen, ob der Kommissionär sein Ermessen sachgerecht ausgeübt hat, schaltet § 393 Abs. 1 das Ermessen des Kommissionärs weitgehend aus. Der Kommittent hat im konkreten Fall selbst zu entscheiden, ob er den Dritten für kreditwürdig hält oder ob er dem Rat des Kommissionärs vertraut. Nur mit seinem Willen darf also dem Kommittenten das Risiko eines Kredits auferlegt werden. Hat der Kommittent nicht zugestimmt, so handelt der Kommissionär auf eigenes Risiko (§ 393 Abs. 1), es sei denn, daß eine Stundung des Kaufpreises handelsüblich ist (§ 393 Abs. 2). § 393 betrifft mithin nicht die Gewährung eines Kredits an den Kommittenten; denn diese Form des Kredits geht ohnehin auf Risiko des Kommissionärs. In dieser Konstellation gelten die allgemeinen Vorschriften über Darlehen, Stundung etc.

B. Unbefugte Gewährung eines Vorschusses oder Kredits

I. Dritter

§ 393 Abs. 1 spricht von der Gewährung eines Vorschusses oder Kredits an einen Dritten. „Dritter" ist in erster Linie der Partner des Ausführungsgeschäftes. Ferner gehören zum Kreis der „Dritten" i. S. d. § 393 Personen, mit denen Hilfsgeschäfte abgeschlossen werden, die die Ausführung fördern sollen[1]. Zu denken ist hier z. B. an den Frachtführer, der das Kommissionsgut befördern soll; ferner an die Übernahme einer

---
[1] *Schmidt-Rimpler* S. 742; *Schlegelberger/Hefermehl* HGB⁵, § 393 4 m. Nachw.

Bürgschaft gegenüber einem Kreditgeber des Partners des Ausführungsgeschäfts. Auch in der Durchführungsphase findet § 393 Abs. 1 Anwendung.

II. Vorschuß, Kredit

3   Kredit ist der weitere Begriff. Er umfaßt jede Form der Vorleistung durch Bereitstellung finanzieller oder sonstiger Mittel ohne gleichzeitige, äquivalente Gegenleistung. In erster Linie ist § 393 jedoch auf die Stundung des Kaufpreises bei der Verkaufskommission zugeschnitten, während bei „Vorschuß" an die Bezahlung des Kaufpreises im Rahmen der Einkaufskommission ohne gleichzeitige Lieferung oder an ein Darlehen an den Verkäufer gedacht ist, der sich mit Hilfe der darlehensweise gewährten Mittel erst selbst eindecken muß. Auf diese Varianten der Kreditgewährung ist § 393 Abs. 1 jedoch nicht beschränkt. Er umfaßt seinem Sinne nach ebenso Warenkredite (vgl. die Interpretation des Begriffes „Kredit" im Rahmen des § 778 BGB), wie z. B. die Stellung eines Akkreditivs zugunsten eines Dritten[2]. Auch die Übernahme eines Risikos zugunsten eines Dritten ohne gleichzeitige, volle Deckung stellt eine Variante der Kreditgewährung dar.

III. Zustimmung des Kommittenten

4   Die Kreditgewährung geht auf Rechnung des Kommittenten, falls dieser zugestimmt hat. Als Zustimmung gilt sowohl die anfängliche Einwilligung als auch die nachträgliche Genehmigung (§§ 183 f BGB). Sie ist eine empfangsbedürftige Willenserklärung. Sie kann auch konkludent erteilt werden. Ist — wie der Kommissonär weiß oder annehmen kann — dem Kommittenten bekannt, daß das Geschäft nur unter Kreditgewährung abgeschlossen werden kann und erteilt der Kommittent gleichwohl Order, so liegt darin eine Zustimmung (weiter *Schlegelberger/Hefermehl* HGB[5], § 393 5). Dies ist häufig dort der Fall, wo handelsüblich Akkreditive gestellt werden müssen (*Schlegelberger/Hefermehl* HGB[5], § 393 3). Ferner wird man in der Vereinbarung des Delkredere eine Zustimmung zur Kreditgewährung sehen müssen, da sich der Kommittent dann hinreichend gegen das Insolvenzrisiko abgesichert hat. Eine Ausnahme gilt dort, wo auch der Kommissionär — erkennbar — nicht besonders zahlungskräftig ist. Wird die Zustimmung nicht wirksam, obwohl sie der Kommittent abgegeben hatte, weil die Erklärung verloren gegangen ist, so kann sich der Kommittent nicht auf § 393 berufen, weil dann feststeht, daß der Kommissionär interessengemäß gehandelt hatte. Auch Übermittlungsfehler, die einer ablehnenden Erklärung des Kommittenten den Anschein der Zustimmung verleihen, gehen zu Lasten des Kommittenten (§ 120 BGB). Die Zustimmung kann beschränkt und unter Auflagen erteilt werden. Zur Frage der durch falschen Rat des Kommissionärs ausgelösten Zustimmung § 393 6.

IV. Ausnahme vom Zustimmungserfordernis

5   Auch ohne Zustimmung des Kommittenten steht es normalerweise dort im pflichtgemäßen Ermessen des Kommissionärs, ob er Stundung des Kaufpreises gewährt, wo dies handelsüblich ist (§ 393 Abs. 2). Es muß ein auf derartige Kreditierung gerichteter Handelsbrauch am Ort des Geschäftes existieren. Die Vergabe eines Vorschusses wird durch einen entsprechenden Handelsbrauch nicht gedeckt. Will der Kommissionär nicht auf eigenes Risiko handeln, so bedarf er der Zustimmung (RGRKz HGB-*Ratz*

---

[2] BGH LM Nr. 2 zu § 384 HGB; *Schlegelberger/Hefermehl* HGB[5], § 393 3.

§ 393 2 m. Nachw.). Der Begriff Geschäft bezieht sich, wie sich aus dem Wortlaut des § 393 Abs. 2 ergibt, auf das Ausführungsgeschäft im Rahmen einer Verkaufskommission[3]. Nur bei derartigen Geschäften ist nämlich häufiger mit solchen Handelsbräuchen zu rechnen, an die sich der Kommissionär schnell ohne Rückfrage beim Kommittenten anpassen können soll. Der Handelsbrauch muß am Ort des Geschäftes bestehen. Hierunter fällt in erster Linie der Abschlußort. Auch der Erfüllungsort färbt das Geschäft und ist deshalb maßgeblich (*Schmidt-Rimpler* S. 745; *Schlegelberger/Hefermehl* HGB[5], § 393 6).

Die Parteien können, wie sich aus § 393 Abs. 2 ableiten läßt, die Kreditgewährung ohne weiteres mehr oder minder stark von der Zustimmung des Kommittenten abhängig machen. Einseitige Weisungen sind nur zulässig, wenn dadurch die Ausführung nicht wesentlich erschwert oder unmöglich gemacht wird (§ 384 26), es sei denn, daß sich der Kommittent derartige Weisungen vorbehalten hatte.

V. Art der Kreditgewährung, Beratung des Kommittenten

Ist eine Kreditierung gemäß § 393 Abs. 2 statthaft, so ist der Kommissionär dadurch **6** nicht der Pflicht entbunden, mit pflichtgemäßer Sorgfalt zu prüfen, ob das mit der Kreditierung verbundene Risiko im Interesse des Kommittenten liegt. Insbesondere hat er sich sorgfältig der Kreditwürdigkeit des Dritten zu vergewissern. Tut er das nicht, so ist er schadensersatzpflichtig (BGH LM Nr. 2 zu § 384 HGB).

Hat der Kommittent zugestimmt, so ist der Kommissionär damit noch nicht eines jeden Risikos ledig. Er ist dies nur, falls er den Kommittenten pflichtgemäß über die Kreditwürdigkeit des in Aussicht genommenen Vertragspartners aufgeklärt hatte. Außerdem muß er trotz Zustimmung des Kommittenten auch später noch von einer Kreditvergabe Abstand nehmen, falls Umstände auftauchen, die die Zahlungsfähigkeit als zweifelhaft erscheinen lassen. Verstößt der Kommissionär schuldhaft gegen diese Regeln, so erwirbt der Kommittent einen Schadensersatzanspruch.

C. Rechtsfolgen unbefugter Kreditgewährung
I. Handeln auf eigene Gefahr

Liegt kein Fall des § 393 Abs. 2 vor und hat der Kommittent der Kreditvergabe auch **7** nicht zugestimmt, so handelt der Kommissionär auf eigene Gefahr. Er hat das Risiko zu tragen, daß der Dritte zahlungsunfähig ist und muß den Kommittenten so stellen, als ob kein Kredit vergeben worden wäre (§ 393 Abs. 3). Für den Fall der Einkaufskommission heißt das, daß der Kommissionär den Vorschuß nicht ersetzt verlangen darf, wenn ihm hierfür keine Gegenleistung zufließt oder der Dritte gegen ihn einen Anspruch ohne Gegenleistung erwirbt (z. B. § 324 BGB). Der Verkaufskommissionär muß — wie im § 393 Abs. 3 näher geregelt ist (dazu § 393 8) — selbst „sofort" den Kaufpreis entrichten.

Nach h. M. geht die Kreditierung auf eigene Gefahr des Kommissionärs, ohne daß der Kommissionär **schuldhaft** gehandelt haben muß[4]. In aller Regel wird der Kommissionär zwar schuldhaft handeln, wenn er Kredit gewährt, weil er glaubt, der Kommittent habe zugestimmt oder es existiere ein Handelsbrauch. Es sind aber durchaus Fälle

---

[3] *Düringer/Hachenburg/Lehmann* HGB[3], § 393 5; *Schlegelberger/Hefermehl* HGB[5], § 393 6 m. Nachw.

[4] *Schmidt-Rimpler* S. 746; *Düringer/Hachenburg/Lehmann* HGB[3], § 393 6; *Schlegelberger/Hefermehl* HGB[5], § 393 9.

§ 393   Drittes Buch. Handelsgeschäfte

denkbar, in denen den Kommissionär kein Schuldvorwurf trifft; so z. B., wenn ihn zuverlässige Personen falsch über den Handelsbrauch informiert haben oder er durch Versagen eines seiner Sphäre angehörenden technischen Apparates falsch über die Zustimmung informiert worden war. In solchen Fällen besteht kein Anlaß, von der grundlegenden Wertung des § 670 BGB abzugehen und den Kommissionär über das Provisionsrisiko hinaus mit einem Aufwandsrisiko zu belasten (vgl. in diesem Zusammenhang oben § 385 9). Der Kommissionär kann mithin nur dann keine Aufwendungserstattung fordern, wenn er schuldhaft gehandelt hat.

Freilich entfällt ein Verschulden des Kommissionärs nicht schon deshalb, weil er sich auch ohne Zustimmung des Kommittenten den Umständen zufolge annehmen durfte, der Kommittent würde eine Kreditierung billigen und eine rechtzeitige Rückfrage beim Kommittenten nicht sachdienlich war (§ 665 BGB). § 393 konkretisiert aus Gründen der Verkehrssicherheit die Pflicht zur Interessenwahrung dahin, daß es grundsätzlich nicht darauf ankommen soll, wie der Kommissionär aus seiner Perspektive heraus die Interessen des Kommittenten beurteilt, sondern daß der Kommissionär auf die vom Kommittenten offenbarten Interessen abzuheben hat. Das verbietet es, dem Kommissionär die Berufung auf § 665 BGB zu erlauben[5]. Will der Kommittent nicht Gefahr laufen, daß er ein günstiges Geschäft versäumt, weil der Kommissionär nicht rechtzeitig die Zustimmung einzuholen vermag, so mag er eine Einschränkung des Zustimmungserfordernisses vereinbaren.

Ein Zurückweisungsrecht besteht nicht[6], wohl aber ein Anspruch auf Ersatz des überschießenden Schadens. Ist der Verkaufskommissionär nicht zahlungsfähig, so kann der Kommittent jedoch regelmäßig zurückweisen[7]. Ein besonderes Erbieten bzw. Verzicht ist im Unterschied zu § 386 Abs. 2 nicht erforderlich, da sich die Rechtsfolge einer Verpflichtung des Kommissionärs, sofort zu bezahlen bzw. keinen Aufwendungsersatz zu fordern, bereits aus dem Gesetz ergibt (a. A. RGRKz HGB-*Ratz* § 394 7).

II. Haftung des Verkaufskommissionärs

8   Wenn der Verkaufskommissionär unbefugt und schuldhaft (§ 393 7) auf Kredit verkauft, so ist er gemäß § 393 Abs. 3 verpflichtet, dem Kommittenten „sofort" den Kaufpreis zu bezahlen. Durfte der Kommissionär innerhalb eines bestimmten Rahmens Stundung gewähren, so bedeutet „sofort" den Tag, an dem mit der tatsächlich vereinbarten Stundung der Rahmen überschritten worden ist (RGRKz HGB-*Ratz* § 393 8). Von der vereinbarten Summe darf er den Betrag abziehen und behalten, um den der Kaufpreis gerade wegen der Kreditgewährung erhöht worden ist. § 386 ist zu beachten. Gleiches gilt, falls der Kommissionär faktisch unbefugt vorgeleistet oder nachträglich Stundung vereinbart hat.

Der Kommittent braucht also nicht abzuwarten, ob der Dritte vertragsgemäß zahlt. Andererseits wird der Kommittent durch die unbefugte Kreditierung nicht besser gestellt, als wenn der Kommissionär bar verkauft hätte. Daraus folgt, daß der Kommissionär erst zahlen muß, wenn ein Anspruch gegen den Dritten im Falle einer Leistung Zug um Zug entstanden wäre. Der Anspruch gegen den Kommissionär entsteht somit in dem Moment, in dem dieser die Ware dem Dritten übergibt oder an ihn absendet.

---

[5] **A. A.** *Schmidt-Rimpler* S. 746; *Schlegelberger/Hefermehl* HGB[5], § 393 8.
[6] Wertung des § 386 Abs. 2; *Schmidt-Rimpler* S. 747; **a. A.** RGRKzHGB-*Ratz* § 393 6 f.
[7] § 386 14; **a. A.** *Schlegelberger/Hefermehl* HGB[5], § 393 14.

Die Tatsache, daß der Kommissionär die Ware schon früher vom Kommittenten erhalten hat, ist hingegen irrelevant;[8] denn es ist durchaus vorstellbar, daß die Parteien des Ausführungsgeschäftes eine spätere Lieferung vereinbart haben, ohne daß darin eine Vernachlässigung der Kommittenten-Interessen läge. Zur Frage der Zurückweisung des Ausführungsgeschäftes § 393 7.

Der Kommissionär kann als Schuldner alle Einreden und Einwendungen erheben, die auch der Dritte geltend machen kann. Eine Ausnahme gilt natürlich für die Stundung.

Trotz der eigenen Zahlungsverpflichtung ist der Kommissionär zur Herausgabe der Kaufpreisforderung abzüglich des in § 393 Abs. 3 S. 2 genannten Betrages verpflichtet, solange er nicht selbst gezahlt hat. Hat der Kommissionär die Forderung abgetreten, so haften der Dritte und der Kommissionär als Gesamtschuldner (näher dazu § 384 78 ff).

III. Beweislast

Der Kommittent braucht nicht zu beweisen, daß die Kreditvergabe unbefugt war. **9** Es ist Sache des Kommissionärs nachzuweisen, daß der Kommittent zugestimmt hatte, daß ein entsprechender Handelsbrauch bestand, oder daß ihn kein Verschulden an der Kreditvergabe ohne Zustimmung bzw. ohne Deckung durch einen Handelsbrauch traf. Ferner hat der Kommissionär zu beweisen, welche Preise bei einer Barzahlungsvereinbarung zu erzielen gewesen wären. Der Kommittent hat andererseits nachzuweisen, daß der Kommissionär ihn falsch beraten hatte oder trotz seiner Zustimmung bzw. eines entsprechenden Handelsbrauches im konkreten Fall eine Kreditvergabe hätte unterlassen müssen.

§ 394

(1) Der Kommissionär hat für die Erfüllung der Verbindlichkeit des Dritten, mit dem er das Geschäft für Rechnung des Kommittenten abschließt, einzustehen, wenn dies von ihm übernommen oder am Orte seiner Niederlassung Handelsgebrauch ist.

(2) Der Kommissionär, der für den Dritten einzustehen hat, ist dem Kommittenten für die Erfüllung im Zeitpunkte des Verfalls unmittelbar insoweit verhaftet, als die Erfüllung aus dem Vertragsverhältnisse gefordert werden kann. Er kann eine besondere Vergütung (Delkredereprovision) beanspruchen.

Übersicht

	Rdn.		Rdn.
A. Vorbemerkung	1	2. Verbindlichkeit des Dritten	6
B. Die Delkrederehaftung		3. Umfang der Verbindlichkeit	7
I. Voraussetzungen		4. Fälligkeit der Haftung	9
1. Vereinbarung	3	5. Erfüllung	10
2. Handelsbrauch	4	C. Delkredereprovision	11
II. Umfang der Haftung		D. Abdingbarkeit	13
1. Persönliche und unmittelbare Haftung	5		

---

[8] A.A. *Schmidt-Rimpler* S. 747 f; *Schlegelberger/ Hefermehl* HGB[5], § 393 11.

§ 394

Schrifttum

siehe Angaben zu § 383.

A. Vorbemerkung

1 Der Kommissionär handelt auf Rechnung des Kommittenten. Daraus folgt, daß normalerweise dem Kommittenten nicht nur die Chancen des auf seine Rechnung getätigten Geschäftes zugute kommen, sondern daß der Kommittent auch das Risiko der Kreditwürdigkeit des Dritten auf sich zu nehmen hat. Der Kommissionär haftet also grundsätzlich dem Kommittenten nicht für die Schulden des Dritten. Eine Ausnahme besteht zunächst in den Fällen der §§ 384 Abs. 3, 393. Ferner kann der Kommissionär dort faktisch für die Verbindlichkeit des Dritten haften, wo er sich schuldhaft einen kreditunwürdigen Vertragspartner ausgesucht und sich daher schadensersatzpflichtig gemacht hat. Eine weitere Ausnahme statuiert schließlich die hier geregelte Delkrederehaftung. Diese Ausnahmesituation entsteht nur dann, wenn der Kommissionär sich zur Delkrederehaftung bereit erklärt hatte oder ein hierauf gerichteter Handelsbrauch existiert.

Von praktischer Relevanz ist die Delkrederehaftung in erster Linie bei der auf Waren bezogenen Verkaufskommission. Sie kann aber auch bei der Einkaufskommission vorkommen. Primär zielt sie auf das Risiko der Uneinbringlichkeit der vom Dritten versprochenen Gegenleistung; sie bürdet dem Kommissionär aber auch das Risiko der Ansprüche aus Gewährleistung und Leistungsstörungen auf, falls der Dritte seine Hauptleistung vorweg oder Zug um Zug erfüllt hat.

2 Die **Rechtsnatur** der Delkrederehaftung ist umstritten. Zum Teil wird sie als Garantiehaftung qualifiziert, da der Kommissionär bis zur Abtretung der Forderung gegen den Dritten an den Kommittenten selbst Gläubiger des Dritten sei [1]. Andere halten dieser Meinung § 392 Abs. 2 entgegen, wonach im Verhältnis Kommissionär—Kommittent die Forderung als solche des Kommittenten gelte. Das rechtfertige es, in der Delkrederehaftung ein bürgschaftsähnliches Verhältnis zu erblicken [2]. *Sandrock* (*Gierke/Sandrock* § 26 V 3, 27 IV 7) nimmt für den Regelfall Bürgschaft an; es könne aber auch Garantieübernahme oder Schuldversprechen vorliegen. Richtiger Ansicht nach normiert § 394 eine eigenständige Form der Haftung. Damit ist aber noch nicht die Frage gelöst, ob man die Vorschriften des § 394 mit Hilfe von Regelungen aus dem Bereich des Garantievertrages oder aus dem Bereich des Bürgschaftsvertrages zu ergänzen hat. Gegen eine Anlehnung an den Garantievertrag spricht, daß der Kommissionär an der Erfüllung der Verpflichtung durch den Dritten kein ins Gewicht fallendes Eigeninteresse hat (BGH WM **1975** 348; WM **1982** 632). Ferner ist die Delkrederehaftung von dem Bestand der Verpflichtung des Dritten abhängig, während die Schuld des Garanten von der gesicherten Schuld losgelöst ist (BGH NJW **1967** 1020; *K. Schmidt* Handelsrecht, § 30 IV 2b). Zur Garantiehaftung wird die Delkrederehaftung erst dann, wenn dies gesondert vereinbart ist, z. B. in Form einer Mindestpreisgarantie [3]. Mithin kann nur eine Parallele zur Bürgschaft gezogen werden, wobei von Fall zu Fall zu prüfen ist, inwieweit Bürgschaftsregeln analog herangezogen werden können.

Hat der Kommissionär den Selbsteintritt erklärt, so entfällt automatisch eine Delkrederehaftung.

---

[1] *Düringer/Hachenburg/Lehmann* HGB[3], § 394 2; *Heymann/Kötter* HGB[21], § 394 2; *Baumbach/Duden/Hopt* HGB[26], § 394 1A.

[2] *Schmidt-Rimpler* S. 781; *Schlegelberger/Hefermehl* HGB[5], § 394 3 m. Nachw.

[3] *Schlegelberger/Hefermehl* HGB[5], § 394 18.

B. Die Delkrederehaftung
I. Voraussetzungen

Als Voraussetzung der Delkrederehaftung nennt § 394 eine entsprechende Vereinbarung oder den Handelsbrauch am Ort der Niederlassung des Kommissionärs.

1. Vereinbarung

Eine die Delkrederehaftung auslösende Vereinbarung kann ausdrücklich oder konkludent getroffen werden. Sie erfolgt im Rahmen des Kommissionsvertrages und ist somit von der Existenz des Kommissionsvertrages abhängig. Das gilt im Zweifel auch dann, wenn die Vereinbarung erst nachträglich erfolgt[4]. Ob der Kommissionär im Einzelfall die Delkrederehaftung übernommen hat, ist durch Auslegung seiner Erklärungen und Handlungen nach Treu und Glauben unter Berücksichtigung der Verkehrssitte (§ 157 BGB) zu ermitteln. Die Ankündigung des Kommissionärs „ich reguliere" u. ä. wird man als Übernahme der Delkrederehaftung zu interpretieren haben (OLG Hamburg OLG 44 244), nicht jedoch, wenn der Kommissionär lediglich die Solvenz des Dritten betont oder verspricht, sich um die Durchsetzung der Forderung zu bemühen[5]. Aus der Vereinbarung einer Delkredereprovision kann man ohne weiteres die Delkrederehaftung ableiten[6]. Dagegen liefert die Vereinbarung einer sehr hohen Provision für sich allein noch keine Anhaltspunkte für eine Delkrederehaftung[7]. Auch der Ausschluß einer Delkredereprovision spricht nicht notwendig gegen eine Delkredereübernahme.

Die Vereinbarung ist auch, wenn sie von einem Minderkaufmann getroffen wird, **nicht formbedürftig.** § 766 BGB kann nicht analog angewandt werden[8]; denn der Kommissionär, der delkredere haftet, geht letztlich kein wesentlich größeres Risiko ein, als wenn er selbst auf eigene Rechnung das Ausführungsgeschäft formlos abgeschlossen hätte.

2. Handelsbrauch

Die Delkrederehaftung greift ferner dann ein, wenn sie am Ort der Niederlassung des Kommissionärs Handelsbrauch ist. Die Funktion dieser Regelung liegt darin, daß sie den Kommittenten auch dann schützt, wenn dieser kein Kaufmann ist und der Handelsbrauch deshalb nicht über § 346 zum Tragen kommt. Maßgeblich ist allein der Handelsbrauch am Ort der Niederlassung, nicht der am Abschlußort oder Erfüllungsort (*Schlegelberger/Hefermehl* HGB[5], § 394 8); denn von einem Kommissionär kann nur erwartet werden, daß er mit größter Wahrscheinlichkeit die Handelsbräuche an seinem Niederlassungsort kennt und deren Auswirkungen einkalkuliert, — nicht aber die Handelsbräuche anderer Orte.

II. Umfang der Haftung
1. Persönliche und unmittelbare Haftung

Gemäß § 394 Abs. 1 hat der Kommissionär für die Erfüllung der Verbindlichkeit des Dritten einzustehen. In Abs. 2 wird der Umfang dieser Einstandspflicht näher be-

---

[4] A. A. *Schlegelberger/Hefermehl* HGB[5], § 394 5.
[5] *Schlegelberger/Hefermehl* HGB[5], § 394 6.
[6] *Schmidt-Rimpler* S. 778; *Schlegelberger/Hefermehl* HGB[5], § 394 6 m. Nachw.
[7] A. A. *Schmidt-Rimpler* S. 778; *Schlegelberger/Hefermehl* HGB[5], § 394 6.
[8] *Schlegelberger/Hefermehl* HGB[5], § 394 7; ebenso im Ergebnis *Heymann/Kötter* HGB[21], § 394 2; *Baumbach/Duden/Hopt* HGB[26], § 394 1A; a. A. *Schmidt-Rimpler* S. 781.

stimmt. Die Haftung richtet sich unmittelbar auf Erfüllung. Der Kommissionär haftet also unmittelbar und persönlich. Die Haftung hängt nicht davon ab, ob der Kommissionär noch Inhaber der Ansprüche aus dem Ausführungsgeschäft ist. Hatte der Kommissionär diese Forderungen bereits an den Kommittenten zediert, so steht es dem Kommittenten frei, zu wählen, ob er gegen den Dritten oder gegen den Kommissionär vorgehen will. Vor Abtretung kann der Kommittent vom Kommissionär Herausgabe der Forderungen gegen den Dritten und Erfüllung oder nach Belieben eines von beiden geltend machen. Der Kommissionär haftet dem Kommittenten also nicht bloß subsidiär.

Eine Parallele zur Einrede der Vorausklage (§ 771 BGB) scheidet nach h. M. auch beim Kommissionär aus, der lediglich Minderkaufmann (§ 4) ist[9]. Dem ist zuzustimmen; denn durch die Delkrederehaftung wird der Kommissionär nicht wesentlich schlechter gestellt als ein Minderkaufmann, der Eigengeschäfte betreibt.

Die unmittelbare Haftung des Kommissionärs findet ihre Grenze in den Erfüllungsmöglichkeiten des Kommissionärs. Hatte sich der Dritte zur Unterlassung verpflichtet, so kann der Kommittent nicht vom Kommissionär Unterlassung fordern[10]. Der Kommissionär hat dann nur für den Ersatz des Schadens oder eventuell für eine vereinbarte oder gerichtlich auferlegte Strafe einzustehen.

2. Verbindlichkeiten des Dritten

6 Normalerweise erstreckt sich die Delkrederehaftung nur auf Verbindlichkeiten aus dem Ausführungsgeschäft. Nach h. M. erfaßt die Delkrederehaftung keine Ansprüche aus Hilfs- und Nebengeschäften, die die Ausführung sowie Durchführung der Kommission fördern sollen, es sei denn, zwischen den Parteien wurde etwas anderes vereinbart[11]. Dem kann nicht gefolgt werden; denn es ist kein Grund ersichtlich, warum der Begriff „Dritter" in § 394 enger als in § 393 (dazu § 393 2) interpretiert werden sollte. Eine unzumutbare Belastung wird dem Kommissionär hierdurch nicht auferlegt, wenn er letztlich auch für die Solvenz der Vertragspartner einzustehen hat, mit denen er Nebengeschäfte getätigt hatte. Daß der Kommissionär die primäre Leistungspflicht regelmäßig nicht selbst zu erfüllen vermag, steht dem ebenso wie in den Fällen entgegen, in denen der Partner des Ausführungsgeschäftes eine Unterlassungspflicht eingegangen ist oder eine Species verkauft hat[12]. Der Kommissionär hat dann eben nur für die aus der Vereinbarung fließenden Schadensersatzansprüche zu haften[13]. „Delkredere" kann daher auch für die Verpflichtung eines Unterkommissionärs auf Herausgabe gehaftet werden[14]. Der Kommissionär sollte deshalb mit dem Unterkommissionär ebenfalls eine Delkrederehaftung vereinbaren. Beruht die Delkrederehaftung auf Handelsbrauch, so ist dessen Reichweite maßgeblich.

Der Anspruch gegen den Dritten muß aber aus dem Vertragsverhältnis fließen. Dazu gehören z. B. nicht Ansprüche aus Bereicherung, Delikt oder Eigentümer—Besitzerverhältnis[15], wohl aber unter Umständen aus Geschäftsführung ohne Auftrag des Kommissionärs.

---

[9] *Schlegelberger/Hefermehl* HGB5, § 394 14; *Schmidt-Rimpler* S. 783.
[10] *Schlegelberger/Hefermehl* HGB5, § 394 11.
[11] *Schmidt-Rimpler* S. 779; *Düringer/Hachenburg/Lehmann* HGB3, § 394 9; *Schlegelberger/Hefermehl* HGB5, § 394 11.
[12] **A. A.** insoweit wohl *Schlegelberger/Hefermehl* HGB5, § 394 17.
[13] **A. A.** *Schmidt-Rimpler* S. 783; *Schlegelberger/Hefermehl* HGB5, § 394 17, die sofort einen Anspruch auf den Wert geben.
[14] **A. A.** RGRKzHGB-*Ratz* § 394 5.
[15] *Schmidt-Rimpler* S. 779; *Schlegelberger/Hefermehl* HGB5, § 394 11 m. Nachw.

3. Umfang der Verbindlichkeit

Das Ausmaß der Haftung wird durch den Bestand und jeweiligen Umfang der Verbindlichkeit bestimmt, die der Kommissionär gegen den Dritten begründet hat. Die Haftung ist somit akzessorisch. Dies ergibt sich aus dem Wortlaut des § 394 Abs. 2 S. 1, der die Delkrederehaftung bürgschaftsähnlich (§ 767 BGB) ausformt. Der Kommissionär hat deshalb auch einzustehen, wenn sich der Charakter der Verbindlichkeit ändert, z. B. Gewährleistungs-, Schadensersatz- oder Vertragsstrafenansprüche entstehen (*Schlegelberger/Hefermehl* HGB[5], § 394 11).

7

Andererseits kann der Kommissionär dem Kommittenten gegenüber alle Einwendungen und Einreden erheben, die dem Dritten zur Verfügung stehen (§§ 394 Abs. 2 S. 1 HGB, 767 f BGB analog). Darunter fallen z. B. die Einwendung der Erfüllung in ihren verschiedenen Spielarten, die Einrede der Wandelung, der Anfechtbarkeit und Aufrechnung (§ 770 BGB analog) sowie der Stundung. Daß der Kommissionär die Einrede verschuldet hat, ist unerheblich; der Kommittent kann dann allerdings einen Schadensersatzanspruch geltend machen[16]. Nicht ohne weiteres haftet der Kommissionär dafür, daß der Dritte den Einwand des Differenzgeschäftes nicht erhebt (RGRKz HGB-*Ratz* § 394 5). Nicht erforderlich ist es auch, daß die Einrede ihren Rechtsgrund in einem Rechtsverhältnis hat, das mit dem auf Rechnung des Kommittenten geschlossenen Geschäft in Zusammenhang steht. Hatten der Dritte und der Kommissionär schon früher einen Vertrag geschlossen, auf den der Dritte Einwendungen zu stützen in der Lage ist, so können diese — vorbehaltlich eines gegen den Kommissionär gerichteten Schadensersatzanspruches wegen mangelhafter Interessenwahrung — auch dem Kommittenten entgegengehalten werden. Gleiches gilt für Fälle der Aufrechnung mit nicht-konnexen Forderungen. Die Delkrederehaftung erlischt mit der Aufrechnung; der Kommissionär schuldet aber die Herausgabe des ihm zugeflossenen Vermögensvorteils gemäß § 384 Abs. 2. Stirbt der Dritte, so kann sich jedoch der Kommissionär in Analogie zu § 768 Abs. 1 S. 2 BGB nicht auf die beschränkte Erbenhaftung berufen[17]. Gleiches gilt für ausländische Zahlungsverbote oder Moratorien, da der Kommissionär nach dem Sinn des § 394 ganz allgemein für die Leistungsfähigkeit des Dritten einzustehen hat[18].

Eine Vereinbarung des Kommittenten mit dem Dritten, durch die die Delkrederehaftung erweitert werden würde, ist ein nichtiger Vertrag zu Lasten Dritter (§ 767 Abs. 1 S. 3 BGB analog). Der Kommittent darf auch nicht zu Lasten des Kommissionärs Sicherheiten aufgeben (§ 776 BGB analog). Eine bloß fahrlässige Verschlechterung der Sicherheit oder deren unzulängliche Verwertung eröffnet dem Kommissionär anders als dem Bürgen einen Schadensersatzanspruch. Gleiches gilt unter Umständen dort, wo der Kommittent mit dem Dritten eine Stundung vereinbart und dadurch das Risiko des Kommissionärs wesentlich erhöht. Den Gläubiger treffen zwar nach h. M. dem Bürgen gegenüber keine Sorgfaltspflichten, weshalb der Gläubiger sich in weitem Umfang von seinen eigenen Interessen leiten lassen kann[19]. Die Interessen des Gläubigers geraten erst dort an ihre Grenzen, wo der Gläubiger arglistig oder in besonders schwerer Weise gegen die Interessen des Bürgen verstößt. Es kann dahin gestellt bleiben, ob dieser Ansicht für den Bereich der Bürgschaft zu folgen ist. Im Rahmen der

8

---

[16] *Schmidt-Rimpler* S. 782; a. A. *Schlegelberger/Hefermehl* HGB[5], § 394 13; *K. Schmidt* Handelsrecht, § 30 IV 2b.
[17] *Schmidt-Rimpler* S. 782; *Schlegelberger/Hefermehl* HGB[5], § 394 12.
[18] *Schmidt-Rimpler* S. 782 m. Nachw.
[19] *Palandt/Thomas* BGB[44], § 776 1 m. Nachw.; vgl. aber auch *Knütel* Festschrift *Flume* (1978), Bd. I, S. 559 ff.

Kommission hat man zu berücksichtigen, daß zwischen Kommittenten und Kommissionär bedeutend engere Austauschbeziehungen bestehen. Sie rechtfertigen es, vom Kommittenten eine stärkere Berücksichtigung der Belange des Kommissionärs zu verlangen. Der Kommittent braucht deshalb seine Interessen nicht gänzlich hintanstellen. Er muß sich aber dem Dritten gegenüber (z. B. im Hinblick auf Stundungen) so verhalten, wie dies von jemandem erwartet werden kann, der in verkehrsüblicher Weise ohne Rückhalt durch eine Delkrederehaftung seine Interessen wahrt. Hält sich der Kommittent nicht an diese Standards, so macht er sich schadensersatzpflichtig. Dies gilt jedenfalls dort, wo der Kommittent vorsätzlich das Insolvenzrisiko erhöht hatte (Wertung des § 23 Abs. 1 VVG). Dagegen kommen dem Kommissionär nachträgliche Einschränkungen der Verbindlichkeit des Dritten immer zugute.

4. Fälligkeit der Haftung

9 Der Kommissionär braucht im Rahmen der Delkrederehaftung erst dann zu leisten, wenn die Verbindlichkeit des Dritten fällig geworden ist. Das ergibt sich schon aus dem Prinzip der Akzessorietät. Hatte der Kommissionär unbefugt eine Stundung vereinbart, so kann eine Haftung aus § 393 Platz greifen.

5. Erfüllung

10 Erfüllt der Dritte seine Verbindlichkeit, erlischt die Delkrederehaftung. Hatte der Kommissionär bereits die Forderung gegen den Dritten an den Kommittenten abgetreten und kommt er dann seiner Verpflichtung aus § 394 nach, so ist — anders als in den Fällen der §§ 384 Abs. 3, 393 — § 774 BGB analog heranzuziehen[20]. Die Delkrederehaftung beruht nämlich in Abweichung von sonstigen Formen der Selbsthaftung auf einer vertraglichen Vereinbarung oder auf einem die Abrede ersetzenden Handelsbrauch und impliziert typischerweise kein objektiv vertragswidriges Handeln des Kommissionärs. Es liegt also eine bürgschaftsähnliche Situation vor (§ 394 2). Das hat zur Konsequenz, daß die Forderung gegen den Dritten samt Sicherheiten auf den Kommissionär übergeht (§ 774 BGB analog). Hat der Kommissionär die Forderung noch nicht abgetreten, und „erfüllt" er im Rahmen der Delkrederehaftung „die Verpflichtung des Dritten", so erlischt insoweit seine Herausgabepflicht.

C. Delkredereprovision

11 § 394 Abs. 2 S. 2 gibt dem Kommissionär, der delkredere haftet, einen Anspruch auf gesonderte Vergütung. Die Delkredereprovision hat nur zur Voraussetzung, daß der Kommissionär der Delkrederehaftung unterliegt und ein Geschäft wirksam zustande gekommen ist. Dies wird regelmäßig das Ausführungsgeschäft sein. Im Hinblick auf Hilfs- und Nebengeschäfte gilt dasselbe. Sollte die Delkredereprovision ausnahmsweise nicht prozentual, sondern in absoluten Zahlen bemessen sein, so kann sich daraus freilich ergeben, daß sich die Delkrederehaftung nicht auf Hilfs- und Nebengeschäfte erstreckt.

Der Anspruch auf Delkredereprovision ist ein Entgelt für die Übernahme eines Risikos und ähnelt damit der Versicherungsprämie. Er fällt daher nicht allein deswegen wieder weg, weil sich das Risiko nicht realisiert, weil der Dritte seine Verbindlichkeit vertragsgemäß erfüllt hat. Ein Insolvenzrisiko besteht nämlich immer (**a. A.** *Schmidt-*

---

[20] *K. Schmidt* Handelsrecht, § 30 IV 2b; **a. A.** RGRKzHGB-*Ratz* § 394 4.

Rimpler S. 807). Eine Minderung des Risikos ist nur relevant, wenn sie unvorhersehbar war. § 68 VVG kann nicht analog herangezogen werden.

Der Kommissionär kann jedenfalls dann keine Delkredereprovision fordern, falls er lediglich gemäß **§ 384 Abs. 3 selbst haftet**[21], weil er berechtigterweise oder faktisch den Namen des Dritten nicht offenbart hatte. Dann vermag nämlich der Kommittent seine Forderung ohne Schutz des § 392 Abs. 2 nur beim Kommissionär einzutreiben. Er steht deshalb bedeutend schlechter als ein Kommittent, der durch die Delkrederehaftung geschützt ist und den Namen des Dritten kennt. **Tritt der Kommissionär selbst ein,** so braucht der Kommittent entgegen der h. M. ebenfalls keine Delkredereprovision zu entrichten[22]. Die herrschende Ansicht ist nicht nur für den Fall abzulehnen, daß der Kommissionär lediglich ein Deckungsgeschäft auf eigene Rechnung getätigt hatte, sondern auch für den Fall, daß er nach Abschluß eines Ausführungsgeschäftes selbst eintritt. Mit der Erklärung des Selbsteintrittes wird das Ausführungsgeschäft nämlich zum Deckungsgeschäft. Dadurch erhöht sich im Vergleich zur normalen Kommission, auf die § 394 abstellt, das Risiko des Kommittenten; denn der Kommittent kann nicht neben dem Kommissionär zugleich nach einer Zession der Forderung den Dritten in Anspruch nehmen. Das rechtfertigt es, dem Kommissionär, der selbst eintritt, lediglich die gewöhnliche Provision (§ 403) zuzusprechen. Der Kommissionär, der im Falle des Selbsteintritts selbst die volle Leistungsgefahr trägt, mag dem aus seiner Sicht erhöhten Risiko im Rahmen der Provisionsvereinbarung Rechnung tragen.

Die **Höhe der Delkredereprovision** orientiert sich in erster Linie an der Vereinbarung, hilfsweise an den verkehrsüblichen Sätzen (§ 354 Abs. 1); notfalls ist eine angemessene Provision zu zahlen[23].

Für die **Entstehung und Fälligkeit** der Delkredereprovision gilt grundsätzlich der auf die Hauptprovision zugeschnittene § 396. Wird das Geschäft nicht im Sinne des § 396 Abs. 1 „ausgeführt", so kann der Kommissionär trotzdem die Provision verlangen, wenn er selbst erfüllt hat. Leistet der Dritte nicht, weil er sich auf eine Einrede berufen kann, und haftet daher auch der Kommissionär nicht (z. B. Verjährung), so kann der Kommissionär Provision verlangen. Es genügt, daß der Kommissionär das Risiko für eine gewisse Zeit getragen hatte (*Schmidt-Rimpler* S. 808), während der der Kommittent seine Forderung zu realisieren in der Lage war. Genauso ist die Sachlage, falls die Einrede auf Umstände zurückzuführen ist, die aus der Sphäre des Kommittenten stammen oder sich dort zuerst ausgewirkt haben (näher § 396 11).

D. Abdingbarkeit

§ 394 enthält kein zwingendes Recht. Das Ausmaß der Delkrederehaftung kann beschränkt oder erweitert werden. Gleiches gilt für den Anspruch auf Delkredereprovision (RGZ **20** 112). Die Vereinbarung einer besonders hohen Provision legt für sich allein jedoch nicht den vertraglichen Verzicht auf Delkredereprovision nahe[24]. Es ist denkbar, daß ein Handelsbrauch in der Form besteht, daß der Kommissionär zwar der Delkrederehaftung unterworfen ist, aber keine Delkredereprovision beanspruchen darf.

Neben der Delkrederehaftung sind auch noch sonstige Formen der Garantie im weiteren Sinne denkbar, so z. B. die Garantie für die Richtigkeit eines Rates. Hierfür genügen jedoch nicht allgemeine Redensarten (RGRKz HGB-*Ratz* § 394 12).

---

[21] A. A. *Schmidt-Rimpler* S. 808; *Schlegelberger/Hefermehl* HGB 5, § 394 20 m. Nachw.
[22] A. A. *Schmidt-Rimpler* S. 808, 1043; *Schlegelberger/Hefermehl* HGB 5, § 394 20 m. Nachw.
[23] *Schmidt-Rimpler* S. 806; *Schlegelberger/Hefermehl* HGB 5, § 394 21.
[24] A. A. *Schlegelberger/Hefermehl* HGB 5, § 394 22; RGRKz HGB-*Ratz* § 394 6.

§ 395

Ein Kommissionär, der den Ankauf eines Wechsels übernimmt, ist verpflichtet, den Wechsel, wenn er ihn indossiert, in üblicher Weise und ohne Vorbehalt zu indossieren.

Übersicht

	Rdn.		Rdn.
A. Vorbemerkung	1	II. Pflicht zum üblichen und vorbehaltslosen Indossament	4
B. Ankauf eines Wechsels	2	III. Folgen eines pflichtgemäßen Indossaments	5
C. Indossament		IV. Verstoß gegen die Pflicht aus § 395	6
I. Verpflichtung, überhaupt zu indossieren	3	D. Analoge Anwendung des § 395	7

Schrifttum
siehe Angaben zu § 383.

A. Vorbemerkung

1 § 395 soll den Kommittenten davor schützen, daß ein Wechsel ihm auf eine Weise übertragen wird, die dessen Umlauffähigkeit und Diskontfähigkeit beeinträchtigt. Die Gefahr, daß der Kommissionär den Wechsel auf solche Weise überträgt, rührt daher, daß der Kommissionär daran interessiert sein kann, nicht in den Wechselverband einbezogen und damit der Rückgriffshaftung unterworfen zu werden.

Wie sich aus dem Wortlaut des § 395 ergibt, regelt diese Vorschrift nur die Art und Weise des Indossaments. Sie schreibt nicht vor, daß der Kommissionär den Wechsel zu indossieren verpflichtet sei. Eine solche Pflicht entspringt möglicherweise den allgemeinen Regeln über die Herausgabe[1], falls der Kommissionär nicht einen anderen Weg einschlägt, um dem Kommittenten den Wechsel zu verschaffen (§ 395 3). § 395 gilt entsprechend für Schecks und sonstige Orderpapiere.

B. Ankauf eines Wechsels

2 Der Ankauf eines Wechsels ist im Sinne eines Kaufvertrages über das Wertpapier zu interpretieren. Aus der ratio des § 395 ergibt sich jedoch, daß die Norm auch analog in Konstellationen anzuwenden ist, in denen der Kommissionär auf Rechnung des Kommittenten einen Wechsel oder ein sonstiges Orderpapier zahlungshalber entgegennimmt[2]. Dagegen greift § 395 nicht ein, wenn der Kommissionär an den Kommittenten vor der Ausführung der Kommission einen Wechsel indossiert, damit dieser schneller in den Besitz der Valuta kommt[3]; denn hier hat der Kommissionär nichts in ordentlicher Form herauszugeben, sondern leistet selbst Vorschuß. War er zur Vorschußleistung verpflichtet, so ist freilich im Zweifel § 395 analog heranzuziehen.

C. Indossament
I. Verpflichtung, überhaupt zu indossieren

3 § 395 greift nur ein, wenn der Kommissionär den Wechsel an den Kommittenten indossiert. Ob er dazu verpflichtet ist, ist eine andere Frage. Vielfach wird der Kommis-

---

[1] § 384; *Schmidt-Rimpler* S. 750; *Schlegelberger/Hefermehl* HGB 5, § 395 1 m. Nachw.
[2] RGZ 20 112; *Schmidt-Rimpler* S. 750; *Schlegelberger/Hefermehl* HGB 5, § 395 3 m. Nachw.
[3] *Schmidt-Rimpler* S. 750; RGRKzHGB-*Ratz* § 395 1; a. A. *Schlegelberger/Hefermehl* HGB 5, § 395 3 m. Nachw.

sionär seiner Herausgabepflicht nachkommen können, ohne zugleich in den Wechselverband hineingezogen zu werden, indem er sich den Wechsel vom Dritten blanko indossiert übergeben oder den Dritten direkt an den Kommittenten indossieren läßt. Allerdings kann dieser Weg durch Handelsbrauch oder Vereinbarung versperrt sein. Aus der Pflicht zur Interessenwahrung entspringt jedoch keine Pflicht zum eigenen Indossament, da der Kommissionär dem Kommittenten nur fremde Werte, nicht aber eine eigene Verpflichtung zu verschaffen hat.

II. Pflicht zum üblichen und vorbehaltlosen Indossament

Der Kommissionär darf, wenn er indossiert, den Wechsel nicht disqualifizieren. Es sind ihm daher beschränkte Indossamente („ohne Obligo", „nicht an Order", „in Prokura", „zur Einkassierung", „Wert zum Pfand bzw. zur Sicherheit") untersagt. Der vom Kommissionär eingesetzte Vermerk darf also weder die Transport- noch die Garantiefunktion des Wechsels einschränken. Der Kommissionär hat ferner, wenn er datiert, den Ort seiner Niederlassung einzusetzen (*Schmidt-Rimpler* S. 751).

III. Folgen eines pflichtgemäßen Indossaments

Indossiert der Kommissionär den Wechsel pflichtgemäß, so kann er dem Kommittenten, der ihn aus dem Wechsel in Anspruch nehmen will, den Einwand des venire contra factum proprium entgegenhalten[4]. Das gilt auch dann, wenn der Kommissionär gemäß § 384 Abs. 3 selbst haftet oder sich der Delkrederehaftung unterworfen haben sollte. Der Kommissionär braucht seine Haftung aus dem Kommissionsvertrag nicht in eine Wechselschuld umfunktionieren lassen[5]. Nachmännern des Kommittenten haftet der Kommissionär nach allgemeinen wechselrechtlichen Grundsätzen, auch wenn diese gewußt haben sollten, daß das Indossament im Rahmen eines Kommissionsgeschäftes erfolgt ist[6]. Der Kommissionär kann, wenn er zahlt, vom Kommittenten Ersatz seiner Aufwendungen verlangen (§§ 396 Abs. 2 HGB, 670 BGB). Eine Provision steht ihm hierfür ohne Delkredereabrede, Handelsbrauch oder sonstige Vereinbarung nicht zu.

IV. Verstoß gegen die Pflicht aus § 395

Ein Verstoß gegen die Pflicht zur üblichen und vorbehaltlosen Indossierung zieht den Anspruch des Kommittenten auf Schadensersatz nach sich. Außerdem kann der Kommittent den Wechsel zurückweisen und ein glattes Indossament verlangen. Das Ausführungsgeschäft als solches kann der Kommittent bei schuldhaftem Verhalten des Kommissionärs zurückweisen, falls der Kommissionär nicht binnen angemessener Frist den Wechsel pflichtgemäß indossiert[7].

D. Analoge Anwendung des § 395

Zur analogen Anwendung des § 395 dort, wo es dem Kommissionär nicht oblag, einen Wechsel anzukaufen, § 395 2.

---

[4] RGRKzHGB-*Ratz* § 395 4 (rechtshindernde Einwendung); *Schmidt-Rimpler* S. 751 (Einrede); ebenso i. E. Schlegelberger/Hefermehl HGB5, § 395 6.
[5] *Schmidt-Rimpler* S. 751 f; a. A. Schlegelberger/Hefermehl HGB5, § 395 6; RGRKzHGB-*Ratz* § 395 4.
[6] *Schmidt-Rimpler* S. 752; Schlegelberger/Hefermehl HGB5, § 395 6.
[7] § 385 4; a. A. Schlegelberger/Hefermehl HGB5, § 395 8 m. Nachw.

§ 396

(1) Der Kommissionär kann die Provision fordern, wenn das Geschäft zur Ausführung gekommen ist. Ist das Geschäft nicht zur Ausführung gekommen, so hat er gleichwohl den Anspruch auf die Auslieferungsprovision, sofern eine solche ortsgebräuchlich ist; auch kann er die Provision verlangen, wenn die Ausführung des von ihm abgeschlossenen Geschäfts nur aus einem in der Person des Kommittenten liegenden Grunde unterblieben ist.

(2) Zu dem von dem Kommittenten für Aufwendungen des Kommissionärs nach den §§ 670 und 675 des Bürgerlichen Gesetzbuchs zu leistenden Ersatze gehört auch die Vergütung für die Benutzung der Lagerräume und der Beförderungsmittel des Kommissionärs.

Übersicht

	Rdn.		Rdn.
A. Vorbemerkung		2. Auslieferungsprovision	21
I. § 396 Abs. 1	1	IV. Verjährung	22
II. § 396 Abs. 2	2	V. Beweislast	23
B. Der Provisionsanspruch		C. Der Aufwendungsersatzanspruch	24
I. Voraussetzungen des Provisionsanspruches im Sinne des § 396 Abs. 1 S. 1		I. Voraussetzungen des Erstattungsanspruches	
1. Zustandekommen eines Kommissionsvertrages	3	1. Zustandekommen eines Kommissionsvertrages	25
2. Fortbestand des Kommissionsvertrages im Moment der Ausführung	4	2. Aufwendungen vor Kündigung des Kommissionsvertrages	26
3. Abschluß des Ausführungsgeschäftes	5	3. Erforderliche Aufwendungen	
4. „Ausführung" des Geschäftes im Sinne des § 396 Abs. 1 S. 1	8	a) Freiwillige Vermögensopfer	27
5. Provision trotz fehlender „Ausführung" (§ 396 Abs. 1 S. 2 2. HS)	11	b) Ausnahmen	28
		c) Erforderlichkeit	31
6. Keine Provision trotz „Ausführung" im Sinne des § 396 Abs. 1 S. 1	13	d) Beweislast	32
7. Fälligkeit des Provisionsanspruches	16	4. Schäden	33
II. Auslieferungsprovision (§ 396 Abs. 1 S. 2 1. HS)	17	II. Inhalt und Umfang des Erstattungsanspruches	34
III. Höhe der Provision		III. Fälligkeit	36
1. Provision im Sinne des § 396 Abs. 1 S. 1	19	IV. Untergang des Aufwendungsersatzanspruches	37
		D. Anspruch auf Vorschuß	38

Schrifttum

siehe Angaben zu § 383.

A. Vorbemerkung

I. § 396 Abs. 1

1 § 396 Abs. 1 regelt nicht die Form und das Ausmaß der Vergütung des Kommissionärs. Es ist Sache der Parteien zu vereinbaren, ob die Tätigkeit des Kommissionärs durch eine Provision, durch einen Anteil an dem Betrag, um den das vom Kommittenten gesetzte Limit übertroffen bzw. unterschritten wird oder z. B. durch einen von vornherein zahlenmäßig fixierten Betrag entgolten werden soll. In der Regel, zumal bei der Effektenkommission, werden Provisionen vereinbart. Eine Gewinn- und Verlustbeteiligung verweist das Kommissionsverhältnis in den Bereich der Gesellschaftsverträge¹. Haben die Parteien nichts vereinbart und liegt auch kein einschlägiger Handelsbrauch (§ 346) vor, so kann der Kommissionär gemäß § 354 Abs. 1 Provision nach den am Ort der Niederlassung des Kommissionärs maßgeblichen Sätzen fordern. Fehlen Anhaltspunkte für die ortsübliche Provision, so greifen die §§ 315 f BGB ein². Es sind gegebenenfalls die Regeln über Termin- und Differenzgeschäfte zu beachten³.

§ 396 Abs. 1 enthält eine Gefahrtragungsregel. Sie bestimmt, unter welchen Umständen der Kommissionär das Risiko zu tragen hat, daß er tätig geworden ist, ohne eine Provision zu erhalten. Dabei weicht § 396 Abs. 1 erheblich von der Risikoverteilung ab, die normalerweise für Dienstverträge gilt, denen die meisten Kommissionsverträge zuzurechnen sind (§ 383 59). Charakteristisch für § 396 Abs. 1 S. 1 ist das in ihm enthaltene partiarische Element. § 396 Abs. 1 wird in der Durchführungsphase durch § 323 BGB ergänzt, falls die Durchführung der Kommission unmöglich wird, weil z. B. das vom Kommissionär entgegengenommene Gut in der Sphäre des Kommissionärs zerstört worden ist (§ 384 57, 62 und § 396 13).

§ 396 Abs. 1 ist dispositiv. Haben die Parteien z. B. ein festes Gehalt des Kommissionärs vereinbart, so wird insoweit § 396 Abs. 1 durch die allgemeinen dienstvertraglichen Regeln verdrängt. Besondere Regeln gelten für **Kommissionsagenten,** die auf Dauer mit Kommissionsgeschäften betraut sind (§ 383 39).

Spezialnormen für den Bereich der Effektenkommission enthalten die §§ 25 ff DepG⁴.

II. § 396 Abs. 2

§ 396 Abs. 2 bekräftigt und ergänzt die für den Kommissionsvertrag als Geschäftsbesorgungsvertrag geltenden §§ 675, 670 BGB, die den Aufwendungsersatz regeln. Er statuiert eine Vergütungspflicht für den Einsatz von Lagerräumen und Beförderungsmitteln des Kommissionärs. Damit wird eine Sonderregelung für den Einsatz bestimmter Elemente der Unternehmensorganisation des Kommissionärs getroffen, die der Aus- und Durchführung der Kommission dienen.

B. Der Provisionsanspruch
I. Voraussetzungen des Provisionsanspruches im Sinne des § 396 Abs. 1 S. 1

Greift mangels Parteivereinbarung oder abweichenden Handelsbrauches die dispositive Regelung des § 396 Abs. 1 ein, so gilt folgendes:

1. Zustandekommen eines Kommissionsvertrages

Erste Voraussetzung eines Provisionsanspruches ist grundsätzlich, daß ein Kommissionsvertrag wirksam (dazu § 383 51 ff) zustandegekommen ist. Liegt kein Kommissionsvertrag vor, so kann der Kommissionär eine Vergütung nur als berechtigter Geschäftsführer ohne Auftrag oder nach den Regeln über die ungerechtfertigte Bereicherung⁵ geltend machen⁶. Entgegen der Ansicht des BGH (LM Nr. 2 zu § 396 HGB) stellt § 354 keine selbständige Anspruchsgrundlage dar, sondern setzt einen gültigen Vertrag voraus.

---

¹ § 383 31; dort auch zu den partiarisch ausgeformten Entgelten.
² Schlegelberger/Hefermehl HGB⁵, § 354 14 m. Nachw.; näher dazu § 396 19.
³ Dazu § 383 55 f.
⁴ Canaris Großkommentar HGB³, Bd. III/3 (2. Bearb. 1981), 1963 ff.
⁵ Palandt/Thomas BGB⁴⁴, § 677 4.
⁶ Schlegelberger/Hefermehl HGB⁵, § 396 5; Heymann/Kötter HGB²¹, § 396 1.

2. Fortbestand des Kommissionsvertrages im Moment der Ausführung

4 Der Kommissionsvertrag muß im Moment der Ausführung noch fortbestehen. Er darf insbesondere nicht gekündigt worden sein. Die Beweislast für den Widerruf trifft den Kommittenten. Die kommissionsrechtliche Vergütungsregel ist nämlich partiarisch ausgestaltet; d. h., sie ist davon abhängig, daß dem Kommittenten aufgrund der Bemühungen des Kommissionärs ein typisierter Nutzen in Form der Vereinbarung eines vertragsgemäßen Ausführungsgeschäftes verschafft wird. Dies kommt deutlich in den Materialien zum HGB zum Ausdruck. Der Entwurf des HGB enthielt einen § 367 Abs. 2, dem zufolge der Kommittent einen den Umständen nach angemessenen Anteil der Provision entrichten sollte, falls er die Kommission vor Abschluß des Ausführungsgeschäftes widerrufen hatte[7]. Die Vorschrift wurde jedoch nicht zum Gesetz erhoben. Vielmehr beließ man es bei der allgemeinen Regel des § 396 Abs. 1. Damit trug man dem Interesse des Kommittenten Rechnung, der mangels „Ausführung" aus dem Erfüllungsversuch des Kommissionärs mit Sicherheit keinerlei Nutzen zu ziehen vermochte. § 396 Abs. 1 verdrängt demnach sowohl die in § 628 BGB als auch die in § 649 BGB enthaltenen Regelungen[8]. Allerdings unterliegt der Kommittent dem **Verbot des venire contra factum proprium**. Hat er die Kommission nur deshalb widerrufen, um unter Ausnutzung der vom Kommissionär bereits geleisteten Vorarbeiten selbst das angestrebte Geschäft zu tätigen, so verhält er sich widersprüchlich, wenn er die Kommission aufkündigt, da er in einem solchen Falle durchaus weiter an dem intendierten Ausführungsgeschäft interessiert war. Es ist ihm deshalb verwehrt, sich darauf zu berufen, daß der Kommissionär kein Ausführungsgeschäft zustandegebracht habe[9]. Nicht zu folgen ist der Ansicht (RGRKz HGB-*Ratz* § 383 23), der Kommittent mache sich schadensersatzpflichtig, wenn er widerrufe, obwohl der Kommissionär sich bereits die nötigen Mittel zur Ausführung beschafft, die entsprechenden Anordnungen getroffen oder den Auftrag an einen Unterkommissionär weitergegeben habe. Hat der Kommissionär einen Unterkommissionär eingeschaltet, so kommt es darauf an, ob dies als Ausführung anzusehen ist.

3. Abschluß des Ausführungsgeschäftes

5 Ferner muß der Kommissionär ein Geschäft mit einem Dritten auf Rechnung des Kommittenten abgeschlossen haben. Die Entstehung des Provisionsanspruches hängt objektiv davon ab, daß der Kommittent einen Anspruch auf Herausgabe eines typisierten Nutzens in Form von Forderungen aus dem Ausführungsgeschäft erwirbt. Dem stehen auf das positive Interesse gehende Schadensersatzansprüche gleich (§ 384 37). Darin kommt der den Kommissionsvertrag kennzeichnende partiarische (gesellschaftsähnliche) Rechtsgedanke zum Ausdruck. Hieraus folgt, daß es für die Begründung des Provisionsanspruches gänzlich irrelevant ist, ob ein Ausführungsgeschäft nicht zustandekommt, weil der Kommissionär nicht alle nur denkbaren Mittel verwandt hat, um die Kommission auszuführen, oder ob bei Einsatz dieser Mittel seine Bemühungen um ein passendes Ausführungsgeschäft gleichfalls vergeblich gewesen wären. Ebenso unerheblich ist es, ob ein Ausführungsgeschäft an vorhersehbaren oder an gänzlich außerhalb aller Wahrscheinlichkeit liegenden Umständen scheitert.

---

[7] Denkschrift zum Entwurf des HGB (1896), S. 239.
[8] *Schlegelberger/Hefermehl* HGB5, § 396 5, 21; *Schmidt-Rimpler* S. 796; *Heymann/Kötter* HGB21, § 396 1; a. A. *K. Schmidt* Handelsrecht, § 30 IV 3a.
[9] Ähnlich *Schmidt-Rimpler* S. 796; enger vom Ansatz her *Schlegelberger/Hefermehl* HGB5, § 396 5.

Grundsätzlich kommt der Kommissionär auch dann nicht in den Genuß eines Provisionsanspruches, wenn die Ausführung durch ein Ereignis verhindert wird, das aus der Sphäre des Kommittenten stammt oder sich in ihr zuerst ausgewirkt hat. Das Prinzip partiarischer Risikoverteilung überlagert die allgemeinen Grundsätze über die Risikoverteilung in Austauschverträgen. Das gilt vor allem für die „in der Person des Kommittenten begründeten Störungen". § 396 Abs. 1 S. 2 2. HS findet auf die hier angesprochenen Konstellationen keine Anwendung. Allerdings ist auch der Kommittent dem Verbot des venire contra factum proprium unterworfen. Gegen dieses Verbot verstößt er, falls er die Bemühungen des Kommissionärs um die Ausführung der Kommission für sich ausnutzt, um selbst das Geschäft mit dem vom Kommissionär in Aussicht genommenen Dritten zu tätigen [10]. Anders ist aber die Situation, wenn der Kommittent dem Kommissionär mit dem Abschluß bloß zuvorgekommen ist oder wenn der Kommittent nicht wissen konnte, daß die Bemühungen des Kommissionärs den Dritten abschlußbereit gemacht haben [11]. Hat der Kommittent die Ausführung vereitelt, obwohl er dies mit zumutbaren Mitteln eines sorgfältigen Vertragspartners hätte verhindern können, so ist er zum Schadensersatz verpflichtet. Im Rahmen des Schadensersatzanspruches kann der Kommissionär auch Zahlung der Provision verlangen, wenn er nachweist, daß der Abschluß des Ausführungsgeschäftes und dessen Ausführung im Sinn des § 396 Abs. 1 mit Wahrscheinlichkeit zu erwarten gewesen wären (§ 252 BGB).

Das vom Kommissionär abgeschlossene Geschäft darf nicht (mehr) unter einer aufschiebenden Bedingung stehen. Haben der Kommissionär und der Dritte eine auflösende Bedingung vereinbart, so entsteht gleichwohl eine Provisionsforderung sofort, nicht erst dann, wenn sicher ist, daß die auflösende Bedingung ausfällt. Sobald die auflösende Bedingung eintritt, erlischt mit ex tunc-Wirkung der Provisionsanspruch. Gleiches gilt, falls das Geschäft aufgrund einer wirksamen Anfechtung ex tunc nichtig wird (§ 142 BGB). Genauso ist in dem Fall zu entscheiden, in dem der Kommissionär oder der Kommittent wandelt, weil die eingekaufte Sache mangelhaft ist. Hat der Dritte angefochten, so hat dieser gegebenenfalls dem Kommissionär die Provision zu zahlen (§ 122 BGB). Übt der Kommissionär bzw. der Dritte ein vertragliches Rücktrittsrecht aus, so fällt desgleichen die Provision fort; denn der vom Kommittenten angestrebte Erfolg hat sich im Ausführungsgeschäft in seiner typisierten Form nicht voll realisiert. Dabei kommt es nicht darauf an, ob der Kommissionär auf Weisung oder im Interesse des Kommittenten zurücktritt, wie die Parallele zur Kündigung der Kommission als solcher (§ 396 4) zeigt. Das für den Kommissionsvertrag charakteristische partiarische Element steht hier, solange das Ausführungsgeschäft nicht uneingeschränkt bindend geworden ist, im Vordergrund. — Anders ist die Sachlage, wenn der Kommissionär das Ausführungsgeschäft verbindlich abgeschlossen hat, sich auf Wunsch des Kommittenten aber nochmals mit dem Dritten in Verbindung setzt, um von diesem auf Kulanzbasis eine Aufhebung des Vertrages zu erreichen. Gelingt das dem Kommissionär, so bleibt der Provisionsanspruch gleichwohl bestehen (Wertung des § 396 Abs. 1 S. 2 2. HS; *Schmidt-Rimpler* S. 800). Spätere Änderungen des Ausführungsgeschäftes im Interesse des Kommittenten gehen somit nicht zu Lasten des Kommissionärs. Zur Ausübung sonstiger gesetzlicher Rücktrittsrechte § 396 13.

Die Provision vergütet grundsätzlich nur das konkrete, vom Kommissionär abgeschlossene Geschäft. Werden dem Kommittenten infolge der Abtretung der Ansprüche gegen den Dritten oder auf sonstige Weise die Geschäftsverbindungen des Kommissio-

---

[10] Ebenso i. E. *Schmidt-Rimpler* S. 796; a. A. *Schlegelberger/Hefermehl* HGB⁵, § 396 6.

[11] Weitergehend wohl *K. Schmidt* Handelsrecht, § 30 IV 3 a.

närs bekannt, so liegt in der Ausnutzung der bloßen Geschäftsverbindung noch kein venire contra factum proprium. Der Kommissionär kann deshalb keine Provision verlangen, falls der Kommittent nunmehr in Zukunft den Kommissionär umgeht und selbst mit dem Dritten kontrahiert (*Schlegelberger/Hefermehl* HGB[5], § 396 7). Anders kann es beim **Kommissionsagenten** liegen, da dessen Beziehungen zum Kommittenten auf der Grundlage einer auf längere Dauer angelegten Zusammenarbeit stehen, deren Basis der Kommittent nicht einfach zerstören darf. Zur analogen Anwendung des § 89b auf diesen Fall § 383 40.

4. „Ausführung" des Geschäftes

8   Nach h. M. ist der Provisionsanspruch mit dem Abschluß des Ausführungsgeschäftes entstanden. Er soll jedoch durch die gemäß § 396 Abs. 1 S. 1 erforderliche „Ausführung des Geschäftes" aufschiebend bedingt sein[12]. Richtiger erscheint es zu sagen, daß der Provisionsanspruch erst dann entsteht, wenn der Kommissionär das Ausführungsgeschäft mit einem leistungsfähigen Dritten abgeschlossen hat. Man wollte nämlich den Kommissionär durch § 371 Abs. 2 ADHGB, den Vorläufer des § 396 Abs. 1 S. 1, anspornen, das Ausführungsgeschäft auf solider Basis auszuführen[13].

Überall dort, wo es dem Kommissionär nicht gelungen war, einen leistungsfähigen Partner zu finden, sollte er die Provisionsforderung nicht geltend machen können. Mit dieser **ratio** steht § 396 Abs. 1 S. 2 2. HS im Einklang, der den Kommittenten zur Zahlung der Provision verpflichtet, falls der Dritte an sich leistungsfähig ist, dieser jedoch aus einem „in der Person des Kommittenten liegenden Grunde" nicht geleistet hat. Ob nun der Dritte im Einzelfall leistungsfähig ist, soll nicht ex ante im Moment der Vereinbarung des Ausführungsgeschäftes, sondern ex post festgestellt werden. Damit ist natürlich nicht gesagt, daß der Kommissionär den Abschluß mit einem leistungsfähigen Dritten schulden würde. Insoweit trägt der Kommissionär nicht die Leistungsgefahr. Er schuldet nur den Abschluß mit einem Dritten, der bei Anwendung pflichtgemäßer Sorgfalt als leistungsfähig erscheint. Dem Kommissionär wird mit anderen Worten lediglich die Preisgefahr dafür auferlegt, daß er einen „Dritten" ausgewählt hat, der sich später als leistungsfähig erweist. Diese Risikobelastung steht grundsätzlich im Einklang mit der für normale Austauschverträge charakteristischen Risikozurechnung[14]; denn der Kommissionär allein ist es, der darüber entscheidet, mit welchem Dritten er kontrahiert, und der deshalb auch allein anhand der verfügbaren Informationsmittel die Gefahr einer Leistungsunfähigkeit zu beurteilen und zu steuern in der Lage ist. Die Belastung des Kommissionärs erfolgt somit grundsätzlich auf der Basis der abstrakten Beherrschbarkeit des Risikos durch den Kommissionär und seiner besseren Absorptionsmöglichkeiten des Provisionsrisikos. Freilich gibt es auch Fälle, in denen der Dritte leistungsunfähig war oder es wurde, obwohl dies unvorhersehbar war oder die Gründe der Leistungsunfähigkeit gänzlich in den Interna des Dritten wurzelten. Hier hat § 396 Abs. 1 S. 1 ebenso wie das Gesetz im Rahmen des § 323 BGB generalisiert. Im Bereich des § 323 BGB wurde diese Generalisierung weitgehend rückgängig gemacht[15]. Im Rahmen des § 396 Abs. 1 sollte man es jedoch bei dieser Generalisierung belassen. Da-

---

[12] *Schlegelberger/Hefermehl* HGB[5], § 396 6; *Schmidt-Rimpler* S. 801; *Knütel* ZHR **137** (1973), 314.
[13] Protokolle der Kommission zur Beratung eines ADHGB (1858), Band III, S. 1206; *Schmidt-Rimpler* S. 798.
[14] *Koller* Die Risikozurechnung bei Vertragsstörungen in Austauschverträgen (1979), S. 77 ff.
[15] *Koller* Risikozurechnung, aaO, S. 9 ff.

für spricht die für handelsrechtliche Verträge geltende Maxime der Verkehrssicherheit und der Schnelligkeit der Vertragsabwicklung.

„Ausführung des Geschäftes" ist somit nicht gleichbedeutend mit dem Abschluß des Ausführungsgeschäftes[16]. Ebensowenig bedeutet sie die vollständige Erledigung der Kommission[17]. Der historische Gesetzgeber konnte sich nicht dazu durchringen, genauer zu definieren, was unter der „Ausführung des Geschäftes" zu verstehen sei. Er wollte damit „einen gewissen Spielraum für die Würdigung der Umstände des Falles" schaffen (Denkschrift, aaO, S. 239). Aus der ratio des § 396 Abs. 1 läßt sich jedoch ableiten, daß man als „Ausführung" die **vertragsgemäße Erfüllung des Geschäftes durch den Dritten** anzusehen hat. Hat der Dritte die von ihm versprochene Leistung (ohne Mängel; dazu § 396 10) erbracht, so hat er sich als ex post hinreichend leistungsfähig erwiesen[18]. Warum der Dritte nicht geleistet hat, ist — von den Fällen des § 396 Abs. 1 S. 2 2. HS abgesehen — irrelevant. Darin kommt der generalisierende Ansatz des § 396 Abs. 1 zum Tragen. Unterbleibt z. B. die Leistung des Dritten, weil der Kommissionär das in seiner Verwahrung befindliche Kommissionsgut verloren hat, so ist die Regelung des § 396 Abs. 1 zusätzlich durch den Umstand gerechtfertigt, daß die Störungsursache der Sphäre des Kommissionärs entsprang. Hatte der Dritte eine Gattungsschuld zu erfüllen, so ist es für die „Ausführung" nicht erforderlich, daß der Kommissionär die vom Dritten geleisteten Gattungsobjekte bereits für die einzelnen Kommittenten ausgesondert hat. Der Umstand, daß der Dritte zu spät geleistet hat und ein Anspruch auf Verzugsschaden entstanden ist, wird meist als unwesentlich (näher dazu § 396 10) übergangen werden können, auch wenn der Verzugsschaden noch nicht beglichen worden ist. Der Erfüllung steht die Leistung an Erfüllungs Statt oder die Bezahlung des Schadensersatzes wegen Nichterfüllung bzw. die wesentlich verspätete Leistung samt Deckung des Verzugsschadens gleich[19]. Die Leistung muß nicht durch den Dritten erfolgen. Hat z. B. der Kommissionär im Rahmen der Delkrederehaftung erfüllt, so ist damit das Geschäft im Sinn des § 396 Abs. 1 S. 1 „ausgeführt".

Leistet der Dritte nur **teilweise**, so steht dem Kommissionär nur die anteilige Provision zu, soweit die Teilleistung im Interesse des Kommittenten liegt[20]. § 87 a Abs. 1 S. 1 läßt sich bei normalen Kommissionsgeschäften nicht ohne weiteres analog heranziehen, weil diese Vorschrift stärker dem besonderen, typischen Schutzbedürfnis des Handelsvertreters Rechnung trägt[21]. Unwesentliche **Leistungsrückstände** hindern die Entstehung des vollen Provisionsanspruches nicht, da sie die Leistungsfähigkeit des Dritten nicht mehr in Frage stellen können[22].

Hat der Dritte die im Ausführungsgeschäft angesprochene Leistung nicht auf einmal, sondern in **Raten** zu erbringen (z. B. Sukzessivlieferungsverträge, Ratenkäufe, Miete), so entsteht der volle Provisionsanspruch ebenfalls erst dann, wenn die letzte Rate im wesentlichen erbracht ist. Das heißt nicht, daß der Kommissionär nicht Teilprovision fordern dürfte. Insoweit gelten vielmehr im Zweifel die Regeln für Teilleistungen (s. oben).

---

[16] *Schlegelberger/Hefermehl* HGB5, § 396 9; *Schmidt-Rimpler* S. 800.
[17] Denkschrift zum Entwurf eines HGB (1896), S. 239.
[18] *Schmidt-Rimpler* S. 800; RGRKzHGB-*Ratz* § 396 2; *Schlegelberger/Hefermehl* HGB5, § 396 9 m. Nachw.; differenzierter *Heymann/Kötter* HGB21, § 396 2.
[19] *Schmidt-Rimpler* S. 801; *Schlegelberger/Hefermehl* HGB5, § 396 10.
[20] Rechtsgedanke des § 323 Abs. 1 2. Alt. BGB; ebenso *Schmidt-Rimpler* S. 800.
[21] *Heymann/Kötter* HGB21, § 396 2; a. A. *Schlegelberger/Hefermehl* HGB5, § 396 11 m. Nachw.
[22] Ebenso i. F. *Schmidt-Rimpler* S. 800; *Schlegelberger/Hefermehl* HGB5, § 396 11.

Leistet der **Dritte nicht vertragsgemäß oder mangelhaft** und übt daraufhin der Kommittent oder der Kommissionär auf dessen Weisung das Rücktrittsrecht (§ 326 BGB) oder das Recht zur Wandelung (§§ 459, 480 BGB) aus, so kommt der Provisionsanspruch endgültig nicht zum Entstehen. Bereits geleistete Provisionen sind zurückzuzahlen (§ 812 BGB). Gleiches gilt, falls der Kommittent bzw. der Kommissionär im Falle einer vom Dritten zu vertretenden Unmöglichkeit der Leistung (§ 325 BGB) anstatt Schadensersatz den Rücktritt wählt. Macht der Kommittent oder der Kommissionär vom Minderungsrecht Gebrauch, so ermäßigt sich der Provisionsanspruch nach den in § 323 Abs. 1 2. Alt. BGB niedergelegten Grundsätzen.

Nicht erforderlich für die Ausführung im Sinne des § 396 Abs. 1 ist es, daß der Kommissionär das vom Dritten Erlangte an den Kommittenten weisungsgemäß überführt hat. Zu den Auswirkungen einer in der Sphäre des Kommissionärs eintretenden Störung des Transfers der Leistung § 396 13.

§ 396 Abs. 1 S. 1 gilt auch dort, wo die Abwicklung der Verträge unmittelbar zwischen Kommittenten und Dritten erfolgen soll[23]. Legt der Kommittent der Erfüllung vertragswidrig Hindernisse in den Weg, so findet § 396 Abs. 1 S. 2 2. HS Anwendung. Allerdings können Handelsbrauch und Verkehrssitte Abweichendes vorsehen.

5. Provision trotz fehlender „Ausführung" (§ 396 Abs. 1 S. 2 2. HS)

11   Gemäß § 396 Abs. 1 S. 2 2. HS kann der Kommissionär Provision verlangen, wenn das Geschäft aus einem Grund, der in der Person des Kommittenten liegt, „unausgeführt"[24] geblieben ist. Diese Vorschrift ähnelt auf den ersten Blick der für das Handelsvertreterrecht getroffenen Regelung des § 87a Abs. 3. Bei näherem Zusehen zeigt sich jedoch, daß § 87a Abs. 3 auch in der „Abwicklungsphase" von partiarischen Rechtsgedanken geprägt ist, weil es danach darauf ankommt, ob der Unternehmer die Nichtleistung zu vertreten hatte oder ob ihm die Leistung zumutbar war[25]. Auf § 396 Abs. 1 S. 2 2. HS, dem solche Merkmale fehlen, finden hingegen die allgemeinen Grundsätze über die Verteilung der Preisgefahr in Austauschverträgen Anwendung. Es ist daher irrelevant, ob der Kommittent die Nichtausführung verschuldet hatte[26]. § 396 Abs. 1 S. 2 2. HS liegt vielmehr eine objektive Risikozurechnung zugrunde. Die herrschende Meinung unterscheidet in diesem Zusammenhang, ob die Nichtausführung auf einem Verhalten des Kommittenten bzw. auf einem Umstand beruht, der ausschließlich die Person des Kommittenten betrifft, oder ob sonstige Ursachen die „Ausführung" im Sinn des § 396 Abs. 1 S. 1 verhindert haben[27]. Anderer Ansicht zufolge grenzt § 396 Abs. 1 S. 2 2. HS Risikosphären voneinander ab, so daß auch in den Fällen höherer Gewalt die Nichtausführung in der Person des Kommittenten liegt, falls sich das Ereignis speziell auf dessen Unternehmen auswirkte. Anders sei die Situation z. B. bei allgemeinen Handelsverboten, die auch die Sphäre des Kommissionärs berühren[28]. Nach der hier vertretenen Ansicht ist § 396 Abs. 1 S. 2 2. HS in Parallele zu § 552 BGB zu setzen, bei dessen Interpretation heute nicht mehr in dem Maße das Schwergewicht auf die Worte „in seiner Person liegenden Grund" gelegt wird[29]. Maßgeblich sind vielmehr die normale Austauschverträge durchdringenden Risikozurechnungselemente der abstrakten Beherrschbarkeit, der Absorbierbarkeit und der Veranlassung. Auf der Grundlage

---

[23] *Schlegelberger/Hefermehl* HGB5, § 396 12; a. A. *Schmidt-Rimpler* S. 800.
[24] Zum Begriff „ausgeführt" in diesem Zusammenhang s. § 396 9.
[25] *Heymann/Kötter* HGB21, § 396 2.
[26] *Schlegelberger/Hefermehl* HGB5, § 396 16.
[27] *Schlegelberger/Hefermehl* HGB5, § 396 16; *Schmidt-Rimpler* S. 802.
[28] *Heymann/Kötter* HGB21, § 396 2.
[29] *Koller* Risikozurechnung, aaO, S. 197 ff, 281 ff.

dieser Zurechnungsprinzipien hat der Kommittent die Gefahr auf sich zu nehmen, daß das die „Ausführung" blockierende Hindernis aus seiner Sphäre stammt oder sich zunächst in ihr ausgewirkt hat. Befreit wird er von seiner Pflicht zur Provisionszahlung nur dort, wo die Störung außerhalb aller Wahrscheinlichkeit lag und das Hindernis auch anderen potentiellen Kommittenten es unmöglich gemacht hätte, ihren Beitrag zur „Ausführung" zu erbringen. Daraus folgt, daß der Kommittent z. B. Provision zu zahlen hat, falls die „Ausführung" unterbleibt, weil dem Lieferanten des Kommittenten ein Lieferungsverbot auferlegt wurde [30]. Erst recht hat der Kommittent zu zahlen, wenn der Dritte die Ware wegen Fehlerhaftigkeit bzw. verspäteter Lieferung nicht abnimmt oder das Kommissionsgut beim Kommittenten beschlagnahmt wurde. Die Provisionspflicht kommt jedoch z. B. in den Fällen nicht zum Entstehen, in denen der Kommissionär auf den Export von Waren einer bestimmten Gattung spezialisiert ist und ein allgemeines Verbot des Exportes derartiger Waren ergeht.

Nach denselben Grundsätzen sind auch die Konstellationen zu behandeln, in denen **12** der Kommittent durch Vereinbarung mit dem Dritten den Vertrag rückgängig macht. Erfolgt dies im Interesse des Kommittenten, so läßt dies den Anspruch des Kommissionärs auf Provision unberührt. Geschieht es, weil der Dritte unzuverlässig ist, so entfällt damit noch nicht die Provisionspflicht; denn es kann vom Kommittenten erwartet werden, daß er seine Forderung duchsetzt [31]. Könnte der Kommittent bzw. auf dessen Weisung der Kommissionär vom Ausführungsvertrag zurücktreten, so geht eine Vertragsaufhebung freilich zu Lasten des Kommissionärs, der, wie sich gezeigt hat, mit einem leistungsunfähigen Dritten abgeschlossen hatte [32].

Als ein in der Person des Kommittenten liegender Grund kann daher nicht der Umstand angesehen werden, daß der Kommittent gemäß den §§ 325 f BGB vom Ausführungsgeschäft zurücktritt, weil der Dritte nicht vertragsgemäß geleistet hat. Zwar ist an sich auch die Leistung von Schadensersatz wegen Nichterfüllung „Ausführung" i. S. d. § 396 Abs. 1 S. 1. Zur Aufgabe des Kommissionärs gehört es jedoch, einen Dritten auszuwählen, der die versprochene Leistung — gegebenenfalls innerhalb der Nachfrist des § 326 Abs. 1 BGB — zu erbringen vermag. Ist der Dritte dazu nicht in der Lage, so fällt das in den Risikobereich des Kommissionärs.

Bleibt das Geschäft aus einem „in der Person des Kommittenten liegenden Grund" teilweise „unausgeführt", so kann der Kommissionär ebenfalls volle Provision fordern.

Die bloße Verzögerung der Leistung aus einem vom Kommittenten zu vertretenden Grund führt nicht dazu, daß die volle Provisionsforderung sofort entsteht; denn die Leistung kann ja noch immer an einem vom Dritten zu vertretenden Grund (§ 300 BGB) scheitern. Wird der Dritte im inneren Zusammenhang mit der vom Kommittenten zu vertretenden Verzögerung leistungsunfähig, so ist dem Kommissionär der volle Provisionsanspruch zuzuerkennen, es sei denn, daß dem Dritten infolge grober Fahrlässigkeit die Leistung unmöglich geworden ist (Wertung des § 300 BGB).

6. Keine Provision trotz „Ausführung" i. S. d. § 396 Abs. 1 S. 1

Hat der Dritte geleistet oder die Ware im Rahmen einer Schickschuld an den Kom- **13** missionär abgesandt, so ist das Geschäft i. S. d. § 396 Abs. 1 S. 1 „ausgeführt". Es stellt sich dann die weitere Frage, ob der Kommissionär seinen Provisionsanspruch wieder verliert, wenn ihm z. B. die Herausgabe der Ware unmöglich wird oder er die Heraus-

---

[30] A. A. *Schlegelberger/Hefermehl* HGB5, § 396 16.
[31] Weitergehend *Heymann/Kötter* HGB21, § 396 2.
[32] Ebenso i. E. *Schlegelberger/Hefermehl* HGB5, § 396 16.

gabe vorwerfbar verzögert, und der Kommittent nach Ablauf einer Nachfrist zurücktritt. Dies wird vielfach mit dem Argument verneint, § 396 Abs. 1 regle den Provisionsanspruch abschließend. Die §§ 323 ff BGB seien nicht anwendbar, da bei der Geschäftsbesorgungskommission die Durchführungspflichten wie die Herausgabepflicht nicht im Synallagma zur Provisionsforderung stünden[33]. Zu folgen ist jedoch der Gegenansicht, die die zentralen Pflichten im Rahmen der Abwicklung der Kommission, wie die Herausgabe und den Transfer des vom Dritten Erlangten, als gegenseitige Pflichten qualifiziert. Auf diese Weise kann nämlich der Einsatz des Kommissionärs für eine sichere Aufbewahrung und Transfer des Gutes über das verkehrserforderliche Ausmaß hinaus bis zum wirtschaftlichen Optimum erhöht werden. Zugleich wird demjenigen der Vertragspartner das Provisionsrisiko aufgebürdet, der über die besseren Möglichkeiten verfügt, sich über die Wahrscheinlichkeit einer Störung zu informieren und auf dieser Basis das Risiko einzukalkulieren[34]. Wird mithin dem Kommissionär die Herausgabe des Gutes unmöglich, so verliert er seinen Provisionsanspruch. Gleiches gilt, falls die Herausgabe schuldhaft trotz Nachfrist nicht rechtzeitig erfolgt und der Kommittent daraufhin vom Vertrag zurücktritt (§ 326 BGB). Ebenso ist im Falle des Rücktritts bei der vom Kommissionär zu vertretenden Unmöglichkeit (§ 325 BGB) zu entscheiden. — Das heißt natürlich nicht, daß die Provisionsforderung immer untergehen würde, falls dem Kommissionär die Herausgabe unmöglich wird. Die Gefahr unvorhersehbarer Störungen trägt der Kommittent. Ferner hat der Kommittent trotz Unterganges des vom Dritten „Erlangten" Provision zu zahlen, falls der Erfüllungsort die Niederlassung des Kommissionärs war und der Kommissionär das Gut an den Kommittenten versandt hatte (§ 447 BGB analog). — Stammte die Ursache dafür, daß dem Kommissionär die Herausgabe unmöglich wurde, aus der Sphäre des Kommittenten oder wirkte sich die Störung zuerst in dessen Sphäre aus, so hat der Kommittent die Unmöglichkeit i. S. d. § 324 Abs. 1 BGB zu vertreten; der Kommissionär behält seinen Provisionsanspruch.

In den Fällen verspäteter Übersendung des Stückeverzeichnisses bei der Effektenkommission beachte die §§ 25 ff DepG[35].

14 Nach ganz herrschender Meinung kann der Kommittent den Kommissionsvertrag nicht mehr **kündigen,** sobald der Kommissionär das Ausführungsgeschäft abgeschlossen hat, auch wenn er den Kommissionär mit der Abwicklung der Kommission beauftragt hatte (dazu oben § 384 34 f). Die Provisionsansprüche können deshalb durch eine Kündigung nicht mehr zum Erlöschen gebracht oder eingeschränkt werden. Von dem hier vertretenen Standpunkt aus kann zumindest die Herausgabe des Erlangten zu den im Synallagma stehenden Pflichten gehören. Es können auch andere Abwicklungspflichten vereinbart sein, wie Einziehung der Forderung gegen den Dritten, Lagerung des Gutes. Es ist kein Grund ersichtlich, warum insoweit nicht auch noch in der Abwicklungsphase sollte gekündigt werden dürfen (§§ 621 Nr. 5, 627, 649 BGB; dazu § 383 82). Die Pflicht zur Herausgabe und zur Rechnungslegung bleibt natürlich trotz Kündigung bestehen. Eine andere Frage ist, welche Folgerungen für den Provisionsanspruch aus der Kündigung zu ziehen sind. Geht man davon aus, daß die Kommissionsverträge normalerweise in die Kategorie der Dienstverträge fallen, so mindert sich freilich der Provisionsanspruch nicht ohne weiteres, weil der Kommissionär eine Reihe

---

[33] *Schlegelberger/Hefermehl* HGB5, § 396 28; näher dazu § 384 58.
[34] *Koller* BB **1979** 1725, 1728 f; ebenso i. E. *Schmidt-Rimpler* S. 848 f; weitere Nachweise § 384 57.
[35] *Canaris* Großkommentar HGB3, Bd. III/3 (2. Bearb. 1981), 1963 ff.

von Abwicklungspflichten nicht mehr zu erfüllen braucht. § 628 Abs. 1 S. 1 BGB läßt sich nicht anwenden, da der Provisionsanspruch zu einem wesentlichen Teil partiarischen Charakter trägt (Abhängigkeit vom Abschluß des Ausführungsgeschäftes). Es ist völlig unklar, in welchem Verhältnis die Provision einerseits den Abschluß als solchen und andererseits die Abwicklung entgelten soll. Daran scheitert die Anwendung des § 628 Abs. 1 S. 1 BGB. Hieraus folgt jedoch nicht, daß dem Kommissionär immer die volle Provision verbleiben müßte, auch wenn er nicht mehr zur Abwicklung des Ausführungsgeschäftes verpflichtet ist und dadurch größere Einsparungen macht. Man sollte deshalb in derartigen Situationen die §§ 649 S. 2, 324 Abs. 1 S. 2 BGB sowie den Rechtsgedanken des § 552 BGB analog heranziehen. Der Kommissionär hat sich demnach auf seine Provisionsforderung dasjenige anrechnen zu lassen, was er infolge der Kündigung des Vertrages an Aufwendungen erspart oder durch anderweitige Verwertung seiner Arbeitskraft erwirbt oder zu erwerben böswillig unterläßt. Die Gedanken der Verkehrssicherheit und Schnelligkeit der Abwicklung dürfen nicht dazu führen, daß sich der Kommissionär bereichert. Haben die Parteien einen gesonderten Provisionsbestandteil für die Durchführung der Kommission ausgeworfen, so läßt sich insoweit sogar § 628 Abs. 1 S. 1 BGB ohne Schwierigkeiten anwenden, falls nicht die Durchführung der Kommission werkvertraglich geprägt ist.

Schließlich kann dem Provisionsanspruch eine **Einrede** entgegenstehen. Neben der **15** Einrede der Verjährung (§ 396 22) ist im Zusammenhang mit der Kommission insbesondere der Differenzeinwand (§ 762 BGB) sowie der Börsentermineinwand (§§ 50 ff BörsenG; § 383 55 f) zu beachten. Auch nach der Ausführung des Geschäftes kann der Kommittent normalerweise die Provisionszahlung verweigern, solange der Kommissionär nicht seine Pflicht zur Herausgabe und Rechenschaftslegung erfüllt hat (§ 320 bzw. § 273 BGB).

7. Fälligkeit des Provisionsanspruches

Der Provisionsanspruch ist normalerweise fällig, sobald der Dritte seine Leistung **16** erbracht hat, also das Geschäft i. S. d. § 396 Abs. 1 „ausgeführt" ist (§ 396 8 ff). Die Parteien können jedoch vereinbaren, daß die Provision schon mit dem Abschluß des Ausführungsgeschäftes fällig ist. Auch eine Kontokorrentvereinbarung (§ 355) ist häufig anzutreffen.

Ist die „Ausführung" des Geschäftes aus einem in der Person des Kommittenten liegenden Grund unterblieben (§ 396 Abs. 1 S. 2 2. HS), so wird der Provisionsanspruch in dem Moment fällig, in dem der Erfüllungszeitraum für die Leistung des Dritten überschritten ist oder feststeht, daß der Dritte nicht leisten kann oder nicht leisten muß.

II. Auslieferungsprovision (§ 396 Abs. 1 S. 2 1. HS)

Gemäß § 396 Abs. 1 S. 2 1. HS hat der Kommissionär trotz „Nichtausführung" zu- **17** mindest Anspruch auf Auslieferungsprovision, sofern dies ortsgebräuchlich ist. Maßgeblich ist der Ortsgebrauch am Niederlassungsort des Kommissionärs[36]. Dem Ortsgebrauch steht eine Parteivereinbarung gleich. Nicht hingegen kann § 354 herangezogen werden, um einen Anspruch auf Auslieferungsprovision zu begründen.

Das Gesetz spricht von „Auslieferungs"-Provision. Darunter ist nicht die Auslieferung des Kommissionsgutes an den Dritten, sondern die Auslieferung an den Kommis-

---

[36] *Schmidt-Rimpler* S. 804; *Schlegelberger/Hefermehl* HGB 5, § 396 19 m. Nachw.

sionär zu verstehen. Das Kommissionsgut muß also dem Kommissionär ausgehändigt worden sein (*Schlegelberger/Hefermehl* HGB[5], § 396 18). Die Auslieferungsprovision soll die Entgegennahme und Aufbewahrung des Kommissionsgutes entgelten, falls der Kommissionär keinen diese Tätigkeit ebenfalls vergütenden, normalen Provisionsanspruch erwirbt. Sie stellt also letztlich einen ausgegliederten, verselbständigten Provisionsbestandteil dar. Sie lebt deshalb dort auf, wo der Kommissionär entweder kein Ausführungsgeschäft abgeschlossen hat oder der Dritte das Geschäft nicht „ausführt" und auch nicht gemäß § 396 Abs. 1 S. 2 2. HS ein Anspruch auf die volle Provision geltend gemacht werden kann. Damit wird dem Kommissionär zum einen teilweise das aus der partiarischen Rechtsnatur der Kommission fließende Risiko abgenommen, daß er sich umsonst um die Aufbewahrung etc. des Gutes bemüht hat; denn er kann die Auslieferungsprovision z. B. trotz Kündigung des Kommissionsvertrages durch den Kommittenten fordern (OLG Hamburg SeuffA **64** Nr. 137). Zum anderen wird er (partiell) von dem nur unvollkommen beherrschbaren und absorbierbaren (§ 396 8) Risiko befreit, daß sich der Dritte als leistungsunfähig erweist.

18   Geht das Kommissionsgut ohne ein Verschulden des Kommissionärs in dessen Sphäre unter, so soll dies allgemeiner Ansicht zufolge den Anspruch auf Auslieferungsprovision nicht berühren. Nur wenn der Untergang verschuldet ist, wird zum Teil vertreten, daß kein Anspruch auf Auslieferungsprovision entstehe[37]; andere geben dem Kommittenten einen Schadensersatzanspruch, mit dem er aufrechnen kann[38]. Richtiger erscheint es, eine Parallele zum entgeltlichen Verwahrungsvertrag zu ziehen und im Falle eines unverschuldeten Unterganges § 323 Abs. 1 BGB analog anzuwenden. Die Aufbewahrung bis zum Untergang stellt eine Art Teilleistung (§ 323 Abs. 1 2. HS BGB) dar, so daß sich die Auslieferungsprovision entsprechend vermindert. Allerdings erhebt sich dann das Problem, die Relation der schon erbrachten Verwahrungsleistung etc. zur Gesamtverwahrungsdauer und zur sonstigen mit Wahrscheinlichkeit zu erwartenden Tätigkeit des Kommissionärs festzustellen. Dieses Problem kann jedoch dadurch ausgeräumt werden, daß man auf die aller Wahrscheinlichkeit nach zu erwartende Dauer der Aufbewahrung und das Ausmaß der wahrscheinlich notwendig gewordenen Tätigkeit abhebt. Hierdurch wird zwar die Reibungslosigkeit der Vertragsabwicklung gemindert; die Zurechnungselemente der abstrakten Beherrschbarkeit und besseren Absorbierbarkeit von Störungen, die aus der Sphäre des Kommissionärs stammen oder sich vorhersehbar dort zuerst auswirken, wiegen jedoch schwerer. Hat der Kommissionär den Untergang verschuldet, so kommt § 325 Abs. 1 S. 2 BGB analog zum Zuge. Scheitert der Abschluß des Ausführungsgeschäftes an einem pflichtwidrigen Verhalten des Kommissionärs oder hat dieser pflichtwidrig mit einem erkennbar leistungsunfähigen Dritten kontrahiert, so wird dadurch die Erfüllung der Verwahrungspflichten etc. nicht tangiert. Der Kommittent kann deshalb nur mit dem ihm aus der Pflichtverletzung entstehenden Schadensersatzanspruch aufrechnen.

Der Anspruch auf Auslieferungsprovision wird in dem Moment fällig, in dem der Kommittent kündigt oder in dem feststeht, daß ein Ausführungsgeschäft bzw. die Ausführung nicht zustandekommt. Der Kommittent kann aber die Zahlung verweigern, solange der Kommissionär nicht seine Herausgabepflicht erfüllt hat (§ 273 BGB).

---

[37] *Schmidt-Rimpler* S. 804; *Düringer/Hachenburg/Lehmann* HGB[3], § 396 18.

[38] *Schlegelberger/Hefermehl* HGB[5], § 396 18; RGRKzHGB-*Ratz* § 396 7.

III. Höhe der Provision
1. Provision i. S. d. § 396 Abs. 1 S. 1

Die Provision wird grundsätzlich geschuldet, wenn das Geschäft „ausgeführt" ist, **19** d. h., der Dritte geleistet hat oder die „Ausführung" aus einem in der „Person des Kommittenten liegenden Grund" (§ 396 11 f) unterblieben ist. Ihre Höhe wird primär durch die Parteivereinbarung bestimmt. Fehlt eine Vereinbarung, so sind die ortsüblichen Sätze am Niederlassungsort des Kommissionärs maßgeblich (§ 354). Fehlen auch sie, so kann der Kommissionär die Provision nach billigem Ermessen (§§ 315 f BGB) festsetzen.

Die Provision ist in aller Regel nicht absolut, sondern prozentual bemessen. Sie kann sich an den im Rahmen des Ausführungsgeschäftes erzielten Preisen, am Wert des Kommissionsgutes, aber auch an dem Gewinn des Kommittenten sowie anderen Faktoren orientieren. Was im konkreten Fall maßgeblich ist, ergibt sich in erster Linie aus dem Kommissionsvertrag. Ist nichts vereinbart, so ist die am Niederlassungsort des Kommissionärs übliche Form der Berechnung zu wählen. Im Zweifel werden Daten zugrunde gelegt, die sich einfach und zuverlässig eruieren lassen; also der Preis im Rahmen des Ausführungsgeschäftes anstatt der Wert des Kommissionsgutes. Die Provision ist normalerweise ein partiarisch gefärbtes Engelt für einen typisierten Nutzen. Der Nutzen ist im Zweifel durch den Betrag typisierend umschrieben, den der Kommissionär aufzuwenden hat, um die Ware vom Dritten zu bekommen, bzw. durch den Betrag, den er vom Dritten erhalten soll. Demnach ist bei der Einkaufskommission für die Berechnung der Provision vom vollen Rechnungsbetrag einschließlich Mehrwertsteuer, Zölle, Verpackung, Fracht, Lagergelder auszugehen (*Schlegelberger/Hefermehl* HGB[5], § 396 23). Gleiches gilt für die Verkaufskommission dort, wo keine Unkosten gesondert berechnet werden, sondern ein einheitlicher Preis vereinbart wird. Hat der Kommissionär die Weisung erhalten, die Unkosten gesondert zu berechnen, so ist der Nettoverkaufspreis maßgeblich. Fehlt eine derartige Weisung, so ist kein Grund ersichtlich, warum der Kommissionär schlechter gestellt sein sollte, falls er die Unkosten in der Rechnung gesondert ausweist (**a. A.** *Schlegelberger/Hefermehl* HGB[5], § 396 23). Gewährt der Kommissionär Mengen- oder Umsatzrabatte, so sind sie vom Kaufpreis abzuziehen. Gleiches gilt für Skonti oder Barzahlungsnachlässe. Dagegen kann man nicht einwenden, daß sich der Kommissionär schlechter stellen würde, wenn er mit einem besonders rasch zahlenden Dritten abschließt (so aber *Schlegelberger/Hefermehl* HGB[5], § 396 23); denn der Kommissionär mindert auch sein Risiko, daß er mangels „Ausführung" gar keine Provision erhält.

Wird nachträglich der Rechnungsbetrag durch Vertrag zwischen dem Kommitten- **20** ten und dem Dritten modifiziert, so sind die in § 396 Abs. 1 normierten Grundsätze fruchtbar zu machen. Die Herabsetzung des Verkaufspreises schlägt demnach auf die Provision durch, wenn sie erfolgt, weil der Dritte partiell leistungsunfähig ist oder sich weigert, die mangelfreie Ware zum vereinbarten Preis abzunehmen, und eine Durchsetzung der Kaufpreisforderung unzumutbar erscheint. Irrelevant ist es hingegen, daß der Dritte wegen Lieferung mangelhafter Ware mindert (Wertung des § 396 Abs. 1 S. 2 2. HS). Kann der Kommissionär nach den Grundsätzen über den Wegfall bzw. das Fehlen der Geschäftsgrundlage die Preise erhöhen, so steigt die Provision entsprechend. Im Fall der Einkaufskommission muß sich der Kommissionär eine entsprechende Herabsetzung der Provision gefallen lassen, wenn der Kommittent bzw. der Kommissionär wegen Lieferung mangelhafter Ware mindert. Erklärt sich der Dritte aus einem sonstigen Grund freiwillig bereit, seine Preise im Interesse des Kommissio-

§ 396 Drittes Buch. Handelsgeschäfte

närs und damit letztlich des Kommittenten herabzusetzen, so berührt dies die Provisionsforderung nicht.

2. Auslieferungsprovision

21 Auch die Höhe der Auslieferungsprovision richtet sich primär nach der Parteivereinbarung, hilfsweise nach den üblichen Sätzen am Niederlassungsort des Kommissionärs[39]. Sieht der Handelsbrauch nur vor, daß eine Auslieferungsprovision gezahlt wird, schwankt aber deren Höhe, so hat sie der Kommissionär nach billigem Ermessen (§ 315 f BGB) unter besonderer Berücksichtigung der Lagerdauer und seines Einsatzes für die Übernahme des Gutes festzusetzen. Im übrigen gilt das für die normale Provision Gesagte (§ 396 19 f).

IV. Verjährung

22 Die Provisionsforderung verjährt gemäß § 196 Abs. 2 in Verbindung mit Abs. 1 Nr. 1 BGB in 4 Jahren, wenn die Ausführung der Kommission für den Gewerbebetrieb des Kommittenten erfolgte; sonst gemäß § 196 Abs. 1 Nr. 1 BGB in 2 Jahren[40]. Die Verjährungsfrist beginnt mit dem Schluß des Kalenderjahres, in dem die Provisionsforderung entstanden und fällig geworden ist (§§ 198, 201 BGB; BGH NJW **1968** 1962).

V. Beweislast

23 Der Kommissionär ist grundsätzlich für alle Tatsachen beweispflichtig, auf die er seinen Provisionsanspruch stützt; z. B. Abschluß des Kommissionsvertrages, Vereinbarung eines Ausführungsgeschäftes und „Ausführung" der Kommission. Ist das Geschäft nicht „ausgeführt" worden, so hat der Kommissionär ebenfalls zu beweisen, daß dafür ein „in der Person des Kommittenten liegender Grund" (§ 396 11 f) ursächlich war. Hat der Kommittent nicht geleistet und unterblieb deshalb die Leistung des Dritten, so ist freilich nach den Grundsätzen des Anscheinsbeweises davon auszugehen, daß hierfür die Ursache i. S. d. § 396 Abs. 1 S. 2 2. HS in der Person des Kommittenten lag.

C. Der Aufwendungsersatzanspruch

24 Der Kommissionär ist Geschäftsbesorger. Als solchem steht ihm grundsätzlich ein Anspruch auf Ersatz seiner Aufwendungen zu (§§ 675, 670 BGB). Dies wird durch § 396 Abs. 2 bestätigt, der zugleich den Kreis der erstattungsfähigen Aufwendungen erweitert. Allerdings kann sich aus der konkreten Vereinbarung oder dem Handelsbrauch ergeben, daß bestimmte Formen von Aufwendungen zu Lasten des Kommissionärs gehen (OLG Stuttgart BB **1962** 689 f). Dafür mag insbesondere eine ungewöhnlich hohe Provision sprechen[41]. In Betracht kommen hierfür vor allem die gewöhnlichen Aufwendungen (§ 87 d) mit Ausnahme der Verpflichtungen, die im Zusammenhang mit dem Abschluß des Ausführungsgeschäftes eingegangen werden.

I. Voraussetzungen des Erstattungsanspruches
1. Zustandekommen eines Kommissionsvertrages

25 Einen Anspruch auf Ersatz der Aufwendungen kann der Kommissionär grundsätzlich nur geltend machen, wenn er einen wirksamen Kommissionsvertrag geschlossen

---

[39] OLG Hamburg SeuffA **64** Nr. 137; *Schmidt-Rimpler* S. 805; *Schlegelberger/Hefermehl* HGB 5, § 396 26.
[40] BGH BB **1953** 100; NJW **1981** 918, 919.
[41] *Schlegelberger/Hefermehl* HGB 5, § 396 36.

hat und keine Einwendungen, wie der Börsentermineinwand (§§ 70, 50 ff BörsG; dazu
§ 383 55 ff), entgegenstehen. Ist der Kommissionär trotz Nichtigkeit des Vertrages für
den Kommittenten tätig geworden, so vermag er nur nach den Grundsätzen der Geschäftsführung ohne Auftrag (§§ 677 ff BGB) Aufwendungsersatz zu fordern.

2. Aufwendungen vor Kündigung des Kommissionsvertrages

Der Aufwendungsersatzanspruch hängt nicht davon ab, daß ein Ausführungsgeschäft zustandegekommen ist und daß es ausgeführt worden ist. Die Aufwendungen müssen aber normalerweise vor Kündigung des Kommissionsvertrages getätigt worden sein. Die Tatsache, daß der Kommissionsvertrag widerrufen worden ist, ist also für die vor dem Widerruf angefallenen Aufwendungen unerheblich. Später angefallene Aufwendungen erfolgen jedoch nicht mehr in Ausführung der Kommission. Im Wege des Umkehrschlusses aus den §§ 675, 674 BGB ergibt sich, daß der Moment maßgeblich ist, in dem der Widerruf des Kommittenten zugeht[42]. Allerdings erscheint angesichts der das Auftragsrecht tragenden Grundwertung eine Analogie zu § 674 BGB in den Fällen angebracht, in denen der Kommissionär von dem Widerruf keine Kenntnis erlangen mußte (a. A. die h. M.). Die nach dem Widerruf in Erfüllung der Herausgabepflicht entstehenden Aufwendungen hat der Kommittent ebenfalls zu tragen.

3. Erforderliche Aufwendungen

a) Freiwillige Vermögensopfer. Der Begriff „Aufwendungen" umfaßt grundsätzlich sämtliche gewollten Vermögensopfer, die zum Zweck der Ausführung der Kommission und ihrer Abwicklung getätigt werden (RG JW **1909** 311). Dabei kommt es nicht darauf an, ob der Kommissionär Geld- bzw. Sachmittel eingesetzt hat oder lediglich Verpflichtungen eingegangen ist. Zu den Aufwendungen, die im Rahmen der (versuchten) Ausführung anfallen können, gehören demnach z. B. Kosten der Aufbewahrung des Kommissionsgutes in fremden Lagerhäusern (zur Benutzung eigener Lagerräume § 396 30), Reisekosten, Porti, Telegramm- und Fernsprechauslagen, Versicherungsentgelte. Auch die Verpflichtungen, die der Kommissionär im Rahmen des Ausführungsgeschäftes eingeht, sind Aufwendungen. Gleiches kann für Schadensersatzverpflichtungen aus einer Nicht- bzw. Schlechterfüllung des Ausführungsgeschäftes durch den Kommissionär gelten[43]. Wenn der BGH (BGHZ **8** 228) die Erstattungspflicht bereits aus dem Wesen des Kommissionsvertrages herleitet[44], so ist dies in dem Sinne richtig, daß es zum Wesen der Kommission gehört, daß letztlich der Kommittent die mit der Kommissionsaus- und -durchführung im Zusammenhang stehenden Aufwendungen zu tragen hat. Zu den Aufwendungen zählen grundsätzlich auch Schmiergelder; sie sind jedoch nicht i. S. d. § 670 BGB erforderlich (§ 396 31). Auch Aufwendungen, die anfallen, wenn sich die Ausführung als aussichtslos erweist, sind zu ersetzen; z. B. Kosten eines Selbsthilfeverkaufes. Zu den Aufwendungen, die im Bereich der Durchführung der Kommission (zum Begriff § 384 34 f) erforderlich werden können, zählen insbesondere Zollauslagen, der vom Kommissionär in Erfüllung des Ausführungsgeschäftes gezahlte Kaufpreis oder die Deckung einer Schadensersatzpflicht sowie Transport- und Lagerkosten.

---

[42] *Palandt/Thomas* BGB[44], § 674 2; Münchener Kommentar-*Seiler* BGB, § 674 3; *Staudinger/Wittmann* BGB[12], § 674 2; RGRK-*Steffen* BGB[12], § 674 3.

[43] *Steindorff* Festschrift *Dölle* (1963) Bd. I, S. 283.
[44] Ebenso *Schlegelberger/Hefermehl* HGB[5], § 396 34.

b) Ausnahmen

28 aa) Ersatz für den Einsatz seiner **Arbeitskraft,** seiner Kenntnisse und Fähigkeiten kann der Kommissionär nicht in der Form einer Erstattung von Aufwendungen verlangen, es sei denn, daß dies ausdrücklich vereinbart worden ist oder dem Handelsbrauch entspricht. Diese „Aufwendungen" werden durch die Provision gedeckt. Das Abgrenzungskriterium liegt nicht in dem Umstand, daß der Kommissionär zum Einsatz seiner Arbeitskraft verpflichtet ist [45], sondern in dem Umstand, daß der Kommissionär seine Mittlerfähigkeiten normalerweise erfolgsabhängig zur Verfügung stellt. Auf Rechnung des Kommittenten geht mithin nicht der eigentliche Unternehmerlohn, auch wenn kein Ausführungsgeschäft zustande gekommen ist oder der Kommittent den Auftrag widerrufen hat [46].

29 bb) Der Kommissionär darf grundsätzlich auch nicht seine **Fixkosten** als Aufwendungen anteilig auf den Kommittenten abwälzen [47]; denn die Verteilung müßte notwendig willkürlich sein, da es keine intersubjektiv verbindlichen Maßstäbe für die Zurechnung von Fixkosten gibt. Nur variable Kosten, d. h. Aufwendungen, die gezielt in Aus- bzw. Durchführung des konkreten Kommissionsgeschäftes gemacht worden sind, fallen unter die Kategorie der Aufwendungen im Sinne der §§ 396 Abs. 2 HGB, 670 BGB. Demnach hat der Kommissionär seine **allgemeinen Geschäftsunkosten,** wie Miete der Geschäftsräume, Gehälter seiner Leute, Zinsen des Betriebskapitals, kalkulatorische Zinsen für das Eigenkapital, selbst zu tragen. Steuern, wie Einkommen- und Gewerbesteuer, sind auf sein Einkommen bzw. seinen Umsatz als Kommissionär bezogen und dienen daher nicht der Förderung der Aus- bzw. Durchführung des konkreten Geschäftes. Soweit der Dritte die Mehrwertsteuer offen berechnet, stellt sie natürlich eine Aufwendung des Kommissionärs dar. Ob der Kommittent die auf die Provision zu zahlende Mehrwertsteuer zu entrichten hat, hängt primär von der Vereinbarung, sekundär vom Ortsgebrauch (§ 354) und hilfsweise vom billigen Ermessen des Kommissionärs (§§ 315 f BGB) ab. Hat der Kommissionär gleichzeitig die Orders mehrerer Kommittenten erledigt, so kann er die hierauf entfallenden variablen Kosten anteilig nach dem Wert der Kommissionen berücksichtigen.

30 cc) Ausgenommen von dieser Regelung ist kraft ausdrücklicher Anordnung des § 396 Abs. 2 die Benutzung von **Lagerräumen und Beförderungsmitteln** des Kommissionärs. Der Kommissionär kann mithin z. B. Lagergeld fordern, wenn er das Gut längere Zeit aufbewahren mußte, weil der Verkauf nicht sofort möglich war oder der Kommittent die eingekaufte Ware nicht sofort abnehmen wollte. Dasselbe gilt, falls der Kommissionär das Gut bei sich lagert, weil ihm daran ein Pfandrecht (§ 397) zusteht (*Schlegelberger/Hefermehl* HGB [5] § 396 38). Der Transport mit eigenen Fahrzeugen ist nach den vereinbarten oder ortsüblichen Sätzen zu vergüten. § 396 Abs. 2 ist nicht zwingend. Er kann abbedungen sein. Auch der Handelsbrauch kann vorsehen, daß die Benutzung von Lagerräumen und eigenen Fahrzeugen des Kommissionärs durch die Provision abgegolten sein soll (OLG Stuttgart BB **1962** 689). Hingegen ist es für die Anwendung des § 396 Abs. 2 nicht erforderlich, daß der Kommissionär zur Lagerung in seinen Räumen oder zur Benutzung eigener Transportmittel nicht verpflichtet war (a. A. OLG Stuttgart BB **1962** 689 f).

---

[45] So aber *Schlegelberger/Hefermehl* HGB [5], § 396 36.
[46] *Schlegelberger/Hefermehl* HGB [5], § 396 37; *K. Schmidt* Handelsrecht, § 30 IV 3 b.
[47] KG JW **1925** 270; *Schmidt-Rimpler* S. 809; *Schlegelberger/Hefermehl* HGB [5], § 396 35.

c) Erforderlichkeit

Gemäß § 670 BGB sind ferner nur solche Aufwendungen erstattungsfähig, die der **31** Kommissionär den Umständen nach für erforderlich halten durfte. Es kommt also nicht darauf an, daß die Aufwendungen objektiv notwendig waren. Unerheblich ist es auch, ob die Aufwendungen zu dem mit ihrer Hilfe angestrebten Ziel geführt haben. Entscheidend ist ausschließlich der Umstand, daß sie der Kommissionär bei Anwendung der pflichtgemäßen Sorgfalt nach verständigem Ermessen als angebracht ansehen durfte. Die Nutzlosigkeit von Aufwendungen wird dem Kommissionär somit nicht nach den Grundsätzen besserer abstrakter Beherrschbarkeit und Absorbierbarkeit, sondern nach Verschuldensmaßstäben zugerechnet (*Koller* BB **1979** 1725, 1727 f). Stehen die Aufwendungen zur Vereinbarung oder zu Weisungen des Kommittenten im Widerspruch, so sind sie in aller Regel nicht ersatzfähig. Eine Ausnahme von dieser Regel kann dort angebracht sein, wo der Kommissionär ohne sein Verschulden keine Kenntnis von der Weisung erhielt. Ferner kann sich aus § 665 BGB das Recht ergeben, sich über vertragliche Regelungen und Weisungen hinwegzusetzen (§ 385 13). — Gibt der Kommissionär einem Dritten einen Vorschuß, ohne daß der Kommittent zugestimmt hatte, so geht dies auf Kosten des Kommissionärs (§ 393 Abs. 1). Nicht für erforderlich halten darf der Kommissionär auch Aufwendungen, die sittenwidrigen oder unlauteren Zwecken dienen, selbst wenn sie letztlich die Erreichung des vom Kommittenten intendierten Zieles ermöglichen. Deshalb kann der Kommissionär nicht Ersatz von Schmiergeldern beanspruchen, die er gezahlt hatte, um das Ausführungsgeschäft zustande zu bringen[48].

d) Beweislast

Der Kommissionär hat nachzuweisen, daß er die Aufwendungen tatsächlich er- **32** bracht hatte und daß er sie den Umständen zufolge für erforderlich halten durfte. Im Rahmen der Rechenschaftslegung (§ 384 47 ff) hat der Kommissionär die Aufwendungen zu beziffern und die Umstände ihres Entstehens darzulegen. Pauschbeträge darf der Kommissionär auch dann nicht ansetzen, wenn die Aufwendungen für eine große Mehrheit von Kommittenten gemacht worden sind und sich entweder überhaupt nicht oder nur sehr zeitraubend feststellen läßt, wieviel auf den einzelnen Kommittenten entfällt[49]. Sonst müßte man nämlich dem Kommissionär auch erlauben, die Fixkosten abzuwälzen. Sind variable Aufwendungen für die gleichzeitige Aus- bzw. Durchführung mehrerer Kommissionen angefallen (§ 396 29), so hat der Kommissionär auch nachzuweisen, in welchen Relationen der Wert der verschiedenen Kommissionen zueinander stand. Die Forderung von pauschaliert berechneten Aufwendungen kann jedoch durch die Vereinbarung oder den Handelsbrauch gedeckt sein.

4. Schäden

Es ist heute anerkannt, daß der Kommissionär auch Schäden auf den Kommittenten **33** abwälzen darf[50]. Streitig sind nur die Anspruchsgrundlage und der Umfang der Erstattungspflicht im einzelnen. Auf die §§ 675, 670 BGB, 396 Abs. 2 HGB kann der Erstattungsanspruch nicht gestützt werden, da unter den Begriff „Aufwendungen" nur gewollte Vermögensopfer fallen. Der Anspruch entspringt vielmehr dem Veranlassungs-

---

[48] BGH NJW **1965** 293; *Schlegelberger/Hefermehl* HGB5, § 396 34, 40.

[49] *Schlegelberger/Hefermehl* HGB5, § 396 41; a. A. *Schmidt-Rimpler* S. 815.

[50] *Schlegelberger/Hefermehl* HGB5, § 396 39 m. Nachw.

prinzip, dem zufolge derjenige die Risiken auf sich zu nehmen hat, auf dessen Veranlassung hin sie ein anderer in seinem Interesse eingegangen ist[51]. Normalerweise wird das Veranlassungsprinzip zu Lasten des Schuldners einer Dienst- oder Werkleistung durch die Grundsätze der abstrakten Beherrschbarkeit und besseren Absorbierbarkeit von Risiken verdrängt. Die §§ 396 Abs. 2 HGB, 670 BGB zeigen jedoch, daß dies im Kommissionsverhältnis nicht gilt, — daß vielmehr der Kommittent den Kommissionär von allen Lasten zu befreien hat, falls dem Kommissionär nicht der Vorwurf schuldhaften Verhaltens gemacht werden kann. Voraussetzung der Erstattungspflicht von Schäden ist somit zum einen, daß sie der Kommissionär bei Anwendung pflichtgemäßer Sorgfalt nicht abwenden konnte. Zum anderen darf der Schaden nicht allgemeinen Lebensrisiken des Kommissionärs entspringen. Vielmehr muß ein geschäftsbesorgungsadäquater Schaden vorliegen, von dem immer dann gesprochen werden kann, wenn sich das Risiko eines solchen Schadens durch die Tätigkeit für den Kommittenten klar erhöht hat (*Koller* Risikozurechnung, aaO, S. 192 m. Nachw.). Auf die Vertragsgestaltung im Einzelfall hebt *K. Schmidt* (Handelsrecht, § 30 IV 3 b) ab.

II. Inhalt und Umfang des Erstattungsanspruches

34 Der Kommittent ist dem Kommissionär gem. § 670 BGB zum Ersatz verpflichtet. Dieser Anspruch ist kein Schadensersatzanspruch i. S. d. §§ 249 ff BGB. Er geht vielmehr dahin, dem Kommissionär wirtschaftliche Lasten abzunehmen und Vermögensopfer auszugleichen. In erster Linie hat der Kommissionär die Aufwendungen aus dem Vorschuß (§ 396 38) zu decken. Hat der Kommittent keinen oder zu wenig Vorschuß geleistet, so ist nach der Art der Aufwendungen zu differenzieren. Besteht die Aufwendung darin, daß der Kommissionär eine Verbindlichkeit eingegangen ist, so hat ihn der Kommittent von dieser Verbindlichkeit zu befreien (§ 257 BGB). Soweit der Kommissionär Geld aufgewandt hat, ist vom Kommittenten der Geldbetrag zurückzuerstatten. Beim Einsatz anderer Gegenstände ist im Zweifel deren Wert zu ersetzen (§ 256 S. 1 BGB). Hat der Kommissionär Geld in fremder Währung aufgewandt, so hängt es von den Umständen und Handelsbräuchen ab, ob das Geld in der Fremdwährung oder in deutscher Währung zu erstatten ist. Im Zweifel hat der Ersatz in der Währung zu erfolgen, in die der Kommissionär aller Wahrscheinlichkeit nach die Devisen eingetauscht hätte, wenn er sie nicht im Rahmen der Kommission verbraucht hätte.

35 Im einzelnen gilt folgendes: Darf der Kommissionär Befreiung von der Verbindlichkeit fordern, so kann dies durch deren Erfüllung oder durch befreiende Schuldübernahme (§§ 414 f BGB) erfolgen. Nach Ansicht des BGH (NJW **1965** 251) steht es dem Kommittenten frei, dem Kommissionär die geschuldete Leistung zwecks Befriedigung des dritten Gläubigers zur Verfügung zu stellen[52]. Der Kommittent darf also — ohne dazu gezwungen werden zu können — an den Kommissionär zahlen bzw. eine sonst geschuldete Leistung erbringen, um den Kommissionär von der Verbindlichkeit zu befreien (BGH NJW **1965** 251). Hingegen wird man dem Kommissionär in ergänzender Vertragsauslegung einen Anspruch darauf, daß ihm die Mittel zur Deckung der Verbindlichkeit bereitgestellt werden, dann einräumen müssen, wenn der Kommissionär den Namen des Dritten nicht offenzulegen braucht. Unberührt bleibt ein Anspruch auf Vorschuß, der auch dann noch geltend gemacht werden kann, wenn bereits Aufwendungen getätigt wurden. Der Kommittent, der von der finanziellen Bedrängnis sei-

---

[51] *Koller* Risikozurechnung, aaO, S. 95 ff, 402 ff.
[52] Ebenso RGZ **47** 118; *Schlegelberger/Hefermehl* HGB5, § 396 44.

nes Einkaufskommissionärs Kenntnis hat, handelt jedoch sittenwidrig, falls er den Kaufpreis für die gelieferte Ware so an den Kommissionär entrichtet, daß gezielt andere Gläubiger des Kommissionärs auf das Geld Zugriff nehmen können und der Verkäufer mit der Konkursquote vorlieb nehmen muß (BGH NJW **1965** 249). Der Anspruch auf Befreiung kann nicht abgetreten werden, da er sonst seinen Charakter wandeln würde (RGZ **80** 183), es sei denn, daß er an den Gläubiger abgetreten wird, von dessen Forderung der Kommittent den Kommissionär zu entlasten hat (BGHZ **12** 136; BGH DB **1975** 445). Mit der zulässigen Abtretung verwandelt sich der Befreiungsanspruch in einen Zahlungsanspruch des Dritten gegen den Kommittenten. Eine entsprechende Umwandlung findet bei einer Pfändung des Anspruches durch den dritten Gläubiger statt (BGHZ **7** 246). In einen Zahlungsanspruch verwandelt sich der Befreiungsanspruch ferner im Falle des Konkurses des Kommissionärs. Der Kommittent kann dann nur mehr an die Masse leisten (BGHZ **57** 81).

III. Fälligkeit

Der Erstattungsanspruch wird grundsätzlich erst dann fällig, wenn der Kommissionär pflichtgemäß Rechenschaft (§ 384 47 f) abgelegt hat[53]. Abweichendes kann vereinbart oder handelsüblich sein. Ist die Verbindlichkeit, die der Kommissionär in Aus- oder Durchführung der Kommission eingegangen ist, noch nicht fällig, so braucht der Kommittent gemäß § 257 S. 2 BGB nur Sicherheit (§§ 232 ff BGB) zu leisten. **36**

IV. Untergang und Verjährung des Aufwendungsersatzanspruches

Der Anspruch auf Ersatz der Aufwendungen kann untergehen, wenn der Kommittent das Geschäft wegen schuldhaften Weisungsverstoßes gemäß § 385 zurückweist (§ 385 4). Hingegen wird der Aufwendungsersatzanspruch nicht unmittelbar dadurch berührt, daß die Aus- bzw. Durchführung unmöglich wird oder der Kommittent, gestützt auf § 326 BGB, zurücktritt (§ 384 62 ff). Hat der Kommissionär schuldhaft Anlaß zum Rücktritt gegeben, so ist der Kommittent immer in der Lage, mit seinem Anspruch auf Schadensersatz aufzurechnen. Der Anspruch auf Aufwendungsersatz verjährt wie der Provisionsanspruch (§ 396 22; BGH NJW **1981** 918, 919). **37**

D. Anspruch auf Vorschuß

Der Kommissionär hat als Geschäftsbesorger grundsätzlich gemäß §§ 675, 669 BGB für die im Rahmen der Aus- und Durchführung der Kommission erforderlichen Aufwendungen Anspruch auf Vorschuß. Je nach Art der in Betracht kommenden Aufwendungen kann es sich hierbei um Geld oder Ware bzw. Wertpapiere (z. B. Verkaufskommission) handeln[54]; denn der Vorschuß soll den Kommissionär von vornherein von eigenen Vermögensopfern befreien. Welche Aufwendungen i. S. d. § 669 BGB in Zukunft erforderlich werden, ist objektiv, nicht nach dem pflichtgemäßen Ermessen des Kommissionärs zu bestimmen[55]. Der Anspruch auf Zahlung des Vorschusses ist einklagbar, es sei denn, daß er vertraglich abbedungen ist oder dem Handelsbrauch wi- **38**

---

[53] RG SeuffA **83** Nr. 54; *Schlegelberger/Hefermehl* HGB[5], § 396 46.
[54] *Schmidt-Rimpler* S. 818; *Schlegelberger/Hefermehl* HGB[5], § 396 47; a. A. *Soergel/Mühl* BGB[11], § 669 3; *Erman/Hauß* BGB[7], § 669 1; *Palandt/Thomas* BGB[44], § 669 1.
[55] *Soergel/Mühl* BGB[11], § 669 1; *Erman/Hauß* BGB[7], § 669 1.

§ 397   Drittes Buch. Handelsgeschäfte

derspricht[56]. Einen stillschweigenden Verzicht auf Vorschuß wird man im Zweifel dort bejahen können, wo der Kommissionär andere Sicherheiten in ausreichendem Umfang besitzt. Will der Kommittent keinen Vorschuß leisten, so mag er — wo dies möglich ist — die Kommission kündigen und damit dem Kommissionär den Anspruch entziehen. Der Kommittent kann aber den Kommissionär nicht faktisch beliebig der Chancen zur Ausführung berauben und ihm damit die Aussicht auf Provision verkürzen oder ihm erhöhte Risiken auferlegen; denn auch Weisungen dürfen z. B. die Ausführung nicht erschweren. Eine Weigerung, überhaupt Vorschuß zu leisten, wird meist den Widerruf der Kommission zum Ausdruck bringen[57]. Jedenfalls kann der Kommissionär die Ausführung verweigern, solange ihm nicht der geschuldete Vorschuß geleistet worden ist[58].

§ 397

Der Kommissionär hat an dem Kommissionsgute, sofern er es im Besitze hat, insbesondere mittels Konnossements, Ladescheins oder Lagerscheins darüber verfügen kann, ein Pfandrecht wegen der auf das Gut verwendeten Kosten, der Provision, der auf das Gut gegebenen Vorschüsse und Darlehen, der mit Rücksicht auf das Gut gezeichneten Wechsel oder in anderer Weise eingegangenen Verbindlichkeiten sowie wegen aller Forderungen aus laufender Rechnung in Kommissionsgeschäften.

Übersicht

	Rdn.		Rdn.
A. Vorbemerkung	1	2. Provision	8
B. **Voraussetzungen des Entstehens eines Pfandrechts**		3. Vorschuß, Darlehen	9
		4. Wechsel	10
I. Abschluß eines Kommissonsvertrages	2	5. Mit Rücksicht auf das Gut eingegangene Verbindlichkeiten	11
II. Gegenstand des Pfandrechts		6. Forderungen aus laufender Rechnung	12
1. Kommissionsgut	3		
2. Eigentumslage	4	C. Reichweite des Pfandrechts	13
3. Besitz	5	I. Rang des Pfandrechts	14
III. Gesicherte Forderungen	6	II. Verwirklichung des Pfandrechts	15
1. Forderungen wegen der auf das Gut verwendeten Kosten	7	D. Erlöschen des Pfandrechts	16

Schrifttum
siehe Angaben zu § 383.

A. Vorbemerkung

1   § 397 ist Teilstück der eigenständigen Sicherung des Kommissionärs. Es wird durch die Regelung der §§ 398, 399 vervollständigt. Die kommissionsrechtliche Sicherung trägt dem Umstand Rechnung, daß der Kommissionär früher typischerweise zu den kapital- und marktschwachen Partnern gehörte (§ 383 11) und üblicherweise keinen

---

[56] *Soergel/Mühl* BGB 11, § 669 3; *Palandt/Thomas* BGB 44, § 669 1; *Staudinger/Wittmann* BGB 12, § 669 3; Münchener Kommentar-*Seiler* BGB, § 669 7; a. A. *Schmidt-Rimpler* S. 819; *Schlegelberger/Hefermehl* HGB 5, § 396 48 m. Nachw.
[57] *Schlegelberger/Hefermehl* HGB 5, § 396 49.
[58] *Palandt/Thomas* BGB 44, § 669 1.

Stand: 1. 4. 1985

Vorschuß erhält. Die durch die §§ 397 bis 399 gewährte Sicherung geht daher über die des kaufmännischen Zurückbehaltungsrechtes (§ 369) hinaus. Anders als beim kaufmännischen Zurückbehaltungsrecht ist die kommissionsrechtliche Sicherung nicht davon abhängig, daß auch der Kommittent zu den Kaufleuten gehört. Andererseits ist das kaufmännische Zurückbehaltungsrecht in manchen Punkten weiter als die spezifische kommissionsrechtliche Sicherung (*Schlegelberger/Hefermehl* HGB[5], § 369 33) und kann daher ebenso wie die §§ 273, 320 BGB neben den §§ 397 ff geltend gemacht werden.

§ 397 regelt ein gesetzliches Pfandrecht (§ 1257 BGB) des Kommissionärs an bestimmten, in § 397 sowie in den §§ 398 f genannten Gegenständen. Es ist vor allem bei der Einkaufskommission von erheblicher wirtschaftlicher Bedeutung, bei der der Kommissionär regelmäßig größere Aufwendungen getätigt hat; § 397 gilt aber auch für die Verkaufskommission. Bei der Effektenkommission tritt neben das gesetzliche Pfandrecht aus den §§ 397 ff das vertragliche Pfandrecht auf der Grundlage von allgemeinen Geschäftsbedingungen (z. B. Nr. 19 II AGB der Banken; *Canaris* Großkommentar HGB[3], Bd. III/3 (2. Bearb. 1981) 1983 ff, 2652 ff).

§ 397 enthält dispositives Recht und kann daher rechtsgeschäftlich beschränkt werden. Das Pfandrecht des Kommissionärs kann auch ausgedehnt werden, sei es, daß der Kreis der gesicherten Forderungen oder der Kreis der potentiellen Pfandobjekte erweitert wird. In gewissem Umfang können die Parteien die Art der Pfandverwertung abweichend vom gesetzlichen Normalfall des Pfandverkaufes regeln. Diese Abweichungen können, soweit sie mit Treu und Glauben im Einklang stehen (§ 9 AGB-Gesetz), auch in AGB niedergelegt werden. Um bei der Effektenkommission als Drittkommissionär Pfandrechte für solche Forderungen zu erlangen, die nicht in bezug auf die im konkreten Fall gehandelten Wertpapiere entstanden sind, bedarf es allerdings gemäß §§ 30, 4 DepG einer von Fall zu Fall getroffenen Individualvereinbarung (*Heinsius/Horn/Than* DepG, § 4 17).

B. Voraussetzungen des Entstehens eines Pfandrechts

I. Abschluß eines Kommissionsvertrages

§ 397 greift nur ein, wenn zwischen den Parteien ein Kommissionsvertrag zustande **2** gekommen ist[1]. Gleichgültig ist es, welche Art von Kommissionsgeschäften vorgenommen werden soll. § 397 gilt demnach sowohl bei den in § 383 als auch bei den in § 406 erfaßten Kommissionsgeschäften. Voraussetzung ist nur, daß auf der Seite desjenigen, der im eigenen Namen auf fremde Rechnung tätig werden soll, ein Kaufmann steht.

II. Gegenstand des Pfandrechts

§ 397 läßt das gesetzliche Pfandrecht nur an dem Kommissionsgut entstehen, das der Kommissionär in seinem Besitz hat.

1. Kommissionsgut

Unter den Begriff „Kommissionsgut" fallen alle Sachen und Wertpapiere, die im **3** Rahmen eines mit einem Dritten abgeschlossenen Ausführungsgeschäftes ausgetauscht wurden bzw. werden sollen oder auf sonstige Weise von den Austauschbeziehungen

---

[1] A. A. RGRKzHGB-*Ratz* § 397 3; es genüge „vielleicht noch anzuordnender Verkauf und einstweilige Aufbewahrung".

§ 397

mit dem Dritten erfaßt werden sollen. Im Regelfall der in § 383 genannten Kommission ist Kommissionsgut die zu verkaufende Sache, wenn der Kommissionär den Verkauf übernommen hat, und die vom Kommissionär eingekaufte Sache, wenn der Kommissionär den Einkauf besorgen sollte. Hat der Kommissionär im eigenen Namen auf fremde Rechnung ein Objekt zu vermieten, so gehört dieses zum Kommissionsgut. Nicht zum Kommissionsgut zu rechnen sind somit z. B. Transportfahrzeuge, Versicherungspolicen, die der Versicherung des Kommissionsgutes dienen (§ 399). Das Kommissionsgut verliert seine Eigenschaft nicht wieder dadurch, daß die Kommission widerrufen wird. Andererseits gehört das im Zusammenhang mit der Order, aber im Rahmen eines nach dem Widerruf getätigten Geschäftes Erworbene nicht zum Kommissionsgut (unklar RGRKz HGB-*Ratz* § 397 11).

Aus dem Umstand, daß der Kommissionär das Kommissionsgut in Besitz haben muß, ergibt sich, daß im Rahmen des § 397 nur ein Pfandrecht an Sachen und Wertpapieren entstehen kann. Damit scheiden nicht-verkörperte Rechte ebenso wie Beweis- oder Geschäftsurkunden sowie Papiere im Sinn des § 952 BGB aus dem Kreis des Kommissionsgutes aus. Diese Papiere können nämlich ohne das zugehörige Recht nicht sinnvoll verwertet werden[2]. Möglicherweise greift hier § 399 ein. Orderpapiere, die sich im Besitz des Kommissionärs befinden, müssen auf diesen indossiert sein oder mit einem Blankoindossament versehen sein, um zum Kommissionsgut gerechnet zu werden (*Schmidt-Rimpler* S. 827). Unerheblich ist, ob das Kommissionsgut unpfändbar ist oder nicht.

Das Kommissionsgut muß ferner individuell bestimmt sein; doch genügt es, daß der Kommissionär die Individualisierung vornimmt, wie in dem Fall, in dem der Kommissionär auf Rechnung mehrerer Kommittenten einen größeren Posten gleichartiger Wertpapiere kauft und sie dann in der gewünschten Stückelung einzelnen Kommittenten zuweist.

2. Eigentumslage

4   Regelmäßig wird bei der Verkaufskommission der Kommittent Eigentümer des Kommissionsgutes sein. War dies der Kommittent nicht, sondern ein anderer, so kann der Kommissionär das gesetzliche Pfandrecht gutgläubig erwerben, wenn er den Kommittenten ohne grobe Fahrlässigkeit für den Eigentümer oder zumindest für verfügungsberechtigt gehalten hat (§§ 366 Abs. 1, 3 HGB, 932 ff BGB). Freilich darf die fremde Sache nicht abhanden gekommen sein (§ 935 Abs. 1 BGB). Bei Inhaberpapieren steht ein eventuelles Abhandenkommen dem gutgläubigen Erwerb nicht entgegen. *Canaris* (Vorauflage, § 366 77) zufolge kommt ein gutgläubiger Erwerb jedoch nicht in Betracht, soweit das Pfandrecht ausschließlich inkonnexe Forderungen sichern soll. Ist der Kommissionär selbst Eigentümer des Kommissionsgutes, so findet § 398 Anwendung. Beachte bei Effektenkommissionsgeschäften § 30 Abs. 1 DepG, der eine Fremdvermutung statuiert (dazu *Canaris* Großkommentar HGB[3], Bd. III/3 (2. Bearb. 1981) 1983).

3. Besitz

5   Der Kommissionär muß den Besitz am Kommissionsgut erlangt haben. Es genügt mittelbarer Besitz, sofern dem Kommissionär nicht der Besitz durch den Kommittenten

---

[2] *Schlegelberger/Hefermehl* HGB[5], § 397 7; *Baumbach/Duden/Hopt* HGB[26], § 397 2A; *Heymann/Kötter* HGB[21], § 397 1.

vermittelt wird. Dem Besitz steht die Innehabung eines Traditionspapieres (Orderlagerschein, Ladeschein, Konnossement) gleich (§ 363 75). Dagegen vermittelt der bloße Besitz eines Frachtbriefes allein noch keinen Besitz am Kommissionsgut. In dieser Konstellation kann aber in der Übergabe des Frachtbriefes die Begründung mittelbaren Besitzes zugunsten des Kommissionärs liegen (*Schlegelberger/Hefermehl* HGB[5] § 397 8). Da das Pfandrecht nur an Waren oder Wertpapieren entstehen kann, die der Kommissionär in seinem Besitz hat, bezieht es sich nicht auf Schadensersatzforderungen, die infolge einer Zerstörung des Kommissionsgutes entstanden sind, bevor das Kommissionsgut in den Besitz des Kommissionärs gelangt ist (RGZ **105** 125).

Im Fall des **gutgläubigen Erwerbs** muß der Kommissionär im Moment der Besitzerlangung gutgläubig gewesen sein. Entsteht die zu sichernde Forderung erst später, so darf der Kommissionär in diesem Moment noch nichts von der wahren Eigentumslage wissen (*Canaris* Vorauflage, § 366 77).

Das Pfandrecht entsteht nach h. M. **nicht**, wenn der Besitz erst nach Beendigung des Kommissionsverhältnisses erlangt worden ist[3]. Dem ist grundsätzlich zuzustimmen. Widerruft der Kommittent den Auftrag vor Ausführung der Kommission, so verliert das Gut, das sich z. B. auf dem Weg zum Kommissionär befindet, seine Eigenschaft als Kommissionsgut. Läßt man jedoch nach Maßgabe der §§ 649, 621 Nr. 5, 627 BGB auch noch eine auf die Duchführung der Kommission bezogene Kündigung zu (§ 383 82; § 396 14), so kann das Pfandrecht auch nach der Kündigung noch entstehen, wenn das Gut nach der Kündigung (z. B. im Rahmen einer Einkaufskommission) in den Besitz des Kommissionärs gelangt. Ist über das Vermögen des Kommittenten das Konkursverfahren eröffnet worden, so kann der Kommissionär jedoch an Waren und Wertpapieren des Kommittenten, die nach der Konkurseröffnung bei ihm eintreffen, kein Pfandrecht mehr erwerben (RGZ **71** 76). Anders, wenn der Kommissionär in Konkurs fällt und der Konkursverwalter den Kommissionsvertrag noch nicht gekündigt hat (§ 383 93).

Dem Wortlaut des § 397 zufolge muß der Kommissionär den Besitz am Kommissionsgut **behalten**, um das Pfandrecht geltend zu machen. Für die Frage, ob dies auch in Fällen unfreiwilligen Besitzverlustes gilt, § 397 16.

III. Gesicherte Forderungen

Dem § 397 zufolge sichert das Pfandrecht die auf das Gut verwendeten Kosten, die **6** Provision, die auf das Gut gegebenen Vorschüsse und Darlehen, die mit Rücksicht auf das Gut gezeichneten Wechsel oder in anderer Weise eingegangene Verbindlichkeiten. Alle diese Forderungen stehen im Zusammenhang mit dem Kommissionsgeschäft, dem das Kommissionsgut zuzuordnen ist. Darüber hinaus sichert das Pfandrecht alle Forderungen aus laufender Rechnung in Kommissionsgeschäften. Im einzelnen ist der Kreis der gesicherten Forderungen wie folgt zu umreißen.

1. Forderungen wegen der auf das Gut verwendeten Kosten

Es geht hier um Aufwendungen im Rahmen des Kommissionsgeschäftes, die mit **7** Rücksicht auf das konkrete Kommissionsgut gemacht wurden. Beispiele: Kosten für Aufbewahrung, Erhaltung, Verbesserung, Beförderung, aber auch für den Erwerb des

---

[3] *Schmidt Rimplor* S. 830; *Schlegelberger/Hefermehl* HGB[5], § 397 10.

Gutes. Es muß sich also nicht notwendig um eine Verwendung auf das Gut im Sinne der §§ 994 ff BGB handeln.

2. Provision

8 Der Begriff Provision umfaßt alle Erscheinungsformen des im Rahmen des Kommissionsgeschäftes versprochenen Entgelts.

3. Vorschuß, Darlehen

9 Gesichert sind ferner die Forderungen auf Erstattung der auf das Gut gegebenen Vorschüsse und Darlehen. Darunter fallen auch Darlehen, die der Kommissionär dem Kommittenten im Zusammenhang mit dem konkreten Kommissionsgeschäft gewährt hatte.

4. Wechsel

10 Forderungen wegen der mit Rücksicht auf das Gut gezeichneten Wechsel. Wechsel kann der Einkaufskommissionär dem Dritten hingeben oder der Verkaufskommissionär dem Kommittenten als Vorschuß ausgestellt haben. Auch der Fall des § 395 gehört hierher.

5. Mit Rücksicht auf das Gut eingegangene Verbindlichkeiten

11 Das Kriterium „mit Rücksicht auf das Gut eingegangene Verbindlichkeiten" enthält einen Auffangtatbestand, der eingreift, wenn die anderen Alternativen nicht vorliegen. Er umfaßt alle sonstigen Aufwendungen sowie Schadensersatzverpflichtungen aus Risiken, die der Kommissionär im Interesse des Kommittenten aus Anlaß des konkreten Kommissionsgeschäftes gelaufen ist. Ferner gehört hierher der Anspruch des Kommissionärs auf Deckung von Schäden, soweit der Kommittent verpflichtet ist, die vom Kommissionär im Rahmen seiner Tätigkeit erlittenen Nachteile auszugleichen (§ 396 33).

6. Forderungen aus laufender Rechnung

12 Forderungen aus laufender Rechnung in Kommissionsgeschäften sind in erster Linie solche Forderungen, die im Zusammenhang mit früheren Kommissionsgeschäften entstanden sind, und nach den Parteivereinbarungen nicht sogleich geltend gemacht werden durften, sondern im Rahmen eines Kontokorrentverhältnisses (§ 355) verrechnet werden sollten. Nicht erforderlich ist es, daß sich das Kontokorrentverhältnis nur auf Forderungen aus Kommissionsgeschäften erstreckt[4]. Es gilt dann § 356; denn Verbindlichkeiten, die ohne Bezug auf Kommissionsgeschäfte begründet worden sind, werden durch § 397 nicht gesichert. Die Saldoforderung als solche wird mithin durch § 397 nur gesichert, falls ausschließlich Forderungen aus Kommissionsgeschäften in das Kontokorrent aufgenommen worden sind (zu eng wohl *Canaris* Vorauflage, § 356 32).

§ 397 greift indessen auch dort ein, wo eine Kontokorrentabrede im Sinne des § 355 fehlt[5]. Eine laufende Rechnung liegt ferner dann vor, wenn die Parteien bloß in Geschäftsverbindung stehen, laufend Kommissionsgeschäfte tätigen und darauf verzicht-

---

[4] *Schmidt-Rimpler* S. 835; *Schlegelberger/Hefermehl* HGB 5, § 397 19.
[5] RGZ 9 424; *Schmidt-Rimpler* S. 835; *Schlegelberger/Hefermehl* HGB 5, § 397 19; *Heymann/Kötter* HGB 21, § 397 3; *Baumbach/Duden/Hopt* HGB 26, § 397 2 C.

haben, die Forderungen für jedes Geschäft gesondert geltend zu machen. Vor allem der zuletzt genannte Faktor macht den Kommissionär besonders schutzbedürftig und rechtfertigt eine extensive Auslegung des § 397. Das Pfandrecht kann demnach im Hinblick auf solche Forderungen aus „laufender Rechnung" z. B. auch dort entstehen, wo die Parteien keine Periodizität der Verrechnung vereinbart oder auf die Anerkennung eines Saldos verzichtet haben. Wird kein Saldo anerkannt, so scheidet eine Analogie zu § 356 aus (*Canaris* Vorauflage, § 355 123). Das Kommissionspfandrecht sichert unmittelbar sämtliche Forderungen aus laufender Rechnung.

Eine wichtige Ausnahme von dieser Regel statuieren die §§ 30, 4 DepG. Danach kann ein Drittkommissionär an anvertrauten oder angeschafften **Wertpapieren** ein Pfandrecht lediglich im Hinblick auf Forderungen erwerben, die mit Bezug auf die Wertpapiere entstanden sind oder für die diese Papiere nach dem einzelnen zwischen dem Kommissionär und dem Zwischenkommissionär vorgenommenen Geschäft haften sollen. Eine generelle Vereinbarung, wie die in Nr. 19 AGB der Banken, reicht insoweit nicht aus[6]. Ein **gutgläubiger Erwerb** des Pfandrechts zur Sicherung von Forderungen aus laufender Rechnung ist nicht möglich (*Canaris* Vorauflage, § 366 77).

C. Reichweite des Pfandrechts

Das Pfandrecht gibt dem Kommissionär die Befugnis, sich aus dem Kommissionsgut zu befriedigen, soweit seinem Pfandrecht nicht andere Rechte vorgehen (§§ 1257, 1204 BGB). **13**

I. Rang des Pfandrechts

Der Rang des Kommissionspfandrechts bestimmt sich gemäß §§ 1257, 1209 BGB in erster Linie nach dem Zeitpunkt des Entstehens. Es gilt das Prioritätsprinzip. Eine Sonderregelung trifft § 443 für den Fall, daß ein Kommissionspfandrecht und ein Pfandrecht des Frachtführers oder Spediteurs zusammentreffen. § 443 sichert den mit der Versendung beschäftigten Kaufleuten den Rang vor den Kommissionspfandrechten, auch wenn diese zuerst entstanden sein sollten und ein gutgläubiger Erwerb einer besseren Rangposition (§§ 1257, 1208 BGB, 366 Abs. 3 HGB) aus subjektiven Gründen ausscheiden sollte. Zu beachten ist allerdings, daß § 443 Abs. 2 im Hinblick auf den Aufwendungsersatzanspruch aus einem vom Kommissionär mit eigenen Transportmitteln durchgeführten Transport (§ 396 Abs. 2) analog anzuwenden ist. Gleiches gilt nach der ratio des § 443 Abs. 2, soweit das Kommissionspfandrecht Aufwendungen deckt, die dem Kommissionär durch Einschaltung eines Spediteurs oder Frachtführers entstanden sind[7]. **14**

II. Verwirklichung des Pfandrechts

Das Kommissionspfandrecht entspricht einem vertragsmäßigen Pfandrecht (§ 1257 BGB). Seine Durchsetzung erfordert keinen vollstreckbaren Titel (§§ 1228 ff BGB), sondern lediglich Fälligkeit der gesicherten Forderung. Die Androhungsfrist beträgt gemäß § 368 Abs. 2 nur eine Woche, wenn das Kommissionsgeschäft auch für den Kommittenten ein Handelsgeschäft ist. Die Androhung hat gegenüber dem Eigentümer des Gutes zu erfolgen, wobei der Kommissionär gemäß § 1248 BGB im Zweifel davon **15**

---

[6] *Heinsius/Horn/Than* DepG, § 30 15; näher dazu auch *Canaris* Großkommentar HGB[3], Bd. III/3 (2. Bearb. 1981), 1983 ff.

[7] *Schlegelberger/Hefermehl* HGB[5], § 397 22.

ausgehen kann, daß der Kommittent Eigentümer ist. Zur Verwertung vor Pfandreife siehe §§ 1219 ff BGB. Umstritten ist es, ob der Kommissionär, der zur Pfandverwertung schreitet, seine eigenen Interessen verfolgt (*Schmidt-Rimpler* S. 831 f) oder darüber hinaus auch die Interessen des Kommittenten wahrzunehmen hat[8]. Zu folgen ist der Ansicht von *Schmidt-Rimpler,* daß der Kommissionär im Rahmen des Pfandverkaufes dem Kommittenten als Interessengegner gegenübersteht und — in erster Linie — sein Interesse verfolgen darf, seine Forderung auf die sicherste Weise zu befriedigen. Daß der Kommissionär darüber nicht die Interessen des Kommittenten gänzlich vernachlässigen darf, ist lediglich Ausfluß des allgemeinen Gedankens von Treu und Glauben, den Vertragspartner in möglichst geringem Umfang zu schädigen, nicht aber der Pflicht, ein Geschäft des Kommittenten zu besorgen. Der Kommissionär muß sich also weder überlegen, welche Art der Pfandverwertung am besten den Interessen des Kommittenten entspricht, noch gar sein Interesse an der Pfandverwertung zurückstellen, sondern er hat lediglich mit pflichtgemäßer Sorgfalt eines ordentlichen Kaufmannes die Pfandverwertung so zu betreiben, daß bei voller und sicherer Befriedigung seiner Forderungen dem Kommittenten keine vermeidbaren Nachteile zugefügt werden. Anders als jeder Geschäftsbesorger ist daher der Kommissionär nicht verpflichtet, im Hinblick auf die Pfandverwertung Weisungen zu befolgen. Deshalb kann der Kommissionär entgegen der h. M. keine Provision für die Pfandverwertung verlangen, schon gar nicht die versprochene Provision (offengelassen BGH WM **1984** 165, 166). Eine Ausnahme kann man nach Treu und Glauben allenfalls dort erwägen, wo der Kommissionär das Kommissionsgut so verwertet, wie es ohnehin den Interessen des Kommittenten an einem Ausführungsgeschäft entsprach (*Schmidt-Rimpler* S. 832 f).

D. Erlöschen des Pfandrechts

16   Gemäß § 1257 BGB gelten für das Kommissionspfandrecht die allgemeinen Regeln über dessen Untergang: so durch den Verkauf des mit dem Pfandrecht belasteten Kommissionsgutes (§ 1242 Abs. 2 BGB), Übertragung der Forderung unter Ausschluß des Übergangs des Pfandrechts (§ 1250 Abs. 2 BGB), Erlöschen der gesicherten Forderung (§ 1252 BGB), einseitigen Verzicht des Pfandgläubigers (§ 1255 BGB). Umstritten ist es, ob das Pfandrecht auch dann untergeht, wenn der Kommissionär den Besitz am Kommissionsgut unfreiwillig verliert. Gemäß den §§ 1257, 1253 BGB erlischt das Pfandrecht an sich nur bei freiwilliger Rückgabe des Pfandobjekts an den Verpfänder. Die h. M. stellt sich hingegen — gestützt auf den Wortlaut des § 397 — auf den Standpunkt, das Kommissionspfandrecht gehe mit dem Besitzverlust unter, gleichgültig, ob dieser freiwillig oder unfreiwillig erfolgt sei[9]. Davon wird verschiedentlich eine Ausnahme für den Fall gemacht, daß der Kommissionär, der unfreiwillig den Besitz verloren hatte, den Besitz binnen Jahresfrist oder mittels einer binnen Jahresfrist erhobenen Klage wieder erlangt (§ 940 Abs. 2 BGB analog). *Ratz* (RGRKz HGB-*Ratz* § 397 4) fordert unverzügliches Betreiben der Rückerlangung. Sowohl das vertragliche Pfandrecht gemäß §§ 1204 ff BGB als auch das Kommissionspfandrecht sind als Besitzpfandrechte ausgeformt, um der dinglichen Rechtslage Publizität zu verleihen. Es besteht kein Grund, immer die dingliche Lage und die Besitzlage im Einklang zu halten. Zwar kann man in Anbetracht der Eigenheiten des Handelsverkehrs nicht so weit gehen, daß

---

[8] *Schlegelberger/Hefermehl* HGB5, § 397 26; RGRKzHGB-*Ratz* § 397 9; Düringer/Hachenburg/Lehmann HGB3, § 397 20; Heymann/Kötter HGB21, § 397 3.

[9] *Schmidt-Rimpler* S. 836; *Schlegelberger/Hefermehl* HGB5, § 397 27; Baumbach/Duden/Hopt HGB26, § 397 2 B; Heymann/Kötter HGB21, § 397 2.

das Kommissionspfandrecht erst erlischt, wenn der Kommissionär das Kommissionsgut an den Kommittenten zurückgibt (§ 1253 BGB). Jeder freiwillige Besitzverlust muß demnach zum Untergang des Pfandrechts führen, zumal wenn der Besitzverlust darauf beruht, daß der Kommissionär das Gut im Interesse des Kommittenten weiterveräußert hat. Anders ist die Sachlage aber, wenn das Kommissionsgut dem Kommissionär abhanden gekommen ist. Hier besteht kein Grund, den Inhaber eines Kommissionspfandrechts schlechter zu behandeln als den Inhaber eines vertraglichen Pfandrechts (*Düringer/Hachenburg/Lehmann* HGB[3], § 397 8). Ist das Pfandrecht durch freiwilligen Besitzverlust erloschen, so lebt es nicht dadurch wieder auf, daß der Kommissionär den Besitz wiedererlangt.

§ 398

Der Kommissionär kann sich, auch wenn er Eigentümer des Kommissionsgutes ist, für die in § 397 bezeichneten Ansprüche nach Maßgabe der für das Pfandrecht geltenden Vorschriften aus dem Gute befriedigen.

Übersicht

	Rdn.		Rdn.
A. Vorbemerkung	1	II. Besitz	3
B. Voraussetzungen des „Pfandrechts"		III. Kreis der gesicherten Forderungen	4
I. Kommissionsgut	2	C. Reichweite des „Pfandrechts"	5

Schrifttum

siehe Angaben zu § 383.

A. Vorbemerkung

Nach den Regeln des BGB kann ein Pfandrecht an eigenen Sachen des Pfandrechts- **1** gläubigers nicht entstehen; es kann allenfalls fortbestehen, falls das Eigentum mit einem bereits begründeten Pfandrecht zusammentrifft und der Eigentümer am Fortbestand des Pfandrechts ein rechtliches Interesse besitzt (§ 1256 Abs. 2 BGB). Der historische Gesetzgeber gab in Durchbrechung der für das Vertragspfandrecht geltenden Regeln dem Kommissionär ein „Pfandrecht", um vor allem bei der Einkaufskommission den Kommissionär zu schützen, der mit erheblichen Aufwendungen Werte angeschafft hat, die noch in seinem Eigentum stehen, und andererseits den Kommittenten gegen Willkürakte des Kommissionärs zu sichern, da der Kommissionär gezwungen wird, die Förmlichkeiten des Pfandverkaufes einzuhalten (Entwurf eines HGB nebst Denkschrift, aaO, S. 241). Außerdem entfällt durch § 398 die Notwendigkeit, im Einzelfall zu prüfen, ob das Eigentum bereits (§ 383 85 ff) auf den Kommittenten übergegangen ist, wenn der Kommissionär zum Pfandverkauf schreiten will. Zur dogmatischen Einordnung des „Pfandrechts" aus § 398 als echtes Pfandrecht oder als pfandähnliches Befriedigungsrecht *Schmidt-Rimpler* S. 828; *Schlegelberger/Hefermehl* HGB[5], § 398 2. Praktische Konsequenzen ergeben sich aus der dogmatischen Einordnung nicht. Zur Anwendbarkeit des § 398 im Falle des Selbsteintrittes § 404.

§ 398   Drittes Buch. Handelsgeschäfte

B. Voraussetzungen des „Pfandrechts"
I. Kommissionsgut

2   Der Kommissionär kann sich nur aus dem Kommissionsgut befriedigen. Zum Begriff des „Kommissionsgutes" § 397 3. Das Kommissionsgut muß in seinem Eigentum stehen, sonst greift § 397 unmittelbar ein. Für die Frage der Rechtmäßigkeit eines Pfandverkaufes kann diese Frage aber letztlich immer offen bleiben.

II. Besitz

3   Der Kommissionär muß am Kommissionsgut unmittelbaren oder mittelbaren Besitz erlangt haben, ohne daß ihm der Kommittent den Besitz vermittelt (§ 397 5). Zur Relevanz eines späteren Besitzverlustes § 397 16. Wie im Rahmen des § 397 geht auch hier das Pfandrecht nur bei freiwilligem Besitzverlust unter.

III. Kreis der gesicherten Forderungen

4   Das „Pfandrecht" sichert die gleichen Forderungen wie das Pfandrecht aus § 397.

C. Reichweite des „Pfandrechts"

5   Die Reichweite des „Pfandrechts" aus § 398 deckt sich vollkommen mit dem aus § 397. Insbesondere hat der Kommissionär, der sich aus dem in seinem Eigentum stehenden Kommissionsgut befriedigen will, die Regeln des Pfandverkaufs und rangbessere Pfandrechte zu respektieren. § 398 räumt, wie sich aus dem Wortlaut der Norm ergibt, dem Kommissionär ein Recht ein, sich aus dem Kommissionsgut zu befriedigen, ohne ihn aber dazu zu verpflichten[1]. Verkauft der Kommissionär das Kommissionsgut unter Mißachtung der für den Pfandverkauf geltenden Regeln, so macht er sich schadensersatzpflichtig.

     Strittig ist es, ob der Kommissionär, dessen Ansprüche, z. B. auf Aufwendungsersatz oder Provision, nicht erfüllt werden, unter den Voraussetzungen des § 326 BGB vom Vertrag zurücktreten kann, und so der Pflicht ledig wird, das Kommissionsgut an den Kommittenten zu übereignen. Die h. M. verneint die Anwendbarkeit des § 326 BGB und verweist den Kommisonär auf §§ 398, 397, 399[2]. Dies wird zum Teil damit begründet, daß nur die Provisions- und Vorschußpflicht einerseits und die Pflicht zur Ausführung der Kommission im Synallagma stünden; zum Teil wird darauf hingewiesen, daß der Rücktritt dem Gedanken der Interessenwahrung widersprechen würde. Zu folgen ist der Ansicht *Schmidt-Rimplers* (S. 855), der zutreffend darauf hinweist, daß die §§ 383 ff das Recht des Kommissionärs aus § 326 BGB in keiner Weise ausdrücklich einschränken. Eine Einschränkung ergibt sich auch nicht aus dem Wesen der Kommission. Die Tatsache, daß der Kommissionär mit der Ausführung der Kommission vorgeleistet hat, beschneidet sein Recht aus § 326 BGB zumindest nicht im Hinblick auf die Provisionspflicht. Zum anderen soll das Rücktrittsrecht aus § 326 BGB den Gläubiger der Mühe entheben, beim vertragsbrüchigen Vertragspartner, der trotz Nachfrist nicht leistet, den Schadensersatz beizutreiben. Die gleiche Situation besteht auch hier, wo der Kommissionär zwar nicht Schadensersatzansprüche einzutreiben ge-

---

[1] *Schmidt-Rimpler* S. 829; *Schlegelberger/Hefermehl* HGB5, § 398 4; a. A. *Düringer/Hachenburg/Lehmann* HGB3, § 398 6.
[2] ROHG 11 9; RGZ 105 127; *Baumbach/Duden/Hopt* HGB26, § 397 1; *Heymann/Kötter* HGB21, § 398 2; *Schlegelberger/Hefermehl* HGB5, § 398 4 m. w. Nachw.; a. A. *Schmidt-Rimpler* S. 855.

Stand: 1. 4. 1985

zwungen ist und durch den Pfandverkauf auch seine immateriellen Interessen an der Naturalleistung (hier: Geld) befriedigen kann, aber doch gehalten wäre, die Mühe des Pfandverkaufes auf sich zu nehmen. Daß dadurch dem Kommissionär eine Spekulationschance eröffnet wird, muß ebenso hingenommen werden wie in anderen Fällen, in denen ein Gläubiger das Rücktrittsrecht aus §§ 325 f BGB ausübt, um Chancen zu nutzen, die sich ihm inzwischen eröffnet haben. Daran ändert auch der Geschäftsbesorgungscharakter der Kommission nichts, da dieser den Kommissionär nur zur Wahrung der Interessen des Kommittenten verpflichtet, solange sich der Kommittent nicht selbst in gravierender Weise vertragswidrig verhält.

§ 399

Aus den Forderungen, welche durch das für Rechnung des Kommittenten geschlossene Geschäft begründet sind, kann sich der Kommissionär für die in § 397 bezeichneten Ansprüche vor dem Kommittenten und dessen Gläubigern befriedigen.

Übersicht

	Rdn.		Rdn.
A. Vorbemerkung	1	II. Einzugsrecht	6
B. Voraussetzung des Befriedigungsrechtes		III. Recht zum Verkauf der Forderungen	7
I. Kreis der sichernden Forderungen	2	D. Konkurs	8
II. Kreis der gesicherten Forderungen	3	E. Stellung der Gläubiger des Kommissionärs	9
C. Reichweite des Befriedigungsrechtes	4	F. Erlöschen des Befriedigungsrechtes	10
I. Leistungsverweigerungsrecht	5		

Schrifttum
siehe Angaben zu § 383.

A. Vorbemerkung

§ 399 ergänzt den § 397. Er gibt dem Kommissionär das Recht, sich aus Forderungen zu befriedigen, die durch das Ausführungsgeschäft oder sonstige Geschäfte auf Rechnung des Kommittenten begründet worden sind. Diese Forderungen stehen im Außenverhältnis zum Dritten dem Kommissionär zu; er ist Inhaber der Forderungen; er allein kann diese Forderungen eintreiben. Die Forderungen gelten jedoch gemäß § 392 Abs. 2 im Verhältnis zwischen Kommissionär und Kommittenten als solche des Kommittenten, auch wenn sich dies im Innenverhältnis regelmäßig nur schuldrechtlich auswirkt. Der in § 399 verwandte Begriff „befriedigen" zeigt, daß § 399 den § 392 Abs. 2 nicht total ausschaltet und dem Kommissionär keine uneingeschränkte Gläubigerstellung verschafft. Vielmehr gibt § 399 dem Kommissionär lediglich ein begrenztes Befriedigungsrecht, das pfandrechtsähnlich ausgeformt ist, da § 399 nicht vorschreibt, daß die Verwertung der Forderung nach den Vorschriften für vertragliche Pfandrechte zu erfolgen hat (*Schlegelberger/Hefermehl* HGB[5], § 399 1 m. Nachw.).

Zur Anwendbarkeit des § 399 im Falle des Selbsteintritts § 404 2.

B. Voraussetzung des Befriedigungsrechtes

I. Kreis der sichernden Forderungen

Das Befriedigungsrecht aus § 399 erstreckt sich primär auf Forderungen, die durch **2** das Ausführungsgeschäft auf Rechnung des Kommittenten begründet worden sind.

§ 399 Drittes Buch. Handelsgeschäfte

Zum Begriff „Ausführungsgeschäft" § 384 17 f. Zum Begriff „auf fremde Rechnung" § 383 5. Darüber hinaus erfaßt § 399 auch Forderungen aus Hilfsgeschäften, die auf Rechnung des Kommittenten getätigt worden sind. Analog ist § 399 auf Forderungen anzuwenden, die der Kommissionär pflichtwidrig auf eigene Rechnung oder zu seinem eigenen Vorteil begründet hat und die er deshalb im Rahmen seiner Schadensersatzpflicht an den Kommittenten herauszugeben hat; denn im Hinblick auf diese Forderungen gilt § 392 entsprechend (§ 392 4). Dem Kommissionär muß daher eine Möglichkeit eröffnet werden, sich aus diesen Forderungen zu befriedigen.

Strittig ist es, ob § 399 auch dann analog anzuwenden ist, wenn sich der Kommissionär nicht aus einer Forderung befriedigen will, die er im Rahmen eines auf Rechnung des Kommittenten getätigten Geschäftes erworben hat, sondern diese Forderung selbst Gegenstand der Kommission ist. Beispiel: Der Kommissionär soll im eigenen Namen auf Rechnung des Kommittenten eine Forderung des Kommittenten verkaufen. In einem solchen Fall ist ein Befriedigungsrecht zu verneinen, da die Publizität (§ 1280 BGB) nicht gewahrt ist. Anders ist die Lage, wenn der Kommittent die Forderung dem Kommissionär zum Zwecke des Verkaufes bereits abgetreten hat oder der Kommissionär im eigenen Namen auf Rechnung des Kommittenten eine bereits bestehende Forderung gekauft hat und durch Zession die Gläubigerposition erworben hat. In solchen Konstellationen steht einer Analogie zu § 399 nichts im Wege, denn die Gläubigerposition verleiht dem Befriedigungsrecht hinreichende Publizität[1]. In den hier genannten Konstellationen kann auch § 392 Abs. 2 eingreifen (§ 392 2); sollte § 392 Abs. 2 nicht zum Zuge kommen, so bringt die Analogie zu § 399 dem Kommissionär doch den Vorteil, daß er sich befriedigen kann und sich nicht lediglich auf ein Zurückbehaltungsrecht verweisen lassen muß.

Hat der Kommissionär die Forderung, zu deren Herausgabe er verpflichtet ist, bereits an den Kommittenten abgetreten, so ist das Befriedigungsrecht aus § 399 erloschen.

II. Kreis der gesicherten Forderungen

3 § 399 sichert den gleichen Kreis von Forderungen wie § 397 (dazu § 397 6 ff).

C. Reichweite des Befriedigungsrechtes

4 § 399 gibt dem Kommissionär das Recht, die Forderungen, die er an den Kommittenten abzutreten (oder nach Einziehung an den Kommittenten auszukehren) bzw. zu veräußern (§ 399 2) hat, zur Deckung seiner Forderungen zu verwenden. Dabei muß der Kommissionär nicht nach den Regeln der Verwertung eines Pfandrechtes an Forderungen vorgehen. Er hat im einzelnen folgende Befugnisse.

I. Leistungsverweigerungsrecht

5 Zur Sicherung seines Befriedigungsrechtes hat der Kommissionär zunächst ein Leistungsverweigerungsrecht. Er kann es dem Anspruch des Kommittenten auf Herausgabe der Forderung entgegenhalten[2]. Geht die Forderung auf Geld und ist sie teilweise abtretbar, so wird man diese Einrede im Falle sofortiger Realisierbarkeit der Forderung nur bis zur Höhe des Betrages gelten lassen dürfen, der dem Betrag der gesicherten,

---

[1] Teilweise wie hier: *Schmidt-Rimpler* S. 839, a. A. *Schlegelberger/Hefermehl* HGB5, § 399 4.

[2] *Schmidt-Rimpler* S. 837; *Schlegelberger/Hefermehl* HGB5, § 399 7 m. Nachw.

ebenfalls auf Geld gerichteten Forderung entspricht³. In anderen Konstellationen hat man mit der h. M.⁴ ohne Rücksicht auf die Teilbarkeit der sichernden Forderung die Einrede auf den gesamten Herausgabeanspruch zu erstrecken, da es ex ante immer unsicher ist, inwieweit im Einzelfall eine Sicherung in Anspruch genommen werden muß. Eine Ausnahme gilt dort, wo eine evidente Übersicherung vorliegt. Dort ist der Kommissionär nach Treu und Glauben verpflichtet, einzelne sichernde Forderungen ganz oder partiell freizugeben.

II. Einzugsrecht

Der Kommissionär hat weiterhin kraft seines Befriedigungsrechtes die Befugnis, die Forderung einzuziehen, auch wenn ihm nach dem Kommissionsvertrag nicht die Durchführung der Kommission obliegt⁵. Lauten sowohl die sichernde wie die gesicherte Forderung auf einen Geldbetrag, so besteht das Einziehungsrecht nur in Höhe des vom Kommittenten geschuldeten Betrages⁶. Soweit der Kommissionär den Geldbetrag eingezogen hat, kann er aufrechnen⁷. Bei sichernden Forderungen, die nicht auf Geld gehen, darf der Kommissionär hingegen die gesamte Forderung einziehen. Er erwirbt dann an Sachen und Wertpapieren ein Pfandrecht gemäß § 397, wenn er nicht Eigentümer wird; wenn er Eigentümer wird, ein Recht gemäß § 398. Ging die Forderung auf Abtretung oder Begründung einer Forderung, so erhält der Kommissionär an der zweiten Forderung ein Befriedigungsrecht gemäß § 399. Die eingezogenen Waren oder Wertpapiere sind vom Kommissionär nach Maßgabe der §§ 397 f durch Pfandverkauf zu verwerten.

III. Recht zum Verkauf der Forderung

Hingegen steht dem Kommissionär nicht das Recht zu, sich unmittelbar durch den Verkauf der Forderung gegen den Dritten zu befriedigen. Es besteht kein Anlaß, den Kommissionär besser zu stellen als jemanden, der ein vertragliches Pfandrecht an einer Forderung besitzt⁸, — zumal beim Verkauf von Forderungen das Risiko einer Kollusion zu groß wäre. Daraus folgt, daß dem Kommissionär, der die Forderung nicht einziehen will oder kann, nur der Weg bleibt, in Analogie zu §§ 1282 Abs. 2, 1277 BGB die Befriedigung nach Vollstreckungsrecht zu suchen. Dazu bedarf es eines vollstreckbaren Titels, der es ihm ermöglicht, vom Vollstreckungsgericht die Befugnis zu einer anderweitigen Verwertung der Forderung zu erlangen⁹.

D. Konkurs

Das Befriedigungsrecht des Kommissionärs kommt auch im Konkurs des Kommissionärs zum Tragen. Der Konkursverwalter kann es gegenüber dem Kommittenten ausüben und damit dem Kommittenten die Berufung auf § 392 Abs. 2 aus der Hand schlagen.

---

3 *Schmidt-Rimpler* S. 837.
4 *Düringer/Hachenburg/Lehmann* HGB³, § 399 4; *Schlegelberger/Hefermehl* HGB⁵, § 399 7.
5 *Schmidt-Rimpler* S. 837; *Heymann/Kötter* HGB²¹, § 399 2; *Schlegelberger/Hefermehl* HGB⁵, § 399 8 m. w. Nachw.
6 § 1282 Abs. 1 S. 2 BGB analog; *Schmidt-Rimpler* S. 838; **a. A.** *Schlegelberger/Hefermehl* HGB⁵, § 399 8.
7 *Schmidt-Rimpler* S. 838; *Schlegelberger/Hefermehl* HGB⁵, § 399 8.
8 *Schmidt-Rimpler* S. 838; *Schlegelberger/Hefermehl* HGB⁵, § 399 9 m. Nachw.
9 § 844 ZPO; *Schmidt-Rimpler* S. 838; *Heymann/Kötter* HGB²¹, § 399 2; *Schlegelberger/Hefermehl* HGB⁵, § 399 9.

Fällt der Kommittent in Konkurs, so gibt § 399 dem Kommissionär ein Absonderungsrecht gemäß §§ 48 f KO.

E. Stellung der Gläubiger des Kommissionärs

9 Pfändet ein Gläubiger des Kommissionärs eine kraft § 399 sichernde Forderung, dann kann sich der Kommittent grundsätzlich auf § 392 Abs. 2 berufen. Hat der Gläubiger aber auch die „gesicherte" Forderung des Kommissionärs gegen den Kommittenten gepfändet, dann muß sich der Kommittent die Einziehung der sichernden Forderung im gleichen Umfang gefallen lassen, wie er sich deren Einzug durch den Kommissionär gefallen lassen müßte [10].

F. Erlöschen des Befriedigungsrechtes

10 Das Recht aus § 399 erlischt zum einen durch Wegfall der gesicherten Forderung oder durch Abtretung der sichernden Forderung an den Kommittenten.

Strittig ist es, ob das Befriedigungsrecht auch dadurch erlischt, daß der Kommissionär die gesicherten Forderungen, die gegen den Kommittenten gerichtet sind, an einen Vierten zediert. Es stellt sich die Frage, ob gemäß § 401 BGB das Befriedigungsrecht auf den Vierten übergeht. Dies ist zu verneinen, da das Befriedigungsrecht voraussetzt, daß mit der Zession der gesicherten Forderung auch die sichernde Forderung auf den Vierten übergeht. Etwas anderes würde gelten, falls das Befriedigungsrecht aus § 399 als echtes Pfandrecht ausgestaltet wäre (§§ 1257, 1273 Abs. 2, 1250 BGB). Dies ist jedoch nicht der Fall, da die Publizitätsanforderungen nicht erfüllt sind. Deshalb erlischt grundsätzlich das Befriedigungsrecht mit der Abtretung der gesicherten Forderung [11]. Anders ist die Situation beim Erbfall, wo der Erbe im Rahmen der Gesamtnachfolge Gläubiger der sichernden und gesicherten Forderung wird. Deshalb wird man dem Vierten in Analogie zu § 401 BGB das Befriedigungsrecht zugestehen können, falls der Kommissionär zugleich mit der gesicherten auch die sichernde Forderung an ihn abgetreten hat [12]. In der Abtretung der sichernden Forderung kann allerdings eine Vertragsverletzung gegenüber dem Kommittenten liegen, die Schadensersatzpflichten nach sich zieht.

§ 400

(1) Die Kommission zum Einkauf oder zum Verkaufe von Waren, die einen Börsen- oder Marktpreis haben, sowie von Wertpapieren, bei denen ein Börsen- oder Marktpreis amtlich festgestellt wird, kann, wenn der Kommittent nicht ein anderes bestimmt hat, von dem Kommissionär dadurch ausgeführt werden, daß er das Gut, welches er einkaufen soll, selbst als Verkäufer liefert oder das Gut, welches er verkaufen soll, selbst als Käufer übernimmt.

(2) Im Falle einer solchen Ausführung der Kommission beschränkt sich die Pflicht des Kommissionärs, Rechenschaft über die Abschließung des Kaufes oder Verkaufs ab-

---

[10] *Schmidt-Rimpler* S. 839; *Schlegelberger/Hefermehl* HGB5, § 399 11.
[11] *Schmidt-Rimpler* S. 838 f; *RGRKzHGB-Ratz* § 399 4; *Heymann/Kötter* HGB21, § 399 2; *Schlegelberger/Hefermehl* HGB5, § 399 10; a. A. *Düringer/Hachenburg/Lehmann* HGB3, § 399 5; *Baumbach/Duden/Hopt* HGB26, §§ 397−399 3C.
[12] *Schlegelberger/Hefermehl* HGB5, § 399 10.

zulegen, auf den Nachweis, daß bei dem berechneten Preise der zur Zeit der Ausführung der Kommission bestehende Börsen- oder Marktpreis eingehalten ist. Als Zeit der Ausführung gilt der Zeitpunkt, in welchem der Kommissionär die Anzeige von der Ausführung zur Absendung an den Kommittenten abgegeben hat.

(3) Ist bei einer Kommission, die während der Börsen- oder Marktzeit auszuführen war, die Ausführungsanzeige erst nach dem Schlusse der Börse oder des Marktes zur Absendung abgegeben, so darf der berechnete Preis für den Kommittenten nicht ungünstiger sein als der Preis, der am Schlusse der Börse oder des Marktes bestand.

(4) Bei einer Kommission, die zu einem bestimmten Kurse (erster Kurs, Mittelkurs, letzter Kurs) ausgeführt werden soll, ist der Kommissionär ohne Rücksicht auf den Zeitpunkt der Absendung der Ausführungsanzeige berechtigt und verpflichtet, diesen Kurs dem Kommittenten in Rechnung zu stellen.

(5) Bei Wertpapieren und Waren, für welche der Börsen- oder Marktpreis amtlich festgestellt wird, kann der Kommissionär im Falle der Ausführung der Kommission durch Selbsteintritt dem Kommittenten keinen ungünstigeren Preis als den amtlich festgestellten in Rechnung stellen.

Übersicht

	Rdn.
A. Vorbemerkung	1
B. Typen des Selbsteintritts in wirtschaftlicher Sicht	
I. Wirtschaftlicher Selbsteintritt	2
II. Formeller Selbsteintritt	3
III. Kompensation	4
IV. Interessenkonstellation	
1. Interessen des Kommissionärs	5
2. Interessen des Kommittenten	6
3. Gefahren des Selbsteintritts	7
C. Geschichte des Selbsteintritts und Reformbestrebungen	
I. Geschichte	8
II. Reformbestrebungen	10
D. Voraussetzungen des Selbsteintritts kraft dispositiven Rechts	
I. Allgemeines	11
II. Marktpreis	
1. Markt — Börse	12
2. Ausführungsplatz	13
3. Markt- bzw. Börsenpreis	14
4. Amtlicher Markt- oder Börsenpreis	15
5. Gesetzliche Verbote des Selbsteintritts	16
6. Widerruf	17
7. Ausführung durch Geschäft mit einem Dritten	18
E. Ausführung durch Selbsteintritt	19
F. Rechtsfolgen des Selbsteintritts	
I. Umgestaltung des Kommissionsverhältnisses	20
II. Vorrangige Geltung des Kaufrechtes	
1. Synallagmatische Verpflichtung	
a) Allgemeines	21
b) Preisberechnung gemäß § 400 Abs. 2	22
c) Preisberechnung gemäß § 400 Abs. 3	27
d) Preisberechnung gemäß § 400 Abs. 4	29
e) Relevanz des amtlichen Kurses	32
f) Relevanz von Weisungen	33
g) Aufwendungsersatz	34
2. Lieferzeit, Erfüllungsort	35
3. Gefahrtragung	36
4. Pflicht zum Abschluß eines Deckungsgeschäftes	37
5. Gewährleistung	38
6. Sonstige Konditionen	39
7. Erfüllung	40
III. Vorrangige Geltung des Kommissionsrechtes	
1. Vor Wirksamwerden des Selbsteintritts	41
2. Nach Wirksamwerden des Selbsteintritts	
a) Pflicht zur Interessenwahrung	43
b) Benachrichtigung	44
c) Rechenschaft	45
d) Herausgabe des Erlangten	49
e) Selbsthaftung	50
f) Zurückweisung (§ 385)	51
g) § 386	53
h) § 387	54
i) § 388	55
j) § 389	56
k) § 390	57
l) § 391	58
m) § 392	59
n) § 393	60
o) § 394	61
p) § 395	62
q) § 396	63

	Rdn.		Rdn.
r) §§ 397, 398	64	G. **Besondere vertragliche Abreden**	
s) § 399	65	I. Verbot des Selbsteintritts	67
t) Dingliche Rechtslage	66	II. Vereinbarter Selbsteintritt	68
		III. Verpflichtung zum Selbsteintritt	69

Schrifttum
siehe Angaben zu § 383.

A. Vorbemerkung

1 Die Kommission zum Einkauf bzw. Verkauf von Waren, die einen Börsen- oder Marktpreis haben, bzw. von Wertpapieren, bei denen ein Börsen- oder Marktpreis amtlich festgestellt wird, kann kraft dispositiven Rechts dadurch ausgeführt werden, daß der Kommissionär nicht erst mit einem Dritten einen Kaufvertrag abschließt, sondern sich selbst unmittelbar zum Verkäufer bzw. zum Käufer des Kommissionsgutes macht. Der Kommissionär, der erklärt, das Kommissionsgut, das er einkaufen soll, selbst als Verkäufer zu liefern, oder der das Gut, das er verkaufen soll, selbst als Käufer übernimmt (§ 400 Abs. 1), tritt dem üblichen Sprachgebrauch zufolge, den das Gesetz in den §§ 401 Abs. 1, 404, 405 Abs. 2, 3 übernommen hat, selbst ein. Der Kommissionär, der den Selbsteintritt erklärt, wandelt das Kommissionsverhältnis nicht total in ein Kaufverhältnis um. Vielmehr ist der Selbsteintritt, wie sich aus § 400 Abs. 1 ergibt, nur eine andere Form der Ausführung der Kommission (zum Begriff der Ausführung § 383 68). Die Konditionen, zu denen die Kommission ausgeführt wird, ergeben sich beim Selbsteintritt grundsätzlich aus dem Markt- oder Börsenpreis, der — idealtypisch — auf den Entschlüssen unabhängiger Dritter beruht. Dem Kommissionär, der durch Selbsteintritt ausführen will, steht es also nicht frei zu bestimmen, zu welchen Konditionen er das Kommissionsgut übernehmen oder liefern will. Er ist auch nicht berechtigt, die Konditionen nach billigem Ermessen festzulegen.

B. Typen des Selbsteintritts in wirtschaftlicher Sicht
I. Wirtschaftlicher Selbsteintritt

2 Die älteste Erscheinungsform des Selbsteintritts wird als „wirtschaftlicher Selbsteintritt" bezeichnet. Sie ist vor allem bei der Warenkommission zu finden, wo sich die Übung eingebürgert hatte, das Kommissionsgut zum jeweiligen Marktpreis aus eigenen Lagerbeständen zu liefern oder es in den eigenen Bestand zu übernehmen[1].

II. Formeller Selbsteintritt

3 Daneben steht der sogenannte „formelle Selbsteintritt". Bei ihm vereinbart der Kommissionär, wie bei der normalen Geschäftsbesorgungskommission, aus Anlaß des Kommissionsauftrages ein Geschäft mit einem Dritten. Dieses Geschäft schließt er jedoch nicht auf Rechnung des Kommittenten, sondern auf eigene Rechnung ab. Er tätigt, mit anderen Worten, mit dem Dritten kein Ausführungsgeschäft, sondern lediglich ein Deckungsgeschäft, wie es auch jeder Eigenhändler abschließen könnte. Hier ist mithin der Kommissionär — anders als beim „wirtschaftlichen Selbsteintritt" nicht bereit, das Kommissionsgut auf das eigene Lager zu nehmen oder vom eigenen Lager zu

---

[1] *Schmidt-Rimpler* S. 556; *v. Dalwigk zu Lichtenfels* S. 61 ff.

liefern, sondern sichert sich vor dem Selbsteintritt durch ein Deckungsgeschäft ab. Obwohl das Deckungsgeschäft, wie bei jedem Eigenhändler, auf eigene Rechnung eingegangen wird, ist es für die durch Selbsteintritt ausgeführte Kommission nicht gänzlich unerheblich, sondern hat vielfältigen Einfluß darauf, zu welchen Konditionen der selbsteintretende Kommissionär als Käufer berechtigt bzw. als Verkäufer verpflichtet wird (§ 400 22 ff; § 401 7 ff).

III. Kompensation

Eine weitere charakteristische Variante des Selbsteintritts stellt die Kompensation von Kommissionsaufträgen dar. Bekommt ein normaler Kommissionär von zwei verschiedenen Kommittenten entgegengesetzte Aufträge über das gleiche Gut in derselben Menge (z. B. Verkauf bzw. Kauf von 100 Aktien der Gattung X), so kann der Kommissionär die Aufträge, ohne in das Recht selbst einzutreten, nicht ohne weiteres dadurch ausführen, daß er die Aufträge kompensiert, so daß das Gut ohne große Umwege vom verkaufenden Kommittenten zu dem anderen (kaufenden) Kommittenten fließt. Dies wäre nämlich nur dann möglich, wenn der Kommissionär den Kommissionsauftrag eines der Kommittenten ablehnen und mit ihm unmittelbar auf Rechnung des anderen Kommittenten einen Kaufvertrag schließen würde. Der Selbsteintritt eröffnet einen rechtstechnischen Weg zur Kompensation, indem der Kommissionär mindestens gegenüber einem der Kommittenten selbst eintritt. In der Regel wird er beiden Kommittenten gegenüber selbst eintreten. Dann kann er als Abnehmer des verkaufenden Kommittenten die Ware an den kaufenden Kommittenten liefern, dem gegenüber er durch den Selbsteintritt Verkäufer geworden ist.

IV. Interessenkonstellation
1. Interessen des Kommissionärs

Die Ausführung der Kommission durch Selbsteintritt ist aus der Sicht des Kommissionärs dann, wenn er das Kommissionsgut auf das eigene Lager übernehmen will oder vom eigenen Lager abgeben will, der einfachste und schnellste Weg der Ausführung einer Kommission. Gleiches gilt dort, wo der Kommissionär zwei gegenläufige Orders in Händen hat, die er durch Kompensation (§ 400 4) erledigen kann. Außerdem sind vielfach Kommissionäre, die — wie heute regelmäßig — zugleich auch einen Eigenhandel betreiben, daran interessiert, daß sie günstige Chancen nicht deshalb verlieren, weil sie einen Auftrag als Kommissionär erhalten haben[2]. Im Vordergrund steht aber, zumal wenn der Kommissionär ohnehin ein Deckungsgeschäft auf dem Markt getätigt hatte, das Interesse des Kommissionärs, mit Hilfe des Selbsteintritts seine Pflicht zur Rechenschaftslegung zu beschränken. Im Falle des Selbsteintritts ist der Kommissionär nämlich grundsätzlich gemäß § 400 Abs. 2 (§ 400 22 f, 45 f) nur noch verpflichtet nachzuweisen, daß der dem Kommittenten berechnete Preis dem zur Zeit der Ausführung der Kommission bestehenden Börsen- oder Marktpreis entsprach. Diese beschränkte Nachweispflicht bereitet dem Kommissionär nicht allzuviel Verwaltungsaufwand. Sie erlaubt es ihm darüber hinaus, seine Geschäftsverbindungen (im Hinblick auf Deckungsgeschäfte) zu verdecken und ein Eindringen des Kommittenten in diese Geschäftsverbindungen zu verhindern. Darüber hinaus schafft der Selbsteintritt für den Kommissionär zum Teil die Probleme aus der Welt, die aus der Zuordnung einzelner

---
[2] Bericht der Börsen-Enquête-Kommission (Berlin 1892/98), S. 165.

Ausführungsgeschäfte an bestimmte Kommittenten (§ 383 74 ff; aber auch § 401 9) resultieren.

2. Interessen des Kommittenten

6 Auch der Kommittent hat ein erhebliches Interesse daran, daß seine Aufträge möglichst schnell und reibungslos ausgeführt werden, da dies bei hinreichendem Wettbewerbsdruck Auswirkungen auf die Provisionshöhe haben kann. Außerdem eröffnet ihm der Selbsteintritt die Chance, daß der Kommissionär als Lieferant oder Abnehmer auftritt, auch wenn kein weiterer Dritter bereit wäre, zu den zuletzt festgestellten Markt- bzw. Börsenkonditionen abzuschließen. Aus der Sicht des Kommittenten erweitert sich also durch das Institut des Selbsteintritts der Kreis der Lieferanten oder Abnehmer, ohne daß der Kommissionär völlig seine Rolle als Vertrauensperson des Kommittenten aufgeben müßte (vgl. Bericht der Börsen-Enquête-Kommission, aaO, S. 165 ff). Mit einem Kommissionär zu kontrahieren, der durch den Selbsteintritt die Haftung als Verkäufer oder Käufer übernimmt, wird der Kommittent um so eher bereit sein, als er die Solvenz des Kommissionärs erkunden kann, während die Solvenz eines Dritten für ihn notwendig im Dunklen liegt. Freilich verliert der Kommittent im Falle des Selbsteintritts die Möglichkeit, eingehender zu überprüfen, ob sich der Kommissionär bei der Ausführung der Kommission auch wirklich von seinem Interesse hat leiten lassen. Das ist für ihn um so mißlicher, als gerade der Selbsteintritt über die im Kommissionsverhältnis ohnehin angelegten Interessenkonflikte (§ 384 20 f) weitere Bereiche von Interessenkollisionen schafft.

3. Gefahren des Selbsteintritts

7 So lassen sich mit Hilfe des Selbsteintritts besonders einfach die Früchte mißbräuchlicher Kursmanipulationen ernten[3]. Eine weitere Gefahr für den Kommittenten entspringt daraus, daß der Kommissionär durch den Selbsteintritt die Möglichkeit zum „Kursschnitt" erwirbt. Gemäß § 401 Abs. 2 darf der Kommissionär nämlich keinen ungünstigeren als den vereinbarten Preis berechnen, zu dem er aus Anlaß der Kommission mit einem Dritten ein Deckungsgeschäft abgeschlossen hatte. Da der Kommissionär jedoch (grundsätzlich; § 400 45 f) nur nachzuweisen braucht, daß der von ihm berechnete Preis dem Markt- oder Börsenpreis zur Zeit der Ausführung entspricht, ist es leicht möglich, daß der Kommissionär seiner Pflicht aus § 401 Abs. 2 nicht nachkommt und die Differenz zwischen dem Börsenkurs und dem Preis des Deckungsgeschäftes selbst einstreicht[4]. Endlich kann der Kommittent als Folge des Selbsteintrittsrechts dadurch benachteiligt werden, daß die Kommission zu Kursen abgerechnet wird, die nicht mehr die „wahre" Marktlage widerspiegeln, weil wegen der Kompensationsmöglichkeiten ein großer Teil des Angebots und der Nachfrage nicht mehr auf dem Markt oder an der Börse gehandelt werden. Zwar beeinflußt nur die Spitze des Angebots und der Nachfrage unmittelbar den Kurs; mittelbar wirkt sich die Kompensation jedoch durchaus auf die Angebots- und Nachfrageentscheidungen der einzelnen Kommittenten und damit den Kurs aus; denn die Nachfrager bzw. Anbieter entnehmen dem Umsatzvolumen und der Umsatzentwicklung wichtige Daten für das Urteil, welche Kursentwicklung die wahrscheinlichste sein dürfte[5]. Der Gesetzgeber hat diesen

---

[3] Bericht der Börsen-Enquête-Kommission, aaO, S. 164; *Hopt* Kapitalanlegerschutz im Recht der Banken (1975), S. 491 f.

[4] *Schmidt* Börsenorganisation zum Schutz der Anleger (1970), S. 45 f, 219 ff; Bericht der Börsen-Enquête-Kommission, aaO, S. 165.

[5] *Schneiders* Anlegerschutz, aaO, S. 116 ff m. w. Nachw.

Gefahren sowohl im Bereich des Kommissions- als auch des Börsenrechts nur unvollkommen Rechnung getragen. Darauf soll im Zusammenhang mit einem kurzen Abriß der Geschichte des Selbsteintritts näher eingegangen werden.

C. Geschichte des Selbsteintritts und Reformbestrebungen
I. Geschichte

Das Institut des Selbsteintritts ist von Beginn an umstritten gewesen. Etwa bis zur **8** Mitte des 17. Jahrhunderts wurde als Ausführung der Kommission nur der Abschluß von Verträgen mit unabhängigen Dritten anerkannt. Danach wurde in steigendem Umfang der Selbsteintritt Handelsbrauch, da man das Schwergewicht auf den vom Kommittenten erstrebten wirtschaftlichen Erfolg, den Kauf bzw. Verkauf des Kommissionsgutes, legte [6]. Die Commission zur Berathung eines ADHGB fand den Selbsteintritt als Partikularrecht vor, ja er wurde sogar als bestehendes deutsches Gewohnheitsrecht bezeichnet [7]. Daran orientierten sich auch die Verfasser des ADHGB. Allerdings war der Umfang, in dem der Selbsteintritt für zulässig erklärt werden sollte, heftig umkämpft. Ein Teil der Kommissionsmitglieder wollte den Selbsteintritt auch dort einführen, wo ein Börsen- oder Marktpreis fehlte. Es müsse, so wurde behauptet, genügen, daß der selbsteintretende Kommissionär nachweise, daß „er aufs Beste für die Interessen des Kommittenten bedacht gewesen" sei (Protokolle, aaO, S. 1211). Die Kommissionsmehrheit sah in einer derartigen Regelung eine zu große Gefährdung des Kommittenten. Es gehe nicht an, dem Kommissionär, der Vertrauensmann des Kommittenten sei, unbedingt und ohne Schutzmittel zu gestatten, bei der Ausführung des Auftrages seine eigenen Interessen in versteckter Weise wahrzunehmen. Der Kommittent sei nämlich ganz der „Diskretion des Kommissionärs anheim gegeben, wenn er nicht wenigstens in dem Marktpreise einen Vergleichsmaßstab dafür habe, ob mit dem ihm gesetzten Preis sein Interesse gewahrt sei" (Protokolle, aaO, S. 1211 f). Der § 376 ADHGB beschränkte deshalb den Selbsteintritt auf Waren oder Wertpapiere, die einen Markt- oder Börsenpreis haben.

In der Folgezeit wurden im Bereich des durch Selbsteintritt ausgeführten Kommis- **9** sionsgeschäftes, das durch den Typus der Effektenkommission geprägt wurde, eine Reihe von Mißständen offenbar. Am gravierendsten war der Einsatz des Selbsteintrittsrechtes zur Ausnutzung von Kursmanipulationen, die vielfach mit falschen Ratschlägen der Kommissionäre einhergingen. Der Selbsteintritt ermöglichte auch in weitem Umfang den Kursschnitt und begünstigte — auch ohne Kursmanipulationen — die Kursverfälschung, da ein wesentlicher Teil des Umsatzes dem offenen Handel auf dem Markt oder an der Börse entzogen wurde (Bericht der Börsen-Enquête-Kommission, aaO, S. 164). Die zur Untersuchung dieser und anderer Mißstände eingesetzte Börsen-Enquête-Kommission konnte sich gleichwohl nicht entschließen, die Beseitigung des Selbsteintrittsrechtes oder auch nur eine wesentliche Erschwerung zu empfehlen. Sie befürchtete nämlich, daß bei einem Verbot des Selbsteintrittsrechtes die Kommissionäre verstärkt zum Eigenhandel übergehen würden. Außerdem wäre zu erwarten, daß ein derartiges Verbot mittels Strohmännern umgangen werden würde. Jedenfalls könne man dem Kommissionär die Beeinflussung der Kurse nicht ganz untersagen; denn dann müßte man ihm überhaupt verbieten, aus dem eigenen Bestand zu verkaufen oder

---
[6] *Schneiders* Anlegerschutz, aaO, S. 73.
[7] Protokolle der Commission zur Berathung eines ADHGB, Bd. III (1858), S. 1211.

für den eigenen Bestand zu kaufen. Außerdem sprächen erhebliche Zweckmäßigkeitsgründe für die Zulassung der Ausführung durch Selbsteintritt (Bericht der Börsen-Enquête-Kommission, aaO, S. 164 ff). Interessenkollisionen, die bei jeder Art von Vermittlungsgeschäften auftreten, seien nicht generell zu vermeiden. Es erscheine lediglich angezeigt, die besondere Treuepflicht des Kommissionärs, die auch im Falle des Selbsteintritts bestehe, klarer hervorzuheben. Die Börsen-Enquête-Kommission empfahl daher insbesondere, dem Kommissionär zu verbieten, einen ungünstigeren Preis als den zur Zeit der Abgabe der Ausführungsanzeige geltenden Markt- oder Börsenpreis zu berechnen. Um den Zeitpunkt der Ausführungsanzeige festzuhalten, schlug sie vor, daß die Briefe vor Absendung von einem Börsenbeamten abgestempelt werden sollten. Welcher Kurs zu dem maßgeblichen Zeitpunkt notiert wurde, werde sich mit hinreichender Sicherheit durch Anfrage bei der Börsenbehörde feststellen lassen. Um zu verhindern, daß Kommissionäre aus der Absendung der Ausführungsanzeige nach Schluß der Börse Vorteile ziehen, sollte der Kommittent zwischen dem Schlußkurs und dem Durchschnittskurs am Börsentag wählen können. Selbst wenn der Kommissionär nach Maßgabe dieser Regeln den Preis festgesetzt hatte, sollte das Recht des Kommittenten unberührt bleiben, eine für ihn günstigere Abrechnung zu verlangen, sofern dieser in der Lage ist, nachzuweisen, daß der Auftrag zu einem günstigeren Preis durch ein Geschäft mit einem Dritten hätte ausgeführt werden können. Im Hinblick auf die Konstellationen des „formellen Selbsteintritts" (§ 400 3) empfahl die Börsen-Enquête-Kommission, dem Kommittenten zumindest diejenigen Konditionen eines Deckungsgeschäftes zugute kommen zu lassen, das der Kommissionär aus Anlaß des ihm erteilten Auftrages an der Börse oder am Markt getätigt hatte (Bericht der Börsen-Enquête-Kommission, aaO, S. 172 ff). Diese Vorschläge wurden, mit Ausnahme der für den Fall der Absendung der Ausführungsanzeige nach Schluß der Börse bzw. des Marktes empfohlenen Normen, Gesetz (§§ 400 f).

Eine wesentliche Besserung der Verhältnisse hatte die Gesetzesänderung nicht gebracht. Die durch die Kompensation hervorgerufene Gefahr einer Fehlinformation der Allgemeinheit über die Angebots- und Nachfrageverhältnisse wurde nicht beseitigt. Auch die durch die Möglichkeit des Selbsteintritts erhöhte Gefahr einer Kursmanipulation wurde nicht entscheidend gemindert (*Schwark* Anlegerschutz durch Wirtschaftsrecht (1979), S. 107 f). Selbst die Praktiken des Kursschnittes wurden allenfalls geringfügig erschwert, zumal einige Kommissionäre, insbesondere die Banken, wichtigen Bestimmungen, die den Kursschnitt erschweren sollten, die Gefolgschaft versagten (*Canaris* Großkommentar HGB³, Bd. III/3 (2. Bearb. 1981) 1916).

II. Reformbestrebungen

10 So hat denn auch diese Reform des Selbsteintrittsrechtes die Diskussion über die Frage bis heute nicht zum Verstummen gebracht, ob man das Selbsteintrittsrecht ganz abschaffen oder wenigstens stärker reglementieren solle. — Zum Teil wurde eine Beschränkung des Selbsteintrittsrechts auf Fälle des wirtschaftlichen Selbsteintritts gefordert. Andere verlangten eine Modifizierung der Abrechnungsmodalitäten. Die Empfehlungen reichten von dem Vorschlag, daß der Kommissionär zu dem dem Kommittenten günstigsten Kurs abzurechnen habe, der bis zur Absendung der Ausführungsanzeige vorgekommen sei (*Adler* ZHR **61** 456, 468 f), bis zu dem Vorschlag, dem Kursschnitt dadurch den Boden zu entziehen, daß an den Börsen an jedem Tag nur noch ein einziger Kurs (Einheitskurs) festgestellt wird[8]. Einige Stimmen in der Literatur sa-

---

[8] *Nußbaum* Tatsachen, aaO, S. 77 f.

hen eine Lösung der Schwierigkeiten in einer totalen Beseitigung des Selbsteintritts[9]. — Das Selbsteintrittsrecht in der heutigen Form entspricht jedenfalls im Bereich der Effektenkommission, die heute die wirtschaftlich wichtigste Form des Kommissionsgeschäftes darstellt, nicht mehr den Erfordernissen eines angemessenen Schutzes der Kommittenten vor Benachteiligungen durch Kommissionäre, die ihre Pflicht als Interessenwahrer nicht ernst genug nehmen. Selbst wenn man unterstellt, daß faktisch die Interessen der Kommittenten immer angemessen gewahrt werden, so bleibt zu berücksichtigen, daß die heutige Praxis des Selbsteintritts nicht geeignet ist, den Verdacht zu zerstören, daß die Geschäfte treuwidrig abgewickelt werden. Gerade angesichts der Bedeutung des Effektenkommissionsgeschäftes für die Kapitalbildung und optimale Allokation des Kapitals[10] scheint es angebracht, einem solchen Verdacht so weit wie möglich den Boden zu entziehen und dafür zu sorgen, daß das Vertrauen in eine den wahren Angebots- und Nachfrageverhältnissen entsprechende Preisbildung geschützt wird. Hierzu muß man nicht das Recht zum Selbsteintritt total abschaffen. Vielmehr dürfte es genügen, daß die Rechenschaftspflicht — unabdingbar — ausgedehnt, die Kompensationsmöglichkeit beschnitten und der Handel an der Börse stärker überwacht wird. In börsengängigen Papieren haben sich die Banken heute ohnehin einem sogenannten freiwilligen Börsenzwang unterworfen[11]. Dieser freiwillige Börsenzwang müßte durch umfangreichere Informationen über die Umsatzentwicklung an den einzelnen Börsenplätzen ergänzt werden. Außerdem sollten durch börsenorganisatorische Maßnahmen die Gefahren des sogenannten Mitlaufens oder von Gegendispositionen (*Koller* BB **1978** 1734 m. Nachw.) gemindert werden. Als Vorbild könnten hierfür die den Börsenhandel an der New Yorker Börse reglementierenden Vorschriften dienen (*Schmidt* Börsenorganisation, aaO, S. 205 ff). Dazu müßten Maßnahmen kommen, um Scheingeschäfte zu erschweren (*Schmidt* S. 220 ff). Die Gefahr eines einfachen, intertemporalen Kursschnittes läßt sich, wenn man nicht den variablen Handel gänzlich beseitigen will, nur dadurch mindern, daß man die Kontrollmöglichkeiten der Kommittenten verbessert (*Schneiders* S. 83 ff). Hier könnte man sich an die für den Handel an der New Yorker Börse geltende Praxis anlehnen, der zufolge jeder Börsenhändler Kurs und Umsatz jeder einzelnen Transaktion nicht nur seiner Firma, sondern als Verkäufer auch der Börse melden muß, die diese Daten schnellstmöglich an das Publikum weitergibt (*Schmidt* S. 223 f). Darüber hinaus sollte man den Kommissionär, der die Order über die Börse erledigt, verpflichten, den Zeitpunkt des Eingangs der Order bei der Börse, den Ausführungsplatz sowie Zeitpunkt und Kurs des Deckungsgeschäftes dem Kommittenten mitzuteilen[12]. Die hieraus resultierenden Kontrollchancen sind zwar nicht vollkommen; doch schränken sie den Zeitraum stark ein, innerhalb dessen der Kommissionär Kursschwankungen zu Kursschnitten nutzen kann; denn der Kommittent vermag in etwa abzuschätzen, wann seine Order erledigt sein mußte (*Schmidt* S. 224). Bei der Effektenkommission, die an der Börse ausgeführt wird, ist darüber hinaus zu erwägen, ob dem Kommittenten nicht auch der Partner des Deckungsgeschäftes zu offenbaren ist (bejahend *Schneiders* S. 85). Flankierend müßten unter allen Umständen Maßnahmen getroffen werden, die dafür sorgen, daß der Kommissionär nicht auf den Eigenhandel ausweichen und dort die schützenswerten Interessen des Kommittenten als Anleger vernachlässigen kann[13].

---

[9] *Wermert* Hirths Annalen **1908** 1, 35; *v. Dalwigk zu Lichtenfels* S. 133 f; *Schneiders* S. 79 ff.

[10] *Hopt/Will* Europäisches Insiderrecht (1973), S. 49 ff m. Nachw.

[11] Nr. 29 I 2 AGB der Banken; kritisch dazu *Schwark* Anlegerschutz, aaO, S. 108.

[12] *Schneiders* S. 85; vgl. auch *Schwark* Anlegerschutz, aaO, S. 109.

[13] Einen derartigen Ansatz verfolgt *Hopt* Kapitalanlegerschutz, aaO, S. 375 ff.

D. Voraussetzungen des Selbsteintritts kraft dispositiven Rechts

I. Allgemeines

11 Gemäß § 400 Abs. 1 muß die Kommission zum einen den Einkauf oder Verkauf von Waren oder Wertpapieren zum Gegenstand haben. Dem ist ein Tausch gleichzustellen[14]. Andere Vertragstypen kommen nur über § 406 in Betracht (dazu § 406 4). Die Waren und Wertpapiere müssen einen Markt- oder Börsenpreis haben, der bei Wertpapieren amtlich festgestellt sein muß. Im einzelnen heißt das:

II. Marktpreis
1. Markt — Börse

12 Unter Markt ist der Ort zu verstehen, an dem Waren oder Wertpapiere einer bestimmten Gattung und Güte üblicherweise nicht nur von Fall zu Fall, sondern in einem größeren Umfang gehandelt werden. Die Börse unterscheidet sich vom Markt durch eine stärkere organisatorische Verfestigung. Börsen sind regelmäßige, in verhältnismäßig kurzen Zeitabständen am gleichen Ort stattfindende Veranstaltungen, die typischerweise allein von Kaufleuten besucht werden und auf denen Geschäfte (vorwiegend des Großhandels) über vertretbare Güter, die bei Abschluß des Geschäftes nicht körperlich präsent sind, nach schablonisierten Bedingungen getätigt werden[15]. Auf dem Markt oder der Börse müssen die Waren bzw. Wertpapiere nach Gattung und Güte gehandelt werden, die den Gegenstand der Kommission bilden. Hat der Kommittent bestimmte Weisungen im Hinblick auf die Art des abzuschließenden Geschäftes erteilt (z. B. Termingeschäfte oder Kassageschäfte), so müssen derartige Geschäfte auf dem Markt oder auf der Börse getätigt werden[16].

2. Ausführungsplatz

13 Der Markt oder die Börse muß an dem Ort bestehen, an dem die Kommission dem Kommissionsvertrag zufolge auszuführen ist[17]. Den Inhalt des Kommissionsvertrages bestimmen in erster Linie die Individualabreden der Parteien. Hat der Kommittent die „Weisung" erteilt, an einer bestimmten Börse abzuschließen, so ist dieser Ort maßgeblich. In zweiter Linie sind etwaige AGB (so Nr. 30 I der AGB der Banken) zu beachten. Schließlich kann sich der Ausführungsort und damit der relevante Markt bzw. die relevante Börse aus dem Handelsbrauch, der Verkehrssitte ergeben oder im Wege einer ergänzenden Auslegung des Vertrages zu ermitteln sein. Trifft den Kommissionär eine umfassende Bemühungspflicht, so ist auf den Markt bzw. die Börse abzuheben, von der der Kommissionär im Rahmen pflichtgemäßen Ermessens annehmen konnte, daß an ihr die aus der Sicht des Kommittenten günstigsten Preise erzielt werden können (arg. e. § 401 Abs. 1). Erst im Zweifel kommt es auf den Markt bzw. die Börse am Niederlassungsort des Kommissionärs und, falls sich dort kein Markt bzw. keine Börse befindet, auf den dem Niederlassungsort des Kommissionärs nächstgelegenen Markt bzw. Börse an.

---

[14] *Schlegelberger/Hefermehl* HGB[5], § 400 9; a. A. RGRKzHGB-*Ratz* § 400 4.
[15] *Schwark* BörsG (1976), § 1 2 ff; *Samm* Börsenrecht (1978), S. 44.
[16] RGZ **34** 117; *Schmidt-Rimpler* S. 992; *Schlegelberger/Hefermehl* HGB[5], § 400 17.
[17] *Schlegelberger/Hefermehl* HGB[5], § 400 14 m. Nachw.; *Heymann/Kötter* HGB[21], § 400 1; a. A. *Schmidt-Rimpler* S. 994 f.

Tritt der Kommissionär zu Preisen ein, die er einem Markt oder einer Börse entnimmt, die nicht am Ausführungsort liegen, so stellt dies keine vertragsgemäße Ausführung der Kommission dar. Der Kommittent kann sie zurückweisen und/oder Schadensersatz fordern (§ 385 Abs. 1). Durch eine Genehmigung der vertragswidrigen Ausführung wird der Kommissionsvertrag dahin geändert, daß als Ausführungsort der vom Kommissionär gewählte Platz anzusehen ist (§ 385 7). (Ebenso i. E. *Schmidt-Rimpler* S. 994 f).

3. Markt- bzw. Börsenpreis

14 Der Preis muß auf dem Markt oder an der Börse wirklich vereinbart worden sein. Nicht erforderlich ist es, daß sich der Preis auf eine größere Zahl von Geschäften bezieht, die gerade zur fraglichen Zeit abgeschlossen worden sind[18], doch darf es sich nicht um bloße Gelegenheitspreise oder einzelne manipulierte Preise handeln (vor § 373 31). Eine bloße Geld- oder Briefnotierung über Angebot und Nachfrage ist grundsätzlich kein Börsen- oder Marktpreis, da zu diesen Preisen Dritte nicht bereit waren, abzuschließen[19].

Im Devisenhandel werden nur amtliche Brief- und Geldkurse veröffentlicht. Da der rechnerische Mittelwert faktisch als Abrechnungsbasis dient[20], ist dieser Mittelwert als Börsenkurs zu qualifizieren[21].

Eine amtliche Feststellung des Marktpreises ist bei der Warenkommission nicht erforderlich (aber § 400 Abs. 5; dazu § 400 32). Es stellt sich aber die Frage, ob eine feste, anerkannte Einrichtung existieren muß, die den Marktpreis feststellt (so *Schlegelberger/Hefermehl* HGB[5], § 400 10).

Dies ist zu verneinen (vor § 373 28 ff); doch haben die Feststellungen einer ständigen, anerkannt unparteiischen Einrichtung eine gewisse Vermutung der Richtigkeit für sich. Einseitige Preisfeststellungen durch Interessengruppen begründen keinen Marktpreis (RG JW **1927** 1143). Außer Betracht beiben auch „Preise", die auf Schätzungen beruhen, oder Kurse, die anhand von Preisen fixiert werden, die den notierenden Personen mehr oder minder zufällig bekannt werden (*Schwark* BörsG, § 29 1).

Der Börsen- oder Marktpreis muß in dem Zeitpunkt vorhanden sein, in dem die Kommission „ausgeführt" wird[22]. Erfolgt die Ausführung nach Schluß der Börse bzw. des Marktes, so muß ein Schlußkurs existiert haben (§ 400 Abs. 3). Gleiches gilt für Fälle, in denen zum ersten Kurs etc. auszuführen ist (§ 400 Abs. 4). Nicht entscheidend ist hingegen, daß eine Ausführung bei pflichtgemäßer Wahrung der Interessen des Kommittenten zu einem anderen Zeitpunkt hätte stattfinden müssen. In einem solchen Fall greifen die §§ 385 Abs. 2, 401 Abs. 1 ein; der Kommittent ist immerhin dadurch geschützt, daß die Preisberechnung nicht gänzlich losgelöst von einem Markt- oder Börsenpreis erfolgt[23].

---

[18] Unklar RGZ **34** 121; *Schlegelberger/Hefermehl* HGB[5], § 400 10 f.
[19] RGZ **34** 117, 121 f; *Schmidt-Rimpler* S. 992; *Schlegelberger/Hefermehl* HGB[5], § 400 10.
[20] *Schwark* BörsG, § 29 1.
[21] *Schmidt-Rimpler* S. 992; **a. A.** RGRKzHGB-*Ratz* § 400 4.
[22] RGRKzHGB-*Ratz* § 400 48; *Schmidt-Rimpler* S. 996; *Schlegelberger/Hefermehl* HGB[5], § 400 16 m. w. Nachw.
[23] *Schmidt-Rimpler* S. 996.

4. Amtlicher Markt- oder Börsenpreis

15 Bei Wertpapieren ist der Selbsteintritt kraft dispositiven Rechts (§§ 400 Abs. 1, 402) nur zulässig, wenn der Markt- oder Börsenpreis amtlich notiert wird. Da amtlich nur Börsenpreise festgestellt werden, kommt es mithin allein auf sie an. Die amtliche Feststellung der Börsenpreise erfolgt nach Maßgabe der §§ 29 ff BörsG. Die Börse muß durch die zuständige Landesregierung genehmigt sein (§ 1 BörsG). Die Wertpapiere müssen grundsätzlich zum amtlichen Börsenhandel zugelassen sein (§ 43 BörsG). Sind sie das nicht, so ist kraft dispositiven Rechts im Hinblick auf diese Wertpapiere ein Selbsteintritt ausgeschlossen. Nicht zugelassen werden müssen Wechsel und ausländische Zahlungsmittel; denn bei ihnen kann auch ohne Zulassung ein amtlicher Börsenpreis festgesetzt werden (§§ 96 Abs. 1, 29 ff BörsG). In der Praxis werden bei Devisen und Sorten jedoch keine amtlichen Kurse auf der Grundlage tatsächlicher Abschlüsse notiert, sondern lediglich amtliche Spannenkurse. Gleichwohl wird man hier kraft dispositiven Rechts einen Selbsteintritt als rechtmäßig anerkennen müssen, weil faktisch auf der Basis des Mittelwertes der amtlich festgestellten Spannungsnotizen abgerechnet wird[24]. Des Rückgriffs auf Nr. 35 AGB der Banken bedarf es daher nicht notwendig, um den Selbsteintritt für wirksam zu erklären. Die Feststellung des amtlichen Börsenkurses erfolgt gemäß § 29 Abs. 1 BörsG grundsätzlich durch den Börsenvorstand und dort, wo eine Kursmaklerkammer besteht, durch den Kursmakler (*Schwark* BörsG, § 29 7).

Der amtlich festgestellte Kurs hat die Vermutung der Richtigkeit für sich. Eine Berichtigung durch die notierende Stelle ist mit ex tunc-Wirkung stets möglich (*Schwark* BörsG, § 29 26). Auch der Kommittent kann sich darauf berufen, daß die Kursfeststellung nicht der wirklichen Geschäftslage des Verkehrs an der Börse entsprach und fehlerhaft festgesetzt worden sei. Er trägt dafür die volle Beweislast. Soweit ein Ermessensspielraum der Kursmakler oder Börsenvorstände eine Rolle spielt, muß er nachweisen, daß von dem Ermessen mißbräuchlich Gebrauch gemacht wurde.

Soll die Kommission an einer ausländischen Börse erledigt werden und kommt die ausländische Kursfeststellung der nach § 29 BörsG an Zuverlässigkeit gleich, so ist § 400 Abs. 1 analog heranzuziehen[25]. Die ausländische Kursfeststellung ist wie eine amtliche zu behandeln.

Als Voraussetzung für einen Selbsteintritt muß gemäß § 400 Abs. 1 zu dem für die Ausführung der Kommission durch Selbsteintritt maßgeblichen Zeitpunkt ein Börsenkurs amtlich festgestellt werden. Sollte eine amtliche Notierung vorübergehend eingestellt oder der Kurs gestrichen worden sein, so ist ein Selbsteintritt unmöglich (§ 400 Abs. 5; dazu § 400 32); die Banken können sich auch nicht auf Nr. 29 I AGB berufen, der zufolge Voraussetzung für den Selbsteintritt nur die amtliche Börsenzulassung ist (a. A. *Schwark* BörsG, § 29 22). Zur grundsätzlich zulässigen Derogation des Erfordernisses eines amtlichen Börsenkurses (§ 400 Abs. 1, arg. e. c. § 402) Nr. 29 I AGB der Banken s. *Canaris* Großkommentar HGB[3], Bd. III/3 (2. Bearb. 1981) 1905.

5. Gesetzliche Verbote des Selbsteintritts

16 Eine Aktiengesellschaft oder Kommanditgesellschaft auf Aktien darf als Einkaufskommissionärin keine eigenen Aktien erwerben, um sie nach Selbsteintritt selbst zu lie-

---

[24] A. A. *Schlegelberger/Hefermehl* HGB[5], § 400 12.
[25] *Schmidt-Rimpler* S. 993; *Schlegelberger/Hefermehl* HGB[5], § 400 13 m. Nachw.

fern, so lange die Aktien nicht voll eingezahlt sind. Sie darf auch nicht im Wege des Selbsteintritts als Verkaufskommissionärin vom Kommittenten Aktien übernehmen (§§ 71, 278 AktG).

6. Widerruf

Die Kommission darf nicht widerrufen sein, bevor der Kommissionär die Ausführungsanzeige abgesandt hatte (zum Widerruf näher § 405 14). **17**

7. Ausführung durch Geschäft mit einem Dritten

Ein Selbsteintritt kommt ferner dann nicht mehr in Betracht, wenn der Kommissionär die Ausführung angezeigt hat, ohne ausdrücklich zu bemerken, daß er selbst eintreten wolle (§ 405 Abs. 1, 2; dazu § 405 5 ff). Hingegen entfällt das Recht des Kommissionärs zum Selbsteintritt nicht schon dadurch, daß der Kommissionär ein Ausführungsgeschäft auf Rechnung des Kommittenten abgeschlossen hat[26]. Der Kommissionär ist vor der Anzeige der Ausführung mit oder ohne Nennung des Dritten (§ 405 Abs. 1) berechtigt, den Selbsteintritt zu erklären und damit das Kommissionsverhältnis umzugestalten (§ 383 77). Die Herausgabepflicht erlischt; das Ausführungsgeschäft wird zum Deckungsgeschäft. Dem Kommittenten erwächst hieraus — wenn man von der Einschränkung der Rechenschaftspflicht und vom Schutz durch § 392 Abs. 2 absieht — kein Nachteil, da der Kommissionär dem Kommittenten zumindest den Preis des „Ausführungsgeschäftes" berechnen muß (§ 401 Abs. 2). Es ist nicht einzusehen, warum ein Kommissionär, der gleich auf eigene Rechnung ein Deckungsgeschäft getätigt hatte, seine Pflicht zur Rechenschaft durch Selbsteintritt mindern kann, dem Kommissionär, der ein Ausführungsgeschäft getätigt hatte, dies jedoch verwehrt bleiben sollte, obwohl in beiden Konstellationen der Kommissionär (mindestens) die mit dem Dritten vereinbarten Konditionen in Rechnung zu stellen hat. **18**

E. Ausführung durch Selbsteintritt

Die Ausführung der Kommission durch Selbsteintritt erfolgt kraft dispositiven Rechts durch ausdrückliche Erklärung des Kommissionärs, das Kommissionsgut selbst zu liefern bzw. übernehmen zu wollen. Zur Frage, wann das Erfordernis der Ausdrücklichkeit erfüllt ist, § 405 3. Die Parteien können aber jederzeit vereinbaren, daß andere Willenserklärungen die Wirkungen des Selbsteintritts auslösen, ja, daß bloße Tathandlungen den aufschiebend bedingten Selbsteintritt zum unbedingten Selbsteintritt machen (BGH WM **1980** 1010, 1012). § 405 Abs. 1, der von einer ausdrücklichen Erklärung des Selbsteintritts im Rahmen der Ausführungsanzeige spricht, normiert kein zwingendes Recht[27]. So kann ohne weiteres vereinbart werden, daß jede Ausführungsanzeige als Erklärung des Selbsteintritts gilt (RGZ **96** 4). Eine solche Vereinbarung liegt jedoch nicht ohne weiteres in der Abrede, daß alle Orders im Wege des Selbsteintritts ausgeführt werden[28]. Eine solche Abrede kann auch nicht den Inhalt haben, daß Abschluß des Kommissionsvertrages und Ausführung desselben durch Selbsteintritt zusammenfallen, da die Parteien dann sofort einen reinen Kaufvertrag verein- **19**

---

[26] RGRKzHGB-*Ratz* § 400 9; *Schlegelberger/Hefermehl* HGB 5, § 400 22; a. A. *Schmidt-Rimpler* S. 999.
[27] *Canaris* Großkommentar HGB 3, Bd. III/3 (2. Bearb. 1981), 1913; *Schlegelberger/Hefermehl* HGB 5, § 405 4.
[28] *Canaris* Großkommentar HGB 3, Bd. III/3 (2. Bearb. 1981), 1913; a. A. RG JW **1926** 1961; *Schlegelberger/Hefermehl* HGB 5, § 405 4.

baren könnten. Durch bloßes Schweigen wird im Zweifel selbst dann nicht der Selbsteintritt erklärt, wenn es im Vertrag heißt, daß unverkäufliche Ware spätestens binnen vier Wochen zurückzugeben ist; denn es ist nicht anzunehmen, daß der Kommissionär unverkäufliche Ware erwerben will. Die Annahme eines Selbsteintritts käme einer Vertragsstrafe gleich.

Die Eintrittserklärung oder eine sonstige den Selbsteintritt auslösende Handlung bedarf keiner besonderen **Form**. Sie kann mithin mündlich, schriftlich, fernschriftlich erfolgen. Das gilt auch dann, wenn der Kommissionsvertrag als solcher der Form bedarf (§ 383 54; Analogie zu § 505 Abs. 1 BGB). Zur Erklärung des Selbsteintritts im Falle der Effektenkommission und der Auslegung der Nr. 29 I AGB der Banken *Canaris* Großkommentar HGB 3, Bd. III/3 (2. Bearb. 1981), 1913.

Die Kommission ist ausgeführt, sobald der Selbsteintritt **wirksam** geworden ist. Dies ist grundsätzlich der **Zeitpunkt**, in dem die Erklärung des Selbsteintritts zugegangen ist. Die bloße Abgabe der Selbsteintrittserklärung läßt mithin dem Kommissionär die Möglichkeit offen, sie zu widerrufen (§ 130 Abs. 1 S. 2 BGB). Denkbar ist aber auch, daß die Wirksamkeit auf einen früheren Zeitpunkt fällt. So kann der Kommittent auf den Zugang der Annahmeerklärung verzichtet haben, oder eine Erklärung ist nach der Verkehrssitte nicht erforderlich. § 151 BGB findet analoge Anwendung[29]. Die in Analogie zu § 151 BGB erforderliche Willensbetätigung kann in der Vornahme des Deckungsgeschäftes oder in einer Buchung[30] liegen. Der Abschluß des Deckungsgeschäftes, der auf eigene Rechnung erfolgt, stellt zwar an sich noch keine „Erfüllungshandlung" dar, doch muß man berücksichtigen, daß § 401 Abs. 2 in aller Regel die Verpflichtungen des Kommissionärs nach Selbsteintritt vom Inhalt des aus Anlaß der Kommission abgeschlossenen Deckungsgeschäftes abhängig machen wird und das Deckungsgeschäft in Hinblick auf den Kommissionsauftrag getätigt worden sein kann. — Haben die Parteien einen festen Zeitpunkt für das Wirksamwerden vereinbart, so gilt dieser Zeitpunkt. Zur Konstellation der verlorengegangenen Selbsteintrittserklärung sowie Ausführungsanzeige § 400 26. Aus dem Umstand, daß sich die Preisberechnung an der Absendung der Ausführungsanzeige orientiert, und aus § 405 Abs. 3 darf nicht abgeleitet werden, daß der Selbsteintritt rückwirkend zum Zeitpunkt der Absendung der Ausführungsanzeige wirksam wird[31].

Die **dogmatische Einordnung** der Selbsteintrittserklärung ist umstritten. Zum Teil wird behauptet, der Kommittent gebe mit seinem Angebot zum Abschluß eines Kommissionsvertrages zugleich konkludent ein Angebot zum Abschluß eines Kaufvertrages ab[32]. Die Kaufvertragsofferte werde mit der Erklärung des Selbsteintritts, gegebenenfalls durch eine Erfüllungshandlung (§ 151 BGB) angenommen. Jedenfalls dort, wo dem Kommissionär der Selbsteintritt kraft dispositiven Rechts (§ 400 Abs. 1) gestattet ist, wird jedoch der Kommittent, der einen Kommissionär beauftragt, kaum jemals daran denken, daß er selbst etwas unmittelbar an den Kommissionär verkaufen bzw. von diesem etwas kaufen will. Der Wille des Kommittenten zielt auf eine Geschäftsbesorgung. Der auf einen Kaufvertrag gerichtete Wille ist Fiktion (*Canaris* Großkommentar HGB 3, Bd. III/3 (2. Bearb. 1981), 1909; *Schlegelberger/Hefermehl* HGB 5,

---

[29] OGH 4 214 f; wohl auch *Schlegelberger/Hefermehl* HGB 5, § 405 19; a. A. *Schmidt-Rimpler* S. 1011; vgl. ferner *Canaris* Großkommentar HGB 3, Bd. III/3 (2. Bearb. 1981), 1913.

[30] *Klein/Kümpel/Lau* Bankrecht und Bankpraxis (1979), 7/72.

[31] A. A. RGZ 102 16; *Düringer/Hachenburg/Lehmann* HGB 3, § 400 36; wie hier: *Schlegelberger/Hefermehl* HGB 5, § 405 16 m. w. Nachw.

[32] OGH 4 213; *Modest* NJW 1950 53; *Klein/Kümpel/Lau* in Bankrecht und Bankpraxis (1979), 7/71.

§ 400 32). Mit der h. M. ist deshalb davon auszugehen, daß der Kommissionär, der selbst eintritt, von einem Gestaltungsrecht Gebrauch macht, das ihm das Gesetz auf der Grundlage eines Kommissionsvertrages einräumt[33]. Selbst wenn im Einzelfall ein Selbsteintrittsrecht erst von den Parteien vereinbart werden muß, liegt hierin kein Angebot zum Abschluß eines Kaufvertrages; denn durch den Selbsteintritt wird das Kommissionsverhältnis nicht verdrängt, sondern es tritt eine Vermischung der Typen „Kauf" und „Kommission" ein (§ 400 20). Dem entspricht keine Kaufvertragsofferte, sondern die Vereinbarung eines Gestaltungsrechtes, das es dem Kommissionär erlaubt, das Kommissionsverhältnis partiell umzuformen (*Schlegelberger/Hefermehl* HGB[5], § 400 32).

F. Rechtsfolgen des Selbsteintritts
I. Umgestaltung des Kommissionsverhältnisses

Der Selbsteintritt stellt eine Variante der Ausführung des Kommissionsgeschäftes **20** dar. Freilich tritt der Kommissionär mit dem Selbsteintritt aus seiner Rolle als Geschäftsbesorger heraus; denn er wird mit dem Selbsteintritt verpflichtet, das Kommissionsgut selbst zu liefern bzw. zu übernehmen und hierfür den Kaufpreis zu zahlen. Das heißt nicht, daß sich der Kommissionsvertrag rückwirkend oder vom Zeitpunkt des Selbsteintritts in einen Kaufvertrag verwandeln würde. Vielmehr bleibt der Kommissionär trotz des Selbsteintritts Geschäftsbesorger; denn der Kommittent soll aufgrund des Selbsteintritts (von der Rechenschaftspflicht abgesehen) nicht schlechter gestellt werden, als wenn die Kommission durch Geschäft mit einem Dritten ausgeführt worden wäre[34]. Daraus folgt, daß der Kommissionär, der den Selbsteintritt erklärt hat, eine Doppelfunktion zugewiesen erhält (*K. Schmidt* Handelsrecht, § 30 VI 1 c). Er ist „Dritter" und Kommissionär in einer Person. Er hat mithin zum einen den Kommittenten so zu behandeln, als ob der Kommittent nach Abtretung der Forderung des Kommissionärs gegen den Dritten unmittelbar gegen ihn als Dritten vorgehen könnte. Umgekehrt wird der Kommittent dem Kommissionär so verpflichtet, als ob der Kommissionär „der Dritte" wäre, der sich die Ansprüche des Kommissionärs gegen den Kommittenten hat abtreten lassen. Es gilt demnach Kaufrecht, soweit kein Widerspruch zu kommissionsrechtlichen Regelungen besteht. Soweit die kaufrechtlichen und kommissionsrechtlichen Regelungen kollidieren, ist Kaufrecht grundsätzlich in dem Umfang anzuwenden, in dem die Parteien dadurch „wirtschaftlich gesehen" in die gleiche Position versetzt werden, als ob die Kommission durch ein Ausführungsgeschäft erledigt worden wäre. Dabei ist freilich zu berücksichtigen, daß der Kommissionär, der selbst eintritt, in stärkerem Umfang als ein normaler Geschäftsbesorgungskommissionär mit Risiken zu belasten ist, die seiner Sphäre entspringen oder sich in ihr zuerst auswirken.

Die kaufrechtlichen Rechtsfolgen treten in dem Moment ein, in dem der Selbsteintritt wirksam wird (dazu § 400 19). Der Umstand, daß sich die Preisberechnung an der Absendung der Ausführungsanzeige orientiert (§ 400 Abs. 2, 3), sowie § 405 Abs. 3 führen nicht dazu, daß der Selbsteintritt rückwirkend zum Zeitpunkt der Absendung der Ausführungsanzeige in Kraft tritt[35].

---

[33] *Canaris* Großkommentar HGB[3], Bd. III/3 (2. Bearb. 1981), 1909; *Schlegelberger/Hefermehl* HGB[5], § 400 32 m. Nachw.; *K. Schmidt* Handelsrecht, § 30 VI 1b; eingehend zur gesamten Diskussion *v. Dalwigk zu Lichtenfels* S. 76 ff.
[34] RGZ **108** 193; *Schmidt-Rimpler* S. 1022; *Schlegelberger/Hefermehl* HGB[5], § 400 31 m. w. Nachw.; ferner *Canaris* Großkommentar HGB[3], Bd. III/3 (2. Bearb. 1981), 1908.
[35] **A. A.** RGZ **102** 16; *Düringer/Hachenburg/Lehmann* HGB[5], § 400 36; wie hier: *RGRKzHGB-Ratz* § 400 15; *Schlegelberger/Hefermehl* HGB[5], § 405 16; *v. Dalwigk zu Lichtenfels* S. 80.

II. Vorrangige Geltung des Kaufrechtes
1. Synallagmatische Verpflichtung
a) Allgemeines

21 Mit dem Selbsteintritt übernimmt der Kommissionär die Rolle des „Dritten" bei einer Geschäftsbesorgungskommission. Er wird mithin im Rahmen einer Einkaufskommission selbst unmittelbar verpflichtet, das Kommissionsgut zu liefern, bei der Verkaufskommission, das Kommissionsgut selbst abzunehmen und zu bezahlen. Den Preis kann der Kommissionär weder nach freiem noch nach billigem Ermessen festsetzen. Grundsätzlich orientiert sich der Preis an den Preisen, zu denen der Kommissionär ein Deckungsgeschäft auf eigene Rechnung getätigt hatte (§ 401 Abs. 2), oder, wenn dies für den Kommittenten günstiger sein sollte, an den Preisen, zu denen der Kommissionär bei pflichtgemäßen Anstrengungen ein Ausführungsgeschäft hätte abschließen können, wenn er nicht selbst eingetreten wäre (§ 401 Abs. 1). Dies gilt auch dann, wenn das Selbsteintrittsrecht einer besonderen vertraglichen Vereinbarung entspringt (§ 402). Mindestens darf der Kommittent aber bei der Verkaufskommission Zahlung des Markt- oder Börsenpreises zur Zeit der Ausführung, unter Umständen den ersten Kurs, Mittelkurs oder Schlußkurs verlangen (§ 400 Abs. 2—5; näher dazu § 400 22 ff). Bei der Einkaufskommission begrenzt der Markt- oder Börsenpreis den Preis, den der selbsteintretende Kommissionär verlangen darf, in gleicher Weise nach oben. Im einzelnen gilt folgendes:

b) Preisberechnung gemäß § 400 Abs. 2

22 aa) Gemäß § 400 Abs. 2 S. 1 darf der Kommissionär keinen dem Kommittenten ungünstigeren **Kurs** berechnen als den zur Zeit der Ausführung bestehenden Markt- oder Börsenpreis. Zum Begriff des Markt- oder Börsenpreises § 400 14. Die Ausführung erfolgt zwar durch den Selbsteintritt. § 400 Abs. 2 S. 2 bestimmt aber abweichend davon als den für die „Zeit der Ausführung" maßgeblichen Moment den Zeitpunkt, in dem die **Anzeige** von der Ausführung an den Kommittenten **zur Absendung gegeben worden** ist (zum Begriff der Ausführungsanzeige § 405 4; zum Begriff der Absendung § 405 16). Ausführungsanzeige und Selbsteintrittserklärung werden zwar vielfach zusammenfallen. Aber auch dann, wenn der Selbsteintritt vor der Ausführungsanzeige erfolgt[36], kommt es für die Preisberechnung auf die Absendung der Ausführungsanzeige an. Zum Problem verlorengegangener Anzeigen § 400 26.

23 bb) Der Gesetzgeber wollte mit dieser Regelung die Gefahr von **Kursschnitten** mindern (Börsen-Enquête-Kommission (1892/98), S. 176). Der Kommissionär, der das Kommissionsgut auf das eigene Lager übernimmt oder es vom eigenen Bestand abgibt, trägt das Risiko, daß sich vom Zeitpunkt der Absendung der Ausführungsanzeige an die Kurse zu seinen Ungunsten verschieben. Sie können sich aber auch zu seinen Gunsten wandeln. Wenn er nicht „pflichtwidrig" (§ 401 Abs. 1) die Ausführungsanzeige in einem Moment abgegeben hat, in dem absehbar war, daß Kursausschläge zugunsten des Kommittenten zu erwarten sind, exponiert sich der Kommissionär Risiken und Chancen wie jeder Eigenhändler, der noch kein Deckungsgeschäft vereinbart hat. Der Kommissionär kann indessen auch versuchen, unter Verzicht auf die sich ihm bietenden Chancen, die Risiken dadurch auszuschalten, daß er ein Deckungsgeschäft auf dem Markt oder an der Börse tätigt, bevor er selbst eintritt. Um zu verhindern, daß er

---

[36] § 400 19; ferner Canaris Großkommentar HGB[3], Bd. III/3 (2. Bearb. 1981), 1913.

Stand: 1. 4. 1985

im Falle einer für den Kommittenten günstigeren Veränderung der Kurse Verluste erleidet, sieht er sich in einem solchen Fall mittelbar gezwungen, die Ausführungsanzeige abzusenden, bevor sich die Kurse geändert haben können (§ 402 Abs. 2 S. 2). Es wird demnach normalerweise für den Kommissionär ein starker Anreiz geschaffen, faktisch zum Preis des Deckungsgeschäftes abzurechnen (§ 401 Abs. 2), obwohl er über das Deckungsgeschäft keinerlei Rechenschaft (dazu § 400 45) abzulegen braucht[37]. Dort, wo an einem Tag nur ein Marktpreis oder ein Börsenkurs festgestellt wird (Einheitskurs), ist der Kommissionär auch ohne weiteres in der Lage, durch rechtzeitige Absendung der Ausführungsanzeige nach dem Abschluß eines Deckungsgeschäftes zu verhindern, daß er einen Verlust erleidet. Fraglich ist aber, ob sich der Kommissionär auch dort vor einem Verlustrisiko schützen kann, wo die Waren bzw. Wertpapiere zu **variablen Kursen,** die fortlaufend notiert werden, gehandelt werden. In Hinblick auf die parallel gelagerte Situation, in der der Kommissionär außerstande ist, die Ausführungsanzeige vor Börsenschluß abzusenden (§ 403 Abs. 3), wird die Ansicht vertreten, der zwingende § 403 Abs. 3 sei in solchen Konstellationen zu **restringieren**[38]. Dem ist zuzustimmen. Gleiches gilt für den Bereich des § 400 Abs. 2; denn auch hier kann man dem Kommissionär nicht das Verlustrisiko aufbürden, falls er mit zumutbarem Aufwand nicht in der Lage ist, die Ausführungsanzeige rechtzeitig nach Abschluß eines Deckungsgeschäftes abzugeben. Allerdings ist die Grenze der Unzumutbarkeit nicht schon dann erreicht, wenn die alsbaldige Absendung der Anzeige nur mit erhöhten Kosten möglich ist. Jeder Schutz vor Transaktionsrisiken erschwert die einzelne Transaktion und erhöht deren Kosten[39]. Das Gesetz hat sich in diesem Konflikt zwischen der billigsten Art der Kommissionsausführung und dem Schutz der Kommittenteninteressen vor unredlichen Abrechnungen für die Sicherung der Kommittenten gegen Kursschnitte entschieden[40]. Diese Entscheidung hat man bei der Interpretation des Gesetzes zu respektieren. Mit der Forderung nach verstärkten Bemühungen um eine „rechtzeitige Absendung der Ausführungsanzeige" werden den Kommissionären auch keine Lasten auferlegt, die sie letztlich selbst tragen müßten; denn die Forderung trifft alle konkurrierenden Kommissionäre gleichermaßen und die durch die Notwendigkeit einer alsbaldigen Ausführungsanzeige erhöhten Kosten können im Wege der Provision auf die Kommittenten abgewälzt werden, in deren Interesse eine Unterbindung von Kursschnitten liegt. Die Grenze der zumutbaren Möglichkeiten für eine „rechtzeitige" Absendung der Ausführungsanzeige ist deshalb erst dort als erreicht anzusehen, wo eine sofortige Absendung der Anzeige nach Abschluß des Deckungsgeschäftes nur mit einem Aufwand möglich wäre, der offensichtlich nicht im Interesse der Kommittenten gelegen sein kann. Diese Grenze wird angesichts der heutigen kommunikations- und bürotechnischen Mittel nicht allzuschnell überschritten werden. Absendung heißt nämlich nur, daß die Anzeige über den Abschluß aus dem Organisationsbereich des Händlers herausgelangt sein muß (§ 405 16). Dafür würde es z. B. genügen, daß die Anzeige einem Börsenorgan oder einer Treuhandstelle übergeben worden ist. Daß dieser Weg im Grundsatz gangbar ist, erhellt die Regelung an der New Yorker Börse, der zufolge der Abschluß mit Kurs und Umsatz der Börse gemeldet werden muß[41]. Ist eine rechtzeitige Absendung der Ausführungsanzeige unmöglich, so lebt wieder die allgemeine kommissionsrechtliche Rechenschaftslegungspflicht auf (dazu eingehender § 400 45 ff).

24 Ein weiteres Problem bei der Anwendung des § 400 Abs. 2 besteht darin, daß die **fortlaufenden Notierungen** vielfach **ohne Zeitangabe** erfolgen und es daher dem Kom-

---

[37] Das verkennt *v. Dalwigk zu Lichtenfels* S. 83.
[38] *Canaris* Großkommentar HGB3, Bd. III/3 (2. Bearb. 1981), 1916; *Schwark* Anlegerschutz, aaO, S. 109.
[39] *Schmidt* Börsenorganisation, aaO, S. 84, 223.
[40] Börsen-Enquête-Kommission, aaO, S. 176.
[41] *Schmidt* Börsenorganisation, aaO, S. 223 f.

missionär nur schwer möglich ist nachzuweisen, welche Notierung zum Zeitpunkt der Absendung der Ausführungsanzeige bestanden hat. Hier haben in erster Linie börsenorganisatorische Reformen Abhilfe zu schaffen (§ 400 10). Um zu verhindern, daß die Schutzfunktion des § 400 Abs. 2 bis zu dem Zeitpunkt leerläuft, an dem die einzelnen variablen Kurse einigermaßen vollständig zeitlich fixiert werden, könnte man erwägen, dem Kommissionär, der während der Börsenzeit eine Ausführungsanzeige absendet, obwohl in diesem Moment keine zeitlich hinreichend fixierten Kurse notiert werden, eine **Rechenschaftspflicht** im Hinblick auf das Deckungsgeschäft aufzuerlegen (Restriktion des § 400 Abs. 2 S. 1 und Analogie zu § 384 Abs. 2); denn die Beschränkung der Rechenschaftspflicht des selbsteintretenden Kommissionärs beruht auf der gesetzgeberischen Prämisse, daß die Schutzvorkehrungen des § 400 Abs. 2—5 auch im vorgesehenen Umfang greifen können. Die in § 400 Abs. 2 angeordnete Beschränkung der Rechenschaftspflicht wird mit anderen Worten nur dort relevant, wo im Zeitpunkt der Absendung der Ausführungsanzeige zeitlich fixierte Kurse notiert werden. Dagegen kann man nicht einwenden, dem Kommittenten sei hinreichend gedient, falls ihm der Kommissionär einen günstigeren als den Markt- oder Börsenpreis berechnet. Dann brauche er auch nicht noch im einzelnen zu erfahren, warum dies geschehen sei. Berechne der Kommissionär hingegen den Markt- bzw. Börsenpreis, obwohl er ein günstigeres Deckungsgeschäft getätigt habe, so habe der Kommissionär gegen § 401 Abs. 2 verstoßen. Für den Kommittenten sei es in einem solchen Fall völlig uninteressant, daß der Kommissionär außerdem noch eine erweiterte Pflicht zur Rechenschaftslegung verletzt habe (*Prellberg* S. 38). Dabei wird nämlich übersehen, daß der Kommittent ein Interesse daran hat, kontrollieren zu können, ob ihm der volle Vorteil aus einem Deckungsgeschäft zugeflossen ist. Dort, wo der Kommissionär vertraglich verpflichtet ist, Deckungsgeschäfte zu tätigen, erlangt er überdies die Möglichkeit zu kontrollieren, welche Konditionen aufgrund seines Auftrages im Rahmen eines Deckungsgeschäftes vereinbart worden sind. Eine erweiterte Rechenschaftspflicht ist demnach aus der Sicht des Kommittenten durchaus sinnvoll (§ 400 23), selbst wenn man — richtigerweise — die Rechenschaftspflicht des Kommissionärs, der keine Deckungsgeschäfte zu tätigen brauchte, nicht dahin ausdehnt, daß er auch darzulegen hat, daß er deshalb zu Recht zum Markt- oder Börsenpreis abgerechnet hat, weil er kein günstigeres Deckungsgeschäft vereinbart habe. Würde man nämlich den Kommissionär auch verpflichten, darzulegen, daß er kein Deckungsgeschäft getätigt hat, so würde man ihn letztlich zwingen, seine gesamten Interna, wie z. B. andere Kommissionsgeschäfte, offenzulegen und damit seine Geschäftsverbindungen preiszugeben.

In Konstellationen, in denen der Kommissionär zu einem Zeitpunkt, in dem keine zeitlich fixierten Kurse festgesetzt werden, eine Ausführungsanzeige absendet, ohne vorher ein Deckungsgeschäft getätigt zu haben, ist der Grundgedanke des § 400 Abs. 3 fruchtbar zu machen. Danach ist der dem Absendungstermin vorhergehende, zeitlich fixierte Kurs maßgebend. Will der Kommissionär das damit verbundene Kursrisiko nicht laufen, so mag und darf er mit der Anzeige warten, bis ein Kurs zeitlich nachprüfbar festgesetzt ist. Das ist ihm als Interessenwahrer durchaus zuzumuten.

25   cc) Die herrschende Meinung erklärt freilich die Regel des § 400 Abs. 2 S. 2 über die Preisberechnung wegen der mit der wortgetreuen Anwendung des § 400 Abs. 2 verbundenen Schwierigkeiten für **praktisch obsolet**[42], ohne daß daraus der Schluß gezogen

---

[42] *Nußbaum* Die Börsengeschäfte in: *Ehrenbergs* Handbuch des gesamten Handelsrechts (1918), Bd. IV 2. Abt., S. 613 f; *v. Dalwigk zu Lichtenfels* S. 82; *Schneiders* S. 46; *Schwark* Anlegerschutz, aaO, S. 179.

wird, daß dann eben die Beschränkung der Rechenschaftspflicht fallen bzw. der Grundgedanke des § 400 Abs. 3 herangezogen werden müsse. Vgl. auch die Erläuterungen zu § 400 Abs. 3 (§ 400 27).

dd) Ist die **Ausführungsanzeige** nach Absendung **verlorengegangen,** so stellt sich die **26** Frage, ob der Kommissionär die Absendung wiederholen, sowie ferner die Frage, ob die Abrechnung nach Maßgabe des Zeitpunktes der ersten Ausführungsanzeige erfolgen muß oder auch nur kann. Verschiedentlich wird hier die Ansicht vertreten, daß der Zeitpunkt der Abgabe der zweiten Ausführungsanzeige entscheide[43]. Diese Auffassung ist nur dann richtig, wenn man die Ausführungsanzeige im Rahmen der durch Selbsteintritt ausgeführten Kommission für eine Willenserklärung und nicht bloß für eine Mitteilung hält (Willenserklärung: *Schmidt-Rimpler* S. 1010). Ersteres wird mit dem Argument bejaht, daß die unbestimmte Ausführungsanzeige (zum Begriff § 405 4 f) lediglich ein Blankett sei, und daß es keine Selbsteintrittserklärung gäbe, die nicht zugleich Ausführungsanzeige sei. Diese These ist jedoch schon deshalb verfehlt, weil der Selbsteintritt analog § 151 BGB (dazu § 400 19) ohne Kundgabewillen durch bloße Willensbetätigung erfolgen kann. Den isolierten Kundgabezweck erfüllt dann die spätere Ausführungsanzeige. Zum anderen kann bei einer unbestimmten Ausführungsanzeige nicht geleugnet werden, daß allein die Selbsteintrittserklärung vom Geltungswillen des Kommissionärs getragen wird, die Ausführung durch Selbsteintritt zu wählen und in Geltung zu setzen. Die Ausführungsanzeige ist mithin so, wie sie das Gesetz konzipiert hat, bloße Mitteilung. Ihr kann nicht mit rückwirkender Kraft der Charakter einer Willenserklärung verliehen werden[44]. Ihre Wirksamkeit hängt demnach nicht von ihrem Zugang ab. Auch wenn sie verlorengeht, bleiben die durch ihre Absendung hervorgerufenen Rechtswirkungen bestehen. Das ist auch sachgemäß. Das Gesetz stellt für § 400 Abs. 2 auf die Absendung der Ausführungsanzeige deshalb ab, um einerseits den Kommissionär davor zu schützen, daß sich die Kurse bis zu deren Zugang bereits zu seinen Ungunsten verändert haben, und um andererseits den Kommissionär zu motivieren, die Anzeige sofort nach Abschluß eines Deckungsgeschäftes abzusenden, um damit den Spielraum für Kursschnitte zu beschneiden. Geht die Anzeige dem Kommittenten nicht zu, obwohl der Selbsteintritt bereits wirksam geworden war (§ 151 BGB analog), so darf es für die Preisberechnung nicht auf die erneute Absendung der Ausführungsanzeige ankommen, da sich der Kommissionär möglicherweise zum Kurs der ersten Ausführungsanzeige eingedeckt hat und sich nun die Kurse zu seinen Ungunsten verschoben haben. Es besteht hier kein Anlaß, den selbsteintretenden Kommissionär schlechter zu stellen als den Kommissionär, der durch ein auf Rechnung des Kommittenten geschlossenes Geschäft ausgeführt hat und dessen Ausführungsanzeige verlorengegangen ist. Nicht anders ist die Situation, falls die Selbsteintrittserklärung als solche nach ihrer Absendung verlorengegangen ist. Zwar muß normalerweise der Selbsteintritt nochmals erklärt werden und die Erklärung zugehen, damit der Selbsteintritt wirksam wird (§ 400 19). Auch muß die Ausführungsanzeige grundsätzlich zumindest gleichzeitig (§ 405 Abs. 1) zugehen. Die Preisberechnung erfolgt jedoch nach Maßgabe der Absendung der ersten Ausführungsanzeige; denn es ist dem Kommissionär als Geschäftsbesorger nicht zuzumuten, daß er die Last eines ungünstig gewordenen Deckungsgeschäftes trägt, wenn er nicht bereit oder in der Lage ist, von einem Selbsteintritt Abstand zu nehmen und das Deckungsgeschäft als Ausführungsgeschäft zu behandeln (zur Unzulässigkeit dieses Vorgehens § 383 75), weil er seine Geschäftsverbin-

---

[43] *Schlegelberger/Hefermehl* HGB[5], § 405 17; *Schmidt-Rimpler* S. 1012 f. [44] **A. A.** *Schmidt-Rimpler* S. 1011.

§ 400 Drittes Buch. Handelsgeschäfte

dung nicht aufdecken will oder nur durch Selbsteintritt ausführen darf. Ein solches Risiko ist ihm umso unzumutbarer, als nach der Gegenmeinung der Kommittent bei erneutem Selbsteintritt und erneuter Anzeige immer die Konditionen des Deckungsgeschäftes zu seinen Gunsten in Anspruch nehmen könnte (§ 401 Abs. 2), wenn sich im Zeitpunkt der Absendung der zweiten Ausführungsanzeige die Kurse zu seinen Ungunsten entwickelt haben sollten. Der Kommissionär als Geschäftsbesorger braucht nicht das volle Kursrisiko zu tragen, wenn er alles getan hat, um die Kommission ordnungsgemäß zu erledigen.

c) Preisberechnung gemäß § 400 Abs. 3

27 § 400 Abs. 3 verpflichtet den Kommissionär, der die Ausführungsanzeige erst nach Schluß der Börse oder des Marktes absendet, dem Kommittenten keinen ungünstigeren Preis als den Schlußkurs zu berechnen. Man wollte damit die Konsequenz vermeiden, daß ein Selbsteintritt an dem Umstand scheitere, daß kein Kurs in dem Moment, in dem die Anzeige erfolgt (§ 400 Abs. 2), existiert, der als Preismaßstab fungieren könnte. Zum anderen wollte man dem Kommissionär auch nicht schlechthin gestatten, den Schlußkurs zu berechnen, weil er dann „zu seinem Vorteil auf diesen hin spekulieren könnte" (Börsen-Enquête-Kommission, aaO, S. 176).

Die Regelung des § 400 Abs. 3 bringt für den Kommissionär, der auf dem Markt oder an der Börse ein Deckungsgeschäft abgeschlossen hat, die Ausführungsanzeige jedoch erst nach Börsenschluß absendet, ein erhebliches Kursrisiko mit sich. Entwickelt sich der Schlußkurs zugunsten des Kommittenten, so könnte der Kommittent Abrechnung zum günstigeren Kurs fordern und der Kommissionär hätte den Verlust zu tragen. Andererseits bleiben dem Kommittenten bei einer entgegengesetzten Kursentwicklung die Vorteile des Deckungsgeschäftes voll gewahrt (§ 401 Abs. 2). Selbst wenn der Kommissionär gegen die Pflicht verstoßen wollte, dem Kommittenten die günstigeren Konditionen des Deckungsgeschäftes zu berechnen, so müßte er doch auf den Schlußkurs hin auf eigenes Risiko spekulieren. Dabei läuft er Gefahr, daß ihm der Kommittent nachweist, er habe schon früher zu besseren Kursen ausführen können (§ 400 Abs. 1).

Dieser Risikoverteilung wegen wird § 400 Abs. 3 nach nahezu einhelliger Meinung als mißglückt angesehen[45]. § 400 Abs. 3 sei nur dort angemessen, wo an einem Börsentag ein einheitlicher Kurs festgestellt werde, nicht aber im Bereich des variablen Handels. In der Praxis findet daher § 400 Abs. 3 kaum Beachtung.

28 Es wäre jedoch verfehlt, davon auszugehen, daß § 400 Abs. 3 im Bereich des variablen Handels seine rechtliche Geltung verloren hat. Sicherlich ist er nicht gewohnheitsrechtlich derogiert[46]. Er kann allenfalls partiell durch Restriktion dort seine Geltung verloren haben, wo die ihm entspringende Risikobelastung unzumutbar ist[47]. Das kann nur in den Konstellationen bejaht werden, in denen es dem Kommissionär mit zumutbarem Aufwand unmöglich ist, die Ausführungsanzeige sofort nach Deckung, oder falls er keine Deckung sucht, sofort nach Erreichen des aus der Sicht des Kommittenten besten Kurses (§ 401 Abs. 1) abzusenden (§ 400 23 f). Es genügt jedenfalls nicht,

---

[45] *Schmidt-Rimpler* S. 1041; *Schlegelberger/Hefermehl* HGB5, § 400 68; *v. Dalwigk zu Lichtenfels* Effektenkommissionsgeschäft, aaO, S. 83 f m. w. Nachw.; *Schwark* Anlegerschutz, aaO, S. 179; **a. A.** KG LZ **1911** 234; RGRKzHGB-*Ratz* § 400 20.

[46] *Canaris* Großkommentar HGB3, Bd. III/3 (2. Bearb. 1981), 1916; **a. A. *Prellberg*** S. 23 f.

[47] *Canaris* Großkommentar HGB3, Bd. III/3 (2. Bearb. 1981), 1916.

daß der Kommissionär die Absendung der Ausführungsanzeige lediglich deshalb hinauszögert, weil er sie aus Wirtschaftlichkeitsgründen mit der Abrechnung kombinieren will (*Schneiders* S. 47). Die Unzumutbarkeit des Aufwandes, der eine sofortige Absendung der Ausführungsanzeige ermöglichen würde, darf nicht leichtherzig bejaht werden. Die Grenze zur Unzumutbarkeit ist daher erst dann als erreicht anzusehen, wenn der zur Sicherstellung einer rechtzeitigen Ausführungsanzeige erforderliche Aufwand offensichtlich übertrieben wäre und letztlich den schutzwürdigen Interessen der Kommittenten zuwiderlaufen würde (§ 400 23). Das ist etwa dort der Fall, wo ein Provinzbankier, der nicht selbst an der Börse tätig werden kann, einen Zentralbankier einschaltet und ersterem die Ausführungsanzeige erst nach Börsenschluß zugehen kann[48]. War dem Kommissionär eine sofortige Absendung der Ausführungsanzeige nach Abschluß des Deckungsgeschäftes an der Börse unmöglich, so hat er, vorbehaltlich des § 401 Abs. 1, dem Kommittenten die Konditionen des Deckungsgeschäftes in Rechnung zu stellen (§ 401 Abs. 2). Er ist dann insoweit auch rechenschaftspflichtig (§ 400 24, 47). Hat er kein Deckungsgeschäft getätigt, so ist bei einer Absendung der Ausführungsanzeige nach Börsenschluß mindestens der Schlußkurs zugrunde zu legen. Demgegenüber kann sich der Kommissionär auch nicht darauf berufen, daß er bei pflichtgemäßer Sorgfalt schon zu einem früheren Zeitpunkt „ausgeführt" und dann einen schlechteren Kurs erzielt hätte; denn es ist nicht ersichtlich, auf welche Schwierigkeiten ein Kommissionär stoßen sollte, zu einem vor dem Börsenschluß liegenden Zeitpunkt die Ausführungsanzeige abzusenden, wenn er nicht auf das Zustandekommen eines Deckungsgeschäftes zu warten braucht[49].

Zum Fall der verlorengegangenen Ausführungsanzeige § 400 26.

d) Preisberechnung gemäß § 400 Abs. 4

29 Hat der Kommittent Order gegeben, die Kommission zu einem bestimmten Kurs (erster Kurs, Mittelkurs, Schlußkurs, Einheitskurs) zu erledigen, so muß der Kommissionär, der selbst eingetreten ist, zumindest den vom Kommittenten bestimmten Kurs in Rechnung stellen (§ 400 Abs. 4). Dabei kommt es nicht darauf an, ob er die Ausführungsanzeige abgesandt hatte, bevor der vom Kommittenten bestimmte Kurs festgesetzt worden war, oder ob er die Anzeige erst wesentlich später abgegeben hatte. § 400 Abs. 4 stellt somit eine Durchbrechung des § 400 Abs. 2, 3 dar[50]; denn § 400 Abs. 4 „berechtigt" den Kommissionär unabhängig vom Zeitpunkt der Ausführungsanzeige, den bestimmten Kurs in Rechnung zu stellen. In einem solchen Fall beschränkt sich die dem Kommissionär obliegende Rechenschaftspflicht auf den Nachweis, daß der bestimmte Kurs eingehalten worden war. Ganz unerheblich ist der Zeitpunkt der Ausführungsanzeige indessen nicht. Er spielt noch eine Rolle für die Bestimmung des Börsentages, dessen vom Kommittenten abstrakt fixierter Kurs maßgeblich sein soll.

30 Fraglich ist, ob die Abrechnungsregel des § 400 Abs. 4 zu Lasten des Kommittenten eingreift, wenn der Kommissionär vor Erreichen des vom Kommittenten bestimmten Kurses ein **Deckungsgeschäft** getätigt hatte oder bei pflichtgemäßer Sorgfalt hätte erkennen müssen, daß der Abschluß zu einem anderen Zeitpunkt für den Kommittenten vorteilhafter gewesen wäre. Man hat hier zu differenzieren. Ein Deckungsgeschäft, das nach Festsetzung des „bestimmten" Kurses getätigt worden ist, ist im Zweifel nicht „aus Anlaß" der Kommission abgeschlossen worden (§ 401 Abs. 2); denn hier trug der

---

[48] *Schlegelberger/Hefermehl* HGB 5, § 400 68. [50] *Schlegelberger/Hefermehl* HGB 5, § 400 69.
[49] Unzutreffend daher *v. Dalwigk zu Lichtenfels* S. 84.

Kommissionär das Risiko, daß die weitere Kursentwicklung zu seinen Lasten geht[51]. Eine Ausnahme gilt dort, wo der Kommissionär berechtigt war, von der Weisung, zu einem „bestimmten" Kurs abzuschließen, abzuweichen (§§ 385 Abs. 2 HGB, 665 BGB). Gleiches gilt für Konstellationen, in denen das Deckungsgeschäft vereinbart wurde, bevor der „bestimmte" Kurs notiert worden war[52]; es sei denn, daß der Kommissionär nach Maßgabe des § 665 BGB als berechtigt angesehen werden mußte, von der Weisung des Kommittenten abzuweichen. Rechnet der Kommissionär dann auf der Grundlage des Deckungsgeschäftes ab, so darf sich der Kommittent nicht auf § 400 Abs. 4 berufen, wenn der von ihm bestimmte Kurs günstiger gewesen war. Der Kommissionär muß freilich sofort nach Abschluß des Deckungsgeschäftes die Ausführungsanzeige abgesandt haben (§ 400 Abs. 2) und ist für die Berechtigung zur Abweichung von der Weisung beweispflichtig.

31 § 401 Abs. 1 wird ebenfalls nicht gänzlich durch § 400 Abs. 4 verdrängt[53]. Zwar spricht § 400 Abs. 4 von „berechtigt", zum „bestimmten" Kurs abzurechnen. Dies bezieht sich jedoch nur auf die Ausführungsanzeige, die für irrelevant erklärt wird. Die Funktion des Kommissionärs als Interessenwahrer wird hierdurch nicht tangiert[54]. Allerdings schränkt die Weisung des Kommittenten, zu einem bestimmten Kurs auszuführen, die **Interessenwahrungspflicht** des Kommissionärs stark ein. Der Kommissionär kann dann, wenn ihm eine Order zugeht, zu einem bestimmten Kurs auszuführen, regelmäßig davon ausgehen, daß der Kommittent am besten wissen wird, welcher Kurs ihm die meisten Vorteile bietet (§ 384 25). So wie der Kommissionär aber auch sonst nicht nur berechtigt (§ 385 Abs. 2 HGB, 665 BGB), sondern auch im Rahmen seines pflichtgemäßen Ermessens gehalten ist, von Weisungen des Kommittenten abzuweichen (§ 385 14), wenn dies aus seiner Sicht augenscheinlich im Interesse des Kommittenten liegt und die rechtzeitige Einholung neuer Weisungen undienlich ist, so ist er auch verpflichtet, gegebenenfalls von den „bestimmten" Kursen abzuweichen. Zu denken ist hierbei an eine Situation, in der der Kommittent Verkaufsorder zum Mittelkurs erteilt hat, die Ausführung zum Mittelkurs jedoch wegen neu eingetroffener Informationen als interessenwidrig erscheint, weil die Kurse mit größter Wahrscheinlichkeit steigen werden. Unter keinen Umständen muß der Kommissionär freilich abweichen, falls der Kommittent den Auftrag mit dem Ziel der Kursbeeinflussung erteilt hatte und der Kommissionär nicht weiß, welche Ziele der Kommittent im einzelnen anstrebt[55]. — Zu eng wird die Pflicht zur Interessenwahrung gefaßt, wenn der Kommissionär kraft § 401 Abs. 1 nur gehalten sein soll, zu „der ihm vorgeschriebenen Zeit" (z. B. des Mittelkurses) einer günstigeren Abschlußmöglichkeit Rechnung zu tragen[56]. Der Maßstab für die Interessenwahrung sind ganz generell die dem Kommissionär mit der Sorgfalt eines ordentlichen Kaufmannes erkennbaren Interessen des Kommittenten, die nicht notwendig die Ausführung zu einem bestimmten Zeitpunkt bedingen. So kann z. B. die Angabe des ersten Kurses erfolgt sein, weil der Kommittent aufgrund falscher Informationen erkennbar mit einem Fallen der Kurse rechnete. — Die Rechenschaftspflicht beschränkt sich immer darauf, daß der „bestimmte" Kurs eingehalten worden war (§ 400 45).

---

[51] *Rasmus* S. 129; a. A. *Schmidt-Rimpler* S. 1034; *Schlegelberger/Hefermehl* HGB 5, § 401 13.
[52] *A. A. Schmidt-Rimpler* S. 1034.
[53] A. A. *v. Dalwigk zu Lichtenfels* S. 87 f.
[54] *Schlegelberger/Hefermehl* HGB 5, § 401 6.
[55] *Schlegelberger/Hefermehl* HGB 5, § 401 6.
[56] *Schlegelberger/Hefermehl* HGB 5, § 401 6.

e) Relevanz des amtlichen Kurses

Gemäß § 400 Abs. 5 darf der Kommissionär keinen schlechteren Kurs berechnen als **32** den amtlich festgelegten. Bei der Warenkommission kann zwar der Kommissionär auch aufgrund eines nicht-amtlich festgestellten Markt- oder Börsenpreises selbst eintreten. Im Rahmen der Effektenkommission ist gleichfalls ein Dispens vom Erfordernis des amtlich notierten Preises zulässig; denn § 400 Abs. 1 ist nicht zwingend (arg. e. c. § 402). Unter keinen Umständen darf der Kommissionär allerdings dort, wo ein amtlicher Kurs notiert wird, zu schlechteren Kursen als den amtlichen abrechnen (§ 400 Abs. 5; § 402), da der amtliche Markt- oder Börsenpreis die größere Vermutung der Richtigkeit für sich hat. Der Kommissionär hat ihn daher immer zugunsten des Kommittenten als Minimum zu respektieren. Der Kommissionär darf also nicht die Unrichtigkeit des amtlichen Kurses geltend machen[57]; denn der Kommissionär hatte Gelegenheit, sich über das Zustandekommen der amtlichen Notierung rechtzeitig zu vergewissern und gegebenenfalls eine amtliche Berichtigung zu veranlassen.

Bestand ein günstigerer nicht-amtlicher Börsen- oder Marktpreis, so hat der Kommissionär zu diesem abzurechnen (§ 401 Abs. 1), er braucht indessen insoweit keine Rechenschaft abzulegen.

An Tagen, an denen die amtliche **Notierung ausgesetzt** ist, entfällt kraft zwingenden Rechts (§ 402) die Befugnis zum Selbsteintritt, auch wenn das Kommissionsgut nicht-amtlich auf dem Markt oder an der Börse gehandelt worden ist. Die Schutzfunktion des § 400 Abs. 5 erstreckt sich nicht nur auf den Zeitraum, in dem ein amtlicher Kurs tatsächlich festgestellt wird, sondern auf die gesamte Zeitspanne, in der üblicherweise amtliche Notierungen erfolgen[58]. Innerhalb dieses Zeitraumes rechnet nämlich ein Kommittent, der eine Order erteilt hat, typischerweise mit dem Schutz durch die amtliche Kursfeststellung. Diese Regel kann nicht abbedungen werden. Abweichende vertragliche Vereinbarungen sind daher nur dort zulässig, wo üblicherweise kein amtlicher Preis festgestellt wird (§ 400 68).

f) Relevanz von Weisungen

Der Kommissionär hat beim Selbsteintritt Limitierungen und sonstige vom Kommittenten gesetzte Weisungen zu beachten. Tritt er unter Verstoß gegen solche Weisungen ein, tritt er insbesondere zu einem Zeitpunkt ein, in dem das vom Kommittenten gesetzte Limit nicht erreicht ist, so kann der Kommittent den Selbsteintritt zurückweisen (§§ 385 f; näher dazu § 400 51). Dieses Recht steht dem Kommittenten auch dann zu, wenn der Kommissionär den Selbsteintritt im Hinblick auf ein anderes Gut erklärt, als er auf Rechnung des Kommittenten erwerben bzw. veräußern sollte[59]. **33**

g) Aufwendungsersatz

Neben dem Anspruch auf Bezahlung des Kaufpreises bzw. auf Lieferung der Ware **34** steht dem Kommissionär ein Aufwendungsersatzanspruch nur nach Maßgabe des § 403 zu. Daraus folgt insbesondere, daß der Kommissionär vom Kommittenten nicht Ersatz von Aufwendungen verlangen darf, die er im Zusammenhang mit einem auf eigene Rechnung getätigten Deckungsgeschäft gemacht hat. Damit ist es gleichgültig, ob das

---

[57] *Schlegelberger/Hefermehl* HGB5, § 400 70; a. A. *Schneiders* S. 47 f.
[58] *Schmidt-Rimpler* S. 1040; *Düringer/Hachenburg/Lehmann* HGB3, § 400 56; *Schlegelberger/Hefermehl* HGB5, § 400 70; *Canaris* Großkommentar HGB3, Bd. III/3 (2. Bearb. 1981), 1912.
[59] *Schmidt-Rimpler* S. 1022; *Schlegelberger/Hefermehl* HGB5, § 400 33.

Deckungsgeschäft aus Anlaß der Kommission getätigt worden war (str.; näher dazu § 403 5 f).

2. Lieferzeit, Erfüllungsort

35   Soweit der Kommittent im Hinblick auf die Lieferzeit keine besonderen Weisungen erteilt hat und sie sich nicht aus der Verkehrssitte bzw. dem Handelsbrauch ergeben, findet § 271 BGB Anwendung. — Der Erfüllungsort ist die Niederlassung, hilfsweise der Wohnsitz des jeweiligen Schuldners, es sei denn, daß den Umständen oder den Weisungen des Kommittenten etwas anderes zu entnehmen ist[60].

3. Gefahrtragung

36   Ist der Kommissionär im Rahmen einer Einkaufskommission über Gattungsobjekte selbst eingetreten, so trifft ihn die **Leistungsgefahr** in gleichem Umfang wie jeden Gattungsschuldner. Er kann sich deshalb nicht darauf berufen, daß er sich rechtzeitig eingedeckt habe, daß aber seinem Lieferanten die Leistung unmöglich geworden sei. Dies gilt selbst dann, wenn dem Partner des Deckungsgeschäftes die Leistung infolge eines hoheitlichen Eingriffes unmöglich geworden ist[61]. Das Deckungsgeschäft schließt nämlich der Kommissionär im eigenen Interesse auf eigene Rechnung ab, falls er sich gegen Kursrisiken sichern will. Er befindet sich insoweit in der gleichen Position wie jeder Eigenhändler. Der selbst eintretende Kommissionär haftet somit wie jeder Gattungsschuldner gemäß § 279 BGB bis zur Grenze der objektiven Unmöglichkeit der Leistungserschwerungen. Leistungserschwerungen, die z. B. dem Zwang entspringen, sich (nochmals) zu unvorhergesehen hohen Preisen einzudecken, hat mithin der Kommissionär zu tragen[62]. Eine Ausnahme gilt nur in den Fällen, in denen die Leistungserschwerung unvorhersehbar war und dem Kommissionär kein Übernahme- bzw. Vorsorgeverschulden vorgeworfen werden kann (*Koller* Risikozurechnung, aaO, S. 217 ff).

Die **Preisgefahr** im Hinblick auf das Kommissionsgut regeln die §§ 446 f BGB. Voraussetzung hierfür ist, daß das Kommissionsverhältnis durch einen wirksamen Selbsteintritt umgestaltet worden ist[63]. Ist z. B. der Kommissionär bereits im Besitz des Kommissionsgutes, so greift demnach § 446 BGB erst ein, nachdem der Selbsteintritt wirksam geworden ist.

4. Pflicht zum Abschluß eines Deckungsgeschäftes

37   Eine Verpflichtung zum Abschluß eines Deckungsgeschäftes besteht ausschließlich aufgrund einer besonderen Vereinbarung[64]. Daran ändert auch § 401 Abs. 2 nichts, der dem Kommittenten nur einen Mindest- bzw. Höchstpreis sichert (*v. Dalwigk zu Lichtenfels* S. 80). Auch § 401 Abs. 1 verpflichtet den Kommissionär nicht zum Abschluß von Deckungsgeschäften. Er verpflichtet den Kommissionär lediglich dazu, den Kommittenten so zu stellen, „als ob" er sich pflichtgemäß um Ausführung bemüht

---

[60] § 269 BGB; § 383 63 ff; wie hier *Schlegelberger/Hefermehl* HGB5, § 400 37 m. Nachw.; a. A. RGRKzHGB-*Ratz* § 400 23.
[61] OLG Kassel NJW **1949** 587; *Schlegelberger/Hefermehl* HGB5, § 400 25, 30; a. A. OLG Kiel SchlHA **1949** 84 ff.
[62] So wohl auch *Schlegelberger/Hefermehl* HGB5,

§ 400 30; a. A. OLG Kiel SchlHA **1949** 84 ff; *Düringer/Hachenburg/Lehmann* HGB3, § 400 40.
[63] *Schmidt-Rimpler* S. 1025; *Schlegelberger/Hefermehl* HGB5, § 400 34; vgl. auch *v. Dalwigk zu Lichtenfels* S. 80 ff.
[64] *Canaris* Großkommentar HGB3, Bd. III/3 (2. Bearb. 1981), 1904.

hätte⁶⁵. — Das gilt auch dann, wenn der Kommissionär ohne Abschluß eines Deckungsgeschäftes faktisch nicht in der Lage ist, die Gefahr etwaiger Kursschwankungen für den Fall zu tragen, daß er sich später doch noch eindecken muß[66]; denn die Verpflichtung, sich durch ein Deckungsgeschäft abzusichern, ist als solche ohnehin nicht einklagbar und die an eine etwaige Pflichtverletzung geknüpfte Schadensersatzsanktion schützt den Kommittenten gegen Ausfälle nicht besser, als dies § 279 BGB sowie die allgemeinen Grundsätze über Vorsorge- und Übernahmeverschulden tun, die dem Kommissionär in weitem Umfang das Leistungsrisiko zuweisen. Ebensowenig rechtfertigt es der Verdacht, daß ein Kommissionär den Kommittenten pflichtwidrig beraten hat (der Kommissionär empfiehlt z. B. einem Kommittenten bestimmte Effekten und deckt sich dann nicht selbst zu den angeblich günstigen Bedingungen ein), eine Pflicht zum Abschluß eines Deckungsgeschäftes zu statuieren[67]. Denn durch die Erfüllung einer derartigen Verpflichtung wäre der Kommittent nicht besser vor den Folgen falschen Rates geschützt, als dies nach den allgemeinen Regeln der Fall ist (§ 384 4 ff). Hat sich der Kommissionär vertraglich zum Abschluß eines Deckungsgeschäftes verpflichtet, so ist § 385 Abs. 1 analog anzuwenden, wenn der Kommissionär den Selbsteintritt erklärt, ohne vorher ein Deckungsgeschäft getätigt zu haben[68].

5. Gewährleistung

Nach Wirksamwerden des Selbsteintrittes finden die allgemeinen Gewährleistungsvorschriften des Kaufrechtes (§§ 459 ff BGB) Anwendung. Das gilt auch für die handelsrechtliche Rügepflicht (§§ 377 f). Von Relevanz ist dies vor allem für die Verkaufskommission, wo die Rügepflicht frühestens in dem Moment entsteht, in dem der Kommissionär durch Selbsteintritt rechtswirksam die Rolle eines Käufers übernimmt (*Schlegelberger/Hefermehl* HGB⁵, § 400 36 m. Nachw.). Unrichtig ist es, für den Beginn der Rügepflicht immer auf die Absendung der Ausführungsanzeige abzustellen (RGRKz HGB-*Ratz* § 400 27), denn der Kommissionär könnte, falls nicht § 151 BGB eingriffe, seine Selbsteintritts-Erklärung noch widerrufen. **38**

6. Sonstige Konditionen

Auch im übrigen hat der Kommissionär, der selbst eingetreten ist, die gleiche Position wie ein Käufer bzw. Verkäufer. Liefert er z. B. nicht rechtzeitig, so findet die Vorschrift des § 326 BGB Anwendung. Bei Unmöglichkeit der Leistung greift § 325 BGB im Hinblick auf die Pflicht ein, das Kommissionsgut zu liefern. **39**

7. Erfüllung

Die Erfüllung der durch den Selbsteintritt übernommenen oder hieraus resultierenden kaufrechtlichen Pflichten richtet sich nach den allgemeinen Regeln. Das heißt, daß der Verkaufskommissionär den Kaufpreis zu entrichten hat und der Einkaufskommissionär die Ware bzw. die Wertpapiere zu liefern hat. Da letzterer hierzu grundsätzlich nur Zug um Zug gegen Zahlung verpflichtet ist, liegt in der Übersendung der Ausfüh- **40**

---

[65] V. *Dalwigk zu Lichtenfels* S. 81 f; a. A. wohl *Schneiders* S. 101 f.
[66] A. A. wohl *Schlegelberger/Hefermehl* HGB⁵, § 400 26; *Schmidt-Rimpler* S. 1031; *Canaris* Großkommentar HGB³, Bd. III/3 (2. Bearb. 1981), 1906.
[67] So aber wohl *Schlegelberger/Hefermehl* HGB⁵, § 400 26; *Schmidt-Rimpler* S. 1030 f; *Canaris* Großkommentar HGB³, Bd. III/3 (2. Bearb. 1981), 1906.
[68] *Canaris* Großkommentar HGB³, Bd. III/3 (2. Bearb. 1981), 1905.

§ 400   Drittes Buch. Handelsgeschäfte

rungsanzeige keine Übereignung durch Besitzkonstitut (KG WM **1959** 1227). Bei der Verkaufskommission ist der Kommissionär vielfach schon Besitzer des Gutes, so daß eine Übereignung an den Kommissionär durch bloße Einigung möglich ist (§ 929 S. 2 BGB). In dem Kommissionsauftrag selbst liegt indessen noch kein Angebot zu einer dinglichen Einigung, sondern lediglich eine Verfügungsermächtigung (§ 383 86). Wohl kann aber in der Erklärung des Selbsteintrittes eine Offerte zur dinglichen Einigung enthalten sein, die der Kommittent annimmt, ohne daß es einer Erklärung bedarf[69]. Angesichts des Umstandes, daß der Kommittent mit der dinglichen Einigung seines Rechts verlustig geht, Leistung Zug um Zug zu verlangen, sollte man freilich mit der Bejahung einer Annahme vorsichtig sein. Die Annahme ist regelmäßig erst in der Entgegennahme der Kaufpreiszahlung zu erblicken. Die Pflicht zur Erfüllung verjährt gemäß § 196 BGB (BGH NJW **1981** 918, 919). — Zur Erfüllung der Übereignungspflichten bei der Effektenkommission *Canaris* Großkommentar HGB³, Bd. III/3 (2. Bearb. 1981), 1948 ff.

8. Verjährung

40 a Die Ansprüche auf Lieferung und Zahlung verjähren nach den allgemeinen kaufrechtlichen Regeln (BGH NJW **1981** 918, 919).

III. Vorrangige Geltung des Kommissionsrechtes
1. Vor Wirksamwerden des Selbsteintritts

41   Vor Wirksamwerden des Selbsteintritts hat der Kommissionär grundsätzlich die allgemeinen kommissionsrechtlichen Rechte und Pflichten (§ 383 59 ff, § 384 2 ff). Insbesondere ist er gehalten, auf ein den Interessen des Kommittenten optimal entsprechendes Ausführungsgeschäft hinzuarbeiten (*v. Dalwigk zu Lichtenfels* S. 81). Der Kommissionär ist unter der Voraussetzung des § 400 Abs. 1 lediglich berechtigt, die Kommission durch Selbsteintritt auszuführen. Zur Frage, ob der Kommissionär verpflichtet ist, durch Selbsteintritt auszuführen, § 400 69. Man hat in der Möglichkeit zur Ausführung durch Selbsteintritt ein Wahlschuldverhältnis zu sehen. Mit dem Selbsteintritt gilt dann allein die Ausführung durch Selbsteintritt als geschuldet (Analogie zu § 263 Abs. 2 BGB). Diese Wahl steht dem Kommissionär allerdings nicht völlig frei. Auch wenn ihm § 400 Abs. 1 unter den dort genannten Bedingungen den Selbsteintritt ohne Einschränkungen eröffnet, so steht die Befugnis zum Selbsteintritt doch unter dem allgemeinen kommissionsrechtlichen Vorbehalt einer angemessenen Interessenwahrung (§ 384 3). Der Kommissionär darf demnach die Kommission nur dort durch Selbsteintritt ausführen, wo dies dem Interesse des Kommittenten entspricht[70]. Dabei hat man freilich den Umstand außer acht zu lassen, daß dem Kommittenten an einer umfassenden Rechenschaftslegung gelegen sein kann. Dieses Interesse erklärt § 400 Abs. 2 für vernachlässigenswert. Läßt man die Frage der Minderung der Rechenschaftspflichten und die dadurch erhöhte Gefahr von Interessenkollisionen beiseite, so wird es aus der Sicht des Kommittenten im allgemeinen gleichgültig sein, ob die Kommission durch ein Geschäft mit einem Dritten oder durch Selbsteintritt ausgeführt wird; denn gemäß § 401 Abs. 1 hat der Kommissionär den Kommittenten so zu stellen, als ob er pflichtgemäß mit einem Dritten ausgeführt hätte.

---

[69] § 151 BGB; *Schlegelberger/Hefermehl* HGB⁵, § 400 35; *Schmidt-Rimpler* S. 1025.

[70] *Schmidt-Rimpler* S. 1000 f; *Schlegelberger/Hefermehl* HGB⁵, § 400 42.

Darf der Kommissionär die Kommission durch Selbsteintritt ausführen, so stellt **42** sich die Frage, wie man sich eine auf den Selbsteintritt hinführende **Bemühungspflicht** des Kommissionärs vorzustellen hat. In der Literatur wird in diesem Zusammenhang verschiedentlich vorgetragen, der Kommissionär, der selbst eintreten wolle, müsse auf einen für den Kommittenten möglichst günstigen Zeitpunkt für die Ausführung durch Selbsteintritt hinarbeiten[71]. Das Kriterium „günstigster Zeitpunkt" wird von *Schmidt-Rimpler* (aaO) sowohl aus der Perspektive des günstigsten Preises als auch des günstigsten Moments für das Entstehen eines kaufrechtlichen Anspruches des Kommittenten gegen den Kommissionär gesehen. Zuzustimmen ist dieser Ansicht nur im Hinblick auf den Zeitpunkt des Entstehens der Kaufpreis- bzw. Lieferforderung. Deshalb darf der Kommittent den Selbsteintritt nicht mit dem Argument **zurückweisen** (§ 385 Abs. 1), der Marktpreis zur Zeit der Absendung der Ausführungsanzeige (§ 400 Abs. 2) wäre für ihn günstiger gewesen, wenn der Kommissionär schon früher oder später den Selbsteintritt erklärt hätte. Der Kommissionär muß nämlich ohnehin den Kommittenten im Hinblick auf die Preise mindestens so stellen, als ob er pflichtgemäß ein Ausführungsgeschäft mit einem Dritten abgeschlossen hätte (§ 401 Abs. 1). Tritt also der Kommissionär abweichend vom optimalen Zeitpunkt für ein Ausführungsgeschäft mit einem Dritten, das am Markt hätte getätigt werden können, ein, so wird hierdurch idealiter die materielle Rechtsposition des Kommittenten nicht verschlechtert. Allerdings verschlechtern sich seine Beweismöglichkeiten (§ 401 2, 6). Dies allein reicht jedoch nicht aus, um ein Zurückweisungsrecht zu begründen. Das Zurückweisungsrecht könnte dann nämlich nicht auf den Umstand gestützt werden, daß die Konditionen, zu denen „ausgeführt" worden ist, nicht optimal den Interessen des Kommittenten entsprachen, sondern lediglich auf das Argument, der Kommissionär müsse sich derart um einen Selbsteintritt bemühen, daß trotz der gesetzlichen Beschränkungen der Rechenschaftspflicht die Beweismöglichkeiten des Kommittenten optimal gewahrt bleiben.

Hingegen verstößt der Kommissionär im Rahmen der Pflicht, „sich um einen Selbsteintritt zu bemühen", gegen die ihm obliegende Interessenwahrungspflicht, wenn er auf eine für den Kommittenten ungünstige Kursentwicklung hinarbeitet (*Schlegelberger/Hefermehl* HGB⁵, § 400 42); denn insoweit wird der Kommittent durch § 401 Abs. 1 unzureichend geschützt. Es wäre für den Kommittenten allzu schwierig, nachweisen zu müssen, wie sich die Preise gestaltet hätten, wenn die kursmanipulativen Eingriffe des Kommissionärs nicht stattgefunden hätten. Hier schützt den Kommittenten am besten ein Zurückweisungsrecht, das er neben der Geltendmachung eines Schadensersatzanspruches ausüben kann (§ 385 Abs. 1).

Auch wenn der Kommissionär die Ausführung durch Selbsteintritt wählen sollte, hat er die Weisungen des Kommittenten im Hinblick auf die Ausführung der Kommission zu respektieren. Dies resultiert aus seiner allgemeinen Pflicht zur Interessenwahrung. Insbesondere hat er die vom Kommittenten gesetzten Limits zu beachten (§ 384 22 ff; § 400 33).

Dagegen ist der Kommissionär kraft seiner Pflicht, sich um einen Selbsteintritt zu bemühen, **nicht gehalten, ein Deckungsgeschäft zu tätigen** (§ 400 37 und § 401 4). Ebensowenig ist der Kommissionär kraft dispositiven Rechts von vornherein verpflichtet, die Kommission gerade durch Selbsteintritt auszuführen[72], selbst wenn er z. B. allein über das vom Kommittenten gewünschte Kommissionsgut verfügt oder eine kom-

---

[71] *Schlegelberger/Hefermehl* HGB⁵, § 400 42; *Schmidt-Rimpler* S. 1015, 1029; *v. Dalwigk zu Lichtenfels* S. 81 m. Nachw.

[72] *Schmidt-Rimpler* S. 1015; *Schlegelberger/Hefermehl* HGB⁵, § 400 43.

§ 400 Drittes Buch. Handelsgeschäfte

pensationsfähige Gegenorder in Händen hält; denn mit dem Selbsteintritt müßte der Kommissionär kaufrechtliche Risiken übernehmen, wozu er kraft seiner Pflicht zur Interessenwahrung nicht gezwungen ist. Auch der Kommissionär, dem der Selbsteintritt offensteht, ist nur Geschäftsbesorger, solange er den Selbsteintritt nicht erklärt hat. Daran ändert der Umstand nichts, daß er sich um eine optimal im Interesse des Kommittenten liegende Ausführung zu bemühen hat; denn diese Pflicht richtet sich mit rückwirkender Kraft (Analogie zu § 263 Abs. 2 BGB) erst dann auf die Ausführung durch Selbsteintritt, wenn der Kommissionär den Selbsteintritt gewählt hat und sich hierdurch bereit erklärt hat, kaufrechtliche Risiken auf sich zu nehmen. Zur besonderen Vereinbarung einer Ausführung durch Selbsteintritt § 400 69.

2. Nach Wirksamwerden des Selbsteintritts
a) Pflicht zur Interessenwahrung

43 Auch nach dem Wirksamwerden des Selbsteintritts ist der Kommissionär weiterhin gehalten, die Interessen des Kommittenten zu wahren, soweit dadurch seine Position als Partei eines Kaufvertrages nicht beeinträchtigt wird (*Schlegelberger/Hefermehl* HGB5, § 400 42). Er hat deshalb z. B. Weisungen im Hinblick auf die Lieferung des Kommissionsgutes zu befolgen.

b) Benachrichtigung

44 § 384 Abs. 2 1. Alt. gilt auch für den Kommissionär, der selbst eingetreten ist. Der Kommissionär hat somit dem Kommittenten die erforderlichen Nachrichten zu geben, insbesondere ihm Anzeige von der Ausführung der Kommission zu machen. Hierbei ist § 405 Abs. 1 zu beachten.

c) Rechenschaft

45 Die dem Kommissionär durch § 384 Abs. 2 auferlegte Rechenschaftspflicht existiert grundsätzlich nur noch in Rudimenten, falls der Kommissionär die Kommission durch Selbsteintritt ausführt; denn gemäß § 400 Abs. 2 S. 1 beschränkt sich die Pflicht des Kommissionärs zur Rechenschaftslegung im Falle des Selbsteintritts auf den Nachweis, daß bei dem dem Kommittenten berechneten Preis der zur Zeit der **Absendung der Ausführungsanzeige** bestehende Börsen- oder Marktpreis eingehalten worden ist. Dabei kommt es auf die Kurse derjenigen Börse bzw. desjenigen Marktes an, an dem die Niederlassung des Kommissionärs liegt (BGH WM **1971** 989, 991), bzw. die der Niederlassung am nächsten gelegen ist, es sei denn, daß der Kommittent besondere Weisungen über die Wahl des Ausführungsplatzes erteilt hatte. Wenn *Hefermehl*[73] davon spricht, die Rechenschaftspflicht, und damit im Streitfall auch die Beweislast, sei auf die Einhaltung des Börsen- oder Marktpreises beschränkt, so ist das nicht ganz exakt. Die Rechenschaftspflicht bezieht sich auf den Börsen- oder Marktpreis im Moment „der Ausführung" im Sinne der Absendung der Ausführungsanzeige und erstreckt sich damit auch auf diesen Zeitpunkt (näher hierzu § 400 23 ff). Ferner hat der Kommissionär dort, wo er mindestens den Schlußkurs einhalten muß (§ 400 Abs. 3) oder zu einem bestimmten Kurs ausführen sollte (§ 400 Abs. 4), den Nachweis zu führen, daß diese Kurse eingehalten wurden (Analogie zu § 400 Abs. 2). Zu der Durchbrechung des § 400 Abs. 2, 3 in den Fällen, in denen eine Ausführungsanzeige nicht rechtzeitig abgesandt werden kann, § 400 23 f, 28.

---

[73] *Schlegelberger/Hefermehl* HGB5, § 400 65.

Problematisch ist die Reichweite der Pflicht zur Rechenschaftslegung, wenn der **46** Kommissionär ein **Deckungsgeschäft** zu vorteilhafteren Konditionen als dem Markt- oder Börsenpreis getätigt hatte und verpflichtet ist, dem Kommittenten mindestens die Konditionen dieses Geschäftes zu berechnen (§ 401 Abs. 2). Dabei sei hier unterstellt, daß es dem Kommissionär möglich war, die Ausführungsanzeige sofort nach Vereinbarung des Deckungsgeschäftes abzusenden. *Breit*[74] und *Lehmann*[75] vertreten die Auffassung, § 400 Abs. 2 enthalte keine allgemeine Beschränkung der Rechenschaftspflicht. Der Kommissionär, der nach § 401 zur Berechnung eines im Vergleich zu § 400 Abs. 2—5 günstigeren Preises verpflichtet sei, habe auch insoweit Rechenschaft abzulegen. Demgegenüber stellt sich die h. M. auf den Standpunkt, daß die für den Selbsteintritt geltenden Regeln über die Preisberechnung und die Regeln der Rechenschaftslegung auseinanderklaffen. Der Kommissionär sei nicht verpflichtet, schlechthin über die Richtigkeit der Preisberechnung Rechenschaft zu geben[76]. Ihr ist weitgehend zu folgen. Entscheidend ist dafür freilich nicht der Umstand, daß der selbsteintretende Kommissionär keine Ausführungsgeschäfte, sondern allenfalls Deckungsgeschäfte abschließt (*Prellberg* S. 38); denn der Kommissionär ist, wie § 401 Abs. 1 zeigt, unabhängig von seinem Recht zum Selbsteintritt verpflichtet, die Interessen des Kommittenten wahrzunehmen. Die Beschränkung der Rechenschaftspflicht beruht vielmehr zum einen darauf, daß man dem Kommissionär nicht zumuten wollte, seine Geschäftsverbindungen offenzulegen[77], und daß man zum anderen von der Vorstellung ausging, eine offizielle Kursfeststellung biete dem Kommittenten ausreichenden Schutz gegen Übervorteilung[78].

In den Fällen, in denen die in § 400 Abs. 2—5 getroffenen Schutzvorkehrungen zu- **47** gunsten des Kommittenten nicht greifen (§ 400 23 ff), hat der Kommissionär trotz des Selbsteintritts **uneingeschränkt Rechenschaft** abzulegen.

Über den vom Kommissionär bzw. bei der Einkaufskommission vom Kommittenten **48** **geschuldeten Preis** entscheiden nicht die Rechenschaftslegung, sondern die §§ 400, 401 (dazu § 400 22 ff; § 401 3 ff). Auch wenn der Kommissionär seiner Nachweispflicht im Sinne des § 400 nachgekommen ist, kann er doch gemäß § 401 einen höheren Preis schulden oder darf nur niedrigeres Entgelt verlangen. Erst recht hat der Kommittent „Anspruch" auf die „richtigen" Preise, wenn die Rechenschaftslegung falsch ist (BGH WM **1971** 990).

Andererseits gibt die Verletzung der Pflicht zur Rechenschaftslegung dem Kommittenten kein Recht, die Ausführung der Kommission gemäß § 385 **zurückzuweisen**; denn der Verstoß gegen die Vorschriften über die Rechnungslegung stellt lediglich die Verletzung einer Nebenpflicht dar (*Schlegelberger/Hefermehl* HGB[5], § 400 68), die neben der Berichtigung der Abrechnung nur Schadensersatzpflichten auszulösen vermag. War die Rechnungslegung deshalb falsch, weil der amtliche Kurs unrichtig festgestellt und später berichtigt worden war, so rechtfertigt dies ebenfalls nicht die Zurückweisung. Die Kommission ist dann „zum berichtigten" Kurs ausgeführt worden. Anders ist die Situation, wenn an die Stelle des fälschlicherweise amtlich festgestellten Kurses keine berichtigte amtliche Notiz tritt, da es dann an den Voraussetzungen für die Zulässigkeit des Selbsteintritts fehlte (§ 400 Abs. 5; dazu § 400 32).

---

[74] Kommentar zum Börsengesetz (1909), Anh., S. 364 123.
[75] Düringer/Hachenburg/Lehmann HGB[3], § 400 45.
[76] *Canaris* Großkommentar HGB[3], Bd. III/3 (2. Bearb. 1981), 1917; *Schmidt-Rimpler* S. 1042; *Schlegelberger/Hefermehl* HGB[5], § 400 65; *Baumbach/ Duden/Hopt* HGB[26], § 400 3 A; *Prellberg* S. 37 ff; *v. Dalwigk zu Lichtenfels* S. 92; *Schneiders* S. 44 f; *Schwark* Anlegerschutz, aaO, S. 179.
[77] § 400 5; *Schlegelberger/Hefermehl* HGB[5], § 400 65; *Rasmus* S. 139.
[78] *Schneiders* S. 45.

Zur Anerkennung der Rechnungslegung § 384 55; im Rahmen der **Effektenkommission** beachte zusätzlich Nr. 32 AGB der Banken; *Canaris* Großkommentar HGB³ Bd. III/3 (2. Bearb. 1981), 1930 ff.

d) Herausgabe des Erlangten

49 Zur Herausgabe (§ 384 Abs. 2) des vom Kommissionär eingekauften Gutes bzw. des Kaufpreises ist der Kommissionär nicht verpflichtet. Die mit dem Ausführungsgeschäft verbundenen Herausgabepflichten werden durch die kaufrechtlichen Pflichten ersetzt (§ 400 40). Eine Herausgabepflicht bleibt aber z. B. im Hinblick auf Gegenstände bestehen, die den Abschluß eines „Ausführungsgeschäftes" erleichtern helfen sollten. Gleiches gilt bei der Verkaufskommission im Hinblick auf das vor dem Selbsteintritt übergebene Gut; doch steht dem Herausgabeanspruch regelmäßig die Einrede unredlichen Verhaltens (§ 242 BGB) entgegen.

e) Selbsthaftung

50 Die in § 384 Abs. 3 statuierte Selbsthaftung stößt ins Leere, da der Kommissionär nach dem Selbsteintritt ohnehin als Käufer bzw. Verkäufer haftet.

f) Zurückweisung

51 § 385 greift auch im Falle des Selbsteintritts ein. Ein Selbsteintritt, der unter Verstoß gegen die Ausführung der Kommission betreffende Weisungen erklärt wird, sei es unter Verstoß gegen ein Limit oder gegen die allgemeine Interessenwahrungspflicht, kann zurückgewiesen werden (näher dazu § 385 4). Daneben kann der Kommittent Schadensersatz verlangen. Die Zurückweisung stellt klar, daß der weisungswidrige Selbsteintritt keine Ausführung der Kommission darstellt und keine kaufrechtlichen Beziehungen zwischen den Parteien begründet hat. Sie entstehen erst, nachdem der Kommittent den weisungswidrigen Selbsteintritt genehmigt hat (§ 385 7). Nach der hier vertretenen Auffassung kann vom Zurückweisungsrecht dort, wo die Kommission durch Abschluß eines Ausführungsgeschäftes ausgeführt worden ist, auch noch in der Durchführungsphase Gebrauch gemacht werden, falls der Weisungsverstoß Hauptpflichten betrifft. Die genuin kaufrechtlichen Pflichten, wie die Pflicht zur Lieferung des Kommissionsgutes, fallen natürlich nicht darunter. Es darf jedoch nicht übersehen werden, daß den selbsteintretenden Kommissionär auch in der Durchführungsphase die Pflicht trifft, die Interessen des Kommittenten wahrzunehmen. Dazu gehört z. B. die Pflicht, die Weisungen des Kommittenten im Hinblick auf die Art und Weise der Lieferung zu beachten. Ist die Art und Weise der Lieferung für den Kommittenten von ausschlaggebender Bedeutung, so gehört die Pflicht zur Beachtung der darauf bezogenen Weisungen zu den kommissionsrechtlichen Hauptpflichten. Ihre zurechenbare Mißachtung gibt dem Kommittenten das Recht zur Zurückweisung. Übt der Kommittent es aus, so hat dies zur Konsequenz, daß der Kommissionär nochmals auszuführen hat. Es steht ihm hierbei frei, ob er dazu wieder zum Selbsteintritt greift oder nunmehr den Weg eines Ausführungsgeschäftes einschlägt. Der Kommissionär trägt demnach das Risiko, daß er zu den alten Konditionen nochmals tätig werden muß (§ 385 11). Die weisungswidrige Durchführung läßt für den Kommissionär auch keinen Provisionsanspruch entstehen, sofern ihm der Weisungsverstoß nach Maßgabe der für § 396 (§ 396 13 f) entwickelten Grundsätze zugerechnet werden kann. Gleiches gilt für den Anwendungsersatzanspruch aus § 403.

Stand: 1. 4. 1985

Problematisch ist die Behandlung der **spezifisch kaufrechtlichen Rechte und Pflich- 52 ten**, wenn man dem Kommittenten eine Zurückweisung wegen Weisungsverstoßes in der „Durchführungsphase" erlaubt. Es liegt nahe, im Hinblick auf die Ansprüche des Kommissionärs eine Parallele zum Aufwendungsersatzanspruch zu ziehen; denn bei der normalen Kommission würde z. B. der Einkaufskommissionär den Kaufpreisanspruch in Form eines Aufwendungsersatzanspruches geltend machen. Rechnet man nun dem selbsteintretenden Kommissionär entsprechend den für den pauschalierten Aufwendungsersatzanspruch erarbeiteten Regeln (§ 403 5 f) das Risiko einer weisungswidrigen Durchführung auch bezogen auf den Kaufpreisanspruch zu, so ginge der Kommissionär unter Umständen seines Kaufpreisanspruches verlustig, obwohl er ihn nach kaufrechtlichen Regeln behalten würde. Damit würde man in unzulässiger Weise die Position des selbsteintretenden Kommissionärs verschlechtern. Wenn nämlich der selbsteintretende Kommissionär zusätzlich die Rolle des Dritten übernimmt, so darf er im Hinblick auf die dieser Rolle entsprechenden Ansprüche nicht schlechter gestellt werden als ein Dritter, der mit dem Kommissionär kontrahiert hätte (*Schmidt-Rimpler* S. 1028). Das heißt, daß trotz der Zurückweisung die durch den Selbsteintritt entstandenen Rechte und Pflichten nach den allgemeinen kaufrechtlichen Grundsätzen abzuwickeln sind. Für den Kommittenten hat mithin das Zurückweisungsrecht wegen weisungswidriger „Duchführung" in erster Linie den Vorteil, daß er die Leistungskapazität des Kommissionärs nochmals zu den ursprünglich vereinbarten Konditionen zu nutzen vermag, wenn sich z. B. die kaufrechtliche Verpflichtung bereits auf bestimmte Objekte hin konkretisiert hat und diese infolge des Weisungsverstoßes untergegangen sind (§ 385 4). Zu denken ist etwa an einen Fall, in dem der Einkaufskommissionär ohne Verschulden gegen die Weisung verstößt, die bereits abgesandte Ware umzuleiten, und diese Ware später auf dem Transport zerstört wird. In aller Regel wird freilich ein Weisungsverstoß in der Durchführungsphase auch einen Verstoß gegen kaufrechtliche Pflichten darstellen. Der nach Maßgabe der §§ 325 f BGB entstehende Schadensersatzanspruch sowie das Rücktrittsrecht werden daher — wirtschaftlich gesehen — typischerweise zum gleichen Ergebnis wie ein umfassendes Zurückweisungsrecht führen.

g) § 386

§ 386 Abs. 1 ist ebenfalls im Rahmen der durch Selbsteintritt ausgeführten Kommis- 53 sion anwendbar. Dabei kommt es nicht darauf an, ob der Kommissionär ein Deckungsgeschäft zu Konditionen getätigt hatte, die vom **„gesetzten Preis"** oder vergleichbaren Konditionen (§ 386 2 f) abweichen. Die ratio des § 386 Abs. 1, den Kommittenten dort an Spekulationen zu Lasten des Kommissionärs zu hindern, wo jener Weisungsverstöße leicht zu erkennen imstande ist, kommt auch dort zum Tragen, wo der Kommissionär kein Deckungsgeschäft abgeschlossen hat. Daran ändert auch der Umsand nichts, daß der Kommissionär bewußt abweichend von den Weisungen des Kommittenten den Selbsteintritt erklärt hatte, weil er glaubte, daß die Abweichung im Interesse des Kommittenten gelegen sei — es sei denn, daß er hierbei darauf spekuliert hatte, der Kommittent werde die Abweichungen nicht bemerken und deshalb die Frist zur Zurückweisung versäumen. In einem solchen Fall kann dem Kommissionär die Arglisteinrede entgegengehalten werden[79].

---

[79] Ähnlich *Schlegelberger/Hefermehl* HGB 5, § 400 50.

Hat der Kommittent rechtzeitig zurückgewiesen, so ergeben sich die Rechtsfolgen aus § 385 mit den für die durch Selbsteintritt ausgeführte Kommission maßgeblichen Modifikationen (§ 400 51 f).

Bei der Effektenkommission beachte Nr. 32 AGB der Banken; dazu *Canaris* Großkommentar HGB[3] Bd. III/3 (2. Bearb. 1981), 1932 ff.

Hingegen kann § 386 Abs. 2 nicht entsprechend angewandt werden, da der selbsteintretende Kommissionär ohnehin selbst zu leisten verpflichtet ist, — sich also nicht erbieten kann, die Differenz zu erstatten (a. A. *Canaris* Großkommentar HGB[3] Bd. III/3 (2. Bearb. 1981), 1931). Hat er z. B. ein Deckungsgeschäft zu Konditionen getätigt, die unter dem gesetzten Preis liegen, ist er aber zu dem gesetzten Preis selbst eingetreten, so fällt dem Kommissionär grundsätzlich kein Weisungsverstoß zur Last; denn das „ob" eines Weisungsverstoßes bemißt sich ausschließlich an den Konditionen des Selbsteintritts. Die Selbsteintrittserklärung enthält hier zwar auch eine ausdrückliche Preisbestimmung. Soweit sie durch die Interessen des Kommittenten gedeckt ist, weil der Markt- bzw. Börsenpreis ungünstiger war und der Kommissionär gleichwohl zum Limit ausführt, ist sie durch das Recht zum Selbsteintritt gedeckt. Die §§ 400 f schreiben dem Kommissionär nur vor, daß er keine „ungünstigeren" Preise berechnen darf. Eine Ausnahme gilt dort, wo in absehbarer Zeit mit über bzw. unter dem Limit liegenden Kursen gerechnet werden konnte. Hier muß der Kommissionär zuwarten[80].

h) § 387

54 § 387 wird im Bereich der Selbsteintritts-Kommission durch die §§ 400 f konkretisiert. Danach darf der Kommissionär dem Kommittenten, unabhängig von etwaigen Limitierungen, keinen ungünstigeren Preis als den Markt- bzw. Börsenpreis berechnen. Hat der Kommissionär aus Anlaß der Kommission zu günstigeren Konditionen ein Geschäft mit einem Dritten getätigt, so hat er die hierbei vereinbarten Konditionen dem Kommittenten zugute kommen zu lassen (§ 401 Abs. 2).

i) § 388

55 Eine Anwendung des § 388 Abs. 1 im Falle der durch Selbsteintritt ausgeführten Einkaufskommission scheidet grundsätzlich aus, da ein eventuelles Deckungsgeschäft nicht im Interesse des Kommittenten abgeschlossen wird. Im Falle der Verkaufskommission erhält der Kommissionär nach Selbsteintritt das Kommissionsgut als Käufer. Ist das Gut auf Gefahr des Kommissionärs gereist (§ 447 BGB), so liegt es ausschließlich im Interesse des Kommissionärs, ob er rechtzeitig die Rechte gegen den Frachtführer oder Schiffer wahrnimmt. Hatte hingegen der Kommittent das Transportrisiko zu tragen, so muß sich der Kommissionär trotz seiner Position als Käufer wie ein Geschäftsbesorger behandeln lassen, der die Rechte gegen die Transportpersonen wahrzunehmen hat. Mittelbar greift demnach in einem solchen Fall § 388 Abs. 1 ein (a. A. *Schlegelberger/Hefermehl* HGB[5] § 400 53).

Auch § 388 Abs. 2 ist im Fall der Verkaufskommission nach dem Selbsteintritt heranzuziehen. Gemäß § 379 Abs. 2 darf der Käufer zum Notverkauf schreiten. Es kann dahingestellt bleiben, inwieweit ein normaler Verkäufer hierzu verpflichtet ist. Der Kommissionär ist jedenfalls trotz des Selbsteintritts zur Interessenwahrung verpflichtet

---

[80] *Canaris* Großkommentar HGB[3], Bd. III/3 (2. Bearb. 1981), 1931.

Stand: 1. 4. 1985

und hat deshalb nach Maßgabe des § 388 Abs. 2 vom Kommittenten Schaden abzuwenden.

j) § 389

§ 389 wird durch § 373 verdrängt, der nach wirksamer Erklärung des Selbsteintritts **56** unmittelbar eingreift.

k) § 390

§ 390 kann von vornherein im Hinblick auf das mit Hilfe eines Deckungsgeschäftes **57** erlangte Gut keine Anwendung finden. Bei einer Verkaufskommission trifft den Kommissionär nach dem Selbsteintritt als Käufer das volle Warenrisiko (§ 446 BGB). Wird der durch Selbsteintritt zustande gekommene Kaufvertrag infolge Rücktritts (z. B. §§ 327, 326 BGB) oder Wandelung (§§ 459 ff BGB) rückgängig gemacht, so haftet der Kommissionär nach Maßgabe der Rücktrittsvorschriften. Hatte der Kommissionär Anlaß zum Rücktritt gegeben (z. B. § 326 BGB), so hat er ebenso wie im Rahmen des § 390 für jeden verschuldeten Schaden einzustehen (§§ 347, 989 BGB). Hatte der Kommissionär wegen Mangelhaftigkeit der Waren gewandelt, so soll er nach h. M. erst vom Zeitpunkt der Kenntnis der Wandelungsvoraussetzungen für verschuldete Schäden einstehen müssen (*Palandt/Heinrichs* BGB[44] § 347 3 m. Nachw.). Diese Haftungserleichterung darf nicht durch § 390 überspielt werden; denn der Kommissionär hat das ihm verkaufte Gut als Käufer im eigenen Interesse und nicht als Geschäftsbesorger in Empfang genommen[81]. Nach Kenntnis der Wandelungsvoraussetzungen haftet der Kommissionär für schuldhaft verursachte Schäden gemäß §§ 347, 989 f BGB. Es gelten dann auch die allgemeinen Grundsätze über die Beweislastverteilung.

l) § 391

Anstatt § 391 greifen nach dem Selbsteintritt die §§ 377 f unmittelbar ein. **58**

m) § 392

Im Falle des Selbsteintrittes ist § 392 unanwendbar, weil sich die Vorschrift auf For- **59** derungen aus Ausführungsgeschäften und sonstigen auf Rechnung des Kommittenten geschlossenen Geschäften bezieht. Deckungsgeschäfte sind ihnen nicht gleichzustellen, da sie auf eigene Rechnung des Kommissionärs abgeschlossen werden.

n) § 393

§ 393 bezieht sich nur auf Ausführungsgeschäfte und ist daher bei der durch Selbst- **60** eintritt ausgeführten Kommission gegenstandslos.

o) § 394

Auch die Delkrederehaftung (§ 394) stößt nach Wirksamwerden des Selbsteintritts **61** mangels eines Ausführungsgeschäftes ins Leere. Damit entfällt ein eventueller Anspruch auf Delkredereprovision (str.; § 394 11).

---

[81] **A. A.** *Schmidt Rimpler* S. 755; *Schlegelberger/Hefermehl* HGB[5], § 400 55.

p) § 395

62 Der Rechtsgedanke des § 395 kommt auch im Bereich der Selbsteintritts-Kommission zum Tragen[82].

q) § 396

63 Zur Anwendbarkeit des § 396 bei der durch Selbsteintritt ausgeführten Kommission, siehe die Erläuterungen zu § 403.

r) §§ 397, 398

64 Die §§ 397, 398 erklärt § 404 ausdrücklich auch im Falle des Selbsteintrittes für anwendbar.

s) § 399

65 § 399 ist auf Forderungen aus Ausführungsgeschäften oder sonstigen Geschäften mit Dritten bezogen, die der Kommissionär auf Rechnung des Kommittenten getätigt hat und deren Vorteile er herauszugeben verpflichtet ist. Bei der durch Selbsteintritt ausgeführten Kommission können derartige Konstellationen nicht auftauchen, da der Kommissionär allenfalls Deckungsgeschäfte auf eigene Rechnung abschließt.

t) Dingliche Rechtslage

66 Die dingliche Rechtsstellung von Kommissionär und Kommittenten richtet sich nach den allgemeinen Regeln. Besondere „treuhänderisch gefärbte" Rechtsgedanken kommen auch nach der Erklärung des Selbsteintrittes nicht zum Tragen (§ 400 40).

G. Besondere vertragliche Abreden

I. Verbot des Selbsteintritts

67 Das Recht zum Selbsteintritt darf, wie sich aus dem Wortlaut des § 400 Abs. 1 ergibt, ohne weiteres ausgeschlossen werden. Das kann auch konkludent geschehen; so, wenn der Kommissionär mangels Kapitalausstattung für den Kommittenten erkennbar nicht besonders kreditwürdig ist. Das Verbot kann auch nach Abschluß des Kommissionsvertrages ergehen, solange der Kommissionär noch nicht selbst eingetreten ist (*Schlegelberger/Hefermehl* HGB[5], § 400 18) und der Kommittent Weisungen über die Art der Ausführung zu geben in der Lage ist. Notfalls mag der Kommittent die Order widerrufen (dazu § 405 13 ff). Unter Umständen kann auch eine prekäre finanzielle Situation dem Kommissionär verbieten, die Kommission durch Selbsteintritt auszuführen, und damit dem Kommittenten im Widerspruch zur Interessenwahrungspflicht den Schutz des § 392 zu rauben.

II. Vereinbarter Selbsteintritt

68 § 400 Abs. 1 ist dispositiv, wie sich im Wege des Umkehrschlusses aus § 402 ergibt. Der Kommittent kann daher dem Kommissionär die Befugnis zum Selbsteintritt auch dann erteilen, wenn die gesetzlichen Voraussetzungen des Selbsteintrittes nicht vorliegen (RGZ **96** 4); so z. B., falls der Kommissionär Waren oder Wertpapiere besorgen

---

[82] *Schlegelberger/Hefermehl* HGB[5], § 400 60; a. A. *Schmidt-Rimpler* S. 1028.

soll, die keinen Markt- oder Börsenpreis besitzen, oder nach h. M. bei Kommissionsgeschäften im Sinne des § 406 Abs. 1 (§ 406 4). Eine von § 400 Abs. 1 abweichende Vereinbarung des Selbsteintritts liegt der bankgeschäftlichen Effektenkommission zugrunde[83]. Die Vereinbarung der Zulässigkeit des Selbsteintritts kann konkludent erfolgen. Sie kann sich auch aus dem Handelsbrauch ergeben. Durch nachträgliche Genehmigung, d. h. durch Vertragsänderung, kann das Kommissionsverhältnis so umgeformt werden, daß der Kommissionär, der unzulässigerweise selbst eingetreten ist, behandelt wird, als ob er zum Selbsteintritt befugt gewesen wäre.

Haben die Parteien dort, wo kraft dispositiven Rechts ein Selbsteintritt unzulässig ist, lediglich die Möglichkeit einer Ausführung der Kommission durch Selbsteintritt vereinbart, so sind die gesetzlichen Regeln über den Selbsteintritt zur Lückenfüllung heranzuziehen. Bei der Kommission über Wertpapiere, für die zwar kein amtlich festgestellter Börsenkurs existiert, wohl aber ein Markt- oder Börsenpreis, greifen demnach z. B. die Absätze 2—4 des § 400 ein[84]. Soweit ein Markt- oder Börsenpreis existiert, kann im Hinblick auf diesen Preis die Einhaltung der Absätze 2—4 des § 400 sowie des § 401 nicht derogiert werden (§ 402). Wird regelmäßig ein amtlicher Kurs notiert, so ist § 400 Abs. 5 zu beachten (dazu § 400 32). Eröffnet der Kommittent die Möglichkeit des Selbsteintritts in Hinblick auf ein Kommissionsgut, das weder einen Börsen- noch einen Marktpreis hat, so stoßen freilich die §§ 400 Abs. 2—4, 402 ins Leere. Im Zweifel erfolgt dann die Preisbestimmung nach § 315 BGB.

III. Verpflichtung zum Selbsteintritt

Dem § 400 Abs. 1 entspringt nur das Recht, die Kommission durch Selbsteintritt **69** auszuführen. Der Kommissionär ist also nicht verpflichtet, selbst einzutreten, auch wenn er ein passendes Deckungsgeschäft an der Hand hat oder in der Lage ist, aus eigenen Beständen zu liefern[85]. Besteht die Chance zum Abschluß eines passenden Deckungsgeschäftes und will der Kommissionär nicht selbst eintreten, so hat er durch Ausführungsgeschäft auf Rechnung des Kommittenten auszuführen. Die Parteien können aber in Abweichung von den §§ 400 ff vereinbaren, daß der Kommissionär verpflichtet sei, durch Selbsteintritt auszuführen. Auch dann wird aber im Zweifel nur dort die Pflicht zur Abgabe der Selbsteintrittserklärung entstehen, wo der Kommissionär die Chance zum Abschluß eines aus der Sicht des Kommittenten interessengemäßen und die Risiken des Kommissionärs voll auffangenden Geschäftes mit einem Dritten bzw. eine Kompensationsmöglichkeit besitzt[86]. Mit der Pflicht zum Selbsteintritt korreliert keine Pflicht, sich um ein Deckungsgeschäft zu bemühen (§ 400 37). Die „Chance eines Deckungsgeschäftes" ist jedoch daran zu messen, ob es der Kommissionär hätte abschließen können, wenn er es als Ausführungsgeschäft behandelt hätte und sich pflichtgemäß um dessen Abschluß bemüht hätte. Aus dem Umstand, daß der Kommissionär über eigene Bestände verfügt, wird man hingegen regelmäßig keine Pflicht zur Abgabe der Selbsteintrittserklärung herleiten dürfen.

---

[83] Nr. 29 I AGB der Banken; dazu *Canaris* Großkommentar HGB 3, Bd. III/3 (2. Bearb. 1981), 1822.

[84] *Schmidt-Rimpler* S. 1003; *Schlegelberger/Hefermehl* HGB 5, § 400 72.

[85] *Schmidt-Rimpler* S. 1016; *Schlegelberger/Hefermehl* HGB 5, § 400 30.

[86] *Canaris* Großkommentar HGB 3, Bd. III/3 (2. Bearb. 1981), 1902.

§ 401

(1) Auch im Falle der Ausführung der Kommission durch Selbsteintritt hat der Kommissionär, wenn er bei Anwendung pflichtgemäßer Sorgfalt die Kommission zu einem günstigeren als dem nach § 400 sich ergebenden Preise ausführen konnte, dem Kommittenten den günstigeren Preis zu berechnen.

(2) Hat der Kommissionär vor der Ausführungsanzeige aus Anlaß der erteilten Kommission an der Börse oder am Markte ein Geschäft mit einem Dritten abgeschlossen, so darf er dem Kommittenten keinen ungünstigeren als den hierbei vereinbarten Preis berechnen.

Übersicht

	Rdn.		Rdn.
A. Vorbemerkung	1	C. Absatz 2	
		I. Zweck	7
B. Absatz 1		II. Absendung der Ausführungsanzeige	8
I. Günstigere Preise bzw. sonstige Konditionen	3	III. Aus Anlaß der Kommission	9
II. Pflichtgemäße Sorgfalt	4	IV. Börse oder Markt	12
III. Rechtsfolge und Beweislast	6	V. Ungünstigere Preise	13
		VI. Rechtsfolgen und Beweislast	14

Schrifttum
siehe Angaben zu § 383.

A. Vorbemerkung

1 § 401 stellt klar, daß auch der Kommissionär, der zum Selbsteintritt berechtigt ist, in vollem Umfang die Interessen des Kommittenten wahrzunehmen hat (Bericht der Börsen-Enquête-Kommission (1892/98), S. 167, 177). Er hat daher im Falle des Selbsteintritts dem Kommittenten denselben günstigen Preis und dieselben günstigen Konditionen zukommen zu lassen, zu denen er ein Ausführungsgeschäft hätte abschließen können und im Rahmen seines pflichtgemäßen Ermessens hätte abschließen müssen oder zu denen er ein wirtschaftlich an die Stelle des Ausführungsgeschäftes tretendes Deckungsgeschäft getätigt hatte.

§ 401 enthält eine Meistbegünstigungsklausel. — Die aufgrund der Einschränkung der Rechenschaftslegung durch § 400 Abs. 2—5 formalisierte Preisberechnung spiegelt nicht notwendig die Konditionen wider, die der Kommissionär, der ein Ausführungsgeschäft tätigen müßte, hätte erzielen können oder in Form eines Deckungsgeschäftes erzielt hat. § 401 versucht diese Diskrepanz auszugleichen. Er erlaubt es dem Kommittenten, sich darauf zu berufen, daß er bei normaler, pflichtgemäßer Ausführung durch ein Ausführungsgeschäft besser abgeschnitten hätte. Kraft zwingenden Rechts (§ 402) wird der Kommittent zumindest so gestellt, als ob der Kommissionär die Kommission durch pflichtgemäßes Ausführungsgeschäft erledigt hätte. Andererseits darf sich der Kommissionär einer für ihn ungünstigeren Preisberechnung nach Maßgabe des § 400 Abs. 2—5 nicht mit Hilfe des Nachweises entziehen, daß er trotz Einsatzes pflichtgemäßer Sorgfalt ein Ausführungsgeschäft zu ungünstigeren Konditionen getätigt hätte; denn angesichts der beschränkten Pflicht zur Rechenschaftslegung sollen die unabdingbaren Abrechnungsregeln des § 400 Abs. 2—5 auf den Kommissionär Druck ausüben, die Ausführungsanzeige so abzusenden, daß der zum Absendungszeitpunkt notierte Kurs demjenigen entspricht, zu dem ein Kommissionär im Rahmen pflichtgemäßer Anstrengungen ein Ausführungsgeschäft abgeschlossen hätte. Ein solcher Druck wird nur wirksam, wenn der Kommissionär Gefahr läuft, zu Konditionen abrechnen

Stand: 1. 4. 1985

zu müssen, mit denen er bei pflichtgemäßer Anstrengung nicht konfrontiert worden wäre (auch § 400 23 ff).

Die praktische Bedeutung des § 401 ist allerdings angesichts der von der ganz h. M. **2** befürworteten Einschränkung der Pflichten zur Rechenschaftslegung (§ 400 45 f) äußerst gering. § 401 gilt nämlich nur für die Preisberechnung bzw. die Bestimmung des Inhalts der sonstigen Konditionen, zu denen der Kommissionär zu liefern bzw. abzunehmen hat, nicht jedoch für die Rechenschaftslegung. Im Rahmen des § 401 hat vielmehr der Kommittent dem Kommissionär, der auf der Grundlage des § 400 abgerechnet hat, nachzuweisen, daß der Kommissionär aus Anlaß der Kommission günstigere Konditionen erzielt hat oder hätte erzielen können[1]. Dieser Beweis wird dem Kommittenten kaum jemals gelingen[2], da er den Markt, auf dem der Kommissionär tätig wird, und die Interna des Kommissionärs nicht hinreichend überblickt. Zur Ausdehnung der Rechenschaftspflicht in Fällen, in denen eine rechtzeitige Absendung der Ausführungsanzeige unmöglich ist oder die Kurse ohne zeitliche Fixierung notiert werden, § 400 47.

B. Absatz 1

I. Günstigere Preise bzw. sonstige Konditionen

Gemäß § 401 Abs. 1 hat der Kommissionär dem Kommittenten den günstigeren **3** Preis zu berechnen, zu dem er die Kommission bei Anwendung pflichtgemäßer Sorgfalt auszuführen imstande und gehalten war. Das für die Preise Gesagte gilt entsprechend für sonstige Konditionen wie Lieferfristen, Zahlungsziele. Ob die Konditionen im Einzelfall günstiger sind, ist nicht anhand eines Gesamtvergleiches festzustellen. Der Praktikabilität wegen ist in erster Linie auf den Preis abzuheben. Ist dieser günstiger, so ist er maßgeblich, auch wenn die sonstigen Konditionen eines Geschäftes, das der Kommissionär nach Maßgabe der §§ 400, 401 Abs. 2 abrechnen könnte, günstiger sein sollten. Eine Ausnahme gilt für den Fall, in dem der günstigere Preis, die bedeutend schlechteren Konditionen offensichtlich nicht wettzumachen vermag.

Sind die isolierten Preise, die sich nach Maßgabe der §§ 400, 401 Abs. 2 einerseits und gemäß § 401 Abs. 1 andererseits ergeben, identisch, so ist dasjenige Geschäft „günstiger", das die günstigeren Konditionen bietet. Allerdings müssen sich die günstigeren Konditionen im Rahmen der weisungsgemäßen Ausführung halten oder so sein, daß der Kommissionär berechtigt gewesen war, von den Weisungen abzuweichen, weil sonst der Kommissionär die Chance zu einem vergleichbaren Ausführungsgeschäft mit den günstigeren Konditionen nicht hätte nutzen dürfen. Die Günstigkeit ist mithin dem Interessenwahrungscharakter der Kommission entsprechend immer von den dem Kommissionär erkennbaren Interessen des Kommittenten her zu beurteilen.

Ob der Kommissionär die sich ihm bietenden, günstigeren Abschlußmöglichkeiten genutzt hat oder nicht, ist völlig unerheblich. Entscheidend ist, daß sie existierten.

II. Pflichtgemäße Sorgfalt

Der Kommissionär ist nicht verpflichtet, ein Deckungsgeschäft abzuschließen **4** (§ 400 42). § 401 Abs. 1 stellt denn auch nicht auf das Deckungsgeschäft, sondern auf die Ausführung schlechthin ab, die als hypothetische Ausführung durch ein Ausfüh-

---

[1] Bericht der Börsen-Enquête-Kommission, aaO, S. 177; näher § 101 6.
[2] *Schneiders* S. 49; *v. Dalwigk zu Lichtenfels* S. 88 ff m. w. Nachw.

rungsgeschäft zu begreifen ist. Es kommt demnach regelmäßig darauf an, welches Ausführungsgeschäft der Kommissionär bei Anwendung pflichtgemäßer Sorgfalt hätte abschließen müssen, wenn er nicht zum Selbsteintritt befugt gewesen wäre.

Die pflichtwidrige Sorgfalt i. S. d. § 401 Abs. 1 orientiert sich an den dem Kommissionär erkennbaren Interessen des Kommittenten, dessen Weisungen und an dem einem ordentlichen Kommissionär für die Wahrung der Kommittenteninteressen zumutbaren Aufwand (*Schneiders* S. 49). Dabei ist der gleiche Maßstab anzulegen, wie er auch sonst für die Kommission gilt. Der Kommissionär darf sich deshalb auch nicht blind auf Weisungen des Kommittenten verlassen, sondern muß prüfen, ob eine Abweichung erkennbar im Interesse des Kommittenten liegt (§ 385 14). Allerdings muß auch im Rahmen des § 401 dem Kommissionär ein Ermessensspielraum zugestanden werden (§ 384 3). Die pflichtgemäße Sorgfalt ist mithin erst dort nachweisbar verletzt, wo jedes andere Verhalten einen Ermessensfehler darstellen würde. Ein derartiger Ermessensfehler liegt nicht vor, falls der Kommissionär eine vertretbare Risikobewertung vorzutragen imstande ist, die es als gerechtfertigt erscheinen läßt, daß er nicht tätig geworden ist. Von einem Ermessensfehler kann mithin z. B. in aller Regel nicht gesprochen werden, wenn ein Effektenkommissionär vorträgt, er habe an einem auswärtigen Börsenplatz mit keiner günstigeren Kursentwicklung gerechnet [3]. Nutzt der Kommissionär ein Kursgefälle für eigene Arbitragegeschäfte aus, so ist dies allerdings ein starkes Indiz dafür, daß er mit Kurschancen rechnete und sie wahrzunehmen in der Lage war. Zu den Konstellationen, in denen der Kommittent den Abschluß zu einem bestimmten Kurs im Sinn des § 400 Abs. 4 angeordnet hat, § 400 29 f. Die Reichweite der hypothetisch von einem selbsteintretenden Kommissionär geschuldeten Pflichten zum Abschluß eines Ausführungsgeschäftes kann vertraglich beschränkt werden, doch darf damit nicht § 402 umgangen werden. Keine solche Beschränkung enthält Nr. 30 I AGB der Banken, der der Bank als Kommissionärin die Wahl des Ausführungsplatzes zugesteht [4].

5 Bei der Auslegung des § 401 Abs. 1 erhebt sich die weitere Frage, ob sich der Kommittent auch auf die Möglichkeit eines Ausführungsgeschäftes **außerhalb einer Börse oder eines Marktes** berufen darf. Verschiedentlich wird hierzu die Ansicht vertreten, dem § 401 Abs. 2 lasse sich entnehmen, daß Abschlußgelegenheiten nicht zu berücksichtigen seien, die sich außerhalb eines Marktes oder einer Börse bieten. Man stützt sich hierbei auf das Argument, es sei sinnwidrig anzunehmen, daß der Gesetzgeber, der in Absatz 2 des § 401 nur auf Geschäfte abhebe, die am Markt oder an der Börse getätigt wurden, in Abs. 1 auch außerbörsliche Deckungsgeschäfte zur Preisberechnung herangezogen wissen wollte [5]. — Dabei wird jedoch übersehen, daß der Abs. 2 des § 401 jedes aus Anlaß der Kommission getätigte Deckungsgeschäft zum Maßstab der Preisberechnung macht. Ein Deckungsgeschäft wird mithin auch dann für die Preisberechnung erheblich, wenn es bei Anwendung pflichtgemäßer Sorgfalt nachweislich nicht hätte abgeschlossen werden müssen. Dem liegt die aus Praktikabilitätsgründen generalisierende [6] Annahme des Gesetzes zugrunde, daß der Kommissionär die sich auf dem Markt oder an der Börse bietenden Chancen immer auf Rechnung des Kommittenten hätte nutzen müssen, falls er sie tatsächlich aus Anlaß der Kommission ergreift. Bei außerbörslichen Chancen, die ungenutzt blieben, würde jedoch eine derartige Generalisierung zu leicht mit der Realität in Konflikt geraten. Hier muß deshalb im Ein-

---

[3] *Canaris* Großkommentar HGB[3], Bd. III/3 (2. Bearb. 1981), 1921.

[4] *Canaris* Großkommentar HGB[3], Bd. III/3 (2. Bearb. 1981), 1920.

[5] *Düringer/Hachenburg/Lehmann* HGB[3], § 401 8; RGRKzHGB-*Ratz* § 401 1.

[6] Ähnlich *Heymann/Kötter* HGB[21], § 401 2.

zelfall nachgewiesen werden, daß der Kommissionär bei Anwendung pflichtgemäßer Sorgfalt die außerbörsliche Chance hätte zugunsten des Kommittenten nutzen müssen. Mithin hat der Kommissionär auch dann den günstigeren Preis zu berechnen, wenn sich ihm außerhalb von Märkten oder Börsen eine Abschlußmöglichkeit eröffnet hatte[7]. Als (höchst seltene) außerbörsliche Ausführungschance ist eine Kompensationsmöglichkeit dann anzusehen, wenn der Kommittent bei der Verkaufskommission ein Höchstlimit gesetzt haben sollte; denn dem Kommittenten müssen auch die Orders zugute kommen, die dem Kommissionär von dritter Seite erteilt worden sind. Keine günstigere Ausführungschance kann auf die eigenen Bestände des Kommissionärs gestützt werden, da es jenseits der Markt- und Börsenpreise keinen verbindlichen Maßstab dafür gibt, zu welchen Konditionen der Kommissionär zu liefern oder abzunehmen hat.

III. Rechtsfolge und Beweislast

6 Der Kommissionär hat den Preis im Sinne des § 401 Abs. 1 zu berechnen, wenn für den Kommittenten der auf der Basis des § 400 Abs. 2—5 ermittelte Preis oder der Preis eines Deckungsgeschäftes (§ 401 Abs. 2) ungünstiger wäre. Das gilt auch dort, wo der Kommittent Weisung erteilt hat, zu einem bestimmten Kurs abzuschließen (dazu § 400 33). Ein Verstoß gegen die sich aus § 401 Abs. 1 ergebende Pflicht zur Preisberechnung rechtfertigt keine Zurückweisung des Geschäftes[8]. Der Kommissionär kann nur Richtigstellung der Preisberechnung verlangen; die Richtigstellung hat keine gestaltende Wirkung.

Zur Effektenkommission *Canaris*, Großkommentar HGB[3], Bd. III/3 (2. Bearb. 1981), 1930 ff. Hat der Kommissionär schuldhaft falsche Preise berechnet, so ist er zum Ersatz des daraus entstehenden Schadens verpflichtet.

§ 401 Abs. 1 soll dem Kommittenten angesichts der beschränkten Pflicht zur Rechenschaftslegung den Gegenbeweis eröffnen, daß ihm bei pflichtgemäßer Interessenwahrung günstigere Konditionen hätten in Rechnung gestellt werden müssen. Den Kommittenten trifft daher die Beweislast dafür, daß dem Kommissionär bei pflichtgemäßen Anstrengungen günstigere Abschlußmöglichkeiten offengestanden haben[9]. Der Schutz des Kommittenten durch § 401 Abs. 1 ist deshalb weitgehend ohne praktische Bedeutung. — Allerdings ist entgegen der h. M. dort, wo die in § 400 Abs. 2—5 geregelte Rechenschaftspflicht wegen Unmöglichkeit einer rechtzeitigen Absendung der Ausführungsanzeige bzw. des Fehlens zeitlich fixierter Notierungen leerläuft, auf die allgemeine kommissionsrechtliche Pflicht zur Rechenschaftslegung zurückzugreifen (§ 400 47).

C. Absatz 2

I. Zweck

7 Der Absatz 2 des § 401 enthält eine weitere zwingende (§ 402) Meistbegünstigungsklausel. Danach hat der Kommissionär, der aus Anlaß der Kommission vor Absendung

---

[7] *Schmidt-Rimpler* S. 1032, 1036; *Schlegelberger/Hefermehl* HGB[5], § 401 5; *Heymann/Kötter* HGB[21], § 401 2; *v. Dalwigk zu Lichtenfels* S. 86 f; *Schneiders* S. 49.

[8] Börsen-Enquête-Kommission, aaO, S. 178; *Schmidt-Rimpler* S. 1038; *Schlegelberger/Hefermehl* HGB[5], § 401 5.

[9] KG, LZ **1911** 234; *v. Dalwigk zu Lichtenfels* S. 88 ff; *Schlegelberger/Hefermehl* HGB[5], § 400 16 m. w. Nachw.; ferner *Canaris* Großkommentar HGB[3], Bd. III/3 (2. Bearb. 1981), 1917.

der Ausführungsanzeige ein Deckungsgeschäft auf dem Markt oder an der Börse abgeschlossen hatte, dem Kommittenten dessen Preis zugute kommen zu lassen, falls dieser Preis für den Kommittenten im Vergleich mit den sich nach Maßgabe der anderen Preisberechnungsarten (§§ 400, 401 Abs. 1) ergebenden Preisen günstiger ist. Im Unterschied zu § 401 Abs. 1 braucht der Kommittent hier nicht nachzuweisen, daß der Kommissionär bei pflichtgemäßer Sorgfalt das Deckungsgeschäft als Ausführungsgeschäft hätte abschließen müssen. Der Gesetzgeber konnte nämlich davon ausgehen, daß es in aller Regel zu den pflichtgemäßen Anstrengungen des Kommissionärs gehört, die sich auf einem Markt oder an einer Börse bietenden optimalen Abschlußmöglichkeiten wahrzunehmen. Als Maßstab für das Optimum zog er die Tatsache heran, daß sich der Kommissionär selbst eingedeckt hatte, ferner die Konditionen des Deckungsgeschäftes über dem nach § 400 anzusetzenden Preis lagen, und die Konditionen des Deckungsgeschäftes den Weisungen des Kommittenten entsprachen bzw. sich im Rahmen des § 665 BGB hielten. Damit schnitt er dem Kommissionär das Argument ab, er habe ein bestimmtes Geschäft nur deshalb nicht „zugunsten" des Kommittenten vereinbart, weil er der Meinung gewesen sei, die Kurse würden sich für den Kommittenten noch günstiger entwickeln (Börsen-Enquête-Kommission, aaO, S. 178). Von daher ist es zu erklären, daß § 401 Abs. 2 nur für die Abschlüsse auf Märkten oder an Börsen gilt; denn in Anbetracht der Vielfalt der außerbörslichen Chancen kann nicht generalisierend gesagt werden, ihre Wahrung sei im Rahmen des bei pflichtgemäßer Anstrengung Gebotenen gelegen gewesen. Zur Generalisierungsfunktion des § 401 Abs. 2 *Heymann/Kötter* HGB[21], § 401 2; widersprüchlich Börsen-Enquête-Kommission, aaO, S. 178.

II. Absendung der Ausführungsanzeige

8 Das Geschäft muß **vor** Absendung der Ausführungsanzeige die für die Preisberechnung gemäß § 400 Abs. 2, 3 maßgeblich ist, abgeschlossen worden sein[10]. Ein nach der Absendung der Ausführungsanzeige getätigtes Deckungsgeschäft kommt grundsätzlich dem Kommissionär zugute, da dieser von diesem Zeitpunkt an das volle Risiko der Kursschwankungen trägt. Der Wortlaut des § 400 Abs. 2 mag freilich manche Kommissionäre veranlassen, die Absendung der Anzeige willkürlich vorzuverlegen, um eine sich anbahnende günstige Kursentwicklung für sich auszuschlachten. Da nicht typisierend gesagt werden kann, daß die nach Absendung der Ausführungsanzeige zu erwartende Entwicklung der Kurse günstig sein wird, scheidet eine Analogie zu § 401 Abs. 2 aus. Der Kommittent ist in derartigen Konstellationen darauf angewiesen, nachzuweisen, daß der Kommissionär bei Anwendung pflichtgemäßer Sorgfalt die Kursentwicklung hätte abwarten und dann abschließen müssen (§ 401 Abs. 1; *Schmidt-Rimpler* S. 1035).

III. Aus Anlaß der Kommission

9 Das Geschäft muß aus Anlaß der Kommission getätigt worden sein. Das bedeutet zunächst, daß der Kommissionsvertrag bereits verbindlich zustande gekommen ist. Es genügt nicht, daß ein Abschluß mit größter Wahrscheinlichkeit bevorstand. Hat freilich der Kommissionär eine Abschlußmöglichkeit für sich wahrgenommen, obwohl sie ihm

---

10 *Schlegelberger/Hefermehl* HGB[5], § 401 9; *Canaris* Großkommentar HGB[3], Bd. III/3 (2. Bearb. 1981), 1918 f.

noch längere Zeit offengestanden wäre und er davon ausgehen mußte, daß der Kommissionsvertrag mit größter Wahrscheinlichkeit in Kürze zustande kommt, so macht er sich wegen Verletzung der vorvertraglichen Interessenwahrungspflichten schadensersatzpflichtig. — Das Kommissionsgeschäft muß verbindlich vereinbart sein; unerheblich ist es allerdings, ob das lediglich unter einer Bedingung geschehen ist.

Ein Deckungsgeschäft ist grundsätzlich „aus Anlaß der Kommission" vereinbart, wenn es inhaltlich mit der Order übereinstimmt und im Zeitraum zwischen dem Abschluß des Kommissionsvertrages und der Absendung der Ausführungsanzeige getätigt worden ist; denn man kann hier davon ausgehen, daß ein Kommissionär, der die Interessen des Kommittenten vorrangig behandeln muß (§ 384 21), nach pflichtgemäßem Ermessen das Geschäft dem Kommittenten hätte zukommen lassen müssen. Das gleiche gilt dort, wo das Deckungsgeschäft zwar nicht mit den Weisungen des Kommittenten im Einklang steht, der Kommissionär jedoch berechtigt gewesen war, dieses Geschäft in Abweichung von den Weisungen (§ 385 Abs. 2 HGB, § 665 BGB) als Ausführungsgeschäft abzuschließen. Auch hier ist zu unterstellen, daß der Kommissionär als normaler Geschäftsbesorgungs-Kommissionär im Rahmen seines pflichtgemäßen Ermessens zugunsten des Kommittenten tätig geworden wäre, selbst wenn dem Kommissionär im Einzelfall wegen des ihm offenstehenden Ermessensspielraums nicht nachgewiesen werden könnte, daß er dieses Geschäft zugunsten des Kommittenten hätte tätigen müssen.

Die Generalisierungsfunktion des § 401 Abs. 2 zwingt zu einer typisierenden Interpretation der Begriffe „aus Anlaß". Es geht deshalb nicht an, mit der h. M. zu fordern, daß der Kommissionär das Deckungsgeschäft subjektiv mit Rücksicht auf die übernommene Kommission geschlossen haben muß[11], selbst wenn man den Kommissionär mit einer tatsächlichen Vermutung für eine derartige Motivation belastet. Damit würde man die generalisierende Wirkung des § 401 Abs. 2 schwächen; denn einem Kommissionär wäre es ein Leichtes, bei Abschluß des Deckungsgeschäftes festzuhalten, daß er das Deckungsgeschäft ohne Rücksicht auf etwaige Orders für den eigenen Bestand tätigen wollte. Er würde damit den Kommittenten zwingen, im Einzelfall nachzuweisen, daß ihm der Kommissionär bei pflichtgemäßen Anstrengungen diese Abschlußmöglichkeit hätte zugute kommen lassen müssen. Dieser Nachweis wird dem Kommittenten angesichts des dem Kommissionär offenstehenden Ermessensspielraums nur recht selten gelingen. Eine subjektive Fassung der Begriffe „aus Anlaß" ist allenfalls dort erwägenswert, wo der Kommissionär mehrere Deckungsgeschäfte über gleichartige Güter zu unterschiedlichen Konditionen getätigt hatte und sich die Frage stellt, welches Deckungsgeschäft welcher von mehreren Orders bzw. welches dem Kommittenten zuzuordnen und welches als reines Eigengeschäft zu behandeln ist. Verschiedentlich wird hier die Ansicht vertreten, der Kommissionär könne nach (pflichtgemäßem) Ermessen bestimmen, welches Deckungsgeschäft er welchem Kommittenten zuweisen wolle[12]. Andere Autoren vertreten eine verhältnismäßige Aufteilung der aus Anlaß der Kommission vereinbarten Deckungsgeschäfte[13]. Nach **a. A.** kann der Kommissionär zwischen allen mit Treu und Glauben im Einklang stehenden Verteilungsmaximen, wie Priorität, Dringlichkeit des Bedarfes etc. wählen[14].

---

[11] So aber *Schlegelberger/Hefermehl* HGB 5, § 401 10; *Schmidt-Rimpler* S. 1035; *Düringer/Hachenburg/Lehmann* HGB 3, § 401 12.

[12] *Düringer/Hachenburg/Lehmann* HGB 3, § 401 17; *RGRKzHGB-Ratz* § 401 6; *Schmidt-Rimpler* S. 1037.

[13] *Canaris* Großkommentar HGB 3, Bd. III/3 (2. Bearb. 1981), 1924; *Schlegelberger/Hefermehl* HGB 5, § 401 11; *Schneiders* S. 51.

[14] *V. Dalwigk zu Lichtenfels* S. 36 f; ähnlich *Canaris* Großkommentar HGB 3, Bd. III/3 (2. Bearb. 1981), 1924.

10 § 401 Abs. 2 darf jedoch nicht nur als Vorschrift zur Verhinderung von Kursschnitten verstanden werden. Vielmehr stellt er eine generalisierende Ausprägung der Interessenwahrungspflicht dar. Es geht deshalb nicht an, daß der Kommissionär einem Kommittenten im eigenen Interesse die Vorteile eines besonders günstigen Deckungsgeschäftes zugute kommen läßt, nur weil er ihm in Geschäftsfreundschaft verbunden ist[15]. Ebensowenig ist es zulässig, daß der Kommissionär das Gut nach Maßgabe der Unterschiede in der Dringlichkeit der Kundenbedürfnisse, die in den unterschiedlich hohen Limitierungen zum Ausdruck kommen, zuteilt[16]. Der Kommissionär ist den individuellen Interessen gleichermaßen verpflichtet, unabhängig davon, wie intensiv sie sein mögen. Versorgungsgedanken sind in einer marktwirtschaftlichen Ordnung fehl am Platz. Mit ihnen wäre ja auch z. B. nicht ein Verkäufer von Wertpapieren konfrontiert gewesen, der selbst auf der Börse aufgetreten wäre. Als Verkäufer hätte er sich im Vergleich zu anderen Verkäufern nicht deshalb mit schlechteren Konditionen zufriedengeben müssen, weil er zu größeren Preiszugeständnissen als andere Verkäufer bereit gewesen war, sondern hätte durch schnelles Handeln seinen Vorteil wahren können. Diesen Vorteil dem einzelnen Kommittenten zu sichern, ist Aufgabe des Kommissionärs. Gegen die verhältnismäßige Aufteilung der aus dem Deckungsgeschäft stammenden Vorteile spricht schließlich, daß der Kommissionär nur im abstrakten Sinne allen Kommittenten gleichermaßen zur Interessenwahrung verpflichtet ist, im konkreten Fall jedoch grundsätzlich die Priorität der Order zu beachten hat (dazu § 384 20; eingehender *Koller* BB **1978** 1735). Man hat daher die Deckungsgeschäfte nach denjenigen Maximen zuzuweisen, an denen sich ein Kommissionär orientieren muß, der nacheinander die Orders mehrerer Kommittenten zur Erledigung durch ein Ausführungsgeschäft übernommen hat. Anders als bei Ausführungsgeschäften (§ 384 17 ff) kann es jedoch bei der Zuordnung der einzelnen Deckungsgeschäfte nicht darauf ankommen, mit welchem Willen der Kommissionär die Deckungsgeschäfte vereinbart hatte. Der Generalisierungsfunktion des § 401 Abs. 2 entspricht es hier, unwiderleglich zu unterstellen, daß der Kommissionär „aus Anlaß" der Kommission die Deckungsgeschäfte nach Maßgabe dieser Regeln tätigen wollte und getätigt hat.

11 Geschäfte, die ihrem Inhalt nach zu den Weisungen des Kommittenten im Widerspruch stehen, und bei denen der Kommissionär nicht annehmen durfte, der Kommittent würde eine Abweichung von der Weisung billigen, sind „nicht aus Anlaß der Kommission" vereinbart, selbst wenn sie der Kommittent ex post gerne für sich in Anspruch nehmen würde (a. A. *Schmidt-Rimpler* S. 1034). Es kann in dieser Konstellation nämlich nicht generalisierend unterstellt werden, daß der Kommissionär, der ein Geschäft vereinbart, das nicht den an ihn ergangenen Weisungen entspricht, sich ähnlich verhalten wolle wie ein Kommissionär, der ein weisungswidriges Ausführungsgeschäft vereinbart hat und mit einer entsprechenden Ausführungsanzeige ein Angebot zu einer Vertragsänderung unterbreitet (§ 385 7). Man hat daher abzuwarten, ob der Kommissionär durch eine dem Deckungsgeschäft entsprechende Ausführungsanzeige bzw. Selbsteintrittserklärung ein solches Angebot zur Vertragsänderung unterbreitet.

IV. Börse oder Markt

12 Anders als Abs. 1 fordert Abs. 2 des § 401, daß das Geschäft an der Börse oder auf dem Markt abgeschlossen worden sein muß. Unerheblich ist es, an welchem Ort es getätigt wurde; es müssen nur die Einrichtungen irgendeiner Börse oder eines Marktes

---

[15] So aber *Prellberg* S. 35 f; kritisch *Schneiders* S. 50 f.
[16] **A. A.** *Canaris* Großkommentar HGB[3], Bd. III/3 (2. Bearb. 1981), 1925.

zum Abschluß benutzt worden sein. Diese Regel gilt dort nicht, wo der Kommittent den Abschluß an einer bestimmten Börse oder auf einem bestimmten Markt vorgeschrieben hatte. Wäre bei einer Ausführung durch ein Ausführungsgeschäft die Abweichung von einer solchen Weisung gemäß § 665 BGB gerechtfertigt gewesen, so muß freilich der Kommissionär dem Kommittenten die Vorteile des Deckungsgeschäftes zugute kommen lassen; jenseits des Rahmens berechtigter Abweichungen bedarf es eines entsprechenden Angebotes des Kommissionärs zur Vertragsänderung [17].

V. Ungünstigere Preise

13 Für die Begriffe des „ungünstigeren Preises" gilt das im Rahmen des § 401 Abs. 1 Ausgeführte (§ 401 3). Hat der Kommittent die Ausführung zu einem bestimmten Kurs im Sinne des § 400 Abs. 4 verlangt und der Kommissionär ein Deckungsgeschäft abgeschlossen, so spielt das Deckungsgeschäft für die Abrechnung dann eine Rolle, wenn der Kommissionär nach Maßgabe des § 665 BGB berechtigt war, von der Weisung des Kommittenten abzuweichen (§ 400 30 f).

VI. Rechtsfolgen und Beweislast

14 Rechtsfolgen und Beweislast decken sich mit den für § 401 Abs. 1 geltenden Regeln. Vgl. dazu § 401 6.

§ 402

Die Vorschriften des § 400 Abs. 2 bis 5 und des § 401 können nicht durch Vertrag zum Nachteile des Kommittenten abgeändert werden.

1 Die Vorschrift erklärt die Abrechnungs- und Rechenschaftslegungspflichten des § 400 Abs. 2—5 sowie die Interessenwahrungs- und Abrechnungspflicht des § 401 für unabdingbar. Obwohl § 401 Abs. 1 schlechthin an die pflichtgemäße Sorgfalt des Kommissionärs anknüpft, wird man annehmen können, daß die Reichweite der pflichtgemäßen Anstrengungen durch Vereinbarung konkretisiert werden darf; denn dadurch wird letztlich nur der Inhalt der Order näher umrissen. Beispiel: Vereinbarungen über den Ausführungsplatz. Die Intensität der Sorgfalt, wie die Herabsetzung der zu wahrenden Sorgfalt auf die Vermeidung groben Verschuldens, steht allerdings nicht zur Disposition der Parteien.

2 Vereinbarungen, die gegen § 402 verstoßen, sind unwirksam (§ 134 BGB). Es gilt dann nicht die allgemeine Regel des § 139 BGB über die Teilnichtigkeit. Man hat vielmehr zu berücksichtigen, daß § 402 aus der Sicht des Gesetzes den typischerweise schwächeren bzw. unerfahreneren Kommittenten schützen will, und hat daher eine Analogie zu § 6 AGB-Gesetz zu ziehen. Ein nachträglicher Verzicht auf die Einhaltung des § 402 erscheint erst dann als wirksam, wenn die Geschäftsverbindung zwischen Kommissionär und Kommittenten beendet ist, da der Kommittent, solange er mit dem Kommissionär in Geschäftsverbindung steht, unter Druck gesetzt werden könnte (für eine weitergehende Zulässigkeit des Verzichtes, *Schlegelberger/Hefermehl* HGB[5], § 402 3 m. Nachw.).

---

[17] Weitergehend *Schlegelberger/Hefermehl* HGB[5], § 401 12; *Schmidt-Rimpler* S. 1037.

§ 403

Der Kommissionär, der das Gut selbst als Verkäufer liefert oder als Käufer übernimmt, ist zu der gewöhnlichen Provision berechtigt und kann die bei Kommissionsgeschäften sonst regelmäßig vorkommenden Kosten berechnen.

Übersicht

	Rdn.		Rdn.
A. Vorbemerkung	1	C. Aufwendungen	
B. Provision		I. Regelmäßig vorkommende Kosten	5
I. Gewöhnliche Provision	2	II. Außergewöhnliche Kosten	6
II. Preisgefahr	3	III. Gefahrtragung	7
III. Delkredereprovision	4	IV. Weisungsverstoß	8

Schrifttum
siehe Angaben zu § 383.

A. Vorbemerkung

1   Der Selbsteintritt ist eine besondere Art der Ausführung der Kommission. Das Kommissionsverhältnis bleibt deshalb auch nach dem Selbsteintritt neben dem dadurch begründeten Kaufverhältnis bestehen. Dies allein rechtfertigt jedoch noch keinen Anspruch auf Aufwendungsersatz und Provision[1]. Für den Anspruch des Kommissionärs auf Aufwendungsersatz und Provision ist vielmehr die Überlegung maßgebend, daß der Kommissionär dem Kommittenten Konditionen in Rechnung zu stellen hat, die sich an den Konditionen der „Deckungs"-Märkte orientieren. Der selbsteintretende Kommissionär könnte daher bei stabilen Preisen ohne einen Provisions- und Aufwendungsersatzanspruch keine Handelsgewinne machen, sondern müßte notwendig Verluste erleiden. Diesen „Nachteil" gleicht der Anspruch auf Provision und auf einen typisiert-pauschalierten Aufwendungsersatzanspruch aus[2].

B. Provision

I. Gewöhnliche Provision

2   Der Kommissionär kann gemäß § 403 die gewöhnliche Provision verlangen, wenn er das Gut als Verkäufer liefert oder als Käufer übernimmt. Unter gewöhnlicher Provision ist die Provision zu verstehen, die der Kommissionär fordern könnte, wenn er die Kommission auf Rechnung des Kommittenten durch ein Ausführungsgeschäft ausgeführt hätte. Es kann aber auch vereinbart werden, daß der Kommissionär dort, wo er durch Selbsteintritt ausführt, eine höhere oder nur eine niedrigere Provision verlangen darf. Eine höhere Provision kann durch die erhöhten Risiken des Selbsteintritts gerechtfertigt sein. Auch kraft Handelsbrauches kann die Höhe der Provision nach der Art der Ausführung divergieren. Dort, wo der Kommissionär die Kommission ausschließlich durch Selbsteintritt ausführen darf, ergeben sich keine besonderen Probleme.

---

[1] A. A. *Schlegelberger/Hefermehl* HGB⁵, § 403 1; *v. Dalwigk zu Lichtenfels* S. 93.
[2] Protokolle zur Beratung eines allgemeinen deutschen Handelsgesetzbuches (1857), S. 738 f; *Schmidt-Rimpler* S. 1043.

II. Preisgefahr

Da auch bei der Selbsteintrittskommission das Geschäftsbesorgungselement nicht **3** gänzlich in den Hintergrund tritt, ist § 396 Abs. 1 im Rahmen des § 403 mit der Modifikation anzuwenden, daß an die Stelle der Leistungen des Dritten die des Kommissionärs treten[3]. Das hat zur Folge, daß der Kommissionär dort keinen Provisionsanspruch erwirbt, wo er seine Verpflichtungen aus dem kaufrechtlichen Verhältnis (unter Umständen in Form von Schadensersatz) nicht zu erfüllen vermag. Liegt freilich der Grund für die Nichtleistung des Kommissionärs in der Person des Kommittenten oder in dessen Sphäre bzw. wirkt sich die Störungsursache zuerst in der Sphäre des Kommittenten aus (dazu § 396 11 f), so kann der Kommissionär Provision verlangen. In diesen letztgenannten Konstellationen gilt eine Ausnahme von dieser Regel nur für den Fall, daß das Leistungshindernis unvorhersehbar war und der Kommissionär auch an keinen anderen potentiellen Kommittenten hätte leisten können (dazu § 396 11). Zur Frage, wer das Provisionsrisiko bei Rücktritt und Vertragsaufhebung zu tragen hat, § 396 10.

Hat der Kommissionär als kommissionsrechtliche Pflicht die Hauptpflicht übernommen, dafür zu sorgen, daß dem Kommittenten das Kommissionsgut in einer bestimmten Art und Weise zur Verfügung gestellt wird, so kommen insoweit die §§ 323 ff BGB zur Anwendung (§ 396 13).

Zum Provisionsrisiko im Falle eines Weisungsverstoßes § 400 51.

III. Delkredereprovision

Nach dem Selbsteintritt entfallen die Voraussetzungen für das Entstehen einer Del- **4** kredereprovision (**a. A.** die herrschende Meinung; dazu § 394 12).

C. Aufwendungen (Kosten)
I. Regelmäßig vorkommende Kosten

Gemäß § 403 kann der Kommissionär ferner die regelmäßig vorkommenden Kosten **5** berechnen. Der Begriff Kosten ist im Sinne hypothetischer Aufwendungen (zum Aufwendungsbegriff § 396 24 ff) zu interpretieren, die der Kommissionär gehabt hätte, wenn er die Kommission durch ein Ausführungsgeschäft erledigt hätte. Auszuklammern sind freilich Kosten, die im Rahmen der Erfüllung eines Deckungsgeschäftes entstehen (OGHZ **2** 91; *Schlegelberger/Hefermehl* HGB[5], § 403 6). Beim Kommissionär müssen nicht notwendig reale Kosten für den Abschluß eines Deckungsgeschäftes angefallen oder im Zusammenhang mit einem späteren „Deckungs"-Geschäft zu erwarten sein. Für den Anspruch aus § 403 ist nur erforderlich, daß diese Kosten typischerweise anfallen können. Dabei hat man je nach Art der hypothetischen „Ausführung" zwischen verschiedenen Typen regelmäßig anfallender Kosten zu unterscheiden. Wird z. B. die Kommission von einem Hamburger Kommissionär nach Maßgabe des Kurses am Börsenplatz Frankfurt „ausgeführt", so würden bei einer Erledigung der Kommission durch Ausführungsgeschäft regelmäßig andere Aufwendungen erforderlich sein, als wenn am Börsenplatz München ausgeführt werden würde. Bei der Berechnung derjenigen hypothetischen Aufwendungen, die „regelmäßig" gemacht werden, hat man alle unregelmäßig anfallenden Kosten auszusondern. „Regelmäßig" heißt dabei nicht,

---

[3] *Schlegelberger/Hefermehl* HGB[5], § 403 2; *Koller* BB **1979** 1725, 1733.

daß die Kosten bei einer Ausführung durch ein Ausführungsgeschäft mit Sicherheit, sondern lediglich, daß sie mit großer Wahrscheinlichkeit entstanden wären.

Der Kostenersatzanspruch des Kommissionärs steht selbständig neben den kaufrechtlichen Ansprüchen. Zieht der Verkaufskommissionär, der selbst eingetreten ist, die Kosten vom Kaufpreis ab, so liegt darin eine Aufrechnung. Die Verjährung richtet sich nach § 196 BGB.

II. Außergewöhnliche Kosten

6   Nach ganz herrschender Meinung vermag der Kommissionär auch den Ersatz außergewöhnlicher Kosten (z. B. für den Abschluß, nicht aber für die Erfüllung von Deckungsgeschäften) zu fordern, wenn er im Einzelfall nachweist, daß ihm solche entstanden sind[4]. Dieser Ansicht kann nicht gefolgt werden. Man darf die durch Selbsteintritt ausgeführte Kommission nicht ohne weiteres der durch ein Ausführungsgeschäft erledigten Kommission gleichstellen. § 403 erlaubt nur, pauschalierte Kosten anzusetzen. Das verbietet es, dem Kommissionär die Freiheit zu geben, individuell abzurechnen. Der Kommittent hat nämlich ebenfalls kein Recht vorzutragen, im konkreten Fall seien die regelmäßig anfallenden Kosten nicht entstanden. Außerdem besteht die Gefahr, daß der Kommissionär sich nur dort auf außergewöhnliche Kosten beruft, wo er die Vorteile eines Deckungsgeschäftes weiterzugeben bereit ist, aber in Fällen, in denen er ein günstiges Deckungsgeschäft mit niedrigerem Aufwand tätigt, dessen Vorteile für sich behält[5]. Von daher erscheint es als richtig, dem Kommissionär zuzumuten, daß er der Gefahr außergewöhnlicher Kosten im Rahmen seiner Provisionsforderung kalkulatorisch Rechnung trägt. Außerdem ist der Kommissionär vielfach dort, wo außergewöhnliche Kosten drohen, in der Lage, auf den Selbsteintritt zu verzichten und noch durch Ausführungsgeschäft auszuführen.

III. Gefahrtragung

7   § 403 erlaubt seinem Wortlaut zufolge nur demjenigen Kommissionär, die regelmäßig vorkommenden Kosten zu berechnen, der als Verkäufer „liefert" oder das Gut als Käufer „übernimmt". Es heißt also nicht, „zu liefern sich bereit erklärt". § 403 weicht damit von § 670 BGB ab, der lediglich darauf abhebt, daß der Kommissionär bestimmte Aufwendungen für erforderlich halten durfte, auch wenn das mit ihrer Hilfe angestrebte Ziel letztlich nicht erreicht wird. § 403 signalisiert demnach eine stärkere Risikobelastung des selbsteintretenden Kommissionärs. Er bürdet grundsätzlich dem Kommissionär das „Kostenrisiko" nach kaufrechtlichen Gefahrenverteilungsprinzipien auf. So hat der Kommissionär als Einkaufskommissionär die Kostengefahr zu tragen, solange ihn die Preisgefahr für die Kaufobjekte trifft. Bei der Verkaufskommission findet allerdings in einem Fall, in dem der Kommittent aus einem in seiner Sphäre liegenden oder sich in ihr zuerst auswirkenden Grund nicht zu liefern vermag, im Hinblick auf den Kostenersatzanspruch § 324 Abs. 1 BGB Anwendung (*Koller* BB **1979** 1725, 1733). Ist bei der Verkaufskommission das Kommissionsgut untergegangen, nachdem die Preisgefahr für das Gut auf den Kommissionär übergegangen war, so behält der Kommissionär seinen Anspruch aus § 403 (*Koller* BB **1979** 1725, 1733). Das im Zusammen-

---

[4] *Canaris* Großkommentar HGB[3], Bd. III/3 (2. Bearb. 1981), 1929; *Klein/Kümpel/Lau* Bankrecht und Bankpraxis (1979), 7/70; *v. Dalwigk zu Lichtenfels* S. 93; *Schmidt-Rimpler* S. 1045; *Schlegelberger/Hefermehl* HGB[5], § 403 6 m. Nachw.

[5] *Koller* BB **1979** 1725, 1731; ferner *v. Dalwigk zu Lichtenfels* S. 94.

hang mit der Erfüllung von Deckungsgeschäften entstehende Risiko trägt der Kommissionär immer nach den für den jeweiligen Vertragstypus des Deckungsgeschäftes maßgeblichen Risikoverteilungsregeln. Die daraus resultierende erhöhte Risikobelastung hat der Kommissionär ebenfalls bei seinen Provisionsvereinbarungen zu berücksichtigen.

IV. Weisungsverstoß
Zum Kostenersatzanspruch im Falle der Zurückweisung § 400 51. **8**

§ 404

Die Vorschriften der §§ 397 und 398 finden auch im Falle der Ausführung der Kommission durch Selbsteintritt Anwendung.

§ 404 stellt klar, daß auch dem selbsteintretenden Kommissionär die Sicherungs- **1** rechte der §§ 397 f zustehen.

Die Voraussetzungen für die gesetzlichen Pfandrechte aus § 397 und für das pfandrechtsähnliche Befriedigungsrecht aus § 398 sind in der Kommentierung dieser Vorschriften näher erläutert. — Im einzelnen ist hier noch zu bemerken, daß bei der Einkaufs- und Verkaufskommission der selbsteintretende Kommissionär vielfach Eigentümer sein wird, solange bzw. sofern sich die Sache in seinem Besitz befindet. — § 404 zufolge sind die §§ 397 f analog anzuwenden; denn für eine unmittelbare Anwendung hätte es des § 404 nicht bedurft. Zu dem Kreis der gesicherten Forderungen gehört deshalb auch der kaufrechtliche Anspruch auf Zahlung des Kaufpreises, der wirtschaftlich gesehen an die Stelle des Anspruches auf Befreiung von der Kaufpreisschuld tritt, die ein Kommissionär auf sich nimmt, der den Kaufvertrag auf Rechnung des Kommittenten vereinbart hat (*Schlegelberger/Hefermehl* HGB[5], § 404 2 m. Nachw.).

Auf § 399 verweist der § 404 nicht. Eine analoge Anwendung des § 399 im Hinblick **2** auf Deckungsgeschäfte scheitert daran, daß sich der Kommissionär ohnehin ungehindert aus den Deckungsgeschäften zu „befriedigen" imstande ist.

§ 405

(1) Zeigt der Kommissionär die Ausführung der Kommission an, ohne ausdrücklich zu bemerken, daß er selbst eintreten wolle, so gilt dies als Erklärung, daß die Ausführung durch Abschluß des Geschäfts mit einem Dritten für Rechnung des Kommittenten erfolgt sei.

(2) Eine Vereinbarung zwischen dem Kommittenten und dem Kommissionär, daß die Erklärung darüber, ob die Kommission durch Selbsteintritt oder durch Abschluß mit einem Dritten ausgeführt sei, später als am Tage der Ausführungsanzeige abgegeben werden dürfe, ist nichtig.

(3) Widerruft der Kommittent die Kommission und geht der Widerruf dem Kommissionär zu, bevor die Ausführungsanzeige zur Absendung abgegeben ist, so steht dem Kommissionär das Recht des Selbsteintritts nicht mehr zu.

§ 405 Drittes Buch. Handelsgeschäfte

Übersicht

	Rdn.
A. Vorbemerkung	1
B. Absatz 1	
I. Zweck	2
II. Eintrittserklärung	3
III. Ausführungsanzeige	4
IV. Verhältnis der Ausführungsanzeige zur Selbsteintrittserklärung	5
C. Absatz 2	10
D. Der Widerruf der Order (Abs. 3) und des Selbsteintritts	
I. Widerruf der Kommission durch den Kommissionär	12
II. Widerruf durch den Kommittenten	
1. Zweck und Geltungsbereich des Abs. 3	14
2. Zugang des Widerrufs	15
3. Absendung der Ausführungsanzeige	16
4. Zulässigkeit des Widerrufs nach Absendung der Anzeige	17
5. Zulässigkeit des Widerrufs vor Absendung der Ausführungsanzeige	18
6. Beweislast	20

Schrifttum

siehe Angaben zu § 383.

A. Vorbemerkung

1 § 405 regelt in erster Linie die Ausführung des Selbsteintrittsrechtes. Zur Kategorie der Voraussetzungen des Selbsteintrittes gehört § 405 Abs. 3, der im Zusammenhang mit dem Widerruf der Kommission das Problem klärt, von welchem Zeitpunkt an ein Widerruf das Recht zum Selbsteintritt abschneidet. Damit regelt diese Vorschrift mittelbar zugleich die Zulässigkeit des Widerrufs.

B. Absatz 1

I. Zweck

2 § 405 Abs. 1 hat in erster Linie die Funktion, den Kommittenten von der Ungewißheit zu befreien, ob der Kommissionär die Order durch Ausführungsgeschäft oder durch Selbsteintritt ausgeführt hat, — eine Ungewißheit, in der er schweben würde, wenn dem Kommissionär die Möglichkeit offenstünde, unbestimmte Ausführungsanzeigen abzusenden und erst nach einiger Zeit zu erklären, ob er selbst eintreten wolle (*Schmidt-Rimpler* S. 1007). Derartige unbestimmte Ausführungsanzeigen würden auch die Rechenschaftslegung behindern; denn solange der Kommissionär sich nicht über die Art der Ausführung erklärt hat, ist es unklar, welche Rechnungslegungsvorschriften anzuwenden sind (Börsen-Enquête-Kommission, aaO, S. 180).

II. Eintrittserklärung

3 Die Erklärung des Selbsteintritts hat kraft der (insoweit dispositiven) Regelung des § 405 Abs. 1 ausdrücklich zu erfolgen. Das Erfordernis der Ausdrücklichkeit ist erfüllt, wenn die Erklärung durch Worte klar erkennen läßt, daß der Kommissionär die Kommission durch Selbsteintritt ausgeführt hat (RGZ **63** 30; RG JW **1926** 1961). Dabei muß der Begriff „Selbsteintritt" nicht verwendet werden. So genügt es, daß der Kommissionär den Selbsteintritt mit den Worten des Gesetzes formuliert, er liefere das Kommissionsgut als Verkäufer oder er übernehme es als Käufer[1]. Dem steht die Bezeichnung „Eigenhändler" gleich, wenn ein Bezug zur Kommission hergestellt wird.

---

[1] § 401 Abs. 1; RGZ **112** 29; RGRKzHGB-*Ratz* § 405 5; zweifelnd *Schlegelberger/Hefermehl* HGB5, § 405 3.

Stand: 1. 4. 1985

Hingegen genügt die faktische Erfüllung aus eigenen Beständen ebenso wenig wie solche Erklärungen, die jeder Händler im Rahmen von Eigengeschäften abgibt[2].
Das Erfordernis der Ausdrücklichkeit kann abbedungen werden.
Zur Form der Selbsteintrittserklärung § 400 19.

III. Ausführungsanzeige

Gemäß § 384 Abs. 2 hat der Kommissionär unverzüglich Anzeige von der Ausführung der Kommission zu erstatten. Die Anzeige erfolgt nur dann pflichtgemäß, wenn sie alle wichtigen Angaben darüber enthält, zu welchen Konditionen und mit wem das Geschäft ausgeführt worden ist (§ 384 29 ff). Bei der Anzeige einer durch Selbsteintritt ausgeführten Kommission entfällt natürlich die Angabe des Dritten, nicht aber z. B. die Angabe des Kurses (*Schmidt-Rimpler* S. 1006). Deshalb kann nicht ohne weiteres der Ansicht gefolgt werden, die bloße Erklärung des Selbsteintritts enthalte zugleich die vollständige Ausführungsanzeige, nur weil der Selbsteintritt eine Art der Ausführung der Kommission darstelle[3]. Allerdings wird man in der bloßen Erklärung des Selbsteintritts die Anzeige sehen können, daß überhaupt ausgeführt worden ist. Diese (unvollständige) Ausführungsanzeige genügt für die Preisberechnung im Sinne des § 400 Abs. 2, 3, da sich die Höhe des zu berechnenden Preises unmittelbar aus dem Gesetz ergibt. Sie erfüllt auch die Begriffsmerkmale der Ausführungsanzeige im Sinne des § 405 Abs. 3. Der Kommissionär hat diese Ausführungsanzeige jedoch ohne schuldhaftes Zögern zu vervollständigen. Auch im Sinne des § 405 Abs. 1 ist die Ausführung schon dann angezeigt, wenn der Kommissionär lediglich erklärt hat, daß er die Kommission ausgeführt habe, ohne den Kurs und sonstige Konditionen zu nennen; denn in einer solchen Konstellation kann der Kommittent ebenfalls in die Ungewißheit geraten, die § 405 Abs. 1 vermieden wissen will[4].

IV. Verhältnis der Ausführungsanzeige zur Selbsteintrittserklärung

§ 405 Abs. 1 soll in erster Linie Ausführungsanzeigen verhindern, die offenlassen, ob die Kommission durch Selbsteintritt oder durch Ausführungsgeschäft ausgeführt worden ist. Dem Kommittenten soll die aus solchen unbestimmten Ausführungsanzeigen resultierende Ungewißheit erspart werden. Zu einer solchen Ungewißheit kommt es nicht, wenn der Selbsteintritt vor oder gleichzeitig mit der Ausführungsanzeige (ausdrücklich) erklärt wird. Demnach hat man folgende Konstellationen zu unterscheiden:

1. Der Kommissionär gibt eine ausdrückliche Erklärung lediglich über den Selbsteintritt ab. Eine besondere Ausführungsanzeige erfolgt nicht. Da der Selbsteintritt jedenfalls vor der Ausführungsanzeige erklärt worden ist, greift § 405 Abs. 1 nicht ein; die Kommission ist durch Selbsteintritt ausgeführt. Das gilt unabhängig davon, ob man in der Erklärung des Selbsteintritts zugleich eine, wenn auch unvollständige (§ 405 4) Ausführungsanzeige erblickt.

2. Der Kommissionär erklärt ausdrücklich den Selbsteintritt. In einer gesonderten Anzeige teilt er mit, daß und/oder zu welchen Konditionen er die Kommission ausgeführt habe. Ist diese Anzeige dem Kommittenten gleichzeitig mit der gesonderten Erklärung über den Selbsteintritt oder erst danach zugegangen, so ist die Kommission im Wege des Selbsteintritts ausgeführt. Es kommt mithin nicht auf die Absendung der

---

[2] *Schlegelberger/Hefermehl* HGB[5], § 405 3.
[3] So aber *Schlegelberger/Hefermehl* HGB[5], § 405 7 f; *v. Dalwigk zu Lichtenfels* S. 69 m. w. Nachw.
[4] Zur Lückenfüllung bei einer unvollständigen Anzeige § 384 82.

Ausführungsanzeige bzw. der Selbsteintrittserklärung an (*Schmidt-Rimpler* S. 1007). Eine Ungewißheit, die § 405 Abs. 1 ausschalten soll, wird schon dann und auch nur dann vermieden, wenn dem Kommittenten die unbestimmte Ausführungsanzeige frühestens gleichzeitig mit dem Selbsteintritt zugeht.

8 3. Geht dem Kommittenten eine Ausführungsanzeige, aus der nicht hervorgeht, ob die Kommission durch Selbsteintritt oder durch Ausführungsgeschäft mit einem Dritten ausgeführt worden ist, und erst danach die Erklärung des Selbsteintritts zu, so stößt der Selbsteintritt ins Leere; denn die Kommission gilt gemäß § 405 Abs. 1 durch Abschluß eines Geschäftes mit einem Dritten als ausgeführt. Diese Fiktion wird unabhängig davon wirksam, ob der Kommissionär ein Deckungsgeschäft abgeschlossen hatte oder nicht. Die ratio des § 405 Abs. 1 verbietet eine analoge Anwendung der Anfechtungsregeln auf die Abgabe der unbestimmten Ausführungsanzeige[5]. Wird die Fiktion des § 405 Abs. 1 wirksam und hatte der Kommissionär ein Ausführungsgeschäft[6] geschlossen, so sperrt § 405 Abs. 1 den Übergang zum Selbsteintritt. Hatte der Kommissionär den Dritten nicht benannt, so greift § 384 Abs. 3 ein. Ebenfalls nach den im Rahmen des § 384 Abs. 3 für den Fall entwickelten Grundsätzen, daß eine unbenannte Ausführungsanzeige erfolgt ist, ohne daß ein Ausführungsgeschäft getätigt worden war (§ 384 82), ist zu entscheiden, falls die Ausführung unbestimmt angezeigt wurde und der Kommissionär lediglich ein Deckungsgeschäft geschlossen oder sich gar nicht eingedeckt hatte.

9 4. § 405 Abs. 1 ist nur teilweise zwingend. In den in § 405 Abs. 2 geregelten Grenzen kann die Fiktionswirkung des § 405 Abs. 1 durch Vereinbarung außer Kraft gesetzt werden.

C. Absaz 2

10 § 405 Abs. 1 kann in bestimmtem Umfang derogiert werden. Derogationsfähig ist zunächst das Erfordernis der Ausdrücklichkeit der Selbsteintrittserklärung. Ferner kann abbedungen werden, daß die Selbsteintrittserklärung spätestens gleichzeitig mit der Ausführungsanzeige zugegangen sein muß. Die Parteien dürfen vereinbaren, daß der Kommissionär auch nach Absendung bzw. Zugang einer unbestimmten Ausführungsanzeige noch den Selbsteintritt erklären darf. Dies kann im Weg der Individualabrede oder im Rahmen von allgemeinen Geschäftsbedingungen vereinbart werden. Die Ausführungsanzeige, die vor dem Selbsteintritt zugeht, hat nicht zur Folge, daß ein zulässiger späterer Selbsteintritt rückwirkend im Moment des Zuganges der Ausführungsanzeige wirksam wird[7]. Es gelten vielmehr die allgemeinen Regeln. — Nichtig ist aber eine Vereinbarung, der zufolge der Selbsteintritt an dem auf die unbestimmte Ausführungsanzeige folgenden Tag oder noch später erklärt werden kann (§ 405 Abs. 2). Dabei kommt es sowohl für die Ausführungsanzeige als auch für den Selbsteintritt entscheidend auf den Zeitpunkt ihrer Abgabe, nicht ihres Zugangs an[8]. Geht die Selbsteintrittserklärung, die am gleichen Tag wie die Ausführungsanzeige abgegeben worden war, dem Kommittenten erst zu, nachdem ihm bereits am Tag zuvor die unbestimmte Ausführungsanzeige zugegangen war, so ist es unerheblich, ob der Kommittent mit dem späteren Zugang rechnen mußte[9]; denn § 405 Abs. 2 spricht von

---

[5] So i. E. auch *Schmidt-Rimpler* S. 1008; *Schlegelberger/Hefermehl* HGB[5], § 405 9; *Heymann/Kötter* HGB[21], § 405 2.
[6] Zum Begriff im Unterschied zum Deckungsgeschäft § 383 68.
[7] A. A. *Schlegelberger/Hefermehl* HGB[5], § 405 15.
[8] *Schmidt-Rimpler* S. 1008; RGRKzHGB-*Ratz* § 405 6.
[9] A. A. *Schlegelberger/Hefermehl* HGB[5], § 405 14.

"Abgabe", und die infolge einer Verzögerung des Transportes der Selbsteintrittserklärung entstehende Ungewißheit ist dem Kommittenten zuzumuten, der dem Kommissionär erlaubt hat, seinen Selbsteintritt erst nach Abgabe einer Ausführungsanzeige zu erklären [10].

Eine nichtige Vereinbarung kann in eine Vereinbarung umgedeutet werden, die sich gerade noch in den Grenzen des § 405 Abs. 2 bewegt [11]. Soweit eine Umdeutung nicht in Betracht kommt, blockiert § 405 Abs. 1 einen verspäteten Selbsteintritt. **11**

Ist die Fiktion des § 405 Abs. 1 wirksam geworden, so können die Parteien, ebenso wie sie den ganzen Vertrag aufheben können, vereinbaren, daß die Kommission auf der Basis eines fiktiven Selbsteintritts abgewickelt werden soll. Unzulässig erscheint dagegen eine Vereinbarung, durch die der Kommittent dem Kommissionär nach einer unbestimmten Ausführungsanzeige eine unbefristete Möglichkeit zur Erklärung darüber einräumt, ob die Kommission durch Selbsteintritt ausgeführt worden ist, da der Kommittent dann in die gleiche Ungewißheit versetzt wird, die § 405 Abs. 1, 2 vermieden wissen will [12]. **12**

D. Der Widerruf der Order (Abs. 3) und des Selbsteintritts
I. Widerruf der Kommission durch den Kommissionär

Der Widerruf der Kommission richtet sich ohne Rücksicht auf eine etwaige Befugnis zum Selbsteintritt nach den allgemeinen kommissionsrechtlichen und nach dem Wirksamwerden des Selbsteintritts nach den kaufrechtlichen Regeln. **13**

II. Widerruf durch den Kommittenten
1. Zweck der Vorschrift und Geltungsbereich

Seinem Wortlaut zufolge scheint es die Funktion des § 405 Abs. 3 zu sein, das Recht zum Selbsteintritt zu begrenzen. Das Schwergewicht des § 405 Abs. 3 liegt jedoch bei der Beschränkung des Widerrufsrechts des Kommittenten. — Es kann hier dahingestellt bleiben, bis zu welchem Zeitpunkt normalerweise der Kommittent eine Kommission widerrufen darf, die durch einen Abschluß mit einem Dritten auf Rechnung des Kommittenten ausgeführt werden sollte oder ausgeführt worden ist (§ 383 82). Will der Kommissionär die Kommission durch Selbsteintritt ausführen, so hat man jedenfalls davon auszugehen, daß spätestens mit dem Wirksamwerden des Selbsteintrittes das Recht zum Widerruf der Kommission erlischt, unabhängig davon, wann dem Kommittenten die Ausführungsanzeige zugeht [13]. Mit dem Wirksamwerden des Selbsteintritts entstehen nämlich kaufrechtliche Beziehungen zwischen den Parteien, die ebenso wenig durch bloßen Widerruf aus der Welt geschafft werden können wie die kaufrechtlichen Beziehungen zwischen dem Eigenhändler und seinem Kunden [14]. Der Wortlaut des § 405 Abs. 3 steht diesem Ergebnis nicht entgegen, da ihm zufolge der Gesetzgeber davon ausging, daß das Selbsteintrittsrecht bis zu dem Moment, in dem der Widerruf dem Kommissionär zugeht, noch ausgeübt werden kann, — daß also das Kommissionsverhältnis noch nicht in ein Kaufverhältnis umgewandelt worden war. **14**

---

10 RGRKzHGB-*Ratz* § 405 6.
11 § 140 BGB; ebenso i. E. *Schlegelberger/Hefermehl* HGB5, § 405 12 m. w. Nachw.; a. A. RGRKzHGB-*Ratz* § 405 6.
12 A. A. *Schlegelberger/Hefermehl* HGB5, § 405 13.
13 Ebenso i. E. *Canaris* Großkommentar HGB3, Bd. III/3 (2. Bearb. 1981), 1914; *Klein/Kümpel/*

Lau in Bankrecht und Bankpraxis (1979), 7/72; *Schlegelberger/Hefermehl* HGB5, § 405 20; anders § 405 23.
14 Zu den Ausnahmen vgl. *Koller* Die Risikozurechnung bei Vertragsstörungen in Austauschverträgen (1979), S. 363 ff.

§ 405 Drittes Buch. Handelsgeschäfte

Wäre das Gesetz bei dieser Regelung stehen geblieben, so hätte es allerdings den Kommissionär erheblichen Gefahren ausgesetzt. Hätte nämlich der Kommissionär bereits ein Deckungsgeschäft getätigt, aber den Selbsteintritt noch nicht wirksam erklärt, so müßte er die Lasten des Deckungsgeschäftes jedenfalls dort tragen, wo er die Kommission nur durch Selbsteintritt ausführen darf und ihm der Widerruf des Kommittenten zugeht, bevor seine Selbsteintrittserklärung (in der vom Gesetz als Normalfall betrachteten Situation) durch Zugang wirksam geworden ist. Auch wenn der Kommissionär kein Deckungsgeschäft getätigt haben sollte, weil er sich z. B. entschlossen hatte, aus eigenen Beständen zu liefern bzw. auf das eigene Lager zu übernehmen, würde er erhebliche Risiken laufen, falls das Widerrufsrecht des Kommittenten erst mit dem Wirksamwerden des Selbsteintritts erlöschen würde; denn der Kommissionär, der sich z. B. entschieden hat, zu dem im Moment der Absendung der Ausführungsanzeige gültigen Kurs (§ 400 Abs. 2) zu liefern, wird vielfach darauf verzichtet haben, den Bestand rechtzeitig auf den Markt zu den damals gültigen Kursen abzustoßen. Von diesen Risiken versucht § 405 Abs. 3 den Kommissionär dadurch zu entlasten, daß er dem Kommittenten **mit der Absendung** der Ausführungsanzeige das Widerrufsrecht **abschneidet**.

Diese Risikoentlastung ist vollkommen in den Fällen, in denen der Kommissionär im wirtschaftlichen Sinne selbst eintreten will. In Fällen des formalen Selbsteintritts entsteht allerdings die Gefahr, daß zwischen dem Deckungsgeschäft und der Absendung der Ausführungsanzeige ein längerer Zeitraum klaffen kann, in den der Kommittent mit seinem Widerruf hineinzustoßen vermag. Diese Widerrufsmöglichkeit darf nicht ohne weiteres als ein Fehler des Gesetzes qualifiziert werden [15]; denn § 405 Abs. 3 soll mit Hilfe des Risikos eines Widerrufes vor Absendung der Ausführungsanzeige den Kommissionär motivieren, die Ausführungsanzeige sofort nach Deckung abzusenden. Es wurde also — mit anderen Worten — ein Anreiz geschaffen, den Kurs des Deckungsgeschäftes und den Kurs, über den Rechenschaft zu legen ist (§ 400 Abs. 2), möglichst identisch zu halten. § 405 Abs. 3 ist also auch als Instrument zur Verhinderung von Kursschnitten anzusehen. Problematisch wird diese Regelung allerdings dort, wo der Kommissionär trotz zumutbaren Aufwandes außerstande ist, die Ausführungsanzeige alsbald nach Abschluß eines Deckungsgeschäftes abzusenden (näher dazu § 405 19).

Die Widerrufsregelung des § 405 Abs. 3 gilt, soweit die Parteien nichts Abweichendes vereinbart haben, auch dort, wo dem Kommissionär durch vertragliche Abrede das Recht eröffnet wurde, durch Selbsteintritt auszuführen, ferner dort, wo er die Kommission ausschließlich durch Selbsteintritt ausführen durfte. Zum Widerruf bei der Effektenkommission vgl. auch *Canaris* Großkommentar HGB[3], Bd. III/3 (2. Bearb. 1981), 1914.

2. Zugang des Widerrufs

15 Für die Zulässigkeit des Widerrufs bzw. spiegelbildlich des Selbsteintritts ist zum einen der Moment entscheidungserheblich, in dem der Widerruf dem Kommissionär zugeht. Der Zeitpunkt des Zugangs richtet sich nach den allgemeinen Vorschriften über den Zugang von Willenserklärungen. Die bloße Absendung des Widerrufes ist irrelevant. Der Kommittent trägt daher die Gefahr, daß sich der Transport seiner

---

[15] So aber *Schmidt-Rimpler* S. 1056; *Canaris* Großkommentar HGB[3], Bd. III/3 (2. Bearb. 1981), 1914.

Stand: 1. 4. 1985

Widerrufserklärung verzögert, oder daß sie verloren geht, bevor sie in den Machtbereich des Kommissionärs gelangt ist.

3. Absendung der Ausführungsanzeige

Der zweite für die Zulässigkeit des Widerrufs bzw. eines Selbsteintritts relevante **16** Moment ist der Zeitpunkt, in dem die Ausführungsanzeige abgesandt wurde. Absendung ist nicht gleichzusetzen mit der „Abgabe" der Ausführungsanzeige (a. A. wohl *Schlegelberger/Hefermehl* HGB[5] § 405 22). Es ist deshalb grundsätzlich zu fordern, daß die Anzeige den Machtbereich des Kommissionärs derart verlassen hat, daß sie der Kommissionär auf ihrem Wege zum Kommittenten nicht mehr aufzuhalten vermag. Der Begriff „zur Absendung abgegeben" ist nämlich gleichlautend wie „abgesandt" zu interpretieren.

4. Zulässigkeit des Widerrufs nach Absendung der Anzeige

Ein nach Absendung der Ausführungsanzeige zugehender Widerruf ist unwirksam. **17** Dabei kommt es nicht darauf an, ob der Selbsteintritt bereits erklärt ist. Sofern er nach Maßgabe des § 405 Abs. 2 noch erklärt werden kann, darf der Kommissionär ihn auch jetzt noch ausüben. Erst recht gilt dies, falls die Selbsteintrittserklärung in der Ausführungsanzeige enthalten ist, diese aber noch nicht zugegangen ist. Ist der Selbsteintritt wirksam geworden, bevor der Widerruf zugeht, so stößt der Widerruf ohnehin ins Leere (§ 405 14; a. A. *Schlegelberger/Hefermehl* HGB[5], § 405 23). Diese Rechtsfolge tritt nicht nur dort ein, wo dem Kommittenten die Selbsteintrittserklärung bereits zugegangen und damit wirksam geworden war, bevor der Widerruf den Kommissionär erreichte, sondern auch in Konstellationen, in denen der Selbsteintritt analog § 151 BGB durch Vornahme eines Deckungsgeschäftes wirksam geworden war, weil der Kommittent auf eine Kundgabe des Selbsteintritts verzichtet hatte bzw. eine Erklärung des Selbsteintritts verkehrsunüblich war[16]. Gleich zu behandeln sind Fälle, in denen der Selbsteintritt in sonstiger Weise, z. B. durch Bedingungseintritt, wirksam geworden ist. Ob allerdings angesichts der Funktion des § 405 Abs. 3, die Gefahr von Kursschnitten zu mindern, ein Verzicht auf den Zugang der Selbsteintrittserklärung in allgemeinen Geschäftsbedingungen möglich ist, erscheint jedenfalls dort als fraglich, wo eine alsbaldige Absendung der Ausführungsanzeige nach Vereinbarung des Deckungsgeschäftes auf keine gravierenden Schwierigkeiten stößt.

5. Zulässigkeit des Widerrufs vor Absendung der Ausführungsanzeige

Ein vor der Absendung der Ausführungsanzeige und vor Wirksamwerden des **18** Selbsteintritts (§ 405 17) zugehender Widerruf ist nach dispositivem Recht gültig. Problematisch sind die Fälle, in denen der Kommissionär bereits ein Deckungsgeschäft getätigt hatte, der Widerruf ihn aber noch vor der Absendung der Ausführungsanzeige erreichte, weil er die Ausführungsanzeige nicht sofort nach Abschluß des Deckungsgeschäftes abgesandt hatte. Sofern nicht etwa analog § 151 BGB der Abschluß des Deckungsgeschäftes den Selbsteintritt wirksam werden ließ (so für die Effektenkommission *Canaris* Großkommentar HGB[3], Bd. III/3 (2. Bearb. 1981), 1914), ist der Widerruf zu beachten. Das Recht zum Selbsteintritt entfällt (§ 405 Abs. 3). Eine verbreitete Ansicht will aber in einem solchen Fall dem Kommissionär nicht endgültig die Gefahr zuwei-

---

[16] *Canaris* Großkommentar HGB[3], Bd. III/3 (2. Bearb. 1981), 1914; ferner § 400 19.

sen, daß sich das Deckungsgeschäft als ungünstig herausstellt. Sie gibt dem Kommissionär das Recht, das auf eigene Rechnung vereinbarte Deckungsgeschäft als ein auf fremde Rechnung abgeschlossenes Ausführungsgeschäft zu behandeln und auf diese Weise gemäß § 670 BGB Freistellung von den aus dem „Deckungsgeschäft" resultierenden Verpflichtungen zu fordern [17]. Dieser Ansicht kann nicht gefolgt werden; denn ein Deckungsgeschäft kann nicht ex post zum Ausführungsgeschäft werden. Das gilt erst recht dort, wo sich der Kommissionär verpflichtet hatte, ausschließlich durch Selbsteintritt auszuführen [18]. Die Risikobelastung des Kommissionärs ist völlig sachgerecht; denn durch sie wird der Kommissionär angehalten, die Ausführungsanzeige sofort nach Abschluß des Deckungsgeschäftes abzusenden und damit auf die Möglichkeit eines Kursschnittes zu verzichten. Daraus folgt, daß der Kommissionär grundsätzlich mit dem rechtzeitig zugegangenen Widerruf nicht nur das Recht zum Selbsteintritt, sondern auch die Befugnis zur Ausführung in anderer Weise verliert; denn der Widerruf der Order ist im Zweifel umfassend.

19 Problematisch ist diese Rechtsfolge freilich dort, wo der Kommissionär mit zumutbaren Mitteln außerstande ist, die Ausführungsanzeige sogleich nach Abschluß des Deckungsgeschäftes abzusenden. Für solche Situationen wird hier der Standpunkt vertreten, daß in derartigen Konstellationen der Abrechnungsmodus des § 400 Abs. 2 unanwendbar ist und die darauf aufgebaute Beschränkung der Rechnungslegungspflicht entfällt (§ 400 47). Der Kommissionär hat dann, soweit er nicht pflichtgemäß bessere Ausführungschancen hätte ergreifen müssen, auf der Basis des Deckungsgeschäftes abzurechnen und darüber Rechenschaft zu geben. Wenn nun der Kommissionär in derartigen Konstellationen erweiterten Rechenschaftspflichten unterworfen ist, so besteht auch kein Grund, ihn bis zur Absendung der Ausführungsanzeige mit dem Widerrufsrisiko zu belasten. § 405 Abs. 3 ist deshalb zu restringieren; die dadurch aufgerissene Lücke ist durch eine Analogie zu den allgemeinen Regeln über den Widerruf einer Kommission zu schließen. Daraus ergibt sich, daß ein Widerruf nach Abschluß eines aus Anlaß der Kommission getätigten Deckungsgeschäftes unzulässig ist. Der Kommissionär darf den Selbsteintritt noch erklären. Maßgeblich ist hierbei der Moment, in dem der Widerruf zugeht (ebenso i. E. *Schmidt-Rimpler* S. 1056 f).

6. Beweislast

20 Der Kommissionär hat den Zeitpunkt der Abgabe der Ausführungsanzeige bzw. des Wirksamwerdens des Selbsteintritts, der Kommittent den des Zuganges des Widerrufes zu beweisen. Kommt es auf den Moment an, in dem aus Anlaß der Kommission ein Deckungsgeschäft getätigt wurde, so trifft insoweit die Darlegungs- und Beweislast den Kommissionär [19].

---

[17] So *Schlegelberger/Hefermehl* HGB5, § 405 25; *Schmidt-Rimpler* S. 1057; *Düringer/Hachenburg/Lehmann* HGB3, § 405 22; *v. Dalwigk zu Lichtenfels* S. 92; *Heymann/Kötter* HGB21, § 405 6; wohl auch *Canaris* Großkommentar HGB3, Bd. III/3 (2. Bearb. 1981), 1914.

[18] *Schlegelberger/Hefermehl* HGB5, § 405 26; *Canaris* Großkommentar HGB3, Bd. III/3 (2. Bearb. 1981), 1914; **a. A.** *Schmidt-Rimpler* S. 1057 f.

[19] *Canaris* Großkommentar HGB3, Bd. III/3 (2. Bearb. 1981), 1914 a. E.; *Schmidt-Rimpler* S. 1057.

§ 406

(1) Die Vorschriften dieses Abschnitts kommen auch zur Anwendung, wenn ein Kommissionär im Betriebe seines Handelsgewerbes ein Geschäft anderer als der in § 383 bezeichneten Art für Rechnung eines anderen in eigenem Namen zu schließen übernimmt. Das gleiche gilt, wenn ein Kaufmann, der nicht Kommissionär ist, im Betriebe seines Handelsgewerbes ein Geschäft in der bezeichneten Weise zu schließen übernimmt.

(2) Als Einkaufs- und Verkaufskommission im Sinne dieses Abschnitts gilt auch eine Kommission, welche die Lieferung einer nicht vertretbaren beweglichen Sache, die aus einem von dem Unternehmer zu beschaffenden Stoffe herzustellen ist, zum Gegenstande hat.

Übersicht

	Rdn.		Rdn.
A. Vorbemerkung	1	II. Anwendbarkeit der §§ 384 ff	3
B. Kommissionsgeschäft (Abs. 1)		C. Absatz 2	5
I. Typus des Kommissionsgeschäftes	2		

Schrifttum
siehe Angaben zu § 383.

A. Vorbemerkung

§ 406 ergänzt den § 383. Während § 383 an die Person des Kommissionärs anknüpft, steht im Mittelpunkt des § 406 Abs. 1 das Kommissionsgeschäft als solches. § 406 Abs. 2 erweitert hingegen lediglich den Kreis der Kommissionäre. **1**

B. Kommissionsgeschäft (Abs. 1)

I. Typus des Kommissionsgeschäftes

Gemäß § 406 Abs. 1 finden die §§ 383 ff immer auch dann Anwendung, wenn es ein Kaufmann im Betrieb seines Handelsgewerbes übernommen hat, Geschäfte beliebiger Art im eigenen Namen auf fremde Rechnung zu schließen. Die Konturen des Typus „Kommissionsgeschäft" (dazu § 383 5 ff) werden mithin im wesentlichen durch § 406 Abs. 1 umrissen. Der Kommissionär ist gemäß § 1 Abs. 2 Nr. 6 Mußkaufmann, so daß sich der § 406 Abs. 1 S. 1 ohne weiteres in den durch § 406 Abs. 1 S. 2 gezogenen Rahmen einfügt. Die Kaufmannseigenschaft im Sinne des § 406 Abs. 1 S. 2 ergibt sich im übrigen aus den §§ 1—6. Es ist gleichgültig, ob der Kaufmann Voll- oder Minderkaufmann ist. Die von den Kaufleuten geschlossenen Verträge gehören im Zweifel zum Betrieb ihres Handelsgewerbes (§ 344). Ist jemand jedoch nur in seiner Eigenschaft als Gesellschafter einer OHG Kaufmann und übernimmt er den Auftrag, im eigenen Namen ein Geschäft auf Rechnung eines anderen zu schließen, so handelt er nur dann im Betrieb seines Handelsgewerbes, wenn er den Auftrag für die Gesellschaft übernommen hat (BGH NJW **1960** 1852 f). Übernimmt es ein Nichtkaufmann, im eigenen Namen Verträge auf fremde Rechnung abzuschließen, so kommt auch dann nur § 675 BGB zum Tragen, wenn der Auftraggeber Unternehmer ist (**a. A.** *K. Schmidt* Handelsrecht, § 30 III 1 a). **2**

Differenziert man nach den Typen der Ausführungsgeschäfte, die auf Rechnung des Kommittenten zu tätigen sind, so hat man den Kauf, Tausch, Werklieferungsvertrag von Waren sowie Wertpapieren auf der einen Seite und sonstige Geschäfte auf der anderen Seite zu unterscheiden. Der Kommissionär im Sinne des § 383 übernimmt es gewerbsmäßig, Kaufverträge über Waren und Wertpapiere auf Rechnung des Kommittenten zu schließen. Falls andere Kaufleute gelegentlich derartige Geschäfte im Betrieb ihres Handelsgewerbes tätigen, sind sie grundsätzlich ebenfalls wie Kommissionäre zu behandeln (§ 406 Abs. 1 S. 2). Daneben ist § 406 Abs. 2 zu beachten. Übernimmt es ein Kommissionär (§ 383) oder ein anderer Kaufmann im Rahmen seines Handelsgewerbes, „sonstige" Geschäfte auf Rechnung des Kommittenten zu vereinbaren, so findet auch hier grundsätzlich Kommissionsrecht Anwendung (§ 406 Abs. 1 S. 1, 2).

Für die „sonstigen" Geschäfte kommen alle Vertragstypen, nicht nur Austauschverträge, in Betracht. Wichtige Formen der „Geschäfte anderer als der in § 383 bezeichneten Art" sind im Rahmen der Erläuterungen zu § 383 behandelt (§ 383 22 ff). Hierher gehört z. B. auch unter Umständen die Vermittlung von Krediten (OLG Celle WM 1974 736).

II. Anwendbarkeit der §§ 384 ff

3   Auf die in § 406 genannten Kommissionsgeschäfte sind grundsätzlich sämtliche Normen des Kommissionsrechts anzuwenden. Da die §§ 384 ff zum Teil jedoch auf Kaufverträge über Waren und Wertpapiere zugeschnitten sind, ist immer zu prüfen, inwieweit sie auf andere Formen von Ausführungsgeschäften passen. Dies ist z. B. im Hinblick auf solche Vorschriften, die an die Übergabe des Kommissionsgutes anknüpfen, regelmäßig nur dort zu bejahen, wo der Kommissionär den Besitz des Kommissionsgutes erlangt, — etwa um Mietverträge auf Rechnung des Kommittenten zu tätigen (eingehend dazu *Schmidt-Rimpler* S. 1068 ff). Soweit die in den §§ 384 ff angeordneten Rechtsfolgen nicht passen, ist zumindest der diesen Vorschriften zugrunde liegende Rechtsgedanke heranzuziehen. — Allerdings kann die ratio einzelner kommissionsrechtlicher Normen eine uneingeschränkte Anwendung auf sonstige Formen des Kommissionsgeschäftes völlig verbieten. So ist im Rahmen des § 392 Abs. 2 zu berücksichtigen, daß der Schutz des Kommittenten an den Umstand anknüpft, daß das von einem Kommissionär betriebene Gewerbe dessen Gläubigern hinreichende Indizien liefert, daß der Kommissionär auf fremde Rechnung tätig wird (§ 392 2). § 392 Abs. 2 läßt sich daher ausschließlich im Bereich des § 406 Abs. 1 S. 1 ohne weiteres heranziehen. Hingegen greift er dort nicht ein, wo ein Kaufmann, der nicht zum Kreis der Kommissionäre zählt, Kommissionsgeschäfte tätigt (§ 406 Abs.1 S. 2). Dabei kommt es nicht darauf an, ob z. B. ein Eigenhändler es ab und zu übernimmt, auf fremde Rechnung einen Kaufvertrag über Waren und Wertpapiere zu schließen, oder ob sich ein Kaufmann regelmäßig verpflichtet, ein Ausführungsgeschäft zu vereinbaren, das nicht in den Kreis der in § 383 bezeichneten Geschäfte fällt. Die besondere Bedeutung der Rechtssicherheit im Handelsverkehr fordert, den § 392 Abs. 2 typisierend einzusetzen. Da die in § 406 Abs. 1 S. 2 angesprochenen Kaufleute normalerweise gewerbsmäßig keine Geschäfte auf fremde Rechnung abschließen, bleibt § 392 Abs. 2 außer Anwendung[1]. Es kommt dann auf die Offenkundigkeit treuhänderischen Handelns gegenüber dem jeweiligen Gläubiger im Einzelfall an (*Canaris* Festschrift *Flume* S. 408).

4   Problematisch ist ferner, inwieweit § 400 Abs. 1 im Rahmen der in § 406 Abs. 1 genannten Kommissionsgeschäfte ein Recht zum Selbsteintritt gibt. In Fällen, in denen

---

[1] A. A. *Schmidt-Rimpler* S. 1070; *K. Schmidt* Handelsrecht, § 30 V 4 a.

ein Kaufmann im Sinne des § 406 Abs. 1 S. 2 den Auftrag erhalten hat, auf Rechnung des Kommittenten Waren oder Wertpapiere zu kaufen bzw. zu verkaufen, bestehen gegen eine Anwendung der §§ 400 ff keine Bedenken, wie sich schon aus dem Wortlaut des § 400 Abs. 1 ergibt[2]. Bei anderen Varianten von Ausführungsgeschäften wird von der h. M. eine Befugnis zum Selbsteintritt kraft dispositiven Rechtes verneint[3]. Dies wird mit dem Argument begründet, § 400 Abs. 1 spreche nur davon, daß der Kommissionär ausführe, indem er das Gut, welches er einkaufen soll, selbst als Verkäufer liefere und das Gut, welches er verkaufen soll, selbst als Käufer übernehme. Es besteht jedoch kein Hindernis, den in § 400 Abs. 1 normierten Rechtsgedanken auch für andere Formen von Ausführungsgeschäften fruchtbar zu machen. Sofern ein Markt- oder Börsenpreis existiert, sollte man daher kraft dispositiven Rechts analog § 400 Abs. 1 den Selbsteintritt zulassen. Der Selbsteintritt erfolgt dann in der Form, daß derjenige, der sich zum Abschluß eines Geschäftes auf fremde Rechnung verpflichtet hat, nach Maßgabe des jeweiligen Vertragstypus selbst Träger der Rechte und Pflichten wird. Gegen diese Lösung spricht zwar der Einwand, daß man dem ohnehin problematischen Selbsteintritt nicht noch mehr Raum verschaffen sollte. Wenn man aber dem Kommissionär dort, wo er Kaufverträge abzuschließen hat, erlaubt, selbst einzutreten, so ist nicht einzusehen, warum ihm diese Möglichkeit anderswo trotz des Vorhandenseins von Markt- und Börsenpreisen verschlossen bleiben sollte, nur weil kein Kaufvertrag als Ausführungsgeschäft gewollt ist. Der Kommittent ist in beiden Konstellationen gleich schutzbedürftig und schutzwürdig. Das wirtschaftliche Bedürfnis, das bei Kommissionen im Sinne des § 383 zur Entwicklung des Selbsteintritts geführt hat, wird man auch dort nicht verneinen können, wo sich Märkte bilden, auf denen Preise festgesetzt werden. Derzeit sind allerdings keine Märkte für andere Geschäfte als Kauf, Tausch oder Werklieferung ersichtlich, auf denen Preise in einer Form notiert werden, daß sie den Maßstab für einen gerechten Interessenausgleich abgeben könnten. Jedenfalls kann der Selbsteintritt im Hinblick auf „sonstige" Ausführungsgeschäfte vertraglich vereinbart werden (§ 400 68).

C. Absatz 2

§ 406 Abs. 2 stellt den Werklieferungsvertrag über eine nicht vertretbare bewegliche **5** Sache dem Kaufvertrag gleich. Die gewerbsmäßige Übernahme des Abschlusses derartiger Werklieferungsverträge im eigenen Namen auf fremde Rechnung verleiht mithin die Kommissionärseigenschaft. Auf die vom Kommissionär im Sinne des § 406 Abs. 2 abgeschlossenen Handelsgeschäfte finden die §§ 384 ff Anwendung. Für Werklieferungsverträge über vertretbare bewegliche Sachen gelten keine Spezialregeln, da sie als Kaufverträge anzusehen sind (§ 651 BGB), und daher § 383 ohne weiteres eingreift.

---

[2] *Schlegelberger/Hefermehl* HGB[5], § 406 4; RGRKzHGB-*Ratz* § 406 2; a. A. *Schmidt-Rimpler* S. 1070.

[3] *Schlegelberger/Hefermehl* HGB[5], § 406 4; RGRKzHGB-*Ratz* § 406 2; *Schmidt-Rimpler* S. 1070.

Vierter Abschnitt
Speditionsgeschäft

§ 407

Spediteur ist, wer es gewerbsmäßig übernimmt, Güterversendungen durch Frachtführer oder durch Verfrachter von Seeschiffen für Rechnung eines anderen (des Versenders) in eigenem Namen zu besorgen.

Auf die Rechte und Pflichten des Spediteurs finden, soweit dieser Abschnitt keine Vorschriften enthält, die für den Kommissionär geltenden Vorschriften, insbesondere die Vorschriften der §§ 388 bis 390 über die Empfangnahme, die Aufbewahrung und die Versicherung des Gutes, Anwendung.

§ 408

Der Spediteur hat die Versendung, insbesondere die Wahl der Frachtführer, Verfrachter und Zwischenspediteure, mit der Sorgfalt eines ordentlichen Kaufmanns auszuführen; er hat hierbei das Interesse des Versenders wahrzunehmen und dessen Weisungen zu befolgen.

Der Spediteur ist nicht berechtigt, dem Versender eine höhere als die mit dem Frachtführer oder dem Verfrachter bedungene Fracht zu berechnen.

§ 409

Der Spediteur hat die Provision zu fordern, wenn das Gut dem Frachtführer oder dem Verfrachter zur Beförderung übergeben ist.

Übersicht (systematisch)

	Rdn.
Schrifttum	
A. Rechtsnatur und Struktur des Speditionsvertrags	1
I. Begriffe	1
1. Spediteur	1
a) Gesetzliche Definition (§ 407 Abs. 1) Kaufmannseigenschaft	1
b) Berufliches Bild	3
2. Versender	4
3. Speditionsvertrag	5
a) Definition	5
b) Rechtsnatur	6
c) Besondere Vertragsformen	8
d) Abgrenzung zu anderen Verträgen	10
aa) Frachtvertrag	11
aaa) Möbelspedition (Umzugsspedition)	12

Johann Georg Helm

	Rdn.
bbb) Bahnspedition (Bahnrollfuhr)	13
ccc) Zeitungsspedition	14
bb) Lohnfuhrvertrag, Fahrzeugmiete, Chartervertrag	15
cc) Empfangsspediteur (Adreßspediteur) und Vollmachtsspediteur (Hausspediteur)	16
dd) Grenzspediteur	21
ee) Kommissionsvertrag	22
ff) Maklervertrag	23
gg) Reisebüros und Annoncenspeditionen	24
hh) Versendung durch den Verkäufer	25
4. Besondere Formen der Spedition	26
a) Zwischenspediteur und Unterspediteur	26
aa) Allgemeines	26
bb) Zwischenspediteur	27
cc) Unterspediteur	29
dd) Abgrenzung Zwischenspediteur — Unterspediteur	30
b) Abfertigungsspediteur	33
c) Fixkostenspediteur	34
d) Sammelladungsspediteur	35
e) Selbsteintritt	36
II. Wesentlicher Inhalt des Speditionsvertrags	37
1. Pflichten des Spediteurs (Übersicht)	37
2. Pflichten des Versenders (Übersicht)	38
III. Die mit dem Speditionsvertrag zusammenhängenden Geschäfte und die an ihnen beteiligten Personen	39
1. Ausführungsgeschäfte	39
a) Allgemeines	39
b) Die wichtigsten Ausführungsgeschäfte	42
aa) Frachtvertrag	42
bb) Zwischenspeditionsvertrag	43
cc) Versicherungsverträge	44
c) Frachtbeförderung im Selbsteintritt	45
2. Rechtsstellung des Empfängers	46
B. Rechtsgrundlagen des Speditionsvertrags	47
I. Überblick	47
1. Die gesetzliche Regelung	47
2. Die allgemeinen Deutschen Spediteurbedingungen (ADSp) und die Speditions- und Rollfuhrversicherung	48
3. Rangfolge der Bestimmungen	50
a) Für den Speditionsvertrag mit Ausnahme der Haftung des Spediteurs	50

	Rdn.
b) Für Schadensersatzansprüche des Versenders aus dem Speditionsgeschäft	51
aa) Wenn die ADSp vereinbart sind	51
bb) Wenn die Speditionsversicherung gemäß § 39 ADSp gedeckt ist	52
II. Die Verweisung auf das Kommissionsrecht (§ 407 Abs. 2)	53
III. Internationales Privatrecht (Kollisionsrecht)	54
1. Bestimmung des Schuldstatuts	54
a) Vertragliche Bestimmung	55
b) Das Recht des überwiegenden Sachzusammenhangs (hypothetischer Parteiwille)	56
c) Die Vertragstypenlehre	57
d) Das Recht des Erfüllungsorts	58
e) Der Ort der gewerblichen Niederlassung	59
f) Deutsches Sachrecht	60
2. Das Vertragsabschlußstatut	61
IV. Ausländisches Recht	66
V. Rechtsvereinheitlichung	67
C. Die Merkmale des Speditionsvertrags nach § 407 Abs. 1	68
I. Versendung	68
II. Versendung von „Gütern"	69
III. Durch Frachtführer oder Verfrachter	70
IV. Besorgung der Versendung „in eigenem Namen"	71
V. Für Rechnung eines anderen (des Versenders)	72
VI. Gewerbsmäßigkeit	73
VII. „Übernahme" der Besorgung der Versendung	74
D. Abschluß und Beendigung des Speditionsvertrags	75
I. Abschluß	75
1. Durch Antrag und Annahme nach §§ 145 ff BGB	75
2. Durch Schweigen	76
3. Faktischer Speditionsvertrag	80
II. Beendigung	81
1. Allgemeine Beendigungsgründe	81
2. Widerrufsrecht des Versenders	82
3. Einseitige Beendigung durch den Spediteur	83
4. Konkurs	84
a) Konkurs des Versenders	84
b) Konkurs des Spediteurs	85
5. Tod einer Partei (bzw. Auflösung als juristische Person)	86
a) Der Tod des Spediteurs	86
b) Der Tod des Versenders	87

	Rdn.
E. Pflichten des Spediteurs und Folgen ihrer Verletzung	88
I. Allgemeines	88
1. Grundstruktur der Pflichten; Interessewahrnehmungspflicht.	88
2. Weisungsrecht des Versenders und Pflichten des Spediteurs	89
a) Inhalt des Weisungsrechts	90
b) Fehlen oder Undurchführbarkeit von Weisungen	91
c) Abweichung von Weisungen	93
3. Sorgfaltsmaßstab	94
4. Einstehen für Handlungen Dritter	95
5. Folgen der Pflichtverletzung	96
II. Pflicht zum Abschluß von Frachtverträgen als Hauptpflicht des Spediteurs	97
1. Auswahl des Beförderungsmittels, der Beförderungsart und des Beförderungswegs	98
2. Auswahl des geeigneten Frachtführers	99
3. Auswahl der kostengünstigsten Beförderungsmöglichkeit; Konditionen des Ausführungsgeschäfts	100
III. Nebenpflichten	101
1. Lagerung und Zuführung von Gütern	102
a) Bei kurzen Transporttätigkeiten oder Lagerungen	103
b) Ausführungsgeschäfte	104
c) Bei zwingendem Frachtrecht	105
2. Verpackung	106
3. Paletten- und Containergestellung bzw. -rückführung	107
4. Schutzmaßnahmen für das Speditionsgut, insbesondere Kühlung	108
5. Verwiegung	109
6. Bezeichnung der Güter	110
7. Wertdeklaration	111
8. Verladung und Entladung	112
9. Sorge für Begleitpapiere	113
10. Aufgaben im Bereich der Gefahrgutversendung	114
11. Verzollung	115
12. Versicherung des Transports	116
a) Güterversicherungen	117
b) Speditionsversicherung	121
13. Benachrichtigungs- und Rückfragepflicht	122
14. Auskunfts- und Rechenschaftslegung	126
15. Einziehung von Nachnahmen	128
a) Allgemeines	128
b) Verhalten des Spediteurs bei Nachnahmeeinziehung	129
c) Weitergabe der Nachnahmeanweisung an ausliefernde Dritte	130
d) Haftung	131

	Rdn.
16. Auslieferung nur unter bestimmten Bedingungen	132
17. Pflicht zur Beschaffung von zivilrechtlichen Dokumenten	133
a) Quittungen des Spediteurs	134
b) Beschaffung von Dokumenten ausführender Unternehmer	135
c) Ausstellung besonderer Spediteurpapiere	136
d) Freihaltungsvereinbarungen	139
e) Bedeutung der Ausstellung von Dokumenten für die Abgrenzung zwischen Speditions- und Frachtvertrag	140
18. Mängelrüge und Untersuchung des Guts	141
19. Pflicht zur Herausgabe erlangter Gegenstände	143
IV. Die Haftung des Spediteurs	146
1. Grundsätzliches	147
a) Gesetzliche Haftung und ADSp-Regelung	147
b) Allgemeine Haftungsgrundsätze	149
2. Die vertragliche Haftung nach den gesetzlichen Vorschriften	150
a) Haftung für Verlust und Beschädigung des Speditionsguts	151
aa) Zur Versendung übergebenes Gut	151
bb) In der Verwahrung des Spediteurs befindlich	152
cc) Verlust oder Beschädigung	153
dd) Entlastung durch Nachweis des Nichtverschuldens	154
aaa) Schadensursache und Kausalität im besonderen	155
bbb) Verschulden	158
ee) Verjährung	159
b) Die Haftung für Nichtbefolgung von Weisungen des Versenders, §§ 407 Abs. 2, 385 Abs. 1	160
aa) Voraussetzungen	161
bb) Folgen	162
aaa) Schadensersatz	162
bbb) Zurückweisungsrecht des Versenders	163
ccc) Konkurrenz zwischen Schadensersatz und Zurückweisung	164
ddd) Verjährung	165
c) Haftung nach allgemeinem Schuldrecht	166

		Rdn.
aa)	Unmöglichkeit	167
bb)	Schuldnerverzug	168
cc)	Positive Vertragsverletzung	169
dd)	Verschulden bei Vertragsschluß	172
ee)	Verjährung	173

3. Die Haftung nach den ADSp ... 174
   a) Haftungsgrundsatz 175
   b) Haftungsausschlüsse, die den Haftungsgrund betreffen ... 176
      aa) Haftungsausschluß im Falle der Güterversicherung (§ 37 ADSp) 176
      bb) Völliger Haftungsausschluß in der Binnenschiffahrtsspedition (§ 57 b ADSp n. F.) 177
      cc) Haftungsausschluß für selbständige Gehilfen ... 178
      dd) Haftungsausschluß durch Eingrenzung der Obhutszeit (§ 53 a, b ADSp) ... 179
      ee) Haftungsausschluß bei Ablieferung an nichtbefugte Personen (§ 33 ADSp) 180
      ff) Haftungsausschluß bei Unterlassung der Wertangabe (§ 56 ADSp) 181
   c) Haftungsvergünstigungen durch Beweiserleichterung hinsichtlich der Schadensursache 182
      aa) Beweiserleichterung bei höherer Gewalt und ähnlichen Ursachen (§ 57 a Nr. 4 ADSp) 183
      bb) Beweiserleichterung bei schwerem Diebstahl und Raub i. S. d. StGB (§ 57 a Nr. 3 ADSp) 184
      cc) Beweiserleichterung bei Schäden durch Aufbewahren im Freien (§ 57 a Nr. 2 ADSp) 185
      dd) Beweiserleichterung bei Schäden an nicht oder mangelhaft verpackten Gütern (§ 57 a Nr. 1 ADSp) 186
   d) Einschränkungen des Umfangs der Ersatzpflicht 187
      aa) Allgemeine summenmäßige Haftungsbegrenzung (§ 54 a Nr. 1 ADSp n. F.) 187
      bb) Summenmäßige Begrenzung der Haftung bei Unterschlagung und Veruntreuung durch einen Arbeitnehmer des Spediteurs (§ 54 a Nr. 3 ADSp) 188
      cc) Begrenzung allgemeiner Haftung pro Schadensfall (§ 54 a Nr. 2 ADSp) 189
      dd) Haftungsbegrenzung durch Wertangabe (§ 54 b ADSp) 190
      ee) Begrenzung durch den gemeinen Wert (§ 54 c ADSp) 191
   e) Haftungseinschränkung durch Obliegenheit zur Rüge (§ 60 ADSp) 192
   f) Verjährung (§ 64 ADSp) ... 193
   g) Grenzen der Freizeichnung 194
   h) Mitwirkendes Verschulden 195

4. Die außervertragliche Haftung des Spediteurs 196
   a) Haftung aus § 989 ff BGB (Eigentümer-Besitzer-Verhältnis)........... 196
   b) Haftung aus unerlaubter Handlung........... 197

G. Rechte des Spediteurs 198
   I. Vergütungsansprüche des Spediteurs
      1. Der allgemeine Provisionsanspruch 199
         a) Allgemeines 199
         b) Entstehungsvoraussetzungen 200
         c) Zeitpunkt der Entstehung und Fälligkeit 201
         d) Höhe der Provision 203
      2. Besondere Vergütungsansprüche 204
      3. Vergütung für nicht ausgeführte Speditionsaufträge 207
         a) Bei vom Spediteur zu vertretenden Gründen 208
         b) Bei vom Versender zu vertretenden Gründen 209
         c) Bei von keiner Partei zu vertretenden Gründen 210
      4. Verjährung 211
      5. Fixkostenspedition 212
   II. Ersatz von Aufwendungen 213
      1. Rechtsgrundlagen 213
      2. Die zu ersetzenden Aufwendungen 214
         a) Grundsätzliches 214
            aa) Subjektive Erforderlichkeit 214
            bb) Rückfragepflicht....... 215
            cc) Eingehung von Verpflichtungen als Aufwendungen............. 216
            dd) Beweislast für die Erforderlichkeit 217
            ee) Fixkostenspedition 218
            ff) Nicht erforderliche Aufwendungen.......... 219

Stand: 1. 9. 1985

Vierter Abschnitt. Speditionsgeschäft §§ 407–409

	Rdn.		Rdn.
b) Fallgruppen	220	ee) Ansprüche gegen den Empfänger aus ungerechtfertigter Bereicherung	232
aa) Frachten; § 408 Abs. 2; Tarifrecht	220	ff) Zins- und Provisionsansprüche	233
bb) Vorlage von Kosten; § 26 ADSp	221	gg) Sicherungsrechte des Spediteurs	234
cc) Vom Empfänger zu tragende Kosten	222	3. Die Art des Aufwendungsersatzes	238
dd) Nicht geschuldete Leistungen an Dritte als Aufwendungen	223	4. Anspruch auf Vorschuß	240
ee) Eigene Leistungen als Aufwendungen; § 20 S. 2 ADSp	224	5. Verjährung	241
ff) Weitere Einzelfälle	225	III. Schadensersatzansprüche	242
c) Sonderfall: Erstattungsansprüche wegen verauslagter Einfuhrumsatzsteuern und Zöllen	226	1. Nach gesetzlicher Regelung	242
		a) Vertragliche Ansprüche	242
		b) Deliktische Ansprüche	243
aa) Allgemeines	226	2. Ansprüche nach den ADSp	244
bb) Vertragliche Ansprüche gegen den Empfänger	227	3. Verjährung	245
cc) Ansprüche aus Geschäftsführung ohne Auftrag	229	IV. Sicherung der Rechte des Spediteurs	246
dd) Ansprüche gegen den Empfänger aus § 354 HGB	231	1. Pfandrecht und Zurückbehaltungsrecht	246
		2. Aufrechnungsverbot	247
		3. Auskunftsansprüche	248

Übersicht (nach Stichworten)
(Die Ziffern beziehen sich auf die Randnummern)

Abfertigungsspediteur 33
Ablieferung 152, 180
Adreßspediteur 16–20
ADSp 48–52
Annoncenspedition 24
Aufbewahrung im Freien 185
Aufrechnungsverbot 247
Auftraggeber 4
Aufwendungen 213–241
Ausführungsgeschäfte 39–45
Auskunftsanspruch 126, 248
Ausländisches Recht 66
Auslagen, s. Rechte des Spediteurs
Auslieferung 128–132
Auswahl des Frachtführers und der Beförderungsmodalitäten 98, 99

Bahnspedition (Bahnrollfuhr) 13
Begleitpapiere 113
Benachrichtigung 122–125
Beschädigung 153
BSL 3
Besorgung der Versendung 68, 71
Bezeichnung der Güter 110
Binnenschiffahrtsspedition 177
Bordero 138

Chartervertrag 15

Diebstahl 184
Dienstvertrag 7, 207, 209

Dienstverschaffungsvertrag 15
Dokumente 133–140

Einfuhrumsatzsteuer 115, 226–237
Empfänger 46, 222, 226–237
Empfangsspedition 16–20
Endempfänger 17–20
Ersatzbeleg 228

Fahrzeugmiete 15
FIATA 3
Fixkostenspedition 3, 212
Frachtführer 70
Frachtkosten 220, 225
Frachtrabatte 220
Frachtvertrag 11, 42
Freihaltung von Ansprüchen Dritter 139
Freizeichnung, s. Haftung des Spediteurs
„für Rechnung eines anderen" 72

Gefahrgut 42, 114
gemeiner Wert 191
Geschäftsbesorgung 6, 7, 32, 143–145, 226, 228
Geschäftsführung ohne Auftrag 213, 219, 228, 229
Gewerbsmäßigkeit 73
Grenzspediteur 21, 226, 237
Güter 69
Güterversicherung 117–120, 176

Haftung des Spediteurs
– Übersicht 49–51, 146

Johann Georg Helm

- außervertragliche 196, 197
- Beweiserleichterung 182, 183
- Drittschadensliquidation 149
- Ersetzung durch Speditionsversicherung 49, 147, 199
- für Beschädigung 150–159
- für Dokumente 137
- für Dritte 17–20, 26–32, 95, 154, 178
- für Nachnahmefehler 131
- für Unterspediteur 17–20, 26–32, 154, 178
- für Verlust 150–159
- für Verpackungsmängel 186
- gesetzliche 150–175
- Grenzen der Freizeichnung 174, 194
- Haftungsausschlüsse nach ADSp 176–186
- Haftungsbeschränkungen nach ADSp 187–192
- Kausalität 155, 182
- Mitwirkendes Verschulden 195
- nach ADSp 174–195
- Obhutszeit 152, 179
- positive Vertragsverletzung 96, 169–171
- Rücktritt als Folge 96
- Schuldnerverzug 96, 168
- Sorgfaltsmaßstab 94
- Unmöglichkeit 167
- Unterlassung der Wertangabe 181
- Verjährung 159, 165, 173
- Verschulden 158
- Verschulden bei Vertragsschluß 79, 172
- Weisungen 160–165; s. auch Pflichten des Spediteurs

Haftungsbegrenzungen 187–191
Hauptspediteur 16–20, 26–32
Hausspediteur 16–20
höhere Gewalt 183

„in eigenem Namen" 71
Internationales Privatrecht 54–66

Kaufmannseigenschaft 2, 47
Kollisionsrecht 54–66
Kommissionsrecht, analoge Anwendung 53
Kommissionsvertrag 22
Konkurs
- des Versenders 84
- des Spediteurs 85
Konkursvorrecht 236
Kostengünstigkeit 98, 99
Kraftwagenspediteur 3

Lagerung 102–105, 224
Lohnfuhrvertrag 15

Mängelrüge 141 f
Maklervertrag 23
Mietvertrag 15
Mitwirkendes Verschulden 193
Möbelspedition 12

Nachnahme 128–131, 223
Nebenpflichten 101–145
Nichtigkeit 213

Obhut 152, 179

Pfandrecht 234–237
Pflichten des Spediteurs
- Übersicht 37
- Abholung 102–105
- Abschluß von Frachtverträgen 97
- Abtretung von Ansprüchen 145
- Auskunft 126
- Auslieferung unter bes. Bedingungen 132
- Auswahl des Frachtführers 99
- Beförderungsart 98
- Beförderungskonditionen 200
- Beförderungsmittel 98
- Beförderungsweg 98
- Begleitpapiere 113
- Benachrichtigung 122–125
- Bezeichnung der Güter 110
- Container 107
- Dokumentenbeschaffung 133–140
- Entladung 112
- Gefahrgutbehandlung 114
- Grundstruktur 88
- Hauptpflichten 97–100
- Herausgabe erlangter Gegenstände 143–145
- Interessewahrnehmung 88
- Kühlung 108
- Lagerung 102–105
- Mängelrüge 141 f
- Nachnahmen 128–131
- Nebenpflichten 101–145
- Paletten 107
- Rechenschaftslegung 127
- Rückfrage 122–124, 215
- Schutz des Speditionsguts 108
- Speditionsversicherung 121
- Untersuchung des Guts 141 f
- Verladung 112
- Verpackung 106
- Versicherung der Güter 116–120
- Verwiegung 109
- Verzollung 115
- Weisungsbefolgung 89
- Wertdeklaration 111
- Zuführung 102–105
Pflichten des Versenders s. Rechte des Spediteurs
positive Vertragsverletzung 96, 169–171
Provisionsanspruch 199–203, 233

Quittungen 134

Raub 184
Rechenschaftslegung 127
Rechte des Spediteurs
- Übersicht 198
- Aufwendungen 213–241
- Auskunftsanspruch 126
- Besondere Vergütungsansprüche 204–206, 233
- Fixkostenspedition 212, 218
- Pfandrecht 246
- Provisionsanspruch 199–203, 233
- Schadensersatz 242–245
- Sicherung der Rechte 234–237, 246–248
- Vergütung für nicht ausgeführte Speditionsaufträge 207–210

– Verjährung 211
– Zurückbehaltungsrecht 237
s. auch Versender
Rechtsvereinheitlichung 67
Reisebüro 24
Revers 139
Rückfragepflicht 122–124, 215
Rücktritt 82 f
Rügepflicht 141 f, 192

Sammelladungsspedition 35, 220
Schmiergelder 223
Schuldbefreiung 216, 220, 239
Schuldnerverzug 168, 242
Schweigen 76, 77
Selbsteintritt 36, 45, 220
Sicherungsrechte 234
Sonderauslagen 106
Spediteurbegriff 1
Spediteurpapiere 136
Speditionsversicherung 28, 44, 48–52, 121, 146–149
Speditionsvertrag
– Abgrenzung 10–25
– Abschluß 75–80
– Beendigung 81–87
– Dauervertrag 8
– Definition 5, 68–74
– faktischer 80
– Merkmale 68–74
– Rechtsgrundlagen 47–53
– Rechtsnatur 6, 7, 207, 209
– Vertrag zugunsten Dritter 9, 46
Spesen 106
Steuern 106

Tarifrecht 203, 220
Tod
– des Spediteurs 86
– des Versenders 87

„Übernahme" der Versendung 74
Umzugsspedition 12
Unerlaubte Handlung 17, 41, 46, 197, 243
ungerechtfertigte Bereicherung 213, 232
Unmöglichkeit 167, 209, 210, 242
Unterschlagung 188
Unterspedition 17–20, 26–32, 178
Untersuchung des Guts 141 f

Verbotskunde 147
Verfrachter 22
Verjährung 159, 165, 173, 211, 241, 245
Verladung 112
Verlust 152
Verpackung 106
Verschulden bei Vertragsschluß 79, 172
Versender 4, 38, 42, 68
Versendung 68
Versendungskauf 25
Versicherung 44, 116–121
s. auch Speditionsversicherung
Vertrag zugunsten Dritter 9, 46
Veruntreuung 188
Verwiegung 109
Verzollung 115
Vollmachtspedition 16–20
Vorlage von Kosten 221
Vorschuß für Aufwendungen 240

Weisungsrecht 89–93
Werkvertrag 7
Wertangabe 111, 181, 190

Zeitungsspedition 14
Zinsansprüche 233
Zölle 115, 225, 226–237
Zollspediteur 21, 226, 237
Zuführung 102–105
Zurückbehaltungsrecht 237
Zurückweisungsrecht 163 f
Zusendung von Speditionsgut 78
Zwischenspedition 26–32, 43

Schrifttum

1. Ältere Literatur

Der größte Teil der vor 1929 erschienenen Literatur ist durch die Einführung und Neufassung der ADSp nur von historischem Interesse. Siehe dazu Literaturangaben in der 3. Aufl. zu §§ 407, 408 und 409 HGB, jeweils im Anschluß an den Gesetzestext. Als systematische Darstellung ist noch begrenzt brauchbar: *Senckpiehl*, Das Speditionsgeschäft nach deutschem Recht (1907); auf S. 4 ff dieses Werkes auch eine Zusammenstellung der damaligen Literatur. Von historischem Interesse noch *Burchard*, Das Recht der Spedition (1894), insbesondere der geschichtliche Teil auf S. 1–59.

Begrenzt verwendbar ist noch die Literatur aus der Entstehungszeit der ADSp; durch die Neuentwicklung zwingenden Frachtrechts sowie durch die Rspr. und Gesetzgebung zum AGB-Recht sind jedoch die Grundlagen der damaligen Kommentierung weitgehend verändert: *Isaac*, Das Recht des Spediteurs, (1928) (mit zahlreichen Hinweisen aus der damaligen Speditionspraxis); *Schwartz*, Die Allgemeinen Deutschen Spediteurbedingungen und die Speditionsversicherung, hrsg. vom Reichsverband der deutschen Industrie (1931). Zu einem erheblichen Teil veraltet ist ebenfalls die Darstellung von *Hald* im Handbuch für Spedition und Verkehr[3], (1954).

2. Neuere systematische Darstellungen

des Speditionsrechts gibt es nicht. Die Lehrbücher und Grundrisse des Handelsrechts behandeln das Speditionsrecht nur sehr knapp; am eingehendsten noch *Capelle/Canaris*[20] (1980) S. 265–277; *Karsten Schmidt*, Handelsrecht (1980) S. 721–736.

3. Kommentare

Eingehender mit dem Speditionsrecht befassen sich die Kommentare zu §§ 407–415 HGB: *Schlegelberger/Schröder*[5] (1977); *Baumbach/Duden/Hopt*[26] (1985); *Heymann/Kötter*[4] (1971); *Bandasch u. a.*, Gemeinschaftskommentar[3] (1980). Die ausführlichsten, allerdings unübersichtlichen Werke zum Speditionsrecht sind der Kommentar zu den ADSp und zum SVS/RVS von *Krien/Hay* (1959) und die Loseblattkommentierung von *Krien* Speditions- und Lagerrecht (ergänzt bis 1982, Neubearbeitung von *Glöckner* im Erscheinen); weitere Kommentarliteratur zu den ADSp s. vor § 1 ADSp Anh. I zu § 415. Zum österreichischen Recht s. *Wiesbauer/Zetter* Transporthaftung, Wien 1984.

4. Monographien und Dissertationen

Alff Neuere höchstricherliche Rechtsprechung zum Speditions- und Frachtrecht, RWS-Seminarskript (1980 und 1982, neuere Auflage s. *Piper*); *Bönisch* Der Spediteursammelgutverkehr (1976) ISBN 3871541397; *Brüning* Die Bedeutung von Gewohnheitsrecht, Handelsbrauch und Verkehrssitte für die Anwendung der Allgemeinen Deutschen Spediteurbedingungen, Diss. Hamburg (1963); *Debling* Das nationale Sammelladungsgeschäft des Spediteurs im Güterkraftverkehr (1978) ISBN 3871444642; *Häwert* Die Ansprüche des Auftraggebers oder eines Dritten gegen den Spediteur aus Speditionsvertrag, Frachtvertrag und unerlaubter Handlung nach deutschem, schweizerischem und englischem Speditionsrecht, Diss. Berlin (1960); *Helm* Aktuelle Fragen des deutschen Speditionsrechts, Schriften des Deutschen Vereins für internationales Seerecht A 32 (1978); *Herber u. a.* Der Spediteur als Frachtführer, Schriftenreihe der Deutschen Verkehrswissenschaftlichen Gesellschaft B 48 (1978); *Hootz* Grenzen der Freizeichnung des Spediteurs, Hamburger Rechtsstudien Heft 44 (1954); *Jungfleisch* Der Selbsteintritt des Spediteurs (1984) ISBN 3820451781; *Krieg* Die Allgemeinen Deutschen Spediteurbedingungen in Verträgen mit Deutschen und Ausländern, Diss. Frankfurt (1965); *Meyer, Rudolf* Der Spediteur in seinem Verhältnis zu Eisenbahn- und Kraftverkehr, Verkehrswissenschaftliche Schriftenreihe der Deutschen Verkehrszeitung, Heft 11 (1957); *Papp* Haftungsrechtliche Fragen im Zusammenhang mit §§ 412, 413, Diss. München (1973); *Piper* Höchsttrichterliche Rechtsprechung zum Speditionsund Frachtrecht[4] (1984); *Sander* Haftung des Spediteurs nach den ADSp und dem dispositiven Recht des HGB, Diss. Frankfurt (1958); *Schmitz* Die Zusammenarbeit zwischen Eisenbahn und Spedition auf vertraglicher Basis in der Bundesrepublik Deutschland, Diss. Köln (1957); ältere Dissertationen s. im Text.

S. ferner die Literaturangaben zu §§ 412, 413; vor § 1 ADSp Anh. I nach § 415 und vor § 1 SVS/RVS Anh. II nach § 415.

5. Aufsätze in Zeitschriften und Sammelwerken:
Diese werden in den Literaturangaben vor den jeweiligen Kommentierungen bzw. im Kommentartext angegeben.

6. Fachzeitschriften

Transportrecht — Zeitschrift für das gesamte Recht der Güterbeförderung, der Spedition, der Versicherung und des Transports, der Personenbeförderung und der Reiseveranstaltung, seit 1978 (transpR); *Europäisches Transportrecht* (ETR, ETL), Antwerpen seit 1966 (mehrsprachig); *Der Spediteur*, Mitteilungsblatt des Bundesverbands Spedition und Lagerei (Spediteur); *Versicherungsrecht* (VersR); *Deutsche Verkehrszeitung* (DVZ): praxisbezogene Informationen.

Im Ausland wird das Speditionsrecht überwiegend von den seerechtlichen Spezialzeitschriften mitbetreut.

A. Rechtsnatur und Struktur des Speditionsvertrags
I. Begriffe
1. Spediteur
a) Gesetzliche Definition (§ 407 Abs. 1); Kaufmannseigenschaft

1 Nach der Definition des § 407 Abs. 1 ist Spediteur, wer gewerbsmäßig die dort umschriebenen Geschäfte, d. h. Speditionsverträge abschließt. Der Spediteurbegriff wird also mittelbar durch den Begriff des Speditionsvertrags bestimmt.

Da durch § 415 das Speditionsvertragsrecht auch für Gelegenheitsspeditionsgeschäfte von Nichtspediteuren gilt, enthält die Abgrenzung des Vertragstyps die eigentlichen Kriterien.

Nicht Spediteure im gesetzlichen Sinne sind solche Kaufleute, die zwar die Berufsbezeichnung „Spediteure" führen, aber keine Speditionsverträge abschließen: z. B. der Adreßspediteur, der Möbel- oder Umzugsspediteur, der Bahnspediteur, der Annoncenspediteur, der Grenzspediteur, s. Rdn. 12 ff. Zu den Einzelheiten der Definition des Speditionsvertrages s. Rdn. 68–74.

2 Der Spediteur ist stets **Kaufmann** kraft Gewerbes, auch ohne Eintragung in das Handelsregister (sog. „Mußkaufmann"), § 1 Abs. 2 Ziff. 6. Eine auf den Betrieb eines Speditionsgewerbes gerichtete Personengesellschaft ist somit zwingend oHG oder KG; nur im Falle des § 4 ist sie BGB-Gesellschaft.

b) Berufliches Bild

3 Das Spediteurgewerbe umfaßt in der Praxis nicht nur die eigentlich unter § 407 fallende Spediteurtätigkeit, sondern auch anders zu typisierende Leistungen, insbesondere Frachtbeförderung, Lagerung, Kommissionsgeschäft und die Annahme von Gütern (Adreßspedition), die Zollabfertigung (Grenzspedition), die Distribution und Fakturierung von Industriegütern bis hin zu deren Endmontage im Einfuhrland[1].

Entsprechend diesem Berufsbild gelten die ADSp daher nach ihrem § 2 a grundsätzlich für alle Verrichtungen des Spediteurs, auch soweit diese nicht Spedition nach §§ 407 ff sind, aber mit dem Speditionsgewerbe zusammenhängen. Neben dem herkömmlichen Speditionsbetrieb hat sich der Beruf des Kraftwagenspediteurs herausgebildet, der in erster Linie Frachtführer im Güterkraftverkehr ist, daneben aber auch Speditionsgeschäfte betreibt. Er ist Spediteur im Sinne des § 407, wenn die Speditionstätigkeit dauernder Bestandteil seines Gewerbes ist. Andernfalls gilt Speditionsrecht für seine Speditionstätigkeit nach § 415; die Geltung der ADSp kann er mit seinen Kunden vereinbaren.

Von besonderer Bedeutung und im Berufsbild dominierend sind heute die Sonderformen des Speditionsgeschäfts, die durch § 413 dem Frachtrecht unterstellt sind: die Fixkostenspedition und die Sammelspedition; s. dazu eingehend die Erl. zu §§ 412, 413.

Die Spediteure sind **berufsständisch organisiert** im Bundesverband Spedition und Lagerei (BSL) Bonn; international in der International Federation of Freight Forwarders Associations (FIATA).

---

[1] S. zum Überblick: „Strukturdaten aus Spedition und Lagerei 1980" herausgeg. v. Bundesverband Spedition und Lagerei e. V. Bonn 1982; zahlreiche aktuelle Beiträge in der Deutschen Verkehrszeitung (DVZ) z. B. v. 17. 7. 84, S. 3, 7; Sonderbeilage Luftfrachtspedition 19. 7. 84; Sonderbeilage Seehafenspedition v. 13. 9. 84, S. 29 ff; zur Binnenschiffahrtsspedition: Der Spediteur **1983** 1 ff. Zum Berufsbild des Spediteurs s. auch BGH v. 2. 1. 1982, NJW **1983** 746 f (Kraftwagen kein Zubehör des Betriebsgrundstücks).

2. Versender

4 Mit dem Ausdruck „Versender" bezeichnet das Gesetz im Unterschied zum Absender des Frachtrechts den Vertragspartner des Spediteurs beim Speditionsvertrag. In den ADSp heißt der Versender „Auftraggeber". Diese juristisch farblose Benennung ist erforderlich, weil die ADSp nach ihrem § 2 a nicht nur für Speditionsgeschäfte, sondern auch für andere Geschäfte des Spediteurs gelten. Der Versender kann zugleich Empfänger sein, wenn er die Sendung an sich selbst adressiert, s. zum Empfänger Rdn. 46.

3. Speditionsvertrag
a) Definition

5 Der Speditionsvertrag ist durch § 407 Abs. 1 umschrieben als ein Vertrag zwischen Spediteur und Versender, durch den es der Spediteur übernimmt, die Versendung von Gütern in eigenem Namen, aber für Rechnung des Versenders zu besorgen, s. Rdn. 68 ff. In der modernen Praxis wird der Spediteur allerdings ganz überwiegend zu festen Kosten oder als Sammelladungsspediteur tätig; § 413 Abs. 1 und 2. Der gesetzliche Regelfall des Handelns für fremde Rechnung ist damit in der Praxis zur Ausnahme geworden[2]. Die Geschäftsbesorgungsspedition des § 407 ist jedoch nicht völlig ausgestorben[3].

b) Rechtsnatur

6 Der Speditionsvertrag ist nach seiner Definition ein Sonderfall der **entgeltlichen Geschäftsbesorgung** (§ 675 BGB). Der Spediteur übernimmt — vom Fall des Selbsteintritts nach § 412 abgesehen — nicht die Pflicht, die Güter selbst zu befördern, sondern nur, ihre Beförderung durch Frachtführer zu veranlassen sowie die dazugehörigen Nebentätigkeiten. Zur Ausführung seiner Hauptpflicht schließt er mit den Frachtführern, ggf. auch mit Zwischenspediteuren, Fracht- oder Speditionsverträge im eigenen Namen für Rechnung des Versenders ab. Der Spediteur ist also nicht offener, sondern verdeckter Stellvertreter des Versenders gegenüber dem Frachtführer. S. zu den Einzelheiten Rdn. 71 f. Soweit der Spediteur nicht für fremde, sondern für eigene Rechnung tätig wird (§ 413 Abs. 1 und 2), wird er vom Gesetz dem Frachtrecht unterworfen.

Als Geschäftsbesorger ist der Spediteur in umfassender Weise treuhänderisch tätig; s. Rdn. 88 ff.

Im Hinblick auf die Transportversicherung wirkt sich die Geschäftsbesorgerstellung dahin aus, daß dem Empfänger der Güter grobe Fahrlässigkeit des versendenden Spediteurs zugerechnet wird; OLG Nürnberg VersR **1982** 1166.

7 Ob die Geschäftsbesorgung durch den Spediteur im Rahmen von § 675 BGB **dienstvertraglicher oder werkvertraglicher Art** sei, ist seit langem str.[4]

---

[2] S. die umfangreiche Rspr. in §§ 412, 413 Rdn. 9 ff, Fn. 11 ff.

[3] S. aus der neueren Rspr. z. B. OLG Hamburg VersR **1984** 773 ff; OLG Düsseldorf transpR **1984** 222.

[4] Für Dienstvertrag die 2. Aufl. d. Kommentars, § 407 Anm. 3, mit näheren Angaben; Schlegelberger/Schröder[5] § 407 Rdn. 10.
Für Werkvertrag Heymann/Kötter[21] § 407 Anm. 1; Capelle/Canaris[19] S. 200; Karsten Schmidt, Handelsrecht S. 724 f; differenzierend Baumbach/Duden/Hopt[26] § 407 Anm. 2. Das RG bezeichnete den Speditionsvertrag gelegentlich als Dienstvertrag (z. B. RGZ **109** 85, 87) oder als Werkvertrag (RGZ **112** 149, 141); offen in RGZ **114** 308, 312. Die neuere Rspr. wendet gelegentlich Werkvertragsrecht oder Dienstvertragsrecht an.
Zu diesem Streit vor Inkrafttreten des BGB s. Burchard, Das Recht der Spedition, 1894, 67–82 für den Stand von 1923 Senckpiehl S. 86–88.

Die Bedeutung der Frage beschränkt sich wegen der spezielleren Regelungen des Speditionsvertrags auf wenige Punkte, insbesondere auf Sonderfälle der Kündigung des Vertrags (unten Rdn. 82), auf die Frage der Provisionsansprüche bei Abwicklungsstörungen (unten Rdn. 207, 209) und allenfalls die Verjährung, wenn Fälle praktisch vorkommen sollten, die nicht unter §§ 414 HGB, 64 ADSp fallen, aber die Voraussetzungen von § 638 BGB erfüllen. Die betreffenden Probleme lassen sich in der Regel auch ohne Rückgriff auf das dem Speditionsvertrag wenig angemessene Dienst- bzw. Werkvertragsrecht lösen; s. Rdn. 82, 207, 209; § 414 Rdn. 3.

Wegen des eigenartigen Sondercharakters des Speditionsvertrages können kaum überzeugende Gründe für die Einordnung in eine der beiden Vertragskategorien gefunden werden. Einer unmittelbaren Anwendung der dienst- oder werkvertraglichen Regeln auf den Speditionsvertrag stehen auch methodische Bedenken entgegen. Denn das Dienst- und Werkvertragsrecht geht von Vertragstypen als Modell aus, die mit dem Speditionsvertrag wenig gemein haben: der **Dienstvertrag** setzt grundsätzlich eine zeitgebundene, durch zeitliche Messung bestimmte Dienstleistung voraus, die beim Speditionsvertrag nicht vorliegt. Siehe daher zur Nichtanwendbarkeit des § 615 BGB Rdn. 207, 209. Auch die im Modellfall (§ 613 S. 1 BGB) bestehende persönliche Leistungspflicht des Dienstverpflichteten paßt auf die unternehmerische Tätigkeit des Spediteurs nicht; s. Rdn. 25.

Dem **Werkvertragsrecht** liegt als Modell die Herstellung eines Werkes zugrunde. Die Anwendung des Werkvertragsrechts auf andere erfolgsbestimmte Tätigkeiten bereitet bereits außerhalb des Speditionsrechts (z. B. beim Architektenvertrag) beträchtliche Schwierigkeiten. Beim Speditionsvertrag würde die subsidiäre Anwendung der Werkmängelhaftung keine brauchbaren Ergebnisse bringen.

Mit der begriffsjuristischen Methode, den Speditionsvertrag anhand abstrakter Kriterien in die Gruppe der Dienst- oder Werkverträge einzuordnen, um alsdann aus den betreffenden BGB-Regeln Folgerungen für die Lösung einzelner Rechtsfragen des Speditionsrechts abzuleiten, können keine sicheren sachgerechten Lösungen gefunden werden, da das Dienst- und Werkvertragsrecht bei seiner Enstehung nicht auf die Bedürfnisse des Speditionsvertrags abgestimmt worden ist. Zu den Einzelheiten der Definition s. Rdn. 68–74. Es empfiehlt sich daher, den Speditionsvertrag als einen entgeltlichen Geschäftsbesorgungsvertrag sui generis zu behandeln, der zwar Elemente des Dienst- und Werkvertrags enthält, aber keinem der beiden Typen zuzuordnen ist. Die Sachfragen sollten, soweit möglich, aus dem Speditionsrecht selbst und ggf. unter Heranziehung des Allgemeinen Schuldrechts beantwortet werden, da dieses neutralere Lösungen als das Dienst- bzw. Werkvertragsrecht enthält. Dies erscheint sinnvoller als der Rückgriff auf Dienst- und Werkvertragsrecht unter Lösung von der begrifflichen, auf den geschuldeten oder nicht geschuldeten Erfolg abstellenden Abgrenzung (so aber *Koller*[3] § 383 Rdn. 59). Denn der Verzicht auf begriffliche Abgrenzungen führt zu kaum mehr überprüfbarer Willkür in der Bestimmung sog. Typusmerkmale.

c) Besondere Vertragsformen

Der Speditionsvertrag kann auch als Dauervertrag derart gestaltet werden, daß der **8** Spediteur sich verpflichtet, die Versendung aller ihm innerhalb eines Zeitraums vom Versender eingelieferten Güter zu besorgen, der Versender andererseits verpflichtet ist, keinen anderen Spediteur oder Frachtführer heranzuziehen. Hiervon ist ein Rahmenvertrag zu unterscheiden, der für die gesamte Geschäftsbeziehung die Vereinbarung bestimmter Bedingungen, z. B. der ADSp (vor § 1 ADSp Rdn. 14) oder bestimmte Kostengestaltungen (s. §§ 412, 413 Rdn. 117) festlegt.

Der Speditionsvertrag kann auch mit Pflichten verbunden sein, die aus ihm einen gemischten Vertrag machen; s. die Beispiele vor § 1 ADSp Rdn. 20.

9 Im Normalfall ist der Speditionsvertrag kein **Vertrag zugunsten Dritter**. Insbesondere ist im Regelfall eine Begünstigung des Empfängers nicht erforderlich, da dieser aus dem vom Spediteur in Auftrag gegebenen oder von ihm selbst im Wege des Selbsteintritts ausgeführten Frachtvertrag unmittelbare Ansprüche erwirbt; s. § 435³ Rdn. 4 ff. Jedoch ist durchaus eine Drittbegünstigung durch den Speditionsvertrag denkbar, so insbesondere bei Ausstellung von Spediteurpapieren, die zur Sicherung Dritter verwendet werden; s. Rdn. 136 f.

Besondere Fallgestaltungen lassen es auch in anderen Fällen als möglich erscheinen, daß der Speditionsvertrag unmittelbare Wirkungen zugunsten Dritter (§ 328 BGB) erzeugt; auch als Vertrag mit Schutzwirkung für Dritte kann er wirken; s. hierzu am Beispiel des den ADSp unterliegenden Lagervertrags BGH v. 10.5.1984, transpR **1984** 283, 284 f (m. Anm. v. Helm) = VersR **1984** 932.

d) Abgrenzung zu anderen Verträgen

10 Die Abgrenzung des Speditionsvertrages zu anderen Verträgen ist theoretisch einfach, bereitet aber aus zwei Gründen vielfach praktische Schwierigkeiten: einmal gehören zu den Aufgaben des Spediteurs Tätigkeiten, die für sich alleine die Merkmale anderstypischer Verträge erfüllen, insbesondere die Vor-, Zwischen- und Nachlagerung und die Abholung und Zuführung von Gütern. Hierbei kann es sich um die Erfüllung von Nebenpflichten aus dem Speditionsvertrag oder um die Ausführung besonderer Verträge handeln. Zur Abgrenzung s. Rdn. 101 ff. Zweitens ist die Abgrenzung in den Fällen des Selbsteintritts und der Fixkostenspedition mitunter schwierig, da sich nicht immer ausreichende Kriterien dafür finden lassen, ob der Spediteur z. B. die Beförderung von Anfang an selbst schulden wollte oder ihre Ausführungen nachträglich durch Selbsteintritt übernommen bzw. zu fixen Kosten an Dritte vergeben wollte; s. §§ 412, 413 Rdn. 2 ff, 16 ff, 61 ff.

aa) Frachtvertrag

11 Vom Frachtvertrag unterscheidet sich der Speditionsvertrag dadurch, daß der Spediteur keine Beförderungspflicht übernimmt; s. dazu eingehend §§ 412, 413 Rdn. 61 ff.

aaa) Möbelspedition (Umzugsspedition)

12 Der Möbelspediteur (Umzugsspediteur) übernimmt im Regelfall vertraglich die Beförderung oder Lagerung von Möbeln oder Umzugsgut. In seiner Beförderungstätigkeit ist er Frachtführer im Sinne der §§ 425 ff HGB, für den allerdings besondere, durch Rechtsverordnung festgesetzte Beförderungsbedingungen gelten; s. Anh. IV nach § 452. Im internationalen Umzugsverkehr wird dagegen der Möbelspediteur häufig als echter Spediteur tätig, insbesondere bei der Versendung von Möbeln in Containern nach Übersee. Gleiches gilt, wenn der Möbelspediteur die Beförderung durch die Bahn oder dritte Frachtführer besorgt. Soweit der Möbelspediteur Lagertätigkeit ausübt, gilt für ihn Lagervertragsrecht, insbesondere gelten die ALB Anh. II nach § 416.

bbb) Bahnspedition (Bahnrollfuhr)

13 Der Bahnspediteur (Rollfuhrunternehmer) befördert die mit der Bahn versandten Güter vom Bahnhof zum Empfänger. Auch er besorgt also nicht die Güterversendung, sondern befördert selbst Güter, so daß er kein Spediteur im rechtlichen Sinne ist. Siehe zu seiner Rechtsstellung § 456³ Rdn. 3.

ccc) Zeitungsspedition

Auch der Zeitungsspediteur übernimmt nicht die Besorgung der Versendung, sondern die Beförderung selbst. Auch er ist daher kein echter Spediteur.

bb) Lohnfuhrvertrag, Fahrzeugmiete, Chartervertrag

Beim Lohnfuhrvertrag übernimmt der Unternehmer ebenfalls die Beförderung der Güter, allerdings ohne Erfolgsversprechen; s. § 425³ Rdn. 45; zum Chartervertrag *Prüßmann/Rabe* Seehandelsrecht² § 510 C. Bei der Fahrzeugmiete, die mit einem Dienstverschaffungsvertrag für das Fahrzeugpersonal verbunden sein kann, wird noch nicht einmal die Beförderung geschuldet, sondern nur die Zurverfügungstellung der Beförderungsmöglichkeit. Beide Vertragsarten haben nicht die Besorgung der Versendung zum Gegenstand, sind also keine Speditionsverträge.

cc) Empfangsspediteur (Adreßspediteur) und Vollmachtsspediteur (Hausspediteur)

Die Ausdrücke „Empfangsspediteur" (= Adreßspediteur) und „Vollmachtsspediteur" (= Hausspediteur) bezeichnen besondere Funktionen, die der Berufsspediteur beim Empfang der Ware ausüben kann[5]. Die Bezeichnungen werden nicht einheitlich abgegrenzt. Zweckmäßig erscheint es, folgende Terminologie zugrunde zu legen (vgl. *Schlegelberger/Schröder*[5] § 407 Rdn. 5, 5a, 5b):

Empfangsspediteur (= Adreßspediteur) ist ein vom Absender eines Frachtvertrags — oft einem Spediteur (Hauptspediteur) — benannter Spediteur, der als Empfänger des versandten Gutes fungiert[6]. Zwischen dem Absender und dem Empfangsspediteur besteht regelmäßig ein vertragliches Verhältnis[7]. Dieses Rechtsverhältnis kann ein Speditionsvertrag sein, wenn der Empfangsspediteur eine Weiterversendung übernimmt. Ist der Absender selbst Spediteur (Hauptspediteur), so kann der von ihm als Empfänger der Sendung angegebene Empfangsspediteur „Zwischenspediteur" oder „Unterspediteur" sein. Diese Frage ist deshalb oft von entscheidender Bedeutung, weil sich der Spediteur für den Unterspediteur nicht durch § 52a ADSp völlig freizeichnen kann; s. dort Rdn. 1ff; zur Abgrenzung zwischen Unterspediteur und Zwischenspediteur s. Rdn. 30ff[8].

Vielfach wird der Empfangsspediteur im Interesse des Absenders oder Hauptspediteurs eingeschaltet, z. B. um die Zahlungssicherung des Kaufpreises zu übernehmen. Daher muß das Frachtgut an ihn als den frachtbriefmäßigen Empfänger abgeliefert werden; die Ablieferung an den (wirtschaftlichen) Endempfänger ist Falschauslieferung und daher Verlust des Gutes i.S.d. Frachtvertrags; Beispiel: BGH vom 13.7.1979, VersR **1979** 1154. Zwischen dem vom Absender benannten Empfangsspediteur und dem Endempfänger besteht vielfach kein Rechtsverhältnis. Der Endempfänger kann unter bestimmten Bedingungen Begünstigter i. S. eines Vertrags zugunsten Dritter sein. Möglich ist allerdings auch eine doppelte Bindung des Empfangsspediteurs sowohl zum Absender wie auch zum Endempfänger.

---

[5] S. zur älteren Literatur und Rspr. die 2. Aufl. § 407 Anm. 4a. S. zur Terminologie BGH v. 6.5.1981, NJW **1981** 2640 – VersR **1981** 929ff.
[6] Beispielsfälle: RGZ **103** 30ff; **161** 209ff; BGH v. 26.6.1962, BGHZ **37** 294 ff; v. 13.7.1979, VersR **1979** 1154; OLG Düsseldorf VersR **1984** 533f; LG Hamburg VersR **1982** 709 f.
[7] S. z. B. BGH v. 13.7.1979, VersR **1979** 1154.
[8] BGH v. 28.6.1962, BGHZ **73** 294 ff.

Besteht kein Vertragsverhältnis zwischen Empfangsspediteur und Endempfänger, so kann eine Schadenshaftung aus unerlaubter Handlung (Beispielsfall: RGZ 102 38 ff) gegeben sein oder auf abgetretene Ansprüche des Hauptspediteurs gestützt werden. Auch zwischen ablieferndem Frachtführer und Empfangsspediteur besteht kein vertragliches Verhältnis, das den Empfangsspediteur zur Rückgabe empfangener Paletten verpflichten würde; LG Köln transpR **1985** 58 f. Ein faktisches Vertragsverhältnis ist entgegen LG Berlin transpR **1985** 62 f abzulehnen; zutreffend KG transpR **1985** 299, 300.

18 Als **Vollmachtspediteur (= Hausspediteur)** wird ein Spediteur bezeichnet, der im Auftrag des (wirtschaftlichen) Endempfängers das Gut entgegenzunehmen, abzuholen, zu lagern oder dem Endempfänger oder einer von ihm bezeichneten Person zuzuführen hat[9]. Der Vollmachtspediteur kann aus der Sicht des Frachtvertrags Empfänger des Gutes sein. In diesem Fall stehen ihm an sich alleine die Empfängerrechte aus dem Frachtvertrag zu. Jedoch wird eine stillschweigende Ermächtigung des Endempfängers und des von ihm eingeschalteten Transportversicherers zur Geltendmachung der Ansprüche (gewillkürte Prozeßstandschaft) von der Rspr. großzügig zugelassen[10].

Auch die verjährungshemmende Reklamation kann in diesen Fällen sowohl vom Vollmachtspediteur wie vom Endempfänger oder dessen Transportversicherer wahrgenommen werden[11]. Möglich ist andererseits auch, daß der Vollmachtspediteur vom Endempfänger nur zur Empfangnahme in dessen Namen bevollmächtigt ist. In diesen Fällen ist der (wirtschaftliche) Endempfänger auch rechtlich gesehen Empfänger i. S. d. Frachtvertrags, der Vollmachtspediteur nur sein Bevollmächtigter.

19 Empfangs- oder Vollmachtspediteure sind regelmäßig gewerbliche Spediteure, da ihr Gewerbe auch echte Speditionstätigkeit umfaßt. **Die Empfangs- oder Vollmachtspedition als solche ist** jedoch **keine Speditionstätigkeit**, wenn sie keine Weiterversendung durch Frachtführer, sondern nur Abholung, Empfangnahme, Auslieferung, Lagerung oder selbständige Weiterbeförderung umfaßt. In diesem Falle fehlt es am Merkmal der Besorgung einer Versendung; s. hierzu Rdn. 68–74. Der Empfangsspediteur und der Vollmachtspediteur üben jedoch Speditionstätigkeit aus, wenn sie die Güter im eigenen Namen durch Frachtführer an den Endempfänger oder an einen Dritten weiterbefördern lassen oder sie im Wege des Selbsteintritts weiterbefördern[12]. Der Empfangsspediteur ist in diesem Fall Zwischen- oder Unterspediteur (s. Rdn. 26 ff), weil er mit dem Hauptspediteur durch einen Speditionsvertrag verbunden ist.

Hat der Vollmachtspediteur echte Speditionsleistungen zu erbringen, so ist er Hauptspediteur des Empfängers, mit dem er einen Speditionsvertrag abgeschlossen hat.

20 Auch soweit der Empfangs- oder Vollmachtspediteur keine echten Spediteurpflichten übernimmt und daher nicht den §§ 407 ff unterliegt, sind die **ADSp** nach ihrem § 2 a auf ihn **anwendbar**.

dd) Grenzspediteur

21 Als Grenzspediteure bezeichnen sich Unternehmer, deren Hauptaufgabe es ist, die Zoll- und anderen Formalitäten an den Grenzübergängen zu erledigen — regelmäßig im Auftrag des Beförderers oder Absenders[13]. Diese Unternehmer sind berufsständisch

---

[9] S. z. B. OLG Stuttgart WM **1978** 1330 ff; BGH v. 6. 5. 1981, NJW **1981** 2640 = VersR **1981** 929 ff.

[10] BGH v. 6. 5. 1981 aaO; *Helm*, Versicherung von Transportschäden und Versichererregreß, in: 25 Jahre Karlsruher Forum, Jubiläumsausgabe zu VersR 1983, S. 116, 120 ff.

[11] S. Helm, transpR **1983** 35 sowie die Erl. zu Art. 32 Abs. 2 CMR Anh. III nach § 452.

[12] *Schlegelberger/Schröder*[5] § 407 Rdn. 5; Fall: OLG Frankfurt VersR **1977** 755.

[13] Zum Berufsbild des Grenzspediteurs s. DVZ v. 1. 12. 1981 S. 32 u. v. 9. 3. 1982 S. 15; OLG Düsseldorf NJW **1981** 1910 = transpR **1982** 13 f sowie die in Rdn. 226 ff angegebene Rspr.

Spediteure und arbeiten regelmäßig nach den ADSp. Ihre Tätigkeiten zählen zu den speditionellen „Verkehrsverträgen" nach § 2 Nr. 2 SVS/RVS (s. OLG Köln transpR **1985** 26, 27) und sind daher durch die Speditionsversicherung gedeckt. Vielfach liegen bei ihnen jedoch die Merkmale des Spediteurbegriffs des § 407 nicht vor. Die Erledigung von Grenzformalitäten als solche ist reine Geschäftsbesorgung nach § 651 BGB, keine Besorgung von Versendungen im Sinne von § 407; s. z. B. OLG Köln transpR **1985** 26, 27. Der Grenzspediteur ist jedoch Spediteur im Rechtssinne, soweit er die Weiterversendung von Gütern besorgt, z. B. im gebrochenen Verkehr oder bei Ausladungen infolge zoll- oder verwaltungsrechtlicher Maßnahmen. Er ist Frachtführer, soweit er selbst Beförderungen übernimmt. Siehe zum Erstattungsanspruch des Grenzspediteurs wegen verauslagter Einfuhrumsatzsteuer Rdn. 226 ff; zur Verzollung als Nebenpflicht Rdn. 115.

ee) Kommissionsvertrag

Mit dem Kommissionsvertrag ist der Speditionsvertrag durch seine Grundstruktur **22** (Abschluß von Verträgen für andere im eigenen Namen, aber für deren Rechnung) eng verwandt. Wenn er nicht besonders geregelt wäre, fiele er unter die Geschäftsbesorgungskommissionen des § 406 Abs. 1. Im französischen Recht heißt der Spediteur commissionaire de transport. Von der Kommission unterscheidet sich die Spedition nur durch die Art des zu besorgenden Ausführungsgeschäfts. Beim Kommissionsvertrag ist dies der Abschluß von Kaufverträgen über Waren, beim Speditionsvertrag der Abschluß von Frachtverträgen zur Beförderung von Gütern. Die Verwandtschaft mit dem Kommissionsvertrag ermöglicht die weitgehende gesetzliche Verweisung auf die Regeln des Kommissionsrechts in § 407 Abs. 2; s. Rdn. 53.

ff) Maklervertrag

Der Makler unterscheidet sich vom Spediteur dadurch, daß er, wenn überhaupt, die **23** Verträge nicht in eigenem, sondern in fremdem Namen abschließt[14].

gg) Reisebüros und Annoncenspeditionen

Diese organisieren die Beförderung von Personen bzw. Nachrichten, nicht aber von **24** Gütern. Sie sind daher keine Spediteure. Zum Begriff „Güter" Rdn. 69.

hh) Versendung durch den Verkäufer

Der Verkäufer beim Versendungskauf versendet unter Umständen auch Güter in **25** eigenem Namen für fremde (des Käufers) Rechnung. Doch tut er dies nicht als Spediteur, sondern in Erfüllung einer kaufvertraglichen Nebenpflicht. Er kann sich allerdings eines Spediteurs zur Erfüllung gewisser Pflichten bedienen, wodurch dieser zum Erfüllungsgehilfen des Verkäufers werden kann. S. zu einem solchen Sonderfall RGZ **115** 162 ff.

4. Besondere Formen der Spedition
a) Zwischenspediteur und Unterspediteur
aa) Allgemeines

Der vom Versender beauftragte Spediteur (Hauptspediteur) kann seinerseits spedi- **26** tionelle Aufgaben an einen zweiten Spediteur übertragen. Dieser kann selbständiger

---

[14] Zur Abgrenzung s. OLG Hamburg VersR **1983** 79; *Schaps/Abraham* Seerecht⁴ 1978 S. 1047 ff; zur Abgrenzung zwischen Luftfrachtmakler und Frachtführer s. LG Frankfurt transpR **1979** 75.

Partner eines Ausführungsgeschäfts gem. § 408 Abs. 1 sein und wird in diesem Fall vom Gesetz als „Zwischenspediteur" bezeichnet; s. auch § 411. Der zweite Spediteur kann auch vom Hauptspediteur als Erfüllungsgehilfe gem. § 278 BGB mit der Erfüllung solcher Pflichten beauftragt sein, die der Hauptspediteur zur eigenen Ausführung übernommen hat. In diesem Falle ist er Unterspediteur. *Schlegelberger/Schröder*[5] § 408 Rdn. 11a lehnen dies unter Berufung auf § 613 Abs. 1 BGB ab. Die Tätigkeit des Spediteurs ist jedoch in der Regel nicht höchstpersönlich; § 613 S. 1 paßt auf Speditionsverträge nicht; s. dazu Rdn. 7.

Zur Haftung des Hauptspediteurs bzw. des Speditionsversicherers für den Zwischenspediteur s. Rdn. 27; für den Unterspediteur s. Rdn. 28.

bb) Zwischenspediteur

27 Vor allem bei gegliederten Transportwegen (Grenzüberschreitung, Umladung in andere Beförderungsmittel) wird ein Zwischenspediteur eingeschaltet. Dieser ist dann Empfänger des Frachtguts am Ende des ersten Beförderungsabschnitts. Er versendet seinerseits das Gut weiter durch Abschluß von Frachtverträgen mit weiteren Frachtführern[15].

Der Zwischenspediteur ist mit dem Hauptspediteur durch einen Speditionsvertrag verbunden, in dem dieser Versender ist. Zwischen dem Erstversender und dem Zwischenspediteur bestehen keine vertraglichen Beziehungen, gleichgültig ob dieser zugleich Empfangsspediteur ist oder nicht. Das Weisungsrecht des Erstversenders gegenüber dem Erstspediteur kann sich trotz Fehlens der vertraglichen Verbindung auf den Zwischenspediteur auswirken. Dies wird deutlich im BGH-Urteil vom 28. 6. 1962, BGHZ **37** 294ff, dem folgende (wohl häufige) Gestaltung der Rechtsbeziehungen zu Grunde lag: Der Empfangsspediteur (Zwischenspediteur) in Frankreich war vom Versender ausgewählt und dem Erstspediteur durch Weisung vorgeschrieben worden. Da der Speditionsauftrag vom Erstspediteur im eigenen Namen an den Empfangsspediteur erteilt war, bestanden zwischen beiden speditionsrechtliche Beziehungen. In einem solchen Fall ist der Empfangsspediteur zwar durch seinen (Zwischen-)Speditionsvertrag an die Weisungen des Erstspediteurs gebunden, darf sie aber nicht ausführen, wenn sie eine erkennbare Beeinträchtigung der Interessen des Versenders darstellen. Zu beachten ist, daß dem Versender gegenüber dem Erstspediteur jederzeit eine Änderung der Weisungen möglich ist, so daß dieser die Änderung an den Empfangsspediteur weiterzugeben hat; s. BGH aaO; ferner zum Weisungsrecht Rdn. 89ff . Durch Weisungen des Versenders an den Zwischenspediteur wird zwischen diesen kein Speditionsvertrag begründet; OLG Wien v. 7. 10.1974 transpR **1978** 77f.

Allerdings ist der Zwischenspediteur in erster Linie dem Hauptspediteur verpflichtet und hat in Konfliktfällen zwischen den Interessen des Hauptspediteurs und dessen Versender die Interessen seines Hauptspediteurs wahrzunehmen und dessen Weisungen zu befolgen. Anders kann die Lage nur sein, wenn er erkennt, daß der Hauptspediteur selbst gegenüber dem Versender treuwidrig handelt; zutreffend *Schlegelberger/Schröder*[5] Rdn. 2 und Rdn. 1a. Für die Frage, ob ein Zwischenspeditionsvertrag vorliegt, ist es belanglos, wenn dem Hauptspediteur von seinem Versender der Zwischenspediteur bereits vorgeschrieben wird; BGH vom 28. 6. 1962 aaO. Zwar entfällt dann die Auswahltätigkeit des Hauptspediteurs. Im übrigen ist aber der Inhalt der Rechtsbeziehungen zwischen Haupt- und Zwischenspediteur der gleiche.

---

[15] Beispielsfälle: RGZ **109** 85; BGH v. 28. 6. 1962, BGHZ **37** 294ff v. 19. 12. 1969, VRS **38** 254.

Für das Verhalten des Zwischenspediteurs haftet der Hauptspediteur nicht; jedoch **28** trifft ihn die allgemeine **Haftung für** eigene **Fehler beim Abschluß** und der **Überwachung** der Ausführungsgeschäfte, insbesondere für **Auswahl** und **Instruktionsfehler**; s. Rdn. 99, 171. Die vom Hauptspediteur genommene **Speditionsversicherung** deckt nach § 4 Nr. 1 a SVS/RVS nicht nur diese Haftung des Hauptspediteurs, sondern nach Nr. 1 b auch die eigene Haftung des europäischen Zwischenspediteurs aus dem Zwischenspeditionsvertrag und geht damit über die gesetzliche Haftung des Hauptspediteurs hinaus. Soweit nicht die Haftung des Hauptspediteurs durch Versicherung ersetzt wird (§ 41 a ADSp) und daher seine eigene Haftung eintritt (s. Rdn. 147 f), wird für Verschulden des Zwischenspediteurs weder nach den ADSp noch nach dem Gesetz gehaftet. Jedoch hat der Hauptspediteur dem Versender seine Ansprüche gegen den Zwischenspediteur abzutreten. Zur Einwirkung von § 41 a ADSp auf diese Ansprüche s. § 41 ADSp Rdn. 8 a, Anh. I nach § 415.

cc) Unterspediteur

Der Unterspediteur ist ein vom Hauptspediteur mit der Erledigung der eigentlichen **29** Speditionstätigkeit beauftragter Spediteur, der als Erfüllungsgehilfe des Hauptspediteurs Aufgaben erfüllt, die eigentlich diesem übertragen sind. Aus dieser unstreitigen Begriffsbestimmung (vgl. BGH v. 1. 10. 1969, Warn **1969** Nr. 260; aA wohl *Wolf*[11] § 52 ADSp Nr. 4) ergibt sich, daß der Hauptspediteur für Verschulden des Unterspediteurs nach § 278 BGB einzustehen hat. Auch die Speditionsversicherung deckt diese gesetzlich vorgesehene Haftung des Hauptspediteurs; § 3 Abs. 1 SVS/RVS. Die Freizeichnung für den Unterspediteur in § 52 a ADSp ist wohl mit dem AGBG nicht vereinbar; s. § 52 ADSp Rdn. 11, Anh. I nach § 415.

dd) Abgrenzung Zwischenspediteur — Unterspediteur

Vor allem im Hinblick auf die dargestellten Haftungsverhältnisse (weniger bedeutsam für § 411) ist die Abgrenzung zwischen den Funktionen des vom Hauptspediteur beauftragten Zweitspediteurs als Zwischenspediteur oder Unterspediteur von erheblicher praktischer Bedeutung. Sie ist jedoch bisher in der Literatur und Rspr. nirgendwo präzise und einheitlich erfolgt. Am deutlichsten drückt sich noch RGZ **109** 288, 291f aus. „Eine Unterspedition ist vorhanden, wenn der Spediteur die Besorgung der ihm aufgetragenen Spedition einem anderen Spediteur überträgt ..., wogegen die Zwischenspedition voraussetzt, daß das Gut vom Hauptspediteur an den anderen Spediteur zum Zwecke der Weitersendung und Ablieferung gesandt wird, so daß der andere innerhalb eines Teils der Beförderungsstrecke die Weitersendung des Guts im eigenen Namen für Rechnung des Versenders selbständig zu besorgen hat." Der Unterspediteur sei nur Erfüllungsgehilfe des Hauptspediteurs, für den dieser nach § 278 BGB haftet, wohingegen er beim Zwischenspediteur nur für dessen sorgfältige Auswahl einzustehen habe (§ 408). Maßgeblich war demnach in diesem Urteil die Frage, ob der zweite Spediteur als Erfüllungsgehilfe oder Substitut des Hauptspediteur tätig war. Im zweiten Revisionsurteil zum gleichen Fall, RGZ **114** 109, 110f wird jedoch versucht, die Unterscheidung u. a. durch Auslegung des zwischen den beiden Spediteuren bestehenden Vertrags zu treffen. Dieser Vertrag kann jedoch keinen Aufschluß darüber geben, ob der eine Spediteur gegenüber dem Versender Erfüllungsgehilfe oder Substitut ist.

Letztlich wird die Unterscheidung vom RG immer wieder nach dem Grad der Selbständigkeit des beauftragten Spediteurs getroffen: Wenn dieser nach Auftrag und Umständen selbständig handeln kann und soll, wird er als Zwischenspediteur behandelt, wenn er dagegen „nur eine die Versendung des Gutes fördernde Tätigkeit ausübt" wird

§§ 407–409   Drittes Buch. Handelsgeschäfte

Erfüllungsgehilfenschaft und damit die Eigenschaft als Unterspediteur angenommen[16]. Mit diesen Kriterien läßt sich jedoch keine interessengerechte Abgrenzung begründen.

31   Die Abgrenzungsschwierigkeiten sind durch das **Fehlen einer interessegerechten Methode** begründet. Ob ein vom Hauptspediteur beauftragter zweiter Spediteur Zwischen- oder Unterspediteur ist, hat in erster Linie für das Verhältnis Hauptspediteur-Versender praktische Bedeutung. Denn für den Zwischenspediteur (als Substitut) haftet der Hauptspediteur nicht; seine Haftung beschränkt sich auf eigenes Verschulden, insbesondere hinsichtlich Auswahl und Instruktion; s. Rdn. 28. Für den Unterspediteur als Erfüllungsgehilfen haftet er dagegen gem. § 278 BGB; s. Rdn. 29. Sinnvollerweise sollte daher die **Abgrenzung nach der Funktion des vom Hauptspediteur eingeschalteten zweiten Spediteurs** als Erfüllungsgehilfe oder Substitut entschieden werden. Die Rechtsnatur des zwischen dem Hauptspediteur und dem Zwischen- oder Unterspediteur bestehenden Vertrags ist kein brauchbares Unterscheidungskriterium, da beide Fälle voraussetzen, daß dieser Vertrag ein Speditionsvertrag ist; daher unergiebig BGH vom 28. 6. 1962, BGHZ 37 294, 296.

Die Frage nach der Funktion des vom Hauptspediteur beauftragten zweiten Spediteurs als dessen Erfüllungsgehilfe kann nach heutiger Auffassung nicht mehr danach entschieden werden, ob er selbständig oder unselbständig (streng weisungsgebunden) ist. Denn Unselbständigkeit ist — entgegen der vom RG früher vertretenen Tendenz — kein Kriterium für die Funktion als Erfüllungsgehilfe. Auch der voll Selbständige ist, soweit sich der Schuldner seiner zur Erfüllung selbst übernommener Verpflichtungen bedient, unstreitig Erfüllungsgehilfe. Die Grenzlinie verläuft heute bei der Frage, in welchen Fällen der Schuldner sich überhaupt die Substitution noch ausbedingen kann[17]. Demgegenüber spielt die Anwendung von § 411 HGB in der Praxis keine dominante Rolle. Auch für sie führt die bisherige unklare Abgrenzung nicht zu sicheren interessengerechten Lösungen; s. § 411 Rdn. 5.

32   Ausgangspunkt ist die Frage, **ob der Hauptspediteur** (im Verhältnis zum Versender) **berechtigt war, die betreffenden Pflichten aus dem Speditionsvertrag haftungsbefreiend** auf den von ihm beauftragten zweiten Spediteur als Substitut **zu übertragen**. Dies ist nach § 664 Abs. 1 S. 1 BGB, der trotz seiner Nichterwähnung in § 675 BGB auf besonders vertrauensbetonte Geschäftsbesorgungsverträge und daher auf Speditionsverträge anzuwenden ist[18], grundsätzlich zu verneinen. Auch ohne diese Vorschrift könnte jedoch nicht davon ausgegangen werden, daß der vom Versender beauftragte Spediteur seine Tätigkeitspflichten befreiend auf einen anderen Spediteur als Substitut übertragen darf. Vielmehr ist das Vertrauen des Versenders auf Erfahrung, Zuverlässigkeit und Fachkunde des von ihm beauftragten Spediteurs wohl regelmäßig ein tragendes Element des Speditionsauftrags, das der Substitution entgegen steht. Zulässig ist die Einschaltung eines Zwischenspediteurs als Substituten insbesondere, wenn der Hauptspediteur aus sachlichen Gründen nicht in der Lage ist, die betreffende Tätigkeit selbst oder unter eigener Verantwortung durch Dritte zu erledigen, z. B. wenn sie an fremden Orten oder im Ausland erfolgt. Grundsätzlich ist davon auszugehen, daß alle eigentlichen Versendungstätigkeiten und damit zusammenhängenden Nebentätigkeiten, die der Spediteur selbst erledigen kann, von ihm auch ohne Substitutionsmöglichkeit übernommen worden sind. Die dennoch eingeschalteten Zweitspediteure sind Unterspedi-

---

[16] RGZ **94** 97, 101; **109** 85, 87; **109** 288, 292; **114** 109, 113f; zustimmend *Karsten Schmidt* Handelsrecht S. 735.
[17] S. § 52 ADSp Rdn. 11 f Anh. I nach § 415.
[18] BGH v. 14. 11. 1951, LM § 664 Nr. 1; *Larenz* Schuldrecht II[12] S. 344; *Soergel/Mühl*[11] § 664 Rdn. 4; *Palandt*[44] § 664 Anm. 4. AA RGZ **161** 68, 70; v. *Bernstorff* NJW **1952** 731; *Erman/Hauß*[7] § 664 Rdn. 7; *Koller* ZIP **1985** 1243 ff.

teure und damit Erfüllungsgehilfen des Hauptspediteurs; ähnlich, aber nur als Auslegungsregel *Schlegelberger/Schröder*[5] § 408 Rdn. 12; zutreffend österr. OGH v. 23. 6. 1977 transpR **1979** 75, 77; zu großzügig zugunsten der Einschaltung eines Zwischenspediteurs OLG Schleswig transpR **1985** 137.

Die hier vorgeschlagene konsequent funktionale Abgrenzung führt allerdings zu einer Einschränkung des Anwendungsbereichs von § 411. Diese kann durch grundsätzliche analoge Anwendung auf den Unterspediteur aufgehoben werden. Damit wird auch die Anwendung dieser Vorschrift von der bisher unzulänglich beantworteten Definitionsfrage weitgehend gelöst; s. § 411 Rdn. 5.

b) Abfertigungsspediteur

Abfertigungsspediteur ist nach der Legaldefinition des § 33 GüKG ein Spediteur, der im Güterfernverkehr Transporte abfertigt. Siehe hierzu Anh. I nach § 452; im einzelnen *Hein/Eichhoff/Pukall/Krien* GüKG § 33; *Balfanz*, § 33 GüKG. Der Abfertigungsspediteur ist Berufsspediteur im Sinne des Speditionsrechts. Nur ein Spediteur kann nach § 34 Abs. 2 zum Abfertigungsspediteur bestellt werden. Seine Abfertigungstätigkeiten fielen an sich in den Aufgabenbereich des Güterfernverkehrsunternehmers. Daher steht ihm nach § 35 GüKG ein Anspruch auf die tariflich festgelegte Abfertigungsvergütung gegen den Güterfernverkehrsunternehmer (Frachtführer) zu; VO ü. die Werbe- und Abfertigungsvergütung v. 29. 5. 1985 BAnz **1985** 5641; zum Güternahverkehr s. *May/Nickening*, Spediteur **1985** 185 ff. Zur Möglichkeit zusätzlicher Vergütungsansprüche s. Rdn. 204 ff. Bei seiner Tätigkeit kann der Abfertigungsspediteur eine Doppelstellung einnehmen. Mit dem Frachtführer kann er als Absender des KVO-Frachtvertrags, mit dem Versender als Spediteur durch den Speditionsvertrag verbunden sein. Siehe z. B. OLG Düsseldorf Transport-Dienst **1967** 78; BGH vom 1. 12. 1965, VersR **1965** 134 f. In keinem Falle haben die §§ 33–36 GüKG einen Einfluß auf den Inhalt des zwischen dem Abfertigungsspediteur und dem Versender bestehenden Speditionsvertrags. Der Abfertigungsspediteur kann auch die Abfertigungstätigkeit vornehmen, ohne von einem Versender beauftragt zu sein und ohne selbst als Absender des KFZ-Frachtvertrags zu fungieren. In diesem Falle ist die Abfertigungstätigkeit nur eine entgeltliche Geschäftsbesorgung nach § 675 BGB.

c) Fixkostenspediteur

Der Fixkostenspediteur ist zwar echter Spediteur, hat jedoch gem. § 413 Abs. 1 grundsätzlich die Rechtsstellung eines Frachtführers. S. dazu §§ 412, 413 Rdn. 104–123.

d) Sammelladungsspediteur

Der Sammelladungsspediteur hat gem. § 413 Abs. 2 die Rechtsstellung eines Frachtführers; s. dazu im einzelnen §§ 412, 413 Rdn. 127–142.

e) Selbsteintritt

Durch den Selbsteintritt erhält der Spediteur zugleich die Rechtsstellung eines Spediteurs und Frachtführers; s. dazu §§ 412, 413 Rdn. 73–103.

II. Wesentlicher Inhalt des Speditionsvertrags

1. Pflichten des Spediteurs (Übersicht)

Siehe hierzu im einzelnen Rdn. 88 ff.

Die speditionsvertraglichen Pflichten des Spediteurs sind nirgends zusammenfassend geregelt. Nach § 407 Abs. 1 ist die zentrale **Hauptleistungspflicht die Besorgung der**

§§ 407–409   Drittes Buch. Handelsgeschäfte

Versendung von Gütern; s. Rdn. 97 ff. Diese Formulierung umschreibt eine Fülle von einzelnen Tätigkeiten, die zum ordnungsgemäßen Versand gehören: z. B. neben dem Abschluß des Frachtvertrags die Auswahl des geeigneten Transportmittels und Transportweges oder günstiger Tarifmöglichkeiten, die Verladung oder ihre Überwachung, die Sorge für erforderliche Transport-, Zoll- und Begleitpapiere (im einzelnen s. Rdn. 102 ff).

Speziell sind **erwähnt** in § 408 Abs. 1 die Pflichten zur ordnungsgemäßen Auswahl der Frachtführer, Verfrachter und Zwischenspediteure, die allgemeine Pflicht zur Interessenwahrnehmung und zur Befolgung von Weisungen des Versenders.

Durch die Verweisung des § 407 Abs. 2 werden die Bestimmungen des Kommissionsrechts, insbesondere § 388 (Pflicht zur Rüge im Interesse des Versenders) und § 390 (Haftpflicht für Verlust und Beschädigung des Speditionsguts) anwendbar.

Die **ADSp** treffen an zahlreichen Stellen genauere Regelungen bezüglich der Pflichten des Spediteurs, so insbesondere §§ 51–53, 41 für die Haftung, §§ 35–38 für die Pflicht des Spediteurs zur Versicherung des Gutes in der Transportversicherung; s. Rdn. 117–120 sowie die Kommentierung der einzelnen Paragraphen der ADSp, Anh. I nach § 415.

Neben dem speziellen Speditions- und Kommissionsrecht kann über § 675 auch das Auftragsrecht des BGB die Pflichten des Spediteurs mitbestimmen, insbesondere §§ 666, 667 BGB.

2. Pflichten des Versenders (Übersicht)

38   Hauptpflicht des Versenders ist die Bezahlung der Vergütung (Provision), § 409; die Pflicht zur Erstattung von Auslagen ergibt sich aus §§ 407 Abs. 2, 396 Abs. 2 HGB, 675, 670 BGB. Im übrigen treffen auch den Versender Sorgfalts- und Haftpflichten verschiedener Art, die zum Teil in den ADSp genauer festgelegt sind: z. B. § 5b ADSp (Schadensersatz für Schäden durch gefährliche Güter); § 7a ADSp (Haftung für Folgen unrichtiger oder unvollständiger Angaben über das Speditionsgut); § 30b (Information über öffentlich-rechtliche Verpflichtungen).

Die Ansprüche des Spediteurs sind gemäß § 410 durch ein gesetzliches Pfandrecht gesichert, das durch § 50 ADSp auf inkonnexe Forderungen des Spediteurs erstreckt werden soll.

III. Die mit dem Speditionsvertrag zusammenhängenden Geschäfte und die an ihnen beteiligten Personen

1. Die Ausführungsgeschäfte

a) Allgemeines

39   Der Spediteur schließt die zur Besorgung der Versendung (s. zu den einzelnen Tatbestandsmerkmalen Rdn. 68 ff) notwendigen Verträge rechtlich im eigenen Namen, wirtschaftlich aber für seinen Auftraggeber, den Versender, ab. Die Ausführungsgeschäfte erzeugen somit keine Rechtsbeziehungen zwischen dem Versender und den an ihnen beteiligten Drittpartnern; s. zum Zwischenspediteur Rdn. 27; zum Frachtvertrag Rdn. 40; Beispiele aus der neueren Rspr.: LG Osnabrück und OLG Oldenburg VersR **1979** 1052. Anfechtungs- oder rücktrittsberechtigt sind ggf. nur Spediteur oder Frachtführer. Einwendungen, die dem Frachtführer gegen den Spediteur zustehen, kann er nach der Abtretung gemäß §§ 404 ff BGB gegenüber dem Versender geltend machen. Dies entspricht weitgehend der kommissionsrechtlichen Ausgangslage. § 407 Abs. 2 verweist daher auf das Kommissionsrecht weiter; s. Rdn. 53. Allerdings ist die Güterversendung ein bedeutend komplizierterer Vorgang als der Verkauf oder der Einkauf von Waren. Da hierbei Beförderungen mit verschiedenen Verkehrsmitteln, Lagerung, Versicherung und viele Nebentätigkeiten erforderlich werden können, bringt der Speditionsvertrag in der Regel den Abschluß mehrerer Ausführungsgeschäfte mit sich. Für alle gilt grundsätzlich die gleiche Ausgangslage: Ansprüche des Spediteurs gegen die Dritten können vom Versender erst dann geltend gemacht werden, wenn sie ihm vom Spediteur abgetreten worden sind. Zur Abtretungspflicht des Spediteurs s. Rdn. 145. Der Versender ist durch §§ 407 Abs. 2, 392 Abs. 2 in bestimmtem Umfang geschützt, weil die Ansprüche des Spediteurs gegen Dritte aus den Ausführungsgeschäften im Verhältnis zum Spediteur und dessen Gläubigern als von Anfang an dem Versender zustehend angesehen werden. Hiermit setzt sich die wirtschaftliche Eigenart des Speditionsvertrags als treuhänderisches Geschäft gegenüber der formalen Gestaltung der Ausführungsgeschäfte in eigenem Namen durch.

40 Aus der **Stellung des Spediteurs als Treuhänder** ergibt sich, daß er gegenüber den Partnern aus den Ausführungsgeschäften Schäden geltend machen kann, die nicht ihm, sondern seinem Versender entstanden sind (unstreitig; siehe z. B. OLG Stuttgart VersR **1952** 147). Die **Drittschadensliquidation** muß hier zugelassen werden, da der Spediteur nicht Eigentümer der ihm zur Versendung übergebenen Güter ist. Schaden und Ersatzberechtigung fallen somit beim Spediteur typischerweise auseinander. Diese Argumentation gilt nicht für die dem Versender zustehenden unabhängigen Ansprüche gegen den Dritten aus unerlaubter Handlung oder anderen außervertraglichen Rechtsgründen. Für diese bedarf es einer Abtretung an den Spediteur oder zumindest einer Ermächtigung des Spediteurs zur Geltendmachung in eigenem Namen. Die ADSp enthalten hierzu nichts. Doch dürfte im allgemeinen, wenn der Versender dem Spediteur schon das Gut selbst in die Hand gibt und damit ihm auch die Vertragsansprüche gegen den Partner des Ausführungsgeschäftes anvertraut, auch der Wille zur Ermächtigung des Spediteurs zur Geltendmachung außervertraglicher Ansprüche anzunehmen sein; zur entsprechenden Problematik s. § 429³ Rdn. 36.

41 Von besonderer Bedeutung ist die Frage, inwieweit sich der Versender bei Geltendmachung seiner **außervertraglichen Ansprüche** die **vertraglichen Haftungsbeschränkungen** aus dem Vertrag mit dem dritten Frachtführer entgegenhalten lassen muß. Wegen der sehr unterschiedlichen Haftungsregelungen in den einzelnen Sparten des Frachtrechts[19] kann diese Frage nicht einheitlich beantwortet werden; s. eingehend § 429³ Rdn. 89 ff.

Teilweise schließen die betreffenden Normen oder Geschäftsbedingungen die außervertragliche Haftung ganz aus oder beschränken sie auf den Umfang der Vertragshaftung. Da die Geschäftsbedingungen der Beförderer vom Spediteur praktisch nicht ausgeschlossen werden können, muß man davon ausgehen, daß der Abschluß eines Speditionsvertrages die Ermächtigung zur Verfügung auch über zukünftige außervertragliche Ersatzansprüche des Eigentümers einschließt. Damit kann sich grundsätzlich der Drittpartner gegenüber den außervertraglichen Eigentumsansprüchen des Versenders so auf das Frachtrecht berufen, wie er das könnte, wenn diese Ansprüche von Anfang an dem Spediteur zugestanden hätten[20]. Damit ist allerdings die Frage noch nicht beantwor-

---

[19] S. zum Überblick § 425³ Rdn. 1–27 sowie im einzelnen die Kommentierung zu den §§ 425–452 und Anh. I–VI nach § 452; zum Eisenbahnrecht die Erl. zu §§ 453–460 und Anh. I, II nach § 460; zum Luftfrachtrecht Anh. VII nach § 452. Zur Übersicht über die Haftung in den verschiedenen Bereichen des Frachtrechts s. § 429³ Rdn. 1–75 und *Helm*, Haftung für Schäden an Frachtgütern, 1966.

[20] S. dazu § 429³ Rdn. 93 und *Helm*, Haftung für Schäden an Frachtgütern, 1966 316 ff, insbes. 324 f; ferner vor § 1 ADSp Rdn. 26 Anh. I nach § 415.

tet, wie zu verfahren ist, wenn weder Spediteur noch Versender sondern eine dritte Person Eigentümer ist. S. dazu im einzelnen § 429³ Rdn. 93, *Helm* aaO.

b) Die wichtigsten Ausführungsgeschäfte
aa) Frachtvertrag

42 Da der Spediteur den Frachtvertrag in eigenem Namen abzuschließen hat, ist er alleine Absender (Befrachter). Welche Normen des Frachtrechts anwendbar sind, hängt von der Art der Beförderung, ggf. auch von den vereinbarten Geschäftsbedingungen ab.

Entsprechend der Eigenart der Speditionstätigkeit, Frachtverträge in eigenem Namen abzuschließen, bestehen die vertraglichen Rechtsbeziehungen nur zwischen dem Beförderer und dem Spediteur, nicht dagegen zwischen Beförderer und Versender. Außervertragliche Ansprüche sind jedoch zwischen Versender und Frachtführer in beiden Richtungen denkbar. Insbesondere kann auch der Versender gegenüber dem Frachtführer haften, z. B. wenn durch die schuldhafte Versendung gefährlicher Güter dem Frachtführer ein Schaden am Beförderungsmittel oder durch Entstehung einer Haftung gegenüber anderen Absendern entsteht. Vgl. dazu BGH vom 22. 1. 1954, BGHZ **12** 13 ff (Beschlagnahme des Kfz des Frachtführers wegen Beförderung von Waren, für die der Versender keinen Warenbegleitschein hatte). Siehe jedoch zur Fixkostenspedition §§ 412, 413 Rdn. 41.

bb) Zwischenspeditionsvertrag

43 Je nach Art der Versendung kann zu ihrer Besorgung auch der Abschluß eines Speditionsvertrags mit einem weiteren Spediteur gehören. Ein Ausführungsgeschäft im Sinne des Speditionsrechts ist hierbei nur der Zwischenspeditionsvertrag, nicht dagegen der Unterspeditionsvertrag, der nur der Erfüllung eigener Verpflichtungen des Spediteurs dient; s. Rdn. 26–32.

cc) Versicherungsverträge

44 Zur ordnungsgemäßen Versendung des Gutes kann auch seine Versicherung in der Transport-, Lager- oder Feuerversicherung gehören. Die **Transport- oder Lagerversicherung** ist von der Speditionsversicherung streng zu unterscheiden: Bei ihr ist die Transport- oder Lagergefahr Gegenstand des Versicherungsvertrags; sie ist Sachversicherung. Versichert ist das Integritätsinteresse an den Gütern (Güterversicherung). In der **Speditionsversicherung** ist, von einzelnen Ausnahmen und der Rollfuhrversicherung abgesehen, nicht die Speditionsgefahr, sondern das Risiko der Spediteurhaftung versichert. Sie ist daher eine Versicherung besonderer Art, die der Haftpflichtversicherung näher steht als der Güterversicherung. S. dazu im einzelnen § 39 ADSp Rdn. 1 ff, Anh. I nach § 415 und § 429³ Rdn. 100–109. Die Deckung einer **Haftpflichtversicherung** für die Haftung des Spediteurs und der von ihm ausgewählten Unternehmer ist grundsätzlich nicht ein Geschäft für den Versender, sondern eigene Angelegenheit des Spediteurs oder beauftragten Frachtführers. Jedoch ist die Deckung einer **Drittunternehmer-Haftpflichtversicherung**, in der die Haftung des Frachtführers aus dem Ausführungsgeschäft versichert ist, u. U. als Ausführungsgeschäft zu sehen; so z. B. bei der CMR-Fremdunternehmerversicherung; s. zur Übersicht über die unterschiedlichen Versicherungen *Helm*, Jubiläumsausgabe Karlsruher Forum 1983 S. 116 ff; s. auch § 429³ Rdn. 111.

Zur Pflicht des Spediteurs, die jeweilige Versicherungsdeckung zu besorgen; s. Rdn. 115 ff; zur Abtretungspflicht des Spediteurs Rdn. 145. Die Deckung der Speditionsversicherung gehört nach § 39 a ADSp zu den Pflichten des Spediteurs. Auch der

Speditionsversicherungsvertrag wird vom Spediteur (aufgrund einer Generalpolice) im eigenen Namen für Rechnung des Auftraggebers abgeschlossen. Er ist daher ebenfalls Ausführungsgeschäft. Besonderheiten bestehen allerdings darin, daß die Speditionsversicherung in hohem Maße im Eigeninteresse des Spediteurs genommen wird (§ 41a ADSp) und daß die Ansprüche aus dem Speditionsversicherungsvertrag dem Versender oder sonstigen Inhaber des versicherten Interesses unmittelbar zustehen, so daß es keiner Abtretung durch den Spediteur bedarf; s. dazu § 39 ADSp Rdn. 1 ff, Anh. I nach § 415.

c) Frachtbeförderung im Selbsteintritt

45 Nach § 412 HGB kann der Spediteur die Frachtbeförderung im Wege des Selbsteintritts selbst übernehmen. Dann entfällt der Abschluß des Ausführungsgeschäfts (Frachtvertrag) mit einem Dritten. Dafür erlangt der Spediteur gegenüber dem Versender die Stellung eines Frachtführers neben der des Spediteurs. Im einzelnen s. §§ 412, 413 Rdn. 73 ff. Das Selbsteintrittsrecht gilt nicht für Versicherungsverträge.

2. Rechtsstellung des Empfängers

46 Der Empfänger, an den die Sendung adressiert ist, steht zum Versender, Spediteur und Frachtführer oder Zwischenspediteur in keinem fracht- oder speditionsrechtlichen Vertragsverhältnis. Er hat nur die Rechtsstellung eines begünstigten Dritten aus dem Frachtvertrag (Ausführungsgeschäft) zwischen Spediteur bzw. Zwischenspediteur und Frachtführer; s. § 425³ Rdn. 32. Vielfach wird er mit dem Versender durch besondere Rechtsbeziehungen verbunden sein, so z. B. als Käufer der vom Versender verkauften Waren. Dieser kann ihm die Rechte aus dem Speditionsvertrag abtreten, auch ihm gegenüber zur Abtretung verpflichtet sein. Ansprüche gegen den Spediteur stehen dem Empfänger aus eigenem Recht nicht zu, wenn nicht ausnahmsweise die Voraussetzungen einer unerlaubten Handlung vorliegen. S. zur Problematik der Haftung aus unerlaubter Handlung § 429³ Rdn. 80, 83–87, 89–94; *Helm*, Haftung für Schäden an Frachtgütern, 1966, insbesondere S. 316 ff.

Untersteht der Speditionsvertrag nach §§ 412, 413 dem Frachtrecht, dann kommen auch dem Empfänger die sich aus dem jeweiligen Frachtrecht ergebenden Rechtspositionen zu; s. §§ 412, 413 Rdn. 41.

Der Speditionsvertrag kann auch als Vertrag zugunsten eines Dritten, z. B. des Endempfängers, ausgestaltet werden; s. zu einem Fall der Einlagerung (mit Abholung): BGH v. 21. 4. 1978, DB **1978** 1928, 1929. Die Begünstigung eines Dritten kann vom Spediteur im Speditionsübergabeschein dokumentiert werden; s. Anh. IV nach § 415 Rdn. 6.

Nach § 34 Satz 1 ADSp n. F. soll der Empfänger unter bestimmten Voraussetzungen durch die Empfangnahme des Gutes zur sofortigen Zahlung der auf dem Gut ruhenden Kosten einschl. Nachnahmen verpflichtet werden; s. zu dieser problematischen Klausel die Erl. zu § 34 ADSp, Anh. I nach § 415.

B. Rechtsgrundlagen des Speditionsvertrags
I. Überblick

1. Die gesetzliche Regelung

47 §§ 407–415 HGB enthalten keine umfassende Regelung des Speditionsrechts, sondern begnügen sich damit, Einzelheiten zu ordnen.

§ 407 Abs. 2 HGB verweist im übrigen weiter auf das **Kommissionsrecht**. Diese Verweisung betrifft zum Teil sehr wesentliche Punkte wie z. B. den Schadensersatz für beschädigtes und zerstörtes Speditionsgut (§ 390), die Rechtsverhältnisse zwischen Spediteur, Versender und Frachtführer (§ 392). S. zu dieser Verweisung Rdn. 53.

Ergänzend gelten, da der Speditionsvertrag ein Geschäftsbesorgungsvertrag ist, die **§§ 675, 662 ff BGB.**

Da der Spediteur Kaufmann ist, gelten für den Speditionsvertrag ferner die **allgemeinen Regeln über Handelsgeschäfte in §§ 343 ff HGB,** insbesondere das Prinzip der Entgeltlichkeit (§ 354); die verschärfte Bestimmung für das Schweigen auf einen Antrag (§ 362 Abs. 1) und die Behandlung der Güter bei Nichtzustandekommen des Speditionsvertrags (§ 362 Abs. 2); über den erweiterten Schutz des guten Glaubens (§ 366); über das kaufmännische Zurückbehaltungsrecht und den Selbsthilfeverkauf (§§ 369–371). Im Verkehr mit Kaufleuten sind nach § 346 die Handelsbräuche maßgeblich; für Zinsansprüche und -schulden gegenüber Kaufleuten gelten §§ 352, 353. Die Inhaltskontrolle der ADSp richtet sich nach § 24 AGBG; s. vor § 1 ADSp Rdn. 39 ff, Anh. I nach § 415.

2. Die Allgemeinen Deutschen Spediteurbedingungen (ADSp) und die Speditions- und Rollfuhrversicherung

48 a) In der Praxis legen die Spediteure fast allen Verträgen mit kaufmännischen Kunden **die ADSp** zugrunde; s. zu ihrer Geltungsbegründung vor § 1 ADSp Rdn. 6 ff Anh. I nach § 415.

Die ADSp regeln zahlreiche Einzelheiten des Speditionsvertrags vom Gesetz abweichend und genauer als dieses, zumeist für den Spediteur günstiger. Ihre entscheidende Bedeutung liegt in der Beschränkung der Haftung des Spediteurs.

49 b) **Die Haftung des Spediteurs wird durch ein Zusammenspiel von Haftung und Versicherung ersetzt;** s. Rdn. 146–148. § 41a ADSp schließt jede Haftung des Spediteurs aus, wenn er die Speditionsversicherung gedeckt hat. Da dies durch eine versicherungsrechtliche Automatik (s. dazu §§ 39 ADSp, 6 SVS) im Normalfall gegeben ist, kommt eine Haftung des Spediteurs nur noch in Sonderfällen in Betracht, vor allem, wenn der Versender die Speditionsversicherung verbietet (s. § 39 ADSp Rdn. 18 f) und wenn die Speditionsversicherung wegen Leistungsausschlüssen den Schaden nicht deckt (s. § 39 ADSp Rdn. 3 und § 41 ADSp Rdn. 9 ff). Für diese Fälle der Nichtdeckung des Schadens durch die Speditionsversicherung beschränken die ADSp die Haftung des Spediteurs sehr drastisch; s. zu diesem System Rdn. 174–195.

Im Regelfall tritt danach **die Haftung des Speditionsversicherers an die Stelle der Spediteurhaftung.** Für sie sind die Bedingungen des SVS/RVS oder der Sped.-Police, abgedruckt und erläutert in Anh. II und III nach § 415 maßgeblich. Die nach diesen Versicherungsverträgen dem Versender geschuldete Versicherungsleistung richtet sich jedoch nicht nach der Haftungsregelung der ADSp, sondern (im Rahmen besonderer Grenzen) nach dem gesetzlichen Speditionsrecht: § 3 SVS bzw. Ziff. 2 Sped.-Police; s. die Erl. zu § 3 SVS/RVS, Anh. II nach § 415. Damit sind die gesetzlichen Haftungsvorschriften des Speditionsrechts praktisch, wenn auch nur in indirekter Weise, für den Versender wieder von entscheidender Bedeutung, da sich der Ersatz, den er erhält, im Regelfall nach ihnen richtet.

3. Rangfolge der Bestimmungen

50 a) **Für den Speditionsvertrag mit Ausnahme der Haftung des Spediteurs** ergibt sich folgende Rangfolge der Bestimmungen, wobei die jeweils zuerst genannten Bestimmungen den später aufgeführten allgemeinen bzw. subsidiären Bestimmungen vorgehen.

(1) Einzelvereinbarungen im speziellen Speditionsvertrag (§ 4 AGBG); s. vor § 1 ADSp Rdn. 53f.

(2) ADSp — wenn diese, wie meistens, vereinbart sind; zur Vereinbarung s. vor § 1 ADSp Rdn. 24ff.

(3) §§ 407–415 HGB, soweit keine Einzelvereinbarungen vorliegen und soweit die ADSp entweder nicht gelten (dazu § 2 ADSp Rdn. 9ff), nichts Spezielles bestimmen oder einzelne ihrer Klauseln unwirksam sind; dazu vor § 1 ADSp Rdn. 39 ff und die Erl. zu den einzelnen Klauseln der ADSp, Anh. I nach § 415.

(4) Gemäß § 407 Abs. 2 ergänzend das Kommissionsrecht;

(5) das allgemeine Recht der Handelsgeschäfte (§§ 343ff), und zwar grundsätzlich auch, wenn der Versender nicht Kaufmann ist (§ 345);

(6) nach § 675 BGB das Auftragsrecht des BGB (§§ 662–674);

(7) evtl. Dienst- oder Werkvertragsrecht (§§ 611ff, 631ff BGB; praktisch bedeutungslos).

(8) In den (sehr häufigen) Fällen der §§ 412, 413 kann anstelle des Speditionsrechts Frachtrecht maßgeblich sein. Dies ist vor allem im Hinblick auf zwingende frachtrechtliche Bestimmungen praktisch wichtig.

b) **Für Schadensersatzansprüche des Versenders aus dem Speditionsgeschäft** 51

aa) **Wenn die ADSp nicht vereinbart sind, oder wenn der Versender** gemäß § 39 ADSp **die Speditionsversicherung untersagt hat,** oder wenn aus sonstigen Gründen die Speditionsversicherung ausnahmsweise nicht eingreift (s. § 5 SVS/RVS Rdn. 3ff Anh. II nach § 415) verbleibt es bei der zu a) festgestellten Rangfolge.

bb) **Wenn die Speditionsversicherung gemäß § 39 ADSp gedeckt ist,** tritt die Haftung 52 des Speditionsversicherers an die Stelle der Spediteurhaftung. Die Ersatzpflicht des Speditionsversicherers richtet sich

(1) nach den Versicherungsbedingungen (SVS/RVS oder gleichwertige Versicherung);

(2) in diesem Rahmen nach den oben Rdn. 50 unter a) Ziff. (3) — (4) angegebenen Bestimmungen, vor allem nach §§ 407–415; Kommissionsrecht, insbesondere § 390, ohne die Haftungsgrenzen der ADSp.

Die **Haftungsersetzung** durch Versicherung wird **eingeschränkt durch** die Möglichkeit des **Teilverbots** (s. § 41 ADSp Rdn. 10 und § 39 Rdn. 19, Anh. I nach § 415). Reicht die Speditionsversicherungssumme für die Deckung des vollen Schadens nicht aus, **dann haftet der Spediteur im Falle groben Eigenverschuldens** trotz § 41 c **ergänzend** nach den gesetzlichen Regeln; s. § 41 ADSp Rdn. 22, Anh. I nach § 415.

In den (sehr häufigen) **Fällen der §§ 412, 413** ist die **Ersetzung der Haftung durch die Speditionsversicherung unwirksam,** soweit damit von anwendbaren zwingenden Haftungsnormen des Frachtrechts abgewichen wird. Die Haftung des Spediteurs richtet sich dann nach dem zwingenden Frachtrecht der betreffenden Sparte.

II. Die Verweisung auf das Kommissionsrecht (§ 407 Abs. 2)

§ 407 Abs. 2 erklärt auf den Speditionsvertrag die Bestimmungen des Kommissions- 53 rechts für anwendbar, soweit die Regelung der §§ 407–415 keine Vorschriften enthält. Die Kommissionsregeln gelten also nur subsidiär.

1. § 383 (Definition des Kommissionsvertrags) gilt im Speditionsrecht nicht, da § 407 Abs. 1 spezielle Definitionen des Spediteurs und des Speditionsvertrags enthält.

2. § 384 (Sorgfalts- und Mitteilungspflichten des Kommissionärs) ist insgesamt nicht anwendbar. Die in § 384 Abs. 1 getroffene Umschreibung der Pflichten des Kommissionärs kann neben der spezielleren Regelung des § 408 Abs. 1 für das Speditionsrecht nicht gelten[21].

Die Absätze 2, 1.Halbsatz und 3 des § 384 haben einen spezifisch kommissionsrechtlichen Charakter; sie beruhen darauf, daß der Kommissionär mit dem sehr viel schwerer wiegenden entgeltlichen Erwerb und der Veräußerung von Gütern betraut ist und passen daher nicht auf den insoweit anders gearteten Speditionsvertrag; RGZ 112 149, 151. Abs. 2, Halbsatz 2 wiederholt nur hinsichtlich der Rechenschafts- und Herausgabepflicht die Regelung der §§ 666, 667 BGB, kann daher unbedenklich auf den Speditionsvertrag angewandt werden. Daneben gilt aber § 667 BGB. S. OLG Stuttgart VRS 4 297.

3. § 385 (Folgen der Nichtbefolgung von Weisungen des Kommittenten) gilt voll für den Speditionsvertrag.

4. § 386 (Preisgrenzen beim Ausführungsgeschäft) gilt, soweit übertragbar, auch für den Speditionsvertrag.

5. § 387 (vorteilhafter Abschluß). Diese Vorschrift kennzeichnet den treuhänderischen Charakter des Kommissionsvertrags, den auch das Speditionsgeschäft hat. § 408 Abs. 2 stellt für den Speditionsvertrag nur fest, daß der Spediteur evtl. erzielte Frachterspanisse an den Versender weitergeben muß. Aus § 387 läßt sich die Weitergabe auch anderer Vorteile, die der Spediteur erzielt, an den Versender begründen.

6. §§ 388–390 gelten im Speditionsrecht kraft ausdrücklicher Anordnung nach § 407 Abs. 2. S. zu § 388 Rdn. 141, zu § 390 Rdn. 150–159.

7. § 391 (Untersuchungspflicht des Kommittenten bei Einkaufskommission) gilt nach allgemeiner Auffassung für den Speditionsvertrag nicht. Gleichwohl wird eine Rügepflicht des Versenders, der zugleich Empfänger ist, nach Maßgabe von § 242 BGB anerkannt[22]. Die ADSp führen in § 60 eine allgemeine Rüge- und Untersuchungspflicht ein; s. Rdn. 141 sowie §§ 51, 60 ADSp.

8. § 392 (Forderungen aus dem Ausführungsgeschäft) gilt unstreitig auch für den Speditionsvertrag.[23]

9. § 393 Abs. 1 (Vorschuß- oder Kreditgewährung durch den Kommissionär) gilt auch im Speditionsgeschäft. Unbefugte Vorschuß- oder Kreditgewährung geht daher auf Gefahr des Spediteurs.

§ 393 Abs. 3 kann u. U. analog angewendet werden, wenn der Spediteur durch Nichteinziehung der Nachnahme unbefugt Kredit gewährt; OLG Frankfurt RIW **1979** 278 f. Inwieweit § 393 Abs. 2 in entsprechenden Fällen anzuwenden ist, ist zweifelhaft.

10. § 394 (Delkredere) gilt an sich. Doch kommt es wohl praktisch kaum vor, daß ein Spediteur für die Erfüllung der von ihm abgeschlossenen Frachtverträge einzustehen verspricht. Eine Delkredere angenäherte Wirkung entsteht allerdings durch das Einstehen des Spediteurs nach Frachtrecht in den Fällen der §§ 412, 413; s. dort insbesondere Rdn. 56.

11. § 395 (Wechselankauf) paßt nicht auf das Speditionsgeschäft.

---

[21] Unstr., RGZ 112 149, 151; OLG Stuttgart VRS 4 297; *Schlegelberger/Schröder*[5] § 407 Rdn. 17.
[22] *RGR/Ratz*[2] § 415 Anh. I Anm. 6; *Schlegelberger/Schröder*[5] § 407 Rdn. 25; *Baumbach/Duden/Hopt*[26] § 407, Anm. 2.
[23] Eingehend *Schlegelberger/Schröder*[5] Rdn. 26–27 g; *Baumbach/Duden/Hopt*[26] § 407 Anm. 2; neuere Rspr. fehlt.

Vierter Abschnitt. Speditionsgeschäft §§ 407–409

12. § 396 Abs. 1 (Provisionsanspruch des Kommissionärs) gilt für den Speditionsvertrag nicht, da § 409 hierzu eine andere Regelung trifft.[24]

§ 396 Abs. 2 ist grundsätzlich anwendbar. Der Spediteur kann daher für die Benutzung seiner Lagerräume und Beförderungsmittel ein Entgelt fordern, soweit nicht diese Benutzung notwendig zur Ausführung des Speditionsauftrags gehört und daher durch die allgemeine Provision abgegolten ist; siehe im einzelnen Rdn. 204 f.

13. § 397 (Pfandrecht des Kommissionärs) ist im Speditionsrecht durch § 410 ersetzt.

14. § 398 (Befriedigungsrecht am eigenen Gut des Kommissionärs) gilt auch im Speditionsrecht; allerdings wird kaum ein Anwendungsfall vorkommen.

15. §§ 400–405 (Selbsteintritt des Kommissionärs) sind durch die Regelungen des § 412 HGB verdrängt; s. §§ 412, 413 Rdn. 74.

16. § 405 (kommissionsähnliche Geschäfte) ist durch §§ 407 Abs. 1, 415 verdrängt.

III. Internationales Privatrecht (Kollisionsrecht)
1. Bestimmung des Schuldstatuts

Welches nationale Sachrecht deutsche Gerichte auf den internationalen Speditionsvertrag anzuwenden haben, richtet sich nach den allgemeinen Regeln des deutschen internationalen Schuldrechts. Nach deutscher Rspr. gilt primär das **ausdrücklich oder stillschweigend** (auch nachträglich oder durch Einlassung im Prozeß) **vereinbarte Recht** (Privatautonomie, Verweisung)[25]. **54**

Bei Fehlen einer Verweisungsvereinbarung gilt das **Recht des überwiegenden Sachzusammenhangs,** der nach dem aus den verschiedenen Anknüpfungspunkten zu bestimmenden **Schwerpunkt** des Schuldvertrags zu bestimmen ist. Diese Anknüpfung wurde früher und wird auch heute noch in der Rspr. als hypothetischer Parteiwille bezeichnet; s. z. B. BGH v. 5. 1. 1981, VersR **1981** 975, 976; falls auch ein solcher überwiegender Sachzusammenhang nicht ermittelt werden kann, ist das **Recht des Erfüllungsorts der einzelnen Leistung** maßgeblich; s. hierzu *Staudinger/Firsching*[10/11] vor Art. 12 EGBGB Rdn. 356.

In der Literatur wird vielfach bei Fehlen einer Parteivereinbarung der **Ort der gewerblichen Niederlassung des Schuldners** der vertragstypischen Leistung als alleiniger Anknüpfungspunkt befürwortet; siehe unten im einzelnen Rdn. 59.

a) **Vertragliche Bestimmung** des Schuldstatus durch die Parteien liegt im Bereich des Speditionsrechts vor allem vor, wenn ein deutscher Spediteur mit einem ausländischen Versender die ADSp vereinbart, denn § 65 c n. F. (früher § 65 b) ADSp erklärt das deutsche Recht für anwendbar (kollisionsrechtliche Verweisung). Diese Klausel ist nach wie vor wirksam; BGH v. 17. 10. 1984, VersR **1985** 56. Eine Geltung der ADSp gegenüber Ausländern setzt allerdings ihrerseits voraus, daß deren Geltung überhaupt vereinbart ist. Siehe zur Frage, nach welchem Recht die Wirksamkeit dieser Verweisung zu beurteilen ist, unten Rdn. 61 f. Zur stillschweigenden Einbeziehung speziell der ADSp in Verträge zwischen deutschen Spediteuren und ausländischen Kunden s. vor § 1 ADSp, Anh. I nach § 415, Rdn. 7, 15, 18 f. In Betracht kommt eine stillschweigende Vereinbarung deutschen Rechts auch, wenn sich die Parteien im Prozeß gemeinsam auf **55**

---

[24] S. Rdn. 199 ff und §§ 21, 23 ADSp; *Schlegelberger/Schröder*[5] § 409 Rdn. 9; *Baumbach/Duden/Hopt*[26] Anm. 2.
[25] S. als Beispiel BGH v. 10. 3. 1971, VersR **1971** 619, 620; zum Überblick *Staudinger/Firsching*[10/11] vor

Art. 12 EGBGB Rdn. 311 ff; *Sandrock/Steinschulte*, Handbuch der internationalen Vertragsgestaltung I S. 1 ff; *Reithmann/Martiny*[3] Rdn. 6 ff; *Weitnauer, Wolfgang* Der Vertragsschwerpunkt (1981).

Vorschriften des deutschen Rechts beziehen; s. z. B. OLG Hamburg VersR **1982** 62 (zum Seefrachtvertrag). Zur Wirksamkeit und zur wirksamen Einbeziehung von § 65 ADSp s. dort Rdn. 4 ff, Anh. I nach § 415.

56 b) **Das Recht des überwiegenden Sachzusammenhangs (hypothetischer Parteiwille)** wird danach bestimmt, welche Anknüpfungspunkte (z. B. Abschlußort, Nationalität, Sprache, Erfüllungsorte der Leistungen, vereinbarte Zahlungsbedingungen) den **Schwerpunkt** bilden. Trotz der üblichen Bezeichnung als hypothetischer „Wille" handelt es sich dabei nicht um die Fiktion eines Willens, sondern um eine rein objektive Anknüpfung[26].

Das Recht des überwiegenden Sachzusammenhangs führt beim Speditionsgeschäft deutscher Spediteure regelmäßig zur Anwendung deutschen Rechts — soweit dies nicht ohnehin nach § 65 c n. F. ADSp gilt. In diesen Fällen sprechen die meisten Anknüpfungspunkte für das deutsche Recht: Geschäftssitz des Spediteurs, Erfüllungsort der vertragstypischen Hauptpflicht „Besorgung der Versendung", Abschlußort bei Vertragsschluß benutzte Sprache[27].

57 c) Die **Vertragstypenlehre**[28], die das Recht der typusbestimmenden Hauptleistung entscheiden läßt, hat sich in der deutschen Rspr. bisher nicht durchgesetzt[29].

58 d) Das **Recht des Erfüllungsorts** kommt nach deutscher Rspr. erst zur Anwendung, wenn es an einem eindeutigen Überwiegen von Anknüpfungsmerkmalen fehlt. In diesem Falle wird kein einheitliches Schuldstatut für den gesamten Speditionsvertrag maßgeblich, sondern es gilt für jede einzelne Pflicht das Recht des jeweiligen Erfüllungsortes; BGH v. 22. 9. 1971, BGHZ **57** 72, 75 f. Auch dies wird in den meisten Punkten deutsches Recht sein, wenn der Vertrag in Deutschland über hier zu versendende oder weiter zu versendende bzw. in Empfang zu nehmende Güter abgeschlossen wird[30].

59 e) Der Ort der **gewerblichen Niederlassung** des Schuldners der vertragstypischen Leistung wird in der Literatur zum internationalen Schuldrecht in zunehmendem Maße an Stelle des überwiegenden Sachzusammenhangs befürwortet, wenn keine ausdrückliche Rechtswahl vorliegt[31]. In der Rspr. des BGH hat sich diese Auffassung bisher nicht durchgesetzt; s. BGH v. 22. 9. 1971, WM **1971** 1332, 1334. Für den Speditionsvertrag würden sich ohnehin kaum unterschiedliche Ergebnisse zeigen, da die meisten Anknüpfungspunkte auf den Ort der gewerblichen Niederlassung des Spediteurs hinweisen[32]. Der in der Anknüpfung an den Ort der gewerblichen Niederlassung sich anbahnende Verzicht auf die Prüfung aller Anknüpfungspunkte hat sicherlich den Vorzug der Einfachheit und Rechtssicherheit. Gerade für den Speditionsvertrag eignet er sich sehr gut. Ganz regelmäßig werden Spediteure mit Aufgaben betraut, die sie in ihrem Heimatland auszuführen haben, da gerade ihre speziellen Kenntnisse bei ihrer Betrauung ausschlag-

---

[26] S. dazu *Reithmann/Martiny*³ Rdn. 35; Martiny in MünchKomm, vor § 12 EGBGB Rdn. 33 ff; *Sandrock/Steinschulte* aaO S. 23 ff; st. Rspr. des BGH: Urteile vom 16. 3. 1970, BGHZ **53** 332, 337 (Handelsvertretervertrag); v. 22. 9. 1971, WM **1971** 1332 ff = DB **1971** 2225 ff (Vertriebsvertrag); v. 9. 3. 1977, WM **1977** 621 (Maklervertrag).

[27] S. zu den ADSp BGH v. 5. 6. 1981, VersR **1981** 975, 976 (deutscher Empfangsspediteur); OLG Freiburg JZ **1951** 223, 224.

[28] *Staudinger/Firsching*¹⁰/¹¹ vor Art. 12 EGBGB Rdn. 363 f; *Sandrock/Steinschulte* aaO 118 ff; *Reithmann/Martiny*³ Rdn. 77.

[29] S. insbesondere BGH v. 22. 9. 1971, BGHZ **57** 72, 75 f; weniger ablehnend (bei Aufrechterhaltung der Schwerpunktlehre) BGH v. 19. 9. 1973, RIW **1973** 630 f.

[30] Zum Problem der Rück- und Weiterverweisung in diesen Fällen s. *Sandrock/Steinschulte* 128 ff; zur Übersicht s. *Reithmann/Martiny*³ Rdn. 84 ff.

[31] *Schnitzer*, RabelsZ 38 (1969) 17 ff; *Soergel/Kegel*¹⁰, vor Art. 7 EGBGB, Rdn. 249 mit Fn. 9; *Reithmann/Röper*³, Rdn. 415 zum Speditionsvertrag; *Martiny* in MünchKomm. vor § 12 EGBGB Rdn. 41 u. 220 (z. Speditionsvertrag).

[32] S. z. B. BGH v. 5. 6. 1981, VersR **1981** 975, 976; OLG München VersR **1975** 129 f.

gebend sind. Für Verrichtungen im Ausland wird der Spediteur in aller Regel einen Zwischenspediteur einschalten, dessen Rechtsbeziehungen zum Hauptspediteur sich dann nach dem Recht der Niederlassung des Zwischenspediteurs richten würden. Im allgemeinen wird der Auftraggeber eines Spediteurs auch kaum damit rechnen, anderes als das Recht der Niederlassung des Spediteurs angewendet zu sehen.

f) **Deutsches Sachrecht** gilt hilfsweise, **wenn sich der Inhalt des** an sich anzuwendenden **Auslandsrechts nicht feststellen läßt;** ausnahmsweise kann auch ein dem nicht feststellbaren Recht verwandtes Recht angewandt werden[33]. Für das Speditionsrecht hat diese Notlösung bisher keine Bedeutung erlangt. Der Vorschlag von *Kreutzer* NJW **1983** 1943ff, internationales Einheitsrecht subsidiär anzuwenden, führt für den Speditionsvertrag mangels solchen Rechts nicht weiter. **60**

2. Das Vertragsabschlußstatut

Nach welchem Recht die für den gültigen Abschluß eines internationalen Schuldvertrags maßgeblichen Fragen zu beantworten sind, wird in Literatur und Rspr. unterschiedlich beantwortet[34]. Das Vertragsabschlußstatut spielt im Speditionsrecht insbesondere deshalb eine Rolle, weil die Vereinbarung der ADSp durch deren § 65 c zur Anwendung deutschen Sachrechts auf den Speditionsvertrag führt. Da für das Speditionsrecht keine Formvorschriften bestehen, ist vor allem die stillschweigende Vereinbarung der ADSp bzw. die Vereinbarung durch kaufmännisches Bestätigungsschreiben Kernpunkt der Problematik. **61**

Bereits die Frage, ob die kollisionsrechtliche Verweisung ihrerseits einen besonderen Vertrag erfordert, ist nicht unbestritten[35].

Nach welcher Rechtsordnung die Gültigkeit des Verweisungsvertrags beurteilt werden soll (Rechtswahlstatut), ist ebenfalls Gegenstand von Auseinandersetzungen[36]. Teilweise wird die **lex fori** für maßgeblich gehalten[37], teilweise auch das (vorgezogene) Statut des Hauptvertrags **(Wirkungsstatut).** Auch eine isolierte Anknüpfung an das „Umweltrecht" des Vertrags oder an das **Heimatrecht** des ausländischen Partners hinsichtlich seiner Erklärungen[38] und eine Beurteilung der Gültigkeit der Rechtswahl nach der **Schwerpunktlehre,** nicht nach dem gewählten Recht[39] werden vertreten. **62**

Die **Rspr. des BGH** geht grundsätzlich davon aus, daß das **Wirkungsstatut** auch für den Abschlußvorgang maßgeblich sei. Sie will aber das Wohnsitz- oder Geschäftssitzrecht des ausländischen Partners in besonderen Fällen mit berücksichtigen[40]. Der **Grundsatz** der deutschen Rspr., wonach das Wirkungsstatut (das auf den Vertrag anzuwendende Sachrecht) auch für den Vertragsschluß gilt, kann **durchbrochen** sein, soweit zu beurteilen ist, ob einem Verhalten einer Person überhaupt rechtliche Bedeutung zukommt; *Beckmann/Sandrock* aaO. Insbesondere die **Bedeutung stillschweigender Erklärungen und des Schweigens auf einen Vertragsantrag** werden **nach dem Wohnsitz- oder** **63**

---

[33] S. zum internationalen Familienrecht BGH v. 26. 10. 1977, BGHZ **69** 378, 393; v. 23. 12. 1981, RIW **1982** 199f.

[34] S. eingehend *Staudinger/Firsching*[10/11] vor Art. 12 EGBGB, Rdn. 152ff; *Beckmann/Sandrock,* Handbuch der internationalen Vertragsgestaltung Bd. 1, S. 260ff; *Linke* ZVR **1980** 1 ff.

[35] S. mit zahlreichen Literaturangaben *Staudinger/Firsching*[10/11] vor Art. 12 EGBGB, Rdn. 321ff.

[36] S. *Linke* ZVR **1980** 32 ff; zum Stand von 1976 eingehend *Staudinger/Firsching*[10/11] vor Art. 12 EGBGB, Rdn. 337.

[37] *Palandt/Heldrich*[44], vor Art. 12 EGBGB (Schuldrecht a) 2) bb)).

[38] *Hepting* RIW **1975** 457ff; *Buchmüller* NJW **1977** 501.

[39] *V. Hoffmann,* RabelsZ **36**. (1972).

[40] S. hierzu BGH v. 13. 7. 1973, NJW **1973** 2154f mit Angaben zur früheren Rspr.; *Beckmann/Sandrock* aaO S. 260ff; *Martiny* in MünchKomm. v. Art. 12 EGBGB Rdn. 88ff; zur Rspr. bis 1972 v. *Hoffmann,* RabelsZ **36** (1972) 512ff; aA *Mann* NJW **1984** 2740f; s. auch BGH v. 30. 5. 1983, NJW **1983** 2772.

Geschäftssitzstatut beantwortet[41]. Konnte nach den Umständen des Falls der ausländische Vertragspartner jedoch nicht damit rechnen, daß sein eigenes Heimatrecht angewendet wird, dann unterliegt auch die Frage der stillschweigenden Vereinbarung von AGB dem Wirkungsstatut. Dies ist vom BGH insbesondere an speditionsrechtlichen Fällen (Geltung der ADSp) entwickelt worden[42]. Wohnsitz- oder Geschäftssitzrecht soll auch über die Wirkungen eines **kaufmännischen Bestätigungsschreibens** entscheiden; s. *Beckmann/Steinschulte.* Sonderregeln gelten für die Vereinbarung eines Gerichtsstands durch kaufmännisches Bestätigungsschreiben nach dem EuGÜb; siehe § 65 ADSp, Anh. I nach § 415 Rdn. 3 ff.

64 Im Rahmen des Vertragsabschlußstatuts spielt die **Vereinbarung der Rechtswahlklausel** (z. B. § 65 c n. F. ADSp) eine **Sonderrolle**, weil das gewählte Recht **(Wirkungsstatut)** auch den Vorgang der Rechtswahl selbst beherrschen müßte. Die Lehre und Rspr. von der Vorauswirkung des Vertragsstatuts auf den Vertragsabschluß führt hier zu einem nur schwer zu durchbrechenden geschlossenen Wirkungskreis zugunsten von AGB-Rechtswahlklauseln[43]. Demgegenüber sind in der Literatur unterschiedliche Alternativen vorgeschlagen worden. *V. Hoffmann,* RabelsZ **36 (1972)**, S. 510 ff schlägt vor, ein allgemeines Statut der Vertragsanbahnung zu ermitteln und nach diesem den Vertragsschluß einschließlich der Frage der Einbeziehung der ADSp zu beurteilen. Wenn dieses Statut deutsches Recht sei, würde § 65 ADSp dann zur Anwendung deutschen Rechts auch für die Vertragswirkungen führen; ähnlich OLG München NJW **1973** 1560, 1561. Rechtswahlklauseln, die auf das deutsche Recht hinweisen, wären daher weitgehend überflüssig, da nach dem gleichen Prinzip unmittelbar nach der Schwerpunktlehre deutsches Recht anwendbar wäre. Für eine Sonderanknüpfung des „Sprachrisikos" von Ausländern *Jayme,* Festschrift Bärmann **(1975)** 509–522; für Unterstellung der gesamten AGB-Vereinbarung unter das Recht des Geschäftssitzes der anderen (ausländischen) Partei *Jayme,* ZHR **78 (1978)** 121 f. Demgegenüber plädiert *Hepting,* RIW/AWD **1975** 457 ff gegen jede Vorziehung des Wirkungsstatuts des Vertrags und für eine isolierte Anknüpfung an das „Umweltrecht" des Vertrags oder an das „Heimatrecht" des ausländischen Partners. *Martiny* aaO Rdn. 92 spricht sich für eine korrigierende Anwendung des Statuts des gewöhnlichen Aufenthaltsorts aus.

65 **In der Praxis** dürfte die Rspr. **für den Fall der ADSp** eine **Lösung** gefunden haben: Für die Vereinbarung der ADSp ist grundsätzlich deutsches Recht als Wirkungsstatut vorzuziehen. Ist die Geltung der ADSp nicht ausdrücklich vereinbart, so kann zur Beantwortung der Frage stillschweigender Einbeziehung in begrenztem Umfang Heimatrecht des ausländischen Partners heranzuziehen sein; s. vor § 1 ADSp Rdn. 18, Anh. I nach § 415.

Aus der Geltung deutschen Sachrechts folgt jedenfalls nicht automatisch die Geltung der ADSp. Auch wenn also nach der Schwerpunktlehre deutsches Sachrecht anzuwenden ist, muß die Einbeziehung der ADSp nach den Regeln dieses Rechts geprüft wer-

---

[41] BGH v. 22. 9. 1971, BGHZ **57** 72, 77 (Korbmöbelfall); OLG Frankfurt RIW **1982** 1331 = ZIP **1983** 59 (Schweigen eines österreichischen Käufers) besonders deutlich BGH v. 7. 7. 1976, VersR **1976** 1056 ff (zu den ADSp); siehe hierzu die besonders verständliche Darstellung bei *Beckmann/Sandrock* S. 262 ff.

[42] S. BGH v. 13. 7. 1973, NJW **1973** 2154 ff und v. 7. 7. 1976, VersR **1976** 1056, 1058; s. ferner vor § 1 ADSp Rdn. 18, Anh. I nach § 415.

[43] Zum Überblick s. *Staudinger/Firsching*[10/11] vor Art. 12 EGBGB Rdn. 337; *Martiny* in Münch-Komm. vor Art. 12 EGBGB Rdn. 90 ff. Grundsätzlich positiv (mit Einschränkung) zu dieser Konsequenz der herrschenden Rspr. *Mann* NJW **1984** 2740 f; gegen die lfd. Rspr. aber BGH v. 30. 5. 1983, NJW **1983** 2772 f (Konnossementsfall, Recht des Bestimmungshafens als Abschlußstatut).

den; s. im einzelnen vor § 1 ADSp Anh. I nach § 415 Rdn. 5, 7, 15, 18 f sowie § 65 ADSp Rdn. 6 ff.

IV. Ausländisches Recht

Eine vergleichende Darstellung der einzelnen ausländischen Speditionsrechte kann **66** im Rahmen dieses Kommentars nicht gegeben werden. Auch die folgenden Literaturhinweise erheben keinen Anspruch auf Vollständigkeit, sondern sollen nur die Einarbeitung in eventuell anwendbares ausländisches Recht erleichtern:

1. Literatur, die mehrere Länder betrifft

Grünberg Das europäische Speditionsrecht (1929), großenteils veraltet; *Häwert* Die Ansprüche des Auftraggebers oder eines Dritten gegen den Spediteur aus Speditions-, Frachtvertrag und aus unerlaubter Handlung nach deutschem, schweizerischem und englischem Speditionsrecht, Diss. Berlin 1960; *Institut du Droit International des Transports*, Les Auxiliaires de Transport dans les Pays du Marché Commun, Rouen 1977 (nicht im Buchhandel); *Rodière* Encyclopedia of Comparative Law Ch. 1 (1972); *Schlimme* Die Spediteurhaftung im RGW, DVZ — Sonderausgabe „FIATA'79" S. 95 ff; skandinavische Staaten: Beitrag o. V. „Spediteure übernehmen ab 1985 die Frachtführerhaftung", DVZ Nr. 109 v. 11. 9. 1984 S. 1 f.

2. Literatur zu den einzelnen Ländern

Belgien

Fredericq/Fredericq Handboek van Belgisch Handelsrecht II, Brüssel 1963, S. 310 Nr. 1386

DDR

Richter-Hannes Rechtsgrundlagen der internationalen Spedition in der DDR, transpR **1981** 135–139; *Endelein* u. a. (Autorenkollektiv) Transport, Spedition, Lagerung, Kontrolle, Versicherung (Handbuch der Außenhandelsverträge Bd. 3 (Heidelberg 1984)

Frankreich

Rodière Droit des Transports — Transports terrestres et aeriens² (1977) Nr. 696 ff; Lamy Transport 1984 (1984) Bd. II

Großbritannien

Hill Freight Forwarders (1972); In Großbritannien gelten seit Juni 1984 neue Spediteurbedingungen; s. *Scheringer* DVZ Nr. 77 v. 29. 6. 1985

Österreich

In Österreich gilt das deutsche Handelsrecht; die österreichischen Spediteure legen die AÖSp zugrunde, die weitgehend den deutschen ADSp vor der Reform von 1978 entsprechen; *Wiesbauer/Zetter* Transporthaftung (1984)

Schweiz

S. die Kommentare zu § 439 Obligationenrecht; *Tschudi* Die Verträge des Speditionsgeschäfts unter Berücksichtigung der allgemeinen Bedingungen des Schweizerischen Spediteurverbands, Diss. Zürich (1975); Neufassung der allgemeinen Bedingungen des Schweizerischen Spediteurverbands 1981: Abdruck transpR **1981** 84 ff

Spanien

Sánchez Doctrina jurisprudencial sobre el contrato de trasporte terrestre, Madrid (1955) S. 257 ff

Türkei

Die Freizeichnung des Frachtführers durch Vereinbarung der ADSp ist unwirksam; türkisches Recht gilt als lex fori; Türkischer KGH v. 3. 7. 1981, VersR **1982** Auslandsbeilage vom 1. 10. S. 64

Ungarn

Benkö Die neuen allgemeinen internationalen Speditionsbedingungen im ungarischen Speditionsgeschäft, Verkehr Wien **1966** S. 130 ff; teilweiser Abdruck in deutscher Fassung in Transport-Dienst **1965** 158.

V. Rechtsvereinheitlichung

67 Im Gegensatz zu den meisten Bereichen des Frachtrechts existiert zum Speditionsrecht bisher kein internationales rechtsvereinheitlichendes Abkommen. Das Internationale Institut für die Vereinheitlichung des Privatrechts in Rom (Unidroit) hat zwar 1967 einen Entwurf eines internationalen Übereinkommens über den internationalen Speditionsvertrag (Projet de Convention relative au contrat de commission en matière de transport international de marchandises[44]) vorgelegt. Dieser wurde auch den Regierungen zugeleitet und von der Bundesregierung mit Einschränkungen als geeigneter Ausgangspunkt für eine internationale Staatenkonferenz über internationales Speditionsrecht akzeptiert. Zur Einberufung dieser Konferenz ist es jedoch mangels Interesse einer ausreichenden Zahl anderer Staaten nicht gekommen.

Der Entwurf hat sich die Schaffung eines zwingenden internationalen Speditionsrechts zum Ziel gesetzt, das insbesondere eine zwingende Haftung und die Möglichkeit eines internationalen Speditionsscheines (Spediteur-Konnossement) einführen sollte. Vor allem diese beiden Punkte fanden offenbar in Speditions- bzw. Schiffahrtskreisen erheblichen Widerspruch. Im gegenwärtigen Zeitpunkt kann daher mit einer internationalen Vereinheitlichung des Speditionsrechts kaum gerechnet werden. Die FIATA hat 1980 für solche Länder, in denen bisher keine Spediteurbedingungen bestehen, ein Modell auf der Basis beschränkter Eigenhaftung des Spediteurs vorgelegt.

C. Die Merkmale des Speditionsvertrags nach § 407 Abs. 1

I. Versendung

68 Der Begriff „Versendung" bezeichnet nicht das Befördern, sondern — ganz wie in § 447 BGB — nur das Absenden und die dazu gehörenden Tätigkeiten. Irreführend ist daher die übliche Definition, nach der „Versendung" die Verlagerung von einem nach einem anderen Ort sein soll[45]. Mit dieser Formulierung wäre die Beförderung, nicht aber die Versendung richtig definiert[46]. Das Gesetz macht aber mit Recht einen Unterschied zwischen „Versendung" und „Beförderung". Konsequenterweise wird daher nach § 409 der Provisionsanspruch des Spediteurs schon mit der Übergabe an den Frachtfüh-

---

[44] Editions „Unidroit" Rom, 1967; Abdruck in deutscher Übersetzung transpR **1982** 51 ff. S. zu diesem Übereinkommen im Zusammenhang mit dem Containerverkehr *Capelle* Festschrift für Felgentraeger (1969) S. 216, 269 f; zur Rechtsvereinheitlichung *Schmid-Lossberg* MDR **1984** 717; zu den Rechtsvereinheitlichungsbestrebungen des internationalen Spediteurverbands FIATA s. *van Alsenoy,* Deutsche Verkehrs-Zeitung Sonderausgabe „FIATA '79" S. 137–139; zu den Internationalen Spediteur-Dokumenten s. Anh. IV nach § 415. Zu den FIATA-Musterbedingungen für Spediteure s. DVZ Nr. 110 v. 15. 9. 1981 S. 48.

[45] Z. B. *Schlegelberger/Schröder*⁵ § 407 Rdn. 5; *Baumbach/ Duden/Hopt*²⁶ § 407 Anm. 1 B.

[46] S. § 425³ Rdn. 33; *Schlegelberger/Geßler*⁵ § 425 Rdn. 3.

rer oder Verfrachter, nicht erst mit der Ausführung des Frachtvertrags fällig; s. Rdn. 202. „Besorgung der Versendung" ist daher die Besorgung des Geschäfts der Absendung von Gütern für einen anderen.

Echte Spediteurtätigkeit ist somit die des Zwischenspediteurs, des Unterspediteurs im Verhältnis zum Hauptspediteur, die des Luftfrachtspediteurs, des Seehafenspediteurs. Der Abfertigungsspediteur im Güterfernverkehr ist ebenfalls echter Spediteur; s. Rdn. 33.

Somit fallen alle Unternehmer, die nicht die Versendung, sondern die Beförderungs- oder andere Tätigkeiten selbst vornehmen, nicht unter den Spediteurbegriff. Ebenso ist der Verkäufer beim Versendungskauf kein Spediteur; s. Rdn. 25.

Die Besorgung der Versendung umfaßt außer dem Abschluß von Frachtverträgen zahlreiche **Nebentätigkeiten.** S. Rdn. 101 ff.

II. Versendung von „Gütern"

Der Begriff „Güter" oder „Gut" ist nirgends definiert. Er hat die gleiche Bedeutung **69** wie im Frachtrecht (§ 425 HGB): Güter sind alle Sachen, die befördert werden können. Sie müssen nicht „Waren" im Sinne des § 1 Abs. 2 Ziff. 1 HGB, also nicht Gegenstände des Handelsverkehrs sein[47]. Keine Speditionsverträge sind also Verträge, welche die Besorgung der Beförderung von Personen, Nachrichten oder anderem zum Inhalt haben. Daher sind Reisebüros, Annoncenspeditionen und gewerbliche Nachrichtenübermittler keine Spediteure.

III. Durch Frachtführer oder Verfrachter

Der Begriff des „Frachtführers" ist in § 425 festgelegt; „Verfrachter von Seeschif- **70** fen" ist nach Seefrachtrecht (§§ 556ff HGB) der Beförderer von Gütern zur See. Unstr. bezeichnen jedoch die Begriffe „Frachtführer" und „Verfrachter" nur stellvertretend alle Arten von Beförderungsunternehmern. Spediteur ist also auch, wer die Besorgung der Versendung durch die unterschiedlichen Beförderungsunternehmer des speziellen Landfrachtrechts (s. § 425³ Rdn. 2-19), durch Unternehmer der Binnenschiffahrt, durch die Eisenbahn, durch Luftfrachtführer oder Unternehmer des multimodalen Transports (s. § 425³ Rdn. 17ff) besorgt. Die Definition des Spediteurs bzw. Speditionsvertrags wird auf diese Weise an die moderne Transporttechnik und das immer weiter differenzierte Transportrecht angepaßt.

IV. Besorgung der Versendung „in eigenem Namen"

Hiermit drückt das Gesetz aus, daß der Spediteur als selbständiger Partner (Absen- **71** der, im Seerecht Befrachter) unter seinem Namen den Frachtvertrag mit dem Beförderer abschließen muß. Wer in direkter Stellvertretung Frachtverträge für andere abschließt, kann als Handelsvertreter nach § 84 Abs. 1, evtl. als Handelsmakler nach § 93 oder als Beauftragter handeln, nicht aber als Spediteur[48]. Die Abgrenzung zwischen Handeln im eigenen Namen und offener Stellvertretung kann problematisch sein. Insbesondere ist dies der Fall, wenn unklar ist, ob ein Frachtvertrag zugunsten des Versenders (§ 328 BGB) in eigenem Namen oder in offener Stellvertretung vom Spediteur abgeschlossen wird; OLG München VersR **1982** 264, 265.

---

[47] *Senckpiehl* S. 15; *Schlegelberger/Schröder*⁵ Rdn. 5 d. Rdn. 19; zur Abgrenzung vom Schiffsmakler s.
[48] *Brüggemann,* vor § 84 Rdn. 36 und vor § 93 OLG Hamburg Vers **1983** 79.

§§ 407–409 Drittes Buch. Handelsgeschäfte

Tritt danach ein (Berufs-) Spediteur als offener Stellvertreter auf, dann sind die §§ 407–415 auf den Vertrag mit dem Auftraggeber nicht anzuwenden, wohl aber die ADSp (s. Rdn. 3) und das Geschäftsbesorgungsrecht des BGB. Zur Anwendung von § 164 Abs. 2 BGB auf die Auftragserteilung durch einen Schiffsinspekteur s. OLG Hamburg VersR **1984** 845.

§ 15 ADSp gestattet dem Spediteur einen etwa schon vom Versender ausgestellten Frachtbrief durch einen neuen zu ersetzen, in dem der Spediteur als Absender erscheint, wobei der Name des Versenders im neuen Frachtbrief zu nennen ist. Hierdurch wird klargestellt, daß der Spediteur in eigenem Namen handelt, zugleich aber auch geklärt, daß die Angabe des Namens des Auftraggebers die Tätigkeit des Spediteurs nicht zum Handeln in fremdem Namen (als Bevollmächtigter) macht. Jedoch handelt der Spediteur als Vertreter ohne Vertretungsmacht, wenn er in ein Konnossement den Versender als „shipper" eintragen läßt und sich nach der Fassung des Konnossements hieraus Pflichten für den Versender ergeben würden; OLG Bremen VersR **1979**, 667f. Diese grundsätzlich andere Beurteilung ergibt sich daraus, daß das Konnossement als Wertpapier eigene Rechtsverhältnisse begründet.

Da der Spediteur den Frachtvertrag in eigenem Namen abschließt, ist er gegenüber dem Frachtführer auch Schuldner der Fracht oder der sonstigen Kosten der Beförderung. S. jedoch zum Handeln als Vertreter ohne Vertretungsmacht OLG Bremen aaO.

Auch eine Doppelbeauftragung durch zwei verschiedene Auftraggeber (Verkäufer/ Bank und Käufer) schließt die Existenz eines Speditionsvertrags und die Anwendung von Speditionsrecht nicht aus; BGH vom 11. 6. 1976 WM **1976** 1019, 1020f.

V. Für Rechnung eines anderen (des Versenders)

72 Der „andere", für dessen Rechnung die Versendung besorgt wird, ist der Versender, d. h. der Vertragspartner des Spediteurs aus dem Speditionsvertrag; s. Rdn. 4. Da er für dessen Rechnung tätig wird, kann der Spediteur von diesem Erstattung der seinerseits dem Frachtführer geschuldeten Beförderungskosten verlangen; Rdn. 214ff.

Der Empfänger kann zwar unter besonderen Umständen (z. B. durch Nachnahme) zur Zahlung der Speditionskosten an den Spediteur oder Frachtführer verpflichtet sein (siehe §§ 426 Abs. 1 Ziff. 8, 436 und § 34 ADSp). Gleichwohl bleibt der Versender dem Spediteur primär zur Tragung der Kosten verpflichtet.

Wer dem Spediteur den Speditionsauftrag erteilt, kann seinerseits für fremde Rechnung handeln. Tritt die beauftragende Person als unmittelbarer Stellvertreter eines Dritten nach §§ 164ff BGB auf, so handelt der Spediteur für Rechnung des Vertretenen. Ist die beauftragende Person nur verdeckter Stellvertreter, handelt also ihrerseits in eigenem Namen für fremde Rechnung (z. B. als Kommissionär oder ebenfalls als Spediteur), so ist sie selbst Versender, für ihre Rechnung handelt der Spediteur. Dieser seinerseits für fremde Rechnung handelnde Versender ist dem Spediteur gegenüber Schuldner der Speditionskosten; er muß dann die Kosten wieder von seinem Auftraggeber erheben.

VI. Gewerbsmäßigkeit

73 § 407 Abs. 1 sieht als eigentliche Speditionsverträge nur die von einem gewerbsmäßigen Spediteur (§ 1 Rdn. 5ff) abgeschlossenen Speditionsgeschäfte an. Doch spielt dies wegen der Gleichstellung der Gelegenheitsspedition mit der hauptgewerblichen Spedition in § 415 praktisch keine Rolle. Kein Speditionsvertrag ist allerdings die von einem

Nichtkaufmann oder von einem Kaufmann außerhalb seines Handelsgewerbes übernommene Besorgung einer Güterversendung.

VII. „Übernahme" der Besorgung der Versendung

Der Spediteur **übernimmt** die Besorgung der Güterbeförderung. Mit „übernehmen" **74** ist die vertragliche Bindung durch den Speditionsvertrag gemeint; BGH v. 11. 7. 1966, BGHZ **46** 43, 49. Die übernommene Besorgung der Güterversendung muß die den Vertragstypus kennzeichnende Hauptpflicht sein. Ergibt sich die Pflicht zur Besorgung der Versendung aus anderem Rechtsgrund, z. B. als Nebenpflicht aus einem Kaufvertrag (Versendungskauf), so liegt kein Speditionsvertrag vor. Der Versandverkäufer kann freilich durch besonderen Vertrag die Versendung als selbständige Aufgabe übernehmen. Für diesen Vertrag gilt dann, falls der Verkäufer Kaufmann ist, gemäß § 415 Speditionsrecht.

Siehe zur Rechtsnatur des Speditionsvertrags Rdn. 6 f; zum Abschluß Rdn. 75 ff.

D. Abschluß und Beendigung des Speditionsvertrags
I. Abschluß

1. Durch Antrag und Annahme nach §§ 145 ff BGB kommt der Speditionsvertrag **75** formlos zustande. Er kann daher auch mündlich oder durch stillschweigende Erklärung (konkludentes Handeln) abgeschlossen werden. Dies kann schon dann gegeben sein, wenn dem Spediteur Speditionsgut mit einem Versendungsauftrag zugeht und er die Versendung auszuführen beginnt. Nach § 151 S. 1 BGB kann angenommen werden, daß der Versender, der dem Spediteur bereits die Güter zusendet, mit der Annahme sicher rechnet und damit auf den Zugang der Annahmeerklärung verzichten will. Nach § 354 hat der Spediteur in solchen Fällen Anspruch auf die ortsübliche Provision und sonstige Vergütungen. Vielfach werden von Spediteuren Auftragsformulare verwendet, die zahlreiche Felder zur Entragung relevanter Umstände enthalten und damit der besseren Klärung und Nachweisbarkeit des Vertragsinhalts dienen. Formulare dieser Art werden auch von der FIATA und vom BSL (s. Rdn. 3) empfohlen; Abdruck bei *Krien* Nr. 6591. Die von deutschen Spediteuren verwendeten Formulare enthalten regelmäßig eine Bezugnahme auf die ADSp neuester Fassung. Werden sie erst nach (z. B. telefonischem oder Telex-) Abschluß vorgelegt bzw. ausgefüllt, dann kommt ihnen u. U. nur die Funktion eines kaufmännischen Bestätigungsschreiben (s. vor § 1 ADSp Rdn. 15 Anh. I nach § 415) zu. Auch von Seiten (meist großer) Auftraggeber werden eigene Auftragsformulare verwendet, die für den Auftraggeber günstigere Bedingungen enthalten, insbesondere als Transportaufträge und nicht als Speditionsaufträge bezeichnet sind. Die Wahl dieser Bezeichnung kann für die primäre Qualifikation des Vertrags als Frachtvertrag oder Speditionsvertrag von Bedeutung sein; s. §§ 412, 413 Rdn. 64 f. Mit der Entscheidung, ob Speditionsrecht oder zwingendes Frachtrecht anzuwenden ist, werden wesentliche Voraussetzungen insbesondere für die Haftungslage festgelegt; s. §§ 412, 413 Rdn. 28 ff.

Werden von jeder Seite eigene Formulare vorgelegt, dann wird im Regelfall davon auszugehen sein, daß — jedenfalls soweit sich die Bedingungen widersprechen — das gesetzliche Speditionsrecht mit seiner weitergehenden Haftung Anwendung findet; s. zu dieser Einbeziehungsproblematik die Kommentare zum AGBG, jeweils § 2, ferner *Palandt/Heinrichs*[44] AGBG § 2 Anm. 6 e.

2. Durch Schweigen

76 Auch durch Schweigen kann der Speditionsvertrag abgeschlossen werden.

a) **Nach § 362 Abs. 1** kann das Schweigen des Spediteurs Annahme bedeuten, wenn ihm ein Antrag auf Abschluß eines Speditionsvertrags zugeht. Der Beruf des Spediteurs bringt, wie in § 362 Abs. 1 vorausgesetzt, die Besorgung von Geschäften für andere mit sich. Jedoch greift § 362 Abs. 1 nur ein, wenn der Spediteur mit dem Kunden bereits in Geschäftsverbindung steht, oder wenn er sich ihm gegenüber zur Besorgung von Speditionstätigkeiten erboten hat. Dafür genügt nicht eine allgemeine, an jedermann gerichtete Reklame. Siehe dazu die Anmerkungen zu § 362.

77 b) Auch ein **Abschluß durch Schweigen auf ein kaufmännisches Bestätigungsschreiben** kommt in Betracht. Gemäß § 346 kann der Speditionsvertrag zustande kommen, wenn der Spediteur auf die Bestätigung eines die Vorverhandlungen bestätigenden Schreibens des Kunden schweigt — und umgekehrt; s. die Erl. zu § 346; zum Abschluß eines Speditionsvertrags durch Bestätigungsschreiben s. BGH v. 11. 6. 1976, WM **1976** 1019, 1020; auch im einzelnen können die Rechtspflichten des Spediteurs durch kaufmännisches Bestätigungsschreiben des Versenders beeinflußt werden; s. z. B. BGH v. 18. 1. 1974, VersR **1974** 327 f (Versicherungspflicht).

78 c) Ob die **bloße Zusendung** von Speditionsgut und Auftrag ohne Zutun des Spediteurs und ohne vorherige Geschäftsverbindung, Erbieten oder Vorverhandlungen bereits zur Annahme durch Schweigen führen kann, ist zweifelhaft. Die Rechtsprechung zum Bestätigungsschreiben paßt auf diesen Fall nicht, da es an vorgängigen Verhandlungen fehlt; s. § 346³ Anm. 102. Dem Schweigen eines Spediteurs auf eine solche Zusendung könnte der Handelsbrauch (§ 346) die Bedeutung einer Annahmeerklärung beilegen. Dies scheinen *Schlegelberger/Schröder*[5] § 407 Rdn. 12 anzunehmen. Doch bedürfte es im Einzelfall der tatsächlichen Feststellung, ob ein solcher Handelsbrauch wirklich besteht. In der neueren veröffentlichten Rechtsprechung findet sich keine Gerichtsentscheidung hierzu.

79 d) **Eine Haftung des Spediteurs** für Handlungen **vor Abschluß** oder bei Scheitern des Abschlusses kann sich aus § 362 Abs. 2, ferner aus den Grundsätzen des Verschuldens bei Vertragsschluß ergeben; siehe zu letzterem Rdn. 172.

3. Faktischer Speditionsvertrag

80 Nach der neueren Entwicklung in Lehre und Rechtsprechung könnte auch an einen „faktischen" Speditionsvertrag gedacht werden. Von der Möglichkeit eines solchen Vertrages gehen *Schlegelberger/Schröder*[5] § 410 Rdn. 3b aus. Gemeint sind damit Fälle, in denen das Speditionsgut bereits in den Besitz des Spediteurs gekommen ist und mit der Aufführung des Speditionsauftrags begonnen wurde, obwohl der Speditionsvertrag aus rechtlichen Gründen unwirksam ist (z. B. nichtig wegen §§ 134, 138 BGB oder wegen Irrtums- oder Täuschungsanfechtung, § 142 Abs. 1 BGB; unwirksam wegen Geschäftsunfähigkeit, beschränkter Geschäftsfähigkeit oder fehlender Vertretungsmacht einer abschließenden Person oder wegen Dissens nach §§ 155f BGB). Im Speditionsrecht besteht jedoch kein schwerwiegendes Interesse, Ausnahmen von den allgemeinen Gültigkeitsvoraussetzungen schuldrechtlicher Verträge zu machen. Im Gegensatz zu den Dienst- und Gesellschaftsverträgen, die Dauerschuldverhältnisse sind und personenrechtliche Einschläge aufweisen, lassen sich die bei Ungültigkeit eines Speditionsvertrags auftretenden, strukturell einfachen Probleme mit den Regeln der Geschäftsführung ohne Auftrag, des Bereicherungsrechts und der §§ 987 ff BGB lösen. Für die Rechtsfigur des faktischen Vertrags, durch die das System des Vertragsrechts contra legem durchbrochen wird, ergeben sich daher im Speditionsrecht keine ausreichenden Gründe.

II. Beendigung
1. Allgemeine Beendigungsgründe

Wie alle schuldrechtlichen Verträge erlischt der Speditionsvertrag durch vollständige **81** Erfüllung. Da die Regeln des allgemeinen Schuldrechts gelten, kommt auch ein Rücktritt wegen Verzug, Unmöglichkeit oder positiver Forderungsverletzung nach §§ 325, 326, 327 BGB in Frage; s. zu den Folgen für die Provisionsansprüche des Spediteurs Rdn. 207 ff. Der Speditionsvertrag kann auch durch Rücktritt wegen Wegfalls der Geschäftsgrundlage, durch vertragliche Aufhebung und durch Anfechtung aufgehoben werden.

2. Widerrufsrecht des Versenders

Vom Speditionsrecht des HGB nicht speziell geregelt ist die Frage, ob und unter wel- **82** chen Voraussetzungen sich ein Partner vorzeitig vom Speditionsvertrag lösen kann. § 405 Abs. 3, auf den in § 407 Abs. 2 mit verwiesen ist, setzt aber ein Widerrufsrecht des Kommittenten bis zur Ausführung des Kommissionsgeschäftes voraus. Unstreitig steht ein solches Widerrufsrecht auch dem Versender beim Speditionsvertrag zu, wovon auch § 21 ADSp ausgeht; siehe hierzu die Kommentierung zu § 21 ADSp, Anh. I nach § 415; zu den provisionsrechtlichen Folgen Rdn. 208, 210. Zur dogmatischen Begründung wird in unterschiedlicher Weise auf den Grundcharakter des Kommissions- und Speditionsvertrags als Dienst- oder Werkvertrag verwiesen. Qualifiziert man den Speditionsvertrag als Werkvertrag, so steht dem Versender nach § 649 BGB ein Kündigungsrecht bis zur vollständigen Ausführung des Speditionsvertrags zu. In diesem Falle hätte der Spediteur Anspruch auf die Provision unter Anrechnung des Ersparten. Betrachtet man den Speditionsvertrag als Dienstvertrag, so kann das Widerrufsrecht auch aus §§ 621 Nr. 5, 627 BGB begründet werden, indem man die Spediteurtätigkeit als Leistung von Diensten höherer Art, die aufgrund besonderen Vertrauens übertragen zu werden pflegen, ansieht. Bei Kündigung nach § 627 stünde dem Spediteur die Provision nur für die bereits geleisteten Dienste zu. Nach der 2. Aufl. § 407 Anm. 19 sowie nach *Schlegelberger/Schröder*[5] § 409 Rdn. 11 f soll das Widerrufsrecht davon abhängig sein, ob der Spediteur die Ausführungsgeschäfte bereits abgeschlossen hat oder nicht. Dies ist als generelle Lösung wenig sinnvoll, da der Versender in beiden Fällen gute Gründe für den Widerruf haben kann und dem Spediteur der Widerruf nicht schadet, wenn er nach dem Inhalt des Speditionsvertrags (z. B. nach § 21 ADSp) auch bei Widerruf Provision und Kostenersatz erhält. In jedem Fall endet das Widerrufsrecht aber, wenn das Gut dem Frachtführer zur Beförderung übergeben und damit die „Versendung" abgeschlossen ist. Im Falle des Selbsteintritts wird nach der hier §§ 412, 413 Rdn. 76 zur Rechtsnatur des Selbsteintritts vertretenen Auffassung das Widerrufsrecht durch den Beginn der Beförderung beendet. Zum Widerrufsrecht bei Selbsteintritt unter Zugrundelegung der herrschenden Meinung, die den Selbsteintritt als Willenserklärung betrachtet, s. *Schlegelberger/Schröder*[5] § 412 Rdn. 7.

Insgesamt kann die Frage, ob ein Widerrufsrecht besteht und wie sich der Widerruf auf die Provisionsansprüche des Spediteurs auswirken soll, vernünftigerweise kaum aufgrund der begrifflich-theoretischen Einordnung des Speditionsvertrags als Dienst- oder Werkvertrag beantwortet werden; s. oben Rdn. 7. Das freie Widerrufsrecht des Versenders kann ohne weiteres aus §§ 407 Abs. 2, 405 Abs. 3 HGB abgeleitet werden und kann auch nach § 21 ADSp als vereinbart gelten. Die Frage, in welchem Umfang im

§§ 407–409   Drittes Buch. Handelsgeschäfte

Widerrufsfall Provisionsansprüche entstehen, wird von § 21 ADSp geregelt. Gelten ausnahmsweise die ADSp nicht, so wird man einen entsprechenden Handelsbrauch annehmen dürfen. S. Rdn. 207–210 sowie § 21 ADSp und die Kommentierung dazu im Anh. I nach § 415.

§ 18 S. 3 ADSp gestattet dem Auftraggeber ohne Rücksicht auf die begonnene Ausführung des Speditionsvertrags im Falle von Versendungshindernissen zurückzutreten, wenn ihm die Fortsetzung des Speditionsvertrags nicht mehr zugemutet werden kann.

3. Einseitige Beendigung durch den Spediteur

83 § 18 S. 2 ADSp sieht bei unverschuldeten Hindernissen der Ausführung und bei Unzumutbarkeit ein Rücktrittsrecht des Spediteurs vor, das über §§ 275, 323 BGB hinausgeht, allerdings durch §§ 675, 671 Abs. 2 BGB beschränkt ist. Ein freies Widerrufsrecht des Spediteurs ergibt sich dagegen weder aus dem Speditionsrecht noch aus irgendwelchen Bestimmungen des Kommissions-, Dienstvertrags- oder Werkvertragsrechts. Auch die ADSp sehen ein solches Recht nicht vor. Zu den Einzelheiten und zur Provisionsregelung beim Rücktritt s. Rdn. 208–210 sowie § 18 ADSp und die dortige Erläuterung.

4. Konkurs

84 a) **Konkurs des Versenders** hebt den Speditionsvertrag gemäß § 23 Abs. 2 KO auf; siehe auch § 27 KO und im einzelnen *Senckpiehl*, Deutsche Verkehrsnachrichten 1937, 108. Für die Abwicklung bzw. bis zur Erlangung der Kenntnis vom Konkurs durch den Spediteur gelten nach § 23 Abs. 1 KO die §§ 672 Abs. 1, 674 BGB. Für die Zeit bis zur Kenntniserlangung, innerhalb der der Speditionsvertrag durch § 674 BGB als fortbestehend fingiert wird, gelten auch die ADSp weiter. Wird der Spediteur danach noch tätig, so handelt er als Geschäftsführer ohne Auftrag; die ADSp gelten dann nicht; *Schlegelberger/Schröder*[5] § 407 Rdn. 45.

85 b) **Konkurs des Spediteurs** beendet den Speditionsvertrag nicht (§ 17 KO). Durch §§ 407 Abs. 2, 392 Abs. 2 hat jedoch der Versender ein Aussonderungsrecht nach § 43 KO an den Ansprüchen des Spediteurs gegen den Frachtführer oder Zwischenspediteur; siehe ferner §§ 46 KO, 392 HGB.

5. Tod einer Partei (bzw. Auflösung als juristische Person)

86 a) **Der Tod des Spediteurs** würde nach §§ 675, 673 BGB im Zweifel den Speditionsvertrag beenden. Jedoch handelt es sich bei Speditionsverträgen um gewerbliche Vertragsbeziehungen, die in aller Regel nicht höchstpersönlicher Art und daher auch nach § 1922 BGB vererblich sind. Ein „Zweifelsfall" im Sinne von § 673 liegt schon deshalb nicht vor, weil bei Geschäftsfortführung durch die Erben alle Beteiligten jedenfalls vom Fortbestand abgeschlossener Speditionsverträge ausgehen. Dies gilt auch für die Auflösung einer den Speditionsbetrieb betreibenden juristischen Person. Unhaltbar ist die Auffassung von *Schlegelberger/Schröder*[5] § 407 Rdn. 46, wonach das Weiterbestehen des Speditionsvertrags davon abhängen soll, ob die Erben das Speditionsgeschäft fortführen. § 27 HGB knüpft an die Fortführung von Handelsgeschäften und Firmen keine Folgerungen hinsichtlich der Verbindlichkeiten, sondern nur hinsichtlich der Haftung der Erben. Danach haben es die Erben des Spediteurs nicht in der Hand, zu entscheiden, ob sie den Speditionsvertrag ausführen wollen. Sie können nur wählen, ob sie ihre Haftung erbrechtlich beschränken wollen oder nicht. Allenfalls könnte man ihnen in Sonderfällen ein Kündigungsrecht aus wichtigem Grunde zugestehen.

Stand: 1. 9. 1985

b) Der Tod des Versenders bringt den Speditionsvertrag im Zweifel nicht zum Erlö- **87** schen (§§ 675, 672 BGB), ebensowenig seine Auflösung als juristische Person.

E. Pflichten des Spediteurs und Folgen ihrer Verletzung
I. Allgemeines

Literatur: umfassend, allerdings nach dem Stand von 1923, *Senckpiehl* S. 99–261.

1. Grundstruktur der Pflichten; Interessewahrnehmungspflicht

Die Pflichten des Spediteurs werden in ihrer Gesamtheit stark durch den Charakter **88** des Speditionsvertrages als Geschäftsbesorgungsvertrag bestimmt. Drei Elemente sind vor allem maßgeblich: Der Spediteur ist als selbständiger Geschäftsbesorger grundsätzlich frei in den Einzelheiten der Ausführung des Auftrages. Andererseits ist er gebunden durch eine dem treuhänderischen Charakter des Speditionsvertrags entsprechende Interessewahrnehmungspflicht und durch das Weisungsrecht des Versenders. Die **Pflicht zur Wahrnehmung der Interessen** geht allen anderen Pflichten vor und **kann nicht abbedungen werden;** zutreffend *Schlegelberger/Schröder*[5] § 408 Rdn. 1a. Für den Ausschluß durch AGB ergibt sich dies zweifelsfrei aus § 9 AGBG, insbes. Abs. 2; für den individualvertraglichen Ausschluß aus § 242 BGB. Eine **Einschränkung** der Interessewahrnehmungspflicht ist dagegen nicht ohne weiteres unwirksam, wenn sie nach den Umständen sinnvoll ist und eine Wahrnehmung der Interessen durch eine andere Person (z. B. durch den Versender selbst, den Empfänger oder eine dritte Person, etwa durch einen Grenzspediteur) sichergestellt ist. Auch in solchen Fällen bleiben Treuepflichten des Spediteurs nach § 242 BGB erhalten.

Die Pflichten des Spediteurs sind nicht höchstpersönlicher Art i. S. von § 613 S. 1 BGB; s. Rdn. 7, 26, 86. Die entgegengesetzte Auffassung von *Schlegelberger/Schröder*[5] § 408 Rdn. 11a würde auch die (unstreitig zulässige) Einschaltung von Erfüllungsgehilfen ausschließen. Auch die Beauftragung eines Zwischenspediteurs als Substitut mit pflichtbefreiender Wirkung ist in bestimmten Fällen zulässig. Abhängig ist dies vom Inhalt des Vertrages und den Umständen des Falles, s. Rdn. 31f.

Der Spediteur wird im Regelfall nur von einer Person beauftragt. Die Annahme eines entsprechenden oder gleichen Auftrags von einer weiteren Seite verträgt sich im allgemeinen nicht mit seiner Pflicht zur Interessewahrung. Jedoch werden dadurch nicht notwendig die Rechtsbeziehungen zu den einzelnen Partnern berührt; weitgehend offenlassend BGH v. 11. 6. 1976, WM **1976** 1019, 1020.

2. Weisungsrecht des Versenders und Pflichten des Spediteurs
Schrifttum

Knütel, Weisungen bei Geschäftsbesorgungsverhältnissen, insbesondere bei Kommission und Spedition, ZHR **137** (1973) 285–333.

§ 408 Abs. 1, ebenso § 11a ADSp bestimmt ausdrücklich, daß der Spediteur an die **89** Weisungen des Versenders gebunden ist. § 13 ADSp gestattet ihm demgegenüber die Entscheidung nach seinem Ermessen unter Wahrung der Interessen des Auftraggebers, wenn solche Weisungen „nicht ausreichend" oder „unausführbar" sind; s. Rdn. 92. Das Risiko aus der Befolgung von Weisungen trägt grundsätzlich der Auftraggeber; s. aber Rdn. 92.

Weisungen sind verbindliche Anordnungen des Auftraggebers, die der Konkretisierung der übernommenen Geschäftsbesorgungspflichten dienen. Nach richtiger Auffassung kommt es dabei nicht darauf an, ob sie bereits bei Vertragsschluß oder nachträg-

§§ 407–409   Drittes Buch. Handelsgeschäfte

lich, durch Abrede oder einseitig erteilt werden; s. eingehend *Knütel* ZHR **1973**, 287 ff. Nachträgliche Weisungen sind jedoch nur dann verbindlich, wenn sie sich im Rahmen des vertraglich erteilten Auftrags halten. Andernfalls handelt es sich um Anträge zur Vertragsänderung, die nur durch Annahme nach § 305 BGB verbindlich werden; *Knütel* aaO S. 293. Allerdings kann die einfache schweigende Nichtbeachtung einer solchen vertragsändernden „Weisung" als positive Vertragsverletzung des Speditionsvertrags (Treupflichtverletzung) den Spediteur schadensersatzpflichtig machen.

a) Inhalt des Weisungsrechts

90   Das Weisungsrecht soll sicherstellen, daß der Versender stets Herr des Versendungsvorganges bleibt; insbesondere kann der Versender das Beförderungsmittel (z. B. RGZ **110** 59), den Beförderungsweg und andere Modalitäten der Beförderung mit für den Spediteur bindender Wirkung frei wählen. Er kann auch seine Weisungen jederzeit ändern. Die Nichtbefolgung von Weisungen ist ein besonderer Haftungstatbestand; s. Rdn. 160–165. Der Spediteur hat grundsätzlich auch die etwa vom Versender gesetzten Preisgrenzen zu beachten, §§ 407 Abs. 2, 386; s. Rdn. 53 Nr. 4.

Das Weisungsrecht kann auch dazu führen, daß der angewiesene Hauptspediteur die Weisungen seines Versenders an den Zwischenspediteur (Empfangsspediteur) weiterzugeben hat. Statt dessen kann auch der Versender den Zwischenspediteur unmittelbar anweisen. Zwar steht dieser in keinem Vertragsverhältnis zum Versender, er darf aber gleichwohl den Interessen des Versenders nicht entgegenhandeln; s. Rdn. 27. Gemäß § 6 Abs. 1 ADSp hat der Spediteur auch mündliche Weisungen zu befolgen. Siehe zur Haftungsfrage § 6 Abs. 2 ADSp und dort Rdn. 3 ff Anh. I nach § 415.

b) Fehlen oder Undurchführbarkeit von Weisungen

91   Problematisch ist, was zu gelten hat, wenn keine oder undurchführbare oder nicht ausreichende Weisungen vorliegen.

aa) Fehlt es gänzlich an Weisungen, so ist der Spediteur grundsätzlich frei; es bleibt jedoch seine Verpflichtung, das Interesse des Versenders zu wahren und mit der Sorgfalt eines ordentlichen Kaufmanns zu handeln. Dies kann im Einzelfall dazu führen, daß der Spediteur Weisungen einholen muß. Dies kann besonders dann der Fall sein, wenn unvorhergesehene Umstände eintreten; s. z. B. OLG Hamburg VersR **1983** 827 f (Störungen bei Sortierung einer eiligen Kühlgutsendung im Hochsommer); zur Benachrichtigung und Rückfragepflicht s. Rdn. 122–125.

92   **bb) Liegen unausführbare oder nicht ausreichende Weisungen** vor, so soll nach § 13 ADSp das Ermessen des Spediteurs im Rahmen der Interessewahrnehmungspflicht entscheiden. Abweichend von § 655 S. 2 BGB kann daher der Spediteur in diesen Fällen ohne Benachrichtigung des Versenders und Abwarten seiner Entscheidung handeln, auch wenn mit dem Aufschub keine Gefahr verbunden ist; vgl. zu § 655 S. 2: RGZ **114** 375, 377. Voraussetzung ist nachweisbare Unklarheit oder Unausführbarkeit der Weisung. Trotz § 13 ADSp wird eine Rückfragepflicht im Rahmen der Interessewahrnehmung sehr häufig anzunehmen sein[49]. Eine Rückfrage in wichtigen Angelegenheiten ist heute zumeist ohne beträchtliche Zeitverzögerung telefonisch möglich und dem Spediteur zuzumuten. Die erforderlichen Kosten kann er als Auslagen vom Versender erstattet verlangen. Der Spediteur kann sich daher nur in begrenztem Umfang auf sein freies

---

[49] BGH v. 3. 2. 1953, BGHZ **9** 1, 3 ff; OLG Nürnberg VersR **1952** 164 f; *Schlegelberger/Schröder*[5] § 407 Rdn. 38.

Ermessen nach § 13 ADSp berufen. In jedem Fall hat der Spediteur das Speditionsgut mit der Sorgfalt eines ordentlichen Kaufmanns vor Schäden zu bewahren. Siehe SVS-Schiedsgericht, VRS **7** 271.

c) Abweichung von Weisungen

Abweichungen von den Weisungen des Versenders sind dem Spediteur nach §§ 407 **93** Abs. 2, 385 nur ganz ausnahmsweise gestattet. Vorherige Rückfrage wird stets zu fordern sein; s. Rdn. 92; eingehend *Knütel* ZHR **137 (1973)** 295 ff.

Der Spediteur kann von Weisungen des Versenders dann abweichen, wenn ihm ein eigenes Sicherungsrecht (Spediteurpfandrecht, Zurückbehaltungsrecht) dies gestattet; OLG Düsseldorf transpR **1984** 222, 226.

3. Sorgfaltsmaßstab

Alle Pflichten hat der Spediteur mit der **Sorgfalt eines ordentlichen Kaufmanns** seiner **94** Branche zu erfüllen (§§ 408 Abs. 1, 347). Dies bedeutet, daß er speziell für Kenntnisse und Fähigkeiten einzustehen hat, wie sie normalerweise ein ordentlicher Spediteur hat. Hierher gehören vor allem Fachkenntnisse betreffend die Beförderungsarten, -wege und -tarife, hinsichtlich der Versicherung, Verzollung, des ausländischen Verkehrsrechts. Die Sorgfaltspflicht kann es auch mit sich bringen, daß der Spediteur ggf. Auskünfte einholen muß. Sind diese amtlich, so darf er sich andererseits auch auf sie verlassen; s. zur Rückfrage- und Warnungspflicht eines Rechtsanwalts BGH v. 20. 3. 1984, WM **1984** 1024 ff. Bestimmungen zur Sorgfaltspflicht und den vom Spediteur geschuldeten Kenntnissen enthält der (1978 neu gefaßte) § 19 ADSp, s. Anh. I nach § 415. Mit der Beauftragung eines Spediteurs sichert sich der Versender somit einen Rechtsanspruch auf fachlich besonders qualifizierte Leistungen bei der Versendung. Die Nichterfüllung dieses Rechtsanspruchs bewirkt freilich nach ADSp und SVS/RVS nicht immer vollen Schadensersatz, s. Rdn. 147, 174–195. Die Sorgfaltspflicht gewinnt beim Speditionsvertrag wegen seines treuhänderischen Charakters eine besondere Bedeutung. Im Rahmen der Weisungen des Versenders, der Interessewahrnehmungspflicht und seiner besonderen Sorgfaltspflicht ist der Spediteur im übrigen frei in der Gestaltung seiner Tätigkeit.

4. Einstehen für Handlungen Dritter

Da das gesetzliche Speditionsrecht keine besondere, etwa § 431 entsprechende Bestimmung **95** über die Zurechnung für Gehilfenverhalten aufweist, gilt grundsätzlich § 278 BGB. Danach haftet der Spediteur für jede Person, deren er sich zur Erfüllung seiner Verpflichtungen aus dem Speditionsvertrag bedient. Keine Haftung trifft den Spediteur, soweit die betreffende Person die Verpflichtung aus einem vom Spediteur für den Versender abgeschlossenen Ausführungsgeschäft verletzt. Insbesondere ist der Frachtführer, mit dem der Spediteur im eigenen Namen für Rechnung des Versenders den Frachtvertrag abschließt, nicht Erfüllungsgehilfe des Spediteurs, wenn er nicht ausnahmsweise Tätigkeiten übernimmt, zu denen der Spediteur selbst verpflichtet ist; s. jedoch §§ 412, 413 Rdn. 35. Nicht gehaftet wird auch für den Zwischenspediteur (s. Rdn. 27, 28, 30, 31), den Versicherer, die mit der Einziehung von Nachnahmen beauftragte ausländische Bank (RGZ **109** 299 ff). Der Unterspediteur ist dagegen Erfüllungsgehilfe des Spediteurs; s. Rdn. 29–31.

Entscheidendes Kriterium ist, ob der Spediteur die betreffende Tätigkeit nach dem ursprünglichen Speditionsvertrag selbst auszuführen hatte — dann ist der Betreffende Erfüllungsgehilfe — oder ob er nur verpflichtet war, sie durch Ausführungsgeschäft einem Dritten zu übertragen — dann nur Haftung des Spediteurs für Auswahlverschulden; s. Rdn. 30.

§§ 407–409 Drittes Buch. Handelsgeschäfte

Die gesetzlich geregelte Rechtslage hat ihre besondere Bedeutung für die Frage, ob der Speditionsversicherer im Falle des Verschuldens eines Gehilfen an den geschädigten Versender zu leisten hat, da sich diese Leistungspflicht nach der gesetzlichen Haftpflicht des Spediteurs bestimmt (§ 3 SVS/RVS). S. aber auch § 4 Nr. 1 b SVS/RVS, Anh. II nach § 415.

Soweit eine Haftung des Spediteurs selbst in Frage kommt, vor allem beim „Verbotskunden", trifft dagegen § 52 ADSp eine abweichende, den Spediteur begünstigende Regelung. Danach soll der Spediteur nicht für das Verschulden der von ihm herangezogenen selbständigen Unternehmer haften. Diese Regelung ist nicht mit dem AGB zu vereinbaren; s. § 52 Rdn. 11, Anh. I nach § 415.

5. Folgen der Pflichtverletzung

96 Die Folgen der vom Spediteur zu vertretenden Pflichtverletzungen bestimmen sich grundsätzlich nach den Regeln des Allgemeinen Schuldrechts, also nach §§ 280 ff, 325 ff BGB. Da Speditionsgeschäfte in aller Regel terminlich dringlich sind, kommen Leistungsklagen auf Erfüllung einer Hauptpflicht des Spediteurs in der Praxis zu spät; daher sind neben der Schadenshaftung vor allem die Ansprüche auf Herausgabe, Auskunft und Rechnungslegung (s. Rdn. 143–145, 126, 127) praktisch bedeutsam. Auch der Rücktritt vom Vertrag nach §§ 325, 326 ist möglich; dazu eingehend *Knütel* ZHR **137** (1973) 328 ff. Es nützt aber im Verzugsfalle wenig, da die Beauftragung eines anderen Spediteurs oder die Selbstversendung nur neue Zeitverluste mit sich bringt. Weitaus am bedeutendsten sind daher Schadensersatzansprüche, vor allem wegen Verlust und Beschädigung von Speditionsgut oder wegen Verspätung oder wegen Nichtbefolgung von Weisungen. Die Schadenshaftung des Spediteurs wird daher in einem besonderen Abschnitt (Rdn. 146–197) besonders behandelt. Zum Erfüllungsort der Spediteurpflichten s. § 65 a ADSp.

Als Folge einer Pflichtverletzung können auch Ansprüche auf Rückzahlung von gezahlten Entgelten oder Aufwendungen in Betracht kommen; zum Grundsätzlichen *Knütel* ZHR **137** (1973) 330 ff. Aufschlußreich ist hierfür der Fall OLG Frankfurt RIW **1982** 56 f: Ein Spediteur, der den Auftrag zum Versand von Gütern per Luftfracht erhalten hat, läßt diese per LKW befördern. Im Rahmen einer Fixkostenvereinbarung kann sich hieraus allenfalls ein Schadensersatzanspruch wegen (der im betreffenden Fall nicht vorliegenden) Verspätung ergeben. Bei Spedition auf Provisionsbasis ist jedoch an einen Rückerstattungsanspruch der nicht erforderlichen Luftfrachtkosten zu denken.

Wie in § 386 Abs. 1 vorausgesetzt, kann der Versender die Abweichung des Spediteurs von seinen Weisungen genehmigen. Hierin liegt nicht in jedem Fall ein Verzicht auf alle aus der Abweichung herzuleitenden Rechte; s. differenzierend *Knütel* ZHR **137** (1973) 332 ff.

II. Pflicht zum Abschluß von Frachtverträgen als Hauptpflicht des Spediteurs

97 Zur Besorgung der Versendung der Güter ist der Spediteur vor allem verpflichtet, Beförderungsverträge abzuschließen. Im Rahmen der Interessenwahrnehmungspflicht und der Weisungen des Versenders muß er dabei vor allem Sorge tragen für die Bestimmung des geeigneten Beförderungsmittels, der Beförderungsart und des Beförderungsweges, ferner für die Auswahl eines geeigneten Frachtführers, für den Abschluß zu möglichst günstigen Kosten und für schnelle Beförderung (siehe zur letzteren Pflicht Rdn. 98, 168 und § 17 ADSp, Anh. I nach § 415 HGB).

Vor Übernahme des Speditionsauftrags muß der Spediteur prüfen, ob er überhaupt in der Lage sein wird, die gewünschte Versendung zu besorgen. Schließt er den Speditionsvertrag ohne diese vorherige Prüfung ab, so verletzt er schuldhaft seine Vertragspflichten und hat sein Unvermögen zur Besorgung der Beförderung zu vertreten. So für den Fall, daß der Spediteur sich ohne eigene Erfahrung darauf verlassen hat, eine ausländische Flußschiffahrts-Monopolgesellschaft ohne Beförderungszwang werde den Transport durchführen: BGH vom 12. 1. 1966, VersR **1966** 461, 464. S. zur Zurechnung unvorhergesehener Umstände bei der Fixkostenspedition §§ 412, 413 Rdn. 35, 41.

1. Auswahl des Beförderungsmittels, der Beförderungsart und des Beförderungswegs

Wenn der Versender kein besonderes Beförderungsmittel (z. B. Luftfracht) vorgeschrieben hat, ist der Spediteur im Rahmen der Interessenwahrnehmungspflicht frei in der Wahl des Beförderungsmittels und der Art der Beförderung (z. B. in offenem oder geschlossenem Waggon) sowie des Weges (z. B. beim internationalen Speditionsgeschäft bei der Wahl des Transitlandes). § 13 ADSp stellt dies zusätzlich auch für die Fälle nicht „ausreichender" oder nicht „ausführbarer" Weisungen fest. Siehe hierzu § 13 ADSp und oben Rdn. 92. Zweifelhaft kann im besonderen sein, ob sich der Spediteur nicht um eine Ergänzung oder Änderung der Weisungen bemühen muß, bevor er von ihnen abweicht. So BGH vom 3. 2. 1953, BGHZ **9** 1, 3f und vom 18. 3. 1955, VersR **1955** 306 f, für Fälle, in denen der Spediteur die Weisung, Güter per Luftfracht von Berlin nach dem Bundesgebiet zu versenden, nicht beachtet hatte; RGZ **110** 59 für Versendung mit Binnenschiff statt Eisenbahn. **98**

Das Ermessen des Spediteurs ist durch Kostengesichtspunkte eingeschränkt.

Die Folge der Wahl eines unangemessenen Beförderungsmittels ist grundsätzlich Haftung des Spediteurs, §§ 408 Abs. 1, 52b ADSp. Zur Beweislast s. Rdn. 154. Die Haftung des Spediteurs ist durch § 54a Ziff. 2 ADSp eng begrenzt, wenn sie nicht, wie meist, durch die Speditionsversicherung ganz ersetzt ist (§ 41a ADSp); s. Rdn. 147ff. Außerdem kann der Spediteur, soweit erhöhte Aufwendungen erforderlich geworden sind, unter Umständen keinen Anspruch auf vollen Ersatz dieser Aufwendungen erlangen; s. Rdn. 214ff.

2. Auswahl des geeigneten Frachtführers

Der Spediteur kann nicht einen beliebigen Frachtführer auswählen, sondern muß bei der Auswahl auf Zuverlässigkeit und Leistungsfähigkeit achten. Da auch hier nach § 51a ADSp die Haftung für vermutetes Verschulden gilt, muß sich der Spediteur ggf. entlasten. Hierzu reicht es nicht aus, daß der gewählte Frachtführer die Beförderung gewerbsmäßig und in Übereinstimmung mit den öffentlichen Zulassungsbestimmungen ausübt. Das gleiche gilt für die Auswahl anderer Partner der Ausführungsgeschäfte, z. B. von Zwischenspediteuren (s. Rdn. 27) oder die Nachnahmen einziehender Banken (s. Rdn. 128ff). § 52 ADSp gestattet keine haftungsbefreiende Übertragung der Auswahlverpflichtung auf Dritte; s. § 52 ADSp Rdn. 11 Anh. I nach § 415. Bei der Auswahl von Landfrachtführern, die keiner Versicherungspflicht unterliegen (s. § 39 ADSp Rdn. 13) gehört es zu den Pflichten des Spediteurs, sich über die Haftpflichtversicherung des zu beauftragenden Unternehmers Gewißheit zu verschaffen. Andernfalls kann der Abschluß einer CMR-Fremdunternehmerversicherung zu seinen Pflichten gehören, für deren Verletzung er zu haften hat. **99**

3. Auswahl der kostengünstigsten Beförderungsmöglichkeit; Konditionen des Ausführungsgeschäfts

Der Spediteur hat unter mehreren möglichen Beförderungsgelegenheiten grundsätzlich in Erfüllung der Interessenwahrnehmungspflicht die kostengünstigste auszuwäh- **100**

§§ 407-409   Drittes Buch. Handelsgeschäfte

len. Hierbei hat er freilich abzuwägen, welche zusätzlichen Risiken eine billigere Beförderung mit sich bringt; s. Rdn. 98. Zu den Pflichten des Spediteurs gehört es an sich auch, für den Versender günstige Konditionen auszuhandeln, insbesondere, sich nicht ohne weiteres auf zu eingreifende Haftungsbeschränkungen einzulassen. Doch dürfte dieser Aufgabe angesichts der sehr weitgehenden Normierung der Vertragsinhalte im Frachtgeschäft durch zwingende Gesetze und allgemein verbreitete allgemeine Beförderungsbedingungen kaum mehr eine praktische Bedeutung zukommen. Siehe zu den rechtlichen Grundlagen des Frachtrechts § 425³ Rdn. 2 ff.

Wegen der Häufigkeit der Fixkostenspedition ist die Auswahl der kostengünstigsten Beförderungsmöglichkeit vielfach zu einem internen Problem des Spediteurs geworden. Denn bei Vereinbarung fixer Kosten hat der Spediteur keinen Anspruch auf Aufwendungsersatzansprüche und ist andererseits auch nicht zur Rechnungslegung verpflichtet; s. §§ 412, 413 Rdn. 118.

III. Nebenpflichten

101   Die zahlreichen mit der Versendung des Gutes zusammenhängenden Nebenpflichten des Spediteurs können nicht vollständig erörtert werden. Jede Änderung der Rechtslage und der tatsächlichen Verhältnisse bei der Beförderung von Gütern schafft neue Nebenpflichten. Daher sollen hier nur die wichtigsten ausführlicher dargestellt werden.

1. Lagerung, Zuführung und Abholung von Gütern

102   Der Spediteur hat erforderlichenfalls die Güter beim Versender abzuholen, vorübergehend zu lagern und dem Frachtführer zuzuführen. In solchen Fällen ist die Rechtslage unübersichtlich:

103   a) Bei **kurzen Transporttätigkeiten oder Lagerungen** handelt es sich regelmäßig um speditionsrechtliche Nebenpflichten des Spediteurs; so ist z. B. das Sammeln und Lagern von mehreren Lieferungen bis zum Transport keine selbständige Lagertätigkeit; OLG Saarbrücken VersR **1974** 1171, 1172. Für die Erfüllung dieser Pflichten haftet der Spediteur nach den Grundsätzen des (dispositiven) Speditionsrechts oder — in den Fällen der §§ 412, 413 des jeweils anzuwendenden Frachtrechts; s. Rdn. 105. Von ihm eingesetzte selbständige Unternehmer sind in diesem Falle ebenso Erfüllungsgehilfen nach § 278 BGB wie sein abhängig beschäftigtes Personal; zur Problematik der Haftung für selbständige Unternehmer s. § 52 ADSp und dort Rdn. 10–12, Anh. I nach § 415. Die Haftung des Spediteurs ist regelmäßig durch Speditionsversicherung ersetzt; §§ 41 a ADSp; 3 SVS/RVS; s. Rdn. 147 ff.

104   b) Gehören die Transporte oder Lagerungen wegen ihres selbständigen Gewichts zu den **Ausführungsgeschäften,** für die der Spediteur nur die Besorgung durch Dritte übernommen hat (s. Rdn. 39 ff), dann erschöpfen sich die Pflichten des Spediteurs in der Auswahl der selbständigen Unternehmer und der Organisation und begrenzten Überwachung der Vorgänge. Die Speditionsversicherung deckt jedoch auch Schäden aus Ursachen, die zwar nicht vom Hauptspediteur, wohl aber von einem europäischen Zwischenspediteur zu vertreten sind; § 4 Nr. 1b SVS/RVS, Anh. II nach § 415; s. ferner § 1 Nr. 2 Anhang zum SVS/RVS, abgedruckt dort nach § 19.

Selbständige Lagerverträge liegen insbesondere dann vor, wenn es sich um längere Lagerungen handelt und wenn der Auftrag zur Einlagerung auf unbestimmte Zeit vom Versender selbst kam; s. § 3 Nr. 5 SVS; BGH v. 10. 3. 1971, VersR **1971** 619, 620 f. Dagegen zählen sonstige Lagerungen regelmäßig zur „Besorgung der Versendung" selbst und unterliegen nicht dem Lagervertragsrecht; BGH v. 28. 4. 1953, I 1 der Entscheidungsgründe, in BGHZ **9** 301 ff insoweit nicht abgedruckt; OLG Frankfurt transpR **1985** 174, 176 (ausschließlich transportbedingte Lagerung).

Transportvorgänge im Nahverkehr sind in aller Regel Ausführungsgeschäfte, keine Erfüllung von speditionsrechtlichen Nebenpflichten. Führt der Spediteur sie selbst aus, dann ist Selbsteintritt nach § 412 anzunehmen; s. Rdn. 105.

c) Unterliegt die Tätigkeit des Spediteurs **zwingendem Frachtrecht** nach §§ 412, 413 **105** oder kraft primärer Qualifikation des zwischen dem Spediteur und dem Auftraggeber abgeschlossenen Vertrags, dann hat der Spediteur für den beauftragten Unternehmer wie für einen Unterfrachtführer nach den betreffenden Frachtrechtsnormen einzustehen; s. die Erl. zu §§ 412, 413. Problematisch kann hierbei die Abgrenzung zwischen selbständigen Nahverkehrsbeförderungen, die mangels zwingenden Normen den ADSp unterstehen und den dem zwingenden Recht der Hauptstrecke (z. B. KVO-Recht) unterstehenden Randtätigkeiten sein; s. z B. §§ 412, 413 Rdn. 4; zur Lagertätigkeit innerhalb des KVO-Haftungszeitraums OLG Frankfurt transpR **1985** 174 ff.

2. Verpackung

Ohne besondere Vereinbarung braucht der Spediteur regelmäßig die Güter nicht **106** selbst zu verpacken. Jedoch muß er, wenn sie für den betreffenden Transport nicht ausreichend verpackt sind, für ihre Transportfähigkeit durch bessere Verpackung sorgen oder den Versender veranlassen, dies zu tun. Auf keinen Fall darf er nicht transportfähig verpackte Güter versenden. § 16 a ADSp trifft eine damit weitgehende übereinstimmende Regelung: Der Spediteur ist zur Untersuchung, Erhaltung und Verbesserung des Gutes und seiner Verpackung nur im Rahmen des Geschäftsüblichen verpflichtet. Darüber hinausgehende Aufträge müssen schriftlich erteilt werden. Siehe im einzelnen, insbesondere zur Wirksamkeit dieser Bestimmung § 16 ADSp Rdn. 1, Anh. I nach § 415. Erklärt ein Spediteur gegenüber dem Versender nachdrücklich, ein Gußheizkessel sei ohne Verpackung transportfähig, so ist darin noch keine Garantie für die Durchführbarkeit einer solchen Beförderung zu sehen; OLG Düsseldorf DB **1976** 1374.

Zur Bedeutung der Verpackung nach Kaufrecht (§§ 459, 477 BGB) s. BGH v. 19. 9. 1983, WM **1983** 1150; zur Verpackung gefährlicher Güter s. die Richtlinien BAnz **1985** 10182.

3. Paletten- und Containergestellung bzw. -rückführung

Zu den typischen Pflichten des Spediteurs gehört die Gestellung und die Verwaltung **107** und Rückführung von Transport- und Verpackungshilfsmitteln wie vor allem von Paletten und Containern. Die Zusammenstellung von Sammelgütern auf Paletten bzw. in Containern kann Verpackung, evtl. auch Ladetätigkeit des Spediteurs sein. Für die Tauglichkeit der von ihm gestellten Paletten und Container haftet der Spediteur nach Maßgabe des Speditionsrechts bzw. der ADSp.

Eine erhebliche Rolle spielt auch die Rückführung der vom Versender gestellten Paletten. Insbesondere bei Tauschpaletten (Poolpaletten) ist die Rechtsnatur der betreffenden Verträge streitig.[50] Zumindest örtlich besteht der Handelsbrauch, daß Spediteure und Frachtführer, die Stückgüter auf Paletten übernehmen, diese oder eine entspre-

---

[50] S. eingehend *Willenberg* transpR **1985** 161 ff; ferner die Hinweise bei *Eyl* transpR **1984** 238 ff; *Hauke* BB **1982** 1389. Aus der Rspr. s. insbes. OLG Frankfurt transpR **1984** 254 = MDR **1983** 134 f und KG transpR **1985** 299, 301 (Paletten-Darlehensverhältnis zwischen Spediteur und Versender unter ADSp). Umfangreiche Rspr. zu Palettenfragen ist veröffentlicht in transpR **1984** 245 ff und **1985** 56 ff.

chende Anzahl von Leerpaletten gleicher Art und Güter zurückzugewähren haben[51]. Ist zwischen Spediteur und Auftraggeber ausdrücklich eine Rückführung vereinbart, dann ist auf diesen Anspruch § 326 Abs. 1 BGB anzuwenden; Schadensersatzansprüche hängen von der Fristsetzung ab; LG Hannover und LG Celle transpR **1984** 254 und 253f. Auf die Ansprüche des Hauptspediteurs gegen den Empfangsspediteur auf Palettenrückführung finden gem. § 2 a die ADSp Anwendung mit der Folge der kurzen Verjährung nach § 64 ADSp; KG transpR **1985** 299, 300; LG Stuttgart transpR **1985** 67 ff. S. zum Fehlen einer vertraglichen Beziehung zwischen Empfangsspediteur und abliefernden Frachtführer Rdn. 17.

4. Schutzmaßnahmen für das Speditionsgut, insbesondere Kühlung

108 Je nach Lage des Falles ist der Spediteur verpflichtet, zum Schutze des Speditionsguts zu handeln, insbesondere für Kühlung wärmeempfindlicher Güter zu sorgen; OLG Hamburg VersR **1983** 827.

5. Verwiegung

109 Das Verwiegen der Güter vor Versendung kann für die Haftpflicht des Frachtführers von entscheidender Bedeutung sein. Vielfach ist dessen Haftung für Verluste ohne vorheriges Verwiegen ausgeschlossen oder erschwert[52]. § 7 b ADSp sieht eine Pflicht des Spediteurs zur Verwiegung nur bei besonderem Auftrag vor; s. dort Rdn. 8.

6. Bezeichnung der Güter

110 Für den reibungslosen Transport ist die ordnungsgemäße Kennzeichnung der Güter wichtig. Diese Aufgabe kann der Spediteur bei den zumeist bereits verpackt gelieferten Gütern nur schwer erfüllen. § 7 a Abs. 1 S. 3 ADSp ist daher grundsätzlich nicht zu beanstanden, wenn er eine Nachprüfungs- und Ergänzungspflicht des Spediteurs hinsichtlich der Kennzeichnung nur bei Geschäftsüblichkeit vorsieht, im übrigen aber schriftlichen Auftrag erfordert; str., s. § 7 ADSp Rdn. 7, Anh. I nach § 415.

7. Wertdeklaration

111 Der Spediteur muß ggf. die Wertdeklaration der Güter bei Aufgabe als Frachtgut vornehmen; Beispiel: RGZ **28** 140. Diese kann sich auf die Haftung des beauftragten Frachtführers auswirken[53]. Da die Wertdeklaration meist auch zu erhöhten Kosten führt, ist der Spediteur verpflichtet, das Interesse des Versenders unter Abwägung der besonderen Vor- und Nachteile im Einzelfall wahrzunehmen, evtl. beim Versender rückzufragen.

8. Verladung und Entladung

112 Die Verladung der Güter kann zu den Verpflichtungen des Spediteurs gehören. Dies gilt insbesondere dann, wenn der vom Spediteur abgeschlossene Frachtvertrag die

---

[51] OLG Hamburg v. 15.7.1982, transpR **1984** 249; entgegengesetzt für den Frachtführer im innerdeutschen Güterfernverkehr OLG Düsseldorf transpR **1984** 250f und VersR **1984** 17; für den Speditionsvertrag LG Bonn v. 29.10.1974, transpR **1984** 258f. Das OLG Köln lehnte im Urt. v. 11.1.1973, transpR **1984** 251f eine Pflicht des Unterfrachtführers ab, vom Empfänger die Paletten zurückzufordern; ebenso LG Mannheim v. 16.5.1974, transpR **1984** 256f; zur Haftung des Frachtführers wegen Verlusts eigenmächtig vom Fahrer in Rückfracht übernommener Paletten s. LG Ravensburg v. 5.10.1978, transpR **1984** 259 ff.

[52] S. *Helm* Haftung für Schäden an Frachtgütern, **1966** 166f; siehe ferner zum Verlust von Versicherungsansprüchen wegen Nichtverwiegens RGZ **112** 149, 154f.

[53] S. z. B. § 90 EVO; Art. 36 CIM; Art. 24 CMR; Art. 22 Abs. 2 S. 2 WA; § 46 Abs. 2 S. 2 LuftVG.

Selbstverladung durch den Absender vorsieht; dazu § 17 Abs. 1 KVO Anh. II nach § 452; § 59 EVO Anh. I nach § 460. Das auftragsgemäße Löschen eines Schiffes durch einen mit der Weiterversendung beauftragten Spediteur ist (jedenfalls nach italienischem Recht) keine speditionsrechtliche Nebenpflicht, sondern Ausführung eines Beförderungsvertrags; LG Aschaffenburg VersR **1984** 52f. Führt der Spediteur die Beförderung im Selbsteintritt oder per Sammelladungsspedition aus, so kann fraglich sein, ob das Verladen und Entladen mit unter die zwingende Haftung des betreffenden Frachtrechts fällt oder dem dispositiven Speditionsrecht und damit den ADSp unterliegt; siehe dazu die Erl. zu §§ 412, 413. Maßgeblich ist das in diesem Fall anwendbare zwingende Frachtrecht. Zwingende Haftung des Spediteurs tritt ein, wenn er nach diesem Recht zur Verladung oder Entladung verpflichtet ist.

Zur Bedeutung der Frage, wer verladepflichtig ist, für die Güterversicherung nach den ADB s. OLG Nürnberg VersR **1982** 1166.

9. Sorge für Begleitpapiere

Da der Spediteur mit der Besorgung der Versendung die Aufgabe eines Absenders **113** der Güter übernimmt, hat er die ihm vom Versender übergebenen Warenbegleitpapiere (s. § 427) der Sendung mitzugeben; s. z. B. für den Fall des Transits durch die DDR BGH vom 31. 1. 1957, VersR **1957** 193[54]. Ihm kann auch die Beschaffung dieser Papiere übertragen werden. Die Interessewahrnehmungspflicht des Spediteurs kann auch fordern, daß er vom Versender fehlende Begleitpapiere anfordert, ergänzen oder berichtigen läßt. Dies gilt besonders, wenn der Spediteur vor Vertragsschluß, z. B. durch Werbung, auf seine besondere Erfahrung hingewiesen hat.

Die Haftung für Verstöße gegen diese Pflichten ergibt sich aus positiver Vertragsverletzung; s. Rdn. 169. Da der SVS/RVS nach § 5 Nr. 5 Beschlagnahmeschäden nicht deckt, greift auch § 41a ADSp nicht ein; s. § 41 ADSp Rdn. 14, Anh. I nach § 415 sowie § 5 SVS/RVS Rdn. 13, Anh. II nach § 415. Die Haftung ist nach Maßgabe der ADSp beschränkt. Vielfach liegt aber gerade hier grobe Fahrlässigkeit leitender Angestellter oder Organisationsverschulden vor, so daß die Haftungsbeschränkungen der ADSp unwirksam sind[55]. Eine Haftung des Spediteurs für Fehlen der Begleitpapiere kann sich auch gegenüber dem Frachtführer aus den betreffenden frachtrechtlichen Bestimmungen ergeben; s. § 427 Abs. 2³ und dort Rdn. 5.

10. Aufgaben im Bereich der Gefahrgutversendung

Der Spediteur ist Absender der von ihm für Rechnung des Versenders versandten Gü- **114** ter. Ihn treffen daher die vom Gefahrgutrecht festgelegten Absenderpflichten z. B. Überprüfung der Zulässigkeit der Beförderung, Stellung der vorgesehenen Begleitpapiere; Information des Frachtführers über das gefährliche Gut. Für die ordnungsgemäße Erfüllung dieser Pflichten ist der Spediteur nicht nur öffentlich-rechtlich eigenverantwortlich; er haftet für sie auch dem Versender, weil sie zur ordnungsgemäßen Besorgung der Versendung gehört. Er muß daher dafür sorgen, daß er seinerseits vom Versender die erforderlichen Informationen erhält. Schäden des Versenders können hierbei insbe-

---

[54] Fehlen oder Unrichtigkeit von Begleitpapieren hat beim Transit durch die DDR in den 50er Jahren sehr häufig zur Beschlagnahme von Gütern geführt; s. BGH v. 18. 3. 1955, VersR **1955** 306; v. 6. 3. 1956, BGHZ **20** 164 ff; v. 31. 1. 1957, VersR **1957** 193; OLG Hamburg MDR **1954** 681; VersR **1954** 519; OLG München VersR **1955** 520 ff.

[55] Z. B. im Fall BGH vom 6. 3. 1956, BGHZ **20** 164 ff; s. dazu vor § 1 ADSp Rdn. 49 und § 54 ADSp Rdn. 6. Siehe ferner zu Beschlagnahmeschäden *Schlegelberger/Schröder*⁵ § 408 Rdn. 6a–6c.

§§ 407–409   Drittes Buch. Handelsgeschäfte

sondere am Gut selbst durch Ausladung oder Vernichtung (s. z. B. §§ 564 Abb. 5 und 564 b Abs. 1 und 2 HGB; Art. 22. Abs. 2 CMR) oder auch durch Selbstentzündung und ähnliche Gefahrfälle entstehen. Auch Verzögerung durch behördliche Eingriffe wegen Verstoßes gegen Gefahrgutvorschriften sind möglich. Die Gefahrgutvorschriften sind häufigen Änderungen unterworfen; siehe zuletzt die Gefahrgutverordnung Straße-GGVS und die Gefahrgutverordnung Eisenbahn GGVE, BGBl I **1985** Nr. 40, S. 1550 u. 1560 mit Anlagebänden. S. ferner die Sonderbeilage „Gefahrgut Transport" zur DVZ v. 22. 8. 1985; ferner die Verpackungs-Richtlinien BAnz **1985** 10182; s. im übrigen § 5 ADSp, Anh. I nach § 415.

11. Verzollung

115   Nach § 25 a ADSp schließt der Auftrag zum Versand nach einem ausländischen Bestimmungsort die notwendige Verzollung ohne weiteres ein. Auch ohne die ADSp würde dies zu gelten haben, da die Verzollung zur ordnungsgemäßen Auslandsversendung gehört. Nach § 25 b ADSp ist die Verzollung provisionspflichtig[56].

Muß das Zoll- oder Einfuhrumsatzsteuer-Verfahren unterwegs im Laufe einer Beförderung durchgeführt werden, so ist grundsätzlich der Frachtführer zur Verzollung verpflichtet; s. § 425³ Rdn. 76. In diesen Fällen werden für ihn oder auch im Interesse des Empfängers vielfach Berufsspediteure tätig, die unter Vorstreckung der erforderlichen Geldbeträge die Verfahren abwickeln (Grenzspediteure oder Zollspediteure s. Rdn. 21). Soweit sie nicht die Weiterversendung der Güter übernehmen, sind ihre Verträge keine Speditions-, sondern reine Geschäftsbesorgungsverträge. Siehe zu ihren Ansprüchen auf Erstattung der Auslagen und auf Provision Rdn. 226 ff, wenn wegen Verlustes der Güter Dritte in Anspruch genommen werden müssen; s. OLG München transpR **1984** 174, 175.

12. Versicherung des Transports

116   Zur ordnungsgemäßen Versendung kann auch der Abschluß von Versicherungen (RGZ **112** 149, 151 (Nebenpflicht aus dem Speditionsvertrag)) und die Anmeldung von Versicherungsfällen gehören. Hierfür kommen unterschiedliche Versicherungen in Betracht. Zum Überblick über die Versicherungsarten s. § 37 ADSp Rdn. 1 ff; § 39 ADSp Rdn. 7 ff, Anh. I nach § 415; § 429³ Rdn. 100 ff; ferner oben Rdn. 44.

Auch die konkrete Information über die Geltendmachung von Ersatzansprüchen obliegt dem Spediteur grundsätzlich dann, wenn er darüber mit dem Versicherer verhandelt; s. z. B. § 41 ADSp Rdn. 23 Anh. I nach § 415.

a) Güterversicherungen

117   Zum Abschluß einer Transport- oder Lagerversicherung ist der Spediteur gem. §§ 407 Abs. 2, 390 Abs. 2 nur bei besonderer Anweisung verpflichtet. Mit Recht wird daher vom OLG Hamm im Urteil v. 14. 7. 1977 (18 U 70/77, unveröff.) auch keine Hinweispflicht des Spediteurs angenommen. Eine solche kann allenfalls bei erkennbar sehr wertvollen Gütern bejaht werden; OLG Schleswig transpR **1985** 137, 138 f. § 35 A S. 1 ADSp schreibt sogar einen ausdrücklichen schriftlichen Auftrag des Versenders vor. Ein unwidersprochenes Bestätigungsschreiben des Versenders kann jedoch bereits ausreichen, um den Umfang der Versicherungspflichten festzulegen; BGH v. 18. 1. 1974, VersR **1974** 327, 328. Zur Frage, ob die Pflicht zur Transportversicherung auch die Dek-

---

[56] S. zu den zollrechtlichen Aufgaben des Spediteurs Koch, in: „Der Spediteur" **1983** Nr. 6, S. 4–14; s. ferner *Dittmar* DVZ *1983* Nr. 83, S. 3, 8; *Drexler* DVZ Nr. 10 v. 25. 1. 1983 S. 7.

kung der Risiken des vom Spediteur nicht organisierten Vorlaufs mitumfaßt: OLG Hamburg VersR **1970** 76, 77.

Dem Ermessen des Spediteurs bleibt ein Spielraum nur bei ungenauem oder unausführbarem Versicherungsauftrag, da er dann nach § 35 a S. 2 ADSp Art und Umfang der Versicherung bestimmen kann. Bei unklaren Versicherungsweisungen trifft ihn jedoch nach § 6 Abs. 2 S. 3 ADSp n. F. eine Pflicht zur Rückfrage, deren Verletzung grundsätzlich die Haftung des Spediteurs bzw. Leistungspflicht des Speditionsversicherers begründet; Mitverschulden des Auftraggebers ist nach § 254 BGB zu berücksichtigen; OLG Düsseldorf transpR **1985** 176ff = VersR **1985** 256f.

Zu den zu vereinbarenden Versicherungsbedingungen s. § 36 ADSp, Anh. I nach § 415. Die Dauer der Versicherung ist nach den Umständen des Falles zu bestimmen; reicht sie nicht aus, ist der Auftraggeber zu benachrichtigen; BGH v. 18. 1. 1974, VersR **1974** 327, 328. Der Auftrag, das Gut „gegen alle Gefahren" zu versichern, soll nach OLG Nürnberg VersR **1952** 164f (m. kritischer Anm. von *Reimer Schmidt*) den Spediteur verpflichten, ein leicht verderbliches Gut gegen Schäden durch Transportverzögerung zu versichern. Es ist jedoch zweifelhaft, ob eine derartige Risikoübernahme von irgendeinem Versicherer zu erlangen ist. Zutreffend aber die Annahme einer Benachrichtigungspflicht durch das OLG Nürnberg trotz § 35 S. 2 ADSp.

118 Die Besorgung der Versicherung begründet nach § 38 ADSp einen **besonderen Vergütungsanspruch** des Spediteurs und befreit ihn gem. § 37 von der Haftung für die betreffenden Risiken; s. Rdn. 176 und die Erl. zu § 37 ADSp Anh. I nach § 415.

119 Die weisungswidrige Unterlassung der Versicherung begründet **Schadensersatzansprüche** des Versenders gegen den Spediteur; s. zum Nichtabschluß einer Rostversicherung BGH v. 17. 4. 1951, VersR **1951** 176f; zur zeitlich unzureichenden Transportversicherung BGH v. 18. 1. 1974, VersR **1974** 327, 328.

120 Die „**Selbstversicherung**" des Guts durch den Spediteur ist keine ordnungsgemäße Erfüllung der Pflicht zur Besorgung der Versicherung; sie befreit auch nicht nach § 37 ADSp von der Haftung.

b) Speditionsversicherung

121 Nach § 39 ADSp ist der Spediteur verpflichtet, den Auftrag in der Speditionsversicherung zu versichern, wenn der Spediteur dies nicht ausdrücklich untersagt; s. § 39 ADSp, Anh. I nach § 415 und die dortigen Erl. Ein Verstoß gegen diese Pflicht hat weitreichende Folgen für die Haftung des Spediteurs:

Die nach § 41 a bestehende Haftungsbefreiung des Spediteurs entfällt. Die dann eintretende Haftung richtet sich gem. § 41 c nicht nach den ADSp, sondern nach gesetzlichen Bestimmungen, so daß der Spediteur den gesamten Schutz von ADSp und Speditionsversicherung verliert.

Als weitere Folge kann der Spediteur sogar über die gesetzliche Haftung hinaus haftbar werden, wenn er schuldhaft die Deckung einer entsprechenden Speditionsversicherung versäumt. In diesem Fall haftet er z. B. für die Schäden, die durch einen europäischen Zwischenspediteur verursacht sind; diese wären durch Speditionsversicherung versichert gewesen. Die nicht abgeschlossene Speditionsversicherung führt daher zur Haftung des Spediteurs für derartige Schäden, auch soweit sie von ihm nach Gesetzesrecht nicht zu vertreten wären. Die Frage der Deckung einer ausreichenden Speditionsversicherung hat insbesondere im Hinblick auf den Konkurs der Speditionsversicherung GVVG erhebliche Probleme aufgeworfen; s. § 39 ADSp Rdn. 20

13. Benachrichtigungs- und Rückfragepflicht

122 Gemäß §§ 675, 666 BGB hat der Spediteur dem Versender die erforderlichen Nachrichten zu geben. Welche Nachrichten erforderlich sind, ist im Speditionsrecht nicht speziell geregelt. **Grundsätzlich** braucht der Spediteur vom normalen Verlauf der Versendung **keine Nachrichten** zu geben; § 384 Abs. 2, Hs 1 HGB gilt im Speditionsrecht nicht; s. Rdn. 53. Daher braucht der Spediteur im Normalfall weder den Namen des ausführenden Frachtführers mitzuteilen, noch die Selbstausführung (Selbsteintritt) anzuzeigen. Eine solche Anzeige ist im System des Speditionsrechts funktionslos und daher nicht vorgesehen. § 400 Abs. 2 S. 2 ist unstreitig nicht anzuwenden; s. Rdn. 53. Die Selbstausführungsanzeige ist auch nicht erforderlich i. S. v. § 675, 666 BGB, weil der Versender ohnehin den Transport — auch bei Fremdausführung — nicht beeinflussen könnte.

123 In besonderen Fällen ist jedoch eine **Benachrichtigung** des Versenders **notwendig,** insbesondere um diesen in die Lage zu versetzen, selbst Entscheidungen zu treffen. Angesichts der jederzeitigen fernmündlichen und fernschriftlichen Verständigungsmöglichkeiten ist in diesen Fällen jedoch eher an eine **Rückfrage** zur Einholung von Weisungen als an eine reine Benachrichtigung zu denken, s. dazu jetzt § 6 Abs. 2 ADSp n. F. und dort Rdn. 12, Anh. I nach § 415. Fälle dieser Art liegen z. B. vor, wenn wegen mangelnder Verpackung Transportschäden zu erwarten sind; s. oben Rdn. 106 und § 16 ADSp Rdn. 3, Anh. I nach § 415; wenn sich eine termingerechte Versendung nicht ausführen läßt; wenn der beabsichtigte Transportweg nicht eingehalten werden kann; wenn besondere, vom Versender zu beschaffende Papiere erforderlich werden (s. Rdn. 113); wenn die Benachrichtigung die fristgemäße Mängelrüge ermöglichen soll (s. Rdn. 141 f); wenn eine vom Versender gewünschte Versicherung nicht beschafft werden kann; wenn die vorgesehene Transportversicherung nicht ausreicht (BGH v. 18. 1. 74, VersR **1974** 327, 328) oder die Versicherungsweisung unklar ist (OLG Nürnberg VersR **1952** 164) s. Rdn. 117; wenn unklar ist, ob Aufwendungen erforderlich sind (OLG Hamburg transpR **1985** 20, 25 = VersR **1984** 773, 775) s. Rdn. 215; wenn wegen Verlustes der Güter Dritte in Anspruch genommen werden müssen; OLG München transpR **1984** 174, 175.

Jedenfalls ist eine Benachrichtung des Versenders immer dann erforderlich, wenn es für einen sorgfältigen Spediteur vorherzusehen war, daß aus ihrer Unterlassung Schaden enstehen konnte. Hätte ein entstandener Schaden durch Benachrichtigung vermieden werden können und war dies vorhersehbar, so kann demnach stets eine Benachrichtigungspflicht und im Falle des Verschuldens eine Schadensersatzpflicht bejaht werden; s. als Beispielsfall RGZ **114** 375, 378 f. Grundsätzlich trifft den Spediteur auch die Pflicht zum Hinweis auf die Anmeldung nach § 10 Nr. 1 SVS/RVS. Dies gilt in Ausübung der Interessewahrnehmungspflicht des Spediteurs zumindest dann, wenn dieser erkennen mußte, daß der Auftraggeber oder Versicherte die Rechtslage nicht durchschaute. Immerhin muß berücksichtigt werden, daß dem Spediteur die Speditionsversicherung den erheblichen Vorteil der gänzlichen Haftungsbefreiung verschafft. Es ist daher angemessen, ihn zu verpflichten, durch Hinweise seinen Beitrag zur wirksamen Deckung des Schadens durch die Speditionsversicherer zu leisten. Das Urteil des BGH v. 18. 6. 1976, VersR **1976** 1129, 1130 betrifft zwar einen möglicherweise so gelagerten Fall, geht aber auf die Hinweispflicht des Spediteurs deshalb nicht ein, weil der Versicherte die Fristen nach § 10 Nr. 1 und 6 SVS in Kenntnis der Sachlage versäumt hatte.

124 Der **Spediteur braucht sich um die Rechtsverhältnisse zwischen Versender und Empfänger nicht zu kümmern.** Zutreffend daher BGH v. 6. 12. 1965, VersR **1966** 133 f, der eine Pflicht des Spediteurs zur Benachrichtigung des Versenders ablehnt, wenn der

Spediteur eine Unregelmäßigkeit des Empfängers im Verhältnis zum Versender hätte feststellen können. Im betreffenden Fall hatte der Empfänger, zu dessen Verfügung der Spediteur die Güter zu stellen hatte, sie vertragswidrig im Inland statt im Ausland ausliefern lassen und damit die Ansprüche des Versenders auf Umsatzsteuervergütung beeinträchtigt. Bemerkt der Spediteur freilich derartige wichtige Umstände von selbst, so erfordert seine Interessewahrnehmungspflicht eine Benachrichtigung. Das OLG Hamburg VRS 3 302, 303 will eine schuldhafte Verletzung der Benachrichtigungspflicht darin sehen, daß der Spediteur den Versender nicht darauf hingewiesen hat, sich wegen Schadensersatz nach § 41 ADSp nur an den Speditionsversicherer zu wenden. Dies überzeugt nicht, weil den Spediteur zwar eine Pflicht zur Benachrichtigung von Tatumständen, nicht aber eine generelle Pflicht zur Rechtsaufklärung trifft; s. auch § 41 ADSp Rdn. 23, Anh. I nach § 415.

125 Soweit der Spediteur zur Benachrichtigung verpflichtet ist, braucht er sie nach § 10a ADSp **nicht eingeschrieben** zu versenden.

14. Auskunfts- und Rechenschaftslegung

126 Die Pflicht des Spediteurs, dem Versender über die Ausführung des Speditionsgeschäfts Auskunft zu geben und ihm nach seiner Beendigung Rechnung zu legen, läßt sich aus §§ 675, 666 BGB begründen; *Schlegelberger/Schröder*[5] § 407 Rdn. 39 ff. Die Auskunftpflicht erstreckt sich auf alle Tatsachen, die den „Stand des Geschäfts" (§ 666 BGB) betreffen. Somit steht es dem Versender frei, zu bestimmen, welche Auskünfte er in diesem Rahmen verlangen will. Besteht für ihn keinerlei sachliches Interesse an den Auskünften, so steht der Ausübung des Auskunftsrechts § 226 BGB (Schikaneverbot) entgegen. Ist das Interesse des Versenders im Vergleich zu den Kosten oder sonstigen negativen Auswirkungen der Auskunft auf seiten des Spediteurs unverhältnismäßig gering, so kann die Geltendmachung des Auskunftsrechts einen Rechtsmißbrauch im Simme des § 242 BGB darstellen und daher unzulässig sein.

127 Die **Rechenschaftspflicht** bezieht sich ebenfalls auf alle Tätigkeiten, insbesondere auf die vom Spediteur eingegangenen Kosten. Für die Rechenschaft gilt § 259 BGB. Danach hat der Spediteur dem Versender eine geordnete Zusammenstellung der Einnahmen und Ausgaben zu erteilen und die Belege vorzulegen. Insbesondere sind hier von Bedeutung die vom Spediteur vorgelegten oder aus Vorschüssen des Versenders bezahlten Kosten und Frachten, ferner die eingezogenen Nachnahmen, schließlich die als Schadensersatzleistung von dritter Seite erlangten Gelder. Die Rechenschaftspflicht ist die Grundlage des Herausgabeanspruchs des Versenders gegen den Spediteur. Sind die Unterlagen des Spediteurs aus nicht zu vertretenden Gründen vernichtet, so genügt eine geschätzte Abrechnung: KG vom 12. 3. 1949, VRS 1 141.

Die Rechenschaftspflicht entfällt bei Vereinbarung fester Kosten (§ 413 Abs. 1); s. §§ 412, 413 Rdn. 114.

15. Einziehung von Nachnahmen
a) Allgemeines

128 Der Spediteur kann durch den Speditionsvertrag oder durch nachträgliche Weisungen, die vor Auslieferung des Gutes erteilt sein müssen, verpflichtet werden, Geldbeträge beim Empfänger für Rechnung des Versenders einzuziehen (Nachnahme). Auf diese Weise werden insbesondere Kaufpreise (Wertnachnahme) und Versandkosten (Kostennachnahme) eingezogen. Ist ein solcher Nachnahmeauftrag erteilt, so darf der Spediteur, falls ihm die Auslieferung selbst obliegt, das Speditionsgut nicht an den Empfänger ausliefern, ohne den betreffenden Nachnahmebetrag erhalten zu haben. Die Ein-

§§ 407–409 Drittes Buch. Handelsgeschäfte

ziehung von Nachnahmen begegnet auch im Frachtrecht als Nebenpflicht des Frachtführers; s. § 425³ Rdn. 77 sowie die Erl. zu § 71 EVO Anh. I nach § 460. Zur Herausgabepflicht hinsichtlich der durch die Nachnahme erlangten Beträge s. Rdn. § 145; zur Bedeutung der Nachnahme im internationalen Kaufrecht BGH v. 19. 9. 1984, WM **1984** 1752 f.

Die Erhebung einer Nachnahme kann auch im Interesse des Spediteurs geboten sein. Hat der Spediteur Kenntnis davon, daß bestimmte Kosten nach dem Kaufvertrag zwischen dem Versender und dem Empfänger von letzterem zu tragen sind, so kann er ihre Erstattung nicht vom Versender verlangen, sondern muß sie gegebenfalls per Nachnahme vom Empfänger erheben; OLG Düsseldorf transpR **1984** 204; s. auch Rdn. 222. Durch die Klausel „Kasse gegen Dokumente" wird keine Nachnahme vereinbart. Der Empfänger, der aufgrund dieser Klausel an den ausliefernden Empfangsspediteur zahlt, wird daher nicht von seiner Kaufpreisschuld befreit; OLG Frankfurt transpR **1985** 139, 140.

b) Verhalten des Spediteurs bei Nachnahmeeinziehung

129 Der Spediteur darf bei Einziehung der Nachnahme anstelle der Barzahlung keinen Wechsel, im Zweifel auch keinen Scheck[57] entgegennehmen. Der Scheckkartenscheck innerhalb der Garantiebedingungen der Banken ist jedoch heute als Zahlungsmittel unbedenklich, weil das Risiko seiner Nichtbezahlung nur noch sehr gering ist. Der Spediteur darf auf den Nachnahmebetrag keine Nachlässe (z. B. Skonto) gewähren, da die Nachnahmeanweisung auf Barzahlung abgestellt ist und daher regelmäßig den Barpreis enthält. War der Empfänger im Verhältnis zum Versender zu Abzügen berechtigt, so kann es sein, daß dem Versender durch das Verhalten des Spediteurs kein Schaden entstanden ist; damit entfällt auch der Ersatzanspruch gegen den Spediteur; s. eingehend *Schlegelberger/Schröder*⁵ Rdn. 15 a. Ist die Nachnahmeerhebung in der angewiesenen Form aus Rechtsgründen unmöglich, darf die Sendung nicht ausgeliefert werden; OLG Hamm transpR **1985** 97, 98 (zur CMR).

Weichen mündliche und schriftliche Weisungen voneinander ab, so ist regelmäßig die dem Fahrer ausgehändigte Unterlage des Versenders maßgeblich; so für den Fall, daß eine Anweisung, nur gegen Scheck auszuliefern, aus dem Lieferschein hervorging: OLG Düsseldorf VersR **1983** 631. Wird allerdings die schriftliche Anweisung nachträglich, aber noch rechtzeitig mündlich oder telefonisch widerrufen, so haftet der Spediteur, wenn er davon den Fahrer nicht verständigt.

c) Weitergabe der Nachnahmeanweisung an ausliefernde Dritte

130 Soll die Auslieferung durch eine dritte Person erfolgen, z. B. durch den vom Spediteur zu beauftragenden Frachtführer, Zwischenspediteur oder Lagerhalter, muß der Spediteur die Nachnahmeverpflichtung dem Dritten auferlegen. Er hat durch die entsprechenden Mitteilungen und Anweisungen an den Dritten die Einziehung der Nachnahme sicherzustellen[58]. Der Spediteur muß in diesem Fall die Nachnahme seinerseits vom Frachtführer bzw. Zwischenspediteur oder Lagerhalter einziehen. Er haftet nach § 408 Abs. 1 nur für die sorgfältige Auswahl eines Zwischenspediteurs oder einer Bank, der er die Einziehung einer Nachnahme in Übereinstimmung mit dem Speditionsver-

---

[57] BGH v. 10. 2. 1982, BGHZ **83** 96, 101 = transpR **1982** 74 f (zur CMR); OLG Frankfurt RIW **1982** 56 f (bei Weisung, Nachnahme in bar zu erheben; ADSp-Fall.)
[58] Beispiele für ungenügende Sorge für die Ausführung der Nachnahmeanweisung: RGZ **13** 60, 66 f; BGH v. 10. 2.1982, BGHZ **83** 96 ff = transpR **1982** 74 (zur CMR); OLG Hamburg VersR **1963** 36; OLG Frankfurt RIW **1982** 56 f.

trag überträgt; RGZ **109** 299 ff; s. zu den Pflichten des Zwischenspediteurs § 411 Rdn. 6 ff. Pflichtwidrig handelt der Spediteur auch, wenn er den Inkassoauftrag verspätet weitergibt, so daß zwar die Auslieferung unterbleibt, aber wegen der Verzögerung der Empfänger nicht mehr zahlt; OLG Hamburg VersR **1963** 36.

d) Haftung

Der Spediteur, der bei Auslieferung die Nachnahme nicht einzieht, kann nach zwei **131** verschiedenen Grundsätzen haften: Nach den Regeln der Unmöglichkeit oder positiven Vertragsverletzung (OLG Düsseldorf transpR **1985** 173 f = VersR **1982** 1076 f) oder wegen unbefugter Kreditgewährung (§§ 407 Abs. 2, 393 Abs. 1). Beide Anspruchsgrundlagen werden vom OLG Frankfurt RIW **1979** 278 f (mit Literaturhinweisen) und RIW **1982** 56 f einander gegenübergestellt. Die zweite Möglichkeit erlaubt es nach überwiegender Auffassung, den Spediteur auch haftbar zu machen, wenn ihn kein Verschulden trifft; a. A. jedoch *Koller* § 393³ Rdn. 8.

Das OLG Düsseldorf VersR **1963** 631 lehnt die Spediteurhaftung ab, obwohl der Fahrer gegen die Weisung verstoßen hatte, nur gegen Verrechnungsscheck auszuliefern, weil der Empfänger zum Zeitpunkt der Auslieferung nicht mehr zahlungsfähig war und ein dem Fahrer ausgestellter Verrechungsscheck danach nicht mehr eingelöst worden wäre. Hiermit wird jedoch ohne nähere Darlegungen unterstellt, daß der Empfänger einen ungedeckten Scheck ausgestellt, also betrügerisch gehandelt hätte, um die Ware nicht zurückgehen zu lassen. Die andere Möglichkeit, daß die Ware mangels Scheckzahlung zurückgegangen wäre, hätte jedoch den Schaden ausgeschlossen.

Der durch die Versäumnis der Nachnahmeeinziehung entstehende Schaden kann eine andere Person als den Auftraggeber treffen. In diesem Fall wird die Drittschadensliquidation großzügig zuzulassen sein; der Geschädigte kann die vom Auftraggeber abgetretenen Ersatzansprüche geltend machen; s. OLG Düsseldorf transpR **1985** 173 f = VersR **1982** 1076 f.

Inwieweit die Ansprüche den Haftungseinschränkungen der ADSp unterliegen ist zweifelhaft. Zu bejahen ist dies grundsätzlich für die Haftung aus positiver Vertragsverletzung und Unmöglichkeit, soweit nicht die ADSp im Hinblick auf §§ 412, 413 durch zwingendes Frachtrecht verdrängt sind; OLG Düsseldorf transpR **1985** 173 f = VersR **1982** 1076, 1077. Wird dagegen die Zahlungspflicht des Spediteurs auf §§ 407 Abs. 2, 393 Abs. 2, 3 gestützt, dann ist es schon fraglich, ob überhaupt eine „Haftung" im Sinne der ADSp vorliegt, auf die sich die Regeln der §§ 51 ff und 41 ADSp beziehen. Der sogenannte Auskehranspruch würde bei enger Auslegung der Haftungsbegrenzung der ADSp nicht unter die Haftungsersetzung durch Versicherung (§ 41 a) und nicht unter die Haftungseinschränkungen der §§ 51 ff fallen. Insbesondere würde das Erfordernis der Verschuldensabhängigkeit (§ 51 a) nicht gelten. Ferner würden die haftungseinschränkenden Vorschriften der §§ 54 ff nicht eingreifen. In jedem Fall unterliegt jedoch auch der Auskehranspruch der kurzen Verjährung nach § 64 ADSp.

Sieht der Spediteur bei Auslieferung des Gutes bewußt von der Einziehung der Nachnahme ab, etwa in der Annahme, der Empfänger werde von selbst zahlen oder um sich der Pflicht zur Rückführung der Güter zu entziehen, so gelten die Haftungseinschränkungen der ADSp wegen mindestens grober (bewußter) Fahrlässigkeit des Spediteurs selbst oder eines leitenden Angestellten in der Regel nicht. Beruht der Einziehungsfehler auf der Entscheidung eines nicht leitenden Angestellten oder anderen Erfüllungsgehilfen des Spediteurs, dann kann noch immer grobes Organisationsverschulden vorliegen, wenn keine eindeutigen und nachdrücklichen Anweisungen gegeben sind; s. vor § 1 ADSp Rdn. 49 f.

Eine Haftung für weisungswidrige Nichteinziehung der Nachnahme durch Lagerhalter, Frachtführer oder Zwischenspediteure, die vom Spediteur in eigenem Namen für Rechnung des Versenders beauftragt sind, ist nicht gegeben. In diesen Fällen können Instruktionsfehler in Betracht kommen. Da der Spediteur Auftraggeber bei den von ihm für den Versender abgeschlossenen Verträgen ist, stehen ihm die Ersatzansprüche wegen unterlassener Nachnahme gegen den Dritten zu. Er hat sie an den Versender abzutreten.

Im Falle der Deckung der Speditionsversicherung ist die Haftung des Spediteurs grundsätzlich durch Speditionsversicherung ersetzt; s. § 2 SVS/RVS Rdn. 6, Anh. II nach § 415.

16. Auslieferung nur unter bestimmten Bedingungen

132 Die Verpflichtung des Spediteurs, das Gut nur unter bestimmten die Zahlung sichernden Bedingungen auszuliefern entpsricht funktional der Nachnahmeanweisung; s. Rdn. 124–127. Wird dem Spediteur die Auslieferung nur gegen Herausgabe der Original-Spediteurübernahmebescheinigung (FCR) vorgeschrieben, das im Akkreditiv zur Sicherung der Zahlung verwendet werden kann (s. Anh. IV nach § 415, Rdn. 13 ff), so ist dies kein unübliches Geschäft und Fehler des Spediteurs werden von der Speditionsversicherung gedeckt; BGH v. 5. 6. 1981, VersR **1981** 975, 977; s. auch § 5 Nr. 2 SVS/RVS Rdn. 9 f, Anh. II nach § 415. Die Kaufklausel „Kasse gegen Dokumente" bindet den Spediteur nicht; Cour de Cass. v. 17. 1. 1985, ETR **1985** 328 ff.

17. Pflicht zur Beschaffung von zivilrechtlichen Dokumenten

133 In vielen Fällen benötigt der Auftraggeber des Spediteurs Dokumente über die empfangenen Güter bzw. über die vom Spediteur versprochenen oder in Auftrag zu gebenden Leistungen. Diese Dokumente dienen vielfach der Zahlungssicherung und -abwicklung im Außenhandel, nicht selten auch zu Zwecken der Kreditsicherung, z. B. zur Sicherungsübereignung.

a) Quittungen des Spediteurs

134 Der Spediteur ist zwar nicht generell verpflichtet, dem Auftraggeber eine Empfangsbescheinigung (Quittung) über die ihm übergebenen Güter zu erteilen. Eine solche Pflicht ergibt sich auch nicht unmittelbar aus § 368 BGB, weil der Spediteur nicht Gläubiger hinsichtlich der Lieferung des Speditionsguts ist. Aus dem Inhalt des Speditionsvertrags, eventuell auch aus § 242 BGB, läßt sich aber vielfach eine solche Pflicht ableiten. Auch eine analoge Anwendung von § 368 BGB ist denkbar; Vergleich zum Lagervertrag *Koller* § 424 Rdn. 22.

Soweit der Spediteur als Frachtführer tätig wird, hat er regelmäßig auf dem Frachtbrief die Empfangnahme der Güter zu bescheinigen; siehe § 426 Rdn. 4 ff. Als Lagerhalter hat er einen Lagerempfangsschein bzw. einen Lagerschein auszustellen; § 48 ADSp; vgl. dazu *Koller* zu § 424, insbes. Rdn. 22.

b) Beschaffung von Dokumenten ausführender Unternehmer

135 Zu den Verpflichtungen des Spediteurs gehört häufig die Beschaffung von Papieren, die der Versender (als Verkäufer) im Rahmen der Außenhandelsfinanzierung dem Käufer bzw. der Akkreditivbank vorlegen kann[59].

---

[59] Vgl. dazu die einheitlichen Richtlinien und Gebräuche für Dokumenten-Akkreditive (ERA, früher „ERG") der internationalen Handelskammer in Paris, Revision 1983; anwendbar ab 1. Ok-

Als zu beschaffende Dokumente kommen vor allem Konnossemente (§ 642 ff HGB) in Betracht, die in Art. 26 ff ERA als typische andienungsfähige Papiere eingehender geregelt sind. Der Spediteur hat hierzu die Weisungen des Auftraggebers zu befolgen. Er macht sich z. B. haftbar, wenn er anstatt der vom Auftraggeber geforderten, vom Kapitän unterschriebenen Konnossemente solche vorlegt, die (wie üblich und nach Art. 26 ERA zulässig) vom Reedereiagenten unterschrieben sind; OLG Düsseldorf transpR **1985** 142 f = VersR **1984** 34. Läßt der beauftragte Spediteur den Versender als „shipper" (Ablader) ins Konnossement eintragen, so ergibt sich daraus nicht notwendig, daß dieser für Fracht- und Verladespesen zahlungspflichtig wird; OLG Bremen VersR **1979** 667 ff.

Die zu beschaffenden Dokumente können ferner sein: Ladescheine (in der Binnenschiffahrt üblich); Lagerscheine eines vom Spediteur beauftragten in- oder ausländischen Lagerhalters, Absenderausfertigung von internationalen Eisenbahnfrachtbriefen, CMR-Frachtbriefen und Luftfrachtbriefen, die als Sperrpapiere begrenzt akkreditivfähig sind; vgl. § 426³ Rdn. 13 m. w. Hinweisen. Andienungsfähig sind ferner die Dokumente des kombinierten Transports, Art. 26 b ERA. Zum gesamten Komplex bringt die internationale Handelskammer in Paris laufend Publikationen heraus, die von der jeweiligen Landesgruppe bezogen werden können.

c) Ausstellung besonderer Spediteurpapiere

136 In vielen Fällen verlangt der Versender vom Spediteur, daß dieser ihm ein eigenes, für das Akkreditiv verwendbares Dokument ausstellt. Der Hauptgrund liegt darin, daß diese Papiere bereits unmittelbar nach Empfangnahme der Güter durch den Spediteur ausgestellt werden können, während z. B. ein Bordkonnossement erst nach Übernahme durch den Verfrachter an Bord des Seeschiffes ausgestellt werden kann; § 642 Abs. 1 HGB. Teilweise ermöglichen die Spediteurpapiere auch die Dokumentation einer multimodalen Beförderung (FBL). Zur Befriedigung dieses Bedürfnisses nach Spediteurdokumenten hat der internationale Spediteurverband FIATA (siehe oben Rdn. 4) vier Papiere entwickelt und empfohlen, die im Anh. IV nach § 415 dargestellt und abgedruckt sind.

137 Die Ausstellung solcher Dokumente kann zur **Schadensersatzpflicht** führen, wenn sie unrichtig ist, insbesondere wenn die Empfangnahme von Gütern bestätigt wird, die vom Spediteur noch nicht tatsächlich übernommen sind, oder wenn unrichtige Angaben über die Güter im Dokument enthalten sind. So kann der vom Käufer beauftragte CMR-Frachtführer in ergänzender Anwendung von § 31 Abs. 1 c KVO dem Käufer gegenüber haften, wenn er diesem durch eine Speditionsübernahmebescheinigung wahrheitswidrig die Übernahme unbeschädigter fabrikneuer Fahrzeuge bestätigt und deshalb die Akkreditivsumme ausgezahlt wird; OLG Düsseldorf VersR **1975** 232, 233 f. In aller Regel ist jedoch nicht der Auftraggeber Geschädigter, sondern derjenige, der im Vertrauen auf die Richtigkeit des Dokuments Verfügungen trifft, z. B. den Kaufpreis zahlt (Käufer oder Akkreditivbank). In diesen Fällen kommt eine Haftung des Spediteurs gegenüber

---

tober 1984, ICC-Publikation Nr. 400; bisherige Fassung abgedruckt und behandelt bei *Canaris,* Band III/3 (2. Bearb.) 1981, Rdn. 925 ff; *Zahn,* Zahlung und Zahlungssicherung im Außenhandel⁵, 1976; *Graf v. Westphalen,* Rechtsprobleme der Exportfinanzierung², 1978; *Eberth,* die Revision von 1983 der einheitlichen Richtlinien und Gebräuche für Dokumenten-Akkreditive, WM **1984**

Sonderbeilage zu Heft 20; *Döll,* Die Bank **1984** 431 ff; *Kaltz,* FIATA News **1984** H. 3. S. 22 f; *Nielsen,* ZIP **1984** 230 ff; ders. Aktuelle Rechtsfragen zum Dokumenten-Akkreditiv, RWS-Skript Nr. 138 (1984). Zum internationalen Recht s. ETR **1981** 1–56 mit verschiedenen Beiträgen; *Sarna* Letters of credit, Toronto/Calgary/Vancouver **1984**, ISBN 0-459-35990-8.

dem Geschädigten aus § 826 BGB in Betracht. Das OLG München transpR **1983** 19ff hat in einem derartigen Fall dem Spediteur im Hinblick auf §§ 138, 817 S. 2 BGB Ansprüche versagt; s. dazu die Leserzuschrift in DVZ Nr. 68 v. 9. 6. 1983, S. 3. Ansprüche des getäuschten Dritten gegen den Spediteur können sich auch aus § 823 Abs. 2 i. V. mit strafrechtlichen Tatbeständen, z. B. §§ 263, 265b, 266 StGB sowie aus § 831 BGB bzw. § 31 BGB i. V. mit diesen Vorschriften ergeben; s. auch BGH v. 15. 5. 1979, BGHZ 74 287 ff; Vertrag zugunsten Dritter (§ 328 BGB), wenn (wie das beim FBL der Fall ist) vom Spediteur ein Wertpapier ausgestellt wird, durch dessen Begebung ein Dritter begünstigt werden soll; vgl. zum Konnossement *Prüßmann/Rabe*, Seehandelsrecht², § 656 HGB G 1; zum Namenslagerschein (Rechtsscheinhaftung) BGH vom 13. 12. 1974, WM **1975** 350ff. Bei Ausstellung einer qualifizierten Empfangsquittung (z. B. FCR) kann an eine Haftung aus dem Speditionsvertrag als Vertrag mit Schutzwirkung für Dritte gedacht werden.

138 In der Praxis spielt auch das **Bordero** (Bordereau) eine gewisse Rolle. Dieses ist eine die Ladung und den Frachtbrief begleitende Ladeliste für den Empfangsspediteur; *Krien/Hay* § 15 ADSp Anm. 6; OLG Stuttgart VersR **1982** 90. Ihre Ausstellung spricht dafür, daß der Spediteur einen Speditions-, nicht Frachtvertrag abgeschlossen hat[60].

Stellt der Spediteur sogenannte Haus-Luftfrachtbriefe aus, dann gerät er in Gefahr, als Frachtführer behandelt zu werden, auch wenn die Papiere nur internen Zwecken dienen sollten; OLG Hamburg VersR **1975** 660; vgl. auch OLG Düsseldorf VersR **1979** 774ff.

d) Freihaltungsvereinbarungen

139 Hat der Spediteur Bedenken gegen die unrichtige Ausstellung von Empfangsdokumente, dann kann es vorkommen, daß er sich vom Auftraggeber einen „Revers" geben läßt, wonach er von der eventuellen Dritthaftung freigestellt werden soll. Derartige Reverse sind im internationalen Seerecht häufig. Nach deutscher Rechtsprechung sind sie zumeist sittenwidrig und daher unwirksam; vgl. *Prüßmann/Rabe* aaO § 656 HGB mit Rechtsprechungshinweisen. Mit der Ausstellung unrichtiger Bescheinigungen geht der Spediteur daher auch trotz der Sicherung durch einen Revers ein hohes Risiko ein.

e) Bedeutung der Ausstellung von Dokumenten für die Abgrenzung zwischen Speditions- und Frachtvertrag

140 Die vom Spediteur ausgestellten Dokumente können Indizien für den Typus des abgeschlossenen Vertrages sein. So spricht die Ausstellung bzw. Annahme von Frachtbriefen, in denen der Spediteur als Frachtführer eingetragen ist, für Frachtvertrag, die Ausstellung einer Spediteurübernahmebescheinigung (FCR) dagegen für Speditionsvertrag; vgl. §§ 412, 413 Rdn. 65.

18. Mängelrüge und Untersuchung des Guts

141 Häufig erhält der Spediteur die zu versendenden Güter nicht vom Versender, sondern von einem Dritten, z. B. unmittelbar vom Vorlieferanten des Versenders, als Empfangsspediteur vom Hauptspediteur oder vom Frachtführer. Im letzteren Falle hat der Spediteur nach ausdrücklicher Verweisung des § 407 Abs. 2 auf § 388 Abs. 1 die äußerlich feststellbaren Mängel gegenüber dem Frachtführer oder Schiffer zu rügen; s. *Krien/*

---

[60] OLG Stuttgart aaO; BGH v. 10. 2. 1983, VersR **1983** 551 ff; OLG Düsseldorf VersR **1978** 173; vgl. §§ 412, 413 Rdn. 66, 129; österr. OHG v. 21. 11. 1973, VersR **1974** 1043.

Hay, § 16 ADSp Anm. 4; RGZ **114** 308 ff (Unterlassene Zählung der Frachtstücke bei Empfangnahme von der Bahn). Hierbei handelt es sich um die Erfüllung der frachtrechtlichen Rügeobliegenheiten aus dem betreffenden Vertrag, als dessen Empfänger der Spediteur fungiert: § 438 Abs. 1 HGB; § 39 Abs. 1 KVO; § 22 Abs. 1 AGNB; § 60 b ADSp; im Eisenbahnrecht § 93 Abs. 1 EVO, Art. 46 § 1 CIM; in der Binnenschiffahrt § 61 BSchG; im Seerecht § 611 Abs. 3 HGB; im Luftrecht §§ 47, 40 LuftVG und Art. 26 Abs. 1 WA (s. die Anhänge nach §§ 452 und 460). S. im einzelnen *Helm,* Haftung, S. 165–167. § 388 Abs. 1 wird durch § 16a S. 2 ADSp ausdrücklich aufrecht erhalten. Diese Rügeobliegenheit belastet insbesondere den Empfangsspediteur (s. Rdn. 15 ff) mit erheblicher Verantwortung. Da er Empfänger der Güter im Sinne der betreffenden Frachtverträge ist, würde die Unterlassung der frachtrechtlichen Rüge erkennbarer Verluste und Beschädigungen von Frachtgut den Verlust von Schadenersatzansprüchen bzw. eine wesentliche Verschlechterung der haftungsrechtlichen Position des Versenders oder sonstigen Geschädigten bewirken. Auch fällt die Rüge erkennbarer Transportschäden durchaus in den Kenntnisbereich des Spediteurs. Daher gehört es zu den Aufgaben des Empfangsspediteurs, alle frachtrechtlichen Rügen fristgemäß zu erheben; Beispielsfall: LG Hamburg VersR **1982** 709.

Eine Pflicht zur **Untersuchung** der Ware und **Mängelrüge nach §§ 377, 378** begründet **142** der Speditionsvertrag in der Regel nicht. In § 388 Abs. 1 ist eine solche kaufrechtliche Rüge nicht erwähnt. Sie kann sich also allenfalls aus der allgemeinen Interessewahrnehmungspflicht des Spediteurs ergeben.

Bei der Rüge erkennbarer Sachmängel muß berücksichtigt werden, daß dem Spediteur, der Güter aller Art versendet, die erforderlichen branchenspeziellen Kenntnisse und technischen Möglichkeiten zum Erkennen von Kaufmängeln nicht zur Verfügung stehen. Er braucht somit allenfalls diejenigen Mängel zu rügen, die mit der Sorgfalt eines ordentlichen Spediteurs ohne spezielle Branchenkunde zu erkennen waren. § 16a S. 1 ADSp beschränkt die eventuelle Untersuchungspflicht des Spediteurs ausdrücklich auf das Geschäftsübliche, wenn keine andere schriftliche Vereinbarung vorliegt, s. dort Rdn. 1 Anh. I nach § 415. Im übrigen führt die Beschränkung der Rügepflicht des Spediteurs auch nicht zu unangemessenen Nachteilen für den Käufer, denn die kaufrechtliche Rügepflicht beginnt erst mit der Ablieferung an den Käufer. Ablieferung in diesem Sinne ist der Zeitpunkt, zu dem für den Käufer die Möglichkeit entsteht, die Ware selbst zu untersuchen. Ist dieser Zeitpunkt, insbesondere im Dokumentengeschäft, vorverlegt, dann muß der Käufer die rechtzeitige Untersuchung der Ware organisieren oder das Risiko der betreffenden Vertragsgestaltung selbst tragen; s. zu diesem gesamten Fragekomplex § 377 Rdn. 24 ff.

Wird die Ware an den von der Verkäuferseite, auch vom Spediteur des Verkäufers bestimmten Empfangsspediteur (Adreßspediteur, s. Rdn. 16) abgeliefert, so ist sie noch nicht in den Machtbereich des Empfängers/Käufers gelangt; die Rügepflicht beginnt noch nicht zu laufen. Dagegen beginnt sie mit der Ablieferung an den vom Empfänger/Käufer beauftragten Vollmachtsspediteur (Hausspediteur s. Rdn. 17). Der Vollmachtsspediteur muß seinen Auftraggeber, den Käufer benachrichtigen; dieser muß die Untersuchung, soweit sie bereits technisch möglich ist, selbst vornehmen. Untersuchung und Rüge müssen nach §§ 377 HGB, 121 BGB unverzüglich, d. h. ohne schuldhaftes Zögern erfolgen. Der Käufer handelt danach noch unverzüglich, wenn er nach Erhalt der Nachricht die Untersuchung umgehend einleitet. Versäumt der Spediteur die Benachrichtigung des Käufers/Empfängers, so ist dies allerdings dem Käufer nach § 278 BGB zuzurechnen, so daß die Rügefrist verstrichen ist. In diesem Falle ist die Nichtbenachrichtigung des Auftraggebers ein folgenschwerer Verstoß gegen die Sorgfaltspflicht des Vollmachtspediteurs und macht ihn gegenüber seinem Auftraggeber haftbar.

Zusammenfassend gilt somit folgendes: Der Spediteur hat in jedem Falle die frachtrechtlichen Rügen vorzunehmen. Zur kaufrechtlichen Rüge ist er nicht verpflichtet. Er hat jedoch, soweit er im Auftrag des Käufers tätig ist, diesen unverzüglich zu benachrichtigen, um ihm die Untersuchung und Rüge zu ermöglichen.

19. Pflicht zur Herausgabe erlangter Gegenstände

143 Nach §§ 675, 667 BGB hat der Spediteur als Geschäftsbesorger alles herauszugeben, was er zur Ausführung der Spedition oder aus deren Ausführung erhält. Das Speditionsrecht enthält hierzu keine besonderen Vorschriften; im Kommissionsrecht wiederholt § 384 Abs. 2, Halbs. 2 nur teilweise den Inhalt des § 667 BGB. Doch besteht kein Zweifel, daß die Nichterwähnung der Pflicht zur Herausgabe des „zur Ausführung Erhaltenen" in § 384 Abs. 2 Halbs. 2 nicht die Bedeutung hat, insoweit § 667 BGB auszuschließen. Somit verbleibt es für den Speditionsvertrag wie für den Kommissionsvertrag voll bei der Regelung des § 667 BGB; s. Rdn. 53.

Die Herausgabepflicht ist nicht in das Synallagma des Speditionsvertrages eingebunden. Daher gelten für sie nicht die Vorschriften der §§ 320–327 BGB. Vielmehr regelt sich ein etwaiges Zurückbehaltungsrecht des Spediteurs nach § 273 BGB — soweit nicht sogar ein Spediteurpfandrecht nach §§ 410 HGB, 50 ADSp besteht. Im Falle der Unmöglichkeit oder des Verzugs der Herausgabe gelten §§ 280, 286 BGB.

144 a) Der Spediteur hat **herauszugeben, was er zur Ausführung der Spedition erlangt hat.** Hierzu gehören außer dem Speditionsgut selbst die etwa eingenommenen unverbrauchten Vorschüsse, alle Dokumente, die dem Spediteur zur Besorgung der Beförderung übergeben worden sind, und die nach Geschäftsüblichkeit zurückzugebenden Verpackungsmaterialien; *Schlegelberger/Schröder*[5] § 407 Rdn. 40.

145 b) Der Spediteur hat ferner alles **herauszugeben, was er aus der Geschäftsbesorgung erlangt.** Hierzu gehören vor allem die Schadensersatzansprüche wegen Verlust und Beschädigung von Gütern, die der Spediteur gegen den Frachtführer oder Zwischenspediteur aus dem von ihm abgeschlossenen Fracht- oder Speditionsvertrag hat, sowie alle anderen Ersatzansprüche gegen Dritte; diese Ansprüche hat der Spediteur an den Versender abzutreten; Beispielsfall: RGZ **109** 282, 291 ff; BGH v. 4. 10. 1984, VersR **1985** 133. § 52 a ADSp wiederholt somit nur, was ohnehin kraft Gesetzes bereits gilt. Schon empfangene Ersatzleistungen hat der Spediteur an den Versender abzuführen.

Das gleiche gilt für Versicherungsansprüche, insbesondere aus der Transportversicherung, die der Spediteur in eigenem Namen für Rechnung des Versenders abgeschlossen hat; s. Rdn. 44, 116 ff. m. w. Hinweisen. Ansprüche aus der Speditionsversicherung stehen dem Versender unmittelbar gegen den Versicherer zu, bedürfen also keiner Abtretung. Schließlich hat der Spediteur auch die aus der Einziehung von Nachnahmen erlangten Beträge abzuführen. Ist die Pflicht zur Erhebung der Nachnahme an den ausliefernden Frachtführer weitergegeben worden, so hat der Spediteur den Anspruch auf Abführung der eingezogenen Beträge bzw. den Anspruch auf Schadenersatz wegen Nichterhebung der Nachnahme gegen den Frachtführer an den Versender abzutreten.

Auch die dem Spediteur etwa erfüllungshalber oder zur Sicherheit für die abzutretenden Ansprüche übertragenen Gegenstände, z. B. Wechsel, muß der Spediteur mit an den Versender herausgeben.

Inwieweit der Spediteur Frachtersparnisse und -rabatte an den Versender abzugeben hat, regelt sich nach §§ 408 Abs. 2, 412 Abs. 2, 413 Abs. 2. S. 2. Grundsätzlich sind Ersparnisse an Fracht an den Versender abzuführen. Dies gilt jedoch für die Fälle des Selbsteintritts (§ 412 Abs. 2, 2. Halbs.) und der Versendung per Sammelladung (§ 413 Abs. 2 S. 2) nur in modifizierter Form. Auch andere Kostenvorteile als Frachtersparnisse hat der Spediteur an den Versender weiterzugeben; §§ 407 Abs. 2, 387 s. Rdn. 53.

IV. Die Haftung des Spediteurs
1. Grundsätzliches
a) Gesetzliche Haftung und ADSp-Regelung

Die Haftung des Spediteurs ist durch sehr unterschiedliche Ausgestaltungen geprägt. **146** Je nachdem, ob die ADSp eingreifen und ob die Speditionsversicherung gedeckt ist, liegen vollständig verschiedene Rechtslagen vor; s. Rdn. 49–52.

Im weitaus häufigsten Fall ist die **Haftung** des Spediteurs nach § 41 ADSp **durch die** **147** **Speditionsversicherung ersetzt.** Der Spediteur haftet danach — vom Fall groben Eigenverschuldens abgesehen – überhaupt nicht; s. im einzelnen die Erl. zu § 41 ADSp Anh. I nach § 415. Die Ansprüche des Versenders gegen den Speditionsversicherer richten sich gemäß § 3 SVS/RVS nach den für die Spediteurhaftung geltenden **gesetzlichen Bestimmungen.** Auf die Einwendungen aus den ADSp verzichten die Speditionsversicherer. Jedoch sind die gesetzlichen Bestimmungen über die Spediteurhaftung nicht alleine für den Umfang der Ansprüche gegen den Speditionsversicherer maßgeblich, da diese durch die aus den Speditionsversicherungsbedingungen sich ergebenden Leistungsgrenzen der Risikodeckung ganz erheblich eingeschränkt werden; s. vor § 1 ADSp Rdn. 42.

Nicht selten werden zwar die ADSp vereinbart, der Kunde verbietet jedoch die Speditionsversicherung, weil er die Prämie sparen will (sog. „**Verbotskunde**"); s.§ 41 ADSp Rdn. 5 f. In solchen Fällen haftet der Spediteur nur nach den Regeln der ADSp und daher nur sehr eingeschränkt. Das gleiche gilt, **wenn die Speditionsversicherung** zwar vom Spediteur gedeckt ist, aber **aus sonstigen Gründen nicht tatsächlich eingreift,** etwa bei den Ausschlüssen des § 5 SVS/RVS; s. § 41 ADSp Rdn. 12 ff. Sind die ADSp nicht dem Vertrag zugrunde gelegt, so richtet sich die Haftung des Spediteurs nach der gesetzlichen Regelung. Diese Fälle sind verhältnismäßig selten. Sie kommen praktisch vor allem bei Geschäften mit nichtkaufmännischen Kunden (§ 2 a ADSp Neufassung 1978) oder in Verträgen mit marktmächtigen Großkunden, ferner bei Verträgen mit ausländischen Auftraggebern (s. vor § 1 ADSp Rdn. 18 ff) und bei Gelegenheitsspediteurtätigkeit von Nichtberufsspediteuren nach § 415 vor. Die gesetzliche Haftungsregelung greift anstelle der ADSp auch dann ein, wenn der Spediteur zwar die ADSp vereinbart, es aber vertragswidrig unterlassen hat, die Speditionsversicherung zu decken. Er kann sich dann nach § 41 c nicht auf die ADSp berufen, so daß die gesetzliche Regelung eingreift.

Spediteurhaftung und Speditionsversicherungsdeckung stehen daher im Regelfall in einem **Verhältnis des entweder/oder.** Ein Nebeneinander beider Möglichkeiten gibt es beim sogenannten Teilverbot der Speditionsversicherung (s. § 39 ADSp Rdn. 20). Ferner kann der Spediteur ergänzend zur Speditionsversicherung haften, wenn diese den Schaden nicht voll deckt und grobes Eigenverschulden vorliegt; s. eingehend § 41 ADSp Rdn. 22. Möglich ist auch ein Nebeneinander von gesetzlicher Spediteurhaftung und Speditionsversicherungsschutz, wenn der Spediteur zwar die Speditionsversicherung deckt, aber die ADSp nicht vereinbart sind; s.§ 2 SVS/RVS Rdn. 3, Anh. II nach § 415.

Zusammenfassend gilt daher folgendes: **148**

(1) **Die Speditionsversicherung deckt** im Regelfall (anstelle der Spediteurhaftung) den Schaden nach Maßgabe des Gesetzesrechts und der Speditionsversicherungsbedingungen.

§§ 407–409   Drittes Buch. Handelsgeschäfte

(2) **Die Haftungsregelung der ADSp** wird nur wirksam, wenn diese vereinbart sind und wenn der Kunde die Speditionsversicherung untersagt (Verbotskunde) ferner wenn die Speditionsversicherung aus anderen Gründen nicht eingreift.

(3) Die **gesetzliche Regelung** gilt:

a) **unmittelbar** zwischen Spediteur und Versender, wenn die ADSp nicht vereinbart sind oder wenn der Spediteur vertragswidrig die Speditionsversicherung nicht gedeckt hat; ferner soweit die ADSp mit zwingendem Recht, insbesondere dem AGBG nicht vereinbar sind,

b) **mittelbar als Bemessungsgrundlage** für die Schadensersatzansprüche des Versenders gegen den Speditionsversicherer.

(4) Nach **Frachtrecht** haftet der Spediteur in den Fällen der §§ 412, 413; s. die dortigen Erl.

b) Allgemeine Haftungsgrundsätze

149 Für alle Haftungsfälle gemeinsam gelten, soweit nicht Sonderregeln bestehen, die **allgemeinen Normen des Haftpflichtrechts** (§§ 249 ff BGB). Besonders zu erwähnen ist die häufig vorkommende **Drittschadensliquidation**. Der Versender ist beim Speditionsvertrag in vielen Fällen nicht selbst Eigentümer des Gutes, z. B. weil er selbst als Spediteur handelt, Kommissionär ist oder weil die Waren unter Eigentumsvorbehalt stehen. Auch kann das Schadensrisiko bereits bei Übergabe des Gutes an den Spediteur auf den Käufer übergegangen sein, z. B. nach § 447 BGB. In diesen Fällen wird vom Handelsrecht die Schadensliquidation im Drittinteresse sehr großzügig zugelassen. Dies gilt ebenso im Speditionsrecht wie im Frachtrecht[61].

Zum Haftungsmaßstab s. Rdn. 94, zur Zurechnung Handlungen Dritter gemäß § 278 s. Rdn. 95.

2. Die vertragliche Haftung nach den gesetzlichen Vorschriften
a) Haftung für Verlust und Beschädigung des Speditionsguts

150 Diese ist nach §§ 407 Abs. 2, 390 wie die des Kommissionärs Haftung für vermutetes Verschulden. Danach ist der Spediteur für Verlust und Beschädigung des in seiner Verwahrung befindlichen Guts verantwortlich. Er ist jedoch von der Haftung befreit, wenn er behauptet und bei Bestreiten nachweist, daß der Verlust oder die Beschädigung auf Gründen beruht, die durch die Sorgfalt eines ordentlichen Kaufmanns nicht abgewendet werden konnten. Im einzelnen:

aa) Zur Versendung übergebenes Gut

151 Unter § 390 fällt nur das dem Spediteur zur Versendung übergebene Gut. §§ 407 Abs. 2, 390 betreffen auch nur die eigentlichen Speditionsgeschäfte des Spediteurs. Für die Haftung aus Fracht- und Lagervertrag des Spediteurs gelten andere Regelungen, insbes. über §§ 412, 413; s. dazu die Kommentierung zu §§ 412, 413.

---

[61] S. zum Speditionsvertrag BGH v. 10. 5. 1984, transpR **1984** 283, 284f m. w. Hinweisen; zum Frachtvertrag s. § 429³ Rdn. 36; *Helm,* Haftung für Schäden an Frachtgütern, **1966** 163f; *ders.,* Der Ersatzberechtigte im CMR-Haftpflicht-Fall, transpR **1983** 29, 33; neuestens zum WA: OLG Hamburg transpR **1984** 299f = VersR **1985** 158f; gegen die großzügige Zulassung der Drittschadensliquidation *Koller,* VersR **1982** 415.

bb) In der Verwahrung des Spediteurs befindlich

152 Das Gut muß sich im Zeitpunkt der Schädigung in der „Verwahrung" des Spediteurs befunden haben. Es handelt sich daher um eine „Obhutshaftung", die nur für die Dauer der Obhut des Spediteurs („Obhutszeit") gilt. Entsprechend den für den Frachtvertrag entwickelten Definitionen beginnt diese Verwahrung oder Obhut mit der Erlangung der tatsächlichen Sachherrschaft durch den Spediteur oder dessen Besitzdiener (§ 855 BGB). Der Beginn der Verwahrung deckt sich somit mit der frachtrechtlichen „Annahme". Die Verwahrung endet mit der vertragsgemäßen „Ablieferung" an den Frachtführer, die Eisenbahn etc. oder an den Empfänger, den Versender selbst oder die sonst vertraglich bestimmte Person. Siehe zu den Einzelheiten der „Annahme" und der „Ablieferung" § 429³ Rdn. 10–19. Entscheidend ist regelmäßig der Verlust des Besitzes; OLG Schleswig transpR **1985** 137, 138.

Maßgeblich ist der Zeitpunkt der Schadensverursachung. Ist ein Schaden während der Obhutszeit verursacht, aber erst später eingetreten, so fällt er noch unter die Haftung nach § 390; ist er dagegen vor der Obhutszeit bereits verursacht und hat sich nur während ihrer Dauer verwirklicht, so haftet der Spediteur nicht nach § 390. Die Beweislast für die Entstehung des Schadens in der Obhutszeit trägt der Versender; s. zum Frachtrecht § 429³ Rdn. 19; als Beispiel (in einem etwas anderen Zusammenhang) s. OLG Hamburg transpR **1985** 94 f.

cc) Verlust oder Beschädigung

153 Der Anspruch aus §§ 407 Abs. 2, 390 gilt nur für Fälle von Verlust oder Beschädigung des Speditionsguts; s. zu diesen vor allem im Frachtrecht bedeutsamen Begriffen § 429³ Rdn. 4–6. Verlust ist nicht nur die Unauffindbarkeit, sondern auch jede vollständige Zerstörung des Guts; ferner die Auslieferung an einen Nichtberechtigten; s. § 429³ Rdn. 4. Beschädigung ist jede nachteilige substantielle Veränderung. Analog dem Verlust ist die endgültige Beschlagnahme durch Behörden (vor allem ausländische) zu behandeln. Bei vorübergehender Beschlagnahme könnte man § 390 wegen mancher Ähnlichkeit mit dem Fall der Beschädigung anwenden. Näher liegt es jedoch, die Ansprüche des Versenders in diesem Fall nach der Regelung des Schuldnerverzuges zu bestimmen. Denn der Spediteur kommt in diesem Falle mit der Erfüllung seiner Herausgabepflicht in Verzug, so daß der Verzugsschaden nach § 286 Abs. 1 BGB zu ersetzen ist. Die Beweislast ist auch in diesem Fall nicht ungünstiger für den Versender, da bei Verzug nach § 285 BGB ebenfalls das Verschulden vermutet wird.

dd) Entlastung durch Nachweis des Nichtverschuldens

154 Nach der gesetzlichen Regelung des § 390 braucht der Versender zur Begründung des Schadensersatzes nur das Bestehen des Speditionsvertrags und die Voraussetzungen zu aa)–cc) zu behaupten und ggf. nachzuweisen. Der Spediteur kann sich jedoch von der Haftung befreien durch den Nachweis, daß der Verlust oder die Beschädigung auf Umständen beruht, die durch die Sorgfalt eines ordentlichen Kaufmanns nicht abgewendet werden konnten. Der Entlastungsbeweis geht also dahin, daß kein vom Spediteur oder seinen Erfüllungsgehilfen verschuldeter Umstand die Ursache des Verlustes oder der Beschädigung gewesen ist. Der Beweis ist an sich bereits dann geführt, wenn bei Berücksichtigung aller denkbaren Schadensursachen keine vom Spediteur zu vertretende Handlung als Ursache in Betracht kommt. In aller Regel wird ein solcher negativer Nachweis am ehesten dadurch geführt werden können, daß die wirkliche Schadensursache aufgeklärt und die Kausalität zwischen dieser Ursache und dem Verlust oder der Beschädigung nachgewiesen wird. Bleibt die Schadensursache ungeklärt und kann auch nicht mit Sicherheit ausgeschlossen werden, daß kein vom Spediteur zu vertretender Umstand ursächlich gewesen ist, so verbleibt es bei der Haftung des Spediteurs.

War das Handeln einer dritten Person mit ursächlich, so kann sich der Spediteur durch den Nachweis entlasten, daß diese Person nicht sein Gehilfe nach § 278 BGB war, oder daß sie die Sorgfalt eines ordentlichen Kaufmanns beachtet hat. Siehe zur Frage, für wessen Handeln der Spediteur einzustehen hat Rdn. 95; zum Auswahlverschulden Rdn. 98 ff.

Der Hauptspediteur haftet grundsätzlich (§ 52 a ADSp vorerst ausgeklammert) für Verschulden des Unterspediteurs, da dieser ursprüngliche Pflichten des Hauptspediteurs erfüllt, nicht dagegen für Verschulden des Zwischenspediteurs; bei diesem schuldet er nur die sorgfältige Auswahl, s. Rdn. 26 ff.

aaa) Schadensursache und Kausalität im besonderen

155 § 390 HGB spricht nur von **Umständen**, die durch die Sorgfalt eines ordentlichen Kaufmanns **nicht abgewendet werden konnten.** Es ist jedoch unstreitig, daß die Haftung des Spediteurs auch dann eingreift, wenn zwar der Umstand als solcher nicht abgewendet werden konnte (z. B. Hochwasser oder Regen), wohl aber die schädlichen Auswirkungen durch geeignete Vorkehrungen hätten verhindert oder gering gehalten werden können.

Die Ursache kann in einem außerhalb menschlichen Handelns liegenden Umstand zu sehen sein (z. B. Versagen einer technischen Einrichtung etwa eines Kfz, einer Kühlanlage, einer Verladeeinrichtung oder auch in Witterungsumständen wie Hochwasser, Frost usw.). In allen diesen Fällen besteht jedoch die Möglichkeit, daß menschliches Verhalten mitgewirkt hat; z. B. bei Unterlassen turnusgemäßer Kontrollen technischer Einrichtungen; unzureichenden Vorkehrungen zur Abwehr vorhersehbarer Witterungseinflüsse. Alle solchen Handlungen genügen, wenn sie ursächlich für den Verlust oder die Beschädigung und schuldhaft sind, um eine Entlastung des Spediteurs auszuschließen.

156 Inwieweit die Kausalität durch die noch herrschende, aber immer stärker umstrittene **Adäquanztheorie** eingeschränkt wird, ist mehr von theoretischer Bedeutung. Praktisch sind inadäquate Kausalverläufe nicht mit der Sorgfalt eines ordentlichen Kaufmanns vorhersehbar oder abwendbar, so daß der Entlastungsbeweis in diesem Fall mindestens im Bereich des Verschuldens gelingen wird.

Sind mehrere Ursachen nebeneinander wirksam geworden, so wird es darauf ankommen, ob der vom Spediteur zu vertretende Umstand für den ganzen Schaden kausal ist, daß also der Schaden ohne Vorliegen dieses Umstandes überhaupt nicht eingetreten wäre. In diesem Fall mißlingt dem Spediteur die Entlastung. Würde der Schaden zu einem Teil auch ohne den vom Spediteur zu vertretenden Umstand eingetreten sein — so besonders, wenn der Spediteur es nur versäumt hat, den Schaden gering zu halten —, dann kann der Entlastungsbeweis teilweise gelingen.

Liegt Mitverursachung auf seiten des Versenders oder ihm zuzurechnender Personen vor, so gilt § 254 BGB; s. dazu im Rahmen der ADSp Rdn. 195.

157 Übernimmt es der Spediteur **im Einverständnis mit dem Versender,** eine **gewagte Versendung** durchzuführen, so haftet er nicht für das sich daraus ergebende Risiko, da ein entsprechender stillschweigender Haftungsausschluß angenommen werden muß; RGZ 104 387 ff für eine Versendung z. Zt. der französischen Rheinlandbesetzung.

bbb) Verschulden

158 Der Spediteur muß nachweisen, daß ihn und seine Erfüllungsgehilfen bzw. gesetzlichen Vertreter im Sinne des § 278 BGB hinsichtlich der schadensverursachenden Umstände kein Vorsatz und keine Fahrlässigkeit trifft. Für den Fahrlässigkeitsmaßstab gilt § 347 HGB; s. Rdn. 95 ff.

ee) Verjährung

Die Ansprüche gegen den Spediteur unterliegen nach § 414 der einjährigen Verjährung. **159**

b) Die Haftung für Nichtbefolgung von Weisungen des Versenders, §§ 407 Abs. 2, 385 Abs. 1

Für den Fall der Nichtbefolgung von Weisungen des Versenders sieht § 385 Abs. 1 **160** eine doppelte Sanktion vor: Haftung des Spediteurs und Zurückweisungsrecht des Versenders hinsichtlich der weisungswidrigen Vertragsschlüsse des Spediteurs.

aa) Voraussetzungen

§ 385 Abs. 1 verlangt als einzige Voraussetzung, daß der Kommissionär (hier: Spe- **161** diteur) nicht gemäß den Weisungen des Kommittenten (hier: Versenders) gehandelt hat; s. zum Weisungsrecht selbst Rdn. 89 ff. Welche einengenden Voraussetzungen zusätzlich gegeben sein müssen, ist jedoch zweifelhaft. Fälle von Nichtbefolgung der Weisungen entscheidet der BGH in den Urteilen vom 17. 4. 1951, BGHZ **2** 1, 4 und vom 3. 2. 1953, BGHZ **9** 1, 4, ohne auf § 385 einzugehen.

Wohl unstr. war bisher, daß für das **Recht zur Zurückweisung** des Geschäfts kein Verschulden des Spediteurs (Kommissionärs) bei der Nichtbefolgung von Weisungen Voraussetzung sei. Mit beachtlichen Gründen plädiert allerdings *Koller*[3] § 385 Anm. 2, 9 und BB **1979** 1730 f für eine Restriktion des § 385 Abs. 1, die eine Zurückweisung durch den Kommittenten vom Verschulden des Kommissionärs abhängig machen will.

Für die Folge der **Schadensersatzhaftung** wird demgegenüber allgemein Verschulden des Spediteurs oder eines Gehilfen (§ 278 BGB) als zusätzliche Voraussetzung gefordert; *Koller*[3] § 385 Anm. 10.

Keine Klarheit herrscht in der Literatur über die **Beweislast**. Jedoch sollte die Regelung für den Versender zumindest nicht ungünstiger sein, als sie bei der ohne § 385 Abs. 1 eintretenden Haftung aus positiver Forderungsverletzung läge: Danach hätte sich der Spediteur insoweit zu entlasten, als sich die Vorgänge in seinem Einfluß- und Risikobereich abgespielt hätten. Ihm müßte also die Klärung obliegen, ob er oder einer seiner Gehilfen schuldhaft gehandelt hat; s. *Koller*[3] § 385 Anm. 12. Legt man diese Auffassung der weiteren Erörterung zugrunde, so ist allerdings § 385 Abs. 1 in Bezug auf die Schadenersatzverpflichtung bedeutungslos, da sie in Voraussetzungen und Folge der positiven Vertragsverletzung entspricht. Dies ist jedoch kein zwingendes Argument gegen die vorgeschlagene Auslegung des § 385 Abs. 1, weil zu seiner Entstehungszeit die Haftung aus positiver Vertragsverletzung noch nicht bekannt war und die Vorschrift mindestens zur Klarstellung der Haftungsfrage von Bedeutung sein kann.

bb) Folgen

aaa) Schadenersatz

Der Versender kann vom Spediteur Ersatz des aus der Nichtbefolgung der Weisun- **162** gen entstehenden Schadens verlangen. Dies entspricht der Folge, die auch nach allgemeinem Schuldrecht, insbesondere bei positiver Vertragsverletzung eintreten würde.

bbb) Zurückweisungsrecht des Versenders

Wahlweise kann der Versender auch das vom Spediteur abgeschlossene Ausfüh- **163** rungsgeschäft zurückweisen („nicht für seine Rechnung gelten lassen"). Der Versender ist gegenüber dem Dritten nicht als Partner des Ausführungsgeschäfts gebunden, weil der Spediteur es in eigenem Namen abschließt. Das Zurückweisungsrecht bezieht sich somit nur auf das Verhältnis zwischen Versender und Spediteur. Es schließt ein: Nichtauslieferung des Guts an den Frachtführer, Nichterstattung der Kosten des Spediteurs aus dem weisungswidrigen Geschäft, evtl. auch Ablehnung der durch die weisungswidrige Ausführung entstandenen Kosten: RGZ 114 378; a. A. ohne Begründung *Senckpiehl*, S. 103.

Das Zurückweisungsrecht des Versenders erlischt mit der (auch stillschweigend möglichen) Genehmigung des Versenders. Es ist ferner durch den Grundsatz von Treu und Glauben eingeschränkt. Ist dem Versender durch das Abweichen des Spediteurs von den Weisungen keinerlei Nachteil erwachsen, so ist die Zurückweisung rechtsmißbräuchlich. Das gleiche gilt, wenn die Abweichung von der Weisung zwar finanziell nachteilig ist, der Spediteur aber bereit ist, die Kostendifferenz zu übernehmen (§§ 407 Abs. 2, 386 Abs. 2).

ccc) Konkurrenz zwischen Schadenersatz und Zurückweisung

164 Der Versender kann beide Rechte, Schadenersatz und Zurückweisung, nebeneinander geltend machen. Er kann also z. B. wenn der Spediteur das Gut weisungswidrig per Luftfracht statt per Bahn versendet, die Bezahlung der Mehrkosten verweigern und den durch die Luftfrachtversendung entstandenen Schaden ersetzt verlangen.

ddd) Verjährung

165 Die Ansprüche des Versenders verjähren, soweit sie unter § 414 fallen, in einem Jahr, im übrigen nach § 195 BGB in 30 Jahren. § 196 Ziff. 1 BGB paßt nicht, da es sich nicht um Vergütungsansprüche handelt. Im Regelfall ist außerdem die Verjährung von Ansprüchen gegen den Spediteur durch § 64 ADSp verkürzt. Siehe dort, Anh. I nach § 415.

c) Haftung nach allgemeinem Schuldrecht

166 Außer §§ 390 und 385 Abs. 1 enthält die gesetzliche Regelung der Spediteurhaftung keine speziellen Haftungsnormen. Alle anderen Fälle von Vertragsverletzungen des Spediteurs müssen daher nach den Regeln des allgemeinen Schuldrechts über Leistungsstörungen beurteilt werden.

aa) Unmöglichkeit

167 Kann der Spediteur die versprochene Besorgung der Versendung nicht ausführen, weil er keinen entsprechenden Beförderer findet, der bereit ist, die Beförderung zu übernehmen, so haftet er im Verschuldensfall — d. h. wenn er die Möglichkeit vorher nicht ordnungsgemäß geprüft hatte — wegen Unvermögens der Vertragserfüllung; BGH vom 12. 1. 1966, VersR **1966** 461, 464; weiterer Fall der Unmöglichkeit OLG Freiburg JZ **1951** 223, 225. Die Beweislast für das Nichtverschulden trifft nach § 282 BGB den Spediteur.

bb) Schuldnerverzug

168 Der Spediteur kommt spätestens mit einer Mahnung des Schuldners nach § 284 Abs. 1 BGB, bei terminierten Geschäften auch ohne Mahnung in Schuldnerverzug, wenn er die Versendung nicht rechtzeitig ausführt. Dabei wird das Verschulden des Spediteurs nach § 285 BGB vermutet. Für die Leistungsfähigkeit seines Betriebes hat der Spediteur grundsätzlich einzustehen. Im Falle einer Überlastung steht es bei ihm, die nicht pünktlich ausführbaren Aufträge abzulehnen oder einen späteren Zeitpunkt für ihre Ausführung mit dem Versender zu vereinbaren. Ist der Schuldnerverzug eingetreten, so hat der Spediteur neben der Erfüllung nach § 286 Abs. 1 BGB den Verspätungsschaden zu ersetzen. Bezieht sich der Verzug auf eine Hauptpflicht des Spediteurs, schließt dieser z. B. das Ausführungsgeschäft nicht rechtzeitig ab, so kann der Versender nach Fristsetzung und Ablehnungsandrohung (§ 326 Abs. 1 BGB) oder bei Interessewegfall (§ 326 Abs. 2 BGB) vom Speditionsvertrag zurücktreten oder Schadenersatz wegen Nichterfüllung des ganzen Vertrages verlangen. Ist der Spediteur mit der Erfüllung einer (nicht synallagmatischen) Nebenpflicht in Verzug, so bestimmen sich die Rechte des Versenders nach § 286 Abs. 2 BGB.

An dieser Rechtslage ändert auch § 17 ADSp nichts, der die Gewährleistung von Verlade- und Lieferfristen mangels besonderer Vereinbarung ausschließt; s. die Erl. zu § 17 ADSp Anh. I nach § 415.

Besonderes Gewicht erhält die Haftung des Spediteurs für Schuldnerverzug, wenn er nach zwingendem Frachtrecht für die Erfüllung des Ausführungsgeschäfts haftet; s. §§ 412, 413 und dort insbesondere Rdn. 35.

cc) Positive Vertragsverletzung

169 Jede Schlechterfüllung der Spediteurpflichten, ggf. auch die Nichterfüllung sekundärer Nebenpflichten kann positive Vertragsverletzung sein und Ansprüche des Versenders auf Schadenersatz, evtl. ein Rücktrittsrecht begründen. Die Frage, in welchen Fällen bei Nichterfüllung von Nebenpflichten Schuldnerverzug mit der Folge des § 286 Abs. 1 und 2 BGB oder positive Forderungsverletzung vorliegt, ist im allgemeinen Schuldrecht kaum geklärt (vgl. *Köpke*, Typen der positiven Vertragsverletzung, 1965) und kann daher auch nicht für das Speditionsrecht speziell entschieden werden. Mit der in der Rechtspraxis getroffenen Entscheidung, die Verletzung von Nebenpflichten (s. zu diesen Rdn. 101–145) grundsätzlich als positive Vertragsverletzung zu behandeln (s. z. neuesten Stand *Palandt/Heinrichs*[44] § 276 BGB Anm. 7 C) entfällt vor allem das Erfordernis der Mahnung nach § 284 Abs. 1 BGB. Dies entspricht der beim Speditionsvertrag zumeist bestehenden Interessenlage, denn der Absender hat nach der Art der Nebenpflichten in der Regel weder Anlaß noch Möglichkeit, den Spediteur zur Erfüllung der Nebenpflicht zu mahnen.

170 **Beispiele für Nebenpflichtverletzungen:** Verstoß des Zwischenspediteurs gegen die durch § 411 Abs. 1 HGB begründete Pflicht zur Ausübung der Rechte des Vormanns; Verursachung einer Beschlagnahme durch Nichtmitführen des erforderlichen Warenbegleitscheins: BGH v. 20. 12. 1956, VersR **1957** 192; Auslieferung des Guts an den falschen Empfänger mit negativen Folgen für den Verkäufer/Versender: RGZ **62** 331 ff (noch nicht als positive Forderungsverletzung bezeichnet); mangelhafte Verladung ohne Verpackung in den Waggon: KG VersR **1967** 446, 447; verspätete Weitergabe eines Inkassoauftrags: OLG Hamburg VersR **1963** 36 f; Nichteinziehung einer Nachnahme durch Empfangsspediteur (§ 413 Abs. 2): OLG Düsseldorf transpR **1985** 173 f = VersR **1982** 1076 f; s. Rdn. 131; falsche Versandanzeige, die zur Zurückweisung der Ware durch den Abkäufer führt; OLG Frankfurt BB **1981** 1915, 1916 f = VersR **1982** 569; Fehler bei der Zollbehandlung: OLG Düsseldorf VersR **1982** 350 (frachtrechtlicher Fall); schuldhafte Verursachung von Personenschäden, s. auch § 5 Nr. 4 SVS/RVS und § 54 Nr. 2 ADSp.

171 Positive Vertragsverletzung ist grundsätzlich auch die **Schlechterfüllung der Hauptpflichten,** also z. B. die unsorgfältige Ausführung der Versendung durch mangelhafte Auswahl; § 408 Abs. 1.

§§ 407–409   Drittes Buch. Handelsgeschäfte

Die Abgrenzung zwischen Nichterfüllung oder Schlechterfüllung von Nebenpflichten einerseits und Schlechterfüllung der Hauptpflichten andererseits ist im Einzelfall nicht erforderlich und vielfach kaum möglich: so kann man z. B. die schuldhafte Verursachung von Verzögerungsgebühren, Stand- und Lagergeldern, Containermieten (vgl. OLG Hamburg VersR **1982** 361 f) kaum in eine der Gruppen sicher einordnen.

dd) Verschulden bei Vertragsschluß

172   Eine Aufklärungspflicht des Spediteurs hinsichtlich des Inhalts der ADSp ist grundsätzlich nicht anzunehmen; s. vor § 1 ADSp Rdn. 6 Anh. I nach § 415. Der Spediteur hat aber Fragen des Auftraggebers hinsichtlich des Inhalts der ADSp oder der Speditionsversicherung richtig zu beantworten; zu den Folgen ungenauer Auskünfte über die Schadensabwicklung s. § 41 ADSp Rdn. 25. Falschinformationen, die zur Erteilung nicht sachdienlicher Speditionsaufträge führen, können eine Haftung des Spediteurs begründen. In diesen Fällen kann die Berufung auf die Haftungsbeschränkungen der ADSp rechtsmißbräuchlich sein; s. vor § 1 ADSp Rdn. 52.

ee) Verjährung

173   Ansprüche aus schuldrechtlichen Leistungsstörungen verjähren gem. § 195 BGB nach 30 Jahren. Für Verspätungsschäden gilt die einjährige Frist des § 414 HGB. Ansprüche wegen Verlust und Beschädigung des Speditionsguts, die regelmäßig auf §§ 407 Abs. 2, 390 gestützt sind, verjähren ebenfalls gem. § 414.

3. Die Haftung nach den ADSp

174   Soweit nicht die Haftung des Spediteurs nach § 41 a ADSp gänzlich durch die Speditionsversicherung ausgeschlossen ist (z. Überblick Rdn. 147 f) wird sie durch die übrigen Bestimmungen der ADSp so stark eingeschränkt, daß man wegen der Vielzahl sich überlagernder Klauseln fast von völligem Ausschluß der Haftung sprechen kann. Daran hat auch die Reform von 1978 nichts Entscheidendes geändert. Einzig wichtiger Fall voller Haftung ist der Vorsatz oder die grobe Fahrlässigkeit der Spediteurs oder eines seiner leitenden Angestellten bzw. grobes Organisationsverschulden; s. § 51b S. 2 und vor § 1 ADSp Rdn. 49 Anh. I nach § 415. Die Haftungseinschränkungen der ADSp gelten grundsätzlich für alle vertraglichen Ansprüche gegen den Spediteur, nach § 63 ADSp auch für außervertragliche. Über die Haftungsregelung der ADSp wird im folgenden ein skizzenhafter Überblick gegeben. Hinsichtlich der Einzelheiten s. die Erl. zu den ADSp Anh. I nach § 415. Zu den Grenzen der Freizeichnung und den Auswirkungen des AGBG s. vor § 1 ADSp Rdn. 39 ff sowie die Erl. zu den einzelnen Klauseln der ADSp. Für die Tätigkeit des Spediteurs als Frachtführer sind die ADSp weitgehend durch zwingendes Frachtrecht ausgeschaltet. Gleiches gilt für die Fälle, in denen nach §§ 412, 413 Frachtrecht anzuwenden ist. Hierdurch ist die Wirkungsbereich der ADSp in den letzten zwei Jahrzehnten sehr erheblich eingeschränkt worden. S. zu diesem Problembereich eingehend die Erl. zu §§ 412, 413.

Die Haftungsbeschränkung der §§ 51 ff ADSp sind vom Amts wegen zu berücksichtigen, wenn die Geltungsvoraussetzungen der ADSp vorliegen; OLG Düsseldorf DB **1976** 1374.

a) Haftungsgrundsatz

175   Die Haftung des Spediteurs ist in § 51 a ADSp wie die gesetzliche als Haftung für vermutetes Verschulden geregelt. Bei Schäden am Speditionsgut ist die Beweislast für äußerlich nicht erkennbare Schäden und für nicht dem Spediteur zumutbare Aufklärung dem Versender auferlegt. Die Reform von 1978 hat die Regelung des § 51 a ADSp durch Einfügung von Satz 3 bis 5 präzisiert und sie damit den allgemeinen Haftungsgrundsätzen stark angenähert. Insbes. ist durch S. 5 nunmehr dem Spediteur eine teilweise Aufklärungspflicht auferlegt worden. Die Beweislastregelung in § 51 a ADSp ist von der Rspr. auch unter dem AGBG nicht beanstandet worden; s. im einzelnen die Erl. zu § 51.

Zur früheren Rspr. hinsichtlich der Anforderungen an die Entlastung s. eingehend BGH v. 21. 11. 1963, VersR **1964** 40 ff; auch hinsichtlich der Kausalität soll sich der Spediteur zu entlasten haben: KG VersR **1967** 446, 447. Im Ergebnis unterscheidet sich die Regelung des § 51 a ADSp kaum wesentlich von der gesetzlichen Haftung. Zwar wird durch sie die Beweislast bei vielen Speditionsgütern – weil sie industriell verpackt zum Versand kommen — zugunsten des Spediteurs umgekehrt. Aber auch nach der gesetzlichen Regelung muß der Geschädigte die Tatsache der Schadensverursachung innerhalb der Obhutszeit beweisen, was bei verpackten Gütern oft sehr schwierig ist.

b) Haftungsausschlüsse, die den Haftungsgrund betreffen

aa) Haftungsausschluß im Falle der Güterversicherung (§ 37 ADSp)

Schließt der Spediteur im Auftrag des Versenders eine Transport-, Lager- oder andere Güterversicherung ab, so entfällt bei Schäden am Speditionsgut nach § 37 ADSp jede Haftung des Spediteurs. Der Spediteur erlangt durch den Auftrag des Versenders zur Güterversicherung somit zwei Vorteile: völlige Haftungsbefreiung für alle entsprechenden Schäden und Anspruch auf eine besondere Vergütung nach § 38 ADSp. Auch in der Neufassung von 1978 wirft § 37 ADSp beachtliche Probleme hinsichtlich der Auslegung und der Inhaltskontrolle auf; s. die Erl. zu § 37 ADSp, Anh. I nach § 415.

bb) Völliger Haftungsausschluß in der Binnenschiffahrtsspedition (§ 57 b ADSp n. F.)

Für den Bereich der Binnenschiffahrtsspedition schließt § 57 b ADSp fast die gesamte Haftung des Spediteurs aus. Nur soweit in diesem Bereich eine Deckung der Schäden durch Transportversicherung nicht möglich oder nicht üblich ist, oder soweit die Versicherung wegen Verschuldens des Spediteurs nicht eingreift, bleibt noch eine Haftung des Spediteurs bestehen. Hierbei handelt es sich praktisch nur um geringe Randrisiken, da in der Binnenschiffahrt die Transportversicherung der dort vorwiegend beförderten Massengüter ganz allgemein möglich und üblich ist. Auch dieser Haftungsausschluß wird vom Versender finanziert, weil dieser die Prämie für die Transportversicherung aufzubringen hat und § 57 b ADSp einen immerhin denkbaren Regreß des Transportversicherers gegen den Spediteur ausschließt, also grundsätzlich prämienverteuernd wirkt.

Auch § 57 unterliegt der Rückausnahme des § 51 b ADSp. Zu den Einzelheiten insbes. zur Vereinbarkeit mit dem AGBG s. § 57 ADSp Rdn. 17 ff, Anh. I nach § 415.

cc) Haftungsausschluß für selbständige Gehilfen

§ 52 a ADSp schließt jede Haftung des Spediteurs für Handlungen selbständiger Unternehmer aus. Dies entspricht der gesetzlichen Regelung für den Fall, daß diese Vertragspartner des Spediteurs beim Abschluß des Ausführungsgeschäftes sind (z. B. als Frachtführer die Beförderung durchführen; s. Rdn. 97 ff). Sie weicht aber zugunsten des Spediteurs von § 278 BGB ab, soweit die selbständigen Unternehmer Pflichten erfüllen, die an sich den Spediteur nach dem Speditionsvertrag treffen. Der Spediteur könnte sich somit jeder Haftung entledigen, wenn er seine Vertragspflichten einem dritten selbständigen Unternehmer, insbes. einem Unterspediteur (s. Rdn. 26 ff) überträgt. Mit Recht qualifiziert daher der BGH v. 1. 10. 1969, Warn **1969** Nr. 260 Klausel als Haftungsausschluß.

§ 52 a ist nach dem AGBG zumindest teilweise unwirksam; s. die Erl. zu § 52 ADSp, insbes. Rdn. 11, Anh. I nach § 415.

dd) Haftungsausschluß durch Eingrenzung der Obhutszeit (§ 53 a, b ADSp)

179 § 53 ADSp will durch Vorverlagerung der Ablieferung und durch eine die Haftung des Spediteurs ausschließende Sonderregelung für Transporte im Empfängerbereich die Haftung des Spediteurs teilweise ausschließen; s. dazu, insbes. zur erheblich eingeschränkten Wirksamkeit von § 53 die dortige Kommentierung, Anh. I nach § 415.

ee) Haftungsausschluß bei Ablieferung an nichtbefugte Personen (§ 33 ADSp)

180 Da der Spediteur das Rollgut an jede zum Geschäft oder Haushalt des Empfängers gehörige, in den Räumen des Empfängers anwesende erwachsene Person abliefern darf, bedeutet dies einen Haftungsausschluß für den Fall, daß wertvolle Lieferungen an Personen abgeliefert werden, die nicht Besitzdiener des Empfängers sind; s. die Erl. zu § 33 ADSp Anh. I nach § 415. Zumindest für besonders wertvolle Güter ist dieser Haftungsausschluß auch praktisch nicht bedeutungslos.

ff) Haftungsausschluß bei Unterlassung der Wertangabe (§ 56 ADSp)

181 Bei Gütern, deren Wert mehr als 59,— DM pro kg Bruttogewicht beträgt, sowie bei Geld, Urkunden und Wertzeichen wird die Haftung ganz ausgeschlossen, wenn der Versender nicht rechtzeitig eine schriftliche Wertangabe macht. Jedoch kann der Versender nach § 56 d ADSp den Nachweis führen, daß der Schaden auf andere Umstände als auf die Unterlassung der Wertangabe zurückzuführen ist oder auch bei erfolgter Wertangabe entstanden wäre. Gelingt dieser Nachweis, so entfällt der Haftungsausschluß. Dies wird immer dann der Fall sein, wenn der Wert über 59,— DM pro kg, aber nicht so hoch lag, daß der Spediteur besondere Maßnahme bei der Verwahrung oder Versendung getroffen hätte.

§ 56 ADSp ist in der neuen Fassung, insbes. wegen der ausdrücklichen Hinweispflicht des Spediteurs mit dem AGBG vereinbar; s. im einzelnen die Erl. zu § 56, Anh. I nach § 415.

c) Haftungsvergünstigungen durch Beweiserleichterung hinsichtlich der Schadensursache

182 § 57 a ADSp n. F. enthält eine Aufzählung von Fallgruppen, in denen dem Spediteur der Nachweis einer nicht unter seine Verantwortung fallenden Schadensursache erleichtert wird. In ihrer Grundstruktur orientiert sich die Klausel an ähnlichen gesetzlichen Bestimmungen des Frachtrechts; s. § 57 ADSp Rdn. 2 ff. Die Klausel ist nicht durchweg mit dem AGBG vereinbar.

aa) Beweiserleichterung bei höherer Gewalt und ähnlichen Ursachen (§ 57 a Nr. 4 ADSp)

183 Die Klausel will dem Spediteur den Nachweis der Entstehung aus nicht zu vertretenden Gründen (höhere Gewalt, Witterungseinflüsse, Schadhaftwerden irgendwelcher Geräte oder Leitungen, Einwirkungen anderer Güter, Beschädigung durch Tiere, natürliche Veränderung des Gutes) erleichtern. Diese Regelung ist hinsichtlich der höheren Gewalt praktisch bedeutungslos (s. § 57 Rdn. 11 vor Anh. I nach § 415), hinsichtlich der Witterungseinflüsse, sowie des Schadhaftwerdens von Geräten und Leitungen sowie der Einwirkung anderer Güter und Beschädigung durch Tiere zumindest teilweise mit dem AGBG nicht vereinbar; s. § 57 Rdn. 12 bis 15. Dagegen ist die Beweiserleichterung bei natürlicher Veränderung des Gutes nach AGB-Recht nicht zu beanstanden; s. § 57 ADSp Rdn. 16.

bb) Beweiserleichterung bei schwerem Diebstahl und Raub i. S. d. StGB (§ 57 a Nr. 3 ADSp)

Diese Haftungserleichterung bezieht sich nach der n. F. der Klausel nicht auf solche **184** Fälle, in denen Verschulden des Spediteurs mitgewirkt hat. Fraglich ist auch, inwieweit die Klausel Diebstahl und Raub durch Personal des Spediteurs betrifft; s. § 57 ADSp Rdn. 9, Anh. I nach § 415.

cc) Beweiserleichterung bei Schäden durch Aufbewahren im Freien (§ 57a Nr. 2 ADSp)

Die Klausel entspricht weitgehend frachtrechtlichen Vorbildern; s. § 57 ADSp **185** Rdn. 8, Anh. I nach § 415.

dd) Beweiserleichterung bei Schäden an nicht oder mangelhaft verpackten Gütern (§ 57a Nr. 1 ADSp)

Die Klausel entspricht weitgehend den gesetzlichen Regelungen des Frachtrechts. In **186** der Formulierung von 1978 ist sie mit dem AGBG vereinbar; s. § 57 ADSp Rdn. 7, Anh. I nach § 415.

d) Einschränkungen des Umfangs der Ersatzpflicht
aa) Allgemeine summenmäßige Haftungsbegrenzung (§ 54a Nr. 1 ADSp n. F.)

Soweit nach dem bisher Dargestellten eine Haftung des Spediteurs im Rahmen der **187** ADSp überhaupt eintritt, ist sie ganz allgemein durch § 54a Nr. 1 in doppelter Weise begrenzt: der Spediteur haftet nur bis 4.450,— DM je Schadensfall oder 4,45 DM pro kg Bruttogewicht des Speditionsguts. Hierbei ist die im konkreten Fall niedrigere Grenze maßgeblich. Diese Begrenzung der Haftung ist im gesamten Bereich des Fracht- und Speditionsrechts (außer im Binnenschiffahrtsrecht) die schärfste. Für alle hochwertigen Güter, die einen großen Teil der Speditionsgüter darstellen, kommt sie einer fast vollständigen Haftungsfreizeichnung sehr nahe. Gleichwohl ist sie nach der Rspr. mit dem AGBG vereinbar. Sie greift jedoch nicht ein bei grobem Eigen- und Organisationsverschulden, bei Kardinalpflichtverletzungen und in den Fällen des Rechtsmißbrauchs. Ferner kann ihre Wirksamkeit durch zwingendes Frachtrecht ausgeschaltet sein: s. hierzu § 54 ADSp Rdn. 4–9, Anh. I nach § 415; zu den Einzelheiten s. dort Rdn. 12–22.

S. zur Problematik der schadensfallbezogenen Haftungsbeschränkung § 54 ADSp Rdn. 20.

bb) Summenmäßige Begrenzung der Haftung bei Unterschlagung und Veruntreuung durch einen Arbeitnehmer des Spediteurs (§ 54a Nr. 3 ADSp)

Für diese Fälle wird bis zu einer Grenze von 59 000,— DM je Schadensfall gehaftet, **188** also höher als nach den allgemeinen Haftungsgrenzen. Für gesetzliche Vertreter und Prokuristen ist die Haftung unbeschränkt. Für deren Vorsatz würde ohnehin in der Regel nach § 51b S. 2 voll gehaftet. Wird die Unterschlagung und Veruntreuung durch einfache Gehilfen begangen, dann kann trotz § 54a Nr. 3 volle Haftung bei grobem Organisationsverschulden in Betracht kommen; s. § 51b S. 2 ADSp und vor § 1 ADSp Rdn. 59. S. zu den Einzelheiten des § 54a Nr. 3 dort Rdn. 23–27.

cc) Begrenzung allgemeiner Haftung pro Schadensfall (§ 54a Nr. 2 ADSp)

189 Für alle Fälle, die nicht Verlust und Beschädigung von Speditionsgut betreffen, wird nach § 54 a Nr. 2 pro Schadensfall bis zur Höhe von 4.450,— DM gehaftet. S. zur Problematik dieser Beschränkung § 54 ADSp Rdn. 20, Anh. I nach § 415.

dd) Haftungsbegrenzung durch Wertangabe (§ 54b ADSp)

190 Durch Wertangabe kann der Versender die Haftungsgrenze zwar nicht nach oben, wohl aber negativ beeinflussen. Eine Wertangabe unter den Haftungsgrenzen nach § 54a ADSp bewirkt, daß die Haftung auf den angegebenen Wert begrenzt wird. Ist der angegebene Wert höher als die Haftungsgrenzen des § 54a ADSp, so ist die Wertangabe wirkungslos. Bei Unterschieden in der Wertangabe gilt stets der niedrigere Wert; § 54d ADSp. S. zu dieser Regelung § 54 ADSp Rdn. 28–32, Anh. I nach § 415.

ee) Begrenzung durch den gemeinen Wert (§ 54c ADSp)

191 Liegt der „gemeine Handelswert bzw. in dessen Ermangelung der gemeine Wert" noch niedriger als die Haftungsbegrenzung des § 54a ADSp oder der vom Versender angegebene Wert, so stellt er die Begrenzung dar; s. § 54 ADSp Rdn. 30, Anh. I nach § 415.

e) Haftungseinschränkung durch Obliegenheit zur Rüge (§ 60 ADSp)

192 Nach § 60b ADSp verliert der Versender oder sonstiger Ersatzberechtigte sämtliche Ansprüche wegen Beschädigung oder Verlust der Güter, wenn er nicht unverzüglich, mindestens aber innerhalb 6 Tagen nach Ablieferung des Gutes, den Schaden schriftlich mitteilt. Dies gilt auch bei nicht erkennbaren Schäden, s. zu dieser Rügepflicht im einzelnen die Erl. zu § 60 ADSp, Anh. I nach § 415.

f) Verjährung (§ 64 ADSp)

193 Die Verjährung aller Ansprüche gegen den Spediteur wird in § 64 ADSp auf 8 Monate verkürzt. Von Bedeutung ist dies vor allem für die einjährige für Schäden am Speditionsgut und Verspätungsschäden geltende Frist des § 414 HGB; s. zu dieser Verjährungsregelung § 414 Rdn. 18ff.

g) Grenzen der Freizeichnung

194 Zu den Grenzen der Freizeichnung nach den ADSp s. vor § 1 ADSp Rdn. 39–55; Anh. I nach § 415; ferner dort Rdn. 31 bis 38.

h) Mitwirkendes Verschulden

195 Mitwirkendes Verschulden des Versenders oder seiner Erfüllungsgehilfen kann die Haftung des Spediteurs nach § 254 BGB ausschließen oder mindern. Darüberhinaus kann dem Spediteur der Beweis für Fremdverschulden nach § 57a Nr. 4 (höhere Gewalt) ADSp erleichtert sein. Auch unverschuldete Umstände, die eine Haftung des Versenders gegenüber dem Spediteur begründen würden, können eine gänzliche oder teilweise Haftungsbefreiung des Spediteurs bewirken; s. z. B. § 31 ADSp; dazu BGH v. 22. 1. 1954, BGHZ **12** 136ff. Ähnlich ist die Rechtslage nach § 7a ADSp. Wirken Spediteur-Verschulden und haftungsbefreiende Umstände dieser Art zusammen, so wird eine Schadensteilung anzunehmen sein; s. hierzu *Helm*, Haftung für Schäden an Frachtgütern, 1966 S. 138ff, insbes. S. 141. S. ferner § 429³ Rdn. 24, 25.

4. Die außervertragliche Haftung des Spediteurs
a) Haftung aus § 989 ff BGB (Eigentümer-Besitzer-Verhältnis)

Da nach neuerer und richtiger Auffassung die §§ 989 ff BGB nur auf den nichtberech- **196**
tigten Besitzer anwendbar sind, können sich für eine Haftung des Spediteurs nur dann
Möglichkeiten ergeben, wenn das Speditionsgut dem Spediteur von einem Nichteigentümer zur Versendung übergeben wird, der dazu nicht berechtigt ist, oder wenn der Speditionsvertrag unwirksam oder beendet ist und der Spediteur auch kein Zurückbehaltungsrecht mehr hat. In diesen Fällen haftet der Spediteur dem dritten Eigentümer nach
§§ 989 ff BGB. S. dazu im einzelnen *Helm*, Haftung für Schäden an Frachtgütern, 1966
197 ff.

b) Haftung aus unerlaubter Handlung

Gegenüber dem Eigentümer des Speditionsguts kann der Spediteur auch aus §§ 823, **197**
831 BGB haften. Mit jeder Beschädigung oder Zerstörung des Speditionsguts durch den
Spediteur oder sein Personal wird fremdes Eigentum verletzt. Im Falle des Eigenverschuldens (§ 823 BGB) oder des vermuteten Auswahl- oder Überwachungsverschuldens
bei Verursachung des Schadens durch Gehilfen liegen daher die Voraussetzungen der
Haftung aus unerlaubter Handlung vor.

Für den Bereich des Fracht- und Lagerrechts hat der BGH in ständiger Rechtsprechung Ansprüche aus Vertrag und unerlaubter Handlung unbeeinflußt nebeneinander
bestehen lassen. Insbesondere soll den Frachtführer oder Lagerhalter eine Rechtspflicht
zum Schutz der in seiner Obhut befindlichen Güter aus seiner Gewerbeausübung heraus treffen. Dieser Rechtssprechung gegenüber bestehen erhebliche Bedenken; s.
hierzu die Erl. zu § 63 ADSp, Anh. I nach § 415; zum Frachtrecht eingehend § 429³
Rdn. 89 ff und *Helm*, Haftung für Schäden an Frachtgütern 1966 222 ff.

Offensichtlich wegen § 63 a ADSp war bisher kein Speditionsfall Gegenstand einer
veröffentlichen BGH-Entscheidung zu dieser Frage.

§ 63 a ADSp wirkt der Gefahr einer Umgehung der Haftungsbeschränkungen der
ADSp entgegen, indem er dem Versender verwehrt, sich ihnen gegenüber auf unerlaubte
Handlung zu berufen. Ist der Versender Nichteigentümer des Speditionsguts, so stehen
die Ansprüche aus unerlaubter Handlung allerdings dem Eigentümer und damit einer
am Vertrag nicht beteiligten Person zu, der gegenüber § 63 a ADSp nicht wirkt. Für diesen Fall sieht § 63 b ADSp einen Anspruch des Spediteurs gegen den Versender auf Befreiung von der Schadensersatzschuld aus unerlaubter Handlung gegenüber dem Eigentümer vor.

Der Spediteur kann sich gegenüber Dritten im Rahmen der Ausführungen des Speditionsvertrags aus unerlaubter Handlung und ähnlichen Tatbeständen haftbar machen.

F. Rechte des Spediteurs

Die Rechte des Spediteurs setzen sich vor allem aus drei Gruppen zusammen: Gegen- **198**
leistungs-(Vergütungs-)ansprüche, zu denen vor allem die Provisionsansprüche zählen;
Ansprüche auf Erstattung von Auslagen; Schadenersatzansprüche gegen den Versender. Im allgemeinen richten sich die Vertragsansprüche aus dem Speditionsvertrag
gegen den Versender als Vertragspartner. Doch kann auch der Empfänger der Güter,
wenn er diese annimmt, in eine Leistungsziehung zu dem Spediteur treten.

I. Vergütungsansprüche des Spediteurs
1. Der allgemeine Provisionsanspruch
a) Allgemeines

199 Nach § 409 hat der Spediteur Anspruch auf Zahlung der Provision. Die Bestimmung sagt aber nur über die Fälligkeit des Provisionanspruchs etwas genaueres aus. Weder zur Bestimmung der Höhe der Provision, noch dazu, ob und in welchem Umfang der Provisionsanspruch auch bei Störungen des Speditionsvertrages besteht, enthält § 409 nähere Einzelheiten; s. zur Werbe- und Abfertigungsvergütung Rdn. 33.

Der Provisionsanspruch ist der Anspruch des Spediteurs auf die Gegenleistung für seine Geschäftsbesorgungstätigkeit. Er unterliegt daher den Vorschriften der §§ 320 ff BGB und, wenn man den Speditionsvertrag abweichend von der hier vertretenen Auffassung als Dienst- oder Werkvertrag ansieht, den Bestimmungen über die Dienstvergütung bzw. den Werklohn. Der Provisionsanspruch richtet sich stets nur gegen den Versender als Vertragspartner des Spediteurs. Der Empfänger ist nicht Schuldner des Spediteurs. Siehe hierzu § 34 ADSp und die dortigen Anmerkungen Anh. I zu § 415. Im Falle der Nachnahme wird zwar die Provision vom Empfänger gezahlt. Verweigert dieser jedoch die Zahlung (und damit auch die Annahme des Guts), so kann der Spediteur ihn nicht zur Zahlung zwingen.

In der Praxis ist der gesetzliche Typus des Provisionsgeschäfts zur Ausnahme geworden. In aller Regel schließt der Spediteur zu festen Kosten ab, mit der gesetzlichen Wirkung der Stellung eines Frachtführers; s. Rdn. 218.

b) Enstehungsvoraussetzungen

200 Der Provisionsanspruch entsteht auch dann, wenn beim Abschluß des Spedititionsvertrags über die Provision nicht besonders verhandelt worden ist (§ 354). Kein Provisionsanspruch besteht, wenn der Speditionsvertrag nicht wirksam abgeschlossen worden ist. Doch kann der Versender bei Durchführung des Speditionsauftrags ohne wirksamen Vertrag um den Wert der Spediteurtätigkeit ungerechtfertigt bereichert sein, so daß im Ergebnis nach § 818 Abs. 3 BGB die übliche Provision als Ersparnis des Versenders doch noch zu zahlen ist.

c) Zeitpunkt der Enstehung und Fälligkeit

201 Aus § 409 ergibt sich nicht, ob der **Provisionsanspruch schon bei Abschluß des Speditionsvertrages entsteht** und nur seine Fälligkeit bis zur Übergabe des Speditionsguts an den Frachtführer aufgeschoben ist, oder ob er in diesem letzteren Augenblick kraft Bedingungseintritts (§ 158 Abs. 1 BGB) überhaupt erst entsteht. Auch in der Literatur ist diese Frage nicht geklärt. Unklar die 2. Aufl. § 409 Anm. 1, 2; *Schlegelberger/Schröder*[5] § 409 Anm. 3 will den Anspruch auch schon vor Übergabe bei Begründung mittelbaren Besitzes des Frachtführers entstehen lassen.

Wie im Dienst- und Werkvertragsrecht ist jedoch auch im Speditionsrecht davon auszugehen, daß auf die Gegenleistung als durch den Vertrag vereinbart vom Abschluß an ein Anspruch besteht. Dem Spediteur ist durch § 409 nur die Vorleistungspflicht auferlegt; die Fälligkeit des Provisionsanspruchs ist hinausgeschoben. Anders als der Makler ist der Spediteur dem Versender von Anfang an zur Tätigkeit verpflichtet; die Provisionspflicht ist Äquivalent zur Tätigkeitspflicht des Spediteurs. Der Provisionsanspruch entsteht somit bereits bei Vertragsschluß, wird aber nach § 409 erst bei Übergabe des Speditionsguts an den Frachtführer oder Verfrachter fällig.

Stand: 1. 9. 1985

Die Konsequenz aus dieser Auffassung ist die grundsätzliche Anwendbarkeit der §§ 320ff; insbesondere des § 324 BGB auf den Provisionsanspruch. S. hierzu Rdn. 207ff.

202 **Die Fälligkeit** des Provisionsanspruches setzt nach § 409 nur die Übergabe des Speditionsguts an den Frachtführer voraus. Zu ergänzen ist, daß dies nur gilt, wenn zwischen Spediteur und Frachtführer bereits abgeschlossen ist. Ob der Frachtführer dann den Transport ausführt oder nicht, ob das Speditionsgut bei ihm untergeht oder beschädigt wird, ist für den Provisionsanspruch ohne Bedeutung. Dies ist konsequent, da die „Versendung" mit der Übergabe an den Frachtführer und mit dem Abschluß des Frachtvertrages ausgeführt ist; s. Rdn. 68.

Die ADSp treffen keine Sonderbestimmung zur Fälligkeit des Provisionsanspruchs. § 29 S. 1 kann nicht dahingehend ausgelegt werden, daß er die Fälligkeit der Spediteuransprüche vorverlegen soll; vielmehr erschöpft sich seine Bedeutung in der allgemeinen Ablehnung der Gewährung von Zahlungszielen.

S. dazu § 29 ADSp, Rdn. 1 Anh. I nach § 415.

d) Höhe der Provision

203 § 409 trifft keine Bestimmung über die Höhe der Provision. Auch die ADSp sind tarifneutral. Fehlt es an einer besonderen Vereinbarung, so kann der Spediteur nach § 354 die ortsübliche Provision verlangen. Ist streitig, ob eine niedrigere als die übliche Provision vereinbart war, so trägt der Versender dafür die Beweislast; BGH v. 13. 3. 1982, WM **1982** 613 (zum Maklervertrag).

Zum Entgelt des Sammelladungsspediteurs s. §§ 412, 413 Rdn. 141.

2. Besondere Vergütungsansprüche

204 Die Provision deckt grundsätzlich auch alle **Nebentätigkeiten** des Spediteurs. Im Falle des Selbsteintritts hat der Spediteur Frachtansprüche unabhängig von der Spediteurprovision; § 412 Abs. 2. Sollte der Spediteur, was in der Praxis kaum vorkommt, das Delkredere für die Verpflichtungen des Frachtführers oder sonstigen Partners aus dem Ausführungsgeschäft übernehmen, so hätte er gemäß §§ 407 Abs. 2, 394 Abs. 2 S. 2 Anspruch auf die Delkredereprovision.

205 Kommt neben dem Speditionsvertrag noch ein **besonderer Lagervertrag** oder anderer selbständiger Vertrag zustande, so hat der Spediteur einen zusätzlichen selbständigen Vergütungsanspruch; s. Rdn. 102f.

Ergibt sich die Notwendigkeit einer längeren Lagerung oder besonderen Beförderung, die über den vereinbarten Rahmen hinausgeht, noch nachträglich, so steht dem Spediteur dafür ein Vergütungsanspruch in der Form des Aufwendungsersatzes nach §§ 407 Abs. 2, 396 Abs. 2 HGB, 670 BGB zu; s. Rdn. 213ff.

206 An dieser Rechtslage ändern die **ADSp** im Grundsatz nichts. Jedoch kann der Spediteur **für** einzelne in den ADSp besonders ausgeführte **Nebentätigkeiten** eine **zusätzliche Vergütung** verlangen: Für Verzollung, § 25b ADSp; für Pfand- und Selbsthilfeverkauf von Speditionsgut, § 50h ADSp; für Versicherungsabschluß und -abwicklung, § 38 ADSp; für die Erhebung von Nachnahmen, § 23 ADSp; Rollgeld für den Rücktransport bei Ablehnung der Annahme durch den Empfänger, § 22 ADSp. § 20 S. 1 ADSp bestimmt, daß sich Preisangebote und -vereinbarungen immer nur auf die „namentlich aufgeführten eigenen Leistungen und/oder Leistungen Dritter" beziehen; ebenso nur auf Güter normalen Umfangs, normalen Gewichts und normaler Beschaffenheit. Normale Beförderungsverhältnisse, ungehinderte Verbindungswege, Möglichkeit unmittelbarer sofortiger Weiterversendung sowie Weitergeltung der bisherigen Frachten, Valutaverhältnisse und Tarife, die der Vereinbarung zugrunde lagen, werden in § 20 ADSp ebenfalls vorausgesetzt. Waren die Veränderungen vorhersehbar, so haben sie (zumindest seit der Neuerung von 1978) keinen Einfluß auf die Verbindlichkeit der Preisvereinbarungen. „Sondergebühren" gelten als vereinbart, soweit sie üblich sind und der Spediteur den Versender auch nur in genereller Weise auf sie hingewiesen hat.

Auch § 20 ADSp ändert jedoch nichts daran, daß durch die Provision alle üblichen Teiltätigkeiten des Spediteurs mit abgegolten sind, insbesondere kürzere notwendige Lagerungen, Zwischentransporte und dgl. (siehe im einzelnen die Kommentierung zu § 20 ADSp Anh. I nach § 415). Die Frage, welche Sondergebühren danach „üblich" sind, ist keine Rechts-, sondern eine Tatsachenfrage, über die ggf. Beweis erhoben werden muß (s. § 346³ Rdn. 57 ff). Ferner *Krien/Hay* § 20 ADSp Anm. 6.

3. Vergütung für nicht ausgeführte Speditionsaufträge

207 Wird ein Speditionsauftrag nicht oder nicht vollständig ausgeführt, so bedarf es der Bestimmung, ob gleichwohl ein Provisionsanspruch besteht oder nicht. *RGR/Ratz*² § 409 Anm. 2 und *Schlegelberger/Schröder*⁵ § 409 Rdn. 9–15; *Baumbach/Duden/Hopt*²⁶ § 409 Anm. 1 A versuchen, diese Fragen teilweise durch die Heranziehung des Dienstvertragsrechts (§§ 627, 628, 615 BGB) zu lösen. Hiergegen bestehen nicht nur methodische Bedenken; auch die praktischen Ergebnisse sind nicht überzeugend; s. Rdn. 7, 82, 209. Es erscheint daher zweckmäßig, auf die Regeln des allgemeinen Schuldrechts zurückzugreifen, soweit Speditionsrecht, ADSp und Handelsbrauch keine Lösungen ergeben.

a) Bei vom Spediteur zu vertretenden Gründen

208 Ist die Nichtausführung vom Spediteur zu vertreten (§§ 276, 278 BGB, § 347 HGB), so kann ein Fall des Verzugs (§ 326 BGB), der Unmöglichkeit (§ 325 BGB) oder der positiven Forderungsverletzung gegeben sein. Hieraus kann sich unter der betreffenden Voraussetzung dieser Leistungsstörung ein Rücktrittsrecht (§§ 327, 346 ff BGB) ergeben, dessen Ausübung durch den Versender auch die Provisionsansprüche des Spediteurs vernichtet. Dieser Rücktritt aus vom Spediteur zu vertretenden Gründen ist keine „Entziehung des Auftrag" im Sinne des § 21 ADSp. Dem Spediteur steht daher kein Provisionsanspruch nach dieser Klausel zu; s. Rdn. 82; ferner § 21 ADSp Rdn. 4 und § 31 ADSp Rdn. 3, Anh. I nach § 415.

Wählt der Versender anstelle des Rücktritts Schadensersatz wegen Nichterfüllung, so wird sein Schaden nach der heute allgemein anerkannten Differenztheorie berechnet, wobei die Provision als Rechnungsfaktor in die Schadensberechnung voll einbezogen wird. Er muß dabei vermögensmäßig so gestellt werden, wie wenn der Speditionsauftrag ordnungsgemäß ausgeführt und die Provision bezahlt worden wäre. Den dabei errechneten Schadensbetrag hat der Spediteur zu ersetzen.

Wählt der Versender im Falle des Schuldnerverzugs des Spediteurs Erfüllung und Ersatz des Verzugsschadens nach § 286 Abs. 1 BGB, so ist die Provision nach Erfüllung des Speditionsauftrages durch den Spediteur voll zu entrichten. Zur Frage der Aufrechnung siehe § 32 ADSp, Anh. I nach § 415. Das gleiche gilt für die positive Forderungsverletzung bei Nebenpflichtverletzungen.

b) Bei vom Versender zu vertretenden Gründen

209 Beruht die Nichtausführung des Auftrags auf einer vom Versender zu vertretenden Unmöglichkeit, so bleibt der Provisionsanspruch nach § 324 BGB bestehen, vermindert sich aber um etwaige Ersparnisse. *Schlegelberger/Schröder*⁵ § 409 Rdn. 10; ebenso *RGR/Ratz*² § 409 Anm. 2 wollen auf diesen Fall unter bestimmten Umständen § 615 BGB anwenden. Danach hätte der Spediteur Anspruch auf die Provision, wenn er bereits Frachtverträge abgeschlossen hat, der Versender jedoch das Speditionsgut nicht rechtzeitig liefert und damit in Annahmeverzug kommt. Der Spediteur würde von seinen Verpflichtungen aus dem Speditionsvertrag entbunden werden. Diese Lösung erscheint wenig praktikabel. Es ist dem Spediteur jederzeit möglich, die Speditionstätigkeit auch zu einem späteren Zeitpunkt erneut auszuführen. Der Spediteur kann nach § 304 BGB in diesem Falle Ersatz aller Mehraufwendungen verlangen und ist somit voll gesichert. Selbst wenn der Speditionsvertrag als Dienstvertrag zu qualifizieren wäre (dazu Rdn. 7), so würde § 615 BGB auf ihn nicht passen, da diese Vorschrift von einer durch Zeiteinheiten bestimmten Dienstleistung ausgeht, deren anderweitige Verwertung in der Regel nicht möglich ist. Beim Speditionsvertrag liegt eine völlig andere tatsächliche Gestaltung vor. Daher ist es vorzuziehen, die Frage mit Hilfe der §§ 324, 304 BGB zu lösen.

c) Bei von keiner Partei zu vertretenden Umständen

210 Verhindert ein von keiner Partei zu vertretender Umstand die Ausführung des Speditionsvertrags (z. B. zufälliger Untergang der zu versendenden Sache), so greift § 323 BGB ein. Der Spediteur verliert den Anspruch auf die Gegenleistung, also auf die Provision. Nach § 18 S. 2 ADSp kann der Spediteur bei von ihm nicht verschuldeten „Ausführungshindernissen" vom Speditionsvertrag zurücktreten; seine Interessewahrnehmungspflicht bleibt nach S. 3 unberührt. Das gleiche Rücktrittsrecht steht in diesen Fällen nach § 18 S. 4 ADSp dem Versender zu, wenn ihm die Fortsetzung des Vertrages billigerweise nicht zugemutet werden kann. In beiden Fällen hat der Spediteur nach § 18 S. 5 ADSp keinen Anspruch auf Provision, kann aber Ersatz bereits entstandener Kosten verlangen.

d) Entziehung des Auftrags durch den Versender

210a Bei Entziehung des Auftrags von seiten des Versenders kann der Spediteur nach § 21 ADSp zwischen der vereinbarten Provision abzüglich der gemachten Ersparnisse und einer „angemessenen Provision" wählen. Die Klausel gilt nicht für Fälle, in denen dem Versender ein **gesetzliches oder vertragliches Rücktrittsrecht** zusteht; s. § 21 Rdn. 2 Anh. I nach § 415. Ihre Wirkung ist vielmehr auf den freien Widerruf des Speditionsvertrags durch den Versender beschränkt. Die provisionsrechtliche Regelung dürfte als Handelsbrauch auch dann gelten, wenn ausnahmsweise die ADSp nicht vereinbart sind. S. auch § 23 ADSp: bei Zurückziehung des Nachnahmeauftrags verbleibt dem Spediteur der volle Anspruch auf die Nachnahmeprovision.

4. Verjährung

211 Die Vergütungsansprüche des Spediteurs verjähren, wenn der Speditionsauftrag für den Gewerbebetrieb des Versenders ausgeführt wird, gemäß § 196 Abs. 2 BGB in 4 Jahren; wenn der Anlaß auf der Seite des Versenders nicht gewerblicher Art ist, gemäß § 196 Abs. 1 Nr. 1 BGB in zwei Jahren. Zum Verjährungsbeginn s. § 201 BGB. In den Fällen der §§ 412, 413 HGB gilt die Verjährung nach § 196 Abs. 1 Nr. 3 BGB; s. § 439 Rdn. 8. Sonderregelungen enthält jedoch Art. 32 CMR und § 40 KVO.

5. Fixkostenspedition

212 Wird der Spediteur zu fixen Kosten tätig, so gilt gem. § 413 Abs. 1 für seine gesamten Rechtsbeziehungen zum Versender Frachtrecht statt Speditionsrecht. Dies bedeutet insbesondere auch, daß im Regelfall neben der Fracht keine Provision geschuldet wird; § 413 Abs. 1 S. 2; s. zu den Auswirkungen §§ 412, 413 Rdn. 104–123, zur Vergütung Rdn. 118.

II. Ersatz von Aufwendungen

1. Rechtsgrundlagen

213 Der Spediteur kann vom Versender nach §§ 675, 670 BGB Aufwendungsersatz verlangen; unstreitig: RGZ **109** 85, 87; *Schlegelberger/Schröder*[5] § 407 Rdn. 43; § 409 Rdn. 15. Das Bestehen dieses Anspruchs ist auch in § 396 Abs. 2, auf den § 407 Abs. 2 mit verweist, vorausgesetzt. Zum Begriff der „Aufwendung" als freiwilliges Opfer s. die Kommentarliteratur zu § 256 BGB.

Der Anspruch auf Ersatz von Aufwendungen wird durch vorzeitige Beendigung des Speditionsvertrages nicht ausgeschlossen, auch wenn diese, wie z. B. beim Rücktritt eine rückwirkende Auflösung zur Folge hat. Vielmehr kann der Spediteur auch in diesen Fällen im Rahmen des § 670 BGB Ersatz der Aufwendungen verlangen, die er vor Beendigung des Speditionsvertrages bereits gemacht hat oder zur Abwicklung bzw. zur Bewahrung des Speditionsguts noch machen muß; s. auch Rdn. 216 und § 18 ADSp Rdn. 3, Anh. I nach § 415.

Im Falle der Nichtigkeit des Speditionsvertrags kann sich der Anspruch auf Ersatz von Aufwendungen nicht auf §§ 675, 670 BGB stützen. Ansprüche des Spediteurs können sich jedoch aus dem Gesichtspunkt der Geschäftsführung ohne Auftrag (§§ 683, 684, 670 BGB) oder aus ungerechtfertigter Bereicherung ergeben; s. zur Problematik der Geschäftsführung ohne Auftrag bei nichtigen Rechtsverhältnissen *Helm*, Geschäftsführung ohne Auftrag, in: Gutachten und Vorschläge zur Überarbeitung des Schuldrechts, Band III 1983, S. 356 ff, 393 f. S. ferner eingehend zum Sonderfall der Erstattung von Einfuhrumsatzsteuer unten Rdn. 226 ff.

Ansprüche auf Erstattung von Kosten für die Beseitigung von Brandschäden an eingelagertem Gut durch den Lagerhalter werden vom OLG Düsseldorf MDR **1977** 226 abgelehnt. S. zum Aufwendungsersatz bei sittenwidrigem Frachtvertrag OLG München transpR **1983** 19, 21.

2. Die zu ersetzenden Aufwendungen

a) Grundsätzliches

aa) Subjektive Erforderlichkeit

214 Nach §§ 675, 670 BGB sind die Aufwendungen zu erstatten, die der Spediteur den Umständen nach für erforderlich halten durfte. Danach kommt es nicht darauf an, ob sie objektiv erforderlich waren, sondern ob sie ein sorgfältiger Spediteur in der konkreten Lage für erforderlich halten durfte; OLG Braunschweig VRS **3** 232; OLG Düsseldorf transpR **1984** 222, 224. Von Bedeutung ist hierbei vor allem, daß der Spediteur für die speziellen Fach- und Tarifkenntnisse seines Berufsstandes einstehen muß. Zu berücksichtigen ist auch, daß die erforderliche Sorgfalt durch die Pflicht zur Interessewahrnehmung bestimmt wird. Dies ergibt, daß der Spediteur die Aufwendungen möglichst gering zu halten hat. War danach eine kostengünstigere Möglichkeit zu erkennen, so sind die Mehrkosten keine „erforderlichen" Aufwendungen; s. z. B. OLG Hamburg transpR **1984** 20, 23 ff = VersR **1984** 773, 774 (Zahlung eines hundertprozentigen Frachtaufschlags an die russische Eisenbahn nicht erforderlich).

bb) Rückfragepflicht

215 Hat der Spediteur begründete Zweifel, ob bestimmte Aufwendungen erforderlich sind, so kann er bei den modernen Nachrichtenverbindungen vom Versender Weisungen einholen. Bevor er zweifelhafte Aufwendungen macht, ist ihm daher die Rückfrage beim Versender zuzumuten. Unterläßt er diese Rückfrage, so darf er die Aufwendungen nicht den Umständen nach für erforderlich halten und erhält daher keinen Ersatz; *Schlegelberger/Schröder*[5] § 409 Rdn. 15; beiläufig OLG Hamburg VersR **1984** 773, 775; s. zu einem solchen Fall schon ROHG **20** 178 ff.

cc) Eingehung von Verpflichtungen als Aufwendungen

216 Aufwendungen sind nicht nur bereits erbrachte Leistungen des Spediteurs, sondern auch gegenüber Dritten eingegangene Verpflichtungen, insbesondere die Frachtzahlungspflicht aus dem in Ausführung des Speditionsauftrags vom Spediteur im eigenen Namen abgeschlossenen Frachtvertrag. Der Anspruch des Spediteurs ist in diesem Falle ein Schuldbefreiungsanspruch (§ 257 BGB). Daß der Spediteur jederzeit eine solche Befreiung von eingegangenen Verbindlichkeiten verlangen kann, ist durch § 30a ADSp klargestellt. Allerdings wird man dem Spediteur keinen Anspruch auf Ersatz von Tarifentgelt an den Frachtführer geben können, wenn er in Wahrheit nicht auf Zahlung des Entgelts in Anspruch genommen wird; s. Rdn. 220.

dd) Beweislast für die Erforderlichkeit

217 Im Streitfall hat der Spediteur die Erforderlichkeit der Aufwendungen zu beweisen. Vielfach wird das Bestehen amtlicher Tarife ihm diesen Nachweis erleichtern; s. auch *Schlegelberger/Schröder*[5] § 409 Rdn. 15 b.

ee) Fixkostenspedition

218 Im Falle der Fixkostenspedition sind die reinen Beförderungskosten nicht erstattungsfähig, wohl aber zusätzliche besondere Auslagen; s. §§ 412, 413 Rdn. 120. Wird vom Versender dem Spediteur eine Kostengrenze gesetzt, so liegt darin noch keine Fixkostenvereinbarung; s. §§ 412, 413 Rdn. 115. Jedoch darf der Spediteur in der Regel die Überschreitung des Limits nicht ohne Rückfrage für erforderlich halten.

ff) Nicht erforderliche Aufwendungen

219 Macht der Spediteur Aufwendungen, die er nicht für erforderlich halten darf, so kann insoweit Geschäftsführung ohne Auftrag vorliegen. Mindestens im Falle der Genehmigung durch den Versender, die ja auch stillschweigend erfolgen kann (§ 684 S. 2 BGB), steht dann dem Spediteur der Anspruch auf Ersatz der Aufwendungen nach §§ 683, 670 BGB zu. Möglich sind auch Ansprüche aus ungerechtfertigter Bereicherung.

b) Fallgruppen
aa) Frachten; § 408 Abs. 2; Tarifrecht

220 Wichtigster Fall der Aufwendungen des Spediteurs sind die von ihm an den von ihm beauftragten Frachtführer zu zahlenden Frachten. Gem. § 408 Abs. 2 darf er dem Versender keine höhere als die mit dem Frachtführer oder Verfrachter bedungene Fracht berechnen; alter Beispielsfall: OLG Hamburg SeuffA **69** Nr. 12: Pflicht zur Herausgabe aller Frachtrabatte. § 408 Abs. 2 ist an sich überflüssig, weil der Frachtkostenersatz nur wirkliche Auslagen betreffen kann. Ist allerdings der vom Spediteur z. B. mit dem Kfz-Frachtführer bedungene Satz tarifwidrig, so wird er kraft Tarifrechts durch den tariflich vorgesehenen ersetzt. Diesen schuldet dann der Spediteur dem Frachtführer und kann ihn auch dem Versender in Rechnung stellen, soweit er tatsächlich das Tarifentgelt an den Frachtführer zahlt; OLG Braunschweig BB **1955** 654; *Schlegelberger/Schröder*[5] § 408 Rdn. 32 a. Es ist aber zu berücksichtigen, daß die Tariffracht in vielen Fällen vom beauftragten Frachtführer oder von der Bundesanstalt für den Güterfernverkehr nachgefordert werden kann; s. § 23 GüKG Anh. I nach § 452. In diesen Fällen ist der Spediteur trotz der niedrigeren bedungenen Fracht in Wahrheit höhere rechtlich bindende Verpflichtung eingegangen. Er kann daher grundsätzlich Schuldbefreiung verlangen.

Frachten als Aufwendungen spielen im Falle der Fixkostenspedition, der Sammelladungsspedition und des Selbsteintritts keine Rolle. Der Spediteur kann in diesen Fällen die Frachtansprüche unmittelbar aufgrund Frachtrechts geltend machen; s. im einzelnen §§ 412 Rdn. 118f, 101, 141.

bb) Vorlage von Kosten; § 26 ADSp

221 § 26 ADSp berechtigt den Spediteur, wenn er beauftragt ist, ankommende Güter in Empfang zu nehmen, auf dem Gut ruhende Frachten, Wertnachnahmen, Zölle und Spesen auszulegen. Damit sind solche Aufwendungen generell als erforderlich anzusehen. Doch bleibt auch hier die Pflicht des Spediteurs, das Interesse des Versenders zu wahren, als übergeordnete Pflicht erhalten. Er darf z. B. unberechtigte Forderungen nicht ohne weiteres erfüllen. S. aber zur ausnahmsweisen Erforderlichkeit ungesetzlicher Leistungen durch den Spediteur unten Rdn. 223.

cc) Vom Empfänger zu tragende Kosten

222 Hat nach dem Inhalt des Speditionsvertrages bzw. nach den dem Spediteur bekannten kaufrechtlichen Abmachungen zwischen Versender und Empfänger dieser Kosten zu tragen, so darf sie der Spediteur dem Versender nicht in Rechnung stellen, sondern muß sie per Nachnahme oder auf andere Weise vom Empfänger einfordern; OLG Düsseldorf transpR **1984** 203 f.

dd) Nicht geschuldete Leistungen an Dritte als Aufwendungen

223 Nicht selten gelangt der Spediteur in eine Position, in der er unberechtigte Forderungen Dritter befriedigen muß, um dem Interesse des Versenders zu dienen. In diesen Fällen können ausnahmsweise auch solche Aufwendungen ersatzfähig sein. In der Regel wird jedoch der Spediteur beim Versender zurückfragen und Weisungen einholen müssen. Erforderlich kann so z. B. die Zahlung von Schmiergeldern werden; in der Rspr. sind folgende Fälle entschieden worden: OLG Braunschweig VRS **3** 233: Einlösung einer Nachnahme im illegalen Zonengrenzverkehr konnte als erforderlich angesehen werden; BGH v. 29. 10. 1969; VersR **1970** 31 ff: Rückforderung von „unter Protest" gezahlten Vorschüssen, durch die der Auftraggeber die Freigabe von Gütern auf der russischen Staatsbahn erreichte; OLG Hamburg VersR **1984** 773, 774: Zahlung eines hundertprozentigen Frachtaufschlags für die russische Eisenbahn nicht erforderlich.

ee) Eigene Leistungen als Aufwendungen; § 20 S. 2 ADSp

224 Die Lagerung des Speditionsguts in eigenen Lagerräumen des Spediteurs und die Beförderung mit eigenen Transportmitteln kann nach §§ 407 Abs. 2, 396 Abs. 2 als Aufwendung zu vergüten sein; jedoch nur dann, wenn sie nicht bereits aus anderem Rechtsgrund zu vergüten ist. Daher ist eine Lagerungs- bzw. Beförderungstätigkeit des Spediteurs keine Aufwendung, wenn sie zu den normalen vereinbarten und daher durch die Provision oder durch anderweitige Vergütung bereits abgegoltenen Speditionstätigkeiten gehört. Ferner greift § 396 Abs. 2 nicht ein, wenn hinsichtlich der betreffenden Tätigkeit ein besonderer Lager- oder Frachtvertrag abgeschlossen worden ist. Dies gilt auch für die Fälle des Selbsteintritts und der Fixkostenspedition.

Stand: 1. 9. 1985

§ 20 Abs. 2 ADSp grenzt die Erhebung von „Sonderauslagen" auf die „üblichen" ein und macht den generellen Hinweis auf diese Auslagen zur Voraussetzung des Erstattungsanspruchs.

ff) Weitere Einzelfälle

Eingehung von Zollschulden: OLG Hamburg v. 23. 3. 1979, 1 U 91/78 (unveröff.); **225** s. ferner hinsichtlich der Erstattung von Zöllen und Einfuhrumsatzsteuer Rdn. 226 ff.

Erstattung von Frachtkosten durch den Zwischenspediteur an den Empfänger, weil der Verkäufer „frachtfrei" verkauft hatte; der Zwischenspediteur konnte Ersatz vom Hauptspediteur verlangen: RGZ **109** 85 ff. S. zum umgekehrten Fall (keine Ansprüche an den Versender bei teilweise unfreier Beförderung) Rdn. 222. Kauf von Trailern, um darin Maschinenteile im Ro/Ro-Verkehr befördern zu können, als erforderliche Aufwendung: OLG Düsseldorf transpR **1984** 222, 224 f.

c) Sonderfall: Erstattungsansprüche wegen verauslagter Einfuhrumsatzsteuern und Zöllen

aa) Allgemeines

Von besonderer praktischer Bedeutung ist die Frage, in welchen Fällen verauslagte **226** Einfuhrumsatzsteuer von wem zu erstatten ist. Zumeist werden diese Beträge vom Grenzspediteur oder vom Frachtführer in der Regel über ein Zollaufschubkonto an die Behörde bezahlt. Der Grenzspediteur ist meist kein Spediteur im Rechtssinne; Rdn. 21. Da er mit der zoll- und verwaltungsmäßigen Behandlung der Güter an der Grenze eine Geschäftsbesorgungstätigkeit nach § 651 BGB ausführt, entspricht die Rechtslage weitgehend der speditionsrechtlichen, s. Rdn. 213 ff. Ein Anspruch auf Erstattung der vorgelegten Beträge (sowie auf eine Vorlageprovision) steht dem Grenzspediteur jedenfalls gegen seinen Auftraggeber zu. Dies ist in der Regel der das Gut befördernde Frachtführer[62].

Werden in dem der Beförderung zugrundeliegenden internationalen Kaufvertrag die Zollkosten oder die Einfuhrumsatzsteuer vom Empfänger übernommen, dann ist es an sich wirtschaftlich sinnvoll, dem Grenzspediteur oder dem Frachtführer unmittelbare Ansprüche gegen den Empfänger auf Erstattung der Auslagen ohne den Umweg über den ausländischen Auftraggeber zu gewähren. Die Begründung bereitet jedoch Schwierigkeiten; s. Rdn. 227 ff.

bb) Vertragliche Ansprüche gegen den Empfänger

Vertragliche Ansprüche gegen den Empfänger bestehen im Normalfall nicht, da **227** zwischen ihm und dem Grenzspediteur kein Vertrag abgeschlossen wird; OLG Stuttgart NJW **1976** 2079. Ausnahmsweise können sich Ansprüche aus § 436 HGB oder entsprechenden frachtrechtlichen Vorschriften ergeben, wenn der Grenzspediteur die Stellung eines Frachtführers hat und die Voraussetzungen des § 436 oder einer entsprechenden Bestimmung vorliegen; s. § 436³ Rdn. 3; OLG Düsseldorf VersR **1981** 556. Eine Gel-

---

[62] OLG Düsseldorf NJW **1981** 1910; LG Traunstein v. 12. 2. 1982 (unveröff.); zum Erstattungsanspruch des Fixkostenspediteurs gegen den Versender wegen verauslagter Zölle und Passavant-Gebühren OLG Frankfurt MDR **1981** 147 f; zu Ansprüchen eines CMR-Frachtführers gegen den Absender auf Erstattung von verauslagter Einfuhrumsatzsteuer s. OLG Nürnberg NJW **1975** 501; OLG Düsseldorf VersR **1981** 556 f; s. ferner OLG Düsseldorf VersR **1982** 350 (keine Ersatzpflicht wegen positiver Vertragsverletzung des Frachtführers); zur möglichen Doppelbeauftragung durch Verkäufer u. Käufer s. ferner den Fall BGH v. 11. 6. 1976, WM **1976** 1019 ff.

§§ 407–409 Drittes Buch. Handelsgeschäfte

tung des § 34a ADSp wird nur selten anzunehmen sein; § 34 ADSp Rdn. 2, Anh. I nach § 415; ablehnend mit eingehender Begründung OLG Düsseldorf VersR **1981** 556f.

228 Dagegen kann sich eine **Verpflichtung des Empfängers** aus Geschäftsbesorgungsvertrag mit dem Grenzspediteur ergeben (§§ 675, 670 BGB), wenn sich auf einen entsprechenden Willen des Empfängers aus seinem Verhalten schließen läßt, z. B. wenn der Empfänger vom Grenzspediteur den sog. „Ersatzbeleg" für bezahlte Einfuhr-Umsatzsteuer entgegennimmt, da er mit dessen Hilfe die vom Grenzspediteur verauslagten Beträge von seiner Mehrwertsteuerschuld als Vorsteuer abziehen kann. In solchen Fällen, in denen er die Vorteile der Tätigkeit voll in Anspruch nimmt, kann ein stillschweigender Abschluß eines Geschäftsbesorgungsvertrages oder eine Genehmigung der Geschäftsführung ohne Auftrag (s. Rdn. 230) angenommen werden.

cc) Ansprüche aus Geschäftsführung ohne Auftrag

229 Eine Verpflichtung des Empfängers kann sich nach der Rspr. auch aus Geschäftsführung ohne Auftrag (§§ 683, 677 BGB) ergeben, wenn der Grenzspediteur mit der Vorlage der Einfuhrumsatzsteuer ein Geschäft des Empfängers besorgt[63]. Gegen die grundsätzliche Rechtsprechung, die einem Vertragspartner eines gültigen Vertrages Aufwendungsansprüche gegen vertragsfremde Dritte gewährt, bestehen allerdings erhebliche rechtspolitische Bedenken; *Helm*, Geschäftsführung ohne Auftrag, in: Gutachten und Vorschläge zur Überarbeitung des Schuldrechts, Bd. 3 1983 S. 394. Legt man die problematische Rechtsprechung als richtig zugrunde, so kommt es gemäß § 683 darauf an, ob im Augenblick der Übernahme der Geschäftsführung, also bei Vorlage der Steuer, diese Geschäftsführung zumindest dem Interesse und dem mutmaßlichen Willen des Empfängers entsprochen hat. Dies wird nur dann der Fall sein, wenn der Empfänger selbst mehrwertsteuerpflichtig ist und wenn keine Gründe vorliegen, die zu diesem Zeitpunkt ein entgegenstehendes Interesse annehmen lassen. Die Vorlage der Einfuhrumsatzsteuer ermöglicht den reibungslosen Grenzübergang, an dem der Empfänger als Käufer interessiert ist. Sie belastet ihn demgegenüber im Endergebnis nicht mit Aufwendungen, da der vorgelegte Betrag voll von der Umsatzsteuer abgezogen werden kann. Allerdings steht bei Überschreiten der Grenze noch nicht endgültig fest, ob sich der grundsätzliche Vorteil auch verwirklichen wird. Daher lehnt das OLG Hamm RIW **1982** 838, 840 das Entstehen des Erstattungsanspruchs in diesem Zeitpunkt ab, wenn der Empfänger die Verfügungsbefugnis über das Gut noch nicht erlangt hat. Ob dies jedoch zur Verneinung des Interesses und des Willens führen kann, ist zweifelhaft. Denn ein solches Interesse an reibungsloser Abwicklung des Imports kann auch dann schon in Betracht kommen, wenn der Empfänger selbst noch nicht verfügen kann, der Absender aber, z. B. durch Weggabe der Absenderausfertigung des Frachtbriefs (s. § 426³ Rdn. 13) selbst keine Verfügung mehr treffen kann.

Da es für das Interesse und den mutmaßlichen Willen auf den Zeitpunkt der Vorlage ankommt, können solche möglichen Störungen nicht mehr berücksichtigt werden. Ebenso liegt der Fall, wenn die Sendung sich später als mangelhaft erweist und daher vom Empfänger zurückgewiesen werden kann. Auch in diesem Fall entfällt der mutmaßliche Wille und das Interesse des Empfängers nicht nachträglich. Als Hilfe für das Bestehen des mutmaßlichen Willens kann das frühere Verhalten des Empfängers bei Erstattung der Einfuhrumsatzsteuer herangezogen werden.

---

[63] OLG Stuttgart NJW **1976** 2079; *Runge* transpR **1982** 19; dagegen OLG Düsseldorf NJW **1981** 1910f (Abdruck stark gekürzt) und VersR **1981** 556, 557, beiläufig für den Erstattungsanspruch eines CMR-Frachtführers; offenlassend OLG Celle, Spediteur **1985** 210.

Das OLG Düsseldorf NJW **1981** 1910, ebenso AG Gütersloh transpR **1982** 18 f stützen die Ablehnung der Erstattungsansprüche aus Geschäftsführung ohne Auftrag ferner auf Art. 13 Abs. 2 CMR. Diese Bestimmung, die dem Empfänger nur die Zahlung aus dem Frachtbrief hervorgehender Kosten auferlegt und ihn damit vor unvorhergesehenen Kosten schützt (s. Art. 13 CMR Anh. III nach § 452), gilt jedoch nicht im Verhältnis zwischen dem am Frachtvertrag nicht beteiligten Grenzspediteur und dem Empfänger; zutreffend OLG Hamm RIW **1982** 838, 839; *Runge* transpR **1982** 17; offenlassend OLG Celle, Spediteur **1985** 210 f. Denn die von der Mehrwertsteuer als Vorsteuer abziehbare Einfuhrumsatzsteuer erscheint aus seiner Sicht nicht als Bestandteil der Beförderungskosten und ist daher weder dem Absender, noch dem Frachtführer, noch dem Grenzspediteur zuzuordnen. Zweifelhaft ist auch, ob Art. 13 Abs. 2 CMR und § 436 HGB im Verhältnis Frachtführer-Empfänger überhaupt Ansprüche aus Geschäftsführung ohne Auftrag ausschließen; s. § 436 Rdn. 20.

Die hier auftretenden Probleme lassen sich vielfach durch Anwendung von § 684 S. 2 BGB lösen. Danach kann der Empfänger die Geschäftsführung nachträglich genehmigen. Eine solche Genehmigung wird regelmäßig in der Annahme der Ware und der Benutzung des Ersatzbeleges gesehen werden; OLG Hamm RIW **1982** 838; 840 OLG Celle, transpR **1985** 303 f. Auch wenn man die Ansprüche aus Geschäftsführung ohne Auftrag grundsätzlich ablehnt, läßt sich hierdurch ein Weg finden, in den meisten Fällen den Empfänger zur Zahlung zu verpflichten. Erhält jedoch der Empfänger die Ware nicht und verwertet er den Ersatzbeleg nicht, dann wird sich der Grenzspediteur in aller Regel an seinen Auftraggeber wenden müssen.

dd) Ansprüche gegen den Empfänger aus § 354 HGB

Ansprüche des Grenzspediteurs oder Frachtführers gegen den Empfänger können **231** nicht auf § 354 gestützt werden. Zwar setzt diese Vorschrift nach h. M. kein Vertragsverhältnis voraus; s. § 354³ Rdn. 5. Jedoch ist die Bestimmung nicht anzuwenden, wenn die Tätigkeit des Kaufmanns von einer anderen Person zu vergüten ist; hier vom Absender an den Frachtführer und vom Auftraggeber des Grenzspediteurs an diesen. Zutreffend daher OLG Düsseldorf VersR **1981** 556, 557; AG Wuppertal transpR **1978** 76, 77.

ee) Ansprüche gegen den Empfänger aus ungerechtfertigter Bereicherung

Auch aus § 812 BGB ergeben sich keine Ansprüche des Frachtführers oder Grenzspe- **232** diteurs gegen den Empfänger, jedenfalls bei Zugrundelegung der herrschenden Bereicherungsdoktrin. Das OLG Düsseldorf VersR **1981** 556, 557 lehnt § 812 BGB als Begründung für Ansprüche eines CMR-Frachtführers gegen den Empfänger ab, weil dieser mit der Vorlage eine Leistung an den Absender und nicht an den Empfänger erbracht habe und es sich zudem um eine „aufgedrängte Bereicherung" handele. Diese Begründung entspricht der derzeit herrschenden (freilich das Bereicherungsrecht zuweilen unnötig komplizierenden) Doktrin der Leistungskondiktion. Die Vorlage der Einfuhrumsatzsteuer ist daher eine Leistung an den Auftraggeber des Grenzspediteurs oder Frachtführers, womit ein direkter Kondiktionsanspruch gegen den Empfänger ausgeschlossen sein soll. Diese Leistung erfolgt aufgrund des Frachtvertrags oder Geschäftsbesorgungsvertrags, also nicht ohne Rechtsgrund. Bereicherungsansprüche scheiden damit nach ganz überwiegender Auffassung auch im Verhältnis zum Empfänger gänzlich aus. Sollte es an einem Rechtsgrund fehlen, etwa wegen Unwirksamkeit des Fracht- oder Geschäftsbesorgungsvertrags, dann wäre die rechtsgrundlose Bereicherung auf dem Weg über die betreffenden Leistungsbeziehungen rückabzuwickeln.

ff) Zins- und Provisionsansprüche

233 Soweit ein Anspruch auf Auslagenersatz berechtigt ist, erstreckt sich dieser auch auf die vom Grenzspediteur oder Frachtführer zur Aufbringung der betreffenden Beträge erforderlichen **Zinsen**. Auch diese gehören, wenn sie sich im Rahmen des Handelsüblichen halten, zu den Aufwendungen. **Provision** für die Vorlage kann jedenfalls dann gefordert werden, wenn eine vertragliche Vereinbarung, § 436 HGB oder eine ähnliche Norm oder (bei Vereinbarung der ADSp zwischen Spediteur und Empfänger) §§ 25 b, 34 a ADSp Anspruchsgrundlage sind. Auch wenn der Grenzspediteur seine Erstattungsansprüche erfolgreich auf Geschäftsführung ohne Auftrag stützt (s. Rdn. 229) kann er nach h. Rspr. eine Vergütung für seine Tätigkeit fordern, da er gewerbliche Dienste leistet, die nur gegen Vergütung erbracht werden[64]. Entgelt kann ferner gefordert werden, wenn man entgegen der allgemeinen Auffassung § 354 HGB zugunsten des Grenzspediteurs anwendet.

gg) Sicherungsrechte des Spediteurs

234 Dem Spediteur kann ein **Pfandrecht** am Gut wegen verauslagter Einfuhrumsatzsteuer zustehen. Dieses kann auf § 410 gestützt werden, soweit der Grenzspediteur mit der Versendung beauftragt ist, also ein Speditionsvertrag vorliegt; s. § 410 Rdn. 20, 35 und oben Rdn. 21. Ist er Berufspediteur, so kann er auch ohne Abschluß eines Speditionsvertrags ein Vertragspfandrecht nach § 50 ADSp haben. Erforderlich ist allerdings stets, daß der Spediteur Besitz am Gut erlangt, was bei der reinen Erledigung der Grenzformalitäten vielfach nicht der Fall ist. Mit der Auslieferung des Gutes an den Empfänger verliert der Spediteur jedenfalls das Vertragspfandrecht wie das gesetzliche Pfandrecht; s. § 410 Rdn. 20; BGH v. 18. 6. 1979, NJW **1979** 2198.

235 Auch ein eventuell bestehendes Pfandrecht oder pfandrechtsähnliches **Recht des Fiskus**, das mit der Steuerforderung auf den Spediteur **übergegangen** sein kann (§ 47 AO), ist nach dem Übergang wie die übergegangene Steuerforderung selbst (BGH v. 2. 4. 1973, NJW **1973** 1077, 1078) privatrechtlich zu behandeln[65]. Es erlischt ebenfalls mit der Auslieferung des Guts an den Empfänger; BGH v. 18. 6. 1979 aaO.

236 Ist der Empfänger Steuerschuldner hinsichtlich der Einfuhrumsatzsteuer, dann besteht zwischen ihm und dem Grenzspediteur Gesamtschuld. Daher geht die öffentlichrechtliche Steuerforderung mit der Bezahlung der Steuer auf den Grenzspediteur über; im Konkurs des Empfängers/Steuerschuldners ist die Forderung auch nach dem Übergang bevorrechtigt nach § 61 Abs. 1 Ziff. 2 KO. Allerdings setzt der Übergang nach § 426 Abs. 1 BGB voraus, daß der Grenzspediteur (oder Zolldeklarant) im Innenverhältnis Ansprüche auf Ausgleich gegen den Empfänger (bzw. Auftraggeber) hat; BGH v. 31. 10. 1984, transpR **1985** 88 ff. Die Entscheidung ist sachlich nicht überzeugend, weil sie das Konkursvorrecht im Falle der Einschaltung von Subunternehmern völlig beseitigt, während es bei Selbstausführung bestehen würde. Kritisch hierzu auch *Koller*, transpR **1985** 81 ff, der mit der analogen Anwendung von § 774 Abs. 1 S. 1 BGB auch einen Weg zu angemessenen Lösungen aufzeigt.

Die übergegangene Forderung nimmt nach § 193 S. 1 KO auch nicht am Zwangsvergleich teil; OLG Düsseldorf, berichtet RIW **1979** 430.

---

[64] S. z. B. BGH v. 7. 1. 1971 NJW **1971** 609, 612. S. ferner *Staudinger/Wittmann*[12] § 683 Rdn. 3; *Erman/Hauß*[7] § 683 Rdn. 6; *Seiler* in MünchKomm § 683 Rdn. 26; dagegen *Wollschläger*, Die Geschäftsführung ohne Auftrag, **1976** 311 ff.

[65] BGH v. 9. 5. 1963, BGHZ **39** 319, 323, v. 18. 6. 1979 aaO; v. 31. 10. 1984, transpR **1985** 88 ff; OLG Düsseldorf RIW **1979** 430; s. auch schon RGZ 70 405; BGH v. 24. 2. 1956, NJW **1956** 1197.

Ein **Pfandrecht** des Spediteurs **kann erhalten bleiben**, solange er mittelbaren Besitz **237** hat, insbesondere das Gut sich noch bei dem von ihm beauftragten Frachtführer befindet. Ein Pfandrecht oder Zurückbehaltungsrecht steht dem abliefernden Frachtführer jedenfalls gem. § 440 für eigene Aufwendungsansprüche zu. Dagegen dürfte der Erstattungsanspruch des Grenzspediteurs in aller Regel nicht zu den Rechten der Vormänner gemäß § 441 HGB (s. dort Rdn. 10) gehören.

3. Die Art des Aufwendungsersatzes

Der Anspruch auf Ersatz von Aufwendungen ist nach § 256 S. 1 BGB regelmäßig auf **238** Geldleistung gerichtet. Bestehen die Aufwendungen nicht in Geld, so ist ihr Wert zu ersetzen. Der Aufwendungsanspruch ist von der Zeit der Aufwendung an zu verzinsen. Ist der Speditionsauftrag auch für den Versender ein Handelsgeschäft, so gilt der fünfprozentige Zinssatz des § 352 HGB.

Aufwendungen, die der Spediteur in fremder Währung gemacht hat, könnte der Versender an sich nach § 244 Abs. 1 BGB in deutscher Währung nach dem Kurswert am Tage der Zahlung erstatten (Beispielsfall RGZ **109** 85, 88). Durch § 28 ADSp wird jedoch § 244 BGB abbedungen. Danach hat der Spediteur das Recht, nach seiner Wahl entweder in der von ihm ausgelegten Fremdwährung oder in deutscher Währung den Ersatz zu verlangen — allerdings unter Beachtung etwaiger devisenrechtlicher Bestimmungen.

Da **Aufwendungen** des Spediteurs auch **in der Eingehung einer Verbindlichkeit** liegen **239** können (s. Rdn. 211) kann sich der Anspruch auf Ersatz der Aufwendungen auch auf Befreiung von einer Verbindlichkeit richten. Zusätzlich sieht § 30 a ADSp weitgehende Rechte des Spediteurs vor, durch deren Ausübung er sich von der betreffenden Verbindlichkeit selbst befreien kann. Die Klausel ist teilweise gem. § 9 AGBG unwirksam; s. § 30 ADSp Rdn. 3 ff, Anh. I nach § 415.

4. Anspruch auf Vorschuß

Gemäß §§ 675, 669 BGB hat der Beauftragte Anspruch auf Vorschuß für die zu ma- **240** chenden Aufwendungen. Welche Konsquenzen sich aus der Anwendung dieser Vorschrift für den Spediteur ergeben, ist ungeklärt. *Ratz* (2) § 409 Anm. 11 vertrat den Standpunkt, der Spediteur müsse, soweit er durch den Wert des ihm übergebenen Speditionsguts und das daran bestehende Pfandrecht (§§ 410 HGB, 50 ADSp) gesichert sei, die auftragsgemäßen Verpflichtungen (z. B. durch Abschluß des Frachtvertrags) eingehen, ohne zuvor einen Vorschuß verlangen zu können. Zahlungen brauche er dagegen nicht ohne Vorschuß zu leisten. *Schlegelberger/Schröder*[5] §§ 407 Rdn. 12; 409 Rdn. 15 c wollen dem Spediteur stets einen Anspruch auf Vorschuß geben, auch wenn er an sich durch das Spediteurpfandrecht gesichert ist. Nur in Ausnahmefällen soll ihm zumutbar sein, Aufwendungen ohne Vorschuß zu machen. Die ADSp regeln die Frage nicht speziell. Nur § 26 legt fest, daß der Spediteur als Empfangsspediteur nicht verpflichtet ist, auf dem Gut ruhende Fracht, Wertnachnahmen, Zölle und Spesen auszulegen. Mindestens für diesen Fall kann er somit seine Tätigkeit von einem Vorschuß abhängig machen. Im übrigen ist die Frage der Vorschußleistung — wie auch der Mangel an Rechtsprechung zeigt — praktisch wenig bedeutsam.

Ob ganz allgemein die Anwendung des § 669 BGB die angemessene Lösung ist, kann bezweifelt werden. Der Spediteur ist zwar wegen seiner Ansprüche auf Aufwendungsersatz durch das Spediteurpfandrecht gesichert. Die Pfandverwertung ist aber eine Notmaßnahme und überdies eine an sich spediteurfremde Tätigkeit. Sie birgt auch die Gefahr, daß Güter, die dem Versender nicht gehören, verwertet werden. Dies spräche

§§ 407–409 Drittes Buch. Handelsgeschäfte

für die Zahlung von Vorschüssen als Sicherung des Spediteurs. Andererseits ist der Versender hinsichtlich seiner Vorschüsse seinerseits nicht gesichert und hat keine Gewähr, daß der Spediteur die Vorschüsse auch korrekt verwendet. Dieser Konflikt kann in Fällen, in denen begründete Zweifel an der Solvenz oder der Zuverlässigkeit des Spediteurs bestehen, gelöst werden, indem man den Versender berechtigt, die Aufwendungen, soweit sie in Zahlungen an Dritte bestehen, direkt diesen gegenüber zu begleichen.

5. Verjährung

241 Die Verjährung der Ansprüche auf Ersatz von Aufwendungen richtet sich nach § 196 BGB.

III. Schadensersatzansprüche
1. Nach gesetzlicher Regelung
a) Vertragliche Ansprüche

242 Dem Spediteur stehen im Falle der Leistungsstörung durch den Versender die Ansprüche aus Verzug, Unmöglichkeit und positiver Forderungsverletzung zu. Insbesondere sind Fälle nicht selten, in denen durch unsorgfältiges Verhalten des Versenders oder seiner Erfüllungsgehilfen dem Spediteur Schaden entsteht, z. B. durch gefährliche, falsch deklarierte Speditionsgüter und durch unrichtige Angaben über das Speditionsgut, die zur Beschlagnahme ganzer Sendungen und der Beförderungsmittel durch in- und ausländische Behörden oder anderen Schäden des Spediteurs (Beispielsfall: RGZ **26** 104) führen können. In vielen Fällen wird man im Verhalten des Versenders Verletzungen von Nebenpflichten sehen können. Die Schadensersatzansprüche nach Allgemeinem Schuldrecht setzen jedoch stets Vertretenmüssen, also Verschulden des Versenders oder seiner Erfüllungsgehilfen voraus. Allerdings ist die Beweislast teilweise umgekehrt (§§ 282, 285 BGB), so daß der Versender sich entlasten muß.

b) Deliktische Ansprüche

243 Ist der Spediteur in seinem Eigentum verletzt, so kommen auch deliktische Ansprüche nach §§ 823 Abs. 1 oder 831 BGB in Betracht. Auch diese setzen Verschulden des Versenders voraus (§ 823 Abs. 1) oder gestatten ihm die Entlastung bei Nichtverschulden (§ 831). Auch § 823 Abs. 2 BGB kommt in Betracht, insbesondere, wenn der Versender öffentlich-rechtliche Vorschriften über die Beförderung gefährlicher Güter nicht einhält.

2. Ansprüche nach den ADSp

244 Die ADSp bürden dem Versender in mehreren Bestimmungen eine Haftung ohne Verschulden auf, die über die nach BGB bestehende Haftung weit hinausgeht: § 5b ADSp (Haftung für gefährliche und verderbliche Güter; § 7a ADSp (unrichtige und unvollständige Angaben über das Speditionsgut, fehlende Gewichtsbezeichnung): § 30b ADSp (Aufklärungspflicht des Versenders über öffentlich-rechtliche, z. B. zollrechtliche Verpflichtungen); § 31 S. 1 ADSp (Haftung ohne Verschulden für Folgen von Beschlagnahme und anderen öffentlich-rechtlichen Akten). Siehe dazu BGH v. 22. 1. 1954, BGHZ **12** 136 ff. Diese Haftungsverschärfungen sind, soweit sie durch sachliche Gründe geboten sind, zulässig; s. hierzu die Kommentierung zu den einzelnen Klauseln sowie vor § 1 ADSp Rdn. 48; BGH v. 28. 9. 1978, BGHZ **72** 174, 180 ff und WM **1978** 1236 f (zu Straffrachtklauseln in Konnossementen).

3. Verjährung

Vertragliche Ansprüche des Spediteurs verjähren in 30 Jahren (§ 195 BGB), die deliktischen Ansprüche in drei Jahren (§ 852 BGB). **245**

IV. Sicherung der Rechte des Spediteurs
1. Pfandrecht und Zurückbehaltungsrecht

Der Spediteur hat zur Sicherung seiner Rechte nach § 410 und nach § 50 ADSp ein **246** sehr weitgehendes gesetzliches bzw. vertragliches Pfandrecht und Zurückbehaltungsrecht am Speditionsgut. Siehe dazu die Kommentierung zu § 410.

2. Aufrechnungsverbot

§ 32 ADSp enthält ein weitgehendes Aufrechnungsverbot zu Lasten des Versenders. **247** Siehe die Kommentierung zu § 32 ADSp, Anh. I nach § 415.

3. Auskunftsansprüche

Der Spediteur kann für die Berechnung des Entgelts und aus anderen Gründen auf **248** die Erteilung von Auskünften durch den Versender angewiesen sein. Er hat in diesen Fällen die betreffenden Auskunftsansprüche gegen den Versender. S. z. B. § 24 ADSp, Anh. I nach § 415.

§ 410

Der Spediteur hat wegen der Fracht, der Provision, der Auslagen und Verwendungen sowie wegen der auf das Gut gegebenen Vorschüsse ein Pfandrecht an dem Gute, sofern er es noch im Besitze hat, insbesondere mittels Konnossements, Ladescheins oder Lagerscheins darüber verfügen kann.

Übersicht

	Rdn.		Rdn.
A. Das gesetzliche Pfandrecht des Spediteurs	1	a) Fracht	15
I. Allgemeine Entstehungsvoraussetzungen	1	b) Provision	16
1. Speditionsvertrag	1	c) Auslagen und Verwendungen	17
2. Besitz des Spediteurs am „Gut"	4	d) Vorschüsse	18
3. Eigentum oder Verfügungsbefugnis des Versenders; guter Glaube	5	e) Ansprüche gegen andere Personen als den Versender	19
a) Eigentum des Versenders; Anwartschaftsrecht	5	3. Noch nicht fällige oder zukünftige Forderungen	20
b) Verfügungsbefugnis	6	4. Die Beziehung der Forderung zum Pfandobjekt (Konnexität)	21
c) Guter Glaube des Spediteurs	7	a) Grundsätzliches	21
II. Die dem Pfandrecht unterliegenden Gegenstände	8	b) Abgrenzung der Konnexität	22
1. Das „Gut"	8	IV. Der Inhalt des Pfandrechts	26
2. Mehrere Sachen als „Gut"	9	V. Der Rang des Pfandrechts	27
3. Surrogate	12	VI. Erlöschen des Pfandrechts	28
III. Die gesicherten Forderungen	13	1. Durch Aufgabe	28
1. Gegenwärtige und zukünftige Forderungen	13	2. Durch Erlöschen der Forderung	29
2. Die Arten der gesicherten Forderungen	14	3. Durch Besitzverlust	30
		4. Gutgläubig-lastenfreier Erwerb	32

	Rdn.		Rdn.
VII. Haftung für fehlerhafte Pfandverwertung	33	e) Wirksamkeit der Regelung	50
B. Das Vertragspfandrecht nach § 50 ADSp	34	aa) Übersicherung, Freigabepflicht	50
I. Allgemeines	34	bb) Unwirksamkeit des inkonnexen Pfandrechts an Drittgütern	51
1. Grundstruktur	34	cc) Inkonnexes Pfandrecht an sicherungsübereigneten Gütern	52
2. Sondervereinbarungen	35	dd) Teil- oder Vollunwirksamkeit	53
II. Die allgemeinen Voraussetzungen	36	V. Inhalt, Rang und Erlöschen des Pfandrechts	54
1. Kein Speditionsvertrag erforderlich	36	C. Spediteurpfandrecht durch individualvertragliche Vereinbarung	55
2. Pfandrecht an Dritteigentum	37	D. Andere Sicherungsrechte des Spediteurs	56
III. Die dem Pfandrecht unterliegenden Gegenstände	39	I. Das Zurückbehaltungsrecht nach BGB	56
IV. Die gesicherten Forderungen	40	1. Die Einrede des nichterfüllten Vertrags, § 320 BGB	56
1. Erweiterung gegenüber § 410 HGB	40	2. Das einfache Zurückbehaltungsrecht, § 273 BGB	57
a) Nicht speditionsrechtliche Forderungen	41	II. Das kaufmännische Zurückbehaltungsrecht nach § 369 f. HGB	58
b) Ansprüche, die in § 410 nicht erwähnt sind	42	III. Das Zurückbehaltungsrecht nach § 50 ADSp	59
c) Inkonnexe Forderungen	43	IV. Das Befriedigungsrecht wegen Verwendungen nach § 1003 BGB	60
2. Sonderproblem: Pfandrecht an Drittgütern für inkonnexe Forderungen	46		
a) Rechtslage vor der Neufassung der ADSp von 1978	46		
b) Rechtslage nach Inkrafttreten der Neufassung	47		
c) Auslegung der Neufassung	48		
d) Fallgruppen	49		

A. Das gesetzliche Pfandrecht des Spediteurs

I. Allgemeine Entstehungsvoraussetzungen

1. Speditionsvertrag

1 § 410 setzt, wie alle Vorschriften der §§ 407–414 HGB, das **Bestehen eines Speditionsvertrages** nach §§ 407 oder 415 HGB voraus. Fehlt es an einem Gültigkeitserfordernis, oder ist der Vertrag aus anderen Gründen unwirksam, so kommt auch nicht durch die Übergabe ein sog. „faktischer" Speditionsvertrag zustande. Vielmehr ist die Rechtsfigur des faktischen Vertrags für das Speditionsrecht abzulehnen; siehe dazu im einzelnen §§ 407–409 Rdn. 80. Eine unmittelbare Anwendung auf andere Rechtsbeziehungen, z. B. auf speditionsähnliche Geschäftsbesorgungen von Nichtkaufleuten, oder auf Geschäftsführung ohne Auftrag kommt nicht in Betracht; anderer Ansicht *Schlegelberger/ Schröder*[5] § 410 Rdn. 3b; *Krien/Hay* § 50 ADSp. Anm. 6a, 11 a. Die in diesem Zusammenhang zitierte Entscheidung RGZ **99** 56, 60 betrifft einen Fall, in dem ein Speditionsvertrag vorlag, das Pfandrecht aber wegen Ansprüchen gegen den Empfänger aus Geschäftsführung ohne Auftrag bejaht wurde.

Die Anerkennung eines Spediteurpfandrechts ohne Zustandekommen eines Speditionsvertrags ist nicht zu befürworten, da das Gesetz die Gültigkeitsvoraussetzungen für Vertragsschlüsse zum Schutze der Vertragspartner aufstellt. Nicht nur im Falle gesetzwidriger und sittenwidriger Verträge (§§ 134, 138 BGB) und bei arglistiger Täuschung (§ 123 BGB), sondern auch bei fehlender Geschäftsfähigkeit, Vertretungsmacht, bei Dissens und in weiteren Fällen der Unwirksamkeit ist der Verhandlungspartner schutzwürdig. Auf ein Pfandrecht kann sich der Spediteur nur verlassen, wenn ein wirksamer Speditionsvertrag besteht. Wie jeder Partner eines anderen schuldrechtlichen Vertrags ist er für den Fall der Unwirksamkeit auf die für die außervertraglichen Ansprüche bestehenden Sicherungen angewiesen. Es sind keinerlei Gründe ersichtlich, warum er von Gesetzes wegen einen stärkeren Schutz als andere Vertragschließende erhalten sollte.

Kommt kein Speditionsvertrag zustande, so ist der Spediteur wegen seiner Verwendungsansprüche aus §§ 994 ff BGB durch das Befriedigungsrecht des § 1003 BGB gesichert. Ansprüche aus culpa in contrahendo und aus Geschäftsführung ohne Auftrag, ebenso solche aus Rücktritt, sind durch das einfache Zurückbehaltungsrecht des BGB, ggf. auch durch das kaufmännische Zurückbehaltungsrecht gesichert. Das gleiche gilt für den Schadensersatzanspruch aus § 122 im Falle der Anfechtung durch den Versender nach §§ 119, 120 BGB. Siehe zu den allgemeinen Sicherungsrechten des Spediteurs unten Rdn. 56 ff. Allenfalls könnte hinsichtlich dieser Rechtsverhältnisse an eine analoge Anwendung des § 410 gedacht werden. **2**

Wird der Spediteur aufgrund eines **Lager- oder Frachtvertrages** tätig, so sind seine **3** Ansprüche durch das Pfandrecht des Lagerhalters (§ 421) oder Frachtführers (§ 440) gesichert. Ist der Spediteur aufgrund eines **reinen Geschäftsbesorgungsvertrages** tätig, so z. B. der reine Zoll- oder Grenzspediteur (siehe §§ 407–409 Rdn. 21) evtl. auch der nicht weiterleitende oder -befördernde Empfangsspediteur, dann steht ihm kein gesetzliches Pfandrecht zu. Allenfalls können für ihn die Rechte aus § 50 ADSp bestehen; s. unten Rdn. 34 ff.

2. Besitz des Spediteurs am „Gut"

Der Spediteur muß Besitzer des Guts sein, an dem das Pfandrecht besteht. Hierfür **4** genügt stets der unmittelbare Besitz, der in der Regel durch Besitzdiener (§ 855 BGB) ausgeübt wird. Durch die Erwähnung der Möglichkeit einer Verfügung durch Konnossement, Ladeschein oder Lagerschein ist klargestellt, daß auch der mittelbare Besitz und insbesondere der durch diese Papiere vermittelte Besitz des Spediteurs genügt. Grundsätzlich reicht jede Art von mittelbarem Besitz des Spediteurs aus. Beispielsfall: In RGZ **118** 250, 252 erkannte das RG den Pfandrechtserwerb des Hauptspediteurs am Speditionsgut, das sich in unmittelbarem Besitz des Unterspediteurs befand, an. Siehe aber einschränkend RGZ **112** 133 ff.

Wie bei anderen gesetzlichen Pfandrechten erwirbt der Spediteur das Pfandrecht nur an solchen Sachen, die mit dem Willen des Versenders in seinen Besitz gelangt sind; *Schlegelberger/Schröder*[5] § 410 Rdn. 11.

Der Besitz muß jedoch nicht vom Versender selbst auf den Spediteur übertragen werden. So erwirbt der Vollmachtspediteur, der im Auftrag des Empfängers das Gut weiterversendet, den Besitz zwar vom Frachtführer, aber doch mit Willen des zum Besitz berechtigten Empfängers als seines Auftraggebers. Daher hat der Vollmachtspediteur, wenn er das Gut weiterversendet, ein Spediteurpfandrecht. Wenn er das Gut nur zurollt oder einlagert, steht ihm ein Pfandrecht nach §§ 440 oder 421 zu. Hinsichtlich der älteren Literatur zu dieser Frage s. *RGR/Ratz*[2] § 410 Anm. 12 a.

3. Eigentum oder Verfügungsbefugnis des Versenders; guter Glaube
a) Eigentum des Versenders; Anwartschaftsrecht

Grundsätzlich ist der Erwerb des Pfandrechts nur an Sachen möglich, die dem Versender gehören. Dies ist zwar in § 410 — anders als in § 647 BGB — nicht ausdrücklich gesagt, ergibt sich aber mittelbar aus § 366 Abs. 3 HGB; unstr. siehe z. B. OLG Düssel- **5**

§ 410 Drittes Buch. Handelsgeschäfte

dorf VersR **1974** 661, 662. Der Grundsatz wird jedoch beim Spediteurpfandrecht stark durchbrochen.

Eine wirksame Pfandrechtsbestellung kann auch vorliegen, wenn der Versender im Augenblick der Übergabe des Gutes ein Eigentumsanwartschaftsrecht hat und wenn dieses während des Besitzes des Spediteurs zum Volleigentum erstarkt. Damit eröffnet sich für den Spediteur insbesondere die Möglichkeit, durch Bezahlung der Restkaufpreisforderung sein Pfandrecht an versandter Eigentumsvorbehaltsware zu erwerben. Von praktischer Bedeutung kann dies vor allem für das inkonnexe Vertragspfandrecht des Spediteurs nach § 50 ADSp werden; siehe unten Rdn. 43, 46 ff.

b) Verfügungsbefugnis

6   Gemäß § 185 BGB ist die Verfügung eines Nichtberechtigten dem Berechtigten gegenüber wirksam, wenn sie mit dessen Einwilligung erfolgt. Übergibt eine dritte Person dem Versender die Sache in Kenntnis des Umstands, daß dieser sie durch einen Spediteur versenden werde (Fälle: Der Versender übergibt das Gut einem Spediteur zur Versendung an einem Zwischenspediteur; der Verkäufer unter Eigentumsvorbehalt weiß, daß der Käufer die Ware durch Spediteure weiterversendet), so kann eine stillschweigende Einwilligung des Eigentümers angenommen werden. § 366 HGB braucht dabei nicht bemüht zu werden. Anderer Ansicht für das Werkunternehmerpfandrecht BGHZ **17** 122, 126.

c) Guter Glaube des Spediteurs

7   Nach der Rechtsprechung des BGH, Urteile vom 21. 12. 1960, BGHZ **34** 122 ff und BGHZ **34** 153 ff können gesetzliche Pfandrechte des Bürgerlichen Rechts nicht gutgläubig erworben werden. Im Gegensatz dazu erwirbt der Spediteur nach § 366 Abs. 3 und Abs. 1 HGB das Pfandrecht auch vom Nichtkaufmann bereits, wenn er in gutem Glauben an das Eigentum des Versenders oder an dessen Verfügungsbefugnis ist; BGH aaO S. 155. Gutgläubiger Erwerb scheidet nach § 932 Abs. 2 BGB nur dann aus, wenn dem Spediteur Kenntnis der Nichtberechtigung oder grobfahrlässige Unkenntnis nachgewiesen wird. Guter Glaube nach § 932 kann jedoch im Regelfall nur vermutet werden, wenn der Spediteur den Besitz am Gut vom Versender selbst erhalten hat; OLG Düsseldorf VersR **1974** 661, 662. Dem ist zuzustimmen, da § 366 auf § 932 BGB verweist, der die Besitzübergabe durch den Veräußerer als Anknüpfungspunkt für den gutgläubigen Erwerb vorsieht. Der Zwischenspediteur wird in aller Regel nicht den Hauptspediteur für den Eigentümer des Gutes halten, kann aber gutgläubig hinsichtlich der Verfügungsbefugnis sein; zutreffend *Schlegelberger/Schröder*[5] § 411 Rdn. 1 a.

Verfügungsbefugnis ist im Rahmen des § 366 HGB die Befugnis, das Speditionsgut durch einen Spediteur zu versenden; OLG Stuttgart WM **1978** 1330, 1332. Es kommt, da es sich um ein gesetzliches Pfandrecht handelt, nicht darauf an, ob dem Eigentümer bekannt war, daß hierdurch ein gesetzliches Pfandrecht des Spediteurs begründet werden könnte.

Der Spediteur braucht keine Nachforschungen darüber anzustellen, ob der Versender zur Versendung berechtigt war, wenn nicht besondere Umstände den Verdacht des Gegenteils aufkommen lassen. Siehe zu den verminderten Anforderungen an den guten Glauben beim Erwerb eines Vertragspfandrechts bei Kfz-Reparaturen: BGH v. 4. 5. 1977, BB **1977** 1173 (im Verhältnis zu den Anforderungen an Eigentumserwerb); BGH v. 20. 10. 1980, NJW **1981** 226 f (Zubehör im Fremdeigentum).

II. Die dem Pfandrecht unterliegenden Gegenstände
1. Das „Gut"

Gegenstand des Pfandrechts ist das „Gut". Damit ist das Speditionsgut (einschließ- **8** lich Verpackung) gemeint, mit dessen Versendung der Spediteur betraut ist. An Gütern, die dem Spediteur nicht zur Besorgung der Versendung, sondern mit anderem Auftrag, z. B. zur Beförderung oder Lagerung oder Verzollung übergeben sind, entsteht das Pfandrecht nach § 410 HGB nicht. Doch erstreckt sich das Vertragspfandrecht des § 50 ADSp auf jedes Gut, das dem Spediteur übergeben ist.

Das Pfandrecht besteht auch an Papieren, die dazu dienen, die Rechte am Gut zu verbriefen, z. B. an einem über das Gut ausgestellten Konnossement; OLG Düsseldorf transpR **1984** 222, 226.

2. Mehrere Sachen als „Gut"

Grundsätzlich erstreckt sich das Pfandrecht auf alle Güter, die auf Grund des betref- **9** fenden Speditionsauftrags im Besitz des Spediteurs sind. Der Spediteur darf das Pfandrecht an ihnen allen im Rahmen der für die Ausübung gesetzlicher Pfandrechte nach § 1257 BGB maßgeblichen Bestimmungen ausüben; s. Rdn. 21. Nach § 1230 S. 1 BGB darf der Spediteur unter mehreren Sachen, aus denen das Speditionsgut bestehen kann, diejenigen auswählen, welche verkauft werden. Er darf nach § 1230 S. 2 BGB aber nur so viele Pfänder zum Verkauf bringen, als zu seiner Befriedigung erforderlich sind. Aus diesen Bestimmungen läßt sich nicht generell der Grundsatz ableiten, daß der Spediteur die zum Speditionsgut gehörenden Sachen ohne Rücksicht auf die Höhe seiner Forderungen zurückhalten dürfe.

§ 1230 soll primär für rechtsgeschäftlich bestellte Pfandrechte gelten. Bei diesen kann **10** — jedenfalls im Modellfall — schon bei Pfandbestellung eine **Übersicherung** (die ohnehin schon vom Reichsgericht als sittenwidrig erklärt worden war) vermieden werden. Die generelle Pfandklausel der Banken (Nr. 19 AGB der privaten Banken) ist demgemäß durch eine Freigabepflicht der Bank (Nr. 19 Abs. 7) für übermäßige Pfänder ergänzt. Beim Spediteurpfandrecht stehen die Forderung des Spediteurs und der Wert des Speditionsguts in keinem vorher bedachten Verhältnis. Unverhältnismäßigkeit kann hier bei wertvollen Gütern sehr leicht auftreten. Die Interessewahrungspflicht gebietet dem Spediteur, die offenbar nicht zu seiner Sicherheit benötigten Teile des Speditionsguts freizugeben. Allerdings kann vom Spediteur nicht verlangt werden, daß er Güter freigibt, solange er nicht mit Sicherheit weiß, daß die noch zurückgehaltenen zu seiner Befriedigung ausreichen. Im Ergebnis deckt sich diese Auffassung etwa mit der von *Schlegelberger/Schröder*[5] § 410 Rdn. 2a, der dem Spediteur eine Freigabepflicht zwar nur bei Arglist auferlegen will, diese aber bereits bei „offenbarem Mißverhältnis zwischen Wert des Gesamtgutes und Forderungen des Spediteurs" annimmt; ähnlich *Krien* § 50 ADSp Rdn. 4d. Der BGH hat eine Freigabepflicht nur in engen Grenzen für möglich gehalten und abgelehnt in einem Fall, in dem später ein Drittel des zurückgehaltenen Bestandes zur Deckung der Speditionsforderung versteigert werden mußte: BGH vom 3. 11. 1965, WM **1966** 115, 118 = BB **1966** 179f mit eingehenden Erörterungen und zahlreichen Hinweisen. Bei teilbarem Pfandobjekt ist eher eine Freigabepflicht anzunehmen. Seit 1965 haben sich jedoch die Anforderungen an die Freigabepflichten bei Kredit-Übersicherungen verschärft; siehe z. B. BGH vom 20. 10. 1980, NJW **1981** 571f: 1,9 Mill. DM Grundschuld sind für 600.000 DM als Sicherheit zu hoch. Die Sparkasse ist zur teilweisen Freigabe verpflichtet. Siehe zu den Freigabeklauseln bei Banksicherheiten *Canaris*, Bankvertragsrecht, 2. Band (**1981**) Rdn. 2696 und BGH v. 20. 3. 1985, WM **1985** 605, 607. Die Freigabepflicht ist auch praktisch von Bedeutung.

§ 410   Drittes Buch. Handelsgeschäfte

11   Anders als das Vertragspfandrecht nach § 50 ADSp deckt das gesetzliche Spediteurpfandrecht nach § 410 **keine inkonnexen Forderungen** des Spediteurs, so daß insbesondere bei Speditionsgut, das dem Kunden nicht gehört, vom Versender die Freigabe verlangt werden kann, soweit es zur Sicherung inkonnexer Forderungen des Spediteurs benutzt wird (siehe dazu unten Rdn. 21).

3. Surrogate

12   Das gesetzliche Spediteurpfandrecht erstreckt sich nicht auf die Surrogate, die das Gut im Falle seines Verlustes oder seiner Beschädigung oder seiner Veräußerung ersetzen; insbesondere unterliegen daher Schadensersatzansprüche gegen schädigende Dritte und Ansprüche gegen Versicherer sowie eingenommene Nachnahmebeträge nicht dem gesetzlichen Pfandrecht; siehe zum Vertragspfandrecht unten Rdn. 39. Nur bei ordnungsgemäßen Notverkauf des Pfandguts (§ 1219 BGB) tritt der Verkaufserlös an die Stelle des Gutes. Beachte ferner § 1224 BGB. Siehe hierzu *Schlegelberger/Schröder*[5] § 410 Rdn. 2c; *Krien/Hay*, § 50 ADSp, Anm. 13. Ferner kann sich der Spediteur aus den durch das Ausführungsgeschäft entstandenen Forderungen, also auch aus Schadensersatzforderungen gegen den beauftragten Frachtführer, vorweg befriedigen; §§ 407 Abs. 2, 399.

III. Die gesicherten Forderungen

1. Gegenwärtige und zukünftige Forderungen

13   Das Mobiliarpfandrecht entsteht auch dann, wenn die zu sichernde Forderung noch nicht fällig ist. Seinen Sicherungsrang erwirbt es auch dann mit Besitzerlangung, wenn die Forderung noch nicht entstanden ist. Es erlischt, wenn feststeht, daß die Forderung nicht mehr entstehen kann; s. dazu BGH v. 26. 1. 1983, NJW **1983** 1619 (zum Vertragspfandrecht).

2. Die Arten der gesicherten Forderungen

14   § 410 führt nur bestimmte Arten von Forderungen des Spediteurs auf, die durch das Pfandrecht gesichert sind. Die Aufzählung ist abschließend. A. A. ohne Begründung *Krien* § 50 ADSp Anm. 2 d II. Sie umfaßt alle wichtigen mit dem Speditionsauftrag zusammenhängenden Ansprüche mit Ausnahme der Schadensersatzansprüche. Diese werden jedoch durch das vertragliche Pfandrecht des § 50 ADSp gedeckt. Ob die Ansprüche auf den Speditionsvertrag gestützt werden oder ob sie sich aus anderen Rechtsgründen ergeben (z. B. aus dem Rückgewährschuldverhältnis beim Rücktritt, §§ 346f BGB; oder aus Geschäftsführung ohne Auftrag; aus ungerechtfertigter Bereicherung usw.), ist gleichgültig, wenn sie wirtschaftlich mit dem betreffenden Speditionsvertrag zusammenhängen; ebenso *Schlegelberger/Schröder*[5] § 410 Rdn. 3. Allerdings entsteht bei Unwirksamkeit des Speditionsvertrags kein Pfandrecht; siehe oben Rdn. 1. Nicht unter § 410 fallen die Vergütungsansprüche für Tätigkeiten, die nicht im Rahmen eines Speditionsauftrags, sondern außerhalb dessen liegen: Lagergeld aus besonderem Lagervertrag, Frachtanspruch aus besonderem Frachtvertrag. Für diese sind §§ 423, 440 HGB maßgeblich; unzutreffend *Krien* § 50 ADSp Anm. 2 d II.

a) Fracht

15   Hiermit ist der Erstattungsanspruch des Spediteurs hinsichtlich verauslagter Frachten gemeint. Dieser würde an sich unter den ebenfalls erwähnten Begriff der „Auslagen" fallen, ist aber der Klarheit halber noch einmal besonders erwähnt. Kommt zwischen Spediteur und Versender ein frachtrechtliches Verhältnis durch Selbsteintritt des

Spediteurs (§ 412 HGB) zustande, so hat der Spediteur als Frachtführer das Pfandrecht nach § 440 HGB für alle Forderungen aus dem Frachtvertrag.

Erlangt der Spediteur nach §§ 412, 413 die Rechtstellung eines Frachtführers oder Verfrachters, dann stehen ihm die Frachtführerpfandrechte zu (§§ 440, 623 HGB). Da er im Falle des § 412 zugleich die Rechtsstellung eines Spediteurs behält, hat er auch wegen der Frachtansprüche das Spediteurpfandrecht nach § 410. Dies kann aber nach der geltenden Regelung nicht für § 413 gelten, weil der Spediteur in diesen Fällen „ausschließlich" die Rechte und Pflichten eines Frachtführers hat, für ihn § 410 also nicht gilt; a. A. *Schlegelberger/Schröder*[5] Rdn. 4.

Das Pfandrecht für Frachten entsteht nur, soweit der Spediteur vom Versender Erstattung verlangen kann, also nicht für vertrags- oder weisungswidrig eingegangene Frachtkosten; *Schlegelberger/Schröder*[5] Rdn. 4.

b) Provision

Zum Begriff der Provision s. §§ 407–409 Rdn. 199 ff. Das Pfandrecht deckt auch die besonderen Provisionen für Einzeltätigkeiten des Spediteurs; s. §§ 407–409 Rdn. 204–206; *Krien/Hay* § 50 ADSp Anm. 6. **16**

c) Auslagen und Verwendungen

Siehe hierzu §§ 407–409 Rdn. 213. Verwendungen, die der Spediteur auf das Speditionsgut gemacht hat, fallen ebenso wie die Auslagen unter den Begriff der Aufwendungen in § 670 BGB; aus der Rechtsprechung siehe OLG Braunschweig VRS **3** 232 233. **17**

d) Vorschüsse

Vorschüsse kann der Spediteur dem Versender dann geben, wenn er den Auftrag zur Einziehung von Nachnahmen hat; s. eingehender *Schlegelberger/Schröder*[5] § 410 Rdn. 7; in der Praxis kommen sie nach *Krien/Hay* § 50 ADSp Anm. 6 kaum mehr vor. Älterer Beispielsfall: RGZ **29** 47 ff. Immerhin ist es durchaus denkbar, daß z. B. ein Zwischenspediteur die von Vormännern auf das Gut gelegten Nachnahmen vorschußweise einlöst. S. dazu § 411 Rdn. 11. **18**

e) Ansprüche gegen andere Personen als den Versender

RGZ **99** 56, 60 gewährte dem Spediteur ein Pfandrecht am Speditionsgut wegen Ansprüchen gegen den Empfänger auf Ersatz von Versicherungskosten aus Geschäftsführung ohne Auftrag. § 410 erwähnt nicht, gegen wen sich die Ansprüche richten müssen. Jedoch erscheint es vertretbar, die im Hinblick auf das Interesse des Empfängers gemachten, im Rahmen der Spediteurtätigkeit liegenden Aufwendungen als vom Pfandrecht gesichert anzuerkennen. In der Praxis kann dieses Pfandrecht vor allem bei Zoll- und Einfuhrumsatzsteuer-Vorlage eine erhebliche praktische Bedeutung gewinnen; s. §§ 407–409 Rdn. 234–237. **19**

3. Noch nicht fällige oder zukünftige Forderungen

Wie alle Pfandrechte kann das gesetzliche Spediteurpfandrecht auch zur Sicherung künftiger, bedingter oder noch nicht fälliger Ansprüche bestehen, §§ 1257, 1204 Abs. 2 BGB. Sobald sich herausstellt, daß Ansprüche aus dem Speditionsverhältnis nicht mehr entstehen werden, erlischt das Pfandrecht; BGH v. 26. 1. 1983, NJW **1983** 1619 zum Vertragspfandrecht (mit Literaturhinweisen). Der Rang des Pfandrechts richtet sich nach dem Zeitpunkt der Besitzerlangung nach Einigung; BGH aaO. **20**

4. Die Beziehung der Forderung zum Pfandobjekt (Konnexität)
a) Grundsätzliches

21 Wenn auch die Formulierung des § 410 dies nicht unzweifelhaft klarstellt, so ist doch seit jeher unstreitig, daß dem Spediteur ein gesetzliches Pfandrecht nur hinsichtlich konnexer Forderungen zusteht; s. zuletzt OLG Stuttgart WM **1978** 1333; österr. OGH v. 20. 1. 1981, Verkehr (Wien) **1981** 1648. Nur wegen solcher Ansprüche die gerade das als Pfand in Anspruch genommene Speditionsgut betreffen, kann somit ein Pfandrecht geltend gemacht werden. Wegen aller gegen den gleichen Versender bestehenden Ansprüche aus anderen Speditionsgeschäften besteht kein Pfandrecht. Will der Spediteur ein Pfandrecht am Speditionsgut geltend machen, das sich auf mit diesem Gut nicht zusammenhängende Forderungen bezieht (inkonnexes Pfandrecht), so kann dieses nur als Vertragspfandrecht nach § 50a ADSp begründet sein; jedoch ist darauf hinzuweisen, daß dieses inkonnexe Pfandrecht nach der Rechtsprechung des BGH nicht an Gütern entstehen kann, die nicht im Eigentum des Versenders stehen; siehe unten Rdn. 46 ff.

b) Abgrenzung der Konnexität

22 Schwierigkeiten bereitet die Abgrenzung der Konnexität, wenn **unter einem einheitlichen Speditionsvertrag verschiedene Güter** versendet werden oder wenn ein laufender Dauerspeditionsvertrag besteht, wie er insbesondere bei der Vollmachtspedition vorkommt (siehe *Schlegelberger/Schröder*[5] Rdn. 3a). In der Litertaur ist weitgehend unklar, was unter „Konnexität" zu verstehen ist. Der BGH, U. v. 18. 3. 1955, BGHZ **17** 1, 3 versteht unter konnexen Forderungen „die mit der Beförderung des Gutes zusammenhängenden Forderungen" und spricht von der fehlenden Zustimmung des Eigentümers, seine Sachen für fremde Schulden zu verpfänden, „die mit der Beförderung seiner Güter nichts zu tun haben"; ähnlich noch *Krien/Hay*, § 50 ADSp, Anm. 2 (S. 296). *Schlegelberger/Schröder*, die in Rdn. 3 die Konnexität in der Beziehung zu dem betreffenden Gut erblicken, widersprechen sich selbst in Rdn. 3a, indem sie dort auf den einheitlichen Speditionsvertrag abstellen, der verschiedene Güter betreffen könne. *Krien* § 50 ADSp, Anm. 2d will — unter Ablehnung der hier vertretenen Auffassung — das gesetzliche Pfandrecht nach § 410 zur Sicherung aller Forderungen aus dem Speditionsvertrag dienen lassen. Seine Berufung auf § 440 ist nicht überzeugend, da diese Vorschrift anders formuliert ist.

23 Nach richtiger Auffassung muß die **Konnexität im Verhältnis zwischen der zu sichernden Forderung und dem als Pfandobjekt dienenden Gut** bestehen; so auch OLG Stuttgart WM **1978** 1330 (1333). Ob Konnexität vorliegt, kann nicht davon abhängen, wie weit der Rahmen des Speditionsvertrags gespannt ist. Sie bezieht sich nicht auf den Vertrag, sondern auf das Gut. Dies ergibt sich aus ihrer rechtstechnischen Funktion, das Speditionsgut nicht für beliebige Forderungen des Spediteurs haften zu lassen. Der Spediteur könnte sonst durch eine Zusammenfassung vieler einzelner Aufträge in summarischen Großverträgen praktisch die Wirkung eines gesetzlichen Pfandrechts für beliebige Forderungen aus Speditionsgeschäften erzielen. Insbesondere bei Dauerspeditions- und Rahmenverträgen würde auch ohne Mißbrauchsabsicht eine ständige Übersicherung entstehen; a. A. *Krien* § 50 Anm. 2a.

Somit kommt es nur darauf an, ob die Forderung des Spediteurs im Zusammenhang mit der Beförderung des als Pfandobjekt beanspruchten Guts steht. Ist dies nicht der Fall, so haftet das Gut nicht als Pfand für diese Forderung, auch wenn sie aus dem gleichen Speditionsvertrag stammt. Mit dieser Auffassung entfällt auch weitgehend der Streit um das Pfandrecht des Vollmachtspediteurs, der in den dreißiger Jahren eine große Rolle spielte; s. zu diesem *RGR/Ratz*² § 410 Anm. 12 a; *Schlegelberger/Schröder*⁵ Rdn. 3 a; die Streitfragen läßt das OLG Stuttgart WM **1978** 1330, 1333 offen.

Allerdings ist durch die hier vertretene Auffassung eine Abgrenzung erforderlich, **wann ein einheitliches „Gut" vorliegt**. Diese Abgrenzung muß nach wirtschaftlichen Gesichtspunkten und aus der Sicht des Spediteurs vorgenommen werden, der durch die Sicherheit, die ihm das Pfandrecht bietet, auf Vorleistung des Versenders verzichten kann. Ist eine dem Umfang nach umgrenzte Sendung an einen Empfänger zu versenden, so liegt ein einheitliches Gut vor. Wiederkehrende, zeitlich getrennte Sendungen müssen als verschiedene Güter betrachtet werden. A. A. *Baumbach/Duden/Hopt*²⁶ Anm. 2, allerdings mit Einschränkungen für Dauerspeditionsverträge. **24**

Wer Eigentümer der zu einer Sendung gehörenden Sache ist, kann auf die für die Konnexität bedeutsame Abgrenzung des Begriffs „Gut" keinen Einfluß haben; denn es ist für den Spediteur nicht erkennbar, welche Güterteile wem gehören. Sind Güter an verschiedene Empfänger adressiert, so kann es sich bei ihnen nicht um einheitliches Gut handeln, denn es besteht kein Grund, dem Spediteur einem Empfänger gegenüber die Zurückhaltung zu gestatten, wenn z. B. ein anderer Empfänger eines gleichzeitig versandten Guts seine Nachnahmen nicht einlöst. **25**

IV. Der Inhalt des Pfandrechts

Welche Befugnisse das gesetzliche Pfandrecht dem Spediteur gewährt, richtet sich gemäß § 1257 BGB nach den Vorschriften über das Vertragspfandrecht, ergänzt durch § 368 HGB. Der Spediteur hat aufgrund des Pfandrechts, solange dieses besteht, nach §§ 986, 868 BGB ein Recht zum Besitz; RGZ **112** 133, 136; **118** 250, 252. Er kann daher dem Herausgabeverlangen des Eigentümers entgegentreten, auch wenn dieser die betreffende Summe, zu deren Sicherung das Pfandrecht dient, hinterlegt; RGZ **1** 304 zum Kommissionärpfandrecht. Wird ihm die Pfandsache entzogen, so kann er nach §§ 1227, 985 BGB Rückübertragung des Besitzes vom Entzieher verlangen. Bei Pfandreife kann er das dem Pfandrecht unterliegende Gut nach den Vorschriften des Pfandverkaufs verkaufen lassen und sich aus dem Erlös befriedigen. Bei Pfändung durch einen Dritten im Wege der Zwangsvollstreckung kann der Spediteur Dritt-Widerspruchsklage erheben (§ 771 ZPO) oder auf vorzugsweise Befriedigung klagen (§ 805 ZPO). Im Konkurs des Eigentümers (des Versenders oder eines Dritten) hat der Spediteur ein Absonderungsrecht nach § 47 KO. Das Verfolgungsrecht des § 44 KO steht ihm nicht zu; ROHG **20** 192; *Schlegelberger/Schröder*⁵ Rdn. 19. Das Vergleichsverfahren über das Vermögen des Versenders berührt das Pfandrecht des Spediteurs einschließlich der Pfandverwertung nicht. Siehe § 27 VglO. **26**

Siehe zu den Folgen der Ausübung eines vermeintlichen Pfandrechts nach §§ 410 und 50 ADSp: OLG Düsseldorf VersR **1974** 661, 663 (Eigentumsverletzung).

V. Der Rang des Pfandrechts

Für den Rang des Spediteurpfandrechts ist gemäß §§ 1257, 1209 BGB der Zeitpunkt seiner Entstehung maßgeblich (Prioritätsgrundsatz). Bestanden vor dem Spediteurpfandrecht bereits andere Pfandrechte (rechtsgeschäftlich bestellte, gesetzliche oder Pfändungspfandrechte), so geht es diesen nach. Jedoch kann der Spediteur gemäß §§ 366 Abs. 3 HGB, 1208 BGB den Vorrang erwerben, wenn er das Gut in gutem Glauben an die Lastenfreiheit oder an die Befugnis des Versenders, unter Verzicht auf die Lasten über das Gut zu verfügen, erlangt. **27**

§ 410 Drittes Buch. Handelsgeschäfte

Eine besondere Regelung gilt gemäß § 443, wenn am Gute mehrere gesetzliche Pfandrechte des Handelsrechts bestehen. Unter besonderen Voraussetzungen können hierbei später entstandene Pfandrechte den Vorrang vor früher entstandenen haben.

VI. Erlöschen des Pfandrechts
1. Durch Aufgabe

28   Das Pfandrecht kann gem. §§ 1257, 1255 BGB durch einseitige Aufgabeerklärung des Spediteurs zum Erlöschen gebracht werden. Eine solche Aufgabe ist nicht anzunehmen, wenn der Spediteur die vom Verkäufer eingelagerten Güter nach Freigabe durch diesen auf Kosten des Käufers weiter lagert (Umbuchung). Vielmehr will der Spediteur auch in diesem Fall nicht auf sein Pfandrecht zur Sicherung rückständiger Forderungen gegen den Verkäufer/Einlagerer verzichten; OLG Hamburg transpR **1984** 19f.

2. Durch Erlöschen der Forderung

29   Nach §§ 1257, 1252 BGB erlischt das gesetzliche Pfandrecht des Spediteurs, wenn alle durch es gesicherten Forderungen des Spediteurs erlöschen, insbesondere wegen Erfüllung, Aufrechnung, befreiender Hinterlegung. Befriedigt ein Dritter den Spediteur, so kann unter den Voraussetzungen der §§ 268, 412, 401, 1257, 1250 Abs. 1 S. 1 BGB das Pfandrecht auf ihn übergehen. Nach § 411 Abs. 2 S. 1 geht das Pfandrecht auch auf dem Zwischenspediteur über, wenn er den Spediteur befriedigt. S. zum Erlöschen des Pfandrechts durch Erlöschen der Forderung im einzelnen *Krien/Hay* § 50 ADSp, Anm. 9d–9f; *Krien* § 50 ADSp, Anm. 8d, e.

3. Durch Besitzverlust

30   Aus § 410 HGB läßt sich entnehmen, daß der Verlust des Besitzes durch den Spediteur das gesetzliche Pfandrecht zum Erlöschen bringt. Solange der Spediteur noch mittelbaren Besitz hat, besteht das Pfandrecht fort. Dies ist insbesondere dann der Fall, wenn der Spediteur das Gut einem Frachtführer oder Verfrachter zur Beförderung übergeben hat. Das Pfandrecht endet allerdings, wenn der Spediteur den mittelbaren Besitz dadurch verliert, daß er den Lagerschein an einen Dritten überträgt; Fall: RGZ **44** 116 ff. Da der Frachtführer nach § 440 Abs. 3 unter Umständen noch drei Tage nach Ablieferung sein Frachtführerpfandrecht und damit mittelbaren Besitz hat, kann das Spediteurpfandrecht auch nach Ablieferung an den Empfänger insoweit noch fortbestehen. Doch gilt § 440 Abs. 3 nicht unmittelbar für das Speditionspfandrecht. Gibt der Spediteur das Gut selbst an den Empfänger heraus oder bezahlt dieser die Forderungen des Frachtführers, so erlischt das Pfandrecht des Spediteurs mit dem Besitzverlust.

Das Pfandrecht erlischt auch dann nicht, wenn der Spediteur eingelagerte Ware auf einen Käufer (als neuen Einlagerer) umbucht. Mit der darin liegenden Änderung des Besitzmittlungsverhältnisses verliert der Spediteur (Lagerhalter) nicht seinen unmittelbaren Besitz. Auch ist weder lastenfreier Eigentumserwerb des Käufers (§ 936 Abs. 1 BGB) noch eine Aufgabe des Pfandrechts durch den Spediteur anzunehmen; OLG Hamburg transpR **1984** 19f.

31   **Verliert der Spediteur den Besitz ohne seinen Willen**, so erlischt zwar sein Pfandrecht, jedoch kann er gemäß §§ 1227, 985 BGB Rückübertragung verlangen. Nach richtiger Auffassung lebt dann das Pfandrecht mit dem alten Rang wieder auf; *Schlegelberger/Schröder*[5] Rdn. 12; *Krien/Hay* § 50 ADSp Anm. 11e. Dies gilt nicht bei freiwilliger Aufgabe des Besitzes und späterer Wiedererlangung z. B. aufgrund von § 34 Satz 2 ADSp. In diesem Falle ist das Pfandrecht endgültig erloschen; RGZ **44** 116, 120.

Stand: 1. 9. 1985

Verliert der Spediteur sein Pfandrecht durch Beschlagnahme des Speditionsguts, wegen einer Steuer(Zoll-)Straftat eines Dritten, so steht ihm gegen den Staat wegen der Entziehung des Pfandrechts ein Entschädigungsanspruch zu: BGH Urt. v. 14. 4. 1958, BGHZ **27** 69, 72f.

4. Gutgläubig-lastenfreier Erwerb

S. hierzu die Kommentierung zu § 366³ Rdn. 67f. In aller Regel wird der Erwerber **32** nicht darauf vertrauen können, daß der Veräußerer befugt ist, das Pfandrecht des Spediteurs aufzugeben; vgl. OLG Hamburg transpR **1984** 19f.

VII. Haftung für fehlerhafte Pfandverwertung

Auch bei der Pfandverwertung hat der Spediteur die Interessen des Versenders **33** wahrzunehmen. Für Fehler bei der Pfandverwertung kann er daher u. U. haften. Diese Haftung unterliegt den ADSp, insbes. auch § 41a (Ersetzung der Haftung durch Speditionsversicherung); s. OLG Düsseldorf transpR **1984** 224, 226.

B. Das Vertragspfandrecht nach § 50 ADSp
I. Allgemeines
1. Grundstruktur

Die ADSp enthalten in § 50 eine weit über das gesetzliche Pfandrecht des § 410 HGB **34** hinausgreifende Regelung. Das durch § 50a ADSp dem Spediteur über den Rahmen des § 410 (bwz. der §§ 421, 440) hinaus gewährte Pfandrecht ist ein vertragliches Faustpfandrecht nach §§ 1204ff BGB. Zwar hat das RG in RGZ **113** 427, 429 es in die Nähe des gesetzlichen Spediteurpfandrechts nach § 410 HGB gerückt und es „mindestens wirtschaftlich" als „Erweiterung" des gesetzlichen Pfandrechts betrachtet. Jedoch können die Entstehungsvoraussetzungen und der Inhalt eines gesetzlichen Pfandrechts nur durch das Gesetz selbst festgelegt werden. Da die ADSp keine Rechtsnormen sind, ist die privatautonome Erweiterung des Spediteurpfandrechts durch § 50a ADSp nur als besondere vertragliche Pfandrechtsbestellung wirksam und kann insoweit nur ein Vertragspfandrecht begründen; BGH v. 8. 3.1955, BGHZ **17** 1,6. Dies übersieht *Schmid-Loßberg*, Anm. zu diesem Urteil, MDR **1955** 672. Gemäß § 1205 BGB setzt das über den § 410 hinausgehende Spediteurpfandrecht des § 50 ADSp somit die Übergabe des Guts als Pfandsache und die Einigung zwischen dem Eigentümer und dem Spediteur voraus. Diese Einigung erfolgt bei Abschluß des Speditionsvertrags durch Vereinbarung der ADSp und damit deren § 50a. Ist der Versender nicht Eigentümer, so kommt ein Erwerb des Pfandrechts durch den Spediteur nur mit Einwilligung des Eigentümers (§ 185 BGB) oder kraft guten Glaubens des Spediteurs (§§ 366 Abs. 1 HGB, 1207 BGB) in Betracht.

§ 50 ADSp ersetzt nicht das gesetzliche Pfandrecht nach § 410. Dem Spediteur stehen ggf. beide Pfandrechte zu.

2. Sondervereinbarungen

Die Entstehung des vertraglichen Pfandrechts nach § 50 ADSp kann durch Sonder- **35** vereinbarung ausgeschlossen sein. Auch eine stillschweigende Individualvereinbarung geht den ADSp als AGB vor; s. zum Vertragspfandrecht nach den AGB der Banken *Canaris* Bankvertragsrecht, 2. Bd. Rdn. 2263 und zuletzt OLG Düsseldorf ZIP **1983** 668.

II. Die allgemeinen Voraussetzungen

1. Kein Speditionsvertrag erforderlich

36 Die ADSp und damit das Pfandrecht des § 50a sollen für alle Verrichtungen des Spediteurs (§ 2a ADSp), unabhängig von ihrer rechtlichen Qualifikation gelten. Daher genügen für § 50 auch Verträge, nach denen der Berufsspediteur als Frachtführer, Lagerhalter oder sonst irgendwie Beauftragter, z. B. als reiner Empfangsspediteur ohne Weitertransport und Weiterversendung oder als Grenzspediteur (OLG Köln transpR **1985** 26, 27) verpflichtet ist.

Gegen diese Erweiterung des Anwendungsbereichs gegenüber dem gesetzlichen Pfandrecht nach § 410 HGB bestehen keine Bedenken, da ein Kreditsicherungsbedürfnis des Spediteurs für alle seine gewerblichen Verrichtungen in gleicher Weise besteht. Auch im Bereich zwingender Frachthaftung (z. B. des § 26 GüKG) ist die Anwendung des § 50 ADSp nach richtiger Auffassung nicht ausgeschlossen, da § 50 keine Haftungsvorschrift ist; zutreffend *Krien* § 50 ADSp Anm. 1.

Fehlt es allerdings an einem wirksamen Vertrag zwischen Auftraggeber und Spediteur überhaupt, so fehlt den ADSp die Geltungsgrundlage. Auch besteht keine Einigung über die Pfandrechtsbestellung; s. vor § 1 ADSp Rdn. 5, Anh. I nach § 415.

2. Pfandrecht an Dritteigentum

37 Das Pfandrecht nach der früheren Fassung des § 50a ADSp sollte grundsätzlich auch Güter erfassen, die dem Auftraggeber nicht gehören. Dies ergab sich aus der Formulierung des § 50b, der für den Geschäftsverkehr zwischen Spediteuren Ausnahmen bestimmte. Die Zulässigkeit der Bestellung von Pfandrechten zur Sicherung konnexer Forderungen an Drittgütern ist niemals streitig gewesen. Sie ist in anderen Bereichen anerkannt; s. zum konnexen Pfandrecht des Werkunternehmers an einem unter Eigentumsvorbehalt stehenden Autotelefon BGH v. 22. 10. 1980, NJW **1981** 226. Die Erstreckung des Speditionspfandrechts auf Güter, die nicht dem Versender gehören, wird jedenfalls dann wirksam, wenn der Versender zur Verpfändung des Gutes ermächtigt ist; § 185 BGB, zutreffend *Krien* vor § 50 ADSp Anm. 3b I; zum vertraglichen Werkunternehmerpfandrecht BGB v. 28. 10. 1982, WM **1982** 843, 844. Zumindest durch Individualvertrag ist dies frei zulässig.

38 Die Erstreckung des Pfandrechts auf Drittgüter kann ferner dann wirksam sein, wenn der Spediteur **in gutem Glauben** an das Eigentum des Versenders nach § 1207 BGB oder an die Verfügungsbefugnis des Versenders nach §§ 366 Abs. 1 HGB, 1207 BGB den Besitz erlangt; unrichtig OLG Düsseldorf VersR **1974** 661, 662f, das ihn offenbar auch wegen konnexer Forderungen nicht zulassen will. Der gute Glaube an die Verfügungsbefugnis genügt nicht, wenn der Versender nicht Kaufmann ist oder nicht im Betriebe des Handelsgewerbes den Speditionsauftrag erteilt; ein Fall, der nach der Neufassung des § 2a ADSp nur noch bei öffentlichen Auftraggebern vorkommen wird. Gutgläubiger Erwerb setzt voraus, daß der Spediteur den Besitz vom Auftraggeber selbst erhalten hat, s. Rdn. 7. Der gute Glaube an das Eigentum des Versenders wird dem Spediteur sehr häufig fehlen, wenn der Versender selbst Spediteur oder Kommissionär ist. Wegen der weitgehenden Üblichkeit von Eigentumsvorbehalt und Sicherungsübereignung ist, insbesondere bei Versendung vor Waren durch Zwischenhändler, in manchen Branchen nicht ohne weiteres und ohne Erkundigung mit dem Eigentum des Versenders zu rechnen; s. BGH v. 28. 10. 1982, WM **1983** 843, 844f.

Jedoch hat die Rspr. bisher die Anforderungen an den gutgläubigen Erwerb und die Erkundigungspflichten niedrig angesetzt; zum gutgläubigen Erwerb eines Vertragspfandrechtes bei Kfz-Reparaturbetrieben: BGH v. 4. 5. 1977, BB **1977** 1173;

v. 22. 10. 1980, NJW **1981** 226f (Zubehör bei Kfz-Reparatur); zur Erkundigungspflicht bei Pfandrechtserwerb an sicherungsübereignetem Turmdrehkran: BGH v. 24. 1. 1983, NJW **1983** 1114, 1116f. Häufig wird jedoch die Befugnis des Versenders zur Belastung des Speditionsguts mit einem Pfandrecht wegen der durch dieses Gut verursachten Speditions- und Frachtkosten angenommen werden können; die Verfügung über Vorbehaltsgut im ordentlichen Geschäftsgang enthält insoweit auch die Verpfändung, da der Absatz der Güter, der eine Beförderung notwendig voraussetzt, im Interesse des regelmäßig durch verlängerten Eigentumsvorbehalt gesicherten Eigentümers liegt. Für inkonnexe Forderungen kann eine solche Verpfändungsbefugnis nicht angenommen werden, da es nicht im Interesse des Eigentümers liegt, seine Güter für beliebige Forderungen des Spediteurs gegen den Versender zu verpfänden.

III. Die dem Pfandrecht unterliegenden Gegenstände

Siehe dazu zunächst oben Rdn. 8–12. Weit über § 410 hinausgehend, gewährt aber **39** § 50a ADSp dem Spediteur ein Pfandrecht nicht nur am Gut, sondern auch an den sonstigen in der Verfügungsgewalt des Spediteurs befindlichen Werten. Damit werden auch Forderungen, insbesondere Schadensersatz- und Versicherungsforderungen, eingezogene Nachnahmebeträge und Wertpapiere aller Art erfaßt; siehe zahlreiche Beispiele bei *Krien* § 50 ADSp, Anm. 12b. Allerdings bringt die Beantwortung der Frage, wann Forderungen und Rechte sich „in der Verfügungsgewalt" des Spediteurs befinden, beträchtliche Schwierigkeiten. Regelmäßig wird dies dann der Fall sein, wenn die Geltendmachung der betreffenden Forderungen an bestimmte, nur dem Spediteur zugängliche Voraussetzungen, z. B. den Besitz bestimmter Papiere, geknüpft ist. In vielen Fällen wird der Spediteur — juristisch gesehen — selbst treuhänderischer Inhaber der Forderungen sein. In diesem Fall müßte durch § 50a ADSp ein Pfandrecht an eigenen Forderungen des Spediteurs begründet werden. Dies ist gemäß §§ 1273 Abs. 2, 1256 S. 1 BGB grundsätzlich nicht zulässig. Jedoch eröffnet § 1256 Abs. 2 BGB die Möglichkeit, das Pfandrecht als bestehend zu betrachten, da der Spediteur die Forderung an den Auftraggeber abzutreten hat; denn die Zurechnung der Forderungen zum wirtschaftlichen Vermögen des Versenders nach §§ 407 Abs. 2, 392 Abs. 2 kann als Belastung mit dem Recht eines Dritten betrachtet werden. Durch diese Lösung wird es ermöglicht, daß der Spediteur dem Versender die Ersatzansprüche gegen Dritte abtritt, sich aber das Pfandrecht an ihnen vorbehält.

IV. Die gesicherten Forderungen

1. Erweiterungen gegenüber § 410 HGB

S. zum Verhältnis von gesicherter Forderung und Pfandrecht grundsätzlich **40** Rdn. 21 ff.

§ 50a ADSp umschreibt den Kreis der gesicherten Forderungen generell: Das Pfandrecht soll bestehen „wegen aller fälligen oder nicht fälligen Ansprüche", die dem Spediteur aus den in § 2a ADSp genannten Verrichtungen gegen den Auftraggeber zustehen. Forderungen Dritter, die der Spediteur erworben hat, sind nach § 50a in keinem Fall durch Pfand- oder Zurückbehaltungsrecht gesichert; BGH v. 23. 3. 1956, BGHZ **20** 231, 233.

Über § 410 HGB geht § 50a in dreifacher Weise hinaus:

a) Nicht speditionsrechtliche Forderungen

Es sind auch Forderungen gesichert, die nicht aus Speditionsvertrag, sondern aus an- **41** deren Rechtsgründen bestehen; *Krien* § 50 ADSp Anm. 2f III.

b) Ansprüche, die in § 410 nicht erwähnt sind

42 Auch Ansprüche, die in § 410 nicht erwähnt sind, z. B. Schadensersatzansprüche gegen den Versender, ebenso Ansprüche auf Freihaltung von Steuerforderungen gem. § 30 a ADSp, OLG Hamburg v. 23. 3. 1979, 1 U 91/78 (unveröff.), fallen unter § 50 a ADSp. Dies gilt nicht für Ansprüche, die mit der Spediteurtätigkeit nicht zusammenhängen; BGH v. 22. 2. 1956, BGHZ 20 231, 233.

c) Inkonnexe Forderungen

43 Entgegen § 410 wird keine Konnexität, keine Beziehung zwischen Pfand und gesicherter Forderung verlangt. Das Pfandrecht darf zur Sicherung inkonnexer Forderungen des Spediteurs nur ausgeübt werden, soweit sie nicht „strittig" sind oder die Vermögenslage des Schuldners die Forderung des Spediteurs gefährdet (§ 50 c ADSp). Strittig ist eine Forderung nur bei substantiiertem Bestreiten; LG Köln BB **1970** 904; nicht aber bei entscheidungsreifen Ansprüchen; OLG Hamburg v. 23. 3. 1979, 1 U 91/78 (unveröff.). Das OLG Köln transpR **1985** 26, 28 will demgegenüber ein nicht substantiiertes Bestreiten bereits ausreichen lassen. S. auch § 32 ADSp Rdn. 8 Anh. I nach § 415.

44 Die Pfandklausel ist hinsichtlich inkonnexer Forderungen gültig, soweit **Güter** verpfändet werden, **die dem Versender gehören**; BGH v. 8. 3. 1955, BGHZ **17** 1, 3; unstr. s. *Krien* § 50 ADSp Anm. 1 a mit weiteren Hinweisen; zum Pfandrecht an Drittgütern s. Rdn. 46. Auch der Umstand, daß die Pfandklausel in AGB enthalten ist, macht sie insoweit nicht unwirksam, denn es besteht ein legitimes Interesse des vorleistenden Spediteurs, durch das Pfandrecht hinsichtlich aller nicht beglichenen Forderungen aus Spediteurgeschäften mit dem Versender gesichert zu sein.

45 Fraglich ist, ob das Pfandrecht auch dann noch entstehen kann, **wenn der Erwerb des Eigentums** durch den Versender **erst nach Übergabe des Speditionsgutes** an den Spediteur **eintritt**; so österrOGH v. 20. 1. 1981, Verkehr (Wien) **1981** 1648. Dies ist jedenfalls dann zu bejahen, wenn dem Versender bei Übergabe des Guts an den Spediteur bereits ein Eigentumsanwartschaftsrecht zustand, etwa bei Versendung unter Eigentumsvorbehalt stehender Sachen. Danach hat es der Spediteur in der Hand, durch Bezahlung der Restschuld sein Pfandrecht zu begründen; s. oben Rdn. 5.

2. Sonderproblem: Pfandrecht an Drittgütern für inkonnexe Forderungen
a) Rechtslage vor der Neufassung der ADSp von 1978

46 Das RG hatte den gutgläubigen Erwerb des Pfandrechts an Drittgütern auch für inkonnexe Forderungen des Spediteurs als im Sicherungsinteresse des Spediteurs erforderlich anerkannt und die betreffenden Klauseln der Spediteurbedingungen als mit den guten Sitten vereinbar betrachtet; RGZ **113** 427, 428 ff; **118** 240, 252 f; LG Hannover VRS **5** 348. Der **BGH** hat dagegen **im grundlegenden Urteil** v. 8. 3. 1955, BGHZ **17** 1 ff § 50 ADSp für unwirksam erklärt, soweit Drittgüter für inkonnexe Forderungen des Spediteurs verpfändet sein sollten; s. ferner BGH v. 23. 3. 1956, BGHZ **20** 231; v. 23. 9. 1963, NJW **1963** 222 f; v. 24. 1. 1983, NJW **1983** 1114, 1115 (zu verwandtem Fall aus dem Baugewerbe); OLG Düsseldorf VersR **1974** 661 ff; zu § 50 ADSp n. F. OLG Köln WM **1985** 119, 120. Siehe zu diese Rspr. und der inzwischen weitgehend überholten Kritik an ihr *RGR/Ratz*[2] § 410 Anm. 26 f; noch einmal sehr eingehend gegen diese Rspr. *Krien* § 50 ADSp Anm. 9 a. Auch an sicherungsübereigneten Gütern ist kein gutgläubiger Erwerb eines inkonnexen Pfandrechts für Forderungen des Spediteurs gegen den versendenden Sicherungsgeber möglich; zutreffend OLG Stuttgart WM **1978** 1330, 1332 f.

b) Rechtslage nach Inkrafttreten der Neufassung

47 Für die Zeit **nach Inkrafttreten des AGBG** kann davon ausgegangen werden, daß die Bestellung eines inkonnexen Pfandrechts an Drittgütern gegen § 9 AGBG verstößt. Die Begründung für die „unangemessene Benachteiligung" kann BGHZ **17** 1 ff entnommen werden; siehe auch die Vorauflage Anm. 26 bis 28. An der Begründung könnte höchstens problematisch sein, daß durch das inkonnexe Pfandrecht nur ein Nichtvertragspartner (nämlich der Eigentümer der verpfändeten Drittgüter) benachteiligt würde. Die Verpfändung von Drittgütern für inkonnexe Forderungen zwingt jedoch den Auftraggeber des Spediteurs, sich seinerseits treuwidrig gegenüber dem Dritten zu verhalten. Hierin allein kann bereits eine unangemessene Benachteiligung des Auftraggebers liegen, so daß es nicht darauf ankommt, ob § 9 auch am Vertrag nicht beteiligte Dritte schützen will; zur kritischen Beurteilung eines inkonnexen Zurückbehaltungsrechts im Handelsverkehr nach §§ 9, 24 AGBG s. neuestens BGH v. 24. 11. 1984, NJW **1985** 1220, 1221.

c) Auslegung der Neufassung

48 Das Vertragspfandrecht nach § 50 ADSp soll nunmehr Güter, die dem Auftraggeber (Versender) nicht gehören, nicht mehr in jedem Fall erfassen. Der neu eingeführte § 50a S. 2 und der (unverändert gebliebene) § 50b ADSp entsprechen sich teilweise. Güter, die dem Auftraggeber nicht gehören, sollen nur noch ausnahmsweise vom Spediteurpfandrecht erfaßt werden. Schlüssel für die Abgrenzung ist die Formulierung „soweit das Pfandrecht ... über das gesetzliche Pfand ... -recht hinausgehen würde". Insoweit soll das Pfandrecht Güter und sonstige Werte, die dem Auftraggeber nicht gehören, nicht ergreifen (§ 50a S. 2). Drittgüter sollen also nur als verpfändet gelten, soweit das gesetzliche Pfandrecht sie ebenfalls erfassen würde. Damit ist das inkonnexe Pfandrecht an Drittgütern jedenfalls dann nicht mehr vorgesehen, wenn der Auftraggeber nicht Spediteur ist. Ist der Auftraggeber dagegen selbst Spediteur, dann soll das Vertragspfandrecht auch solche Güter ergreifen, „die der beauftragte Spediteur für Eigentum des auftraggebenden Spediteurs hält oder halten darf (z. B. Möbelwagen, Decken u. dgl.)".

Die Ausdeutung dieser Regelung muß sich an den neuen Text der ADSp halten. Auch wenn die neuere Rspr. bei der Auslegung der ADSp zur Berücksichtigung der Entstehungsgeschichte neigt, so bleibt doch maßgeblich das Verständnis eines durchschnittlichen Kunden; s. vor § 1 ADSp Anh. I nach § 415 Rdn. 29. Nach der bisherigen Rspr. zu den ADSp ist an eine Anwendung der Unklarheitenregel (§ 5 AGBG) kaum zu denken, da sich die vorhandenen Unklarheiten wohl durch objektive Auslegung beseitigen lassen; vgl. vor § 1 ADSp Rdn. 31. Die Interpretation von *Krien*, vor § 50 ADSp, Anm. 3, mit der Änderung sei nur der Rspr. (BGHZ **17** 1 ff) Rechnung getragen worden, im übrigen aber habe das inkonnexe Pfandrecht an Drittgütern weitgehend aufrecht erhalten werden sollen, läßt sich wohl auch nach dem Wortlaut der Neufassung begründen.

An sich läßt der Wortlaut des § 50a S. 2 und § 50b ADSp (Neufassung) nicht ohne weiteres erkennen, was die Formulierung „soweit das Pfandrecht ... über das gesetzliche Pfandrecht hinausgehen würde" genauer bedeuten soll. Der Konjunktiv „würde" legt folgende Interpretation nahe: Das Vertragspfandrecht an Drittgütern soll nicht voraussetzen, daß der beauftragte (Berufs-)Spediteur überhaupt ein gesetzliches Pfandrecht hat. Aus § 50c läßt sich ferner der Schluß ziehen, daß das Pfandrecht grundsätzlich auch zur Sicherung inkonnexer Forderungen des Spediteurs (s. o. Rdn. 21, 46f) dienen soll.

§ 410 Drittes Buch. Handelsgeschäfte

d) Fallgruppen

49 Eine Interpretation ist am ehesten mit Hilfe der Bildung von Fallgruppen möglich.

(1) In Fällen, in denen der Spediteur ein gesetzliches Pfandrecht nach § 410 HGB hat, soll das Vertragspfandrecht nach § 50 über dieses hinausgehen und grundsätzlich auch inkonnexe Forderungen sichern. Ist der Auftraggeber kein Spediteur, dann sollen jedoch Güter, die ihm nicht gehören, nur in dem Rahmen verpfändet sein, der auch für das gesetzliche Pfandrecht maßgeblich ist, also vor allem nicht für inkonnexe Forderungen des Spediteurs (§ 50 a).

(2) Das Vertragspfandrecht erfaßt auch Fälle, in denen ein gesetzliches Pfandrecht nach § 410 nicht gegeben ist. Hierzu gehören Geschäfte von Berufsspediteuren, die der gesetzlichen Definition des Speditionsvertrags nicht entsprechen (o. Rdn. 1). In diesen Fällen soll dem Berufsspediteur ein Vertragspfandrecht gewährt werden, das im Umfang mindestens dem gesetzlichen Pfandrecht, falls dieses bestünde, entsprechen soll. An Gütern, die dem Auftraggeber gehören, soll es jedoch über das gesetzliche Pfandrecht hinausgehen und insbesondere auch zur Sicherung inkonnexer Forderungen dienen.

(3) Das Pfandrecht bezieht sich auch auf „sonstige Werte". Damit geht es auch insoweit über das gesetzliche Pfandrecht hinaus. Bei gewöhnlichen Auftraggebern erfaßt es jedoch keine Drittwerte, die dem Auftraggeber nicht selbst zustehen.

(4) Ist der Auftraggeber selbst Spediteur, dann soll das Vertragspfandrecht im Rahmen von § 50 b auch Güter und Drittwerte erfassen, die dem auftraggebenden Spediteur nicht gehören. Die Bestimmung sieht, wie die Heranziehung von § 50 c deutlich macht, in bestimmten Fällen den (gutgläubigen) Erwerb eines Pfandrechts an Dritteigentum für inkonnexe Forderungen vor. Dabei soll der gute Glaube an die Verfügungsbefugnis offensichtlich nicht ausreichen. Vielmehr soll nur guter Glaube an das Eigentum des auftraggebenden Spediteurs zur Pfandrechtsbegründung ausreichend sein.

e) Wirksamkeit der Regelung
aa) Übersicherung; Freigabepflicht

50 Angesichts der Dominanz unbarer Zahlungsweisen wirkt sich die Koppelung des Pfandrechts an fortbestehenden Besitz negativ auf die Sicherungslage aus, weil eine Zurückbehaltung zur Barzahlung kaum praktikabel ist. Dieses Risiko kann, worauf *Krien* § 50 ADSp Anm. 2 e, f zutreffend hinweist, durch das inkonnexe Vertragspfandrecht des § 50 ADSp jedenfalls teilweise ausgeglichen werden, das in der Sicherungsfunktion dem ebenfalls nach wie vor zulässigen Kontokorrent-Eigentumsvorbehalt der Lieferanten entspricht.

Ebenso wie die allgemeine Pfandklausel der Nr. 19 AGB der Banken ist daher insoweit das vertragliche über § 410 hinausgehende inkonnexe Pfandrecht des Spediteurs an Gütern, die dem Versender gehören, niemals von der Rechtsprechung beanstandet worden. In der Literatur ist die grundsätzliche Wirksamkeit von § 50 a ADSp durchweg bejaht, der Verstoß von § 50 b ADSp gegen das AGBG (s. Rdn. 51) jedoch nicht erkannt worden; *Staudinger/Schlosser*[12] § 9 AGBG Rdn. 170; *Ulmer/Brander/Hensen* AGBG[4] Anh. §§ 9–11, Rdn. 23 u. 659; wohl auch *Krien* vor § 50 ADSp Anm. 3.

Bedenken bestehen allerdings im Hinblick auf die mögliche Übersicherung. Zwar enthält § 50 c eine Art Freigabeverpflichtung für nicht benötigte *inkonnexe* Pfandrechte; zu diesen s. Rdn. 43; zur Freigabepflicht bei erweitertem und verlängertem Eigentumsvorbehalt s. neuestens BGH v. 20. 3. 1985, WM **1985** 605, 607. Darf der Spediteur nämlich das Pfandrecht nicht ausüben, weil seine Forderung nicht gefährdet ist, dann muß er die Sache herausgeben; das Pfandrecht erlischt infolgedessen. Eine Übersicherung kann allerdings auch bei *konnexen* Forderungen entstehen. Doch entspricht dies der Rechtslage beim gesetzlichen Pfandrecht nach § 410 und kann daher eher zu einer teilweisen Freigabeverpflichtung als zur Ungültigkeit der Pfandklausel führen; s. Rdn. 10.

§ 50a ADSp begrenzt den Kreis der gesicherten Forderungen auf solche, die den Verkehrsgeschäften des Spediteurs entstammen. BGHZ **20** 230, 233f läßt daher zu Recht Forderungen Dritter, die der Spediteur nachträglich erworben hat, nicht am Schutz des Pfandrechts oder Zurückbehaltungsrechts nach § 50 ADSp teilnehmen.

bb) Unwirksamkeit des inkonnexen Pfandrechts an Drittgütern

Nach dem AGBG ist die Regelung jedenfalls unwirksam, soweit (in Rdn. 49 Fallgruppe 4) der Spediteur (gutgläubig) ein Pfandrecht für inkonnexe Forderungen an Gütern erwerben soll, die dem auftraggebenden Spediteur nicht gehören (§ 50b). Denn in diesen Fällen widerspricht die Regelung klar der bisherigen Rspr. und damit auch dem AGBG; s. Rdn. 46f. **51**

cc) Inkonnexes Pfandrecht an sicherungsübereigneten Gütern

Bringt der Versender Güter zum Versand, die er einer Bank zur Sicherung übereignet hatte, so kann kein inkonnexes Pfandrecht des Spediteurs entstehen. Der Spediteur ist nicht vorrangig zu behandeln, wie etwa der Warenkreditgeber. Vielmehr ist auch in diesem Fall von der Unwirksamkeit der Pfandklausel auszugehen; mit eingehender Begründung OLG Köln WM **1985** 119, 120. **52**

dd) Teil- oder Vollunwirksamkeit

Die Unwirksamkeit von § 50b ADSp wirft die Frage auf, ob sie die Folgen einer Vollunwirksamkeit der gesamten Regelung nach sich zieht. Davon ist jedoch nicht auszugehen, da es sich um eine trennbare Klausel mit eingegrenztem Anwendungsbereich handelt; vgl. vor § 1 ADSp Anh. I nach § 415 Rdn. 50. Denn die Fälle des Erwerbs eines Pfandrechts an nicht dem Spediteur-Auftraggeber gehörenden Gütern wegen inkonnexer Forderungen lassen sich genau isolieren. **53**

Der Neuformulierung ist vorzuwerfen, daß sie verwirrend und teilweise unklar formuliert ist. Doch dürfte im Hinblick auf den ausschließlich kaufmännischen Anwendungsbereich der ADSp die Unklarheit noch kein Ausmaß erreicht haben, das die Klausel als unangemessene Benachteiligung des Auftraggebers insgesamt unwirksam erscheinen ließe.

V. Inhalt, Rang und Erlöschen des Pfandrechts

Grundsätzlich gilt hier das in Rdn. 27ff Gesagte. Besonderheiten regeln allerdings die Absätze g und h des § 50 ADSp. Die in § 50g ADSp vorgesehene Verkürzung der Frist zwischen Androhung und Pfandverkauf auf eine Woche kann gegen Treu und Glauben verstoßen, wenn der Eigentümer dadurch nicht mehr ausreichend Zeit gefunden hat, Vorsorge zu treffen, insbesondere wenn er seinen Wohn- oder Geschäftssitz in Übersee hat. **54**

C. Spediteurpfandrecht durch individualvertragliche Vereinbarung

Sind die Voraussetzungen des § 50 ADSp nicht gegeben, dann kann u. U. ein Pfandrecht durch Einzelabrede bestellt werden; siehe dazu (im konkreten Fall ablehnend) OLG Stuttgart WM **1978** 1330, 1333f; zu vergleichbarem Fall aus dem Baurecht BGH v. 24. 1. 1983, NJW **1983** 1114, 1115. **55**

D. Andere Sicherungsrechte des Spediteurs
I. Das Zurückbehaltungsrecht nach BGB
1. Die Einrede des nichterfüllten Vertrags, § 320 BGB

56 Sie spielt im Speditionsrecht praktisch keine bedeutende Rolle. Sie könnte allenfalls dann Bedeutung erlangen, wenn der Spediteur ausnahmsweise aufgrund besonderer Absprachen nicht zur Vorleistung verpflichtet wäre. Er könnte dann die Ausführung des Speditionsvertrags bis zur Provisionszahlung verweigern.

2. Das einfache Zurückbehaltungsrecht, § 273 BGB

57 Durch dieses Zurückbehaltungsrecht werden alle mit dem Speditionsauftrag zusammenhängenden (konnexen) Forderungen erfaßt. Der Spediteur kann wegen Nichtzahlung der Provision oder Nichterfüllung anderer Ansprüche nicht nur das Gut, sondern auch andere Werte zurückhalten. Doch gewährt das einfache Zurückbehaltungsrecht kein Recht zur Befriedigung aus dem zurückgehaltenen Gut und damit auch keine Rangsicherung. Im Gegensatz zum Pfandrecht gilt es nur für fällige Ansprüche; zutreffend *Krien*, § 50 ADSp, Anm. 2c. Es ist daher dem Pfandrecht und dem kaufmännischen Zurückbehaltungsrecht an Sicherungswert unterlegen. Andererseits gilt das Zurückbehaltungsrecht auch für Ansprüche des Spediteurs, die entstehen, wenn ein Speditionsvertrag nicht zustande kommt. Auch in diesem Fall entsteht regelmäßig ein mit der Auslieferung des Guts zusammenhängendes Lebensverhältnis, das unterschiedliche Ansprüche außervertraglicher Art zusammenfaßt. Hierunter fallen insbesondere Ansprüche aus culpa in contrahendo, aus Geschäftsführung ohne Auftrag und Bereicherung.

II. Das kaufmännische Zurückbehaltungsrecht nach §§ 369 ff HGB

58 Dieses Zurückbehaltungsrecht steht dem Spediteur an Sachen, die dem Versender als Schuldner des Spediteurs gehören, für seine Ansprüche aus Handelsgeschäften zu. Es setzt, anders als das gesetzliche Pfandrecht, voraus, daß der Speditionsvertrag auch auf seiten des Versenders ein Handelsgeschäft ist. Andererseits ist es nicht auf das Speditionsgut beschränkt, sondern betrifft alle beweglichen Sachen und Wertpapiere des Versenders, die der Spediteur in Besitz hat. Es kann nicht nur wegen der in § 410 HGB aufgeführten, sondern wegen aller Ansprüche aus dem zwischen dem Spediteur und dem betreffenden Versender abgeschlossenen Handelsgeschäft geltend gemacht werden. Es gilt auch für gesetzliche Ansprüche, die im Bereich der Handelsgeschäfte bei Nichtzustandekommen des Vertrags entstehen. Somit sichert das kaufmännische Zurückbehaltungsrecht auch inkonnexe Forderungen des Spediteurs; OLG Hamburg vom 23. 3. 1979, 1 U 91/78 (unveröffentlicht), selbst aus Nicht-Speditionsgeschäften. Insgesamt geht es damit über § 410 HGB weit hinaus.

Andererseits kann das kaufmännische Zurückbehaltungsrecht nicht an Gütern erworben werden, die Dritten gehören. §§ 366 HGB, 932 BGB gelten nicht, so daß auch gutgläubiger Erwerb ausscheidet; zutreffend o. nähere Begründung OLG Stuttgart WM 1978 1330, 1332.

Inhaltlich tritt das kaufmännische Zurückbehaltungsrecht weit hinter das Pfandrecht zurück. Es ist kein absolutes Recht, kann also Dritten gegenüber nur unter den eingeschränkten Voraussetzungen des § 369 Abs. 3 geltend gemacht werden; ebenso *Krien* § 50 ADSp, Anm. 2c. Es gewährt ein pfandrechtsähnliches Befriedigungsrecht, das aber insbesondere hinsichtlich des Rangs schwächer ist, als das gesetzliche Pfandrecht. Siehe hierzu im einzelnen §§ 370, 371 HGB und die dortigen Kommentierungen. Ob der Spediteur das kaufmännische Zurückbehaltungsrecht gegenüber dem Empfänger geltend machen kann, ist zweifelhaft. Teilweise, auch von mir in der Vorauflage Anm. 32, wurde angenommen, daß der Speditionsauftrag mit der Anweisung, das Gut an den Empfänger auszuliefern, gemäß § 369 Abs. 3 HGB, die Entstehung des Zurückbehaltungsrechts hindert; so auch österr. OHG v. 20. 1. 1981, Verkehr (Wien) **1981** 1648. Doch hängt dies im Einzelfall davon ab, ob die Weisungen des Versenders auf eine unbedingte Auslieferung lautete. Ist dagegen im Speditionsvertrag eine Kostentragungspflicht des Empfängers vorgesehen oder vorausgesetzt, dann widerstreitet eine Zurückbehaltung wegen der betreffenden Kosten nicht der Weisung des Versenders. Insoweit kann *Krien* § 50 ADSp Anm. 8 b IV B zugestimmt werden. Eine Zurückbehaltung wegen inkonnexer Forderungen des Spediteurs gegen den Empfänger ist dagegen im Regelfall durch § 369 Abs. 3 HGB ausgeschlossen; insoweit ist *Krien* § 50 ADSp Anm. 8 b IV C und D nicht zuzustimmen.

Sind Versender (Absender) und Empfänger identisch, dann wird in der Regel eine Berufung auf das kaufmännische Zurückbehaltungsrecht zulässig sein. Maßgeblich ist letztlich nicht allein die Weisung, in einer bestimmten Weise mit der Sache zu verfahren, sondern deren Angemessenheit im Sinne von Treu und Glauben; *Canaris* § 369 Rdn. 37 f; *Baumbach/Duden/Hopt*[26] § 369 Anm. 5.

III. Das Zurückbehaltungsrecht nach § 50 ADSp

Die ADSp versuchen, das kaufmännische Zurückbehaltungsrecht wesentlich zu erweitern. Nach der Formulierung des § 50 a und b soll es — ebenso wie das Pfandrecht und abweichend von § 369 Abs. 1 HGB in bestimmten Fällen auch an nicht dem Versender gehörenden Sachen bestehen. Dies stellt sich, wenn kein Einverständnis Dritter vorliegt, als unzulässiger Vertrag zu Lasten eines Dritten dar. Kennenmüssen des Dritten oder dgl. können nicht dessen Einverständniserklärung ersetzen. Ein gutgläubiger Erwerb eines Zurückbehaltungsrechts, den das Gesetz nicht vorsieht, kann nicht durch Vertrag ermöglicht werden. Somit ergreift das Zurückbehaltungsrecht selbst für konnexe Forderungen des Spediteurs in keinem Fall Eigentum eines Dritten, der nicht zugestimmt hat; so ohne nähere Begründung auch OLG Stuttgart WM **1978** 1330, 1332. § 50 a S. 2 ADSp ist demnach eine irreführende Klausel, da sie den Eindruck erweckt, es könnte ein Zurückbehaltungsrecht an Gütern Dritter durch AGB begründet werden. Soweit ein nicht am Speditionsvertrag beteiligter Eigentümer sich auf die Vereinbarung der ADSp einlassen sollte, dürfte die in § 50 a ADSp enthaltene Erweiterung des Zurückbehaltungsrechts wohl meist eine überraschende Klausel i. S. von § 3 AGBG darstellen; s. vor § 1 ADSp Rdn. 38.

§ 50 f ADSp, der Regeln des kaufmännischen Zurückbehaltungsrecht auf nicht kaufmännische Kunden ausdehnte, ist in der Reform von 1978 gestrichen worden; siehe zur alten Fassung die Vorauflage Anm. 33.

§ 50 g ist gültig. § 1234 BGB kann gemäß § 1245 BGB grundsätzlich abbedungen werden. Im Geltungsbereich gegenüber kaufmännischen Kunden wiederholt § 50 g nur § 368 Abs. 1 HGB. Soweit der Eigentümer des Pfandobjekts nicht Kaufmann ist (beim Pfandrecht an Drittgut und bei Kunden, die Körperschaften des öffentlichen Rechts oder öffentliche Sondervermögen sind; § 2 a ADSp), kann die Verkürzung der Frist im Hinblick auf die grundsätzliche Entscheidung des § 368 HGB nicht als unangemessene Benachteiligung angesehen werden; a. A. *Graf v. Westphalen* ZIP **1981** 121, der die Verkürzung als unangemessen nach § 9 Abs. 2 Nr. 1 AB GB bezeichnet. *Von Westphalen* übersieht § 368 Abs. 1 HGB, aus dem sich der sichere Schluß ziehen läßt, daß die Monatsfrist des § 1234 zumindest im kaufmännischen Bereich nicht zu den wesentlichen Grundgedanken des gesetzlichen Rechts der Pfandrechte zählt.

Im übrigen unterliegt das Zurückbehaltungsrecht wegen nichtkonnexer Forderungen nach § 50c den Einschränkungen der Geltendmachung; Anwendungsfall OLG Köln transpR **1985** 26, 29.

IV. Das Befriedigungsrecht wegen Verwendungen nach § 1003 BGB

60 Macht der Spediteur Verwendungen auf das Speditionsgut, insbesondere wenn er Kosten zur Erhaltung und Sicherung des Guts aufwendet, so kann er bei bestehendem Speditionsvertrag regelmäßig das Spediteurpfandrecht bzw. Zurückbehaltungsrecht geltend machen. Wenn kein wirksamer Speditionsvertrag besteht, oder wenn der Versender zum Besitz oder seiner Weiterübertragung nicht berechtigt war, gelten stattdessen bzw. neben dem Speditionsvertrag die Regeln der §§ 987 ff BGB. Der Spediteur hat Ansprüche auf Ersatz von Verwendungen nach Maßgabe der §§ 994 ff BGB. Diese Ansprüche sind durch das Befriedigungsrecht nach § 1003 BGB gesichert.

§ 411

Bedient sich der Spediteur eines Zwischenspediteurs, so hat dieser zugleich die seinem Vormanne zustehenden Rechte, insbesondere dessen Pfandrecht, auszuüben.

Soweit der Vormann wegen seiner Forderung von dem Nachmanne befriedigt wird, geht die Forderung und das Pfandrecht des Vormanns auf den Nachmann über. Dasselbe gilt von der Forderung und dem Pfandrechte des Frachtführers, soweit der Zwischenspediteur ihn befriedigt.

Übersicht

	Rdn.		Rdn.
I. Allgemeines		1. Überblick	6
1. Begriff und Funktion des Zwischenspediteurs	1	2. Rechte und Pflichten des Zwischenspediteurs nach § 411 Abs. 1	7
2. „Vormann", „Nachmann"	3	a) Die Rechte des Vormanns	8
3. Zulässigkeit der Einschaltung eines Zwischenspediteurs; Abgrenzung zur Unterspedition	4	b) Die Stellung des Zwischenspediteurs bei Wahrung der Rechte des Vormanns	9
4. Anwendung von § 411 auf den Unterspediteur oder unzulässigerweise eingesetzten Zwischenspediteur	5	3. Die Pflicht zur Ausübung der Rechte des Vormanns	10
II. Rechte und Pflichten des Zwischenspediteurs	6	III. Der gesetzliche Forderungsübergang nach § 411 Abs. 2	11

I. Allgemeines

1. Begriff und Funktion des Zwischenspediteurs

1 Der Zwischenspediteur ist ein vom Hauptspediteur mit der Weiterversendung durch einen besonderen Speditionsvertrag beauftragter Spediteur. Im Rahmen des Zwischenspeditionsvertrags ist der Hauptspediteur Versender. Zur Unterscheidung vom Unterspediteur s. §§ 407–409 Rdn. 26 ff.

Typischer Fall für die Einschaltung eines Zwischenspediteurs ist etwa der folgende: **2**
Der Versender übergibt das Gut dem Hauptspediteur zur Versendung nach einem in Übersee gelegenen Ort. Der Hauptspediteur übergibt es einem Frachtführer zum Transport an einen Zwischenspediteur im Seehafen. Dieser versendet es im Auftrag des Hauptspediteurs durch einen Verfrachter weiter an den Empfänger. Selbstverständlich kann auch dort der Adressat wieder ein vom ersten Zwischenspediteur beauftragter zweiter Zwischenspediteur sein, der seinerseits das Gut durch einen ausländischen Frachtführer zu Lande weiterversendet; siehe aus der Praxis den Fall OLG Braunschweig VRS **3** 232. In dieser Weise entsteht eine Kette von Spediteuren und Frachtführern, durch deren Hände das Gut wandert. § 411 stellt Regeln für die Wahrung der Rechte des Vormanns durch den Nachmann, insbesondere auch hinsichtlich der Sicherungsrechte auf. Das den Spediteur sichernde gesetzliche Pfandrecht und Zurückbehaltungsrecht (siehe dazu die Erl. zu § 410) würde ohne § 411 mit dem Verlust des Besitzes am Speditionsgut erlöschen und der Spediteur, wenn er bis dahin nicht befriedigt ist, ohne Sicherheit bleiben. Die Wahrung der Rechte des Spediteurs durch den Zwischenspediteur, andererseits aber auch die Sicherung des letzteren, falls er den Hauptspediteur oder Frachtführer vorschußweise befriedigt, wird vor allem dann nötig, wenn im Verhältnis zwischen Versender und Empfänger der letztere die Versandkosten zu tragen hat.

Die Kette der Wahrnehmungspflichten bzw. des Übergangs der Sicherheiten wäre unterbrochen, wenn sie nicht auch im Verhältnis zwischen Frachtführer und Spediteur aufrecht erhalten würde. Dies geschieht durch § 411 Abs. 2 S. 2 und durch § 441.

Schaltet der Hauptspediteur für die eigentliche Besorgung der Versendung einen weiteren Spediteur ein (s. als Beispielsfälle BGH v. 9. 2. 1979, NJW **1979** 2470f; österr. OGH v. 23. 6. 1977, transpR **1979** 75ff) dann liegt regelmäßig ein Unterspeditionsvertrag vor; s. §§ 407–409 Rdn. 30; zur Freizeichnung in diesem Fall s. § 52 ADSp Rdn. 10ff, Anh. I nach § 415.

2. „Vormann", „Nachmann"

Das Gesetz spricht in § 411 Abs. 1 HGB vom „Vormann", in Abs. 2 auch vom **3** „Nachmann". Diese Bezeichnungen erfassen die der Kette vorangehenden bzw. nachfolgenden Spediteure oder auch Frachtführer; sinnvollerweise auch Verfrachter, Luftfrachtführer, Eisenbahn- und Lagerhalter; *Schlegelberger/Schröder*[5] § 411 Rdn. 6. Somit ist beim oben Rdn. 1 gebrachten Beispiel der Hauptspediteur Vormann des Frachtführers. Dieser ist Vormann des Zwischenspediteurs; der letztere ist wiederum Vormann des Verfrachters. Andererseits ist der Frachtführer Nachmann des Hauptspediteurs, der Zwischenspediteur Nachmann des Frachtführers und der Verfrachter Nachmann des Zwischenspediteurs.

3. Zulässigkeit der Einschaltung eines Zwischenspediteurs; Abgrenzung zur Unterspedition

Die Frage nach der Zulässigkeit der Einschaltung eines Zwischenspediteurs richtet **4** sich nach hier vertretener Auffassung ausschließlich danach, ob der Hauptspediteur (nach dem Inhalt des Hauptspeditionsvertrags) einen anderen Spediteur als Substituten (Zwischenspediteur) einsetzen durfte; s. §§ 407–409 Rdn. 30ff. War dies nicht der Fall, dann ist der vom Hauptspediteur eingeschaltete weitere Spediteur nicht Zwischen- sondern Unterspediteur, für den der Hauptspediteur nach § 278 BGB einzustehen hat; ähnlich, aber nur als Auslegungsregel *Schlegelberger/Schröder*[5] § 408 Rdn. 12.

4. Anwendung von § 411 auf den Unterspediteur oder unzulässigerweise eingesetzten Zwischenspediteur

5 § 411 setzt für seine Anwendung voraus, daß der vom Hauptspediteur beauftragte Zweitspediteur „Zwischenspediteur" ist. Für den Fall der Einschaltung eines Unterspediteurs gilt die Bestimmung nicht unmittelbar. Eine analoge Anwendung von § 411 auf den Unterspediteur ist jedoch unabhängig von der definitorischen Abgrenzung zu befürworten. Wenn zwischen Hauptspediteur und eingesetzten Zweitspediteur ein Speditionsvertrag besteht, so können die Rechtsbeziehungen kaum davon abhängig sein, ob der beauftragte Spediteur als Unter- oder als Zwischenspediteur tätig ist. In beiden Fällen ist auch die Interessenlage die gleiche. Sachlich gesehen ist es daher konsequent und zweckmäßig, auf den unzulässigerweise eingeschalteten Zwischenspediteur § 411 anzuwenden. RGZ **118** 250, 254 will jedoch auf den Unterspediteur nicht § 411 HGB sondern ausschließlich § 986 BGB anwenden. *Schlegelberger/Schröder*[5] wollen § 411 zwar auf den unzulässigerweise eingeschalteten Zwischenspediteur (Rdn. 1a) nicht aber auf den Unterspediteur (Rdn. 1b) anwenden. Diese Unterscheidung ist kaum mit der weitgehenden Gleichsetzung in § 408, Rdn. 12 zu vereinbaren. Durch die hiermit eingeführte unklare Unterscheidung würden die Rechte des eingesetzten Zwischen- oder Unterspediteurs von einer von ihm überhaupt nicht mehr erkennbaren Differenzierung abhängen. Wieweit es z. B. möglich sein soll, daß der Unterspediteur lediglich „zur unselbständigen Wahrnehmung einzelner Obliegenheiten des Spediteurs ... tätig wird", ist kaum verständlich.

Im Ergebnis wie hier auch *Heymann/Kötter*[4] § 411 Anm. 1, der jedoch den Begriff des „Unterspediteurs" völlig ablehnt (§ 408 Anm. 1; ähnlich *von Gierke*[8], 562).

Im Ergebnis ist es daher sinnvoll, auf den vom Hauptspediteur mit Hilfe eines Speditionsvertrags eingeschalteten Spediteur stets § 411 anzuwenden, wenn dieser in eigenem Namen nach außen auftritt, und zwar auch dann, wenn seine Einschaltung aufgrund des Hauptspeditionsvertrags nicht zulässig ist, d. h. wenn er in Wahrheit die Rechtsstellung eines Unterspediteurs hat.

II. Rechte und Pflichten des Zwischenspediteurs

1. Überblick

6 Zum grundsätzlichen Inhalt des Zwischenspeditionsvertrags s. §§ 407–409 Rdn. 27. Im Verhältnis Hauptspediteur — Zwischenspediteur gelten die ADSp grundsätzlich zugunsten des Zwischenspediteurs. § 2 d S. 2 ADSp (Neufassung 1978) legt dies nunmehr deutlich fest. Die Verjährungsvorschrift des § 64 ADSp wirkt daher nur zugunsten des Zwischenspediteurs, nicht des Hauptspediteurs als Auftraggeber; OLG Frankfurt NJW **1980** 2649, 2650. Auch weitere Rechtspositionen der ADSp stehen dem Hauptspediteur im Verhältnis zum Zwischenspediteur nicht zu; so das Pfandrecht nach § 50 und die Vorteile der Erfüllungsorts-, Rechtswahl- und Gerichtsstandklauseln des § 65. Die Haftungs- und Versicherungsregelung der ADSp und der Speditionsversicherung schützt nur den Zwischenspediteur, nicht dagegen den Hauptspediteur in seiner Eigenschaft als Auftraggeber.

2. Rechte und Pflichten des Zwischenspediteurs nach § 411 Abs. 1

7 § 411 Abs. 1 spricht nur von einer Verpflichtung des Zwischenspediteurs zur Ausübung der Rechte des Vormanns, nicht dagegen von seiner Berechtigung. Da jedoch die Berechtigung zur Rechtsausübung Voraussetzung dieser Pflicht ist, setzt § 411 Abs. 1 eine solche Berechtigung voraus.

a) Die Rechte des Vormanns

Unter den Rechten des Vormanns sind die Ansprüche des vorangehenden Frachtführers oder Spediteurs einschließlich der Sicherungsrechte zu verstehen. Diese Ansprüche (vor allem Provisions-, Auslagen-, Schadensersatzansprüche) richten sich regelmäßig gegen den vorhergehenden Auftraggeber. Sie sind jedoch vom Zwischenspediteur in erster Linie gegenüber dem Nachmann zu wahren. Dies wird dadurch ermöglicht, daß dem Zwischenspediteur das gesetzliche Pfandrecht gestattet, das Gut zurückzuhalten, bis die Ansprüche befriedigt oder sichergestellt sind. Hierzu kann sich der Zwischenspediteur einer Nachnahmeanweisung an den von ihm beauftragten Frachtführer bedienen, der nun seinerseits das Pfandrecht auszuüben hat, d. h. das Gut dem Empfänger oder Nachmann nicht aushändigen darf, bevor die Nachnahme eingelöst ist.

b) Die Stellung des Zwischenspediteurs bei Wahrung der Rechte des Vormanns

Da es sich in § 411 Abs. 1 nicht um einen Fall gesetzlicher Zession handelt, tritt der Zwischenspediteur bei Ausübung der Rechte des Vormanns in eigenem Namen auf. Es liegt somit ein Fall der Rechtsstandschaft vor, die auch im etwaigen Prozeß ausgeübt werden kann (siehe *Schlegelberger/Schröder*[5] § 411 Rdn. 3). Da es im Prozeß regelmäßig um den Auslieferungsanspruch des Nachmanns oder Empfängers, oder um Ersatzansprüche wegen Nichtauslieferung des Guts gehen wird, bedeutet das Recht zur Ausübung der Rechte des Vormanns im Prozeß vor allem, daß sich der Zwischenspediteur auf das Pfandrecht des Vormanns zur Rechtfertigung der Nichtauslieferung berufen kann.

3. Die Pflicht zur Ausübung der Rechte des Vormanns

Diese Pflicht ist durch § 411 Abs. 1 HGB gesetzlich festgelegt. Daher muß der Zwischenspediteur von sich aus tätig werden, auch wenn er nicht besonders mit der Ausübung der Rechte beauftragt ist. Die Pflicht zur Rechtsausübung bezieht sich allerdings nur auf Rechte, die dem Zwischenspediteur bekannt sind; eine Fragepflicht besteht nicht; *Schlegelberger/Schröder*[5] § 411 Rdn. 2. Bei der Wahrnehmung der Rechte hat der Zwischenspediteur die Sorgfalt eines ordentlichen Kaufmanns (§ 347) zu beachten. Der schuldhafte Verstoß gegen die aus § 411 Abs. 1 begründeten Pflichten führt zur Haftung wegen positiver Forderungsverletzung; s. §§ 407–409 Rdn. 169–171.

III. Der gesetzliche Forderungsübergang nach § 411 Abs. 2

Befriedigt der Nachmann (Spediteur oder Frachtführer) den Vormann auf Vorschuß, löst er z. B. eine Nachnahme ein, die der Frachtführer wegen der eigenen Kosten und der Kosten des Hauptspediteurs auf das Gut gelegt hat, so entfällt zwar wegen Erfüllung (§§ 267, 362 BGB) für ihn die Pflicht zur Ausübung der Rechte des Vormanns nach § 411 Abs. 1. Er ist aber darauf angewiesen, nunmehr seine Auslagen von seinem Nachmann einzuziehen. Dies wird ihm durch § 411 Abs. 2 erleichtert, indem die Rechte des Vormanns einschließlich des Pfandrechts kraft Gesetzes auf ihn übergehen. Er kann sie daher gegenüber seinem Nachmann oder dem Empfänger geltend machen, vor allem aber das Pfandrecht des Vormanns seinem Nachmann entgegensetzen und diesem die Auslieferung des Guts bis zur Zahlung der betreffenden Kosten verweigern. Auch hierbei können sich Ketten bilden; z. B. kann das Spediteurpfandrecht des Hauptspediteurs auf den Frachtführer übergehen; das übergangene Spediteurpfandrecht kann gemeinsam mit dem Frachtführerpfandrecht nach § 411 Abs. 2 auf den Zwischenspediteur übergehen, wenn dieser den Frachtführer durch Einlösung der Nachnahmen befriedigt. In der Hand des Zwischenspediteurs vereinigen sich dann drei gesetzliche Pfandrechte; das des Hauptspediteurs, das des Frachtführers und das eigene des Zwischenspediteurs.

§§ 412, 413   Drittes Buch. Handelsgeschäfte

Die Anwendbarkeit des § 411 Abs. 2 hängt nicht davon ab, ob der Nachmann in Erfüllung einer Rechtspflicht den Vormann befriedigt. Auch wenn er dazu nicht verpflichtet ist, gehen die Rechte auf ihn über.

12 § 411 Abs. HGB erfaßt nicht nur die gesetzlichen Pfandrechte, sondern mit den Forderungen alle **Sicherungsrechte** insbesondere auch das **Vertragspfandrecht** nach § 50 ADSp und das kaufmännische Zurückbehaltungsrecht; §§ 412, 401 BGB.

13 Ein einmal **erloschenes Pfandrecht** kann beim Nachmann nicht wieder aufleben, da mit seinem Erlöschen die Kette von gesetzlichen Rechtsübergängen unterbrochen ist;

Fall: RGZ 44 116 (120).

§ 412

Der Spediteur ist, wenn nicht ein anderes bestimmt ist, befugt, die Beförderung des Gutes selbst auszuführen.

Macht er von dieser Befugnis Gebrauch, so hat er zugleich die Rechte und Pflichten eines Frachtführers oder Verfrachters; er kann die Provision, die bei Speditionsgeschäften sonst regelmäßig vorkommenden Kosten sowie die gewöhnliche Fracht verlangen.

§ 413

Hat sich der Spediteur mit dem Versender über einen bestimmten Satz der Beförderungskosten geeinigt, so hat er ausschließlich die Rechte und Pflichten eines Frachtführers. Er kann in einem solchen Falle Provision nur verlangen, wenn es besonders vereinbart ist.

Bewirkt der Spediteur die Versendung des Gutes zusammen mit den Gütern anderer Versender auf Grund eines für seine Rechnung über eine Sammelladung geschlossenen Frachtvertrags, so finden die Vorschriften des Abs. 1 Anwendung, auch wenn eine Einigung über einen bestimmten Satz der Beförderungskosten nicht stattgefunden hat. Der Spediteur kann in diesem Falle eine den Umständen nach angemessene Fracht, höchstens aber die für die Beförderung des einzelnen Gutes gewöhnliche Fracht verlangen.

Übersicht

	Rdn.		Rdn.
Vorbemerkung	1	aa) Gesetzlicher Wortlaut und grundsätzliche Behandlung durch die Rspr	7
A. Gemeinsame Grundlagen für die Abgrenzung zwischen Speditions- und Frachtrecht	2	bb) Verweisung auf Landfrachtrecht	8
I. Voraussetzungen der Anwendung von Frachtrecht auf Spediteur-Verträge	2	cc) Verweisung auf CMR, KVO, Umzugstarif	9
1. Primäre Qualifikation als Frachtvertrag	2	dd) Verweisung auf Seerecht	10
2. Anwendung von Frachtrecht auf Speditionsverträge (§§ 412 Abs. 2, 413 Abs. 1 u. 2)	3	ee) Verweisung auf Binnenschiffahrtsrecht	11
a) Gesetzliche Regelung	3	ff) Verweisung auf Luftrecht	12
b) §§ 412, 413 Zwingendes Recht?	5	gg) Keine Verweisung auf Eisenbahnrecht	13
c) Bestimmung der anzuwendenden frachtrechtlichen Sonderordnung	7	hh) Verweisung auf dispositives Frachtrecht	14
		ii) Multimodaler (kombinierter) Transport	15

Stand: 1. 9. 1985

Vierter Abschnitt. Speditionsgeschäft §§ 412, 413

	Rdn.
3. Weitgehend einheitliche Behandlung der Abgrenzung durch die Rspr.	16
a) Mehrfachbegründungen für die Anwendung von Frachtrecht	17
b) Einheitliche Begründungsformeln für die Anwendung von Frachtrecht	18
c) Einbeziehung fast aller Beförderungsarten in die einheitliche Behandlung	19
d) Rechtspolitische Vertretbarkeit der einheitlichen Behandlung der Abgrenzungsfrage	20
4. Sonderregelung: §§ 1 Abs. 5 KVO und 26 GüKG n. F.	21
a) Allgemeines	21
b) Gültigkeit von § 1 Abs. 5 KVO	22
c) Wirksamkeit der Änderung von § 26 GüKG; Rechtslage vor deren Inkrafttreten	23
d) Keine Auswirkungen von § 1 Abs. 5 KVO auf die CMR-Spedition	24
e) Inhaltliche Einschränkungen in § 1 Abs. 5 KVO	25
aa) Primärer Frachtvertrag, echter Selbsteintritt	25
bb) Abgrenzung des zwingenden Haftungszeitraums	26
cc) Beschränkung von § 1 Abs. 5 KVO auf Haftungsregelungen	27
II. Praktische Bedeutung der Abgrenzung	28
1. Anwendung zwingenden Frachtrechts statt dispositiven Speditionsrechts; Verdrängung der ADSp	28
2. Unterschiedliche Passivlegitimation und Versicherungsdeckung	29
3. Kollision von Einzelregelungen oder Regelungssystemen	30
a) Kollision von Regelungssystemen	30
b) Problemfälle der Verdrängung von ADSp-Regelungen durch zwingendes Frachtrecht	31
aa) Unbeanstandete ADSp-Klauseln	31
bb) Unstreitig unwirksame ADSp-Klauseln	32
cc) Unberechtigte Verneinung der Wirksamkeit von ADSp-Klauseln	33
c) Anwendung der ADSp außerhalb des zwingenden Geltungsbereichs der CMR	33a

	Rdn.
4. Schwerpunktwirkungen der Anwendung zwingenden Frachtrechts	34
a) Haftung des Spediteurs	34
aa) Haftungsgrundsatz	34
bb) Zurechnung von Gehilfenhandeln; Haftung für Transportausführung	35
cc) Haftungsausschlüsse	36
dd) Haftungsumfang	37
ee) Unerlaubte Handlung	38
b) Verjährung	39
c) Aufrechnung	40
d) Spediteur als Hauptfrachtführer	41
e) Gerichtsstand und Rechtswahl	42
III. Anwendung von Frachtrecht auf zusammengesetzte Beförderungsvorgänge (Gesamtbetrachtung, Schwerpunktlehre)	43
1. Die Rechtsprechung zur Gesamtbetrachtung	43
a) Anwendungsbereich	44
b) Inhalt der „Gesamtbetrachtung"	47
c) Auswirkungen der Schwerpunktlehre auf multimodale (kombinierte) Transporte	51
2. Stellungnahme der Literatur	52
3. Eigene Stellungnahme zur Gesamtbetrachtung und Schwerpunktlehre	53
a) Rechtspolitische Aspekte	53
b) Rechtssystematische Beurteilung	54
c) Argumente gegen Gesamtbetrachtung und Schwerpunktlehre	55
4. Ausländisches Recht	60
B. Primäre Qualifikation als Fracht- oder Speditionsvertrag	61
I. Übernommene Pflichten als Ausgangspunkt	61
II. Feststellung des Parteiwillens	62
1. Nicht revisible Tatsachenfeststellung	62
2. Indizien für die Willensermittlung	64
a) Deutliche Vereinbarungen, Wortlaut	64
b) Beförderungsdokumente	65
c) Firmierung des beauftragten Unternehmens	67
d) Sammelversendung	68
e) Vereinbarung der ADSp	69
f) Speditionsversicherung	70
g) Existenz und Benutzung eigenen Laderaums	71
h) Rahmenverträge	72
C. Selbsteintritt (§ 412 HGB)	73

	Rdn.
I. Rechtsnatur des Selbsteintritts	73
1. Gesetzliche Regelung	73
2. Literatur	74
3. Rechtsprechung	75
4. Eigene Auffassung: Realakt	76
II. „Echter" und „unechter" Selbsteintritt	77
1. Gesetzliche Regelung	77
2. Literatur	78
3. Rechtsprechung	79
4. Gesetzgebung	80
5. Eigene Auffassung	81
a) Zulässigkeit (Voraussetzungen unechten Selbsteintritts)	81
b) Folgen zulässigen unechten Selbsteintritts	84
c) Folgen unzulässigen unechten Selbsteintritts	85
III. Abgrenzung des Selbsteintritts von anderen Fallgestaltungen	86
1. Abgrenzung zum primären Frachtvertrag	86
2. Abgrenzung zu Fixkosten- und Sammelladungsspedition (§ 413)	87
3. Abgrenzung zwischen echtem und unechtem Selbsteintritt	89
IV. Voraussetzungen des Selbsteintritts	90
1. Grundsätzliche Zulässigkeit	90
2. Zulässigkeit für jede Beförderungsart	94
3. Teilweiser Selbsteintritt	95
V. Rechtsfolgen des Selbsteintritts	96
1. Allgemeines	96
2. Anwendung von Frachtrecht (§ 412 Abs. 2 H.s.1)	98
a) Bestimmung des anzuwendenden Frachtrechts	98
b) Bestimmung des anzuwendenden Frachtrechts bei Teil-Selbsteintritt	99
c) Bestimmung des anzuwendenden Frachtrechts bei unechtem Selbsteintritt	100
3. Vergütung und Auslagen	101
a) „Gewöhnliche Fracht"	101
b) Provision und regelmäßige Kosten	102
c) Überlagerung von § 412 Abs. 2 H.s. 2 durch § 413 Abs. 1	103
D. Fixkostenspedition (§ 413 Abs. 1)	104
I. Rechtsnatur; grundsätzliche gesetzliche Regelung	104
1. Struktur des Speditionsvertrags zu festen Kosten	104
2. Gesetzliche Grundentscheidung	106
3. Verweisung auf zwingendes Frachtrecht	107
4. Abgrenzung zu § 412	108
5. Abgrenzung zu § 413 Abs. 2	112
II. Voraussetzungen der Fixkostenspedition	113
1. Allgemeines	113
2. „Bestimmter Satz der Beförderungskosten"	114
3. „Einigung" über feste Kosten	116
III. Wirkungen der Spedition zu festen Kosten	118
1. Vergütung	118
2. Auslagenersatz	120
3. Anwendung von Frachtrecht	121
a) Grundsätze für die Ermittlung des anzuwendenden Frachtrechts	121
b) Insbesondere: Haftung des Fixkostenspediteurs	122
c) Zusätzliche Anwendung speditionsrechtlicher Grundsätze	123
E. Sammelladungsspedition (§ 413 Abs. 2)	127
I. Allgemeines	127
1. Rechtsnatur; grundsätzliche gesetzliche Regelung	127
2. Bedeutung und Organisation der Sammelladungsspedition	128
a) Bedeutung	128
b) Bahn-Sammelgutverkehr	129
c) Kraftfahrzeug-Sammelgutverkehr	130
d) Beziehungen zwischen Spediteur und Versender (Bedingungen)	131
e) Rechtsstellung von Sammelladungsgesellschaften	132
3. Verhältnis zu §§ 412, 413 Abs. 1	133
4. Berechtigung und Verpflichtung des Spediteurs zur Sammelversendung	134
a) Berechtigung zur Sammelversendung	134
b) Verpflichtung zur Sammelversendung	135
II. Voraussetzungen der Sammelladungsspedition	136
1. „Bewirkung der Versendung"	136
2. „Zusammen mit den Gütern anderer Versender"	137
3. Sammelfrachtvertrag für eigene Rechnung	138
4. Beauftragung mit Sammelversendung ohne Vorliegen der Voraussetzungen von § 413 Abs. 2	139
III. Wirkungen der Sammelversendung	140
1. Anwendung von Frachtrecht	140
2. Vergütung und Auslagen	141
3. Rechtsstellung des Empfangsspediteurs einer Sammelladung	142

Schrifttum

Bartels Die zwingende Frachtführerhaftung des Spediteurs, VersR **1975** 598; *derselbe* Zur Frachtführerhaftung des Spediteurs, VersR **1980** 611; *Becker* Abgrenzungsfragen beim Fracht- und Speditionsvertrag, VersR **1972** 814; *Bischof* Zwingende Frachtführerhaftung des Spediteurs? VersR **1976** 305; *derselbe* Änderung des HGB-Speditionsrechts, VersR **1979** 691; *derselbe* Anm. zu OLG Hamburg v. 29. 5. 1980 VersR **1981** 539; *derselbe* Zum Recht des Fixkostenspediteurs im Straßengüterverkehr, VersR **1981** 708; *derselbe* Die Haftung des Sammelladungsspediteurs nach der KVO, VersR **1984** 419; *Bönisch* Der Spediteursammelgutverkehr — Der Weg von den verordneten Kundensätzen zu den empfohlenen Bedingungen und Entgelten (1976; ISBN 3811541397); *de la Motte* Beurteilung der Rechtslage aus der Sicht des Spediteurs und Speditionsversicherers, in: Der Spediteur als Frachtführer, Schriftenreihe der DVWG B 48 (1978) 51; *derselbe* Aktuelle Probleme und künftige Entwicklungen im Speditionsrecht, Der Spediteur **1981** Heft 7 S. 1; *Debling* Das nationale Sammelladungsgeschäft des Spediteurs im Güterkraftverkehr — Unter besonderer Berücksichtigung der §§ 413 Abs. 2 HGB, 14 ADSp und 20 GüKG (1978, ISBN 3871444642); *Drexler* Die Schwierigkeiten sind noch nicht beseitigt — Haftungsabgrenzung KVO/ADSp, Deutsche Verkehrszeitung Nr. 136 v. 16. 11. 1982 S. 17; *Eichhoff*, Verbandsempfehlungen im Spediteursammelgutverkehr, Diss. München (1983); *Geyer* Grenzen der speditionellen Tätigkeit beim Selbsteintritt eines Speditionsunternehmens, ZfV **1964** 563; *Helm* Die Frachtführerhaftung des Spediteurs, in: Der Spediteur als Frachtführer, Schriftenreihe der DVWG Reihe B 48 (1978) S. 9; *derselbe* Auswirkungen der MT-Konvention für das Speditionsgewerbe, transpR **1981** 45; *derselbe* nochmals: Die zwingende Frachtführerhaftung des Spediteurs, VersR **1976** 601; *derselbe* Zur Wirksamkeit von § 1 Abs. 5 KVO, transpR **1984** 265; *Heuer* Die rechtliche Beurteilung der Frachtführerhaftung des Spediteurs aus der Sicht des Verladers und des Transportversicherers in: Der Spediteur als Frachtführer, Schriftenreihe der DVWG B 48 (1978) S. 35; *Herber* Probleme des Durchfrachtvertrags und des Speditionsrechts — Prüfsteine des deutschen Frachtrechts, VersR **1981** 993; *Hügel* Drei OHG-Entscheidungen zur Frachtführerhaftung nach der CMR und der AÖSp, Juristische Blätter **1984** 57; *Jungfleisch* Der Selbsteintritt des Spediteurs (Europäische Hochschulschriften Reihe 2 Rechtswiss. Bd. 377 (1984)); *Kirchhof* Wann endet die KVO-Haftung des selbsteintretenden Spediteurs? VersR **1983** 608; *Knorre* zur Haftung des Spediteurs im Bereich der CMR, VersR **1980** 125; *derselbe* Zur Frachtführerhaftung im grenzüberschreitenden Straßengüterverkehr, VersR **1980** 1005; *derselbe* Anmerkung zu OLG Köln v. 23. 10. 1980, VersR **1981** 169; *Kort* Die Zahlungspflicht des Empfängers im Spediteur-Sammelgutverkehr, transpR **1981** 117; *Lengtat* Der Spediteur im grenzüberschreitenden Kraftverkehr, VersR **1985** 210; *Merz* Die Haftungsproblematik im Spediteurs- und Frachtführerrecht — zur Abgrenzung von Speditions- und Frachtvertrag, VersR **1982** 213; *Papp* Haftungsrechtliche Fragen im Zusammenhang mit §§ 412, 413 HGB — Zur Abgrenzung der Haftung von Spediteur und Frachtführer im nationalen Güterfernverkehr, Diss. Köln (1973); *Pöttinger* Die Verfassungsmäßigkeit des § 1 Abs. 5 KVO, VersR **1984** 502; *Roesch* Zur Abgrenzung von Speditions- und Frachtvertrag, VersR **1976** 25; *derselbe* Zur Abgrenzung von Speditions- und Frachtvertrag, VersR **1979** 890; *Runge* Gedanken über eine Neufassung der §§ 412, 413 HGB, transpR **1982** 34; *Schmid-Lossberg* Abgrenzung der Haftung des Spediteurs und des Güterfernverkehrsunternehmers, ZfV **1963** 135; *derselbe* Abgrenzung der Haftung des Spediteurs und des Güterfernverkehrsunternehmers unter Berücksichtigung des Rechts auf Selbsteintritt des Spediteurs und der Verladung im Sammelgutverkehr, MDR **1963** 171; *derselbe* Abgrenzung der Haftung des Spediteurs und des Güterverkehrsunternehmers insbesondere im Sammelgutverkehr, MDR **1965** 356; *derselbe* Die Frage der Haftung — ein heilloses Durcheinander, DVZ v. 27. 10. 1981, S. 3; *derselbe* Das Recht des Spediteurs aus internationaler Sicht, DVZ v. 24. 9. 1983, S. 33; *Schmidt, Horst* Zur Frachtführerhaftung des Spediteurs in den Fällen der §§ 412, 413 HGB, VersR **1975** 984; *Sieg* Die Abgrenzung der Haftung des Spediteurs und des Güterfernverkehrs-Unternehmers, VersR **1965** 297; *derselbe* Die Bedeutung des neuen § 1 Abs. 5 KVO für die Fixkostenspedition im Güterstraßenverkehr, DB **1979** 1213; *Temme* Die Haftung des selbsteintretenden Spediteurs, VersR **1984** 813; *Tischler* Anm. zu OLG Stuttgart v. 18. 3. 1975, VersR **1975** 1001; *Wanckel* Zum Begriff der „Aufeinanderfolgenden Frachtführer" i. S. der Art. 34 ff CMR, VersR **1984** 712; *Willenberg* KVO[3] § 1 Rdn. 40 ff; *Züchner* ADSp und Güterfernverkehr, ZfV **1965** 335; *derselbe* Anm. zu OLG Karlsruhe v. 16. 12. 1964, VersR **1965** 329.

§§ 412, 413   Drittes Buch. Handelsgeschäfte

Vorbemerkung

1   Die Anwendbarkeit von Frachtrecht auf Verträge, die von Spediteuren im Rahmen ihres Speditionsbetriebs (vgl. §§ 407–409 Rdn. 3) abgeschlossen werden, gehört zu den umstrittensten Gebieten seit Erscheinen der dritten Auflage. Die seither veröffentlichte umfangreiche Rspr. behandelt, abweichend von der gesetzlichen Rechtslage, die Abgrenzungsfragen weitgehend als einen einheitlich zu behandelnden Sachkomplex; s. Rdn. 16–20. Die in der Vorauflage an getrennten Stellen dargestellten Abgrenzungsfragen (§§ 407–409 Anm. 9, §§ 412 u. 413) werden nunmehr gemeinsam behandelt, um den Überblick über die weitläufige Problematik zu verbessern. Zum Grundsätzlichen siehe jedoch §§ 407–409 Rdn. 10 ff.

Angesichts der für den Spediteur bei weitem günstigeren Rechtslage nach den ADSp ist die Frage, ob Klauseln der ADSp durch zwingendes Frachtrecht verdrängt werden, von sehr großer praktischer Bedeutung; s. Rdn. 34 ff.

Die Abgrenzung zwischen Speditions- und Frachtrecht war auch Gegenstand rechtspolitischer Zukunftsüberlegungen. Abgesehen von der Änderung der KVO und des GüKG von 1978/79 (s. Rdn. 21–27) haben die Bemühungen bisher nicht zu greifbaren Ergebnissen geführt. Die 1982/83 unter Federführung des DIHT unter Beteiligung von Vertretern der maßgeblichen Verbände, des Bundesjustiz- und Verkehrsministeriums und der Wissenschaft geführten Gespräche über eine gesetzliche Neuregelung der Frage wurden ergebnislos abgebrochen[1].

A. Gemeinsame Grundlagen für die Abgrenzung zwischen Speditions- und Frachtrecht

I. Voraussetzungen der Anwendung von Frachtrecht auf Spediteurverträge

1. Primäre Qualifikation als Frachtvertrag

2   Die Anwendung von Frachtrecht auf Verträge des Spediteurs kann aus unterschiedlichen Gründen in Frage kommen. Ausgangspunkt ist zunächst stets die Feststellung, welche Hauptpflicht der Spediteur übernommen hat (unten Rdn. 61): Hat der Spediteur sich verpflichtet, die Beförderung selbst auszuführen oder ausführen zu lassen, schuldet er also den Beförderungserfolg, dann kommen die Bestimmungen des Speditionsrechts (auch §§ 412, 413) nicht mehr zur Anwendung. Welche frachtrechtlichen Normen in diesem Fall gelten, richtet sich nach den Anwendungsvoraussetzungen der einzelnen Regelungen; s. zum Überblick §§ 425³ Rdn. 2 ff.

Soweit die frachtrechtlichen Bestimmungen zwingend gelten, können sich ihnen gegenüber die ADSp nicht durchsetzen. Dies ist teilweise bereits in § 2 ADSp n. F. berücksichtigt; s. dort Anh. I nach § 415 Rdn. 12 ff.

2. Anwendung von Frachtrecht auf Speditionsverträge (§§ 412 Abs. 2, 413 Abs. 1 u. 2)

a) Gesetzliche Regelung

3   Ist der betreffende Vertrag des Spediteurs als Speditionsvertrag zu qualifizieren, dann kommen die gesetzlichen Verweisungen der §§ 412 Abs. 2, 413 Abs. 1 u. 2 in Betracht. Diese führen ebenfalls zur Anwendung von Frachtrecht.

---

[1] Zur rechtspolitischen Fragestellung *Bischof* VersR 1979 691 ff; *de la Motte*, in: Der Spediteur als Frachtführer, S. 61 ff; *ders.* Spediteur 1981 H. 7 S. 1–4; *Herber* VersR 1981 993 ff; *Merz* VersR 1982 213 ff; *Roesch* VersR 1979 890 ff; *Schmid-Lossberg* MDR 1984 717 ff; *Runge* transpR 1982 34 f.

§ 412 Abs. 2 bestimmt, daß im Falle des Selbsteintritts auf das Rechtsverhältnis zwischen Versender und Spediteur Speditionsrecht und Frachtrecht nebeneinander anzuwenden sind; s. Rdn. 96. Nach der gesetzlichen Regelung bedürfte es daher einer Abgrenzung zwischen den Anwendungsbereichen der betreffenden gesetzlichen Vertragsordnungen.

§ 413 Abs. 1 erklärt im Falle der Fixkostenspedition ausschließlich Frachtrecht für anwendbar. Speditionsrechtliche Normen sind daher nach dem Gesetz unanwendbar. Gleiches gilt nach § 413 Abs. 2, wenn der Spediteur das Speditionsgut in Sammelladung versendet.

Die gesetzliche Differenzierung ist allerdings nicht geglückt. Sie führt bei konsequenter Anwendung nicht zu einer sinnvollen Aufteilung der Spediteur-Verantwortlichkeit. Wird z. B. der Spediteur kraft Selbsteintritts als Frachtführer tätig, so wäre es durchaus sinnvoll, ihn hinsichtlich der typischen Absenderobliegenheiten weiter als Spediteur haften zu lassen, etwa für die ordnungsgemäße Planung des Transportablaufs, die Besorgung von Papieren, Verladung und Entladung und Kennzeichnung der Güter[2].

Es ist allerdings auch möglich, daß einzelne dieser Tätigkeiten **vom Spediteur schon in seiner Eigenschaft als Frachtführer geschuldet** werden, s. z. B. OLG Düsseldorf VersR **1975** 232, 233 (Ausstellung einer Spediteur-Übernahmebescheinigung durch CMR-Frachtführer). Das gleiche Bedürfnis nach **Differenzierung zwischen speditionsrechtlichen und frachtrechtlichen Tätigkeiten** besteht jedoch auch bei Fixkosten- und Sammelladungsspedition. Es ist rechtspolitisch nicht einzusehen, warum diese Tätigkeiten dem (oft wenig passenden) Frachtrecht unterstellt werden sollen. So hat z. B. das OLG Hamburg transpR **1984** 161, 163 = VersR **1983** 484 den Fixkostenspediteur nicht für das Fehlen von Packlisten einstehen lassen, weil deren Aufstellung nach § 427 nicht Aufgabe des Frachtführers sei, Speditionsrecht andererseits nicht gelte. Sachlich richtiger wäre es gewesen, zu prüfen, ob nicht diese Tätigkeit im Zweifel vom Spediteur trotz Fixkostenspedition geschuldet wird oder ob ihm nicht wenigstens eine Rückfragepflicht zuzumuten wäre. Umgekehrt sah sich der BGH im Urteil v. 28. 2. 1975 NJW **1975** 1597ff gezwungen, eine frachtrechtliche Nebenpflicht zur Besorgung einer Transportversicherung zu bejahen — an sich eine typische Spediteurpflicht, die für Frachtverträge unüblich ist. Das OLG Frankfurt RIW **1981** 852, 853 behandelt die Zollvorlage durch den Fixkostenspediteur nach Fracht- und Geschäftsbesorgungsrecht. Das OLG Koblenz transpR **1985** 127 erörtert die Frage, ob ein Fixkostenspediteur verpflichtet ist, die für die Verzollung erforderlichen Urkunden zu beschaffen und bejaht die Möglichkeit, sich dazu zu verpflichten, grundsätzlich; im konkreten Fall wurde die Verpflichtung abgelehnt.

Insgesamt wäre es de lege ferenda daher günstiger, das in § 413 vorgesehene Prinzip ausschließlicher Anwendung von Frachtrecht aufzugeben und in den Fällen der §§ 412, 413 einheitlich den Spediteur nach Frachtrecht für solche Pflichten haften zu lassen, die typisch frachtrechtlicher Art sind und demgegenüber die Verletzung speditioneller Pflichten unter Speditionsrecht zu stellen[3]. Letztlich müßte dann jedoch auch bei primärer Übernahme der Beförderungspflicht durch den Spediteur (Gemischtbetrieb) davon ausgegangen werden, daß er die Besorgung speditioneller, für den Transport notwendiger Tätigkeiten als Nebenpflichten aus dem Frachtvertrag mit übernimmt. Auch diese

---

[2] OLG Stuttgart VersR **1975** 729, 730 (KVO und ADSp); OLG München transpR **1984** 174, 176 (Informationspflicht, Beweislast).

[3] S. dazu *Sieg* VersR **1965** 300

§§ 412, 413   Drittes Buch. Handelsgeschäfte

sollten dann dem Speditionsrecht unterstellt sein. Allerdings wird diese Lösung durch das Nebeneinander zwingender (meist frachtvertraglicher) und dispositiver speditionsrechtlicher Normen noch erschwert; siehe hierzu Rdn. 8 ff.

b) §§ 412, 413 zwingendes Recht?

5   Die Abgrenzung zwischen den Anwendungsbereichen von Spedition und Frachtrecht war nach der Grundkonzeption des HGB-Frachtrechts keine zwingende. Außer im Eisenbahnrecht gab es zur Entstehungszeit des HGB grundsätzlich keine zwingenden Speditions- und Frachtrechtsnormen. §§ 412, 413 sind, wie überhaupt der größte Teil des Handelsrechts, als **dispositive Normen** konzipiert. Die Vertragsfreiheit gestattete es auch, solche Verträge, die primär als Frachtverträge zu qualifizieren waren, speditionsrechtlichen Regelungen zu unterwerfen, insbesondere auch durch Verwendung von AGB. Auf dieser Basis beruht auch § 52c der 1927/29 entstandenen ADSp; s. vor § 1 ADSp Anh. I nach § 415 Rdn. 1. Die zunehmende Einführung zwingenden Frachtrechts[4] führte dazu, daß bei primärer Qualifikation eines Vertrages als Frachtvertrag in jedem Fall die betreffende zwingende Frachtrechtsordnung anzuwenden ist. Die Rspr. der letzten 25 Jahre hat jedoch auch die Verweisungen in §§ 412, 413 als **zwingend** verstanden, **soweit sie auf zwingende** frachtrechtliche Bestimmungen führen[5] (außer im Fall des Eisenbahnfrachtrechts, Rdn. 13) und damit § 52c ADSp ganz ausgeschaltet. Mit Recht erstreckt das LG Frankfurt transpR **1985** 110ff allerdings diese mittelbar zwingende Wirkung nicht auf das ergänzend zur CMR anzuwendende nationale Recht (dispositives BGB-Recht); eindeutig auch neuestens BGH v. 7. 3. 1985, NJW **1985** 2091 f.

Die mittelbar zwingende Wirkung des Frachtrechts ergibt sich im Falle des § 412 zumindest beim echten Selbsteintritt (s. Rdn. 77–85) aus der Natur der Sache. Denn in diesem Falle wird der Spediteur als Frachtführer tätig und würde gegenüber einem Nicht-Spediteur systemwidrig aus der zwingenden Regelung entlassen und damit Wettbewerbsvorteile genießen. Bei Fixkostenspedition und Sammelversendung (im Falle der Fremdausführung) ist dies nicht so selbstverständlich: Der ausführende Frachtführer

---

[4] Im Seefrachtrecht: Haager Regeln, s. *Prüßmann/Rabe* Seehandelsrecht[2] § 662 A; im Luftrecht: WA (1929/1933) und LuftVG (1943) s. Anh. VII nach § 452; im innerdeutschen Güterfernverkehr: KVO (1938), s. Anh. II nach § 452; im grenzüberschreitenden Straßengütertransport: CMR (1956/1961), s. Anh. III nach § 452; im Möbel- und Umzugsverkehr: BefBeMö (1961), Anh. IV nach § 452; jetzt GüKUMT; s. § 2 ADSp Rdn. 13ff, Anh. I nach § 415. Weitgehend frei von zwingendem Recht noch das Binnenschiffahrtsrecht, der innerdeutsche Güternahverkehr und die reine Speditionstätigkeit, s. Rdn. 8–15.

[5] Aus der Rspr. siehe insbesondere die BGH-Urteile v. 8. 2. 1972, NJW **1972** 1003 = VersR **1972** 873, 874; v. 3. 3. 1972, NJW **1972** 866ff = VersR **1972** 431; v. 21. 11. 1975, BGHZ **65** 340ff; v. 9. 2. 1979, NJW **1979** 2470 = VersR **1979** 445, 446; v. 4. 5. 1979, VersR **1979** 811; v. 4. 2. 1982, BGHZ **83** 87ff; weitere Rspr. s. Fn. 11–18, 24–30. Für die CMR auch Österr. OHG ÖJZ **1982**, Evid. Bl. S. 160. **Für Abdingbarkeit der Verweisung** jedoch noch BGH v. 13. 3. 1970, VersR **1970** 564; OLG München VersR **1968** 365, 366; OLG Hamburg VersR **1970** 741 und VersR **1975** 129, 130 (unklar); OLG Köln VersR **1975** 464; OLG Düsseldorf DB **1976** 1374 und VersR **1977** 176; OLG München VersR **1979** 713f; LG Berlin VersR **1976** 460; LG Kiel VersR **1976** 461f; LG Hamburg VersR **1976** 461; LG Berlin VersR **1977** 859; *Tischler* VersR **1975** 1001f; weitere Rspr. bei *Roesch* VersR **1979** 891.

In der Literatur sind die Meinungen geteilt. **Für zwingende Wirkung** von § 413 bei Verweisung auf seinerseits zwingendes Recht: *Bartels* VersR **1975** 598f; **1980** 611ff; *Becker* VersR **1972** 814f; *Herber* VersR **1981** 995; *Heuer* in: Der Spediteur als Frachtführer S. 35ff; *Merz* **1982** 217.

Gegen zwingende Wirkung von § 413: *Bischof* VersR **1976** 305ff; **1979** 691ff; **1981** 539 und 908ff; *de la Motte*, in: Der Spediteur als Frachtführer, S. 51ff; *Helm* VersR **1976** 601; *Roesch* VersR **1976** 25ff und **1979** 891; *Schmid-Lossberg* ZfV **1963** 133; MDR **1963** 173f und MDR **1963** 356; *Schmidt* VersR **1975** 986f; *Sieg* VersR **1965** 299f; DB **1979** 1213f; *Züchner* ZfV **1965** 335ff.

Differenzierend *Helm*, in: Der Spediteur als Frachtführer S. 9ff.

steht gegenüber dem Spediteur unter dem zwingenden Frachtrecht. Mit der Abtretung der Rechte an den Versender würde also auch dieser in den Genuß der Rechte aus dem Frachtvertrag kommen. Die Anwendung von Frachtrecht auf das Verhältnis Spediteur-Versender ist in solchen Fällen zumindest nicht aus Wettbewerbsgründen erforderlich[6]. Sie bringt den Spediteur besonders in den Fällen der sogenannten Gesamtbetrachtung in eine Haftungslage, der nicht in allen Fällen Regreßansprüche gegen die beauftragten Beförderer entsprechen; s. Rdn. 56. Eine weitere Ausnahme in diesem System bildet die Eisenbahnspedition, die von der Rspr. nicht dem Eisenbahnfrachtrecht unterworfen wurde; s. Rdn. 13. Für den Güterfernverkehr hat nunmehr der Verordnungsgeber die Tragweite der Rspr. eingeschränkt. § 1 Abs. 5 KVO bestimmt eine Selbsteinschränkung der zwingenden Geltung der verwiesenen Normordnung (KVO). Die Verweisung der §§ 412, 413 führt daher (ausgenommen beim echten Selbsteintritt) nicht mehr auf die KVO, sondern auf das dispositive Landfrachtrecht des HGB; s. Rdn. 21 ff.

Die **Begründung der Rspr. kann nicht voll überzeugen.** Es trifft nicht zu, daß der Spediteur bei Fixkosten- und Sammelladungsspedition „sein eigentliches Arbeitsgebiet verläßt" und daher notwendig zwingendem Frachtrecht zu unterwerfen ist.[7] Denn im Gegensatz zum Selbsteintritt ändert sich die Hauptpflicht des Spediteurs bei Fixkostenvereinbarung und Sammelversendung nicht. Sie bleibt vielmehr „Besorgung der Versendung"[8]. Lediglich auf der Entgeltseite tritt insoweit eine Änderung ein, als der Spediteur in abweichender Weise abrechnet; zum Verhältnis von Fixkosten- und Sammelladungsspedition zum Selbsteintritt s. Rdn. 87 f, 108–112, 133. Auf der anderen Seite ist ein Interesse des Verladers, in den Fällen des § 413 den Spediteur als haftenden Partner auch für die Ausführung zu haben, nicht von der Hand zu weisen. Immerhin muß er davon ausgehen, daß dieser zumindest einen großen Teil des Frachtentgelts selbst verdient.[9] Im Rahmen des Gesamtkonzepts der Abgrenzung zwischen Speditions- und Frachtrecht spricht daher einiges für die Linie der Rspr. Siehe zur „Gesamtbetrachtung" Rdn. 43–59. **6**

Wenn auch die rechtssystematische Begründung nach wie vor wenig tragfähig ist[10], so kann man doch davon ausgehen, daß die Rspr. gefestigt ist und sich die Transport- und Versicherungswirtschaft auf sie eingestellt hat; s. z. B. § 2 ADSp n. F. Anh. I nach § 415 sowie zur Versicherung § 39 ADSp Rdn. 1 ff insbesondere Rdn. 17; § 37 ADSp Rdn. 1 ff.

c) Bestimmung der anzuwendenden frachtrechtlichen Sonderordnung
   aa) Gesetzlicher Wortlaut und grundsätzliche Behandlung durch die Rspr.

§ 412 Abs. 2 Satz 1 verweist nur auf die „Rechte und Pflichten eines Frachtführers **7** oder Verfrachters". Außer dem Eisenbahnrecht war damit ursprünglich das gesamte geltende Frachtrecht in die Verweisung einbezogen, da auch der Beförderer in der Binnenschiffahrt als „Frachtführer" bezeichnet wird. Die Spezialisierung des Frachtrechts der einzelnen Beförderungssparten machte es seitdem erforderlich, auch die neuentwickelten frachtrechtlichen Sonderordnungen mit in die Verweisung einzubeziehen — und zwar insbesondere soweit diese zwingendes Recht waren — s. Rdn. 9 ff. Daher ist heute

---

[6] Zutreffend OLG Köln VersR **1975** 464, 465; eingehend *Papp* S. 49 ff.
[7] Stereotype Begründung der Rspr; s. BGH v. 21. 11. 1975, BGHZ **65** 340, 343; v. 4. 2. 1982, BGHZ **83** 87, 91 f; v. 10. 2. 1982, BGHZ **83** 99; OLG Düsseldorf VersR **1979** 774, 775; *Heuer*, in: Der Spediteur als Frachtführer S. 37 ff; *Pöttinger* VersR **1984** 505.
[8] Zutreffend im Rahmen der Inhaltskontrolle nach § 9 AGBG: OLG Köln transpR **1984** 35, 36 = VersR **1983** 486; *de la Motte* Spediteur 1981 H. 7 S. 2; *Schmid-Lossberg* MDR **1984** 717.
[9] S. zur Illustration OLG Frankfurt transpR **1983** 155.
[10] S. Vorauflage § 412 Anm. 6; § 413 Anm. 7 und 13, 14; *Helm* VersR **1976** 601 f.

§§ 412, 413   Drittes Buch. Handelsgeschäfte

unbestritten, daß sich die **Verweisung** in § 412 Abs. 2 S. 1 **auf die jeweilige Sonderordnung** bezieht, die anwendbar wäre, wenn der Spediteur mit dem Versender von Anfang an einen entsprechenden Frachtvertrag abgeschlossen hätte.

§ 413 bestimmt in Abs. 1 S. 1 auf den auch Abs. 2 verweist, im Wortlaut nur, daß der Spediteur „die Rechte und Pflichten eines Frachtführers" hat. Damit ist weder auf das Seefrachtrecht noch auf die anderen frachtrechtlichen Sonderordnungen verwiesen. Der Formulierungsunterschied zu § 412 ist heute durch die Rspr. und Lehre überwunden. Allgemein wird davon ausgegangen, daß §§ 412 Abs. 2 Nr. 1 und 413 **jeweils auf die für den betreffenden Transport zuständige frachtrechtliche Sonderverordnung verweisen;** s. Rdn. 8 ff; a.A. noch *Schmidt* VersR **1975** 986 f. Eine Ausnahme macht allerdings bisher das Eisenbahnfrachtrecht; s. Rdn. 13. In der gerichtlichen Praxis wird daher die Verweisung in beiden Bestimmungen **wie eine einheitliche Norm gehandhabt.**

bb) Verweisung auf Landfrachtrecht

8   Beim **Landtransport** bezieht sich die Verweisung, soweit keine Sonderbestimmungen bestehen (Rdn. 9), auf **§§ 425 ff HGB.** Dies ist zur Zeit der Fall insbesondere im Güternahverkehr, in den Ausnahmebereichen des GüKG (s. § 4 GüKG Anh. I nach § 452 und die dortige Kommentierung; BGH vom 30. 6. 1978, VersR **1978** 935); beim Transport von Straßenfahrzeugen auf eigenen Rädern und bei Landtransporten mit Hilfsgeräten, Umtragen usw. Da in diesen Bereichen kein zwingendes Recht besteht, ist es jedoch möglich, besondere Vertragsbedingungen, auch AGB, zu vereinbaren. § 52 c ADSp bedingt z. B. für die Speditionsrollfuhr das Landfrachtrecht des HGB weitgehend ab. Ferner werden im Straßennahverkehr häufig die AGNB, bei Schwerguttransporten die Schwergutbedingungen vereinbart; s. Anh. V und VI nach § 425. Ausnahmsweise galt im Güterfernverkehr zwischen dem 1. 10. 1978 und dem 9. 7. 1979 das HGB-Landfrachtrecht zwingend; s. Rdn. 23.

cc) Verweisung auf CMR, KVO, Umzugstarif

9   In den **zwingend geregelten Bereichen des Landtransports** bezieht sich die Verweisung der §§ 412, 413 auf das jeweilige Sonderfrachtrecht: Im grenzüberschreitenden Verkehr auf die CMR (Anh. III nach § 452)[11]; nicht jedoch auf ergänzend anzuwendendes bürgerliches Recht (positive Vertragsverletzung); zutreffend LG Frankfurt transpR **1985** 110 ff; im innerdeutschen Güterfernverkehr auf die KVO und KVORb (Anh. II

---

[11] BGH v. 18. 2. 1972, NJW **1972** 1003 = VersR **1972** 873, 874 (§ 413 Abs. 1); v. 21. 11. 1975, BGHZ 65 340 ff (§ 413 Abs. 1, KVO ergänzend); v. 9. 2. 1979, NJW **1979** 2470 f (§ 413 Abs. 1); v. 13. 7. 1979, VersR **1979** 1154 (§ 413 Abs. 1); v. 5. 6. 1981, transpR **1981** 130 = VersR **1981** 1030 f (§ 413 Abs. 1); v. 27. 1. 1982, NJW **1982** 1944, 1945 = transpR **1982** 105 = VersR **1982** 669 (§ 412); v. 10. 2. 83, BGHZ 83 96 ff (§§ 412, 413); v. 20. 10. 1983, transpR **1984** 100, 101 (§ 413 Abs. 1) = VersR **1984** 262 f (§ 413 Abs. 1); v. 29. 11. 84, transpR **1985** 182 ff = VersR **1985** 258 f (für anteiligen Auftrag des Empfängers). **Aus der OLG-Rspr.:** Bremen VersR **1976** 584 f (§ 413 Abs. 1); Düsseldorf VersR **1978** 926 f (§ 413 Abs. 2); VersR **1978** 1016 (§ 413 Abs. 1); VersR **1979** 356 f (§ 413 Abs. 1); VersR **1980** 63, 64 (§ 413 Abs. 1); VersR **1982** 89 (§ 413 Abs. 1); Frankfurt NJW **1976** 1036 (§ 413 Abs. 1); NJW **1981** 1911 f (§ 413 Abs. 1); transpR **1983** 155 (§ 413 Abs. 1); transpR **1984** 97, 98 (§ 413 Abs. 2); Hamburg VersR **1980** 290 f (§ 413 Abs. 1); VersR **1980** 950 (§ 413 Abs. 1); Karlsruhe VersR **1980** 877 (§ 413 Abs. 1); Köln VersR **1981** 168 (§ 413 Abs. 1); München VersR **1981** 562 (§ 413 Abs. 2); Nürnberg VersR **1982** 377 (§ 413 Abs. 2). Aus der LG-Rspr.: Darmstadt VersR **1982** 1007 (§ 413 Abs. 1); Hamburg VersR **1981** 475 (§ 413 Abs. 1); Mannheim RIW **1982** 55, 56 (§ 413 Abs. 1); Osnabrück VersR **1980** 177 f (§ 413 Abs. 1); Saarbrücken VersR **1981** 423 (§ 413 Abs. 1); **österr. OGH** v. 4. 11. 1981, ÖJZ **1982** 160 = transpR **1982** 80; v. 20. 1. 1982, transpR **1985** 133 f; OLG Wien transpR **1984** 180 = ÖJZ **1982** EvBl. S. 160; s. ferner Rdn. 24.

nach § 452)¹², (ab 1. 3. 1985 nicht mehr für Beförderung von Gütern mit LKW bis 750 kg Nutzlast; BGBl. **1985** I 382); im Bereich der Beförderung von Umzugsgütern auf die GüKUMT-Bedingungen (Anh. VI nach § 452)¹³. Für die KVO besteht jedoch eine Sonderregelung; s. Rdn. 21 ff.

dd) Verweisung auf Seerecht

Im **Seerecht** führt die Verweisung auf das Seefrachtrecht des 4. Buchs des HGB, das **10** teilweise zwingendes, teilweise dispositives Recht enthält¹⁴. Die Anwendung des zwingenden Seerechts kann im Hinblick auf die sehr niedrige Haftungsbeschränkung in § 660 HGB für den Spediteur günstiger sein als die ADSp-Regelung.

ee) Verweisung auf Binnenschiffahrtsrecht

Im **Binnenschiffahrtsrecht** richtet sich die Verweisung auf das BSchG und auf das Ta- **11** rifrecht der Binnenschiffahrt¹⁵. Da die Vorschriften des BSchG grundsätzlich abdingbar sind, dominieren besondere AGB, in der Regel die Verlade- und Transportbedingungen der Binnenreedereien, wie etwa die Oberrheinischen Konnossementsbedingungen. Dies kann für den Spediteur günstiger sein als die Anwendung von Speditionsrecht¹⁶.

ff) Verweisung auf Luftrecht

Im Luftrecht sind grundsätzlich das WA oder LuftVG (Anh. VII nach § 452) an- **12** wendbar¹⁷. Letzteres ist jedoch nicht für jeden Fall und umfassend zwingend gestaltet¹⁸.

gg) Keine Verweisung auf Eisenbahnrecht

Die Verweisungen der §§ 412 Abs. 2 S. 1, 413 beziehen sich nach ständiger Rspr. **13** nicht auf die Vorschriften des Eisenbahnrechts (§§ 453 bis 460 HGB, EVO, CIM, Anh. I

---

¹² **Aus der BGH-Rspr.**: Urteile v. 27. 5. 1957, VersR **1957** 503ff (§ 413 Abs. 1); v. 4. 7. 1957, NJW **1957** 527, 528 (§ 413 Abs. 1); v. 25. 10. 1962, BGHZ **38** 150, 154f (§ 412); v. 23. 1. 1970, WM **1970** 692f (§ 413 Abs. 1); v. 3. 3. 1972, NJW **1972** 866f = VersR **1972** 431 (§§ 412, 413 Abs. 2); v. 23. 6. 1978, VersR **1978** 946 (§§ 412, 413 Abs. 2); v. 4. 5. 1979, VersR **1979** 811 (§ 413 Abs. 2); v. 9. 11. 1979 VersR **1980** 181, 182 (§ 413 Abs. 1); v. 27. 11. 1981, VersR **1982** 339 (§ 413 Abs. 2); v. 4. 2. 1982, BGHZ **83** 87ff (§§ 412, 413); v. 10. 2. 1983, BGHZ **87** 4ff (§§ 412, 413); v. 10. 2. 1983, transpR **1983** 64f = VersR **1983** 551f (§ 412).
Aus der OLG-Rspr.: Düsseldorf DB **1977** 250 (§ 413 Abs. 1); VersR **1983** 274f (§ 413 Abs. 2); Frankfurt VersR **1976** 656 (§ 413 Abs. 2); OLGZ **1978** 208, 211 (§ 413 Abs. 2); Hamburg VersR **1970** 741 (§§ 412, 413 Abs. 2, jedoch abdingbar); VersR **1980** 1075f (§ 413 Abs. 1, 2); VersR **1980** 1123 (§§ 412, 413); VersR **1983** 187 (§ 413 Abs. 1); Köln transpR **1984** 35 = VersR **1983** 486f (§§ 413 Abs. 1, 2); Nürnberg transpR **1984** 177f (§ 412); Stuttgart VersR **1972** 532f (§ 412); VersR **1975** 729, 731 (§ 412); VersR **1982** 90f (§ 412); VersR **1983** 978, 979 (§ 413 Abs. 1).
Aus der LG-Rspr.: Bremen VersR **1979** 815 (§§ 412, 413 Abs. 2); München I VersR **1979** 1099 (§ 412); Stuttgart VersR **1980** 1117 (§ 413 Abs. 1).

Siehe ferner die gesamte Rspr. zu § 1 Abs. 5, Rdn. 22, die wie die Vorschrift selbst auf der Prämisse grundsätzlicher Verweisung der §§ 412, 413 auf die KVO beruht.

¹³ Rspr. liegt hierzu nicht vor; jedoch entsprechen die Rechtsgrundlagen im wesentlichen der KVO.

¹⁴ BGH v. 14. 6. 1982, BGHZ **84** 257, 259 (§ 413 Abs. 1); OLG Hamburg VersR **1979** 812 (§ 413 Abs. 1, deutsches Seefrachtrecht auf Beförderung zwischen Holland und England); VersR **1979** 814, 815 (§ 413 Abs. 1); VersR **1981** 527f (§ 413 Abs. 1); VersR **1982** 342 (§ 413 Abs. 1); LG Hamburg ETR **1980** 444, 448 (§ 413 Abs. 1).

¹⁵ BGH v. 12. 12. 1960, VersR **1961** 170f (§ 413 Abs. 1); OLG Hamburg MDR **1978** 408.

¹⁶ S. zur Verjährung OLG Karlsruhe VersR **1983** 1019 f.

¹⁷ OLG Hamburg VersR **1975** 660 f (unklar, ob nach § 412 oder auf Grund primären Frachtvertrags); OLG Düsseldorf VersR **1979** 774 (§ 413 Abs. 1); OLG Frankfurt NJW **1980** 2649f (§§ 412, 413); OLG Hamburg VersR **1980** 827f (§ 413 Abs. 1, 2); OLG Karlsruhe (Freiburg) transpR **1984** 235f (§ 413 Abs. 2). Offenlassend BGH vom 22. 4. 1982, BGHZ **84** 101, 105 (§§ 412, 413); OLG Frankfurt RIW **1982** 56 (für § 413).

¹⁸ OLG Frankfurt ZLW **1980** 77, 78 (§ 413 Abs. 1).

und II nach § 460)[19]. Diese Ausnahme hat sachlich keine Berechtigung.[20] Die vordergründige Feststellung, der Fixkostenspediteur sei kein Eisenbahnunternehmer[21], ist als Begründung ungeeignet. Immerhin ging Art. 423 ADHGB von der grundsätzlichen Anwendbarkeit des Landfrachtrechts aus und legte nur Sondernormen für die Eisenbahnbeförderung fest. Unbestreitbar ist z. B. der Fixkosten-Spediteur in vielen Fällen auch kein Luftfahrt- oder Schiffahrtsunternehmer und wird doch den für diese maßgeblichen Rechtsnormen unterworfen. Auch der Fixkosten-Spediteur, der selbst keine Konzession als Güterfernverkehrsunternehmer hat, unterliegt der KVO. Für die Rechtsstellung der Eisenbahn selbst ist die Ausnahme in der st. Rspr. belanglos. Ihre Rechtsbeziehungen bestehen ohnehin nur zum Spediteur und unterliegen in jedem Fall dem speziellen Eisenbahnrecht. Es wäre rechtstechnisch ohne weiteres möglich, die Beziehungen zwischen dem Spediteur und seinem Auftraggeber ebenso dem Eisenbahnrecht zu unterwerfen wie den Sonderfrachtrechten anderer Sparten.

Die Ausschaltung der Anwendbarkeit des Eisenbahnfrachtrechts als verwiesene Normordnung führt nach der Rspr. zur Anwendung von §§ 425 ff HGB[22], meist jedoch der ADSp[23].

Für nicht überwiegende Teilstreckenbeförderung mit der Eisenbahn soll nach dem Recht des überwiegenden Beförderungsabschnitts, also ggf. nach Straßenfrachtrecht gehaftet werden[24]. Auch im Falle einer überwiegenden Eisenbahnstrecke wandte jedoch der BGH im Rahmen der „Gesamtbetrachtung" auf die gesamte Strecke die KVO an, weil „LKW"-Beförderung vereinbart war[25].

hh) Verweisung auf dispositives Frachtrecht

14 §§ 412, 413 sind weitgehend bedeutungslos, soweit sie auf nicht zwingendes Frachtrecht weiterverweisen. Gleiches gilt für (primäre) Frachtverträge, die den ADSp unterstellt sind. In diesen Fällen wird das Frachtrecht durch die ADSp verdrängt. Offen zutage tritt dies im Güternahverkehr, weil dort keine zwingende Regelung besteht[26]. Das Gleiche gilt im Binnenschiffahrtsrecht (s. § 425³ Rdn. 5); ferner im Güterfernverkehr im Bereich der Ausnahmen des GüKG; s. Fn 27. Auch soweit die ADSp angewendet werden können, ist allerdings zu beachten, daß auf sie das AGBG anzuwenden ist.

Hierbei gelten für den Fixkosten- und Sammelladungsspediteur die für den betreffenden Frachtvertrag maßgeblichen Grundsätze der **Inhaltskontrolle**. Der Spediteur haftet also z. B. zwingend für anfängliche Ladungsuntüchtigkeit des verwendeten Binnenschiffs; s. vor § 1 ADSp Rdn. 46 Fn. 56.

---

[19] BGH v. 27. 5. 1957, VersR **1957** 503, 504; v. 29. 10. 1969, VersR **1970** 31 (ADSp für einen eindeutigen Fall internationaler Fixkostenspedition mit reiner Eisenbahnbeförderung); OLG Köln VersR **1974** 1076; OLG Hamburg VersR **1980** 277; OLG Karlsruhe transpR **1983** 146, 147; nicht mehr apodiktisch ablehnend jedoch BGH v. 13. 10. 1983, transpR **1984** 172, 173 = VersR **1984** 680f.

[20] Für die Rspr. *Jungfleisch* S. 113 f; *Schmidt* VersR **1975** 984; dagegen *Baumhöfener* VersR **1974** 589 = BB **1974** 395.

[21] BGH v. 27. 5. 1957, VersR **1957** 503, 504.

[22] BGH v. 27. 5. 1957, VersR **1957** 503, 504.

[23] BGH v. 29. 10. 1969, VersR **1970** 31; für Vorlauf OLG Köln VersR **1974** 1076 und OLG Hamburg VersR **1980** 277; für speditionelles Zwischenlager OLG Karlsruhe transpR **1983** 146, 147.

[24] BGH v. 3. 3. 1972, NJW **1972** 866 ff; OLG Düsseldorf VersR **1978** 1016; Haftung nach KVO für einen Transport mit Kraftfahrzeugen der Bundesbahn: OLG Düsseldorf DB **1977** 250; Anwendung von Seerecht auf Eisenbahnanschlußtransport in Bolivien: OLG Hamburg VersR **1982** 342 f.

[25] BGH v. 13. 10. 1983, transpR **1984** 172, 173 = VersR **1984** 680 f.

[26] S. § 425 Rdn. 14, unstr.: zuletzt BGH v. 5. 6. 1981 VersR **1981** 975, 976 u. v. 9. 5. 1985, VersR **1985** 881, 882; OLG Frankfurt VersR **1977** 735 f (Flughafenzubringerverkehr).

Wenn §§ 412, 413 grundsätzlich auf zwingendes Frachtrecht führen, kann dennoch im betreffenden Fall die ADSp-Regelung wirksam sein, soweit die verwiesene Frachtrechtsregelung Ausnahmen hinsichtlich ihrer Anwendbarkeit oder ihrer zwingenden Wirkung vorsieht. Der innerstaatliche Güterfernverkehr auf der Straße unterliegt z. B. nach der FreistellungsVO zum GüKG nicht immer zwingendem Recht[27]; zu § 1 Abs. 5 KVO s. Rdn. 21 ff u. BGH v. 9. 5. 1985, VersR **1985** 881 f. Im grenzüberschreitenden Straßengüterverkehr gestattet Art. 40 CMR Freizeichnungen im Verhältnis zwischen Frachtführer und Unterfrachtführer. Nach Auffassung des OLG Stuttgart soll dies auch für den Fixkostenspediteur als Hauptfrachtführer gelten; zweifelhaft s. Rdn. 41.

Versendet der Fixkostenspediteur Güter per Luftfracht, dann führt dies nach innerdeutschem Luftrecht ausnahmsweise nicht zu zwingender Haftung, wenn der Spediteur kein Luftfahrtunternehmen betreibt[28]. Dies gilt auch, wenn der Flug nach einem Land geht, das nicht Mitglied des WA ist[29]. Ist das WA auf den Vertrag des Fixkostenspediteurs mit dem Versender über § 413 Abs. 1 anzuwenden, dann kann die ADSp-Regelung dennoch wirksam sein, soweit das WA selbst keine Vorschriften enthält; s. zur Nachnahmeerhebung OLG Frankfurt RIW **1982** 56 f.

Auch die Verweisung auf Seerecht führt keineswegs immer zur Anwendung zwingenden Rechts. Wird kein Konnossement ausgestellt, dann ist nach § 663 Abs. 2 Nr. 2 HGB eine Abdingung durch die Vereinbarung der ADSp möglich[30]. Auch wenn zwingendes Recht Anwendung findet, ist dies wegen der niedrigen Haftungsgrenze in § 660 HGB für den Spediteur mitunter eher günstiger als die Anwendung der ADSp. Im Verhältnis zum Speditionsrecht kann das Binnenschiffahrtsrecht für den Spediteur günstiger sein, wenn die dort üblichen Konnossements- oder Übernahmebedingungen vereinbart sind, insbesondere wegen der kürzeren Verjährung. Daher kann der Spediteur daran interessiert sein, hier nicht nach Speditionsrecht, sondern nach Binnenschiffahrtsrecht behandelt zu werden; Beispielsfall OLG Karlsruhe VersR **1973** 1019 f. In einem Fall der Fixkostenspedition (Containerversand nach Saudi-Arabien) hat das OLG Hamburg transpR **1984** 161 f = VersR **1983** 484 die Haftung des Spediteurs gegenüber dem Versender für mangelhaft erstellte Packlisten nach § 427 HGB und den ADSp beurteilt; zweifelhaft wegen der Anwendung von Landfrachtrecht auf diesen Fall; s. ferner Rdn. 4, 51.

ii) Multimodaler (kombinierter) Transport

Beim multimodalen Transport ist problematisch, auf welche Bestimmungen §§ 412, 413 verweisen. International herrschend ist das sog. network-System. Danach unterliegen die einzelnen Teilbeförderungsstrecken jeweils der rechtlichen Sonderordnung, die für sie gilt. Der Gesamtvorgang des multimodalen Transports unterliegt daher einem zusammengestückelten System aus einzelnen Sondervorschriften; s. § 425³ Rdn. 17 ff. In der Rspr. entwickelt sich allerdings aus der Schwerpunktlehre eine Herrschaft des Rechts des überwiegenden Beförderungsabschnitts; s. Rdn. 51. In einem Fall wendet das OLG Hamburg VersR **1983** 494 auf einen multimodalen Containertransport (See-Land) § 427 HGB an. Siehe zu diesem Problemkreis eingehender *Helm* transpR **1981** 45 ff.

---

[27] S. § 1 KVO³ Rdn. 6 und § 4 GüKG Anh. I nach § 452; Anwendungsfall: BGH v. 30. 6. 1978, VersR **1978** 935 f.

[28] § 49 Abs. 1 S. 1 LuftVG Anh. VII/1 nach § 452; OLG Frankfurt ZLW **1980** 77, 78.

[29] S. Anh. VII/2 nach § 452 Vorbem. 3 sowie OLG Frankfurt aaO.

[30] OLG Hamburg transpR **1984** 158, 160; zur Frage, ob die für die zwingende Geltung des Seerechts erforderliche Konnossementsausstellung auch bei Ausstellung eines Spediteur-Konnossements oder Durchkonnossements vorliegt Anh. IV nach § 415 Rdn. 14.

3. Weitgehend einheitliche Behandlung dieser Fallgruppen durch die Rspr.

16 Nach der gesetzlichen Rechtslage findet Frachtrecht in vollem Umfang nur im Falle der primären Qualifikation als Frachtvertrag Anwendung. In den Fällen der Fixkosten- und Sammelladungs-Spedition ist zwar ausschließlich Frachtrecht anzuwenden. Nach der ratio legis der Bestimmungen ist jedoch davon auszugehen, daß sich diese Anordnung auf das Verhältnis zwischen Versender und Spediteur beschränkt. Im Verhältnis zum eingesetzten selbständigen Frachtführer ist der Spediteur nach der gesetzlichen Regelung nicht ohne weiteres Hauptfrachtführer, s. Rdn. 41. Nach § 412 besteht die Möglichkeit, daß einzelne speditionelle Pflichten des Spediteurs weiterhin unter der Herrschaft des (dispositiven) Speditionsrechts verbleiben, während hinsichtlich der eigentlichen Beförderungsleistung Frachtrecht anzuwenden ist.

Abweichend von dieser gesetzlichen Ausgangslage wird jedoch in der Rechtspraxis der Abgrenzungsvorgang zunehmend einheitlich gehandhabt. Die durch die Differenzierung des Gesetzes bestehende unterschiedliche Rechtslage ist für verschiedene Bereiche zu kompliziert und letztlich nicht mehr zu handhaben. Schon die Feststellung, ob überhaupt ein Speditions- oder Frachtvertrag vorliegt, kann häufig nur mehr oder weniger willkürlich getroffen werden. Auch zwischen Selbsteintritt, Sammelladungs- und Fixkostenspedition kann vielfach kaum unterschieden werden, da die Voraussetzungen aller drei Verweisungsvorschriften gleichzeitig vorliegen können, hinsichtlich der Beweismöglichkeiten aber erhebliche praktische Unterschiede bestehen. Insgesamt besteht auch die ganz allgemeine Tendenz, das dispositive Speditionsrecht mit seinen weitreichenden Haftungsbeschränkungen durch möglichst einheitliches zwingendes Frachtrecht zu ersetzen; s. Rdn. 28 ff, 43 ff[31].

a) Mehrfachbegründungen für die Anwendung von Frachtrecht

17 Die Anwendung von Frachtrecht auf Verträge von Spediteuren wird in der Urteilspraxis häufig alternativ begründet: Die logisch vorrangige Frage, ob überhaupt ein Speditions- oder Frachtvertrag vorliegt, wird in vielen Urteilen völlig offengelassen, weil, falls ein Speditionsvertrag vorläge, ohnehin nach §§ 412, 413 Frachtrecht anzuwenden sei[32]. In anderen Urteilen wird primär das Vorliegen eines Frachtvertrags bejaht, hilfsweise aber die Entscheidung über §§ 412, 413 begründet[33].

b) Einheitliche Begründungsformeln für die Anwendung von Frachtrecht

18 Auch materiell werden in der neueren Rspr. die unterschiedlichen Fälle der Anwendung von Frachtrecht weitgehend als eine Einheit behandelt. In der Mehrzahl der Fälle führen die Verweisungen auf das Frachtrecht ebenso wie die primäre Qualifikation eines Vertrags als Frachtvertrag ohnehin zu den gleichen Ergebnissen. Für die Bestimmung des anzuwendenden Frachtrechts wie für die Begründung der Unabdingbarkeit der Verweisung werden gleiche Regeln verwendet. So wird z. B. in Urteilen, die auf

---

[31] Zur Gesamtentwicklung der Abgrenzungsfrage s. insbesondere: *Bartels* VersR **1980** 611ff; *Bischof* VersR **1979** 691ff; *de la Motte* Der Spediteur **1981** 1ff; *Merz* VersR **1982** 213ff; *Roesch* VersR **1979** 890ff; *Runge* transpR **1982** 34ff; *Sieg* VersR **1965** 297ff.

[32] BGH v. 23. 1. 1970, WM **1970** 692f; v. 3. 3. 1972, NJW **1972** 866f; v. 13. 7. 1979, VersR **1979** 1154; v. 27. 1. 1982, NJW **1982** 1944, 1945 = transpR **1982** 105 = VersR **1982** 669; OLG Düsseldorf VersR **1978** 1016; VersR **1082** 89; transpR **1985** 173, 174 = VersR **1982** 1076 u. transpR **1985** 128; OLG Nürnberg transpR **1984** 177f; OLG Hamburg VersR **1981** 527; OLG Hamburg v. 13. 11. 1980, 6 U 110/80 (unveröff.); VersR **1984** 263 u. transpR **1985** 18.

[33] BGH v. 25. 10. 1962, BGHZ **38** 150 f; v. 23. 6. 1978 VersR **1978** 946; österr. OGH v. 20. 1. 1982, transpR **1985** 133f u. v. 25. 4. 1984, transpR **1985** 265.

§ 413 Abs. 1 oder 2 gestützt sind, auf die Rspr. zu § 412 verwiesen[34] und umgekehrt[35], jedoch auch auf solche Urteile, die in der Hauptbegründung auf die primäre Qualifikation als Frachtvertrag gestützt sind[36]. Eine exakte Trennung der Fälle ist schon deshalb nicht möglich, weil die häufige Hilfsbegründung (s. Fn. 32, 33) keine wirklich genaue Unterscheidung zwischen den einzelnen Fallgruppen ermöglicht. Zur Frage der Anwendung von Speditionsrecht neben Frachtrecht s. Rdn. 123. Seitdem im Bereich der KVO § 412 erhöhte Bedeutung gewonnen hat (s. Rdn. 25), ist auch diese Vorschrift verstärkt in die Begründungsübernahmen einbezogen; s. Rdn. 21 ff. Unterscheidungen hinsichtlich der Rechtsfolgen des echten Selbsteintritts einerseits und der Fixkosten- oder Sammelladungsspedition andererseits hat die BGH-Rspr. ausdrücklich abgelehnt; s. Rdn. 5 Fn. 5. Der Neuregelung des § 1 Abs. 5 KVO hat sie sich nur widerstrebend gefügt, s. Rdn. 22. Am deutlichsten wird die einheitliche Behandlung der Abgrenzungsfrage in der umfangreichen Rspr. zur Begründung der Anwendung eines bestimmten einheitlichen Frachtrechts auf zusammengesetzte Transporte; s. Rdn. 43 ff. Zu neueren Urteilen wird zumeist die Rspr. zu §§ 412, 413 pauschal zitiert[37].

c) Einbeziehung fast aller Beförderungsarten in die einheitliche Behandlung

Nach der gesetzlichen Formulierung führt § 412 Abs. 2 nur zur Anwendung von **19** Landfrachtrecht, Binnenschiffahrtsrecht oder Seerecht. § 413 verweist nicht einmal auf das Seerecht. Der Gesetzestext von § 413 Abs. 1 und 2 weist dem Spediteur nur die Rechte und Pflichten eines „Frachtführers", nach der Terminologie des HGB also nicht eines Verfrachters (Seerecht) oder einer Eisenbahn, aber auch nicht eines (damals noch unbekannten) Luftfrachtführers zu. Anwendbar wäre daher an sich nur Landfrachtrecht und Binnenschiffahrtsrecht. § 412 Abs. 2 nimmt das Seerecht in die Verweisung auf, nicht aber Eisenbahnrecht und Luftfrachtrecht. In der Rspr. ist jedoch die Verweisungswirkung beider Vorschriften verallgemeinert worden, so daß jetzt auch Seerecht und Luftrecht sowie die Spezialordnungen des Landfrachtrechts auf den Spediteur in allen Fällen des Selbsteintritts, der Fixkosten- und Sammelladungsspedition anzuwenden sind; s. Rdn. 7 ff, 94, 121, 140. Auf dem Weg über die Schwerpunktlehre („Gesamtbetrachtung") wird von dieser Vereinheitlichungstendenz nunmehr auch der multimodale Transport erreicht, s. Rdn. 51.

d) Rechtspolitische Vertretbarkeit der einheitlichen Behandlung der Abgrenzungsfrage

So zweifelhaft diese Entwicklung vom Ausgangspunkt der Gesetzesanwendung sein **20** mag: maßgeblich sind letztlich doch Sachzwänge. Denn die (großenteils international begründete) Zerrissenheit der transportrechtlichen Regelungen (s. § 425³ Rdn. 1 ff) entspricht nicht mehr den miteinander aufs engste wirtschaftlich und technisch verwobenen Transportvorgängen. Diese Entwicklung ist gekennzeichnet durch das Vordringen von „Paket"-Leistungen im Transportgewerbe: Containerbeförderung, Dominanz der Fixkostenberechnung des Spediteurs; Haus-zu-Haus-Versicherung und -dokumentation, Werbung mit Haus-zu-Haus-Problemlösungen als Vertragsinhalten. In der Tendenz zur möglichst einheitlichen Anwendung eines definierten Frachtrechts auf vom

---

[34] Z. B. BGH v. 3. 3. 1972, NJW **1972** 866 (mit der Begründung, die Sammelversendung sei eine Form des Selbsteintritts).
[35] BGH v. 23. 6. 1978, VersR **1978** 946 (in der Hilfsbegründung); v. 27. 1. 1982, NJW **1982** 1944, 1945; OLG Düsseldorf VersR **1978** 926, 927.
[36] Z. B. BGH v. 4. 5. 1979, VersR **1979** 445, 446.
[37] Z. B. BGH v. 4. 2. 1982, BGHZ **83** 87, 91; v. 10. 2. 1982, BGHZ **83** 96, 99; v. 10. 2. 1983, BGHZ **87** 4 ff; v. 6. 10. 1983, VersR **1983** 34, 35; v 16. 2. 1984, transpR **1984** 121 = VersR **1984** 379.

Spediteur organisierte Gesamt-Transportkomplexe äußert sich das Bedürfnis, besser überschaubare Rechtsverhältnisse zu schaffen und damit dem Verlader bzw. dessen Transportversicherer eine verläßlichere und transparentere Basis für die Risikoabsicherung und die Kalkulation von Preis und Prämie zu verschaffen. In diesem Zusammenhang ist es sicherlich sinnvoll, in den Standardfällen, in denen der Spediteur einziger Vertragspartner des Verladers ist, ihn unabhängig von der juristischen Ausgestaltung des Einzelvertrags auch rechtlich als voll verantwortlichen Partner zu behandeln, dessen Freizeichnungsmöglichkeiten zunehmend eingeschränkt werden. Hierdurch wird die rechtliche Wertung den vorauseilenden wirtschaftlichen Realitäten angepaßt. Dazu ist derzeit nur die Rspr. in der Lage. Dies wird durch das Scheitern der Verhandlung zur Reform der §§ 412, 413 deutlich gemacht, die 1982 unter der Federführung des DIHT geführt wurden; s. Rdn. 1 Fn. 1. Problematisch bleibt jedoch vor allem das Prinzip der „Gesamtbetrachtung" s. Rdn. 43 ff. Der angestrebte Vereinheitlichungs- und Vereinfachungseffekt wird im übrigen durch zahlreiche neue Probleme weitgehend in Frage gestellt; s. Rdn. 5 f.

4. Sonderregelung: §§ 1 Abs. 5 KVO u. 26 GüKG n. F.
a) Allgemeines

21 Im Zusammenhang mit der Revision des Speditionsrechts (vor § 1 ADSp Rdn. 2, Anh. I nach § 415) und des SVS/RVS (§ 1 SVS/RVS Rdn. 3, Anh. II nach § 415) wurde in § 1 KVO ein neuer Absatz 5 mit folgendem Wortlaut eingefügt: „Hat ein Spediteur nach den §§ 412, 413 HGB Rechte und Pflichten eines Frachtführers, so gelten die Vorschriften dieser Verordnung über die Haftung aus dem Beförderungsvertrag nur, soweit wie der Spediteur das Gut mit eigenen Kraftfahrzeugen im Güterfernverkehr (§ 12 GüKG) befördert." Diese Bestimmung trat am 1. 10. 1978 in Kraft. Mit Wirkung vom 9. 7. 1979 wurde ferner § 26 GüKG geändert und bestimmt nunmehr folgendes: „Soweit Beförderungsbedingungen (§ 20) anzuwenden sind, kann der Unternehmer die ihm nach den gesetzlichen Vorschriften oder den Beförderungsbedingungen obliegende Haftung durch Vertrag weder ausschließen noch beschränken." Die Änderungen hatten das erklärte Ziel, den ADSp im Bereich der Fixkosten- und Sammelladungsspedition im Güterfernverkehr wieder zur Wirkung zu verhelfen. Dazu wurde nicht der Weg einer allgemeinen Änderung der §§ 412, 413 HGB gewählt (Änderung der verweisenden Norm), sondern der einer Selbsteinschränkung der KVO (Änderung der Anwendungsvoraussetzungen der verwiesenen Norm in § 1 Abs. 5 KVO). Die zusätzliche Änderung von § 26 GüKG war erforderlich, weil nach der bis dahin geltenden Fassung § 425 ff HGB über §§ 412, 413 HGB zwingend galten; s. unten Rdn. 23. Die Änderungen waren Gegenstand eines Gesamtkonzepts. Die unterschiedlichen Zeitpunkte ihres Inkrafttretens schufen aber eine Übergangszeit zwischen dem 1. 10. 1978 und dem 9. 7. 1979 mit einer abweichenden Rechtslage; s. Rdn. 23.

b) Gültigkeit von § 1 Abs. 5 KVO

22 Nach Inkrafttreten von § 1 Abs. 5 KVO war zunächst streitig, ob die neue Bestimmung rechtswirksam sei. Die Rspr. der Oberlandesgerichte Hamburg und München sprach sich, in Übereinstimmung mit einem Teil der Literatur, dagegen aus[38] oder ließ

---

[38] OLG Hamburg VersR **1980** 1123; OLG München v. 17. 12. 1980, 7 U 2771/80 (unveröff.); *Heuer* VersR **1980** 63; neuerlich wieder *Pöttinger* VersR **1984** 502 ff.

die Frage offen[39]. Andere Oberlandesgerichte behandelten die Vorschrift als wirksam[40]. Der BGH hat mittlerweile in st. Rspr. die Rechtswirksamkeit von § 1 Abs. 5 KVO bestätigt[41]. Der Dreierausschuß des BVerfG hat eine Verfassungsbeschwerde gegen die Anwendung von § 1 Abs. 5 nicht angenommen[42]. Auf diese Linie sind inzwischen auch alle Oberlandesgerichte und Landgerichte eingeschwenkt[43].

Die **Gründe gegen die Wirksamkeit** von § 1 Abs. 5 KVO **konnten** von Anfang an **nicht überzeugen**. Die Vorschrift will[44] nicht das GüKG ändern, sondern sie grenzt, in Übereinstimmung mit der Ermächtigungsnorm des § 20a Abs. 5 GüKG lediglich den Anwendungsbereich der Beförderungsbedingungen (KVO) ein; zutreffend BGH vom 4. 2. 1982 aaO. Auch der Versuch von *Pöttinger* VersR **1984** 502 ff, die Neuregelungen in § 1 Abs. 5 KVO als verfassungswidrig darzustellen, kann nicht überzeugen: Die selbständige Ermächtigungsnorm für den Erlaß von Beförderungsbedingungen in § 20a Abs. 5 GüKG untersteht nicht der Bindung an Erfordernisse des „allgemeinen Wohls", da sich diese Einschränkung nach § 20a Abs. 4 und 6 S. 2 GüKG nur auf § 20a Abs. 1, also auf die eigentlichen Tarife im engeren Sinne bezieht („alle *anderen* ... Beförderungsbedingungen"). Im übrigen ist die zusätzliche Haftung des Spediteurs neben der (durch Abtretung des Spediteurs zu begründenden) haftpflichtversicherten Haftung des KVO-Unternehmers kein Erfordernis des allgemeinen Wohls. *Pöttinger* verkennt in seiner historischen Herleitung ferner, daß § 413 in seiner vom Liberalismus geprägten Entstehungszeit von Anfang an dispositiv gedacht war und auch nur auf seinerseits dispositives Recht verwies, so daß die Nichtanwendung der KVO auf das Rechtsverhältnis zwischen Spediteur und Versender nicht gegen den Willen des ursprünglichen Gesetzgebers verstößt. Ein Verstoß gegen § 20 Abs. 2 GüKG liegt entgegen OLG Hamburg und München gleichfalls nicht vor. Diese Bestimmung hat nicht den Zweck, die KVO auf jeden Spediteur anwendbar zu machen, der Güterfernverträge für andere abschließt; s. § 20 GüKG³ Rdn. 2 Anh. I nach § 452. Sie hat unstreitig noch nie zur Anwendung der KVO auf das Verhältnis zwischen dem reinen Provisions-Spediteur und seinem Versender geführt, sieht aber auch keine Differenzierung zwischen reiner Spediteurtätigkeit und den §§ 412, 413 vor. Aus ihr ist daher keine Sonderbehandlung des Fixkosten- und Sammelladungsspediteurs abzuleiten.

§ 1 Abs. 5 verstößt weiterhin nicht gegen § 20 Abs. 1 KVO; vgl. BGH v. 4. 2. 1982 BGHZ **83** 87, 93 f. Ein Abschluß zwischen nicht selbst ausführendem Spediteur und Versender zu anderen Bedingungen als der KVO erfüllt auch nicht die Voraussetzungen

---

[39] OLG Nürnberg v. 29. 10. 1980, 6 U 1224/80 (unveröff.); OLG Saarbrücken transpR **1984** 148, 150.

[40] OLG München VersR **1979** 713 f; OLG Frankfurt v. 17. 9. 1980, DVZ v. 21. 10. 1980, S. 1 f; OLG Stuttgart VersR **1982** 90, 91 f; LG Frankfurt VersR **1982** 139, ebenso *Sieg* VersR **1979** 1213 f.

[41] U. v. 4. 2. 1982, BGHZ **83** 86 ff (Grundsatzurteil betr. Zeit vor Inkrafttreten von § 26 GüKG n. F.); v. 10. 2. 1983 BGHZ **87** 4 ff = transpR **1983** 63 f = VersR **1983** 482 f (Grundsatzurteil nach Inkrafttreten von § 26 GüKG n. F.); v. 10. 2. 1983, transpR **1983** 64, 66 = VersR **1983** 551, 552; v. 6. 10. 1983, VersR **1984** 34 f; v. 13. 10. 1983, transpR **1984** 172 f = VersR **1984** 680 f; v. 16. 2. 1984, VersR **1984** 378, 379; v. 17. 5. 1984, VersR **1984** 844, 845; v. 15. 11. 1984, transpR **1985** 47 = VersR **1985** 157 f; zust. *Temme* VersR **1984** 815; v. 1. 5. 1985, transpR **1985** 327 f; v. 13. 6. 1985, transpR **1985** 329; v. 13. 6. 1985, transpR **1985** 331 f; v. 11. 7. 1985, transR **1985** 333 f.

[42] Beschl. v. 25. 11. 1983 transpR **1984** 120; dazu *Helm* transpR **1984** 265 ff unter Zusammenfassung der für den Beschluß sprechenden Gründe. Das eingehend begründete Urteil des LG Frankfurt, gegen das sich die Verfassungsbeschwerde richtete, ist in transpR **1984** 270 f abgedruckt.

[43] OLG Frankfurt v. 2. 11. 1982, DVZ v. 27. 1. 1983; ferner transpR **1984** 205 = VersR **1983** 1055 f; OLG Hamburg VersR **1984** 156 und transpR **1984** 178, 179 = VersR **1984** 57; KG transpR **1983** 22 f = VersR **1983** 334; OLG Karlsruhe VersR **1983** 485 und transpR **1983** 146, 147; OLG Köln VersR **1983** 486; OLG Koblenz VersR **1983** 1073, 1074; OLG München transpR **1984** 174, 175; LG Karlsruhe VersR **1983** 295.

[44] Entgegen *Heuer* VersR **1980** 63; OLG Hamburg VersR **1980** 1123; OLG München v. 17. 12. 1980, 7 U 2771/80 (unveröff.)

der tarifwidrigen Vergünstigung nach § 22 Abs. 2 GüKG, da der eigentliche Güterfernverkehr auf der Straße (aufgrund des Vertrages zwischen Spediteur und KVO-Unternehmer) zu KVO-Bedingungen stattfindet. Anders ist dies nur bei Selbstausführung durch den Spediteur.

Aus dem gleichen Grunde liegt entgegen *Heuer* VersR **1980** 63 und *Pöttinger* VersR **1984** 510 auch kein Verstoß gegen den Gleichbehandlungsgrundsatz vor. Denn im Falle der Fremdausführung des Gütertransportes ist der Spediteur interessemäßig nicht mit dem Güterfernverkehrsunternehmer gleichzusetzen, der die Beförderungsleistung vertraglich übernimmt; zutreffend BGH aaO S. 94 entgegen *Heuer* und OLG München. Entgegen *Pöttinger* aaO S. 510 bedurfte es, da § 1 Abs. 5 schon vor Änderung von § 26 GüKG gültig war (BGH aaO), auch keiner nachträglichen stillschweigenden Sanktion der Vorschrift. Vielmehr hatte § 26 GüKG nur den Zweck, die unerwünschte Verweisung auf § 425 HGB zu unterbinden; s. eingehender *Helm* transpR **1984** 266.

c) Wirksamkeit der Änderung von § 26 GüKG; Rechtslage vor deren Inkrafttreten

23 Die Wirksamkeit von § 26 GüKG n. F. wurde bisher nicht angezweifelt und ist inzwischen durch den BGH bestätigt worden[45]. Nach Inkrafttreten der Neufassung am 9. 7. 1979 ist somit die Haftungsregelung der ADSp für den unechten Selbsteintritt, die Sammelladungs- und Fixkostenspedition wieder voll wirksam. Vor Inkrafttreten der Neufassung von § 26 GüKG (zwischen dem 1. 10. 1978 und dem 9. 7. 1979) führte § 1 Abs. 5 KVO im Zusammenhang mit § 26 GüKG a. F. dazu, daß die Haftungsbestimmungen des Landfrachtrechts des HGB (§ 425 ff HGB) im Falle des Selbsteintritts, der Fixkosten- und Sammelladungsspedition zwingend auf den Spediteur anzuwenden waren[46]. Die Rechtslage ähnelte damit der bis 1969 im Güternahverkehr gegebenen[47].

d) Keine Auswirkungen von § 1 Abs. 5 KVO auf die CMR-Spedition

24 Da § 1 Abs. 5 KVO ausschließlich die Anwendungsvoraussetzungen der KVO betrifft (s. Rdn. 22) kann die neue Vorschrift keine Auswirkungen auf andere Bereiche des Frachtrechts haben. Für die CMR wurde vereinzelt eine analoge Anwendung der KVO-Neuregelung angenommen[48]. Die überwiegende Rspr.[49] hat dies jedoch mit Recht

---

[45] V. 10. 2. 1983, BGHZ **87** 4 ff = transpR **1983** 63 = VersR **1983** 482; v. 6. 10. 1983, VersR **1984** 34, 35; v. 16. 2. 1984, VersR **1984** 378, 379; v. 17. 5. 1984, VersR **1984** 844, 845; OLG Stuttgart VersR **1982** 90, 91 f; OLG Frankfurt DVZ v. 27. 1. 1983, S. 7 u. VersR **1983** 1055 f; OLG Koblenz VersR **1983** 1073, 1074.

[46] BGH v. 4. 2. 1982 BGHZ **83** 87, 94; OLG Nürnberg v. 29. 10. 1980, 6 U 1224/80 (unveröff.); OLG Düsseldorf VersR **1982** 1076, 1077. Demgegenüber für Vorausnahme der Wirkung von § 26 GüKG n. F. OLG Frankfurt v. 17. 9. 1980, DVZ v. 21. 10. 1980, S. 1 f.

[47] S. 3. Aufl., § 85 GüKG und § 26 GüKG Anm. 3, Anh. I nach § 452; BGH-Urteile v. 8. 11. 1967, BGHZ **49** 218 ff und 221 ff.

[48] OLG München VersR **1979** 713 f; LG Offenburg v. 20. 4. 1979 (unveröff.); LG Köln v. 3. 12. 1979 (unveröff.); LG Bonn v. 20. 12. 1979 (unveröff.); LG Duisburg v. 18. 4. 1980, DVZ v. 10. 6. 1980, S. 9; *Mälzig* VersR **1979** 714; *Kirchner* DVZ v. 9. 6. 1979, S. 7; *Knorre* VersR **1980** 125; Aufgabe dieser Meinung VersR **1980** 1006; jedoch für Auslegung von §§ 412, 413 in Anlehnung an § 1 Abs. 5: VersR **1985** 222 f; rechtspolitisch für Auswirkung von § 1 Abs. 5 KVO auf die CMR-Spedition auch *Sieg* DB **1979** 1213 f. *Lengtat* VersR **1985** 210, 212 folgert aus dem Charakter der CMR als internationalem Einheitsrecht, daß ihr Anwendungsbereich nicht durch nationales Recht erweitert werden darf. Dies stimmt mit der langjährigen internationalen Anwendungspraxis internationaler Übereinkommen, z. B. im See- und Luftrecht nicht überein.

[49] Noch offenlassend in einem Fall vor Inkrafttreten von § 1 KVO: BGH v. 10. 2. 1982, BGHZ **83** 96, 100. Gegen Anwendung des § 1 Abs. 5 auf die CMR-Spedition jedoch die Oberlandesgerichte Celle v. 30. 1. 1980, 3 U 209/79 (unveröff.); Düsseldorf transpR **1984** 130, 131 u. transpR **1985** 128; Hamburg VersR **1980** 290 f u. v. 13. 11. 1980, 6 U 110/80 (unveröff.); Karlsruhe VersR **1980** 877; München VersR **1981** 562; Nürnberg VersR **1982** 377; LG Osnabrück VersR **1980** 1177; *Bartels* VersR **1980** 612; *Bischof* VersR **1979** 695; *Herber* VersR **1981** 995; *Heuer* VersR **1980** 63; *Merz* VersR **1982** 217.

abgelehnt. Zu einer derartigen, über die KVO hinausgehenden Beseitigung der bisherigen Rspr. hätte es einer Änderung der §§ 412, 413 HGB bedurft, um der CMR über ihren international festgelegten Anwendungsbereich (Art. 1 CMR) erweiterte Geltung zu verschaffen. Der KVO-Verordnungsgeber war dazu nicht befugt. § 26 GüKG n. F. trägt zur Lösung der CMR-Anwendungsfrage nichts bei, da sich die zwingende Wirkung der CMR nicht aus dem GüKG, sondern aus der Kombination der §§ 412, 413 mit Art. 41 CMR ergibt.

Mit Recht schließt allerdings das LG Köln[50] in einem Fall der Fixkostenspedition die Heranziehung der KVO zur Ergänzung der CMR aus, soweit die Anwendungsvoraussetzungen der KVO nach § 1 Abs. 5 nicht vorliegen. Eine in Deutschland nicht gültige Rechtsverordnung kann jedenfalls nicht zur nationalen Ergänzung eines internationalen Übereinkommens herangezogen werden. Siehe hierüber hinausgehend zur Ablehnung der ergänzenden Anwendung der KVO Art. 1 CMR[3] Rdn. 5 Anh. III nach § 452; ferner zu § 32 ADSp dort Rdn. 13 Anh. I nach § 415.

e) Inhaltliche Einschränkungen in § 1 Abs. 5 KVO
aa) Primärer Frachtvertrag; echter Selbsteintritt

§ 1 Abs. 5 bezieht sich nicht auf solche Verträge, die bereits primär als Frachtverträge zu qualifizieren sind. Dies ist der ausdrücklichen Bezugnahme auf §§ 412, 413 HGB eindeutig zu entnehmen. Spediteure können also weiterhin nach KVO haften, wenn durch Auslegung festgestellt wird, daß sie dem Versender gegenüber die Beförderungspflicht im Güterfernverkehr übernommen haben. Gleiches gilt „soweit wie der Spediteur das Gut mit eigenen Kraftfahrzeugen im Güterfernverkehr (§ 12 GüKG) befördert". Damit ist der echte Selbsteintritt des Spediteurs im Sinne von § 412 HGB insoweit dem primären Frachtvertrag gleichgestellt[51]. Ausführung mit eigenen Kraftfahrzeugen liegt nicht vor, wenn der Spediteur die Güterfernbeförderung mit Fahrzeugen von einer weitgehend personenidentischen, rechtlich aber selbständigen Gesellschaft ausführen läßt. Auch eine Umgehung nach § 5 GüKG ist in diesem Fall nicht gegeben[52].

25

bb) Abgrenzung des zwingenden Haftungszeitraums

Die Formulierung „soweit wie" in § 1 Abs. 5 KVO muß dahin ausgelegt werden, daß die zwingende KVO-Haftung sich nur auf den vom Spediteur selbst ausgeführten Güterferntransport bezieht. Damit wird es erforderlich, abzugrenzen, **welche Teile eines Gesamtbeförderungsvorgangs** noch **unter die zwingende Haftung fallen,** welche dagegen der Freizeichnung durch die ADSp offenstehen[53].

26

Hierzu ist zunächst auf den Klammertext „(§ 12 GüKG)" hinzuweisen. Das OLG Nürnberg[54] entnimmt dieser Formulierung die Bestätigung, daß der Normgeber den Begriff des Güterfernverkehrs nicht auf die reine Fahrzeit beschränken, sondern Lagerung und Ausrollen mit unter die zwingende KVO-Haftung nehmen wollte. In der Sache entsprechend, aber ohne Erwähnung der Verweisung auf § 12 GüKG erstreckt auch der BGH[55] die zwingende Haftung auf die **selbstausgeführte Nachlagerung im**

26a

---

[50] VersR **1980** 1055f mit zust. Anm. v. *Knorre* in Der Spediteur **1980** Nr. 5 S. 43f.
[51] S. Rdn. 5; als Anwendungsfall aus der Rspr. s. vor allem BGH v. 10. 2. 1983 transpR **1983** 64, 66 = VersR **1983** 551, 552 sowie die in Rdn. 26 erörterten Abgrenzungsfälle.
[52] BGH v. 10. 2. 1983 VersR **1983** 482, 483 (in BGHZ 87 4ff nicht abgedruckt); BGH v. 6. 10. 1983, VersR **1984** 34, 35.
[53] Dazu eingehend mit zahlreichen Fallbeispielen *Kirchhof* VersR **1983** 608–615.
[54] transpR **1984** 177, 178.
[55] V. 10. 2. 1983 transpR **1983** 64, 66 = VersR **1983** 551, 552; ebenso OLG Hamburg transpR **1984** 637, 638; dagegen *Bischof* VersR **1984** 420.

§§ 412, 413   Drittes Buch. Handelsgeschäfte

Sinne von § 33 d KVO. Das OLG Stuttgart[56] hatte in der Vorinstanz Schäden auf dem eigenen Lager des Spediteurs nicht unter den Haftungszeitraum gefaßt. Auch nach Auffassung des Oberlandesgerichts München[57] endet die zwingende Haftung bei Selbstausführung im Ferntransport mit der Ablieferung im Spedionslager des Spediteurs.

26 b Die **neueste BGH-Rspr. hat** jedoch nunmehr den Anwendungsbereich der KVO im Rahmen des **§ 1 Abs. 5 praktisch auf die reine Beförderung im Güterfernverkehr beschränkt.** Zwar wird die Möglichkeit der Anwendung von § 33 d KVO ausdrücklich offengelassen[58], jedoch werden die Regelfälle der Obhut des Spediteurs am Gut nach Beendigung der KVO-Beförderung nunmehr aus der KVO-Haftung ausgeschlossen. Für Entladen und Umladen nach Güterfernbeförderung haftet der selbsteintretende Spediteur nur nach ADSp bzw. der Speditionsversicherer nach SVS/RVS, wenn die Entladetätigkeit bei Fremdausführung der Güterbeförderung nicht Aufgabe des Frachtführers gewesen wäre[59]. Gleiches gilt für die Nachlagerung auf fremdem oder eigenem Lager des Spediteurs[60].

26 c **§ 33 d KVO** kann jedenfalls dann **nicht angewendet** werden, **wenn** der selbsteintretende **Spediteur keine Obhut am Gut mehr hat.** Konsequenterweise hat deshalb der BGH im Urt. v. 15. 11. 1984[61] bei Schadensentstehung während fremdausgeführter Nachlagerung und fremdausgeführten Nachlaufs keine KVO-Haftung des Spediteurs angenommen. Maßgeblich wird bei der Abgrenzung zum BGH-Urt. v. 10. 2. 1983 auf die Obhut des Spediteurs als Kriterium für die Haftungszeit nach der KVO abgestellt. Ähnlich hatte sich bereits das OLG Köln[61a] geäußert. Danach soll der Spediteur nicht nach KVO für Schäden im fremdausgeführten Nahverkehrs-Nachlauf nach einer selbstausgeführten Beförderung im Fernverkehr haften.

26 d Hatte der Spediteur auf einer Teilstrecke die Güter im Fernverkehr zwar selbst befördert, war der Schaden jedoch erst danach **im Zwischenlager eines anschließend eingesetzten Fernverkehrsunternehmers** entstanden, dann gilt die KVO nicht für das Verhältnis zwischen Versender und Spediteur[61b].

26 e Ist der Schaden bei **Vorlagerung** auf dem Lager des Spediteurs **vor Durchführung der Sammelversendung** entstanden, dann fällt er nicht unter die zwingende Haftung nach § 1 Abs. 5 KVO[62]. Das gleiche gilt für **Vorlagerung bei Fixkostenspedition** im Hinblick auf § 1 Abs. 5 KVO[62a].

26 f § 1 Abs. 5 KVO und die dazu ergangene neuere Rspr. wirft erhebliche **Beweisprobleme** auf. Nach dem derzeitigen Stand der BGH-Rspr. ist das Konzept der „Gesamtbetrachtung" (s. Rdn. 41 ff) im Bereich der KVO-Beförderung vollkommen beseitigt. Der Fixkosten- und Sammelladungsspeditionsvertrag unterliegt zwar bei Fremdausführung keinem zwingenden Recht mehr und kann daher einheitlich den ADSp unterstellt werden. Bei Selbstausführung der Güterfernbeförderung zerfällt er jedoch in Teile, die unterschiedlichen Regeln unterliegen. Der Fernbeförderungsabschnitt untersteht der

---

[56] VersR **1982** 90, 91.
[57] OLG München transpR **1984** 174, 175 m. w. Angaben; ebenso LG Münster transpR **1984** 180, 181 = VersR **1984** 981 (ausdrücklich gegen BGH v. 10. 2. 1983).
[58] BGH v. 15. 5. 1985, transpR **1985** 327, 328 = VersR **1985** 829 ff.
[59] BGH v. 13. 6. 1985, transpR **1985** 329 f (gegen OLG Köln transpR **1984** 35, 37 f; zu diesem Urteil *Kirchhof* VersR **1983** 614 f); BGH v. 13. 6. 1985, transpR **1985** 331, 332. Zur Entladepflicht s. § 17 KVO, Anh. II nach § 452³ Rdn. 13.
[60] BGH v. 15. 5. 1985, transpR **1985** 327, 328 = VersR **1985** 829 ff; v. 11. 7. 1985 transpR **1985** 333, 334; OLG Hamburg transpR **1984** 178, 179 = VersR **1984** 235.
[61] transpR **1985** 47 f = VersR **1985** 157 f; OLG Koblenz VersR **1984** 1073 f.
[61a] transpR **1984** 35, 37 f. Dagegen *Kirchhof* VersR **1983** 614 f.
[61b] OLG Hamburg transpR **1984** 153 = VersR **1984** 235 ebenso.
[62] BGH v. 9. 5. 1985, VersR **1985** 881 f; OLG Hamburg transpR **1984** 178, 179 = VersR **1984** 57.
[62a] S. dazu die Begründung des BGH-Urteils v. 9. 5. 1985, VersR **1985** 881 f

KVO; für Schäden aus diesem Abschnitt haftet der Spediteur dem Versender zwingend. Die übrigen, als speditionell bezeichneten Tätigkeiten der Abholung, Vorlagerung, Zwischenlagerung, Nachlagerung und Zuführung sind dagegen nicht zwingend geregelt und unterstehen praktisch der Herrschaft der ADSp. Diese Rechtslage, die dem Zustand vor 1962 entspricht, wirft das Problem des ungeklärten Schadensortes auf, wie es in vergleichbarer Weise im multimodalen (kombinierten) Transport (s. § 425³ Rdn. 17 ff) international bekannt ist. Führt der Spediteur auch die „speditionellen" Tätigkeiten selbst aus, dann trifft ihn beim Übergang von und zu der KVO-Beförderung eine Feststellungsobliegenheit. Bei Fremdausführung treffen ihn gegenüber dem beauftragten Unternehmer Rügepflichten und er muß sich bei Übernahme durch diesen zumindest die äußere Fehlerfreiheit bestätigen lassen. Auf dieser Grundlage kann dem Versender der Beweis des Schadensortes erleichtert werden.

Die Frage der Beweislast für Zeit und Ort der Schadensentstehung ist in der Rspr. der Oberlandesgerichte bisher nicht voll geklärt.

Zutreffend ist der Ausgangspunkt des OLG Hamburg[63], daß der Versender die Entstehung des Schadens in der Obhutszeit des § 29 und damit auch das Vorliegen der Voraussetzungen von § 1 Abs. 5 KVO im Schadenszeitpunkt beweisen muß.

Das OLG Koblenz[64] verlangt — im Ansatz grundsätzlich zutreffend — den Nachweis des Versenders, daß der Schaden beim Transport (also nicht im Speditionsnachlauf) entstanden sei; allerdings hatte der Spediteur die Unmöglichkeit früherer Schadensentstehung „dargelegt". Sachlich angemessener meint jedoch das OLG München[65], der Nachweis treffe unter Berücksichtigung seiner aus § 675, 666 BGB bestehenden Informationspflicht den Spediteur. Dieser müsse die ordnungsgemäße Ablieferung in seinem Speditionslager beweisen. Diese Lösung ist auch aus dem Gesichtspunkt des Beweisnotstands vorzuziehen.

Im Ergebnis dürfte es danach angemessen sein, dem Spediteur wegen seiner größeren Nähe zum Schaden den Beweis aufzubürden.

cc) Beschränkung von § 1 Abs. 5 KVO auf Haftungsregelungen

27 § 1 Abs. 5 erwähnt ausdrücklich nur die Haftungsvorschriften der KVO. Alle Bestimmungen der KVO, die nicht die Haftung des Unternehmers betreffen, können daher nach wie vor gemäß der Rspr. zu §§ 412, 413 HGB im Verhältnis zwischen Spediteur und Versender angewendet werden. Auch diese Bestimmungen der KVO können nach § 22 GüKG zwingend sein; vgl. dazu dort Rdn. 1 ff und 9, Anh. I nach § 452. Die Verjährung von Ansprüchen des Versenders gegen den Spediteur richtet sich daher weiterhin, entsprechend der bisherigen Rspr. zu §§ 412, 413, nach § 40 Abs. 1 KVO, nicht dagegen nach § 196 Abs. 1 Nr. 1 BGB.[66]

II. Praktische Bedeutung der Abgrenzung

1. Anwendung zwingenden Frachtrechts statt dispositiven Speditionsrechts; Verdrängung der ADSp

28 Die Rspr. des BGH und der Oberlandesgerichte führt insgesamt (mit Ausnahme der von § 1 Abs. 5 KVO erfaßten Fälle; s. Rdn. 21 ff) zur Einengung der Vertragsfreiheit des Speditionsgewerbes. Insbesondere wird hierdurch die für die Spediteure günstige ADSp-Regelung durch zwingende frachtrechtliche Haftungsnormen ersetzt. Praktisch

---

[63] transpR **1984** 178, 179 = VersR **1984** 57.
[64] VersR **1983** 1073, 1074.
[65] transpR **1984** 174, 176; i. E. ebenso LG Münster transpR **1984** 180, 181 f.
[66] OLG Düsseldorf VersR **1983** 274 f.

geht es daher in fast allen Rechtsstreitigkeiten um die Frage, ob die ADSp wirksam oder durch zwingendes Frachtrecht verdrängt sind; zur Bedeutung von §§ 412, 413 in Fällen der Verweisung auf dispositives Recht s. Rdn. 14.

2. Unterschiedliche Passivlegitimation und Versicherungsdeckung

29 Mit der Entscheidung, ob das System der ADSp und des SVS/RVS gilt, wird u. U. bereits darüber mit entschieden, wer der richtige Beklagte im Schadensfall ist. Ist der Auftrag in der Speditionsversicherung versichert und deckt der Speditionsversicherer den Schaden, so ist nach § 41 a ADSp regelmäßig der Spediteur von der Haftung frei; statt dessen erhält der Auftraggeber des Spediteurs unmittelbare Ansprüche gegen den Speditionsversicherer; s. §§ 407–409 Rdn. 48 ff, 147 ff mit weiteren Hinweisen. Sind dagegen die ADSp nicht wirksam vereinbart, weil zwingendes Frachtrecht dies ausschließt, dann kann der Versender den Spediteur selbst in Anspruch nehmen; dessen Haftung richtet sich nach zwingendem Frachtrecht. In beiden Fällen ist daneben bzw. statt dessen eine Inanspruchnahme des vom Spediteur beauftragten Beförderers aus abgetretenem Recht des Spediteurs möglich.

Im Ergebnis ist damit auch die Schadenstragung durch unterschiedliche Versicherer festgelegt. Bei Anwendung von Frachtrecht haftet der betreffende Haftpflichtversicherer des Spediteurs[67]. Bereits die Fragen, mit wem der Geschädigte bzw. Güterversicherer über die Schadensregulierung zu verhandeln, bei wem er den Schaden anzumelden hat und gegen wen er innerhalb welcher Zeit Klage erheben muß, sind daher von der Abgrenzung der Anwendungsbereiche von Speditions- und Frachtrecht abhängig; s. hierzu insbes. die Verjährungs- und Schadensanmeldungsfristen z. B. in §§ 64 ADSp, 10 SVS/RVS sowie in den entsprechenden frachtrechtlichen Normen (§ 439³ Rdn. 2; § 438³ Rdn. 2 f). Die weitgehende Unklarheit über die anzuwendenden Rechtsnormen und Bedingungen und die daraus entstehende Unsicherheit in der Verfolgung von Schadensfällen kann es geraten sein lassen, trotz der hohen Kostenlast mehrere Personen (Spediteur, Frachtführer, deren Personal, Speditionsversicherer) zugleich zu verklagen oder sich von ihnen Verjährungsverlängerungen geben zu lassen, eventuell auch den Streit zu verkünden.

3. Kollision von Einzelregelungen oder Regelungssystemen
a) Kollision von Regelungssystemen

30 Die Rspr. zeigt eine Tendenz, in den Fällen der Anwendung von Frachtrecht auf Verträge von Spediteuren mit ihren Versendern jeweils den gesamten Regelungskomplex der ADSp durch Frachtrecht zu verdrängen. Dieser Tendenz ist nicht zuzustimmen; s. eingehend *Papp* S. 67 ff. Die Verweisungen in §§ 412, 413 machen zwar den gesamten Komplex des jeweiligen Frachtrechts auf den Speditionsvertrag anwendbar[68]. Soweit die betreffenden Normen des Frachtrechts dispositiv sind, ist die Verdrängung der ADSp jedoch an sich rechtlich nicht zu begründen. Zwingende Bestimmungen im Bereich des Privatrechts, insbesondere des Handelsrechts, sind Ausnahmen, deren Vorliegen im Einzelfall sorgfältig zu prüfen ist. Daran läßt es die Rechtsprechung bisweilen fehlen.

---

[67] Vgl. § 39 ADSp Rdn. 8 ff sowie zur Übersicht über das Verhältnis zwischen Speditionsversicherung und Güterversicherung § 37 ADSp Rdn. 12; ferner *Helm* Jubiläumsausgabe Karlsruher Forum (Beiheft 2 zu VersR **1983** 116 ff).

[68] Zutreffend daher z. B. BGH v. 14. 6. 1982, BGHZ 84 257, 261 und v. 5. 6. 1981, VersR **1981** 1030 f; s. auch oben Rdn. 3 ff.

In einzelnen Urteilen wird ausdrücklich darauf hingewiesen, neben der betreffenden Regelung könnte keine andere „Vertragsordnung" angewendet werden. Dies hat zur Folge, daß die ADSp auch insoweit ausgeschaltet werden, als sie Gegenstände regeln, für die das betreffende anwendbare Frachtrecht keine zwingenden Normen enthält[69].

b) Problemfälle der Verdrängung von ADSp-Regelung durch zwingendes Frachtrecht
aa) Unbeanstandete ADSp-Klauseln

Die Gerichtsstandklausel des § 65 b ADSp kann sich nach mittlerweile gefestigter **31** Rspr. gegen Art. 31 CMR durchsetzen, da die letztere Vorschrift nur die internationale, nicht die örtliche Zuständigkeit regelt. Gleiches gilt für die Rechtswahlklausel in § 65 c ADSp; s. § 65 ADSp Rdn. 5, 10, Anh. I nach § 415.

Die Verweisung der §§ 412, 413 auf das Frachtrecht ist ferner insoweit der Anwendung der ADSp nicht schädlich, als die frachtrechtlichen Bestimmungen nur teilweise zwingende Normen enthalten oder sogar ausdrückliche Ausnahmen von ihrer zwingenden Wirkung vorsehen; s. Rdn. 14.

bb) Unstreitig unwirksame ADSp-Klauseln

Unstreitig ist selbstverständlich die **Verdrängung der Haftungsregelung der** ADSp **32** durch zwingendes Frachtrecht; s. Rdn. 34.

§ 64 ADSp ist weitgehend durch entsprechende frachtrechtliche Verjährungsvorschriften verdrängt. Für die CMR ist die zwingende Wirksamkeit der dort geregelten Verjährung durch Art. 32, 41, 40 eindeutig bestimmt. Für die KVO hat die Rspr. die Verdrängung der kurzen Verjährung der ADSp durch die längere nach § 40 KVO mit § 26 GüKG begründet, weil die Verjährungsverkürzung eine haftungsbeschränkende Regelung sei[70]. Innerhalb der CMR ist die Frage, ob sich deren Verjährungsvorschriften auch auf die Verjährung von Frachtrückzahlungsansprüchen bezieht, vom BGH in eingehender Begründung mit dem Hinweis auf positive Vertragsverletzung als Anspruchsgrundlage bejaht worden[71]. Auch die seerechtliche Bestimmung des § 612 HGB, die anstelle von Verjährung ein Erlöschen der Ansprüche nach Jahresfrist vorsieht, steht (soweit sie zwingend gilt) der Wirksamkeit von § 64 ADSp entgegen; *Prüßmann/Rabe*, Seehandelsrecht § 612 Anm. E 1; OLG Hamburg VersR **1979** 814, 815.

cc) Unberechtigte Verneinung der Wirksamkeit von ADSp-Klauseln

Nicht akzeptabel ist die Ausschaltung von § 63 a ADSp und damit die Zulassung un- **33** beschränkbarer **Deliktsansprüche**[72]. Der BGH begründet dies mit dem Verstoß gegen KVO und § 26 GüKG. Die KVO selbst enthält jedoch keine Regelung zum Deliktsrecht. Auch § 26 GüKG konnte schon in seiner früheren Fassung nicht als zwingende Festlegung deliktsrechtlicher Haftung angesehen werden, da das Deliktsrecht niemals Regelungsgegenstand des GüKG war. Praktisch erklärt die BGH-Entscheidung die eigene Rspr. zur Anspruchskonkurrenz zwischen Vertrags- und Deliktsrecht (vgl. § 429³ Rdn. 89) für unabdingbar. Nach der neuen Fassung von § 26 GüKG wird dies

---

[69] Noch offengelassen: BGH v. 25. 10. 1962, BGHZ **38** 150 (KVO u. § 32 ADSp); entschiedener schon BGH v. 28. 5. 1971, VersR **1971** 755, 756 (§ 63 ADSp nicht neben KVO); OLG Frankfurt NJW **1980** 2645, 2650; OLG Köln VersR **1981** 168 f; beiläufig auch OLG Düsseldorf VersR **1982** 1076, 1077; eingeschränkt für das WA auf die dort geregelten Teilkomplexe: OLG Frankfurt RIW **1982** 56 f. Vgl. z. Konkurrenz mehrerer AGB-Ordnungen untereinander vor § 1 ADSp Rdn. 9 ff.

[70] BGH v. 25. 10. 1962, BGHZ **38** 150, 155.
[71] BGH v. 18. 2. 1972, VersR **1972** 873 f = NJW **1972** 1003 f; OLG Frankfurt RIW **1981** 852; OLG Düsseldorf NJW **1976** 1594; s Art 32 CMR³ Rdn. 1.
[72] BGH v. 28. 5. 1971 VersR **1971** 755, 756.

§§ 412, 413   Drittes Buch. Handelsgeschäfte

noch weniger begründbar, da nunmehr die gesetzliche Haftung nur noch zwingend gelten soll, "soweit Beförderungsbedingungen (§ 20) anzuwenden sind". Von einer Anwendung von Beförderungsbedingungen auf deliktische Ansprüche ist jedoch weder in der KVO noch irgendwo sonst die Rede. Die Unabdingbarkeit der Deliktsansprüche entspricht auch nicht der rechtstheoretischen Grundlage der st. Rspr. des BGH zur Anspruchskonkurrenz. Diese beruht auf der Annahme, vertragliche und deliktische Ansprüche stünden in Voraussetzungen und Folgen selbständig nebeneinander. Danach könnten Einschränkungen der Vertragsfreiheit logischerweise keinen Einfluß auf die Delikthaftung haben. Bejaht man aber einen Einfluß der Vertragshaftung auf die Deliktsansprüche, dann müßten sich auch die gesetzlichen Haftungsbeschränkungen auf das Deliktsrecht auswirken.

§ 32 ADSp wurde im Bereich der KVO und der CMR für unwirksam erklärt. Dies läßt sich weder auf die Vorschriften der KVO, noch des GüKG noch der CMR stützen[73].

c) Anwendung der ADSp außerhalb des zwingenden Geltungsbereichs der CMR

33a   Soweit die CMR nicht zwingend gilt, können die ADSp an sich eingreifen. Dies ist mit Recht für die kraft ergänzend anwendbaren deutschen Rechts begründete Haftung aus positiver Vertragsverletzung vom LG Frankfurt, transpR **1985** 110ff bejaht worden. Gleiches hat jedoch zu gelten, wenn im Verhältnis zwischen Haupt- und Unterfrachtführer die CMR nicht zwingend gilt; s. Art. 40 CMR.

4. Schwerpunktwirkungen der Anwendung zwingenden Frachtrechts
a) Haftung des Spediteurs

34   aa) **Haftungsgrundsatz.** Nach § 41a ADSp ist im Regelfall die Haftung durch Speditionsversicherung ersetzt; s. §§ 407–409 Rdn. 48f, 147ff sowie die Erl. zu § 41 ADSp Anh. I nach § 415. Der Spediteur haftet — vom Sonderfall groben Eigenverschuldens abgesehen — überhaupt nicht. Die unmittelbaren Ansprüche des Auftraggebers gegen den Speditionsversicherer richten sich gemäß § 3 Abs. 1 SVS/RVS nach den gesetzlichen Vorschriften, also beim Speditionsvertrag nach dem gesetzlichen Speditionsrecht des HGB — allerdings nur im Rahmen der für den Speditionsversicherungsvertrag maßgeblichen Versicherungssummen. Das gesetzliche Speditionsrecht wird vom Grundsatz der Haftung für vermutetes Verschulden beherrscht; s. §§ 407–409 Rdn. 154f. Hat der Auftraggeber die Speditionsversicherung verboten oder deckt diese den Schaden nicht, dann ist die Haftungsregelung der ADSp maßgeblich. Auch diese orientiert sich am Grundsatz der Haftung für vermutetes Verschulden § 51 ADSp; s. dort Rdn. 2ff.

Demgegenüber sind die zwingenden Haftungsgrundsätze des Frachtrechts, durch die § 41a ADSp ausgeschaltet wird, überwiegend schärfer. Nach der KVO besteht grundsätzlich eine **Gewährhaftung** ohne Verschulden; s. § 429³ Rdn. 39; ebenso nach den zwingenden Bedingungen für den Umzugsverkehr; s. § 429³ Rdn. 58 und zur neueren Rechtslage § 2 ADSp⁴ Rdn. 13ff. Ähnlich ist die eisenbahnrechtliche Haftung nach der EVO ausgestaltet; s. § 454³ Rdn. 5. Die Frachthaftung nach der CMR und nach dem internationalen Eisenbahnrecht ist **verschärfte Haftung für vermutetes Verschulden**[74]. **Haftung für vermutetes Verschulden** ist die Grundlage der luftrechtlichen Regelung[75];

---

[73] S. eingehend § 32 ADSp Rdn. 12, 13, Anh. I nach § 415.
[74] S. § 429³ Rdn. 66; Art. 17 CMR³ Rdn. 3–5, Anh. III nach § 452; Art. 27 CIM³ Rdn. 5–7, Anh. II nach § 460.
[75] Art. 18–20 Abs. 1 WA, Anh. VII/2 nach § 452 und §§ 44 Abs. 2, 45 LuftVG Anh. VII/1 nach § 452.

ebenso grundsätzlich des Seefrachtrechts, §§ 606, 559 HGB. Insgesamt bietet demnach in vielen Fällen bereits die Grundstruktur der Haftung bessere Ausgangspunkte für den Geschädigten.

bb) Zurechnung von Gehilfenhandeln; Haftung für Transportausführung. Das ge- 35 setzliche Speditionsrecht sieht den Spediteur als Transportkommissionär, der grundsätzlich nur für die Auswahl, nicht dagegen für das aktuelle Verschulden der von ihm ausgewählten selbständigen Unternehmer haftet und nur verpflichtet ist, seine Ansprüche gegen diese an den Versender abzutreten; s. §§ 407–409 Rdn. 145. Soweit sich der Spediteur in Erfüllung seiner aus dem Speditionsvertrag geschuldeten Pflichten selbständiger Unternehmer bedient, haftet er für diese nach § 278 BGB. Diese Regelung beherrscht grundsätzlich auch die Deckungspflicht des Speditionsversicherers §§ 407–409 Rdn. 49. Richtet sich die Haftung des Spediteurs nach den ADSp s. §§ 407–409 Rdn. 49, 174–195, dann bestimmt deren § 52a, daß er für Verschulden selbständiger Unternehmen überhaupt nicht haftet; allerdings ist diese Haftungseinschränkung teilweise als unwirksam anzusehen; s. die Erl. zu § 52 ADSp Anh. I nach § 415.

Alle frachtrechtlichen Bestimmungen gehen demgegenüber von Anfang an davon aus, daß der Beförderer auch für selbständige Gehilfen zu haften hat, deren er sich bei der Erfüllung seiner Beförderungspflicht bedient. Teilweise ist der Kreis der zuzurechnenden Handlungen durch frachtrechtliche Sondervorschriften erweitert[76]. In der Praxis bedeutet dies, daß der Spediteur nach Frachtrecht gegenüber dem gesetzlichen und dem ADSp-Speditionsrecht in entscheidenden Punkten verschärft haftet. Die Anwendung von Frachtrecht anstelle von Speditionsrecht bedeutet für den Spediteur das Einstehen für die Ausführung der Beförderung. Dies bezieht sich nicht nur auf die schärfere Haftung nach frachtrechtlichen Sonderbestimmungen, sondern auch auf Ansprüche aus allgemeinem Recht der Leistungsstörungen. Insbesondere haftet der Spediteur, wenn er als Frachtführer zu behandeln ist, grundsätzlich auch für Erfüllungsverweigerung und Schuldnerverzug der von ihm beauftragten Unternehmen[77].

cc) Haftungsausschlüsse. Die ADSp enthalten zahlreiche Haftungsausschlüsse; 36 s. §§ 407–409 Rdn. 176ff. Solche Bestimmungen sind auch im Frachtrecht vielfach vorhanden[78]. Der Vergleich zwischen der Haftung nach ADSp und Frachtrecht ergibt in bezug auf Haftungsausschlüsse vielfach keine eindeutige Besserstellung des geschädigten Auftraggebers durch die Anwendung von Frachtrecht. Die Speditionsversicherung, die sich in ihren Leistungen am gesetzlichen Speditionsrecht orientiert, stellt sogar den Geschädigten insoweit besser, als sie keine Haftungsausschlußtatbestände enthält. Jedoch deckt sie in der Regel keine Güterschäden, da diese transportversicherbar oder transportversichert sind; s. § 5 SVS/RVS Anh. II nach § 415.

dd) Haftungsumfang. Die Haftung nach den ADSp ist durch mehrere Klauseln im 37 Umfang stark eingeschränkt; s. §§ 407–409 m. Hinweisen. Auch frachtrechtliche Normen enthalten überwiegend derartige Haftungsbeschränkungen, die jedoch zumeist (zugunsten des Absenders) höher liegen. Vgl. dazu die Erl. zu § 54 ADSp insbesondere dort Rdn. 13.

Soweit an die Stelle der Speditionsversicherung frachtrechtliche Haftung tritt, sind die frachtrechtlichen Haftungsgrenzen mit den Begrenzungen der Speditionsversiche-

---

[76] S. § 431³ Rdn. 2ff; *Helm*, Haftung für Schäden an Frachtgütern (1966) S. 111 ff.
[77] S. zur Haftung des Fixkostenspediteurs nach § 326 BGB: BGH vom 9. 2. 1979, NJW **1979** 2470 f (ergänzend zur CMR) und vom 8. 6. 1979, VersR **1981** 526 sowie OLG Hamburg VersR **1981** 527 bei kombiniertem Transport See/Eisenbahn.
[78] S. zum Überblick *Helm*, Haftung für Schäden an Frachtgütern (1966) S. 114ff.

§§ 412, 413 Drittes Buch. Handelsgeschäfte

rungsleistungen durch die Versicherungssummen zu vergleichen. Bei kleineren Schäden steht der Auftraggeber danach regelmäßig besser mit der speditionsversicherungsrechtlichen Lösung. Diese nimmt jedoch transportversicherte und transportversicherbare Schäden weitgehend aus der Deckung aus. Daher ist bei Güterschäden für den Auftraggeber oder den regreßnehmenden Güterversicherer fast immer die frachtrechtliche Haftung günstiger als die engbeschränkte ADSp-Haftung. Eine Ausnahme macht hierbei das Seerecht wegen der sehr harten, auch auf Container als Ganzes anwendbaren Haftungsbeschränkung auf DM 1 250,— pro Packung oder Einheit; § 660 HGB[79]. Insgesamt ist daher (mit Ausnahme des Seerechts) davon auszugehen, daß die Bestimmungen des zwingenden Frachtrechts für den Auftraggeber oder den regreßnehmenden Güterversicherer hinsichtlich der Haftungshöhe in aller Regel sehr viel günstiger sind als die ADSp/SVS-Lösungen.

38   ee) **Unerlaubte Handlung.** Die ADSp schalten in § 63a die Möglichkeit aus, mit Hilfe von Ansprüchen aus unerlaubter Handlung ihre Haftungseinschränkungen zu umgehen. Gegen die Wirksamkeit der Klausel sind bisher keine generellen Bedenken geltend gemacht worden. Sie entspricht Bestimmungen, wie sie in frachtrechtlichen Gesetzen häufig sind (s. § 63 ADSp Rdn. 7) und die über §§ 412, 413 zugunsten des Spediteurs wirken können. Im innerdeutschen Güterfernverkehr (KVO) fehlt es an einer derartigen Regelung für Deliktsansprüche. Jedoch soll § 63a ADSp nach Auffassung des BGH im Falle der Fixkostenspedition im Güterfernverkehr unwirksam sein. Gegen diese Rspr. bestehen Bedenken, weil die Deliktsvorschriften kein zwingendes Recht sind; s. Rdn. 5, 14, 33.

b) Verjährung

39   Von erheblicher praktischer Bedeutung ist die Abgrenzungsfrage hinsichtlich der Verjährungsvorschrift des § 64 ADSp; siehe dort Anh. I nach § 415. Soweit zwingendes Frachtrecht eingreift, wird die achtmonatige Verjährung nach § 64 durch die längeren frachtrechtlichen Verjährungsfristen verdrängt; siehe aber oben Rdn. 32. Die Unterstellung eines Vertrages unter Speditions- oder Frachtrecht wirkt sich nicht nur bei zwingendem Frachtrecht aus, sondern auch im Hinblick auf die Verjährung von Entgelt- und Aufwendungsansprüchen des Spediteurs. Diese verjähren bei Anwendung von Speditionsrecht gem. § 196 Abs. 2 und Abs. 1 Nr. 1 BGB in vier Jahren, bei Anwendung von Frachtrecht dagegen gem. § 196 Abs. 1 Nr. 3 BGB in zwei Jahren[80], bei Anwendung der KVO gem. deren § 40 Abs. 1 in einem Jahr[81].

c) Aufrechnung

40   Die Unterstellung des Vertrags unter Frachtrecht führt weitgehend zur Unwirksamkeit der Aufrechnungsbeschränkungen des § 32 ADSp; siehe dazu § 32, Anh. I nach § 415 Rdn. 12, 13.

d) Spediteur als Hauptfrachtführer

41   Ist der Spediteur kraft abgeschlossenen Frachtvertrags (primärer Qualifikation, Rdn. 61 ff) als Frachtführer tätig, dann ist er bei Ausführung der Beförderung durch

---

[79] S. *Prüßmann/Rabe*, Seehandelsrecht² (1983) zu § 660 HGB.
[80] BGH vom 14. 6. 1982, BGHZ **84** 257, 261; Vorinstanz dazu: OLG Hamburg VersR **1982** 342; siehe ferner § 439 Rdn. 8; s. auch BGH vom 7. 5. 1981, BGHZ **80** 280 ff (§ 196 Abs. 1 BGB für Luftfrachtführer); OLG Frankfurt VersR **1977** (L. S.); Ansprüche auf Lagergeld verjähren nach § 197 BGB in vier Jahren; BGH vom 17. 11. 1983, WM **1984** 506 f.
[81] OLG Düsseldorf VersR **1983** 274 f.

einen selbständigen dritten Frachtführer dessen Auftraggeber. Im Hinblick auf das Unterfrachtverhältnis ist daher der Spediteur Hauptfrachtführer, der von ihm Beauftragte ist Unterfrachtführer; s. § 432 Rdn. 3, 12. Dies gilt hinsichtlich der Haftung des Spediteurs für den Unterfrachtführer auch, wenn der Spediteur nach §§ 412, 413 dem Frachtrecht untersteht. 432 HGB (und entsprechende Sondervorschriften des Spezialfrachtrechts) braucht dafür nicht herangezogen zu werden, weil der Unterfrachtführer ohnehin Erfüllungsgehilfe des Hauptfrachtführers ist; s. § 432³ Rdn. 20. Gleiches gilt für die Rechtsstellung des Empfängers, die sich nach dem für den als Hauptfrachtvertrag zu behandelnden Speditionsvertrag maßgeblichen Frachtrecht bestimmt. Es entstehen also unmittelbare Rechtsbeziehungen zwischen Spediteur und Empfänger nach Maßgabe der einschlägigen Frachtrechtsnormen.

Problematisch ist allerdings, **ob mit der Rspr. der Fixkosten- und Sammelladungsspediteur** auch **in seinem Verhältnis zu dem** von ihm beauftragten **Frachtführer Hauptfrachtführer ist.** Denn die ratio legis des § 413 verlangt nur die Anwendung von Frachtrecht zwischen dem Spediteur und seinem Auftraggeber. Wenn dagegen die Frage, ob zwischen dem Spediteur und dem von ihm beauftragten Frachtführer anstelle des normalen Frachtrechts das Sonderrecht des Unterfrachtvertrags angewendet werden soll, von der Fixkostenvereinbarung abhängig sein soll[82], so sind Zweifel an der Angemessenheit und Richtigkeit dieses Ergebnisses angebracht[83]. Dies gilt besonders, soweit sich die Fixkostenvereinbarung damit zu Lasten des „Unterfrachtführers" auswirken würde.

Auch eine **Verschlechterung der Rechtsstellung des Auftraggebers** durch Anwendung von Unterfrachtrecht auf die Ersatzansprüche gegen den Spediteur[84] ist zweifelhaft. Schließlich ist auch die ungünstige Auswirkung des Art. 40 CMR[85] rechtspolitisch problematisch, weil sie dem Versender die Möglichkeit nehmen kann, aus abgetretenem Recht gegen den ausführenden Frachtführer vorzugehen. Soweit die Anwendung spezieller Regeln des Unterfrachtrechts von der Übernahme des Gutes mit einem durchgehenden Frachtbrief abhängig ist, können in aller Regel die Bestimmungen auf den Fixkostenspediteur nicht angewendet werden, da dieser einen solchen durchgehenden Frachtbrief nicht auszustellen pflegt. Auf das Erfordernis des durchgehenden Frachtbriefs kann nicht verzichtet werden[86].

Ähnlich ist die Rechtslage, wenn der Versandspediteur gegen den Empfänger nach § 436 Zahlungsansprüche geltend machen will; dazu *Kort*, transpR **1981** 117; s. auch § 34 ADSp Rdn. 1, Anh. I nach § 415. In diesem Fall sind Bedenken kaum angebracht, weil nur Zahlungspflichten des Empfängers nach Maßgabe des Frachtbriefs entstehen, der Empfänger also vor unberechtigten Zahlungsansprüchen geschützt wird.

---

[82] BGH vom 23.1.1970, WM **1970** 692 (Unterfrachtführer hat Rechte nach § 432 Abs. 2); vom 25.10.1984, NJW **1985** 555f = transpR **1985** 48, 49 = VersR **1985** 135f; OLG Karlsruhe VersR **1980** 877f (Art. 36 CMR); OLG Hamburg VersR **1980** 950f (Art. 34, 36 CMR); OLG Stuttgart VersR **1983** 978 (Art. 40 CMR); OLG Hamburg transpR **1984** 99f = VersR **1983** 453f (§ 432 Abs. 2 HGB); OLG Frankfurt transpR **1983** 155 (Art. 37 CMR); zustimmend *Wanckel*, VersR **1984** 712ff; *Heuer* transpR **1984** 171; z. österr. Recht OGH v. 25.10.1984, transpR **1985** 180.

[83] S. zu § 413 Abs. 2 *Sieg* VersR **1965** 303.

[84] S. OLG Hamburg transpR **1984** 161, 163 = VersR **1983** 484 f.

[85] Freizeichnungserlaubnis zwischen Frachtführern; OLG Stuttgart VersR **1983** 978.

[86] Zutreffend zur CMR: BGH vom 9.2.1984, transpR **1984** 146, 148 = VersR **1984** 578, 580; v. 25.10.1984, NJW **1985** 555f = transpR **1985** 48ff; Oberlandesgerichte Düsseldorf transpR **1984** 14, 15; Frankfurt transpR **1983** 155, 157 = RIW **1984** 67 ff; Hamburg VersR **1980** 290; VersR **1980** 950 (analoge Anwendung) und transR **1985** 267, 269; Karlsruhe VersR **1980** 877; LG Saarbrücken VersR **1981** 423 (Art. 37 CMR); *Heuer* transpR **1984** 172 Fn. 22 m. w. Hinweisen auf Literatur und unveröff. Rspr. Anderer Auffassung nur OLG Stuttgart VersR **1983** 978; v. *Dannenberg* VersR **1983** 979f.

§§ 412, 413   Drittes Buch. Handelsgeschäfte

e) Gerichtsstand und Rechtswahl

42   Die Gerichtsstandklausel des § 65 b ADSp ist von zwingendem Frachtrecht im allgemeinen nicht berührt. Insbesondere setzt sie sich auch neben Art. 31 CMR durch; s. Rdn. 31. Praktisch wichtig ist auch die Rechtswahlklausel in § 65 c ADSp, die auch teilweise zur Bestimmung des zur Ergänzung internationalen Einheitsrechts anzuwendenden nationalen Rechts bedeutsam sein kann; s. § 65 ADSp Rdn. 10 sowie Art. 1 CMR Rdn. 3, Anh. III nach § 452. Soweit bisher erkennbar, hat die Frage, ob auf einen ADSp-Vertrag Frachtrecht oder Speditionsrecht anzuwenden ist, auf § 65 ADSp bisher keine Auswirkungen gehabt.

III. Anwendung von Frachtrecht auf zusammengesetzte Beförderungsvorgänge (Gesamtbetrachtung, Schwerpunktlehre)

1. Die Rechtsprechung zur Gesamtbetrachtung

43   Die Rspr. hat in zunehmendem Umfang durch sog. „Gesamtbetrachtung" Transportvorgänge, die in mehreren Abschnitten an sich unterschiedlichen Vertragsordnungen unterliegen würden, als Ganzes einem einheitlichen Sonderfrachtrecht unterworfen. Bei zusammengesetzten Nah- und Ferntransporten auf der Straße ist dies die KVO (Fn. 99–106); im grenzüberschreitenden Bereich die CMR (Fn. 107 f); bei Beförderung mit verschiedenen Transportmitteln ist das auf den überwiegenden Streckenanteil anzuwendende Recht für die Gesamtbeförderung maßgeblich (hier im folgenden als „Schwerpunktlehre" bezeichnet). Zu letzterer Fallgruppe ist allerdings die Abgrenzung in der Rspr. bisher spärlich und ungenau; die Fälle sind wenig aufschlußreich[87]. Nach dem BGH-Urteil vom 13. 10. 1983[88] soll es nunmehr nicht darauf ankommen, welcher Streckenanteil bei der tatsächlichen Beförderung überwiegend war (Eisenbahnsammelladung), sondern welches Beförderungsmittel (LKW) vorher vereinbart war. Gleiches gilt für die Selbsteintritts-Beförderung nach § 1 Abs. 5 KVO nach neuester Rspr. des BGH; s. Rdn. 26-26 g. Insgesamt handelt es sich bisher bei der Schwerpunktlehre eher um eine allgemeine Rechtsprechungstendenz und um Einzelproblemlösungen als um eine wirklich durchentwickelte Rspr.

a) Anwendungsbereich

44   Die Gesamtbetrachtung gilt vor allem im Anwendungsbereich der §§ 412, 413 HGB, soweit ermittelt werden muß, welche frachtrechtliche Sonderordnung auf das Verhältnis zwischen Spediteur und Auftraggeber anzuwenden ist. Anwendungsfälle sind die Fixkostenspedition[89], die Sammelversendung[90] und der echte Selbsteintritt[91]. Das Prinzip der

---

[87] „Überwiegend" Transport im Güterfernverkehr: BGH v. 3. 3. 1972, NJW **1972** 866, 867; darauf bezugnehmend BGH v. 14. 6. 1982, BGHZ **84** 257, 260 (kombinierter Transport über Land, See und Eisenbahn unter Seerecht, obiter dictum); „überwiegender Teil der Beförderungsstrecke", „wirtschaftlicher Schwerpunkt des Vertrags" entscheidend: OLG Hamburg VersR **1982** 342f; „größter Teil der Beförderungsstrecke": BGH v. 25. 10. 1962, BGHZ **38** 150, 154 (offen, ob auch auf nicht selbst ausgeführte Strecken anzuwenden); „Hauptlauf" unter CMR: OLG Düsseldorf VersR **1978** 1016.

[88] transpR **1984** 172, 173f = VersR **1984** 680f; s. auch OLG Düsseldorf transpR **1984** 130f.

[89] OLG Düsseldorf VersR **1978** 1016f und VersR **1982** 89; OLG Hamburg VersR **1982** 342f (Vorinstanz zu BGH v. 14. 6. 1982); BGH v. 14. 6. 1982, BGHZ **84** 257, 260 (Seerecht für multimodalen Transport); OLG Köln transpR **1984** 35ff = VersR **1983** 486f; i. E. auch OLG Stuttgart VersR **1983** 978ff (Art. 34, 37 CMR); zu OLG Hamburg transpR **1984** 161ff = VersR **1983** 484; s. Fn. 94 a. E.

[90] BGH v. 3. 3. 1972, NJW **1972** 866f; OLG Frankfurt OLGZ **1978** 208, 210; BGH v. 13. 1. 1978, VersR **1978** 318, 319 (keine Gesamtbetrachtung, solange nicht Sammelversendung „bewirkt" ist); BGH v. 23. 6. 1978, VersR **1978** 946 (Gesamtbetrachtung, KVO, unklar, ob Sammelversendung

Gesamtbetrachtung wird jedoch auch in Fällen angewendet, in denen der Vertrag zwischen Spediteur und Auftraggeber primär als Frachtvertrag qualifiziert worden ist[92] oder doch offengelassen wurde, ob Frachtrecht nach §§ 412, 413 oder aufgrund primärer Qualifikation als Frachtvertrag anzuwenden war[93].

Die Schwerpunktlehre (Gesamtbetrachtung) führte zur Anwendung unterschiedlicher Spezialordnungen auf Gesamtbeförderungsvorgänge[94]. Auch Lagerzeiten wurden mit ihrer Hilfe frachtrechtlichem Sonderrecht unterstellt[95]. 45

Ablehnende Rspr. der Instanzgerichte ist verhältnismäßig selten geblieben[96]. Die Gesamtbetrachtung greift nicht ein, wenn die Hauptstrecke dem Eisenbahnrecht (EVO) unterliegt[97]. Im Rahmen von § 1 Abs. 5 KVO sind Grundsätze der Gesamtbetrachtung zur Erweiterung des Begriffs „im Güterfernverkehr (§ 12 GüKG)" verwendet worden[98]. Die Rspr. des BGH hat jedoch daran nicht festgehalten; s. Rdn. 26–26g.

b) Inhalt der „Gesamtbetrachtung"

Die Gesamtbetrachtung hat weitestgehend die Wirkung, im Interesse des Verladers 47 die Beförderung einem einheitlichen Transportrecht zu unterwerfen und ihm zugleich im Spediteur einen Schuldner für den gesamten einheitlich zu beurteilenden Transportvorgang zu verschaffen. Im einzelnen sind die Auswirkungen jedoch unterschiedlich.

---

bereits bewirkt war); v. 13. 10. 1983, transpR **1984** 172 = VersR **1984** 680f; LG Bremen VersR **1979** 815; BGH v. 4. 5. 1979, VersR **1979** 811 (KVO bei Sammelversendung); OLG Köln transpR **1984** 35ff = VersR **1983** 486.
[91] Noch offenlassend, ob auch für nicht selbst ausgeführte Beförderungsstrecken: BGH v. 25. 10. 1962, BGHZ **38** 150, 154; für Erstreckung der zwingenden Frachtrechtsordnung über den selbst ausgeführten Streckenabschnitt hinaus: BGH v. 3. 3. 1972, NJW **1972** 866f; LG Bremen VersR **1979** 815 (KVO auf Stafettenverkehr; OLG Nürnberg transpR **1984** 177, 178; BGH v. 27. 1. 1982, NJW **1982** 1944 = transpR **1982** 105; OLG München VersR **1966** 842; LG München I VersR **1979** 1099; Gegenauffassung: OLG Hamburg VersR **1970** 741f; OLG Stuttgart VersR **1972** 532.
[92] BGH v. 28. 5. 1971, VersR **1971** 755 f (KVO auf Nahverkehrsvorlauf anzuwenden); v. 23. 6. 1978, VersR **1978** 946; OLG Hamburg MDR **1978** 939f (zu GüKG und KVO-Versicherung); OLG Karlsruhe VersR **1965** 329–332 (Vorlauf und Zwischenlagerung unter KVO).
[93] BGH vom 3. 3. 1972, NJW **1972** 866; vom 23. 6. 1978, VersR **1978** 946; vom 27. 1. 1982, NJW **1982** 1944, 1945 = transpR **1982** 105; OLG Nürnberg, transpR **1984** 177f.
[94] **KVO**: BGH vom 25. 10. 1962, BGHZ **38** 150; vom 28. 5. 1971, VersR **1971** 755f; vom 3. 3. 1972, NJW **1972** 866f; vom 23. 6. 1978, VersR **1978** 946; vom 4. 5. 1979, VersR **1979** 811ff; vom 13. 10. 1983, transpR **1984** 172ff = VersR **1984** 680; OLG Karlsruhe VersR **1965** 329; OLG Frankfurt OLGZ **1978** 208; OLG Nürnberg transpR **1984** 177f; OLG Köln transpR **1984** 35 = VersR **1983** 486;

LG Bremen VersR **1979** 815; **ablehnend** OLG Hamburg VersR **1970** 741f; OLG Stuttgart VersR **1972** 532.
CMR: BGH vom 13. 1. 1978, VersR **1978** 318, 319 (jedoch erst ab „Bewirkung" der Sammelversendung); vom 27. 1. 1982, NJW **1982** 1944 = transpR **1982** 105; OLG Düsseldorf VersR **1978** 1016f (Sachschäden im Vorlauf mit der Eisenbahn); OLG Düsseldorf VersR **1982** 89 (Fixkosten-Vereinbarung für Hauptlauf führt über § 413 Abs. 1 zur CMR-Anwendung); i. E. auch OLG Stuttgart VersR **1983** 978ff (Rückgriff zwischen Spediteur und Frachtführer nach CMR).
Seerecht: OLG Hamburg VersR **1982** 342 (Fixkostenspedition See/Bahn unter Seerecht, Vorinstanz zu BGH vom 14. 6. 1982); BGH vom 14. 6. 1982, BGHZ **84** 257 ff.
Landfrachtrecht: OLG Hamburg VersR **1983** 484 (§ 427 HGB ohne Anwendung der Schwerpunktlehre auf kombinierten Containertransport angewendet);
Eisenbahnrecht wurde bisher nicht aufgrund der Gesamtbetrachtung angewendet; s. Fn. 97.
[95] OLG Nürnberg transpR **1984** 177, 178; s. auch Rdn. 26; OLG Frankfurt transpR **1985** 174ff.
[96] OLG Hamburg VersR **1970** 741f; OLG Stuttgart VersR **1972** 532; i. E. auch OLG Hamburg transpR **1984** 158, 160.
[97] OLG Karlsruhe transpR **1983** 146, 147; BGH vom 13. 10. 1983, transpR **1984** 172, 173 = VersR **1984** 680f schließt die Anwendung von Eisenbahnrecht kraft Verweisung nach § 413 allerdings nicht mehr gänzlich aus; s. auch Rdn. 13.
[98] OLG Köln transpR **1984** 35ff = VersR **1983** 186, anders aber neuerdings BGH v. 15. 5. 1985, Spediteur **1985** 232ff.

§§ 412, 413   Drittes Buch. Handelsgeschäfte

48   In der **innerdeutschen Güterfernverkehrsspedition** führte die Gesamtbetrachtung zur Erweiterung des Anwendungsbereichs der KVO auf den Nahverkehrsvorlauf[99], auf den Nahverkehrsnachlauf[100] und auf Schäden beim Empfangsspediteur[101]. Insbesondere bei unbekanntem Schadensort gilt KVO für die gesamte Strecke[102]. Auf die Selbstausführung mit eigenem Fernverkehrsfahrzeug kam es vor der Einfügung von § 1 Abs. 5 nicht an[103]. Auch beim Aufsplitten einer Beförderung, die insgesamt über eine Ferndistanz ging, in zwei Nahverkehrsbeförderungen ermöglichte die Gesamtbetrachtung die Anwendung der KVO[104]. Die Frage, ob überhaupt eine Fernbeförderung vorlag, wurde mit Hilfe der Gesamtbetrachtung beantwortet, auch wenn Güternahverkehrsstrecken und Eisenbahnbeförderungen dazwischen lagen[105]. Bei der Einbeziehung der Nachlagerung in die KVO-Haftung gem. § 33 d KVO wurde die Gesamtbetrachtung als Hilfsargument verwendet[106]; s. jedoch Rdn. 26 ff.

49   Im Bereich der Spedition im **grenzüberschreitenden Kraftverkehr** ist die CMR auch auf den nationalen Vorlauf anzuwenden[107]. Ist die Beförderungsstrecke in der Bundesrepublik insgesamt Fernverkehr, dann gilt das GüKG und der Versicherungsschutz der KVO entfällt wegen unzulässiger Fernbeförderung[108].

50   Sachlich kann die Gesamtbetrachtung auch zur **Erleichterung der Anwendungsvoraussetzung von §§ 412, 413** führen. Bezieht sich z. B. die Fixkostenvereinbarung auf den Hauptteil der Beförderung, so kann damit für den gesamten Speditionsauftrag § 413 Abs. 1 eingreifen[109]. Gleiches gilt für den echten Selbsteintritt bezüglich der Hauptstrecke[110] sowie für die Sammelversendung über die Hauptstrecke[111].

c) Auswirkungen der Schwerpunktlehre auf multimodale (kombinierte) Transporte[112]

51   Zumindest tendenziell kann die Gesamtbetrachtung, insbesondere in ihrer Ausformung durch die Schwerpunktlehre, zur Unterstellung multimodaler Transporte als Ganzes unter die für den überwiegenden Beförderungsabschnitt geltenden frachtrechtlichen Sonderordnungen führen. Nach Auffassung des OLG Hamburg und des BGH[113] ist (beiläufig und nicht entscheidungstragend bemerkt) ein internationaler Containertransport Straße/See/Schiene als Ganzes dem Seefrachtrecht zu unterstellen. Ergibt die Gesamtbetrachtung, daß der „Hauptlauf" einer internationalen Beförderung der CMR unterliegt, dann ist diese auch auf Beförderungsstrecken im Vorlauf mit der Eisenbahn anzuwenden; OLG Düsseldorf VersR **1978** 1016. Andererseits hat das OLG Ham-

---

[99] BGH v. 28. 5. 1971, VersR **1971** 755 f; OLG Frankfurt OLGZ **1978** 208, 210 (bei Sammelversendung); BGH v. 23. 6. 1978, VersR **1978** 946 (bei Sammelversendung, Teilverlust möglicherweise schon vor „Bewirkung").
[100] BGH v. 4. 5. 1979, VersR **1979** 811 ff (Schaden beim Verteiler-Empfangsspediteur); OLG Karlsruhe VersR **1965** 329, 330; OLG Köln transpR **1984** 35 = VersR **1983** 486; LG München I VersR **1979** 1099; Gegenauffassung: OLG Stuttgart VersR **1972** 532.
[101] BGH v. 4. 5. 1979, VersR **1979** 811 ff.
[102] BGH v. 3. 3. 1972, NJW **1972** 866 f.
[103] OLG Hamburg VersR **1970** 741, 742.
[104] LG Aachen VersR **1970** 741 f; LG Bremen VersR **1979** 815 f.
[105] BGH v. 3. 3. 1972, NJW **1972** 866 f.
[106] OLG Nürnberg VersR **1984** 177, 178.
[107] BGH v. 13. 1. 1978, VersR **1978** 318 f (allerdings bei Sammelversendung erst ab „Bewirkung der Versendung"); OLG Düsseldorf VersR **1978** 1016 f (Schaden beim Vorlauf mit der Eisenbahn).
[108] OLG Hamburg MDR **1978** 939 f.
[109] S. Rdn. 117; OLG Düsseldorf VersR **1982** 89 (Festkosten für CMR-„Hauptlauf"); wohl auch BGH v. 14. 6. 1982, BGHZ **84** 257, 260.
[110] S. Rdn. 95; BGH v. 3. 3. 1972, NJW **1972** 866 f.
[111] S. Rdn. 136; BGH v. 23. 6. 1978, VersR **1978** 946; BGH v. 4. 5. 1979, VersR **1979** 811 f.
[112] Dazu *Helm* transpR **1981** 45 ff; *Herber* VersR **1981** 993 ff; *Heuer*, in: Der Spediteur als Frachtführer S. 43 f; *Schmid-Lossberg*, DVZ v. 27. 10. 1981 S. 3 u. v. 24. 9. 1983 S. 33 ff.
[113] OLG Hamburg VersR **1982** 342 f; Revisionsurteil dazu: BGH v. 14. 6. 1982, BGHZ **84** 257 ff. Im entschiedenen Fall kam es allerdings nur darauf an, ob überhaupt Frachtrecht maßgebend war.

burg in Fällen kombinierter Transporte mit Seestreckeneinschluß auf solche Schäden, die auf See entstanden waren, stets Seerecht angewendet, und zwar ohne Rücksicht auf die Schwerpunktlehre; z. B. VersR **1979** 814: bei einer Beförderung von Deutschland nach Djakarta mit LKW, transsibirischer Eisenbahn und Seeschiff bis Hongkong und mit einem anderen Seeschiff weiter nach Djakarta war der Schaden zwischen der Verschiffung in Hongkong und der Auslieferung in Djakarta entstanden. Angewendet wurde deutsches Seerecht. Dies erscheint verständlich, da nach der Gesamtbetrachtung Schwerpunkt wohl die Eisenbahnstrecke gewesen wäre und damit (falls sich das Gericht zur Ausweitung der Verweisungen nach § 413 auf Eisenbahnrecht hätte entschließen können; s. Rdn. 13) wohl sowjetisches Eisenbahnrecht hätte angewendet werden müssen. Das vorinstanzliche Urteil des LG Hamburg ETR **1980** 444, 450f lehnt die einheitliche Anwendung des Rechts der Hauptstrecke ab und kommt (bei unbekanntem Schadensort) zur Anwendung von Seerecht als des schärfsten in Betracht kommenden Rechts. In einem weiteren Urteil hat das OLG Hamburg VersR **1979** 812 auf das Verhältnis zwischen deutschem Fixkostenspediteur und Auftraggeber bezüglich einer Beförderung per LKW, Binnenschiff und holländischem Seeschiff nach England deutsches Seerecht angewendet, weil der Schaden auf der Seestrecke entstanden war. Auch in diesem Fall wurde keine Gesamtbetrachtung erwogen.

Ein Vertrag mit noch offener Wahl des Beförderungsmittels (Straße oder Eisenbahn) wurde vom BGH im Urteil vom 28. 5. 1971, VersR **1971** 755 der KVO unterworfen. Das OLG Hamburg transpR **1984** 130, 131 wendet zutreffend auf einen Transport die CMR an, obwohl das Gut (unzulässigerweise) vom LKW in ein Seeschiff umgeladen worden war. In solchen Fällen kommt es mit Recht nicht zur „Gesamtbetrachtung", sondern zur Anwendung des für das vereinbarte Beförderungsmittel maßgeblichen Rechts.

Insgesamt erscheint es danach zwar möglich, ist aber noch nicht als feste Rspr. anzusehen, daß internationale Fixkostenspeditionsverträge oder Frachtverträge über multimodale Beförderungen dem Recht des überwiegenden Beförderungsabschnitts unterstellt werden. In einer solchen Behandlung multimodaler Transporte läge wohl ein deutscher Alleingang, da bisher international davon ausgegangen wird, daß (in Ermangelung besonderer Spezialregelungen) multimodale Transporte dem sogenannten network-System unterliegen, wonach für jeden Beförderungsabschnitt das für diesen speziell maßgebliche Recht gilt; s. § 425³ Rdn. 17, 19, 22ff; zum Zusammenhang mit der Multimodal-Konvention s. *Helm* transpR **1981** 45ff.

2. Stellungnahme der Literatur

Die Schwerpunktlehre und Gesamtbetrachtung sind von der Literatur bisher überwiegend abgelehnt worden[114]. **52**

3. Eigene Stellungnahme zur Gesamtbetrachtung und Schwerpunktlehre
a) Rechtspolitische Aspekte

Der Versuch der Gesamtbetrachtung, insbesondere der Schwerpunktlehre, dem **53** Verlader in der Person des Spediteurs einen nach zwingendem Frachtrecht haftenden

---

[114] *Bischof* VersR **1976** 307; **1984** 419; *Helm*, in: Der Spediteur als Frachtführer S. 25ff; *Jungfleisch* S. 110; *Merz* VersR **1982** 215ff; *Roesch* VersR **1979** 892; *Schmid-Lossberg* ZfV **1963** 135ff; *Sieg* VersR **1965** 306; *Temme* VersR **1984** 815; *Züchner* ZfV **1965** 335ff; VersR **1965** 329ff.

Für die Schwerpunktlehre *Heuer*, in: Der Spediteur als Frachtführer S. 43f; abwägend *Herber* VersR **1981** 996.

§§ 412, 413   Drittes Buch. Handelsgeschäfte

Vertragspartner zu verschaffen und die Zersplitterung des Frachtrechts in Sparten wenigstens teilweise zu überwinden, erscheint als richterliche Reaktion auf die bestehende, für den Verlader sehr ungünstige Rechtslage verständlich. Dies gilt vor allem für die Fälle einer Aufsplitterung der Beförderung in Teilbeförderungsstrecken. Auch wo diese nicht mißbräuchlich erfolgt, sondern der Kostengünstigkeit der Beförderung dient, stellt sie den Verlader und seine Transportversicherer vor schwierige Probleme der Haftungsdurchsetzung. Dies gilt in besonderem Maß für internationale Beförderungen.

b) Rechtssystematische Beurteilung

54   Durch die Gesamtbetrachtung wird ein Teil der Schwierigkeiten überbrückt, die durch die undifferenzierte Verweisung auf Frachtrecht in §§ 412, 413 und durch das Fehlen allgemeiner, vom Beförderungsmittel unabhängiger Frachtrechtsnormen (vgl. § 425³ Rdn. 17) entstehen. Rechtssystematisch ist sie jedoch schwer zu begründen. Teilweise kann sie der Sicherung des Anwendungsbereichs zwingenden Tarifrechts und damit auch der Sicherung gleicher Wettbewerbsvoraussetzungen dienen; vgl. die KVO-Fälle in Fn. 94. Soweit sie bei §§ 412, 413 die Anwendungsvoraussetzungen der Verweisung auf Frachtrecht erleichtert (vgl. Fn. 109–111) kann sie auf Auslegung dieser Vorschriften gestützt werden. Dagegen ist der Grundsatz, wonach der Rechtsstatus eines aus Teilabschnitten zusammengesetzten Beförderungsvorgangs dem auf den „überwiegenden" Beförderungsabschnitt anzuwendenden Recht unterliegt, eine freie Rechtsschöpfung der deutschen Gerichte. Sie entspricht nicht der wohl ganz überwiegenden internationalen Auffassung, die das sog. network-System für multimodale Transporte als maßgeblich ansieht, solange keine dafür anwendbaren Rechtsnormen bestehen; s. Rdn. 51.

c) Argumente gegen Gesamtbetrachtung und Schwerpunktlehre

55   Die Schwerpunktlehre führt zu **Schwierigkeiten bei der Abgrenzung** vor allem bei der Bestimmung des „überwiegenden" Beförderungsabschnitts. Hierfür liegen bisher keine exakten Kriterien vor. S. oben Rdn. 43. Wird z. B. eine Sendung von Hamburg nach Iran auf dem Seeweg zu einem türkischen Schwarzmeerhafen und von dort per LKW weiterbefördert (ein wegen des Golfkriegs z. Zt. häufiger Fall), dann läßt sich kaum ein überwiegender Beförderungsabschnitt festlegen. Zwar ist die Seestrecke länger; aber die Landstrecke ist risikoreicher und teurer. Der Spediteur würde möglicherweise nach Seerecht für Landschäden nur bis zu 1250,— DM pro Container haften (§ 660 HGB), wenn man die Seestrecke als überwiegend betrachtete. Sieht man dagegen die Landstrecke als dominierend an, so würde der Spediteur für Seeschäden nach der CMR bis fast 20,— DM pro kg (Art. 23 CMR) haften. Im letzteren Fall hätte er Regreßansprüche gegen einen deutschen Verfrachter nur in Höhe von DM 1250,— pro Container, da zwischen ihm und dem Verfrachter Seerecht maßgeblich ist. Weitere Fälle derartiger Beförderungen sind häufig. Eine angemessene Lösung solcher Fälle nach der Schwerpunktlehre erscheint daher nicht einmal möglich, wenn die Rspr. sich auf ein festes Kriterium für das „Überwiegen" einer Teilstrecke festlegen würde. S. auch Rdn. 43.

56   Gegen die Gesamtbetrachtung spricht ferner, daß der Haftung des Spediteurs gegenüber dem Versender **keine eigenen kongruenten Regreßansprüche** gegen ausführende Beförderer, Spediteure oder Lagerhalter gegenüberstehen, denn diese sind dem Spediteur nur für den jeweils von ihnen übernommenen Teilabschnitt verantwortlich und haften daher nach dem für diesen maßlichen Recht. Im Ergebnis trifft den Spediteur also unter bestimmten Umständen eine Haftung, die über das reine Delkredere noch weit hinausgeht. Die Inkongruenz von Spediteurhaftung und Spediteurregreß stellt eine erhebliche und nicht selten ungerechtfertigte Belastung des Spediteurs dar; siehe eingehender die Voraufl. § 412 Anm. 6; *Helm* in „Der Spediteur als Frachtführer" (vor §§ 407–409) S. 16 ff. Gegen die Gesamtbetrachtung bestehen daher auch wirtschaftliche Bedenken, die allerdings heute weniger gravierend erscheinen, weil seit einigen Jahren die Wirtschaft sich auf die neue Rspr. eingestellt hat und in der Änderung der ADSp (§ 2) sowie durch die Schaffung entsprechender Formen der Versicherungsdeckung (s. § 39 ADSp Rdn. 18 Anh. I nach § 415) auch einen Verteilungsmechanismus für die punktuellen durch die Rspr. geschaffenen Haftungsbelastungen entwickelt hat.

Umgekehrt kann eine konsequente Anwendung der Schwerpunktlehre zu einer **un-** **57** **angemessenen Verkürzung der Rechte des Versenders** führen. Für die entsprechenden in der Praxis häufigen Fallkonstellationen liegen bisher aus der Rspr. keine veröffentlichten Urteile vor, wohl deshalb, weil die Schadensregulierung einverständlich erfolgt. Solche Fälle sind gegeben, wenn der Schwerpunkt einer zusammengesetzten Beförderung nach der Gesamtbetrachtung in einem dispositiv geregelten Beförderungsbereich mit Freizeichnung (z. B. im Binnenschiffahrtsrecht oder im Seerecht ohne Konnossementsausstellung) liegt oder wenn das anzuwendende Recht dem Absender nur eine schwache Rechtsstellung gewährt (z. B. im Seerecht nach § 660 HGB, s. Rdn. 10). In diesen Fällen führt die Schwerpunktlehre zu unangemessenen Ergebnissen, wenn der Fixkostenspediteur dem Versender nur nach Binnenschiffahrts- oder Seerecht haften soll, auch wenn der Schaden z. B. im Bereich des Vorlaufs oder Nachlaufs nach KVO oder CMR entstanden ist. Die konsequente Anwendung nur des Sonderfrachtrechts des überwiegenden Beförderungsabschnitts würde dem Versender die (besseren) Rechtspositionen nach KVO oder CMR abschneiden. Dies läßt sich bei Fixkosten- und Sammelladungsspedition dadurch abmildern, daß man den Spediteur zur Abtretung seiner Ansprüche gegen den dritten Frachtführer verpflichtet; s. Rdn. 125. Hierdurch fallen Schäden des Versenders und Anspruchsberechtigung des Spediteurs zusammen. Ebenso können auch die Ansprüche durch den Spediteur für den Versender im Wege der Drittschadensliquidation geltend gemacht werden; s. §§ 407–409 Rdn. 149. Auch eine Geltendmachung im Wege der Rechtsstandschaft ist möglich; s. *Helm* Der Ersatzberechtigte im CMR-Haftpflicht-Fall, transpR **1983** 29 ff.

Die hier entwickelte Lösung versagt jedoch bei Selbstausführung des Vor- oder Nachlaufs, also bei (echtem) Selbsteintritt nach § 412; s. Rdn. 77. In diesem Falle bestehen keine abtretbaren Ansprüche gegen Dritte. Eine Anwendung der Schwerpunktlehre kann nicht in Betracht kommen. Würde der selbsteintretende Spediteur in diesen Fällen seinem Auftraggeber entsprechend der Schwerpunktlehre nur nach Seerecht, Binnenschiffahrtsrecht oder ADSp auch für die selbst ausgeführte Güterbeförderung auf der Straße haften, dann würden Transporte, die an sich unter KVO oder CMR fallen müßten, dadurch der zwingenden Wirkung dieser Normen gänzlich entzogen. Dazu BGH v. 25. 10. 1962, BGHZ **38** 105, 152. Die Schwerpunktlehre wäre insoweit mit § 26 GüKG und Art. 41 Abs. 1 CMR nicht vereinbar.

Bei Sammelversendung führt die Gesamtbetrachtung ebenfalls zu unsachgemäßen **58** Ergebnissen. Bewirkt der Spediteur den überwiegenden Teil der Beförderung in Sammelladung, dann unterliegen auch die übrigen Abschnitte dem Recht, das für diesen Abschnitt gilt. Wird dagegen im überwiegenden Streckenteil das Gut als Stückgut oder volle Wagenladung befördert, dann liegen die Voraussetzungen der Anwendung des Rechts des überwiegenden Hauptbeförderungsabschnitts nach § 413 Abs. 2 nicht vor. Die zusätzlichen Streckenteile unterstehen dann dem jeweiligen Spezialrecht. Dies bedeutet die Ungleichbehandlung völlig gleicher Schadensfälle, möglicherweise aus einer gemeinsam aufgegebenen Partie des Verladers. Siehe hierzu eingehend die Voraufl. § 413 Anm. 14. Die Frage hat freilich durch die zur Zeit übliche Fixkostenberechnung an praktischer Bedeutung verloren, weil Abs. 2 durch Abs. 1 des § 413 überlagert ist.

Bei echtem Selbsteintritt (außerhalb der KVO) ist die Problematik insoweit die gleiche wie bei Sammelversendung.

Bei Fixkostenspedition bestehen Probleme der Bestimmung des anwendbaren Rechts, wenn die Beförderung auf der überwiegenden Strecke noch nicht durchgeführt war und der Spediteur freie Hand hatte, die Beförderungsart auf der Hauptstrecke zu bestimmen; z. B. bei Schäden im Abhol- und Vorlagerungsbereich. Das anzuwendende Recht läßt sich dann kaum nach dem Prinzip der Gesamtbetrachtung bestimmen.

59   Insgesamt ist daher die **Schwerpunktlehre als genereller Lösungsansatz abzulehnen**. Die Gesamtbetrachtung kann zwar für die Verlader günstigere Rechtsverhältnisse schaffen. Sie hat auch neue Probleme hervorgebracht, die ohne Schaffung vereinheitlichter, die Spartentrennung im Frachtrecht überwindender Rechtsnormen kaum befriedigend gelöst werden können.

IV. Ausländisches Recht

60   Die Abgrenzungsproblematik spielt auch in ausländischen Rechten eine Rolle. Die österreichische Rspr. entspricht weitgehend der deutschen; sie ist in die allgemeine Kommentierung eingearbeitet. Hinsichtlich der Auslandsrechte s. die zu §§ 407–409 Rdn. 66 angegebene Literatur.

Einzelhinweise:

Zum englischen Recht s. Queen's Bench Division ETR **1984** 411 ff (Fixkostenspediteur als Frachtführer); ferner *Schmid-Lossberg* Deutsche Verkehrszeitung v. 24. 9. 1983, S. 33 ff. Zum türkischen Recht s. VersR **1982** Auslandsbeilage Nr. 4, S. 64. Im französischen Recht ist die Abgrenzungsfrage weniger bedeutsam wegen der weitgehend zwingenden speditionsrechtlichen Haftung. Zum italienischen Recht s. LG Aschaffenburg transpR **1984** 82–84.

B. Primäre Qualifikation als Fracht- oder Speditionsvertrag
I. Übernommene Pflichten als Ausgangspunkt

61   Ausgangspunkt der primären Qualifikation sind die vom betreffenden Unternehmer übernommenen Hauptpflichten. Hat sich der Spediteur verpflichtet, die Beförderung von Gütern zu übernehmen, so liegt zumindest insoweit ein Frachtvertrag vor. Das anzuwendende Sonderrecht bestimmt sich nach den Anwendungskriterien für die einzelnen frachtvertraglichen Regelungen; s. § 425³ Rdn. 2 ff. Die Übernahme einer Beförderungspflicht bedeutet nicht, daß der Unternehmer die Beförderung selbst mit eigenen Beförderungsmitteln hat ausführen wollen. Vielmehr ist auch die Übernahme einer Verpflichtung möglich, wenn sie durch Subunternehmer (Unterfrachtführer oder Lohnfuhrunternehmer) oder mit gemieteten oder gecharterten Verkehrsmitteln erfüllt werden soll. Bei multimodalen Transporten ist dies mindestens für Teilstrecken sogar die Regel.

Hat dagegen der Unternehmer nur die Besorgung der Versendung übernehmen wollen, dann liegt primär ein Speditionsvertrag vor. Die Frage, ob dennoch Frachtrecht auf diesen Vertrag anzuwenden ist, regelt sich nach §§ 412, 413; s. Rdn. 2, 3.

II. Feststellung des Parteiwillens
1. Nicht revisible Tatsachenermittlung

Die Feststellung des Parteiwillens ist Tatsachenfeststellung, auch soweit sie durch **62** Auslegung erfolgt, also in der Revisionsinstanz nicht frei überprüfbar. Den Landgerichten und Oberlandesgerichten kommt damit ein erheblicher Spielraum bei der Bestimmung des anwendbaren Fracht- oder Speditionsrechts zu. Nur ausnahmsweise wird sich aus den ausdrücklichen Vereinbarungen der Parteien ein deutlicher übereinstimmender Wille zum Abschluß eines Frachtvertrags oder Speditionsvertrags ergeben. Typischerweise beruft sich der Berufsspediteur darauf, er habe keine Pflicht zur Ausführung der Beförderung übernehmen wollen. Dann müssen die Umstände des Falles für die Willensermittlung herangezogen werden. Dabei kommt es auf den objektiven Erklärungswert des Verhaltens der Parteien an, insbesondere darauf, ob der Auftraggeber nach dem gesamten Verhalten des Spediteurs davon ausgehen konnte, dieser habe sich zur Ausführung der Beförderung verpflichten wollen. Den Umständen des Falles kommt dabei in der Regel nur die Bedeutung von Indizien zu; s. Rdn. 64–71; eingehende Auswertung der Fallgruppen bei *Papp* S. 172ff und *Jungfleisch* S. 50ff; *Guelde/Willenberg*³ § 1 KVO Rdn. 40ff. Die Rspr. hat sich häufig und intensiv mit der Feststellung des Vertragstypus befaßt und ist in Zweifelsfällen (insbesondere in jüngerer Zeit) überwiegend zur Annahme von Speditionsverträgen gelangt. Frachtrecht kam dann allerdings vielfach über §§ 412, 413 zur Anwendung. Im Hinblick auf § 1 Abs. 5 KVO kommt der primären Feststellung des Vertragstypus nunmehr allerdings eine gesteigerte Bedeutung zu, s. Rdn. 25.

Unsorgfältige und offenbar vom Ergebnis ausgehende sog. „**Feststellungen**" des Ver- **63** tragsinhalts sind selten. Offenkundig unrichtig ist jedoch das BGH-Urteil vom 23. 6. 1978, VersR **1978** 946ff. Nach dem Tatbestand dieses Urteils hatte der Auftraggeber dem Bekl., der u. a. Spedition und Nahverkehr betrieb, einen schriftlichen „Verladeauftrag" erteilt, nach dem dieser „als Übernahmespediteur" Güter „zur Weiterleitung an Empfangsspedition" nach B. erhielt. Der Auftrag wurde im Nahverkehrsbereich vom Bekl. mit eigenen Fahrzeugen und dann durch einen anderen Spediteur im Sammelladungsverkehr ausgeführt. Die Entscheidungsgründe des BGH-Urteils führen aus: „Das Berufungsgericht stellt fest, der Bekl. sei aufgrund des Vertrages … verpflichtet gewesen, für die Verbringung der Geräte nicht nur bis M., sondern bis zur Empfängerin … zu sorgen; die Parteien seien sich darüber einig gewesen, daß der Transport mit Kraftfahrzeugen ausgeführt werden sollte. Diese Feststellungen werden von der Revision nicht angegriffen. Hiernach haben die Parteien keinen Speditionsvertrag, sondern einen Vertrag über die Beförderung von Gütern mit Kraftfahrzeugen geschlossen …". Die Schlußfolgerung des BGH ist nicht akzeptabel, vor allem weil sie jede Rechtssicherheit zerstört. Alle Indizien des Falles weisen auf einen typischen Sammelladungs-Speditionsvertrag hin. Überdies hätte die Frage offenbleiben können, weil ohnehin über §§ 412, 413 Abs. 2 Frachtrecht anzuwenden gewesen wäre (Hilfsbegründung des BGH). Das zitierte Urteil wird vom damaligen Senatsmitglied Bundesrichter *Alff*[118] überdies unrichtig wiedergegeben: Das Berufungsgericht hatte nach dem Tatbestand des BGH-Urteils nicht festgestellt, der Unternehmer sei „zur Beförderung" verpflichtet gewesen, sondern dazu, „für die Verbringung" der Güter nach B. „zu sorgen". Wenn das Berufungsgericht auf dieser Grundlage einen Frachtvertrag angenommen haben sollte, dann hätte dies in der Revision nicht akzeptiert werden können. Es liegt danach

---

[118] Neuere höchstrichterliche Rechtsprechung zum Speditions- und Frachtrecht, RWS Seminarskript Nr. 61 (1980), 3.

§§ 412, 413   Drittes Buch. Handelsgeschäfte

nahe, daß die letztlich nicht entscheidungstragende Partie des Urteils aus einer gewissen Verärgerung über den Eingriff des Verordnungsgebers in die Rspr. des BGH durch § 1 Abs. 5 KVO erklärt werden kann; vgl. dazu *Alff* aaO S. 2, 11, 12. Nachdem sich mit dem Urteil vom 4. 2. 1982 im zuständigen Senat die Auffassung durchgesetzt hat, daß § 1 Abs. 5 KVO gültig ist (s. Rdn. 22), erscheint auch das Urteil vom 23. 6. 1978 als vernachlässigbarer und inzwischen überwundener Mißgriff. Die neuere Rspr. des BGH, die für Sammelladungsfälle stets Speditionsverträge annimmt, bestätigt diese Ausdeutung, s. Rdn. 68.

2. Indizien für die Willensermittlung

a) Deutliche Vereinbarungen, Wortlaut

64   Deutliche Umschreibungen des Vertragsinhalts, insbesondere der zu erbringenden Leistungen des Spediteurs, sind stets die sichersten Anhaltspunkte. Wird z. B. der Spediteur unstr. mit dem „Transport" von Gütern beauftragt, dann liegt ein Frachtvertrag vor[119]. Die Beauftragung mit dem „Transport", mit dem „Abfahren" der Güter und die Inrechnungstellung nur der Seefracht sprechen ebenfalls für Frachtvertrag[120]. Verpflichtet sich der Spediteur, die Güter zu „übernehmen und nach X zu bringen", dann übernimmt er eine Beförderungspflicht, es liegt ein Frachtvertrag vor[121]. Der ausdrückliche Auftrag, zum Zwecke der Beförderung mit einem Luftfrachtführer einen Luftfrachtvertrag abzuschließen, ist eindeutig ein Speditionsauftrag[122]. Überhaupt ist die Übernahme speditioneller Verrichtungen ein Anzeichen für Speditionsvertrag[123].

Der Wortlaut der Vereinbarungen ist im Zweifel maßgeblich; jedenfalls dann, wenn die übrigen Umstände nichts anderes ergeben. So spricht die Bezeichnung als „Speditionsauftrag" in aller Regel für den Willen zum Abschluß eines Speditionsvertrags[124]. Dies gilt jedenfalls dann, wenn „kein Anlaß" besteht, vom Wortlaut abzuweichen[125]. Doch reicht auch ein ausdrücklicher Hinweis in den auf der Rückseite des ausgestellten Dokuments abgedruckten AGB, der Unternehmer handle nur als Spediteur, bei überwiegenden gegenteiligen Indizien nicht aus, um einen Speditionsvertrag anzunehmen[126]. Solche Indizien müssen aber im konkreten Fall wirklich gegeben sein; daher unzutreffend BGH vom 23. 6. 1978, VersR **1978** 346, der trotz „Verladeauftrag" an einen „Übernahmespediteur" Frachtvertrag annimmt. Dazu oben Rdn. 63.

b) Beförderungsdokumente

65   Nimmt der Spediteur einen **Frachtbrief** an, in dem er als Frachtführer bezeichnet ist oder stellt er einen solchen für den Auftraggeber aus, dann kann im Regelfall vom Abschluß eines Frachtvertrags ausgegangen werden[127]. Der Frachtbrief erbringt hierfür (widerlegbaren) Beweis; s. § 426³ Rdn. 3. Die Ausstellung eines Binnenkonnossements spricht für den Abschluß eines Frachtvertrages[128].

---

[119] Österr. OGH v. 20. 1. 1982, transpR **1985** 133; OLG Frankfurt NJW **1976** 1036; LG Berlin transpR **1985** 134f; gegen diese Rspr. *Jungfleisch* S. 50f.
[120] OLG Hamburg VersR **1981** 527.
[121] BGH vom 25. 10. 62, BGHZ **38** 150, 153.
[122] OLG Frankfurt VersR **1976** 628, 629.
[123] OLG Frankfurt BB **1977** 816.
[124] BGH v. 17. 5. 1984, VersR **1984** 844, 845; OLG Frankfurt VersR **1983** 1055; OLG München transpR **1984** 174, 175; LG Krefeld transpR **1978** 73.
[125] BGH v. 16. 2. 1984, transpR **1984** 121f = VersR **1984** 378, 379.
[126] BGH vom 22. 4. 1982, BGHZ **84** 101, 104.
[127] BGH vom 28. 5. 1971, VersR **1971** 755; v. 22. 4. 1982, BGHZ **84** 101, 104 (Luftfrachtbrief, trotz Hinweis, er handle nur als Spediteur); OLG Düsseldorf VersR **1965** 952; wohl auch schon OLG Düsseldorf VersR **1966** 56f; *Papp* S. 185f.
[128] BGH vom 26. 10. 1981, VersR **1982** 235, 236.

Aus dem Frachtbrief lassen sich aber in besonderen Fällen Gegenargumente herleiten. Erscheint in einem Frachtbrief der Spediteur als Absender des Unterfrachtvertrags, so spricht dies für Speditionsvertrag zwischen ihm und seinem Auftraggeber[129]. Die doppelte Selbsteintragung im Frachtbrief als Absender und Frachtführer spricht für Selbsteintritt, also für Speditionsvertrag[130]. Wird in einem Luftfrachtbrief nicht der Spediteur, sondern ein Luftfrachtunternehmen als Luftfrachtführer eingetragen, dann spricht dies ebenfalls für Speditionsvertrag zwischen dem Auftraggeber und dem Spediteur[131]. Weist ein sonst richtig ausgefüllter Frachtbrief in der Spalte „Frachtführer" keine Eintragung auf, dann spricht dies für einen Speditionsvertrag[132]. Die Bezeichnung der vom Spediteur benützten Formulare als Frachtbriefe reicht nicht zur Qualifikation des Vertrags als Frachtvertrag aus, wenn andere Gesichtspunkte für Speditionsvertrag sprechen[133].

Wird kein Frachtbrief ausgestellt, so läßt sich daraus häufig der Schluß ziehen, daß kein Frachtvertrag, sondern ein Speditionsvertrag abgeschlossen war; die Rspr. ist jedoch uneinheitlich[134]. Im Güterfernverkehr, wo öffentlichrechtlicher Frachtbriefzwang herrscht, ist der Schluß am ehesten gerechtfertigt. Maßgeblich sind jedoch vor allem die übrigen Umstände.

Stellt der Spediteur **typische Spediteurpapiere** aus, dann ist darin ein Indiz für einen **66** Speditionsvertrag zu sehen; in Betracht kommt vor allem die Spediteurübergabebescheinigung[135], ein „Spediteurfrachtbrief"[136], ein „forwarders bill of lading" (Spediteurkonnossement)[137]. Die Verwendung von speditionstypischen Formularen bei der Abwicklung von Aufträgen spricht ebenfalls für einen Speditionsvertrag, z. B. eines „Luftfracht-Versandauftrags"[138] und eines Bordero (Bordereau)[139]. Dagegen ist die Ausstellung eines Dokuments des kombinierten Transports, insbesondere auch eines FBL[140], ein Indiz für den Abschluß eines Frachtvertrags, weil der Spediteur in diesem Fall als Beförderer im multimodalen Transport handelt; s. § 425³ Rdn. 19, 26.

c) **Firmierung des beauftragten Unternehmens**

Führt der beauftragte Unternehmer eine Firmenbezeichnung, die auf ein Speditions- **67** unternehmen hinweist, dann spricht dies im Zweifel dafür, daß die Parteien einen Speditionsvertrag abschließen wollten[141], auch wenn die Firmenbezeichnung sich nicht auf Spedition beschränkt, sondern einen Gemischtbetrieb (Speditions- und Transportunter-

---

[129] KG VersR **1983** 334 (zweifelhaft).
[130] OLG Karlsruhe VersR **1983** 485.
[131] OLG Stuttgart VersR **1980** 183.
[132] OLG München vom 4. 4. 1979, in VersR **1979** 713f nicht mit abgedruckt; aA *Papp* S. 186 gegen *Sieg* VersR **1965** 305.
[133] OLG Frankfurt vom 17. 9. 1980, berichtet DVZ vom 21. 10. 1980 S. 1–2.
[134] Für Speditionsvertrag: BGH v. 17. 5. 1984, VersR **1984** 844, 845; OLG Hamburg VersR **1970** 741; OLG Saarbrücken VersR **1974** 1171; trotzdem für Frachtvertrag: OLG Frankfurt VersR **1976** 655, 656.
[135] OLG Stuttgart transpR **1978** 70; OLG Düsseldorf VersR **1978** 173 und VersR **1982** 1076, 1077; KG transpR **1983** 22 = VersR **1983** 334; OLG Hamburg transpR **1984** 153; s. z. Spediteurübernahmebescheinigung Anh. IV nach § 415 Rdn. 2 ff; §§ 407–409 Rdn. 136 ff.

[136] OLG Stuttgart VersR **1972** 532; *Papp* S. 191.
[137] LG Hamburg ETR **1980** 444, 448.
[138] OLG Stuttgart VersR **1980** 183.
[139] BGH vom 10. 2. 1983, transpR **1983** 64, 65f = VersR **1983** 551f; OLG Düsseldorf VersR **1978** 173; OLG Koblenz transpR **1985** 137; OLG Stuttgart VersR **1982** 90. LG Münster transpR **1984** 180, 181; z. Bordero s. §§ 407–409 Rdn. 138.
[140] S. §§ 407–409 Rdn. 136f u. Anh. IV nach § 415 Rdn. 13 ff.
[141] OLG Hamburg VersR **1970** 741 (Firma Spedition, Tätigkeit Gemischtbetrieb); OLG Stuttgart VersR **1972** 532 (Firma Spedition, Tätigkeit Gemischtbetrieb); transpR **1978** 70; VersR **1975** 729, 730 (Auftreten im Geschäftsverkehr als Spediteur); OLG München VersR **1979** 713, 714; OLG Frankfurt vom 17. 9. 1980, berichtet DVZ v. 21. 10. 1980 S. 1–2; LG Krefeld transpR **1978** 73 ff; *Jungfleisch* S. 48f.

§§ 412, 413   Drittes Buch. Handelsgeschäfte

nehmen) ausweist[142]. Liegen gegenteilige Indizien vor, dann reicht jedoch die Firmierung als Speditionsunternehmen nicht aus, um die Qualifikation des Vertrags als Speditionsvertrag zu begründen[143]. Aus der Bezeichnung „Kraftwagensammelverkehr" läßt sich nicht auf Speditionsvertrag, sondern eher auf KVO-Frachtvertrag schließen[144].

d) Sammelversendung

68   War dem Spediteur der Auftrag erteilt, Güter im Sammeltransport befördern zu lassen (§ 413 Abs. 2), dann liegt regelmäßig ein Speditionsvertrag vor und zwar auch dann, wenn der Spediteur die Sammelladung selbst befördert[145]. Typisch ist dies bei Gütern, die wegen ihres geringen Gewichts oder Umfangs[146] oder wegen unterschiedlicher Adressaten[147] als Sammelgut kostengünstig befördert werden können. Auch die Ausstellung eines Bordero spricht für Sammelversendung und Speditionsvertrag; s. Fn. 139. Die Abrechnung nach Sammelguttarif ist bereits Indiz für Speditionsvertrag[148].

e) Vereinbarung der ADSp

69   Hinweise auf die ADSp von Seiten des Spediteurs können kein Indiz für die Qualifikation als Fracht- oder Speditionsvertrag darstellen. Nach ihrem § 2 a sind die ADSp nicht nur auf Speditionsverträge, sondern grundsätzlich auch auf Frachtverträge anzuwenden. Sie sind daher typusneutral. Fast die gesamte Abgrenzungsproblematik bezieht sich auf die Frage, ob trotz der Vereinbarungen der ADSp (zwingendes) Frachtrecht anzuwenden ist. Mit Recht ist dabei der Vereinbarung der ADSp keine selbständige Bedeutung für die Qualifikation des betreffenden Vertrages zugewiesen worden[149].

f) Speditionsversicherung

70   Ein Indiz für die Annahme eines Speditionsvertrags kann sich allenfalls aus der Deckung der Speditionsversicherung ergeben. Außer für den Güternahverkehr ist die Deckung der Speditionsversicherung für Frachtverträge wirtschaftlich fast sinnlos[150]. Wünscht der Auftraggeber die Speditionsversicherung oder läßt er sich auf den Wunsch des Spediteurs nach Deckung dieser Versicherung ein, dann wird in der Rechtsprechung gelegentlich aus diesem Verhalten geschlossen, daß er mit dem Abschluß eines Speditionsvertrags einverstanden ist. Diese Schlußfolgerung bleibt allerdings problematisch, weil der Auftrag, den Vertrag in der Speditionsversicherung zu versichern, meist nur formularmäßig erteilt wird oder kraft § 39a ADSp automatisch als erteilt gilt. Vielfach

---

[142] OLG Frankfurt BB **1977** 816 (Gemischtbetrieb, vom Auftraggeber als Spediteur angeschrieben); OLG Hamburg transpR **1984** 178, 179 = VersR **1984** 57.
[143] OLG Hamburg VersR **1981** 527 (Spediteur als Verfrachter) u. VersR **1984** 57.
[144] OLG Karlsruhe VersR **1965** 329, 330.
[145] BGH vom 10. 2. 1983, transpR **1983** 64, 65 = VersR **1983** 551 und vom gleichen Tag: BGHZ **87** 4, 5f = transpR **1983** 63f = VersR **1983** 482; OLG München VersR **1968** 365, 366; OLG Hamburg VersR **1970** 741; OLG Stuttgart VersR **1972** 532; OLG Frankfurt vom 17. 9. 1980, berichtet DVZ vom 21. 10. 1980 S. 1–2; OLG Stuttgart VersR **1982** 90; OLG Karlsruhe VersR **1983** 485; OLG Frankfurt VersR **1983** 1055; OLG Koblenz VersR **1983** 1073 (mit eingehender Begründung); OLG Hamburg VersR **1984** 57; OLG Karlsruhe transpR **1983** 146, 147; LG Münster transpR **1984** 180, 181; s. a. Willenberg KVO³ § 1 Rdn. 49.
[146] OLG Stuttgart VersR **1982** 90 u. BGH vom 10. 2. 1983, transpR **1983** 64, 65 = VersR **1983** 551; OLG Stuttgart VersR **1972** 532; OLG Hamburg transpR **1982** 75 f.
[147] OLG Hamburg VersR **1970** 741.
[148] OLG Frankfurt vom 17. 9. 1980, berichtet DVZ vom 21. 10. 1980 S. 1–2.
[149] A. A. *Jungfleisch* S. 55; die dortige Verweisung auf *Guelde/Willenberg* KVO³ § 1 Rdn. 51 ist irreführend, weil dort die Vereinbarung der ADSp nicht als selbständiges Abgrenzungsmerkmal verwendet wird.
[150] S. die Deckungsausschlüsse in § 5 SVS/RVS, Anh. II nach § 415. Haftungslücken deckt aber der SVS/RVS in der CMR- und KVO-Spedition; s. § 5 SVS/RVS Rdn. 11.

wird der Auftraggeber die entsprechenden Rückschlüsse auf den Rechtscharakter des Vertrags nicht ziehen; häufig wohl auch aus mangelnder Kenntnis der Rechtslage. Die Rspr. hat immerhin gelegentlich die Kenntnis des Auftraggebers von der Speditionsversicherung als ein Indiz für den Willen zum Abschluß eines Speditionsvertrags verwendet, so vor allem das Verbot der Speditionsversicherung durch den Auftraggeber[151] oder den Umstand, daß das Auftragsformular eine Spalte für SVS-Warenwert enthielt[152]. Mit diesen Indizien ist jedoch Vorsicht geboten. Für sich alleine muß ihre Aussagekraft bezweifelt werden. Maßgeblich sind vor allem die übrigen Umstände des Falles. Daß der Unternehmer den Speditionsversicherungsschein gezeichnet hat, ist kein brauchbares Indiz für die Rechtsnatur der einzelnen abgeschlossenen Verträge, da die Generalpolice der Speditionsversicherung von jedem Verkehrsunternehmen, das unter anderem auch speditionelle Leistungen anbietet, gezeichnet wird[153]. Aussagekräftiger ist die (interne) Anmeldung des Auftrags beim Speditionsversicherer; § 6 SVS Rdn. 3. Aus ihr läßt sich jedoch nur auf den Willen des Spediteurs, nicht dagegen des Auftraggebers schließen.

g) Existenz und Benutzung eigenen Laderaums

Ob der beauftragte Unternehmer eigene Transportmittel besitzt, ist für die Qualifikation des abgeschlossenen Vertrags als Speditions- oder Frachtvertrag grundsätzlich bedeutungslos[154], denn auch der Beförderer kann die übernommene Beförderungspflicht durch Dritte ausführen lassen, die den Laderaum auf Grund von Unterfrachtverträgen, Charterverträgen, Mietverträgen zur Verfügung stellen. Umgekehrt kann auch ein Spediteur die Beförderung, für die er nur die „Besorgung der Versendung" übernommen hat, nach § 412 HGB mit eigenen Beförderungsmitteln selbst ausführen (Selbsteintritt). Die Selbstausführung ist daher auch kein Indiz für einen primären Frachtvertrag[155]; ebensowenig wie die Fixkostenvereinbarung nach § 413 Abs. 1[156]. Allenfalls kann, wenn beiden Teilen das Fehlen eigenen Laderaums bekannt war, der Abschluß eines Frachtvertrags etwas weniger wahrscheinlich sein. Entscheidend sind auch dann die gesamten Umstände des Falles[157].

Demgegenüber ist es ein anerkanntes Indiz für einen Frachtvertrag, **wenn** nach den vertraglichen Vereinbarungen **der Spediteur eigenen Laderaum einzusetzen hat** und für Speditionsvertrag, wenn dies nicht vereinbart ist[158].

h) Rahmenverträge

Besteht zwischen den Parteien ein Rahmenvertrag, so spricht dies nicht automatisch für Frachtvertrag; BGH v. 17. 5. 1984, VersR **1984** 844, 845. Entscheidend wird es jedoch auf den im Urteil nicht angesprochenen Inhalt des Rahmenvertrags ankommen.

---

[151] OLG Hamburg VersR **1970** 741; wohl auch OLG Stuttgart VersR **1975** 729, 730 („Verbot der Transportversicherung"); OLG Frankfurt vom 17. 9. 1980, berichtet DVZ vom 21. 10. 1980 S. 1; zum Verbot s. §§ 407–409 Rdn. 147 u. § 6 SVS/RVS Rdn. 2, Anh. II nach § 415.

[152] OLG Frankfurt VersR **1983** 1055.

[153] Anders jedoch OLG Frankfurt BB **1977** 816.

[154] BGH vom 26. 10. 1981, VersR **1982** 235, 236; OLG Hamburg VersR **1981** 527.

[155] Unstr.; s. BGH vom 10. 2. 1983, transpR **1983** 64, 66 = VersR **1983** 551, 552; OLG Stuttgart VersR **1982** 90, 91.

[156] Unstr.; s. zuletzt OLG Karlsruhe VersR **1983** 485 u. transpR **1983** 146, 147.

[157] So ist wohl OLG Frankfurt VersR **1976** 628, 629 zu verstehen.

[158] BGH vom 6. 6. 1973, I ZR 64/77 (unveröff.); BGH vom 10. 2. 1983, transpR **1983** 64, 65 = VersR **1983** 551, 552; OLG Stuttgart VersR **1982** 90, 91; OLG Koblenz VersR **1983** 1073; OLG München transpR **1984** 174, 175; OLG Karlsruhe transpR **1983** 146, 147.

C. Selbsteintritt (§ 412 HGB)
I. Rechtsnatur des Selbsteintritts
1. Gesetzliche Regelung

73 Wie der Kommissionär gemäß §§ 400–405 HGB kann der Spediteur durch Selbsteintritt die Ausführung des Beförderungsgeschäfts selbst übernehmen. Andere Ausführungsgeschäfte darf der Spediteur ohne besonderes Einverständnis des Versenders nicht selbst ausführen (z. B. Versicherung des Gutes). Die kommissionsrechtlichen Vorschriften über den Selbsteintritt gelten nach allgemeiner Auffassung für den Speditionsvertrag nicht. Die ADSp enthalten keine Sonderregelung.

Aus dem Gesetz selbst ist die Rechtsnatur des Selbsteintritts nicht ersichtlich. Ausdrücklich bestimmt § 412 HGB nur, daß der Spediteur die Beförderung selbst *ausführen* darf und welche Folgen sich an die Selbstausführung knüpfen. Daraus läßt sich zunächst nur der sichere Schluß ziehen, daß es für den Selbsteintritt zumindest vor der Ausführung keiner abzugebenden Willenserklärung des Spediteurs bedarf.

2. Literatur

74 Die Rechtsnatur des speditionsrechtlichen Selbsteintritts entspricht nach der in der Literatur überwiegend vertretenen Auffassung der des kommissionsrechtlichen Selbsteintritts[159]. Da § 412 HGB den Selbsteintritt nur sehr allgemein regelt und alle Einschränkungen und Besonderheiten, die das Kommissionsrecht für den Selbsteintritt des Kommissionärs vorsieht, fehlen, ist jedoch zweifelhaft, ob der Selbsteintritt des Spediteurs strukturell mit dem des Kommissionärs voll zu vergleichen ist. Dies gilt auch im Hinblick auf die sehr unterschiedlichen Folgen des kommissionsrechtlichen und speditionsrechtlichen Selbsteintritts. In der Literatur wird überwiegend angenommen, der Selbsteintritt nach § 412 stelle eine einseitige Willenserklärung des Spediteurs dar[160, 161], wobei lediglich streitig ist, ob diese Willenserklärung empfangsbedürftig ist[162] und ob der Spediteur den Selbsteintritt schon vor der Ausführung der Beförderung erklären kann[163].

3. Rechtsprechung

75 Die Rspr. hat die Rechtsnatur des Selbsteintritts bisher weitgehend offengelassen[164]. Von den veröffentlichten neueren Entscheidungen befaßt sich — soweit ersichtlich — kaum eine damit, eine Willenserklärung und deren Zugang auch nur irgendwie zu prüfen[165]. Vielmehr gehen die Urteile aufgrund der tatsächlichen Fallgestaltungen ganz überwiegend ohne nähere Erörterung davon aus, daß die reine Selbstausführung durch den Spediteur die Folgen von § 412 Abs. 2 nach sich zieht[166].

---

[159] *Baumbach/Duden/Hopt*[26] Anm. 1; *Schlegelberger/Schröder*[5] Rdn. 5.
[160] *Baumbach/Duden/Hopt*[26] Anm. 1; *Schlegelberger/Schröder*[5] Rdn. 5; *Jungfleisch* S. 29; *Papp* S. 63 ff.
[161] Für Realakt *Krien* § 52 ADSp S. 60; *Debling* S. 77, *Kirchhof* VersR **1983** 609.
[162] Für Empfangsbedürftigkeit: *Baumbach/Duden/Hopt*[26] § 412 Anm. 1 i. V. m. § 405 Anm. 1; *Gierke* S. 567; *Jungfleisch* S. 29 f; *Züchner* VersR **1968** 1021; wohl auch *Heymann/Kötter*[21] Anm. 2. Dagegen *Schlegelberger/Schröder*[5] Rdn. 5.
[163] Dagegen *Schlegelberger/Schröder*[5] Rdn. 6 f.
[164] OLG Hamburg transpR **1984** 178, 179 = VersR **1983** 57 (wohl eher für Tathandlung); unklar OLG Hamburg VersR **1975** 660, das in der Ausstellung eines Luftfrachtbriefs durch den Spediteur zugleich Selbsteintritt und Vertragsänderung in einen Luftfrachtvertrag sieht.
[165] Allenfalls OLG Hamburg VersR **1975** 660 f.
[166] BGH v. 25. 10. 1962, BGHZ **38** 150, 154; v. 27. 1. 1982, NJW **1982** 1944, 1945; v. 10. 2. 1983, transpR **1983** 64, 65 = VersR **1983** 551, 552; OLG München VersR **1966** 842; OLG Stuttgart VersR **1975** 729, 730 und VersR **1982** 90, 91; OLG Köln transpR **1984** 35 = VersR **1983** 486; OLG Düsseldorf VersR **1983** 631; OLG Koblenz VersR **1973** 1073.

4. Eigene Auffassung: Realakt

Nach Wortlaut und Sachzusammenhang zwingt das Gesetz nicht dazu, im Selbsteintritt eine Willenserklärung zu sehen. Das Gesetz kann sich durchaus damit begnügen, dem Spediteur die Selbstausführung als reine Tathandlung als Erfüllung des Speditionsvertrags zu gestatten und zur Voraussetzung für die Anwendung von Frachtrecht zu machen. Auch ist es eine sehr zweifelhafte Konsequenz, etwa bei Selbstausführung durch einen nicht vertretungsberechtigten Arbeitnehmer des Spediteurs oder bei nachträglicher Anfechtung des Selbsteintritts[167] nach erfolgter Beförderung den tatsächlichen Beförderungsvorgang nicht dem Frachtrecht unterstellen zu wollen. Einfacher und sachgerechter ist es daher, den Selbsteintritt beim Speditionsvertrag als rein tatsächlichen Vorgang ohne rechtsgeschäftlichen Charakter anzusehen, an den sich die Anwendbarkeit des Frachtrechts als gesetzliche Folge knüpft; s. Fn. 161. Danach bedarf es für den Selbsteintritt überhaupt keiner Erklärung, auch nicht ihres Zugangs — wie dies auch der praktischen Handhabung sicher am nächsten kommt. Dies entspricht auch der Haltung der Rspr. zur „Bewirkung" der Sammelversendung in § 413 Abs. 2 Satz 1; s. Rdn. 136.

Ein **Selbsteintritt durch Willenserklärung des Spediteurs** ist auch nach der hier vertretenen Auffassung möglich, wenn dem Spediteur vertraglich eine solche einseitige Gestaltung des Vertragsinhalts gestattet ist. Ob sich dies für den Selbsteintritt bereits aus § 315 BGB unmittelbar ableiten läßt, kann offenbleiben, denn der Grundsatz der Vertragsfreiheit erlaubt jedenfalls auch die Vereinbarung eines Rechts zur einseitigen Umgestaltung des Vertragsinhalts. Insbesondere beim unechten Selbsteintritt ist daher die Übernahme von Frachtführer-Pflichten durch Selbsteintritts-Willenserklärung möglich, jedoch nicht vom Gesetz ausdrücklich zugelassen, s. Rdn. 81.

In der Praxis ist die Bedeutung der theoretischen Frage nach der Rechtsnatur des Selbsteintritts gering. Dies liegt vor allem daran, daß der Selbsteintritt zumeist in solchen Fällen erfolgt, in denen bereits eine Fixkostenvereinbarung nach § 413 Abs. 1 oder Sammelversendung nach § 413 Abs. 2 vorliegt, so daß ohnehin Frachtrecht anzuwenden ist. S. zu diesem ineinander greifenden Problemkreis Rdn. 16.

II. „Echter" und „unechter" Selbsteintritt

1. Gesetzliche Regelung

Das Gesetz sieht in § 412 nicht vor, daß der Spediteur durch bloße Erklärung des Selbsteintritts die Rechtsstellung eines Frachtführers übernehmen, die Beförderung aber durch einen Unterfrachtführer (§ 432) ausführen lassen kann (sog. unechter Selbsteintritt)[168]. Auch eine Selbstausführungsanzeige (s. § 400 Abs. 2 Satz 2) kennt das Speditionsrecht nicht. Sie kann auch nicht aus der Benachrichtigungspflicht des Spediteurs hergeleitet werden; s. §§ 407–409 Rdn. 122. In der Praxis bedeutet dies, daß der Auftraggeber bei schadensfreiem Verlauf vom Selbsteintritt überhaupt nichts erfährt. Keine Bestimmung des Speditionsrechts erfüllt daher eine Warnfunktion zu seinen Gunsten.

2. Literatur

In der Literatur wird der „unechte" Selbsteintritt weitgehend für zulässig gehalten[169]. Eine Begründung dafür wird regelmäßig nicht gegeben. Sie erscheint wohl deshalb als überflüssig, weil der Selbsteintritt als Willenserklärung angesehen wird; s. Rdn. 74.

---

[167] Schlegelberger/Schröder[5] Rdn. 5.
[168] Sieg VersR **1965** 302; übliche Terminologie; ablehnend zu dieser Papp S. 128 f.
[169] Ratz in der 2. Aufl. dieses Kommentars Anm. 2; Schlegelberger/Schröder[5] Rdn. 9; Baumbach/Duden/Hopt[26] Anm. 1; Heymann/Kötter[21] Anm. 3; Sieg VersR **1965** 302; Capelle/Canaris[20] S. 276; Karsten Schmidt S. 732; Jungfleisch S. 33; Merz VersR **1982** 215. Gegen automatische Zulässigkeit Schmidt VersR **1975** 985.

§§ 412, 413 Drittes Buch. Handelsgeschäfte

3. Rechtsprechung

79 Die Rspr. verwendet selten den Ausdruck „echter Selbsteintritt"[170]. Der unechte Selbsteintritt wird gelegentlich ohne nähere Klärung der Umstände zugelassen[171]. Praktische Probleme sind offenbar bisher kaum aufgetreten.

4. Gesetzgebung

80 Die Unterscheidung zwischen echtem und unechtem Selbsteintritt hat durch die Einführung von § 1 Abs. 5 KVO (s. dazu Rdn. 25) neue Bedeutung gewonnen. Nach dieser Vorschrift gilt die KVO im Verhältnis zwischen Spediteur und Auftraggeber nur, soweit wie der Spediteur das Gut mit eigenen Kraftfahrzeugen im Güterfernverkehr (§ 12 GüKG) befördert. Die zwingende Geltung der KVO ist insoweit auf den echten Selbsteintritt beschränkt. Mit dieser Vorschrift gewinnt daher zumindest die Abgrenzung zwischen echtem und unechtem Selbsteintritt praktische Bedeutung. S. im einzelnen Rdn. 25 ff[172].

5. Eigene Auffassung

a) Zulässigkeit (Voraussetzungen unechten Selbsteintritts)

81 Aus dem **Einverständnis der Parteien** kann sich die Zulässigkeit des unechten Selbsteintritts ergeben. Die Frage, ob die Parteien (insbesondere in laufender Geschäftsverbindung) den unechten Selbsteintritt stillschweigend vereinbart oder nachträglich (eventuell auch stillschweigend) genehmigt haben, ist meist schwer zu beantworten, weil ohnehin Fixkostenvereinbarungen vorliegen, die § 412 weitgehend bedeutungslos machen.

Das **Gesetz** gestattet im § 412 Abs. 1 dem Spediteur nur, die Beförderung des Gutes „*selbst auszuführen*". Ein gesetzlich begründetes Recht, sich selbst ohne Selbstausführung zum vertragschließenden Frachtführer zu machen, ist vom Gesetz nicht vorgesehen. Der gesetzgeberische Grund für § 412 besteht darin, dem Spediteur die Ausführung der Beförderung und das damit verbundene Verdienst zu ermöglichen, nicht aber, ihm zusätzliche Provisionseinnahmen bei tatsächlicher Fremdausführung zu gewähren. Geht man davon aus, daß im konkreten Fall keine Fixkostenvereinbarung vorliegt (heute praktisch selten), so ist die Interpretation von § 412 Abs. 1 als Zulassung des „unechten" Selbsteintritts ohne Zustimmung des Versenders bedenklich. Sie würde darauf hinauslaufen, dem Spediteur im Regelfall zu gestatten, sich selbst von der Wahrnehmung wichtiger Pflichten, insbes. eines Teils seiner Interessewahrnehmungspflicht zu entbinden. Eine solche Ausnahme vom Grundsatz des § 305 BGB kann nur aufgrund eindeutiger gesetzlicher Bestimmung zugelassen werden; nicht akzeptabel daher die Begründung von *Karsten Schmidt* S. 732. Wenn der Spediteur mit dem Selbsteintritt bei Ausführung durch einen dritten Frachtführer bezweckt, die Differenz zwischen der nach § 412 Abs. 2, Hs. 2 dem Versender zu berechnenden gewöhnlichen Fracht und der — soweit nicht zwingende Tarife dies verbieten — mit dem Frachtführer ausgehandelten billigeren Fracht zusätzlich zu verdienen und sich von der Rechnungslegungspflicht zu befreien, liegt jedenfalls ein Verstoß gegen §§ 407 Abs. 2, 387 vor, wonach der Spediteur verpflichtet ist, dem Versender alle erzielbaren Preisvorteile zukommen zu lassen[173]. Somit

---

[170] BGH v. 13. 1. 1978, NJW **1978** 1160; OLG Nürnberg transpR **1984** 177, 178. Nur beiläufig OLG Düsseldorf VersR **1982** 656.
[171] OLG Hamburg VersR **1975** 660 (keine klare Entscheidung, ob Selbsteintritt oder nachträgliche Vertragsänderung); der Sache nach auch BGH v. 29. 6. 1959, VersR **1959** 659, 651.
[172] Beispielsfälle BGH v. 10. 2. 1983, transpR **1983** 64 = VersR **1983** 551, 552; v. 15. 5. 1985, transpR **1985** 327 ff; v. 13. 6. 1985 transpR **1985** 329 ff und 331 ff; v. 11. 7. 1985, transpR **1985** 333 f.
[173] *Schlegelberger/Schröder*[5] Rdn. 2; einschränkend *Heymann/Kötter*[21] § 412 Anm. 3.

ist davon auszugehen, daß der Spediteur zum unechten Selbsteintritt (durch Willenserklärung) nicht kraft Gesetzes, sondern nur kraft vertraglicher Vereinbarung befugt ist; s. auch Rdn. 85.

83 Eine **vertragliche Gestattung** des unechten Selbsteintritts ist in den ADSp nicht vorgesehen. Sie kann sich aber aus der praktischen Handhabung, insbesondere auch aus laufender Geschäftsbeziehung, die bei der Auslegung des Speditionsvertrags zu berücksichtigen ist, ergeben. In der Vertragspraxis ist der unechte Selbsteintritt durch die Vereinbarung fester Kosten oder durch die beim Versender akzeptierte nachträgliche Abrechnung auf Festkostenbasis (s. Rdn. 116f) weitgehend überlagert. Zwischen beiden Möglichkeiten besteht jedoch ein wichtiger Unterschied: Bei unechtem Selbsteintritt kann der Spediteur vom Versender nur die „gewöhnliche Fracht" verlangen, während er bei der Fixkostenvereinbarung in der Bestimmung der Fracht frei ist.

Für die Spediteure ist daher die Festkostenabrechnung bequemer, weil sie keiner Kontrolle an dem Maßstab der (wie auch immer zu ermittelnden) „gewöhnlichen" Fracht unterliegt, siehe aber Rdn. 82.

b) Folgen zulässigen unechten Selbsteintritts

84 Wird der unechte Selbsteintritt dem Spediteur vom Versender gestattet, so wird § 412 Abs. 2 entsprechend anzuwenden sein. Damit erledigen sich insoweit die zu Recht geltend gemachten Einwendungen[174] gegen die mißverständliche Darstellung in der Vorauflage § 412 Anm. 1. Hält man entgegen der hier vertretenen Auffassung den unechten Selbsteintritt für zulässig nach § 412 Abs. 1, ist Abs. 2 ohnehin unmittelbar anwendbar. In den Fällen des unechten Selbsteintritts bereitet jedoch die Bestimmung des anzuwendenden Frachtrechts große Schwierigkeiten, s. Rdn. 100.

c) Folgen unzulässigen unechten Selbsteintritts

85 Verneint man mit der hier vertretenen Auffassung im gegebenen Fall die Zulässigkeit des unechten Selbsteintritts durch Willenserklärung des Spediteurs, so verbleibt es bei der Anwendung reinen Speditionsrechts zwischen Spediteur und Versender, wenn die Beförderung durch einen selbständigen Frachtführer ausgeführt wird[175]. Der Spediteur hat keine Ansprüche auf gewöhnliche Fracht und Kosten gem. § 412 Abs. 2 HGB, sondern nur auf Erstattung der an den Frachtführer gezahlten Fracht als Aufwendungen gem. § 667 BGB. Er haftet nur nach Speditionsrecht, also auch nur für Auswahlverschulden, hat aber seine Ansprüche gegen den Frachtführer an den Versender abzutreten.

III. Abgrenzung des Selbsteintritts von anderen Fallgestaltungen
1. Abgrenzung zum primären Frachtvertrag

86 Wann der zwischen dem Spediteur und seinem Auftraggeber abgeschlossene Vertrag bereits primär als Frachtvertrag zu qualifizieren ist, und wann zwar primär Speditionsvertrag, aber nachträglich Selbsteintritt vorliegt, wird von der Rspr. im Rahmen des Gesamtproblems der Abgrenzung zwischen Speditions- und Frachtvertrag nach weitgehend einheitlichen Kriterien entschieden; s. Rdn. 43 ff.

2. Abgrenzung zu Fixkosten- und Sammelladungsspedition (§ 413)

87 Die Fälle der **Fixkostenspedition** und des Selbsteintritts überschneiden sich, wenn zu festen Kosten abgeschlossen oder nachträglich Festkostenabrechnung vereinbart wor-

---

[74] Z. B. *Merz* VersR **1982** 215.   [175] Zutreffend *Merz* VersR **1972** 215.

§§ 412, 413   Drittes Buch. Handelsgeschäfte

den ist und wenn die Beförderung ganz oder teilweise im Selbsteintritt ausgeführt wird; s. Rdn. 108 f. Die Fixkostenspedition ist jedoch kein Fall des Selbsteintritts[176]. Die generelle Qualifikation der Fixkostenspedition als Selbsteintritt ließe sich allenfalls damit begründen, daß in diesem Fall der Spediteur für eigene Rechnung handele und daß jede Weiterübertragung der Beförderung für eigene Rechnung des Spediteurs als Selbsteintritt zu sehen sei; zu hier vertretenen Gegenauffassung s. Rdn. 76.

88 Auch im Fall der **Sammelversendung** ist zugleich echter Selbsteintritt möglich, wenn der Spediteur die Sammelladung ganz oder teilweise selbst befördert. Läßt der Spediteur die Sammelladung durch einen dritten Frachtführer befördern, dann liegt insoweit ein rechtlich besonders geordneter Sonderfall des unechten Selbsteintritts vor, der vom Gesetz nicht nach § 412, sondern nach § 413 Abs. 2 zu behandeln ist. Der Abgrenzung zwischen Sammelversendung in echtem oder unechtem Selbsteintritt kommt in § 1 Abs. 5 KVO (s. Rdn. 21 ff) entscheidende Bedeutung zu.

3. Abgrenzung zwischen echtem und unechtem Selbsteintritt

89 Die Ausführung der Beförderung durch eigenes Personal und eigene Beförderungsmittel ist echter Selbsteintritt, ebenso die Beförderung durch gemietete Fahrzeuge oder durch Lohnfuhrunternehmer. In diesen Fällen übernimmt der Spediteur die Beförderung in eigener Regie.

Dagegen ist der Selbsteintritt „unecht", wenn der Spediteur die von ihm durch Selbsteintrittserklärung (s. Rdn. 76) übernommene Beförderungsleistung durch einen Dritten aufgrund eines mit ihm abgeschlossenen **Frachtvertrags** erbringen läßt. Diese Abgrenzung ist grundsätzlich auch in § 1 Abs. 5 KVO zugrunde gelegt; s. Rdn. 25. Zum unechten Selbsteintritt s. Rdn. 77 f.

IV. Voraussetzungen des Selbsteintritts
1. Grundsätzliche Zulässigkeit

90 Außer dem Bestehen des Speditionsvertrags stellt § 412 HGB keinerlei Voraussetzungen für den Selbsteintritt auf. Insbesondere ist es — anders als im § 400 HGB — nicht erforderlich, daß die selbst übernommene Beförderungstätigkeit einen ermittelbaren Marktpreis hat[177].

91 § 412 gestattet dem Spediteur ohne einschränkende Voraussetzungen den Selbsteintritt, **wenn nicht „ein anderes bestimmt"** ist. Anderweitige Bestimmungen können durch den Speditionsvertrag, wohl auch durch Weisungen des Versenders[178] getroffen werden. War der Selbsteintritt in dieser Weise ausgeschlossen, so treten die Wirkungen des § 412 nicht ein, es sei denn der Versender genehmigt die unbefugte Selbstausführung nachträglich[179].

92 Der Selbsteintritt ist ferner **ausgeschlossen, wenn er den Interessen des Versenders zuwiderlaufen würde**, z. B. wenn die Beförderung durch einen dritten Frachtführer schneller, sicherer oder billiger ausgeführt werden könnte. Denn in diesem Fall würde der Selbsteintritt der Pflicht des Spediteurs zur Wahrung der Interessen des Versenders widersprechen[180]. Die Interessewahrnehmungspflicht gehört zu den wesentlichen Vertragspflichten des Speditionsvertrags als Geschäftsbesorgungsvertrag. Ein Handeln im

---

[176] *Jungfleisch* S. 71.
[177] *Schlegelberger/Schröder*[5] Anm. 2; *Heymann/Kötter*[21] Anm. 1.
[178] *Schlegelberger/Schröder*[5] Anm. 2; *Heymann/Kötter*[21] Anm. 1; *Jungfleisch* S. 61.
[179] *Schlegelberger/Schröder*[5] Anm. 8; *Heymann/Kötter*[21] Anm. 1.
[180] *Schlegelberger/Schröder*[5] Rdn. 2, 11 d; *Jungfleisch* S. 66 ff.

Eigeninteresse verstößt gegen die Treuhänderfunktion des Spediteurs und ist daher vertragswidrig. Dies bedeutet insbesondere, daß der Spediteur dann keinen Selbsteintritt vornehmen (oder erklären) darf, wenn ihm bekannt ist oder bekannt sein müßte, daß er den entsprechenden Transport billiger durch Dritte ausführen lassen könnte. Dies gilt insbesondere auch für den Fall des „unechten" Selbsteintritts, den der Spediteur jedenfalls nicht erklären darf, um sich die Differenz zwischen der „gewöhnlichen Fracht" und dem erzielbaren billigeren Beförderungsentgelt bei Fremdausführung zu verschaffen; s. Rdn. 82.

Der Selbsteintritt ist auch dann **nicht mehr möglich, wenn die Beförderung schon 93 durch einen dritten Frachtführer ausgeführt ist.** In diesem Fall liegen Rechte und Pflichten bereits fest, d. h. der Spediteur ist zur Abtretung von Ansprüchen gegen den Frachtführer verpflichtet und hat Anspruch auf Ersatz von Provision und Kosten. Durch einseitige Erklärung kann diese Rechtsposition nicht mehr geändert werden. Der Spediteur kann aber vor Beginn der Beförderung noch selbst eintreten, auch wenn er schon einen Frachtvertrag mit einem Frachtführer abgeschlossen hat; a. A. *Heymann/Kötter* Anm. 1. Allerdings kann er dann die an den betreffenden Frachtführer zu erbringenden Leistungen nicht als Auslagen berechnen. Vielmehr ist es seine Sache, wie er von dem in eigenem Namen abgeschlossenen Frachtvertrag wieder loskommt.

2. Zulässigkeit für jede Beförderungsart

Das Selbsteintrittsrecht besteht für jede Art von Beförderungen; s. Rdn. 19. Betätigt 94 sich der Spediteur bei Selbsteintritt als Landfrachtführer, Binnenschiffahrtsfrachtführer, Verfrachter oder Luftfrachtführer, so unterliegt er insoweit den Normen des betreffenden Frachtrechts. Problematisch ist in diesen Zusammenhängen nicht die grundsätzliche Anwendung von § 412 auf jede Art von Beförderungsgeschäft, sondern die Bestimmung des anzuwendenden Spezialrechts; s. Rdn. 8 ff; 43 ff.

3. Teilweiser Selbsteintritt

Unstreitig zulässig[181] und in der Praxis alltäglich ist auch der teilweise Selbsteintritt, 95 der sich auf Teilpartien, aber auch auf Teilstrecken beziehen kann. Insbesondere ist die Abholung und Zurollung von Speditionsgütern durch den Spediteur im Selbsteintritt weitgehend üblich. Im Rahmen der „Gesamtbetrachtung" kann der Selbsteintritt im überwiegenden Teil der Beförderungsstrecke zur Anwendung einheitlichen Frachtrechts auf den gesamten Vertrag führen; s. Rdn. 50 Fn. 110.

V. Rechtsfolgen des Selbsteintritts
1. Allgemeines

Nach § 412 Abs. 1 Hs. 1 hat der Spediteur bei Selbstausführung zugleich die Rechte 96 und Pflichten eines Frachtführers oder Verfrachters. Somit gilt an sich der Speditionsvertrag unverändert zwischen Versender und Spediteur weiter. Insbesondere richten sich nach der gesetzlichen Regelung die Pflichten des Spediteurs und die aus ihrer Verletzung folgende Haftung, soweit seine ursprüngliche Spediteurtätigkeit in Frage steht, weiterhin nach Speditionsrecht. Zur rechtspolitischen Problematik dieser Regelung s. Rdn. 4. In der Rechtspraxis hat jedoch zwingendes Frachtrecht das Speditionsrecht (insbesondere die ADSp) weitgehend verdrängt[182]. Dabei kann kaum mehr unterschieden

---

[181] *Schlegelberger/Schröder*[5] Rdn 4; *Heymann/Kötter*[21] Anm. 1; *Baumbach/Duden/Hopt*[26] Anm. 1; OLG Stuttgart VersR **1981** 183, 184.

[182] S. Rdn. 5 ff, 13 ff. Gegen diese Rspr. im Bereich des Selbsteintritts *Jungfleisch* S. 107 ff; *Papp* S. 106.

§§ 412, 413 Drittes Buch. Handelsgeschäfte

werden zwischen solchen Fällen, in denen nur Selbsteintritt vorlag und den weit häufigeren, in denen Fixkosten- oder Sammelladungsspedition und Selbsteintritt sich überschnitten. Fälle, in denen trotz Selbsteintritt noch das gesetzliche Speditionsrecht (neben Frachtrecht) angewendet worden wäre, sind zumindest selten[183]. Als generelle gesetzliche Grundlage ist zumeist einheitlich Frachtrecht angewendet worden. Dies ist nicht zu verwechseln mit der Frage, inwieweit unter dem betreffenden Frachtrecht einzelne Klauseln der ADSp noch wirksam sein können, s. Rdn. 30–33.

2. Anwendung von Frachtrecht (§ 412 Abs. 2 Hs. 1)
a) Bestimmung des anzuwendenden Frachtrechts

98 Nach nunmehr fast allgemeiner Auffassung führt die Verweisung in § 412 Abs. 2 Hs. 1 auf die jeweils anzuwendende frachtrechtliche Sonderordnung. Deren Bestimmung wird von der neueren Rspr. weitgehend übereinstimmend mit den Verweisungsfällen des § 413 behandelt. Grundsätzlich ist die für die ausgeführte Beförderung maßgebliche Sonderordnung Verweisungsziel; s. Rdn. 7 ff; zur Ausnahmebehandlung des Eisenbahnrechts Rdn. 13; zum multimodalen Transport Rdn. 15. Fällt die Beförderung unter mehrere unterschiedliche Sonderordnungen, dann ist nach der Rspr. die den überwiegenden Teil der Beförderung regelnde Sonderordnung für die gesamte Beförderung maßgeblich (Gesamtbetrachtung, Schwerpunktlehre); s. Rdn. 43 ff.

b) Bestimmung des anzuwendenden Frachtrechts bei Teil-Selbsteintritt

99 Ist der Selbsteintritt auf nicht überwiegende Teilbeförderungen beschränkt, so gilt für diese grundsätzlich die für den betreffenden Beförderungsabschnitt zuständige Sonderordnung. Ihr gegenüber setzt sich jedoch die Sonderordnung des überwiegenden Beförderungsabschnitts durch, wenn (zumindest für diese) die Voraussetzungen der Fixkosten- oder Sammelladungsspedition (§ 413 Abs. 1, 2) vorliegen. Im Rahmen der Gesamtbetrachtung ist daher z. B. die selbstausgeführte Nahverkehrsbeförderung im speditionellen Vorlauf oder Nachlauf nicht mehr den ADSp unterworfen; s. Rdn. 44 f; speziell zum § 1 Abs. 5 KVO Rdn. 26.

c) Bestimmung des anzuwendenden Frachtrechts bei unechtem Selbsteintritt

100 Nach der hier vertretenen Auffassung hat der Spediteur nur aufgrund vertraglicher Gestattung das Recht, durch Willenserklärung die Beförderungspflicht selbst zu übernehmen und dann die Beförderung durch dritte Frachtführer ausführen zu lassen. Nach wohl überwiegender Meinung steht ihm jedoch das Recht zu diesem „unechten" Selbsteintritt von Gesetzes wegen zu; s. Rdn. 78.

Ist der unechte Selbsteintritt (nach vertraglicher Gestattung oder gesetzlich) zulässig und wirksam, dann bereitet die Bestimmung des anzuwendenden Frachtrechts Schwierigkeiten. In der Rspr. ist das Problem durch § 413 praktisch weitgehend überlagert und daher fast bedeutungslos. In der Literatur fehlt es an Lösungsvorschlägen. In den (offenbar sehr seltenen Fällen), in denen auf Provisionsbasis abgeschlossen und abgerechnet wird und keine Sammelversendung vorliegt, muß jedoch eine Lösung gefunden werden. Für die (nicht überwiegenden) Streckenabschnitte, für die der Spediteur im unechten Selbsteintritt die Beförderungen übernimmt, aber durch Dritte ausführen läßt, bedarf es der Bestimmung des zwischen ihm und dem Versender kraft § 412 Abs. 2 Hs. 1 anzuwendenden Frachtrechts. Am plausibelsten erscheint hierbei die Lösung, das für den Un-

---

[183] Beispiel für deutliche Anwendung von Speditionsrecht: OLG Stuttgart VersR **1975** 729 ff.

terfrachtvertrag geltende Recht auch auf das Verhältnis zwischen Spediteur und Versender anzuwenden. Da der Spediteur bei Selbsteintritt die Beförderung mit dem betreffenden Beförderungsmittel als eigene Leistung schuldet, kann sich auch seine Verpflichtung einschließlich der Haftung als Frachtführer oder Verfrachter nur nach dem für dieses Beförderungsmittel geltenden Recht bestimmen. Kann der Spediteur in diesem Fall noch zwischen der Beförderung mit alternativen Beförderungsmitteln, z. B. Eisenbahn, LKW, Seeschiff, Luftfahrzeug oder Binnenschiff wählen und erklärt vor dieser Wahl den Selbsteintritt, dann muß das anzuwendende Recht von der späteren tatsächlichen Ausführung abhängen. Wollte man in diesem Fall zwischen dem Spediteur und seinem Versender Landfrachtrecht des HGB anwenden, dann hätte der Spediteur insoweit für Schäden zu haften, für die der ausführende Frachtführer seinerseits möglicherweise nicht haften würde. Läßt man demgegenüber, wie hier vorgeschlagen, die tatsächliche Ausführung des Frachtvertrags für die Bestimmung des anzuwendenden Frachtrechts maßgeblich sein, so treffen den Spediteur selbst die Pflichten eines Verfrachters, eines KVO-Frachtführers oder Luftfrachtführers, wie dies auch im Fall des § 413 von der Rspr. angenommen wird; s. Rdn. 121. Im übrigen, insbesondere für den speditionellen Teil der Pflichten des Spediteurs, verbliebe es bei den Regelungen des Speditionsrechts, praktisch also der ADSp.

3. Vergütung und Auslagen
a) „Gewöhnliche Fracht"

§ 412 Abs. 2 Hs. 2, gewährt dem Spediteur Anspruch auf die „gewöhnliche Fracht". **101**
Soweit eine Tarifbindung besteht, wie z. B. im Güterfernverkehr, ist dies die Tariffracht.
§ 412 Abs. 2 Hs. 2 benachteiligt den Versender, wenn sich nachträglich herausstellt, daß der Spediteur die Möglichkeit gehabt hätte, günstiger abzuschließen. Denn bei Abschluß eines Frachtvertrags mit einem Dritten hätte er als Spediteur die Verpflichtung gehabt, die für den Versender günstigste Möglichkeit wahrzunehmen und ihm den niedrigeren Preis in Rechnung zu stellen. Allerdings darf der Spediteur nicht die Beförderung im Selbsteintritt selbst ausführen — bzw. die gewöhnliche Fracht nicht berechnen — wenn ihm bekannt ist oder mit der Sorgfalt eines ordentlichen Spediteurs bekannt hätte sein müssen, daß eine billigere Abschlußmöglichkeit bestanden hätte; wie hier *Schlegelberger/Schröder*[5] § 412 Rdn. 11 c.

Die hier in Rdn. 82 abgelehnte regelmäßige Zulässigkeit des unechten Selbsteintritts würde dem Spediteur die Möglichkeit verschaffen, dem Versender die gewöhnliche Fracht zu berechnen, seinerseits aber mit dem beauftragten „Unterfrachtführer" zu billigerem Preis abzuschließen. Dies entspräche nicht der Interessewahrnehmungspflicht des Spediteurs. Vor allem deshalb ist die gesetzliche Zulässigkeit des unechten Selbsteintritts abzulehnen.

Der Spediteur kann bei Selbsteintritt keine höhere als die gewöhnliche Fracht in Rechnung stellen.

Ist eine gewöhnliche Fracht nicht feststellbar, so kann der Spediteur nach §§ 316, 315 ihre Höhe nach billigem Ermessen bestimmen[184].

b) Provision und regelmäßige Kosten
Durch die Erwähnung dieser Ansprüche wird klargestellt, daß der Spediteur durch **102**
den Selbsteintritt seinen Verdienst aus dem Speditionsauftrag nicht verliert, obwohl er

---
[184] Ebenso *Schlegelberger/Schröder*[5] Rdn. 11 c; *Heymann/Kötter*[21], Anm. 3; *Jungfleisch* S. 125.

nicht zum Zwecke des Abschlusses eines Drittgeschäftes tätig wird. Wann der Provisionsanspruch fällig wird, ist streitig. *Ratz* in der 2. Auflage dieses Kommentars sah die Fälligkeit mit der Beförderung gegeben. Vom hier vertretenen Standpunkt aus, ist daran festzuhalten, da der Selbsteintritt als tatsächlicher Vorgang erst in diesem Augenblick wirksam wird. *Schlegelberger/Schröder*[5] Anm. 11 will den Provisionsanspruch fällig werden lassen, wenn der Spediteur das Gut zur Ausführung der Beförderung in Besitz nimmt, also eventuell auch früher als mit dem Beginn der Beförderung.

Die regelmäßigen Kosten können auch verlangt werden, soweit sie wegen Selbsteintritt tatsächlich nicht entstanden sind. Seine wirklichen Auslagen kann der Spediteur nach § 670 BGB immer dann geltend machen, wenn sie mit dem Selbsteintritt nicht in Beziehung stehen, z. B. Kosten der Transportversicherung, der Verzollung, der Verpackung u. ä.; ähnlich *Schlegelberger/Schröder*[5] Rdn. 11b.

c) Überlagerung von § 412 Abs. 2, Hs. 2 durch § 413 Abs. 1

103 In der Speditionspraxis wird § 412 weitgehend durch die Berechnung fixer Kosten überlagert. Eine solche Fixkostenvereinbarung kann auch angenommen werden, wenn der Spediteur nachträglich dem Versender eine nicht aufgeschlüsselte Fixkostenabrechnung erstellt und der Versender sich auf diese Kostenberechnung einläßt; s. Rdn. 117.

D. Fixkostenspedition (§ 413 Abs. 1)

I. Rechtsnatur; grundsätzliche gesetzliche Regelung

1. Struktur des Speditionsvertrags zu festen Kosten

104 Die Spedition zu festen Kosten (Fixkostenspedition) enthält Elemente von Speditions- und Frachtvertrag. Hinsichtlich der vom Spediteur geschuldeten Hauptleistung (Besorgung der Versendung, Interessewahrnehmung) ergibt sich kein wesentlicher Unterschied zum Normaltypus des Speditionsvertrags. Auf der Preisseite macht jedoch die Fixkostenvereinbarung den Speditionsvertrag einem Frachtvertrag ähnlich. Durch die Vereinbarung bestimmter Beförderungskosten entfällt die Pflicht des Spediteurs, die Preisinteressen des Versenders wahrzunehmen oder ihm Auskünfte über die Kosten zu erteilen[185]. Er schließt den Frachtvertrag für eigene Rechnung ab; ihm fallen Vorteile und Kostenrisiken zu[186]. Die Fixkostenvereinbarung kann dagegen den Spediteur nicht von der preisunabhängigen Interessewahrnehmungspflicht befreien, z. B. hinsichtlich der sorgfältigen Wahl von Beförderer, Beförderungsmittel und Beförderungsweg, der Erledigung von Zollformalitäten u. dgl. sowie der Benachrichtigung des Versenders, falls diese erforderlich ist; s. Rdn. 4. Es erscheint daher sachgemäß, dem Fixkostenspediteur trotz der ausschließlichen Verweisung auf Frachtrecht solche Pflichten als frachtvertragliche Nebenpflichten aufzuerlegen; s. Rdn. 123f. Andererseits sollten ihm auch die Rechte eines Geschäftsbesorgers zustehen; s. Rdn. 125.

105 Der Fixkostenspediteur ist demnach trotz § 413 Abs. 1 Spediteur, nicht Frachtführer. Wenn die Rspr. gelegentlich davon spricht, der **Fixkostenspediteur verlasse sein eigentliches Arbeitsgebiet** (s. Rdn. 6 Fn. 7), so ist dies nicht zutreffend. Die Aufgabe des Spediteurs, für die Versendung des Guts zu sorgen, also Transporte zu organisieren, ändert sich nicht mit der Vereinbarung einer Fixkostenklausel[187]. Sein eigentliches unternehme-

---

[185] LG Düsseldorf VersR **1984** 157; OLG Düsseldorf transpR **1984** 219, 222; OLG Hamburg transpR **1985** 172f.

[186] Vgl. zur Vorteilsseite die Fälle OLG Frankfurt transpR **1983** 155 und OLG Düsseldorf transpR **1984** 219ff.

[187] Insoweit zutreffend BGH vom 9. 2. 1979, NJW **1979** 2470 f = VersR **1979** 445f; OLG Hamburg VersR **1980** 1123; s. insbes. *Sieg* VersR **1965** 303, *Papp* S. 170.

risches Arbeitsgebiet entspricht insoweit weitgehend dem des Spediteurs im Sinne des § 407, der freilich in der Praxis kaum mehr existiert.

2. Gesetzliche Grundentscheidung

Das Gesetz hat sich § 413 Abs. 1 dafür entschieden, den Fixkostenspediteur dem **106** Frachtrecht zu unterstellen. Ausschlaggebend für die erst 1900 in das HGB eingefügte Vorschrift war die Erwägung, der Fixkostenspediteur könnte versucht sein, den „wohlfeilsten Frachtführer" auszuwählen. Die dem Versender dadurch drohenden Nachteile sollten durch die grundsätzliche Anordnung der Anwendung von Frachtrecht (eigene Haftung des Spediteurs für Ausführung) gemildert werden. Die Verweisung auf Frachtrecht war damals unstreitig eine dispositive. Dies war aber praktisch ohne größere Bedeutung, weil die damals bestehenden Frachtrechtsbestimmungen (Landfrachtrecht, Seefrachtrecht, BSchG) mit Ausnahme des Eisenbahnrechts (s. Rdn. 13) ihrerseits abdingbar waren. Daher war § 413 eine Norm, die nur mangels entgegenstehender Abreden eingriff. Diese Rechtslage machten sich 1927/1929 die ADSp mit dem damals unstreitig voll wirksamen § 52 c zunutze.

3. Verweisung auf zwingendes Frachtrecht

Der Inhalt der Verweisung hat jedoch durch die Einführung zwingender Fracht- **107** rechtsordnungen eine Veränderung erfahren. Führt nämlich die Verweisung in § 413 Abs. 1 auf zwingende Bestimmungen, dann wird sie insoweit nach der Rspr. als unabdingbar behandelt; s. Rdn. 5 ff.

Dieser Rspr. liegt **nicht in allen Fällen ein dringendes sachliches Erfordernis** zugrunde. Soweit nämlich durch ein öffentlich-rechtliches Konzessions- und Tarifsystem und eine ergänzende Privathaftpflichtversicherung die Äquivalenz der zur Verfügung stehenden Frachtführer-Unternehmen gesichert ist, benötigt der Versender keinen besonderen Schutz. Im Bereich des Güterfernverkehrs (KVO a II nach § 452) und der Möbelbeförderung (GüKUMT, Anh. IV nach § 452) fehlt es an gewichtigen Gründen für die zwingende Anwendung von Frachtrecht im Verhältnis zwischen Versender und Fixkostenspediteur. § 1 Abs. 5 KVO (s. Rdn. 21 ff) ist daher rechtspolitisch nicht zu beanstanden. In Aller Regel ist der Versender mit der Abtretung der Ansprüche des Spediteurs gegen den Güterfernverkehrsunternehmer und die damit zusätzlich bestehende Haftpflichtversicherungsdeckung ausreichend geschützt.

In anderen Fällen ist allerdings **ein besonderes Schutzbedürfnis** des Versenders eher **zu bejahen**, insbesondere im internationalen Straßengüterverkehr und in der Seeschiffahrt. Hier ist wegen unübersehbarer Qualitäts-, Preis- und Versicherungsverhältnisse der Versender vielfach darauf angewiesen, in der Person des Spediteurs einen einstandspflichtigen Partner zu haben, der dafür die Möglichkeit von Gewinnen aus der Differenz zwischen verlangten und seinerseits an Dritte gezahlten Beförderungspreisen hat. Die Rspr., die den Spediteur zwingend einstehen läßt, führt allerdings auch in diesen Fällen zu Schwierigkeiten und nicht immer zu angemessenen Ergebnissen; s. Rdn. 5 f, 20, 53–55.

4. Abgrenzung zu § 412

Fixkostenspedition und Selbsteintritt überlagern sich häufig. Da nach § 412 Abs. 2 **108** Speditions- und Frachtrecht nebeneinander, nach § 413 jedoch ausschließlich Frachtrecht anzuwenden ist, bedarf es grundsätzlich der Entscheidung, welche von beiden Normen maßgeblich ist. In der Praxis wird diese Frage allerdings durch die gemeinsame einheitliche Behandlung zunehmend bedeutungsloser; s. Rdn. 16 ff.

109 Rechtssystematisch ist die Fixkostenspedition **kein Fall des Selbsteintritts**[188]. Dies entspricht auch der Grundhaltung des Gesetzes. Denn eine Sonderregelung wäre andernfalls überflüssig gewesen. Der Fixkostenspediteur führt die Beförderung nicht typischerweise selbst aus. Eine Unterordnung der Fixkostenspedition unter den Selbsteintritt ist demgegenüber nur auf der Basis der Lehre vom Rechtsgeschäfts-Charakter des Selbsteintritts möglich — allerdings unter Verstoß gegen den eindeutigen Gesetzeswortlaut des § 412 Abs. 1; s. Rdn. 73–76. Die theoretische Einordnung der Fixkostenspedition hat im übrigen im Hinblick auf die neuere Rechtsprechung kaum mehr besondere praktische Bedeutung.

110 **Unstreitig** ist zunächst, **daß** auch der **Fixkostenspediteur** die Güter **selbst befördern** darf (echter Selbsteintritt). Die Frage, ob ihm ein „unechter" Selbsteintritt gestattet ist, wird durch die Fixkostenvereinbarung praktisch bedeutungslos.

111 Hinsichtlich der **Folgenverweisung** ist § 413 ausschließlich anzuwenden. Bei gleichzeitigem Vorliegen der Voraussetzung von Fixkostenspedition und Selbsteintritt ist daher ausschließlich Frachtrecht anzuwenden. Mit Grundsätzen der Normspezialität läßt sich dies allerdings kaum begründen[189]. Bei Vorliegen der Voraussetzungen beider Bestimmungen müßten an sich beide zugleich angewendet werden. Da sich § 413 aber auf einen abgewandelten Typus des Speditionsvertrags bezieht (nicht „für Rechnung des Versenders", s. Rdn. 104) ist ein Vorrang der Sonderregelung des § 413 Abs. 1 für diesen Typus des Speditionsvertrags zu bejahen. Die entstehenden Regelungslücken können andererseits durch die Annahme frachtvertraglicher Nebenpflichten speditionellen Inhalts gefüllt werden; s. Rdn. 104, 123. Im Ergebnis bedeutet dies, daß unter Überwindung der rechtspolitisch verfehlten ausschließlichen Verweisung auf Frachtrecht (s. Rdn. 3f, 123) eine mittlere Lösung zu finden ist.

5. Abgrenzung zu § 413 Abs. 2
112 Siehe hierzu Rdn. 133.

II. Voraussetzungen der Fixkostenspedition
1. Allgemeines
113 Die „Einigung über einen bestimmten Satz der Beförderungskosten" ist in der Speditionspraxis wohl zum Regelfall geworden, während das gesetzliche Modell der Spedition auf Provisions- und Auslagenbasis kaum mehr vorkommt. Gerichtsurteile begnügen sich im Tatbestand meist mit der einfachen Feststellung, daß sich die Parteien in dieser Weise geeinigt hätten. Genauere Angaben und Grenzfälle sind relativ selten.

2. „Bestimmter Satz der Beförderungskosten"
114 Nach allgemeiner Auffassung liegt hier eine ungenaue Ausdrucksweise des Gesetzes vor. Richtiger müßte es „Versendungskosten" heißen, denn, wie sich aus § 413 Abs. 1 Satz 2 ergibt, soll regelmäßig die Provision des Spediteurs, also die Vergütung für die eigentliche Speditionstätigkeit durch den Pauschsatz mit abgegolten sein[190]. Unter „festem Satz" ist nicht nur eine bestimmte Summe für den gesamten Speditionsauftrag zu

---

[188] *Schlegelberger/Schröder*[5] § 413 Rdn. 1.
[189] Zur Unbrauchbarkeit solcher Ansätze im Bereich der Konkurrenzfragen s. *Schlechtriem* Vertragsordnung und außervertragliche Haftung, 1972, S. 27–45.

[190] BGH v. 21. 11. 1975, VersR **1976** 433, 434, BGHZ **65** 340ff nicht mit abgedruckt.

verstehen[191]. Darunter fallen auch solche festen Sätze, die sich auf bestimmte Beträge für festgelegte Beförderungsleistungen, z. B. pro Fahrt eines Lastzugs in einer bestimmten Relation[192], pro Tonne[193] oder Kilogramm[194] oder pro Kiste[195] bei einer bestimmten Beförderungsstrecke, beziehen. Auch die Berechnung fester Preise für gestaffelte Mengen des zu befördernden Gutes (Prozentsätze vom Grenzwert) reicht als Fixkostenvereinbarung aus[196]. Es genügt auch, daß der Speditionsauftrag zu festen Kosten nur für den vom Empfänger nach Kaufvertrag übernommenen Teilstreckentransport anteilig vergeben wird; BGH v. 29. 11. 1984, transpR **1985** 182 ff = VersR **1985** 258 f.

Werden für einzelne Nebentätigkeiten des Spediteurs, z. B. für Versicherungsbeschaffung, Aufbewahrung usw., **besondere Vergütungen neben der Pauschale** vereinbart, so schließt dies eine Spedition zu festen Kosten nicht aus[197]. Auch die besondere Vereinbarung einer Provision für die Spediteurtätigkeit läßt, wie sich aus § 413 Abs. 1 S. 2 ergibt, noch Raum für Fixkostenvereinbarung, wenn wenigstens die reinen Beförderungskosten bindend fixiert sind[198].

Auch wenn die verlangte Vergütung sich mit den Regelsätzen eines **Margentarifs** deckt, schließt dies Fixkostenspedition nicht aus[199]. Andererseits liegt in der rahmenvertraglichen Bezugnahme auf die betreffenden Eisenbahntarife „ + 5%" keine Fixkostenvereinbarung, sondern ein normales Speditionsgeschäft für Rechnung des Versenders; OLG Hamburg transpR **1985** 20, 22 = VersR **1984** 773, 774. Auch die tarifwidrige Berechnung einer Fixkostenvergütung hat die Wirkung des § 413 Abs. 1, wobei dann aber die tarifliche Fracht anstelle der vereinbarten geschuldet wird[200]; Auskunftsansprüche wegen des Verdachts zu hoher tarifwidriger Frachtberechnung stehen dem Auftraggeber grundsätzlich nicht zu; OLG Düsseldorf transpR **1984** 219 ff.

Vorbehalte wegen Lohn- und Tariferhöhungen und Devisenkursen schließen § 413 Abs. 1 nicht aus[201]. Die Benennung von Einzelkosten in der Preisvereinbarung ändert ebenfalls nichts am Fixkostencharakter, wenn sie vor Vergabe der Transportaufträge vereinbart wird.

Eine bloße **Limitierung** der Frachtkosten im Speditionsauftrag ist keine Einigung über feste Kosten[202]. Andererseits ist die Einigung über eine bestimmte Beförderung, die vom Spediteur selbst zu festen Kosten auszuführen ist, bereits ein Frachtvertrag; siehe hierzu Rdn. 61 ff. **115**

3. „Einigung" über feste Kosten

Das Gesetz sagt nicht, wann die Einigung erfolgen muß. Sie kann daher bereits bei Abschluß des Speditionsvertrages vorgenommen werden, ist aber auch später im Wege der Vertragsänderung noch möglich. Nach *Schlegelberger/Schröder*[5] Rdn. 2c soll diese **116**

---

[191] Z. B. OLG Frankfurt NJW **1976** 1036; OLG Düsseldorf DB **1977** 250, 251; OLG Hamburg ETR **1980** 444, 448 und VersR **1979** 814; OLG Düsseldorf VersR **1980** 63, 64; OLG Frankfurt transpR **1983** 155; LG Osnabrück VersR **1980** 1177 f; LG Hamburg VersR **1981** 475.
[192] BGH v. 18. 2. 1972, NJW **1972** 1003; OLG Düsseldorf VersR **1977** 1047 f; OLG Hamburg VersR **1980** 290.
[193] BGH v. 21. 11. 1975, BGHZ **65** 340 = VersR **1976** 433 ff; OLG Bremen VersR **1979** 667; OLG Hamburg VersR **1979** 812; OLG Saarbrücken transpR **1984** 149.
[194] OLG Hamburg MDR **1978** 408 und transpR **1985** 172 f.
[195] BGH v. 30. 6. 1978, VersR **1978** 935.
[196] OLG Düsseldorf VersR **1978** 1016.
[197] BGH v. 21. 11. 1975, VersR **1976** 433, 435; OLG Hamburg VersR **1981** 527, 528 und v. 13. 11. 1980, 6 U 110/80, unveröff.
[198] OLG Hamburg VersR **1984** 263 f; *Schlegelberger/Schröder*[5] Rdn. 5 a; *Heymann/Kötter*[21] Anm. 1 a. E.
[199] BGH v. 21. 11. 1975, VersR **1976** 433, 435.
[200] OLG Hamburg MDR **1978** 408; s. auch OLG Celle v. 30. 1. 1980, 3 U 208/79, unveröff.
[201] OLG Hamburg VersR **1982** 342 und BGH v. 14. 6. 1982, NJW **1982** 1943, 1944 (in BGHZ **84** 257 gekürzt).
[202] *Schlegelberger/Schröder*[5] Rdn. 2b und § 408 Rdn. 32b.

nur bis zum Abschluß des Frachtvertrags durch den Spediteur zulässig sein. Dieser Auffassung ist nicht zuzustimmen, denn auch eine ganz oder teilweise bereits erbrachte Leistung kann nachträglich anderen Vertragsregeln unterstellt werden; wie hier im Ergebnis *Heymann/Kötter*[21] Anm. 1. Geht dem Versender ein Antrag des Spediteurs auf Einigung über feste Kosten zu, so kann er diesen auch stillschweigend annehmen. Ebenso kann der Antrag nach der Rspr. zum kaufmännischen Bestätigungsschreiben durch bloßes Schweigen des Versenders gem. § 346 HGB wirksam werden; *Schlegelberger/Schröder*[5] Rdn. 2. In jedem Fall ist ein Vertrag erforderlich; eine einseitige Erklärung des Spediteurs genügt nicht.

117 Die **Ausstellung einer Rechnung über einen Festpreis** genügt an sich nicht den Anforderungen nach § 413 Abs. 1. Erforderlich ist vielmehr eine Annahme des darin zu sehenden Antrags auf Fixkostenvereinbarung. In der Praxis ist die Ausstellung einer Rechnung über feste Kosten weitgehend üblich. Mindestens die wiederholte Bezahlung solcher Rechnungen muß dazu führen, daß im Rahmen einer laufenden Geschäftsbeziehung eine Fixkostenvereinbarung stillschweigend vorgesehen ist. In der Rspr. wird häufig auf die Erstellung einer Fixkostenrechnung zur Begründung der Fixkostenvereinbarung hingewiesen[203]. Zumindest als Beweismittel für das Vorliegen einer Zustimmung kann die unbeanstandete Begleichung einer Festkostenrechnung jedenfalls gelten.

Die Vereinbarung fixer Kosten kann sich auch daraus ergeben, daß die Fracht vorausbezahlt wird[204].

Die Vereinbarung der Spedition zu festen Kosten ist auch im Rahmen eines Dauervertrages möglich, bei dem der Spediteur dem Versender verspricht, ihm laufend während der Vertragsdauer zur Versendung übergebene Güter zu festen Kosten zu versenden; Beispielsfall: BGH v. 27. 5. 1957, VersR **1957** 503.

Die Parteien können sich auch darüber einigen, daß ein **Teil der Beförderung** zu festen Kosten ausgeführt werden soll; auch dann ist insoweit § 413 Abs. 1 anzuwenden[205]. Im Rahmen der Gesamtbetrachtung soll dann auf die ganze Beförderung § 413 Abs. 1 angewendet werden; s. Rdn. 50 Fn. 109. Zum teilweisen Selbsteintritt vgl. Rdn. 95.

III. Wirkungen der Spedition zu festen Kosten
1. Vergütung

118 Der Spediteur kann den vereinbarten Pauschsatz verlangen, ohne Rücksicht darauf, ob ihm selbst höhere oder geringere Kosten erwachsen sind. Der Fixkostenspediteur ist dem Auftraggeber nicht auskunftspflichtig über die Höhe der von ihm gezahlten Frachten; OLG Düsseldorf transpR **1984** 219ff. Auch eine Pflicht zum Hinweis auf preislich günstigere Beförderungsmöglichkeiten besteht nicht; OLG Hamburg transpR **1985** 172f. Eine Provision steht ihm daneben nach § 413 Abs. 2 nicht zu, wenn sie nicht besonders vereinbart ist. Dies gilt jedoch nur für die allgemeine Provision, nicht dagegen für Sonderprovisionen, wie die Vergütung für Verzollung und Versicherungsbeschaffung.

119 Soweit die **Beförderung tarifgebunden** ist, kann der Spediteur die Vergütung nicht beliebig frei vereinbaren[206], andernfalls würde das gesetzlich verankerte Tarifgefüge in Unordnung gebracht werden. Dogmatisch läßt sich die Tarifbindung bei der Spedition zu festen Kosten auf § 413 Abs. 1 Satz 1 stützen, da das Tarifrecht des jeweiligen Be-

---

[203] Z. B. BGH v. 21.11. 1975, VersR **1976** 433, 435; OLG Hamburg transpR **1984** 158, 160; LG Düsseldorf transpR **1984** 157.

[204] OLG Hamburg VersR **1980** 927, 928; BGH v. 22. 4. 1982, BGHZ **84** 101, 103.

[205] OLG Düsseldorf VersR **1978** 1016; *Schlegelberger/Schröder*[5] Rdn. 3; anders jedoch OLG Celle v. 30. 1. 1980, 3 U 208/79 unveröff., S. 14.

[206] BGH v. 12. 12. 1960, VersR **1961** 170.

förderungszweiges zum Frachtrecht gerechnet werden kann. Vereinbart der Spediteur mit einem tarifunkundigen Versender einen Kostensatz, der unter dem bindenden Tarifsatz liegt, so ist darin ein (unzulässiger) Verzicht des Spediteurs auf das Tarifentgelt zu sehen, der unwirksam ist. Dem Spediteur stehen gegen den Versender grundsätzlich die Ansprüche auf das tarifliche Entgelt zu[207]. Allerdings hat der Versender gegen den Spediteur einen Schadensersatzanspruch aus culpa in contrahendo, wenn ihm durch dessen Verhalten ein Schaden entstanden ist, z. B. wenn er die Versendung wegen zu hoher Kosten gar nicht oder selbst ausgeführt hätte, oder wenn ihm eine billigere Transportmöglichkeit entgangen ist. Für die Sammelladungsspedition erwähnt der BGH im Urteil v. 11. 6. 1959, VersR **1959** 360 f die Möglichkeit eines solchen Anspruchs. Im betreffenden Urteil konnte er jedoch nicht berücksichtigt werden, da es an der notwendigen Aufrechnungserklärung gefehlt hatte. Mindestens für den Fall limitierter Versendungskosten wird diese Auffassung auch von *Schlegelberger/Schröder*[5] Rdn. 2 b vertreten.

2. Der Auslagenersatz

Der Anspruch auf Auslagenersatz nach § 670 BGB besteht wie beim reinen Speditionsvertrag, soweit es sich nicht um die Beförderungskosten selbst handelt. Da der Spediteur bei der Spedition zu festen Kosten, wenn er einen Frachtvertrag über das Speditionsgut mit einem Dritten abschließt, für eigene Rechnung tätig wird, trifft § 670 in diesem Bereich nicht zu. Die an den Dritten gezahlte Fracht ist nicht erstattungsfähig, sondern wird durch die Pauschale abgegolten. Den Ersatz besonderer Auslagen, die durch die Befolgung von Weisungen des Versenders entstanden sind, kann der Spediteur jedoch verlangen. Dies gilt auch dann, wenn ihre Erstattung nicht besonders vereinbart ist[208]. Die Ansprüche des Fixkostenspediteurs auf Erstattung von Auslagen verjähren nach § 196 Abs. 1 Nr. 3 BGB in zwei Jahren, s. Rdn. 39. **120**

3. Anwendung von Frachtrecht

a) Grundsätze für die Ermittlung des anzuwendenden Frachtrechts

§ 413 Abs. 1 S. 1 verweist nur auf die „Rechte und Pflichten eines Frachtführers". Dies wird jedoch nach neuerer Auffassung nicht mehr als eine Verweisung auf das Landfrachtrecht des HGB, sondern auf das Sonderfrachtrecht der jeweiligen Beförderungssparten verstanden; trotz der Nichterwähnung des „Verfrachters" auch auf das Seefrachtrecht. Die Verweisung wird von der Rspr. weitgehend mit der in §§ 412 Abs. 2 und 413 Abs. 2 S. 2 gleichbehandelt; s. Rdn. 16 ff. § 413 Abs. 1 S. 1 führt zur ausschließlichen Anwendung von Frachtrecht; zur Bedeutung des Speditionsrechts s. jedoch Rdn. 123 ff. **121**

Die Rspr. sieht die Verweisung als zwingend an, soweit sie ihrerseits auf zwingendes Sonderfrachtrecht führt; s. Rdn. 5 ff; zur Bestimmung des jeweils anwendbaren Sonderfrachtrechts s. Rdn. 7–15. Führt die Verweisung auf dispositives Frachtrecht, dann ist dessen Anwendung regelmäßig durch § 52c ADSp abbedungen; s. Rdn. 14. Bei Transporten mit mehreren Beförderungsmitteln führt die Rspr. unter dem Gesichtspunkt der „Gesamtbetrachtung" vielfach zur Anwendung des für den überwiegenden Beförderungsabschnitt geltenden Rechts; s. Rdn. 43 ff.

---

[207] BGH v. 11. 6. 1959, VersR **1959** 630 f (betr. Sammelspedition); OLG Hamburg BB **1955** 462; OLG Hamburg MDR **1978** 408. S. die Erl. zu §§ 22, 23 GüKG Anh. I nach § 452. Nicht ganz eindeutig, aber nun wohl ähnlicher Auffassung *Schlegelberger/Schröder*[5] Rdn. 2 a

[208] *Schlegelberger/Schröder*[5] Rdn. 5; zur Anwendbarkeit von § 670 BGB s. auch unten Rdn. 126.

§§ 412, 413   Drittes Buch. Handelsgeschäfte

b) Insbesondere: Haftung des Fixkostenspediteurs

122 Vor allem die Haftung des Fixkostenspediteurs richtet sich nach dem anwendbaren Sonderfrachtrecht. Dieses entscheidet u. a. über die anzuwendenden Haftungsgrundsätze, die Zurechnung von Gehilfenhandlungen die Haftungshöhe und die Verjährung.

Die Haftung des Spediteurs endet, wenn der übernommene Beförderungsvorgang beendet ist. Verweigert z. B. der Endempfänger die Annahme und lagert die ausliefernde Eisenbahn das Speditionsgut ein, so gilt für neue Tätigkeiten des Spediteurs im Auftrag des Versenders nicht mehr der alte Speditionsvertrag. Dabei handelt es sich bei der neuen Tätigkeit nicht mehr um eine Spedition zu festen Kosten; RGZ **48** 108 ff.

Soweit der Spediteur die Ausführung einem Frachtführer überträgt, haftet er für dessen Verschulden bzw. für das Verschulden von dessen Leuten wie für einen Unterfrachtführer[209]; siehe jedoch Rdn. 41.

Für den Zwischenspediteur wird gehaftet, wenn diesem Tätigkeiten übertragen werden, die in den Bereich der vom Hauptspediteur übernommenen Aufgaben fallen. Ging der Hauptspeditionsvertrag zu festen Kosten aber nur auf Beförderung an einen Zwischenspediteur, so haftet insoweit der Hauptspediteur nach § 408 Abs. 1 nur für Auswahlverschulden. Verschulden des Zwischenspediteurs wird ihm in diesem Fall nicht zugerechnet[210].

c) Zusätzliche Anwendung speditionsrechtlicher Grundsätze

123 Die Anordnung in § 413 Abs. 1 S. 1, wonach ausschließlich Frachtrecht anzuwenden ist, wird der Interessenlage bei der Fixkostenspedition nicht voll gerecht; s. Rdn. 3 f. Da sich der Tätigkeitsbereich des Spediteurs auch bei Vereinbarung fester Kosten nicht auf den bloßen Abschluß von Beförderungsverträgen mit Frachtführern beschränkt, bedarf es der Ergänzung der nach § 413 Abs. 1 S. 1 grundsätzlich geltenden frachtrechtlichen Rechtsbeziehungen um Nebenpflichten auf der Grundlage des allgemeinen und besonderen Schuldrechts. Praktisch bedeutet dies, daß erhebliche Teile des Speditionsrechts auf einem anderen Wege trotz der ausschließlichen Verweisung des in § 413 Abs. 1 S. 1 angewendet werden müssen.

124 Dies gilt vorab für die typisch **speditionellen Nebenpflichten** (s. §§ 407–409 Rdn. 106–145), die durch die Fixkostenvereinbarung nicht aufgehoben werden. Unter der grundsätzlichen Herrschaft des anzuwendenden Frachtrechts hat der Spediteur für sie zu haften[211]. Zur Behandlung dieser Pflichten nach den einzelnen frachtrechtlichen Sonderordnungen s. § 429³ Rdn. 88; § 425³ Rdn. 72 ff; § 31 KVO³ Rdn. 9 ff, Anh. II nach § 452; Art. 17 CMR³ Rdn. 31, Anh. III nach § 452. Alle Pflichten, die auf der Tätigkeit „für fremde Rechnung" beruhen, entfallen jedoch bei der Fixkostenspedition, so insbesondere die Pflicht zur Rechnungslegung über Fracht und Kosten und die entsprechenden Aufklärungspflichten; OLG Düsseldorf transpR **1984** 219, 220.

125 Der Fixkosten-Speditionsvertrag ist **Geschäftsbesorgungsvertrag,** § 675 BGB — noch ausgeprägter als der reine Frachtvertrag; s. § 425³ Rdn. 52. Dies führt zunächst zur Erweiterung der Nebenpflichten im Vergleich zum reinen Frachtvertrag; s. Rdn. 124. Als Geschäftsbesorger hat der Fixkostenspediteur nach §§ 675, 667 BGB das „Erlangte" herauszugeben. Dazu gehört insbesondere (wie auch in § 52 a ADSp vorgesehen) die **Ab-**

---

[209] *Baumbach/Duden/Hopt*[26] Anm. 1 B; *Schlegelberger/Schröder*[5] Rdn. 4 a, c, die aber übersehen, daß § 278 BGB durch Spezialregeln (s. § 431³ Rdn. 2) verdrängt ist.

[210] *Schlegelberger/Schröder*[5] Rdn. 4 a; *Heymann/Kötter*[21] Anm. 1 (S. 921).

[211] Zum entsprechenden Fall der Sammelladungsspedition OLG Düsseldorf VersR **1982** 1076, 1077.

tretung der **Ersatzansprüche** gegen die ausführenden Unternehmer an den Versender, eventuell auch an den Empfänger als frachtvertraglichen Drittbegünstigten; zu letzterem Fall s. § 425³ Rdn. 53; mit abweichender Begründung ebenso *Sieg* DB **1979** 1214.

Die Abtretung gestattet dem Versender eigene Schäden gegenüber dem beauftragten Frachtführer oder anderen Schädigern geltend zu machen. Dies könnte sich vor allem dann als erforderlich erweisen, wenn die „Gesamtbetrachtung" dazu führen sollte, daß der Fixkostenspediteur dem Versender nur nach ADSp oder nach weniger strengem Sonderfrachtrecht haftet (z. B. nach Binnenschiffahrtsrecht oder Seerecht), während der Schaden durch einen dritten Frachtführer in einem schärfer geregelten (nicht überwiegenden) Sonderabschnitt, z. B. bei Vor- und Nachtransport unter KVO oder CMR verursacht worden ist. In solchen Fällen kann die Abtretung dazu führen, daß der Versender (oder Empfänger) wenigstens den ausführenden Frachtführer und im Ergebnis seinen Haftpflichtversicherer nach dem für den Schadensfall zutreffenden schärferen Recht in Anspruch nehmen kann. Statt dessen kann der Spediteur auch im Interesse des Versenders gegenüber dem betreffenden Frachtführer den Schaden des Versenders im Wege der Drittschadensliquidation geltend machen.

Die Anwendung von Geschäftsbesorgungsrecht gem. §§ 675, 670 BGB führt auch zu **126** Ansprüchen des Fixkostenspediteurs auf **Erstattung von Kosten,** die mit dem Frachtentgelt und der Spediteurvergütung nicht abgegolten sind; s. OLG Frankfurt RIW **1981** 852 = NJW **1981** 1911 f.

E. Sammelladungsspedition (§ 413 Abs. 2)
I. Allgemeines
1. Rechtsnatur; grundsätzliche gesetzliche Regelung

Der Sammelspeditionsvertrag ist ein **Sondertypus des Speditionsvertrags**. Im Unter- **127** schied zum Normaltypus ist bei ihm eine gesonderte In-Rechnungstellung der auf das Gut bezogenen Kosten nicht möglich. Der Spediteur muß stattdessen einen Kostenteil aus der Sammelfracht berechnen. Dies eröffnet ihm Möglichkeiten, unkontrolliert Gewinn aus der Sammelversendung zu erzielen. Die Definition in § 413 Abs. 2 S. 1 setzt voraus, daß der Spediteur den betreffenden Frachtvertrag über die Sammelladung für eigene Rechnung abschließt. Bei der Sammelspedition fehlt es also — wie bei der Fixkostenspedition (s. Rdn. 104) — an einem Merkmal des Spediteurbegriffs des § 407 Abs. 1, nämlich am Handeln für fremde Rechnung — allerdings nur im Hinblick auf die betreffende Sammelversendung. Die Beteiligung des Spediteurs am Beförderungsentgelt wird zudem durch die Folgenanordnung des § 413 Abs. 2 S. 2 zur Regel erhoben.

Die Sammelversendung ist entgegen der ganz h. M.²¹² **kein gesetzlich besonders geregelter Fall des Selbsteintritts**; s. Rdn. 133. Befördert der Spediteur die Sammelladung selbst, dann liegt zwar echter Selbsteintritt (s. Rdn. 77 ff) vor. Läßt er sie durch dritte Frachtführer auf eigene Rechnung befördern, könnte man darin einen Sonderfall des zulässigen unechten Selbsteintritts sehen, auf den mangels eigener Sonderregelung § 412 Abs. 2 entsprechend angewendet werden könnte; s. Rdn. 81 ff. Zur Zulässigkeit der Sammelversendung s. Rdn. 134. Zum Charakter der Sammelversendung als Tathandlung s. Rdn. 136.

Da die Sammelversendung dem Spediteur regelmäßig die Möglichkeit gibt, sich seinen Anteil am Frachtentgelt zu verschaffen, hat der Gesetzgeber sie in § 413 Abs. 2 ent-

---
²¹² BGH v. 3. 3. 1972, NJW **1972** 866; OLG Frankfurt VersR **1976** 655, 657; OLG Hamburg VersR **1980** 827, 828.

sprechend der Fixkostenspedition behandelt. Der **Sammelspediteur** ist jedoch trotz der Anwendung von Frachtrecht **kein Frachtführer,** da er sich nicht zur Beförderungsleistung verpflichtet hat; er wird lediglich durch das Gesetz dem Frachtrecht unterstellt; zutreffend *Becker* VersR **1972** 815. Die grundsätzlichen Erläuterungen zur Rechtsnatur der Fixkostenspedition treffen im wesentlichen auch auf die Sammelversendung zu. Insbesondere „verläßt" auch der Sammelspediteur keineswegs sein „eigentliches Arbeitsgebiet" und es bestehen auch durchaus nicht in allen Fällen rechtspolitische Gründe für eine zwingende Gleichstellung des Sammelspediteurs mit dem Frachtführer; s. dazu Rdn. 5 f.

2. Bedeutung und Organisation der Sammelladungsspedition
a) Bedeutung

128 Der Sammelladungsspedition kommt im Verhältnis zum reinen Stückgutverkehr eine bedeutende Rolle zu, da sie die Preisvorteile des Transports zusammengefaßter Ladungen gewährt und kostensparend Beförderungskapazitäten ausnutzt. Da die Sammelfracht vom Spediteur in aller Regel als fester Kostenteil dem Versender in Rechnung gestellt wird, ist sehr häufig § 413 Abs. 1 mit gleichem Ergebnis vorrangig anzuwenden. § 413 Abs. 2 ist prozeßtechnisch aber dennoch von Bedeutung, weil sich seine Voraussetzungen oft leichter beweisen lassen als die Fixkostenvereinbarung. In der Gerichtspraxis wird daher § 413 Abs. 2 ebenso häufig bedeutsam wie Abs. 1; s. die Rspr.-Angaben in Rdn. 7–15. Die Sammelladungsspedition ist nicht nur im Bereich des Landtransports (Rdn. 129–131) wichtig, sondern gewinnt auch bei der See-Containerbeförderung zunehmend an Bedeutung; s. DVZ Nr. 110 v. 3. 9. 1984, S. 35–37, 39 ff, 43 f.

b) Bahnsammelgutverkehr

129 Die Sammelladungsspedition spielt insbesondere eine erhebliche Rolle bei der Bahnbeförderung, bei der an größeren Plätzen Stückgutsendungen von Spediteuren zusammengestellt und im Waggon zu besonderem Tarif per Sammelladung versandt werden. Hierfür hat die Eisenbahn seit Jahrzehnten eigene Geschäftsbedingungen gegenüber den Spediteuren entwickelt. Diese sind jetzt in den „Geschäftsbedingungen für den organisierten Bahn-Sammelgutverkehr" im Zusammenwirken mit dem Bundesverband Spedition und Lagerei festgelegt und seit 1. 1. 1973 in Kraft; letzte Fassung vom 29. 7. 1976. Bei diesen Bedingungen handelt es sich um AGB der Deutschen Bundesbahn. Den Sammelgutverkehr gestattet die Deutsche Bundesbahn grundsätzlich nur den zugelassenen „Verkehrsführern", Spediteuren, die als Absender des betreffenden Eisenbahn-Frachtvertrags über die Sammelladung handeln. Als „Verkehrsführer" sollen möglichst neutrale Gemeinschaften fungieren, die vielfach von örtlichen Spediteuren zum Zwecke des Betriebs einer gemeinschaftlichen Sammelladungsversendung in der Rechtsform einer GmbH gegründet worden sind. Dem Verkehrsführer können Spediteure, die nicht selbst als Verkehrsführer bestellt sind, als „Beilader" Güter für die Sammelladungen zuführen. Der Verkehrsführer versendet die Sammelladung an den ebenfalls besonders zugelassenen Empfangsspediteur. Für diesen wird vom Verkehrsführer ein „Bordero" (s. §§ 407–409 Rdn. 138) ausgestellt, in dem die weitere Behandlung der einzelnen Güter dem Empfangsspediteur mitgeteilt wird. Dieser sortiert die Sammelladung auseinander und leitet ggf. einzelne Teile an „Briefspediteure" weiter, die ihrerseits die Auslieferung an den Endempfänger besorgen. S. im einzelnen hierzu *Bönisch,* Der Spediteur-Sammelgutverkehr, 1976.

Zu den Bedingungen für die Rechtsbeziehungen zwischen Spediteur und Versender s. Rdn. 131.

c) Kraftfahrzeug-Sammelgutverkehr

130 Im Güterkraftverkehr ist keine entsprechend starre Organisation der Sammelladungsspedition vorhanden. Hier befördern die Spediteure ihre Sammelladungen häufig selbst im eigenen LKW; häufiger Rspr.-Fall.

d) Beziehungen zwischen Spediteur und Versender (Bedingungen)

131 Am 1. 7. 1975 wurde das damals über 20 Jahre gültige öffentliche Tarifsystem in der Sammelladungsspedition durch die vom Bundesverband Spedition und Lagerei empfohlenen „Bedingungen und Entgelte für den Spediteursammelgutverkehr mit Kraftwagen und Eisenbahn" ersetzt. Rechtsgrundlage der beim Bundeskartellamt angemeldeten Empfehlung ist § 99 Abs. 2 Nr. 5 und Abs. 3 S. 1 GWB; s. dazu *Bönisch* „Der Spediteur-Sammelgutverkehr".

Die Bedingungen sind im Verkehrsverlag J. Fischer, Paulusstr. 1, 4000 Düsseldorf 1, in der jeweils neusten Fassung erhältlich. Sie enthalten neben den Preisempfehlungen in Teil A auch allgemeine Geschäftsbedingungen. Sie gelten nicht nur für den eigentlichen, die Ladung zusammenstellenden Sammelladungsspediteur, sondern auch für den Beilader; s. oben Rdn. 129.

e) Rechtsstellung von Sammelladungs-Gesellschaften

132 Auch bei der Sammelversendung durch besondere Gesellschaften handelt es sich um echte Sammelladungsspeditionen i. S. v. § 413 Abs. 2. Die Gesellschaft ist dann Zwischenspediteur, soweit sie die Güter vom Beilader überwiesen erhält — allerdings mit der Rechtsstellung eines Frachtführers. Beschränkt sich die gemeinsame Versendung von Sammelladungen auf gelegentliche Fälle und wird sie nicht unter gemeinschaftlicher Firma betrieben, so handelt es sich bei dem Zusammenschluß der Spediteure um eine Gesellschaft des BGB. § 413 Abs. 2 gilt zwischen dem betreffenden beteiligten Spediteur und seinem Versender auch dann, wenn der Spediteur im Außenverhältnis nicht als Absender hinsichtlich des Frachtvertrags auftritt, sondern die Federführung einem anderen Spediteur als Verkehrsführer überläßt. In diesem Fall liegt eine reine Innengesellschaft vor, deren sich der Spediteur zur Ausführung der Versendung bedient. S. auch Rdn. 137.

3. Verhältnis zu § 412 und § 413 Abs. 1

133 Ob die Sammelladungsspedition ein Unterfall des Selbsteintritts ist, hängt davon ab, ob man den Selbsteintritt als Willenserklärung oder Realakt sieht; zutreffend *Jungfleisch* S. 70. Nach hier vertretener Auffassung (Rdn. 76) ist die Sammelversendung kein Selbsteintritt, da dieser grundsätzlich Ausführung der Beförderung durch den Spediteur selbst voraussetzt; i. E. auch *Papp* S. 144 mit abweichender Begründung.

Im Hinblick auf diesen Umstand bedurfte es der Sonderregelung des § 413 Abs. 2. Befördert der Spediteur eine von ihm zusammengestellte Sammelladung verschiedener Versender selbst mit eigenem Kraftfahrzeug, dann liegt begrifflich keine Sammelladungsspedition vor; s. Rdn. 138. Die Bedingungen für den Spediteur-Sammelgutverkehr schließen jedoch ihre Anwendung für diesen Fall nicht aus. Die Anwendung von Frachtrecht ergibt sich dann aus § 412 Abs. 2 oder § 413 Abs. 1, da in der Regel mit der Anwendung der Sammelgut-Preisempfehlung feste Kosten vereinbart werden.

Da die Folgenanordnung in § 413 Abs. 2 S. 1 auf **§ 413 Abs. 1** verweist, bedarf es regelmäßig keiner Abgrenzung zwischen Sammelladungs- und Fixkostenspedition. Wird, wie dies weitgehend üblich ist, die Sammelversendung bereits zu fixen Kosten übernommen oder nachträglich einverständlich so abgerechnet, dann entfällt ohnehin § 413

§§ 412, 413   Drittes Buch. Handelsgeschäfte

Abs. 2 S. 2. Können die Voraussetzungen beider Absätze nach Lage des Falles vorliegen, so hat damit diejenige Partei, die sich auf § 413 berufen will, die Wahl, die für sich jeweils einfacheren Nachweise der Sammelversendung oder der Fixkostenvereinbarung zu führen. In der gerichtlichen Praxis führt dies dazu, daß in Fällen der Sammelversendung zu fixen Kosten häufig nur einer der beiden Absätze entscheidungstragend ist.

Wegen der grundsätzlich gleichen Folgenbestimmung bei Fixkosten- und Sammelladungsspedition treffen die allgemeinen Erläuterungen zur Rechtsnatur der Fixkostenspedition im wesentlichen auch auf die Sammelversendung zu. Insbesondere „verläßt" auch der Sammelspediteur keineswegs sein „eigentliches Arbeitsgebiet" und es bestehen auch durchaus nicht in allen Fällen rechtspolitische Gründe für eine zwingende Gleichstellung des Sammelspediteurs mit dem Frachtführer; s. dazu Rdn. 5 f.

4. Berechtigung und Verpflichtung des Spediteurs zur Sammelversendung
a) Berechtigung zur Sammelversendung

134   Die ADSp gestatten dem Spediteur die Sammelladungsversendung in § 14 a ausdrücklich. Auch ohne diese Bestimmung wäre sie im Rahmen der Interessewahrnehmung und mangels anderer Weisungen des Versenders zulässig. Die Auffassung von *Schlegelberger/Schröder*[5] Rdn. 1, 7 a und *Heymann/Kötter*[21] Anm. 2, nach der die Sammelladungs-Versendung dem Spediteur schon dann untersagt sein soll, wenn nach dem Speditionsvertrag der Selbsteintritt unzulässig ist, entbehrt jeder praktischen Begründung und liegt auch nicht im Interesse des Versenders, für den die Sammelladungsversendung zur Kostenersparnis führen würde. Ihre rein dogmatische Begründung überzeugt schon nicht, weil die Sammelladungsspedition kein Fall des Selbsteintritts ist; s. Rdn. 133; mit abweichender Begründung auch *Papp* S. 146 f. Wegen der andersartigen Interessenlage ist im übrigen die subsidiäre Anwendung des Selbsteintrittsrechts ohnehin auch sachlich zweifelhaft. Zuzustimmen ist dagegen *Schlegelberger/Schröder*[5] Rdn. 7 a und *Papp* S. 143 darin, daß die Versendung in Sammelladung dann unzulässig ist, wenn sie dem Interesse des Versenders widerspricht, insbesondere wenn das Gut durch die Zusammenverladung mit anderen Gütern gefährdet werden könnte.

§ 14 a Satz 2 ADSp stellt grundsätzlich klar, daß die Übergabe eines Stückgut-Frachtbriefs durch den Versender an den Spediteur kein Verbot der Sammelladungs-Versendung darstellt. Diese Regelung ist in § 1 Abs. 3 der Bedingungen für den Spediteur-Sammelgutverkehr (Rdn. 129) wiederholt. Wünscht der Versender keine Sammelversendung, so kann er diese durch Weisung an den Spediteur untersagen. Nach § 14 a S. 1 muß die Weisung schriftlich erfolgen; s. jedoch vor § 1 ADSp Rdn. 53.

Die Berechtigung zur Sammelversendung **(Zulässigkeit)** ist **keine Voraussetzung** des § 413 Abs. 2. Unstreitig unterliegt der Sammelspediteur daher auch dann den Folgenanordnungen des § 413 Abs. 2, wenn er unzulässigerweise die Güter als Sammelladung versendet. Es kommt nur auf die tatsächliche Versendung an[213].

Jedoch kann die unzulässige Sammelversendung Schadensersatzansprüche des Versenders wegen Vertragsverletzung gegen den Spediteur zur Folge haben[214].

b) Verpflichtung zur Sammelversendung

135   Die Interessewahrnehmungspflicht, eventuell auch nach Handelsbrauch, kann den Spediteur auch verpflichten, die Sammelversendung aus Kostengründen zu wählen[215].

---

[213] OLG Düsseldorf transpR **1985** 173 f = VersR **1982** 1076, 1077.

[214] BGH v. 18. 3. 1955, NJW **1955** 828; s. *Schlegelberger/Schröder*[5] Anm. 7 b; *Papp* S. 144.

[215] OLG Düsseldorf VersR **1983** 1076, 1077; *Schlegelberger/Schröder*[5] Anm. 7 a; *Düringer/Hachenburg/Lehmann*[3] § 413, Anm. 8.

Problematisch ist die Frage, wie lange der Spediteur ihm übergebene Güter liegenlassen darf, bis er eine Sammelladung zusammenbekommt. § 17 ADSp schließt zwar die Gewährleistung einer bestimmten Reihenfolge in der Abfertigung der Güter aus. Doch läßt sich ein Recht, die Güter liegen zu lassen, daraus nicht herleiten. Der Spediteur wird unter Abwägung der Interessen des Versenders darüber zu entscheiden haben, ob für diesen der mit der Sammelladungsversendung erzielte Preisvorteil — der nach § 14 b ADSp teilweise an den Versender weiterzugeben ist — oder die schnellere Abfertigung bei Einzelversendung günstiger ist. Auch eine Rückfrage beim Versender ist dem Spediteur zuzumuten.

II. Voraussetzungen der Sammelladungsspedition

1. „Bewirkung der Versendung"

Ausdrücklich macht § 413 Abs. 2 Satz 1 die Folgewirkungen der Sammelversendung **136** davon abhängig, daß der Spediteur die Versendung in Sammelladungen „bewirkt" hat. Praktisch bedeutet dies vor allem, daß die Anwendung von Frachtrecht erst mit der Übergabe des Guts an den Sammelbeförderer beginnt[216]. Nach der Rspr. des BGH kommt es auf das einzelne Packstück an. Liegt dessen Verlust vor der Bewirkung der Versendung, dann untersteht er selbst dann noch dem Speditionsrecht, wenn der Rest der Ladung als Sammelgut weiterbefördert wird[217]. Dagegen hat das OLG Frankfurt OLGZ **1978** 208, 210 die Auffassung vertreten, der Spediteur unterstehe auch dann schon nach § 413 Abs. 2 dem Frachtrecht, wenn er mit dem Versender die Versendung als Sammelgut vereinbart habe. Diese Auffassung ist mit der gesetzlichen Regelung kaum vereinbar. Allerdings ist zuzugeben, daß der Wechsel des anzuwendenden Rechts bei „Bewirkung" der Sammelversendung sachlich nicht voll überzeugen kann. Siehe zum Schutz des Vertrauens des Versenders auf die Vereinbarung der Sammelversendung Fn. 215. Die Sammelversendung auf der Hauptstrecke kann nach der Rspr. zur „Gesamtbetrachtung" zur einheitlichen Anwendung des Frachtrechts der Hauptstrecke auf den gesamten Vertrag führen; s. Rdn. 50 Fn. 111.

2. „Zusammen mit den Gütern anderer Versender"

§ 413 Abs. 2 verlangt, daß Güter mehrerer Kunden zur Sammelladung vereinigt **137** werden. Dies ist auch dann der Fall, wenn die Güter schon von einem Dritten planmäßig dem gleichen Spediteur zugeleitet worden sind; RGZ **106** 419, 420. Der Beilader (s. Rdn. 129), der nur Güter einzelner Versender dem „Verkehrsführer" (Sammelladungsspediteur) übergibt, ist kein Sammelladungsspediteur. Auf das Verhältnis zwischen ihm und seinem Versender findet kein Frachtrecht Anwendung[218]. Er hat allerdings die Ansprüche gegen den Verkehrsführer an seinen Versender abzutreten. Sammelt der „Beilader" selbst Güter mehrerer Versender, dann ist er ebenfalls Sammelladungsspediteur[219].

Keine Sammelladungsspedition liegt ferner dann vor, wenn der Spediteur Güter nur eines Versenders sammelt und zusammen versendet; s. auch § 1 der Bedingungen für den Spediteursammelgutverkehr; Rdn. 131 sowie unten Rdn. 139.

---

[216] BGH v. 27. 11. 1981, VersR **1982** 339; wohl auch OLG Hamburg VersR **1984** 57; noch auf den Abschluß des Frachtvertrags über das Sammelgut als entscheidenden Zeitpunkt abstellend: BGH v 13. 1. 1978, VersR **1978** 318, 319; OLG Hamburg transpR **1984** 178, 179 = VersR **1984** 57.

[217] BGH v. 13. 1. 1978, VersR **1978** 318, 319.

[218] OLG Düsseldorf VersR **1978** 926, 927; OLG Frankfurt v. 14. 10. 1980, 5 U 170/78 (unveröff.).

[219] OLG Frankfurt VersR **1976** 655.

3. Sammelfrachtvertrag für eigene Rechnung

138 § 413 Abs. 2 Satz 1 erfordert weiterhin, daß der Spediteur die Versendung „auf Grund eines für seine Rechnung über eine Sammelladung geschlossenen Frachtvertrags" bewirkt hat. Daher würde eine Sammelversendung nicht unter § 413 Abs. 2 fallen, wenn der Frachtvertrag für Rechnung der Auftraggeber geschlossen würde. Dieser Fall ist zwar, etwa bei prozentualer In-Rechnung-Stellung der Sammelfracht an die einzelnen Versender denkbar, kommt aber in der Praxis kaum vor[220]. Die Folgenregelung des § 413 Abs. 2 greift auch nicht ein, wenn der Spediteur die Sammelladung selbst mit eigenen Fahrzeugen oder angemieteten Fahrzeugen oder durch Lohnfuhrunternehmen (s. § 425³ Rdn. 44 f) befördern läßt. In diesem Fall kommt es nicht zum Abschluß eines Frachtvertrags für Rechnung des Spediteurs[221]. Es liegt jedoch echter Selbsteintritt (s. Rdn. 77) vor. Frachtrecht ist dann nach § 412 Abs. 2 zwischen Versender und Spediteur anzuwenden. Angesichts der im wesentlichen einheitlichen Behandlung der Verweisungen auf das Frachtrecht in §§ 412, 413 (s. Rdn. 16 ff) entspricht die Rechtsfolge der nach § 413 Abs. 2 gegebenen. Daher ist die Abgrenzung zwischen selbst ausgeführter und fremdausgeführter Sammelspedition ohne praktische Bedeutung und wird in der Rspr. auch nicht konsequent durchgeführt[222]. Im Hinblick darauf, daß die teilweise Fremd- und Selbstausführung im Sammelgutverkehr sehr häufig ist, wäre die Abgrenzung im Einzelfall auch häufig sehr schwierig. § 1 Abs. 5 KVO zwingt allerdings wieder zur Prüfung, inwieweit Eigenbeförderung vorliegt; s. Rdn. 25.

4. Beauftragung mit Sammelversendung ohne Vorliegen der Voraussetzungen von § 413 Abs. 2

139 Fraglich ist, ob § 413 Abs. 2 in irgendeiner Weise entsprechend anzuwenden ist, wenn eine bloße Beauftragung des Spediteurs mit Sammelversendung vorliegt, die Voraussetzungen des § 413 Abs. 2 aber nicht erfüllt sind. Das OLG Frankfurt OLGZ **1978** 208, 210 will einen solchen Fall unmittelbar unter § 413 Abs. 2 subsumieren. Dies erscheint bedenklich; s. Rdn. 136. Ähnlich könnte man das Urteil des OLG Hamburg VersR **1984** 637 f verstehen. In Wahrheit lag in diesem Fall jedoch Selbsteintritt vor. Grundsätzlich ist daran zu denken, daß der Spediteur, der Sammelversendung verspricht, vorsätzlich vertragswidrig handelt, wenn er statt dessen eine andere Versendungsart ohne Rückfrage wählt. Er kann daher nur die Sammelfracht nach § 413 Abs. 2 Satz 2 in Rechnung stellen. Ferner ist es möglich, ihn im Rahmen des von ihm geschuldeten Schadensersatzes der frachtrechtlichen Haftung zu unterstellen, indem man davon ausgeht, er habe den Versender so zu stellen, wie wenn er vertragsgemäß die Sammelversendung vorgenommen hätte. Liegt eine vorsätzliche oder grob fahrlässige Handlungsweise vor, so wirken sich die Haftungsbeschränkungen der ADSp, denen diese Haftung an sich unterstehen würde, praktisch nicht aus; s. vor § 1 ADSp Anh. I nach § 415 Rdn. 49 und § 41 ADSp Rdn. 23.

---

[220] Unklarer Fall: OLG Düsseldorf VersR **1978** 926, 927.
[221] *Geyer* ZfV **1964** 564; *Jungfleisch* S. 71; *Schmidt* VersR **1975** 986; *Tischler* VersR **1975** 1001.
[222] Zutreffende Behandlung der Fälle nach § 412: BGH v. 26. 6. 1978, VersR **1978** 946; v. 27. 1. 1982, NJW **1982** 1944, 1945 = transpR **1982** 105 f = VersR **1982** 669 f; OLG Koblenz VersR **1983** 1073.

Behandlung ausschließlich nach § 413 Abs. 2: BGH v. 3. 3. 1972, NJW **1972** 866; OLG Hamburg VersR **1970** 741, 742; OLG Hamburg VersR **1984** 637.
Anwendung beider Vorschriften: OLG Stuttgart VersR **1982** 90, 91; OLG Karlsruhe VersR **1983** 485; LG Bremen VersR **1979** 815.

III. Wirkungen der Sammelladungsversendung
1. Anwendung von Frachtrecht

In jedem Fall der Sammelladungsversendung, gleich ob zu festen Kosten oder nicht, **140**
hat der Spediteur nur die Rechte und Pflichten eines Frachtführers oder Verfrachters. Dies entspricht im vollen Umfang der Regelung der Fixkostenspedition; s. dazu Rdn. 121 ff, ferner Rdn. 16 ff, 43 ff.

Bei Versendung per Eisenbahn-Sammelladung ist auf das Verhältnis Versender/Sammelladungsspediteur nach bisheriger Rspr. kein Eisenbahnrecht anzuwenden; s. Rdn. 13.

Die Sammelversendung mit Gütern anderer Versender bringt häufig spezielle Gefahren für das Gut mit sich. Daher ist der Spediteur hier zu besonderer Sorgfalt verpflichtet; *Schlegelberger/Schröder*[5] Rdn. 10.

2. Vergütung und Auslagen

Hinsichtlich der **Vergütung** griffen bis 1975 (s. Rdn. 131) HGB-Recht und zwingen- **141**
des Tarifrecht ineinander; s. BGH v. 28. 4. 1967, VRS **39** 94, 96 f. Nach HGB kann der Spediteur, wie sich aus § 413 Abs. 2 Satz 2 ergibt, nur eine den Umständen angemessene Fracht, nicht dagegen noch die Spediteurprovision verlangen; offenbar anderer Ansicht *Krien/Hay* § 14 ADSp Anm. 8. Die angemessene Fracht darf die gewöhnliche Einzelfracht nicht übersteigen; *Schlegelberger/Schröder*[5] Anm. 9. Was als „angemessene Fracht" zu betrachten ist, unterliegt nach § 315 Abs. 3 BGB der richterlichen Kontrolle.

Hinsichtlich der Berechnung des Entgelts ist der Spediteur nach oben eingeschränkt. Er hat den Versender angemessen am Vorteil der Sammelversendung zu beteiligen; *Heymann/Kötter*[21] Anm. 3. Dies wird auch durch § 14 b ADSp ausdrücklich festgelegt. Zur Weitergabe des Preisvorteils an den Versender ist der Spediteur auch verpflichtet, wenn er mehrere Sendungen des gleichen Versenders in (unechter) Sammelladung versendet.

Im übrigen galt für die Sammelladungsspedition im innerdeutschen Verkehr im Entfernungsbereich über 150 km zwingendes Preisrecht; s. hierzu die Vorauflage § 413 Anm. 15. Die jetzt an dessen Stelle getretene unverbindliche Preisempfehlung des Bundesverbands Spedition und Lagerei (s. Rdn. 131) hält am Prinzip eines einheitlichen Kundensatzes für die gesamte Leistung des Spediteurs einschl. Vor- und Nachlauf (Fixkostenprinzip) fest. Diese Preisempfehlung legt wohl im Regelfall die „gewöhnliche Fracht" fest. Sie kann den Spediteur dennoch nicht von der Angemessenheitskontrolle nach § 413 Abs. 2 Satz 2 entbinden, wenn sie ausnahmsweise im Einzelfall zu unangemessenem Entgelt führen sollte. § 3 Nr. 9 der Bedingungen für den Spediteur-Sammelgutverkehr (Zahlungsverzug ohne Mahnung und andere Voraussetzungen) verstößt möglicherweise auch im kaufmännischem Verkehr gegen § 9 AGBG; str. vgl. *Palandt/Heinrichs*[44] § 11 AGBG Anm. 4; *Wolf* AGBG § 11 Nr. 4 Rdn. 16; *Ulmer/Brandner/Hensen* AGBG[4] § 11 Nr. 4 Rdn. 8; *Löwe/v. Westphalen/Trinkner* AGBG[2] § 11 Nr. 4 Rdn. 20 ff.

Neben der angemessenen Fracht kann der Spediteur wie bei der Spedition zu festen Kosten (s. Rdn. 120) Ersatz derjenigen **Auslagen** verlangen, die unabhängig von der Art der Versendung entstanden sind; s. als Beispiel § 3 Ziff. 6 der Preisempfehlung. Zur Kostenverteilung im internationalen Spediteur-Sammelgutverkehr s. die „combiterms", Lieferklauseln für den internationalen Spediteur-Sammelgutverkehr. Diese sind vereinbarungsbedürftige Lieferklauseln.

3. Rechtsstellung des Empfangsspediteurs einer Sammelladung

142 Sammelladungen, die für verschiedene Empfänger bestimmt sind, werden — wenn nicht an eine andere Niederlassung des Spediteurs — regelmäßig an einen Empfangsspediteur adressiert. Dieser steht in keinem Rechtsverhältnis zum Versender, sondern ist, je nach Sachlage, Gehilfe des Sammelladungsspediteurs oder dessen Zwischenspediteur. Er hat die Sammelladung auseinander zu sortieren und sie an die einzelnen Empfänger oder Briefspediteure weiterzuleiten; s. dazu *Debling* S. 29 f.

§ 414

Die Ansprüche gegen den Spediteur wegen Verlustes, Minderung, Beschädigung oder verspäteter Ablieferung des Gutes verjähren in einem Jahre. Die Verjährungsfrist kann durch Vertrag verlängert werden.

Die Verjährung beginnt im Falle der Beschädigung oder Minderung mit dem Ablaufe des Tages, an welchem die Ablieferung stattgefunden hat, im Falle des Verlustes oder der verspäteten Ablieferung mit dem Ablaufe des Tages, an welchem die Ablieferung hätte bewirkt sein müssen.

Die im Abs. 1 bezeichneten Ansprüche können nach der Vollendung der Verjährung nur aufgerechnet werden, wenn vorher der Verlust, die Minderung, die Beschädigung oder die verspätete Ablieferung dem Spediteur angezeigt oder die Anzeige an ihn abgesendet worden ist. Der Anzeige an den Spediteur steht es gleich, wenn gerichtliche Beweisaufnahme zur Sicherung des Beweises beantragt oder in einem zwischen dem Versender und dem Empfänger oder einem späteren Erwerber des Gutes wegen des Verlustes, der Minderung, der Beschädigung oder der verspäteten Ablieferung anhängigen Rechtsstreite dem Spediteur der Streit verkündet wird.

Diese Vorschriften finden keine Anwendung, wenn der Spediteur den Verlust, die Minderung, die Beschädigung oder die verspätete Ablieferung des Gutes vorsätzlich herbeigeführt hat.

Übersicht

	Rdn.		Rdn.
A. Allgemeines	1	III. Beginn der Verjährungsfrist	10
B. § 414 im einzelnen	2	1. Bei Beschädigung oder Minderung im Falle der Ablieferung	10
I. Ansprüche, die der verkürzten Verjährung unterliegen	2	2. Bei Beschädigung und Minderung im Falle der Nichtablieferung	11
1. Speditionsvertragliche Ansprüche	2	3. Bei Verlust und Verspätung	12
2. Ansprüche aus unerlaubter Handlung	4	IV. Erhaltung der Aufrechnungsmöglichkeiten trotz Verjährung (§ 414 Abs. 3)	13
3. Ansprüche von Nichtvertragspartnern gegen den Spediteur	5	V. Lange Verjährung im Falle des Vorsatzes des Spediteurs	14
4. Ansprüche wegen Verlust, Beschädigung, Minderung oder Verspätung	6	VI. Analoge Anwendung von § 414 auf Zurückbehaltungsrecht	15
II. Dauer der Verjährung	7	C. Verjährung anderer Ansprüche aus Geschäften des Spediteurs	16
1. Frist und vertragliche Vereinbarungen	7	D. Die Verjährung nach § 64 ADSp	18
2. Hemmung, Unterbrechung, Einredeverzicht	8	I. Allgemeines; Anwendungsbereich	18
3. Arglisteinrede	9		

Stand: 1. 9. 1985

	Rdn.		Rdn.
1. Funktion und Bedeutung von § 64	18	Vorsatz und grobem Eigenverschulden des Spediteurs	24
2. Anwendungsbereich	19	4. Weitere Möglichkeiten der Unwirksamkeit nach § 9 AGBG	25
3. Abgrenzungsfälle für den Anwendungsbereich	21	III. Beginn der Verjährungsfrist	26
II. Wirksamkeit von § 64 ADSp	22	IV. Von § 64 ADSp abweichende Vereinbarungen	27
1. Vereinbarung mit zwingendem Recht	22	V. Arglisteinwand gegenüber § 64 ADSp	28
2. Vereinbarkeit mit dem AGBG	23		
3. Wirksamkeit von § 64 ADSp bei			

A. Allgemeines

§ 414 behandelt die Verjährung der wichtigsten gegen den Spediteur gerichteten Ersatzansprüche. Soweit die ADSp eingreifen, wird § 414 allerdings durch § 64 ADSp verdrängt; s. Rdn. 18 ff. Im Rahmen der Speditionsversicherung kann § 414 keine Bedeutung gewinnen, da § 10 Nr. 1 SVS/RVS die Geltendmachung des Versicherungsanspruchs an engere Voraussetzungen bindet; s. dort Anh. II nach § 415. **1**

Durch die gesetzliche Verweisung der §§ 423, 439 HGB gilt § 414 auch im Lagervertragsrecht und im Landfrachtrecht. Im letzteren Bereich haben Sonderregeln für einzelne Beförderungszweige diese Regelung jedoch praktisch ganz verdrängt, s. § 439 Rdn. 2.

B. § 414 im einzelnen
I. Ansprüche, die der verkürzten Verjährung unterliegen
1. Speditionsvertragliche Ansprüche

§ 414 Abs. 1 führt die Ansprüche wegen **Verlust, Beschädigung, Minderung oder verspäteter Ablieferung** auf. Hierbei handelt es sich um die zu §§ 407–409 Rdn. 151–155 dargestellten Ansprüche aus §§ 407 Abs. 2, 390, 408 und aus schuldrechtlichen Leistungsstörungen. Voraussetzung ist, daß der Schaden in Verlust, Beschädigung oder Minderung der Güter besteht. Nicht unter § 414 fallen Ansprüche wegen Unterlassen der Rüge, wenn der Verlust nicht beim Spediteur, sondern bei einem Frachtführer eingetreten ist; RGZ **114** 308, 310 f. **2**

Nicht nach ihrer Formulierung, wohl aber nach ihrer Stellung innerhalb der Regelung des Speditionsvertrags bezieht sich die Vorschrift **nur auf speditionsvertragliche Ansprüche** und zwar auch auf solche, die sich aus der Verletzung von Nebenpflichten ergeben; *Krien/Hay* § 64 ADSp Anm. 3. Da jedoch durch §§ 423, 439 Lager- und Frachtgeschäft ebenfalls dem § 414 unterliegen, ist die Frage, ob die betreffenden Ansprüche aus Speditions-, Lager- oder Landfrachtgeschäften des Spediteurs herrühren, ohne Belang. **3**

Daher verzichtete der BGH im Urteil vom 28. 4. 1953 (in BGHZ **9** 301 ff insoweit nicht abgedruckt) mit Recht auf die Erörterung der Abgrenzungsfragen. Auf Tätigkeiten des Spediteurs, die keine speditions-, fracht- oder lagervertraglichen sind, findet § 414 keine unmittelbare Anwendung. Entsprechende Anwendung auf Geschäftsbesorgungsverträge wie des Empfangsspediteurs (§§ 407–409 Rdn. 16 ff) ist zu befürworten; *Krien/Hay* § 64 ADSp Anm. 3. Soweit die ADSp gelten, spielt die Qualifikation der betreffenden Tätigkeiten des Spediteurs keine Rolle, da ohnehin alle Ansprüche gegen ihn nach § 64 ADSp verjähren. Siehe aber zur eingeschränkten Wirksamkeit von § 64 ADSp Rdn. 22 ff.

§ 414 Drittes Buch. Handelsgeschäfte

2. Ansprüche aus unerlaubter Handlung

4 Für Ansprüche aus unerlaubter Handlung, die in Parallele zu solchen aus dem Speditionsvertrag stehen, ist die analoge Anwendung des § 414 HGB zu empfehlen. Da die Deliktsansprüche, insbesondere die aus §§ 823, 831 BGB, gemäß § 852 erst in drei Jahren verjähren, vereitelt sonst die Berufung auf deliktische Ansprüche die im Interesse des Spediteurs auf eine schnellere Klärung hinwirkende Regelung des § 414 HGB. Jedoch hat der BGH in st. Rspr. die Anwendung von § 414 auf Deliktsansprüche abgelehnt; s. dazu § 429[3] Rdn. 89.

Für den Spediteur ist die Frage meist bedeutungslos, weil § 64 ADSp alle Ansprüche gegen den Spediteur „gleichviel aus welchem Rechtsgrund" einer achtmonatigen Verjährung unterwirft; s. Rdn. 19. Soweit § 64 ADSp durch zwingendes Frachtrecht verdrängt ist, gelten besondere, von § 414 abweichende Verjährungsvorschriften; s. dazu § 439[3] Rdn. 2.

3. Ansprüche von Nichtvertragspartnern gegen den Spediteur

5 § 414 gilt nicht für Ansprüche, die Dritte gegen den Spediteur haben. Auch § 64 ADSp kann solche Ansprüche von Nicht-Vertragspartnern in der Regel nicht erfassen. S. aber genauer vor § 1 ADSp Rdn. 26 Anh. I nach § 415.

4. Ansprüche wegen Verlust, Beschädigung, Minderung oder Verspätung

6 Nur die in § 414 speziell bezeichneten Ansprüche verjähren nach dieser Vorschrift, nicht dagegen andere speditionsrechtliche Ansprüche, z. B. Schadensersatzansprüche wegen Unterlassung der Transportversicherung oder Herausgabeansprüche hinsichtlich des Speditionsguts oder des Frachtbriefs, auf Rechnungslegung usw. Zum Begriff des Verlustes und der Beschädigung s. §§ 407–409 Rdn. 143 und § 429[3] Rdn. 3 ff. Der Begriff der Minderung wird sonst nur in §§ 423 und 439 gebraucht. Unter Minderung ist der teilweise Verlust (z. B. Leckage, Verlust einzelner Colli) zu verstehen; s. eingehend BGH v. 8. 7. 1955 BGHZ **18** 98, 100 ff. Die Definitionsfrage, die früher str. war (vgl. 2. Aufl. § 423 Anm. 4 c) ist praktisch bedeutungslos, da unstreitig die Ersatzansprüche wegen aller körperlichen Beeinträchtigungen des Gutes unter § 414 HGB fallen.

Verspätete Ablieferung ist nicht nur die Ablieferung an den Frachtführer, sondern auch die durch den Frachtführer an den Empfänger, soweit der Spediteur aus Spediteurverschulden für diesen zu haften hat; *Schlegelberger/Schröder*[5] Anm. 1 e.

II. Dauer der Verjährung

1. Frist und vertragliche Vereinbarungen

7 Die Verjährungsfrist beträgt 1 Jahr. Sie kann nach § 414 Abs. 1 Satz 2 verlängert und — was durch § 64 ADSp erfolgt ist — nach § 252 S. 2 BGB auch verkürzt werden, s. Rdn. 22 ff. Eine Verlängerung kommt vor allem in Fällen in Betracht, in denen über die Ersatzansprüche noch verhandelt wird. Dies ist mit dem OLG Kiel, Schleswig-Holsteinische Anzeigen **1921** 123, 124 anzunehmen, wenn vereinbart wird, den Prozeß bis zur Entscheidung des Rechtsstreits zwischen den Parteien und der Versicherung ruhen zu lassen. Besonders problematisch ist die Verjährungsfrage, wenn die Verhandlungen mit dem Speditionsversicherer noch andauern. Denn die Erfolgsaussicht des Prozesses gegen den Spediteur hängt davon ab, ob der Speditionsversicherer zahlt (§ 41 a ADSp). In einer Stillhaltevereinbarung bis zur Klärung der Versicherungslage kann dann eine Verlängerung der Verjährung über die Achtmonatsfrist des § 64 ADSp oder sogar über die Jahresfrist des § 414 hinaus liegen. Da die ADSp für Zusatzvereinbarungen keine Schriftformklauseln enthalten, ist die stillschweigende Verlängerung der Verjährung ohne weiteres möglich. Eine großzügige Auslegung des Verhaltens der Parteien in dieser Richtung ist zu befürworten, wenn sich aus der Sachlage ergibt, daß das Stillhalten des Versenders auch im Interesse des Spediteurs lag. Regelmäßig ist der Spediteur daran interessiert, von einer Klage verschont zu bleiben, solange über die Leistungspflicht des Speditionsversicherers noch nicht endgültig entschieden ist.

2. Hemmung, Unterbrechung, Einredeverzicht

Hemmung der Verjährung kann nach § 202 BGB vor allem im Fall des pactum de non petendo vorkommen. Dieses kann auch stillschweigend abgeschlossen werden, insbesondere wenn einverständlich die Entscheidung eines Vorprozesses abgewartet werden soll (z. B. ein Prozeß gegen den Speditionsversicherer, der die Haftung bestreitet). Normale Schadensregulierungsverhandlungen hemmen jedoch die Verjährung nicht; OLG Hamburg VersR **1982** 1204 f. **8**

Zur Unterbrechung der Verjährung gem. §§ 208 ff BGB s. insbesondere die Kommentarliteratur zu § 209 BGB. Durch eine negative Feststellungsklage des Schuldners wird die Verjährung nicht unterbrochen; st. Rspr., BGH v. 8. 6. 1978, BGHZ **72** 23 ff; zur CMR BGH v. 11. 12. 1981, VersR **1982** 649, 651. Eine analoge Anwendung von § 40 Abs. 3 KVO oder Art. 32 Abs. 2 CMR auf die speditionsrechtliche Verjährung ist zu verneinen; OLG Düsseldorf VersR **1985** 388, 389 (zu § 64 ADSp).

Zum Verzicht auf die Einrede der Verjährung siehe insbesondere BGH v. 9. 11. 1981, NJW **1982** 992, 994.

3. Arglisteinrede

Der Einrede der Verjährung kann die allgemeine Arglisteinrede entgegenstehen, wenn der Spediteur durch sein Verhalten, insbesondere durch Vertröstungen, den Versender von der Geltendmachung der Ansprüche abgehalten hat; BGH v. 3. 2. 1953, BGHZ **9** 1, 5; v. 28. 4. 1953, BGHZ **9** 301, 302 (insoweit gekürzt abgedruckt). Unter Berufung auf st. Rspr. läßt der BGH im Urt. v. 10. 5. 1984, transpR **1984** 283, 286 (mit Anm. von *Helm*) = VersR **1984** 932 einen solchen Arglisteinwand zu, wenn der Auftraggeber (Einlagerer des Spediteurs) aufgrund von dessen Erklärungen vor Ablauf der Verjährungsfrist mit der Möglichkeit einer gütlichen Regulierung seiner Schadensersatzansprüche rechnen konnte. Dies war der Fall, weil der Speditionsversicherer angekündigt hatte, nach Aufklärung des Sachverhalts wieder an den Geschädigten heranzutreten. Zutreffend erwähnt das Urteil, daß auch der Spediteur daran interessiert sein kann, daß gegen ihn vorerst keine Klage erhoben wird. Der Arglisteinwand begründet keine Hemmung der Verjährung, sondern bewirkt lediglich, daß der Gläubiger nach Wegfall der den Einwand begründenden Umstände noch innerhalb einer angemessenen Frist, die sich nach den Anforderungen des redlichen Geschäftsverkehrs und den Umständen des Falles richtet, Klage erheben kann ohne die Verjährungseinrede befürchten zu müssen (BGH aaO). Der Schadensersatzgläubiger muß jedoch von sich aus auf eine zügige Schadensregulierung drängen. Unterläßt er dies, so ist ein Arglisteinwand nicht gegeben; OLG Hamburg VersR **1982** 1204 f. Zu den Ansprüchen aus unerlaubter Handlung s. § 852 Abs. 2 BGB; zur entsprechenden Anwendung dieser Vorschrift auf parallele Mietvertragsansprüche BGH v. 28. 11. 1984, NJW **1985** 798 ff. **9**

III. Beginn der Verjährungsfrist

1. Bei Beschädigung oder Minderung im Falle der Ablieferung

Der Beginn der Verjährung ist in § 414 Abs. 2 HGB auf den Tag der Ablieferung, bei Verlust und Verspätung auf den Tag, an dem die Ablieferung hätte erfolgen müssen, festgesetzt. **10**

§ 414 Drittes Buch. Handelsgeschäfte

Unter Ablieferung ist nicht etwa die Ablieferung des Spediteurs an den beauftragten Frachtführer, sondern die Ablieferung an den Empfänger zu verstehen; *Schlegelberger/ Schröder*[5] Rdn. 3. Dies ergibt sich zwingend aus dem Sinn der Vorschrift: Die Frist kann erst zu laufen beginnen, wenn das Gut beim Empfänger kontrolliert werden kann. Dazu ist z. B. zumeist das Auspacken aus der Verpackung erforderlich. Auch können Schäden am Gut, für die der Spediteur zu haften hat, häufig noch während der Beförderung durch den Frachtführer entstehen. Da die Verjährung nicht vor der Entstehung des Anspruchs beginnen kann, wäre dann der Beginn der Verjährung unsicher.

Findet die Ablieferung nicht an einem Tag statt, sondern an mehreren verschiedenen Tagen, so ist der letzte Tag des Ablieferungsvorgangs maßgeblich; unstr. für den Lagervertrag BGH v. 8. 7. 1955, BGHZ **18** 98, 104.

2. Bei Beschädigung und Minderung im Falle der Nichtablieferung

11 Kommt es nicht zur Ablieferung an den Empfänger, z. B. weil dieser nicht erreichbar ist oder die Annahme bzw. Zahlung einer Nachnahme verweigert, so muß ein anderes Ereignis den Beginn der Verjährung bezeichnen. In der Literatur ist umstritten, ob dieser Zeitpunkt der Augenblick der versuchten Ablieferung *(Heymann/Kötter*[21] Anm. 2; *Krien/Hay* § 64 ADSp Anm. 16) oder etwa der Zeitpunkt der Rückablieferung nach Rücktransport zum Versender ist *(Schlegelberger/Schröder*[5] Rdn. 3; *Baumbauch/Duden/ Hopt*[26] Anm. 2). Der in § 414 Abs. 2 HGB zum Ausdruck gekommene Gedanke, daß bei der Nicht- oder Zuspätablieferung der Zeitpunkt, zu dem die Ablieferung hätte erfolgen sollen, maßgeblich wird, ist auch hier verwertbar. Daher ist bei fristgemäßem Ablieferungsversuch der Zeitpunkt, zu dem die Ablieferung spätestens hätte erfolgen sollen, als Beginn der Verjährung vorzuschlagen. Der Einwand von *Schlegelberger/Schröder*[5] Rdn. 3, bei erfolglosem Ablieferungsversuch dauere die Obhutspflicht des Versenders an und daher sollte die Verjährung noch nicht beginnen, kann nicht überzeugen, da das Gesetz in § 414 Abs. 2 auch im Falle der verspäteten Ablieferung die Verjährung bereits mit dem Ablauf des Tages, an dem die Ablieferung hätte bewirkt sein müssen, beginnen läßt. Es ist nicht einzusehen, warum beim erfolglosen Ablieferungsversuch die Rechtsstellung des Spediteurs schlechter sein soll. Der Rücktransport erfolgt im übrigen aufgrund eines neuen Auftrags oder als Geschäftsführung ohne Auftrag; für ihn gelten dann neue Verjährungsfristen. Die Auslieferung an eine falsche Person (Fehlauslieferung) ist Verlust, daher gilt der Termin der vertragsgemäßen Ablieferung als Fristbeginn; s. Rdn. 12.

3. Bei Verlust und Verspätung

12 In diesem Fall ist der Zeitpunkt, zu dem hätte abgeliefert werden müssen, maßgeblich. Wird eine teilweise geminderte Sendung pünktlich abgeliefert, so beginnt trotz des Teilverlustes die Frist mit der Ablieferung. Ist zwar ein Teilverlust (Minderung) gegeben, aber noch nicht das ganze Gut abgeliefert, so beginnt die Verjährungsfrist erst dann zu laufen, wenn das gesamte Gut abgeliefert ist. Siehe dazu mit sehr eingehender Begründung BGH v. 8. 7. 1955, BGHZ **18** 98, 101; *Schlegelberger/Schröder*[5] Anm. 3a; *Baumbauch/Duden*[26] Anm. 2; zum Fall der Beschädigung eines in mehreren Teillieferungen ausgelieferten Frachtguts s. OLG Hamburg VersR **1971** 729; zu § 612 HGB: BGH v. 20. 12. 1982, BGHZ **86** 172ff (Totalverlust in zwei Teilpartien). Der im Falle von Verlust und Verspätung maßgebliche Tag, an dem die Ablieferung hätte bewirkt sein müssen, ist nicht leicht zu bestimmen. Der Ausschluß der Gewährleistung für Lieferfristen in § 17 ADSp hat jedoch auf die Bestimmung der Leistungszeit (Ablieferungstermin) keinen Einfluß, s. die Erl. zu § 17 Anh. I nach § 415. § 17 ADSp will den Spediteur nicht davon entbinden, das Gut mit der durch die Sorgfalt eines ordentlichen Kaufmanns gebotenen Eile zu versenden. Daher ist zu ermitteln, wann die Ablieferung bei Anwendung dieser Sorgfalt spätestens hätte erfolgen müssen.

Die Verjährung beginnt auch zu laufen, wenn der Anspruchsberechtigte Verlust, Beschädigung oder Minderung nicht kennt, auch dann, wenn sie äußerlich nicht erkennbar war; ROHG **15** 126.

IV. Erhaltung der Aufrechnungsmöglichkeiten trotz Verjährung (§ 414 Abs. 3)

Nach § 390 BGB könnte der Versender mit seiner verjährten Ersatzforderung gegen eine Forderung des Spediteurs noch aufrechnen, wenn die Aufrechnungslage bereits vor Eintritt der Verjährung gegeben war. § 414 Abs. 3 gestattet jedoch dem Versender, ähnlich wie § 479 BGB, die Aufrechnung auch nach der Verjährung noch zu erklären, wenn vor Ablauf der Verjährungsfrist der Verlust, die Beschädigung, Minderung oder verspätete Ablieferung angezeigt ist oder durch entsprechende in § 414 HGB aufgeführte gerichtliche Schritte diese Anzeige ersetzt ist. Auch im Falle des § 414 Abs. 3 muß (als Grundvoraussetzung) die Aufrechnungslage vor Verjährungseintritt bestanden haben; BGH v. 29. 3. 1974, VersR **1974** 742, 743. Dies entspricht der allgemeinen Auffassung zu § 479 BGB; ob jedoch die Rspr. zu § 479 BGB, nach der die Aufrechnung nur noch gegen Ansprüche aus dem gleichen Vertrag (hier demnach aus dem gleichen Speditionsvertrag) zulässig sein soll (BGH v. 26. 11. 1980, NJW **1981** 1156) auf § 413 Abs. 3 übertragen werden kann, ist zweifelhaft. Siehe hierzu *Heymann/Kötter*[21] Anm. 3; *Baumbach/Duden/Hopt*[26] Anm. 3. Zu § 479 BGB siehe in diesem Kommentar § 377 HGB Anm. 142 (3. Aufl.). Zumindest ist zu erwägen, die Aufrechnung auch gegen Ansprüche aus der gleichen laufenden Geschäftsverbindung zuzulassen; wie hier *Schlegelberger/Schröder*[5] Rdn. 4a (a. E.). Dabei ist zu bedenken, daß die Haftungskonstruktion der ADSp wegen der Einschaltung von Speditions- und Transportversicherern sehr leicht zu verspäteter Ersatzleistung des Spediteurs führen kann, da dieser im Hinblick auf §§ 41, 37 ADSp abwarten wird, ob einer der Versicherer leistet. Andererseits ist die Zurückhaltung der Provision für den Versender riskant. Denn für ihn ist vielfach nicht im voraus überschaubar, von wem er die Ersatzleistung erhalten wird. Er läuft daher Gefahr, bei Zurückhaltung der Provision in einen negativ verlaufenden Prozeß verwickelt zu werden, während er bei Zahlung der Provision seine Ansprüche trotz Anmeldung des Schadens verlöre. Bei derart verwickelten Rechtsbeziehungen liegt es durchaus im Interesse des Versenders wie des Spediteurs, wenn der erstere die Provision zahlen kann und sich gegenüber Provisionsansprüchen aus späteren Geschäftsbeziehungen noch auf die gerügten Mängel aufrechnungsweise berufen kann.

§ 32 ADSp schränkt die Aufrechnung gegen Forderungen des Spediteurs weitergehend ein; s. die Erl. Anh. I nach § 415.

V. Lange Verjährung im Falle des Vorsatzes des Spediteurs

Bei Vorsatz des Spediteurs oder seiner Erfüllungsgehilfen (§ 278 BGB) soll die Abkürzung der Verjährung nicht gelten. Die Ansprüche verjähren dann nach § 195 BGB in 30 Jahren. Der Vorsatzbegriff ist der allgemein zivilrechtliche. Daher genügt bereits bedingter Vorsatz. Der Vorsatz ist vom Versender nachzuweisen.

Handlungen des mit der Behandlung des Gutes betrauten Personals werden hierbei dem Spediteur nach § 278 BGB zugerechnet. Dies gilt auch dann, wenn solches Personal Güter gestohlen hat. In diesem Fall handelt das mit der Behandlung und der Obhut über

§ 414 Drittes Buch. Handelsgeschäfte

die Güter betraute Personal noch in Erfüllung der Verpflichtungen des Spediteurs; s. zum Bahnrollfuhrvertrag OLG Hamburg VersR **1983** 352; s. auch §§ 407–409 Rdn. 62.

VI. Analoge Anwendung von § 414 auf Zurückbehaltungsrecht

15 In der 2. Aufl. (ebenso jetzt *Heymann/Kötter*[21] Anm. 3) wurde die Auffassung vertreten, § 414 müsse auch auf die Einrede des nichterfüllten Vertrages angewandt werden, die ebenso wie die Aufrechnungseinrede zu behandeln sei. Abgesehen davon, daß es sich bei den in § 414 erwähnten Ansprüchen nicht um synallagmatische Verpflichtungen handelt, so daß für sie nicht § 320 BGB, sondern nur § 273 BGB angewendet werden könnte, besteht kein erkennbarer Grund, warum der Spediteur, der mit der Geltendmachung von Provisionsansprüchen ein Jahr wartet, bis die Verjährungsfrist für Gegenansprüche abgelaufen ist, dann diese Ansprüche beliebig soll durchsetzen können. Es ist vielmehr anzunehmen, daß in solchen Fällen der Versender vielfach seine Gegenansprüche nicht geltend machen wird, weil er nicht mehr damit rechnet, vom Spediteur auf Zahlung der Provision in Anspruch genommen zu werden. Für eine analoge Anwendung des § 414 auf das Zurückbehaltungsrecht des Versenders bestehen daher keine zwingenden Gründe; wie hier *Schlegelberger/Schröder*[5] Rdn. 4a; *Krien/Hay* § 64 ADSp Anm. 23.

C. Verjährung anderer Ansprüche aus Geschäften des Spediteurs

16 Die allgemeine Üblichkeit der ADSp-Vereinbarung macht die Frage nach der Verjährung solcher Ansprüche gegen den Spediteur, die in § 414 nicht erwähnt sind, teilweise bedeutungslos. Denn § 64 bringt seine verschärfte Verjährungsregelung gegenüber allen anderen in Betracht kommenden Bestimmungen viel weitgehender zur Geltung als § 414; s. Rdn. 19. Fehlt es an wirksamer Einbeziehung der ADSp, dann verjähren Ansprüche aus Verträgen des Spediteurs, die nicht Speditions-, Lager- oder Landfrachtverträge sind (§§ 414, 423, 439), nach den für sie maßgeblichen Sonderregeln. Dies gilt insbesondere für die Sonderordnungen des Frachtrechts; s. § 439 Rdn. 2. Für Verträge des Spediteurs aus dem Bereich der breiten unspezifisch angelegten Vertragstypen des bürgerlichen Rechts sollte § 414 u. U. entsprechend angewendet werden; s. Rdn. 3.

Zu Ansprüchen gegen den Spediteur, die in § 414 nicht erwähnt sind, s. Rdn. 6.

17 **Ansprüche** des Spediteurs **auf Entgelt** und **Auslagenersatz** aus Speditions- und Lagergeschäften verjähren nach § 196 Abs. 1 Nr. 1 und Abs. 2 in zwei bzw. vier Jahren. Soweit es sich um Frachtgeschäfte des Spediteurs handelt, beträgt die Verjährungsfrist nach § 196 Abs. 1 Nr. 3 stets nur zwei Jahre (s. §§ 412, 413 Rdn. 39), soweit nicht frachtrechtliche Sonderbestimmungen eingreifen; s. dazu § 439[3] Rdn. 7f.

D. Die Verjährung nach § 64 ADSp
I. Allgemeines; Anwendungsbereich
1. Funktion und Bedeutung von § 64

18 § 64 ADSp verkürzt die Verjährung der gegen den Spediteur gerichteten Ansprüche gegenüber §§ 414, 439, 423 HGB sowie gegenüber allen anderen etwa in Betracht kommenden dispositiven gesetzlichen Verjährungsbestimmungen; s. Rdn. 19. Die Frist wurde 1978 von 6 auf 8 Monate verlängert. § 64 gehört zu den wichtigsten Klauseln der ADSp. Probleme werfen die meisten zu § 64 veröffentlichten Urteile aber nur hinsichtlich der Anwendung der ADSp überhaupt oder der Vereinbarkeit mit zwingendem Recht auf. Auf die Angabe solcher Urteile wird an dieser Stelle verzichtet.

2. Anwendungsbereich

19 Der Anwendungsbereich des § 64 ADSp ist wesentlich weiter als der des § 414. Die Klausel erfaßt nicht nur speditionsvertragliche Ansprüche aller Art, z. B. den Auskehranspruch nach §§ 407 Abs. 2, 393 Abs. 3 wegen unbefugter Kreditierung von Nachnahmen; OLG Frankfurt RIW **1979** 278. Unter § 64 ADSp fallen vielmehr Ansprüche aus allen Rechtsgründen, also auch aus anderen unter § 1 ADSp fallenden Vertragsarten, aus unerlaubter Handlung, ungerechtfertigter Bereicherung, Geschäftsbesorgung, Geschäftsführung ohne Auftrag; s. beispielsweise zum Anspruch auf Rückgabe von Paletten gem. § 607 Abs. 1 BGB OLG Frankfurt MDR **1983** 134f = ZIP **1982** 1331f.

Andererseits kann § 64 ADSp nur zwischen den Partnern des betreffenden Verkehrsvertrages wirken. Ansprüche des Eigentümers des Speditionsguts werden also nicht von § 64 ADSp betroffen, wenn der Eigentümer nicht Vertragspartner des Spediteurs ist, da die ADSp grundsätzlich nicht zu Lasten am Vertrag nicht beteiligter Dritter wirken können. Unter bestimmten wirtschaftlich typischen Bedingungen kann jedoch eine Anwendung der ADSp auch im Verhältnis zu am Vertrag nicht beteiligten Personen möglich sein; s. vor § 1 ADSp Rdn. 26.

20 § 64 erfaßt **keine Ansprüche des Spediteurs.** Ist ein Spediteur selbst Auftraggeber (Versender) eines anderen Spediteurs, dann kann er sich auf § 64 ADSp nicht berufen; OLG Frankfurt NJW **1980** 2649, 2650 und MDR **1983** 134f = ZIP **1982** 1331, 1332; s. auch vor § 1 ADSp Rdn. 8. Denn die ADSp sind die Bedingungen des beauftragten Spediteurs. Nur dieser ist gemeint, wenn die ADSp vom „Spediteur" sprechen. Ansprüche des Spediteurs unterliegen danach den allgemeinen Verjährungsvorschriften; s. Rdn. 17. Trotz § 1 Abs. 5 KVO kann dabei auch die Verjährung nach § 40 KVO eingreifen; s. OLG Düsseldorf VersR **1983** 274f; im einzelnen §§ 412, 413 Rdn. 27.

3. Abgrenzungsfälle für den Anwendungsbereich

21 Aus der Rspr. sind folgende Fälle zur Abgrenzung des Anwendungsbereichs von § 64 von Bedeutung:

BGH v. 10. 10. 1957, BGHZ **25** 300, 310: § 64 gilt nicht für einen Frachtzahlungsanspruch des Verfrachters aus § 614 gegen den Empfangsspediteur, da es sich hierbei nicht um einen Anspruch aus dem Speditionsvertrag, sondern aus dem Seefrachtvertrag (Ausführungsgeschäft) handelt.

BGH v. 29. 10. 1969, VersR **1970** 30, 33: Ob ein Bereicherungsanspruch wegen Rückzahlung eines Vorschusses auf nicht zu ersetzende Auslagen unter § 64 fällt, ist fraglich.

II. Wirksamkeit von § 64 ADSp

1. Vereinbarkeit mit zwingendem Recht

22 Die Verkürzung der Verjährung ist nach § 225 Satz 2 BGB grundsätzlich zulässig. Zwingende Normen in Sonderbereichen des Frachtrechts machen jedoch § 64 unwirksam. Dies gilt nicht nur, soweit der betreffende Vertrag von Anfang an als Frachtvertrag zu qualifizieren ist (§§ 412, 413 Rdn. 61–71), sondern auch, soweit zwingendes Frachtrecht über §§ 412, 413 auf den Speditionsvertrag Anwendung findet; s. §§ 412, 413 Rdn. 32 und 5–15. Praktisch wird hierdurch der Anwendungsbereich des § 64 sehr erheblich eingeschränkt.

2. Vereinbarkeit mit dem AGBG

23 § 64 ist bisher nicht beanstandet worden. Insbesondere hat bisher keine veröffentlichte Gerichtsentscheidung in der Klausel einen Verstoß gegen § 9 AGBG gesehen. Das OLG Düsseldorf VersR **1980** 275, 276 sieht schon die sechsmonatige Verjährung von § 64 ADSp a. F. als vereinbar mit § 9 AGBG an. Zu den neuen ADSp ebenso transpR **1985** 257, 260 = VersR **1985** 388, 389. Im Binnenschiffahrtsrecht erkennt der BGH im Urteil vom 17. 11. 1980, VersR **1981** 229, 230 f die sechsmonatige Verjährung auf Grund von AGB als gültig an. Eine individualvertragliche Verkürzung der Verjährung auf drei Monate wurde vom OLG Hamm DB **1978** 1399 für den Güternahverkehr nicht beanstandet.

Im Zusammenhang mit der stillschweigenden Einbeziehung der ADSp (s. vor § 1 ADSp Rdn. 20, Anh. I nach § 415) weist allerdings der BGH im Urteil vom 12. 10. 1979, VersR **1980** 61, 62 darauf hin, daß die Interessenlage nicht hinsichtlich aller Ansprüche, die von § 64 ADSp erfaßt werden können, eine Verkürzung der Verjährung auf 6 Monate erfordert.

3. Wirksamkeit von § 64 ADSp bei Vorsatz und grobem Eigenverschulden des Spediteurs

24 Vorsatz schließt grundsätzlich nicht die vertragliche Verkürzung der Verjährung durch § 64 ADSp aus; BGH vom 3. 2. 1952, BGHZ **9** 1, 5 mit Hinweisen auf RG-Rspr.; insoweit zutreffend auch OLG Frankfurt transpR **1985** 114. § 414 Abs. 3 ist nicht als zwingendes Recht konzipiert. Jedoch wird man im Falle des Vorsatzes oder der groben Fahrlässigkeit des Spediteurs selbst (bei einer juristischen Person ihrer Organe nach § 30, 31 BGB) oder seiner leitenden Angestellten die vertragliche Verkürzung der Verjährung als unzulässig anzusehen haben. Für die entsprechende Verjährungsklausel in § 26 AGNB ist dies vom ersten Senat des BGH im Urteil v. 2. 12. 1982 transpR **1983** 73, 75 unter Verweisung auf das zu § 40 KVO ergangene Urteil v. 25. 10. 1962, BGHZ **38**, 150, 155 entschieden worden. Der gleiche Senat hat allerdings zu § 64 ADSp im Urteil v. 10. 5. 1984, transpR **1984** 283, 287 (mit Anm. von *Helm*) = VersR **1984** 932 die Frage wieder offengelassen und dem Spediteur als Lagerhalter die Berufung auf § 64 aus § 242 BGB versagt, weil der Auftraggeber aufgrund von Erklärungen des Spediteurs vor Ablauf der Verjährungsfrist mit der Möglichkeit einer gütlichen Schadensregulierung rechnen konnte. In der Rspr. der Oberlandesgerichte ist die Frage bisher, soweit Urteile veröffentlicht sind, umgekehrt entschieden worden (OLG Frankfurt transpR **1978** 71; transpR **1984** 205 ff u. transpR **1985** 114; OLG Hamburg transpR **1984** 158, 164). Das OLG Düsseldorf VersR **1980** 275, 276 begründet eine entsprechende Entscheidung mit dem Hinweis auf den Schutz durch die Speditionsversicherung. Diese Begründung ist unzutreffend: die Haftung des Spediteurs nach den ADSp und die Speditionsversicherung schließen einander grundsätzlich aus; s. § 41 a ADSp und die dortige Erläuterung.

Dem BGH-Urteil vom 2. 12. 1982 ist zuzustimmen. Für § 276 Abs. 2 BGB hat zwar das Reichsgericht noch die Anwendung der Rechtsprechung zur Haftungsfreizeichnung in AGB auf den damaligen § 70 ADSp ausdrücklich abgelehnt; RGZ **135** 174, 176. Jedoch bedeutet eine Verkürzung der Verjährung im Fall groben Eigenverschuldens einen ebenso scharfen Einbruch in die Rechte des Partners wie eine materielle Haftungseinschränkung. Daher ist entsprechend der allgemeinen Linie der Rspr. zur Inhaltskontrolle die Verjährungsverkürzung in diesen Fällen unwirksam.

Das gleiche Ergebnis läßt sich aus § 51 b Satz 2 ADSp n. F. ableiten, wenn man die Verjährung als Haftungsbeschränkung betrachtet. Das OLG Frankfurt transpR **1985** 114 nimmt zwar an, § 51 b ADSp beziehe sich nicht auf § 64, sondern nur auf den Abschnitt VIII der ADSp. Im Text der ADSp findet diese Auffassung keine Stütze, da § 64 ADSp dem § 51 „folgt" und die dem Auftraggeber günstige Auslegung im übrigen nach § 5 AGBG geboten wäre; s. zu diesem Komplex auch § 51 ADSp Rdn. 6.

4. Weitere Möglichkeiten der Unwirksamkeit nach § 9 AGBG

Ungeklärt ist auch, ob der Spediteur sich auf § 64 berufen kann, soweit eine Kardinalpflicht verletzt worden ist; s. zur Inhaltskontrolle nach dem AGBG vor § 1 ADSp, Rdn. 39 ff, insbesondere Rdn. 46 und 49. **25**

Der 7. Senat des BGH hat im Urt. v. 8. 3. 1984, BB **1984** 1447 f die Verkürzung der Gewährleistungsfrist in AGB eines Bauunternehmers gegenüber kaufmännischen Kunden für unwirksam nach § 9 AGBG erklärt.

Eine Übertragung der Argumentation auf § 64 ADSp erscheint jedoch wegen der Andersartigkeit der Problemlage nicht möglich.

III. Beginn der Verjährungsfrist

Der Beginn der Verjährung in § 64 Satz 2 setzt Kenntnis vom Anspruch voraus. **26** Nach dem Urteil des KG vom 4./5. 4. 1951, VRS **2** 228 (231) beginnt die Frist erst mit dem Empfang des Schreibens, in dem der Spediteur dem Geschädigten in bestimmter Form mitteilt, daß sich die fehlenden Frachtstücke nicht eingefunden hätten und mit ihrem Verlust gerechnet werden müsse.

Kenntnis vom Umfang des Schadens ist für den Fristbeginn nicht erforderlich; OLG Düsseldorf transpR **1984** 222, 227. Unsicherheit darüber, ob der Schaden durch die Speditionsversicherung gedeckt werden muß, schiebt den Fristbeginn in § 64 ADSp nicht hinaus; OLG Düsseldorf transpR **1985** 257, 260 = VersR **1985** 388.

Die in § 64 Satz 2 als spätester Termin für den Fristbeginn genannte Ablieferung kann nur die an den Empfänger sein, nicht etwa die Ablieferung des Spediteurs an den Zwischenspediteur oder den Frachtführer; zutreffend LG Hannover NJW **1952** 980. Die Ablieferung an den Empfangsspediteur, d. h. den vom Hauptspediteur eingesetzten Unter- oder Zwischenspediteur, setzt die Verjährungsfrist nicht in Gang, wohl aber die Auslieferung an den Vollmachtspediteur, d. h. den vom Endempfänger mit der Empfangnahme der Ware betrauten Spediteur. Ist ein Empfangsspediteur weder vom Absender noch vom Empfänger benannt, ist grundsätzlich davon auszugehen, daß die Verjährung der Ansprüche des Auftraggebers mit der Ablieferung an diesen Empfangsspediteur noch nicht beginnt. S. zum Überblick über die Begriffe des Empfangsspediteurs und Vollmachtspediteurs §§ 407–409 Rdn. 16 f.

Die Verjährung von Ansprüchen auf Rückgewähr von Paletten beginnt mit der Fälligkeit des Anspruchs, nicht mit der Ablieferung der Paletten beim Empfänger; die Verjährung kann durch eine Kontokorrentabrede gehemmt sein; OLG Frankfurt MDR **1983** 134, 135 = ZIP **1982** 1331, 1333; s. auch Rdn. 8.

IV. Von § 64 ADSp abweichende Vereinbarungen

§ 64 ADSp kann durch individualvertragliche Abreden abbedungen werden; s. dazu **27** generell vor § 1 ADSp Rdn. 53. Die Verlängerungsabrede bewirkt nicht den Verlust der Deckung durch die Speditions-Haftpflichtversicherung nach dem Ergänzungsvertrag zum SVS/RVS; BGH vom 18. 12. 1980, VersR **1981** 328, 329; zu dieser Versicherung s. § 39 ADSp Rdn. 18. Ein Ausschluß von § 64 könnte in der Vereinbarung eines Palettenkontokorrents liegen. Wird jedoch nur ein einfaches Palettenkonto geführt, dann

§ 415 Drittes Buch. Handelsgeschäfte

verjähren die Paletten-Rückgabeansprüche des Spediteurs nach § 64 ADSp; LG Köln vom 7. 1. 1980, 67 O 36/79 (unveröff.).

V. Arglisteinwand gegenüber § 64 ADSp

28 Auch gegenüber § 64 ADSp ist der Arglisteinwand möglich; s. Rdn. 9. Die Berufung auf § 64 kann unzulässig sein, wenn noch schwebende Regulierungsverhandlungen die Klageerhebung als unzweckmäßig erscheinen lassen; s. BGH vom 10. 5. 1984, transpR **1984** 283, 287 (mit Anm. von *Helm*) = VersR **1984** 932, und (im konkreten Fall ablehnend): OLG Frankfurt transpR **1978** 71 f. Normale Verhandlungen über die Schadensregulierung begründen weder den Arglisteinwand noch Hemmung oder Unterbrechung der Verjährungsfrist nach § 64 ADSp; OLG Hamburg VersR **1982** 1204 f.

§ 415

Die Vorschriften dieses Abschnitts kommen auch zur Anwendung, wenn ein Kaufmann, der nicht Spediteur ist, im Betriebe seines Handelsgewerbes eine Güterversendung durch Frachtführer oder Verfrachter für Rechnung eines anderen in eigenem Namen zu besorgen übernimmt.

1 § 415 erweitert — ähnlich wie § 406 Abs. 1 S. 2 für das Kommissionsrecht — **den Anwendungsbereich des Speditionsrechts auf die kaufmännische Gelegenheitsspedition.** Siehe die Anm. zu § 406. Für eine analoge Anwendung auch auf nicht-kaufmännische Gelegenheitsspediteure *Karsten Schmidt*, Handelsrecht S. 722.

Durch § 415 werden somit Speditionstätigkeiten von kaufmännischen Nichtspediteuren den §§ 407–414 unterworfen. Für die Anwendbarkeit der §§ 407 ff wird zu fordern sein, daß die Besorgung der Versendung gegen Vergütung (Provision) übernommen wird. Daher zählt zur Gelegenheitsspedition in aller Regel nicht die Versendung durch den Verkäufer beim Versendungskauf, da diese Tätigkeit als Nebenleistung des Verkäufers durch den Kaufpreis mit abgegolten ist. In diesen Fällen gilt Geschäftsbesorgungsrecht (§§ 675 ff BGB); a. A. *Heymann/Kötter*[21] Anm. 2. Der Verkäufer kann aber dann Gelegenheitsspediteur sein, wenn die Versendung nicht durch den Kaufvertrag mit abgegolten ist, vor allem dann, wenn sie so schwierig ist, daß eine unentgeltliche Übernahme der Versendungstätigkeit nicht zu erwarten ist, etwa bei schwierigen Versendungen ins Ausland. In diesem Falle gilt Speditionsrecht; dem Verkäufer steht dann ein Provisionsanspruch, das Spediteurpfandrecht, das Recht zum Selbsteintritt und zur Sammelladungsversendung zu.

2 § 415 **kann nicht automatisch die ADSp in den Vertrag einbeziehen.** Noch weniger als beim Berufsspediteur kann beim Gelegenheitsspediteur die Geltung der ADSp ohne Vereinbarung angenommen werden. Vgl. vor § 1 ADSp Rdn. 6 ff Anh. I nach § 415.

3 § 415 gilt **nicht für Tätigkeiten, die nicht die Voraussetzungen des Speditionsvertrags erfüllen,** also z. B. für Fracht-, Lager-, Maklertätigkeit. S. §§ 407–409 Rdn. 10 ff.

Anhang I nach § 415
Allgemeine Deutsche Spediteurbedingungen (ADSp)

Vorbemerkungen

Übersicht

	Rdn.
I. Entstehungsgeschichte	1
II. Rechtsnatur der ADSp	3
1. ADSp als AGB	3
2. Urheberrechtlicher Schutz der ADSp	4
III. Geltungsgrund	5
1. Überblick	5
2. Einbeziehung durch Vereinbarung (Unterwerfung, Verweisung)	6
a) §§ 2, 24 AGBG	6
b) Einbeziehung durch ausdrückliches Vertragsangebot	7
aa) Hinweise im Vertragsantrag	7
bb) Kollision zwischen ADSp und Auftragsbedingungen	8
cc) Verweisung auf mehrere AGB-Ordnungen	9
dd) Nachgeschobene Hinweise	12
ee) Hinweise in Dokumenten mit Wertpapiercharakter	13
c) Einbeziehung durch Rahmenvertrag	14
d) Vereinbarung durch Schweigen auf kaufmännisches Bestätigungsschreiben; Auftragsbestätigung	15
e) Laufende Geschäftsverbindung	16
f) Geltung wegen „Wissenmüssens" (fahrlässige Unkenntnis) des Auftraggebers	17
aa) Grundsätzliches	17
bb) Verträge mit ausländischen Kunden	18
cc) Verträge mit ausländischen Spediteuren und Frachtführern	19
dd) Ausnahmen von der grundsätzlichen Geltung der ADSp: insbesondere atypische Geschäfte; Spediteure als Auftraggeber; Gelegenheitsspeditions-Geschäfte	20
3. Handelsbrauch als Geltungsgrund	21
a) Inhaltliche Geltung der ADSp als Handelsbrauch?	22
b) Einzelne Klauseln als Handelsbrauch?	23
c) Geltung der ADSp durch handelsbräuchliche Verweisung	24
4. Geltung gegenüber am Vertrag nicht beteiligten Personen	26
IV. Auslegung und Revisibilität	27
1. Revisibilität	27
2. „Objektive" Auslegung	28
a) Grundsätzliches	28
b) Handelsbräuche, Üblichkeiten, Belange der beteiligten Wirtschaftskreise	29
c) Systematische Stellung der Klauseln	30
3. Unklarheitenregel (§ 5 AGBG)	31
a) Allgemeines	31
b) Unterschiedliche Handhabung im Individual- und Verbandsprozeß	32
c) Begünstigung des Kunden durch umgekehrte Anwendung der Unklarheitenregel	33
4. Enge Auslegung von Freizeichnungsklauseln	34
5. Geltungserhaltende und vertragsergänzende Auslegung	35, 36
6. Zusammenspiel der Auslegungsregeln	37
V. Überraschende Klauseln (§ 3 AGBG)	38
VI. Inhaltskontrolle (§§ 9, 24 AGBG)	39
1. Gesetzliche Grundlagen im kaufmännischen Verkehr	39
2. Inhaltskontrolle bei Einbringung der ADSp durch den Kunden	40
3. Grundsätzliche Haltung der Rechtsprechung gegenüber den ADSp	41
4. Die Anwendung von §§ 9, 24 AGBG im einzelnen	44
a) Grundsätze der Anwendung von § 9 AGBG	44
b) Die Vermutungen nach § 9 Abs. 2 AGBG	45
c) Kriterien der Abwägung nach § 9 Abs. 1 AGBG	47
aa) Ähnlichkeit mit gesetzlichen Bestimmungen und AGB	48

	Rdn.		Rdn.
bb) Vorsatz und grobe Fahrlässigkeit des Unternehmers und leitender Angestellter, Organisationsverschulden	49	kenfüllung durch ergänzende Vertragsauslegung ...	51
		VII. Mißbräuchliche Berufung auf Klauseln der ADSp im Einzelfall	52
cc) Unzulässige Beweislastveränderung	50	VIII. Individualvertragliche Abreden (§ 4 AGBG); Schriftformklauseln	53
d) Vollnichtigkeit oder geltungserhaltende Reduktion; Lük-		IX. ADSp und zwingendes Recht	55

1. Schrifttum

Krien Speditions- und Lagerrecht, Loseblatt (1982), neu bearb. v. *Glöckner* (i. Erscheinen); *Krien/Hay* Die Allgemeinen Deutschen Spediteurbedingungen, Kommentar (1959); *Hald/Widmann* ADSp[3] (1979); *Wolgast* ADSp[4] (1972) (Textausgabe mit kurzer Erläuterung); *Wolf* ADSp[11] (1985) (Textausgabe mit kurzer Erläuterung).

2. Monographien

Hootz Grenzen der Freizeichnung des Spediteurs, Hamburger Rechtsstudien 44 (1954); *Krieg* Die ADSp in Verträgen mit Deutschen und Ausländern, Diss. Frankfurt (1965).

3. Aufsätze und kleine Schriften (Auswahl)

Griesshaber Reform der Allgemeinen Spediteurbedingungen BB **1974**, 1511–1513; *Helm* AGB-Gesetz und ADSp VersR **1977** 585–590; *ders.* Aktuelle Fragen des deutschen Speditionsrechts, Schriften des Deutschen Vereins für internationales Seerecht Reihe A Heft 32, Hamburg 1978; *Hepting* Die ADSp im internationalen Speditionsverkehr RIW **1975** 457–464; *Kronke* Zur Verwendung von Allgemeinen Geschäftsbedingungen im Verkehr mit Auslandsberührung NJW **1977** 992–993; *von Westphalen* Allgemeine deutsche Spediteurbedingungen und AGB-Gesetz ZIP **1981** 119–122; *Piper* Höchstrichterliche Rechtsprechung zum Speditions- und Frachtrecht, 4. Aufl. (1984).

4. Ältere Literatur

Aus der älteren Literatur sind noch gelegentlich brauchbar die Kommentare von *Schwartz* und *Isaac*; s. zu §§ 407–409. Auch heute noch aktuell ist ferner die polemische Kontroverse um die Schaffung der ADSp: kritisch vor allem *Richter* JW **1929** 2032ff; *Koehler* LeipZ **1927** Sp. 14500ff; für die ADSp *Isaac* JW **1927** 2785 u. JW **1929** 284; vermittelnd *Reuver* JW **1929** 2801; s. ferner die Literaturangaben zu §§ 407–409, zu §§ 412, 413 u. zu § 1 SVS/RVS.

I. Entstehungsgeschichte[1]

1 Die ADSp entstanden aus den bereits zu Beginn des Jahrhunderts bestehenden Allgemeinen Geschäftsbedingungen der Spediteure; Abdruck solcher Bedingungen bei *Senckpiehl*, S. 397–405. Von ihren Vorläufern sind vor allem die Allgemeinen Geschäftsbedingungen des Vereins Deutscher Spediteure von 1923 und 1924 zu erwähnen. Diese Geschäftsbedingungen wurden vom Reichsgericht nach dem 1. Weltkrieg zunehmend beanstandet[2]. Diese Rechtsprechung erzwang eine Revision durch eine Kommission des

---

[1] Vgl. dazu die ältere Literatur zu den ADSp; ferner zahlreiche Hinweise eingearbeitet in die Kommentierung der einzelnen Vorschriften bei *Krien* Speditions- und Lagerrecht (Loseblatt Stand 1982); *Zocher* Spediteur **1984** 137ff; 209ff = VersWirtsch. **1984** 501, 571.

[2] Noch positiv RGZ **99** 107ff. Sittenwidrigkeit stellten fest die Entscheidungen RGZ **103** 82ff; **110** 59ff; RG JW **1925** 1395; JW **1927** 655; RGZ **115** 218.

Verkehrsausschusses des Deutschen Industrie- und Handelstages in den Jahren 1926 und 1927. An dieser Kommission waren der Reichsverband der Deutschen Industrie, der Zentralverband des Deutschen Großhandels, die Hauptgemeinschaft des Deutschen Einzelhandels mit je einem und der Verein Deutscher Spediteure mit drei Vertretern beteiligt. Nicht vertreten waren private Auftraggeber, Handwerk, Landwirtschaft und die öffentliche Hand. Den Vorsitz führte der Vizepräsident der Handelskammer Berlin im Namen des Deutschen Industrie- und Handelstages. Kennzeichnend für die damals ausgearbeitete Fassung der ADSp war die Ersetzung der Haftung durch Versicherung; s. §§ 407–409 Rdn. 49. Die Kündigung der Speditionsversicherung durch die Versicherungsunternehmen zum 30. 6. 1929 führte dann zu neuerlicher Revision, bei der nunmehr auch die Speditionsversicherer und der Zentralverband des Deutschen Bank- und Bankiergewerbes und der Deutsche Versicherungsschutzverband zugezogen wurden.

Die neuen ADSp traten sodann am 1. Juli 1929 in Kraft. Zahlreiche kleinere Veränderungen sind zwar seitdem vorgenommen worden, doch hat sich an der Grundstruktur der ADSp nichts mehr geändert.

Unter dem 29. 12. 1939 wurde die Anwendung der ADSp den Spediteuren durch Anordnung des Reichsverkehrsministers verbindlich vorgeschrieben; Abdruck der Anordnung bei *Schlegelberger/Schröder*[5] § 407 Rdn. 11a. Wie heute unstreitig ist, haben die ADSp damit jedoch nicht den Charakter einer Rechtsverordnung erlangt; vielmehr beschränkte sich die Anordnung darauf, im Wege verwaltungsrechtlichen Zwangs die Spediteure zur Vereinbarung der ADSp zu zwingen. Wurden sie nicht vereinbart, so galten sie nicht automatisch[3].

Nach dem Zweiten Weltkrieg verlor die bis dahin ausschließlich vereinbarte SVS/RVS-Speditionsversicherung (Anh. II nach § 415) ihre Monopolstellung. Neben sie trat zunächst eine weitere Versicherung, die „Speditions-Police" (Anh. III nach § 415). Weitere Speditionsversicherungen folgten. Nach jahrelanger Diskussion in der Literatur wurde durch das Urteil des BGH vom 13. 3. 1970, VersR **1970** 564 geklärt, daß die ADSp auch mit dieser abweichenden Versicherung ausdrücklich oder stillschweigend vereinbart werden konnten. Um diese Neuerungen auch in der Formulierung der ADSp zum Ausdruck zu bringen, wurden abweichende Fassungen der §§ 39–41 ADSp vorgeschlagen und wohl auch teilweise benutzt; siehe die Vorauflage zu §§ 39 und 40 ADSp.

Im Jahre 1978 wurde nach mehrjährigen Verhandlungen eine **Neufassung der ADSp** **2** im Verfahren nach § 38 Abs. 2 Nr. 3 GWB als Verbandsempfehlung angemeldet und im Bundesanzeiger Nr. 211 v. 9. 11. 1978 veröffentlicht. Die Speditionsversicherungsbedingungen SVS und RVS wurden bereits mit Wirkung vom 1. 7. 1978 geändert und in Form einer einheitlichen Police (SVS/RVS) zusammengefaßt. Die neuen ADSp wurden gemeinsam als Verbandsempfehlung der folgenden Verbände und Organisationen beim Bundeskartellamt angemeldet: Deutscher Industrie- und Handelstag, Bundesverband Spedition und Lagerei, Bundesverband der Deutschen Industrie, Bundesverband des Deutschen Groß- und Außenhandels, Hauptgemeinschaft des Deutschen Einzelhandels. Seither wurde die empfohlene Fassung der ADSp durch Erhöhung der Haftungsgrenzen in §§ 54, 56 zweimal geändert: zum 1. 1. 1982; BAnz v. 10. 3. **1982** Nr. 47, S. 4; zum 1. 1. 1985 BAnz **1984** 13270. Die Reform von 1978 war Teil eines größeren Kom-

---

[3] *Hamann* MDR **1959** 209f; *Krien/Hay* § 2 ADSp Anm. 1; *Bindels* NJW **1955** 1132; *Benkard* BB **1953** 782ff; BGH v. 1. 12. 1953, VersR **1954** 163; a. A. zu seiner Zeit *Nehring* HansRGZ **1940** A Sp. 76–84, der eine automatische Geltung der ADSp ähnlich wie beim damals geltenden Preisrecht annahm. Ebenso im Ergebnis noch *Hald*[2] **1958** S. 9f; OLG Kiel VRS **1** 151 und VRS **2** 251; LG Köln VRS **1** 310; siehe auch KG MDR **1950** 286ff.

promisses. Etwa gleichzeitig wurde die KVO durch Einfügung des neuen § 1 Abs. 5 geändert, so daß sie nicht mehr auf den reinen Fixkosten- und Sammelladungsspediteur anwendbar ist; s. §§ 412, 413 Rdn. 21 ff sowie die Erläuterungen zu § 1 Abs. 5 KVO, Anh. II nach § 452. Mit Wirkung ab 9. 7. 1979 wurde auch § 26 GüKG geändert; s. §§ 412, 413 Rdn. 23. Seit 1978 gelten die ADSp nach ihrem neuen § 2a nur noch für Geschäfte mit Kaufleuten und der öffentlichen Hand; s. § 24 AGBG. Inhaltlich sollten sie an die neuere Rspr. und das AGBG angepaßt werden. Gleichzeitig wurden die Haftungsgrenzen erhöht; s. § 54 Rdn. 1.

Der von der Rspr. nicht mehr als Monopolversicherung anerkannten SVS-Versicherung wurde nunmehr die Funktion einer Musterpolice mit Mindestinhalt zugemessen; § 39 ADSp Rdn. 21 f.

Die Reform ließ die Grundstrukturen der ADSp bestehen. Insbesondere blieb das Prinzip der Ersetzung der Haftung durch die Speditionsversicherung, das auch von der Rspr. nicht grundsätzlich beanstandet worden war, unberührt. In der Praxis haben die ADSp vor allem wegen der extensiven Anwendung zwingenden Frachtrechts (s. die Erläuterungen zu §§ 412, 413) an Bedeutung verloren.

II. Rechtsnatur der ADSp
1. ADSp als AGB

3 Die ADSp sind unstr. Allgemeine Geschäftsbedingungen i. S. v. § 1 AGBG. Alle Merkmale von § 1 Abs. 1 liegen vor: Sie sind für eine Vielzahl von Verträgen vorformuliert und werden in aller Regel vom Spediteur als Versender der anderen Vertragspartei bei Vertragsabschluß gestellt. Ob es möglich ist, daß Bestimmungen der ADSp durch eingehende Erörterung zwischen den Parteien gemäß § 1 Abs. 2 AGBG im „einzelnen ausgehandelt" werden, ist zweifelhaft. Über die Voraussetzungen des „Aushandelns" i. S. dieser Bestimmung besteht in Rechtsprechung und Literatur bisher keine Übereinstimmung. Für die ADSp dürfte in der Praxis kaum eine Möglichkeit bestehen, sie als im einzelnen als ausgehandelt zu betrachten. Der Rechtscharakter der ADSp als Allgemeine Geschäftsbedingungen war bereits vor Inkrafttreten des AGBG in der Literatur unstreitig[4]. Die ADSp haben auch nicht durch Gesetz oder Rechtsverordnung den Charakter von Rechtsnormen erlangt, wie etwa die KVO durch das GüKG. Sie sind daher nicht ipso iure wirksam.

Als Allgemeine Geschäftsbedingungen unterliegen die ADSp dem AGBG, wobei allerdings die §§ 2, 10, 11, 12 auf sie nicht anzuwenden sind. Siehe hierzu unten Rdn. 5, 39.

2. Urheberrechtlicher Schutz der ADSp

4 Nach einer in der Literatur vertretenen Auffassung soll die Benutzung der ADSp Nichtmitgliedern des BSL nicht gestattet sein, weil die ADSp trotz der Empfehlung nach § 38 Abs. 2 Nr. 3 GWB urheberrechtlichen Schutz genießen; *Simon* DVZ **1983** Nr. 129 v. 25. 10. 1983, S. 3. Der hierfür angegebene Kommentar von *Fromm/Nordemann* Urheberrecht[4] (1979) § 5 Rdn. 4 besagt jedoch nur, daß die ADSp nicht unter die Schutzausnahme des § 5 UrhG fallen. Hiermit ist jedoch nichts darüber ausgesagt, welche urheberrechtlichen Rechte dem BSL zustehen können. Die ADSp sind keine Schöpfung des BSL, sondern der an der Ausarbeitung bzw. Überarbeitung beteiligten Wirtschaftsver-

---

[4] *Krien/Hay*, § 2 ADSp Anm. 1; *Brüning*, Dissertation (1963), S. 55 f; *Schmidt-Tophoff* MDR **1961** 186; *Benkard* BB **1953** 783; BGH v. 8. 3. 1955, BGHZ **17** 1, 2. Ältere Entscheidungen, die den ADSp unmittelbare gesetzliche Wirkung zuschreiben, sind überholt; siehe Rdn. 3.

bände und ihrer Vorgängerorganisationen. Ihr Inhalt beruht teilweise auf früheren Handelsbräuchen. Keinem der mitempfehlenden Verbände kann daher ein Verwendungsmonopol zustehen.

In der Vereinbarung gemeinsamer Empfehlung ist eine Freigabe zur allgemeinen Benutzung zu sehen. Die Beschränkung der Benutzung auf BSL-Mitglieder oder solche Spediteure, die durch Zahlung einer Benutzungsgebühr quasi in eine fördernde Mitgliedschaft gezwungen wären, würde angesichts der traditionellen Üblichkeit und Verbreitung der ADSp einen wirtschaftlichen Zwang zum Verbandsbeitritt darstellen. Unter anderem würde die Sperrung der Benutzung der ADSp es den Außenseiter-Spediteuren unmöglich machen, sich den Schutz des § 41a durch Speditionsversicherung zunutze zu machen.

Inwieweit dem BSL die von *Simon* angenommenen Rechte zustehen würden, ist höchst zweifelhaft. Sieht man den BSL als Miturheber — was höchstens in Betracht kommen kann — so kann er für sich alleine keine Nutzungsverträge über die ADSp abschließen, da das Veröffentlichungs- und Verwertungsrecht nur den Miturhebern zur gesamten Hand zusteht; § 8 Abs. 2 Satz 1 UrhG. Die Ausführungen von *Simon* über die Kombination von Nutzungsrecht und Verbandsmitgliedsschaft und die eventuelle Kündigung von Nutzungsverträgen gehen daher völlig fehl. Im übrigen könnten alle Leistungen aus den Nutzungsrechten nur an alle Miturheber verlangt werden; § 8 Abs. 2 Satz 3 UrhG. Dies gilt insbesondere aber auch für die Erträgnisse des Urheberrechts; § 8 Abs. 3. Da die anderen Miturheber (insbesondere die Verladervertreter) mit der Mitarbeit an der Gestaltung der ADSp mit Sicherheit nicht eine ausschließliche Verwendung dieser Bedingungen durch Verbandsmitglieder des BSL oder die Schaffung einer Einnahmequelle für den BSL beabsichtigten, dürfte der BSL auch mit der Geltendmachung von Unterlassungsansprüchen gegen § 8 Abs. 2 Satz 2 verstoßen.

Auch wenn man urheberrechtlich die von *Simon* angenommenen Positionen des BSL bejahen würde, so bestünden wettbewerbsrechtliche Bedenken. Durch eine Monopolisierung der ADSp würde der Wettbewerb zwischen BSL-Mitgliedern und Außenseitern gestört werden. Damit würde die Beschränkung der Benutzung der ADSp auf Mitglieder des BSL einem Konditionenkartell zumindest nahekommen. Richtigerweise muß daher davon ausgegangen werden, daß die gemeinsame Empfehlung durch die Verbände die Benutzung der ADSp für jedermann eröffnet hat. Würde der BSL tatsächlich von den behaupteten Rechten zur Verhinderung der Benutzung der ADSp durch Nichtverbandsmitglieder Gebrauch machen, so würde damit die Empfehlung nicht mehr „lediglich" die einheitliche Anwendung allgemeiner Geschäftsbedingungen zum Gegenstand haben, wie dies Voraussetzung von § 38 Abs. 2 Nr. 3 GWB ist. Unter den entsprechenden Bedingungen würde die Empfehlung zusätzlich zur Erzwingung von Verbandsbeitritten bzw. Nutzungsentgelten dienen. Das Bundeskartellamt wäre danach gezwungen, die weitere Empfehlung der ADSp nach § 38 Abs. 3 GWB für unzulässig zu erklären.

III. Geltungsgrund
1. Überblick

Wie alle AGB entfalten auch die ADSp ihre Wirkung nur nach Maßgabe der allgemeinen Grundsätze des Bürgerlichen Rechts und Handelsrechts. Auch wenn § 2 AGBG nicht unmittelbar anzuwenden ist, wird durch diese Vorschrift doch klargestellt, daß **AGB nur aufgrund vertraglicher Einbeziehung** wirksam sein können; s. zuletzt BGH v. 20. 3. 1985, ZIP **1985** 544, 545 m. w. Hinweisen.

Die ADSp gelten daher nicht, wenn der Auftraggeber bereits im Auftrag ihre Anwendung ausschließt; als Beispielsfall s. OLG Frankfurt transpR **1984** 97, 98: Ausschluß der ADSp auch für den ursprünglich nicht vorgesehenen Rücktransport.

Die Einbeziehungsvereinbarung ist, da § 2 AGBG nicht gilt (Rdn. 6) formlos gültig. Daher ist eine **stillschweigende Vereinbarung** in allen ihren Spielarten denkbar, insbesondere gemäß § 150 Abs. 2 BGB und aufgrund **laufender Geschäftsbeziehung** (Rdn. 16). In Betracht kommt ferner die Einbeziehung durch Schweigen auf ein **kaufmännisches Bestätigungsschreiben** (Rdn. 15).

Schließlich kann gemäß § 346 HGB auch **Handelsbrauch** zur Geltung von Klauseln der ADSp führen. Hierbei ist zu unterscheiden: (a) Einzelne oder alle Klauseln der ADSp könnten von den beteiligten kaufmännischen Kreisen inhaltlich als Handelsbräuche akzeptiert sein; Rdn. 22 f. (b) Es kann sich ein Handelsbrauch dahingehend gebildet haben, daß die **Vereinbarung** der ADSp in der Fassung der Verbandsempfehlung bei bestimmten Arten von Geschäften (z. B. Speditionsverträgen) Handelsbrauch ist; Rdn. 24 f. Allenfalls für letztere Annahme lassen sich z. Zt. Anhaltspunkte finden.

Zur Einbeziehung der ADSp in Verträge mit **ausländischen Kunden** s. §§ 407–409 Rdn. 61 ff sowie unten Rdn. 7, 15, 18 f. Die Regeln über die Einbeziehung von AGB gelten auch für Verträge mit ausländischen Partnern, soweit deutsches Recht auf den Vertrag anzuwenden ist; dazu §§ 407–409 Rdn. 54 ff. Zur besonderen Problematik der Rechtswahlklausel des § 65c ADSp s. §§ 407–409 Rdn. 61 ff. Besonder Formvorschriften für die Einbeziehung bestehen für Gerichtsstandklauseln nach dem EuGVÜ; s. hierzu § 65 ADSp Rdn. 4 ff.

Abzulehnen sind alle Versuche, den ADSp außerhalb des § 346 HGB eine **ipso-iure-Geltung** zuzusprechen. Ältere Versuche zur Begründung einer solchen von der Vereinbarung unabhängigen Geltung entbehren der Grundlage in der Rechtsquellenlehre; siehe die Voraufl. Anm. 5 (S. B 92). Aber auch die von der Rechtsprechung bisher praktizierte Geltung wegen „Wissenmüssens" des Auftraggebers ist **rechtstheoretisch** abzulehnen. Inhaltlich läßt sich diese Rechtsprechung teilweise mit Hilfe von § 346 HGB aufrechterhalten (Rdn. 21 ff).

2. Einbeziehung durch Vereinbarung (Unterwerfung, Verweisung)
a) §§ 2, 24 AGBG

6 Da die ADSp nur für Handelsgeschäfte mit Kaufleuten und Verträge mit der öffentlichen Hand gelten (§ 2a ADSp Neufassung 1978; siehe dort Rdn. 5 ff), ist § 2 AGBG gemäß § 24 Abs. 1 AGBG regelmäßig auf sie nicht anzuwenden. In der Literatur wird gelegentlich für einen gewissen Einfluß des § 2 auch im kaufmännischen Bereich plädiert[5]. Der 8. Senat des BGH hat in einer kaufrechtlichen Entscheidung beiläufig und ohne entscheidungstragende Bedeutung bemerkt, „der Gesetzgeber" sei „ersichtlich von der Erwartung ausgegangen", daß § 2 „auch für die Rechtsprechung zum kaufmännischen Handelsverkehr Bedeutung gewinnen wird"; BGH v. 7. 6. 1978, NJW **1978** 2243 (zu einem Fall vor dem AGBG). Dem ist zuzustimmen, wenn damit gesagt sein soll, daß § 2 die Aufmerksamkeit stärker auf die Notwendigkeit einer wirklichen Vereinbarung von AGB auch im kaufmännischen Verkehr lenken sollte.

Aus § 24 AGBG ergibt sich jedoch eindeutig, daß dem Verwender von AGB im kaufmännischen Verkehr keine Hinweis- oder Aushangobliegenheiten (§ 2 Abs. 1 Nr. 1

---

[5] Siehe z. B. *Löwe/von Westphalen/Trinkner* AGBG § 2 Rdn. 27 ff; *Staudinger/Schlosser*[12] § 2 AGBG Rdn. 35; MünchKomm-*Kötz* § 2 AGBG Rdn. 22.

AGBG) auferlegt werden sollten. Auch die Obliegenheiten des § 2 Abs. 1 Nr. 2, die den Verwender zwingt, dem Kunden die Möglichkeit zu verschaffen, in zumutbarer Weise vom Inhalt der AGB Kenntnis zu nehmen, gilt nicht für den kaufmännischen Verkehr.

Dies bedeutet aber nur, daß dem kaufmännischen Kunden zugemutet wird, sich die Kenntnis ggf. selbst zu verschaffen — bei den ADSp kein praktisches Problem. Eine Belehrungspflicht über einzelne Vertragsklauseln trifft den Spediteur nicht; OLG Düsseldorf transpR **1984** 222, 227. Ist die Selbstverschaffung der Kenntnis durch den Kunden nicht möglich oder unzumutbar erschwert (so z. B. bei Nichtbenennung der Speditionsversicherung; s. § 39 ADSp Rdn. 23), dann kann daran allerdings auch im kaufmännischen Verkehr die Einbeziehung scheitern. Im übrigen werden an die Einbeziehung von AGB in Verträgen mit Kaufleuten die Anforderungen des § 2 AGBG auch nicht in entsprechender Form gestellt. Daher kann die Rspr. aus der Zeit vor Inkrafttreten des AGBG noch ohne Einschränkung angewendet werden.

Die Entscheidungen des 2. Senats des BGH v. 30. 5. 1983, NJW **1983** 2772, wonach Konnossementsbedingungen **wegen zu kleinen Drucks nicht wirksam** vereinbart waren, können für die ADSp kaum Bedeutung gewinnen, da der Abdruck dieser Standardbedingungen für die Einbeziehung in der Regel ohnehin bedeutungslos ist; s. Rdn. 7 ff; gegen die BGH-Entscheidung *Hensen* ZIP **1984** 145 f; *Mann* NJW **1984** 2740; *Rabe* RIW **1984** 589 und transpR **1985** 83 ff; *Trappe* IPRax **1985** 8; kritisch auch OLG Hamburg transpR **1985** 90 ff.

b) Einbeziehung durch ausdrückliches Vertragsangebot

aa) Hinweise im Vertragsantrag

Die ADSp gelten nur dann völlig zweifelsfrei, wenn ihre Geltung ausdrücklich vereinbart wird. Dies ist jedenfalls dann der Fall, wenn bereits im Vertragsantrag auf sie deutlich hingewiesen ist. Eine Beifügung des Textes ist regelmäßig nicht erforderlich; s. zur VOB BGH v. 16. 12. 1982 NJW **1983** 268. Im Verkehr mit ausländischen Kunden ist sie jedoch ratsam; s. Rdn. 18. Geht der Vertragsantrag — wie meistens — vom Auftraggeber aus, dann liegt regelmäßig schon keine ausdrückliche Bezugnahme im Antrag vor. Hinweise des Spediteurs auf die ADSp in den vorbereitenden Angeboten, Werbung und Schriftwechsel werden in diesen Fällen erst durch Auslegung (stillschweigend vereinbarte) Bestandteile des Vertragsantrags des Auftraggebers. Im Regelfall wird dies freilich anzunehmen sein.

Häufig benutzte Formulierungen wie „wir arbeiten ausschließlich aufgrund der ADSp — neueste Fassung" (z. B. BGH v. 1. 6. 1979, VersR **1979** 901, 902; OLG Bremen RIW **1978** 747) werden auf diese Weise zur Grundlage einer Geltungsvereinbarung; s. zur AGB-rechtlichen Zulässigkeit solcher Klauseln im Verkehr mit Nichtkaufleuten BGH v. 27. 1. 1983, transpR **1983** 71 f (AGNB) sowie BGH v. 9. 6. 1983, NJW **1983** 2701, 2702 (AGB der Banken).

Die übliche Verweisungsklausel auf die ADSp kann durch Auslegung dahin präzisiert werden, daß die jeweils von den Verbänden empfohlene, beim Bundeskartellamt angemeldete und im Bundesanzeiger veröffentlichte neueste Fassung (vgl. oben Rdn. 2) gemeint ist. Eine solche Einbeziehung ist nicht unzulässig; siehe z. B. OLG Düsseldorf VersR **1982** 158 (insoweit unveröffentlicht). Die Auslegung zugunsten der jeweils neuesten Fassung entspricht auch den Interessen der Auftraggeber, weil die Änderungen bisher jeweils zu deren Gunsten erfolgt sind. Eines besonderen Hinweises oder der Bekanntgabe der Neufassung an den Auftraggeber (*MünchKomm/Kötz* § 2 AGBG, Rdn. 27) wird es bei den bisherigen Änderungen der ADSp deshalb auch nicht bedürfen. Fraglich kann allenfalls sein, ob eine zwischen Vertragsschluß und Konfliktsfall (z. B.

vor Schadensverursachung) eingetretene Änderung der ADSp sich bereits auswirken soll. Je nach der verwendeten Formulierung der Einbeziehungsklausel ist eine solche Änderung der Vertragsbedingungen zugunsten des Auftraggebers während der Laufzeit des Vertrages durch Auslegung begründbar. Kommt der Einbeziehungsformulierung ein solcher objektiver Erklärungswert zu, so ist das Einverständnis des Auftraggebers in seinem Interesse vorauszusetzen. Die Verbandsempfehlung vom 25. 2. 1982 (siehe Rdn. 2) spricht für diese Auslegung, da sie rückwirkend ab 1. 1. 1982 gelten soll. Aufgedruckte und mehrfach verwendete Einbeziehungserklärungen sind AGB gemäß § 1 Abs. 1 AGBG. Sie sind daher, wenn ihr Inhalt nicht zweifelsfrei ermittelt werden kann, nach § 5 AGBG zugunsten des Auftraggebers auszulegen.

Die **Annahme** des ausdrücklichen Vertragsangebots wird häufig durch konkludentes Handeln, z. B. Anbieten oder Annehmen einer Vertragsleistung oder durch Mahnung erfolgen. Selbst bei ausdrücklicher Vereinbarung der ADSp in einem beiderseits akzeptierten Text kann im einzelnen noch problematisch sein, für welche Teile des Geschäfts die ADSp gelten sollen; s. z. B. den Fall BGH v. 8. 6. 1979, VersR **1981** 526, 527.

bb) Kollision zwischen ADSp und Auftragsbedingungen

8 Eine Kollision zwischen ADSp und abweichenden Bedingungen des Auftraggebers hat bisher in der Rspr. zum Speditionsrecht keine Rolle gespielt. Die Rspr. hatte sich aber vielfach mit entsprechenden Fällen im Kaufrecht zu befassen. Läßt sich in diesen Situationen nicht über § 150 Abs. 2 BGB der Vorrang einer der kollidierenden Bedingungen ermitteln, dann kann dies dazuführen, daß überhaupt keine AGB gelten. Für den Spediteur würde dies volle Haftung nach Gesetzesrecht bedeuten. Siehe zu dieser Problematik die Literatur zu § 2 AGBG, insbesondere *Ulmer/Brandner/Hensen* AGBG[4] § 2 Rdn. 92 ff und *Palandt/Heinrichs*[44] § 2 AGBG Anm. 5e; aus der Rspr. zuletzt BGH v. 20. 3. 1985, ZIP **1985** 544, 545. Zum Vorrang individualvertraglicher Vereinbarungen siehe unten Rdn. 53. Zur Regelung abweichender Vereinbarungen über die Haftung § 51 ADSp Rdn. 7.

Eine praktische Bedeutung hat die Kollisionsfrage, wenn beide Parteien Spediteure sind und jeweils ihre AGB zugrunde legen (ADSp oder ausländische Speditionsbedingungen). Dann gelten Bestimmungen der ADSp, die dem „Spediteur" eine Sonderstellung zuweisen, nur für den jeweiligen „beauftragten" Spediteur, nicht für den Spediteur-Auftraggeber; s. § 414 Rdn. 19.

cc) Verweisung auf mehrere AGB-Ordnungen

9 Verweist der Spediteur nicht nur auf die ADSp, sondern auch auf andere Vertragsbedingungen (z. B. ALB, AGNB, Konnossementsbedingungen der Binnenschiffahrt oder Bedingungen von Subunternehmern), dann können Probleme hinsichtlich der Geltung der ADSp entstehen. Hier haben die BGH-Urteile vom 28. 4. 1953, BGHZ **9** 301 ff (die Passage ist dort nicht mit abgedruckt) und vom 8. 7. 1955, BGHZ **18** 98, 100 erhebliche Verwirrung geschaffen. Im ersten Falle hatte ein Spediteur auf drei verschiedene Bedingungen hingewiesen, die damaligen Beförderungsbedingungen für den Möbelverkehr, die ALB und die ADSp. Die entstehende Unklarheit führte dazu, daß der BGH keine der Bedingungen als vereinbart ansah. Im zweiten Fall entschied der Senat für die Kollision von ADSp und ALB entsprechend. Diese Urteile werden von der Rechtsprechung gelegentlich als allgemeine Rechtsgrundsätze, allerdings meist ohne entscheidungstragende Bedeutung zitiert[6].

---

[6] BGH v. 3. 12. 1964, MDR **1965** 2731 = VersR **1965** 230, 232; vom 4. 3. 1977, VersR **1977** 515 ff; vom 17. 11. 1980, VersR **1981** 229, 230; zur KVO vom 25. 10. 1962, BGHZ **38** 150, 154 f (überholt, da die KVO mittlerweile als Rechtsverordnung anerkannt ist.

Ein **Grundsatz, wonach die Verweisung auf mehrere AGB-Ordnungen stets zur Un-** **10**
wirksamkeit der gesamten Verweisung führen soll, ist jedoch rechtlich **nicht haltbar**.
Der BGH fordert auch in der neueren Rspr. (zum Güternahverkehr) nur: „Für den Geschäftspartner des Verwenders von AGB muß klar und eindeutig erkennbar sein, daß für das konkrete Geschäft neben dem ausdrücklich Vereinbarten auch dessen AGB gelten sollen, bei Vorhandensein mehrerer verschiedener Geschäftsbedingungen, welche Geschäftsbedingungen maßgeblich sein sollen"; BGH v. 3. 7. 1981, ZIP **1981** 1220, 1222 f; ähnlich schon BGH v. 11. 11. 1979, WM **1980** 164, 165. Allerdings soll nach dem Urteil v. 3. 7. 1981 diese Einbeziehung und Funktionsbestimmung der AGB „klar und eindeutig" erkennbar sein. Hier liegt eine gewisse Verschärfung gegenüber der bisherigen Rspr. Wie jede Vertragsvereinbarung bedarf ein solcher Hinweis einer Auslegung. Gelingt es, jeder der in Bezug genommenen AGB-Ordnungen ihren Wirkungsbereich zuzuweisen, kann also der Widerspruch ausgeräumt werden, dann ist die Mehrfachverweisung wirksam. Dies wird durch eine Reihe älterer Urteile bestätigt. Im Urteil v. 12. 12. 1960, VersR **1961** 170, 171 akzeptierte der BGH die gleichzeitige Geltung von ADSp und Konnossementsbedingungen der Binnenschiffahrt. Er nahm einen Vorrang der Konnossementsbedingungen an, die insoweit die ADSp ausschalteten; offenlassend im Urt. vom 25. 10. 1962, BGHZ **38** 150, 152f, weil die KVO als Tarif vor den ADSp Vorrang hatte. Die Konkurrenz zweier Konnossementsbedingungen der Binnenschiffahrt wurde im Urt. vom 3. 12. 1964, VersR **1965** 230 trotz Zitat der gegenteiligen Rechtsprechung durch eine Rangabwägung im Wege der Auslegung gelöst. Im Verhältnis zwischen Absender und Frachtführer sollten dessen Bedingungen, dagegen im Verhältnis zwischen Absender und den am Transport beteiligten Unternehmen die Bedingungen dieser Unternehmen gelten. Ähnlich BGH vom 21. 10. 1971, WM **1972** 54, 55 hinsichtlich zweier unterschiedlicher Konnossementsbedingungen der Binnenschiffahrt; die Subsidiarität einer Klausel gegenüber einer anderen sei nach dem Verständnis eines „verständigen Mitglieds des ... infrage stehenden Kundenkreises" erkennbar gewesen. Siehe dazu auch die zweite Revisionsentscheidung vom 28. 4. 1977; VersR **1977** 717.

Siehe ferner RheinschiffahrtsOG Köln VersR **1978** 370. Die Anwendung der AGNB und subsidiär der ADSp kann wirksam vereinbart werden; BGH v. 2. 12. 1982, transpR **1983** 73 ff; s. auch den Fall OLG Frankfurt transpR **1985** 174 ff.

Auch im Urteil vom 1. 6. 1979, VersR **1979** 901 ff werden Wege zur Abgrenzung zwischen den Geltungsbereichen gleichzeitig in Bezug genommene Hafenschiffahrtsbedingungen und der ADSp bei Lagerung in einer Hafenschute gefunden. Siehe ferner OLG Frankfurt VersR **1976** 628 (Geltung der ADSp zwischen Spediteur und Auftraggeber, Geltung der IATA-Bedingungen für die abgeleiteten Ansprüche des Spediteurs gegen den Luftfrachtführer). Zur Sammelladungsspedition im internationalen Eisenbahnverkehr siehe entsprechend OLG Köln VersR **1974** 1076; zur gleichzeitigen Vereinbarung der ADSp und den Gencon C/P sowie der Bedingungen der am Transport beteiligten Unternehmer siehe BGH vom 26. 11. 1979, VersR **1980** 572f; zur gleichzeitigen Vereinbarung von Liefer- und Montagebedingungen im Baugewerbe siehe BGH vom 22. 3. 1979, NJW **1979** 2095f.

Insgesamt ist daher die Verweisung auf mehrere AGB unschädlich, wenn die Anwendungsbereiche der verschiedenen Bedingungen nach dem Inhalt des Vertrages abgrenzbar sind; siehe auch *Staudinger/Schlosser*[12] § 2 AGBG Rdn. 30.

Die **Weiterverweisung auf Bedingungen dritter Unternehmen** wird ebenfalls von der **11**
Rechtsprechung weitgehend akzeptiert, jedenfalls dann, wenn es sich um ermittelbare

Bedingungen handelt[7]. Die Weiterverweisungen auf Bedingungen Dritter wurde auch in anderen Bereichen nicht beanstandet, wenn diese Bedingungen feststellbar waren[8]. Unwirksam kann jedoch die Weiterverweisung dann sein, wenn zusätzlich zu bekannten Bedingungen, etwa den ADSp, auf Bedingungen unbekannter Subunternehmer oder Bedingungen schwer ermittelbaren Inhalts verwiesen wird. Dies kann zur Ungültigkeit der gesamten Einbeziehungsregelungen führen. Zu den ADSp liegt, soweit ersichtlich, keine Rechtsprechung vor. Siehe jedoch zu einem nicht kaufmännischen Fall (Belieferung eines Landwirts mit Weidedraht) OLG Hamburg NJW **1964** 500. Weitgehend offen aus Gründen des konkreten Falls BGH vom 11. 11. 1977, WM **1978** 140 ff zum Güternahverkehr.

dd) Nachgeschobene Hinweise

12   Vermerke auf Schriftstücken, die nicht dem Vertragsabschluß dienen, reichen für die Einbeziehung von AGB grundsätzlich nicht aus. Zu den ADSp reicht z. B. der Hinweis auf einem Empfangsschein (Lieferschein) nicht aus[9].

Die Rechtsprechung zum nachgeschobenen Eigentumsvorbehalt ist in diesem Zusammenhang nur zum Teil verwertbar, da sie nicht den Abschluß des schuldrechtlichen, sondern des nachfolgenden dinglichen Übereignungsvertrags betrifft. Auch für diesen Fall hat der BGH in seiner neueren Rechtsprechung jedoch die Möglichkeit des Nachschiebens auf nicht vertragskonstitutiven Urkunden grundsätzlich verneint, weil diese keinen rechtsgeschäftlichen Charakter haben[10]. In der Literatur wird die Möglichkeit der Einbeziehung durch Hinweise auf nicht vertragskonstitutiven Urkunden überwiegend verneint[11]. Abweichend hiervon wird z. T. angenommen, daß Quittungen, Auftragsbestätigungen, Einlieferungsscheine u. dgl. für das Zustandekommen eines Vertrages notwendig seien und daher der Hinweis in ihnen nicht verspätet sei; *Staudinger/ Schlosser*[12] § 2 AGBG Rdn. 13, vorsichtiger *Loewe/von Westphalen/ Trinkner* § 2 AGBG Rdn. 20. Beim Speditionsvertrag kann angesichts der Häufigkeit mündlicher und fernmündlicher Abschlüsse die Aushändigung irgendwelcher Papiere für den Abschluß des Vertrages nicht konstitutiv sein.

Die Annahme eines schriftlichen Vertragsantrags unter Beifügung eines davon abweichenden vom Antragssteller noch auszufüllenden Formulars genügt nicht zur Einbe-

---

[7] Siehe z. B. zu den stets unbeanstandeten Inkorporationsklauseln in Konnossementen (Verweisung auf die Chartepartie) die neueren Urteile des BGH vom 19. 1. 1976, VersR **1976** 659; vom 23. 11. 1978, VersR **1979** 275 und vom 28. 1. 1980, VersR **1980** 376; zur Verweisung auf „Bedingungen der am Transport beteiligten Unternehmen": BGH vom 26. 11. 1979, VersR **1980** 572; sehr großzügig auch OLG Köln VersR **1979** 82 f (Weiterverweisung auf Bedingungen von Unterfrachtführern der Binnenschiffahrt).

[8] Siehe aus der neueren Rechtsprechung z. B. zum Baurecht BGH vom 12. 10. 1978, NJW **1979** 212 = (ausführlicher) WM **1978** 1607 ff; zu einer Preisänderungsklausel in Erdgasversorgungsvertrag: BGH vom 11. 10. 1978, WM **1978** 1389 = BB **1979** 1214 f; zur mittelbaren Verweisung auf die AGB für Privatgleisansprüche (PAB) der Deutschen Bundesbahn: BGH vom 21. 12. 1977, NJW **1978** 631 f.

[9] BGH v. 29. 6. 1959, VersR **1959** 659, 660; für Hinweise auf Rechnungen BGH v. 18. 1. 1974, VersR **1974** 327, 329 (zu den ADSp); ähnlich BGH v. 7. 5. 1969, WM **1969** 772, 773 = DB **1969** 1053 f (Gerichtsstandklausel bei Kauf); BGH v. 16. 5. 1977, RIW **1977** 432 (Gerichtsstandklausel im Maschinenexport).

[10] BGH v. 7. 6. 1978, NJW **1978** 2243 mit Hinweisen auf entsprechende frühere Rechtsprechung; siehe ferner BGH v. 25. 9. 1978, NJW **1979** 213 f und v. 18. 6. 1980, WM **1980** 933 ff. Dagegen kann ein Hinweis auf nicht vertragskonstitutiven Urkunden nicht im Verfahren nach §§ 13 ff. AGBG verboten werden; BGH v. 27. 1. 1983, WM **1983** 595, 596.

[11] Siehe *Loewe/von Westphalen/Trinkner* § 2 AGBG Rdn. 37; *Palandt/Heinrichs*[44] § 2 AGBG Anm. 6 e; *Ulmer/Brandner/Hensen* AGBG[4] § 2 Rdn. 27, 48; *Schmidt-Salzer* Allgemeine Geschäftsbedingungen[2] 1977, 101.

ziehung; § 150 Abs. 2 BGB ist nicht erfüllt; BGH v. 18. 11. 1982, WM **1983** 313 (für Bauauftrag).

Die grundsätzliche Haltung der Rechtsprechung wird allerdings durch die Sonderrechtsprechung zur „laufenden Geschäftsbeziehung" und zum „Kennen-müssen" weitgehend durchbrochen. Insbesondere wegen der letzteren Rechtsprechung spielt die Problematik der Verweisungsklauseln in „nicht vertragskonstitutiven" Schriftstücken hinsichtlich der ADSp keine bedeutende Rolle. Soweit diese Rechtsprechung nicht trägt (siehe Rdn. 18, 20), muß auf die allgemeinen Grundsätze zurückgegriffen werden. Es ist also nicht möglich, z. B. im Verkehr mit branchenfremden ausländischen Kunden und bei speditionsuntypischen Geschäften die ADSp nachträglich etwa durch Rechnung oder Empfangsbescheinigung einseitig einzubeziehen.

ee) Hinweise in Dokumenten mit Wertpapiercharakter

Dokumente, die über die reine Empfangsbescheinigung hinausgehen und einen wertpapierrechtlichen Charakter haben (vgl. §§ 407–409 Rdn. 133ff) enthalten häufig Bezugnahmen auf die ADSp. Zumeist steht dies im Einklang mit den zugrunde liegenden Speditions-, Fracht-, Lager- oder sonstigen Verkehrsverträgen, da ohnehin in der Regel für diese Verträge die ADSp gelten. Sollten ausnahmsweise die ADSp für den Vertrag jedoch nicht maßgeblich sein, dann kann die durch die Dokumente entstehende wertpapierrechtliche Sonderbeziehung durch Verweisung den ADSp unterstellt werden. Wenn der Auftraggeber einen Anspruch auf Ausstellung des betreffenden Papiers hat (z. B. § 642 HGB), dann kann er zwar ein Dokument ohne solche Verweisungsklausel verlangen. Nimmt er aber das Dokument mit der Klausel an, so unterliegt das wertpapierrechtliche Verhältnis, soweit nicht zwingendes Recht entgegensteht, den ADSp. **13**

Es bedarf freilich der Auslegung, ob in diesen Fällen auch eine Änderung des zugrunde liegenden Verkehrsvertrags gewollt ist. Im Zweifel ist dies nicht anzunehmen, so daß dem Auftraggeber unter Umständen unabhängig vom Inhalt des Dokuments Ansprüche nach gesetzlichem Recht gegen den Spediteur zustehen.

c) Einbeziehung durch Rahmenverträge

Rahmenverträge zur Gestaltung des Inhalts laufender Geschäftsbeziehungen sind im Bereich des Schuldrechts grundsätzlich zulässig und wurden bisher von der Rechtsprechung anerkannt; s. z. B. OLG Frankfurt transpR **1985** 174ff (praktisch jedoch die ADSp-Vereinbarung unwirksam wegen KVO-Anwendung). **14**

§ 2 Abs. 2 AGBG gilt gemäß § 24 S. 1 AGBG im Verkehr zwischen Kaufleuten, also für die ADSp nach deren § 2a (Neufassung 1978) nicht. Die Vorschrift hat aber ohnehin nur klarstellende und einschränkende Bedeutung. Daher sind Rahmenvereinbarungen zur Geltungsbegründung von AGB gegenüber kaufmännischen Kunden ohne die Einschränkungen des § 2 Abs. 2 zulässig, insbesondere auch ohne die Begrenzung auf „eine bestimmte Art von Rechtsgeschäften". Die Vereinbarung der Geltung der AGB in jeweils neuester Fassung stößt nicht auf Bedenken, soweit die Änderungen — wie bisher bei den ADSp — nur zugunsten der Kunden erfolgen; siehe oben Rdn. 7. Dagegen ist es wohl angemessen, mit *MünchKomm/Kötz* § 2 AGBG Rdn. 27 bei etwaigen Verschlechterungen der ADSp eine Bekanntgabe der Änderungen an den Kunden zu verlangen.

Von Rahmenverträgen zu unterscheiden sind Dauerverträge, die bereits eine Leistungspflicht des Spediteurs festlegen. Auch in diesen kann selbstverständlich die Geltung der ADSp vereinbart werden. Doch wirkt in diesem Fall die Vereinbarung nur für das betreffende einzelne Geschäft.

d) Vereinbarung durch Schweigen auf kaufmännisches Bestätigungsschreiben; Auftragsbestätigung

15 AGB können unter bestimmten Voraussetzungen durch kaufmännisches Bestätigungsschreiben nachgeschoben werden, wenn der Empfänger des Schreibens (hinsichtlich der ADSp also der Auftraggeber) dem Bestätigungsschreiben nicht widerspricht. Für die ADSp hat diese Möglichkeit wegen der großzügigen Zulassung stillschweigender Vereinbarung aufgrund „Wissen-müssens" z. Zt. wenig praktische Bedeutung[12]. Immerhin ist im Falle des Widerspruchs des Kunden auf ein auf die ADSp bezugnehmendes Bestätigungsschreiben eine stillschweigende Vereinbarung der ADSp ausgeschlossen. Damit kann auch die Geltung kraft „Wissen-müssen" beseitigt werden. Nach Art. 17 EuGVÜ genügt an sich die schriftliche Bestätigung einer Partei nicht zur Begründung einer Gerichtsstandsklausel; s. aber § 65 ADSp Rdn. 6 ff.

e) Laufende Geschäftsverbindung

16 Eine stillschweigende Vereinbarung von AGB kann nach der Rechtsprechung dann vorliegen, wenn der Partner in laufender Geschäftsverbindung zu ihrem Benutzer steht und ggf. auch auf Rechnungsformularen oder bei anderen Gelegenheiten auf die AGB hingewiesen worden ist. In diesem Falle kann angenommen werden, daß dem Kunden durch die Hinweise die Benutzung der ADSp durch den Spediteur bekannt ist. Schließt er in Kenntnis dieses Umstandes weitere Verträge mit dem Spediteur ab, so unterwirft er sich stillschweigend den ADSp.[13] Problematisch an dieser Rechtsprechung ist vor allem der eigenartige Umstand, daß Hinweise auf nicht-vertragskonstitutiven Schriftstücken, die für sich alleine keine Geltung von AGB begründen würden (siehe oben Rdn. 12), im Falle häufiger Verwendung dennoch zur Einbeziehung führen sollen. Diese Wirkung läßt sich nur dadurch rechtfertigen, daß die Handlungen der betreffenden Vertragspartner im Hinblick auf frühere Abwicklungen von Verträgen ausgelegt werden müssen. Auch das im übrigen äußerst kritische Urteil des 7. Senats des BGH v. 7. 6. 1978, NJW **1978** 2243 ff hat an dieser Rechtsprechung festgehalten, unter Hinweis darauf, daß in solchen Fällen eine stillschweigende Rahmenvereinbarung vorliegen könne. Gegen diese Rechtsprechung hat sich, allerdings nicht sehr klar und wohl

---

[12] S. immerhin BGH v. 31. 1. 1975, VersR **1975** 417 (beiläufig); v. 4. 3. 1977, VersR **1977** 515, 516. Zu anderen AGB s. aus der Rspr. zuletzt BGH v. 13. 4. 1984, WM **1984** 639, 640 f; zur Übersicht aus der Literatur s. Staudinger/Schlosser[12] § 2 AGBG Rdn. 75, 76, 80; MünchKomm/Kötz § 2 AGBG Rdn. 28–31; Loewe/v. Westphalen/Trinkner AGBG § 2 Rdn. 40 ff; Lindacher AGBG Anh. § 2 Rdn. 31 ff.

[13] Aus der Rechtsprechung zu den ADSp: BGH v. 6. 3. 1956, BGHZ **20** 164 (langjährige Geschäftsverbindung); v. 4. 5. 1956, MDR **1956** 664, 665 (Hinweis des Spediteurs in dem die Geschäftsverbindung eröffnenden Angebot, daß er nur zu den ADSp abschließe, genügt bereits für den zweiten formlos geschlossenen Vertrag); v. 31. 1. 1975, VersR **1975** 417 (neben dem Schweigen auf Bestätigungsschreiben); v. 9. 10. 1981, VersR **1982** 846 (abweichende Sondervereinbarungen bei Geltung der ADSp und laufender Geschäftsverbindung); LG Hamburg VersR **1981** 475 (Fall nach dem Inkrafttreten des AGBG).
Aus der Rechtsprechung zu anderen AGB: BGH v. 2. 4. 1962, VersR **1962** 552, 553; v. 10. 7. 1961, MDR **1961** 932 f (insoweit nicht abgedruckt; mehrere einzelne Verträge mit AGB-Vereinbarung begründen noch nicht die Geltung in weiteren Verträgen); v. 15. 6. 1964, BGHZ **42** 53, 55 (Eigentumsvorbehalte auf Rechnungen); v. 17. 2. 1965, BB **1965** 435 (Nachbestellung bei einmaligem vorherigem Abschluß zu AGB begründet deren Geltung auch für den zweiten Vertrag). In jedem Fall wird jedoch zu fordern sein, daß der Hinweis deutlich erkennbar erfolgt; BGH v. 7. 5. 1969, WM **1969** 772; v. 18. 6. 1971, NJW **1971** 2126 ff (Geltung der AGB der Banken gegenüber ausländischen Bankier-Kunden bei mehreren Hinweisen); BGH v. 28. 5. 1973, MDR **1973** 845 f = DB **1973** 1393, 1394 = WM **1973** 1198, 1200 (acht Kaufverträge in drei Jahren, davon sechs unter Vereinbarung der AGB reichen nicht aus); OLG Stuttgart RIW **1980** 365. Siehe ferner eingehend zum nachgeschobenen Eigentumsvorbehalt BGH v. 7. 6. 1978, NJW **1978** 2243 f. Aus der Literatur siehe Ulmer/Brandner/Hensen AGBG[4] § 2 Rdn. 86; Staudinger/Schlosser[12] § 2 AGBG, Rdn. 59; MünchKomm/Kötz § 2 AGBG Rdn. 25.

ihre Geschlossenheit unterschätzend, *Staudinger/Schlosser*[12] § 2 AGBG, Rdn. 60 ausgesprochen.

Z. Zt kann davon ausgegangen werden, daß es dem ständigen kaufmännischen Vertragspartner kaum möglich sein wird, sich auf die Nichteinbeziehung der ADSp zu berufen, wenn in irgendwelchen Schriftstücken auf diese hingewiesen wird. Hinzu kommt, daß der Auftraggeber, dem laufend die Speditionsversicherungsprämie in Rechnung gestellt wird, in aller Regel mit der Zugrundelegung der ADSp rechnen wird. Dies gilt schon deshalb, weil für den Spediteur die Deckung der Speditionsversicherung vor allem im Hinblick auf seine Haftungsbefreiung nach § 41a ADSp von Bedeutung ist. Dieser Umstand ist den Kunden in aller Regel bekannt, auch wenn ausnahmsweise ein Auftrag in der Speditionsversicherung dann versichert sein kann, wenn die ADSp nicht vereinbart sind; s. hierzu § 2 SVS Rdnr. 3[14].

f) Geltung wegen „Wissenmüssens" (fahrlässiger Unkenntnis) des Auftraggebers
aa) Grundsätzliches

Nach ständiger Rspr. des BGH soll für bestimmte sehr übliche AGB, insbesondere **17** für die ADSp, eine beiderseits stillschweigende Einbeziehung grundsätzlich gegeben sein. In den betreffenden Fällen müsse der Kunde wissen, daß der Partner die ADSp üblicherweise zugrunde lege. Es genüge, daß er ihrer Geltung nicht widerspreche[15]. Zu diese Rspr. ist vielfach kritisch Stellung genommen worden[16].

Die Rspr. führt vielfach zu richtigen Ergebnissen, soweit angenommen werden kann, daß die Zugrundelegung der ADSp oder anderer AGB dem Handelsbrauch entspricht. Dieser müßte jedoch in tatsächlicher Hinsicht durch Beweisaufnahme festgestellt werden. Schon das OLG Kiel MDR **1950** 548 setzte „Wissenmüssen" der handelsbräuchlichen Geltung gleich; ebenso RSchOG Köln VersR **1978** 370; zutreffend die Behandlung bei *Staudinger/Schlosser*[12] § 2 AGB Rdn. 69; *Lindacher* AGBG Anh. § 2 Rdn. 28. Auch soweit die Literatur teilweise von der Geltung kraft „Wissenmüssens" bei „branchenüblichen" Bedingungen spricht[17], trifft dies den Kern der Frage. Es ist jedoch höchst problematisch, in solchen Fällen — unter Vermeidung der Feststellung von Handelsbräuchen im dafür erforderlichen Verfahren — mit stillschweigenden Erklärungen zu arbeiten oder, weit über BGHZ **91** 324 hinausgehend, eine Willenserklärung durch fahrlässiges **Unterlassen** eines Partners zu ersetzen. Der Rspr. muß vorgeworfen werden, daß sie das Interesse an einer Vertragsnormung der echten Entscheidungsfreiheit beim Abschluß von Verträgen übergeordnet hat. Auch rechtspolitisch ist die Rspr. bedenklich:

---

[14] Zu den ADSp: BGH v. 6.3.1956, BGHZ **20** 164 (langjährige Geschäftsverbindung); BGH v. 4.5.1956, MDR **1956** 664, 665 (Hinweis des Spediteurs in dem die Geschäftsverbindung eröffnenden Angebot, daß er nur zu den ADSp abschließe, genügt auch für den zweiten formlos geschlossenen Vertrag).

[15] Siehe zu den ADSp: BGH v. 19.1.1951, BGHZ **1** 83, 86; v. 3.2.1953, BGHZ **9** 1ff; v. 8.7.1955, BGHZ **18** 98, 99; v. 4.5.1956, MDR **1956** 664, 665 (die Frage, ob Wissenmüssen ausreicht, noch offenlassend); v. 29.6.1959, VersR **1959** 659, 661 (die vorherige Rspr. wieder bestätigend); v. 10.3.1971, VersR **1971** 619, 620; v. 13.7.1973, NJW **1973** 2154; v. 12.7.1974, NJW **1974** 2177 = VersR **1974** 80; v. 7.7.1976, VersR **1976** 1056ff (grundsätzlich bejahend, aber aus tatsächlichen Gründen Zurückverweisung); v. 5.6.1981, VersR **1981** 975, 976; BGH v. 10.5.1984, transpR **1984** 283, 284 (mit Anm. v. *Helm* S. 287) = VersR **1984** 932 (für Lagervertrag); v. 13.6.1985 transpR **1985** 329, 330; sehr großzügig auch OLG Frankfurt RIW **1982** 56f; VersR **1983** 1055; OLG Koblenz VersR **1983** 1073, 1074; OLG Düsseldorf VersR **1985** 388; transpR **1985** 249, 252 (keine Geltung kraft Wissenmüssens, wenn der Lagerhalter die ADSp selbst nicht anwenden wollte). Entsprechend für die AÖSp österr. OGH v. 23.6.1977, transpR **1979** 75ff.

[16] S. schon *Fabricius* JuS **1966** 4ff und 60; *Löwe/von Westphalen/Trinkner* § 2 AGBG Rdn. 32.

[17] *Münch-Komm/Kötz* § 2 AGBG Rdn. 24; *Ulmer/Brandner/Hensen*[4] AGBG § 2 Rdn. 83ff; *Löwe/von Westphalen/Trinkner* AGBG § 2 Rdn. 32; *Palandt/Heinrichs*[44] § 2 AGBG Anm. 6f; *Lindacher* AGBG Anh. § 2 Rdn. 28ff.

da der Spediteur wie jeder Benutzer von AGB von Anfang an deutlich auf seine Bedingungen hinweisen kann, besteht kein zwingender Grund, ihm die Vorteile der AGB auch dann einzuräumen, wenn er den Hinweis unterlassen hat. Die zitierte Rspr. verkehrt die normalen Maßstäbe für die Sorgfalt beim Abschluß von Verträgen in ihr Gegenteil; siehe hierzu zutreffend *Krieg*, die ADSp in Verträgen mit Deutschen und Ausländern, Diss. Frankfurt 1965, S. 20 ff.

bb) Verträge mit ausländischen Kunden

18 Besondere Probleme wirft die „Wissenmüssen"-Formel im **Verkehr deutscher Spediteure mit ausländischen Kunden** auf; s. z. Überblick *Martiny*, MünchKomm vor Art. 12 EGBGB Rdn. 96.

Auch hier wäre die Lösung über Handelsbrauch besser. Die ADSp würden in diesen Fällen Geltung erlangen, soweit für den ausländischen Kunden deutsche Handelsbräuche gelten, bzw. die ADSp internationaler Handelsbrauch sind. Hierzu fehlt es jedoch an ausreichenden Feststellungen. Im Ergebnis kommt die Rspr. dem jedoch nahe. Im Urt. vom 10. 3. 1971, VersR **1971** 619 hat der BGH die ADSp zu Lasten eines türkischen Kaufmanns, der laufend Geschäfte in Deutschland tätigte, angewendet, weil dieser nach den Feststellungen des Berufungsgerichts wußte, daß deutsche Spediteure nach den ADSp arbeiteten; ähnlich OLG Frankfurt RIW **1979** 278 f = MDR **1979** 586; im Urteil vom 7. 7. 1976, VersR **1976** 1056 macht der BGH die Anwendbarkeit der ADSp wegen „Wissenmüssens" von konkreten Feststellungen abhängig. Ein belgischer Kaufmann hatte unter Beweis gestellt, noch keine Verträge mit deutschen Spediteuren geschlossen zu haben. Der Rechtsstreit wurde an das OLG zurückverwiesen, da es auf die Feststellung besonderer Umstände des Einzelfalles ankomme, die ausnahmsweise die Annahme rechtfertigen, daß der ausländische Vertragsteil von der Anwendung der ADSp „wissen muß". Bestätigend BGH v. 16. 1. 1981, NJW **1981** 1905 f; OLG Frankfurt Spediteur **1983** H. 11 S. 30 f.

Für besondere Hinweisobliegenheit bei ausländischen (Nicht-Spediteur)-Kunden: OLG Bremen RIW **1978** 747, 749.

cc) Verträge mit ausländischen Spediteuren und Frachtführern

19 Unstr. gelten die ADSp ohne besondere Hinweise in Verträgen zwischen ausländischen Spediteuren und Frachtführern und deutschen Spediteuren[18] und zwar auch dann, wenn der ausländische Spediteur-Auftraggeber auf seinen Rechnungen seinerseits ständig auf seine eigenen Bedingungen (z. B. die Bedingungen des Nordischen Spediteurverbands) hingewiesen hat, da auch ausländische Spediteurbedingungen in aller Regel nur für die entsprechenden Verkehrsverträge dieser Spediteure, nicht dagegen für deren erteile Aufträge gelten; LG Hamburg transpR **1983** 82.

dd) Ausnahmen von der grundsätzlichen Geltung der ADSp: Insbesondere atypische Geschäfte; Spediteure als Auftraggeber; Gelegenheitsspeditions-Geschäfte

20 Grenzen findet die ipso-iure-Geltung kraft „Wissenmüssens" bei **atypischen Geschäften des Spediteurs.** Soweit die betreffenden Tätigkeiten mit dem Speditionsgewerbe

---

[18] BGH vom 13.7.1973, NJW **1973** 2154 = VersR **1974** 80 (italienischer Spediteur als Auftraggeber); BGH vom 12.7.1974, NJW **1974** 2177 ff (tschechoslowakischer Spediteur als Auftraggeber eines deutschen Zwischenspediteurs; die ADSp auch für Deliktansprüche des tschechoslowakischen Urversenders); OLG München VersR **1975** 129; BGH v. 5. 6. 1981, VersR **1981** 975, 976 (Schweizer Spediteur mit Niederlassung in Deutschland muß im Verhältnis zu deutschem Empfangsspediteur die ADSp gegen sich gelten lassen); OLG Frankfurt VersR **1981** 27, 28 f; noch offenlassend MDR **1979** 586 = RIW **1979** 278.

überhaupt nicht zusammenhängen, ergibt sich dies bereits aus § 2a ADSp: BGH vom 21. 11. 1975, VersR **1976** 286, 287 (Stellung eines Turmdrehkrans ohne Zusammenhang mit Spediteurgeschäften). Handelt es sich um Geschäfte, die mit dem Speditionsgewerbe zusammenhängen, so kann dennoch die Anwendung der „Wissenmüssen-Formel" in Sonderfällen ausgeschlossen sein: BGH vom 12. 10. 1979, VersR **1980** 61 (Fakturierung (Ausstellung von Kundenrechnungen) und Rechnungseinziehung durch einen deutschen Spediteur); positiv dagegen für einen Speditionsauftrag, der auch Distribution der Waren einschließt: OLG Hamburg VersR **1984** 156; positiv für reinen Verzollungsauftrag: OLG Köln transpR **1985** 26, 27; s. ferner BGH v. 16. 1. 1981, NJW **1981** 1905f = VersR **1981** 630ff: unterbreitet der Spediteur ein Angebot aufgrund einer vom Auftraggeber veranlaßten Ausschreibung, dann braucht der Auftraggeber nicht damit zu rechnen, daß die ADSp durch bloßen Aufdruck auf dem Geschäftsbogen vom Spediteur zum Inhalt des Vertrages gemacht werden sollen. Im Grundsatz entsprechend der deutschen Rspr. beiläufig öster. OGH v. 29. 6. 1982, transpR **1984** 140; ferner schon OGH v. 17. 12. 1968, transpR **1982** 110: die AÖSp gelten nicht für einen reinen Verzollungsauftrag der außerhalb des Speditionsauftrags einem Dritten erteilt wird.

Siehe ferner zur Anwendung von **AGB, die auf das betreffende Geschäft nicht passen,** zu einem Fall aus dem Güternahverkehr BGH v. 11. 11. 1979, WM **1980** 164.

Kein atypischer Vertrag ist der Lagervertrag eines Spediteurs. Bei ihm muß der Auftraggeber wissen, daß der Spediteur die ADSp zugrunde legt; BGH v. 10. 5. 1984, transpR **1984** 283, 285 (mit Anm. von *Helm* S. 287) = VersR **1984** 932.

Die ADSp sind Bedingungen des **Spediteurs als** Auftragnehmer. Soweit er **Auftraggeber** ist, kann von ihrer Vereinbarung regelmäßig nicht ausgegangen werden; s. Rdn. 19 und § 2 ADSp Rdn. 4.

Zu den Problemen bei Kollision zwischen Auftragsbedingungen des Auftraggebers und den ADSp s. Rdn. 8.

Die ADSp gelten nicht aufgrund der „Wissenmüssen"-Formel, wenn ein **Nicht-Spediteur** ein speditionstypisches Geschäft abschließt. So z. B. nicht für einen Lagervertrag eines Holzhändlers mit einem Kunden; BGH v. 11. 7. 1975, VersR **1976** 44, 45.

3. Handelsbrauch als Geltungsgrund

Handelsbräuche (siehe die Komm. zu § 346 HGB) können in zweierlei Weise wirken: Eine Regel kann in ständiger Übung sein und daher unabhängig von ihrer Festlegung selbst **inhaltlich Handelsbrauch** sein. Zum andern kann die Zugrundelegung bestimmter Geschäftsbedingungen handelsbräuchlich sein. Der Brauch bezieht sich in diesem Fall nicht auf den Klauselinhalt, sondern auf die Üblichkeit der Vereinbarung von AGB **(Geltung von AGB durch handelsbräuchliche Verweisung).** Zum österr. Recht s. *Hügel* JBl. **1984** 59f. **21**

a) Inhaltliche Geltung der ADSp als Handelsbrauch?

Vielfach wird in der Literatur behauptet, die ADSp seien als Ganzes Handelsbrauch i. S. v. § 346 HGB[19]. **22**

---

[19] *Schlegelberger/Schröder*[5] § 407 Rdn. 11e; *Krien/Hay* § 2 ADSp Anm. 6; *Bindels* NJW **1955** 1132f; *Benkard* BB **1953** 783; *Schmid/Lossberg* BB **1952** 804. Zweifel an der Geltung der ADSp als Handelsbrauch äußert *Ewald* DB **1951** 852f, die Geltung als Verkehrssitte lehnt er ab. Gänzlich ablehnend *Schmidt-Tophoff* MDR **1961** 187; *Baumbach/Duden*[26] Anh. nach § 415, Vorbem. 2 A vor § 1 ADSp; *RGR/Ratz*[2] § 407 Anm. 28; *Bindels* BB **1958** 22. S. zu den AGNB Anh. V nach § 452 § 1 AGNB zu den Tegernseer Gebräuchen des Holzhandels s. *Weynen* NJW **1954** 628f.

In der neueren Rechtsprechung gibt es, soweit erkennbar, keine veröffentlichten Urteile, die den ADSp inhaltliche Geltung als Handelsbrauch zusprächen, weder als Ganzes noch hinsichtlich einzelner Klauseln; eindeutig ablehnend OLG Karlsruhe VersR **1974** 157, 158. Eine allgemeine Entscheidung, ob die ADSp Handelsbrauch sind, ist auch schon aus der Definition des Handelsbrauchs heraus nicht möglich, da dieser der jeweiligen tatsächlichen Feststellung bedarf; s. die Erl. zu § 346; zuletzt BGH v. 2. 5. 1984, WM **1984** 1000, 1002. Zu den ADSp OLG Düsseldorf transpR **1985** 249, 252 abgesehen von lokalen Unterschieden, die hier wohl nicht ins Gewicht fallen, erfassen die Handelsbräuche nicht durchweg alle Kaufleute, sondern können, wie *Krieg* die ADSp in Verträgen mit Deutschen und Ausländern, Diss. Frankfurt **1965** 53 ff zutreffend herausstellt, auf Gruppen beschränkt sein. Jedenfalls gibt es Gruppen von Kaufleuten, die mit den ADSp kaum je zu tun haben, weil sie nicht üblicherweise als Versender von Gütern auftreten (z. B. Einzelhandelskaufleute, Buchhändler, bestimmte kaufmännische Handwerker). Für diese kommt eine Geltung als Handelsbrauch mangels Übung kaum in Betracht.

Auch innerhalb der öfter als Versender auftretenden Kaufleutegruppe könnten die ADSp als Ganzes jedoch nur dann inhaltlich Handelsbrauch sein, wenn alle Klauseln dauernd in Übung wären; siehe hierzu BGH v. 29. 6. 1959, VersR **1959** 659, 661. Dies ist jedoch bisher nicht nachgewiesen. Auch die Darlegungen von *Krien/Hay* § 2 ADSp, Anm. 6, die im einzelnen nachweisen, welche Klauseln den kodifizierten Berliner Handelsbräuchen von 1900 und 1924 entsprechen, kann daran nichts ändern. Das gleiche gilt für die von *Schmid-Lossberg* DB **1952** 104 zitierte Gemeinschaftserklärung der Industrie- und Handelskammer der Bizone und der Arbeitsgemeinschaft Spediton und Lagerei, die den ADSp den Charakter von Handelsbräuchen beilegen wollte. Die Neufassung der ADSp im Jahr 1978 war Gegenstand langer Verhandlungen zwischen den Verbänden und mit dem Bundeskartellamt. Das Verfahren diente eindeutig der Festlegung neuer AGB und nicht der Auffindung bereits in Übung befindlicher Handelsbräuche. Aufzeichnungen von Handelsbräuchen können im übrigen zwar ihrer Feststellung dienlich sein, legen aber die Bräuche nicht bindend fest und geben daher auch keine Sicherheit für deren Bestehen. Siehe dazu § 346. Im übrigen waren noch 1939 verschiedene von den ADSp abweichende Geschäftsbedingungen in Gebrauch; *Nehring*, HansRGZ **1940** Sp. 79. Auch gegenwärtig gelingt es Großverladern und der öffentlichen Hand oft, eine Vereinbarung der ADSp auszuschließen. Siehe dazu *Krieg*, Die ADSp in Verträgen mit Deutschen und Ausländern, Diss. Frankfurt 1965, 25 (auch heute noch aktuell).

b) Einzelne Klauseln als Handelsbrauch?

23 Allerdings enthalten die ADSp **vielbenutzte Klauseln**, die den Charakter einer einheitlichen Übung haben könnten. Siehe *Krien/Hay* § 2 ADSp Anm. 6; *Krien* § 2 Anm. 4. Diese Klauseln können ohne Vereinbarung der ADSp als Handelsbräuche ipso jure gelten. Voraussetzung ist aber die Feststellung ihrer handelsbräuchlichen Übung in jedem einzelnen Streitfall, die im Prozeß eine Beweisaufnahme erfordert. Gänzlich abwegig erscheint die Methode von *Krien*, Speditions- und Lagerrecht, der unter Nr. 2140 die von *Isaac* veröffentlichten „Handels- und Verkehrsgebräuche im Verein mit den Spediteuren im Bezirk der Handelskammer zu Berlin" abdruckt und darauf in der Kommentierung zu den ADSp die Geltung und Zulässigkeit einzelner Klauseln wegen Übereinstimmung mit diesen sog. Handelsbräuchen stützt. Selbst wenn die nach dem sog. Berliner Verfahren kodifizierten Handelsbräuche wirklich im Jahre 1917 den Charakter echter Handelsbräuche gehabt hätten (was in der Literatur durchweg verneint wird; s. § 346³

Rdn. 62 ff), dann könnte in einem so bewegten Gebiet wie im Speditionsgeschäft von einer Fortdauer solcher Bräuche über 65 Jahre kaum ausgegangen werden.

Als Verkehrssitte können kaum irgendwelche Klauseln der ADSp anerkannt werden, da sie seit 1978 im Verkehr mit nichtkaufmännischen Kunden nicht mehr angewendet werden.

c) Geltung der ADSp durch handelsbräuchliche Verweisung

24 Da die Vertragserklärungen der Parteien unter Kaufleuten nach Maßgabe der Handelsbräuche (§ 346 HGB) auszulegen sind, könnte die Üblichkeit der Vereinbarung der ADSp dazu führen, daß bei Verträgen mit Spediteuren hinsichtlich bestimmten Geschäftsarten Geltung kraft Handelsbrauchs anzunehmen wäre. Die Vertragserklärung von Spediteur und Kunden könnten demnach dahin ausgelegt werden, daß die Zugrundelegung der ADSp gewollt sei. Auf die Kenntnis des einzelnen Kunden von den ADSp käme es daher nicht an.

Allerdings ist es zweifelhaft, ob ein solcher Handelsbrauch bzw. eine solche Verkehrssitte allgemein besteht. *Krien/Hay* § 7 ADSp Anm. 6 stellen dies als unbestritten hin. Dies mag möglicherweise auch der Rechtslage vor dem Zweiten Weltkrieg entsprochen haben[20]. *Gierke* Handels- und Schiffahrtsrecht, 8. Aufl. 1958, S. 564 will sogar allgemein, *Benkard* BB **1953** 784 zumindest gegenüber geschäftstätigen Nichtkaufleuten eine solche Verkehrssitte annehmen[21]. Da Handelsbrauch und Verkehrssitte tatsächliche und wechselnde Übungen sind, kann zu der Streitfrage eine auf Dauer gültige und für alle Tätigkeitsgebiete des Spediteurs gleiche Aussage nicht gemacht werden; siehe oben Rdn. 23.

Die Rspr. hat es bisher weitgehend vermieden, sich bei der Geltungsbegründung der ADSp, aber auch der meisten anderen AGB, auf Handelsbrauch zu berufen. Feststellungen über handelsbräuchliche Geltungen wurden hinsichtlich der AGNB, überwiegend mit negativem Ergebnis, getroffen; siehe Anh. V nach § 452 Rdn. 2. Für die ADSp wäre die Rspr. zum „Wissenmüssen" besser auf Handelsbrauch als auf stillschweigendes Einverständnis des Auftraggebers zu stützen; siehe oben Rdn. 17. Hierdurch würde die „Verkehrsüblichkeit" dem korrekten Beweisverfahren unterworfen.

25 Ein **Handelsbrauch**, der es dem Spediteur gestattet, durch **Zugrundelegung des ADSp** in der Ergänzung einer bestimmten Speditionsversicherung **den Inhalt des Speditionsvertrages einseitig zu gestalten**, wäre an sich nicht ausgeschlossen. Aber auch insoweit wäre von Fall zu Fall eine Feststellung der tatsächlichen Übung, die auch lokal und in unterschiedlichen Gruppen von Beteiligten (insoweit zutreffend *Krieg*, Die ADSp in Verträgen mit Deutschen und Ausländern, Diss. Frankfurt 1965, S. 53 ff), sowie in verschiedenen Geschäftsarten unterschiedlich sein könnte (s. Rdn. 22) erforderlich. Der Wirkung dieses Handelsbrauchs kann sich der Kunde durch Widerspruch beim Abschluß des Speditionsvertrags theoretisch entziehen. Dies entspricht der Rechtslage nach der „Wissenmüssen"-Formel, da eine ausdrückliche Äußerung die stillschweigende Vereinbarung ebenfalls ausschließt. Dies kommt auch in der Praxis vor, da Spediteure durchaus bereit sind, unter Verzicht auf die ADSp abzuschließen, z. B. bei Groß-

---

[20] Siehe OLG Kiel MDR **1950** 548, 550 f; OLG Bremen VRS **3** 299, 300.

[21] Für Geltung kraft Handelsbrauchs ferner *Krien* JR **1950** 601; *Möller* BB **1962** 394, 395 f. Gegen die Geltung kraft Handelsbrauchs, *Brüning*, Diss. 1963, 107 f; wenig überzeugend *Krieg*, Die ADSp in Verträgen mit Deutschen und Ausländern, Diss. Frankfurt 1965, der zwar die Geltung kraft Handelsbrauchs ablehnt, die viel eingreifendere Geltung als inhaltlichen Handelsbrauch aber teilweise bejaht.

aufträgen oder wenn andere wirtschaftliche Gründe das Geschäft auch unter Verzicht auf die günstige Haftungsregelung der ADSp rentabel erscheinen lassen; siehe dazu bereits *Krieg* aaO S. 25. Ein Handelsbrauch, nach dem sich der Empfänger von Speditionsgütern stillschweigend den ADSp, insbesondere der Zahlungspflicht des § 34 ADSp unterwirft, ist bisher nicht nachgewiesen; BGH v. 29. 6. 1959, VersR **1959** 659, 661.

4. Geltung der ADSp gegenüber oder zugunsten am Vertrag nicht beteiligter Personen

26 Problematisch ist die Geltung der ADSp gegenüber am Vertrag nicht beteiligten Personen, insbesondere die Einbeziehung im Verhältnis zum Empfänger. Siehe hierzu § 34 ADSp Rdn. 2 ff.

Ist der Auftraggeber des Spediteurs selbst Spediteur, so können die ADSp u. U. auch dessen Versender (also dem Urversender) entgegengesetzt werden. S. zu dieser Problematik § 63 ADSp Rdn. 6 und § 429³ Rdn. 93, 99 sowie BGH v. 12. 7. 1974, NJW **1974** 2177; v. 17. 11. 1980, VersR **1981** 229, 230 (zum Binnenschiffahrtsrecht). Beim Lagervertrag können die ADSp zu Lasten des Wareneigentümers, der nicht Vertragspartner ist, wirken; BGH v. 10. 5. 1984, transpR **1984** 283, 286 (mit Anm. von *Helm*) = VersR **1984** 932. Zur sehr viel weitergehenden Geltung der Hamburger Bugsier-Bedingungen s. BGH v. 12. 6. 1978, VersR **1978** 836 f.

Die Freizeichnungen der ADSp können auch zugunsten des beim Spediteur beschäftigten Personals gelten; siehe hierzu OLG Celle transpR **1983** 78 (Ausdehnung der Schutzwirkung der ADSp zugunsten des beim Unterspediteur angestellten Fahrers); siehe zu dieser Problematik eingehend § 429³ Rdn. 99. Auch zugunsten eines nach Deliktsrecht in Anspruch genommenen Subunternehmers können gemäß § 63 ADSp Haftungsbeschränkungen eingreifen; BGH v. 18. 6. 1976, VersR **1976** 1129 f. Zu frachtrechtlichen Fällen s. § 429³ Rdn. 99 sowie (nach Erscheinen der 3. Aufl.) BGH v. 26. 11. 1979, VersR **1980** 572; OLG Köln VersR **1979** 82 f; LG Hamburg MDR **1982** 584; *Blaschczok* VersR **1980** 1104; *Schreiber* BB **1980** 1698. Siehe ferner BGH v. 9. 11. 1981, NJW **1982** 992 ff. Zum Zwischenspediteur OLG Hamburg transpR **1985** 94 f. Zu einem werkvertraglichen Fall vgl. BGH v. 12. 3. 1985, VersR **1985** 595 f.

IV. Auslegung und Revisibilität

1. Revisibilität

27 Wie alle AGBG, deren Anwendungsbereich über den Bezirk eines Oberlandesgerichts hinausgeht, unterliegen die ADSp der freien Nachprüfung durch das Revisionsgericht. Siehe statt vieler *Ulmer/Brandner/Hensen* AGBG⁴ § 5 Rdn. 10. Der Grundsatz ist durch zahlreiche Entscheidungen zu allen Arten von AGB abgesichert; speziell für die ADSp siehe BGH v. 8. 5. 1955, BGHZ **17** 1, 3. Daher kann der BGH die einzelnen Bestimmungen unbeschränkt auslegen. Die Entscheidung nimmt an den Bindungswirkungen der §§ 565 Abs. 2 ZPO und 136 GVG teil. Die Auslegung von AGB kann das Revisionsgericht gemäß § 565 Abs. 3 ZPO selbst vornehmen. Die Rspr. des BGH ist somit unabhängig von den Tatsachenfeststellungen der Instanzgerichte bei der Auslegung der AGB und kann damit leitende Funktion entwickeln.

2. „Objektive" Auslegung
a) Grundsätzliches

28 Aus dem normativen Charakter der ADSp als AGB ergibt sich, daß sie unabhängig von den Gegebenheiten des Einzelfalles und vom konkreten Willen der Parteien auszulegen sind. Dieser Grundsatz der „objektiven Auslegung" von AGB entspricht auch nach Inkrafttreten des AGBG der ständigen Rspr. und wird auch in der Literatur ganz überwiegend bejaht. Das abstrakte Verbandsklageverfahren hat den Grundsatz noch gefestigt, da in diesem normenkontrollähnlichen Verfahren Umstände irgendwelcher Einzelfälle keine Rolle spielen können[22]. Gegenbeispiele einzelfallbezogener Auslegung in AGB sind selten; siehe z. B. BGH v. 15. 3. 1978, BGHZ **71** 75 ff. In der österreichischen Rspr. ist die gesetzesähnliche Auslegung für AVB grundsätzlich anerkannt[23].

Für die Frage, welche Bedeutung einer Klausel der ADSp im Einzelfall zukommt, spielt also der Wille des betreffenden Spediteurs oder Versenders keine Rolle. Vielmehr sind die ADSp so auszulegen, wie sie von einem durchschnittlichen Spediteur oder Auftraggeber verstanden werden. Hierbei wird regelmäßig die Verständnismöglichkeit des Versenders als des weniger Informierten zugrunde zu legen sein. Da zu den Versendern seit 1978 im Regelfall nur noch Kaufleute gehören, ist die Verständnisfähigkeit von Nichtkaufleuten für die Auslegung nicht mehr von Bedeutung. Andererseits ist zu berücksichtigen, daß auch kaufmännische Kunden vielfach mit den Spezialitäten des Beförderungs- und Speditionsrechts nicht ausreichend vertraut sind und sich gerade deshalb an einen Spediteur wenden. Dies wird insbesondere durch die Unübersichtlichkeit der Beteiligungsverhältnisse beim Transport praktisch bedeutsam. Die weitgehend übliche Beteiligung mehrerer Haupt- und Zwischenspediteure, unterschiedlicher Beförderungsunternehmen einschließlich Unterfrachtführern sowie die Versicherungsdeckung durch verschiedenartige Versicherungen erlaubt es dem Versender vielfach nicht, einen Überblick über die Auswirkungen der ADSp in diesem komplizierten Geflecht von Vertragsbeziehungen zu finden. Bei der Auslegung der ADSp muß dieser Umstand berücksichtigt werden.

Sind individuelle Vertragserklärungen und AGB-Formulierungen miteinander verknüpft, dann sind zunächt die Individualerklärungen nach den normalen Regeln über Willenserklärungen auszulegen. Sie gehen dann nach § 4 AGBG den vorformulierten Bedingungen vor; s. BGH v. 16. 6. 1982, VersR **1982** 841, 842 zum vereinbarten Beginn einer Versicherung.

b) Handelsbräuche, Üblichkeiten, Belange der beteiligten Wirtschaftskreise

Für die Auslegung können auch Handelsbräuche und Üblichkeiten von Bedeutung sein[24]. Jedoch bedingt § 2 c ADSp örtliche oder bezirkliche Handelsbräuche ausdrücklich ab. Damit ist zwar deren Geltung anstelle der ADSp ausgeschlossen. Die Heranziehung von Handelsbräuchen und Übungen zur ergänzenden Auslegung bleibt jedoch offen. Allerdings setzt sie den Nachweis des fortbestehenden Handelsbrauchs voraus. Daß die entsprechende Regelung früher auch in sogenannten kodifizierten Handelsbräuchen enthalten war, genügt nicht für einen solchen Nachweis; s. Rdn. 23.

Nicht maßgeblich sind für die Auslegung von AGB die Belange der an ihrer Fassung beteiligten Wirtschaftskreise soweit sie im Wortlaut keinen eindeutig erkennbaren Aus-

---

[22] S. statt vieler *Ulmer/Brandner/Hensen* AGBG[4] § 5 Rdn. 13–19. Aus der neueren Rspr. zum AGB-Recht s. insbesondere BGH v. 26. 10. 1977, WM **1978** 10, 11; v. 15. 3. 1978, WM **1978** 708, 709; v. 12. 5. 1980, BGHZ **77** 116, 118 f; v. 10. 10. 1980, WM **1980** 1458; v. 20. 11. 1980, BGHZ **79** 16, 20; v. 10. 12. 1980, BGHZ **79** 117, 118 f; v. 3. 3. 1982, BGHZ **83** 169, 177 v. 20. 3. 1985, DB **1985** 1526, 1527; zu den ADSp OLG Stuttgart WM **1978** 1330, 1333; OLG Köln transpR **1985** 26, 28.

[23] OGH v. 17. 2. 1977, VersR **1978** 280; v. 28. 4. 1977, VersR **1978** 264; v. 7. 11. 1979, VersR **1979** 758, 759.

[24] BGH v. 7. 7. 1960, VersR **1960** 727, 729; v. 21. 1. 1971, VersR **1971** 412, 413; v. 21. 6. 1972, WM **1972** 1092, 1093.

druck gefunden haben[25]. Auch die Entstehungsgeschichte von AGB ist insoweit ohne Belang für das Verständnis der einzelnen Kunden, weil sie diesen in aller Regel nicht bekannt ist. Dies gilt auch, wenn AGB — wie z. B. die ADSp — zwischen den Verbänden der Verwender und ihrer Kunden ausgehandelt und sogar gemeinsam beim Bundeskartellamt angemeldet worden sind. Denn auch in diesem Fall erhält der durchschnittliche Vertragspartner kaum Aufschluß über die Hintergründe der Regelung. Dies wird deutlich, wenn man berücksichtigt, wie großzügig die Einbeziehung, auch im Hinblick auf ausländische Kunden, gehandhabt wird; s. oben Rdn. 17 ff. Dennoch unterscheidet die Rspr. zwischen einseitig aufgestellten AGB, bei denen die Entstehungsgeschichte nur in sehr begrenzten Umfang herangezogen wird[26] und solchen, die zwischen den Verbänden ausgehandelt sind. Für die ADSp ist dies vom BGH ausdrücklich, aber kaum überzeugend begründet worden[27].

c) Systematische Stellung der Klauseln

30 Dagegen ist für die Auslegung die systematische Stellung von AGB-Klauseln innerhalb des AGB-Textes unstr. von Bedeutung[28]. Maßgeblich für ihr Verständnis können auch entsprechende, genauer formulierte gesetzliche Regelungen aus verwandten Gebieten sein, aus denen Hilfserwägungen für die Auslegung der Klauseln gewonnen werden können[29].

3. Unklarheitenregel (§ 5 AGBG)
a) Allgemeines

31 Die schon vor dem Inkrafttreten des AGBG entwickelte Unklarheitenregel hat in § 5 ihren gesetzlichen Ausdruck gefunden[30]. Unklare Bestimmungen der ADSp sind daher stets gegen den Spediteur auszulegen. In Anwendung dieses Grundsatzes haben die Oberlandesgerichte Bremen VersR **1977** 176, 177 u. Frankfurt (in DB **1979** 2487 gekürzt), in § 54a Nr. 2 ADSp nach der Unklarheitenregel zugunsten des Kunden das Gesamtgewicht als Berechnungsgrundlage der Haftungsbeschränkung zugrunde gelegt. Das OLG Köln transpR **1985** 26, 28 wendet § 5 AGBG zur Auslegung von § 50c ADSp an; § 410 Rdn. 43. Dagegen hat der BGH im Urt. v. 9. 10. 1981, VersR **1982** 486, 487 (zu diesem Urteil siehe Rdn. 41) eine dem Spediteur günstige Auslegung nach objektiven Gesichtspunkten der Entstehungsgeschichte und des Vergleichs mit anderen Haftungsordnungen vorgenommen, obwohl in der Rspr. und Literatur bis dahin drei unterschiedliche Auslegungen vertreten worden waren. Es erscheint daher offenkundig, daß der 1. Senat des BGH für die ADSp die Unklarheitenregel sehr zurückhaltend handhabt[31]. Auch zum Schutze des Hilfspersonals des Spediteurs wurden Freizeichnungen der ADSp unter Beiseiteschieben der Unklarheitenregel entsprechend weit ausgelegt bzw. entsprechend angewendet; zuletzt zu den ADSp OLG Celle transpR **1983** 78, 80.

---

[25] BGH v. 18. 11. 1952, NJW **1953** 220 (in BGHZ 55, 56 weggekürzt); s. auch BGH v. 7. 10. 1970, NJW **1970** 2244, 2245 („nicht über den Wortsinn hinaus auszulegen").
[26] BGH v. 4. 12. 1980, BGHZ **79** 76, 88 (zu den Allgemeinen Haftpflichtversicherungsbedingungen).
[27] U. v. 9. 10. 1981, VersR **1982** 486, 488; s. dazu Rdn. 41.
[28] BGH v. 24. 11. 1976, BGHZ **67** 359, 366; v. 7. 2. 1979, NJW **1979** 2148, 2149.
[29] BGH v. 9. 10. 1981, VersR **1982** 486, 488; v. 26. 10. 1977, VersR **1978** 133, 134.
[30] Siehe statt vieler *Ulmer/Brandner/Hensen* AGBG⁴ § 5 Rdn. 20–26; aus der neuesten Rspr.: BGH v. 31. 3. 1982, NJW **1982** 1747, 1748.
[31] Siehe zu § 54a Nr. 2 die Erl. zu § 54 ADSp Rdn. 21; ferner zur Nichtanwendung der Unklarheitenregel auf § 32 ADSp: BGH v. 11. 6. 1976, WM **1976** 1019, 1021.

b) Unterschiedliche Handhabung im Individual- und Verbandsprozeß

Die Einführung der Verbandsklage durch §§ 13 ff AGBG hat die Unklarheitenregel **32** in zwei unterschiedliche Anwendungsfelder aufgespalten. Im Individualprozeß, also bei Entscheidung eines Einzelfalles werden durch die Unklarheitenregel wie bisher die AGB zugunsten des Kunden entschärft. Im Verbandsprozeß wird dagegen die Unklarheitenregel umgekehrt angewendet. Im Rahmen der normenkontrollähnlichen Überprüfung der generellen Wirksamkeit von AGB wird zugunsten des klagenden Verbandes die für den Kunden ungünstigste Auslegung zugrunde gelegt. Verstößt diese gegen Grundsätze der Inhaltskontrolle (im Falle der ADSp gegen § 9 AGBG), dann ist die Klauselverwendung als unzulässig zu untersagen[32].

c) Begünstigung des Kunden durch umgekehrte Anwendung der Unklarheitenregel

Neuerdings wird auch für den Individualprozeß eine veränderte Anwendung der **33** Unklarheitenregel vertreten: Würde die den Verwender am meisten begünstigende Auslegung zur Unwirksamkeit der Klausel nach §§ 9–11 AGBG und damit nach § 6 Abs. 3 AGBG zur Anwendung dispositiven Rechts führen, so sei diese Auslegung die für den Kunden günstigste und werde von der Unklarheitenregel gefordert[33]. Diese Auffassung übersieht den Vorrang der Auslegung vor der Inhaltskontrolle[34].

4. Enge Auslegung von Freizeichnungsklauseln

Weitgehend sich mit der Unklarheitenregel überschneidend[35] gilt ferner der von der **34** Rspr. anerkannte Grundsatz, daß Freizeichnungsklauseln eng auszulegen sind; siehe zu diesem sogenannten „Restriktionsprinzip" statt vieler *Ulmer/Brandner/Hensen* AGBG[4] § 5 Rdn. 27. Das Restriktionsprinzip ist kein auf AGB beschränkter Auslegungsgrundsatz, sondern begegnet auch bei Individualverträgen und in der Gesetzesauslegung. Es kann auf den allgemeinen Gedanken zurückgeführt werden, daß in vertraglichen Vereinbarungen Verzichte einer Partei auf ihr sonst zustehende Rechtspositionen nicht zu vermuten sind; bei der Gesetzesauslegung darauf, daß der Gesetzgeber Ausnahmeregelungen, die von allgemeinen Grundsätzen abweichen, i. d. R. nicht in weitem Sinn verstanden wissen will. Das im einzelnen schwer faßbare Restriktionsprinzip spielt, entgegen der in der Literatur weitgehend vertretenen Auffassung, nach wie vor in der Rspr. eine Rolle. Vielfach wird es zur Unklarheitenregel in einem Satz mit zitiert. Bei öffentlich-rechtlichen Benutzungsbedingungen und Rechtsnormen ist die einengende Auslegung „verfassungsrechtlich geboten"; BGH v. 1. 2. 1982, WM **1982** 545, 547 und überdies im weiten Umfang üblich[36]. Zu privaten AGB gibt es in der neueren Rspr. zahlreiche Anwendungsfälle[37].

---

[32] S. BGH v. 28. 11. 1979, NJW **1980** 831, 832; v. 10. 12. 1980, NJW **1981** 867, 868; v. 5. 4. 1984, BGHZ **91**, 55, 61; v. 19. 6. 1985, WM **1985** 945; v. 19. 9. 1985, ZIP **1985** 1253, 1254 s. im einzelnen *Ulmer* aaO. § 5 AGBG Rdn. 26.

[33] *Erman/Hefermehl* BGB[7] § 5 AGBG, Rdn. 12; *Lindacher* BB **1983** 156.

[34] Vgl. *Ulmer/Brandner/Hensen* AGBG[4] § 5 Rdn. 4 (*Ulmer*) und § 9 Rdn. 28 (*Brandner*).

[35] Siehe z. B. BGH v. 24. 11. 1976, BGHZ **67** 359, 366 f; v. 7. 2. 1979, NJW **1979** 2148.

[36] Vgl. z. B. BGH v. 21. 1. 1980, NJW **1980** 2353, 2354; v. 21. 5. 1980, NJW **1980** 2412 f (zu Nr. 1 Abs. 1 PostG).

[37] BGH v. 29. 3. 1974, BGHZ **62** 251, 254 f; v. 18. 2. 1976, WM **1976** 352 f; v. 10. 11. 1977, NJW **1978** 995 (Restriktionsprinzip zugunsten des AGB-Verwenders); v. 19. 1. 1978, BGHZ **70** 240, 244; v. 23. 2. 1978, BGHZ **70** 389, 392; v. 9. 1. 1980, VersR **1980** 355, 356; v. 30. 1. 1980, VersR **1980** 353, 354; v. 31. 3. 1982, WM **1982** 710, 711; v. 23. 2. 1984, NJW **1985** 53, 56 = BB **1984** 939 f.

Aus der Rspr. siehe zu den ADSp speziell BGH v. 3. 11. 1965, WM **1966** 115 (118). In dieser Entscheidung wird zwar der Grundsatz angewandt, jedoch nicht ausdrücklich auf ihn verwiesen. Überall wo die ADSp den Spediteur von den nach dem Gesetz bestehenden Pflichten oder in Folgen der Pflichtverletzung ganz oder teilweise freizeichnen, ist daher eine enge Auslegung geboten. A. A. wohl *Krien/Hay*, § 2 ADSp Anm. 2.

5. Geltungserhaltende und vertragsergänzende Auslegung

35 Unklarheitenregel und enge Auslegung dienen zwar dem Schutz des Partners des AGB-Verwenders. Sie können aber dazu führen, daß eine Klausel durch Auslegung so bereinigt wird, daß sie infolgedessen mit dem AGBG vereinbar wird. Daneben begegnet wie vor dem AGBG die Methode, AGB-Klauseln bewußt so auszulegen, daß sie mit dem AGBG oder anderem zwingenden Recht vereinbar sind (sog. **geltungserhaltende Auslegung**). Hierzu kann auch die **vertragsergänzende Auslegung** verwendet werden, durch die unvollständige Verträge durch eine Art richterlicher Vertragsergänzung vervollständigt werden. S. zur „geltungserhaltenden Reduktion" und zur vertragsergänzenden Auslegung Rdn. 51.

Beide Mittel werden zur Ersetzung unwirksamer AGB-Klauseln weitgehend als unzulässig angesehen oder doch kritisch betrachtet. Statt dessen wird auf die Verweisung auf das dispositive Recht in § 6 Abs. 2 AGBG hingewiesen[38]. Die vertragsergänzende Auslegung von AGB wird insbesondere in der Rspr. des 7. Senats des BGH weitgehend abgelehnt[39]. Von der geltungserhaltenden (d. h. noch am Wortlaut orientierten Auslegung von AGB) wird jedoch weiterhin Gebrauch gemacht:

Deutlich drückt sich hierzu das Urt. des 7. Senats v. 20. 11. 1980, BGHZ **79** 16, 22 aus: „Schließlich ist... unter mehreren Auslegungsmöglichkeiten derjenigen der Vorzug zu geben, die am wenigsten der Gefahr ausgesetzt ist, von der Rspr. wegen mangelhafter Bestimmbarkeit der abgetretenen Forderung verworfen zu werden"; eine solche Geltungserhaltung sei „zumindest im Weg der ergänzenden Vertragsauslegung zu erreichen, die auch bei AGB möglich ist" (a.a.O. S. 25 mit Rspr.-Hinweisen). In der neuesten Rspr. mehrerer Senate begegnen immer wieder Fälle der Auslegung zugunsten des Kunden, die zu Vermeidung der Unwirksamkeit führt[40].

36 Insgesamt **lehnt die Rspr. die ergänzende Auslegung** vor allem in folgenden Fällen **ab:** Wenn den Parteien eine völlig neue Vertragsregelung aufgedrängt werden müßte und wenn dem Verwender durch sie das Risiko, ungültige Bestimmungen zu verwenden, weitgehend abgenommen würde. Angesichts der schwierigen Grenzziehung zwischen echter Auslegung und vertragsergänzender Auslegung lassen sich diese Gesichtspunkte zumindest teilweise auch auf die echte geltungserhaltende Auslegung anwenden.

---

[38] S. statt vieler *Ulmer/Brander/Hensen* AGBG⁴ § 5 Rdn. 32 und § 6 Rdn. 35 ff; *Palandt/Heinrichs*⁴⁴ §§ 4, 5 AGBG Anm. 4 b; *Lindacher* BB **1983** 154 ff mit weiteren Hinweisen.

[39] BGH v. 16. 5. 1974, BGHZ **62** 323, 326; v. 5. 5. 1977, WM **1977** 741, 743, in BGHZ **68** 372 ff nicht abgedruckt; v. 12. 10. 1978, BGHZ **72** 206, 208; v. 22. 3. 1979, NJW **1979** 2095; v. 17. 5. 1982, BGHZ **84** 109, 116 f; v. 25. 5. 1983, BGHZ **87** 309, 321; v. 29. 2. 1984, WM **1984** 663, 665; s. aber Fn. 40.

[40] Zur **geltungserhaltenden Vertragsauslegung**: BGH v. 19. 1. 1978, BGHZ **70** 240, 244; v. 9. 11. **1978**, BGHZ **72** 308, 316; v. 9. 1. 1979, BGHZ **73** 207, 210 f; v. 6. 6. 1979, WM **1979** 918, 919; v. 14. 11. 1979, WM **1980** 67, 68 f; v. 9. 5. 1983, BGHZ **87** 246, 252; zweifelhaft BGH v. 23. 2. 1984, WM **1984** 1224 f; OLG Hamburg VersR **1985** 57. Zur **vertragsergänzenden Auslegung**: BGH v. 6. 12. 1978, NJW **1979** 2250 (zu einer Wertsicherungsklausel); v. 6. 7. 1983, BGHZ **88** 78, 85; nicht ganz ausschließend BGH v. 18. 5. 1982, BB **1983** 662, 663; zur Laufzeit eines Bierlieferungsvertrags zuletzt BGH v. 27. 2. 1985, WM **1985** 608 ff.

Zu den ADSp erscheint grundsätzlich eine geltungserhaltende, evtl. ergänzende Auslegung zulässig. Insbesondere im Hinblick darauf, daß das ADSp-System seit über [?] Jahren im wesentlichen unangefochten in Geltung ist und auch im Jahre 1978 von [de]n Spitzenverbänden der Wirtschaft neu bestätigt wurde, erscheint eine geltungserhaltende Auslegung zweckmäßiger als die Zerstörung von Teilen dieses Systems, auf das [si]ch die Wirtschaft eingestellt hat. Allerdings ist zweifelhaft, ob eine solche Auslegung [au]ch im Verbandsklageverfahren nach §§ 13 ff AGBG möglich ist; s. dazu oben Rdn. 32 [un]d dort Fn. 32.

6. Zusammenspiel der Auslegungsregeln

Unstreitig findet die Unklarheitenregelung nur dann Anwendung, wenn ein objektiv **37** [ei]ndeutiger Sinn der Klauseln nicht ermittelt werden kann. Die objektive Auslegung hat [d]anach Vorrang vor der Unklarheitenregelung[41].

V. Überraschende Klauseln (§ 3 AGBG)

Trotz Vereinbarung könnten die ADSp als nicht in den Vertrag einbezogen gelten, **38** [s]oweit sie als überraschende Klauseln i. S. von § 3 AGBG anzusehen wären[42]. Generell [k]ommt dies jedoch für die ADSp kaum in Betracht, denn im Regelfall liegt schon die [e]rste Voraussetzung nicht vor: die ADSp enthalten für transportbezogene Verträge [k]eine ungewöhnlichen Klauseln. Vielmehr hat sich ihre Verwendung in der Praxis so[w]eit eingebürgert, daß auch 1978 die Spitzenverbände der Wirtschaft an ihnen festge[h]alten haben. Mit Recht geht daher der BGH im Urt. v. 4. 7. 1980, VersR **1981** 30f auf § 3 nicht näher ein, sondern stützt die Inhaltskontrolle auf § 9 Abs. 2. Im Gegensatz zu Ausnahmefällen (aus dem nichtkaufmännischen Bereich)[43] hat die Rspr. jedenfalls bei verständlichen Klauseln überwiegend der Üblichkeit i. S. von § 3 eine ausschlaggebende Bedeutung beigemessen und wegen der Häufigkeit der Verwendung immer wieder die Überraschungswirkung verneint[44]. Für die Bugsierbedingungen des Hamburger Hafens hat das OLG Hamburg VersR **1977** 812, 813 die Überraschungswirkung abgelehnt, da diese Bedingungen seit 1937 ständig benutzt und zwischen den Wirtschaftskreisen ausgehandelt waren. Das OLG Frankfurt verneint in mindestens zwei Urteilen die Überraschungswirkung von Leasing-Klauseln im Hinblick auf die Kaufmannseigenschaft des Kunden[45].

Auch der BGH mißt der Kaufmannseigenschaft für § 3 besondere Bedeutung zu: Die Gewährleistungsverkürzung auf 3 Monate ist für Kaufleute nicht überraschend, U. v. 20. 12. 1978, NJW **1979** 645; die Rspr. zum finanzierten Abzahlungskauf ist auf Unternehmenskäufe nicht anzuwenden: BGH v. 25. 10. 1979, NJW **1980** 445, 446.

---

[41] BGH v. 15. 1. 1975, BGHZ **63** 369, 373; v. 26. 10. 1977, WM **1978** 10, 11; v. 16. 11. 1978, NJW **1979** 540, 541; v. 17. 11. 1978, WM **1979** 204, 205. BGH v. 9. 5. 1984, transpR **1984** 215 ff = VersR **1984** 830 ff. Zu den ADSp BGH v. 9. 10. 1981, VersR **1982** 486, 489; dazu oben Rdn. 31.

[42] Zu den grundsätzlichen Anforderungen an eine überraschende Klausel siehe BGH v. 17. 5. 1982, BGHZ **84** 109, 112 f.

[43] Z. B. BGH v. 1. 2. 1982, BGHZ **83** 56, 60; v. 25. 10. 1984, NJW **1985** 970; v. 14. 11. 1984, NJW **1985** 971 f.

[44] BGH v. 28. 9. 1977, WM **1977** 1353, 1354 = LM § 933 BGB Nr. 6 (Kontokorrent-Eigentumsvorbehalt); BGH-Urteile v. 28. 9. 1978, BGHZ **72** 175, 176 f u. WM **1978** 1236 (Straffrachtklausel in Konnossementen); v. 12. 10. 1978, BGHZ **72** 222, 225 f (Vertragsstrafenvorbehalt in Bauvertrag); v. 30. 1. 1979, NJW **1979** 2353, 2354 (rückwirkende Erhöhung v. Krankenhauspflegesätzen); v. 25. 10. 1979, NJW **1980** 445, 446 (Darlehensbedingungen bei finanziertem Unternehmenskauf); v. 12. 5. 1980, BGHZ **77** 126, 128 (Chemisch-Reinigungs-Bedingungen); v. 24. 4. 1985, WM **1985** 638, 640 (zum Finanzierungsleasing).

[45] NJW **1977** 200, 201; DB **1981** 1459.

Allerdings soll es für die Überraschungswirkung auf den Einzelfall ankommen, unt[er] dessen Voraussetzungen der Kunde mit den betreffenden Klauseln nicht zu rechne[n] braucht. Unter diesen Bedingungen können einzelne Klauseln der ADSp überraschen[d] sein, soweit die ADSp für Geschäfte verwendet werden, für die sie ursprünglich nic[ht] vorgesehen sind. In diesen Fällen kommt bereits eine stillschweigende Vereinbarung r[e]gelmäßig nicht in Betracht; s. o. Rdn. 20. Sollten die ADSp hier durch eine ausdrück[-]liche Bezugnahme vereinbart sein, so könnten u. U. bestimmte Klauseln der ADSp nac[h] § 3 nicht wirksam geworden sein, so etwa bei der Verwendung der ADSp für Fakturie[-]rungs- und Verkaufstätigkeiten oder für Tätigkeiten des Spediteurs im industriellen B[e]reich (Montage etc.). Abzulehnen ist die globale und für die Entscheidung im betreffen[-]den Fall nicht erhebliche Bemerkung des OLG Köln VersR **1981** 168, 169, die ADS[p] enthielten Haftungsbeschränkungen, die „für einen Teilnehmer am CMR-Abkomme[n] überraschend und sogar widersprüchlich sein müssen".

VI. Inhaltskontrolle (§§ 9, 24 AGBG)

1. Gesetzliche Grundlagen im kaufmännischen Verkehr

39 Da die ADSp regelmäßig nur gegenüber Kaufleuten verwendet werden, finden — abgesehen vom Sonderfall ausdrücklicher Vereinbarung mit nichtkaufmännische[n] Auftraggebern unter Beachtung von § 2 AGBG — §§ 10 und 11 AGBG keine Anwen[-]dung. Die Inhaltskontrolle beruht gemäß § 24 AGBG ausschließlich auf § 9, wobe[i] gemäß § 24 Abs. 2 auf die im Handelsverkehr geltenden Gewohnheiten und Gebräuch[e] angemessen Rücksicht zu nehmen ist. § 24 Abs. 2 AGBG kommt in der Rspr. durchau[s] praktische Bedeutung zu; s. z. B. BGH v. 27. 9. 1984, NJW **1985** 426, 427 f v. 14. 11. 1984, WM **1985** 91 f; v. 16. 1. 1985, BGHZ **92** 396, 398 f; v. 27. 2. 1985, WM **1985** 608, 611. Im Speditionsrecht spielen allerdings Handelsbräuche heute nur eine ge[-]ringe Rolle s. Rdn. 23.

Der Inhaltskontrolle können nach der Rspr. (abweichend von § 8 AGBG) auch solche Klauseln unterliegen, die lediglich auf eine ohnehin für den Vertrag gültige ge[-]setzliche Bestimmung verweisen, wenn in der Verweisung eine unangemessene Benach[-]teiligung des Kunden durch Abweichen von vertragstypischen Konditionen liegt[45a].

In der Literatur wird mit unterschiedlicher Deutlichkeit häufig die Auffassung ver[-]treten, bei Anwendung des § 9 im kaufmännischen Bereich seien die Wertungen der §§ 10 und 11 in ihren Grundgedanken anzuwenden und schafften eine Art Vermutung für Unwirksamkeit von Klauseln, die einzelnen Ziffern der Verbotskataloge widerspre[-]chen[46]. Während *v. Westphalen*[47] diese Auffassung teilweise revidiert hat, ist ihr *Palandt/ Heinrichs* ab der 42. Aufl. § 9 AGBG Anm. 5 näher gerückt. Die Heranziehung der §§ 10, 11 im kaufmännischen Anwendungsbereich von AGB widerspricht eindeutig der Formulierung des § 24. Nach dieser Vorschrift ist unabhängig von den Verbotskatalo[-]gen festzustellen, inwieweit eine Klausel eine unangemessene Benachteiligung des Kun[-]den darstellt. Nach § 24 Abs. 2 ist es durchaus möglich, daß es sich dabei um solche Fälle handelt, die auch in den Verbotskatalogen der §§ 10 und 11 aufgeführt sind. Jedoch hat sich die Inhaltskontrolle nicht an diesen Verbraucherschutzbestimmungen zu orientie[-]ren, sondern an einer exakten Abwägung nach § 9 AGBG. Hierfür sind im kaufmänni[-]

[45a] Ansatzweise bereits BGH v. 29. 10. 1980, BGHZ **78** 305 (8. Senat); deutlich jetzt BGH v. 5. 4. 1984, ZIP **1984** 676 (3. Senat).
[46] Siehe zum Überblick über die Meinungsvielfalt *Alisch* JZ **1982** 706 ff; *Ulmer/Brandner/Hensen* AGBG § 24 Rdn. 19; *Horn* AGBG § 24 Rdn. 20 f; *Schlosser* ZIP **1985** 459 f.
[47] *Löwe/v. Westphalen/Trinkner* AGBG § 24 Rdn. 14; aber jetzt wieder schärfer ZIP **1984** 971.

…en Anwendungsbereich ausschlaggebend die bereits vor Inkrafttreten des AGBG be…
…henden Grundsätze, die freilich in den Verbotskatalogen der §§ 10, 11 AGBG teil…
…ise ihren Niederschlag gefunden haben. Aus dem Verbotskatalog des § 11 AGBG ist
…gesehen von den hier irrelevanten Nr. 10 u. 11) vor allem § 11 Nr. 15 von Bedeu…
…ng; siehe unten Rdn. 50. Im übrigen sind die Regeln der bisherigen Rspr. selbstver…
…ndlich weiter entwicklungsfähig im Rahmen des § 9 AGBG.

Zunächst gab es in der höchstrichterlichen Rspr. nur bescheidene Ansätze für eine
…ertragung der Grundsätze aus §§ 10, 11 AGBG auf den kaufmännischen Bereich. Im
…teil v. 10. 11. 1976, BGHZ **67** 312, 314 f wird der Gedanke des § 11 Nr. 5 AGBG vor…
…nehmend auf kaufmännischen Verkehr angewendet. Im Urteil v. 28. 9. 1978, BGHZ
…174, 177 wird beiläufig auf § 11 Nr. 6 hingewiesen, bei gleichzeitig sehr großzügiger
…erkennung einer Straffrachtklausel in einem Konnossement. Überwiegend wird da…
…gen § 24 korrekt angewendet, d. h. die Klauselverbote des § 11 werden (teilweise
…ter Hinweis auf § 24) nicht angewendet[48] oder es wird ihre Anwendbarkeit, weil es
…f sie im konkreten Fall nicht ankommt, bewußt offengelassen[49]. Im Urteil des BGH
…29. 2. 1984, WM **1984** 663 ff (zum Automatenaufstellungsvertrag) wird § 11 Nr. 13
…GBG nicht schematisch auf ein beiderseits kaufmännisches Geschäft angewandt, son…
…rn die Unwirksamkeit auf konkrete Überlegungen im Rahmen von § 9 AGBG ge…
…ützt. Entsprechend verfährt der BGH im Urt. v. 16. 1. 1985, NJW **1985** 853 f (zu einer
…eisanpassungsklausel).

Ein Teil der Rspr. des BGH praktiziert jedoch neuestens (gesetzwidrig) die Anwen…
…ung von einzelnen Ziffern des § 11 auf den kaufmännischen Verkehr[49a].

2. Inhaltskontrolle bei Einbringung der ADSp durch den Kunden

Die Inhaltskontrolle nach § 9 AGBG entfällt, wenn die ADSp nicht vom Spediteur, **40**
…ondern vom Auftraggeber in den Vertrag eingebracht werden. Dies hat zumindest der
… Senat des BGH im Urt. v. 28. 2. 1983, VersR **1983** 549, 551 zur Gencon-Charter…
…arty entschieden. In der Tat begünstigen Freizeichnungen in solchen Fällen nicht den
„Verwender", sondern seinen Partner unangemessen. § 9 kann nicht zum Schutz des
…erwenders selbst angewendet werden.

3. Grundsätzliche Haltung der Rechtsprechung gegenüber den ADSp

Die neuere Rspr. zu den ADSp knüpft an die Tradition vor dem AGBG an. Dies wird **41**
…esonders deutlich im BGH-Urteil v. 9. 10. 1981, VersR **1982** 486 ff = NJW **1982** 1820 f
… gekürzt). Der erste Senat prüft in diesem Urteil die Angemessenheit von § 54 a Nr. 2
…ADSp anhand von § 9 Abs. 1 und Abs. 2 Nr. 1 AGBG und kommt zu dem Ergebnis, daß
…ie enge Haftungsbegrenzung keine unangemessene Benachteiligung des Kunden dar…
…stellt (S. 488); ohne neuerliche Prüfung ebenso zu § 54 a Nr. 1 ADSp: BGH
…10. 2. 1983, transpR **1983** 63, 64 = VersR **1983** 482, 483. Die Freizeichnungsgrenze
…liegt — wie in der Rspr. vor dem AGBG — bei der unabdingbaren Haftung für Vorsatz

---

[48] BGH v. 12. 1. 1977, WM **1977** 311; v. 9. 10. 1981, VersR **1982** 486, 488; v. 16. 1. 1985, NJW **1985** 853 f; OLG Hamm WM **1979** 1294, 1295; OLG Düsseldorf VersR **1980** 275, 276; zu § 138 BGB siehe auch BGH v. 25. 10. 1979, NJW **1980** 445, 446.

[49] BGH v. 7. 2. 1979, NJW **1979** 2148, 2149; BGH v. 19. 1. 1984, BGHZ **89** 363 ff m. Anm. von *Bunte* JZ **1984** 475 f; ebenso BGH v. 20. 6. 1984, WM **1984** 1053 ff; BGH v. 27. 2. 1985 WM **1985** 608, 611; BGH v. 12. 3. 1985, VersR **1985** 595, 596.

[49a] Für Anwendung von § 11 Nr. 10 f bei kaufmännischem Bauherrn BGH v. 8. 3. 1984, BGHZ **90** 273, 278 = WM **1984** 870 mit zust. Anm. v. *Westphalen*; zu § 11 Nr. 3: BGH v. 20. 6. 1984, WM **1984** 1100, 1102 n. v. 16. 10. 1984, BGHZ **92** 312, 316; weniger deutlich zu § 11 Nr. 5: BGH v. 28. 5. 1984, WM **1984** 1174 f; zu § 11 Nr. 7 s. Rdn. 49.

und grobe Fahrlässigkeit leitender Angestellter bzw. bei grobem Organisationsversch[ulden]; s. dazu unten Rdn. 49. § 11 Nr. 7 AGBG wird nicht herangezogen. Zu den Prob[le]men des § 54a Nr. 2 siehe § 54 ADSp Rdn. 4ff. Die gleiche Grundauffassung liegt d[em] Urteil v. 5. 6. 1981, VersR **1981** 975, 977 zu Grunde: Die Ersetzung der Haftung du[rch] die Speditionsversicherung wird in Anknüpfung an die bisherige Rspr. gebilligt. Nur Fälle von Vorsatz oder grober Fahrlässigkeit des Spediteurs selbst oder eines leiten[den] Angestellten ist der Spediteur ergänzend haftbar, soweit die Speditionsversicheru[ng] den Schaden im Hinblick auf die Überschreitung der Versicherungssumme nicht dec[kt]. siehe § 41 ADSp Rdn. 24.

Im Urteil vom 9. 10. 1981, VersR **1982** 486ff (ähnlich der 7. Senat zur VOB: BG[H] v. 16. 12. 1982, BGHZ **86** 135, 141) weist der BGH den ADSp eine Sonderrolle zu: [Sie] seien im Hinblick auf die Mitwirkung aller betroffenen Wirtschaftskreise zustande g[e]kommen und nunmehr über 50 Jahre weitgehend anerkannt. Als „fertig bereitliegen[de] Rechtsordnung" könnten sie mit „einseitig aufgestellten AGB eines Unternehme[ns] nicht ohne weiteres gleichgestellt werden". Dies führe dazu, „auch bei Beanstandung nur einer bestimmten einzelnen Klausel ... den jeweiligen Normzweck in der G[e]samtheit der Regelung zu berücksichtigen". Die einzelne Klausel könne „nicht isoli[ert] am Gerechtigkeitsgehalt einer Norm des dispositiven Rechts gemessen werden". Vie[l]mehr sei „die beiderseitige Interessenlage im Zusammenhang mit dem Gesamtgefü[ge] der ADSp zu werten". Bei dem ineinandergreifenden und aufeinander abgestellten Ha[f]tungssystem der ADSp mit einerseits Haftungsbeschränkung und Beweiserleichteru[n]gen, andererseits der angepaßten Vergütungen, Versicherungsbedingungen und Ve[r]sicherungsprämien könne nicht ohne weiteres eine Inkongruenz und unangemesse[ne] Benachteiligung der verladenden Wirtschaft angenommen werden, zumal sich die[se] selbst bei der Neufassung der ADSp 1978 mit ihrer Beibehaltung einverstanden erklä[rt] hätten. Mit dieser Begründung wird an die bisherige Rechtsprechung angeknüpft, d[ie] vor dem AGBG § 54a Nr. 2 nicht beanstandet hatte. Das OLG Köln hält § 52 ADSp i[m] Hinblick auf die Übereinstimmung mit der Grundstruktur des Speditionsvertrags fü[r] vereinbar mit § 9 AGBG; transpR **1984** 35, 36 = VersR **1983** 486.

Zusammenfassend kann daher gesagt werden: Die ADSp nehmen in der Rspr. ein[e] begünstigte Sonderstellung im Verhältnis zu anderen AGB ein. Das System als Ganze[s] bleibt unbeanstandet, vor allem hinsichtlich seiner Eckpfeiler, der Ersetzung der Haf[tung] tung des Spediteurs durch Speditionsversicherung und der Haftungseinschränkun[g] nach § 54 im Falle des Nichteingreifens der Speditionsversicherung. Auch die Ein[schränkung der Freizeichnungen knüpft an die frühere Rechtsprechung an. Ergänzen[d] kommt hinzu, daß auch bei der Auslegung keine verdeckte Inhaltskontrolle stattfinde[t] insbesondere die Unklarheitenregel zurücktritt (BGH v. 9. 10. 1981, VersR **1982** 486f[).

42 Grundsätzlich ist **dieser Linie der Rspr. zuzustimmen.** Allerdings erscheinen **Beden**ken angebracht, die Gesamtlösung der ADSp wirklich als **ausgewogen** anzusehen. Di[e] Mitwirkung der verladenden Wirtschaft hat bisher nicht verhindern können, daß di[e] Spediteure durch die ADSp erheblich und einseitig begünstigt werden. Dies zeigt sic[h] an zahlreichen Stellen, insbesondere an § 41a ADSp: Die Haftung wird fast vollständ[ig] durch Versicherung ersetzt, zu der die Spediteure außer einer verhältnismäßig geringfü[g]igen Schadensbeteiligung (s. §§ 14, 12 Nr. 2, 6 Nr. 4 SVS/RVS, Anh. II nach § 415) keinerlei Beitrag zu leisten haben. Die als Ersatz der Haftung fungierende Speditionsversicherung ist zudem durch die Leistungsgrenzen der §§ 6, 9 SVS/RVS für größere Schäden unzureichend. Soweit noch Haftung des Spediteurs besteht, wird diese rigoros im Umfang beschränkt (§ 54 ADSp), wenn auch seit 1978 die volle Haftung durch § 51b ADSp im Falle von Vorsatz oder grober Fahrlässigkeit des Spediteurs oder leitender Angestellter aufrecht erhalten bleibt. Das Zusammenspiel zwischen Speditionsversicherung, Spediteurhaftung und Sachversicherung ist sehr unvollkommen und kann vom Geschädigten schwer durchschaut werden. Dieser weiß häufig nicht, an wen er seine Ansprüche zu richten hat. Daher hat sich eine umfangreiche Rechtsprechung zur Abgrenzung zwischen Spediteurhaftung und Speditionsversicherung entwickelt; s. § 41 ADSp Rdn. 9–22; § 5 SVS/RVS Rdn. 1 ff, Anh. II nach § 415. Letztlich beruht auch die starke Ausweitung des Frachtrechts über §§ 412, 413 HGB darauf, daß die ADSp-Haftung bzw. die Speditionsversicherung den Ansprüchen der Verlader und der regreßnehmenden Transportversicherer nicht genügt; s. zu dieser Rspr. die Erl. zu §§ 412, 413. Bei der Frage, wen der Geschädigte zu verklagen hat, steht er unter dem Druck verkürzter Verjährung (§ 64 ADSp) und kurzer Anmelde- und Erlöschensfristen im Verhältnis zum Speditionsversicherer (§ 10 Abs. 1, 6 SVS/RVS; vgl. als Beispielsfall OLG Frankfurt VersR **1977** 909 f). Auch diese Belastungen für den Kunden sind zwar durch die Revision der ADSp und des SVS/RVS gemildert worden, aber nicht entfallen. Dazu kommen einzelne Verschlechterungen der Rechte des Auftraggebers gegenüber der gesetzlichen Rechtslage. Diesen empfindlichen Nachteilen steht als einziger praktisch wichtiger Vorteil des Auftraggebers gegenüber, daß er Ansprüche gegen in der Regel solvente Versicherer erhält, also das Risiko der Zahlungsunfähigkeit des Spediteurs nicht zu tragen hat. Zur Insolvenz des Speditionsversicherers s. § 39 ADSp Rdn. 22. Wegen der unübersichtlichen Versicherung und der häufig unterlassenen Anmeldung höherer Versicherungssummen mit der Folge der Unterversicherung (vgl. § 6 SVS/RVS Rdn. 5) ist jedoch auch dieser Vorteil in vielen Fällen praktisch bedeutungslos. Siehe zu diesem Komplex die noch lesenswerten Beiträge von *Koehler*, LZ **1927** Sp. 1450–1458; *Richter* JW **1929** 2032 ff; *Reuver* JW **1929** 2801 ff. Allerdings hat sich die Rechtslage insoweit geändert, als seit 1978 ausschließlich kaufmännische Kunden von den ADSp betroffen sind. Unter diesen spielen die wirtschaftlichen Gesichtspunkte, insbesondere des Preises und der Abwälzbarkeit der Versicherungsprämien eine dominante Rolle, so daß den hier geäußerten Bedenken in der Praxis keine überragende Bedeutung mehr zukommt.

Die Anerkennung der Sonderstellung der ADSp beruht daher letztlich nicht auf ihrer **43** besonderen Ausgewogenheit, sondern auf der **Betonung handelsrechtlicher Gesichtspunkte:** Die lange Üblichkeit und die Beteiligung der Kundenverbände sind im Rahmen von § 24 Abs. 2 HS. 2 AGBG zu berücksichtigen. Die Anerkennung des Preisarguments (BGH v. 9. 10. 1981, VersR **1982** 486, 488) läßt die Kompensation ungünstiger Bedingungen durch günstige Preisgestaltung zu. Die vor allem im Verbraucherschutz dominierende Ablehnung der Kompensationsfähigkeit von Preis und Konditionen[50] wurde im rein handelsrechtlichen Anwendungsbereich der ADSp nicht übernommen. Die von der Kommentarliteratur zum AGBG überwiegend vernachlässigte Rspr. zur Zulässigkeit des Preisarguments im handelsrechtlichen Transportbereich[51] wurde vielmehr auf die ADSp erstreckt.

3. Die Anwendung von §§ 9, 24 AGBG im einzelnen
a) Grundsätze der Anwendung von § 9 AGBG

Nach § 9 Abs. 1 AGBG ist zu prüfen, ob die ADSp den Vertragspartner des Ver- **44** wenders, also den Kunden des Spediteurs „entgegen den Geboten von Treu und Glau-

---

[50] Siehe *Ulmer/Brandner/Hensen*, AGBG[4] § 9 Rdn. 77 ff; *Palandt/Heinrichs*[44] § 9 AGBG Anm. 2 b; *Staudinger/Schlosser*[12] § 9 AGBG Rdn. 33; BGH v. 12. 5. 1980, BGHZ **77** 126, 131 f; v. 3. 3. 1982, NJW **1982** 1391, 1393; OLG Köln ZIP **1981** 1101.
[51] BGH v. 28. 4. 1977, WM **1977** 785 (2. Senat, Bin-

nenschiffahrtsrecht); v. 26. 11. 1979, VersR **1980** 572, 573 (2. Senat, Seeschiffahrtsrecht).
Zum Preisargument im Bereich öffentlicher Leistungen vgl. zuletzt BGH v. 19. 1. 1978, BB **1978** 827, 828; v. 8. 7. 1981, NJW **1982** 930, 931.

ben unangemessen benachteiligen"; gemäß § 24 Abs. 2 Hs. 2 ist dabei „auf die im Handelsverkehr geltenden Gewohnheiten und Gebräuche angemessen Rücksicht zu nehmen". § 9 Abs. 2 enthält nur Vermutungen für eine unangemessene Benachteiligung, die aber im Rahmen der Abwägung nach Abs. 1 ausgeräumt werden können; s. unten Rdn. 47 f. Zur Ausräumung der Vermutung besonders: BGH v. 1. 12. 1981, BGHZ 8 238 ff und unten Fn. 57; BGH v. 18. 4. 1984, WM **1984** 931, 932; BGH v. 20. 6. 1984 WM **1984**, 1053, 1056 („Tankscheck-Fall").

Nach weit überwiegender Auffassung ist bei der Inhaltskontrolle sowohl im Individualprozeß wie im Verbandsprozeß auf die Interessen der beteiligten Wirtschaftskreis abzustellen[52], hier also von Spediteuren und kaufmännischen Verladern. Dies entspricht der objektiven Auslegungsmethode; s. o. Rdn. 28. Dementsprechend untersucht das Urteil des BGH v. 9. 10. 1981, VersR **1982** 486, 488, ob eine „unangemessene Benachteiligung der verladenden Wirtschaft" eingenommen werden könne. Insgesamt wird daher so verfahren: Nach der (objektiven) Ermittlung der Bedeutung einer Klausel durch Auslegung wird unter Abwägung genereller Interessen der beteiligten Wirtschaftskreise geprüft, ob die Klausel generell wirksam ist. Wenn ja, kann das Sichberufen auf sie im Einzelfall noch unzulässige Rechtsausübung sein; s. u. Rdn. 52.

b) Die Vermutungen nach § 9 Abs. 2 AGBG

45 § 9 Abs. 2 soll bei den aufgestellten Vermutungen die Angemessenheitsprüfung erleichtern. Abs. 2 Nr. 1 knüpft an das dispositive Recht als Maßstab an, allerdings nur an dessen „wesentliche Grundgedanken". In der Literatur ist stark umstritten, wie diese mißlungene Formulierung zu verstehen ist. In Anlehnung an die Rspr. vor dem AGBG enthalten „wesentliche Grundgedanken" nur oder doch vor allem die Bestimmungen, die einen besonderen „Gerechtigkeitsgehalt" haben[53] — im Gegensatz zu reinen Ordnungsvorschriften[54]. An dieser Einschränkung hält der für das Speditionsrecht zuständige 1. Senat durch die Verweisung auf die Leitentscheidung BGHZ **41** 150 ff fest; Urt. v. 9. 10. 981, VersR **1982** 486, 488.

46 § 9 Abs. 2 Nr. 2 AGBG schließt vor allem an die frühere Kardinalpflichten-Rechtsprechung an[55]. Insbesondere kann bei den ADSp die Ersetzung der Haftung durch Versicherung oder die Haftungseinschränkung bei mangelhaften Betriebsmitteln des Spediteurs unwirksam sein; so in Anknüpfung an die Rspr. zur anfänglichen Fahruntüchtigkeit und Ladungsuntüchtigkeit im Binnenschiffahrtsrecht und Seerecht[56] nunmehr auch für die Verwendung einer untauglichen Hafenschute zur Einlagerung von Gütern; BGH v. 1. 6. 1979, VersR **1979** 901, 902; ausdrücklich auch für „Fahrlässigkeit eines nicht leitenden Angestellten". Die Einschränkung der Haftung auf das Sechsfache des monatlichen Lagerentgelts in AGB für „Kaltlagerung" verstößt — jedenfalls bei grober Fahrlässigkeit nicht leitender Angestellter — gegen § 9 Abs. 2 Nr. 2 AGBG; BGH v. 19. 1. 1984, BGHZ **89** 363, 367 f; dazu *Kötz* NJW **1984** 2447 f; s. auch den Tank

---

[52] S. statt vieler *Ulmer/Brandner/Hensen* AGBG[4] Rdn. 70 und dort Fn. 125.

[53] Leitentscheidungen: BGH v. 29. 10. 1956, BGHZ **22** 90 ff und v. 17. 2. 1964, BGHZ **41** 150 ff. Zum neuen Stand siehe *Palandt/Heinrichs*[44] § 9 AGBG Anm. 3 a; *Staudinger/Schlosser*[12] § 9 AGBG Rdn. 22; BGH v. 18. 4. 1984, WM **1984** 931, 932; v. 20. 5. 1984, WM **1984** 1053, 1055.

[54] Für Lösung von dieser Tradition die überwiegende Auffassung der Literatur; siehe *Brandner* in *Ulmer/Brandner/Hensen* AGBG[4] § 9 Rdn. 96 m. w. Hinweisen.

[55] Vgl. *Brandner* aaO. § 9 Rdn. 102; *Palandt/Heinrichs*[44] § 9 AGBG Anm. 4; *Staudinger/Schlosser*[12] AGBG Rdn. 15; kritisch und weiterführend *Kötz* 25 Jahre Karlsruher Forum, Beilage VersR 198 S. 145 ff.

[56] BGH v. 13. 3. 1956, NJW **1956** 1056, 1066 v. 15. 10. 1979, VersR **1980** 65 f; v. 9. 11. 1981 NJW **1982** 992 ff; v. 11. 7. 1983, NJW **1983** 1075 Zu einem Lieferungsfall BGH v. 20. 12. 1984, ZI **1985** 623 ff.

scheck-Fall BGH v. 20. 6. 1984, WM **1984** 1053. Ein Verstoß gegen § 9 Abs. 2 Nr. 2 wurde ferner in den Haftungsbeschränkungen der Hamburger Lagerbedingungen für Verletzungen der Auslieferungspflicht des Lagerhalters gesehen; OLG Hamburg VersR **1982** 1104, 1105. Zu den Kardinalpflichten gehört jedenfalls auch die aus dem treuhänderischen Charakter des Speditionsvertrags fließende Pflicht zur Interessenwahrnehmung. Siehe zu dieser §§ 407–409 Rdn. 88.

Den Verwender von AGB trifft keine Obliegenheit, für jeden möglichen Fall eines Verstoßes gegen § 9 Abs. 2 Nr. 2 zur Klarstellung eine Ausnahmeklausel in die AGB aufzunehmen; BGH v. 10. 3. 1983, WM **1983** 525, 527 (zu § 649 BGB).

c) Kriterien der Abwägung nach § 9 Abs. 1

In jedem Fall entscheidet über die Unwirksamkeit einer Klausel die (objektive) Abwägung nach § 9 Abs. 1; s. o. Rdn. 44. **47**

aa) Ähnlichkeit mit gesetzlichen Bestimmungen und AGB

Da die Regelung der ADSp vielfältige Ähnlichkeiten mit gesetzlichen Bestimmungen **48** und AGB des Frachtrechts aufweist (siehe zum Überblick § 429³ Rdn. 37) ist die Angemessenheit unter Heranziehung solcher vergleichbarer Regeln zu ermitteln. Dies ist vom 2. Senat des BGH nachdrücklich zur Inhaltskontrolle in Straffrachtklauseln von Konnossementen vertreten worden[57]. Auch die Rechtsprechung des 1. Senats zu den ADSp verfährt entsprechend[58]. Der Grundgedanke darin ist einleuchtend: Was in gesetzlichen Bestimmungen für verwandte Bereiche vorgesehen ist, kann auch in AGB nicht generell unangemessen sein; eingeschränkt gilt dies auch im Hinblick auf § 24 Abs. 2 Hs. 2 AGBG für Klauseln, die in verwandten AGB weithin üblich sind.

bb) Vorsatz und grobe Fahrlässigkeit des Unternehmers und leitender Angestellter; Organisationsverschulden

Für eigenen Vorsatz kann sich der Spediteur bereits nach § 276 Abs. 2 BGB nicht frei- **49** zeichnen[59]. Von größerer praktischer Bedeutung ist jedoch für die ADSp das von der Rspr. darüber hinaus entwickelte Verbot der Freizeichnung für Vorsatz und grobe Fahrlässigkeit des Unternehmers und seiner leitenden Angestellten[60].

---

[57] Urteile v. 28. 9. 1978, BGHZ **72** 174, 180ff und WM **1978** 1236f; umgekehrt jedoch zu der allerdings sehr harten Haftungsbegrenzung des § 660 HGB, die kein Maßstab für Freizeichnungen in der Binnenschiffahrt sein soll: BGH v. 2. 3. 1978 BGHZ **71** 167, 173; dazu *Rabe*, AGBG und Seeschiffahrt, Schriften des DVIS 54 (1985) S. 35ff.

[58] Urteil v. 26. 10. 1977, VersR **1978** 133, 134; v. 9. 10. 1981, VersR **1982** 486, 487 (zur Auslegung von § 54a Nr. 2 ADSp); ferner OLG Düsseldorf VersR **1980** 275, 276.

[59] Grenzfall für bedingten Vorsatz: BGH v. 18. 3. 1955, VersR **1955** 306f.

[60] BGH v. 6. 3. 1956, BGHZ **20** 164, 167 (zu § 54a Ziff. 2 ADSp, noch auf tatsächliche Monopolstellung gestützt); v. 16. 11. 1961, VersR **1962** 22, 24 (zu § 57 Nr. 5 ADSp); OLG Hamburg VersR **1954** 334, 335; VersR **1969** 766; OLG Hamm BB **1964** 1322f. Aus der Rspr. zu § 54 ADSp: BGH v. 6. 3. 1956, BGHZ **20** 164, 167; v. 10. 3. 1971, VersR **1971** 619, 621; v. 13. 7. 1973, NJW **1973** 2154, 2155; v. 12. 7. 1974, NJW **1974** 2177; v. 13. 12. 1974, WM **1975** 350, 353 = DB **1975** 831; v. 31. 1. 1975, VersR **1975** 417, 419; v. 2. 12. 1977, NJW **1978** 1918; v. 13. 6. 1978, VersR **1978** 935, 936; v. 4. 7. 1980, VersR **1981** 30f; v. 9. 10. 1981, VersR **1982** 486, 488; v. 15. 5. 1985, Spediteur **1985** 232, 234; OLG Frankfurt transpR **1984** 205, 206 = VersR **1983** 1055, 1056 (quittungslose Beförderung); OLG Düsseldorf DB **1976** 1374.

Auch für die Haftungsersetzung durch Versicherung wird die Grenzlinie durch grobe Fahrlässigkeit leitender Angestellter bestimmt: BGH v. 11. 7. 1966, BGHZ **46** 43, 55; v. 18. 6. 1976, VersR **1976** 1129, 1130; v. 7. 7. 1976, VersR **1976** 1056, 1058; v. 5. 6. 1981, VersR **1981** 975, 977; undeutlich BGH v. 10. 5. 1984, transpR **1984** 283, 287 (mit Anm. v. *Helm*, ebenda) = VersR **1984** 932.

Zur Verjährung nach AGNB und ADSp s. BGH v. 2. 12. 1982, transpR **1983** 73, 74; OLG Frankfurt

Der Grundsatz wurde 1978 in § 51 b S. 2 ADSp ausdrücklich übernommen. Die Anwendung von § 11 Nr. 7 AGBG würde demgegenüber wesentlich weitergehen und dazu führen, daß Haftungsausschlüsse und -einschränkungen bei grobem Verschulden einfacher Erfüllungsgehilfen unzulässig wären. Diese Vorschrift ist jedoch nach § 24 AGBG auf den kaufmännischen Verkehr nicht anzuwenden und wird auch von der höchstrichterlichen Rspr. nicht angewandt[60a]. Demgegenüber ergibt sich die Ablehnung der Anwendung von § 11 Nr. 7 AGBG auf den kaufmännischen Verkehr bereits daraus, daß die Grenzlinie zwischen wirksamer und unwirksamer Freizeichnung nach wie vor bei grober Fahrlässigkeit leitender Angestellter verläuft, bzw. daß die Verletzung einer Kardinalpflicht als Begründung für die Unwirksamkeit der Freizeichnung geprüft wird.

Zur Abgrenzung des leitenden Angestellten s. als Beispiele die in Fn. 60, ferner die zu § 54 ADSp Rdn. 6 angegebene Rspr. Unzutreffend *Wolf* ADSp[11] § 51 Nr. 22, der den arbeitsrechtlichen Begriff des leitenden Angestellten in § 51 b S. 2 ADSp zugrunde legen will.

Fehlt es an einem konkreten Fall grober Fahrlässigkeit des Spediteurs selber oder eines bestimmten leitenden Angestellten, dann wird in der Rspr. vielfach auf das „grobe (grobfahrlässige) Organisationsverschulden" zurückgegriffen, um die Freizeichnung auszuschließen. Insbesondere begegnet dieser Hinweis häufig in der Rspr. zu den ADSp[61].

Die Darlegungs- und Beweislast für grobes Organisationsverschulden, also für die Ausschaltung der sonst gültigen Freizeichnungsklausel, trifft den Geschädigten[62].

cc) Unzulässige Beweislastveränderung

50 § 11 Nr. 15 ist zwar auf die ADSp wegen § 24 AGBG nicht unmittelbar anzuwenden s. Rdn. 39. Auch im kaufmännischen Verkehr ist jedoch die ältere Rspr., auf der § 11 Nr. 15 a beruht, im Rahmen von § 9 AGBG zu beachten; s. BGH v. 23. 2. 1984, BB **1984** 939, 940 = WM **1984** 1224, 1226. Die Rspr., die § 15 a) zum Vorbild diente, betraf zum großen Teil Verträge zwischen Kaufleuten; siehe statt vieler *Ulmer/Brandner/Hensen* AGBG[4] § 11 Nr. 15 Rdn. 19 u. 10; *Löwe/ v. Westphalen/Trinkner* AGBG[2] § 11 Nr. 15 Rdn. 39 f. Zum Speditionsrecht siehe insbes. § 57 ADSp Rdn. 6, 12–15.

---

v. 19. 10. 1976, transpR **1978** 71; vgl. auch § 414 Rdn. 24.
Zu Haftungsbeschränkungen in Allgemeinen Lagerbedingungen BGH v. 12. 12. 1979, VersR **1980** 383; v. 19. 1. 1984, BGHZ **89** 363 ff; OLG Hamburg VersR **1984** 169; transpR **1984** 126, 129; transpR **1984** 122, 126 mit Hinweisen auf abweichende OLG-Rspr.; VersR **1985** 57.
S. zu weiteren AGB die Hinweise bei *Palandt/Heinrichs*[44] § 11 AGBG Anm. 7 c.
[60a] Offenlassend BGH v. 19. 1. 1984, BGHZ **89** 363, 366 f; v. 20. 6. 1984, WM **1984** 1053, 1055; für Geltung im kaufm. Bereich BGH v. 12. 3. 1985, VersR **1985** 595, 596 (nicht entscheidungstragend); die dort gebrachten Rspr.-Zitate sind unzutreffend, insbes auch die Verweisung auf BGH v. 20. 1. 83, BGHZ **86** 284, 297, 299 und *Bunte* NJW **1983** 1326.
[61] BGH v. 13. 7. 1973, NJW **1973** 2154, 2155; v. 31. 1. 1975, VersR **1975** 415; v. 2. 12. 1977, NJW **1978** 1918 f; v. 4. 7. 1980, VersR **1981** 30 =

transpR **1981** 123 ff; v. 9. 10. 1981, VersR **1982** 486, 488 f; OLG Frankfurt, BB **1976** 1387; OLG Frankfurt VersR **1976** 628, 629 u. VersR **1982** 1055, 1056 (quittungsloser Verkehr); OLG Hamburg VersR **1983** 827, 828; OLG Hamburg transpR **1985** 94 f.
[62] BGH v. 9. 10. 1981, VersR **1982** 486, 489; wohl auch BGH v. 15. 5. 1985, VersR **1985** 232, 234; umgekehrt jedoch zu ALB: OLG Hamburg VersR **1984** 169, 170. Bei Verstößen gegen grundlegende Organisationspflichten (z. B. § 51 a S. 5 ADSp) kann ein Anscheinsbeweis für grobes Verschulden gegeben sein; OLG Frankfurt VersR **1983** 1055, 1056. Nach Auffassung des VII. Senats des BGH ist eine Klausel, die dem Geschädigten die Beweislast für grobes Eigenverschulden auferlegt, unwirksam; U. v. 23. 2. 1984, BB **1984** 939, 940 = WM **1984** 1224, 1226 (Textilveredelung); zur Beweislast für grobes Verschulden eines Erfüllungsgehilfen s. BGH v. 12. 3. 1985, VersR **1985** 595 f.

d) Vollnichtigkeit oder geltungserhaltende Reduktion; Lückenfüllung durch ergänzende Vertragsauslegung

In der überwiegenden Literatur[63] und in einem Teil der Rspr. zum AGBG[64] wird es **51** abgelehnt, Klauseln, die in bestimmten Anwendungsfällen gegen das AGBG verstoßen, nur insoweit als nichtig zu behandeln, als sie dem AGBG widersprechen, im übrigen aber als wirksam aufrecht zu erhalten (Ablehnung der sog. geltungserhaltenden Reduktion[65]). Diese Frage ist von besonderer Bedeutung für weitgefaßte Klauseln, die generell die Haftung beschränken oder für bestimmte Schadensarten ausschließen[66]. Die Rspr. zu den ADSp hat jedoch in mehreren Urteilen ADSp-Klauseln aufrecht erhalten, obwohl sie teilweise gegen das AGBG verstoßen. Dies gilt insbesondere für die alte Fassung der ADSp, die noch keine Rückausnahme für grobe Fahrlässigkeit des Spediteurs und seiner leitenden Angestellten enthielt[67]. Diese Konfliktsmöglichkeit mit § 9 AGBG ist jedoch seit 1978 durch § 51b ADSp ausgeräumt. Auch nach der Neufassung gilt der Wiederausschluß der Haftung bei grober Fahrlässigkeit leitender Angestellter jedoch nicht für den Haftungsausschluß nach § 41a (Ersetzung der Haftung durch Speditionsversicherung). Würde man in diesen Fällen die geltungserhaltende Reduktion ablehnen, so müßte § 41a ADSp gänzlich unwirksam sein, solange nicht § 51b insoweit geändert wird, was zu einem Zusammenbruch des ADSp-Systems der Ersetzung der Haftung durch Versicherung führen würde. Der BGH hat jedoch im Urteil v. 5. 6. 1981, VersR 1981 975ff Vollnichtigkeit für diesen Fall nicht erwogen[68]. Auch der Umstand, daß die ADSp in ihren allgemeinen Freizeichnungsklauseln keine Rückausnahme für Kardinalpflichtverletzungen enthalten (s. dazu Rdn. 46) hat bisher nicht zur Nichtigkeit einzelner Klauseln geführt. Vielmehr wird in der Rspr. des 1. Senats des BGH wie der Oberlandesgerichte nach wie vor die sog. geltungserhaltende Reduktion praktiziert, d. h. die Freizeichnung wird, soweit sie nicht gegen § 9 AGBG verstößt, als wirksam aufrecht erhalten — in Fortführung der vor dem AGBG bestehenden Rspr. Allerdings muß zur Begründung dieser Rspr., die zumindest im kaufmännischen Bereich sachlich zu befürworten ist[69], § 9 AGBG eng interpretiert werden[70]. Die Formulierung „wenn" müßte im

---

Ulmer/Brandner/Hensen AGBG⁴, § 6 Rdn. 19ff;
Ulmer NJW 1981 2029, dort Literatur in Fn. 51; unter Berücksichtigung der Ausnahmen: *Lindacher* BB 1983 154ff, 159 und AGBG § 6 Rdn. 12ff.
BGH v. 17. 5. 1982, BGHZ 84 109, 115f; v. 7. 6. 1982, NJW 1982 2311, 2313; v. 20. 1. 1983, BGHZ 86 284, 297f; v. 26. 1. 1983, NJW 1983 1320ff; v. 19. 9. 1983, BB 1983 1873 mit zustimmender Anm. von *Trinkner*; v. 4. 4. 1984, WM 1984 933, 935; v. 20. 6. 1984, WM 1984 1100, 1102; v. 16. 10. 1984, BGHZ 92 312, 314f (zwischen Kaufleuten); v. 31. 10. 1984, NJW 1985 320, 322; s. auch BGH v. 27. 2. 1985, WM 1985 608, 611 (Reduzierung der Dauer eines Bierlieferungsvertrags).
Für Zulässigkeit geltungserhaltender Reduktion BGH v. 18. 5. 1982 (Kartellsenat), BB 1983 662, 663; OLG Hamburg VersR 1985 57 (zu ALB). Für teilweise Aufrechterhaltung teilbarer Klauseln vgl. BGH v. 7. 10. 1981, NJW 1982 178, 181; v. 29. 2. 1984, WM 1984 663, 667; v. 4. 4. 1984, WM 1984 933, 935; v. 9. 5. 1984, transpR 1984 215, 216ff = VersR 1984 830, 831; v. 28. 5. 1984, WM 1984 986, 987; v. 31. 10. 1984, NJW 1985 320, 322; v. 21. 2. 1985, WM 1985 604, 605.
BGH v. 20. 1. 1983, WM 1983 360, 363.

[67] BGH v. 9. 10. 1981, VersR 1982 486ff; zur Vollunwirksamkeit wegen fehlender Rückausnahmen bei grobem Verschulden leitender Angestellter in ALB: OLG Hamburg transpR 1984 126, 129 = VersR 1984 1036, 1037 u. transpR 1984 122, 126 = VersR 1984 1035f.
[68] Entsprechend i. E. BGH v. 7. 2. 1979 (8. Senat), NJW 1979 2148, 2149; offenlassend zu ALB: OLG Hamburg VersR 1984 169; dagegen aber OLG Hamburg VersR 1984 57.
[69] *Helm* BB 1977, 1110f für § 11 Nr. 7 im kaufmännischen Bereich. Für Teilunwirksamkeit bei trennbaren, aber zusammenhängenden Klauseln BGH v. 7. 10. 1981, NJW 1982 178, 179, 181; die geltungserhaltende Reduktion wird weiter ohne nähere Ausführungen praktiziert: BGH v. 30. 1. 1979, NJW 1979 2353, 2355 (6. Senat, Pflegesatzerhöhung); anders jetzt BGH v. 16. 10. 1984, NJW 1985 319, 320 (10. Senat).
[70] Zur Wortinterpretation *Ulmer*, NJW 1981 2028 im umgekehrten Sinn m. w. Hinweisen; BGH v. 17. 5. 1982, BGHZ 84 109, 116. Gegenteiliger Auffassung: OLG München NJW 1981 1963. Für § 11 Nr. 7 ist diese Wortauslegung nicht zwingend, vgl. *Helm* BB 1977 1110.

Anh. I § 415
Vor § 1 ADSp   Drittes Buch. Handelsgeschäfte

Sinne von „soweit" verstanden werden, wofür § 6 Abs. 1 und 2 AGBG Anhaltspunk[t]e geben könnten[71]. Bisher fehlt es jedenfalls an einer einheitlichen Rspr. der verschied[e]nen Senate, deren Koordinierung durch Anrufung des großen Senats nicht erfolgt ist.

Erweist sich eine Klausel nach den Maßstäben der Inhaltskontrolle als unwirksa[m], dann ist zweifelhaft, ob zur **Füllung der Lücke** nach § 6 Abs. 2 AGBG alleine das dispos[i]tive Recht zu dienen hat[72] oder ob sie, wenn der Rückgriff auf das dispositive Recht [zu] keinem oder zu keinem angemessenen Ergebnis führt (besonders bei im Gesetz nic[ht] oder nicht ausreichend geregelten Vertragstypen), durch ergänzende Vertragsausl[e]gung zu füllen ist[73]. Von der geltungserhaltenden Reduktion und der ergänzenden Ve[r]tragsauslegung ist die sog. geltungserhaltende Auslegung zu unterscheiden; sie ist ech[te] Auslegung und dient der Sinnermittlung vor der Inhaltskontrolle; s. Rdn. 35.

VII. Mißbräuchliche Berufung auf Klauseln der ADSp im Einzelfall

52 Beruft sich der Spediteur auf eine Klausel der ADSp, so kann dies im Einzelf[all] rechtsmißbräuchlich sein, auch wenn die Klausel generell nicht zu beanstanden ist. D[ie] nach objektiven, vom Fall unabhängigen Gesichtspunkten ausgerichtete generelle I[n]haltskontrolle wird durch eine einzelfallbezogene Kontrolle anhand von § 242 BGB e[r]gänzt[74]. In der Rspr. wird die Einzelfallkontrolle meist, aber nicht immer von der gen[e]rellen Inhaltskontrolle getrennt. Für die Freizeichnungsschranke des Vorsatzes od[er] der groben Fahrlässigkeit leitender Angestellter ist nach den Formulierungen der Rsp[r.] nicht immer klar, ob es sich um eine generelle Inhaltskontrolle mit der zumindest theor[e]tischen Folge der Gesamtnichtigkeit der Klausel (oben Rdn. 51) handelt oder um ein a[uf] besondere Umstände des Einzelfalles bezogenes Verbot des Sichberufens auf eine [an] sich wirksame Klausel[75]. Sachlich ist das erstere zutreffend, weil es sich um eine gen[e]rell-begrifflich formulierte Freizeichnungsschranke handelt.

VIII. Individualvertragliche Abreden (§ 4 AGBG); Schriftformklauseln

53 Nach § 4 AGBG haben individualvertragliche Abreden Vorrang vor AGB-Klausel[n]. Dies entspricht langjähriger Rspr. vor dem AGBG[76]. So ist z. B. die Vereinbarung ein[er] bestimmten Art von Nachnahmeeinziehung vorrangig vor den ADSp; BG[H] v. 4. 3. 1977, VersR **1977** 515, 516; Sonderabreden haben Vorrang vor § 37 ADS[p;] BGH v. 18. 1. 1974, VersR **1974** 327, 328.

---

[71] *Palandt/Heinrichs*[44] vor § 8 AGBG, Anm. 3a; str. vgl. *Ulmer* NJW **1981** 2028.
[72] BGH v. 17. 5. 1982, BGHZ **84** 109, 114 ff mit umfangreichen Hinweisen auf den Streitstand. Aus der Rspr. ferner BGH v. 2. 3. 1978, WM **1978** 723. Gegen ergänzende Vertragsauslegung vor allem *Trinkner* BB **1983** 1874, 2014; **1984** 490; abmildernd *Löwe* BB **1984** 493.
[73] BGH v. 31. 3. 1982, NJW **1982** 1747, 1748; v. 28. 10. 1981, BGHZ **82** 121, 131; v. 1. 2. 1984, BGHZ **90** 69 ff; dazu Anm. v. *Trinkner* u. *Löwe* BB **1984** 490 u. 492; v. 30. 10. 1984, BGHZ **92** 363, 370 (Mietrecht); *Lindacher* BB **1983** 158 u. § 6 AGBG Rdn. 7; *Ulmer/Brandner/Hensen* AGBG⁴ § 6 Rdn. 33 ff; *Ulmer* NJW **1981** 2030 f; *Palandt/Heinrichs*[44] § 6 AGBG Anm. 3; *Bunte* NJW **1984** 1145 ff (mit Einschränkungen).

[74] *Ulmer/Brandner/Hensen* AGBG⁴ § 9 Rdn. 34. A[us] der neuesten Rspr. siehe: BGH v. 24. 9. 1980, NJ[W] **1981** 117, 119; v. 10. 10. 1980, WM **1980** 14[5]9; v. 24. 11. 1980, NJW **1981** 761, 76[?] v. 18. 12. 1980, NJW **1981** 1363, 136[?] v. 27. 2. 1981, NJW **1981** 1600; v. 11. 3. 1981, W[M] **1981** 712, 714; v. 31. 1. 1983, WM **1983** 537, 5[?]. Zu den ADSp s.: BGH v. 3. 11. 1965, WM **19[??]** 1115, 1116 f; v. 26. 10. 1977, VersR **1978** 133, 1[?] v. 30. 6. 1978, VersR **1978** 935, 936; OLG Ha[m]burg VersR **1984** 156, 157.
[75] Z. B. unklar BGH v. 30. 6. 1978, VersR **1978** 9[??] 936; v. 13. 2. 1980, NJW **1980** 1619, 1621; zu d[en] ADSp insbesondere BGH v. 5. 6. 1981, VersR **19[81]** 975 ff.
[76] Statt vieler: *Ulmer/Brandner/Hensen* AGBG⁴ Rdn. 4.

Stand: 1. 9. 1985

Die Sondervereinbarung braucht die AGB-Klausel nicht ausdrücklich abzuändern oder auch nur zu erwähnen; BGH v. 27. 10. 1982, ZIP **1982** 1444, 1445. Wechselseitige Fernschreiben reichen aus; OLG Düsseldorf VersR **1982** 158. Die Sonderabreden können grundsätzlich auch stillschweigend getroffen werden.

In Einzelfällen gelingt der Nachweis von Sonderabreden oft nicht: s. OLG Düsseldorf DB **1976** 1374, s. § 51c und dort Rdn. 7; OLG Hamburg VersR **1984** 156, 157, s. § 41 ADSp Rdn. 7.

Sonderabreden bergen für den Spediteur und den Auftraggeber haftungsrechtliche Gefahren, da sie den Versicherungsschutz der Speditionsversicherung ausschließen können; § 5 Nr. 2 SVS/RVS. Die Verjährungsverlängerung gegenüber § 64 ADSp führt jedoch nicht zum Verlust der Deckung durch die Spediteur-Haftpflichtversicherung (Ergänzungsvertrag zum SVS/RVS, § 39 ADSp Rdn. 18); BGH v. 18. 12. 1980, VersR **1981** 328, 329.

Da die ADSp keine allgemeine Schriftlichkeitsklausel für Abweichungen enthalten, **54** sind die nach Rdn. 53 zulässigen formlosen Sonderabreden auch nach den ADSp grundsätzlich gültig. Allerdings gibt es zahlreiche Vorschriften in den ADSp und den Speditionsversicherungsbedingungen, durch die insbesondere Weisungen, Mitteilungen und dergleichen für den Spediteur nur verbindlich sind, wenn sie schriftlich erteilt worden sind[77].

Die Rspr. zur Vereinbarung der nichtschriftlichen Nebenabreden bei bestehender Schriftformklausel ist unübersichtlich. Die Vereinbarkeit solcher Klauseln mit dem AGBG ist im Regelfall zu bejahen[78]. Fraglich ist jedoch, ob sich ihnen gegenüber die formlose Sonderabrede durchsetzen kann. Umstritten ist, ob AGB-Schriftformklauseln nach § 4 AGB gegenüber (auch formlosen) Individualabreden stets zurücktreten[79] oder sich in bestimmten Fällen durchsetzen können[80]. Nach richtiger Auffassung muß jedoch differenziert werden. § 4 bezieht sich auf den Vorgang des Vertragsschlusses. Ist der Vertrag einmal abgeschlossen und damit eine AGB-Schriftformklausel wirksam vereinbart, dann kann sie für weitere vertragsändernde und -ausfüllende Rechtsgeschäfte und Rechtshandlungen nicht anders wirken als eine individualvertraglich wirksam vereinbarte Schriftformklausel[81].

Unabhängig davon ist aber (selbst bei individualvertraglichen) Schriftformklauseln stets die Möglichkeit gegeben, sie durch Sondervereinbarung (stillschweigend) mit aufzuheben, wenn die Auslegung des konkreten Parteiwillens dies ergibt[82]. Bei mündlichen oder telefonischen Sondervereinbarungen zu den ADSp wird man daher grundsätzlich

---

[77] § 5b (gefährliche und verderbliche Güter); § 6 Abs. 2 (Weisungen u. ä.); § 7b (Verweigerungsauftrag); § 10b (Pflicht zur Unterschriftsprüfung); § 14a (Verbot der Sammelversendung); § 16a (Untersuchungs- und Rügepflicht); § 35a (Versicherungsauftrag); § 56a (Wertangabe); ferner § 6B u. C SVS/RVS.

[78] BGH v. 12. 5. 1976, BB **1977** 61, 62 = WM **1976** 740f; v. 24. 10. 1979, NJW **1980** 234, 235; v. 28. 4. 1983, WM **1983** 759 (unwirksam bei Einmannbetrieb); v. 31. 10. 1984, NJW **1985** 320, 322; ebenfalls von der Wirksamkeit ausgehend BGH v. 26. 11. 1980, WM **1981** 121, 122. S. jedoch umgekehrt zu einer Schriftformklausel für die Verbindlichkeit von Reparaturterminen BGH v. 25. 2. 1982, NJW **1982** 1389, 1390.

[79] Dazu liegt bisher keine Entscheidung des BGH vor; offenlassend jedoch BGH v. 7. 10. 1981, NJW **1982** 331, 333 (in BGHZ **82** 21ff weggekürzt).

[80] Überwiegend wird diese Möglichkeit bejaht für den Fall der Vertretungsklauseln; vgl. *Ulmer/Brandner/Hensen* AGBG⁴ § 4 Rdn. 37.

[81] Dazu *Helm* VersR **1978** 133; dagegen ohne stichhaltige Begründung *Ulmer/Brandner/Hensen* AGBG⁴ Rdn. 36.

[82] Vgl. statt vieler *Palandt/Heinrichs*⁴⁴, § 125 Anm. 4c mit zahlreichen Hinweisen; zuletzt BGH v. 26. 11. 1980, WM **1981** 121, 122; u. 22. 4. 1982, WM **1982** 902.

davon auszugehen haben, daß die Annahme formloser Weisungen und dgl. durch den Spediteur oder einen vertretungsberechtigten Angestellten der Schriftform grundsätzlich vorgeht, es sei denn der Spediteur behielte sich die Ausführung der Weisung bis zur schriftlichen Bestätigung im Gespräch bereits vor. Will der Spediteur durch eine mündliche Abrede nicht gebunden sein, dann gehört es zu seinen aus der Interessenwahrnehmungspflicht entstehenden Obliegenheiten, den Auftraggeber auf die Notwendigkeit schriftlicher Bestätigung hinzuweisen. Unterläßt er diesen Hinweis, dann verstößt die spätere Berufung auf die fehlende Schriftlichkeit gegen § 242 BGB.

Stillschweigende Vereinbarungen dürften dagegen nur ausnahmsweise in der Lage sein, die Schriftklauseln der ADSp zu durchbrechen, wenn sie offenkundig vorliegen und der Kunde mit ihrer Einhaltung nach den Umständen des betreffenden Falles fest rechnen konnte[83].

Sollte sich in der Rspr. der Grundsatz durchsetzen, daß § 4 AGBG Schriftklauseln in AGB generell wirkungslos macht, dann würden allerdings erhebliche Veränderungen in dieser Rechtslage eintreten. Es wäre dann schwierig, die anerkannten Bedürfnisse des Spediteurs nach einer exakten Festlegung der ihm erteilten Weisungen überhaupt noch zu befriedigen.

IX. ADSp und zwingendes Recht

55 Das Speditionsrecht des HGB ist ganz überwiegend dispositives Recht. Da die ADSp jedoch auch für Beförderungs- und Lagerverträge gelten, kann ihre Vereinbarung mit zwingenden Sondernormen in Konflikt geraten. Insbesondere gilt dies für die Güterbeförderung mit Kraftfahrzeugen im Güterfernverkehr, im grenzüberschreitenden Straßengüterverkehr, im Luftverkehr und in begrenztem Umfang in der Seeschiffahrt. Die Vereinbarung der ADSp kann daher wegen Verstoß gegen zwingende Sachnormen unwirksam sein. Dies gilt auch soweit Frachtrecht aufgrund der §§ 414, 413 HGB auf Speditionsverträge anzuwenden ist; s. die Erl. zu §§ 412, 413.

Text der ADSp:

I. Allgemeines

§ 1

Der Spediteur hat seine Verrichtungen mit der Sorgfalt eines ordentlichen Kaufmannes auszuführen und hierbei das Interesse des Auftraggebers wahrzunehmen.

1 Die Klausel wiederholt teilweise den Inhalt von § 408 Abs. 1 HGB. Sie ist gleichwohl nicht bedeutungslos, da sie die speditionsrechtliche Interessewahrnehmungspflicht (s. §§ 407–409 Rdn. 88) in vollem Umfang auch auf die nicht speditionellen Tätigkeiten des Berufsspediteurs erweitert.

§ 2

a) Die ADSp gelten im Verkehr mit Kaufleuten, juristischen Personen des öffentlichen Rechts und öffentlich-rechtlichen Sondervermögen, für alle Verrichtungen des

---

[83] Vgl. zu § 41a als Beispielsfalls BGH v. 31. 1. 1975, VersR 1975 417, 419 u. (als L. S.): v. 18. 3. 1955, NJW 1956 828.

Spediteurs, gleichgültig, ob sie Speditions-, Fracht-, Lager-, Kommissions- oder sonstige mit dem Speditionsgewerbe zusammenhängende Geschäfte betreffen.

b) Die ADSp finden keine Anwendung insoweit, als der Spediteur lediglich als Erfüllungsgehilfe einer Beförderungsunternehmung auf Grund der besonderen Bedingungen (z. B. EVO, KVO) oder nach dem Bahnspeditionsvertrag als bahnamtlicher Rollfuhrunternehmer tätig ist. Die ADSp gelten ferner nicht für die Betätigung des Spediteurs im Möbeltransport mit geschlossenen Möbelwagen, es sei denn, daß es sich um den Verkehr von und nach dem Ausland handelt; auch insoweit finden die ADSp nur Anwendung, als es sich um eine nach verkehrsüblicher Beurteilung reine Speditionstätigkeit handelt. Die ADSp sind nicht auf eine Möbellagerung auf Grund der Allgemeinen Lagerbedingungen des deutschen Möbeltransports anzuwenden. Die ADSp gelten ferner nicht für Geschäfte, die ausschließlich Verpackungs-, Kran- oder Montagearbeiten oder Schwer- oder Großraumtransporte zum Gegenstand haben; unberührt davon bleibt der Binnenumschlagverkehr des Spediteurs.

c) Weichen besondere örtliche oder bezirkliche Handelsbräuche oder gesetzliche Bestimmungen von den ADSp ab, so gehen die ADSp vor, es sei denn, daß die gesetzlichen Bestimmungen zwingender Natur sind. Die ADSp sind nicht anzuwenden, soweit der Spediteur die Beförderung des Gutes kraft Selbsteintritts oder Frachtvertrages mit eigenem Kraftfahrzeug im Güterfernverkehr oder im internationalen Straßengüterverkehr gemäß CMR ausführt. Bei Betätigung des Spediteurs in See- oder Binnenschiffahrttransporten können abweichende Vereinbarungen nach den dafür etwa aufgestellten besonderen Beförderungsbedingungen des Spediteurs getroffen werden.

d) Der Spediteur ist zur Vereinbarung der üblichen Geschäftsbedingungen Dritter befugt. Im Verhältnis zwischen Haupt- und Zwischenspediteur gelten die ADSp als Allgemeine Geschäftsbedingungen des Zwischenspediteurs.

Übersicht

	Rdn.		Rdn.
I. Grundsätzliche Geltung der ADSp (§ 2 a)	1	bb) Geltungsanspruch der ADSp	21
1. Allgemeines	1	c) Ausschließliche Verpak-	
2. Von den ADSp erfaßte Vertragstypen	2	kungs-, Kran- oder Montagearbeiten, Großraum- und	
3. Spediteure als Auftraggeber	4	Schwerguttransporte (§ 2 b S. 4 ADSp)	23
4. Geltung nur für kaufmännische Kunden	5	d) Güterfernverkehr, internationaler Straßengüterverkehr	
II. Ausnahmen von der Anwendung der ADSp	9	(§ 2 c S. 2 ADSp)	25
1. Allgemeines	9	aa) KVO statt ADSp	26
a) Fehlen vertraglicher Beziehungen	9	bb) CMR statt ADSp	27
b) Verdrängung der ADSp durch zwingendes Recht	10	e) See- und Binnenschiffahrtstransporte (§ 2 c S. 3 ADSp)	28
c) Vorgehen zur Prüfung von Anwendbarkeit und Wirksamkeit der ADSp-Klauseln	11	f) Luftrecht	30
		g) Güternahverkehr	31
		h) Bahnspedition	32
		i) Multimodaler Transport	33
2. Ausnahmen von der Anwendung nach § 2 d und 2 c S. 2 ADSp	12	3. Vereinbarung von AGB Dritter (§ 2 d ADSp)	34
a) Spediteur als Erfüllungsgehilfe (§ 2 b S. 1 ADSp)	12	4. Verhältnis der ADSp zu Gesetzen und Handelsbräuchen (§ 2 c S. 1 ADSp)	35
b) Möbeltransport und -lagerung (§ 2 b S. 2, 3 ADSp)	13	a) Gesetzesrecht	35
aa) Gesetzliche Grundlagen	13	b) Handelsbräuche	36

I. Grundsätzliche Geltung der ADSp (§ 2a)

1. Allgemeines

1 § 2a kann nicht ipso jure die Geltung der ADSp begründen; grundsätzlich bedarf es dazu einer Vereinbarung, die allerdings vielfach sehr erleichtert ist; siehe dazu vor § 1 ADSp Rdn. 4ff. Aufgabe von § 2a ist es, festzulegen, wann eine stillschweigende Vereinbarung der ADSp in Betracht kommt und für welche Rechtsverhältnisse sie maßgeblich sein sollen.

2. Von den ADSp erfaßte Vertragstypen

2 Durch § 2a soll den Tätigkeiten des Spediteurs, gleich welchem Vertragstypus sie zu unterstellen sind, eine einheitliche Vertragsgrundlage gegeben werden. Allerdings muß es sich um Geschäfte handeln, die mit dem Speditionsgewerbe zusammenhängen. Dies wurde beispielsweise verneint: OLG Hamburg VRS **1** 310; VersR **1971** 729, 732 (für Montageverpflichtung); BGH v. 21. 11. 1975, VersR **1976** 286, 287 (Stellung eines Turmdrehkrans). Siehe ferner dazu, ob ein Geschäftsbesorgungsvertrag des Spediteurs hierunter fällt: BGH v. 11. 7. 1966, BGHZ **46** 43, 47; OLG Köln transpR **1985** 26, 27 (bejahend für Zollspedition). § 2 SVS/RVS, der die Versicherungsdeckung durch die Einstufung eines Vertrags als „Verkehrsvertrag" festlegt, hängt zwar mit § 2a ADSp eng zusammen; die Abgrenzungen stimmen jedoch nicht überein; s. § 2 SVS/RVS Rdn. 3, Anh. II nach § 415. Bei Tätigkeiten, die zwar nicht allgemein üblich sind, aber mit dem Speditionsgewerbe zusammenhängen, müssen die ADSp besonders vereinbart werden; s. vor § 1 ADSp Rdn. 20.

Das „Palettendarlehen" des Hauptspediteurs an den Empfangsspediteur fällt unter § 2a und unterliegt daher den ADSp. Der Empfangsspediteur kann sich auf § 64 ADSp berufen; LG Stuttgart transpR **1985** 67ff; KG transpR **1985** 299, 300; entsprechend für den Spediteur als Lagerhalter: LG Köln transpR **1985** 63f.

3 Die sehr weite Abgrenzung des Anwendungsbereichs der ADSp in § 2a in Verbindung mit der erleichterten Einbeziehung (siehe vor § 1 ADSp Rdn. 17ff) führt zu beträchtlichen **Konfliktsituationen** besonders bei **Frachtgeschäften** des Spediteurs, soweit zwingendes Frachtrecht gilt. Denn die Einbeziehung der ADSp kann sich nicht gegenüber zwingendem Recht durchsetzen; vgl. z. B. OLG Frankfurt NJW **1980** 2649, 2650; siehe zu dieser Problematik eingehend die Erl. zu §§ 412, 413. Selbstverständlich ist die **Vereinbarung** der ADSp **auch für Geschäfte möglich, die nicht unter § 2 ADSp fallen**. Allerdings kann in solchen Fällen eine stillschweigende Vereinbarung kaum in Frage kommen; s. vor § 1 ADSp Rdn. 20. Außerdem ist für diese Verträge oft keine Deckung durch die Speditionsversicherung gegeben; § 2 Abs. 2 SVS/RVS.

3. Spediteure als Auftraggeber

4 Die ADSp sind Bedingungen der Spediteure für die Geschäfte, die sie als Auftragnehmer auszuführen haben. Ist dagegen der Spediteur Auftraggeber, dann führt dies nicht dazu, daß auf die betreffenden Geschäfte die ADSp anzuwenden sind; s. vor § 1 Rdn. 19, 20. Zutreffend wendet daher das LG Hamburg transpR **1983** 82f auf einen Vertrag eines deutschen Spediteurs mit einem schwedischen Spediteur-Auftraggeber nicht die Bedingungen des nordischen Spediteurverbands, sondern die ADSp an; s. auch OLG Frankfurt NJW **1980** 2645, 2650. S. auch § 2d ADSp.

4. Geltung nur für kaufmännische Kunden

5 Die ADSp gelten seit der Neufassung des § 2a durch die Reform von 1978 nur noch für kaufmännische Kunden, juristische Personen des öffentlichen Rechts und öffentlich-rechtliche Sondervermögen. Die Formulierung erfolgte im Hinblick auf § 24 Abs. 1 AGBG und ist daher in Anlehnung an diese Bestimmung auszulegen. Die Anwendung der ADSp setzt danach voraus, daß der Vertrag für den Auftraggeber Handelsgeschäft i. S. v. §§ 343, 344 HGB ist.

Die ADSp gelten **auch für Geschäfte mit minderkaufmännischen Kunden**. Dies entspricht der Systematik des § 24 AGBG ebenso wie des § 346 HGB. Zu § 346 wird allgemein angenommen, daß Handelsbräuche auch gegenüber Kaufleuten nach § 5 HGB gelten; s. § 346³ Rdn. 37; *Baumbach/Duden/Hopt*[26] § 346 Anm. 1 B. Da der Spediteur gegenüber dem Kaufmann nach § 5 mit der wirksamen Einbeziehung (regelmäßig) rechnet, ist die Anwendung der ADSp als Regelfall gerechtfertigt. Im Falle des nicht eingetragenen Rechtsschein-Kaufmanns als Kunde ist die Wirkung der ADSp zwischen diesem und dem Spediteur dann anzunehmen, wenn der Spediteur sich auf den vom Kunden veranlaßten Anschein der Kaufmannseigenschaft und damit der ADSp-Einbeziehung verlassen hat; s. Anh. § 5 HGB Rdn. 20 ff. Die Gerichtsstandsklausel des § 65 b setzt Vollkaufmannseigenschaft voraus, kann also, obwohl nach § 2 a vereinbart, gegenüber Minderkaufleuten keine Wirkung nach § 38 Abs. 1 ZPO entfalten. **6**

Obwohl die Empfehlung der ADSp (s. vor § 1 ADSp Rdn. 2) nur für kaufmännische Kunden gilt, können die ADSp durch eine besondere Vereinbarung, die den Anforderungen von § 2 AGBG entspricht, auch **mit nichtkaufmännischen Auftraggebern vereinbart werden**. Sie unterliegen jedoch dann der Inhaltskontrolle nach den verschärften Standards für nichtkaufmännische Kunden (§§ 10–12 AGBG; verschärfte Anforderung nach § 3 AGBG; Unterlassungsklage der Verbraucherverbände nach §§ 13 ff AGBG); siehe vor § 1 ADSp Rdn. 5, 38, 39 ff. **7**

Zu problematischen Ergebnissen führt § 2 a ADSp, wenn ein **Nichtkaufmann (Ur-Auftraggeber)** einen **Spediteur** mit der Versendung beauftragt, und dieser seinerseits den Auftrag an einen **anderen Spediteur** weitergibt. In diesem Fall gelten die ADSp zwischen Erst- und Zweitspediteur, nicht aber zwischen Erstspediteur und Ur-Auftraggeber.

Da auch nach Speditionsrecht des HGB der Erstspediteur nicht für Verschulden eines **Zwischenspediteurs** oder **Frachtführers** haftet (s. im einzelnen §§ 407–409 Rdn. 26 ff), muß sich der Ur-Auftraggeber im Ergebnis mit abgetretenen Ansprüchen des Erstspediteurs nach ADSp bzw. den Speditionsversicherungsleistungen begnügen. Jedoch muß der Erstspediteur für den **Unterspediteur** gegenüber dem Ur-Auftraggeber ohne den Schutz der ADSp einstehen, da dieser sein Erfüllungsgehilfe ist. Sein Regreß gegen den Unterspediteur ist aber durch die ADSp regelmäßig auf die Leistungen des Speditionsversicherers (§ 41 a ADSp) beschränkt. Ebenso wie in anderen Anwendungsbereichen des AGB-Gesetzes, insbesondere im Kaufrecht, ist kein Weg zu erkennen, wie die unterschiedlichen Haftungsbedingungen in einer Kette, die Kaufleute und Nichtkaufleute umfaßt, einander angeglichen werden könnten. **8**

II. Ausnahmen von der Anwendung der ADSp

1. Allgemeines

a) Fehlen vertraglicher Beziehungen

Die ADSp gelten, wie vor § 1 ADSp Rdn. 5 ff dargelegt, nur aufgrund vertraglicher Vereinbarungen. Gegenüber dem Eigentümer des versandten Gutes sind sie also nicht anwendbar, wenn der Spediteur nicht mit ihm in einem Vertragsverhältnis steht, also insbesondere, wenn er als Erfüllungsgehilfe, z. B. als Unterspediteur (siehe §§ 407–409 Rdn. 29) oder als Erfüllungsgehilfe eines Frachtführers (z. B. als Unterfrachtführer) oder der Eisenbahn (z. B. als Rollfuhrunternehmer, siehe §§ 407–409 Rdn. 13 und § 456³ **9**

Rdn. 3) tätig wird. Außervertragliche Ansprüche des Eigentümers gegen den Spediteur als Erfüllungsgehilfen unterliegen daher grundsätzlich auch nicht den Haftungsbeschränkungen nach § 63 ADSp. Doch kann etwas anderes gelten, wenn der Versender ebenfalls Spediteur ist; siehe § 63 Rdn. 6. Der Unterspediteur kann vom Hauptspediteur als seinem Vertragspartner nach § 63b ADSp Befreiung von der betreffenden Schuld verlangen, wenn zwischen ihm und dem Hauptspediteur die ADSp vereinbart sind.

b) Verdrängung der ADSp durch zwingendes Recht; Bedeutung von § 2 b und c Satz 2 ADSp

10 § 2b und c S. 2 versucht, die Geltung der ADSp weitgehend vorbeugend auszuschließen, wo sie mit zwingendem Recht in Konflikt kommen könnten. Soweit sich diese Ausnahmefälle mit dem Anwendungsbereich des zwingenden Rechts decken, sind die Klauseln überflüssig. Da aber die Selbsteinschränkung der Geltung der ADSp in § 2b und c S. 2 nicht voll mit den Grenzlinien der Unwirksamkeit infolge der Kollision mit zwingendem Frachtrecht übereinstimmt, kommt es trotz der Selbsteinschränkung zum Konflikt. Das zwingende Recht setzt sich ohne Rücksicht auf § 2b S. 2 ADSp durch. Andererseits ist aber § 2b und c S. 2 ADSp doch von erheblicher praktischer Bedeutung, denn diese Klauseln schließen die Anwendung der gesamten ADSp aus, also auch, soweit sie zu dem bestehenden Recht nicht in Widerspruch stehen und daher wirksam vereinbart werden könnten; z. B. § 32 (Aufrechnungsverbot); § 50 (Vertragspfandrecht und Zurückbehaltungsrecht); § 63 (unerlaubte Handlung); § 65 (Gerichtstand und Erfüllungsort); s. unten Fn. 20. § 2b und c S. 2 schließt daher für den Spediteur die Berufung auf gewisse Vorteile der ADSp auch dann aus, wenn zwingendes Recht dies an sich nicht verhindern würde.

c) Vorgehen zur Prüfung von Anwendbarkeit und Wirksamkeit der ADSp-Klauseln

11 Die Regelungen über Anwendbarkeit und Wirksamkeit der ADSp-Klauseln überschneiden sich in wenig übersichtlicher Weise. Es ist daher grundsätzlich zweckmäßig, durch ein schematisiertes Verfahren festzustellen, ob in einem bestimmten Fall eine bestimmte Klausel der ADSp Wirksamkeit erlangt. Folgendes Schema könnte diese Prüfung erleichtern:

(1) Sind die ADSp überhaupt vereinbart oder auf andere Weise Vertragsbestandteil geworden? (Prüfung: Vor § 1 ADSp Rdn. 6 ff)

(2) Liegt ein Vertrag nach § 2 a ADSp vor? (Prüfung Rdn. 2 f). Wenn nicht, dann reicht die globale Vereinbarung der ADSp nicht aus. Vielmehr können die ADSp nur gelten, wenn der konkrete Wille der Parteien zum Abweichen von § 2 a ADSp festgestellt ist.

(3) Ist ein Vertrag nach § 2a ADSp zu bejahen, dann muß geprüft werden, ob nicht einer der Ausnahmefälle (§ 2b und c S. 2 ADSp) vorliegt. Ist dies der Fall, scheidet eine Anwendung der ADSp generell aus. Da die Parteien auch § 2b und c S. 2 ADSp abbedingen können, sind sie allerdings nicht gehindert, die Geltung der ADSp auch im Bereich dieser Ausnahmen zu vereinbaren. Regelmäßig wird dies ausdrücklich erfolgen müssen.

(4) Führen die bisherigen Überlegungen dazu, daß im betreffenden Fall die ADSp (generell) gelten, dann können alle oder einzelne Klauseln noch gegen zwingendes Recht verstoßen. Daher ist noch zusätzlich zu prüfen, inwieweit die betreffende Klausel mit zwingendem Recht kollidiert und daher unwirksam ist. Hierfür kommen in erster Linie die Bestimmungen des AGBG (vor § 1 ADSp Rdn. 38 ff) und zwingendes Frachtrecht (s. die Erl. zu §§ 412, 413) in Betracht.

Beispiel: Bei einer Auslandsspedition im grenzüberschreitenden Straßenverkehr hat der Spediteur eine Fixkostenvereinbarung getroffen und die ADSp vereinbart; er läßt die Beförderung durch einen Subunternehmer ausführen. Prozeßentscheidend sind die Gerichtsstandsklauseln des § 65 a, b ADSp, die Ersetzung der Haftung durch Versicherung nach § 41 a ADSp oder die Aufrechnungsbeschränkung des § 32 ADSp. In diesem Fall gilt folgendes: (1) Vereinbarung der ADSp liegt vor. (2) Der Vertrag fällt unter § 2a ADSp (Speditionsvertrag; Kunde ist Kaufmann). (3) Die Ausnahme des § 2c S. 2 ADSp liegt nicht vor, weil der Spediteur nicht selbst befördert (s. unten Rdn. 21). (4) Nach § 413 Abs. 1 HGB, Art. 41 CMR gilt zwingend die CMR (vgl. §§ 412, 413 Rdn. 9). Es bedarf daher der Prüfung, ob hierdurch die einzelnen ADSp-Klauseln ausgeschaltet werden. Die stillschweigende Vereinbarung von § 65b verstößt innerhalb Europas gegen Art. 17 EuGVÜ; § 65 a ADSp gilt dagegen neben der CMR und führt zur Begründung eines deutschen Gerichtsstands; s. § 65 Rdn. 5ff. Gegen das AGBG verstößt § 65a nicht. Für § 41a ADSp ist die Wirksamkeit zu verneinen, weil der Ersatz der Haftung durch Versicherung der zwingenden CMR-Haftung widerspricht (s. §§ 412, 413 Rdn. 32, 34). Für § 32 ADSp ist die Frage problematisch, ob sie neben der CMR gilt. Die Klausel verstößt nicht gegen das AGBG; s. § 32 ADSp Rdn. 9, 10. Nach der neuesten Rspr. steht die Aufrechnungsbeschränkung nicht im Gegensatz zur CMR und ist wirksam; s. § 32 Rdn. 13.

2. Ausnahmen von der Anwendung nach § 2b und 2c S. 2 ADSp

a) Spediteur als Erfüllungsgehilfe (§ 2b S. 1 ADSp)

§ 2b S. 1, der 1978 unverändert geblieben ist, spricht an sich eine Selbstverständlichkeit aus. Wenn der Spediteur Erfüllungsgehilfe eines Dritten ist, gelten für die Rechtsbeziehungen zwischen ihm und dessen Auftraggeber die ADSp mangels unmittelbarer vertraglicher Beziehung ohnehin nicht. Allerdings könnte § 63 Bedeutung für die deliktsrechtlichen Beziehungen zwischen einem Spediteur als Erfüllungsgehilfen eines Frachtführers und einem Dritten erlangen; s. dazu vor § 1 ADSp Rdn. 26; zur Rechtsstellung des bahnamtlichen Rollfuhrunternehmers siehe § 456³ Rdn. 3. Eine solche erweiternde Anwendung von § 63 ADSp wird durch § 2b S. 1 ausgeschlossen.

Zur Geltung der ADSp gegenüber dem Empfänger siehe § 34 ADSp Rdn. 2.

b) Möbeltransport und -lagerung (§ 2b S. 2, 3 ADSp)[1]
aa) Gesetzliche Grundlagen

Der Möbeltransport ist in unübersichtlicher Weise teilweise durch zwingendes Recht geregelt; irreführend und unzutreffend hierzu *Krien* § 2 ADSp Nr. 32, 35. Hinsichtlich der gesetzlichen Bestimmungen ist grundsätzlich von folgender Rechtslage auszugehen:

(1) Im **grenzüberschreitenden Straßengüterverkehr** unterliegen Möbeltransporte (einschließlich des innerdeutschen Streckenanteils) grundsätzlich den zwingenden Bestimmungen der **CMR**. Jedoch ist der wichtigste Fall, die Beförderung von Umzugsgut, aus der Geltung wieder ausgenommen; Art. 1 Abs. 4c CMR; siehe Anh. III nach § 452; *Bischof,* transpR **1984** 209ff; OLG Hamburg VersR **1980** 1075 mit Anm. v. *Bischof,* VersR **1981** 708 f. Praktisch fallen also unter die CMR nur Transporte von neuen Handelsmöbeln und von gebrauchten Möbeln außerhalb von Umzügen.

---

[1] Literatur: *Beier/Hebel/Kraus,* Tarifhandbuch für den Möbeltransport, 1983 (kurz kommentierte Ausgabe des GüKUMT) ISBN 3920 129 296; *Bischof* Das Recht des Möbelspediteurs im internationalen Verkehr, transpR **1984** 209–211; *Runge* Die Neuregelung des Möbeltransports, transpR **1983** 110f; *Herzog* DVZ Nr. **119** v. 10. 10. 1984, S. 3; Beitrag o. V. DVZ Nr. **34** v. 20. 3. 1984 S. 7.

§ 2 ADSp

15 (2) Für die **(innerdeutsche) Beförderung von Umzugsgut,** Erbgut und Heiratsgut mit einem Kraftfahrzeug für andere und für die Beförderung von Handelsmöbeln in besonders für die Möbelbeförderung eingerichteten Fahrzeugen im Güterfernverkehr und Güternahverkehr gelten die Beförderungsbedingungen „GüKUMT" v. 3. 8. 1983, BAnZ **1983** 8785–8787. Diese Bedingungen lösen die BefBMÖ von 1961 (Abdruck 3. Aufl. Anh. IV nach § 452) ab. Nach § 4 der VO TSU Nr. 3/83 (aaO) treten die neuen Beförderungsbedingungen des Tarifs am 22. August 1983, die Entgelte und Berechnungsvorschriften des Tarifs dagegen erst am 31. März 1984 in Kraft.

Die neuen Beförderungsbedingungen GüKUMT enthalten einschneidende Änderungen. Insbesondere fallen nunmehr die in gewöhnlichen Güterfernverkehrsfahrzeugen beförderten Umzugsgüter unter den Möbeltarif und damit unter die Bedingungen GüKUMT. Voher galt für diese Beförderungen die KVO. Beförderungen von Handelsmöbeln unterliegen dem Tarif und den Bedingungen nicht, wenn sie nicht in besonders für die Möbelbeförderung eingerichteten Fahrzeugen erfolgen. Die Tarifordnung GüKUMT einschließlich der dazugehörigen Bedingungen ist Rechtsverordnung und beruht auf der Ermächtigung des § 40 Abs. 1 S. 4 und des § 84 f Abs. 4 i. V. m. 20 a GüKG.

16 (3) Die **Beförderung von Handelsmöbeln in normalen Kraftfahrzeugen** unterliegt im Güterfernverkehr der KVO, im Güternahverkehr dem nicht zwingenden HGB-Frachtrecht und damit den jeweils vereinbarten Geschäftsbedingungen, etwa den ADSp.

17 (4) Die **entgeltliche Beförderung von Möbeln in** Fahrzeugen, die als **Personenkraftwagen** zugelassen sind, unterliegt dem GüKG nicht, ist also nach dispositivem Landfrachtrecht zu beurteilen. Soll die deutsche Grenze überschritten werden, so unterliegt der Vertrag grundsätzlich der zwingenden CMR; bei Beförderungen von Umzugsgut dagegen dem deutschen Landfrachtrecht, wiederum dispositiv.

18 (5) Die **Beförderung von Möbeln mit anderen Beförderungsmitteln (Seeschiff, Binnenschiff, Eisenbahn, Flugzeug)** unterliegt den jeweils maßgeblichen frachtrechtlichen Bestimmungen. Zum Überblick siehe § 425 HGB³ Rdn. 3–7.

19 (6) Die **reine Spedition von Möbeln** unterliegt grundsätzlich nicht diesen frachtrechtlichen Regelungen. Jedoch kann auf sie nach §§ 412, 413 HGB zwingendes Frachtrecht anzuwenden sein; siehe §§ 412, 413 Rdn. 9.

20 (7) Die **Lagerung von Möbeln** unterliegt den dispositiven Vorschriften der §§ 416 ff. Vereinbarung von AGB ist daher zulässig; s. Rdn. 17.

bb) Geltungsanspruch der ADSp

21 Die ADSp paßten sich mit § 2b S. 2, 3 (unvollkommen) dem damals bestehenden Rechtszustand im Rahmen der Beförderung von Möbeln und Umzugsgut an. Die Vorschrift des § 2b S. 2 stimmt jedoch mit der neuen Formulierung des GüKUMT nicht überein, da sie lediglich die Beförderung in geschlossenen Möbelwagen betrifft, während nach GüKUMT die Bedingungen zwingend auch für Beförderung von Umzugsgut, Erbgut oder Heiratsgut mit einem (sonstigen) Kraftfahrzeug gelten. Es muß also unterschieden werden: soweit die Möbelbeförderungsbedingungen gelten, können die ADSp sich wegen deren zwingender Geltung ohnehin nicht durchsetzen. Der Selbstausschluß der ADSp durch § 2b S. 2 hat aber die Wirkung, daß auch Bestimmungen der ADSp, die an sich mit dem Möbelbeförderungsrecht vereinbar sind (z. B. das Vertragspfandrecht nach § 50 ADSp) nicht vereinbart sind; s. Rdn. 10.

Auch soweit der Spediteur Auslandsbeförderungen in geschlossenen Möbelwagen vornimmt, gelten die ADSp nicht, obwohl, wenn es sich um Umzugsgut handelt, die CMR ihnen nicht entgegensteht. Für diesen Fall sind also ohne besondere Vereinbarung keine AGB anwendbar. Tritt der Spediteur nicht als Beförderer, sondern als reiner Spediteur, also als Besorger von Versendungen von Möbeln in geschlossenen Möbelwagen auf, dann gelten die ADSp, soweit sich die Spedition auf Auslandsbeförderung bezieht. Die reine Inlandsspedition von Möbeln untersteht dagegen nicht den ADSp. Dies ergibt sich schlüssig aus dem zweiten Halbsatz von § 2b S. 2. Für die Beförderung von Handelsmöbeln im internationalen Verkehr in normalen Lastkraftwagen ist die Geltung der ADSp an sich nicht ausgeschlossen. Diese werden jedoch durch die CMR verdrängt.

Für **Möbellagerungen** ist die Anwendung der ADSp nicht ausgeschlossen. § 2b S. 3 **22** legt nur fest, daß die ALB des deutschen Möbeltransports an ihrer Stelle vorrangig gelten, falls sie vereinbart sind; siehe dazu § 416 HGB (3. Aufl.) Anm. 4, 10 (Koller). Es ist aber darauf hinzuweisen, daß vielfach weder die ALB (wegen § 2 AGBG) noch die ADSp (weil der Kunde nicht Kaufmann ist) gelten.

c) Ausschließliche Verpackungs-, Kran- oder Montagearbeiten, Großraum- und Schwerguttransporte (§ 2 b S. 4 ADSp)

Die genannten Geschäfte sind für sich alleine gesehen zum Teil nicht typisch spedi- **23** tionelle Tätigkeiten. Für sie sollen die ADSp nur gelten, wenn sie mit speditionellen Geschäften gekoppelt sind. Auch in diesen Fällen ist jedoch eine stillschweigende Vereinbarung der ADSp kaum anzunehmen; siehe vor § 1 ADSp Rdn. 20.

Für einen Teil der Tätigkeiten werden i. d. R. die „Allgemeinen Geschäftsbedingungen der Bundesfachgruppe Schwertransporte und Kranarbeiten" (BSK) (Schwergutbedingungen) vereinbart. Diese wurden von der BSK am 20. 3. 1980 als Verbandsempfehlung beim Bundeskartellamt angemeldet und im Bundesanzeiger Nr. 20/80 veröffentlicht. Sie gelten nur, soweit nicht zwingendes Recht (KVO, CMR) entgegensteht. Siehe dazu *Oeynhausen*, Deutscher Verkehrszeitung v. 30. 4. 1983, S. 20 ff.

Speditionsverträge oder Geschäftsbesorgungsverträge über die Besorgung der betreffenden Arbeiten durch Spediteure sollen wohl unter die ADSp fallen, auch wenn die Organisation und Vergabe dieser Arbeiten ausschließlicher Gegenstand des Speditions- (oder Geschäftsbesorgungs-) vertrages ist. Aus der Fassung des § 2b S. 4. ist dies jedoch nicht zweifelsfrei zu entnehmen.

Was der Halbsatz „unberührt davon bleibt der **Binnenumschlagverkehr**" bedeuten **24** soll, ist unklar. Eine Umschreibung versucht *Krien* vor § 2 ADSp Anm. 5. Danach soll es sich offenbar um Verlade- und Lagertätigkeiten im Rahmen von bestehenden Speditions-, Lager-, Fracht- oder Geschäftsbesorgungsverträgen handeln, vor allem auch im Zusammenhang mit § 57b Ziff. 5 ADSp (Binnenschiffahrtsspedition). Ob das Wort „Binnen" im Gegensatz zur „See" verstanden werden soll, bleibt ebenso zweifelhaft wie genaue Bedeutung des Wortes „Umschlag". Im Zweifel muß die Unklarheitenregel (§ 5 AGBG; dazu vor § 1 ADSp Rdn. 31) dazu führen, daß die ADSp nicht gelten, also der Spediteur nach den gesetzlichen Bestimmungen haftet und sich auch auf die übrigen Vergünstigungen der ADSp nicht berufen kann.

d) Güterfernverkehr, internationaler Straßengüterverkehr (§ 2c S. 2 ADSp)

Seit 1978 schließt § 2c S. 2 auch die Anwendung der ADSp bei Güterferntransporten **25** und internationalen Kraftwagentransporten nach CMR teilweise aus. Die Vorschrift soll wohl die ADSp der durch § 1 Abs. 5 KVO geschaffenen neuen Rechtslage anpassen. Dies ist jedoch nur teilweise gelungen, weil sich die Abgrenzungen des zwingenden Geltungsbereichs von KVO und CMR und die in § 2c S. 2 ADSp enthaltenen Anwendungsausnahmen für die ADSp nicht decken. Folglich entstehen folgende Situationen:

(1) Die ADSp sind überhaupt nicht anzuwenden im Bereich der Ausnahmen des § 2c S. 2. Diese setzen Beförderung aufgrund Frachtvertrags oder (echten) Selbsteintritts

Anh. I § 415
§ 2 ADSp   Drittes Buch. Handelsgeschäfte

voraus. Unrichtig daher OLG Nürnberg VersR **1981** 377, das die Bestimmung auf eine (fremd ausgeführte) Sammelversendung anwenden will; zutreffend AG Köln transpR **1985** 179. S. aber zur CMR Rdn. 27.

(2) Die ADSp sind ungehindert anzuwenden, soweit die zwingenden Normen der KVO keine Anwendung beanspruchen; § 1 Abs. 5 KVO.

(3) ADSp und KVO oder CMR sind grundsätzlich nebeneinander anzuwenden, soweit trotz Anwendbarkeit der KVO oder CMR die Anwendung der ADSp durch § 2 c S. 2 nicht ausgeschlossen ist. In diesem Fall können ADSp-Klauseln, die der KVO bzw. CMR nicht widersprechen, wirksam werden, so insbesondere die Bestimmungen über Pfand- und Zurückbehaltungsrechte (§ 50 ADSp; siehe § 410 Rdn. 34ff); teilweise die Erfüllungsorts-Rechtswahl- und Gerichtsstandsklauseln (§ 65 ADSp); ferner die Beschränkung der Haftung aus unerlaubter Handlung (§ 63 ADSp, str., siehe dort). Ebenfalls umstritten ist, ob sich das Aufrechnungsverbot des § 32 ADSp gegenüber KVO und CMR durchsetzen kann; siehe dazu § 32 ADSp Rdn. 11ff. Sollten die ADSp im Falle des § 2 c S. 2 ausdrücklich vereinbart sein, dann ist von ihrer Geltung auszugehen, da in diesem Fall § 2 c S. 2 durch Individualvertrag abbedungen ist; siehe vor § 1 ADSp Rdn. 53.

aa) KVO statt ADSp

26   Die KVO verdrängt als zwingendes Recht besondere Vertragsabreden und AGB aufgrund der §§ 26, 22 Abs. 2 GüKG. Klauseln der ADSp, die weder den Verlader tarifmäßig begünstigen (§ 22 Abs. 2 GüKG) noch die KVO-Haftung ausschließen oder beschränken (§ 26 GüKG) können daher wirksam vereinbart werden; s. Rdn. 10.

Unabhängig von dieser grundsätzlichen Ausgangslage bestimmt § 2 c S. 2–4 ADSp, in welchen Fällen die ADSp aus sich heraus überhaupt keine Geltung beanspruchen. Dies soll dann der Fall sein, wenn der Spediteur selbst (als Frachtführer) im Güterfernverkehr einen Frachtvertrag abschließt oder wenn er durch Selbsteintritt (§ 412 HGB) die Rechte eines KVO-Frachtführers hat. Allerdings gilt dies nur, wenn er die Beförderung mit eigenem Kraftfahrzeug ausführt. Dies entspricht für den Selbsteintritt dem Modell des § 1 Abs. 5 KVO; die originäre Übernahme der Beförderungspflicht durch Frachtvertrag ist dagegen in dieser Vorschrift nicht geregelt; es gilt ohnehin die KVO.

In allen anderen Fällen sollen dagegen die ADSp nach der Grundregel des § 2 a grundsätzlich gelten: Wenn der Spediteur den Frachtvertrag durch Unterfrachtführer ausführen läßt, also bei unechtem Selbsteintritt (vgl. §§ 412, 413 Rdn. 77ff) und wenn die KVO (ohne Selbsteintritt) nach § 413 Abs. 1 und 2 HGB für ihn gilt; dazu §§ 412, 413 Rdn. 3ff. In diesen Fällen ist die KVO ohnehin nach ihrem § 1 Abs. 5 nicht anwendbar; s. §§ 412, 413 Rdn. 21ff; der vollen Anwendung der ADSp steht nichts im Wege. Hat dagegen der Spediteur originär einen Frachtvertrag im Güterfernverkehr abgeschlossen, den er dann durch Unterfrachtführer ausführen läßt, gelten zwar die ADSp, aber auch die KVO, da dieser Fall in den Ausnahmen des § 1 Abs. 5 KVO nicht erwähnt ist; s. §§ 412, 413 Rdn. 25. Hier ist die Vereinbarung der ADSp insoweit unwirksam, als diese der KVO widersprechen. Nicht widersprechende Klauseln der ADSp können jedoch gelten; s. dazu Rdn. 10.

bb) CMR statt ADSp

27   Die CMR verdrängt als zwingendes Recht (Art. 41) entgegenstehende Vereinbarungen und AGB im grenzüberschreitenden Güterfrachtverkehr. Nach gefestigter Rspr. gilt dies nicht nur bei originären Frachtverträgen und im Falle des Selbsteintritts (§ 412 HGB), sondern auch bei Fixkostenspedition (§ 413 Abs. 1) und Sammelladungsspedition (§ 413 Abs. 2), da keine dem § 1 Abs. 5 KVO entsprechende Selbsteinschränkung hinsichtlich der Anwendung der CMR besteht; siehe §§ 412, 413 Rdn. 24 sowie die Erl. zu Art. 41 CMR. Daneben können Klauseln der ADSp wirksam werden, soweit sie der CMR nicht widersprechen. Inwieweit jedoch § 2c S. 2 die Geltung der ADSp gänzlich oder nur für bestimmte Fälle ausschließt, ist nach dem Wortlaut der Klausel unsicher. Der BGH geht im Urt. v. 7. 3. 1985, NJW **1985** 2091f = VersR **1985** 684, 685 davon aus, daß die Geltungseinschränkung der ADSp gegenüber der CMR nur den Fall des Transports mit eigenen Fahrzeugen betrifft. § 5 AGBG müßte wegen der sprachlichen Unklarheit zur gegenteiligen Auslegung führen. Denn die teilweise Anwendung der ADSp ginge zu Lasten des Auftraggebers.

Aus der BGH-Rspr. ergibt sich im Ergebnis folgendes: In den Fällen der CMR-Anwendung aufgrund von §§ 412, 413 greifen die ADSp nicht ein, wenn der Spediteur mit eigenem Fahrzeug befördert. Bei Fremdausführung können aber Klauseln, die der CMR nicht widersprechen nach § 2c S. 2 ADSp vereinbart sein — im Verhältnis zwischen dem Spediteur und seinem Auftraggeber; s. zu § 65 ADSp *Fremuth* transR **1983** 38. Zwischen Spediteur und von ihm beauftragtem Frachtführer gilt ohnehin zwingend die CMR.

e) See- und Binnenschiffstransporte (§ 2c S. 3 ADSp)

In diesem Bereich überläßt die Formulierung der ADSp etwa vom Spediteur benutz- **28** ten Konnossements- oder Charterbedingungen das Feld. Grundsätzlich, wenn solche nicht vereinbart sind, kommen aber die ADSp nach § 2a in Betracht. Damit wird im **Binnenschiffahrtsrecht** entscheidend, welche Bedingungen, die ADSp oder spezielle Konnossementsbedingungen als vereinbart anzusehen sind. Dies ist in erster Linie eine Auslegungsfrage, wobei § 2c S. 3 ADSp den Konnossementsbedingungen den Vorrang läßt. Sind freilich beide Bedingungen für den betreffenden Transport ausdrücklich vereinbart, dann stellt sich das Problem einander widersprechender AGB; dazu vor § 1 ADSp Rdn. 9–11.

„Konnossementsbedingungen" der Binnenschiffahrt sollen sich nach RSchOG Köln VersR **1978** 370 nur auf das Verhältnis zwischen Binnenschiffahrts-Frachtführer und Ladescheininhaber (§ 446 HGB) auswirken. Zweifelhaft bleibt aber, ob in solchen Fällen nicht doch auch die Geltung gegenüber dem Absender gewollt ist.

Im **Seerecht** gilt grundsätzlich das gleiche. Doch kann dort im Hinblick auf das **29** zwingende Seefrachtrecht (§§ 662, 663a HGB) u. U. die Vereinbarung der ADSp weitgehend unwirksam sein; siehe auch zu den Fällen der §§ 412, 413 dort Rdn. 10.

f) Luftrecht

In der Luftfrachtspedition wird der Geltungsanspruch der ADSp (§ 2a) nicht durch **30** Ausnahmen freiwillig eingeschränkt. Die ADSp verstoßen aber teilweise gegen die zwingenden Bestimmungen des LuftVG und des WA; Anh. VII nach § 452. Auch in der Luftfahrtspedition ist durch § 413 die Freizeichnungsfreiheit des Spediteurs durch zwingendes Luftrecht eingeschränkt; siehe §§ 412, 413 Rdn. 12.

g) Güternahverkehr

Im Güternahverkehr besteht kein zwingendes Beförderungsvertragsrecht, da bisher **31** bewußt keine Beförderungsbedingungen nach § 85 Abs. 1 GüKG erlassen worden sind. Daher können die ADSp unbeschränkt vereinbart werden und gelten nach § 2a auch als stillschweigend vereinbart. Allerdings können hierbei Probleme mit der Geltungsbegründung entstehen, wenn nicht deutlich vereinbart wird, ob AGNB oder ADSp gelten sollen; siehe dazu vor § 1 ADSp Rdn. 9–11.

h) Bahnspedition

32 Im Bereich der Bahnspedition gelten die ADSp uneingeschränkt, soweit der Spediteur nicht (in der Bahnrollfuhr) als Erfüllungsgehilfe der Bahn tätig wird und daher überhaupt kein Vertragsverhältnis zwischen ihm und dem Absender oder Empfänger besteht; siehe oben Rdn. 9.

i) Multimodaler Transport

33 Der multimodale Transport ist in der Bundesrepublik Deutschland nicht gesetzlich geregelt; vgl. zum Überblick § 425 Rdn. 17 ff. Spediteure vereinbaren in diesem Bereich gelegentlich durch Ausstellung des FBL besondere internationale Bedingungen, die die ADSp als geschlossene Geschäftsbedingungen verdrängen sollen. Liegt eine solche Vereinbarung nicht vor, dann bleibt es grundsätzlich bei der Geltung der ADSp, aber auch bei der Kollision der ADSp-Klauseln mit den zwingenden Bestimmungen des Frachtrechts der einzelnen Streckenabschnitte; s. § 425³ Rdn. 17 ff; §§ 412, 413 Rdn. 15, 51.

3. Vereinbarung von AGB Dritter (§ 2 d ADSp)

34 § 2 d ADSp (Fassung 1978) versucht durch Neufassung ihres S. 1 die Mängel der früheren Fassung zu vermeiden. Die Vorschrift besagt nunmehr folgendes:

(1) Der Spediteur ist gegenüber seinem Auftraggeber berechtigt, in den Ausführungsgeschäften mit den von ihm beauftragten Unternehmern deren übliche Geschäftsbedingungen zu vereinbaren (S. 1). Daraus ergibt sich, daß die Vereinbarung unüblicher ungünstigerer Bedingungen eine Verletzung der Interessewahrnehmungspflicht sein kann; zu dieser Grundpflicht vergleiche §§ 407–409 Rdn. 88. Zur alten Fassung s. OLG Hamm VersR **1973** 813; BGH v. 18. 6. 1976, VersR **1976** 1129.

(2) Im Verhältnis zum Zwischenspediteur sind regelmäßig die ADSp zugrunde zu legen. Dies kann jedoch nur eine Grundregel sein, die z. B. im Verhältnis zu ausländischen Zwischenspediteuren nicht eingreifen kann und die es dem Hauptspediteur auch nicht verbieten kann, günstigere Bedingungen für den Vertrag zwischen ihm und dem Zwischenspediteur zu vereinbaren. Als Nebenwirkung ergibt sich aus § 2 d S. 2 ADSp ferner, daß im Verhältnis Hauptspediteur — Zwischenspediteur die ADSp die Bedingungen des Zwischenspediteurs sind, also nur dieser die Rechte und Pflichten des Spediteurs nach den ADSp hat.

4. Verhältnis der ADSp zu Gesetzen und Handelsbräuchen (§ 2 c S. 1 ADSp)

a) Gesetzesrecht

35 § 2 c S. 1 ADSp besagt auf den ersten Blick nur Selbstverständliches: Wie alle AGB sollen die ADSp dispositivem Recht vorgehen und können sich gegenüber zwingendem Recht nicht durchsetzen. Allerdings ist das Verhältnis zwischen dispositivem Recht und AGB durch das spezielle AGB-Recht vielschichtiger geworden: Der Verstoß gegen „wesentliche Grundgedanken" des dispositiven Rechts kann zur Unwirksamkeit einer Klausel führen; § 9 Abs. 2 Nr. 1 AGBG, vgl. vor § 1 ADSp Rdn. 45. Die Abweichung vom dispositiven Recht gehört auch zu den Kriterien für überraschende Klauseln nach § 3 AGBG; weitere Hinweise vor § 1 ADSp Rdn. 38.

b) Handelsbräuche

36 § 2 c S. 1 ADSp will den Vorrang der ADSp vor örtlichen und bezirklichen Handelsbräuchen festlegen. Als Rückschluß ließe sich aus dieser Regelung entnehmen, daß überbezirkliche Handelsbräuche den ADSp vorgehen sollen. Jedoch scheinen sich solche entgegenstehenden Bräuche bisher nicht entwickelt zu haben.

Stand: 1. 9. 1985

§ 3

Eine Abtretung der Rechte des Auftraggebers an einen Dritten sowie die Geltendmachung von Ansprüchen gegen den Spediteur namens oder für Rechnung eines Dritten (vgl. § 67 VVG) kann nur insoweit erfolgen, als Rechte gegen den Spediteur auf Grund dieser Bedingungen bestehen.

1. Allgemeines

§ 3 ADSp (1978 nicht geändert) betrifft, trotz der sprachlichen Zusammenfassung, unterschiedliche Problemkreise. **1**

2. Abtretungsverbot

Daß der Auftraggeber nicht mehr Rechte abtreten kann als er selbst hat, bedarf keiner Regelung. Ebenso ist selbstverständlich, daß die Schuldnerschutzvorschriften der §§ 404 ff. BGB von § 3 ADSp nicht berührt werden. Die Kommentierung von *Krien*, vor § 3 ADSp, die dies breit darstellt, geht aber an der Problematik von § 3 vorbei. Denn das Abtretungsverbot betrifft gerade Rechte, die über die ADSp hinausgehen, also vor allem solche, die dem Auftraggeber aufgrund gesetzlicher Regelungen oder besonderer Abreden mit dem Spediteur über den von den ADSp geregelten Bestand an Rechten hinaus zustehen. Erfaßt werden neben ausdrücklicher rechtsgeschäftlicher Abtretung auch die Legalzessionen des § 67 VVG. **2**

a) Abtretungsverbot im allgemeinen

Abtretungsverbote (§ 399 BGB) wurden in der Rspr. zum AGB-Recht bisher grundsätzlich nicht beanstandet[1]. Sie unterfallen auch im nichtkaufmännischen Verkehr (§§ 10, 11 AGBG) keinem speziellen Klauselverbot. In § 48 ADSp wurde das Abtretungsverbot durch enge Auslegung entschärft[2]. Das Abtretungsverbot ist ferner unwirksam, soweit die Abtretung an den schadensdeckenden Transportversicherer verhindert werden soll[3]. Das Abtretungsverbot verstößt ferner im Verhältnis zu Spediteuren als Auftraggebern gegen § 9 Abs. 1 AGBG, weil es den Spediteur-Auftraggeber in die Lage bringen würde, die treuhänderisch für seinen Versender erworbenen Rechte unabtretbar zu gestalten, ihn also zu einem klaren Verstoß gegen eine vertragswesentliche Pflicht zwänge; vgl. §§ 407–409 Rdn. 88, 145. **3**

b) Ausschluß der Legalzession

Der Forderungsübergang nach § 67 VVG auf den Transportversicherer kann in AGB nicht ausgeschlossen werden. Dies wurde insbesondere an Fällen von Abtretungsverboten in Konnossementsbedingungen der Binnenschiffahrt mehrfach entschieden[4]. Gegenüber dem regreßnehmenden Transportversicherer kann somit der Spediteur nicht mit Hilfe des § 3 ADSp unwirksame Haftungsbegrenzungen der ADSp doch noch durchsetzen. Insbesondere kann er sich auch nicht auf die ADSp berufen, soweit sie zwingendem Recht widersprechen; s. § 2 SVS/RVS Rdn. 10 ff. Er kann auch nicht die Ergänzungshaftung zur Speditionsversicherung bei grobem Eigenverschulden leitender Angestellter (§ 41 ADSp Rdn. 24) verweigern. **4**

---

[1] BGH v. 14. 10. 1963, BGHZ **40** 156 ff; v. 28. 11. 1968, BGHZ **51** 113, 119; v. 8. 10. 1969, NJW **1970** 29, 30; v. 12. 11. 1970, BGHZ **55** 34 ff; v. 12. 5. 1971, BGHZ **56** 173, 175; v. 18. 6. 1980, BGHZ **77** 274, 275; v. 24. 9. 1980, NJW **1981** 117.
[2] BGH v. 7. 10. 1970, NJW **1970** 2244, 2245.
[3] BGH v. 9. 11. 1981, BGHZ **82** 162, 171; siehe auch unten Rdn. 4.
[4] BGH v. 8. 12. 1975, BGHZ **65** 364, 365 ff; v. 9. 7. 1979, VersR **1979** 906, 907; v. 9. 11. 1981, BGHZ **82** 162, 171.

3. Geltendmachung von Rechten Dritter oder für Rechnung Dritter
a) Geltendmachung von Rechten durch Dritte

5 Ob § 3 auch die Geltendmachung von Rechten Dritter durch diese selbst beschränken will (vgl. z. B. § 63 ADSp) ist zweifelhaft. Jedenfalls wäre eine solche Beschränkung gegenüber dem Dritten selbst und seinen eventuellen Vertretern gegenüber unwirksam.

b) Geltendmachung von Rechten Dritter oder für Rechnung Dritter durch den Auftraggeber

6 Ansich ist eine schuldrechtliche Verpflichtung, nicht als (direkter oder indirekter) Stellvertreter gegen den Spediteur aufzutreten, schuldrechtlich möglich. Andererseits führt die Klausel in typischen Fällen zu unangemessener Benachteiligung des Auftraggebers nach § 9 Abs. 1 AGBG. Dies gilt vor allem, soweit sie den Spediteur-Auftraggeber hindern würde, die ihm gegen den ausführenden Spediteur zustehenden Ansprüche für Rechnung seines Versenders geltend zu machen; siehe zum parallelen Problem des Abtretungsverbots in diesem Falle oben Rdn. 3.

4. Gesamtnichtigkeit von § 3 ADSp

7 Ob unter den gegebenen Umständen § 3 ADSp als ingesamt unwirksam zu betrachten ist, erscheint zweifelhaft; siehe dazu vor § 1 ADSp Rdn. 50.

§ 4

Alle Angebote des Spediteurs gelten nur bei unverzüglicher Annahme zur sofortigen Ausführung des betreffenden Auftrages, sofern sich nichts Gegenteiliges aus dem Angebot ergibt, und nur, wenn bei Erteilung des Auftrages auf das Angebot Bezug genommen wird.

1 § 4 wurde 1978 nicht geändert. Die Vorschrift war schon bisher praktisch bedeutungslos und ist nunmehr durch § 4 AGBG (vgl. vor § 1 AGBG Rdn. 53) praktisch ausgeschaltet, weil die Vertragsschlußerklärungen als Bestandteile des Individualvertrags den AGB-Klauseln grundsätzlich vorgehen.

2 Ob § 4 mit „Angebot" nur Vertragsanträge des Spediteurs i. S. v. §§ 145 ff BGB meint (so *Krien* § 4 ADSp Anm. 1) oder auch Angebote, die dem Vertragsschluß als spätere Grundlage vorausgehen, ist nicht sicher. Jedenfalls soll die Bestimmung § 147 BGB modifizieren und zwar die Annahmefrist verlängern gegenüber § 147 Abs. 1 und evtl. verkürzen gegenüber § 147 Abs. 2 BGB. Hiergegen bestehen aus der Sicht des AGB-Rechts keine Bedenken, weil das Merkmal „unverzüglich" jedenfalls ein angemessenes Kriterium darstellt.

3 Die Einschränkung, daß das Angebot nur maßgeblich sein soll, wenn bei Auftragserteilung auf es Bezug genommen wird, ist praktisch bedeutungslos, weil unstr. auch eine stillschweigende Bezugnahme genügt (vgl. *Krien* § 4 ADSp Anm. 6) und die Annahme eines Angebots ohnehin immer eine Bezugnahme auf dieses voraussetzt. Nimmt der Auftraggeber im Rahmen eines eigenen Vertragsantrags auf vorbereitete Angebote des Spediteurs Bezug, dann ist § 4 ebenfalls bedeutungslos. Wird nämlich der Antrag dann vom Spediteur angenommen, so ist das Erfordernis der „Unverzüglichkeit" ohnehin durch Individualvertrag abbedungen.

II. Von der Annahme ausgeschlossene Güter

§ 5

a) Güter, welche Nachteile für andere Güter oder sonstige Gegenstände, Tiere oder Personen zur Folge haben können oder welche schnellem Verderben oder Fäulnis ausgesetzt sind, sind mangels schriftlicher Vereinbarung von der Annahme ausgeschlossen.

b) Werden derartige Güter dem Spediteur ohne besonderen Hinweis übergeben, so haftet der Auftraggeber auch ohne Verschulden für jeden daraus entstehenden Schaden.

c) Der Spediteur kann, sofern die Sachlage es rechtfertigt, derartige Güter im Wege der Selbsthilfe nach seiner Wahl öffentlich oder freihändig, möglichst jedoch unter Benachrichtigung des Auftraggebers, verkaufen lassen oder zur Abwendung von Gefahren ohne vorherige Benachrichtigung des Auftraggebers vernichten.

I. Allgemeines

§ 5 ADSp führt für den gesamten Tätigkeitsbereich des Spediteurs Regelungen für **1** gefährliche und verderbliche Güter ein, wie sie in einzelnen frachtrechtlichen Sonderbestimmungen in ähnlicher Weise vorgesehen sind. Soweit nicht die frachtrechtlichen Normen ohnehin als zwingendes Recht gelten (vgl. dazu § 2 Rdn. 10 m. w. Hinweisen) ergänzt § 5 das Speditionsrecht des HGB, das Fracht- und Lagervertragsrecht um die in der Praxis erforderlichen Sonderbestimmungen.

1. Gefährliche Güter

Die Definition der gefährlichen Güter in § 5a ADSp ist verhältnismäßig weit gefaßt. **2** Sie benutzt weder den üblichen Ausdruck „gefährliche Güter"[1] noch verweist sie auf die Bestimmungen über die Beförderung und Lagerung gefährlicher Güter[2]. Dennoch kann § 5a ADSp durch Heranziehung dieser Sonderbestimmungen weitgehend ausgefüllt werden. Eine derartige Einschränkung ist auch erforderlich, damit die Regelungen des § 5 mit dem AGBG vereinbar sind.

2. Verderbliche Güter

Diese Art von Gütern, die nach ihrer besonderen Beschaffenheit nur die Anlage zur **3** Selbstschädigung, nicht dagegen zur Schädigung anderer Güter haben, sind ebenfalls im Transportrecht Gegenstand besonderer Regelungen[3]. Die ADSp enthalten für diese Güter zwei einander ergänzende Regelungen: § 5 und § 57a Nr. 4. Auch hinsichtlich der besonderen Verderblichkeit von Gütern sind zur Auslegung des § 5 die frachtrechtlichen Sonderbestimmungen ergänzend heranzuziehen. Maßgeblich ist die objektive besondere Verderblichkeit unter den Bedingungen des konkret vorgesehenen Transports oder der vorgesehenen Lagerung; vgl. dazu die Erläuterungen zu den einzelnen angegebenen Bestimmungen mit entsprechenden Rechtsprechungshinweisen.

---

[1] Vgl. § 564b HGB, Art. 22 Abs. 2 CMR, Anh. III nach § 452.
[2] Z. B. § 8 KVO, Anh. II nach § 452; § 55 EVO, Anh. I nach § 460; § 564b HGB; die öffentlich-rechtlichen Bestimmungen unterliegen fortwährenden Änderungen, s §§ 407 409 Rdn. 114.
[3] Siehe § 34 Abs. 1k KVO, Anh. II nach § 452³ und dort Rdn. 20; Art. 17 Abs. 2 und Abs. 4d CMR, Anh. III nach § 452³ und dort Rdn. 17f; § 83 Abs. 1d EVO, Anh. I nach § 460³ und dort Rdn. 16ff; Art. 27 § 3e CIM, Anh. II nach § 460³ und dort Rdn. 11, 17; siehe ferner §§ 608 Abs. 1 Nr. 7 HGB (Seefrachtrecht) sowie § 15 Abs. 2d AGNB, Anh. V nach § 452.

II. Ausschluß der Annahme (§ 5 a)
1. Annahmeverweigerung

4   Der Spediteur untersteht keinem Kontrahierungszwang. Daher kann er die Spedition gefährlicher und verderblicher Güter wie jeden Auftrag ablehnen. § 5 a betrifft demnach nur den Fall, daß sich die Güter, die im Rahmen eines bereits abgeschlossenen Vertrags (§ 2 a) vom Spediteur anzunehmen sind, bei Annahme als gefährlich oder verderblich erweisen. In diesem Fall steht dem Spediteur ein Annahmeverweigerungsrecht zu. Soweit der Auftraggeber die Gefährlichkeit oder Verderblichkeit der Güter ausschließt (z. B. durch Verpackung, Kühlung) entfällt das Recht der Annahmeverweigerung.

In § 5 a nicht geregelt sind die weiteren Folgen der Annahmeverweigerung; siehe dazu § 18 ADSp.

2. Besondere schriftliche Vereinbarung

5   § 5 b sieht vor, daß gefährliche oder verderbliche Güter bei schriftlicher Vereinbarung angenommen werden müssen. Diese Vereinbarung kann bereits bei Vertragsschluß vorgenommen werden, aber auch noch bei Annahme der Güter. Die Schriftformklausel ist aus der Sicht des AGB-Rechts nicht zu beanstanden, da sie einem anzuerkennenden Sicherheitsbedürfnis des Spediteurs Rechnung trägt. Sie ist aber praktisch bedeutungslos, wenn der Spediteur die Güter in Kenntnis der Gefährlichkeit oder Verderblichkeit ohne schriftliche Vereinbarung annimmt oder sich zu ihrer Annahme verpflichtet. Siehe zur schwachen Wirkung von Schriftformklauseln vor § 1 ADSp Rdn. 53 f.

III. Haftung des Auftraggebers für Schäden (§ 5 b ADSp)
1. Haftungsgrundsatz: Haftung ohne Verschulden

6   Übergibt der Auftraggeber dem Spediteur gefährliche oder verderbliche Güter „ohne besonderen Hinweis", dann haftet er nach § 5 b ADSp unbegrenzt für alle daraus entstehenden Schäden und zwar auch ohne Verschulden.

2. Wirksamkeit der Klausel

7   Die Vereinbarkeit dieser Regelung mit dem AGBG wird überwiegend bejaht[4]. Ohne nähere Erörterung geht auch BGH v. 26. 10. 1977, VersR **1978** 133, 134 von der Wirksamkeit der Klausel aus. Dagegen sieht *v. Westphalen* die Bestimmung (mindestens teilweise) als unwirksam an, weil sie „von dem Grundprinzip der §§ 275 ff BGB entscheidend abweicht"[5]. Der h. M. ist zuzustimmen. Zum einen ist schon fraglich, ob §§ 275 ff BGB überhaupt den wesentlichen Grundgedanken enthalten, daß der Schuldner nur für Verschulden zu haften habe; siehe z. B. § 279 BGB. Zum andern muß trotz der Vermutungen des § 9 Abs. 2 AGBG stets eine Interessenabwägung nach § 9 Abs. 1 stattfinden; siehe vor § 1 ADSp Rdn. 44, 47. Im Rahmen dieser Abwägung sind Ähnlichkeiten zu verwandten Gesetzen und AGB zu berücksichtigen; siehe vor § 1 ADSp Rdn. 48. Die verschuldensfreie Haftung nach § 5 b entspricht einer im Frachtrecht nicht seltenen Regelung. Sie ist z. B. in ähnlicher Weise verwirklicht in der CMR, der EVO, in den AGNB und im Seerecht[6]. Der BGH hat in den Urteilen v. 28. 9. 1978, BGHZ **72** 174, 178 ff und

---

[4] *Krien*, § 5 ADSp Anm. 22b; *Ulmer/Brandner/Hensen* AGBG[4] Anh. §§ 9–11. Rdn. 18; *Staudinger/Schlosser*[12] § 9 AGBG Rdn. 161; *Koller*[3] § 416 Anm. 67.

[5] *Loewe/v. Westphalen/Trinkner* AGBG[2] § 9 Bd III ADSp Rdn. 2; *ders.* ZIP **1981** 119.

[6] Art. 22 Abs. 2 S. 2 CMR, Anh. III nach § 452[3] (siehe dort Anm. 4); § 60 Abs. 1 vorl. S. EVO, Anh. I nach § 460[3] (s. dort Anm. 7); § 5 Abs. 3 S. 2 AGNB, Anh. V nach § 452; ferner in § 564b HGB.

WM **1978** 1236 dem Befrachter eine Vertragsstrafe aufgrund von Konnossementklauseln für bestimmte (schuldlos) unrichtige Falschangaben in Konnossementen auferlegt; siehe dazu § 7 ADSp Rdn. 3. Die Begründung läßt sich auch auf den Fall des § 5b ADSp übertragen. Insbesondere bei Versand verpackter Güter muß der Spediteur wie der Frachtführer vor dem Risiko bewahrt werden, ohne die Möglichkeit der Vorsorge Schäden zu erleiden oder Schaden an den Gütern verantworten zu müssen. Da der Auftraggeber vielfach selbst schuldlos keine Kenntnis von den Eigenschaften der Güter hat (z. B. wenn er selbst als Spediteur für einen Urversender tätig ist), würde eine Haftung des Absenders nur für Verschulden den Schutzbedürfnissen des Spediteurs nicht genügen. Grundsätzlich erscheint es angemessen, das Risiko, das in gefährlichen und verderblichen Gütern liegt, der Person aufzuerlegen, die der Schadensbeherrschung näher steht. Dies ist in jedem Fall der Auftraggeber, der sich die erforderlichen Kenntnisse von seinem Vor-Auftraggeber beschaffen kann.

3. Einzelne Voraussetzungen

§ 5b setzt voraus, daß gefährliche oder verderbliche Güter dem Spediteur ohne „besonderen Hinweis" übergeben werden. Dieser Hinweis kann formlos erfolgen, er ist mit der schriftlichen Vereinbarung nach § 5a nicht identisch und auch noch bei Übergabe möglich; BGH v. 26. 10. 1977, VersR **1978** 133, 134. Der Spediteur kann sich ferner auf das Fehlen des Hinweises nicht berufen (vor § 1 ADSp Rdn. 52), wenn er die Gefährlichkeit des Gutes bei Übernahme erkannte; BGH aaO. Das OLG Karlsruhe[7] will dies schon bei Erkennbarkeit bejahen. **8**

4. Beweislast

Der Spediteur trägt die Beweislast für die Gefährlichkeit der Güter, für Schaden und Schadensumfang und für die Kausalität zwischen Gefährlichkeit und Schaden. Die Beweislast für den besonderen Hinweis auf die Gefährlichkeit oder Verderblichkeit trägt nach § 6 Abs. 1 ADSp der Auftraggeber; siehe § 6 Rdn. 2. Dies entspricht auch der Rechtslage nach § 694 BGB; zutreffend *Krien* § 5 ADSp Anm. 20 g. Will sich der Auftraggeber zu seiner Entlastung auf Kenntnis des Spediteurs von der Gefährlichkeit des Gutes berufen, so trifft ihn hierfür jedenfalls die Beweislast. **9**

IV. Verkaufs- und Vernichtungsrecht des Spediteurs

1. Allgemeines

Das Verkaufs- und Vernichtungsrecht nach § 5c ADSp ist nur gegeben, wenn die Voraussetzungen von § 5a vorliegen, also nur für gefährliche oder verderbliche Güter und nur mangels schriftlicher Vereinbarung. Zusätzlich müssen die Sondervoraussetzungen des § 5c vorliegen, also die Rechtfertigung durch die Sachlage beim Verkauf (wenn möglich Benachrichtigung des Auftraggebers) sowie bei der Vernichtung eine besondere Gefahrlage. **10**

2. Verkaufsrecht

Das Verkaufsrecht für verderbliche Güter entspricht weitgehend der gesetzlichen Rechtslage im Speditionsrecht, §§ 407, 288, 373 HGB; vgl. §§ 407–409 Rdn. 16. Auch **11**

---

[7] VersR **1974** 129 (Kenntnis vom Kakaomadenbefall von Rohkakao; wohl nur Erkennbarkeit von deren Schädlichkeit für Kunststoffe); dazu ablehnend *Koller*[3] § 415 Rdn. 67.

Anh. I § 415
§ 6 ADSp   Drittes Buch. Handelsgeschäfte

im Frachtrecht ist es unter vergleichbaren, wenn auch engeren Bedingungen vorgesehen[8].

Der Verkauf erfolgt für Rechnung des Auftraggebers. Die Regelung ist insoweit angemessen[9]. Zur Heranziehung von parallelen Regelungen im Rahmen der Inhaltskontrolle siehe vor § 1 ADSp Rdn. 48. Ist die Benachrichtigung noch möglich („möglichst"), dann darf der Verkauf ohne sie nicht stattfinden.

3. Vernichtungsrecht

12   Das Vernichtungsrecht (zur Abwendung von Gefahren) ist für gefährliche Güter teilweise ebenfalls in transportrechtlichen Vorschriften vorgesehen[10]. Allerdings ist die Berechtigung zur Vernichtung auf gefährliche Güter beschränkt. Dennoch erscheint die Regelung im Hinblick auf die Interessen des Spediteurs angemessen. § 5 sieht allerdings vor, daß eine Benachrichtigung vor der Vernichtung nicht erforderlich ist. Soweit aber eine Benachrichtigung noch in sinnvoller Weise möglich ist, muß sie der Spediteur in Erfüllung seiner Interessewahrnehmungspflicht (vgl. §§ 407–409 Rdn. 88 und § 1 ADSp) vornehmen, insbesondere wenn die Gefahr nicht unmittelbar droht. Unter Umständen kann in diesen Fällen das Sichberufen auf den Ausschluß der Benachrichtigung in § 5 c unzulässige Rechtsausübung sein; siehe vor § 1 ADSp Rdn. 52. Es ist auch fraglich, ob „die Sachlage" in diesen Fällen die Vernichtung schon „rechtfertigt".

4. Folgen des Verkaufs oder der Vernichtung ohne Berechtigung

13   Verkauft oder vernichtet der Spediteur das Gut, ohne daß die Voraussetzungen des § 5 a, c, vorliegen, dann haftet er nach den Regeln der Verlusthaftung; s. §§ 407–409 Rdn. 151 ff; § 429[3] Rdn. 2 ff m. w. Hinweisen. Die Beweislast für die Voraussetzungen des Verkaufs- oder Vernichtungsrechtes trägt der Spediteur. Der Verkauf erfolgt — ob zulässig oder unzulässig — für Rechnung des Auftraggebers.

5. Provisions- und Aufwendungsansprüche

14   Siehe zu der Frage, ob der Spediteur Auslagen und Provision verlangen kann: § 20 ADSp Rdn. 3 sowie §§ 407–409 Rdn. 213 ff, 204 ff.

III. Auftrag, Mitteilungen, Weisungen, Ermessen des Spediteurs

§ 6

Auftraggeber und Spediteur haben die Beweislast für Aufträge, Weisungen, Erklärungen und Mitteilungen je an den anderen oder an zur Annahme bestellte Leute oder Bevollmächtigte (Expedienten, Handlungsbevollmächtigte, Prokuristen).

Keine Partei ist verantwortlich für Schäden, die nur infolge mündlicher Aufträge, Weisungen, Erklärungen oder Mitteilungen eingetreten sind, es sei denn, daß sie von einer Seite schriftlich bestätigt worden sind. Entsprechendes gilt für die Übermittlung

---

[8] § 437 Abs. 2 S. 2 HGB[3]; siehe dort Rdn. 16–18; Art. 16 Abs. 3–5 CMR, Anh. III nach § 452[3] (s. dort Rdn. 4–9); § 80 Abs. 9 EVO, Anh. I nach § 460[3] (s. dort Rdn. 14); siehe ferner Art. 25 CIM, Anh. II nach § 460[3] Rdn. 5 und Art. 24 CIM Rdn. 7.

[9] *Staudinger/Schlosser*[12] § 9 AGBG Rdn. 162; *Loewe/ von Westphalen/Trinkner* § 9 Rdn. 112.

[10] § 80 EVO, Anh. I nach § 460[3], Rdn. 15; Art. 22 Abs. 2 S. 1 CMR[3]; §§ 564 Abs. 2, 564b Abs. 1 S. 2 u. Abs. 2 S. 1 HGB.

Stand: 1. 9. 1985

von Aufträgen, Weisungen, Erklärungen oder Mitteilungen oder für die Übergabe von Schriftstücken und Gütern an dazu nicht bestellte oder bevollmächtigte Leute, es sei denn, daß dies vereinbart ist oder daß die Partei bei Anwendung der Sorgfalt eines ordentlichen Kaufmanns die Leute der anderen Partei für dazu bestellt oder bevollmächtigt gehalten hat und auf Grund des Verhaltens der anderen Partei halten durfte. Jede Partei ist jedoch zur Rückfrage bei der anderen Partei verpflichtet, wenn sie bei Anwendung der Sorgfalt eines ordentlichen Kaufmanns die Möglichkeit von Übermittlungsfehlern oder Mißverständnissen hätte erkennen müssen.

I. Allgemeines

Die Bestimmung wurde 1978 neu formuliert. Die Konflikte mit dem AGB-Recht[1] **1**
sind auch durch die (auch sprachlich unglückliche) Neufassung nicht beseitigt.

II. Beweislast für Erklärungen (§ 6 Abs. 1 ADSp)

§ 6 Abs. 1 enthält eine sinnvolle Beweislastverteilung, die im Regelfall der ohnehin **2**
gesetzlich gegebenen entspricht. Da § 11 Nr. 15 AGBG keine Anwendung findet (vgl. vor § 1 Rdn. 39, 40) und eine unangemessene Benachteiligung nach § 9 AGBG nicht vorliegt, ist die Klausel gültig. Sie ist auch insoweit nützlich, als sie gegenüber dem sonst nicht leicht überschaubaren Beweislastrecht eine schnellere Orientierung ermöglicht.

III. Folgenregelung für mündliche Erklärungen sowie Erklärungen und Übergaben an nicht Bevollmächtigte (§ 6 Abs. 2 S. 1, 2 ADSp)

1. Allgemeines

§ 6 Abs. 2 ADSp wird in der Literatur zum AGB-Recht übereinstimmend als weitge- **3**
hend unwirksam angesehen[2]. Die Behauptung von *Glöckner* und *Krien*, § 6 alter und neuer Fassung rechtfertigten sich aus dem allgemeinen Grundsatz, daß die Gefahr zu tragen habe, wer sie verursache[3], überzeugt in dieser pauschalen Verwendung nicht. Mündliche Erklärungen sind nach BGB und HGB vollgültige Kommunikationsmittel. Mißverständnisse und fehlerhafte Übermittlungen sind keineswegs einseitig dem Risiko des Erklärenden zugewiesen. Insbesondere ist der Erklärende machtlos gegenüber Mißverständnissen auf der Empfängerseite. Das richtige Notieren, Weiterleiten und Befolgen mündlicher und telefonischer Mitteilungen, Erklärungen und dgl. liegt eindeutig in der innerbetrieblichen Risikosphäre des Erklärungsempfängers.

Die Umstellung von § 6 auf eine neutrale Basis (Geltung für beide Parteien) „täuscht Waffengleichheit vor" (so zutreffend *Ulmer/Brandner/Hensen* AGBG[4] Anh. §§ 9–11 Rdn. 19). Ganz überwiegend kommen Aufträge, Erklärungen und Mitteilungen vom Auftraggeber. Der einzig wirklich problematische Fall, nämlich die Ablieferung von Rollgut an den Empfänger, ist in § 33 ADSp in krassem Gegensatz zu § 6 Abs. 2 S. 2 geregelt. Ferner sind die gelegentlich vorkommenden Benachrichtigungspflichten des Spediteurs teilweise in den ADSp abbedungen[4]. Überdies könnte auch eine unangemessene Benachteiligung des Kunden durch eine AGB-Klausel grundsätzlich nicht dadurch

---

[1] Zur alten Fassung siehe die Kommentierungen zur Vorauflage; *Löwe/v. Westphalen/Trinkner* AGBG § 9 Rdn. 112.
[2] *Ulmer/Brandner/Hensen* AGBG[4] Anh. §§ 9–11 Rdn. 19; *Staudinger/Schlosser*[12] AGBG § 9 Rdn. 163; *Wolf* AGBG § 9 A 26; v. *Westphalen* ZIP **1981** 120 *Löwe/v. Westphalen/Trinkner* AGBG[2] Bd III, ADSp Rdn. 3.

[3] *Glöckner*, Deutsche Verkehrszeitung **1978** Nr. 116 S. 6; *Krien* § 6 ADSp Anm. 2c I A und als Prämisse im Rahmen der gesamten Kommentierung des Paragraphen.
[4] Z. B. § 5c.

ausgeglichen werden, daß sich der Verwender durch die gleiche Klausel selbst mit benachteiligt.

2. Ausschluß der Verantwortlichkeit (§ 6 Abs. 2 S. 1, 2 ADSp)

4 § 6 Abs. 2 S. 1 ist interpretationsbedürftig. Gemeint ist wohl der volle Ausschluß aller Schadensfolgen von mündlichen Erklärungen und Mitteilungen und für Erklärung und Übergaben an nicht bevollmächtigte Personen — mit Ausnahme von S. 3. In erster Linie handelt es sich dabei um einen teilweisen Ausschluß der Haftung des Spediteurs. Jedoch kommt auch ein Ausschluß mitwirkenden Verschuldens in Betracht. Verantwortlich bleibt der Spediteur (ebenso wie der Auftraggeber) für unterlassene Rückfragen nach Abs. 2 S. 3. Damit wird jedoch nur ein Teilbereich des Haftungsausschlusses der Sätze 1 und 2 auf vermutetes Nichtverschulden umgestellt. Einmal bezieht sich S. 3 nur auf Übermittlungsfehler und Mißverständnisse; zum andern sind gerade nicht erkennbare Fehler dieser Art besonders häufig.

3. Mündliche Erklärungen und Mitteilungen

5 § 6 Abs. 2 S. 1 knüpft die Befreiung von der Verantwortlichkeit daran, daß Aufträge, Weisungen, Erklärungen oder Mitteilungen mündlich erfolgt sind, setzt also zunächst voraus, daß die Tatsache ihrer Erteilung feststeht. Ist dies nicht der Fall, so handelt es sich um eine Frage der Beweislast nach § 6 Abs. 1. Die Haftungsbefreiung würde zwar nach S. 3 nicht eingreifen, soweit die Rückfragepflicht verletzt ist. Dagegen bliebe die schuldhafte Befolgung klarer und richtig übermittelter, aber schädlicher Aufträge und Weisungen (z. B. wenn die Interessewahrnehmungspflicht des Spediteurs ihre Befolgung verbietet) nach S. 1 haftungsfrei. Darin läge eine unangemessene Benachteiligung des Auftraggebers nach § 9 Abs. 1 AGBG. Diese Konsequenz läßt sich durch Auslegung entschärfen. Satz 1 macht mit dem Wort „nur" die Haftungsbefreiung davon abhängig, daß die Erklärung die einzige Ursache des Schadens ist. Er greift daher nicht ein, wenn eine schuldhafte Handlung des Spediteurs mit ursächlich ist.

Insgesamt ist daher zu § 6 Abs. 2 S. 1 zusammenzufassen: Die Haftungsbefreiung greift nicht ein, wenn ein Verschulden des Spediteurs oder eine andere Schadensursache mitwirkt; S. 3 stellt klar, daß dazu auch die Rückfrage in Zweifelsfällen gehört. Da der Spediteur ohnehin nicht für die von ihm nicht verschuldeten Folgen unzweckmäßiger Erklärungen, Aufträge, Weisungen, Mitteilungen des Auftraggebers haftet, ist die Vorschrift wirkungslos, aber nicht unzulässig.

4. Erklärungen, Mitteilungen, Übergaben an nicht Bevollmächtigte (§ 6 Abs. 2 S. 2 ADSp)

6 Die komplexe Vorschrift ist sprachlich unklar formuliert. Gemäß § 5 AGBG (siehe vor § 1 ADSp Rdn. 31 ff) ist davon auszugehen, daß sich der gesamte Satz (auch für die „Übermittlung") nur auf den Empfang von Erklärungen, Mitteilungen und Sachen durch nicht dazu berechtigte Personen bezieht. Somit soll die Bestimmung folgende Problemkreise erfassen:

a) Erklärungen und Mitteilungen an nicht bevollmächtigte Personen

7 Die Klausel bestätigt zunächst die Selbstverständlichkeit, daß Erklärungen an nicht bevollmächtigte Personen grundsätzlich unwirksam sind und erhält auch die Rechtsprechungsgrundsätze zur Duldungs- und Anscheinsvollmacht aufrecht. Insoweit ist sie zwar nicht unwirksam, aber bedeutungslos.

Weiterhin soll aber offenbar auch das **innerbetriebliche Übermittlungsrisiko** dem Spediteur (wie dem Auftraggeber) abgenommen werden.

aa) Erklärungen unter Abwesenden

Bei schriftlichen Erklärungen, auf die sich S. 2 offenbar ebenfalls beziehen soll, ist **8** dies eine Abdingung des Zugangsprinzips des § 130 Abs. 1 BGB. Dies verstößt gegen § 9 Abs. 1 und 2 Nr. 1 AGBG. Wesentlicher Grundgedanke des Zugangsprinzips ist die Zuweisung des internen Empfangs- und Übermittlungsrisikos schriftlicher Erklärungen an den Adressaten. Gerade im kaufmännischen Geschäftsverkehr ist dies im Hinblick auf den hohen Grad der Arbeitsteilung unerläßlich. Der Selbstausschluß vom Zugangsprinzip verletzt auch ein besonderes Gerechtigkeitsgebot, weil er dem Geschäftspartner ein hohes und von ihm völlig unbeherrschbares Risiko auferlegt.

Erklärungen durch konkludentes Handeln werden teilweise von § 6 Abs. 2 S. 2 erfaßt, können aber auch als Erklärungen unter Abwesenden unter S. 1 fallen. Sie sind im Grundsatz wie schriftliche Erklärungen zu behandeln.

bb) Erklärungen unter Anwesenden

Bei mündlichen und telefonischen Erklärungen gilt das Vernehmungs-, nicht das **9** Zugangsprinzip; vgl. statt vieler *Palandt/Heinrichs*[44] § 130 Anm. 4. Daher werden diese Erklärungen grundsätzlich erst wirksam, wenn sie den Adressaten oder einen Empfangsbevollmächtigten erreichen. Insbesondere bei telefonischen Erklärungen bedarf es daher der mündlichen oder (durch Notieren) schriftlichen Weiterübermittlung im Betrieb des Adressaten. Der nicht bevollmächtigte Erklärungsempfänger ist Bote, und zwar Empfangsbote des Adressaten, wenn die Verkehrsanschauung dies so sieht; *Palandt/Heinrichs*[44] § 130 Anm. 3 c. Regelmäßig wird die durch das Geschäftstelefon erreichte Person Empfangsbote des Geschäftsinhabers sein. Es ist dessen Aufgabe, dazu nicht befähigtes Personal vom Telefonanschluß auszuschließen oder ihm zumindest aufzutragen, die Annahme von Erklärungen abzulehnen. Bei Benutzung automatischer Telefonanrufbeantworter gilt entsprechendes. Insbesondere das Risiko korrekter Aufzeichnung hereinkommender Gespräche trägt der Empfänger. Soweit Fahrer und Lagerarbeiter nicht zum Empfang von Erklärungen bevollmächtigt sind, die ihnen gegenüber regelmäßig erteilt werden, ist es zum Risiko des Arbeitgebers zu rechnen, wenn sie dennoch solche Erklärungen entgegennehmen.

Diese grundsätzliche Rechtslage soll durch § 6 Abs. 2 S. 2 ADSp verändert werden. Praktisch soll das nicht bevollmächtigte Personal des Spediteurs zum Erklärungsboten des Auftraggebers gemacht werden (und umgekehrt). Hierin liegt eine unangemessene Benachteiligung des Auftraggebers i. S. v. § 9 Abs. 1 AGBG. Denn dem Vertragspartner wird auch insoweit ein Teil des von ihm in keiner Weise beherrschbaren innerbetrieblichen Organisationsrisikos angelastet. Ob diese Folge im Falle nachträglicher schriftlicher Bestätigung (nach S. 1) vermieden werden kann, ist nach der Formulierung der Klausel zweifelhaft. Überdies ist darauf hinzuweisen, daß die für die Ablieferung von Frachtgütern erforderlichen Willenserklärungen (vgl. § 429³ Rdn. 12) nach § 33 auch wirksam sein sollen, wenn sie an offenkundig nicht bevollmächtigte Personen im Geschäft oder Haushalt des Empfängers gerichtet sind. Die Anwendung von § 6 Abs. 2 S. 2 würde aber in diesem Fall dazu führen, daß Schäden durch Ablieferung an solche Personen vom Spediteur zu verantworten wären.

b) Besitzübergabe an Besitzdiener

§ 6 Abs. 2 S. 2 will auch die Folgen der Übergabe von Schriftstücken und Sachen an **10** nicht bevollmächtigte Personen ausschließen. Soweit damit der Zugang von schriftlichen

§ 7 ADSp Drittes Buch. Handelsgeschäfte

oder stillschweigenden Erklärungen verhindert werden soll, ist dies unwirksam; siehe oben Rdn. 8. Aber auch der besitzrechtlichen Rechtslage kommt im Hinblick auf die Auswirkung von Annahme und Ablieferung im Transportrecht[5] große praktische Bedeutung zu. Soweit es Zweck der Klausel sein soll, die Wirkungen der Besitzdienerschaft abzudingen, ist dies unwirksam, weil § 855 BGB im Interesse der sachenrechtlichen Klarheitsanforderungen als unabdingbar angesehen werden muß.

c) Gesamtunwirksamkeit von § 6 Abs. 2 S. 2

11 Insgesamt ist § 6 Abs. 2 S. 2 entsprechend der h. M. als unwirksam zu betrachten, da die Klausel im weit überwiegenden Anwendungsbereich gegen § 9 AGBG verstößt. Eine Reduktion der Unwirksamkeit auf Teilbereiche kommt angesichts der mangelnden Unterscheidbarkeit der Fälle nicht in Betracht; vgl. vor § 1 ADSp Rdn. 50, 51.

IV. Rückfragepflicht, § 6 Abs. 2 S. 3

12 Die ausdrückliche Erwähnung einer Rückfragepflicht dient der Festlegung von Verhaltenspflichten, die sich ohnehin aus der allgemeinen Interessewahrnehmungspflicht des Spediteurs ergeben; vgl. § 1 ADSp und §§ 407–409 Rdn. 123. Die Klausel dient, auch wenn § 6 Abs. 2 S. 2 unwirksam ist, der Klarstellung von Pflichten und ist nicht so eng mit dem unwirksamen S. 2 verknüpft, daß sie ebenfalls unwirksam wäre. Sie ist auch im Rahmen von Versicherungsweisungen nach § 35 ADSp anzuwenden; OLG Düsseldorf transpR **1985** 176, 178 f = VersR **1985** 256 f.

§ 7

a) Der dem Spediteur erteilte Auftrag hat Zeichen, Nummern, Anzahl, Art, Inhalt der Stücke und alle sonstigen, für die ordnungsmäßige Ausführung des Auftrags erheblichen Angaben zu enthalten. Die etwaigen Folgen unrichtiger oder unvollständiger Angaben fallen dem Auftraggeber zur Last, auch wenn ihn kein Verschulden trifft, es sei denn, die offenbare Unrichtigkeit oder Unvollständigkeit der Angaben war dem Spediteur bekannt. Der Spediteur ist ohne Auftrag nicht verpflichtet, die Angaben nachzuprüfen oder zu ergänzen, es sei denn, daß dies geschäftsüblich ist.

Der Auftraggeber haftet ferner für alle Schäden, die dem Spediteur oder Dritten dadurch entstehen, daß auf Frachtgütern von mindestens 1000 kg Rohgewicht die durch das Gesetz über die Gewichtsbezeichnung an schweren, auf Schiffen beförderten Frachtstücken vom 28. Juni 1933 (RGBl. I S. 412) vorgeschriebene Gewichtsbezeichnung nicht angebracht ist.

b) Zur Verwiegung des Gutes ist der Spediteur nur auf besonderen schriftlichen Auftrag verpflichtet.

c) Im Zweifel enthält eine vom Spediteur erteilte Empfangsbescheinigung keine Gewähr für Art, Inhalt, Wert, Gewicht oder Verpackung.

d) Bei Gütern, deren Menge im Speditionsgewerbe üblicherweise nicht nachgeprüft wird, namentlich bei Massengütern, Wagenladungen und dergleichen, enthält die Empfangsbescheinigung im Zweifel auch keine Bestätigung der Menge.

I. Angaben des Auftraggebers im Speditionsauftrag

1. Pflichten des Auftraggebers (§ 7 a S. 1 ADSp)

1 § 7 a S. 1 legt die Angaben fest, die im Speditionsauftrag enthalten sind. Zu den „son-

---

[5] Vgl. §§ 407–409 Rdn. 152f; zum Frachtrecht überblicksweise § 429³ Rdn. 11f.

stigen" Angaben gehören auch solche über das Gewicht der Ladung; OLG Düsseldorf VersR **1983** 89.

Die Regelung ähnelt den für Frachtbriefe und Konnossemente gesetzlich vorgesehenen Bestimmungen des Frachtrechts[1] und ist nach AGB-Recht nicht zu beanstanden. Da Speditionsaufträge häufig mündlich oder telefonisch erteilt werden, muß es auch genügen, wenn der Auftraggeber die erforderlichen Angaben mit den Gütern übermittelt. Schriftform ist nicht vorgesehen; siehe jedoch § 6 Abs. 2 S. 1 ADSp und dort Rdn. 5. § 7 a S. 1 befreit den Spediteur nicht davon, bei Abholung zu prüfen, ob die Güter den Angaben des Auftraggebers entsprechen; OLG Stuttgart VersR **1975** 729, 731; s. auch §§ 407–409 Rdn. 110, 114, 142.

2. Folgen fehlerhafter und unvollständiger Angaben des Auftraggebers (§ 7 a S. 1, 2 ADSp)

§ 7 a S. 2 erlegt alle Folgen fehlerhafter und unvollständiger Angaben nach S. 1 dem **2** Auftraggeber auf, und zwar ohne dessen Verschulden. Dies bedeutet zunächst eine Kausalhaftung des Auftraggebers. Schäden des vom Spediteur beauftragten Subunternehmers können im Wege der Drittschadensliquidation vom Spediteur geltend gemacht werden; OLG Düsseldorf VersR **1983** 89.

Die Auferlegung der „Folgen" von Angabenfehlern bewirkt auch **Haftungsbefreiung** des Spediteurs, soweit wegen der Angabenfehler das Gut geschädigt wird[2].

a) Haftung des Auftraggebers
aa) Wirksamkeit der Haftungsklausel

Die Haftung des Auftraggebers entspricht gesetzlich den Bestimmungen des Fracht- **3** rechts, die ebenfalls teilweise eine Haftung für entsprechende Angabenfehler vorsehen. Diese Vorschriften werden allgemein als Haftungen ohne Verschulden betrachtet, obwohl dies in ihnen nicht ausdrücklich gesagt ist[3]. Da die Inhaltskontrolle nach § 9 AGBG sich an derartigen gesetzlichen Parallelen zu orientieren hat (vgl. vor § 1 ADSp Rdn. 48) kann § 7 a S. 2 grundsätzlich nicht beanstandet werden[4]. Bedenken werden jedoch in der Literatur geltend gemacht, weil § 7 a S. 2 die Regelung des § 254 BGB in unangemessener Weise zugunsten des Spediteurs verkürze[5]. Mit Recht weist jedoch *Schlosser* darauf hin, daß die Klausel eine Berücksichtigung von § 254 BGB nicht ausschließt[6]. Auch die parallelen gesetzlichen Bestimmungen (oben Fn. 3) enthalten keine Hinweise auf § 254. Nach allgemeiner Ansicht ist dennoch diese Ausgleichsvorschrift, die eine Anwendung des Grundsatzes von Treu und Glauben ist, auf sie anzuwenden[7]. Das AGBG erlegt im übrigen dem Verwender nicht einmal gegenüber nichtkaufmännischen Kunden eine generelle Hinweispflicht auf gesetzliche Regelungen auf[8]. Daher ist § 7 a S. 2 ADSp gültig.

Im Falle des Mitverschuldens des Spediteurs ist § 254 anzuwenden; s. auch Fn 4.

---

[1] Siehe zum Frachtbriefrecht § 426³ Rdn. 5–10 ferner zum Konnossementsrecht §§ 645f HGB.
[2] Vgl. KG VersR **1955** 519ff.
[3] S. dazu in der 3. Aufl. § 426 Abs. 3 HGB und dazu Rdn. 23ff; § 26 BSchG; § 13 Abs. 1 KVO, Anh. II nach § 452 (siehe dort Rdn. 2); Art. 7 Abs. 1 CMR, Anh. III nach § 452 (s. dort Rdn. 1); § 2 Abs. 8 BefBMö, Anh. IV nach § 452; § 57 Abs. 1 EVO, Anh. I nach § 460 (siehe dort Rdn. 2); Art. 7 § 1 CIM, Anh. II nach § 460; Art. 10 WA, Anh. VII/2 nach § 452.
[4] Siehe z. B. die argumentative Anwendung durch den BGH im Urteil v. 28. 9. 1978, BGHZ **72** 174, 178. Aus der älteren Rspr. siehe BGH v. 4. 5. 1956, MDR **1956** 664, 665.
[5] *Ulmer/Brandner/Hensen* AGBG⁴ Anh. §§ 9–11 Rdn. 19; *v. Westphalen* ZIP **1981** 120; *Löwe/v. Westphalen/Trinkner*, AGBG² Bd. III, ADSp Rdn. 4.
[6] *Staudinger/Schlosser*¹² § 9 AGBG Rdn. 164.
[7] § 426 Rdn. 24.
[8] BGH v. 16. 6. 1982, NJW **1982** 2316f (zu § 11 Nr. 5b AGBG). Die Rspr. der Oberlandesgerichte ist uneinheitlich: siehe zum Überblick *Palandt/Heinrichs*⁴⁴ § 11 AGBG Anm. 5a bb.

bb) Kenntnis des Spediteurs

4 § 7 a S. 2 schließt (durch eine 1978 neu eingefügte Formulierung) die Haftungsbefreiung aus, wenn der Spediteur die Unrichtigkeit oder Unvollständigkeit kannte. Dies entspricht der Rspr. zum insoweit vergleichbaren § 5 b ADSp; s. dort Rdn. 8. Fahrlässige Unkenntnis reicht hiernach nicht ohne weiteres für die Haftungsbegründung aus, ist aber u. U. im Rahmen von § 254 BGB zu berücksichtigen. Solche Situationen können insbesondere bei erkennbar falschen Gewichtsangaben vorkommen. Für Kenntnis und Kennenmüssen kann es nicht auf die Vertretungsmacht der Person ankommen, die die Kenntnis erlangt hat. Vielmehr genügt es, wenn die mit der Behandlung des Gutes betraute Person Kenntnis erlangt hat oder hätte erlangen müssen. § 166 Abs. 1 BGB ist nur dann anzuwenden, wenn ausnahmsweise die Folge der Fehlerangabe in der Abgabe einer Willenserklärung besteht; bei der (regelmäßig vorliegenden) Falschbehandlung des Gutes als Folge der mangelnden Angaben ist dagegen § 278, evtl. §§ 431, 456, 607 HGB oder Art. 3 CMR für die Kenntniszurechnung maßgeblich.

b) Haftungsbefreiung bei Schäden am Speditionsgut

5 Die Haftungsbefreiung des Spediteurs für Schäden am Gut, die infolge der unvollständigen oder unrichtigen Angaben entstanden sind, ergibt sich aus dem Zusammenspiel von §§ 57 c und 7 a S. 2 ADSp (Fassung 1978). Auch für sie gelten die für den Fall des Mitverschuldens gegebenen Folgen, d. h. der Spediteur kann sich nicht auf seine Haftungsbefreiung im Falle seines Mitverschuldens bzw. seiner Erkenntnis berufen oder muß sich das Mitverschulden anrechnen lassen.

II. Fehlende Gewichtsbezeichnung für Schwergut (§ 7 a Abs. 2)

6 Diese Bestimmung bezieht sich nicht auf die Angabe im Speditionsauftrag, sondern auf die Anbringung der Gewichtsangaben am Speditionsgut selbst. Für sie gelten die Erwägungen oben Rdn. 2 ff entsprechend.

III. Prüfungspflichten des Spediteurs
1. Prüfung und Ergänzung der Angaben im Speditionsauftrag (§ 7 a S. 3 ADSp)

7 Nach § 7 a S. 3 soll der Spediteur ohne besonderen Auftrag nur im Rahmen des „geschäftsüblichen" verpflichtet sein, die Angaben des Auftraggebers im Speditionsauftrag zu prüfen oder zu ergänzen. Die Regelung ist bedenklich, weil in ihr eine teilweise Abbedingung einer wesentlichen Vertragspflicht, nämlich der Interessenwahrungspflicht (§ 9 Abs. 1 Nr. 2 AGBG) gesehen werden kann. Dies gilt für diejenigen Überprüfungen und Ergänzungen, für die der Spediteur nach seiner beruflichen Qualifikation besonders in Frage kommt, sowie für solche Angaben, deren Fehlen oder Mängel erkennbar zu Schäden führen können. Ob die Klausel noch im zulässigen Rahmen nach § 9 Abs. 1 AGBG liegt, wird wesentlich davon abhängen, was unter „geschäftsüblich" zu verstehen ist, die Üblichkeit im Geschäft des betreffenden Spediteurs oder das im Handel bei Geschäften dieser Art generell Übliche. Nach § 5 AGBG (vgl. dazu vor § 1 ADSp Rdn. 31 ff und 36) ist die letztere, dem Auftraggeber günstigere Auslegung zugrunde zu legen. Damit entspricht der Pflichtenstand des Spediteurs dem handelsüblichen. Der Kunde wird in seinem Vertrauen auf das Übliche geschützt und daher nicht unangemessen benachteiligt.

Auf die Einschränkung seiner Rechtspflichten kann sich der Spediteur allerdings nicht berufen, da die Ausführung des Speditionsauftrags ohne die Kenntnis der entsprechenden notwendigen Angaben gegen seine Interessewahrnehmungspflichten

Stand: 1. 9. 1985

(§§ 407–409 Rdn. 88 u. § 1 ADSp) verstoßen würde; unklar dazu *Krien* § 7 ADSp Anm. 2e I. In dieser Lage ist der Spediteur mindestens zur Rückfrage beim Auftraggeber verpflichtet.

2. Verwiegung des Gutes (§ 7b ADSp)

Daß der Spediteur zur Verwiegung des Gutes ohne besonderen Antrag nicht verpflichtet ist, entspricht einer Reihe von parallelen frachtrechtlichen Vorschriften[9] und ist nach AGB-Recht nicht zu beanstanden. Die Schriftformklausel für den Verwiegungsauftrag ist wirksam, wird aber vielfach durch stillschweigende Sonderabmachungen verdrängt sein; siehe vor § 1 ADSp Rdn. 54. **8**

IV. Wirkungen der Empfangsbescheinigung (§ 7c, d ADSp)

§ 7c, d schränkt die Bedeutung der Spediteur-Empfangsbescheinigung ein. Die Klauseln schließen sich an verwandte frachtrechtliche Bestimmungen an; siehe § 426[3] Rdn. 5–10 sowie § 646 HGB. Angesichts der üblichen Verpackung von Gütern kann die Empfangsbescheinigung sinnvollerweise hinsichtlich Art, Inhalt, Wert, Nettogewicht oder (innerer) Verpackung keine Wirkungen entfalten. Der Spediteur muß sich hierbei auf die Angaben des Auftraggebers verlassen. Dies gilt aber nur „im Zweifel", also jedenfalls dann nicht, wenn der Spediteur die Angaben überprüft hat. Für die Mengenangaben nach § 7c gilt im Rahmen des speditionsüblichen das gleiche. **9**

Die Folge von § 7c u. d ist vor allem, daß der Ersatzberechtigte im Falle des Verlustes oder der Beschädigung sich im Zweifel nicht auf die Angaben der Spediteurempfangsbescheinigung verlassen kann. Wird das Papier im Rahmen der Zahlungssicherung, z. B. im Dokumentenakkreditiv, benutzt, dann gibt es dem Käufer oder der Akkreditivbank keine ausreichende Sicherheit. Das international übliche FIATA-Formular der Spediteurübernahmebescheinigung (FCR, siehe Anh. IV nach § 415 und dort Rdn. 2ff) enthält dementsprechend auf der Vorderseite den Vermerk „Inhalt, Gewicht, Maß lt. Angaben des Absenders"; es verweist auf der Vorderseite auf die ADSp, die auf der Rückseite abgedruckt sind. Damit werden Täuschungen zu Lasten des Abnehmers der Ware oder der eingeschalteten Banken vermieden: Konsequenterweise ist die Spediteurübernahmebescheinigung mangels besonderer Akkreditivbestimmung des Schuldners nach den einheitlichen Richtlinien und Gebräuchen für Dokumentenakkreditive (ERA) nicht andienungsfähig; siehe dazu *Zahn*, Zahlung und Zahlungssicherung im Außenhandel[5] (1976), S. 135.

Unter diesen Umständen entsprechen Absätze c und d des § 7 ADSp den allgemeinen Erwartungen von Auftraggeber und Empfänger sowie der Banken. Eine unangemessene Benachteiligung gemäß § 9 AGBG enthält die Regelung nicht.

§ 8

Übergibt ein Hersteller oder Händler bestimmter Erzeugnisse dem Spediteur eine Sendung ohne Inhaltsangabe zum Versand, so ist im Zweifel anzunehmen, daß die Sendung die Erzeugnisse des Versenders enthält. Die Bestimmungen des § 7 werden hierdurch nicht berührt.

---

[9] Z. B. § 16 Abs. 4 KVO für Ladungsgüter; § 58 Abs. 4 EVO.

1   Die Bestimmung soll den Spediteur bei Sendungen ohne Inhaltsangabe von der Pflicht befreien, durch Untersuchung oder Rückfragen festzustellen, wessen Erzeugnisse sie enthalten. Der Spediteur haftet demnach auch nicht für Schäden, die dadurch entstehen, daß er die Vermutung des § 8 ADSp bei der Behandlung des Gutes zugrunde gelegt hatte. Die Vorschrift scheint kaum von praktischer Bedeutung zu sein; allenfalls im grenzüberschreitenden Verkehr, soweit es nach Zoll- oder Außenhandelsrecht darauf ankommt, wer Hersteller einer Ware ist. Auch in diesem Fall muß der Spediteur jedoch in erster Linie die behördlich vorgeschriebenen Papiere beachten; siehe § 19 ADSp.

Für die Begründung von Sicherungsrechten (vgl. die Erl. zu § 410 insbes. Rdn. 7) ist § 8 ADSp ohne Bedeutung, da die Voraussetzungen gutgläubigen Erwerbs nicht der Parteiautonomie unterliegen. § 8 würde sonst als Vertrag zu Lasten Dritter wirken. Gleiches gilt für die Begründung deliktischer Vertragsansprüche Dritter, die nicht durch die Berufung auf § 8 verhindert werden kann.

§ 9

Der Auftraggeber hat seine Adresse und etwaige Adressenänderung dem Spediteur unverzüglich anzuzeigen, andernfalls ist die letzte dem Spediteur bekanntgegebene Adresse maßgebend.

1   § 9 enthält keine Zugangsfiktion nach § 10 Nr. 6 AGBG. Er entlastet nur den Spediteur, der vor Versendung von Nachrichten oder Rücksendung von Waren keine Nachforschungen über die Adresse des Auftraggebers anzustellen braucht und daher nicht für Verzögerungen und Schäden aus fehlerhafter Adressierung haftet. Kannte der Spediteur die Adressenänderung, dann kann er sich auf § 9 ADSp nicht berufen.

§ 10

a) Der Spediteur braucht ohne besonderen schriftlichen Auftrag Benachrichtigungen nicht eingeschrieben und Urkunden aller Art nicht versichert zu versenden.

b) Der Spediteur ist nicht verpflichtet, die Echtheit der Unterschriften auf irgendwelchen das Gut betreffenden Mitteilungen oder sonstigen Schriftstücken oder die Befugnis der Unterzeichner zu prüfen, es sei denn, daß mit dem Auftraggeber schriftlich etwas anderes vereinbart oder der Mangel der Echtheit oder der Befugnis offensichtlich erkennbar ist.

c) Der Spediteur ist berechtigt, aber nicht verpflichtet, eine von ihm versandte Benachrichtigung (Avis) als hinreichenden Ausweis zu betrachten; er ist berechtigt, aber nicht verpflichtet, die Berechtigung des Vorzeigers zu prüfen.

I. Einschreiben; Versicherung von Urkunden (§ 10a ADSp)

1   § 10a grenzt die Sorgfaltspflicht des Spediteurs ein. Gleichwohl haftet der Spediteur, wenn die unversicherte oder nicht eingeschriebene Versendung auf grobe Fahrlässigkeit des Spediteurs selbst, eines Organs oder leitenden Angestellten zurückgeht; siehe vor § 1 ADSp Rdn. 49. *Hald*, ADSp, 2. Aufl. 1958, S. 23 f und *Schwartz*, Anm. 1 zu § 10 wollen aus § 10a eine Beweislastregel zugunsten des Spediteurs entnehmen, nach der eine vom Spediteur abgesandte Willenserklärung auch als zugegangen gelten soll. Eine solche extensive Auslegung ist bei AGB nicht zulässig. Vgl. dazu vor § 1 Rdn. 31, 34. Für sie liegt auch im Wortlaut keinerlei Anhaltspunkt vor. Bei von ihm versandten Willenserklärungen hat somit der Spediteur deren Zugang als Wirksamkeitsvoraussetzung nachzuweisen. Wie hier schon *Isaac,* Anm. I 1 zu § 11 ADSp und jetzt *Krien* § 10 ADSp Anm. 3 e.

II. Prüfungspflicht des Spediteurs (§ 10 b ADSp)

Abs. b entbindet den Spediteur von zwei Pflichten: der Prüfung der Unterschriften **2** und der Prüfung der Unterschriftsbefugnis.

Durch die Einschränkung der **Prüfungspflicht hinsichtlich der Unterschriften** erhal- **3** ten nicht etwa die betreffenden, von Dritten unterschriebenen Schriftstücke Verbindlichkeit für den Auftraggeber; nur die Haftung des Spediteurs für Unterlassen der Prüfung wird ausgeschlossen. Die Klausel hat gewisse Ähnlichkeit mit § 5 Abs. 1 AGB der Banken; siehe dazu *Canaris,* Bankvertragsrecht, 2. Bearb. Rdn. 2569. Da der Spediteur in der Regel zu derartiger Prüfung kaum in der Lage ist, benachteiligt die Bestimmung den Auftraggeber nicht unangemessen. Zur schwachen Wirkung der Schriftformklausel siehe vor § 1 ADSp Rdn. 54.

Die **Prüfung der Unterschriftsbefugnis** ist rechtlich die Prüfung der Vertretungs- **4** macht des Unterzeichnenden. Die Vorschrift kann auch hier den vom nicht Bevollmächtigten unterzeichneten Schriftstücken keine Geltung für und gegen den Auftraggeber verschaffen, sondern nur die Haftung des Spediteurs einschränken. Vielfach werden aber die zur Anscheins- und Duldungsvollmacht entwickelten Grundsätze der vom Auftraggeber geduldeten oder nicht verhinderten Unterschrift eines Nichtberechtigten im Ergebnis die Wirkung rechtlicher Bindung verschaffen. Zur Vereinbarkeit mit dem AGBG siehe oben Rdn. 3.

III. Benachrichtigung (Avis) als Legitimationspapier (§ 10 c ADSp)

In der vorliegenden Fassung soll § 10 c ADSp vor allem die Benachrichtigung von der **5** Ankunft eines Gutes zu einer Art Legitimationspapier ohne das Erfordernis einer Unterschrift des Empfängers oder Auftraggebers machen. Eine solche Regelung würde gegen § 9 Abs. 1 AGBG verstoßen. Sie wird wohl auch allgemein so verstanden, daß nur eine vom Auftraggeber oder Empfänger unterschriebene Benachrichtigung als Quittung gemäß § 370 BGB gelten soll; *Krien* § 10 ADSp Anm. 6 a–c. Dies ist unbedenklich, aber überflüssig, wenn die Benachrichtigung bereits einen vorformulierten Quittungstext enthält und dieser unterschrieben wird (*Krien* § 10 ADSp Anm. 6 c). Bedeutung könnte § 10 c nur erlangen, wenn durch ihn auch die Benachrichtigung ohne derartigen ausdrücklichen Hinweis bereits die Funktion einer unterschriebenen Quittung gemäß § 370 BGB erhalten würde. Da kaum anzunehmen ist, daß eine derartige Übung handelsbräuchlich ist, müßte § 10 c in dieser Auslegung wohl als überraschende Klausel nach § 3 AGBG angesehen werden, vgl. vor § 1 ADSp Rdn. 38; evtl. auch als unangemessene Benachteiligung der Kunden nach § 9 Abs. 1 AGBG unwirksam sein.

§ 11

a) Eine über das Gut erteilte Weisung bleibt für den Spediteur bis zu einem Widerruf des Auftraggebers maßgebend.

b) Ein Auftrag, das Gut zur Verfügung eines Dritten zu halten, kann nicht mehr widerrufen werden, sobald die Verfügung des Dritten beim Spediteur eingegangen ist.

Johann Georg Helm

§ 12 ADSp

I. Weisungen (§ 11 a ADSp)

1 § 11 a ist weitgehend überflüssig. Die Maßgeblichkeit einer Weisung des Auftraggebers ergibt sich beim Speditionsvertrag aus § 408 Abs. 1. Daß die Weisung bis zu ihrer Ausführung widerruflich ist, erscheint selbstverständlich. Die Maßgeblichkeit der Weisung endet u. U. auch bereits früher, z. B. wenn sie undurchführbar oder dem Auftraggeber schädlich ist, vgl. § 13 ADSp. Im Hinblick auf seine Interessewahrnehmungspflicht darf sich der Spediteur auf sie dann ohnehin nicht mehr berufen. Inwieweit § 11 a ADSp bei Frachtgeschäften des Spediteurs (vgl. § 1 a ADSp) die Bestimmungen der §§ 433–435 HGB verdrängen soll, muß offen bleiben. Eine ergänzende Anwendung neben zwingendem Frachtrecht kommt kaum in Betracht. Siehe zum frachtrechtlichen Verfügungsrecht von Absender und Empfänger die Erläuterungen zu §§ 433–435; Rspr. zu § 11 a ADSp ist nicht bekannt.

II. Verfügung eines Dritten

2 Die zweckmäßige Regelung des § 11 b ADSp befreit den Spediteur davon, entscheiden zu müssen, wessen Weisungen bzw. Verfügungen er zu befolgen hat, die des Auftraggebers oder des Dritten. Siehe zum Verfügungsrecht des frachtrechtlichen Empfängers § 435 Rdn. 28–31. Zu den (heute offenbar bedeutungslos gewordenen) theoretischen Streitfragen um die Wirkung der „Weisung zur Verfügung eines Dritten" siehe eingehend *Krien* § 11 ADSp Anm. 12–14.

§ 12

Die Mitteilung des Auftraggebers, der Auftrag sei für Rechnung eines Dritten auszuführen, berührt die Verpflichtung des Auftraggebers gegenüber dem Spediteur nicht.

1 § 12 ADSp klärt nur, was ohnehin nach den Grundsätzen des Rechts und der Verkehrsauffassung zu gelten hätte; OLG Hamburg VersR **1984** 845. Wenn der Auftraggeber auch für Rechnung eines Dritten handelt, so bleibt er doch alleiniger Vertragspartner des Spediteurs. Auch wenn er bei der Auftragserteilung bittet, die Rechnung unmittelbar an einen Dritten zu senden, ergibt sich daraus nicht, daß er in offener Stellvertretung handelt; OLG Hamburg aaO. Anders ist die Rechtslage, wenn der Abschließende im Namen eines Dritten, also als dessen offener Stellvertreter, auftritt. Dann ist der Dritte Auftraggeber und hat sämtliche Rechte und Pflichten aus dem Speditions- oder sonstigen Verkehrsvertrag.

Siehe zur Zahlungspflicht des Empfängers § 34 ADSp.

§ 13

Mangels ausreichender oder ausführbarer Weisung darf der Spediteur, unter Wahrung der Interessen des Auftraggebers, nach seinem Ermessen handeln, insbesondere Art, Weg oder Mittel der Beförderung wählen.

1 Siehe hierzu §§ 407–409 Rdn. 89 ff.

§ 13 ist insoweit irreführend als der Spediteur nicht nur nach seinem pflichtgemäßen Ermessen handeln **kann**, sondern u. U. auch **muß**.

§ 14

a) Der Spediteur darf die Versendung des Gutes zusammen mit Gütern anderer Versender in Sammelladung (bzw. auf Sammelkonnossement) bewirken, falls ihm nicht das Gegenteil ausdrücklich schriftlich vorgeschrieben ist. Die Übergabe eines Stückgutfrachtbriefes ist kein gegenteiliger Auftrag.

b) Bei Versendung in Sammelladung gilt, wenn nichts anderes vereinbart wird, § 413 Abs. 2 Satz 2 HGB.

S. hierzu die Erl. zu §§ 412, 413, insbesondere Rdn. 127 ff. **1**

§ 15

Übernimmt der Spediteur Gut mit einem ihm vom Auftraggeber übergebenen Frachtbrief oder sonstigen Frachtpapier, so darf er das Gut mit einem neuen, seine Firmenbezeichnung tragenden Frachtpapier unter Nennung des Namens des Auftraggebers befördern, falls dieser nicht etwas anderes bestimmt hat.

Die Klausel soll sicherstellen, daß der Spediteur das Frachtgut auch dann in eigenem **1** Namen versenden oder im Wege des Selbsteintritts befördern darf, wenn der Versender schon einen Frachtbrief ausgestellt hat. Somit kommt der Ausstellung eines Frachtbriefes durch den Versender nicht die Bedeutung zu, den Spediteur anzuweisen, als offener Stellvertreter des Versenders aufzutreten.

Die Interessewahrnehmungspflicht verbietet dem Spediteur, von der Befugnis nach § 15 Gebrauch zu machen, wenn dadurch Rechte des Auftraggebers verkürzt werden würden.

Die in § 15 vorgesehene Nennung des Namens des Versenders macht diesen nicht zum Absender im Sinne des Frachtvertrags. Da der Spediteur im eigenen Namen auftritt, hat er alleine Rechte und Pflichten eines Absenders. Die Nennung des Namens des Versenders im neuen Frachtbrief ist daher nur ein Hinweis ohne rechtsgeschäftliche Bedeutung. Auch die Beweiswirkung des Frachtbriefs ist widerleglich; s. § 426³ Rdn. 3. Anderes gilt jedoch für die Eintragung des Versenders als „shipper" im Konnossement, da dieses als Wertpapier weitreichendere Wirkungen entfaltet; der Spediteur kann in diesem Fall als Vertreter ohne Vertretungsmacht haften; OLG Bremen VersR **1979** 667 f.

IV. Untersuchung, Erhaltung und Verpackung des Gutes

§ 16

a) Der Spediteur ist zur Untersuchung, Erhaltung oder Besserung des Gutes und seiner Verpackung mangels schriftlicher Vereinbarung nur im Rahmen des Geschäftsüblichen verpflichtet. § 388 Abs. 1 HGB wird hierdurch nicht berührt.

b) Der Spediteur ist mangels gegenteiliger Weisung ermächtigt, alle auf das Fehlen oder die Mängel der Verpackung bezüglichen, von der Eisenbahn verlangten Erklärungen abzugeben.

I. Untersuchung, Erhaltung, Besserung des Gutes

§ 16a ADSp legt den Umfang der Untersuchungs-, Erhaltungs- und Besserungs- **1** pflichten, nicht einen Haftungs- oder Sorgfaltsmaßstab fest; unrichtig daher *Ulmer/*

Brandner/Hensen AGBG⁴ Anh. §§ 9–11 Rdn. 20; *v. Westphalen* ZIP **1981** 120; *Löwe/v. Westphalen/Trinkner* AGBG² Bd. III, ADSp Rdn. 5. Auch mündliche Sonderabreden gehen nach § 4 AGBG vor; siehe vor § 1 ADSp Rdn. 53. Der Hinweis auf § 388 Abs. 1 HGB, der über § 407 Abs. 2 für Speditionsverträge ohnehin gelten würde, legt die Benachrichtigungspflichten des Spediteurs bei äußerlichen Schäden und Mängeln fest. Zusätzlich ist davon auszugehen, daß in Sonderfällen weitere Pflichten bestehen können, s. unten Rdn. 3.

Bei Frachtgeschäften ist die Untersuchung der Güter durch den Frachtführer ohne besonderen Auftrag allenfalls für den äußerlichen Zustand in Spezialgesetzen vorgesehen, vgl. § 16 KVO Anh. II nach § 452³ Rdn. 3; Art. 8 CMR Anh. III nach § 452³ und dort Rdn. 1–3, 5; § 58 EVO Anh. I nach § 460.

Unter den gegebenen Umständen ist nicht ersichtlich, wieso, wie *Hensen* und *v. Westphalen* aaO. annehmen, § 16 a ADSp gegen § 9 AGBG verstoßen soll. Selbst wenn man davon ausgehen würde, die Bezugnahme auf das „Geschäftsübliche" diene der Begrenzung des Sorgfaltsmaßstabs, würde darin wohl nur eine mittelbare Verweisung auf § 346 HGB und damit keine unzulässige Freizeichnung liegen; zutreffend *Staudinger/ Schlosser*¹² § 9 AGBG Rdn. 165; *Wolf* AGBG § 9 A 28.

II. Mängelanerkenntnisse (§ 16 b ADSp)

2 § 16 b ADSp gestattet dem Spediteur die in § 62 Abs. 2, 4 EVO; Art. 12 § 3 CIM vorgesehene Anerkennung der nicht ordnungsgemäßen Verpackung gegenüber der Eisenbahn zu erklären, ohne nochmals beim Versender zurückzufragen. Die Folge dieser Erklärung ist eine Beschränkung der Haftung der Eisenbahn auf nachgewiesenes Verschulden, § 83 Abs. 1 b und Abs. 2, 3 EVO; Art. 27 § 3 b, 28 § 2 S. 1 CIM. Siehe im einzelnen die Kommentierung zu diesen Vorschriften in Anhang I und II nach § 460 HGB.

Ist die Verpackung tatsächlich nicht mangelhaft, so wird eine Pflicht zur Rückfrage beim Auftraggeber anzunehmen sein. Nur in Fällen der Unerreichbarkeit und besonderer Eilbedürftigkeit kann ausnahmsweise eine zu Unrecht von der Eisenbahn geforderte Mängelanerkennung durch die Interessewahrnehmungspflicht geboten sein. Die ergibt sich daraus, daß der Spediteur nur ermächtigt ist, die Erklärungen abzugeben, dagegen seine Entscheidung von der Interessewahrnehmungspflicht abhängt.

III. Benachrichtigungs- und Verbesserungspflichten im Gefahrfall

3 § 16 a und b steht unter dem Vorbehalt der Interessewahrnehmungspflicht des Spediteurs; dies ergibt sich bereits aus § 16 a S. 2 für die Benachrichtigungspflicht des Spediteurs. Auch im übrigen ist nicht einzusehen, warum § 16 a gegenüber der Interessewahrnehmungspflicht (dazu §§ 407–409 Rdn. 88 und § 1 ADSp) nachrangig sein sollte; so aber *von Westphalen* aaO. Somit ist von folgendem auszugehen: Steht zu befürchten, daß das Gut wegen mangelhafter Verpackung Transportschäden erleiden wird, so muß der Spediteur den Versender von der Sachlage benachrichtigen oder die Verpackung verbessern. Die Interessewahrnehmungspflicht entscheidet auch darüber, welche Erklärungen hinsichtlich des mangelhaften Zustandes der Spediteur gegenüber der Eisenbahn oder anderen Frachtführern abgeben darf; siehe oben Rdn. 2.

V. Fristen

§ 17

Mangels Vereinbarung werden Verlade- und Lieferfristen nicht gewährleistet, ebensowenig eine bestimmte Reihenfolge in der Abfertigung von Gütern gleicher Beförderungsart. Die Bezeichnung als Messe- oder Marktgut bedingt keine bevorzugte Abfertigung. Unberührt bleibt die Haftung des Spediteurs für schuldhafte Verzögerungen.

§ 17 schließt nur eine „Gewährleistung" für Fristen aus, d. h. er lehnt eine Haftung **1** für unverschuldete Verspätung ab. Dies ist nunmehr durch den 1978 eingefügten Satz 3 geklärt, gilt aber auch für die alte Fassung in § 17 AÖSp; österrOGH v. 21. 11. 1973 VersR **1974** 1043, 1044. Zur Haftung des Spediteurs für schuldhafte Verzögerungen s. §§ 407–409 Rdn. 168. § 17 ADSp n. F. ist mit dem AGBG vereinbar; unstr. *Ulmer/Brandner/Hensen* AGBG[4] Anh. §§ 9–11 Rdn. 20; *Staudinger/Schlosser*[12] § 9 AGBG Rdn. 166; *v. Westphalen* ZIP **1981** 120; zur Rechtslage vor 1978 siehe die Voraufl. und *Löwe/v. Westphalen/Trinkner* § 9 AGBG Rdn. 112, zur Neufassung dagegen 2. Aufl. Bd. III, ADSp Rdn. 6. Siehe jedoch zur Lieferfristproblematik in allgemeinen Lieferungsbedingungen für das Verbrauchergeschäft einschränkend nach § 10 Nr. 1 AGBG: BGH v. 26. 1. 1983, NJW **1983** 1320ff.

Kann der Spediteur die Beförderung nicht alsbald besorgen, so hat er für eine ordnungsgemäße Einlagerung zu sorgen und haftet für Schäden aus der Nichtbeachtung dieser Pflicht: SVS-Schiedsgericht v. 9. 7. 1954, VRS **7** 272.

VI. Hindernisse

§ 18

Von dem Spediteur nicht verschuldete Ereignisse, die ihm die Erfüllung seiner Pflichten ganz oder teilweise unmöglich machen, ferner Streiks und Aussperrungen befreien ihn für die Zeit ihrer Dauer von seinen Verpflichtungen aus den von diesen Ereignissen berührten Aufträgen. Auch ist der Spediteur in solchen Fällen, selbst wenn eine feste Übernahme vereinbart ist, berechtigt, aber nicht verpflichtet, vom Vertrag zurückzutreten, auch wenn der Auftrag schon teilweise ausgeführt worden ist. Unberührt bleibt die Verpflichtung des Spediteurs zur Wahrung des Interesses des Auftraggebers. Dem Auftraggeber steht in diesen Fällen das gleiche Recht zu, wenn ihm die Fortsetzung des Vertrages billigerweise nicht zugemutet werden kann. Tritt der Spediteur oder der Auftraggeber gem. vorstehender Bestimmungen zurück, so sind dem Spediteur die entstandenen Kosten zu erstatten.

I. Leistungsverzögerung durch unverschuldete Versendungshindernisse (§ 18 S. 1 ADSp)

§ 18 S. 1 drückt, abweichend von der früheren Fassung, nur aus, was sich ohnehin **1** aus § 285 BGB ergibt: Durch unverschuldete Ereignisse gerät der Spediteur nicht in Schuldnerverzug. Wie Arbeitskämpfe in das System der Leistungsstörungen einzuordnen sind, ist zweifelhaft; jedoch sind Klauseln, die für diese Fälle die Leistungsfristen verlängern, unbestritten zulässig, selbst im Rahmen von § 10 Abs. 3 AGBG[1].

---

[1] *Staudinger/Schlosser*[12] § 10 Nr. 3 Rdn. 20; *Ulmer/Brandner/Hensen* AGBG[4] Anh. §§ 9–11 Rdn. 103; *Löwe/v. Westphalen/Trinkner* AGBG[2] § 10 Nr. 3 Rdn. 56.

Teilweise Behinderungen der Ausführung reichten auch nach der alten Fassung nicht ohne weiteres aus; z. B. nicht Niedrigwasser in der Binnenschiffahrt; RSchOG Köln VersR **1978** 370, 371.

Soweit es sich um dauernde Hindernisse handelt, kann Unvermögen oder Unmöglichkeit auf der Seite des Spediteurs vorliegen, die nach § 323 BGB zur beiderseitigen Leistungsbefreiung führen würden. Siehe §§ 407–409 Rdn. 210. Bei vom Spediteur verschuldeten Leistungsstörungen bleibt es bei der Regelung des allgemeinen Schuldrechts (§§ 286 Abs. 1, 326, 325 BGB; siehe §§ 407–409 Rdn. 81, 208; *Krien/Hay*, § 18 ADSp Anm. 4).

II. Rücktritt des Spediteurs bei Versendungshindernissen (§ 18 S. 2, 3, 4 ADSp)

1. Rücktrittsrecht

2 § 18 S. 2 ADSp gewährt dem Spediteur in den genannten Fällen ein vertragliches Rücktrittsrecht. Auf dieses ist zwar § 10 Nr. 3 AGBG nicht anzuwenden; aber jedenfalls das Verbot, in AGB ein Lösungsrecht „ohne sachlich gerechtfertigten Grund" vorzusehen, ist auch im Rahmen der §§ 24, 9 AGBG gegenüber kaufmännischen Kunden zu berücksichtigen[2] — nicht dagegen die Notwendigkeit der konkreten Angabe von Lösungsgründen[3]. Ob allerdings die Formulierung des § 18 S. 2 u. 3 eine Lösung ohne „sachlich gerechtfertigten Grund" ermöglicht, ist zweifelhaft.

Da § 18 S. 1 ADSp nur nichtverschuldete Gründe (und Arbeitskämpfe) als Rücktrittsgründe zuläßt, könnte allenfalls das Rücktrittsrecht für nicht verschuldete, aber aus der Risikosphäre des Spediteurs kommende Gründe den Auftraggeber unangemessen benachteiligen. Doch ist für diese, vom Gesetz keinem Partner fest zugeordneten Störungsursachen wohl auch in (kaufmännischen) AGB ein Gestaltungsspielraum zu bejahen[4], allein schon deshalb, weil die weitere Leistungsaufschiebung zu einer vom Spediteur zu schwer oder gar nicht zu erfüllenden weiteren Verwahrungspflicht führen würde. Bedenklich ist allerdings, daß der Rücktritt — entgegen der Regelung für den Auftraggeber in S. 4 — nicht nur im Falle der Unzumutbarkeit gewährt werden soll.

2. Kostenerstattung

3 Da der Rücktritt den Vertrag rückwirkend vernichtet bzw. in ein Rückgewährschuldverhältnis umgestaltet, kann Aufwendungsersatz vom Spediteur nach §§ 675, 670 in diesem Falle nach der gesetzlichen Regelung nicht gefordert werden. Abweichend davon will § 18 S. 5 dem Spediteur aber Kostenersatzansprüche gewähren. *Staudinger/Schlosser*[5] sieht darin eine Abweichung von §§ 428 Abs. 2 HGB, 645 BGB, soweit der Spediteur aus Gründen, die in seiner Sphäre liegen, zurücktritt und hält die Klausel daher für unzulässig nach § 9 AGBG. §§ 645 BGB und 428 Abs. 2 HGB regeln allerdings andere Fälle. Aus den Vorschriften kann allenfalls über das unsichere argumentum e contrario ein Maßstab gewonnen werden. Zu fragen ist hier, ob ein Vertragspartner, der bei nicht von ihm zu vertretenden Gründen ein vertragliches Rücktrittsrecht ausübt, sich für diesen Fall Aufwendungsersatz durch eine AGB-Klausel sichern kann. Dies kann jedenfalls nicht völlig verneint werden. Soweit der Auftraggeber Nutzen von der

---

[2] Siehe vor § 1 ADSp Rdn. 39, 40.
[3] Zutreffend *Staudinger/Schlosser*[12] § 9 AGBG Rdn. 167; *Löwe/v. Westphalen/Trinkner*[2] § 10 Nr. 3 Rdn. 87.
[4] So wohl auch *Staudinger/Schlosser*[12] § 9 AGBG Rdn. 167. Für Arbeitskämpfe ablehnend *Löwe/v. Westphalen/Trinkner*[2] § 10 Nr. 3 Rdn. 88, 65.
[5] § 9 Rdn. 167.

bis dahin ausgeführten Tätigkeit hat, ist ein Ersatz der Aufwendungen angebracht, auch wenn die Störung (unverschuldet) aus der Sphäre des Spediteurs kommt. Insgesamt handelt es sich zwar um eine die Auftraggeber in bestimmten Fällen benachteiligende Kostenrisikoverteilung. Aber Unangemessenheit i. S. d. § 9 Abs. 1 ist wohl nicht gegeben. Im Einzelfall bleibt die Möglichkeit, das Sichberufen auf den Aufwendungsanspruch als unzulässige Rechtsausübung anzusehen; siehe vor § 1 ADSp Rdn. 52.

III. Rücktritt des Auftraggebers (§ 18 S. 4, 5)

Der Rücktritt des Auftraggebers nach § 18 S. 4 geht insoweit über das gesetzliche Widerrufsrecht hinaus, als er auch schon bei begonnener Versendung ausgeübt werden kann; siehe dazu §§ 407–409 HGB. Die Verpflichtung zum Ersatz von Aufwendungen ist nicht zu beanstanden. **4**

§ 19

Der Spediteur hat nur im Rahmen seiner Sorgfaltspflicht zu prüfen und den Auftraggeber darauf hinzuweisen, ob gesetzliche oder behördliche Hindernisse für die Versendung (z. B. Ein- und Ausfuhrbeschränkungen) vorliegen. Soweit der Spediteur jedoch durch öffentliche Bekanntmachungen oder in den Vertragsverhandlungen den Eindruck erweckt hat, über besondere Kenntnisse für bestimmte Arten von Geschäften zu verfügen, hat er vorstehende Prüfungs- und Hinweispflichten entsprechend zu erfüllen.

§ 19 wurde 1978 wesentlich geändert. S. 1 legt nunmehr fest, daß zwar der Spediteur grundsätzlich nicht verpflichtet ist, darauf hinzuweisen, ob gesetzliche oder behördliche Hindernisse vorliegen. Es ist jedoch geklärt, daß der Spediteur sich auf diese Einschränkung seiner Leistungspflicht nicht berufen kann, wenn die Unterlassung des Hinweises gegen seine Sorgfaltspflicht verstoßen würde. **1**

Ein völliges und begrüßenswertes Novum ist S. 2, der nunmehr an den durch Werbung und vorbereitende Gespräche erweckten Eindruck eine echte Pflicht zu Ausführung anknüpft. Der Spediteur hat somit für die Fachkenntnis, deren er sich selbst berühmt, auch hinsichtlich seiner Leistungspflichten einzustehen.

VII. Leistungen, Entgelt und Auslagen des Spediteurs

§ 20

Angebote des Spediteurs und Vereinbarungen mit ihm über Preise und Leistungen beziehen sich stets nur auf die namentlich aufgeführten eigenen Leistungen und/oder Leistungen Dritter und, wenn nichts anderes vereinbart ist, nur auf Güter normalen Umfangs, normalen Gewichts und normaler Beschaffenheit; sie setzen normale unveränderte Beförderungsverhältnisse, ungehinderte Verbindungswege, Möglichkeit unmittelbarer sofortiger Weiterversendung sowie Weitergeltung der bisherigen Frachten, Valutaverhältnisse und Tarife, welche der Vereinbarung zugrunde lagen, voraus, es sei denn, die Veränderungen sind unter Berücksichtigung der Umstände vorhersehbar gewesen. Die üblichen Sondergebühren und Sonderauslagen gelangen außerdem zur Erhebung, vorausgesetzt, daß der Spediteur den Auftraggeber darauf hingewiesen hat; dabei genügt ein genereller Hinweis, wie etwa „zuzüglich der üblichen Nebenspesen".

I. Leistungs- und Preisvereinbarungen (§ 20 S. 1 ADSp)

1   S. 1 dieser wenig klaren Bestimmung beschränkt die Tragweite von Vereinbarungen: Der Spediteur soll nur zu den namentlich aufgeführten Leistungen verpflichtet sein und auch zu diesen nur unter einer Art clausula rebus sic stantibus. Zum anderen sollen auch Preisvereinbarungen sich nur auf solche Leistungen beziehen.

Die alte Fassung der Vorschrift enthielt die Formulierung „wenn nichts anderes *schriftlich* vereinbart ist". Abweichende Vereinbarungen bedürfen nunmehr nicht mehr der schriftlichen Festlegung.

§ 20 S. 2 ADSp sagt nicht, was geschehen soll, wenn zusätzliche Leistungen des Spediteurs zur Besorgung der Versendung erforderlich werden oder wenn die vorausgesetzten Umstände sich ändern. Genau genommen wäre der Spediteur zu weitergehenden Leistungen nur nach neuer Vereinbarung, also bei Änderung des ursprünglichen Speditionsvertrags verpflichtet und könnte erhöhte Provisionsansprüche ebenfalls nur unter diesen Voraussetzungen geltend machen. Doch ist die Klausel anders gemeint: Der Spediteur soll für unvorhergesehen notwendig werdende Leistungen zusätzliche Vergütungsansprüche erhalten.

Der BGH faßte im Urt. vom 29. 10. 1969, VersR **1970** 31, 32 die Klausel in der alten Fassung bereits so auf. § 20 ADSp enthalte eine Risikoverteilung für Ereignisse, die nach dem Abschluß des Vertrages eintreten. Alle Umstände, die ein ordentlicher Kaufmann in seine Kalkulation einbeziehen konnte, gingen zu Lasten des Spediteurs. Zu dieser Kalkulation gehörten auch die Kosten der Beseitigung solcher Hindernisse, mit denen der Spediteur bei Anwendung der Sorgfalt eines ordentlichen Kaufmanns rechnen mußte. Solche Mehrkosten waren im betreffenden Fall die vorhersehbaren Nachforderungen russischer Dienststellen beim Transittransport durch die UdSSR. Diese Rspr. ist von der Reform 1978 mit der Einfügung der Einschränkung „es sei denn ... gewesen" übernommen worden.

Praktisch dürfte die **„namentliche Aufführung"** aller möglicherweise notwendig werdenden Nebentätigkeiten des Spediteurs wohl kaum möglich sein. Die Klausel wird daher dahin auszulegen sein, daß ergänzend notwendige Tätigkeiten nur dann nicht in den Pflichtenkreis des Spediteurs und unter den Abgeltungsbereich der Provision fallen, wenn sie besonders schwerwiegende, auch für den Spediteur wirtschaftlich ins Gewicht fallende Abweichungen vom vereinbarten bzw. vom normalen Verlauf des Speditionsauftrags darstellen. Siehe auch §§ 407–409 Rdn. 4.

§ 20 wird in der Literatur zum AGBG in der neuen Fassung nicht mehr beanstandet[1].

II. Provision und Auslagenersatz (§ 20 S. 2 ADSp)

2   § 20 Abs. 2 wurde von der Rspr. bisher nicht beanstandet; s. z. B. OLG Düsseldorf transpR **1984** 203, 204f.

S. 2 ergänzt die Rechtslage für solche Tätigkeiten, die üblicherweise besonders vergütet werden. Diese sollen offenbar in den Pflichtenkreis des Spediteurs fallen, aber nur unter den Voraussetzungen der Üblichkeit besonderer Vergütung und des wenigstens generellen Hinweises des Spediteurs auf die besondere Vergütungspflicht einen speziellen Vergütungsanspruch begründen. Das Verhältnis dieser Regelung zu den einzelnen

---

[1] *Ulmer/Brandner/Hensen* AGBG[4] Anh. §§ 9–11 Rdn. 20; *v. Westphalen* ZIP **1981** 120; *Löwe/v. Westphalen/Trinkner* AGBG[2], Bd III, ADSp Rdn. 7, zur früheren Fassung 1. Aufl. § 9 Rdn. 112.

Bestimmungen, die eine besondere Provisionspflicht festlegen[2], muß durch Auslegung ermittelt werden. Man wird davon ausgehen können, daß durch § 20 S. 2 ADSp die vereinbarte Vergütung grundsätzlich alle Tätigkeiten des Spediteurs mit umfaßt und daneben Sonderprovisionen, auch soweit sie in den ADSp vorgesehen sind, bei einem mindestens generellen Hinweis geschuldet werden. Siehe zu zahlreichen Einzelheiten die Erl. von *Krien* zu § 20 ADSp. Die Vereinbarung fixer Kosten schließt die Anwendung von § 20 S. 2 ADSp aus. Das gleiche gilt für eine fest vereinbarte Höchstgrenze für Kosten und Spesen; OLG Hamburg VersR **1984** 263f.

§ 21

Wird ein Auftrag wieder entzogen, so steht dem Spediteur nach seiner Wahl entweder der Anspruch auf die vereinbarte Vergütung, unter Anrechnung der ersparten Aufwendungen, oder eine angemessene Provision zu. Weist der Auftraggeber nach, daß der Auftrag aus berechtigten, vom Spediteur zu vertretenden Gründen entzogen wird, hat der Spediteur lediglich Anspruch auf Ersatz seiner Aufwendungen und verdienten Nebenprovisionen.

I. Allgemeines

Zu den unterschiedlichen Beendigungsformen von Speditionsverträgen, unter die eine „Entziehung des Auftrags" fallen kann, siehe §§ 407–409 Rdn. 79–81 sowie § 18 S. 4, 5 ADSp. In § 21 wurde 1978 der jetzige S. 2 eingeführt. Ob dies dazu geführt hat, daß die Vorschrift nicht mehr gegen § 9 AGBG verstößt, ist streitig[1]. **1**

II. Entziehung des Auftrags

1. Bedeutung der Formulierung „Entziehung des Auftrags"

Eine Entziehung des Auftrags liegt nicht vor, wenn der Auftraggeber wegen einer vom Spediteur zu vertretenden Leistungsstörung (Verzug, Unmöglichkeit, positive Forderungsverletzung) vom Speditionsvertrag zurücktritt; so wohl auch *Krien* vor § 21 ADSp Anm. 6c. Vielmehr ist damit das Widerrufsrecht nach §§ 407 Abs. 2, 405 Abs. 3 (dazu §§ 407–409 Rdn. 80) bzw. die Kündigung i. S. v. § 649 BGB gemeint. Die Einfügung von S. 2 hat daran nichts geändert. S. 2 betrifft den Fall, daß zwar vom Spediteur zu vertretende Gründe den Auftraggeber dazu bewegen, den Auftrag zu entziehen (zu kündigen), daß aber diese Gründe keinen Rücktritt nach §§ 325, 326, 327 BGB rechtfertigen würden. **2**

2. Folgenregelung; Vereinbarkeit mit AGBG

Stimmt man der oben in Rdn. 2 vertretenen Auslegung zu, dann entspricht die Regelung des § 21 ADSp sehr weitgehend § 649 BGB. Das Anrechnungsgebot für ersparte Aufwendungen ist im Falle der Gewährung einer Provision bei der Angemessenheit zu berücksichtigen. Ein Verstoß gegen das AGBG liegt dann nicht vor. Die Auffassung, § 21 ADSp verstieße gegen § 9 AGBG, weil er Schadensersatzansprüche des Auftraggebers bei vom Spediteur zu vertretenden Gründen der Auftragsentziehung ausschließe[2], **3**

---

[2] § 21 S. 1; § 38; § 25b; § 23; § 50h.

[1] Gegen Wirksamkeit *v. Westphalen* ZIP **1981** 120. Anders jedoch nunmehr in *Löwe/v. Westphalen/ Trinkner*, AGBG[2] Bd III (1985) ADSp Rdn. 8. Für Wirksamkeit *Ulmer/Brandner/Hensen* AGBG[4] Anh.

§§ 9–11 Rdn. 20; *Staudinger/Schlosser*[12] § 9 AGBG Rdn. 168; *Wolf* AGBG § 9 A 29.

[2] *v. Westphalen* ZIP **1981** 120. Zutreffend *Ulmer/ Brandner/Hensen* AGBG[4] Anh. §§ 9–11 Rdn. 20; *Staudinger/Schlosser*[12] § 9 AGBG Rdn. 168.

§ 23 ADSp Drittes Buch. Handelsgeschäfte

trifft nicht: § 21 regelt ausschließlich die Aufwendungs- und Vergütungsansprüche und betrifft keine Ersatzansprüche. S. zu § 649 bei ähnlicher Interessenlage BGH v. 10. 3. 1983, WM **1983** 525 ff.

§ 21 sieht auch nicht den Ausschluß eines Rücktrittsrechts vor. Im Falle von § 21 S. 2 bleibt es daher dem Auftraggeber unbenommen, Ansprüche aus Leistungsstörung (z. B. wegen Schuldnerverzug, § 286 Abs. 1 BGB) geltend zu machen, die praktisch Provisions- und Aufwendungsersatzansprüche wettmachen.

III. Rücktritt des Auftraggebers bei Leistungsstörung

4   Der Rücktritt wegen Leistungsstörungen wird von § 21 nach der oben Rdn. 1 vertretenen Auslegung nicht berührt. Auch wenn dies in der Formulierung der Vorschrift nicht klar zum Ausdruck kommt, so muß doch die Anwendung der Unklarheitenregel und des Restriktionsgrundsatzes zu diesem Ergebnis führen; siehe hierzu vor § 1 ADSp Rdn. 31, 33, 34, 35 f. Zur Vertragsbeendigung infolge Leistungsstörung siehe §§ 407–409 Rdn. 79, 198. Selbst wenn man jedoch § 21 auf das Rücktrittsrecht wegen Leistungsstörungen anwenden wollte, so blieben Schadensersatzansprüche erhalten (siehe oben Rdn. 3) und könnten mit Provisions- und Aufwendungsersatzansprüchen für nutzlose Tätigkeiten verrechnet werden. Auch in diesem Falle wäre der Auftraggeber nicht unangemessen benachteiligt.

§ 22

Lehnt der Empfänger die Annahme einer ihm zugerollten Sendung ab, so steht dem Spediteur für die Rückbeförderung Rollgeld in gleicher Höhe wie für die Hinbeförderung zu.

1   § 22 ADSp enthält nur eine Klarstellung der sich aus § 354 HGB ohnehin ergebenden Vergütungspflicht für die Rückbeförderung. Da die Rückbeförderung einerseits im Interesse des Versenders erforderlich ist, andererseits nicht nach dem Speditionsvertrag geschuldet wird, könnte sich ein Anspruch auf Kostenerstattung auch aus § 683 BGB ergeben.

Siehe auch oben §§ 407–409 Rdn. 206.

§ 23

Die Provision wird auch dann erhoben, wenn ein Nachnahme- oder sonstiger Einziehungsauftrag nachträglich zurückgezogen wird oder der Betrag nicht eingeht.

1   Siehe §§ 407–409 Rdn. 204 ff. Im Gegensatz zu § 21 ADSp hat der Spediteur bei freier Zurückziehung des Nachnahmeauftrags Anspruch nicht nur auf eine angemessene, sondern auf die volle Provision.

Die Regelung weicht nicht weit von § 396 HGB ab. In aller Regel werden besondere Aufwendungen für die Einziehung der Nachnahme auch kaum erspart werden, so daß in der Praxis auch kein Widerspruch zum Gebot der Anrechnung von Ersparnissen (§ 649 BGB) auftritt. In der Literatur zum AGBG ist die Wirksamkeit von § 23 ADSp bisher nicht bestritten worden.

Stand: 1. 9. 1985

§ 24

Hat der Spediteur die Versendung von Gütern nach dem Auslande bis ins Haus des außerdeutschen Empfängers zu einem festen Prozentsatz des Fakturenwertes einschließlich des Zolles übernommen, so ist der Auftraggeber verpflichtet, den vollen Fakturenwert, ohne Rücksicht auf einen etwa eingeräumten Kassenskonto, einschließlich Zoll, Fracht und Verpackung anzugeben.

Siehe §§ 407–409 Rdn. 232 und §§ 412, 413 Rdn. 114. Die Klausel hat rein klarstellende Funktion und ist aus der Sicht des AGBG unbedenklich. **1**

§ 25

a) Der Auftrag zur Versendung nach einem Bestimmungsort im Auslande schließt den Auftrag zur Verzollung ein, wenn ohne sie die Beförderung bis zum Bestimmungsort nicht ausführbar ist.

b) Für die Verzollung kann der Spediteur neben den tatsächlich auflaufenden Kosten eine besondere Provision erheben.

c) Der Auftrag, unter Zollverschluß eingehende Sendungen zuzuführen oder frei Haus zu liefern, schließt die Ermächtigung für den Spediteur ein, unter Wahrung des Interesses des Auftraggebers über die Erledigung der erforderlichen Zollförmlichkeiten und die Auslegung der zollamtlich festgesetzten Abgaben zu entscheiden.

d) Erteilt der Auftraggeber dem Spediteur Anweisungen für die zollamtliche Abfertigung, so sind diese genau zu beachten. Falls die zollamtliche Abfertigung nach den erteilten Weisungen nicht möglich ist, hat der Spediteur den Auftraggeber unverzüglich zu unterrichten.

Siehe zur **Verzollungspflicht** des Spediteurs §§ 407–409 Rdn. 115. § 25 c wurde 1978 **1** geändert. Die Entscheidung des Spediteurs über die Erledigung der Zollförmlichkeiten und der Vorlage der Abgaben wurde nunmehr an die Wahrung der Interessen des Auftraggebers gebunden. Dies hätte sich ohnehin aus § 1 ADSp und der übergeordneten Interessewahrnehmungspflicht des Spediteurs ergeben; siehe dazu §§ 407–409 Rdn. 88.

§ 25 c ADSp hat wohl nur die Aufgabe, zwischen Spediteur und Auftraggeber zu klä- **2** ren, daß der Spediteur vertragsmäßig handelt, wenn er die Zollformalitäten erledigt und Beträge auslegt; zutreffend *Schlegelberger/Schröder* § 407 Rdn. 43. Ob dagegen § 25 c zugleich eine **Bevollmächtigung des Spediteurs zur Erledigung der Zollformalitäten** enthält, ist fraglich. Dieser Umstand kann darüber entscheiden, ob der Auftraggeber bei Vorlage der Einfuhrumsatzsteuer selbst Abgabenschuldner ist (bei Fehlen der Vollmacht) oder ob allein sein Auftraggeber (bei Vorliegen einer Vollmacht) die Abgaben schuldet. Davon hängt wiederum das Konkursvorrecht einer übergegangenen Abgabenforderung nach § 61 Abs. 2 KO ab. Das LG Hannover, Urt. v. 31. 10. 1979 22 O 53/78 (unveröffentlicht) sieht in § 25 c alleine noch keine Bevollmächtigung des Spediteurs. Diese Auslegung stimmt mit der Grundkonstruktion des Speditionsvertrags überein, weil der Spediteur grundsätzlich in eigenem Namen für fremde Rechnung handelt; siehe §§ 407–409 Rdn. 71 f. Grundsätzlich kann danach nicht davon ausgegangen werden, daß der Versender beim Speditionsvertrag vom Spediteur beliebig zum Vertragspartner der Ausführungsgeschäfte gemacht werden kann. Ob hiervon im Hinblick auf die Besonderheiten des Abgabenrechts eine Ausnahme gemacht werden kann, erscheint fraglich.

Gegen den Inhalt des § 25 ADSp bestehen aus der Sicht des AGBG keine Bedenken.

§ 26

Der Auftrag, ankommende Güter in Empfang zu nehmen, ermächtigt den Spediteur, verpflichtet ihn aber nicht, auf dem Gut ruhende Frachten, Wertnachnahmen, Zölle und Spesen auszulegen.

1 Gemäß §§ 675, 669 BGB (s. §§ 407–409 Rdn. 47) kann der Spediteur die Empfangnahme grundsätzlich von einem Kostenvorschuß abhängig machen.

§ 27

Der Spediteur ist berechtigt, von ausländischen Auftraggebern oder Empfängern nach seiner Wahl Zahlung in ihrer Landeswährung oder in deutscher Währung zu verlangen.

1 Die Vorschrift enthält eine Sonderregelung zu § 244 BGB. Die Schuld des ausländischen Auftraggebers ist Wahlschuld, wobei das Wahlrecht dem Spediteur als Gläubiger zusteht.

§ 28

Wird der Spediteur fremde Währung schuldig, oder hat er fremde Währung ausgelegt, so ist er (soweit nicht öffentlich-rechtliche Bestimmungen entgegenstehen) berechtigt, nach seiner Wahl entweder Zahlung in der fremden oder in deutscher Währung zu verlangen. Verlangt er deutsche Währung, so erfolgt die Umrechnung zu dem am Tage der Zahlung an der Devisenbörse in Frankfurt a. M. amtlich festgesetzten Kurs, es sei denn, daß nachweisbar ein anderer Kurs zu zahlen oder gezahlt worden ist.

1 § 28 bezieht sich auf den Auslagenersatzanspruch, der entsteht, wenn der Spediteur zur Ausführung des Speditionsvertrags Verpflichtungen in fremder Währung übernommen oder Zahlungen in fremder Währung geleistet hat; Anwendungsfall zu § 28 S. 2: OLG Düsseldorf transpR **1984** 222, 227.

§ 29

Rechnungen des Spediteurs sind sofort zu begleichen. Zahlungsverzug tritt, ohne daß es einer Mahnung oder sonstiger Voraussetzungen bedarf, spätestens 10 Tage nach Zugang der Rechnung ein, sofern er nicht nach dem Gesetz schon vorher eingetreten ist. Der Spediteur darf im Falle des Verzuges Zinsen in Höhe von 2% über dem zum Zeitpunkt des Eintritts des Verzuges geltenden Diskontsatz der Deutschen Bundesbank und die ortsüblichen Spesen berechnen.

I. Fälligkeit (§ 29 S. 1 ADSp)

S. 1 bestimmt generell, daß für Forderungen des Spediteurs keine Zahlungsziele gelten. Die Klausel kann nicht so ausgelegt werden, daß sie dem Spediteur die Möglichkeit gibt, durch vorzeitige Rechnungsstellung die Fälligkeit seiner Forderungen (siehe z. B. § 409 HGB hinsichtlich der Provisionsforderung) vorzuverlegen. Zutreffend *Schlegelberger/Schröder*[5] § 409 Rdn. 4. Der Spediteur kann selbstverständlich durch Sondervereinbarung Zahlungsziele gewähren. Dies ist auch mündlich oder stillschweigend möglich, da die ADSp keine allgemeine Schriftformklausel nach § 127 BGB enthalten.

II. Zahlungsverzug (§ 29 S. 2 ADSp)

Gemäß § 284 BGB müßte der Spediteur, wenn er nicht mit dem Auftraggeber einen kalendermäßig bestimmten Leistungszeitpunkt vereinbart hat, den Auftraggeber mahnen, um ihn in Verzug zu setzen. Hiervon will § 29 S. 2 ADSp abweichend den Verzug ohne Mahnung 10 Tage nach Zugang der Rechnung eintreten lassen. Diese Lösung würde gegenüber nichtkaufmännischen Kunden gegen § 11 Nr. 4 AGBG verstoßen. Daher ist zu fragen, ob der Gedanke dieser Vorschrift bei Bedingungen, die nur gegenüber Kaufleuten gelten, nach §§ 24, 9 AGBG zur Unwirksamkeit der Klausel führen würde[1]. Dies ist jedoch nicht anzunehmen. § 29 S. 2 ADSp weicht zwar von § 284 BGB ab. Diese Vorschrift enthält aber für den kaufmännischen Verkehr keinen wesentlichen Grundgedanken i. S. einer besonderen Gerechtigkeitsvorstellung; siehe zu diesem Erfordernis vor § 1 Rdn. 45. Dies zeigt sich bereits in der teilweisen Überspielung durch § 353 HGB. Die grundsätzliche Abhängigkeit des Zahlungsverzugs von der Mahnung ist zwar gegenüber geschäftlich ungewandten Nichtkaufleuten zu ihrem Schutz erforderlich. Sie führt aber, da das allgemeine Zinsniveau seit langem stets über den 5% des § 352 HGB liegt, zu unangemessenen Zinsersparnissen des nichtgemahnten nach Fälligkeit säumigen Schuldners. Kaufleuten ist pünktliche Zahlungserledigung zuzumuten. Wenn sie Zahlungsfristen benötigen, müssen sie sich grundsätzlich ein Zahlungsziel vertraglich sichern.

Die Einführung einer 10tätigen Schonfrist nach Rechnungseingang (und Fälligkeit s. oben Rdn. 1) enthält daher keine unangemessene Benachteiligung des kaufmännischen Kunden.

III. Zinsen und Spesen (§ 29 S. 3 ADSp)

Die Vorschrift in der Neufassung von 1978 ist mit dem AGBG vereinbar. Der Verzugszins in Höhe von 2% über dem Bundesbankdiskont ist von der Rechtsprechung sogar in Bedingungen für nichtkaufmännische Kunden anerkannt worden[2] und wird auch in der Literatur zum AGBG nicht beanstandet[3].

§ 30

a) Von Forderungen oder Nachforderungen für Frachten, Havarieeinschüsse oder -beiträge, Zölle, Steuern und sonstige Abgaben, die an den Spediteur, insbesondere als Verfügungsberechtigten oder als Besitzer fremden Gutes, gestellt werden, hat der Auf-

---

[1] *Löwe/v. Westphalen/Trinkner* AGBG[2] Bd III (1985) ADSp Rdn. 9.
[2] BGH v. 7. 10. 1981, NJW 1982 331, 332, in BGHZ 82 21ff unerkennbar weggekürzt; OLG Frankfurt BB 1980 1550.
[3] *v. Westphalen* ZIP 1981 120; *Ulmer/Brandner/Hensen* AGBG[4] Anh. §§ 9–11 Rdn. 20. Abweichend noch *Löwe/v. Westphalen/Trinkner* § 9 Rdn. 112, die sich zu Unrecht auf meine Kommentierung in der Vorauflage, Anm. 3 berufen.

traggeber den Spediteur auf Anforderung sofort zu befreien, wenn sie der Spediteur nicht zu vertreten hat. Er ist berechtigt, die zu seiner Sicherung oder Befreiung ihm geeignet erscheinenden Maßnahmen zu treffen, nötigenfalls, sofern die Sachlage es rechtfertigt, auch durch Vernichtung des Gutes.

b) Der Auftraggeber hat den Spediteur in geschäftsüblicher Weise rechtzeitig auf alle öffentlich-rechtlichen, z. B. zollrechtlichen, Verpflichtungen aufmerksam zu machen, die mit dem Besitz des Gutes verbunden sind, soweit nicht auf Grund der Angebote des Spediteurs davon auszugehen ist, daß diese Verpflichtungen ihm bekannt sind. Für alle Folgen der Unterlassung haftet der Auftraggeber dem Spediteur.

I. Aufwendungsersatz (§ 30a S. 1 ADSp)

1   Die Bestimmung regelt einen Sonderfall des Aufwendungsersatzes. Soweit die Aufwendungen in der Eingehung von Verbindlichkeiten bestehen, steht dem Spediteur, insoweit entsprechend §§ 675, 670, 257 BGB (OLG Hamburg v. 23. 3. 1979 1 U 91/78, unveröffentlicht) ein Schuldbefreiungsanspruch gegen den Auftraggeber zu. Siehe dazu §§ 407–409 Rdn. 216. Durch die Änderung von 1978 ist klargestellt worden, daß der Spediteur keine Befreiung von solchen Kosten verlangen kann, die er selbst zu vertreten hat. § 30a S. 1 weicht nicht wesentlich von der gesetzlichen Rechtslage ab. Die Klausel ist danach unstreitig mit dem AGBG vereinbar.

II. Maßnahmen des Spediteurs zu seiner Schuldbefreiung (§ 30a S. 2 ADSp)

1. Grundsätzlicher Inhalt der Klausel

2   § 30a S. 2 räumt dem Spediteur eine sehr weitgehende Freiheit in der Wahl und Ausführung von Maßnahmen zu seiner Befreiung von Verbindlichkeiten nach S. 1 ein. Darunter fallen insbesondere die Rücksendung des Guts auf Kosten des Auftraggebers, Einlagerung, Auslieferung an eine Zollbehörde, aber auch Verkauf des Gutes und Vernichtung. Nach *Krien* § 30 ADSp Anm. 3 gehört dazu auch die Erfüllung des Anspruchs des Dritten, seine Anerkennung und der Abschluß eines Vergleichs.

2. Vereinbarkeit mit dem AGBG

3   Wenn auch ein Interesse des Spediteurs an der Selbstdurchführung der Befreiungsmaßnahmen anzuerkennen ist, so läßt die Formulierung des (1978 unveränderten) Textes es fraglich erscheinen, ob die Klausel mit § 9 AGBG vereinbar ist. Insbesondere soll der Spediteur unbeschränkt berechtigt sein, die „ihm geeignet erscheinenden Maßnahmen" zu ergreifen. Also soll es auf die objektive Geeignetheit nicht ankommen. Nur die Vernichtung des Gutes wird nach dem Text der Klausel dadurch eingeschränkt, daß sie nur „nötigenfalls, sofern die Sachlage es rechtfertigt" zulässig sein soll. Danach wären bei exakter Textauslegung alle anderen Maßnahmen ohne diese Einschränkung zulässig. Eine vorhergehende Benachrichtigung oder Rückfrage beim Auftraggeber ist nicht vorgesehen. Legt man die Formulierung in dieser Weise aus, dann ist der Auftraggeber durch diese Klausel unangemessen benachteiligt nach § 9 Abs. 1 AGBG; insbesondere weil durch sie die Interessewahrnehmungspflicht des Spediteurs (§§ 407–409 Rdn. 88 und § 1 ADSp) entgegen § 9 Abs. 2 Nr. 2 AGBG unangemessen eingeschränkt wäre; vgl. dazu vor § 1 ADSp Rdn. 44 ff.

4   Im **Individualprozeß** können diese Bedenken möglicherweise durch **geltungserhaltende einschränkende Auslegung** ausgeräumt werden; vgl. vor § 1 ADSp Rdn. 35 f. Insbesondere kann die Bestimmung so verstanden werden, daß die Rechte zur Selbstbefreiung des Spediteurs stets unter dem Vorbehalt der Interessewahrnehmungspflicht ste-

hen. Danach ist der Spediteur verpflichtet, vorab die Interessen des Auftraggebers zu wahren, d. h. bei diesem zurückzufragen und Weisungen abzuwarten, sowie nur solche Maßnahmen zu ergreifen, die nach der Sachlage notwendig sind oder jedenfalls bei sorgfältiger Würdigung der Sachlage dem Spediteur notwendig erscheinen mußten. Verkauf und Vernichtung müssen danach ultima ratio bleiben. Solange der Spediteur durch sein Pfandrecht (vgl. § 410 HGB und die dortigen Erläuterungen) geschützt ist, darf er jedenfalls keine den Auftraggeber schädigenden Maßnahmen vornehmen.

Allerdings kann der Spediteur vielfach nicht abschätzen, wie weit sein Pfandrecht überhaupt besteht (vgl. die Erl. zu § 410) und wie weit der Warenwert im Falle einer Verwertung ausreicht, um den betreffenden Schaden zu decken. Betrachtet man unter diesem Gesichtspunkt § 30a S. 2 als gültig, dann kann sich der Spediteur im Individualprozeß auf ihn nicht berufen, soweit ein Verstoß gegen seine Interessewahrnehmungspflicht vorliegt; vgl. vor § 1 ADSp Rdn. 52.

In einem eventuellen **Verbandsklageverfahren** nach §§ 13ff AGBG wäre die Vorschrift wohl kaum durch diese Auslegung vor dem Verbot zu bewahren; vgl. vor § 1 ADSp Fn. 36, 32. **5**

3. Einzelne Maßnahmen

Zum Verkauf und der Vernichtung des Gutes siehe § 5 ADSp Rdn. 10ff. Soweit aus § 30a S. 2 ADSp gefolgt wird, der Spediteur könne Forderungen Dritter anerkennen oder darüber Vergleiche schließen (*Krien* § 30 Anm. 3), handelt der Spediteur allerdings als Vertreter ohne Vertretungsmacht, falls er im Namen des Auftraggebers handelt. Denn der Spediteur ist grundsätzlich nicht zur offenen Stellvertretung berechtigt; vgl. § 25 ADSp Rdn. 2. Allerdings ergibt sich u. U. aus dem Speditionsvertrag eine Verpflichtung des Auftraggebers, die Stellvertretung zu genehmigen. **6**

III. Unterrichtungspflicht des Auftraggebers (§ 30b S. 1 ADSp)

§ 30b präzisiert die ohnehin bestehende Unterrichtungspflicht des Auftraggebers. Es ist nach AGB-Recht nicht zu beanstanden, daß diese Unterrichtungspflicht auch dann besteht, wenn die Verpflichtungen dem Spediteur hätten bekannt sein müssen. Denn hierdurch wird die Schadensverhütung durch doppelte Aufmerksamkeit der Parteien verbessert. Daraus läßt sich aber nicht der Schluß ziehen, daß damit dem Spediteur das Risiko ordnungsgemäßer und beruflich einwandfreier Vertragserfüllung abgenommen werden sollte; siehe zur Haftung unten Rdn. 8. **7**

IV. Haftung des Auftraggebers (§ 30b S. 2 ADSp)

§ 30b S. 2 sieht keine Haftung ohne Verschulden vor (zutreffend *Krien* § 30 Anm. 12). Die in der Voraufl. vertretene Auffassung, die Klausel begründet eine Haftung ohne Verschulden, wird aufgegeben. Nach § 5 AGBG (vgl. vor § 1 ADSp Rdn. 31 ff) und nach dem Grundsatz enger Auslegung (dort Rdn. 34) muß davon ausgegangen werden, daß § 30b S. 2, der auf das Erfordernis des Verschuldens nicht eingeht, nur das Bestehen einer Haftung des Auftraggebers aus positiver Vertragsverletzung klarstellen will. Die Klausel ist danach nicht nach § 9 AGBG zu beanstanden. **8**

Versäumt der Auftraggeber entgegen § 30b S. 1, dem Spediteur die dort vorgesehenen Hinweise zu geben, verstößt aber der Spediteur mit der Behandlung der betreffenden Angelegenheit gleichzeitig gegen seine vertraglich-berufliche Sorgfaltspflicht, dann kann er sich hinsichtlich solcher Pflichten, die er infolge eigener Sorgfaltspflichtverletzung nicht kannte, nicht auf das Fehlen der Information durch den Auftraggeber berufen. Denn die Erledigung dieser Angelegenheiten und die dazu erforderlichen Kenntnisse sind primär Sache des Spediteurs und begründen auch zu seinen Gunsten eine besondere Vergütungspflicht (vgl. § 25a, b ADSp). Im Rahmen von § 254 BGB wird es, falls überhaupt Verschulden des Auftraggebers vorliegt, daher zur ganz überwiegenden Verursachung des Schadens durch den Spediteur und damit zur vollen Haftung führen.

§ 31

Durch vom Spediteur nicht zu vertretende öffentlich-rechtliche Akte werden die Rechte des Spediteurs gegenüber dem Auftraggeber nicht berührt; der Auftraggeber bleibt Vertragsgegner des Spediteurs und haftet, auch wenn ihn kein Verschulden trifft, dem Spediteur für alle aus solchen Ereignissen entstehenden Folgen.

Etwaige Ansprüche des Spediteurs gegenüber dem Staat oder einem sonstigen Dritten werden hierdurch nicht berührt.

I. Allgemeines

1 Die Bestimmung bestätigt teilweise Selbstverständliches. Durch einen öffentlich-rechtlichen Akt, z. B. eine Beschlagnahme, wird der Staat ohnehin nicht Partei der hinsichtlich dieser beschlagnahmten Sache bestehenden Schuldverträge. Sollte ein behördlicher Akt aber auf rechtlich einwandfreier Grundlage eine solche Folge mit sich bringen, so wären die ADSp als allgemeine Geschäftsbedingungen demgegenüber wirkungslos.

2 § 31 ADSp betrifft nicht solche behördliche Akte, die reine **Beförderungshindernisse** darstellen. Für diese gelten die Sonderbestimmungen der §§ 18, 19 ADSp. Betroffen sind vielmehr solche, durch die dem Spediteur die Verfügungsmacht über das Gut entzogen wird, Veränderungen am Gut vorgenommen werden und ähnliches; siehe zur alten Formulierung („Beschlagnahme") *Krien/Hay*, § 31 ADSp Anm. 2f.

II. Provisionsansprüche

Praktische Bedeutung könnte S. 1 für die Provisionsfrage gewinnen.

3 1. Hat der Spediteur den öffentlich-rechtlichen Akt, insbesondere die Beschlagnahme zu vertreten, so greift § 31 S. 1 ADSp nicht ein. Vielmehr gelten hierfür die vom Spediteur für den Fall seines Vertretenmüssens allgemein maßgeblichen Regeln; siehe dazu §§ 407–409 Rdn. 208; *Krien/Hay* § 31 ADSp Anm. 5. In Betracht kommen insbesondere Fehler bei der Zollbehandlung, Kennzeichnung der Güter oder andere Verstöße gegen öffentlich-rechtliche Normen. Diese hat der Spediteur bei der Ausführung des Verkehrsvertrages zu unterlassen. Diese Verschuldensfälle verstoßen insbesondere auch gegen die Interessewahrnehmungspflicht.

4 2. Hat der Auftraggeber den öffentlichen Eingriff zu vertreten, dann würde § 324 BGB gelten; siehe §§ 407–409 Rdn. 210. Der Spediteur behielte seine Ansprüche aus dem Speditionsvertrag, also auch den Provisionsanspruch, müßte sich aber Ersparnisse anrechnen lassen.

5 3. Bei von keiner Partei zu vertretenden Umständen würde § 18 ADSp eingreifen. Der Spediteur hätte keinen Provisionsanspruch, wohl aber Kostenerstattungsansprüche; siehe im einzelnen §§ 407–409 Rdn. 210 und § 18 ADSp Rdn. 3.

6 4. In den Fällen zu 2 und 3 könnte § 31 ADSp dadurch eine Änderung herbeiführen, daß er die Provisionsansprüche des Spediteurs auch bei teilweiser Nichtausführung ungekürzt bestehen ließe; so *Krien/Hay* § 31 ADSp Anm. 5; unklar *Krien* § 31 ADSp Anm. 4 a. E. Jedoch kann dieser Auffassung nicht zugestimmt werden. Da die ADSp sich in diesem Punkt nicht klar ausdrücken, muß es nach der Unklarheitenregelung (siehe vor § 1 ADSp Rdn. 31ff) bei der Regelung der §§ 324 BGB bzw. 18 ADSp verbleiben. Im übrigen wäre eine Klausel, die dem Spediteur die volle Leistung ohne Anrechnung von Ersparnissen zubilligte, kaum als angemessene Regelung i. S. von § 9 AGBG (siehe dazu vor § 1 ADSp Rdn. 39ff) anzusehen.

III. Haftung des Auftraggebers

§ 31 Abs. 1, Hs. 2 ADSp begründet eine Haftung des Auftraggebers für Folgen aus **7** öffentlich-rechtlichen Akten ohne Verschulden; Anwendungsfall: BGH v. 22. 1. 1954, BGHZ **12** 136ff. Da von keiner Seite verschuldete öffentlich-rechtliche Akte, insbesondere Beschlagnahmen, ein Risiko darstellen, das jedenfalls nicht in den Einflußbereich des Spediteurs, sondern eher des Wareneigentümers fällt, ist die Regelung nicht zu beanstanden; zutreffend *Krien* § 31 ADSp Rdn. 7b. Allerdings kann sich der Spediteur auf sie nicht berufen, wenn er die Speditionsversicherung nicht gedeckt hat (§ 41 ADSp, OLG Düsseldorf NJW **1983** 1518). Für öffentlich-rechtliche Akte, insbesondere Beschlagnahmen, die der Spediteur zu vertreten hat, haftet er. Da die Speditionsversicherung gemäß § 5 Nr. 5 SVS/RVS die Beschlagnahmeschäden nicht deckt, greift hier die (beschränkte) Haftung des Spediteurs selbst ein. § 41 a ADSp kann nicht zur Haftungsfreiheit des Spediteurs führen; siehe dazu §§ 407–409 Rdn. 15 f; § 5 SVS/RVS Rdn. 13, Anh. II nach § 415.

IV. Zwingendes Recht

Soweit zwingendes Frachtrecht die Folgen öffentlich-rechtlicher Akte, insbesondere **8** der Beschlagnahmen abweichend regelt, ist § 31 ADSp nicht anzuwenden, insbesondere im Hinblick auf §§ 12, 13, 34 S. 1b KVO; Art. 6, 7 Abs. 1c, 17 Abs. 1 CMR.

§ 32

Gegenüber Ansprüchen aus dem Speditionsvertrag (§ 2 Buchstabe a) und damit zusammenhängenden Ansprüchen aus unerlaubter Handlung und ungerechtfertigter Bereicherung ist eine Aufrechnung oder Zurückbehaltung nur mit fälligen Gegenansprüchen, denen ein Einwand nicht entgegensteht, zulässig.

Übersicht

	Rdn.		Rdn.
I. Bedeutung des § 32 ADSp	1	5. Nichtdeckung der Speditionsversicherung (§ 41 ADSp)	7
1. Einschränkung der Aufrechnung	1		
2. Die Einschränkung von Zurückbehaltungsrechten	2	III. „Gegenansprüche, denen ein Einwand nicht entgegensteht"	8
		IV. Wirksamkeit von § 32 ADSp	9
II. Anwendungsbereich des § 32 ADSp	3	1. Vereinbarkeit mit dem AGBG	9
1. Vertragsart	3	2. Verhältnis zu zwingendem Recht	11
2. Erstreckung auf außervertragliche Ansprüche	4	a) Vereinbarkeit mit der KVO	12
3. Abgetretene Forderungen	5	b) CMR	13
4. Rechtsnatur der Gegenforderung	6	c) Andere frachtrechtliche Regelungen	14

I. Bedeutung des § 32 ADSp

1. Einschränkung der Aufrechnung

1 Gemäß §§ 387, 390 BGB kann mit nichtfälligen oder einredebehafteten Gegenforderungen nicht aufgerechnet werden. Erklärt der Schuldner dennoch die Aufrechnung mit solchen Gegenforderungen, so muß im Prozeß über die Forderung die Fälligkeit der Gegenforderung bzw. die ihr entgegenstehende Einrede geprüft werden. Diese Rechtslage will § 32 ADSp zugunsten des Spediteurs verbessern. Die ausdrückliche Erwähnung des Erfordernisses der Fälligkeit der Gegenforderung ist dabei überflüssig, weil sie nur die ohnehin bestehende gesetzliche Rechtslage wiederholt. Dagegen schränkt § 32 ADSp die Aufrechnung des Auftraggebers ein, indem er sie auf Gegenforderungen beschränkt, denen „ein Einwand nicht entgegensteht". Zweck dieser nicht sehr klar formulierten Einschränkung ist es, zu verhindern, daß der Spediteur wegen seiner Ansprüche mit zweifelhaften (illiquiden) Gegenforderungen und deren zeitraubender Prüfung hingehalten wird[1]; siehe im einzelnen unten Rdn. 10. Die Aufrechnung mit einer solchen Gegenforderung ist unzulässig, so daß sie im Prozeß gegen den Spediteur nicht berücksichtigt werden kann, vielmehr der Kunde hinsichtlich ihrer Geltendmachung auf Widerklage oder selbständige Klage verwiesen ist.

2. Die Einschränkung von Zurückbehaltungsrechten

2 § 32 ADSp will auch die Ausübung von Zurückbehaltungsrechten in gleicher Weise wie die Aufrechnung einschränken. Da Zurückbehaltungsrechte wirtschaftlich vielfach eine aufrechnungsähnliche Wirkung erzielen, kann ihre Einschränkung im wesentlichen der Einschränkung einer Aufrechnung gleich behandelt werden.

II. Anwendungsbereich des § 32 ADSp

1. Vertragsart

3 Die frühere Fassung bezog die Einschränkungen von Aufrechnung und Zurückbehaltung auf Gegenforderungen, die „gegenüber Ansprüchen des Spediteurs" geltend gemacht wurden. Damit waren jedenfalls alle Arten von Spediteurverträgen i. S. v. § 2 ADSp a. F. gemeint. Der 1978 neu formulierte Text bereitet jedoch Verständnisschwierigkeiten. Nach dem Wortlaut bezieht sich die Einschränkung jetzt nur noch auf „Speditionsverträge". Mit dem Klammerzusatz wird aber zugleich auf § 2 a ADSp verwiesen, der nicht nur Speditionsverträge umfaßt. Nach den Vorstellungen der Verbände bei der Revision war wohl eine Einschränkung des Anwendungsbereichs von § 32 auf bestimmte Arten von Geschäften nicht beabsichtigt. Mit „Speditionsvertrag" sollte danach wohl jeder unter § 2 a fallende Vertrag gemeint sein. Nach der bisherigen Rspr. des BGH ist kaum damit zu rechnen, daß durch Anwendung der Unklarheitenregel oder des Restriktionsprinzips der Anwendungsbereich verkleinert werden wird; siehe dazu vor § 1 ADSp Rdn. 31.

2. Erstreckung auf außervertragliche Ansprüche

4 Seit 1978 ist die Einschränkung von Aufrechnung und Zurückbehaltung auch auf Ansprüche aus ungerechtfertigter Bereicherung und unerlaubter Handlung erstreckt worden, soweit sie mit dem Speditionsvertrag zusammenhängen. Dies ist eine zweckmäßige Ausdehnung, weil das Bedürfnis, sich vor Hinhalten durch Aufrechnung mit möglicher-

---

[1] BGH v. 22.1.1954, BGHZ **12** 136, 143; v. 4. 5. 1956, MDR **1956** 664, 665; v. 20. 12. 1956, VersR **1957** 192, 193; v. 4. 2. 1982, Der Spediteur **1983** Nr. 5, S. 24, 26.

weise unbegründeten Gegenansprüchen zu schützen, auch bei derartigen Ansprüchen besteht. Für das Zurückbehaltungsrecht geht die Regelung davon aus, daß der Begriff der Konnexität in § 273 BGB sehr weit gesehen und daher auch insoweit der Gefahr des Hinhaltens begegnet werden muß.

3. Abgetretene Forderungen

§ 32 ADSp gilt auch für die Aufrechnung mit Gegenforderungen, die dem Versender von dritter Seite (vom Ladungseigentümer) abgetreten worden sind; BGH v. 11. 6. 1976, WM **1976** 1019, 1021. Zur Abtretung der durch das Aufrechnungsverbot geschützten Spediteurforderung auf einen Nichtspediteur siehe BGH v. 20. 12. 1956, VersR **1957** 192, 193.

4. Rechtsnatur der Gegenforderung

Auf die Rechtsnatur der Gegenforderung kommt es grundsätzlich nicht an. § 32 ADSp setzt nur einen Zusammenhang der Aktivforderung des Spediteurs mit dem Speditionsgeschäft voraus. Auch wenn die Gegenforderung der CMR zwingend unterliegt, ist das Aufrechnungsverbot für sie wirksam; BGH v. 4. 2. 1982, Der Spediteur **1983** Nr. 5 S. 24, 26.

5. Nichtdeckung der Speditionsversicherung (§ 41 ADSp)

Hat der Spediteur die Speditionsversicherung auftragswidrig nicht gedeckt, so kann er sich auf die gesamten ADSp, also auch auf § 32, nicht berufen; vgl. § 41 c ADSp und dort Rdn. 7; OLG Frankfurt VersR **1982** 462. Ist dagegen keine Speditionsversicherungsdeckung vorhanden, weil der Auftraggeber sie verboten hat (siehe § 39 Rdn. 18 f), dann gelten zugunsten des Spediteurs die gesamten Bestimmungen der ADSp, einschließlich § 32.

III. „Gegenansprüche, denen ein Einwand nicht entgegensteht"

Die in sich nicht präzise abgegrenzte Formulierung in § 32 ADSp ist durch eine ständige Rechtsprechung abgegrenzt worden. Unter „Einwand" i. S. d. Klausel ist dabei jeder Einwand im weitesten Sinne, auch das Bestreiten der Entstehung der Gegenforderung zu verstehen; siehe z. B. OLG Düsseldorf NJW **1961** 224f. Doch hat die Rspr. des BGH (oben Fn. 1) es dem Spediteur mit Recht versagt, mit unsubstantiiertem Bestreiten der Gegenforderung die Aufrechnung zu verhindern. Um einen Einwand i. S. d. § 32 ADSp darzutun, muß der Spediteur vielmehr mit Tatsachenbehauptungen belegen, worin dieser besteht. Fehlt es an solchen oder lassen sich diese sofort als unrichtig erkennen, so z. B. im Fall RSchOG Köln VersR **1978** 370, so kann das Gericht die Aufrechnung trotz § 32 ADSp berücksichtigen und über die Gegenforderung Beweis erheben oder ein Urteil unter Vorbehalt der Entscheidung über die Aufrechnung erlassen. Der Spediteur kann somit § 32 ADSp nicht seinerseits dazu benutzen, mit unsubstantiierten oder offensichtlich unzutreffenden Einwänden die Aufrechnung zu verhindern. Das OLG Düsseldorf VersR **1982** 158 legt § 32 „nach Treu und Glauben" so aus, daß auch solche Gegenforderungen zur Aufrechnung zugelassen sind, „deren Berechtigung ohne Schwierigkeiten geklärt werden kann, wie es im Rechtsstreit unter vorbereitenden Maßnahmen in der ersten mündlichen Verhandlung und im zweiten Rechtszug durch vorbereitende Maßnahmen vor dem frühesten Verhandlungstermin vor dem Kollegium geschehen kann und hier geschehen ist"; ähnlich OLG Düsseldorf transpR **1985** 128. In der Praxis bedeutet dies, daß zunächst die Gegenforderung in den Prozeßstoff aufgenommen und ausgetestet wird, inwieweit die Einwände schnell zu entkräften sind; s. als

Anh. I § 415
§ 32 ADSp Drittes Buch. Handelsgeschäfte

Beispiel aus der Rspr. OLG Frankfurt BB **1981** 1917; weitere Anwendungsfälle OLG Hamm VersR **1973** 813; OLG Düsseldorf VersR **1978** 926, 927; LG Hamburg transpR **1983** 82 (Berufung auf § 52 b ADSp); LG Ravensburg transpR **1985** 269 f; zu einem Leasing-Fall der Aufrechnung mit einer durch eine behauptete frühere Aufrechnung bestrittenen Forderung s. BGH vom 26. 11. 1984, WM **1985** 264, 266.

IV. Wirksamkeit von § 32 ADSp
1. Vereinbarkeit mit dem AGBG

9 § 32 ADSp genügt den Anforderungen von § 11 Nr. 3 AGBG, der einen formularmäßigen **Aufrechnungsausschluß** für bestrittene Gegenforderungen nicht verbietet. Unter Kaufleuten ist demgemäß ein solches Aufrechnungsverbot unstr. mit dem AGBG vereinbar[2]. Die Klausel wurde auch in der neuesten Rspr. nicht beanstandet; BGH v. 4. 2. 1982, Der Spediteur **1983** Nr. 5, S. 24, 26; zu einer ähnlichen Klausel zu einem Leasingvertrag BGH v. 26. 11. 1984, WM **1985** 264, 266 f; v. 7. 3. 1985.

Aufrechnungsverbote in AGB sind jedoch regelmäßig so auszulegen, daß sie im Konkurs oder Vergleich des Verwenders (also hier des Spediteurs) nicht gelten sollen[3]; eine vor dem Konkurs erklärte und infolge der AGB-Klausel unwirksame Aufrechnung kann und muß nach Konkurseröffnung wiederholt werden; BGH v. 12. 10. 1983 aaO.

Im Falle von Vorsatz und grober Fahrlässigkeit des Spediteurs oder seiner leitenden Angestellten bzw. grobem Organisationsverschulden (vgl. vor § 1 ADSp Rdn. 49) könnte die Vorschrift unwirksam sein. Es erscheint allerdings kaum zweckmäßig, für diesen Fall eine generelle Ausnahme zu machen. Würde man die Aufrechnung mit Gegenforderungen, die auf solches grobes Verschulden gestützt sind, generell zulassen, dann könnte zwar mit der Behauptung groben Verschuldens die Prüfung der Gegenforderung im Prozeß über den Spediteur-Anspruch erzwungen werden. Fehlte es nach der Beweisaufnahme aber am groben Verschulden, dann müßte der Klage stattgegeben werden, obwohl u. U. das Bestehen der Gegenforderung bereits geklärt wäre — eine wenig zweckmäßige Lösung. Es sind jedoch Fallgestaltungen denkbar, in denen ein Sichberufen auf das Aufrechnungsverbot gegen Treu und Glauben verstößt; vgl. z. B. BGH v. 15. 2. 1978, VersR **1978** 522 (Miete und Reparatur eines Krans).

10 Die **Einschränkung des Zurückbehaltungsrechts** durch § 32 ADSp wird teilweise in der Literatur als unwirksam angesehen[4]; diese Auffassung wird damit begründet, daß § 11 Nr. 2 AGBG über § 9 auch auf AGB anzuwenden sei, die ausschließlich gegenüber kaufmännischen Kunden gelten[5].

Die Frage ist davon abhängig, inwieweit die Verbotskataloge im kaufmännischen Verkehr maßgeblich sein sollen; siehe dazu vor § 1 ADSp Rdn. 39 f. Da § 32 ADSp die Geltendmachung von Zurückbehaltungsrechten nur beschränkt, kann die Frage, ob ein gänzlicher Ausschluß mit dem AGBG vereinbar ist, hier offen bleiben. Die gegebene Einschränkung entspricht der grundsätzlichen Haltung des Gesetzgebers zum ver-

---

[2] *Ulmer/Brandner/Hensen* AGBG[4] Anh. §§ 9–11 Rdn. 20; *Löwe/v. Westphalen/Trinkner* AGBG § 9 Rdn. 112; zur Unwirksamkeit eines unbeschränkten Aufrechnungsverbots im kaufmännischen Verkehr s. BGH v. 20. 6. 1984, WM **1984** 1100, 1102; zur Auslegung der Klausel c. o. d. als solches Aufrechnungsverbot BGH v. 19. 9. 1984, WM **1984** 1572 f.
[3] RGZ **124** 8, 9 f; BGH v. 2. 12. 1974, NJW **1975** 442 f; v. 6. 7. 1978, NJW **1978** 2244 f (Vergleich); v. 12. 10. 1983, NJW **1984** 357.
[4] *Löwe/v. Westphalen/Trinkner*, AGBG[2] § 9 Rdn. 112 und Bd. III, ADSp Rdn. 10; *v. Westphalen* ZIP **1981** 120.
[5] *Löwe/v. Westphalen/Trinkner* AGBG[2] § 11 Nr. 2 Rdn. 29 ff m. w. Hinweisen; dagegen *Ulmer/Brandner/Hensen* AGBG[4] § 11 Nr. 2 Rdn. 15; OLG Hamburg DB **1980** 470 f.

wandten Aufrechnungsproblem, die in § 11 Nr. 3 zum Ausdruck gekommen ist. Grundsätzlich kann es nicht als unangemessen betrachtet werden, durch eine Klausel zu verhindern, daß kaufmännische Kunden ihren Partner mit Gegenforderungen hinhalten, die einer Prüfung im Prozeß bedürfen. Die von der Rspr. zur Aufrechnung anerkannten Argumente gelten im wesentlichen auch für das Zurückbehaltungsrecht. Auch hier sind jedoch Fälle denkbar, in denen das Sichberufen auf den Ausschluß der Zurückbehaltung nach Treu und Glauben unzulässig ist; s. oben Rdn. 10.

2. Verhältnis zu zwingendem Recht

Nach der Rspr. wird § 32 ADSp großenteils durch zwingendes Frachtrecht ausgeschlossen. Jedoch können solche Normen sich gegenüber den ADSp richtigerweise nur durchsetzen, soweit die betreffenden Klauseln dem für zwingend erklärten Recht widersprechen; siehe zu §§ 412, 413 Rdn. 30. Gerade für § 32 ADSp ist dies zweifelhaft. **11**

a) Vereinbarkeit mit der KVO

Die zwingende Wirkung der KVO zu Lasten des Frachtführers/Spediteurs beruht ausschließlich auf § 26 GüKG. Nur soweit diese Bestimmung reicht, können über §§ 412, 413 oder im Falle originär abgeschlossener Frachtverträge (siehe dazu §§ 412, 413 Rdn. 2ff, 61ff) die ADSp ausgeschaltet werden. Insbesondere hat die Einfügung von § 1 Abs. 5 KVO die Anwendung von § 32 ADSp auf den Fixkosten- und Sammelladungsspediteur im innerdeutschen Güterfernverkehr wieder eröffnet; siehe §§ 412, 413 Rdn. 21ff sowie LG Köln VersR **1980** 1055; LG Ravensburg transpR **1985** 269f. **12**

Der BGH hält die Aufrechnungsbeschränkungen des § 32 ADSp und ähnlicher Vereinbarungen ebenso wie eine Einschränkung der Widerklage für unwirksam nach § 26 GüKG, da sie auf eine Einschränkung der Frachtführerhaftung hinausliefen; zu einem CMR-Fall BGH v. 20. 1. 1983 NJW **1983** 1266, 1267 = transpR **1983** 44ff. Das Aufrechnungsverbot erleichtert nur die Geltendmachung der eigenen Ansprüche des Spediteurs, führt dagegen nicht zu einer Beschränkung der Haftung des Spediteurs. Das vom BGH benutzte Wort „Einschränkung" entspricht nicht der Terminologie von § 26 GüKG.

Im Gegensatz zu dieser Auffassung hat der BGH in st. Rspr.[6] für die KVO das Teil-Aufrechnungsverbot als unwirksam angesehen. Die gegebene Begründung ist wenig aussagekräftig und weitgehend unzutreffend. Einmal enthält die KVO (unbestritten) keine Regelung für Aufrechnung oder Zurückbehaltung; vgl. BGH v. 20. 1. 1983, NJW **1983** 1266, 1267, so daß überhaupt keine Abweichung von der KVO vorliegt. Zum anderen betreffen die zitierten §§ 22 Abs. 2 und 3 GüKG ausschließlich tarifliche Begünstigungen des Auftraggebers (vgl. § 22 GüKG Anh. I nach 452³ und dort Rdn. 2ff) und können daher zur Begründung der Unwirksamkeit von § 32 ADSp nicht herangezogen werden. Auch ordnungspolitisch besteht kein Grund für ein Verbot des § 32 ADSp, da ein Einfluß dieser Bestimmung auf den Wettbewerb Schiene-Straße nicht erkennbar ist. Selbst wenn man § 22 Abs. 3 GüKG systemwidrig als selbständige Bestimmung ansehen würde, die jegliche Abweichung vom Tarif untersagen wollte, wäre die Begründung nicht stichhaltig. Denn der Tarif (KVO) enthält eben keine Regelung zu Aufrechnung oder Zurückbehaltungsrecht. Es läge allenfalls eine Abweichung vom BGB vor, die von § 22 Abs. 3 GüKG nicht verboten wird.

---

[6] BGH v. 25. 10. 1962, BGHZ **38** 150, 154; ferner unten Fn. 7.

§ 32 ADSp Drittes Buch. Handelsgeschäfte

b) CMR

13 In neuerer Rspr. vertritt der BGH die (unzutreffende) Auffassung, § 32 ADSp sei unwirksam, soweit ergänzend die KVO anzuwenden sei, dagegen wirksam, soweit nach § 1 Abs. 5 KVO diese nicht zu gelten habe.

13a Nach bisheriger Rspr. des BGH wurde die Vereinbarung von § 32 ADSp in CMR-Frachtverträgen ausnahmslos als unwirksam behandelt, weil die hilfsweise anwendbare KVO die Aufrechnungsbeschränkungen ausschließe[7]. Diese Begründung überzeugt nicht. Schon die ergänzende Anwendung der KVO zur CMR ist abzulehnen; vgl. Art. 1 CMR[3] Rdn. 5, Anh. III nach § 452. Die Anwendung von § 26 GüKG im internationalen Straßengüterverkehr bringt auch wirtschaftspolitisch keinen Sinn. Die zwingende Haftungsregelung durch Beförderungsbedingungen (vgl. § 26 GüKG Neufassung 1979) ist eine flankierende Maßnahme zur Verhinderung von Wettbewerbsverzerrungen bei staatlich festgesetzten Tarifen. Da solche Tarife im internationalen Straßengüterverkehr weitgehend fehlen, sind die flankierenden Maßnahmen im Bereich der Beförderungsbedingungen in diesem Bereich sinnlos. Selbst im unmittelbaren Anwendungsbereich der KVO ermangelt die Rspr. zur Unwirksamkeit von § 32 ADSp der tragfähigen Begründung; siehe oben Rdn. 12.

13b Nach dem Urteil des BGH vom 7. 3. 1985, NJW **1985** 2091 f = transpR **1985** kann die Unwirksamkeit von § 32 ADSp nicht aus der CMR gefolgert werden. Während bis dahin der BGH die Frage ausdrücklich offengelassen hatte[7a] und die Oberlandesgerichte Düsseldorf und Köln einen Widerspruch zwischen § 32 ADSp und der CMR gesehen haben[7b], hat sich der österr. OGH bereits eindeutig dahin geäußert, daß aus der CMR kein Verbot einer Aufrechnungsbeschränkung herzuleiten ist[7c]. Dieser Auffassung hat sich nunmehr auch der BGH im Urt. v. 7. 3. 1985 angeschlossen. Nach Art. 41 CMR ist nichtig „jede Vereinbarung, die unmittelbar oder mittelbar von den Bestimmungen dieses Übereinkommens abweicht". Im Gegensatz zu §§ 22, 26 GüKG (vgl. Rdn. 12) ergibt sich daraus zwar eine generell zwingende Wirkung der CMR-Bestimmungen; s. Art. 41 CMR Anh. III nach § 452[3] Rdn. 1. Indessen weicht § 32 ADSp nicht von der CMR ab. Art. 32 Abs. 4 CMR sichert ausschließlich die Wirkung der Verjährung; Art. 36 hält zwar die einredeweise Geltendmachung der Haftung über den dort gegebenen Rahmen hinaus offen. Aber auch diese Bestimmung gewährt von sich aus kein eigenes Einrederecht, sondern bezieht sich ausschließlich auf die Passivlegitimation im Falle einer bestehenden Einrede. Mit Recht betont der BGH, daß der CMR keine weitere Folgerung für die Zulässigkeit einer Aufrechnungsbeschränkung entnommen werden könne; andernfalls würden auch andere übliche Handelsklauseln neben den ADSp, wie z. B. „Netto Kasse gegen Rechnung und Verladepapiere" im CMR-Bereich unwirksam sein. Auch gesetzliche Aufrechnungsverbote des innerstaatlichen Rechts (z. B. §§ 393, 394 BGB) könnten neben den Vorschriften der CMR keinen Beistand haben. Entsprechendes gelte für die prozeßrechtlichen Vorschriften des § 145 ZPO über die getrennte Verhandlung aufrechnungsweiser Geltendmachung nichtkonnexer Gegenforderungen. Es gäbe keinen Anhaltspunkt dafür, daß die CMR so weitgehend in das Aufrechnungsrecht eingreifen wolle.

Dem BGH-Urteil ist in der Begründung uneingeschränkt zuzustimmen. Nach den

---

[7] BGH v. 21. 11. 1975, BGHZ **65** 340, 344 f; v. 20. 1. 1983, NJW **1983** 1266 f; OLG Düsseldorf VersR **1979** 356, 357.

[7a] Urteile v. 21. 11. 1975, BGHZ **65** 340 ff u. v. 20. 1. 1983, NJW **1983** 1266, 1267 = transpR **1983** 44 ff; ebenso OLG Düsseldorf transpR **1985** 128, 130.

[7b] OLG Düsseldorf transpR **1984** 130, 132 u. OLG Köln VersR **1981** 168 f.

[7c] Urt. v. 18. 5. 1982 transpR **1983** 48, 50; ebenso OLG Saarbrücken transpR **1984** 148, 150; LG Köln VersR **1983** 953 f; LG Ravensburg NJW **1985** 2095.

entwickelten Grundsätzen müßten jedoch auch die Fälle entschieden werden, in denen bisher noch nach Auffassung des BGH die ergänzende Anwendung der KVO zu einem anderen Ergebnis führen soll; s. dazu Rdn. 13a. Eine Differenzierung nach Maßgabe des § 1 Abs. 5 KVO ist nicht begründbar, da diese Vorschrift die Selbsteinschränkung der KVO auf Haftungsbestimmungen begrenzt; s. §§ 412, 413 Rdn. 27. Die Bildung von zwei Fallgruppen (Selbstausführung mit eigenen Fahrzeugen einerseits und unechter Selbsteintritt, fremdausgeführte Fixkosten- und Sammelladungsspedition andererseits) läßt sich auf § 1 Abs. 5 KVO nicht stützen.

c) Andere frachtrechtliche Regelungen

Im **Luftrecht** ist die Rechtslage ähnlich wie nach der CMR. Das WA und das LuftVG **14** enthalten keine Bestimmungen über Aufrechnung und Zurückbehaltungsrechte. Art. 23 Abs. 1 WA erklärt nur Haftungsausschlüsse und Vereinbarung niedriger Haftungssummen für unwirksam. Dennoch hat das OLG Frankfurt NJW **1980** 2649, 2650 auch für das WA über §§ 412, 413 die Klausel des § 32 ADSp als unwirksam angesehen und zwar unter Bezugnahme auf die Rspr. des BGH zu KVO und CMR. Mit gewisser Berechtigung weist das OLG darauf hin, daß der BGH das Verhältnis der ADSp zu frachtrechtlichen Normen als Konkurrenz geschlossener Systeme ansehe und übernimmt diese an sich rechtlich unzulässige Lösung in das Luftrecht; vgl. dazu §§ 412, 413 Rdn. 30.

Für das **Seerecht** liegen — soweit ersichtlich — keine veröffentlichten Entscheidun- **15** gen vor. §§ 662, 663a HGB verbieten zwar unter bestimmten Voraussetzungen die Beschränkung der Verfrachterhaftung. Ob allerdings die Aufrechnungseinschränkung des § 32 ADSp als Beschränkung der Haftung anzusehen ist, erscheint zweifelhaft; s. oben Rdn. 12.

VIII. Ablieferung

§ 33

Die Ablieferung von Rollgut darf mit befreiender Wirkung an jede zum Geschäft oder Haushalt gehörige, in den Räumen des Empfängers anwesende erwachsene Person erfolgen.

I. Grundsätzliche Bedeutung des § 33 ADSp

Die (1978 nicht geänderte) Bestimmung klärt, an wen der Spediteur mit befreiender **1** Wirkung abliefern darf, wenn ihm das Zurollen der Güter (Ablieferung beim Empfänger) obliegt.

1. Besitzrechtliche Bedeutung

Die Ablieferung besteht in aller Regel in der Besitzübertragung an den Empfänger **2** oder einen seiner Besitzdiener (§ 855 BGB); siehe dazu §§ 407–409 Rdn. 152 und § 429³ Rdn. 12. Da die im Betrieb des Empfängers beschäftigten Personen regelmäßig in abhängiger Stellung tätig sind und danach als Besitzdiener nach § 855 den Besitz nicht für sich, sondern für ihren Geschäftsherrn erwerben, deckt sich die besitzrechtliche Folge von § 33 ganz regelmäßig mit der ohnehin bestehenden sachenrechtlichen Lage. § 33 bleibt hinter § 855 BGB insoweit zurück, als auch nicht erwachsene Personen Besitzdiener sind. Andererseits gilt die Bestimmung in Einzelfällen über § 855 hinaus, wenn eine zum Geschäft gehörige Person ausnahmsweise nicht weisungsgebunden ist. Bei Ablieferung in einem Haushalt ist allerdings die Rechtslage schwieriger. In aller Regel sind selbständige Mitglieder eines Haushalts nicht weisungsgebunden, so daß die Ablieferung an sie keinen Besitz für den Adressaten begründet. Hier will § 33 ADSp die Befreiungswirkung der Ablieferung auf Fälle erweitern, die von der gesetzlichen Rechtslage nicht gedeckt sind.

2. Rechtsgeschäftliche Bedeutung von § 33 ADSp

3   Ob die Ablieferung immer — zusätzlich zu ihrer besitzrechtlichen Natur — rechtsgeschäftliche Erklärungen erfordert oder ob im Normalfall das tatsächliche Verbringen aus der Obhut des Spediteurs in die des Empfängers ausreicht, ist zweifelhaft; siehe dazu §§ 407–409 Rdn. 152 und § 429³ Rdn. 12. Zumindest in Sonderfällen der Ablieferung, z. B. bei Auslieferung an einen Dritten oder bei Weiterverwahrung des Gutes durch den Spediteur aufgrund eines selbständigen Verwahrungsvertrages ist der rechtsgeschäftliche Charakter der Ablieferung unstreitig; siehe § 429³ Rdn. 12. Auf solche Fälle bezieht sich jedoch § 33 ADSp nicht. Denn er setzt eine tatsächliche Ablieferung in Räumen des Empfängers voraus.

§ 33 erfaßt auch nicht die in tatsächlicher Hinsicht regelmäßig mit der Ablieferung zusammenfallende **Annahme des Gutes durch den Empfänger**. Diese ist regelmäßig Rechtsgeschäft, hat aber andere Wirkungen als die Befreiung von der Ablieferungspflicht; siehe § 429³ Rdn. 12. Nach der Formulierung des § 33 bezieht sich die Klausel nicht auf diese Wirkungen.

II. Die empfangsberechtigten Personen nach § 33 ADSp

4   § 33 ADSp läßt die Ablieferung an Personen genügen, die folgende Voraussetzungen erfüllen:

a) Sie müssen „erwachsen" sein. Da der Terminus „erwachsen" in der Rechtsprache keine allgemein gültige Definition erfahren hat, sind die ADSp in diesem Punkt unklar. Als Allgemeine Geschäftsbedingungen sind sie zugunsten des Kunden auszulegen (siehe vor § 1 ADSp Rdn. 31). Danach wird Volljährigkeit des Annehmenden erforderlich sein. Anders *Krien*, § 33 ADSp Anm. 7 e; *Krien/Hay*, 33 ADSp Anm. 11; *Hald*, ADSp, S. 59, die sehr ungenaue und zur Rechtsunsicherheit führende Kriterien für das „Erwachsensein" aufstellen.

b) Die Personen müssen zum Haushalt oder Erwerbsgeschäft des Empfängers gehören. Wer Empfänger ist, richtet sich nach dem Inhalt des Speditionsvertrags bzw. nach den vom Versender getroffenen Verfügungen. Siehe dazu §§ 407–409 Rdn. 46. Die Ablieferung an eine in den Räumen des Empfängers anwesende, aber nicht zu seinem Haushalt oder Erwerbsgeschäft gehörende Person befreit daher nicht. Nach welchen Maßstäben bestimmt wird, wer zum Haushalt oder Geschäft des Empfängers gehört, läßt sich dem § 33 ADSp nicht entnehmen. Im allgemeinen wird davon auszugehen sein, daß alle Arbeitnehmer des Empfängers auch zu seinem Geschäft gehören. Zweifelhaft ist die Rechtslage bei Personen, die nur gelegentlich untergeordnete Tätigkeiten ausüben, z. B. stundenweise hinzugezogene Putzfrauen usw.; *Krien*, § 33 ADSp Anm. 7 e; *Krien/Hay*, § 33 ADSp Anm. 10.

c) Die betreffende Person muß in den Räumen des Empfängers anwesend sein. Eine Ablieferung an eine solche Person außerhalb der Räume des Empfängers befreit daher nicht — soweit nicht § 855 BGB sowieso hilft. Zu den „Räumen" müssen auch Garten- und Hofflächen gerechnet werden.

III. Vereinbarkeit von § 33 ADSp mit dem AGBG

5   Die Wirksamkeit von § 33 ADSp ist bisher — soweit ersichtlich — von keiner Seite bestritten worden. Die Vorschrift weicht zwar von dem die Befreiungswirkungen des

Spediteurs gesetzlich geltenden Recht der Ablieferung ab. Doch ist die Abweichung gerechtfertigt. Denn es liegt im Interesse des Absenders, daß die Güter möglichst reibungslos zugestellt werden. § 33 trägt dazu bei, dies für den Regelfall zu erleichtern. Dadurch wird u. U. die Rücksendung und nochmalige Zustellung erspart. Dies liegt generell im Interesse der beteiligten Auftraggeberkreise. Für den Fall, daß eine Zustellung nur an eine ganz bestimmte Person erwünscht ist, läßt sich dies mit einer Sondervereinbarung festlegen. Insbesondere gilt dies für den sehr häufigen Fall, daß eine Privatperson tagsüber z. B. wegen Berufstätigkeit nicht anwesend ist, so daß ihr während der üblichen Anlieferungszeiten das Gut nicht unmittelbar zugestellt werden kann. In aller Regel sind auch die Empfänger daran interessiert, daß die im Haushalt anwesenden Personen, auch wenn sie nicht weisungsgebunden sind, die Sendungen entgegennehmen.

§ 34

Hat der Spediteur einen Frachtvertrag geschlossen oder liegt ein Fall der §§ 412 oder 413 HGB vor oder ist der Empfänger aus einem anderem Grund den ADSp unterworfen, so verpflichtet die Empfangnahme des Gutes den Empfänger zur sofortigen Zahlung der auf dem Gute ruhenden schriftlich aufgegliederten Kosten einschl. von Nachnahmen. Erfolgt die Zahlung nicht, so ist der Spediteur berechtigt, das Gut wieder an sich zu nehmen. Unterbleibt bei der Ablieferung aus Versehen oder aus sonstigen Gründen die Bezahlung der Kosten einschl. von Nachnahmen, so ist der Empfänger, wenn er trotz Aufforderung den schriftlich aufgegliederten Betrag nicht zahlt, zur sofortigen bedingungslosen Rückgabe des Gutes an den Spediteur oder im Unvermögensfalle zum Schadensersatz an den Spediteur verpflichtet.

Übersicht

	Rdn.		Rdn.
I. Verhältnis des § 34 ADSp zur gesetzlichen Rechtslage	1	III. Der Inhalt des § 34 ADSp im einzelnen	8
II. Geltung des § 34 ADSp gegenüber dem Empfänger	2	1. Zahlungsverpflichtung des Empfängers (§ 34 S. 1 ADSp n. F.)	8
1. Grundsätzliche Anwendungsvoraussetzungen nach der Neufassung 1978	2	2. Rücknahmerecht des Spediteurs (§ 34 S. 2 ADSp n. F.)	10
2. Geltung aufgrund Frachtvertrags	3	3. Rückgabeansprüche (§ 34 S. 3 ADSp n. F.)	12
3. Unterwerfung unter die ADSp „aus einem andern Grund"	4	4. Schadensersatzanspruch (§ 34 S. 3 ADSp n. F.)	13
a) Vertrag	4	5. Wirkung der Rücknahme oder Rückgabe	14
b) Handelsbrauch	6	6. Rechtslage bei Unwirksamkeit des § 34 ADSp	15
c) Einfluß der Neufassung 1978	7	IV. Zusammenfassende Würdigung	16

I. Verhältnis des § 34 ADSp zur gesetzlichen Rechtslage

§ 34 ADSp will den Empfänger zum Schuldner der Speditionskosten und Nachnahmebeträge machen und die Rechtsstellung des Spediteurs gegenüber dem Empfänger bereits ausgelieferter Güter stärken. § 34 entspricht insoweit in seiner Funktion den §§ 436, 614 HGB, 25 Abs. 2 S. 3 KVO, 75 Abs. 2 EVO, Art. 16 CIM, geht aber inhaltlich weit über diese Bestimmungen hinaus, weil der Empfänger durch die bloße Annahme des Gutes auch ohne den Frachtbrief bereits zur Zahlung verpflichtet werden soll. Handelt es sich um einen reinen Speditionsvertrag ohne Anwendung von Frachtrecht, dann ergibt sich aus dem Gesetz überhaupt keine Zahlungspflicht des Empfängers. Wird der ausliefernde (Empfangs-) Spediteur aufgrund einer Fixkostenvereinbarung tätig, können ihm Ansprüche gegen den Empfänger aus § 436 zustehen. Doch bedarf es der Übergabe eines Frachtbriefs, aus dem sich die Zahlungspflicht ergibt. Inwieweit eine „Rollkarte" den Frachtbrief ersetzen kann, ist zweifelhaft. Soweit der Spediteur im Auftrag des Empfängers tätig wird (siehe §§ 407–409 Rdn. 4) hat er selbstverständlich den Anspruch auf Aufwendungsersatz und -vergütung (§§ 407–409 Rdn. 213 ff, 199 ff).

§ 34 ADSp soll auch für den Fall, daß der Speditionsauftrag vom Absender kommt, dem Spediteur, von der gesetzlichen Rechtslage abweichend, unmittelbare Ansprüche gegen den Empfänger geben. Das Lagervertragsrecht sieht ebenfalls keine Ansprüche des Lagerhalters gegen die Person vor, an die das Lagergut ausgeliefert wird.

Auch soweit keine besonderen Ansprüche vorgesehen sind, kann allerdings der Spediteur die Auslieferung an dritte Personen grundsätzlich davon abhängig machen, daß ihm Vergütung und Aufwendungsersatz bezahlt werden. Anders ist die Rechtslage, wenn, z. B. durch Verbriefung, dem Dritten (Empfänger) ein eigener Auslieferungsanspruch verschafft worden ist.

Soweit der Spediteur als Frachtführer tätig wird oder gemäß §§ 412, 413 Rechte und Pflichten eines Frachtführers hat (siehe §§ 412, 413 Rdn. 41), stehen ihm jedenfalls unabhängig von § 34 ADSp die Rechte eines Frachtführers nach den Regelungen der jeweiligen Sparte, im Güternahverkehr also nach § 436 HGB, im Güterfernverkehr nach §§ 25 Abs. 2 S. 3 KVO zu. Da die KVO nur hinsichtlich der Haftung des Frachtführers unabdingbar ist (siehe § 26 GüKG Anh. I nach § 452) kann der Spediteur auch im Güterfernverkehr anstelle von § 25 KVO die ADSp-Regelung vereinbaren; siehe § 2 ADSp Rdn. 26.

II. Geltung des § 34 ADSp gegenüber dem Empfänger
1. Grundsätzliche Anwendungsvoraussetzungen nach der Neufassung 1978

2   Durch die Neufassung wurde die Geltung von § 34 auf zwei Arten von Anwendungsfällen beschränkt:

(1) Auf Fälle, in denen der vom Spediteur geschlossene Vertrag frachtrechtlichen Normen untersteht (weil bereits ursprünglich ein Frachtvertrag vorlag oder weil §§ 412, 413 HGB zur Anwendung von Frachtrecht führen);

(2) weil der Empfänger aus einem anderen Grund den ADSp unterworfen ist.

Mit dieser Neufassung wurden diese bisherigen Probleme nicht beseitigt, dafür aber neue hinzugefügt.

Als Allgemeine Geschäftsbedingungen erlangen die ADSp nur durch Unterwerfungsvertrag Geltung; siehe vor § 1 ADSp Rdn. 4 ff. Danach gelten sie gegenüber dem Empfänger, der zum Spediteur in keinem Vertragsverhältnis steht, grundsätzlich nicht; BGH v. 29. 6. 1959, VersR **1959** 659, 661; OLG Düsseldorf VersR **1981** 556; transpR **1985** 254, 255; zustimmend *Schlegelberger/ Schröder*[5] § 407 Anm. 9 c; ähnlich schon RGZ **102** 39, 44.

2. Geltung aufgrund Frachtvertrags

3   Die Neufassung erweckt den Eindruck, die ADSp würden alleine aufgrund eines Frachtvertrags oder der §§ 412, 413 gegenüber dem Empfänger gelten und damit durch ihren § 34 Zahlungspflichten des Empfängers begründen („oder ist der Empfänger aus einem andern Grund den ADSp unterworfen"). Dies ist irreführend. Denn die Anwen-

dung von Frachtrecht führt nicht zur Anwendung der ADSp im Verhältnis Spediteur-Empfänger und daher auch nicht zur Zahlungspflicht des Empfängers. Vielmehr tritt dessen Zahlungspflicht nur ein, wenn die Voraussetzungen des § 436 oder entsprechender Normen (oben Rdn. 1) vorliegen; unzutreffend daher *Kort* transpR **1981** 118. Danach ist neben der Annahme des Gutes regelmäßig auch die Annahme des Frachtbriefs erforderlich; siehe die Kommentierung zu den oben Rdn. 1 angegebenen Bestimmungen des Frachtrechts.

Die mit der Neufassung des § 34 verbundene Täuschung des Empfängers über die wirklich bestehende Rechtslage ist im Hinblick auf das AGBG bedenklich. Zumindest in einem Verbandsklageverfahren nach § 13 ff AGBG könnte sie einen Grund für die Untersagung der Verwendung oder Empfehlung des gesamten § 34 bilden. Auch im Einzelverfahren könnte sich eine globale Unwirksamkeit der Vorschrift gemäß § 9 Abs. 1 AGBG darauf stützen lassen.

3. Unterwerfung unter die ADSp „aus einem anderen Grund"
a) Vertrag

Als „anderer Grund", aus dem die ADSp für den Empfänger gelten könnten, kommt **4** die vertragliche Unterwerfung in Betracht. Es muß also ein besonderer Unterwerfungsvertrag zwischen Empfänger und Spediteur geschlossen werden. Dieser kann keineswegs in der bloßen Annahme des Speditionsgutes gesehen werden; OLG Düsseldorf VersR **1981** 556. Für den Empfänger, an den das Gut vorbehaltlos ausgeliefert wird, besteht keinerlei Interesse, mit dem Spediteur einen Vertrag abzuschließen. Vielfach handelt es sich um Fälle, in denen im Verhältnis zwischen Versender und Empfänger der erstere die Versandkosten zu zahlen hat und der Empfänger das Gut ohne weiteres zurückweisen würde, wenn er zur Kostenzahlung, insbesondere zur Zahlung von Nachnahmen herangezogen werden würde. In solchen Fällen kann der Wille des Empfängers, eine Zahlungsverpflichtung einzugehen, nicht aufgrund des § 34 ADSp fingiert werden. Will der Spediteur vom Empfänger Zahlung verlangen, hat er insbesondere eine Nachnahme einzuziehen, so muß er die Auslieferung von der Zahlung abhängig machen, was ihm schon aufgrund seines gesetzlichen Spediteurpfandrechts nach § 410 HGB jederzeit möglich ist; siehe § 410 Rdn. 26, 56 ff. Will er das Gut dennoch ausliefern, so muß er dafür sorgen, daß der Empfänger mindestens die Verpflichtung zur Zahlung übernimmt, z. B. in Form einer Schuldmitübernahme neben dem Versender. Die bloße Zusendung eines Abgangsavis, das vom Empfänger durch Bedanken für die Benachrichtigung beantwortet wird, reicht nicht zum Abschluß eines solchen Vertrags; OLG Frankfurt v. 23. 4. 1968, transpR **1982** 109. Ob mit dem OLG Frankfurt für die Verpflichtung des Empfängers eine „ausdrückliche" Erklärung verlangt werden muß, kann dahinstehen. Zumindest muß sich aus dem Verhalten eindeutig der Wille zur Übernahme der Zahlungspflicht ergeben. Im Zweifel kann jedoch ein Verpflichtungswille dieser Art nicht aufgrund einer AGB-Klausel vermutet werden, denn die Schaffung eines Vertragsverhältnisses zwischen Spediteur und Empfänger, die zur Wirksamkeit von § 34 ADSp erforderlich ist, ist individualvertragliche Erklärung. Sie kann durch die Formulierung des § 34 ADSp nicht im voraus beeinflußt werden.

Das gleiche gilt, wenn auf einer bloßen **Empfangsbescheinigung** ein Hinweis auf die **5** ADSp steht. Denn auf einer derartigen Bescheinigung vermutet der Empfänger keine Vertragsanträge zur Inkraftsetzung von Allgemeinen Geschäftsbedingungen, und vielfach wird auch die den Empfang bestätigende Person nicht zur schuldrechtlichen Verpflichtung bevollmächtigt sein; vgl. dazu vor § 1 ADSp Rdn. 12.

b) Handelsbrauch

6 Auch ein Handelsbrauch, nachdem die Regelung des § 34 ADSp zwischen Spediteur und Empfänger nur aufgrund der Annahme des Gutes ohne besondere Vereinbarung gelten würde, kann nicht bejaht werden; siehe hierzu vor § 1 ADSp Rdn. 21 ff. Ein Handelsbrauch würde voraussetzen, daß die Spediteure in nicht unerheblichem Umfang tatsächlich Speditionsgut auslieferten, ohne von den anderen bestehenden Möglichkeiten Gebrauch zu machen, sich wegen der Kosten zu sichern. Denn nur eine tatsächliche Anwendung kann einer Regel den Charakter als Handelsbrauch geben. Daher hat der BGH im Urteil v. 29. 6. 1959, VersR **1959** 659, 661 es abgelehnt, § 34 ADSp im Verhältnis zum Empfänger als Handelsbrauch anzusehen.

c) Einfluß der Neufassung 1978

7 Die Neufassung 1978 hat somit hinsichtlich der Begründung der Spediteurrechte gegenüber dem Empfänger keine Änderung gebracht und bringen können. Denn nach wie vor steht das grundsätzliche Verbot eines Vertrags zu Lasten Dritter der Geltung dieser Klausel entgegen. Der Empfänger kann nur aufgrund gesetzlicher Bestimmungen oder aufgrund eines Vertrages mit dem Spediteur in seiner Rechtsstellung beschnitten werden. Es ist jedoch darauf hinzuweisen, daß selbst im Fall des Abschlusses eines Vertrages unter Vereinbarung der ADSp die Berufung auf § 34 rechtsmißbräuchlich sein kann.

III. Der Inhalt des § 34 ADSp im einzelnen
1. Zahlungsverpflichtung des Empfängers (§ 34 S. 1 ADSp n. F.)

8 Dieser Satz (früher § 34 a S. 1) liegt einer Verpflichtung des Empfängers zur sofortigen Zahlung aller auf dem Gut ruhenden Kosten fest, die durch die Empfangnahme des Gutes begründet werden sollen. Anders als nach § 436 HGB und den diesem entsprechenden frachtrechtlichen Bestimmungen der anderen Sparten des Frachtrechts ist es also für die Begründung der Verpflichtung nicht erforderlich, daß dem Empfänger ein Frachtbrief ausgehändigt wird und daß die betreffenden Forderungen sich aus dem Frachtbrief ergeben. Diese Regelung, durch die es dem Spediteur ermöglicht werden soll, sich durch bloße Ablieferung einen zusätzlichen Schuldner zu verschaffen, stößt schon ganz allgemein in ihrer inhaltlichen Angemessenheit auf Bedenken (§ 9 AGBG, siehe vor § 1 ADSp Rdn. 39 ff), da sie den Empfänger in die Lage bringen kann, sich einer Zahlungspflicht gegenüberzusehen, mit der er bei Annahme des Gutes nicht rechnen konnte und die er nach Annahme nicht mehr zum Erlöschen bringen kann.

Auch das 1978 neu eingeführte Erfordernis der „schriftlichen Aufgliederung" kann diese Lage nicht grundsätzlich verändern. Damit der Empfänger eine sinnvolle Entscheidung treffen kann, muß die schriftliche Aufgliederung (auf welchem Papier auch immer) vor der Annahme des Guts vorliegen, und es muß Gelegenheit bestehen, die Kostenaufstellung mit den eigenen Unterlagen des Empfängers zu vergleichen. Regelmäßig ist dies bei einer Ablieferung im Betrieb des Empfängers nicht ohne weiteres möglich. § 34 S. 1 ADSp läßt überdies Zweifel offen, ob nicht eine nachträgliche Kostenaufstellung zur Begründung von Zahlungspflichten ausreichend sein soll. Zumindest kann aus § 34 S. 3 ein solcher Rückschluß nicht ausgeschlossen werden.

9 Die Auslegung von *Staudinger/ Schlosser*[12] § 9 AGBG Rdn. 169, wonach § 34 keine Zahlungspflichten des Empfängers begründen soll, läßt sich weder aus dem Wortlaut noch aus der Entstehungsgeschichte der Klausel begründen. Auch die bisherige Rechtsprechung beweist, daß die Vorschrift immer wieder zur Begründung von Ansprüchen benutzt wurde. Die Verweisung von *Schlosser* auf *Ulmer/Brandner/Hensen* scheint auf einem Mißverständnis zu beruhen.

Auch wenn man § 34 ADSp insoweit als inhaltlich angemessen betrachten sollte, kann sich der Empfänger im Einzelfall gegenüber den Ansprüchen des Spediteurs auf Rechtsmißbrauch (vor § 1 ADSp Rdn. 52) berufen. Läßt sich der Spediteur, ohne den Empfänger auf die Belastung des Gutes aufmerksam zu machen, die Geltung der ADSp vom Empfänger bescheinigen, so wird ihm nach Treu und Glauben später die Berufung auf § 34 S. 1 ADSp verwehrt sein. Denn durch sein Verhalten hat er den Empfänger zur Abgabe einer Verpflichtungserklärung veranlaßt, ohne ihm zuvor die Möglichkeit einer Abwägung zu geben, deren Ergebnis den Empfänger zur Verweigerung der Annahme und damit zur Vermeidung der Zahlungspflicht geführt hätte. Je nach Lage des Falles kann § 34 S. 1 ADSp auch als überraschende Klausel nach § 3 AGBG (siehe vor § 1 ADSp Rdn. 38) nicht Inhalt des Vertrages zwischen Spediteur und Empfänger geworden sein.

2. Rücknahmerecht des Spediteurs (§ 34 S. 2 ADSp n. F.)

Die Einräumung eines Rücknahmerechts nach § 34 S. 2 ADSp ist bedenklich. Sie bedeutet eine Abdingung des Besitzschutzes des Empfängers durch eine Art Erweiterung der Selbsthilfe und setzt damit den Empfänger der rechtmäßigen Gewaltanwendung durch den Spediteur aus. Die frühere Fassung (§ 34 a S. 2) war noch insoweit sachlich akzeptabel, als sie das Rücknahmerecht nur dem Kutscher (also dem Fahrer), demnach nur zur sofortigen Rücknahme noch einwandfrei identifizierbarer Geräte einräumte und damit dem Spediteur in der Grauzone noch nicht oder gerade erst vollzogener Übergabe eine bessere Position einräumen sollte. Dagegen enthält die Neufassung nunmehr ein zeitlich nicht mehr begrenztes Rücknahmerecht des Spediteurs, der also durch seine Leute das Gut auch zu einem späteren Zeitpunkt wieder herausholen könnte. Zwar läßt sich aus S. 2 in der Neufassung wohl schließen, daß der Spediteur zumindest irgendwann später nur noch einen (gerichtlich geltend zu machenden) Rückgabeanspruch haben soll. Es fehlt jedoch an jeder Abgrenzung, wie lange und unter welchen Bedingungen das erweiterte Selbsthilferecht gelten soll.

Krien/Hay § 34 ADSp Anm. 11 sind der Auffassung, die Übergabe des Guts an den Empfänger durch Leute des Spediteurs begründe beim Empfänger nur fehlerhaften Besitz im Sinne des § 858 BGB, wenn die Leute des Spediteurs sich über eine Weisung zur Einziehung von Beträgen beim Empfänger hinwegsetzten bzw. sie versehentlich nicht ausführten. Dem Spediteur stünden dann die Besitzstörungsansprüche des BGB, insbesondere der Herausgabeanspruch nach § 861 BGB zu. Dem kann nicht zugestimmt werden. § 858 Abs. 1 BGB verlangt zur Begründung fehlerhaften Besitzes verbotene Eigenmacht des Erwerbers, d. h. eine Entziehung oder Störung des Besitzes. Der Erwerb durch Übergabe vom Besitzdiener kann jedoch nicht als „Entziehung" oder „Störung" betrachtet werden; vielmehr erhält der Empfänger den Besitz, ohne eine störende Aktivität zu entfalten. Sein Besitz ist daher nicht fehlerhaft (= rechtswidrig). Es ist vielmehr Sache des Spediteurs, seine Leute so zu instruieren, daß sie den Besitz nicht ohne seinen Willen aufgeben. Tun sie dies dennoch, so können die Folgen nicht auf dem Wege des Besitzschutzrechts beseitigt werden.

Insgesamt enthält danach § 34 S. 2 ADSp eine Regelung, die dem Empfänger die erlangte Besitzschutzposition ohne genauere Eingrenzung entziehen soll. Auch wenn es in vielen Fällen gerechtfertigt sein mag, die eben ausgelieferten Güter mangels Zahlung sofort wieder zurückzunehmen, so enthält die Vorschrift dennoch eine unangemessene Benachteiligung des Empfängers. Die Selbstverständlichkeit, mit der *Krien* § 34 ADSp

Anm. 4 a diese Sonderform der Durchsetzung einer Zahlungsforderung bejaht, kann nicht überzeugen. Ein derartiges Wegnahmerecht steht nicht einmal dem Eigentumsvorbehaltskäufer im Falle des Verkaufs ohne Zahlungsziel zu.

Die gegenteilige Auffassung der Vorauflage zu § 34 a S. 2 a. F. wird aufgegeben.

3. Rückgabeansprüche (§ 34 S. 3 ADSp n. F.)

12 § 34 S. 3 will den Spediteur zur späteren bedingungslosen Rückgabe des Gutes bei Nichtzahlung verpflichten. Die Rückgabe soll „bedingungslos" sein, d. h., der Empfänger soll keine Zurückbehaltungsrechte geltend machen können. Zwar ist anzuerkennen, daß die Regelung nur den früheren Sicherungszustand wieder herstellen soll. Gleichwohl ist die Klausel bedenklich. Abgesehen von der (hier ausnahmslosen) Ausschließung der Zurückbehaltungsrechte etwa wegen Aufwendungen auf das Gut oder Schäden durch das Gut (vgl. dazu § 32 ADSp Rdn. 9, 10) führt die Bestimmung den Empfänger in die mißliche Lage, u. U. bereits erworbenes Eigentum oder Besitz wieder aufgeben zu müssen, auch wenn er als Käufer des Gutes seine Zahlungspflichten gegenüber dem Verkäufer bereits unmittelbar erfüllt haben sollte. Der Spediteur könnte sich also auf Kosten des Empfängers die aus der Hand gegebenen Sicherheiten wieder verschaffen, wenn er von seinem Auftraggeber keine Zahlung erlangt. Diese Regelung verstößt gegen § 9 Abs. 1 AGBG und ist daher unwirksam; ebenso *Ulmer/Brandner/Hensen* AGBG[4] Anh. §§ 9–11 Rdn. 21; *Staudinger/Schlosser*[12] 9 AGBG Rdn. 169; *v. Westphalen* ZIP **1981** 120; *Löwe/v. Westphalen/Trinkner* AGBG[2] Bd. III, ADSp Rdn 11. Unzutreffend *Krien*, § 34 ADSp Rdn. 5f: Der Rückgabeanspruch ist keineswegs Voraussetzung dafür, daß der Spediteur die Ablieferung von der Zahlung der auf dem Gut beruhenden Kosten abhängig machen kann; vgl. z. B. § 435 Rdn. 7 u. 3. Eine geltungserhaltende Reduktion der Bestimmung auf unbedenkliche Anwendungsfälle kommt wegen der mangelnden Teilbarkeit der Klausel (siehe vor § 1 ADSp Rdn. 35 f) kaum in Betracht. Die in der Vorauflage zu § 34 b S. 1 ADSp a. F. vertretene Auffassung wird aufgegeben.

4. Schadensersatzanspruch (§ 34 S. 3 ADSp n. F.)

13 Nach § 34 S. 3 soll der Empfänger „im Unvermögensfall" zum Schadensersatz verpflichtet sein. Diese Schadensersatzpflicht könnte sich, falls ein Rückgabeanspruch des Spediteurs bestünde, aus §§ 280, 275 Abs. 2 BGB ohnehin ergeben. Da aber bereits die Rückgabepflicht selbst nicht wirksam vereinbart ist (siehe Rdn. 12) hat die daran anknüpfende Schadensersatzpflicht keine Grundlage. Im übrigen wäre die Auferlegung einer Schadenersatzpflicht ohne Verschulden — falls dies mit der Klausel gemeint sein sollte — eine unangemessene Benachteiligung des Empfängers.

5. Wirkung der Rücknahme oder Rückgabe

14 Gibt der Empfänger die abgelieferten Güter freiwillig zurück oder duldet er die Rücknahme, dann lebt das Spediteurpfandrecht nicht wieder auf; siehe § 410 Rdn. 30, 54.

6. Rechtslage bei Unwirksamkeit des § 34 ADSp

15 Steht dem Spediteur nach dem oben Gesagten kein Zahlungsanspruch und kein Rücknahmerecht zu, dann läßt sich eine generelle Aussage über seine Möglichkeiten kaum treffen. In Betracht kommen vor allem Zahlungsansprüche gegen den Auftraggeber. Hat der Spediteur diesem gegenüber durch die Herausgabe des Guts seine Pflichten verletzt, so kann er sich (evtl. über § 255 BGB) dessen Ansprüche gegen den Empfänger abtreten lassen. Inwieweit der Empfänger dem Spediteur aus ungerechtfertigter Bereicherung verpflichtet ist, hängt von der Sachlage ab. § 354 HGB scheidet als Anspruchsgrundlage aus, weil der Spediteur grundsätzlich für seinen Auftraggeber tätig ist und § 354 nicht dazu dienen soll, dem Gläubiger einen zweiten Schuldner zu verschaffen; zutreffend OLG Düsseldorf VersR **1981** 556. Geschäftsführung ohne Auftrag kommt nur ausnahmsweise in Betracht, wenn der Spediteur Aufwendungen für den Empfänger gemacht hat; siehe §§ 407–409 Rdn. 213, 226ff.

IV. Zusammenfassende Würdigung

§ 34 ADSp ist im Regelfall wirkungslos, weil die ADSp gegenüber dem Empfänger **16** nicht gelten. Ist ausnahmsweise die Geltung vereinbart, dann ist allenfalls die Begründung der Zahlungspflicht des Empfängers (S. 1) wirksam, jedoch unter dem Vorbehalt unzulässiger Rechtsausübung und des § 3 AGBG. Die Rücknahme- und Rückgabesowie die Schadensersatzregelung der Sätze 2 und 3 sind gemäß § 9 AGBG unwirksam.

IX. Versicherung des Gutes

§ 35

a) Zur Versicherung des Gutes ist der Spediteur nur verpflichtet, soweit ein ausdrücklicher schriftlicher Auftrag dazu unter Angabe des Versicherungswertes und der zu deckenden Gefahren vorliegt. Bei ungenauen oder unausführbaren Versicherungsaufträgen gilt Art und Umfang der Versicherung dem Ermessen des Spediteurs anheimgestellt, wobei er mit der Sorgfalt eines ordentlichen Spediteurs die Interessen seines Auftraggebers zu wahren hat. Der Spediteur hat die Weisung zur Versicherung im ordnungsgemäßen Geschäftsgang auszuführen.

b) Der Spediteur ist nicht berechtigt, die bloße Wertangabe als Auftrag zur Versicherung anzusehen.

c) Durch Entgegennahme eines Versicherungsscheines (Police) übernimmt der Spediteur nicht die Pflichten, die dem Versicherungsnehmer obliegen; jedoch hat der Spediteur alle üblichen Maßnahmen zur Erhaltung des Versicherungsanspruchs zu treffen.

I. Allgemeines

§ 35 ADSp betrifft nicht die Speditions- und Rollfuhrversicherung, sondern den **1** Abschluß einer **Transport-, Lager-, Feuer- oder anderen Sachversicherung** hinsichtlich des Speditionsguts durch den Spediteur in eigenem Namen und für Rechnung des Versenders. S. zum Überblick hierzu §§ 407–409 Rdn. 116ff; § 37 ADSp Rdn. 1ff sowie *Helm*, Versicherung von Transportschäden und Versichererregreß, in: 25 Jahre Karlsruher Forum, Jubiläumsausgabe 1983, Heft II zu VersR **1983**, 116ff.

In der Praxis erfolgt die Deckung der Sachversicherungen, insbesondere der Transport- und Lagerversicherung regelmäßig durch eine Generalpolice, die der Spediteur bei einem bestimmten Versicherer zeichnet und aufgrund deren lediglich die einzelnen Risiken angemeldet werden müssen.

Die Besorgung der Sachversicherung für den Auftraggeber bedeutet für den Spediteur einerseits die Entstehung von Provisionsansprüchen nach § 38 ADSp, weiterhin aber auch die Befreiung von der Spediteurhaftung nach § 37 ADSp.

II. Pflicht des Spediteurs zur Besorgung der Versicherung

1. Erteilung des Versicherungsauftrags (§ 35a S. 2)

2 § 35a ADSp bestimmt, wann der Spediteur verpflichtet ist, die Sachversicherung für die Speditionsgüter zu besorgen. Grundsätzlich stimmt § 35 mit der gesetzlichen Rechtslage nach §§ 407 Abs. 2, 390 Abs. 2 überein; s. §§ 407–409 Rdn. 117 und als Beispielsfall OLG Schleswig transpR **1985** 137, 138 f. Daß der Versicherungsauftrag **ausdrücklich und schriftlich** sein soll, liegt im Interesse beider Parteien, da es andernfalls allzu leicht möglich wäre, daß der Spediteur Kosten zu Lasten des Auftraggebers eingeht, die dieser nicht zu tragen wünscht. Insbesondere ist dies im Hinblick auf eine etwaige Versicherungspflicht des Abkäufers des Auftraggebers sehr häufig der Fall; s. z. B. BGH v. 18. 1. 1974, VersR **1974** 327 f.

Allerdings ist die Schriftformklausel nur von beschränkter Wirkung; siehe vor § 1 ADSp Rdn. 53 f. So begründet z. B. ein telefonisch vom Spediteur oder einem Vertretungsberechtigten angenommener Versicherungsauftrag trotz der Schriftformklausel eine Pflicht des Spediteurs zur Versicherung des Gutes, weil davon auszugehen ist, daß die Parteien die Schriftformklausel einverständlich aufheben wollten. Auch durch kaufmännisches Bestätigungsschreiben kann die Versicherungspflicht beeinflußt werden; BGH v. 18. 1. 1974, VersR **1974** 327, 328.

2. Vervollständigungsrecht des Spediteurs

3 Auch das Vervollständigungsrecht hinsichtlich des Versicherungsauftrags in § 35a S. 2 entspricht durchaus der Rechtsstellung des Spediteurs. In der Reform von 1978 wurde klargestellt, daß der Spediteur mit der Sorgfalt eines ordentlichen Spediteurs zu handeln hat. Folgen eines Verstoßes gegen die Sorgfaltspflicht lösen somit die Deckung durch die Speditionsversicherung (siehe §§ 407–409 Rdn. 49) bzw. die Eigenhaftung des Spediteurs aus. In unklaren Fällen hat der Spediteur den Auftraggeber rechtzeitig zu benachrichtigen; BGH v. 18. 1. 1974, VersR **1974** 327, 328. Auch eine Rückfragepflicht beim Auftraggeber kann sich insbesondere aus § 6 Abs. 2 S. 3 ADSp n. F. ergeben und zur Deckung des Schadens durch die Speditionsversicherung führen; OLG Düsseldorf transpR **1985** 176, 178 f = VersR **1985** 256 f.

3. Zeit der Versicherungsdeckung (§ 35a S. 3 ADSp)

4 § 35a S. 3 soll den Spediteur teilweise von der Gefahr entlasten, wegen verspäteter Ausführung der Versicherungsweisung zu haften. Soweit die Bestimmung nur festlegen will, daß der Spediteur den Versicherungsauftrag nicht ohne weiteres als besonders eilig zu behandeln braucht, bestehen keine Bedenken gegen die Klausel. Eine dem Fahrer mitgegebene schriftliche Versicherungsweisung braucht daher erst dann ausgeführt zu werden, wenn sie im ordentlichen Geschäftsgang, also bei normaler Organisaton und Ausführung der Spediteurtätigkeit dem zuständigen Sachbearbeiter beim Spediteur zugeht; zutreffend *Krien* § 35 ADSp Anm. 5d. Allerdings verlangt der „ordentliche Geschäftsgang" auch die eilige Behandlung von Weisungen, die vom Auftraggeber als eilig erteilt sind oder erkennbar eilig sind. Denn eine Unterscheidung zwischen Eilfällen und normaler Abwicklung gehört mit zum ordentlichen Gang der Spediteurgeschäfte.

4. Wahrung der Versicherungsnehmer-Pflichten durch den Spediteur (§ 35c ADSp)

5 **§ 35c beschränkt die Pflichten des Spediteurs** bei der Wahrnehmung der Versicherungsangelegenheiten auf „übliche Maßnahmen zur Erhaltung des Versicherungsanspruchs". Diese Bestimmung reduziert die Sorgfaltspflicht des Spediteurs auf das übliche Maß. Hier könnten sich Probleme ergeben, soweit die aktuelle Situation vom Spediteur

Stand: 1. 9. 1985

mehr als das „Übliche" verlangt. Ein Ausschluß der Interessewahrungspflicht des Spediteurs unter Beschränkung auf „übliche Schlamperei" kann mit § 9 Abs. 2 S. 2 AGBG in Widerspruch stehen.

III. Recht des Spediteurs zur Deckung der Versicherung

§ 35 legt nicht fest, ob der Spediteur die Versicherung eindecken darf, wenn keine **6** ausdrückliche und schriftliche Weisung vorliegt, denn die Bestimmung befaßt sich — abgesehen von der Klarstellung in § 35b ADSp — nur mit der Verpflichtung zur Versicherungsdeckung, nicht dagegen mit der Berechtigung. Die Frage entscheidet sich nach §§ 675, 665, 670 BGB. Insbesondere ist der Rechtsgedanke des § 665 S. 2 BGB heranzuziehen, wonach der Spediteur grundsätzlich Weisungen vom Auftraggeber einholen muß. Eine eigenmächtige Belastung der Ware mit Sachversicherungsprämien muß als pflichtwidrig betrachtet werden, wenn eine Rückfrage ohne weiteres möglich gewesen wäre.

§ 36

Mangels abweichender schriftlicher Vereinbarung versichert der Spediteur zu den an seinem Erfüllungsort üblichen Versicherungsbedingungen.

Siehe grundsätzlich die Kommentierung zu § 35 ADSp. **Erfüllungsort für die Ver- 1 pflichtungen des Spediteurs** ist gemäß § 65a ADSp der Ort derjenigen Handelsniederlassung des Spediteurs, an die der Auftrag gerichtet ist. Nur Abschluß der Versicherung nach dort üblichen Bedingungen schuldet der Spediteur, wenn ihm Versicherungsauftrag gemäß § 35 ADSp erteilt ist. Abweichungen hiervon, insbesondere die Deckung einer weitergehenden Versicherung, soll der Spediteur nach § 36 nur bei abweichender schriftlicher Vereinbarung schulden. Grundsätzlich ist die hier vorgesehene schriftliche Festlegung im Interesse beider Parteien sinnvoll. Aus der Interessewahrnehmungspflicht des Spediteurs ergibt sich jedoch, daß **er den Auftraggeber darauf hinzuweisen** hat, wenn nach den Umständen des Falles die danach von ihm zu nehmende Versicherung nicht ausreichend ist; s. zur Versicherungsdauer BGH v. 18. 1. 1974, VersR **1974** 327, 328. Erteilt nach diesem Hinweis der Auftraggeber keinen schriftlichen abweichenden Versicherungsauftrag, so ist der Spediteur nicht haftbar.

Nichtschriftliche Wünsche hinsichtlich der Versicherungsbedingungen hat der Spediteur allerdings auch dann zu befolgen, wenn er sie annimmt. Siehe hierzu vor § 1 ADSp Rdn. 53, 54.

§ 37

a) Im Falle der Versicherung steht dem Auftraggeber als Ersatz nur zu, was der Spediteur von dem Versicherer nach Maßgabe der Versicherungsbedingungen erhalten hat.

b) Der Spediteur genügt seinen Verpflichtungen, indem er dem Auftraggeber auf Wunsch die Ansprüche gegen den Versicherer abtritt; zur Verfolgung der Ansprüche ist er nur auf Grund besonderer schriftlicher Abmachung und nur für Rechnung und Gefahr des Auftraggebers verpflichtet.

c) Soweit der Schaden durch eine vom Spediteur im Auftrage des Auftraggebers abgeschlossene Versicherung gedeckt ist, haftet der Spediteur nicht.

Anh. I § 415
§ 37 ADSp Drittes Buch. Handelsgeschäfte

Übersicht

	Rdn.		Rdn.
I. Überblick	1	2. Die Wirkung der Freizeichnung	6
II. Das Verhältnis zwischen Spediteurhaftung, Speditionsversicherung und Güterversicherung	2	3. Der Umfang der Freizeichnung (§ 37 ADSp)	7
1. Speditionsversicherung und Güterversicherung	2	a) Auslegung von § 37 c	7
a) Grundsätzliches Verhältnis	2	b) Unwirksamkeit bei gegenteiliger Auslegung	8
b) Überschneidungen als Ausnahmen	3	c) Wirksamkeit bei der hier vertretenen Auslegung	9
2. Das Verhältnis zwischen Transport- und Lagerversicherung und Spediteurhaftung	4	d) Ergebnis	10
III. Der Inhalt des § 37 ADSp	5	4. Fälle der Haftung des Spediteurs und des Speditionsversicherers	11
1. Abführung der Versicherungsleistung statt Haftung (§ 37 a ADSp)	5	IV. Übersicht über die Haftung des Spediteurs, Güterversicherers und Speditionsversicherers	12

I. Überblick

1 § 37 ADSp betrifft den Einfluß der Güterversicherung (insbesondere der Transport- oder Lagerversicherung) auf die Spediteurhaftung. Daß nur diese Versicherungsarten betroffen sind, ergibt sich aus der Abschnittsüberschrift („IX. Versicherung des Gutes"); siehe § 35 ADSp Rdn. 1. § 37 enthält eine Freizeichnungsregelung, die den Spediteur, wenn er in eigenem Namen für Rechnung des Versenders eine Güterversicherung abschließt (s. §§ 407–409 Rdn. 116 ff) von der Haftung befreien soll. Diese Freizeichnung ist von erheblicher Bedeutung, da § 41 a den Spediteur in diesem Falle nicht schützt. § 41 a gilt nur für Schäden, die von der Speditionsversicherung gedeckt werden. Da diese aber nach § 5 Nr. 1 A SVS/RVS die transportversicherten Schäden nicht erfaßt, kann auch § 41 a nicht eingreifen; vgl. dazu KG VersR **1967** 446, 448. Unverständlich ist daher die Formulierung von *Krien*, vor § 37 ADSp Anm. 1, § 37 lasse die Ausschlüsse und Beschränkungen der Haftung nach den ADSp „unberührt", insbesondere § 41 a. S. zum Haftungssystem der ADSp generell §§ 407–409 Rdn. 48 ff, 146 ff. **§ 37 gilt nicht, wenn der Versender selbst die Transportversicherung nimmt.** In diesem Fall kann es daher auch zum Regreß des Transportversicherers gegen den Spediteur kommen, ohne daß § 37 eingreift. S. hierzu den vom KG aaO entschiedenen Fall. Ebenso gilt § 37 nicht, wenn der Spediteur einen Dritten beauftragt hat, die Versicherung in dessen eigenem Namen zu decken; OLG Frankfurt ZLW **1980** 77, 79 = VersR **1980** 163. § 37 kann durch besondere Abreden über den Versicherungsauftrag abbedungen sein; beiläufig BGH v. 18. 1. 1974, VersR **1974** 327, 328.

II. Das Verhältnis zwischen Spediteurhaftung, Speditionsversicherung und Güterversicherung

1. Speditionsversicherung und Güterversicherung

2 **a) Grundsätzliches Verhältnis**

Nach § 5 Ziff. 1 A SVS/RVS sind Gefahren, welche durch eine Transportversicherung gedeckt sind, grundsätzlich nicht in der Speditionsversicherung versichert. Andererseits enthalten die üblichen Waren-Transportversicherungen keine derartige Subsidiaritätsklausel. Die Allgemeinen Deutschen Binnen-Transportversicherungs-Bedingungen von 1963 (ADB 1963, abgedruckt in DTV-Handbuch, hrsg. v. Deutschen

Transportversicherungs-Verband eV., Lose-Blatt-Sammlung, Stand 1983, BW 9) sehen zwar in § 2 Abs. 1e Subsidiarität gegenüber anderen Güterversicherungen vor. Aber die Speditionsversicherung ist davon nicht erfaßt, da sie keine Güterversicherung ist; siehe dazu § 39 ADSp Rdn. 6.

Im Verhältnis zur Lagerversicherung ist die Speditionsversicherung ebenfalls subsidiär; siehe § 5 Ziff. 1 D SVS/RVS.

Im Bereich der Seeversicherung können sich die Speditionsversicherung und die See-Güterversicherung in besonderen Fällen überschneiden; vgl. zum Deckungsbereich Nr. 5 ADS-Güterversicherung 1973 (DTV-Handbuch aaO. SW 29). Dann könnte zwar eine Doppelversicherung i. S. v. § 10 ADS vorliegen[1]. Doch schließt die Subsidiarität der Speditionsversicherung hier die Doppelversicherung ebenfalls aus.

b) Überschneidungen als Ausnahmen

Speditionsversicherung und Transport- und Lagerversicherung können in besonderen Fällen in Konkurrenz treten. So umfaßt z. B. die Einheitsversicherung[2] nach ihrem § 1 nach dem Grundsatz des Globalversicherungsschutzes auch das Verweilen der Güter beim Spediteur[3]. Ferner ergeben sich Überschneidungen zwischen Speditions- und Transport- oder Lagerversicherung, soweit der Spediteur als Lagerhalter oder Frachtführer im Selbsteintritt oder per Abholung und Zuführung der Güter im Rollfuhrverkehr tätig wird. Siehe dazu auch §§ 2 Nr. 2 und 4 Nr. 1d SVS/RVS sowie Nr. 2. 1.1. und 3.3. Sped. Police. Danach kann für den größten Teil der Spediteurhaftung die Transport- und Lagerversicherung kein Ersatz sein, weil sie die betreffenden Haftungsrisiken nicht deckt.

3

2. Das Verhältnis zwischen Transport- und Lagerversicherung und Spediteurhaftung

Transportversicherung und Spediteurhaftung betreffen zwei grundsätzlich verschiedene Risiken. Im reinen Speditionsgeschäft, in dem der Spediteur nicht selbst befördert, sondern nur die Versendung, also die Beförderung durch andere besorgt, haftet er nicht für die eigentliche Transportgefahr; s. §§ 407–409 Rdn. 95. Die Transportversicherung betrifft andererseits in allen Zweigen des Frachtgeschäfts nur den eigentlichen Transportschaden für den der Spediteur, außer im Falle des Selbsteintritts und der Fixkosten- und Sammelladungsspedition sowie bei originär übernommener Transportpflicht nicht haftet[4]. Siehe zum Deckungszeitraum der Güterversicherung Nr. 5 ADS-Güterversicherung 1973 (Neufassung 1984 transpR **1985** 157 ff, dazu de la *Motte* transpR **1985** 124 ff) und § 5 ADB 1963. Überschneidungen zwischen Spediteurhaftung und Transportversicherung kommen also bei der eigentlichen Spediteurtätigkeit kaum vor; s. aber § 39 ADSp Rdn. 7.

4

---

[1] Vgl. zur Doppelversicherung durch Haftpflicht- und Güterversicherung *Ritter/Abraham* Das Recht der Seeversicherung, 2. Aufl. 1967, § 10 ADS Rdn. 8.

[2] Anwendungsfall: OLG Düsseldorf VersR **1980** 63 f.

[3] Zu weiteren Deckungsmöglichkeiten siehe *Quiltz* VW **1974** 187; zur Kombination der ADS Güterversicherung 1973 mit internationalen Klauseln siehe *Remé* VersR **1980** 207 ff; zur Transport- und Verkehrshaftpflichtversicherung im multimodalen Güterverkehr: *de la Motte* transpR **1981** 63–81; zur Transportversicherung im COMECON-Verkehr: *de la Motte* DVZ, Sonderausg. FIATA '79, S. 103 f.

[4] Siehe zur Abgrenzung zwischen Speditions- und Frachtrecht §§ 412, 413.

III. Der Inhalt des § 37 ADSp

1. Abführung der Versicherungsleistung statt Haftung (§ 37 a ADSp)

5 Den Schlüssel zu § 37 ADSp bilden seine Absätze a und c. Nach Abs. a soll im Fall der Transport- oder Lagerversicherung jeder Anspruch, der über die geschuldete Abführung der Versicherungsleistung hinausgeht, gänzlich ausgeschlossen sein. Danach hat der Spediteur die bereits empfangenen Schadensersatzleistungen des Transport- oder Lagerversicherers an den Versender abzuführen. Steht die Versicherungsleistung noch aus, so hat der Spediteur nach Abs. b den Anspruch gegen den Transportversicherer an den Versender abzutreten. Nach § 75 Abs. 1 und 2 VVG stehen bei der Versicherung für fremde Rechnung dem Versicherten, also hier dem Versender, ohnehin die Ansprüche aus dem Versicherungsvertrag zu. Sie brauchen ihm also nicht abgetreten zu werden. Allerdings benötigt er zur Geltendmachung dieser Ansprüche entweder den Versicherungsschein oder die Zustimmung des Spediteurs, der regelmäßig im Besitz des Versicherungsscheins sein wird (§ 75 Abs. 2 VVG). Somit schuldet der Spediteur praktisch nicht die Abtretung, sondern nur die Zustimmung zur Geltendmachung der Ansprüche durch den Versender gemäß § 75 Abs. 2 VVG.

Diese in § 37 ADSp geregelten Pflichten zur Abführung der Versicherungsleistung erweitern nicht etwa den Pflichtenkreis des Spediteurs. Sie ergeben sich vielmehr schon nach dem Gesetz aus dem Speditionsvertrag: §§ 675, 667 BGB, siehe §§ 407–409 Rdn. 145. Bei der Wahrnehmung der Versenderinteressen ist dem Spediteur nach § 37 b, 2. Hs. ADSp nicht einmal die Verfolgung der Ansprüche gegen den Versicherer auferlegt; er braucht, um von seiner Haftung befreit zu werden, nur die versicherungsvertraglichen Obliegenheiten wie z. B. die Schadensanmeldung zu erfüllen. Auch insoweit verbessert also § 37 die Rechtsposition des Spediteurs.

2. Die Wirkung der Freizeichnung

6 § 37 a und c bestimmt eindeutig, daß der Spediteur dem Auftraggeber keinen Schadensersatz schulden soll. In der Literatur werden demgegenüber unklare oder nicht begründete Ausdeutungen der Klauseln vertreten. *Krien*, vor § 37 ADSp Anm. 1 meint, § 37 a, b Halbs. 1 c lasse die Ausschlüsse und Beschränkungen der Haftung des Spediteurs, insbesondere §§ 41 a, 43 c u. d, 52–60, 63 u. 64 unberührt. Diese Aussage ist selbstverständlich, soweit der Transportversicherer den Schaden nicht deckt, da dann § 37 nicht eingreift; s. Rdn. 10. Soweit die Transportversicherung den Schaden deckt, kann § 41 a ADSp nicht eingreifen, da es an der Voraussetzung der Deckung des Schadens durch die Speditionsversicherung fehlt; s. Rdn. 1. Dagegen schließt dann § 37 die Eigenhaftung des Spediteurs gänzlich aus; Haftungseinschränkungen der ADSp sind ohne Interesse. *Prölss/Martin* VVG[23] § 129 Anm. 7 Db behaupten ohne Begründung, § 37 c betreffe nur die Haftung speziell aus dem Versicherungsauftrag. Dies trifft nicht zu. Verletzt der Spediteur die Versicherungsweisung, dann haftet er unzweifelhaft nach Speditionsrecht. § 37 c bringt in diesem Fall keinen Sinn. Demgegenüber soll der Spediteur völlig von der Haftung für durch von ihm transportversicherte Schäden befreit werden. Die Aufrechterhaltung dieser Begünstigung des Spediteurs war auch die Absicht der Verbände in der Reform von 1978; vgl. dazu *Krien* vor § 37 ADSp Anm. 4.

Soweit § 37 a u. c wirksam ist und eingreift, können keine Ansprüche gegen den Spediteur auf den Güterversicherer nach § 67 VVG oder kraft Abtretung übergehen. Die in der Literatur vertretene Auffassung, daß § 37 keinen Haftungsausschluß enthalte oder zumindest dem Versicherer den Regreß gegen den Spediteur nicht abschneide[5], fin-

---

[5] *Wolf*[11] § 37 ADSp Anm. 2; *Krien*, § 37 ADSp Anm. 4 a mit Hinweisen auf ältere Literatur.

det im Text keinerlei Stütze. Im Gegenteil klärt Abs. c in der Neufassung 1978 den haftungsausschließenden Charakter der Vorschrift eindeutig. Die Gegenauffassung würde auch kaum Wesentliches ändern, da die vom Spediteur gezeichnete Transport- oder Lagerversicherungspolice regelmäßig den Rückgriff auf diesen Spediteur ausschließt.

Inwieweit bei der vom Spediteur für Rechnung des Kunden abgeschlossenen Güterversicherung Regreßansprüche des Versicherten (Auftraggebers) gegen den Versicherungsnehmer (Spediteur) überhaupt auf den Güterversicherer übergehen können, ist zweifelhaft; *Bruck/Möller/Sieg* VVG[8] (1970) § 67 Anm. 126 ff; *Prölss/Martin*[23] (1984) § 67 Anm. 3 (S. 409).

Die Bemerkung von *Krien* aaO, der Rückgriff auf den Zwischenspediteur sei durch § 37 nicht verwehrt, hat mit der Sache nichts zu tun: Ansprüche gegen den Zwischenspediteur oder Unterspediteur hat der Hauptspediteur an den Auftraggeber abzutreten, so daß dieser sie wiederum auf den Güterversicherer weiterübertragen kann. Hierbei handelt es sich jedoch nicht um eine Haftung des Hauptspediteurs, sondern um eine von der Haftung völlig unabhängige Abtretung von Ansprüchen aus dem Ausführungsgeschäft. Im Verhältnis zwischen Auftraggeber und Zwischenspediteur oder Unterspediteur kann § 37 nicht eingreifen. Dies gilt schon deshalb, weil der Zwischenspediteur oder Unterspediteur mit dem Auftraggeber in keinem Vertragsverhältnis steht und daher ihm gegenüber auch nicht vertraglich haftet. Der Zwischenspediteur oder Unterspediteur haftet aus dem Zwischenspeditionsvertrag dem Hauptspediteur. Hat er auftragsgemäß Versicherung genommen, so entfallen damit, soweit § 37 wirkt, die Ansprüche des Hauptspediteurs gegen ihn und können daher auch nicht an den Auftraggeber abgetreten werden. Voraussetzung hierfür ist allerdings die Anwendung der ADSp zwischen Haupt- und Zwischenspediteur, was bei Einschaltung ausländischer Zwischenspediteure häufig nicht gegeben ist. Unverständlich nach alledem die Bemerkungen von *Krien* § 37 Anm. 4 b.

Insgesamt wirkt sich § 37 mindestens dahingehend aus, daß der Spediteur, soweit die von ihm genommene Transport- oder Lagerversicherung den Schaden deckt, weder gegenüber dem Auftraggeber selbst noch gegenüber dem regreßnehmenden Transportversicherer haftet.

3. Der Umfang der Freizeichnung (§ 37 ADSp)
a) Auslegung von § 37 c

§ 37 c ADSp ist in sich eindeutig formuliert. Der Spediteur wird von seiner Haftung **7** nur befreit, „*soweit*" durch die vom Spediteur abgeschlossene Güterversicherung „der *Schaden* gedeckt ist". Das „soweit" läßt nur die Auslegung zu, daß für Schäden (auch Schadensteile), die im konkreten Fall nicht gedeckt sind, die speditionsrechtliche Haftung offen bleiben soll. Der Kunde verzichtet nach der Regelung des § 37 c Neufassung also auf die Haftung nur hinsichtlich solcher Schäden oder Schadensteile, für die er Versicherungsleistungen konkret erhält[6]. Mit der Neufassung wären die früher gegen die weite Auslegung des § 37 ADSp erhobenen Bedenken (Voraufl. Anm. 6) ausgeräumt. Jedoch sind neue Auslegungsschwierigkeiten dadurch entstanden, daß § 37 Abs. c mit Abs. a in Widerspruch steht. In Abs. a ist bestimmt, daß der Spediteur „nur" den Ersatz aus der Versicherung an den Auftraggeber weiterzuleiten hat. Damit könnten weitergehende Schadensersatzansprüche des Auftraggebers ausgeschlossen sein. Der hier beste-

---

[6] Zutreffend *Wolf*[11] § 37 ADSp Anm. 5; *de la Motte* transpR **1978** 60; a.A. wenn auch sehr unklar, *Krien* vor § 37 ADSp Anm. 4.

hende Widerspruch sollte mit der **Unklarheitenregel** (§ 5 AGBG, siehe vor § 1 ADSp Rdn. 31 ff) ausgeräumt werden. § 37 c enthält die für den Auftraggeber günstigere Lösung, die Haftungsbefreiung an die tatsächliche Deckung des Schadens durch den Güterversicherer anzuknüpfen. Demgegenüber hält *Graf von Westphalen*, ZIP **1981** 120 f die Vorschrift des § 37 ADSp für unwirksam wegen Verstoßes gegen § 9 Abs. 2 Nr. 1 AGBG. Vor der Behandlung einer Klausel als ungültig ist sie jedoch zunächst auszulegen. Dies bedeutet, daß im normalen Zivilprozeß die Unklarheitenregel der Inhaltskontrolle vorgeht; siehe Vorbem. vor § 1 ADSp, Rdn. 32.

b) Unwirksamkeit bei gegenteiliger Auslegung

8 Sollte § 37 ADSp jedoch in einem **Unterlassungsverfahren** nach § 13 ff AGBG angegriffen werden, so wäre nach allgemeiner Auffassung von der dem Spediteur als Verwender ungünstigeren Auslegung auszugehen; siehe vor § 1 ADSp Rdn. 32. § 37 a würde dann, entsprechend der bisherigen h. M. den Spediteur nicht nur von der Haftung befreien, soweit die Transport- oder Lagerversicherung den Schaden deckt, sondern auch soweit der Schaden durch die an sich gedeckte Versicherung nicht getragen wird. Damit müßte im Unterlassungsverfahren davon ausgegangen werden, daß sich die Bedeutung der Freizeichnung nicht darauf beschränkt, die Kumulation von Güterversicherung und Spediteurhaftung auszuschließen, sondern daß sie auch gerade außerhalb des Bereichs der Güterversicherung bestehende Ansprüche des Auftraggebers ausschließen will. Siehe zu dieser im Speditionsschrifttum überwiegend vertretenen Auffassung *Krien/Hay*, § 37 ADSp, Anm. 2; *Schwartz*, § 35 ADSp, Anm. 1; *Hald*, ADSp, S. 71 f. Nach *Krien*, vor § 37 ADSp Anm. 4 und zu § 37 Anm. I 4 c soll diese Regelung angemessen sein und auch bei den Verhandlungen über die Neufassung der ADSp im Jahre 1978 bewußt aufrechterhalten worden sein.

Demgegenüber ist, insoweit übereinstimmend mit *Graf von Westphalen* aaO, daran festzuhalten, daß der Auftraggeber durch § 37 ADSp in dieser Auslegung unangemessen benachteiligt würde. Zwar ist durch die Neufassung des § 37 c ausgeschlossen, daß der Spediteur durch Abschluß irgendeiner Versicherung für alle auch andersartigen Risiken enthaftet würde (z. B. durch den Abschluß eines Feuerversicherungsvertrags vom Einbruchsdiebstahl-Risiko). Dennoch verschiebt der Haftungsausschluß in § 37 die wirtschaftlichen Gewichte ohne einleuchtende Begründung einseitig zugunsten des Spediteurs.

Der Versender bezahlt die Prämie; die Versicherung wird von Anfang an für seine Rechnung genommen; der Spediteur hat nach § 38 ADSp Anspruch auf eine besondere Provision für den Abschluß der Transportversicherung. Für die Verletzung seiner Pflicht zur Besorgung der Transportversicherung haftet der Spediteur nach § 41 a ADSp im Regelfall nicht; die Speditionsversicherung deckt nach § 9 Nr. 3 SVS/RVS den Ausfall der Transportversicherung nur bis DM 150 000,—. Man kann auch kaum mit *Krien/Hay* § 37 ADSp Anm. 2 davon sprechen, der Versender treffe mit der Weisung zur Nahme der Transportversicherung die Entscheidung, ob er die Versicherung oder die Spediteurhaftung bevorzuge. Einmal handelt es sich hier nicht um eine wirkliche „Wahl", weil beim eigentlichen Spediteurverschulden die „wählbaren" Möglichkeiten unterschiedliche Risiken betreffen. Zum anderen wird auch der durchschnittliche Verbotskunde — auf diesen kommt es wegen § 41 ADSp allein an — nicht erkennen, daß der Auftrag zur Transportversicherung ihn jeder Haftung gegen den Spediteur berauben soll. Schließlich wird er auch vom Spediteur über diese sich aus den ADSp ergebenden Folgen seiner Weisung zur Nahme der Transportversicherung kaum jemals aufgeklärt werden. Diese Folgen können für den Auftraggeber zu empfindlichen Verlusten

Stand: 1. 9. 1985

führen, soweit die Güterversicherung den Schaden nicht deckt, den Spediteur aber Verschulden trifft. Insbesondere gilt dies für Vermögensschäden, die dem Auftraggeber entstehen können.

Nach alledem enthält die Freizeichnung des § 37 ADSp in der hier abgelehnten weiten, aber im Falle eines Unterlassungsverfahrens zugrunde zu legenden Auslegung keine den Interessen der Parteien entsprechende Regelung, sondern begünstigt ganz ausschließlich und ohne Äquivalent den Spediteur.

c) Wirksamkeit bei der hier vertretenen Auslegung

Selbst in der hier vertretenen, dem Auftraggeber günstigen Auslegung (vgl. oben Rdn. 6) ist § 37 für den Spediteur noch extrem günstig, weil er ihm als Folge einer provisionspflichtigen Tätigkeit (der Deckung der Versicherung auf Kosten des Auftraggebers) weitgehende Haftungsfreistellung gewährt. Folgt man der hier vorgeschlagenen engen Auslegung, so liegt in der Vorschrift dennoch keine unangemessene Benachteiligung des Auftraggebers. Dieser wird keinen gewichtigen Risiken ausgesetzt, da er mit der Deckung des Schadens durch den Transportversicherer gut gesichert ist. Der Umstand, daß die Haftungsbefreiung des Spediteurs durch die vom Auftraggeber gezahlte Prämie finanziert wird, hat auch bei § 41 ADSp bisher nicht dazu geführt, daß die Regelung als unangemessene Benachteiligung des Auftraggebers betrachtet wurde. Im kaufmännischen Bereich ist die Ausgleichung von Preis und Risiken in solchen Fällen akzeptabel; siehe vor § 1 ADSp Rdn. 43 Fn. 50, 51.

Die Freizeichnung in § 37 gilt im übrigen **nicht bei grobem Eigenverschulden des Spediteurs.** § 51b S. 2 ADSp sieht eine Rückausnahme — anders als zu § 41a — nicht vor. Soweit im Güterversicherungsvertrag zwischen dem Spediteur und seinem Güterversicherer keine regreßausschließende Klausel vorgesehen ist, kann somit auch der Güterversicherer in diesen Fällen Regreß gegen den Spediteur nehmen.

d) Ergebnis

Nach der hier vertretenen Auffassung haftet somit der Spediteur, wenn er im eigenen Namen für Rechnung des Auftraggebers eine Güterversicherung gedeckt hat, insoweit, als diese Güterversicherung den Schaden konkret nicht deckt. Die Haftung des Spediteurs richtet sich dann nach den allgemeinen Grundsätzen der ADSp (§§ 51ff). An die Stelle der Spediteurhaftung tritt allerdings im Regelfalle die Speditionsversicherung (§§ 39, 41 ADSp). Soweit die Speditionsversicherung verboten ist oder den Schaden nicht deckt, haftet der Spediteur begrenzt nach § 54 ADSp. Ausnahmsweise kommt eine unbegrenzte Haftung des Spediteurs im Falle von Vorsatz oder grober Fahrlässigkeit leitender Angestellter, Organisationsverschulden oder Kardinalpflichtverletzung in Betracht; siehe vor § 1 ADSp Rdn. 49.

4. Fälle der Haftung des Spediteurs und des Speditionsversicherers bei nicht ordnungsgemäßer Deckung der Güterversicherung

Unstreitig schließt § 37 ADSp nicht die Haftung aus, die den Spediteur trifft, wenn er schuldhaft Weisungen des Versenders hinsichtlich der Versicherungsnahme nicht befolgt. Denn § 37 ADSp setzt voraus, daß der Spediteur die Transport- oder Lagerversicherung im Einklang mit den Weisungen des Versenders gedeckt hat. Ist dies nicht der Fall, so fehlt es an der Grundvoraussetzung des § 37 ADSp. Der Spediteur haftet demnach für Nicht- oder nicht ordnungsgemäße Befolgung der Versicherungsweisung des Versenders; BGH vom 17. 4. 1951, BGHZ 2 1, 4. Die Haftung ergibt sich regelmäßig aus § 407 Abs. 2, 385 HGB; s. §§ 407–409 Rdn. 66; im Falle der Schlechterfüllung wohl aus PVV, OLG Frankfurt ZLW **1980** 77, 79. In diesem Fall greifen die übrigen Haftungsbeschränkungen der ADSp ein; OLG Frankfurt aaO. Auch bei der Abwicklung des Speditionsvertrags können Spediteurfehler vorkommen, die für den Auftraggeber den Verlust seiner Versicherungsansprüche zur Folge haben können, z. B. Versäumnis der Schadensfeststellung; siehe RGZ **112** 149, 154 f.

Ferner ist darauf hinzuweisen, daß die Freizeichnung im Zweifel auch dann unwirksam sein wird, wenn eine ordnungsgemäß abgeschlossene Transportversicherung durch fehlerhafte Maßnahmen des Spediteurs unwirksam wird. In diesen Fällen wird sogar gemäß § 5 SVS von der Speditionsversicherung gehaftet. Es besteht kein Grund, eine Haftung des Spediteurs zu verneinen, wenn der Kunde Verbotskunde ist.

IV. Übersicht über die Haftung des Spediteurs, Güterversicherers und Speditionsversicherers

12 Für den Versender ist nach dem oben Dargelegten die Haftungssituation sehr unterschiedlich, je nachdem, welche Versicherungen genommen sind und welcher Fahrlässigkeitsgrad vorliegt:

(1) Wenn auftragsrecht weder die Speditionsversicherung noch eine Güterversicherung genommen ist (Verbotskunde ohne Güterversicherung)

In diesem Falle richtet sich die Haftung nach den ADSp. §§ 41 a und 37 ADSp greifen nicht ein.

(2) Wenn keine Speditionsversicherung, wohl aber Güterversicherung genommen ist (Verbotskunde mit Güterversicherung)

Hier greift § 41 a ebenfalls nicht ein. Die Haftung bestimmt sich also grundsätzlich nach den ADSp. Der Versender hat nach Abtretung durch den Spediteur die Ansprüche gegen die Güterversicherung — der Spediteur ist *insoweit* gemäß § 37 ADSp von der Haftung befreit.

(3) Wenn der Auftrag in der Speditionsversicherung, (weisungsgemäß), aber nicht in der Güterversicherung versichert ist

In diesem Falle haftet der Spediteur im Deckungsbereich der Speditionsversicherung nicht — § 41 a ADSp — außerhalb dieses Deckungsbereichs nach Maßgabe der ADSp. Dem Versender stehen somit Ansprüche gegen den Speditionsversicherer (ausgerichtet an der gesetzlichen Spediteurhaftung) und gegen den Spediteur außerhalb des Deckungsbereichs der Speditionsversicherung nach Maßgabe der ADSp zu.

(4) Wenn der Auftrag in der Speditionsversicherung, (weisungswidrig) in der Güterversicherung aber nicht versichert ist

In diesem Fall haftet der Speditionsversicherer für den durch die Nichtdeckung der Transportversicherung entstehenden Schaden.

(5) Wenn der Auftrag in der Speditionsversicherung und in einer Güterversicherung versichert ist

Hier können Ansprüche gegen drei Beteiligte entstehen: gegen den Speditionsversicherer im Deckungsbereich der Speditionsversicherung — insoweit ist der Spediteur gemäß § 41 a ADSp von der Haftung befreit; gegen den Güterversicherer im Deckungsbereich der betreffenden Güterversicherung — insoweit befreit § 37 ADSp den Spediteur von der Haftung; gegen den Spediteur selbst, soweit weder Speditionsversicherung noch Güterversicherung eingreifen; hier ist der Spediteur weder durch § 37 noch durch § 41 a ADSp geschützt. Seine Haftung bestimmt sich nach den ADSp. Zum Verhältnis zwischen Speditionsversicherung und Güterversicherung siehe Rdn. 2 f.

(6) Wenn der Auftraggeber selbst in eigenem Namen eine Güterversicherung genommen hat

In diesem Falle greift § 37 ADSp nicht ein. Daher erlangt der Transportversicherer, wenn er den Auftraggeber entschädigt, nach § 67 VVG dessen Ansprüche gegen den Spediteur bzw. Speditionsversicherer (Fall: KG VersR **1967** 446 ff).

(7) Wenn den Spediteur grobes Eigenverschulden trifft

In diesem Fall kann er sich nicht auf § 37 berufen; s. Rdn. 9; ebenso nicht auf die Haftungsbeschränkungen der ADSp; s. vor § 1 ADSp Rdn. 49. Auch § 41 a ADSp schützt ihn nicht, soweit die Leistung der Speditionsversicherung für den konkreten Schaden als Deckung nicht ausreicht; s. § 41 ADSp Rdn. 23.

§ 38

Für die Versicherungsbesorgung, Einziehung des Schadensbetrages und sonstige Bemühungen bei Abwicklung von Versicherungsfällen und Havarien steht dem Spediteur eine besondere Vergütung zu.

Siehe §§ 407–409 Rdn. 115.

X. Speditionsversicherungsschein (SVS) und Rollfuhrversicherungsschein (RVS)

§ 39

a) Der Spediteur ist, wenn der Auftraggeber es nicht ausdrücklich schriftlich untersagt, verpflichtet, die Schäden, die dem Auftraggeber durch den Spediteur bei der Ausführung des Auftrages erwachsen können, bei Versicherern seiner Wahl auf Kosten des Auftraggebers zu versichern. Die Police für die Versicherung muß, insbesondere in ihrem Deckungsumfang, mindestens dem mit den Spitzenorganisationen der Wirtschaft und des Speditionsgewerbes abgestimmten Speditions- und Rollfuhrversicherungsschein (SVS/RVS) entsprechen. Der Spediteur hat auf Verlangen des Versicherten anzugeben, nach welcher Police er versichert.

b) Mit der Versicherung nach § 39 Buchstabe a sind auch Schäden zu versichern, die denjenigen Personen erwachsen können, denen das versicherte Interesse z. Z. des den Schaden verursachenden Ereignisse zugestanden hat.

c) *Gestrichen.*

Übersicht

	Rdn.		Rdn.
Schrifttum		c) Leistungsgrenzen der Speditionsversicherung	3
I. Die Eigenart der Speditionsversicherung	1	2. Die Speditionsversicherung als laufende Versicherung	4
1. Der Zusammenhang zwischen ADSp und Speditionsversicherung	1	3. Die Speditionsversicherung als Versicherung für fremde Rechnung	5
a) Speditionsversicherer und Speditionsversicherungsbedingungen	1	4. Die Rechtsnatur der Speditionsversicherung	6
b) Speditionsversicherung und Spediteurhaftung	2	II. Andere Versicherungen und ihr Verhältnis zur Speditionsversicherung	7

Anh. I § 415
§ 39 ADSp

Drittes Buch. Handelsgeschäfte

	Rdn.		Rdn.
1. Transport- und Lagerversicherung	7	c) Speditionshaftpflichtversicherung	18
2. Haftpflichtversicherung		III. Die Pflicht zur Deckung der Speditionsversicherung	19
a) Überblick	8	1. Grundsätzliche Pflicht zur Deckung und Verbot des Auftraggebers	19
b) Transport-Haftpflichtversicherung	10		
aa) Im Güterfernverkehr (KVO)	10	2. Teilverbot	20
bb) Bei Transport von Möbeln und Umzugsgut	11	3. Die Mindestbedingungen der Speditionsversicherung	21
cc) Bei bahnamtlicher Rollfuhr	12	4. Die Wahl des Speditionsversicherers	22
dd) Im internationalen Strassenfrachtverkehr	13	5. Schriftform- und Ausdrücklichkeitsgebot für das Verbot der Speditionsversicherung	24
ee) Im Güternahverkehr	14		
ff) Im Luftfrachtverkehr	15	6. Deckung der Speditionsversicherung trotz Verbot	25
gg) Im Seeschiffsverkehr	16		
hh) Im Binnenschiffsverkehr	17	IV. § 39 b ADSp	26

Schrifttum

S. vor § 1 ADSp; *Bischof*, Anspruchskonkurrenz im SVS mit anderen Versicherungsbereichen Diss. Köln 1967; *Decker* DVZ Nr. 102 v. 27. 8. 85, S. 3, 7 (praktische Fälle); *Helm*, Versicherung von Transportschäden und Versichererregreß, in 25 Jahre Karlsruher Forum **1983** 116 ff; *Schneider*, Zahlungsunfähigkeit des Speditions-Versicherers — Haftung des Spediteurs, transpR **1984** 267–270. *Steinfeld*, Formen der Speditionsversicherung, 1965.

I. Die Eigenart der Speditionsversicherung
1. Der Zusammenhang zwischen ADSp und Speditionsversicherung
a) Speditionsversicherer und Speditionsversicherungsbedingungen

1 Die Speditionsversicherung ist ein auf die ADSp abgestimmter besonderer Typ von Versicherung. Sie wurde bei Festlegung der ADSp eigens neu geschaffen, um die Haftung des Spediteurs zu ersetzen. Bis zur Reform von 1978 sahen die ADSp vor, daß die Speditionsversicherung bei denjenigen Versicherern, die „von den Spitzenverbänden der Wirtschaft, die diese ADSp festgestellt haben, beauftragt sind", zu den Bedingungen des SVS (und des später beigefügten RVS) gedeckt werden soll. Diese Versicherer wurden ausschließlich durch die Firma Oskar Schunck vertreten. Nach § 41 c ADSp sollten sich Spediteure, die keine Speditionsversicherung zu diesen Bedingungen und bei den betreffenden Versicherern gedeckt haben, nicht auf die ADSp und die in ihnen enthaltenen Haftungsbefreiungen berufen können. Diese Monopolisierung der Speditionsversicherung hat sich tatsächlich und rechtlich nach dem Zweiten Weltkrieg nicht aufrechterhalten lassen; siehe *Steinfeld* S. 11 ff mit Literaturangaben. Es bestand auch vor 1978 die Möglichkeit, eine andere gleichwertige Versicherung bei anderen Versicherern zu nehmen, ohne die Vorteile der ADSp-Regelung einzubüßen. Neben die SVS/RVS-Police (abgedruckt unten Anhang II nach § 415 HGB) ist die Speditionspolice, vertreten von der Firma Hans Rudolf Schmidt (abgedruckt in Anhang III nach § 415 HGB) getreten, die sich inhaltlich, aber nicht sprachlich und technisch am Modell des SVS/RVS orientierte. Weitere ähnliche Speditionsversicherungen folgten. Mit der Reform von 1978 wurde die bereits bestehende liberalisierte Rechtslage auch im Text der ADSp deutlich gemacht. § 39 a S. 2 n. F. weist dem von den Verbänden ebenfalls empfohlenen SVS/RVS nur noch die Rolle einer Musterpolice zu, deren Bedingungen Mindestbedingungen für die haftungsersetzende Speditionsversicherung sind; vgl. unten Rdn. 21.

b) Speditionsversicherung und Spediteurhaftung

Die Speditionsversicherung knüpft an die Spediteurhaftung insoweit an, als sie dem **2** Kunden Ansprüche auf Schadensersatz gegen den Speditionsversicherer gewährt, die, im Rahmen besonderer Grenzen, sich nach der gesetzlichen Haftung des Spediteurs bemessen. Siehe § 3 Nr. 1 SVS/RVS und die dortigen Anmerkungen. Die Versicherung wird vom Spediteur in eigenem Namen für Rechnung des Auftraggebers abgeschlossen. Dieser hat daher dem Spediteur die Prämie zu erstatten und erlangt dafür selbst die Ansprüche gegen den Speditionsversicherer auf Erbringung der Versicherungsleistung. Dafür verliert er gemäß § 41 ADSp grundsätzlich den Anspruch auf Schadensersatz gegen den Spediteur. Siehe zu diesem Zusammenhang §§ 407–409 Rdn. 147.

Leistet der Speditionsversicherer an den Versender, so gehen die Ansprüche gegen Dritte in analoger Anwendung des § 67 VVG auf ihn über: OLG Köln VersR **1967** 34f.

c) Leistungsgrenzen der Speditionsversicherung

Die Leistung des Speditionsversicherers ist in verschiedener Weise durch die Versicherungsbedingungen beschränkt. Soweit Haftungsausschlüsse für einzelne Gefahren vorliegen, haftet der Spediteur anstelle des Speditionsversicherers. Jedoch ist seine Haftung durch die ADSp drastisch beschränkt; siehe dazu § 41 ADSp Rdn. 13ff und §§ 407–409 Rdn. 175ff. Soweit der Speditionsversicherer nach Maßgabe der gesetzlichen Spediteurhaftung zu leisten hat, gelten die summenmäßigen Beschränkungen der Versicherungsbedingungen. Insbesondere ist die Versicherungsleistung durch §§ 6 C 1a SVS/RVS auf DM 5.000,— pro Auftrag beschränkt, wenn der Absender dem Spediteur nicht eine höhere Versicherungssumme schriftlich aufgibt, für die er jedoch erhöhte Prämie zu zahlen hat. Entsprechendes gilt nach Ziff. 6.5. Sp-Police. Die Speditionsversicherungsverträge legen Höchstversicherungssummen fest. Diese betragen nach § 6 C 2 SVS/RVS und Nr. 6.1. Sp-Police zur Zeit 1 Million DM. In diese Höchstsumme müssen sich mehrere an sich voneinander unabhängige Auftraggeber eines Spediteurs teilen, die durch dasselbe Schadensereignis geschädigt werden; § 9 Ziff. 1 SVS/RVS, Nr. 6.2.1 Sp-Police. Eine ergänzende Haftung des Spediteurs bei höheren Schäden kommt nach § 41 ADSp nur im Falle des Vorsatzes oder der groben Fahrlässigkeit des Spediteurs oder eines seiner leitenden Angestellten in Betracht; siehe § 41 ADSp Rdn. 24. Für hochwertige Sendungen bietet somit die Speditionsversicherung ausreichenden Schutz nur, wenn eine höhere Versicherungssumme aufgegeben ist. Auch in diesem Falle reicht die Speditionsversicherung bei Sendungen im Werte von über einer Million DM nicht aus. Demgegenüber stellt die Speditionsversicherung den Versender nur in wenigen nebensächlichen Punkten besser als die gesetzliche Spediteurhaftung, z. B. bezüglich der Haftung für den sorgfältig ausgewählten Zwischenspediteur, § 4 Ziff. 1b SVS/RVS, für den der Hauptspediteur nach § 408 HGB grundsätzlich nicht zu haften hätte. Allerdings müßte er ohnehin seine Ansprüche gegen den Zwischenspediteur an den Versender abtreten. Hinsichtlich der besonders problematischen Haftung außereuropäischer Zwischenspediteure sieht auch der SVS/RVS keine Deckung vor.

2. Die Speditionsversicherung als laufende Versicherung

Die Speditionsversicherung ist laufende Versicherung im Sinne des § 187 Abs. 2 **4** VVG, d. h., die versicherten Interessen sind bei Abschluß durch den Spediteur nur der Gattung nach (durch die Versicherungsbedingungen) bezeichnet und werden erst nach ihrer Entstehung dem Versicherer einzeln aufgegeben. Der Spediteur deckt die gesamte Speditionsversicherung für seinen Speditionsbetrieb durch einen Versicherungsvertrag unter einer Generalpolice. Damit sind in den Grenzen des § 6 SVS/RVS bzw. Nr. 6

Anh. I § 415
§ 39 ADSp	Drittes Buch. Handelsgeschäfte

Sp-Police alle vom Spediteur abgeschlossenen Verkehrsverträge grundsätzlich versichert. Der Spediteur hat gegenüber dem Versicherer Anmeldepflichten zu erfüllen (§ 6 C 1 d SVS/RVS; Nr. 7 Sp-Police; § 39 a ADSp). Fehler oder Versäumnisse bei dieser Anmeldung beeinträchtigen jedoch den Versicherungsschutz des Kunden nicht (§ 6 C 1 d S. 1 SVS/RVS; Nr. 9 Sp-Police). Siehe auch KG VRS **3** 228, 230; BGH v. 4. 5. 1956, VRS **11** 123, 127; v. 31. 1. 1975, VersR **1975** 417; v. 5. 6. 1981, VersR **1981** 975, 976; OLG Frankfurt BB **1981** 1917; OLG Düsseldorf transpR **1984** 222, 226.

3. Die Speditionsversicherung als Versicherung für fremde Rechnung

5 Die Speditionsversicherung ist Versicherung für fremde Rechnung (§ 74 VVG). Versicherungsnehmer ist der Spediteur. Dieser ist auch gegenüber dem Versicherer zur Prämienzahlung verpflichtet. Aber er zahlt für Rechnung des betreffenden Auftraggebers und kann von diesem Erstattung verlangen. Auch stehen nicht dem Spediteur als Versicherungsnehmer, sondern dem Auftraggeber oder sonst Versicherten im Schadensfalle die Ansprüche auf die Versicherungsleistung gegen den Versicherer direkt zu. Nach § 1 SVS ist Versicherter entweder der Auftraggeber oder derjenige, dem das versicherte Interesse z. Z. des den Schaden verursachenden Ereignisses zugestanden hat, vor allem also der Auftraggeber; siehe § 1 SVS, Anh. II nach § 415 Rdn. 2 ff. Die Speditionsversicherung nach der Sp-Police ist nach deren Nr. 1.1. eine Versicherung für Rechnung wen es angeht, weil sie auch partielle Haftpflichtversicherung enthält und insoweit für eigene Rechnung des Spediteurs abgeschlossen wird; siehe hierzu unten Rdn. 18. Für solche Versicherungen verweist § 80 Abs. 1 VVG auf §§ 75–79 weiter, so daß in jedem Fall im Verhältnis zum Auftraggeber die Bestimmungen über die Versicherung für fremde Rechnung Anwendung finden.

4. Die Rechtsnatur der Speditionsversicherung

6 Die Speditionsversicherung ist Schadensversicherung. Im übrigen ist ihre Rechtsnatur umstritten. Siehe hierzu *Steinfeld*, S. 7 f. Die Speditionsversicherung ähnelt zwar der Haftpflichtversicherung, da die Beschreibung des Umfangs der geschuldeten Versicherungsleistungen sich gemäß §§ 3, 4 SVS; Nr. 2 Sp-Police am Umfang der gesetzlichen Spediteurhaftung orientiert. Gleichwohl ist sie keine echte Haftpflichtversicherung, weil sie nicht ein bestehendes Haftungsrisiko des Spediteurs deckt. Dieses ist nämlich durch § 41 ADSp ausgeschlossen. Außerdem ist bei der Haftpflichtversicherung deutschen Typs grundsätzlich kein unmittelbarer Anspruch des Geschädigten gegen den Versicherer begründet. Versicherter ist vielmehr der Haftpflichtige. § 3 PflichtVersG, der in der Kfz-Haftpflichtversicherung einen unmittelbaren Anspruch des Geschädigten gegen den Versicherer einführte, stellte eine untypische Neueinführung des Gesetzgebers dar. Andererseits ist die Speditionsversicherung mit der Sachversicherung (Transportversicherung) insoweit verwandt, als sie dem Auftraggeber die Stellung eines Versicherten einräumt und auf bestimmte Sachen, die Gegenstand einzelner Speditions-, Fracht- oder Lagerverträge sind, bezogen ist. Auch zur Güterversicherung bestehen jedoch signifikante Unterschiede, vor allem wenn man die Universalität des Risikos als Merkmal der Güterversicherung ansieht. Die Frage, zu welcher Gruppe von Versicherungen die Speditionsversicherung gehört, ist vornehmlich von Bedeutung für das Versicherungsaufsichtsrecht. Nach Auffassung des Bundesaufsichtsamtes ist die Speditionsversicherung zwar aufsichtsrechtlich Transportversicherung, innerhalb dieser jedoch eine Versicherung eigener Art; VerBAV **1954** 89 f. Siehe zur Übersicht über die Arten der Versicherungen: § 429[3] Rdn. 100 ff; *Helm*, 25 Jahre Karlsruher Forum **1983** 116 ff; zur Einordnung der Speditionsversicherung im besonderen siehe *Krien/Hay* vor § 1

Stand: 1. 9. 1985

SVS Anm. 4, zu § 1 SVS Anm. 2c; *Steinfeld* S. 7 mit weiteren Literaturangaben, *Prölss/ Martin* VVG[22] § 129 Anm. 7; aus der Rspr. siehe BGH v. 27. 10. 1967, BGHZ **49** 160, 165; OLG Hamburg VersR **1982** 800; OLG Köln VersR **1967** 34, 35.

Die Sp-Police enthält in Nr. 2.4. eine Haftpflichtversicherung hinsichtlich der Haftung des Spediteurs für die Fälle, in denen die Speditionsversicherung als solche nicht eingreifen würde. Die von der Fa. Oskar Schunck vertretene Musterversicherung des SVS/RVS enthält diese Haftpflichtkomponente nicht; diese wird aber im sog. Ergänzungsvertrag angeboten; siehe hierzu unten Rdn. 8.

II. Andere Versicherungen und ihr Verhältnis zur Speditionsversicherung
1. Transport- und Lagerversicherung

Vgl. dazu § 37 ADSp Rdn. 2 ff. Aus dem oben Rdn. 6 Dargestellten ergibt sich der **7** Unterschied zwischen Transport-(oder Lager-)versicherung und Speditionsversicherung: Bei der Transport- oder Lagerversicherung handelt es sich um eine reine Sachversicherung. Eine Haftpflicht irgendeiner Person ist nicht Voraussetzung für die Ersatzpflicht des Versicherers. Auch die Transport- oder Lagerversicherung wird regelmäßig als laufende Versicherung vom Spediteur in eigenem Namen für Rechnung des Auftraggebers genommen.

Die **Deckungsbereiche** beider Versicherungen überschneiden sich nicht, weil die Speditionsversicherung gegenüber der Transportversicherung subsidiär gestaltet ist; siehe § 37 ADSp Rdn. 2 f. Im Falle der Transport- oder Lagerversicherung entfällt die Haftung des Speditionsversicherers. Nach dem SVS/RVS wird in den Sonderfällen des § 5 Nr. 1 B die Haftung des Speditionsversicherers darüber hinaus auch schon dann ausgeschlossen, wenn der Schaden in der Transportversicherung versicherbar war; s. auch den Anhang zum SVS/RVS, abgedruckt nach § 19 SVS/RVS, Anh. II nach § 415. Bei Lagerschäden entfällt die Leistungspflicht nach § 5 Nr. 1 D SVS/RVS, soweit durch Lagerversicherung die Gefahr gedeckt werden konnte und üblicherweise gedeckt wird. Somit gibt es Fälle, in denen weder die Speditionsversicherung noch die Güterversicherung eingreift; s. auch § 37 ADSp Rdn. 4.

2. Haftpflichtversicherung
a) Überblick

Neben der Speditionsversicherung ist auch eine Haftpflichtversicherung des Spedi- **8** teurs möglich. Eine solche ist für den Spediteur allerdings nur von erheblichem Interesse, soweit die allgemeine Haftungsersetzung durch die Speditionsversicherung (§ 41 ADSp) unwirksam ist. Dies ist einmal gegeben, wenn der Auftraggeber die Speditionsversicherung ausdrücklich verbietet (§§ 39a, 41a ADSp). In diesem Falle ist jedoch der Spediteur durch die weitreichenden Haftungsbeschränkungen der ADSp weitgehend gegen größere Haftungsrisiken geschützt. Anders ist die Rechtslage jedoch im zweiten Falle, nämlich in den Bereichen, in denen eine Haftung durch zwingendes Gesetzesrecht vorgeschrieben ist. In diesen Fällen gelten die Haftungsbeschränkungen der ADSp, also auch der Grundsatz der Ersetzung der Haftung durch die Speditionsversicherung (§ 41a ADSp) nicht. Der Spediteur muß daher in vollem Umfang nach der betreffenden zwingenden Rechtsnorm haften, so daß die Absicherung dieser Haftpflicht durch Versicherung dringend ist.

Das gesamte Haftpflichtrisiko des Spediteurs ist auf der Grundlage unterschiedlicher spezieller Haftpflichtversicherungen abzudecken: Soweit es sich um die Haftung des Spediteurs aus Beförderungsverträgen handelt, ist vorrangig die jeweilige, nach Verkehrsmittel und Haftungsregelung unterschiedliche Haftpflichtversicherung maßgeblich; s. zu dieser im einzelnen Rdn. 10–17. Die von diesen Versicherungsarten nicht gedeckten Risiken kann der Spediteur zum großen Teil in einer speziellen Spediteur-Haftpflichtversicherung versichern; s. Rdn. 18. Ob und unter welchen Umständen diese Versicherung deckungspflichtig ist, hängt vom Einzelfall ab.

9   Die angebotenen Haftpflichtversicherungen gewähren den Geschädigten keine unmittelbaren Ansprüche. Jedoch ist eine Abtretung der Schuldbefreiungsansprüche des Spediteurs gegen seinen Haftpflichtversicherer an den Geschädigten grundsätzlich möglich und wird von der Rechtsprechung für KVO- und CMR-Haftpflichtversicherung bejaht; BGH v. 1. 12. 1955, VersR **1956** 31; v. 12. 3. 1975, VersR **1975** 655f; OLG Hamm VersR **1978** 80, 82; speziell zur CMR-Haftpflichtversicherung BGH v. 12. 2. 1980, VersR **1980** 522, 523; siehe § 38 KVO Anh. II nach § 452³ Rdn. 7; *Willenberg/Heuer*³ 38 KVO Rdn. 18; neuerer Beispielsfall AG Köln VersR **1981** 1172.

Wirtschaftlich gesehen nimmt der **Güterversicherer** gegen den jeweiligen Haftpflichtversicherer **Regreß**. Hat nämlich ein Güterversicherer (Transportversicherer) den Schaden gedeckt, dann gehen nach § 67 VVG oder durch Abtretung die Ansprüche des Geschädigten gegen den haftenden Spediteur auf diesen Versicherer über. Der Haftpflichtversicherer des Spediteurs ist verpflichtet, diesem den Schaden abzunehmen (Deckungspflicht, Deckungsprozeß). Im Konkurs des Spediteurs kann der Güterversicherer nach § 157 VVG den in einen Zahlungsanspruch verwandelten Deckungsanspruch gegen den Haftpflichtversicherer des Spediteurs unmittelbar geltend machen; BGH vom 18. 1. 1980, VersR **1981** 328ff; *Prölss/Martin/Prölss* VVG²² § 157 Anm. 3. S. zur Abhängigkeit der Speditionshaftpflichtversicherung von der Frachtführerhaftung und zur Ablehnung von Freikaufkosten bei Ladungsdiebstählen als Rettungskosten im Sinne von § 62 VVG: OLG Hamburg transpR **1984** 188ff.

b) Transport-Haftpflichtversicherung
aa) Im Güterfernverkehr (KVO)

10   Soweit der Spediteur als Fernverkehrs-Frachtführer im Sinne des GüKG und der KVO tätig wird, ist durch § 27 GüKG sogar eine besondere Haftpflichtversicherung gesetzlich vorgeschrieben. Siehe Anhang I nach § 452 HGB; zur Organisation der KVO-Versicherung siehe *Enge*, Versicherungswissenschaftliches Studienwerk, F VI, S. 293f. Der SVS nimmt Beförderungen im Güterfernverkehr aus der Haftung des Speditionsversicherers aus; siehe im einzelnen § 5 Nr. 3 SVS/RVS.

bb) Bei Transport von Möbeln und Umzugsgut

11   Auch insoweit besteht eine zwingende Haftung, s. § 2 ADSp Rdn. 13ff und Anh. IV nach § 452. Für den Möbelfernverkehr besteht Versicherungspflicht; unrichtig *Baumbach/Duden/Hopt*²⁵ § 27 GüKG (22) Anm. 1, der die Änderung des § 44 GüKG durch das 4. Änderungsgesetz vom 1. 8. 1961 noch immer nicht berücksichtigt hat.

Die zwingend vorgeschriebene Haftpflichtversicherung wird in der Sp-Police durch Nr. 2.5. vorgesehen. Nach dem SVS/RVS ist zweifelhaft, ob die Haftung aus Möbelspedition oder -beförderung unter die Speditionsversicherung fällt. Die Literatur steht teilweise auf dem Standpunkt, die SVS/RVS-Versicherung erfasse nur Verkehrsverträge, die den ADSp nach ihrem § 2 unterlägen. Da auf die inländische Möbelspedition nach § 2b Satz 2 die ADSp keine Anwendung finden (s. § 2 ADSp Rdn. 21) bestünde kein Versicherungsschutz nach SVS/RVS für die Möbelspedition. Im Gegensatz dazu hat die Rspr. den Versicherungsschutz auch bei Verträgen, die nicht den ADSp unterliegen, mit Recht bejaht; s. im einzelnen § 2 SVS/RVS Anh. II nach § 415 Rdn. 3. Da die Speditionsversicherer den Standpunkt vertreten, der SVS/RVS decke die Möbelbeförderung nicht, wird diese außerhalb des Bereichs des SVS/RVS nach den Bedingungen des Möbelversicherungsscheins (UMVS) versichert. Dies ist in der Tat auch deshalb erforderlich, weil die Deckung nach SVS/RVS den Anforderungen an die Pflichthaftpflichtversicherung des Möbelverkehrs nicht entsprechen würde.

cc) Bei bahnamtlicher Rollfuhr

Bei der bahnamtlichen Rollfuhr besteht zwingende Haftung der Bahn für den Spediteur als Erfüllungsgehilfen; s. § 456 Rdn. 3. **12**

Die Versicherung erfolgt hier nach den Bedingungen des Bahnrollfuhrversicherungsscheins BRVS; siehe dazu *Krien* MDR **1954** 642; *Hald* 410 ff.

dd) Im internationalen Straßenfrachtverkehr

Für die grenzüberschreitende Güterbeförderung mit Kraftfahrzeugen gilt die CMR; **13** siehe Anh. III nach § 452 sowie oben § 2 ADSp Rdn. 27. Für die zwingende CMR-Haftung besteht eine Versicherungspflicht allenfalls für den innerdeutschen Teil der Beförderung, wenn dieser als Güterfernverkehr zu qualifizieren ist; *Voigt* VP **1962** 157–160. Die Versicherung wird üblicherweise zusammen mit der KVO-Haftpflichtversicherung vorgenommen; für den ausländischen Streckenanteil kommt auch die CMR-Fremdunternehmerversicherung in Betracht; siehe dazu *Helm* in: 25 Jahre Karlsruher Forum Jubiläumsausgabe 1983, S. 116 ff. Die Deckung dieser Versicherung kann Pflicht des Spediteurs sein; s. §§ 407–409 Rdn. 99.

Der Ergänzungsvertrag (Spediteurhaftpflichtversicherung, Rdn. 18) deckt diese Haftung nur bei Vereinbarung einer speziellen CMR-Zusatzklausel.

ee) Im Güternahverkehr

Ein besonderes Bedürfnis nach Haftpflichtversicherung besteht seit der Änderung **14** des § 85 GüKG im Jahre 1969 nicht mehr. Der Spediteur kann hier unbeschränkt die ADSp zugrunde legen und damit seine Haftung entweder über § 41 ADSp gänzlich ausschließen oder — beim Verbotskunden — sich auf die weitgehenden Haftungsbeschränkungen der ADSp berufen. Siehe § 85 GüKG Anh. I nach § 452[3] Rdn. 1. Die Versicherung wird hier ebenfalls gemeinsam mit der KVO-Versicherung betrieben; siehe § 429[3] Rdn. 106.

ff) Im Luftfrachtverkehr

Im Luftfrachtverkehr bestehen überwiegend zwingende Haftungsbestimmungen; **15** siehe Anh. VII nach § 452. Soweit diese eingreifen, ist die Freizeichnung nach § 41a ADSp unwirksam; die Speditionsversicherung hat daher nur für solche Fälle und Teiltätigkeiten, für die Speditionsrecht gilt, eine Funktion; siehe zur Abgrenzung §§ 412, 413, insbesondere Rdn. 12. Zur Deckung der zwingenden Haftung werden spezielle Versicherungen angeboten; auch der Ergänzungsvertrag (Spediteurhaftpflichtversicherung, Rdn. 8, 18) deckt diese Haftung unter bestimmten Voraussetzungen.

gg) Im Seeschiffsverkehr

Soweit zwingendes Seefrachtrecht gilt (vgl. dazu § 412, 413 Rdn. 10 ist die Ersetzung **16** der Haftung durch Speditionsversicherung unwirksam. Auch soweit sie zulässig ist, tritt sie jedoch bei Güterschäden nicht ein, da § 5 Ba SVS/RVS alle Risiken, die durch Transportversicherung üblicher Art hätten gedeckt werden können, von der Speditionsversicherung ausnimmt. Bei der Seegüterbeförderung ist Transportversicherung weitgehend üblich; daher sind Güterschäden regelmäßig von der Speditionsversicherung nicht gedeckt; der Spediteur haftet entweder nach den ADSp oder, falls dies anzuwenden ist, nach zwingendem Seerecht; vgl. §§ 412, 413 Rdn. 10. Der Spediteur ist daher hinsichtlich dieser Schäden regelmäßig dem Regreß des Güterversicherers ausgesetzt. Spediteure pflegen diese Haftung nicht durch eine besondere seerechtliche Haftpflichtversicherung zu decken; sie wird aber im Ergänzungsvertrag (Rdn. 8, 18) unter bestimmten Voraussetzungen mitversichert.

hh) Im Binnenschiffsverkehr

17 ist die Rechtslage ähnlich, jedoch besteht innerhalb Deutschlands allenfalls eine rudimentäre zwingende Haftung des Binnenschiffs-Frachtführers. Sowohl die weitgehenden Freizeichnungen in den benutzten Binnenschiffahrts-Bedingungen wie auch in den ADSp sind daher zumeist wirksam. Für den Fall, daß dies nicht gilt, greift auch hier der Ergänzungsvertrag ein. Siehe zum Binnenschiffahrtsrecht auch § 2 ADSp Rdn. 29.

c) Speditions-Haftpflichtversicherung

18 Zusätzlich zur Speditionsversicherung kann der Spediteur eine **Spediteur-Haftpflichtversicherung** (Ergänzungsvertrag zum SVS/RVS bzw. Deckung nach der Sp-Police) abschließen. Der Ergänzungsvertrag ist **Haftpflichtversicherung**. Er **deckt das Risiko der Haftung nach den ADSp;** ferner das Risiko der speditionsrechtlichen Haftung außerhalb der ADSp, falls diese nicht durchgesetzt werden konnten. Darunter fallen Fälle unwirksamer Haftungseinschränkungen nach den ADSp und vor allem solche Fälle, in denen der Spediteur nach Maßgabe des Gesetzes oder der Rechtsprechung nach zwingendem Frachtrecht haftet. In diesen Fällen fehlt es sehr häufig an einer branchentypischen Sonderhaftpflichtversicherung des Spediteurs, deren Fehlen durch den Ergänzungsvertrag ausgeglichen werden kann.

Die **Haftungsrisiken des Spediteurs nach zwingendem Frachtrecht** können durch die besondere Haftpflichtversicherung der betreffenden Branche abgedeckt sein, sofern der betreffende Verkehrsvertrag unter diese fällt; s. Rdn. 10–17. Häufig ist dies jedoch nicht der Fall, weil besondere Voraussetzungen (Ausstellung eines Frachtbriefs, Bindung an ein bestimmtes Fahrzeug) in den Fällen der Fixkosten- und Sammelladungsspedition fehlen. S. die Erläuterungen zu §§ 412, 413. In diesen Fällen sind die Haftungsrisiken des Spediteurs nicht in der üblichen KVO- oder CMR-Haftpflichtversicherung versichert. Daher werden diese Risiken durch die Spediteur-Haftpflichtversicherung, teilweise auf Grund besonderer Deckungsklauseln mitabgedeckt.

III. Die Pflicht zur Deckung der Speditionsversicherung
1. Grundsätzliche Pflicht zur Deckung und Verbot des Auftraggebers

19 Ohne besondere Vereinbarung ist der Spediteur nach § 39a **verpflichtet**, die Speditionsversicherung zu decken. Von dieser Pflicht ist er nur entbunden, wenn der Auftraggeber die Speditionsversicherung ausdrücklich und schriftlich untersagt („Verbotskunde"). Die Konsequenz für den Kunden ist in diesem Fall vor allem, daß er anstelle der am HGB orientierten Ansprüche gegen den Speditionsversicherer nur die durch die ADSp sehr stark eingeschränkten Ansprüche gegen den Spediteur selbst erhält. Siehe dazu § 41a ADSp. Andererseits entfällt für den Kunden aber auch die Pflicht zur Zahlung der Speditionsversicherungs-Prämie. Die Untersagung der Speditionsversicherung ist für den Auftraggeber vor allem dann von Interesse, wenn die zu befördernde Ware für den Bereich des Speditionsvorgangs bereits anderweitigen Versicherungsschutz genießt (z. B. durch Einheitsversicherung oder durch eine durchlaufende Transportversicherung).

§ 39 a bestimmt nicht nur die Pflicht des Spediteurs, sondern vor allem sein **Recht zur Versicherung** des Auftrags in der Speditionsversicherung, die ihm eine kostenlose Haftungsbefreiung bringt.

2. Teilverbot

Seit 1978 kann der Auftraggeber auch ein „Teilverbot" der Speditionsversicherung **20** aussprechen. Die Einführung eines solchen Teilverbots gehört zu den jahrelangen Forderungen eines Teils der verladenden Wirtschaft. Für Auftraggeber, die ihre Transporte selbst aufgrund einer laufenden Güterversicherung versichern, erscheint die zusätzliche Abdeckung von Güterschäden durch den SVS/RVS überflüssig. Diesem Umstand wird die Reform durch die Einführung des Teilverbots gerecht, das wenigstens teilweise der ursprüngliche Stand der ADSp-Konzeption wiederherstellt, wonach die Speditionsversicherung nur Vermögensschäden decken sollte.

§ 6 B Nr. 1 SVS/RVS gestattet dem Auftraggeber, nicht nur die Speditionsversicherung ganz zu verbieten, sondern nunmehr nach b „den Versicherungsschutz nach den §§ 2–4 für Güterschäden im ausschließlich innerdeutschen Verkehrs zu untersagen (partielles Verbot". Die Folgen dieses Teilverbots sind in § 5 Nr. 1 C SVS/RVS geregelt. Danach ist die Versicherungsdeckung ausgeschlossen für „Güterschäden jeder Art im innerdeutschen Verkehr, wenn der Auftraggeber die Versicherungsdeckung nach § 6 B Ziff. 1 b beschränkt hat (partielles Verbot)".

Dem weitaus geringeren gedeckten Risiko beim Teilverbot entspricht eine ermäßigte Prämie, die bei Versicherungssummen über DM 5.000,— nur 1/4 der Prämie für die Vollversicherung beträgt, s. zum Verbot der Auslandsversicherung den Anhang zum SVS/RVS, § 3 Abs. 2 (abgedruckt nach dem SVS/RVS, Anh. II nach § 415).

Das Teilverbot hat Einfluß auf die Haftungsbefreiung des Spediteurs nach § 41 a ADSp. Denn der Spediteur soll von der Haftung nur frei werden, soweit er eine dem § 39 a ADSp entsprechende Speditionsversicherung abgeschlossen hat. Die durch ein Teilverbot beschränkte Speditionsversicherung deckt aber Güterschäden nicht. Insoweit ist der Kunde Verbotskunde, und der Spediteur haftet nach den ADSp. Regelmäßig wird der Güterversicherer diese Haftung im Regreßweg in Anspruch nehmen. Siehe aber für den Fall, daß die Güterversicherung durch den Spediteur für Rechnung des Auftraggebers gedeckt ist, § 37 und die dortige Kommentierung.

3. Die Mindestbedingungen der Speditionsversicherung

§ 39 a S. 2 ADSp n. F. macht es dem Spediteur zur Pflicht, eine Speditionsversiche- **21** rung zu decken, die mindestens dem SVS/RVS (Anh. II nach § 415) entspricht. Dies ist z. Z. bei allen auf dem Markt angebotenen Speditionsversicherungen durch entsprechende Klauseln sichergestellt; siehe z. B. Sp-Police Nr. 2.1.1., Anh. III nach § 415. Mit der Änderung ist das ohnehin in der Rechtspraxis unwirksam gewordene Bedingungsmonopol des SVS/RVS in eine Musterpolicen-Funktion umgewandelt. Zur Rechtslage vor 1978 siehe die Vorauf. §§ 39, 40 ADSp Anm. 13.

Der seit dem 1. 1. 1984 von den SVS-Versicherern mitangebotene „Anhang zur Speditions- und Rollfuhrversicherung (SVS/RVS) über internationale europäische Güterbeförderungen" (BAnz vom 3. 2. **1984** S. 1033) ist im Verfahren nach 1 17 SVS/RVS mit Zustimmung des BSL und des DIHT formuliert worden und ist daher Bestandteil des mit den Spitzenorganisationen gem. § 39 a S. 2 ADSp (mittelbar) abgestimmten

§ 39 ADSp

SVS/RVS. Die konkurrierenden Versicherungen sind daher nur dann ausreichend, wenn sie eine entsprechende Versicherungsdeckung enthalten; s. den Abdruck des Anhangs mit Erl. nach § 19 SVS/RVS, Anh. II nach § 415.

4. Die Wahl des Speditionsversicherers

22 § 39 a S. 1 n. F. ADSp gestattet nunmehr die Deckung der Speditionsversicherung durch den Spediteur „bei Versicherern seiner Wahl". Das (nur noch auf dem Papier stehende) Monopol der durch die Fa. Oskar Schunck vertretenen Versicherer wurde damit beseitigt. Zur früheren Rechtslage vgl. die Vorauf. Anm. 14; *Schneider* transpR **1984** 267. Von besonderer Bedeutung ist die Frage, ob die **Solvenz des** vom Spediteur **gewählten Speditionsversicherers** zu den Voraussetzungen des § 39 a S. 2 ADSp und damit der Haftungsbefreiung nach § 41 a ADSp gehört. Orientiert am Fall des Konkurses der GVVG-Güterverkehrs-Versicherung (1984; s. VerBAV **1984** 432 ff; DVZ v. 21. 1. **1985** S. 3) wird dies von *Schneider* transpR **1984** 267 ff u. DVZ Nr. 125 v. 18. 10. 1984, S. 3; ferner *Decker* DVZ Nr. 31 v. 14. 3. 1985, S. 18, bejaht. Die gegebene Begründung ist allerdings nicht voll überzeugend.

Der Text des § 39 a ADSp i. d. F. v. 1978 läßt keinen Schluß auf die Solvenz des Versicherers als Erfordernis der Haftungsbefreiung des Spediteurs zu. § 39 a S. 2 bestimmt nur, daß „die Police…, insbesondere in ihrem Deckungsumfang" dem SVS/RVS entsprechen muß. Damit ist weder über die Solvenz der SVS/RVS-Versicherer noch über die anderer Speditionsversicherer irgend etwas ausgesagt. Insbesondere ist „Gleichwertigkeit" vom jetzigen Text nicht zwingend gefordert. Die Begründung von *Schneider*, die auf die Rechtslage in der Zeit der Liberalisierung (zwischen 1954 und 1978) durch Praxis und Rechtsprechung zurückgeht, kann für die Neufassung nicht überzeugen. Damals enthielt § 39 a ADSp eine Monopolklausel zugunsten der SVS-Versicherer. Das Monopol gewährleistete eine Kontrolle auch der Leistungsfähigkeit durch die beteiligten Verbände; jede entgegen der Monopolklausel gewählte andere Speditionsversicherung war „Ersatz" und mußte daher voll „gleichwertig" sein; s. die Nachweise bei *Schneider* aaO S. 268. Mit der Beseitigung des Monopols ist die Wahl des Versicherers in § 39 a frei in das Belieben des Spediteurs gestellt. Gleichwertigkeit wird von den ADSp nicht erwähnt, sondern lediglich ein „Entsprechen" der Police. Es erscheint daher kaum vertretbar, mit *Schneider* dem Spediteur den gesamten Schutz der ADSp bereits wegen der unverschuldet nicht erkannten Insolvenz des gewählten Speditionsversicherers zu versagen. Die Änderung der Regelung hinsichtlich der Versicherer-Wahl erfolgte 1978 als bewußter Liberalisierungsakt nicht zuletzt auf Druck des Bundeskartellamts. Dieses ging dabei gegenüber den anmeldenden Verbänden davon aus, daß die „Bonität der Versicherungsunternehmen" durch die Aufsicht der zuständigen Bundesbehörde „gewährleistet" sei (Brief an den DIHT vom 29. 11. 1977). Diese Annahme erwies sich allerdings später als unrichtig. Sachlich wäre es auch kaum einzusehen, wieso der Spediteur, wenn er unverschuldet von seinem „Wahlrecht" in § 39 a S. 1 ADSp Gebrauch macht, der vollen Haftung nach Gesetzesrecht ohne den Schutz der ADSp unterworfen sein sollte. Auch im Interesse des Auftraggebers ist dies nicht erforderlich. Es besteht kein Grund, ihn wegen der Wahl des Speditionsversicherers besserzustellen als er bei der Wahl eines solventen Versicherers gestanden hätte. **Als Lösung** für die Insolvenzfälle kommen statt dessen **zwei andere Ansätze** in Betracht: Hat der Spediteur die Speditionsversicherung bei einem Versicherer gedeckt, der sich später als insolvent erweist, dann kommt es nicht mehr zur vollen Schadensdeckung; allenfalls ist eine quotale Deckung denkbar. Danach **tritt die Befreiung des Spediteurs von seiner Haftung nach § 41 a ADSp nicht ein;** der Spediteur haftet nach Maßgabe der ADSp, also beschränkt; s. 41 Rdn. 14.

Stand: 1. 9. 1985

Hat der Spediteur einen Versicherer gewählt, an dessen Solvenz er Zweifel haben mußte, dann **haftet er für die Folgen dieser schuldhaften Verletzung seiner Pflicht zur Deckung der Speditionsversicherung**; s. §§ 407–409 Rdn. 120. Diese mit Recht von *Schneider* aaO angeführte Haftung verpflichtet den Spediteur, dem Auftraggeber den Schaden zu ersetzen, der durch die fehlerhafte Wahl des Speditionsversicherers entstanden ist; zutreffend *Schneider* S. 269 f. Auch leichteste Fahrlässigkeit ist in diesen Fällen ausreichend, um eine Haftung zu begründen. Daß sich die GVVG seit längerer Zeit in Schwierigkeiten befand, war allgemein bekannt. Die bei ihr versicherten Spediteure waren auch mit der schleppenden Abwicklung der Versicherungsfälle ständig konfrontiert. Obwohl der Spediteur sich im Regelfall darauf wird verlassen können, daß die Solvenz der Speditionsversicherer durch die Kontrolle des Bundesaufsichtsamtes gesichert ist, kann in den vorliegenden GVVG-Fällen im Einzelfall ein Verschulden durchaus gegeben sein. S. hierzu die Diskussion zwischen *Diehl* DVZ Nr. 152 v. 20. 12. **1984**, S. 17 und *Decker* DVZ Nr. 31 v. 14. 3. **1985**, S. 18. Siehe ferner die Zuschrift in DVZ Nr. 132 v. 3. 11. **1984**, S. 3.

Inwieweit eine Haftung der Bundesrepublik Deutschland für Fehler der Versicherungsaufsicht in Betracht kommt, ist zweifelhaft; s. *Prölss/Schmidt/Frey* VAG[9], vor § 10a BAG Rdn. 5 f. Die Änderung von § 81 VAG (BGBl. **1984** I 1693, 1706) schließt eine derartige Haftung für Fälle nach ihrem Inkrafttreten aus; s. VersR **1985** 126 f. Die Einschränkung des Zwecks der Versicherungsaufsicht und der damit verbundene Ausschluß der Staatshaftung ist möglicherweise nichtig. Der Bundesrat hat die Bundesregierung um Überprüfung dieser Frage gebeten; s. VersR **1985** 127. Zur Versicherungsaufsicht hat allerdings der BGH die Staatshaftung abgelehnt, weil sie lediglich einem allgemeinen Interesse, nicht dem Schutz einzelner Versicherter diene; BGH v. 24. 1. 1972, BGHZ **58** 96, 98 ff. Dagegen ist von der Rspr. des BGH die Staatshaftung für Aufsichtsfehler grundsätzlich bejaht worden zur Bankaufsicht (BGH v. 15. 2. 1979, BGHZ **74** 144 ff und v. 12. 7. 1979, BGHZ **75** 120, 122); ebenso zur Stiftungsaufsicht (BGH v. 3. 3. 1977, BGHZ **68** 142, 145 f).

23 Der **Spediteur muß** auf Verlangen des Versicherten (dazu § 1 SVS/RVS Rdn. 2) **angeben, nach welcher Police er versichert**. Die Pflicht soll es dem Versicherten ermöglichen, seine unmittelbaren Ansprüche gegen den Speditionsversicherer (s. oben Rdn. 5) geltend zu machen. Sie umfaßt daher die Benennung des Versicherers und der Versicherungsbedingungen. Für die Verletzung der Angabepflicht haftet der Spediteur. Gegenüber dieser Haftung ist die Berufung des Spediteurs auf § 41 a ADSp nicht zulässig. Auch ein Sichberufen auf die Haftungsbeschränkungen der ADSp wäre unzulässige Rechtsausübung; siehe vor § 1 ADSp Rdn. 52. Zu der wichtigen Frage der Hinweispflichten des Spediteurs auf § 41 a ADSp im Schadensfall siehe dort Rdn. 24.

5. Schriftform- und Ausdrücklichkeitsgebot für das Verbot der Speditionsversicherung

24 Das Verbot wie das Teilverbot soll nach § 39 a nur wirksam sein, wenn es ausdrücklich und schriftlich erfolgt. Diese Formklausel ist im Hinblick auf die große wirtschaftliche und rechtliche Bedeutung des Verbots sinnvoll und verstößt grundsätzlich nicht gegen das AGBG. Allerdings kann sie durch Individualabrede in Ausnahmefällen beiseite geschoben sein; siehe dazu vor § 1 ADSp Rdn. 54.

Eine ausdrückliche schriftliche Untersagung liegt auch dann schon vor, wenn der Auftraggeber, dem die Speditionsversicherung und eine spezielle Lagerversicherung (LVS) alternativ angeboten wird, schriftlich die letztere wählt; OLG Düsseldorf VersR **1982** 158. Dieser Entscheidung ist grundsätzlich zuzustimmen, jedoch ist fraglich, ob

§ 40 ADSp

sie in der Sache richtig ist, da möglicherweise der LVS nur eine Variante des SVS/RVS mit vollem Deckungsumfang war. In diesem Fall hätte der Spediteur weisungsgemäß eine dem § 39a entsprechende Speditionsversicherung genommen; es läge kein Teilverbot vor. Auch aus ausdrücklichen und schriftlichen Äußerungen hinsichtlich der Speditionsversicherung muß u. U. durch Auslegung ermittelt werden, ob sie ein Verbot enthalten; s. z. B. BGH v. 1. 6. 1979, VersR **1979** 901, 902.

Die Speditionsversicherung wird vom Spediteur stets durch laufende Versicherung vorgenommen; s. oben Rdn. 4. Es ist daher Sache des Spediteurs, für die Verbotsaufträge gemäß § 6 B Ziff. 1 SVS/RVS die Verbotserklärung dem Speditionsversicherer zu übermitteln; siehe § 6 B Nr. 2 SVS/RVS.

6. Deckung der Speditionsversicherung trotz Verbot

25 Wird die Speditionsversicherung trotz Verbot vom Spediteur gedeckt, d. h., wird der Auftrag nach § 6 C 3 SVS/RVS beim Speditionsversicherer angemeldet, dann greift der Haftungsausschluß des § 41a ADSp nicht ein. Der Spediteur kann auch die Erstattung der Prämie nicht verlangen, weil er ihre Aufwendung nicht i. S. v. §§ 675, 670 BGB für erforderlich halten durfte; vgl. §§ 407–409 Rdn. 215.

IV. § 39b ADSp

26 Diese Klausel hat nur klarstellende Funktion. Aus der Verbindung von § 39a S. 1 ADSp und § 1 SVS/RVS ergibt sich ohnehin die gleiche Abgrenzung des (personellen) Deckungsumfangs der Speditionsversicherung.

§ 40

Der Auftraggeber unterwirft sich sowie alle Personen, in deren Interesse oder für deren Rechnung er handelt, allen Bedingungen des SVS/RVS bzw. der nach § 39 Buchstabe a abgeschlossenen Versicherung. Insbesondere hat er für rechtzeitige Schadensanmeldung zu sorgen (§ 10 SVS/RVS). Erfolgt die Schadensmeldung beim Spediteur, so ist dieser zur unverzüglichen Weiterleitung an die/den Versicherer verpflichtet.

1. Unterwerfung unter die Speditionsversicherungsbedingungen (§ 40 S. 1 ADSp)

1 § 40 S. 1 ADSp hat nur klarstellende Bedeutung. Die Versicherungsansprüche richten sich ohnehin nach den maßgeblichen Versicherungsbedingungen. Jeder, der Ansprüche aus dem Versicherungsvertrag geltend machen will, ist daher an diese Bedingungen gebunden. *Löwe/v. Westphalen/Trinkner* AGBG, § 9 Rdn. 112 (S. 216) halten diese Bestimmung für unwirksam, sofern keine rechtsgeschäftlich begründete Vollmacht vorliege, da es dann hinsichtlich der Versicherungsbedingungen an dem Erfordernis einer wirksamen Einbeziehung fehle. Dies ist nicht zutreffend. Soweit ein mit dem Auftraggeber nicht identischer Dritter in den Genuß des Versicherungsschutzes der Speditionsversicherung gelangt (vgl. § 1 SVS/RVS), erwirbt er durch die Versicherung eine ihm sonst nicht zustehende Rechtsstellung i. S. eines Vertrages zugunsten Dritter. Die Bedingungen und Einschränkungen, in denen aus Verträgen Dritte begünstigt werden, ergeben sich unmittelbar aus dem betreffenden Vertrag. Eine Vollmacht des begünstigten Dritten ist nicht erforderlich.

Stand: 1. 9. 1985

2. Schadensanmeldungspflicht des Auftraggebers (§ 40 S. 2 ADSp)

Auch diese Klausel hat nur klarstellende Wirkung. Der Versicherungsschutz ist davon abhängig, ob die nach dem Versicherungsvertrag erforderliche Schadensanmeldung rechtzeitig erfolgt. § 40 S. 2 ADSp stellt nur klar, daß die Aufgabe der Schadensanmeldung grundsätzlich dem Auftraggeber, nicht dem Spediteur zugewiesen ist.

3. Weiterleitung der Schadensmeldung durch den Spediteur (§ 40 S. 3 ADSp)

Die Pflicht zur unverzüglichen Weiterleitung der Schadensanmeldung an den Speditionsversicherer ergäbe sich ohne weiteres aus der Interessewahrnehmungspflicht des Spediteurs. Die besondere Festlegung in § 40 S. 3 hat nur klarstellende Bedeutung.

Wird durch ein Versäumnis der Weiterleitung der Schadensanmeldung der Speditionsversicherungsschutz unwirksam, dann haftet der Speditionsversicherer für die Folgen der zu vertretenden Versäumnisse. Hierdurch wird § 10 SVS/RVS praktisch ausgeschaltet.

§ 41

a) Hat der Spediteur infolge ausdrücklichen oder vermuteten Auftrages eine Speditionsversicherung abgeschlossen (§ 39), so ist er von der Haftung für jeden durch diese Versicherung gedeckten Schaden frei.

b) Dies gilt insbesondere auch für den Fall, daß infolge fehlender oder ungenügender Wertangabe des Auftraggebers die Versicherungssumme hinter dem wirklichen Wert oder Schadensbetrag zurückbleibt.

c) Hat der Spediteur keine Speditionsversicherung nach § 39 abgeschlossen, so darf er sich dem Auftraggeber gegenüber nicht auf die ADSp berufen.

d) *Gestrichen.*

Übersicht

	Rdn.		Rdn.
I. Grundsatz: Versicherung statt Haftung	1	3. Teilersatz durch die Speditionsversicherung, insbesondere wegen ungenügender Versicherungssummen	11
II. Die Voraussetzungen der Haftungsbefreiung nach § 41 a ADSp	2	4. Fälle, in denen der Schaden durch Speditionsversicherung nicht gedeckt ist	12
1. Abschluß einer Speditionsversicherung	3	a) Fehlende Zeichnung der Speditionsversicherungspolice	13
2. Speditionsversicherung nach § 39 ADSp	4	b) Insolvenz des Speditionsversicherers	14
3. „Infolge ausdrücklichen oder vermuteten Auftrags"	5	c) Leistungsausschlüsse der Speditionsversicherung	15
4. Ausschluß von § 41 a durch besondere Vereinbarung	7	aa) Beschlagnahmeschäden (§ 5 Nr. 5 SVS/RVS)	16
5. Keine Befreiung des Hauptspediteurs durch Versicherungsdeckung des Zwischenspediteurs	8	bb) Transportversicherte und transportversicherbare Schäden (§ 5 Nr. 1 A, B SVS/RVS)	17
6. Befreiung des Zwischenspediteurs durch Versicherungsdeckung des Hauptspediteurs?	8a	cc) Unübliche Abreden (§ 5 Nr. 2 SVS/RVS) und Nicht-Verkehrsverträge (§ 2 Nr. 2 SVS/RVS)	18
III. Der Umfang der Haftungsbefreiung	9		
1. Grundsatz: Haftungsausschluß für Schäden, die durch die Speditionsversicherung gedeckt sind	9		
2. Sonderfall: Teilverbot	10		

Rdn.		Rdn.
dd) Selbständige Lagerung im Ausland (§ 5 Nr. 1 D und § 3 Nr. 5 SVS/RVS) ... 19		cherung den Schaden nicht voll deckt 24
ee) KVO-Ansprüche (§ 5 Nr. 3 SVS/RVS) 20		3. Rechtsmißbräuchliche Berufung auf § 41 a ADSp; mitwirkendes Verschulden 25
ff) CMR-Ansprüche (§ 5 Nr. 3 SVS/RVS) 21		V. Schiedsgerichtsklausel in § 41 b ADSp a. F. 26
gg) Unterschlagung und Veruntreuung (§ 5 Nr. 3 SVS a. F.) 22		VI. Nichtanwendbarkeit der ADSp bei Unterlassung der Speditionsversicherung (§ 41 c ADSp) 27
IV. Einschränkung des Haftungsausschlusses durch die Rspr. 23		1. Nichtdeckung der Speditionsversicherung 27
1. Grundsätzliche Zulässigkeit des Haftungsausschlusses nach § 41 a ADSp außerhalb zwingenden Frachtrechts 23		2. Speditionsversicherung nach nicht gleichwertiger Police 28
2. Unwirksamkeit von § 41 bei grobem Eigenverschulden des Spediteurs, soweit die Speditionsversi-		3. Zeichnung der Speditionsversicherung bei insolventem Versicherer 29
		4. Abdingbarkeit von § 41 c ADSp 30

I. Grundsatz: Versicherung statt Haftung

1 § 41 a S. 1 ADSp enthält den haftungsrechtlichen **Leitgedanken der ADSp: Ersetzung der Haftung des Spediteurs durch die Speditionsversicherung**. Siehe zum Grundsätzlichen §§ 407–409 Rdn. 147; zur Speditionsversicherung im besonderen siehe die Anmerkungen zu § 39 ADSp.

II. Die Voraussetzungen der Haftungsbefreiung nach § 41a ADSp

2 In der Neufassung 1978 wurde § 41 a ADSp der veränderten Konzeption der Speditionsversicherung angepaßt (siehe dazu § 39 Rdn. 1) und sprachlich verbessert. Die Voraussetzungen der Haftungsbefreiung sind jetzt die folgenden:

1. Abschluß einer Speditionsversicherung

3 Die Speditionsversicherung wird stets als laufende Versicherung abgeschlossen, so daß mit ihrem Abschluß die einzelnen „Verkehrsverträge" automatisch versichert sind, auch wenn der Spediteur ihre Anmeldung beim Speditionsversicherer versäumt; siehe § 39 Rdn. 4 und § 6 SVS/RVS Anh. II nach § 415 Rdn. 3. Auch in diesen Fällen ist die Ersetzung der Haftung durch Versicherung wirksam; BGH v. 5. 6. 1981, VersR **1981** 975, 976.

2. Speditionsversicherung nach § 39 ADSp

4 Der Klammerzusatz in § 41 a weist darauf hin, daß nur eine dem § 39 entsprechende Speditionsversicherung die Haftungsbefreiung des Spediteurs begründet. Auf den Versicherer kommt es dabei nicht an; nur die Versicherungsbedingungen müssen nach § 39 a S. 2 ADSp n. F. mindestens dem SVS/RVS entsprechen; siehe § 39 Rdn. 20 f.

3. „Infolge ausdrücklichen oder vermuteten Auftrags"

5 Der Auftrag zur Deckung der Speditionsversicherung wird nach § 39 a S. 1 vermutet, wenn der Versender die Versicherung nicht ausdrücklich und schriftlich untersagt hat; siehe § 39 Rdn. 22. Daher tritt die Haftungsbefreiung beim Verbotskunden (vgl. § 39 Rdn. 19) nicht ein, auch wenn der Spediteur trotzdem den betreffenden Verkehrsbetrag beim Speditionsversicherer anmeldet. Der „Verbotskunde" hat daher stets die Haftpflichtansprüche gegen den Spediteur unter den Voraussetzungen und Einschränkungen der ADSp. Siehe mit eingehender Begründung *Krien/Hay* § 41 ADSp Anm. 2.

Das in §§ 39 und 41 ADSp nicht erwähnte **Teilverbot** (siehe dazu § 39 Rdn. 19 mit **6** weiteren Hinweisen) bewirkt, daß nur für Vermögensschäden eine auftragsgemäße Speditionsversicherung zu nehmen ist. Insoweit greift die Haftungsbefreiung des § 41a S. 1 ein. Für Güterschäden bleibt es dagegen bei der Haftung des Spediteurs nach Maßgabe der ADSp.

Als Beispiele für das Verbot der Speditionsversicherung und die daraus erwachsenden strengen Haftungsbeschränkungen siehe BGH v. 30. 6. 1978, VersR **1978** 935f; v. 9. 10. 1981, VersR **1982** 486f.

Wählt der Auftraggeber eine als Alternative zum SVS/RVS angebotene Lagerschadensversicherung, dann liegt darin ein ausdrückliches Verbot der Deckung der Speditions-Versicherung; OLG Düsseldorf VersR **1982** 158; siehe jedoch § 39 ADSp Rdn. 22.

4. Ausschluß von § 41a durch besondere Vereinbarung

In Sonderfällen kann der Spediteur auf den Haftungsausschluß nach § 41a ADSp **7** verzichten. Ob dies schon dann der Fall ist, wenn der Spediteur „garantiert", daß ein bestimmter Schaden erstattet wird (LG Saarbrücken v. 10. 12. 1973, transpR **1981** 23ff), erscheint zweifelhaft. Ohnehin deckt die Speditionsversicherung nach § 5 Nr. 2 SVS/RVS derartige Ansprüche in der Regel nicht. Die Vereinbarung, für ein Scheckinkasso „für jedes Verschulden zu haften", stellt gegenüber § 41a ADSp eine vorrangige Individualabrede dar; BGH v. 4. 3. 1977 VersR **1977** 515, 516. Hat der Spediteur sich in Vorjahren nicht auf § 41a ADSp berufen, dann läßt sich daraus nicht ohne weiteres eine stillschweigende Abdingung von § 41a ADSp entnehmen; OLG Hamburg VersR **1984** 156f.

5. Keine Befreiung des Hauptspediteurs durch Versicherungsdeckung des Zwischenspediteurs

Die Deckung der Speditionsversicherung durch den Zwischenspediteur kann den **8** Hauptspediteur nicht nach § 41a ADSp befreien: OLG München VersR **1955** 690.

6. Befreiung des Zwischenspediteurs durch Versicherungsdeckung des Hauptspediteurs?

Nach allgemeiner Auffassung kann sich der Zwischenspediteur auf § 41a ADSp berufen, wenn der Hauptspediteur die Speditionsversicherung nach § 39 gedeckt hat, weil diese gemäß § 4 Abs. 1b SVS/RVS den vom Zwischenspediteur zu verantwortenden Schaden deckt; *Krien* § 41 ADSp S. 12; OLG Hamburg transpR **1985** 94. Diese Auffassung mag zwar den Urhebern der ADSp vorgeschwebt haben (*Krien* aaO), läßt sich aber aus den derzeit gültigen Texten kaum begründen. **8a**

Der Zwischenspeditionsvertrag ist Ausführungsgeschäft des Hauptspediteurs. Daher haftet dieser nicht für Verschulden des Zwischenspediteurs, sondern nur für sein Eigenverschulden, insbesondere bei der Auswahl; s. §§ 407–409 Rdn. 27f. Grundsätzlich hat der Spediteur die Ansprüche gegen den Zwischenspediteur nach § 52a — entsprechend der gesetzlichen Regelung — an den Auftraggeber/Versender abzutreten. Nach dem Wortlaut des § 41a ADSp wird die Haftung desjenigen Spediteurs, der die Speditionsversicherung auftragsgemäß deckt, ausgeschlossen. Da der Zwischenspediteur nicht selbst die Speditionsversicherung des Hauptspediteurs deckt, trifft die Haftungsbefreiung aus dem Speditionsversicherungsvertrag des Hauptspediteurs für seine Haftung nicht zu. Die Haftungsbefreiung könnte nur erreicht werden, wenn man die ADSp auch

Anh. I § 415
§ 41 ADSp   Drittes Buch. Handelsgeschäfte

zugunsten des Zwischenspediteurs eingreifen ließe (s. vor § 1 ADSp Rdn. 26) und diesen durch erweiternde Auslegung in den Schutzbereich des § 41 a ADSp einbezöge — im Hinblick auf § 5 AGB schon eine problematische Auslegung. Die objektive Auslegung des Gesamtkomplexes der ADSp und der Speditionsversicherung ergibt keine Einbeziehung des Zwischenspediteurs in diesen Schutz. Dies ergibt sich eindeutig aus § 12 SVS/RVS. Diese Bestimmung geht grundsätzlich vom Bestehen von Ansprüchen des Hauptspediteurs gegen den Zwischenspediteur aus, die nur durch Abtretung oder Forderungsübergang nach § 67 VVG auf den Speditionsversicherer des Hauptspediteurs übergegangen sein könnten. In Vorsatzfällen wird sogar die Eröffnung der Ansprüche ausdrücklich bestätigt.

Von dieser Problematik sind verwandte Probleme zu unterscheiden: (1) Leistungen des Speditionsversicherers des Hauptspediteurs sind auf die Schadensersatzverpflichtung des Zwischenspediteurs in jedem Fall anzurechnen. (2) Der Zwischenspediteur kann sich gegenüber dem Hauptspediteur auf seine eigene Speditionsversicherung nach § 41a ADSp berufen; hierdurch können abtretbare Ansprüche des Hauptspediteurs gegen den Zwischenspediteur nicht erst entstehen. (3) Der Regreßverzicht des Speditionsversicherers des Hauptspediteurs schließt im Regelfall eine Inanspruchnahme des Zwischenspediteurs durch den Speditionsversicherer aufgrund der gemäß § 67 VVG auf ihn übergegangenen Ansprüche aus.

III. Der Umfang der Haftungsbefreiung

1. Grundsatz: Haftungsausschluß für Schäden, die durch die Speditionsversicherung gedeckt sind

9   Der Spediteur wird vollständig von der Haftung befreit, aber doch nur für Schäden, die von der Speditionsversicherung gedeckt werden. Siehe dazu, welche Schäden von der Speditionsversicherung gedeckt werden, § 2 SVS/RVS (Anh. II nach § 415) Rdn. 2 ff; zur grundsätzlichen Problematik *Hootz*, Grenzen der Freizeichnung des Spediteurs, S. 40 ff. Es kommt nicht darauf an, ob der Speditionsversicherer die Leistung ablehnt, sondern nur auf die rechtliche Verpflichtung zur Deckung des Schadens; BGH v. 13. 3. 1970, NJW **1970** 1505, 1506. Wenn der Speditionsversicherer zu Unrecht die Leistung verweigert, muß der Geschädigte gegen ihn klagen, da der Spediteur durch § 41a von der Haftung frei ist; OLG Düsseldorf NJW **1961** 224; unklar die beiläufig geäußerte Meinung des OLG Hamburg VersR **1963** 36, 37, die so verstanden werden könnte, als komme es auf die Zahlung des Speditionsversicherers an. Im Prozeß des Geschädigten gegen den Speditionsversicherer wird dann entschieden, ob der Schaden durch die Speditionsversicherung gedeckt ist; Streitverkündung an den Spediteur ist für den Fall negativen Ausgangs nützlich. Der Einwand, der Spediteur habe den Schaden durch ein völlig außerhalb des Auftrags liegendes Verhalten verursacht, ist unbeachtlich; er kann nur dann durchgreifen, wenn im betreffenden Fall die Speditionsversicherung den Schaden nicht deckt; Österr. OGH v. 29. 6. 1982, transpR **1984** 140.

2. Sonderfall: Teilverbot

10 Hat der Auftraggeber von der Möglichkeit des Teilverbots Gebrauch gemacht, dann haftet der Spediteur für die auftragsgemäß nicht durch die Speditionsversicherung gedeckten Güterschäden nach Maßgabe der ADSp; siehe § 39 Rdn. 19.

3. Teilersatz durch die Speditionsversicherung, insbesondere wegen ungenügender Versicherungssummen

11 Der Spediteur ist auch dann von der Haftung befreit, wenn der Schaden vom Speditionsversicherer nur teilweise ersetzt wird, insbesondere wenn er die summenmäßigen

Grenzen der Speditionsversicherung nach §§ 6, 9 SVS/RVS überschreitet. In diesen Fällen ist vom Speditionsversicherer nicht einmal die volle Versicherungssumme als Entschädigung zu leisten, da er gem. § 8 Abs. 3 SVS/RVS den Einwand der Unterversicherung (§ 56 VVG) geltend machen kann. § 41b sieht die vollständige Haftungsbefreiung ausdrücklich für den Fall ungenügender Versicherungssummen vor; unzutreffend daher OLG Frankfurt aaO, das für die nicht von der Speditionsversicherung gedeckten Schäden eine (nach ADSp begrenzte) Spediteurhaftung annimmt. Über diesen Sonderfall hinaus gilt jedoch allgemein der gleiche Grundsatz.

Wird der Schaden vom Speditionsversicherer teilweise ersetzt, so kann der Auftraggeber die **Differenz** (außer im Falle groben Eigenverschuldens des Spediteurs s. Rdn. 24) **nicht als Schadensersatz** vom Spediteur verlangen; BGH v. 2. 12. 1977, NJW **1978** 1915, 1918; *Krien/Hay* § 41 ADSp Anm. 4; *Hald*, ADSp S. 84; *Hootz* S. 88ff. Strenger beurteilt der Österr. OGH v. 13. 5. 1969, VersR **1971** 679ff die Rechtslage; er versagt dem Spediteur den Schutz des § 41a AÖSp, wenn keine den vollen Schaden deckende Speditionsversicherung nachgewiesen wird, und er legt dem Spediteur eine Hinweispflicht an den Versender auf, wenn erkennbar ist, daß die normale Speditionsversicherung unzureichend ist.

4. Fälle, in denen der Schaden durch Speditionsversicherung nicht gedeckt ist

Siehe zum Grundsätzlichen oben Rdn. 1. **12**

a) Fehlende Zeichnung der Speditionsversicherungspolice

In diesem Falle ist mangels Versicherungsvertrag keine Deckung des Schadens durch **13** einen Speditionsversicherer möglich; § 41a ADSp kann nicht eingreifen. Der Spediteur haftet statt dessen ohne die Einschränkungen der ADSp; § 41c, s. Rdn. 25ff. Der Haftungsausschluß nach § 41a ADSp ist dagegen wirksam, wenn der Spediteur die Speditionsversicherungspolice zwar gezeichnet, aber den betreffenden Verkehrsvertrag anzumelden versäumt hat; s. Rdn. 3.

b) Insolvenz des Speditionsversicherers

Durch den Konkurs der GVVG im Jahre 1984 ist die Frage aufgeworfen worden, **14** ob der Schaden durch die bei einem insolventen Versicherer bestehende Speditionsversicherung „gedeckt" ist. Geht man zutreffenderweise davon aus, daß unter Schadensdeckung die rechtlich erzwingbare Schadenstragung durch den Versicherer zu verstehen ist (s. oben Rdn. 9), dann ist der Schaden im Konkursfall allenfalls in Höhe der Konkursquote gedeckt. Zwar besteht ein Anspruch auf die volle Versicherungsleistung trotz des Konkurses weiter. Er ist jedoch in der Rechtswirklichkeit nicht durchsetzbar. Dieser Fall muß, da es sich um eine wirtschaftlich begründete Risikoabgrenzung handelt, dem Nichtbestehen eines Versicherungsanspruchs gleichgesetzt werden. Wegen der nichtgedeckten Schäden ist dann davon auszugehen, daß der Spediteur für sie beschränkt nach den ADSp haftet; s. Rdn. 27 und § 39 ADSp Rdn. 22.

c) Leistungsausschlüsse der Speditionsversicherung

Der Haftungsausschluß nach § 41a ADSp greift vielfach deshalb nicht durch, weil **15** die an sich abgeschlossene Speditionsversicherung den betreffenden Schaden nicht deckt. Hierunter fallen insbesondere folgende Fälle:

aa) Beschlagnahmeschäden (§ 5 Nr. 5 SVS/RVS)

Zu diesen Fällen siehe § 5 SVS/RVS Rdn. 13. **16**

bb) Transportversicherte und transportversicherbare Schäden (§ 5 Nr. 1 A, B SVS/RVS)

17 Siehe zu diesen Fällen § 5 SVS/RVS Rdn. 3 ff.

cc) Unübliche Abreden (§ 5 Nr. 2 SVS/RVS) und Nicht-Verkehrsverträge (§ 2 Nr. 2 SVS/RVS)

18 Zu diesen Fällen vgl. § 5 SVS/RVS Rdn. 9 und insbesondere die Rechtsprechung in Rdn. 10 sowie § 2 SVS/RVS Rdn. 2 und 6.

dd) Selbständige Lagerung im Ausland (§ 5 Nr. 1 D und § 3 Nr. 5 SVS/RVS)

19 Siehe hierzu § 3 SVS/RVS Rdn. 7 f.

ee) KVO-Ansprüche (§ 5 Nr. 3 SVS/RVS)

20 Die der KVO unterliegenden Haftungsfälle sind durch die Speditionsversicherung grundsätzlich nicht gedeckt; siehe § 5 SVS/RVS Rdn. 11; zur Deckung durch die Speditionshaftpflichtversicherung siehe § 39 Rdn. 8, 9.

ff) CMR-Ansprüche (§ 5 Nr. 3 SVS/RVS)

21 Auch diese Ansprüche sind nunmehr aus der Speditionsversicherungs-Deckung herausgenommen; siehe § 5 SVS/RVS Rdn. 11.

gg) Unterschlagung und Veruntreuung (§ 5 Nr. 3 SVS a. F.)

22 Dieser Leistungsausschluß, der 1978 aus dem SVS/RVS gestrichen wurde, führte zur grundsätzlichen Haftung des Spediteurs. Nach der jetzigen Rechtslage wird in diesem Falle die Haftung des Spediteurs durch die Speditionsversicherung ersetzt. Siehe zur alten Fassung des SVS und zur Frage der Haftung bei Vorsatz BGH v. 5. 6. 1981, VersR **1981** 975, 977 und unten Rdn. 22.

IV. Einschränkung des Haftungsausschlusses durch die Rspr.

1. Grundsätzliche Zulässigkeit des Haftungsausschlusses nach § 41 a ADSp außerhalb zwingenden Frachtrechts

23 Soweit zwingendes Frachtrecht auf den Vertrag anzuwenden ist, kann sich § 41 a ADSp nicht durchsetzen; s. §§ 412, 413 Rdn. 32, 34. Nach allgemeiner Auffassung der Rspr.[1] und der Literatur[2] verstößt § 41 a ADSp grundsätzlich nicht gegen das AGBG. Dies wird in der Rspr. damit begründet, daß durch § 41 a ADSp nicht die Ansprüche des Geschädigten eingeschränkt, sondern durch versicherungsrechtliche Ansprüche gegen den Speditionsversicherer ersetzt würden; BGH v. 7. 7. 1976, VersR **1976** 1056, 1058. Es handle sich um die **Verlagerung der Haftung vom Spediteur auf den SVS-Versicherer**; BGH v. 5. 6. 1981, VersR **1981** 975, 977. Eine unangemessene Benachteiligung des Auftraggebers kann in § 41 ADSp mit Recht nicht gesehen werden, soweit die Speditionsversicherung den Schaden wirklich voll deckt. Daß der Auftraggeber die Prämie bezahlen muß, ist angesichts der Offenheit der Überwälzung von Kosten und Prämien

---

[1] St. Rspr.: BGH v. 11. 7. 1966, BGHZ **46** 43, 55; v. 18. 6. 1976, VersR **1976** 1129 f; v. 7. 7. 1976, VersR **1976** 1056, 1058; v. 5. 6. 1981, VersR **1981** 975, 977; OLG Frankfurt RIW **1980** 666 ff; OLG Düsseldorf transpR **1984** 222, 226; anders noch OLG Kiel VRS **2** 251 ff; RGZ **106** 386 ff.

[2] *Ulmer/Brandner/Hensen* AGBG[4] Anh. §§ 9–11 Rdn. 22; *Staudinger/Schlosser*[12] § 11 Nr. 7 AGBG Rdn. 55; *v. Westphalen* ZIP **1981** 121 (anders noch *Löwe/v. Westphalen/Trinkner*. AGBG[2] Bd. III, ADSp Rdn. 13); *Helm* VersR **1977** 587, 589.

von einer Partei auf die andere kaum ausschlaggebender Gesichtspunkt im Verkehr zwischen Kaufleuten. Es ist daher anerkannt, daß der Spediteur auch bei grobem Eigenverschulden nicht haftet, wenn der Speditionsversicherer zur vollen Schadensdeckung verpflichtet ist; s. OLG Düsseldorf VersR **1984** 34 (a. E.).

2. Unwirksamkeit von § 41a bei grobem Eigenverschulden des Spediteurs, soweit die Speditionsversicherung den Schaden nicht voll deckt.

Soweit die Speditionsversicherung wegen der verschiedenen in den Bedingungen **24** vorgesehenen Leistungsgrenzen (Versicherungssummen) den Schaden nicht voll deckt, bewirkt § 41a ADSp keine Ersetzung der Haftung durch Versicherung, sondern eine Haftungsbeschränkung; Österr. OGH v. 13. 5. 1969, VersR **1971** 679. Hinsichtlich der Differenz zwischen Versicherungsleistung und vollem Schaden liegt daher eine Freizeichnung vor, für die — im Anschluß an die frühere Rspr. — die Inhaltskontrolle nach § 9 AGBG gilt. Daher ist insoweit wie bei anderen Freizeichnungen der Haftungsausschluß bei Vorsatz und grober Fahrlässigkeit des Spediteurs bzw. bei groben Organisationsverschulden unwirksam; vgl. vor § 1 ADSp Rdn. 49. Dies entspricht auch der Rspr. des BGH (vgl. oben Fn. 1): Im Urteil v. 11. 7. 1966 hatte der BGH diese Auffassung bereits ausgesprochen. Die Urteile vom 18. 6. 1976, vom 7. 7. 1976 s. Rdn. 21 (Fn. 1) und 2. 12. 1977, NJW **1978** 1918 konnten Zweifel aufkommen lassen, ob diese Freizeichnungsbeschränkung bei § 41a noch gelten sollte; s. *Helm* VersR **1977** 589 und Aktuelle Fragen des deutschen Speditionsrechts, Schriften des DVIS A 32 (1978) S. 14f. Mittlerweile hat jedoch der BGH die Frage im Urteil vom 5. 6. 1981, VersR **1981** 975, 977 (ebenso OLG Frankfurt VersR **1983** 1055, 1056; weniger deutlich BGH v. 10. 5. 1984, transpR **1984** 283, 287 m. Anm. *Helm* = VersR **1984** 932) endgültig geklärt: Der Spediteur hat entgegen § 41a bei Verursachung durch vorsätzliches oder grobfahrlässiges Eigenhandeln oder Handeln leitender Angestellter voll für die Differenz zwischen Versicherungsleistung und Schaden zu haften. Die Rückausnahme in § 51b Satz 2 ADSp erweist sich als unwirksam. Damit ist das Prinzip der Ersetzung der Haftung durch Versicherung modifiziert. Neben dem Speditionsversicherer haftet der Spediteur für grobes Eigenverschulden auf die Differenz. Der Österr. OGH hat diese Frage im Urteil vom 29. 6. 1982, transpR **1984** 140 wieder offengelassen; s. zum Überblick über die Haftungsverhältnisse insgesamt §§ 407–409 Rdn. 140ff; zur Haftungslage des Zwischenspediteurs OLG Hamburg transpR **1985** 94f.

3. Rechtsmißbräuchliche Berufung auf § 41a ADSp; mitwirkendes Verschulden

An sich gültige Klauseln in AGB können im Einzelfall wirkungslos sein, wenn die **25** Berufung auf sie durch den Verwender rechtsmißbräuchlich ist; vgl. vor § 1 ADSp Rdn. 52. Dies ist z. B. vom BGH bejaht worden, wenn der Spediteur durch unklare Auskünfte den Eindruck erweckt hat, die Speditionsversicherung decke die Schadensregulierung ab, sich aber im späteren Haftpflichtprozeß auf § 41a ADSp beruft: BGH v. 31. 1. 1957, VersR **1957** 193, 194. Im Urteil v. 18. 6. 1976, VersR **1976** 1129, 1130 erörtert der BGH, ob die Berufung auf § 41a als unzulässige Rechtsausübung anzusehen sein könnte, wenn der Spediteur den Geschädigten über die Versicherung falsch oder nicht ausreichend informiert hätte, so daß dieser die Anmeldung beim Speditionsversicherer versäumt hätte. Doch scheiterte die unzulässige Rechtsausübung daran, daß dem Kunden die Frist nach § 10 Nr. 1 SVS noch offen gewesen war.

Die bloße Unterlassung des Hinweises auf § 41a ADSp reicht für eine Treuwidrigkeit nach OLG Hamburg VersR **1984** 156, 157 auch dann nicht aus, wenn der Spediteur sich in Vorjahren nicht auf § 41a ADSp berufen hatte.

In Betracht kommt nach BGH vom 31. 1. 1957 aaO auch ein mitwirkendes Verschulden, das wohl zu einer Teilhaftung ohne die Begrenzungen des § 54 ADSp führen soll. Doch müßte hierin ein neues Spediteurverschulden gesehen werden, das von den Leistungsausschlüssen der Speditionsversicherung nicht erfaßt wird; die Speditionsversicherung hätte also immer für den Schaden einzustehen. Der Österr. OGH vom 16. 6. 1982, transpR **1984** 207 f versagt dem Spediteur die Berufung auf § 41 a AÖSp, wenn er entgegen langjähriger Übung den ihm vom Versender mitgeteilten Schaden nicht beim Speditionsversicherer anmeldet und diesem dadurch die Möglichkeit verschafft, sich gegenüber dem Versender auf § 10 Nr. 1 SVS zu berufen. Nach österreichischem Recht kann sich der Spediteur im übrigen auf § 41 a AÖSp nur dann nicht berufen, wenn er vorsätzlich oder durch eine mit dem Speditionsbetrieb in keinerlei Zusammenhang stehende grobfahrlässige Handlung den Schaden herbeigeführt hat; OGH vom 3. 2. 1965, VersR **1966** 200.

V. Die Schiedsgerichtsklausel in § 41 b ADSp a. F.

26   Die Schiedsgerichtsklausel ist durch die Reform von 1978 entfallen.

VI. Nichtanwendbarkeit der ADSp bei Unterlassung der Speditionsversicherung (§ 41 c ADSp)

1. Nichtdeckung der Speditionsversicherung

27   § 41 c entzieht dem Spediteur, der die Speditionsversicherung auftragswidrig überhaupt nicht deckt, also die Generalpolice nicht zeichnet, den Schutz der ADSp. Dieser Spediteur haftet also nach HGB-Recht; siehe *Krien/Hay* § 41 Anm. 7; Beispielsfälle: BGH v. 28. 4. 1953, BGHZ **9** 301 (die Stelle dort nicht mitabgedruckt); OLG Hamburg VRS **1** 74, 75; OLG Bremen VRS **3** 299, 300 f = VersR **1951** 210; OLG Bremen VersR **1952** 127; Fälle dieser Art sind in der neueren Rspr. nicht mehr nachzuweisen.

Nach OLG Hamburg VersR **1953** 144 f soll § 41 c entsprechend anzuwenden sein, wenn der Spediteur zwar den SVS/RVS gezeichnet, aber jahrelang keine Prämie gezahlt hat, da dann der Auftraggeber trotz § 6 B Ziff. 2 d SVS a. F. mit Einwendungen des Versicherers zu rechnen habe. Zustimmend zu diesem Ausnahmefall *Reimer/Schmidt*, ebenda; a. A. *Hootz*, Grenzen der Freizeichnung des Spediteurs, S. 23 ff. Ob der Spediteur, der die Generalpolice gezeichnet hat, die Prämie gezahlt hat, ist grundsätzlich für § 41 c ohne Belang; OLG Frankfurt BB **1981** 197. § 41 c gilt nicht für den Fall, daß der Spediteur es weisungswidrig versäumt, andere Versicherungen als die Speditionsversicherung (im gegebenen Fall Rostversicherung) abzuschließen. Die Haftung für solche Versäumnisse richtet sich nach den ADSp; BGH v. 17. 4. 1951, BGHZ **2** 1, 3. Soweit anstelle des Spediteurs nach § 41 a ADSp die Speditionsversicherung einzutreten hat, siehe § 9 SVS/RVS Rdn. 4.

2. Speditionsversicherung nach nicht gleichwertiger Police

28   § 41 c versagt dem Spediteur den Schutz der ADSp auch dann, wenn er eine nach ihrer Police nicht gleichwertige Speditionsversicherung zeichnet; § 39 a S. 2 ADSp; s. § 39 Rdn. 21.

3. Zeichnung der Speditionsversicherung bei insolventem Versicherer

29   *Schneider* transpR **1984** 267 f vertritt die Auffassung, die Zeichnung einer Speditionsversicherung aufgrund einer im Hinblick auf die Versicherungsbedingungen gleichwertigen Police bei einem insolventen Versicherer entspreche nicht den Anforde-

rungen des § 39a S. 2 ADSp und führe daher zur unbeschränkten Haftung des Spediteurs nach § 41 c. Dieser zuweitgehenden Ansicht ist nicht zuzustimmen; s. § 39 ADSp Rdn. 22.

4. Abdingbarkeit von § 41 c ADSp

Wie alle Klauseln der ADSp kann § 41 c abbedungen werden. Es ist daher z. B. möglich, daß der Spediteur mit dem Auftraggeber unter Einbeziehung der ADSp eine andere als die in 3 39–41 vorgesehene Lösung vereinbart, ohne daß § 41 c dem im Wege stehen würde. Siehe zum Vorrang der Individualabrede vor § 1 ADSp Rdn. 52.

§ 42

Gestrichen 1978. Die Vorschrift lautete: „§ 35a S. 2 und 3 gelten entsprechend auch für die Speditionsversicherung und die Rollfuhrversicherung".

XI. Lagerung

Vorbem. §§ 43–49 betreffen die Rechtsstellung des Spediteurs als Lagerhalter. Siehe zu diesen Bestimmungen die Kommentierung des Lagervertragsrechts (§§ 416–424).

§ 43

a) Die Lagerung erfolgt nach Wahl des Lagerhalters in dessen eigenen oder fremden (privaten oder öffentlichen) Lagerräumen. Lagert bei Lagerhalter in einem fremden Lager ein, so hat er den Lagerort und den Namen des fremden Lagerhalters dem Einlagerer schriftlich bekanntzugeben oder, falls ein Lagerschein ausgestellt ist, auf diesem zu vermerken. Diese Bestimmung gilt nicht, wenn es sich um eine Lagerung im Ausland oder um eine mit dem Transport zusammenhängende Lagerung handelt.

b) Hat der Lagerhalter das Gut in einem fremden Lager eingelagert, so sind für das Verhältnis zwischen ihm und seinem Auftraggeber gemäß § 2 Buchstabe d die gleichen Bedingungen maßgebend, die im Verhältnis zwischen dem Lagerhalter und dem fremden Lagerhalter gelten. Der Lagerhalter hat auf Wunsch diese Bedingungen dem Auftraggeber zu übersenden. Die Bedingungen des fremden Lagerhalters sind insoweit für das Verhältnis zwischen dem Auftraggeber und dem Lagerhalter nicht maßgebend, als sie ein Pfandrecht enthalten, das über das im § 50 dieser Bedingungen festgelegte Pfandrecht hinausgeht.

c) Eine Verpflichtung des Lagerhalters zur Sicherung oder Bewachung von Lagerräumen besteht nur insoweit, als es sich um eigene oder von ihm gemietete Lagerräume handelt und die Sicherung und Bewachung unter Berücksichtigung aller Umstände geboten und ortsüblich ist. Der Lagerhalter genügt seiner Bewachungspflicht, wenn er bei der Anstellung oder Annahme von Bewachung die nötige Sorgfalt angewandt hat.

d) Dem Einlagerer steht es frei, die Lagerräume zu besichtigen oder besichtigen zu lassen. Einwände oder Beanstandungen gegen die Unterbringung des Gutes oder gegen die Wahl des Lagerraumes muß er unverzüglich vorbringen. Macht er von dem Besichtigungsrecht keinen Gebrauch, so begibt er sich aller Einwände gegen die Art und Weise der Unterbringung, soweit die Wahl des Lagerraumes und die Unterbringung unter Wahrung der Sorgfalt eines ordentlichen Lagerhalters erfolgt ist.

§ 44

a) Das Betreten des Lagers ist dem Einlagerer nur in Begleitung des Lagerhalters oder eines vom Lagerhalter beauftragten Angestellten erlaubt.

b) Das Betreten darf nur in bei dem Lagerhalter eingeführten Geschäftsstunden verlangt werden, und auch nur dann, wenn ein Arbeiten bei Tageslicht möglich ist.

§ 45

a) Nimmt der Einlagerer irgendwelche Handlungen mit dem Gut vor (z. B. Probeentnahme), so hat er danach dem Lagerhalter das Gut aufs neue in einer den Umständen und der Verkehrssitte entsprechenden Weise zu übergeben und erforderlichenfalls Anzahl, Gewicht und Beschaffenheit des Gutes gemeinsam mit ihm festzustellen. Andernfalls ist jede Haftung des Lagerhalters für später festgestellte Schäden ausgeschlossen.

b) Der Lagerhalter behält sich das Recht vor, die Handlungen, die der Einlagerer mit dem Lagergut vorzunehmen wünscht, durch seine Angestellten ausführen zu lassen.

§ 46

a) Der Einlagerer haftet für alle Schäden, die er, seine Angestellten oder Beauftragten beim Betreten des Lagers oder beim Betreten oder Befahren des Lagergrundstückes dem Lagerhalter, anderen Einlagerern oder dem Hauswirt zufügen, es sei denn, daß den Einlagerer, seine Angestellten oder Beauftragten kein Verschulden trifft. Als Beauftragte des Einlagerers gelten auch Dritte, die auf seine Veranlassung das Lager oder das Lagergrundstück aufsuchen.

b) Der Lagerhalter darf die ihm gemäß Abs. a zustehenden Ansprüche, soweit sie über die gesetzlichen Ansprüche hinausgehen, an Dritte nicht abtreten.

§ 47

a) Der Lagerhalter darf, wenn nicht schriftlich etwas anderes vereinbart ist, den Lagervertrag jederzeit mit einmonatiger Frist durch eingeschriebenen Brief an die letzte ihm bekanntgegebene Adresse kündigen.

b) Eine Kündigung ohne Kündigungsfrist ist hinsichtlich solcher Güter zulässig, die andere Güter gefährden; im übrigen bleibt § 422 Abs. 2 HGB unberührt.

c) Entstehen dem Lagerhalter Zweifel, ob seine Ansprüche durch den Wert des Gutes sichergestellt sind, so ist er berechtigt, dem Einlagerer eine angemessene Frist zu setzen, in der dieser entweder für Sicherstellung der Ansprüche des Lagerhalters oder für anderweitige Unterbringung des Lagergutes Sorge tragen kann. Kommt der Einlagerer diesem Verlangen nicht nach, so ist der Lagerhalter zur Kündigung ohne Kündigungsfrist berechtigt.

§ 48

A. Sobald das Gut ordnungsmäßig eingelagert ist, wird auf Verlangen hierüber entweder ein „Lager-Empfangsschein" ausgehändigt oder ein „Namenslagerschein", ein „Inhaberlagerschein" oder, soweit der Lagerhalter dazu die staatliche Ermächtigung erhalten hat, ein „an Order" lautender, durch Indossament übertragbarer Lagerschein (§ 363 Abs. 2 HGB) ausgestellt. Im Zweifel gilt die vom Lagerhalter erteilte Bescheinigung nur als „Lager-Empfangsschein".

B. a) Der „Lager-Empfangsschein" ist lediglich eine Bescheinigung des Lagerhalters über den Empfang des Gutes. Für den Fall seiner Ausstellung gilt die Vorschrift des § 808 BGB. Der Lagerhalter ist nicht verpflichtet, das Gut nur dem Vorzeiger des Scheines herauszugeben.

b) Der Lagerhalter ist berechtigt, aber nicht verpflichtet, die Legitimation des Vorzeigers des Empfangsscheins zu prüfen; er ist ohne weiteres berechtigt, gegen Aushändigung des Scheines das Gut an den Vorzeiger herauszugeben.

c) Eine Abtretung oder Verpfändung der Rechte des Einlagerers aus dem Lagervertrag ist gegenüber dem Lagerhalter erst wirksam, wenn sie ihm schriftlich vom Einlagerer mitgeteilt worden ist. In solchen Fällen ist dem Lagerhalter gegenüber nur derjenige, dem die Rechte abgetreten oder verpfändet worden sind, zur Verfügung über das Lagergut berechtigt.

C. a) Ist ein „Namenslagerschein" ausgestellt, so ist der Lagerhalter verpflichtet, das eingelagerte Gut nur gegen Aushändigung des Namenslagerscheins, insbesondere nicht lediglich gegen einen Lieferschein, Auslieferungsschein oder dgl., und im Falle der Abtretung nur an denjenigen Inhaber des Lagerscheins herauszugeben, der durch eine zusammenhängende Kette von auf dem Lagerschein stehenden Abtretungserklärungen legitimiert ist.

b) Der Lagerhalter ist zur Prüfung
1. der Echtheit der Unterschriften der Abtretungserklärungen,
2. der Echtheit der Unterschriften auf Lieferscheinen und dgl.,
3. der Befugnis der Unterzeichner zu 1 und 2

nicht verpflichtet, es sei denn, daß mit dem Auftraggeber etwas anderes vereinbart worden oder der Mangel der Echtheit oder Befugnis offensichtlich erkennbar ist.

c) Die Abtretung oder Verpfändung der Rechte des Einlagerers aus dem Lagervertrage ist dem Lagerhalter gegenüber nur dann wirksam, wenn sie auf dem Lagerschein schriftlich erklärt und im Falle der Verpfändung außerdem dem Lagerhalter mitgeteilt ist.

d) Der Lagerhalter kann dem nach vorstehenden Bestimmungen legitimierten Rechtsnachfolger des Einlagerers nur solche Einwendungen entgegensetzen, welche die Gültigkeit der Ausstellung des Scheines betreffen oder sich aus dem Schein ergeben oder dem Lagerhalter unmittelbar gegen den Rechtsnachfolger zustehen. Das gesetzliche Pfand- oder Zurückbehaltungsrecht des Lagerhalters wird durch diese Bestimmung nicht berührt.

D. a) Den „Inhaberlagerschein", in welchem der Lagerhalter dem Inhaber der Urkunde die Herausgabe des Lagergutes verspricht, hat der Lagerhalter zu unterschreiben. Im übrigen finden die gesetzlichen Vorschriften, insbesondere die §§ 793 ff BGB Anwendung.

b) Der Lagerhalter gibt das Gut nur gegen Aushändigung des Lagerscheins heraus. Er ist dazu ohne besondere Prüfung der Legitimation des Inhabers berechtigt.

E. Ist ein „an Order" lautender, durch Indossament übertragbarer Lagerschein von einem dazu ermächtigten Lagerhalter ausgestellt, so gelten die Vorschriften der §§ 364, 365, 424 HGB.

§ 49

Die Bestimmungen dieses Abschnittes gelten auch bei nur vorübergehender Aufbewahrung von Gütern, z. B. zwecks Versendung, soweit nicht § 43 etwas anderes bestimmt.

XII. Pfandrecht

§ 50

a) Der Spediteur hat wegen aller fälligen und nicht fälligen Ansprüche, die ihm aus den in § 2 Buchstabe a genannten Verrichtungen an den Auftraggeber zustehen, ein Pfandrecht und ein Zurückbehaltungsrecht an den in seiner Verfügungsgewalt befindlichen Gütern oder sonstigen Werten. Soweit das Pfand- oder Zurückbehaltungsrecht aus Satz 1 über das gesetzliche Pfand- oder Zurückbehaltungsrecht hinausgehen würde, ergreift es nur solche Güter und Werte, die dem Auftraggeber gehören.

b) Soweit das Pfand- oder Zurückbehaltungsrecht aus Absatz a über das gesetzliche Pfand- oder Zurückbehaltungsrecht hinausgehen würde, ergreift es bei Aufträgen des Spediteurs an einen anderen Spediteur nur solche Güter und sonstige Werte, die dem auftraggebenden Spediteur gehören oder die der beauftragte Spediteur für Eigentum des auftraggebenden Spediteurs hält und halten darf (z. B. Möbelwagen, Decken und dgl.).

c) Der Spediteur darf ein Pfand- oder Zurückbehaltungsrecht wegen solcher Forderungen, die mit dem Gut nicht in Zusammenhang stehen, nur ausüben, soweit sie nicht strittig sind oder wenn die Vermögenslage des Schuldners die Forderung des Spediteurs gefährdet.

d) Der Spediteur darf bei einem Auftrag, das Gut zur Verfügung eines Dritten zu halten oder einem Dritten herauszugeben, ein Pfand- oder Zurückbehaltungsrecht wegen Forderungen gegen den Dritten, die mit dem Gut nicht in Zusammenhang stehen, nicht ausüben, soweit und solange die Ausübung der Weisung und den berechtigten Interessen des ursprünglichen Auftraggebers zuwiderlaufen würde.

e) Etwa weitergehende gesetzliche Pfand- und Zurückbehaltungsrechte des Spediteurs werden durch die vorstehenden Bestimmungen nicht berührt.

f) Gestrichen.

g) An die Stelle der im § 1234 BGB bestimmten Frist von einem Monat tritt in allen Fällen eine solche von einer Woche.

h) Für den Pfand- oder Selbsthilfeverkauf kann der Spediteur in allen Fällen eine Verkaufsprovision vom Bruttoerlös in Höhe der ortsüblichen Sätze berechnen.

[1] Siehe hierzu die Erläuterungen zu § 410, insbesondere Rdn. 34 ff.

XIII. Haftung des Spediteurs

§ 51

a) Der Spediteur haftet bei allen seinen Verrichtungen (siehe § 2 Buchst. a) grundsätzlich nur, soweit ihn ein Verschulden trifft. Die Entlastungspflicht trifft den Spediteur; ist jedoch ein Schaden am Gut äußerlich nicht erkennbar gewesen oder kann dem Spediteur die Aufklärung der Schadensursache nach Lage der Umstände billigerweise nicht zugemutet werden, so hat der Auftraggeber nachzuweisen, daß der Spediteur den Schaden verschuldet hat. Im Schadensfall hat der Auftraggeber nachzuweisen, daß ein Gut bestimmter Menge und Beschaffenheit dem Spediteur übergeben worden ist. Der Spediteur hat zu beweisen, daß er das Gut, wie er es erhalten hat, abgeliefert hat; das gilt auch für den Zwischenspediteur. Der Spediteur ist verpflichtet, durch Einholung von Auskünften und Beweismitteln für die Feststellung zu sorgen, wo der geltend gemachte Schaden entstanden ist.

b) Im übrigen ist die Haftung des Spediteurs nach Maßgabe der vorangegangenen und folgenden Bestimmungen beschränkt bzw. aufgehoben. Dies gilt vorbehaltlich des § 41 Buchstabe a) nicht, wenn der Schaden durch Vorsatz oder grobe Fahrlässigkeit des Spediteurs oder seiner leitenden Angestellten verursacht worden ist.

c) Dem Auftraggeber steht — abgesehen von der Versicherungsmöglichkeit (siehe §§ 35 ff, 39 ff) — frei, mit dem Spediteur eine über diese Bedingungen hinausgehende Haftung gegen besondere Vergütung zu vereinbaren.

I. Allgemeines

§§ 51 ff ADSp gelten grundsätzlich nur, soweit nicht nach § 41 a ADSp die Haftung **1** des Spediteurs durch Speditionsversicherung ersetzt ist; siehe dazu die Kommentierung zu § 41. Zum Überblick über die Spediteurhaftung siehe §§ 407–409 Rdn. 174 ff; zur Haftung speziell nach § 51 a siehe unten Rdn. 2 ff.

In der Reform von 1978 wurde § 51 in wesentlichen Punkten geändert. Insbesondere wurde die Beweisregelung in Abs. a verfeinert durch Einfügung von Satz 3 u. 4 sowie die Feststellungsverpflichtung in Satz 5 eingeführt. In § 51 b wurde Satz 2 neu hinzugefügt, wodurch die Ergebnisse der Rspr. zumindest teilweise in die ADSp integriert wurden. Praktisch sind die Änderungen nicht von großer Bedeutung, da die entsprechende Rechtslage wohl im wesentlichen schon vorher nach der Rspr. bestand. Die Änderung diente der Absicherung gegenüber der durch § 9 AGBG (siehe vor § 1 ADSp Rdn. 39 ff) festgeschriebenen Rspr. (zu dieser BGH v. 31. 1. 1975, VersR **1975** 417, 419) sowie der Verbesserung der Übersichtlichkeit der Regelung.

II. Haftungsgrundsatz (§ 51 a ADSp)
1. Haftung für vermutetes Verschulden (§ 51 a S. 1, 2 ADSp)

Der Haftungsgrundsatz des § 51 a (Haftung für vermutetes Verschulden) entspricht **2** etwa der gesetzlichen Rechtslage nach §§ 407 Abs. 2, 390 HGB für die Güterschadenshaftung des Spediteurs. Im Bereich anderer Vertragsverletzungen übernimmt er das Recht der Leistungsstörungen, insbesondere auch in der Ausprägung der neueren Rspr. zur positiven Vertragsverletzung, die ebenfalls weitgehend mit Beweislastumkehr arbeitet.

Anh. I § 415
§ 51 ADSp   Drittes Buch. Handelsgeschäfte

2. Die Entlastung im besonderen (§ 51 a S. 2–4 ADSp)

3 Die Regelung der Beweislast nach der n. F. ist von der Rspr. bisher nicht beanstandet worden; vgl. KG VersR **1983** 334; zur alten Fassung siehe kritisch BGH v. 31. 1. 1975, VersR **1975** 417, 419. Die Neuregelung entspricht wohl im Grundsatz der Risikoverteilung nach Sphärengesichtspunkten, wie sie in ständiger Rspr. zur positiven Vertragsverletzung allgemein praktiziert wird (S. 2, Hs. 2) a. A. *Löwe/v. Westphalen/Trinkner* AGBG[2] Bd. III, ADSp Rdn. 15. Die Beweislastverschiebung bei äußerlich nicht erkennbaren Schäden gehört zu den üblichen Regelungen im Transportrecht; vgl. z. B. § 438 Rdn. 25. Die Beweislastverteilung bei Annahme und Ablieferung (S. 3, 4) entspricht voll der des Frachtrechts; vgl. § 429 Rdn. 8, 19. S. 4 entspricht inhaltlich teilweise dem (1978 gestrichenen) § 59 S. 1 a. F.

3. Aufklärungspflicht des Spediteurs (§ 51 a S. 5 ADSp)

4 Die neue Bestimmung dient vor allem dazu, die Beweislast angemessener zu verteilen. Ist infolge von Verletzungen seiner Feststellungspflicht nicht mehr aufklärbar, wo der Schaden entstanden ist, dann haftet der Spediteur nach § 51 ff.

Die Bedeutung von § 51 a S. 5 erschöpft sich darin jedoch nicht. Denn die Verletzung der Aufklärungspflicht kann beim Absender Schäden bewirken, die über die Haftungsgrenze der §§ 52 ff hinausgehen; wenn z. B. infolge der unterbliebenen Feststellung Ansprüche gegen ausführende Unternehmen (z. B. nach KVO, CIM, CMR) nicht geltend gemacht werden können. Grundsätzlich muß § 51 a S. 5 als echte Pflichtenregelung verstanden werden, die eine Konkretisierung der allgemeinen Interessewahrnehmungspflicht des Spediteurs enthält; vgl. §§ 407–409 Rdn. 88. Wird mangels Schadensfeststellung ein Anspruch des Auftraggebers bzw. des Spediteurs gegen Dritte, etwa gegen ausführende Frachtführer (vgl. § 438 HGB), verhindert, haftet der Spediteur für den entstehenden Schaden. Die Haftung ist im Regelfall gemäß § 52 b S. 1 beschränkt, jedoch ist es möglich, daß in solchen Fällen grobe Fahrlässigkeit leitender Angestellter oder grobes Organisationsverschulden vorliegt. Daher kann insoweit § 51 a S. 5 die Grundlage für eine unbeschränkte Haftung des Spediteurs bilden; zutreffend OLG Frankfurt VersR **1983** 1055, 1056. Wird durch den Spediteurfehler nur der Nachweis der Schadensentstehung unmöglich, so daß sich nicht mehr feststellen läßt, ob Ansprüche gegen Dritte bestehen, muß ebenfalls eine Haftung des Spediteurs nach §§ 51 ff ADSp bejaht werden. Denn die Verschlechterung der Beweislage hat der Spediteur zu verantworten. Die Vermutung nach § 51 a S. 1, 2 muß insoweit auch auf die Kausalität erstreckt werden.

III. Haftungseinschränkungen (§ 51 b ADSp)
1. Grundsätzliche Haftungseinschränkung (§ 51 b S. 1 ADSp)

5 § 51 b S. 1 hat ausschließlich klarstellende Funktion. Denn die Haftungseinschränkungen ergeben sich aus besonderen Klauseln der ADSp; zum Überblick siehe §§ 407–409 Rdn. 174 ff. Die bedeutensten **Haftungsausschlüsse** enthalten die §§ 41 a und 37 ADSp (Haftungsersetzung durch Versicherung) sowie §§ 52 (Freizeichnung für selbständige Gehilfen) und 57 (besondere Gefahren). Siehe die Kommentierung zu diesen Vorschriften.

Einschneidende **Haftungsbeschränkungen** enthält vor allem § 54 ADSp.

2. Volle Haftung bei schwerem Eigenverschulden als Rückausnahme (§ 51 b S. 2 ADSp)

6 § 51 b übernimmt die jahrelange Rspr. zu den ADSp (vgl. vor § 1 ADSp Rdn. 49), wird aber der jetzt bestehenden Rspr. nicht voll gerecht:

Stand: 1. 9. 1985

a) Die volle Haftung als Rückausnahme ist nicht vorgesehen bei **grobem Organisationsverschulden** (s. vor § 1 Rdn. 49) und bei **Kardinalpflichtverletzung** (s. vor § 1 Rdn. 46).

b) Die Rückausnahmen sollen **nicht für die Ersetzung der Haftung durch Versicherung** (§ 41a ADSp) gelten. Dies entspricht jedenfalls nicht mehr der neuesten Rspr. zu § 41; s. dort Rdn. 22f. § 51b S. 2 ADSp nimmt dem Spediteur im Falle groben Eigenverschuldens auch die Möglichkeit, sich auf die verkürzte Verjährung nach § 64 ADSp zu berufen; s. § 414 Rdn. 24 mit weiteren Hinweisen (str.).

c) **Zweifelhaft** ist, **ob** die Klausel, nach deren Formulierung die Beweislast für grobes Eigenverschulden beim Geschädigten liegt, **mit § 9 AGBG vereinbar** ist. Der 1. Senat des BGH hat zu den ADSp diese Beweislastverteilung im Urt. v. 9. 10. 1981, VersR **1982** 486, 489 nicht beanstandet. Demgegenüber hat der 7. Senat eine entsprechende Klausel in Bedingungen für Textilveredelung als unwirksam nach § 9 (unter Bezugnahme auf § 11 Nr. 15 AGBG) behandelt; u. v. 23. 2. 1984, BB **1984** 939, 940.

IV. Haftungserhöhung durch besondere Vereinbarung (§ 51c ADSp)

§ 51c spricht aus, was sich ohnehin aus § 4 AGBG zwingend ergibt. Die Wirksamkeit **7** einer haftungserhöhenden Vereinbarung durch Individualvertrag (Einzelvertrag) kann durch § 51c nicht von der Vereinbarung einer besonderen Vergütung abhängig gemacht werden. Wird die abweichende Haftung durch AGB des Kunden in den Vertrag eingebracht, dann stellt sich die Frage, welche der Bedingungen — die ADSp oder die Auftraggeberbedingungen — sich durchsetzt. Siehe dazu vor § 1 Rdn. 8; zum Vorrang individualvertraglicher Vereinbarungen vor § 1 Rdn. 53.

Eine stillschweigende Vereinbarung höherer Haftung kann vor allem dann in Frage kommen, wenn für eine besondere sorgfältige Behandlung des Speditionsguts vom Spediteur eine besondere Vergütung verlangt wird. Im Zweifel kann demgegenüber nicht angenommen werden, daß der Spediteur ohne besondere Vergütung stillschweigend eine über die ADSp hinausgehende Haftung übernehmen will; OLG Düsseldorf DB **1976** 1374.

§ 52

a) Ist ein Schaden bei einem Dritten, namentlich einem Frachtführer, Lagerhalter, Schiffer, Zwischen- oder Unterspediteur, Versicherer, einer Eisenbahn oder Gütersammelstelle, bei Banken oder sonstigen an der Ausführung des Auftrags beteiligten Unternehmern entstanden, so tritt der Spediteur seinen etwaigen Anspruch gegen den Dritten dem Auftraggeber auf dessen Verlangen ab, es sei denn, daß der Spediteur aufgrund besonderer Abmachungen die Verfolgung des Anspruchs für Rechnung und Gefahr des Auftraggebers übernimmt. Die vorstehend erwähnten Dritten gelten nicht als Erfüllungsgehilfen des Spediteurs.

b) Eine weitergehende Verpflichtung oder eine Haftung besteht für den Spediteur nur, wenn ihm eine schuldhafte Verletzung der Pflichten aus § 408 Abs. 1 HGB zur Last fällt.

c) Der Spediteur haftet auch in den Fällen der §§ 412, 413 HGB nur nach Maßgabe dieser Bedingungen; § 2 Buchstabe c bleibt unberührt.

Übersicht

	Rdn.		Rdn.
I. Allgemeines	1	5. Anwendungsbereich von § 52 ADSp	8
1. Überblick	1		
2. Voraussetzung: Schadensentstehung „bei" einem dritten selbständigen Unternehmer	2	II. Haftungsausschluß für Vertragspartner aus Ausführungsgeschäften	9
3. Folge: Ersetzung der Haftung durch Abtretung der Ansprüche gegen Subunternehmer	5	III. Haftungsausschluß für selbständige Erfüllungsgehilfen	10
4. Eigenverschulden des Spediteurs und seiner abhängigen Gehilfen (§ 52 b ADSp)	6	IV. Haftung bei Selbsteintritt, Fixkostenspedition und Sammelversendung (§ 52 c ADSp)	13

I. Allgemeines

1. Überblick

1   § 52 ADSp befaßt sich mit der Haftung des Spediteurs für Schäden, die „bei" vom Spediteur herangezogenen selbständigen Unternehmern entstehen. Da diese Unternehmer in unterschiedlichen rechtlichen Funktionen beschäftigt werden können, wirkt sich der Haftungsausschluß des Absatz a, der den Kern der Bestimmung bildet, in jeder Funktionsgruppe anders aus.

Zu unterscheiden ist zwischen **drei Funktionsgruppen**:

(1) Der selbständige Unternehmer ist vom Spediteur in eigenem Namen für Rechnung des Auftraggebers beauftragter Partner eines Ausführungsgeschäfts (vgl. §§ 407–409 Rdn. 6, 97 ff); s. auch unten Rdn. 9.

(2) Er ist zur Erfüllung von Pflichten herangezogen, die der Spediteur selbst vertraglich übernommen hat, ist dann also nach § 278 BGB (oder entsprechenden frachtrechtlichen Bestimmungen, siehe § 431) dessen selbständiger Erfüllungsgehilfe; siehe dazu unten Rdn. 10–12.

(3) Er ist Partner eines Ausführungsgeschäfts, für dessen Erfüllung der Spediteur zwar nicht aufgrund eigener primärer Verpflichtung, aber doch nach § 412 (unechter Selbsteintritt) oder § 413 (Fixkostenspedition und Sammelversendung) einzustehen hat; siehe dazu unten Rdn. 13.

Diese Unterscheidung wird in Lehre und Rspr. bisher nicht hinreichend deutlich. Insbesondere wird die Frage, ob ein vom Hauptspediteur eingesetzter Spediteur (z. B. ein Empfangsspediteur) Zwischen- oder Unterspediteur ist (dazu §§ 407–409 Rdn. 26 ff), vielfach nicht geprüft; z. B. OLG Koblenz VersR **1983** 1073 f.

2. Voraussetzung: Schadensentstehung „bei" einem dritten selbständigen Unternehmer

2   § 52 a setzt voraus, daß der Dritte, bei dem der Schaden entstanden ist, selbständiger Unternehmer ist. Die Aufzählung der betreffenden Berufs- und Vertragsgruppen nennt nur die wichtigsten Beispiele. Erforderlich ist nur, daß der Betreffende „an der Ausführung des Auftrags beteiligt" ist. Unselbständige Vertragspartner, also insbesondere Arbeitnehmer des Spediteurs, sind keine Unternehmer und kommen daher nicht in Betracht; unstr., BGH v. 17. 2. 1953, BGHZ **9** 63, 64.

3   § 52 a setzt nicht voraus, daß der Schaden „durch" einen Dritten, sondern nur **„bei" einem Dritten** entstanden ist. Die Klausel trifft also zunächst die Fälle, in denen Güter

in der Obhut selbständiger Dritter beschädigt werden, und zwar unabhängig davon, wer die Schadensursachen gesetzt hat. Sie kann nach ihrer Formulierung also auch bei vom Spediteur verursachten, aber bei einem Dritten entstandenen Schaden gelten, z. B. bei fehlerhaften Anweisungen, mangelhaften Begleitpapieren und ähnlichen Fällen; siehe jedoch hierzu § 52b und unten Rdn. 6.

Die Klausel paßt andererseits **nicht für Schäden**, deren Entstehung zwar **nicht räumlich**, aber im Hinblick auf die verursachende Handlung **dem selbständigen Unternehmer zuzuordnen ist**. Eine solche erweiternde Auslegung verstieße gegen § 5 AGBG und den Grundsatz enger Auslegung von Freizeichnungen; vgl. vor § 1 ADSp Rdn. 31 f. **4**

3. Folge: Ersetzung der Haftung durch Abtretung der Ansprüche gegen Subunternehmer

§ 52a will grundsätzlich die gesamte Haftung des Spediteurs ausschließen und den **5** Auftraggeber statt dessen mit einem Anspruch auf Abtretung für Ersatzansprüche gegen den Unternehmer, „bei" dem der Schaden entstanden ist, abfinden. Siehe dazu unten Rdn. 9. Diese Lösung ist in § 11 Nr. 10a AGBG für die Mängelgewährleistung gegenüber nicht kaufmännischer Kunden generell untersagt worden. Doch kann diese gesetzgeberische Wertung nicht ohne weiteres auf das Speditionsrecht übertragen werden.

4. Eigenverschulden des Spediteurs und seiner abhängigen Gehilfen (§ 52b ADSp)

Ist der Schaden zwar „bei" einem Subunternehmer entstanden, die Ursache von die- **6** sem aber nicht zu vertreten, dann kommt ohnehin nur in einem Sonderfall eine Haftung des Spediteurs in Betracht: Wenn der Schaden vom Spediteur oder einem seiner Erfüllungsgehilfen verschuldet ist. Dieser Fall ist jedoch durch die in § 52b ADSp enthaltene Verweisung auf § 408 Abs. 1 HGB weitgehend aus der Freizeichnung herausgenommen.

Dies gilt zunächst für die **sorgfältige Auswahl** des Subunternehmers, für die der Spe- **7** diteur stets haftet. In der 2. Aufl. (*Ratz*) dieses Kommentars Anm. 4 zu § 408 wurde zwar die Auffassung vertreten, nach § 52 hafte der Spediteur, wenn er die Auswahlverpflichtung auf Dritte übertrage, nur für Verschulden bei deren Auswahl. Diese Auslegung ist jedoch — nunmehr nach § 5 AGBG; vgl. vor § 1 ADSp Rdn. 31 — nicht zulässig; so auch zutreffend *Schlegelberger/Schröder*[5] § 408 Rdn. 10a. § 408 Abs. 1 beschränkt sich nicht auf den besonders herausgestellten Fall des Auswahlverschuldens, sondern betrifft die Versendung insgesamt, also **alle speditionellen Pflichten** wie Instruktion, Kontrolle eventuelle Beigabe von Begleitpapieren, u. U. Verpackung und Verladung, Schadensrüge usw. Siehe zum Verstoß gegen die Weisung, nur per Luftfracht zu versenden BGH v. 18. 3. 1955, VersR **1955** 306, 307; die Freizeichnung war wegen eigenen Vorsatzes (§ 276 Abs. 2) ohnehin nicht wirksam; grundsätzlich zur Frage der Haftung für Eigenverschulden OLG Düsseldorf DB **1976** 1374. Für alle diese speditionellen Pflichten ist somit die Haftung nicht durch § 52a ADSp ausgeschlossen. In diesen Fällen würde überdies die Freizeichnung vielfach zu unangemessenen Folgen führen: Trifft den Subunternehmer mangels Verschuldens keine Verantwortung, dann hat der Spediteur keine Ansprüche, die er an den Auftraggeber abtreten könnte. In diesen Fällen würde die generelle Freizeichnung gegen § 9 AGBG verstoßen.

Diese Rechtslage wird überlagert durch § 52a S. 2 ADSp, der einen vollständigen Haftungsausschluß für alle selbständigen Erfüllungsgehilfen bewirken will; siehe zur Problematik dieser Vorschrift unten Rdn. 10ff.

5. Anwendungsbereich von § 52 ADSp

8 § 52 ADSp gilt nicht nur für Speditionsverträge, sondern für alle in § 2 ADSp aufgeführten Verträge des Spediteurs, also u. a. auch für Fracht- und Lagerverträge.

§ 52 setzt voraus, daß der Spediteur überhaupt haftet. Die Klausel ist daher, wie alle Haftungsbestimmungen der ADSp ohne Bedeutung, soweit die Haftung des Spediteurs nach § 41a ADSp durch die Speditionsversicherung ersetzt ist. Die Ansprüche gegen den Speditionsversicherer, die dem Auftraggeber in diesem Fall alleine zustehen, richten sich nach der gesetzlichen Regelung, nicht dagegen nach § 52 ADSp; s. hierzu §§ 407–409 Rdn. 147 sowie § 39 ADSp Rdn. 2 und § 3 SVS/RVS, Anh. II nach § 415 Rdn. 3; BGH v. 1. 10. 1969, Warn **1969** Nr. 260.

II. Haftungsausschluß für Vertragspartner aus Ausführungsgeschäften

9 Da der Spediteur nach dem gesetzlichen Regelfall des § 407 als „Besorgung der Versendung" den Abschluß der Ausführungsgeschäfte (vor allem der betreffenden Frachtverträge) in eigenem Namen für Rechnung des Versenders schuldet, sind die von ihm beauftragten Partner aus den Ausführungsgeschäften nach der gesetzlichen Rechtslage nicht seine Erfüllungsgehilfen. Soweit „bei" einem vom Spediteur beauftragten Unternehmer Schäden entstehen, gibt also § 52a ADSp nur die ohnehin bestehende Rechtslage wieder, denn der Spediteur haftet auch nach dem Gesetz nicht für den Vertragspartner aus dem Ausführungsgeschäft. Statt dessen hat er nur die Ansprüche gegen diesen an den Versender abzutreten; s. §§ 407–409 Rdn. 145. Da auch die Haftung für Auswahlverschulden in § 52b ADSp ausdrücklich aufrechterhalten ist (s. oben Rdn. 6, 7), weicht insoweit die Regelung in §§ 52a, b ADSp von der gesetzlichen Rechtslage nicht ab, hat also nur klarstellende Bedeutung; vgl. als neueren Fall zur Wirksamkeit der Regelung OLG Karlsruhe transpR **1983** 146, 147.

III. Haftungsausschluß für selbständige Erfüllungsgehilfen

10 Anders ist die gesetzliche Rechtslage, wenn der Spediteur die von ihm selbst übernommenen Pflichten einem dritten Unternehmer überträgt. Da er sich dessen zur Erfüllung von eigenen Verbindlichkeiten bedient, haftet er für ihn als seinen Erfüllungsgehilfen nach § 278 BGB; Erfüllungsgehilfen des beauftragten Unternehmers sind insoweit zugleich Erfüllungsgehilfen des Spediteurs. *Krien* § 52 ADSp S. 8 ff verkennt die Rechtslage sowie die hierzu allgemein vertretene Auffassung: Der Spediteur darf selbstverständlich unabhängige Unternehmer mit der Erfüllung eigener Pflichten betrauen, allerdings nicht mit substituierender, d. h. haftungsbefreiender Wirkung; sie bleiben seine (selbständigen) Erfüllungsgehilfen; s. §§ 407–409 Rdn. 95, 27 ff.

Da die ADSp nicht nur für Speditionsverträge gelten (vgl. § 2 ADSp), kann § 52 Subunternehmer in bezug auf ganz unterschiedliche Vertrags- und Geschäftsarten betreffen. Ist der Vertrag mit dem Auftraggeber ein Speditionsvertrag, so ist der selbständige Erfüllungsgehilfe **Unterspediteur**. Dieser Fall ist in § 52a speziell genannt, vgl. BGH v. 1. 10. 1969, Warn **1969** 260. Zur Frage der notwendigen Abgrenzung vom Zwischenspediteur und zur Zulässigkeit der Beauftragung eines Zwischenspediteurs s. §§ 407–413 Rdn. 27 ff und unten Rdn. 11 f. Ist der vom Spediteur mit dem Auftraggeber abgeschlossene Vertrag ein Frachtvertrag, dann ist der eingesetzte Subunternehmer **Unterfrachtführer**. Entsprechendes gilt beim Lagervertrag.

11 Gerade für die Fälle der Übertragung selbstübernommener Pflichten auf dritte Unternehmer soll nach § 52a S. 2 ADSp die Haftung dadurch ausgeschlossen sein, daß diese Personen nicht als Erfüllungsgehilfen gelten sollen. Praktisch bedeutet dies die **befreiende Übertragbarkeit aller** vom Spediteur übernommenen **Pflichten** auf Substituten.

Es entsteht der gleiche Effekt, wie wenn der Spediteur unzulässigerweise einen Zwischenspediteur eingeschaltet hätte. Vgl. §§ 407–409 Rdn. 32. Eine solche Regelung ist **mit § 9 Abs. 1 AGBG nicht vereinbar**. Es gehört zu den unabdingbaren Grundlagen eines Vertragsschlusses, daß der Vertragspartner sich seiner originären Pflichten aus den abgeschlossenen Verträgen nicht ohne jede Eigenverantwortung durch Übertragung auf andere entziehen kann; so auch von *Westphalen*, ZIP **1981** 121 u. *Löwe/v. Westphalen/Trinkner* AGBG² Bd. III ADSp Rdn. 16; ferner neuestens *Koller* ZiP **1985** 1243. Selbst im Auslandsgeschäft der Banken bedürfen die Substitutionsklauseln einer an den besonderen Umständen orientierten Begründung; vgl. eingehend mit weiteren Hinweisen *Ulmer/Brandner/Hensen* AGBG⁴ Anh. §§ 9–11, Rdn. 159; *v. Gablenz* Die Haftung der Banken bei Einschaltung Dritter (1983). Gerade beim Speditionsvertrag spielt das Vertrauen in die Sachkunde, Erfahrung und Zuverlässigkeit des beauftragten Spediteurs eine bedeutende Rolle — wie sich dies auch deutlich aus der speditionellen Werbung erkennen läßt. Dies gilt in besonderem Maße für die Organisation internationaler Transporte. Gerade in solchen Fällen erscheint die beliebige befreiende Übertragung der speditionellen Pflichten auf Dritte unzulässig. In der Rspr. wird die Frage bisher jedoch nicht als problematisch behandelt; s. z. B. OLG Karlsruhe VersR **1983** 485 u. transpR **1983** 146, 147. Die Entscheidung der Frage, ob der Spediteur seine Pflichten befreiend auf einen anderen Spediteur übertragen kann, ist in hohem Maße einzelfallabhängig. Grundsätzlich ist die Einschaltung eines Zwischenspediteurs für Aufgaben, die der Hauptspediteur nicht mehr überschauen und kontrollieren kann, als zulässig zu betrachten, z. B. eines ausländischen oder auswärtigen Empfangsspediteurs zur Ausübung der Empfänger- und Weiterversandfunktionen oder eines Grenzspediteurs, nicht dagegen die Übertragung der am Ort der Niederlassung oder einer Zweigniederlassung des Hauptspediteurs ausführbaren Tätigkeiten auf einen anderen Spediteur. Damit ist der zweite Spediteur, an den der gesamte Auftrag zur Erledigung weitergegeben wird, Unterspediteur, nicht Zwischenspediteur. In der Praxis spielt die Frage in den häufigen Fällen keine Rolle mehr, in denen gem. §§ 412, 413 zwingendes Frachtrecht anzuwenden ist, da in diesem Fall der beauftragte Zwischenspediteur als Erfüllungsgehilfe nach Frachtrecht zu behandeln ist; s. im einzelnen Rdn. 13.

Auch bei Unwirksamkeit von § 52a ADSp bleibt jedoch dem Spediteur noch die **12** Möglichkeit, darzulegen, daß er die betreffende Aufgabe nicht zur Selbsterledigung, sondern **nur zur Besorgung der Erledigung durch einen anderen übernommen** habe und daher nach § 408 für den sorgfältig ausgewählten Dritten nicht hafte. Dieser Beweis ist allerdings kaum zu führen, wenn — wie dies wohl üblich ist — der Spediteur nicht auf Provisionsbasis, sondern auf Fixkostenbasis abrechnet; siehe dazu §§ 407–409 Rdn. 3 sowie unten Rdn. 13. Eine derartige Auslegung kann jedoch angemessen sein, soweit der Spediteur offenkundig keinen Einfluß mehr auf die Ausübung der betreffenden Tätigkeit nehmen kann. Danach ist z. B. bei der Beauftragung von Spediteuren in Übersee davon auszugehen, daß diese Zwischen- nicht Unterspediteure sind; vgl. §§ 407–409 Rdn. 31.

IV. Haftung bei Selbsteintritt, Fixkostenspedition und Sammelversendung (§ 52c ADSp)

§ 52c soll nicht nur den Haftungsausschluß des § 52a aufrechterhalten, sondern die **13** Haftung des Spediteurs bei Selbsteintritt, Fixkosten- und Sammelladungsspedition ganz den ADSp unterstellen und damit die Verweisungen in §§ 412, 413 HGB haftungsrechtlich aufheben. Abbedungen werden allerdings nicht die §§ 412, 413 selbst und auch nicht die gesamte Verweisung auf das Frachtrecht, sondern nur die Anwendbarkeit der frachtrechtlichen Haftungsnormen auf den Spediteur.

§ 52c wird von der Rspr. als unwirksam behandelt, soweit die Anwendung von §§ 412, 413 auf zwingende Frachtrechtsnormen führt. Die Verweisung auf § 2c in § 52c, Halbsatz 2 deckt das Problem jedoch nicht ab; siehe § 2 ADSp Rdn. 10. Welche Wirkung § 52c ADSp erreicht, soweit das anzuwendende Frachtrecht nicht zwingend ist (z. B. im Güternahverkehr, im Güterfernverkehr bei Transporten, die unter § 4 GüKG oder die FreistellungsVO fallen, in der Binnenschiffahrt und teilweise in der Seeschiffahrt), ist zweifelhaft. Im Fall der Fixkostenspedition, der Sammelversendung und des unechten Selbsteintritts (zu letzterem §§ 412, 413 Rdn. 77–85) stößt die Substitutionsregelung des § 52a jedoch nicht auf gleich starke Bedenken wie bei originär übernommenen Pflichten; s. Rdn. 11. Denn in diesen Fällen hat der Spediteur die Ausführung des Transports gerade nicht übernommen. Abbedungen wird durch § 52c also nicht eine selbstübernommene Schuldnerpflicht, sondern nur eine vom dispositiven Recht dem Spediteur auferlegte Haftung, deren rechtspolitische Angemessenheit nicht unumstritten ist. Insbesondere richtet sich in diesen Fällen das besondere Vertrauen des Kunden nur auf die Besorgung der Versendung, nicht dagegen auf die (dem Spediteur anheimgestellte) Selbstausführung. Von der Rspr. wurde daher insoweit die Regelung des § 52c ADSp als wirksam behandelt bzw. die Unwirksamkeit auf den Fall der Abdingung zwingenden Frachtrechts beschränkt; siehe §§ 412, 413 Rdn. 14 sowie insbesondere OLG Köln VersR **1983** 486 (vereinbar mit § 9 AGBG). Im Fall BGH v. 8. 6. 1979 und OLG Hamburg v. 25. 10. 1979 (VersR **1981** 526 ff) wurde § 326 BGB bei Erfüllungsverweigerung des vom Fixkostenspediteur beauftragten Verfrachters angewendet. Die ADSp, also auch § 52c, waren jedoch auf den Seefrachtvertrag nach Auslegung der vertraglichen Vereinbarungen nicht anzuwenden.

§ 53

a) Die Haftung des Spediteurs für von ihm angerollte Güter ist beendet, sobald sie dem Empfänger vor seinem Grundstück zur Abnahme bereitgestellt und abgenommen sind.

b) Auf Verlangen des Empfängers und auf seine Gefahr sind solche Güter im Gewicht bis zu 50 kg das Stück, sofern ihr Umfang nicht die Beförderung durch einen Mann ausschließt, in Höfe, Keller und höhere Stockwerke abzutragen. Andere Güter sind dem Empfänger zu ebener Erde oder, soweit dies der Umfang, das Gewicht oder die Notwendigkeit einer besonderen Behandlung (wie bei Weinfässern, Maschinen, Ballons) verbieten, auf dem Rollwagen vor seinem Grundstück zur Verfügung zu stellen.

I. Allgemeines

1 § 53 ADSp wurde im Rahmen der Reform von 1978 nicht geändert. Zur Funktion der Vorschrift siehe §§ 407–409 Rdn. 171. Die Bestimmung entspricht im Inhalt und in der Auswahl der geregelten Sonderfälle kaum noch den Schwerpunkten moderner Transportpraxis. Veröffentlichte Rspr. zu § 53 ADSp gibt es nicht. Im Fall BGH v. 9. 11. 1979, VersR **1980** 181 f kam es wegen § 413 Abs. 1 in Verbindung mit der KVO nicht zur Anwendung der Klausel.

§ 53 versucht, der Haftung des Spediteurs einen grundsätzlichen Schlußpunkt mit der Bereitstellung vor dem Grundstück zu geben. Dieses Ziel wird jedoch aus unterschiedlichen Gründen weitgehend nicht erreicht; siehe die folgenden Anmerkungen.

II. Beendigung der Haftung nach § 53 a ADSp

§ 53 a legt einen Zeitpunkt fest, zu dem „die Haftung des Spediteurs ... beendet" **2** sein soll. Gemeint hiermit ist eine Beendigung der Obhutszeit für dem Spediteur anvertraute Güter; vgl. §§ 407–409 Rdn. 152. Die Beendigung der Obhut des Spediteurs setzt nicht nur Bereitstellung vor dem Grundstück des Empfängers, sondern auch die „Abnahme" durch diesen voraus. Hiermit ist unstreitig der allgemeine transportrechtliche Begriff der Annahme oder Abnahme gemeint, vgl. §§ 407–409 Rdn. 152, § 429³ Rdn. 11. Da die Abnahme eine Willenserklärung des Empfängers voraussetzt, kann sie nur durch diesen selbst oder von ihm dazu bevollmächtigte Personen erklärt werden. S. dazu die Kommentierung zu § 33 ADSp mit weiteren Hinweisen. Eine auf die Abnahme gerichtete Willenserklärung liegt überdies regelmäßig nicht vor, wenn die vereinbarte Beförderungsleistung im Betriebsgelände des Empfängers noch nicht erbracht ist. Dies ist z. B. der Fall, wenn die Ablieferung an der Rampe, an einer bestimmten Stelle oder in einem bestimmten Stockwerk im Betrieb vereinbart ist; zutreffend BGH v. 9. 11. 1979 VersR **1980** 181, 182 (im Rahmen von §§ 413 Abs. 1 HGB, 29 KVO). Im übrigen kann davon ausgegangen werden, daß die Vereinbarung solcher im Betrieb des Empfängers zu erbringender Leistungen als Individualvertrag der Regelung des § 53 a vorgeht (§ 4 AGBG; vgl. vor § 1 Rdn. 53).

§ 53 a kann danach allenfalls bei Fehlen besonderer, auch stillschweigender Vereinbarungen dazu führen, daß die Transportpflicht des Spediteurs und damit auch seine Haftung mit dem Bereitstellen beim Empfänger beendet ist. Nimmt der Empfänger die Güter an dieser Stelle nicht in Empfang, so müßte der Spediteur sie zurückbefördern.

Gerade dies will jedoch § 53 a nicht bewirken, vielmehr soll die Haftung in diesem Fall beendet sein, auch dann, wenn der Spediteur die Güter innerhalb des Einwirkungsbereichs des Empfängers weiterbefördert. Praktisch würde damit jegliche Haftung für diese Spediteurtätigkeit abbedungen. Befördert der Spediteur freiwillig die Güter im Bereich des Empfängers weiter, dann muß davon ausgegangen sein, daß er dies nicht ohne rechtliche Verbindlichkeit tun kann. Unter Kaufleuten ist die Erbringung von Gefälligkeiten im Zweifel nicht anzunehmen. Vielmehr ist davon auszugehen, daß der Spediteur diese zusätzliche Leistung als durch seine Vergütung abgedeckt kalkuliert. Es handelt sich daher um eine entgeltliche Güterbeförderung. Auch wenn sie unentgeltlich wäre, würden sich die Haftungsverhältnisse nicht grundsätzlich ändern, da für diesen Fall die Grundsätze der positiven Vertragsverletzung gelten müßten. Fraglich ist lediglich, ob der Fahrer in solchen Fällen eine über den Speditionsvertrag hinausgehende Verpflichtung eingehen kann. Nimmt der Fahrer die Güter in diesem Fall nicht wieder mit zurück, sondern befördert sie im Bereich des Empfängers bis zur endgültigen Entladestelle weiter, so muß angesichts der weiten Üblichkeit dieses Verfahrens jedenfalls davon ausgegangen werden, daß er vom Spediteur zu diesem Verhalten bevollmächtigt ist, mindestens im Sinne einer Rechtsscheinvollmacht.

Damit liegt im Regelfall eine Erweiterung des Haftungszeitraums und eine Abbedingung von § 53 a vor. Eine Weiterbeförderung unter Ablehnung jeglicher Haftung für jede Art von Verschulden würde überdies in Konflikt mit § 9 AGBG geraten; siehe dazu vor § 1 Rdn. 44 ff.

III. § 53 b ADSp

1. Grundsätzliche Ausdeutung des § 53 b S. 1

§ 53 b S. 1 erfährt von der speditionsrechtlichen Literatur (vgl. *Krien* § 53 S. 28 ff) fol- **3** gende Ausdeutung: Der Spediteur werde durch § 53 b S. 1 **nicht verpflichtet**, die Güter

§ 53 ADSp   Drittes Buch. Handelsgeschäfte

auf Verlangen des Empfängers in dessen Bereich abzutragen. Durch die Vorschrift werde der Spediteur vielmehr nur verpflichtet, seinen Leuten das Abtragen für den Empfänger „zu gestatten". Sie handelten bei der Ausführung nicht als Erfüllungsgehilfen des Spediteurs, sondern als Leute des Empfängers. Nach dieser Auffassung wäre Schaden, der durch Leute des Spediteurs beim „Abtragen" verursacht wird, vom Spediteur nicht zu vertreten, also zufällig im Sinne der allgemein anerkannten Zufalls-Definition; siehe § 446 BGB. Der Spediteur wäre voll von jeder Haftung befreit.

4 Gegen diese Auslegung bestehen **erhebliche Bedenken aus der Sicht des AGB-Rechts**. Schon der Wortlaut von § 53 b S. 1 läßt eher annehmen, daß der Spediteur verpflichtet sein soll, die Güter abtragen zu lassen. Die Formulierung „auf Gefahr des Empfängers" wird nach normalem Sprachverständnis so zu verstehen sein, daß der Spediteur für Zufallsschäden nicht haftet; siehe unten Rdn. 5. Die weite Auffassung, die § 53 b S. 1 als vollständige Freizeichnung des Spediteurs sieht, verstößt jedenfalls gegen die anerkannten und jetzt in § 5 AGBG teilweise festgelegten Auslegungsgrundsätze des AGB-Rechts; siehe vor § 1 Rdn. 34 ff. Denn die Klausel ist zumindest unklar: Eine volle Freizeichnung könnte leicht durch eine deutlichere Formulierung ausgedrückt werden. Nach § 5 AGBG ist somit die Klausel zuungunsten des Spediteurs als ihres Verwenders auszulegen.

Eine andere Auslegung wird auch nicht durch Berücksichtigung angeblicher Handelsbräuche ermöglicht; so aber *Krien* aaO. Zwar würde das Bestehen solcher gegenteiliger Handelsbräuche möglicherweise der (nur zwischen Kaufleuten wirkenden) Klausel trotz ihrer sprachlichen Ungenauigkeit einen für die Parteien eher verständlichen Sinn geben. Ohne einwandfreien Nachweis kann jedoch nicht anerkannt werden, daß derartige Handelsbräuche, die ständig befolgt und den normalen Kaufleuten bekannt wären, heute noch bestehen. Insbesondere kann der Nachweis nicht durch eine Bezugnahme auf frühere „Kodifikationen" solcher Bräuche erbracht werden; siehe dazu vor § 1 Rdn. 29, 23.

5 **Im Ergebnis** liegt daher **folgende Auslegung** des § 53b S. 1 nahe: Der Spediteur wird im Rahmen dieser Vorschrift zu zusätzlichen, ursprünglich nicht geschuldeten Leistungen verpflichtet, dem Empfänger insoweit ein Optionsrecht gewährt. Hierbei wird zugleich klargestellt, daß Zufallsschäden vom Spediteur nicht zu ersetzen sind. Dagegen ist ein Haftung des Spediteurs nach Maßgabe der §§ 51 ff ADSp für Fehler seines Personals beim „Abtragen" anzunehmen.

2. Abweichende Vereinbarungen und Üblichkeiten

6 Die sachlich veraltete Abgrenzung in § 53b ADSp scheint in der Speditionspraxis keine bedeutende Rolle mehr zu spielen. Weitergehende Leistungen des Spediteurs können (schon im Hinblick auf § 4 AGBG, vgl. § 1 Rdn. 53) auch stillschweigend vereinbart werden. Eine solche abweichende Vereinbarung liegt insbesondere vor, soweit es üblich ist, daß sich der abliefernde Spediteur in die beim Empfänger bestehende Betriebsorganisation einordnet. Dies schlägt sich im Rahmen der laufenden Geschäftsbeziehung sichtbar nieder.

3. Unwirksamkeit von § 53 im Falle weiter Auslegung

7 Ginge man bei der Auslegung von § 53b S. 1 ADSp von der oben abgelehnten weiten Auslegung aus (s. Rdn. 3), dann wäre die Vorschrift nach § 9 AGBG wohl unwirksam. Der Empfänger (und der Absender) käme durch diese Auslegung in eine völlig rechtlose Lage. Die von ihm in Anspruch genommene Beförderungsleistung würde vom Spediteur nicht geschuldet. Der Spediteur würde seinerseits für ihre Erfüllung überhaupt nicht haften. Der Empfänger hätte bestenfalls außervertragliche Ansprüche gegen Leute des

Stand: 1. 9. 1985

Spediteurs, die sich jedoch nach der Rechtsprechung wohl ebenfalls auf § 53 ADSp berufen könnten; siehe vor § 1 Rdn. 26. Vertragliche Ansprüche sind nicht anzunehmen, da die Leute des Spediteurs regelmäßig nicht den Willen zu einer Selbstverpflichtung haben werden. Sie müssen aus ihrer Sicht annehmen, nur ihre Pflicht gegenüber dem Spediteur als ihrem Arbeitgeber bzw. Auftraggeber zu erfüllen. Somit stünden dem Empfänger bei Verschulden der Leute des Spediteurs keinerlei Ansprüche zu. Soweit die evtl. genommene Transportversicherung den Schaden deckt (vgl. z. B. Nr. 5.2.1 ADS-Güterversicherung 1973/1984 (transpR **1985** 158) hätte der Versicherer keine Regreßaussichten.

In dieser Vertragsgestaltung läge eine unangemessene Benachteiligung des Absenders/Empfängers. Auch wenn die zusätzliche geringfügige Leistung des Spediteurs ohne besonderes Entgelt erfolgt, ist eine totale Freizeichnung hierdurch kaum zu rechtfertigen; siehe die vor § 1 Fn. 50 angegebene Literatur und Rspr. Die Unwirksamkeit der Freizeichnung ergibt sich vor allem aus § 9 Abs. 2 Nr. 2. Durch die vollkommene Abdingung jeder Pflicht im Hinblick auf die Beförderung im Bereich des Empfängers wird die Erreichung des Vertragszwecks (sichere Beförderung vom Absender zum Endempfänger) gefährdet.

4. Beförderung im Empfängerbereich nach zwingendem Frachtrecht

Soweit nach §§ 412, 413 oder im Hinblick auf die bereits primär übernommene Beförderungspflicht zwingend Frachtrecht anzuwenden ist, wird § 53 ADSp gänzlich durch die betreffenden Frachtrechtsnormen verdrängt; vgl. §§ 412, 413 insb. Rdn. 43 ff. **8**

§ 54

a) Soweit der Spediteur haftet, gelten die folgenden Höchstgrenzen für seine Haftung:

1. DM 4,45 je kg brutto jedes beschädigten oder in Verlust geratenen Kollos, höchstens jedoch DM 4 450,— je Schadensfall.

2. Für alle sonstigen Schäden mit Ausnahme der Ziffer 3 höchstens DM 4 450,— je Schadensfall.

3. DM 59 000,— je Schadensfall für Schäden, die auf Unterschlagung oder Veruntreuung durch einen Arbeitnehmer des Spediteurs beruhen. Hierzu gehören nicht gesetzliche Vertreter und Prokuristen, für deren Handlung keine Haftungsbegrenzung besteht.

Ein Schadensfall im Sinne der Vorschrift der Ziffer 3 ist jeder Schaden, der von ein und demselben Arbeitnehmer des Spediteurs durch Veruntreuung oder Unterschlagung verursacht wird, gleichviel ob außer ihm noch andere Arbeitnehmer des Spediteurs an der schädigenden Handlung beteiligt sind und ob der Schaden einen Auftraggeber oder mehrere voneinander unabhängige Auftraggeber des Spediteurs trifft. Der Spediteur ist verpflichtet, seinem Auftraggeber auf Verlangen anzugeben, ob und bei welcher Versicherungsgesellschaft er dieses Haftungsrisiko abgedeckt hat.

b) Ist der angegebene Wert des Gutes niedriger als die Beträge zu 1 bis 3, so wird der angegebene Wert zugrunde gelegt.

c) Ist der nach Buchstabe b in Betracht kommende Wert höher als der gemeine Handelswert bzw. in dessen Ermangelung der gemeine Wert, den Gut derselben Art und Beschaffenheit zur Zeit und am Ort der Übergabe an den Spediteur gehabt hat, so tritt dieser gemeine Handelswert bzw. gemeine Wert an die Stelle des angegebenen Wertes.

d) Bei etwaigen Unterschieden in den Wertangaben gilt stets der niedrigere Wert.

Anh. I § 415
§ 54 ADSp   Drittes Buch. Handelsgeschäfte

Übersicht

	Rdn.
I. Allgemeines	1
1. Bedeutung der Vorschrift und Reform	1
2. Grundstruktur der Haftungsbeschränkung; ähnliche frachtrechtliche Regelungen	2
3. Schadensersatz in Geld	3
4. Inhaltskontrolle	4
a) Grundsätzliche Wirksamkeit	4
b) Fälle der Unwirksamkeit der Haftungsbeschränkung	5
aa) Grobes Eigenverschulden und Organisationsverschulden	6
bb) Kardinalpflichtverletzung	8
c) Rechtsmißbräuchliche Berufung auf § 54	9
5. Widerspruch zu zwingendem Recht	10
6. Abweichende Individualvereinbarung	11
II. Die einzelnen Haftungsbeschränkungen	12
1. Die gewichtsbezogene Haftungsbeschränkung (§ 54 a Nr. 1 ADSp, 1. Alternative n. F.)	13
a) Neufassung	13
b) Grundsätzliche Reichweite der Haftungsbeschränkung	14
c) „Kollo" als Bezugsgröße der Haftungsbeschränkung	15
aa) Begriff des „Kollo"	17
bb) Container als „Kollo"	18
cc) Palette als „Kollo"	19
2. Beschränkung pro Schadensfall	20
a) Allgemeine Beschränkung pro Schadensfall (§ 54 a Nr. 1 und 2 ADSp n. F.)	20
aa) Allgemeines	20
bb) Anwendbarkeit auf Vermögensschäden	21
cc) Begriff des Schadensfalles	22
b) Haftungsbeschränkung bei Unterschlagung und Veruntreuung (§ 54 a Nr. 3 ADSp n. F.)	23
aa) Allgemeines	23
bb) Begriff des Schadensfalls	24
cc) Schäden mehrerer Versender	25
dd) Beweislast für Unterschlagung oder Veruntreuung	26
ee) Unterschlagung oder Veruntreuung durch gesetzliche Vertreter, Prokuristen und leitende Angestellte; Organisationsverschulden	27
3. Beschränkung auf bestimmte Werte (§ 54 b–d ADSp)	28
a) Möglichkeiten der Wertangabe	28
b) Verhältnis des angegebenen Werts zu den Haftungshöchstbeträgen (§ 54 b ADSp n. F.)	29
c) Verhältnis von angegebenem Wert und gemeinem Handelswert bzw. gemeinem Wert (§ 54 c ADSp n. F.)	30
d) Unterschiedliche Wertangaben (§ 54 d ADSp n. F.)	31
4. Zusammenfassung: Absolutes Niederstwertprinzip	32

I. Allgemeines

1. Bedeutung der Vorschrift und Reform 1978

1 § 54 gehört zu den Ecksteinen des ADSp-Systems. Die Haftungsbeschränkungen greifen nur ein, soweit die Haftung des Spediteurs nicht ohnehin bereits durch Versicherung ersetzt ist (§§ 41 a, 37 ADSp), also insbesondere gegenüber dem Verbotskunden; siehe § 39 ADSp Rdn. 18 ff. Die Haftungsgrenzen wurden von Anfang an niedrig gewählt, um die Deckung der (haftungsersetzenden) Speditionsversicherung als günstigere Lösung erscheinen zu lassen. In der Reform von 1978 wurden sie daher bewußt nur auf das 2 1/2fache des RM-Standes von 1929/1930 (vgl. *Krien* vor § 54 Anm. 1 a) angehoben und seither nur geringfügig weitererhöht; s. vor § 1 ADSp Rdn. 2. Im übrigen wurde § 54 zwar neu gefaßt, sachlich aber nur unbedeutend geändert. Die Haftungsbegrenzung gilt nach § 63 ADSp auch für Ansprüche aus unerlaubter Handlung.

2. Grundstruktur der Haftungsbeschränkung; ähnliche frachtrechtliche Regelungen

§ 54 ADSp enthält summen- und wertmäßige Haftungsbeschränkungen. Diese begrenzen den Ersatz des (nachzuweisenden) Schadens. Sie sind keine Pauschalen. Begrenzt wird durch sie die Schadensersatzschuld des Spediteurs. Sind nach dem Prozeßstoff die ADSp vereinbart, so ist daher die Schuldbegrenzung von Amts wegen zu berücksichtigen; OLG Düsseldorf DB **1976** 1374.

Haftungsbeschränkungen ähnlicher Art sind in fast allen frachtrechtlichen Gesetzen, Verordnungen und Beförderungsbedingungen enthalten, allerdings meist mit erheblich höheren Grenzen; s. Rdn. 13 und § 430³ Rdn. 2.

3. Schadensersatz in Geld

Die summenmäßige Haftungsbeschränkung des § 54 ADSp macht den Schadensersatzanspruch gegen den Spediteur zu einem reinen Geldanspruch; KG VRS **3** 228, 230; *Krien/Hay*, § 54 ADSp Anm. 1e; *Helm*, Haftung für Schäden an Frachtgütern **1966** 142f.

4. Inhaltskontrolle
a) Grundsätzliche Wirksamkeit

Die summenmäßigen Haftungsbeschränkungen der ADSp als solche sind von der Rspr. angesichts des Umstandes, daß sie in ähnlicher Weise in materiellen Gesetzen vorgesehen sind, niemals grundsätzlich beanstandet worden; siehe bereits RGZ **99** 107ff zu früheren Speditionsbedingungen. Allerdings bedeuten die Begrenzungen bei wertvollen Gütern eine nahezu völlige Freizeichnung von jeder Haftung. Der Auftraggeber ist in solchen Fällen fast schutzlos, wenn er die Speditionsversicherung untersagt hat oder wenn diese wegen der Haftungsausschlüsse des § 5 SVS nicht eingreift; siehe dazu § 41 ADSp Rdn. 13ff mit weiteren Hinweisen; BGH v. 2. 12. 77, NJW **1978** 1918, 1919 = VersR **1978** 175f. Der Versender wertvoller Güter erhält dann weder Leistungen des Speditionsversicherers noch zureichenden Schadensersatz vom Spediteur. Siehe als Beispiele für die Härte dieser Haftungsbeschränkung OLG Frankfurt VersR **1976** 628 (12 DM für ein gestohlenes Radargerät im Wert von über 20 000 DM, Gewicht 8 kg); OLG Frankfurt BB **1976** 1387 (240 DM Ersatz für einen Automaten im Wert von 12 000 DM); BGH v. 30. 6. 1978, VersR **1978** 935 (1 500 DM für einen Schaden von 680 000 DM). Dem Versender ist durch die ADSp keine Möglichkeit gegeben, die Haftung durch Wertdeklaration zu erhöhen; siehe unten Rdn. 28. Trotz der dem Auftraggeber gewährten Möglichkeit der Speditionsversicherung (siehe BGH v. 2. 12. 1977 aaO) bestehen Bedenken, ob diese Regelung mit § 9 AGBG vereinbar ist. Die Rspr. insbesondere des zuständigen 1. Senats des BGH hat sich jedoch ausnahmslos für eine Gültigkeit ausgesprochen und § 54 ohne grundsätzliche Beanstandung angewendet[1].

---

[1] Siehe aus der älteren Rspr. BGH v. 18. 3. 1955, VersR **1955** 306, 307; v. 6. 3. 1956, BGHZ **20** 164; v. 6. 12. 1956, VersR **1957** 80; v. 31. 1. 1957, VersR **1957** 193, 194; v. 3. 11. 1965, VersR **1966** 115, 118; v. 30. 6. 1978, VersR **1978** 935f = MDR **1979** 29f; KG VRS **3** 228, 231; OLG Celle VRS **6** 178; OLG Düsseldorf VRS **6** 176.
Nach Inkrafttreten des AGBG: Leitentscheidung: BGH v. 9.10. 1981, NJW **1982** 1820f (noch zu § 54a Nr. 2 a. F.), vgl. vor § 1 Rdn. 41ff; v. 10. 2. 1983, transpR **1983** 63f = VersR **1983** 482f (zu § 54a Nr. 1 ADSp n. F.); v. 6. 10. 1983, VersR **1984** 34, 35; v. 15. 5. 1985, VersR **1985** 829ff; KG VersR **1983** 334. Kritisch, aber grundsätzlich die Wirksamkeit aus der Sicht des AGBG bejahend bereits BGH v. 2. 12. 1977, NJW **1978** 1918f; grundsätzlich gehen auch die Urteile, die in Sondersituationen § 54 als unwirksam behandeln, von der generellen Wirksamkeit der Klausel aus; s. dazu unten Fn. 3, 4.

Auch die Literatur zum AGBG hat ihre Bedenken weitgehend zurückgestellt[2]. Die (anders strukturierte) Begrenzung der Haftung auf das 6fache Monatsentgelt in AGB für „Kaltlagerung" wurde jedoch vom 7. Senat (jedenfalls bei grober Fahrlässigkeit) als unwirksam wegen Verstoßes gegen § 9 Abs. 2 Nr. 2 AGBG behandelt (Urt. v. 19. 1. 1984, BGHZ **89** 363, 368; Änderung der AGB nunmehr in BAnZ **1984** 13916), weil es an einer Beziehung zwischen dem Wert des Gutes und der Haftungsgrenze fehlte. Übertragen auf § 54 Abs. 1 ADSp würde dies zur Unwirksamkeit der schadensfallbezogenen Klauseln führen, weil auch in diesen Regelungen ein angemessenes Verhältnis zwischen dem Wert des Gutes und der Haftungsgrenze fehlt. Mit der Ungültigkeit der Schadensfallbeschränkung würde die gesamte Regelung wegen möglicher Vollunwirksamkeit (s. vor § 1 ADSp Rdn. 51) gefährdet sein. Eine Differenzierung zur Rspr. des 7. Senats ließe sich unter Zugrundelegung der Grundtendenz des 1. Senats mit der Sonderstellung der ADSp begründen; s. vor § 1 Rdn. 41.

a) Fälle der Unwirksamkeit der Haftungsbeschränkung

5 Die Haftungsbeschränkungen des § 54 ADSp sind schon vor dem AGBG von der Rspr. in besonderen Fallgruppen als unwirksam behandelt worden. Durch §§ 9, 24 AGBG hat diese Rspr. eine neue Grundlage erhalten; vgl. vor § 1 ADSp Rdn. 39 ff. Es handelt sich um die Fälle groben Eigenverschuldens, groben Organisationsmangels und der (auch leicht fahrlässigen) Verletzung von Kardinalpflichten.

aa) Grobes Eigenverschulden und Organisationsverschulden

6 Die Rspr. hat die Haftungsbeschränkung des § 54 schon seit langem als unwirksam behandelt, wenn der Schaden durch Vorsatz oder grobe Fahrlässigkeit des Spediteurs selbst oder seiner leitenden Angestellten verursacht war; s. hierzu grundsätzlich vor § 1 ADSp Rdn. 49. Diese Rspr. ist durch § 51b Satz 2 Neufassung 1978 in die ADSp übernommen worden. Gleichwohl bleibt die frühere Rspr. noch insoweit von Bedeutung, als sie Anwendungsfälle für solche Durchbrechungen der Haftungsbegrenzung bietet und insbesondere Beispiele für leitende Angestellte und grobe Fahrlässigkeit liefert[3].

7 War ein individuelles grobes Verschulden eines leitenden Angestellten nicht nachweisbar, dann hat die Rspr. auch ein nicht personenbezogenes grobes **„Organisationsverschulden"** zur Durchbrechung der Haftungsbeschränkung des § 54 genügen lassen[4]; vgl. dazu vor § 1 ADSp Rdn. 49.

bb) Kardinalpflichtverletzungen

8 Auch bei sogenannter Kardinalpflichtverletzung hat die Rspr. unter Durchbrechung von § 54 ADSp unbeschränkte Haftung angenommen[5]; vgl. dazu vor § 1 ADSp Rdn. 46.

---

[2] *Ulmer/Brandner/Hensen* AGBG[4] Anh. §§ 9–11 Rdn. 22; *Staudinger/Schlosser*[12] § 9 AGBG Rdn. 55; kritisch aber unentschieden *v. Westphalen* ZIP **1981** 122; dagegen für Unwirksamkeit der Unterschlagungsregelung *Loewe/v. Westphalen/Trinkner*, AGBG², Bd. III (1985) ADSp Rdn. 17; *Wolf* § 9 AGBG Rdn. A 36.

[3] BGH v. 6. 3. 1956, BGHZ **20** 164, 167; OLG Hamburg VersR **1954** 434, 435 sowie MDR **1969** 766 (Lagervize kein leitender Angestellter). Aus der neueren Rspr. siehe BGH v. 13. 12. 1974, WM **1975** 350, 353; v. 2. 12. 1977, NJW **1978** 1918; v. 30. 6. 1978, VersR **1978** 935f; OLG Frankfurt BB **1976** 1387. Ferner siehe alle Urteile zum Organisationsverschulden, unten Fn. 4.

[4] BGH v. 13. 7. 1973, NJW **1973** 2154, 2155; v. 31. 7. 1975, VersR **1975** 415; OLG Frankfurt BB **1976** 1387; BGH v. 2. 12. 1977, NJW **1978** 1918; v. 4. 7. 1980, transpR **1981** 123ff = VersR **1981** 30f (§ 9 Abs. 1 AGB zu § 54a ADSp a. F.); OLG Düsseldorf DB **1976** 1374; OLG Hamburg VersR **1983** 827, 828.

[5] BGH v. 1. 6. 1979, VersR **1979** 901, 902 (Laguruntüchtigkeit einer Hafenschute).

b) Rechtsmißbräuchliche Berufung auf § 54

Das Sichberufen auf § 54 ADSp kann im Einzelfall gegen Treu und Glauben verstoßen und daher rechtsmißbräuchlich sein; BGH v. 31. 1. 1957, VersR **1957** 193, 194; v. 30. 6. 1978, VersR **1978** 935, 936. Siehe vor § 1 ADSp Rdn. 52. **9**

5. Widerspruch zu zwingendem Recht

§ 54 ADSp ist unwirksam, soweit er zwingendem Recht, insbesondere Frachtrecht widerspricht. Siehe hierzu §§ 412, 413 Rdn. 32. **10**

6. Abweichende Individualvereinbarung

§ 54 kann durch vorrangige Individualvereinbarung ausgeschaltet werden. Dies ist nunmehr durch § 4 AGBG gesetzlich festgelegt, galt aber bereits vor dem AGBG. Eine Vereinbarung, im Falle fehlerhafter Nachnahmeeinziehung „für jedes Verschulden" zu haften, ist mit den Haftungsregelungen der ADSp, insbesondere § 54 nicht zu vereinbaren. Sie läßt den Schluß zu, „daß die Individualvereinbarung Vorrang vor den vorformulierten ADSp haben sollte"; BGH v. 4. 3. 1977, VersR **1977** 515, 516. Siehe hierzu vor § 1 Rdn. 53. Nicht jede nachdrückliche Erklärung des Spediteurs über die Unbedenklichkeit des Transports ist jedoch bereits ein solches Garantieversprechen; OLG Düsseldorf DB **1976** 1374; s. ferner BGH v. 18. 1. 74, VersR **1974** 327 ff. **11**

II. Die einzelnen Haftungsbeschränkungen

Die in § 54 ADSp zusammengefaßten Haftungsbeschränkungen stellen jeweils Höchstgrenzen der Haftung dar, von denen jede für sich alleine wirkt. Im Ergebnis ist also die niedrigste der Haftungsgrenzen maßgeblich. **12**

1. Die gewichtsbezogene Haftungsbeschränkung (§ 54a Nr. 1 ADSp, 1. Alternative, n. F.)

a) Neufassung

Die Regelung ist 1978 geändert worden. Seitdem sind die Haftungsbeträge zweimal (zum 1. 1. 1982 und zum 1. 1. 1985) angehoben worden; s. vor § 1 ADSp Rdn. 2. Die neue Fassung entspricht im Grundsatz § 54a Nr. 2, 1. Alternative ADSp a. F. Die Haftungsgrenze von jetzt DM 4,45 pro kg ist noch immer vergleichsweise niedrig, wenn sie sich auch den in frachtrechtlichen Gesetzen üblichen gewichtsbezogenen Haftungsgrenzen etwas angenähert hat (§ 85 Abs. 1 EVO: DM 100,—; § 34 Abs. 4 KVO: DM 80,—; Art. 23 Abs. 3 CMR: knapp DM 25,—; Art. 31 § 1 CIM: DM 43,—). Die Rspr. erkennt im Transportbereich jedoch nicht nur die Haftungsbeschränkung nach den ADSp (BGH v. 19. 10. 1981, NJW **1982** = VersR **1982** 486 ff), sondern auch in anderen AGB als wirksam an; vgl. zur Hamburger Kaibetriebsordnung: OLG Hamburg v. 19. 5. 1980, VersR **1980** 1118 f (Beschränkung auf DM 1,—/kg ist gültig); s. aber oben Rdn. 4. **13**

b) Grundsätzliche Reichweite der Haftungsbeschränkung

Die gewichtsbezogene Haftungsbegrenzung nach § 54a Nr. 1 ADSp n. F. gilt eindeutig **nur für Verlust und Beschädigung** von Speditionsgut. Unverpackte Güter werden von ihr nicht erfaßt, siehe unten Rdn. 16. **14**

c) „Kollo" als Bezugsgröße der Haftungsbeschränkung

Die früher streitige Frage, auf welcher Basis die Haftungsgrenze bei Teilverlust oder Teilbeschädigung zu berechnen ist (vgl. dazu die Voraufl. Anm. 6 und zuletzt OLG **15**

Frankfurt ZLW **1980** 77, 80 sowie BGH v. 9. 10. 1981, VersR **1982** 486, 487 f) ist durch die Neufassung beantwortet. Die Haftungsgrenze bemißt sich nunmehr pro kg Bruttogewicht jedes betroffenen Kollos, nicht nach dem Gesamtgewicht der Sendung. Tritt also beispielsweise ein hoher Schaden nur an einem Kollo aus einer größeren Sendung auf, dann ergibt sich die Haftungsgrenze durch Multiplikation des Betrags von DM 4,45 mit dem Bruttogewicht des Kollos in kg. Beispiel: Aus einer aus mehreren Kollos bestehenden Sendung von Maschinenteilen wird ein elektrisches Steuergerät im Werte von DM 10 000,—, Gewicht 10 kg, gestohlen. Die Haftungsgrenze beträgt DM 44,50. Bei mehreren betroffenen Packstücken addieren sich die Einzel-Haftungssummen bis zur Schadensfall-Grenze von DM 4 450,—; siehe zu letzterer unten Rdn. 20.

16 Bei Verlust oder Beschädigung **unverpackter Güter** (z. B. Güter in Tankwagen, Schüttladungen) ist die gewichtsbezogene Haftungsgrenze nicht anwendbar, da keine Berechnungsgrundlage für sie besteht; s. auch Rdn. 17.

aa) Begriff des „Kollo"

17 Der Begriff „Kollo" ist nicht definiert. Vergleiche können jedoch mit der seerechtlichen Haftungsbeschränkung nach § 660 HGB gezogen werden. Danach beschränkt sich die Haftung des Verfrachters pro „Packung" auf DM 1 250,—. Diese Vorschrift entstammt dem Brüsseler Konnossementsabkommen von 1924 (sog. Haager Regeln), im französischen Originaltext ist Bezugsgröße der „colis"; in der englischen Übersetzung „package". Es erscheint zweckmäßig, den Begriff „Kollo" mit dem der „Packung" in § 660 HGB gleichzusetzen, weil hierdurch eine sichere Rechtsgrundlage gefunden werden kann und weil diese Auslegung am ehesten mit § 5 ABGB zu vereinbaren ist; siehe dazu unten Rdn. 18, 19. Nach der deutschen Rechtsprechung zu § 660 kommt es für die Definition der Packung nicht auf die schützende Umhüllung, sondern auf die für den Transport hergestellte tatsächliche Zusammenfassung des Guts an; *Prüßmann/Rabe* Seehandelsrecht[2] § 660 C 2; BGH v. 26. 10. 78, VersR **1979** 29 f. Völlig unverpackte Güter sind jedoch keine „Packung"; BGH v. 19. 9. 1983, VersR **1983** 1154.

bb) Container als „Kollo"

18 Im Seerecht ist für die (anders strukturierte) Haftungsbeschränkung des § 660 HGB der Container als Packung anerkannt worden; vgl. BGH, Urteile v. 22. 9. 1980, BGHZ **78** 121 und VersR **1981** 34; dazu *Prüßmann/Rabe* Seehandelsrecht[2] § 660 HGB Anm. C 2 c); kritisch *Wodrich* VersR **1983** 621 ff. Diese Auslegung ist auf § 54 a Nr. 1 ADSp n. F. zu übertragen, wo sie allerdings haftungserhöhend — also umgekehrt wie im Seerecht — wirkt. § 5 AGBG würde zum gleichen Ergebnis führen; vgl. hierzu (für Paletten) unten Rdn. 19. Danach ist bei einem vom Spediteur gepackt übernommenen Container bei Teilschäden das Produkt aus dem Gesamtgewicht des Containers in kg und der Haftungsgrenze von DM 4,45 maßgeblich. Dadurch wird in der Regel die Schadensgrenze von DM 4 450,— überschritten, so daß die gewichtsbezogene Haftungsbeschränkung bei gepackt übernommenen Containern meist bedeutungslos sein wird.

Ist der Container nicht gepackt übernommen, sondern wird vom Spediteur zum Transport oder zur Lagerung benutzt, so ist er kein „Kollo" i. S. d. Rechtsverhältnisses zwischen Einzelauftraggeber und Spediteur. Statt dessen ist die einzelne im Container verladene Packung Bezugsgröße für die gewichtsmäßige Haftungsbeschränkung.

cc) Palette als Kollo

19 Eine Palette ist jedenfalls dann zusammen mit den darauf verladenen Gütern ein „Kollo", wenn der Spediteur sie vom Auftraggeber so bereits erhalten hat. Dies ergibt sich aus der entsprechenden Anwendung der Rspr. zu § 660 HGB, siehe oben Rdn. 17. Es genügt also jedenfalls zur Herstellung eines Kollo die Befestigung von Gütern auf einer Palette mit Bändern oder Schrumpffolien; vgl. zum Seerecht BGH v. 26. 10. 1978, VersR **1979** 29 f; dazu *Prüßmann/Rabe* Seehandelsrecht[2] § 660 Anm. C 2 a und b.

Auch wenn der Spediteur einzeln übernommene Packstücke selbst zu einem Paletten-Kollo zusammenfaßt, bemißt sich die Haftungsgrenze nach dem Gesamtgewicht der Palette. Schon sprachlich weist § 54 a Nr. 1 darauf hin, daß es auf den Zeitpunkt des Verlusts oder der Beschädigung ankommen soll. Da sich bei Einzelschäden innerhalb der größeren Einheit „Palette" hierdurch eine höhere Haftungsgrenze ergibt, wäre diese Auslegung auch nach der Unklarheitenregel (§ 5 AGBG) und dem Grundsatz enger Auslegung von Freizeichnungen geboten; vgl. vor § 1 ADSp Rdn. 31–34. Beispiel: Aus einer mit Schrumpffolie zusammengepackten Palette von 100 kg wird ein Karton im Gewicht von 1 kg total zerstört. Die Haftungsgrenze liegt dann nicht bei DM 4,45 sondern bei DM 445,—.

2. Beschränkung pro Schadensfall
a) Allgemeine Beschränkung pro Schadensfall (§ 54 a Nr. 1 und 2 ADSp n. F.)
aa) Allgemeines

Für alle Schadensersatzansprüche aus Speditionsverträgen sieht § 54 ADSp n. F. in Abs. a Nr. 1 und 2 eine für den jeweiligen Schadensfall geltende Haftungsgrenze von derzeit DM 4 450,— vor. Bei Schäden am Speditionsgut kann statt dessen die gewichtsbezogene Grenze nach Nr. 1 eingreifen, soweit sie im Einzelfall niedriger liegt. Durch das Urt. des 7. Senats v. 19. 1. 1984, BGHZ **89** 363 ff ist die Wirksamkeit der schadensfallbezogenen Haftungsbeschränkungen zweifelhaft geworden; s. oben Rdn. 4. **20**

bb) Anwendbarkeit auf Vermögensschäden

Die Neufassung läßt, wie auch die a. F., an sich keinen Zweifel daran offen, daß die Beschränkung auch für Schäden gelten soll, die nicht an Gütern entstehen (Vermögensschäden); BGH v. 31. 2. 1957, VersR **1957** 193, 194. Andererseits soll die Haftungsbeschränkung nur solche Schäden erfassen, die „ihre Wurzeln" in dem typischen Gefahrenkreis haben, der durch den Transport bzw. die Lagerung der Güter unmittelbar oder mittelbar bedingt ist. Dazu sollen Schäden durch die Leistungsrückhaltung des Spediteurs wegen nicht bestehender Ansprüche nicht gehören; BGH v. 3. 11. 1965, WM **1966** 115, 118. § 54 a Ziff. 2 a. F. soll nach Auffassung des OLG Hamm BB **1964** 1322 f nicht gelten, wenn nicht das „normale", sondern ein außergewöhnliches Risiko zum Schaden führt (Verlust des Lagerguts bei Verlegung des ganzen Lagers durch den Spediteur). Diese Einschränkung läßt sich nicht allgemein aus § 54 a Nr. 1 oder 2 entnehmen. Vielfach wird jedoch in solchen Fällen ein grobes Organisationsverschulden vorliegen, so im Fall BGH v. 3. 11. 1965, so daß § 54 ADSp im Ergebnis nicht eingreift. Ferner ist fraglich, ob die Haftungsbeschränkung auf DM 4 450,— in Fällen von Großschäden außerhalb des Transport- und Lagerrisikos der Inhaltskontrolle nach § 9 standhält (vgl. vor § 1 Rdn. 39 ff) bzw. ob in solchen Fällen die Berufung auf § 54 a Nr. 3 nicht rechtsmißbräuchlich ist, vgl. vor § 1 ADSp Rdn. 52. Denn es ist zu bedenken, daß die Haftungshöhe keine Beziehung zum Umfang des Schadensfalls und des gezahlten Entgelts hat und durch Wertdeklaration nicht erhöht werden kann. **21**

Besonders problematisch ist die Schadensfall-Begrenzung bei atypischen Geschäften des Spediteurs, wenn für diese die ADSp vereinbart sind, siehe dazu vor § 1 Rdn. 20. Zu den allgemeinen Einschränkungen der Haftungsbegrenzung siehe oben Rdn. 5–7.

Anh. I § 415
§ 54 ADSp   Drittes Buch. Handelsgeschäfte

cc) Begriff des Schadensfalles

22 Problematisch kann sein, wieweit sich der einheitliche Schadensfall erstreckt. Siehe hierzu eingehend OLG München VersR **1955** 520, 522: Beschlagnahme von sechs Lastkraftwagen kann ein zusammengehöriger Schadensfall sein, wenn sie am gleichen Tag und aus gleichem Grund erfolgt; KG VersR **1967** 446, 449: Ein Schadensfall liegt vor bei zwei Apparaten des gleichen Versenders, die mit dem gleichen Waggon versandt und zur gleichen Zeit beschädigt wurden. Die Darlegungs- und Beweislast für einen einheitlichen Schadensfall bei mehreren unterschiedlichen Schäden liegt beim Spediteur: OLG Düsseldorf v. 27. 11. 1980, VersR **1982** 158 (insoweit dort nicht mit abgedruckt).

b) Haftungsbeschränkung bei Unterschlagung und Veruntreuung (§ 54 a Nr. 3 ADSp n. F.)

aa) Allgemeines

23 Die 1978 neu formulierte Bestimmung entspricht fast wörtlich § 54a Nr. 1 ADSp a. F.; die Haftungsgrenze wurde von DM 20 000,— auf zunächst DM 55 000,— und nunmehr DM 59 000,— erhöht. Die Klausel sieht anstelle der gewichtsbezogenen Haftungsbegrenzung nach Abs. a Nr. 1 und der allgemeinen Schadensfallbegrenzung auf DM 4450,— eine grundsätzlich höhere Haftungsgrenze vor. Da Unterschlagungs- und Veruntreuungsfälle seit 1978 nicht mehr aus der Speditionsversicherung ausgeschlossen sind (vgl. § 5 SVS/RVS, Anh. II nach § 415 Rdn. 2), wird die Haftung im Normalfall nach § 41a durch Versicherung ersetzt. § 54a Nr. 3 ADSp wirkt sich daher nur noch beim Verbotskunden aus.

bb) Begriff des Schadensfalls

24 § 54a Nr. 3 ADSp n. F. definiert den Schadensfall als von einem Arbeitnehmer des Spediteurs begangene Unterschlagung oder Veruntreuung, unabhängig von der Beteiligung weiterer Personen und der Zahl der Geschädigten. Nicht definiert wird, wann bei mehreren Handlungen ein Schadensfall oder mehrere anzunehmen sind. Hier wird auf strafrechtliche Tatbegriffe zurückzugreifen sein.

cc) Schäden mehrerer Versender

25 § 54a Nr. 3 will die begrenzte Haftungssumme von DM 59 000,— auch bei Schäden mehrerer Versender, deren Güter durch den gleichen Unterschlagungsfall verlorengehen, nur einmal zur Verfügung stellen. Wird also z. B. im Nahverkehr ein Lastzug mit wertvollen Gütern verschiedener Auftraggeber unterschlagen, so hätte der Spediteur allen Auftraggebern zusammen nur auf insgesamt DM 59 000,— zu haften. Darüber hinaus bestimmen die ADSp nicht einmal, in welcher Weise die Haftungsbeschränkung wirken soll (pro rata oder als Gesamtgläubiger?). Es ist zweifelhaft, ob diese Regelung, die jede einigermaßen sichere Kalkulation des Auftraggebers unmöglich macht, als „angemessene" Bestimmung der richterlichen Kontrolle standhalten kann; vgl. vor § 1 ADSp Rdn. 39ff. Siehe zu den Schwierigkeiten der Anwendung der Regelung *Krien/Hay*, Anm. d zu § 54 ADSp.

dd) Beweislast für Unterschlagung oder Veruntreuung

26 Die Beweislast hierfür liegt beim Spediteur; OLG Frankfurt VersR **1976** 628, 629. Ist im Verfahren über den Grund des Anspruchs festgestellt, daß der Schaden auf Unterschlagung oder Veruntreuung eines Arbeitnehmers des Spediteurs beruht, so ist diese Feststellung im Verfahren über den Betrag der Haftung nach § 54a Nr. 1 a. F. bindend; BGH v. 6. 12. 1956, VersR **1957** 80, 81.

ee) Unterschlagung oder Veruntreuung durch gesetzliche Vertreter, Prokuristen und leitende Angestellte; Organisationsverschulden

Für Unterschlagung und Veruntreuung seiner gesetzlichen Vertreter und Prokuristen haftet der Spediteur nach § 54a Nr. 3 Abs. 2 ADSp ohne Begrenzung. Darüber hinaus gelten die von der Rspr. aufgestellten Regeln, nach denen der Spediteur für Vorsatz und grobe Fahrlässigkeit leitender Angestellter und für Organisationsverschulden voll haftet; siehe oben Rdn. 5–7. Auch soweit die Speditionsversicherung nicht verboten ist, kommt in diesen Fällen eine Ergänzungshaftung des Spediteurs neben der Speditionsversicherung in Betracht; s. § 41 Rdn. 23. Wird die Unterschlagung oder Veruntreuung durch einfache Gehilfen begangen, dann kann dennoch eine volle Haftung bei grobem Organisationsverschulden in Betracht kommen; s. § 51b S. 2 ADSp und vor § 1 ADSp Rdn. 49. **27**

3. Beschränkung auf bestimmte Werte (§ 54b–d ADSp)
a) Möglichkeiten der Wertangabe

Die Möglichkeit einer besonderen Wertangabe des Auftraggebers ist in § 54b ADSp n. F. vorausgesetzt. Sie spielt auch in § 56a ADSp eine wichtige Rolle, ferner im Rahmen der Ersetzung der Haftung durch Speditionsversicherung nach § 41b ADSp. Während sie aber zumeist dem Auftraggeber eine bessere Haftung oder Versicherung verschafft, hat die Wertangabe in § 54b–d gerade nicht diese Wirkung. Im Gegenteil verschlechtert sie unter Umständen seine haftungsrechtliche Situation. § 54 bietet keine Möglichkeit, die Haftungsgrenzen durch Wertangabe zu erhöhen. **28**

b) Verhältnis des angegebenen Werts zu den Haftungshöchstbeträgen (§ 54b ADSp n. F.)

Wenn der angegebene Wert niedriger als die Beträge zu 1 bis 3 (richtiger wohl Abs. a 1 bis 3) ist, wird der Schadensersatz durch den angegebenen Wert begrenzt, auch wenn der Schaden (innerhalb der Grenzen nach Abs. a) höher ist als dieser Wert. Für den Fall, daß der angegebene Wert über den Haftungsgrenzen nach Abs. a liegt, trifft die Bestimmung keine Regelung. Daher ändert sich in diesem Fall an der Haftungsbegrenzung nichts zugunsten des Auftraggebers. Diese Regelung weicht von den üblichen frachtrechtlichen Bestimmungen (z. B. § 90 EVO, Art. 24 CMR; siehe vergleichend *Helm*, Haftung für Schäden an Frachtgütern, 1966, S. 149f) ab. **29**

c) Verhältnis von angegebenem Wert und gemeinem Handelswert bzw. gemeinem Wert (§ 54c ADSp n. F.)

Der gemeine Wert oder gemeine Handelswert ist anstelle des angegebenen Werts maßgeblich, wenn er unter diesem liegt. **30**

Damit ist klargestellt, daß ein Vermögensschaden über den im Frachtrecht üblichen Rahmen des Wertersatzes hinaus in keinem Fall, auch nicht bei höherer Wertangabe zu ersetzen ist. Siehe zu den Methoden der Wertermittlung § 430³ Rdn. 18.

d) Unterschiedliche Wertangaben (§ 54d ADSp n. F.)

Werden (z. B. in verschiedenen Schriftstücken) unterschiedliche Wertangaben gemacht, soll nach Abs. d) nur die niedrigste von diesen gelten. Dies würde in voller Konsequenz bedeuten, daß ein einmal angegebener Wert nicht mehr nach oben korrigiert werden könnte. Doch ist die Klausel nach § 4 AGBG (vgl. vor § 1 ADSp Rdn. 53) wirkungslos, wenn der Spediteur die korrigierende Wertangabe widerspruchslos entgegennimmt, da dann eine vorrangige Individualvereinbarung vorliegt. **31**

4. Zusammenfassung: Absolutes Niederstwertprinzip

32   Insgesamt wird § 54 ADSp fast völlig von einer Art Niederstwertprinzip beherrscht. Unter den in Betracht kommenden Haftungsgrenzen (gewichtsbezogene Begrenzung, schadensfallbezogene Begrenzung, niederster angegebener Wert, gemeiner Handelswert und gemeiner Wert) wird jeweils die niedrigste zugrunde gelegt. Schäden durch Unterschlagung und Veruntreuung unterliegen der höheren Haftungsbegrenzung nach Abs. a Nr. 3.

§ 55

Bei Schäden an einem Sachteil, der einen selbständigen Wert hat (z. B. Maschinenteil), oder bei Schäden an einer von mehreren zusammengehörigen Sachen (z. B. Wohnungseinrichtung), bleibt die etwaige Wertminderung des Restes der Sache oder der übrigen Sachteile oder Sachen außer Betracht.

1   § 55 begrenzt den Ersatz für Schäden an Sachteilen und einzelnen von mehreren zusammengehörigen Sachen auf den Wert des Sachteils bzw. der Einzelsache. Diese Regelung kann zwar für den Auftraggeber zu empfindlichen Härten führen. Sie entspricht aber ungefähr der überwiegenden Rechtslage für Teilschäden im Bereich des Frachtrechts; vgl. § 430 Rdn. 17. Sie ist daher auch aus der Sicht des AGB-Rechts nicht zu beanstanden; siehe vor § 1 ADSp Rdn. 48.

§ 56

a) Bei allen Gütern, deren Wert mehr als DM 59,— für das kg brutto beträgt, sowie bei Geld, Urkunden und Wertzeichen haftet der Spediteur für jeden wie auch immer gearteten Schaden nur, wenn ihm eine schriftliche Wertangabe vom Auftraggeber so rechtzeitig zugegangen ist, daß er seinerseits in der Lage war, sich über Annahme oder Ablehnung des Auftrages und über die für Empfangnahme, Verwahrung oder Versendung zu treffenden Vorsichtsmaßregeln schlüssig zu werden.

b) Die Übergabe einer Wertangabe an Kutscher oder sonstige gewerbliche Angestellte ist ohne rechtliche Wirkung, solange sie nicht in den Besitz des Spediteurs oder seiner zur Empfangnahme ermächtigten kaufmännischen Angestellten gelangt ist, es sei denn, daß eine andere Vereinbarung getroffen ist.

c) Unzulässig ist der Einwand, der Spediteur hätte von dem Wert des Gutes auf andere Weise Kenntnis haben müssen. Sind die Güter jedoch für den Spediteur als wertvoll erkennbar, ist er verpflichtet, den Auftraggeber auf die Notwendigkeit der Wertangabe und die Folgen ihrer Unterlassung hinzuweisen.

d) Beweist der Auftraggeber, daß der Schaden auf andere Umstände als auf die Unterlassung der Wertangabe zurückzuführen ist oder auch bei erfolgter Wertangabe entstanden wäre, so findet Absatz a keine Anwendung.

e) Die Bestimmungen der übrigen Paragraphen, soweit sie über die Bestimmungen dieses Paragraphen hinaus die Haftung beschränken oder aufheben, bleiben unberührt.

I. Haftungsausschluß

1. Wirkungsweise und Bedeutung von § 56

1   § 56 schließt für hochwertige Güter die Haftung des Spediteurs vollständig aus, wenn der Auftraggeber keine Wertangabe gemacht hat. Jedoch bleibt dem Auftraggeber nach

Abs. d die Möglichkeit des Nachweises, daß die Unterlassung der Wertangaben nicht für den Schaden ursächlich war. Die Bedeutung der Vorschrift ist gering. Denn gemäß § 56e ist auch bei Wertangabe die Haftung nach den übrigen Regeln der ADSp beschränkt, insb. durch § 54a Nr. 1 auf DM 4,45 pro kg ohne Möglichkeit der Erhöhung; vgl. die Erläuterungen zu § 54. Bei Gütern im Wert von mehr als DM 59,— pro kg kann daher im Regelfall der Ersatz ohnehin nicht über 7,5 % des Warenwerts hinausgehen; Einschränkungen, die sich aus § 55 ADSp ergeben können, einmal außer acht gelassen; s. auch §§ 407–409 Rdn. 173.

2. Schriftliche Wertangabe

Der Haftungsausschluß wird nach § 56a durch schriftliche Wertangabe ausgeschlossen. Zur Wirkung nicht schriftlicher Wertangaben siehe vor § 1 ADSp Rdn. 54; siehe auch unten Rdn. 5ff. **2**

3. Vereinbarkeit mit dem AGBG

§ 56a ist grundsätzlich mit §§ 24, 9 AGBG vereinbar. Der zugrunde liegende Gedanke, daß dem Spediteur Gelegenheit gegeben werden muß, gegen die besondere Gefährdung wertvoller Güter Vorsorge zu treffen, leuchtet ein und liegt auch § 429 Abs. 2 HGB sowie zahlreichen frachtrechtlichen Sondervorschriften zugrunde; vgl. dazu § 429³ Rdn. 26 und vor § 1 ADSp Rdn. 48. **3**

Bedenken könnten höchstens im Hinblick auf die (trotz der Heraufsetzung von DM 20,— auf nunmehr DM 59,—) niedrige kg-Grenze für wertvolle Güter bestehen. Sicherlich kann nicht ausgeschlossen werden, daß dem Versender die Notwendigkeit einer Wertangabe bei Gütern dieser Wertklasse nicht zum Bewußtsein kommt. Vgl. den Fall BGH v. 8. 11. 1967, BGHZ **49** 221f, in dem der Wert einer Sendung Herrenkonfektion bereits erheblich über die Grenze des § 56a hinausging. Die in § 56c neu eingeführte Hinweispflicht des Spediteurs räumt jedoch diese Bedenken voll aus.

Der Haftungsausschluß in § 56a unterliegt, wie alle anderen Regelungen der ADSp, den Ausnahmen, die sich aus den allgemeinen Gesichtspunkten der Inhaltskontrolle ergeben; insb. ist die Haftungsbegrenzung nicht wirksam bei Vorsatz und grober Fahrlässigkeit des Spediteurs selbst und seiner leitenden Angestellten und bei grobem Organisationsverschulden; siehe dazu vor § 1 ADSp Rdn. 49. **4**

II. Kenntnis und Hinweispflicht des Spediteurs (§ 56c ADSp n. F.)

1. Kenntnis und Kennenmüssen

§ 56c S. 1 klärt, daß dem Spediteur auch dann die Berufung auf § 56a gestattet ist, wenn er fahrlässig (Kennenmüssen, § 122 Abs. 2 BGB) keine Kenntnis von dem hohen Wert der Güter hat. Diese Absicherung der Freizeichnung wird innerhalb der allgemeinen Grenzen der Freizeichnung (oben Rdn. 4) wirksam sein. Hat der Spediteur nachgewiesenermaßen (ohne Wertangabe) positive Kenntnis vom Wert der Güter gehabt, dann entfällt die Haftungsbefreiung ohnehin regelmäßig nach § 56d. **5**

2. Hinweispflicht des Spediteurs (§ 56c S. 2 n. F.)
a) Wirkung im Rahmen von § 56 ADSp

Die neueingeführte Hinweispflicht des Spediteurs hat zunächst die Folge, daß dieser sich nicht auf den Haftungsausschluß des § 56a ADSp berufen kann, wenn er den Kunden nicht entsprechend auf die Folgen unterlassener Wertangabe hingewiesen hatte. **6**

b) Erweiterte Wirkungen von § 56c S. 2 für das Speditions- und Speditionsversicherungsrecht

7 Fraglich ist, ob die Vorschrift über die Wirkung im Rahmen des § 56 hinausgehende Auswirkungen hat. Zu denken ist vor allem an zwei Bereiche mittelbarer Auswirkungen:

aa) Durchbrechung der Haftungsbeschränkung der ADSp bei versäumtem Hinweis

8 Versäumt der Spediteur den Hinweis auf den Wert der Güter, so kann dies evtl. mit ursächlich dafür sein, welche Versandart der Auftraggeber anordnet und wie er den Auftrag versichert (Transportversicherung, Verzicht auf Verbot der Speditionsversicherung). Daher ist zu fragen, ob der Spediteur in Fällen, in denen die Versäumung des Hinweises für die Entstehung des Schadens oder seine Nichtdeckung durch Versicherung kausal geworden ist, beschränkt oder unbeschränkt haftet. Es erscheint wohl aus dem Sinnzusammenhang richtig, der Regel des § 56c S. 2 nicht unmittelbar solche haftungserweiternde Wirkung zuzumessen. Vielmehr ist die Frage im Bereich der allgemeinen Freizeichnungsgrenzen (§ 51b S. 2 ADSp n. F. und vor § 1 Rdn. 39ff) zu lösen. § 56c S. 2 macht jedoch deutlich, daß der Hinweis auf den höheren Wert der Güter zu den speditionsrechtlichen Sorgfaltspflichten gehört (siehe §§ 407–409 Rdn. 111, 123) und erleichtert daher die Durchsetzung von Ansprüchen wegen Versäumung dieser Pflicht. Von besonderer Bedeutung ist die Einbeziehung dieser Pflicht in die Frage nach dem Vorliegen grober Fahrlässigkeit, insb. groben Organisationsverschuldens (vgl. vor § 1 ADSp Rdn. 49), die eine volle Haftung begründen können. Angesichts der ausdrücklichen Regelung der Hinweispflicht in den ADSp, also in den eigenen empfohlenen Verbandsbedingungen der Spediteure ist die Begründung grober Fahrlässigkeit insb. im Bereich des Organisationsverschuldens wesentlich erleichtert. Denn die Einhaltung dessen, was in den eigenen AGB ausdrücklich bestimmt ist, gehört zu dem, „was jedermann einleuchten muß" und zu den „einfachsten Überlegungen", die ein Spediteur organisatorisch berücksichtigen muß. Daher wird das Unterlassen des Hinweises auf die erforderliche Wertangabe regelmäßig dann zu höherer Haftung des Spediteurs führen, wenn die Erfüllung der Hinweispflicht nicht durch allgemeine betriebsorganisatorische Maßnahmen sichergestellt war. Dagegen wird eine Durchbrechung der Haftungsbeschränkungen dann nicht möglich sein, wenn der Hinweis infolge einer einzelnen Nachlässigkeit von Erfüllungsgehilfen des Spediteurs versäumt worden ist.

bb) Ergänzungshaftung des Spediteurs bei unzureichender Speditionsversicherung

9 Die Deckung der Speditionsversicherung schließt grundsätzlich nach § 41a ADSp die eigene Haftung des Spediteurs gänzlich aus. §§ 51ff ADSp sind auf die Fälle, in denen der Speditionsversicherer den Schaden zu decken hat, nicht anzuwenden; siehe zum Überblick §§ 407–409 Rdn. 147f. Auch wenn die Versicherungssumme der Speditionsversicherung zur Schadensdeckung nicht ausreicht, ist daher der Spediteur grundsätzlich nicht zur Deckung der Schadensdifferenz verpflichtet; siehe § 41 ADSp Rdn. 11. Dies beruht auf der Erwägung, daß der Auftraggeber durch Wertangabe eine Erhöhung der Leistungsgrenzen der Speditionsversicherung erreichen kann; vgl. § 6 SVS/RVS, Anh. I nach § 415. Auch in diesem Fall ist zu verneinen, daß der Spediteur grundsätzlich bei unterlassenem Hinweis auf die Notwendigkeit der Wertangabe in vollem Umfang ergänzend zu haften hat. Eine Ergänzungshaftung des Spediteurs bei Vorsatz und grober Fahrlässigkeit ist jedoch möglich; siehe dazu § 41 ADSp Rdn. 23. Hierbei ist der Umstand zu berücksichtigen, daß die Festlegung der Hinweispflicht in den ADSp die Annahme groben Organisationsverschulden erleichtert; siehe oben Rdn. 7.

Vierter Abschnitt. Speditionsgeschäft

§ 57

a) Konnte ein Schaden den Umständen nach aus einer im folgenden bezeichneten Gefahr entstehen, so wird vermutet, daß er aus dieser Gefahr entstanden sei:

1. Aus nicht oder mangelhaft erfolgter Verpackung der Güter.

2. Aus der Aufbewahrung im Freien, wenn solche Aufbewahrung vereinbart oder eine andere Aufbewahrung nach der Art der Ware oder nach den Umständen untunlich war.

3. Aus besonders schwerem Diebstahl im Sinne der §§ 243 und 244 oder aus Raub im Sinne des § 249 StGB.

4. Aus höherer Gewalt, Witterungseinflüssen, Schadhaftwerden irgendwelcher Geräte oder Leitungen, Einwirkung anderer Güter, Beschädigung durch Tiere, natürlicher Veränderung des Gutes.

Der Spediteur haftet in diesen Fällen nur insoweit, als nachgewiesen wird, daß er den Schaden schuldhaft verursacht hat.

b) Die Haftung des Spediteurs ist ausgeschlossen für Verluste und Schäden in der Binnenschiffahrtsspedition (einschl. der damit zusammenhängenden Vor- und Anschlußtransporte mit Landtransportmitteln sowie der Vor-, Zwischen- und Anschlußlagerungen), die durch Transport- bzw. Lagerversicherung gedeckt sind oder durch eine Transport- bzw. Lagerversicherung allgemein üblicher Art hätten gedeckt werden können oder nach den herrschenden Gepflogenheiten sorgfältiger Kaufleute über den Rahmen einer Transport- bzw. Lagerversicherung allgemein üblicher Art hinaus gedeckt werden, es sei denn, daß eine ordnungsgemäß geschlossene Versicherung durch fehlerhafte Maßnahmen des Spediteurs unwirksam wird.

c) Sonstige Bestimmungen, die über die vorstehenden Absätze hinaus die Haftung des Spediteurs beschränken oder aufheben, bleiben unberührt.

Übersicht

	Rdn.		Rdn.
I. Allgemeines	1	cc) „Schadhaftwerden" von Geräten und Leitungen	13
1. Reform von 1978	1	dd) Einwirkung anderer Güter, Beschädigung durch Tiere	14
2. Grundstruktur von § 57 ADSp n. F.	2	ee) Natürliche Veränderung des Gutes	16
II. Ausschluß der Verschuldensvermutung (§ 57 a ADSp n. F.)	3	III. Versicherung statt Haftung in der Binnenschiffahrtsspedition (§ 57 b ADSp n. F.)	17
1. Auswirkung der Freizeichnung	3	1. Allgemeines	17
2. Beweislast für das Vorliegen der besonderen Risikofälle des § 57 a ADSp	4	2. Voraussetzungen der Haftungsbefreiung nach § 57 b ADSp n. F.	
3. Grundsätzliche Vereinbarkeit von § 57 a ADSp mit dem AGBG	5	a) Verluste und Schäden in der Binnenschiffahrtsspedition	18
4. Die einzelnen Befreiungsgründe	7	b) Versichertheit, Versicherbarkeit, übliche Versicherung	19
a) Verpackungsmängel (§ 57 a Nr. 1 ADSp n. F.)	7	3. Vorgesehene Wirkung der Freizeichnung in § 57 b ADSp n. F.	23
b) Aufbewahrung im Freien (§ 57 a Nr. 2 ADSp)	8	4. Vereinbarkeit mit dem AGBG	24
c) Besonders schwerer Diebstahl und Raub (§ 57 a Nr. 3 ADSp)	9	5. Haftung bei Unwirksamwerden der Versicherung durch Fehler des Spediteurs	27
d) Ausschlüsse nach § 57 a Nr. 4 ADSp n. F.	10		
aa) Höhere Gewalt	11		
bb) Witterungseinflüsse	12		

I. Allgemeines

1. Reform von 1978

1 § 57 ADSp ist 1978 wesentlich geändert und mit dem früheren § 58 zusammengefaßt worden. Insbesondere sind die nach der früheren Fassung („Die Haftung ... ist ausgeschlossen") bestehenden Zweifel an der Tragweite der Bestimmung durch eine präzisere Formulierung beseitigt worden; siehe unten Rdn. 3; zur früheren Rechtslage vgl. die Kommentierung in der Vorauflage.

2. Grundstruktur von § 57 ADSp n. F.

2 § 57 faßt in der nunmehr geltenden Fassung zwei unterschiedliche Freizeichnungskonzepte zusammen:

Abs. a) enthält eine Umstellung der grundsätzlichen Haftung des Spediteurs für vermutetes Verschulden auf nachgewiesenes Verschulden — gekoppelt mit einer Beweislasterleichterung für die besonderen Risikofälle der Nummern 1–4. **Abs. b)** schließt dagegen für Schäden in der Binnenschiffahrtspedition die Haftung grundsätzlich vollkommen aus; allerdings mit der Ausnahme nach § 51b Satz 2 ADSp n. F.; dazu unten Rdn. 15 ff. **Abs. c)** enthält nur die früher in § 58b enthaltene Klarstellung, daß die übrigen Freizeichnungen der ADSp neben § 57 gelten sollen.

II. Ausschluß der Verschuldensvermutung (§ 57a ADSp n. F.)

1. Auswirkung der Freizeichnung

3 § 57a letzter Satz beschränkt die Haftung in den besonderen Risikofällen der Nummern 1–4 auf Verschulden des Spediteurs; Gehilfenverschulden reicht aus; siehe aber § 52 ADSp und dort Rdn. 10–12. Mit der Änderung von 1978 sind die ADSp angeglichen an ähnliche Bestimmungen des Eisenbahnfrachtrechts (§ 83 Abs. 3 EVO) und des Seerechts (§ 608 Abs. 2 HGB) sowie an die Rspr. zu § 34 KVO (vgl. dort, Anh. II nach § 452 Rdn. 4); siehe auch Art. 27 CIM, Anh. II nach § 460 Rdn. 12. Zur Wirksamkeit der Haftungserleichterungen siehe unten Rdn. 5 f.

2. Beweislast für das Vorliegen der besonderen Risikofälle des § 57a ADSp

4 Die Regelung im Eingangssatz des § 57a ADSp lehnt sich an entsprechende Bestimmungen des Frachtrechts an: § 83 Abs. 2 S. 1 EVO; Art. 28 § 2 CIM 1970; Art. 37 § 2 CIM 1980; Art. 18 Abs. 2 CMR; § 608 Abs. 2 HGB. Daher sind die für diese Bestimmungen maßgeblichen Gesichtspunkte auch in § 57a ADSp zu berücksichtigen. Der Spediteur muß das Vorliegen der besonderen Gefahr nach Nummern 1–4 nachweisen. Für die Kausalität zwischen dieser Gefahr und dem Schaden genügt dann der Beweis der konkreten Möglichkeit; vgl. § 83 EVO Anh. I nach § 460 Rdn. 25. Der Nachweis einer bestimmten Wahrscheinlichkeit des Kausalverlaufs ist nicht erforderlich. Siehe im einzelnen dazu Art. 17 CMR Anh. III nach § 452[3] Rdn. 13; § 83 EVO Anh. I nach § 460[3] Rdn. 25; Art. 28 CIM 1970 Anh. II nach § 460 Anm. 2 (Voraufl.); ferner die Kommentierung zu Art. 37 CIM 1980 (4. Aufl.). Die Rspr. der Oberlandesgerichte Hamburg und Bremen zu § 608 Abs. 2 HGB, wonach ein Anscheinsbeweis für die Wahrscheinlichkeit der Kausalität geführt werden muß (vgl. *Prüßmann/Rabe*, Seehandelsrecht[2] § 608 Anm. CD ist mit der Formulierung des § 608 Abs. 2 HGB kaum vereinbar („... entstehen konnte").

3. Grundsätzliche Vereinbarkeit von § 57a ADSp mit dem AGBG

5 Insgesamt bringt § 57 für den Spediteur eine doppelte Verbesserung der Beweislage. Nach der gesetzlichen Regelung der §§ 407 Abs. 2, 390 HGB hätte der Spediteur voll

Stand: 1. 9. 1985

zu beweisen, daß ein Umstand, der durch die Sorgfalt eines ordentlichen Kaufmanns nicht abgewendet werden konnte, für den Schaden verantwortlich war. Nach § 57a ADSp wird dagegen die Beweislast dahin verändert, daß der Auftraggeber einen möglichen Kausalverlauf als nicht bestehend und ein Verschulden des Spediteurs als vorliegend beweisen (also auch substantiiert behaupten) müßte.

Diese Beweislaständerung würde bei Geschäften mit Nichtkaufleuten ohne Wertungsmöglichkeit nach § 11 Nr. 15 ABGB unwirksam sein. Auch im kaufmännischen Verkehr ist jedoch die ältere Rspr., auf der § 11 Nr. 15a AGBG beruht, im Rahmen von § 9 AGBG zu beachten; siehe vor § 1 ADSp Rdn. 50. Insbesondere hat der BGH im Urt. v. 28. 3. 1973, NJW **1973** 1192, 1193 eine Beweislastklausel ähnlicher Art in der Betriebsordnung der Bremer Lagerhausgesellschaft für unwirksam erklärt. Nach dem Gedanken des § 11 Nr. 15a AGBG sind **Beweislastveränderungen unwirksam**, soweit sie dem Auftraggeber die Beweislast **für Umstände** auferlegen, **die im Verantwortungsbereich des Verwenders** (hier des Spediteurs) **liegen**; vgl. vor § 1 ADSp Rdn. 50. **6**

Danach ist § 57a ADSp entgegen *v. Westphalen*, ZIP **1981** 122 u. *Löwe/v. Westphalen/Trinkner* AGBG² Bd. III, ADSp Rdn. 18 insoweit gültig, als die Beweislaständerung Umstände betrifft, die nicht überwiegend in den Verantwortungsbereich des Spediteurs fallen. Deshalb ist auch die Verlagerung der Beweislast für ein dennoch vorliegendes Verschulden des Spediteurs (§ 57a letzter Satz) vertretbar. Anhaltspunkte für die Zuordnung zu den Verantwortungsbereichen geben die entsprechenden Regelungen in einzelnen materiellen Sondergesetzen des Frachtrechts. Denn im Rahmen der Wertung nach § 9 AGBG sind gesetzliche Parallelwertungen zu berücksichtigen; siehe vor § 1 ADSp Rdn. 48.

Die übrigen allgemeinen Grenzen für Freizeichnungen im kaufmännischen Verkehr (s. dazu vor § 1 ADSp Rdn. 46 ff) spielen in § 57a ADSp keine entscheidende Rolle. Da der Spediteur ausdrücklich für eigenes Verschulden haftet, braucht die Rspr. zum Organisationsverschulden und zur Kardinalpflichtverletzung nicht herangezogen zu werden.

4. Die einzelnen Befreiungsgründe

a) Verpackungsmängel (§ 57a Nr. 1 ADSp n. F.)

Fehlen oder Mangelhaftigkeit der Verpackung gehört in vielen Spezialordnungen des Frachtrechts zu den haftungsausschließenden Gefahren; vgl. 3. Aufl.: § 18 KVO Anh. II nach § 452 Rdn. 1 ff; Art. 17 CMR Anh. III nach § 452 Rdn. 15; § 83 EVO Anh. I nach § 460 Rdn. 10; Art. 27 CIM 1970 Anh. II nach § 460 Anm. 14; Art. 36 § 3b CIM 1980 Anh. II nach § 460 (4. Aufl.). Durch § 57a letzter Satz ist nunmehr auch klargestellt, daß der Spediteur für schuldhafte Schadensverursachung haftet. Hierzu gehört insbesondere, daß der Spediteur sich um die Geeignetheit der Verpackung für den zu besorgenden Transport nicht kümmert, vor allem, daß er den Auftraggeber bei erkannten oder erkennbaren Verpackungsmängeln auf diese nicht aufmerksam macht; etwa bei frost-, hitze- oder wasserempfindlichen Gütern oder besonderer Diebstahlsgefahr. Wieweit die Sorgfaltspflicht des Spediteurs geht, hängt weitgehend von den Umständen des Falles ab; vgl. dazu KG VersR **1967** 446, 448 (hinsichtlich des Rahmens der Inhaltskontrolle überholt). **7**

b) Aufbewahrung im Freien (§ 57a Nr. 2 ADSp)

Der Haftungsausschluß für Lagerung im Freien entspricht dem im Frachtrecht teilweise vorgesehenen Haftungsausschluß für Beförderung im offenen Wagen; 3. Aufl.: Art. 17 Abs. 4a CMR Anh. III nach § 452 Rdn. 14; § 83 Abs. 1a EVO Anh. I nach § 460 und dort Rdn. 2 ff; Art. 27 § 3b CIM 1970 Anh. II nach § 460 Anm. 13; Art. 36 § 3a CIM **8**

1980 Anh. II nach § 460 (4. Aufl.). Welchen Inhalt die Formulierung „untunlich" haben soll, ist nicht zu klären. § 5 AGBG führt hier zu enger Auslegung. Die Haftungserleichterung wird wohl dann eintreten, wenn die Aufbewahrung im Freien handelsüblich ist oder im Hinblick auf die Kosten im Interesse des Versenders erforderlich war.

c) Besonders schwerer Diebstahl und Raub (§ 57 a Nr. 3 ADSp)

9 § 57 a Nr. 3 bezieht sich auf §§ 243 f und 249 ff StGB. Dieser Haftungsausschluß ist in frachtrechtlichen Gesetzen nicht üblich, begegnet aber in Konnossementsformularen der Binnenschiffahrt. Er wurde bisher in der Rspr. nicht beanstandet.

In Fällen von Raub und schwerem Diebstahl kann Verschulden des Spediteurs mitursächlich für den Schaden sein und daher die Haftungsbefreiung gemäß § 57 a letzter Satz ausschließen. Da dem Spediteur nach § 57 a letzter Satz auch leichtes Verschulden zugerechnet wird, genügen kleinere Fehler im Bereich der Organisation oder des Verhaltens des Wachpersonals, um die Haftung des Spediteurs zu begründen. Infolge der Neueinführung von § 57 a letzter Satz ADSp kommt es danach im Falle des Organisationsverschuldens nicht mehr wie früher bei § 57 Nr. 3 ADSp a. F. auf grobe Fahrlässigkeit an. Das BGH-Urteil v. 4. 7. 1980, VersR **1981** 30, 31 = transpR **1981** 123 ff ist insoweit überholt.

Inwieweit § 57 a Nr. 3 auch solche Fälle betrifft, in denen der besonders schwere Diebstahl oder Raub durch Personal des Spediteurs begangen ist, erscheint zweifelhaft. Grundsätzlich werden Handlungen des Personals, die nicht in Erfüllung seiner Verbindlichkeiten geschehen, dem Spediteur nach § 278 BGB nicht zugerechnet. Soweit die betreffenden Personen jedoch mit der Ausübung der Obhut über das Gut betraut waren und sich dienstlich erworbene Kenntnisse zunutze machen, bestehen Zweifel, ob dem Spediteur nicht ihr Verschulden doch nach § 57 a letzter Satz zuzurechnen ist. Bei Frachtgeschäften des Spediteurs kann die erweiterte Zurechnung von Handlungen der „Leute" bzw. „Bediensteten" in noch weiterem Umfang zum Einstehen des Spediteurs für Raub oder schweren Diebstahl durch sein Personal führen; vgl. § 431³ Rdn. 3.

Im Gegensatz zum Fall der Unterschlagung und Veruntreuung (§ 54 a Nr. 3 ADSp) ist die Haftung bei besonders schwerem Diebstahl und Raub nach Maßgabe von § 54 a Nr. 1 und 2 enger begrenzt.

d) Ausschlüsse nach § 57 a Nr. 4 ADSp n. F.

10 Diese Ziffer enthält eine Aufzählung sehr unterschiedlicher Gefahren. In der Reform von 1978 wurde sie geändert. Die jetzige Formulierung stand früher nur als beispielhafte Aufzählung in Klammern. Sie wurde nunmehr als selbständiger Katalog haftungsbefreiender Schadensrisiken übernommen. Dagegen entfiel die allgemeine Umschreibung des Haftungsausschlusses, wonach der Spediteur nicht haftete „für die unmittelbaren oder mittelbaren Folgen jedes sonstigen Ereignisses, das der Spediteur nicht verschuldet hat".

Die Fälle des § 57 a Nr. 4 haben sehr unterschiedliche Funktion und nicht durchweg frachtrechtliche Parallelen.

aa) Höhere Gewalt

11 Der Haftungsausschluß für höhere Gewalt bringt in den ADSp keinen rechten Sinn, weil der Spediteur sich ohnehin durch den Nachweis des Nichtverschuldens entlasten kann, der erheblich leichter zu führen ist, vgl. § 34 KVO Anh. II nach § 452 Rdn. 6 und

§ 82 EVO Anh. I nach § 460 Rdn. 7. Allenfalls ist daran zu denken, daß **typische Fälle** höherer Gewalt für den Spediteur beweiserleichternd nach § 57 a ADSp Eingangssatz wirken könnten.

bb) Witterungseinflüsse

Ob die Beweislastumkehr gegenüber dem Grundsatz der Haftung für vermutetes **12** Verschulden bei bloßen Witterungseinflüssen generell mit dem AGBG vereinbar ist, erscheint zweifelhaft. Vielfach wird es sich hierbei um Einflüsse handeln, deren Abwehr vom Spediteur nach dem betreffenden Vertrag geschuldet wird, wie Regen, Schnee, Hagel, Sonneneinwirkung, Wind, Sturm. In vielen Fällen — jedenfalls bei einigermaßen normaler Witterung — wird daher die Gefahr dem Herrschaftsbereich des Spediteurs zuzurechnen sein. Die Beweiserleichterungen widersprechen in diesen Fällen der Rspr. zur Unzulässigkeit von Beweislasterleichterungen im kaufmännischen Bereich. Die Klausel kann daher insoweit unwirksam sein; vgl. oben Rdn. 6.

Frachtrechtliche Normen sehen regelmäßig keine entsprechend weit gefaßte Ausschlußklausel vor: § 34 Satz 1 Buchstabe 1 KVO, Anh. II nach § 452 läßt nur Frost und Hitze als Ausschlußgründe gelten. Das Eisenbahn- und Luftfrachtrecht sowie die CMR enthalten keine Sondervorschriften, das Seerecht in § 608 Abs. 1 Nr. 1 HGB allenfalls im Rahmen „Gefahren der See". Haftungserleichterungen für Witterungseinflüsse kennen dagegen die üblichen Konnossementsbedingungen der Binnenschiffahrt. Die frühere Haftungserleichterung in § 10 Abs. 2 Nr. 3 BefBMö (Anh. IV nach § 452) ist in den neuen Umzugsbedingungen GüKUMT nicht mehr enthalten.

cc) „Schadhaftwerden" von Geräten und Leitungen

Da der Haftungsausschluß auch das Schadhaftwerden von Geräten und Leitungen **13** im Bereich des Speditionsbetriebs selbst umfaßt, enthält er eine sehr weitgehende Haftungseinschränkung für technische Mängel des Speditionsbetriebs. Der Nachweis des Verschuldens, der dem Kunden durch diese Klausel auferlegt wird, kann von diesem in der Regel nicht erbracht werden, weil er keinen Zugang zu den Ursachen des „Schadhaftwerdens" hat. Die Klausel enthält daher eine unangemessene Benachteiligung des Auftraggebers durch Beweislastverschiebung; vgl. oben Rdn. 6. Die Haftungserleichterung „Schadhaftwerden irgendwelcher Geräte und Leitungen" kann auch in entsprechenden Fällen gegen § 9 Abs. 2 Nr. 2 AGBG verstoßen, weil die Zurverfügungstellung einer grundsätzlich geeigneten Technik zu den Kardinalpflichten des Spediteurs gehört; vgl. vor § 1 Rdn. 46.

dd) Einwirkung anderer Güter, Beschädigung durch Tiere

Die **Einwirkung von Gütern anderer Kunden** oder auch des gleichen Kunden, die mit **14** dem geschädigten Gut zusammen verladen oder eingelagert werden, gehört zu den typischen, vielfach vom Spediteur nicht vorher abschätzbaren Schadensrisiken. Spezielle Freizeichnungsklauseln dieser Art enthalten häufig die in der Binnenschiffahrt und Seeschiffahrt benutzten Konnossementsbedingungen. Die Auswirkung der Freizeichnung (erleichterter Beweis für die Kausalität der Einwirkung anderer Güter; Beweislast für das Verschulden des Spediteurs beim Kunden) ist dennoch problematisch. Auch hier könnte in vielen Fällen ein Verstoß gegen die dem § 11 Nr. 15 a AGBG zugrunde liegende Rspr. gegeben sein; siehe oben Rdn. 6.

Die **„Beschädigung durch Tiere"** ist in aller Regel keine besondere Transportgefahr. **15** Da der Zugang von Tieren zum Speditionsgut in den alleinigen Verantwortungsbereich des Spediteurs fällt, ist die Klausel unzulässig; siehe oben Rdn. 6.

ee) Natürliche Veränderung des Gutes

16 Entsprechende unterschiedlich formulierte Freizeichnungen enthalten fast alle frachtrechtlichen Regelungen, s. 3. Aufl.: im Eisenbahnrecht § 454 HGB; §§ 82 Abs. 1, 83 Abs. 1 d EVO; Art. 27 § 2 und 28 § 3 d CIM 1970; im Kraftverkehrsrecht § 34 Abs. 1 Buchst. g–n KVO (siehe aber auch § 30 e KVO Rb); § 15 Abs. 2 a–g AGNB; Art. 17 Abs. 4 d CMR; im Seerecht § 608 Abs. 1 Ziff. 7 HGB; im Binnenschiffahrtsrecht § 59 Abs. 1 Ziff. 4 BSchG. Die innere Beschaffenheit der versandten Güter ist in der Regel nur für den Auftraggeber überschaubar. Das Schadensrisiko durch natürliche Veränderung gehört daher, auch wenn es durch den Transport erhöht wird, in den Risikobereich des Auftraggebers. Daher ist die vorgesehene Beweislastveränderung auch nach AGB-Recht nicht zu beanstanden.

III. Versicherung statt Haftung in der Binnenschiffahrtsspedition (§ 57 b ADSp n. F.)

1. Allgemeines

17 § 57 b ADSp n. F. entspricht in Inhalt und Tragweite dem früheren Haftungsausschluß nach § 57 Nr. 5 ADSp a. F. Die Vorschrift enthält eine vollkommene Freizeichnung für alle versicherten oder nach den üblichen Bedingungen versicherbaren oder üblicherweise versicherten Sachschäden in der Binnenschiffahrtsspedition. Es liegt daher eine Freizeichnung unter Verweisung auf Versicherung oder Versicherungsmöglichkeit vor. Von den Fällen der §§ 41 a und 37 ADSp unterscheidet sich dieser Fall allerdings dadurch, daß nicht nur versicherte Schäden aus der Haftung ausscheiden, sondern auch solche, die zwar unversichert, aber versicherbar waren. Im Grundprinzip erzeugt also § 57 b die gleiche Wirkung, wie wenn der Spediteur wegen der möglichen Speditionsversicherung dem Verbotskunden überhaupt nicht haften würde; als generelle Lösung ist dies von Anfang an in den ADSp vermieden worden. Siehe zur Frage der Wirksamkeit des § 57 b unten Rdn. 24 ff.

2. Voraussetzungen der Haftungsbefreiung nach § 57 b ADSp n. F.

a) Verluste und Schäden in der Binnenschiffahrtsspedition

18 Die durch den Klammerzusatz mitbestimmte Definition setzt voraus, daß eine Beförderung mit Binnenschiffen Kern des Transportvorgangs ist. Dazu gehören Vor- und Nachtransporte sowie -lagerungen; ebenso der Umschlag aus dem Seeschiff in das Binnenschiff; BGH v. 16. 11. 61, VersR **1962** 22, 23. Binnenschiffahrtsspedition liegt dagegen nicht vor im Falle einer Lagerung auf einer Hafenschute, die nicht mit einem Transport auf einem Binnenschiff zusammenhängt; BGH v. 1. 6. 79, VersR **1979** 901, 902.

Die Freizeichnung setzt voraus, daß dem Auftraggeber die bevorstehende Beförderung mit einem Binnenschiff bekannt ist. Andernfalls kann er für die erforderliche Versicherung nicht sorgen. Der Bestimmung geht als Annahme voraus, daß es im Binnenschiffahrtsrecht regelmäßig sich um Massengüter handeln wird, bei denen die vollständige Ersetzung der Haftung durch Versicherung zweckmäßig ist. Die Klausel nimmt jedoch immerhin beachtliche Teile der Spedition-, Nahverkehrsbeförderungs- und Lagertätigkeit aus jeder Haftung heraus, ohne konkret die Geringwertigkeit der Güter vorauszusetzen.

b) Versichertheit, Versicherbarkeit, übliche Versicherung

19 § 57 b unterscheidet drei Bereiche, innerhalb deren die Haftung entfallen soll:

20 aa) Den Fall der **Versicherung** des Gutes durch Transport- oder Lagerversicherung.

Stand: 1. 9. 1985

Dieser Fall entspricht etwa § 37 ADSp, gilt aber auch, wenn die Versicherung vom Auftraggeber selbst gedeckt wird; BGH v. 11. 6. 1961, VersR **1962** 22, 23.

bb) den Fall der **Versicherbarkeit in einer Transport- oder Lagerversicherung üblicher Art.** Hier kommt es nicht auf die Versicherung, sondern auf ihre Möglichkeit an. **21**

cc) **Die Versicherbarkeit in einer nicht allgemein üblichen Versicherung, soweit** diese Deckung unter sorgfältigen Kaufleuten **üblich** ist. **22**

3. Vorgesehene Wirkung der Freizeichnung in § 57b ADSp n. F.

Die Klausel des § 57b soll die Haftung vollständig ausschließen; ausgenommen davon bleibt nach § 51 Abs. 2 Satz 2 ADSp n. F. der Fall des Vorsatzes und der groben Fahrlässigkeit des Spediteurs selbst oder eines leitenden Angestellten. **23**

4. Vereinbarkeit mit dem AGBG

§ 57 Nr. 5 ADSp a. F. wurde von der Rspr. bisher nicht grundsätzlich beanstandet; BGH v. 16. 11. 61, VersR **1962** 22, 24; BGH v. 12. 7. 74, NJW **1974** 2177, 2178. Jedoch wurde die Unwirksamkeit im Falle von Vorsatz und grober Fahrlässigkeit des Spediteurs oder seiner leitenden Angestellten in diesen Entscheidungen angenommen. Vergleiche dazu auch allgemein vor § 1 ADSp Rdn. 49. Ob bei Verletzung einer Kardinalpflicht des Spediteurs (siehe vor § 1 Rdn. 46) die Freizeichnung unwirksam war, blieb im BGH-Urteil v. 1. 6. 79, VersR **1979** 901, 902 unentschieden, da die Anwendbarkeit von § 57 Nr. 5 a. F. verneint wurde. **24**

§ 57b ADSp n. F. unterliegt jedenfalls auch unter Berücksichtigung der Ausnahme nach § 51 Abs. 2 Satz 2 ADSp n. F. noch teilweise einschränkender Inhaltskontrolle. Jedenfalls muß, wie bei allen anderen AGB-Klauseln, Unwirksamkeit bei grobem Organisationsverschulden und bei Kardinalpflichtverletzungen angenommen werden; vergleiche vor § 1 ADSp Rdn. 49, 46. Darüber hinaus kann die globale Freizeichnung des § 57b nach der bisherigen Rspr. zum AGB-Recht kaum beanstandet werden. Allerdings ist dies für die unterschiedlichen Fallgruppen nicht mit gleicher Sicherheit feststellbar. **25**

Soweit die Haftung im Hinblick auf eine bestehende und den Schaden voll deckende Versicherung ausgeschlossen wird (oben Rdn. 20), bestehen wie bei § 41a ADSp keine Bedenken; vergleiche dort und vor § 1 ADSp Rdn. 49 Fn. 60. Im Falle bloßer Versicherbarkeit (oben Rdn. 21, 22) ist dies nicht im gleichen Maße gesichert. Jedoch wird die Versicherbarkeit insgesamt in der Rspr. als Argument zugunsten der Zulässigkeit einer Freizeichnung anerkannt; siehe statt vieler *Ulmer/Brandner/Hensen* AGBG[4] § 9 Rdn. 81 ff; speziell auch für den kaufmännischen Bereich BGH v. 12. 5. 80, BGHZ 77 126, 133; unter neuem Argumentationszusammenhang *Kötz*, in: 25 Jahre Karlsruher Forum, Beilage zu VersR **1983** S. 152. Angesichts der Üblichkeit der Versicherung, die in diesen Fällen vorausgesetzt ist, erscheint es auch nicht erforderlich, daß der Spediteur dem Auftraggeber einen entsprechenden Versicherungsschutz selbst anbietet. Daher ist die Freizeichnung nach § 57b ADSp in den oben Rdn. 25 dargestellten Grenzen mit § 9 AGBG vereinbar. **26**

5. Haftung bei Unwirksamwerden der Versicherung durch Fehler des Spediteurs

Der Spediteur haftet (in den Grenzen der ADSp) ausnahmsweise, wenn eine ordnungsgemäß geschlossene Versicherung durch seinen Fehler unwirksam wird. Dies liegt insbesondere vor bei Beweisverlusten, nicht rechtzeitiger Schadensanmeldung, Obliegenheitsverletzungen unterschiedlicher Art. Hat die Versicherung geleistet oder ist sie trotz etwaiger Fehler des Spediteurs leistungspflichtig, dann bleibt die Haftung des Spediteurs ausgeschlossen; BGH v. 16. 11. 1961, VersR **1962** 22, 23. **27**

§ 58

gestrichen 1978

1 § 58 a. F. ist in § 57 n. F. eingearbeitet. Siehe die Erläuterungen zu dieser Vorschrift.

§ 59

gestrichen 1978

1 Der frühere § 59 Satz 1 ist, in abgeschwächter Form in § 51a S. 4 ADSp n. F. übernommen worden; siehe dazu dort Rdn. 3.

§ 60

a) Alle Schäden, auch soweit sie äußerlich nicht erkennbar sind, müssen dem Spediteur unverzüglich schriftlich mitgeteilt werden. Ist die Ablieferung des Gutes durch einen Spediteur erfolgt, so muß der abliefernde Spediteur spätestens am 6. Tage nach der Ablieferung im Besitze der Schadensmitteilung sein.

b) Bei Nichteinhaltung vorstehender Bestimmungen gelten die Schäden als erst nach der Ablieferung entstanden.

c) Geht dem Spediteur eine Schadensmitteilung in einem Zeitpunkt zu, in dem ihm die Wahrung der Rechte gegen Dritte nicht mehr möglich ist, so ist der Spediteur für die Folgen nicht verantwortlich.

I. Haftungsausschließende Rügepflicht (§ 60a, b ADSp)

1. Inhalt der Regelung

1 § 60a, b ADSp führt eine haftungsausschließende Rügepflicht ein. Nach Abs. b gelten die Schäden im Falle der Verletzung der Mitteilungspflicht als nach der Ablieferung entstanden. Da für solche Schäden nicht gehaftet wird — siehe §§ 407 Abs. 2, 390 HGB, 51 ADSp und §§ 407–409 Rdn. 152 — entfällt mit der Unterlassung der Rüge die Haftung. Die Erstreckung dieser Regelung auf äußerlich nicht erkennbare Schäden bedeutet praktisch die Statuierung einer Obliegenheit des Empfängers zur Untersuchung innerhalb der 6-Tage-Frist (vor 1978: 4-Tage-Frist). Die Regelung entspricht dem auch im Frachtrecht weitgehend Üblichen; siehe dazu § 438³ und dort Rdn. 2. Zum rechtspolitischen Hintergrund solcher Präklusionsklauseln und zu ihrer Vereinbarkeit zu dem AGBG siehe BGH v. 16. 12. 1982, BGHZ **86** 135, 139 ff (zur VOB).

Das AG Köln JR **1950** 597 sieht in § 60b nur eine widerlegliche Vermutung. Für diese einschränkende Auslegung bietet der Text jedoch keine Anhaltspunkte.

2. Vereinbarkeit mit dem AGB-Gesetz

2 § 60a, b ist mit dem AGBG vereinbar; zutreffend *v. Westphalen* ZIP **1981** 222 *Löwe/v. Westphalen/Trinkner* AGBG² Bd. III, ADSp Rdn. 19; unklar dazu *Staudinger/Schlosser*[12] § 9 AGBG Rdn. 172, der von einer Textänderung des in der Reform von 1978 unverändert gebliebenen § 60b ausgeht.

II. Versäumte Wahrung der Rechte gegenüber Dritten (§ 60c ADSp)

3 Abs. c spricht eine Selbstverständlichkeit aus, soweit der Spediteur den betreffenden Schaden nicht erkannt hat und auch nicht den Umständen nach erkennen mußte. Ebenso selbstverständlich kann aber die Klausel den Spediteur nicht von der Haftung befreien, wenn er vor Auslieferung des Guts an den Empfänger bereits den Schaden erkannt hatte oder erkennen mußte und daher zur Rüge verpflichtet gewesen war; s. dazu §§ 407–409 Rdn. 141.

§ 61

In allen Fällen, in denen der vom Spediteur zu zahlende oder freiwillig angebotene Schadensbetrag den vollen Wert des Gutes erreicht, ist der Spediteur zur Zahlung nur verpflichtet Zug um Zug gegen Übereignung des Gutes und gegen Abtretung der Ansprüche, die hinsichtlich des Gutes dem Auftraggeber oder dem Zahlungsempfänger gegen Dritte zustehen.

§ 61 erweitert den Gedanken des § 255 BGB auf den Fall der Beschädigung einer **1** Sache. Gegen die Wirksamkeit der Klausel bestehen keine Bedenken aus der Sicht des AGBG.

§ 62

Der in diesen Bedingungen gebrauchte Ausdruck „Schaden" oder „Schäden" ist, soweit nicht frühere Paragraphen eine Beschränkung vorsehen, im weitesten Sinne (§§ 249 ff BGB) zu verstehen, umfaßt also insbesondere auch gänzlichen oder teilweisen Verlust, Minderung, Wertminderung, Bruch, Diebstahlsschaden und Beschädigungen aller Art.

Die Klausel, die lediglich den allgemeinen Schadensbegriff der §§ 249 ff BGB den **1** ADSp zugrunde legen will, weicht nicht von der gesetzlichen Rechtslage ab und ist daher ebenso überflüssig wie unschädlich.

§ 63

a) Beruft sich der Spediteur auf eine in diesen Bedingungen vorgesehene Haftungsbeschränkung oder -ausschließung, so ist der Einwand, es liege unerlaubte Handlung vor, unzulässig.

b) Erhebt ein Dritter, der an dem Gegenstand oder der Ausführung des dem Spediteur erteilten Auftrages unmittelbar oder mittelbar interessiert ist, gegen den Spediteur Ansprüche wegen einer angeblich begangenen unerlaubten Handlung, die dem Spediteur nach Absatz a nicht entgegengehalten werden kann, so hat der Auftraggeber den Spediteur von diesen Ansprüchen unverzüglich zu befreien.

I. Allgemeines

Nach der Rspr. des BGH stehen Ansprüche aus Fracht-, Lager- und Speditionsver- **1** trägen und solche aus unerlaubter Handlung grundsätzlich unbeeinflußt nebeneinander; zum Lagervertrag siehe die grundsätzliche BGH-Entscheidung v. 28. 4. 1953, BGHZ **9** 301 und v. 10. 5. 1984, transpR **1984** 283, 285 (mit Anm. von *Helm*) = VersR **1984** 932 ff; für das Frachtrecht vgl. § 429³ Rdn. 89 ff; neuerdings jedoch abweichend von dieser Linie zu § 660 HGB: BGH v. 17. 1. 1983, BGHZ **86** 234, 238 ff = transpR **1983** 100 mit Anm. von *Herber*. Für Speditionsverträge ist die Frage nur von begrenzter

Anh. I § 415
§ 63 ADSp   Drittes Buch. Handelsgeschäfte

Bedeutung. Das gesetzliche Speditionsrecht enthält keine Haftungsbeschränkungen. Als Haftung für vermutetes Verschulden ohne Entlastungsmöglichkeit für Gehilfen geht die speditionsrechtliche Haftung im Gegenteil weit über die Deliktshaftung hinaus. Nur bei der Verjährung ist die Frage praktisch wichtig, weil die einjährige Verjährungsfrist des § 414 HGB durch Anwendung des Deliktsrechts mit der Folge dreijähriger Verjährung nach § 852 BGB umgangen werden könnte; siehe dazu § 414 Rdn. 4.

II. Regelung nach § 63 a ADSp
1. Allgemeines

2   Soweit die ADSp gelten, ist die Rechtslage durch sie weitgehend geklärt. §§ 63 a soll bewirken, daß der Versender nicht durch Berufung auf unerlaubte Handlung die Haftungsbeschränkungen oder -ausschließungen der ADSp umgehen kann. § 63 a schließt Ansprüche aus unerlaubter Handlung nicht allgemein aus, sondern erklärt nur die Regelung über Haftungsbeschränkungen und -ausschließungen für anwendbar.

2. „Haftungseinschränkung"

3   Unter „Haftungseinschränkung" sind alle Klauseln der ADSp zu verstehen, die den Umfang der Haftung gegenüber vollem Schadensersatz einschränken; siehe zum Überblick §§ 407–409 Rdn. 176 ff.

3. „Haftungsausschließung"

4   Unter „Haftungsausschließung" wird man alle Bestimmungen der ADSp fassen können, die der Geltendmachung von Schadensersatzansprüchen entgegengesetzt werden können. Unstr. gehört dazu § 41a (Haftungsersetzung durch Versicherung), der auch gegenüber Deliktsansprüchen gilt; BGH v. 18. 6. 1976, VersR **1976** 1029f. Gleiches gilt für §§ 37, 33, 52a S. 1, 56a, 57b ADSp. Auch die Beweiserschwerungen des § 57 a können dem Deliktsanspruch entgegengesetzt werden, da sie in der Praxis als Haftungsausschlüsse wirken. Schließlich wird auch die Präklusionsklausel des § 60 ADSp zu den Haftungsausschlüssen gerechnet werden können, da die Nichtmitteilung des Schadenseintrittes zum Wegfall der Haftung führt.

5   Fraglich ist aber nach § 63 a ADSp, ob eine Deliktsforderung deshalb verneint werden muß, weil eine konkrete Schadensverursachung von der Haftung der ADSp tatbestandlich nicht mehr erfaßt wird, z. B. weil nach § 53 a ADSp die Haftung mit der Bereitstellung und Abnahme beendet ist, Schäden aber auch nachträglich, etwa beim Abtragen der Güter gemäß § 53b ADSp noch entstehen können. Stellt man sich mit der Spezialliteratur auf den Standpunkt, hier entfalle die Haftung, weil der Schaden nach Beendigung der Obhutspflicht entstanden sei (*Krien/Hay* Anm. 2a zu § 53 ADSp), so könnte man bei § 53 a kaum von einem Haftungsausschluß sprechen. Auch § 63 a ADSp würde dann keine Einschränkung der Deliktsansprüche bewirken (a. A. *Krien/Hay* Anm. 11 zu § 63 ADSp). Dieser Auffassung ist jedoch nicht zuzustimmen. § 53 a ADSp schließt nämlich die über die Obhutszeit hinausreichende Haftung aus positiver Vertragsverletzung aus und ist daher insoweit eine haftungsausschließende und nach § 63 a ADSp auf das Deliktsrecht anwendbare Klausel. Damit ist allerdings die Frage noch nicht für alle außerhalb der vertraglichen Haftung liegenden Deliktsansprüche ebenso entschieden. Als Grundsatz ist vielmehr festzuhalten, daß ein Deliktsanspruch nach § 63 a ADSp nicht immer schon dann entfällt, wenn ein entsprechender Vertragsanspruch nicht besteht, sondern daß § 63 a ADSp dem Spediteur nur gestattet, ausgesprochene Haftungsausschlüsse gegenüber dem Anspruch aus unerlaubter Handlung geltend zu machen.

4. Wirkungen von § 63 a ADSp gegenüber am Vertrag nicht beteiligten Dritten

§ 63 a kann seine Wirkung nur entfalten zwischen dem Spediteur und solchen deliktisch Berechtigten, denen gegenüber die ADSp gelten. Grundsätzlich sind dies nur die Vertragspartner des Spediteurs, also der Auftraggeber, unter bestimmten Voraussetzungen auch der Empfänger; zu letzterem siehe § 34 ADSp Rdn. 2ff. Gehörte das verlorene oder beschädigte Gut dagegen keinem dieser Partner, sondern einem Dritten, so muß dieser sich die Einwendungen aus § 63 ADSp als Deliktsgläubiger grundsätzlich nicht entgegenhalten lassen. Ausnahmsweise kann sich jedoch der Spediteur auch einem solchen Dritten gegenüber auf § 63 a ADSp berufen, wenn nach den Umständen des Falles der Dritte wußte oder den Umständen nach damit rechnen mußte, daß sein Eigentum zwecks Durchführung der Beförderung einem Spediteur übergeben wird, der nach den ADSp arbeitet; BGH v. 12. 7. 1974, NJW **1974** 2177, siehe zu dieser Problematik im Frachtrecht § 429³ Rdn. 89ff. Für § 63 a ADSp hat der BGH diese Rspr. im Urt. v. 18. 6. 1976, VersR **1976** 1029f noch einmal grundsätzlich bestätigt: Der Eigentümer hatte dem Spediteur Schwergut zur Beförderung übergeben und dieser entsprechend den mit dem Auftraggeber vereinbarten Schwergutbedingungen einen Spediteur auf der Grundlage der ADSp unterbeauftragt. Die Haftungsbefreiung nach § 41 a ADSp wurde in diesem Fall zwischen Eigentümer und letztem Spediteur gemäß § 63 a ADSp bejaht. Dies ist unbedenklich, soweit der Dritte als Eigentümer Versicherter im Sinne von § 1 SVS/RVS ist; s. § 1 SVS Rdn. 2; zutreffend *Krien* § 63 ADSp Anm. 5c III (S. 14); meine Auff. in Haftung für Schäden an Frachtgütern, S. 204 Fn. 33 wird als unzutreffend aufgegeben.

Die Wirkung der ADSp zu Lasten bestimmter am Vertrag mittelbar beteiligter Dritter wurde vom BGH auch im Lagervertragsfall, U. v. 10. 5. 1984, transpR **1984** 283 (mit Anm. von *Helm*) = VersR **1984** 932ff bejaht; s. auch vor § 1 ADSp Rdn. 26.

Macht sich der Spediteur einem Dritten gegenüber, der nicht mittelbarer Auftraggeber ist, aus unerlaubter Handlung haftbar, so greift § 63 a ADSp nicht ein; s. z. B. (ohne Erörterung der Frage) i. G. zutreffend OLG Hamm transpR **1985** 107f (gegenüber dem Empfänger).

Dritthaftungen dieser Art können auch gegenüber am Vertrag überhaupt nicht interessierten Personen eintreten, so z. B. aus § 2 WHG für den Tanklastzug eines Subunternehmers; BGH v. 8. 1. 1981, Spediteur **1982** H. 4, S. 32.

5. Wirkungen von § 63 a zugunsten von Gehilfen oder Subunternehmern des Spediteurs

Im Urteil v. 18. 6. 1976, VersR **1976** 1029f wurde § 61 a ADSp über § 63 a zugunsten eines vom Spediteur als Subunternehmer eingesetzten Schwergutbeförderers angewendet. Das OLG Celle transpR **1983** 78, 80 wendet § 63 a zugunsten eines beim Unterspediteur beschäftigten Kraftfahrers an; s. auch vor § 1 ADSp Rdn. 26.

6. Vereinbarkeit mit dem AGBG

§ 63 a ist mit dem AGBG vereinbar. Zweifel an der Wirksamkeit der Klausel sind bisher nicht laut geworden. Der BGH hat sogar im Jahre 1976 die Klausel noch ausdehnend angewandt; Urt. v. 18. 6. 1976, VersR **1976** 1029f; beiläufige Bejahung der Wirksamkeit auch im Urt. v. 22. 4. 1977, VersR **1977** 662, 664.

§ 11 Nr. 7 ABGB, dessen Anwendbarkeit auf Deliktsansprüche von Literatur und Rspr. angenommen wird, gilt hier gemäß § 24 AGBG nicht und zwar auch dann nicht, wenn der hinter dem Auftraggeber stehende Eigentümer Nichtkaufmann ist. Denn nach

Anh. I § 415
§ 64 ADSp

§ 24 kommt es nur darauf an, ob der Vertragspartner des Verwenders von AGB Kaufmann ist. Die Erstreckung der Inhaltskontrolle nach § 11 Nr. 7 auf deliktische Ansprüche stellt ohnehin bereits eine Erweiterung des Geltungsbereichs des AGBG dar. Eine zusätzliche Erweiterung durch einengende (korrigierende) Anwendung des § 24 Abs. 1 AGBG würde die Abgrenzung der Geltungsbereiche des AGB-Rechts zwischen Kaufleuten und gegenüber nichtkaufmännischen Kunden durchbrechen und erhebliche Rechtsunsicherheit herbeiführen; s. zu dieser Problematik auch vor § 1 ADSp Rdn. 49.

9 § 63 a ADSp entspricht sachlich zahlreichen frachtrechtlichen Vorschriften (s. dazu § 429³ Rdn. 83 ff) und kann daher nach § 9 AGBG nicht beanstandet werden; vgl. hierzu vor § 1 ADSp Rdn. 48. Soweit die Haftungseinschränkungen der ADSp selbst dem AGBG widersprechen, wirkt sich dies allerdings auch im Bereich des § 63 a aus.

10 Der österrOGH hat im Urt. v. 13. 6. 1975, transpR **1982** 79 festgestellt, daß auch für Fälle grober Fahrlässigkeit § 63 a AÖSp nicht gegen die guten Sitten verstößt, zumindest wenn die grobe Fahrlässigkeit im Zusammenhang mit dem Speditionsbetrieb steht.

7. § 63 a ADSp und zwingendes Frachtrecht

11 § 63 a gilt auch für Frachtgeschäfte des Spediteurs; der BGH hat jedoch die Anwendung neben der KVO abgelehnt; U. v. 28. 5. 1971, VersR **1971** 755 f; vgl. dazu §§ 412, 413 Rdn. 33. Die Problemstellung kann allerdings seit 1978 nicht mehr vorkommen, weil nunmehr entweder die Geltung der ADSp bei primärem Frachtvertrag und echtem Selbsteintritt ausscheidet (§ 2 c S. 2 ADSp; s. dort Rdn. 26) und bei allen anderen Fällen der §§ 412, 413 die KVO gemäß ihrem neuen § 1 Abs. 5 nicht mehr gilt; s. §§ 412, 413 Rdn. 21 ff.

III. § 63 b ADSp

12 Soweit der Spediteur von einem Dritten in Anspruch genommen wird, ohne daß er diesem gegenüber sich auf § 63 a berufen kann (vgl. oben Rdn. 6) gewährt § 63 b dem Spediteur einen Schuldbefreiungsanspruch gegen seinen Auftraggeber. Die Klausel bewirkt also, daß der Auftraggeber gegenüber dem Spediteur alle Risiken der Haftungseinschränkungen nach den ADSp trägt, auch wenn er nicht materiell am Gut Berechtigter ist. Es ist also seine Sache, sich gegenüber dem Dritten (z. B. als vorhergehender Spediteur gegenüber dem Urversender) haftungsrechtlich abzusichern. Gegen die Klausel, die den Schutz des Spediteurs vervollständigt, sind bisher keine Einwendungen aus der Sicht des AGBG erhoben worden. Sie greift jedoch nicht ein, wenn die Haftung des Spediteurs gegenüber einem Dritten, der nicht am Gegenstand oder Ausführung des Speditionsvertrags interessiert ist, besteht, s. z. B. BGH v. 8. 1. 1981, Spediteur **1982** H. 4 S. 32 (zu § 22 Abs. 2 WHG).

XIV. Verjährung

§ 64

Alle Ansprüche gegen den Spediteur, gleichviel aus welchem Rechtsgrunde, verjähren in 8 Monaten. Die Verjährung beginnt mit der Kenntnis des Berechtigten von dem Anspruch, spätestens jedoch mit der Ablieferung des Gutes.

Zu § 64 ADSp s. § 414 Rdn. 18 ff.

XV. Erfüllungsort, Gerichtsstand, anzuwendendes Recht

§ 65

a) Der Erfüllungsort ist für alle Beteiligten der Ort derjenigen Handelsniederlassung des Spediteurs, an die der Auftrag gerichtet ist.

b) Der Gerichtsstand für alle Rechtsstreitigkeiten, die aus dem Auftragsverhältnis oder im Zusammenhang damit entstehen, ist für alle Beteiligten, soweit sie Vollkaufleute sind, der Ort derjenigen Handelsniederlassung des Spediteurs, an die der Auftrag gerichtet ist; für Ansprüche gegen den Spediteur ist dieser Gerichtsstand ausschließlich.

c) Für die Rechtsbeziehungen des Spediteurs zum Auftraggeber oder zu seinen Rechtsnachfolgern gilt deutsches Recht.

Übersicht

	Rdn.		Rdn.
I. Erfüllungsort (§ 65 a ADSp)	1	b) Verhältnis von § 65 b ADSp zu Art. 31 CMR	5
II. Gerichtsstand (§ 65 b ADSp)	3	c) Vereinbarung von § 65 b unter Art. 17 EuGVÜ	6
1. Gültigkeit von § 65 b ADSp	3		
2. § 65 b und internationales Recht	4	III. Rechtswahlklausel (§ 65 c ADSp)	10
a) Allgemeines	4		

Schrifttum

Zur Funktion von § 65 ADSp siehe insbesondere *Fremuth*, Gerichtsstände im grenzüberschreitenden Speditions- und Landfrachtrecht, transpR **1983** 35–44. Zum Überblick über die Literatur zum EuGVÜ s. die Schriftumsangaben in *Baumbach/Lauterbach/Albers*, ZPO[42] vor „AnerkVollstrAbk" (S. 2220). Ferner *Linke*, EG-Gerichtsstand- und Vollstreckungsübereinkommen; die Rechtsprechung des EuGH bis zum 31. 7. 1985 RIW **1985** 1ff; *Mann*, Die Gültigkeit der Rechtswahl- und Gerichtsstandsklausel und das internationale Privatrecht, NJW **1984** 2740–2742.

I. Erfüllungsort (§ 65 a ADSp)

1 § 65a n. F. regelt in zulässiger Weise die Frage des Erfüllungsorts; BGH v. 17. 10. 1984, VersR **1985** 56f. Der Bestimmung des Erfüllungsorts kommt in der Praxis nur eine verminderte Bedeutung zu, da Gerichtsstand und anwendbare Rechtsordnung besonders festgelegt sind. Allerdings kann § 65 a dazu dienen, auf mittelbare Weise eine formlose Vereinbarung eines internationalen Gerichtsstands trotz Art. 17 Abs. 1 EuGVÜ zu begründen; s. Rdn. 7. Immerhin knüpfen sich jedoch an den vereinbarten Erfüllungsort auch materiellrechtliche Folgen an, insbesondere die von § 269 BGB abweichende Risiko- und Kostentragung bei Leistungspflichten des Auftraggebers. Ob § 65 a auch den vom Leistungsort abweichenden Zahlungsort von Geldschulden des Spediteurs unter Abdingung von § 270 BGB regelt, ist zweifelhaft. § 270 Abs. 4 läßt den Schluß zu, daß die Vorschrift sich nicht mit dem generellen „Erfüllungsort" befaßt, also durch § 65 a ADSp nicht abbedungen wird.

2 **Soweit** ausnahmsweise **die ADSp nicht vereinbart sind**, gelten die allgemeinen Regeln des Schuldrechts über die Bestimmung des Erfüllungsorts; s. § 269 BGB. In diesem Falle gewinnt der Erfüllungsort auch für die Ermittlung des Gerichtsstands Bedeutung; s. Rdn. 7. Im internationalen Privatrecht ist jedoch die Anknüpfung an den Erfüllungsort heute weitgehend überholt; §§ 407–409 Rdn. 54ff. Soweit die ADSp nicht gelten, liegen die Erfüllungsorte der verschiedenen Leistungen des Spediteurs unterschiedlich. Es muß daher ermittelt werden, wo der Spediteur die jeweilige Leistung zu erbringen hat. Für

Anh. I § 415
§ 65 ADSp   Drittes Buch. Handelsgeschäfte

die Hauptleistung der „Besorgung der Versendung" ist der Ort, an dem der Spediteur das Ausführungsgeschäft (Frachtvertrag) zu schließen hat, maßgeblich. Es wird im Regelfall der Ort der Einlieferung und damit auch der gewerblichen Niederlassung des Spediteurs sein. Bei internationalen kombinierten Transporten könnten allerdings erhebliche Probleme auftauchen. Es kann daher dazu kommen, daß für verschiedene Teile der Hauptverpflichtung unterschiedliche Erfüllungsorte zu gelten haben. § 65 a hat daher zugunsten des Spediteurs eine erhebliche Vereinfachungswirkung, die im Hinblick auf die Durchsetzung möglicher Ansprüche häufig auch dem Auftraggeber nützt.

II. Gerichtsstand (§ 65 b ADSp)

1. Gültigkeit von § 65 b ADSp

3   Die Gerichtsstandsklausel in § 65 b ist nach § 38 Abs. 1 ZPO unwirksam im Verkehr mit minderkaufmännischen Kunden; abweichende Auslegung von § 38 Abs. 1 ZPO für § 65 b ADSp: LG Köln VersR **1979** 1018. Da die ADSp nach ihrem § 2 a Geltung auch für diese Fälle beanspruchen, ist § 65 b insoweit unwirksam. In Verträgen mit vollkaufmännischen Kunden sind dagegen Gerichtsstandsklauseln wohl nur ganz ausnahmsweise nach §§ 3, 9 AGBG zu beanstanden. § 65 b ADSp wurde bisher, soweit ersichtlich, von der Rspr. in Verträgen zwischen Vollkaufleuten stets als gültig behandelt[1]. Allerdings kann nach h. M. im Rahmen des Unterlassungsverfahrens nach §§ 13 ff AGBG die Anwendung und Empfehlung untersagt werden, weil § 65 b ADSp im minderkaufmännischen Kundenbereich gegen § 38 Abs. 1 ZPO verstößt; zum Unterlassungsverfahren wegen Verstoß gegen § 38 ZPO s. BGH v. 26. 1. 1983, NJW **1983** 1319, 1322. Eventuell ist sogar wegen der mangelnden Unterscheidung zwischen der Verwendung gegenüber Voll- oder Minderkaufleuten mit einer Untersagung der Verwendung der gesamten undifferenzierten Klausel zu rechnen.

Siehe im übrigen hierzu *Fremuth* S. 43.

2. § 65 b und internationales Recht

a) Allgemeines

4   Im internationalen Bereich unterstehen Gerichtsstandsklauseln den Vorschriften des EuGVÜ sowie der entsprechenden Spezialbestimmungen in internationalen Sonderabkommen, vor allem Art. 31 CMR. Hierzu ist unbestritten, daß die internationalen Normen den deutschen Bestimmungen vorgehen[2]. In jedem Fall untersteht damit § 65 b den internationalen Rechtsvorschriften.

b) Verhältnis von § 65 b ADSp zu Art. 31 CMR

5   Die Gerichtsstandsklausel hat besonders im internationalen Straßenverkehr Bedeutung, weil sie einen nationalen Gerichtsstand zur Ausfüllung der internationalen Zuständigkeitsregelungen des Art. 31 CMR begründen kann; s. dazu *Fremuth* S. 38 f. Im Falle der Vereinbarung der ADSp ist § 65 b auch dann wirksam, wenn die CMR grundsätzlich für den Vertrag gilt. Denn die Klausel verstößt gegen keine Bestimmung der CMR[3].

---

[1] Aus der neueren Rspr. siehe: OLG Hamburg transpR **1984** 132 ff; OLG Hamm BB **1983** 1814 f; LG Aachen RIW **1976** 588 f; LG Hamburg VersR **1981** 475 und transpR **1983** 82; LG Köln VersR **1979** 1018 f; LG Mannheim RIW **1982** 55 f; AG Köln transpR **1985** 179, 180.

[2] Zur CMR s. Art. 1 CMR Anh. III nach § 452³

Rdn. 1; zum Vorrang des EuGVÜ vor § 38 Abs. 1 ZPO s. OLG Düsseldorf transpR **1981** 26; OLG München RIW **1981** 848 m. w. Hinweisen.

[3] OLG Hamburg transpR **1984** 132 f; LG Hamburg VersR **1981** 475; LG Mannheim RIW **1982** 55, 56; Fremuth S. 38.

Allerdings schaltet § 2c S. 2 die Anwendung der ADSp bei selbst ausgeführten internationalen Straßenbeförderungen des Spediteurs aus; s. dort Rdn. 27. Die ADSp können jedoch bei Fixkosten- und Sammelladungsspedition vereinbart werden. Die Rspr. zur Verweisung auf zwingendes Recht erfaßt im Falle der CMR nicht die Gerichtsstandsklausel, da die CMR insoweit kein zwingendes Recht enthält; s. §§ 412, 413 Rdn. 5, 30 ff; zutreffend AG Köln transpR **1985** 179, 180, das auf den Unterschied zwischen der in Art. 31 CMR geregelten internationalen und der in § 65b vereinbarten örtlichen Zuständigkeit hinweist.

Zum Verhältnis zwischen Art. 31 CMR und dem EuGVÜ s. Rdn. 9.

c) Vereinbarung von § 65b unter Art. 17 EuGVÜ

Zum neuesten Stand der Einbeziehung von Gerichtsstandsklauseln s. *Lindacher* **6** AGBG Anh. § 2 Rdn. 42 ff; ferner *Mann* NJW **1984** 2740–2742. Gerichtsstandsvereinbarungen sind materiellrechtlicher Natur; ihr Zustandekommen richtet sich nach dem Statut des materiellrechtlichen Vertrags, in dem sie enthalten sind[4]. Soweit die ADSp im internationalen Bereich vereinbart werden (s. vor § 1 Rdn. 5, 7, 15, 18f) ist die Wirksamkeit von § 65b grundsätzlich von den Voraussetzungen des Art. 17 Abs. 1 EuGVÜ abhängig. Damit bedarf es an sich der schriftlichen oder der mündlichen, schriftlich bestätigten Vereinbarung. Die nach deutscher Auffassung mögliche und sehr häufige stillschweigende Vereinbarung der ADSp (s. vor § 1 ADSp Rdn. 18f) genügt daher nicht den Anforderungen des EuGVÜ. Auch die einseitige schriftliche Bestätigung durch kaufmännisches Bestätigungsschreiben reicht nicht aus[5]. Nach OLG Stuttgart RIW **1980** 365f soll jedoch die Berufung auf Art. 17 Abs. 1 EuGVÜ bei laufender Geschäftsbeziehung unter bestimmten Umständen rechtsmißbräuchlich sein. Zur Einbeziehung von Gerichtsstandsklauseln in einem Konnossement s. EuGH v. 19. 6. 1984, RIW **1984** 909 ff mit Anm. von *Schlosser*.

Andererseits ergibt sich aber aus der **Kombination von Gerichtsstands- und Erfül- 7 lungsortsklausel** (§ 65b und a ADSp) ein **Ausweg aus dem Formgebot** des Art. 17 Abs. 1 EuGVÜ. Da die Vereinbarung eines Erfüllungsortes vom EuGVÜ nicht geregelt und nach deutschem Recht unter Kaufleuten formlos gültig ist, begründet § 65a ADSp i. V. m. Art. 5 Abs. 1 Nr. 1 EuGVÜ die Zuständigkeit des Orts der beauftragten Handelsniederlassung des Spediteurs. Mittelbar wird also das gleiche Ziel erreicht wie durch § 65b ADSp. Diese Lösung wird von der deutschen Literatur und Rspr. als Umgehung von Art. 17 Abs. 1 EuGVÜ weitgehend abgelehnt und insbesondere wurde gefordert, daß die Erfüllungsortsklausel nicht der reinen Umgehung von Art. 17 Abs. 1 EuGVÜ dienen dürfe und sonst unwirksam sei[6]. Auf Vorlage des BGH hat jedoch der EuGH durch Urt. v. 17. 1. 1980 festgestellt, daß auch ein formlos vereinbarter Erfüllungsort den Gerichtsstand nach Art. 5 Abs. 1 Nr. 1 EuGVÜ begründet und nicht der Formvor-

---

[4] Grundsätzlich BGH v. 29. 2. 1968, BGHZ **49** 384, 385 ff; zum Statut BGH v. 17. 5. 1972, BGHZ **59** 23, 26 f. S. auch BGH v. 30. 5. 1983, transpR **1984** 23 = VersR **1983** 1077 ff; zur Bestätigung mündlich vereinbarter Gerichtsstandsklauseln s. Vorlagebeschluß des BGH v. 28. 6. 1984, BB **1984** 1237 f.

[5] EuGH, Urteile v. 14. 12. 1976, NJW **1977** 494 f und 495; zur Anwendung dieser Urteile s. BGH v. 4. 5. 1977, RIW **1977** 649 f; v. 16. 5. 1977, MDR **1977** 1013 f; OLG Bremen RIW **1978** 747 f; OLG Düsseldorf transpR **1981** 26; OLG Hamburg ZIP **1984** 1231 f. Etwas großzügiger zu einem Konnossementsfall nunmehr EuGH v. 19. 6. 1984, RIW **1984** 909 ff.

[6] S. Fremuth transpR **1982** 43 m. w. Hinweisen; OLG München RIW **1978** 119 f; OLG Hamburg v. 22. 5. 1980, 6 U 20/83 (unveröff.); LG Hamburg v. 3. 12. 1979, 62 O 125/79 (unveröff.); LG Frankfurt v. 22. 12. 1980, 3/100 O 77/80 (unveröff.). Offenlassend: BGH v. 16. 1. 1981, NJW **1981** 630 ff = transpR **1981** 125 ff; OLG Bremen RIW **1978** 747, 748.

schrift von Art. 17 Abs. 1 unterliegt[7]. Der BGH hat dementsprechend die mittelbare Gerichtsstandsvereinbarung durch § 65a mit Art. 5 Abs. 1 Nr. 1 EuGVÜ ausdrücklich bestätigt: U. v. 17. 10. 1984, VersR **1985** 56 f.

Auch unter Berücksichtigung der einschränkenden Meinung würde jedoch durch § 65a eine Wirksamkeit der Gerichtsstandsvereinbarung erreicht. Denn diese Klausel wurde zusammen mit den anderen Bestimmungen der ADSp 1927 entworfen. Sie diente damals eindeutig nicht der Umgehung von Formvorschriften für Gerichtsstandsklauseln. Da eine solche mit unstreitiger Wirksamkeit bereits in § 65a ADSp a. F. mit vorgesehen war, richtete sich der Zweck der Gerichtsstandsklausel in § 65a ADSp a. F. ausschließlich auf die anderen Folgen der Erfüllungsortbestimmung. Auch heute noch kommt § 65a eine entsprechende materiellrechtliche Bedeutung zu; s. Rdn. 1.

8 Art. 17 Abs. 1 EuGVÜ ermöglicht es auch einem **nicht am Vertrag beteiligten Dritten**, der eigene Rechte aus dem Vertrag geltend macht, sich gegenüber dem Vertragspartner auf den Gerichtsstand nach der Klausel zu berufen. Die Formerfordernisse des Art. 17 Abs. 1 müssen dann zwischen den Vertragspartnern erfüllt sein: EuGH v. 14. 7. 1983, RIW **1984** 62 ff (zu einem Versicherungsvertrag, eventuell auf den frachtrechtlichen Empfänger anwendbar).

9 Darüber, ob die Regelung des **EuGVÜ neben der CMR** anwendbar ist, besteht in der Literatur keine einheitliche Auffassung. Für völlige Verdrängung hat sich *Fremuth* transpR **1982** 37 f mit eingehender Begründung und weiteren Hinweisen ausgesprochen; s. auch LG Aachen RIW **1976** 588. Es ist jedoch daran zu denken, daß das EuGVÜ subsidär gilt, soweit seine Bestimmungen das betreffende Spezialabkommen nicht beeinträchtigen. Danach wäre z. B. die Regelung des EuGVÜ über nationale Gerichtsstände neben der CMR anwendbar. Denn Art. 31 CMR betrifft ausschließlich die internationale Zuständigkeit; s. Art. 31 CMR[3] § 452 Rdn. 5. Auch in diesem Fall würde jedoch § 65a zur wirksamen Begründung eines Gerichtsstands führen; s. o. Rdn. 7.

III. Rechtswahlklausel (§ 65c ADSp)

10 Zum Statut des Speditionsvertrags und der Rolle der Vereinbarung s. §§ 407–409 Rdn. 54 f.

§ 65c ist auch wirksam, soweit der Verkehrsvertrag des Spediteurs nach §§ 412, 413 der CMR untersteht; unstr. zur CMR-Anwendung auf Speditionsverträge s. §§ 412, 413 Rdn. 9 Fn 11. In diesem Fall bestimmt sich das nach deutschem Kollisionsrecht ergänzend anzuwendende Sachrecht nach § 65c; BGH v. 10. 2. 1982, BGHZ **83** 96, 101.

Anhang II nach § 415
Speditions- und Rollfuhrversicherungsschein
(SVS/RVS)

Schrifttum

Umfassendstes Werk: *Krien/Hay*, Die Allgemeinen Deutschen Spediteurbedingungen, Kommentar (1959), Erl. zu §§ 1 ff SVS, S. 463–724 (zum Teil überholt). Ferner: *Hald*, SVS/RVS Spediteurversicherungen (1958); *Hootz*, Grenzen der Freizeichnung des Spediteurs, § 41 ADSp (1954); *Krien*, Speditions- und Lagerrecht, Loseblattkommentierung, Erl. zu § 39 ADSp; *Steinfeld*,

---

[7] WM **1980** 720; zur Anwendung s. a. BGH v. 7. 7. 1980, RIW **1980** 725, 726.

Formen der Speditionsversicherung (1965); *Wolf* ADSp[11] (1985), S. 63–103; *Wolgast*, ADSp[4] (1972) S. 57–59; *Zocher*, Die Speditionsversicherung, Spediteur **1981** 4; **1984** 137 u. 209 = Vers-Wirtsch **1984** 501, 571.

Vorbemerkung

Siehe zum **Verhältnis der Speditions- und Rollfuhrversicherung zum Speditionsvertrag** §§ 407–409 Rdn. 48 ff, 146 f; § 39 ADSp Anh. I nach § 415 Rdn. 1, 2; zur Grundstruktur der Speditionsversicherung § 39 ADSp Rdn. 4–6, zum Verhältnis zwischen Speditionsversicherung und anderen Versicherungen § 39 ADSp Rdn. 7 ff.

Auf eine systematische und eingehende **Erläuterung des SVS/RVS** muß im gegebenen Rahmen aus Raumgründen verzichtet werden. Die Anmerkungen beschränken sich daher auf kurze Erläuterungen zum Verständnis und auf Hinweise auf die neuere Rechtsprechung. Siehe im übrigen die ausführliche Kommentierung bei *Krien/Hay*, ADSp 1959; weitere Literaturhinweise zu Beginn der Kommentierung zu § 39 ADSp.

Die **Bedingungen des SVS/RVS wurden** im Jahre **1978** im Zusammenhang mit der Reform der ADSp (vgl. vor § 1 ADSp Rdn. 2) in vielen Einzelheiten **geändert**. Sie verloren ihre (nur noch formale) Stellung als Monopolbedingungen (siehe § 39 ADSp Rdn. 1). Die zuvor getrennt formulierten Bedingungen des SVS und des RVS wurden in einem einheitlichen Bedingungswerk zusammengefaßt. Neu eingeführt wurde vor allem das Teilverbot (siehe § 39 ADSp Rdn. 19 und unten § 6 B 1 b SVS/RVS). Auch Versicherungssummen und Prämien wurden seitdem weiter geändert. Die Grundstruktur der Speditionsversicherung blieb, trotz zahlreicher kleiner Änderungen, auch im Bereich der Leistungsausschlüsse, unangetastet. Eine weitere Änderung wurde zum 1. 1. 1984 wirksam; BAnz **1984** Nr. 24 S. 1033. Sie betrifft im eigentlichen SVS/RVS-Text nur den neu eingefügten zweiten Halbsatz von § 1 S. 2. Darüber hinaus wird mit der Änderung der **Anhang zum SVS/RVS über internationale europäische Güterbeförderungen** eingeführt; Abdruck am Ende des SVS/RVS-Textes.

§ 1
Versicherter

Die Versicherung geschieht für fremde Rechnung. Versichert ist entweder der Auftraggeber oder derjenige, dem das versicherte Interesse zur Zeit des den Schaden verursachenden Ereignisses zugestanden hat; insbesondere ist derjenige versichert, der die Transportgefahr trägt.

I. Versicherung für fremde Rechnung (§ 1 S. 1 SVS/RVS)

Die Speditionsversicherung ist nach § 1 S. 1 SVS/RVS Versicherung für fremde **1** Rechnung; §§ 74 ff VVG (s. § 39 ADSp Rdn. 5). Versicherungsnehmer ist der Spediteur aufgrund einer laufenden Police; s. § 39 ADSp Rdn. 4.

II. Versicherter und versichertes Interesse
1. Versicherter

Wer Versicherter, also Leistungsberechtigter aus der Speditionsversicherung ist, **2** wird durch das versicherte Interesse bestimmt; § 1 S. 2 SVS/RVS. Das versicherte Interesse kann — im Wortlaut nicht erwähnt — auch mehreren Personen jeweils zum Teil zustehen.

3 Seit 1. 1. 1984 (BAnz **1984** 1033) ist aufgrund der Einfügung des 2. Halbsatzes: „insbesondere ist derjenige versichert, der die Transportgefahr trägt" eine Änderung eingetreten. Diese soll, wie sich aus der Formulierung „insbesondere" schließen läßt, wohl nur klarstellende Bedeutung haben.

4 Nicht Versicherter nach § 1 SVS ist der **Zwischenspediteur**, dessen Ansprüche gegen den von ihm eingesetzten Frachtführer daher auch nicht auf den Speditionsversicherer nach § 67 VVG übergehen; OLG Hamburg VersR **1982** 800.

5 Die Regelungstechnik des SVS/RVS ist wegen der schwierigen Bestimmbarkeit des versicherten Interesses unklar und führt zu erheblichen Auslegungsproblemen, die auch die Praxis zunehmend beschäftigen.

2. Versichertes Interesse

a) Maßgeblicher Text der Versicherungsbedingungen

6 Das versicherte Interesse wird grundsätzlich durch § 2 Abs. 1 SVS/RVS bestimmt: „Schäden, die der Spediteur aufgrund eines Verkehrsvertrags zu vertreten hat", ferner durch den neuen § 1 S. 2, Hs. 2 SVS/RVS (1984). Für sich alleine sind diese Bestimmungen nicht ausdeutungsfähig. Sie enthalten (möglicherweise) zwei miteinander konkurrierende Elemente: reine Sachschadensversicherung und Haftpflichtversicherung, deren Zusammenspiel Probleme hinsichtlich der Zuweisung der Gläubigerstellung aus dem Versicherungsvertrag bereitet.

b) Auslegung

7 Zur Sinnermittlung ist nach der Methode objektiver Auslegung (s. vor § 1 ADSp Rdn. 28 ff) auf die Verständnismöglichkeit eines durchschnittlichen Kunden abzustellen. Nicht maßgeblich sind die Auffassungen der an der Formulierung der Bedingungen beteiligten Personen und Verbände. Hierbei ist zunächst die Umgrenzung des Umfangs der Versicherungsleistung heranzuziehen. Diese orientiert sich an haftpflichtrechtlichen Maßstäben. Schon § 2 Abs. 1 SVS/RVS nimmt Bezug auf die „deutschen gesetzlichen Bestimmungen" und „alle ... Schäden, die der Spediteur aufgrund eines Verkehrsvertrags zu vertreten hat". Zu vertreten hat ein Spediteur nach dem Vertrag im Grundsatz nur solche Schäden, für die er haftbar gemacht werden kann. Noch deutlicher wird dies durch § 3 SVS/RVS, der auf bestimmte Haftungskonstellationen bzw. -ansprüche verweist.

c) Rechtsprechung

8 Hinsichtlich der alten Fassung des SVS/RVS hat dementsprechend der BGH im Urteil v. 27. 11. 1981, VersR **1982** 339 als Inhaber des versicherten Interesse denjenigen angenommen, der im Augenblick des Schadensereignisses Schadensersatzansprüche gegen den Spediteur erworben hätte (falls die Haftung nicht nach § 41a ADSp durch die Speditionsversicherung ersetzt gewesen wäre). Konsequenterweise hat der BGH die Aktivlegitimation des Versicherten zur Begründung einer entsprechenden Gläubigerstellung (originäre oder abgetretene Rechte aus dem Verkehrsvertrag oder aus unerlaubter Handlung) gefordert; grundsätzlich ebenso BGH v. 2. 2. 1984, transpR **1985** 13, 14, 16 = VersR **1984** 681, 682 (in BGHZ **90** 86 ff nicht abgedruckt); ähnlich OLG Frankfurt transpR **1985** 144 ff; ungenau aber BGH v. 26. 1. 1984, VersR **1984** 533 (2. Revisionsurteil) der offenbar dem Abkäufer einer gestohlenen Ladung wegen der kaufrechtlichen Gefahrtragung eigene Ansprüche zubilligt.

Stand: 1. 9. 1985

d) Stellungnahme

Dem Urteil v. 27. 11. 1981 ist zuzustimmen. **Versichertes Interesse ist danach die** **9** **durch §§ 41a, 63 ADSp dem Geschädigten entzogene Gläubigerstellung; Versicherter ist der verhinderte Schadensersatzgläubiger.**

Dieser Auffassung hat sich *Schmidt* VersR **1983** 323f und VersR **1984** 722 angeschlossen; ähnlich *Zocher*, Der Spediteur **1981** H. 9 S. 9. Dagegen hat sich *de la Motte*, VersR **1982** 835f und **1983** 324 mit der Begründung gewandt, die Speditionsversicherung versichere Schäden, nicht Ansprüche. Dies ist zwar zutreffend; s. z. B. BGH v. 27. 10. 67, BGHZ **49** 160, 165. Jedoch kann durch die Speditionsversicherung nicht jeder beliebige Schaden oder Geschädigte versichert sein. Entsprechend der Formulierung in § 1 S. 1 SVS/RVS bedarf es notwendigerweise einer Abgrenzung des „versicherten" Interesses. Eine andere Abgrenzung als über die Stellung als (verhinderter) Schadensersatzgläubiger kann aus dem SVS/RVS schwerlich abgeleitet werden; zutreffend *Schmidt* VersR **1983** 323f und VersR **1984** 722. Die von *de la Motte* vorgeschlagene Lösung der Hinterlegung im Falle der Erhebung von Ansprüchen durch mehrere Geschädigte löst das Problem nur für den Speditionsversicherer, nicht aber für die Versicherten, weil sie nicht angibt, wer den hinterlegten Betrag letztlich beanspruchen kann.

Hinsichtlich der bis Ende 1983 geltenden Fassung ist daher der Auffassung des BGH uneingeschränkt zuzustimmen.

3. Auswirkungen der Änderung des SVS/RVS vom 1. 1. 1984

Die an sich weitgehend geklärte Rechtslage ist durch die Neufassung von § 1 S. 2 **10** SVS/RVS mit der Bindung der Versichertenstellung an die „Transportgefahr" neuerlich zweifelhaft geworden; s. hierzu *Schmidt* und *Fa. Oskar Schunck*, DVZ Nr. 25 v. 28. 2. **1984** S. 6. Denn derjenige, der die Transportgefahr trägt, ist keineswegs stets der Inhaber der Ersatzansprüche. Vielmehr handelt es sich hierbei gerade um den Standardfall des Auseinanderfallens von formeller Ersatzberechtigung und materiellem Schaden, der durch Drittschadensliquidation gelöst wird. Während aber Lehre und Rspr. durch Drittschadensliquidation dem formell Berechtigten den Anspruch auf Ersatz des Schadens (zur Leistung an den materiell Geschädigten) zuweisen, will § 1 SVS/RVS die Versichertenstellung und damit die Anspruchsberechtigung dem materiell Geschädigten unmittelbar zuweisen. Die Anknüpfung mit „insbesondere" legt nahe, daß die Versichertenstellung und damit die Aktivlegitimation von den empfehlenden Verbänden generell nicht dem formell Schadensersatzberechtigten, sondern dem materiell Geschädigten zugesprochen werden sollte. Die Bezugnahme auf die Haftung des Spediteurs soll dann wohl ausschließlich der Umfangsbestimmung der Versicherungsleistung dienen, wobei zweifelhaft sein muß, auf wessen (nicht notwendig übereinstimmende) Ansprüche mehrerer Geschädigter Bezug genommen werden soll.

In dieser wahrscheinlich gewollten Auslegung bereitet die Frage, an wen der Spedi- **11** tionsversicherer zu leisten hat, keine Schwierigkeiten, wenn die auf Verladerseite Beteiligten einig darüber sind, wem die Versicherungsansprüche zustehen und der Speditionsversicherer sich daran — durch alle Instanzen — hält. **In den** offensichtlich nicht ganz seltenen **Fällen der Leistungsverweigerung wegen mangelnder Versichertenstellung** entstehen jedoch Probleme.

Vorab stellt sich die Frage, welche materiellen Schäden zum „versicherten" Interesse gehören. § 1 S. 2 SVS/RVS trifft hierfür nur im Bereich der Transportgefahr eine Regelung, die auch der früheren Auslegung von § 1 SVS entspricht, zu dieser s. *Hald* Spediteurversicherung, SVS/RVS, **1958** S. 23f; *Krien/Hay* § 1 SVS S. 466f. Man wird kaum davon ausgehen können, daß generell jedes wirtschaftlich schätzbare Interesse jeder

Person an der korrekten Ausführung des Speditionsvertrags bereits versichert sein soll. Damit würden die Speditionsversicherer sich der Möglichkeit begeben, eine (nach der derzeitigen Rspr. eindeutig gegebene) Einschränkung für den Kreis der versicherten Personen und Schäden in Anspruch zu nehmen.

12 Bereits die **Ergänzungsformulierung in § 1 S. 1 SVS/RVS** ist weitgehend **interpretationsbedürftig** und kann zu wirtschaftlich nicht vertretbaren Ergebnissen führen. Versteht man unter „Transportgefahr" die in § 447 BGB geregelte (allerdings dort nicht in dieser einschränkenden Form definierte) Gefahr beim Versendungskauf, dann deckt die Speditionsversicherung das Eigentümerinteresse (insbes. des Vorbehalts-Verkäufers, des Dokumentenverkäufers und des Sicherungseigentümers) nicht mehr ab. Denn die „Transportgefahr" betrifft nur das Preisrisiko beim Kauf. Sie weist die Gefahr dem Käufer auch dann zu, wenn er den Kaufpreis nicht bezahlt hat und die Dokumente nicht übergeben worden sind. Erhält er die Entschädigungen nach SVS/RVS, dann verliert der Eigentümer (durch den Schaden) das seinen Kaufpreisanspruch sichernde Eigentum am Gut, während der kreditnehmende Käufer die Leistung des Speditionsversicherers erhalten soll. Ansprüche gegen den Spediteur erhält der Sicherungseigentümer in aller Regel nach §§ 41a, 63a ADSp nicht; s. § 63 ADSp Rdn. 6. Zudem gibt die „Transportgefahr" keinen sicheren Aufschluß über den materiellen Schaden; s. OLG Frankfurt transpR **1983** 144, 145 f; zur Güterversicherung BGH v. 3. 10. 1983, VersR **1984** 56 = WM **1983** 1286f m. kritischer Anm. von *Enge* VersR **1984** 511f; s. auch OLG Hamburg transpR **1983** 1151 (zur Güterversicherung).

Die Neuregelung bedarf daher einer Auslegung dahin, daß nicht ausschließlich der Träger der Transportgefahr, sondern auch ein anderer Beteiligter Inhaber eines versicherten Interesses sein kann.

13 Ganz allgemein ist darüber hinaus die **Anknüpfung der Versichertenstellung an einen nicht näher definierten materiellen Schaden** eine zweifelhafte und unklare Lösung. Trägt z. B. nach der Gestaltung des Transportablaufs der Verkäufer noch die Preisgefahr, der Käufer aber die Sachgefahr einschl. aller Folgeschäden z. B. bei Fehlern des Versandspediteurs und Klauseln cif, fob (s. vor § 373 Rdn. 65 ff) dann müßten versichertes Interesse und Versicherungsanspruch dem Absender/Verkäufer und dem Empfänger/Käufer jeweils zu noch zu bestimmenden Teilen zustehen. Auch kreditgebende Banken könnten darüber hinaus ein Kreditsicherungsinteresse an der schadensfreien Abwicklung des Speditionsvertrags haben.

14 Insgesamt ist davon auszugehen, daß der seit 1984 neu hinzugefügte § 1 S. 2, Hs. 2 nur klarstellen soll, daß derjenige, der als Träger der Transportgefahr den Schaden materiell zu tragen hat, grundsätzlich auch die Versicherungsansprüche geltend machen kann. Nach geltendem Recht wird dies durch die **Drittschadensliquidation durch den materiell Geschädigten in gewillkürter Prozeßstandschaft für den formell Berechtigten** erreicht. Auch in diesen Fällen ist jedoch der Nachweis einer Gläubigerstellung des formell berechtigten Absenders oder Empfängers gem. § 3 ADSp erforderlich. Die hier vorgeschlagene Auslegung würde es gestatten, die grundsätzlich begrüßenswerte und klare Rechtsprechung aufrechtzuerhalten und lediglich für den Fall des Übergangs der Transportgefahr zu modifizieren. Da nach § 40 ADSp der Auftraggeber sich und alle Personen, in deren Interesse oder für deren Rechnung er handelt, allen Bedingungen des SVS/RVS unterwirft, kann darin auch eine dem § 1 S. 2 Hs. 2 entsprechende Ermächtigung des Trägers der Transportgefahr zur Geltendmachung der Versicherungsansprüche gesehen werden.

Vierter Abschnitt. Speditionsgeschäft

§ 2
Haftung im allgemeinen

1. Die Versicherer ersetzen dem Versicherten nach den deutschen gesetzlichen Bestimmungen alle ihm entstanden Schäden, die der Spediteur aufgrund eines Verkehrsvertrages zu vertreten hat.

2. Unter Verkehrsverträgen im Sinne dieses Versicherungsscheines sind zu verstehen: Speditions- und Frachtverträge (einschließlich Rollfuhrverträge / Speditionsnahverkehr des eigenen Betriebs oder durch Beauftragte); Lagerverträge innerhalb der Bundesrepublik Deutschland und in Berlin (West), je einschließlich der üblichen Nebenaufträge, oder Verträge über z. B. Nachnahmeerhebung, Verwiegung, andere Mengenfeststellung, Verpackung, Musterziehung, Verladung, Ausladung, Verzollung, Vermittlung von Transport-, Feuer-, Einbruchdiebstahl-, Leitungswasser- und Sturmversicherungen, nicht aber Versicherungsaufträge jeder anderen Art (siehe aber § 9).

Übersicht

	Rdn.			Rdn.
I. Allgemeines	1	b)	Rechtsprechung zur alten Fassung	5
II. Bestimmung des Deckungsbereichs durch den Begriff „Verkehrsvertrag"	2		aa) Lagertätigkeiten	5
1. Begriff des Verkehrsvertrags	2		bb) Anweisungen zum Zweck der Zahlungssicherung	6
2. Verkehrsverträge ohne ADSp-Vereinbarung	3		cc) Falsche Versandmitteilung	7
3. Verkehrsverträge (Rechtsprechung)	4	c)	Rechtsprechung zur neuen Fassung	8
a) Verhältnis der alten zur neuen Fassung	4	III.	„Schäden" i. S. v. § 2 Nr. 1 SVS/RVS	9

I. Allgemeines

§ 2 ist 1978 vor allem sprachlich geändert worden. Inhaltliche Änderungen sind **1** (möglicherweise unabsichtlich) in Nr. 2 (Definition des Verkehrsvertrags) entstanden.

Die grundsätzliche Leistungsbeschreibung in § 1 Abs. 1 SVS/RVS ist in § 3 SVS/RVS näher präzisiert; s. die dortigen Erläuterungen.

II. Bestimmung des Deckungsbereichs durch den Begriff „Verkehrsvertrag"
1. Begriff des Verkehrsvertrags

Maßgeblich für den Deckungsbereich ist der in § 2 SVS/RVS verwendete Begriff des **2** Verkehrsvertrags. Während die ADSp nach ihrem § 2a grundsätzlich für alle mit dem Spediteurgewerbe zusammenhängenden Geschäfte gelten (Ausnahmen in § 2b, c), ist der Versicherungsschutz des SVS/RVS auf die in § 2 Ziff. 2 SVS/RVS definierten Verträge, also auf Speditions-, Fracht- und inländische Lagerverträge einschließlich der üblichen Nebenaufträge beschränkt. In der Neufassung sind weitere Vertragsarten, die nach der früheren Fassung als „übliche Nebenaufträge" erwähnt waren, nunmehr selbständig aufgeführt: Nachnahmeerhebung, Verwiegung, andere Mengenfeststellung, Verpackung, Musterziehung, Verladung, Ausladung, Verzollung und Vermittlung von ganz bestimmten Versicherungen. Unklar ist in der Neufassung die Bedeutung der verbindenden Formulierung „oder z. B.". Man wird sie so auszulegen haben, daß ähnliche Verträge ebenfalls zu den Verkehrsverträgen gehören, wobei es nach der neuen Fassung nicht mehr darauf ankommt, ob es sich um Nebenaufträge oder selbständige Ver-

Johann Georg Helm

träge handelt. Zur Ausfüllung einer Generalpolice ist dies eine sehr unglückliche Art der Abgrenzung. Insbesondere im Hinblick auf das sich stets ausdehnende Tätigkeitsfeld des Berufsspediteurs muß die neue Formulierung zwangsläufig zu Streitigkeiten zwischen den Versicherten und dem Speditionsversicherer bzw. dem Spediteur führen.

2. Verkehrsverträge ohne ADSp-Vereinbarung

3 Ein Junktim zwischen der Speditionsversicherung und der gültigen Vereinbarung der ADSp im Verkehrsvertrag gibt es nach wie vor nicht. Schon zur früheren Fassung vertrat daher die Rspr. die Auffassung, daß der Speditionsversicherungsschutz auch da eingreift, wo die ADSp kraft zwingenden Rechts nicht gelten; BGH v. 14. 7. 1954, MDR **1954** 670, 671 f; OLG Frankfurt BB **1981** 1915, 1917 = VersR **1982** 569; *Steinfeld*, Formen der Speditionsversicherung, S. 55 f; offenlassend BGH v. 11. 7. 1966, BGHZ **46** 43, 47. Dagegen *Krien/Hay* § 2 SVS Anm. 5; § 6 SVS Anm. 2 c; *Krien* MDR **1954** 670 ff; *Gran* VersR **1982** 871; Zocher VersWirtsch **1984** 572 = Spediteur **1984** 210; ferner eine dem Verf. vorliegende Stellungnahme des DIHT.

Ein Leistungsausschluß des Versicherers für Verkehrsverträge, die ohne wirksame Vereinbarung der ADSp abgeschlossen sind, müßte schon im Hinblick auf § 5 AGBG in den Versicherungsbedingungen klar zum Ausdruck kommen. Das OLG Frankfurt aaO weist darüber hinaus zu Recht darauf hin, daß die Vereinbarung der ADSp für die Leistungspflicht des Speditionsversicherers im Hinblick auf § 3 Nr. 1 S. 2 SVS ohne Belang ist. Diese Argumentation des OLG Frankfurt wird von *Gran* VersR **1982** 871 glatt übergangen. Die von ihm befürwortete einengende Auslegung des Versicherungsschutzes findet im Text des SVS/RVS keine Stütze. 1978 hätten die Spitzenverbände bei der Neuformulierung Gelegenheit gehabt, der bereits bestehenden Rspr. durch Änderung des Textes des SVS/RVS entgegenzutreten. Da dies nicht erfolgt ist, muß davon ausgegangen werden, daß die empfehlenden Verbände die Rspr. akzeptiert haben. Wenn die Speditionsversicherer ihre SVS/RVS-Geschäfte auf solche Verträge beschränken wollen, in denen der Spediteur die Vereinbarung der ADSp durchsetzen kann, dann kann und muß dies offen zutage treten. Solange für derartige Verträge Prämien bezahlt werden, kann jedenfalls dem Auftraggeber der Versicherungsschutz nicht verweigert werden. Es ist zu bedenken, daß dieser möglicherweise in zahlreichen vorhergehenden Verträgen bereits Prämien bezahlt hat, ohne zu bemerken, daß er keinen Versicherungsschutz genießen soll. Im entscheidenden Augenblick würde sich dann für ihn zeigen, daß der Versicherungsschutz, für den er auf Prämie in Anspruch genommen worden ist, für ihn nicht besteht.

Ein Ausschluß der Speditionsversicherungs-Deckung kann auch nicht über § 5 Nr. 2 SVS/RVS gerechtfertigt werden. Zwar ist — zumindest bei Routinegeschäften — die Nichtvereinbarung der ADSp unüblich. Jedoch hat dies auf die Deckungspflicht des Speditionsversicherers keinen Einfluß, weil gemäß § 3 Nr. 1 S. 2 dem Speditionsversicherer ohnehin die Berufung auf die ADSp verwehrt wäre.

Für den Spediteur wirkt sich im übrigen die Nichtvereinbarung der ADSp nachteilig aus, denn sie bedeutet, daß ihm der Vorteil der Haftungsfreiheit nach § 41 a ADSp verwehrt ist und er daher hinsichtlich der vom Speditionsversicherer nicht gedeckten Schäden zusätzlich in Anspruch genommen werden kann.

3. Verkehrsverträge (Rechtsprechung)
a) Verhältnis der alten zur neuen Fassung

4 Die Rspr. zur alten Fassung kann in erheblichem Umfang auf die Neufassung übertragen werden. Jedoch ist im einzelnen sorgfältig zu überprüfen, inwieweit die Formulierungsunterschiede in Grenzfällen zur Veränderung geführt haben.

b) Rechtsprechung zur alten Fassung
aa) Lagertätigkeiten

BGH v. 11. 7. 1966, BGHZ **46** 43, 47 ff: Durch die widerspruchslose Entgegennahme **5** einer vom Einlagerer ausgestellten delivery order aus der Hand eines Dritten kommt zwischen dem Spediteur als Lagerhalter und dem Dritten ein unter § 2 Ziff. 2 SVS fallender Lagervertrag zustande (übertragbar auf die Neufassung).

BGH v. 30. 1. 1956, VersR **1956** 154 ff: Mietverträge über Lagerräume fallen nicht unter § 2 Ziff. 2 SVS; auch die Entgegennahme der Speditionsversicherungsprämie vom Mieter macht den Vertrag nicht ohne weiteres zu einem von der Speditionsversicherung erfaßten Verkehrsvertrag. Doch kann darin ein Indiz dafür gesehen werden, daß die Parteien nicht einen Mietvertrag, sondern einen der Speditionsversicherung unterliegenden Lagervertrag abschließen wollten (übertragbar auf die Neufassung).

BGH v. 19. 12. 1969, VRS **38** 254: Ein vom Zwischenspediteur außerhalb Deutschlands abgeschlossener Lagervertrag fällt unter den Schutz der Speditionsversicherung des Hauptspediteurs, wenn er aus verkehrsbedingten Gründen zur Ausführung des Speditionsvertrags abgeschlossen wurde, nicht aber wenn es sich um einen versicherungsrechtlich selbständigen Lagervertrag handelt (übertragbar auf die Neufassung).

BGH v. 10. 3. 1971, VersR **1971** 619, 620f: Eine vom Auftraggeber selbst für unbestimmte Zeit verfügte Einlagerung der Güter im europäischen Ausland ist selbständiger Lagervertrag außerhalb der Bundesrepublik Deutschland und daher kein versicherter Verkehrsvertrag (übertragbar auf die Neufassung).

Siehe zur Versicherung verkehrsbedingter Vor-, Zwischen- und Nachlagerungen (auch im Ausland) § 3 Nr. 5 SVS/RVS und dort Rdn. 7 ff.

bb) Anweisungen zum Zweck der Zahlungssicherung

OLG Frankfurt RIW **1982** 56f: Nachnahmeanweisungen sind unstreitig übliche **6** Nebenaufträge; sie sind ohne Rücksicht auf die Rechtsnatur des Einspruchs des Versenders versichert;

BGH v. 7. 7. 1976, VersR **1976** 1056 ff: Weisung, die Ware nur bei nachgewiesener Scheckeinlösung auszuliefern, ist als üblicher Nebenauftrag versichert (auf die Neufassung übertragbar).

OLG Düsseldorf VersR **1983** 631: offen gelassen, ob Weisung, nur gegen Verrechnungsscheck auszuliefern, üblicher Nebenauftrag ist.

BGH v. 5. 6. 1981, VersR **1981** 975, 977: Weisung, nur gegen Original-FCR (vgl. Anh. IV nach § 415 Rdn. 2 ff) auszuliefern, ist als üblicher Nebenauftrag versichert (übertragbar auf die Neufassung).

Österr. OGH v. 23. 6. 1977, transpR **1979** 75, 77: Weisung, zunächst an Bank im Empfangsland zu versenden, ist durch Speditionsversicherung versichert (übertragbar auf die Neufassung).

BGH v. 14. 4. 1978, VersR **1978** 659: Weisung, nur gegen Bankscheck (im Ausland) auszuliefern, ist kein „üblicher Nebenauftrag"; zweifelhaft, weil Schwierigkeit des Auftrags seine Üblichkeit entgegen BGH nicht ohne weiteres ausschließt.

cc) Falsche Versandmitteilung

OLG Frankfurt BB **1982** 569: Eine falsche Versandmitteilung, die zu Fehldispositio- **7** nen des Empfängers führt, ist nach SVS versichert (auf die Neufassung übertragbar).

c) Rechtsprechung zur neuen Fassung

8 Auf die neue Fassung des SVS/RVS nimmt das BGH-Urteil v. 27. 11. 1981 Bezug, obwohl der Fall sich Ende 1977, also vor Inkrafttreten der Neufassung ereignete; s. § 1 SVS/RVS Rdn. 8. Danach fällt die Vorlagerung im Sammelladungsverkehr unter die Speditionsversicherung. Probleme bestünden jedoch dann, wenn die KVO gemäß § 413 Abs. 2 HGB auf den Gesamtvorgang anzuwenden wäre; diese Möglichkeit scheint jedoch nunmehr durch die neueste Rspr. des BGH ausgeschlossen; s. §§ 412, 413 Rdn. 26 b–e.

III. „Schäden" i. S. v. § 2 Nr. 1 SVS/RVS

9 Der Begriff des Schadens in § 1 Nr. 1 SVS/RVS umfaßt „alle" Schäden, also auch Vermögensschäden. Hierunter fallen auch Fälle des Verstoßes gegen eine vertragliche Aufklärungspflicht, da diese Nebenpflicht aus dem Speditionsvertrag ist; siehe zu einer unrichtigen Mitteilung OLG Frankfurt BB **1981** 1915, 1916. Zu Fehlern, die zur Belastung des Auftraggebers mit Kaigebühren, Standgeldern für Container u. ä. führen: OLG Hamburg VersR **1982** 361; Zahlung von Strafe durch den Versender zur Aufhebung einer vom Sped. verschuldeten Beschlagnahme; BGH v. 31. 1. 1957, VersR **1957** 193, 194; zum Verstoß gegen die Interessewahrnehmungspflicht des Spediteurs durch fehlerhafte Vornahme der Pfandverwertung in Ausübung des Spediteurpfandrechts OLG Düsseldorf transpR **1984** 222, 226. Ob auch Schäden aus Verschulden bei Vertragsschluß unter die Deckung nach § 2 Nr. 1 SVS/RVS fallen, ist zweifelhaft, da diese Haftung gerade nicht den Abschluß eines Verkehrsvertrages voraussetzt; vgl. BGH v. 27. 10. 1967, BGHZ **49** 160, 165. Da § 2 Nr. 1 SVS/RVS nur für Schäden gilt, fällt ein Rückforderungsanspruch wegen Vorschüssen für Auslagen, die der Auftraggeber zur Erreichung der Freigabe des Speditionsguts „unter Protest" gegeben hat, nicht unter die Speditionsversicherung; BGH v. 29. 10. 1969, VersR **1970** 31, 32.

§ 3
Umfang der Versicherung im allgemeinen

1. Die Versicherer vergüten den Schaden nach Maßgabe der gesetzlichen Bestimmungen über die Haftung des Spediteurs aus einem Verkehrsvertrage. Sie verzichten auf die Einwendungen, welche der Spediteur aus den in den ADSp und sonstigen Abmachungen oder Handels- und Verkehrsgebräuchen enthaltenen Bestimmungen über Ausschluß und Minderung der gesetzlichen Haftung erheben könnte.

2. Die Versicherung deckt auch Ansprüche, die der Versicherte nicht auf einen Verkehrsvertrag, sondern auf Eigentum, unerlaubte Handlung oder ungerechtfertigte Bereicherung stützt, sofern diese Ansprüche mit einem mit dem Spediteur abgeschlossenen Verkehrsvertrag unmittelbar zusammenhängen.

3. Die Versicherung deckt auch Ansprüche, die durch Versäumung der Regreßwahrung entstanden sind, sofern dadurch nachgewiesenermaßen dem Versicherten ein Schaden erwachsen ist.

4. Es ist auch der Schaden mitversichert, der durch den Vorsatz des Spediteurs, seiner gesetzlichen Vertreter, Angestellten oder Erfüllungsgehilfen herbeigeführt ist.

5. Der Versicherungsschutz erstreckt sich fernerhin auf die verkehrsbedingten und nicht vom Auftraggeber verfügten Vor-, Zwischen- und Nachlagerungen, die im Zusammenhang mit einem Verkehrsvertrag stehen.

I. Allgemeines

1. Systematische Stellung von § 3 SVS/RVS

§§ 3 und 4 SVS umreißen den grundsätzlichen Umfang der Versicherungsdeckung; **1**
siehe zum Zusammenhang mit dem versicherten Interesse § 1 SVS/RVS Rdn. 2. Die
grundsätzliche Deckung wird eingeschränkt durch § 5 SVS/RVS (Leistungsausschlüsse)
und was den Leistungsumfang angeht, durch §§ 6–9 SVS/RVS.

2. Reform

In der Reform von 1978 wurde § 3 nur in Nr. 5 geringfügig geändert. **2**

II. Grundsätzliche Orientierung an der gesetzlichen Haftung (§ 3 Nr. 1 SVS/RVS)

1. Vertragliche Haftung

§ 3 Ziff. 1 SVS/RVS bestimmt den Umfang der Haftung des Speditionsversicherers **3**
nicht nach Maßgabe der ADSp, sondern allgemein nach den gesetzlichen Vorschriften
über die Haftung des Spediteurs aus einem Verkehrsvertrage, also aus gesetzlichen
Speditions-, Fracht-, Lager-Recht sowie den jeweils anzuwendenden Vorschriften des
BGB-Schuldrechts. Siehe dazu §§ 407–409 Rdn. 150–173. Nach § 3 Nr. 1 S. 2 verzichten
die Speditionsversicherer auf alle Haftungsausschlüsse und -einschränkungen, die sich
aus den ADSp, sonstigen Abmachungen oder Handels- und Verkehrsgebräuchen ergeben könnten. So kann sich beispielsweise der Speditionsversicherer gegenüber dem Auftraggeber nicht darauf berufen, der Spediteur hafte nach § 52 a ADSp nicht für eine juristisch selbständige Schwestergesellschaft; vielmehr gilt § 278 BGB, wonach das Verschulden des Erfüllungsgehilfen dem Spediteur zuzurechnen ist; BGH v. 1. 10. 1969,
Warn **1969** Nr. 260; die Haftungsausschlüsse des § 57 ADSp gelten nicht, BGH v.
27. 11. 1981, VersR **1982** 339.

2. Außervertragliche Ansprüche (§ 3 Nr. 2 SVS/RVS)

Die Einbeziehung außervertraglicher Ansprüche in den Deckungsbereich der Spedi- **4**
tionsversicherer ist von praktisch sehr großer Bedeutung. Siehe zu den Deliktsansprüchen §§ 407–409 Rdn. 97 und zum Überblick zum Frachtrecht § 429³ Rdn. 80, 89 ff. Der
unmittelbare Zusammenhang mit einem Verkehrsvertrag ist gegeben, wenn der Tatbestand, auf den die deliktischen Ansprüche gestützt werden, zugleich die Grundlage für
den Verkehrsvertrag bildet; BGH v. 2. 2. 1984, transpR **1985** 13, 16 = VersR **1984** 681,
684 (in BGHZ **90** 86 ff nicht mit abgedruckt). Besondere Bedeutung hat die Einbeziehung des Deliktsrechts im Hinblick auf diejenigen Versicherten (§ 1 SVS/RVS Rdn. 2),
die nicht in einem Vertragsverhältnis zum Spediteur stehen. Siehe hierzu BGH v.
27. 11. 1981, VersR **1982** 339.

3. Ansprüche wegen Regreßverzögerung (§ 3 Nr. 3 SVS/RVS)

Zu § 3 Nr. 3 siehe §§ 407–409 Rdn. 141 f. **5**

4. Vorsätzlich zugefügte Schäden (§ 3 Nr. 4 SVS/RVS)

Die Ziffer dient nur der Klarstellung, daß auch Vorsatz des Spediteurs die Haftung **6**
des Speditionsversicherers gegenüber dem Versicherten nicht ausschließt. Im Verhältnis
zum Speditionsversicherer kann Vorsatz des Spediteurs nach §§ 10 Nr. 3, 12 Nr. 2, 14
Nr. 2 und 15 a SVS/RVS Ersatzpflichten oder erhöhte Schadensbeteiligungen auslösen.
Auf das Verhältnis zum Kunden hat dies jedoch keinen Einfluß.

5. Vor-, Zwischen- und Nachlagerungen (§ 3 Nr. 5 SVS/RVS)

7 § 3 Nr. 5 ist in der Reform von 1978 sprachlich verändert worden. Im wesentlichen ist jedoch der Inhalt erhalten geblieben.

§ 3 Ziff. 5 dehnt den Versicherungsschutz in begrenztem Umfang (siehe § 9 Nr. 2 SVS/RVS) auf die verkehrsbedingten und nicht vom Auftraggeber besonders verfügten Vor-, Zwischen- und Nachlagerungen aus. Da nach § 2 Nr. 2 SVS/RVS die inländische Lagerung durch den Spediteur ohnehin unter Speditionsversicherungsrecht steht, bezieht sich § 3 Ziff. 5 auf Fälle, in denen der Spediteur die Lagerung durch einen selbständigen Unternehmer vornehmen (Ausführungsgeschäft) läßt; siehe *Krien/Hay* § 3 SVS Anm. 3; als Beispielsfälle BGH v. 19. 12. 1969, VRS **38** 254ff; v. 10. 3. 1971, VersR **1971** 619ff.

Danach muß unterschieden werden:

8 (1) Der **Spediteur** lagert das Gut **selbst aufgrund eines selbständigen Lagervertrags innerhalb Deutschlands**: Haftung des Speditionsversicherers mit Ausnahme des in § 5 Nr. 1 D ausgeschlossenen Lagerversicherungsrisikos; vgl. BGH v. 10. 3. 1971, VersR **1971** 619, 620. Die Sonderregelung in § 5 Ziff. 4 ist 1978 gestrichen worden.

(2) Der **gleiche Fall außerhalb Deutschlands**: Keine Haftung des Speditionsversicherers; vgl. BGH v. 10. 3. 1971, VersR **1971** 619, 620.

(3) Der Spediteur lagert das Gut selbst im Zusammenhang mit einem Speditionsvertrag und ohne Verfügungen des Auftraggebers ein (**unselbständige Lagerung**): Deckung durch die Speditionsversicherung nach §§ 2 Ziff. 2; 3 Ziff. 5 SVS/RVS; begrenzt durch § 9 Nr. 2 SVS/RVS.

(4) Der **Spediteur** läßt das Gut innerhalb oder außerhalb Deutschlands **aufgrund eines selbständigen Lagervertrags einlagern**: Haftung nur für Auswahlverschulden, § 4 Nr. 1 a SVS/RVS.

(5) Der **Spediteur läßt** das Gut innerhalb oder außerhalb Deutschlands **durch einen dritten Lagerhalter i. S. einer unselbständigen Vor-, Zwischen- oder Nachlagerung** nach § 3 Nr. 5 SVS/RVS **einlagern**: Haftung auch für Verschulden des Lagerhalters. Siehe als Abgrenzungsfall verneinend BGH v. 10. 3. 1971, VersR **1971** 619ff. Auch hier gelten die besonderen Leistungsgrenzen des § 9 Nr. 2 SVS/RVS.

§ 4
Besondere Bestimmungen

1. Die Versicherer ersetzen auch Schäden:

(a) entstanden aus einem Verschulden des Spediteurs bei der Auswahl eines Zwischenspediteurs oder Lagerhalters;

(b) nach den §§ 2, 3, welche ein deutscher oder anderer europäischer Zwischenspediteur zu vertreten hat, gleichgültig, ob der Spediteur eine Speditionsversicherung gezeichnet hat oder nicht;

(c) an Gütern aus Verkehrsverträgen, die im organisierten Bahnsammelgutverkehr zwischen Stationen der Deutschen Bundesbahn sowie von Stationen der Deutschen Bundesbahn nach Berlin West und in umgekehrter Richtung durchgeführt werden. Die Versicherer leisten Ersatz im Umfange der Eisenbahnverkehrsordnung (EVO), und zwar von der Annahme des Gutes durch den Spediteur bis zur Ablieferung beim Endempfänger. Der Haftungsausschluß des § 83 (1) c EVO wird nicht geltend gemacht.

(d) nach der Kraftverkehrsordnung (KVO), entstanden bei der Abholung und Zuführung von Gütern im Nahverkehr, einschließlich Umladungen und Zwischenlagerungen, sofern die Verkehrverträge vor oder im Anschluß an Beförderungen im Güterfernverkehr mit Kraftfahrzeugen durch den eigenen Betrieb oder durch Beauftragte abgewickelt werden.

2. Bei Bruch und Leckage an Gütern, die ihrer Natur nach der Bruch- und Leckagegefahr ausgesetzt sind, leisten die Versicherer Ersatz, wenn das Verschulden des Spediteurs vom Versicherten nachgewiesen ist.

I. Allgemeines

§ 4 enthält in Nr. 1 Erweiterungen und Klarstellungen zur Deckungspflicht des Speditionsversicherers, in Nr. 2 eine Einschränkung gegenüber dem Grundsatz des § 3 Nr. 1. Die Bestimmung wurde 1978 in Einzelheiten geändert. Insbesondere ist durchgehend auf das „Vertretenmüssen" abgestellt. Gemeint sind damit die Fälle, in denen der Spediteur (ohne § 41a ADSp) nach gesetzlichen Bestimmungen zu haften hätte. **1**

II. Die Umschreibungen der besonderen Versicherungsdeckung nach § 4 Nr. 1 SVS/RVS

1. Schäden infolge Auswahlverschulden (§ 4 Nr. 1a SVS/RVS)

Die Klausel stellt nur klar, was sich ohnehin aus § 3 Nr. 1 SVS/RVS i. V. m. § 408 Abs. 1 HGB ergibt; vgl. auch §§ 407–409 Rdn. 99. **2**

2. Vom Zwischenspediteur zu vertretende Schäden

a) Vom Zwischenspediteur zu vertreten

§ 4 Nr. 1b erweitert die Haftung des Speditionsversicherers auf die vom europäischen Zwischenspediteur zu vertretenden Schäden. Siehe zur gesetzlichen Rechtslage §§ 407–409 Rdn. 26 ff und § 411. **3**

Gemeint ist damit, daß der Speditionsversicherer des Hauptspediteurs in solchen Fällen einzustehen hat, in denen der Zwischenspediteur nach gesetzlichem Speditionsrecht zu haften hätte. Dies geht über die Haftung des Hauptspediteurs hinaus, weil dieser für Verschulden des Zwischenspediteurs und seiner Leute an sich gegenüber dem Versender nach § 408 Abs. 1 HGB nicht haften würde. Allerdings hätte er ohnehin seine Ansprüche gegen den Zwischenspediteur an den Versender abzutreten. Zur Frage, ob sich der Zwischenspediteur auf § 41a ADSp berufen kann, s. § 41a ADSp Rdn. 8 a.

b) Empfangsspediteur — Zwischenspediteur — Unterspediteur

Für den **Unterspediteur**, der Erfüllungsgehilfe des Hauptspediteurs ist, hätte dieser ohnehin zu haften; daher deckt der Speditionsversicherer den Schaden nach § 3 Nr. 1 SVS/RVS, um den Spediteur von dieser Haftung zu entlasten. **4**

Für den **Zwischenspediteur** hätte der Spediteur nur zu haften, wenn ihn selbst ein Auswahlverschulden träfe. Dieser Fall ist nach § 4 Nr. 1a ohnehin versichert. Darüberhinaus erweitert der SVS/RVS durch § 4 Nr. 2 die Deckung auf Fälle, in denen der sorgfältig ausgewählte europäische Zwischenspediteur selbst zu haften hätte. Für den außereuropäischen Zwischenspediteur tritt danach der Speditionsversicherer auch in diesem Fall nicht ein. **5**

Für den nicht von ihm beauftragten **Empfangsspediteur** haftet der Erstspediteur überhaupt nicht. Von diesem zu vertretende Schäden deckt auch die Speditionsversi- **6** cherung des Hauptspediteurs nicht. Ist der Empfangsspediteur seinerseits in der Speditionsversicherung versichert, wie das regelmäßig in Deutschland und Österreich der Fall ist, haftet dessen Speditionsversicherer.

7 Die Frage, **ob ein** tätiggewordener **Spediteur Zwischenspediteur ist** (s. §§ 407–409 Rdn. 30), spielt somit eine erhebliche praktische Rolle. Siehe dazu das abgrenzende Urteil des BGH v. 28. 6. 1962, BGHZ **37** 294 ff (Empfangsspediteur als Zwischenspediteur). Für Verschulden des Zwischenspediteurs haftet der Speditionsversicherer nur dann, wenn er für den entstandenen Schaden auch eintreten müßte, falls der Hauptspediteur den ihm übertragenen Versandauftrag in vollem Umfang selbst ausgeführt hätte; BGH v. 19. 12. 1969, VRS **38** 254, 256. Als weiterer Anwendungsfall für § 4 Nr. 1 b s. österr. OGH v. 21. 11. 1973, VersR **1974** 1043 f.

c) „Europäischer" Zwischenspediteur

8 Die Haftung erstreckt sich auf den „europäischen" Zwischenspediteur. Die früher in § 4 Nr. 1 b SVS enthaltene abschließende Aufzählung der europäischen Länder, für deren Zwischenspediteure Versicherungsschutz bestand, ist 1978 gestrichen worden. Somit ist der geographische Begriff „Europa" zugrundezulegen, der u. a. auch die früher nicht gegebene Haftung für Zwischenspediteure in osteuropäischen Ländern, Spanien, Portugal, Griechenland umfaßt. Auch die Türkei dürfte zumindest für ihren europäischen Landesteil dazu gehören; vgl. zu den AKB BGH v. 20. 6. 1963, BGHZ **40** 22, 24. Überdies ist fraglich, ob der Hauptsitz des Unternehmens, der Sitz der Niederlassung oder der Ort der Geschäftstätigkeit dafür maßgeblich ist, ob ein „europäischer" Zwischenspediteur anzunehmen ist. Ähnliches gilt für die spanischen Enklaven Ceuta u. Melilla.

d) „Gleichgültig" ob der Spediteur eine Speditionsversicherung gezeichnet hat oder nicht

9 Diese Formulierung bezieht sich (in der alten Fassung deutlicher) nur auf die eigene Speditionsversicherung des Zwischenspediteurs, die für die Deckung seiner Haftung im Verhältnis des Kunden zum Speditionsversicherer des Erstspediteurs keine Bedeutung hat. Es versteht sich von selbst, daß der Speditionsversicherer für einen Hauptspediteur, der keine Speditionsversicherung gezeichnet hat, nicht haften kann.

3. Bahnsammelgutverkehr (§ 4 Nr. 1 c SVS/RVS)

10 Die besondere Versicherungsdeckung im Bahnsammelgutverkehr geht über die Haftung nach § 413 Abs. 2 HGB hinaus (vgl. §§ 412, 413 Rdn. 13). Andererseits gelten auch für sie die allgemeinen Grenzen der Leistungspflicht des Speditionsversicherers nach §§ 6, 8 und 9 SVS/RVS. Mit der Streichung des klarstellenden Hinweises in der Reform von 1978 hat sich die Rechtslage nicht geändert, da sich dieses Ergebnis aus der Interpretation des SVS/RVS ohnehin ergibt. Die früheren Haftungseinschränkungen für transportversicherte Sachen sind entfallen.

4. KVO-Abholung und -zuführung (§ 4 Nr. 1 d SVS/RVS)

11 § 4 ist 1978 neu eingeführt worden. Die Bestimmung schließt eine Lücke, wo die Deckung nach der KVO-Haftpflichtversicherung (vgl. zu dieser § 39 Rdn. 9) nicht eingreift oder zweifelhaft ist, weil kein Transport durch das versicherte Fahrzeug vorliegt. Hier hätte nach der Rspr. zur Gesamtbetrachtung im Güterfernverkehr sonst u. U. der Spediteur voll zu haften; siehe §§ 412, 413 Rdn. 9. Ohne Speditionsversicherungsdeckung würde § 41 a ADSp nicht wirken, der Spediteur aber sich auch nicht auf die ADSp

Vierter Abschnitt. Speditionsgeschäft

berufen können (vgl. §§ 412, 413 Rdn. 28). Soweit die Speditionsversicherung nicht eingreift, kommt evtl. eine Deckung des Schadens durch den Ergänzungsvertrag (vgl. § 39 ADSp Rdn. 8) in Betracht.

III. Bruch und Leckage (§ 4 Nr. 2 SVS/RVS)

Die Versicherung von Bruch- und Leckageschäden ist nach § 4 Nr. 2 vom nachge- **12** wiesenen Verschulden des Spediteurs abhängig. Für Speditions- und Lagerverträge weicht dies negativ vom Maßstab der gesetzlichen Haftung des § 390 HGB ab (vgl. §§ 407–409 Rdn. 154ff), für Frachtverträge nach § 429 ebenfalls, weil in allen diesen Fällen der Spediteur gesetzlich für vermutetes Verschulden zu haften hätte. Da die Speditionsversicherung Bruch -und Leckageschäden bei fehlendem Verschuldensnachweis nicht deckt, greift in diesen Fällen § 41a ADSp nicht zugunsten des Spediteurs ein. Dieser haftet nach Maßgabe der ADSp; siehe § 41 ADSp Rdn. 9ff.

§ 5
Beschränkung der Haftung

Ausgeschlossen von der Versicherung sind:

1. (A) alle Gefahren, welche durch eine Transportversicherung gedeckt sind, es sei denn, daß eine ordnungsgemäß geschlossene Versicherung durch Fehler des Spediteurs unwirksam wird;

(B) a) bei Verkehrsverträgen in der See- und Binnenschiffahrtsspedition

b) bei Transporten, soweit sie nicht den innerdeutschen Verkehr betreffen

a—b) alle Gefahren, welche durch eine Transportversicherung allgemein üblicher Art hätten gedeckt werden können. Sollte dagegen eine ordnungsgemäß geschlossene Transportversicherung durch Fehler des Spediteurs unwirksam werden, dann fällt diese Gefahr unter die Ersatzpflicht der Versicherer;

(C) Güterschäden jeder Art im innerdeutschen Verkehr, wenn der Auftraggeber die Versicherungsdeckung nach § 6 B Ziff. 1, b beschränkt hat (partielles Verbot);

(D) alle Gefahren, welche bei Lagerverträgen durch eine Lagerversicherung (d. h. insbesondere Versicherung gegen Feuer-, Einbruchdiebstahl-, Leitungswasser- und Sturmschäden) gedeckt sind oder hätten gedeckt werden können, es sei denn, daß eine ordnungsgemäß geschlossene Versicherung durch Fehler des Spediteurs unwirksam wird. Unter Lagerverträgen im Sinne dieser Bestimmungen sind nicht Vor-, Zwischen- und Nachlagerungen gemäß § 3 Ziff. 5 zu verstehen;

2. diejenigen Ansprüche, welche aus im Speditionsgewerbe nicht allgemein üblichen Abreden zwischen Versicherten und Spediteur herrühren (z. B. Vertragsstrafe, Lieferfristgarantien usw.), überhaupt alle diejenigen Ansprüche, welche auf Vereinbarungen des Spediteurs mit den Versicherten beruhen, die nicht zu den unter § 2 Ziff. 2 fallenden Geschäften gehören oder über die gesetzliche Haftpflicht des Spediteurs hinausgehen;

3. Ansprüche nach der Kraftverkehrsordnung (KVO) und nach dem Übereinkommen über den Beförderungsvertrag im internationalen Straßengüterverkehr (CMR), einschließlich etwa weitergehender außervertraglicher Ansprüche sofern die Versicherer nicht nach § 4 Ziff. 1 d zum Ersatz verpflichtet sind. Schäden, die in der Verantwortung des Güterfernverkehrsunternehmers entstehen, können jedoch, soweit sie auf KVO-Versicherung entfallen, auch bei den SVS/RVS-Versicherern gemeldet werden. Die SVS/

Anh. II § 415
§ 5 SVS/RVS Drittes Buch. Handelsgeschäfte

RVS-Versicherer verpflichten sich, die Schadensregulierung mit den KVO-Versicherern für den Anspruchsberechtigten durchzuführen;

4. Personenschäden;
5. Schäden durch Beschlagnahme jeglicher Art;
6. Schäden durch Krieg oder Aufruhr;
7. Schäden durch Kernenergie.

Übersicht

	Rdn.
I. Allgemeines	1
1. Funktion des § 5 SVS/RVS	1
2. Reform	2
II. Die einzelnen Leistungsausschlüsse	3
1. Leistungsausschluß wegen Versicherung oder Versicherbarkeit des Schadens in der Transportversicherung (§ 5 Nr. 1 A, B SVS/RVS)	3
a) Transportversicherte Gefahren (§ 5 Nr. 1 A SVS/RVS)	4
b) Transportversicherbare Gefahren (§ 5 Nr. 1 B SVS/RVS)	6
2. Lagerversicherte oder -versicherbare Schäden (§ 5 Nr. 1 D SVS/RVS)	7
3. Güterschäden bei Teilverbot (§ 5 Nr. 1 C ADSp n. F.)	8
4. Unübliche Abreden und Nicht-Verkehrsverträge i. S. v. § 2 Nr. 2 SVS (§ 5 Nr. 2 SVS/RVS)	9
a) Grundsätzliches	9
b) Rechtsprechung	10
5. KVO- und CMR-Schäden (§ 5 Nr. 3 SVS/RVS)	11
6. Personenschäden (§ 5 Nr. 4 SVS/RVS)	12
7. Beschlagnahmeschäden (§ 5 Nr. 5 SVS/RVS)	13

I. Allgemeines

1. Funktion des § 5 SVS/RVS

1 § 5 enthält die wichtigsten Leistungsausschlüsse des SVS/RVS. Diese bewirken, daß die Schäden in ihrem Anwendungsbereich nicht von der Speditionsversicherung gedeckt sind. Sie gelten grundsätzlich auch bei Verschulden des Spediteurs; BGH v. 30. 10. 1954, NJW **1954** 1930; v. 18. 3. 1955, VersR **1955** 306, 307, also z. B. auch dann, wenn trotz unüblicher Abrede der Schaden durch sorgfältiges Verhalten hätte vermieden werden können; BGH v. 30. 10. 1954 aaO, oder bei verschuldeter Beschlagnahme; BGH v. 18. 3. 1955 aaO. Als weitere Folge ist dem Spediteur in diesen Fällen der Schutz des § 41a ADSp entzogen, so daß er nach Maßgabe der ADSp selbst für den Schaden haftet, soweit er nicht ausnahmsweise in den Fällen des § 5 Nr. 1 durch § 37 ADSp von der Haftung befreit ist. Siehe hierzu § 41 ADSp Rdn. 14ff und § 37 ADSp Rdn. 5ff. Als Beispiel siehe insbesondere BGH v. 5. 6. 1981, VersR **1981** 975, 977.

§ 5 SVS/RVS gibt daher sehr häufig die **Kriterien** dafür an, **ob sich der Geschädigte an den Speditionsversicherer oder an den Spediteur zu wenden hat.** Diese Alternative führt wegen versäumter Schadensmeldung § 10 SVS/RVS und Verjährung der Ansprüche gegen den Spediteur nicht selten zum Verlust beider möglichen Ansprüche.

In den Fällen, in denen ein Leistungsausschluß auf der Versicherbarkeit des Risikos in einer Sachversicherung beruht, ist der durch die schuldhafte Versäumnis der Versicherungsdeckung entstehende Schaden jedoch durch die Speditionsversicherung gedeckt; s. z. B. OLG Düsseldorf transpR **1985** 176ff = VersR **1985** 256ff.

2. Reform

2 § 5 wurde 1978 in Einzelheiten, nicht in seinen Grundzügen geändert. Der Leistungsausschluß wegen Unterschlagung und Veruntreuung (§ 5 Nr. 3 a.F.) ist entfallen.

Neu eingeführt ist der Leistungsausschluß für KVO- und CMR-Schadensfälle (§ 5 Nr. 3 n.F.). S. jedoch den Anhang zum SVS/RVS über Güterbeförderungen im internationalen Verkehr, abgedr. nach dem Text des SVS/RVS.

II. Die einzelnen Leistungsausschlüsse

1. Leistungsausschluß wegen Versicherung oder Versicherbarkeit des Schadens in der Transportversicherung (§ 5 Nr. 1 A, B SVS/RVS)

Siehe zum grundsätzlichen Verhältnis der Speditionsversicherung zur Transport- und Lagerversicherung § 39 ADSp Rdn. 7. **3**

a) Transportversicherte Gefahren (§ 5 Nr. 1 A SVS/RVS)

§ 5 Nr. 1 A SVS/RVS schließt alle von einer Transportversicherung gedeckten Schäden von der Speditionsversicherung aus, also solche Schäden, zu deren Tragung der Transportversicherer verpflichtet ist; Kulanzregulierung reicht nicht aus; KG VersR **1967** 446, 448. Die Speditionsversicherung ist also gegenüber der Transportversicherung subsidiär. Der Leistungsausschluß gilt auch dann, wenn die Transportversicherung nicht durch den Spediteur für Rechnung des Versenders, sondern von diesem selbst oder einem anderen genommen ist; zutreffend LG Köln VersR **1953** 63; KG VersR **1967** 446, 448. In diesem Falle ist der Spediteur nicht durch § 37 ADSp von seiner Haftung befreit, ist also dem Regreß des Transportversicherers (im Rahmen der ADSp-Haftung) ausgesetzt; siehe hierzu § 37 ADSp Rdn. 1, 2. **4**

Wann eine abgeschlossene **Transportversicherung durch Spediteurfehler unwirksam** wird, hängt vor allem von den betreffenden Transportversicherungsbedingungen ab: Siehe z. B. ADS-Güterversicherung Nr. 3 (ungeeignete Transportmittel) oder ADS-Güterversicherung Nr. 2.5. (Gefahränderung ohne Anzeige). In solchen Fällen deckt die Speditionsversicherung anstelle der Transportversicherung den Schaden, allerdings in den Grenzen der §§ 6, 8, 9 SVS/RVS. **5**

b) Transportversicherbare Gefahren (§ 5 Nr. 1 B SVS/RVS)

§ 5 Nr. 1 B knüpft den Leistungsausschluß bereits daran, daß Transportversicherung möglich und unter Kaufleuten üblich ist. In diesen Fällen, die in den Abs. a–b umschrieben sind, steht also, wenn die Transportversicherung nicht genommen wird, kein Versicherer ein. Der Spediteur selbst haftet: **6**

(1) in der Seeschiffahrtsspedition (§ 5 Nr. 1 B a SVS/RVS) nach Maßgabe der ADSp

(2) in der Binnenschiffahrtsspedition (§ 5 Ziff. 1 B a SVS/RVS) überhaupt nicht, da die ADSp in § 57 Nr. 5 seine Haftung (außer bei grobem Eigenverschulden des Spediteurs, § 51 b S. 2 ADSp n.F., vgl. § 51 ADSp Rdn. 6 und § 57 ADSp Rdn. 17 ff) ausschließen

(3) bei außerdeutschen Transporten nach den ADSp, evtl. nach zwingendem Frachtrecht (CMR, Luft- oder Seerecht); s. §§ 412, 413 Rdn. 9, 10, 12. Beispielsfall: OLG Frankfurt VersR **1977** 909.

Die Folgen einer unrichtigen Versandanzeige sind nicht durch eine Transportversicherung allgemein üblicher Art versicherbar; OLG Frankfurt BB **1981** 1915, 1916.

Der Leistungsausschluß nach § 5 Nr. 1 B wird **durch den Anh. zum SVS/RVS teilweise aufgehoben.**

2. Lagerversicherte oder -versicherbare Schäden (§ 5 Nr. 1 D SVS/RVS)

Für Lagerverträge gilt die Sonderregelung des § 5 Nr. 1 D (früher C) SVS/RVS. **7**
Hier sind in der Lagerversicherung **versicherte und versicherbare Schäden** von der

§ 5 SVS/RVS Drittes Buch. Handelsgeschäfte

SVS/RVS-Deckung ausgenommen. Dagegen sind die Schäden aus Vor-, Zwischen- und Nachlagerungen gem. § 3 Nr. 5 SVS/RVS versichert; s. dazu § 3 Rdn. 7 f.

Schäden durch schuldhaftes Unterlassen der Versicherung trotz bestehender Weisung des Auftraggebers sind dagegen durch den SVS/RVS gedeckt; dies gilt (im Rahmen von § 254 BGB) auch bei unklaren Versicherungsweisungen als Folge der Rückfragepflicht; OLG Düsseldorf transpR **1985** 176, 178 = VersR **1985** 256 f.

3. Güterschäden bei Teilverbot (§ 5 Nr. 1 C ADSp n.F.)

8 Zum Teilverbot siehe § 6 B Nr. 1 b SVS/RVS; zum Überblick vgl. § 39 ADSp Rdn. 19.

4. Unübliche Abreden und Nicht-Verkehrsverträge i.S.v. § 2 Nr. 2 SVS/RVS (§ 5 Nr. 2 SVS/RVS)

a) Grundsätzliches

9 § 2 Nr. 2 SVS/RVS klärt bereits, daß unübliche Nebenaufträge nicht unter die Speditionsversicherung fallen; s. § 2 Rdn. 2. Auch an sich versicherte Verkehrsverträge können jedoch unübliche Einzelabreden enthalten. Übernimmt z. B. der Spediteur über die gesetzlichen Verpflichtungen hinausgehende Pflichten, so wird hierdurch das Risiko des betreffenden Vertrags erhöht. Der Spediteur muß daher die Haftung hierfür selbst übernehmen. Maßgeblich ist, daß die Schadensersatzansprüche ihre rechtliche Grundlage in den unüblichen Abreden haben; BGH v. 30. 10. 1954, NJW **1954** 1930. Durch die Nichtvereinbarung der ADSp wird die Deckungspflicht der Speditionsversicherer nicht ausgeschlossen; s. § 2 SVS/RVS Rdn. 3. Atypische Geschäfte des Spediteurs (s. vor § 1 ADSp Rdn. 20), werden häufig auch unüblich i. S. von § 2 Nr. 2–5 Nr. 2 SVS/ RVS sein.

b) Rechtsprechung:

10 BGH v. 30. 10. 1954, NJW **1954** 1930: Verpflichtung eines Spediteurs, Speditionsgüter von Berlin nach Westdeutschland in amerikanischen RTO-Zügen befördern zu lassen, ist unübliches Geschäft.

BGH v. 11. 7. 1966, BGHZ **46** 43, 53: Verpflichtung eines Spediteurs zur bedingungslosen Auslieferung von Waren, die bei einem anderen Spediteur eingelagert sind, ist unübliches Geschäft.

BGH v. 27. 10. 1967, BGHZ **49** 160, 166: Verpflichtung des Spediteurs als eines zur Ausstellung von Order-Lagerscheinen ermächtigten Lagerhalters zur Auslieferung an einen Nichtlegitimierten unter Verstoß gegen § 26 OLSchVO ist ein von der Speditionsversicherung nicht gedecktes unübliches Geschäft.

BGH v. 13. 7. 1973, NJW **1973** 2154, 2155: Weisung, vor Ablieferung noch vom Empfänger zwei Unterschriften auf einer Urkunde einzuholen, ist unüblich.

BGH v. 7. 7. 1976, VersR **1976** 1056, 1058: Weisung, erst bei nachgewiesener Bezahlung das Gut auszuliefern, ist nicht unüblich.

BGH v. 5. 6. 1981, VersR **1981** 975, 977: Verpflichtung des Spediteurs, nur gegen Übergabe des Original-Spediteurübergabescheins (FCR) auszuliefern, ist nicht unüblich.

LG Saarbrücken v. 10. 12. 1973, transpR **1981** 23, 25: Garantie für Schadensausgleich ist unüblich.

OLG Frankfurt BB **1981** 1915, 1916: Die Übernahme einer Verpflichtung zur Versandanzeige ist nicht unüblich.

Stand: 1. 9. 1985

OLG Frankfurt RIW **1979**, 278f und RIW **1982** 56f: Die schuldhafte Auslieferung ohne Nachnahmeeinziehung fällt unter die SVS/RVS-Deckung, nicht dagegen die bewußte Kreditgewährung in Kenntnis der Verpflichtung zur Nachnahmeeinziehung.

OLG Düsseldorf transpR **1985** 142f = VersR **1984** 34: Die Übernahme der Beschaffung von Konnossementen, die vom Kapitän unterzeichnet sind, ist nicht unüblich.

Österr. OGH v. 21. 11. 1973, VersR **1974** 1043, 1044: Garantie einer Verladefrist ist unübliche Abrede; es kann aber unabhängig davon das Verschulden des Zwischenspediteurs zur Versicherungsdeckung führen.

Herzog DVZ Nr. 79 v. 4. 7. **1985**, S. 8 will dem Urteil des BGH v. 12. 10. 1979 VersR **1980** 61f entnehmen, daß Fakturierung ein unübliches Geschäft ist. Das Urteil befaßt sich jedoch nicht mit § 5 SVS/RVS, sondern mit der stillschweigenden Vereinbarung der ADSp; s. vor § 1 ADSp Rdn. 20.

5. KVO- und CMR-Schäden (§ 5 Nr. 3 SVS/RVS)

Die 1978 neu eingefügte Vorschrift schließt CMR- und KVO-Schäden aus der Speditionsversicherungs-Deckung aus. Nach früherer Rspr. ergab sich dies aus § 5 Nr. 1 Be SVS a.F.: BGH v. 20. 2. 1970, VersR **1970** 416; OLG Düsseldorf VersR **1980** 63, 65; OLG Celle v. 30. 1. 1980, 3 U 208/79 (unveröff.). Nur im Sonderfall des § 4 Nr. 1d (KVO-Abholung, -Zuführung, -Umladung und -Zwischenlagerung) sind derartige Schäden gedeckt. Der Leistungsausschluß beruht auf der Erwägung, daß die Schäden durch die KVO-Pflichthaftpflichtversicherung (vgl. § 38 KVO Anh. II nach § 452) und durch die freiwillige CMR-Haftpflichtversicherung (vgl. zu beiden § 39 ADSp Rdn. 8ff; § 429³ Rdn. 103, 106) gedeckt sind. § 5 Nr. 3 S. 2, 3 SVS/RVS erleichtert dem Versicherten die Geltendmachung der Ansprüche gegen den KVO- oder CMR-Haftpflichtversicherer und nimmt ihm das Risiko ab, im Hinblick auf § 4 Nr. 1d SVS/RVS u. U. den falschen Versicherer zu verklagen. Es ist zweckmäßig, von dieser Möglichkeit Gebrauch zu machen und den Schaden stets beim SVS/RVS-Versicherer anzumelden.

Die Formulierung von § 5 Nr. 3 gibt Anlaß zu der Frage, inwieweit Ansprüche, die aus CMR- und KVO-Frachtverträgen aufgrund allgemeiner schuldrechtlicher Anspruchsgrundlagen entstehen, versichert sind. S. zu diesen Ansprüchen § 429³ Rdn. 76f, 88 und Art. 17 CMR³ Rdn. 31 Anh. III nach § 452. Möglicherweise wollten die Verfasser der Reform auch diese Ansprüche aus der Versicherungsdeckung ausschließen, da auch weitergehende außervertragliche Ansprüche ausdrücklich erwähnt sind. Jedoch deckt die Formulierung der Klausel nach ihrem eindeutigen Wortlaut eine solche Auslegung nicht. Nach allgemeinem juristischen Sprachgebrauch sind Ansprüche „nach" der KVO und CMR nur solche, die auf diesen Rechtsnormen beruhen. Hätten alle Ansprüche aus CMR- und KVO-Frachtverträgen generell ausgeschlossen werden sollen, so hätte es nahegelegen, sich an die Formulierung von Art. 31 Abs. 1 CMR anzulehnen. Die hier vorgeschlagene Auslegung läßt somit die Versicherungsdeckung von Ansprüchen, die nicht auf die CMR gestützt sind, unberührt. Da die Deckung dieser Ansprüche nach den auf dem Versicherungsmarkt angebotenen Versicherungen nicht unzweifelhaft ist, dient die strikte Wortauslegung des § 5 Nr. 3 SVS/RVS auch der Herstellung lückenlosen Versicherungsschutzes. Überdies kann der Speditionsversicherer Regreß gegen den CMR-Beförderer oder (aus abzutretendem Recht) gegen dessen CMR-Haftpflichtversicherer nehmen; s. zu den Grundlagen des Regresses *Helm*, 25 Jahre Karlsruher Forum, Beilage VersR **1983** 116ff.

6. Personenschäden (§ 5 Nr. 4 SVS/RVS)

Personenschäden sind vom Spediteur nach allgemeinen schuldrechtlichen Grundsätzen zu ersetzen. Unzutreffend ist die Auffassung von *Hald*, Speditionsversicherung,

Anh. II § 415
§ 6 SVS/RVS Drittes Buch. Handelsgeschäfte

S. 71, der Spediteur könne niemals für Personenschäden haften. Ansprüche aus positiver Vertragsverletzung und aus unerlaubter Handlung sind denkbar; vgl. §§ 407–409 Rdn. 168 ff, 197. Da Personenschäden von der Speditionsversicherung nicht gedeckt sind, greift § 41 a ADSp nicht ein (vgl. § 41 Rdn. 11). Daher haftet der Spediteur für sie nach Maßgabe der ADSp. Auf sie könnte § 54 a Nr. 2 ADSp (summenmäßige Begrenzung der Haftung) angewendet werden, siehe dort Rdn. 20.

7. Beschlagnahmeschäden (§ 5 Nr. 5 SVS/RVS)

13 Der Leistungsausschluß des § 5 Ziff. 6 SVS (jetzt § 5 Nr. 5 SVS/RVS) spielte vor allem in den 50iger Jahren wegen der häufigen Beschlagnahmung beim Transit durch die DDR eine erhebliche praktische Rolle. Die Beschlagnahmeklausel bezieht sich gerade auf solche Fälle, die vom Spediteur verschuldet sind. Da er für nicht verschuldete Beschlagnahmen auch nach gesetzlichem Speditionsrecht nicht haftet, wäre sonst der Leistungsausschluß ohnehin überflüssig; so zutreffend SVS-Schiedsgericht v. 1. 3. 1951, VRS **3** 312 ff; BGH v. 30. 10. 1954, VersR **1954** 582; v. 18. 3. 1955, VersR **1955** 306, 307.

Ein Beschlagnahmeschaden liegt nicht darin, daß der Absender wegen Fehlen des Warenbegleitscheins zu einer Geldstrafe verurteilt wird; BGH v. 31. 1. 1957, VersR **1957** 193, 194.

Durch § 5 Ziff. 5 SVS/RVS wird bewirkt, daß der Haftungsausschluß des § 41 a ADSp nicht eingreift. Der Spediteur haftet also nach Maßgabe der ADSp; siehe dazu § 41 ADSp Rdn. 12; ferner OLG Düsseldorf VRS **6** 176 und OLG Celle VRS **6** 178.

14 Der BGH hält es im Urteil v. 14. 10. 1981, VersR **1982** 87, 88 für **überprüfungsbedürftig „ob diese Bestimmung der Inhaltskontrolle standhält**, insbesondere ob dadurch die Rechte des Vertragspartners so eingeschränkt werden, daß der Vertragszweck — die Ersetzung der frachtrechtlichen Haftung durch einen gleichwertigen Versicherungsschutz — gefährdet wird". Im Hinblick darauf, daß in Beschlagnahmefällen die Haftung des Spediteurs gerade nicht durch die Speditionsversicherung ersetzt wird, ist diese Argumentation allerdings zweifelhaft. Immerhin ist aber darauf hinzuweisen, daß nach der jetzigen Lösung der Kunde in Fällen dieser Art weder eine ausreichende Haftung (§ 54 ADSp) noch Ansprüche gegen den Speditionsversicherer erhält. Die Ausschlußklausel bringt damit das ganze System der Ersetzung der Haftung durch Versicherung in Gefahr, als unangemessene Benachteiligung betrachtet zu werden; vgl. vor § 1 ADSp Rdn. 44 ff.

Kein Beschlagnahmeschaden liegt vor, wenn die vom Spediteur verschuldete Beschlagnahme aufgehoben wird, weil der Versender die verwirkte Geldstrafe bezahlt. In diesem Fall handelt es sich um einen Vermögensschaden des Versenders, für den der Speditionsversicherer einzutreten hat. Der Spediteur ist daher auch nach § 41 a ADSp von der Haftung befreit; BGH v. 31. 1. 1957, VersR **1957** 193, 194; s. auch § 2 SVS/RVS Rdn. 9.

§ 6
Versicherungsauftrag, -summe, -wert und Anmeldung

(A) Versichert im Sinne dieser Bestimmungen ist jeder zwischen dem Spediteur und dem Auftraggeber abgeschlossene Verkehrsvertrag.

(B) 1. Der Auftraggeber ist berechtigt, durch eine entsprechende schriftliche Erklärung gegenüber dem Spediteur

Stand: 1. 9. 1985

(a) die Versicherung zu untersagen (generelles Verbot) oder

(b) den Versicherungsschutz nach den §§ 2–4 für Güterschäden im ausschließlich innerdeutschen Verkehr zu untersagen (partielles Verbot).

2. Der Spediteur ist verpflichtet, die Erklärung unverzüglich den Versicherern zu übermitteln. Sie kann nur durch entsprechende schriftliche Mitteilung des Auftraggebers zurückgenommen werden, die der Spediteur ebenfalls unverzüglich den Versicherern zu übersenden hat.

(C) 1. (a) Will der Auftraggeber oder ein sonst nach § 1 Versicherter einen höheren Betrag als DM 5.000,— für den Verkehrsvertrag versichern, so hat er den Spediteur sofort bei Abschluß des Verkehrsvertrages, spätestens jedoch vor der Abfertigung, unter genauer Bezeichnung des einzelnen Verkehrsvertrages die Versicherungssumme als solche schriftlich aufzugeben.

Maßstab für die Versicherungssumme sind die in § 8 Ziff. 1 oder Ziff. 2 genannten Werte.

(b) Der Spediteur ist aber auch mangels Aufgabe sofort bei Abschluß des Verkehrsvertrages, spätestens vor der Abfertigung, zur Schätzung nach einwandfreien Unterlagen berechtigt.

(c) Mangels Aufgabe nach Ziff. 1a oder Schätzung nach Ziff. 1b ist jeder Vekehrsvertrag nach § 2 für den unter § 1 Versicherten bis zu einem Höchstbetrag von DM 5.000,— versichert (vgl. jedoch § 8 Ziff. 3).

(d) Versehen des Spediteurs bei der Versicherungsanmeldung oder bei der Weitergabe der höheren Versicherungssumme als DM 5.000,— nach § 6 C Ziff. 1 a oder bei der Prämienzahlung oder gänzliche Unterlassung dürfen dem Versicherten nicht zum Nachteil gereichen. Für Versehen des Spediteurs bei der Weitergabe der höheren Versicherungssumme als DM 5.000,— gilt dies nur dann, wenn der Auftraggeber oder der sonst nach § 1 Versicherte der Vorschrift des § 6 C Ziff. 1a genügt hat. Schätzungsfehler fallen nicht unter die Versehensklausel.

2. Die Versicherungssumme für den einzelnen Verkehrsvertrag ist auf DM 1 000 000,— begrenzt. Bei Verkehrsverträgen mit einem höheren Wert als DM 1 000 000,— können, wenn tatsächlich zu DM 1 000 000,— versichert ist, die Versicherer den Einwand der Unterversicherung nicht erheben.

3. Der Spediteur hat alle versicherten Verkehrsverträge am Ende eines jeden Kalendermonats, spätestens jedoch am 20. des darauffolgenden Monats, den Versicherern anzumelden und gleichzeitig die dafür zu entrichtende Prämie zu bezahlen. Versicherungen für Verkehrsverträge im Betrage von über DM 5 000,— muß der Spediteur einzeln mit der Versicherungssumme sowie den Zeichen, den Nummern, dem Inhalt und der Anzahl der Stücke auf den dazu bestimmten Spezifikationsformularen, einmal monatlich am Ende eines jeden Kalendermonats, spätestens jedoch am 20. des darauffolgenden Monats, den Versicherern melden.

4. Übersteigen die in einem Kalenderjahr bezahlten Schäden die im gleichen Zeitraum vom Spediteur geschuldeten Bruttoprämien (abzüglich Versicherungssteuer), so können die Versicherer für das Folgejahr individuelle Sanierungsmaßnahmen verlangen.

Kommt hierüber innerhalb einer angemessenen Frist keine Einigung zustande, sind die Versicherer berechtigt, den Vertrag mit einer Frist von vier Wochen zu kündigen.

I. Umfang der Versicherung (§ 6 A SVS/RVS)

1 § 6 A wiederholt nur den Inhalt des § 2. Siehe die dortige Kommentierung und insbesondere BGH v. 14. 7. 1954, MDR **1954** 670, 671. § 6 A macht außerdem im Zusammenhang mit § 6 C Nr. 3 deutlich, daß es sich um eine laufende Versicherung handelt; vgl. § 39 ADSp Rdn. 4.

II. Verbot der Speditionsversicherung; „Verbotskunde" (§ 6 B SVS/RVS)

2 Abs. B Nr. 1 enthält den das ganze Haftungssystem der ADSp des SVS/RVS regulierenden Grundsatz, daß der Auftraggeber die Speditionsversicherung untersagen kann („Verbotskunde"). Die Reform von 1978 hat dem Auftraggeber neben dem allgemeinen Verbot („generelles" Verbot) ein **Teilverbot** („partielles Verbot") zur Wahl gestellt; § 6 B Nr. 1 b. Die Wirkung des generellen Verbots ist, daß dem Auftraggeber im Schadensfall keine Ansprüche gegen den Speditionsversicherer zustehen und daß er keine Prämie schuldet, aber auch, daß § 41 a ADSp nicht eingreift, so daß der Spediteur ihm nach Maßgabe der ADSp haftet; siehe zum Überblick §§ 407–409 Rdn. 147 sowie § 41 ADSp Rdn. 5. Beim Teilverbot besteht die Wirkung darin, daß der Versicherte nur einen eingeschränkten Versicherungsschutz (ohne Güterschäden) erhält. Der Spediteur schuldet dem Versicherer andererseits nur eine geringere Prämie und kann auch nur diese dem Auftraggeber in Rechnung stellen (§ 13 Nr. 5 SVS/RVS). **Bei Teilverbot wird der Spediteur nach § 41 a ADSp nur teilweise von der Haftung befreit;** § 41 Rdn. 6. Siehe zum Teilverbot ferner § 39 ADSp Rdn. 19 sowie §§ 407–409 Rdn. 147.

III. Anmeldung des Verkehrsvertrags beim Speditionsversicherer; Unschädlichkeit der Nicht- oder Falschanmeldung (§ 6 C Nr. 3 und Nr. 1 d SVS/RVS)

3 Der Spediteur hat jeden Auftrag (im Rahmen der laufenden Versicherung) nach § 6 C Nr. 3 b beim Speditionsversicherer anzumelden. Versehen des Spediteurs schaden dem Versicherten nach § 6 C Nr. 1 d nicht. Es kommt daher für den Versicherungsschutz nicht darauf an, ob der Spediteur versehentlich den einzelnen Verkehrsvertrag überhaupt nicht anmeldet, falsch anmeldet oder die Prämie nicht zahlt. In jedem Fall genießt der Auftraggeber den Versicherungsschutz, wenn nur der Spediteur die Generalpolice des SVS/RVS gezeichnet hat. Siehe dazu § 39 ADSp Rdn. 4 mit Beispielen aus der Rspr. Für den Fall des **Vorsatzes** ist § 6 C Nr. 1 d unklar. Zwar kann man im Falle der „gänzlichen Unterlassung" auch vorsätzliches Handeln des Spediteurs als für die Versicherungsdeckung unschädlich ansehen, zumindest unter Zuhilfenahme der Unklarheitenregel, § 5 AGBG. Da Vorsatz nicht als Versehen betrachtet werden kann, fallen andere vorsätzliche Fehler des Spediteurs, insbesondere die zu geringe Anmeldung einer Versicherungssumme, nicht unter die Versehensklausel; der Versicherte genießt an sich keinen Deckungsschutz. Es ist jedoch zweifelhaft, ob der Auftraggeber diesen Inhalt von § 6 C Nr. 1 d S. 1 erkennen kann. Insbesondere im Hinblick auf § 41 a ADSp kann daher die Regelung als insgesamt überraschende Klausel gem. § 3 AGBG (s. vor § 1 Rdn. 38) betrachtet werden. Jedoch führt die Unwirksamkeit nicht zur Wiedereinbeziehung der betreffenden Fälle in den Versicherungsschutz. Eine Versicherungsdeckung wird sich daher auf diese Weise nicht begründen lassen. Jedoch ist in diesem Fall davon auszugehen, daß der Schaden durch die Versicherung insoweit nicht gedeckt ist, so daß die Haftungsbefreiung des Spediteurs nach § 41 a ADSp nicht eintritt. Im übrigen haftet der Spediteur dann gemäß gesetzlichem Speditionsrecht für den vollen durch den Ausfall des Versicherungsschutzes entstandenen Schaden. Bei Eigenverschulden ergibt sich dies

Stand: 1. 9. 1985

aus § 51 S. 2 ADSp; bei Gehilfenvorsatz dürfte in der Regel Organisationsverschulden vorliegen; s. vor § 1 ADSp Rdn. 49.

Nach § 6 C Nr. 1 d S. 3 mindern Schätzungsfehler den Versicherungsschutz des Kunden. Für sie haftet der Spediteur nach Maßgabe der ADSp.

IV. Grenzen der Versicherungsleistung (§ 6 C SVS/RVS)
1. Versicherungssumme je Verkehrsauftrag (§ 6 C Nr. 1 SVS/RVS)

4 § 6 C Nr. 1 SVS/RVS legt die Versicherungssume je Verkehrsauftrag fest. Diese beträgt ohne besondere Anmeldung gemäß c grundsätzlich DM 5 000,—. Eine höhere Versicherungssumme muß der Auftraggeber oder sonst Versicherte dem Spediteur spätestens vor der Abfertigung schriftlich angeben. Andernfalls kann der Spediteur nach b eine eigene Schätzung vornehmen. Die erhöhte Versicherungssumme kann aus der in Rechnung gestellten SVS/RVS-Prämie errechnet werden; OLG Düsseldorf transpR **1984** 222, 226. Im Fall BGH v. 12. 1. 1966, VersR **1966** 461, 464 hatte der Speditionsversicherer wegen einer nach b vorgenommenen Schätzung darauf verzichtet, sich auf die (damals gültige) Versicherungssumme von 2 500,— DM und auf den Einwand aus § 6 B Nr. 2 a a.F. (jetzt § 6 C Nr. 1 a) zu berufen.

§ 6 C Nr. 1 belastet den Auftraggeber mit dem Risiko einer richtigen Deklaration der Speditionsversicherung. Dies ist wohl für jede Versicherungsdeckung normal. Da die **Konsequenz** aus der unzureichenden Speditionsversicherung aber nicht nur die Einschränkung der Leistungspflicht des Speditionsversicherers sondern **auch der volle Haftungsausschluß nach § 41 a ADSp ist** (siehe dort Rdn. 10) erhält der Geschädigte bei Versäumnis der richtigen Deklaration der Versicherungssumme nach dem Zusammenspiel von SVS/RVS und ADSp nur die unzureichende Versicherungsleistung unter Verlust jeder Spediteurhaftung. Diese Konsequenz wird auch kaufmännischen Auftraggebern häufig nicht bewußt sein. Wenn der Spediteur dies erkennen konnte, trifft ihn regelmäßig eine **Aufklärungs- und Hinweispflicht** gegenüber dem Auftraggeber; s. §§ 407–409 Rdn. 123. Bei Verstoß gegen diese Pflicht wird man ihm die Berufung auf § 41 a ADSp zu versagen haben. Der österr. OGH v. 13. 5. 1969, VersR **1971** 679 läßt den Spediteur nach den AÖSp ohne die Befreiung des § 41 a haften, wenn er einen Speditionsauftrag auch ohne schriftliche Deklaration des Versenders nicht über die Regelversicherungssumme hinaus höher anmeldet, obwohl ihm aus dem Nachnahmeauftrag das wesentlich höhere Interesse des Versenders bekannt war. Siehe zu dieser Problematik auch § 41 ADSp Rdn. 11.

5 Aufgrund von § 6 C Nr. 1 steht dem Speditionsversicherer der **Einwand der Unterversicherung** (§ 56 VVG) zu. Daher schuldet der Speditionsversicherer bei größeren Schäden ohne Erhöhung der Versicherungssumme nicht einmal den vollen Betrag von 5 000,— DM pro Verkehrsvertrag.

2. Höchstgrenze für die Versicherungssumme (§ 6 C Nr. 2 SVS/RVS)

6 § 6 C Nr. 2 stellt die absolute Grenze der Speditionsversicherung dar. Praktisch ist die Speditionsversicherung bei höherem Wert als 1 Mill. DM infolge des Verzichts auf den Einwand der Unterversicherung (§ 56 VVG) eine Versicherung auf erstes Risiko. Siehe aber § 9 Nr. 1 SVS/RVS.

3. Kündigungsklausel (§ 6 C Nr. 4 SVS/RVS)

7 Die Vorschrift hat nur Bedeutung für den Versicherungsvertrag zwischen Spediteur und Speditionsversicherung.

Anh. II § 415
§ 9 SVS/RVS   Drittes Buch. Handelsgeschäfte

§ 7
Prüfungsrecht der Versicherer

Die Versicherer sind berechtigt, die Anmeldung des Spediteurs durch Einsichtnahme in die Geschäftsbücher und sonstige Unterlagen, soweit sie die Versicherung betreffen, nachzuprüfen. Sie sind verpflichtet, über die erlangten Kenntnisse Stillschweigen zu wahren.

1   § 7 wurde 1978 geändert. Das (bedenkliche) Nachprüfungsrecht der Speditionsversicherten gegenüber dem Versicherten (S. 2 a.F.) wurde gestrichen. Stattdessen wurde die Pflicht zur Bewahrung von Stillschweigen S. 2 n.F. festgelegt, die allerdings ohnehin bereits als Nebenpflicht aus dem Versicherungsvertrag bestand. Die Pflicht zum Stillschweigen bezieht sich nicht auf das Verhältnis zum Versicherten bezüglich der für dieses relevanten Umstände.

§ 8
Ersatzpflicht im Schadensfalle

1. Ist das Gut bei Eintritt des Schadens verkauft, so erhält der Versicherte im Höchstfalle den Verkaufspreis unter Berücksichtigung etwa entstandener bzw. ersparter Kosten (Frachten, Zölle usw.).

2. In anderen Fällen erhält der Versicherte als Höchstbetrag den gemeinen Handelswert bzw. gemeinen Wert, den das Gut zur Zeit des Abschlusses des Verkehrsvertrages an dem Ort hatte, an welchem es abzuliefern war, unter Berücksichtigung etwa entstandener bzw. ersparter Kosten.

3. Unter allen Umständen bildet die Versicherungssumme im Sinne des § 6 (C) Ziff. 1 die Höchstgrenze der Ersatzpflicht. Im Falle der Unterversicherung haften die Versicherer nur verhältnismäßig, ausgenommen im Falle des § 6 (C) Ziff. 2.

I. Wertberechnung als Grundlage der Versicherungsleistung (§ 8 Nr. 1, 2 SVS/RVS)

1   § 8 Nr. 1 legt für verkaufte Güter den Verkaufswert als maßgeblich für die Versicherungsleistung fest. S. 2 geht für alle anderen Fälle vom gemeinen Handelswert oder vom gemeinen Wert aus; siehe dazu § 430³ und dort Rdn. 11. Die Klauseln passen nicht für Vermögensschäden, die an anderen Gütern des Versicherten entstanden sind.

II. Versicherungssumme; Unterversicherung (§ 8 Nr. 3 SVS/RVS)

2   Siehe hierzu § 6 SVS/RVS Rdn. 4, 5.

§ 9
Höchstgrenze der Ersatzleistung

1. Die Versicherer gleichen im Umfange ihrer Beteiligung (vgl. § 19) alle aus diesem Versicherungsvertrag auf ein Schadenereignis angemeldeten Ansprüche bis zu einem Betrag von DM 1 000 000,— aus, auch wenn mehrere Versicherte desselben versicherungsnehmenden Spediteurs durch dieses Schadenereignis betroffen werden.

Stand: 1. 9. 1985

2. Bei Vor-, Zwischen- und Nachlagerungen im Sinne des § 3 Ziff. 5 beträgt die Höchstgrenze der Ersatzpflicht für Feuerschäden DM 1 000 000,— je Schadensereignis, auch wenn Auftraggeber mehrerer versicherungsnehmender Spediteure durch dieses Schadensereignis betroffen werden.

3. Bei Schäden aus fehlerhafter Vermittlung oder Unterlassung der Vermittlung von Transport-, Feuer-, Einbruchdiebstahl-, Leitungswasser- und Sturmschaden-Versicherungen durch den Spediteur ist die Höchstgrenze der Ersatzpflicht gemäß Ziff. 1 auf DM 150 000,— beschränkt.

I. Allgemeines

§ 9 schränkt die Leistung des Speditionsversicherers in besonderen Fällen in erheblichem Umfang ein, ohne daß der Versicherte eine Möglichkeit hätte, diese Einschränkungen durch höhere Prämien zu verhindern. Die Speditionsversicherung verliert hierdurch einen Teil ihres Werts als haftungsersetzende Versicherung. Siehe zur ergänzenden Haftung des Spediteurs im Falle groben Eigenverschuldens § 41 ADSp Rdn. 23. **1**

II. Aufteilung der Höchstversicherungssummen auf mehrere Versicherte desselben Spediteurs (§ 9 Nr. 1 SVS/RVS)

§ 9 Nr. 1 enthält eine zusätzliche Einschränkung zu § 6 C Nr. 2. Die Bestimmung geht von einem Höchstbetrag von 1 Mill. DM aus, der unter mehrere evtl. Geschädigte aus einem Schadensereignis aufzuteilen ist. In diesem Fall werden insbesondere bei Großschäden, die mehrere Verkehrsverträge betreffen, die Versicherungssummen nach § 6 C Nr. 1 bzw. die Höchstversicherungssumme nach § 6 C Nr. 2 unter Umständen trotz richtiger Anmeldung unterschritten. Da sich in diesem Falle mehrere Versicherte (z. B. mehrere Versender einer Sammelladung) die Höchstsumme teilen müssen, gibt die Speditionsversicherung in keinem Falle die Sicherheit, daß das Risiko auch ausreichend versichert ist, weil sich nicht vorhersehen läßt, mit welchen anderen Geschädigten und mit wie hohen Schäden die Versicherungsleistung geteilt werden muß. **2**

III. Aufteilung der Höchstversicherungssumme auf mehrere versicherungsnehmende Spediteure bei Vor-, Zwischen- und Nachlagerungen (§ 9 Nr. 2 SVS/RVS)

Diese Aufteilung soll bewirken, daß der Speditionsversicherer bei Großfeuerschäden in Lagerräumen nicht über 1 Mill. Schäden zu decken hat. Beim Brand einer Speditionslagerhalle in der beispielsweise Güter im Werte von 20 Mill. DM vorübergehend eingelagert sind, deckt die Speditionsversicherung demnach nur maximal 5% der Schäden. Auch diese Einschränkung entwertet den Versicherungsschutz durch die Speditionsversicherung ganz beträchtlich. **3**

IV. Deckung von Fehlern bei Versicherungsvermittlung (§ 9 Nr. 3 SVS/RVS)

Ziff. 3 erlaubt zunächt den sicheren Schluß, daß das Risiko von Spediteurfehlern bei der Nichtausführung oder nicht ordnungsgemäßen Ausführung von Versicherungsweisungen (s. §§ 407–409 Rdn. 123) in der Speditionsversicherung gedeckt ist; OLG Düsseldorf transpR **1985** 176, 178 = VersR **1985** 256 f. **4**

Im übrigen wirkt sich jedoch § 9 Nr. 3 bei größeren Schäden stark zum Nachteil des Auftraggebers aus. Wird durch einen Fehler des Spediteurs insbesondere die Transport- oder Feuerversicherung nicht ausreichend gedeckt, dann entgeht dem Auftraggeber im Schadensfall der Anspruch gegen den betreffenden Sachversicherer. Da das Risiko der Verletzung der Pflicht zur Versicherungsvermittlung durch den Speditionsversicherer grundsätzlich gedeckt ist, ist der Spediteur nach § 41 a ADSp haftfrei; siehe § 41 Rdn. 10. Bei wertvolleren oder umfangreicheren Sendungen genügt die Höchsthaftungssumme von 150 000,— DM bei weitem nicht, um den völligen Ausfall der Transport- oder Feuerversicherung auszugleichen. Angesichts dieser Lage wird der Spediteur die Entgegennahme und Bearbeitung von Versicherungsweisungen besonders sorgfältig zu organisieren haben. Besteht hierfür im Speditionsbetrieb kein ausreichendes Kontrollverfahren, so wird regelmäßig grobe Fahrlässigkeit des Spediteurs oder eines leitenden Angestellten oder Organisationsverschulden vorliegen; dem Spediteur ist dann die Berufung auf § 41 a ADSp versagt; siehe § 41 ADSp Rdn. 23.

Den Auftraggebern ist zu empfehlen, die genannten Versicherungen, wenn es sich um Beträge über 150 000,— DM handelt, nicht durch Spediteure vermitteln zu lassen, sondern, auch im Hinblick auf § 37 ADSp (siehe dort Rdn. 8), selbst die Versicherung zu nehmen.

§ 10

Geltendmachung des Schadens, Obliegenheiten des Versicherten und des Spediteurs, Ausschlußfrist

1. Der Versicherte hat jeden Schaden unverzüglich, spätestens jedoch innerhalb eines Monats, nachdem er hiervon Kenntnis erlangt hat, den Versicherern direkt oder über den Spediteur schriftlich anzumelden. Die Frist wird durch rechtzeitige Absendung der Anmeldung gewahrt. Im Falle der schuldhaften Versäumung der Frist sind die Versicherer von der Leistung frei.

2. Der Versicherte ist verpflichtet, unter Beachtung etwaiger Anweisungen der Versicherer für Abwendung und Minderung des Schadens zu sorgen, den Versicherern Auskünfte zu erteilen, Unterlagen zu liefern und alles zu tun, was zur Klarstellung des Schadens von den Versicherern billigerweise verlangt werden kann.

Werden diese Obliegenheiten vom Versicherten grobfahrlässig oder vorsätzlich verletzt, so sind die Versicherer von der Leistung frei.

3. Der Spediteur ist gleichfalls verpflichtet, unter Beachtung etwaiger Anweisungen der Versicherer für Abwendung und Minderung des Schadens zu sorgen, den Versicherern Auskünfte zu erteilen, Unterlagen zu liefern und alles zu tun, was zur Klarstellung des Schadens von den Versicherern billigerweise verlangt werden kann.

Werden diese Obliegenheiten vom Spediteur, seinem gesetzlichen Vertreter, Prokuristen oder selbständigen Leiter seiner Zweigniederlassung grobfahrlässig oder vorsätzlich verletzt, so ist der Spediteur den Versicherern für den dadurch entstandenen Schaden im vollen Umfang ersatzpflichtig.

4. Die Auszahlung der Versicherungsleistungen erfolgt über den Spediteur. Verlangt der Versicherte schriftlich vor der Schadenauszahlung einen direkten Schadenausgleich, ist eine Zahlung über den Spediteur ausgeschlossen.

5. Bei Fehlverladungen aus einem versicherten Verkehrsvertrag erstatten die Versicherer dem Spediteur die Beförderungsmehrkosten einschließlich etwaiger Telegramm-, Fernschreib-, Telefon- und Portogebühren, die von diesem zur Verhütung eines weiteren Schadens aufgewendet worden sind und aufgewendet werden mußten,

wenn er aufgrund gesetzlicher Vorschriften entweder vom Auftraggeber oder einem sonst nach § 1 Versicherten für den Schaden hätte in Anspruch genommen werden können (vgl. aber § 14).

Der Spediteur ist verpflichtet, die Fehlverladung, nachdem er hiervon Kenntnis erhalten, unverzüglich den Versicherern zu melden und alle sachlichen Auskünfte zu erteilen. Im Falle grobfahrlässiger oder vorsätzlicher Verletzung dieser Obliegenheiten sind die Versicherer von der Leistungspflicht gegenüber dem Spediteur frei.

Die Ansprüche des nach § 1 Versicherten werden hiervon nicht berührt.

6. Die Ansprüche des Versicherten, im Falle der Ziff. 5 die Ansprüche des Spediteurs, erlöschen, wenn nicht innerhalb Jahresfrist, seit der Schadenanmeldung gerechnet, die Klage gegen die Versicherer erhoben worden ist. Die Frist kann durch Vereinbarung verlängert werden.

Übersicht

	Rdn.		Rdn.
I. Allgemeines	1	III. Obliegenheiten des Versicherten (§ 10 Nr. 2 SVS/RVS)	10
II. Schadensanmeldung	2		
1. Grundsätzliches: Obliegenheit der Schadensanmeldung; Verschuldenserfordernis (§ 10 Nr. 1 SVS/RVS)	2	IV. Ersatzpflicht des Spediteurs gegenüber dem Speditionsversicherer (§ 10 Nr. 3 SVS/RVS)	11
2. Beginn und Lauf der Anmeldefrist	4	V. Auszahlung der Versicherungsleistung (§ 10 Nr. 4 SVS/RVS)	12
3. Anmeldung an die Speditionsversicherung und „über den Spediteur"	5	VI. Fehlverladungen (§ 10 Nr. 5 SVS/RVS)	13
4. Inhalt der Anmeldung	7		
5. Schriftform	8		
6. Anspruch gegen den Spediteur bei versäumter Anmeldung	9	VII. Erlöschen der Ansprüche nach Jahresfrist (§ 10 Nr. 6 SVS/RVS)	14

I. Allgemeines zu den Obliegenheiten nach § 10 SVS/RVS

§ 10 SVS/RVS Nr. 1–3 und 5 Abs. 2 stellt Obliegenheiten des Versicherten und des **1** Spediteurs fest und regelt ihre Folgen. Es handelt sich um Obliegenheiten, die nach Schadenseintritt zu erfüllen sind. Grundsätzlich ist daher § 6 Abs. 3 VVG anzuwenden, soweit er nicht durch den SVS/RVS nach § 187 Abs. 2 VVG im Rahmen des nach dem AGBG Zulässigen abbedungen ist. Die Abdingung von § 6 VVG als Ganzes ist nach § 9 AGBG auch gegenüber kaufmännischen Kunden unwirksam; s. zur CMR-Haftpflichtversicherung BGH v. 9. 5. 1984, NJW **1985** 559f = VersR **1984** 830ff = transpR **1984** 215–219; Anm. von *Martin* VersR **1984** 1107ff. Würde man die Leistungsausschlüsse bei schuldhafter Verletzung der Obliegenheiten so auslegen, daß § 6 VVG durch sie gänzlich ausgeschlossen, also die für den Versicherer folgenlosen Verstöße entgegen § 6 Abs. 3 VVG ebenfalls zum Leistungsausschluß führen sollten, dann müßte man nach der Rspr. den Ausschluß des § 6 Abs. 3 VVG als unwirksam behandeln. Damit wäre § 6 Abs. 3 voll anwendbar. Es würde auch der Leistungsausschluß bei leichter Fahrlässigkeit in § 10 Nr. 1 nicht wirksam sein, weil er mit § 6 Abs. 3 S. 1 VVG nicht zu vereinbaren ist. Es ist jedoch nicht davon auszugehen, daß § 10 SVS/RVS dem Versicherten den Nachweis abschneiden will, daß der Verstoß für den Versicherer folgenlos geblieben sei. Soweit Zweifel bestehen, ist nach § 5 AGBG die dem Versicherten günstigere Auslegung zu wählen. Damit ist davon auszugehen, daß der folgenlose Verstoß gegen Obliegenheiten nach § 10 SVS/RVS keinen Verlust der Versicherungsansprüche bewirkt.

Anh. II § 415
§ 10 SVS/RVS

II. Schadensanmeldung

1. Grundsätzliches: Obliegenheit der Schadensanmeldung; Verschuldenserfordernis (§ 10 Nr. 1 SVS/RVS)

2   Den Versicherten (s. § 1 SVS/RVS Rdn. 2 ff) trifft die Obliegenheit der Schadensanmeldung; s. zur Qualifikation der Anzeigepflicht als Obliegenheit *Prölss/Martin/Prölss* VVG[23] § 33 Anm. 7 B. Satz 3 weicht mit der Bestimmung, daß schuldhafte, also auch leicht fahrlässige Versäumnisse den Verlust der Ansprüche herbeiführen soll, von § 6 Abs. 3 S. 1 VVG zu Lasten des Versicherten ab. Dies ist an sich nach § 187 Abs. 2 VVG zulässig, könnte aber dennoch gegen § 9 AGBG verstoßen, *Prölss/Martin/Prölss*[23] § 187 VVG, Anm. 2 B c und Vorbem. I 6 C, a, b. Ein solcher Verstoß kann nicht auf eine (nicht anzunehmende) völlige Ausschließung von § 6 VVG gestützt werden; s. Rdn. 1. Jedoch bleibt zu erwägen, ob bereits eine leicht fahrlässige Versäumnis der Schadensanmeldung wirksam den Verlust aller Versicherungsansprüche herbeiführen kann. Unter Berücksichtigung der Möglichkeit der Schadensanmeldung beim Spediteur (s. Rdn. 5) ist jedoch die Regelung dem Versicherten zuzumuten. Im Transportbereich sind kurzfristige Anmeldungen von Schäden mit negativen Folgen im Handelsverkehr bekannt und durchaus üblich.

3   Da § 6 Abs. 3 VVG durch § 10 SVS/RVS im übrigen nicht ausgeschlossen ist, kann der Versicherte gem. § 6 Abs. 3 S. 2 den **Nachweis der Folgenlosigkeit** der Fristversäumnis führen, wodurch der Leistungsausschluß aufgehoben werden kann.

2. Beginn und Lauf der Anmeldefrist

4   Wann die Anmeldefrist beginnt, ist in § 10 Nr. 1 sprachlich undeutlich („hiervon") bestimmt. Es ist jedoch unstr., daß die Frist erst beginnt, wenn der Auftraggeber Kenntnis vom Bestehen der Speditionsversicherung erhält; BGH v. 18. 6. 1976, VersR **1976** 1129, 1130. Hierzu ist erforderlich, daß der Auftraggeber Tatsachen erfährt, die mit Sicherheit den Schluß zulassen, der Spediteur habe den SVS gezeichnet; *Wolf*[9] § 10 SVS Nr. 5; nach OLG Frankfurt VersR **1977** 909, soll es ausreichen, daß der Versicherte die SVS-Prämie gezahlt hatte. Falls dem Versicherten nicht bekannt ist, bei welchem Versicherer die Speditionsversicherung genommen ist, kann die Frist erst mit der Mitteilung nach § 39 a S. 3 ADSp zu laufen beginnen; siehe § 39 ADSp Rdn. 21. Rückschlüsse aus der vom Spediteur behaupteten Anwendbarkeit der ADSp auf die Zeichnung des SVS/RVS (§ 41 c ADSp) braucht der Auftraggeber nicht zu ziehen; BGH v. 1. 10. 1969, Warn **1969** Nr. 260. Nachdem der SVS/RVS seit 1978 nur noch Musterpolice ist (vgl. § 39 ADSp Rdn. 20) und auch die Wahl des Speditionsversicherers freigestellt ist (siehe dort Rdn. 21), ist heute offenkundig, daß der Versicherte vor dem Lauf der Anmeldefrist über das Bestehen der Speditionsversicherung informiert werden muß.

Nach Kenntnis vom Schaden und vom Bestehen der Versicherung beginnt die Frist erst, wenn der Versicherte den Schaden kennt und schätzen kann. Bei Kameras, die wegen Fehlverladung nach Italien befördert und dort beschlagnahmt wurden, stand erst ein halbes Jahr später fest, ob die Beschlagnahme zu Schäden und in welcher Höhe führen würde. Erst dann begann die Anmeldefrist zu laufen; BGH v. 14. 10. 1981, VersR **1982** 87 f.

Die Anmeldung ist grundsätzlich unverzüglich (§ 121 BGB) vorzunehmen. Die Monatsfrist des § 10 Nr. 1 S. 1 SVS/RVS ist nur eine Höchstbegrenzung, kann also keinesfalls im Regelfall in Anspruch genommen werden.

3. Anmeldung an die Speditionsversicherer und „über den Spediteur"

5   Die Schadensanmeldung erfolgt an die Speditionsversicherer (vgl. § 19 und § 18 Nr. 4 SVS/RVS). Seit der Neufassung 1978 kann sie auch „über den Spediteur" erfol-

Stand: 1. 9. 1985

gen. Daher genügt zur Schadensanmeldung die Absendung an den Spediteur. Zweifelhaft ist, ob eine auf Ersatz des Schadens durch den Spediteur gerichtete Anmeldung, in der die Speditionsversicherung nicht erwähnt ist, ausreicht. Dies ist im Interesse des Versicherten zu bejahen, da der Leistungsausschluß wegen versäumter Schadensmeldung nicht ausreichend präzise formuliert (unklar) ist und eng ausgelegt werden muß; siehe hierzu vor § 1 ADSp Rdn. 31–34. Angesichts der Unübersichtlichkeit der Abgrenzung zwischen Spediteurhaftung und Speditonsversicherung (vgl. §§ 407–409 Rdn. 147 f) wäre es im übrigen unangemessen, den Versicherten mit der rechtlich schwierigen Feststellung, wer ihm Ersatz schuldet, zu belasten; OLG Hamburg VersR **1984** 156, 157 und transpR **1984** 95 f mit zust. Anm. von *Heuer*.

Versäumt der **Spediteur, der** es **in langjähriger Übung übernommmen** hat, die ihm **6** vom Auftraggeber gemeldeten **Schäden** beim Speditionsversicherer **anzumelden**, in einem Einzelfall entsprechend zu verfahren, dann haftet er dem Auftraggeber gegenüber für den Ausfall; öster. OGH v. 16. 6. 1982, transpR **1984** 207 f. Siehe im übrigen zur Hinweispflicht des Spediteurs auf die Anmeldeobliegenheit §§ 407–409 Rdn. 123.

4. Inhalt der Anmeldung

Über den Inhalt der Schadensanmeldung ist nichts bestimmt. Daher ist auf allgemeine **7** Grundsätze des Versicherungsrechts zurückzugreifen (§§ 33, 34 VVG). Zweck der Anzeige ist es, den Versicherer von einem primären prima facie seine Leistungspflicht begründenen Ereignis in Kenntnis zu setzen. Genaueres kann der Vesicherer gemäß § 34 VVG nachträglich erfahren; *Prölss/Martin/Prölss* VVG[23] § 33 Anm. 4; BGH v. 23. 11. 1967, VersR **1968** 58, 59. Hierzu genügen Angaben über das Schadensereignis, die Art und mögliche Höhe des Schadens. Entgegen *Wolf*[9] § 10 SVS/RVS Nr. 8 kann nicht gefordert werden, daß bereits die Anzeige die Angaben enthalten muß, die den Versicherer in die Lage versetzen, Grund und Höhe des Anspruchs, Deckungspflicht, Abwendungs- und Minderungsmaßnahmen beurteilen zu können. Wäre dies richtig, so könnte die Anzeigefrist nicht zu laufen beginnen, bevor alle diese Umstände dem Versicherten genau bekannt geworden sind. Die Anzeige würde dann häufig ihren Zweck verfehlen, dem Versicherer die Beweissicherung und Kontrolle möglichst bald zu ermöglichen. Es kommt daher weder darauf an, daß der Anmeldende überhaupt weiß, daß die Speditionsversicherung den Schaden zu tragen hat, noch auf die einzelnen von *Wolf* geforderten Angaben, zutreffend zu Ziff. 10.1. Sp-Police OLG Hamburg transpR **1984** 95, 96 mit zust. Anm. von *Heuer*; ferner OLG Hamburg VersR **1984** 156, 157.

5. Schriftform

Erhalten die Versicherer die Schadensanzeige mündlich oder telefonisch in einer **8** Weise, die es ihnen ermöglicht, den Versicherungsfall ordnungsgemäß abzuwickeln, dann ist es ihnen verwehrt, sich auf die Nichteinhaltung der Schriftform zu berufen; so im Ergebnis auch *Wolf*[9] § 10 SVS/RVS Nr. 8; vgl. auch vor § 1 ADSp Rdn. 52.

6. Anspruch gegen den Spediteur bei versäumter Anmeldung

Bei der Versäumung der rechtzeitigen Anmeldung kann u. U. der Anspruch noch **9** gegen den Spediteur mit Erfolg durchgesetzt werden. Dieser kann sich auf die Haftungsbefreiung durch § 41 a ADSp nicht berufen, wenn er durch unklare Auskünfte beim Auftraggeber den Eindruck erweckt hat, der Schaden wäre durch die Speditionsversicherung nicht gedeckt und damit die Versäumung der Ausschlußfrist des § 10 Ziff. 1, 6 durch den Geschädigten verursacht hat: BGH v. 31. 1. 1957, VersR **1957** 193, 194. Siehe auch § 41 Rdn. 24. Hat dagegen der Spediteur den Geschädigten bei Ablehnung der Haftung eindeutig auf die Speditionsversicherung hingewiesen, dann liegt im Sichberufen auf § 41a keine unzulässige Rechtsausübung, wenn der Geschädigte die Frist des § 10 Nr. 1 versäumt hat; BGH v. 18. 6. 1976, VersR **1976** 1129, 1130; s. jedoch §§ 407–409 Rdn. 123.

III. Obliegenheiten des Versicherten (§ 10 Nr. 2 SVS/RVS)

10   Nr. 2 erlegt dem Versicherten (§ 1) Obliegenheiten (terminologisch unrichtig als Pflichten bezeichnet) auf, deren Verletzung zur Leistungsfreiheit führt. Gemäß § 187 Abs. 2 VVG ist die Speditionsversicherung als laufende Versicherung von den Beschränkungen des § 6 VVG frei. Allerdings ist davon auszugehen, daß dem Versicherten der Nachweis der Folgenlosigkeit des Obliegenheitsverstoßes offensteht; s. Rdn. 3.

IV. Ersatzpflicht des Spediteurs gegenüber dem Speditionsversicherer (§ 10 Nr. 3 SVS/RVS)

11   Nr. 3 erlegt dem Spediteur als Versicherungsnehmer Pflichten auf, die den Obliegenheiten des Versicherten in Nr. 2 entsprechen. Im Gegensatz zum gewählten Ausdruck handelt es sich hier jedoch nicht um Obliegenheiten, sondern um echte Vertragspflichten, deren Verletzung durch grobes Eigenverschulden zum Schadensersatz des Versicherungsnehmers führt. Der Leistungsanspruch des Versicherten wird durch die Pflichtverletzung des Spediteurs nicht beeinträchtigt. Doch hat der Spediteur durch die Schadenstragung den Versicherer wirtschaftlich von der Leistungspflicht freizustellen.

V. Auszahlung der Versicherungsleistung (§ 10 Nr. 4 SVS/RVS)

12   Wenn auch die Auszahlung der Versicherungsleistung „**über** den Spediteur" als Regelfall vorgesehen ist, so kann doch nicht davon ausgegangen werden, daß die Schuldbefreiung schon mit der Zahlung **an** den Spediteur eintritt. Die Formulierung „über" muß wohl so gedeutet werden, daß der Spediteur nur Botenfunktion haben soll. § 76 VVG ist nicht nur in § 10 Nr. 4 S. 2 SVS/RVS abbedungen, sondern ganz allgemein. Andernfalls müßte die Formulierung so lauten, daß die Leistung „an den Spediteur" erfolgen dürfte; zutreffend *Prölss/Martin* VVG[23] § 76 Anm. 4. Die Fa. Oskar Schunck wies im Merkblatt zur Neufassung der ADSp (1978) darauf hin, die Versicherer hätten „für die Weiterleitung an den Versicherten... einzustehen". Grundsätzlich können die Speditionsversicherer bei der Leistung an den Versicherten mit Ansprüchen gegen den Spediteur wegen Prämienrückständen aufrechnen; *Wolf*[9] § 10 SVS/RVS Nr. 18. Dies ergibt sich aus § 35b VVG. Die Vorschrift ist jedoch teilweise durch § 6 C 1d SVS/RVS ausgeschlossen, soweit die Prämienrückstände auf „Versehen" des Spediteurs beruhen; s. § 6 SVS/RVS Rdn. 3. Da § 35b den Versicherungsschutz des Versicherten erheblich beeinträchtigt, dürfte es treuwidrig sein, wenn der Speditionsversicherer größere Prämienrückstände auflaufen läßt, um sie dann mit späteren Versicherungsleistungen zu verrechnen. Das Sichberufen auf § 35b VVG kann u. U. unzulässige Rechtsausübung sein; vgl. vor § 1 ADSp Rdn. 52.

VI. Fehlverladungen (§ 10 Nr. 5 SVS/RVS)

13   Die eingehende Regelung ermöglicht es, die Folgen der Fehlverladung durch den Spediteur auf Kosten des Versicherers zu beseitigen. Ausnahmsweise erhält daher hier der Spediteur den Anspruch auf die Leistung aus der Speditionsversicherung. Siehe zur Funktion der Anzeigepflicht bei Fehlverladung BGH v. 14. 10. 1981, VersR **1982** 87.

Stand: 1. 9. 1985

VII. Erlöschen der Ansprüche nach Jahresfrist (§ 10 Nr. 6 SVS/RVS)

Die Jahresfrist nach § 10 Nr. 6 SVS/RVS = Ziff. 12.1. Sp-Police beginnt mit der **14** Schadensanmeldung nach § 10 Nr. 1 SVS/RVS (ähnlich Ziff. 12.1. Sp-Police). Die dem Versicherten günstige Auslegung bei der Schadensanmeldung (s. Rdn. 7) führt in § 10 Nr. 6 zu einem früheren Fristbeginn; s. OLG Hamburg transpR **1984** 95, 96.

§ 10 Nr. 6 ist deshalb besonders problematisch, weil die Klagefrist im Hinblick auf die Koppelung mit der Spediteurhaftung (§ 41 a ADSp) zu kurz bemessen ist. Angesichts der üblichen Prozeßdauer zwingt sie den Versicherten, sowohl den Spediteur wie den Speditionsversicherer zu verklagen, wenn streitig ist, ob der Schaden durch Speditionsversicherung gedeckt ist — vgl. § 41 ADSp Rdn. 9. In diesem Fall wird man einen Anspruch des Versicherten auf Verlängerung der Frist nach S. 2 annehmen müssen. Das OLG Hamburg VersR **1984** 156, 157 billigt dem Versicherten nach dem Scheitern der Regulierungsverhandlung noch eine angemessene Nachfrist zu. Zu denken ist auch an eine analoge Anwendung der §§ 209 Abs. 2 Nr. 4 BGB, 72 ZPO, wonach die Streitverkündung an den jeweils anderen den Lauf der Ausschlußfrist unterbrechen würde; siehe zur Anwendung der Verjährungsvorschriften auf Ausschlußfristen *MünchKomm./von Feldmann*[2] § 209 BGB Rdn. 14; *Palandt/Heinrichs*[44] vor § 194 Anm. 4 a) bb).

Die Berufung des SVS-Versicherers auf die Versäumung der Klagefrist des § 10 Nr. 6 kann gegen Treu und Glauben verstoßen. Daher muß auch hier geprüft werden, ob der Versicherte die Anmeldung schuldhaft versäumt hat; SVS-Schiedsgericht VRS **5** 186.

§ 11
Abtretung und Übergang von Rechten

1. Die Abtretung der Rechte des Versicherten aus diesem Vertrag gegen die Versicherer nach einem Schadenfall an andere Personen als an den Spediteur ist nur mit Zustimmung der Versicherer zulässig.

2. Ansprüche anderer Versicherer aufgrund eines etwaigen gesetzlichen Übergangs sind aus diesem Versicherungsvertrag ausgeschlossen.

3. Die Abtretung der Rechte des Spediteurs an andere Personen als an die Versicherer ist nur mit deren Zustimmung zulässig.

Die Auswirkungen der in § 11 enthaltenen Abtretungsbeschränkungen und des Ausschlusses der Legalzession nach § 67 VVG sind vielfältiger Art und schwer erfaßbar. **1** S. zu den Grundlagen der diesen Verboten vor allem zugrundeliegenden Regreßverhältnisse *Helm* in: 25 Jahre Karlsruher Forum Beiheft zu VersR **1983** S. 116ff, insbes. 122.

Das Abtretungsverbot für alle Ansprüche des Versicherten gegen den Speditionsversicherer in **Abs. 1** ist 1978 in eine Zustimmungsbedürftigkeit umgewandelt worden. **2** Auch in dieser Fassung hindert es den Auftraggeber oder sonstigen Inhaber des versicherten Interesses (§ 1 SVS/RVS) noch daran, die Ansprüche auf die Versicherungsleistung zu Inkassozwecken abzutreten — eine rechtlich bedenkliche Auswirkung. Der Speditionsversicherer kann nach Treu und Glauben zur Erteilung der Zustimmung verpflichtet sein, wenn ein anerkennenswertes Bedürfnis auf Abtretung besteht.

Der Ausschluß des gesetzlichen Übergangs des Anspruchs auf die Versicherungsleistung auf andere Versicherer gem. § 67 VVG in **Abs. 2** bewirkt praktisch eine Regreßsperre. Sie läßt sich aus einem bestehenden Einverständnis innerhalb der Versicherungsbranche sachlich begründen. **3**

Anh. II § 415
§ 14 SVS/RVS   Drittes Buch. Handelsgeschäfte

4   Abs. 3 ist insofern unklar, als er nicht angibt, welche Rechte des Spediteurs gegen wen in der Abtretung beschränkt sein sollen. In der vorliegenden weiten Fassung würde Abs. 3 die Abtretung aller wie auch immer gearteten Rechte des Spediteurs gegen beliebige Personen ohne Zustimmung des Speditionsversicherers ausschließen — eine völlig unangemessene, den Spediteur knebelnde Klausel. Obwohl davon ausgegangen werden kann, daß eine so weite Wirkung nicht beabsichtigt ist, läßt sich aus der speditionsversicherungsrechtlichen Literatur (s. insbes. *Krien/Hay* zu § 11 SVS) keine Klarheit über die Tragweite der Bestimmung gewinnen. In der gegenwärtigen uneingeschränkten Form kann sie den Spediteur unangemessen im Sinne von § 9 AGBG benachteiligen. Eine Einschränkung auf den zulässigen Wirkungsbereich ist mit der Rspr. (vergl. vor § 1 ADSp Rdn. 51) zu verneinen.

§ 12
Rückgriffsrecht

1. Die Versicherer verzichten auf einen Rückgriff gegen den Spediteur und seine Arbeitnehmer sowie gegen den Zwischenspediteur, der den SVS/RVS gezeichnet hat, und dessen Arbeitnehmer.

2. Ein Rückgriff in voller Höhe ist jedoch gegen jeden gestattet, der den Schaden vorsätzlich herbeigeführt hat.

1   § 12 SVS/RVS ist notwendiger Bestandteil des Gesamtkonzepts der ADSp/SVS/RVS-Regelung. Ohne diese Vorschrift würde der Erfolg der Haftungsersetzung durch Versicherung durch den Regreß des Speditionsversicherers vereitelt werden. Dieser ist demnach nur im Vorsatzfalle (Abs. 2) gegeben.

§ 13
Prämie

1. Prämienpflichtig ist jeder einzelne, zwischen dem Spediteur und Auftraggeber abgeschlossene Verkehrsvertrag.

Schließt ein Verkehrsvertrag Dispositionen an mehrere Empfänger ein, so gilt jede Disposition als prämienpflichtiger Verkehrsvertrag, es sei denn, es handelt sich um Auslieferungen an Selbstabholer.

Im Falle von Rahmen- oder Generalverträgen sind die einzelnen vom Spediteur durchgeführten Tätigkeiten (Versendungen, Abladungen, Einlagerungen usw.) entsprechend den in Betracht kommenden Verkehrsverträgen prämienpflichtig.

2.-5. (betrifft Höhe der Prämie. Wegen häufiger Änderung wird vom Ausdruck abgesehen)

§ 14
Schadenbeteiligung des Spediteurs

1. Der Spediteur hat den Versicherern 10% des Betrages unverzüglich zu erstatten, den die Versicherer je Schadenfall bezahlt haben, höchstens jedoch DM 600,— zuzüglich einer festen Schadenbeteiligung von DM 20,— je Schadenfall.

Stand: 1. 9. 1985

2. Hat ein gesetzlicher Vertreter, Prokurist oder selbständiger Leiter einer Zweigniederlassung des Spediteurs den Schaden durch eine vorsätzlich begangene Straftat verursacht und hat der Spediteur die Überwachungspflicht eines sorgfältigen Kaufmanns verletzt, so erhöht sich die Beteiligung des Spediteurs am Schaden von 10% auf 20%, die Höchstgrenze der Beteiligung beträgt in solchem Falle DM 10 000,—. Unberührt hiervon bleibt die Bestimmung des § 12 Ziff. 2.

3. Der Spediteur verpflichtet sich den Versicherern gegenüber als Zeichner dieses Versicherungsscheines, die Selbstbeteiligung dem Hauptspediteur zu erstatten, wenn er im Verhältnis zum Hauptspediteur für den Schaden verantwortlich ist oder verantwortlich gemacht werden kann. Er ist nicht befugt, sich wegen dieser Verpflichtung auf die Haftungsbeschränkungen der ADSp zu berufen.

§ 15
Ersatzpflicht des Spediteurs

Der Spediteur ist außer in den Fällen des § 10 Ziff. 3 und des § 12 Ziff. 2 den Versicherern in voller Höhe ersatzpflichtig,

(a) wenn er vorsätzlich die in § 6 Ziff. 3 festgesetzte Anmeldepflicht verletzt hat (den Vorsatz haben die Versicherer nachzuweisen);

(b) wenn er mit einer fälligen Prämienzahlung länger als zwei Wochen nach empfangener Mahnung im Verzug bleibt. Die Mahnung muß durch eingeschriebenen Brief erfolgen und die Rechtsfolgen angeben, die mit dem Ablauf der Frist verbunden sind;

(c) wenn ein Schaden durch einen erheblichen Mangel im Betriebe des Spediteurs entstanden ist, dessen Beseitigung die Versicherer wegen eines Vorschadens billigerweise verlangen konnten und innerhalb einer angemessenen Frist unter Hinweis auf die Rechtsfolgen verlangt hatten, der Spediteur diesen Mangel nicht abgestellt oder abzustellen sich geweigert hatte.

§ 16
Kündigung

1. Dem Bundesverband Spedition und Lagerei e. V. (BSL), Bonn, und den Versicherern steht das Recht zu, die Gesamtheit des SVS/RVS unter Einhaltung einer Frist von einem Jahr jederzeit aufzukündigen. Eine solche Kündigung wird dann auch für diesen Vertrag wirksam.

2. Die Versicherer und der einzelne Spediteur haben darüber hinaus das Recht, den einzelnen SVS/RVS unter Einhaltung einer Frist von drei Monaten jeweils zum Ende des Versicherungsjahres zu kündigen.

3. Die Wirksamkeit jeder Einzelkündigung durch die Versicherer ist von der Zustimmung des Bundesverbandes Spedition und Lagerei e. V. (BSL), Bonn, abhängig.

4. Für alle bei Wirksamwerden der Kündigung noch nicht abgewickelten Verkehrsverträge bleibt die Versicherung bis zur Beendigung des Verkehrsvertrages in Kraft, für Lagerverträge, außer Vor-, Zwischen- und Nachlagerungen gemäß § 3 Ziff. 5, jedoch höchstens drei Monate nach Wirksamwerden der Kündigung.

§ 17
Änderungen des SVS/RVS

Sollten Änderungen von den an diesem Versicherungsschein beteiligten Versicherern unter Genehmigung des Bundesverbandes Spedition und Lagerei e. V. (BSL), Bonn, und des Deutschen Industrie- und Handelstages (DIHT), Bonn, unter Mitwirkung des Bundesverbandes der Deutschen Industrie e. V. (BDI), Köln, des Bundesverbandes des Deutschen Groß- und Außenhandels e. V. (BGA), Bonn, des Deutschen Versicherungs-Schutzverbandes e. V. (DVS), Bonn, und der Hauptgemeinschaft des Deutschen Einzelhandels e. V. (HDE), Köln, mit der Oskar Schunck KG, München, vereinbart werden, so treten diese an die Stelle der bisherigen Bestimmungen.

§ 18
Gerichtsbarkeit und Geschäftsverkehr

1. Für Klagen der Versicherer gegen den Spediteur auf Prämienzahlung oder Zahlung der Schadenbeteiligung nach § 14 ist das Gericht der Niederlassung des Spediteurs zuständig.

2. Der führende Versicherer ist von den Mitversicherern ermächtigt, alle Rechtsstreitigkeiten auch bezüglich ihrer Anteile als Kläger oder Beklagter zu führen. Ein gegen den oder von dem führenden Versicherer erstrittenes Urteil wird deshalb von den Mitversicherern als auch für sie verbindlich anerkannt. Zustellungsbevollmächtigt ist die zuständige Niederlassung der Oskar Schunck KG.

3. Die Oskar Schunck KG ist befugt, die Rechte der Versicherer aus diesem Vertrag im eigenen Namen geltend zu machen.

4. Sämtliche aus diesem Vertrag sich ergebenden Erklärungen, Versicherungs- und Schadensanmeldungen sowie Prämienzahlungen usw. sind zu richten an die zuständige Niederlassung der Oskar Schunck KG.

§ 19
Führungsklausel und Beteiligungsliste

An diesem Versicherungsschein sind die nachbezeichneten Versicherer mit den dabei angegebenen Quoten beteiligt. Die Führung liegt bei dem erstgenannten Versicherer. Der führende Versicherer ist ermächtigt, für alle Versicherer zu handeln.

Beteiligungsliste (gültig ab 1. 1. 1985):

1.	VICTORIA Feuer-Versicherungs-AG, Bahnstraße 2, 4000 Düsseldorf 1	14%
2.	COLONIA Versicherungs AG, Köln	9¼%
3.	ALLIANZ Versicherungs-AG, München	8¾%
4.	WÜRTTEMBERGISCHE UND BADISCHE Vers.-AG, Heilbronn	8¼%
5.	NORDSTERN Allgemeine Vers.-AG, Köln	8%
6.	ALBINGIA Versicherungs-AG, Hamburg	7½%
7.	AGRIPPINA Versicherungs AG, Köln	4½%
8.	ALTE LEIPZIGER Versicherung AG, Oberursel/Ts.	3¾%
9.	MAGDEBURGER Feuerversicherung-AG, Hannover	3½%
10.	NORD-DEUTSCHE Vers.-AG, Hamburg	3½%
11.	WÜRTTEMBERGISCHE Feuer Vers. AG, Stuttgart	3¼%

Stand: 1. 9. 1985

12.	MANNHEIMER Versicherungs-Ges., Mannheim	3%
13.	AACHENER und MÜNCHENER Vers.-AG, Aachen	2½%
14.	GOTHAER Versicherungsbank WaG, Köln	2½%
15.	HELVETIA Schweizerische Feuervers.-Ges., Frankfurt	2%
16.	KRAVAG Vers.-Verb. d. Deutsch. Kraftverk. V.a.G., Hamburg	2%
17.	SECURITAS Bremer Allgemeine Vers.-AG, Bremen	2%
18.	THURINGIA Versicherungs-AG, München	2%
19.	FRANKFURTER Versicherungs-AG, Frankfurt	1¾%
20.	ZENTRALEUROPÄISCHE Vers.-AG, Stuttgart	1½%
21.	ZÜRICH Versicherungs-Ges., Frankfurt	1½%
22.	FEUERSOZIETÄT BERLIN, Berlin	1%
23.	GENERALI Assicurazioni Genrali, Frankfurt	1%
24.	NEU ROTTERDAM Versicherungs-Ges., Köln	1%
25.	NÜRNBERGER Allgemeine Vers.-AG, Nürnberg	1%
26.	R + V Allgemeine Versicherung AG, Wiesbaden	1%

Anhang zum
Speditions- und Rollfuhrversicherungsschein (SVS/RVS) über internationale europäische Güterbeförderungen
BAnz Nr. 24 v. 3. 2. 1984, S. 1033

§ 1
Versichertes Interesse

1. Versichert sind alle zwischen Spediteur und Auftraggeber abgeschlossenen Verkehrsverträge über Güterbeförderungen im internationalen Verkehr mit Abgangs- und Bestimmungsort innerhalb Europas.

2. Die Versicherer erstatten dem Versicherten (§ 1 SVS/RVS) nach Maßgabe deutscher gesetzlicher Bestimmungen alle Schäden, entstanden durch gänzlichen oder teilweisen Verlust und aus einer Beschädigung des Gutes, sofern diese Schäden zwischen dem Zeitpunkt der Übernahme des Gutes und der Ablieferung eintreten und sie vom Spediteur und/oder nachgeordneten Verkehrsunternehmen zu vertreten sind.

§ 2
Ausschlüsse

Ausgeschlossen von der Versicherung sind

1. alle Gefahren, welche durch eine Transportversicherung gedeckt sind, es sei denn, daß eine ordnungsgemäß geschlossene Versicherung durch Fehler des Spediteurs unwirksam wird;

2. Schäden, verursacht durch Verschulden des Auftraggebers, Versenders oder Empfängers, inneren Verderb oder die natürliche Beschaffenheit des Gutes, Fehlen oder Mängel der Verpackung.

§ 3
Versicherungsauftrag, -summe und Anmeldung

1. Jeder durch diesen Anhang versicherte Verkehrsvertrag ist ohne Rücksicht auf den tatsächlichen Wert des Gutes auf „Erstes Risiko" bis zu einem Betrag von DM 5 000,— versichert.

2. Der Auftraggeber ist berechtigt, durch eine schriftliche Erklärung gegenüber dem Spediteur die Versicherung nur dieses Anhanges zu untersagen.

§ 4
Ersatzleistung der Versicherer

Die Versicherer erstatten dem Versicherten Schäden auf der Grundlage der Verkaufspreise entsprechend § 430 Abs. 1 und 2 HGB, der unmittelbar Anwendung findet, wenn die Güter keinen Fakturenwert haben.

§ 5
Prämie

Die Prämie einschließlich Versicherungssteuer beträgt je abgeschlossenen Verkehrsvertrag DM 2,—.

§ 6
Anderweitige Bestimmungen

Im übrigen gelten die Bestimmungen des Speditions- und Rollfuhrversicherungsscheines (SVS/RVS). Die Bestimmungen dieses Anhanges gehen dem SVS/RVS vor.

1 1. Der Anhang zum SVS/RVS ist von den Spitzenverbänden akzeptiert und damit wirksam geworden (§ 17 SVS/RVS).

2. Im wesentlichen wirkt sich der Anhang als Aufhebung des Ausschlusses des transportversicherbaren Risikos nach § 5 Nr. 1 Bb SVS/RVS aus wegen besonderer Prämienzahlung. Das Teilverbot der Versicherung nach § 3 Nr. 2 des Anhangs beschränkt den Versicherungsschutz auf den ursprünglichen SVS/RVS.

3. Im Hinblick auf § 39a ADSp müssen alle mit dem SVS/RVS konkurrierende Speditionsversicherer einen entsprechenden Anhang anbieten, damit der diese Versicherung zeichnende Spediteur gem. § 41a ADSp die Haftungsbefreiung erlangt.

Anhang III nach § 415
Spedition-Police
(Sp-Police)
Versicherungsbedingungen

Vorbemerkungen

Zur Speditionsversicherung allgemein siehe § 39 ADSp Anh. I nach § 415 Rdn. 1 ff; zur Zulässigkeit der Sp-Police als Ergänzung zu den ADSp insbesondere § 39 ADSp Rdn. 20 f. Kurze Erläuterungen zur Sp-Police bringt *Wolgast*, ADSp, 3. Aufl. 1968, S. 62 ff. Siehe dort auf S. 66 einen vergleichenden Überblick über den Aufbau der beiden Speditionsversicherungs-Policen. Siehe ferner *Steinfeld*, Formen der Speditionsversicherung, 1965.

Die Bedingungen der Sp-Police wurden 1978 im Zusammenhang mit der Revision der ADSp und der Musterbedingungen des SVS/RVS ebenfalls überarbeitet und neu beziffert.

Text der Sp-Police:

1. **Versicherter**
1.1. Die Versicherung läuft für Rechnung, wen es angeht.
1.2. Versichert ist der Auftraggeber des Versicherungsnehmers oder derjenige, dem zur Zeit des den Schaden verursachenden Ereignisses das versicherte Interesse zugestanden hat (Speditions- und Rollfuhrversicherung).
1.3. Versichert ist ferner der Versicherungsnehmer als Haupt- oder Zwischenspediteur und als Unternehmer im Möbeltransport sowie der durch den versicherten Hauptspediteur hinzugezogene Zwischenspediteur, der die Sp-Police gezeichnet hat.

2. **Haftpflicht, Umfang der Versicherung**
2.1. Dem Auftraggeber und/oder demjenigen, dem das versicherte Interesse zugestanden hat, haften die Versicherer nach den deutschen gesetzlichen Bestimmungen für alle Schäden, wegen welcher diese Versicherten den Spediteur oder Zwischenspediteur aus einem Verkehrsvertrag in Anspruch nehmen können.
2.1.1. Die Versicherer ersetzen die Schäden nach Maßgabe der gesetzlichen Bestimmungen, mindestens im Rahmen der Bedingungen des SVS/RVS, nebst deren Nachträgen, Ergänzungen und Haftungserweiterungen.
2.1.2. Die Versicherer haften insbesondere, wenn eine ordnungsgemäß geschlossene Transport- oder Lagerversicherung durch Fehler des Spediteurs nicht zum Tragen kommt.
2.1.3. Die Haftung umfaßt auch Ansprüche aus Eigentum, unerlaubter Handlung oder ungerechtfertigter Bereicherung, wenn sie mit einem Verkehrsvertrag, den der Spediteur mit dem Auftraggeber geschlossen hat, unmittelbar zusammenhängen.
2.2. Der Auftraggeber kann den Spediteur schriftlich anweisen, die Speditions- und Rollfuhrversicherung nicht einzudecken
2.2.1. für alle Schäden (Verbotskunde),
2.2.2. für Güterschäden bei Transporten innerhalb der Bundesrepublik Deutschland sowie bei Transporten zwischen der Bundesrepublik Deutschland und Berlin/West (Teilverbotskunde).
2.2.3. Eine Erklärung mit der die Untersagung der Versicherung zurückgenommen wird, ist ebenfalls schriftlich gegenüber dem Spediteur abzugeben.

2.2.4. Erklärungen, mit denen die Versicherung untersagt wird oder mit denen die Untersagung zurückgenommen wird, hat der Spediteur unverzüglich an die Versicherer weiterzugeben.
2.3. Warenschäden, welche der Auftraggeber und/oder derjenige, dem das versicherte Interesse zugestanden hat, im organisierten Bahnsammelgutverkehr zwischen Stationen der Deutschen Bundesbahn sowie zwischen diesen Stationen und Stationen in Berlin/West erleidet, sind durch diese Police im Umfange der EVO von der Annahme des Gutes durch den Spediteur bis zur Ablieferung beim Endempfänger mitgedeckt.
2.3.1. Die Versicherer verzichten auf die Einrede der Selbstverladung (§ 83 (1) c EVO).
2.3.2. Der Regreß gegenüber der Bundesbahn bleibt vorbehalten.
2.3.3. Bei einem transportversicherten Verkehrauftrag haften die Versicherer im Rahmen der ADSp.
2.4. Dem Versicherungsnehmer als Hauptspediteur und dem von ihm hinzugezogenen Zwischenspediteur, der die Sp-Police gezeichnet hat, haften die Versicherer für Schäden, wegen welcher diese Versicherten im unmittelbaren Zusammenhang mit einem Verkehrsvertrag persönlich in Anspruch genommen werden können,
2.4.1. wenn und soweit der Auftraggeber nach Nr. 2.2. die Versicherung ausdrücklich schriftlich ganz oder teilweise untersagt hat,
2.4.2. bei Schäden an transport- oder lagerversicherten Gütern,
2.4.3. in der See- und Binnenschiffahrtsspedition,
für den Auslandsstreckenteil des Transportes,
bei disponierten Lagerungen:
auch bei Schäden, die durch eine Transport- oder Lagerversicherung allgemein üblicher Art versicherbar waren.
2.4.4. Die Versicherer haften in diesen Fällen nur gemäß §§ 51 ff ADSp.
2.4.5. Soweit der Versicherungsnehmer Ansprüche gegen die Versicherer im Rahmen der §§ 51 ff ADSp hat, sind sich die Parteien des Versicherungsvertrages darüber einig, daß diese Ansprüche mit ihrer Entstehung an den Auftraggeber oder denjenigen, dem das versicherte Interesse zugestanden hat, übergehen und ihm unwiderruflich unmittelbar zustehen sollen, es sei denn, daß der Auftraggeber oder derjenige, dem das versicherte Interesse zugestanden hat, bereits durch den Versicherungsnehmer wegen des Schadens befriedigt worden ist.
2.5. Für Schäden bei dem Transport von Möbeln und Umzugsgut im Güternahverkehr (§ 2 GüKG) haften die Versicherer ausschließlich nach den Beförderungsbedingungen für den Möbelverkehr (BefBMö) in der jeweils gültigen Fassung gegen Zahlung einer gesondert zu vereinbarenden Prämie.
2.6. Die Versicherer ersetzen Rettungs- und Feststellungskosten im Rahmen des § 63 VVG.
2.7. Die Ersatzpflicht der Versicherer erstreckt sich auch auf die Mehrkosten infolge Fehlverladung, die von dem Spediteur zur Abwendung eines weiteren Schadens aufgewendet worden sind und aufgewendet werden mußten.

3. **Verkehrsverträge**
3.1. Unter Verkehrsverträgen sind zu verstehen: Speditions- und Frachtverträge, Rollfuhraufträge, gleich welcher Art, sowie Lagerverträge innerhalb der Bundesrepublik Deutschland und in Berlin/West (siehe aber Nr. 5.1.2.).
3.2. Bestandteil eines Verkehrsvertrages sind die üblichen Nebenaufträge, wie zum Beispiel Nachnahme, Verwiegen, Zählen, Verpacken, Musterziehen, Verladen,

Ausladen, Verzollen, Vermittlung von Transport-, Lager-, Feuer-, Einbruch-Diebstahl-, Leitungswasser- und Sturmversicherung, Wahrung von Regressen.
3.3. Rollfuhrleistungen innerhalb der Nahzone einschließlich der damit zusammenhängenden Umladungen und Zwischenlagerungen sind unabhängig davon versichert, ob sie Haupt- oder Nebenleistung im Rahmen eines Verkehrsvertrages sind und ob sie vom Spediteur mit Kraftfahrzeugen des eigenen Betriebes oder beauftrager Unternehmer durchgeführt werden.

4. **Zwischenspediteure**
4.1. Zwischenspediteure im Sinne dieser Bedingungen sind Spediteure in Europa, die auf Grund eines von dem Spediteur abgeschlossenen Verkehrsvertrages tätig werden.
4.2. Sie sind mitversichert, auch wenn sie keine Speditionsversicherung gezeichnet haben.

5. **Ausschlüsse**
5.1. Ausgeschlossen von der Versicherung sind:
5.1.1. Ansprüche, die nicht mit einem Verkehrsvertrag zusammenhängen, oder aus Vereinbarungen des Spediteurs mit dem Auftraggeber, die nicht zu einem Verkehrsvertrag gehören oder über die gesetzliche Haftpflicht hinausgehen oder im Speditionsgewerbe nicht allgemein üblich sind, wie z. B. Vertragsstrafen oder Lieferfristgarantien,
5.1.2. Inanspruchnahmen des Spediteurs als Frachtführer, z. B. nach KVO oder CMR, auch in den Fällen des § 413 HGB, einschließlich denselben Schadenfall betreffende außervertragliche Ansprüche, soweit es sich nicht um Schäden bei der Erbringung von Rollfuhrleistungen in der Nahzone (Nr. 3.3.) handelt,
5.1.3. Schäden durch Krieg, Aufruhr, Beschlagnahme jeglicher Art oder Kernenergie,
5.1.4. Schäden an Personen.
5.2. Ausgeschlossen ist weiter die Haftung in den in Nr. 2.4.1. bis 2.4.3. bezeichneten Fällen, soweit die Haftung über die in §§ 51 ff ADSp festgelegten Haftungshöchstgrenzen hinausgeht.
5.3. Die Haftung für Güterschäden ist ausgeschlossen, wenn der Auftraggeber die Versicherung solcher Schäden untersagt hat (Teilverbotskunde; Nr. 2.2.2.).

6. **Grenzen der Haftung**
6.1. Die Ersatzpflicht der Versicherer je Verkehrsvertrag ist begrenzt mit dem Wert des Gutes, höchstens der Versicherungssumme, jedoch DM 1 000 000,— nicht übersteigen.
6.2. Diese Höchsthaftungssumme gilt auch:
6.2.1. wenn durch das Schadenereignis mehrere Auftraggeber betroffen werden,
6.2.2. für Feuerschäden bei Vor-, Zwischen- und Nachlagerungen, auch wenn Auftraggeber mehrer Spediteure von einem Schaden betroffen sind,
6.2.3. für Schäden aus fehlerhafter Vermittlung oder gänzlicher Unterlassung der Vermittlung von Transport-, Feuer-, Einbruchdiebstahl-, Leitungswasser- und Sturmschaden-Versicherungen durch den Spediteur.
6.3. Der Wert ist der Verkaufspreis zuzüglich entstandener Auslagen, sofern das Gut am Tage des Abschlusses des Verkehrsvertrages verkauft war, sonst der gemeine Handelswert am Tage des Abschlusses des Verkehrsvertrages am Ablieferungsort.

Johann Georg Helm

6.4. In jedem Falle werden die etwa entstandenen oder ersparten Kosten (Frachten, Zölle und dergleichen) berücksichtigt.

6.5. Die Versicherungssumme beträgt DM 5 000,—, wenn nicht eine andere Versicherungssumme vom Auftraggeber bekanntgegeben oder vom Spediteur geschätzt ist (Nr. 7.2. und 7.3.).

6.6. Ist die Versicherungssumme unter DM 1 000 000,— und niedriger als der Wert des Gutes, so wird die Entschädigung wegen Unterversicherung entsprechend gekürzt.

6.7. Übersteigt der Warenwert den Betrag von DM 1 000 000,— und sind DM 1 000 000,— als Versicherungssumme aufgegeben, so wird ein Schaden bis zu dieser Summe voll bezahlt.

6.8. Ohne die obigen Begrenzungen (Wert des Gutes, Versicherungssumme) werden ersetzt Rettungs-, Feststellungs- und Mehrkosten infolge Fehlverladung im Rahmen der Nr. 2.7.

6.9. Für von einem Sachschaden unabhängige Schäden (reine Vermögensschäden) haften die Versicherer je Verkehrsvertrag bis zum doppelten Wert des Gutes, maximal aber bis zur doppelten Versicherungssumme.

7. Deklaration

7.1. Der Spediteur hat, soweit er als Hauptspediteur tätig ist, den Versicherern monatlich aufzugeben, spätestens bis zum 20. des nächsten Monats:

7.1.1. die Anzahl aller Verkehrsverträge gemäß Deklaration, getrennt nach den einzelnen Versicherungssummen entsprechend der Prämientabelle,

7.1.2. die Anzahl aller Verkehrsverträge, für welche die Speditionsversicherung untersagt ist, getrennt nach Verbotskunden (Nr. 2.2.1.) und Teilverbotskunden (Nr. 2.2.2.),

7.1.3. die Anzahl der Verkehrsverträge im Binnenumschlagverkehr die je Auftrag mehr als 15 t betreffen, getrennt nach den einzelnen Versicherungssummen entsprechend der Prämientabelle.

7.2. Der Auftraggeber oder ein sonst nach Nr. 1.2. Versicherter muß dem Spediteur sofort bei Erteilung eines Verkehrsauftrages schriftlich bekanntgeben, wenn eine höhere oder niedrige Versicherungssumme als DM 5 000,— je Verkehrsauftrag eingedeckt werden soll.

7.3. Mangels Aufgabe der Versicherungssumme ist der Spediteur bei Übernahme des Verkehrsauftrages, spätestens vor Abfertigung, zur Schätzung der Versicherungssumme über DM 5 000,— nach einwandfreien Unterlagen berechtigt.

7.4. Wird vom Auftraggeber keine Versicherungssumme aufgegeben und auch vom Spediteur keine Schätzung vorgenommen, so ist je Versicherungsauftrag der unter Nr. 1.2. Versicherte bis zu einem Höchstbetrag von DM 5 000,— versichert.

7.5. Die Versicherer können die Anmeldungen des Spediteurs durch Einsicht in die Geschäftsbücher oder sonstige die Versicherung betreffende Unterlagen nachprüfen. Über die bei einer Nachprüfung erlangten Kenntisse wahren die Versicherer Stillschweigen.

8. Prämien

8.1. Die Prämien werden nach Maßgabe der beigefügten Prämientabelle berechnet und abgerechnet.

8.2. Die Prämien sind monatlich, spätestens bis zum 20. des nächsten Monats, zu zahlen.

8.3. Prämie ist für jeden Verkehrsvertrag zwischen dem Spediteur und dem Auftraggeber zu zahlen.

Stand: 1. 9. 1985

8.4. Umfaßt ein Verkehrsvertrag Dispositionen für mehrere Empfänger, ist für jede einzelne Disposition Prämie abzuführen, sofern nicht Auslieferungen an Selbstabholer Gegenstand des Vertrages sind.
8.5. Erbringt der Spediteur Leistungen in Erfüllung von Rahmenverträgen (Generalverträgen), so ist prämienpflichtig jede Tätigkeit des Spediteurs (Versendung, Abladung, Einlagerung usw.), die ohne den Rahmenvertrag üblicherweise Gegenstand eines besonderen Verkehrsvertrages wäre.
8.6. Bei Einlagerungen wird Prämie für jeden angefangenen Monat der Lagerung berechnet.
8.7. Bei Vor-, Zwischen- und Nachlagerungen, die im unmittelbaren Zusammenhang mit einem Verkehrsvertrag stehen, werden die Prämien erst fällig, wenn die Lagerungen über einen Monat hinausgehen.
8.8. Bei Einlagerungen in Verteilungslagern (Konsignations-, Fabriklagern) ist Prämie nur einmal für den Zeitpunkt der Auflagernahme zu entrichten. Bei Auslagerungen finden Nr. 8.3. bis 8.7. Anwendung.
8.9. Wenn die auf Grund dieses Vertrages innerhalb eines Kalenderjahres bezahlten Schadenbeträge die für dieses Jahr vom Spediteur geschuldeten Bruttoprämien abzüglich Versicherungssteuer übersteigen, können die Versicherer für das Folgejahr Sanierungsmaßnahmen fordern. Die Versicherer können den Vertrag mit einer Frist von vier Wochen kündigen, wenn nicht innerhalb einer angemessenen Frist eine Einigung über die Sanierungsmaßnahmen erzielt wird.
8.10. Im Fall einer Haftungserweiterung durch Bedingungsänderungen steht den Versicherern vom Zeitpunkt des Inkrafttretens an eine angemessen erhöhte Prämie zu.
8.11. Sollte sich das Gesamtprämienaufkommen der Sp-Police als unzureichend erweisen, so sind die Versicherer berechtigt, angemessene Sanierungsmaßnahmen, wie z. B. Prämienerhöhungen oder Veränderungen des Schadenanteils des Spediteurs für alle Verträge dieser Sp-Police, unabhängig von der Laufzeit des Vertrages, zu fordern.

9. **Versehensklausel**
9.1. Fehler oder Unterlassungen des Versicherungsnehmers bei der Deklaration und Zahlung der Prämie beeinträchtigen die Ersatzpflicht nicht.
9.2. Schätzungsfehler fallen nicht unter die Versehensklausel.

10. **Schadenbehandlung**
10.1. Der Versicherte hat jeden Schaden unverzüglich, spätestens innerhalb eines Monats nach Kenntnis den Versicherern direkt oder über den Spediteur schriftlich anzumelden.
10.2. Im Fall der schuldhaften Versäumnis der Frist können die Versicherer die Leistung ablehnen.
10.3. Der Versicherungsnehmer hat die Versicherer unverzüglich davon in Kenntnis zu setzen, wenn er wegen eines Schadens zivilgerichtlich in Anspruch genommen wird.
10.4. Unterläßt er diese Mitteilung, so können die Versicherer die Übernahme der Prozeßkosten ablehnen.
10.5. Die Versicherten haben den Schaden abzuwenden oder zu mindern, den Versicherern jede Auskunft zu erteilen und die angeforderten Unterlagen zu liefern.
10.6. Wird diese Verpflichtung vorsätzlich oder grobfahrlässig verletzt, so sind die Versicherer dem Verletzer gegenüber leistungsfrei.

10.7. Ist der Auftraggaber oder derjenige, dem das versicherte Interesse zugestanden hat, Versicherter, so ist auch der Spediteur verpflichtet, den Schaden abzuwenden oder zu mindern, den Versicherern jede Auskunft zu erteilen und die angeforderten Unterlagen zu liefern.

10.8. Verletzt der Speditur vorsätzlich oder grobfahrlässig diese Verpflichtungen, so ist er den Versicherern gegenüber schadenersatzpflichtig.

10.9.1.Der Versicherungsnehmer hat den Versicherern die Schadensumme voll zurückzuvergüten, wenn er den Schaden vorsätzlich herbeigeführt hat oder wenn der Schaden durch erhebliche Mängel in seinem Betrieb entstanden ist, deren Beseitigung die Versicherer wegen eines Vorschadens vergeblich verlangt hatten, oder wenn er mit der fälligen Prämienzahlung länger als zwei Wochen nach empfangener Mahnung im Verzug bleibt.

10.9.2.Die Mahnung erfolgt durch eingeschriebenen Brief unter Angabe der Rechtsfolgen, die mit dem Ablauf der Frist verbunden sind.

10.9.3.Hat der Versicherungsnehmer den geschädigten Auftraggeber oder denjenigen, dem das versicherte Interesse zugestanden hat, bereits wegen des Schadens ganz oder zum Teil oder vergleichsweise befriedigt, so sind die Versicherer dem Versicherungsnehmer gegenüber von der Verpflichtung zur Leistung frei.

10.10. Hat der Auftraggeber oder derjenige, dem das versicherte Interesse zugestanden hat, den Schaden vorsätzlich herbeigeführt, so können die Versicherer auch gegen ihn Rückgriff nehmen. Als Vorsatz genügt auch der bedingte Vorsatz.

10.11. Ebenso können die Versicherer gemäß § 67 VVG gegen den Zwischenspediteur Regreß nehmen, der nicht die Sp-Police gezeichnet hat.

10.12. Der Spediteur ist den Versicherern im Rahmen der ADSp ersatzpflichtig, wenn er bei der Ausführung eines Versicherungsvertrages, ausgenommen Speditionsversicherung, seine Sorgfaltpflicht grobfahrlässig verletzt hat.

10.13. Die Versicherer können auf Arbeitnehmer des Versicherungsnehmers/Versicherten zurückgreifen, sofern sie den Schaden vorsätzlich herbeigeführt haben.

10.14. Der Versicherungsnehmer ist nicht berechtigt, ohne vorherige Zustimmung der Versicherer einen Haftpflichtanspruch ganz oder zum Teil oder vergleichsweise anzuerkennen oder zu befriedigen. Bei Zuwiderhandlungen sind die Versicherer von der Leistungspflicht frei.

10.15. Die Schadensumme wird über den Spediteur ausgezahlt.

10.16. Der Versicherte kann vor der Auszahlung der Schadensumme schriftlich von den Versicherern fordern, daß die Zahlung an ihn direkt erfolgt.

11. **Schadenanteil des Spediteurs**

11.1. Der Schadenanteil des Spediteurs beträgt in jedem Fall 10% des zu vergütenden Betrages, höchstens jedoch DM 600,— je Schadenereignis zuzüglich einer festen Schadenbeteiligung von DM 20,— je Schadenfall.

11.2. Der Schadenanteil erhöht sich von 10% auf 20%, begrenzt mit DM 10 000,—, wenn ein gesetzlicher Vertreter, das Organ einer juristischen Person, ein Prokurist oder selbständiger Leiter einer Zweigniederlassung den Schaden durch eine vorsätzlich begangene Straftat verursacht und der Spediteur oder Rollfuhrunternehmer die Überwachungspflicht eines sorgfältigen Kaufmanns verletzt hat.

11.3. Ist für einen Schaden, für den die Versicherer Ersatz geleistet haben, ein Zwischenspediteur verantwortlich, so hat dieser dem Hauptspediteur als Versicherungsnehmer dieses Vertrages den Schadenanteil zu erstatten.

Stand: 1. 9. 1985

12. Gerichtliche Geltendmachung

12.1. Nicht gerichtlich innerhalb eines Jahres seit Schadenanmeldung geltend gemachte Ansprüche erlöschen. Eine Verlängerung dieser Frist kann ausdrücklich vereinbart werden.

12.2. Für Klagen der Versicherer gegen den Spediteur wegen Prämienzahlung, Zahlung der Schadenbeteiligung oder Regreßansprüchen sind örtlich nur die Gerichte in Hamburg und Köln zuständig.

12.3. Klagen gegen die Versicherer sind gegen den führenden Versicherer zu richten, der den Prozeß zugleich im Namen der Mitversicherer durchführt und zu Vergleichen und Anerkenntnissen berechtigt ist.

13. Geschäfsführung

13.1. Die unterzeichnende Gesellschaft ist der führende Versicherer.

13.2. Dieser ist durch Vollmacht der Mitversicherer auch legitimiert, Prämienansprüche, Ansprüche auf Schadenbeteiligung und Regreßansprüche zugunsten sämtlicher Mitversicherer gerichtlich zu verfolgen.

13.3. Alle Anzeigen, Erklärungen und Zahlungen, die von dem Versicherungsnehmer/Versicherten zu bewirken sind, gelten den Versicherern als zugegangen, sobald sie bei der Firma Hans Rudolf Schmidt & Co. eingegangen sind.

14. Allgemeine Bestimmungen

14.1. Wenn das Gericht die Berufung des Versicherungsnehmers auf die ADSp nicht anerkennt, leisten die Versicherer Ersatz im Rahmen dieser Police nach den gesetzlichen Bestimmungen des HGB über die Haftung des Versicherungsnehmers als Spediteur (§§ 407–411, 414 HGB) oder als Lagerhalter (§§ 416–424 HGB). In den in Nr. 2.4.1. bis 2.4.3. aufgeführten Fällen haften die Versicherer nur gemäß §§ 51 ff ADSp.

14.2. Die Versicherer haften nicht, wenn der Spediteur und sein Auftraggeber von den ADSp in grundsätzlicher Hinsicht abweichende Geschäftsbedingungen, insbesondere eine über die ADSp hinausgehende Haftung, vereinbaren.

14.4. Für das Verhältnis des Versicherungsnehmers und Versicherten zu den Versicherern und dem Versicherungsmakler sind ausschließlich die in der unterzeichneten Police aufgeführten Bedingungen und Klauseln maßgeblich.

14.5. Nicht erkennbar als inhaltlicher Bestandteil der Police gewollte briefliche oder mündliche Äußerungen oder Auskünfte sind gegenüber dem Policen-Text unverbindlich, gleichgültig, ob sie vor oder nach der Unterzeichnung der Police erfolgt sind, und begründen weder eine Haftung der Versicherer noch des Versicherungsmaklers.

15. Kündigung

15.1. Die Versicherer und der Versicherungsnehmer haben das Recht, den Versicherungsvertrag unter Einhaltung einer Frist von drei Monaten jeweils zum Ende des Versicherungsjahres zu kündigen.

15.2. Für Verkehrsverträge, die im Zeitpunkt des Wirksamwerdens der Kündigung noch nicht abgewickelt sind, bleibt die Versicherung bis zur endgültigen Abwicklung des Verkehrsvertrages in Kraft.

15.3. Für Lagerverträge, mit Ausnahme von verkehrsbedingten und nicht besonders in Auftrag gegebene Vor-, Zwischen- und Nachlagerungen, besteht der Ver-

Anh. IV § 415   Drittes Buch. Handelsgeschäfte

sicherungsschutz fort, jedoch höchstens noch für drei Monate nach Wirksamwerden der Kündigung.

GERLING-KONZERN
Allgemeine Versicherungs-Aktiengesellschaft
als Führende, gleichzeitig im Namen der Mitversicherer
in Vollmacht die geschäftsführende Stelle
HANS RUDOLF SCHMIDT & CO.

Nachtrag Nr. 24 zur Speditionspolice
BAnz v. 15. 3. 1984, S. 2315

1. Dem Auftraggeber oder demjenigen, dem das versicherte Interesse zugestanden hat, haften die Versicherer nach den deutschen gesetzlichen Bestimmungen für Schäden, die bei Versendungen im grenzüberschreitenden Verkehr innerhalb Europas durch Verlust oder Beschädigung des beförderten Gutes in der Zeit von der Übernahme zur Beförderung bis zur Ablieferung entstehen und die von einem an der Versendung beteiligten Verkehrs-Unternehmen zu vertreten sind.

2. Ausgenommen von der Haftung sind alle Gefahren, für die Deckung durch eine Transportversicherung besteht.

3. Versicherungsschutz besteht bis zum Betrag von 5000,— DM unter Ausschluß des Einwandes der Unterversicherung.

4. Der Auftraggeber kann den Spediteur schriftlich anweisen, die unter Nr. 1 bezeichnete Versicherung nicht einzudecken (Verbot der Europa-Deckung).

5. Die Prämie beträgt je Verkehrsvertrag 2,— DM einschl. Versicherungssteuer.

6. Im übrigen gelten die Bestimmungen der Speditions-Police (Sp-Police).

1 S. hierzu die Erläuterungen zum Anhang zum SVS/RVS Anh. II nach § 415. Der Nachtrag zur Speditionspolice gilt ab 1. 3. 1984.

Anhang IV nach § 415
Internationale Spediteurdokumente

Übersicht

	Rdn.
Vorbemerkung	1
1. Das FIATA FCR (Forwarders Certificate of Receipt = Spediteurübernahmebescheinigung)	2
a) Inhalt	2
b) Rechtsnatur	3
c) Beweiswirkung	4
d) Sperrwirkung	5
e) Drittbegünstigung des Empfängers	6
f) Dringliche Wirkungen des FCR	7
g) Andienbarkeit im Dokumentenakkreditiv und im Inkasso	8
h) Haftung des Spediteurs	9
2. Das FIATA-FCT (Forwarders Certificate of Transport = Spediteur-Transportbescheinigung)	11
3. Das FBL (Negotiable FIATA Combined Transport Bill of Lading = übertragbares Durchkonnossement für den kombinierten Transport)	13
a) Grundkonzept	13
b) Wertpapierrechtliche Eigenschaften	14
c) Andienungsfähigkeit im Dokumentenakkreditiv	15
d) Haftung des Spediteurs für unrichtige Ausstellung	16
4. FWR (FIATA-Warehouse Receipt = FIATA Lagerempfangsschein)	18

Vorbemerkung

Siehe zur Bedeutung der Spediteurdokumente überblicksweise §§ 407–409 **1**
Rdn. 136–138 und §§ 412, 413 Rdn. 65.

Der internationale Spediteurverband FIATA (siehe §§ 407–409 Rdn. 3) empfiehlt vier Dokumente, die im folgenden als Formulare abgedruckt werden. Von diesen sind in Deutschland das „FCR" und das „FBL" üblich, während „FCT" und „FWR" kaum in Gebrauch sind. Die Dokumente werden von der FIATA in Form einer Broschüre mit Musterabdrucken mit kurzer Einführung empfohlen. Die Benutzung der Formulare und Bedingungen, an denen die FIATA das Urheberrecht beansprucht, ist an Voraussetzungen gebunden und wird durch die nationalen Spediteurverbände (in Deutschland den BSL vgl. §§407–409 Rdn. 3) vermittelt. Die Verbände haben das alleinige Druckrecht. Der BSL gibt die Formulare an Mitgliedsunternehmen gegen Rückgabe einer unterzeichneten Belehrung über die Bedeutung des betreffenden Papiers ab. Alle Dokumente enthalten (teilweise neben der deutschen Fassung) den englischsprachigen Text.

Abdruck aller FIATA-Dokumente mit den kurzen Erläuterungen der FIATA bei *Krien* Nr. 6530 bis 6591.

Obwohl sich die vereinheitlichen FIATA-Dokumente zunehmend durchsetzen (s. DVZ Nr. 110 v. 13. 9. 1984, S. 41), existieren neben ihnen zahlreiche im Text leicht abweichende Formulare, die jedoch in der Regel sachlich die gleiche Wirkung erzeugen sollen.

1. Das FIATA FCR (Forwarders Certificate of Receipt = Spediteur-Übernahmebescheinigung)

a) Inhalt

Das FCR ist eine Empfangsquittung über das vom Spediteur entgegengenommene **2** Gut; BGH v. 15. 12. 1976, BGHZ **68** 18, 21; OLG Düsseldorf transpR **1984** 204. Es enthält daher Angaben über den ausstellenden Spediteur, den Einlieferer und die übernommenen Güter; zur Haftung für unzutreffende Angaben s. §§ 407–409 Rdn. 137. Ferner enthält das FCR Angaben aber auch über den Inhalt des ihm zugrundeliegenden Speditionsvertrags, insbesondere über den vorgesehenen Adressaten des Gutes, über Verfügungsrechte und die Sperrwirkung des Papiers.

Auf der Rückseite und im Anhang des in Deutschland verwendeten FCR sind die ADSp abgedruckt, auf die auf der Vorderseite verwiesen wird.

b) Rechtsnatur

Das FCR ist reines Beweispapier, nicht dagegen Wertpapier. Es verbrieft keine An- **3** sprüche; BGH v. 15. 12. 1976, BGHZ **68** 18, 22 (VIII. ZS); beiläufig bestätigt vom I. ZS im Urt. v. 5. 6. 1981, VersR **1981** 975, 977; *Hill*, Freight Forwarders, London 1972, S. 346; *Liesecke*, Sonderbeilage 3/1978 zu WM, S. 15. Im FCR ist auch keine Legitimationswirkung (befreiende Leistung an den Inhaber) vorgesehen. Alle Rechtswirkungen ergeben sich somit alleine aus den dem Papier zugrundeliegenden Umständen, insbesondere aus dem Speditionsvertrag oder anderen zwischen Spediteur und Auftraggeber geschlossenen Vertrag. Auch der im FCR benannte Empfänger (consignee) hat somit allenfalls die Stellung des begünstigten Dritten aus dem Vertrag zwischen Spediteur und Auftraggeber. Auch die für Eigentums- und Kreditsicherungsverhältnisse maßgeblichen Besitzpositionen ergeben sich nicht aus dem Papier, sondern aus den zugrundeliegenden tatsächlichen Übernahmen konkreter Güter bzw. Besitzmittlungsverhältnissen. Das FCR kann auch als Beweisumstand für die Kenntnis des Spediteurs von den Rechtsbezie-

Anh. IV § 415   Drittes Buch. Handelsgeschäfte

Lieferanten bzw. Auftraggeber des Spediteurs
Suppliers or Forwarders Principals

FIATA FCR
Forwarders
Certificate of Receipt
1. COPY   Ref. No.

No   D

Empfänger
Consignee

Die Durchführung des Auftrages erfolgt auf Grund der umseitig abgedruckten Allgemeinen Bedingungen.
The goods and instructions are accepted and dealt with subject to the General Conditions printed overleaf.

| Zeichen und Nummern; | Anzahl/Verpackungsart | Inhalt | Bruttogewicht | Maß |
| Marks and numbers; | Number and kind of packages | Description of goods | Gross weight | Measurement |

laut Angaben des Versenders
according to the declaration of the consignor

SVS/RVS   Wert/*Value*
(§§ 39 ff ADSp) DM

Wir bescheinigen hiermit die oben bezeichnete Sendung in äußerlich guter Beschaffenheit übernommen zu haben
We certify having assumed control of the above mentioned consignment in external apparent good order and condition

mit der unwiderruflichen Weisung*
with irrevocable instructions*

    zur Verfügung des Empfängers
    at the disposal of the consignee ☐

    zum Versand an den Empfänger
    to be forwarded to the consignee ☐

* Die Weisung zur Beförderung kann nur gegen Rückgabe der Original-Bescheinigung widerrufen oder abgeändert werden, und nur soweit und solange als der ausstellende Spediteur noch ein Verfügungsrecht über die bezeichnete Sendung besitzt.
Die Weisung zur Verfügungsstellung an den angegebenen Dritten kann nur gegen Rückgabe der Original-Bescheinigung widerrufen oder abgeändert werden, und nur solange, als die Verfügung, des begünstigten Dritten noch nicht beim ausstellenden Spediteur eingegangen ist.
* *Forwarding instructions can only be cancelled or altered if the original Certificate is surrendered to us, and then only provided we are still in a position to comply with such cancellation or alteration.*
Instructions authorizing disposal by a third party can only be cancelled or altered if the original Certificate of Receipt is surrendered to us, and then only provided we have not yet received instructions under the original authority.

(falls erforderlich, Angaben über den Transportweg und Transportmittel)
Besondere Angaben
Special remarks

Frankatur- und Spesenvorschrift
Instructions as to freight and charges

Ort und Datum / *Place and date of issue*

Stempel und rechtsgültige Unterschrift
Stamp and authorized signature

Text autorisiert durch FIATA. Nachdruck verboten.
Text authorized by FIATA. Copyright reserved.
FIATA/Zurich - Switzerland 2.82

Stand: 1. 9. 1985

hungen zwischen Versender und Empfänger von Bedeutung sein; s. OLG Düsseldorf VersR **1984** 204 und §§ 407–409 Rdn. 222.

Das FCR ist auch kein Frachtbrief und zwar formal schon deshalb nicht, weil der Frachtbrief im Gegensatz zum FCR vom Absender ausgestellt wird; materiell deshalb, weil das FCR kein Beförderungsversprechen dokumentiert; zutreffend OLG München v. 17. 12. 1980, 7 U 2771/80 (unveröff.); OLG Hamburg transpR **1984** 99 = VersR **1983** 453, 454; a.A. *Kort* transpR **1981** 118.

c) Beweiswirkung

Als Privaturkunde erbringt das FCR vollen Beweis nur hinsichtlich der Tatsache, daß **4** die in ihm enthaltenen Erklärungen vom Spediteur abgegeben sind. Die sogenannte innere Beweiskraft, insbesondere hinsichtlich der Richtigkeit der Erklärung über besondere Besitzverhältnisse und Vertragsabschlüsse, unterliegt dagegen der freien Beweiswürdigung nach § 286 ZPO; vgl. dazu statt vieler *Baumbach/Lauterbach/Hartmann*, ZPO³⁷ § 416 C. Für den Frachtbrief ist entsprechendes (mit Ausnahme des Eisenbahnfrachtbriefs) in laufender Rechtsprechung für verschiedene darin enthaltene Angaben vom BGH bestätigt, vgl. § 426³ Rdn. 3 ff. Auch die Beweiswirkung der Angaben über die Zahl der übernommenen Frachtstücke kann durch Entkräftung beseitigt werden; OLG Hamburg Der Spediteur **1983** H. 10 S. 21. Die im FCR enthaltenen Angaben geben daher nur relative Sicherheit. Liegen stärkere Gegenbeweise vor, dann kann das FCR u.U. wesentlich an Wert verlieren.

d) Sperrwirkung

Neben der Empfangsbescheinigung enthält das FCR zwei wahlweise ankreuzbare **5** Angaben über die vertraglichen Vereinbarungen zwischen Spediteur und Auftraggeber, nämlich „mit der unwiderruflichen Weisung" (entweder) „zur Verfügung des Empfängers" (oder) „zum Versand an den Empfänger". Beide Weisungen können „nur gegen Rückgabe der Original-Bescheinigung widerrufen oder abgeändert" werden. Die mit diesen Formulierungen umschriebene Vereinbarung zwischen Spediteur und Auftraggeber soll bewirken, daß der Spediteur die Weisungen des Auftraggebers nicht mehr befolgt, wenn das FCR von diesem an einen Dritten weitergegeben ist. Der Spediteur ist daher Treuhänder; zutreffend BGH v. 15. 12. 1976, BGHZ **68** 18, 22. Verhält sich der Spediteur vertragstreu, dann kommt somit dem Papier eine Sperrfunktion zu, wenn der Käufer vom Verkäufer (Auftraggeber des Spediteurs) das Original-FCR erhalten hat; BGH aaO S. 21 f; *Spera*, Zeitschrift f. d. intern. Eisenbahnverkehr **1985** 94.

Die Sperrwirkung setzt allerdings voraus, daß zwischen Spediteur und Auftraggeber eine entsprechende Vereinbarung abgeschlossen ist. Für diese erbringt das FCR (widerleglichen) Beweis.

Verstößt der Spediteur im Widerspruch zu seiner Treuhänderstellung gegen die Sperrwirkung, etwa weil er den bestätigten Vertrag mit dem Auftraggeber mit diesem Inhalt nicht abgeschlossen hat, dies bestreitet oder weil er sich über die Drittbegünstigungsklausel hinwegsetzt, dann ist problematisch, welche Rechte dem „Empfänger" zustehen. Dieser kann wohl als Begünstigter i.S.v. § 328 BGB angesehen werden, dem zwar keine unmittelbaren Auslieferungsansprüche eingeräumt sind, wohl aber ein „Verfügungsrecht"; zu diesem siehe unten Rdn. 6. Man wird daraus einen Schadensersatzanspruch des Empfängers wegen Nebenpflichtverletzung gegen den Spediteur ableiten können.

e) Drittbegünstigung des Empfängers

6 Die Begünstigung des Empfängers in der zweiten der beiden wahlweise ankreuzbaren Formulierungen (siehe dazu Rdn. 5) „zum Versand an den Empfänger" ist eindeutig formuliert: Der Spediteur hat danach den Auftrag, die Güter an den im FCR bezeichneten Empfänger zu versenden. Hat dieser das FCR in Händen, dann kann der Absender entsprechend der im Papier enthaltenen Bestätigung nicht mehr anderweitig verfügen. Unter der Voraussetzung, daß der Spediteur die Güter wirklich zu den angegebenen Bedingungen übernommen hat und sich vertragstreu verhält, wird der Empfänger die Güter zugesandt erhalten und bei Ankunft einen Auslieferungsanspruch gegen den ausführenden Frachtführer (Verfrachter, Luftfrachtführer) erlangen. Im Ergebnis entspricht dies der Empfängerposition bei Ausstellung einer Absenderausfertigung des Frachtbriefs; vgl. § 426³ Rdn. 13.

Die alternativ wählbare Weisung „zur Verfügung des Empfängers" kann wohl dahin ausgelegt werden, daß dem Empfänger ein Weisungsrecht hinsichtlich der weiteren Behandlung der Güter zugewendet sein soll. Der Empfänger kann danach möglicherweise die Auslieferung an sich selbst verlangen. Sicher ist dies jedoch nicht, da das FCR im Gegensatz zum FCT und FBL zumindest nicht ausdrücklich einen Auslieferungsanspruch des Empfängers vorsieht und die Frage der Gegenansprüche des Spediteurs (Zurückbehaltungsrechte) im Papier nicht geklärt ist. Insbesondere kann nicht davon ausgegangen werden, daß der Empfänger einen Auslieferungsanspruch aufgrund der bloßen Ausstellung des FCR erhalten soll. Allenfalls kann man annehmen, daß ein solcher Anspruch von der Bedingung der Übergabe des Papiers an den Empfänger oder dessen Bank abhängen soll.

In einem vergleichbaren Zusammenhang geht BGH v. 21. 4. 1978, BB **1978** 1234 = DB **1978** 1928 (insoweit nicht mit abgedruckt) davon aus, daß eine Anweisung des Auftraggebers an ein Transportunternehmen, die Ware auf Lager zu nehmen und dem Käufer „zur Verfügung zu stellen", als Auslieferungsanweisung mit unmittelbarer Drittbegünstigung zu sehen sei. In diesem Fall ergab die Würdigung der Fallumstände, daß die Leistung lediglich im Interesse des Dritten vereinbart wurde, so daß ein echter Vertrag zugunsten Dritter vorlag. Es erscheint jedoch fraglich, ob allein das FCR ausreicht, um das Bestehen eines solchen Auslieferungsanspruchs in dieser Weise zu begründen. Vielmehr wird es — weil das FCR kein Wertpapier ist — bereits zur Ermittlung der umschriebenen Position des Empfängers regelmäßig notwendig sein, die seiner Ausstellung zugrundeliegenden Tatsachen heranzuziehen. Insgesamt ist daher zweifelhaft, welche Positionen dem Empfänger wirklich zustehen.

f) Dingliche Wirkungen des FCR

7 Das FCR ist kein Traditionspapier; vgl. BGH v. 15. 12. 1976, BGHZ **68** 18, 22. Seine Übergabe ersetzt daher nicht die Übergabe des Speditionsguts. Die Übergabe des FCR enthält auch keine Abtretung von Herausgabeansprüchen des Auftraggebers gegen den Spediteur nach § 931 BGB; zutreffend BGH aaO S. 23. Jedoch kann das vollständig ausgefüllte FCR als Beweismittel für Besitzpositionen hinsichtlich der vom Spediteur übernommenen Güter dienen, insbesondere wenn in ihm Konkretisierungsmerkmale (z. B. Anzahl und Merkzeichen) hinsichtlich der übernommenen Ware enthalten sind. Dies kann im Einzelfall für die Begründung dinglicher Rechte, eventuell auch kaufmännischer Zurückbehaltungsrechte nach §§ 369 ff HGB von Bedeutung sein. Bei Sicherungsübereignung läßt sich die sonst häufig fehlende Bestimmtheit mit Hilfe des FCR leichter schaffen. Auf der anderen Seite kann das FCR keinerlei Vermutung für das Bestehen des Eigentums des Auftraggebers des Spediteurs begründen, da es über die dingliche Rechtslage keine Auskünfte enthält.

g) Andienbarkeit im Dokumentenakkreditiv und im Inkasso

8 Nach seinen Eigenschaften (Empfangsbestätigung mit Güterbeschreibung durch den Spediteur als Dritten mit Treuhänderfunktion, Sperrwirkung) repräsentiert das FCR grundsätzlich ein unentziehbares Verfügungsrecht über eine definierte Warenpartie. Danach ist es strukturell geeignet, im Dokumentenakkreditiv vorgeschrieben zu werden; *Spera* aaO (s. oben Rdn. 5) S. 95. Wegen der rechtlichen Schwäche des Papiers als reines Beweispapier ohne dingliche Sicherungswirkung und öffentlichen Glauben ist es jedoch nach Art. 26 d ERA bisher nicht als grundsätzlich andienungsfähig anerkannt. In der Praxis werden allerdings Spediteurübernahmebescheinigungen häufig als Dokumente bei der Akkreditivstellung und in anderen Funktionen vorgeschrieben. Die Käufer oder sonstigen Sicherungsbedürftigen nehmen damit die in der Schwäche des FCR liegenden Risiken in Kauf; vgl. als Beispielsfälle für die Anwendung des FCR BGH v. 5. 6. 1981, VersR **1981** 975, 977; v. 11. 3. 1982, WM **1982** 984.

Die Spediteurübernahmebescheinigung kann auch als zusätzliche Sicherung verwendet werden, wenn im Akkreditiv ihre Ausstellung durch den Empfangs-/Vollmacht-Spediteur vorgeschrieben wird; vgl. BGH v. 20. 11. 1967, WM **1968**, 94 ff; OLG Hamburg AWD **1962** 53 f; für einen Fall der Ausstellung einer Spediteurübernahmebescheinigung durch den vom Käufer beauftragten Frachtführer OLG Düsseldorf VersR **1975** 232.

h) Haftung des Spediteurs

9 Siehe zur Haftung des Spediteurs für die Ausstellung eines unrichtigen FCR gegenüber dem Empfänger §§ 407–409 Rdn. 137. Für Schäden an der von ihm übernommenen Ware haftet der Spediteur (soweit nicht seine Haftung durch Speditionsversicherung ersetzt ist, § 41 ADSp) dem Auftraggeber nach den Regeln des Speditionsrechts, also nach ADSp, auf die im FCR verwiesen ist; vgl. zu dieser Haftung §§ 407–409 Rdn.174ff. Liegt dem Auftrag ein unter zwingendem Recht stehender Frachtvertrag, ein Fixkosten- oder Sammelversendungsfall zugrunde, kann statt der ADSp Frachtrecht anwendbar sein; der Hinweis auf die ADSp auf dem FCR ist dann ohne Wirksamkeit; vgl. §§ 412, 413 Rdn. 28 ff.

2. Das FIATA-FCT (Forwarders Certificate of Transport = Spediteur-Transportbescheinigung)

11 Im FCT (in Deutschland kaum gebräuchlich) bescheinigt der Spediteur nicht nur die unwiderrufliche Empfangnahme der Güter (Empfängerquittung mit Sperrwirkung); er übernimmt durch das Dokument auch die Verantwortung („are responsible") für die Auslieferung des Gutes an den Inhaber des Dokuments. Durch eine Orderklausel kann es zum Orderpapier werden (sog. ziviles Orderpapier; vgl. § 444 Rdn. 10).

Die fehlende **Traditionswirkung** kann weitgehend durch § 931 BGB ersetzt werden. Die Haftung des Spediteurs richtet sich jedoch nach Speditionsrecht. Das (englischsprachige) BSL-Muster-Formular enthält eine Verweisung auf die auf der Rückseite und im Anhang in deutscher Sprache abgedruckten ADSp. Insbesondere wird nach ausdrücklicher Angabe auf der Vorderseite des Formulars für ausführende Unternehmer nicht gehaftet.

Das FCT ist zwar im Akkreditiv verwendbar, aber nach Art. 25 d ERA 1983 ist seine Andienungsfähigkeit weiterhin ohne besondere Vorschrift nicht anerkannt.

Anh. IV § 415   Drittes Buch. Handelsgeschäfte

Suppliers or Forwarders Principals:

FIATA FCT

BSL Forwarders Certificate of Transport

No. **D**

COPY   Forw. Ref.

Consigned to order of:

Notify address:

Conveyance: from/via:

Destination:

Marks and numbers;	Number and kind of packages;	Description of goods	Gross weight	Measurement

according to the declaration of the consignor

The goods and instructions are accepted and dealt with subject to the General Conditions printed overleaf.

Acceptance of this document or the invocation of rights arising therefrom acknowledges the validity of the following conditions, regulations and exceptions also as to the trading conditions printed overleaf, except where the latter conflict with conditions 1-6 below.
1. The undersigned are authorized to enter into contracts with carriers and others involved in the execution of the transport subject to the latter's usual terms and conditions.
2. The undersigned do not act as Carriers but as Forwarders. In consequence they are only responsible for the careful selection of third parties, instructed by them, subject to the conditions of Clause 3 hereunder.
3. The undersigned are responsible for delivery of the goods to the holder of this document through the intermediary of a delivery agent of their choice. They are not responsible for acts or omissions of Carriers involved in the execution of the transport or of other third parties. The undersigned Forwarders will, on request, subrogate their claims against Carriers and other parties.
4. Insurance of the goods will only be effected upon express instructions in writing.
5. Unforeseen and/or unforeseeable circumstances entitle the undersigned to deviate from the envisaged route and/or method of transport.
6. Unforeseen and/or unforeseeable disbursements and charges are for the account of the goods.

Insurance through the intermediary or the undersigned Forwarders

☐ Not covered

☐ Covered according to the attached Insurance Policy/Certificate.

All disputes shall be governed by the law and within the exclusive jurisdiction of the courts at the place of issue.

For delivery of the goods please apply to:

We, the Undersigned Forwarders, in accordance with the instructions of our Principals, have taken charge of the abovementioned goods in good external condition at: ....

for despatch and delivery as stated above or order against surrender of this document properly endorsed.

In witness thereof the Undersigned Forwarders have signed ....
originals of this FCT document, all of this tenor and date.
When one of these has been accomplished, the other(s) will lose their validity.

Place and date of issue

Freight and charges prepaid to:

Stamp and signature

thence for account of goods, lost or not lost.

12.82

Text authorized by FIATA. Copyright FIATA / Zürich - Switzerland 2.82

Stand: 1. 9. 1985   (386)

3. Das FBL (Negotiable FIATA Combined Transport Bill of Lading = übertragbares Durchkonnossement für den kombinierten Transport)
a) Grundkonzept

Das Papier versteht sich als echtes Wertpapier, das ohne spezielle gesetzliche Rechts- **13** grundlage aufgrund der Vertragsfreiheit geschaffen ist. Das Recht der Bundesrepublik Deutschland enthält bisher keine Normen über die Ausgestaltung dieses Papiers. Seine Anerkennung ist in der MT-Konvention (vergleiche dazu § 425³ Rdn. 22 sowie transpR **1981**, Heft 2 (Sonderheft Multimodaler Transport); *Richter-Hannes*, Die UN-Konvention über die internationale multimodale Güterbeförderung, Wien 1982) vorgesehen. Das FBL enthält wie ein Konnossement ein Empfangsbekenntnis und verbrieft einen Anspruch des berechtigten Papierinhabers auf Beförderung über die gesamte kombinierte Transportstrecke einschließlich Auslieferungsanspruch. Die Rechtsposition des Papierinhabers bestimmt sich nach den auf der Rückseite abgedruckten Bedingungen. Diese regeln u. a. die Haftung des Spediteurs als multimodalen Beförderer nach einem network-System mit einer begrenzten Haftung für Schäden mit unbekanntem Schadensort. Siehe hierzu die im folgenden abgedruckten Bedingungen sowie § 425³ Rdn. 17ff, 26; *Helm*, FS Hefermehl (1976), 75ff = ETR **1977** 679ff; deutsche Übersetzung der Bedingungen bei *Krien*, Speditions- und Lagerrecht, Nr. 6560.

b) Wertpapierrechtliche Eigenschaften

Das FBL ist kein Konnossement, da es nicht über eine Seestrecke und nicht von **14** einem Verfrachter ausgestellt ist. Vergleiche dazu § 444³ Rdn. 8, 10; *Helm*, FS Hefermehl (1976), 68ff; *Koller* VersR **1982** 5; siehe zum Durchkonnossement unter Seestreckeneinschluß *Prüßmann/Rabe*, Seehandelsrecht² (1983) Anh.§ 656 HGB, Anm. B; OLG Düsseldorf VersR **1983** 483. Eine analoge Anwendung von konnossementsrechtlichen Bestimmungen, wie sie von *Canaris* § 363 Rdn. 2ff; *Prüßmann/Rabe*, Anh. § 656 HGB, Anm. C 2 und vom OLG Hamburg VersR **1977** 814 sowie vom LG Hamburg ETR **1980** 444, 450ff vorgeschlagen wird, ist im Hinblick auf die dringend erforderliche Eindeutigkeit und Strenge wertpapierrechtlicher Regelungen nicht zu empfehlen; zutreffend *Franken*, Dingliche Sicherheiten und Dokumente des kombinierten Transports, Kölner Diss. 1982, S. 41. Doch können die meisten wertpapierrechtlichen Funktionen auf privatautonomer Basis im wesentlichen auch ohne Analogie zum Konnossementsrecht erfüllt werden; vgl. *Helm* FS Hefermehl S. 63ff. Es ist nicht ersichtlich, wieso die dafür erforderliche Auslegung der Parteierklärungen auf eine Fiktion hinauslaufen soll. *Canaris* § 363 Rdn. 70a und *Prüßmann/Rabe* § 656 HGB C 2b übersehen, daß der im Wertpapier zum Ausdruck kommende Wille aus der Sicht des Empfängers zu sehen ist. Maßgeblich ist, da es sich um AGB handelt, der dem durchschnittlichen Kunden erkennbare Sinn. Dieser richtet sich auf die Nachbildung voller wertpapierrechtlicher Funktionen. Es bedarf keiner weiteren Kunstgriffe der Auslegung, um dies festzustellen.

In Übereinstimmung mit der Rspr. ist auch davon auszugehen, daß das FBL kein echtes Orderpapier, sondern nur sogenanntes ziviles Orderpapier ist, keine Traditionswirkung entfaltet (siehe § 450 Rdn. 6 a.A. dazu jetzt *Franken* aaO S. 53ff) und daß seine Ausstellung auch nicht Auslöser der zwingenden seerechtlichen Haftung nach § 662 HGB sein kann; dagegen *Koller* VersR **1982** 1ff, OLG Hamburg VersR **1979** 814; LG Hamburg ETR **1980** 444, 450ff; offenlassend wieder OLG Hamburg transpR **1984** 158, 161. Das FBL bzw. ein entsprechendes Spediteur-Durchkonnossement ist auch (entgegen OLG Köln VersR **1974** 1076) kein „durchgehender Frachtbrief". Ein Durchkonnossement kann allerdings unter besonderen Umständen bestimmt dafür sein, wer Empfänger i.S.v. Art. 13 Abs. 1 CMR ist und wem damit die Empfängerrechte zustehen; OLG Düsseldorf VersR **1982** 89, 90 (zweifelhaft).

c) Andienungsfähigkeit im Dokumentenakkreditiv

15 Nach Art. 25b ERA 1983 (siehe §§ 407–409 Rdn. 135) ist speziell das FBL als andienungsfähiges Dokument anerkannt. Ohne diese Spezialbestimmung würde sich das gleiche aus Art. 26b ERA 1983 ergeben; *Nielsen* ZIP **1984** 245. Zu den alten ERG s. *Helm*, FS Hefermehl (1976) S. 63f; eingehend *Gleisberg*, Die Prüfung von Dokumenten des kombinierten Transports, Bankrechtliche Sonderveröffentlichungen des Instituts für Bankwirtsch. und Bankrecht an der Univ. zu Köln, Bd. 24 (1980).

d) Haftung des Spediteurs für unrichtige Ausstellung

16 Angesichts der Verbriefung eines Auslieferungsanspruchs ist eine Haftung des Spediteurs für unrichtige Ausstellung gegenüber dem berechtigten Inhaber zu bejahen. Wird ein FBL über nicht übernommene Güter ausgestellt, dann haftet der Spediteur ohne die Haftungsbeschränkungen der Nr. 5, 8, 9 der FBL-Bedingungen, da deren Voraussetzungen nicht vorliegen. Vielmehr richtet sich die Haftung nach allgemeinem Schuldrecht i. V. § 328 BGB bzw. nach unerlaubter Handlung; siehe §§ 407–409 Rdn. 137.

4. FWR (FIATA-Warehouse Receipt = FIATA Lagerempfangsschein)

18 Auf den Abdruck dieses in Deutschland ungebräuchlichen Dokuments wird verzichtet; siehe das Formular bei *Krien*, Speditions- und Lagerrecht Nr. 6570; zum Lagerempfangsschein *Koller*, § 424 Rdn. 22.

Vierter Abschnitt. Speditionsgeschäft   Anh. IV § 415

Consignor		FBL No D
	BSL COPY	NEGOTIABLE FIATA COMBINED TRANSPORT BILL OF LADING ICC issued subject to ICC Uniform Rules for a Combined Transport Document (ICC publication 298).

Consigned to order of

Notify address

Place of Receipt

Place of Delivery

Marks and numbers;	Number and kind of packages;	Description of goods	Gross weight	Measurement

according to the declaration of the consignor

The goods and instructions are accepted and dealt with subject to the Standard Conditions printed overleaf.

Taken in charge in apparent good order and condition, unless otherwise noted herein, at the place of receipt for transport and delivery as mentioned above.
One of these Combined Transport Bills of Lading must be surrendered duly endorsed in exchange for the goods. In Witness whereof the original Combined Transport Bills of Lading all of this tenor and date have been signed in the number stated below, one of which being accomplished the other(s) to be void.

Freight amount	Freight payable at	Place and date of issue
Cargo Insurance through the undersigned ☐ not covered ☐ Covered according to attached Policy	Number of Original FBL's	Stamp and signature
For delivery of goods please apply to:		

Text authorized by FIATA. COPYRIGHT FIATA / Zurich - Switzerland 2.82

(389)   Johann Georg Helm

Standard Conditions (1982) governing FIATA COMBINED TRANSPORT BILLS OF LADING
Definitions "Merchant" means and includes the Shipper, the Consignor, the Consignee, the Holder of this Bill of Lading, the Receiver and the Owner of the Goods. "The Freight Forwarder" means the issuer of this Bill of Lading as named on the face of it.

The headings set forth below are for easy reference only.

CONDITIONS

1. **Applicability**
   Notwithstanding the heading "Combined Transport Bill of Lading", the provisions set out and referred to in this document shall also apply if the transport as described on the face of the Bill of Lading is performed by one mode of transport only.

2. **Issuance of the "Combined Transport Bill of Lading"**
   2.1 By the issuance of this "Combined Transport Bill of Lading" the Freight Forwarder:
   a) undertakes to perform and or in his own name to procure the performance of the entire transport from the place at which the goods are taken in charge to the place designated for delivery in this Bill of Lading.
   b) assumes liability as set out in these Conditions.
   2.2 For the purposes and subject to the provisions of this Bill of Lading, the Freight Forwarder shall be responsible for the acts and omissions of any person of whose services he makes use for the performance of the contract evidenced by this Bill of Lading.

3. **Negotiability and title to the goods**
   3.1 By accepting this Bill of Lading the Merchant and his transferees agree with the Freight Forwarder that unless it is marked "non-negotiable" it shall constitute title to the goods and the holder, by endorsement of this Bill of Lading, it shall be entitled to receive or to transfer the goods herein mentioned.
   3.2 This Bill of Lading shall be prima facie evidence of the taking in charge by the Freight Forwarder of the goods as herein described. However, proof to the contrary shall not be admissible when this Bill of Lading has been negotiated or transferred for valuable consideration to a third party acting in good faith.

4. **Dangerous Goods and Indemnity**
   4.1 The Merchant shall comply with rules which are mandatory according to the national law or by reason of international Convention, relating to the carriage of goods of a dangerous nature and shall in any case inform the Freight Forwarder in writing of the exact nature of the danger before goods of a dangerous nature are taken in charge by the Freight Forwarder and indicate to him, if need be, the precautions to be taken.
   4.2 If the Merchant fails to provide such information and the Freight Forwarder is unaware of the dangerous nature of the goods and the necessary precautions to be taken and if, at any time, they are deemed to be a hazard to life or property, they may at any place be unloaded destroyed, or rendered harmless, as circumstances may require without compensation and the Merchant shall be liable for all loss, damage, delay or expenses arising out of their being taken in charge, or their carriage, or of any service incidental thereto.
   The burden of proving the Freight Forwarder knew the exact nature of the danger constituted by the carriage of the said goods shall rest upon the person entitled to the goods
   4.3 If any goods shipped with the knowledge of the Freight Forwarder as to their dangerous nature shall become a danger to the vehicle or cargo, they may in like manner be unloaded or landed at any place or destroyed or rendered innocuous by the Freight Forwarder, without liability on the part of the Freight Forwarder, except to General Average, if any.

5. **Description of Goods and Merchant's Packing**
   5.1 The Consignor shall be deemed to have guaranteed to the Freight Forwarder the accuracy, at the time the goods were taken in charge by the Freight Forwarder of the description of the goods, marks, number, quantity, weight and or volume as furnished him and the Consignor shall indemnify the Freight Forwarder against all loss, damage and expenses arising or resulting from inaccuracies in or inadequacy of such particulars. The right of the

Freight Forwarder to such indemnity shall in no way limit his responsibility and liability under this Bill of Lading to any person other than the Consignor.

5.2 Without prejudice to Clause 6(A) (2)(c) the Merchant shall be liable for any loss, damage or injury caused by faulty or insufficient packing of goods or by faulty loading or packing within containers and trailers and on flats when such loading or packing has been performed by the Merchant or on behalf of the Merchant by a person other than the Freight Forwarder or by the defect or unsuitability of the containers, trailers or flats, when supplied by the Merchant and shall indemnity the Freight Forwarder against any additional expenses so caused.

6. **Extent of Liability**
A. 1) The Freight Forwarder shall be liable for loss of or damage to the goods occuring between the time when he takes the goods into his charge and the time of delivery.
2) The Freight Forwarder shall, however, be relieved of liability for any loss or damage if such loss or damage was caused by:
a) an act or omission of the Merchant, or person other than the Freight Forwarder acting on behalf of the Merchant or from whom the Freight Forwarder took the goods in charge;
b) insufficiency or defective condition of the packaging or marks and or numbers;
c) handling, loading, stowage or unloading of the goods by the Merchant or any person acting on behalf of the Merchant;
d) inherent vice of the goods;
e) strike, lockout, stoppage or restraint of labour, the consequences of which the Freight Forwarder could not avoid by the exercice of reasonable diligence;
f) any cause or event which the Freight Forwarder could not avoid and the consequences whereof he could not prevent by the exercise of reasonable diligence;
g) a nuclear incident the operator of a nuclear installation or a person acting for him is liable for this damage under an applicable international Convention or national law governing liability in respect of nuclear energy.
3) The burden of proving that the loss or damage was due to one or more of the above causes or events shall rest upon the Freight Forwarder
When the Freight Forwarder establishes that, in the circumstances of the case, the loss or damage could be attributed to one or more of the causes or events specified in b) to d) above, it shall be presumed that it was so caused. The claimant shall, however, be entitled to prove that the loss or damage was not, in fact, caused wholly or partly by one or more of these causes or events.
B. When in accordance with clause 6. A. 1 the Freight Forwarder is liable to pay compensation in respect of loss or damage to the goods and the stage of transport were the loss or damage occurred is known, the liability of the Freight Forwarder in respect of such loss or damage shall be determined by the provisions contained in any international Convention or national law, which provisions
(I) cannot be departed from by private contract, to the detriment of the claimant, and
(II) would have applied if the claimant had made a separate and direct contract with the Freight Forwarder in respect of the particular stage of transport where the loss or damage occurred and received as evidence thereof any particular document which must be issued in order to make such international convention or national law applicable.

7. **Paramount Clause**
The Hague Rules contained in the International Convention for the unfication of certain rules relating to Bills of Lading, dated Brussels 25th August 1924, or in those countries where they are already in force the Hague-Visby Rules contained in the Protocol of Brussels dated February 23rd 1968, as enacted in the Country of Shipment, shall apply to all carriage of goods by sea and, where no mandatory international or national law applies, to the carriage of goods by inland waterways also, and such provisions shall apply to all goods whether carried on deck or under deck.

8. **Limitation Amount**
8.1 When the Freight Forwarder is liable for compensation in respect of loss of or damage to the goods, such compensation shall be calculated by reference to the value of such goods

at the place and time they are delivered to the Consignee in accordance with the contract or should have been so delivered.

8.2 The value of the goods shall be fixed according to the current commodity exchange price, or, if there be no such price, according to the current market price, or, if there be no commodity exchange price, or current market price by reference to the normal value of goods of the same kind and quality.

8.3 Compension shall not, however, exceed 30 Francs ("Franc" meanning a unit consisting of 65.5 mgs of gold of millesimal fineness 900) per kilo of gross weight of the goods lost or damaged, unless, with the consent of the Freight Forwarder, the Merchant has declared a higher value for the goods and such higher value has been stated in the CT Bill of Lading, in which case such higher value shall be the limit. However the Freight Forwarder shall not, in any case, be liable for an amount greater than the actual loss to the person entitled to make the claim.

9. **Delay, Consequential Loss, etc.**

Arrival times are not guaranteed by the Freight Forwarder. If the Freight Forwarder is held liable in respect of delay, consequential loss or damage other than loss of or damage to the goods, the liability of the Freight Forwarder shall be limited to double the freight for the transport covered by this Bill of Lading or the value of the goods as determined in Clause 8, whichever is the less.

10. **Defences**

10.1 The defences and limits of liability provided for in these Conditions shall apply in any action against the Freight Forwarder for loss of or damage or delay to the goods whether the action be founded in contract or in tort.

10.2 The Freight Forwarder shall not be entitled to the benefit of the limitation of liability provided for in paragraph 3 of Clause 8 if it is proved that the loss or damage resulted from an act or omission of the Freight Forwarder done with intent to cause damage or recklessly and with knowledge that damage would probably result.

11. **Liability of Servants and Sub-contractors**

11.1 If an action for loss of or damage to the goods is brought against a person referred to in paragraph 2 of Clause 2, such person shall be entitled to avail himself of the defences and limits of liability which the Freight Forwarder is entitled to invoke under these Conditions.

11.2 However, if it is proved that the loss or damage resulted from an act or omission of this person, done with intent to cause damage or recklessly and with knowledge that damage would probably result, such person shall not be entitled to benefit of limitation of liability proved for in paragraph 3 of Clause 8.

11.3 Subject to the provisions of paragraph 2 of Clause 10 and paragraph 2 of this Clause, the aggregate of the amounts recoverable from the Freight Forwarder and the persons referred to in paragraph 2 of Clause 2 shall in no case exceed the limits provided for in these Conditions.

12. **Method and Route of Transportation**

The Freight Forwarder reserves to himself a reasonable liberty as to the means, route and procedure to be followed in the handling, storage and transportation of goods.

13. **Delivery**

If delivery of the goods or any part thereof is not taken by the Merchant, at the time and place when and where the Freight Forwarder is entitled to call upon the Merchant to take delivery thereof, the Freight Forwarder shall be entitled to store the goods or the part thereof at the sole risk of the Merchant, were upon the liability of the Freight Forwarder in respect of the goods or that part thereof stored as aforesaid (as the case may be) shall wholly cease and the cost of such storage (if paid by or payable by the Freight Forwarder or any agent or sub-contractor of the Freight Forwarder) shall forthwith upon demand be paid by the Merchant to the Freight Forwarder.

14. **Freight and Charges**

14.1 Freight shall be paid in cash without discount and whether prepayable or payable at destination shall be considered as earned on receipt of the goods and not to be returned or relinquished in any event.

14.2 Freight and all other amounts mentioned in this Bill of Lading are to be paid in the currency named in the Bill of Lading or at the Freight Forwarder's option in the currency of the country of dispatch or destination at the highest rate of exchange for bankers sight bills current for prepayable freight on the day of dispatch and for freight payable at destination on the day when the Merchant is notified of arrival of the goods there or on the date of withdrawal of the delivery order, whichever rate is the higher, or at the option of the Freight Forwarder on the date on the Bill of Lading.

14.3 All dues, taxes and charges or other expenses in connection with the goods shall be paid by the Merchant.

14.4 The Merchant shall reimburse the Freight Forwarder in proportion to the amount of freight for any costs for deviation or delay of any other increase of costs of whatever nature caused by war, warlike operatons, epidemics, strikes, government directions or force majeure.

14.5 The Merchant warrants the correctness of the declaration of contents, insurance, weight, measurements or value of the goods but the Freight Forwarder reserves the right to have the contents inspected and the weight, measurements or value verified. If on such inspection it is found the declaration is not correct is is agreed that a sum equal either to five times the difference between the correct figure and the freight charged, or to double the correct freight less the freight charged, whichever sum is the smaller, shall be payable as liquidated damage to the Freight Forwarder for his inspection costs and losses of freight on other goods notwithstanding any other sum having been stated on the Bill of Lading as freight payable.

15. **Lien**
The Freight Forwarder shall have a lien on the goods for any amount due under this Bill of Lading including storage fees and for the cost of recovering same, and may enforce such lien in any reasonable manner which he may think fit.

16. **General Average**
The Merchant shall indemnify the Freight Forwarder in respect of any claims of a General Average nature which may be made on him and shall provide such security as may be required by the Freight Forwarder in this connection.

17. **Notice**
Unless notice of loss of or damage to the goods and the general nature of it be given in writing to the Freight Forwarder or the persons referred to in paragraph 2 of Clause 2, at the place of delivery before or at the time of the removal of the goods into the custody of the person entitled to delivery thereof under this Bill of Lading, or if the loss or damage be no apparent, within seven consecutive days thereafter, such removal shall be prima facie evidence of the delivery by the Freight Forwarder of the goods as described in this Bill of Lading.

18. **Non delivery**
Failure to effect delivery whithin 90 days after the expiry of a time limit agreed and expressed in a CT Bill of Lading or, where no time limits agreed and so expressed, failure to effect delivery within 90 days after the time it would be reasonable to allow for diligent completion of the combined transport operation shall, in the absence of evidence to the contrary, give to the party entitled to receive delivery, the right to treat the goods as lost.

19. **Time Bar**
The Fright Forwarder shall be discharged of all liability under the rules of these Conditions unless suit is brought within nine months after
(i) the delivery of the goods, or
(ii) the date when the goods should have been delivered, or
(iii) the date when in accordance with Clause 18, failure to deliver the goods would, in the absence of evidence to the contrary, give to the party entitled to receive delivery, the right to treat the goods as lost.

20. **Jurisdiction**
Actions against the Freight Forwarder may only be instituted in the country where the Freight Forwarder has his principal place of business and shall be decided according to the law of such country.

Johann Georg Helm

Fünfter Abschnitt

Lagergeschäft

§ 416

Lagerhalter ist, wer gewerbsmäßig die Lagerung und Aufbewahrung von Gütern übernimmt.

Übersicht

	Rdn.
A. Vorbemerkung	1
B. Der Lagerhalter	5
I. Lagerung und Aufbewahrung	6
1. Verwahrung, Obhut	6
2. Abgrenzung zur Miete	8
3. Abgrenzung zur Kommission, Spedition sowie zum Geschäft des Frachtführers	9
II. Güter	11
III. Gewerbsmäßigkeit	12
IV. Übernahme	13
V. Einlagerer	14
C. Die Rechtsbeziehungen zwischen Lagerhalter und Einlagerer	15
I. Rechtsbeziehungen vor Abschluß eines Vertrages	15
II. Zustandekommen des Lagervertrages	18
III. Pflichten des Lagerhalters	22
1. Adressat der Pflicht	23
2. Lagerung und Aufbewahrung	24
a) Art der Lagerung	25
b) Kontrolle	29
c) Schutz- und Erhaltungsmaßnahmen	30
d) Ort der Lagerung	32
3. Anzeigepflicht	34
4. Besitzverschaffung	35
5. Weisungen	39
6. Abweichung von Vereinbarungen und Weisungen	42
7. Rückgabe	44
a) Fehlende Nutzungsbefugnis des Lagerhalters	44
b) Inhaber des Rückgabeanspruchs	45
c) Inhalt des Rückgabeanspruchs	48
d) Zeitpunkt der Rückgabe	49
e) Dispositives Recht	50
f) Rückgabeort	51
g) Einwendungen	52
h) Unmöglichkeit oder Verzögerung der Rückgabe	53
8. Pflicht zur Duldung der Besichtigung und Probenentnahme	54
9. Lagerschein	55
10. Empfangnahme des Gutes	56
11. Haftungsmaßstab	57
IV. Pflichten des Einlagerers	58
1. Vergütung und Aufwendungsersatz	58
2. Rücknahmeanspruch des Lagerhalters	59
3. Schadensverhütung durch den Einlagerer	60
V. Leistungsstörungen	68
1. Erschwerung der Verwahrung	68
2. Unmöglichkeit der Verwahrung	70
a) Leistungsgefahr	70
b) Preisgefahr	71
3. Schuldnerverzug des Lagerhalters	72
4. Gläubigerverzug des Einlagerers	73
5. Schlechterfüllung durch den Lagerhalter	74
VI. Erfüllungsort	75
VII. Besitzlage	76

Schrifttum

Bauer Zur Publizitätsfunktion des Besitzes bei Übereignung von Fahrnis, in: Festschrift für F. W. Bosch (19/6); *Baumbach/Duden/Hopt* HGB (26. Aufl. 1985); *Baumbach/Hefermehl* Kommentar zum Wechselgesetz und Scheckgesetz mit Nebengesetzen, 15. Aufl. 1986; *Canaris* Ansprüche we-

§ 416

gen "positiver Vertragsverletzung" und "Schutzwirkung für Dritte" bei nichtigen Verträgen, JZ **1965** 475; *Canaris* Die Vertrauenshaftung im deutschen Privatrecht (1971); *Düringer/Hachenburg/ Lehmann* Handelsgesetzbuch, 3. Aufl. (1930 ff); *Erman/Bearbeiter* Handkommentar zum Bürgerlichen Gesetzbuch (7. Aufl. 1981); *v. Gablenz* Die Haftung der Banken bei Einschaltung Dritter (1983); *Hager* Lagerschein und gutgläubiger Erwerb, WM **1980** 666; *Hald/Widmann* Allgemeine Deutsche Spediteurbedingungen, 3. Aufl. (1979); *Helm* AGB-Gesetz und ADSp, VersR **1977** 586; *Helm* Zur Inhaltskontrolle von Allgemeinen Geschäftsbedingungen bei der Verwendung gegenüber Kaufleuten, BB **1977** 1111; *Helm* Anmerkung, TranspR **1984** 287; *Hensen* Kurzkommentar, EWiR **1986** 325; *Heymann/Kötter* Handelsgesetzbuch, 4. Aufl. (1971); *Hopt* Nichtvertragliche Haftung außerhalb von Schadens- und Bereicherungsrecht, AcP 183 (1983) 608; *Hueck/Canaris* Recht der Wertpapiere (12. Aufl. 1986); *Koller* Der gutgläubige Erwerb bei der Übertragung von Miteigentumsanteilen, JZ **1972** 648; *Koller* Der gutgläubige Erwerb von Sammeldepotanteilen an Wertpapieren im Effektengiroverkehr (1. Teil), DB **1972** 1860; *Koller* Aufgedrängte Bereicherung und Wertersatz bei der Wandlung im Werkvertrags- sowie Kaufrecht (I), DB **1974** 2385, 2485; *Koller* Die Risikozurechnung bei Vertragsstörungen in Austauschverträgen (1979); *Koller* Das Provisions- und Aufwendungsrisiko bei der Kommission, BB **1979** 1725; *Koller* Probleme des Haftungsausschlusses in Allgemeinen Geschäftsbedingungen — Die Grenzen des Haftungsausschlusses in den Allgemeinen Lagerbedingungen des Deutschen Möbeltransportes, VersR **1980** 1; *Koller* Die Wirksamkeit formularmäßiger Haftungsfreizeichnungsklauseln zwischen Schadensausgleich und Schadensprävention, ZIP **1986** 1089; *Koller* Das Haftungsprivileg des Geschäftsbesorgers gemäß §§ 664 Abs. 1 Satz 2, 675 BGB, ZIP **1985** 1243; *Koller* Die Wirksamkeit des Haftungsausschlusses gemäß § 41 ADSp, TranspR **1986** 129; *Koller* Die Prüfungspflichten des Lagerhalters vor Auslieferung, TranspR **1985** 1; *Koller* Anmerkung TranspR **1985** 81; *Koller* Kurzkommentar, EWiR **1986** 427; *Koller* Die Verdoppelung des Prozeßrisikos von CMR-Frachtführern, VersR **1982** 414; *Köhler* Forderungsabtretung und Ausübung von Gestaltungsrechten, JZ **1986** 516; *Krien/Glöckner* Speditions- und Lagerrecht (Loseblatt 1975—1986); *Krien/Hay* ADSp, Kommentar (1959); *Larenz* Schuldrecht I (13. Aufl. 1982); Schuldrecht II, Halbband 1 (13. Aufl. 1986); *Leenen* Typus und Rechtsfindung (1971); *Liesecke* Die typischen Klauseln des internationalen Handelsverkehrs in der neueren Praxis, WM **1978** Beilage Nr. 3 S. 10; *Löwe/Graf von Westphalen/Trinkner* Kommentar zum AGBG, 2. Aufl. 1983; *Mauer* Sicherungseigentum und Namenslagerschein, BB **1959** 872; Münchener Kommentar zum Bürgerlichen Gesetzbuch (Münch-Komm) 2. Aufl. 1984—1986); *Mugdan* Die gesamten Materialien zum Bürgerlichen Gesetzbuch für das Deutsche Reich, Band II (1899); *Neumann-Duesberg* Rücktrittsvorbringen des Schuldners gegenüber dem Zessionar, NJW **1971** 271; *Nörr/Scheyhing* Sukzessionen (1983); *Ohling* Pfand- und Zurückbehaltungsrecht des Lagerhalters gegenüber dem Erwerber eines Namenslagerscheines, BB **1960** 1266; *Palandt* Bürgerliches Gesetzbuch (45. Aufl. 1986); *Picker* Fristlose Kündigung und Unmöglichkeit, Annahmeverzug und Vergütungsgefahr im Dienstvertragsrecht, JZ **1985** 641, 693; *Pleyer* Zur Verbriefung mehrerer Rechte in einer Urkunde, in Festschrift für Werner (1984); Reichsgerichtsrätekommentar zum Bürgerlichen Gesetzbuch (12. Aufl. 1978); Reichsgerichtsrätekommentar zum HGB (Ratz), 2. Aufl. (1963); *Reiner* Der Speditionslagerschein in Deutschland und England unter Berücksichtigung der unterschiedlichen rechtlichen und wirtschaftlichen Stellung des Spediteurs (1977); *Roth* Der Vergütungsanspruch bei schlechter Leistung im Recht der freien Berufe (I), VersR **1979** 494; *Ruhle* Die Haftung des Spediteurs als Lagerhalter nach § 54 a Nr. 2 ADSp bei gleichzeitigen Minus- und Plusbeständen verschiedener Güter desselben Einlagerers, BB **1965** 1294; *Schlegelberger (Schröder)*, Handelsgesetzbuch, 5. Aufl. (1977); *Schlosser* (Coester-Waltjen), AGBG (1977); *Schmid* TranspR **1986** 49; *Schulze-Osterloh* Das Prinzip der gesamthänderischen Bindung (1971); *Schwartz* Allgemeine Deutsche Spediteurbedingungen (1931); *Sellschopp* Die vertragliche Haftung des Lagerhalters, Diss. Hamburg **1974**; *Senckpiehl* Das Lagergeschäft (1914); *Senckpiehl* Die Geltung der Allgemeinen Deutschen Spediteurbedingungen (ADSp), JZ **1950** 581; *Soergel (Mühl)* Bürgerliches Gesetzbuch, 11. Aufl. (1978); *Staub/Bearbeiter* Großkommentar zum HGB (4. Aufl. 1982—1986); Großkommentar-Bearbeiter zum HGB (3. Aufl.); *Staudinger* Kommentar zum Bürgerlichen Gesetzbuch, (12. Aufl. 1980); *Staudinger* Kommentar zum Bürgerlichen Gesetzbuch; Bearbeiter: Nipperdey, 10./11. Aufl. (1955); *Stoldt* Normative Kraft der Allgemeinen Deutschen Spediteurbedingungen (ADSp) und der Allgemeinen Lagerbedingungen des deutschen Möbeltransports (ALB), MDR **1951** 141; *Tiedtke* Die Übereignung eingelagerter Ware bei Ausstellung eines Lagerscheins, WM **1979** 1142; *Ullrich* Lohngewähr oder Mängelgewährleistung, NJW **1984** 585; *Ulmer/Brandner/Hensen* AGB-Gesetz (4. Aufl. 1982); *Graf v. Westphalen* Die Wirksamkeit von Haftungsfreizeichnungs- und Haftungsbegrenzungsklauseln bei leichter Fahrlässigkeit gemäß § 9 AGB-Gesetz, WM **1983** 974; *Graf v. Westphalen* Allgemeine Deutsche Spediteurbedingungen und AGB-Gesetz, ZIP **1981** 119; *Willenberg* Kraftverkehrsordnung (KVO) für den Güterfernverkehr mit Kraftfahrzeugen (3. Aufl. 1980); *Wolf* ADSp, 11. Auf. 1985; *Wolf/Horn/Lindacher* AGB-Gesetz, Kommentar (1984); *Zöller* Zivilprozeßordnung (14. Aufl. 1984).

A. Vorbemerkung

Die §§ 416 ff HGB regeln das Lagergeschäft. Ähnlich wie die §§ 383, 407 Abs. 1, **1** 425 HGB stellt das Gesetz aber nicht das Lagergeschäft als solches in den Mittelpunkt der gesetzlichen Regelung, sondern die Person des Lagerhalters. Die dem Lagergeschäft entspringenden Rechte und Pflichten sind mit anderen Worten auf die Person des Lagerhalters bezogen. Anders als die kommissions-, speditions- oder frachtrechtlichen Vorschriften der §§ 406, 415, 451 HGB kennen die Normen über das Lagergeschäft jedoch keine gesetzliche Regelung, die sie auch dort für anwendbar erklärt, wo ein Kaufmann die Aufbewahrung von Gütern übernimmt, ohne die Aufbewahrung gewerbsmäßig zu betreiben. Lagergeschäft ist mithin ausschließlich das von einem Lagerhalter im Sinne des § 416 HGB betriebene Geschäft.

Das Lagergeschäft stellt eine **Sonderform des Verwahrungsvertrages** dar. Es basiert **2** auf einem Konsensualvertrag. Der Lagervertrag kommt mithin nicht erst mit der Übergabe der zu verwahrenden Güter zustande (§ 416 20).

Neben die §§ 416 ff HGB ist die **Verordnung über Orderlagerscheine** (OLSchVO) **3** getreten, die im Anh. I zu § 424 kommentiert ist. Diese Verordnung regelt nicht nur die Ausgabe von Orderlagerscheinen, sondern erfaßt dort, wo Orderlagerscheine ausgestellt wurden, das gesamte Lagergeschäft. In einem solchen Fall verdrängt die Verordnung über Orderlagerscheine weitgehend die §§ 417–423 HGB. Der zur Ausgabe von Orderlagerscheinen ermächtigte Lagerhalter muß eine Lagerordnung erlassen, die das Rechtsverhältnis zwischen Einlagerer sowie dessen Rechtsnachfolgern einerseits und dem Lagerhalter andererseits näher konkretisiert (§ 2 Abs. 2 Nr. 6 OLSchVO). Sie bedarf der Genehmigung. Der Lagerhalter kann in ihr nur ausnahmsweise zu Ungunsten des Einlagerers oder des legitimierten Besitzers des Lagerscheines von den Bestimmungen der Verordnung abweichen. Für den Lagerhalter, der keine Ermächtigung zur Ausgabe von Orderlagerscheinen besitzt, gelten die Vorschriften der Verordnung nicht, sondern ausschließlich die der §§ 416 ff HGB.

Für das Lagergeschäft der Spediteure als Nebengeschäft der Spedition gelten regel- **4** mäßig die **ADSp** als allgemeine Geschäftsbedingungen (Anh. III zu § 424 HGB). Werden Möbel gelagert, so können die **Allgemeinen Lagerbedingungen des deutschen Möbeltransportes** (Anh. IV zu § 424) eingreifen. Außer diesen AGB verwenden Lagerhalter vielfach unternehmenseigene ADSp. Hervorzuheben sind die **Hamburger Lagerungsbedingungen** (Anh. V zu § 424), die Betriebsordnung der **Bremer-Lagerhaus-Gesellschaft** (Anh. VI zu § 424) und die Allgemeinen Bedingungen für die **Kaltlagerung** (Anh. VII zu § 424).

Sonderregelungen für den Bereich des Bankverwahrungsgeschäftes **(Depotgeschäftes)** enthält das DepG (Großkommentar HGB³, *Canaris* Bd. III 3 [2. Bearb.] Rdn. 2080 ff).

UNIDROIT-Entwurf über die Haftung von internationalen Lagerhaltern

4a 1981 erarbeitete eine Studiengruppe von UNIDROIT Rom einen Konventionsentwurf über die Haftung internationaler Terminalunternehmen (Mitteilungsblatt des Internationalen Seerechtsvereins, Juni **1982**). Der Entwurf befaßt sich mit den Pflichten und der Haftung des Lagerhalters, mit den Lagerdokumenten und dem Zurückbehaltungsrecht des Lagerhalters sowie Verjährungs- und Gerichtsstandsfragen. Der Entwurf regelt nicht die Lagerung schlechthin, sondern in erster Linie nur die Verwahrung vor, während und nach einer internationalen Beförderung. Dazu *Helm* Der UNIDROIT-Entwurf für ein Übereinkommen über den internationalen Lagervertrag; *Richter-Hannes* TranspR **1982** 141; *Glöckner* TranspR **1980** 120.

B. Der Lagerhalter

5 § 416 HGB umreißt den Typus des Lagerhalters (zum „Typus" *Leenen* Typus und Rechtsfindung [1971], S. 118 ff) anhand der Kriterien „Lagerung und Aufbewahrung", „Güter", „Gewerbsmäßigkeit" sowie „Übernahme".

I. Lagerung und Aufbewahrung

1. Verwahrung, Obhut

6 Der Lagerhalter hat die Güter zu lagern und aufzubewahren. Das Kriterium der Lagerung ist in diesem Zusammenhang nicht besonders aussagekräftig. Es bedeutet lediglich, daß der Lagerhalter Platz zur Verfügung zu stellen hat, an dem die einzulagernden Güter für einen bestimmten oder noch zu bestimmenden Zeitraum verbleiben können. Die bloße Bereitstellung von Lagerraum genügt indessen nicht. Es muß die Aufbewahrung des Gutes hinzukommen. Daraus folgt, daß der Lagerhalter im Hinblick auf das Gut **Obhutspflichten** zu übernehmen hat und diese Obhutspflichten den Schwerpunkt seiner Verpflichtung darstellen. Er muß im Rahmen seines Gewerbebetriebes verpflichtet sein, das **Gut gegen Gefahren zu sichern,** die es bedrohen. Das heißt nicht, daß nur dann von Aufbewahrung gesprochen werden könnte, wenn der Lagerhalter das Gut vor allen nur denkbaren Gefahren zu bewahren gehalten ist (*Schlegelberger/Schröder* HGB[5] § 416 2). So ist ein Lagerhalter in aller Regel außerstande, verpacktes Gut vor innerem Verderben zu schützen, ohne daß dies die Eigenschaft als Lagerhalter in Frage stellen würde. Andererseits greift § 416 HGB nicht ein, falls sich die Pflichten einer Vertragspartei darauf beschränken, lediglich für sichere Lagerräume in dem Sinne zu sorgen, daß von den Lagerräumen keine Gefahren ausgehen dürfen. Die Aufbewahrungspflicht ist nämlich als Obhutspflicht aufzufassen, die im Rahmen der Zumutbarkeit umfassend auf das konkrete Gut bezogen ist. Die Obhutspflicht muß die zentrale Pflicht des Lagergeschäftes darstellen und darf nicht nur als Nebenpflicht zu qualifizieren sein (näher § 416 9).

7 Die „Lagerung und Aufbewahrung" hängt nicht davon ab, daß sie in eigenen **Räumen** bzw. auf eigenen **Grundstücken** des Lagerhalters erfolgt. Lagerhalter ist daher auch derjenige Kaufmann, der die zur Erfüllung seiner Verpflichtungen erforderlichen Grundstücke gemietet hat oder gegebenenfalls erst anzumieten gedenkt. Maßgeblich ist allein der Inhalt der Verpflichtung, die Lagerung und Obhut umfassen muß, nicht aber die Art der Erfüllung. — Die Verpflichtung kann unter dem Einsatz von Erfüllungsgehilfen (§ 278 BGB) erfüllt werden, wobei es gleichgültig ist, ob der Lagerhalter zur Lagerung und Aufbewahrung eigene Arbeitnehmer einsetzt oder selbständige Lagerhalter beauftragt (BGHZ **9** 63). Zum Kreis der Lagerhalter können mithin auch solche Personen gehören, die das Gut beim selbständigen Lagerhalter einlagern sollen, sofern sie eine eigene Obhutspflicht trifft (*Schlegelberger/Schröder* HGB[5] § 416 2). Denkbar ist auch, daß der Lagerhalter seine Pflichten auf einen Dritten als Substituten überträgt (§ 416 32a). Ist der Vertragspartner nur gehalten, auf Rechnung des Einlagerers Lagerverträge mit dritten Lagerhaltern zu schließen, so kommt lediglich eine uneigentliche Kommission in Betracht (§ 406 Abs. 1 2 HGB). Keine Lagerung liegt vor, falls das Gut in den Räumen des „Einlagerers" verbleiben soll und der „Lagerhalter" gar nicht berechtigt oder verpflichtet ist, irgendeinen Einfluß auf die Aufbewahrung des Gutes auszuüben (BGH, DB **1975** 831). — Unerheblich ist ferner, **wie lange** die **Lagerung** dauern soll (*Senckpiehl*, S. 12; a. A. RGRKz HGB-*Ratz*[2] § 416 9).

Eine kurzfristige Lagerung spricht freilich vielfach dafür, daß ihr im Rahmen eines konkreten Vertragsverhältnisses kein großes Gewicht zukommt und daß sie daher nur als Nebenpflicht angesehen werden kann. Beispiel: Obhut über die Garderobe während eines Theaterbesuches. Eine Verpflichtung zur Obhut über die anvertrauten Sachen kann zwar auch hier nicht verneint werden (so aber *Schlegelberger/Schröder* HGB[5] § 416 2). Die Obhutspflicht spielt jedoch keine hervorgehobene Rolle im Rahmen des Vertragsverhältnisses, das sich aus Verwahrungsvertrag sowie Vertrag über die Theateraufführung (Werkvertrag, Miete) zusammensetzt. Dies gilt auch, falls die Aufbewahrung der Garderobe gesondert bezahlt werden muß. Vgl. ferner § 416 9 zur Obhut des Spediteurs und Frachtführers.

2. Abgrenzung zur Miete

Von der „Lagerung und Aufbewahrung" ist die bloße Miete zu unterscheiden. Letztere liegt dann vor, wenn der Einlagerer selbst für die Obhut über das eingelagerte Gut zu sorgen hat und sein Vertragspartner ihm in erster Linie lediglich die zur Lagerung erforderlichen Räume zur Verfügung gestellt hat[1]. Gegen Miete spricht nicht entscheidend der Umstand, daß der Mieter die Räume nicht frei betreten kann, wohl aber die Übersendung einer Lagereingangsanzeige und der Vereinbarung von Lagergeld (OLG Düsseldorf, TranspR **1985** 249). Problematisch ist die Einordnung der „Miete" eines Stahlschrankfaches in den Tresorräumen einer Bank. Die h. M. qualifiziert den Stahlschrankfachvertrag als Miete[2]. Man wird aber kaum behaupten können, daß die Bank ausschließlich für die Überwachung und Sicherung der Stahlkammer und nicht auch in Notfällen (Tresore sind erbrochen worden) für die Sicherung ihres Inhaltes verantwortlich ist. Der Stahlschrankfachvertrag gehört gleichwohl nicht zu den Lagergeschäften, da der Vermieter nur sehr selten in die Lage kommen wird, die Obhut über den Inhalt des Tresors übernehmen zu müssen. Die Obhutspflicht stellt deshalb bezogen auf den Inhalt der Tresore lediglich eine Nebenpflicht dar. Es liegt somit ein gemischter Vertrag vor, der nicht zu den Lagergeschäften, sondern zu den Miet- und Verwahrungsgeschäften zählt.

3. Abgrenzung zur Kommission, Spedition sowie zum Geschäft des Frachtführers

Die **Lagerung und Aufbewahrung** muß als **Hauptpflicht** übernommen worden sein (allgem. Meinung; *Krien/Glöckner* Speditions- und Lagerrecht vor § 43 ADSp 4c m. Nachw.). Zwar hat auch der Kommissionär das Gut aufzubewahren (§ 390 HGB). Ebenso trifft den Spediteur sowie den Frachtführer die Pflicht, für das ihnen überge-

---

[1] BGH, LM Nr. 1 zu § 419 HGB; OLG Düsseldorf, VersR **1976** 1092, *Krien/Glöckner* Speditions- und Lagerrecht vor § 43 ADSp 3a.

[2] RGZ **141**, 101; *Palandt/Thomas* BGB[45], Einf. vor § 688 2; *Schlegelberger/Schröder* HGB, § 416 3; Münchener Kommentar-*Hüffer* BGB[2], § 688 45; Großkommentar HGB-*Canaris* Bd. III/3 (2. Bearb.) Rdn. 2224.

bene Gut zu sorgen. Ihre Hauptpflicht bezieht sich jedoch nicht auf die Obhut, sondern auf den Abschluß eines Geschäftes mit einem Dritten (§§ 383, 406, 407 HGB) bzw. auf den Transport des Gutes. In diesen Konstellationen finden die §§ 416 ff HGB keine Anwendung.

Allerdings kann das Lagergeschäft auch in der Form eines **Nebengeschäftes** eines auf einen anderen Geschäftskreis gerichteten Handelsgewerbes betrieben werden (BGH NJW **1951** 957). Dies ist häufig bei Spediteuren der Fall (RGRKz HGB-*Ratz*[2] § 416 Anm. 3), die eine vorübergehende Lagerung als Hauptleistung übernehmen. Die §§ 416 ff greifen auch dort ein, wo der Lagerhalter außer der Obhut andere Aufgaben übernimmt, z. B. das Gut entgegenzunehmen, zu sortieren, zu kommissionieren und an Kunden des Einlagerers auszuliefern (vgl. BGH 31. 10. 1984, TranspR **1985** 88, 89; *Krien/Glöckner* Speditions- und Lagerrecht vor § 43 ADSp 4b). Es liegt dann ein **gemischter Vertrag** vor mit dem Schwergewicht bei der Lagerung. Die §§ 416 ff HGB sind daher in Hinblick auf die Nebengeschäfte durch die auf die Nebenleistungen passenden Normen zu ergänzen.

Ein Lagergeschäft liegt jedoch dort nicht mehr vor, wo die Obhut über das Gut lediglich eine Nebenleistung darstellt, so wenn sie lediglich über einen kurzen Zeitraum hinweg und nur bis zu dem Zeitpunkt erfolgen soll, in dem der Spediteur den Transport durch ein Geschäft mit einem Dritten besorgt und diesem das Gut übergeben bzw. den Selbsteintritt erklärt oder den Sammeltransport zusammengestellt hat[3]. Soll mit der Lagerung ein Zeitraum überbrückt werden, an dessen Ende der Auftraggeber Weisungen zur Versendung gibt, so liegt jedoch ein Lagergeschäft vor[4]. Erst recht gelten die §§ 416 ff HGB dort, wo bei Vereinbarung der Lagerung noch nicht feststeht, ob das Gut überhaupt versendet werden soll (*Krien/Glöckner* Speditions- und Lagerrecht vor § 43 ADSp 4c). Ferner sind die §§ 416 ff anzuwenden, wenn der Empfangsspediteur das Gut zur Disposition des Empfängers erhält und dieser Weisung gibt, das Gut auf Lager zu nehmen. Solange diese Weisung nicht erteilt ist, ist die Lagerung speditionelle Nebenleistung des Empfangsspediteurs (*Krien/Glöckner* Speditions- und Lagerrecht vor § 43 ADSp 4c), weil das Schwergewicht des Schuldverhältnisses noch bei der Geschäftsbesorgung liegt.

10 Für die von Spediteuren getätigten Lagergeschäfte gelten im allgemeinen die **ADSp**. Dazu Anh. III zu § 424.

Werden Möbel eingelagert, so können die **Allgemeinen Lagerbedingungen des Deutschen Möbeltransportes** (ALBM) zum Tragen kommen (dazu Anh. IV zu § 424). Zu **sonstigen AGB** vgl. Anh. V—VII zu § 424.

II. Güter

11 Güter im Sinne des § 416 HGB sind bewegliche Sachen (RGZ **20**, 49), außer Geld und Wertpapiere (*Baumbach/Duden/Hopt* HGB[26] § 416 1A; *K. Schmidt* Handelsrecht § 33 I 2b). Die Sachen müssen nicht notwendig Gegenstand des Handelsverkehrs sein. Auch unveräußerliche bewegliche Gegenstände können im Sinne des § 416 HGB gelagert werden. Das gleiche gilt für Flüssigkeiten in Tanks, wenn dem Lagerhalter die Ob-

---

[3] BGH, VersR **1971** 620 f; VersR **1973** 1061; v. 1. 6. 1979, VersR **1979** 901, 902; OLG Hamburg 17. 5. 1984, VersR **1985** 57; vgl. OLG Karlsruhe, VersR **1965** 329; a. A. wohl *Schlegelberger/Schröder* HGB[5], § 416 7; zum Teil *Krien/Glöckner* Speditions- und Lagerrecht vor § 43 ADSp 4c.
[4] BGH, VersR **1971** 620 f; a. A. *Krien/Glöckner* Speditions- und Lagerrecht vor § 43 ADSp 4c.

hut obliegt (RGRKz HGB-*Ratz*² § 416 Anm. 10) sowie für lebende Tiere[5]; denn auch Tiere können in die Obhut eines Dritten gegeben werden. Es wäre zu seltsam, in Fällen, in denen lebende Tiere in verschlossenen Behältnissen in die Obhut eines Lagerhalters gegeben werden (z. B. Fischtank, Geflügelkäfig), nur im Hinblick auf die Behältnisse ein Lagergeschäft anzunehmen[6]. Wenn in der Denkschrift zum Einwurf eines HGB ([1897] S. 267) gesagt wird, daß bei der Einstellung lebender Tiere eine Lagerung nicht stattfinde, so wird verkannt, daß die erhöhte Pflegebedürftigkeit von Tieren weder zu den das Lagergeschäft kennzeichnenden Kriterien der Bereitstellung von Raum noch zur Obhut über das Gut im Widerspruch steht. Es ist auch heute nicht einzusehen, warum jemand, der gewerbsmäßig und nicht nur im Zusammenhang mit einem land- oder forstwirtschaftlichen Unternehmen die Verwahrung und Pflege lebender Tiere betreibt, nicht Lagerhalter und damit Kaufmann (§ 1 Abs. 2 Nr. 6, § 3 HGB) sein sollte.

Die Güter dürfen normalerweise nicht im **Eigentum** des Lagerhalters stehen (§ 419 Abs. 3 HGB), jedenfalls nicht in das Eigentum des Lagerhalters übergehen (*Schlegelberger/Schröder* HGB⁵ § 416 4). Eine Ausnahme gilt jedoch in den Fällen, in denen der Einlagerer sein Eigentum dem Lagerhalter lediglich zur Sicherheit übereignet hatte[7]. Ferner ist es denkbar, daß der Lagerhalter im Nebengeschäft Waren bei sich einlagert, die er dem Einlagerer unter Eigentumsvorbehalt verkauft hatte. Hier treffen den Lagerhalter im Hinblick auf das Anwartschaftsrecht des Einlagerers die gleichen Pflichten, die ihn gegenüber einem Eigentümer treffen würden. Aber auch dort, wo der Lagerhalter dem Einlagerer gegenüber zum Besitz berechtigt ist, wird man den Abschluß eines atypischen Lagergeschäftes für möglich halten müssen.

Werden **Wertpapiere** eingelagert, so greift gemäß § 1 Abs. 2 das DepG dort ein, wo einem Kaufmann im Betrieb seines Handelsgewerbes Wertpapiere unverschlossen zur Verwahrung gegeben werden (Großkommentar HGB³-*Canaris* Bd. III/3 [2. Bearb.] Rdn. 2083). Sollen die Wertpapiere verschlossen in Stahlschränken aufbewahrt werden, so liegt Miete vor (§ 416 8).

III. Gewerbsmäßigkeit

Die Lagerung und Aufbewahrung von Gütern muß gewerbsmäßig übernommen **12** worden sein. Dabei sind an die Gewerbsmäßigkeit die gleichen Anforderungen zu stellen, die für den Begriff des Handelsgewerbes in § 1 Abs. 1 HGB gelten (*Staub/Brüggemann* HGB⁵ § 1 5 ff). Auch staatliche, städtische Lagerhäuser betreiben Gewerbe; ebenso ein Privatzollager, auch unter zollamtlichem Mitverschluß. Die Gewerbsmäßigkeit muß sich gerade auf die Lagerung und Aufbewahrung richten (BGH NJW **1951**, 597). Die Lagerung darf also nicht lediglich die Nebenpflicht eines anderen Gewerbes (§ 416 9) darstellen. Auch dort, wo die „Lagerung sowie Aufbewahrung" als Hauptpflicht des Geschäftes vereinbart worden waren, fehlt es an der Gewerbsmäßigkeit des Lagergeschäftes, falls die Lagerung und Aufbewahrung nur ab und zu übernommen werden (BGH NJW **1951**, 597). Auf derartige Verträge finden lediglich die §§ 688 ff BGB Anwendung, wobei § 689 BGB durch § 354 HGB ergänzt wird. Dies gilt unabhängig davon, ob derjenige, der die Lagerung sowie Aufbewahrung verspricht, aus sonstigen Gründen Kaufmann ist oder nicht. Anders als das Kommissions- und Spedi-

---

[5] *Senckpiehl* S. 17; **a. A.** *Baumbach/Duden/Hopt* HGB²⁶, § 416 I A; *Düringer/Hachenburg/Lehmann* HGB, § 416 3; RGRKz HGB-*Ratz*² § 416 10; *Heymann/Kötter* HGB⁴, § 416 2; *K. Schmidt* Handelsrecht § 33 I 2 b.

[6] So RGRKz HGB-*Ratz*² § 416 10; *K. Schmidt* Handelsrecht § 33 I 2 b; **a. A.** *Schlegelberger/Schröder* HGB⁵, § 416 3.

[7] *Schlegelberger/Schröder* HGB⁵, § 416 7 a; *Heymann/Kötter* HGB⁴, § 416 2.

tionsgeschäft (§§ 406 Abs. 1, 415 HGB) kennt das HGB nämlich nicht den Typ des „Gelegenheits"-Lagerhalters (*K. Schmidt* Handelsrecht § 33 I 1). Das hat z. B. zur Konsequenz, daß der „Gelegenheits"-Lagerhalter kein Lagerpfandrecht erwirbt und keinen Lagerschein auszustellen imstande ist. Das Kriterium der Gewerbsmäßigkeit ist allerdings schon dann erfüllt, wenn die Lagerung und Aufbewahrung als Nebengewerbe betrieben wird. Es ist somit nicht erforderlich, daß sich der Lagerhalter ausschließlich dem Lagergeschäft widmet. — Unerheblich ist es, ob der Lagerhalter einen Gewerbebetrieb unterhält, der einen in kaufmännischer Weise eingerichteten Geschäftsbetrieb erfordert, oder zur Gruppe der Minderkaufleute (§ 4 HGB) zählt.

IV. Übernahme

13 Die Lagerung und Aufbewahrung übernehmen heißt, einen privatrechtlichen **Vertrag abschließen**. Daraus folgt, daß die §§ 416 ff HGB bei hoheitlichem Handeln nicht herangezogen werden können[8]. Freilich können die hoheitlich tätigen Behörden ihrerseits jederzeit privatrechtliche Lagerverträge mit Lagerhaltern abschließen.

V. Einlagerer

14 Einlagerer kann jedermann sein. Er braucht dazu kein Kaufmann zu sein, ebensowenig braucht er ein eigenes rechtliches Interesse an dem Gut zu besitzen (BGH, VersR **1955** 628). Es kann zum Beispiel beim Spediteur fehlen, der mit dem Lagerhalter einen Vertrag schließt. Für die Frage, wer Einlagerer ist, kommt es ferner weder darauf an, wer das Gut übergeben hat, noch wer Eigentümer ist, sondern allein darauf, wer nach den Vertragsbeziehungen Einlagerer sein soll (BGH, WM **1960** 877). (Siehe auch § 416 21).

C. Die Rechtsbeziehungen zwischen Lagerhalter und Einlagerer
I. Rechtsbeziehungen vor Abschluß eines Vertrages

15 Der Lagerhalter hat vor Abschluß eines Vertrages den im Rahmen der **c. i. c.** entwickelten **Schutzpflichten** nachzukommen. Sie spielen vor allem dort eine Rolle, wo dem Lagerhalter zusammen mit einem Angebot zum Abschluß eines Lagervertrages Güter zugesandt werden, der Lagerhalter aber nicht gewillt ist, die Einlagerung zu übernehmen. Der Lagerhalter muß dann mit der Sorgfalt eines ordentlichen Kaufmannes für die vorübergehende Aufbewahrung sorgen (a. A. *Senckpiehl* Lagergeschäft, aaO, S. 48; im Ergebnis wie hier OLG Hamburg 23. 2. 1984, VersR **1984** 1035). Eine Parallele zur Zusendung unbestellter Ware[9] kann nicht in der Form gezogen werden, daß der Lagerhalter eine Haftungsmilderung auf grobes Verschulden bzw. auf Sorgfalt wie in eigenen Angelegenheiten für sich zu beanspruchen vermag; denn der Lagerhalter übt ein Gewerbe aus, kraft dessen er damit rechnen muß, daß ihm Güter zugehen, bevor ein Vertrag abgeschlossen ist. Daran ist ein Lagerhalter auch regelmäßig interessiert.

16 Allerdings wird man dem Lagerhalter die Berufung auf Haftungsausschlüsse gestatten müssen, die in seinen allgemein gebräuchlichen AGB enthalten sind, da ein Einlagerer aller Wahrscheinlichkeit nach bei einem vor der Einlagerung zustandegekommenen Vertrag nicht besser gestanden wäre (so wohl auch *Schlegelberger/Schröder* HGB[5]

---

[8] Z. B. im Hinblick auf die Tätigkeit des Gerichtsvollziehers, der Zollverwaltung; siehe dazu Münchener Kommentar-*Hüffer* BGB[2], § 688 58 ff.

[9] Dazu *Palandt/Heinrichs* BGB[45], § 145 4 f; *Palandt/Bassenge* BGB[45], vor § 987 1 c.

§ 416 8 b). Der Lagerhalter hat für eine Verletzung der Schutzpflichten durch seine Erfüllungsgehilfen einzustehen (§ 278 BGB). — Daneben kommt ein Anspruch aus **§§ 823 Abs. 1, 831, 989 ff BGB** in Betracht. Ein Lagerhalter ist kraft seines Gewerbes ohne Rücksicht auf die vertraglichen Beziehungen verpflichtet, fremdes Eigentum, das im Rahmen des Gewerbes in seine Obhut gelangt ist, sorgfältig zu behandeln[10].

Der Lagerhalter ist grundsätzlich nicht verpflichtet, mit dem Einlagerer einen Lagervertrag abzuschließen. Nimmt er eine marktbeherrschende Stellung ein oder ist der Einlagerer als Unternehmen von ihm abhängig, so kann er gemäß §§ 26 Abs. 2 GWB, 826 BGB einem **Kontrahierungszwang** unterworfen sein. **17**

II. Zustandekommen des Lagervertrages

Der Vertrag kommt formlos zustande. Angebot sowie Annahme können konkludent erklärt werden; die Annahme eines Angebotes zum Abschluß eines Lagervertrages wird regelmäßig in Erfüllungshandlungen (Einlagerung; Reservierung von Lagerräumen) liegen (§ 151 BGB), da der Einlagerer normalerweise auf den Zugang einer Annahmeerklärung konkludent verzichtet haben wird. So kann ein Lagervertrag dadurch begründet werden, daß eine Reederei als Lagerhalter die am Kai gelöschte Ware im Auftrag des Einlagerers in Besitz nimmt oder längere Zeit gegen Berechnung von Lagergeld am Kai liegen läßt (OLG Hamburg, HansGZ **1922** 133) oder einem Lagerhalter ein unverschlossener Container mit der Weisung, das Gut auf Lager zu nehmen, **zugerollt wird und** der Lagerhalter den Fahrer anweist, den Container auf einem bestimmten Platz auf dem Lagergelände abzusetzen (OLG Hamburg VersR **1984** 1035, 1036). Gleiches gilt, falls ein **Gerichtsvollzieher** eingelagerte Ware pfändet, sie dann aber nicht wegschafft, sondern auf dem Lager beläßt. Dabei kommt der Vertrag mit dem Gerichtsvollzieher persönlich zustande[11]. Hingegen wird man normalerweise keinen stillschweigenden Abschluß eines Vertrages mit der Hauptleistung „Lagerung und Aufbewahrung" unterstellen dürfen, wenn sich die Versendung der bei einem Spediteur lagernden Güter verzögert hat (a. A. wohl *Schlegelberger/Schröder* HGB[5] § 416 7). Der Einlagerer braucht nicht Eigentümer des Gutes zu sein. **18**

Zur Form der Auftragserteilung § 5 f ADSp (Anh. III zu § 424); § 4 **Hamburger Lagerungsbedingungen** (Anh. V zu § 424), §§ 10, 48 **Betriebsordnung der Bremer-Lagerhaus-Gesellschaft** (Anh. VI zu § 424).

Nach herrschender Meinung kann der Vertrag trotz **Schweigens** des Lagerhalters und ohne daß der Lagerhalter die Annahme des Angebots durch konkludentes Handeln (Eintragung ins Lagerbuch) zu erkennen gibt (§ 151 BGB) zustandekommen, falls der Lagerhalter mit dem Einlagerer in Geschäftsverbindungen stand[12]. Der herrschenden Meinung ist im Ergebnis zuzustimmen. Zwar ist der Lagervertrag **kein Geschäftsbesorgungsvertrag** im Sinne des § 675 BGB[13]; denn das Lagergeschäft wird anders als z. B. das Kommissionsgeschäft nicht durch einen intersubjektiv unüberprüfbaren Ermessensspielraum des Lagerhalters geprägt, innerhalb dessen der Lagerhalter die Interessen des Einlagerers auf bestmögliche Weise wahrzunehmen hat (*Koller* BB **1979** 1727). Dem Lagerhalter obliegt es im wesentlichen, Raum für die Lagerung des Gutes **19**

---

[10] BGH, NJW **1953** 1180 (1182); WM **1972** 497; *Schlegelberger/Schröder* HGB[5], § 416 5 c, 8 b.
[11] Str., vgl. BGH 17. 11. 1983, WM **1984** 506, 507 m. Nachw.
[12] § 362 Abs. 1 HGB; BGH, NJW **1966** 1967; Großkommentar-*Canaris* HGB[3], § 362 6; *Schlegelberger/Schröder* HGB[5], § 416 8; *Baumbach/Du-*
den/*Hopt* HGB[26], § 416 3 B; *Düringer/Hachenburg/Lehmann* HGB, vor § 416 4; **a. A.** RGRKz HGB-*Ratz*[2] § 416 6.
[13] RGRKz HGB-*Ratz*[2] § 416 6; *Krien/Glöckner* Speditions- und Lagerrecht, § 5 ADSp 18 a; § 47 ADSp 4 b.

bereitzustellen und es mit verkehrsüblicher Sorgfalt vor Schäden zu bewahren. Geschäftsbesorgungselemente, die im Lagervertrag enthalten sind, treten demgegenüber nahezu gänzlich zurück. Der Begriff der Geschäftsbesorgung ist in § 362 Abs. 1 HGB jedoch weiter als in § 675 BGB zu interpretieren, da § 362 HGB bei Geschäften, die eine vorübergehende Tätigkeit für einen anderen mit sich bringen, an die kaufmännische Verkehrssitte anknüpft, das Schweigen als Annahmeerklärung zu werten (Großkommentar-*Canaris* HGB³ § 362 3). Zu dieser Art von Tätigkeit gehört auch die Lagerhaltung[14]. Erst recht findet § 362 HGB Anwendung, wenn dem Lagerhalter zugleich mit der Lagerung in größerem Umfang die Erledigung von Aufgaben iSd § 675 BGB angeboten wird. Beachte auch § 1 b ADSp (Anh. III zu § 424):

Zu den Sonderproblemen, die im Zusammenhang mit der **Einlagerung gefährlicher Güter** auftauchen, § 416 36.

20 Der Lagervertrag kommt unabhängig davon zustande, ob dem Lagerhalter das einzulagernde Gut bereits übergeben worden war. Der Lagervertrag ist kein Real-, sondern ein **Konsensualvertrag**[15]. In Fällen, in denen die Parteien die Lagerung im Hinblick auf bestimmte Güter vereinbaren und die Konditionen festlegen, wäre es ein gänzlich überflüssiger Umweg, müßte erst ein Vorvertrag abgeschlossen werden, dessen Bruch schadensersatzpflichtig macht. Es besteht weder aus der Sicht des Lagerhalters noch aus der des Einlagerers ein Bedürfnis, die Wirkungen des Lagervertrages erst mit der Übergabe des Gutes entstehen zu lassen. Daß die Hauptpflicht des Lagerhalters vor Übergabe des Gutes noch nicht zum Tragen kommt (BGH, DB **1975** 831), ist unschädlich. Die Rechtsnatur eines Vertrages als Werkvertrag wird auch nicht deshalb in Frage gestellt, weil der Unternehmer mangels Lieferung des Leistungssubstrates noch außerstande ist, den versprochenen Erfolg herbeizuführen.

21 Der Lagervertrag kann mit jedem Kaufmann oder **Nichtkaufmann,** nicht etwa nur von dem Besitzer oder Eigentümer des Gutes abgeschlossen werden. Es gilt hier volle Vertragsfreiheit. Deshalb braucht der Einlagerer keinerlei eigenes rechtliches Interesse an dem Gut zu besitzen (BGH, VersR **1955** 628). Es ist Sache der Parteien, zu bestimmen, wer Einlagerer werden soll (BGH, WM **1960** 877 f). Es kann also durchaus sein, daß derjenige, der das Gut übergibt, den Lagerhalter lediglich auffordert, mit einem Dritten einen Lagervertrag abzuschließen. Denkbar ist auch, daß derjenige, der das Gut übergeben hat, in Vertretung eines Dritten (§ 164 BGB) gehandelt oder einen Vertrag zugunsten Dritter (§ 328 BGB) geschlossen hat. In der zuletzt genannten Konstellation wird aus dem Vertrag nur der Einlieferer verpflichtet, da Verträge zu Lasten Dritter nicht getätigt werden können.

III. Pflichten des Lagerhalters

22 Der Lagervertrag ist die auf die Bedürfnisse des Handelsverkehrs zugeschnittene Form des **Verwahrungsvertrages**. Neben den §§ 417 ff HGB greifen deshalb die §§ 688 ff BGB ein, soweit diese nicht durch die §§ 417 ff HGB verdrängt werden oder zu Wertungen im Widerspruch stehen, die in den §§ 417 ff HGB zum Ausdruck gekommen sind[16]. Der Lagervertrag ist jedoch kein **Geschäftsbesorgungsvertrag** (§ 416 19), so daß geschäftsbesorgungsrechtliche Elemente nur zum Tragen kommen,

---

[14] Ebenso i. E. *Krien/Glöckner* Speditions- und Lagerrecht, § 5 ADSp 18 a, vor § 6 ADSp 1 d; *Sellschopp* S. 77 f.

[15] BGH; NJW **1966** 1968; *Schlegelberger/Schröder* HGB⁵, § 416 6; *Baumbach/Duden/Hopt* HGB²⁶,

§ 416 3 B; Münchener Kommentar-*Hüffer* BGB², § 688 4; **a. A.** RGRKz HGB-*Ratz*² § 416 5; *Heymann/Kötter* HGB⁴, § 416 3.

[16] *K. Schmidt* Handelsrecht § 33 I 2; *Isaac* S. 368.

wenn der Lagerhalter zusätzlich zur Lagerung Aufgaben eines Geschäftsbesorgers übernommen hat (Verzollung).

Neben den Regeln des dispositiven Rechts sind nahezu immer die **Allgemeinen Geschäftsbedingungen** des Lagerhalters zu beachten. Hier kommen in erster Linie die ADSp in Betracht. Dazu und zu anderen AGB Anh. III—VII zu § 424.

Zu den aus **§§ 823 ff BGB** abgeleiteten Verkehrspflichten § 417 13.

1. Adressat der Pflicht

Adressat der Pflichten ist der Lagerhalter. Das ist derjenige, der dem Einlagerer im eigenen Namen versprochen hat, die Güter in Obhut zu nehmen. Dabei ist es völlig unerheblich, ob der Lagerhalter in Kenntnis des Einlagerers von Anfang an beabsichtigte, die Güter bei einem dritten Lagerhalter einzulagern (§ 416 32a). Weiß der Einlagerer, daß der Lagerhalter die Ware nicht auf das eigene Lager nehmen will oder kann, so kann dies freilich für die Vereinbarung einer uneigentlichen Kommission sprechen (§ 406 Abs. 1 HGB; *Isaac* S. 367). **23**

2. Lagerung und Aufbewahrung

§ 416 HGB spricht von der Übernahme der „Lagerung und Aufbewahrung". Dem ergänzend heranziehbaren § 688 BGB zufolge liegt die Hauptpflicht des Verwahrers in der Aufbewahrung. Danach hat der Lagerhalter das Gut so zu lagern, daß keine mit zumutbarem Aufwand vermeidbaren Substanzveränderungen entstehen oder auch nur der dringende Verdacht solcher Substanzveränderungen auftaucht. Darüber hinaus hat er das Gut mit zumutbaren Mitteln vor dem rechtswidrigen Zugriff Dritter zu bewahren. Dagegen braucht der Lagerhalter grundsätzlich nicht auf die Substanz des Gutes selbst einzuwirken, um es vor Schäden zu bewahren[17]. Im einzelnen bedeutet das: **24**

a) Art der Lagerung

Der Lagerhalter hat die Räumlichkeiten und Lagereinrichtungen in erster Linie so auszuwählen, wie dies der **Parteivereinbarung** entspricht[18]. Danach kann z. B. verabredet sein, daß das Gut in freien oder geschlossenen Räumen bzw. vermischt mit anderen Gütern zu lagern ist. Soweit Fach- und Sachkunde eines ordentlichen Lagerhalters, der kein Warenfachmann ist (anders Quartiersmann), reicht, hat der Lagerhalter den Einlagerer, der augenscheinlich über unzureichende Informationen verfügt, aufzuklären und zu beraten. So muß er den Einlagerer, der eine unübliche Form der Lagerung wünscht, darüber informieren, daß hierdurch die Gefahr von Schäden erhöht wird. Er hat den Einlagerer auch darüber **aufzuklären**, daß er mit der von ihm bestimmten Art der Lagerung nicht den angestrebten Sicherheitsstandard erreichen kann (ebenso i. E. OLG Hamburg VersR **1984** 1036). Wenn der Lagerhalter zu erkennen imstande ist, daß das Gut nicht so verpackt ist, daß es bei der gewünschten Form der Lagerung gegen die üblichen Risiken geschützt ist, oder daß der angestrebte Sicherheitsstandard erreicht wird, hat er den Einlagerer vor Vertragsschluß hierauf hinzuweisen oder, falls er nur verpflichtet ist, verpacktes Gut einzulagern, das Gut zurückzuweisen. Unterläßt es der Lagerhalter, den Einlagerer aufzukären, so ist er wegen c.i.c. schadensersatzpflichtig. Zur Änderung der vereinbarten **Aufbewahrung** § 516 42. **25**

---

[17] Arg. e. §§ 417 Abs. 2, 418 HGB; *Krien/Glöckner* Speditions- und Lagerrecht, § 43 ADSp 5a, 7a.

[18] Beachte § 43 ADSp (Anh. III z. § 424); § 5 Hamburger Lagerungsbedingungen (Anh. V zu § 424), § 45 Bremer Lagerhaus-Ordnung (Anh. VI zu § 424).

26   Haben die Parteien **nichts über die Art der Lagerung vereinbart,** so ist es Sache des Lagerhalters, die Art der Lagerung zu bestimmen (OLG Hamburg VersR **1984** 1036, 1037). Das heißt freilich nicht, daß es im Belieben des Lagerhalters stünde, wie er das Gut unterbringt. Er hat es vielmehr so zu lagern, daß Schäden, die vorhersehbar sind und die mit zumutbarem Aufwand vermieden werden können, nicht eintreten können (*Sellschopp* S. 30). Anders ausgedrückt: Der Einlagerer darf erwarten, daß die **Lagerräume und -vorrichtungen** diejenigen Eigenschaften aufweisen, die im Hinblick auf sein erkennbares Interesse, das Gut sicher zu lagern, erforderlich sind, und die üblicherweise mit zumutbarem Aufwand realisiert werden können (anders wohl BGH, WM **1974** 436 ff, der die Zumutbarkeit erst im Rahmen des Verschuldens des Lagerhalters prüft). Dabei kommt es nicht darauf an, ob gerade der konkrete Lagerhalter imstande ist, für ausreichende Lagerbedingungen zu sorgen. Maßgeblich ist vielmehr, welche optimalen Lagerbedingungen ein ordentlicher Lagerhalter zu schaffen vermag, wenn er zu diesem Zweck zumutbaren Aufwand treibt oder getrieben hat. Die vom Lagerhalter geschuldete Leistung ist demnach insoweit strukturell mit der Miete vergleichbar. Die Frage, wie die Lagerräume und -vorrichtungen auszustatten sind, ist somit nach denselben Kriterien zu beantworten, nach denen zu entscheiden ist, ob ein Mietobjekt diejenigen Eigenschaften aufweist, die es zum vertragsgemäßen Gebrauch tauglich machen. Die Auswahl des Lagerplatzes stellt eine vertragstragende Hauptpflicht dar (**Kardinalpflicht,** BGH VersR **1979** 901, 902). In diesem Zusammenhang ist festzuhalten, daß der Lagerhalter jederzeit berechtigt ist, eine mindere Ausstattung der Lagerräume durch erhöhte Anstrengungen bei der **Kontrolle** und **konkreten Gefahrenabwehr** zu kompensieren.

Erreichen die Lagerbedingungen den hiernach festgesetzten Standard, so steht es dem Lagerhalter frei, wie er das Gut unterbringt. Er ist, falls er die Wahl zwischen mehreren angemessenen Lagermöglichkeiten besitzt, insbesondere nicht gehalten, das Gut dort einzulagern, wo es am besten geschützt ist. Das gilt jedenfalls in den Fällen, in denen ein festes Entgelt für die Lagerung vereinbart ist, das von der Art, wie der Lagerhalter tatsächlich lagert, unabhängig ist. Von dieser Form der Vergütung geht § 420 Abs. 1 HGB aus. Der Lagerhalter ist kein Geschäftsbesorger, der dem Einlagerer die bestmöglichen, im Moment erhältlichen Lagermöglichkeiten zu verschaffen hat (§ 416 19).

27   Die vom Lagerhalter geschuldete Qualität der Lagerräumlichkeiten wird maßgeblich durch das Kriterium der **vorhersehbaren Gefahren und des zumutbaren Aufwandes** bestimmt, den ein ordentlicher Lagerhalter einsetzen muß, um den gewünschten Qualitätsstandard zu erreichen (BGH, WM **1974** 436 f). Hierbei ist zu beachten, daß von einem Lagerhalter grundsätzlich nicht das Wissen um die Eigenschaften des Gutes erwartet werden kann, das der Hersteller oder ein Händler besitzt (*Senckpiehl* S. 116). Das Kriterium der Zumutbarkeit ist primär am Maßstab der **Verkehrsüblichkeit,** also anhand dessen zu konkretisieren, was in ordentlichen Lagerhalterkreisen als angemessener Schutz empfunden wird oder danach, was Handelsbrauch (§ 346 HGB) ist. Die Beachtung der verkehrsüblichen Lagermethoden liefert freilich nur ein gewichtiges Indiz dafür, daß der Lagerhalter ordentlich gelagert hat (**a. A.** *Isaac* S. 370).

Bei der Prüfung der Angemessenheit fallen insbesondere folgende Umstände ins Gewicht: Mit Sicherheit brauchen die Lagervorrichtungen **nicht** immer den **absoluten Schutz** gegen Schäden zu gewähren (mißverständlich *Heymann/Kötter* HGB[4] § 417 1). Der Lagerhalter stellt schon dann angemessene Lagervorrichtungen bereit, wenn sie verkehrsüblichen Standards entsprechen und die zu erwartenden Schäden geringer sind als die Kosten, die ihre Verhinderung nach sich ziehen würde. Zu denken ist hier etwa an Lagervorrichtungen, die den Ungezieferbefall (BGH, WM **1974** 436; KG, BB **1973** 446) mit an Sicherheit grenzender Wahrscheinlichkeit unterbinden. Der Lagerhalter hat, weil er zwischen dem Ausmaß der erkennbar (BGH, WM **1974** 436, 438) drohenden Schäden und dem zur Sicherung vor Schäden notwendigen Aufwand abzuwägen hat, grundsätzlich immer den ihm erkennbaren Wert und die spezifische Schadensanfälligkeit des Gutes zu berücksichtigen. Dort, wo freilich erkennbar nur eine Lagerung im Rahmen **typisierter Geschäftsabwicklung** in Betracht kommt (*Senckpiehl* S. 84 116), hat der Einlagerer dafür zu sorgen, daß das Gut so **verpackt** ist, daß es die verkehrsübliche Art der Einlagerung übersteht. In solchen Konstellationen hat der Lagerhalter, sofern erforderlich, den Einlagerer auf der Grundlage der von ihm zu erwartenden Kenntnisse über die zweckmäßige Verpackung zu **informieren.** In besonderen Situationen, in denen kein besserer Lagerraum zur Verfügung steht und dem Einlagerer augenscheinlich dringend an der Einlagerung gelegen ist, hat man dem Lagerhalter zu erlauben, auf Lagerräume zurückzugreifen, die nicht den verkehrsüblichen Standards entsprechen (vgl. den vom BGH (LM Nr. 1 zu § 417 HGB) geschilderten Sachverhalt). Auch hier wird man jedoch vom Lagerhalter verlangen können, daß er den Einlagerer ausreichend berät. — Der Lagerhalter hat dafür zu sorgen, daß die einmal geschuldete **Qualität der Lagerbedingungen erhalten bleibt.** Steigt der hierzu erforderliche Aufwand, so trägt der Lagerhalter die Kosten, falls die Steigerungsursachen im Bereich des Vorhersehbaren gelegen waren (vgl. unten Rdn. 68).

Gemäß § 13 ADSp (Anh. III zu § 424) darf der Spediteur (und Lagerhalter) mangels ausreichender oder ausführbarer Weisungen unter Wahrung der Interessen des Auftraggebers nach seinem Ermessen handeln. **28**

b) Kontrolle

Der Lagerhalter hat dafür zu sorgen, daß sich die Lagerbedingungen **nicht** zum **29** Nachteil des Einlagerers **verschlechtern.** Er hat deshalb die Lagerräume und -vorrichtungen **laufend zu kontrollieren** (BGH, LM Nr. 1 zu § 417 HGB). Entgegen der Ansicht des BGH (aaO; so auch *Senckpiehl* S. 85) darf sich die Kontrolle grundsätzlich nicht darauf beschränken, bei Rundgängen nachzusehen, ob dem Gut erhöhte Gefahren drohen. Der Lagerhalter muß zumindest dort, wo sich erfahrungsgemäß Gefahrenherde entwickeln, in angemessenem Umfang besondere **Aktivitäten entwickeln,** z. B. das Gut zur Seite rücken[19]. Die Kontrolle muß sich auf **Eigenschaften des Gutes** nur insoweit erstrecken, als diese äußerlich für einen ordentlichen Lagerhalter, der kein Warenfachmann ist, erkennbar sind und eine Verschlechterung der geschuldeten Lagerbedingungen signalisieren[20]. Die abweichende Entscheidung des BGH (LM Nr. 1 zu § 417 HGB) ist aus besonderen Situationen der Einlagerung von Möbeln in Notlagerräumen zu verstehen. Die Kontrollpflichten des Lagerhalters erstrecken sich nicht auf die Qualität des eingelagerten Gutes; denn der Lagerhalter ist kein Warenfachmann (BGH, WM **1984** 1277, 1279). Der Lagerhalter braucht deshalb das Gut nicht daraufhin zu untersuchen, ob es sich in innerem Verderb befindet[21]. Soweit er freilich im Zusammenhang mit der Kontrolle der Lagerbedingungen Veränderungen des Gutes bemerken kann, ist er verpflichtet, dies dem Einlagerer mitzuteilen (§ 417 Abs. 2 S. 1 HGB).

---

19 OLG Celle, VersR **1958** 439; a. A. wohl *Schlegelberger/Schröder* HGB5; § 416 13; anders aber § 417 4.

20 Einschränkend § 6 Nr. 2 **Hamburger Lagerungsbedingungen** (Anh. V zu § 424), Nr. 3 **Kaltlagerungsbedingungen** (Anh. VII zu § 424).

21 § 5 Nr. 7 **Hamburger Lagerungsbedingungen;** Nr. 3 **Kaltlagerungs-Bedingungen** (Anh. V, VII zu § 424).

c) Schutz und Erhaltungsmaßnahmen

30 Der Lagerhalter hat ständig mit zumutbarem Aufwand das Gut in seiner Integrität zu schützen und vor dem rechtswidrigen Zugriff Dritter zu bewahren. Er hat insbesondere für dessen **Bewachung** zu sorgen, falls die baulichen Einrichtungen nicht ausreichende Sicherheit gewähren (RGZ **101** 348; OLG Düsseldorf, TranspR **1985** 249). Desgleichen hat er **Ungeziefer** zu bekämpfen [22]. Für den **Brandfall** hat er ausreichend vorzusorgen (vgl. *Senckpiehl,* aaO, S. 110 f, der allerdings die Anforderungen zu niedrig ansetzt) insbesondere Blitzschutzanlagen zu installieren (*Krien/Glöckner* Speditions- und Lagerrecht § 43 ADSp 5 c) und bei Ausbruch eines Brandes unverzüglich Abwehrmaßnahmen einzuleiten. Stellt er fest, daß eingelagertes Gut starke **Gerüche** abgibt, die von anderen Gütern angenommen werden könnten, so muß er die Güter separieren. Bei **wärmeempfindlichem** Gut muß der Lagerhalter dort, wo dies verkehrsüblich ist oder im Einzelfall vom Einlagerer erwartet werden darf, für ausreichende Kühlung sorgen (*Krien/Glöckner* Speditions- und Lagerrecht § 43 ADSp 5 c). Entsprechendes gilt für **kälteempfindliche** Güter. Ausnahmsweise (§ 416 24) hat der Lagerhalter auch für die **Erhaltung des Gutes** zu sorgen, falls das Gut erkennbar laufend in Form von Einzelmaßnahmen betreut werden muß und der Einlagerer kraft Verkehrsübung, der Geschäftsverbindung oder sonstiger Umstände des Einzelfalls davon ausgehen kann, daß der Lagerhalter Erhaltungsmaßnahmen vornimmt. Soweit im Vertrag diese Frage besonders geregelt ist, treten die AGB-Klauseln zurück (§ 4 AGBG) [23]. Die Erhaltungsmaßnahmen sind hierbei von den Maßnahmen der Obhut nicht allein dadurch abzuschichten, daß man darauf abstellt, ob die abzuwehrende Gefahr in der Natur des Gutes selbst liegt (so aber *Senckpiehl* S. 82; *Sellschopp* S. 29 m. Nachw.). Andernfalls bräuchte der Lagerhalter Brandschäden nicht zu verhindern, weil auch die Brennbarkeit von Gütern auf Eigenschaften des Gutes beruht. Das entscheidende Differenzierungskriterium liegt allein darin, welche Schutzvorkehrungen dem Lagerhalter zugemutet werden können. In diesem Zusammenhang kann die Tendenzaussage gemacht werden, daß es dem Lagerhalter eher zuzumuten ist, die das Gut von außen beeinflussenden Lagerbedingungen so zu gestalten, daß sich die Eigenschaften des Gutes nicht zu dessen Nachteil verändern, als unmittelbar auf die Substanz des Gutes einzuwirken; denn Maßnahmen, die unmittelbar auf die Substanz der Güter einwirken, setzen in aller Regel so große Warenkenntnis voraus, daß sie von einem Lagerhalter nicht erwartet (BGH, WM **1984** 1277, 1279) und ihm daher auch nicht zugemutet werden können.

31 Fragen der Obhut, insbesondere der Bewachung, sind in **§§ 16, 43 ADSp** (Anh. III zu § 424), § 6 **Möbellagerungsbedingungen** (Anh. IV zu § 424), § 6 **Hamburger Lagerungsbedingungen** (Anh. V zu § 424), § 45 **Bremer Lagerhaus-Ordnung** (Anh. VI zu § 424), Nr. 3 **Kaltlagerungs-Bedingungen** (Anh. VII zu § 424) geregelt.

d) Ort der Lagerung

32 aa) Soweit keine besonderen Vereinbarungen getroffen sind (z. B. im Rahmen von AGB) kann der Lagerhalter in dem Rahmen, in dem die Lagerverhältnisse eine vertragsgemäß sichere Aufbewahrung des Gutes gewährleisten, grundsätzlich den **geographischen Ort** der Lagerung frei wählen. Er muß aber das Interesse des Einlagerers berücksichtigen, der möglicherweise das Gut besichtigen, es potentiellen Erwerbern zei-

---

[22] OLG Celle, VersR **1974** 129; KG BB **1973** 446; *Krien/Glöckner* Speditions- und Lagerrecht, § 43 ADSp 5 c; offengelassen BGH, WM **1974** 436; a. A. *Senckpiehl* S. 112.

[23] *Staudinger/Nipperdey* BGB, § 694 10; einschränkend *Heymann/Kötter* HGB, § 417 1.

gen, Proben ziehen, Erhaltungsmaßnahmen vornehmen oder ohne größeren Frachtaufwand über das Gut verfügen will. Im Zweifel hat daher der Lagerhalter das Gut in der Gemeinde oder näheren Umgebung der Gemeinde zu lagern, in der ihm das Gut übergeben worden ist. Hat er das Gut selbst abgeholt und ist die Lagerung nicht Teil eines Transportauftrages, so ist das Gut im Zweifel am Ort der Niederlassung des Lagerhalters, bei Zweigniederlassungen am Ort der Zweigniederlassung, mit der der Einlagerer Verhandlungen geführt hatte, zu lagern. Im Falle einer transportbedingten Lagerung ist der Lagerort so zu wählen, daß dadurch die Transportkosten nicht erhöht werden.

bb) Der Lagerhalter muß im Zweifel **unmittelbarer Besitzer** des Gutes werden und **32a** bleiben. Dabei ist es gleichgültig, ob er das Gut auf eigenen oder gemieteten [24] Grundstücken lagert. Er darf nur nicht, wie sich aus dem analog heranzuziehenden § 691 S. 1 BGB ergibt, die Ware derart bei anderen einlagern, daß er zum mittelbaren Besitzer wird. Letzteres ist immer dann der Fall, wenn er selbständige Subunternehmer, also in der Regel andere Lagerhalter, einschaltet, auch wenn er sich gewisse Kontroll- und Weisungsrechte vorbehalten hat. Allerdings ist es streitig, ob § 691 S. 1 BGB überhaupt auf das Lagergeschäft anzuwenden ist, und wenn ja, welche Regelung § 691 S. 1 BGB trifft.

Zum Teil wird die Ansicht vertreten, daß § 691 S. 1 BGB lückenfüllend auf das Lagergeschäft anzuwenden sei[25]. Dies wird mit dem Argument bestritten, daß die gewerbsmäßige Lagerung keine Unterart der Verwahrung sei. Die §§ 688 ff BGB könnten daher nur insoweit analog herangezogen werden, als dies mit der Natur des Lagergeschäftes zu vereinbaren sei. Daß dies nicht der Fall sei, ergebe sich aus dem Begriff des „Übernehmens" in § 416 HGB. Somit dürfe der Lagerhalter jederzeit das Gut bei selbständigen Unter-Lagerhaltern einlagern (*Senckpiehl*, S. 19 ff; *Isaac*, S. 368 f). Der Begriff des „Übernehmens" besagt freilich allenfalls, daß der Lagerhalter kaufmännisch tätig wird; er besagt nichts über die Mittel, mit denen der Lagerhalter seine Aufgaben erfüllt. Eine Lösung des Problems kann sich nur aus der ratio des § 691 S. 1 BGB und dessen Reichweite ergeben.

Zu § 691 S. 1 BGB folgert *Reuter* (*Staudinger/Reuter* BGB [12] § 691 1) aus einem Umkehrschluß zu § 3 DepG, daß der Verwahrer im Zweifel unmittelbarer Besitzer bleiben müsse (*v. Gablenz* Die Haftung der Banken bei Einschaltung Dritter **(1983)** S. 130 ff; wohl auch BGB-RGRK — *Krohn* § 691 1). Dem wird entgegengehalten, daß § 691 S. 1 BGB nur verhindern wolle, daß das Gut Dritten zur Verwahrung in eigener Verantwortung überlassen werde. Deshalb dürfe der Verwahrer das Gut einem selbständigen Dritten übergeben, sofern er sich Überwachungs- und Weisungsmöglichkeiten vorbehalte (Münchener Kommentar — *Hüffer*, BGB[2] § 691 12) und nicht ganz aus der Verwahrung ausscheide (*Erman/Seiler* BGB[7] § 691 2). Der Verwahrer dürfe das Gut auch einem selbständigen Dritten übergeben, wenn er den Dritten als Erfüllungsgehilfen einschalte (BGH NJW **1953**, 744; *Schlegelberger/Schröder* HGB[5] § 416 16). Es ist der Ansicht Reuters zuzustimmen. Sie allein erlaubt eine scharfe Grenzziehung; denn es ist weder klar, wann ein Verwahrer „ganz" ausscheidet, noch gibt es Kriterien dafür, in welchem Umfang sich der Verwahrer Weisungs- und Kontrollmöglichkeiten vorbehalten muß, damit § 691 S. 1 BGB nicht eingreift (*v. Gablenz* S. 123 ff). Auch ist es undenkbar, daß der Verwahrer mit dem Drittverwahrer vereinbart, der Dritte sei sein Er-

---

[24] Bei Aufbewahrung in gemieteten Räumen kann den Vermieter nach den Grundsätzen des Vertrages mit Schutzwirkung für Dritte eine Haftpflicht treffen (BGH WM **1970**, 127; NJW **1985** 489).

[25] OLG Hamburg, HansGZ **1920**, 246; RGRKz HGB — *Ratz*[?] § 117, 8; *Heymann/Kötter* HGB[4] § 417 1; *Sellschopp* S. 104 f.

füllungsgehilfe; dies kann allenfalls mit dem Einlagerer selbst vereinbart werden. Dann liegt aber bereits eine Sondervereinbarung vor. Deshalb sollte man daran anknüpfen, daß der historische Gesetzgeber den § 691 S. 1 BGB schuf, um das „besondere Vertrauen", das dem Verwahrer regelmäßig entgegengebracht werde, zu schützen (Motive, *Mugdan* II S. 321). Von diesem Ausgangspunkt aus wird schon immer dann im Widerspruch zu dem dem Verwahrer geschenkten besonderen Vertrauen gehandelt, wenn das Gut außerhalb des Organisations- und Herrschaftsbereichs des Verwahrers aufbewahrt wird (BGH BB **1984** 1508, 1509; *Staudinger/Reuter* BGB 12 § 691 1). Dieser Rechtsgedanke läßt sich ohne weiteres auf die gewerbliche Lagerung übertragen. Auch der Lagerhalter ist im Zweifel Vertrauensperson. Dies wird durch § 3 DepG bestätigt, der es den Banken, also Kaufleuten, in Durchbrechung des § 691 S. 1 BGB ausdrücklich erlaubt, Wertpapiere bei anderen Unternehmern zu deponieren. Auch für den Lagerhalter gilt somit, daß er im Zweifel das Gut im eigenen Herrschaftsbereich lagern muß.

Der Lagerhalter darf das Gut kraft **besonderer Vereinbarung** bei selbständigen Dritten einlagern, wenn ihm dies kraft AGB oder kraft Individualvereinbarung erlaubt ist. Für eine von § 691 S. 1 BGB abweichende Vereinbarung sprechen folgende **Indizien:** wenig empfindliches Gut; Gut, mit dem der Einlagerer keine immateriellen Interessen verbindet; Einlagerer weiß, daß Lagerhalter nicht über ausreichende Lagerräume verfügt[26]; Dritte verfügen über wesentlich sicherere Lagermöglichkeiten[27]; die Lagerung bei Unter-Lagerhaltern ist geschäftsüblich und die Usancen sind dem Einlagerer erkennbar; die Einlagerung bei Dritten wurde im Rahmen laufender Geschäftsverbindungen ohne Widerspruch seitens des Einlagerers praktiziert; Notsituation, bei der keine vorherige Rückfrage möglich ist. Gegen eine Befugnis zur Drittlagerung spricht insbesondere das Angebot einer besonders sicheren Lagerung, die Lagerung mit Spezialvorrichtungen; die Transportversicherung hat die Prämie auf der Basis eines bestimmten Lagerortes berechnet.

32b cc) War dem Lagerhalter die Einlagerung **bei einem Dritten nicht erlaubt,** so haftet der Lagerhalter für jeden adäquat verursachten **Schaden**[28]. Die §§ 287 S. 2, 848 BGB sind nicht analog anzuwenden, weil die verschärfte Haftung nur dort angemessen ist, wo der Schuldner entweder eine Mahnung ignoriert oder sich den Besitz durch einen Verstoß gegen allgemeine Verkehrspflichten verschafft hat. Hier geht es hingegen lediglich um eine Form der positiven Forderungsverletzung. War dem Lagerhalter die Lagerung bei einem Unter-Lagerhalter **erlaubt,** so haftet der Lagerhalter grundsätzlich für den Dritten gemäß § 278 BGB. In Rechtsprechung und Literatur kommt man vielfach zum gleichen Ergebnis, indem man zwischen der Einlagerung bei selbständigen Lagerhaltern, die Substituten sind und die keine Substituten sind, unterscheidet[29], und nur in der ersten Variante § 691 S. 2 BGB analog anwendet (BGHZ **9** 63, 64). Dahinter steht die Überlegung, die moderne Haftung für Erfüllungsgehilfen möglichst weit auszudehnen. In der Tat paßt § 691 S. 2 BGB nicht für entgeltliche Verwahrungsgeschäfte, schon gar nicht für das Lagergeschäft. Die Beschränkung der Haftung bei Ein-

---

[26] *Isaac* S. 368; a. A. OLG Hamburg OLGE 32, 172; Münchener Kommentar — *Hüffer,* BGB 2 § 691 5; *Staudinger/Reuter* BGB 12 § 691 2. Hier ist jeweils auch zu prüfen, ob die Parteien nicht lediglich einen uneigentlichen Kommissionsvertrag gewollt haben (§ 416 9).

[27] RGZ 96, 149; *Staudinger/Reuter* BGB 12 § 691 2; Münchener Kommentar — *Hüffer,* BGB 2 § 691 5; a. A. OLG Dresden, Recht **1903,** Nr. 1401.

[28] *Erman/Seiler* BGB 7 § 691 3; *Soergel/Mühl* BGB 11 § 691 2; *Schlegelberger/Schröder* HGB 5 § 416 16; a. A. Münchener Kommentar — *Hüffer,* BGB 2 § 691 7; *Staudinger/Reuter* BGB 12 § 691 9.

[29] BGH NJW 1953, 744; *Schlegelberger/Schröder* HGB 5 § 416 16; *Erman/Seiler* BGB 7 § 691 3; Münchener Kommentar-*Hüffer,* BGB 2 § 691 3, 12; a. A. *v. Gablenz,* Die Haftung der Banken bei Einschaltung Dritter (1983), S. 123 ff.

schaltung selbständiger Dritter auf culpa in eligendo ist bei der unentgeltlichen Verwahrung sinnvoll; denn dort haftet der Verwahrer nur nach Maßgabe der in eigenen Angelegenheiten geübten Sorgfalt (§ 690 BGB). Daraus ergibt sich, daß es dem Verwahrer nicht zuzumuten ist, für die Sorgfalt Dritter einzustehen, weil er ja nur für die eigene Sorgfalt einstehen will. Hieraus hat der Gesetzgeber den Schluß gezogen, daß der Verwahrer nur für die sachgerechte Auswahl eines Dritten einzustehen hat, zumal der Vertragspartner, der zu erkennen gibt, daß er sich mit der Verwahrung bei einem Dritten zufriedengibt, sich auch mit der von diesem geübten Sorgfalt abfinden muß. Anders ist die Situation bei entgeltlichen Geschäften. Hier haftet der Verwahrer im üblichen Umfang; hier kann auch nicht ohne weiteres eine Parallele zu § 664 BGB gezogen werden, weil § 675 BGB nicht auf § 664 BGB verweist. Zwar ist § 664 BGB im Rahmen von Geschäftsbesorgungsverträgen heranzuziehen, doch nur insoweit, als dem Dritten ein geschäftsbesorgungsspezifischer Ermessensspielraum eröffnet wird (*Koller* ZIP **1985** 1243 [str.]). Im Rahmen des Lagergeschäftes spielen Geschäftsbesorgungselemente nur am Rande eine Rolle, so daß eine Entlastung vom Risiko der Haftung für Erfüllungshilfen auch nicht unter dem Aspekt der Sicherung der Entscheidungsfreude angebracht ist. § 691 S. 2 BGB ist daher zu restringieren und nur im Bereich unentgeltlicher Verwahrung anzuwenden. Die Restriktion läßt sich jedenfalls im Rahmen kaufmännischer Tätigkeit durch eine Parallele zu § 3 DepG absichern. In § 3 DepG hat der Gesetzgeber für einen Fall unentgeltlicher geschäftsmäßiger Verwahrung einerseits die Drittverwahrung erlaubt, andererseits aber die Haftung gemäß § 278 BGB angeordnet (§ 3 Abs. 2 DepG). Diese Vorschrift stellt heute im Bereich geschäftsmäßiger Lagerung keine Sonderregelung dar, sondern bringt einen allgemeinen Rechtsgedanken zum Ausdruck.

Die Parteien können allerdings vereinbaren, daß der Lagerhalter Dritte in der Form einschalten darf, daß er ganz **aus der Verwahrung ausscheidet,** so daß er mit der Übergabe des Gutes an den Dritten seine Verwahrungspflichten erfüllt hat (Protokolle, *Mugdan* II S. 944). Das Recht, in dieser Form einen Substituten einzuschalten, wird im Bereich des Lagergeschäftes kaum jemals durch Individualvereinbarung begründet werden, weil kaum ein Einlagerer bereit sein wird, das Solvenzrisiko auf sich zu nehmen, das mit einer Beschränkung der Haftung auf culpa in eligendo verbunden ist. Das gilt auch dann, wenn der Einlagerer transportversichert ist, weil der Einlagerer wegen der Prämiennachteile daran interessiert sein kann, seine Transportversicherung nur im Falle schuldloser Schäden in Anspruch zu nehmen.

dd) Die Haftung aus Einschaltung selbständiger Unter-Lagerhalter ist in **§ 52 ADSp** **32c** angesprochen. Dazu Anh. III zu § 424, § 43 ADSp 3, 18.

ee) Zur Zulässigkeit der Einlagerung bei Dritten im Fall der **Möbellagerung** sowie **32d** nach den **Hamburger, Bremer Lagerungsbedingungen** und den Lagerungsbedingungen für die **Kaltlagerung** Anh. IV–VII zu § 424.

e) **Umlagerung:** Der Lagerhalter ist auch ohne Einverständnis des Einlagerers zur **32e** Umlagerung des Gutes befugt (*Krien/Glöckner,* Speditions- und Lagerrecht, § 43 ADSp 6 d). Die Umlagerung darf jedoch nicht dazu führen, daß die Lagerqualität unter den geschuldeten Standard sinkt oder das Gut an einem anderen als dem geschuldeten Ort gelagert wird. Außerdem darf die Umlagerung nicht die Gefahr erhöhen, daß das Gut ohne Verschulden des Lagerhalters beeinträchtigt wird. Der Lagerhalter hat den Einlagerer rechtzeitig von seiner Absicht, umzulagern, zu informieren. Unter Umständen ist der Lagerhalter zur Umlagerung verpflichtet; z. B. dann, wenn die ursprünglich gewählte Lagerung ungeeignet war (*Krien/Glöckner,* Speditions- und Lagerrecht, § 43 ADSp 6 d). Zur Abweichung von Vereinbarungen § 416 42.

Im übrigen ist insbesondere in Fällen, in denen dem Einlagerer bekannt war, daß sein Vertragspartner nicht in der Lage war, das Gut in seinem Betrieb zu verwahren, jeweils zu prüfen, ob nicht lediglich ein **Fracht-, Speditions- oder uneigentlicher Kommissionsvertrag** (§ 406 Abs. 1 S. 2 HGB) gewollt war (*Schlegelberger/Schröder* HGB⁵ § 416 16).

33 Die Frage der Wahl des Lagerortes ist in § 43 **ADSp** (Anh. III zu § 424), § 6 **Möbellagerungsbedingungen** (Anh. IV zu § 424), §§ 5, 6 **Hamburger Lagerungsbedingungen** (Anh. V zu § 424), § 45 **Bremer Lagerhaus-Ordnung** (Anh. VI zu § 424) geregelt.

3. Anzeigepflicht

34 Eine Reihe von Anzeigepflichten sind in § 417 HGB geregelt (§ 417 6, 17). Darin erschöpfen sich die Anzeigepflichten indessen nicht. Den Lagerhalter trifft die **allgemeine Schutzpflicht,** Umstände, die mit dem Lagergut im Zusammenhang stehen und seiner Sphäre entspringen oder sich in seiner Sphäre ausgewirkt haben bzw. auszuwirken drohen, dem Einlagerer unverzüglich mitzuteilen, damit dieser sachgerechte Maßnahmen treffen kann. So hat der Lagerhalter auch die bereits eingetretene Entwertung des Gutes anzuzeigen, damit der Einlagerer davor bewahrt wird, dieses Gut noch zu verkaufen. Ferner hat er ihm z. B. eine Beschlagnahme des Gutes mitzuteilen. Droht dem Gut von außen eine Gefahr, die der Lagerhalter mit zumutbarem Aufwand nicht zu steuern vermag, so ist er verpflichtet, den Einlagerer hiervon zu benachrichtigen, um diesen instand zu setzen, das Gut noch rechtzeitig zurückzunehmen. Eine Verletzung der Anzeigepflichten stellt eine positive Forderungsverletzung dar, die bei Verschulden zum Schadensersatz verpflichtet.

Zu Anzeigepflichten gemäß 43 a **ADSp** s. Anh. III zu § 424; gemäß § 5 Nr. 6, 7, § 6 Nr. 1 **Hamburger Lagerungsbedingungen** Anh. V zu § 424; gemäß §§ 46, 49 **Bremer Lagerhaus-Ordnung** (Anh. VI zu § 424), Nr. 1 Abs. 3 **Kaltlagerungs-Bedingungen** (Anh. VII zu § 424).

4. Besitzverschaffung

35 Der Lagerhalter hat sich den Besitz zu verschaffen; denn er ist durch den Lagervertrag als Konsensualvertrag verpflichtet, das ihm am Erfüllungsort angebotene, vertragsgemäße Gut in Gewahrsam zu nehmen (*Schlegelberger/Schröder* HGB⁵ § 417 2). Dagegen braucht er, sofern nichts Abweichendes ausdrücklich oder konkludent vereinbart ist, das Gut nicht beim Einlagerer oder einem Dritten abzuholen. Er ist auch nicht verpflichtet, mit einem dritten Lagerhalter, der das Gut aufbewahrt, zu vereinbaren, daß der Dritte nunmehr das Gut für ihn zu verwahren habe. Wenn der BGH (NJW **1966** 1968) aus der Qualifikation des Lagergeschäftes als Konsensualvertrag weitergehende Pflichten ableitet, so überschreitet er den Rahmen der Aufbewahrung und trägt in das Lagergeschäft Elemente des Frachtvertrages und der Geschäftsbesorgung hinein (kritisch auch *Heymann/Kötter* HGB⁴ § 416 3). Dem steht nicht entgegen, daß der Lagerhalter Ware, die ihm von einem Frachtführer angeliefert wird, auf Schäden und Fehlmengen hin zu untersuchen hat (§ 417 2).

36 Der Lagerhalter darf nach dispositivem Recht die Annahme des Gutes nicht ohne weiteres mit dem Argument zurückweisen, daß es zu **gefährliche Eigenschaften** aufweise. Zwar könnte man hier versuchen, das entgegengesetzte Ergebnis aus § 694 BGB abzuleiten. Wenn der Einlagerer schon für Schäden zu haften habe, die durch gefahrbringende Eigenschaften des von ihm in Verwahrung gegebenen Gutes verursacht worden seien, so müsse man dem Lagerhalter auch zugestehen, die Gefahr eines Schadens von vornherein dadurch zu vermeiden, daß er das Gut erst gar nicht zur Verwahrung annehme. In diesem Zusammenhang könnte man sich ferner auf § 564b HGB stützen. Dabei würde man jedoch übersehen, daß die Haftung des Einlagerers gemäß § 694 BGB schon dann entfällt, wenn er dem Verwahrer die gefährlichen Eigenschaften des Gutes angezeigt hat. Die Anzeige im Sinne des § 694 BGB muß nicht bei Vertragsschluß, sondern kann noch im Moment der Übergabe erfolgen, da der Verwahrer dann ausreichende Möglichkeiten besitzt, die Lagerung so zu gestalten, daß die gefährlichen Eigenschaften des Gutes nicht zum Tragen kommen (BGH, BB **1978** 1235 f). Dieses Auslegungsergebnis wird durch § 564b HGB bestätigt, der auf die Kenntnis des Kapitäns, der das Gut in Empfang nimmt, und nicht auf die des Verfrachters abhebt. Daraus ergibt sich allerdings nicht die Konsequenz, daß der Lagerhalter immer das Gut ungeachtet seiner gefährlichen Eigenschaften in Empfang nehmen müßte, falls das Gut räumlich-zeitlich oder durch Gattungsbezeichnungen bestimmt in den Vertrag als Verwahrungsobjekt Eingang gefunden hat. Der Umfang der Lagerhalterpflichten orientiert sich nämlich, sofern die Parteien nichts Besonderes vereinbaren, stark an den dem Lagerhalter bei Vertragsschluß erkennbaren Eigenschaften des Gutes (§ 416 27). Ebensowenig wie ein Vermieter Gebrauchsüberlassung schlechthin, sondern nur Überlassung zum vertragsgemäßen Gebrauch schuldet, ist der Lagerhalter verpflichtet, das im Vertrag individualisiert oder gattungsmäßig bezeichnete Gut ohne Rücksicht auf dessen Eigenschaften zu verwahren. Auch der Lagerhalter hat nur für vertragsgemäße Lagerkonditionen zu sorgen. Es ist ihm daher in Fällen, in denen nichts Besonderes vereinbart ist und bei Vertragsschluß aus den Umständen trotz Einsatzes verkehrserforderlicher Sorgfalt nicht erkennbar war, daß das einzulagernde Gut besonders gefährliche Eigenschaften (§ 416 60) aufweist, nicht zuzumuten, das Gut mit erhöhtem Aufwand, der diese Eigenschaften unterdrückt, aufzubewahren. Er kann dieses Gut als nicht vertragsgemäß zurückweisen, wenn ihm die gefährlichen Eigenschaften des Gutes erst bei der Besitzverschaffung offenbart werden oder sonst zur Kenntnis gelangen. Gleiches gilt dort, wo der Lagerhalter nur verpflichtet ist, verpacktes Gut aufzubewahren, ihm aber unverpacktes Gut angeliefert wird. Der Lagerhalter hat allerdings, wo dies erforderlich ist, mit zumutbaren Kräften für eine vorübergehende Aufbewahrung zu sorgen, bis der Einlagerer selbst in der Lage ist, die Obhut über das Gut zu übernehmen. Zu den weiteren Rechtsfolgen einer Zurückweisung siehe § 416 71.

Unabhängig von dem Zurückweisungsrecht ist die Frage zu beurteilen, ob sich der Einlagerer, der gefährliches Gut anliefert, seinerseits schadensersatzpflichtig macht (dazu § 416 60).

Umstritten ist die **Anwendbarkeit des § 362 HGB**, falls der Einlagerer dem Lager- **37** halter ein Angebot über die Einlagerung formlos unterbreitet hatte. *Krien/Glöckner* (Speditions- und Lagerrecht, § 5 ADSp 18 c) wollen dem Lagerhalter gemäß §§ 242, 254 BGB erlauben, die Annahme des Gutes abzulehnen, wenn der Lagerhalter über die Gefährlichkeit des Gutes nicht unterrichtet worden war. Dem kann nicht gefolgt werden; denn mit der Anzeige ist der Lagerhalter ausreichend informiert (Wertung des § 694 BGB). Es gelten lediglich die in Rdn. 36 dargestellten Regeln.

Hat der Lagerhalter die Gefährlichkeit des Gutes trotz ausreichender Information bei Vertragsschluß oder im Falle des § 362 HGB trotz rechtzeitiger Unterrichtung nicht erkannt, so kann er den Vertrag gemäß **§ 119 Abs. 2 BGB anfechten.** Die Gefährlichkeit stellt eine verkehrswesentliche Eigenschaft des Gutes dar. Gegen die Anfechtbarkeit können nicht die Gründe ins Spiel gebracht werden, die gegen eine Anfechtbarkeit eines Mietvertrages sprechen. Der Anfechtung steht im Rahmen des § 362 HGB auch nicht der Umstand im Wege, daß der Vertrag durch Schweigen zustande

§ 416   Drittes Buch. Handelsgeschäfte

gekommen ist (**Großkommentar HGB**[3] *Canaris* § 362 15 m. Nachw.). Der Lagerhalter hat den Vertrauensschaden zu ersetzen (§ 122 BGB). Im Rahmen dieser Schadensersatzpflicht kann der Lagerhalter gehalten sein, das Gut vorläufig trotz seiner Gefährlichkeit aufzubewahren (Naturalrestitution; *Krien/Glöckner* Speditions- und Lagerrecht § 5 ADSp 19).

38   Zur Verpflichtung des Lagerhalters, gefährliche Güter einzulagern, beachte § 5 a **ADSp** (Anh. III zu § 424); § 14 **Möbellagerungsbedingungen** (Anh. IV zu § 424); § 5 Nr. 5 **Hamburger Lagerungsbedingungen** (Anh. V zu § 424); § 15 **Bremer Lagerhaus-Ordnung** (Anh. VI zu § 424); Nr. 4 **Kaltlagerungs-Bedingungen** (Anh. VII zu § 424).

5. Weisungen

39   Der Lagerhalter schuldet eine ordnungsgemäße Lagerung der Güter am Erfüllungsort (s. oben 32). Im Rahmen der geschuldeten Lagerbedingungen steht es ihm frei, die Güter nach seinen Vorstellungen aufzubewahren und für ihre Sicherheit Sorge zu tragen (OLG Hamburg, VersR **1984** 1036, 1037). Der Lagerhalter ist kein Geschäftsbesorger (§ 416 19). Er ist daher auch nicht verpflichtet, das Gut so zu lagern, wie dies am besten dem ihm erkennbaren bzw. mutmaßlichen Willen des Einlagerers entspricht, wenn dieser Wille im Lagervertrag keinen Niederschlag gefunden hat. Der Lagerhalter ist daher auch nicht Weisungen des Einlagerers in dem Sinne unterworfen, daß der Einlagerer jederzeit die Art der Lagerung näher konkretisieren könnte; denn der Lagerhalter besitzt keinen Ermessensspielraum, den er im Interesse des Einlagerers ausüben hätte. Der Einlagerer ist daher nicht befugt, den Lagerhalter anzuweisen, das Gut bei einem Dritten einzulagern. Anders ist die Situation beim Spediteur im Sinn des § 407 HGB, der echter Geschäftsbesorger ist. Wie z. B. im Bereich des Werkvertrages können die Parteien des Lagervertrages jedoch auch vereinbaren, daß der Einlagerer befugt sein soll, nähere Bestimmungen über die Lagerung zu treffen. Zu denken ist hierbei an den Lagerort, an die Art der Lagerung oder die Entscheidung zwischen Einzel- und Sammelverwahrung. Befolgt der Lagerhalter die Weisung, so wird er dadurch nur dann von einer Haftung frei, wenn er den Einlagerer auf die Gefahren ausreichend aufmerksam gemacht hat und im Rahmen der Weisung die nötigen Sorgfaltsvorkehrungen getroffen hat (Rechtsgedanke des § 645 Abs. 2 BGB; OLG Hamburg, VersR **1984** 1036, 1037). Keine Weisung in dem hier behandelten Sinne stellt die Erklärung dar, das Gut an einen bestimmten Dritten herauszugeben, da hierin nur das Verlangen nach Herausgabe in Verbindung mit einer Empfangsermächtigung liegt. Geschäftsbesorgungsvertraglichen Charakter trägt freilich die Weisung, eine Versicherung zu nehmen oder Fracht auszulegen (näher dazu § 417 28, § 420 3).

Darf der Einlagerer Weisungen geben, so hat sie der Lagerhalter pflichtgemäß auszuführen. Dies gilt auch dann, wenn die Weisungen den Interessen des Lagerhalters zuwiderlaufen sollten. Erscheinen die Weisungen als unzweckmäßig oder gar gefahrerhöhend, so muß der Lagerhalter den Einlagerer unverzüglich darüber aufklären. Dritte dürfen nur dann Weisungen geben, wenn sie vom Einlagerer dazu bevollmächtigt wurden oder sich den Anspruch des Einlagerers haben abtreten lassen. Das gilt auch für die Eigentümer des Guts.

40
41   Beachte §§ 6 II, 13 **ADSp** (Anh. III zu § 424); § 4 Nr. 1, 2, § 19 Nr. 2 **Hamburger Lagerungsbedingungen** (Anh. V zu § 424); § 10, § 45 Nr. 1 **Bremer Lagerhaus-Ordnung** (Anh. VI zu § 424); Nr. 1 Abs. 1 **Kaltlagerungs-Bedingungen** (Anh. VII zu § 424).

6. Abweichungen von Vereinbarungen und Weisungen

42   Gemäß § 692 BGB ist der Verwahrer **berechtigt**, die **vereinbarte Art** der Aufbewahrung zu ändern, wenn er den Umständen nach annehmen darf, daß der Hinterleger bei

Kenntnis der Sachlage die Änderung billigen würde. Die Vorschrift trägt dem Umstand Rechnung, daß der Einlagerer vielfach nicht rechtzeitig auf eine Änderung der Umstände zu reagieren vermag. Sie ist daher auch auf das handelsrechtliche Lagergeschäft anzuwenden. Wenn der Lagerhalter die vereinbarte Art der Lagerung ändern will, so muß er sich an den Interessen des Einlagerers orientieren. Er muß mit pflichtgemäßer Sorgfalt prüfen, was aus seiner Sicht am besten den ihm erkennbaren, hilfsweise mutmaßlichen Interessen des Einlagerers entspricht. Eigene Interessen spielen für die Frage, ob und wie der Lagerhalter von der Vereinbarung abweichen darf, erst dann eine Rolle, wenn ihm die volle Berücksichtigung der Interessen des Einlagerers unzumutbare Lasten auferlegen würde. § 692 BGB bringt in das Lagergeschäft ein Element der Geschäftsbesorgung hinein; denn das, was angesichts geänderter Umstände aus der Perspektive des Lagerhalters vom Einlagerer gebilligt werden würde, läßt sich nur innerhalb eines Ermessensspielraums (dazu *Koller* BB **1979** 1727) feststellen. Der Lagerhalter hat diesen Ermessensspielraum pflichtgemäß auszufüllen. — Das Gesetz spricht in § 692 BGB lediglich von dem Recht, von der Vereinbarung abzuweichen. Daneben steht aber die **Pflicht,** das Gut vor Schäden zu bewahren. Zwar konkretisiert der Vertrag die Mittel, mit denen dies zu erfolgen hat. Reichen diese Mittel infolge einer Änderung der Umstände nicht mehr aus, so ergibt sich aus der allgemeinen Pflicht zur Obhut die Pflicht, mit zumutbarem Aufwand der geänderten Sachlage Rechnung zu tragen (*Krien/Glöckner* Speditions- und Lagerrecht § 43 ADSp 6 d III). Der Lagerhalter darf sich dann nicht darauf berufen, er sei gemäß § 692 BGB lediglich zur Abweichung berechtigt, aber nicht verpflichtet gewesen (*Schlegelberger/Schröder* HGB[5] § 416 17).

Will der Lagerhalter von der Vereinbarung abweichen, so hat er den Einlagerer zu **benachrichtigen** und dessen Entscheidung abzuwarten, falls mit dem Aufschub keine Gefahr verbunden ist. Gestattet die Situation kein Zuwarten, so kann bzw. muß der Lagerhalter sofort tätig werden.

Im Falle **unbefugter** Änderung der Lagerbedingungen hat der Lagerhalter einen Schaden zu ersetzen, der ohne eine Änderung der Lagerbedingungen nicht eingetreten wäre. Unterläßt er die Anzeige, so gilt dasselbe für einen hierdurch verursachten Schaden.

Da § 692 BGB ein Element der Geschäftsbesorgung normiert, ist er durch § 670 **43** BGB zu ergänzen. Der Lagerhalter darf demnach im Falle berechtigter Abweichungen von der Vereinbarung den **Ersatz** der hierdurch entstandenen **Aufwendungen** verlangen (RGRKz HGB-*Ratz*[2] § 417 9). Zu den Aufwendungen gehören auch die höheren Kosten der Bereitstellung besonderer Lagerräume (Analogie zu § 396 Abs. 2 HGB), nicht jedoch die Gemeinkosten von Verwaltungsmaßnahmen. Auf den Aufwendungsersatzanspruch muß sich der Lagerhalter etwaige Ersparnisse anrechnen lassen; gegebenenfalls ist zu berücksichtigen, daß dem Lagerhalter aus ihm zurechenbaren, wenn auch nicht von ihm zu vertretenden Gründen die ursprünglich vereinbarte Form der Lagerung unmöglich geworden ist (§ 323 BGB; § 416 70). Geht der Lagerhalter unbefugt zu einer **billigeren Form** der Lagerung über, so ist § 537 Abs. 1 2. Alt. BGB analog anzuwenden. Der Einlagerer darf das Entgelt mindern.[30]

7. Rückgabe
a) Fehlende Nutzungsbefugnis des Lagerhalters

Die vom Lagerhalter zu besorgende Aufbewahrung und Obhut ist nicht auf Dauer **44** angelegt. Sie soll dem Lagerhalter keine Nutzungsmöglichkeiten verschaffen. § 698

---

[30] § 420 7; ferner *Schlegelberger/Schröder* HGB[5] § 416.

BGB, der vorschreibt, daß der Verwahrer hinterlegtes Gut, das er für sich verwendet, von der Zeit der Hinterlegung an zu verzinsen habe, eröffnet dem Lagerhalter nicht das Recht, das Gut für sich zu verwenden. § 698 BGB gilt sowohl für den Regelfall der unberechtigten Nutzung als auch in der Konstellation, in der dem Lagerhalter ausnahmsweise die Nutzung gestattet worden ist. Der Lagerhalter erlangt im Rahmen der Lagerung kein Eigentum an dem Gut. Die Summenverwahrung (§§ 700 BGB, 49 Abs. 3 HGB), bei der Güter in der Form hinterlegt werden sollen, daß der Verwahrer Eigentum erlangt, gehört weder zum Typus der bürgerlich-rechtlichen Verwahrung noch zum Typus des handelsrechtlichen Lagergeschäftes. In solchen Fällen ist vielmehr grundsätzlich Darlehensrecht heranzuziehen (§ 419 21). Für das Lagergeschäft ist mithin ein Rückgabeanspruch des Einlagerers typisch, der nach dispositivem Recht jederzeit ausgeübt werden darf (§ 695 BGB), auch wenn eine längere Lagerzeit vereinbart worden war.

b) Inhaber des Rückgabeanspruchs

45 Inhaber des schuldrechtlichen Rückgabeanspruchs ist in erster Linie der Vertragspartner des Lagerhalters, der **Einlagerer**. Der Einlagerer vermag selbst dann Auslieferung des Gutes an sich zu fordern, wenn er bei der Einlagerung nicht der Eigentümer des Gutes war; denn der schuldrechtliche, dem Lagergeschäft entspringende Rückgabeanspruch beruht nicht auf dem Eigentum. Der Herausgabeanspruch kann auch einem **Dritten** zustehen; denn es ist denkbar, daß der Lagervertrag von vornherein als echter **Vertrag zugunsten eines Dritten** (§ 328 BGB) ausgeformt ist (*Schlegelberger/ Schröder* HGB[5] § 416 9b). Dies liegt insbesondere dann nahe, wenn die Lagerung lediglich im Interesse des Dritten vereinbart wird: Ein Verkäufer schließt den Lagervertrag erst, nachdem er die Ware veräußert hat, dies für den Lagerhalter erkennbar war und er mit dem Lagerhalter vereinbart, daß dieser die Ware zur Disposition des Käufers hält.[31] Ferner wird im Zweifel ein Vertrag zugunsten Dritter abgeschlossen, wenn der Lagerhalter das Gut unwiderruflich „zur Verfügung eines Dritten" halten soll. Hat sich der Einlagerer ein Widerrufsrecht vorbehalten, so spricht das nicht zwingend gegen einen Vertrag zugunsten Dritter (arg. e. § 328 Abs. 2 BGB; a. A. *Krien/Glöckner* Speditions- und Lagerrecht, vor § 43 ADSp 10 d). Ein Vertrag zugunsten Dritter wird vom OLG Hamburg (VersR **1968** 179) zutreffend mit dem Argument verneint, Vertragspartner einer Kai-Anstalt sei nur der Verfrachter, dem die Gelegenheit verbleiben müsse, seine Unkosten gegenüber dem Absender der Ware geltend zu machen (§ 625 HGB). Der Empfänger der Ware soll aber **stillschweigend ermächtigt** werden können, Schadensersatzansprüche des Verfrachters gegen die Kai-Anstalt geltend zu machen. Ohne weiteres zulässig und von großer praktischer Bedeutung sind Ermächtigungen an den Lagerhalter, das Gut an Dritte herauszugeben. Die Ermächtigung kann auch dem Dritten erteilt werden (§ 362 Abs. 2 BGB). Auf die Ermächtigung in Form einer Weisung an den Lagerhalter (im Rahmen eines Lieferscheins, delivery order) sind die §§ 783 ff BGB analog anzuwenden.[32] Die Anweisung wird angenommen (§ 784 BGB), wenn der Lagerhalter dem Anweisungsempfänger die Lagerkosten in Rechnung stellt (OLG Hamburg VersR **1982** 1104) oder sonst zu erkennen gibt, daß er dem Anweisungsempfänger zur Auslieferung verpflichtet sein will. Ein Vermerk auf dem Lieferschein, der Kenntnisnahme ausdrückt, reicht nicht aus (Münchener Kommentar-*Hüffer* BGB[2] § 784 3). Häufig wird der Einlagerer im Zusammenhang mit einer **Eigen-**

---

[31] BGH, BB **1978** 1234; vgl. auch *Mauer* BB **1959** 872, falls das Gut auf den Namen einer Bank eingelagert wird.

[32] BGH, NJW **1971** 1608, 1609; *Palandt/Thomas* BGB[45], § 783 3; Münchener Kommentar-*Hüffer* BGB[2], § 783 25; ferner § 420 6.

tumsübertragung** oder auch ohne Rücksicht auf die Änderung der dinglichen Lage (BGH, WM **1961** 888) den schuldrechtlichen Rückgabeanspruch an den neuen Eigentümer abtreten (§§ 931, 934, 398 ff BGB). Dann kann der Vertragspartner nicht mehr die Rückgabe fordern. Der Herausgabeanspruch steht nunmehr dem Zessionar bzw. dem neuen Eigentümer zu. Solange der Lagerhalter von der Abtretung keine Kenntnis erlangt hat, muß freilich der Zessionar bzw. der neue Eigentümer eine Auslieferung des Gutes an den Einlagerer gegen sich gelten lassen (§ 407 BGB). Gemäß §§ 48 Bc, Cc ADSp, 5 Möbellagerungsbedingungen (Anh. IV § 424) ist die Abtretung von Rechten aus dem Vertrag dem Lagerhalter gegenüber nur verbindlich, wenn sie ihm schriftlich mitgeteilt worden ist (näher dazu Anh. III zu § 424 HGB, § 48 ADSp).

Der **Eigentumswechsel** kann auch in der Form erfolgen, daß der Einlagerer ein Besitzmittlungsverhältnis oder der Lagerhalter ein **Besitzmittlungsverhältnis** zum Erwerber begründen.[33] Tut dies der Lagerhalter auf Weisung oder mit Zustimmung des Einlagerers, so liegt darin normalerweise eine Rückgabe. Neben dem Rückgabeanspruch aus Vertrag kommt ein dinglicher **Herausgabeanspruch des Eigentümers** aus § 985 BGB in Betracht. Dem Anspruch können Einwendungen (§ 986 BGB) entgegengehalten werden (§ 416 52). **46**

Macht jemand, der mit dem Lagerhalter keinen Lagervertrag vereinbart hat, den Rückgabeanspruch geltend, so hat der Lagerhalter die **Rechtsposition des Dritten** mit pflichtgemäßer Sorgfalt zu **prüfen** (BGH 7. 6. 1984, VersR **1984** 846 848). Verlangt nicht der Einlagerer das Gut persönlich heraus, so hat der Lagerhalter die **Empfangsermächtigung** des Empfängers (§ 424 22) auf zumutbare Weise zu prüfen. In der Regel kann er sich mit einer schriftlichen Ermächtigung des Einlagerers zufriedengeben. Die Unterschrift braucht er nur dort zu prüfen, wo Zweifel an der Echtheit auftauchen (*Koller* TranspR **1985** 1). Hat der Einlagerer den Herausgabeanspruch **abgetreten,** so darf der Lagerhalter das Gut regelmäßig nur dann herausgeben, wenn ihm eine schriftliche Abtretungsurkunde vorgelegt wird oder der Einlagerer ihm die Abtretung angezeigt hat (*Koller* TranspR **1985** 1). Verlangt der **Eigentümer** kraft seines Eigentums Herausgabe (§ 985 BGB) und ist der Lagerhalter dem Eigentümer gegenüber nicht zum Besitz berechtigt, weil das Gut gestohlen worden war oder der Einlagerer dem Eigentümer gegenüber nicht zum Besitz berechtigt war, so muß der Lagerhalter beim Einlagerer rückfragen. Weist der Einlagerer den Lagerhalter an, das Gut nicht herauszugeben und ist der Lagerhalter überzeugt, daß dem Eigentümer ein Herausgabeanspruch aus § 985 BGB zusteht, weil der Einlagerer nicht zum Besitz berechtigt ist, ein Lagerhalterpfandrecht nicht entstanden (z. B. § 935 BGB), nicht valutiert oder die Ablöse hinterlegt ist, so braucht der Lagerhalter der Weisung entgegen der Ansicht des BGH (VersR **1984** 846, 848) nur zu folgen, wenn der Einlagerer dem Lagerhalter unverzüglich hinreichende Sicherheiten zur Abdeckung des Prozeßrisikos und Schadensersatzrisikos stellt (*Koller* TranspR **1985** 1, 3). Hält der Lagerhalter einen Herausgabeanspruch des Eigentümers für naheliegend, so darf er, um dem Prozeßrisiko zu entgehen, den Lagervertrag fristlos kündigen. Das Gut kann im Weg des Selbsthilfeverkaufs versteigert werden (§§ 417 Abs. 1, 389, 373 HGB) oder dem vermeintlichen Eigentümer übergeben werden, wenn es der Einlagerer nicht rechtzeitig zurücknimmt (*Koller* TranspR **1985** 1, 3 f). Zum Anspruch des Eigentümers, wenn der Aufenthaltsort des Einlagerers unbekannt ist, und zum Herausgabeverlangen des **Gerichtsvollziehers** BGH, VersR **1984** 846; *Koller* TranspR **1985** 1, 4. **47**

---

[33] § 930 BGB; *Tiedtke* WM **1979** 1144 ff; einschränkend *Hager* WM **1980** 666.

§ 416 Drittes Buch. Handelsgeschäfte

Zu den Besonderheiten bei Ausstellung eines Empfangs- oder Lagerscheines § 424 22 ff. Vermag der Lagerhalter trotz pflichtgemäßer Anstrengungen nicht mit der notwendigen Gewißheit festzustellen, wer Inhaber des Auslieferungsanspruches ist, so darf er hinterlegungsfähiges Gut hinterlegen (§ 372 BGB), sonst — jedenfalls nach Annahmeverzug — zum Selbsthilfeverkauf schreiten (§§ 417 Abs. 1, 389, 373 HGB).

c) Inhalt des Rückgabeanspruches

48 Inhalt des Rückgabeanspruches ist die Verschaffung unmittelbaren Besitzes. Die Rückgabe ist Holschuld (§ 697 S. 2 BGB). Soll die Rückgabe in der Form erfolgen, daß ein Dritter Besitzer werden soll, so genügt es im Zweifel, dem Dritten den mittelbaren Besitz aufgrund eines mit ihm vereinbarten Besitzmittlungsverhältnisses zu eröffnen.

d) Zeitpunkt der Rückgabe

49 Der Zeitpunkt, an dem der Rückgabeanspruch zu erfüllen ist, ist nach dispositivem Recht grundsätzlich der Moment, in dem der Rückgabeanspruch erhoben wird (§ 695 BGB). „Jederzeit" im Sinne des § 695 BGB heißt freilich nicht immer „sofort". Der Rückgabeanspruch steht unter dem Vorbehalt von Treu und Glauben (§ 242 BGB). Daraus folgt z. B., daß der Lagerhalter das Gut normalerweise nur innerhalb der Geschäftszeit und innerhalb eines gewissen Zeitraumes nach Geltendmachung des Rückgabeanspruches herauszugeben hat, innerhalb dessen ihm eine Auslagerung zuzumuten ist. Was im Einzelfall zumutbar ist, hängt von der Art der geschuldeten Lagerung ab. Der Lagerhalter darf sich indessen nicht darauf berufen, daß vertraglich eine längere Lagerdauer vorgesehen war. Eine solche Abrede enthält, wie § 695 BGB zeigt, keine Beschränkung des Auslieferungsanspruches. Andererseits muß das vorzeitige Verlangen nach Auslieferung nicht notwendig den Anspruch auf Lagergeld tangieren (§ 420 9 f); denn durch die Forderung nach sofortiger Auslieferung wird nicht ohne weiteres der Lagervertrag mit sofortiger Wirkung wirksam gekündigt.

e) Dispositives Recht

50 § 695 BGB enthält lediglich dispositives Recht. Die Rückgabepflicht kann jederzeit in der Form modifiziert werden, daß die Rückgabe erst nach Ablauf einer bestimmten Frist erfolgen muß. Der Anspruch darf aber, wenn das Geschäft noch als Lagergeschäft qualifiziert werden soll, nicht ganz ausgeschlossen oder seiner wirtschaftlichen Funktion beraubt sein (*Schlegelberger/Schröder* HGB[5] § 416 20). Eine Einschränkung der Rückgabeverpflichtung enthalten § 7 **Hamburger Lagerungsbedingungen** (Anh. V zu § 424), § 28 **Bremer Lagerhaus-Ordnung** (Anh. VI zu § 424).

f) Rückgabeort

51 Der Rückgabeort ist gemäß § 697 BGB der Ort, an dem das Gut zu lagern war. Die Rückgabe ist Holschuld. War der Lagerort nicht vertraglich ausdrücklich bestimmt, so ergibt sich aus dem Zusammenhang zwischen Lagerort und Rückgabeort, daß der Lagerhalter den Lagerort so zu wählen hat, daß dem Einlagerer die Rücknahme nicht unzumutbar erschwert wird (§ 157 BGB; § 416 32). Was im Einzelfall unzumutbar ist, hängt von den Umständen ab. Im Zweifel wird der Lagerhalter das Gut dort lagern oder jedenfalls zurückgeben müssen, wo sich seine Niederlassung befindet oder er es übernommen hat. Hat er den Aufbewahrungsort unbefugt geändert, so tangiert dies den Rückgabeort nicht. Da der Lagerhalter dem Einlagerer den durch einen schuldhaften Wechsel des Aufbewahrungsortes (§ 692 BGB; dazu § 416 42) verursachten Schaden zu ersetzen hat, trägt er in weitem Umfang die Gefahr, daß das Gut während der Rückführung an den vereinbarten Lagerort zerstört oder beschädigt wird (weitergehend *Schlegelberger/Schröder* HGB⁵ § 416 21).

g) Einwendungen

Der Lagerhalter kann dem Einlagerer, dessen Rechtsnachfolger, dem Pfändungsgläubiger sowie dem Eigentümer sein Pfandrecht (§ 421 HGB) entgegensetzen. Außerdem kann er sich gegebenenfalls auf das bürgerlich-rechtliche bzw. kaufmännische (§§ 273 BGB, 369 HGB) oder vertragliche (z. B. § 22 Hamburger Lagerungsbedingungen (Anh. V zu § 424) Zurückbehaltungsrecht berufen. Wurde das Gut beim Lagerhalter gepfändet (dazu § 416 47) und dort belassen, so kann der Einlagerer bzw. der Eigentümer oder ein sonst Berechtigter nur im Wege der Drittwiderspruchsklage vorgehen (§ 771 ZPO; BGH TranspR **1985** 9, 11). Der Konkurs des Lagerhalters berührt den Herausgabeanspruch jedoch nicht. Der Einlagerer kann das Gut aussondern (§ 43 KO). Verlangt der Einlagerer Teilauslieferung, so kann der Lagerhalter dem entgegenhalten, daß dies nur unter erhöhten Kosten möglich ist (*Senckpiehl* S. 159). Er kann unter Umständen dem Einlagerer auch entgegenhalten, daß er sich dem Eigentümer gegenüber schadensersatzpflichtig macht (*Koller* TranspR **1985** 1, 2). **52**

h) Unmöglichkeit oder Verzögerung der Rückgabe

Zum Schadensersatzanspruch im Falle der Unmöglichkeit oder Verzögerung der Rückgabe § 416 70 f; 417 7 ff. **53**

8. Pflicht zur Duldung der Besichtigung und Probenentnahme

Erläuterungen zu § 418 2 f. **54**

9. Lagerschein

Pflicht zur Ausstellung eines Lagerscheines: § 424 22, 25, 30 sowie § 14 OLSchVO 3; ferner § 48 ADSp (Anh. III zu § 424); § 16 **Hamburger Lagerungsbedingungen** (Anh. V zu § 424); §§ 89 ff **Bremer Lagerhaus-Ordnung** (Anh. VI zu § 424). **55**

10. Empfangnahme des Gutes

§ 416 35 und § 417 2 ff. **56**

11. Haftungsmaßstab

Erläuterungen § 417 7 ff. **57**

IV. Pflichten des Einlagerers

1. Vergütung und Aufwendungsersatz

Erläuterungen zu § 420. **58**

2. Rücknahmeanspruch des Lagerhalters

Erläuterungen zu § 422. **59**

3. Schadensverhütung durch den Einlagerer

60 Gemäß § 694 BGB ist der Hinterleger zum Ersatz desjenigen Schadens verpflichtet, den der Verwahrer infolge der **Beschaffenheit des Gutes** (zu sonstigen Schadensursachen § 418 9) erleidet, es sei denn, daß der Hinterleger die gefahrbringenden Eigenschaften des Gutes weder kannte noch kennen mußte, oder daß er sie dem Verwahrer angezeigt hatte oder dieser sie ohne Anzeige gekannt hatte. Diese Regelung gilt auch für das Lagergeschäft. Ihr liegt der Gedanke zugrunde, daß der Einlagerer typischerweise die Eigenschaften des Gutes einfacher in Erfahrung zu bringen vermag; denn der Einlagerer weiß regelmäßig, woher das Gut stammt, welche Eigenschaften es nach Angaben seines Lieferanten haben soll und welchen Weg es genommen hat. Er kann daher dem Lagerhalter auch leichter diejenigen Informationen liefern, die dieser braucht, um zu verhindern, daß gefährliche Eigenschaften des Gutes oder seiner Verpackung einen Schaden verursachen (*Krien/Glöckner* Speditions- und Lagerrecht, § 5 ADSp 5). Die Verletzung der Schutzpflicht stellt keinen Fall der c.i.c. dar.[34] Sie soll nämlich den Lagerhalter nicht in die Lage versetzen, gegebenenfalls den Vertragsabschluß abzulehnen (Münchener Komentar-*Hüffer* BGB[2] § 694 1). Vielmehr zeigt der Umstand, daß der Einlagerer von einer Schadensersatzpflicht entlastet wird, wenn er den Lagerhalter — auch nach Vertragsschluß — ausreichend über die gefährlichen Eigenschaften informiert und diesen vor der Gefahr gewarnt hatte (BGB BB **1978** 1235f), daß § 694 BGB einen Fall der positiven Forderungsverletzung regelt. Die dem Einlagerer auferlegte Schutzpflicht geht demnach dahin, daß der Einlagerer dann, wenn er die gefährlichen Eigenschaften des Gutes kennt oder kennen muß, gehalten ist, den Lagerhalter, der diese Eigenschaften nicht kennt, durch eine Anzeige aufzuklären. Unterläßt er eine (rechtzeitige) Anzeige, so ist er zum Ersatz des Schadens verpflichtet.

61 Im einzelnen bedeutet dies: Durch die Beschaffenheit des Gutes muß ein Schaden entstehen können. Dafür genügt nicht jede Eigenschaft des Gutes, wie z. B. die bloße Brennbarkeit. Relevant sind vielmehr nur solche Eigenschaften des Gutes, die angesichts der vereinbarten oder verkehrsüblichen Lagerung für den Lagerhalter oder für die Güter anderer Einlagerer die **Gefahr eines Schadens** im Vergleich zu solchen Gütern **erhöhen,** auf die die vereinbarten bzw. verkehrsüblichen Lagerbedingungen zugeschnitten sind (*Krien/Glöckner* Speditions- und Lagerrecht, § 5 ADSp 5). Es reicht aus, daß infolge der besonderen Eigenschaften des Gutes die Gefahr (Wahrscheinlichkeit) entsteht, daß ein Fehlverhalten des Lagerhalters besonders hohe Schäden nach sich zieht, mit denen bei den vereinbarungsgemäßen oder üblichen Lagerkonditionen nicht gerechnet zu werden braucht. Die gefahrdrohende Beschaffenheit kann mithin z. B. auf der Feuergefährlichkeit, Explosivität, auf ätzenden Eigenschaften, auf Ungeziefer-Befall oder auch auf der besonders schnellen Verderblichkeit, die andere Güter in Mitleidenschaft ziehen kann, beruhen. Der besonders hohe Wert eines Gutes, der über das übliche Maß hinaus die Gefahr eines rechtswidrigen Zugriffs Dritter begründet oder einen atypisch hohen Schaden erwarten läßt, gehört ebenfalls hierher[35] (§ 19 Abs. 2 OLSchVO).

62 Der Einlagerer hat für den Schaden nicht einzustehen, wenn er dem Lagerhalter die relevanten gefahrbringenden Eigenschaften **formlos angezeigt** hat und damit seiner Warnpflicht nachgekommen ist. Dafür genügt die Angabe der Gattungsbezeichnung des Gutes, wenn hieraus ein ordentlicher Lagerhalter auf die Gefährlichkeit des Gutes schließen mußte (so wohl auch OLG Karlsruhe, VersR **1974** 129). Die Anzeige ist er-

---

[34] *Erman/Seiler* BGB[7], § 694 1; *Staudinger/Reuter* BGB[12], § 694 1; a. A. *Soergel/Mühl* BGB[11], § 694 1.

[35] *Schlegelberger/Schröder* HGB[5], § 416 19; RGRKz HGB-*Ratz*[2] § 417 10; *Krien/Glöckner* Speditions- und Lagerrecht, § 5 ADSp 14.

folgt, sobald sie dem Lagerhalter zugegangen ist. Sie muß nicht bei Vertragsschluß erfolgen. Es genügt, daß sie bei der Übergabe des Gutes zugeht (§ 416 36). Sie steht einem Schadensersatzanspruch auch dann im Wege, wenn sie dem Lagerhalter zu einem Zeitpunkt zugeht, in dem er noch die Möglichkeit besitzt, mit zumutbaren Mitteln den später eintretenden Schaden zu verhüten. Die Beweislast für den Zugang der Anzeige trägt der Einlagerer.

Der Einlagerer braucht ferner nicht für den Schaden einzustehen, falls der Lagerhalter die gefährlichen Eigenschaften des Gutes **kannte** (BGH, BB **1978** 1235 f; OLG Karlsruhe, VersR **1974** 129). Hätte der Lagerhalter angesichts der für ihn erkennbaren Umstände die Gefährlichkeit des Gutes erkennen müssen, so wird der Schadensersatzanspruch des Lagerhalters lediglich nach Maßgabe des § 254 BGB gemindert.[36] § 694 BGB bürdet zwar dem Lagerhalter nur im Falle positiver Kenntnis den Schaden, dann aber den gesamten Schaden auf. Er sagt jedoch damit nichts über die Möglichkeit einer Schadensteilung im Falle des **Mitverschuldens.** Den Lagerhalter trifft freilich grundsätzlich **keine Untersuchungspflicht,** deren Verletzung ihm im Rahmen eines mitwirkenden Verschuldens zugerechnet werden könnte (BGH, WM **1984** 1277, 1279; *Schlegelberger/Schröder* HGB[5] § 416 19). Mangels besonderer Anhaltspunkte darf er sich auf die Sachkunde des Einlagerers verlassen. In besonderen Fällen hat er sich jedoch beim Einlagerer nach den Eigenschaften des Gutes zu erkundigen, so z. B. wenn zu vermuten ist, daß der Einlagerer augenscheinlich nicht weiß, welche Eigenschaften unter den spezifischen Lagerbedingungen gefährlich werden könnten. Gleiches kann dort gelten, wo das Gut durch Dritte übergeben wird und das Gut mit sehr großer Wahrscheinlichkeit gefährliche Eigenschaften aufweist, die der Einlagerer nicht kennt (*Schlegelberger/Schröder* HGB[5] § 416 19). Der Einlagerer hat die Kenntnis des Lagerhalters und in Analogie zu § 694 BGB auch dessen Mitverschulden zu beweisen.

63

Voraussetzung der Schadensersatzpflicht des **Einlagerers** ist schließlich, daß er die gefährlichen Eigenschaften des Gutes kannte oder bei Anwendung verkehrserforderlicher Sorgfalt hätte kennen müssen — daß er also **schuldhaft gehandelt** hat. Ein Verschulden des Einlagerers wird widerleglich vermutet. Es kann auch darauf beruhen, daß der Einlagerer nach der Einlagerung die Gefährlichkeit des Gutes erfuhr und dies dem Lagerhalter nicht unverzüglich mitteilte; denn § 694 BGB normiert einen Fall der positiven Forderungsverletzung.[37]

64

Hätte der Lagerhalter bei Anwendung zumutbarer Sorgfalt den Schaden mindern können oder wäre der Schaden bei vertragsgemäßer Aufbewahrung des Gutes erst gar nicht entstanden, so muß er sich dies gemäß § 254 Abs. 1 BGB zurechnen lassen.

Zu ersetzen ist in erster Linie der **Schaden,** der dem Lagerhalter an seinen Lagervorrichtungen und an dem ihm gehörenden sonstigen Gut entsteht. Ein erstattungsfähiger Schaden kann ferner in der Form entstehen, daß der Lagerhalter selbst schadensersatzpflichtig wird. Soweit der Schaden an Gütern anderer Einlagerer entstanden ist, vermag ihn der Lagerhalter nur insoweit geltend zu machen, als er selbst schadensersatzpflichtig geworden ist. § 694 BGB ist keine Norm mit **Schutzwirkung für Dritte,** da die Schäden Dritter unabsehbar sind. Sein Vergütungsinteresse kann der Lagerhalter ebenfalls über § 694 BGB liquidieren (§ 252 BGB; Münchener Kommentar-*Hüffer* BGB[2] § 694 4; **a. M.** *Staudinger/Nipperdey* BGB[11] § 694 5).

65

---

[36] *Erman/Seiler* BGB[7], § 694 2; *Staudinger/Reuter* BGB[12], § 694 5; Münchener Kommentar-*Hüffer* BGB[2], § 694 7; weitergehend OLG Karlsruhe, VersR **1974** 129; *a. A. Staudinger/Nipperdey* BGB[11], § 694 8.

[37] *Soergel/Mühl* BGB[11], § 694 1; *Staudinger/Nipperdey* BGB[11], § 694 6; ebenso i. E. Münchener Kommentar-*Hüffer* BGB[2], § 694 4

66   Neben dem Anspruch aus § 694 BGB kommen **deliktische Ansprüche** (§§ 823 ff BGB) in Betracht.

67   Zur Haftung des Einlagerers gemäß § 5 **ADSp** (Anh. III zu § 424), § 14 **Möbellagerungsbedingungen** (Anh. IV zu § 424), § 9 **Hamburger Lagerungsbedingungen** (Anh. V zu § 424); § 67 Bremer **Lagerhaus-Ordnung** (Anh. VI zu § 424).

V. Leistungsstörungen

1. Erschwerung der Verwahrung

68   In aller Regel wird die Lagerung nicht in bestimmten Räumen geschuldet sein. Der Untergang der vom Lagerhalter für die Lagerung vorgesehenen Räume führt daher nicht zur Unmöglichkeit der Leistung. Der Lagerhalter hat sich neue Räume zu beschaffen. Er kann sich dabei, wie auch sonst, nicht darauf berufen, daß er zur Erbringung der Leistung höheren Aufwand treiben müsse, als er ursprünglich eingeplant habe (KG, BB **1973** 446). Er vermag sich auch nicht ohne weiteres mit dem Argument von seiner Verpflichtung zu befreien, die Leistung sei ihm nur mehr mit unzumutbarem Aufwand möglich. Das Kriterium der Zumutbarkeit bestimmt zwar die Intensität der Lagerhalterpflichten (§ 416 27). Es ist aber allein auf den Sicherheitsstandard bezogen. Den geschuldeten Sicherheitsstandard hat der Lagerhalter beizubehalten, auch wenn die zu seiner Einhaltung notwendigen Kosten steigen. Die Grenze der Verpflichtung ist erst dort erreicht, wo die Leistungserschwerung durch unvorhersehbare Umstände ausgelöst worden ist oder die zur Aufrechterhaltung des geschuldeten Sicherheitsstandards notwendigen Räume bzw. Personal trotz ausreichender finanzieller Mittel nicht beschafft werden können (*Koller* Die Risikozurechnung bei Vertragsstörungen in Austauschverträgen (**1979**), S. 209 ff).

69   Zur Regelung der Leistungserschwerung gemäß § 18 **ADSp** s. Anh. III zu § 424; gemäß 23 Nr. 3 **Hamburger Lagerungsbedingungen** s. Anh. IV zu § 424; gemäß § 79 **Bremer Lagerhaus-Ordnung** s. Anh. VI zu § 424; gemäß Nr. 13 **Kaltlagerungs-Bedingungen** s. Anh. VII zu § 424.

2. Unmöglichkeit der Verwahrung

a) Leistungsgefahr

70   Wird die Verwahrung ohne ein Verschulden des Lagerhalters unmöglich, so wird der Lagerhalter von der Leistung frei (§ 275 BGB). Einer Kündigungserklärung bedarf es nicht. § 422 Abs. 2 ist nicht analog anzuwenden. Hat der Lagerhalter die Unmöglichkeit verschuldet, so bestimmen sich die Rechte des Einlagerers nach § 325 BGB (zu abweichenden AGB Anh. III—VII zu § 424). Tritt der Einlagerer vom Vertrag zurück, so hat man zu berücksichtigen, daß für ihn unter Umständen die vorübergehende Aufbewahrung keinerlei Interesse hatte. Es liegt hier eine ähnliche Konstellation vor wie in den Fällen, in denen wegen eines Mangels der Werkleistung gewandelt wird (dazu *Koller* DB **1974** 2385 ff, 2485 f). Die Unmöglichkeit der Rückgabe fällt nicht unter die §§ 323 ff BGB, da die Verpflichtung zur Rückgabe nicht im Synallagma steht.

b) Preisgefahr

71   Auch hier gelten die allgemeinen Vorschriften. Zu beachten ist, daß in Fällen, in denen die Lagerung über einen längeren Zeitraum vereinbart war, Teilunmöglichkeit eintritt (§ 323 Abs. 1 2. HS BGB), falls die Lagerung unmöglich wird, nachdem der Lagerhalter eine gewisse Zeitlang seine Pflichten erfüllt hatte (Wertung des § 699 Abs. 2

BGB). § 323 BGB findet nur dann Anwendung, wenn die Lagerung aus Gründen unmöglich wird, die aus der Sphäre des Lagerhalters stammen oder sich zunächst dort ausgewirkt haben. Wird die Lagerung z. B. deshalb unmöglich, weil das Gut infolge inneren Verderbs oder infolge seiner gefahrdrohenden Beschaffenheit ohne Verschulden des Lagerhalters untergeht, so behält der Lagerhalter seinen Vergütungsanspruch bis zum nächst zulässigen Kündigungstermin. Eine Ausnahme gilt dort, wo die Störung allen potentiellen Einlagerern die Einlagerung unmöglich machte (*Koller* Risikozurechnung, aaO, S. 282 f). Die Wertung des § 552 BGB kommt angesichts der Nähe der Verwahrung zur Miete ohne weiteres zum Tragen (a. A. *Staudinger/Nipperdey* BGB[11] § 694 5).

3. Schuldnerverzug des Lagerhalters

Die Rechtsfolgen ergeben sich aus den §§ 284 ff, 326 BGB. Es sind die §§ 18 f **ADSp** Anh. III zu § 424 zu beachten. **72**

4. Gläubigerverzug des Einlagerers

Liefert der Einlagerer entgegen der vertraglichen Abrede das Gut nicht programmgemäß an, so gerät er im Zweifel nicht in Gläubigerverzug. Da die geschuldete Lagerung meist nicht nachholbar ist, tritt vielmehr regelmäßig teilweise Unmöglichkeit ein. Der Lagerhalter behält gleichwohl grundsätzlich seinen Vergütungsanspruch, es sei denn, daß kein potentieller Einlagerer (etwa wegen Transportarbeiterstreiks) in der Lage war, Ware anzuliefern (§ 416 70, § 420 6, *Picker* JZ **1985** 693 ff). Zu den Fällen, in denen der Einlagerer das Gut nicht rechtzeitig zurücknimmt oder es sonst unterläßt, darüber zu verfügen, s. § 422. **73**

5. Schlechterfüllung durch den Lagerhalter

Wegen Verlust, Beschädigung und Beschlagnahme des Gutes s. § 417 7 ff, wegen sonstiger Fälle der Schlechterfüllung siehe die Erläuterungen zu § 417 7 ff HGB, wegen des Einflusses der Schlechterfüllung auf den Anspruch auf Lagergeld siehe die Erläuterungen zu § 420 7. **74**

VI. Erfüllungsort

Zum Rückgabeort § 416 51. Erfüllungsort für die Verbindlichkeiten des Lagerhalters ist im übrigen dessen Niederlassung bzw. dessen Wohnsitz (§ 269 BGB), sofern sich aus den Umständen nichts anderes ergibt. Diese können dafür sprechen, daß der Erfüllungsort mit dem von der Niederlassung des Lagerhalters abweichenden Lagerort zusammenfällt, so z. B. bei inländischer Lagerung durch im Ausland ansässige Lagerhalter. Die Rücknahme hat am Lagerort zu erfolgen. **75**

VII. Besitzlage

Der Lagervertrag schafft die Grundlage für ein Besitzmittlungsverhältnis (§ 868 BGB). Mit der Auslieferung des Gutes an den Lagerhalter bzw. an einen seiner Besitzdiener (§ 855 BGB) wird der Lagerhalter unmittelbarer Besitzer und der Einlagerer mittelbarer Besitzer. Es kann auch sein, daß der Lagerhalter — vertraglich verpflichtet — für einen Dritten besitzen will; dann ist dieser der mittelbare Besitzer. **76**

Dem mittelbaren Besitzer stehen im Rahmen des § 869 BGB Besitzschutzansprüche zu. Der Lagerhalter ist als unmittelbarer Besitzer dem jeweiligen Eigentümer des Gutes grundsätzlich zur Herausgabe verpflichtet (§ 985 BGB), soweit er dem Eigentümer nicht eine Einwendung im Sinne des § 986 BGB entgegenzusetzen vermag. In Betracht kommen hier vor allem die Einwendungen, daß die Auslagerung nur zu bestimmten Zeitpunkten zu erfolgen habe oder daß ein Pfandrecht bestehe. Zu Schadensersatzansprüchen aus dem Eigentümer-Besitzerverhältnis siehe § 417 13.

§ 417

(1) Auf die Rechte und Pflichten des Lagerhalters in Ansehung der Empfangnahme, Aufbewahrung und Versicherung des Gutes finden die für den Kommissionär geltenden Vorschriften der §§ 388 bis 390 Anwendung.

(2) Treten Veränderungen an dem Gute ein, welche dessen Entwertung befürchten lassen, so hat der Lagerhalter den Einlagerer hiervon unverzüglich zu benachrichtigen. Versäumt er dies, so hat er den daraus entstehenden Schaden zu ersetzen.

Übersicht

	Rdn.		Rdn.
A. Vorbemerkung	1	3. Verantwortung	11
B. Pflichten des Lagerhalters	2	4. Anspruchsberechtigung	11a
I. Bei der Empfangnahme	2	5. Beweislast	12
1. Beschädigter oder mangelhafter Zustand des Gutes	3	6. Außervertragliche Haftung	13
2. Äußerliche Erkennbarkeit	4	7. Vorteilsausgleichung	14
3. Zugesandt	5	8. Mitverschulden des Einlagerers	14a
4. Pflicht zur Rechtswahrung, Beweissicherung, Benachrichtigung	6	9. Verjährung	14b
II. Haftung für Verlust und Beschädigung	7	10. Freizeichnungs- und Beweislastklauseln	15
1. Haftungsmaßstab im allgemeinen	7	III. Versicherung des Gutes	16
2. Verlust, Beschädigung und Beschlagnahme	10	IV. Veränderungen am Gut	17
		C. Rechte des Lagerhalters zum Selbsthilfeverkauf	18

Schrifttum: siehe Angaben zu § 416 HGB.

A. Vorbemerkung

1 § 417 Abs. 1 HGB regelt in Anlehnung an das Kommissionsrecht einige Rechte und Pflichten des Lagerhalters im Zusammenhang mit der Empfangnahme, Aufbewahrung und Versicherung des Gutes. Es geht hierbei im wesentlichen um folgende Fragen: Inwieweit hat der Lagerhalter Rechte des Einlagerers gegen Transportpersonen zu wahren; in welchem Umfang haftet der Lagerhalter für Schäden an dem Gut; wann obliegt ihm eine Versicherungspflicht; wie darf der Lagerhalter verfahren, falls es der Einlagerer unterläßt, über das Gut zu verfügen oder falls der Verderb bzw. die Entwertung des Gutes zu besorgen ist, ohne daß der Einlagerer benachrichtigt werden kann, oder dieser auf die Nachricht hin nicht reagiert.

§ 417 Abs. 2 HGB ergänzt die Pflichten zur Schadensverhinderung, indem er den Lagerhalter verpflichtet, den Einlagerer unverzüglich von einem drohenden Verderb des Gutes zu benachrichtigen, und daran eine Schadensersatzsanktion knüpft.

§ 417 HGB gilt nur im Rahmen von Lagerverträgen, die bereits zustandegekommen sind (§ 416 18). Fehlt es an einem Lagervertrag, so ist der Lagerhalter damit nicht aller Pflichten ledig. Vielmehr treffen ihn die dem vorvertraglichen Vertrauensverhältnis entspringenden Schutzpflichten (§ 416 15). Diese Schutzpflichten sind anhand der in § 417 HGB zum Ausdruck gekommenen Wertungen zu konkretisieren. Daneben kommen Ansprüche des Eigentümers aus unerlaubter Handlung sowie aus dem Eigentümer-Besitzer-Verhältnis in Betracht (§ 417 13).

B. Pflichten des Lagerhalters
I. Bei der Empfangnahme

Kraft des zwischen den Parteien vereinbarten Lagervertrages ist der Lagerhalter **2** verpflichtet, sich den **vollen Gewahrsam** an dem an ihn gelieferten und von ihm zu verwahrenden Gut zu verschaffen (§ 416 35; zur Pflicht aus dem vorvertraglichen Schuldverhältnis, falls ein Vertrag noch nicht zustandegekommen war, § 416 15). Kommt das Gut in beschädigtem oder mangelhaftem Zustand an, der äußerlich erkennbar ist, so hat der Lagerhalter gemäß §§ 417, 388 HGB die Rechte gegen die Frachtführer oder Schiffer zu wahren. Der Lagerhalter hat insoweit wie ein Geschäftsbesorger tätig zu werden. Im einzelnen heißt das:

1. Beschädigter oder mangelhafter Zustand des Gutes

Es braucht sich hierbei nicht notwendig um Transportschäden zu handeln. In Be- **3** tracht kommen aber nur Schäden und Mängel, die die chemisch-physikalischen Eigenschaften des Gutes beeinträchtigen (§ 388 4). § 388 HGB ist im Hinblick auf **Quantitätsmängel** analog heranzuziehen. Ein Schaden in diesem Sinne liegt auch dann vor, wenn das Gut einer anderen Gattung angehört, als einzulagern vertraglich vereinbart worden war (*Senckpiehl* S. 72).

2. Äußerliche Erkennbarkeit

Der „Schaden" ist äußerlich erkennbar, wenn ihn der Lagerhalter bei einer mit zu- **4** mutbarem Aufwand vorgenommenen Untersuchung ohne Beschädigung der Verpackung wahrzunehmen imstande ist (*Staub/Koller* HGB⁴ § 388 5). Eine Pflicht, das Gut auf äußerlich unerkennbare Mängel hin zu untersuchen, trifft den Lagerhalter nicht (*Heymann/Kötter* HGB⁴ § 417 2). § 16 **ADSp** (Anh. III zu § 424), der bestimmt, daß der Spediteur mangels schriftlicher Vereinbarung nur im Rahmen des Geschäftsüblichen zur Untersuchung verpflichtet ist, befreit den Lagerhalter nicht von der aus §§ 388 Abs. 1, 417 Abs. 1 HGB abzuleitenden Untersuchungspflicht, wie sich aus § 16 a S. 2 **ADSp** ergibt (*Krien/Glöckner* Speditions- und Lagerrecht § 16 **ADSp** 9). § 16 a 1 **ADSp** kommt mithin nur in Hinblick auf Erhaltungs- oder Besserungsmaßnahmen zum Tragen, die dem Lagerhalter ohne schriftliche Vereinbarung nur im Rahmen des Geschäftsüblichen obliegen. Aus § 7 **ADSp** (abgedr. Anh. I zu § 416) kann keine Befreiung von der Pflicht abgeleitet werden, die angelieferte Ware abzuwiegen oder sonst nachzumessen, wenn sie dem Lagerhalter nach Gewicht oder z. B. Raummaßen angeliefert wird und dies zur Feststellung von Quantitätsmängeln (dazu oben Rdn. 3) erforderlich ist. § 7 **ADSp,** der im Zweifel zu Lasten des Lagerhalters auszulegen ist (§ 5 AGBG), ist nur dann heranzuziehen, wenn der Einlagerer selbst das Gut angeliefert hat (*Schlegelberger/Schröder* HGB⁵ § 417 2 b).

3. Zugesandt

5 Das Gut muß dem Lagerhalter von einem Transportmittler, wie dem Frachtführer oder Schiffer, übergeben worden sein (*Staub/Koller* HGB[4] § 388 3). § 417 in Verbindung mit § 388 HGB greift nicht ein, falls der Einlagerer selbst oder seine Leute das Gut dem Lagerhalter übergeben haben.

4. Pflicht zur Rechtswahrung, Beweissicherung, Benachrichtigung

6 Bei den in § 388 HGB genannten Rechten handelt es sich um Rechte, die dem Lagerhalter als Empfänger im eigenen Namen zustehen. In analoger Anwendung des § 388 Abs. 1 HGB kommen ferner die Rechte aus §§ 408, 429 HGB, 454 ff, 606 ff HGB, 82 ff EVO, 17 CMR, 29 KVO in Betracht (*Staub/Koller* HGB[4] § 388 6). Der Lagerhalter ist nicht verpflichtet, die Rechte zu realisieren; er hat sie bloß vorläufig zu wahren (*Schlegelberger/Schröder* HGB[5] § 417 2 a). Vielfach genügt hierzu ein bloßer Vorbehalt (*Staub/Koller* HGB[4] § 388 6). Der Lagerhalter hat ferner die Beweise so zu sichern, daß die Rechte, an deren Wahrung der Einlagerer ein Interesse besitzt, mit an Sicherheit grenzender Wahrscheinlichkeit durchgesetzt werden können (näher dazu *Staub/Koller* HGB[4] § 388 7). Schließlich hat der Lagerhalter dem Einlagerer unverzüglich Nachricht zu geben, damit dieser in die Lage versetzt wird, sachgerecht über das Gut zu verfügen. Zum Selbsthilfeverkauf in Fällen, in denen das mangelhaft angelieferte Gut dem Verderb ausgesetzt ist, § 417 31 f. Verletzt der Lagerhalter diese Pflichten, so hat er den gesamten daraus resultierenden Schaden auf sich zu nehmen. Hingegen ist der Lagerhalter kraft dispositiven Rechts nicht verpflichtet, das Gut durch besondere Erhaltungsmaßnahmen vor weiterer Verschlechterung zu bewahren (*Senckpiehl* S. 73). Ausnahmen § 416 30.

II. Haftung für Verlust und Beschädigung

7 Gemäß §§ 417 Abs. 1, 390 Abs. 1 HGB ist der Lagerhalter für den Verlust und die Beschädigung des in seiner Verwahrung befindlichen Gutes verantwortlich, es sei denn, daß der Verlust oder die Beschädigung auf Umständen beruht, die durch die Sorgfalt eines ordentlichen Kaufmanns nicht abgewendet werden konnten.

1. Haftungsmaßstab im allgemeinen

§ 417 Abs. 1 in Verbindung mit § 390 Abs. 1 HGB hält im Einklang mit § 347 HGB fest, daß der Lagerhalter für die **Sorgfalt eines ordentlichen Kaufmannes**, d. h. eines ordentlichen Lagerhalters einzustehen hat. Dieser Haftungsmaßstab gilt nicht nur in Fällen, in denen das Gut verlorengeht oder beschädigt wird, sondern auch in Hinblick auf alle anderen Arten von Leistungsstörungen. Für Erfüllungsgehilfen haftet der Lagerhalter im Rahmen des § 278 BGB. Zur Einschaltung von Substituten § 416 32.

8 Fraglich ist, ob die **Haftungsmilderung** des § 690 BGB eingreift, falls ein gewerbsmäßiger Lagerhalter die Aufbewahrung unentgeltlich übernimmt.[1] Die Verweisung des § 417 Abs. 1 HGB auf § 390 Abs. 1 HGB steht jedenfalls der Haftungsmilderung nicht entgegen, da § 417 HGB ebenso wie die kommissionsrechtlichen Vorschriften vom Typus eines entgeltlichen Vertrages ausgeht. Mag es auch keinen allgemeinen Rechtsgrundsatz geben, daß derjenige, der unentgeltlich tätig wird, nicht für die verkehrser-

---

[1] Bejahend: *Schlegelberger/Schröder* HGB[5] § 416 15b; verneinend: RGRKz HGB-*Ratz*[2] § 417 9.

forderliche Sorgfalt einzustehen braucht (BGH, DB **1963** 1604), so ist im Zweifel jedoch anzunehmen, daß derjenige, der für seine Leistung keine Vergütung erhält, nur in geringerem Umfang haftet; denn er vermag die auf ihn zukommenden Risiken nicht in die Vergütung einzukalkulieren (*Koller* Risikozurechnung, aaO, S. 404 f). Dies gilt insbesondere dort, wo der Schuldner, wie der Verwahrer, üblicherweise die Leistung mit den ihm ohnehin zur Verfügung stehenden Mitteln erfüllt. Wer unentgeltlich etwas bei einem Lagerhalter einbringt, kann deshalb nur erwarten, daß der Lagerhalter sich so verhält, wie er sich üblicherweise verhält. Der Rechtsgedanke des § 690 BGB ist mithin im Bereich des Lagergeschäftes dahin zu modifizieren, daß es nicht darum geht, wie sich der Lagerhalter in Privatangelegenheiten, sondern wie er sich faktisch im Rahmen seiner Verwahrungstätigkeit verhält. Eine Ausnahme gilt dort, wo der Lagerhalter dem Einlagerer erkennbar durch eine Haftpflichtversicherung geschützt ist. Allerdings spricht der Umstand, daß der Einlagerer keine Vergütung zu bezahlen hat, noch nicht ohne weiteres dafür, daß die Verwahrung unentgeltlich erbracht wird. Als Entgelt kann nämlich z. B. auch die begründete Erwartung angesehen werden, daß der Einlagerer dem Lagerhalter provisionspflichtige Geschäfte verschafft, oder die Lagerung im Zusammenhang mit einem provisionspflichtigen Geschäft erfolgt, auch wenn für die Lagerung selbst keine Vergütung verlangt wird.

Die Verantwortlichkeit des Lagerhalters kann durch **Vertrag** zwischen Einlagerer und Lagerhalter **eingeschränkt** werden. Nachträgliche einseitige Erklärungen des Lagerhalters beschränken die Haftung nicht. Gibt der Lagerhalter vor oder bei Vertragsschluß Erklärungen des Inhalts ab, daß er nur in gemindertem Umfang haften wolle, so wird diese Haftungsbegrenzung Vertragsinhalt, falls der Lagerhalter aus seiner Sicht annehmen durfte, daß sich der Einlagerer damit einverstanden erklärt habe. Ausnahmsweise kann Dissens vorliegen, so daß überhaupt kein Vertrag zustandegekommen ist. Dann bestimmt sich die Haftung des Lagerhalters nach Maßgabe der §§ 823 ff BGB (dazu unten 13) und den Regeln über die c.i.c. (dazu § 416 15). Obliegt nach dem Lagervertrag die **Versicherung** des eingelagerten Gutes dem Einlagerer, so muß der Einlagerer den Lagerhalter so stellen, wie wenn der Lagerhalter selbst das Gut versichert und deshalb nicht für leicht fahrlässig verschuldete Schäden gehaftet hätte (BGH, VersR **1976** 46). Voraussetzung ist, daß die Versicherung auch im Interesse des Lagerhalters genommen werden sollte. Zur Frage des Mitverschuldens des Einlagerers BGH, VersR **1976** 46. **9**

Haftungsbeschränkungen sind besonders häufig in allgemeinen Geschäftsbedingungen enthalten. Dazu Anh. III–VII zu § 424.

2. Verlust, Beschädigung und Beschlagnahme

Das eingelagerte Gut ist verlorengegangen, wenn der Lagerhalter dem Einlagerer auf unabsehbare Zeit nicht (mehr) den Besitz zu verschaffen vermag (*Staub/Koller* HGB[4] § 390 5). Der Verlust kann mithin auf totaler Zerstörung des Gutes, aber auch auf dessen Abhandenkommen, Beschlagnahme (*Koller* TranspR **1985** 1, 4) oder Auslieferung an einen Nichtberechtigten (BGH, NJW **1963** 99) beruhen. Dagegen liegt kein Verlust des Gutes vor, wenn es lediglich jeden Wert verloren hat, der Lagerhalter aber noch im Besitz des Gutes ist. **10**

Das Gut ist beschädigt, falls die Substanz des Gutes verändert worden ist. Eine bloße Wertminderung, die nicht durch eine Substanzänderung ausgelöst worden ist, stellt keine Beschädigung im Sinne der §§ 390, 417 HGB dar (*Staub/Koller* HGB[4] § 390 5).

3. Verantwortung

11 Der Lagerhalter hat den Verlust oder die Beschädigung zu **verantworten,** wenn er das Gut unter Verletzung seiner Pflichten als Lagerhalter verwahrt hat, der Schaden infolge des Pflichtverstoßes entstanden ist und der Lagerhalter seine Pflichten vorsätzlich oder fahrlässig verletzt hat. Er haftet für seine Erfüllungsgehilfen gemäß § 278 BGB, sofern der Schaden nicht lediglich „bei Gelegenheit" der Erfüllung angerichtet wird. Der Schaden muß zum allgemeinen Umkreis des Aufgabenbereichs des Erfüllungsgehilfen gehören. Er darf für den Lagerhalter der Art nach nicht gänzlich atypisch sein, und der Schaden muß durch die Art der dem Erfüllungsgehilfen zugewiesenen Aufgabe begünstigt worden sein. Der Umstand, daß der Erfüllungsgehilfe vorsätzlich schädigt, führt nicht notwendig dazu, daß er nur bei Gelegenheit der Erfüllung handelt. Der Lagerhalter haftet gemäß § 278 BGB auch für Arbeitnehmer, die eingelagerte Güter, die sie zu bewachen haben, stehlen (BGH, VersR **1981** 732, 733; BB **1984** 1449), weil die Verhinderung von Diebstahl zum Aufgabenbereich der Arbeitnehmer gehört. Zur Abgrenzung vgl. auch Nachw. bei *Palandt/Heinrichs* BGB[45] § 278 4 c. — Zu den dem Lagerhalter bei der Auswahl der Lagerräume, Kontrolle und Gefahrenabwehr obliegenden **Pflichten** s. oben § 416 24 ff. Da der Lagerhalter nach objektiven Maßstäben für die einem ordentlichen Lagerhalter zumutbare Sorgfalt einzustehen hat (s. oben Rdn. 7), indiziert ein Pflichtenverstoß schuldhaftes Verhalten des Lagerhalters (vgl. *Larenz* Schuldrecht I[13] § 20 IV). Ein Lagerhalter handelt grob fahrlässig, wenn er einen unverschlossenen beladenen Container/Trailer auf einem großen, nur mit einem hohen Maschendrahtzaun umgebenen, nicht durchgehend bewachten Hofplatz über Nacht und das Wochenende abstellt (OLG Hamburg, VersR **1984** 1035, 1036).

Verantworten im Sinn der §§ 390, 417 HGB heißt Ersatz des Schadens. Ferner bedeutet „verantworten" „vertreten müssen" im Sinn der allgemeinen Leistungsstörungsregeln (Unmöglichkeit, Verzug). Erklärt sich der Einlagerer mit einer bestimmten Art der Lagerung **einverstanden,** so kann im Normalfall nicht davon ausgegangen werden, daß er damit den Lagerhalter von Schäden freistellen will, die mit dieser Art der Lagerung verbunden sind (OLG Hamburg, VersR **1984** 1036; § 416 25).

Die Auswahl des sachgerechten Lagerplatzes stellt eine Kardinalpflicht des Lagerhalters dar (BGH, VersR **1979** 901; *Brandner* in *Ulmer/Brandner/Hensen* AGBG Anh. §§ 9—11 458). Der Lagerhalter kann sich daher durch AGB auch insoweit nicht **freizeichnen,** als es um die leichte Fahrlässigkeit von einfachen Erfüllungsgehilfen geht. Inwieweit sonstige Obhutspflichten Kardinalpflichten darstellen (ablehnend OLG Hamburg, VersR **1985** 57, 58) ist angesichts des Leerformelcharakters der Kardinalpflicht unklar (*Wolf* in *Wolf/Horn/Lindacher* AGBG § 9 79; *Koller* ZIP **1986** 1089). Vgl. zu Haftungsausschlußklauseln im Rahmen von AGB Anh. III—VII zu § 424.

4. Anspruchsberechtigung und Umfang des Schadens

11a Aktivlegitimiert ist der **Einlagerer** oder dessen **Rechtsnachfolger.** Hat der Einlagerer einen Dritten **ermächtigt,** sich das Gut herausgeben zu lassen, so erstreckt sich die Anweisung im Zweifel nicht auf Schadensersatzansprüche (arg. e § 789 BGB). Der Einlagerer oder sein Rechtsnachfolger können, wenn sie nicht zugleich Eigentümer des Gutes sind, den Schaden im Wege der **Drittschadensliquidation** geltend machen (BGH, TranspR **1984** 283; *Palandt/Heinrichs* BGB[45] vor § 249 6 b bb). Dies gilt nach Ansicht des BGH auch dann, wenn der Schadensersatzanspruch des Eigentümers gegen die Lagerhalter nicht an § 831 BGB scheitert und dem Eigentümer deshalb ebenfalls ein voller

Schadensersatzanspruch zusteht (BGH, TranspR **1984** 283).[2] Die Entscheidung ist fragwürdig, weil die Drittschadensliquidation ein Instrument ist, das verhindern soll, daß dem Schädiger aus einer Schadensverlagerung ein Vorteil erwächst (*Palandt/Heinrichs* BGB[45] vor § 249 6; *Koller* VersR **1982** 414, 416 unter Hinweis auf BGH VersR **1979** 906, 907). Eine Schadensverlagerung findet nur statt, wenn — anders als hier — dem wahren Geschädigten kein eigener Schadensersatzanspruch zusteht. Sie erleichtert allerdings nachhaltig die Prozeßführung, da bei einer Klage des Einlagerers nicht geprüft zu werden braucht, wer Eigentümer ist und ob dem Eigentümer ein deliktischer Anspruch zusteht. Andererseits spricht der Besitz für das Eigentum des Einlagerers (§ 1006 BGB) und dort, wo der Einlagerer zugesteht, nicht Eigentümer zu sein, kann er entweder seinen denkbaren Anspruch dem Eigentümer oder der Eigentümer kann seinen Anspruch dem Einlagerer abtreten, um auf diese Weise Streitigkeiten um die Aktivlegitimation zu vermeiden. Der Lagervertrag ist nur dann ein Vertrag mit **Schutzwirkung zugunsten des Eigentümers,** wenn der Lagerhalter erkennen konnte, daß ein Dritter Eigentümer ist oder damit rechnen mußte (BGH, NJW **1985** 2411). War dem Lagerhalter erkennbar, daß ein Dritter Eigentümer des Gutes ist, so entfällt nicht die Aktivlegitimation des Einlagerers, weil der Eigentümer selbständig vertragliche Ansprüche durchzusetzen imstande ist (§ 335 BGB analog; vgl. BGH, NJW **1985** 2411).

Umfang des Schadens: Der Lagerhalter hat den Schaden zu ersetzen, der durch das zurechenbare Handeln des Lagerhalters adäquat verursacht worden ist (BGH, TranspR **1985** 9, 11). Denkbar ist es, daß ein Schaden nicht in den Schutzbereich der §§ 417 Abs. 1 HGB, 823 BGB fällt.

5. Beweislast

Gemäß §§ 417 Abs. 1, 390 Abs. 1 HGB wird vermutet, daß der Verlust bzw. die Beschädigung des Gutes, das der Lagerhalter in Aufbewahrung hat, durch eine Pflichtverletzung des Lagerhalters verursacht und vom Lagerhalter verschuldet worden ist.[3] Der Lagerhalter muß daher nachweisen, daß die Veränderungen oder das Abhandenkommen des Gutes, das in seine Organisationssphäre (im weitesten Sinne) gelangt ist (BGH, VersR **1964** 1015), nicht von ihm zu verantworten ist. Dazu muß er konkret aufklären, wie der Schaden entstanden ist.[4] Er hat ferner z. B. zu beweisen, daß die Lagerräume so beschaffen waren, daß Schäden nach Möglichkeit vermieden wurden und daß ihn und seine Erfüllungsgehilfen auch sonst kein Schuldvorwurf traf.[5] Dabei kann sich der Lagerhalter nicht einfach darauf berufen, daß der Schaden durch von außen kommende Umstände verursacht worden ist; denn der Lagerhalter hat auch solche Gefahren im Rahmen des Zumutbaren abzuwehren (mißverständlich *Schlegelberger/Schröder* HGB[5] § 417 5). Die Tatsache, daß sich die Schadensursache nicht feststellen läßt, geht zu Lasten des Lagerhalters. Der Einlagerer muß seinerseits nach der allgemeinen Beweislastregel, daß der Anspruchsinhaber die Voraussetzungen seines Anspruches zu beweisen hat, nachweisen, daß das Gut bestimmter Menge unbeschädigt in den Organisationsbereich des Lagerhalters gelangt ist (BGH, NJW **1964** 1123; BGH v. 19. 6. 1986, WM **1986** 1326, 1327; OLG Bamberg, WM **1983** 946). Der Lagerhalter hat zu beweisen, daß er durch unversehrte Rückgabe des Guts seine Pflichten erfüllt hat[6]. Sind sich die Parteien bei Rückgabe des Guts über Zahl und Zustand des Guts

---

[2] BGH, NJW **1985** 2411, 2412; zustimmend *Helm* TranspR **1984** 287.
[3] BGH, WM **1974** 437; vgl. ferner *Staub/Koller* HGB[4], § 390 6.
[4] BGH, VersR **1964** 1015; OLG Hamburg 10. 3. 1983, VersR **1984** 169.
[5] BGH, WM **1976** 437 f; OLG Hamburg 10. 3. 1983, VersR **1984** 169.
[6] BGH, VersR **1964** 1015; RGZ **126** 75; *Schlegelberger/Schröder* HGB[5], § 417 5.

§ 417 Drittes Buch. Handelsgeschäfte

nicht einig, so trifft den Lagerhalter die Beweislast für die Vollständigkeit und Unversehrtheit des Guts (Umkehrschluß aus § 363 BGB). Das gilt auch dort, wo die Parteien bei der Rückgabe davon ausgegangen sind, daß eine bestimmte Menge ausgeliefert worden sei, der Lagerhalter aber später behauptet, er habe eine größere Menge zurückgegeben (BGH, VersR **1973** 342, 343). Hat der Lagerhalter jedoch das gesamte Gut unbeanstandet dem Einlagerer ausgehändigt, so muß der Einlagerer beweisen, daß es nicht vollzählig oder beschädigt war (§ 363 BGB; zu allgemein BGH v. 19. 6. 1986, WM **1986** 1326, 1327). Die Beweislast ist in gleicher Weise verteilt, wenn man den Ersatzanspruch auf positive Forderungsverletzung stützt (*Helm* Großkommentar HGB (3. Aufl.) § 429 Rdn. 20). Zur Beweislast im Falle einer Benutzung fehlerhaft arbeitender Waagen BGH, VersR **1973** 343. Die Lagereingangsanzeige hat die Wirkung einer Quittung (§ 368 BGB; OLG Düsseldorf, TranspR **1985** 249). Zum Anspruch auf Quittung *Koller* EWiR **1986,** 1119, 1120.

6. Außervertragliche Haftung

13 Neben der Haftung aus §§ 417 Abs. 1, 390 Abs. 1 HGB kommt eine Schadensersatzpflicht des Lagerhalters wegen **unerlaubter Handlung**[7] und nach den Regeln über das Eigentümer-Besitzverhältnis (§§ 989 ff BGB) in Betracht. Bereits die Ausübung eines Gewerbebetriebes als Lagerhalter begründet, auch wenn Vertragsbeziehungen nicht oder noch nicht vorliegen, eine besondere Verantwortung hinsichtlich des Gutes, das in Ausübung des Gewerbebetriebes in die Obhut des Lagerhalters gelangt ist. Wird die Verantwortung nicht sorgfältig wahrgenommen, so stellt dies eine unerlaubte Handlung im Sinn der §§ 823 f BGB dar, die dem Eigentümer gegenüber zum Schadensersatz verpflichtet (BGHZ **9,** 301; *Schlegelberger/Schröder* HGB[5] § 416 15 d). Daneben kommt eine Haftung wegen **c. i. c.** in Betracht (§ 416 15). War der **Lagervertrag** aus irgendeinem Grunde **nichtig,** so kann nach richtiger Ansicht ferner eine Haftung wegen positiver Forderungsverletzung eingreifen (vgl. *Canaris* JZ **1965** 475; a. A. *Palandt/Heinrichs* BGB[45] § 276 7 a bb m. Nachw.). Haftungsausschlüsse und -beschränkungen in **AGB** erstrecken sich im Zweifel nicht auf außervertragliche Ansprüche (§ 5 AGBG)[8].

Erfaßt die Klausel auch außervertragliche Ansprüche, so gilt sie auch zu Lasten des vom Einlagerer verschiedenen Eigentümers, falls dieser mit einem Transport bzw. Lagerung und mit bestimmten, weit verbreiteten AGB (z. B. ADSp) rechnen mußte.[9]

7. Vorteilsausgleichung

14 Es gelten die allgemeinen Regeln über die Vorteilsausgleichung. Wird bei einer Bestandsaufnahme ein Manko an dem einen Gut und ein Überschuß bei einem anderen Gut festgestellt, so kommt entgegen *Ruhle* (BB **1965** 1294) keine Vorteilsausgleichung in Betracht, da der „Vorteil" nicht durch das schädigende Ereignis verursacht worden ist.

8. Mitverschulden des Einlagerers

14a Der Einlagerer muß sich gemäß § 254 BGB seinen Schadensersatzanspruch kürzen lassen, wenn er die Art der Lagerung für ungeeignet halten muß, aber nichts dagegen

---

[7] §§ 823 ff BGB; BGH v. 7. 6. 1984, VersR **1984** 846, 847; BGH, NJW **1985** 2411.
[8] § 5 AGBG; *Graf von Westphalen* WM **1983** 974, 975; *Wolf* in *Wolf/Horn/Lindacher* AGBG, § 11 Nr. 7, 8; a. A. OLG Hamburg 17. 5. 1984, VersR **1985** 57, 58.
[9] BGH 17. 11. 1980, VersR **1981** 229; NJW **1985** 2411, 2412; OLG Hamburg 17. 5. 1984, VersR **1985** 57, 58.

unternimmt, insbesondere nicht unverzüglich das Gut kurzfristig zurücknimmt (OLG Hamburg, VersR **1984** 1036, 1037). Vgl. auch § 418 1.

9. Verjährung

Siehe § 423 HGB. **14 b**

10. Freizeichnungs- und Beweistlastklauseln der ADSp

Zu den Haftungsausschluß- und -begrenzungsklauseln der **ADSp**, der **Möbellage- 15 rungsbedingungen**, **Hamburger Lagerungsbedingungen**, **Bremer Lagerhaus-Ordnung** sowie **Kaltlagerungsbedingungen** Anh. III—VII zu § 424; ferner § 417 13.

III. Versicherung des Gutes

Gemäß §§ 417, 390 Abs. 2 HGB braucht der Lagerhalter das Gut nicht von sich aus **16** versichern. Er muß Schadensrisiken nur dann durch eine Versicherung abdecken, wenn ihn der Einlagerer dazu angewiesen hat. Eine solche Weisung kann auch konkludent erteilt werden. Die bloße Wertangabe, wie sie bei der Einlagerung von Kostbarkeiten erfolgt, stellt nicht ohne weiteres einen Auftrag zur Versicherung dar (vgl. auch § 35 b ADSp; Anh. III zu § 424). Eine Weisung kann aber darin liegen, daß der Einlagerer zu erkennen gibt, er wolle auf jeden Fall vor Schaden geschützt sein (BGH, VersR **1974** 328). Zur Auswahl der Versicherung *Staub/Koller* HGB[4] § 390 9.

Zur **Versicherung** ist der Lagerhalter nicht ohne weiteres **berechtigt**. Aus § 420 Abs. 1 HGB („Aufwendungen") darf man nicht ableiten, daß der Lagerhalter umfassend als Geschäftsbesorger tätig wird (**a. A.** *Senckpiehl* S. 196; vgl. auch *Sellschopp* S. 45). Der Lagerhalter ist in erster Linie zur Obhut verpflichtet. Im Rahmen der Obhut erforderlich werdende Aufwendungen kann er ohne weiteres tätigen; er kann sie indessen nicht erstattet verlangen. Die Versicherung als solche ist keine Obhutsmaßnahme, sondern eine Nebenleistung. Ob derartige Nebenleistungen zulässigerweise erbracht werden, darf nicht aus § 420 Abs. 1 HGB abgelesen werden, der nur besagt, daß Aufwendungen im Rahmen zulässiger Nebenleistungen zu ersetzen sind. Daraus ergibt sich, daß das „Ob" der Zulässigkeit einer Nebenleistung nicht nach pflichtgemäßem Ermessen des Lagerhalters (vgl. *Koller* BB **1979** 1727), sondern nach Maßgabe der konkreten Parteivereinbarung zu bestimmen ist. Entscheidend ist mithin für die Berechtigung des Lagerhalters, das Gut ohne besondere Weisung zu versichern, der Handelsbrauch bzw. die Verkehrsüblichkeit der Versicherung. Ist die Versicherung üblich und ergibt sich aus dem Vertrag nichts Gegenteiliges, so darf der Lagerhalter versichern, muß es aber nicht tun (*Sellschopp* S. 65 f).

Zur Regelung der Versicherung in §§ 35, 39 **ADSp** siehe Anh. III zu § 424; in § 16 **Möbellagerungsbedingungen** (Anh. IV zu § 424); in § 19 **Hamburger Lagerungsbedingungen** siehe Anh. V zu § 424; in §§ 64 ff **Bremer Lagerhaus-Ordnung** Anh. VI zu § 424 und in Nr. 14 **Kaltlagerungs-Bedingungen** siehe Anh. VII zu § 424.

IV. Veränderungen am Gut

§ 417 Abs. 2 HGB verpflichtet den Lagerhalter, dem Einlagerer anzuzeigen, daß an **17** dem eingelagerten Gut Veränderungen aufgetreten sind, die dessen Entwertung befürchten lassen. Die Güter sind dem Lagerhalter zur Obhut übergeben. Da der Lagerhalter regelmäßig nicht über ausreichende Warenkenntnis verfügt, ist er grundsätzlich nicht verpflichtet, das Gut in irgendeiner Weise zu behandeln, z. B. zu trocknen, von

Ungeziefer zu befreien (*Senckpiehl* S. 81 ff; § 416 24). Ausnahmen können sich aus besonderen, auch konkludent getroffenen Vereinbarungen, den Umständen oder aus dem Handelsbrauch ergeben (§ 416 30). Der Umstand, daß der Lagerhalter grundsätzlich nicht gehalten ist, in einer besondere Warenkenntnis verlangenden Weise Veränderungen zu beseitigen, die an dem Gut bereits eingetreten sind, schließt nicht aus, daß er das Gut laufend mit zumutbaren Mitteln daraufhin zu untersuchen hat, ob solche Veränderungen bemerkbar sind. Er darf sich also nicht darauf beschränken, im Rahmen der Überwachung seiner Obhutsmaßnahmen Schäden zu notieren. Auch wenn der Lagerhalter über keine spezialisierten Warenkenntnisse verfügt, so besitzt er doch in aller Regel ausreichende Informationen, um nachteilige Veränderungen an dem Gut erkennen zu können. Er wird durch die Pflicht zur aktiven Kontrolle, die ohnehin nur mit zumutbarem Aufwand erfolgen muß, nicht über Gebühr belastet, da die Kontrollmaßnahmen auf äußerliche Stichproben beschränkt werden können (a. A. *Sellschopp* S. 49 f). So muß z. B. ein Getreidelagerhaus Getreideproben entnehmen. Eingelagerte Gegenstände, bei denen die Möglichkeit besteht, daß sie schimmeln oder faulen, müssen gegebenenfalls zur Seite gerückt werden, wenn sie anders nicht kontrolliert werden können. Die abweichende Entscheidung des BGH [10] ist nur unter Berücksichtigung der Kriegsverhältnisse verständlich (*Sellschopp* S. 130). Behältnisse, in denen der Einlagerer das Gut angeliefert hatte, braucht der Lagerhalter nicht zu öffnen (*Schlegelberger/Schröder* HGB [5] § 417 11). Eine „Veränderung" des Gutes kann auch aus der Beschlagnahme des Gutes drohen (OGH, NJW **1949** 504; *Schlegelberger/Schröder* HGB [5] § 417 11).

Hat der Lagerhalter drohende Schäden entdeckt, so braucht er sie mangels besonderer Vereinbarung oder eines Handelsbrauches nicht zu beseitigen oder einzudämmen; denn dies setzt besondere Warenkenntnis voraus, über die der Lagerhalter im allgemeinen nicht verfügt. Er hat dem Einlagerer lediglich ohne schuldhaftes Zögern (§ 121 BGB) die Veränderung anzuzeigen. Unterläßt er die Anzeige oder sendet er die Anzeige verspätet ab, so ist er für den Schaden verantwortlich, der daraus resultiert, daß der Einlagerer nicht rechtzeitig eingreifen konnte (§ 417 Abs. 2 S. 2 HGB).

Beachte § 16 ADSp.

Ist das Gut **gänzlich zerstört** worden oder ist es **verloren**gegangen, so greift zwar § 417 Abs. 2 HGB seinem Wortlaut zufolge nicht ein. Die ratio legis des § 417 Abs. 2 HGB, die darin liegt, den Einlagerer instand zu setzen, alsbald schadensmindernde Dispositionen zu treffen, paßt indessen auch dort, wo das Gut völlig untergegangen ist, der Einlagerer aber noch auf dessen Fortbestand vertraut. § 417 Abs. 2 HGB ist deshalb in solchen Konstellationen analog anzuwenden (ebenso i. E. *Schlegelberger/Schröder* HGB [5] § 417 14).

C. Rechte des Lagerhalters zum Selbsthilfeverkauf

18 Gemäß § 417 Abs. 1 HGB in Verbindung mit den §§ 388 Abs. 2, 373 HGB ist der Lagerhalter berechtigt, das Gut, dessen Entwertung infolge von Substanzveränderungen zu besorgen ist, nach Maßgabe der Vorschriften über den Selbsthilfeverkauf zu veräußern, falls der Einlagerer nicht rechtzeitig Weisungen gibt oder geben kann. Unter Umständen ist der Lagerhalter sogar verpflichtet, zum Selbsthilfeverkauf zu schreiten (*Schlegelberger/Schröder* HGB [5] § 417 12). Näher dazu *Staub/Koller* HGB [4] § 388 HGB 11 ff.

---

[10] LM Nr. 1 zu § 417 HGB; zustimmend *Schlegelberger/Schröder* HGB [5], § 417 11.

§ 5 c **ADSp** (Anh. III zu § 424) gewährt ein Recht zum Selbsthilfeverkauf, falls Güter eingelagert werden, die Nachteile für andere Güter, sonstige Gegenstände, Tiere oder Personen zur Folge haben können, oder die schnellem Verderben oder Fäulnis ausgesetzt sind. Beachte ferner § 80 **Bremer Lagerhaus-Ordnung** (Anh. VI zu § 424), Nr. 4 **Kaltlagerungs-Bedingungen** (Anh. VII zu § 424), weitergehend § 23 **Hamburger Lagerungsbedingungen** (Anh. V zu § 424 (Vernichtungsrecht)), § 14 **Möbellagerungsbedingungen** (Anh. IV zu § 424).

§ 418

Der Lagerhalter hat dem Einlagerer die Besichtigung des Gutes, die Entnahme von Proben und die zur Erhaltung des Gutes notwendigen Handlungen während der Geschäftsstunden zu gestatten.

Übersicht

	Rdn.		Rdn.
A. Vorbemerkung	1	V. Zurückbehaltungsrecht	6
B. Ansprüche nach Abschluß des Lagervertrages	2	VI. Vergütung	7
I. Besichtigungsrecht	2	VII. Haftung des Lagerhalters	8
II. Entnahme von Proben	3	VIII. Haftung des Einlagerers	9
III. Erhaltungsmaßnahmen	4	C. Ansprüche bei Fehlen eines Lagervertrages	10
IV. Anspruch auf Auskunft	5		

Schrifttum: siehe Angaben zu § 416 HGB.

A. Vorbemerkung

Der Lagerhalter hat nicht die genaue Warenkenntnis, über die der Einlagerer verfügt, der regelmäßig zum Kreis der Produzenten, Händler oder Verbraucher gehört. Deshalb erfolgt die Lagerung normalerweise nach Durchschnittsstandards. Auch Kontrollmaßnahmen braucht der Lagerhalter lediglich mit der Sorgfalt eines ordentlichen Lagerhalters, der über oberflächliche Warenkenntnis verfügt, durchzuführen. Ferner hat der Lagerhalter nur Einfluß auf die Lagerbedingungen zu nehmen, nicht ohne weiteres aber auf das Gut selbst, da letzteres exakte Warenkenntnisse voraussetzen würde, die vom Lagerhalter nicht erwartet werden können (§ 416 30; § 417 31). Da somit die Lagerung nicht exakt auf die Eigenschaften des Guts zugeschnitten ist, ist die Gefahr nicht von der Hand zu weisen, daß das Gut hierdurch Schaden erleidet. Um die Erhaltung des Gutes besser zu gewährleisten, räumt deshalb § 418 HGB dem Einlagerer ein **Besichtigungs- und Kontrollrecht** sowie die **Befugnis** ein, Konservierungsmaßnahmen zu treffen. § 418 HGB dient darüber hinaus dem Zweck, dem Einlagerer Gelegenheit zu verschaffen, im Rahmen von Verkaufs- oder Kreditverhandlungen die Güter Dritten zu zeigen, um diese von deren Qualität zu überzeugen. § 418 HGB statuiert ein Recht des Einlagerers. Aus ihm kann nicht der Einwand des **Mitverschuldens** hergeleitet werden, wenn der Lagerhalter seine Sorgfaltsstandards verletzt (*Baumbach/Duden/Hopt* HGB[26] § 418 1); denn der Einlagerer kann ohne besondere Anhaltspunkte davon ausgehen, daß der Lagerhalter für das Gut im verkehrserforderlichen Ausmaß sorgt. **1**

§ 418 HGB statuiert eine **Kardinalpflicht** des Lagerhalters. Sie kann durch Individualvereinbarung eingeschränkt oder auch ganz ausgeschlossen werden (**a. A.** *Schlegelber-*

§ 418 Drittes Buch. Handelsgeschäfte

ger/Schröder HGB[5] § 418 1), es sei denn, der Ausschluß der Rechte aus § 418 HGB stellt einen Monopolmißbrauch dar (§§ 826 BGB, 22 GWB). Ein Mißbrauch ist dort, wo der Lagerhalter über die gleiche Warenkenntnis wie der Einlagerer verfügt und Erhaltungsmaßnahmen übernommen hat, regelmäßig zu verneinen. Durch AGB kann das Besichtigungs- und Kontrollrecht sowie die Befugnis zur Vornahme von Erhaltungsmaßnahmen nur unter der erschwerten Bedingung beschnitten werden, daß sich die AGB in der Zone der Angemessenheit (§ 9 AGBG) halten. Für die Zulässigkeit eines totalen Ausschlusses ist etwa zu fordern, daß die Besichtigung der Güter besonders große und schwer kalkulierbare Aufwendungen oder Risiken verursacht und daß dem Einlagerer das Substanzrisiko weitgehend abgenommen wird.

Der dem § 418 HGB entspringende Anspruch geht primär auf Duldung des Lagerhalters und in begrenztem Umfang auf Handlungen (*Senckpiehl* S. 120 f).

B. Ansprüche nach Abschluß des Lagervertrages
I. Besichtigungsrecht

2   Der Lagerhalter hat dem Einlagerer die Besichtigung des Gutes zu gestatten. Der Anspruch auf Besichtigung entsteht mit Abschluß des Lagervertrages. **Vor Abschluß des Lagervertrages** kann der Einlagerer die Besichtigung des Lagers dadurch durchsetzen, daß er den Vertrag erst nach Besichtigung eingeht. Befindet sich die Ware bereits in dem Besitz des Lagerhalters, so muß der Verfügungsberechtigte das Gut herausverlangen, wenn ihm der Lagerhalter die Besichtigung nicht gestattet. Ein Anspruch auf Besichtigung und Ermöglichung von Erhaltungsmaßnahmen kann vor Zustandekommen des Lagervertrages allerdings der allgemeinen Pflicht des Lagerhalters aus c. i. c., GoA oder § 989 BGB entspringen, die Beschädigung des Gutes zu verhindern. **Einlagerer** in diesem Sinne ist der Vertragspartner des Lagerhalters oder derjenige, an den die Herausgabeansprüche abgetreten worden sind, bzw. dort, wo ein Lagerschein ausgestellt ist, der Inhaber des Lagerscheins oder derjenige, den der Lagerschein als Berechtigten ausweist (*Krien/Glöckner* Speditions- und Lagerrecht § 44 ADSp 2b). Der Anspruch aus § 418 HGB muß nicht persönlich ausgeübt werden. Der Einlagerer oder sein Rechtsnachfolger kann auch Dritte, bei Lagerung in fremden Räumen Auftraggeber des Lagerhalters zur Besichtigung, Probenentnahme und Erhaltungsmaßnahmen ermächtigen (§ 362 Abs. 2 BGB). Die Dritten müssen ihre Ermächtigung nachweisen; dies kann in jeder Form geschehen. Der Einlagerer kann sich auch von seinen Leuten und/oder potentiellen Käufern begleiten lassen.[1] Zum Zweck der Besichtigung hat der Lagerhalter dem Einlagerer den Zutritt zu den Lagerräumen zu erlauben. Er braucht das Gut aber nicht von seinem Lagerplatz zu entfernen, um es dem Einlagerer vorzuweisen, sondern dem Einlagerer nur den exakten Lagerort zu zeigen, um die Voraussetzungen für eine Besichtigung am Lagerort zu schaffen. Der Lagerhalter ist nicht verpflichtet, seine Lagerräume zu Kaufverhandlungen zur Verfügung zu stellen.

Das Besichtigungsrecht erfährt ohne entsprechende Vereinbarung nicht dadurch eine Einschränkung, daß der Lagerhalter mit zumutbaren Mitteln die Erhaltung des Gutes übernommen hat; denn es bleibt Sache des Einlagerers zu entscheiden, ob er Gefahren mit einem höheren Aufwand unterbinden will (*Krien/Glöckner* Speditions- und Lagerrecht § 45 ADSp 4c). Dazu und zur Kontrolle der Lagerbedingungen bedarf der Einlagerer des Besichtigungsrechts.

---

[1] *Hald/Widmann* ADSp[3] S. 144; *Krien/Glöckner* Speditions- und Lagerrecht, § 44 ADSp 6; *Schle-gelberger/Schröder* HGB[5], § 418 2; *Senckpiehl* S. 122.

Dem Recht zur Besichtigung sind durch § 418 HGB **Schranken** gezogen. Es besteht zunächt nur während der Geschäftsstunden. Die Geschäftsstunden sind objektiv, d. h. nach der am Ort der Lagerung im Lagereigewerbe üblichen Geschäftszeit, zu bestimmen.[2] Bei Gefahr in Verzug muß der Lagerhalter auch außerhalb der Geschäftsstunden den Zutritt erlauben. Der Einlagerer muß sich nach **Treu und Glauben** weitere Schranken seines Besichtigungsrechts gefallen lassen. Er darf es nicht so ausüben, daß der ordnungsgemäße Lagerbetrieb unzumutbar gestört wird, z. B. durch ständige oder lange dauernde Besichtigungen, die einen wesentlichen Teil des Lagerhauses blockieren. Drohen dem Gut konkrete Schäden, so muß der Lagerhalter eine zumutbare Blockade des Lagerbetriebs hinnehmen. Der Einlagerer hat ferner die Sicherheitseinrichtungen zu beachten. Besteht Gefahr, daß der Einlagerer oder von ihm ermächtigte Personen die Sicherheitsvorschriften nicht befolgen, so kann der Lagerhalter den Zutritt verweigern (Zurückbehaltungsrecht) und unter Umständen den Lagervertrag außerordentlich kündigen. Andererseits steht dem Einlagerer, dem rechtswidrig der Zutritt verweigert wird, in Hinblick auf seine Pflicht, die Lagerkosten zu zahlen, ebenfalls ein Zurückbehaltungsrecht zu.

Zur Einschränkung des Besichtigungsrechts durch die ADSp und andere AGB Anh. III—VII zu § 424.

II. Entnahme von Proben

Proben im Sinne des § 418 HGB sind kleine Mengen des eingelagerten Gutes, die **3** dazu geeignet sind, die Qualität des Gutes zu überprüfen. Sie darf der Einlagerer jederzeit entnehmen, ohne daß ihm der Lagerhalter sein Pfandrecht entgegenhalten darf.[3] Zur Prüfung der Proben braucht der Lagerhalter seine Räume nicht zur Verfügung zu stellen. Er ist auch nicht verpflichtet beim Probenziehen mitzuwirken, insbesondere das Gut zu bewegen. Soll der Lagerhalter die Proben ziehen, so bedarf dies grundsätzlich einer besonderen Vereinbarung (§ 418 7, 11). Das Recht zur Probenentnahme steht im übrigen unter den gleichen Schranken wie das Besichtigungsrecht.

Zur Regelung der Probenentnahme nach ADSp und anderen AGB Anh. III—VII zu § 424.

III. Erhaltungsmaßnahmen

Der Einlagerer ist befugt, in den Lagerräumen Maßnahmen zu treffen, die der Er- **4** haltung des Gutes dienen. Die Maßnahmen dürfen hingegen nicht die Werterhöhung des Gutes durch Verarbeitung, Verpackung, Sortierung bezwecken. Der Lagerhalter ist nicht verpflichtet, bei den Erhaltungsmaßnahmen mitzuwirken; er muß sie nur ermöglichen.

Die Maßnahmen müssen sich unmittelbar auf die Substanz des Gutes beziehen, nicht auf die Lagerbedingungen. Letztere zu regeln, ist allein Sache des Lagerhalters. Insoweit hat der Einlagerer nur unter den Voraussetzungen der §§ 228 f BGB ein Recht zur Selbsthilfe. Der Einlagerer ist daher insbesondere nicht berechtigt, das Gut umzulagern. Zu den sonstigen Schranken der Befugnis zu Erhaltungsmaßnahmen, insbesondere zur Einhaltung der Geschäftsstunden des Lagerhalters, siehe § 418 2.

---

[2] *Senckpiehl* S. 122; *Schlegelberger/Schröder* HGB5, § 418 2; *Krien/Glöckner* Speditions- und Lagerrecht, § 44 ADSp 3 a; RGRKz HGB-*Ratz* 2 § 418 2.

[3] *Schlegelberger/Schröder* HGB5, § 418 3; *Krien/Glöckner* Speditions und Lagerrecht, § 45 ADSp 4 e stellt auf das übliche Maß an Proben an.

IV. Anspruch auf Auskunft

5 Die §§ 417, 418 HGB gründen auf der Vorstellung, daß es grundsätzlich Sache des Einlagerers ist, sich über den Zustand des Gutes zu informieren, wenn er derartige Informationen benötigt, und daß den Lagerhalter nur bei Gefahr in Verzug eine Anzeigepflicht trifft. Diese Regelung bedarf der Modifikation. In Fällen, in denen sich der Einlagerer weit entfernt vom Lagerort befindet, wird man den Lagerhalter für verpflichtet ansehen müssen, Proben zu ziehen und über den Zustand des Gutes Auskunft zu geben, falls dies ohne Schwierigkeiten möglich ist und sich der Lagerhalter zu derartigen Handlungen üblicherweise bereiterklärt (weiter: *Schlegelberger/Schröder* HGB[5] § 418 7). Der Lagerhalter darf hierfür eine besondere Vergütung fordern (§ 354 Abs. 1 HGB).

V. Zurückbehaltungsrecht

6 Der Lagerhalter kann dem Anspruch aus § 418 HGB grundsätzlich kein Zurückbehaltungsrecht entgegensetzen, weil dies die Sicherheit des Gutes gefährden würde. Außerdem soll § 418 HGB dem Einlagerer trotz der Einlagerung eine laufende Fortführung seiner Geschäfte ermöglichen. Damit ist ein Zurückbehaltungsrecht unvereinbar. Falls freilich die naheliegende Gefahr besteht, daß der Einlagerer im Rahmen der Besichtigung die Sicherheitsvorschriften mißachtet, so kann der Lagerhalter das Betreten des Lagers verweigern (§ 418 2; *Senckpiehl* S. 125; *Krien/Glöckner* Speditions- und Lagerrecht, § 44 ADSp 5).

VI. Vergütung

7 Eine besondere Vergütung darf der **Lagerhalter** nach dispositivem Recht weder dafür fordern, daß er dem Einlagerer den Zutritt zu seinen Gütern gestattet, noch dafür, daß er ihn ermöglicht.[4] Einen Anspruch auf besondere Vergütung besitzt der Lagerhalter jedoch dort, wo bei der Probenentnahme bzw. Erhaltungsmaßnahmen seine Leute eingesetzt wurden, oder wo er die wertverbessernde Bearbeitung des Gutes in seinen Räumen gestattet hatte (§ 354 HGB). Der **Einlagerer** darf das Lagergeld mindern, wenn der Lagerhalter seinen Verpflichtungen nicht nachkommt.

VII. Haftung des Lagerhalters

8 Verletzt der Lagerhalter seine Verpflichtungen aus § 418 HGB, so hat der Lagerhalter dem Einlagerer den hieraus entspringenden Schaden zu ersetzen. Die Schadensersatzpflicht hängt nicht davon ab, daß der Einlagerer den Lagerhalter zuvor durch Mahnung in Verzug gesetzt hat (a. A. *Senckpiehl* pFV, S. 124); denn § 418 HGB statuiert zugunsten des Einlagerers eine Schutzpflicht, deren Verletzung nach den Regeln der positiven Forderungsverletzung zu behandeln ist (so i. E. auch *Schlegelberger/Schröder* HGB[5] § 418 6). Ein Rücktrittsrecht gemäß § 326 BGB kann aus einer Verletzung der Ansprüche gemäß § 418 HGB nicht hergeleitet werden. Der Einlagerer hat aber das Recht, fristlos zu kündigen.

VIII. Haftung des Einlagerers

9 Überschreitet der Einlagerer seine Befugnisse oder schädigt er den Lagerhalter anläßlich der Besichtigung des Gutes etc., so ist er nach den Grundsätzen der positiven

---

[4] *Senckpiehl* S. 120; a. A. *Krien/Glöckner* Speditions- und Lagerrecht, § 44 ADSp 3 e, weil dies Teil der Leistungen des Lagerhalters ist.

Forderungsverletzung und der §§ 823 ff BGB schadensersatzpflichtig. Für seine Angestellten haftet der Einlagerer gemäß § 278, 831 BGB (a. A. *Krien/Glöckner* Speditions- und Lagerrecht, § 46 ADSp 3 b m. Nachw.). Gleiches gilt für potentielle Käufer, die der Einlagerer zur Besichtigung mitgebracht hat.[5] Soweit Angestellte des Lagerhalters durch den Einlagerer oder seine Leute geschädigt werden, entfaltet der Lagervertrag Schutzwirkungen zugunsten Dritter. Dritte Einlagerer, die geschädigt werden, können nur nach Maßgabe der deliktsrechtlichen Schadensersatzvorschriften vorgehen, da der Kreis der „anderen Einlagerer" unübersehbar ist und der Lagerhalter auch kein eigenes, dringendes Interesse daran hat, daß der Schutz dieses Personenkreises gewährleistet ist.

Zum Einfluß der ADSp Anh. III zu § 424. Zur Haftung des Einlagerers gemäß § 9 Nr. 2 **Hamburger Lagerungsbedingungen** Anh. V zu § 424, zu Nr. 19 **Kaltlagerungs-Bedingungen** Anh. VII zu § 424.

C. Ansprüche bei Fehlen eines Lagervertrages

Ist ein Lagervertrag (noch) nicht wirksam zustandegekommen, so stellt es eine Verletzung der dem Lagerhalter nach Treu und Glauben obliegenden Schutzpflichten dar, die ihn zum Schadensersatz nach den Grundsätzen der c. i. c. und der positiven Forderungsverletzung verpflichtet, wenn er dem Einlagerer keinen Zutritt zum Lager gewährt, um diesem die Verhütung von Schäden zu ermöglichen (weiter *Schlegelberger/ Schröder* HGB[5] § 418 1). Außerdem haftet der Lagerhalter dem Eigentümer gemäß § 989 ff BGB, falls wegen Nichtigkeit des Vertrages ein Herausgabeanspruch gemäß § 985 BGB entstanden war.[6] Beachte, daß keine Vindikationslage gegeben ist, wenn der Lagerhalter das Gut vorläufig im Rahmen einer berechtigten Geschäftsführung ohne Auftrag entgegengenommen hatte oder sich der Eigentümer in Annahmeverzug befindet. Befindet sich der vom Eigentümer verschiedene Einlagerer im Gläubigerverzug, so gilt gleiches, da Eigentümer und Einlagerer im Zweifel Gesamtgläubiger im Sinn von § 432 BGB sind. Hingegen braucht der Lagerhalter z. B. nicht die Entnahme von Proben im Zusammenhang mit Kaufverhandlungen zu gestatten; der Einlagerer mag sein Gut sogleich zurücknehmen.

§ 419

(1) Im Falle der Lagerung vertretbarer Sachen ist der Lagerhalter zu ihrer Vermischung mit anderen Sachen von gleicher Art und Güte nur befugt, wenn ihm dies ausdrücklich gestattet ist.

(2) Der Lagerhalter erwirbt auch in diesem Falle nicht das Eigentum des Gutes; aus dem durch die Vermischung entstandenen Gesamtvorrates kann er jedem Einlagerer den ihm gebührenden Anteil ausliefern, ohne daß er hierzu der Genehmigung der übrigen Beteiligten bedarf.

(3) Ist das Gut in der Art hinterlegt, daß das Eigentum auf den Lagerhalter übergehen und dieser verpflichtet sein soll, Sachen von gleicher Art, Güte und Menge zurückzugewähren, so finden die Vorschriften dieses Abschnitts keine Anwendung.

---

[5] *Schlegelberger/Schröder* HGB[5], § 418 1; vgl. auch *Erman/Schopp* BGB[7], § 548 3 „Gast des Mieters".
[6] BGH, LM 10 zu § 987 BGB; *Staudinger/Gursky* BGB[11], vor § 987 – 993 13 m. Nachw. zum Streitstand.

§ 419

Übersicht

	Rdn.		Rdn.
A. Vorbemerkung	1	3. Verfügungen über den Anteil	10
B. Die Zulässigkeit der Sammellagerung	2	4. Früchte	11
I. Lagerung vertretbarer Sachen	3	5. Verwaltung des Miteigentums	12
1. Vermischung mit Sachen von gleicher Art und Güte	3	6. Auflösung der Gemeinschaft — Teilung	13
2. Vermischung mit Sachen von anderer Art oder Güte	4	7. Verteilung von Verlusten	14
		D. Rechtsbeziehungen zwischen Einlagerern und Lagerhalter	15
II. Lagerung unvertretbarer Sachen	5	I. Verwaltung des Sammelbestandes	15
III. Sammellagerung bei Ausstellung von Orderlagerscheinen	6	II. Auslieferung des Gutes	16
IV. Ansprüche des Einlagerers bei unberechtigter Sammellagerung	7	1. Befugnis des Lagerhalters zur Auslieferung	16
C. Die Rechtsbeziehungen zwischen den Einlagerern	7	2. Pflicht zur Auslieferung	18
I. Sammellagerung nach HGB	8	E. Beziehung des Einlagerers zu Dritten	19
1. Dingliche Lage	8	F. Besonderheiten bei der Ausstellung von Orderlagerscheinen	20
2. Besitzlage	9	G. Unregelmäßige Lagerung (§ 419 Abs. 3 HGB)	21

Schrifttum: siehe Angaben zu § 416 HGB.

A. Vorbemerkung

1   § 419 HGB trifft Regelungen für die Sammelverwahrung. Sie werden bei Ausstellung eines Orderlagerscheines durch die §§ 23, 28 ff OLSchVO (abgedr. Anh. I zu § 424) ergänzt. Unter Sammellagerung wird hier im Unterschied zur OLSchVO, die zwischen Mischlagerung (§ 23) und Sammellagerung (§ 28) unterscheidet, ganz allgemein die Lagerung in der Form verstanden, daß die von verschiedenen Einlagerern eingelieferten Güter vermischt und als einheitlicher Bestand gelagert werden. Diese Art der Lagerung ist besonders kostengünstig, da sie die Trennung der einzelnen Güter durch Säcke, Kisten, getrennte Räume entbehrlich macht und es nicht nur ermöglicht, die Güter in Großräumen zu lagern, sondern auch Transportvorrichtungen rationeller einzusetzen.

    Durch die Sammellagerung wird nach h. M. eine Miteigentumsgemeinschaft aller an der Sammellagerung beteiligten Einlagerer begründet.[1] *Schulze-Osterloh* (Das Prinzip der gesamthänderischen Bindung (1971) S. 150 ff) steht demgegenüber auf dem Standpunkt, die Sammellagerung führe zur Entstehung gesamthänderisch gebundenen Eigentums, weil nicht über den Anteil an einzelnen eingelagerten Sachen, sondern nur über den Anteil am Gesamtvorrat verfügt werden könne. Dies ist im Ergebnis richtig (§ 419 13). Gleichwohl darf die Regelung der §§ 948, 947 BGB, deren Anwendbarkeit der Gesetzgeber in §§ 23 Abs. 2, 30 Abs. 2 OLSchVO bestätigt hat, nicht einfach mit dem Argument beiseite geschoben werden, Vorstellungen des Gesetzgebers über die juristische Konstruktion seien ohne entscheidende Bedeutung. Wie nämlich *Canaris* (Großkommentar HGB[3] Bd. III/3 (2. Bearb.) Rdn. 2116) im Rahmen der parallel gelagerten Problematik der Sammelverwahrung nach §§ 5 ff DepG hervorgehoben hat, ist der Gesetzgeber bei der Ausformung der Sammelverwahrung davon ausgegangen, bin-

---

[1] *Senckpiehl* S. 177 ff; *Schlegelberger/Schröder* HGB[5], § 419 7; RGRKz HGB-*Ratz*[2], § 419 3; *Heymann/Kötter* HGB[4], § 419 1; *Baumbach/Duden/Hopt* HGB[26], § 419 2 unter Berufung auf die §§ 948, 947 BGB sowie auf die §§ 23 Abs. 2, 30 Abs. 2 OLSchVO.

dende Rechtsfolgenverweisungen aufzustellen. Gleiches gilt im Bereich der Sammellagerung.

B. Die Zulässigkeit der Sammellagerung

An sich steht es den Parteien nach allgemeinen schuldrechtlichen und sachenrechtlichen Grundsätzen unbeschränkt offen, dem Lagerhalter zu gestatten, das eingelagerte Gut vermischt mit anderen Gütern zu verwahren. § 419 Abs. 1 HGB schränkt die Möglichkeit einer solchen Vereinbarung durch die Statuierung eines Formerfordernisses ein. Insoweit enthält § 419 Abs. 1 HGB kein dispositives Recht, da § 419 Abs. 1 HGB nicht nur Beweis-, sondern auch Warnzwecke verfolgt. **2**

I. Lagerung vertretbarer Sachen
1. Vermischung mit Sachen von gleicher Art und Güte

Vertretbare Sachen sind gemäß § 91 BGB dadurch gekennzeichnet, daß sie nach **3** den Anschauungen des Verkehrs nach Zahl, Maß oder Gewicht näher bestimmt zu werden pflegen. Eine Sammellagerung dieser Sachen mit anderen Sachen gleicher Art und Güte bietet sich besonders an, weil die Sachen ohne Qualitäts- und Wertverluste leicht vermischt und wieder getrennt werden können.

Zu einer Vermischung im Rahmen der Sammellagerung ist der Lagerhalter jedoch nur befugt, falls ihm der Einlagerer die Vermischung **ausdrücklich gestattet** hatte. Die Erlaubnis muß mithin vor der Vermischung erteilt werden und darf nicht stillschweigend geschehen. „Ausdrücklich" bedeutet nicht, daß Schriftform gewahrt sein müßte. Es genügt jede mündliche Erklärung, selbst wenn sie in geringem Umfang auslegungsbedürftig sein sollte. Die Gestattung der Sammelverwahrung muß nicht von Fall zu Fall erfolgen. Sie kann ein für allemal, auch im Rahmen von allgemeinen Geschäftsbedingungen, erklärt werden.[2] Die Erlaubnis zur Sammelverwahrung hat von dem Einlagerer auszugehen. Dort, wo der Einlagerer fremdes Gut einlagert, wird man den Lagerhalter nur dann als zur Sammellagerung befugt ansehen dürfen, wenn er in Hinblick auf das Eigentum des Einlagerers oder auf dessen Verfügungsermächtigung gutgläubig war.[3] Die Zustimmung zur Sammellagerung muß von jedem der Einlagerer erklärt worden sein, dessen Gut mit den Sachen der anderen vermischt werden soll. Hat der Einlagerer den Lagerhalter angewiesen, einen Teil des eingelagerten Guts zugunsten eines Dritten „freizustellen" (§ 416 45) und weist der Dritte den Lagerhalter an, das Gut für ihn zu lagern, so kann der Dritte erst nach Aussonderung Eigentümer werden. Eine Sammellagerung wird durch die Weisung nur begründet, wenn Einlagerer und Dritter ausdrücklich Sammellagerung gewünscht haben (OLG Frankfurt, DB **1981** 636). Der Lagerhalter kann auch sein eigenes Gut in die Sammellagerung einbeziehen.

Die nach der Vermischung erteilte Genehmigung zur Sammellagerung gibt dem Lagerhalter nicht mit ex tunc-Wirkung die Befugnis zur Sammellagerung. Neben der Gestattung der Sammellagerung für die Zukunft wird sie aber in aller Regel den Erlaß der Ersatzansprüche enthalten, die der unbefugten Sammellagerung entspringen. Eine Ausnahme wird man für den Fall machen müssen, daß der Lagerhalter die Sachen des Einlagerers unbefugt mit Sachen anderer Art oder Güte vermischt hatte.

---

[2] *Schlegelberger/Schröder* HGB5, § 419 4; *Heymann/Kötter* HGB4, § 419 1.
[3] Wertung des § 366 HGB; *Schlegelberger/Schröder* HGB5, § 419 4: nur Kenntnis des Lagerhalters schadet; enger *Heymann/Kötter* HGB4, § 419 1: bereits fahrlässige Unkenntnis schadet.

2. Vermischung mit Sachen von anderer Art oder Güte

4 § 419 Abs. 1 HGB stellt das Formerfordernis der ausdrücklichen Gestattung nur für die Vermischung mit anderen Sachen „von gleicher Art und Güte" auf. Daraus könnte man ableiten, daß eine Sammellagerung unbeschränkt zulässig sei, wenn die Güter mit Sachen vermengt werden sollen, die von anderer Art oder anderer Qualität sind. Diese Schlußfolgerung widerspricht der Funktion des § 419 Abs. 1 HGB (§ 419 2). Bei der Sammellagerung ungleichartiger Güter sind die aus der Vermischung resultierenden Risiken erheblich höher, so daß erst recht eine ausdrückliche Gestattung seitens des Einlagerers zu fordern ist (*Heymann/Kötter* HGB[4] § 419 1). Andererseits ginge es zu weit, aus der Formulierung des § 419 Abs. 1 HGB zu folgern, kraft zwingenden Rechts sei eine Sammellagerung nur zulässig, wenn gleichartige Sachen vermischt werden sollen. Für eine derartige Einschränkung der Privatautonomie lassen sich keinerlei überragende Interessen der Allgemeinheit anführen.

II. Lagerung unvertretbarer Sachen

5 Hier wird es praktisch kaum jemals zur Sammelverwahrung kommen. Vom Standpunkt der Rechtsordnung steht dieser Form der Sammellagerung (z. B. nur gattungsmäßig bezeichneter Güter) kein Hindernis im Wege. Der Lagerhalter muß sich von den jeweiligen Einlagerern die ausdrückliche Zustimmung dafür einholen, die vom Einlagerer eingelieferten Güter mit anderen unvertretbaren und nur gattungsmäßig bezeichneten Sachen vermischen zu dürfen.

III. Sammellagerung bei Ausstellung von Orderlagerscheinen

6 §§ 23, 28 ff OLSchVO (Anh. I zu § 424) regeln zwei Formen der Sammellagerung, falls Orderlagerscheine ausgestellt werden sollen. § 23 OLSchVO konkretisiert § 419 HGB und stellt klar, daß bei einer Mischlagerung Miteigentum entsteht. Dort, wo Güter eingelagert werden sollen, für die Handelsklassen gesetzlich eingeführt oder allgemein anerkannt sind, können die Parteien vereinbaren, daß die besonderen Regeln über die Sammellagerung (im engeren Sinn) der OLSchVO (§§ 28 ff OLSchVO) gelten sollen. Die Vereinbarung muß in Analogie zu § 23 OLSchVO ausdrücklich getroffen werden. Ist eine derartige Abrede erfolgt, so ist der Lagerhalter nicht darauf beschränkt, das Gut mit anderen Sachen gleicher Art und Qualität zu vermischen. Er darf es auch mit Lagergut derselben Handelsklasse und Gütegruppe vermengen.

IV. Ansprüche des Einlagerers bei unberechtigter Sammellagerung

7 Lagert der Lagerhalter das Gut ohne Einverständnis des Einlagerers in Form der Sammellagerung, so kann Miteigentum dadurch entstehen, daß die Güter untrennbar miteinander vermischt werden (§§ 948, 947 BGB). Diese dingliche Rechtsfolge tritt unabhängig davon ein, ob die vermischten Sachen gleichwertig oder gleichartig sind (z. B. Vermischung von Getreide verschiedener Sorten). Zur Untrennbarkeit kann es auch bei der Vermischung unvertretbarer Sachen kommen (**a. A.** wohl *Schlegelberger/Schröder* HGB[5] § 419 6). Für den Verlust des Alleineigentums muß der Lagerhalter voll einstehen, wenn ihm ein Verschuldensvorwurf gemacht werden kann. Er haftet dann wegen Verlust des Gutes nach Lagerrecht (§§ 417, 390 HGB) und nach Deliktsrecht (§§ 823 ff BGB), gegebenenfalls nach § 989 ff BGB. Der Schadensersatzanspruch des Einlagerers geht gemäß § 249 BGB auf Geld oder Naturalrestitution. Im Rahmen der Naturalrestitution ist beim Verlust vertretbarer Sachen grundsätzlich ein Anspruch auf

Lieferung einer gleichartigen Sache gegeben.[4] Fraglich ist es, ob der Lagerhalter diesen Anspruch dadurch erfüllen kann, daß er dem Sammellager eine entsprechende Menge entnimmt. Seinem Wortlaut zufolge ist § 419 Abs. 2 HGB auf die hier behandelte Konstellation nicht anwendbar. Man wird ihn aber aus Gründen der Praktikabilität analog anwenden müssen (**a. A.** wohl *Baumbach/Duden/Hopt* HGB[26] § 419 2 B); denn die Interessen der anderen Einlagerer werden hierdurch nicht tangiert. Gibt der Lagerhalter dem Einlagerer die den eingelieferten Sachen nach Menge, Qualität und Art gleichen Güter zurück oder nimmt er sie auf Sonderlager, so entfällt ein Schaden des Einlagerers. Gleicht der Lagerhalter den Schaden dadurch aus, daß er aus dem Vorrat Waren gleicher Qualität und Quantität bereitstellt, so verstößt es gegen Treu und Glauben, wenn der Einlagerer gemäß § 249 S. 2 BGB Schadensersatz in Geld fordert (**a. A.** im Ergebnis wohl RGRKz HGB-*Ratz*[2] § 419 2). Schadensersatz in Geld hat der Lagerhalter hingegen zu leisten, wenn er die Güter des Einlagerers mit Gütern anderer Art oder Qualität vermischt hatte. Erfüllt der Lagerhalter den Schadensersatzanspruch in Geld, so kann er die Übertragung des Miteigentumsrechtes verlangen (§ 255 BGB analog). Der Lagerhalter hat ferner Schadensersatz in Geld zu leisten, falls der Sammelbestand ohne sein Verschulden ganz oder teilweise zerstört worden ist und er nicht nachweisen kann, daß die Güter des Einlagerers von der Schadensursache auch dann betroffen gewesen wären, wenn er sie gesondert gelagert hätte.

C. Die Rechtsbeziehung zwischen den Einlagerern
I. Sammellagerung nach HGB
1. Dingliche Lage

Gemäß § 419 Abs. 1 HGB ist die normale Sammellagerung dadurch gekennzeichnet, daß die eingelagerten Güter vermischt werden. Die Vermischung begründet Miteigentum der Einlagerer bzw. der von ihnen verschiedenen Eigentümer an dem Sammelbestand, wenn die Trennung faktisch unmöglich ist oder nur mit unverhältnismäßigen Kosten als durchführbar erscheint.[5] Keine Vermischung resultiert demnach aus der bloßen Aufbewahrung gleichartiger Güter im selben Lagerhaus oder in denselben Räumen. Die Sammelbestände müssen auch nicht alle gleichartigen, beim Lagerhalter lagernden Güter erfassen. Es ist durchaus möglich, daß mehrere Sammelbestände gleichartiger Waren gebildet werden.

An die Stelle des Alleineigentums des Einlagerers tritt mit der Vermischung **ohne besonderen Verfügungsakt** unmittelbar kraft Gesetzes das Miteigentum des Einlagerers bzw. desjenigen Eigentümers, dessen Gut der Lagerhalter in den Sammelbestand eingebracht hatte. § 6 DepG, dem zufolge Miteigentum bereits mit dem Eingang der Papiere beim Sammelverwahrer entsteht, ist auf die Sammellagerung nach § 419 HGB nicht analog anwendbar (*Schlegelberger/Schröder* HGB[5] § 419 10).

Miteigentümer werden somit die **Eigentümer,** deren Güter untrennbar vermengt worden sind. § 419 Abs. 2 1. HS HGB stellt klar, daß der Lagerhalter durch die bloße Vermischung weder Eigentümer noch Miteigentümer wird. Der Lagerhalter kann allerdings dadurch Miteigentümer werden, daß er eigene Güter in das Sammellager einbringt.

---

[4] Ablehnend, bezogen auf den Fall der Sammellagerung, *Schlegelberger/Schröder* HGB[5] § 419 4.
[5] §§ 948, 947 BGB; *Schlegelberger/Schröder* HGB[5], § 419 10; *Baumbach/Duden/Hopt* HGB[26], § 419 2A; *Heymann/Kötter* HGB[4], § 419 2; *K. Schmidt* Handelsrecht, § 33 VI 2; **a. A.** RGRKz HGB-*Ratz*[2] § 419 3.

§ 419 Drittes Buch. Handelsgeschäfte

Die Größe der **Miteigentumsanteile** bestimmt sich nach dem Verhältnis der von jedem Einlagerer eingelieferten Güter zur Gesamtmenge. Maßgeblich ist hierbei die reale Gesamtmenge in dem Moment, in dem die neu hinzukommenden Sachen vermischt werden (*Heymann/Kötter* HGB[4] § 419 2). Der Miteigentumsanteil bezieht sich entgegen *Schulze-Osterloh*[6] auf jede einzelne individualisierbare Sache. Freilich spielt diese rechtliche Qualifikation praktisch keine Rolle. Man wird sogar noch einen Schritt weitergehen müssen und die Verfügung über den Anteil an einzelnen Gegenständen nach Sinn und Zweck der Sammellagerung für grundsätzlich ausgeschlossen erachten müssen (*Schulze-Osterloh* S. 153). Relevant werden nur die Anteile an der Summe der eingelagerten Sachen, d. h. die Anteile am Sammelbestand. In der Praxis braucht in aller Regel die Höhe dieser „Anteile" nicht berechnet zu werden; denn in all den Fällen, in denen der Sammelbestand keine Verluste erlitten hat, muß der Einlagerer nicht eine bestimmte Miteigentumsquote angeben, sondern kann einfach Herausgabe „seines Anteils" im Wege der Teilung, d. h. Lieferung derselben Menge und Qualität an Gütern verlangen, wie er sie eingelagert hatte. Bei Verlusten ist die auszuliefernde Menge entsprechend den Miteigentumsanteilen zu kürzen (§ 419 14).

2. Besitzlage

9   Der Lagerhalter ist, falls er selbst lagert, unmittelbarer Besitzer, andernfalls mittelbarer Besitzer. Die Einlagerer sind, solange der Lagerhalter für sie besitzen will, mittelbare Mitbesitzer jeder einzelnen zum Sammelbestand gehörenden Sache und damit mittelbare Mitbesitzer am Gesamtvorrat (§ 866 BGB).

3. Verfügungen über den Anteil

10 Der Miteigentumsanteil (§ 419 8) kann übertragen oder belastet werden. Die Übertragung erfolgt nach Maßgabe der §§ 929 ff BGB. Dabei sind mehrere **Varianten** denkbar: Der Einlagerer, der Miteigentümer geworden ist (§ 419 8), kann seinen Anteil an einen Dritten dadurch übertragen, daß er sich mit ihm über den Eigentumsübergang einigt und ihm seinen primären Herausgabeanspruch (Einräumung des Mitbesitzes zugunsten aller Einlagerer; vgl. *Koller* DB **1972** 1860 f zum Parallelproblem der Sammelverwahrung von Wertpapieren) abtritt (§ 931 BGB). Eine Mitwirkung des Lagerhalters ist bei dieser Form der Eigentumsübertragung nicht erforderlich. Zum anderen kann das Miteigentum dadurch übertragen werden, daß der Einlagerer sich mit dem Dritten über den Eigentumsübergang einigt und der Lagerhalter auf Weisung des Einlagerers seinen Besitzmittlungswillen auf den Erwerber umstellt (§ 929 BGB). Schließlich ist auch eine Eigentumsübertragung nach Maßgabe des § 930 BGB durch Begründung gestuften mittelbaren Mitbesitzes möglich.

Problematisch ist es, inwieweit ein Dritter den Miteigentumsanteil **gutgläubig erwerben** kann, falls der Einlagerer weder Miteigentümer geworden (§ 419 8), noch verfügungsberechtigt ist. Der gutgläubige Erwerb nach Maßgabe der §§ 932 ff BGB, 366 HGB beruht maßgeblich auf dem Gedanken, daß der Besitz den Rechtsschein des Eigentums oder der Verfügungsberechtigung schafft. Schon dem unmittelbaren Mitbesitz fehlt aber eine ausreichende Legitimationskraft für den gutgläubigen Erwerb; denn er bietet keinerlei Anhaltspunkte über die Größe der ideellen Anteile (*Pleyer* Festschrift Werner (**1984**) S. 639, 644, 652 m. w. Nachw.). Gleiches gilt erst recht für den mittelbaren Mitbesitz.[7] Anders als bei der Sammelverwahrung (dazu *Canaris* Großkommen-

---

[6] Gesamthänderische Bindung, aaO, S. 152 f; wohl auch *Schlegelberger/Schröder* HGB[5], § 419 8.
[7] Vgl. *Koller* JZ **1972** 648 ff; ders. DB **1972** 1860;

Münchener Kommentar-*Schmidt* BGB[2], § 747 18; *Palandt/Bassenge* BGB, § 932 1.

tar HGB³ Bd. III/3 (2. Bearb.) Rdn. 2026) läßt sich der Rechtsschein einer bestimmten Miteigentumsquote auch nicht aus einer Buchung in einem Verwahrungsbuch entnehmen. Da in aller Regel die übrigen Miteigentümer an der Übertragung des Anteils nicht beteiligt sein werden (*Koller* JZ **1972** 650), scheidet normalerweise in Hinblick auf die durch Sammellagerung gebildeten Miteigentumsanteile ein gutgläubiger Erwerb vom Nichtberechtigten aus. Der Erwerber erlangt erst dann Eigentum in der Form von Alleineigentum, wenn ihm der Lagerhalter seinen angeblichen „Anteil" gemäß § 419 Abs. 2 HGB in Form individualisierter Sachen ausliefert und der Erwerber ohne grobe Fahrlässigkeit darauf vertraut, daß er Miteigentümer gewesen sei. § 419 Abs. 2 HGB enthält nämlich eine besondere Form einer gesetzlichen Ermächtigung des Lagerhalters (§ 419 16), auf die § 366 Abs. 1 HGB analog anzuwenden ist (*Schlegelberger/Schröder* HGB⁵ § 419 16). — Der Anteil kann belastet (z. B. verpfändet) und gepfändet werden. Die Verpfändung ist dem Lagerhalter anzuzeigen (§ 1205 BGB).

4. Früchte

Jedem der Miteigentümer gebührt ein seinem Anteil entsprechender Anteil an den Früchten des Sammelbestandes (§ 743 BGB). **11**

5. Verwaltung des Miteigentums

Die Verwaltung obliegt nach dem Recht der Bruchteilsgemeinschaft gemäß §§ 744 ff BGB grundsätzlich unmittelbar den Miteigentümern. Diese Form der Verwaltung widerspricht jedoch der Funktion der Sammelverwahrung, derzufolge die Einlagerer regelmäßig nur in der Weise auf das Gut Zugriff nehmen können sollen, daß sie ihren Anteil fordern (*Schlegelberger/Schröder* HGB⁵ § 419 14). **12**

6. Auflösung der Gemeinschaft — Teilung

Gemäß § 749 BGB kann jeder der Miteigentümer von den anderen jederzeit Aufhebung der Miteigentumsgemeinschaft (§ 749 BGB) und Teilung in Natur verlangen (§ 752 BGB). Die Teilung erfolgt dadurch, daß die Gesamtheit der Miteigentümer auf den einzelnen Miteigentümer ein seinem Anteil entsprechendes Quantum zu Alleineigentum überträgt. Diese Form der Auseinandersetzung wird man im Bereich der Sammellagerung für den Normalfall als ausgeschlossen und durch die Rückgabe nach Maßgabe des § 419 Abs. 2 HGB ersetzt ansehen müssen (*Schulze-Osterloh* S. 152 spricht von totalem Ausschluß). Die Auseinandersetzung nach den Regeln der Bruchteilsgemeinschaft greift nur dort Platz, wo die Einlagerer in ihrer Gesamtheit den unmittelbaren Mitbesitz am Sammelbestand erlangt haben. Jedenfalls kann vor Aufhebung der Gemeinschaft der einzelne Einlagerer gemäß § 985 BGB nur Einräumung des unmittelbaren Besitzes in Gemeinschaft mit allen anderen Miteigentümern fordern (§ 1011 BGB). **13**

7. Verteilung von Verlusten

Da sich das Miteigentum streng genommen auf jeden einzelnen eingelagerten Gegenstand bezieht, haben die Miteigentümer Quantitäts- oder Qualitätsverluste nach Maßgabe ihrer Anteile auf sich zu nehmen.⁸ Soweit sie wegen des Verlustes einen Anspruch gegen Dritte erlangen, steht ihnen der Anspruch nicht gemeinschaftlich sondern **14**

---

⁸ *Schlegelberger/Schröder* HGB⁵, § 419 12, RGRKz HGB-*Ratz* ² § 419 6.

pro rata zu (§ 432 BGB). Den Schadensersatzanspruch gegen den Lagerhalter aus §§ 417, 390 HGB vermag jeder Einlagerer getrennt geltend zu machen (§ 419 15). Jedenfalls wird man den Lagerhalter in Analogie zu § 419 Abs. 2 HGB als ermächtigt ansehen dürfen, die einzelnen Einlagerer anteilsmäßig zu entschädigen.

D. Rechtsbeziehungen zwischen Einlagerern und Lagerhalter
I. Verwaltung des Sammelbestandes

15 Solange die vom Einlagerer angelieferten Sachen nicht vermischt sind, bezieht sich die Pflicht des Lagerhalters zur Aufbewahrung auf diese Sachen. Nach ihrer Vermischung richten sich die Verwahrungspflichten auf den Miteigentumsanteil des Einlagerers. Da der Miteigentumsanteil jede zum Sammelbestand gehörende Sache ergreift, ist der Lagerhalter zwangsläufig verpflichtet, die geschuldete Sorgfalt auf die ganze Sache zu verwenden. Verletzt er seine Pflichten, so **haftet** er jedem der Einlagerer (*Heymann/Kötter* HGB⁴ § 419 3; RGRKz HGB-*Ratz* ² § 419 6) nach Maßgabe der übernommenen Pflichten für die Verletzung des Miteigentumsanteils. Der Lagerhalter kann im Rahmen des Lagervertrages Pflichten in unterschiedlicher Intensität übernehmen. Dies hat zur Folge, daß er bei einer Beschädigung oder Zerstörung des Lagerbestandes unter Umständen den einzelnen Einlagerern in unterschiedlicher Höhe haftet.

II. Auslieferung des Gutes
1. Befugnis des Lagerhalters zur Auslieferung

16 Gemäß § 419 Abs. 2 HGB ist der Lagerhalter berechtigt, jedem Einlagerer den ihm gebührenden Anteil auszuliefern, ohne daß er hierzu der Genehmigung durch die übrigen Beteiligten bedarf. Auslieferung heißt (partielle) Auflösung der Miteigentumsgemeinschaft und Teilung in Natur. An sich kann sie nur unter Mitwirkung aller Miteigentümer erfolgen. Da diese Form der Auseinandersetzung die Sammellagerung unpraktikabel machen würde, „ermächtigt" § 419 Abs. 2 HGB den Lagerhalter zur Teilung durch Auslieferung.

16a Es ist unklar, welche Rechtsfolgen an diese „Ermächtigung" geknüpft sind. Die h. M. vertritt die Ansicht, daß der Lagerhalter, der dem Einlagerer den ihm gebührenden Anteil ausliefere, in rechtsgeschäftlicher Form dem Einlagerer Alleineigentum verschaffe. Die Aushändigung wird also als rechtsgeschäftliche Verfügung angesehen, zu der der Lagerhalter kraft des § 419 Abs. 2 HGB ermächtigt sei.[9] Dieser Ansatz ist unter mehreren Aspekten fragwürdig. Zunächst gerät man in Schwierigkeiten, wenn der Lagerhalter eigenes Gut in den Sammelbestand eingebracht hat und es entnehmen will oder sein Pfandrecht zu Lasten eines der Miteigentümer ausüben will. Gravierender aber ist die Tatsache, daß die Auslieferung an den Einlagerer, der bei Einlieferung nicht Eigentümer war und auch nicht Miteigentümer geworden ist, dazu führen könnte, daß der Einlagerer Alleineigentümer wird. Dabei käme es dem Wortlaut des § 419 Abs. 2 HGB zufolge nicht einmal ohne weiteres auf den guten Glauben des Einlagerers an; denn der Lagerhalter ist befugt, dem Einlagerer den ihm gebührenden Anteil auszuliefern. Auch wenn man die Ansicht vertritt, daß nur demjenigen Einlagerer etwas „gebührt", der Miteigentümer geworden ist (§ 419 8), wäre es denkbar, daß ein Einlagerer im Gefolge einer Sammellagerung gutgläubig erwirbt (§ 366 HGB), weil er sich für den Eigentümer gehalten hatte. Andererseits wäre der Lagerhalter außer-

---

[9] *Baumbach/Duden/Hopt* HGB²⁶, § 419 2 B; *Schlegelberger/Schröder* HGB⁵, § 419 16; RGRKz HGB-*Ratz* ² § 419 3, wohl in Anschluß an Denkschrift zum HGB S. 252.

stande, die Ware an den Einlagerer auszuliefern, wenn das Gut einem Dritten gehörte (z. B. Vorbehaltsverkäufer), da er es ja dem Einlagerer nicht übereignen darf und dem Miteigentümer nur schwer übereignen kann. *K. Schmidt* (Handelsrecht § 33 VI 2) legt daher § 419 Abs. 2 HGB dahin aus, daß die befugte Auslieferung nur ein Tatbestandsmerkmal für den kraft Gesetzes eintretenden Eigentumserwerb sei (*Senckpiehl* § 73; ebenso Vorauflage § 419 16): Mit der Auslieferung werde der Miteigentümer unabhängig davon Alleineigentümer, an wen die Ware tatsächlich ausgeliefert worden ist.

Gegen die Lösung auf der Basis eines gesetzlichen Erwerbs spricht, daß man auf **16 b** diese Weise eine Art dingliche Surrogation einführt, die im geltenden Recht einen seltenen Ausnahmetatbestand darstellt. Außerdem eröffnen sich Schwierigkeiten, wenn der Lagerhalter im Zustand der Geschäftsunfähigkeit ausgeliefert hat oder seinen Auslieferungsakt wegen Täuschung anfechten will (vgl. Großkommentar HGB[3] — *Canaris* Bd. III/3 (2. Bearb) Rdn. 2122). Trotz dieser Einwände hat man in § 419 Abs. 2 HGB einen Fall der dinglichen Surrogation zu sehen. § 419 Abs. 2 HGB hat die Funktion, den actus contrarius zur Entstehung des Miteigentums, d. h. die Auflösung des Miteigentums zu regeln. Bei der Lagerung gemäß § 419 HGB wird nicht der Einlagerer Miteigentümer, sondern kraft Gesetzes der wahre Eigentümer des eingelieferten Gutes. Da der Lagerhalter nicht daran interessiert ist, wer bei der Auslieferung Eigentümer wird, wird der Gedanke der Privatautonomie auch nicht tangiert, wenn man auf der Seite der Auslieferung einen Rechtserwerb kraft Gesetzes zuläßt. Darüber hinaus ist zu bedenken, daß die Sammelverwahrung kein Instrument der endgültigen Veränderung der Eigentumspositionen — sondern in Hinblick auf das Eigentum — nur eine Durchgangsstation sein sollte. Dies erkennt auch *Canaris* (Großkommentar HGB[3] Bd. III/3 (2. Bearb.) Rdn. 2123) faktisch an, wenn er eine Parallele zum Rückerwerb des Nichtberechtigten und damit eine Parallele zu einem Fall eines Rechtserwerbs kraft Gesetzes zieht. Die mit der Willensbildung des Lagerhalters zusammenhängenden Probleme lassen sich auch im Rahmen eines gesetzlichen Rechtserwerbs angemessen lösen. Dazu muß keine Analogie zu den §§ 104 ff, 116 ff, 164 ff BGB gezogen werden, wenn man sich daran orientiert, daß die Position der Einlagerer und Eigentümer durch die Sammellagerung weder verstärkt noch abgeschwächt werden soll. Geht man davon aus, daß im Fall einer Auslieferung der Erwerb des Eigentums kraft Gesetzes erfolgt, so konzentrieren sich etwaige Willensmängel des Lagerhalters bei der Sammellagerung ebenso wie bei der normalen Lagerung auf die Berechtigung des Empfängers, das Gut in Empfang zu nehmen. Hat der Lagerhalter dem Empfänger den Besitz verschafft, so ist dies weder wegen Geschäftsunfähigkeit unwirksam[10], noch kann der Lagerhalter die Besitzaufgabe anfechten. Dies gilt auch dann, wenn der Lagerhalter damit irrtümlich sein Pfand aus der Hand gibt (§ 421 11). **Daraus folgt:**

a) die **Auslieferung** ist ein **Realakt**, der erfolgt, wenn der Lagerhalter oder im Rah- **16 c** men seines Willens ein Besitzdiener das Gut freiwillig aus der Hand gibt. Teilauslieferung ist möglich. Die Entnahme von Proben stellt eine Teilauslieferung in diesem Sinne dar. Die Auslieferung ist nicht anfechtbar und von der Geschäftsfähigkeit unabhängig.

b) Die Auslieferung muß **an den „Einlagerer"** bzw. seinen Rechtsnachfolger oder **16 d** **den Miteigentümer** im Rahmen der geschuldeten Menge erfolgen. Insoweit hat man zu unterscheiden:

aa) Der Lagerhalter liefert die eingelieferte Menge an den **Einlagerer** bzw. dessen Rechtsnachfolger aus, **der Miteigentümer** geworden war (§ 419 8) und geblieben ist.

---

[10] Eine andere Frage ist es, ob das Gut im Sinn des § 935 BGB abhandengekommen ist.

Mit der Auslieferung wird der Einlagerer bzw. sein Rechtsnachfolger Alleineigentümer.

bb) Der Lagerhalter liefert Gut an den **Einlagerer** aus, der entweder **nicht Miteigentümer** geworden ist (§ 419 8) oder das Miteigentum verloren hat. Der Einlagerer erwirbt Besitz, diejenige Person, die bei Auslieferung Miteigentümer war, erwirbt Alleineigentum.

17   cc) Der Lagerhalter liefert versehentlich Gut **an einen Nichtberechtigten** zu Lasten eines bestimmten Einlagerers aus. Der Lagerhalter handelt unbefugt; das Miteigentum bleibt daher erhalten (a. A. *Schlegelberger/Schröder* HGB[5] § 419 16); der Nichtberechtigte erwirbt lediglich den Besitz. § 366 HGB ist nicht anwendbar; denn der Nichtberechtigte vertraut nicht auf die Verfügungsberechtigung des Lagerhalters, sondern auf die Fähigkeit des Lagerhalters, ihm den Besitz zu verschaffen. Es besteht kein Anlaß, den Nichtberechtigten nur deshalb besser zu stellen, weil sich das Gut in Sammelverwahrung anstatt normaler Verwahrung befunden hatte. Ein gutgläubiger Erwerb ist daher nur dann möglich, wenn er von einem Dritten gerade die Art von Gütern, die der Lagerhalter später ausgeliefert hatte, übereignet bekommen hatte und gutgläubig war. Der sachenrechtliche Bestimmtheitsgrundsatz wird dabei nicht verletzt, da sich die Einigungserklärung auf das vom Lagerhalter ausgewählte Gut bezieht (BGH, WM **1960** 1223). Der gutgläubige Erwerb findet zu Lasten desjenigen Miteigentümers statt, zu dessen Lasten der Lagerhalter disponiert hatte. Dem kann nicht entgegengehalten werden, daß zwischen den Rechtsträgern des Sammelbestandes eine Gefahrengemeinschaft bestehe, die zu einer Verlustbeteiligung aller führen müsse. Diese Verlustbeteiligung ist nur insoweit am Platz, als einzelne Gefahren nicht einzelnen Einlagerern zugeordnet werden können[11], z. B. dort, wo der Lagerhalter nicht zu Lasten eines bestimmten Einlagerers disponiert hat. Dort, wo der Verlust individualisierbar ist, ist es schon im Interesse leichterer Rechtsdurchsetzung angebracht, die Verfolgung etwaiger Schadens- oder Bereicherungsansprüche (§ 420 15) einzelnen Personen zuzuweisen (ebenso im Ergebnis *K. Schmidt* Handelsrecht, § 33 VI).

dd) Der Lagerhalter liefert auf **Anweisung des Einlagerers** die eingebrachte Menge Gut an einen **Erwerber des Gutes** aus. Der *Einlagerer war nicht Miteigentümer*. Auch hier sollte sich im Vergleich zur normalen Lagerung nicht deshalb etwas ändern, weil das Gut im Sammellager verwahrt wurde. Der Erwerber vertraut sicher nicht auf das Eigentum des Lagerhalters und auch nicht auf die Verfügungsberechtigung des Lagerhalters. Vielmehr vertraut er darauf, daß sein Vertragspartner, der Einlagerer, Eigentümer der Ware ist. Wenn nun die Sache an den Erwerber ausgeliefert wird, so erwirbt eine logische Sekunde lang der Miteigentümer Alleineigentum. Anschließend kann der Erwerber des Gutes gemäß § 932 BGB gutgläubig Eigentum erwerben; denn der Lagerhalter hat dem Erwerber das Gut auf Geheiß des Einlagerers, der mit dem Erwerber den Vertrag im Sinn des § 929 BGB geschlossen hatte, herausgegeben (BGHZ **35** 56; BGH NJW **1973** 141). Gleiches gilt, wenn das Gut an den **Erwerber des Auslieferungsanspruches** übergeben wird, der mit dem Zedenten einen Übereignungsvertrag geschlossen hatte und gutgläubig war.

ee) Lagerhalter liefert an Einlagerer, der als Miteigentümer eine bestimmte Menge eingeliefert hatte, eine **größere Menge** aus, als dem Miteigentumsanteil entsprach. § 366 HGB ist nicht zugunsten des Empfängers anzuwenden.[12] Vielmehr ist davon

---

11 *Koller* DB **1972** 1908; Münchener Kommentar-*K. Schmidt* BGB[2], § 747 19 m. Nachw.; a. A. *Schlegelberger/Schröder* HGB[5], § 419 16.

12 **A. A.** *K. Schmidt* Handelsrecht, § 33 VI 2;

RGRKz HGB-*Ratz* [2] § 419 4; *Schlegelberger/Schröder* HGB[5], § 419 16; *Baumbach/Duden/Hopt* HGB[26], § 419 2 B; dagegen *Heymann/Kötter* HGB[4], § 419 3.

auszugehen, daß in einem solchen Fall das Bruchteilseigentum fortbesteht, weil die dem Einlagerer gebührende Menge noch mit anderem Gut untrennbar vermischt ist. Der Einlagerer erwirbt erst Alleineigentum, wenn er die überschießende Menge an den Lagerhalter zurückgegeben hat. Solange dies nicht erfolgt ist, sind die Miteigentümer berechtigt, gemäß § 812 BGB Rückübertragung des Besitzes zu fordern, wobei der Anspruch auf die überschießende Menge beschränkt ist (dolo facit, qui petit, quod statim rediturus est). Gleiches gilt für den Anspruch aus § 816 BGB, falls der Einlagerer das Gut an einen gutgläubigen Erwerber weiterveräußert hatte.

ff) Der Lagerhalter hat **eigenes Gut** in den Sammelbestand eingebracht. Mit der **17a** Entnahme der ihm gebührenden Menge wird er Alleineigentümer (ebenso i. E. *Schlegelberger/Schröder* HGB⁵ § 416 15).

gg) Der Lagerhalter entnimmt Ware dem Sammelbestand, um sein **Pfandrecht** durchzusetzen. Mit der Entnahme zu Lasten eines bestimmten Einlagerers/Miteigentümers wird der Miteigentümer Alleineigentümer, denn der Lagerhalter ist analog § 419 Abs. 2 HGB berechtigt, zur Durchsetzung seines Pfandrechts das Gut „auszuliefern". Seine Rechtsposition darf durch die Sammelverwahrung nicht verschlechtert werden. Auslieferung bedeutet hier Aussonderung im Sinn von § 243 Abs. 2 BGB (ebenso i. E. *Schlegelberger/Schröder* § 419 15).

2. Pflicht zur Auslieferung

§ 419 Abs. 2 HGB statuiert keine Pflicht zur Auslieferung einer dem Anteil entspre- **18** chenden Menge. § 695 BGB, der die Rückgabepflicht regelt, ist auf die Sonderverwahrung zugeschnitten. Er gibt dem Einlagerer nur einen Anspruch auf die hinterlegte Sache; d. h. im Falle der Sammelverwahrung einen Anspruch auf Verschaffung des Mitbesitzes an der im Miteigentum stehenden Sache. Diese Ausformung des Rückgabeanspruchs ist indessen gänzlich unpraktikabel. Man hat daher aus dem Institut der Sammelverwahrung und in Analogie zu § 23 Abs. 3 OLSchVO die Pflicht des Lagerhalters abzuleiten, eine dem Anteil des Einlagerers bzw. sonstiger berechtigter Dritter entsprechende Menge nach Maßgabe des § 419 Abs. 2 HGB herauszugeben.[13] Die Voraussetzungen dieses Herausgabeanspruchs gleichen denen der Sonderverwahrung (dazu § 416 44 ff).

E. Beziehung des Einlagerers zu Dritten

Der Einlagerer bzw. derjenige, dessen Alleineigentum sich in Miteigentum ver- **19** wandelt hat, bleibt dinglich berechtigt. Gegen eine Pfändung des Sammellagerbestandes kann er daher die Drittwiderspruchsklage erheben (§ 771 ZPO); im Konkurs des Lagerhalters ist er zur Aussonderung (§ 43 KO) berechtigt. Herausgabe des dem Lagerhalter abhandengekommenen Gutes können die Einlagerer grundsätzlich nur an alle Miteigentümer verlangen (s. oben Rdn. 17).

F. Besonderheiten bei der Ausstellung von Orderlagerscheinen

§ 23, § 30 OLSchVO stellen klar, daß durch die Vermischung Miteigentum nach **20** Bruchteilen entsteht. Ist ein Gut zur Sammellagerung bestimmt, für das Handelsklassen gesetzlich eingeführt oder allgemein anerkannt sind, so entsteht, falls die Anwendbar-

---

[13] *Schlegelberger/Schröder* HGB⁵, § 419 15; RGRKz HGB-*Ratz*² § 419 5; *Heymann/Kötter* HGB⁴, § 419 2, 3.

§ 420   Drittes Buch. Handelsgeschäfte

keit des 2. Titels der OLSchVO vereinbart wird, Miteigentum schon im Zeitpunkt der Einlagerung (§ 30 Abs. 2 OLSchVO). Anders als § 419 Abs. 2 HGB verpflichten die §§ 23 Abs. 3, 31 OLSchVO den Lagerhalter ausdrücklich, dem Einlagerer den ihm gebührenden Anteil in Form von Alleineigentum auszuliefern (zum Begriff der Auslieferung § 419 16). Eine besondere Regelung für Gewichtsverluste ist in § 32 OLSchVO getroffen. Ein gutgläubiger Erwerb ist möglich, da der Orderlagerschein eine hinreichende Rechtsscheingrundlage bietet (§ 36 Abs. 2 OLSchVO).

G. Unregelmäßige Lagerung (§ 419 Abs. 3 HGB)

21   Die normale Lagerung ist dadurch gekennzeichnet, daß der Lagerhalter nur die Obhut über das Gut zu übernehmen hat, ohne das Eigentum an ihm zu erlangen. Soll er Eigentümer werden, so kann auf das zugrundeliegende Kausalgeschäft gemäß § 700 BGB unter den dort geregelten Bedingungen Darlehensrecht (§§ 607 ff BGB) Anwendung finden. Denkbar ist auch, daß die Parteien ein Treuhandgeschäft gewollt haben. Bei vertretbaren Sachen greift Darlehensrecht ferner dann ein, wenn der Lagerhalter befugt sein sollte, die eingelagerten Güter im eigenen Interesse zu verbrauchen (§ 700 Abs. 1 S. 2 BGB).

§ 420

(1) Der Lagerhalter hat Anspruch auf das bedungene oder ortsübliche Lagergeld sowie auf Erstattung der Auslagen für Fracht und Zölle und der sonst für das Gut gemachten Aufwendungen, soweit er sie den Umständen nach für erforderlich halten durfte.

(2) Von den hiernach dem Lagerhalter zukommenden Beträgen (Lagerkosten) sind die baren Auslagen sofort zu erstatten. Die sonstigen Lagerkosten sind nach dem Ablauf von je drei Monaten seit der Einlieferung oder, wenn das Gut in der Zwischenzeit zurückgenommen wird, bei der Rücknahme zu erstatten; wird das Gut teilweise zurückgenommen, so ist nur ein entsprechender Teil zu berichtigen, es sei denn, daß das auf dem Lager verbleibende Gut zur Sicherung des Lagerhalters nicht ausreicht.

Übersicht

	Rdn.		Rdn.
A. Vorbemerkung	1	4. Vorzeitige Rücknahme	14
B. Anspruch auf Lagerkosten	2	5. Allgemeine Geschäftsbedingungen	14
I. Voraussetzungen des Anspruchs	2	VI. Lagerungskosten bei verspäteter Rücknahme oder bei Ausübung des Lagerpfandrechts	15
II. Höhe des Lagergeldes	4	1. Verspätete Rücknahme	15
III. Höhe des Aufwendungsersatzes	5	2. Ausübung des Pfandrechts oder Zurückbehaltungsrechts	16
IV. Einfluß von Vertragsstörungen auf den Anspruch auf Lagergeld	6	C. Fälligkeit	17
1. Gläubigerverzug des Einlagerers	6	I. Bare Auslagen (§ 420 Abs. 2 S. 1 HGB)	17
2. Schlechterfüllung des Lagervertrages	7	II. Lagergeld und unbare Aufwendungen (§ 420 Abs. 2 S. 2 HGB)	18
3. Unmöglichkeit	8	III. Vorschuß	18a
4. Vorzeitige Rücknahme des Gutes	9	D. Verjährung, Verwirkung	19
V. Einfluß von Vertragsstörungen und vorzeitiger Rücknahme auf den Anspruch auf Aufwendungsersatz	11	E. Erfüllungsort	20
1. Gläubigerverzug des Einlagerers	11		
2. Schlechterfüllung	12		
3. Unmöglichkeit	13		

Schrifttum: siehe Angaben zu § 416 HGB.

A. Vorbemerkung

Die Lagerkosten setzen sich, wie sich aus § 420 Abs. 2 S. 1 HGB ergibt, aus dem Lagergeld und den erstattungsfähigen Aufwendungen zusammen. Das Lagergeld stellt die eigentliche Vergütung des Lagerhalters für die Lagerung und Aufbewahrung des Gutes dar. Neben das Lagergeld können besondere Vergütungen für die nach den §§ 416 ff HGB nicht geschuldeten Dienste, z. B. Erhaltungsmaßnahmen am Gut, Vorzeigen des Gutes, treten (§ 354 HGB). § 420 Abs. 1 HGB stellt klar, daß die Dienste des Lagerhalters nicht unentgeltlich geleistet werden und wiederholt damit den § 354 Abs. 1 HGB. Außerdem stellt er klar, daß der Lagerhalter, soweit er zulässigerweise im Interesse des Einlagerers Aufwendungen macht (z. B. Fracht verauslagt hat), wie ein Geschäftsbesorger den Ersatz von Aufwendungen fordern darf.

§ 420 Abs. 2 HGB regelt die Fälligkeit der Lagerkosten. Er enthält dispositives Recht.

B. Anspruch auf Lagerkosten

I. Voraussetzungen des Anspruchs

Voraussetzung des Anspruches auf Lagergeld und Aufwendungsersatz ist das Zustandekommen eines entgeltlichen Lagervertrages. Ist überhaupt kein Vertrag wirksam zustande gekommen, so vermag der Lagerhalter eine Verfügung nur nach den Regeln über die ungerechtfertigte Bereicherung (§§ 812 ff BGB) oder Geschäftsführung ohne Auftrag (§§ 677 ff BGB) zu fordern.

Das Gesetz geht in erster Linie davon aus, daß sich die Parteien über die **Höhe des Lagergeldes** geeinigt und den Vertrag auf diese Weise zu einem entgeltlichen gemacht haben. Haben sie dies nicht ausdrücklich getan, so sind die Vereinbarungen auszulegen. Für diesen Fall statuieren die §§ 420 Abs. 1, 354 Abs. 1 HGB die Vermutung, daß die Verwahrung des Gutes entgeltlich erfolgt, wenn die Lagerung den Umständen zufolge nur gegen eine Vergütung zu erwarten ist (OLG Düsseldorf VersR **1979** 286). Gegen die Entgeltlichkeit spricht z. B. möglicherweise der Umstand, daß der Lagerhalter mit dem Einlagerer befreundet war oder daß der Einlagerer dem Lagerhalter erkennbar davon ausging, die Einlagerung erfolge unentgeltlich. Steht fest, daß die Lagerung entgeltlich war, haben sich die Parteien aber auf keinen konkreten Betrag geeinigt, so ist das übliche Lagergeld geschuldet (§ 354 Abs. 1 HGB). § 354 Abs. 1 HGB ist nur anwendbar, wenn sich feste Übungen gebildet haben; daran fehlt es, falls sich die üblichen Vergütungen nur in Spannen angeben lassen (BGH, NJW **1985** 1895, 1897). Läßt sich keine feste Übung ermitteln, so ist im Weg ergänzender Vertragsauslegung davon auszugehen, daß ein angemessenes Entgelt geschuldet ist. Der Lagerhalter hat kein Bestimmungsrecht gemäß 316 BGB (BGH, NJW **1985** 1895, 1896 f).

Die Tragweite des Begriffs **Aufwendungen** in § 420 Abs. 1 HGB ist unklar. Schon der historische Gesetzgeber konnte mit dem Begriff wenig anfangen, als er dem Verwahrer in § 693 BGB einen Anspruch auf Ersatz der Aufwendungen zuerkannte. Einerseits ging er davon aus, daß der Begriff in Parallele zum Aufwendungsbegriff des Auftragsrecht (§ 670 BGB) interpretiert werden müsse und daß als Aufwendungen nicht nur Verwendungen auf die hinterlegte Sache selbst anzusehen seien, sondern auch Vermögensopfer, die infolge unvorhersehbarer Ereignisse notwendig werden (*Mugdan Materialien zum* BGB II S. 325). Andererseits sollte der Ersatz solcher Vermögensopfer ausgeschlossen sein, zu denen sich der Verwahrer ausdrücklich oder stillschweigend verpflichtet habe. Eine derartige Vereinbarung sei regelmäßig anzunehmen, wenn das Vermögensopfer verwahrungstypisch sei (*Mugdan* aaO S. 325, 973; Münchener Kommentar-*Hüffer* BGB[2] § 693 3) oder erst die Voraussetzungen für die Verwahrung schaffe (*Mugdan* aaO S. 972; *Staudinger/Reuter* BGB[12] § 693 4). Damit wird letztlich die Tragweite des Aufwendungsbegriffs von der Auslegung des Verwahrungsvertrags nach Treu und Glauben unter Berücksichtigung der Verkehrssitte abhängig gemacht.[1] Der Umfang des lagerrechtlichen Aufwendungsbegriffs wird klarer, wenn man sich auf dessen Funktion besinnt und berücksichtigt, daß die Funktion des Aufwendungsbegriffs im Rahmen unentgeltlicher Geschäfte scharf von der Funktion des Aufwendungsbegriffs bei entgeltlichen Geschäften zu trennen ist. Auftrag und Verwahrung waren ursprünglich unentgeltliche Verträge. Der Anspruch auf Aufwendungsersatz hatte dort die Funktion, die ersatzlosen Vermögensopfer des Auftragnehmers/Verwahrers auf seine Arbeitskraft und die Bereitstellung seiner sachlichen Hilfsmittel (fixe Kosten) zu begrenzen. Bei entgeltlichen Verträgen ist, wie etwa das Beispiel des Werkvertrages zeigt, grundsätzlich davon auszugehen, daß alle im Laufe der Erfüllung notwendig werdenden Vermögensopfer in den Preis einkalkuliert werden. Damit wird dem Umstand Rechnung getragen, daß der Unternehmer typischerweise besser als der Besteller in der Lage ist, den Umfang der Kosten zu ermitteln, zu steuern und in den Preis einzukalkulieren. Da der Besteller regelmäßig das Ausmaß seiner Zahlungspflicht vorhersehen will, sind im Zweifel sämtliche Kosten des Unternehmers als durch die vereinbarte Vergütung gedeckt anzusehen. Der Typus des Geschäftsbesorgungsvertrags (§§ 675, 670 BGB) erfordert eine Sonderbehandlung, weil dort die gesonderte Abwälzbarkeit von Aufwendungen verhindert, daß der mit erheblichen Ermessensspielräumen ausgestattete Geschäftsbesorger die Qualität seiner Dienste mindert, um zugunsten eines höheren Gewinnes die von ihm zu tragenden Vermögensopfer zu minimieren (*Koller* BB **1979** 1725 f). Da der Lagerhalter, soweit sich seine Aufgabe in der Obhut über das Gut erschöpft, keine Geschäftsbesorgerfunktionen wahrnimmt (§ 416 19), scheidet eine Parallele zu §§ 675, 670 BGB aus. Die Funktion des Anspruchs auf Aufwendungsersatz liegt daher primär darin, dem Umstand Rechnung zu tragen, daß der Lagerhalter kein Warenfachmann ist und daher nur in begrenztem Umfang die mit der Lagerung verbundenen Vermögensopfer zu übersehen vermag. Somit sind keine Aufwendungen all die Investitionen, die der Lagerhalter vertragstypisch in Erfüllung seiner Obhutspflicht tätigt (*Senckpiehl* S. 246; weitergehend KG BB **1973** 446). Insbesondere kann der Lagerhalter nicht die Kosten der Bewachung von erkennbar diebstahlsgefährdetem Gut ersetzt verlangen (*Krien/Glöckner* Speditions- und Lagerrecht § 43 ADSp 5 d). Unvorhersehbare Erhöhungen von Kosten, die nichts mit der außergewöhnlichen Art der Güter zu tun haben, kann der Lagerhalter nur nach den Regeln über den Wegfall der Geschäftsgrundlage auf den Einlagerer abwälzen. Zu den Aufwendungen gehören somit Kosten, mit denen ein ordentlicher Lagerhalter kraft seines Berufs nach den ihm bekanntgewordenen Informationen über das Gut der *Art oder Höhe nach nicht zu rechnen brauchte oder die er nicht beeinflussen konnte* (Zoll, Fracht), *sowie Vermögensopfer, die der Lagerhalter nach Art eines Geschäftsbesorgers* getätigt hatte.[2] Denkbar ist auch, daß der Lagerhalter kraft Vereinbarung oder Verkehrsübung besondere Spesen (z. B. für Besichtigung; Umschreibung) in Anschlag bringen darf. Diese Spesen stellen keine Aufwendungen dar.

3a Aufwendungen sind nur soweit zu erstatten, als ein ordentlicher Lagerhalter der Ansicht sein konnte, daß sie im Interesse des Einlagerers lägen. Unverschuldete Irrtü-

---

[1] *Palandt/Thomas* BGB[45], § 693 1; *Larenz* Schuldrecht II[13], § 58; *Staudinger/Reuter* BGB[12], § 693 1.

[2] Versicherungsprämien; *Isaac* S. 381, weisungsbedingter Aufwand BGH 7. 6. 1984, VersR **1984** 846, 848.

mer gehen zu Lasten des Einlagerers. Die Aufwendungen müssen sich im Rahmen der vertraglichen Aufgaben gehalten haben. Tätigt der Lagerhalter jenseits dieses Bereichs Aufwendungen, so kann er sie nur nach den Regeln über die Geschäftsführung ohne Auftrag ersetzt verlangen (*Mugdan* II aaO, S. 325). Soweit der Lagerhalter geschäftsbesorgerische Aufgaben übernimmt, kann er auch Ersatz von Schäden fordern (*Staub/ Koller* HGB[4] § 396 33).

Passiv legitimiert ist der Einlagerer als Vertragspartner. An seiner Rolle als Anspruchsgegner ändert sich nichts dadurch, daß der Einlagerer — dem Lagerhalter erkennbar — seine Herausgabeansprüche abgetreten hat (vgl. BGH, WM **1984** 1277, 1279). Dies gilt auch, falls ein Lagerschein ausgestellt worden ist. Der Einlagerer bleibt ferner auch dann Schuldner des Lagergeldes, falls er den Lagerhalter angewiesen hat, die Lagerkosten bei einem Dritten einzuziehen. Wurde das Gut von Anfang an unter der Abrede eingelagert, daß sich der Lagerhalter seine Vergütung bei einem Dritten zu holen habe, und liefert der Lagerhalter das Gut aus, ohne sich die Lagerkosten vergüten zu lassen, so steht dem Einlagerer ein Leistungsverweigerungsrecht zu. Jedenfalls kann er mit einem Schadensersatzanspruch aufrechnen (*Schlegelberger/Schröder* HGB[5] § 420 1). Zeigt der Rechtsnachfolger des Einlagerers dem Lagerhalter die Abtretung der Herausgabeansprüche an, so liegt darin im Zweifel kein Angebot zu einer Schuldübernahme (**a. A.** *Isaac* S. 382), auch nicht für die Zeit nach der Abtretung. Gleiches gilt für den Erwerb eines Lagerscheins. Der Lagerhalter kann dem Erwerber nur das Zurückbehaltungsrecht und das Pfandrecht entgegensetzen (§ 424 28, 32; modifizierend § 21 OLSchVO (Anh. I § 424 § 21 OLSchVO 3)). Ein Angebot zum Abschluß eines Lagervertrages mit dem Erwerber ist dort anzunehmen, wo der Erwerber den Auftrag gibt, für ihn auf Abruf zu lagern (BGH, NJW **1966** 1966, 1969).

3b

Aktiv legitimiert ist der Vertragspartner des Einlagerers, der Lagerhalter. Schaltet der Lagerhalter zur Erledigung seines Auftrags Dritte ein, so können diese nicht unmittelbar auf den Einlagerer durchgreifen (BGH, TranspR **1985** 88, 90). Abweichendes kann gelten, wenn ein Zolldeklarant eingeschaltet oder der Dritte sonst Gesamtschuldner neben dem Einlagerer geworden ist (*Koller* TranspR **1985** 81).

3c

II. Höhe des Lagergeldes

Die Höhe des Lagergeldes bestimmt sich primär nach der Vereinbarung. Ist eine besondere Vereinbarung nicht nachzuweisen, die der Einlagerer zu beweisen hat, wenn sie zu seinen Gunsten spricht, so ist gemäß §§ 354 Abs. 1, 420 HGB das ortsübliche Lagergeld geschuldet (OLG Düsseldorf, VersR **1979** 286). Fehlt es an ortsüblichen Tarifen, so wird ein angemessenes Entgelt geschuldet (BGH, NJW **1985** 1895, 1896; abweichend *Schlegelberger/Schröder* HGB[5] § 420 2).

4

III. Höhe des Aufwendungsersatzes

Der Umfang des Anspruchs auf Aufwendungsersatz bestimmt sich danach, welche Auslagen der Lagerhalter aus seiner Perspektive heraus bei Anwendung verkehrserforderlicher Sorgfalt als im Interesse des Einlagerers gelegen erachten durfte (§ 420 3 a).

5

IV. Einfluß von Vertragsstörungen auf den Anspruch auf Lagergeld

1. Gläubigerverzug des Einlagerers

Nach der hier vertretenen Auffassung ist der Lagervertrag ein Konsensualvertrag (§ 416 20). Liefert der Einlagerer das Gut überhaupt nicht oder verspätet an, so gerät

6

der Einlagerer im Zweifel nicht in Gläubigerverzug; denn die Lagerung ist vielfach nicht nachholbar [3], da ein bestimmter oder bestimmbarer Erfüllungszeitraum vorgesehen ist. In solchen Konstellationen sind die allgemeinen Regeln über Unmöglichkeit (Primärzweckstörungen) anzuwenden [4]. Dort, wo die Lagerung nachholbar ist, sind die §§ 615, 552 BGB analog heranzuziehen. Daraus ergibt sich z. B., daß der Einlagerer das volle Lagergeld abzüglich der Ersparnisse und anderweitigen Verdienste des Lagerhalters zu bezahlen hat, wenn ein Festbetrag als Lagergeld vereinbart oder üblich war und der für die Lagerung vorgesehene Zeitraum (Erfüllungszeitraum) verstrichen ist (§ 324 Abs. 2 BGB). Auf ein Verschulden des Einlagerers kommt es hierbei nicht an (**a. A.** *Heymann/Kötter* HGB [4] § 420 1). Eine Ausnahme gilt nur dort, wo allen potentiellen Einlagerern die Anlieferung des Gutes unmöglich geworden ist; z. B. Streik des Transportpersonals. [5] Der Einlagerer kann allerdings kündigen. Die Kündigung steht dann im Sinne einer analogen Anwendung des § 699 Abs. 2 BGB der vorzeitigen Rücknahme gleich (näher § 420 9).

Wurde ein **zeitabhängiges Lagergeld** vereinbart bzw. ist es ortsüblicherweise von der Lagerzeit abhängig, so kann der Lagerhalter unter den oben genannten Voraussetzungen das Lagergeld bis zu dem Zeitpunkt fordern, zu dem der Einlagerer den Lagervertrag zulässigerweise kündigt. [6]

2. Schlechterfüllung des Lagervertrages

7   Der h. M. zufolge geht der Lagerhalter seines Anspruchs auf das Lagergeld nicht dadurch verlustig, daß er seine Pflicht zur Lagerung mangelhaft erfüllt. Der Einlagerer könne nur mit einem Schadensersatzanspruch aufrechnen, den er wegen der Verletzung der Lagerhalterpflichten zu erheben in der Lage sei. [7] Der Einlagerer dürfe die Zahlung des Lagergeldes allerdings dann verweigern, wenn die Handlungen des Lagerhalters praktisch überhaupt keine Erfüllung des Lagergeschäftes darstellten. Die h. M. stützt wohl — ähnlich wie im Rahmen der Schlechterfüllung von reinen Dienstverträgen — ihre These auf den Umstand, daß das Verwahrungsrecht keine Regeln über die Gewährleistung oder Schlechterfüllung enthält. Dies allein rechtfertigt es indessen nicht, den Einlagerer grundsätzlich ausschließlich auf etwaige Schadensersatzansprüche zu verweisen. Das Verwahrungsgeschäft setzt sich aus Elementen des Miet- und Dienstvertrages zusammen (*Sellschopp* S. 73). Es erscheint daher angebracht, die diesen Vertragstypen entsprechenden Regeln über die Schlechterfüllung auf den Verwahrungsvertrag zu übertragen. Dabei hat man als Besonderheit des Lagergeschäfts z. B. zu berücksichtigen, daß das Lagergeschäft anders als die Miete keinen Vertragstypus darstellt, der auf Vereinbarungen mit sozial schutzbedürftigen Vertragspartnern zugeschnitten ist. Hieraus folgt, daß man dort, wo der Lagerhalter das Gut in Räumen lagert, die die Voraussetzungen für eine sachgemäße Lieferung nicht voll erfüllen, unabhängig davon, wann der Mangel entstanden ist, dem Einlagerer lediglich analog § 537 Abs. 1 BGB die Minderung des Lagergeldes zu gestatten hat. In Hinblick auf die mit der Verwahrung verbundenen Obhutspflichten hat man eine Parallele zum Dienstver-

---

[3] Münchener Kommentar-*Walchshöfer* BGB [2], § 293 6; *Koller* Risikozurechnung, S. 12 m. Nachw.; **a. A.** *Staudinger/Otto* BGB [12], § 324 19.

[4] Dazu *Koller* Risikozurechnung aaO, S. 280 ff; Münchener Kommentar-*Emmerich* BGB [2], vor § 275 26 ff.

[5] *Koller* Risikozurechnung aaO, S. 289; **a. A.** *Schlegelberger/Schröder* HGB [5], § 420 3 a.

[6] *Senckpiehl* S. 241; **a. A.** *Schlegelberger/Schröder* HGB [5], § 418 3 a; nur für den ersten Zeitabschnitt, der wohl die in § 699 Abs. 2 BGB niedergelegte Wertung überbetont.

[7] *Schlegelberger/Schröder* HGB [5], § 420 4; RGRKz HGB-*Ratz* [2] § 420 2; *Senckpiehl* S. 242 m. Nachw.

trag mit Selbständigen zu ziehen, die, wie *Roth* (VersR **1979** 494 ff, 600 ff; **a. A.** *Ullrich* NJW **1984** 585) nachgewiesen hat, sich ebenfalls eine Minderung ihrer Vergütung gefallen lassen müssen, wenn sie ihre Dienstleistungen nicht mit dem vertragsgemäßen Standard erbringen. Diese Rechtsfolge erscheint auch im Bereich des Lagergeschäftes z. B. in einer Konstellation als angemessen, in der der Lagerhalter die geschuldete Bewachung des Gutes unterläßt und nur durch Zufall kein Schaden entsteht. Dies gilt erst recht, wenn ein Schaden entstanden ist.

3. Unmöglichkeit
Erläuterungen § 416 71 f. **8**

4. Vorzeitige Rücknahme des Gutes
Für den Fall der vorzeitigen Rücknahme des Gutes ordnet § 699 Abs. 2 BGB, der **9** auf das Lagergeschäft analog anzuwenden ist, an, daß der Verwahrer einen seiner bisherigen Leistung entsprechenden Teil der Vergütung verlangen kann, sofern sich nicht aus der Vereinbarung über die Vergütung etwas anderes ergibt. Der Sache nach regelt § 699 Abs. 2 BGB die Rechtsfolgen eines fristlosen Rechts zur Rücknahme (§ 695 BGB), — setzt also voraus, daß dem Lagerhalter mitgeteilt wird, daß die Lagerung enden soll. § 699 Abs. 2 BGB kann deshalb nicht unmittelbar in Situationen angewandt werden, in denen der Lagerhalter nicht weiß, wie lange er noch seine Lagermöglichkeiten für die versprochene Lagerung offenzuhalten hat (Beispiel: „Gläubigerverzug"; § 420 6). Anders als § 649 BGB schützt § 699 Abs. 2 BGB im Zweifel jedoch nicht das Vertrauen des Lagerhalters, Lagergeld in bestimmter Höhe zu verdienen (vgl. auch *Heymann/Kötter* HGB[4] § 420 1). Die Sachgerechtigkeit dieser Regelung leuchtet angesichts der Befugnis des Einlagerers, das Gut jederzeit zurückzunehmen, dort sofort ein, wo das Lagergeld nach Zeiteinheiten bemessen wird.

Ist als **Lagergeld ein fester Betrag** vereinbart worden, so kann daraus allerdings nicht ohne weiteres abgeleitet werden, daß dieser Betrag auf jeden Fall dem Lagerhalter in voller Höhe verbleiben müsse. Auf der anderen Seite werden die Interessen des Einlagerers zu stark geschützt, wenn dem Lagerhalter nur dort die volle Vergütung zuerkannt wird, wo dies besonders vereinbart worden war oder ausnahmsweise eine bestimmte Dauer der Lagerung mit der Abrede ausbedungen worden war, daß das Gut nur gegen Zahlung einer entsprechenden „Entschädigung" zurückgenommen werden dürfe (*Schlegelberger/Schröder* HGB[5] § 416 3). Ausschlaggebend erscheint vielmehr der Grund, warum die Parteien einen festen Betrag als Lagergeld vereinbart haben. Geschah dies, weil der Lagerhalter ein besonderes Interesse an gesicherter Kalkulation hatte, so muß der Einlagerer den vollen Betrag zahlen, auf den sich der Lagerhalter anderweitigen Verdienst und ersparte Aufwendungen anrechnen lassen muß.[8] Für eine Entrichtung des vollen Lagergeldes spricht auch eine Vereinbarung, derzufolge das Gut nicht vor Ende der Lagerzeit zurückgenommen werden darf (*Schlegelberger/Schröder* HGB[5] § 416 20). — Wurde ein fester Betrag verabredet, weil der Einlagerer daran interessiert war, schon im Moment des Vertragsschlusses die Kosten der Lagerung exakt abschätzen zu können, auch wenn die Lagerung unter Umständen länger als erwartet dauern sollte, so ist dieser Betrag nach dem Verhältnis zwischen tatsächlicher Lagerzeit und deren vertraglicher Höchstdauer zu kürzen. Dabei hat man zu beachten, daß bei der Bemessung des Lagergeldes berücksichtigt worden sein kann, daß die Lage-

---
[8] Wertung des § 649 BGB; **a. A.** RGRKz HGB-Ratz[2] § 420 2.

§ 420 Drittes Buch. Handelsgeschäfte

rung nicht ständig die gleiche Mühe bereitet. Der unterschiedlichen Intensität der für die Lagerung notwendigen Anstrengungen ist bei der Bemessung des anteiligen Lagergeldes Rechnung zu tragen.[9]

10 Beachte § 21 **ADSp** (Anh. III zu § 424), § 20 **Hamburger Lagerungsbedingungen** (Anh. V zu § 424); § 69 ff **Bremer Lagerhaus-Bedingungen** (Anh. VI zu § 424), § 15 **Kaltlagerungsbedingungen** (Anh. VII zu § 424).

V. Einfluß von Vertragsstörungen und vorzeitiger Rücknahme auf den Anspruch auf Aufwendungsersatz

1. Gläubigerverzug des Einlagerers

11 Der Einlagerer wird nicht dadurch von seiner Pflicht zur Erstattung der erforderlichen Aufwendungen frei, daß er in Gläubigerverzug gerät. Dies gilt auch dort, wo der Einlagerer das Gut deshalb nicht anzuliefern vermochte, weil Störungen wirksam wurden, die alle potentiellen Einlagerer an der Einlagerung des Gutes gehindert hätten.

2. Schlechterfüllung

12 Die Schlechterfüllung im Hinblick auf Aufwendungen zeigt sich regelmäßig daran, daß Aufwendungen gemacht werden, die der Lagerhalter nicht für erforderlich halten durfte. Derartige Aufwendungen sind nicht zu ersetzen. Im übrigen kann die Schlechterfüllung des Vertrages zur Folge haben, daß Aufwendungen nachträglich nutzlos werden. Hat der Lagerhalter dies schuldhaft verursacht, so entfällt nicht automatisch sein Anspruch auf Aufwendungsersatz (*Staub/Koller* HGB[4] § 384 60).

3. Unmöglichkeit

13 Für die Aufwendungen gelten im Falle der Unmöglichkeit die im Rahmen des Kommissionsrechts (*Staub/Koller* HGB[4] § 384 60) für den Anspruch auf Aufwendungsersatz entwickelten Regeln, da der Lagerhalter in Hinblick auf die Aufwendungen als Geschäftsbesorger tätig geworden ist.

4. Vorzeitige Rücknahme

14 Die vorzeitige Rücknahme ändert nichts an der Verpflichtung des Einlagerers, die bis dahin angefallenen und noch erforderlich werdenden Aufwendungen zu ersetzen.

5. Allgemeine Geschäftsbedingungen

14a Dazu § 420 10.

VI. Lagerungskosten bei verspäteter Rücknahme oder bei Ausübung des Lagerpfandrechts

1. Verspätete Rücknahme

15 Nimmt der Einlagerer das Gut nicht rechtzeitig zurück, so schuldet er unter den Voraussetzungen des § 284 BGB gemäß § 286 BGB Schadensersatz, falls ihn hieran ein Verschulden trifft (§ 285 BGB). Jedenfalls darf der Lagerhalter weiter das bedungene, übliche bzw. angemessene Lagergeld sowie Ersatz der Aufwendungen fordern (§ 47

---

[9] RGRKz HGB-*Ratz*[2] § 420 2; *Schlegelberger/ Schröder* HGB[5], § 420 3; *Senckpiehl* S. 240 f.

ADSp 40).[10] Der Lagerhalter kann seine Ansprüche im Rahmen eines Selbsthilfeverkaufs gemäß §§ 417 Abs. 1, 389, 373 HGB realisieren. Außerdem steht ihm das Pfandrecht zu. Haben die Parteien einen festen Betrag als Lagergeld vereinbart, so ist dieser entsprechend zu erhöhen.

2. Ausübung des Pfandrechts oder Zurückbehaltungsrechts

Verbleibt das Gut infolge einer Ausübung des Lagerpfandrechts oder eines Zurückbehaltungsrechts über die vertraglich vereinbarte Zeit beim Lagerhalter, so steht dem Lagerhalter entgegen der h. M.[11] kein Lagergeld, wohl aber Ersatz der Aufwendungen zu. § 354 HGB greift hier nicht ein, da der Lagerhalter nicht im Interesse des Einlagerers, sondern im eigenen Interesse lagert;[12] denn es ist nicht ersichtlich, warum die Lagerung als solche dem Interesse des Einlagerers dienen sollte, der mit seinem Auslieferungsverlangen gerade zeigt, daß er an einer weiteren Lagerung nicht mehr interessiert ist. Der Lagerhalter kann die Kosten der Lagerung nur als Verzugsschaden geltend machen. **16**

C. Fälligkeit
I. Bare Auslagen (§ 420 Abs. 2 S. 1 HGB)

Gemäß § 420 Abs. 2 S. 1 HGB sind bare Auslagen sofort zu erstatten. Unter baren Auslagen sind zunächst all die Aufwendungen zu verstehen, die der Lagerhalter in Form von Bargeld gemacht hat. Dem stehen Zahlungen durch Überweisung und Schecks gleich, sobald das Konto des Lagerhalters belastet worden ist. Auch von Verbindlichkeiten gegenüber Dritten, die sofort fällig sind, hat der Einlagerer den Lagerhalter sogleich zu befreien. Den Lagerhalter soll nämlich, wie § 420 Abs. 2 S. 1 HGB zeigt, nur eine begrenzte Vorleistungspflicht treffen. **17**

II. Lagergeld und unbare Aufwendungen (§ 420 Abs. 2 S. 2 HGB)

§ 420 Abs. 2 S. 2 HGB modifiziert die Regelung des § 699 BGB. Er begrenzt die Pflicht des Lagerhalters zur Vorleistung. Spätestens nach Ablauf von je drei Monaten hat der Einlagerer das diesem Zeitabschnitt entsprechende Lagergeld und die bis dahin entstandenen unbaren Aufwendungen zu entrichten. § 420 Abs. 2 S. 2 HGB bezieht sich mithin auch auf Aufwendungen.[13] Voraussetzung der Erstattungspflicht unbarer Aufwendungen, die nur in der Form von Verpflichtungen denkbar sind, ist freilich, daß die Verpflichtungen bereits fällig geworden sind. Hat der Lagerhalter die im Interesse des Einlagerers eingegangene Verpflichtung bereits getilgt, so findet § 420 Abs. 2 S. 1 HGB Anwendung. — Wird das Gut vor Ablauf von 3 Monaten zurückgenommen, so ist der Anspruch bei Rücknahme fällig; erfolgt die Rücknahme nach Ablauf von 3 Monaten, so werden mit der Rücknahme die bis dahin nicht schon fällig gewordenen Ansprüche auf Lagergeld und unbare Aufwendungen fällig. **18**

---

[10] Analogie zu § 557 Abs. 1 BGB; *Larenz* Schuldrecht II § 58; so i. E. auch *Krien/Glöckner* Speditions- und Lagerrecht, § 47 ADSp 5 c, der den Ansprüchen aus § 422 herleitet und *Schlegelberger/Schröder* HGB 5, § 422 7, der sich auf § 354 stützt; ablehnend *Staudinger/Reuter* BGB 12, § 696 2, der aber verkennt, daß die Obhutspflicht als Abwicklungspflicht nach Beendigung des Lagervertrages fortbesteht.

[11] OLG Düsseldorf, VersR **1979** 286; *Schlegelberger/Schröder* HGB 5 § 421 14; *Heymann/Kötter* HGB 4, § 420 1.

[12] RGRKz HGB-*Ratz* 2 § 420 2 m. Nachw.; offengelassen BGH 21. 11. 1983, WM **1984** 165, 166.

[13] *Schlegelberger/Schröder* HGB 5, § 420 8; **a. A.** *Heymann/Kötter* HGB 1, § 420 4.

§ 421   Drittes Buch. Handelsgeschäfte

Der Umstand, daß die Parteien einen festen Betrag als Lagergeld vereinbart haben, kann dafür sprechen, daß der gesamte Betrag erst mit Ablauf der Lagerzeit fällig wird. Dafür fällt insbesondere die Tatsache ins Gewicht, daß die Parteien ungeachtet des Umstandes, daß die Lagerzeit noch nicht genau vorhersehbar war, einen Fixbetrag vereinbart haben.

Zur Fälligkeit § 29 **ADSp** Anh. III zu § 424; § 12 **Möbellagerungsbedingungen** Anh. IV zu § 424; § 20 **Hamburger Lagerungsbedingungen** Anh. V zu § 424; §§ 71, 73 **Bremer Lagerhaus-Ordnung** Anh. VI zu § 424; Nr. 15 **Kaltlagerungs-Bedingungen** Anh. VII zu § 424.

III. Vorschuß

18a   § 420 Abs. 1 HGB sieht anders als § 669 BGB keinen Anspruch auf Vorschuß vor; der Gesetzgeber schuf zum Ausgleich das Lagerhalterpfandrecht. Soweit das Pfandrecht nicht ausreicht, ist daher dem Lagerhalter ein Anspruch auf Vorschuß analog § 669 BGB zu gewähren (*Koller* TranspR **1985** 1, 3). Beachte § 47 c ADSp (Anh. III zu § 424).

D. Verjährung, Verwirkung

19   Die Ansprüche des Lagerhalters auf Lagergeld und Ersatz der Aufwendungen verjähren gemäß § 196 Abs. 1 Nr. 1 BGB in zwei Jahren, falls die Lagerung nicht für den Gewerbebetrieb des Einlagerers erfolgte. Andernfalls verlängert sich die Verjährungsfrist auf vier Jahre (§ 196 Abs. 2 BGB). Ist das Lagergeld nach Zeiteinheiten bemessen, so gilt die vierjährige Verjährungsfrist des § 197 BGB (BGH, WM **1984** 506, 507; **a. A.** *Baumbach/Duden/Hopt* HGB[26] § 423 2). Dies gilt nicht für Auslagen und Aufwendungen iSv § 420 Abs. 1 HGB, die nach Maßgabe des § 196 Abs. 1 Nr. 1 BGB verjähren (*Schlegelberger/Schröder* HGB[5] § 420 11; offengelassen BGH, aaO).

E. Erfüllungsort

Erfüllungsort für Ansprüche des Lagerhalters ist im Zweifel gemäß § 269 BGB der Ort, an dem der Einlagerer seinen Wohnsitz bzw. seine gewerbliche Niederlassung besitzt (RGRKz HGB-*Ratz*[2] § 420 5 m. Nachw.). Soweit die Lagerkosten bei Rücknahme zu erstatten sind (§ 420 Abs. 2 HGB), ist allerdings Erfüllungsort die Niederlassung des Lagerhalters bzw. der Lagerort, an dem das eingelagerte Gut zurückzugeben ist (*Senckpiehl* S. 237). Gemäß § 65 ADSp (Anh. III zu § 424) ist Erfüllungsort immer der Ort der Handelsniederlassung des Spediteurs.

§ 421

Der Lagerhalter hat wegen der Lagerkosten ein Pfandrecht an dem Gute, solange er es im Besitze hat, insbesondere mittels Konnossements, Ladescheins oder Lagerscheins darüber verfügen kann.

Übersicht

	Rdn.
A. Vorbemerkung	1
B. Voraussetzungen des Pfandrechts	2
I. Lagerhalter	2
II. Gegenstand des Pfandrechts	3
III. Kreis der gesicherten Forderungen	4
IV. Unerheblichkeit der Fälligkeit	5
V. Besitz des Gutes	6
VI. Verfügungsbefugnis des Einlagerers und gutgläubiger Erwerb	7

	Rdn.		Rdn.
VII. Relevanz von Treu und Glauben	8	D. Erlöschen des Pfandrechts	11
C. Reichweite des Pfandrechts	9	E. Relevanz Allgemeiner Geschäftsbedingungen	
I. Rang des Pfandrechts	9	F. Besonderheiten bei der Ausstellung von Lagerscheinen	12
II. Verwertung des Pfandrechts	10		

Schrifttum: siehe Angaben zu § 416 HGB.

A. Vorbemerkung

§ 421 HGB regelt ein gesetzliches Pfandrecht des Lagerhalters. Es weist starke Ähnlichkeit mit den gesetzlichen Pfandrechten der Kommissionäre (§ 397 HGB), der Spediteure (§ 410 HGB) und der Frachtführer (§ 440 HGB) auf. Es ist ebenso wie diese Pfandrechte ein Besitzpfandrecht und sein Entstehen ist nicht von einer auf Begründung eines Pfandrechts gerichteten Willenserklärung abhängig. Neben dem Lagerhalterpfandrecht kommen bürgerlich- und handelsrechtliche Zurückbehaltungsrechte (§§ 273 BGB, 369 HGB) in Betracht (*Mauer* BB **1959** 872). § 421 HGB steht der Vereinbarung weiterreichender vertraglicher Pfandrechte nicht im Wege. **1**

B. Voraussetzungen des Pfandrechts

I. Lagerhalter

Ein gesetzliches Pfandrecht an Gütern, die verwahrt werden, vermag gemäß § 421 HGB nur ein Lagerhalter zu erwerben. Lagerhalter ist § 416 HGB zufolge, wer gewerbsmäßig die Lagerung und Aufbewahrung von Gütern übernimmt (näher zum Typus des Lagerhalters § 416 5). **2**

II. Gegenstand des Pfandrechts

Das gesetzliche Lagerhalterpfandrecht kann gemäß § 421 HGB an allen Gütern begründet werden. Darunter sind Sachen zu verstehen, die der Lagerhalter mit Willen und Wissen des Einlagerers lagert. Das Pfandrecht erfaßt das Gut in seiner Gesamtheit, also einschließlich der Verpackung.[1] Das Gut braucht nicht pfändbar zu sein, muß aber verwertbar sein. An letzterem mag es z. B. bei Briefen und Manuskripten fehlen, bei denen das Persönlichkeits- bzw. Urheberrecht der Verwertung entgegenstehen kann (RGRKz HGB-*Ratz*[2] § 421 2). Das Pfandrecht ergreift ferner das gesamte Gut unabhängig davon, wie hoch die gesicherte Forderung ist, auch wenn daraus eine exorbitante **Übersicherung** resultiert; denn das Gesetz enthält keinerlei Anhaltspunkte dafür, welche gegenständlich konkretisierten Sachen von der Belastung durch das Pfandrecht verschont bleiben sollen, wenn schon ein Teil des eingelagerten Gutes als Sicherung auszureichen scheint. Der Lagerhalter ist grundsätzlich auch nicht gehalten, die seinem Pfandrecht unterfallenden Güter ohne (partielle) Befriedigung der gesicherten Ansprüche freizugeben (BGH, BB **1966** 179), selbst wenn die verbleibenden Güter die gesicherten Forderungen wertmäßig decken würden. Will der Einlagerer einen **Teil der Güter zurücknehmen,** so hat er gemäß § 420 Abs. 2 S. 2 HGB den Anspruch auf Lagerkosten zu einem entsprechenden Teil zu berichtigen. Tut er dies, so vermag er dem Lagerhalter, der sich weiter auf sein Pfandrecht beruft, entgegenzuhalten, daß das auf **3**

---

[1] RGRKz HGB-*Ratz*[2] § 421 2. Das Gut braucht nicht pfändbar zu sein (LG Frankfurt, BB **1954** 912; Schlegelberger/Schröder HGB[5] § 421 5.

[2] RGRKz HGB-*Ratz*[2] § 421 1, § 410 4; *Heymann/Kötter* HGB[4], § 421 1; § 410 1; a. A. *Schlegelberger/Schröder* HGB[5], § 421 2.

dem Lager verbleibende Gut zur Sicherung ausreicht (§ 420 Abs. 2 S. 2 2. HS HGB; *Heymann/Kötter* HGB⁴ § 421 1). Allerdings kann der Lagerhalter dort, wo die Parteien nichts Besonderes vereinbart haben, arglistig handeln, falls er sich dem auf einen Teil des Lagergutes bezogenen Rückgabeverlangen des Einlagerers gegenüber auf sein Pfandrecht beruft, obwohl der auf Lager verbleibende Teil des Gutes evident ausreicht, die bislang angefallenen und in Zukunft zu erwartenden Lagerkosten abzusichern (*Schlegelberger/Schröder* HGB⁵ § 421 3).

III. Kreis der gesicherten Forderungen

4 § 421 HGB spricht davon, daß das Lagerhalterpfandrecht die Lagerkosten sichert. Der Legaldefinition des § 420 HGB zufolge fallen darunter das Lagergeld und die im Interesse des Einlagerers getätigten Aufwendungen. Das Lagerhalterpfandrecht sichert **nur konnexe** Forderungen. Die Lagerkosten müssen also dem Lagergeschäft entspringen, das die Kausalvereinbarung für die konkrete Einlagerung darstellt. Forderungen aus früheren oder darauffolgenden Lagergeschäften sind somit nicht gesichert. Insoweit kommt eine Sicherung des Lagerhalters nur durch Zurückbehaltungsrechte in Betracht (*Mauer* BB **1959** 872). Hingegen wird der Kreis der gesicherten Forderungen nicht dadurch eingeschränkt, daß ein Teil des Gutes zurückgenommen worden ist. Auch wenn der Einlagerer bei der Rücknahme entgegen § 420 Abs. 2 2. HS HGB nicht den entsprechenden Teil der Lagerkosten berichtigt hat, haftet das verbleibende Gut für die dem zugrunde liegenden Vertrag entspringenden Lagerkosten in voller Höhe (RGZ **74** 398).

Gesichert sind nur Lagerkosten. Daraus ergibt sich die Konsequenz, daß **Anspruchsgrundlage ein Lagervertrag** sein muß. Es reicht mithin nicht aus, daß das Gut mit Wissen und Wollen des Einlagerers tatsächlich vom Lagerhalter aufbewahrt wird.² Deshalb zerstört die Anfechtung des Lagervertrages auch das Pfandrecht (**a. A.** *Schlegelberger/Schröder* HGB⁵ § 421 2).

Das gesetzliche Lagerhalterpfandrecht sichert ferner ausschließlich Forderungen auf Vergütung und Aufwendungsersatz aus Tätigkeiten, die für das Lagergeschäft typisch sind. Hat sich der Lagerhalter z. B. im Rahmen der Lagerung verpflichtet, das Gut zu bearbeiten, so entsteht im Hinblick auf die für die Bearbeitung anfallenden Entgelte allenfalls ein **Unternehmerpfandrecht im Sinne des § 647 BGB**³.

IV. Unerheblichkeit der Fälligkeit

5 Die gesicherten Forderungen müssen weder fällig noch als unbedingte entstanden sein. Das Pfandrecht kann daher auch dann dem Rücknahmerecht des Einlagerers entgegengesetzt werden, wenn der Lagerhalter seine Zahlungsansprüche noch nicht zu realisieren vermag. (Zur Einschränkung dieses Grundsatzes bei Teilrücknahme § 421 3).

V. Besitz des Gutes

6 Voraussetzung für den Erwerb des Pfandrechts ist ferner, daß der Lagerhalter den unmittelbaren Besitz am Gut erlangt hat. Dem steht grundsätzlich der mittelbare Besitz (z. B. aufgrund Einlagerung bei einem dritten Lagerhalter) gleich. Der Einlagerer darf

---

³ BGH, DB **1966** 416; *Schlegelberger/Schröder* HGB⁵, § 421 4a; *K. Schmidt* Handelsrecht, § 33 IV 2.

allerdings nicht dem Lagerhalter den Besitz vermitteln. Der Besitz des Gutes wird durch die Herrschaft über das Gut mittels Konnossement, Lade- oder Lagerschein (§§ 424, 450, 647 HGB) ersetzt. Voraussetzung hierfür ist, daß das kaufmännische Dispositionspapier dem Lagerhalter übergeben und entweder auf seinen Namen ausgestellt oder an ihn bzw. blanko indossiert worden ist. Bei Inhaberpapieren genügt die Übergabe.

VI. Verfügungsbefugnis des Einlagerers und gutgläubiger Erwerb

Grundsätzlich entsteht das Lagerhalterpfandrecht nur, wenn der Einlagerer verfügungsberechtigt ist. Gemäß § 366 HGB wird jedoch der gute Glaube des Lagerhalters im Zeitpunkt der Einlagerung geschützt. Danach erwirbt der Lagerhalter das Pfandrecht, falls er den Einlagerer ohne grobe Fahrlässigkeit für den Eigentümer des Gutes oder zumindest für vom wahren Eigentümer ermächtigt gehalten hatte, das Gut einzulagern. Der Lagerhalter kann davon ausgehen, daß der Einlagerer von Handelsware, der unter Eigentumsvorbehalt gekauft hat oder die Ware zur Sicherung übereignet hat, zur Einlagerung im gewöhnlichen Lauf der Geschäfte ermächtigt ist. Eine Ausnahme gilt dort, wo das Gut abhandengekommen ist (§ 935 BGB). **7**

VII. Relevanz von Treu und Glauben

Der Entstehung des Lagerhalterpfandrechts kann unter Umständen die Einrede arglistigen oder widersprüchlichen Verhaltens entgegengehalten werden (RG, HRR **1930** 1041; BGH, WM **1962** 1350 ff). Ist dem Lagerhalter bekannt, daß die Einlagerung von Ware der Sicherung des Einlagerers dient, und zieht der Lagerhalter aus der sicherungshalber erfolgten Lagerung mittelbar dadurch einen Vorteil, daß ihm gewinnbringende Geschäfte mit einem Dritten eröffnet werden, der die Ware zugunsten des Einlagerers einlagert, so schließt es der Sicherungszweck aus, daß der Lagerhalter an der für den Einlagerer (Bank als Kreditgeber) zu verwahrenden Ware irgendwelche Rechte geltend macht.[4] Ähnliches gilt in Konstellationen, in denen ein Gerichtsvollzieher gepfändete Sachen einlagert (*Schlegelberger/Schröder* HGB[5] § 421 10 a). **8**

C. Reichweite des Pfandrechts

I. Rang des Pfandrechts

Der Rang des Pfandrechts bestimmt sich gemäß §§ 1257, 1209 BGB in erster Linie nach dem Zeitpunkt des Entstehens. Es gilt grundsätzlich das Prioritätsprinzip. Der Lagerhalter kann freilich gutgläubig einen besseren Rang dadurch erwerben, daß er bei der Einlagerung ohne grobe Fahrlässigkeit davon ausging, das Gut sei durch keine früher entstandenen Pfandrechte belastet (§§ 1203 BGB, 366 HGB). Ferner kann sich ein Rangvorrang aus § 443 HGB ergeben (Großkommentar HGB-*Helm* § 443 4 ff). Später entstehende Pfandrechte gehen im übrigen, von dem Fall guten Glaubens des Dritten an die Lastenfreiheit abgesehen, dem Lagerhalterpfandrecht nach. Das gilt immer für das Pfändungspfandrecht, das infolge einer Pfändung des auf Lager liegenden Gutes entstanden ist. **9**

II. Verwertung des Pfandrechts

Das Lagerhalterpfandrecht entspricht einem vertragsmäßigen Pfandrecht (§ 1257 BGB). Seine Verwertung erfordert daher keinen vollstreckbaren Titel **10**

---

[4] BGH, WM **1962** 1351; *Schlegelberger/Schröder* HGB[5], § 421 2.

(§§ 1228 ff BGB), sondern lediglich Fälligkeit der gesicherten Forderung. Die Frist zur Androhung der Versteigerung beträgt gemäß § 368 Abs. 2 HGB nur eine Woche, falls die Lagerung auf der Seite des Einlagerers ein Handelsgeschäft darstellte. Die Androhung hat gegenüber dem Eigentümer des Gutes zu erfolgen. Dabei kann der Lagerhalter gemäß § 1248 BGB im Zweifel davon ausgehen, daß der Einlagerer Eigentümer ist. Zur Verwertung vor Pfandreife s. §§ 1219 ff BGB. Der Lagerhalter, der zur Pfandverwertung schreitet, verfolgt seine eigenen Interessen. Daß er darüber die Interessen des Einlagerers nicht gänzlich vernachlässigen darf, ist lediglich Ausfluß des allgemeinen Gedankens von Treu und Glauben, den Einlagerer möglichst wenig zu schädigen, nicht aber der Pflicht, ein Geschäft des Einlagerers zu besorgen. Der Lagerhalter kann deshalb keine Provision für die Pfandverwertung verlangen; auch nicht dafür, daß er das Gut aufgrund seines Pfandrechts lagert.[5] Der Lagerhalter haftet für schuldhaft rechtswidrige Verwertung des Pfandes. Der Schaden wird von der Speditionsversicherung abgedeckt (OLG Düsseldorf, TranspR 222, 226). Unterläuft dem vom Lagerhalter beauftragten öffentlich bestellten Versteigerer ein Versehen, so haftet der Lagerhalter nicht für den Versteigerer.[6]

D. Erlöschen des Pfandrechts

11   Gemäß § 1257 BGB gelten für das Lagerhalterpfandrecht die allgemeinen Regeln über dessen Untergang: z. B. Übertragung der Forderung unter Ausschluß des Übergangs des Pfandrechts (§ 1250 Abs. 2 BGB), einseitiger Verzicht des Pfandgläubigers (§ 1255 BGB) sowie Erlöschen der gesicherten Forderung unabhängig davon, worauf der Erlöschungsgrund beruht (§ 1252 BGB). Erklärt der Lagerhalter dem Rechtsnachfolger des Einlagerers, das Gut auf den Namen des Rechtsnachfolgers umgebucht zu haben, so verzichtet der Lagerhalter nicht auf sein Pfandrecht, das Ansprüche gegen den Einlagerer sichert (OLG Hamburg, VersR **1984** 242). Einen weiteren Erlöschungsgrund stellt die Rückgabe des Guts an Einlagerer oder Eigentümer oder deren Besitzmittler dar (§ 1253 BGB). Wie zum parallel gelagerten Problem beim Kommissionspfandrecht (*Staub/Koller* HGB[4] § 397 16) ausgeführt wird, bleibt das Lagerhalterpfandrecht jedoch bestehen, falls der Lagerhalter den Besitz unfreiwillig verloren hat.[7]

E. Relevanz Allgemeiner Geschäftsbedingungen

§ 50 **ADSp** Anh. III zu § 424; § 13 **Möbellagerungsbedingungen** Anh. IV zu § 424; §§ 21 f **Hamburger Lagerungsbedingungen** Anh. V zu § 424; §§ 74 ff **Bremer Lagerhaus-Ordnung** Anh. VI zu § 424; Nr. 16 **Kaltlagerungs-Bedingungen** Anh. VII zu § 424.

F. Besonderheiten bei der Ausstellung von Lagerscheinen

Zur Reichweite des Pfandrechts im Falle der Ausstellung eines Orderlagerscheines § 424 15. Bei Ausstellung eines Lagerempfangsscheines siehe § 424 24; eines Inhaberlagerscheins siehe § 424 24; eines Namenslagerscheines siehe § 424 26.

---

[5] A. A. *Schlegelberger/Schröder* HGB[5], § 421 14; offengelassen BGH 21. 11. 1983, WM **1984** 165, 166.

[6] OLG Hamburg 8. 10. 1981, VersR **1982** 859; *Staub/Koller* HGB[4] §§ 373, 374 39.

[7] A. A. RGRKz HGB-*Ratz*[2] § 421 3, § 410 7; wohl auch *Schlegelberger/Schröder* HGB[5], § 421 5.

§ 422

(1) Der Lagerhalter kann nicht verlangen, daß der Einlagerer das Gut vor dem Ablauf der bedungenen Lagerzeit und, falls eine solche nicht bedungen ist, daß er es vor dem Ablauf von drei Monaten nach der Einlieferung zurücknehme. Ist eine Lagerzeit nicht bedungen oder behält der Lagerhalter nach dem Ablauf der bedungenen Lagerzeit das Gut auf dem Lager, so kann er die Rücknahme nur nach vorgängiger Kündigung unter Einhaltung einer Kündigungsfrist von einem Monat verlangen.

(2) Der Lagerhalter ist berechtigt, die Rücknahme des Gutes vor dem Ablauf der Lagerzeit und ohne Einhaltung einer Kündigungsfrist zu verlangen, wenn ein wichtiger Grund vorliegt.

Übersicht

	Rdn.		Rdn.
A. Vorbemerkung	1	II. Unbefristete Lagerzeit	4
B. Die Rücknahmepflicht bei Fehlen eines wesentlichen Grundes (§ 422 Abs. 1 HGB)	2	C. Rücknahmeanspruch des Lagerhalters bei Vorliegen eines wichtigen Grundes (§ 422 Abs. 2 HGB)	5
I. Die Lagerzeit ist vertraglich festgelegt	2	D. Einfluß Allgemeiner Geschäftsbedingungen	6
1. Rücknahmepflicht vor Ablauf der fest vereinbarten Lagerzeit	2	E. Rechtsfolgen der Nichterfüllung der Rücknahmepflicht	7
2. Rücknahmepflicht nach Ablauf der fest vereinbarten Lagerzeit	3		

Schrifttum: siehe Angaben zu § 416 HGB.

A. Vorbemerkung

Für das **Rücknahmerecht des Einlagerers** fehlt im HGB eine besondere Vorschrift. **1** Es findet insoweit Verwahrungsrecht (§ 695 BGB) Anwendung (§ 416 44 ff). § 422 HGB regelt ausschließlich das **Rückgaberecht des Lagerhalters** und die damit korrelierende Rücknahmepflicht des Einlagerers. Er überlagert den § 696 BGB, der die Rücknahmepflicht des Hinterlegers regelt, indem er dem Umstand Rechnung trägt, daß der Lagerhalter die Lagerung gewerbsmäßig betreibt. § 422 HGB statuiert eine echte Pflicht des Einlagerers. Die Pflicht zur Rücknahme wird, sofern der Lagervertrag nicht befristet ist und der Lagerhalter das Gut nicht behält, durch eine **Gestaltungserklärung** des Lagerhalters begründet. Daneben gelten die Regeln über den Annahmeverzug (§§ 293 ff BGB; 417 Abs. 1, 389, 373 HGB), wenn die Lagerfrist abgelaufen ist und der Einlagerer die zur Realisierung seines Rücknahmeanspruchs notwendigen Mitwirkungshandlungen unterläßt. § 422 HGB gilt nicht für die transportbedingte Zwischenlagerung des Spediteurs (*Krien/Glöckner* Speditions- und Lagerrecht § 47 ADSp 2). Im einzelnen gilt für die Rücknahmepflicht des Einlagerers folgendes:

B. Die Rücknahmepflicht bei Fehlen eines wesentlichen Grundes (§ 422 Abs. 1 HGB)

I. Die Lagerzeit ist vertraglich festgelegt

1. Rücknahmepflicht vor Ablauf der fest vereinbarten Lagerzeit

Haben die Parteien die Lagerzeit bedungen, so hat der Lagerhalter grundsätzlich **2** das gelagerte Gut während der gesamten vereinbarten Lagerzeit aufzubewahren, es sei denn, daß die in § 422 Abs. 2 HGB geregelte Ausnahme (§ 422 5) eingreift. „Bedungen" im Sinne des § 422 Abs. 1 HGB ist eine Lagerzeit dann, wenn die Parteien die Lagerzeit befristet haben, sei es, daß sie vertraglich für die Lagerung einen bestimmten Zeitraum, sei es, daß sie einen bestimmten Endtermin vorgesehen haben. Der Endzeitpunkt muß nicht notwendig kalendermäßig ex ante bestimmbar gewesen sein. Es genügt, daß der Endtermin von der Handlung eines Dritten oder eines bestimmten Ereignisses abhängig gemacht worden ist.

Die Regelung des § 422 Abs. 1 HGB, derzufolge der Lagerhalter vor Ablauf der vereinbarten Lagerzeit die Rücknahme nicht verlangen darf, enthält eine Ausprägung des Prinzips, daß Versprechen zu halten sind. Aus § 422 Abs. 1 HGB ergibt sich mithin zugleich mittelbar, daß der Lagerhalter auch verpflichtet ist, das Gut bis zum Ablauf der ausbedungenen Lagerzeit zu verwahren.

2. Rücknahmepflicht nach Ablauf der fest vereinbarten Lagerzeit

3 § 422 Abs. 2 S. 2 HGB enthält eine Regelung für den Fall, daß die vertraglich festgelegte Lagerzeit abgelaufen ist, der Lagerhalter aber das Gut auf Lager behält. Insoweit stellt § 422 Abs. 2 HGB eine Parallele zu § 568 BGB dar. Voraussetzung ist somit, daß der Lagerhalter bei Ablauf der Lagerzeit nicht die Rücknahme des Guts verlangt hat und auch der Einlagerer nicht erklärt hat, daß der Lagervertrag beendet sein soll. Der Akt, das Gut auf Lager zu behalten, stellt keine Willenserklärung, sondern einen tatsächlichen Vorgang dar. Er kann daher nicht angefochten werden. (a. A. Vorauflage). Der Einlagerer schuldet Lagergeld in Analogie zu § 568 BGB nach Maßgabe des Vertrages. Behält der Lagerhalter das Gut auf Lager, so greift nicht die allgemeine Frist von drei Monaten des § 422 Abs. 1 S. 1 HGB sondern die einmonatige Frist des § 422 Abs. 1 S. 2 HGB ein. Der Lagerhalter muß sich also so behandeln lassen, als ob der Lagervertrag unbefristet geschlossen worden wäre. Das Rücknahmeverlangen wird mit Zugang beim Einlagerer wirksam. Dies gilt auch für den Fall, daß sämtliche Rechte **abgetreten** wurden oder ein Lagerschein übertragen wurde, weil das Rücknahmeverlangen Pflichten begründet und der Rechtsnachfolger des Einlagerers nur Forderungen erworben hat. § 407 BGB findet keine Anwendung.[1] Ausnahme § 24 OLSchVO. Das Rücknahmeverlangen muß in Hinblick auf das gesamte Gut ausgeübt werden. Es gilt der Grundsatz, daß Teilkündigungen unzulässig sind. Verlangt der Lagerhalter fristgerecht die Rücknahme, so stellt dies eine Kündigung des Lagervertrages dar, der mit Ablauf der Frist erlischt[2], weil der Lagervertrag als Konsensualvertrag zu behandeln ist. Nimmt der Einlagerer das Gut nicht zurück, so gerät er in **Gläubigerverzug** (§§ 417 Abs. 1, 389, 373 HGB; 293 ff BGB) und unter der Voraussetzung der §§ 284 ff BGB in **Schuldnerverzug**. Dies gilt auch, wenn der Einlagerer den Herausgabeanspruch abgetreten hat. Der Lagerhalter ist berechtigt, das Gut dem Einlagerer zu übergeben, selbst wenn ihm die Zession bekannt war (Wertung des § 404 BGB). **§ 326 BGB** ist unanwendbar, weil der Rücknahmeanspruch nur einen Abwicklungsanspruch darstellt (Münchener Kommentar-*Hüffer* BGB[2] § 696 6 m. Nachw. zum Streitstand). Der Lagerhalter kann analog § 557 Abs. 1 BGB Vergütung verlangen.[3] Die Tatsache, daß die **Obhutpflicht** aus dem Lagervertrag erloschen ist, spricht nicht gegen eine Vergütungspflicht, weil der Lagerhalter kraft **nachvertraglicher Pflicht** gehalten ist, für das Gut zu

---

[1] *Köhler* JZ **1986** 516; Münchener Kommentar-*Roth*, BGB[2] § 404 8; *Erman/H. P. Westermann* BGB[7] § 404 4; RGRK-*Weber* BGB[12] § 404 16 a. A. *Neumann-Duesberg* NJW **1971** 271; *Nörr/Scheyhing* Sukzessionen (**1983**) § 4 II 5a.

[2] So zu § 696 BGB Münchener Kommentar-*Hüffer* BGB[2], § 696 6; *Staudinger/Reuter* BGB[12], § 696 1;

Soergel/Mühl BGB[11], § 696 1; *Krien/Glöckner* Speditions- und Lagerrecht, § 47 ADSp 3a; a. A. *Erman/Seiler* BGB[7], § 696 3; RGRK-*Krohn* BGB, § 696 1, 5.

[3] *Larenz* Schuldrecht II, § 58; a. A. *Staudinger/Reuter* BGB[12], § 696 2.

sorgen (§ 422 7; *Krien/Glöckner* Speditions- und Lagerrecht § 47 ADSp 4a, 5c). Der Lagerhalter haftet aber nur noch für Vorsatz und grobe Fahrlässigkeit (§ 300 BGB).

II. Unbefristete Lagerzeit

Ist keine feste Lagerzeit (§ 422 2) vereinbart, ist also ein unbefristeter Lagervertrag **4** geschlossen worden, so ist der Lagerhalter kraft dispositiven Rechts verpflichtet, das Gut zumindest drei Monate aufzubewahren. Die Frist von drei Monaten beginnt mit der Einlieferung, d. h. mit der Begründung des unmittelbaren oder mittelbaren Besitzes durch den Lagerhalter. Zum Ende der ersten drei Monate darf der Lagerhalter die Rücknahme nur verlangen, wenn er mindestens einen Monat vor Ablauf dieser Frist gekündigt hatte (§ 422 Abs. 1 S. 2 HGB). Auch nach Ablauf der Drei-Monats-Frist muß der Lagerhalter einen Monat vorher die Rücknahme verlangen, bevor er den Lagervertrag beendigen und die Rücknahme der eingelagerten Güter verlangen kann. Die Erklärung muß nicht notwendig zum Schluß eines Kalendermonats ausgesprochen werden. Die Frist ist nur eingehalten, wenn dem Einlagerer die Erklärung so rechtzeitig zugeht, daß die Monatsfrist gewahrt ist. Zum Adressat des Rücknahmeverlangens und zur Zulässigkeit von Teilrücknahmeverlangen § 422 3. Zu den Rechtsfolgen des Rücknahmeverlangens § 422 3, 7.

C. Rücknahmeanspruch des Lagerhalters bei Vorliegen eines wichtigen Grundes (§ 422 Abs. 2 HGB)

Gemäß § 422 Abs. 2 HGB kann der Lagerhalter das Lagerverhältnis sofort beenden **5** und fristlos die Rücknahme verlangen, wenn ihm die weitere Lagerung infolge eines wichtigen Grundes unzumutbar wird. § 422 Abs. 2 HGB trifft hier eine Regelung, die für Dauerschuldverhältnisse typisch ist (§§ 626, 723 Abs. 1 BGB). Man kann daher zur Konkretisierung des Begriffs „wichtiger Grund" den § 626 Abs. 1 BGB heranziehen, demzufolge Tatsachen vorliegen müssen, aufgrund derer dem Kündigenden unter Berücksichtigung aller Umstände des Einzelfalles und unter Abwägung der Interessen beider Vertragsteile die Fortsetzung des Dienstverhältnisses bis zum Ablauf der Kündigungsfrist oder bis zu der vereinbarten Beendigung des Dienstverhältnisses nicht zugemutet werden kann. Man hat demnach auch im Rahmen des § 422 Abs. 2 HGB das Vorliegen eines wichtigen Grundes im Wege einer umfassenden Interessenabwägung zu ermitteln. Von einem Verschulden der Parteien ist die Bejahung eines wichtigen Grundes nicht abhängig. Die Interessenabwägung darf nicht losgelöst von den gesetzlichen Wertungen erfolgen, die sich in den allgemeinen Regeln über die Risikoverteilung niedergeschlagen haben. So darf sich der Lagerhalter nicht deshalb vom Vertrag lösen, weil ihm die Lagerung teurer zu stehen kommt, als er es geplant hatte. Man wird deshalb dort, wo dem Lagerhalter die weitere Lagerung erheblich höhere Kosten als geplant verursacht, grundsätzlich erst dann von einem „wichtigen Grund" sprechen können, wenn die Verteuerung infolge unvorhersehbarer Umstände eingetreten ist (*Koller* Risikozurechnung S. 211 ff; s. auch § 416 68 f). Es reicht also nicht aus, daß eine an sich durchaus vorhersehbare Feuersbrunst einen Teil der Lagerräume des Lagerhalters vernichtet hat; denn der Lagerhalter kann auch in gemieteten Räumen oder bei dritten Lagerhaltern lagern (a. A. *Schlegelberger/Schröder* HGB[5] § 422 5). Ebensowenig genügt es, daß sich der Lagerhalter entschließt, seinen Gewerbebetrieb einzustellen (a. A. *Schlegelberger/Schröder* HGB[5] § 422 5). Hingegen wird man den Umstand als wichtigen Grund qualifizieren können, daß infolge einer an sich vorhersehbaren Veränderung der Umstände die Aufwendungen zur Aufrechterhaltung des erforderlichen Sicherheitsstandards eine Größenordnung erreicht haben, die das Lagergeschäft in den betreffenden Gütern zum Erliegen bringt. Gleiches gilt, wenn Dritte unter Berufung auf ihre Eigentümerposition das Gut herausverlangen und mit Klage drohen. Der praktisch bedeutsamste Fall eines wichtigen Grundes stellt die dem Lagerhalter bei Vertragsschluß nicht erkennbar gewesene Gefährlichkeit des Gutes für andere Güter oder für den Lagerhalter und seine Leute bzw. die Umgebung dar.[4] Der Lagerhalter darf aber auch dann kündigen, wenn ihm die Gefährlichkeit bei Vertragsschluß bekannt war, er aber die Gefahr unterschätzt hatte.

Zum Adressaten des Rücknahmeverlangens § 422 3; zu den Rechtsfolgen des Rücknahmeverlangens § 422 3, 7. Hat der Lagerhalter den Vertrag geschlossen, obwohl für ihn der wichtige Grund, die Lagerung zu beenden, erkennbar war, so haftet er wegen c.i.c.

D. Einfluß Allgemeiner Geschäftsbedingungen

6   § 30 a, § 47 **ADSp** Anh. III zu § 424; §§ 23 f **Hamburger Lagerungsbedingungen** Anh. V. zu § 424; §§ 78 f **Bremer Lagerhaus-Ordnung** Anh. VI zu § 424; Nr. 4 **Kaltlagerungsbedingungen** Anh. VII zu § 424.

E. Rechtsfolgen der Nichterfüllung der Rücknahmepflicht

7   Nimmt der Einlagerer entgegen § 422 HGB das eingelagerte Gut nicht zurück, so gerät er in Gläubigerverzug (§§ 293 ff BGB). Außerdem kommt er, falls ihn ein Schuldvorwurf trifft und der Rücknahmetermin kalendermäßig bestimmt war bzw. der Lagerhalter gemahnt hatte (§ 284 BGB), in Schuldnerverzug. Er ist dann gemäß § 286 BGB zum Schadensersatz verpflichtet. Ohne Rücksicht auf einen konkreten Schaden darf der Lagerhalter in Analogie zu § 557 Abs. 1 BGB Fortzahlung des vereinbarten oder üblichen Lagergeldes fordern. Der Lagerhalter ist weiter gemäß §§ 417 Abs. 1, 389, 373 HGB berechtigt, das Gut zu hinterlegen oder im Wege des Selbsthilfeverkaufs zu veräußern. Diese Rechte verliert der Lagerhalter nicht dadurch, daß der Einlagerer auf sein Gut verzichtet.

§ 423

Auf die Verjährung der Ansprüche gegen den Lagerhalter wegen Verlustes, Minderung, Beschädigung oder verspäteter Ablieferung des Gutes finden die Vorschriften des § 414 entsprechende Anwendung. Im Falle des gänzlichen Verlustes beginnt die Verjährung mit dem Ablaufe des Tages, an welchem der Lagerhalter dem Einlagerer Anzeige von dem Verlust macht.

Übersicht

	Rdn.		Rdn.
A. Vorbemerkung	1	II. Minderung, Beschädigung sowie verspätete Ablieferung des Gutes	5
B. Ansprüche gegen den Lagerhalter	2	III. Verlust des Gutes	6
C. Ansprüche des Einlagerers und des Eigentümers	3	IV. Ende der Verjährungsfrist	7
D. Ansprüche wegen Verlustes, Minderung, Beschädigung oder verspäteter Ablieferung des Gutes	4	V. Aufrechnung trotz Verjährung	8
		VI. Zurückbehaltungsrecht	9
I. Art der Ansprüche	4	E. Allgemeine Geschäftsbedingungen	10

---

[4] *Schlegelberger/Schröder* HGB[5], § 422 5; RGRKz HGB-*Ratz*[2] § 422 3; *Heymann/Kötter* HGB[4], § 422 2; *Baumbach/Duden/Hopt* HGB[26], § 422 2 B; vgl. auch § 47 b ADSp.

A. Vorbemerkung

§ 423 HGB enthält eine **Spezialvorschrift** für die Verjährung der Ansprüche des Einlagerers gegen den Lagerhalter wegen **Verlustes, Minderung, Beschädigung oder verspäteter Ablieferung** des Gutes. Er privilegiert den Lagerhalter im Interesse schneller Abwicklung der Ansprüche und zur Vermeidung von Beweisschwierigkeiten im Hinblick auf die am häufigsten gegen den Lagerhalter erhobenen Schadensersatzansprüche (BGH, NJW **1955** 1513 (1514)). Auf **andere Ansprüche** als die wegen Verlustes, Minderung, Beschädigung oder verspäteter Ablieferung des Gutes läßt sich § 423 HGB aus Gründen der Rechtssicherheit nicht anwenden, insbesondere nicht auf den Anspruch wegen schuldhafter Nichtwahrung des Interesses des Einlagerers gegen Dritte, verspätete Übernahme des Guts zur Einlagerung, rechtswidrige Ablehnung der Übernahme des Guts oder Unterlassen der Versicherung (§§ 417, 388 HGB). Insoweit gelten die allgemeinen Verjährungsvorschriften (§ 195 BGB).

B. Ansprüche gegen den Lagerhalter

§ 423 kommt **nur** auf Ansprüche **gegen** den Lagerhalter zur Anwendung. Für die Ansprüche des Lagerhalters gegen den Einlagerer gelten die allgemeinen Vorschriften über die Verjährung (§ 420 19). Zur Anwendung des § 423 HGB ist es ferner notwendig, daß der Lagerhalter als solcher passiv legitimiert ist. Bei einem Kaufmann, der nur gelegentlich Lagerhaltung betreibt, greifen die bürgerlich-rechtlichen Verjährungsvorschriften ein. Gleiches gilt, soweit der Lagerhalter über die eigentlichen Pflichten eines Lagerhalters hinaus tätig geworden ist und sich hierbei schadensersatzpflichtig gemacht hat. Die Ansprüche müssen mithin darauf beruhen, daß sich der Lagerhalter als solcher selbst schadensersatzpflichtig gemacht hat oder sonst für den Verlust etc. haftet. § 423 HGB erfaßt deshalb z. B. nicht Schadensersatzansprüche gegen einen Substituten des Lagerhalters, die der Lagerhalter an den Einlagerer abzutreten hat.

C. Ansprüche des Einlagerers und des Eigentümers — Rechtsnatur

§ 423 HGB spricht nur von Ansprüchen gegen den Lagerhalter. Er regelt nicht, wer aktiv legitimiert sein muß, wenn § 423 HGB eingreifen soll. Nach h. M. findet § 423 HGB nur auf den Einlagerer als Vertragspartner des Lagerhalters, nicht aber auf den Eigentümer Anwendung, falls der Einlagerer fremdes Gut eingelagert hatte.[1] § 423 HGB erfaßt also nur Ansprüche aus **Verzug, Unmöglichkeit, positiver Forderungsverletzung** und **culpa in contrahendo**, soweit Schadensersatz wegen Verlusts, Minderung, Beschädigung oder verspäteter Ablieferung gefordert wird. Von der ratio legis her gesehen leuchtet es freilich auf den ersten Blick nicht ein, warum der Lagerhalter dann weniger schutzwürdig sein soll und sich nur nach Maßgabe des **Eigentümer-Besitzerverhältnisses** bzw. des § 852 BGB auf Verjährung berufen darf, wenn er mit einem Einlagerer kontrahiert hatte, der fremdes Gut eingelagert hat. Gegen eine Anwendung des § 423 HGB auf den vom Einlagerer verschiedenen Eigentümer spricht jedoch der Umstand, daß die Verjährungsfrist mit der Anzeige vom Verlust (§ 423 S. 2 HGB) bzw. mit der Ablieferung zu laufen beginnt (§§ 423 S. 1, 414 Abs. 1 HGB), so daß der Eigentümer eine Verjährung seiner Schadensersatzansprüche hinnehmen müßte, ohne jemals

---

[1] BGH, NJW **1985** 2411, 2412, *Schlegelberger/Schröder* HGB5, § 423 5; *Heymann/Kötter* HGB4, § 423 1; RGRKz HGB-*Ratz*2 § 423 2.

vorher Gelegenheit gehabt zu haben, die Tatsache der Einlagerung in Erfahrung zu bringen (a. A. *Krien/Glöckner* Speditions- und Lagerrecht § 64 ADSp Anm. 8 d, der darauf abhebt, ob der Spediteur den Auftraggeber gutgläubig für den Eigentümer oder als zur Einlagerung berechtigt gehalten hatte). Nach ständiger Rechtsprechung darf sich aber der Lagerhalter auch dem Einlagerer gegenüber, der als Eigentümer Schadensersatzansprüche aus **Delikt** herleitet, nicht auf die Verjährungsfrist des § 423 HGB berufen (BGH NJW **1985** 2411, 2412). Der Lagerhalter muß nicht deshalb besser gestellt werden, weil der Eigentümer auch Einlagerer ist.

D. Ansprüche wegen Verlustes, Minderung, Beschädigung oder verspäteter Ablieferung des Gutes
I. Art der Ansprüche

4   Die Ansprüche werden regelmäßig auf Schadensersatz gehen. Sie müssen dies jedoch nicht notwendig tun, sondern können sich auch auf Zahlung einer Vertragsstrafe richten. § 423 HGB erfaßt nur vertragliche, nicht aber konkurrierende deliktische oder dem Eigentümer-Besitzer-Verhältnis entspringende Forderungen.[2] Man wird ferner § 423 HGB auch auf Ansprüche aus culpa in contrahendo anzuwenden haben, falls der Lagerhalter Gut eingelagert hatte, bevor ein Lagervertrag zustande kam.

II. Minderung, Beschädigung sowie verspätete Ablieferung des Gutes

5   Unter Minderung ist der teilweise Verlust (z. B. Verlust einzelner Packungen, Leckage), unter Beschädigung die Beeinträchtigung der chemisch/physikalischen Beschaffenheit des Gutes zu verstehen. Das Gut wird verspätet abgeliefert, wenn der Fälligkeitstermin nicht eingehalten wird. Die **Frist beginnt** im Fall der **Minderung** oder **Beschädigung** am Tag der Ablieferung an den Einlagerer, dessen Rechtsnachfolger oder eine sonst legitimierte Person. Findet die Auslieferung nicht an einem Tag sondern an mehreren Tagen statt, ist der letzte Tag maßgeblich (BGHZ **18** 98 104). Kann beschädigte oder geminderte Ware nicht abgeliefert werden und befindet sich der Einlagerer in **Annahmeverzug** (§§ 293, 296 BGB), so beginnt auch in diesem Fall die Verjährung erst mit der realen Ablieferung, da der Einlagerer, wie bei § 477 Abs. 1 BGB der Käufer, vorher außerstande ist, die Schäden festzustellen.[3] Gleiches gilt, falls der Aufenthaltsort des Einlagerers nicht zu ermitteln ist.

Im Fall der verspäteten Ablieferung ist der Tag der vertragsgemäßen Ablieferung maßgeblich (§ 414 Abs. 2 HGB); auch dann, wenn der Einlagerer unbekannt verzogen gewesen ist und/oder sich im Annahmeverzug befand, weil der Einlagerer den Verjährungsbeginn aus dem Vertrag zu ersehen vermag.

III. Verlust des Gutes

6   Der Verlust muß total sein. Er ist es dann, wenn der Lagerhalter außerstande ist, auch nur einen Teil des Gutes herauszugeben. Dabei ist es gleichgültig, ob die Unmöglichkeit der Herausgabe auf Zerstörung, Abhandenkommen, endgültiger Beschlagnahme oder Auslieferung an einen Nichtberechtigten beruht. Bei vorübergehender Beschlagnahme kommt es darauf an, ob der Einlagerer innerhalb eines zumutbaren Zeit-

---

[2] BGH, NJW **1953** 1180; NJW **1955** 1513, 1514; NJW **1985** 2411, 2412; a. A. *Schlegelberger/Schröder* HGB5, § 423 3; *Krien/Glöckner* Speditions- und Lagerrecht, § 64 ADSp 8d; RGRKz HGB- *Ratz*2 § 423 4; *Staub/Helm* HGB4, §§ 407 – 409 197.

[3] Wie hier wohl *Schlegelberger/Schröder* HGB5, § 414 3; a. A. *Staub/Helm* HGB4, § 414 11.

raums mit der Freigabe rechnen kann. Ist dies der Fall, so führt die Beschlagnahme lediglich zu einer Verzögerung der Ablieferung. Teilverluste fallen unter den Begriff der Minderung (BGH NJW 1953 1513 f — BGHZ 18 101). Anders als in den Fällen der Beschädigung des Gutes **beginnt die Verjährung** der durch den Verlust des Gutes ausgelösten Ansprüche mit dem Ablaufe des Tages, an dem der Lagerhalter dem Einlagerer Anzeige von dem Verlust des Gutes gemacht hat. Zu dieser Anzeige ist der Lagerhalter verpflichtet (s. oben § 417 33). Handelt der Lagerhalter dieser Pflicht zuwider, so beginnt die Verjährungsfrist nicht zu laufen, auch wenn der Einlagerer auf andere Weise vom Verlust Kenntnis erlangt haben sollte. In Betracht kommt dann nur eine Verwirkung des Anspruchs.

IV. Ende der Verjährungsfrist

Sofern der Lagerhalter oder seine Erfüllungsgehilfen **nicht vorsätzlich** gehandelt haben, beträgt die Verjährungsfrist 1 Jahr. Kann der Einlagerer aufgrund Erklärungen des Lagerhalters vor Ablauf der Verjährungsfrist mit der Möglichkeit einer gütlichen Regulierung seiner Schadensersatzansprüche rechnen, so ist die Berufung auf die Verjährung rechtsmißbräuchlich, wenn der Einlagerer binnen angemessener Frist Klage erhebt, nachdem die Möglichkeit einer gütlichen Einigung erkennbar weggefallen war (BGH, VersR 1984 932, 934 f). Der Lagerhalter muß sich dabei das Verhalten seines Speditionsversicherers zurechnen lassen (BGH, aaO). Im Schweben von normalen Schadensregulierungsverhandlungen liegt für sich allein keine Stundungsvereinbarung.[4] Vereinbaren die Parteien, daß ein Rechtsstreit noch nicht eingeleitet werden soll, weil die endgültige Stellungnahme der Versicherung fehlt, so wird damit auf die Verjährungseinrede bis zum Ablauf einer angemessenen Überlegungszeit nach Bescheid der Versicherung verzichtet. Die Verjährung wird nicht unterbrochen. Zur Unterbrechung der Verjährung §§ 208 ff BGB.

V. Aufrechnung trotz Verjährung

§ 414 Abs. 3 HGB erhält dem Einlagerer das Recht zur Aufrechnung nach Verjährung, wenn der Einlagerer den Schaden vor Ablauf der Verjährungsfrist angezeigt oder die in § 414 Abs. 3 HGB genannten gerichtlichen Schritte unternommen hatte. Die Aufrechnungslage muß vor Eintritt der Verjährung bestanden haben (BGH, VersR 1974 742, 743). Es kann nicht nur gegen Ansprüche aus demselben Lagervertrag aufgerechnet werden.[5] Der Wortlaut des § 414 HGB spricht für eine uneingeschränkte Aufrechnungsbefugnis. Sinn der §§ 423, 414 HGB ist es, den Einlagerer zu schützen, der in Vertrauen auf offene Forderungen des Lagerhalters seine eigenen Ansprüche nicht realisiert. Der Lagerhalter muß nicht befürchten, daß noch nach Jahren mit verjährten Forderungen gegen Lagergeldansprüche aus neuen Lagerverträgen aufgerechnet wird, weil die Aufrechnungslage bereits vor Ablauf der Verjährungsfrist eingetreten sein muß (so wohl auch *Staub/Helm* HGB[4] § 414 13).

VI. Zurückbehaltungsrecht

§ 414 Abs. 3 HGB ist auf das Zurückbehaltungsrecht des Einlagerers analog anzuwenden, weil ein Zurückbehaltungsrecht, das auf einen verjährten Anspruch gestützt

---

[4] OLG Hamburg 12. 2. 1981, VersR 1982 1204; OLG Hamm 10. 11. 1983, VersR 1984 259, 260.
[5] *Staub/Helm* HGB[4], § 414 13; *Schlegelberger/*

Schröder HGB[5], § 414 4, a. A. *Baumbach/Duden/ Hopt* HGB[26], § 414 3.

wird, faktisch ebenso wie eine Aufrechnung wirkt[6] und § 414 HGB den § 390 BGB gezielt einschränkt.[7]

E. Allgemeine Geschäftsbedingungen

10 § 64 ADSp Anh. III zu § 424; § 25 **Hamburger Lagerungsbedingungen** Anh. V zu § 424; § 21 **Bremer Lagerhaus-Ordnung** Anh. VI zu § 424; Nr. 22 **Kaltlagerungsbedingungen** Anh. VII zu § 424.

§ 424

Ist vom Lagerhalter ein Lagerschein ausgestellt, der durch Indossament übertragen werden kann, so hat, wenn das Gut von dem Lagerhalter übernommen ist, die Übergabe des Lagerscheins an denjenigen, welcher durch den Schein zur Empfangnahme des Gutes legitimiert wird, für den Erwerb von Rechten an dem Gute dieselben Wirkungen wie die Übergabe des Gutes.

Übersicht

	Rdn.		Rdn.
A. Vorbemerkung: Die Arten von Lagerscheinen	1	VIII. Einfluß der OLSchVO auf das Lagergeschäft, insbesondere die Verpflichtungen des Lagerhalters	19
I. Orderlagerschein	2		
II. Inhaberlagerschein	3		
III. Namenslagerschein	4	IX. Unwirksame Orderlagerscheine	20
IV. Lagerempfangsschein	5	C. Lagerempfangsschein, Inhaber- und Namenslagerschein	21
V. Lieferschein und Freistellungserklärung	6	I. Lagerempfangsschein	22
B. Der Orderlagerschein	7	II. Inhaberlagerschein	23
I. Funktion des Orderlagerscheines	7	III. Namenslagerschein	26
II. Inhalt und Voraussetzung der Traditionsfunktion des Orderlagerscheines	8		
1. Die Traditionsfunktion	8	Anhang I nach § 424: **Verordnung über Orderlagerscheine (OLSchVO) vom 16. 12. 1931 (RGBl. I 763)**	
2. Voraussetzungen der Traditionswirkung			
a) Existenz eines Orderlagerscheins	9	Anhang II nach § 424: **Lagerordnung für die Lagerung von Gütern gegen Orderlagerschein**	
b) Übernahme des Gutes	10		
c) Fortdauer des Besitzes	11		
d) Übertragung des Papiers	12	Anhang III nach § 424: **ADSp**	
e) Einigung bezüglich des Eigentums an dem Gut	13		
III. Die Rechtsfolgen der Übertragung eines Traditionspapieres	14	Anhang IV nach § 424: **Allgemeine Möbellagerungsbedingungen**	
IV. Pfand- und Zurückbehaltungsrechte	15	Anh. V nach § 424: **Hamburger Lagerungsbedingungen**	
V. Die Legitimation zur Forderung von Schadensersatzleistungen	16		
VI. Ausfertigung mehrerer Orderlagerscheine	17	Anh. VI nach § 424: **Bremer Lagerhaus-Ordnung**	
VII. Verfügungen ohne Übertragung des Orderlagerscheins	18	Anh. VII nach § 424: **Kaltlagerungsbedingungen**	

---

[6] BGHZ **48** 116, der auf § 273 BGB den § 390 S. 2 BGB analog anwendet. [7] **A. A.** *Staub/Helm* HGB[4], § 414 15; *Schlegelberger/Schröder* HGB[5], § 414 4a.

Schrifttum: siehe Angaben zu § 416 HGB.

A. Vorbemerkung: Die Arten von Lagerscheinen

Das HGB kennt nur den Orderlagerschein. Daneben sind Inhaberlagerscheine, auf **1** den Namen ausgestellte Lagerscheine (Namenslagerscheine) sowie Lagerempfangsscheine gebräuchlich. Das HGB regelt nicht ausdrücklich, unter welchen Voraussetzungen der Einlagerer die Ausstellung eines Lagerscheines, sei es eines Namens-, Inhaber- oder Orderlagerscheines **verlangen** kann. Hier hat man zu differenzieren: Der Lagerhalter, der zur Ausgabe von Orderlagerscheinen ermächtigt worden ist (§ 424 2), hat auf Verlangen einen Orderlagerschein auszustellen (§ 33 OLSchVO). Die übrigen Lagerscheine sind auszustellen, falls sie üblicherweise ausgestellt werden. Ist dies nicht der Fall, so wird man den Lagerhalter für verpflichtet ansehen können, Namenslagerscheine auszustellen, weil diese nur geringe Gefahren für seinen Geschäftsbetrieb mit sich bringen und daher zumutbar sind. Anders ist die Situation bei Inhaberlagerscheinen wegen § 796 BGB. Für die Ausstellung der Lagerscheine kann der Lagerhalter eine besondere Vergütung fordern (§ 354 HGB). In Analogie zu § 368 BGB hat der Lagerhalter auf Verlangen immer Lagerempfangsscheine auszugeben. Ebenso § 48 a **ADSp** (Anh. III zu § 424), abweichend §§ 16 ff **Hamburger Lagerungsbedingungen** (Anh. V zu § 424), §§ 89 ff **Bremer Lagerhaus-Ordnung** (Anh. VI zu § 424).

I. Orderlagerscheine

Der Orderlagerschein verbrieft die dem Einlagerer aus dem Lagervertrag zustehen- **2** den Ansprüche, die maßgeblich durch die OLSchVO geprägt sind (Anh. I § 424). Er begründet grundsätzlich keine abstrakte Forderung neben dem Lagervertrag und stellt mithin normalerweise ein kausales Wertpapier dar (Großkommentar HGB *Canaris*[3] § 363 47). Der Lagerschein ist kein geborenes Orderpapier. Er muß deshalb, um als Orderlagerschein zu gelten, mit einer Orderklausel versehen sein. Wie sich aus den §§ 363 HGB, 1 OLSchVO ergibt, können Orderlagerscheine nur von staatlich dazu ermächtigten Lagerhaltern ausgestellt werden. Fehlt eine solche Ermächtigung, so knüpfen sich an einen gleichwohl an Order gestellten Lagerschein weder die Wirkungen der §§ 363 ff HGB noch des § 424 HGB (zur Umdeutung derartiger Papiere siehe unten).

Gemäß § 38 Abs. 2 OLSchVO unterliegt die Ausstellung von Orderlagerscheinen Formerfordernissen. Die Scheine müssen Nummer des Lagerscheinregisters, Namen desjenigen, für den oder für dessen Order die Lagerung stattfindet, die Menge des Gutes samt Merkzeichen, die Bezeichnung des Gutes nach Gattung und bei der Sammellagerung auch Handelsklasse und Gütegruppe (§ 28 OLSchVO), Angabe des Lagerortes, einen Hinweis auf die Verpflichtung des Lagerhalters, das Gut nur gegen Vorlage des Lagerscheins und nach Maßgabe der aus ihm ersichtlichen Bedingungen auszuliefern, Angabe von Ort und Tag der Ausstellung sowie die Unterschrift des Lagerhalters enthalten. Daneben gibt es eine Reihe von Sollvorschriften über die Form von Orderlagerscheinen (§ 38 Abs. 1, Abs. 3 OLSchVO). Wird ein Lagerschein auf Order und zugleich auf den Inhaber ausgestellt, so ist dieser Lagerschein als Orderlagerschein gemäß § 125 BGB unwirksam.[1] Der Orderlagerschein ist auch unwirksam, wenn er ausgestellt wird, bevor das Gut eingelagert wurde (§§ 134 BGB, 33 Abs. 2 OLSchVO). Man wird hier aber §§ 33 Abs. 2 OLSchVO dahin restringieren müssen, daß ihm Genüge getan ist, wenn der Orderlagerschein erst im Moment der Übernahme des Gutes

---

[1] *Heymann/Kötter* HGB[4], § 424 1; RGRKz HGB-*Ratz*[2] § 424 3.

§ 424   Drittes Buch. Handelsgeschäfte

an den ersten Nehmer ausgehändigt wird (*Schlegelberger/Schröder* HGB⁵ § 424 4a). Der Mangel, der aus einer vorzeitigen Ausgabe des Orderlagerscheines resultiert, wird nicht dadurch geheilt, daß das Gut später eingelagert wird.²

Der nichtige Orderlagerschein entfaltet keine Traditionswirkung. Er kann auch nicht durch Indossament übertragen werden. Der nichtige Orderlagerschein kann jedoch in ein Empfangsbekenntnis oder einen Namenslagerschein (RGRKz HGB-*Ratz*² § 424 6) umgedeutet werden (§ 140 BGB). Die Indossamente sowie die die Übertragung des Papiers betreffenden Einigungserklärungen sind dahin umzudeuten, daß der dem Veräußerer gegen den Lagerhalter zustehende Herausgabeanspruch abgetreten wird (§§ 398 ff BGB). Deshalb kann sich an die „Übertragung" eines nichtigen Orderlagerscheins ein Eigentumsübergang nach Maßgabe der §§ 931, 934, 870 BGB knüpfen.³

II. Inhaberlagerschein

3   Der Inhaberlagerschein verbrieft die Ansprüche gegen den Lagerhalter aus dem Lagergeschäft und ist auf den Inhaber ausgestellt. Er ist als Schuldverschreibung auf den Inhaber iSd §§ 793 ff BGB zu qualifizieren. Zu seiner Ausstellung bedarf der Lagerhalter keiner staatlichen Ermächtigung, da keine Zahlung einer Geldsumme versprochen wird (*Schlegelberger/Schröder* HGB⁵ § 424 11). Näher dazu § 424 23.

III. Namenslagerschein

4   Im Namenslagerschein verpflichtet sich der Lagerhalter, das Gut nur gegen Vorlage des Scheines an denjenigen herauszugeben, der im Schein namentlich genannt oder durch eine zusammenhängende Kette von Abtretungserklärungen legitimiert ist (näher dazu § 424 26).

IV. Lagerempfangsschein

5   Der Lagerempfangsschein bestätigt in erster Linie nur die Empfangnahme des Gutes. Er verpflichtet den Lagerhalter nicht, das Gut an den Inhaber des Scheines auszuliefern. Näher dazu § 424 22.

V. Lieferschein und Freistellungserklärung

6   **Lieferscheine** werden normalerweise **von den Einlagerern** ausgestellt (*Canaris*, Großkommentar HGB³ § 363 29). Sie enthalten eine Ermächtigung an den Empfänger, sich die Ware vom Lagerhalter aushändigen zu lassen und die Ermächtigung an den Lagerhalter, das Gut an den Inhaber des Lieferscheins auszuhändigen (BGH, NJW **1971** 1608, 1609). Lieferscheine stellen keine handelsrechtlichen Traditionspapiere dar (vgl. dazu aber Großkommentar HGB³-*Canaris* § 363 116), sondern Anweisungen im weiteren Sinn (OLG Hamburg, ZIP **1981** 996; Großkommentar HGB³-*Canaris* § 363 30). Im Erwerb des Lieferscheins gegen Entgelt liegt im Zweifel auch eine Abtretung der Herausgabeansprüche gegen den Lagerhalter (BGH, NJW **1966** 1966, 1969). Mit der Übersendung des Lieferscheins wird ein Angebot zum Abschluß eines Lagervertrages über die Ware gemacht, wenn der Absender des Lieferscheins zu erkennen gibt, daß er die Ware noch beim Lagerhalter belassen will. Das Angebot kann gemäß

---

² A. A. Großkommentar HGB-*Canaris*³ § 363 86; Heymann/Kötter HGB⁴, § 424 2; RGRKz HGB-*Ratz*² § 424 5.

³ Vgl. *Schlegelberger/Schröder* HGB⁵, § 424 1; Heymann/Kötter HGB⁴, § 424 1.

§ 362 HGB angenommen werden (zur Wirkung der Annahme Großkommentar HGB[3]-*Canaris* § 363 32). Denkbar ist auch eine Annahme der Anweisung (§ 784 BGB analog), so z. B. wenn sich der Lagerhalter die Lagerkosten vom Inhaber des Lieferscheins erstatten läßt (OLG Hamburg, VersR **1982** 1104). Zur Eigentumsübertragung *Staub/Koller* HGB[4] vor § 373 251 ff; **a. A.** Großkommentar HGB[3]-*Canaris* § 363 33; zum **Inhaberlieferschein** *Canaris,* aaO § 363 31. Orderlieferscheine iSv § 363 HGB sind nicht denkbar, da der Lagerhalter nicht leistet, sondern nur herausgibt. Jedenfalls ist das eingelagerte Gut nicht vertretbar (**a. A.** Großkommentar-*Canaris* HGB[3] § 363 10, 30, 116). In den **Freistellungserklärungen des Lagerhalters** kann die Annahme einer Anweisung im weiteren Sinn enthalten sein; auch ein Angebot an den Empfänger der Erklärung zum Abschluß eines Lagervertrages (BGH, WM **1984** 1277, 1278 f). Der Lagerhalter, der dem Käufer des Guts gegenüber eine Freistellungserklärung abgibt, ist verpflichtet, die Menge, das Gewicht, die Art des Lagerguts und den Lagerort richtig wiederzugeben (*Hopt* AcP **183** (1983), 608, 633). Aussagen über die Qualität des Guts braucht er nicht zu machen (BGH, WM **1984** 1277, 1279). Freistellungserklärungen **des Einlagerers** stellen Anweisungen an den Lagerhalter dar (OLG Frankfurt, DB **1981** 636; Großkommentar HGB[3]-*Canaris* § 363 30).

Der **von** einem **Lagerhalter** auf sich selbst ausgestellte Lieferschein kann eine Auslieferungsverpflichtung des Lagerhalters gegenüber dem berechtigten Inhaber des Lieferscheines begründen (OLG Hamburg, MDR **1969** 764).

B. Der Orderlagerschein
I. Funktionen des Orderlagerscheines

Der Orderlagerschein stellt ein kaufmännisches Wertpapier dar, das zum Kreis der **7** in den §§ 363 ff HGB genannten Wertpapiere zählt. Er entfaltet zugunsten des Inhabers, an den er indossiert oder dem er mit einem Blankoindossament übertragen wurde, Legitimationswirkungen. Mit dem Indossament und der Übergabe des Papiers gehen ferner die verbrieften Rechte aus dem Lagervertrag auf den Indossatar über. Darüber hinaus kommt dem Orderlagerschein die Funktion zu, den Indossatar vor Einwendungen zu schützen, die sich weder aus dem Wertpapier ergeben noch dem Lagerhalter unmittelbar gegen den Indossatar zustehen. Siehe zu diesen Wertpapierfunktionen die Erläuterungen zu den §§ 363 ff HGB. Zur Frage des Einwendungsausschlusses siehe auch §§ 21 f OLSchVO (Anh. I zu § 424). In Erweiterung dieser sich aus den §§ 363 HGB ergebenden Funktionen weist § 424 HGB dem Orderlagerschein eine Traditionsfunktion zu.

II. Inhalt und Voraussetzungen der Traditionsfunktion des Orderlagerscheins
1. Die Traditionsfunktion

Der Inhalt der in § 424 HGB normierten Traditionsfunktion ist umstritten. Die **8** Vertreter der relativen Theorie stehen auf dem Standpunkt, daß § 424 HGB nur eine besondere Formulierung der in § 931 BGB vorgesehenen Form der Eigentumsübertragung enthalte. Demgegenüber soll den Vertretern der absoluten Theorie zufolge die Traditionsfunktion darin liegen, daß der Orderlagerschein in Erweiterung der in den §§ 929 ff BGB vorgesehenen Übertragungsformen eine weitere Erwerbsvariante schaffe. Die heute überwiegend vertretene Repräsentationstheorie vertritt die Ansicht, daß das Papier den mittelbaren Besitz an der Ware repräsentiere. Eingehend zum Streitstand Großkommentar HGB[3]-*Canaris* § 363 75 ff. Richtig erscheint die wertpapierrechtlich fortgebildete und modifizierte relative Theorie (dazu Großkommentar HGB³-*Canaris* § 363 118, 82 ff). Ihr zufolge liegt die Traditionsfunktion im wesentlichen darin, die Eigentumsübertragung davon unabhängig zu machen, daß der Veräußerer mittelbarer Besitzer war oder daß der Erwerber mittelbarer Besitzer wird, sofern der Lagerhalter Besitzer, sei es auch in der Form des Eigenbesitzes, geblieben ist.

2. Voraussetzungen der Traditionswirkung
a) Existenz eines Orderlagerscheines

9 Der ausstellende Lagerhalter muß zur Ausgabe von auf Order gestellten Lagerscheinen ermächtigt gewesen sein (§ 424 2). Es müssen gewisse Formerfordernisse (§ 424 2) erfüllt sein. Nicht notwendig ist es, daß die im Orderlagerschein enthaltenen Angaben auch inhaltlich richtig sind. So ändert z. B. die unrichtige Bezeichnung des Lagerortes nichts an der Gültigkeit des Papiers.[4] Der Lagerhalter macht sich aber unter Umständen schadensersatzpflichtig (§ 40 OLSchVO). Gleiches gilt, falls das Gut in ein nicht konzessioniertes Lager eingebracht worden war (*Baumbach/Duden/Hopt* HGB²⁶ Anh. § 424, § 5 OLSchVO Anm. 1).

b) Übernahme des Gutes

10 Der Lagerhalter muß das Gut übernommen haben. Dafür genügt mittelbarer Besitz des Lagerhalters.[5] Die besonderen Formerfordernisse der OLSchVO besagen, daß der Lagerhalter das Gut in Besitz genommen haben muß, bevor er den Orderlagerschein an den danach zur Empfangnahme des Gutes Legitimierten aushändigt (§ 424 2).

c) Fortdauer des Besitzes

11 Ob Voraussetzung der Traditionswirkung die Fortdauer des mittelbaren Besitzes des Papierinhabers ist, wird nicht einheitlich beantwortet. Die h. L. verlangt Fortbestand des mittelbaren Besitzes.[6] Richtigerweise darf jedoch nur gefordert werden, daß der Lagerhalter im Zeitpunkt der Übergabe des Papiers Besitzer, und sei es auch in der Form des Eigenbesitzes, ist. Hingegen braucht dem Besitz des Lagerhalters kein mittelbarer Besitz des Veräußerers oder Erwerbers zu entsprechen.[7]

d) Übertragung des Papiers

12 Dem Wortlaut des § 424 HGB zufolge muß das Papier übergeben werden. Ein Übergabesurrogat reicht entgegen der h. L. aus (Großkommentar HGB³-*Canaris* § 363 83). Die Übergabe bzw. ein Surrogat genügen für sich allein indessen nicht, um die Traditionswirkung zu erzeugen. Es muß eine lückenlose Kette von Indossamenten zugunsten des Veräußerers und ein Indossament auf den Erwerber hinzutreten (*K. Schmidt* Handelsrecht § 23 III 3). Nach h. M. ist weiterhin die auf die Übereignung des Papiers gerichtete Einigung erforderlich. Mängel der Einigung werden durch die Übergabe des Papiers nicht geheilt (Großkommentar HGB³-*Canaris* § 363 82).

---

[4] RGRKz HGB-*Ratz*² § 424 5; *Heymann/Kötter* HGB⁴, § 424 2 m. Nachw.
[5] Großkommentar HGB³-*Canaris* § 363 85; *Schlegelberger/Schröder* HGB⁵, § 363 4 a.
[6] Dazu und zum Streitstand die Nachw. bei *Canaris* Großkommentar HGB³, § 363 87.

[7] Näher dazu Großkommentar HGB³-*Canaris* § 363 88; ebenso i. E. *Schlegelberger/Schröder* HGB⁵, § 424 5; *K. Schmidt* Handelsrecht, § 23 III 2 b dd; a. A. *Heymann/Kötter* HGB⁴, § 424 2.

e) Einigung bezüglich des Eigentums an dem Gut

Der Eigentumsübergang findet nach richtiger Ansicht nur statt, falls zur Übertragung des Papiers die Einigung des in Hinblick auf das Gut Verfügungsberechtigten mit dem Erwerber über den Übergang des Eigentums an dem eingelagerten Gut hinzutritt. Das Gut darf als solches auch nicht abhanden gekommen sein.[8] Der gute Glaube des Erwerbers muß sich gegebenenfalls auch auf die Verfügungsberechtigung des Veräußerers über das Gut richten (näher dazu Großkommentar HGB[3]-*Canaris* § 363 84, 89 ff).

III. Die Rechtsfolgen der Übertragung eines Traditionspapieres

1. Gutgläubiger Erwerb vom Nichtberechtigten

Der gutgläubige Erwerber des Papiers erwirbt das Eigentum an den Gütern bereits mit der Papierübertragung und nicht erst mit der Auslieferung, auch wenn der Veräußerer **nicht** mittelbarer Besitzer des Gutes war.[9] Das gilt auch dann, wenn der Lagerhalter das Gut als Eigentümer besessen hatte[10]; nicht aber, falls das Gut abhanden gekommen war. Ein Rechtserwerb scheidet ferner dort aus, wo der Lagerhalter den Besitz am Gut verloren hatte (Großkommentar HGB[3]-*Canaris* § 363 98).

2. Gutgläubiger lastenfreier Erwerb

Einem lastenfreien Erwerb kann zugunsten des Lagerhalters § 936 Abs. 3 BGB entgegenstehen. Dies gilt nur für das gesetzliche Pfandrecht des Lagerhalters in dem in § 22 Abs. 2 OLSchVO aufgeführten Umfang (Anh. I zu § 424). Für vertragliche Pfandrechte des Lagerhalters gilt § 936 Abs. 3 BGB nicht; denn der Lagerhalter kann das Pfandrecht im Orderlagerschein vermerken. Der insoweit lastenfreie Erwerb erfolgt mithin mit der Übertragung des Orderlagerscheins (Großkommentar HGB[3]-*Canaris* § 363 101). In Hinblick auf die Pfandrechte Dritter (z. B. des Unter-Lagerhalters) führt die Übertragung des Orderlagerscheins nicht zum Untergang des Pfandrechts (Großkommentar HGB[3]-*Canaris* § 363 102a). Allerdings wird eine Drittlagerung nur selten vorkommen, da dem Lagerhalter die Einlagerung nur in eigenen oder gemieteten Räumen erlaubt ist (§ 15 OLSchVO Anh. I zu § 424 Rdn. 1).

IV. Pfand- und Zurückbehaltungsrechte

Für den Erwerb eines gesetzlichen Pfandrechts des Spediteurs, Kommissionärs, Frachtführers, Verfrachters (§§ 397, 410, 421, 440 HGB) genügt es, daß diese Personen über das Gut mittels des Orderlagerscheins verfügen können, sei es als Inhaber des Orderlagerscheins, sei es aufgrund eines verdeckten Vollmachtsindossaments (Großkommentar HGB[3]-*Canaris* § 363 104). Das vertragliche Pfandrecht entsteht mit Verpfändung und Übertragung des Orderlagerscheins (Großkommentar HGB[3]-*Canaris* § 363 104), ohne daß es einer Anzeige an den Lagerhalter bedarf.

V. Die Legitimation zur Forderung von Schadensersatzleistungen

In Betracht kommen insbesondere Schadensersatzansprüche wegen Beschädigung oder Verlust des Gutes (§§ 417, 390 HGB). Außerdem ist § 40 OLSchVO zu beachten.

---

[8] § 935 BGB; BGH, NJW **1958** 1485; *K. Schmidt* Handelsrecht, § 23 III 2b dd.

[9] Z. B. der Dieb des Papiers; Großkommentar HGB[3]-*Canaris* § 363 95 m. Nachw. zum Streitstand.

[10] Zutreffend Großkommentar HGB[3]-*Canaris* § 363 97 gegen die h. M.

Der Indossatar ist in Hinblick auf derartige Ansprüche zur Empfangnahme der Schadensersatzleistungen legitimiert (§§ 365 HGB, 40 Abs. 3 WG). In Hinblick auf die deliktischen Ansprüche gilt § 851 BGB, da der Inhaber des Orderlagerscheins mittelbarer Besitzer ist. Hat der Besitzer des Orderlagerscheins die im Orderlagerschein verbrieften Ansprüche nicht erworben, ist er aber formal legitimiert gewesen, so ist § 851 BGB analog anzuwenden (Großkommentar HGB[3]-*Canaris* § 363 105). Dies gilt auch, wenn die Ware abhandengekommen ist (**a. A.** Großkommentar HGB[3]-*Canaris* § 363 107). Wird das Papier nach Schadenseintritt übertragen, so geht der vertragliche und nicht ohne weiteres auch der deliktische Schadensersatzanspruch auf den Erwerber des Orderlagerscheins über. Mit der Zahlung auf den vertraglichen Anspruch leistet der Lagerhalter jedoch auch in Hinblick auf den deliktischen Anspruch befreiend.[11]

VI. Ausfertigung mehrerer Orderlagerscheine

17 Werden im Widerspruch zu § 33 Abs. 6 OLSchVO Doppel von Orderlagerscheinen ausgestellt, so stellt sich das Problem, wer das Eigentum erwirbt, falls die Lagerscheine an verschiedene Personen indossiert werden. Zum Teil wird eine analoge Anwendung der §§ 648 ff HGB, insbesondere des § 652 HGB befürwortet (RGRKz HGB-*Ratz*[2] § 424 5). Gegen diese Analogie spricht jedoch zum einen, daß im Seefrachtgeschäft das in den §§ 649 ff HGB vorgesehene Verfahren leichter durchführbar ist (*Schlegelberger/ Schröder* HGB[5] § 424 6b) und zum anderen, daß die Indossatare von Konnossementen mit der Existenz von Doppel rechnen müssen (Großkommentar HGB[3]-*Canaris* § 363 108), während sie dies beim Orderlagerschein nicht zu tun brauchen. Man könnte auch erwägen, denjenigen (gutgläubig) erwerben zu lassen, an den zuletzt ein Doppel indossiert worden war (so *Schlegelberger/Schröder* HGB[5] § 424 6b). Richtiger erscheint es, in einem solchen Fall davon auszugehen, daß die unter Verstoß gegen § 33 Abs. 6 OLSchVO ausgestellten Doppel keine gültigen Orderlagerscheine darstellen. Ihre Übertragung kann daher nur in eine Abtretung des Herausgabeanspruches umgedeutet werden (§ 424 2). Da der Lagerhalter regelmäßig für jeden Inhaber des Orderlagerscheines besitzen will, entsteht in dem Moment, in dem der Einlagerer ein Exemplar des „Orderlagerscheins" an den ersten Erwerber „überträgt", mittelbarer Nebenbesitz des Veräußerers und des Erwerbers. Der Erwerber erlangt das Eigentum, falls der Veräußerer Eigentümer oder verfügungsberechtigt war. Hingegen scheidet ein gutgläubiger Erwerb desjenigen aus, dem vom Veräußerer das zweite Exemplar des Orderlagerscheins übertragen wird (*Palandt/Bassenge* BGB[45] § 868 Anm. 1b). Der zweite „Erwerber" kann sich nach den Grundsätzen der Haftung für anfängliches bzw. nachträgliches Unvermögen an den Veräußerer halten. Er kann sich außerdem an den Lagerhalter halten, falls er darauf vertraut hatte, daß kein Doppel des Lagerscheins ausgestellt worden war, und der Lagerhalter bewußt ein Doppel des Orderlagerscheines geschaffen hatte (§ 826 BGB).[12] In Betracht kommt auch eine Haftung nach den Regeln des Vertrags mit Schutzwirkung für Dritte.

VII. Verfügungen ohne Übertragung des Orderlagerscheines

18 Ist ein Orderlagerschein ausgestellt, so sind Verfügungen ohne Vorlage und Übertragung des Papiers insoweit möglich, als diese Verfügungen im Wege der Einigung und Übergabe des Guts, sei es auch durch den Lagerhalter auf Geheiß des Verfügen-

---

[11] BGH 10. 5. 1984, TranspR **1984** 283, 285; ebenso i. E. Großkommentar HGB[3]-*Canaris* § 363 106.
[12] Analogie zu § 405 BGB; *Canaris* Die Vertrauenshaftung im deutschen Privatrecht (1971), S. 94 ff; zurückhaltend Münchener Kommentar-*Roth* BGB[2], § 405 10.

den oder durch Begründung eines Besitzkonstituts erfolgen.[13] Eine **Ausnahme** gilt für Verfügungen unter Abtretung des Herausgabeanspruches.[14] Die Wirksamkeit dieser Verfügungen setzt die Übergabe, nicht notwendig die Indossierung und Übereignung des Papiers (*K. Schmidt* Handelsrecht, § 23 III 4; Großkommentar HGB[3]-*Canaris* § 363 111 m. Nachw. (str.)) voraus. Der Erwerber wird in seinem guten Glauben an die fehlende Verbriefung nicht geschützt.[15]

Die von der ganz h. M. geforderte Kopplung der Zession des Herausgabeanspruchs mit der Übergabe des Orderlagerscheins stellt einen Akt der Rechtsfortbildung dar, durch den die Umlauffähigkeit der Orderlagerscheine erhöht werden soll (a. A. *Hager* WM **1980** 666, 668 f). Die Erwerber eines Orderlagerscheins sollen möglichst sicher davon ausgehen können, daß sie das Eigentum an den eingelagerten Gütern erworben haben und es auch ohne Verlust des Orderlagerscheins nicht mehr verlieren können. Daß dem Gesetz an einem intensiven Schutz der Umlauffähigkeit gelegen ist, zeigt die Tatsache, daß nicht jeder Lagerhalter Orderlagerscheine ausstellen darf, sondern nur staatlich ermächtigte Lagerhalter. Die staatliche Ermächtigung hängt von der Sicherheit der Lagerungsmöglichkeiten, der Zuverlässigkeit des Geschäftsgebahrens des Lagerhalters sowie davon ab, daß der Lagerhalter in weitem Umfang Schadensrisiken auf sich nimmt (§§ 4 ff OLSchVO; Anh. I zu § 424). Man kann daher davon ausgehen, daß bei Lagerhaltern, die zur Ausstellung von Orderlagerscheinen ermächtigt sind, das Risiko einer Zerstörung oder Verschlechterung von Gütern besonders gering ist. Dies, in Verbindung mit der weitgehenden Vereinheitlichung der Geschäftsbedingungen des Lagerhalters (Anh. II zu § 424), bietet dem Erwerber eines Orderlagerscheines relativ große Gewißheit, daß er intakte Güter erwirbt und im Verhältnis zum Lagerhalter nicht mit besonderen Risiken belastet wird. Der Schutz der Umlauffähigkeit der Orderlagerscheine durch die OLSchVO hätte eine offene Flanke, wenn man die Übereignung des Gutes durch bloße Abtretung des Herausgabeanspruchs zuließe; denn es bestünde dann immer die Gefahr, daß ein Dritter Eigentum gemäß § 934 2. Alt. BGB erwirbt. Diese Gefahr läßt sich im Einklang mit der gesetzgeberischen Wertung ausschalten, indem man die Übereignung des Gutes gemäß den §§ 931, 934 BGB von der Übergabe des Orderlagerscheines abhängig macht. Dies gilt auch dort, wo der Lagerhalter aufgrund der Abtretung ohne Übergabe des Orderlagerscheines mit dem Erwerber einen neuen Lagervertrag schließt (*Hager* WM **1980** 666, 668). Verfehlt ist es hingegen, die Koppelung darauf zu stützen, daß von den Orderlagerscheinen der stärkere Rechtsschein ausgehe (*Tiedtke* WM **1979** 1146), da ohne diese kraft Rechtsfortbildung eingeführte Koppelung jeweils der spätere gutgläubige Erwerber das Eigentum erlangen würde.

Natürlich wird durch diese Koppelung das Risiko für denjenigen Erwerber stark erhöht, der nichts von der Ausstellung eines Orderlagerscheines weiß (*Liesecke* WM **1978** Beilage Nr. 3 S. 10). Er erwirbt nämlich auch dann kein Eigentum, wenn der Veräußerer, der ihm gemäß § 398 BGB den Herausgabeanspruch abgetreten, aber den Orderlagerschein nicht übergeben hatte, Eigentümer des Gutes gewesen ist. Dieses Risiko erscheint jedoch durchaus zumutbar. Der potentielle Erwerber, dem Ware ohne Übertragung eines Orderlagerscheines übereignet werden soll, vermag sich ohne Schwierigkeiten vorher zu **erkundigen,** ob der Lagerhalter zu dem Kreis der staatlich ermächtigten

---

[13] §§ 929, 930 BGB, BGHZ **49** 160, 162; Großkommentar HGB[3]-*Canaris* § 363 111 m. w. Nachw.; a. A. zum Teil *K. Schmidt* Handelsrecht, § 23 III 4 m. Nachw.

[14] BGHZ **49** 160, 163; *Tiedtke* WM **1979** 1145 ff; Großkommentar HGB[3]-*Canaris* § 363 111; *K. Schmidt* Handelsrecht, § 23 4 m. w. Nachw.

[15] BGHZ **49** 160, 163; Großkommentar HGB[3]-*Canaris* § 363 111 m. Nachw. (str.).

Lagerhalter zählt und ob ein Orderlagerschein ausgestellt wurde. Für ihn besteht dazu auch großer Anreiz, wenn er weiß, daß er selbst vom Eigentümer die Ware nicht ohne Übergabe des Orderlagerscheines erwerben kann. Die **Gefahr falscher Auskünfte** ist verhältnismäßig gering, da sich der Lagerhalter nur über leicht feststellbare Tatsachen zu informieren braucht. Es ist ferner zu berücksichtigen, daß die hier in Betracht kommenden Lagerhalter auf ihre Zuverlässigkeit hin überprüft sind. Schließlich ist der potentielle Erwerber gegen Fehlinformationen relativ gut durch Schadensersatzansprüche abgesichert.

Zwar braucht der Lagerhalter, der einen Orderlagerschein ausgestellt hat, nicht jedermann ohne weiteres über die Existenz des Lagerscheines aufzuklären. Dies gilt auch dann, wenn ein Käufer einen Freistellungsschein vorlegt (BGH, WM **1971** 1308). Anders ist die Situation aber dort, wo ein potentieller Erwerber unter Aufdeckung seiner Erwerbsabsichten mit Erlaubnis des Einlagerers anfragt, ob ein Orderlagerschein ausgestellt ist. Aus dieser Anfrage kann der Lagerhalter ersehen, daß besondere Interessen des Erwerbers im Spiele sind; denn er muß wissen, daß der Erwerber die Information benötigt, um den Eigentumserwerb so weit wie möglich sicherzustellen. Der Lagerhalter hat deshalb, falls er sich auf die Beantwortung der Anfrage einläßt, mit pflichtgemäßer Sorgfalt wahrheitsgemäß und sorgfältig zu informieren (BGH, DB **1979** 1889). Eine schuldhafte Verletzung dieser Pflicht zieht **Schadensersatzansprüche** nach sich, wobei dahingestellt bleiben kann, ob man sie mit dem BGH (DB **1979** 1889) aus einem Auskunftsvertrag oder richtiger aus einem der c.i.c. verwandten gesetzlichen Schuldverhältnis herleitet. Diese Schadensersatzansprüche treffen auf einen Lagerhalter, dessen wirtschaftliche Verhältnisse staatlich überprüft sind (§§ 4 Abs. 1 2, 9 OLSchVO) und der daher besondere Gewähr für ausreichende Solvenz bietet. Auch aus diesem Grunde darf mithin einem potentiellen Erwerber das Risiko zugemutet werden, daß er kein Eigentum erlangt, weil die Güter ohne die Übertragung des Orderlagerscheines in der Form der §§ 931, 934 BGB nicht übereignet werden können.

VIII. Einfluß der OLSchVO auf das Lagergeschäft, insbesondere die Verpflichtungen des Lagerhalters

19 Siehe dazu Anh. I zu § 424 HGB.

IX. Unwirksame Orderlagerscheine

20 Ist ein Orderlagerschein unwirksam, so ist er regelmäßig in eine Empfangsbescheinigung, das Indossament in eine Zession des Herausgabeanspruches umzudeuten (§ 140 BGB; § 424 2). Der Lagerhalter haftet dem Einlagerer und u. U. auch dem Besitzer des ungültigen Lagerscheines, der auf die Richtigkeit des Lagerscheines vertraut hatte, aus dem Lagervertrag auf Schadensersatz, falls er pflichtwidrig und schuldhaft den Lagerschein unter Verstoß gegen die OLSchVO ausgestellt hatte und der Lagerschein daher keine Traditions- oder sonstige Wertpapierwirkungen entfaltete.

C. Lagerempfangsschein, Inhaber- und Namenslagerschein

21 Der Lagerhalter kann ohne besondere staatliche Ermächtigung Lagerempfangsscheine, Inhaber- und Namenslagerscheine ausstellen. Diese Arten der Lagerscheine sind in § 48 ADSp (Anh. III) näher ausgeformt.

I. Lagerempfangsschein

Der Lagerempfangsschein stellt eine **Bescheinigung** des Lagerhalters dar, daß er das **22** Gut im Rahmen des Lagervertrages in seine Obhut übernommen habe. Er hat die Beweiskraft des § 416 ZPO. Nach dem Grundsatz der freien Beweiswürdigkeit ist aus ihm in der Regel der Schluß zu ziehen, daß der Lagerhalter das Gut in äußerlich ordentlichem Zustand erhalten hat. Eine ausdrückliche Bescheinigung ist nicht erforderlich. Ein Lagerempfangsschein liegt insbesondere dann vor, wenn dem Schein die Klausel fehlt, daß die Auslieferung nur gegen Rückgabe des Scheins erfolgt (*Krien/Glöckner* Speditions- und Lagerrecht, § 48 ADSp 2 g). Andererseits liegt kein bloßer Empfangsschein vor, falls der Schein die Erklärung des Lagerhalters enthält, die Auslieferung des Gutes erfolge nur gegen Rückgabe des Scheines (*Krien/Glöckner* aaO § 48 ADSp 2 g; § 424 4).

Kraft dispositiven Rechts ist der Lagerhalter nicht verpflichtet, einen Lagerempfangsschein zu **erteilen**. In Analogie zu § 368 BGB wird man dem Einlagerer allerdings einen Anspruch auf eine Lagerquittung geben müssen (**a. A.** *Krien/Glöckner* Speditions- und Lagerrecht, § 48 ADSp 5 a); außerdem ist sie handelsüblich.

Zum Anspruch auf Ausstellung eines Lagerempfangsscheins nach § 48 A **ADSp** Anh. III zu § 424; nach § 5 Nr. 6 **Hamburger Lagerungsbedingungen** Anh. V zu § 424; nach § 49 **Bremer Lagerhaus-Ordnung** Anh. VI zu § 424; nach Nr. 1, 17 **Kaltlagerungs-Bedingungen** Anh. VII zu § 424.

Der Anspruch des Einlagerers auf Rückgabe des Gutes ist in dem Lagerempfangsschein **nicht verbrieft**. Die Übertragung des eingelagerten Gutes erfolgt daher nach Maßgabe der allgemeinen sachenrechtlichen Regeln, insbesondere der §§ 931, 934 BGB. Die Entscheidung des BGH (NJW **1979** 2037) zum Namenslagerschein ist hier nicht heranzuziehen, weil der Lagerhalter im Lagerempfangsschein nicht die Rückgabe des Guts nur gegen Vorlage des Lagerempfangsscheins versprochen hat. Vgl. auch *Hager* WM **1980** 666. Beachte auch die in AGB getroffenen Sonderregeln (§ 424 Anh. III—IV).

Zur **Rückgabe des Gutes** ist der Lagerhalter dem Inhaber des Herausgabeanspruches verpflichtet. Dabei hat derjenige, der die Herausgabe verlangt, zu beweisen, daß er Anspruchsinhaber ist. Da der Herausgabeanspruch ohne Mitwirkung des Lagerhalters abgetreten werden kann, kann der Lagerhalter gemäß § 410 BGB die Aushändigung einer Abtretungsurkunde fordern, falls der „Altgläubiger" die Abtretung nicht schriftlich angezeigt hatte. Beachte die in AGB getroffenen Sonderregelungen.

Dem Lagerhalter bleiben alle **Einwendungen** aus dem Lagervertrag gegen den Inhaber des Herausgabeanspruches erhalten (§ 404 BGB). Insbesondere kann der Lagerhalter grundsätzlich einwenden, daß der Empfangsschein unrichtig sei. Er haftet dann allerdings aus § 826 und aus c. i. c. mit Schutzwirkung zugunsten gutgläubiger Dritter (vgl. BGH, ZIP **1986** 1458). Zur weitergehenden verschuldensunabhängigen Rechtsscheinshaftung Großkommentar-HGB[3]-*Canaris* § 363 54 ff.

II. Inhaberlagerschein

Der Lagerhalter kann die ihm aus dem Lagervertrag obliegenden Pflichten, insbesondere die Pflicht zur Herausgabe des Gutes, in einem Inhaberlagerschein (§ 424 3) **verbriefen**. Die Inhaberlagerscheine stellen Schuldverschreibungen auf den Inhaber im Sinne der §§ 793 ff BGB dar. Sie gehören zum Kreis der kausalen Wertpapiere.[16] Sie **23**

---

[16] Vgl. *Hueck/Canaris* Recht der Wertpapiere[12], S. 196; **a. A.** *Krien/Glöckner* Speditions- und Lagerrecht, § 48 ADSp 9 f Abs. 1.

dürfen ohne staatliche Ermächtigung ausgestellt werden. Nach ganz h. M. fehlt ihnen die **Traditionswirkung**.[17] Demgegenüber postuliert *Canaris* mit guten Gründen, daß man auch dem Inhaberlagerschein Traditionswirkung zuerkennen sollte. Im Ergebnis kann allerdings *Canaris* nicht gefolgt werden; denn es wird nicht nur der Genehmigungsvorbehalt des § 424 HGB, sondern auch die durch die Geltung des OLSchVO und die Verpflichtung, die für die Lagerung geltende Lagerordnung genehmigen zu lassen, im Interesse der Verkehrssicherheit geschaffene Typisierung der verbrieften Ansprüche ausgehöhlt. Eine derartige Typisierung ist bei Lagerscheinen, die besonders umlauffreundlich sein sollen (§ 424 18), äußerst wünschenswert. Deshalb ist es sachgerecht, diejenigen Einlagerer, die ein Interesse an besonders umlauffähigen Lagerscheinen haben, zu zwingen, ihr Gut bei einem zur Ausstellung von Orderlagerscheinen ermächtigten Lagerhalter einzulagern und sich einen Orderlagerschein ausstellen zu lassen.

Das Lagergut wird in aller Regel nach Maßgabe des § 931 BGB übereignet. Danach haben sich Veräußerer und Erwerber auf die **Übertragung des Eigentums** an dem Lagergut zu einigen. Die Abtretung des Herausgabeanspruches erfolgt dadurch, daß der Veräußerer den Inhaberlagerschein übereignet und übergibt (RGRKz HGB-*Ratz*[2] § 424 9). *Schlegelberger/Schröder* (HGB[5] § 424 11), *Krien/Glöckner* (aaO, § 48 ADSp 9 g) sowie *Reiner* (S. 11) fordern hingegen, daß der Herausgabeanspruch aus dem Lagervertrag in der Form des § 398 BGB zediert wird. Der Inhaberlagerschein stellt jedoch ein kausales Wertpapier dar. Im Moment der Übertragung muß der Veräußerer allerdings im Unterschied zur Situation bei Orderlagerscheinen mittelbarer Besitzer des Gutes gewesen sein (§ 931 BGB). Sowohl der Inhaberlagerschein (§§ 932 ff, 935 Abs. 2 BGB) als auch das Gut (§ 934 BGB) können gutgläubig erworben werden (§§ 932 ff BGB). Der Dieb eines Inhaberlagerscheines ist zwar kein mittelbarer Besitzer. Überträgt er den Inhaberlagerschein an einen gutgläubigen Dritten, so erwirbt dieser die Inhaberposition und damit den Auslieferungsanspruch (§§ 932 ff, 935 Abs. 2 BGB). Sollte gleichzeitig das Gut übertragen werden, so scheint ein gutgläubiger Erwerb durch Abtretung des Herausgabeanspruches jedenfalls zunächst daran zu scheitern, daß der Veräußerer kein mittelbarer Besitzer war.[18] Der Erwerber erlangt Eigentum jedoch in dem Moment, in dem er den Besitz erlangt (§ 934 BGB). Zur Besitzerlangung genügt mittelbarer Besitz (BGH, NJW **1978** 697; *Palandt/Bassenge* BGB[45] § 934 3). Da der Lagerhalter für jeden Inhaber des verbrieften Rückgabeanspruchs besitzen will und der Erwerber den verbrieften Rückgabeanspruch gutgläubig erlangt, wird er mit der Übereignung des Inhaberlagerscheines mittelbarer Besitzer und somit auch Eigentümer gemäß § 934 2. Alt. BGB, falls er in diesem Moment gutgläubig gewesen ist (**a. A.** im Ergebnis RGRKz HGB-*Ratz*[2] § 424 9 m. Nachw.). War das Gut abhanden gekommen, so scheitert ein gutgläubiger Erwerb an § 935 Abs. 1 BGB.

Der im Inhaberlagerschein **verbriefte Anspruch** steht demjenigen zu, dem gegenüber sich der Aussteller des Lagerscheines vertraglich unter Übereignung des Scheines verpflichtet hat (abw. die Vertreter der wertpapierrechtlichen Kreationstheorie). Der Anspruch kann durch Übereignung des Papieres gemäß den §§ 929 ff BGB übertragen werden.

24   Mit der Übertragung des verbrieften Anspruchs ist vielfach ein **Einwendungsausschluß** verbunden. Gemäß § 796 BGB kann der Lagerhalter dem Inhaber der Schuld-

---

[17] *Schlegelberger/Schröder* HGB[5], § 424 11; *Heymann/Kötter* HGB[4], § 424 1; *Baumbach/Duden/Hopt* HGB[26], § 424 I C.

[18] § 934 1. Alt. BGB; RGRKz HGB-*Ratz*[2] § 424 9; **a. A.** i. E. *Canaris* Großkommentar HGB[3], § 363 114; *Bauer* Festschrift Bosch (1976), S. 24.

verschreibung nur solche Einwendungen entgegensetzen, welche die Gültigkeit der Ausstellung (z. B. Fälschung) betreffen oder sich aus der Urkunde ergeben oder dem Aussteller unmittelbar gegen den Inhaber zustehen. Der Inhalt der Urkunde ist auslegungsfähig. In diesem Zusammenhang können auch außerhalb der Urkunde liegende Umstände herangezogen werden. Der Lagerhalter vermag deshalb sein die *üblichen* Lagergelder sicherndes **Pfandrecht** (§ 421 HGB) jedem Inhaber entgegenzusetzen, da hiermit jeder Inhaber eines Lagerscheines rechnen muß, auch wenn ein entsprechender Vermerk in der Urkunde fehlt.[19] Das nur den Aufwendungsersatzanspruch sichernde Pfand- und Zurückbehaltungsrecht wird jedoch durch § 796 BGB ausgeschlossen. Ebensowenig kann sich der Lagerhalter auf die Klausel „Verpflichtung nach Maßgabe des Lagervertrages" berufen, selbst wenn die Klausel in den Inhaberlagerschein aufgenommen ist, es sei denn, daß dem Lagerhalter eine vertragliche Einwendung unmittelbar gegenüber dem Inhaber zusteht.[20] Das Ausmaß derartiger Einwendungen kann der Inhaber nämlich nur in Erfahrung bringen, wenn er das Rechtsverhältnis zwischen Lagerhalter und Einlagerer erforscht. Davor soll ihn § 796 BGB bewahren. Zum Einwand, daß keine oder andere Güter eingelagert worden seien Großkommentar HGB[3]-*Canaris* § 363 54 ff. Von praktisch großer Relevanz ist es, daß der Lagerhalter gemäß § 796 BGB dem Inhaber nicht entgegenhalten kann, er habe das Gut schon an den wahren Inhaber der Rückgabeforderung zurückgegeben. Zur Leistung ist der Lagerhalter gemäß § 797 BGB nur **gegen Aushändigung des Lagerscheines** verpflichtet. Andererseits legitimiert der unmittelbare Besitz des Inhaberlagerscheines den Inhaber zur Geltendmachung des Rückgabeanspruches. Der Lagerhalter vermag deshalb das Gut befreiend an ihn auszuliefern, auch wenn der Inhaber des Papieres nicht Inhaber der darin verbrieften Forderung geworden ist, es sei denn, daß der Lagerhalter die Nichtberechtigung des Inhabers kannte und dies leicht nachzuweisen in der Lage war (str.; auch grobe Fahrlässigkeit schadet, *Hueck/Canaris* Wertpapiere[12] S. 210; *Koller* TranspR 1985 1). Der dem Lagerhalter drohenden Gefahr einer Verdoppelung der Herausgabeansprüche, die dadurch entsteht, daß der unmittelbar dem Lagervertrag entspringende Anspruch auf Rückgabe nach allgemeinen Zessionsregeln abgetreten werden kann, ist dadurch zu begegnen, daß man dem Lagerhalter die Einwendung aus § 797 BGB gibt, die er gemäß § 404 BGB auch dem Zessionar entgegenhalten kann (*Krien/Glöckner* Speditions- und Lagerrecht, § 48 ADSp 9 f IV).

Es stellt sich die Frage, ob man ähnlich wie bei den Orderlagerscheinen (§ 424 18) das Vertrauen in den Inhaberlagerschein dadurch verstärken soll, daß man die Übereignung in der **Form der §§ 931, 934 BGB nur dann für wirksam** erachtet, wenn **gleichzeitig der Inhaberlagerschein übergeben** wird (bejahend: *Canaris*, Großkommentar HGB[3] § 363 111). Gegen eine derartige Regelung spricht, daß dadurch der Inhaberlagerschein in seinen Funktionen allzu stark dem Orderlagerschein angenähert wird. Auf diese Weise wird der Genehmigungsvorbehalt für die Ausgabe von Orderlagerscheinen unterlaufen, weil für die Lagerhalter der wirtschaftliche Zwang, sich den Bedingungen der OLSchVO zu unterstellen, geringer wird. Man sollte daher dafür sorgen, daß der Inhaberlagerschein in den Augen der potentiellen Erwerber ein lagerrechtliches Wertpapier minderen Ranges bleibt und daß die Einlagerer dort, wo auf Umlauffähigkeit und Sicherheit großer Wert gelegt wird, die zur Ausgabe von Orderlagerscheinen ermächtigten Lagerhalter bevorzugen.

---

[19] *Schlegelberger/Schröder* HGB[5], § 424 11; RGRKz HGB-*Ratz*[2] § 424 9; *Krien/Glöckner* Speditions- und Lagerrecht, § 48 ADSp 9 f.

[20] *Krien/Glöckner* Speditions- und Lagerrecht, § 48 ADSp 9 f; **a. A.** *Senckpiehl* Lagergeschäft, aaO, S. 324 f.

25 Durch den Erwerb des Inhaberlagerscheines wird der Inhaber nicht verpflichtet, die **Lagerkosten** zu bezahlen (§ 420 3). **Kündigungen** sind an den Einlagerer als Vertragspartner zu richten (§ 422 3). Der Inhaber des Lagerscheins kommt aber ohne Kenntnis der Kündigung nur unter der Voraussetzung des § 796 BGB in **Annahmeverzug** (§ 295 BGB; RGRK-*Steffen* BGB[12] § 801 4). Mit der Übertragung des Lagerscheins wird hingegen die Rücknahmepflicht des Einlagerers gegenstandslos, da der Lagerhalter nur gegen Vorlage des Inhaberlagerscheins ausliefern darf.

III. Namenslagerschein

26 Der Namenslagerschein, durch den sich der Lagerhalter verpflichtet, das Gut gegen Aushändigung des Namenslagerscheines an den namentlich genannten Einlagerer oder an einen Zessionar, der durch eine zusammenhängende Kette von Zessionen legitimiert ist, herauszugeben, gehört ebenfalls zur Kategorie der Wertpapiere des Lagergeschäftes. Im Fall des Verlustes des Lagerscheins muß daher analog § 808 Abs. 2 BGB, § 365 Abs. 2 HGB ein Aufgebotsverfahren durchgeführt werden (*Hueck/Canaris* Recht der Wertpapiere[12] S. 6 m. Nachw. zum Streitstand). Zu dem Namenslagerschein des § 48 C ADSp Anh. III zu § 424; des § 16 **Hamburger Lagerungsbedingungen** Anh. V zu § 424. Ob im Einzelfall ein Namenslagerschein vorliegt, ist durch **Auslegung** zu ermitteln. Dabei ist zu beachten, daß die Qualifikation als Namenslagerschein nicht davon abhängt, daß sich der Name aus der Urkunde selbst ergibt. Er kann auch in den vom Lagerhalter unterzeichneten Anlagen genannt sein (BGH, DB **1975** 832).

Der Namenslagerschein begründet im Zweifel **keinen selbständigen** vom Lagervertrag unabhängigen Auslieferungsanspruch.[21]

Die **Übertragung des eingelagerten Gutes** erfolgt normalerweise gemäß § 931 BGB durch Einigung und Abtretung des Herausgabeanspruches. Die Zession des Herausgabeanspruches bedarf grundsätzlich keiner **Form** (§ 398 BGB). Zu den Formvorschriften in AGB § 48 C ADSp (Anh. III zu § 424); § 17 **Hamburger Lagerungsbedingungen** (Anh. V zu § 424).

27 Der **Herausgabeanspruch** steht dem Einlagerer oder dessen Rechtsnachfolger zu. Die Rechtsnachfolge orientiert sich an den §§ 398 ff BGB. Mit der Zession wird der Rechtsnachfolger Eigentümer des Papiers (§ 952 BGB). Ein gutgläubiger Erwerb ist insoweit nicht möglich (BGH, NJW **1979** 2038).

28 Der Ansicht des BGH (NJW **1979** 2037 f) zufolge ist ein **gutgläubiger Erwerb des eingelagerten Gutes** gemäß § 934 BGB dann ausgeschlossen, wenn ein Namenslagerschein ausgestellt worden war, der vor der Verfügung des Nichtberechtigten an einen Dritten übertragen worden war.[22] § 934 BGB schütze weder den guten Glauben daran, daß der abzutretende Herausgabeanspruch nicht in einem Lagerschein verbrieft worden sei, noch daran, daß keine die Abtretung erschwerende Vereinbarung getroffen worden sei. Allerdings habe der Lagerhalter den potentiellen Erwerber gegebenenfalls ausreichend aufzuklären (BGH, NJW **1979** 1449). — Der vom BGH vertretenen Ansicht ist nur für die Fälle des § 934 1. Alt. BGB zuzustimmen. Ein gutgläubiger Erwerb ist gemäß § 934 2. Alt. BGB aber auch in der Form möglich, daß ein angeblicher Her-

---

21 *Krien/Glöckner* Speditions- und Lagerrecht, § 48 8b Abs. 1; vgl. auch *Hueck/Canaris* Recht der Wertpapiere[12], S. 196.
22 Ebenso *Baumbach/Duden/Hopt* HGB[26], § 424 I D; *Baumbach/Hefermehl* Wechselgesetz und Scheckgesetz[15], WPR 59; *Zöllner*, Wertpapierrecht[14] § 25 IV 5; kritisch *Tiedtke* WM **1979** 1148 ff; *Hager* WM **1980** 666; *K. Schmidt* Handelsrecht § 23 III 4.

ausgabeanspruch abgetreten wird, wenn der Erwerber den Besitz von dem unmittelbaren Besitzer erlangt.[23] Es kommt danach weder darauf an, daß der gegen den Lagerhalter gerichtete Herausgabeanspruch des Erwerbers des Namenslagerscheines nur unter Beachtung bestimmter Formvorschriften zediert werden kann, noch darauf, daß der Veräußerer, der mit dem Namenslagerschein seinen darin verbrieften Herausgabeanspruch bereits abgetreten hatte, gar nicht mehr Inhaber eines Herausgabeanspruches ist; denn der Veräußerer tritt in einem späteren Zeitpunkt an den Erwerber nur mehr einen angeblichen, ihm gar nicht zustehenden Herausgabeanspruch ab. Daß ein Dritter Inhaber eines existierenden Herausgabeanspruches ist, hindert nur den Erwerb nach § 934 1. Alt. BGB. Der 2. Alternative des § 934 BGB zufolge erlangt der gutgläubige Erwerber Eigentum, falls ihm der unmittelbare Besitzer in Anerkennung des angeblich abgetretenen Herausgabeanspruches unmittelbaren oder mittelbaren Besitz verschafft (*Tiedtke* WM **1979** 1143 (1148 ff)). Dies hat der BGH (NJW **1979** 2038) allerdings in einem Fall verneint, in dem der Lagerhalter als unmittelbarer Besitzer auf die Freistellungserklärung des Veräußerers hin mit dem Erwerber einen neuen Lagervertrag über das veräußerte Gut abgeschlossen hatte. Die einen gutgläubigen Erwerb verneinende Entscheidung des BGH läßt sich nur halten, wenn man bei Namenslagerscheinen wie bei Traditionspapieren (siehe § 424 18) fordert, daß eine Übertragung des Gutes nur unter Übertragung des Namenslagerscheines möglich ist. Für eine solche Rechtsansicht fehlt indessen jeglicher Anhaltspunkt im Gesetz (ebenso i. E. *Tiedtke* WM **1979** 1148; *Hager* WM **1980** 666, 669). Sie kann sich auch nicht auf die Erwägung stützen, daß die Umlauffähigkeit eines Wertpapieres entscheidend geschwächt wäre, falls das Gut auch ohne Übertragung des Wertpapieres veräußert werden könnte; denn im Bereich des Lagergeschäftes sollen ausschließlich Orderlagerscheine als Traditionspapiere besondere Umlauffunktionen erfüllen. Das Institut des Orderlagerscheines würde ausgehöhlt werden, wenn man ihm ohne weiteres Namenslagerscheine gleichstellen wollte (§ 424 29). Allenfalls ist in Rechtsfortbildung der besitzrechtlichen Prinzipien daran zu denken, den gutgläubigen Erwerb davon abhängig zu machen, daß der Lagerhalter den Inhaber des Namenslagerscheines über die Vereinbarung mit dem Dritten informiert (*Hager* WM **1980** 666, 670 f.)

Bei den **normalen Namenslagerscheinen** kann der Lagerhalter sämtliche **Einwendungen und Einreden** auch gegenüber dem Rechtsnachfolger erheben (§ 404 BGB). Ausgenommen davon sind gemäß § 405 BGB lediglich die Einwendung, die Herausgabepflicht sei nur zum Schein begründet worden (vgl. BGH, DB **1975** 831), sowie analog § 405 BGB sämtliche Einwendungen, die dem Lagerhalter bei Ausstellung des Papiers bekannt waren und deren Unkenntnis er auf Seiten des Rechtsnachfolgers voraussetzen mußte (Großkommentar HGB[3]-*Canaris* § 363 115). Der Lagerhalter, der einen Namenslagerschein ausgestellt hatte, obwohl bei ihm kein Gut eingelagert worden war, kann daher nicht die Einwendung erheben, er sei mangels Einlagerung nicht zur Auslieferung verpflichtet. Zur Tragweite und den Voraussetzungen der Rezeptumshaftung im Einzelnen Großkommentar HGB[3]-*Canaris* § 363 54 ff; BGH, ZIP **1986** 1458. Ferner scheidet beim Namenslagerschein die Einwendung des § 407 BGB aus (*Hueck/Canaris* Recht der Wertpapiere[12] S. 22). Zur Belastung mit den Lagerkosten § 420 3; zur Kündigung des Lagervertrages § 416 49; 422 3. Der Annahmeverzug kann dem Erwerber entgegengehalten werden (§ 404 BGB). **29**

---

[23] BGH, NJW **1978** 796; *Palandt/Bassenge* BGB[43], § 934 3; *Erman/H. Westermann* BGB[7], § 934 3; *Soergel/Mühl* BGB[11], § 934 3; *Hager* WM **1980** 666 f.

Anhang I zu § 424 HGB
Verordnung über Orderlagerscheine (OLSchVO)
vom 16. 12. 1931 (RGBl. I 763)

Abschnitt 1
Ermächtigung zur Ausstellung von Orderlagerscheinen

§ 1
Zuständigkeit

(1) Die Ermächtigung zur Ausstellung von Lagerscheinen, die durch Indossament übertragen werden können (§ 363 Abs. 2, §§ 364, 365, 424 des Handelsgesetzbuchs), wird einer Lagerhausanstalt auf Antrag durch die oberste Landesbehörde oder durch die von ihr bezeichneten Stellen erteilt.

(2) Jedes Land kann die Ermächtigung nur für Lagerräume erteilen, die sich in seinem Gebiet befinden.

1 Zum Einfluß des Fehlens der Ermächtigung siehe § 424 2. Dem Fehlen der Ermächtigung steht die Ausgabe von Orderlagerscheinen gleich, die mit der Ermächtigung nicht im Einklang stehen. Die Ermächtigung ist zusammen mit dem Unternehmen übertragbar. § 11 OLSchVO zeigt, daß auch gravierende Änderungen in der Geschäftsführung und den Geschäftsverhältnissen die Ermächtigung nicht erlöschen lassen (*Baumbach/Duden/Hopt* HGB[26] § 1 OLSchVO 1).

§ 2
Förmliche Erfordernisse

(1) Der Antrag auf Erteilung der Ermächtigung hat eine genaue Angabe des Gegenstandes des Unternehmens, die Bezeichnung der zur Verfügung stehenden Lagerräume mit einer Darstellung ihrer technischen Ausgestaltung, ferner ausführliche Angaben über die bisherige Entwicklung, die wirtschaftliche Grundlage und den Geschäftsbetrieb des Unternehmens zu enthalten.

(2) Dem Antrag sind beizufügen:
1. ein Verzeichnis der verantwortlichen Geschäftsleiter (Inhaber, persönlich haftenden Gesellschafter, Vorstandsmitglieder, Geschäftsführer);
2. ein Auszug aus dem Handelsregister oder Genossenschaftsregister nach dem neuesten Stande, sofern nicht gemäß § 36 des Handelsgesetzbuches die Eintragung des Unternehmens im Handelsregister unterblieben ist;
3. wenn das Unternehmen von einer juristischen Person betrieben wird, ein Abdruck der Satzung (Statut) oder des Gesellschaftsvertrags;
4. ein mit Maßstab versehener Übersichtsplan über die Lagerräume;
5. eine Bescheinigung oder eine sonstige Urkunde über Rechtsgrund und Dauer der Verfügungsbefugnis des Antragstellers über die Lagerräume;
6. eine Lagerordnung in Urschrift und Abschrift, in der das Rechtsverhältnis des Lagerhalters zu den Einlagerern und zu den Besitzern der von ihm ausgegebenen Orderlagerscheine gemäß Abschnitt II und III dieser Verordnung geregelt ist. Die Urschrift der Lagerordnung hat die öffentlich beglaubigte Unterschrift des Antragstellers zu tragen;
7. der Tarif, nach dem die Vergütung für die Lagerung, für die Behandlung des Lagergutes und ähnliche mit der Lagerung zusammenhängende Leistungen des Lagerhalters bemessen wird;

8. je ein den Bestimmungen der §§ 36, 38, 39 entsprechender Vordruck für die von dem Antragsteller zu verwendenden Orderlagerscheine;
9. die Rechnungsabschlüsse (Bilanz nebst Gewinn- und Verlustrechnung) für die letzten drei Jahre oder, wenn das Unternehmen noch nicht so lange besteht, für die Zeit von der Entstehung des Unternehmens an;
10. eine Übersicht über Art und Umfang des Umschlags von Lagergütern während der in Nr. 9 bezeichneten Zeit.

Zum Erfordernis der Lagerordnung § 5 OLSchVO.

§ 3
Anhörung der gesetzlichen Berufsvertretungen

Die Ermächtigungsbehörde (§ 1) hat zu dem Antrag diejenigen gesetzlichen Berufsvertretungen des Handels sowie, falls landwirtschaftliche Erzeugnisse gelagert werden sollen, auch der Landwirtschaft gutachtlich zu hören, in deren Bezirk sich Lagerräume des Antragstellers befinden.

Gesetzliche Berufsvertretungen des Handels sind die Industrie- und Handelskammern.

§ 4
Sachliche Erfordernisse

(1) Dem Antrag darf nur stattgegeben werden, wenn
1. die verantwortlichen Geschäftsleiter des Lagerhausunternehmens (§ 2 Abs. 2 Nr. 1) die fachliche Eignung und die erforderliche Zuverlässigkeit besitzen;
2. die wirtschaftlichen Verhältnisse des Unternehmens die Gewähr für eine ordnungsmäßige Durchführung des Lagergeschäfts bieten; insbesondere dürfen sich in dieser Beziehung aus dem Gegenstande des Unternehmens keine Bedenken ergeben;
3. der Lagerraum durchschnittlichen Anforderungen an seine technische Ausgestaltung genügt und eine angemessene Größe aufweist. Bei nicht im Eigentum des Antragstellers stehenden Lagerräumen muß die Verfügungsbefugnis des Antragstellers über die Lagerräume für eine angemessene Zeitdauer gesichert sein.

(2) Die Ermächtigungsbehörde kann die Erteilung der Ermächtigung davon abhängig machen, daß der Antragsteller sich gegen Schadensersatzansprüche der Einlagerer aus dem Lagervertrag in ausreichender Höhe bei einer geeigneten Versicherungsunternehmung versichert oder der Ermächtigungsbehörde den Nachweis führt, daß eine andere ausreichende Sicherstellung erfolgt ist; hinsichtlich der Sicherstellung sind die gesetzlichen Berufsvertretungen (§ 3) gutachtlich zu hören.

(3) Die Erteilung der Ermächtigung darf nicht von dem Bestehen eines Bedürfnisses oder davon abhängig gemacht werden, daß das Unternehmen in einer bestimmten Rechtsform betrieben wird.

(4) Die Ermächtigungsbehörde kann im Einzelfalle die Ermächtigung auf bestimmte Warengattungen beschränken. Von dieser Befugnis soll nur Gebrauch gemacht werden, wenn der Lagerhalter einverstanden ist.

§ 4 Abs. 1 Ziff. 3 ist im Licht des Art. 12 GG zu interpretieren. Das gilt insbesondere für das Erfordernis einer angemessenen Größe der Lagerräume und einer angemessen langen Nutzungsmöglichkeit. Man hat dabei davon auszugehen, daß es lediglich Zweck der OLSchVO sein kann, unzuverlässigen Lagerhaltern, die keine sichere Lagerung gewährleisten, die Ausgabe von Orderlagerscheinen zu verbieten, nicht aber schlechthin Lagerhalter von einer bestimmten Größenordnung an zu begünstigen.

§ 5
Inhalt der Ermächtigung

(1) Die Ermächtigung wird auf der Grundlage einer dieser Verordnung entsprechenden Lagerordnung erteilt. Sie erstreckt sich nur auf diejenigen Lagerhäuser oder sonstigen Lagerräume (wie freistehende Flüssigkeitsbehälter, Hallen, Freilagerplätze), die in der Ermächtigungsurkunde aufgeführt sind.

(2) Die Lagerordnung einschließlich der darin bezeichneten ergänzenden allgemeinen Bedingungen sowie deren Änderungen unterliegen der Genehmigung der Ermächtigungsbehörde. Die Urschrift der Lagerordnung ist mit einem Vermerk über die Genehmigung zu versehen und zurückzugeben; eine Abschrift wird von der Ermächtigungsbehörde beglaubigt und mit den übrigen Schriftstücken aufbewahrt; bei Änderungen der Lagerordnung ist entsprechend zu verfahren.

1 In einem Runderlaß vom 19. 10. 1932 hat der preußische Minister für Handel und Gewerbe das Muster einer Lagerordnung bekanntgegeben. Dieses Muster ist in Anh. II zu § 424 HGB abgedruckt. Die Ermächtigungsbehörde hat heute insbesondere dafür zu sorgen, daß die Lagerordnungen im Einklang mit dem AGBG stehen. Zur Bedeutung der Genehmigung der Lagerordnung für die AGB s. Erläuterung zu § 14.

2 Die Ermächtigung nennt auch die Räume, in denen die Waren gelagert werden müssen, für die Orderlagerscheine ausgestellt werden sollen. Werden die Güter in Räumen gelagert, für die eine entsprechende Ermächtigung fehlt, so berührt dies die Gültigkeit des Orderlagerscheines nicht, da weder den Einlagerern noch den potentiellen Rechtsnachfolgern zugemutet werden kann, ständig zu überprüfen, wo das Gut lagert.[1] Sanktioniert sind Verstöße gegen die OLSchVO durch § 13 OLSchVO. Genauso ist die Situation, wenn die im Einzelfall verwandte Lagerordnung nicht genehmigt ist; denn insoweit kann sich der Einlagerer trotz des § 6 OLSchVO nur mit unzumutbaren Schwierigkeiten informieren.

§ 6
Aushang und Niederlegung der Ermächtigungsurkunde, der Lagerordnung und des Tarifs

Eine öffentlich beglaubigte Abschrift der Ermächtigungsurkunde und etwaiger Änderungen, die Lagerordnung, der Tarif sowie deren Änderungen sind im Geschäftsraum des Lagerhalters auszuhängen und bei den gemäß § 3 zuständigen Berufsvertretungen zur öffentlichen Einsichtnahme niederzulegen.

§ 7
Veröffentlichung der Ermächtigungsurkunde

(1) Die Ermächtigungsurkunde sowie deren Änderungen sind auf Kosten des Antragstellers im Reichsanzeiger und in den Blättern der gemäß § 3 zuständigen Berufsvertretungen zu veröffentlichen. Die Ermächtigungsbehörde kann von der Veröffentlichung in den Blättern der Berufsvertretungen Ausnahmen zulassen.

(2) In der Veröffentlichung sind die Stellen zu bezeichnen, bei denen die im § 6 Abs. 2 vorgeschriebenen Niederlegungen erfolgen.

(3) Die Lagerordnung und der Tarif brauchen nicht gemäß Abs. 1 veröffentlicht zu werden, auch wenn in der Ermächtigungsurkunde auf sie Bezug genommen wird.

---

[1] RGRKz HGB-*Ratz*[2] § 424 5; *Baumbach/Duden/Hopt* HGB[26], § 5 OLSchVO 1.

Fünfter Abschnitt. Lagergeschäft

§ 8
Beginn der Befugnis zur Ausstellung von Orderlagerscheinen

(1) Die Befugnis zur Ausstellung von Orderlagerscheinen soll nicht eher ausgeübt werden, als bis die in den §§ 6 und 7 vorgeschriebenen Niederlegungen und Veröffentlichungen erfolgt sind.

(2) Erweiterungen der Ermächtigung sowie Änderungen der Lagerordnung oder Erhöhung des Tarifs (§ 2 Abs. 2 Nr. 7) sollen bei Ausübung der Befugnis zur Ausstellung von Orderlagerscheinen nicht eher zur Anwendung gebracht werden, als bis die in den §§ 6 und 7 vorgeschriebenen Niederlegungen und Veröffentlichungen erfolgt sind.

§ 8 OLSchVO enthält eine Soll-Vorschrift, die Dritten die Nachprüfbarkeit erleichtern soll. Ein Verstoß führt nicht zur Nichtigkeit der vorzeitig ausgegebenen Orderlagerscheine. **1**

§ 9
Geschäftsprüfung

(1) Der Lagerhalter hat innerhalb von sechs Monaten nach Abschluß des Geschäftsjahres der Ermächtigungsbehörde den Rechnungsabschluß (Bilanz nebst Gewinn- und Verlustrechnung) einzureichen. Der Rechnungsabschluß ist von einem geeigneten Prüfer nachzuprüfen. Als geeigneter Prüfer kann insbesondere angesehen werden: ein öffentlich bestellter Wirtschaftsprüfer, eine Prüfungsgesellschaft, die in eine von der Hauptstelle für die öffentlich bestellten Wirtschaftsprüfer zu führende Liste der die Wirtschaftsprüfertätigkeit ausübenden Gesellschaften eingetragen ist, ein genossenschaftlicher Revisionsverband oder ein öffentlich bestellter Buchprüfer.

(2) Die Ermächtigungsbehörde kann jederzeit die Vornahme einer Buch- oder Betriebsprüfung durch einen von ihr bezeichneten Prüfer anordnen, wenn sie die Prüfung aus besonderen Gründen für notwendig hält.

(3) Die Kosten der Prüfung trägt der Lagerhalter.

§ 10
Statistische Nachweisungen

(1) Der Lagerhalter hat der Ermächtigungsbehörde für den Schluß eines jeden Kalendervierteljahres eine Übersicht über die von ihm ausgestellten Orderlagerscheine unter Bezeichnung von Gattung und Menge der Güter, über die sie lauten, einzureichen. Für Sammellagerscheine (§ 36) ist die Übersicht gesondert zu fertigen.

(2) Die Ermächtigungsbehörde kann bei Vorliegen besonderer Gründe Ausnahmen zulassen.

§ 11
Anzeigepflichten

Der Lagerhalter ist verpflichtet, Änderungen in der Person der verantwortlichen Geschäftsleiter, Änderungen der Satzung oder des Gesellschaftsvertrages oder des Tarifs, ferner Änderungen in dem zur Verfügung stehenden Lagerraum oder in sonstigen Verhältnissen, deren Mitteilung durch § 2 vorgeschrieben ist, der Ermächtigungsbehörde unverzüglich anzuzeigen.

§ 12
Handels- und Beleihungsverbot; Verbot der Kursfeststellung für Orderlagerscheine

(1) Soweit sich aus den Vorschriften dieser Verordnung, insbesondere aus den §§ 22, 25 nicht ein anderes ergibt, darf der Lagerhalter Güter einer Gattung, über die er in-

dossable Lagerscheine ausstellen darf oder Lagerscheine über solche Güter für eigene oder für fremde Rechnung weder kaufen noch verkaufen noch beleihen.

(2) Im Zeithandel darf der Lagerhalter auch andere Güter weder kaufen noch verkaufen. Ebensowenig darf er eine Bürgschaft oder eine sonstige Gewährleistung für ein solches Zeitgeschäft übernehmen.

(3) Durch einen Verstoß gegen die in den Abs. 1 und 2 ausgesprochenen Verbote wird die Wirksamkeit der dort bezeichneten Rechtsgeschäfte nicht berührt.

(4) Für Orderlagerscheine findet eine amtliche Kursfeststellung an einer Börse nicht statt. Die Reichsregierung kann Ausnahmen zulassen.

1 Der Verstoß gegen § 12 Abs. 1, 2 macht das Geschäft nicht unwirksam (§ 12 Abs. 3). An die Stelle der Reichsregierung ist die Bundesregierung getreten (Art. 129 GG).

§ 13
Widerruf

(1) Die Ermächtigungsbehörde kann die Ermächtigung widerrufen, wenn sie auf Grund von Nachrichten, die zu ihrer Kenntnis gelangt sind, feststellt, daß der Lagerhalter die im § 4 geregelten Voraussetzungen nicht mehr voll erfüllt.

(2) Das gleiche gilt, wenn die Ermächtigungsbehörde auf Grund von Nachrichten, die zu ihrer Kenntnis gelangt sind, feststellt, daß der Lagerhalter den ihm auf Grund dieser Verordnung auferlegten Verpflichtungen nicht nachkommt und dieses Verhalten ungeachtet einer Abmahnung der Ermächtigungsbehörde fortsetzt.

(3) Die Ermächtigungsbehörde kann die Ermächtigung ferner widerrufen, wenn der Lagerhalter in seinem Tarif (§ 2 Abs. 2 Nr. 7) durch nachträgliche Erhöhung oder in anderer Weise übermäßig hohe Sätze vorsieht und hieran ungeachtet einer Abmahnung der Ermächtigungsbehörde festhält.

(4) Der Widerruf ist auf Kosten des Lagerhalters in denselben Blättern zu veröffentlichen, in denen die Ermächtigung bekanntgemacht worden ist. Die gesetzlichen Berufsvertretungen (§ 3) sind von dem Widerruf sofort zu benachrichtigen. Der Widerruf wird mit dem Ablauf des Tages der Veröffentlichung im Reichsanzeiger wirksam. Im Falle des Widerrufs ist die Ermächtigungsurkunde an die Ermächtigungsbehörde zurückzugeben.

Abschnitt II
Lagergeschäft
Titel 1
Allgemeine Vorschriften
§ 14
Rechtsgrundlage des Lagergeschäfts

(1) Übernimmt der Lagerhalter die Lagerung und Aufbewahrung eines Gutes, über das ein Orderlagerschein ausgestellt werden soll, so finden die Vorschriften der Abschnitte II und III dieser Verordnung und die Bestimmungen der gemäß § 5 genehmigten Lagerordnung Anwendung.

(2) Die Vorschriften der Abschnitte II und III dieser Verordnung können durch die Lagerordnung oder durch besondere Vereinbarung ergänzt werden.

(3) Soweit sich aus dem folgenden nicht ein anderes ergibt, können jedoch durch die Lagerordnung oder durch besondere Vereinbarung keine Bestimmungen getroffen wer-

Fünfter Abschnitt. Lagergeschäft

Anh. I § 424
§ 14 OLSchVO

den, die zum Nachteil des Einlagerers oder des legitimierten Besitzers des Lagerscheins von den Vorschriften der Abschnitte II und III abweichen. Die Ermächtigungsbehörde kann beim Vorliegen besonderer Gründe Ausnahmen zulassen.

(4) Es bleibt vorbehalten, zu bestimmen, daß die Ermächtigungsbehörde von der im Abs. 3 vorgesehenen Befugnis zur Zulassung von Ausnahmen nur mit Zustimmung der Reichsregierung Gebrauch machen kann.

§ 14 Abs. 3 S. 1 OLSchVO besagt, daß die OLSchVO in den §§ 14—42 grundsätzlich halbzwingendes Recht zugunsten der Einlagerer und deren legitimierten Nachfolger enthält. Bei einem Verstoß gegen die Regel, daß von der OLSchVO nicht zum Nachteil des Einlagerers abgewichen werden darf, hat man nicht § 139 BGB, sondern § 6 AGBG analog heranzuziehen. Die Benachteiligung ist daran zu messen, ob die Rechtsstellung des Einlagerers verschlechtert wird. Deshalb stellt es z. B. keinen Nachteil dar, wenn die Versicherung (§ 20) bei einem bestimmten Versicherer genommen werden muß, der konkurrenzfähige Prämien fordert und solvent ist. **1**

Die Funktion der OLSchVO, die Umlauffähigkeit und -sicherheit der Orderlagerscheine zu erhöhen, verbietet es, eine Kompensation durch andere, den Einlagerer besserstellende Klauseln zuzulassen.

Gemäß § 14 Abs. 3 S. 2 OLSchVO kann die Ermächtigungsbehörde Ausnahmen zulassen und auf der Basis dieser Ausnahmen die Ermächtigung zur Ausgabe von Orderlagerscheinen erteilen (§ 5 Abs. 2 OLSchVO). § 19 Abs. 3, 4 konkretisiert die Befugnis der Ermächtigungsbehörde. Diesen Vorschriften ist nicht klar zu entnehmen, ob die Befugnis der Ermächtigungsbehörde nur dahin geht, die Erlaubnis zur Ausstellung von Orderlagerscheinen auch dann zu erteilen, wenn die vom Lagerhalter verwandte Lagerordnung zwar nicht den Anforderungen der §§ 15 ff OLSchVO entspricht, besondere Gründe aber eine Ausnahme als angebracht erscheinen lassen. Denkbar ist auch, daß die Ausnahmeerlaubnis privatrechtsgestaltend wirkt, so daß die Lagerordnung im Fall der Ausnahmegenehmigung vertragliche Bindungswirkung entfaltet. Die Frage ist im ersteren Sinn zu entscheiden. Die Ermächtigungsbehörde ist nur in der Lage, die zwingende Wirkung des § 14 OLSchVO einzuschränken. Für den historischen Gesetzgeber ergab sich daraus zwingend, daß die Lagerordnung im Rahmen des § 138 BGB verbindlich vereinbart werden konnte. Diese Rechtslage hat sich nach Inkrafttreten des **AGBG** geändert. Seit diesem Zeitpunkt muß die Lagerordnung nicht nur den Anforderungen des OLSchVO in der von der Ermächtigungsbehörde festgesetzten Reichweite entsprechen, sondern auch die Schranken des AGBG beachten. Die Anwendbarkeit des AGBG wird nämlich durch die Notwendigkeit behördlicher Genehmigungen nicht generell eingeschränkt (*Wolf/Horn/Lindacher* AGBG § 23 2). Vielmehr hat sich der Gesetzgeber nur in den in § 23 AGBG aufgeführten Fallgruppen zu Ausnahmen vom AGBG bereitgefunden. Diese Ausnahmen dürfen zwar im Weg der Analogie erweitert werden (*Wolf/Horn/Lindacher* AGBG § 23 3 m. w. Nachw.), doch genügt für die Analogie nicht die Notwendigkeit einer staatlichen Genehmigung. Vielmehr haben sich Analogien eng an die in § 23 AGBG genannten Fallgruppen anzuschließen. Eine derartige enge Verwandtschaft zwischen den in § 23 AGBG genannten Fallgruppen und Lagerverträgen besteht nicht. Außerdem beseitigt § 23 Abs. 2 AGBG in keinem Fall die Anwendbarkeit des § 9 AGBG. Zum gleichen Ergebnis gelangt man dann, wenn die Ermächtigungsbehörde privatrechtsgestaltend tätig werden sollte; denn insoweit ist die OLSchVO durch das AGBG als lex posterior eingeschränkt worden. Ausnahmeerlaubnisse müssen mithin mit dem AGBG im Einklang stehen. Das gilt auch für Ausnahmeerlaubnisse vor Inkrafttreten des AGBG, wie sich aus § 28 Abs. 2 AGBG und einem Umkehrschluß aus § 28 Abs. 3 AGBG ergibt. **2**

Anh. I § 424
§ 16 OLSchVO   Drittes Buch. Handelsgeschäfte

3 Die Verpflichtung, einen Orderlagerschein auszustellen, ergibt sich aus § 33 Abs. 1 OLSchVO. § 33 Abs. 1 OLSchVO gilt nur, wenn die Parteien eine Lagerung auf der Basis der OLSchVO vereinbart haben. Der Einlagerer kann aber davon ausgehen, daß der Lagerhalter geschäftsüblich verfährt. Stellt der Lagerhalter üblicherweise Orderlagerscheine aus, so ist er dazu auch dem Einlagerer gegenüber verpflichtet, wenn nichts Besonderes vereinbart ist. Beachte § 48 A ADSp (Anh. III zu § 424).

§ 15
Haftung des Lagerhalters

(1) Der Lagerhalter hat bei Ausführung seiner Obliegenheiten für die Sorgfalt eines ordentlichen Kaufmanns einzustehen.

(2) Er hat ein Verschulden derjenigen Personen, deren er sich zur Erfüllung seiner Verbindlichkeiten bedient, im gleichen Umfang zu vertreten wie eigenes Verschulden.

1 Die Funktion des § 15 OLSchVO liegt darin, daß die Haftung für einfache Fahrlässigkeit im Unterschied zu den §§ 417, 390 HGB, 278 BGB zugunsten des Einlagerers oder eines legitimierten Besitzers des Orderlagerscheins zur zwingenden Regel erhoben worden ist, die grundsätzlich (§ 14 OLSchVO 2) weder durch AGB noch durch Individualvereinbarung abgeändert werden darf (§ 14 Abs. 3 OLSchVO). „Obliegenheiten" im Sinne des § 15 OLSchVO ist nicht im rechtstechnischen Sinne zu verstehen, sondern bedeutet schlechthin Pflichten und Obliegenheiten. Die Regel des § 15 OLSchVO wird jedoch durch § 19 OLSchVO modifiziert. Die Geltung der §§ 254, 278 BGB wird durch § 15 OLSchVO nicht tangiert (BGH, DB **1962** 436). Für die Auswahl der Lagerräume gelten nicht die allgemeinen Regeln. Vielmehr geht die OLSchVO davon aus, daß der Lagerhalter den unmittelbaren Besitz am Gut nicht aufgibt. Die staatliche Genehmigung ist nämlich nach § 4 Abs. 1 Nr. 3 OLSchVO davon abhängig, daß der Lagerhalter über sachgerechte Räume verfügt und erfolgt nur für bestimmte Räume (§ 1 Abs. 2, § 11 OLSchVO). Die staatliche Kontrolle darf später nicht dadurch unterlaufen werden, daß der den Orderlagerschein ausstellende Lagerhalter das Gut bei Dritten einlagert, zumal dadurch der lastenfreie Erwerb gefährdet wird (§ 424 HGB 14).

§ 16
Empfang des Lagergutes

(1) Der Lagerhalter ist unbeschadet der Vorschriften der §§ 29, 40, 41 ohne besondere Vereinbarung nicht verpflichtet, beim Empfang des Gutes dessen Menge (Zahl, Maß oder Gewicht), Gattung, Art, Güte oder sonstige Beschaffenheit festzustellen.

(2) Befindet sich Lagergut, das dem Lagerhalter zugesandt ist, bei der Ablieferung in einem beschädigten oder mangelhaften Zustand, der äußerlich erkennbar ist, so hat der Lagerhalter die Rechte gegen den Frachtführer oder Schiffer zu wahren, für den Beweis des Zustandes zu sorgen und dem Einlagerer unverzüglich Nachricht zu geben; im Falle der Unterlassung ist er zum Schadensersatz verpflichtet.

1 § 16 Abs. 2 OLSchVO deckt sich dem Gehalt nach mit der Regelung der §§ 417 Abs. 1, 388 Abs. 1 HGB. Hat der Einlagerer das Gut veräußert, so ist er kraft Veräußerungsvertrags zur Weiterleitung der Nachricht an den ihm bekannten Erwerber verpflichtet.

Fünfter Abschnitt. Lagergeschäft

§ 17
Besichtigung, Entnahme von Proben, Pflege des Lagergutes

(1) Der Lagerhalter hat dem Einlagerer oder, wenn ein Orderlagerschein ausgestellt ist, dem legitimierten Besitzer des Scheines die Besichtigung des Lagergutes während der Geschäftsstunden zu gestatten.

(2) Dasselbe gilt, soweit durch die Lagerordnung oder durch besondere Vereinbarung nicht ein anderes bestimmt ist, für die Entnahme von Proben. Der Lagerhalter ist berechtigt, die von dem Einlagerer oder dem Besitzer des Lagerscheines gewünschte Probeentnahme selbst auszuführen.

(3) Der Lagerhalter ist unbeschadet der Vorschriften des § 29 Abs. 2 ohne besondere Vereinbarung nicht verpflichtet, Arbeiten zur Erhaltung des Lagerguts vorzunehmen. Er hat dem Einlagerer oder, wenn ein Orderlagerschein ausgestellt ist, dem legitimierten Besitzer des Lagerscheins die Vornahme dieser Arbeiten während der Geschäftsstunden zu gestatten, soweit er nicht selbst zur Vornahme der Arbeiten bereit ist.

§ 17 OLSchVO weicht insofern von § 418 HGB ab, als er ausdrücklich hervorhebt, **1** daß das Recht zur Besichtigung und Probeentnahme jedem legitimierten Besitzer eines Orderlagerscheines zusteht. Weiß der Lagerhalter, daß der Inhaber des Orderlagerscheines materiell nicht berechtigt ist und kann er dies auch leicht beweisen, so hat er auch dem legitimierten Inhaber des Orderlagerscheines gegenüber die Probeentnahme zu verbieten.

Abweichend von § 418 HGB erlaubt § 17 OLSchVO dem Lagerhalter, gegen Ent- **2** gelt (§ 354 HGB) die Probeentnahme oder Erhaltungsmaßnahmen am Gut selbst vorzunehmen. Tut er das, so ist dem legitimierten Besitzer des Orderlagerscheines die eigene Probeentnahme etc. verwehrt.

§ 18
Anzeigepflicht des Lagerhalters

Der Lagerhalter ist verpflichtet, unverzüglich Anzeige zu erstatten, wenn er das Lagergut umlagert oder wenn er festgestellt hat, daß Veränderungen in der Beschaffenheit des Gutes entstanden oder zu befürchten sind. Die Anzeige hat er an den letzten ihm bekannt gewordenen legitimierten Besitzer des Lagerscheins zu richten. Im Falle der Unterlassung ist er zum Schadensersatz verpflichtet.

§ 18 OLSchVO weicht in mehrfacher Hinsicht von § 417 HGB ab. § 18 OLSchVO **1** knüpft zum einen die Anzeigepflicht auch daran, daß der Lagerhalter das Gut umlagert. Ferner muß der Lagerhalter jede (drohende) Veränderung mitteilen, nicht nur solche, die eine Entwertung befürchten lassen. „Veränderung" im Sinne des § 18 OLSchVO stellt jede noch so geringfügige Veränderung dar. Damit soll sichergestellt werden, daß der Einlagerer oder ein Rechtsnachfolger, der die bessere Warenkenntnis besitzt, beurteilen kann, ob die Veränderungen besorgniserregend sind oder nicht. Die Anzeige ist an den letzten dem Lagerhalter bekanntgewordenen Besitzer des Orderlagerscheines zu richten (§ 24 IV OLSchVO analog). Dieser hat kraft nachwirkender Pflicht aus Kausalverhältnis seine Nachmänner zu benachrichtigen.

§ 18 OLSchVO knüpft die Anzeigepflicht daran, daß der Lagerhalter die (dro- **2** hende) Veränderung bereits festgestellt hat. Er befreit jedoch nicht von der allgemeinen lagerrechtlichen Pflicht, das Gut auf drohende Veränderungen hin zu untersuchen (auch oben § 417 31).

§ 19
Haftung für Verlust oder Beschädigung des Lagergutes

(1) Der Lagerhalter ist für den Verlust und die Beschädigung des in seiner Verwahrung befindlichen Gutes verantwortlich, es sei denn, daß der Verlust oder die Beschädigung auf Umständen beruht, die durch die Sorgfalt eines ordentlichen Kaufmanns nicht abgewendet werden konnten.

(2) Für den Verlust oder die Beschädigung von Gütern, deren Wert mehr als zwanzig Deutsche Mark für das Kilogramm beträgt, haftet der Lagerhalter nur, wenn ihm der Wert des Gutes bei der Übergabe zur Lagerung angegeben worden ist.

(3) Die Ermächtigungsbehörde kann beim Vorliegen besonderer Gründe zulassen, daß in der Lagerordnung die Haftung des Lagerhalters für bestimmte Gefahrengruppen auf grobe Fahrlässigkeit beschränkt ist.

(4) Die Ermächtigungsbehörde kann ferner beim Vorliegen besonderer Gründe zulassen, daß in der Lagerordnung die Haftung des Lagerhalters für Feuerschäden ausgeschlossen wird, und zwar auch für den Fall, daß der Schaden durch Fahrlässigkeit des Lagerhalters oder durch das Verschulden einer Person verursacht ist, deren der Lagerhalter sich zur Erfüllung seiner Verbindlichkeiten bedient. Ist der Lagerschein durch Indossament übertragen, so kann gegenüber dem legitimierten Besitzer des Lagerscheins der Ausschluß der Haftung nur geltend gemacht werden, wenn er in dem Schein besonders vermerkt ist.

(5) Der von dem Lagerhalter für Verlust des Gutes zu leistende Schadensersatz beschränkt sich auf den gemeinen Wert des Gutes, der Ersatz für Beschädigung auf den Unterschied zwischen dem gemeinen Werte des Gutes im unbeschädigten und im beschädigten Zustand. Die infolge des Verlustes oder der Beschädigung ersparten Unkosten kommen in Abzug. Der Schadensberechnung ist der Zeitpunkt zugrunde zu legen, in welchem der Einlagerer von dem Verlust oder der Beschädigung benachrichtigt ist oder in anderer Weise Kenntnis erlangt hat. Hat der Lagerhalter den Schaden durch Vorsatz oder grobe Fahrlässigkeit herbeigeführt, so kann Ersatz des vollen Schadens gefordert werden.

1 § 19 Abs. 2 OLSchVO entspricht im wesentlichen den §§ 417, 390 HGB (s. die Erläuterungen dieser Vorschriften). Der Lagerhalter haftet auch einem Erwerber des Orderlagerscheines nur nach Maßgabe des § 19 OLSchVO, selbst wenn dieser von dem Verlust oder der Beschädigung des Gutes nichts erfahren hatte; denn diese Haftungsregel ergibt sich unmittelbar aus dem Lagerrecht (RGRKz HGB-*Ratz*[2] § 424 6). Die Anwendbarkeit der §§ 254, 278 BGB wird durch § 19 OLSchVO nicht berührt. Zur Haftung wegen unrichtiger Angaben in dem Schein siehe § 40 OLSchVO.

2 Die Haftung nach § 19 OLSchVO geht im Unterschied zu den §§ 417, 390 HGB bei leichter Fahrlässigkeit nur auf den gemeinen Wert (§ 19 Abs. 5 OLSchVO). Einlagerer im Sinne des § 19 Abs. 5 OLSchVO ist in Analogie zu § 24 Abs. 4 OLSchVO der dem Lagerhalter zuletzt bekannt gewordene Besitzer des Lagerscheines (**a. A.** *Baumbach/Duden/Hopt* HGB[26] § 19 OLSchVO). Die Haftungsbeschränkung gilt nicht für Ansprüche aus §§ 823 ff BGB (Parallele zur Rechtsprechung zu § 430 HGB). Von der Angabe der Höhe des Risikos macht § 19 Abs. 2 OLSchVO die Haftung abhängig. Weitere Haftungseinschränkungen kann die Ermächtigungsbehörde gestatten (dazu Erläuterungen zu § 14 OLSchVO). Die Erweiterung der Haftungsausschlußmöglichkeiten bei Feuerschäden ist eine Folge der Versicherungsmöglichkeit gemäß § 20 OLSchVO.

Fünfter Abschnitt. Lagergeschäft

§ 20
Feuerversicherung

(1) Der Lagerhalter hat auf Verlangen des Einlagerers oder, wenn ein Orderlagerschein ausgestellt ist, des legitimierten Besitzers des Lagerscheins das Lagergut gegen Feuergefahr zu versichern und während der Dauer der Lagerung versichert zu halten.

(2) Die Versicherung ist dergestalt zu bewirken, daß der Anspruch gegen den Versicherer entweder von dem Lagerhalter für Rechnung des Besitzers des Lagerscheins oder von diesem unmittelbar geltend gemacht werden kann.

(3) Für die Höhe der Versicherungssumme genügt der bei Ausstellung des Lagerscheins von dem Einlagerer angegebene Wertbetrag.

(4) Der Lagerhalter ist verpflichtet, gemäß § 38 Abs. 3 Nr. 5 auf dem Lagerscheine zu vermerken, daß er die Feuerversicherung bewirkt oder nicht bewirkt hat.

§ 20 Abs. 1 OLSchVO konkretisiert die §§ 417, 390 Abs. 2 HGB (s. die Erläuterungen dieser Vorschriften). Die Höhe der Schadensersatzforderung ergibt sich aus der Versicherungssumme, zu der die Versicherung gezeichnet worden wäre, wenn der Lagerhalter pflichtgemäß gehandelt hätte. Liegt der vom Einlagerer angegebene Wert über dem Wert iSd § 19 Abs. 5 OLSchVO und war eine Versicherung zum höheren Wert möglich, so haftet der Lagerhalter bis zum angegebenen Wertbetrag. Schadensquelle ist dann nämlich primär das Unterlassen der Versicherung. **1**

Die Verletzung der Verpflichtung, in dem Lagerschein **anzugeben,** ob eine Feuerversicherung genommen ist oder nicht, ist durch eine Schadensersatzpflicht zugunsten des Einlagerers und der Rechtsnachfolger sanktioniert. Der Schaden kann daraus resultieren, daß die Veräußerlichkeit des Orderlagerscheins gemindert ist. Allerdings wird sich der Einlagerer in aller Regel ein Mitverschulden entgegenhalten lassen müssen. **2**

§ 21
Lagerkosten

(1) Die Höhe der Vergütung für die Leistungen des Lagerhalters richtet sich, soweit nicht geringere Sätze vereinbart sind, nach dem gemäß § 6 bekanntgemachten Tarif.

(2) Der Lagerhalter hat Anspruch auf Erstattung der Auslagen für Fracht und Zölle und der sonst für das Gut gemachten Aufwendungen, soweit er sie den Umständen nach für erforderlich halten durfte.

(3) Von den nach Abs. 1, 2 dem Lagerhalter zukommenden Beträgen (Lagerkosten) sind die baren Auslagen, soweit nicht ein anderes vereinbart ist, sofort zu erstatten. Die Bezahlung der sonstigen Lagerkosten wird durch die Lagerordnung oder durch besondere Vereinbarung geregelt.

(4) Die bei Ausstellung des Lagerscheins bereits entstandenen und noch auf dem Gute lastenden Lagerkosten sind auf dem Lagerscheine zu vermerken. Soweit tunlich, sollen auch die während der Laufzeit des Lagerscheins fällig werdenden Lagerkosten auf dem Scheine angegeben werden.

§ 21 Abs. 1—3 OLSchVO konkretisiert den § 420 HGB. Tarifänderungen müssen genehmigt werden und dürfen frühestens erst von diesem Zeitpunkt an (§ 8 OLSchVO) herangezogen werden. **1**

Ist der Tarif nicht bekanntgemacht (§ 6 OLSchVO), so gelten die allgemeinen Regeln des § 420 HGB. Geringere Sätze müssen nicht ausdrücklich vereinbart werden. Es **2**

Anh. I § 424
§ 22 OLSchVO   Drittes Buch. Handelsgeschäfte

genügt, daß die Lagerhalter in Abweichung vom Tarif üblicherweise die ortsüblichen niedrigeren Sätze fordert.

Die Angabe der bereits entstandenen und noch auf dem Gut lastenden Lagerkosten (§ 21 Abs. 3 OLSchVO, Entgelt und Aufwendungen) ist für das Pfandrecht und Zurückbehaltungsrecht von Bedeutung (§§ 421, 369 HGB, 21 OLSchVO). Nicht vermerkte Vorkosten können dem gutgläubigen Erwerber des Scheines gemäß §§ 364 Abs. 2 HGB, 22 Abs. 2 OLSchVO nicht entgegengehalten werden. Problematisch ist, ob der gute Glaube des Erwerbers schon durch grobe Fahrlässigkeit zerstört wird. An sich liegt hier eine persönliche Einwendung vor, die sich der Erwerber erst dann entgegenhalten lassen muß, wenn er bewußt zum Nachteil des Lagerhalters gehandelt hat (Analogie zu § 17 WG; Großkommentar HGB[3]-*Canaris* § 364 25 f). Diese Regel wird jedoch für den Bereich der Pfandrechte durch § 22 Abs. 2 OLSchVO modifiziert. Danach schadet dem Erwerber schon grobe Fahrlässigkeit.

3 In Hinblick auf die **nach der Ausstellung entstehenden Lagerkosten** ist von der Regel auszugehen, daß die Haftung für Lagerkosten grundsätzlich zu den typusbezogenen Einwendungen gehört, mit denen der Erwerber rechnen muß (Großkommentar HGB[3]-*Canaris* § 364 33). Diese Regel wird durch § 22 Abs. 2 OLSchVO dahingehend abgeändert, daß die Lagerkosten für den gutgläubigen Erwerber aus dem Lagerschein ersichtlich sein müssen. Es genügen Angaben, anhand derer sich der Erwerber den aktuellen Stand der geschuldeten Lagerkosten zu errechnen in der Lage ist.

§ 22
Pfandrecht, Zurückbehaltungsrecht

(1) Der Lagerhalter hat wegen der Lagerkosten ein Pfandrecht an dem Gute, solange er es im Besitze hat, insbesondere mittels Konnossements, Ladescheins oder Lagerscheins darüber verfügen kann. Das Pfandrecht erstreckt sich auf die Forderung aus einer Feuerversicherung.

(2) Ist der Lagerschein durch Indossament übertragen, so besteht das Pfandrecht dem legitimierten Besitzer des Lagerscheins gegenüber nur wegen der Lagerkosten, die aus dem Lagerschein ersichtlich sind oder ihm bei Erwerb des Lagerscheins bekannt oder infolge grober Fahrlässigkeit unbekannt waren.

(3) Bei dem Verkaufe des Pfandes tritt an die Stelle der im § 1234 des Bürgerlichen Gesetzbuchs bestimmten Frist von einem Monat eine solche von einer Woche, und zwar auch dann, wenn der Lagervertrag nur auf der Seite des Lagerhalters ein Handelsgeschäft ist.

(4) Die im § 1234 Abs. 1 des Bürgerlichen Gesetzbuchs vorgesehene Androhung des Pfandverkaufs sowie die in den §§ 1237, 1241 des Bürgerlichen Gesetzbuchs vorgesehenen Benachrichtigungen hat der Lagerhalter an den letzten ihm bekannt gewordenen legitimierten Besitzer des Lagerscheins zu richten.

(5) Die Vorschriften, nach welchen dem Lagerhalter ein Zurückbehaltungsrecht an dem Gute zusteht, bleiben unberührt.

1 § 22 Abs. 1 S. 1 OLSchVO entspricht dem § 421 HGB. Es werden also nur konnexe Forderungen gesichert. In Satz 2 wird das **Pfandrecht** auf die Feuerversicherung erstreckt.

§ 22 Abs. 2 OLSchVO: In Hinblick auf die nicht auf dem Papier vermerkten Kosten ist zu beachten, das die Höhe der Kosten in der Regel ungewiß ist. Der Erwerber braucht gleichwohl nicht mit den üblichen, nach Ausstellung des Scheins anfallenden

Kosten zu rechnen. Er kann sich, sofern nicht offensichtlich konkrete Anhaltspunkte für Kosten bestehen, die nicht im Lagerschein aufgeführt sind, auf den Lagerschein verlassen. Die Obliegenheit einer Rückfrage beim Lagerhalter bei jeder Transaktion würde die Funktion des Wertpapiers, den raschen Umlauf zu ermöglichen, torpedieren (a. A. Großkommentar HGB[3]-*Canaris* § 363 102; *Zöllner*, Wertpapierrecht[14] § 25 IV 3 g cc). § 22 Abs. 2 OLSchVO ist nicht analog anzuwenden, wenn sich der Lagerhalter ein vertragliches Pfandrecht bestellen ließ.

§ 22 OLSchVO betrifft das **Pfandrecht** unmittelbar nur insoweit, als es um die 2 Frage geht, ob es den im Schein verbrieften Ansprüchen, insbesondere dem Rückgabeanspruch, entgegengesetzt werden kann. Man wird ihn aber auch analog heranzuziehen haben, um im Widerspruch zu § 936 Abs. 3 BGB einen gutgläubig lastenfreien Erwerb des Gutes selbst zu bejahen (näher dazu Großkommentar HGB[3]-*Canaris* § 363 100 ff). § 22 Abs. 2 OLSchVO gilt nur für das Pfandrecht des Lagerhalters, nicht für das dritter Personen (Großkommentar HGB[3]-*Canaris* oben § 363 102a; abw. *Schlegelberger/Schröder* HGB[5] § 424 6a).

Zu § 22 Abs. 3, 4 OLSchVO siehe §§ 364, 440 HGB.

Das **Zurückbehaltungsrecht** stellt eine persönliche Einwendung dar. Es wird daher 3 gutgläubigen Erwerbern gegenüber schon dann präkludiert, wenn der Erwerber nicht bewußt zum Nachteil des Lagerhalters gehandelt hat (§ 364 Abs. 2 HGB; Art. 17 WG analog; Großkommentar HGB[3]-*Canaris* § 364 25). Gegen diese Behandlung des Einwendungsproblems kann nicht der Umstand ins Feld geführt werden, daß das Zurückbehaltungsrecht zu den typusbedingten Einwendungen (*Canaris* aaO, § 364 33) gehört; denn die in § 22 Abs. 2 OLSchVO niedergelegte Wertung, derzufolge die relevanten Lagerkosten grundsätzlich aus dem Schein ersichtlich sein müssen, gilt erst recht auch für Zurückbehaltungsrechte. Allerdings wird man dem § 22 Abs. 5 OLSchVO entnehmen müssen, daß dem Erwerber bewußtes Handeln zum Nachteil des Lagerhalters schadet. Gleiches ergibt ein Umkehrschluß aus § 22 Abs. 2 OLSchVO, weil § 22 Abs. 2 OLSchVO nur das Pfandrecht privilegieren will und zugleich verhindern will, daß die Umlauffähigkeit des Orderlagerscheins beeinträchtigt wird. Ebenso i. E. *Baumbach/Duden/Hopt* HGB[3] § 22 OLSchVO 1.

§ 23
Mischlagerung

(1) Im Falle der Lagerung vertretbarer Sachen ist der Lagerhalter zu ihrer Vermischung mit anderen Sachen von gleicher Art und Güte nur befugt, wenn ihm dies von den beteiligten Einlagerern ausdrücklich gestattet ist.

(2) An dem durch die Vermischung entstandenen Gesamtvorrat steht den Eigentümern der Teilmengen Miteigentum nach Bruchteilen zu. Der Anteil bestimmt sich, soweit nicht ein anderes vereinbart wird, nach dem Verhältnis der eingelagerten Teilmengen.

(3) Der Lagerhalter ist berechtigt und verpflichtet, aus dem Gesamtvorrat jedem Einlagerer den ihm gebührenden Anteil auszuliefern, ohne daß er hierzu die Genehmigung der übrigen Beteiligten bedarf.

(4) Inwieweit die Vorschriften des § 32 über Abzüge wegen Gewichtsverlustes entsprechend anzuwenden sind, wird durch die Lagerordnung oder durch besondere Vereinbarung bestimmt.

Vgl. § 419 HGB. 1

§ 24
Dauer der Lagerung

(1) Der Lagerhalter kann nicht verlangen, daß der Einlagerer das Lagergut vor dem Ablauf der bedungenen Lagerzeit zurücknimmt. Ist eine Lagerzeit nicht bedungen oder behält der Lagerhalter nach Ablauf der bedungenen Lagerzeit das Lagergut zwecks Fortsetzung des Lagervertrags auf dem Lager, so kann er die Rücknahme nur nach Kündigung unter Einhaltung einer Kündigungsfrist von einem Monat verlangen.

(2) Falls eine Lagerzeit nicht bedungen und in der Lagerordnung nicht ein anderes bestimmt wird, ist die Kündigung frühestens zu dem Termin zulässig, an dem seit der Einlagerung drei Monate verstrichen sind.

(3) Der Lagerhalter ist berechtigt, die Rücknahme des Lagerguts vor dem Ablauf der Lagerzeit und ohne Einhaltung einer Kündigungsfrist zu verlangen, wenn ein wichtiger Grund vorliegt.

(4) Die Kündigung und das Rücknahmeverlangen hat der Lagerhalter an den letzten ihm bekannt gewordenen legitimierten Besitzer des Lagerscheins zu richten.

[1] Vgl. § 422 HGB. Abs. 4 des § 24 OLSchVO modifiziert die Regeln über den Zugang von Willenserklärungen. Hat der letzte dem Lagerhalter bekannt gewordene legitimierte Inhaber des Orderlagerscheines den Schein bereits weiter übertragen, so ist er kraft nachwirkender Pflicht aus dem zwischen ihm und dem Erwerber bestehenden Kausalverhältnis gehalten, die Erklärung des Lagerhalters weiterzuleiten. Andernfalls macht er sich schadensersatzpflichtig. Da der Erwerber aber nie wissen kann, ob sich in der Kette der Indossamente eine gefälschte Übertragungserklärung durch einen Dieb etc. befindet, ist es ratsam, dem Lagerhalter den Erwerb des Scheines anzuzeigen.

§ 25
Notverkauf, Selbsthilfeverkauf

(1) Ist das Lagergut dem Verderb ausgesetzt oder treten Veränderungen an ihm ein, die seine Entwertung befürchten lassen, und ist keine Zeit vorhanden, die Verfügung des Berechtigten einzuholen, oder ist der Berechtigte in der Erteilung der Verfügung säumig, so kann der Lagerhalter den Verkauf des Gutes nach Maßgabe der Vorschriften des § 373 des Handelsgesetzbuches bewirken.

(2) Dasselbe gilt, wenn der Berechtigte unterläßt, über das Lagergut zu verfügen, obwohl er dazu nach Lage der Sache verpflichtet ist.

(3) Die im § 373 Abs. 3 des Handelsgesetzbuchs vorgesehene Androhung des Verkaufs sowie die im Abs. 5 derselben Vorschrift vorgesehenen Benachrichtigungen hat der Lagerhalter an den letzten ihm bekannt gewordenen legitimierten Besitzer des Lagerscheins zu richten.

[1] Vgl. §§ 417, 388 f HGB.

§ 26
Auslieferung und Annahme des Gutes

(1) Das Lagergut darf, wenn ein Orderlagerschein ausgestellt ist, nur dem legitimierten Besitzer des Lagerscheins und nur gegen Rückgabe des Scheins ausgeliefert werden. Der Lagerhalter ist nicht verpflichtet, die Echtheit der Indossamente zu prüfen. Die Auslieferung ist auf dem Lagerschein zu bescheinigen.

(2) Die Auslieferung eines Teiles des Gutes erfolgt gegen Abschreibung auf dem Scheine. Der Abschreibungsvermerk ist von dem Lagerhalter zu unterschreiben.

Stand 1. 12. 1986

(3) In der Lagerordnung können die Folgen der vorbehaltlosen Annahme des Gutes entsprechend den Vorschriften des § 438 des Handelsgesetzbuches geregelt werden.

Zur Frage der Legitimation s. § 365 HGB. 1

Ein **Freistellungsschein**, der den nicht durch den Orderlagerschein Legitimierten ermächtigt, sich das Gut aushändigen zu lassen, ist unwirksam (BGH, NJW **1968** 592). Händigt der Inhaber eines derartigen Freistellungsscheines diesen dem Lagerhalter aus oder zeigt er ihm an, daß er Inhaber eines Freistellungsscheines sei, so soll sich der Lagerhalter nur unter der Voraussetzung des § 826 BGB schadensersatzpflichtig machen, wenn er den Inhaber des Freistellungsscheines nicht darüber aufklärt, daß ein Orderlagerschein ausgestellt worden ist. Geht der Lagerhalter allerdings einen Schritt weiter und tritt er mit dem Inhaber des Freistellungsscheines in Verhandlungen über den Abschluß eines neuen Lagervertrages, ohne ihn auf die Existenz des Orderlagerscheines hinzuweisen, so liegt hierin ein Verstoß gegen § 26 Abs. 1 OLSchVO. Der Verstoß zieht eine Schadensersatzpflicht des Lagerhalters nach sich (BGH, NJW **1968** 592 f). Die Speditionsversicherung hat hierfür nicht einzutreten (BGH, aaO). In einer jüngeren Entscheidung hat der BGH (DB **1979** 1889) hingegen zutreffend schon dann eine Schadensersatzpflicht bejaht, wenn der Lagerhalter eine falsche Auskunft gibt (näher dazu oben § 424 18). 2

§ 27
Verjährung

(1) Die Ansprüche gegen den Lagerhalter wegen Verlustes, Minderung, Beschädigung oder verspäteter Auslieferung des Gutes verjähren in einem Jahre. Die Verjährungsfrist kann durch die Lagerordnung oder durch besondere Vereinbarung verlängert werden.

(2) Die Verjährung beginnt im Falle der Beschädigung oder Minderung mit dem Ablauf des Tages, an dem die Auslieferung stattgefunden hat, im Falle der verspäteten Auslieferung mit dem Ablauf des Tages, an dem die Auslieferung hätte bewirkt sein müssen, im Falle des gänzlichen Verlustes mit dem Ablauf des Tages, an dem der Lagerhalter dem Einlagerer oder, wenn ein Orderlagerschein ausgestellt ist, dem letzten ihm bekannt gewordenen legitimierten Besitzer des Lagerscheins den Verlust anzeigt.

(3) Die Vorschriften der Abs. 3 und 4 des § 414 des Handelsgesetzbuchs finden entsprechende Anwendung.

Vgl. §§ 423, 414 HGB, § 24 OLSchVO 1. 1

Titel 2
Besondere Bestimmungen über die Sammellagerung

§ 28
Sammellagerung

(1) Wird Gut, für das Handelsklassen gesetzlich eingeführt oder allgemein anerkannt sind, unter einer entsprechenden Gattungsbezeichnung eingelagert, so können der Einlagerer und der Lagerhalter vereinbaren, daß für dieses Gut die folgenden besonderen Regeln über die Sammellagerung gelten sollen.

(2) Für die Sammellagerung gelten die allgemeinen Vorschriften der §§ 14 bis 27, soweit sich aus den §§ 29 bis 32 nicht ein anderes ergibt.

(3) Den Beteiligten ist es unbenommen, auch bei Gütern der im Abs. 1 bezeichneten Art Einzellagerung oder Mischlagerung (§ 23) zu vereinbaren.

Anh. I § 424
§ 30 OLSchVO Drittes Buch. Handelsgeschäfte

1 §§ 28 ff OLSchVO regeln eine besondere Form der Sammellagerung. Zur Sammellagerung allgemein §§ 419 HGB, 23 OLSchVO.

§ 29
Prüfung und Pflege des Lagergutes

(1) Der Lagerhalter ist verpflichtet, bei Empfang des Lagerguts dessen Gewicht, Güte und sonstige Beschaffenheit festzustellen und das Ergebnis auf dem Lagerscheine zu vermerken. Bei der Feststellung der Güte und Beschaffenheit des Lagerguts hat er einen von der gesetzlichen Berufsvertretung des Handels und bei Lagerung landwirtschaftlicher Erzeugnisse auch einen von der gesetzlichen Berufsvertretung der Landwirtschaft bestellten Sachverständigen zuzuziehen. Die gesetzlichen Berufsvertretungen des Handels und der Landwirtschaft können für den Fall, daß der Lagerhalter und der Einlagerer hiermit einverstanden sind, denselben Sachverständigen bestellen. Soweit gesetzliche Handelsklassen eingeführt und Gutachterstellen eingerichtet sind, tritt an die Stelle der vorbezeichneten Sachverständigen die zuständige Gutachterstelle (Verordnung des Reichspräsidenten vom 1. Dezember 1930, Achter Teil, Kapitel V § 6 — Reichsgesetzbl. I S. 517, 602 —).

(2) Der Lagerhalter ist verpflichtet, die zur Erhaltung des Lagerguts erforderlichen Arbeiten vorzunehmen. Er kann sich hierbei der Mitwirkung der im Abs. 1 bezeichneten Sachverständigen oder Gutachterstellen bedienen. Den Lagerhalter trifft kein Verschulden, wenn er die Empfehlungen der Sachverständigen oder der Gutachterstelle mit der Sorgfalt eines ordentlichen Kaufmanns befolgt.

(3) Die im § 18 vorgesehene Anzeige des Lagerhalters über Umlagerung oder Veränderungen in der Beschaffenheit des Lagerguts kann unterbleiben, wenn sie untunlich ist.

1 § 29 OLSchVO statuiert im Unterschied zu den normalen Pflichten des Lagerhalters (§§ 16 f OLSchVO) eine Prüfungs- und Pflegepflicht des Lagerhalters. Andererseits wird wegen dieser besonderen Pflicht die Reichweite der Verpflichtung zur Anzeige an den Einlagerer bzw. legitimierte Rechtsnachfolger gemindert. Für die durch die Verletzung der Pflicht entstandenen Schäden haftet der Lagerhalter nach Maßgabe des § 15 OLSchVO jedem Einlagerer bzw. Rechtsnachfolger entsprechend dem jeweiligen Miteigentumsanteil (§ 419 15).

§ 30
Vermischungsbefugnis, Miteigentum

(1) Soweit die beteiligten Einlagerer mit der Sammellagerung einverstanden sind, ist der Lagerhalter zur Vermischung des bei ihm eingelagerten Gutes mit Lagergut derselben Handelsklasse und Gütegruppe befugt.

(2) An Lagergut, das hiernach vermischt werden darf, steht vom Zeitpunkt der Einlagerung ab den Eigentümern der eingelagerten Mengen Miteigentum nach Bruchteilen zu; der Bruchteil bestimmt sich nach dem Verhältnis der von jedem Einlagerer eingelagerten Menge zu den Mengen, die sämtliche Einlagerer in demselben Lagerhaus oder in demselben sonstigen Lagerraum (§ 5 Abs. 1) des Lagerhalters eingelagert haben.

(3) Hat der Lagerhalter in demselben Ort mehrere Lagerhäuser oder mehrere sonstige Lagerräume, so kann die Lagerordnung bestimmen, daß das Miteigentum sich auf den jeweiligen Gesamtvorrat an Lagergütern derselben Handelsklasse und Gütegruppe

erstreckt, der in diesem Ort in einigen oder in allen Lagerhäusern oder sonstigen Lagerräumen des Lagerhalters eingelagert ist.

In Abweichung zu den §§ 419 HGB, 23 OLSchVO entsteht hier kraft Gesetzes schon mit der Einlagerung, ohne daß bereits vermischt worden sein muß, Miteigentum (Parallele zu § 6 DepG). **1**

§ 31
Auslieferung

Der Lagerhalter ist berechtigt und verpflichtet, aus dem im § 30 bezeichneten Gesamtvorrat jedem Einlagerer den ihm gebührenden Anteil auszuliefern, ohne daß er hierzu der Genehmigung der übrigen Beteiligten bedarf.

§ 419 16. **1**

§ 32
Abzüge für Gewichtsverlust

(1) Der Lagerhalter ist berechtigt, falls das Lagergut durch die Lagerung einem Gewichtsverlust ausgesetzt ist, bei der Auslieferung einen angemessenen Hundertsatz des auf dem Lagerschein vermerkten Gewichts abzuziehen. Das Nähere wird durch die Lagerordnung oder durch besondere Vereinbarung bestimmt.

(2) Der im Einzelfalle nach der Lagerordnung oder besonderer Vereinbarung anzuwendende Abzugssatz ist auf dem Lagerschein zu vermerken. Einen über diesen Abzugssatz hinausgehenden Gewichtsverlust hat der Lagerhalter zu vertreten.

(3) Kann ein Abzugssatz im voraus nicht bestimmt werden, so ist dies im Lagerschein zu vermerken.

§ 32 Abs. 1, Abs. 2 S. 1 OLSchVO soll die Verkehrssicherheit erhöhen. Der Erwerber soll aus dem Orderlagerschein ersehen können, ob und mit welchem Schwund (Gewichtsverlust durch Lagerung, unvermeidliche Wiegefehler) er rechnen muß. Deshalb hat der Lagerhalter jeden Schwund zu vertreten, den er nicht im Lagerschein angibt, unabhängig davon, ob eine Schwundquote vereinbart worden ist oder ob sich eine Schwundquote aus der Lagerordnung ergibt. Dies gilt nicht, wenn dem Erwerber die Vereinbarung oder Lagerordnung bekannt war und er bewußt zum Nachteil des Lagerhalters gehandelt hat (§ 364 Abs. 2 HGB). Hingegen darf sich der Lagerhalter nicht auf die natürliche Schwundquote berufen, auch wenn sie dem Einlagerer oder Erwerber des Lagerscheins bekannt war. Gleiches gilt, wenn er als ordentlicher Kaufmann mit an Sicherheit grenzender Wahrscheinlichkeit mit Schwund rechnen muß, dessen Höhe noch nicht feststeht, und diesen Umstand entgegen § 32 Abs. 3 OLSchVO nicht im Lagerschein vermerkt. **1**

Der Lagerhalter hat ferner einen über die im Lagerschein vermerkte Schwundquote hinausgehenden Schwund zu vertreten (§ 32 Abs. 2 S. 2 OLSchVO). Dies stellt einen Fall der Garantiehaftung dar.

§ 32 OLSchVO findet jedoch keine Anwendung auf die Fälle, in denen das Lager sonstige Verluste erleidet. Diese Verluste treffen die Miteigentümer, sofern sie der Lagerhalter nicht zu vertreten hat, voll entsprechend ihren Anteilen. Hat der Lagerhalter die Verluste zu vertreten, so schuldet er den einzelnen Miteigentümern entsprechend deren Miteigentumsanteil Schadensersatz (§ 419 15). **2**

Abschnitt III
Lagerschein
§ 33
Ausstellung des Lagerscheins

(1) Der Lagerhalter ist verpflichtet, dem Einlagerer auf dessen Verlangen einen zur Verfügung über das Gut, insbesondere zur Veräußerung und Verpfändung dienenden, an Order lautenden Lagerschein auszustellen.

(2) Der Lagerhalter kann die Ausstellung des Lagerscheins verweigern, wenn ein wichtiger Grund vorliegt, insbesondere solange der Einlagerer seiner fälligen Verpflichtung zur Erstattung barer Auslagen (§ 21 Abs. 3) oder zur Bezahlung sonstiger auf dem Gute lastender Lagerkosten nicht nachkommt.

(3) Der Lagerhalter darf einen Lagerschein erst ausstellen, wenn er das Gut in seinem Lager (§ 5) eingelagert hat.

(4) Dem Lagerhalter ist nicht gestattet, besondere, nur zur Verpfändung des Gutes bestimmte Scheine (Lagerpfandscheine) auszustellen.

(5) Der legitimierte Besitzer kann gegen Rückgabe des Lagerscheines die Ausstellung eines neuen Scheines verlangen. In dem neuen Schein soll derselbe Einlagerungstag vermerkt werden wie in dem alten Schein.

(6) Doppel von Lagerscheinen werden nicht ausgestellt.

Der Anspruch auf Ausstellung eines Lagerscheines (§ 14 Abs. 3 OLSchVO) kann abgetreten werden.

Gemäß § 33 Abs. 3 OLSchVO darf der Lagerhalter Orderlagerscheine erst ausstellen, nachdem das Gut eingelagert worden ist. Den Orderlagerschein, der schon früher ausgestellt worden war, wird man dann als gültig behandeln können, wenn er dem Einlagerer erst in dem Moment ausgehändigt wird, in dem der Einlagerer das Gut übergibt. Andernfalls ist der Orderlagerschein ungültig. Eine Heilung durch spätere Einlagerung scheidet aus (str.; § 424 HGB 2).

§ 34
Ausstellung von Teilscheinen

(1) Falls eine Warenmenge eingelagert ist, kann der Einlagerer die Ausstellung von Lagerscheinen über Teile der Menge verlangen. Ist ein Orderlagerschein ausgestellt, so kann nur der legitimierte Besitzer des Scheines und nur gegen Rückgabe des Scheines die Ausstellung von Teilscheinen verlangen.

(2) Wird die Ausstellung von Teilscheinen verlangt, so hat der Lagerhalter, falls erforderlich, dem Berechtigten die Verpackung, Neubezeichnung oder sonstige Herrichtung des Gutes zu gestatten, soweit er nicht selbst zu diesen Handlungen bereit ist.

(3) Wird ein Lagerschein durch Teilscheine ersetzt, so soll in den Teilscheinen derselbe Einlagerungstag vermerkt werden wie in dem alten Lagerschein.

(4) Bleiben bei einer Einzellagerung die Teile der Menge ungetrennt, so soll in den Teilscheinen zum Ausdruck gebracht werden, daß der Schein sich auf den ungetrennten Teil einer größeren Partie bezieht. Inwieweit die Vorschriften des § 32 über den Abzug wegen Gewichtsverlustes entsprechend anzuwenden sind, wird durch die Lagerordnung oder durch besondere Vereinbarung bestimmt.

1 Werden Teilscheine ausgestellt, ohne daß das eingelagerte Gut getrennt wird, so wird durch Verfügung über Teilmengen des Gutes unter Indossierung von Teilscheinen Miteigentum begründet. Werden Teilscheine an verschiedene Personen abgetreten, ohne daß eine Verfügung über das Gut selbst erfolgt, so entsteht zwischen diesen Personen eine Gemeinschaft im Sinne der §§ 741 ff BGB. Sowohl auf die Miteigentumsgemeinschaft als in gewissem Umfang auf die Gemeinschaft der legitimierten Inhaber der Teilscheine sind die zu § 419 HGB entwickelten Regeln entsprechend anzuwenden.

Ein Verstoß gegen die Pflicht, in den Teilscheinen anzugeben, daß das eingelagerte **2** Gut noch ungetrennt ist, macht die Teilscheine nicht unwirksam. Der Lagerhalter ist aber zum Schadensersatz verpflichtet (§ 15 OLSchVO).

§ 35
Befristung des Lagerscheines

Lautet ein Lagerschein über verderbliches Gut oder über Gut, das erheblichen Veränderungen ausgesetzt ist, so kann der Lagerhalter unter Berücksichtigung des Grades der Verderblichkeit oder der Veränderungsgefahr eine Frist bestimmen, binnen deren der Lagerschein zur Auslieferung des Gutes dem Lagerhalter vorzulegen ist.

Die Frist ist im Lagerschein zu nennen. Nur dann kann sie dem gutgläubigen Er- **1** werber entgegengehalten werden (§ 364 Abs. 2 HGB).

§ 36
Bezeichnung des Lagerscheines

(1) Ein an Order lautender Lagerschein soll die Bezeichnung „Lagerschein an Order" tragen. Bezieht sich der Schein auf den Anteil an einer Mischlagerpartie (§ 23) oder auf den ungetrennten Teil einer Einzellagerpartie (§ 34 Abs. 4), so soll der Schein in der Überschrift oder in einem Zusatz zur Überschrift als „Teillagerschein" bezeichnet werden.

(2) Bei der Sammellagerung (§ 28) soll der Orderlagerschein stets die Bezeichnung „Sammellagerschein an Order" tragen.

§ 36 OLSchVO stellt eine Sollvorschrift dar, deren Verletzung nicht zur Ungültig- **1** keit des Lagerscheines führt.

§ 37
Lagerscheinregister

(1) Der Lagerhalter ist verpflichtet, die von ihm ausgestellten Orderlagerscheine unter fortlaufenden Nummern in ein Register einzutragen. Die Eintragung soll die im § 38 bezeichneten Angaben enthalten. Für Sammellagerscheine ist, soweit die Ermächtigungsbehörde nicht ein anderes bestimmt, ein gesondertes Register zu führen.

(2) Der legitimierte Besitzer des Lagerscheins kann unter Vorlegung des Scheines vom Lagerhalter verlangen, daß er den Namen des legitimierten Besitzers im Lagerscheinregister vermerkt.

Der Vermerk nach Abs. 2 ist bedeutsam für Anzeigen und Kündigungen seitens des **1** Lagerhalters. Der legitimierte Besitzer vermag auf diese Weise sicherzustellen, daß ihm unmittelbar Kündigungen und Anzeigen zugehen.

§ 38
Inhalt des Lagerscheines

(1) Der Lagerschein soll ersichtlich machen, daß dem Aussteller die staatliche Ermächtigung zur Ausstellung von Orderlagerscheinen erteilt ist.

(2) Der Schein muß enthalten:
1. die Nummer des Lagerscheinregisters;
2. den Namen desjenigen, für den oder für dessen Order die Lagerung stattfindet;
3. die Menge (Zahl, Maß oder Gewicht) des Lagerguts; sofern das Gut in Packstücken eingelagert ist, sollen auch Zahl und Art der Packstücke, bei Einzellagerung auch deren besondere Merkzeichen angegeben werden;
4. die Bezeichnung des Lagerguts nach Gattung, bei Sammellagerung auch nach Handelsklasse und Gütegruppe;
5. Die Angabe des Lagerorts; bei Einzel- oder Mischlagerung soll der Lagerort durch Angabe des Bodens oder Abteils oder in sonstiger Weise näher bezeichnet werden; bei Sammellagerung genügt die Angabe des Lagerhauses oder sonstigen Lagerraums (§ 5);
6. einen Hinweis auf die Verpflichtung des Lagerhalters, das Gut nur gegen Rückgabe des Lagerscheins und nach Maßgabe der aus dem Scheine ersichtlichen Bedingungen an den Einlagerer oder dessen Order auszuliefern;
7. Ort und Tag der Ausstellung des Lagerscheins;
8. die Unterschrift des Lagerhalters.

(3) Der Schein soll ferner enthalten:
1. die Lagerbuchnummer;
2. den Tag der Einlagerung;
3. einen Vermerk darüber, ob die Angaben über das Lagergut auf Feststellungen des Lagerhalters oder auf Mitteilungen des Einlagerers oder Dritter beruhen;
4. eine Angabe darüber, ob der Lagerhalter verpflichtet ist, die zur Erhaltung des Lagerguts erforderlichen Arbeiten vorzunehmen und soweit tunlich, den Betrag der hierfür entstehenden Kosten;
5. eine Angabe darüber, ob und in welcher Höhe und bei welchem Versicherer der Lagerhalter das Lagergut gegen Feuergefahr versichert hat (§ 20) und wie hoch die Kosten der Versicherung sind; wird nachträglich verlangt, daß der Lagerhalter die Versicherung bewirke oder erhöhe, so soll der Lagerhalter die bewirkte oder erhöhte Versicherung auf dem ihm vorzulegenden Lagerscheine vermerken;
6. die im § 21 Abs. 4 bezeichneten Lagerkosten;
7. bei zollpflichtigen Gütern eine Angabe darüber, ob das Gut verzollt oder noch unverzollt ist;
8. eine Bezugnahme auf diese Verordnung und die genehmigte Lagerordnung in ihrer letzten endgültigen Fassung;
9. eine Angabe darüber, ob und bis zu welchem Zeitpunkt der Lagervertrag befristet ist (§ 35);
10. bei Ausstellung eines Sammel- oder Teillagerscheins einen Vermerk über den bei der Auslieferung für Gewichtsverlust abzuziehenden Hundertsatz (§ 32, § 23 Abs. 4, § 34 Abs. 4).

(4) Der Ort und der Tag der Ausstellung des Lagerscheins gelten als Ort und Tag der Einlagerung, falls auf dem Schein nichts anderes vermerkt ist.

1 § 38 OLSchVO enthält in Abs. 2 Mußvorschriften, deren Nichtbeachtung den Orderlagerschein dann ungültig macht, wenn die geforderten Angaben ganz fehlen. Die bloße Unrichtigkeit, wie die Angabe eines falschen Lagerortes, berührt hingegen die Gültigkeit des Scheines nicht; denn ein Erwerber kann die Richtigkeit des Lagerscheines nicht mit zumutbaren Mitteln kontrollieren (RGRKz HGB-*Ratz* § 424 5; *Baumbach/Duden/Hopt* HGB[26] § 38 OLSchVO 1). Für falsche Angaben hat der Lagerhalter in aller Regel nach Maßgabe des § 40 OLSchVO einzustehen.

Eine Verletzung der in Abs. 1 und 3 aufgeführten Sollvorschriften kann immer nur **2** eine Haftung des Lagerhalters nach sich ziehen. (§ 15 OLSchVO, nicht § 40 OLSchVO). Im übrigen geht der Lagerhalter, der die geforderten Angaben unterläßt, das Risiko ein, daß er seine Einwendungen gegenüber einem gutgläubigen Erwerber des Scheines verliert (§ 364 Abs. 2 HGB).

§ 39
Form des Lagerscheines

(1) Die Form der Orderlagerscheine soll den als Anlage 1 und 2 beigefügten Mustern entsprechen.

(2) Für die Lagerscheine soll ein durch Wasserzeichen und Netzunterdruck geschütztes Papier verwendet werden, und zwar in gelber, für Sammellagerscheine in rosa Farbe.

Sollvorschrift, die durch § 13 OLSchVO sanktioniert ist. **1**

Die Muster sind abgedruckt im Anhang nach § 49 OLSchVO.

§ 40
Haftung des Lagerhalters für die Angaben im Lagerschein

(1) Ist der Lagerschein durch Indossament übertragen, so haftet der Lagerhalter dem legitimierten Besitzer des Lagerscheins für die Richtigkeit der in dem Lagerschein enthaltenen Angaben in bezug auf Menge (Zahl, Maß oder Gewicht), Gattung, Art und Beschaffenheit des Gutes, es sei denn, daß er durch einen Vermerk im Lagerschein ersichtlich gemacht hat, daß diese Angaben lediglich auf Mitteilungen des Einlagerers oder Dritten beruhen.

(2) Hat der Lagerhalter die Unrichtigkeit der Angaben gekannt, so haftet er auch dann, wenn er einen Vermerk der im Abs. 1 bezeichneten Art in den Lagerschein aufgenommen hat.

(3) Bei der Sammellagerung ist der Lagerhalter nicht berechtigt, einen Vermerk der im Abs. 1 bezeichneten Art in den Lagerschein aufzunehmen.

(4) Erklärt sich der Einlagerer bereit, die Zuzählung, Zumessung oder Zuwägung des Gutes auf seine Kosten vornehmen zu lassen, so ist der Lagerhalter auch bei der Einzel- oder Mischlagerung nicht berechtigt, bei den Angaben über die Menge (Zahl, Maß oder Gewicht) des Gutes einen Vermerk der im Abs. 1 bezeichneten Art in den Lagerschein aufzunehmen.

(5) Die Haftung des Lagerhalters für die Richtigkeit der Angaben beschränkt sich auf den Ersatz des Minderwerts, der sich aus der Nichtübereinstimmung des Lagerguts mit den im Lagerschein enthaltenen Angaben ergibt. Fällt dem Lagerhalter eine bösliche Handlungsweise zur Last, so hat er den vollen Schaden zu ersetzen.

Der Lagerhalter haftet gemäß § 40 OLSchVO auf Schadensersatz auch dafür, daß **1** er das Gut überhaupt nicht übernommen hat. Diese Haftung tritt unabhängig davon ein, daß der Orderlagerschein ohne die Übergabe des Gutes weder Traditionswirkung noch sonstige in den §§ 363 ff HGB aufgeführte Wirkungen zu entfalten vermag (RGRKz HGB-*Ratz*[2] § 424 6).

Die Haftung aus § 40 OLSchVO auf das positive Interesse (beschränkt durch § 40 V OLSchVO) ist wegen ihrer Nähe zur Rechtsscheinshaftung verschuldensunabhängig (Großkommentar HGB[3]-*Canaris* § 363 59). Das heißt indessen nicht, daß der Lagerhalter auch verschuldensunabhängig dafür zu haften hätte, daß das Gut nach der Einlagerung ohne sein Verschulden beschädigt wird oder verlorengeht. Der Einwand der nicht zu vertretenden nachträglichen Unmöglichkeit der Herausgabe des Gutes stellt einen typusbezogenen Einwand dar, mit dem jeder Erwerber eines Lagerscheines rechnen muß (§§ 15, 19 OLSchVO).

2 Der Vermerk, daß die Angaben über Menge und Beschaffenheit auf Information durch den Einlagerer beruhen, entlastet den Lagerhalter nicht von der Haftung für falsche Angaben, wenn er deren Unrichtigkeit gekannt hatte. § 41 OLSchVO ergänzt diese Regelung dahin, daß der Lagerhalter unter bestimmten Umständen zusätzlich zu den Mengen- und Artangaben (§ 38 Abs. 2 Ziff. 3 OLSchVO) Beschaffenheitsangaben machen soll. Die besondere Beschaffenheit des Gutes muß äußerlich erkennbar, d. h. mit der Sorgfalt eines ordentlichen Lagerhalters äußerlich feststellbar sein. § 41 OLSchVO stellt mithin ein Pendant zu § 16 Abs. 2 OLSchVO dar. Obwohl § 41 OLSchVO nur als Sollvorschrift formuliert ist, hat der Lagerhalter für das schuldhafte Unterlassen eines entsprechenden Beschaffenheitsvermerkes nach Maßgabe des § 40 Abs. 5 OLSchVO einzustehen; denn nur so ist die Verweisung des § 41 Abs. 2 OLSchVO auf eine Norm, die die Höhe des zu ersetzenden Schadens regelt, verständlich.

3 Bösliche Handlungsweise im Sinne des § 40 Abs. 5 S. 2 OLSchVO bedeutet vorsätzliches, auch bedingt vorsätzliches Handeln.

§ 41
Angaben im Lagerschein über äußerlich erkennbare Mängel des Lagergutes

(1) Wird ein Orderlagerschein über Lagergut ausgestellt, dessen Beschädigung, schlechte Beschaffenheit oder schlechte Verpackung für den Lagerhalter äußerlich erkennbar ist, so soll der Lagerhalter diese Mängel auf dem Lagerscheine vermerken, sofern es sich nicht um Schäden handelt, die im Verkehr als unerheblich angesehen werden.

(2) Die Vorschriften des § 40 Abs. 5 finden entsprechende Anwendung.

1 Zur Haftung § 40 OLSchVO 2.

§ 42
Kraftloserklärung eines Lagerscheines

Ist ein Lagerschein, der durch Indossament übertragen werden kann, vernichtet oder abhanden gekommen, so unterliegt er der Kraftloserklärung im Wege des Aufgebotsverfahrens gemäß §§ 1003 ff der Zivilprozeßordnung. Ist das Aufgebotsverfahren eingeleitet, so kann der Berechtigte, wenn er bis zur Kraftloserklärung Sicherheit bestellt, Leistung nach Maßgabe des Lagerscheines von dem Lagerhalter verlangen.

1 Vgl. § 365 Abs. 2 HGB.

Abschnitt IV
Schlußbestimmungen
§ 43
Verhältnis zu anderen gesetzlichen Bestimmungen, Durchführung der Verordnung

(1) Artikel 16 des Einführungsgesetzes zum Handelsgesetzbuch und die aufgrund dieses Artikels erlassenen landesgesetzlichen Vorschriften sind, unbeschadet der Vorschrift des § 44 Abs. 2 dieser Verordnung, nicht anzuwenden.

Stand 1. 12. 1986

(2) Die Verordnung des Reichspräsidenten zur Erleichterung der Erntebewegung vom 6. August 1931 (Reichsgesetzbl. I S. 433) sowie die zu ihrer Durchführung erlassene Verordnung über Einlagerung von Getreide durch die Deutsche Getreide-Handels-Gesellschaft vom 28. August 1931 (Reichsgesetzbl. I S. 477) werden durch diese Verordnung nicht berührt.

(3) Unberührt bleibt die Befugnis der Reichsregierung, gemäß dem Fünften Teil Kapitel VI der Verordnung des Reichspräsidenten zur Sicherung von Wirtschaft und Finanzen und zur Bekämpfung politischer Ausschreitungen vom 6. Oktober 1931 (Reichsgesetzbl. I S. 537, 561) dem Lagerhalter die Ermächtigung zur Ausstellung indossabler Lagerscheine selbst zu erteilen und Bestimmungen über die Lagerordnung sowie über Inhalt und Form der Lagerscheine zu treffen.

(4) Es bleibt vorbehalten, beim Vorliegen besonderer Gründe Abweichungen von den Vorschriften dieser Verordnung zuzulassen und, soweit es sich als notwendig erweisen sollte, Anordnungen ergänzenden oder abweichenden Inhalts zu treffen.

§ 44
Inkrafttreten und Übergangsregelung

(1) Diese Verordnung tritt mit 1. Januar 1932 in Kraft.

(2) Für die Lagerhalter, welche aufgrund der bisher geltenden Vorschriften die Ermächtigung zur Ausstellung von Orderlagerscheinen bereits erhalten haben, verbleibt es bis zum Ablauf des 30. Juni 1932 bei den bisher geltenden Vorschriften.

(3) Die den im Abs. 2 bezeichneten Lagerhaltern erteilte Ermächtigung braucht nicht erneuert zu werden. Diese Lagerhalter sind jedoch verpflichtet, rechtzeitig ihre Lagerordnung den Vorschriften dieser Verordnung anzupassen und der Ermächtigungsbehörde (§ 1) zur Genehmigung vorzulegen. Auf Verlangen der Ermächtigungsbehörde sind auch die übrigen im § 2 vorgesehenen Unterlagen vorzulegen. Kommt der Lagerhalter diesen Verpflichtungen nicht nach, so kann die Ermächtigungsbehörde die Ermächtigung widerrufen. Die Vorschriften des § 13 Abs. 4 finden Anwendung.

Anlagen: Muster „Lagerschein an Order"
Muster „Sammellagerschein an Order"

Anh. I § 424
§ 44 OLSchVO   Drittes Buch. Handelsgeschäfte

Anlage 1
(Farbe gelb)

....
(Firma des Lagerhalters)

Staatlich ermächtigt zur Ausstellung von Orderlagerscheinen

Lagerschein an Order[1])

Nr. ...... des Lagerscheinregisters   Lagerbuch Nr. ......

Am .... lagerten wir ein für ...... oder $\frac{\text{dessen}}{\text{deren}}$ Order:
      (Datum)

Zahl und Art der Packstücke	Marke und Nummer oder sonstige Kennzeichnung	Inhalt, angegeben vom Einlagerer*), festgestellt von uns*)	Rohgewicht, angegeben vom Einlagerer*), festgestellt von uns*)
			kg

(in Buchstaben: .... kg)

> Abschreibungen auf der Rückseite

Lagerort: Das Gut ist zur Zeit eingelagert, getrennt von anderen Partien[2]),
   in ...., ... Straße
               (Ort)
   Speicher ...., Boden ...., Abteil ....
   Silo ...., Luke ...., Fach Nr. ....

Pflege: $\frac{\text{Wir sind nicht}}{\text{Wir sind}}$ *) verpflichtet, die zur Erhaltung des Lagerguts erforderlichen Arbeiten vorzunehmen.
Die hierfür entstehenden Kosten betragen voraussichtlich DM .... je ....
                                                                                                                  (Zeitabschnitt)

Feuerversicherung: Das Gut ist durch uns gegen Feuergefahr $\frac{\text{versichert}}{\text{nicht versichert}}$ *)
für Rechnung des aus dem Lagerschein Berechtigten bei der ....
                                                                                                      (Versicherungsgesellschaft)
für die Dauer der Lagerung mit DM .... (in Worten: DM ....)
gegen eine Prämie von monatlich DM ....

Lagerkosten: Das Gut ist ferner mit folgenden Kosten belastet:
   Lagergeld in Höhe von DM .... je .... seit ....
                                                   (Zeitabschnitt)
   Frachtvorlage: DM .... Sonstiges: ....

Rechtsgrundlage: Das Vertragsverhältnis richtet sich nach den gesetzlichen Bestimmungen (Verordnung über Orderlagerscheine vom 16. Dezember 1931, *Reichs*gesetzbl. I S. 763) und der genehmigten Lagerordnung in der Fassung vom ....

Befristung: Der Lagervertrag ist $\frac{\text{befristet}}{\text{nicht befristet}}$ *) bis zum ....

---

    *) Unzutreffendes durchstreichen.
    [1]) In den Fällen des § 36 Abs. 1 Satz 2 lautet die Überschrift „Teillagerschein an Order" oder „Lagerschein an Order (Teillagerschein)".
    [2]) In den Fällen des § 36 Abs. 1 Satz 2 sind die Worte „getrennt von anderen Partien" zu ersetzen durch „als Teil einer größeren Partie".

Stand 1. 12. 1986

Auslieferung: Wir verpflichten uns, das Gut nur gegen Rückgabe dieses Lagerscheins nach Maßgabe der aus dem Schein ersichtlichen Bedingungen an den Einlagerer oder dessen Order auszuliefern. Bei Teilauslieferungen ist der Lagerschein zwecks Abschreibung vorzulegen.

Bemerkungen: ....
....
(Angaben über etwa vorhandene äußere Beschädigung, Verzollung und dergleichen)

.................., den ...., 19...
(Ort)

....
(Unterschrift des Lagerhalters)

(Rückseite zu Anlage 1)

Abschreibungen

Datum der Auslieferung	Zahl und Art der Packstücke	Kennzeichen	Inhalt	Rohgewicht	Unterschrift des Lagerhalters

Indossamente

Anlage 2 ....
(Farbe rosa)   (Firma des Lagerhalters)

Staatlich ermächtigt zur Ausstellung von Orderlagerscheinen

Sammellagerschein an Order

Nr. .... des Lagerscheinregisters   Lagerbuch Nr. .....

Am .... lagerten wir ein für .... oder $\frac{\text{dessen}}{\text{deren}}$ Order:
   (Datum)

Zahl und Art der Packstücke	Marke und Nummer oder sonstige Kennzeichnung	Inhalt n. Handelsklasse u. Gütegruppe, festgestellt von uns unter Mitwirkung der gesetzlich vorgeschriebenen Sachverständigen	Rohgewicht, festgestellt durch uns
			kg

(in Buchstaben: .... kg)

| Abschreibungen auf der Rückseite |

Lagerort: Das Gut ist zur Zeit als Teil einer Sammellagerpartie eingelagert
   in ...., ... Straße,
        (Ort)
   Speicher ....

Pflege: Wir sind verpflichtet, die zur Erhaltung des Lagerguts erforderlichen Arbeiten vorzunehmen. Die hierfür entstehenden Kosten betragen voraussichtlich DM ......
   je .... (Zeitabschnitt)

Feuerversicherung: Der obenbezeichnete Anteil an der Sammellagerpartie ist durch uns gegen Feuersgefahr $\frac{\text{versichert}}{\text{nicht versichert}}$ *) für Rechnung des aus dem Lagerschein

Berechtigten bei der .... für die Dauer der Lagerung mit DM .....
                    (Versicherungsgesellschaft)

(in Worten: DM ....) gegen eine Prämie von monatlich DM ....

Lagerkosten: Der Anteil ist ferner mit folgenden Kosten belastet:
   Lagergeld in Höhe von DM ...... je .... seit ....
                                      (Zeitabschnit)

   Frachtvorlage: DM .... Sonstiges: ....

Rechtsgrundlage: Das Vertragsverhältnis richtet sich nach den gesetzlichen Bestimmungen (Verordnung über Orderlagerscheine vom 16. Dezember 1931, *Reichs*gesetzbl. I S. 763 und der genehmigten Lagerordnung in der Fassung vom ....

Befristung: Der Lagervertrag ist $\frac{\text{befristet}}{\text{nicht befristet}}$ *) bis zum ....

Auslieferung: Wir verpflichten uns, aus dem Gesamtvorrat eine gleiche Menge von Lagergut derselben Handelsklasse und Gütegruppe nur gegen Rückgabe dieses Lagerscheins nach Maßgabe der aus dem Schein ersichtlichen Bedingungen an den Einlagerer oder dessen Order auszuliefern. Bei Teilauslieferungen ist der Lagerschein zwecks Abschreibung vorzulegen.

*) Unzutreffendes durchstreichen.

Stand 1. 12. 1986

Gewichtsabzug: Für natürlichen Gewichtsverlust werden ...... v. H. je ....
abgezogen.   (Zeitabschnitt)

Bemerkungen: ....
....
(Angaben über Verzollung und dergleichen)

...................., den .... 19...
(Ort)
                              ....
                              (Unterschrift des Lagerhalters)

(Rückseite zu Anlage 2)

Abschreibungen

Datum der Auslieferung	Rohgewicht	Unterschrift des Lagerhalters

Indossamente

Drittes Buch. Handelsgeschäfte

Anhang II zu § 424
Lagerordnung für die Lagerung von Gütern gegen Orderlagerschein

Vorbemerkung

Nach § 5 VO vom 16. Dezember 1931 wird die Ermächtigung zur Ausstellung von Lagerscheinen, die durch Indossament übertragen werden können, einer Lagerhausanstalt auf der Grundlage einer dieser Verordnung entsprechenden Lagerordnung erteilt. Die Lagerordnung einschließlich der darin etwa bezeichneten ergänzenden allgemeinen Bedingungen sowie deren Änderungen unterliegen der Genehmigung der Ermächtigungsbehörde. Nach der Praxis der Ermächtigungsbehörden wird jede Genehmigung nach § 1 der genannten VO unter „Bedingungen" erteilt, deren erste regelmäßig lautet: „Grundlage für die Ermächtigung bildet die zur Genehmigung vorgelegte Lagerordnung, die hiermit genehmigt wird (§ 5 Abs. 2 der VO vom 16. Dezember 1931). Die Änderungen der Lagerordnung sind genehmigungspflichtig." Das im folgenden abgedruckte Muster ist seit 1932 unverändert geblieben. In einem Runderlaß vom 19. Oktober 1932 (J. Nr. II. 10813. W) hat der preußische Minister für Handel und Gewerbe hierzu folgendes bekanntgegeben: „Für die Lagerordnung ist eine bestimmte Fassung im Gesetz nicht vorgesehen. Das allgemeine Interesse an einer Vereinheitlichung des Lagerscheinwesens macht es jedoch wünschenswert, die Lagerordnungen übereinstimmend zu gestalten. Aus diesem Grund ist bereits von der Arbeitsgemeinschaft der Lagerhalter Deutschlands ein Muster für eine Lagerordnung aufgestellt worden, das die Billigung aller beteiligten Behörden und Interessenvertretungen, darunter auch des Industrie- und Handelstags, gefunden hat. Die Anwendung dieser Lagerordnung erleichtert in gleicher Weise den Einlagerern wie den Kreditinstituten die Übersicht über die Geschäftsbedingungen und erspart zeitraubende Prüfungen. Es wird daher zweckmäßig sein, erforderlichenfalls die Antragsteller auf diesen Gesichtspunkt hinzuweisen und ihnen die Verwendung des Musters zu empfehlen."

1 Die Lagerordnung gehört zum Kreis der AGB. Sie ist in vollem Umfang dem AGBG unterworfen (Anh. I, § 14 OLSchVO 2). Im Rahmen der Angemessenheitskontrolle ist jedoch den Wertungen der OLSchVO Rechnung zu tragen. Ohne Bedeutung ist hingegen, daß die Lagerordnung mit den Interessenverbänden ausgehandelt worden war. Das AGBG hat bewußt Musterbedingungen nicht privilegiert[1].

[1] *Ulmer/Brandner/Hensen* AGBG[4] Einleitung 9; *Koller* TranspR **1986** 129, 131; abweichend BGH VersR **1982** 486, 488.

Abschnitt 1
Lagervertrag
1. Allgemeine Bestimmungen

§ 1

Für die Lagerung von Gütern, für die Orderlagerscheine ausgestellt werden sollen, gelten in Ergänzung der Verordnung über Orderlagerscheine vom 16. Dezember 1931 (RGBl. I S. 763) die folgenden Bestimmungen dieser von der Ermächtigungsbehörde genehmigten Lagerordnung nebst ihren etwa später notwendig werdenden, von der Ermächtigungsbehörde genehmigten Änderungen.

Stand 1. 12. 1986

Fünfter Abschnitt. Lagergeschäft   Anh. II § 424
§ 3 LagerO

Die Vorschriften dieser Lagerordnung können durch besondere schriftliche Vereinbarung ergänzt werden.

§ 2

Wenn mit der Lagerung Speditionsleistungen verbunden sind, so geschehen sie, soweit nicht etwas anderes vereinbart ist, nach den Allgemeinen Deutschen Spediteurbedingungen.

Hat der Lagerhalter die Beförderung, Besorgung oder Versicherung der Güter übernommen, so sind für das Verhältnis zwischen ihm und seinem Auftraggeber diejenigen Vereinbarungen und gesetzlichen Bestimmungen maßgebend, die im Verhältnis zwischen dem Lagerhalter und dem an der Ausführung des Lagervertrages oder des weiteren Auftrages beteiligten Dritten (Spediteure, Frachtführer, Rollfuhrunternehmer, Versicherer, öffentliche Verwieger, beeidigte Probenehmer usw.) gelten. Dies gilt insbesondere von den Bedingungen und Betriebsvorschriften der beteiligten Kaiverwaltungen, Beförderungsunternehmen zu Lande und zu Wasser in Eisenbahntarifen und Anschlußverträgen und von Versicherungsbedingungen und Bankbedingungen. Diese Bedingungen gelten auch, wenn der Lagerhalter derartige Leistungen selbst ausführt. Hinsichtlich des Pfand- und Zurückbehaltungsrechts für Güter, über die Orderlagerscheine ausgestellt sind, gelten die §§ 46—48 dieser Lagerordnung.

Hat der Lagerhalter neben dem Lagergeschäft noch andere Leistungen als die in Abs. 1 und 2 bezeichneten übernommen, so gelten die im Betriebe des Lagerhalters üblichen Bedingungen.

Beim Überladen zwischen Schiff und Bahnwagen oder Fuhre ist der Lagerhalter berechtigt, das Gut über Lager zu verladen, ohne daß er hierfür Feuer- oder sonstige Versicherung zu decken hat.

Abs. 1: Zu den ADSp *Staub/Helm* HGB[4] Anh. I zu § 415.   **2**

Abs. 2: § 2 Abs. 2 S. 1 gilt für Verträge, die der Lagerhalter als Geschäftsbesorger **3** auf Rechnung des Einlagerers abgeschlossen hat. Die Klausel berührt nicht die Pflicht des Lagerhalters zur Interessenwahrung. Hingegen darf sich der Lagerhalter nicht auf die Verträge mit Subunternehmern berufen, wenn er bestimmte Leistungen auf eigene Rechnung zu erbringen hat (vgl. Anh. III Rdn. 18). Beachte § 2 Abs. 3.

Abs. 3: Die „üblichen" Bedingungen müssen im Einklang mit dem AGBG stehen.   **4**

§ 3

Personen, welche die Lagereinrichtungen benutzen oder besuchen sowie die Führer und Besatzungen der anlegenden Fahrzeuge haben den Weisungen der für die Aufsicht bestellten Angestellten des Lagerhalters unweigerlich Folge zu leisten; insbesondere dürfen Schuten- und Wagenführer und sonstige beim Aufnehmen oder Absetzen der Waren beschäftigte Personen sich während dieser Arbeit nicht unterhalb der Hebezeuge oder auf den Gleisanlagen aufhalten.

Personen, welche die Lagereinrichtungen benutzen oder besuchen, haben sich auf Erfordern einer persönlichen Untersuchung durch Angestellte des Lagerhalters zu unterwerfen.

Der Einlagerer hat ein Verschulden der in Absatz 1 genannten Personen, wenn er sich ihrer zur Erfüllung seiner Verbindlichkeiten bedient, in gleichem Umfange zu vertreten, wie eigenes Verschulden.

Ingo Koller

5 **Abs. 1:** Die Klausel enthält bei wörtlicher Auslegung einen unwirksamen Vertrag zu Lasten Dritter (aller Personen, die nicht mit dem Einlagerer identisch sind). Auch soweit der Einlagerer selbst verpflichtet wird, die Weisungen zu befolgen, ist die Klausel in ihrer Tragweite fragwürdig. Es kann kaum Sinn der Klausel sein, daß der Lagerhalter nach Belieben Weisungen erteilen kann. Der Lagerhalter kann daher den Einlagerer nur anweisen, das für die Gefahrenverhütung Notwendige zu tun.

6 **Abs. 2:** Unwirksame Klausel zu Lasten Dritter; außerdem ist die Klausel in ihrer Weite unangemessen (§ 9 AGBG).

§ 4

Alle die Lagerung von Gütern betreffenden Anmeldungen, Anträge und sonstigen Anordnungen müssen schriftlich geschehen.

Mündliche oder telefonische Anordnungen oder Mitteilungen sind für den Lagerhalter nur verbindlich, soweit sie schriftlich bestätigt sind.

7 Die Einhaltung der Schriftform ist Wirksamkeitserfordernis, soweit es um einseitige Akte des Einlagerers geht. Haben sich die Parteien mündlich geeinigt, so ist diese Abrede gültig (§ 4 AGBG). Gleiches gilt, wenn sich der Lagerhalter bereit erklärt hat, mündliche Anordnungen zu befolgen[1]. Vgl. im übrigen zu § 6 Abs. 2 S. 1 ADSp (Anh. I § 415 HGB).

---

[1] *Wolf/Horn/Lindacher* AGBG § 9 Rdn. S. 32; *Hensen* EWiR **1986** 325; *Staub/Helm* HGB[4] Anh. I § 415 vor § 1 ADSp 53, 54.

§ 5

Der Lagerhalter ist nicht verpflichtet, die Echtheit der Unterschriften auf den das Gut betreffenden Mitteilungen, Weisungen, Abtretungen oder sonstigen Schriftstücken oder die Befugnis der Unterzeichner oder der Überbringer zu prüfen, es sei denn, daß mit dem Auftraggeber schriftlich etwas anderes vereinbart oder der Mangel der Echtheit oder der Befugnis offensichtlich erkennbar ist.

8 Vgl. § 10b ADSp. Der Begriff „offensichtlich" ist im Anschluß an die moderne wertpapierrechtliche Entwicklung im Sinn des Fehlens grober Fahrlässigkeit zu interpretieren (*Baumbach/Hefermehl* Wechselgesetz und Scheckgesetz 15. Aufl. WPR 43 m. Nachw.).

2. Lagerräume

§ 6

Dem Einlagerer steht es frei, die Lagerräume zu besichtigen oder besichtigen zu lassen. Einwände oder Beanstandungen gegen die Unterbringung des Gutes oder gegen die Wahl des Lagerraumes muß er unverzüglich vorbringen. Macht er von dem Besichtigungsrecht keinen Gebrauch, so begibt er sich aller Einwände gegen die Art und Weise der Unterbringung, soweit die Wahl des Lagerraumes und die Unterbringung unter Wahrung der Sorgfalt eines ordentlichen Lagerhalters erfolgt ist.

Eine Verpflichtung des Lagerhalters zur Sicherung oder Bewachung von Lagerräumen besteht nur insoweit, als die Sicherung und Bewachung unter Berücksichtigung aller Umstände geboten und ortsüblich ist. Der Lagerhalter genügt seiner Bewachungspflicht, wenn er bei der Anstellung oder Annahme von Bewachung die nötige Sorgfalt angewandt hat.

Stand 1. 12. 1986

Fünfter Abschnitt. Lagergeschäft

Anh. II § 424
§ 7 LagerO

Das Betreten des Lagers ist dem Einlagerer nur in Begleitung des Lagerhalters oder eines vom Lagerhalter beauftragten Angestellten erlaubt.

Das Betreten darf nur in bei dem Lagerhalter eingeführten Geschäftsstunden verlangt werden und auch dann nur, wenn ein Arbeiten bei Tageslicht möglich ist.

Der Einlagerer haftet für alle Schäden, die er, seine Angestellten oder Beauftragten beim Betreten des Lagers oder beim Betreten oder Befahren des Lagergrundstückes dem Lagerhalter, anderen Einlagerern, oder dem Hauswirt zufügen, es sei denn, daß den Einlagerer, seine Angestellten oder Beauftragten kein Verschulden trifft. Als Beauftragte des Einlagerers gelten auch Dritte, die auf seine Veranlassung das Lager oder das Lagergrundstück aufsuchen.

Der Lagerhalter darf die ihm gemäß Absatz 5 zustehenden Ansprüche, soweit sie über die gesetzlichen Ansprüche hinausgehen, an Dritte nicht abtreten.

Abs. 1: Vgl. dazu § 43 d ADSp (Anh. III zu § 424 HGB).	9
Abs. 2: Vgl. dazu § 43 c ADSp (Anh. III zu § 424 HGB).	10
Abs. 3: Vgl. dazu § 44 a ADSp (Anh. III zu § 424 HGB).	11
Abs. 4: Vgl. dazu § 44 b ADSp (Anh. III zu § 424 HGB).	12
Abs. 5: Vgl. dazu § 46 a ADSp (Anh. III zu § 424 HGB).	13
Abs. 6: Vgl. dazu § 46 b ADSp (Anh. III zu § 424 HGB).	14

3. Lagergut

§ 7

Von der Lagerung sind Güter, welche als feuer- oder gesundheitsgefährlich bekannt oder behördlich als solche bezeichnet sind und Güter, welche Nachteile für das Lager oder andere Lagergüter befürchten lassen, ausgeschlossen, es sei denn, daß sie auf den betreffenden Lagerplätzen hierfür ausdrücklich zugelassen sind und daß bei der Einlagerung des Gutes auf dessen Gefährlichkeit besonders aufmerksam gemacht worden ist.

Werden solche Güter eingelagert, so haftet der Einlagerer für jeden daraus entstehenden Schaden.

Der Einlagerer haftet für Schäden, welche durch unrichtige oder unvollständige Bezeichnung oder durch Mängel des Gutes oder der Verpackung entstehen, soweit ihn ein Verschulden trifft.

Bei Gütern, die im Einverständnis mit dem Einlagerer im Freien gelagert werden oder welche nur im Freien gelagert werden können, ist jegliche Haftung des Lagerhalters für Schäden, die aus einer derartigen Lagerung entstehen, ausgeschlossen. Konnte ein Schaden den Umständen nach aus der Einlagerung im Freien entstehen, so wird vermutet, daß er aus dieser Gefahr entstanden ist. Auf eine Lagerung im Freien hat der Lagerhalter im Lagerschein hinzuweisen.

Abs. 1: Die Klausel ist dem § 5 a ADSp vergleichbar und statuiert ein Annahmeverweigerungsrecht (BGH VersR **1978** 133, 134). Das Gut muß nach der Verkehrsauffassung als feuer- oder gesundheitsgefährlich bekannt oder behördlich in diese Kategorie eingeordnet sein (z. B. Arbeitsschutzvorschriften). Güter lassen Nachteile befürchten, wenn auch bei leichtem Versehen im Vergleich zu normalen Gütern die erhöhte Gefahr eines Schadens besteht. Der besonders hohe Wert fällt nicht darunter (§ 29). Das Leistungsverweigerungsrecht entfällt, wenn der Lagerhalter ausdrücklich (§ 5 AGBG) auf die Gefahr aufmerksam gemacht worden ist oder wenn er die Gefahr nicht bereits

15

Anh. II § 424
§ 9 LagerO   Drittes Buch. Handelsgeschäfte

bei Vertragsschluß kannte oder ohne weiteres erkennen konnte[1]. Zur Vergütungspflicht § 416 HGB 71; § 420 HGB 6.

16 Abs. 2: Vgl. § 5b ADSp. Der Einlagerer haftet verschuldensunabhängig, es sei denn, daß die Gefährlichkeit ohne weiteres erkennbar war. Die Regeln über die Haftungsmilderung bei Mitverschulden bleiben unberührt (*Krien/Glöckner*, Speditions- und Lagerrecht § 5 ADSp 20 d).

17 Abs. 3: Die Klausel entspricht dem dispositiven Recht.

18 Abs. 4: Die Haftung ist nur insoweit ausgeschlossen, als der Schaden gerade durch die vertragsgemäße Lagerung entstanden ist, der Lagerhalter also die Lagerung im Freien mit verkehrserforderlicher Sorgfalt durchgeführt hat (OLG Hamburg VersR **1984** 1036, 1037). Der Einlagerer braucht — gegebenenfalls im Wege des Anscheinsbeweises — nur nachzuweisen, daß der Schaden nicht entstanden wäre, wenn sich der Lagerhalter verkehrsgerecht verhalten hätte.

---

[1] BGH BB **1978** 1235; *Staub/Helm* HGB[4] Anh. I
§ 415 § 5 ADSp 5.

§ 8

Neben den Gütern des freien Verkehrs können auch Zollgüter zur Lagerung auf Privatteilungs- oder Transitlager angenommen werden. Die hierzu nötigen zollamtlichen Niederlagescheine, Begleitscheine und Abmeldungen sind vom Einlagerer selbst anzufertigen. Dieser hat auch alle etwaigen Verhandlungen mit den Behörden, wie Zollämter usw., selbst zu führen.

Wenn der Lagerhalter derartige Tätigkeiten ausführt, so tut er es nur als Vertreter des Einlagerers.

19 Abs. 2: Die Klausel stellt klar, daß der Lagerhalter als Vertreter iSd § 164 BGB auftreten soll. Dritten gegenüber müssen die Voraussetzungen des Offenkundigkeitsprinzips (§ 164 Abs. 2 BGB) erfüllt sein. Die in der Klausel genannte Rechtsfolge entspricht § 164 Abs. 1 BGB. Einen Haftungsausschluß enthält die Klausel nicht (§ 5 AGBG).

§ 9

Der Einlagerer hat den Lagerhalter in geschäftsüblicher Weise rechtzeitig auf alle öffentlich-rechtlichen Verpflichtungen (z. B. steuerrechtlicher Natur) aufmerksam zu machen, die mit dem Besitze des Gutes verbunden sind. Für alle Folgen der Unterlassung solchen Hinweises haftet der Einlagerer dem Lagerhalter.

Wenn der Lagerhalter zu irgendeinem Zeitpunkte, während sich das Gut in seiner Obhut befindet, gegenüber Behörden Erklärungen abgibt oder Auskünfte erteilt, handelt er lediglich als Beauftragter des Einlagerers.

20 Abs. 1: § 9 Abs. 1 entspricht im Kern § 7a ADSp (*Staub/Helm* HGB[4] Anh. I § 415 § 7 ADSp). Die Klausel verstößt gegen § 9 AGBG, weil sie den Einwand des Mitverschuldens auch dort ausschließt, wo dem Lagerhalter oder seinen leitenden Angestellten grobe Fahrlässigkeit vorzuwerfen ist[1].

21 Abs. 2: Die Klausel entspricht § 8 Abs. 2.

---

[1] Vgl. Nachw. bei BGH NJW **1984** 1350; *Staub/Helm* HGB[4] Anh. I § 415 § 7 ADSp 3.

Fünfter Abschnitt. Lagergeschäft

§ 10

Durch behördliche Beschlagnahme des Gutes und sonstige Verfügungen von hoher Hand werden die Rechte des Lagerhalters gegenüber dem Einlagerer nicht berührt. Der Einlagerer gilt unbeschadet der etwaigen Ansprüche des Lagerhalters gegenüber dem Staat oder einem sonstigen Dritten, auch für die Zeit der Beschlagnahme, als Vertragsgegner und haftet für das während der Beschlagnahmezeit entstandene Lagergeld und die sonstigen Ansprüche des Lagerhalters.

Soweit das die Verfügung von hoher Hand legitimierende Recht nicht wirksam Abweichendes regelt, gibt die Klausel die Rechtslage nach dispositivem Recht wieder. **22**

4. Haftung des Lagerhalters

§ 11

Der Lagerhalter hat bei Ausführung seiner Obliegenheiten für die Sorgfalt eines ordentlichen Kaufmannes einzustehen.

Er hat ein Verschulden derjenigen Personen, deren er sich zur Erfüllung seiner Verbindlichkeiten bedient, im gleichen Umfang zu vertreten wie eigenes Verschulden.

Siehe dazu oben § 417 HGB 7. **23**

§ 12

Die Haftung des Lagerhalters beginnt, sobald er das Lagergut auf seinem Lager in Empfang nimmt, und endet, sobald er das Gut auf seinem Lager an den Berechtigten zurückgibt. Eine Haftung aus anderweitigen Rechtsverhältnissen bleibt unberührt.

Hat der Lagerhalter das Entladen von Fahrzeugen bei der Anlieferung oder das Beladen von Fahrzeugen bei der Auslieferung übernommen, so beginnt seine Haftung mit der Abnahme des Gutes aus dem Fahrzeug und endet mit der Absetzung des Gutes in das Fahrzeug. Dies gilt auch für das Entladen und Beladen von Eisenbahnwagen auf dem Anschlußgleis des Lagerhalters.

Der Lagerhalter ist nicht verpflichtet, vor Beginn der Arbeitszeit die Ordnungsmäßigkeit der inzwischen gestellten beladenen Wagen zu prüfen. Für Diebstahl oder Beschädigung der Güter im Schiff vor der Übernahme oder in den Bahnwagen außerhalb der ordentlichen Arbeitszeit haftet er nicht.

Abs. 1: In Abs. 1 ist nur die vertragliche Obhutshaftung geregelt, weil nur diese **24** Haftung sinnvoll mit dem Obhutszeitraum verknüpft werden kann. Empfangnahme bedeutet die Entgegennahme des Guts in eigenen Gewahrsam mit dem Willen, den Besitz an dem Gut zu erwerben. Das Gut ist zurückgegeben sobald der Lagerhalter dem Empfänger das Gut mit dessen Willen derart vorlegt, daß dieser ohne weiteres den Besitz ergreifen kann.

Abs. 2: Die Klausel schließt den Beladevorgang teilweise (*Willenberg* KVO[3] § 17 3, **25** 50) aus dem Obhutszeitraum aus, auch wenn der Lagerhalter sich zur Be- oder Entladung vertraglich verpflichtet hat. Diese Klausel hat in Verbindung mit Ziff. 1 zur Folge, daß die Haftung auch dann gänzlich ausgeschlossen ist, wenn der Lagerhalter oder seine leitenden Angestellten grob fahrlässig gehandelt haben (Nachw. bei BGH, NJW **1984** 1350, 1351). Die Klausel ist daher unwirksam (OLG Hamburg, NJW **1984** 1306, 1307). Unangemessen ist auch der totale Ausschluß der Haftung für grob fahrlässiges Handeln einfacher Erfüllungsgehilfen (BGH, NJW **1984** 1350).

§ 13

Der Lagerhalter haftet für Stand- oder Überliegegeld nur, soweit er nach den örtlichen Bedingungen dazu verpflichtet ist.

5. Behandlung des Lagergutes

§ 14

Der Lagerhalter ist berechtigt, alle mit dem Empfang, der Auslieferung und der Behandlung der Güter verbundenen Arbeitsleistungen ausschließlich vorzunehmen.

Nimmt der Einlagerer irgendwelche Handlung mit dem Gut vor (z. B. Probeentnahmen), so hat er danach dem Lagerhalter das Gut aufs neue in einer den Umständen und der Verkehrssitte entsprechenden Weise zu übergeben und erforderlichenfalls Anzahl, Gewicht und Beschaffenheit des Gutes gemeinsam mit ihm festzustellen. Andernfalls ist jede Haftung des Lagerhalters für später festgestellte Schäden ausgeschlossen.

26 Abs. 1: Vgl. § 45 b ADSp (Anh. III zu § 424 HGB).
27 Abs. 2: Vgl. § 45 a ADSp (Anh. III zu § 424 HGB).

6. Empfang des Lagergutes

§ 15

Bei der Anmeldung muß ein die ordnungsmäßige Lagerung ermöglichendes Verzeichnis der Güter, und wenn deren Behandlung gewünscht wird, eine entsprechende Anweisung gegeben werden. Andernfalls hat der Einlagerer etwa entstehende Umlagerungs- und sonstige Extrakosten zu tragen.

Der Lagerhalter ist nicht verpflichtet, die Angaben nachzuprüfen oder zu ergänzen, es sei denn, daß dies geschäftsüblich ist.

Die Folgen unrichtiger oder unvollständiger Angaben fallen dem Einlagerer zur Last. Eine vom Lagerhalter erteilte Empfangsbescheinigung stellt im Zweifel keine Bestätigung der Zahl, Inhalts-, Wert- oder Gewichtsangabe dar.

28 Abs. 1: Vgl. § 7 a S. 1 ADSp, Anh. I zu § 415 HGB.
29 Abs. 2: Vgl. § 7 a S. 3 ADSp, Anh. I zu § 415 HGB.
30 Abs. 3: Der Einlagerer haftet verschuldensunabhängig (vgl. §§ 5 b, 7 a S. 2 ADSp, Anh. I zu § 415 HGB). Allerdings greifen die allgemeinen Regeln über das Mitverschulden ein, soweit den Lagerhalter oder seine Erfüllungsgehilfen ein grobes Verschulden trifft (BGH, NJW **1984** 1350). Die Klausel ist in diesem Sinn geltungserhaltend zu restringieren.

§ 16

Stellt sich bei dem Empfang der Güter durch den Lagerhalter heraus, daß die Angaben in der Anmeldung nicht stimmen, so ist der Lagerhalter berechtigt, innerhalb einer angemessenen Frist eine dem Befund entsprechende Richtigstellung vom Auftraggeber zu verlangen.

31 Die Klausel steht mit dem dispositiven Recht im Einklang. Der Einlagerer haftet nach den §§ 284 ff BGB.

§ 17

Die Annahme der Güter zur Einlagerung ist durch den Umfang der dem Lagerhalter zur Verfügung stehenden Lagerräume, Einrichtungen und Arbeitskräfte bedingt.

Eintreffende leere Säcke werden ohne besonderen Auftrag nicht gezählt; für ihre Stückzahl wird keine Gewähr geleistet.

Bei Rücksendung von leeren Säcken und Vorstellbrettern übernimmt der Lagerhalter nur die Verpflichtung der richtigen Wiederablieferung ab seiner Bahnstation.

Abs. 1 stößt aus der Perspektive des § 9 AGBG auf Bedenken. Die Annahmepflicht **32** ist als Teil der Obhutspflicht eine Kardinalverpflichtung des Lagerhalters. Sie kann nur eingeschränkt werden, wenn gravierende unvorhergesehene oder gar unvorhersehbare Hindernisse auftauchen (*Wolf/Horn/Lindacher* AGBG § 10 Nr. 3 48).

Abs. 2, 3: Gewähr bedeutet, daß der Lagerhalter keine Garantie leistet (§ 5 AGBG). **33** Kann der Geschädigte nachweisen, daß Säcke verloren gegangen sind, so gelten die allgemeinen Haftungsregeln (§§ 28 ff).

§ 18

Aufsacken und Absacken sowie Behandlungsaufträge werden erledigt, wenn nach den Regeln eines ordnungsmäßigen Geschäftsbetriebes Zeit und Raum dafür vorhanden sind.

Die Abfertigung der zum Anliefern oder Abnehmen von Gütern bestimmten, am Lagerort eingetroffenen Land- und Wasserfahrzeuge erfolgt der Regel nach in der Reihenfolge, in der sie sich an zuständiger Stelle gemeldet haben.

Die Leute der am Lager verkehrenden Fahrzeuge haben sich der auf dem Lager geltenden Arbeitszeit anzupassen.

Abs. 1: Vorrang der Individualabrede (§ 4 AGBG). Da es unangemessen ist, die Er- **34** ledigung der Aufträge in die Willkür des Lagerhalters zu stellen, bedeutet „ordnungsgemäß", daß der Lagerhalter seinen Geschäftsbetrieb mit zumutbarem Aufwand zu betreiben hat.

Abs. 2: Individualvereinbarungen, die auch stillschweigend getroffen werden kön- **35** nen, genießen den Vorrang (§ 4 AGBG).

§ 19

Der Lagerhalter ist unbeschadet der Vorschriften der §§ 57, 67, 68 ohne besondere Vereinbarung nicht verpflichtet, beim Empfang des Gutes dessen Menge (Zahl, Maß oder Gewicht), Gattung, Art, Güte oder sonstige Beschaffenheit festzustellen. Als Warenkenner tritt der Lagerhalter nicht auf.

Die Kosten einer Feststellung trägt der Einlagerer.

Befindet sich Lagergut, das dem Lagerhalter zugesandt ist, bei der Ablieferung in einem beschädigten oder mangelhaften Zustand, der äußerlich erkennbar ist, so hat der Lagerhalter die Rechte gegen den Frachtführer oder Schiffer zu wahren, für den Beweis des Zustandes zu sorgen und dem Einlagerer unverzüglich Nachricht zu geben; im Falle der Unterlassung ist er zum Schadensersatz verpflichtet.

Im übrigen ist der Lagerhalter weder zur Erfüllung der Konnossementsbedingungen (z. B. Frachtzahlung, Einhaltung der Beladungs- oder Entlöschungsfristen usw.) und bahnamtlichen Vorschriften (Wagenstandgelder usw.) noch zu einer Prüfung der Ware (z. B. hinsichtlich Mustermäßigkeit, gesunder Beschaffenheit, inneren Verderbs, Wasserbeschädigung oder Zusammenladungsschäden) verpflichtet.

Soweit der Lagerhalter derartige Tätigkeiten freiwillig ausführt, tut er es als Vertreter des Einlagerers.

Anh. II § 424
§ 23 LagerO Drittes Buch. Handelsgeschäfte

36   Abs. 1: Die Klausel entspricht § 7 a S. 3 ADSp, Anh. I zu § 415. Sie wird durch abweichende, auch stillschweigende Individualabreden verdrängt, (§ 4 AGBG). Vgl. auch § 15 Abs. 2 Lagerordnung.

37   Abs. 2: Die Kosten gehen nur dann zu Lasten des Einlagerers, wenn der Lagerhalter zur Feststellung im Interesse des Einlagerers verpflichtet war oder die Voraussetzungen der berechtigten GoA vorlagen oder der Einlagerer für die Kosten im Rahmen einer Schadensersatzpflicht aufzukommen hat. Eine darüber hinausgehende Verpflichtung verstößt gegen § 9 AGBG, weil der Einlagerer nicht übersehen kann, mit welchen Kosten er möglicherweise belastet wird.

38   Abs. 3: Vgl. § 417 HGB 2 ff; Schadensersatzpflicht § 11 Lagerordnung.
39   Abs. 4: Die Klausel steht im Einklang mit dem dispositiven Recht.
40   Abs. 5: Vgl. § 8 Abs. 2 Lagerordnung.

§ 20

Der Lagerhalter kann die Ausbesserung von in schadhaftem Zustand ankommenden Gütern auch ohne besonderen Auftrag auf Kosten des Auftraggebers bzw. zu Lasten der Ware bewirken. Eine Verpflichtung hierzu besteht jedoch für den Lagerhalter nicht; ebensowenig ist der Lagerhalter verantwortlich, wenn trotz der vorgenommenen Ausbesserung Verluste oder Schäden entstehen.

41   Abs. 1: Die Berechtigung besteht nur im Rahmen des billigen Ermessens (§ 315 BGB, § 5 AGBG), letztlich also unter den Voraussetzungen der berechtigten Geschäftsführung ohne Auftrag. Insbesondere ist der Lagerhalter, wenn nicht untunlich, zur vorherigen Rückfrage verpflichtet. Der Haftungsausschluß bezieht sich auf das Risiko des Ausbesserungserfolges. Die Haftung für mangelhafte Ausbesserung trägt der Lagerhalter nach den allgemeinen Regeln (§§ 28 ff Lagerordnung). Selbständige Dritte sind nicht seine Erfüllungsgehilfen.

§ 21

Die Verpackung wird ohne Antrag des Einlagerers in der Regel nicht geöffnet. Der Lagerhalter ist jedoch jederzeit dazu befugt, wenn er Grund zu der Annahme hat, daß der Inhalt nicht richtig angegeben ist.

42   Vgl. § 6 Ziff. 3 **Hamburger Lagerungsbedingungen** (Anh. V zu § 424 HGB). Es muß objektiv der konkrete Verdacht einer Unrichtigkeit entstanden sein.

§ 22

Für fremde Rechnung unter dem Namen des Einlagerers eintreffende Sendungen, auf denen Frachtbeträge, Nachnahmen oder sonstige Kosten haften, werden von dem Lagerhalter nur angenommen, wenn der Empfänger der Ladung vor Ankunft derselben endgültig über die Ware verfügt hat. Der Empfänger übernimmt, indem er diese Verfügung erteilt, alle Pflichten des Einlagerers.

Der Lagerhalter ist berechtigt, die Annahme nachträglich abzulehnen, wenn er sich bei Ankunft der Ladung wegen des Ersatzes der darauf ruhenden Lasten in irgendeiner Beziehung ohne genügende Sicherheit zu befinden glaubt.

§ 23

Ohne Belastung unter dem Namen des Lagerhalters eintreffende oder anderweitig adressierte und ohne Begleitpapiere überwiesene Waren, über deren Inhalt der Lager-

Fünfter Abschnitt. Lagergeschäft

halter 24 Stunden nach Ankunft keine endgültige Verfügung besitzt, kann er auf Rechnung und Gefahr des Eigentümers der Ware auf Lager nehmen.

Die Klausel stößt in der Regel ins Leere, weil sich der Eigentümer nicht der Lagerordnung unterworfen hat. Außerdem verstößt der in der Klausel enthaltene Haftungsausschluß für Vorsatz und grobe Fahrlässigkeit des Lagerhalters und seiner leitenden Angestellten gegen § 9 AGBG [1]. **43**

---
[1] Vgl. BGH NJW **1984** 1350 m. Nachw.; *Koller* ZIP **1986** 1089, 1098.

§ 24

Der Lagerhalter ist berechtigt, aber ohne besonderen Auftrag nicht verpflichtet, die Güter zu verwiegen. Werden die Güter ohne Auftrag gewogen, so hat der Einlagerer die Kosten zu tragen, wenn er das Gewicht bei der Einlagerung unrichtig angegeben hatte.

Für Einzelstücke, deren Gewicht 500 kg überschreitet, hat der Einlagerer das Einzelgewicht anzugeben. Wird das Gewicht nicht oder unrichtig angegeben, so haftet der Einlagerer für allen daraus entstehenden Schaden.

Werden Güter ungewogen auf Lager genommen oder findet eine Lagerung im Freien statt, so haftet der Lagerhalter für ein etwaiges Untergewicht nicht.

Abs. 1: § 24 Abs. 1 S. 1 entspricht § 7 b ADSp. Im Unterschied zu den ADSp genügt ein stillschweigender Auftrag bzw. Weisung. Der Auftrag zur Verwiegung kann sich aus der allgemeinen Obhutspflicht ergeben (*Schlegelberger/Schröder* HGB [5] § 408 4). **44**

Abs. 2: Vgl. § 15 Abs. 3 Lagerordnung. **45**

Abs. 3: Der totale Haftungsausschluß ist unwirksam. Kann der Einlagerer das Gewicht bei Einlagerung beweisen, so hat sich der Lagerhalter für Untergewicht zu entlasten. Von der Haftung für Vorsatz und grobe Fahrlässigkeit kann er sich nicht freizeichnen (BGH, NJW **1984** 1350). **46**

7. Besichtigung, Entnahme von Proben, Pflege des Lagerguts
§ 25

Der Lagerhalter hat dem Einlagerer oder, wenn ein Orderlagerschein ausgestellt ist, dem legitimierten Besitzer des Scheines die Besichtigung des Lagerguts während der Geschäftsstunden zu gestatten.

Dasselbe gilt, soweit durch besondere Vereinbarung nicht ein anderes bestimmt ist, für die Entnahme von Proben. Der Lagerhalter ist berechtigt, die von dem Einlagerer oder dem Besitzer des Lagerscheins gewünschte Probeentnahme selbst auszuführen. Übernimmt der Lagerhalter auf Wunsch des Einlagerers die Entnahme von Proben, so hat er nicht dafür aufzukommen, daß sie mit der Partie in allen Teilen übereinstimmen.

Der Lagerhalter ist unbeschadet der Vorschriften des § 57 Abs. 2 ohne besondere Vereinbarung nicht verpflichtet, Arbeiten zur Erhaltung des Lagerguts vorzunehmen. Er hat dem Einlagerer oder, wenn ein Orderlagerschein ausgestellt ist, dem legitimierten Besitzer des Lagerscheins die Vornahme dieser Arbeiten während der Geschäftsstunden zu gestatten, soweit er nicht selbst zur Vornahme der Arbeiten bereit ist.

Abs. 1, 2: Die Klausel entspricht § 418 HGB, § 45 b ADSp (Anh. III zu § 424 HGB). **47**

48 Abs. 3: Die Klausel beseitigt nicht die Pflicht, im Rahmen der Obhut für das Gut zu sorgen (§ 416 HGB 30). Die Haftung für die Verletzung dieser Pflicht kann nur bis zur Grenze der groben Fahrlässigkeit ausgeschlossen werden [1]. Die Klausel ist geltungserhaltend dahin auszulegen, daß sie nur Erhaltungsarbeiten betrifft, die jenseits des im Rahmen der Obhut Geforderten liegen.

---

[1] BGH NJW **1984** 1350; *Koller* ZIP **1986** 1089, 1098.

§ 26

Der Lagerhalter ist berechtigt, Schäden an der Verpackung sofort auf Kosten des Einlagerers beseitigen zu lassen, wenn durch Unterlassung der Ausbesserung Verlust oder Beschädigung des Gutes selbst oder anderer Lagergüter zu befürchten ist.

49 Das Recht darf nur im Rahmen des billigen Ermessens ausgeübt werden (§ 315 BGB, § 5 AGBG).

8. Anzeigepflicht des Lagerhalters

§ 27

Der Lagerhalter ist verpflichtet, unverzüglich Anzeige zu erstatten, wenn er das Lagergut umlagert oder wenn er festgestellt hat, daß Veränderungen in der Beschaffenheit des Gutes entstanden oder zu befürchten sind. Die Anzeige hat er an den letzten ihm bekanntgewordenen legitimierten Besitzer des Lagerscheins zu richten. Im Falle der Unterlassung ist er zum Schadensersatz verpflichtet.

50 Vgl. § 18 OLSchVO. (Anh. I zu § 424 HGB). § 27 enthält keine abschließende Aufzählung der Anzeigepflichten. Der Lagerhalter hat dem Einlagerer bzw. dem Besitzer des Lagerscheins alles anzuzeigen, was erkennbar dessen Interessen berührt und eine Reaktion gegenüber dem Lagerhalter oder dem Gut erfordert.

9. Haftung für Verlust oder Beschädigung des Lagerguts

§ 28

Der Lagerhalter ist für den Verlust und die Beschädigung des in seiner Verwahrung befindlichen Gutes verantwortlich, es sei denn, daß der Verlust oder die Beschädigung auf Umständen beruht, die durch die Sorgfalt eines ordentlichen Kaufmanns nicht abgewendet werden konnten.

Er haftet insbesondere nicht, wenn trotz Anwendung der Sorgfalt eines ordentlichen Lagerhalters der Schaden durch die natürliche Beschaffenheit des Gutes, durch inneren Verderb, Schwinden, Durchschlag, Leckage, mangelhafte oder fehlende Verpackung, Brechen von Kränen, Ketten und sonstigem Gerät, Rost, Schimmel, Fäulnis, Ratten-, Mäuse-, Würmer-, Maden- oder Mottenfraß oder sonstiges Ungeziefer, durch Sabotage oder infolge von Verunreinigung der Güter, insbesondere durch Katzen, entstanden ist.

51 Abs. 1: Die Klausel entspricht den §§ 417, 390 HGB. Sie wird jedoch durch §§ 29, 30 Lagerordnung wesentlich eingeschränkt.

52 Abs. 2: Die Klausel entspricht dem dispositiven Recht. Der Lagerhalter hat zu beweisen, daß er die genannten Schadensquellen mit der Sorgfalt eines ordentlichen Lagerhalters (§ 347 HGB) ausgeschaltet hat.

Stand 1. 12. 1986

Fünfter Abschnitt. Lagergeschäft

§ 29

Für den Verlust oder die Beschädigung von Gütern, deren Wert mehr als 20 DM für das Kilogramm beträgt, haftet der Lagerhalter nur, wenn ihm der Wert des Gutes bei der Übergabe zur Lagerung angegeben worden ist.

Unzulässig sind die Einwände:
a) der Lagerhalter hätte von dem Wert des Gutes auf andere Weise Kenntnis gehabt oder haben müssen;
b) der Schaden sei auf andere Umstände als auf die Unterlassung der Wertangabe zurückzuführen oder er wäre auch bei erfolgter Wertangabe entstanden.

Abs. 1: § 19 Abs. 2 OLSchVO (Anh. I zu § 424 HGB). Dieser Wertung ist auch dort Rechnung zu tragen, wo keine Orderlagerscheine ausgegeben wurden. Es besteht kein Anlaß, die Haftung über das in § 19 OLSchVO gesetzte Maß hinaus zu verschärfen, auch wenn die Wertgrenze heute nicht mehr sachgerecht ist. **53**

Abs. 2: Der Lagerhalter ist verpflichtet, den Einlagerer auf die Bedeutung der Wertangabe hinzuweisen, wenn der Lagerhalter erkennen konnte, daß der Wert der Güter mehr als 20,— DM beträgt (vgl. § 56 c ADSp, Anh. I zu § 415). **54**

§ 30

Bei Feuerschäden haftet der Lagerhalter nur für eigenen Vorsatz und Vorsatz seiner gesetzlichen Vertreter, abgesehen von den Verpflichtungen, welche sich aus der Übernahme eines Auftrages, die Feuerversicherung zu besorgen, ergeben.

Die Klausel verstößt zwar gegen den Grundsatz, daß die Haftung für vorsätzlich und grob fahrlässig schädigendes Verhalten des Lagerhalters und seiner leitenden Angestellten nicht ausgeschlossen werden kann[1]. § 19 Abs. 4 OLSchVO (Anh. I zu § 424 HGB) sieht jedoch gerade für Feuerschäden die Möglichkeit einer Haftungsmilderung vor. Der dieser Vorschrift zugrundeliegenden Wertung, die Gefahr von Großschäden zu vermeiden (*Koller* ZIP **1986** 1089, 1090, 1093), ist auch im Rahmen der AGB-Kontrolle der Lagerordnung Rechnung zu tragen. § 30 ist daher wirksam. Feuerschäden liegen vor, wenn die Feuerversicherung (§ 20 OLSchVO) den Schaden decken müßte. **55**

---
[1] Nachw. bei BGH NJW **1984** 1350; *Koller* ZIP **1986** 1089, 1098.

§ 31

Ist der Lagerschein durch Indossament übertragen, so kann gegenüber dem legitimierten Besitzer des Lagerscheines der Ausschluß der Haftung gemäß § 30 nur geltend gemacht werden, wenn er in dem Scheine besonders vermerkt ist.

Abs. 2: Vgl. § 364 HGB. § 31 stellt klar, daß es sich bei der Abrede im Sinne des § 31 um keine typusbedingte Einwendung handelt. Sie kann ohne Vermerk nur einem Bösgläubigen entgegengehalten werden (s. *Canaris*, Großkommentar HGB[3] § 364 25). **56**

§ 32

Für Verzögerungen irgendwelcher Art ist der Lagerhalter verantwortlich, insoweit dadurch ein Schaden an dem Gute selbst entsteht; für andere durch Verzögerung verursachte Schäden haftet er nur bei Vorsatz und grober Fahrlässigkeit

Im Fall einfacher Fahrlässigkeit muß der Lagerhalter nur den Sachschaden auf der Basis des gemeinen Werts (§ 19 Abs. 5 OLSchVO; Anh. I zu § 424 HGB) ersetzen. **57**

Dort, wo er oder seine Erfüllungsgehilfen vorsätzlich oder grob fahrlässig gehandelt haben, haftet er auch für primäre Vermögensschäden unbeschränkt. Die Klausel ist fragwürdig, weil sie die volle Haftung für einfache Fahrlässigkeit auch bei Kardinalpflichtverletzungen (z. B. Organisationsfehler) ausschließt (§ 417 HGB 11; *Koller* ZIP **1986** 1089, 1099). Die OLSchVO (§ 19 Abs. 5) zeigt jedoch, daß der Gesetzgeber diese Form der Haftungsbeschränkung für angemessen ansah.

§ 33

Der Lagerhalter ist berechtigt, aber nicht verpflichtet, eine Entschädigung dadurch zu leisten, daß er Gut gleicher Art und Güte besorgt. Er ist berechtigt, Beschädigungen auf seine Kosten und in seinem Auftrage beseitigen zu lassen.

§ 34

Der von dem Lagerhalter für Verlust des Gutes zu leistende Schadensersatz beschränkt sich auf den gemeinen Wert des Gutes, der Ersatz für Beschädigung auf den Unterschied zwischen dem gemeinen Werte des Gutes im unbeschädigten und im beschädigten Zustand. Die infolge des Verlustes oder der Beschädigung ersparten Unkosten kommen in Abzug.

Bei Schäden an einem Sachteil, der für sich selbst einen selbständigen Wert hat (z. B. Maschinenteil) oder bei Schäden an einer von mehreren zusammengehörigen Sachen (z. B. Wohnungseinrichtung u. dgl.) bleibt die etwaige Wertminderung des Restes der Sache oder der übrigen Sachteile oder Sachen außer Betracht.

Der Schadensberechnung ist der Zeitpunkt zugrunde zu legen, in welchem der Berechtigte von dem Verlust oder der Beschädigung benachrichtigt ist oder in anderer Weise Kenntnis erlangt hat. Hat der Lagerhalter den Schaden durch Vorsatz oder grobe Fahrlässigkeit herbeigeführt, so kann Ersatz des vollen Schadens gefordert werden.

58 Abs. 1: Die Klausel entspricht § 19 Abs. 5 S. 1, 2 OLSchVO (Anh. I zu § 424 HGB).
59 Abs. 2: Vgl. § 55 ADSp, Anh. I zu § 415.
60 Abs. 3: Vgl. § 19 Abs. 5 S. 3, 4 OLSchVO (Anh. I zu § 424 HGB),

§ 35

In allen Fällen, in denen der vom Lagerhalter zu zahlende und/oder freiwillig angebotene Schadensbetrag den vollen Wert erreicht, ist der Lagerhalter zur Zahlung nur verpflichtet Zug um Zug gegen Übereignung des Gutes und gegen Abtretung der Ansprüche, die dem Einlagerer oder dem Zahlungsempfänger hinsichtlich des Gutes gegen Dritte zustehen.

In einem Schadensfalle, für den der Lagerhalter nicht einzustehen hat, gehen die Kosten der Aufräumung der beschädigten Güter zu Lasten des Einlagerers.

61 Abs. 1: Die Klausel steht mit den allgemeinen Regeln der Vorteilsausgleichung im Einklang (§ 255 BGB).
62 Abs. 2: Die Klausel ist geltungserhaltend dahin zu interpretieren, daß der Einlagerer die Kosten der Rücknahme der beschädigten Güter zu tragen hat. Schäden an anderen Sachen hat er nicht zu beseitigen, da kein berechtigter Anlaß besteht, eine verschuldensunabhängige Haftung zu statuieren[1].

---

[1] *Wolf/Horn/Lindacher* AGBG § 9 Rdn. H 2; BGH NJW **1983** 159, 162.

Fünfter Abschnitt. Lagergeschäft

Anh. II § 424
§ 38 LagerO

10. Versicherung

§ 36

Sofern nicht ein schriftlicher Auftrag vorliegt, übernimmt der Lagerhalter keinerlei Versicherung.

Der Lagerhalter hat auf Verlangen des Einlagerers oder, wenn ein Orderlagerschein ausgestellt ist, des legitimierten Besitzers des Lagerscheins das Lagergut gegen Feuersgefahr zu versichern und während der Dauer der Lagerung versichert zu halten.

Die Versicherung ist dergestalt zu bewirken, daß der Anspruch gegen den Versicherer entweder von dem Lagerhalter für Rechnung des Besitzers des Lagerscheins oder von diesem unmittelbar geltend gemacht werden kann.

Für die Höhe der Versicherungssumme genügt der bei Ausstellung des Lagerscheins von dem Einlagerer angegebene Wertbetrag.

Der Lagerhalter ist verpflichtet, auf dem Lagerscheine zu vermerken, daß er die Feuerversicherung bewirkt oder nicht bewirkt hat.

Abs. 1: Vgl. § 416 HGB 16; § 35a ADSp, Anh. I zu § 415. Zur Schriftform § 4 **63** Abs. 2 bis 5 Lagerordnung; vgl. § 20 OLSchVO (Anh. I zu § 424 HGB). Das Verlangen in Abs. 2 muß, wie sich aus § 20 Abs. 1 OLSchVO ergibt, nicht schriftlich geäußert werden.

§ 37

Falls der Lagerhalter Versicherungsauftrag erhält, kann er außer dem aufgegebenen Tageswert der Ware 3 % Aufräumungskosten zu Lasten des Einlagerers versichern. Der Lagerhalter handelt hierbei nur als Vermittler.

Bei ungenauen oder unausführbaren Versicherungsaufträgen gilt Art und Umfang der Versicherung dem Ermessen des Lagerhalters anheimgestellt. Die Versicherung tritt erst in Kraft, sobald der Lagerhalter bei ordnungsmäßigem Geschäftsgang in der Lage gewesen ist, die Versicherung abzuschließen.

Der Lagerhalter ist nicht berechtigt, die bloße Wertangabe als Auftrag zur Versicherung anzusehen.

Abs. 1: Die 3 % Aufräumungskosten dürften den erhöhten Rücknahmekosten ent- **64** sprechen. Der Lagerhalter kann die Versicherung im eigenen oder fremen Namen jeweils auf Rechnung des Einlagerers nehmen.

Abs. 2: Das Ermessen ist nach dem Maßstab des § 315 BGB auszuüben (§ 5 AGBG). **65** Er hat sich dabei an den mutmaßlichen Interessen des Einlagerers zu orientieren (vgl. § 35a S. 2 ADSp, Anh. I zu § 415). Der Geschäftsgang ist nur dann ordnungsgemäß, wenn er den verkehrserforderlichen Sorgfaltsstandards entspricht.

Abs. 3: Vgl. § 35b ADSp, Anh. I zu § 415; dazu OLG Schleswig, TranspR **1985 66** 137, 139.

§ 38

Übernimmt der Lagerhalter eine Versicherung, so ist der Anspruch des Einlagerers gegen den Lagerhalter im Schadensfalle auf diejenige Vergütung beschränkt, welche der Lagerhalter selbst von der Versicherung ausgezahlt erhält.

Der Lagerhalter genügt seinen Verpflichtungen, wenn er die Ansprüche gegen den Versicherer an den Einlagerer abtritt. Zur weiteren Verfolgung der Ansprüche ist er nur auf Grund besonderer schriftlicher Abmachung und nur für Rechnung und Gefahr des Einlagerers verpflichtet.

Anh. II § 424
§ 41 LagerO Drittes Buch. Handelsgeschäfte

Der Lagerhalter haftet nicht für die Zahlungsunfähigkeit des Versicherers, wenn er bei der Auswahl des Versicherers die Sorgfalt eines ordentlichen Kaufmanns angewendet hat.

Ein durch Zahlungsunfähigkeit des Versicherers verursachter Ausfall wird von sämtlichen bei dem Schaden beteiligten Einlagerer im Verhältnis ihrer Anteile an dem Gesamtbetrage der festgestellten Entschädigungssumme getragen. Sind jedoch Verluste, die bei der Regelung eines Schadens erwachsen, durch einen oder mehrere der Versicherten verschuldet oder veranlaßt worden, so fallen sie diesen allein zu Last.

Der Lagerhalter kann für die Besorgung der Versicherung und ihre Abwicklung eine Vergütung beanspruchen.

67 Abs. 1: Die Klausel statuiert wie § 37 a ADSp (Anh. I zu § 415) einen totalen Haftungsausschluß zugunsten des Lagerhalters. Dadurch wird die Haftung auch dort ausgeschaltet, wo ihn oder seine leitenden Angestellten der Vorwurf vorsätzlichen oder grob fahrlässigen Handelns trifft[1]. Die Klausel ist daher insgesamt nichtig (OLG Hamburg, VersR **1984** 1036, 1037).

68 Abs. 2: Zur Schriftform vgl. § 4.

69 Abs. 3 bis 5: Die Klauseln stehen im Einklang mit dem dispositiven Recht.

---

[1] BGH NJW **1984** 1350; *Koller* ZIP **1986** 1089, 1098 jeweils m. Nachw.

§ 39

Wenn Verstöße gegen Obliegenheiten und Sicherheitsvorschriften, die in einem Versicherungsvertrag übernommen sind, wider Wissen und Willen des Lagerhalters vorkommen, so ist der Lagerhalter hierfür nicht verantwortlich, gleichgültig, ob der Lagerhalter oder der Einlagerer Versicherungsnehmer ist.

70 Die Klausel enthält einen Haftungsausschluß für grobe Fahrlässigkeit, auch die des Lagerhalters selbst oder seiner leitenden Angestellten. Die Klausel verstößt gegen § 9 AGBG[1] und ist daher unwirksam (OLG Hamburg, VersR **1984** 1036, 1037).

---

[1] BGH NJW **1984** 1350; *Koller* ZIP **1986** 1089, 1098 m. Nachw.

11. Auskunftserteilung

§ 40

Auskunft über die eingelagerten Güter wird nur an legitimierte Interessenten erteilt.

71 Zur Haftung wegen falscher Auskunft § 424 HGB 6.

12. Lagerkosten

§ 41

Die Höhe der Vergütung für die Leistungen des Lagerhalters richtet sich, soweit nicht geringere Sätze vereinbart sind, nach dem bekanntgemachten Tarif.

Die Gebühren werden unter Zugrundelegung des angegebenen oder, falls dies höher ist, des ermittelten Bruttogewichts berechnet und sind nebst etwaigen Auslagen und sonstigen Forderungen unmittelbar nach beendeter Arbeitsleistung und vor Auslieferung der Ware bar zu entrichten.

72 Zur Barzahlung *Staub/Koller* HGB[4] vor § 373 189.

Fünfter Abschnitt. Lagergeschäft

Anh. II § 424
§ 45 LagerO

§ 42

Der Lagerhalter hat Anspruch auf Erstattung der Auslagen für Fracht und Zölle und der sonst für das Gut gemachten Aufwendungen, soweit er sie den Umständen nach für erforderlich halten durfte.

Der Lagerhalter ist berechtigt, für Auslagen eine Provision zu berechnen, unbeschadet des Anspruchs auf Erstattung des Verzugsschadens und auf Zinsen.

Abs. 1: § 420 HGB 5.   73

Abs. 2: Die Provision muß sich im Rahmen des § 354 HGB halten oder der Billigkeit entsprechen (§ 315 BGB).   74

§ 43

Von den nach den §§ 41, 42 dem Lagerhalter zukommenden Beträgen (Lagerkosten) sind die baren Auslagen, soweit nicht ein anderes vereinbart ist, sofort zu erstatten.

Die Lager- und Versicherungsgebühren für auf Lager befindliche Güter sind jeweils beim Beginn der Berechnungsperiode fällig. Beanstandungen der Gebührenberechnung entbinden den Einlagerer, vorbehaltlich seiner Rechte, nicht von der Verpflichtung rechtzeitiger Zahlung.

Werden zur Erstattung der Lagerkosten ausländische Zahlungsmittel verwendet so ist der Kurs des Zahlungstages zugrunde zu legen.

Abs. 1: § 420 HGB 17.   75

Abs. 3: Vgl. § 28 S. 2 ADSp, Anh. I zu § 415.   76

§ 44

Für alle entstehenden Zollschuldigkeiten, für welche der Lagerhalter der Zollbehörde verantwortlich ist, insbesondere auch für den im Brandfalle evtl. zu entrichtenden Eingangszoll, haftet der Einlagerer. Der Lagerhalter ist überdies berechtigt, vom Einlagerer für derartige Forderungen Sicherheitsleistung zu verlangen.

Die Klausel nimmt dem Einlagerer nicht das Recht, vom Lagerhalter Ersatz zu verlangen, weil dieser schuldhaft zur Entstehung von Zöllen oder Steuern beigetragen hat (z. B. Strafzölle).   77

§ 45

Der Einlagerer oder der legitimierte Besitzer des Lagerscheins ist verpflichtet, die ihm von dem Lagerhalter berechneten Zölle, Steuern und sonstigen Abgaben bei erster Anforderung zu entrichten, auch wenn sie nachträglich geltend gemacht werden.

Erfolgt die Zahlung nicht sofort, so ist der Lagerhalter befugt:
a) eine etwa geleistete Bürgschaft in Anspruch zu nehmen,
b) etwa hinterlegte Wertpapiere börsenmäßig zu verkaufen,
c) die vom säumigen Zahler eingelagerten Waren unter Beobachtung der in § 46 vorgesehenen Förmlichkeiten verkaufen zu lassen.

Der Lagerhalter ist jederzeit berechtigt, trotz etwaiger Sicherheiten dem Einlagerer einen ihm eingeräumten Zollkredit einseitig und ohne Angabe von Gründen zu entziehen und die sofortige Zahlung des kreditierten Betrages zu verlangen, ohne daß dem Einlagerer ein Anspruch auf Zins- oder Diskontvergütung zusteht.

§ 47 LagerO   Drittes Buch. Handelsgeschäfte

Die bei Ausstellung des Lagerscheins bereits entstandenen und noch auf dem Gute lastenden Lagerkosten sind auf dem Lagerschein zu vermerken. Soweit tunlich, sollen auch die während der Laufzeit des Lagerscheins fällig werdenden Lagerkosten auf dem Scheine angegeben werden.

78 Die Klausel geht über § 420 Abs. 1 HGB hinaus, da ein uneingeschränkter Anspruch auf Vorschuß begründet wird. Der Anspruch entsteht nur dann, wenn der Lagerhalter in entsprechender Höhe von der Behörde in Anspruch genommen worden ist oder zu erwarten ist, daß er alsbald in Anspruch genommen wird. Die Kündigung darf nicht zur Unzeit erfolgen.

79 Abs. 3: Nicht eingetragene Kosten können präkludiert werden (§ 364 Abs. 2 HGB).

13. Pfandrecht, Zurückbehaltungsrecht

§ 46

Der Lagerhalter hat wegen der Lagerkosten ein Pfandrecht an dem Gute, solange er es im Besitz hat, insbesondere mittels Konnossements, Ladescheins oder Lagerscheins darüber verfügen kann.

Ist der Lagerschein durch Indossament übertragen, so besteht das Pfandrecht dem legitimierten Besitzer des Lagerscheins gegenüber nur wegen der Lagerkosten, die aus dem Lagerschein ersichtlich sind oder ihm bei Erwerb des Lagerscheins bekannt oder infolge grober Fahrlässigkeit unbekannt waren.

Bei dem Verkaufe des Pfandes tritt an die Stelle der im § 1234 des Bürgerlichen Gesetzbuchs bestimmten Frist von einem Monat eine solche von einer Woche, und zwar auch dann, wenn der Lagervertrag nur auf der Seite des Lagerhalters ein Handelsgeschäft ist.

Für den Pfand- oder Selbsthilfe-Verkauf kann der Lagerhalter in allen Fällen eine Verkaufsprovision bis zu höchstens 5 % des Bruttoerlöses berechnen.

Die im § 1234 Abs. 1 des Bürgerlichen Gesetzbuchs vorgesehene Androhung des Pfandverkaufs sowie die in den §§ 1237, 1241 des Bürgerlichen Gesetzbuchs vorgesehenen Benachrichtigungen hat der Lagerhalter an den letzten ihm bekannt gewordenen legitimierten Besitzer des Lagerscheins zu richten.

80 Abs. 1: Vgl. § 421 HGB. Das Pfandrecht sichert nur konnexe Forderungen.
81 Abs. 2: § 22 Abs. 2 OLSchVO (Anh. I zu § 424).
82 Abs. 3—5: § 22 Abs. 3—5 OLSchVO (Anh. I zu § 424).

§ 47

Der Lagerhalter hat wegen aller Ansprüche, die ihm aus laufender Rechnung oder aus sonstigen Gründen an den Einlagerer zustehen, ein Zurückbehaltungsrecht an dem Gut. § 46 Abs. 2 findet entsprechende Anwendung.

Das Zurückbehaltungsrecht wird durch eine von dem Einlagerer bei, vor oder nach der Übergabe erteilte Anweisung oder eine von dem Lagerhalter übernommene Verpflichtung, in einer bestimmten Weise mit den Gütern zu verfahren, so lange nicht berührt, als der Lagerhalter noch irgendwelche Forderungen aus dem Geschäftsverkehr mit dem Einlagerer oder Empfänger hat.

Alle Forderungen aus dem gesamten Geschäftsverkehr sind auf Verlangen des Lagerhalters zu berichtigen, bevor die Auslieferung auch nur eines Teiles der eingelagerten Güter verlangt werden kann.

Stand 1. 12. 1986

Werden die Güter gleichwohl ohne vorherige Zahlung ausgeliefert, so hat der Einlagerer persönlich für die volle Forderung dem Lagerhalter aufzukommen und kann ihn nicht an den Empfänger des Gutes verweisen.

Abs. 1: Das Zurückbehaltungsrecht besteht auch für inkonnexe Forderungen. An **83** Gütern, die dem Einlagerer nicht gehören, kann es grundsätzlich nicht gutgläubig erworben werden. Der Herausgabeanspruch des Eigentümers aus § 985 BGB bleibt daher unberührt, es sei denn, daß der Eigentümer mit einer Einlagerung rechnen mußte. Rechtsnachfolgern des Einlagerers kann es gemäß § 404 BGB entgegengehalten werden.

Abs. 2: Das Zurückbehaltungsrecht soll auch Forderungen gegen den Empfänger **84** sichern. Diese Klausel verstößt gegen § 9 AGBG, weil der Einlagerer dadurch mit für ihn unübersehbaren Risiken konfrontiert wird (vgl. § 50 d ADSp, Anh. I zu § 415).

Abs. 3: Die Klausel soll den Grundsatz außer Kraft setzen, daß das Zurückbehal- **85** tungsrecht nicht im Widerspruch zum Übermaßverbot ausgeübt werden kann. Angesichts des berechtigten Interesses des Lagerhalters an einer eindeutigen Rechtslage erscheint die Klausel als angemessen.

§ 48

Das Pfand- und Zurückbehaltungsrecht erstrecken sich auch auf an Stelle des Gutes hinterlegte Beträge sowie auf die Forderungen, die als Entschädigung aus sonstigen Gründen an Stelle des Gutes treten. Das Pfandrecht erstreckt sich auf die Forderung aus einer Feuerversicherung.

14. Mischlagerung
§ 49

Im Falle der Lagerung vertretbarer Sachen ist der Lagerhalter zu ihrer Vermischung mit anderen Sachen von gleicher Art und Güte nur befugt, wenn ihm dies von den beteiligten Einlagerern ausdrücklich gestattet ist.

An dem durch die Vermischung entstandenen Gesamtvorrat steht den Eigentümern der Teilmengen Miteigentum nach Bruchteilen zu. Der Anteil bestimmt sich, soweit nichts anderes vereinbart wird, nach dem Verhältnis der eingelagerten Teilmengen.

Der Lagerhalter ist berechtigt und verpflichtet, aus dem Gesamtvorrat jedem Einlagerer den ihm gebührenden Anteil auszuliefern, ohne daß er hierzu der Genehmigung der übrigen Beteiligten bedarf.

Für die Fälle, in denen das Lagergut durch die Lagerung einem Gewichtsverlust ausgesetzt ist, gilt folgendes:
a) Es kann ein fester Abzugssatz verabredet werden, auch in der Form, daß der Abzugssatz mit der Dauer der Lagerung steigt. Der Abzugssatz ist auf dem Teillagerschein zu vermerken. Ein über diesen Abzugssatz hinausgehender Gewichtsverlust ist von dem Lagerhalter zu vertreten.
b) Ist kein Abzugssatz vereinbart, so ist dies auf dem Lagerschein zu vermerken. Der Lagerhalter ist berechtigt, bei der Ablieferung jedes Teiles einen angemessenen Hundertsatz abzuziehen. Die endgültige Verteilung findet bei Ablieferung der Restpartie statt. Der Lagerhalter haftet nicht auf die Erfüllung der endgültigen Verteilung seitens der Empfänger untereinander. Hat der Lagerhalter bei den Ablieferungen keinen oder einen zu geringen Hundertsatz vorläufig einbehalten, so haftet er nicht für den Gewichtsverlust bei dem zuletzt abgegebenen Teil. Ist das Gut auf Pri-

vatteilungs- oder Transitlager eingelagert, so hat der Abnehmer der Restpartie auch den Zoll für den Gewichtsverlust zu entrichten.

86 Abs. 1: § 419 HGB 2.
87 Abs. 2: § 23 Abs. 2 OLSchVO (Anh. I zu § 424 HGB).
88 Abs. 3: § 419 HGB 16; § 23 Abs. 3 OLSchVO (Anh. I zu § 424 HGB).
89 Abs. 4: Der feste Abzugssatz ist durch Individualabrede zu vereinbaren. Der Lagerhalter kann nachweisen, daß er den Gewichtsverlust nicht zu vertreten hat, weil er auf außergewöhnliche Ereignisse zurückzuführen ist. Der Haftungsausschluß in Abs. 4 b S. 5 gilt nur für Gewichtsverluste im Rahmen der normalen Mischlagerung. Er läßt den Ausgleichsanspruch gemäß § 49 Abs. 4 b S. 3 unberührt.

15. Dauer der Lagerung
§ 50

Der Lagerhalter kann nicht verlangen, daß der Einlagerer das Lagergut vor dem Ablauf der bedungenen Lagerzeit zurücknimmt. Ist eine Lagerzeit nicht bedungen oder behält der Lagerhalter nach Ablauf der bedungenen Lagerzeit das Lagergut zwecks Fortsetzung des Lagervertrages auf dem Lager, so kann er die Rücknahme nur nach Kündigung unter Einhaltung einer Kündigungsfrist von einem Monat verlangen.

Der Lagerhalter ist berechtigt, die Rücknahme des Lagerguts vor dem Ablauf der Lagerzeit und ohne Einhaltung einer Kündigungsfrist zu verlangen, wenn ein wichtiger Grund vorliegt. Ein wichtiger Grund liegt insbesondere dann vor, wenn das Gut andere Güter gefährdet oder dem Lagerhalter Zweifel entstehen, ob alle seine Ansprüche durch den Wert des Gutes sichergestellt sind.

Die Kündigung und das Rücknahmeverlangen hat der Lagerhalter durch eingeschriebenen Brief an den letzten ihm bekannt gewordenen legitimierten Besitzer des Lagerscheins zu richten.

90 Abs. 1: *Satz 1:* § 422 HGB 2. *Satz 2:* § 422 HGB 3.
91 Abs. 2: *Satz 1:* § 422 HGB 5. Zur Gefährdung des Guts § 7 Lagerordnung. Die Zweifel müssen berechtigt sein (§ 5 AGBG).
92 Abs. 3: § 24 Abs. 4 OLSchVO (Anh. I zu § 424 HGB). Wurde kein Lagerschein ausgestellt, so ist die Kündigung und das Rücknahmeverlangen an den Einlagerer zu richten (§ 422 HGB 3).

16. Rücktritt vom Vertrage
§ 51

Wenn die Ausführung des Lagervertrages durch höhere Gewalt, Explosion, behördliche Anordnungen, Verkehrs- oder Betriebsstörungen, Krieg, Mobilmachung, Aufruhr, Plünderung, Ausstand, Aussperrung, Versagen der Triebkräfte u. dgl. verhindert oder beeinflußt wird, so ist der Lagerhalter berechtigt, vom Vertrage zurückzutreten. Dem Einlagerer steht das gleiche Recht zu, wenn ihm billigerweise die Fortsetzung des Vertrages nicht zugemutet werden kann. Der Lagerhalter haftet nicht für Schäden, die durch solche Umstände oder durch Sabotage ohne sein Verschulden verursacht sind.

93 *Satz 1:* Die Klausel ist unangemessen, weil sie die Möglichkeit des Rücktritts schon dann einräumt, wenn sich die Störung auf den Lagerhalter nur unwesentlich auswirkt

oder die Störung vorhersehbar war[1]. Eine geltungserhaltende Auslegung ist nicht möglich, da der Umkehrschluß aus § 51 S. 2 zeigt, daß sich der Lagerhalter auch dort vom Vertrag lösen können soll, wo ihm dessen Fortsetzung billigerweise zumutbar ist.

Satz 2: Die Klausel ist angemessen, weil nur unter der Voraussetzung der Billigkeit zurückgetreten werden kann.

Satz 3: Die Klausel besagt nur, daß der Lagerhalter lediglich bei Verschulden haftet.

---

[1] Vgl. BGH WM **1983** 308, 309 f; *Staudinger/Schlosser* BGH[12] § 10 Nr. 3 AGBG 20; *Wolf/Horn/Lindacher* AGBG § 10 Nr. 3, 48; *Staub/Koller* HGB[4] vor § 373 243; a. A. *Staub/Helm* HGB[4] Anh. I zu § 415 zu § 18 ADSp.

17. Notverkauf, Selbsthilfeverkauf
§ 52

Ist das Lagergut dem Verderb ausgesetzt oder treten Veränderungen an ihm ein, die seine Entwertung befürchten lassen, und ist keine Zeit vorhanden, die Verfügung des Berechtigten einzuholen, oder ist der Berechtigte in der Erteilung der Verfügung säumig, so kann der Lagerhalter den Verkauf des Gutes nach Maßgabe der Vorschriften des § 373 des Handelsgesetzbuchs bewirken. Auch ist der Lagerhalter berechtigt, nötigenfalls das Gut auf Rechnung und Gefahr des Einlagerers nach vorheriger Androhung zu entfernen und an einem anderen Ort unterzubringen, oder es nötigenfalls nach vorheriger Androhung unter behördlicher Aufsicht zu vernichten.

Dasselbe gilt, wenn der Berechtigte unterläßt, über das Lagergut zu verfügen, obwohl er dazu nach Lage der Sache verpflichtet ist.

Die im § 373 Abs. 3 des Handelsgesetzbuchs vorgesehene Androhung des Verkaufs sowie die im Abs. 5 derselben Vorschrift vorgesehenen Benachrichtigungen hat der Lagerhalter an den letzten ihm bekanntgewordenen legitimierten Besitzer des Lagerscheins zu richten.

Abs. 1: Vgl. § 5 ADSp, Anh. I zu § 415. Der Satz 2 des § 52 geht über § 25 OLSchVO (Anh. I zu § 424 HGB) hinaus. Der Lagerhalter darf das Gut nur dann an einem anderen Ort unterbringen (vgl. § 373 Abs. 1 HGB), wenn der freihändige Verkauf nicht möglich ist. Die Vernichtung muß durch die Natur des Guts geboten gewesen sein. Der Lagerhalter hat die anderweitige Unterbringung und Vernichtung mit verkehrserforderlicher Sorgfalt zu organisieren. Er haftet bei Sorgfaltsverstößen nach den allgemeinen Regeln. Auf Gefahr des Einlagerers bedeutet nur, daß dritte Verwahrer und andere Personen, die mit dem Transport oder der Vernichtung betraut werden, nicht Erfüllungshilfen des Lagerhalters sind. **94**

Abs. 2, 3: Vgl. § 25 Abs. 2, 3 OLSchVO (Anh. I zu § 424 HGB). **95**

18. Auslieferung und Annahme des Gutes
§ 53

Das Lagergut darf, wenn ein Orderlagerschein ausgestellt ist, nur dem legitimierten Besitzer des Lagerscheins und nur gegen Rückgabe des Scheines ausgeliefert werden. Der Lagerhalter ist nicht verpflichtet, die Echtheit der Indossamente zu prüfen. Die Auslieferung ist auf dem Lagerscheine zu bescheinigen.

Die Auslieferung eines Teiles des Gutes erfolgt gegen Abschreibung auf dem Scheine. Der Abschreibungsvermerk ist von dem Lagerhalter zu unterschreiben.

Anh. II § 424
§ 54 LagerO   Drittes Buch. Handelsgeschäfte

Die Verladung der zum Versand abgemeldeten Waren erfolgt nach Maßgabe der dem Lagerhalter zur Verfügung stehenden Betriebseinrichtungen, Arbeitskräfte und der ihm bereitgestellten Transportmittel. Lieferzeiten werden nicht übernommen. Wegen verspäteter unverschuldeter Ablieferung kann der Lagerhalter nicht in Anspruch genommen werden.

Ist das Gut vom Empfänger angenommen, so können Ansprüche gegen den Lagerhalter wegen Verlusts oder Beschädigung des Lagerguts nur erhoben werden, wenn der Verlust oder die Beschädigung, sofern sie äußerlich erkennbar sind, vor der Annahme dem Lagerhalter angezeigt und unter Zuziehung einer vom Lagerhalter bestimmten Person festgestellt sind. Ist der Verlust oder die Beschädigung äußerlich nicht erkennbar, so hat der Empfänger die gleiche Feststellung unverzüglich nach der Entdeckung und spätestens innerhalb einer Woche nach der Annahme schriftlich unter Bezeichnung des Verlusts oder der Beschädigung beim Lagerhalter zu beantragen; unterläßt er dies, so kann ein Anspruch gegen den Lagerhalter nicht erhoben werden. Wird ein Schadensersatzanspruch nach der Annahme erhoben, so muß der Berechtigte nachweisen, daß der Mangel während der Zeit zwischen der Einlieferung und der Auslieferung entstanden ist.

96   Abs. 1: Vgl. § 26 OLSchVO (Anh. I zu § 424 HGB). Zur Verpflichtung, die Echtheit der Indossamente zu prüfen, § 5 Lagerordnung.

97   Abs. 2: Vgl. § 26 Abs. 2 OLSchVO (Anh. I zu § 424 HGB).

98   Abs. 3: Die Klausel ist unangemessen, weil sie die Erfüllung des Vertrages in die Willkür des Lagerhalters stellt. Maßstab der Pflichterfüllung kann nur der vertragsgerecht organisierte Betrieb sein. Satz 2 widerspricht § 4 AGBG. Satz 3 steht mit dem dispositiven Recht im Einklang. § 287 S. 2 BGB bleibt anwendbar, wenn der Lagerhalter schuldhaft in Verzug geraten ist.

99   Abs. 4: Die Klausel widerspricht § 26 Abs. 3 OLSchVO (Anh. I zu § 424), da die Schadensfeststellung anders als nach § 438 HGB nicht einer neutralen Person obliegt. Die Möglichkeit, Ausnahmen zuzulassen (§ 14 Abs. 3 OLSchVO), ist durch § 26 Abs. 3 OLSchVO eingeschränkt. Zulässig sind nur Ausnahmen nach dem Modell des § 438 HGB. Die Feststellung der vom Lagerhalter bestimmten Person ist für den Einlagerer nicht bindend. Satz 3 regelt nur diejenigen Fälle, in denen rechtzeitig gerügt worden ist. Die Klausel verstößt auch gegen § 9 AGBG, weil sie entgegen § 438 Abs. 5 HGB keine Ausnahme für den Fall vorsieht, daß dem Lagerhalter oder seinen leitenden Angestellten Vorsatz oder grobe Fahrlässigkeit vorzuwerfen ist (*Koller* TranspR **1986** 129, 132 zu § 60 ADSp). Davon abgesehen kann sich der Lagerhalter auf das Fehlen der Rüge dann nicht berufen, wenn er den Schaden rechtzeitig anderweitig erfahren hat[1].

---

[1] Vgl. *Krien/Glöckner* Speditions- und Lagerrecht § 60 ADSp 7a; weitergehend *Schlegelberger/Schröder* HGB[5] § 407 25.

19. Verjährung
§ 54

Die Ansprüche gegen den Lagerhalter wegen Verlustes, Minderung, Beschädigung oder verspäteter Auslieferung des Gutes verjähren in einem Jahre.

Die Verjährung beginnt im Falle der Beschädigung oder Minderung mit dem Ablauf des Tages, an dem die Auslieferung stattgefunden hat, im Falle der verspäteten Auslieferung mit dem Ablauf des Tages, an dem die Auslieferung hätte bewirkt sein müssen, im Falle des gänzlichen Verlustes mit dem Ablauf des Tages, an dem der Lagerhalter dem Einlagerer oder, wenn ein Orderlagerschein ausgestellt ist, dem letzten ihm bekannt gewordenen legitimierten Besitzer des Lagerscheins den Verlust anzeigt.

Die Vorschriften der Abs. 3 und 4 des § 414 des Handelsgesetzbuches finden entsprechende Anwendung.

Abs. 1: Vgl. § 27 Abs. 1 OLSchVO (Anh. I zu § 424 HGB), § 423 HGB 1 ff. **100**

Abs. 2: Vgl. § 27 Abs. 2 OLSchVO (Anh. I zu § 424 HGB), § 423 HGB 5 f. **101**

20. Erfüllungsort, Gerichtsstand, anzuwendendes Recht
§ 55

Der Erfüllungsort sowie der Gerichtsstand für alle Rechtsstreitigkeiten, die aus dem Auftragsverhältnis oder im Zusammenhang damit bestehen, ist für alle Beteiligten der Ort derjenigen Handelsniederlassung des Lagerhalters, an die der Auftrag gerichtet ist; für Ansprüche gegen den Lagerhalter ist dieser Gerichtsstand ausschließlich. Abweichende Vereinbarungen, insbesondere Schiedsgerichtsvereinbarungen, sind zulässig.

Für die Rechtsbeziehungen des Lagerhalters zum Auftraggeber oder seinen Rechtsnachfolgern gilt deutsches Recht.

Die Anwendbarkeit des § 55 Abs. 1 S. 1 kann an Art. 17 Abs. 1 EuGVÜ scheitern[1]. **102** Die Gerichte können aber gemäß Art. 5 Abs. 1 Nr. 1 EuGVÜ am Erfüllungsort zuständig werden (BGH, VersR 1985 56).

---

[1] EuGH NJW 1977 494; BGH WM 1986 402; OLG Düsseldorf TranspR 1981 26; *Wolf/Horn/Lindacher* AGBG Anh. zu § 2 42 ff.

Titel II
Besondere Bestimmungen über die Sammellagerung
1. Sammellagerung
§ 56

Wird Gut, für das Handelsklassen gesetzlich eingeführt oder allgemein anerkannt sind, unter einer entsprechenden Gattungsbezeichnung eingelagert, so können der Einlagerer und der Lagerhalter vereinbaren, daß für dieses Gut die folgenden besonderen Regeln über die Sammellagerung gelten sollen.

Für die Sammellagerung gelten die allgemeinen Vorschriften der §§ 1—55, soweit sich aus den §§ 57—60 nicht ein anderes ergibt.

Den Beteiligten ist es unbenommen, auch bei Gütern der im Abs. 1 bezeichneten Art Einzellagerung oder Mischlagerung (§ 49) zu vereinbaren.

§ 28 OLSchVO (Anh. I zu § 424 HGB). **103**

2. Prüfung und Pflege des Lagerguts
§ 57

Der Lagerhalter ist verpflichtet, bei Empfang des Lagerguts dessen Gewicht, Güte und sonstige Beschaffenheit festzustellen und das Ergebnis auf dem Lagerschein zu vermerken. Bei der Feststellung der Güte und Beschaffenheit des Lagerguts hat er einen

Anh. II § 424
§ 60 LagerO   Drittes Buch. Handelsgeschäfte

von der gesetzlichen Berufsvertretung des Handels und bei Lagerung landwirtschaftlicher Erzeugnisse auch einen von der gesetzlichen Berufsvertretung der Landwirtschaft bestellten Sachverständigen zuzuziehen. Die gesetzlichen Berufsvertretungen des Handels und der Landwirtschaft können für den Fall, daß der Lagerhalter und der Einlagerer hiermit einverstanden sind, denselben Sachverständigen bestellen. Soweit gesetzliche Handelsklassen eingeführt und Gutachterstellen eingerichtet sind, tritt an die Stelle der vorbezeichneten Sachverständigen die zuständige Gutachterstelle (Verordnung des Reichspräsidenten vom 1. Dezember 1930, Achter Teil, Kapitel V, § 6, Reichsgesetzblatt I, S. 517, 602).

Der Lagerhalter ist verpflichtet, die zur Erhaltung des Lagerguts erforderlichen Arbeiten vorzunehmen. Er kann sich hierbei der Mitwirkung der im Abs. 1 bezeichneten Sachverständigen oder Gutachterstelle bedienen. Den Lagerhalter trifft kein Verschulden, wenn er die Empfehlungen der Sachverständigen oder der Gutachterstelle mit der Sorgfalt eines ordentlichen Kaufmanns befolgt.

Eine Anzeige des Lagerhalters über Umlagerungen oder Veränderungen an der Beschaffenheit des Lagergutes kann unterbleiben, wenn sie untunlich ist.

104   § 29 OLSchVO (Anh. I zu § 424 HGB).

3. Vermischungsbefugnis, Miteigentum
§ 58

Soweit die beteiligten Einlagerer mit der Sammellagerung einverstanden sind, ist der Lagerhalter zur Vermischung des bei ihm eingelagerten Gutes mit Lagergut derselben Handelsklasse und Gütegruppe befugt.

An Lagergut, das hiernach vermischt werden darf, steht vom Zeitpunkt der Einlagerung ab den Eigentümern der eingelagerten Mengen Miteigentum nach Bruchteilen zu; der Bruchteil bestimmt sich nach dem Verhältnis der von jedem Einlagerer eingelagerten Menge zu den Mengen, die sämtliche Einlagerer in demselben Lagerhaus oder in denselben Lagerräumen des Lagerhalters eingelagert haben.

105   Vgl. § 30 Abs. 1, 2 OLSchVO (Anh. I zu § 424 HGB). Abs. 2 weicht von § 30 Abs. 2 OLSchVO dadurch ab, daß die Lagerung in denselben Lagerräumen für die Entstehung von Miteigentum genügt. Diese Abweichung entspricht § 30 Abs. 3 OLSchVO. Das Miteigentum entsteht hier ebenfalls kraft Gesetz.

4. Auslieferung
§ 59

Der Lagerhalter ist berechtigt und verpflichtet, aus dem im § 58 bezeichneten Gesamtvorrat jedem Einlagerer den ihm gebührenden Anteil auszuliefern, ohne daß er hierzu der Genehmigung der übrigen Beteiligten bedarf.

106   Vgl. § 31 OLSchVO (Anh. I zu § 424 HGB).

5. Abzüge für Gewichtsverlust
§ 60

Der Lagerhalter ist berechtigt, falls das Lagergut durch die Lagerung einem Gewichtsverlust ausgesetzt ist, bei der Auslieferung einen angemessenen Hundertsatz des auf dem Lagerscheine vermerkten Gewichts abzuziehen. Die Vorschriften des § 49 Absatz 4 sind entsprechend anzuwenden.

107   Vgl. § 32 OLSchVO (Anh. I zu § 424 HGB).

Abschnitt II
Lagerschein
1. Ausstellung des Lagerscheines
§ 61

Der Lagerhalter ist verpflichtet, dem Einlagerer auf dessen Verlangen einen zur Verfügung über das Gut, insbesondere zur Veräußerung und Verpfändung dienenden, an Order lautenden Lagerschein auszustellen.

Das Gesuch um Ausstellung eines indossablen Lagerscheines muß bei dem Lagerhalter schriftlich eingereicht werden unter Beifügung aller erforderlichen Urkunden.

Der Lagerhalter kann die Ausstellung des Lagerscheins verweigern, wenn ein wichtiger Grund vorliegt, insbesondere solange der Einlagerer seiner fälligen Verpflichtung zur Erstattung barer Auslagen (§ 42) oder zur Bezahlung sonstiger auf dem Gute lastender Lagerkosten nicht nachkommt.

Der Lagerhalter darf einen Lagerschein erst ausstellen, wenn er das Gut in seinem Lager eingelagert hat.

Für die Ausfertigung von Lagerscheinen berechnet der Lagerhalter eine Gebühr, deren Höhe sich nach den jeweiligen ortsüblichen Gebührensätzen richtet.

Dem Lagerhalter ist nicht gestattet, besondere nur zur Verpfändung des Gutes bestimmte Scheine (Lagerpfandscheine) auszustellen.

Der legitimierte Besitzer kann gegen Rückgabe des Lagerscheines die Ausstellung eines neuen Scheins verlangen. In dem neuen Schein soll derselbe Einlagerungstag vermerkt werden wie in dem alten Scheine.

Doppel von Lagerscheinen werden nicht ausgestellt.

Vgl. § 33 OLSchVO (Anh. I zu § 424 HGB).

2. Ausstellung von Teilscheinen
§ 62

Falls eine Warenmenge eingelagert ist, kann der Einlagerer die Ausstellung von Lagerscheinen über Teile der Menge verlangen. Ist ein Orderlagerschein ausgestellt, so kann nur der legitimierte Besitzer des Scheines und nur gegen Rückgabe des Scheines die Ausstellung von Teilscheinen verlangen.

Wird die Ausstellung von Teilscheinen verlangt, so hat der Lagerhalter, falls erforderlich, dem Berechtigten die Verpackung, Neubezeichnung oder sonstige Herrichtung des Gutes zu gestatten, soweit er nicht selbst zu diesen Handlungen bereit ist.

Wird ein Lagerschein durch Teilscheine ersetzt, so soll in den Teilscheinen derselbe Einlagerungstag vermerkt werden wie in dem alten Lagerscheine.

Bleiben bei einer Einzellagerung die Teile der Menge ungetrennt, so soll in den Teilscheinen derselbe Einlagerungstag vermerkt werden wie in dem alten Lagerscheine.

Bleiben bei einer Einzellagerung die Teile der Menge ungetrennt, so soll in den Teilscheinen zum Ausdruck gebracht werden, daß der Schein sich auf den ungetrennten Teil einer größeren Partie bezieht. Die Vorschriften des § 49 Abs. 4 über den Abzug wegen Gewichtsverlustes sind entsprechend anzuwenden.

Vgl. § 34 OLSchVO (Anh. I zu § 424 HGB).

Anh. II § 424
§ 67 LagerO   Drittes Buch. Handelsgeschäfte

3. Befristung des Lagerscheins
§ 63

Lautet ein Lagerschein über verderbliches Gut oder über Gut, das erhebliche Veränderungen ausgesetzt ist, so kann der Lagerhalter unter Berücksichtigung des Grades der Verderblichkeit oder der Veränderungsgefahr eine Frist bestimmen, binnen deren der Lagerschein zur Auslieferung des Gutes dem Lagerhalter vorzulegen ist.

110 Vgl. § 35 OLSchVO (Anh. I zu § 424 HGB).

4. Bezeichnung des Lagerscheins
§ 64

Ein an Order lautender Lagerschein soll die Bezeichnung „Lagerschein an Order" tragen. Bezieht sich der Schein auf den Anteil an einer Mischlagerpartie (§ 49) oder auf den ungetrennten Teil einer Einzellagerpartie (§ 62 Abs. 4), so soll der Schein in der Überschrift oder in einem Zusatz zur Überschrift als „Teillagerschein" bezeichnet werden.

Bei der Sammellagerung (§ 56) soll der Orderlagerschein stets die Bezeichnung „Sammellagerschein an Order" tragen.

111 Vgl. § 36 OLSchVO (Anh. I zu § 424 HGB).

5. Lagerscheinregister
§ 65

Der Lagerhalter ist verpflichtet, die von ihm ausgestellten Orderlagerscheine unter fortlaufenden Nummern in ein Register einzutragen. Die Eintragung soll die im Lagerschein bezeichneten Angaben enthalten. Für Sammellagerscheine ist ein gesondertes Register zu führen.

Der legitimierte Besitzer des Lagerscheins kann unter Vorlegung des Scheines vom Lagerhalter verlangen, daß er den Namen des legitimierten Besitzers im Lagerscheinregister vermerkt.

112 Vgl. § 37 OLSchVO (Anh. I zu § 424 HGB).

6. Form des Lagerscheins
§ 66

Die Form der Orderlagerscheine entspricht den als Anlage 1 und 2 beigefügten Mustern.

Für die Lagerscheine wird ein durch Wasserzeichen und Netzunterdruck geschütztes Papier verwendet, und zwar in gelber, für Sammellagerscheine in rosa Farbe.

113 Vgl. § 39 OLSchVO. Zum Inhalt des Orderlagerscheins vgl. § 38 OLSchVO (Anh. I zu § 424 HGB).

7. Haftung des Lagerhalters für die Angaben im Lagerschein
§ 67

Ist der Lagerschein durch Indossament übertragen, so haftet der Lagerhalter dem legitimierten Besitzer des Lagerscheins für die Richtigkeit der in dem Lagerschein enthaltenen Angaben in bezug auf Menge (Zahl, Maß oder Gewicht), Gattung, Art und Beschaffenheit des Gutes, es sei denn, daß er durch einen Vermerk im Lagerschein ersichtlich gemacht hat, daß diese Angaben lediglich auf Mitteilungen des Einlagerers oder Dritter beruhen.

Hat der Lagerhalter die Unrichtigkeit der Angaben gekannt, so haftet er auch dann, wenn er einen Vermerk der im Abs. 1 bezeichneten Art in den Lagerschein aufgenommen hat.

Bei der Sammellagerung ist der Lagerhalter nicht berechtigt, einen Vermerk der im Abs. 1 bezeichneten Art in den Lagerschein aufzunehmen.

Der Ort und der Tag der Ausstellung des Lagerscheins gelten als Ort und Tag der Einlagerung, falls auf dem Scheine nichts anderes vermerkt ist.

Erklärt sich der Einlagerer bereit, die Zuzählung, Zumessung oder Zuwägung des Gutes auf seine Kosten vornehmen zu lassen, so ist der Lagerhalter auch bei der Einzel- oder Mischlagerung nicht berechtigt, bei den Angaben über die Menge (Zahl, Maß oder Gewicht) des Gutes einen Vermerk der im Abs. 1 bezeichneten Art in den Lagerschein aufzunehmen.

Die Haftung des Lagerhalters für die Richtigkeit der Angaben beschränkt sich auf den Einsatz des Minderwertes, der sich aus der Nichtübereinstimmung des Lagerguts mit den im Lagerschein enthaltenen Angaben ergibt. Fällt dem Lagerhalter eine bösliche Handlungsweise zur Last, so hat er den vollen Schaden zu ersetzen.

Vgl. § 40 OLSchVO (Anh. I zu § 424 HGB).

8. Angaben im Lagerschein über äußerlich erkennbare Mängel des Lagergutes

§ 68

Wird ein Orderlagerschein über Lagergut ausgestellt, dessen Beschädigung, schlechte Beschaffenheit oder schlechte Verpackung für den Lagerhalter äußerlich erkennbar ist, so soll der Lagerhalter diese Mängel auf dem Lagerscheine vermerken, sofern es sich nicht um Schäden handelt, die im Verkehr als unerheblich angesehen werden.

Die Vorschriften des § 67 Abs. 6 finden entsprechende Anwendung.

Vgl. § 41 OLSchVO (Anh. I zu § 424 HGB).

9. Kraftloserklärung eines Lagerscheins

§ 69

Ist ein Lagerschein, der durch Indossament übertragen werden kann, vernichtet oder abhanden gekommen, so unterliegt er der Kraftloserklärung im Wege des Aufgebotsverfahrens gemäß §§ 1003 ff. der Zivilprozeßordnung. Ist das Aufgebotsverfahren eingeleitet, so kann der Berechtigte, wenn er bis zur Kraftloserklärung Sicherheit bestellt, Leistung nach Maßgabe des Lagerscheins von dem Lagerhalter verlangen.

Vgl. § 42 OLSchVO (Anh. I zu § 424 HGB).

Anhang III zu § 424 HGB
ADSp

§§ 1–41 ADSp
Dazu *Staub/Helm* Großkommentar HGB⁴, Anh. I zu § 415

XI. Lagerung
§ 43

a) Die Lagerung erfolgt nach Wahl des Lagerhalters in dessen eigenen oder fremden (privaten oder öffentlichen) Lagerräumen. Lagert der Lagerhalter in einem fremden Lager ein, so hat er den Lagerort und den Namen des fremden Lagerhalters dem Einlagerer schriftlich bekannt zu geben oder, falls ein Lagerschein ausgestellt ist, auf diesem zu vermerken. Diese Bestimmung gilt nicht, wenn es sich um eine Lagerung im Ausland oder um eine mit dem Transport zusammenhängende Lagerung handelt.

b) Hat der Lagerhalter das Gut in einem fremden Lager eingelagert, so sind für das Verhältnis zwischen ihm und seinem Auftraggeber gemäß § 2 d die gleichen Bedingungen maßgebend, die im Verhältnis zwischen dem Lagerhalter und dem fremden Lagerhalter gelten. Der Lagerhalter hat auf Wunsch diese Bedingungen dem Auftraggeber zu übersenden. Die Bedingungen des fremden Lagerhalters sind insoweit für das Verhältnis zwischen dem Auftraggeber und dem Lagerhalter nicht maßgebend, als sie ein Pfandrecht enthalten, das über das im § 50 dieser Bedingungen festgelegte Pfandrecht hinausgeht.

c) Eine Verpflichtung des Lagerhalters zur Sicherung oder Bewachung von Lagerräumen besteht nur insoweit, als es sich um eigene oder von ihm gemietete Lagerräume handelt und die Sicherung und Bewachung unter Berücksichtigung aller Umstände geboten und ortsüblich ist. Der Lagerhalter genügt seiner Bewachungspflicht, wenn er bei der Anstellung oder Annahme von Bewachung die nötige Sorgfalt angewandt hat.

d) Dem Einlagerer steht es frei, die Lagerräume zu besichtigen oder besichtigen zu lassen. Einwände oder Beanstandungen gegen die Unterbringung des Gutes oder gegen die Wahl des Lagerraumes muß er unverzüglich vorbringen. Macht er von dem Besichtigungsrecht keinen Gebrauch, so begibt er sich aller Einwände gegen die Art und Weise der Unterbringung, soweit die Wahl des Lagerraumes und die Unterbringung unter Wahrung der Sorgfalt eines ordentlichen Lagerhalters erfolgt ist.

1. Allgemeines

1 § 43 ADSp soll den Spediteur, Frachtführer und Lagerhalter von den Fesseln des § 691 S. 1 BGB befreien. Es soll sichergestellt werden, daß auch derjenige Frachtführer und Lagerhalter, der auf eigene Rechnung bei Dritten einlagert, wie ein Spediteur iSd § 407 HGB behandelt wird, der auf fremde Rechnung mit Dritten kontrahiert hatte. Eine Ausnahme soll für das Pfandrecht gelten. § 43 ADSp regelt das Ausmaß der Bewachungspflicht in Anlehnung an die Verkehrsüblichkeit und beschränkt die Haftung auf Auswahlverschulden. Dem Einlagerer wird in Parallele zum Handelskauf eine Untersuchungs- und Rügeobliegenheit auferlegt.

2. § 43 a ADSp
a) Die Wahl des Lagerortes

2 Gemäß § 691 S. 1 BGB, der auf das Lagergeschäft analog anzuwenden ist (§ 416 22) hat der Lagerhalter im Zweifel die Ware so in seine Obhut zu nehmen, daß er unmit-

Fünfter Abschnitt. Lagergeschäft

telbarer Besitzer der Güter wird und bleibt. § 43 a S. 1 ADSp erlaubt es **Lagerhaltern** und **Spediteuren** sowie **Frachtführern,** die transportbedingte Einlagerungen vornehmen, das Gut auch in fremden Lagerräumen einzulagern. Der in § 43 a S. 1 ADSp verwandte Begriff „Lagerhalter" ist somit nicht im Sinn des § 416 HGB zu verstehen. „Lagerhalter" ist vielmehr der Spediteur im weiten Sinne des § 1 ADSp[1].

Das Gut darf nicht nur in Räumen bzw. auf Grundstücken gelagert werden, die **3** dem Lagerhalter/Frachtführer/Spediteur gehören, sondern auch **bei Dritten, die selbständige Unternehmen** betreiben. Unklar ist, welche Eigenschaften diese Unternehmen aufzuweisen haben. In § 43 a S. 1 ADSp ist lediglich von fremden (privaten oder öffentlichen) Lagerräumen die Rede. *Krien/Glöckner* (Speditions- und Lagerrecht, vor § 43 ADSp 6) vertreten dazu die Ansicht, daß private Lagerräume, in denen nicht Güter für andere gewerblich gelagert werden, nicht benutzt werden dürften. Es liegt nahe, den Begriff „öffentlich" in Parallele zu § 373 Abs. 1, § 437 Abs. 2 HGB im Sinne eines gewerblichen Lagerhalters zu interpretieren, der nicht notwendig in Form einer öffentlich-rechtlichen Anstalt tätig werden muß. Dann ergibt aber der Begriff des „privaten" Lagerraumes keinen Sinn, weil danach auch Privatunternehmen „öffentliche Lagerräume" benutzen. *Senckpiehl* (S. 29) sieht daher in den Worten „privaten oder öffentlich" einen überflüssigen Zusatz. Da im Rahmen der AGB-Auslegung eine historische Interpretation unzulässig ist (*Ulmer* in *Ulmer/Brandner/Hensen,* AGBG[4], § 5 17 m. Nachw), ist auf die Vorstellungen und Verständnismöglichkeiten des Durchschnittskunden abzustellen. Der Durchschnittskunde muß aus der Tatsache, daß in § 43 a S. 1 ADSp von Lagerräumen und nicht von Unternehmen gesprochen wird, entnehmen, daß jeder fremde Lagerraum, gleichgültig ob er von einer Privatperson oder einer öffentlich-rechtlichen Körperschaft zur Verfügung gestellt wird, gleichgültig, ob der Dritte die Lagerung gewerbsmäßig betreibt oder nicht, benutzt werden kann. Notwendig ist nur, daß es sich um „Lagerräume" handelt, daß also der Inhaber der Lagerräume die Obhut über das Gut übernimmt.

Der Lagerhalter/Spediteur/Frachtführer kann **wählen,** ob er im eigenen oder frem- **4** den Herrschaftsbereich lagert. § 43 a ADSp besagt nicht, nach welchen Maßstäben die Wahl zu erfolgen hat. Die ADSp-Verwender sind an einer möglichst uneingeschränkten Wahlfreiheit interessiert. Bei der Auslegung von ADSp ist jedoch auf die Interessen der auf beiden Seiten beteiligten Verkehrskreise abzustellen (*Ulmer* in *Ulmer/Brandner/ Hensen,* AGBG[4], § 5 18). Die **Interessen der Auftraggeber** müssen daher bei der Wahl fremder Lagerräume *im angemessenen Umfang* berücksichtigt werden (§ 1 ADSp, § 315 BGB; a. A. *Krien/Glöckner,* Speditions- und Lagerrecht § 52 ADSp 2 b). Dies ist der Fall, wenn der Lagerhalter/Frachtführer/Spediteur bei Dritten eingelagert und am Ort der Empfangnahme des Gutes oder der transportbedingten Zwischenlagerung über kein eigenes Lager verfügt oder sein Lager nicht mehr aufnahmefähig ist (*Hald/Widmann,* ADSp[3], S. 136) oder die Lagerung bei Dritten keine wesentlichen Nachteile mit sich zu bringen droht. Er darf bei Dritten, die erheblich einschneidendere AGB als der Lagerhalter verwenden, nur dann einlagern, wenn dies unumgänglich ist. Hat der Auftraggeber beim Vertragsschluß zu erkennen gegeben, daß er von einer Lagerung bei seinem Vertragspartner ausgeht, so hat sich der Lagerhalter/Frachtführer zur Lagerung in eigenem Gewahrsam verpflichtet; diese Abrede geht § 43 a ADSp vor (§ 4 AGBG). Dies gilt auch für den Spediteur im Bereich speditioneller Zwischenlagerungen (a. A. wohl *Krien/Glöckner,* Speditions- und Lagerrecht, § 43 ADSp 1 f).

---

[1] *Isaac* S. 365 f; *Wolf* ADSp § 43 1; *Krien/Glöckner* Speditions- und Lagerrecht, vor § 43 ADSp 2, 3 a.

5 Anders ist die Situation hingegen, wenn der Einlagerer erst bei Übergabe des Gutes zu erkennen gibt, daß er Lagerung in eigenem Gewahrsam seines Vertragspartners wünscht. Hier hat sich der Kunde bereits § 43 a ADSp unterworfen; der Lagerhalter/Frachtführer/Spediteur hat ihn darüber und die Absicht, in fremden Räumen zu lagern, unverzüglich aufzuklären.

6 Zur AGBG-Konformität des § 43 a S. 1 ADSp, Rdn. 18.

b) Informationspflichten

7 § 43 a S. 2 ADSp verpflichtet grundsätzlich den Lagerhalter/Frachtführer/Spediteur, bei einer Lagerung in einem fremden Lager den **Lagerort** und den **Namen des fremden Lagerhalters** schriftlich **bekannt zu geben**. Auf diese Weise soll der Einlagerer in die Lage versetzt werden, eine Lagerversicherung zu nehmen (*Krien/Glöckner*, Speditions- und Lagerrecht § 43 ADSp 2). Um das Gut zu besichtigen sowie Proben zu ziehen und Erhaltungsmaßnahmen vorzunehmen (*Wolf*, ADSp [11], § 43 3) benötigt der Einlagerer zusätzlich zur Information über den Lagerort eine Ermächtigung des Lagerhalters, da der Einlagerer zum Dritten in keiner Vertragsbeziehung steht. Die Information des Auftraggebers hat **schriftlich** zu erfolgen, bei Ausstellung eines Lagerscheins (§ 48 ADSp) im Wege eines Vermerks auf dem Lagerschein. Erfolgte die Information lediglich mündlich, so gilt nicht § 6 ADSp (a. A. *Krien/Glöckner*, Speditions- und Lagerrecht, § 43 ADSp 2), da § 6 Abs. 2 ADSp den Fall regelt, daß der Gläubiger mündliche Erklärungen abgibt. Hier, wo der Schuldner mündliche Informationen erteilt, haftet der Schuldner nach den Grundsätzen der positiven Forderungsverletzung, wenn der Einlagerer infolge des Verstoßes gegen die Schriftform den Lagerort/Namen des fremden Lagerhalters verwechselt oder ihm sonst ein Irrtum unterläuft. Eine **Ausnahme** von der Informationspflicht besteht dort, wo das Gut im Ausland gelagert wird. Als Grund dafür wird die Tatsache genannt, daß das Gut regelmäßig versichert ist (*Krien/Glöckner*, Speditions- und Lagerrecht, § 43 ADSp 2). Der Lagerhalter/Frachtführer/Spediteur braucht ferner bei transportbedingten Lagerungen keine Nachricht zu geben. Auf diese Weise soll dem Umstand Rechnung getragen werden, daß die transportbedingte Lagerung typischerweise nur von kurzer Dauer ist und daher eine Nachricht für den Auftraggeber wenig Sinn hat (*Hald/Widmann*, ADSp [3], S. 137). Daraus ergibt sich, daß § 43 a S. 3 nicht auf Lagerungen infolge von Beförderungs- oder Ablieferungshindernissen anzuwenden ist. In derartigen Fällen muß der Auftraggeber ohnehin von der Einlagerung unterrichtet werden, so daß er ohne weiteres auch über den Lagerort/Lagerhalter informiert werden kann (*Hald/Widmann*, ADSp [3], S. 137).

2. Die Geltung der AGB Dritter (§ 43 b ADSp)
a) Allgemeines

8 § 43 b ADSp stellt klar, daß der in § 2 d ADSp niedergelegte Grundsatz auch im Verhältnis Lagerhalter — Unterlagerhalter gilt[2]. Der Einlagerer muß sich daher nur **die üblichen Geschäftsbedingungen Dritter** entgegenhalten lassen. Er darf sich aber nicht darauf berufen, daß die Konditionen des Dritten wesentlich schlechter sind als die Konditionen seines Vertragspartners. § 43 b S. 2 ADSp ordnet an, daß der Einlagerer nur auf Verlangen über die AGB des Dritten **zu informieren** ist (*Krien/Glöckner*, Speditions- und Lagerrecht, § 43 ADSp 3).

---

[2] *Isaac* S. 370; *Krien/Glöckner* Speditions- und Lagerrecht, § 43 ADSp 3; *Hald/Widmann* ADSp [3], S. 138.

Sind die AGB des Unter-Lagerhalters/-Frachtführers/-Spediteurs günstiger als die ADSp, so muß dies dem Auftraggeber zugute kommen. Der Lagerhalter/Frachführer/Spediteur hat die sich aus den AGB des Dritten ergebenden Rechte im Weg der Drittschadensliquidation geltend zu machen. Denkbar ist auch, daß der Auftraggeber nach den Regeln des Vertrags mit Schutzwirkung für Dritte einen Anspruch erwirbt. Deshalb hat der Lagerhalter/Frachtführer/Spediteur gemäß § 1 ADSp den für seinen Vertragspartner günstigsten Dritten auszuwählen, also darauf zu achten, daß sich die Rechtssituation des Einlagerers nicht unangemessen verschlechtert.

b) Pfandrecht

9 § 43 b S. 3 ADSp enthält eine Ausnahme von der allgemeinen Regel des § 43 b S. 1 ADSp und begrenzt die Tragweite des aus der ADSp abgeleiteten Pfandrechts auf das in § 50 ADSp festgesetzte Maß. § 43 b S. 3 ADSp stellt klar, daß sich das Pfandrecht des Hauptlagerhalters/-frachtführers/-spediteurs durch die Einlagerung bei einem Dritten nicht über den in § 50 ADSp fixierten Umfang hinaus erweitert. Das gilt auch dann, wenn der Hauptlagerhalter/-frachtführer/-spedituer nicht umhin kann, bei einem Dritten einzulagern, der sich weiterreichendere Pfandrechte ausbedingt. Entgegen *Krien/Glöckner* (Speditions- und Lagerrecht, § 43 ADSp a) und *Schwartz* (ADSp, § 43 3) läßt sich § 43 b S. 3 ADSp nicht entnehmen, daß der Grundsatz des § 43 b S. 1 ADSp anzuwenden sein soll, wenn das Gut bei Anstalten des öffentlichen Rechts, bei der Eisenbahn oder bei KVO-Frachtführern eingelagert wird. Der Wortlaut des § 43 b S. 3 ADSp ist eindeutig; er erfaßt alle Lagervorgänge. Daraus ergibt sich, daß der Unterlagerhalter/-frachtführer/-spediteur gemäß seinen AGB ein über § 50 ADSp hinausreichendes Pfandrecht erwerben kann; denn für dieses Pfandrecht sind ausschließlich die AGB des Dritten maßgeblich. Der Hauptlagerhalter/-frachtführer/-spediteur ist verpflichtet, das weitergehende Pfandrecht auf Wunsch des Auftraggebers zu beseitigen. Diese Pflicht ergibt sich aus der Pflicht, das Gut zurückzugeben, in Verbindung mit § 43 b S. 3 ADSp, demzufolge im Innenverhältnis ein Pfandrecht nur im Umfang des § 50 ADSp bestehen soll. Der Hauptlagerhalter/-spediteur kann sich nicht darauf berufen, daß er die Einschaltung des Dritten nicht vermeiden konnte. Will er die ihm durch § 43 b S. 3 ADSp auferlegte Belastung nicht hinnehmen, so muß er mit dem Einlagerer eine Individualvereinbarung treffen. Allerdings ist es im privatrechtlichen Bereich kaum denkbar, daß sich Dritte im Weg der AGB wirksam ein erheblich über § 50 ADSp hinausgehendes Pfandrecht ausbedingen können (BGHZ 17 1 ff; *Staub/Helm*, Großkommentar HGB[4], § 410 46). Anders ist die Situation bei Pfandrechten öffentlich-rechtlicher Anstalten, bei denen sich der Einlagerer Satzungen unterwirft. Für diese Satzungen gilt weder das AGBG noch § 138 BGB. Die Begründung von Pfandrechten über die Grenzen des § 50 ADSp hinaus wird jedoch vielfach gegen Art. 14 GG verstoßen.

c) Zur Gültigkeit des § 43 b ADSp **10**
Vgl. § 43 ADSp 20.

3. Sicherung und Bewachung der Lagerräume (§ 43 c ADSp)
a) Keine Sicherung und Bewachung fremder Lagerräume

11 § 43 c ADSp entbindet den Lagerhalter/Spediteur/Frachtführer von der Pflicht, das Gut zu bewachen, falls es bei Dritten eingelagert ist. Dabei ist es gleichgültig, ob das Gut in unverschlossenen Räumen oder unter freiem Himmel gelagert ist. Entscheidend ist allein, daß der Vertragspartner des Auftraggebers nicht unmittelbarer Besitzer des Gutes ist. § 43 c S. 1 ADSp enthält jedenfalls dann, wenn ein Lagerhalter das Gut bei einem Dritten einlagert, keine bloße Wiederholung des dispositiven Rechts[3]; denn Unter-Lagerhalter sind in aller Regel nur Gehilfen des Hauptlagerhalters (§ 416 32b). Die Tatsache, daß ein Unternehmer einen Dritten in vollem Umfang mit der Erfüllung seiner Verpflichtung beauftragt, bedeutet nicht, daß er von seiner Verpflichtung frei werden würde. Allenfalls kann die Haftung des Lagerhalters wegen Sicherungs- und Bewachungsfehlers des Dritten beschränkt sein. Nur insoweit kommt § 52a ADSp zum Tragen, der die Haftung für den Erfüllungsgehilfen gemäß den §§ 691 S. 3, 278 BGB ausschließt. Anders ist die Situation nur dort, wo der Einlagerer in eine echte Substitution eingewilligt hat.

b) Die Sicherung und Bewachung eigener und gemieteter Lagerräume

12 Befindet sich das Gut in den Lagerräumen oder auf dem Gelände des Lagerhalters, ist der Lagerhalter also unmittelbarer Besitzer des Gutes, so ist er zur Sicherung und Bewachung verpflichtet. **Sicherung** bedeutet, wie sich aus der Verbindung mit „Bewachung" ergibt, nicht schlechthin „Obhut" über das Gut. Vielmehr fallen unter den Begriff der Sicherung die technischen Maßnahmen, wie Gitter, Zäune, Alarmanlagen, und unter den Begriff der **„Bewachung"** der Schutz vor Diebstahl und Brandstiftung durch Beaufsichtigung (*Isaac,* S. 376). Die Pflicht zur Sicherung wird durch die Schranken „Ortsüblichkeit" und „Verhältnismäßigkeit", die Pflicht zur Bewachung darüber hinaus durch die Beschränkung auf Anstellung und Annahme begrenzt. Dabei ist zu berücksichtigen, daß die Intensität der geschuldeten Sicherung und Bewachung nicht isoliert voneinander bestimmt werden kann; denn je besser die Sicherung desto geringer kann die Bewachung sein. Eine Sicherung und Bewachung ist dann **ortsüblich,** wenn sie dem entspricht, was in normalen Betrieben an Sicherungs- und Bewachungsmaßnahmen vorgenommen wird. Ob diese Maßnahmen dem „gebotenen" Maß entsprechen, ist irrelevant. Nach dem klaren Wortlaut des § 43 c S. 1 soll die Ortsüblichkeit für sich allein die Obhutspflichten begrenzen (unklar *Krien/Göckner,* Speditions- und Lagerrecht, § 43 ADSp 5 d), weil der Auftraggeber mit dem rechnen könne, was üblich sei (*Isaac,* S. 373, 376) und die Ortsüblichkeit einen klaren Pflichtenmaßstab liefere (a. A. *Hald/ Widmann,* ADSp[3], S. 141). Als zweite Schranke der Sicherungs- und Bewachungspflichten fungiert das, was „unter Berücksichtigung aller Umstände geboten" ist. Dieser Maßstab entspricht § 276 BGB. Dabei kommt es auf die Verhältnismäßigkeit von Aufwendungen für die Obhut, der Intensität der Gefahr und der Höhe des drohenden Schadens an. Je wertvoller das Gut und je diebstahlgefährdeter das Gut und/oder das Lager ist, desto aufwendiger sind die „gebotenen" Sicherungs- und/oder Bewachungsvorkehrungen. Hingegen kommt es weder darauf an, ob ein angemessenes Verhältnis zur erzielbaren Einnahme besteht[4], noch darauf an, wie finanziell leistungsfähig der jeweilige Lagerhalter ist (a. A. *Isaac,* S. 375). In einer Marktwirtschaft, in der die Gleichheit der Wettbewerbsbedingungen eine zentrale Rolle spielt, geht es nicht an, finanziell leistungsschwache Lagerhalter/Spediteure dadurch zu Lasten ihrer Vertragspartner zu subventionieren, daß man ihre Obhutspflichten gezielt abschwächt. Gleiches gilt dort, wo die gebotenen Schutzvorkehrungen aus den Entgelten nicht bezahlt werden können. In einer Marktwirtschaft sind die Preise keine Kostenpreise; es ist Sache

---

[3] **A. A.** *Krien/Glöckner* Speditions- und Lagerrecht, § 43 ADSp 5 d; *Krien/Hay* ADSp § 43 4.

[4] So aber *Hald/Widmann* ADSp[3], S. 141; *Krien/* *Glöckner* Speditions- und Lagerrecht, § 43 ADSp 5 d.

der Lagerhalter/Spediteure, ihre Dienste einzustellen, wenn die Entgelte die Kosten nicht decken. Niedrige Entgelte können daher nur dann zu einer Absenkung der Intensität der Schutzmaßnahmen führen, wenn dem Auftraggeber der Umfang der unzulänglichen Sicherungs- und Bewachungsmaßnahmen einschließlich der Höhe der Gefahr in den Einzelheiten erkennbar war und der Auftraggeber gleichwohl das Gut eingelagert hatte (§ 254 BGB). Irrelevant ist hingegen die Möglichkeit, das Gut zu versichern (a. A. *Isaac,* S. 372). Es ist nicht „geboten", Schäden, die effizient verhütet werden können, hinzunehmen und auf die Versichertengemeinschaft abzuwälzen.

§ 43 c S. 2 ADSp postuliert, daß der Lagerhalter/Spediteur/Frachtführer lediglich **13** Wächter sorgfältig zur Bewachung anzustellen und ihre Bewachung anzunehmen habe. Dabei ist es gleichgültig, ob die Bewachung durch Arbeitnehmer des Lagerhalters etc. oder durch selbständige Unternehmen erfolgt. „**Anstellen**" bedeutet, daß der Lagerhalter das Wachpersonal sorgsam auszuwählen hat. § 43 c S. 2 durchbricht somit den Grundsatz, daß der Lagerhalter/Frachtführer/Spediteur für sein Wachpersonal als seine Erfüllungsgehilfen einzustehen hat (a. A. *Isaac,* S. 377) und beschränkt die Haftung auf **culpa in eligendo** (*Schwartz,* ADSp, § 43 4; *Krien/Glöckner,* Speditions- und Lagerrecht, § 43 ADSp 5 d). Darüber hinaus haftet der Lagerhalter nur für sorgfältige „**Annahme**" der Bewachung. Was darunter zu verstehen ist, ist unklar. Auf den ersten Blick liegt es nahe, die „Annahme von Bewachung" als Einweisung des Wachpersonals zu interpretieren. Danach müßte der Lagerhalter nicht haften, wenn er das Wachpersonal zwar sorgsam eingewiesen, aber nicht überwacht hat. In der Literatur wird denn auch vertreten, daß sorgfältig ausgewählte Wächter nicht laufend überwacht zu werden brauchen[5]. Gleichzeitig wird aber eingeräumt, daß ein einzelner Wächter regelmäßiger Kontrolle bedürfen könne; auch könne die allgemeine Aufsichtspflicht zu einer Überwachung der eigenen Wächter zwingen; schließlich bestehe eine Kontrollpflicht bei erhöhter Diebstahlsgefahr durch eigene Leute. Diese Umschreibung der Überwachungspflicht ist zu eng; denn es ist selbstverständlich, daß der Lagerhalter nicht dubiose Wächter einstellen und weiterbeschäftigen darf. Auszugehen ist daher von der Feststellung, daß der Begriff „Annahme von Bewachung" nicht sehr aussagekräftig ist. Der Begriff ist daher im Licht des § 1 ADSp und der Interessen der Einlagerer zu interpretieren. Den Einlagerern liegt an effizientem Schutz ihrer Güter. Dieser Schutz ist offensichtlich nicht gewährleistet, wenn der Lagerhalter einmalig bei der Auswahl und Einweisung des Wachpersonals sorgsam zu handeln hat und dann auf die Zuverlässigkeit des Wachpersonals voll vertrauen darf. Ohne Kontrolle ist ein Schlendrian des Wachpersonals nicht auszuschließen. Die „Annahme von Bewachung" ist daher so zu interpretieren, daß sie laufend erfolgt, daß also der Lagerhalter laufend gehalten ist, die Ordnungsmäßigkeit der Bewachung im Wege von Stichproben zu kontrollieren und als nachlässig befundenes Personal zu entlassen. Gemäß § 43 c S. 2 ADSp kann daher der Lagerhalter nur der Haftung für solche Fehler des Wachpersonals entgehen, die weder bei sorgfältiger Auswahl noch bei sorgfältiger Überwachung und sorgfältigem Einsatz des Personals zu vermeiden gewesen wären. Der Lagerhalter trägt die **Beweislast** dafür, daß er die Bewachung in diesem Sinne sorgfältig angestellt und angenommen hat.

Zur AGBG-Konformität § 43 ADSp 21.

---

[5] *Isaac* S. 376; *Krien/Hay* ADSp, § 13 4; *Krien/Glöckner* Speditions- und Lagerrecht, § 43 ADSp 5 d; *Wolf* ADSp 11, § 43 12.

4. Besichtigungsrecht und Rügeobliegenheit (§ 43 d ADSp)

a) Besichtigungsrecht

14 § 43 d S. 1 ADSp eröffnet dem Einlagerer nach Maßgabe des § 44 ADSp ein uneingeschränktes Besichtigungsrecht. Der Einlagerer kann das Recht auch vor Einbringung der Güter ausüben, um kraft seiner spezialisierten Warenkenntnis für eine sachgerechte Unterbringung des Gutes sorgen zu können (*Krien/Glöckner*, Speditions- und Lagerrecht, § 43 ADSp 6 b).

b) Einwände und Beanstandungen

15 Der Einlagerer kann gegen die geplante Unterbringung und die Wahl des Lagerplatzes Einwände und Beanstandungen vorbringen. Diese Einwände und Beanstandungen sind im Zweifel **keine Willenserklärungen,** sondern lediglich Informationen. Der Lagerhalter/Spediteur braucht daher den Beanstandungen keine **Rechnung zu tragen,** wenn er das Gut auch unter Berücksichtigung der in den Beanstandungen enthaltenen Informationen angemessen gelagert hat. Die Beweislast trägt der Lagerhalter (**a. A.** *Krien/Glöckner*, Speditions- und Lagerrecht, § 43 ADSp 6 c). Eine Pflicht, den Beanstandungen abzuhelfen, besteht nur dort, wo sich der Lagerhalter/Spediteur verpflichtet hat, die Ware nach Weisung des Einlagerers einzulagern. Dies wird kaum jemals der Fall sein. Daran ändert auch § 1 ADSp nichts, da § 1 ADSp das Geschäft des Lagerhalters nicht völlig zu einer Variante eines Geschäftsbesorgungsvertrages werden läßt. Den Interessen des Einlagerers ist dadurch ausreichend Rechnung getragen, daß die Ware vertragsgemäß und dem Informationsstand des Lagerhalters zufolge ausreichend geschützt gelagert ist (insoweit ebenso *Krien/Glöckner*, Speditions- und Lagerrecht, § 43 ADSp 6 d). Anders ist die Situation beim Spediteur, der als Geschäftsbesorger in vollem Umfang die Interessen des Auftraggebers, so wie sie dieser versteht, wahrzunehmen hat. Die Grenze der Pflicht, den Einwänden Rechnung zu tragen, ist dort erreicht, wo dies zu einer unangemessenen Erschwerung der Erfüllung führt (**a. A.** *Krien/Glöckner*, Speditions- und Lagerrecht, § 43 ADSp 3 c). Zum Mitverschulden des Einlagerers OLG Düsseldorf, TranspR **1985** 249.

c) Unterlassen der Besichtigung

16 Besichtigt der Einlagerer den Lagerplatz und die Unterbringung nicht, so bedeutet dies nicht, daß der Lagerhalter/Spediteur nicht für Fehler bei der Einlagerung einzustehen bräuchte. § 43 d S. 3 ADSp stellt keine Parallele zu § 377 HGB dar (unzutreffend *Schlegelberger/Schröder*, HGB[5], § 417 4). Die Folge einer unterlassenen Besichtigung ist lediglich, daß der Einlagerer nicht mehr nachträglich bestimmte Wünsche vorbringen darf. Der Lagerhalter/Spediteur darf sich also auf den Standpunkt stellen, daß er das Gut auf der Grundlage seiner beschränkten Warenkenntnis sorgsam gelagert habe, daß er zusätzliche Informationen des mit einer besseren Warenkenntnis ausgestatteten Einlagerers über die Gefahren der Lagerung nicht zur Kenntnis nehmen müsse und daher das Gut nicht umzulagern brauche (unklar *Krien/Glöckner*, Speditions- und Lagerrecht, § 43 ADSp 6 c). Dies gilt auch dann, wenn der Auftraggeber das Lager nur unter unzumutbaren Schwierigkeiten besichtigen konnte. Im übrigen haftet der Lagerhalter nach Maßgabe der allgemeinen Haftungsregeln, soweit die Wahl des Lagerplatzes oder die Unterbringung der Güter nicht mit der erforderlichen Sorgfalt geschehen ist.

17 **d) Zur AGBG-Konformität Rdn. 22**

5. Die Wirksamkeit des § 43 ADSp nach AGBG
a) Die Wirksamkeit des § 43 a ADSp

§ 43 a S. 1 ADSp ist im Sinn des § 9 AGBG angemessen. Zwar stellt das Lagergeschäft ein Vertrauensgeschäft dar, doch ist dieses Vertrauen zum Lagerhalter typischerweise nicht so intensiv wie bei Geschäftsbesorgungsverträgen. Der Lagerhalter muß sich nicht voll in die Belange des Einlagerers hineinversetzen. Deshalb erscheint es auch eher als angemessen, dem Lagerhalter die Wahl der Lagerräume zu ermöglichen. Außerdem ist zu berücksichtigen, daß der Lagerhalter die Wahl nicht nach freiem Ermessen treffen kann, sondern die Interessen des Auftraggebers berücksichtigen muß (Rdn. 4). § 43 a S. 1 ADSp führt daher letztlich nur zu einer Umkehr der „im Zweifel"-Regelung des § 691 S. 1 BGB. Dagegen bestehen im Rahmen einer kaufmännischen Lagerung, bei der das Vertrauenselement angesichts einer nicht auf culpa quam in suis abgeschwächten Haftung eine mindere Rolle spielt, keine Bedenken. Bedenklich wäre das Wahlrecht des Lagerhalters nur dann, wenn es dazu benutzt werden könnte, die Haftung für sorgfältige Aufbewahrung auf fremde Schultern abzuwälzen. § 52 a ADSp ordnet an, daß Unter-Lagerhalter nicht als Erfüllungsgehilfen des Lagerhalters gelten und daß der Lagerhalter bei Einschaltung eines dritten Lagerhalters nur für sorgfältige Auswahl und Information haftet (§ 52 b ADSp). Der Lagerhalter ist demnach, soweit ihn bei der Einschaltung des Unter-Lagerhalters kein Verschulden trifft, nur zur Abtretung seiner Drittschadensliquidations-Ansprüche gegen den Unter-Lagerhalter an den Einlagerer verpflichtet. Wäre § 52 a ADSp mit dem AGBG vereinbar, so wäre § 43 a ADSp, der es dem Lagerhalter weitgehend erlaubt, seine Pflichten auf Dritte abzuwälzen, kaum mit § 9 AGBG vereinbar (BGH BB **1984**, 1508, 1509). § 52 a S. 2 ADSp ist jedoch wegen Verstoßes gegen § 9 AGBG unwirksam [6].

Der Lagerhalter wird durch die Klausel unangemessen begünstigt, weil er wesentliche Obhutspflichten faktisch auf Dritte abwälzen kann, obwohl der Einlagerer typischerweise auf die Zuverlässigkeit und Solvenz des Lagerhalters vertraut (vgl. BGH BB **1984** 1508, 1509). So ist es denn h. M., daß auch unter Kaufleuten die völlige Freistellung des AGB-Verwenders durch Einräumung von Gewährleistungsansprüchen gegen Dritte unwirksam ist [7]. Gleiches muß für Schadensersatzansprüche gelten. Es ist nicht zu verkennen, daß die Abbedingung des § 278 BGB den positiven Effekt hervorruft, daß der Schaden unmittelbar beim Schädiger liquidiert wird und der eigentliche Schädiger nicht erst im Regreß vom Lagerhalter in Anspruch genommen werden muß. Wenn man aber bedenkt, daß der Lagerhalter bei Geltung des § 278 BGB auch nur dann haftet, wenn der Dritte schuldhaft gehandelt hat und/oder den Entlastungsbeweis nicht führen kann, so hat die Klausel den § 52 a, b ADSp letztlich nur zur Folge, daß dem Einlagerer, der sich auf unmittelbare Ansprüche gegen den Dritten verwiesen sieht, das Risiko einer Insolvenz des Dritten und unter Umständen die Kosten einer erschwerten Rechtsdurchsetzung im Ausland aufgebürdet werden. Dies ist nicht angemessen. Es muß verhindert werden, daß der Auftraggeber in unbilligem Umfang mit Insolvenzrisiken belastet wird.

Wenn der Lagerhalter *auf eigene Rechnung* Dritte beauftragen kann, so besteht für ihn ein beträchtlicher Anreiz, seinen Gewinn dadurch zu erhöhen, daß er einen mög-

---

[6] *Staub/Helm* HGB[4] Anh. I zu § 415 § 52 ADSp 11; *Graf von Westphalen* ZIP **1981** 119, 121.
[7] BGH, NJW **1984** 2573, 2574; *Wolf* in *Wolf/Horn/Lindacher* AGBG, § 11 Nr. 10 a 26; *Staudinger/Schlosser* BGB[12], § 11 AGBG Nr. 10 39; *Palandt/Heinrichs* BGB[45], § 11 AGBG 10 a ff; *Baumbach/Duden/Hopt* AGBG[26], § 11 AGBG Nr. 10a jeweils m. w. Nachw.

lichst billigen Dritten einschaltet, auch wenn dessen Solvenz in Hinblick auf spätere Regresse nicht voll gesichert ist. Dieser naheliegende Anreiz motivierte den HGB-Gesetzgeber, den Fixkosten-Spediteur einer Haftung für seine Erfüllungsgehilfen zu unterwerfen (Protokolle zum ADHGB [1861], S. 5054). Die gleiche Funktion erfüllt § 278 BGB. Im Gemeinen Recht haftete der Schuldner für selbständige Erfüllungsgehilfen nur bei culpa in eligendo. BGB- und HGB-Gesetzgeber sahen jedoch ganz richtig, daß mit wachsender arbeitsteiliger Differenzierung und steigendem wirtschaftlichen Austausch die bloße Haftung für Auswahlverschulden problematisch wird, wenn sie die Gewähr bieten soll, daß der Schuldner den Dritten sachgerecht auswählt. Der Ausweg, die Haftung für Auswahlverschulden so hochzuschrauben, daß der Schuldner schon haftet, wenn er sich an andere als „erste Adressen", d. h. allgemein als offensichtlich kreditwürdig anerkannte Unternehmen wendet, ist nur beschränkt gangbar; denn diese Verschärfung der Sorgfaltsstandards hat eine gewisse Versteinerung des Marktes zur Konsequenz, weil die Beauftragung jüngerer Unternehmen als Sorglosigkeit angesehen wird. Senkt man andererseits die Sorgfaltsstandards der Auswahl bis zu dem Punkt, daß der Lagerhalter erst dann schuldhaft handelt, wenn er einen erkennbar dubiosen Dritten einschaltet, so benachteiligt man den Einlagerer, der seinerseits ein renommiertes Unternehmen beauftragt hatte und sich nun mit der Haftung eines unbekannten Unternehmens zufriedengeben muß. Hinzu kommt, daß für den Einlagerer eine Haftung seines Vertragspartners für Auswahlverschulden nur schwer realisierbar ist, weil der Schuldner nach Eintritt des Schadens kaum jemals die Umstände offenbaren wird, die gegen den Dritten sprachen, sondern nur die Umstände hervorkehren wird, die den Dritten als solvent und zuverlässig erscheinen ließen. § 278 BGB löst das Dilemma sachgerecht dadurch auf, daß er dem Schuldner die Möglichkeit gibt, nach eigenen Maßstäben das Insolvenzrisiko bei Einschaltung eines bestimmten Dritten zu ermitteln und dann zwischen dem Insolvenzrisiko und den Vorteilen einer ihm zugute kommenden niedrigeren Vergütung eigenverantwortlich abzuwägen. Diese für das BGB und HGB grundlegende Problemlösung darf nicht durch § 52 a S. 2 ADSp eliminiert werden. Soweit § 52 a ADSp dem Ziel dient, daß primär der unmittelbare Schädiger in Anspruch genommen wird, kann dieses Ziel dadurch erreicht werden, daß der Lagerhalter nur subsidiär haftet. Der Lagerhalter wird durch eine subsidiäre Haftung auch nicht mit einem unüberschaubaren Haftungsrisiko konfrontiert; denn die §§ 53 ff ADSp beschränken die Haftung auf ein gut kalkulierbares Maß. Selbst wenn man unterstellt, daß die Haftungshöchstgrenzen des § 54 ADSp zu niedrig sind und daher erhöht werden müssen, um zu genügen (*Koller* TranspR 1986), so werden Lagerhalter nicht mit unkalkulierbaren Risiken konfrontiert; denn soweit ersichtlich, werden im eigentlichen Lagergeschäft des § 416 HGB typischerweise inländische Unternehmen in die Abwicklung des Lagergeschäfts eingeschaltet, deren Kreditwürdigkeit sich relativ gut beurteilen läßt. Es ist zuzugeben, daß Spediteure im Bereich des Frachtgeschäfts, z. B. bei transportbedingten Zwischenlagerungen häufig mit Dritten zusammenarbeiten müssen, zu denen keine näheren Kontakte bestehen und deren Kreditwürdigkeit in der Eile der Auftragsabwicklung manchmal nur oberflächlich geprüft werden kann. Diese Tatsache rechtfertigt es jedoch nicht, im Bereich des Lagergeschäfts im Sinn des § 416 HGB den § 52 a S. 2 ADSp anzuwenden. Der Zwang, zwischen Lagerung im Sinn des § 416 HGB und speditioneller Lagerung zu differenzieren, verursacht keine gravierenden Abgrenzungsschwierigkeiten. Es geht nicht an, daß die im Bereich des Transportes legitime Freizeichnung auf einen anderen Geschäftstyp erstreckt wird, nur weil herkömmlich die gleichen Unternehmen beide Geschäftsformen betreiben. Im Bereich der spezifischen **speditionellen Lagerung**, also der transportbedingten Zwischenlagerung, bestehen gegen die Angemessenheit des § 52 a S. 2 ADSp keine Bedenken. Allerdings führt das Reduktionsverbot dazu, daß die Klausel insgesamt unwirksam ist.

Geht man hingegen von der Wirksamkeit des § 52 a S. 2 ADSp aus, so hat man der ratio des § 278 BGB im Rahmen der Konkretisierung der Sorgfaltsstandards Rechnung zu tragen. Es ist immer zu berücksichtigen, daß der Spediteur, der zu einem festen Satz arbeitet und weiß, daß das Insolvenzrisiko seinen Vertragspartner trifft, dazu neigen wird, seinen eigenen Vorteil zu maximieren und dem billigeren Dritten vor dem teureren aber mit Sicherheit solventen Dritten den Vorzug geben wird. Der Spediteur handelt daher nur dann sorgfältig, wenn er bei relativ unbekannten Unternehmen Erkundigungen einzieht (BGH, WM **1985** 91, 92; **a. A.** *Krien/Glöckner* Speditions- und Lagerrecht, § 52 ADSp 4b). In Fällen, in denen mehrere Subunternehmen zur Wahl stehen, muß er im Zweifel ein anerkanntes Unternehmen beauftragen, also der Minimierung des Solvenzrisikos den Vorzug geben. Solange er den Auftrag ebensogut mit eigenen Kräften erledigen kann, darf er nicht Dritte beauftragen (**a. A.** *Krien/Glöckner* Speditions- und Lagerrecht, § 52 ADSp 2b).

b) Die Wirksamkeit des § 43 b ADSp

§ 43b S. 1 ADSp verstößt nicht gegen § 9 AGBG und ist daher wirksam. § 43b S. 1 ADSp erlaubt zwar dem Lagerhalter, den Einlagerer mit schlechteren Konditionen zu konfrontieren. Diese Befugnis ist jedoch nicht uneingeschränkt, sondern darf nur nach billigem Ermessen ausgeübt werden. Der Lagerhalter darf also Dritte mit nachteiligeren Konditionen nur beauftragen, wenn dies unumgänglich ist und der Nutzen für den Einlagerer überwiegt. Er darf sich auf schlechtere Konditionen nicht deshalb einlassen, weil sein Lager voll war, es sei denn, daß er dies dem Einlagerer offenbart hatte. Die AGB des Dritten werden über § 43b S. 1 ADSp zu den AGB des Lagerhalters. Sie unterliegen daher in vollem Umfang der AGBG-Kontrolle, auch wenn es sich um AGB im Ausland tätiger Dritter handelt.

c) Die Wirksamkeit des § 43 c ADSp

§ 43c S. 2 ADSp erhebt die **Ortsüblichkeit** zur Schranke der Bewachungspflicht. Der Lagerhalter braucht sich also nur an den Standards der Ortsüblichkeit anstatt der Verkehrserforderlichkeit zu orientieren. Die Bewachungspflicht stellt als wesentlichen Teil der Obhutspflicht eine Kardinalpflicht dar; denn bei wertvolleren Gütern ist ohne ausreichende Bewachung regelmäßig die Erreichung des Vertragszwecks gefährdet (§ 9 Abs. 2 Nr. 2 AGBG). Daher ist die Schranke der „Ortsüblichkeit" **unwirksam.** Sollte an einem Ort etwas üblich sein, was nur als grob fahrlässig bezeichnet werden muß, so greift jedenfalls § 51b S. 2 ADSp ein. **§ 43c S. 2 ADSp** ist aus den zu § 52 ADSp angeführten Gründen (§ 43 ADSp 19) ebenfalls **unwirksam.** Hier ist zusätzlich zu berücksichtigen, daß § 43c S. 2 ADSp die Haftung auch bei Arbeitnehmern des Lagerhalters, die unter voller Kontrolle des Lagerhalters tätig werden, auf Auswahlverschulden begrenzt. Es ist unangemessen, das volle Personalrisiko auf den Einlagerer abzuwälzen (BGHZ **89** 363; BGH, BB **1984** 939; WM **1984** 1053; *Koller* TranspR **1986** 357, 362).

d) Wirksamkeit des § 43 d ADSp

Gegen die Wirksamkeit des § 43 d ADSp bestehen keine Bedenken. Der Einlagerer wird durch § 43 d ADSp nicht gezwungen, Schäden infolge nicht sachgerechter Lagerung hinzunehmen; denn er kann das Gut sofort herausverlangen, sobald sich die ungeeignete Lagerung herausgestellt hat. Er hat nur den Nachteil auf sich zu nehmen, sich einen neuen Lagerplatz suchen zu müssen. Dieser Nachteil ist Konsequenz der Tatsache, daß der Lagerhalter kein Warenfachmann ist und der Einlagerer ihn nicht ausreichend über die erforderlichen Lagerbedingungen informiert hat.

§ 44 ADSp

a) Das Betreten des Lagers ist dem Einlagerer nur in Begleitung des Lagerhalters oder eines vom Lagerhalter beauftragten Angestellten erlaubt.

b) Das Betreten darf nur in bei dem Lagerhalter eingeführten Geschäftsstunden verlangt werden, und auch nur dann, wenn ein Arbeiten bei Tageslicht möglich ist.

1. Allgemeines

23 § 44 ADSp konkretisiert und begrenzt das in § 418 HGB statuierte oder vertraglich vereinbarte Recht, das Lager zu betreten, um das Gut zu besichtigen, Proben zu ziehen und Erhaltungsmaßnahmen vorzunehmen (*Krien/Glöckner* Speditions- und Lagerrecht, § 44 ADSp 1; *Hald/Widmann* ADSp S. 142). Individualvereinbarungen, die Details der Besichtigung des Lagers etc. regeln, haben Vorrang (§ 4 AGBG).

2. § 44a ADSp

24 § 44a ADSp setzt voraus, daß der Einlagerer oder sein Rechtsnachfolger einen Anspruch auf Betreten des Lagers besitzt und das Recht zum Betreten des Lagers selbst oder in der Person Dritter (§ 418 2) ausüben will. § 44a ADSp besagt, daß der Einlagerer, sein Rechtsnachfolger oder die von ihnen beauftragten Dritten die Begleitung des Lagerhalters oder eines seiner Mitarbeiter dulden müssen. Der Lagerhalter hat dafür zu sorgen, daß in zumutbarem Umfang er selbst oder sein **Personal** zur Begleitung **bereitstehen**. Die Pflicht zur Obhut über die Güter anderer Einlagerer kann sogar zur Folge haben, daß der Lagerhalter diesen Personen gegenüber zur Begleitung verpflichtet ist. Für seine Begleitung darf der Lagerhalter nur dann besondere **Vergütung** fordern, wenn dies vereinbart ist. § 354 HGB kommt nicht zur Anwendung (a. A. *Krien/Glöckner* Speditions- und Lagerrecht, § 44 ADSp 3e), weil die Begleitung im Interesse des Lagerhalters erfolgt (Schutz der Güter anderer Einlagerer und des Lagers).

§ 44a ADSp steht im Einklang mit § 9 AGBG.

3. § 44b ADSp

25 § 44b ADSp stellt anders als § 418 HGB nicht auf die ortsüblichen Geschäftsstunden, sondern auf die Zeiten ab, die der Lagerhalter generell für die Offenhaltung seines Lagers bestimmt hat. Die Klausel wäre bedenklich, wenn man das Schwergewicht einseitig auf die Rechtssicherheit legen und die vom jeweiligen Lagerhalter willkürlich eingeführten Geschäftsstunden für maßgeblich erklären würde. Man hat jedoch zu berücksichtigen, daß § 44b ADSp im Licht des § 1 ADSp auszulegen ist. Der Lagerhalter darf somit seine Geschäftsstunden nicht allein nach seinen eigenen Interessen festlegen, sondern muß auch seinen Kunden ausreichend Gelegenheit zur Besichtigung, zum Probenziehen und zu Erhaltungsmaßnahmen geben. § 44b ADSp ist deshalb dahin zu interpretieren, daß das Betreten des Lagers nur während der bei dem Lagerhalter **angemessen festgesetzten Geschäftsstunden** ermöglicht werden muß.

26 Soweit § 44b ADSp den Anspruch auf das Betreten des Lagers davon abhängig macht, daß das Arbeiten bei **Tageslicht** möglich ist, atmet die Klausel den Geist der

20er Jahre, als das elektrische Licht noch als Luxus angesehen werden konnte (*Isaac* S. 378). Die Klausel wird daher allgemein einschränkend ausgelegt. Zum Teil wird die Ansicht vertreten, daß § 44b ADSp dort nicht anzuwenden sei, wo die Lagerräume über keine oder nur kleine natürliche Lichtquellen verfügen (*Hald/Widmann* ADSp³ S. 145). *Krien/Glöckner* (Speditions- und Lagerrecht, § 44 ADSp 3d) wollen § 44b ADSp nur dort heranziehen, wo keine ausreichende künstliche Beleuchtung zur Verfügung steht. Auch hier ist § 44b ADSp wieder im Licht des § 1 ADSp zu interpretieren. Zunächst folgt aus § 1 ADSp die Pflicht des Lagerhalters, sämtliche Räume, die künstlich beleuchtet werden müssen, ausreichend zu beleuchten. Angesichts der heutigen Verfügbarkeit der elektrischen Beleuchtung ist ferner anzunehmen, daß der Lagerhalter nach Einbruch der Dunkelheit während seiner Geschäftsstunden sein Lager in zumutbarem Umfang beleuchten muß. § 44b ADSp kommt daher nur in Bereichen zum Tragen, wo eine ausreichende künstliche Beleuchtung typischerweise nicht zu erwarten ist, nämlich bei Lagerung im Freien. Nur bei dieser restriktiven Auslegung des § 44b ADSp erscheint die Tageslicht-Klausel als angemessen (§ 9 AGBG).

§ 45 ADSp

a) Nimmt der Einlagerer irgendwelche Handlungen mit dem Gut vor (z. B. Probeentnahme), so hat er danach dem Lagerhalter das Gut aufs neue in einer den Umständen und der Verkehrssitte entsprechenden Weise zu übergeben und erforderlichenfalls Anzahl, Gewicht und Beschaffenheit des Gutes gemeinsam mit ihm festzustellen. Andernfalls ist jede Haftung des Lagerhalters für später festgestellte Schäden ausgeschlossen.

b) Der Lagerhalter behält sich das Recht vor, die Handlungen, die der Einlagerer mit dem Lagergut vorzunehmen wünscht, durch seine Angestellten ausführen zu lassen.

1. Allgemeines

§ 45a ADSp trägt dem Umstand Rechnung, daß der Einlagerer in den Organisationsbereich des Lagerhalters hineinwirkt; § 44b ADSp statuiert eine Art Kontrahierungszwang. § 45 ADSp gilt für das Lagergeschäft und die speditionelle Lagerung (§ 49 ADSp).

2. § 45a ADSp

„Handlungen" im Sinn des § 45a ADSp sind alle Maßnahmen des Einlagerers, die zu einer Veränderung des Gutes führen können. Nimmt der Einlagerer derartige Maßnahmen vor, so ist er nicht zu erneuter Übergabe verpflichtet; § 44a ADSp begründet lediglich eine **Obliegenheit**.

Voraussetzungen: Der Einlagerer muß „Handlungen" vorgenommen haben. Das Gut wurde nicht **erneut übergeben** bzw. es wurden keine gemeinsamen Feststellungen getroffen. Im Rahmen der „erneuten Übergabe" ist es nicht immer erforderlich, daß Feststellungen über Zahl, Gewicht und Beschaffenheit des Gutes getroffen werden (*Isaac* S. 379; **a. A.** *Krien/Glöckner* Speditions- und Lagerrecht, § 45 ADSp 7). § 45a S. 1 ADSp verweist auf die Umstände und Verkehrssitte. Maßgeblich ist die Verkehrssitte am Ort der Einlagerung. Der Lagerhalter darf nicht davon ausgehen, daß jeder Einlagerer die übliche Form der „erneuten Übergabe", die sich zwischen Lagerhaltern und ihren regelmäßigen Kunden herausgebildet hat, kennt. Er hat daher neue Kunden, bei denen keine Kenntnisse des Lagerwesens zu vermuten sind, angemessen aufzuklären. Es genügt jedenfalls, daß der Einlagerer dem Lagerhalter anbietet, gemeinsame Feststellungen vorzunehmen. Kommt der Lagerhalter der Aufforderung nicht nach, so stellt eine Berufung auf eine Obliegenheitsverletzung ein v. c. f. p. dar.

Die Tragweite der Obliegenheit ist unklar.

29 Die h. M. geht davon aus, daß mit dem Beginn der „Handlungen" im Sinn des § 45 a ADSp die Obhutspflicht des Lagerhalters ungeachtet der Tatsache ende, daß sich das Gut weiterhin im Einflußbereich des Lagerhalters befindet, und daß die Obhutspflicht erst mit der „Übergabe" erneut auflebe [1].

§ 45 a ADSp erhält jedoch nur eine Freizeichnung für den Fall, daß das Gut nicht erneut übergeben worden ist. Es wäre auch unangemessen (§ 9 AGBG), eine Haftung des Lagerhalters wegen schuldhafter Schädigung des Gutes nur deshalb gänzlich zu verneinen, weil der Einlagerer gerade Handlungen an dem Gut vornimmt; z. B. im Falle eines Brandes der Lagerhalle, wenn der Einlagerer gerade Proben zieht. Das Gut bleibt auch während der Zeit, in der der Einlagerer auf das Gut Zugriff nimmt, im Einflußbereich des Lagerhalters. Der Lagerhalter ist daher weiterhin verpflichtet, vom Gut Schäden abzuwenden. Er haftet gemäß § 417 Abs. 1, § 390 HGB, §§ 823, 831 BGB im Rahmen des ADSp-Haftungssystems.

30 § 45 a S. 1 ADSp modifiziert die **Beweislast**. Der Lagerhalter hat gemäß § 51 a S. 4 ADSp zu beweisen, daß sich das Gut vor Beginn der „Handlungen" im gleichen Zustand wie bei der Einlagerung befand. Die Beweislast geht bei Beginn der „Handlungen" auf den Einlagerer über, da diese unter dem Aspekt der Beweislast der Rückgabe des Gutes gleichstehen (§ 417 HGB 12). Der Einlagerer hat nach Abschluß der „Handlungen" im Sinn des § 45 a S. 1 ADSp darzutun, daß eventuelle Schäden, die bei der erneuten Übergabe festgestellt worden sind, vom Lagerhalter verursacht und verschuldet worden sind [2].

Der Einlagerer genügt seiner Beweislast, wenn er nachweist, daß die bei der erneuten Übergabe festgestellten Schäden und Verluste nicht von ihm verursacht worden sein können. An dieser Beweislastverteilung ändert sich nichts dadurch, daß der Einlagerer gemäß § 44 ADSp von Mitarbeitern des Lagerhalters begleitet worden ist, da die Begleitung in erster Linie dazu dient, Schäden an den Gütern Dritter zu verhindern (*Krien/Glöckner* Speditions- und Lagerrecht, § 45 ADSp 6).

31 Hat der Einlagerer das Gut nicht erneut übergeben (§ 45 ADSp 28), so ist grundsätzlich jede Haftung für nach Abschluß der Handlungen festgestellte Schäden ausgeschlossen (§ 45 a Abs. 1 S. 2 ADSp). Dies gilt auch für Schäden, die nachweislich im Zeitraum vor Beginn oder nach Abschluß der Handlungen im Sinn des § 45 a ADSp entstanden sind. Der Lagerhalter soll von der Gefahr entlastet werden, daß später irgendwelche Schadensumstände bewiesen werden, auf deren Feststellung er keinen Einfluß besaß. Da § 45 a S. 2 ADSp einen Haftungsausschluß statuiert, greift § 51 b S. 2 ADSp ein. Der Lagerhalter haftet somit trotz mangelnder „Übergabe" für solche Schäden, die er oder seine leitenden Mitarbeiter vorsätzlich oder grob fahrlässig verursacht haben.

Die Regelung des § 45 a Abs. 1 S. 2 ADSp ist im Licht des § 9 AGBG bedenklich, weil sie Beweisschwierigkeiten des Lagerhalters zum Anlaß eines Haftungsausschlusses nimmt, anstatt sich mit einer Beweislastumkehr zu begnügen. Im Bereich versiche-

---

[1] *Wolf* ADSp 11 § 45 1, 2; *Krien/Glöckner* Speditions- und Lagerrecht, § 45 ADSp 6; *Hald/Widmann* ADSP 3 S. 148.

[2] So wohl *Isaac* S. 379; *Krien/Hay* ADSp § 45 2, *Krien/Glöckner* Speditions- und Lagerrecht, § 45 ADSp 6.

rungsrechtlicher Obliegenheiten ist es anerkannt, daß eine Obliegenheitsverletzung nur dann zum Erlöschen des Anspruchs führen darf, wenn diese Sanktion unbedingt erforderlich ist, die Obliegenheitsverletzung den durch die Obliegenheit Geschützten erheblich gefährdet und dem Verletzer ein grobes Verschulden vorzuwerfen ist[3].

Gleichwohl erscheint § 45 a S. 2 ADSp als angemessen, weil die erneute Übergabe nach Maßgabe der Verkehrssitte erfolgt und von dem Einlagerer in der Regel die Kenntnis der in der Branche üblichen Verkehrssitten zu erwarten ist. Außerdem kann der Einlagerer sein Risiko, wenn er die „erneute Übergabe" versäumt hat, durch sofortige Auslagerung begrenzen. § 45 a ADSp steht daher in Einklang mit § 9 AGBG.

§ 46 ADSp

a) Der Einlagerer haftet für alle Schäden, die er, seine Angestellten oder Beauftragten beim Betreten des Lagers oder beim Betreten oder Befahren des Lagergrundstückes dem Lagerhalter, anderen Einlagerern oder dem Hauswirt zufügen, es sei denn, daß den Einlagerer, seine Angestellten oder Beauftragen kein Verschulden trifft. Als Beauftragte des Einlagerers gelten auch Dritte, die auf seine Veranlassung das Lager oder das Lagergrundstück aufsuchen.

b) Der Lagerhalter darf die ihm gemäß Absatz a) zustehenden Ansprüche, soweit sie über die gesetzlichen Ansprüche hinausgehen, an Dritte nicht abtreten.

1. Allgemeines

§ 46 a ADSp soll dem Lagerhalter und anderen Einlagerern über die deliktische Haftung hinaus Schadensersatzansprüche gegen den Einlagerer verschaffen (*Krien/Glöckner* Speditions- und Lagerrecht § 46 ADSp 4). Sinn des § 46 b ADSp ist es zu verhindern, daß Schadensersatzansprüche auf Transport- oder Lagerversicherungen übergehen. Die Geschädigten sollen von den Versicherungen entschädigt werden, ohne daß die Versicherungen gegen den Einlagerer Regreß nehmen können. § 46 gilt auch für die Zwischenlagerung (§ 49 ADSp).

2. § 46 a ADSp

Voraussetzungen: Der Einlagerer selbst, einer seiner Arbeitnehmer oder ein vom Einlagerer eingeschalteter oder ermächtigter Dritter haben sich auf das Lagergrundstück begeben. Der Schaden muß mithin von auf dem Lagergrundstück befindlichen Personen verursacht worden sein. Arbeitnehmer des Einlagerers oder Dritte müssen das Grundstück mit Willen des Einlagerers betreten haben. Unerheblich ist, ob der Wille im Sinne der §§ 104 ff BGB wirksam gebildet worden ist. Auch braucht zwischen Einlagerer und Arbeitnehmer/Dritten kein wirksames Rechtsverhältnis zu bestehen. Der vom Einlagerer eingeschaltete Dritte kann auch einen Unterauftrag gegeben haben. Das Handeln eines Geschäftsführers ohne Auftrag muß sich der Einlagerer jedoch nicht zurechnen lassen.

Der Einlagerer, sein Arbeitnehmer oder der von ihm eingeschaltete Dritte haben einen Schaden zu Lasten des Lagerhalters, eines anderen Einlagerers oder des Eigentümers des Lagergrundstücks verursacht. Soweit bewegliche Gegenstände geschädigt

---

[3] *Horn* in *Wolf/Horn/Lindacher* AGBG § 23 477;
Brandner in *Ulmer/Brandner/Hensen* AGBG[4]
§ 9 38 jeweils m. Nachw.

werden, die nicht im Eigentum des Lagerhalters stehen, begründet § 46 a ADSp keinen Schadensersatzanspruch.

Der Einlagerer oder sein Arbeitnehmer oder der Dritte haben schuldhaft gehandelt. Der Einlagerer hat den Entlastungsbeweis zu führen. Der Lagerhalter muß sich ein Mitverschulden nach Maßgabe des § 254 BGB eingegenhalten lassen (*Krien/Glöckner*, Speditions- und Lagerrecht § 46 ADSp 5).

34 **Rechtsfolge:** Der Lagerhalter kann Ersatz seines Schadens fordern. Im Weg der Drittschadensliquidation kann der Lagerhalter Ersatz der Schäden dritter Einlagerer und des Eigentümers des Lagergrundstücks verlangen. Die Berechtigung zur Drittschadensliquidation ergibt sich daraus, daß auch für Schäden anderer Einlagerer gehaftet werden soll (*Palandt/Heinrichs*, BGB[45] vor § 249 6 b dd). Es sind sämtliche Schäden, auch primäre Vermögensschäden gemäß §§ 249 ff BGB zu ersetzen.

35 **Vereinbarkeit mit dem AGBG:** Die Angemessenheit des § 46 a ADSp ist zweifelhaft. Der Lagerhalter verschanzt sich mit Hilfe der ADSp hinter einer Vielzahl von haftungsbeschränkenden und haftungsausschließenden Klauseln während er zugleich die Haftung des Einlagerers stark ausdehnt. Dabei stimmt besonders der Umstand bedenklich, daß der Einlagerer unbeschränkt zugunsten Dritter haften soll, die ebenfalls beim Lagerhalter eingelagert haben. Diese Haftung ist unkalkulierbar, weshalb der Lagervertrag auch nicht als Vertrag mit Schutzwirkung zugunsten der Dritten interpretiert werden kann (§ 418 9). Ein eigenes Interesse des Lagerhalters an einer vertraglichen Haftung des Einlagerers existiert nur insoweit, als der Lagerhalter dort, wo der Einlagerer, seine Arbeitnehmer oder von ihm eingeschaltete Dritte Schäden verursachen, leicht Gefahr läuft, nicht nachweisen zu können, daß er diese Schäden trotz sorgfältigen Verhaltens nicht habe verhindern können. Es ist angemessen, daß der Lagerhalter dieses Risiko auf den Einlagerer abwälzt. Dafür genügt es, daß der Einlagerer verpflichtet ist, Vermögensschäden des Lagerhalters zu ersetzen, da der Einlagerer das Mitverschulden des Lagerhalters zu beweisen hat. Wenn sich der Lagerhalter darüber hinaus einen Schadensersatzanspruch zugunsten der anderen Einlagerer ausbedingt, so ist das unangemessen. § 46 a ADSp ist somit nur dann anzuwenden, wenn der Lagerhalter selbst einen Schaden erleidet (vgl. *Ulmer* in *Ulmer/Brandner/Hensen*, AGBG[4] § 6 25 a).

3. § 46 b ADSp

36 § 46 b ADSp enthält ein Abtretungsverbot für die § 46 a ADSp entspringenden Ansprüche. Soweit Ansprüche auf Delikt oder das dispositive Lagervertragsrecht gestützt werden, sind die Forderungen frei abtretbar.

§ 46 b ADSp ist nur dann von Bedeutung, wenn man die Ansicht vertritt, daß der Lagerhalter gemäß § 46 a ADSp im Wege der Drittschadensliquidation Schäden des Hauswirts und anderer Einlagerer geltend machen darf (§ 46 ADSp 34). In einem solchen Fall soll das Abtretungsverbot verhindern, daß die Forderungen aus § 46 a ADSp auf die Transport- oder Lagerversicherung des Dritten übergehen. Da die Forderungen aus § 46 a ADSp nach den allgemeinen Regeln der Vorteilsausgleichung durch die Zahlung der Versicherung nicht untergehen (*Palandt/Heinrichs*, BGB[45] vor § 249 7 c bb), ist der Lagerhalter trotz Zahlung der Versicherung berechtigt, den Schadensersatzanspruch aus § 46 a ADSp geltend zu machen. Er hat kraft Lagervertrags den eingezogenen Betrag an den geschädigten Einlagerer auszuzahlen. Der Einlagerer hat sich diese Zahlungen unter Umständen auf die Versicherungsleistungen anrechnen zu lassen. § 46 b ADSp stellt es dem Lagerhalter nicht frei, ob er gegen den schädigenden Einlagerer aus § 46 a ADSp vorgeht. § 46 b ADSp begrenzt nur die Abtretbarkeit, nicht aber die allgemeine Pflicht des Lagerhalters, die Interessen der geschädigten Einlagerer wahrzunehmen (§ 1 ADSp), wenn man § 46 a ADSp für gültig hält.

§ 47 ADSp

a) Der Lagerhalter darf, wenn nicht schriftlich etwas anderes vereinbart ist, den Lagervertrag jederzeit mit einmonatiger Frist durch eingeschriebenen Brief an die letzte ihm bekanntgegebene Adresse kündigen.

b) Eine Kündigung ohne Kündigungsfrist ist hinsichtlich solcher Güter zulässig, die andere Güter gefährden; im übrigen bleibt § 422 Abs. 2 HGB unberührt.

c) Entstehen dem Lagerhalter Zweifel, ob seine Ansprüche durch den Wert des Gutes sichergestellt sind, so ist er berechtigt, dem Einlagerer eine angemessene Frist zu setzen, in der dieser entweder für Sicherstellung der Ansprüche des Lagerhalters oder für anderweitige Unterbringung des Lagergutes Sorge tragen kann. Kommt der Einlagerer diesem Verlangen nicht nach, so ist der Lagerhalter zur Kündigung ohne Kündigungsfrist berechtigt.

1. Allgemeines

§ 47 ADSp gilt nur für Erklärungen des Lagerhalters, nicht für die des Einlagerers. **37** Die Vorschrift konkretisiert und modifiziert die in § 422 HGB getroffenen Regeln. Nach h. M. soll die Vorschrift nur auf den echten Lagerhalter anzuwenden sein [1]. Dieser Ansicht ist trotz des § 49 ADSp zuzustimmen, da § 47 ADSp nur auf solche Lagerungen zugeschnitten ist, die nicht transportbedingt sind.

2. § 47 a ADSp

§ 47 a ADSp stellt klar, daß der Lagerhalter, der Rücknahme des Gutes verlangt, **38** den Lagervertrag kündigt.

Voraussetzungen der Kündigung: Die Parteien dürfen keine abweichenden schriftlichen Vereinbarungen über die Lagerzeit oder Kündigungsfristen getroffen haben. Mündliche oder konkludente Vereinbarungen sind ohne Bedeutung (§ 125 BGB). § 47 a ADSp verschärft mithin insoweit die in § 6 a ADSp getroffene Regelung.

Die Kündigung muß zu einem Zeitpunkt erfolgen, der einen Monat nach Zugang des Kündigungsschreibens liegt [2].

Die Fristen werden gemäß den §§ 187 ff BGB berechnet. Kann das Schreiben nicht zugehen, weil der Einlagerer seine Anschrift geändert hat, ohne es bekanntzugeben, so ist der Zustellungsversuch bei der alten Adresse maßgeblich. Die Kündigung darf schon in einem Moment erfolgen, in dem das Gut noch nicht eingelagert ist.

Die Kündigung muß durch eingeschriebenen Brief erfolgen. Ein Telex steht nicht gleich, obwohl das Telex ebenfalls in schriftlicher Form zugeht und der Empfang bestätigt wird, weil der eingeschriebene Brief den Einlagerer auf die besondere Bedeutung der Mitteilung aufmerksam machen soll. Andere Formen der Kündigung sind deshalb nichtig [3].

Die Kündigung wird nicht allein dadurch wirksam, daß der Einlagerer nicht gegen die Form der Kündigung protestiert. Erst wenn der Einlagerer positiv zu erkennen gibt,

---

[1] *Wolf* ADSp II § 47 1; *Krien/Glöckner* Speditions- und Lagerrecht, § 4/ ADSp 2.
[2] *Krien/Glöckner* Speditions- und Lagerrecht, § 47 ADSp 3 c; *Wolf* ADSp II § 47 4.
[3] § 125 S. 2 BGB; a. A. *Krien/Glöckner* Speditions- und Lagerrecht, § 47 ADSp 3 c II, IV, V; *Hald/Widmann* S. 155.

daß er die Kündigung erhalten hat und sie respektieren werde, so stellt die spätere Berufung auf die Nichtigkeit ein venire contra factum proprium dar.

39 Die Kündigung wird nicht mit der Absendung an die letzte bekanntgegebene Adresse wirksam. Zugang der Kündigung ist erforderlich[4].

Gegen diese Ansicht spricht zwar, daß die Kündigung auch wirksam sein soll, wenn sie nicht zugehen kann, weil der Einlagerer an der letzten bekanntgegebenen Adresse nicht mehr anzutreffen ist. § 47 a ADSp soll nämlich sicherstellen, daß die Kündigung auch dann wirksam ist, wenn sie nicht zugehen kann. Daraus folgt indessen nicht, daß generell auf den Zugang verzichtet werden soll. Nur dort, wo die Zustellung an der zuletzt bekanntgegebenen Adresse scheitert, kommt es auf den Zeitpunkt des Zustellungsversuchs an. Der Brief reist daher auf Gefahr des Lagerhalters; der Lagerhalter hat Zugang bzw. Zustellungsversuch zu beweisen. — Die letzte Adresse muß dem Lagerhalter vom Einlagerer bekanntgegeben worden sein. Es genügt Zugang der Mitteilung. Erfährt der Lagerhalter von einem Dritten, daß sich die Adresse geändert hat, so handelt er rechtsmißbräuchlich, falls er sich auf fehlende Bekanntgabe beruft, obwohl er absolut zuverlässig informiert worden ist (*Staub/Helm* HGB[4] Anh. I § 415, § 9 ADSp). Hat ihm ein Dritter falsche Informationen geliefert, so braucht sich der Einlagerer das nicht zurechnen zu lassen. Der Einlagerer hat zu beweisen, daß er dem Lagerhalter die Adressenänderung mitgeteilt hat (§ 6 ADSp). Hat der Einlagerer dem Lagerhalter gar keine Adresse mitgeteilt, so kann der Lagerhalter nicht kündigen; er kann aber seinen Schaden wegen positiver Forderungsverletzung des Einlagerers liquidieren, der seine Adresse mitzuteilen hat (§ 9 ADSp). Hat der Einlagerer seinen **Herausgabeanspruch abgetreten,** so ist die Kündigung gleichwohl an den Einlagerer als den Vertragspartner zu richten. Die Situation ist auch nicht anders, wenn der Einlagerer sämtliche Ansprüche gegen den Lagerhalter abgetreten hat (§ 422 HGB 3). Auch dann ist die Kündigung an die letzte bekanntgegebene Anschrift des Einlagerers zu richten (a. A. *Krien/Glöckner* Speditions- und Lagerrecht § 47 ADSp 3 c V); denn die Kündigung läßt die Rücknahmepflicht entstehen, die nur zu Lasten des Einlagerers als des Vertragspartners wirken kann. Der Lagerhalter braucht sich nicht auf eine Forderung gegen unbekannte Dritte verweisen zu lassen. Der Einlagerer hat dafür zu sorgen, daß der Inhaber des Herausgabeanspruchs das Gut entgegennimmt. Gleiches gilt, wenn ein Inhaber-, Namenslagerschein oder Lagerempfangsschein ausgestellt ist (a. A. *Krien/Glöckner* aaO, § 47 ADSp 3 c V). Eine Ausnahme sieht § 24 OLSchVO für den Orderlagerschein vor.

40 **Rechtsfolge:** Mit Ablauf von einem Monat nach Zugang bzw. Zustellungsversuch endet der Lagervertrag. Der Lagerhalter bleibt aber kraft Abwicklungspflicht bis zur Rückgabe des Guts zur Obhut verpflichtet. Nach Ablauf des Lagervertrages bis zur Rückgabe des Guts ist der Einlagerer analog § 557 Abs. 1 BGB zur Zahlung von Lagergeld verpflichtet[5].

Nimmt der Einlagerer das Gut nicht zurück, so gerät er in Annahmeverzug (§§ 293 ff BGB). Der Lagerhalter darf zum Selbsthilfeverkauf greifen oder hinterlegen (§§ 417, 389, 373 HGB), da § 47 a ADSp den Lagerhalter in Hinblick auf die Rechtsfolgen nicht schlechter stellen will als wenn dieser nach § 422 HGB gekündigt hätte. Der Einlagerer ist deshalb auch verpflichtet, das Gut zurückzunehmen und gerät unter den Voraussetzungen der §§ 284 ff BGB in Schuldnerverzug. Teilkündigungen sind unwirksam, auch wenn das Gut teilbar ist.

---

[4] *Krien/Glöckner* Speditions- und Lagerrecht, § 47 ADSp 3 c III; *Hald/Widmann* S. 155.
[5] *Larenz* Schuldrecht II § 58; ebenso i. E. *Krien/Glöckner* Speditions- und Lagerrecht, § 47 ADSp 5 c; *Schlegelberger/Schröder* HGB[5] § 422 7; a. A. *Staudinger/Reuter* BGB[12] § 696 2.

Fünfter Abschnitt. Lagergeschäft

Vereinbarkeit mit § 9 AGBG: § 47 a ADSp enthält in Hinblick auf Kündigungen, **41** die an der zuletzt bekanntgegebenen Adresse nicht zugestellt werden können, eine Zugangsfiktion (*Brandner* in *Ulmer/Brandner/Hensen* AGBG[4] § 10 Nr. 6 3). Bei der Kündigung handelt es sich um eine Erklärung von besonderer Bedeutung (*Staudinger/ Schlosser* BGB[12], § 10 Nr. 6 AGBG 6), bei der § 10 Nr. 6 AGBG Zugangsfiktionen für unwirksam erklärt. Gleichwohl erscheint die Zugangsfiktion unter Kaufleuten als angemessen (§ 9 AGBG), weil sie eine Parallele zu § 10 VVG darstellt und der Einlagerer leicht dafür sorgen kann, daß seine Adresse auf aktuellem Stand gehalten wird oder ihn Nachsendungen erreichen[6].

3. § 47 b ADSp

Voraussetzungen: Das Gut muß die Güter anderer Einlagerer gefährden (§ 416 60). **42** Gefährdet es nur Gegenstände des Lagerhalters oder sonstige Lagereinrichtungen, so kann der Lagerhalter sein Kündigungsrecht nur aus § 422 Abs. 2 HGB herleiten. Die Gefahr muß bei pflichtgemäßem Verhalten des Lagerhalters unvermeidbar sein. Der Lagerhalter darf deshalb nicht nach § 47 b ADSp fristlos kündigen, weil er neue Güter einlagern will und die bereits gelagerte Ware in Verbindung mit den neuen Gütern gefährlich wird. Die Kündigungsbefugnis aus § 47 b ADSp wird jedoch nicht dadurch ausgeschlossen, daß der Einlagerer den Lagerhalter schriftlich über die gefährlichen Eigenschaften des Gutes informiert hat und der Lagerhalter die Güter angenommen hat (§ 5 a ADSp). Der Lagerhalter kann nämlich die Gefährlichkeit zunächst unterbewertet haben und daher an einer nachträglichen Kündigung interessiert sein. § 47 b ADSp gibt keinen Anhaltspunkt dafür her, daß das Kündigungsrecht nur gelten soll, wenn es zu keiner Vereinbarung im Sinn des § 5 ADSp gekommen ist oder die Güter erst nachträglich gefährlich geworden sind.

Die Kündigung kann auf die gefährlichen Güter beschränkt werden (Teilkündigung).

Rechtsfolge: Der Lagervertrag endet. Die Obhutspflicht besteht als Abwicklungs- **43** pflicht bis zur Rückgabe des Gutes fort. Der Einlagerer erwirbt einen Herausgabeanspruch. Holt er das Gut nicht ab, so gerät er in Annahmeverzug. Der Lagerhalter haftet dann nur noch für grobes Verschulden (§ 300 BGB). Außerdem kann der Lagerhalter hinterlegen und zum Selbsthilfeverkauf schreiten (§§ 417 Abs. 1, 389, 373 HGB). Der Einlagerer ist auch verpflichtet, das Gut abzuholen; er kann daher in Schuldnerverzug geraten; denn mit § 47 b ADSp sollten die Rechtsfolgen des § 422 Abs. 2 HGB nicht abgeschwächt werden. Die Vergütungspflicht aus dem Lagervertrag erlischt (a. A. *Krien/Glöckner* Speditions- und Lagerrecht § 47 ADSp 5 c). Gleichwohl ist der Lagerhalter nicht auf Schadensersatzansprüche aus § 286 BGB beschränkt (a. A. *Staudinger/Reuter* BGB[12], § 696 2); denn er kann analog § 557 Abs. 1 BGB Vergütung verlangen[7].

Der Lagerhalter, der kündigt, obwohl er bei der Einlagerung um die Gefährlichkeit des Gutes wußte, haftet unter Umständen wegen c. i. c. Die Tatsache der Kündigung steht dem nicht entgegen. Bei Teilkündigungen bleibt der Lagervertrag in Hinblick auf die ungefährlichen Güter bestehen. Ist die Kündigung unwirksam, so kann sie in eine ordentliche Kündigung umgedeutet werden, wenn der Lagerhalter ersichtlich auf jeden Fall das Vertragsverhältnis beenden wollte (§ 140 BGB).

---

[6] **A. A.** wohl *Staudinger/Schlosser* BGB[12] § 10 Nr. 6 AGBG 8; *Brandner* in *Ulmer/Brandner/Hensen* AGBG[4] § 10 Nr. 6 10; *Wolf* in *Wolf/Horn/Lindacher* AGBG § 10 Nr. 6 16 m. w. Nachw.

[7] *Larenz* Schuldrecht II § 58; ebenso i. E. *Schlegelberger/Schröder* HGB[5] § 422 7, der sich auf § 354 HGB stützt.

Anh. III § 424
§ 47 ADSp   Drittes Buch. Handelsgeschäfte

44   **Vereinbarkeit mit dem AGBG:** Gegen die Gültigkeit des § 47 b ADSp bestehen keine Bedenken.

4. § 47 c ADSp

45   § 47 c ADSp trägt dem Umstand Rechnung, daß der Lagerhalter Vorausleistungen erbringt. Da die Sicherheit des Pfandrechts (§ 421 HGB) von dem Wert der eingelagerten Güter abhängt, ist der Lagerhalter daran interessiert, daß die Lagerkosten nicht den Betrag übersteigen, der bei einer Pfandverwertung zu erzielen ist. Er kann daher daran interessiert sein, das Vertragsverhältnis vorzeitig zu lösen, wenn das Gut keine ausreichenden Sicherheiten mehr bietet.

Voraussetzungen der Kündigung: Aus der Sicht eines ordentlichen Lagerhalters muß die naheliegende **Gefahr** entstanden sein, daß eine Verwertung des auf dem Gut lastenden Pfandrechts nicht mehr die bislang aufgelaufenen und in nächster Zukunft auflaufenden Lagerkosten decken wird. Der Lagerhalter muß über den Wert des Gutes **Erkundigungen** einziehen; er muß auch beim Einlagerer nachfragen. Die Verpackung des Gutes darf er nicht öffnen (*Krien/Glöckner* Speditions- und Lagerrecht § 47 ADSp 3 d II). Ist der Lagerhalter nach ausreichender Information zu einer vertretbaren Bewertung gelangt, so ist diese maßgeblich, auch wenn der wahre Wert des Gutes höher ist. Die Zweifel über das Ausmaß der Sicherheit müssen in dem **Zeitpunkt** bestehen, in dem der Lagerhalter seine Aufforderung gemäß § 47 c S. 1 ADSp an den Einlagerer absendet. Es ist unerheblich, daß später der Wert des Gutes steigt, wie sich aus dem Wortlaut des § 47 c S. 2 ADSp ergibt. Diese Regelung ist auch sinnvoll, weil damit sichergestellt wird, daß der Lagerhalter nicht nochmals vor der Kündigung langwierige Informationen einziehen muß.

46   Der Lagerhalter muß eine **angemessene Frist** gesetzt haben. Angemessen ist diejenige Frist, in der ein durchschnittlicher Einlagerer entweder für weitere hinreichende Sicherheiten sorgen oder das Gut anderweitig unterbringen kann. Dabei ist zu berücksichtigen, daß der Einlagerer das Gut möglicherweise an einen anderen Ort verbringen lassen muß. Sicherheiten müssen in der Form des § 232 BGB angeboten werden; es genügt immer eine Bankbürgschaft. Die Sicherheiten müssen nur das aktuelle Sicherheitsbedürfnis des Lagerhalters decken. Ist die Frist unangemessen kurz, so wird sie in Parallele zu § 326 BGB durch eine angemessene Frist ersetzt.

47   **Kündigung:** Die fristlose Kündigung ist zulässig, wenn die angemessene Frist fruchtlos verstrichen ist. Der Lagerhalter kann auch mit einer Frist kündigen. Für die Rechtsfolgen der Kündigung gilt das zu § 47 a und b ADSp Gesagte. Ist die fristlose Kündigung unwirksam, weil es an einer Kündigungsvoraussetzung gefehlt hat, so kommt eine Umdeutung der Kündigung in eine ordentliche Kündigung zum nächstmöglichen Zeitpunkt in Betracht, wenn der Lagerhalter ersichtlich den Lagervertrag auf jeden Fall beenden wollte (§ 140 BGB).

Vereinbarkeit mit dem AGBG: Gegen die Angemessenheit des § 47 c ADSp bestehen keine Bedenken. Der Lagerhalter trägt mit § 47 c ADSp einem legitimen Sicherheitsbedürfnis Rechnung.

§ 48 ADSp

A. Sobald das Gut ordnungsgemäß eingelagert ist, wird auf Verlangen hierüber entweder ein „Lager-Empfangsschein" ausgehändigt oder ein „Namenslagerschein", ein „Inhaberlagerschein" oder, soweit der Lagerhalter dazu die staatliche Ermächtigung er-

Fünfter Abschnitt. Lagergeschäft

halten hat, ein „an Order" lautender, durch Indossament übertragbarer Lagerschein (§ 363 Abs. 2 HGB) ausgestellt. Im Zweifel gilt die vom Lagerhalter erteilte Bescheinigung nur als „Lager-Empfangsschein".

§ 363 Abs. 2 HGB: Ferner können Konnossemente der Verfrachter, Ladescheine der Frachtführer, Lagerscheine der staatlich zur Ausstellung solcher Urkunden ermächtigten Anstalten sowie Transportversicherungspolicen durch Indossament übertragen werden, wenn sie an Order lauten.

B. a) Der „Lager-Empfangsschein" ist lediglich eine Bescheinigung des Lagerhalters über den Empfang des Gutes. Für den Fall seiner Ausstellung gilt die Vorschrift des § 808 BGB. Der Lagerhalter ist nicht verpflichtet, das Gut nur dem Vorzeiger des Scheines herauszugeben.

b) Der Lagerhalter ist berechtigt, aber nicht verpflichtet, die Legitimation des Vorzeigers des Empfangsscheins zu prüfen; er ist ohne weiteres berechtigt, gegen Aushändigung des Scheines das Gut an den Vorzeiger herauszugeben.

c) Eine Abtretung oder Verpfändung der Rechte des Einlagerers aus dem Lagervertrag ist gegenüber dem Lagerhalter erst wirksam, wenn sie ihm schriftlich vom Einlagerer mitgeteilt worden ist. In solchen Fällen ist dem Lagerhalter gegenüber nur derjenige, dem die Rechte abgetreten oder verpfändet worden sind, zur Verfügung über das Lagergut berechtigt.

C. a) Ist ein „Namenslagerschein" ausgestellt, so ist der Lagerhalter verpflichtet, das eingelagerte Gut nur gegen Aushändigung des Namenslagerscheins, insbesondere nicht lediglich gegen einen Lieferschein, Auslieferungsschein oder dgl., und im Falle der Abtretung nur an denjenigen Inhaber des Lagerscheins herauszugeben, der durch eine zusammenhängende Kette von auf dem Lagerschein stehenden Abtretungserklärungen legitimiert ist.

b) Der Lagerhalter ist zur Prüfung
1. der Echtheit der Unterschriften der Abtretungserklärungen,
2. der Echtheit der Unterschriften auf Lieferscheinen und dgl.,
3. der Befugnis der Unterzeichner zu 1 und 2
nicht verpflichtet, es sei denn, daß mit dem Auftraggeber etwas anderes vereinbart worden oder der Mangel der Echtheit oder Befugnis offensichtlich erkennbar ist.

c) Die Abtretung oder Verpfändung der Rechte des Einlagerers aus dem Lagervertrage ist dem Lagerhalter gegenüber nur dann wirksam, wenn sie auf dem Lagerschein schriftlich erklärt und im Falle der Verpfändung außerdem dem Lagerhalter mitgeteilt ist.

d) Der Lagerhalter kann dem nach vorstehenden Bestimmungen legitimierten Rechtsnachfolger des Einlagerers nur solche Einwendungen entgegensetzen, welche die Gültigkeit der Ausstellung des Scheines betreffen oder sich aus dem Schein ergeben oder dem Lagerhalter unmittelbar gegen den Rechtsnachfolger zustehen. Das gesetzliche Pfand- oder Zurückbehaltungsrecht des Lagerhalters wird durch diese Bestimmung nicht berührt.

D. a) Den „Inhaberlagerschein", in welchem der Lagerhalter dem Inhaber der Urkunde die Herausgabe des Lagergutes verspricht, hat der Lagerhalter zu unterschreiben. Im übrigen finden die gesetzlichen Vorschriften, insbesondere die §§ 793 ff BGB Anwendung.

b) Der Lagerhalter gibt das Gut nur gegen Aushändigung des Lagerscheins heraus. Er ist dazu ohne besondere Prüfung der Legitimation des Inhabers berechtigt.

E. Ist ein „an Order" lautender, durch Indossament übertragbarer Lagerschein von einem dazu ermächtigten Lagerhalter ausgestellt, so gelten die Vorschriften der §§ 364, 365, 424 HGB.

I. Anspruch auf Ausstellung (§ 48 A ADSp)

48 Allgemein zum Anspruch auf Ausstellung von Lagerempfangsscheinen, Namenslager-, Inhaber-, Orderlagerscheinen § 424 21 ff.

§ 48 A ADSp stellt klar, daß der Lagerhalter im Rahmen seiner Möglichkeiten diese Scheine nach Wahl des Einlagerers auszustellen verpflichtet ist.

II. Lagerempfangsschein (§ 48 B ADSp)
1. Rechtsnatur

49 Vgl. dazu § 424 22. Der Lagerempfangsschein ist kein Wertpapier, da das Gut auch ohne Vorlage des Lagerempfangsscheins herausgegeben werden kann (§ 48 B a 3 ADSp). Zur Reichweite der Beweiskraft § 7 c, d ADSp.

2. Rückgabe (§ 48 B a, b ADSp)

50 Der Lagerhalter ist verpflichtet, das Gut an den Inhaber des Herausgabeanspruches herauszugeben (§ 416 45 ff). Der Inhaber des Herausgabeanspruches hat zu beweisen, daß er den Anspruch erworben hat. Das kann dadurch erfolgen, daß er sich als Einlagerer legitimiert oder als Zessionar eine auf den Einlagerer zurückführende Abtretungsurkunde (§ 410 BGB) vorweist oder darlegen kann, daß der Lagerhalter schriftliche Abtretungsanzeigen erhalten hat (§ 48 B c S. 1 ADSp). Mit dem Besitz des Lagerempfangsscheins allein kann sich der Inhaber des Auslieferungsanspruches nicht legitimieren (§ 48 B a 3 ADSp). Der Lagerhalter kann weitere Berechtigungsbeweise fordern. Andererseits muß der Lagerhalter auch ohne Vorlage des Lagerempfangsscheins das Gut an denjenigen, der seine Berechtigung nachweist, aushändigen (a. A. *Krien/Glöckner* Speditions- und Lagerrecht § 48 ADSp 7 c). Zwar verweist § 48 B a S. 2 ADSp auf § 808 Abs. 2 BGB, der die Auslieferungsverpflichtung von der Vorlage der Urkunde abhängig macht. § 48 B a S. 3 ADSp berechtigt jedoch den Lagerhalter, auch ohne Vorlage des Lagerempfangsscheins zu leisten. Der Inhaber des Empfangsscheins kann sich also nicht darauf verlassen, daß nur an ihn ausgeliefert wird. Damit wird auch das in § 808 Abs. 2 S. 2 BGB vorgesehene Aufgebot obsolet (*Hueck/Canaris* Recht der Wertpapiere [12] § 1 I 5a). Im Fall eines Abhandenkommens des Empfangsscheins kann es nun nicht von dem guten Willen des Lagerhalters abhängen, ob er leistet. Der Lagerhalter muß deshalb verpflichtet sein, das Gut demjenigen, der seine Berechtigung nachweist, auch ohne Vorlage des Empfangsscheins auszuliefern (vgl. *Hueck/Canaris* aaO). Dem Lagerhalter werden dadurch keine unzumutbaren Risiken auferlegt; denn er haftet nur, wenn er die Legitimation des Anspruchstellers nicht sorgfältig genug geprüft hat.

51 Der Lagerhalter kann an den Inhaber des Lagerscheins **befreiend** leisten (§ 48 B b ADSp). Dieser Grundsatz ist geltungserhaltend einzuschränken; denn es ist evident, daß § 48 B b ADSp unangemessen ist, wenn der Lagerhalter die Nichtberechtigung des

Auslieferungsbegehrenden kennt oder infolge grober Fahrlässigkeit nicht kennt (*Baumbach/Hefermehl* Wechselgesetz und Scheckgesetz [15] WRP Rdn. 75 m. Nachw.). Deshalb wird der Lagerhalter nur dann frei, wenn er ohne grobe Fahrlässigkeit annimmt, daß der Inhaber des Lagerscheins materiell legitimiert sei. § 48 B b HS. 1 ADSp, der eine Pflicht zur Legitimationsprüfung auch dort beseitigt, wo der Verdacht der Nichtberechtigung auf der Hand liegt, verstößt gegen § 9 AGBG. Andererseits kann der Lagerhalter trotz des § 48 B c S. 2 ADSp an den Inhaber des Empfangsscheins befreiend leisten, wenn ihm die Abtretung des Herausgabeanspruchs angezeigt worden ist, sofern er aufgrund des Empfangsscheins dessen Inhaber ohne grobe Fahrlässigkeit für den Zessionar, dessen Bevollmächtigten oder Ermächtigten halten durfte.

3. Zession, Verpfändung

52 Gemäß § 398 BGB wird die Zession des Herausgabeanspruches auch ohne Anzeige an den Lagerhalter wirksam. Der Lagerhalter kann allerdings eine schriftliche Abtretungsurkunde des Zedenten (§ 410 Abs. 1 BGB) oder dessen schriftliche Anzeige (§ 410 Abs. 2 BGB) verlangen. Die Verpfändung erfordert zwar eine Anzeige, nicht notwendig aber eine schriftliche (§ 1280 BGB). § 48 B c S. 1 ADSp macht hingegen die Wirksamkeit sowohl der Abtretung als auch der Verpfändung des Auslieferungsanspruches von einer schriftlichen Anzeige des Einlagerers an den Lagerhalter abhängig. § 48 B c ADSp enthält eine vertragliche Beschränkung der Abtretbarkeit, wie sich aus dem Wortlaut der Klausel ergibt. § 48 B c S. 1 ADSp besitzt somit nicht nur die Funktion des § 410 BGB. Nur bei dieser Auslegung kann der Lagerhalter sichergehen, daß er auch dann noch an den Einlagerer befreiend leisten kann, wenn ihm der Einlagerer die Zession mündlich mitgeteilt hat und deshalb § 407 Abs. 1 BGB nicht mehr zum Tragen kommt. Der Lagerhalter besitzt ein berücksichtigenswertes Interesse daran, auf schriftlichem Weg über die Person des Anspruchsinhabers informiert zu werden und, solange dies nicht erfolgt ist, den Einlagerer in jeder Hinsicht als Anspruchsinhaber behandeln zu dürfen. Ist der Auslieferungsanspruch bereits abgetreten und dies schriftliche angezeigt worden, so wird der Zessionar zum „Einlagerer" iSd § 48 B c ADSp.

53 Es wäre auch wenig zweckmäßig, den Herausgabeanspruch aus § 985 BGB und aus Lagervertrag aufzuspalten (*Reiner* S. 4). Dieser Effekt kann dadurch weitgehend verhindert werden, daß die Zession des vertraglichen Auslieferungsanspruches ohne schriftliche Anzeige unwirksam ist; denn dann greift § 931 BGB nicht ein (*Palandt/Bassenge* BGB [45] § 931 3 a aa). Allerdings bleibt die Möglichkeit offen, gemäß § 930 BGB zu übereignen (BGH, WM **1964** 398).

III. Namenslagerschein (§ 48 C ADSp)

1. Rechtsnatur

54 Der Lagerhalter stellt im Zweifel nur Lagerempfangsscheine aus (§ 48 A S. 2 ADSp). Der Namenslagerschein ist ein Wertpapier, in dem der dem Lagervertrag entspringende Auslieferungsanspruch verbrieft wird. Allgemein zum Namenslagerschein § 424 26.

2. Rückgabepflicht

55 Der Lagerhalter darf das Gut nur an den Inhaber des Namenslagerscheins ausliefern, dessen Namen der Lagerschein trägt oder der durch eine zusammenhängende

Kette von auf dem Lagerschein stehenden Abtretungserklärungen legitimiert ist (§ 48 C a ADSp) oder der sich als Bevollmächtigter oder Ermächtigter dieser Personen ausweist. § 407 BGB findet mithin keine Anwendung. Im Falle eines Verlustes des Lagerscheins ist ein Aufgebotsverfahren durchzuführen (§ 424 26). Der Lagerhalter leistet in Parallele zu § 808 Abs. 1 BGB, § 48 B a, b ADSp **befreiend**, wenn er sich den Lagerschein vorlegen läßt und mit der verkehrserforderlichen Sorgfalt die Identität des Inhabers mit der auf dem Lagerschein als Berechtigten ausgewiesenen Person bzw. die von dieser Person herrührenden Vollmacht bzw. Ermächtigung prüft. Bei der Prüfung der Unterschriften auf den Abtretungserklärungen, Vollmachten, Ermächtigungen braucht er nur auf der Hand liegenden Zweifeln nachzugehen (§ 48 C b ADSp), es sei denn, daß — stillschweigend — etwas anderes vereinbart worden ist.

3. Abtretung, Verpfändung (§ 48 C c, d ADSp)

56   Die Abtretung, Verpfändung ist gegenüber jedermann nur wirksam, wenn die Abtretung bzw. Verpfändung auf dem Lagerschein schriftlich vermerkt und bei der Verpfändung zusätzlich eine schriftliche Anzeige erfolgt. Es genügen schriftliche Blankoerklärungen, sofern sie später wirksam ergänzt werden, unter Umständen auch ausschließlich Blankoabtretungen (BGH, DB **1975** 831). Die Nichteinhaltung der Form führt nicht lediglich zu einem Leistungsverweigerungsrecht, sondern zur absoluten Unwirksamkeit; denn auf diese Weise kann im Regelfall verhindert werden, daß das Gut im Wege des § 931 BGB übereignet wird und der Lagerhalter mit einem Herausgabeanspruch aus § 985 BGB konfrontiert wird (§ 48 ADSp 53).

Außerdem spricht auch der Wortlaut des § 48 C c ADSp eindeutig von Wirksamkeit und nicht lediglich von einem Leistungsverweigerungsrecht, das schon in § 48 C a ADSp normiert ist. Zum gutgläubigen Erwerb § 424 HGB.

57   § 48 C d ADSp statuiert einen für Namenspapiere untypischen **Einwendungsausschluß**. Entgegen § 404 BGB darf der Lagerhalter dem legitimierten Erwerber des Lagerscheins nur beschränkt Einwendungen entgegenhalten. § 48 C d ADSp ist den §§ 796 BGB, 364 Abs. 2 HGB nachgebildet und im Einklang mit diesen Vorschriften auszulegen (zu § 796 BGB vgl. § 424 24). Die auf das Pfand- und Zurückbehaltungsrecht bezogenen Einschränkungen des Einwendungsausschlusses erfassen nur die gesetzlichen Rechte (§§ 369, 421 HGB, § 273 BGB), nicht das Pfand- und Zurückbehaltungsrecht aus § 50 ADSp oder aus Vertrag. Im Unterschied zum Inhaberlagerschein sichert das Lagerhalterpfandrecht beim Namenslagerschein auch Aufwendungsersatzansprüche. Hat der Lagerhalter die Rubrik „Auslagen des Lagerhalters" mit einem Strich versehen, so darf er sich allerdings später nicht darauf berufen, daß er Zollauslagen gehabt habe; denn durch diesen Vermerk hat er den Anschein erzeugt, daß keine Auslagen anfallen (*Reiner* S. 24; ferner *Ohlig* BB **1960** 1266).

IV. Inhaberlagerschein (§ 48 D ADSp)

58   Für den Inhaberlagerschein gelten die gesetzlichen Regeln, die oben (§ 424 23) näher erläutert sind. Die Liberationswirkung des Inhaberlagerscheins ist in § 48 D b S. 2 ADSp in Parallele zum Wortlaut des § 793 Abs. 1 S. 2 BGB geregelt. Allerdings ist es im Rahmen des § 793 BGB inzwischen herrschende Meinung, daß der Schuldner nur befreiend leistet, wenn ihm keine grobe Fahrlässigkeit vorzuwerfen ist. § 48 D b S. 2 ADSp ist in diesem Sinn geltungserhaltend zu interpretieren.

Stand 1. 12. 1986

Anhang IV zu § 424 HGB
Allgemeine Lagerbedingungen
des deutschen Möbeltransports (ALB)

Die Mannigfaltigkeit des Lagerschäftes macht die Aufstellung bestimmter allgemeiner Grundsätze notwendig, welche die Rechte und die Pflichten des Einlagerers und des Lagerhalters ordnen. Diese Bedingungen gelten in Ergänzung der gesetzlichen Bestimmungen.

Vorbemerkung:

Zur Unterwerfung unter das AGBG siehe § 2 AGBG. Die ALB sind nach vorangegangenem mündlichem Vertragsschluß nicht schon dann vereinbart, wenn der Lagerhalter nach Einlagerung einen Lagerschein übersendet, der den Hinweis auf die AGB enthält, und der Einlagerer den Schein unterschrieben zurückschickt (KG, VersR **1982** 372). Vgl. auch OLG Düsseldorf, BB **1983** 84, wenn die Bedingungen auf der Rückseite abgedruckt und die Vorderseite der Vertragsurkunde nur in der Querleiste den Hinweis auf die AGB enthält. **1**

§ 1

Der Lagerhalter hat seine Verpflichtung mit der verkehrsüblichen Sorgfalt eines ordentlichen Lagerhalters auszuführen. Er haftet, wenn ihn oder seine Beauftragten ein Verschulden trifft, nach Maßgabe der folgenden Bestimmungen.

Die Entschädigung ist auf den Betrag des Lagergeldes für zwölf Monate beschränkt, es sei denn, daß dem Lagerhalter oder leitenden Angestellten von ihm Vorsatz oder grobe Fahrlässigkeit nachgewiesen wird.

Der Lagerhalter hat den Schaden unter Ausschluß der Haftung für etwaige Wertminderung in Natur zu beseitigen, jedoch steht ihm in jedem Fall frei, die Entschädigung in Geld zu leisten.

Für Vermögensschäden, die nicht auf Verlust oder Beschädigung zurückzuführen sind, insbesondere für entgangenen Gewinn und für Schäden aus Verzögerungen haftet der Lagerhalter nur, wenn ihm oder einem seiner leitenden Angestellten Vorsatz oder grobe Fahrlässigkeit nachgewiesen wird.

Abs. 1: Die Klausel ist geltungserhaltend dahin auszulegen, daß der Lagerhalter mit verkehrserforderlicher Sorgfalt zu leisten hat (*Wolf/Horn/Lindacher* AGBG § 9 Rdn. L 3). **2**

Abs. 2: Die Klausel verstößt gegen § 9, § 11 Nr. 7, Nr. 15 AGBG[1]. **3**

Abs. 3, 4: Die Klauseln sind wegen Verstoßes gegen § 9, § 11 Nr. 7, Nr. 8, Nr. 15 AGBG unwirksam[2]. **4**

---

[1] BGH, NJW **1984** 1350 f; KG VersR **1982** 372, 373; *Koller* ZIP **1986** 1089, 1098; VersR **1980** 1, 2 ff; *Ulmer/Brandner/Hensen* AGBG⁴ Anh. §§ 9—11 458; *Wolf/Horn/Lindacher* AGBG § 9 Rdn. L 4.

[2] *Wolf/Horn/Lindacher* AGBG § 9 Rdn. L 5; BGH NJW **1984** 1350 f; KG VersR **1982** 372, 373.

§ 2

Für den Inhalt von Kisten, Körben, Schränken und sonstigen Behältnissen haftet der Lagerhalter nicht, es sei denn, daß das Ein- und Auspacken durch die Leute des Lagerhalters bewirkt worden ist. Für Zahl, Art und äußere Beschaffenheit ist das Lagerverzeichnis allein maßgebend.

Ingo Koller

Anh. IV § 424
§ 3 ALB Drittes Buch. Handelsgeschäfte

Weist der Lagerhalter nach, daß ein Gut in derselben äußerlichen Beschaffenheit, wie er es bekommen hat, ausgeliefert ist, ist jeder Schadensanspruch gegen ihn ausgeschlossen.

Die Haftung für Geld, Kostbarkeiten, echte Teppiche und Kunstgegenstände tritt nur ein, wenn dem Lagerhalter der wirkliche Wert des Lagergutes unter besonderem Hinweis auf seine Beschaffenheit bei der Übergabe zur Lagerung angegeben worden ist und der Lagerhalter die Haftung nicht abgelehnt hat. Unzulässig ist der Einwand, der Lagerhalter hätte von dem Wert des Gutes auf andere Weise Kenntnis haben müssen.

Beweist der Einlagerer, daß der Schaden auf andere Umstände als auf die Unterlassung der Wertangabe zurückzuführen ist oder auch bei erfolgter Wertangabe entstanden wäre, so findet Absatz 3 keine Anwendung.

Kostbarkeiten sind Gegenstände, deren Wert je Kilogramm DM 150,- übersteigt.

5 Abs. 1: Die Klausel ist unangemessen und daher nichtig[1].

6 Abs. 2: Die Klausel steht im Einklang mit dem dispositiven Recht.

7 Abs. 3: Die Klausel entspricht in ihrem Kern den § 429 Abs. 2 HGB, § 19 Abs. 2 OLSchVO (Anh. I zu § 424 HGB). Sie ist nicht zu beanstanden. Allerdings haftet der Lagerhalter, für den die Güter als wertvoll erkennbar waren, ohne Rücksicht auf den § 2 Abs. 3, wenn er den Auftraggeber nicht auf die Notwendigkeit der Wertangabe und die Folgen ihrer Unterlassung hingewiesen hat (vgl. § 56 c ADSp; *Koller* VersR **1980** 1, 5).

8 Abs. 4: Vgl. § 56 d ADSp.

---

[1] §§ 9, 11 Nr. 7, Nr. 15 AGBG; *Koller* VersR **1980** 1, 7; *Wolf/Horn/Lindacher* AGBG § 9 Rdn. L 4; *Ulmer/Brandner/Hensen* AGBG⁴ Anh. §§ 9–11 457, 458.

§ 3

Die Haftung ist ausgeschlossen:

a) Für Schäden, insbesondere auch Beraubungsschäden, an nicht verpackten oder nicht sachgemäß oder mangelhaft verpackten Gütern, wenn eine Verpackung mit Rücksicht auf die Beschaffenheit des Gutes üblich ist, es sei denn, daß eine vorherige besondere schriftliche Vereinbarung über die Haftung erfolgt ist.

b) Für Schäden, welche die unmittelbare oder mittelbare Folge von höherer Gewalt, Feuer, Explosion, Sabotage oder dgl. sind.

c) Für Schäden, die die unmittelbare oder mittelbare Folge von Witterungseinflüssen aller Art sind, ebenso für Schäden an lebenden Pflanzen, für Leimlösungen und für Schrammen in der Politur.

d) Für Schäden, die dem Lagergut aus der Auswirkung anderer Lagergüter entstehen.

e) Für Schäden von Ratten, Mäusen, Motten oder sonstigem Ungeziefer und infolge von Verunreinigungen durch Katzen.

f) Für Schäden, die durch inneren Verderb, Auslaufen, Bruch, Rost, Ein- und Austrocknung, Schimmel, Fäulnis oder dgl. oder die durch die natürliche oder eigentümliche Beschaffenheit des Lagergutes oder seiner Verpackung oder seiner Umhüllung entstehen.

g) Für Schäden, die durch schweren Diebstahl im Sinne des § 243 oder durch Raub im Sinne der §§ 249 ff des deutschen Reichsstrafgesetzbuches entstehen.

Stand 1. 12. 1986

Konnte ein Schaden den Umständen nach aus einer dieser vorbezeichneten Gefahren entstehen, so wird vermutet, daß er aus dieser Gefahr entstanden ist.

Der Lagerhalter kann sich auf diesen Haftungsausschluß nicht berufen, wenn ihm oder einem leitenden Angestellten ein Verschulden nachgewiesen wird, das den eingetretenen Schaden verursacht hat.

Die Klausel verstößt insgesamt gegen die §§ 9, 11 Nr. 7, Nr. 15 AGBG[1].   **9**

---

[1] BGH, NJW **1984** 1350; *Koller* VersR **1980** 1, 2; *Wolf/Horn/Lindacher* AGBG § 9 Rdn. L 4, 6; *Ul-mer/Brandner/Hensen* AGBG[4] Anh. §§ 9—11 457, 458.

§ 4

Unbeschadet der Vorschrift des § 1 Abs. 2 beschränkt sich der von dem Lagerhalter zu leistende Schadensersatz für Schäden am Gut auf den gemeinen Wert des Gutes. Der Schadensberechnung ist der Zeitpunkt zugrunde zu legen, in welchem der Berechtigte von dem Schaden benachrichtigt worden ist oder in anderer Weise davon Kenntnis erlangt hat.

Bei Schäden an einem Sachteil, der für sich selbst einen selbständigen Wert hat, oder bei Schäden an einer von mehreren zusammengehörigen Sachen bleibt die etwaige Wertminderung des Restes der Sache oder der übrigen Sachteile oder Sachen außer Betracht.

In allen Fällen, in denen der Schadensbetrag den vollen gemeinen Wert des Gutes erreicht, ist der Lagerhalter zur Zahlung nur verpflichtet, Zug um Zug gegen Übereignung des Gutes und gegen Abtretung der Ansprüche, die dem Einlagerer oder dem Zahlungsempfänger hinsichtlich des Gutes gegen Dritte zustehen.

Abs. 1, 2: Die Klausel verstößt gegen § 9, § 11 Nr. 7 AGBG[1].   **10**

---

[1] BGH, NJW **1984** 1350; *Koller* VersR **1980** 1, 2; *Wolf/Horn/Lindacher* AGBG § 9 Rdn. L 5.

§ 5

Der Einlagerer erhält über die eingelagerten Güter einen Lagerschein, der vor Auslieferung des Gutes zurückzugeben ist. Der Lagerschein gilt nur als Empfangsbekenntnis. Der Lagerhalter ist daher insbesondere nicht verpflichtet, das Gut nur dem Vorzeiger des Lagerscheines auszuhändigen. Der Lagerhalter ist berechtigt, aber nicht verpflichtet, die Legitimation des Vorzeigers des Lagerscheines zu prüfen. Er ist ohne weiteres berechtigt, gegen Rückgabe des Lagerscheines das Gut an den Vorzeiger des Scheines auszuliefern.

Eine Abtretung oder Verpfändung der Rechte aus dem Lagervertrag ist gegenüber dem Lagerhalter nur verbindlich, wenn sie ihm schriftlich vom Einlagerer mitgeteilt worden ist. In solchen Fällen ist dem Lagerhalter gegenüber nur derjenige, dem die Rechte abgetreten oder verpfändet worden sind, zur Verfügung über das Lagergut berechtigt.

Der Lagerhalter ist nicht verpflichtet, die Echtheit der Unterschriften auf den das Gut betreffenden Schriftstücken oder die Befugnis der Unterzeichner zu prüfen.

Abs. 1: Der Lagerhalter darf das Gut nicht ausliefern, wenn er weiß oder ohne weiteres erkennen kann, daß der Vorzeiger des Lagerscheins nicht zur Entgegennahme des Guts legitimiert ist (vgl. § 48 B b ADSp 51 Anh. III zu § 424 HGB).   **11**

Abs. 2: Vgl. § 48 B c ADSp (Anh. III zu § 424 HGB).   **12**

Abs. 3: Vgl. § 3 **Hamburger Lagerungsbedingungen,** Anh. V zu § 424 HGB.   **13**

§ 6

Die Lagerung erfolgt in betriebseigenen oder fremden Lagerräumen. Lagert der Lagerhalter nicht in eigenem Lager, so hat er den Lagerort dem Einlagerer schriftlich bekanntzugeben.

Eine Verpflichtung des Lagerhalters zur Sicherung oder Bewachung von Lagerräumen besteht nur insoweit, als die Sicherung und Bewachung unter Berücksichtigung aller Umstände geboten und ortsüblich ist. Der Lagerhalter genügt seiner Bewachungspflicht, wenn er bei Einstellung, Annahme und Durchführung der Bewachung die notwendige Sorgfalt angewendet hat.

Dem Einlagerer steht es frei, die Lagerräume zu besichtigen oder besichtigen zu lassen. Einwände oder Beanstandungen gegen die Unterbringung des Gutes oder gegen die Wahl des Lagerraumes muß er unverzüglich vorbringen. Macht er von dem Besichtigungsrecht keinen Gebrauch, so begibt er sich aller Einwände gegen die Art und Weise der Unterbringung, soweit die Wahl des Lagerraumes und die Unterbringung unter Wahrung der Sorgfalt eines ordentlichen Lagerhalters erfolgt ist.

14 Abs. 1: Vgl. § 43 ADSp 1 ff, 18 ff (Anh. III zu § 424 HGB).

15 Abs. 2: Vgl. § 43 ADSp 11 ff, 21 (Anh. III zu § 424 HGB).

16 Abs. 3: Vgl. § 43 ADSp 14 ff, 22 (Anh. III zu § 424 HGB); vgl. auch *Wolf/Horn/Lindacher* AGBG § 9 Rdn. L 3.

§ 7

Der Zutritt zum Lager ist dem Einlagerer oder seinem Beauftragten nur während der Geschäftsstunden in der Begleitung des Lagerhalters oder berufenen Angestellten erlaubt, wenn der Besuch mindestens drei Tage vorher angemeldet ist und der Lagerschein vorgelegt wird.

Nimmt der Einlagerer irgendwelche Handlungen mit dem Gute vor, so hat er danach dem Lagerhalter das Gut aufs neue zu übergeben und erforderlichenfalls Zahl, Art und Beschaffenheit des Gutes gemeinsam mit ihm festzustellen. Andernfalls ist jede Haftung des Lagerhalters für später festgestellte Schäden, die den Umständen nach durch den Eingriff des Einlagerers verursacht sein können, ausgeschlossen. Der Lagerhalter behält sich das Recht vor, die Handlungen, die der Einlagerer mit seinem Lagergut vornehmen will, durch seine Angestellten ausführen zu lassen. Die durch die Besichtigung oder Heraussuchung entstehenden Kosten sind nach dem in dem Geschäft des Lagerhalters geltenden Tarif oder in Ermangelung dessen nach ortsüblichen Preisen zu zahlen. In den ersten und letzten drei Tagen jeden Quartalswechsels ist eine Besichtigung des Lagers nicht gestattet.

17 Abs. 1: Vgl. § 44 ADSp (Anh. III zu § 424 HGB).

18 Abs. 2: Vgl. die Erläuterungen zu § 45 a ADSp (Anh. III zu § 424 HGB).

§ 8

Der Einlagerer hat seine Adresse oder etwaige Adressenänderung unverzüglich mittels eingeschriebenen Briefes anzuzeigen, anderenfalls ist die letzte dem Lagerhalter bekanntgewesene Adresse maßgebend.

§ 9

Der Transport der Lagergüter nach der künftigen Wohnung des Einlagerers oder nach einem sonstigen Bestimmungsort darf nur durch den Lagerhalter erfolgen. Durch Schaffung von Scheintatbeständen darf diese Bestimmung nicht umgangen werden.

Liegt die Verbindung eines Beförderungsgeschäftes mit der Einlagerung vor, so sind auf das Beförderungsgeschäft unbeschadet der Lagerbedingungen, die jeweils im Möbeltransportgewerbe in Geltung stehenden Beförderungsbedingungen anzuwenden.

Abs. 1: Die Klausel ist überraschend (§ 3 AGBG) und daher unwirksam. **19**

§ 10

Ohne besonderen schriftlichen Auftrag ist der Lagerhalter zur Vornahme von Arbeiten zur Erhaltung oder Bewahrung des Gutes oder seiner Verpackung nicht verpflichtet.

Zur Schriftform § 4 Lagerordnung (Anh. II zu § 424 HGB). **20**

§ 11

Der Lagerhalter darf den Lagervertrag jederzeit durch eingeschriebenen Brief mit Monatsfrist kündigen.

Der Einlagerer darf den Lagervertrag jederzeit ohne Frist kündigen, unbeschadet des Anspruchs des Lagerhalters auf Lagergeld gemäß § 12.

In den ersten und letzten drei Tagen jeden Quartelswechsels werden die Lagergüter weder sämtlich noch einzelne Stücke herausgegeben. Dem Einlagerer entstehen hierdurch keine zusätzlichen Lagergelder.

Die Klausel kommt nur dort zum Tragen, wo keine Lagerzeit vereinbart wurde (§ 4 **21** AGBG).

§ 12

Das Lagergeld wird monatlich berechnet. Jeder angefangene Kalendermonat gilt für voll. Das monatliche Lagergeld ermäßigt sich um ein Drittel, und zwar bei Einlagerung nach den Zehnten eines Kalendermonats, bei Auslagerung vor dem Zehnten eines Kalendermonats. Änderns sich nach erfolgter Gebührenvereinbarung die ortsüblichen Sätze oder die örtlichen Tarife des Gewerbes, so ändern sich auch entsprechend die vereinbarten Gebühren.

Die Kosten der Einlagerung, Aufstapelung und der späteren Auslagerung werden nach den ortsüblichen oder tarifmäßigen Preisen besonders berechnet. Ist ein Angebot für die Lagerung erfolgt, setzt die Berechnung dieser Gebühren einen Hinweis hierauf im Angebot voraus.

Die Urkundensteuer sowie durch Ausstellung des Lagerscheins erwachsende öffentlich-rechtliche Gebühren hat der Einlagerer zu tragen.

Die Lagerkosten sind, soweit es sich um Auslagen handelt, sofort, sonst monatlich am ersten Wochentag jeden Monats ohne Erteilung einer besonderen Rechnung zu zahlen.

§ 13

Der Lagerhalter hat wegen aller fälligen Ansprüche, die ihm aus laufender Rechnung oder aus sonstigen Gründen an den Einlagerer zustehen, ein Pfandrecht und ein Zurückbehaltungsrecht an den Lagergütern.

Für den Pfand- oder Selbsthilfe-Verkauf kann der Lagerhalter in allen Fällen eine Verkaufsprovision bis zu 5 % des Bruttoerlöses berechnen.

Die Klausel verstößt gegen § 9 AGBG, weil der Lagerhalter auch für inkonnexe **22** Forderungen ein Pfandrecht an fremdem Gut erwerben soll[1].

---

[1] BGHZ **17** 1; *Staub/Helm* HGB[4] § 410 46 f m. Nachw.; *Schlegelberger/Schröder* HGB[5] § 421 15.

§ 14

Feuer- und explosionsgefährliche, zur Selbstentzündung neigende, ätzende und übelriechende und überhaupt solche Güter, welche Nachteile für das Lager oder für andere Lagergüter befürchten lassen, sind — abgesehen von besonderer schriftlicher Vereinbarung — von der Lagerung ausgeschlossen. Dasselbe gilt von solchen Gütern, die schnellem Verderben oder Fäulnis ausgesetzt sind.

Werden solche Güter dennoch eingelagert, so haftet der Einlagerer für jeden daraus entstehenden Schaden. Diese Haftung tritt nicht ein, wenn dem Lagerhalter die nachteilige Eigenschaft des Gutes bei der Übergabe zur Lagerung angegeben worden ist und der Lagerhalter die Annahme des Gutes nicht abgelehnt hat.

Der Lagerhalter ist außerdem berechtigt, derartige Güter auch ohne vorherige Benachrichtigung des Einlagerers öffentlich im Wege der Selbsthilfe zu verkaufen oder verkaufen zu lassen.

23 Vgl. § 7 Lagerordnung (Anh. II zu § 424 HGB).

§ 15

Alle Ansprüche des Lagerhalters aus dem Fracht- oder Lagervertrag unterliegen einer Verjährungsfrist von 2 Jahren. Für den Beginn der Verjährung gilt § 201 des deutschen Bürgerlichen Gesetzbuches. Kürzere gesetzliche Verjährungsfristen bleiben hierdurch unberührt.

Die Verjährung der Ansprüche hindert den Lagerhalter nicht, seine Befriedigung aus den seinem Pfand- und Zurückbehaltungsrecht unterliegenden Gegenständen zu suchen.

§ 16

Zur Versicherung des Gutes ist der Lagerhalter nur verpflichtet, soweit eine ausdrückliche, schriftliche Weisung unter Angabe des Versicherungswertes und der zu deckenden Gefahren dazu vorliegt. Eine bloße Wertangabe und ungenaue oder unausführbare Versicherungsweisungen genügen nicht zur Begründung einer Versicherungspflicht des Lagerhalters. Der Lagerhalter ist verpflichtet, den Auftrag zur Versicherung unverzüglich im ordnungsmäßigen Geschäftsgang durchzuführen.

Im Falle der Versicherung ist der Anspruch des Einlagerers gegen den Lagerhalter aus den durch die Versicherung gedeckten Gefahren im Schadensfalle auf das beschränkt, was der Lagerhalter selbst von der Versicherung ausgezahlt erhält, nach Abzug etwaiger Forderungen, die dem Lagerhalter gegen den Einlagerer zustehen. Der Lagerhalter genügt seinen Verpflichtungen, indem er die Ansprüche gegen den Versicherer an den Einlagerer abtritt.

Eine weitergehende Verpflichtung besteht für den Lagerhalter nur, wenn ihm oder seinen leitenden Angestellten Vorsatz oder grobe Fahrlässigkeit nachgewiesen wird.

Versichert der Einlagerer selbst, so kommt der Lagerhalter für Schäden insoweit nicht auf, wie der verkehrsübliche Versicherungsschutz reicht.

24 Abs. 1: Zur Schriftform § 4 Lagerordnung (Anh. II zu § 424 HGB). Vgl. auch § 35 ADSp (Anh. I zu § 415 HGB).

25 Abs. 2, 3: Vgl. § 38 Abs. 1, 2 Lagerordnung (Anh. II zu § 424 HGB). Die Klausel verstößt gegen § 9, § 11 Nr. 7 AGBG (BGH NJW **1984** 1350; vgl. auch oben zu § 1 Abs. 2).

26 Abs. 4: Die Klausel ist wegen Verstoßes gegen § 9, § 11 Nr. 7 AGBG unwirksam (BGH NJW **1961** 212, 213; NJW **1984** 1350).

§ 17

Ist das Gut dem Empfänger ausgeliefert, so können Ansprüche gegen den Lagerhalter wegen Verlust oder Beschädigung des Lagergutes nur erhoben werden, wenn der Verlust oder die Beschädigung, sofern sie äußerlich erkennbar ist, unverzüglich nach der Auslieferung dem Lagerhalter schriftlich angezeigt und die Feststellung des Verlustes oder der Beschädigung unter Zuziehung des Lagerhalters oder einer von diesem bestimmten Person beantragt wird. Ist der Verlust oder die Beschädigung äußerlich nicht erkennbar, so hat der Empfänger unverzüglich nach der Entdeckung und spätestens innerhalb einer Woche nach der Auslieferung den Verlust oder die Beschädigung dem Lagerhalter schriftlich anzuzeigen und die gleiche Feststellung zu beantragen. Unterläßt er dies, so kann ein Anspruch gegen den Lagerhalter nicht erhoben werden.

Vgl. § 53 Abs. 4 Lagerordnung (Anh. II zu § 424 HGB).

§ 18

Für Befolgung mündlicher oder telephonischer Anweisungen, die von keiner Seite schriftlich bestätigt werden, übernimmt der Lagerhalter keine Verantwortung.

Vgl. § 6 II ADSp. Zur Schriftform vgl. auch § 4 Lagerordnung (Anh. II zu § 424 **27** HGB). Die Klausel verstößt auch gegen § 11 Nr. 7 AGBG.

§ 19

Gegenüber Ansprüchen des Lagerhalters ist eine Aufrechnung oder Zurückbehaltung nur mit fälligen Gegenansprüchen des Einlageres zulässig, die der Höhe nach feststehen und dem Grunde nach unbestritten sind.

Die Klausel verstößt gegen § 11 Nr. 2 AGB (*Ulmer/Brandner/Hensen* AGBG⁴ Anh. **28** §§ 9—11 458).

§ 20

Der Gerichtsstand für alle Streitigkeiten aus dem Auftragsverhältnis wird für alle Beteiligten durch den Ort derjenigen Handelsniederlassung des Lagerhalters bestimmt, in deren Geschäftsbetrieb der Anspruch entstanden ist; für Ansprüche gegen den Lagerhalter ist dieser Gerichtsstand ein ausschließlicher.

Bei Verträgen mit Nichtkaufleuten verstößt die Klausel gegen § 38 ZPO. Vgl. im **29** übrigen § 26 **Hamburger Lagerungsbedingungen** (Anh. V zu § 424 HGB).

Anhang V zu § 424 HGB
Hamburger Lagerungsbedingungen
(Fassung vom 15. 10. 1985)

I.

§ 1

1. Die Hamburger Lagerungsbedingungen gelten in ihrer jeweils neuesten Fassung für alle Geschäftsbesorgungen des Lagerhalters und/oder Quartiersmannes, die dieser für den Einlagerer oder einen Dritten aufgrund Vertrages oder Gesetzes ausführt.

2. Die Hamburger Lagerungsbedingungen gelten auch für und gegen jeden Rechtsnachfolger des Einlagerers oder Dritten.

Anh. V § 424
§ 1 Hambg.Lag.Bed.

3. Die Hamburger Lagerungsbedingungen gelten auch im Rahmen von § 1 Ziff. 1 für sämtliche Nebentätigkeiten des Lagerhalters, insbesondere Sortieren, Probenehmen, Verlesen, Säubern, Sieben, Mischen, Bearbeiten von Beschädigungen, Verpackungen etc., auch wenn diese Arbeiten vom Lagerhalter nicht auf dem eigenen Lager, sondern z. B. auf fremden Lägern, am Kai, auf Verkehrsmitteln etc. ausgeführt werden.

I. Anwendungsbereich

1. Persönlicher Anwendungsbereich

1 Der Lagerhalter und/oder Quartiersmann muß in dieser Eigenschaft gewerbsmäßig tätig sein. Er muß mit dem Einlagerer einen Lagervertrag iSd § 416 HGB abgeschlossen haben oder in Hinblick auf einen Lagervertrag in Kontakt getreten sein. Es genügt aber auch, daß der andere Teil irgendwie mit dem Lagerhalter in Kontakt gekommen ist („Dritter").

2. Sachlicher Anwendungsbereich

2 Nicht notwendig ist es, daß es sich um spezifische Geschäftsbesorgertätigkeit iSd § 675 BGB handelt. Wie sich aus § 1 Ziff. 3 ergibt, muß es sich jedoch um typische Tätigkeiten des Lagerhalters handeln; denn wäre die Formulierung „alle" in § 1 Ziff. 1 wörtlich zu nehmen, dann wäre § 1 Ziff. 3 überflüssig. Der Kreis der typischen Geschäftsbesorgungen des Lagerhalters/Quartiersmanns ist weit zu ziehen. Er umfaßt neben der Obhut über das Gut insbesondere auch die Verzollung, die Warendistribution, die Abfertigung von Frachtführern, die Vermietung von Lagerräumen, Besorgung von Versicherungen, Abwicklung von Schadensreklamationen.

II. Anwendungsvoraussetzungen

3 Die Hamburger Lagerungsbedingungen sind AGB iSd AGBG. Sollen sie gegenüber Nicht-Kaufleuten, gegenüber Kaufleuten, falls der Vertrag nicht zum Betrieb ihres Handelsgewerbes gehört, angewandt werden, so müssen die Voraussetzungen des § 2 AGBG erfüllt sein (§ 24 S. 1 AGBG). Gegenüber Kaufleuten, sofern ihnen Leistungen im Rahmen ihres Handelsgewerbes erbracht werden, und gegenüber juristischen Personen bzw. Sondervermögen des öffentlichen Rechts können die Lagerungsbedingungen auch stillschweigend in den Vertrag einbezogen werden (§ 24 S. 1 AGBG). Eine Geltung der Lagerungsbedingungen kraft Handelsbrauch ist nicht ersichtlich. Anders als bei den ADSp ist nicht davon auszugehen, daß jeder deutsche Kaufmann mit den Lagerungsbedingungen rechnen muß und sich ihnen daher mangels ausdrücklichen Protestes unterwirft. Es genügt jedoch, daß der Lagerhalter in seinem Angebot auf die AGB hingewiesen hat oder daß im Rahmen von laufenden Geschäftsverbindungen bisher regelmäßig die Lagerungsbedingungen vereinbart worden sind. Die AGB können auch durch Nichtwiderspruch gegen ein Bestätigungsschreiben Geltung erlangen (*Ulmer/Brandner/Hensen*, AGBG[4] § 2 87). Die Lagerungsbedingungen sind in jeden Vertrag erneut einzubeziehen. Soweit keine laufenden Geschäftsbeziehungen bestehen, kann sich der Lagerhalter nicht auf die frühere Vereinbarung seiner AGB berufen. Wird der Lagerhalter aufgrund „Gesetz" tätig (§ 1 Ziff. 1), so ist die Vereinbarung der AGB gesondert festzustellen. Gegenüber Rechtsnachfolgern wirken die AGB im Rahmen der §§ 404, 1922 ff BGB. Gegenüber dem vom Vertragspartner verschiedenen Eigentümer kann sich der Lagerhalter auf die Lagerbedingungen berufen, wenn der Eigentümer wußte oder damit rechnen mußte, daß sein Eigentum einem nach üblichen oder bestimmten AGB arbeitenden Lagerhalter übergeben wird[1]. Ob diese Voraussetzungen im Fall der Lagerungsbedingungen erfüllt sind, hängt von den Umständen des Einzelfalls ab. § 1 Ziff. 2 kann jedenfalls als Abrede zu Lasten Dritter nicht den Geltungsbereich der Lagerungsbedingungen erweitern.

---

[1] Vgl. BGH, WM **1984** 1233, 1235; NJW **1974** 2177, 2178 zu den ADSp; *Staub/Helm* HGB[4], Anh. I § 415 vor § 1 ADSp 26; *Schlegelberger/Schröder* HGB[5] § 407 26 d.

§ 2
Geschäftsbesorgung durch andere Personen

1. Bedient sich der Lagerhalter zur Erfüllung der Geschäftsbesorgung anderer betriebsfremder Personen, so vereinbart er mit diesen für deren Leistungen die verkehrsüblichen Geschäftsbedingungen unter Berücksichtigung des Interesses des Einlagerers oder des Dritten (§ 1 Ziff. 1).

2. In einem Schadensfall tritt der Lagerhalter seinen etwaigen Anspruch gegen den Schädiger auf Verlangen des Einlagerers oder des Dritten ab.

3. Der Lagerhalter ist nicht verpflichtet, diese betriebsfremde Person während der Ausführung der Tätigkeit zu überwachen bzw. überwachen zu lassen.

Ziff. 1: § 2 Ziff. 1 spricht allen betriebsfremden Personen die Erfüllungsgehilfeneigenschaft ab und beschränkt die Verpflichtung des Lagerhalters auf die sorgfältige Auswahl des Dritten. § 2 Ziff. 1 ähnelt § 52 a ADSp. Beide Vorschriften sind mit § 9 AGBG nicht vereinbar (vgl. Anh. III zu § 424 HGB, § 43 ADSp 18). **4**

Ziff. 2: Nach Abtretung kann der Einlagerer bzw. der Dritte den nach den Regeln der Drittschadensliquidation berechneten Schaden liquidieren. Der Lagerhalter ist verpflichtet, vor Abtretung dem Verfall des Schadensersatzanspruches vorzubeugen, Beweise zu sichern und den Anspruchsinhaber über den Schadensfall zu informieren. **5**

Ziff. 3: Betriebsfremde Personen sind selbständige Unternehmer und deren Leute. § 2 Ziff. 3 soll klarstellen, daß der Lagerhalter in Hinblick auf diese Personen nur für Auswahlverschulden und nicht für Überwachungsverschulden haftet. Soweit betriebsfremde Personen als Erfüllungsgehilfen iSd § 278 BGB zu behandeln sind und § 2 Ziff. 1 wegen Verstoßes gegen § 9 AGBG nichtig ist (oben Rdn. 4), geht § 2 Ziff. 3 ins Leere. In Hinblick auf andere betriebsfremde Personen, z. B. Fahrer der anliefernden Frachtführer, andere Einlagerer, ist die Klausel fragwürdig, da sie letztlich zum Haftungsausschluß auch dort führt, wo eine Überwachung zumutbar und verkehrserforderlich ist, ja sogar auf der Hand liegt. § 2 Ziff. 3 enthält nicht nur eine kontrollfreie Leistungsbeschreibung; denn die Klausel modifiziert und begrenzt das Hauptleistungsversprechen, die Obhut über das dem Lagerhalter ausgehändigte Gut[1]. Da § 2 Ziff. 3 nicht unter dem Vorbehalt des § 14 steht, verstößt die Klausel gegen § 9 AGBG[2]. **6**

---

[1] *Ulmer/Brandner/Hensen* AGBG[4] § 8 19; *Wolf/Horn/Lindacher* AGBG § 8 12; Münchener Kommentar-*Kötz* BGB[2], § 8 AGBG 6.
[2] Vgl. BGHZ **20** 164, 167; NJW **1973** 2154, 2155; NJW **1974** 2177; NJW **1978** 1918; VersR **1981** 30 f; VersR **1982** 486, 488; *Koller* ZIP **1986** 1089, 1098.

§ 3
Prüfung von Erklärungen

Der Lagerhalter ist zur Prüfung
a) der Echtheit von Unterschriften jeglicher Art sowie
b) der Befugnisse der Unterzeichner von a)
nicht verpflichtet.

7 § 3 ist als Leistungsbeschreibung formuliert. Sie gehört jedoch nicht zu den kontrollfreien Leistungsbestimmungen, da sie eine die Hauptpflicht „Obhut" konkretisierende Nebenpflicht einschränkt (vgl. Nachw. Rdn. 6).

Die Klausel ist unangemessen, soweit sie den Lagerhalter von der Prüfungslast auch dort befreit, wo die Fälschung der Unterschrift bzw. die mangelnde Befugnis auf der Hand liegt (vgl. § 10b ADSp (Anh. I § 415) sowie oben Anh. III zu § 424 HGB § 48 ADSp 51). § 3 ist daher geltungserhaltend dahin auszulegen, daß die Verpflichtung nur bis zur Grenze der offensichtlichen Fälschung bzw. Nichtberechtigung ausgeschlossen ist. Dies stellt keinen Verstoß gegen das Reduktionsverbot dar, da diese Grenze nur äußerst selten überschritten werden dürfte.

II. Der Lagervertrag

§ 4
Der Vertragsabschluß

1. Alle Anmeldungen, Anträge und sonstige Anordnungen sollen schriftlich erfolgen.

Ungewißheiten, Nachteile, Beweisfragen o. ä., die auf Unklarheiten aus mündlicher Übermittlung beruhen, gehen zu Lasten des Einlagerers oder des Dritten.

2. Bei der Anmeldung müssen die Güter so spezifiziert werden, daß eine ordnungsgemäße Stapelung, Lagerung und Bearbeitung ermöglicht wird. Diese Spezifikation ist dem Lagerhalter zu übergeben.

Alle Anweisungen für die Behandlung und die Verwahrung der Güter sind in die Spezifikation aufzunehmen.

Der Lagerhalter ist nicht verpflichtet, die Angaben in der Spezifikation nachzuprüfen oder zu ergänzen.

Für Stücke, deren Gewicht 500 kg überschreitet, ist das Einzelgewicht anzugeben.

Bei fehlerhafter Anmeldung und/oder Spezifikation hat der Einlagerer daraus entstehende Kosten zu tragen.

8 **Ziff. 1:** Die Schriftform (§ 127 BGB) für Erklärungen des Einlagerers oder des Dritten stellt kein Wirksamkeitserfordernis iSd. § 125 BGB dar (OLG Hamburg VersR **1984** 1035 f). Soweit dem Einlagerer/Dritten die Beweislast auferlegt wird, ist sie mit dem AGBG vereinbar. Auf Bedenken stößt die Klausel dort, wo sie dem Einlagerer/Dritten Nachteile, d. h. insbesondere Schäden auferlegt. Die Nachteile müssen nicht ausschließlich durch die Mündlichkeit der Mitteilung verursacht worden sein[1].

Die Klausel verstößt nicht gegen § 9 AGBG[2]. Der in § 4 Ziff. 1 statuierte Haftungsausschluß wird durch § 14 eingeschränkt. In diesem Zusammenhang ist festzuhalten, daß es zu den Hauptpflichten der Erfüllungsgehilfen des Lagerhalters gehört, alle auf die Obhut des Gutes bezogenen Erklärungen zu beachten und potentiellen Mißverständnissen nachzugehen, weil diese Erklärungen die Obhutspflicht begründen oder konkretisieren.

9 **Ziff. 2:** § 4 Ziff. 2 S. 1 enthält eine Parallelvorschrift zu § 7a S. 1 ADSp (Anh. I § 415). Anders als nach ADSp müssen die Angaben über Zeichen, Nummern, Anzahl,

---

[1] So zur Parallelklausel § 6 Abs. 2 S. 1 ADSp *Ulmer/Brandner/Hensen* AGBG[4] Anh. §§ 9–11 19; a. A. *Staub/Helm* HGB[4], Anh. I § 415, § 6 ADSp 5.
[2] Anders h. M. zu § 6 Abs. 2 S. 1 ADSp: *Staub/Helm* HGB[4], Anh. I § 415, § 6 ADSp 3; *Wolf/Horn/Lindacher* AGBG § 9 A 26; a. A. *Krien/Glöckner* Speditions- und Lagerrecht, § 6 ADSp 2 c II.

Art der Stücke, Hinweise auf Gefährlichkeit, besonders hoher Wert und Verzollung schriftlich (§ 127 BGB) erfolgen (§ 4 Ziff. 2 S. 1 „übergeben"). Der Einlagerer schuldet alle Informationen, die notwendig sind, um das Gut ordnungsgemäß zu lagern oder sonst sachgerecht zu verfahren, es sei denn, daß von einem ordentlichen Lagerhalter der Besitz dieser Informationen erwartet werden kann. Dabei ist zu beachten, daß der Lagerhalter kein Warenfachmann ist (§ 416 25).

Die Spezifikation muß im Rahmen der Offerte oder der Vertragsverhandlungen erfolgen. Dies gilt auch für besondere Anweisungen für die Behandlung und Verwahrung des Gutes. Individualvereinbarungen besitzen Vorrang (§ 4 AGBG). Die Parteien können deshalb konkludent vereinbaren, daß Angaben der nach § 4 Ziff. 2 S. 1 geschuldeten Art nicht notwendig sind, weil der Lagerhalter z. B. im Rahmen laufender Geschäftsverbindungen ständig Güter mit evident unvollständigen Angaben entgegengenommen hat und die Angaben ohne Protest ergänzt hat (ebenso i. E. *Hald/Widmann*, ADSp, S. 42). Angaben in der Spezifikation brauchen nicht nachgeprüft oder ergänzt zu werden (§ 4 Ziff. 2 S. 3). Diese Regelung gilt sowohl für falsche als auch für fehlende Angaben. Die Klausel enthält im Gewand einer Leistungsbeschreibung einen Haftungsausschluß (siehe Rdn. 6), der im Licht des § 14 zu interpretieren ist. Danach sind der Lagerhalter und seine Erfüllungsgehilfen verpflichtet, zurückzufragen oder unmittelbar für andere Schadensverhütungsmaßnahmen zu sorgen, wenn die Unrichtigkeit oder Unvollständigkeit der Angaben auf der Hand liegt.

§ 4 Ziff. 2 S. 5 enthält eine Regel über den Aufwendungsersatz und in Parallele zu § 7 a S. 2 ADSp (Anh. I § 415) eine Schadensersatzklausel. Danach hat der Einlagerer einen durch unrichtige bzw. unvollständige Angaben verursachten Schaden ohne Rücksicht auf eigenes Verschulden auf sich zu nehmen. Das heißt, daß er grundsätzlich nicht vom Lagerhalter Schadensersatz verlangen darf, wenn sich der Schaden bei richtigen und vollständigen Angaben nicht ereignet hätte. Der Einlagerer hat dem Lagerhalter auch jeden Personen-, Sach- oder Vermögensschaden zu ersetzen, der durch die fehlerhaften Angaben adäquat kausal verursacht worden ist. Diese Klausel verstößt an sich gegen § 9 AGBG, weil sie die Berücksichtigung des Mitverschuldens des Lagerhalters ausschließt. Die Klausel kann jedoch angesichts des § 14 geltungserhaltend dahin interpretiert werden, daß der Schadensersatzanspruch des Einlagerers nur dann entfällt bzw. der Schaden nur dann dem Einlagerer aufzuerlegen ist, wenn dem Lagerhalter oder seinen Erfüllungsgehilfen keine grobe Fahrlässigkeit vorzuwerfen ist[3]. Außerdem kann § 5 Ziff. 5 zur Anwendung kommen und der Einlagerer aus pFV des Lagervertrages haften.

---

[3] Vgl. zu § 7 a S. 2 ADSp *Graf von Westphalen* ZIP 1981 119, 120; *Ulmer/Brandner/Hensen* AGBG[4] Anh. §§ 9–11 19; *Wolf/Horn/Lindacher* AGBG § 9 A 27; a. A. *Staub/Helm* HGB[4] Anh. I § 415, § 7 ADSp 3.

§ 5
Die Einlagerung

1. Die Abfertigung der Fahrzeuge und die Annahme von Gütern erfolgt nach ihrem Eintreffen am Lager in der Reihenfolge ihrer Meldung bei der zuständigen Stelle des Lagers, soweit keine anderen Vereinbarungen getroffen worden sind.

2. Der am Lager geltenden Arbeitszeit haben sich alle Beteiligten anzupassen.

3. Die Ausführung aller übernommenen Aufträge durch den Lagerhalter geschieht, soweit nichts anderes vereinbart ist oder besondere Umstände es verhindern, am nächsten Arbeitstag nach Einlieferung der erforderlichen Papiere (Lagerschein, Konnosse-

ment, Lieferschein usw.). Nach 12.00 Uhr mittags eingelieferte Papiere gelten als am nächsten Tag eingeliefert.

4. Die Einlagerung der Güter erfolgt nach Wahl des Lagerhalters in eigenen oder fremden Lägern.

5. Von der Lagerung und Bearbeitung sind alle Güter ausgeschlossen, welche wegen ihrer Beschaffenheit bzw. Eigenschaften (Feuergefährlichkeit, Gesundheitsschädlichkeit u. ä.) Nachteile jeglicher Art für das Lager oder andere Lagergüter bewirken können.

Eine Lagerung und Bearbeitung solcher Güter ist nur nach ausdrücklicher Vereinbarung mit dem Lagerhalter möglich. Dieser ist berechtigt, solche Güter ohne besondere Ankündigung im Keller, im Freien oder in dafür eingerichteten Speziallägern zu lagern.

6. Der Lagerhalter stellt dem Einlagerer über die eingelagerten Güter eine Einlagerungsanzeige aus.

7. Der Lagerhalter vermerkt äußerlich erkennbare Schäden an den Gütern oder ihrer Verpackung auf der Einlagerungsanzeige und/oder dem Lagerschein.

Bei der Einlagerung und sonstigen Tätigkeiten an oder mit Ladungseinheiten (unit loads, palettierte oder gebündelte Güter, gepackte Behälter, Container) bezieht sich die Prüfung durch den Lagerhalter nur auf die äußere Beschaffenheit der Einheiten.

10 Ziff. 1: Die Klausel gilt nur im Zweifel. Ausdrückliche oder stillschweigende Vereinbarungen genießen Vorrang; sie sind gemäß § 157 BGB nach Treu und Glauben auszulegen. Deshalb kann sich der Lagerhalter bei Annahme verderblicher Ware nicht darauf berufen, daß ihm zuvor andere nicht verderbliche Güter gemeldet worden seien. Ziff. 1 enthebt den Lagerhalter auch nicht der Verpflichtung, den Einlagerer bzw. die anliefernde Person über den voraussichtlichen Zeitpunkt der Einlagerung zu informieren. Ziff. 1 unterliegt als Leistungsbestimmung nicht der Kontrolle des AGBG (§ 8 AGBG).

11 Ziff. 2: Die Reichweite der Klausel ist unklar (§ 5 AGBG). Eindeutig ist, daß der Einlagerer das Gut nur während der Arbeitszeit besichtigen oder von dem Gut Proben ziehen kann (§ 6 Ziff. 6, 7). Der Einlagerer kann auch nur während der Arbeitszeit Einlagerung oder Auslagerung verlangen. Gleiches gilt für Dritte. Der Lagerhalter darf sich hingegen nicht darauf berufen, daß er zur Obhut nur während der von ihm am Lager festgesetzten Arbeitszeiten verpflichtet sei oder daß er gar in Notsituationen nichts veranlassen müsse, weil seine Leute nicht am Lager anwesend seien. Im Rahmen der zumutbaren Sorgfalt hat der Lagerhalter auch außerhalb der geltenden Arbeitszeit seiner Leute für die Güter zu sorgen, insbesondere aber auch die Arbeitszeit seiner Leute so zu organisieren, daß Gefahren rund um die Uhr in zumutbarer Weise bekämpft werden können. Diese Kardinalpflichten werden durch § 5 Ziff. 2 nicht eingeschränkt.

12 Ziff. 3: Die Klausel gilt ebenso wie § 5 Ziff. 1 nur im Zweifel. Abweichende Vereinbarungen können stillschweigend getroffen werden (OLG Hamburg, VersR **1984** 1035 f). Dabei sind nach § 157 BGB die Umstände der Vereinbarung zugunsten und zu Lasten des Lagerhalters (§ 4 AGBG) zu berücksichtigen. Der Lagerhalter haftet voll von der Übernahme des Auftrag an (OLG Hamburg, VersR **1984** 1035 f). Er hat dort, wo er aufgrund konkreter Umstände damit rechnen muß, daß der Einlagerer die Klausel nicht kennt, den Einlagerer ausreichend zu informieren.

13 Ziff. 4: § 5 Ziff. 4 entspricht § 43 a S. 1 ADSp (Anh. III zu § 424 HGB). Die Begriffe des „fremden Lagers" und der „Wahl" sind nach den für § 43 a ADSp geltenden Grundsätzen (dort Rdn. 2) auszulegen. Der fremde Lagerhalter ist sein Erfüllungsgehilfe. § 2 Ziff. 1, 3 steht dem nicht entgegen, da diese Vorschrift mit § 9 AGBG unvereinbar ist (vgl. Erläuterung Anh. III zu § 424 HGB, 43 ADSp 18).

Fünfter Abschnitt. Lagergeschäft

Anh. V § 424
§ 6 Hambg.Lag.Bed.

Ziff. 5: § 5 Ziff. 5 S. 1 entspricht zum Teil § 5a ADSp (Anh. I § 415). Die Klausel gibt dem Lagerhalter ein Leistungsverweigerungsrecht (BGH, VersR **1978** 133, 134). Voraussetzung ist, daß im Vergleich zu normalen Gütern die erhöhte Gefahr eines Schadens besteht. Es genügt, daß ein leichtes Versehen einen atypisch hohen Schaden hervorrufen kann. Der besonders hohe Wert stellt keinen Nachteil dar. Der Lagerhalter hat das Gut trotz der ihm immanenten Gefährlichkeit anzunehmen, falls er im Vertrag mit klaren Worten auf die Gefahr hingewiesen worden ist (BGH, VersR **1978** 133, 134). Außerdem entfällt das Leistungsverweigerungsrecht, falls der Lagerhalter die besonderen Eigenschaften des Guts bei Vertragsschluß kannte oder ohne weiteres erkennen konnte[1]. Durfte der Lagerhalter das Gut zurückweisen, so kann er nach den allgemeinen Regeln Vergütung verlangen (§ 416 HGB 71; § 420 HGB 6). Zur Schadensersatzpflicht des Einlagerers s. § 9 Ziff. 1 o § 5 Ziff. 5 S. 3 entbindet den Lagerhalter nicht von der Pflicht, das Gut mit verkehrserforderlicher Sorgfalt zu lagern (§ 416 HGB 25 ff). Zur Haftung § 11 Nr. 4. **14**

Ziff. 6, 7: Die Einlagerungsanzeige stellt einen Lagerempfangsschein dar (§ 424 HGB). Die Beweiswirkung des Lagerempfangsscheins wird durch Ziff. 7 dahin eingeschränkt, daß sie sich nicht auf verdeckte Eigenschaften des Gutes erstreckt. Dies ist mit § 9 AGBG voll vereinbar. Zur Haftung § 10 Ziff. 4. **15**

---

[1] Geltungserhaltende Auslegung; vgl. BGH, BB **1978** 1235; *Krien/Glöckner* Speditions- und Lagerrecht, § 5 ADSp 19; *Staub/Helm* HGB⁴ Anh. I § 415, § 5 ADSp 5.

§ 6
Die Lagerung

1. Der Lagerhalter kann die Güter innerhalb seines Gesamtlagers (Eigen- und Fremdläger) umlagern. Er hat dem Einlagerer die Umlagerung mit genauer Bezeichnung des neuen Lagerortes anzuzeigen.

2. Der Lagerhalter trägt für die verkehrsübliche Bewachung und Kontrolle der Lagergüter Sorge; zu darüber hinausgehenden besonderen Bewachungs- und/oder Kontrollmaßnahmen ist der Lagerhalter nicht verpflichtet.

3. Der Lagerhalter öffnet die Verpackung der Güter nicht ohne ausdrücklichen Auftrag des Einlagerers.

Der Lagerhalter ist jedoch zur Öffnung der Verpackung befugt, wenn ein wichtiger Grund vorliegt. Ein wichtiger Grund ist insbesondere dann gegeben, wenn der Lagerhalter berechtigten Anlaß zu der Annahme hat, daß der Inhalt von Packstücken nicht richtig angegeben ist, oder wenn in den Begleitpapieren die Art der Güter nicht eindeutig bezeichnet ist.

4. Der Lagerhalter ist ohne besondere Vereinbarung nicht verpflichtet, Arbeiten zur Erhaltung oder Verbesserung der Güter oder ihrer Verpackung auszuführen. Er ist aber berechtigt, derartige Arbeiten auf Kosten des Einlagerers zu verrichten, wenn nach seinem pflichtgemäßen Ermessen durch ihre Unterlassung Verlust oder Beschädigung des Gutes selbst, anderer Güter oder der Lagerräume zu befürchten ist.

5. Der Lagerhalter ist berechtigt, ohne Auftrag aber nicht verpflichtet, das Gut zu wiegen.

Wird das Gut von dem Lagerhalter ohne Auftrag gewogen, so hat der Einlagerer die Kosten zu tragen, wenn das Gewicht zu niedrig angegeben wurde.

6. Nur der Einlagerer oder von ihm legitimierte Personen haben das Recht, Auskunft über eingelagerte Güter zu verlangen.

Sie können während der üblichen Geschäftsstunden in Begleitung des Lagerhalters oder seiner Mitarbeiter das Lager auf eigene Gefahr betreten.

7. Nehmen der Einlagerer oder sein Beauftragter Handlungen an oder mit den Lagergütern vor, so haben diese danach die Güter dem Lagerhalter neu zu übergeben und Gewicht und Beschaffenheit der Güter mit ihm festzustellen. Geschieht dies nicht, haftet der Lagerhalter nicht für eine später festgestellte Minderung oder Beschädigung der Güter.

Auf Verlangen des Lagerhalters ist der Einlagerer verpflichtet, die Handlungen an den Lagergütern durch Mitarbeiter des Lagerhalters ausführen zu lassen.

8. Dem Einlagerer steht es frei, das Lager und die Art und Weise der Einlagerung seiner Güter zu besichtigen oder durch eine andere legitimierte Person besichtigen zu lassen.

Einwände gegen die Art und Weise der Einlagerung der Güter muß der Einlagerer gegenüber dem Lagerhalter vorbringen. Erhebt der Einlagerer diese Einwände nicht unverzüglich nach der Einlagerung, begibt er sich dieser Einwände, soweit die Einlagerung unter Wahrung der Sorgfalt eines ordentlichen Lagerhalters erfolgt ist.

9. Dem Lagerhalter steht das Hausrecht an dem Lagerort zu.

Der Einlagerer und seine Beauftragten haben alle lagerbezogenen Weisungen des Lagerhalters oder seiner Mitarbeiter insbesondere hinsichtlich ihres Verhaltens im Lager, der Einlagerung der Güter u. ä. m. zu befolgen.

16 Ziff. 1: § 6 Ziff. 1 befreit den Lagerhalter nicht von seiner Sorgfaltspflicht (§ 416 HGB 32 e).

17 Ziff. 2: § 6 Ziff. 2 entspricht weitgehend § 43 c S. 2 ADSp (dazu Anh. III zu § 424 HGB, § 43 ADSp 13). Die Kontrolle der Wächter wird ausdrücklich abbedungen. Die Klausel kann nicht geltungserhaltend restringiert werden, da die Klausel nicht nur in Ausnahmesituationen unangemessen ist. Vielmehr verstößt sie im Regelfall gegen § 9 AGBG, weil sie das Personalrisiko dem Einlagerer auferlegt und faktisch jede Haftung für Kontrollversäumnisse ausschließt (vgl. Anh. III zu § 424 HGB, § 43 ADSp 13, 21). Dem steht § 14 nicht entgegen, weil § 6 Ziff. 2 den Kreis der Erfüllungsgehilfen unangemessen einschränkt.

18 Ziff. 3: § 6 Ziff. 3 S. 1 trifft eine doppelte Aussage. Zum einen **befreit** die Klausel den Lagerhalter von der Pflicht, die Verpackung zu öffnen, es sei denn, daß eine ausdrückliche Weisung vorliegt. Wurde die Weisung bereits im Lagervertrag erteilt, so bedarf sie keiner Form (§ 4 AGBG). Zum anderen **schränkt** sie die **Befugnis** des Lagerhalters zur Öffnung der Verpackung **ein**. Der Lagerhalter ist auch ohne klare Weisung zur Öffnung berechtigt, falls ein wichtiger Grund vorliegt. Ein wichtiger Grund scheint nach § 6 Ziff. 3 S. 3 schon dann gegeben zu sein, wenn der Lagerhalter ein ins Gewicht fallendes Interesse an der Öffnung der Verpackung besitzt. Dies ist jedoch nicht eindeutig. Gemäß § 5 AGBG sind daher bei der Auslegung des § 6 Ziff. 3 S. 2, 3 auch die Interessen des Einlagerers angemessen zu berücksichtigen (vgl. auch *Ulmer/Brandner/Hensen* AGBG[4] § 5 15). Die Begriffe „wichtiger Grund" und „berechtigter Anlaß" sind daher in einer Interessenabwägung zu konkretisieren. Der wichtige Grund liegt dann vor, wenn der Lagerhalter seine Interessen ohne Öffnung der Verpackung nicht zu wahren vermag, der Einlagerer bzw. Dritte durch die Öffnung der Verpackung nur vergleichsweise geringfügige Nachteile hinnehmen müssen und der Lagerhalter seine Interessen nicht auf einem anderen weniger belastenden Weg zu verfolgen vermag. Die Vermutung der Unrichtigkeit muß dringend sein. Andererseits ist der Lagerhalter dort, wo die vom Gut ausgehenden oder ihm drohenden Gefahren nur mittels einer Öffnung der Verpackung bekämpft werden können, nicht nur berechtigt, sondern auch verpflichtet, die Verpackung zu öffnen. § 6 Ziff. 3 ist im Licht des § 14 geltungserhaltend dahin zu interpretieren, daß diese Pflicht jedenfalls dort besteht, wo die Notwendigkeit einer Öffnung der Verpackung auf der Hand liegt.

Ziff. 4: Die Klausel gilt nur im Zweifel, wenn eine abweichende Vereinbarung nicht nachzuweisen ist. Sie derogiert § 416 HGB 30. Vgl. § 16 a ADSp (Anh. I zu § 415). **19**

Ziff. 5: Vgl. § 24 Abs. 1 Lagerordnung (Anh. II zu § 424 HGB). **20**

Ziff. 6: § 6 Ziff. 6 S. 1 begründet eine Verschwiegenheitspflicht des Lagerhalters zugunsten des Einlagerers. Die Schutzwirkung der Verschwiegenheitspflicht kann sich auf Dritte erstrecken. Legitimiert sind bevollmächtigte Inhaber von Auslieferungsermächtigungen sowie Rechtsnachfolger des Einlagerers. § 6 Ziff. 6 S. 2 wiederholt die dem § 418 HGB entspringende Befugnis und wird durch § 6 Ziff. 8 sowie mittelbar durch § 6 Ziff. 7 dahin ergänzt, daß das Gut besichtigt, Proben entnommen und Erhaltungsmaßnahmen vorgenommen werden können. Die Klausel, daß das Lager auf eigene Gefahr betreten wird, wird durch § 14 eingeschränkt. Die Pflicht, Leben, Gesundheit und Eigentum des Einlagerers und der von ihm legitimierten Personen zu schützen, stellt angesichts der Bedeutung des Betretungsrecht (§ 418 HGB 1) eine zentrale Pflicht (Kardinalpflicht) dar. **21**

Ziff. 7: Die Klausel entspricht § 45 ADSp (Anh. III zu § 424 HGB Rdn. 27). Zur Haftung § 9 Ziff. 2. **22**

Ziff. 8: Die Klausel entspricht § 43 d ADSp (Anh. III zu § 424 HGB Rdn. 14, 22). Zur Haftung § 12 Ziff. 3. **23**

Ziff. 9: Siehe § 3 Lagerordnung (Anh. II zu § 424 HGB). **24**

§ 7
Die Auslagerung

1. Die Auslieferung der Güter erfolgt nur nach vorheriger Vereinbarung mit dem Lagerhalter. Nur der Einlagerer oder die von ihm schriftlich zum Empfang der Güter legitimierte Person sind berechtigt, die Güter in Empfang zu nehmen.

2. Hinsichtlich der Abfertigung der Fahrzeuge gilt § 5 Ziff. 1 entsprechend.

Ziff. 1: Die Klausel regelt in S. 1 die Fälligkeit des Auslieferungsanspruchs. Der Lagerhalter kann sich aber nicht darauf berufen, daß er Vereinbarungen nach Belieben treffen dürfe. Vielmehr hat er kurzfristig mit dem Auslieferungsberechtigten einen normalen Lagerbedingungen entsprechenden Auslieferungstermin zu vereinbaren. Er hat mit zumutbarem Aufwand dafür zu sorgen, daß normale Lagerbedingungen herrschen. Zur Prüfung der Befugnis des Einlagerers und der schriftlichen Legitimation § 4. **25**

§ 8
Eigentumsaufgabe

Der Einlagerer, sein Rechtsnachfolger oder die von ihm legitimierte Person sind nicht berechtigt, das Eigentum der in der Verfügungsgewalt des Lagerhalters befindlichen Ware einseitig aufzugeben.

§ 8 betrifft nicht die Übereignung sondern die Dereliktion, § 959 BGB. Die entgegen § 8 vorgenommene Dereliktion ist wirksam (§ 137 BGB). Der Einlagerer macht sich bei schuldhaftem Verstoß gegen § 8 nur schadensersatzpflichtig. Seine Rechtsnachfolger und die von ihm legitimierten Personen werden durch § 8 nicht persönlich verpflichtet (Verbot des Vertrages zu Lasten Dritter); sie sind aber Erfüllungsgehilfen des Einlagerers. **26**

III. Haftung

§ 9
Die Haftung des Einlagerers

1. Der Einlager haftet dem Lagerhalter für alle Schäden, die dadurch entstehen, daß der Einlagerer entgegen § 5 Ziff. 5 dieser Bestimmungen keinen Hinweis auf die Gefährlichkeit der Güter abgegeben hatte, sowie für Schäden durch unrichtige oder unvollständige Bezeichnung der Güter, der Gewichtsangabe oder durch Mängel der Verpackung.

2. Der Einlagerer haftet dem Lagerhalter für alle Schäden, welche er, seine Mitarbeiter oder Beauftragten beim Betreten des Lagers oder beim Betreten oder Befahren des Lagergrundstücks dem Lagerhalter, anderen Einlagerern oder dem Grundstückseigentümer zufügen.

Als Beauftragte gelten auch Dritte, die auf seine Veranlassung das Lager oder das Lagergrundstück aufsuchen.

3. Der Einlagerer haftet dem Lagerhalter für alle Schäden, die diesem dadurch entstehen, daß der Einlagerer gemäß § 6 Ziff. 9 dieser Bestimmungen erteilte Weisungen nicht beachtet.

27 Ziff. 1: Die Klausel entspricht § 5b, § 7a S. 2 ADSp (Anh. I § 415). Der Einlagerer haftet verschuldensunabhängig, falls die Voraussetzungen des § 5 Ziff. 5 (Rdn. 14) vorliegen oder Schäden durch unrichtige bzw. unvollständige Bezeichnung (§ 4 Ziff. 2; Rdn. 9) oder durch Mängel der Verpackung entstanden sind. Die Verpackung ist mangelhaft, wenn sie trotz vertragsmäßiger Lagerung (§ 416 HGB 25 ff) nicht geeignet ist, nachteilige Einflüsse auf andere Gegenstände auszuschalten. Die Tatsache, daß die Verpackung auf diebstahlgefährdetes Gut hinweist, macht sie nicht per se mangelhaft [1]. Der Lagerhalter muß sich in geltungserhaltender Auslegung ein Mitverschulden (§ 254 BGB) entgegenhalten lassen, wenn er oder seine Erfüllungsgehilfen den Einlagerer nicht rechtzeitig auf das Schadensrisiko aufmerksam gemacht haben, obwohl es für einen ordentlichen Lagerhalter erkennbar war [2].

28 Ziff. 2: § 9 Ziff. 2 geht in Parallele zu § 9 Ziff. 1 weit über § 46a ADSp (Anh. III § 424) hinaus, weil er eine Haftung auch bei schuldlosem Verhalten des Einlagerers oder der Dritten, die das Lager auf seine Veranlassung hin aufsuchen, anordnet. Die Klausel ist unangemessen. Während sich die Haftung aus § 9 Ziff. 1 noch auf Parallelen zum Frachtrecht (Art. 22 Abs. 2 S. 2 CMR, § 564b HGB) stützen kann, verschärft § 9 Ziff. 2 ohne derartige Vorbilder die Haftung, obwohl das Betreten oder Befahren des Lagers in keiner Weise erhöhte, nicht zu kontrollierende oder kalkulierbare Gefahren mit sich bringt. Vielmehr sind die Risiken einer derartigen Haftung für den Einlagerer unübersehbar. Die Klausel ist daher unangemessen [3]. Die Tatsache, daß der Einlagerer das Risiko besser beherrschen kann, spricht nicht gegen dieses Ergebnis, weil sonst jede Verschuldenshaftung mittels AGB in eine Garantiehaftung umgewandelt werden könnte. Der Einlagerer haftet daher nur nach den Regeln der pFV und des § 823 BGB. Eine Umdeutung in eine Verschuldenshaftung ist nicht möglich (Reduktionsverbot).

---

[1] Vgl. OLG Frankfurt, TranspR **1986** 281; OLG München, TranspR **1986** 234.

[2] Vgl. OLG Karlsruhe, VersR **1974** 129; *Löwe/Graf von Westphalen/Trinkner* AGB[2] Bd. III S. 31.1 Rdn. 2; *Staub/Helm* HGB[4] Anh. I zu § 415, § 5 ADSp 8; § 7 ADSp 3, 4.

[3] § 9 AGBG; *Wolf/Horn/Lindacher* AGBG § 9 H 2; vgl. auch *Staudinger/Schlosser* BGB[12], § 11 Nr. 7 AGBG 47.

Ziff. 3: Auch hier wird im Widerspruch zu § 9 AGBG (oben Rdn. 28) eine verschuldensunabhängige Haftung statuiert. **29**

§ 10
Grundsätze der Haftung des Lagerhalters

1. Der Lagerhalter haftet aufgrund gesetzlicher oder vertraglicher Bestimmungen bei allen Tätigkeiten nur, soweit ihn oder seine Erfüllungsgehilfen und/oder Verrichtungsgehilfen ein Verschulden trifft.

2. Die Entlastungspflicht trifft den Lagerhalter; ist jedoch ein Schaden an einem Gut äußerlich nicht erkennbar gewesen oder kann dem Lagerhalter die Aufklärung einer Schadensursache nach Lage der Umstände billigerweise nicht zugemutet werden, so haben der Einlagerer oder Dritte (§ 1 Ziff. 1) nachzuweisen, daß der Lagerhalter den Schaden schuldhaft verursacht hat.

3. Gegen Zahlung eines erhöhten Lagergeldes steht es dem Einlagerer frei, eine über den Umfang der Hamburger Lagerungsbedingungen hinaus erweiterte Haftung mit dem Lagerhalter zu vereinbaren.

4. Der Lagerhalter haftet nur für die Richtigkeit der angegebenen Eigenschaften der Ware, insbesondere Gattung, Gewicht, Maß, Provenienz o. ä., wenn diese Angaben von ihm festgestellt und schriftlich bestätigt worden sind. Der Ausschluß der Haftung für Schwund bleibt von dieser Regelung unberührt.

Ziff. 1: Ziff. 1 statuiert im Einklang mit dem dispositivem Recht (§§ 416 f HGB) **30** eine Verschuldenshaftung. Außerdem verweist er auf die §§ 823 ff BGB.

Ziff. 2: Im Einklang mit § 417 Abs. 1, § 390 Abs. 1 HGB (§ 417 HGB 12) weist § 10 **31** Ziff. 2 1. HS die Beweislast grundsätzlich dem Lagerhalter zu. Davon werden in Parallele zu § 51 a S. 2 ADSp (Anh. I § 415) zwei Ausnahmen gemacht. Zum einen soll der Lagerhalter bei **äußerlich nicht erkennbaren Schäden** von der Last, den Beweis sorgfältigen Verhaltens führen zu müssen, befreit sein. Der Einlagerer muß aber ohnehin in vollem Umfang beweisen, daß der Schaden entstanden ist, als sich das Gut in der Obhut des Lagerhalters befand. Wenn man ihm noch zusätzlich die Bürde auferlegt, die Schadensursachen aufzudecken, obwohl sie sich gänzlich außerhalb seine Sphäre und im alleinigen Verantwortungsbereich des Lagerhalters liegen, so ist dies evident unangemessen[1]. Zum anderen soll der Lagerhalter dort die Beweislast nicht tragen, wo ihm die Aufklärung billigerweise nicht zuzumuten ist. Dies ist nur dort zu bejahen, wo ausnahmsweise dem Einlagerer die Ermittlung der Schadensursache billigerweise aufzuerlegen ist. Es genügt nicht, daß der Lagerhalter evident außerstande ist, die wahre Schadensursache aufzudecken. Allein der Lagerhalter ist imstande, seine Sphäre so zu organisieren, daß Schadensursachen nicht unaufklärbar bleiben.

Ziff. 4: Zu den Auskunftspflichten des Lagerhalters § 418 HGB 5. Darüber hinaus **32** ist er nach dispositivem Recht nicht verpflichtet, Auskünfte zu erteilen. Häufiger wird er freiwillig Einlagerer informieren, falls das Gut von Dritten angeliefert oder bei ihm eingelagert worden ist. Angaben werden ferner im Rahmen der Einlagerungsanzeige (§ 5 Ziff. 6) gemacht. Ferner werden üblicherweise mit Ermächtigung des Einlagerers Dritten Auskünfte erteilt. Der Lagerhalter haftet nach dispositivem Recht dem Einlage-

---

[1] § 9 AGBG; BGHZ **41** 151; BGH BB **1984** 939, 940; vgl. auch *Löwe/Graf von Westphalen/Trinkner* AGBG[2] Bd. III S. 31.1–5 Rz. 15; *Ulmer/Brandner/Hensen* AGBG[4] Anh. §§ 9–11 457; kritisch *Staub/Helm* HGB[4] Anh. I § 415, § 51 ADSp 6; a. A. *Wolf/Horn/Lindacher* AGBG § 9 Rz. A 35; *Krien/Glöckner* vor § 51 ADSp 2 b IV; *Hald/Widmann* ADSp S. 185; zum Teil auch Münchener Kommentar-*Kötz* BGB[2] § 11 Nr. 15 AGBG 163.

rer aus Vertrag bzw. Verletzung vertragsähnlicher Schutzpflichten: Der Lagerhalter kann auch Dritten aus falschen Auskünften schadensersatzpflichtig werden[2]. Soweit die Haftung des Lagerhalters auf den Lagervertrag oder einen gesonderten Auskunftsvertrag gestützt wird, müssen die Lagerbedingungen Teil des Vertrages geworden sein (Rdn. 1 ff). Haftet der Lagerhalter wegen Schutzpflichtverletzung, insbesondere c. i. c., so kann er sich Dritten gegenüber auf § 10 Nr. 4 berufen[3]. Der Lagerhalter, der für fehlerhafte Angaben deliktisch haftet, kann nur dann § 10 Nr. 4 einwenden, wenn der Geschädigte sein Vertragspartner ist, die Lagerungsbedingungen Vertragsbestandteil geworden sind (Rdn. 3) und der Lagerhalter zugleich wegen Schutzpflichtverletzung haftet.

Die Haftungsbeschränkung des § 10 Ziff. 4 gilt nicht bei **vorsätzlich** oder **grob fahrlässig** falschen Angaben (§ 14). Es gehört zu den Hauptpflichten des Lagerhalters iSd § 14, die richtigen Auskünfte und Bescheinigungen zu erteilen. Zum Haftungsausschluß bei Schwund § 11 Ziff. 3.

---

[2] BGH WM **1984** 1277, 1278; zur dogmatischen Einordnung der Haftung *Soergel/Mühl* BGB[11], § 676 1 ff; *Palandt/Thomas* BGB[45], § 676 2 m. Nachw.

[3] Vgl. Großkommentar HGB[3]-*Canaris*, Bd. III/3 (2. Bearb. 1981) 31 f.

§ 11
Ausschluß der Haftung

Ansprüche gegen den Lagerhalter wegen gänzlichen oder teilweisen Verlustes oder Beschädigung sind ausgeschlossen, wenn

1. der Einlagerer oder die von ihm legitimierte Person die Beanstandungen nicht unverzüglich bei der Auslieferung der Güter am Lagerort, bei äußerlich nicht erkennbaren Schäden unverzüglich nach deren Entdeckung, gegenüber dem Lagerhalter schriftlich vorgebracht hat,

2. ein Schaden durch höhere Gewalt, Naturkatastrophen, Krieg und Bürgerkrieg oder kriegsähnliche Ereignisse, Streik, Aussperrung, Arbeitsunruhen, politische Gewalthandlungen, Aufruhr, sonstige bürgerliche Unruhen, Sabotage, Entziehung oder Eingriffe von hoher Hand oder behördliche Anordnungen verursacht worden ist und der dadurch entstandene Schaden auch mit der Sorgfalt eines ordentlichen Lagerhalters nicht abgewendet werden konnte,

konnte ein Schaden aus einer der vorgenannten Gefahren entstehen, so wird bis zum Nachweis des Gegenteils angenommen, daß der Schaden daraus entstanden ist,

3. der Schaden seine Ursache in der Sphäre des Einlagerers (Person, Weisungen des Einlagerers oder von ihm beauftragter Dritter) und/oder des eingelagerten Gutes hat,

dies ist insbesondere dann der Fall, wenn der Schaden durch die natürliche Beschaffenheit des Gutes, mangelhafte oder fehlende Verpackung, inneren Verderb, Schwund, Rost, Schimmel, Fäulnis o. ä. verursacht worden ist,

4. die Güter vereinbarungsgemäß, üblicherweise oder entsprechend § 5 im Freien, im Keller oder in den dafür eingerichteten Speziallägern eingelagert waren und der Schaden auf diese Art der Lagerung zurückzuführen ist,

5. es sich um einen versicherten oder üblicherweise versicherbaren Schaden handelt,

6. der Einlagerer gegen seine Pflicht zur Spezifikation gemäß § 4 Ziff. 2 verstoßen hat und dadurch der eingetretene Schaden verursacht wurde.

33 Vorbemerkung: § 10 Ziff. 1 statuiert den Grundsatz der Verschuldenshaftung iSd dispositiven Rechts. Diese Haftung wird in § 10 Ziff. 4 und in § 11 in den Fällen des

Verlustes oder der Beschädigung gänzlich ausgeschlossen, es sei denn, daß § 14 eingreift (vorsätzliche oder grob fahrlässige Schädigung). § 12, § 13 Ziff. 2 beschränken die Haftung unter dem Vorbehalt des § 14. § 13 regelt die Art der Schadensersatzleistung und den Vorteilsausgleich. § 15 erstreckt die Haftungsausschlüsse und -beschränkungen auf die Arbeitnehmer des Lagerhalters.

Ziff. 1: Die Klausel statuiert die Obliegenheit, Schäden und Verluste, die bei verkehrserforderlicher Sorgfalt bei der Auslieferung erkennbar waren, unverzüglich im Rahmen der Auslieferung (OLG Hamburg, VersR **1984** 1036, 1037 f), andere Schäden und Verluste unverzüglich nach Kenntniserlangung mitzuteilen. Dabei kommt es auf die Kenntnis des Einlagerers, der Erwerber des Auslieferungsanspruchs oder der Personen an, die im Namen oder mit Ermächtigung des Einlagerers oder seines Rechtsnachfolgers die Güter in Empfang nehmen, nicht aber auf die Kenntnis dritter Abnehmer des Gutes. Zur Schriftform § 127 BGB. Es genügt die unverzügliche Absendung der spezifizierten Schadens- bzw. Verlustanzeige. Zur anderweitigen Kenntniserlangung und zur AGBG-Konformität § 53 Abs. 4 Lagerordnung (Anh. II § 424 HGB).

Ziff. 2: Die Klausel ist als Haftungsausschlußklausel im Licht des Verschuldensprinzips (§ 10 Ziff. 1) selbstverständlich und gibt die Rechtslage nach dispositivem Recht wieder. Ihre eigenständige Bedeutung liegt in der Beweislastumkehr zu Lasten des Geschädigten. Die Klausel ist unangemessen (§ 9 AGBG). Der Geschädigte hat unter Zuhilfenahme des Anscheinsbeweises nachzuweisen, daß der Schaden nicht eingetreten wäre, wenn die von einem ordentlichen Lagerhalter zu treffenden Schutzmaßnahmen getroffen worden wären. Es ist dann Sache des Lagerhalters darzutun, daß diese Schutzmaßnahmen getroffen waren oder trotz der Sorgfalt eines ordentlichen Lagerhalters versagt haben; denn diese Umstände liegen im ausschließlichen Verantwortungsbereich des Lagerhalters[1].

Ziff. 3: Der Schaden muß nicht ausschließlich durch die in § 11 Ziff. 3 genannten Faktoren verursacht worden sein, weil sonst § 11 Nr. 3 angesichts des § 10 Ziff. 1 leer liefe (a. A. OLG Hamburg, VersR **1984** 1037). Die Schadensquelle liegt dann in der Sphäre des Einlagerers, wenn dieser das Risiko eines Schadens beherrschen und/oder kalkulieren konnte. Es genügt, daß der Schaden auch durch in der Sphäre des Einlagerers liegende Umstände verursacht wurde, wie die in der Klausel angeführten Beispiele zeigen. Der Lagerhalter haftet trotz des § 11 Nr. 3, wenn ihn oder seine Erfüllungsgehilfen der Vorwurf grober Fahrlässigkeit trifft (§ 14). Die Wirksamkeit der Klausel ist zweifelhaft, da sie die Haftung für einfache Fahrlässigkeit auch dann gänzlich ausschaltet, wenn gegen die zentrale Obhutspflicht des Lagerhalters verstoßen wurde (BGH BB **1984** 939; *Koller* ZIP **1986** 1086, 1099). Die Tatsache, daß die Gefahr auch aus der Sphäre des Einlagerers stammt, fällt nicht besonders ins Gewicht; denn vielfach ist es gerade Aufgabe des Lagerhalters, diese Gefahren zu mindern (z. B. Kühllagerung; Schutz vor Feuchtigkeit).

Ziff. 4: Der Schaden muß ausschließlich durch die vertragsgemäße Art der Lagerung entstanden sein (OLG Hamburg VersR **1984** 1036, 1037), hätte sich also auch dann ereignen müssen, wenn der Lagerhalter das Gut mit vertragsgemäßer Sorgfalt im Freien, bzw. im Keller oder den Speziallagern betreut hätte (§ 5 AGBG). § 11 Ziff. 4 enthält mithin keinen Haftungsausschluß im eigentlichen Sinn, da der Lagerhalter für die Folgen vertragsgemäßer Lagerung nie zu haften braucht. Der Lagerhalter haftet aber dafür, daß er die Güter besonders riskant gelagert hat oder den Einlagerer über

---
[1] BGH NJW **1958** 1629; *Ulmer/Brandner/Hensen* AGBG⁴ § 11 Nr. 15 10 f.

die besonderen Risiken nicht aufgeklärt hat. Zur grob fahrlässigen Lagerung im Keller OLG Hamburg VersR **1984** 794.

38 Ziff. 5: Das Gut muß im Rahmen einer Sachversicherung zugunsten des Einlagerers versichert sein oder der Schaden hätte zu zumutbaren Bedingungen durch eine Versicherung gedeckt werden können. Außerdem muß die Versicherung üblich sein. Die Transportversicherung stellt eine übliche Versicherung dar (zweifelnd OLG Hamburg VersR **1984** 1035, 1036). Die Klausel greift nicht ein, wenn der Schaden dadurch entstanden ist, daß der Lagerhalter das Gut entgegen § 19 Ziff. 2 nicht versichert hat oder den erkennbar unerfahrenen Einlagerer über die Zweckmäßigkeit einer Versicherung nicht aufgeklärt hat. Der Haftungsausschluß kommt nicht zum Tragen, wenn die Voraussetzungen des § 14 erfüllt sind. Die Klausel verstößt nicht gegen § 9 AGBG (a. A. AG Hamburg VersR **1981** 792), sofern man sie geltungserhaltend dahin auslegt, daß sie bei fahrlässigen Organisationsfehlern des Lagerhalters (Kardinalpflicht) nicht eingreift (Koller, ZIP **1986** 1089).

39 Ziff. 6: Es genügt, daß die fehlerhafte Spezifikation mitursächlich war. Ausnahme: § 14.

§ 12
Beschränkung der Haftung

1. Als ersatzpflichtiger Wert der Güter gilt deren gemeiner Wert.

Die Haftung des Lagerhalters ist jedoch mangels gegenteiliger schriftlicher Vereinbarung begrenzt auf DM 100,-- per 100 kg brutto, auf das Gewicht der fehlenden bzw. beschädigten Teilmenge, maximal DM 5 000,-- im Ganzen für alle durch dasselbe Ereignis verursachten Schäden.

Übersteigt der Gesamtschaden den Betrag von DM 5 000,-- und sind mehrere Anspruchsberechtigte vorhanden, so wird der Höchstbetrag von DM 5 000,-- auf die einzelnen Berechtigten im Verhältnis ihrer Ansprüche aufgeteilt, berechnet auf der Basis der vorgenannten Haftungsbeschränkungen.

2. Die Haftung des Lagerhalters ist auf den unmittelbaren Sachschaden beschränkt.

Für mittelbare Schäden, die nicht am Gute selbst entstehen (Vermögensschäden), insbesondere entgangenen Gewinn, haftet der Lagerhalter nicht.

3. Hat der Einlagerer Einwendungen gemäß § 6 Ziff. 8 dieser Bedingungen nicht unverzüglich vorgebracht und ist ein Schaden auf die Art der Unterbringung und/oder Sicherung der Güter zurückzuführen, so ist die Haftung des Lagerhalters gemäß § 254 BGB beschränkt bzw. ausgeschlossen.

40 Vorbemerkung: § 12 betrifft eindeutig den Sachschaden und sekundäre Vermögensschäden. Ob die Klausel auch Personenschäden und primäre Vermögensschäden erfaßt, ist zweifelhaft (§ 5 AGBG).

41 Ziff. 1: Der Lagerhalter hat — vorbehaltlich des § 14 — im Fall des Verlusts oder der Beschädigung einer Sache in Parallele zu § 430 HGB nur den Wertverlust zu ersetzen, den ein objektiver Käufer des Gutes erleiden würde. Subjektive Interessen sind ebensowenig zu berücksichtigen wie die geplante besondere Verwendung in der Hand des Geschädigten (§ 12 Ziff. 2 S. 2). Es kommt auf den gemeinen Wert am Tag der letzten mündlichen Verhandlung oder des Ausgleichs des Schadens an (Münchener Kommentar-*Grunsky* BGB[2] vor § 249 126 f), es sein denn, daß der Lagerhalter in Verzug geraten war. Die Pflicht, diesen anhand des Maßstabs des gemeinen Werts errechneten Schaden zu ersetzen, ist, von den Fällen des § 14 abgesehen, zusätzlich summenmäßig nach oben beschränkt: Eine Höchstgrenze ergibt sich aus dem Gewicht der beschädigten oder in Verlust geratenen Güter. Sie beträgt DM 100,-- pro 100 kg brutto, d. h. DM 1,-- pro kg (nach § 54 ADSp (Anhang I § 415) DM 4,45 pro kg). Beträgt der nach diesen Maßstäben berechnete zu ersetzende Schaden, der durch eine Schadensursache ausgelöst wurde (z. B. Brand), mehr als DM 5 000,--, so schuldet der Lagerhalter auch dann nur maximal DM 5 000,--, wenn mehrere Personen geschädigt worden sind. Der Schadensersatzbetrag wird dann pro rata verteilt. Die lächerlich geringen Schadensersatzbeträge, die auch dort nicht höher sind, wo dem Lagerhalter schon bei Vertragsschluß vorhandene Organisationsfehler vorzuwerfen sind (dazu *Koller* ZIP **1986** 1089, 1099), erscheinen angesichts des § 11 Nr. 5 als unangemessen (§ 9 AGBG, vgl. § 417 HGB 11 a. E.).

42 Ziff. 2: Die Tragweite der Klausel ist unklar. Sie kann dahin gedeutet werden, daß ausschließlich unmittelbare Sachschäden, nicht aber sekundäre Sachschäden, primäre Vermögensschäden (z. B. bei Auslieferungsverzug oder Unterlassung der Versicherung) oder Personenschäden ersetzt werden. Gegen diese Auslegung spricht, daß § 12 Ziff. 2 unter der Überschrift „Beschränkung der Haftung" und nicht „Ausschluß der Haftung" (§ 11) steht. Wäre nur der unmittelbare Sachschaden zu ersetzen, so würde dies für bestimmte Schadensarten zu einem totalen Haftungsausschluß führen, der im Rahmen des § 11 zu regeln gewesen wäre. § 11 regelt aber seinerseits nur die Haftung für Verlust oder Beschädigung. Außerdem ist zu beachten, daß in Satz 2 des § 12 Ziff. 2 lediglich der Begriff des unmittelbaren Sachschadens näher bestimmt wird. Daraus ist abzuleiten, daß § 12 Ziff. 2 ausschließlich verhindern soll, daß über den gemeinen Wert hinaus Sachschäden und -verluste ersetzt werden. Jedenfalls spricht die Klausel eher gegen einen Haftungsausschluß für primäre Vermögens- und Personenschäden, so daß sie gemäß § 5 AGBG restriktiv auszulegen ist. Für diese Auslegung spricht auch, daß ein weitgehender Haftungsausschluß trotz des § 14 häufig in Kollision mit § 9 AGBG gerät (OLG Hamburg VersR **1982** 1104 f).

43 Ziff. 3: Der Einlagerer, der Einwendungen unterläßt oder mit einer bestimmten Art der Lagerung einverstanden ist, erklärt keinen Haftungsverzicht (OLG Hamburg VerR **1984** 1036, 1037). Die Klausel geht erheblich über § 254 BGB hinaus, weil sie den Einlagerer auch dann mit dem Vorwurf des Mitverschuldens belastet, wenn ihm aus dem Unterlassen der Besichtigung kein Vorwurf zu machen ist (unzumutbarer Aufwand für die Besichtigung). Sie belastet ihn daher mit einer Art Kausalhaftung. Dies ist unangemessen (BGH WM **1979** 1117 vgl. auch Rdn. 28). Die Klausel ist daher geltungserhaltend dahin auszulegen, daß den Einlagerer ein Verschulden treffen muß.

§ 13
Ersatzleistung

1. Der Lagerhalter ist berechtigt aber nicht verpflichtet, innerhalb einer Frist von 6 Monaten den Schadensersatzanspruch des Einlagerers dadurch zu befriedigen, daß er diesem Güter gleicher Art und Güte zur Verfügung stellt. Die Frist beginnt mit dem Zeitpunkt, zu dem der Berechtigte den Schadensersatzanspruch bei dem Lagerhalter schriftlich anmeldet.

Der Lagerhalter ist berechtigt, Beschädigungen unter Ausschluß der Haftung für Wertminderung selbst zu beseitigen oder beseitigen zu lassen.

2. Bei Schäden an einem Sachteil, der einen selbständigen Wert hat, oder bei Schäden an einer von mehreren zusammengehörenden Sachen bleibt eine etwaige Wertminderung des Restes der Sache oder der übrigen Sachteile außer Betracht.

3. In Höhe der geleisteten Entschädigungen gehen etwaige Ansprüche des Wareneigentümers hinsichtlich des eingelagerten Gutes gegen Dritte auf den Lagerhalter über.

Wurde ein Anspruch gegen einen Dritten oder ein zur Sicherung dienendes Recht aufgegeben, so ist der Lagerhalter von seiner Ersatzpflicht insoweit frei, als er aus dem Anspruch oder dem Recht hätte Ersatz erlangen können.

4. Erreicht die durch den Lagerhalter geleistete Entschädigung den gemeinen Wert des Gutes oder den gemeinen Wert von Teilen des Gutes, kann der Lagerhalter wählen, ob mit der Zahlung der Entschädigung die Rechte an den Gütern oder den Teilen der Güter auf ihn übergehen sollen oder nicht. Der Rechtsübergang entfällt, wenn der Lagerhalter ihn nicht innerhalb von 10 Werktagen nach Entschädigungsleistung gegenüber dem Berechtigten wählt.

44 Ziff. 1: § 13 Ziff. 1 S. 1 gibt dem Lagerhalter ein Recht zur Naturalrestitution (§ 249 BGB). Der Anspruch auf Ersatz des markantilen Minderwerts (Wertminderung) wird in Parallele zu § 12 Ziff. 2 ausgeschlossen. Die Klausel ist im Licht des § 9 AGBG fragwürdig, weil sie dem Lagerhalter das Recht verschafft, erst nach nahezu 6 Monaten Schadensersatz zu leisten. Hält man die in § 12 Ziff. 1 festgesetzten Beträge für angemessen, so fällt freilich angesichts der geringen Beträge diese Verzögerung nicht sonderlich ins Gewicht.

45 Ziff. 2: Die Klausel entspricht § 55 ADSp (Anh. I § 415). Die Klausel ist unangemessen [1].

46 Ziff. 3: Die Klausel entspricht im Kern dem dispositiven Recht. Im Unterschied zum dispositiven Recht regelt § 13 Ziff. 3 eine antizipierte Zession.

47 Ziff. 4: Die Klausel entspricht § 61 ADSp (Anh. I § 415). Sie stößt im Licht des § 9 AGBG auf erhebliche Bedenken, weil der Lagerhalter in die Lage versetzt wird, das Gut gegen den Willen des Eigentümers an sich zu ziehen, auch wenn er nicht den vollen Schaden ersetzt hat.

---

[1] *Wolf/Horn/Lindacher* AGBG § 9 A 37; *Ulmer/Brandner/Hensen* AGBG4 Anh. §§ 9—11 22; a. A. *Staub/Helm* HGB4 Anh. I § 415 § 55 ADSp 1.

§ 14
Vorsatz und grobe Fahrlässigkeit

Soweit Vorsatz oder grobe Fahrlässigkeit des Lagerhalters selbst, eines seiner Organe oder eines seiner leitenden Angestellten oder Vorsatz oder grobe Fahrlässigkeit durch seine Erfüllungsgehilfen bei der Erfüllung einer vertraglichen Hauptpflicht des Lagerhalters vorliegen, kann sich dieser auf die vorstehenden Haftungsausschlüsse oder Haftungsbeschränkungen nicht berufen.

48 Der Begriff der Organe ist iSd § 31 BGB zu verstehen. Leitende Angestellte sind Personen, die einen Bereich des Unternehmens aufgrund eines vertretungs- oder vertretungsähnlichen Verhältnisses weitgehend selbständig leiten, die also Repräsentanten des Lagerhalters sind (*Hald/Widmann*, ADSp, S. 191). Die Voraussetzungen der §§ 5 BetrVG, 14 KSchG müssen nicht erfüllt sein. Hat der Lagerhalter selbst, eines seiner Organe oder ein leitender Angestellter vorsätzlich schädigend oder grob fahrlässig gehandelt, so kommt es nicht darauf an, ob eine Hauptpflicht verletzt wurde. Hingegen entfallen bei einfachen Erfüllungsgehilfen die Haftungsausschlüsse und -beschränkungen nur dort, wo der Schaden bei Erfüllung einer Hauptpflicht angerichtet wurde. Der Begriff der Hauptpflicht (BGH NJW **1984** 1350, 1351) ist unklar (§ 5 AGBG). Sicher umfaßt er die im Synallagma stehende Obhutspflicht (§ 416 HGB 24 ff). Der Begriff der Hauptpflicht muß sich auch auf Schutzpflichten erstrecken, sofern sie für die Erreichung des Vertragszwecks wesentlich sind (§ 9 II Nr. 2 AGBG); denn die Auswirkungen der Verletzung von bloßen Schutzpflichten und der im Synallagma stehenden Hauptpflicht sind sich vielfach ähnlich[1]. Es kommt daher lediglich darauf an, daß die Pflichten von den Parteien als wesentlich angesehen werden oder dem Schutz anerkennenswerter Vertragsinteressen dienen (Kardinalpflichten). Der Erfüllungsgehilfe muß bei Erfüllung der Hauptpflicht nachlässig gewesen sein. Da die „Hauptpflicht" auch Schutzpflichten umfaßt und alle Mitarbeiter des Lagerhalters dafür zu sorgen haben, daß das eingelagerte Gut nicht beschädigt wird, findet § 14 auch dort Anwendung, wo ein mit Hilfstätigkeiten betrauter oder mit Verwaltungsangelegenheiten beschäftigter Mitarbeiter grob fahrlässig vorgeht, z. B. unvorsichtig raucht. Zum Ausschluß der Haftung für einfache Fahrlässigkeit *Koller* ZIP **1986** 1089, 1099 m. Nachw.

[1] BGH NJW **1982** 1694, 1695; *Ulmer/Brandner/Hensen*, AGBG⁴ § 9 104; *Wolf/Horn/Lindacher* AGBG § 9 83.

§ 15
Haftung von Mitarbeitern

Die Haftung von Mitarbeitern des Lagerhalters gegenüber dem Einlagerer oder dritten Personen ist entsprechend den vorstehenden Haftungsbestimmungen der Hamburger Lagerungsbedingungen ausgeschlossen bzw. beschränkt.

§ 15 setzt gegenüber Dritten voraus, daß diese den Lagerungsbedingungen unterworfen sind (Rdn. 3). **49**

IV. Der Lagerschein

§ 16
Ausstellung und Inhalt

1. Der Lagerhalter stellt einen Lagerschein über die bei ihm eingelagerten Güter aus, wenn der Einlagerer dies beantragt.

Der Lagerhalter kann die Ausstellung des Lagerscheins verweigern, wenn ein berechtigtes Interesse des Lagerhalters vorliegt. Dies ist insbesondere dann der Fall, wenn seine Ansprüche auf Entgelt, Auslagen pp. gegen den Einlagerer durch das eingelagerte Gut nicht mehr gedeckt sind.

2. Der Lagerhalter schreibt Teilabnahmen auf dem Lagerschein ab. Er kann den Lagerschein zurücknehmen und über das restliche Gut einen neuen Lagerschein ausstellen.

Ziff. 1: Zu den verschiedenen Arten des Lagerscheins § 424 HGB. Der Einlagerer **50** kann nur die Ausstellung eines Namenslagerscheins fordern; denn der Ausstellung eines Inhaberlagerscheins steht § 17 entgegen. Zum Pfandrecht und Zurückbehaltungsrecht gegenüber dem Inhaber des Namenslagerscheins § 22 Ziff. 5. Einen Orderlagerschein kann er nicht verlangen, weil dies zur weitgehenden Unwirksamkeit der Lagerungsbedingungen führen würde. Der Lagerempfangsschein ist in § 5 Ziff. 6 geregelt.

§ 17
Abtretung des Herausgabeanspruchs

1. Die Abtretung des Herausgabeanspruchs erfolgt durch Ausfüllen der im Lagerscheinformular vorgesehenen Vordrucke. Für ihre Wirkung sind die Bestimmungen des Bürgerlichen Gesetzbuches maßgebend, soweit nicht in diesen Bestimmungen etwas anderes vorgesehen ist.

Anh. V § 424
§ 19 Hambg.Lag.Bed.   Drittes Buch. Handelsgeschäfte

2. Die Abtretung des Herausgabeanspruchs ist dem Lagerhalter gegenüber erst wirksam, wenn sie ihm von dem Abtretenden unter genauer Bezeichnung des Erwerbers schriftlich angezeigt worden ist. Ist die Abtretung auf dem Lagerschein schriftlich durch Ausfüllen des Vordruckes erklärt worden, so genügt als Anzeige das Vorlegen des Lagerscheins durch den neuen Inhaber.

51 Die Abtretung ist nicht formbedürftig in dem Sinne, daß die formlose Abtretung gegenüber jedermann unwirksam ist. Sie eröffnet dem Lagerhalter nur in Parallele zu § 410 BGB ein Leistungsverweigerungsrecht (anders § 48 Cc ADSp, Anh. I § 415). Wie die Notwendigkeit des Aufgebots in § 18 zeigt, ist § 407 BGB unanwendbar. Der Lagerhalter darf mit den in § 18 geregelten Modifikationen nur gegen Vorlage des Lagerscheines leisten.

§ 18
Abhandenkommen des Lagerscheins

1. Ist der Lagerschein abhanden gekommen, so hat der Lagerhalter auf Kosten des Einlagerers den Verlust des Lagerscheins unverzüglich im hamburgischen „Amtlichen Anzeiger" und in zwei hamburgischen Tageszeitungen anzuzeigen und auf den Ablauf der Verjährungsfrist (§ 18 Ziff. 3) hinzuweisen.

2. Ist ein Lagerschein abhanden gekommen oder vernichtet, so ist der Lagerhalter berechtigt, das Gut dem Einlagerer oder dessen Rechtsnachfolger herauszugeben, wenn sich dieser schriftlich verpflichtet, den Lagerhalter von allen Folgen dieser Auslieferung freizustellen und zur Sicherheit dieser Verpflichtung eine Bürgschaftserklärung einer deutschen Bank beibringt, welche nach den Bestimmungen der Zivilprozeßordnung (§ 108 Abs. 1 ZPO) als Sicherheit zugelassen würde.

3. Wird nach Abgabe einer derartigen Verpflichtungsurkunde seitens des Empfängers und nach Übergabe der Bürgschaftserklärung für alle Verpflichtungen aus der Urkunde das Gut ausgeliefert, so verjähren die Ansprüche gegen den Lagerhalter wegen des in dem Lagerschein bezeichneten Gutes in einem Jahr nach Veröffentlichung im „Amtlichen Anzeiger".

V. Versicherung der Güter

§ 19
Abschluß des Versicherungsvertrages und die Regulierung

1. Der Lagerhalter ist nicht verpflichtet, die Güter für eigene und fremde Rechnung zu versichern.

2. Ein Auftrag zur Besorgung einer Versicherung muß schriftlich erfolgen und alle Angaben enthalten, die für einen ordnungsgemäßen Abschluß der Versicherung notwendig sind. Der Lagerhalter muß die Annahme oder Ablehnung des Auftrages unverzüglich erklären.

Kommt der Abschluß der Versicherung aus Gründen, die der Lagerhalter nicht zu vertreten hat, nicht oder unzureichend zustande, haftet der Lagerhalter nicht für Nachteile, die sich hieraus ergeben. Er hat den Einlagerer über das Nichtzustandekommen der Versicherung zuverzüglich zu benachrichtigen.

3. Im Versicherungsfall ist der Anspruch auf Entschädigungsleistung der Versicherung beschränkt.

Darüber hinausgehende Ansprüche gegen den Lagerhalter aufgrund allgemeiner gesetzlicher oder vertraglicher Bestimmungen bleiben hiervon unberührt.

Der Auftraggeber kann verlangen, daß der Lagerhalter ihm die Rechte aus dem in seinem Auftrag geschlossenen Versicherungsvertrag abtritt.

Ziff. 1: Die Klausel entspricht den §§ 417, 390 Abs. 2 HGB (§ 417 16). 52

Ziff. 2: Der Auftrag zur Versicherung ist formbedürftig (§ 127 BGB). Ergeht der 53 Auftrag zusammen mit dem Einlagerungsauftrag, so gilt allerdings der Vorrang der Individualvereinbarung[1]. Für einseitige Weisungen nach Vertragsschluß ist die Klausel an sich unbedenklich. Aus § 19 Ziff. 2 S. 2 ergibt sich jedoch, daß der Einlagerer nicht berechtigt ist, einseitig einen Auftrag zur Versicherung zu erteilen, sondern daß dieser Auftrag angenommen werden muß. In Hinblick auf diese nachträgliche Vereinbarung ist die Schriftformklausel unangemessen[2]. § 19 Ziff. 2 S. 2 sagt nicht, welche Rechtsfolge die verspätete Reaktion auf den Auftrag nach sich zieht. Es ist daher § 362 HGB anzuwenden.

Ziff. 3: Die Klausel enthält einen Haftungsausschluß, der nicht durch § 14 abge- 54 schwächt wird, da § 14 nur „vorstehende" Haftungsausschlüsse erfaßt. Der Haftungsausschluß trifft zwar letztlich nur die Versicherer, denen das Rückgriffsrecht genommen wird. Diese Beseitigung des Rückgriffsrechts ist zunächst unter dem Aspekt unangemessen, daß der Versicherungsanspruch gefährdet wird (BGH, NJW **1961** 212, 213). Der Haftungsausschluß ist aber auch dann unangemessen, wenn dadurch der Versicherungsschutz nicht in Frage gestellt wird (*Koller* TranspR **1986** 129, 134). Die Klausel ist deshalb gänzlich unwirksam (OLG Hamburg, VersR **1984** 1036, 1037).

---

[1] § 4 AGBG; *Wolf/Horn/Lindacher* AGBG § 9 Rdn. S 32; *Hensen* EWiR **1986** 325, 326; *Staub/Helm* HGB⁴ Anh. I § 415 vor § 1 ADSp 53, 54.

[2] BGH NJW **1985** 320, 322; ZIP **1986** 714, 715 f.

VI. Zahlungsverkehr

§ 20
Entgelt

1. Der Lagerhalter hat Anspruch auf das vereinbarte oder ortsübliche Entgelt.

Bei der Berechnung des Lagergeldes werden angefangene Monate und angefangene 100 kg oder angefangene m2/m3 als volle Einheit gerechnet.

Der Lagerhalter ist berechtigt, für Auslagen eine angemessene Provision zu berechnen, unbeschadet des Anspruchs auf Erstattung des Verzugsschadens und auf Zinsen.

Für die Ausstellung und Umschreibung von Lagerscheinen ist dem Lagerhalter ein Entgelt zu zahlen.

2. Die vom Lagerhalter berechneten Entgelte und Auslagen sind sofort, d. h. spätestens an dem der Übersendung der Rechnung folgenden Werktag, zur Zahlung fällig.

Bei Vollkaufleuten tritt Zahlungsverzug 5 Tage nach Fälligkeit ein, ohne daß es einer Mahnung bedarf. Bei Verzug werden Zinsen bis zur Höhe von 6 % über dem Lombardsatz der Deutschen Bundesbank fällig. Unbeschadet hiervon bleibt die Geltendmachung darüber hinausgehender Ansprüche aus Verzug.

3. Ein Kursrückgang der verwendeten Zahlungsmittel zwischen dem Tage der Fälligkeit bzw. Auslagen zwischen dem Tage der Verauslagung und dem Tage, an dem die Zahlung bei dem Lagerhalter eingeht, ist vom jeweiligen Schuldner zu tragen.

4. In den Entgelten für Aufnehmen und Absetzen sind die Zuschläge für das Be- und Entladen von Eisenbahnwaggons, Fuhrwerken, Containern und Lastzügen nicht enthal-

ten; diese werden zusätzlich berechnet wie auch das Abdecken bzw. Bedecken von offenen Eisenbahnwaggons sowie das Verkeilen und Verschnüren von Ladungen.

5. Auslagen aller Art (z. B. Stand- und Überliegegelder, Porti etc.) sind dem Lagerhalter vom Einlagerer bzw. Wareneigentümer zu erstatten.

55 Ziff. 1: Vgl. § 420 HGB 4.

56 Ziff. 2: Es ist nicht klar, ob mit der Formulierung „Übersendung" die Absendung oder der Zugang gemeint ist. Aus der Tatsache, daß die Fälligkeit schon am folgenden Werktag beginnt und Briefe häufig mehr als einen Tag unterwegs sind, ergibt sich — zumal angesichts des § 5 AGBG —, daß es auf den Zugang ankommt.

§ 21
Aufrechnung und Zurückbehaltung

Gegenüber Ansprüchen des Lagerhalters aus dem Lagergeschäft und den damit zusammenhängenden Ansprüchen ist eine Aufrechnung oder Zurückbehaltung nur mit unbestrittenen oder rechtskräftig festgestellten Gegenansprüchen zulässig.

57 Die Klausel ist geltungserhaltend dahin auszulegen, daß sie nicht anzuwenden ist, wenn der Lagerhalter zahlungsunfähig ist (*Palandt/Heinrichs* BGB[45] § 11 AGBG 3 b) oder die Forderung des Einlagerers auf einen groben Vertragsverstoß des Lagerhalters beruht[1]. Die Forderung ist iSd § 21 unbestritten, wenn sie gar nicht oder nur abwegig oder unsubstantiiert bekämpft wird[2] oder wenn die Gegenforderung im Termin der letzten mündlichen Verhandlung ohne weitere Beweiserhebung entscheidungsreif ist[3]. Das Aufrechnungsverbot ist von Amts wegen zu beachten (BGH, NJW **1984** 357, 358; a. A. BGH, ZIP **1986** 427).

---

[1] Münchener Kommentar-*Kötz*, BGB[2] § 11 Nr. 3 AGBG 26; *Palandt/Heinrichs* BGB[45] § 11 AGBG 3 b; *Ulmer/Brandner/Hensen* AGBG[4] § 11 Nr. 3 Rdn. 7 jeweils m. Nachw. zum Streitstand.
[2] BGHZ **12** 136, 142; BGH VersR **1957** 192, 193; *Wolf/Horn/Lindacher* AGBG § 11 Nr. 3 Rdn. 5.
[3] OLG Düsseldorf VersR **1982** 158; TranspR **1985** 128; OLG Saarbrücken TranspR **1978** 13; *Staub/Helm* HGB[4] Anh. I § 415 § 32 ADSp 8 m. w. Nachw.; a. A. BGH ZIP **1986** 494; dazu *Koller* EWiR **1986** 427.

§ 22
Pfand- und Zurückbehaltungsrecht

1. Der Lagerhalter hat wegen aller fälligen und nicht fälligen Ansprüche, die ihm aus irgendwelchem Grunde gegen den Einlagerer zustehen, ein Pfand- und Zurückbehaltungsrecht an dem Gute, solange es sich in seiner Verfügungsgewalt befindet.

2. Der Lagerhalter kann die Auslieferung auch von Teilen des Gutes verweigern, solange er für seine Ansprüche nicht voll befriedigt ist.

3. Überträgt der Einlagerer den Herausgabeanspruch an dem Gut an einen Dritten, so muß der Abtretungsempfänger das aus dem früheren Lagervertrag auf dem Gut lastende Pfand- und Zurückbehaltungsrecht dulden, solange der Lagerhalter nicht darauf verzichtet. § 404 BGB bleibt unberührt.

4. Der abtretende Einlagerer bleibt für die Ansprüche des Lagerhalters aus dem früheren Lagervertrag haftbar, bis der Lagerhalter ihn aus der Haftung entläßt.

5. Wurde ein Lagerschein ausgestellt und der Herausgabeanspruch an einen Dritten abgetreten, so besteht ein Pfand- und Zurückbehaltungsrecht diesem gegenüber nur wegen derjenigen Lagergelder, Spesen und Auslagen, welche mit dem abgetretenen Lagergute zusammenhängen oder dem Lagerhalter gegen den Abtretungsempfänger unmittelbar zustehen.

Ziff. 1: § 22 Ziff. 1 begründet ein weit über die gesetzlichen Pfandrechte des Lagerhalters (§ 421 HGB) hinausreichendes vertragliches Pfandrecht (§ 1204 BGB) und Zurückbehaltungsrecht. Das Pfandrecht wird an Sachen, Anwartschaftsrechten begründet, nicht an Forderungen und sonstigen Rechten, die nicht unter den Begriff des Gutes fallen (§ 5 AGBG). Unerheblich ist es, ob das Gut dem Einlagerer gehört oder nicht, da § 22 Ziff. 1 schlechthin von „dem Gut" spricht. Gutgläubiger Erwerb ist mithin möglich (§§ 1207 f BGB). Gleiches gilt für das Zurückbehaltungsrecht. Allerdings ist hier kein gutgläubiger Erwerb denkbar. Das Gut ist in die Verfügungsgewalt des Lagerhalters gelangt, wenn es der Lagerhalter in Alleinbesitz oder qualifizierten Mitbesitz (§ 1206 BGB) oder mittelbaren Besitz (Anzeige gemäß § 1205 Abs. 2 BGB) hat. Gesichert werden sämtliche fälligen und nicht fälligen, konnexe und inkonnexe, bedingte und unbedingte Ansprüche gegen den Einlagerer. Die Verwertung des Pfandrechts richtet sich nach den §§ 1204 ff BGB. Das Zurückbehaltungsrecht eröffnet nur die in den §§ 273 f BGB vorgesehenen Rechte (§ 5 AGBG). **58**

AGBG-Konformität: Die Klausel verstößt gegen § 9 AGBG, weil sie einen gutgläubigen Erwerb des Pfandrechts zur Sicherung inkonnexer Forderungen ermöglicht (BGHZ **17** 1) und auch Ansprüche sichert, die auf einer vom Lagerhalter im Weg der Zession erworbenen Forderung beruhen (BGH, NJW **1956** 907). Da die Einlagerer häufiger Waren, die ihnen (noch) nicht gehören, in das Lager einbringen, ist die Situation nicht selten, daß der Lagerhalter gemäß § 22 Ziff. 1 zur Sicherung inkonnexer Forderungen gutgläubig sein Pfandrecht erwirbt. Eine geltungserhaltende Auslegung im Sinne des neugefaßten § 50 ADSp scheidet daher aus. Das Reduktionsverbot führt dazu, daß die ganze Pfandrechtsklausel unwirksam ist. **59**

Ziff. 2: Die Klausel soll den Grundsatz außer Kraft setzen, daß das Zurückbehaltungsrecht ausgeschlossen ist, wenn die ganze Leistung wegen einer weit geringeren Forderung zurückbehalten werden soll (RGZ **61** 128). Da die Frage, wann der Einsatz des Zurückbehaltungsrechts unverhältnismäßig ist, ex ante nicht klar zu beantworten ist, schafft die Klausel Rechtssicherheit. Sie erscheint daher als angemessen. **60**

Ziff. 3: Die Klausel gibt die Rechtslage nach dispositivem Recht wieder. Der Lagerhalter verzichtet nicht auf sein Pfandrecht, wenn er gegenüber dem Rechtsnachfolger erklärt, er habe das Gut auf dessen Namen umgebucht (OLG Hamburg, VersR **1984** 242). **61**

Ziff. 4: Die Klausel entspricht dem dispositiven Recht. **62**

Ziff. 5: Zur Ausstellung des Lagerscheins § 16. Die Klausel beschränkt die Sicherungsfunktion des Pfand- und Zurückbehaltungsrechts auf konnexe Forderungen iSd § 273 BGB sowie auf Forderungen, die der Lagerhalter ohne Zession gegen den Erwerber des Herausgabeanspruches erlangt hat. Allerdings kommt in Hinblick auf die zweite Fallgruppe ein Pfand- oder Zurückbehaltungsrecht aus § 22 Ziff. 1 nur dann zum Tragen, wenn sich der Abtretungsempfänger gegenüber dem Lagerhalter, bezogen auf die zu sichernde Forderung, den Lagerungsbedingungen unterworfen hat (Rdn. 3). **63**

VII. Dauer des Vertrages

§ 23
Kündigung

1. Der Lagervertrag endet mit Ablauf der vereinbarten Zeit.
2. Ist der Lagervertrag auf unbestimmte Zeit geschlossen, kann er erst nach Ablauf

von 3 Monaten nach dem Tage der Einlagerung unter Einhaltung einer Frist von 1 Monat aufgeküdigt werden.

3. Der Lagerhalter ist berechtigt, den Lagervertrag fristlos zu kündigen und sofortige Räumung des Lagers zu verlangen, wenn ein wichtiger Grund vorliegt, den er nicht zu vertreten hat.

Ein wichtiger Grund liegt insbesondere dann vor, wenn
— der Einlagerer mit der Zahlung des Lagergeldes für 2 Monate in Rückstand gerät,
— die Erfüllung des Lagervertrages durch die in § 11 Ziff. 2 aufgezählten Ereignisse verhindert oder beeinflußt wird,
— der Wert der Lagergüter die Forderungen des Lagerhalters nicht mehr deckt,
— die Güter das Lager oder andere Güter gefährden,
— bei der Einlagerung vom Einlagerer nicht auf besondere Gefahren hingewiesen wurde, die von seinen Gütern ausgehen.

4. Ist der Lagerhalter zur fristlosen Kündigung berechtigt, kann er die Lagergüter nach vorheriger Androhung unter angemessener Fristsetzung auf Kosten und Gefahr des Einlagerers vernichten oder vernichten lassen.

64   **Ziff. 1**: Entspricht dem dispositiven Recht. Das Gut kann vor Ablauf der Frist zurückgefordert werden (§ 416 HGB 49). Verzug: § 24.

65   **Ziff. 2**: Zur Fristberechnung §§ 187 ff BGB. Das Gut kann auch vor Ablauf der Frist zurückgefordert werden (§ 416 HGB 49). Verzug mit der Rücknahme: § 24.

66   **Ziff. 3**: Siehe § 422 HGB 5. Die Lagerungsbedingungen qualifizieren auch minder bedeutsame Ereignisse als „wichtigen Grund", z. B. den Zahlungsverzug für 2 Monate, auch wenn das Gut hinreichend Sicherheit (§ 22) bietet. Der Begriff des wichtigen Grundes iSd § 23 Ziff. 3 ist daher im Licht dieser Beispiele zu konkretisieren. Er ist schon dann gegeben, wenn die Erfüllung des Lagervertrages durch aus der Sphäre des Einlagerers stammende Ereignisse oder aus der neutralen Sphäre stammende einschneidende Ereignisse (§ 23 Ziff. 3 iVm § 11 Ziff. 2) wesentlich erschwert oder gefährdet wird.

67   **Ziff. 4**: Die Klausel ist geltungserhaltend dahin auszulegen, daß die Vernichtung ultima ratio ist, daß insbesondere eine Einlagerung in anderen Lagerhäusern oder ein öffentlicher oder freihändiger Verkauf nicht als sinnvoll erscheint. Vgl. auch § 24.

§24
Räumung des Lagers

Gerät der Einlagerer mit der Räumung des Lagers in Verzug, so ist der Lagerhalter ohne weitere Fristsetzung berechtigt, die Güter des Einlagerers auf dessen Kosten und Gefahr aus dem Lager zu entfernen.

68   Es ist nicht klar erkennbar, ob § 24 den Begriff des Verzugs iSd §§ 284 ff BGB oder §§ 293 ff BGB verwendet. Gemäß § 5 AGBG kommt der Einlagerer daher nur dann in Verzug, wenn die Voraussetzungen der §§ 284 ff BGB erfüllt sind. Auch im Fall des vom Einlagerer verschuldeten Verzugs hat der Lagerhalter so zu verfahren, daß das Gut möglichst wenig Gefahr läuft. § 24 eröffnet dem Lagerhalter kein Recht zur Willkür.

VIII. Rechtsverlust

§ 25
Verjährung

1. Alle Ansprüche gegen den Lagerhalter, einerlei aus welchem Rechtsgrund, verjähren in 6 Monaten.

2. Die Verjährung beginnt mit dem Ablauf des Tages, an dem der Berechtigte Kenntnis von dem Anspruch erhält oder an welchem die Ablieferung stattgefunden hat.

3. Für den Beginn der Verjährung ist der Zeitpunkt maßgebend, der am frühesten eingetreten ist.

Ziff. 1, 2, 3: Ansprüche aus Vertrag, Delikt, ungerechtfertigter Bereicherung, Eigentümer-Besitzer-Verhältnis, Geschäftsführung ohne Auftrag, c. i. c. Dritte müssen den Lagerbedingungen unterworfen sein (Rdn. 3). Die Klausel entspricht § 64 S. 2 ADSp. Maßgeblich ist der früheste Zeitpunkt. Kenntnis vom Schaden hat nur derjenige, der alle Tatsachen kennt, die zur Durchsetzung des Anspruchs erforderlich sind und dem deshalb eine Klage objektiv zuzumuten ist. Bloße Vermutungen genügen nicht. Auf die richtige rechtliche Würdigung kommt es nicht an. Der Einlagerer braucht auch nicht die exakte Höhe des Schadens zu kennen. Unerheblich ist es, daß der Geschädigte ohne ausreichende Tatsachenkenntnis glaubte, der Lagerhalter hafte (a. A. OLG Düsseldorf, TranspR **1985** 257, 258). Für die Hemmung und Unterbrechung der Verjährung gelten die §§ 202 ff BGB. Der Lagerhalter, der sich auf Verjährung beruft, kann arglistig handeln[1].

AGBG-Konformität: Die Klausel ist geltungserhaltend dahin auszulegen, daß sie nicht im Fall vorsätzlicher Schädigung durch den Lagerhalter gilt[2].

---

[1] BGH NJW **1985** 2411; OLG Düsseldorf TranspR **1985** 257, 260; OLG Hamm, VersR **1984** 259.

[2] Vgl. *Koller* TranspR **1986** 129, 131; *Staub/Helm* HGB4 § 414 24 m. Nachw. zum Streitstand.

IX. Schlußbestimmungen

§ 26
Gerichtsstand, Erfüllungsort und Recht

1. Ausschließlicher Gerichtsstand und Erfüllungsort ist Hamburg.

2. Es ist deutsches Recht anzuwenden.

Die Anwendbarkeit des § 26 Ziff. 1 1. Alt. kann an Art. 17 Abs. 1 EuGVÜ, § 38 ZPO scheitern[1]. Sind die Voraussetzungen des Art. 17 Abs. 1 EuGVÜ nicht erfüllt, so können Hamburger Gerichte gemäß Art. 5 Abs. 1 EuGVÜ zuständig sein (BGH VersR **1985** 56).

---

[1] EuGH, NJW **1977** 494; BGH WM **1986** 402; OLG Düsseldorf, TranspR **1981** 26; *Zöller/Geimer* ZPO (1984) vor § 1 ZPO, IZPR 639; *Wolf/Horn/Lindacher* AGBG Anh. zu § 2 42 ff.

§ 27
Rechtswirksamkeitsklausel

Sollte eine Bestimmung dieser Bedingungen rechtsunwirksam sein oder werden, so wird hierdurch die Wirksamkeit der übrigen Bestimmungen nicht berührt.

§ 28
Beginn dieser Hamburger Lagerungsbedingungen

Die Hamburger Lagerungsbedingungen in der vorstehenden Fassung sind gültig ab 15. Oktober 1985.

Anh. V § 424
§ 28 Hambg.Lag.Bed.   Drittes Buch. Handelsgeschäfte

---

1. Seite

Anhang: Musterlagerschein

Zur gefl. Beachtung! Zur rechtsgültigen Übertragung des Eigentums und zur rechtsgültigen Verpfändung der auf diesem Lagerschein bezeichneten Waren sind die auf der Rückseite vorgedruckten Spalten auszufüllen.

Im Falle des Verlustes dieses Lagerscheins verjähren alle Ansprüche gegen den Lagerhalter wegen des in diesem Scheine näher bezeichneten Gutes in einem Jahre, gerechnet vom Tage der Auslieferung des Gutes (siehe § 18 der Hamburger Lagerungsbedingungen).

Lagerbuch-Seite _____   **Lagerschein Nr.** _____
Firma des Lagerhalters:
_____

Namenslagerschein
gemäß **Bekanntmachung der Handelskammer Hamburg**
vom November 1927. (In der Fassung vom Dezember 1930.)

Ich/Wir lagerte/n ein auf Grund der Hamburger Lagerungsbedingungen, die auch gegen jeden Erwerber dieses Lagerscheins gelten, für Rechnung und Gefahr d___ Herr___/Firma _____
_____ auf meinem/unserem eigenen Lager*) _____ die nachstehend verzeichneten Güter:

Marke und Nummer	Zahl und Art der Kolli	Inhalt**)	Bruttogewicht

*) Nicht auf fremden Lager!
**) Anmerkung: Der Inhalt ist angegeben vom _____   Nicht Zutreffendes
Der Inhalt ist von uns festgestellt.   durchstreichen

_____
(Unterschrift des Lagerhalters)

Ich/Wir erkenne/n insbesondere an, daß es zur Verfügung über die Waren der Vorlegung des Lagerscheins bedarf, und daß ich/wir ohne Vorlegung des Lagerscheins nicht berechtigt bin/sind, die eingelagerte Ware oder einen Teil derselben gegen einen Lieferschein, Auslieferungsschein oder dergl. herauszugeben. Die Bearbeitung der Ware darf nur von dem laut Lagerschein Berechtigten vorgenommen oder veranlaßt werden, soweit es sich nicht um Bearbeitungen handelt, die im Interesse der Erhaltung der Ware notwendig sind oder deren Vornahme im Lagerschein gestattet ist.

Ich/Wir erkenne/n weiter an, daß ich/wir dem aus dem Lagerschein legitimierten Erwerber des Lagerscheins (Eigentümer oder Pfandgläubiger) nur solche Einwendungen oder Einreden entgegenhalten kann/können, die sich aus dem Lagerschein ergeben oder die mir/uns gegen den Erwerber unmittelbar zustehen.

Versicherungen besorge/n ich/wir nur, soweit es besonders vereinbart ist.
Bemerkung:

Hamburg, den _____ 19___   _____
(Unterschrift des Lagerhalters)

Stand 1. 12. 1986

Fünfter Abschnitt. Lagergeschäft Anh. V § 424
§ 28 Hambg.Lag.Bed.

2. Seite

Auslieferungen:

Tag	Marke und Nummer	Zahl und Art der Kolli	Ware	Bruttogewicht	Unterschrift des Lagerhalters

Im Falle der Verpfändung ist der nachstehende Vordruck auszufüllen:

Die Firma _____
begründet hiermit ein Pfandrecht an den in diesem Lagerschein bezeichneten Waren
für die Firma _____
und überträgt den Anspruch auf Herausgabe der Ware auf die Firma _____
_____ (als Pfandgläubigerin).

Datum: _____
(Unterschrift)

Von dieser Verpfändung hat mir/uns die Firma _____
Mitteilung gemacht.

Datum: _____
(Unterschrift des Lagerhalters, obligatorisch)
(nicht in blanko unterzeichnen)

3. u. 4. Seite

Im Falle der Eigentumsübertragung ist jeweils einer der nachstehenden Vordrucke auszufüllen:

Keine Blankozession!

Die Firma _____ (Einlagerer) überträgt hiermit
das Eigentum an den in diesem Lagerschein bezeichneten Waren auf die

Firma _____ und tritt den
Anspruch auf Herausgabe der Waren gegen den Lagerhalter an die bezeichnete
Firma ab.

Datum: _____
(Unterschrift)
usw. usw.

Falls weitere Übertragungen notwendig sind, ist ein neuer Lagerschein auszufüllen.

Unterschrift
des Vorzeigers des Lagerscheines:

Datum: _____

Ingo Koller

Anhang VI zu § 424 HGB
Betriebsordnung der Bremer Lagerhaus-Gesellschaft
vom 1. Juli 1932

Vorbemerkung

1 Die Betriebsordnung enthält AGB iSd AGBG. Zur Bedeutung der behördlichen Genehmigung der Betriebsordnung § 14 2 OLSchVO (Anh. I zu § 424) sowie Vorbem. § 1 Lagerordnung (Anh. II zu § 424). Zum Anwendungsbereich der AGB vgl. Anh. V zu § 424 § 1 1 ff.

Abschnitt 1
Gemeinsame Bestimmungen für die Verkehrs- und Lageranstalten

§ 1
Rechtsgrundlage

1. Wer die Anstalten der Bremer Lagerhaus-Gesellschaft benutzt, unterwirft sich den Bestimmungen dieser Betriebsordnung.

2. Neben der Betriebsordnung sind für die Benutzung der Anstalten maßgebend die für die Häfen in der Stadt Bremen geltenden gesetzlichen Bestimmungen und Verordnungen, insbesondere die Gebührenordnung für die Verkehrs- und Lageranstalten der Bremer Lagerhaus-Gesellschaft.

3. Wenn die Gesellschaft Speditionsleistungen gemäß § 2 Abs. 2 vornimmt, so geschehen sie, wenn nichts anderes vereinbart ist, nach den Allgemeinen Deutschen Spediteurbedingungen.

4. Hat die Gesellschaft die Beförderung, Besorgung oder Versicherung von Gütern übernommen, so sind für das Verhältnis zwischen ihr und ihrem Auftraggeber diejenigen Vereinbarungen und gesetzlichen Bestimmungen maßgebend, die im Verhältnis zwischen ihr und dem an der Ausführung der Aufträge beteiligten Dritten (Spediteure, Frachtführer, Rollfuhrunternehmer, Versicherer usw.) gelten. Dies gilt insbesondere von den Bedingungen und Betriebsvorschriften der beteiligten Beförderungsunternehmungen zu Lande und zu Wasser, Eisenbahntarifen und -Anschlußverträgen und von Versicherungsbedingungen und Bankbedingungen. Diese Bedingungen gelten auch, wenn die Gesellschaft derartige Leistungen selbst ausführt. Hinsichtlich des Pfand- und Zurückbehaltungsrechts für Güter, über die Orderlagerscheine ausgestellt sind, gelten die §§ 74, 75, 76.

5. Für andere Leistungen gelten die im Betriebe der Gesellschaft üblichen Bedingungen.

§ 2
Geschäftsbetrieb der Gesellschaft

1. Die Gesellschaft führt den Betrieb der ihr vom Staate überwiesenen Verkehrs- und Lageranstalten.

2. Die Gesellschaft betreibt außerdem alle zu dem gewöhnlichen Betriebe einer Lagerhaus-Gesellschaft gehörenden Geschäfte. Darlehen und Vorschüsse auf von ihr zu Lager genommene Waren gewährt sie nicht. Den Versand von Waren besorgt sie nur

im Auftrage Hiesiger und nur auf Grund besonderer Vereinbarung. Ebenso übernimmt sie die Obliegenheiten des Frachtführers nur auf Grund besonderer Vereinbarung.

3. Die Gesellschaft ist ermächtigt, Lagerscheine gemäß Verordnung über Order-Lagerscheine vom 16. Dezember 1931 (R.G.Bl. 1931 I. S. 763) auszustellen.

§ 3
Beschwerdeweg

Wer sich durch die Anordnungen oder das Verfahren der Gesellschaft in Ausübung des ihr vom Staate überlassenen Betriebes beschwert erachtet, hat das Recht der Beschwerde an die Deputation für Häfen und Eisenbahnen. Deren Beschlüsse können von beiden Teilen durch weitere Beschwerde an den Senat angefochten werden. Der Senat entscheidet endgültig.

§ 4
Arbeitszeit

1. Die regelmäßige Arbeitszeit der Betriebsstellen dauert z. Z. an den Werktagen an der Getreideanlage von 7—16 Uhr, am Hohentorshafen im Winterhalbjahr von 7—12 und 13½—17 Uhr, im Sommerhalbjahr von 6½—12 und 13½—17 Uhr, an den sonstigen Betriebsstellen im Winterhalbjahr von 7—12 und 14—17½ Uhr, im Sommerhalbjahr von 6½—12 und 14—17 Uhr.

2. Die Gesellschaft kann anordnen, daß Schiffe, die an den Kajen der Bremer Lagerhaus-Gesellschaft liegen, bis zur Fertigstellung ununterbrochen arbeiten müssen.

§ 5
Pflichten der Angestellten

1. Die Angestellten der Gesellschaft haben beim Verkehr mit Publikum ein höfliches Benehmen einzuhalten.

2. Die Annahme von Vergütungen und Geschenken sowie das Betreiben von Geschäften mit Waren oder Abfällen irgendwelcher Art ist ihnen bei Strafe sofortiger Entlassung untersagt.

§ 6
Anordnungen der Angestellten

1. Personen, welche die Anstalten benutzen oder besuchen, einschließlich der Wagenführer und der Besatzungen der anlegenden Fahrzeuge, haben den Weisungen und Anordnungen der von der Gesellschaft für die Aufsicht bestellten Angestellten Folge zu leisten, widrigenfalls ihnen den Aufenthalt daselbst zeitweise oder dauernd untersagt werden kann. Sie haben sich auf Erfordern einer persönlichen Untersuchung durch Angestellte der Gesellschaft zu unterwerfen.

2. Wenn gegen Personen Tatsachen vorliegen, welche die Annahme rechtfertigen, daß sie bei ihrem Aufenthalt in den Schuppen und Speicherräumen die Sicherheit oder die Ordnung des Betriebes gefährden werden, so ist die Gesellschaft befugt, diesen Personen auf die Dauer oder für bestimmte Zeit das Betreten der Schuppen und Speicherräume zu untersagen.

§ 7
Rauchverbot

In den Verkehrs- und Lageranstalten ist das Rauchen und der Gebrauch von Feuer und offenem Licht verboten, soweit nicht ausdrücklich Ausnahmen zugelassen sind.

§ 8
Benutzung der Anstalten

Niemand darf sich während der Arbeit unterhalb der Hebezeuge oder auf den Geleisen aufhalten. Die Gesellschaft haftet nicht für Schäden, welche durch Befolgung dieser Vorschrift vermieden werden konnten.

2 Die Klausel wirkt nur zu Lasten von Personen, die sich im Einklang mit §§ 2, 24 AGBG der Betriebsordnung unterworfen haben (vgl. Anh. V zu § 424 Rdn. 3). Der Haftungsausschluß ist unwirksam, weil er entgegen § 9 AGBG das Mitverschulden der Gesellschaft und ihrer leitenden Organe sowie Angestellten auch dann für irrelevant erklärt, wenn diese vorsätzlich oder grob fahrlässig gehandelt haben[1]. Eine Reduktion der Klausel scheidet aus, weil grob fahrlässiges Verhalten nicht eine seltene Ausnahme darstellen muß (OLG Hamburg, VersR **1984** 1036, 1037).

---

[1] Vgl. BGHZ 20 164, 167; **38** 183, 185; **70** 356, 365; BGH, NJW **1978** 1918; WM **1980** 287; *Koller* ZIP **1986** 1089, 1098.

§ 9
Bestimmung der Anstalten

1. Die Verkehrsanstalten sind bestimmt, Güter, die zu Wasser ankommen, vom Schiffer zu übernehmen und an den Empfänger auszuliefern oder sonst nach dessen Anträgen zu behandeln, sowie Güter, die zu Wasser abgehen, vom Versender (Ablader) zu übernehmen und an den Schiffer auszuliefern (Durchgangsverkehr).

2. Die Lageranstalten sind zur Aufbewahrung von Gütern bestimmt (Lagerverkehr).

3. In besonderen Fällen können auch die Verkehrsanstalten für Lagerzwecke benutzt werden.

§ 10
Anträge im Geschäftsbetrieb

1. Die Anträge im Geschäftsbetrieb der Gesellschaft sind an die Geschäftsstelle zu richten, soweit sie nicht nach besonderen Bestimmungen der Betriebsordnung bei den Abfertigungsstellen einzureichen sind. An die Geschäftsstellen sind auch alle Anfragen und Einwendungen gegen Maßnahmen der Abfertigungsstellen oder der Betriebsstellen zu richten. Auskunft über die Liegeplätze der Schiffe ist bei den Abfertigungsstellen einzuholen.

Empfang und Auslieferung von Gütern geschieht an den Betriebsstellen.

2. Alle Anträge sind schriftlich zu stellen. Für die Ausführung mündlich erteilter Aufträge oder für die Besorgung von Anträgen, die entgegen der Vorschrift unter 1. bei den Abfertigungsstellen oder die bei den Betriebsstellen gestellt werden, übernimmt die Gesellschaft keinerlei Verbindlichkeit; dasselbe gilt von Abmachungen mit Angestellten der Gesellschaft, es sei denn, daß es sich um Abmachungen mit solchen Angestellten an den Geschäftsstellen handelt, die besonders bevollmächtigt sind.

3. In jedem Antrage ist klar und bestimmt zum Ausdruck zu bringen, welcher Behandlung die aufgegebenen Güter unterzogen werden sollen. Dabei ist die Bezeichnung des Gutes, die Art seiner Verpackung, die Stückzahl, gegebenenfalls auch Zeichen und Nummer der einzelnen Stücke sowie das Rohgewicht anzugeben.

4. Für die in der Gebührenordnung besonders aufgeführten Gegenstände sind die dort gebrauchten, im übrigen sind die handelsüblichen Benennungen anzuwenden. All-

gemeine Bezeichnungen wie Effekten, Kaufmannsgut und dergl. sind unzulässig. Alle über 1000 kg schweren Stücke sind unter gesonderter Angabe ihres Gewichtes einzeln aufzuführen. Ebenso sind die nach § 15 nur bedingungsweise zugelassenen Gegenstände gesondert anzugeben.

5. Die Anträge sind den besonderen Bestimmungen der Betriebsordnung entsprechend oder sonst auf Verlangen nach vorgeschriebenem Muster, und zwar auf holzfreiem, oder sonst festem Schreibpapier von bestimmter Farbe zu stellen. Änderungen oder Zusätze im Vordruck der Muster sind unzulässig und für die Gesellschaft unverbindlich, selbst wenn die vorschriftswidrigen Anträge versehentlich angenommen sind.

6. Muster zu den Anträgen werden an den Geschäftsstellen und an den Abfertigungsstellen abgegeben und zwar, soweit sie für den unmittelbaren Gebrauch bestimmt sind, unentgeltlich, im übrigen zum Herstellungspreise.

7. Jeder Antrag darf nur von einer Person oder einer Firma gestellt sein und muß den Ort und Tag der Ausstellung sowie die Namensunterschrift des Antragstellers enthalten. Bei den nach Muster gestellten Anträgen kann an Stelle der Unterschrift eine gedruckte oder gestempelte Zeichnung zugelassen werden, ausgenommen bei Übertragungsscheinen und Lagerscheinen. Die Anträge sind nach Betriebsstellen sowie nach Schiffen oder Schiffslinien und gegebenenfalls auch nach Bestimmungshäfen getrennt beizubringen.

8. Werden von Angestellten der Gesellschaft auf Verlangen Anträge ausgefertigt, Angaben dazu gemacht oder Auskünfte erteilt, so gelten die Angestellten als Beauftragte des Antragstellers.

9. Die Anträge werden innerhalb der einzelnen Betriebsabteilungen in der Regel nach der Reihenfolge ihres Eingangs erledigt.

10. Die Gesellschaft ist nicht verpflichtet, die Echtheit der Unterschriften auf den das Gut betreffenden Mitteilungen, Weisungen, Abtretungen oder sonstigen Schriftstücken oder die Befugnis der Unterzeichner oder der Überbringer zu prüfen, es sei denn, daß die Unterschriften offensichtlich zu Zweifeln Anlaß geben oder die Gesellschaft mit dem Antragsteller schriftlich etwas anderes vereinbart hat.

Ziff. 2: Vgl. § 4 Lagerordnung (Anh. II zu § 424). **3**

Ziff. 3: Vgl. § 7a ADSp. (Anh. I § 415). **4**

Ziff. 8: Die Klausel enthält einen totalen Haftungsausschluß, der zumindest im Fall **5** des Vorsatzes oder der groben Fahrlässigkeit leitender Angestellter gegen § 9 AGBG verstößt (s. oben Rdn. 2 *Koller* ZIP **1986** 1089, 1098 m. Nachw.). Gleiches dürfte jedenfalls bei grob fahrlässigen Auskünften einfacher Erfüllungsgehilfen gelten[1].

Ziff. 9: Vgl. § 5 Ziff. 1 *Hamburger Lagerungsbedingungen* (Anh. V zu § 424 HGB). **6**

Ziff. 10: Vgl. § 10b ADSp (Anh. I § 415) sowie § 10 Ziff. 10 Lagerordnung (Anh. II **7** zu § 424 HGB).

---

[1] BGH, NJW **1984** 1350, 1351; *Koller* ZIP **1986** 1089, 1098; vgl. auch Anh. V zu § 424 HGB § 14 48.

§ 11
Zollvorschriften und dergleichen

1. Die Beachtung der Zoll-, Steuer-, Eisenbahn- oder Polizei-Vorschriften und der Bestimmungen betreffend die Statistik des Warenverkehrs ist Sache des Antragstellers.

Anh. VI § 424
§ 14 Brem.Lag.H   Drittes Buch. Handelsgeschäfte

Dieser hat insbesondere alle dabei nötigen Scheine selbst auszustellen und die etwa erforderlichen Abfertigungen des Gutes oder der Begleitpapiere zu besorgen.

2. Wenn die Gesellschaft derartige Tätigkeiten unentgeltlich ausführt, so tut sie es nur als Vertreter des Antragstellers, zu dessen Lasten alle Folgen gehen.

8 Ziff. 1: Kontrollfreie Leistungsbestimmung (§ 8 AGBG).
9 Ziff. 2: Vgl. § 8 Abs. 2 Lagerordnung (Anl. II zu § 424 HGB).

§ 12
Verfügungsrecht des Antragstellers

Das Verfügungsrecht über die bei den Anstalten angenommenen oder eingelagerten Güter verbleibt, wenn kein Orderlagerschein ausgestellt ist, dem Antragsteller bis zur Auslieferung oder Übertragung an einen anderen Berechtigten.

§ 13
Haftung des Antragstellers

1. Der Antragsteller haftet für die Richtigkeit seiner Angaben und Erklärungen und haftet für den Schaden, der aus unrichtigen, ungenauen oder ungenügenden Angaben, insbesondere über Gewicht, Art und Beschaffenheit seiner Güter, oder durch Mängel des Gutes oder der Verpackung an den Anstalten oder an den dort untergebrachten anderen Gütern erwächst.

2. Wird das Gut eines Dritten beschädigt, so ist die Gesellschaft berechtigt, aber nicht verpflichtet, alle Ansprüche, die dem Geschädigten dieserhalb gegen den Einbringer zustehen, im eigenen Namen geltend zu machen. Die Ansprüche sind ihr für diesen Fall im voraus abgetreten. Die Gesellschaft ist verpflichtet, dem Eigner davon sofort Kenntnis zu geben.

3. Der Antragsteller hat ein Verschulden der Personen, deren er sich zur Erfüllung seiner Obliegenheiten bedient, im gleichen Umfang zu vertreten wie eigenes Verschulden.

10 Ziff. 1: Vgl. §§ 5b, 7a S. 2 ADSp (Anh. I § 415); § 9 Ziff. 1 Hamburger Lagerungsbedingungen (Anh. V zu § 424 HGB). Anders als nach § 5b ADSp haftet der Einlagerer aber nur aus Verschulden, wie sich aus § 13 Abs. 3 ergibt, der sonst überflüssig wäre (§ 5 AGBG). Die Klausel ist geltungserhaltend dahin auszulegen, daß grobes Verschulden der Gesellschaft und ihrer Erfüllungsgehilfen ersatzmindernd oder -ausschließend zu berücksichtigen ist (§ 254 BGB). Werden Güter Dritter geschädigt, so kann nach den Regeln der Drittschadensliquidation Schadensersatz verlangt werden. Der neueren schadensersatzrechtlichen Entwicklung entspricht es aber besser, § 13 Ziff. 1 als Vertrag mit Schutzwirkung für die anderen Einlagerer zu interpretieren.

11 Ziff. 2: Die Klausel betrifft, wie sich aus S. 2 ergibt, die Ansprüche des Dritten aus § 823 BGB. Die Klausel ist unangemessen (§ 9 AGBG). Die Gesellschaft muß, wenn sie sich schon die Ansprüche abtreten läßt, die Ansprüche auch geltend machen. Die Tatsache allein, daß die Forderungen vorweg abgetreten werden, verstößt jedoch angesichts des Sicherungsinteresses der Gesellschaft nicht gegen § 9 AGBG.

§ 14
Durchgangsgut — Lagergut

1. Bei der Aufbewahrung von Gütern an den Anstalten wird unterschieden nach Durchgangsgut und Lagergut.

Fünfter Abschnitt. Lagergeschäft

2. Als Durchgangsgut gelten Güter, die den Anstalten auf Verkehrsantrag (§ 36) zugeführt sind; als Lagergut gelten Güter, die bei den Anstalten auf Lagerantrag (§ 48) zur Einlagerung angenommen sind, oder deren Einlagerung nach § 47 (4.) durch die Gesellschaft angeordnet ist.

§ 15
Beschaffenheit der Güter

1. Von der Aufnahme an den Anstalten sind ausgeschlossen:

a) Güter, die als selbstentzündlich, feuer-, explosions- oder gesundheitsgefährlich bekannt oder als solche behördlich bezeichnet sind, soweit sie nicht nach Absatz 2 bedingungsweise zugelassen sind;

b) Güter, die sich wegen ihres Umfanges, ihres Gewichtes oder ihrer sonstigen Beschaffenheit zur Aufnahme bei den Anstalten nach Ansicht der Gesellschaft nicht eignen;

c) Güter, deren Beförderung nach gesetzlicher Vorschrift oder aus Gründen der öffentlichen Ordnung verboten ist.

2. Bedingungsweise zugelassen sind:

a) die in Anlage C zur Eisenbahn-Verkehrsordnung und in der zu erlassenden Seefrachtordnung aufgeführten Güter;

b) Kostbarkeiten, Kunstgegenstände, Edelmetall, Geld und Wertpapiere;

c) Güter, deren Behandlung im Betriebe der Anstalten besondere Schwierigkeiten verursacht sowie lebende Tiere und leicht zerbrechliche oder leicht verderbliche Gegenstände;

d) Güter, die bei Bränden geborgen sind, oder die wegen ihrer Beschaffenheit anderen Gütern oder den Verkehrsräumen nach Ansicht der Gesellschaft nachteilig werden können;

e) Güter, die ausnahmsweise an den Verkehrsanstalten zur Lagerung aufgenommen werden.

Die Bedingungen sind mit der Gesellschaft besonders zu vereinbaren. Die Vereinbarung hat der Antragsteller zu erwirken; anderenfalls werden die Bedingungen unter billiger Berücksichtigung der Umstände durch die Gesellschaft nach deren Ermessen festgesetzt.

Vorbemerkung: Aus § 15 ergibt sich nicht eindeutig, ob mit der Klausel allgemein **12** die Voraussetzungen für die Bereitschaft zum Vertragsschluß umschrieben werden oder ob ein Leistungsverweigerungsrecht in Parallele zu § 5 a ADSp (Anh. I § 415) ausbedungen werden soll. § 15 Ziff. 2 letzter Satz spricht für die zweite Alternative, da die Gesellschaft die Umstände der Lagerung nur dann einseitig gestalten kann, wenn der Vertrag bereits zustandegekommen ist. Zur Haftung der Gesellschaft § 18, des Einlagerers § 13.

Ziff. 1: a) Zur Gefährlichkeit § 416 HGB 60 ff. Die Gesellschaft darf sich auf die **13** Gefährlichkeit berufen, wenn sie für sie bei Vertragsschluß erkennbar war (vgl. *Staub/Helm* HGB⁴ Anh. I § 415 § 5 ADSp 5).

b) Das Ermessen ist im Einklang mit der Billigkeit auszuüben (§ 315 BGB, § 5 AGBG). Dabei dürfen zu Lasten des Einlagerers nur solche Umstände berücksichtigt werden, die bei Vertragsschluß nicht erkennbar waren.

Ziff. 2: In ihrem Kern ermächtigt die Klausel die Gesellschaft, die Lagerung nach **14** billigem Ermessen abweichend von den vertraglichen Abreden zu gestalten oder abwei-

Ingo Koller

Anh. VI § 424
§ 18 Brem.Lag.H   Drittes Buch. Handelsgeschäfte

chende Vergütungen festzusetzen. Die Gesellschaft handelt unbillig, wenn sie sich auf Umstände stützt, die bei Vertragsschluß erkennbar oder konkret vorhersehbar waren.

§ 16
Auslieferung und Annahme der Güter

1. Alle Ansprüche gegen die Gesellschaft erlöschen mit der Annahme des Gutes durch den Empfänger, wenn er den Schaden nicht bis zur Auslieferung schriftlich anmeldet und dessen Feststellung (§ 31, 2., § 52, 3.) beantragt.

2. Hiervon sind ausgenommen: Entschädigungsansprüche wegen äußerlich nicht erkennbarer Mängel, die erst nach der Abnahme entdeckt worden sind, sofern die Anmeldung und der Antrag auf Feststellung unmittelbar nach Entdeckung des Schadens und spätestens vier Wochen nach der Auslieferung des Gutes durch die Gesellschaft bewirkt wird. Dabei muß der Berechtigte beweisen, daß der Mangel während der Zeit zwischen Empfang und Auslieferung durch die Gesellschaft entstanden ist.

3. Es steht dem Empfänger frei, die Annahme des Gutes so lange zu verweigern, als nicht seinem Antrage auf Feststellung der von ihm behaupteten Mängel stattgegeben ist.

15 Ziff. 1: Annahme des Gutes bedeutet willentliche Entgegennahme des Gutes durch den Empfänger. Die Auslieferung ist im Sinn der Ablieferung gemäß § 429 Abs. 1 HGB zu verstehen: Bereitstellung des Gutes im Einverständnis mit dem Empfänger in einer Weise, daß der Empfänger willens und in der Lage ist, sofort die tatsächliche Herrschaft über das Gut zu ergreifen (Großkommentar HGB-*Helm*³ § 429 12). Es genügt, daß Schaden vor Vollendung des Auslieferungsvorgangs angemeldet wird. Dies ist der Fall, wenn der Empfänger den Schaden rügt, nachdem er zuvor seine Bereitschaft widerrufen hat, das Gut im gerügten Zustand entgegenzunehmen (§ 16 Ziff. 3). Zu den Formalien der Rüge § 60 a ADSp (Anh. I § 415 HGB).

16 Ziff. 2: Der Schaden ist äußerlich nicht erkennbar, wenn er bei der im Rahmen der Übergabe zu wahrenden Sorgfalt nicht erkannt werden kann. Zur Untersuchung ist der Empfänger nicht verpflichtet (a. A. *Schlegelberger/Schröder* HGB⁵ § 407 25; *Wolf* § 60 ADSp 2), es sei denn, daß die Untersuchung nach oder bei Ablieferung verkehrsüblich ist. Unmittelbar bedeutet unverzüglich (§ 121 BGB). Die Klausel verstößt gegen § 9 AGBG (§ 53 Abs. 4 Lagerordnung Rdn. 99, Anh. II zu § 424 HGB).

17 Ziff. 3: Die Klausel gibt dem Empfänger ein Annahmeverweigerungsrecht, das den Empfänger nicht in Annahmeverzug geraten läßt.

§ 17
Haftung der Gesellschaft im allgemeinen

1. Die Gesellschaft hat nach Maßgabe der weiterhin gegebenen besonderen Bestimmungen bei Ausführung ihrer Obliegenheiten für die Sorgfalt eines ordentlichen Kaufmanns einzustehen. Sie hat die Anwendung dieser Sorgfalt zu beweisen.

2. Die Gesellschaft hat ein Verschulden der Personen, deren sie sich zur Erfüllung ihrer Verbindlichkeiten bedient, im gleichen Umfang zu vertreten wie eigenes Verschulden.

18 Siehe § 417 HGB 7 ff; § 278 BGB.

§ 18
Ausschluß der Haftung

1. Jede Haftung der Gesellschaft ist ausgeschlossen, wenn Güter, die nach § 15 ausgeschlossen oder nur bedingungsweise zugelassen sind, unter unrichtiger, ungenauer

Stand 1. 12. 1986

oder ungenügender Angabe aufgegeben, oder wenn die üblichen oder vorgeschriebenen Sicherheitsmaßregeln vom Verfügungsberechtigten außer acht gelassen werden.

2. Ausgeschlossen von der Haftung ist jeder Schaden, der durch die Hebezeuge oder Betriebsgeräte der Gesellschaft herbeigeführt wird, sofern diese Gegenstände von Dritten benutzt werden.

Ziff. 1: § 18 entspricht im Kern § 7 a S. 2 ADSp (Anh. I § 415). Die Klausel geht **19** über § 7a ADSp insoweit hinaus, als sich der Einlagerer auch ungenaue oder ungenügende Angaben zurechnen lassen muß, die nur nach billigem Ermessen der Gesellschaft wichtig sind (§ 15 Ziff. 1b) oder die bedeutsam sind, weil die Güter der Gesellschaft besondere Schwierigkeiten bereiten (§ 15 Ziff. 2c). Die Gesellschaft kann nur erwarten, daß ihr über die üblichen und ausdrücklich geforderten Angaben hinaus solche Angaben gemacht werden, deren Wichtigkeit für einen ordentlichen Einlagerer erkennbar sind. Interna der Gesellschaft braucht der Einlagerer nicht zu kennen. Die Klausel ist deshalb einschränkend dahin zu interpretieren, daß der Haftungsausschluß nur dort zum Tragen kommt, wo der Einlagerer die erkennbar zur ordnungsgemäßen Ausführung des Auftrags erforderlichen Angaben nicht oder nicht richtig gemacht hatte und die Gesellschaft die relevanten Informationen nicht bereits besaß oder mit zumutbarem Aufwand anderweit einholen konnte (vgl. *Staub/Helm* HGB⁴ Anh. I § 415 § 7 ADSp 3 m. Nachw. zum Streitstand).

Ziff. 2: Die Klausel verstößt gegen § 9 AGBG, weil sie die Haftung auch dann aus- **20** schließt, wenn der Schaden auf einen Mangel des Geräts zurückzuführen ist und der Mangel bei ordentlicher Wartung ohne weiteres erkennbar gewesen wäre (BGH, NJW **1984** 1350; OLG Hamburg VersR **1984** 1036, 1037). Siehe auch zu § 14 **Hamburger Lagerungsbedingungen** (Anh. V zu § 424 HGB).

§ 19
Auskunfterteilung

Auskunft über Einzelgeschäfte oder Güter wird nur an Verfügungsberechtigte erteilt.

Vgl. § 6 Ziff. 6 **Hamburger Lagerungsbedingungen** (Anh. V zu § 424 HGB). **21**

§ 20
Gebührenberechnung

1. Die Gesellschaft ist berechtigt, jederzeit zu prüfen und festzustellen, ob das Gewicht, die Art und die Beschaffenheit der zugeführten Güter mit den Angaben der dazu eingelieferten Anträge übereinstimmt. Die Kosten der Prüfung fallen dem Antragsteller zur Last, wenn sich seine Angaben als unrichtig erweisen.

2. Die Gebühren und Vergütungen sind auch für die in Verlust geratenen oder beschädigten Güter zu zahlen, wenn die Gesellschaft für den Verlust, die Minderung oder die Beschädigung nicht zu haften hat.

Ziff. 1: Vgl. § 6 Ziff. 5 **Hamburger Lagerungsbedingungen** (Anh. V zu § 424 HGB). **22**

Ziff. 2: Die Klausel ist unangemessen, weil sie der grundlegenden Wertung des **23** § 323 BGB widerspricht (BGH, ZIP **1985** 1398, 1400).

§ 21
Verjährung

1. Die Ansprüche gegen den Lagerhalter wegen Verlusts, Minderung, Beschädigung oder verspätete Auslieferung des Gutes verjähren in einem Jahre. Die Verjährungsfrist kann durch die Lagerordnung oder durch besondere Vereinbarung verlängert werden.

2. Die Verjährung beginnt im Falle der Beschädigung oder Minderung mit dem Ablauf des Tages, an dem die Auslieferung stattgefunden hat, im Falle der verspäteten Auslieferung mit dem Ablauf des Tages, an dem die Auslieferung hätte bewirkt sein müssen, im Falle des gänzlichen Verlustes mit dem Ablauf des Tages, an dem der Lagerhalter dem Einlagerer oder, wenn ein Orderlagerschein ausgestellt ist, dem letzten ihm bekannt gewordenen legitimierten Besitzer des Lagerscheins den Verlust anzeigt.

3. Die Vorschriften der Abs. 3 und 4 des § 414 des Handelsgesetzbuchs gelten entsprechend.

24 Ziff. 1: Entspricht im Kern den §§ 414 Abs. 1–3, 423 HGB. Die Klausel ist geltungserhaltend dahin auszulegen, daß sie nicht im Fall vorsätzlicher Schädigung gilt (*Koller* TranspR **1986** 129, 131).

25 Ziff. 2: Die Klausel entspricht den § 414 Abs. 2, § 423 S. 2 HGB bzw. der Wertung des § 18 OLSchVO (Anh. I zu § 424 HGB).

§ 22
Erfüllungsort, Gerichtsstand, anzuwendendes Recht

1. Der Erfüllungsort sowie der Gerichtsstand für alle Rechtsstreitigkeiten, die aus dem Auftragsverhältnis oder im Zusammenhang damit entstehen, ist für alle Beteiligten Bremen; für Ansprüche gegen die Gesellschaft ist dieser Gerichtsstand ausschließlich. Abweichende Vereinbarungen, insbesondere Schiedsgerichtsvereinbarungen sind zulässig.

2. Für die Rechtsbeziehungen der Gesellschaft zum Auftraggeber oder seinen Rechtsnachfolgern gilt deutsches Recht.

26 Vgl. § 26 Hamburger Lagerungsbedingungen (Anh. V zu § 424 HGB).

Abschnitt II
Besondere Bestimmungen für den Durchgangsverkehr
(Verkehrsordnung)

§ 23
Rechtsgrundlage

1. Im Durchgangsverkehr sind Abweichungen von der Betriebsordnung gültig, wenn sie schriftlich vereinbart werden.

2. Neben der Betriebsordnung sind für den Eisenbahnverkehr maßgebend:
a) Die Eisenbahn-Verkehrsordnung;
b) die sonst für die Benutzung der stadtbremischen Hafenbahnanlagen gesetzlich oder im Verordnungswege getroffenen Bestimmungen, im besonderen die Festsetzungen, die in dem zwischen der Reichsbahn und Bremen angeschlossenen Eisenbahn-Verträge enthalten sind.

§ 24
Schiffsverkehr

1. Schiffe, mit denen Güter bei den Anstalten angebracht oder abgeholt werden sollen, sind zwecks Anweisung der Ladestellen bei den Geschäftsstellen der Gesellschaft anzumelden.

2. Die Liegeplätze der Schiffe weist der zuständige Hafenbeamte nach Benehmen mit der Gesellschaft an. Ebenso ordnet er das Verholen der Schiffe von einem Liege-

platz zum anderen an (vgl. Hafenordnung). An den mit Schuppen versehenen Kajestrecken werden Schiffe in der Regel nur zugelassen, wenn sie Ladung in die Schuppen zu löschen oder aus ihnen einzunehmen haben. Soweit die Schuppen oder die Kajeplätze für besondere Güterarten bestimmt sind, haben die Schiffe den Vorzug, die diese Güterarten löschen oder laden. Für das Löschen von Getreide ist die Getreideanlage bestimmt. An anderen Plätzen ihrer Anlagen darf Getreide nur mit Genehmigung der Gesellschaft gelöscht werden.

3. Die Reihenfolge der Bearbeitung aller Fahrzeuge bestimmt die Gesellschaft. Notfalls bedient sie sich dabei der Hilfe des Hafenamts.

4. Das Löschen der Güter aus dem Schiff auf die Kaje (Aufsetzen) und das Laden der Güter von der Kaje in das Schiff (Absetzen) geschieht in der Regel durch die Hebezeuge der Gesellschaft. Das Schiff hat dabei, sofern es den Umständen nach erforderlich ist, mit seinen Hebezeugen mitzuwirken und das Gut an Deck zu liefern oder dort abzunehmen.

Die Gesellschaft kann, wenn dieses möglich ist, verlangen, daß Güter ausschließlich mit Hebezeugen des Schiffes gelöscht oder geladen werden.

5. Die Gesellschaft wird tunlichst für jede Schiffsluke ein Hebezeug mit der erforderlichen Mannschaft stellen. Der Schiffer oder Antragsteller hat die ihm obliegende Tätigkeit so auszuüben, daß die Arbeiten auf der Kaje keine Verzögerung oder Unterbrechung erleiden; auch hat er für die beim Aufsetzen aus dem Raum oder beim Absetzen in den Raum nötige Zeichengebung zu sorgen, wenn der Raum im Schiffe nicht vom Führerstande des Hebezeuges zu übersehen ist.

6. Beim Aufsetzen ist das Gut durch Leute des Schiffers oder Antragstellers senkrecht unter die Hebezeuge zu bringen und anzuschlagen; lose angebrachtes Gut muß der Schiffer oder Antragsteller auch einschaufeln oder den etwa vorhandenen Hebewerken zuführen. Die zum Anschlagen des Gutes nötigen Geräte, als Ketten- oder Taulängen und dgl. hat der Schiffer oder Antragsteller zu stellen; liefert die Gesellschaft die Geräte, so übernimmt sie dafür keinerlei Haftung.

7. Auf der Kaje wird das Gut durch Leute der Gesellschaft von den Hebezeugen abgenommen, soweit nicht durch die Gebührenordnung anderes bestimmt ist.

8. Beim Absetzen besorgt die Gesellschaft das Anbringen und Anschlagen des Gutes und stellt die dazu nötigen Geräte. Das Gut wird mit den Hebezeugen der Gesellschaft in das Schiff abgelassen oder auf Deck gesetzt und ist dort durch Leute des Schiffers oder Antragstellers senkrecht unter dem Ausleger des Hebezeuges abzunehmen.

9. Die Gesellschaft ist berechtigt, das Löschen oder Laden einzustellen und das Wegholen des Schiffes durch den zuständigen Hafenbeamten zu veranlassen, wenn nach ihrem Ermessen der Schiffer oder Antragsteller seine Obliegenheiten infolge Mangels an Mannschaft, Weigerung der Überarbeit (§ 4, 2.), oder sonst nicht ordnungsgemäß erfüllt. Für den etwa daraus erwachsenen Schaden kann die Gesellschaft in keinem Falle in Anspruch genommen werden.

10. Der Schiffer oder Antragsteller hat der Gesellschaft die Kosten zu ersetzen, welche dadurch entstehen, daß die für ihn bereitgehaltenen Betriebsmittel und Arbeitskräfte infolge seiner Maßnahmen nicht oder unzureichend ausgenutzt worden sind.

§ 25
Eisenbahnverkehr — Wagenladungsgüter

1. Eisenbahn-Wagenladungen sind mittels genauer Frachtbriefvorschrift an die für die Annahme des Gutes bestimmte Entladestelle zu lenken.

2. Eisenbahnfahrzeuge, die infolge ungenauer oder unrichtiger Frachtbriefvorschrift oder ohne Anmeldung an eine Ladestelle gelenkt sind, wo ihre Abfertigung nach Ansicht der Gesellschaft nicht oder noch nicht stattfinden kann, werden für Rechnung des Berechtigten entweder einer anderen Ladestelle zugeführt oder auf ein Nebengleis gestellt.

3. Die zur Versendung von Wagenladungsgütern nötigen Eisenbahnwagen sind vom Versender mittels Wagenbestellung nach vorgeschriebenem Muster durch Vermittlung der Gesellschaft anzufordern.

4. Die Anforderungen gelten für den Zeitraum des auf die Bestellung unmittelbar folgenden Gestellungstages und werden der Eisenbahnverwaltung täglich zu den von ihr festgesetzten Stunden durch die Gesellschaft zugestellt.

5. Mangels besonderer Bestimmungen über die Art der Wagen oder über Verwendung von Decken und Ketten geschieht die Anforderung nach dem Ermessen der Gesellschaft auf Gefahr des Bestellers.

6. Die rechtzeitige Gestellung der Wagen kann nicht gewährleistet werden. Besondere Mitteilungen über die erfolgte Gestellung der Wagen werden nicht ausgegeben; Auskunft darüber wird auf Anfrage bei den Abfertigungsstellen erteilt.

7. Die mit der Eisenbahn im Fernverkehr ankommenden oder abgehenden Wagenladungsgüter werden auf Grund der eingelieferten Anträge durch Leute der Gesellschaft ausgeladen oder verladen — soweit nicht durch die Gebührenordnung anderes bestimmt ist, oder Güter in Frage kommen, die bei den Lageranstalten für Mieter ankommen oder abgehen, oder die dort auf Lageranmeldung I angenommen sind.

8. Sofern es sich um die Beförderung im Ortsverkehr handelt, steht der Eisenbahnwagen dem Landfuhrwerk gleich (vgl. § 27).

§ 26
Eisenbahnverkehr — Stückgüter

Eisenbahn-Stückgut wird eisenbahnseitig ausgeladen oder verladen. Das Gut ist, wenn nichts anderes vereinbart ist, am Stückgutschuppen durch den Empfänger oder Versender abzunehmen oder anzuliefern.

§ 27
Verkehr mit Landfuhrwerk

1. Die mit Landfuhrwerk ankommenden oder abgehenden Güter hat der Frachtführer oder Antragsteller nach Anweisung der aufsichtführenden Angestellten der Gesellschaft an die dafür bestimmten Plätze zu bringen oder von dort abzunehmen.

2. Güter, die mit Straßenfahrzeugen von auswärts am Sammelgutschuppen Weserbahnhof während der regelmäßigen Arbeitszeit angeliefert, sowie Güter, die aus Sammelladungen vom Weserbahnhof während der regelmäßigen Arbeitszeit abgefahren werden, sind vom Frachtführer oder Antragsteller auf die Schuppenrampe zu liefern oder von der Schuppenrampe abzunehmen.

§ 28
Empfang und Auslieferung der Güter im allgemeinen

1. Empfang und Auslieferung der Güter geschieht auf Grund der abgestempelten Anträge in der festgesetzten Arbeitszeit durch die Betriebsstellen der Gesellschaft.

2. Der Empfang gilt als erfolgt, wenn die Güter vollständig aufgeliefert und mit dem gestempelten Antrag von der Betriebsstelle in Empfang genommen sind. Zum Zeichen

des Empfangs erhält der Antrag alsdann den Stempel der Betriebsstelle; der Stempel ist auf Verlangen des Antragstellers in seiner Gegenwart aufzudrücken.

3. Bei Gütern, die den Anstalten zu Schiff oder mit der Eisenbahn zugeführt werden, übernimmt die Gesellschaft nicht die dem Frachtführer obliegende Benachrichtigung des Empfängers von der Ankunft des Gutes, auch ist sie nicht verpflichtet, dem Empfänger über etwaige Mängel in der Beschaffenheit der Güter oder über Abweichungen von den Angaben im Ladungsverzeichnis oder im Frachtbrief, betreffend Maß, Zahl, Gewicht und Bezeichnung der Güter, anders als nach § 31, 1. Mitteilung zu machen.

4. Die Auslieferung der Güter geschieht gegen Einhändigung der gestempelten Anträge an den Betriebsstellen. Der Empfänger hat die Güter an der Betriebsstelle zu übernehmen, soweit nicht die Gesellschaft mit ihrem Versand, ihrer Einlagerung oder ihrer sonstigen weiteren Behandlung beauftragt; über die geschehene Abholung hat er auf Verlangen Quittung zu leisten. Der Auslieferung an den Berechtigten steht die Übergabe an den Frachtführer oder an eine Zollstelle gleich.

5. Bei der Auslieferung der Güter an den Schiffer richtet sich die Reihenfolge nach den für die Ausnutzung des Schiffsraumes und für die Stauung der Ladung maßgebenden Erfordernissen.

6. Güter, die der Empfänger nur unter Vorbehalt annehmen will, werden nur unter Zustimmung des Frachtführers ausgehändigt.

7. Beim Überladen zwischen Schiff und Bahnwagen oder Fuhre ist die Gesellschaft berechtigt, das Gut über Lager zu verladen, ohne daß sie hierfür Feuer- oder sonstige Versicherung zu decken hat.

§ 29
Empfang der Güter im besonderen

1. Bei den Verkehrsanstalten werden Güter, die mit Landfuhrwerken oder Eisenbahnwagen im Ortsverkehr ankommen, nur angenommen, wenn sie für ladebereite Schiffe bestimmt sind, oder wenn dazu die Genehmigung der Gesellschaft eingeholt ist.

2. Einer solchen Genehmigung bedarf es auch bei Gütern, die mit der Eisenbahn im Fernverkehr ankommen, soweit sie nicht unmittelbar zum Weiterversand auf dem Wasserwege aufgegeben werden. Ausgenommen davon sind Güter, die während einer Sperre der Weser statt auf dem Wasserwege mit der Eisenbahn ankommen.

3. Bei der Übernahme der Güter aus dem Schiff vertritt die Gesellschaft dem Schiffer gegenüber nicht die aus dem Konnossement herzuleitenden Rechte des Empfängers. Ebensowenig veranlaßt sie die Besichtigung der Güter nach H.G.B. §§ 610 und 611.

§ 30
Unanbringliche und auszuschließende Güter

1. Die Gesellschaft ist befugt, Güter, deren Annahme oder Abnahme verweigert oder nicht rechtzeitig bewirkt wird, oder deren Abgabe sonst nicht möglich ist, auf Kosten des Antragstellers oder des Verfügungsberechtigten zu Lager zu nehmen, oder sie nötigenfalls für Rechnung und Gefahr des Berechtigten nach ihrem Ermessen anderweit unterzubringen; sie wird diese Güter gegen Feuer versichern, wenn es sich um Güter handelt, für die sich ein Empfänger bisher nicht bei ihr gemeldet hat. Der Versicherungswert wird von der Gesellschaft durch Schätzung ermittelt; sie kann die Schätzung durch Sachverständige prüfen lassen. Für die Richtigkeit der Schätzung übernimmt sie keine Verantwortung. Die Versicherungsvergütung und sonstige Kosten gehen zu Lasten der Güter. §§ 64—66 der Betriebsordnung gelten sinngemäß.

2. Die Gesellschaft ist ferner berechtigt, Güter der in Abs. 1 bezeichneten Art, wenn sie dem schnellen Verderben ausgesetzt sind, oder wenn sie nach den örtlichen Verhältnissen nicht eingelagert werden können, oder wenn deren Wert durch längere Lagerung oder durch die daraus entstehenden Kosten unverhältnismäßig vermindert würde, ohne weitere Förmlichkeit bestmöglich zu verkaufen.

3. Güter, die den Verkehrsanstalten ohne Anmeldung oder gegen die Bestimmung des § 15 zugeführt werden, und Güter, die nach Ansicht der Gesellschaft als verdorben anzusehen sind, müssen auf Verlangen der Gesellschaft entfernt werden. Wird diesem Verlangen nicht unverzüglich entsprochen, so ist die Gesellschaft berechtigt, das Gut für Rechnung und Gefahr des Berechtigten nach ihrem Ermessen anderweitig unterzubringen, nötigenfalls ohne weitere Förmlichkeiten zu verkaufen oder, wenn sich beides als untunlich erweist, zu vernichten.

4. Von den bevorstehenden Maßnahmen ist der Antragsteller oder der Verfügungsberechtigte womöglich zu benachrichtigen. Die in Abs. 1 erwähnte Feuerversicherung wird im Falle des sofortigen Widerspruchs des Verfügungsberechtigten gegen entsprechende Entschädigung aufgehoben.

5. Der Erlös aus einem nach vorstehendem erfolgten Verkaufe wird dem Berechtigten nach Abzug der Kosten zur Verfügung gestellt.

§ 31
Feststellung von Verlust und Beschädigung

1. Bei der Annahme der ihr zugeführten Güter läßt die Gesellschaft lediglich solche Mängel feststellen, die äußerlich leicht erkennbar sind. Das Ergebnis wird auf den zugehörigen Antragscheinen vermerkt oder sonst schriftlich niedergelegt und dem Berechtigten auf Verlangen mitgeteilt.

2. Wird ein Verlust, eine Minderung oder eine Beschädigung an den von der Gesellschaft übernommenen Gütern durch den Berechtigten angemeldet, so hat die Gesellschaft den Zustand des Gutes und nach Möglichkeit auch die Ursache und den Zeitpunkt des Schadens ohne Verzug festzustellen und dem Berechtigten über das Ergebnis schriftlich Mitteilung zu machen. Die Untersuchung kann sich auf den Betrag des Schadens erstrecken, wenn dies vom Berechtigten beantragt oder von der Gesellschaft angeordnet wird. In diesem Falle sind zwei Sachverständige und womöglich auch der Verfügungsberechtigte heranzuziehen.

§ 32
Höhe des Schadenersatzes

Für die Bestimmung der Höhe des Ersatzes, den die Gesellschaft zu leisten hat, ist § 430 des Handelsgesetzbuches maßgebend.

§ 33
Bearbeitung der Güter an den Verkehrsanstalten

1. Die Gesellschaft ist berechtigt, aber nicht verpflichtet, die nach ihrem Ermessen nötigen Ausbesserungen an der Verpackung des Gutes für Rechnung des Berechtigten vorzunehmen. Ebenso kann sie Arbeiten und Leistungen ausführen, die ihres Erachtens zur Erhaltung oder Besserung der bei ihr in Verwahrung gegebenen Güter erforderlich werden.

2. Im übrigen gestattet die Gesellschaft an ihren Verkehrsanstalten, soweit nicht Bestimmungen der Gebührenordnung oder Verfügungen des Schiffers oder des Antrag-

stellers anderes vorsehen, dem Verfügungsberechtigten oder dessen Beauftragten die Behandlung seiner Güter in dem im Verkehr an den hiesigen Hafenanstalten üblichen Umfange. Ausgenommen davon sind jedoch diejenigen Güter, welche Räumen zugeführt werden, in denen nach der Gebührenordnung die Behandlung der Durchgangsgüter der Gesellschaft vorbehalten ist, oder in denen die Behandlung der Lagergüter ausschließlich durch die Gesellschaft erfolgt.

3. Der Verfügungsberechtigte hat die von ihm besichtigten oder bearbeiteten Güter nach Anweisung wieder ordnungsgemäß zusammenzustellen oder aufzustapeln, widrigenfalls dies für seine Rechnung durch die Gesellschaft veranlaßt wird.

§ 34a
Beschränkung des Haftungsumfangs

1. Die BLG haftet für Schäden irgendwelcher Art, insbesondere für Verluste oder Beschädigung von Gütern, nur bei grobem Verschulden (Vorsatz oder grober Fahrlässigkeit) ihrer Organe, leitenden Angestellten oder sonstigen Erfüllungsgehilfen. Weitergehende Haftungsbeschränkungen dieser Betriebsordnung bleiben unberührt.

2. In den nachfolgenden Schadensfällen haftet die BLG nur bei grobem Verschulden ihrer Organe oder leitenden Angestellten:
a) Einbruchdiebstahlschäden;
b) Feuer-, Wasser- und Explosionsschäden;
c) Verluste oder Beschädigungen von Gütern, welche vereinbarungsgemäß oder üblicherweise im Freien, in offenen oder sonst nicht vollständig witterungssicher hergestellten Gebäuden oder in solchen Räumen untergebracht sind, in welchen nach § 33 den Verfügungsberechtigten und/oder ihren Beauftragten die Behandlung ihrer Güter gestattet ist;
d) Schäden aus Güterverstapelungen.

3. Die BLG haftet in keinem Falle für Verluste oder Schäden irgendwelcher Art, welche aus den nachfolgenden besonderen Gefahren entstehen:
a) Verfügung von hoher Hand, insbesondere gerichtlichen Beschlagnahmen;
b) Streik, Aussperrung oder sonstigen Arbeitsbehinderungen;
c) Handlungen oder Unterlassungen der Verfügungsberechtigten oder ihrer Vertreter;
d) Be- oder Entladen durch die Verfügungsberechtigten der Güter oder ihre Beauftragten;
e) fehlender oder mangelhafter Verpackung;
f) unzureichender Kennzeichnung, Markierung oder nicht ausreichender Bezeichnung von Schwerpunkt- und Anschlagstellen;
g) verborgenen Mängeln oder der eigentümlichen natürlichen Art und Beschaffenheit der Güter, insbesondere Bruch, Rost, innerer Verderb, Auslaufen, normaler Schwund.

4. Ist ein Schaden eingetreten, der nach den Umständen des Falles aus einer der im Absatz (3) bezeichneten Gefahren entstehen konnte, so wird vermutet, daß der Schaden aus dieser Gefahr entstanden ist. Die Haftungsbefreiung nach Absatz (3) tritt nicht ein, wenn nachgewiesen ist, daß der Eintritt der Gefahr auf grobem Verschulden der Organe der BLG, ihrer leitenden Angestellten oder sonstigen Erfüllungsgehilfen beruht.

Vorbemerkung: § 34a statuiert Haftungsausschlüsse dem Grunde nach und eine Beweislastumkehr. In dem § 34b wird die Haftung zusätzlich der Höhe nach beschränkt. § 34c erstreckt die Haftungsausschlüsse und -beschränkungen auf Ansprüche aller Art und statuiert einen umfassenden Ausschluß zugunsten der Arbeitnehmer.

28 Ziff. 1: Grundsätzlich haftet der Lagerhalter nur für Vorsatz und grobe Fahrlässigkeit seiner Organe und Erfüllungsgehilfen (§§ 31, 278 BGB). Die Haftung für einfache Fahrlässigkeit ist generell ausgeschlossen. Weitergehende Haftungsbeschränkungen sind z. B. in den § 8 S. 2, § 10 Ziff. 8, 10, § 11 Ziff. 2, § 16, § 18, § 34 a Ziff. 2, 3, § 34 b, § 34 c, § 50 Ziff. 2, § 56 statuiert. Der Ausschluß der Haftung für einfache Fahrlässigkeit verstößt angesichts der relativ geringen Haftungshöchstsummen, soweit der Schaden auf anfängliche Organisationsfehler zurückzuführen ist, gegen § 9 AGBG[1]. Angesichts der Möglichkeit, die Ware zu versichern, erscheint der Haftungsausschluß im übrigen, auch bei Obhutsfehlern (Kardinalpflicht; BGH, BB **1984** 939; ZIP **1985** 623), als angemessen (vgl. *Koller* ZIP **1986** 1089, 1098 f m. Nachw.).

29 Ziff. 2: lit. a, b: Die Klausel verstößt gegen § 9 AGBG (BGH, NJW **1984** 1350), weil sie die Haftung für grobe Fahrlässigkeit einfacher Erfüllungsgehilfen und für anfängliche Organisationsfehler gänzlich ausschließt (*Koller* ZIP **1986** 1089, 1099 m. w. Nachw.). Die Möglichkeit, gerade die Risiken des Einbruchdiebstahls sowie des Feuer-, Wasser- und Explosionsschadens zu versichern, steht dem nicht entgegen (BGH, NJW **1984** 1350, 1351), es sei denn, daß die Versicherung über eine Generalpolice des Lagerhalters gedeckt wird (*Koller* TranspR **1986** 357, 364 bei Fn. 92).

30 lit c: Die Klausel trägt in ihrer 1. Alt. dem Umstand Rechnung, daß die Güter besonders gefährdet sind. Dies rechtfertigt es jedoch nicht, den Lagerhalter über das normale Maß hinaus zu entlasten. Der Lagerhalter hat auch hier die Obhut über das Gut übernommen. Der Einlagerer verläßt sich daher darauf, daß auch im Freien Schäden mit zumutbaren Mitteln verhütet werden (BGH, NJW **1984** 1350, 1351). Dem erhöhten Risiko mag der Lagerhalter durch Ausschluß der Haftung für einfache Fahrlässigkeit und die Beschränkung der Haftung auf vorhersehbare Schäden Rechnung tragen. Die Haftung für grobe Fahrlässigkeit (BGH, NJW **1984** 1350) und für anfängliche Organisationsfehler (*Koller* ZIP **1986** 1089, 1099 m. Nachw.) kann er nicht gänzlich ausschließen. — Gleiches gilt für die 2. Alt. . Der Lagerhalter kann dem Umstand, daß dem Verfügungsberechtigten die Behandlung seiner Güter gestattet ist und daher die Gefahr besteht, daß der Verfügungsberechtigte selbst die Schäden verursacht hat, ausreichend durch eine Beweislastumkehr Rechnung tragen.

31 Ziff. 3, 4: Ziff. 3 statuiert für die dort genannten Gefahren einen Haftungsausschluß für einfache Fahrlässigkeit (§ 34 a Ziff. 4) sowie eine Umkehr der Beweislast. Der Haftungsausschluß verstößt dort, wo sich der Lagerhalter anfängliche Organisationsfehler vorwerfen lassen muß (*Koller* ZIP **1986** 1089, 1099 m. Nachw.), gegen § 9 AGBG. Die Beweislastumkehr in Ziff. 4 S. 1 ist grundsätzlich angemessen. Der Einlagerer braucht nämlich lediglich — gegebenenfalls mit Hilfe des Anscheinsbeweises — nachzuweisen, daß der Schaden nicht eingetreten wäre, wenn der Lagerhalter die verkehrserforderliche Sorgfalt an den Tag gelegt hätte[2]. Soweit dagegen der Einlagerer, der diesen Beweis geführt hat, auch nachweisen muß, daß dem Lagerhalter grobes Verschulden vorzuwerfen ist (Ziff. 4 S. 2), verstößt die Klausel gegen § 9 AGBG, da Schutzvorkehrungen ausschließlich im Verantwortungsbereich des Lagerhalters liegen[3]. Unangemessen ist auch die Beweislastumkehr in den Fällen des § 34 a Ziff. 3 g, in denen der Lagerhalter besonderen Schutz gegen Gefahren bieten sollte, die der eigentümlichen natürlichen Beschaffenheit des Gutes entspringen (vgl. Art. 18 Abs. 4 CMR); denn dann ist es gerade Aufgabe des Lagerhalters, dem Einlagerer dieses Risiko abzunehmen.

---

[1] BGH, VersR **1975** 1117, 1118; *Koller* ZIP **1986** 1089, 1099 m. w. Nachw.
[2] BGH, NJW **1958** 1629; *Ulmer/Brandner/Hensen* AGBG[4] § 11 Nr. 15 10 f; weitergehend § 83 I EVO.
[3] BGH, NJW **1958** 1629; *Ulmer/Brandner/Hensen* AGBG[4] § 11 Nr. 15 10 f.

§ 34 b
Höhe des zu leistenden Schadensersatzes

1. Sofern die BLG für gänzlichen oder teilweisen Verlust der Güter schadenersatzpflichtig ist, beschränkt sich ihre Ersatzpflicht auf den gemeinen Handelswert und in dessen Ermangelung auf den gemeinen Wert, welchen Güter derselben Art und Beschaffenheit in Bremen in dem Zeitpunkt hatten, in welchem die Auslieferung zu bewirken war; hiervon kommt in Abzug, was infolge des Verlustes an Zöllen und sonstigen Kosten sowie an Fracht erspart ist.

2. Im Falle der Beschädigung ist der Unterschied zwischen dem Verkaufswert der Güter im beschädigten Zustand und dem gemeinen Handelswert oder dem gemeinen Wert zu ersetzen, den die Güter ohne die Beschädigung zur Zeit der Auslieferung gehabt haben würden; hiervon kommt in Abzug, was infolge der Beschädigung an Zöllen und sonstigen Kosten erspart ist.

3. Die Ersatzpflicht der BGL beschränkt sich auf den Betrag von DM 30,— pro Kilogramm des Rohgewichtes der Güter, höchstens jedoch auf DM 3000,— pro Kollo. Bei palettierter Ladung, die als solche mit der Anzahl der Paletten im Antrag bezeichnet ist, gilt jede Palette als ein Kollo. Für jeden Schadensfall beschränkt sich die Haftung der BLG unabhängig von der Zahl der Geschädigten auf maximal DM 50 000,—.

4. Die in Absatz (3) bestimmte Höchsthaftung gilt nicht, wenn und soweit der Antragsteller die Art und den Wert des Gutes vor dessen Annahme durch die BLG angegeben hat und diese Angabe im Verkehrsantrag aufgenommen ist. Die BLG ist berechtigt, bei Wertdeklarationen der in Satz 1 genannten Art einen angemessenen Zuschlag zum Umschlagsentgelt zu fordern.

Ziff. 1: Zum Begriff des gemeinen Handelswerts und des gemeinen Werts vgl. die Kommentierung zu § 430 HGB. Der Lagerhalter haftet somit auch im Fall eigener grober Fahrlässigkeit nicht für sekundäre Vermögensschäden, insbesondere nicht für entgangenen Gewinn. Der gemeine Wert wird nicht voll, sondern nur im Rahmen der Ziff. 3 ersetzt. Diese Haftungsbeschränkung verstößt jedenfalls dort gegen § 9 AGBG, wo dem Lagerhalter oder seinen leitenden Angestellten vorsätzliche oder grob fahrlässige Schädigung vorzuwerfen ist [1]. Hingegen erscheint sie bei grober Fahrlässigkeit einfacher Erfüllungsgehilfen als angemessen, weil sekundäre Vermögensschäden vielfach kaum vorhersehbar sind und der übliche entgangene Gewinn im gemeinen Handelswert enthalten ist. Die Klausel ist insgesamt nichtig, weil sie nicht auf den zulässigen Inhalt zurückgeführt werden kann (OLG Hamburg, VersR **1984** 1036, 1037). **32**

Ziff. 2: Zum Begriff des gemeinen Werts und zur Angemessenheit der Klausel vgl. Rdn. 32. Beachte § 34 b Ziff. 3. **33**

Ziff. 3: Kollo ist die vom Einlagerer oder Absender hergestellte tatsächliche Zusammenfassung des Guts (BGH, VersR **1979** 29 f). Die Klausel ist im Fall vorsätzlicher oder grob fahrlässiger Schädigung durch den Lagerhalter oder seine leitenden Angestellten unangemessen (vgl. Ziff. 1). Das führt zur Gesamtnichtigkeit der Klausel (OLG Hamburg, VersR **1984** 1036, 1037). Deshalb ist es unerheblich, daß die Haftungslimitierung als solche angesichts des § 34 b Ziff. 4 angemessen ist; denn auf diese Weise kann sichergestellt werden, daß die Äquivalenz zwischen von Einlagerer zu Einlagerer schwankendem Haftungsrisiko und Entgelt gewahrt ist (BGH, NJW **1980** 1953; *Koller* ZIP **1986** 1089, 1096 m. Nachw.). **34**

---

[1] BGH, NJW **1978** 1918; NJW **1984** 1350, 1351; *Koller* ZIP **1986** 1089, 1098 m. w. Nachw.

35 Ziff. 4: Es genügt, daß Art und Wert des Gutes im Vertragsangebot angegeben werden (§ 10). Kommt der Vertrag zustande, so sind die Angaben auch in den Verkehrsvertrag aufgenommen. Der Zuschlag ist nur dann angemessen, wenn er die Kosten einer Haftpflichtversicherung und die anteiligen Bearbeitungskosten nur unwesentlich übersteigt.

§ 34c
Ausdehnung der Haftungsbeschränkung

1. Die in den §§ 34a und b bestimmten Haftungsbeschränkungen beziehen sich auf Ansprüche aller Art einschließlich der Ansprüche aus unerlaubter Handlung.

2. Unmittelbare Ansprüche der Geschädigten gegen Arbeitnehmer der BLG sind, soweit gesetzlich zulässig, ausgeschlossen.

36 Ziff. 1: Erfaßt werden Ansprüche aus den §§ 677 ff, 812, 819, 823, 989 ff BGB sowie alle sonstigen Schadensersatzansprüche.

37 Ziff. 2: Die Klausel ist unwirksam (§§ 6, 9 AGBG), weil sie die Haftung des grob fahrlässigen Arbeitnehmers auch dort ausschließt, wo der Arbeitnehmer keinen Freistellungsanspruch gegen den Lagerhalter besitzt und trotz der arbeitsrechtlichen Haftungseinschränkungen zum Schadensersatz verpflichtet ist (vgl. *Schmid* TranspR **1986** 49). Auch Arbeitnehmer sind nur im Rahmen des Freistellungsanspruchs schutzwürdig.

§ 35
Verkehrsanträge, Allgemeines

In Ausführung zu § 10 gilt folgendes:

1. Die Anträge im Durchgangsverkehr sind, soweit nicht nachstehend unter 2. anderes bestimmt ist, an die Geschäftsstellen zu richten. Dies gilt insbesondere von Anträgen auf Einlagerung von Durchgangsgut (§ 14), und von allen Anträgen, die nicht nach vorgeschriebenem Muster gestellt werden.

2. Die in § 36 unter 1. bis 10. aufgeführten Anträge auf Annahme und Auslieferung von Gütern sind bei den Abfertigungsstellen zur Eintragung einzureichen. Die Anträge sind nach vorgeschriebenem Muster auszufertigen. Als Zeichen ihrer Annahme erhalten sie eine Annahmenummer und als Zeichen, daß die Güter zugeführt oder abgeholt werden können, den Stempel der Abfertigungsstelle.

§ 36
Verkehrsanträge, Besonderes

(1) Der Aufsetzantrag

Der Antrag gilt für Güter, die aus dem Schiff auf die Kaje gelöscht und entweder im Durchgangsverkehr an den Anstalten aufgenommen (aufgesetzt) oder unmittelbar in Verbindung mit dem Löschen an der Kaje verladen (übergeladen) werden. Dem Antrage ist das Ladungsverzeichnis (Manifest) beizufügen.

Der Antrag kann entweder vom Schiffer oder vom Empfänger gestellt werden. Wird er vom Schiffer gestellt, so gilt das Ladungsverzeichnis als Aufsetzantrag, wenn es nach vorgeschriebenem Muster ausgefertigt oder an der Abfertigungsstelle mit entsprechendem Stempelaufdruck versehen ist. Wird der Antrag vom Empfänger gestellt, so ist er zum Zeichen, daß das Gut zur Auslieferung freigestellt wird, entweder vom Schiffer gegenzuzeichnen oder mit einem Freistellungsschein des Schiffers einzureichen. Der Freistellungsschein ist nach vorgeschriebenem Muster auszustellen und muß hinsichtlich der

Bezeichnung des Gutes, der Art seiner Verpackung, sowie der Zahl und etwaiger Zeichen und Nummern der Stücke mit dem Aufsetzantrag übereinstimmen.

Wird der Antrag sowohl vom Schiffer als auch vom Empfänger gestellt, so vollzieht sich die Übertragung der Güter auf den Empfänger wie beim Auslieferungsantrag (siehe 2).

(2) Der Auslieferungsantrag

Der Antrag gilt für Güter, die auf Antrag des Schiffers aufgesetzt sind und die an den Anstalten entweder dem Empfänger ausgeliefert oder sonst nach dessen Anträgen behandelt werden sollen.

Der Antrag ist vom Empfänger zu stellen und entweder mit der Gegenzeichnung des Schiffers oder mit dessen Freistellungsschein einzureichen. Die Bestimmungen unter 1. über Gegenzeichnung und Freistellung gelten entsprechend.

Für Güter auf Freistellungsschein ist eine Teilung auf mehrere Auslieferungsanträge zulässig, doch müssen alsdann alle Anträge gleichzeitig mit dem Freistellungsschein eingereicht werden.

Der Aussteller des Auslieferungsantrages tritt als erster Antragsteller im Sinne der Gebührenordnung an die Stelle des Schiffers und wird für alle bei der Gesellschaft für das Gut erwachsenen Kosten zahlungspflichtig, sobald die Güter bei der Gesellschaft auf ihn übertragen sind. Die Güter gelten als übertragen, wenn der Antrag an der Abfertigungsstelle eingetragen und gestempelt ist, und wenn er zwecks Übernahme der Güter an die Betriebsstelle übergeben ist, oder wenn der Antragsteller über die Güter bei der Gesellschaft schriftlich verfügt und die Gesellschaft diese Verfügung angenommen hat, — vorausgesetzt, daß die Güter durch die Betriebsstellen vom Schiffer bereits übernommen waren —.

(3) Der Verladeantrag

Der Antrag gilt für Güter, die an den Anstalten aufgenommen sind und dort zum Weiterversand mit der Eisenbahn im Fernverkehr verladen werden sollen.

Der Antrag kann bei Gütern, die mit Aufsetzantrag zu unmittelbarer Überladung aufgegeben werden, auch als Zusatzverfügung zur Ergänzung des Aufsetzantrages verwendet werden.

Mit dem Antrag sind die zugehörigen Frachtbriefe einzureichen; ebenso die Wagenbestellung (§ 25, 3.), wenn sie nicht schon vorher erfolgt ist.

(4) Der Entladeantrag

Der Antrag gilt für Güter, die mit der Eisenbahn im Fernverkehr zugeführt werden und die entweder an den Anstalten aufgenommen und von da in das Schiff verladen (entladen und abgesetzt), oder die an der Kaje unmittelbar in das Schiff verladen (übergeladen) werden sollen. Er ist auch bei Gütern zu verwenden, die auf Aufnahmeantrag A (siehe 6) schon aufgenommen sind.

Der Antrag ist zum Zeichen, daß die Güter zur Verschiffung angenommen sind, vom Schiffer gegenzuzeichnen.

Mit dem Antrage sind sind die zugehörigen Frachtbriefe einzureichen.

(5) Der Absetzantrag

Der Antrag gilt für Güter, die auf anderem Wege als mit der Eisenbahn im Fernverkehr zugeführt werden, und die entweder an den Anstalten aufgenommen und von da in das Schiff verladen (abgesetzt), oder die an der Kaje unmittelbar in das Schiff verladen (übergeladen) werden sollen. Er ist auch bei Gütern zu verwenden, die auf Aufnahmeantrag A (siehe 6) oder sonst schon aufgenommen sind.

Der Antrag ist wie der Entladeantrag vom Schiffer gegenzuzeichnen.

(6) Der Aufnahmeantrag A

Der Antrag gilt für Güter, die
a) als Stückgut mit der Eisenbahn im Fernverkehr ankommen und wieder auf dem Landwege abgehen,
b) vor der Verschiffung zur Lagerung angenommen werden (Überliegegüter).
c) zur Verschiffung bestimmt sind, aber nicht innerhalb der Abnahmefristen aufgeliefert werden können.

(7) Der Aufnahmeantrag B

Der Antrag gilt für Güter, die
a) auf dem Landwege, ausgenommen als Stückgut mit der Eisenbahn im Fernverkehr, ankommen und wieder auf dem Landwege abgehen,
b) am Stückgutschuppen verladen werden,
c) zur Verschiffung aufgeliefert, aber zurückgezogen sind und nicht innerhalb 4 Tagen neu zur Verschiffung nach demselben Hafen aufgeliefert werden.

(8) Der Aufnahmeantrag C

Der Antrag gilt für Güter, die nicht mit Aufsetzantrag an den Anstalten aufgenommen sind, dem Weserbahnhof oder den Kajeschuppen zugeführt werden, um als Beiladung mit der Eisenbahn im Fernverkehr versandt zu werden.

(9) Der Anhalteantrag

Der Antrag gilt für Güter, die zur Verschiffung aufgeliefert, vorübergehend zurückgezogen sind und innerhalb 4 Tagen wieder zur Verschiffung nach demselben Hafen aufgeliefert werden.

(10) Für Güter, die von See kommend bei den Anstalten aufgesetzt und dort, ohne an den Empfänger ausgehändigt zu werden, wieder nach See abgesetzt werden sollen (Durchfuhrgüter), ist der Absetzantrag mit dem Aufsetzantrag zusammen beizubringen.

(11) Güter, die entgegen dem Verlangen des Antragstellers nach dem Ermessen der Betriebsstelle nicht an der Kaje übergeladen werden können, werden an den Anstalten zur weiteren Behandlung aufgenommen (aufgesetzt oder entladen). Der Antrag erhält einen entsprechenden Vermerk der Betriebsstelle. Beim Entladeantrag kann der Antragsteller vorschreiben, daß die Güter, wenn sie nicht sofort übergeladen werden können, erst nach Ablauf einer bestimmten Frist entladen werden.

(12) Bei Gütern, die der Antragsteller bestimmungsgemäß selbst an der Kaje überzuladen hat, erhält der Antrag an der Abfertigungsstelle einen entsprechenden Stempelaufdruck.

§ 37
Gewichtsermittlung

1. Die Ermittlung des Gewichtes der Güter obliegt dem Antragsteller. Das Gewicht ist mit dem Antrag aufzugeben.

2. Kann das Gewicht nicht rechtzeitig aufgegeben werden, so ist mit dem Antrag ein Nachlieferungsschein nach vorgeschriebenem Muster vorzulegen. Dieser wird an der Abfertigungsstelle mit der Annahmenummer des Antrages und dem Stempel versehen und ist unter Angabe des Gewichtes innerhalb der nächsten zehn Tage einzuliefern, widrigenfalls die Gesellschaft das der Gebührenrechnung zugrunde zu legende Gewicht nach ihrem Ermessen einsetzt.

3. Wird nach der Gebührenordnung Vorausbezahlung verlangt, so ist das Gewicht sofort festzustellen.

Fünfter Abschnitt. Lagergeschäft

§ 38
Pfand- und Zurückbehaltungsrecht

1. Die Gesellschaft hat an den ihr übergebenen Durchgangs-Gütern ein Pfand- und Zurückbehaltungsrecht wegen aller Forderungen, die ihr aus den auf die betreffenden Güter entfallenden Gebühren, Vergütungen und Auslagen oder sonst gegen denjenigen zustehen, für dessen Rechnung das Gut lagert. Dieses Recht erstreckt sich auch auf die anstelle des Gutes hinterlegten Beträge, sowie auf Forderungen, die als Entschädigung wegen Brandschaden oder aus sonstigen Gründen anstelle des Gutes treten sollten.

2. Ist der Schuldner im Verzuge, so hat die Gesellschaft nach einmaliger erfolglos gebliebener Mahnung das Recht, von dem Gute so viel, als nach ihrem Ermessen zur Befriedigung ihrer Forderungen erforderlich ist, ohne weitere Förmlichkeit zu verkaufen. Die Mahnung erfolgt durch öffentliche Bekanntmachung, wenn der Schuldner nicht zu ermitteln ist.

3. Ist der Einlagerer ein Spediteur, so hat die Gesellschaft ein Pfand- und Zurückbehaltungsrecht an den von ihm eingelagerten Gütern nur nach Maßgabe der für Lagerungen in fremden Lägern jeweils geltenden Allgemeinen Deutschen Spediteurbedingungen.

§ 39
Überweisung und Nachnahme

1. Dem Antragsteller ist gestattet, Güter mit einem der in § 36 vorgeschriebenen oder sonst von der Gesellschaft dafür zugelassenen Verkehrsanträge an einen Dritten zu überweisen: dabei kann er vorschreiben, daß die Auslieferung der Güter nur gegen Nachnahme aller bei der Gesellschaft entstandenen Kosten, oder daß sie nur gegen Nachnahme des auf den Gütern ruhenden Lagergeldes erfolgen soll. Die Überweisung muß sich aber auf alle im Antrag aufgeführten Güter erstrecken, und kann nur zugleich mit der Einreichung des Antrages an der Abfertigungsstelle erfolgen.

2. Das Recht der Gesellschaft, die Auslieferung der Güter dem Dritten bis zur Bezahlung aller bei der Gesellschaft entstandenen Kosten nach § 38 (1.) zu verweigern, wird durch diese Vorschrift nicht berührt.

3. Güter, die auf Auslieferungsantrag an der Betriebsstelle übernommen sind, können mittels Teilscheines zum Auslieferungsantrage überwiesen werden. Der Teilschein muß nach vorgeschriebenem Muster auf den Inhaber ausgestellt sein.

§ 40
Zulässige Erklärungen

Für Verkehrsanträge nach vorgeschriebenem Muster sind außer den vorgesehenen Angaben des Antragstellers nur solche Erklärungen zulässig, die mit den Bestimmungen im Einklang stehen oder besonders genehmigt sind. Der Wortlaut der zulässigen Erklärungen wird von der Gesellschaft festgesetzt. Vorschriftswidrige Erklärungen gelten als nicht hinzugefügt, auch wenn sie mit dem Antrag versehentlich angenommen sind.

§ 41
Vertreter des Schiffes

Abmachungen mit dem Vertreter des Schiffes (Schiffsmakler) haben dieselbe Gültigkeit, wie die mit dem Schiffer selbst getroffenen Abmachungen.

Ingo Koller

Abschnitt III
Besondere Bestimmungen für den Lagerbetrieb
(Lagerordnung)
Titel I

§ 42
Rechtsgrundlage

1. Neben den Bestimmungen des Abschnittes I gelten für Lagergut (§ 14) die Bestimmungen der Lagerordnung. Wenn ein Orderlagerschein ausgestellt werden soll, gelten diese Bestimmungen in Ergänzung der Verordnung vom 16. Dezember 1931 (Reichsgesetzblatt I S. 763).

2. Sie können durch besondere schriftliche Vereinbarung ergänzt werden.

§ 43
Benutzung der Lageranstalten

Die Lageranstalten können durch Mietvertrag oder durch Lagervertrag benutzt werden.

Titel II

§ 44
Mietvertrag

1. Durch Mietvertrag werden im allgemeinen nur abgeschlossene Räume oder abgegrenzte Plätze nach besonderer Vereinbarung abgegeben.

2. Für die in gemieteten Lägern untergebrachten Güter haftet der Vermieter nur nach Maßgabe des Mietvertrages.

3. Für die vermieteten Lagerräume und Lagerplätze gelten die im Anhang zur Gebührenordnung gegebenen Bestimmungen der Deputation für Häfen und Eisenbahnen. Für das Zollausschlußgebiet sind außerdem noch die Bestimmungen wegen Sicherung der Zölle und Reichssteuern und die Bestimmungen, betreffend die Tabak-Sortiergeschäfte maßgebend.

4. Die angegebenen Bestimmungen und die Vertragsbedingungen sind an den Geschäftsstellen der Gesellschaft erhältlich.

Titel III
Lagervertrag

§ 45
Lagerräume

1. Die Lagerung geschieht an den im Antrag angegebenen Lagerstellen, soweit nach dem Ermessen des Lagerhalters dort Raum vorhanden ist; andernfalls bestimmt der Lagerhalter die Lagerstellen.

2. Dem Einlagerer steht es frei, die Lagerräume zu besichtigen oder besichtigen zu lassen. Einwände oder Beanstandungen gegen die Unterbringung des Gutes oder gegen die Wahl des Lagerraumes muß er unverzüglich vorbringen. Macht er von dem Besichtigungsrecht keinen Gebrauch, so begibt er sich aller Einwände gegen die Art und

Fünfter Abschnitt. Lagergeschäft

Anh. VI § 424
§ 47 Brem.Lag.H

Weise der Unterbringung, soweit die Wahl des Lagerraumes und die Unterbringung unter Wahrung der Sorgfalt eines ordentlichen Lagerhalters erfolgt ist.

3. Eine Verpflichtung des Lagerhalters zur Sicherung oder Bewachung von Lagerräumen besteht nur insoweit, als die Sicherung und Bewachung unter Beücksichtigung aller Umstände geboten und ortsüblich ist. Der Lagerhalter genügt seiner Bewachungspflicht, wenn er bei der Ausstellung oder Annahme von Bewachung die nötige Sorgfalt angewandt hat. Er hat die Anwendung dieser Sorgfalt zu beweisen.

4. Das Betreten des Lagers ist dem Einlagerer nur in Begleitung eines vom Lagerhalter beauftragten Angestellten erlaubt.

5. Das Betreten darf nur in bei dem Lagerhalter eingeführten Geschäftsstunden verlangt werden und auch dann nur, wenn ein Arbeiten bei Tageslicht möglich ist.

6. Der Einlagerer haftet für alle Schäden, die er, seine Angestellten oder Beauftragten beim Betreten des Lagers oder beim Betreten oder Befahren des Lagergrundstückes des Lagerhalters anderen Einlagerern oder dem Hauswirt zufügen, es sei denn, daß den Einlagerer, seine Angestellten oder Beauftragten kein Verschulden trifft. Als Beauftragte des Einlagerers gelten auch Dritte, die auf seine Veranlassung das Lager oder das Lagergrundstück aufsuchen.

7. Der Lagerhalter darf die ihm gemäß Absatz 6 zustehenden Ansprüche, soweit sie über die gesetzlichen Ansprüche hinausgehen, an Dritte nicht abtreten.

Ziff. 1: Das Ermessen muß sich im Rahmen der Billigkeit halten (§ 315 BGB, § 5 AGBG). **38**

Ziff. 2: Vgl. dazu § 43 d ADSp (Anh. III zu § 424 HGB). **39**

Ziff. 3: Vgl. dazu § 43 c ADSp (Anh. III zu § 424 HGB). **40**

Ziff. 4: Vgl. dazu § 44 a ADSp (Anh. III zu § 424 HGB). **41**

Ziff. 5: Vgl. dazu § 44 b ADSp (Anh. III zu § 424 HGB). **42**

Ziff. 6: Vgl. § 46 a ADSp (Anh. III zu § 424 HGB). **43**

Ziff. 7: Vgl. § 46 b ADSp (Anh. III zu § 424 HGB). **44**

§ 46
Umlagerung des Gutes

Die Gesellschaft kann eine Umlagerung des Gutes vornehmen, wenn es nach ihrem Ermessen für die ordentliche Ausnutzung der Anstalten oder sonst erforderlich wird. Die Umlagerung geschieht bei zwangsweise eingelagerten Gütern, die an den Verkehrsanstalten zur Lagerung aufgenommen sind, für Rechnung der Berechtigten, andernfalls auf Kosten der Gesellschaft. Bei Gütern auf Lageranmeldung kann der Antragsteller in der Lageranmeldung vorschreiben, daß die Umlagerung nur auf Grund vorheriger Benachrichtigung statthaft sein soll; in solchem Falle darf sie frühestens einen Tag nach geschehener Benachrichtigung vorgenommen werden.

Die Umlagerung hat nach billigem Ermessen zu erfolgen (§ 315 BGB, § 5 AGBG). **45**
Zur Anzeigepflicht § 60.

§ 47
Lagergut

1. Der Einlagerer hat den Lagerhalter rechtzeitig auf alle öffentlich rechtlichen Verpflichtungen (z. B. steuerrechtlicher Natur) aufmerksam zu machen, die mit dem Besitze des Gutes verbunden sind. Für alle Folgen der Unterlassung solchen Hinweises

haftet der Einlagerer dem Lagerhalter. Der Einwand, der Lagerhalter habe die betreffenden Verpflichtungen gekannt oder kennen müssen, ist unzulässig.

2. Wenn der Lagerhalter zu irgendeinem Zeitpunkte, während sich das Gut in seiner Obhut befindet, gegenüber Behörden Erklärungen abgibt oder Auskünfte erteilt, handelt er lediglich als Beauftragter des Einlagerers. Etwaige Folgen gehen zu dessen Lasten.

3. Durch behördliche Beschlagnahme des Gutes und sonstige Verfügungen von hoher Hand werden die Rechte des Lagerhalters gegenüber dem Einlagerer nicht berührt. Der Einlagerer gilt unbeschadet der etwaigen Ansprüche des Lagerhalters gegenüber dem Staat oder einem sonstigen Dritten, auch für die Zeit der Beschlagnahme, als Vertragsgegner und haftet für das während der Beschlagnahmezeit entstandene Lagergeld und die sonstigen Ansprüche des Lagerhalters.

4. Durchgangsgut, das an den Anstalten mangels besonderer Vereinbarung unter Beschränkung der Haftung nach § 34 aufgenommen ist, kann durch den Lagerhalter eingelagert werden, wenn das Gut nicht rechtzeitig im Sinne der Gebührenordnung abgenommen wird oder wenn es sich um unanbringliche Güter (§ 30) handelt. Die Art der Einlagerung und die Lagerstellen bestimmt dabei die Gesellschaft nach ihrem Ermessen. Eine Lagerbenachrichtigung erfolgt hierbei nicht.

46   **Ziff. 1:** Vgl. § 9 Abs. 1 Lagerordnung (Anh. II zu § 424 HGB).
47   **Ziff. 2:** Die Klausel stellt eine Parallele zu § 11 Ziff. 2 dar.
48   **Ziff. 3:** Vgl. § 10 Lagerordnung (Anh. II zu § 424 HGB).
49   **Ziff. 4:** Das Ermessen ist im Rahmen der Billigkeit auszuüben (§ 315 BGB, § 5 AGBG).

§ 48
Lageranträge

In Ausführung zu § 10 gilt folgendes:

1. Die Anträge im Lagerbetriebe sind an die Geschäftsstelle zu richten.

2. Anträge auf Einlagerung und Auslieferung von Gütern, sowie Anträge auf Übertragung von Lagergut sind nach vorgeschriebenem Muster auszufertigen.

Die Anträge sind folgende:

a) Die Lageranmeldung I. Der Antrag gilt für Güter, die an den Anstalten unter Beschränkung der Haftung nach § 34 zur Lagerung in solchen Räumen aufgenommen werden, in denen dem Verfügungsberechtigten oder dessen Beauftragten die Behandlung seiner Güter gestattet ist.

b) Die Lageranmeldung II. Der Antrag gilt für Güter, die an den Anstalten zur Lagerung in solchen Räumen aufgenommen werden, in denen die Behandlung der Lagergüter ausschließlich durch die Gesellschaft erfolgt.

c) Die Lagerabmeldung. Der Antrag gilt für Lagergut, das vom Verfügungsberechtigten zur Auslieferung abgefordert wird.

d) Die Lagerübertragung. Der Antrag gilt für Lagergut, das auf einen anderen Verfügungsberechtigten übergehen und für diesen wie bisher weiter lagern soll. Der Antrag ist vom bisherigen Verfügungsberechtigten zu unterzeichnen und gilt zugleich als dessen Lagerabmeldung. Wird er vom neuen Verfügungsberechtigten gegengezeichnet, so gilt er zugleich als dessen Lageranmeldung; wird er nicht gegengezeichnet, so bedarf es einer neuen Lageranmeldung. Das Gut gilt als übertragen, wenn der Antrag mit der Gegenzeichnung oder mit der neuen Lageranmeldung bei der Gesellschaft angenommen und eingetragen ist.

Ziff. 2 d: Die Übertragungsfiktion gilt nur zugunsten der Gesellschaft, die an den neuen Verfügungsberechtigten befreiend leisten kann (Parallele zu § 409 BGB). Der neue Verfügungsberechtigte unterwirft sich durch die Unterzeichnung der Lagerübertragungserklärung oder der Lageranmeldung nicht ohne weiteres der Betriebsordnung (dazu vor § 1 Hamburger Lagerungsbedingungen, Anh. V zu § 424 HGB Rdn. 3). Der Lagerhalter kann allerdings dem Erwerber Einwendungen entgegenhalten, die ihm gegenüber dem Einlagerer zustehen. Hat sich der neue Verfügungsberechtigte nicht der Betriebsordnung unterworfen, so stellt seine Unterschrift auf der Übertragungsurkunde keine Lageranmeldung dar. Er ist daher nicht verpflichtet, eine Vergütung zu entrichten.

§ 49
Lagerbenachrichtigung

Über den Empfang des Gutes wird dem Einlagerer eine Lagerbenachrichtigung ausgehändigt. Bei der Lagerübertragung (§ 48, 2 d) geht die Benachrichtigung an den neuen Verfügungsberechtigten

Vgl. § 5 Ziff. 6 Hamburger Lagerungsbedingungen (Anh. V zu § 424 HGB).

§ 50
Behandlung des Lagergutes

1. Die Zuführung der Güter in die Lagerräume und ihre Abholung aus den Lagerräumen ist Sache des Einlagerers. Im übrigen ist der Lagerhalter berechtigt, alle mit dem Empfang, der Auslieferung und der Behandlung der Güter verbundenen Arbeitsleistungen ausschließlich vorzunehmen.

2. Nimmt der Einlagerer irgendwelche Handlungen mit dem Gut vor (z. B. Probeentnahmen), so hat er danach dem Lagerhalter das Gut aufs neue in einer den Umständen und der Verkehrssitte entsprechenden Weise zu übergeben und erforderlichenfalls Anzahl, Gewicht und Beschaffenheit des Gutes gemeinsam mit ihm festzustellen. Andernfalls ist jede Haftung des Lagerhalters für später festgestellte Schäden ausgeschlossen.

3. Die Verpackung wird ohne Antrag des Einlagerers in der Regel nicht geöffnet. Der Lagerhalter ist jedoch jederzeit dazu befugt, wenn er Grund für die Annahme hat, daß der Inhalt nicht richtig angegeben sei.

4. Der Lagerhalter kann die Ausbesserung von in schadhaftem Zustand ankommenden Gütern auch ohne besonderen Auftrag auf Kosten des Auftraggebers bzw. zu Lasten der Ware bewirken. Eine Verpflichtung hierzu besteht jedoch für den Lagerhalter nicht, ebensowenig ist der Lagerhalter verantwortlich, wenn trotz der vorgenommenen Ausbesserung Verluste oder Schäden entstehen.

5. Die bei der Behandlung des Gutes, beim Probenziehen und dgl. entstehenden Abfälle werden dem Verfügungsberechtigten unter Berechnung der entstandenen Unkosten überwiesen. Fegsel und Verpackungsabfälle, als Bänder, Taue, Rapper und dgl. verbleiben der Gesellschaft.

Ziff. 1: Vgl. § 45 b ADSp (Anh. III zu § 424 HGB). Der Einlagerer, der die Lageranmeldung I verwendet, ist allerdings berechtigt, seine Güter selbst zu behandeln. Er muß jedoch wesentliche Haftungsausschlüsse hinnehmen (§§ 34 a—34 c).

Anh. VI § 424
§ 51 Brem.Lag.H   Drittes Buch. Handelsgeschäfte

53 Ziff. 2: Entspricht § 45 a ADSp (Anh. III zu § 424 HGB).
54 Ziff. 3: Vgl. § 6 Ziff. 3 Hamburger Lagerungsbedingungen (Anh. V zu § 424 HGB).
55 Ziff. 4: Vgl. § 20 Lagerordnung (Anh. II zu § 424 HGB). Zur Haftung §§ 61 ff.

§ 51
Haftung des Lagerhalters

1. Der Lagerhalter haftet nicht für Stand- und Überliegegeld.

2. Für Verzögerungen irgendwelcher Art ist der Lagerhalter verantwortlich, insoweit dadurch ein Schaden an dem Gut selbst entsteht; für andere durch Verzögerung entstandene Schäden haftet der Lagerhalter nur bei Vorsatz und grober Fahrlässigkeit.

3. Für Vermögensschäden, die nicht auf Verlust, Minderung, Beschädigung oder Verzögerung zurückzuführen sind, sowie für Schäden, die nicht an dem Gute selbst entstehen, insbesondere für entgangenen Gewinn, haftet der Lagerhalter nicht.

56 Vorbemerkung: Die Betriebsordnung kennt zwei Arten von Lageranmeldungen mit unterschiedlicher Haftungsintensität. Hat der Einlagerer die erste Variante gewählt (§ 48 Ziff. 2a), so haftet der Lagerhalter nur stark beschränkt (§§ 34a—34c). In der zweiten Variante (§ 48 Ziff. 2b) ergibt sich die Haftung aus § 17 in Verbindung mit den §§ 51 ff, insbesondere §§ 61 ff.

57 Ziff. 2: Im Fall einfacher Fahrlässigkeit wird nur der gemeine Wert, nicht aber der entgangene Gewinn oder sonstige sekundäre (mittelbare) Vermögensschäden ersetzt (vgl. § 12 Ziff. 1, 2 Hamburger Lagerungsbedingungen; Anh. V zu § 424 HGB). Bei Vorsatz oder grober Fahrlässigkeit des Lagerhalters oder eines Erfüllungsgehilfen wird im Fall des Verzugs auch der sekundäre Vermögensschaden ersetzt. Unklar ist, ob die Klausel auch für primäre, durch Verzögerung verursachte Vermögensschäden gilt; denn § 51 Ziff. 3 enthält eine Regelung, die § 51 Ziff. 2 S. 2 aufzuheben scheint. Während § 51 Ziff. 2 HS. 2 gerade „andere" als unmittelbare Sachschäden für ersatzwürdig erklärt, schließt § 51 Ziff. 3 die typische Folge eines Sachschadens, den entgangenen Gewinn, generell von der Ersatzpflicht aus. Die Unklarheit ist mittels des § 5 AGBG aufzulösen. Danach hat der Lagerhalter im Fall der Verzögerung sämtliche Vermögensschäden zu ersetzen, wenn ihm oder seinem Erfüllungsgehilfen der Vorwurf vorsätzlicher oder grob fahrlässiger Schädigung gemacht werden kann.

58 Ziff. 3: Die Klausel ist angesichts des § 51 Ziff. 2 und § 62 Ziff. 2 S. 2 kaum verständlich. In diesen Vorschriften wird ausdrücklich angeordnet, daß der Lagerhalter im Fall grober Fahrlässigkeit auch für sekundäre Vermögensschäden haftet. In Anbetracht der Tatsache, daß die Haftung für Verzögerung in § 51 Ziff. 2 und für Verlust, Minderung, Beschädigung in den §§ 61 ff geregelt ist, wird man § 51 Ziff. 3 dahin interpretieren müssen, daß die Klausel alle Schäden regeln will, die nicht durch Verlust, Minderung, Beschädigung oder Verzögerung entstehen. Darunter können nur primäre Vermögensschäden fallen, z. B. durch falsche Auskunft. Für diese Schäden wird überhaupt nicht gehaftet. Schäden an dem Gut selbst spielen nämlich keine Rolle, weil diese im Rahmen der §§ 61 ff liquidiert werden. Die Klausel verstößt gegen § 9 AGBG, weil sie auch im Fall grob fahrlässiger Schädigung gilt (BGH, NJW **1984** 1350). In derartigen Fällen darf auf die schlechte Kalkulierbarkeit des Risikos nicht mit einer totalen Freizeichnung reagiert werden, wenn kalkulierbare Haftungsobergrenzen zur Verfügung stehen (*Koller* ZIP **1986** 1089, 1098 m. Nachw.). Dies gilt erst recht für Schäden, die der Lagerhalter oder seine Angestellten vorsätzlich oder grob fahrlässig verursacht haben (vgl. Erläuterung § 34b Ziff. 1). Die Klausel ist daher insgesamt unwirksam (OLG Hamburg, VersR **1984** 1036, 1037).

Stand 1. 12. 1986

§ 52
Beginn und Ende der Haftung

1. Die Haftung des Lagerhalters beginnt, sobald er das Lagergut auf seinem Lager in Empfang nimmt, und endet, sobald er das Gut auf seinem Lager an den Berechtigten zurückgibt. Eine Haftung aus anderweitigen Rechtsverhältnissen bleibt unberührt.

2. Hat der Lagerhalter das Entladen von Fahrzeugen bei der Anlieferung oder das Beladen von Fahrzeugen bei der Ablieferung übernommen, so beginnt seine Haftung mit der Abnahme des Gutes aus dem Fahrzeug und endet mit der Absetzung des Gutes in das Fahrzeug. Dies gilt auch für das Entladen und Beladen von Eisenbahnwagen auf dem Anschlußgleis des Lagerhalters.

3. Der Lagerhalter ist nicht verpflichtet, vor Beginn der Arbeitszeit die Ordnungsmäßigkeit der inzwischen gestellten beladenen Wagen zu prüfen. Für Diebstahl oder Beschädigung der Güter im Schiff vor der Übernahme oder in den Bahnwagen außerhalb der ordentlichen Arbeitszeit haftet er nicht.

Ziff. 1: Vgl. § 12 Abs. 1 Lagerordnung (Anh. II zu § 424 HGB) sowie § 57 Betriebsordnung. **59**

Ziff. 2: Vgl. § 12 Abs. 2 Lagerordnung (Anh. II zu § 424 HGB). **60**

§ 53
Empfang des Lagergutes

1. Der Lagerhalter ist unbeschadet der Vorschriften der §§ 85, 95, 96 ohne besondere Vereinbarung nicht verpflichtet, beim Empfang des Gutes dessen Menge (Zahl, Maß oder Gewicht), Gattung, Art, Güte oder sonstige Beschaffenheit festzustellen. Als Warenkenner tritt der Lagerhalter nicht auf.

2. Die Kosten einer Feststellung trägt der Einlagerer.

3. Befindet sich Lagergut, das dem Lagerhalter zugesandt ist, bei der Ablieferung in einem beschädigten oder mangelhaften Zustand, der äußerlich erkennbar ist, so hat der Lagerhalter die Rechte gegen den Frachtführer oder Schiffer zu wahren, für den Beweis des Zustandes zu sorgen und dem Einlagerer unverzüglich Nachricht zu geben, im Falle der Unterlassung ist er zum Schadensersatze verpflichtet.

4. Im übrigen ist der Lagerhalter weder zur Erfüllung der Konnossementsbedingungen (z. B. Frachtzahlung, Einhaltung der Beladungs- oder Entlöschungsfristen usw.) und bahnamtlichen Vorschriften (Wagenstandgelder usw.) noch zu einer Prüfung der Ware (z. B. hinsichtlich Mustermäßigkeit, gesunder Beschaffenheit, inneren Verderbs, Wasserbeschädigung oder Zusammenladungsschäden) verpflichtet.

5. Soweit der Lagerhalter derartige Tätigkeiten freiwillig ausführt, tut er es als Vertreter des Einlagerers, zu dessen Lasten alle Folgen gehen.

6. Stellt sich bei dem Empfang der Güter durch den Lagerhalter heraus, daß die Angaben in der Anmeldung nicht stimmen, so ist der Lagerhalter berechtigt, innerhalb einer angemessenen Frist eine dem Befund entsprechende Richtigstellung vom Auftraggeber zu verlangen. Letzterer ist verpflichtet, unverzüglich diesem Ansuchen Folge zu leisten. Inzwischen lagert die Ware auf Gefahr des Antragstellers.

Ziff. 1: Vgl. § 19 Abs. 1 Lagerordnung (Anh. II zu § 424 HGB). **61**

Ziff. 2: Vgl. § 19 Abs. 2 Lagerordnung (Anh. II zu § 424 HGB). **62**

Ziff. 3: Vgl. dazu § 417 HGB 2 ff. Zum Umfang der Schadensersatzpflicht § 17, § 51 Ziff. 3. **63**

64 Ziff. 4: Vgl. § 19 Abs. 4 Lagerordnung (Anh. II zu § 424 HGB).

65 Ziff. 5: Vgl. Erläuterung zu § 11 Ziff. 2.

66 Ziff. 6: S. 1 entspricht § 16 Lagerordnung (Anh. II zu § 424 HGB). Der Haftungsausschluß bezieht sich nur auf Risiken infolge der fehlerhaften Angaben. Da die Haftung auch im Fall grober Fahrlässigkeit des Lagerhalters oder seiner leitenden Angestellten ausgeschlossen ist, ist die Klausel unwirksam (vgl. Erläuterung zu § 34b Ziff. 1).

§ 54
Empfang von Säcken

Eintreffende leere Säcke werden ohne besonderen Auftrag nicht gezählt; für ihre Stückzahl wird keine Gewähr geleistet. Bei Rücksendung von leeren Säcken und Vorstellbrettern übernimmt der Lagerhalter nur die Verpflichtung der richtigen Wiederablieferung ab seiner Bahnstation.

67 Gewähr bedeutet, daß der Lagerhalter keine Garantie leistet (§ 5 AGBG). Kann der Geschädigte nachweisen, daß Säcke verlorengegangen sind, so gelten die allgemeinen Haftungsregeln (§§ 17, 51 Ziff. 3). § 54 S. 2 entspricht § 447 BGB.

§ 55
Empfang belasteten Lagergutes

1. Für fremde Rechnung unter dem Namen des Lagerhalters eintreffende Sendungen, auf denen Frachtbeträge, Nachnahmen oder sonstige Kosten haften, werden von dem Lagerhalter nur angenommen, wenn der Empfänger der Ladung vor Ankunft derselben endgültig über die Ware verfügt hat. Der Empfänger übernimmt, indem er diese Verfügung erteilt, alle Pflichten des Lagernehmers.

2. Der Lagerhalter ist berechtigt, die Annahme nachträglich abzulehnen, wenn er sich bei Ankunft der Ladung wegen des Ersatzes der darauf ruhenden Lasten in irgendeiner Beziehung ohne genügende Sicherheit zu befinden glaubt.

68 Ziff. 1: Verfügung bedeutet, wie sich aus S. 2 ergibt, Abschluß eines Lagervertrages zwischen Lagerhalter und Empfänger. Zur Einbeziehung der AGB s. Rdn. 1.

69 Ziff. 2: Es kommt darauf an, was der Lagerhalter subjektiv meint. Diese Klausel ist in dieser Form unangemessen, weil sie den Empfänger der Willkür des Lagerhalters ausliefert (vgl. *Wolf/Horn/Lindacher* AGBG § 10 Nr. 3 47 f). Die Klausel ist daher geltungserhaltend dahin auszulegen, daß der Lagerhalter die Annahme verweigern darf, wenn er objektiv von einer unzureichenden Sicherung seiner Aufwendungsersatzansprüche ausgehen durfte.

§ 56
Empfang unverfügten Gutes

Ohne Belastung unter dem Namen des Lagerhalters eintreffende oder anderweitig adressierte und ohne Begleitpapiere überwiesene Waren, über deren Inhalt der Lagerhalter 24 Stunden nach Ankunft keine endgültige Verfügung besitzt, kann er auf Rechnung und Gefahr des Eigentümers der Ware auf Lager nehmen.

Im übrigen gilt § 30, 3 der Verkehrsordnung entsprechend.

70 Vgl. § 23 Lagerordnung (Anh. II zu § 424 HGB).

§ 57
Verfahren beim Empfang

1. Für den Empfang werden an den Geschäftsstellen gegen die Lageranmeldungen besondere Einlagerungsanweisungen ausgefertigt. Auf Grund dieser Anweisungen werden die Güter in der festgesetzten Arbeitszeit durch die Betriebsstellen des Lagerhalters angenommen.

2. Der Empfang gilt als erfolgt, wenn die Güter vollständig aufgeliefert und mit der zugehörenden Einlagerungsanweisung von der Betriebsstelle in Empfang genommen sind. Zum Zeichen des Empfangs erhält die Anweisung alsdann den Stempel der Betriebsstelle.

Ziff. 2: Der Klausel ist nicht eindeutig zu entnehmen, ob sie eine Fiktion des Empfangs oder ob sie Empfangsvoraussetzungen statuiert, deren Nichterfüllung zum Haftungsausschluß führt (§ 52 Ziff. 1). Die Formulierung „gilt" spricht für eine Fiktion. Die Klausel ist daher dahin auszulegen, daß spätestens dann, wenn die Voraussetzungen des § 57 Ziff. 2 erfüllt sind, das Gut in Empfang genommen ist (vgl. auch § 5 AGBG). **71**

§ 58
Verwiegung des Lagergutes

1. Der Lagerhalter ist berechtigt, aber ohne besonderen Auftrag nicht verpflichtet, die Güter zu verwiegen. Werden die Güter ohne Auftrag gewogen, so hat der Einlagerer die Kosten zu tragen, wenn er das Gewicht bei der Einlagerung unrichtig angegeben hatte.

2. Für Einzelstücke, deren Gewicht 500 kg überschreitet, ist das Einzelgewicht anzugeben. Wird das Gewicht nicht oder unrichtig angegeben, so haftet der Einlagerer für allen daraus entstehenden Schaden.

3. Werden Güter ungewogen auf Lager genommen, oder findet eine Lagerung im Freien statt, so haftet der Lagerhalter für ein etwaiges Untergewicht nicht.

Ziff. 1: Vgl. § 24 Lagerordnung (Anh. II zu § 424 HGB). **72**
Ziff. 2: Vgl. Erläuterung zu § 13 Ziff. 1. **73**
Ziff. 3: Vgl. § 24 Abs. 3 Lagerordnung (Anh. II zu § 424 HGB). **74**

§ 59
Besichtigung, Entnahme von Proben, Pflege des Lagergutes

1. Der Lagerhalter hat dem Einlagerer oder, wenn ein Orderlagerschein ausgestellt ist, dem legitimierten Besitzer des Scheines die Besichtigung des Lagerguts während der Geschäftsstunden zu gestatten.

2. Dasselbe gilt, soweit durch die Lagerverordnung oder durch besondere Vereinbarung nicht ein anderes bestimmt ist, für die Entnahme von Proben. Der Lagerhalter ist berechtigt, die von dem Einlagerer oder dem Besitzer des Lagerscheins gewünschte Probeentnahme selbst auszuführen.

3. Der Lagerhalter ist unbeschadet der Vorschriften des § 85 Abs. 2 ohne besondere Vereinbarung nicht verpflichtet, Arbeiten zur Erhaltung des Lagergutes vorzunehmen. Er hat dem Einlagerer oder, wenn ein Orderlagerschein ausgestellt ist, dem legitimierten Besitzer des Lagerscheins die Vornahme dieser Arbeiten während der Geschäftsstunden zu gestatten, soweit er nicht selbst zur Vornahme der Arbeiten bereit ist.

4. Der Lagerhalter ist berechtigt, Schäden an der Verpackung sofort auf Kosten des Einlagerers beseitigen zu lassen, wenn durch Unterlassung der Ausbesserung Verlust oder Beschädigung des Gutes selbst oder anderer Lagergüter oder der Lagerräume zu befürchten ist.

75   Ziff. 1, 2: Die Klausel entspricht § 418 HGB, § 45 b ADSp (Anh. III zu § 424 HGB).
76   Ziff. 3, 4: Vgl. § 25 Abs. 3, § 26 Lagerordnung (Anh. II zu § 424 HGB).

§ 60
Anzeigepflicht des Lagerhalters

Der Lagerhalter ist verpflichtet, unverzüglich Anzeige zu erstatten, wenn er das Lagergut umlagert oder wenn er festgestellt hat, daß Veränderungen in der Beschaffenheit des Gutes entstanden oder zu befürchten sind. Die Anzeige hat er an den letzten ihm bekannt gewordenen legitimierten Besitzer des Lagerscheins zu richten. Im Falle der Unterlassung ist er zum Schadenersatze verpflichtet.

77   Vgl. § 27 Lagerordnung (Anh. II zu § 424 HGB). Zur Haftung §§ 51, 61 ff.

§ 61
Haftung für Verlust und Beschädigung des Lagergutes

1. Der Lagerhalter ist für den Verlust und die Beschädigung des in seiner Verwahrung befindlichen Gutes verantwortlich, es sei denn, daß der Verlust oder die Beschädigung auf Umständen beruht, die durch die Sorgfalt eines ordentlichen Kaufmanns nicht abgewendet werden konnten.

2. Er haftet insbesondere nicht, wenn trotz Anwendung der Sorgfalt eines ordentlichen Lagerhalters der Schaden durch die natürliche Beschaffenheit des Gutes, durch inneren Verderb, Schwinden, Durchschlag, Leckage, mangelhafte oder fehlende Verpackung, Brechen von Kränen, Ketten und sonstigem Gerät, Rost, Schimmel, Fäulnis, Ratten-, Mäuse-, Würmer-, Maden- oder Mottenfraß oder sonstige Ungeziefer, durch Sabotage oder infolge von Verunreinigung der Güter, insbesondere durch Katzen, entstanden ist.

3. Für den Verlust oder die Beschädigung von Gütern, deren Wert mehr als zwanzig DM für das Kilogramm beträgt, haftet der Lagerhalter nur, wenn ihm eine schriftliche Wertangabe vom Einlagerer so rechtzeitig zugegangen ist, daß er in der Lage ist, sich über Annahme oder Ablehnung des Auftrages und über die Empfangnahme, Verwahrung oder Beförderung zu treffenden Vorsichtsmaßregeln schlüssig zu machen.

4. Unzulässig sind im Falle des Abs. 3 die Einwände:
a) der Lagerhalter hätte von dem Wert des Gutes auf andere Weise Kenntnis gehabt oder haben müssen;
b) der Schaden sei auf andere Umstände als auf die Unterlassung der Wertangabe zurückzuführen oder er wäre auch bei erfolgter Wertangabe entstanden.

78   Vorbemerkung: Die §§ 61 ff kommen nur im Fall des § 48 Ziff. 2 b zum Tragen.
79   Ziff. 1: Die Klausel entspricht den §§ 417, 390 HGB. Sie wird jedoch durch die §§ 61 Ziff. 3—4, §§ 62 f, § 51 wesentlich eingeschränkt.
80   Ziff. 2: Vgl. § 28 Abs. 2 Lagerordnung (Anh. II zu § 424 HGB).
81   Ziff. 3, 4: Vgl. § 29 Lagerordnung (Anh. II zu § 424 HGB).

Fünfter Abschnitt. Lagergeschäft

Anh. VI § 424
§ 64 Brem.Lag.H

§ 62
Höhe des Schadensersatzes

1. Der von der Gesellschaft für Verlust des Gutes zu leistende Schadensersatz beschränkt sich auf den gemeinen Wert des Gutes, der Ersatz für Beschädigung auf den Unterschied zwischen dem gemeinen Werte des Gutes im unbeschädigten und im beschädigten Zustand. Die infolge des Verlustes oder der Beschädigung ersparten Unkosten kommen in Abzug.

2. Der Schadensberechnung ist der Zeitpunkt zugrunde zu legen, in welchem der Berechtigte von dem Verlust oder der Beschädigung benachrichtigt ist oder in anderer Weise Kenntnis erlangt hat. Hat die Gesellschaft den Schaden durch Vorsatz oder grobe Fahrlässigkeit herbeigeführt, so kann Ersatz des vollen Schadens gefordert werden.

3. In allen Fällen, in denen der von der Gesellschaft zu zahlende oder freiwillig angebotene Schadensbetrag den vollen Wert erreicht, ist die Gesellschaft zur Zahlung nur verpflichtet Zug um Zug gegen Übereignung des Gutes bzw. gegen Abtretung der Ansprüche, die dem Einlagerer oder dem Zahlungsempfänger hinsichtlich des Gutes gegen Dritte zustehen.

Vorbemerkung: Voraussetzung ist Einlagerung nach § 48 Ziff. 2 b. **82**

Ziff. 1: Zum Begriff des gemeinen Werts siehe Erläuterungen zu § 34 b Ziff. 1. Vgl. **83**
§ 34 Abs. 1 Lagerordnung (Anh. II zu § 424 HGB).

Ziff. 2: In S. 1 ist eine vom dispositiven Recht geringfügig abweichende Regelung **84**
der Schadensberechnung getroffen. Da sie mit § 19 Abs. 5 OLSchVO (Anh. I zu § 424 HGB) im Einklang steht, ist sie angemessen. Der volle Schadensersatz, also auch Ersatz der über den gemeinen Wert hinausgehenden Vermögensschäden ist dort zu zahlen, wo Organe (§ 31 BGB) oder Erfüllungsgehilfen (§ 278 BGB) der Gesellschaft vorsätzlich oder grob fahrlässig geschädigt haben. Ausnahme § 63.

Ziff. 3: Die Klausel entspricht allgemeinen Regeln der Vorteilsausgleichung. **85**

§ 63
Haftung für Feuerschäden

1. Bei Feuerschäden haftet der Lagerhalter nur für eigenen Vorsatz und Vorsatz seiner gesetzlichen Vertreter, abgesehen von den Verpflichtungen, welche sich aus der Übernahme eines Auftrages, die Feuerversicherung zu besorgen, ergeben.

2. Ist der Lagerschein durch Indossament übertragen, so kann gegenüber dem legitimierten Besitzer des Lagerscheines der Ausschluß der Haftung gemäß Abs. 1 nur geltend gemacht werden, wenn er in dem Scheine besonders vermerkt ist.

3. In einem Schadensfalle, für den der Lagerhalter nicht einzustehen hat, gehen die Kosten für die Aufräumung des beschädigten Gutes zu Lasten des Einlagerers.

4. Werden Güter, die in Absatz 1 oder 2 des § 15 bezeichnet sind, eingebracht, so haftet, wenn der Lagerhalter nicht versichert ist, der Einlagerer für jeden daraus entstehenden Schaden.

Vgl. § 30 Lagerordnung (Anh. II zu § 424 HGB). **86**

§ 64
Versicherung

1. Wenn kein schriftlicher Auftrag vorliegt, übernimmt der Lagerhalter keinerlei Versicherung.

2. Der Lagerhalter ist berechtigt, aber nicht verpflichtet, eine bloße Wertangabe als Auftrag zur Versicherung anzusehen.

3. Der Lagerhalter hat auf Verlangen des Einlagerers oder, wenn ein Orderlagerschein ausgestellt ist, des legitimierten Besitzers des Lagerscheins das Lagergut gegen Feuersgefahr zu versichern und während der Dauer der Lagerung versichert zu halten.

4. Die Versicherung ist dergestalt zu bewirken, daß der Anspruch gegen den Versicherer entweder von dem Lagerhalter für Rechnung des Besitzers des Lagerscheins oder von diesem unmittelbar geltend gemacht werden kann.

5. Für die Höhe der Versicherungssumme genügt der bei der Ausstellung des Lagerscheins von dem Einlagerer angegebene Wertbetrag. Änderungen in der Höhe der Versicherungssumme werden nur auf Antrag vorgenommen.

6. Falls der Lagerhalter Versicherungsauftrag erhält, versichert er außer dem aufgegebenen Tageswert der Ware 3 % Aufräumungskosten zu Lasten des Einlagerers. Der Lagerhalter handelt hierbei nur als Vermittler.

7. Der Lagerhalter ist verpflichtet, auf dem Lagerscheine zu vermerken, daß er die Feuerversicherung bewirkt oder nicht bewirkt hat.

87 Ziff. 1: Vgl. § 36 Abs. 1 Lagerordnung (Anh. II zu § 424 HGB).

88 Ziff. 2: Die Klausel weicht von § 35b ADSp (Anh. I § 415) ab und liefert den Einlagerer der Willkür des Lagerhalters aus. Die Klausel ist daher geltungserhaltend dahin auszulegen, daß die Berechtigung nur dann ausgeübt werden darf, wenn die Versicherung dem Interesse und mutmaßlichen Willen des Einlagerers entsprach (vgl. § 683 BGB).

89 Ziff, 3, 4: Vgl. § 36 Abs. 2, 3 Lagerordnung (Anh. II zu § 424 HGB).

90 Ziff. 5: Vgl. § 36 Abs. 4 Lagerordnung (Anh. II zu § 424 HGB). Der Antrag zur Erhöhung der Versicherungssumme bedarf der Schriftform (§ 10 Ziff. 2 S. 1).

91 Ziff. 6: Vgl. § 37 Abs. 1 Lagerordnung (Anh. II zu § 424 HGB).

92 Ziff. 7: Vgl. § 36 Abs. 5 Lagerordnung (Anh. II zu § 424 HGB).

§ 65
Beginn und Ende der Versicherung

1. Die Versicherung tritt in Kraft, wenn der Antrag angenommen und das Gut eingelagert ist. Güter, deren Versicherung vor ihrer Ankunft bei den Anstalten angenommen ist, gelten vom Zeitpunkt ihres Empfanges als versichert.

2. Bei ungenauen oder unausführbaren Versicherungsaufträgen gilt Art und Umfang der Versicherung dem Ermessen des Lagerhalters anheimgestellt, die Versicherung tritt erst in Kraft, sobald der Lagerhalter bei ordnungsmäßigem Geschäftsgang in der Lage gewesen ist, die Versicherung abzuschließen.

3. Die Versicherung endet mit der Abnahme des Gutes oder mit dem Zeitpunkte, an dem das Gut in den Büchern der Gesellschaft auf einen anderen Verfügungsberechtigten übertragen worden ist.

4. Bei Teilabnahme ist der auf das abgemeldete Gut entfallende Versicherungswert besonders aufzugeben, wenn er nicht aus dem Versicherungsantrage hervorgeht. Mangels solcher Aufgabe wird für das abgenommene Gut der Durchschnittswert abgesetzt, wie er sich aus der Gesamtmenge und dem Gesamtwerte des Versicherungsantrages ergibt.

5. Im übrigen läuft die Versicherung von Monat zu Monat weiter, bis sie von einer Seite gekündigt wird. Die Kündigung muß schriftlich und unter Angabe der Kündigungsfrist geschehen. Wird keine Frist angegeben, so läuft die Versicherung spätestens am dritten Kalendertage nach Zustellung der Kündigung ab.

Ziff. 1: Die Annahme der Versicherung hat durch den Versicherer oder dessen Vertreter zu erfolgen. In der Regel wird die Versicherung auf der Basis einer Generalpolice (laufende Versicherung, § 187 VVG) bewirkt. 93

Ziff. 2: Vgl. § 37 Abs. 2 Lagerordnung (Anh. II zu § 424 HGB). 94

§ 66
Wirkung der Versicherung

1. Übernimmt der Lagerhalter eine Versicherung, so ist der Anspruch des Einlagerers gegen den Lagerhalter im Schadensfalle auf diejenige Vergütung beschränkt, welche der Lagerhalter selbst von der Versicherung ausgezahlt erhält.

2. Der Lagerhalter genügt seinen Verpflichtungen, wenn er die Ansprüche gegen den Versicherer an den Einlagerer abtritt. Zur weiteren Verfolgung der Ansprüche ist er nur auf Grund besonderer schriftlicher Abmachung und nur für Rechnung und Gefahr des Einlagerers verpflichtet.

3. Der Lagerhalter haftet nicht für die Zahlungsunfähigkeit des Versicherers, wenn er bei der Auswahl des Versicherers die Sorgfalt eines ordentlichen Kaufmanns angewandt hat.

4. Ein durch Zahlungsunfähigkeit des Versicherers verursachter Ausfall wird von sämtlichen bei dem Schaden beteiligten Einlagerern im Verhältnis ihrer Anteile an dem Gesamtbetrage der festgestellten Entschädigungssumme getragen. Solche Verluste werden eintretendenfalls auf alle Versicherten, die bei dem Schaden beteiligt sind, im Verhältnis ihres Anteiles an dem Gesamtbetrage der festgestellten Entschädigungssumme verteilt. Sind jedoch Verluste, die bei der Regelung eines Schadens erwachsen, durch einen oder mehrere der Versicherten verschuldet oder veranlaßt worden, so fallen sie diesen allein zur Last. Ob und inwieweit ein solcher Fall vorliegt, entscheidet die Gesellschaft nach Anhören zweier Sachverständiger.

5. Der Lagerhalter kann für die Besorgung der Versicherung und ihre Abwicklung eine Vergütung beanspruchen.

6. Wenn Verstöße gegen Obliegenheiten und Sicherheitsvorschriften, die in einem Versicherungsvertrag übernommen sind, wider Wissen und Willen des Lagerhalters vorkommen, so ist der Lagerhalter hierfür nicht verantwortlich, gleichgültig, ob der Lagerhalter oder der Einlagerer Versicherungsnehmer ist.

Ziff. 1—3: Vgl. § 38 Abs. 1—3 Lagerordnung (Anh. II zu § 424 HGB). 95

Ziff. 4: Die Sätze 1—3 entsprechen § 38 Abs. 4 Lagerordnung (Anh. II zu § 424 96 HGB). Die Gesellschaft hat ihre Entscheidung nach billigem Ermessen zu treffen (§ 316 BGB, § 5 AGBG).

Ziff. 5: Zur Höhe der Vergütung § 69 Ziff. 1. 97

Ziff. 6: Vgl. § 39 Lagerordnung (Anh. II zu § 424 HGB). 98

§ 67
Haftung des Einlagerers

Für alle dem Lagerhalter aus der Einlagerung der Güter entstehenden Nachteile haftet der Einlagerer, es sei denn, daß es sich um Nachteile handelt, die regelmäßig mit der Einlagerung derartiger Güter verbunden sind.

Anh. VI § 424
§ 71 Brem.Lag.H   Drittes Buch. Handelsgeschäfte

99   Die Klausel statuiert eine weit über § 13, § 45 Ziff. 6 hinausreichende verschuldensunabhängige Haftung. Die Klausel ist in dieser Form unangemessen (*Wolf/Horn/Lindacher*, AGBG, § 9 Rdn. H 2). Dieser Klausel zufolge müßte der Einlagerer nämlich auch dann haften, wenn er den Lagerhalter zutreffend auf die Gefährlichkeit des Guts hingewiesen hat und der Lagerhalter das Gut schuldlos falsch so lagert, daß es Schaden anrichtet, wenn also die Schadensursache überwiegend im Beherrschbarkeitsbereich des Lagerhalters lag. Außerdem wird der Einlagerer mit Risiken belastet, die er typischerweise schlechter als der Lagerhalter zu übersehen vermag.

§ 68
Benutzung der Speicherhebezeuge

1. Die Benutzung der Speicherhebezeuge für das Heben, für das Hinunterlassen und für das Übersetzen von Gütern geschieht nach der Reihenfolge der Anmeldungen zu den von der Gesellschaft dafür bestimmten Zeiten.

2. Der Antragsteller hat das Gut an die Hebezeuge zu bringen oder abzuholen und gegebenenfalls anzuschlagen oder abzunehmen, sofern diese Arbeiten nicht nach Bestimmung oder Vereinbarung durch die Gesellschaft ausgeführt werden. Die ihm obliegende Tätigkeit hat der Antragsteller so auszuüben, daß der Betrieb bei den Hebezeugen keine Verzögerung oder Unterbrechung erleidet, auch hat er der Gesellschaft diejenigen Kosten zu vergüten, welche dadurch entstehen, daß die für ihn bereit gehaltenen Betriebsmittel und Arbeitskräfte infolge seiner Maßnahmen unzureichend ausgenutzt worden sind.

3. Die Gesellschaft ist befugt, Güter verschiedener Antragsteller gleichzeitig mit demselben Hebezeug zu befördern.

§ 69
Lagerkosten

1. Die Höhe der Vergütung für die Leistungen des Lagerhalters richtet sich, soweit nicht geringere Sätze vereinbart sind, nach dem bekanntgemachten Tarif.

2. Die Gebühren werden unter Zugrundelegung des angegebenen, oder falls dies höher ist, des ermittelten Bruttogewichtes berechnet und sind nebst etwaigen Auslagen und sonstigen Forderungen unmittelbar nach beendeter Arbeitsleistung und vor Bezug der Ware bar zu entrichten.

3. Das Lagergeld wird nach Monaten und nach je 100 kg berechnet.

4. Angefangene Monate und angefangene 100 kg werden als voll gerechnet.

§ 70

1. Der Lagerhalter hat Anspruch auf Erstattung der Auslagen für Fracht und Zölle und der sonst für das Gut gemachten Aufwendungen, soweit er sie den Umständen nach für erforderlich halten durfte.

2. Der Lagerhalter ist berechtigt, für Auslagen eine Provision zu berechnen, unbeschadet des Anspruchs auf Erstattung des Verzugsschadens und auf Zinsen.

100   Vgl. § 42 Lagerordnung (Anh. II zu § 424 HGB).

§ 71

1. Von den nach §§ 69, 70 dem Lagerhalter zukommenden Beträgen (Lagerkosten) sind die baren Auslagen, soweit nicht ein anderes vereinbart ist, sofort zu erstatten.

Stand 1. 12. 1986

2. Die Lager- und Versicherungsgebühren für auf Lager befindliche Güter sind jeweils beim Beginn der Berechnungsperiode fällig. Beanstandungen der Gebührenberechnung entbinden den Einlagerer vorbehaltlich seiner Rechte nicht von der Verpflichtung rechtzeitiger Zahlung.

3. Werden zur Erstattung der Lagerkosten ausländische Zahlungsmittel verwendet, so ist der amtliche Berliner Mittelkurs des Zahlungstages zugrunde zu legen.

Vgl. § 43 Lagerordnung (Anh. II zu § 424 HGB). **101**

§ 72

Für alle entstehenden Zollschuldigkeiten, für welche der Lagerhalter der Zollbehörde verantwortlich ist, insbesondere auch für den im Brandfalle g. F. zu entrichtenden Eingangszoll, haftet der Einlagerer. Der Lagerhalter ist überdies berechtigt, vom Einlagerer für derartige Forderungen Sicherheitsleistung zu verlangen.

Vgl. § 45 Lagerordnung (Anh. II zu § 424 HGB). **102**

§ 73

1. Der Einlagerer oder der legitimierte Besitzer des Lagerscheines ist verpflichtet, die ihm von dem Lagerhalter berechneten Zölle, Steuern und sonstigen Abgaben bei erster Anforderung zu entrichten, auch wenn sie nachträglich geltend gemacht werden.

2. Erfolgt die Zahlung nicht sofort, so ist der Lagerhalter befugt:
a) eine etwa geleistete Bürgschaft in Anspruch zu nehmen,
b) etwa hinterlegte Wertpapiere börsenmäßig zu verkaufen,
c) die von dem säumigen Zahler eingelagerten Waren unter Beobachtung der in § 74 vorgesehenen Förmlichkeiten verkaufen zu lassen.

3. Der Lagerhalter ist jederzeit berechtigt, trotz etwaiger Sicherheiten dem Einlagerer einen ihm eingeräumten Zollkredit einseitig und ohne Angabe von Gründen zu entziehen und die sofortige Zahlung des kreditierten Betrages zu verlangen, ohne daß dem Einlagerer ein Anspruch auf Zins- oder Diskontvergütung zusteht.

4. Die bei Ausstellung des Lagerscheins bereits entstandenen und noch auf dem Gute lastenden Lagerkosten sind auf dem Lagerscheine zu vermerken. Soweit tunlich, sollen auch die während der Laufzeit des Lagerscheins fällig werdenden Lagerkosten auf dem Scheine angegeben werden.

Vgl. § 45 Lagerordnung (Anh. II zu § 424 HGB). **103**

§ 74
Pfandrecht, Zurückbehaltungsrecht

1. Der Lagerhalter hat wegen der Lagerkosten ein Pfandrecht an dem Gute, solange er es im Besitze hat, insbesondere mittels Konnossements, Ladeschein oder Lagerscheins darüber verfügen kann.

2. Ist der Lagerschein durch Indossament übertragen, so besteht das Pfandrecht dem legitimierten Besitzer des Lagerscheins gegenüber nur wegen der Lagerkosten, die aus dem Lagerschein ersichtlich sind oder ihm bei Erwerb des Lagerscheins bekannt oder infolge grober Fahrlässigkeit unbekannt waren.

3. Bei dem Verkaufe des Pfandes tritt an die Stelle der im § 1234 des Bürgerlichen Gesetzbuchs bestimmten Frist von einem Monat eine solche von einer Woche und zwar auch dann, wenn der Lagervertrag nur auf der Seite des Lagerhalters ein Handelsgeschäft ist.

4. Für den Pfand- oder Selbsthilfe-Verkauf kann der Lagerhalter in allen Fällen eine angemessene Verkaufsprovision, höchstens aber 5 % des Bruttoerlöses berechnen.

5. Die in § 1234 Abs. 1 des Bürgerlichen Gesetzbuchs vorgesehene Androhung des Pfandverkaufs, sowie die in den §§ 1237, 1241 des Bürgerlichen Gesetzbuchs vorgesehenen Benachrichtigungen hat der Lagerhalter an den letzten ihm bekannt gewordenen legitimierten Besitzer des Lagerscheins zu richten.

104 Vgl. § 46 Lagerordnung (Anh. II zu § 424 HGB).

§ 75

1. Der Lagerhalter hat wegen aller Ansprüche, die ihm aus laufender Rechnung oder aus sonstigen Gründen an den Einlagerer zustehen, ein Zurückbehaltungsrecht an dem Gut.

2. Das Zurückbehaltungsrecht wird durch eine von dem Auftraggeber bei, vor oder nach der Übergabe erteilte Anweisung oder eine von dem Lagerhalter übernommene Verpflichtung, in einer bestimmten Weise mit den Gütern zu verfahren, solange nicht berührt, als der Lagerhalter noch irgendwelche Forderungen aus dem Geschäftsverkehr mit dem Auftraggeber oder Empfänger hat.

3. Alle Forderungen aus dem gesamten Geschäftsverkehr sind auf Verlangen des Lagerhalters zu berichtigen, bevor die Auslieferung auch nur eines Teiles der eingelagerten Güter verlangt werden kann.

4. Werden die Güter gleichwohl ohne vorherige Zahlung ausgeliefert, so hat der Einlagerer persönlich für die volle Forderung dem Lagerhalter aufzukommen und kann ihn nicht an den Empfänger des Gutes verweisen.

105 Vgl. § 47 Lagerordnung (Anh. II zu § 424 HGB).

§ 76

Das Pfand- und Zurückbehaltungsrecht erstrecken sich auch auf an Stelle des Gutes hinterlegte Beträge, sowie auf die Forderungen, die als Entschädigungen aus sonstigen Gründen an Stelle des Gutes treten. Das Pfandrecht erstreckt sich auf die Forderung aus einer Feuerversicherung.

106 Vgl. § 48 Lagerordnung (Anh. II zu § 424 HGB).

§ 77
Mischlagerung

1. Im Falle der Lagerung vertretbarer Sachen ist der Lagerhalter zu ihrer Vermischung mit anderen Sachen von gleicher Art und Güte nur befugt, wenn ihm dies von den beteiligten Einlagerern ausdrücklich gestattet ist.

2. An dem durch die Vermischung entstandenen Gesamtvorrat steht den Eigentümern der Teilmengen Miteigentum nach Bruchteilen zu. Der Anteil bestimmt sich, soweit nicht anderes vereinbart wird, nach dem Verhältnis der eingelagerten Teilmengen.

3. Der Lagerhalter ist berechtigt und verpflichtet, aus dem Gesamtvorrat jedem Einlagerer den ihm gebührenden Anteil auszuliefern, ohne daß er hierzu der Genehmigung der übrigen Beteiligten bedarf.

4. Für die Fälle, in denen das Lagergut durch die Lagerung einem Gewichtsverlust ausgesetzt ist, gilt folgendes.

a) Es kann ein fester Abzugssatz verabredet werden, auch in der Form, daß der Abzugssatz mit der Dauer der Lagerung steigt. Der Abzugssatz ist auf dem Teillagerschein zu vermerken. Ein über diesen Abzugssatz hinausgehender Gewichtsverlust ist von dem Lagerhalter zu vertreten.

b) Ist kein Abzugssatz vereinbart, so ist dies auf dem Lagerschein zu vermerken. Der Lagerhalter ist berechtigt, bei der Ablieferung jedes Teiles einen angemessenen Hundertsatz abzuziehen. Die endgültige Verteilung findet bei Ablieferung der Restpartie statt. Der Lagerhalter haftet nicht für die Erfüllung der endgültigen Verteilung seitens der Empfänger untereinander. Hat der Lagerhalter bei den Ablieferungen keinen oder einen zu geringen Hundertsatz vorläufig einbehalten, so haftet er nicht für den Gewichtsverlust bei dem zuletzt abgegebenen Teil. Ist das Gut auf Privatteilungs- oder Transitlager eingelagert, so hat der Abnehmer der Restpartie auch den Zoll für den Gewichtsverlust zu entrichten.

Vgl. § 49 Lagerordnung (Anh. II zu § 424 HGB). **107**

§ 78
Dauer der Lagerung

1. Der Lagerhalter kann nicht verlangen, daß der Einlagerer das Lagergut vor dem Ablauf der bedungenen Lagerzeit zurücknimmt. Ist eine Lagerzeit nicht bedungen oder behält der Lagerhalter nach Ablauf der bedungenen Lagerzeit das Lagergut zwecks Fortsetzung des Lagervertrages auf dem Lager, so kann er die Rücknahme nur nach Kündigung unter Einhaltung einer Kündigungsfrist von einem Monat verlangen.

2. Der Lagerhalter ist berechtigt, die Rücknahme des Lagerguts vor dem Ablauf der Lagerzeit und ohne Einhaltung einer Kündigungsfrist zu verlangen, wenn ein wichtiger Grund vorliegt. Ein wichtiger Grund liegt insbesondere dann vor, wenn das Gut andere Güter gefährdet oder dem Lagerhalter Zweifel entstehen, ob alle seine Ansprüche durch den Wert des Gutes sichergestellt sind.

3. Die Kündigung und das Rücknahmeverlangen hat der Lagerhalter durch eingeschriebenen Brief an den letzten ihm bekannt gewordenen legitimierten Besitzer des Lagerscheins zu richten.

Vgl. § 50 Lagerordnung (Anh. II zu § 424 HGB). **108**

§ 79
Rücktritt vom Vertrag

1. Wenn die Ausführung des Lagervertrages durch höhere Gewalt, Explosion, behördliche Anordnungen, Verkehrs- oder Betriebsstörungen, Krieg, Mobilmachung, Aufruhr, Plünderung, Ausstand, Aussperrung, Versagen der Triebkräfte u. dgl. verhindert oder beeinflußt wird, so ist der Lagerhalter berechtigt, vom Vertrage zurückzutreten. Er haftet nicht für Schäden, die ohne sein Verschulden durch solche Umstände oder durch Sabotage verursacht sind.

2. Dem Einlagerer steht in den Fällen des Abs. 1 das gleiche Recht zu, wenn ihm die Fortsetzung des Vertrages billigerweise nicht zugemutet werden kann.

Vgl. § 51 Lagerordnung (Anh. II zu § 424 HGB). **109**

§ 80
Notverkauf, Selbsthilfeverkauf

1. Ist das Lagergut dem Verderb ausgesetzt oder treten Veränderungen an ihm ein, die seine Entwertung befürchten lassen, und ist keine Zeit vorhanden, die Verfügung des Berechtigten einzuholen, oder ist der Berechtigte in der Erteilung der Verfügung

säumig, so kann der Lagerhalter den Verkauf des Gutes nach Maßgabe der Vorschriften des § 373 des Handelsgesetzbuchs bewirken. Auch ist der Lagerhalter berechtigt, nötigenfalls das Gut auf Rechnung und Gefahr des Einlagerers nach vorheriger Androhung zu entfernen und an einem anderen Ort unterzubringen, oder es nötigenfalls nach vorheriger Androhung unter behördlicher Aufsicht zu vernichten.

2. Dasselbe gilt, wenn der Berechtigte unterläßt, über das Lagergut zu verfügen, obwohl er dazu nach Lage der Sache verpflichtet ist, oder wenn die Abgabe des Gutes sonst nicht möglich ist.

3. Die im § 373 Abs. 3 des Handelsgesetzbuchs vorgesehene Androhung des Verkaufs, sowie die im Abs. 5 derselben Vorschrift vorgesehenen Benachrichtigungen hat der Lagerhalter an den letzten ihm bekannt gewordenen legitimierten Besitzer des Lagerscheins zu richten.

4. Sind Güter, die zwangsweise eingelagert sind, dem schnellen Verderben ausgesetzt oder wird ihr Wert durch längere Lagerung oder die daraus entstehenden Kosten unverhältnismäßig vermindert, so kann sie der Lagerhalter ohne weitere Förmlichkeit bestmöglich verkaufen.

110 Vgl. § 52 Lagerordnung (Anh. II zu § 424 HGB).

§ 81
Auslieferung und Annahme des Gutes

1. Das Lagergut darf, wenn ein Orderlagerschein ausgestellt ist, nur dem legitimierten Besitzer des Lagerscheins und nur gegen Rückgabe des Scheins ausgeliefert werden. Der Lagerhalter ist nicht verpflichtet, die Echtheit der Indossamente zu prüfen. Die Auslieferung ist auf dem Lagerscheine zu bescheinigen.

2. Die Auslieferung eines Teiles des Gutes erfolgt gegen Abschreibung auf dem Scheine. Der Abschreibungsvermerk ist von dem Lagerhalter zu unterschreiben.

3. Ist das Gut vom Empfänger angenommen, so können Ansprüche gegen den Lagerhalter wegen Verlusts oder Beschädigung des Lagerguts nur erhoben werden, wenn der Verlust oder die Beschädigung, sofern sie äußerlich erkennbar sind, vor der Annahme dem Lagerhalter angezeigt und unter Zuziehung einer vom Lagerhalter bestimmten Person festgestellt sind. Ist der Verlust oder die Beschädigung äußerlich nicht erkennbar, so hat der Empfänger die gleiche Feststellung unverzüglich nach der Entdeckung und spätestens innerhalb einer Woche nach der Annahme schriftlich unter Bezeichnung des Verlusts oder der Beschädigung beim Lagerhalter zu beantragen; unterläßt er dies, so kann ein Anspruch gegen den Lagerhalter nicht erhoben werden. Wird ein Schadensersatzanspruch nach der Annahme erhoben, so muß der Berechtigte nachweisen, daß der Mangel während der Zeit zwischen der Einlieferung und der Auslieferung entstanden ist.

111 Vgl. § 53 Abs. 1, 2, 4 Lagerordnung (Anh. II zu § 424 HGB).

§ 82
Verfahren bei der Auslieferung

1. Die Auslieferung des Gutes geschieht gegen Einhändigung der Auslieferungsanweisung an den Betriebsstellen. Über die Auslieferung ist auf Verlangen Quittung zu leisten. Der Auslieferung an den Berechtigten steht die Übergabe an den Frachtführer oder an eine Zollstelle gleich.

2. Die Verladung der zum Versand abgemeldeten Waren erfolgt nach Maßgabe der dem Lagerhalter zur Verfügung stehenden Betriebseinrichtungen, Arbeitskräfte und

der ihm bereitgestellten Transportmittel. Lieferzeiten werden nicht übernommen. Wegen verspäteter unverschuldeter Ablieferung kann der Lagerhalter nicht in Anspruch genommen werden.

Ziff. 1: Der Frachtführer oder die Zollstelle müssen vom Berechtigten legitimiert sein. **112**

Ziff. 2: Vgl. § 53 Abs. 3 Lagerordnung (Anh. II zu § 424 HGB). **113**

§ 83
Verweigerung oder Verzögerung der Annahme

1. Wird die Annahme von Gütern verweigert oder nicht rechtzeitig bewirkt oder ist sie sonst nicht möglich, so kann der Lagerhalter sie nötigenfalls für Rechnung und Gefahr des Berechtigten nach seinem Ermessen anderweit unterbringen, oder wenn dies unmöglich ist, oder die Güter dem Verderben ausgesetzt sind, sie ohne weitere Förmlichkeit bestmöglich verkaufen.

2. Von den bevorstehenden Maßnahmen ist der Antragsteller oder der Verfügungsberechtigte womöglich zu benachrichtigen.

3. Der Erlös aus einem nach vorstehendem erfolgten Verkaufe wird dem Berechtigten nach Abzug der Kosten zur Verfügung gestellt.

Die Klausel entspricht in etwa 373 HGB. Das Ermessen ist im Rahmen der Billigkeit auszuüben (§ 315 BGB, § 5 AGBG). **114**

Titel IV
Besondere Bestimmungen für die Sammellagerung

§ 84
Sammellagerung

1. Wird Gut, für das Handelsklassen gesetzlich eingeführt oder allgemein anerkannt sind, unter einer entsprechenden Gattungsbezeichnung eingelagert, so können der Einlagerer und der Lagerhalter vereinbaren, daß für dieses Gut die folgenden besonderen Regeln über die Sammellagerung gelten sollen.

2. Für die Sammellagerung gelten die allgemeinen Vorschriften der §§ 42—83, soweit sich aus den §§ 85—88 nicht ein anderes ergibt.

3. Den Beteiligten ist es unbenommen, auch bei Gütern der in Abs. 1 bezeichneten Art Einzellagerung oder Mischlagerung (§ 77) zu vereinbaren.

Vgl. § 56 Lagerordnung (Anh. II zu § 424 HGB). **115**

§ 85
Prüfung und Pflege des Lagerguts

1. Der Lagerhalter ist verpflichtet, bei Empfang des Lagerguts dessen Gewicht, Güte und sonstige Beschaffenheit festzustellen und das Ergebnis auf dem Lagerscheine zu vermerken. Bei der Feststellung der Güte und Beschaffenheit des Lagerguts hat er einen von der gesetzlichen Berufsvertretung des Handels und bei Lagerung landwirtschaftlicher Erzeugnisse auch einen von der gesetzlichen Berufsvertretung der Landwirtschaft bestellten Sachverständigen zuzuziehen. Die gesetzlichen Berufsvertretungen des Handels und der Landwirtschaft können für den Fall, daß der Lagerhalter und der Einlagerer hiermit einverstanden sind, denselben Sachverständigen bestellen. Soweit gesetzliche Handelsklassen eingeführt und Gutachterstellen eingerichtet sind, tritt an die

Stelle der vorbezeichneten Sachverständigen die zuständige Gutachterstelle (Verordnung des Reichspräsidenten vom 1. Dezember 1930, Achter Teil, Kapitel V § 6 Reichsgesetzbl. I S. 517, 602).

2. Der Lagerhalter ist verpflichtet, die zur Erhaltung des Lagerguts erforderlichen Arbeiten vorzunehmen. Er kann sich hierbei der Mitwirkung der im Abs. 1 bezeichneten Sachverständigen oder Gutachterstelle bedienen. Den Lagerhalter trifft kein Verschulden, wenn er die Empfehlungen der Sachverständigen oder der Gutachterstelle mit der Sorgfalt eines ordentlichen Kaufmanns befolgt.

3. Die in § 60 vorgesehene Anzeige des Lagerhalters über Umlagerung oder Veränderungen in der Beschaffenheit des Lagergutes kann unterbleiben, wenn sie untunlich ist.

116   Vgl. § 57 Lagerordnung (Anh. II zu § 424 HGB).

§ 86
Vermischungsbefugnis, Miteigentum

1. Soweit die beteiligten Einlagerer mit der Sammellagerung einverstanden sind, ist der Lagerhalter zur Vermischung des bei ihm eingelagerten Gutes mit Lagergut derselben Handelsklasse und Gütegruppe befugt.

2. An Lagergut, das hiernach vermischt werden darf, steht vom Zeitpunkt der Einlagerung ab den Eigentümern der eingelagerten Mengen Miteigentum nach Bruchteilen zu; der Bruchteil bestimmt sich nach dem Verhältnis der von jedem Einlagerer eingelagerten Menge zu den Mengen, die sämtliche Einlagerer in demselben Lagerhaus oder in demselben sonstigen Lagerraume des Lagerhalters eingelagert haben.

117   Vgl. § 30 Abs. 1, 2 OLSchVO (Anh. I zu § 424 HGB).

§ 87
Auslieferung

Der Lagerhalter ist berechtigt und verpflichtet, aus dem im § 86 bezeichneten Gesamtvorrat jedem Einlagerer den ihm gebührenden Anteil auszuliefern, ohne daß er hierzu der Genehmigung der übrigen Beteiligten bedarf.

118   Vgl. § 59 Lagerordnung (Anh. II zu § 424 HGB).

§ 88
Abzüge für Gewichtsverlust

Der Lagerhalter ist berechtigt, falls das Lagergut durch die Lagerung einem Gewichtsverlust ausgesetzt ist, bei der Auslieferung einen angemessenen Hundertsatz des auf dem Lagerscheine vermerkten Gewichts abzuziehen. Die Vorschriften des § 77 (4.) sind entsprechend anzuwenden.

119   Vgl. § 77 Ziff. 4.

Titel V
Lagerschein

§ 89
Ausstellung des Lagerscheins

1. Der Lagerhalter ist verpflichtet, dem Einlagerer auf dessen Verlangen einen zur Verfügung über das Gut, insbesondere zur Veräußerung und Verpfändung dienenden,

an Order lautenden Lagerschein auszustellen, wenn das Gut auf Lageranmeldung II (§ 48) übergeben worden ist.

2. Das Gesuch um Ausstellung eines indossablen Lagerscheines muß bei der Lageranstalt schriftlich eingereicht werden unter Beifügung aller erforderlichen Urkunden.

3. Der Lagerhalter kann die Ausstellung des Lagerscheins verweigern, wenn ein wichtiger Grund vorliegt, insbesondere solange der Einlagerer seiner fälligen Verpflichtung zur Erstattung barer Auslagen (§ 70) oder zur Bezahlung sonstiger auf dem Gute lastender Lagerkosten nicht nachkommt.

4. Der Lagerhalter darf einen Lagerschein erst ausstellen, wenn er das Gut in seinem Lager eingelagert hat.

5. Für die Ausfertigung von Lagerscheinen berechnet der Lagerhalter eine Gebühr, deren Höhe sich nach den jeweiligen ortsüblichen Gebührensätzen richtet.

6. Dem Lagerhalter ist nicht gestattet, besondere nur zur Verpfändung des Gutes bestimmte Scheine (Lagerpfandscheine) auszustellen.

7. Der legitimierte Besitzer kann gegen Rückgabe des Lagerscheines die Ausstellung eines neuen Scheines verlangen. In dem neuen Scheine soll derselbe Einlagerungstag vermerkt werden, wie in dem alten Scheine.

8. Doppel von Lagerscheinen werden nicht ausgestellt.

Vgl. § 61 Lagerordnung (Anh. II zu § 424 HGB). **120**

§ 90
Ausstellung von Teilscheinen

1. Falls eine Warenmenge eingelagert ist, kann der Einlagerer die Ausstellung von Lagerscheinen über Teile der Menge verlangen. Ist ein Orderlagerschein ausgestellt, so kann nur der legitimierte Besitzer des Scheines und nur gegen Rückgabe des Scheines die Ausstellung von Teilscheinen verlangen.

2. Wird die Ausstellung von Teilscheinen verlangt, so hat der Lagerhalter, falls erforderlich, dem Berechtigten die Verpackung, Neubezeichnung oder sonstige Herrichtung des Gutes zu gestatten, soweit er nicht selbst zu diesen Handlungen bereit ist.

3. Wird ein Lagerschein durch Teilscheine ersetzt, so soll in den Teilscheinen derselbe Einlagerungstag vermerkt werden wie in dem alten Lagerscheine.

4. Bleiben bei der Einzellagerung die Teile der Menge ungetrennt, so soll in den Teilscheinen zum Ausdruck gebracht werden, daß der Schein sich auf den ungetrennten Teil einer größeren Partie bezieht. Die Vorschriften des § 77 Abs. 4 über den Abzug wegen Gewichtsverlustes sind entsprechend anzuwenden.

Vgl. § 62 Lagerordnung (Anh. II zu § 424 HGB). **121**

§ 91
Befristung des Lagerscheins

Lautet ein Lagerschein über verderbliches Gut oder über Gut, das erheblichen Veränderungen ausgesetzt ist, so kann der Lagerhalter unter Berücksichtigung des Grades der Verderblichkeit oder der Veränderungsgefahr eine Frist bestimmen, binnen derer der Lagerschein zur Auslieferung des Gutes dem Lagerhalter vorzulegen ist.

Vgl. § 63 Lagerordnung (Anh. II zu § 424 HGB). **122**

§ 92
Bezeichnung des Lagerscheins

1. Ein an Order lautender Lagerschein soll die Bezeichnung „Lagerschein an Order" tragen. Bezieht sich der Schein auf den Anteil an einer Mischlagerpartie (§ 77) oder auf den ungetrennten Teil einer Einzellagerpartie (§ 90 Abs. 4), so soll der Schein in der Überschrift oder in einem Zusatz zur Überschrift als „Teillagerschein" bezeichnet werden.

2. Bei der Sammellagerung (§ 84) soll der Orderlagerschein stets die Bezeichnung „Sammellagerschein an Order" tragen.

123 Vgl. § 64 Lagerordnung (Anh. II zu § 424 HGB).

§ 93
Lagerscheinregister

1. Der Lagerhalter ist verpflichtet, die von ihm ausgestellten Orderlagerscheine unter fortlaufenden Nummern in ein Register einzutragen. Die Eintragung soll die im Lagerschein bezeichneten Angaben enthalten. Für Sammellagerscheine ist ein gesondertes Register zu führen.

2. Der legitimierte Besitzer des Lagerscheins kann unter Vorlegung des Scheines vom Lagerhalter verlangen, daß er den Namen des legitimierten Besitzers im Lagerscheinregister vermerkt.

124 Vgl. § 65 Lagerordnung (Anh. II zu § 424 HGB).

§ 94
Form des Lagerscheins

1. Die Form der Orderlagerscheine entspricht den als Anlage 1 und 2 beigefügten Mustern.

2. Für die Lagerscheine wird ein durch Wasserzeichen und Netzunterdruck geschütztes Papier verwendet, und zwar in gelber, für Sammellagerscheine in rosa Farbe.

125 Vgl. § 66 Lagerordnung (Anh. II zu § 424 HGB).

§ 95
Haftung des Lagerhalters für die Angaben im Lagerschein

1. Ist der Lagerschein durch Indossament übertragen, so haftet der Lagerhalter dem legitimierten Besitzer des Lagerscheins für die Richtigkeit der in dem Lagerschein enthaltenen Angaben in bezug auf Menge (Zahl, Maß oder Gewicht), Gattung, Art und Beschaffenheit des Gutes, es sei denn, daß er durch den Vermerk im Lagerschein ersichtlich gemacht hat, daß diese Angaben lediglich auf Mitteilungen des Einlagerers oder Dritter beruhen.

2. Hat der Lagerhalter die Unrichtigkeit der Angaben erkannt, so haftet er auch dann, wenn er einen Vermerk der in Abs. 1 bezeichneten Art in den Lagerschein aufgenommen hat.

3. Bei der Sammellagerung ist der Lagerhalter nicht berechtigt, einen Vermerk der im Abs. 1 bezeichneten Art in den Lagerschein aufzunehmen.

4. Der Ort und der Tag der Ausstellung des Lagerscheins gelten als Ort und Tag der Einlagerung, falls auf dem Scheine nichts anderes vermerkt ist.

5. Erklärt sich der Einlagerer bereit, die Zuzählung, Zumessung oder Zuwägung des Gutes auf seine Kosten vornehmen zu lassen, so ist der Lagerhalter auch bei der Einzel-

oder Mischlagerung nicht berechtigt, bei den Angaben über die Menge (Zahl, Maß oder Gewicht) des Gutes einen Vermerk der im Abs. 1 bezeichneten Art in den Lagerschein aufzunehmen.

6. Die Haftung des Lagerhalters für die Richtigkeit der Angaben beschränkt sich auf den Ersatz des Minderwerts, der sich aus der Nichtübereinstimmung des Lagerguts mit den im Lagerschein enthaltenen Angaben ergibt. Fällt dem Lagerhalter eine bösliche Handlungsweise zur Last, so hat er den vollen Schaden zu ersetzen.

Vgl. § 67 Lagerordnung (Anh. II zu § 424 HGB). **126**

§ 96
Angaben im Lagerschein über äußerlich nicht erkennbare Mängel

1. Wird ein Orderlagerschein über Lagergut ausgestellt, dessen Beschädigung, schlechte Beschaffenheit oder schlechte Verpackung für den Lagerhalter äußerlich erkennbar ist, so soll der Lagerhalter diese Mängel auf dem Lagerscheine vermerken, sofern es sich nicht um Schäden handelt, die im Verkehr als unerheblich angesehen werden.

2. Die Vorschriften des § 95 Abs. 6 gelten entsprechend.

Vgl. § 68 Lagerordnung (Anh. II zu § 424 HGB). **127**

§ 97
Kraftloserklärung eines Lagerscheins

Ist ein Lagerschein, der durch Indossament übertragen werden kann, vernichtet oder abhanden gekommen, so unterliegt er der Kraftloserklärung im Wege des Aufgebotsverfahrens gemäß §§ 1003 ff der Zivilprozeßordnung. Ist das Aufgebotsverfahren eingeleitet, so kann der Berechtigte, wenn er bis zur Kraftloserklärung Sicherheit bestellt, Leistung nach Maßgabe des Lagerscheins von dem Lagerhalter verlangen.

Vgl. § 69 Lagerordnung (Anh. II zu § 424 HGB). **128**

Anhang VII zu § 424 HGB
Allgemeine Bedingungen für die Kaltlagerung

Empfehlung des Fachverbandes der Kühlhäuser und Eisfabriken e. V., Bonn, in der Fassung der Bekanntmachungen des Bundeskartellamtes Nr. 73/76 vom 23. 8. 1976 und Nr. 110/84 vom 11. 12. 1984

Allgemeines
Ziff. 1

Das gewerbliche Kühlhaus vermietet Kaltlagerflächen oder es übernimmt zur Kaltlagerung bestimmte Waren in Sammellagerung. Es führt ferner alle damit in Zusammenhang stehenden Aufträge des Kunden durch.

Es ist Sache des Kühlhauskunden, nur einwandfreie, zur Kaltlagerung geeignete Waren einzubringen oder zur Sammellagerung anzuliefern bzw. einzubringen oder anliefern zu lassen.

Die Kühlhausverwaltung prüft bei der Einlagerung zur Sammellagerung das Bruttogewicht oder die Stückzahl. Ist die Ware verpackt, bezieht sich die Stückzahl auf die

Anh. VII § 424
Ziff. 4 Kaltlag.Bed.

Verpackungseinheit. Die Kühlhausverwaltung ist berechtigt, aber nicht verpflichtet, stichprobenweise die Warentemperatur vor bzw. bei der Entladung zu prüfen, soweit dies ohne Verletzung einer etwaigen Vakuumverpackung möglich ist. Die Kühlhausverwaltung ist ferner berechtigt, aber nicht verpflichtet, den Kolli-Inhalt und die übrigen Beschaffenheitsmerkmale der angelieferten Ware zu prüfen. Reine Quittungen, die die Kühlhausverwaltung dem Anlieferer erteilt, beziehen sich niemals auf verdeckte Mängel. Es bleibt daher Sache des Kunden, die angelieferte Ware zu untersuchen, um eventuelle verdeckte Mängel noch rechtzeitig beim Fahrzeugführer reklamieren zu können. Als verdeckte Mängel gelten auch Fehlmengen, Beschädigungen und Sortenabweichungen bei palettiert angelieferter Ware, wenn solche Mängel beim Palettengebinde äußerlich nicht erkennbar sind. Werden bei dem zur Sammellagerung angelieferten Kühlgut Mängel festgestellt, so unterrichtet die Kühlhausverwaltung den Kunden unverzüglich.

1 Vgl. § 417 HGB 4.

Ziff. 2

Wird die Ware zur Sammellagerung angeliefert, so erfolgt die Ein-, Um- und Auslagerung durch Personal des Kühlhauses. Bei Mietung von Zellen und Räumen steht es dem Kühlhauskunden frei, die Ware selbst oder durch eigenes Personal ein- und auszulagern. Es ist dann Sache des Kunden, die Sorgfalt, die die Regeln der Kaltlagerung, der Hygiene und die Vorschriften der Gesundheitsbehörden sowie der Veterinärpolizei erfordern, zu beachten. Desgleichen sind die Sicherheitsvorschriften zu beachten. Insbesondere ist die Ware so zu schichten oder aufzuhängen, daß die kalte Luft ausreichend Zutritt hat. Auch Kisten, Körbe, Bottiche und andere Behältnisse dürfen weder unmittelbar mit dem Fußboden noch mit der Wand bzw. den Luftkanälen und Kühlsystemen in Berührung kommen, auch dürfen sie nicht unmittelbar aufeinandergestellt werden. Sie müssen deshalb auf Paletten, Kanthölzern oder Latten von mindestens 6 cm Dicke gestapelt werden. Hängende, nicht gefrorene Waren dürfen sich nicht berühren.

Ziff. 3

Die Überwachung des Qualitätszustandes der Ware während der Lagerung ist sowohl bei Flächenvermietung als auch bei Sammellagerung Sache des Kühlhauskunden.

Die gewünschte Lagertemperatur — bei Kaltlagerung im Bereich von etwa 0° C auch die Luftfeuchtigkeit — ist mit dem Kühlhaus schriftlich zu vereinbaren. Die Temperatur und gegebenenfalls auch die Luftfeuchtigkeit in den Räumen werden täglich durch geeignete Meßgeräte festgestellt und aufgezeichnet. Die Aufzeichnungen hierüber werden ein Jahr aufbewahrt.

2 Satz 1: Die Klausel ist angemessen, da der Lagerhalter kein Warenfachmann ist (§ 416 HGB 30). Sie befreit jedoch den Lagerhalter nicht von der Pflicht, vertragsgemäße Lagerbedingungen zu schaffen und Anzeige zu erstatten, wenn er feststellt, daß Veränderungen in der Beschaffenheit des Guts entstanden oder zu befürchten sind (vgl. § 18 OLSchVO, Anh. I zu § 424 HGB).

Satz 2: Zur Schriftform vgl. § 4 Lagerordnung (Anh. II zu § 424).

Ziff. 4

Waren, die verdorben oder zur Kaltlagerung ungeeignet sind bzw. durch ihre Beschaffenheit oder ihren Geruch andere Kühlgüter gefährden können, dürfen vom Kühlhauskunden nicht in die gemieteten Räume bzw. zur Sammellagerung eingebracht werden. Unbeschadet sich möglicherweise ergebender Regreßansprüche wegen Einbrin-

Fünfter Abschnitt. Lagergeschäft Anh. VII § 424
Ziff. 7 Kaltlag.Bed.

gung ungeeigneter Ware ist die Kühlhausverwaltung berechtigt, die sofortige Auslagerung zu verlangen, wenn während der Lagerung Umstände eintreten oder nachträglich festgestellt werden, die die Kühlhausverwaltung zur Ablehnung der Einlagerung berechtigt hätten. Wenn der Kühlhauskunde den schädlichen Zustand seiner Ware bestreitet, ist die Kühlhausverwaltung berechtigt, den Zustand der Ware durch einen vom Gericht oder der zuständigen Handelskammer zu benennenden (öffentlich bestellten und vereidigten) Sachverständigen feststellen zu lassen. Die Kosten des Gutachtens trägt der unterliegende Teil. Sein Gutachten ist für beide Teile verbindlich. Kommt der Kühlhauskunde dem Verlangen auf sofortige Auslagerung nicht nach und ist mit dem Aufschube der Auslagerung Gefahr verbunden, so ist die Kühlhausverwaltung berechtigt, ohne eine Nachfrist zu setzen und auf Kosten des Kühlhauskunden, unbeschadet der bestehenden Forderung auf Leistungsentgelt, die Auslagerung vorzunehmen und/oder, sofern die Sachlage es rechtfertigt, das Gut im Wege der Selbsthilfe aus freier Hand, möglichst jedoch unter Benachrichtigung des Kühlhauskunden zu verkaufen. Im Falle der Unverkäuflichkeit der Ware erklärt sich der Kühlhauskunde mit der Vernichtung der Ware auf seine Kosten einverstanden.

Satz 1: Vgl. § 7 Lagerordnung (Anh. II zu § 424 HGB). Die Klausel ist in den Fällen fragwürdig, in denen der Einlagerer bei Vertragsschluß auf die besonderen Eigenschaften des Guts so hingewiesen hat, daß der Lagerhalter die Lagerfähigkeit beurteilen konnte. Anders als in Fällen normaler Lagerung geht es hier jedoch um Sammellagerung. Es ist Dritten nicht zumutbar, einen Schaden hinzunehmen. Der Einlagerer muß es daher hinnehmen, daß kein Anspruch auf Einlagerung besteht. Der Lagerhalter haftet aus cic. **3**

Satz 2: Vgl. § 50 Abs. 2 Lagerordnung (Anh. II zu § 424 HGB). **4**

Sätze 3—5: Zur Tragweite des Schiedsgutachtens *Palandt/Heinrichs* BGB[45] § 317 2. Das Gutachten ist auf offenbare Unrichtigkeit hin überprüfbar. **5**

Sätze 6—7: Vgl. § 422 HGB 7 sowie § 52 Lagerordnung (Anh. II zu § 424 HGB). **6**

Ziff. 5

Bei Flächenmiete darf der Mieter andere Waren als vereinbart nur mit schriftlicher Genehmigung der Kühlhausverwaltung einlagern bzw. einlagern lassen. Ferner darf er bei der Belegung der Räume die von der Kühlhausverwaltung vorgeschriebene Höchstbelastung für einen qm Bodenfläche nicht überschreiten. Die Kühlhausverwaltung ist bei der Feststellung einer Überlastung berechtigt, die unverzügliche Umstapelung zu verlangen und sie im Verzugsfalle auf Kosten des Kühlhauskunden selbst vorzunehmen.

Zur Schriftform § 4 Lagerordnung (Anh. II zu § 424 HGB). **7**

Untervermietung; Einbringung fremder Ware
Ziff. 6

Der Mieter darf die gemieteten Flächen bzw. Räume nur mit ihm gehörenden Waren belegen. Die Aufnahme in fremdem Eigentum stehender Waren sowie eine Untervermietung sind nur mit schriftlicher Genehmigung der Kühlhausverwaltung gestattet.

Zur Schriftform § 4 Lagerordnung (Anh. II zu § 424 HGB). Die Klausel ist möglicherweise überraschend (§ 3 AGBG). **8**

Haftung
Ziff. 7

Anstelle der gesetzlichen Bestimmungen über die Haftung des Kühlhausunternehmens gelten ausschließlich die Bestimmungen der Ziffern 8 bis 12.

Ziff. 8

Das Kühlhausunternehmen haftet für alle Schäden, die während und im Zusammenhang mit der Kaltlagerung eintreten nur dann, wenn diese Schäden auf vorsätzlichem oder grob fahrlässigem, dem Kühlhausunternehmen oder seiner Belegschaft zuzurechnenden Verhalten beruhen. Die Entlastungspflicht trifft das Kühlhaus, ist jedoch ein Schaden am Kühlgut äußerlich nicht erkennbar gewesen oder kann aus sonstigen Gründen dem Kühlhaus die Aufklärung der Schadensursache nach Lage der Umstände billigerweise nicht zugemutet werden, so hat der Auftraggeber nachzuweisen, daß das Kühlhaus den Schaden verursacht hat.

9 Satz 1: Die Klausel ist unangemessen (§ 9 AGBG), weil sie die Haftung für selbständige Erfüllungsgehilfen (vgl. § 43 ADSp 18 (Anh. III zu § 424 HGB)) und für leicht fahrlässige Organisationsfehler [1] gänzlich ausschließt.

10 Satz 2: Der Schaden darf bei der Auslieferung äußerlich nicht erkennbar gewesen sein. Weist in einem solchen Fall der Einlagerer nach, daß der Schaden im Obhutszeitraum entstanden ist, so braucht er nach dispositivem Recht nicht auch noch nachzuweisen, daß den Lagerhalter an der Schadensentstehung ein Verschulden getroffen hat (§§ 417, 390 HGB). Die totale Beweislastumkehr des S. 2 verstößt daher gegen § 9 AGBG, weil sie dem Einlagerer die Bürde des Beweises für Umstände auferlegt, die gänzlich außerhalb seines Verantwortungsbereichs liegen [2]. Der Begriff „billigerweise" verweist auf das dispositive Recht.

---

[1] Z. B. die Untauglichkeit der Lagerräume; *Koller* ZIP **1986** 1089, 1099; *Ulmer/Brandner/Hensen* AGBG⁴ Anh. §§ 9–11 458).

[2] BGHZ **41** 151; KG VersR **1982** 372; *Koller* VersR **1980** 1, 7; *Ulmer/Brandner/Hensen* AGBG⁴ Anh. §§ 9–11 457; *Wolf/Horn/Lindacher* AGBG § 11 Nr. 15 26.

Ziff. 9

Hat die Kühlhausverwaltung die Ein-, Um- oder Auslagerung, das Frosten, Auftauen oder andere Sonderleistungen übernommen, so findet Ziffer 8 sinngemäß Anwendung.

Für die Beachtung von Haltbarkeitsdaten u. ä. haftet das Kühlhausunternehmen jedoch nur, wenn der Kunde sowohl bei der Anlieferung als auch beim Abruf die Ware nach Haltbarkeitsdaten u. ä. spezifiziert hat und das Kühlhaus auf den Abruf des Kunden die Ware nicht entsprechend ausliefert.

Ziff. 10

Das Kühlhausunternehmen haftet nicht für den durch die Kaltlagerung verursachten Schwund oder natürlichen Verderb der Güter. Bei üblichem Kühlhausbetrieb unvermeidliche Temperaturschwankungen, z. B. beim Ein-, Um- oder Auslagern oder beim Abtauen der Luftkühleinrichtungen, können nicht beanstandet werden. Das Kühlhausunternehmen haftet auch nicht für Schäden, die durch unrichtige oder unvollständige Bezeichnung seitens des Kunden entstehen.

Das Kühlhausunternehmen haftet ferner nicht für Schäden, die dem Kunden durch die nicht vorgenommene Prüfung der Beschaffenheitsmerkmale entstehen können, zu der das Kühlhausunternehmen nach Ziffer 1 Abs. 3 nicht verpflichtet ist.

Dies gilt auch für einen etwaigen Rechtsverlust infolge einer vom Kühlhaus erteilten Quittung, in der wegen der nicht vorgenommenen Prüfung Vermerke über Beschaffenheitsmerkmale nicht gemacht wurden.

11 Satz 1: Es geht hier um den Schwund bzw. Verderb bei vertragsgemäßer Lagerung.

Fünfter Abschnitt. Lagergeschäft Anh. VII § 424
Ziff. 11 Kaltlag.Bed.

Satz 2: Die Klausel ist geltungserhaltend dahin zu interpretieren, daß üblich ist, **12**
was zumutbar und im Verkehr erforderlich ist (*Ulmer/Brandner/Hensen* AGBG[4]
Anh. §§ 9—11 457). Der Lagerbetrieb ist so zu organisieren, daß Temperaturschwankungen mit zumutbarem Aufwand vermieden werden. Es kommt deshalb nicht darauf an, was beim einzelnen Lagerhalter üblich ist. Die Verkehrsübung ist ein Indiz für das Zumutbare.

Satz 3: Der Haftungsausschluß ist unangemessen, weil die Haftung auch dann aus- **13**
geschlossen ist, wenn der Lagerhalter oder seine leitenden Angestellten die Unrichtigkeit bzw. Unvollständigkeit der Bezeichnung kannten oder ohne weiteres erkennen konnten[1]. Die Klausel ist daher unwirksam (OLG Hamburg, VersR **1984** 1036, 1037).

Satz 4: Die Haftung für Schäden ist nur ausgeschlossen, soweit es um die Prüfung **14**
der Beschaffenheit des Gutes geht. Sie bleibt bestehen, wenn der Lagerhalter die Beschaffenheit kannte oder wenn der Verdacht einer bestimmten Beschaffenheit auf der Hand lag und sich der Lagerhalter in Hinblick auf die gefährliche Beschaffenheit des Guts nicht mit dem Einlagerer in Verbindung setzte oder sonstige Vorsichtsmaßnahmen ergriff.

---

[1] Vgl. BGH, NJW **1984** 1350 m. Nachw.; *Koller* ZIP **1986** 1089, 1098 m. Nachw.

Ziff. 11

Den Höchstbetrag des Schadensersatzes bildet, sofern eine Kühlgutversicherung nicht gemäß Ziffer 14 über das Kühlhausunternehmen abgeschlossen wurde, in Fällen der Ziffer 8 das Sechsfache des dem Einlagerer während der vergangenen 6 Monate berechneten höchsten monatlichen Lagergeldes bzw. der Kaltlagermiete. Maßgeblich für den Beginn der Rückrechnung ist der Tag der Entdeckung des Schadens. Maßgeblich für die Errechnung des Monatsbetrages ist bei Flächenmietung die im gleichen Raum in Betracht kommende Fläche. Bei Sammellagerung ist das Entgelt für die im betroffenen Kühlhaus für Kunden lagernde gleiche Warengattung anzusetzen.

Den Höchstbetrag des Schadensersatzes in den Fällen der Ziffer 9 bildet das sechsfache Leistungsentgelt, das für die Erledigung des Auftrages, bei dem der Schaden entstanden ist, vereinbart wurde.

Soweit das Kühlhaus im Rahmen dieser Bedingungen haftet, gilt die in den Ziffern 8 und 9 enthaltene Haftungsbeschränkung der Höhe nach nicht bei der Verletzung vertraglicher Hauptpflichten. In diesen Fällen haftet das Kühlhaus maximal mit dem deklarierten Warenwert. Ziffer 14 findet sinngemäß Anwendung.

Wird die Kühlgutversicherung gemäß Ziffer 14 über das Kühlhaus abgeschlossen, so ist der Schadensersatz für alle Schäden der Höhe nach nur auf die deklarierte Versicherungssumme beschränkt.

Sätze 1—5: Die Klausel ist unwirksam (BGH, NJW **1984** 1350). Satz 6 ist nicht ver- **15**
ständlich, weil in den Ziff. 8 und 9 die Haftung nur dem Grunde nach beschränkt wird. Die Klausel stößt daher ins Leere (§ 5 AGBG). Gleiches gilt für die **Sätze 7, 8**.

Satz 9: Die Klausel ist unwirksam, weil sie gegen den Grundsatz verstößt, daß die Haftung für Vorsatz und grobe Fahrlässigkeit des Lagerhalters und seiner leitenden Angestellten nicht ausgeschlossen werden kann.[1] Es ist keineswegs gesagt, daß der den Versicherungswert übersteigende Schaden notwendig unvorhersehbar und daher eine Haftungsentlastung angemessen ist.

---

[1] BGH, NJW **1984** 1350 m. Nachw.; *Koller* ZIP **1986** 1089, 1098 m. w. Nachw.

Ziff. 12

Jeder Anspruch gegen das Kühlhausunternehmen erlischt, wenn der Kühlhauskunde nicht unverzüglich der Kühlhausverwaltung schriftlich Anzeige erstattet, nachdem er oder einer seiner Beauftragten von einer Vertragsverletzung oder einem Schaden an der Ware Kenntnis erhalten hat. Bei der Auslagerung, d. h. Ablieferung bzw. Entfernung der Waren aus dem Kühlhaus zutage tretende Mängel sind bei der Auslagerung selbst zu rügen; nachträglich festgestellte verborgene Mängel sind unverzüglich nach Entdeckung, spätestens jedoch innerhalb einer Frist von 8 Tagen nach Auslieferung der Kühlhausverwaltung schriftlich anzuzeigen. Der Einlagerer oder sonstige Empfangsberechtigte haben den Abholenden zu verpflichten, die auf dem Auslagerschein des Kühlhausunternehmens vermerkten Angaben über Menge und/oder Gewicht der ausgelieferten Waren auf die Richtigkeit hin zu überprüfen und zu quittieren. Hat das Kühlhausunternehmen das Entladen von Fahrzeugen bei der Anlieferung oder das Beladen von Fahrzeugen bei der Auslieferung übernommen, so beginnt seine Vertragsverpflichtung mit der Abnahme des Gutes aus dem Fahrzeug und endet mit dem Absetzen des Gutes in das Fahrzeug, ohne daß eine Haftung für das verkehrssichere und kühlgerechte Beladen übernommen wird. Dies gilt auch für das Entladen und Beladen von Eisenbahnwagen.

16 Sätze 1—3: Die Klausel ist unangemessen, weil sie den Schadensersatzanspruch auch in Fällen grober Fahrlässigkeit des Lagerhalters oder seiner leitenden Angestellten abschneidet (vgl. *Koller* TranspR **1986** 129, 132 zu § 60 ADSp). Zur anderweitigen Kenntnis des Lagerhalters § 53 Lagerordnung (Anh. II § 424 HGB).

Sätze 4—5: Vgl. § 12 Abs. 2 Lagerordnung (Anh. II zu § 424 HGB).

Höhere Gewalt
Ziff. 13

Betriebsstörungen durch höhere Gewalt entbinden das Kühlhausunternehmen von seinen Verpflichtungen für die Zeit der Behinderung und ihrer Folgen.

17 Vgl. *Staub/Koller* HGB[4], vor § 373 235.

Versicherungen
Ziff. 14

Die Kühlgutversicherung wird, sofern nicht anders vereinbart, vom Kühlhausunternehmen für Rechnung, wen es angeht, vorgenommen. Der Kühlhausverwaltung ist bei Beginn der Einlagerung und dann laufend am Ersten eines jeden Monats schriftlich der Wert der Lagerbestände durch den Kühlhauskunden aufzugeben, damit das Kühlhaus die Auflagen in den Allgemeinen Bedingungen für die Versicherung von Kühlgütern hinsichtlich der Wertangaben erfüllen kann.

Geschieht dies nicht rechtzeitig, so wird die Versicherungssumme vom Kühlhausunternehmen geschätzt. Für eine dadurch evtl. entstehende Unterversicherung sowie eventuelle andere Nachteile haftet das Kühlhausunternehmen nicht. Auf die Allgemeinen Versicherungsbedingungen wird hingewiesen.

18 Zur Schriftform § 4 Lagerordnung (Anh. II zu § 424 HGB).

Zahlungsbedingungen
Ziff. 15

Lagergelder, Kaltlagermieten und Leistungsentgelte sind im vorhinein zu entrichten und sofort fällig. Gegenüber Ansprüchen des Kühlhauses ist eine Aufrechnung oder Zurückhaltung nur mit fälligen Gegenansprüchen des Auftraggebers, denen ein Einwand nicht entgegensteht, zulässig.

Vgl. § 21 Hamburger Lagerungsbedingungen (Anh. V zu § 424 HGB). **19**

Pfandrecht
Ziff. 16

Der Kühlhauskunde räumt dem Kühlhausunternehmen zusätzlich zu dem gesetzlichen Pfandrecht wegen aller ihm zustehenden Ansprüche ein vertragliches Pfandrecht an den eingebrachten Waren ein — unbeschadet einer evtl. Weiterveräußerung — und ermächtigt es für den Fall, daß er mit der Erfüllung seiner Verpflichtungen in Verzug gerät, nach Ablauf einer den Umständen entsprechend angesetzten Mahnfrist, die eingebrachten Waren in Besitz zu nehmen und, soweit erforderlich, hierfür die diesbezüglichen Räume zu öffnen. Das Kühlhausunternehmen ist in diesem Fall berechtigt, die Waren zur Deckung seiner Forderung nach Ablauf einer Frist von einer Woche, beginnend mit der Mahnung des Kühlhauskunden, bei Gefahr des Verderbens der Waren innerhalb einer Frist von 24 Stunden, gemäß den gesetzlichen Vorschriften über den Pfandverkauf veräußern zu lassen und den Vertrag für erloschen zu erklären, unbeschadet seines Anspruches auf Lagergeld, Kaltlagermiete und sonstiges Leistungsentgelt bis zu dem Tage, an dem der Kühlhausvertrag durch Kündigung ordnungsgemäß abgelaufen sein würde oder, falls es früher über den Raum verfügt, bis zu diesem Tage. Im übrigen gelten die gesetzlichen Vorschriften über den Pfandverkauf; einer besonderen Androhung des Pfandverkaufes an den Kühlhauskunden bedarf es indessen nicht. Unbeschadet seines Pfandrechtes hat das Kühlhausunternehmen an den eingebrachten Waren wegen aller Ansprüche gegen den Kühlhauskunden, gleichviel wodurch sie entstanden sind, ein Zurückbehaltungsrecht.

Die Klausel ist ungültig, weil sie zur Sicherung inkonnexer Forderungen auch ein **20** Pfandrecht an den dem Einlagerer nicht gehörenden Gütern begründen soll.[1]

---

[1] BGHZ 17 1; BGH, NJW 1956 907; § 22 Hamburger Lagerungsbedingungen (Anh. V zu § 424) Rdn. 59; *Staub/Helm* HGB4, § 410 46 f.

Auslieferung
Ziff. 17

Die Übereignung oder Verpfändung der Waren bzw. die Abtretung oder Pfändung des Anspruches auf Herausgabe ist vom Kühlhauskunden der Kühlhausverwaltung schriftlich anzuzeigen.

Die Kühlhausverwaltung ist zur Auslieferung der eingelagerten Waren nur auf schriftliche Anweisung des Verfügungsberechtigten oder, sofern dies vereinbart ist, gegen Rückgabe des mit Empfangsbestätigung versehenen Einlagerungsscheines verpflichtet. Auslieferungsanweisungen in anderer Form wird die Kühlhausverwaltung unberücksichtigt lassen.

Satz 1: Das Unterlassen der Anzeige führt nicht zur Unwirksamkeit der Abtretung, **21** sondern begründet in Parallele zu § 410 BGB nur ein Leistungsverweigerungsrecht (anders § 48 Bc ADSp (Anh. III § 424). Solange die Abtretung nicht formgerecht mitgeteilt worden ist, gilt der Zedent als Verfügungsberechtigter (§ 407 BGB), es sei denn, daß der Lagerhalter die Abtretung kannte.

Raumwechsel, Verschluß, Zutritt zu den Räumen
Ziff. 18

Der Kühlhausverwaltung bleibt vorbehalten, nach ihrem Ermessen im allgemeinen Interesse der Kühlhauskunden oder aus technischen oder betrieblichen Gründen, Veränderungen an den Räumen der Kühlhauskunden oder einen Wechsel dieser Räume vorzunehmen. Sie wird in solchen Fällen den Kunden vorher verständigen und dafür Sorge tragen, daß sein Geschäftsbetrieb möglichst wenig gestört wird.

Der Kühlhauskunde hat seine Räume, soweit Sondervereinbarungen nicht bestehen, selbst sicher zu verschließen. Das Kühlhausunternehmen ist nicht verpflichtet, die Räume bewachen zu lassen.

Das Kühlhausunternehmen ist berechtigt, die Räume der Kühlhauskunden zur Vornahme der für notwendig erachteten Verrichtungen durch die von ihm beauftragten Personen betreten zu lassen. Muß dies ohne Kenntnis und in Abwesenheit eines Vertreters des Kühlhauskunden erfolgen, so soll diesem unverzüglich Mitteilung gemacht werden.

22 Satz 1: Das Ermessen muß im Rahmen der Billigkeit ausgeübt werden (§ 315 BGB, § 5 AGBG).

Satz 3: Die Klausel betrifft, wie die Formulierung „seine" zeigt, nur die gemieteten Lagerräume (Ziff. 1 S. 1 1. Alt.).

Kühlhausordnung, Zutritt zum Kühlhaus
Ziff. 19

Der Zutritt zum Kühlhaus ist nur dem Kühlhauskunden und seinen Beauftragten, die sich auf Verlangen auszuweisen haben, gestattet. Der Kühlhauskunde hat die Kühlhausordnung, die Bestandteil dieser Bedingungen ist, zu befolgen und haftet dafür, daß sie auch von den bezeichneten dritten Personen befolgt wird. Er ist für ihre Handlungen und Unterlassungen verantwortlich. Personen, die der Kühlhausordnung zuwiderhandeln, kann der Zutritt zum Kühlhaus untersagt werden.

Sondervereinbarungen
Ziff. 20

Jede Vereinbarung zwischen den Parteien, die nicht durch diese Bedingungen oder die Kühlhausordnung geregelt ist, bedarf, um für beide Teile verbindlich zu sein, der schriftlichen Form.

23 Vgl. § 4 Lagerordnung (Anh. II zu § 424 HGB).

Abgaben
Ziff. 21

Die durch den Vertrag evtl. erwachsenden Steuern und andere öffentliche Abgaben sind vom Kühlhauskunden zu tragen.

24 Die Steuern und Abgaben müssen unmittelbar durch den Vertrag ausgelöst werden.

**Verjährung
Ziff. 22**

Alle Ansprüche gegen das Kühlhausunternehmen, auch aus positiver Vertragsverletzung und Delikt, verjähren mit Ablauf von einem Jahr nach dem gemäß Ziffer 12 maßgeblichen Tage.

Die Klausel ist geltungserhaltend dahin auszulegen, daß sie im Fall vorsätzlicher **25** Schädigung durch den Lagerhalter nicht zum Tragen kommt.[1]

---

[1] Vgl. BGH, TranspR **1983** 73, 75; *Koller* TranspR **1986** 129, 131 m. Nachw.

Hinweis

Das hier folgende Sachregister des Bandes 6: §§ 383–424 wird hinter die Kommentierung der §§ 416–424 (Lieferung 8) in Band 6 eingebunden.

Der Verlag

Sachregister

Die fetten Zahlen verweisen auf die Paragraphen bzw. Anhänge zu Paragraphen, die mageren auf die Randnummern.

Abfertigungsspediteur 407–409 33
Abholung
  Speditionsgut 407–409 102 ff
Ablieferung
  Speditionsgut 407–409 152, 180; **414** 11
  Speditionsgut und Empfangsberechtigung **Anh. I 415** § 33 ADSp 1 ff
Abnahme
  Speditionsgut und Haftungsbeendigung **Anh. I 415** § 53 ADSp 1 ff
Abschluß des Vertrages
  s. Vertragsabschluß
Absender
  Spediteur als selbständiger Partner 407–409 71
Absenderausfertigung
  Speditionsgeschäft 407–409 135
Abtretung
  Fixkostenspedition **412, 413** 125
  Forderungsrechte aus der Kommissionsausführung **392** 11 ff
  Kommissionsgeschäft s. dort
  Schuldbefreiungsanspruch des Kommissionärs **383** 72
  Speditionsgeschäft 407–409 145; **Anh. I 415** § 32 ADSp 5
  Speditionsgeschäft (ADSp-Geltung) **Anh. I 415** § 3 ADSp 1 ff
  Speditionsversicherung **Anh. II 415** § 11 SVS/RVS 1 ff
Adreßspediteur 407–409 16 ff
Akkreditiv
  Internationale Spediteurdokumente **Anh. IV 415** 1 ff
  Speditionsgeschäft und Dokumentenbeschaffung 407–409 135 ff
Allgemeine Geschäftsbedingungen
  Haftungsbeschränkungen für den Kommissionär **390** 8 ff
  Speditionsgeschäft (ADSp) s. dort
  Verweisung auf mehrere AGB-Ordnungen **Anh. I 415** Vor § 1 ADSp 9
  Wirksamkeit aufgrund vertraglicher Einbeziehung **Anh. I 415** Vor § 1 ADSp 5

Amtliche Preise
  Selbsteintritt bei der Kommission **400** 15
Anerkennung
  Rechnungslegung beim Kommissionsgeschäft **384** 55
Anfechtung
  Ausführungsanzeige des Kommissionärs **384** 76 ff
  Ausführungsgeschäft bei der Kommission **383** 70
  Kommissionsauftrag **383** 70; **384** 12
  Lagergeschäft **416** 37
  Speditionsgeschäft 407–409 39
Angebot
  Spediteursangebot **Anh. I 415** § 4 ADSp 1 ff
Ankunft
  Speditionsgut, Avis als Legitimationspapier **Anh. I 415** § 10 ADSp 5
Annoncenspedition 407–409 24
Anzeige
  Ausführungsanzeige bei der Kommission **384** 29 ff
  Lagerhalterpflichten **416** 34
Anzeigenvermittlung
  und Kommissionsgeschäft **383** 22
Anzeigetheorie
  Zuordnung des Ausführungsgeschäfts bei der Kommission **383** 74
Arglisteinrede
  und Verjährung im Speditionsgeschäft **414** 9
Aufbewahrung
  Lagerung und –
  s. Lagergeschäft
  und Spediteurshaftung **Anh. I 415** § 57 ADSp 8
Aufklärung
  Speditionsgeschäft **Anh. I 415** § 51 ADSp 4
  Kommissionsgeschäft **384** 4 ff
Aufrechnung
  Kommittent/Gläubiger des Kommissionär **392** 20
  Lagergeschäft **423** 8
  Speditionsgeschäft 407–409 247; **414** 13; **Anh. I 415** § 32 ADSp 1 ff

(1)

Auf

Aufrechnung (Forts.)
　Speditionsgeschäft und Frachtrechtsanwendung 412, 413 40
Auftrag
　und Kommissionsrecht 383 4
Aufwandsgefahr
　Kommissionsgeschäft 383 62
Aufwendungen
　Begriff 396 27
Aufwendungsersatz
　ADSp-Geltung
　　s. Speditionsgeschäft (ADSp)
　Fixkostenspedition 412, 413 120
　Geschäftsbesorgung 383 15
　Kommissionsagentur 383 37
　Kommissionsgeschäft 396 25 ff
　Kommissionsgeschäft, Rücktritt 384 60
　Lagergeschäft
　　s. dort
　Selbsteintritt beim Kommissionsgeschäft 400 34
　Speditionsgeschäft
　　s. dort
Ausführungsgeschäft
　und Factoring 383 29
　Kommissionsgeschäft s. dort
　Speditionsgeschäft s. dort
Ausführungsvertretung
　und Kommissionsgeschäft 383 24
Ausgleichsanspruch
　Kommissionsagentur 383 40
Auskunftsanspruch
　Lagerhalterpflicht 418 5
　Speditionsgeschäft 407–409 126, 248
Auslagenersatz
　Sammelladungspedition 412, 413 141
　Sammelverladungsspedition 41
Ausländische Kunden
　ADSp-Einbeziehung Anh. I 415 Vor § 1 ADSp 18
Ausländischer Frachtführer
　ADSp-Einbeziehung Anh. I 415 Vor § 1 ADSp 19
Ausländischer Spediteur
　ADSp-Einbeziehung Anh. I 415 Vor § 1 ADSp 19
Ausländisches Recht
　Abgrenzung Speditionsrecht/Frachtrecht 412, 413 60
　Speditionsgeschäft 407–409 66
Auslandsbezug
　Kommissionsgeschäft 383 67
Auslandsversendung
　und Angabe des Fakturenwertes Anh. I 415 § 24 ADSp 1
　Verzollungspflicht Anh. I 415 § 25 ADSp 1, 2

Sachregister

Auslegung
　ADSp Anh. I 415 Vor § 1 ADSp 27 ff
Auslegung (Willenserklärungen)
　Kommissionsgeschäft 383 18
Auslieferung
　Sammellagerung 419 16 ff
　Speditionsgeschäft 407–409 128 ff
Ausschließlichkeitsbindungen
　und Kommissionsgeschäft 383 57
Außervertragliche Ansprüche
　Lagergeschäft 417 13
　Speditionsgeschäft 407–409 41; Anh. I 415 § 32 ADSp 4
　Speditionsversicherung Anh. II 415 § 3 SVS/RVS 4
Ausstellung
　Dokumentenausstellung
　　s. Dokumente

Bahn
　s. Eisenbahn
Bahnspedition 407–409 13
Banken
　Effektenkommission
　　s. dort
Bedingung
　Kommissionsvertrag 383 76
Beförderung
　Frachtrechtsanwendung bei Speditionsgeschäften 412, 413 19 ff
　Speditionsgeschäft
　　s. dort
　Speditionsgeschäft und Beförderungshindernisse Anh. I 415 § 31 ADSp 1 ff
　und Versendung, Abgrenzung 407–409 68
　Zusammengesetzte Beförderungsvorgänge 412, 413 43 ff
Befreiung
　s. Schuldbefreiung
Befriedigungsrecht
　des Kommissionärs 399 1 ff
Befristung
　Kommissionsvertrag 383 78
Begleitpapiere
　Speditionsgeschäft 407–409 113
Behördliche Hindernisse
　Speditionsgeschäft Anh. I 415 § 19 ADSp 1
Benachrichtigung
　Ausführung der Kommission 384 27 ff
　Kommissionsgeschäft (Selbsteintritt) 400 44
　Lagerhalterverpflichtung 417 6
　Spediteurspflicht 407–409 122 ff; Anh. I 415 § 16 ADSp 3
Beratungspflicht
　Kommissionsgeschäft 384 4 ff

(2)

fette Zahl = §, magere Zahl = Rdn.

Berufsbild
Spediteur 407–409 3
Berufsorganisation
Spediteur 407–409 3
Beschädigung
Kommissionsgut 390 1 ff
Lagergut 417 3, 7 ff; 423 4
Speditionsgut 407–409 150 ff; 414 6
Beschlagnahme
Lagergut 417 10
und Speditionsversicherung Anh. II 415 § 5 SVS/RVS 13
Besichtigungsrecht
Lagergeschäft 418 2
Besitz
Ablieferung des Speditionsgutes Anh. I 415 § 33 ADSp 2
Lagergeschäft 416 32a, 35 ff, 76; 417 2
Lagerhalter-Pfandrecht 421 6
Pfandrecht des Kommissionärs am Kommissionsgut 397 5
Pfandrecht des Spediteurs 410 30
Speditionsgut 407–409 4
Speditionsgut, Übergabe an Besitzdiener Anh. I 415 § 6 ADSp 10
Besitzkonstitut
Einkaufskommission, vereinbartes antizipiertes 383 88
Besorgung der Versendung
Speditionsgeschäft 407–409 68, 71
Bestimmtheitserfordernis
Kommissionsgeschäft 383 51
Beweissicherung
Lagerhalterverpflichtung 417 6
Bezirksprovision
Kommissionsagentur 383 36
Binnenschiffahrt
und ADSp-Anwendung Anh. I 415 § 2 ADSp 28
Haftungsausschluß (Speditionsgeschäft) 407–409 177
Möbeltransport Anh. I 415 § 2 ADSp 18
Speditionsgeschäft und BSchG-Verweisung 412, 413 11
Transport-Haftpflichtversicherung Anh. I 415 § 39 ADSp 17
Versicherung statt Haftung Anh. I 415 § 57 ADSp 17 ff
Binnenumschlagverkehr
und ADSp-Anwendung Anh. I 415 § 2 ADSp 24
Bordero
Ladeliste für den Empfangsspediteur 407–409 138

Börse
Selbsteintritt des Kommissionärs (Ausführungsplatz) 400 12 f
Börsenpreis
Selbsteintritt bei der Kommission 400 14
Börsenrecht
und Nichtigkeit von Kommissionsgeschäften 383 55 ff
Börsentermingeschäft
Begriff, Zulässigkeit 383 55 ff
Bremer Lagerhaus-Gesellschaft
Betriebsordnung 416 18; Anh. VI 424 §§ 1 ff Brem.Lag.H.
Bürgschaft
und Delkrederehaftung 394 2

Chartervertrag
Rechtsnatur 407–409 15
CMR
und ADSp-Anwendung Anh. I 415 § 2 ADSp, § 2 ADSp 25
ADSp-Anwendung (Aufrechnungsbeschränkungen) Anh. I 415 § 32 ADSp 13 ff
und EuGVÜ Anh. I 415 § 65 ADSp 9
Frachtführer 407–409 137
Gerichtsstandsklausel Anh. I 415 § 65 ADSp 5
Hauptfrachtführerstellung 412, 413 41
Möbeltransport Anh. I 415 § 2 ADSp 14
Nationaler Vorlauf 412, 413 49
Rechtswahlklausel Anh. I 415 § 65 ADSp 10
Speditionsgeschäft und CMR-Frachtbriefe 407–409 135
und Speditionsversicherung Anh. I 415 § 41 ADSp 21; Anh. II 415 § 5 SVS/RVS 11
Speditionsvertrag und Verweisung auf 412, 413 9
Container
Lagervertrag 416 18
Speditionsgeschäft 407–409 107
Culpa in contrahendo
Beratungs- und Aufklärungspflichten beim Kommissionsgeschäft 384 4
Lagergeschäft 416 15; 418 2; 423 3
Speditionsgeschäft 407–409 79, 172
Darlehenstheorie
Factoring 383 32
Delkrederehaftung
Kommissionsgeschäft 394 1 ff
Diebstahl
und Speditionsgeschäft 407–409 184; Anh. I 415 § 57 ADSp 9
Dienstverschaffungsvertrag
und Speditionsgeschäft 407–409 15

Dienstvertrag
  Kommissionsgeschäft 383 58, 82
  Speditionsgeschäft 407–409 7, 207, 209
Differenzeinwand
  und Kommissionsgeschäft 383 56
Dingliche Rechte
  Kommissionsgeschäft, ausgeschlossenes 383 4
Dingliche Rechtslage
  Kommissionsgeschäft (Selbsteintritt) 400 66
  Kommissionsgut 383 85 ff
  Sammellagerung 419 8 ff
Dokumente
  Frachtvertrag oder Speditionsvertrag 412, 413 65 f
  Internationale Spediteurdokumente Anh. IV 415 1 ff
  Speditionsgeschäft, ADSp-Hinweise Anh. I 415 Vor § 1 ADSp 13
  Speditionsgeschäft (Beschaffungspflicht) 407–409 133 ff
  Speditionsgeschäft und Beschaffung von – 407–409 133 ff
  Speditionsgeschäft, Frachtvertrag und Ausstellung von – 407–409 140
Dokumentenakkreditiv
  Bankenvermittlung aufgrund Kundenauftrags 383 47
Dritter, Dritte
  AGB Dritter, vereinbarte Anh. I 415 § 2 ADSp 34
  Drittunternehmer-Haftpflichtversicherung (Speditionsgeschäft) 407–409 44
  Einlagerung bei – 416 32a; 419 19
  Haftung des Spediteurs 407–409 17 ff, 26 ff, 95, 154, 178
  Lagergeschäft und Herausgabe an – 416 45
  Speditionsgeschäft, Geltendmachung von Rechten Dritter/für Rechnung Anh. I 415 § 3 ADSp 5 ff
  Speditionsgeschäft und Schadenseintritt bei – Anh. I 415 § 52 ADSp 1 ff
Drittmarkt
  Kommissionsgeschäft 383 5
Drittschadensliquidation
  Kommissionsgeschäft 383 73
  Speditionsgeschäft 407–409 40, 149

Effektenhandel
  Börsenterminhandel 383 55a
Effektenkommission
  Auftragsablehnung 383 53
  Banken und Börsen 383 1
  Beratung 384 6
  Bestimmtheit des Geschäfts 383 51
  Dingliche Verhältnisse (DepG) 383 85
  Eigenhandel 383 1
  Eigenhandel und Banken-AGB 383 1
  Eigentumserwerb 383 90
  Form 383 54
  und Kommissionsgeschäft 383 26
  Konkurs des Kommissionärs 383 93
  Marktstärke, Kapitalkraft der Banken 383 12
  Offenlegungspflicht 384 13
  Provision 396 1
  Rechnungslegung 384 55
  Selbsteintritt, Bedeutung 383 12
  Selbsteintritt und Kursmanipulationen 400 9
  Selbsteintritt und Vermutung für ein Deckungsgeschäft 383 77
  Unverzüglichkeit 383 52
  Verwahrung der Papiere 390 4
Eigenhandel
  und Kommissionsgeschäfte, Bedeutung 383 1
Eigenhändler
  und Effektenkommission 383 12
  oder Kommissionsgeschäft 383 18
Eigenleistungen
  als Aufwendungen 407–409 224
Eigentum
  des Kommissionärs am Kommissionsgut, Befriedigungsrecht 398 1 ff
  Lagergut und Herausgabeanspruch 416 45 ff
  Lagergut und Lagerhalter-Pfandrecht 421 7 ff
  und Pfandrecht des Kommissionärs am Kommissionsgut 397 4
  Sammellagerung 419 8 ff
  Speditionsgut und Spediteurspfandrecht 410 5 ff, 37 f
Eigentümer-Besitzer-Verhältnis
  Lagergeschäft 417 13; 423 3
  Lagergut 416 46
  Speditionsgeschäft 407–409 196
Eigentumserwerb
  und Durchführung des Ausführungsgeschäfts bei der Kommission 383 86
  Kommissionsgeschäft (Einkaufskommission) 383 87
  Kommissionsgeschäft (Verkaufskommission) 383 86
Eigentumsvorbehalt
  und Kommissionsgeschäft 383 27
Einbeziehung
  Allgemeine Geschäftsbedingungen (ADSp) Anh. I 415 Vor § 1 ADSp 6 ff
Einfuhrumsatzsteuer
  und Speditionsgeschäft 407–409 115, 226 ff
Einkaufskommission
  s. Kommissionsgeschäft
Einlagerer
  s. Lagergeschäft

Einreden, Einwendungen
  Gegenansprüche, denen ein Einwand nicht entgegensteht **Anh. I 415** § 32 ADSp 8
  Inhaberlagerschein **424** 24
  Lagerempfangsschein **424** 22
  Lagergut, Rückgabeanspruch **416** 52
  Namenslagerschein **424** 29; **Anh. III 424** § 48 ADSp 57
Einschreiben
  Sorgfaltspflicht des Spediteurs **Anh. I 415** § 10 ADSp 1
Einziehung von Nachnahmen
  Speditionsgeschäft **407–409** 128 ff
Eisenbahn
  und ADSp-Anwendung **Anh. I 415** § 2 ADSp 32
  Bahnsammelgutverkehr (Sammelladungsspedition) **412, 413** 129
  Gesamtbetrachtung bei zusammengesetzten Beförderungsvorgängen **412, 413** 45
  Mängelanerkenntnis des Spediteurs **Anh. I 415** § 16 ADSp 2
  Möbeltransport **Anh. I 415** § 2 ADSp 18
  und Speditionsgeschäft **412, 413** 13
  Transport-Haftpflichtversicherung **Anh. I 415** § 39 ADSp 12
Eisenbahnfrachtbrief
  Absenderausfertigung **407–409** 135
Empfänger
  Speditionsgeschäft
    s. dort
  Zahlungspflicht **Anh. I 415** § 34 ADSp 1 ff
    s. Speditionsgeschäft
Empfangsbescheinigung
  ADSp-Hinweis **Anh. I 415** § 34 ADSp 5
  des Spediteurs, Wirkungen **Anh. I 415** § 7 ADSp 9
Empfangsermächtigung
  Lagergut **416** 47
Empfangsspedition
  Begriff, Abgrenzung **407–409** 16 ff; **410** 36
Entziehung
  Speditionsauftrag **Anh. I 415** § 21 ADSp 1 ff
Erfüllungsgehilfe
  Ausführung der Kommission **383** 72
  Kommittentenstellung **383** 73
  Lagergeschäft **416** 32b
  Spediteur als – **Anh. I 415** § 2 ADSp 9
  und Spediteurshaftung **407–409** 178; **Anh. I 415** § 52 ADSp 6 ff
  und Spediteurshaftung (Haftungsausschluß) **Anh. I 415** § 52 ADSp 10 ff
Erfüllungsort
  Herausgabe des Erlangten bei der Kommission **384** 42
  Kommissionsgeschäft **383** 63 f

Lagergeschäft 416 75; **420** 19
Lagergutzurückgabe 416 51
Speditionsgeschäft Anh. I 415 § 36 ADSp 1; **Anh. I 415** § 65 ADSp 1
Erhaltung
  Speditionsgut **Anh. I 415** § 16 ADSp 1 ff
Erhaltungsmaßnahmen
  Lagerhalterpflicht **416** 30
Erklärungen
  Speditionsgeschäft, Beweislast für – **Anh. I 415** § 6 ADSp 1 ff
Ermächtigung
  Herausgabe des Lagergutes **417** 11a
Ermessen
  Spediteurshandeln **Anh. I 415** § 13 ADSp 1
Erstattungsanspruch
  Aufwendungsersatzanspruch des Kommissionärs **396** 24 ff
EuGVÜ
  Speditionsgeschäft und Gerichtsstandsklausel **Anh. I 415** § 65 ADSp 6 ff
Export
  und Kommissionsgeschäfte **383** 1
Factoring
  und Inkasso-Kommission, Abgrenzung **383** 32
  und Kommissionsgeschäft **383** 29
Fahrzeugmiete
  Rechtsnatur **407–409** 15
Faktischer Vertrag
  Speditionsvertrag **407–409** 80; **410** 1
FBL
  Internationales Spediteurdokument **Anh. IV 415** 13 ff
Feuerversicherung
  Spediteursverpflichtung **Anh. I 415** § 35 ADSp 1 ff
FIATA FCR
  Internationales Spediteurdokument **Anh. IV 415** 2 ff
FIATA FCT
  Internationales Spediteurdokument **Anh. IV 415** 11 ff
Filmverleihkommission
  und Kommissionsgeschäft **383** 30
Fixkostenspedition
  Abgrenzungsfragen, besondere **407–409** 10
  Abtretung von Ersatzansprüchen **412, 413** 125
  Arbeitsgebiet des Spediteurs **412, 413** 105
  Auslagenersatz **412, 413**
  Ausstellung einer Rechnung über einen Festpreis **412, 413** 117
  Einigung über bestimmten Satz der Beförderungskosten **412, 413** 114

Fixkostenspedition (Forts.)
　Eisenbahnrecht 412, 413 13
　Frachtrechtsanwendung 407–409 3, 212; 412, 413 16, 106
　Frachtrechtsanwendung (Ermittlung des anzuwendenden Rechts) 412, 413 121 ff
　Gesamtbetrachtung 412, 413 50
　Geschäftsbesorgungsvertrag 412, 413 125
　Haftung des Spediteurs 412, 413 122; **Anh. I** 415 § 52 ADSp 13
　Hauptfrachtführerstellung 412, 413 41
　Inhaltskontrolle 412, 413 14
　Luftfrachtversendung 412, 413 14
　Nebenpflichten, speditionelle 412, 413 124
　Rechtsnatur 412, 413 104 ff
　Selbsteintritt, Abgrenzung 412, 413 108
　Selbsteintritt beim Speditionsgeschäft 412, 413 87
　Spediteur, echter 407–409 34
　Speditionsrechtliche Grundsätze, zusätzliche Anwendung 412, 413 123 ff
　Speditionsrechtliche/frachtrechtliche Tätigkeiten, Differenzierung 412, 413 4
　Tarifgebundene Beförderung 412, 413 119
　Vergütung 412, 413 118 f
　Versenderschutz 412, 413 107
　Verweisung auf zwingendes Frachtrecht 412, 413 107
　Verweisungsrecht als zwingendes/dispositives Recht 412, 413 5 f
　Voraussetzungen 412, 413 113 ff
Flugzeug
　Möbeltransport **Anh. I** 415 § 2 ADSp 18
Forderungen
　Ausführungsgeschäft bei der Kommission 392 6 ff
　Befriedigungsrecht des Kommittenten 399 1ff
　Einzugsrecht des Kommissionärs 399 6
　Herausgabe an den Kommittenten 392 11 f
　Inkasso-Kommission 383 32
　Kommissionsgeschäft, Verhältnis Kommissionär/Kommittent 392
　Kommittent/Gläubiger des Kommissionärs-Verhältnis 392 17 ff
　und Lagerhalter-Pfandrecht 420 3 ff
　und Pfandrecht des Kommissionärs 397 6 ff
　und Pfandrecht des Spediteurs 407–409 13 ff
　und Pfandrecht des Spediteurs (ADSp) 410 34 ff
　und Waren, Abgrenzung 383 4
　Verkaufsrecht des Kommissionärs 383 7
Forderungsübergang
　Speditionsgeschäft (Rechte des Vormanns) 411 11
Form
　Kommissionsgeschäft 383 54

　Zurückweisung der Ausführung durch den Kommittenten 386 8
Frachtbrief
　Frachtvertrag oder Speditionsvertrag 412, 413 65
Frachtrecht
　Abgrenzung Speditions- und Frachtrecht 412, 413 2 ff
　Abgrenzungsprobleme, praktische 412, 413 16
　ADSp-Anwendung (Zahlungspflicht des Empfängers) **Anh. I** 415 § 34 ADSp 1 ff
　ADSp-Konflikte **Anh. I** 415 § 2 ADSp 3
　ADSp-Speditionsverträge 412, 413 14
　ADSp-Verdrängung 412, 413 28 ff
　ADSp-Verwendung und Vertragsbestimmung 412, 413 69
　Alternativbegründungen in der Rechtspraxis 412, 413 17
　Anwendung auf Speditionsverträge 412, 413 3 ff
　Aufrechnung 412, 413 40
　Ausländisches Recht 412, 413 60
　Beförderungsabschnitt, überwiegender 412, 413 55
　Beförderungsarten und Verweisungswirkung (einheitliche Behandlung) 412, 413 19
　Beförderungsdokumente und Vertragsbestimmung 412, 413 65, 66
　Beförderungsvorgänge, zusammengesetzte 412, 413 43 ff
　Binnenschiffahrtsrecht, Verweisung 412, 413 11
　CMR und ADSp 412, 413 33a
　CMR-Verweisung 412, 413 9
　Dispositives Verweisungsrecht 412, 413 5
　Eisenbahnrecht (fehlende Verweisung) 412, 413 13
　Firmierung des beauftragten Unternehmens 412, 413 67
　Fixkostenspedition
　　s. dort
　Frachtführereigenschaft des Spediteurs 412, 413 4
　Frachtrechtliche Sonderordnungen 412, 413 7 ff
　Gehilfenhandeln, Zurechnung 412, 413 35
　Gerichtsstandsklausel 412, 413 42
　Gerichtsstandsklausel (ADSp) 412, 413 31
　Gesamtbetrachtung, Schwerpunktlehre 412, 413 43 ff
　Grenzüberschreitender Kraftverkehr 412, 413 49
　GüKG-Sonderregelung 412, 413 21 ff
　Güterfernverkehrsspedition 412, 413 48
　Haftungsausschlüsse 412, 413 36

Frachtrecht (Forts.)
Haftungsregelung (ADSp-Verdrängung) 412, 413 32
Haftungsumfang 412, 413 37
Kollision von Einzelregelungen/Regelungssystemen 412, 413 30 ff
KVO-Sonderregelung 412, 413 21 ff
KVO-Verweisung 412, 413 9
Laderaum, Existenz und Benutzung eines eigenen 412, 413 71
Landfrachtrecht, Verweisung 412, 413 8
Luftrecht, Verweisung 412, 413 12
Multimodale Transporte 412, 413 51
Parteiwille (Fracht- oder Speditionsvertrag) 412, 413 62 ff
Passivlegitimation (Versicherungseckung) 412, 413 29
Qualifikation, primäre als Fracht- oder Speditionsvertrag 412, 413 61 ff
Rahmenverträge und Vertragsqualifikation 412, 413 72
Rechtspolitische Überlegungen zur Abgrenzungsfrage 412, 413 20
Rechtswahl 412, 413 43
Sammelladungsspedition 412, 413 4
s. dort
Seerecht, Verweisung 412, 413 10
Selbsteintritt 412, 413 16, 73 ff
Selbsteintritt, Abgrenzungen 412, 413 86 ff
Spediteur als Hauptfrachtführer 412, 413 41
Spediteurshaftung 412, 413 34 ff
und Speditionsgeschäft 407–409 11, 42
Speditionsgeschäft und Frachtvertragsabschluß 407–409 97
Speditionsgeschäft, Ausführung eines 407–409 42
Speditionsrechtliche/frachtrechtliche Tätigkeiten (Differenzierung) 412, 413 4
Speditionsversicherung 412, 413 70
Speditionsversicherung und Haftungsausschluß Anh. I 415 § 41 ADSp 23 ff
Transportausführung und Spediteurshaftung 412, 413 35
Umzugstaruf, Verweisung 412, 413 9
Unerlaubte Handlung 412, 413 33, 38
Unterfrachtrecht 412, 413 41
Verjährung 412, 413 39
Versender-Spediteur-Verhältnis 412, 413 16
Vertragsfreiheit, eingeengte 412, 413 28
Verweisung oder primäre Frachtvertragsqualifikation 412, 413 16 ff
Zahlungsverpflichtung des Empfängers Anh. I 415 § 34 ADSp 1 ff
Zwingende Frachtrechtsanwendung/dispositives Speditionsrecht 412, 413 28 ff

Freihaltungsvereinbarungen
Speditionsgeschäft 407–409 139
Freistellungserklärung
und Lieferschein 424 6
Freizeichnungsklauseln
Enge Auslegung (ADSp) Anh. I 415 Vor § 1 ADSp 34

Garantiehaftung
Delkrederehaftung des Kommissionärs 394 2
Garantieübernahme
und Delkrederehaftung des Kommissionärs 394 2
Gefahrenabwehr
Lagerhalterverpflichtung 416 26 ff
Gefahrgut
Speditionsgeschäft 407–409 42, 114
Speditionsgeschäft (Annahmeausschluß) Anh. I 415 § 5 ADSp 1 ff
Gefahrtragung
Kommissionsgeschäft 383 62
Kommissionsgeschäft (Selbsteintritt) 400 36; 403 7
Lagergeschäft 416 70 f
Gefälligkeitsverhältnis
Kommissionsgeschäft 383 4
Gelegenheitsspedition
Anwendung des Speditionsrechts 415 1 ff
Gemeinschaft
Sammellagerung 419 8 ff
Gerichtsstand
Kommissionsgeschäft 383 63 f
Speditionsgeschäft Anh. I 415 § 65 ADSp 3 ff
Gerichtsvollzieher
Pfändung eingelagerter Ware 416 18
Gesamtbetrachtung
Zusammengesetzte Beförderungsvorgänge 412, 413 43 ff
Geschäftsbesorgung
Bankenvermittlung (Remburskredite, Akkreditive) 383 47
Bezirksagentur 383 38
Effektenkommssion 383 1
Factoring 383 32
Fixkostenspedition 412, 413 125
Handeln auf fremde Rechnung 383 6
Kommissionsgeschäft 383 60, 62, 72, 75; 384 57; 396 38
Kommissionsgeschäft (Selbsteintritt) 400 20
Kommissionsgeschäft, Übergänge 383 13
Lagervertrag, Abgrenzung 416 19
Risikostruktur 383 15; 392 1
Speditionsgeschäft 407–409 6, 7, 32, 143 ff, 226, 228
Versicherung auf fremde Rechnung 383 48

Geschäftsbesorgung (Forts.)
Wille des Geschäftsführers, Zuordnung von Geschäften 383 75
Geschäftsführung ohne Auftrag
und Speditionsgeschäft 407–409 213, 219, 228 f
Geschäftsverbindungen
ADSp-Einbeziehung Anh. I 415 Vor § 1 ADSp 16
Gesellschaft
und Kommissionsgeschäft, Abgrenzung 383 31
und Kommissionsgeschäft, Übergänge 383 13, 16
Gesellschaftsanteile
Kommissionsgeschäft, ausgeschlossenes 383 4
Gesetzesrecht
und ADSp-Anwendung Anh. I 415 § 2 ADSp 35
ADSp 35
Gesetzliche Hindernisse
Speditionsgeschäft Anh. I 415 § 19 ADSp 1
Gesetzliches Pfandrecht
s. Pfandrecht
Getreide, Getreidemüllerei
Börsenrecht 383 55
Gewährleistung
Kommissionsgeschäft (Selbsteintritt) 400 38
Gewerbe
Kommissionär 383 4
Spediteur 407–409 73
GmbH
und Kommissionsrecht 383 31
GmbH-Anteile
Kommissionsgeschäft und Formfrage 383 54a
Grenzspediteur 407–409 21, 226, 237
Großraumtransporte
und ADSp-Anwendung Anh. I 415 § 2 ADSp 23
Grundstückshandel
Kommissionsgeschäft und Formfrage 383 54a
GüKG
und ADSp-Anwendung Anh. I 415 § 2 ADSp 31
und ADSp-Anwendung (Aufrechnungsbeschränkungen) Anh. I 415 § 32 ADSp 12
Gesamtbetrachtung bei zusammengesetzten Beförderungsvorgängen 412, 413 45
Speditionsgeschäft 412, 413 21 ff
GüKUMT
Möbeltransport Anh. I 415 § 2 ADSp 15
Gut, Güter
Kommissionsgut
s. Kommissionsgeschäft
Lagergut
s. Lagergeschäft

Speditionsgut
s. Speditionsgeschäft
Güterbezeichnung
Speditionsgeschäft 407–409 110
Güterfernverkehr
ADSp-Anwendung Anh. I 415 § 2 ADSp 25, 24
CMR
s. dort
KVO
s. dort
Transport-Haftpflichtversicherung Anh. I 415 § 39 ADSp 10
Güternahverkehr
ADSp-Anwendung Anh. I 415 § 2 ADSp 31
Transport-Haftpflichtversicherung Anh. I 415 § 39 ADSp 14
Güterversicherung
Speditionsgeschäft 407–409 117 ff
Gutgläubiger Erwerb
Lagerhalter-Pfandrecht 421 8
Namenslagerschein 424 28
Orderlagerschein; Übertragung 424 14
Speditionsgut und Pfandrechtserwerb 410 7
Gutgläubig-lastenfreier Erwerb
Orderlagerschein, Übertragung 424 14
Pfandrecht des Spediteurs 410 32

Haftpflichtversicherung
Speditionsgeschäft 407–409 44
Speditions-Haftpflichtversicherung (neben Speditionsversicherung) Anh. I 415 § 39 ADSp 18
Speditionsversicherung, Verhältnis Anh. I 415 § 39 ADSp 7 ff
Transport-Haftpflichtversicherung Anh. I 415 § 39 ADSp 10 ff
Haftung
Kommissionsgeschäft
s. dort
Lagergeschäft
s. dort
Spediteurshaftung
s. Speditionsgeschäft
s. Speditionsgeschäft (ADSp)
Hamburger Lagerungsbedingungen Anh.V 424 §§ 1 ff Hambg.Lag.Bed.; 416 19
Handeln auf fremde Rechnung
Kommissionsgeschäft 383 5
Kommissionsgeschäft/Vertragshändler-Abgrenzung 383 14
Handeln im eigenen Namen, auf fremde Rechnung
Werbeagentur 383 22
Handelsbrauch
ADSp-Anwendung Anh. I 415 § 2 ADSp 36

Handelsbrauch (Forts.)
ADSp-Anwendung (Zahlungspflicht des Empfängers) Anh. I 415 § 34 ADSp 6
ADSp-Einbeziehung Anh. I 415 Vor § 1 ADSp 21
ADSp-Einbeziehung (ausländische Kunden) Anh. I 415 Vor § 1 ADSp 18
Delkrederehaftung des Kommissionärs 394 4

Handelsfunktion
Verlagerung von der Kommission zum Handelsvertreter/Vertragshändler 383 1

Handelsgeschäfte
Einkaufskommission, Untersuchungs- und Rügeobliegenheit 391 3 ff
als Kommissionsgeschäfte 383 3

Handelsvertreter
Kündigungsrecht 383 35
und Kommissionär, Abgrenzung 383 7
und Kommissionär, Übergänge 383 16
und Kommissionsagentur 383 33 f
und Kommissionshandel, wirtschaftliche Bedeutung 383 1

Hauptspediteur
s. Speditionsgeschäft; 407–409 18

Herausgabe
Kommissionsgeschäft (Erlangtes) 384 34 ff
Lagergut 416 44 ff
Speditionsgeschäft (erlangte Gegenstände) 407–409 143 ff

Hindernisse
Leistungsverzögerung durch unverschuldete Versendungshindernisse Anh. I 415 § 18 ADSp 1 ff
Speditionsgeschäft und Beförderungshindernisse Anh. I 415 § 31 ADSp 1 ff

Höhere Gewalt
Speditionsgeschäft 407–409 183; Anh. I 415 § 57 ADSp 11

Import
und Kommissionsgeschäfte 383 1

Informationen
Kommissionsgeschäft und Beratungspflicht 384 10

Inhaberlagerschein
Rechtsnatur, Gegenstand 424 3
Rechtsnatur, Wirkungen 424 23 f

Inhaltskontrolle
ADSp Anh. I 415 Vor § 1 ADSp 39 ff

Inkassokommission
als atypische Kommission 383 1
und Factoring, Abgrenzung 383 32
und Kommissionsgeschäft 383 32

Interessenkonflikte
Kommissionsgeschäft 384 7

Interessenwahrung
Kommissionsgeschäft
s. dort

Internationale Güterbeförderung
Europäische Beförderungen/Speditionsversicherung Anh. III 415 Anh.SVS/RVS

Internationale Spediteurdokumente Anh. IV 415 1 ff

Internationaler Straßengüterverkehr
Transport-Haftpflichtversicherung Anh. I 415 § 39 ADSp 13

Internationales Privatrecht
Speditionsgeschäft 407–409 54 ff
Speditionsgeschäft (Gerichtsstandsklauseln) Anh. I 415 § 65 ADSp 4 ff

Kapitalmarkt
und Kommissionsrecht 383 12

Kartellrecht
und Kommissionsgeschäft 383 54, 57

Kaufmann
und ADSp-Anwendung Anh. I 415 § 2 ADSp 5 ff
Kommissionär 383 4
Kommittent 390 8c
Lagervertrag 416 21
Spediteur 407–409 2, 47

Kaufmännische Sorgfalt
Kommissionsgeschäft 384 1 ff, 56

Kaufmännisches Bestätigungsschreiben
ADSp-Einbeziehung Anh. I 415 Vor § 1 ADSp 15

Kaufmännisches Zurückbehaltungsrecht
Speditionsgeschäft 410 58

Kauftheorie
Factoring 383 32

Kaufvertrag
und Kommissionsgeschäft, Übergänge 383 13 f
und Kommissionsgeschäft, wirtschaftliche Bedeutung 383 2
und Konditionsgeschäft 383 43
und Selbsteintritt des Kommissionärs 400 20 ff
Untersuchungspflicht, Mängelrüge 407–409 142

Kenntnis, Kennenmüssen
ADSp-Einbeziehung Anh. I 415 Vor § 1 ADSp 17
Ausführungsgeschäft bei der Kommission 383 70

Kollisionsrecht
s. Internationales Privatrecht

Kommissionsagentur
Ausgleichsanspruch 383 40
Dienstvertrag 383 59

Kommissionsagentur (Forts.)
Handelsvertreterrecht, Kommissionärsrecht 383 34
und Kommissionsgeschäft, Abgrenzung 383 33
Kommissions- und Handelsvertretervertrag, Abgrenzung 383 2
Provision, Aufwendungsersatz 383 36 f

Kommissionsgeschäft
Abschluß des Vertrages 383 51 ff
Abtretung als Forderungsherausgabe 392 11
Abtretung an einen Kommissionärsgläubiger 392 12
Abtretung der Ansprüche gegen den Dritten an den Kommittenten 392 1 ff
Abtretung des Befreiungsanspruchs 383 72
Abtretungsverbote und Kommissionsklausel 383 29
Abtretungszeitpunkt und Recht, die Forderung geltend zu machen 392 11 f
Abweichung von der Preissetzung 386 1 ff
Abwicklungsstörungen und Provisionsanspruch 396 13
Amtlicher Markt- oder Börsenpreis, Selbsteintritt 400 15
Anerbieten einer Preisdifferenz 386 13 ff
Anerkennung der Rechnungslegung 384 55
Anfechtung der Ausführungsanzeige 384 76 ff
Anfechtung des Auftrags 383 70; 384 12
Anfechtung des Ausführungsgeschäfts 383 70
AnfechtungsG 392 16
Angebot/Nachfrage-Mittler 383 2, 13
Ankauf eines Wechsel (Indossierungspflicht des Kommissionärs) 395 1 ff
Anlaß der Kommission 401 9
Anzeigenvermittler 383 22
Anzeigetheorie 383 74
Arbeitskraft des Kommissionärs 396 28
Aufbewahrung, einstweilige 391 6
Aufklärungspflichten, Beratungspflichten 384 4 f; 387 8
Aufklärungsunterlassen, Beratungsunterlassen 384 9
Aufrechnung des Dritten gegen Kommissionär 392 20
Aufrechnung des Kommissionärs gegen Dritten 392 20
Aufrechnung und Delkrederehaftung 394 7
Aufträge, Übernahme entgegengesetzter 384 20
Aufwandsgefahr 383 62
Aufwendungsersatzanspruch des Kommissionärs 384 60; 396 25 ff
Aufwendungsersatzanspruch des Kommissionärs (Selbsteintritt) 400 34; 403 5
Ausdrücklichkeit beim Selbsteintritt 400 19

Ausführung des Geschäfts der Kommission 384 2
Ausführungsanzeige beim Selbsteintritt 400 45 ff; 405 4 ff
Ausführungsanzeige und Preisberechnung 401 8
Ausführungsanzeige und Selbsteintritt 400 18
Ausführungsgeschäft
Abschluß, Ausführung (Unterschiede) 396 9
Anzeige der Ausführung und Selbsteintritt 400 18
und Aufwendungsersatzanspruch 396 27
Ausführung 396 8 ff
Ausführung der Kommission/Ausführung des Geschäfts 384 2
Ausführung, erfolgte und Provisionsanspruch 396 13
Ausführung, fehlende und Provisionsanspruch 396 11
Ausführung ohne Provision 396 13 ff
Bedingung 396 7
Befriedigungsrecht des Kommissionärs 399 1 ff
Berechtigung/Verpflichtung des Kommissionärs 392 1
Delkrederehaftung des Kommissionärs 394 1 ff
Eigengeschäft oder Kommissionsausführung 383 74 ff
Erfüllungsverlangen/Übertragungsverlangen des Kommittenten 384 78 ff
Fehlende Ausführung und Provisionsanspruch 396 11 f
Forderungen hieraus 392 6 ff
Fremdhandlungswille 383 75
Haftung des Dritten 383 73
Interessenwahrung 384 17 ff
Kaufverträge über andere Güter 406 3
Kennen, Kennenmüssen 383 70
Konkurs des Kommissionärs 392 19
Kündigung der Kommission 383 82; 396 14
Leistungsfähigkeit des Dritten 396 8
Leistungsstörungen 383 72
Meistbegünstigungsklausel beim Selbsteintritt 400 1
Nichtausgeführte Kommission 384 82
Persönliche Kommittenteneigenschaften, Bedeutung 383 71
und Provisionsanspruch 396 5 ff
Selbsteintritt 400 1 ff
Vorteilhaftere Bedingungen 387 1 ff
Weisungswidriger Abschluß 385 8
Zugesandtes Gut, beschädigtes/mangelhaftes 388 1 ff

Kommissionsgeschäft (Forts.)
    Zuordnung (Willenstheorie, Anzeigetheorie) 383 74
    Zurückweisungsrecht des Kommittenten 385 1 ff
  Ausführungsplatz und Selbsteintritt 400 13
  Ausführungsvertretung 383 24
  Ausgleichsanerbieten nach Weisungsverstoß 385 6
  Auskunftshaftung, Beratungshaftung 384 6
  Auslandsbezug 383 67
  Auslegung der Parteivereinbarung 383 18
  Auslieferungsprovision 396 17 f, 21
  Ausschließlichkeitsvereinbarungen 383 57a
  Aussonderungsrecht des Kommittenten 392 19
  Bedingtes Ausführungsgeschäft 396 7
  Bedingungen, vorteilhaftere 387 1 ff
  Beendigung 383 78 ff
  Befreiung von Verbindlichkeiten 396 35
  Befriedigungsrecht des Kommissionärs (Selbsteintritt) 404 1
  Befriedigungsrecht des Kommissionärs an Forderungen 399 1 ff
  Begriff, Vertragstypus 383 3, 5 ff
  Bemühungspflicht beim Selbsteintritt 400 42
  Benachrichtigung vom Selbsteintritt 400 44
  Benachrichtigung von der Zusendung beschädigten Gutes 388 8
  Benachrichtigungspflicht 384 27 ff
  Beschädigung/Verlust verwahrten Gutes 390 1 ff
  Besitzkonstitut, antizipiertes 383 88
  Bestimmtheitserfordernis 383 51
  Beweissicherung bei zugesandtem Gut 388 7
  Bindung des Kommissionärs 384 23
  Börsenpreis und Selbsteintritt 400 12 ff
  Börsentermineinwand 383 55, 55a
  Buch- oder Bargeldherausgabe 384 41
  Bürgschaftsähnliche Delkrederehaftung 394 2, 7, 10
  Deckungsgeschäft aus Anlaß der Kommission 401 9
  Deckungsgeschäft und Selbsteintritt 400 7, 37, 41, 46
  Deliktische Ansprüche 384 15
  Delkrederehaftung 394 1 ff 6; 400 61
  Delkredereprovision 394 11
  Dienst- oder Werkvertragsrecht 383 58 f; 384 18, 20 ff
  Dingliche Verhältnisse 383 85 ff; 400 66
  Dokumentenakkreditiv 383 47
  Dritter als Partner des Ausführungsgeschäfts 393 2
  Dritter und dessen Leistungsfähigkeit 396 8
  Drittmarktbezogenheit 383 4
  Drittschadensliquidation 383 73
  Durchführungspflichten und Provisionsanspruch (Synallagma) 396 13
  Durchgangserwerb 383 90
  Effektenkommission
    s. dort
  Eigengeschäft oder Kommissionsausführung 383 74 ff
  Eigenhandel des Kommissionärs 384 21a
  Eigenhandel, Vergleich 383 2
  Eigenhändlervertrag 383 12
  oder Eigenhändlervertrag 383 18
  Eigentumslage und Kommissionärspfandrecht 397 4
  Eigentumsvorbehalt 383 27
  Einkaufskommission 383 54a
    Abweichung von der Preissetzung 386 1 ff
    Dingliche Verhältnisse 383 87 ff
    Formbedürftigkeit 383 54a
    als Handelsgeschäft 391 1
    Kaufpreisanspruch und Aufwendungsersatz 400 52
    Konkurs des Kommittenten, des Kommissionärs 383 92, 93
    Pfandrecht am eigenen Kommissionsgut 398 1
    Selbsteintritt 404 1, 55
    Selbsthilfeverkauf, rechtswidriger 388 15
    Untersuchungs- und Rügeobliegenheit 391 1 ff
    Vorteilhaftere Bedingungen 387 7
  Eintrittserklärung beim Selbsteintritt 405 3
  Entgeltlichkeit 383 10
  Erfüllung beim Selbsteintritt 400 35, 40
  Erfüllung und Ausführung 396 9
  Erfüllungseinstehen aufgrund Delkrederehaftung 394 1 ff
  Erfüllungsgehilfenstellung des Kommittenten 383 72
  Erfüllungsort 383 63 f; 384 42
  Ermächtigung zur Verfügung 383 86
  Ermessensspielraum 383 75
  Export, Import 383 1
  Factoring 383 29, 32
  Filmverleihkommission 383 30
  Forderung im Verhältnis Kommissionär/Kommittent 392 13 ff
  Forderungen und Kommissionär-Befriedigungsrecht 399 1 ff
  Forderungseinziehung als Befriedigungsrecht 399 6
  Forderungseinzug 392 1
  Forderungsherausgabe an den Kommittenten 384 41; 392 11
  Forderungspfändung durch Kommissionsgläubiger 392 18

Kommissionsgeschäft (Forts.)
Forderungsrecht durch Kommissionärspfandrecht 397 4, 6 ff
Forderungsrecht, dem Kommittenten zugeordnetes 392 1 ff
Forderungsverkauf als Befriedigungsrecht 399 7
Form des Vertrages, des Ausführungsgeschäftes 383 54, 54a
Frachtführerrechte des Kommissionärs 388 6
Fremde Rechnung (Rechnung des Kommittenten) 392 4
Fremdnützigkeit 383 5, 17
Fremdrechnungshandeln 383 74 ff
Garantiecharkter der Delkrederehaftung 394 2, 7, 10
Gefahrtragung beim Selbsteintritt 400 36; 403 7
Gefälligkeit 383 4
Gegenseitiger Vertrag 384 57
Genehmigung weisungswidrigen Geschäfts 385 7
Gerichtsstand 383 66
Geschäftsbesorgung 383 14 f, 58, 72, 75; 396 24; 403 1
Geschäftsbesorgung (Selbsteintritt) 400 20
Geschäftskreisumfang 383 3
Gesellschaft 383 17, 31
Gestaltungsrechte 392 8
Getreidemüllerei 383 55
Gewerbsmäßigkeit 383 4
Gewinnbeteiligung 383 17
GmbH-Anteile 383 54a
GmbH-Verträge 383 31
Grundstückshandel 383 54a
Gut, beschäfigtes/mangelhaftes 388 1 ff
Gut, dem Verderb ausgeliefertes 388 11 ff
Haftung als Selbsthaftung 384 69 ff
Haftung des Kommissionärs als Delkrederehaftung 394 1 ff
Haftung für Rat, Empfehlung, Auskunft 384 6
Haftung für unterlassene Aufklärung, Beratung 384 9
Haftungsbeschränkungen für verwahrtes Gut 390 8 ff
Haftungsmaßstab (Sorgfalt eines ordentlichen Kaufmanns) 384 56
Handeln auf fremde Rechnung 383 5
Handeln auf Gefahr des Kommissionärs 393 7 f
Handeln für den, den es angeht 383 90
Handelsbrauch der Delkrederehaftung 394 4
als Handelsgeschäft 383 3
Handelsgeschäft, beiderseitiges bei der Einkaufskommission 391 1 ff

Handelsvertreter, Abgrenzung 383 7, 16
Handelsvertreter, Verlagerung 383 1
Herausgabe des Erlangten 384 35 ff
Herausgabe des Erlangten (Selbsteintritt) 400 49
Hilfsgeschäfte und Delkrederehaftung 394 6
Indizien 383 19 ff
Indossamant, Indossierungspflicht beim Wechselankauf 395 1 ff
Informationen, Erfahrungssätze 384 10
Informationsstand des Kommittenten 384 9
Inkasso-Kommission 383 32
Insiderwissen 384 14, 20 f
Interessen mehrerer Kommittenten 384 14
Interessenkonflikte 384 7
Interessenkonstellation bei Selbsteintritt 400 5 f
Interessenwahrungspflicht 383 14; 384 3, 7, 39; 388 1
Interessenwahrungspflicht (Selbsteintritt) 400 43
Kapitalmarktinteressen 383 11 f
Kartellrecht 383 54, 57
Kauf und Kommissionsgeschäft 406 1 ff
Kauf, Verkauf, Tausch 383 4
Kaufleute 383 3, 9
Kaufmännisches Zurückbehaltungsrecht/kommissionärsrechtliche Sicherung 397 1
Kaufrecht 383 14 f
Kaufrecht und Selbsteintritt 400 21 ff
Kennen, Kennenmüssen 383 70
Kommissionär 383 4
Kommissionär-Kommittent-Verhältnis 392 1 ff
Kommissionsagent
s. dort
Kommissionsgeschäft als Typus 400 2
Kommissionsgut und Kommissionärspfandrecht 397 3
Kommissionsgut und Selbsteintritt 400 1 ff
Kommissionsgut, eigenes des Kommissionärs und gesetzliches Pfandrecht 398 1 ff
Kommissionsklauseln 383 29
Kommissionsvertrag 383 42
Kommissionsvertrag und Provisionsanspruch 396 3
Kommissionsvertrag und Selbsteintritt 400 20; 403 1
Kommissionsvertrag, Bedingungen 384 14
Kommittent und Dritte als Schuldner 392 1 ff
Kommittent als Kaufmann 390 8c
Kommittent nicht Dritter 383 70
Kommittent, Zurechnung von Wissen, Wissen-müssen 383 70
Kommittentenrisiko 394 1

fette Zahl = §, magere Zahl = Rdn.   **Kom**

Kommissionsgeschäft (Forts.)
  Kommittentenstellung (Aufwendungsersatz, Risikoabnahme) 383 6
  Kommittentenstellung, verdinglichte 392 1
  Kommittentenwiderruf und Provisionsanspruch 396 4
  Kommittentenzurechnung der Ausführung 383 74
  Kommittentenzustimmung zur Vorschußgewährung 393 4
  Kommittent-Kommissionärsgläubiger-Verhältnis 392 17 ff
  Kompensation von Kommissionsaufträgen 400 4
  Konditionen 384 14
  Konditionsgeschäft 383 43
  Konkurs des Dritten 392 12
  Konkurs des Kommissionärs 383 93; 392 19
  Konkurs des Kommissionärs und dessen Forderungsbefriedigung 399 8
  Konkurs des Kommittenten 383 91 f
  Konsignationsgeschäft 383 44
  Kosten des Selbsteintritts 403 5
  Kreditgewährung durch den Kommissionär, unbefugte 393 1 ff
  Kündigung des Kommissionsvertrages 396 14
  Kündigung des Kommissionsvertrages und Aufwendungsersatzanspruch 396 25 ff
  Kündigung durch den Komittenten 383 82
  Kündigung durch den Kommissionär 383 83
  Lagerräume, Beförderungsmittel des Kommissionärs 396 30
  Leistungspflicht und Delkrederehaftung 394 6
  Leistungsrückstände und Provisionsanspruch 396 10
  Leistungsstörungen 383 72
  Leistungsverweigerungsrecht und Forderungsbefriedigungsrecht 399 5
  Leistungsverzögerung und Provisionsanspruch 396 12
  Leistungsgefahr beim Selbsteintritt 400 36
  Makler, Abgrenzung 383 7
  Mängel des zugesandten Gutes 388 1 ff
  Marktpreis und Selbsteintritt 400 12 ff
  Marktstellung und Risikoverteilung 383 18
  Mehrheit von Kommittenten/Geschäftszuordnung 383 75
  Meistbegünstigungsklausel beim Selbsteintritt 401 1 ff
  Mittlerfunktion, verdrängte 383 1
  Mitwirkungshandlungen des Kommittenten 389 2
  Namhaftmachung des Dritten, unterbliebene 384 71
  Nebengeschäfte und Delkrederehaftung 394 6
  Nebengeschäfte, Forderungen 392 7

  Nebenpflichten 383 64
  Nichtigkeit 383 55; 390 3
  Ortsgebrauch (Auslieferungsprovision) 396 17
  Pfandrecht am eigenen Kommissionsgut 398 1 ff
  Pfandrecht am Kommissionsgut (Selbsteintritt) 404 1
  Pfandrecht des Kommissionärs 397 1 ff
  Pflichten 383 60 f
  Preis- und Konditionenvorgaben 383 57
  Preisberechnung und Meistbegünstigung 401 1 ff
  Preisberechnung und Selbsteintritt 400 22 ff
  Preisgefahr 396 8
  Preisgefahr beim Selbsteintritt 400 36; 403 3
  Preissetzung, abweichende 386 1 ff
  Preisvereinbarung und Vertragszuordnung 383 20
  Provisionsanspruch
    Delkredereprovision 394 11
    Gefahrtragungsregel 396 1
    Selbsteintritt 403 1 ff
  Qualitätsunterschiede, Quantitätsunterschiede 386 15
  Ratenkauf und Provisionsanspruch 396 10
  Rechenschaft 384 47 ff
  Rechenschaft über den Selbsteintritt 400 45 ff
  Rechnungslegung 384 49
  Rechtfertigung des Geschäftsbesorgerverhaltens 384 50
  Rembourskredite, Vermittlung 383 47
  Risikobelastung 383 15, 18
  Risikostruktur 383 11, 62
  Risikoverteilung und Vertragszuordnung 383 18
  Rücktritt 383 84; 384 60
  Rücktrittsrecht und Provisionsanspruch 396 7
  Rücktrittsrecht und Selbsteintritt 400 57
  Schäden des Kommissionärs (Aufwendungsersatz) 396 33
  Schadensabwälzung durch den Kommissionär 396 33
  Schadensersatzanspruch 384 44, 60; 385 3, 12; 388 10; 389 3; 390 1 ff; 391 6; 394 6
    statt Ausführung des Geschäfts 396 5
    Ausführungsgeschäft und Ansprüche des Dritten 383 72
    Auskunft, fehlerhafte/unterlassene Auskunft, Beratung 384 16
    und Aufwendungsersatz, Abgrenzung 396 34
    Drittschadensliquidation bei Haftung des Dritten 383 73
    Herausgabe des Erlangten an den Kommittenten 383 76

Kommissionsgeschäft (Forts.)
Rechtswahrungspflicht bei Mängel des zugesandten Gutes 388 10
Rügeobliegenheit 391 6
Unmöglichkeit der Ausführung der Kommission 384 62 ff
Unmöglichkeit der Kommission 384 59 ff
Verlust/Beschädigung des Gutes 390 1 ff
Verzug 384 65 ff
Weisungen des Kommittenten, nicht befolgte 385 1 ff
Schifferrechte des Kommissionärs 388 6
Schuldbefreiungsanspruch, Abtretung 383 72
Schutzfunktion 383 12
Schweigen auf ein Angebot 383 52
Selbständigkeit des Kommissionärs 383 4
Selbsteintritt
  als anerkannte Variante 383 3
  als Ausführung 400 19
  Ausdrücklichkeit 400 19
  Ausführung durch Geschäft mit einem Dritten 400 18
  Ausführungsanzeige 405 16 ff
  Ausführungsanzeige ohne Selbsteintrittshinweis 405 1 ff
  Ausführungsanzeige und Preisberechnung 400 8
  Ausführungsanzeige, Verlust 400 26
  und Deckungsgeschäft 383 77; 400 37
  Delkrederehaftung, Wegfall 394 2
  Eigengeschäft/Fremdhandlungswille 383 77
  Eigentumserwerb 383 86
  Erffüllung 400 40
  Erfüllungsort 383 64
  Erklärung 400 19
  Erklärung des Eintritts 405 3
  Formeller Selbsteintritt 400 3
  Formfrage 383 54a
  Gefahren 400 7
  Gefahrtragung 400 36; 403 7
  Gesetzliche Verbote 400 16
  Gewährleistung 400 38
  Günstigere Preise, Konditionen 401 1 ff
  Interessenlage 400 5 ff
  und Kaufrechtsgeltung 400 21 ff
  Kommissionsrecht, vorrangige Geltung 400 41 ff
  Kompensation von Aufträgen 400 4
  Konkurs des Kommittenten, des Kommissionärs 383 92 f
  Kostenberechnung 403 5 ff
  Lieferzeit, Erfüllungsort 400 35
  Markt- bzw. Börsenpreis 400 14
  Meistbegünstigungsklausel 400 1 ff
  Preisberechnung 400 22 ff
  Provision 403 1 ff
  Selbsthaftung 384 74
  Sicherungsrechte des Kommissionärs 404 1 f
  Typen in wirtschaftlicher Sicht 400 2 ff
  Umgestaltung der Kommission 400 20
  Verlust/Beschädigung des Gutes 390 1
  Verpflichtung 400 69
  Widerruf der Order/des Selbsteintritts 405 14 ff
  Wirksamwerden 400 19
  Zulässigkeit 383 3
  Zwingendes Recht 402 1 ff
Selbsthaftung des Kommissionärs 384 69 ff
Selbsthilfeverkauf bei unterbliebener Kommittentenverfügung 389 3
Selbsthilfeverkauf verderblichen Gutes 388 11 ff
Sicherheiten 392 8
Sicherung des Kommissionärs 397 1
Sicherung des Kommissionärs (Selbsteintritt) 404 1
Sicherungsübereignung 383 45
Speditionsgeschäft, Anwendung der Regeln des – 407–409 53
Spiel- und Differenzeinwand 383 56
Stellvertretung, vergleichbare Rechtsfiguren 383 70
Steuerrechtliche Überlegungen 383 2
Strafrecht 383 95
Sukzessivlieferungsvertrag und Provisionsanspruch 396 10
Teilleistungen des Dritten und Provisionsanspruch 396 10
Termingeschäfte 383 55
Tod des Kommissionärs, des Kommittenten 383 79 f
Treue- und Interessenwahrungspflicht 384 3
Treugebundenes Handeln 383 75
Typus Kommissionsgeschäft 400 2
Übertragbarkeit der Forderung 392 10
Umgehung durch die Ausführung 383 71
Unerlaubte Handlung des Kommittenten 383 72
Unmöglichkeit 383 81
Unmöglichkeit der Ausführung, der Durchführung der Ausführung 384 59 ff
Unmöglichkeit der Gutsherausgabe und Verlust des Provisionsanspruchs 396 13
Untergang des Gutes 396 18
Unterkommissionär 384 19
Untersuchungs- und Rügeobliegenheit bei der Einkaufskommission 391 1 ff
Untreue 383 95
Venire contra factum proprium 396 4
Verantwortung des Kommissionärs 390 7

fette Zahl = §, magere Zahl = Rdn. **Kon**

Kommissionsgeschäft (Forts.)
  Verbindlichkeiten, mit Rücksicht auf das Gut eingegangene 397 11
  Verbindlichkeitenumfang bei der Delkrederehaftung 394 7 f
  Verdinglichung der Kommittentenrechtsstellung 392 1
  Verfügungen als Nichtberechtigter 384 46
  Verfügungs- und Sukzessionsschutz für den Kommittenten 392 15
  Verfügungsermächtigung 383 86
  Verfügungsverpflichtung des Kommissionärs 389 2
  Vergleich 383 94
  Verjährung 384 45
  Verjährung beim Selbsteintritt 400 40a
  Verjährung der Provisionsforderung 396 22
  Verjährung des Aufwendungsersatzanspruchs 396 37
  Verkaufskommission
    Abweichung von der Preissetzung 386 1 ff
    Dingliche Verhältnisse 383 86
    Grundstücke, GmbH-Anteile (Formfrage) 383 54a
    Kreditverkauf, unbefugter 393 8
    Selbsteintritt 400 55, 57; 403 5; 404 1
    Selbsthilfeverkauf, rechtswidriger 388 15
    Tod des Kommittenten, des Kommissionärs 383 92 f
    Vorteilhaftere Bedingungen 387 7
    Zuordnung 383 74
  Verkaussyndikate, Verkausgemeinschaften 383 31
  Verkehrssitte 383 49
  Verlust/Beschädigung verwahrten Gutes 390 1 ff
  Vermutung des Geschäfts auf fremde Rechnung 383 76
  Versicherung auf fremde Rechnung 383 48
  Versicherung des Gutes 390 9 f
  Versteigerung 383 49
  Vertrag zu Lasten Dritter (erweiterte Delkrederehaftung) 394 8
  Vertragshändler 383 1, 50
  Vertragstypen und Kommissionsgeschäfte 406 2
  Vertragstypus 383 3, 5 ff, 18
  Vertragstypus-Abwandlungen 383 3
  Vertragtypus, Typenübergänge 383 13
  Vertrauensgeschäft 384 3
  Vertrauensgrundlage 383 19
  als Vertretung 383 70
  Verwahrung durch den Kommissionär 390 4
  Verzug 384 65 ff
  Vorausabtretung an den Kommittenten 392 11
  Vorschußgewährung durch den Kommissionär, unbefugte 393 1 ff
  Vorschußverlangen 396 38
  Vorteilhaftere Bedingungen 387 1 ff
  Vorteilsherausgabe 384 38
  Vorvertragliches Stadium 384 4, 6
  Wandelung und Provisionsanspruch 396 10, 12
  Wandelung und Selbsteintritt 400 57
  Waren, Wertpapiere und Selbsteintritt 400 11
  Warenkommissionär 383 1, 11
  Wechselankauf (Indossierungspflicht des Kommissionärs) 395 1 ff
  Wechselnde Vertragspartner 383 8
  Weisungen 384 22 f
  Weisungen bei verderblichem Gut 388 12
  Weisungen und Selbsteintritt 400 33
  Weisungen, Nichtbefolgung 385 1 ff
  Weisungsabweichung, berechtigte 385 13 f
  Weisungsverstoß und Selbsteintritt 400 53
  Werk- oder Dienstvertrag 383 58 f; 384 18
  Werklieferungsvertrag 383 4
  Wettbewerbsverbote 383 57a; 384 20 ff, 40
  Widerruf des Kommissionsvertrages und Provisionsanspruch 396 4
  Willenstheorie 383 74
  Wirtschaftliche Bedeutung 383 3
  Wirtschaftliche Kräfteverhältnisse 383 17
  Wissenszurechnung, Wissenmüssen 383 70
  Zugesandtes Gut, beschädigtes/mangelhaftes 388 1 ff
  Zuordnung des Ausführungsgeschäfts 383 74
  Zurückbehaltungsrecht 384 68
  Zurückbehaltungsrecht des Dritten gegen Kommissionär 392 20
  Zurückweisung der Ausführung (Selbsteintritt) 400 48, 51
  Zurückweisungsrecht des Kommittenten 385 2, 11; 386 5 ff
  Zwangsvollstreckung gegen Kommissionär 392 18
  Zweckstörung 383 81
Kommissionsverlag
  Kommissionsgeschäft 383 42
Kompensation
  von Kommissionsaufträgen als Selbsteintritt 400 4
Konditionsgeschäfte
  und Kommissionsgeschäft 383 1, 43
Konkurs
  Kommissionsgeschäft 383 91 ff; 399 8
  Kommittent/Gläubiger des Kommissionärs-Verhältnis 392 19
  Speditionsgeschäft (Spediteur) 407–409 85
  Speditionsgeschäft (Versender) 407–409 84

Konnexität
Pfandrecht des Spediteurs 410 21
Konnossemente
Speditionsgeschäft 407–409 135
Konsensualvertrag
Lagervertrag 416 20
Konsignationsgeschäft
und Kommissionsgeschäft 383 44
Kontrahierungszwang
Kommissionsgeschäft 383 53
Kontrollpflicht
Lagerhalterverpflichtung 416 29 ff
Kontrollrecht
Lagergeschäft 418 1 ff
Kosten
und Aufwendungsersatz (Speditionsgeschäft) 407–409 220 ff
Lagerkosten 420 2 ff
Kraftfahrzeuge
Sammelgutverkehr 412, 413 130
Kraftwagenspediteur 407–409 3
Kranarbeiten
ADSp-Anwendung bei ausschließlicher Tätigkeit von – Anh. I 415 § 2 ADSp 23
Kreditgewährung
Unbefugte Gewährung an den Dritten 393 1 ff
Kühlung
Speditionsgut 407–409 108
Kündigung
Dienstvertrag, Werkvertrag 383 58
Kommissionsagentur 383 35
Kommissionsgeschäft 383 82 f; 396 14, 26
Künftige Forderungen
Pfandrecht des Spediteurs 410 20
KVO
und ADSp-Anwendung Anh. I 415 25 f
und ADSp-Anwendung (Aufrechnungsbeschränkungen) Anh. I 415 § 32 ADSp 12
Frachtvertrag oder Speditionsvertrag, Bedeutung der Feststellung 412, 413 62
Gesamtbetrachtung bei zusammengesetzten Beförderungsvorgängen 412, 413 45
Möbeltransport Anh. I 415 § 2 ADSp 15
Nahverkehrsvorlauf 412, 413 48
Speditionsgeschäft 412, 413 21 ff
Speditionsgeschäft und Verweisung auf – 412, 413 9
Speditionsübernahmebescheinigung 407–409 137
und Speditionsversicherung Anh. I 415 § 41 ADSp 20
und Speditionsversicherung Anh. II 415 § 5 SVS/RVS 11
Transport-Haftpflichtversicherung Anh. I 415 § 39 ADSp 10

Ladeschein
Speditionsgeschäft 407–409 135
Lagerempfangsschein
Bestätigung der Empfangnahme 424 5
Rechtsnatur, Beweiskraft 424 22
Rückgabe, Session, Verpfändung Anh. III 424 § 48 ADSp 50 ff
Lagergeschäft
s. auch Orderlagerschein
ADSp
s. Speditionsgeschäft (ADSp)
ADSp-Lagerungsregelungen Anh. III 424 § 43 ADSp 1 ff
Änderung vereinbarter Aufbewahrungsart 416 42
Anfechtung wegen Gefährlichkeit des Gutes 416 37
Anzeige des Einlagerers von der Gefahrenlage 416 62
Anzeigepflicht aufgrund allgemeiner Schutzpflicht 416 34
Art der Lagerung 416 25
Aufbewahrung und Lagerung 416 6 f, 22 ff
Aufklärung zur Lagerungsart 416 25
Aufwendungsersatz 420 3 ff
Aufwendungsersatz bei berechtigter Abweichung von Vereinbarungen 416 43
Auskunftsanspruch des Einlagerers 418 5
Auslieferung bei Sammellagerung 419 16 ff
Benachrichtungspflicht bei Gutsbeschädigung 417 6
Beschädigung des Gutes, Einlagereransprüche 423 5
Beschädigung und Lagerhalterhaftung 417 7 ff
Beschaffenheit des Gutes/Einlagererverantwortlichkeit 416 60 ff
Beschlagnahme des Gutes 417 10
Besichtigungsrecht des Einlagerers 418 2
Besichtigungsrecht des Einlagerers (ADSp) Anh. III 424 § 43 ADSp
Besitzlage bei der Sammeleinlagerung 419 9
Besitzmittlungsverhältnis zum Erwerber 416 46
Besitzverhältnisse 412 32a; 416 76
Besitzverschaffung 416 35 ff
Besitzverschaffung (Gewahrsamserlangung) 417 2
Betretensrecht des Einlagerers Anh. III 424 § 44 ADSp 23 ff
Betretensrecht des Einlagerers (ADSp) Anh. III 424 § 44 ADSp
Bewachung und Sicherung (ADSp) Anh. III 424 § 43 ADSp
Bewachungspflicht 416 30

fette Zahl = §, magere Zahl = Rdn.   Lag

Lagergeschäft (Forts.)
　Beweissicherungspflicht bei Gutsbeschädigung 417 6
　Brandfall 416 30
　Bremer Lagerhaus-Gesellschaft, Betriebsordnung **Anh. VI 424** §§ 1–97 Brem Lag H
　Culpa in contrahendo (Schutzpflichten vor Vertragsabschluß) 416 15 ff
　Culpa in eligendo **Anh. III 424** § 43 ADSp 13
　Depotgeschäfte 416 4
　Dingliche Lage bei der Sammellagerung 419 8
　Dritt-AGB **Anh. III 424** § 43 ADSp 8
　Drittansprüche auf Rückgabe 416 47
　Dritteinlagerung **Anh. III 424** § 43 ADSp 3
　Dritteinlagerung (ADSp) **Anh. III 424** § 43 ADSp
　Dritteinlagerung kraft besonderer Vereinbarung 416 32a
　Dritteinlagerung, Sicherung und Bewachung der Lagerräume **Anh. III 424** § 43 ADSp 11
　Dritteinlagerung, unberechtigte 416 32b
　Drittinteresse an der Lagerung 416 45
　Drittschadensliquidation 417 11a
　Eigentum des Lagerhalters (Ausnahmen) 416 11
　Eigentümeransprüche gegen den Lagerhalter 423 3 ff
　Eigentumswechsel und Rückgabepflicht 416 46
　Einlagerer und Leistungsstörungen 416 68 ff
　Einlagerer und Schadenverhütungspflicht 416 60 ff
　Einlagerer-Ansprüche gegen den Lagerhalter 423 3 ff
　Einlagererhaftung nach Betreten des Lagers **Anh. III 424** § 46 ADSp 32 ff
　Einlagerer-Handlungen mit dem Gut (Möbeltransport) **Anh. IV 424** § 7 ALB
　Einlagerer-Lagerhalter-Rechtsbeziehungen bei Sammellagerung 419 15 ff
　Einlagererrechte 418 1 ff
　Einlagerer-Rechtsbeziehungen bei der Sammeleinlagerung 419 8 ff
　Einlagerer-Rücknahmepflicht 422 1 ff
　Einlagerer-Verfügungsberechtigung und Pfandrechtsentstehung 421 7
　Einwendungen gegen den Rückgabeanspruch 416 52
　Entnahme von Proben durch den Einlagerer 416 3
　Erhaltungsmaßnahmen durch den Einlagerer 418 4
　Ermächtigungen zur Herausgabe an Dritte 416 45
　Ermessensspielraum, fehlender 416 19
　Erschwerung der Verwahrung 416 68
　Formfreier Vertragsabschluß 416 18
　Frachtführergeschäft, Abgrenzung 416 9
　oder Frachtvertrag 416 33
　Gefährdung des Lagergutes anderer Einlagerer **Anh. III 424** § 47 ADSp 42 ff
　Gefahren, vorhersehbare/zumutbarer Aufwand 416 27
　Gefahrenanzeige durch den Einlagerer 416 62
　Gefährliche Eigenschaften des Gutes 416 36
　Gefahrtragung bei Leistungsstörungen 416 70 f
　Gemischter Vertrag 416 9
　Gerichtsvollzieher, Einlage gepfändeter Ware 416 18
　Gerichtsvollzieher, Herausgabeverlangen 416 47
　Geschäftsbesorgung, Abgrenzung 416 19, 39; 417 2
　Gestattung der Sammellagerung 419 1 ff
　Güter (bewegliche Sachen außer Geld/Wertpapieren) 416 11
　Haftung des Lagerhalters für Verlust/Beschädigung 417 7 ff
　Hamburger Lagerungsbedingungen **Anh. V 424** §§ 1–28 Hmbg Lag Bed
　Handlungen des Einlagerers mit dem Gut (ADSp) **Anh. III 424** § 45 ADSp
　Hauptpflicht der Lagerung 416 9
　Hoheitliches Handeln 416 13
　Informationspflichten (ADSp) **Anh. III 424** § 43 ADSp
　Informationspflichten zum Lagerort **Anh. III 424** § 43 ADSp 7
　Inhaberlagerschein 424 3, 23, **Anh. III 424** § 48 ADSp 58
　Inhaberlagerschein (ADSp) **Anh. III 424** § 48 ADSp
　Kaltlagerung, Allgemeine Bedingungen **Anh. VII 424** Ziff 1–22 Kaltlag Bed
　Kommission, uneigentliche 416 7
　oder Kommissionsgeschäft 416 33
　Kommissionsgeschäft, Abgrenzung 416 9, 19
　Konsensualvertrag 416 2, 20, 35
　Kontrahierungszwang bei Marktbeherrschung 416 17
　Kontrolltätigkeit 416 29
　Kündigung des Lagervertrags (Möbeltransport) **Anh. IV 424** § 11 ALB
　Kündigungsrecht des Lagerhalters **Anh. III 424** § 47 ADSp 37 ff
　Kündigungsrecht des Lagerhalters (ADSp) **Anh. III 424** § 47 ADSp
　Kurzfristige Verpflichtung 416 7
　Lagerempfangsschein 424 5, 22; **Anh. III 424** § 48 ADSp 49 ff

Lagergeschäft (Forts.)
Lagerempfangsschein (ADSp) **Anh. III 424 § 48 ADSp**
Lagergeld und unbare Aufwendungen **420 18**
Lagergeldanspruch (Möbeltransport) **Anh. IV 424 § 12 ALB**
Lagerhalter
  Leistungsstörungen **416 68 ff**
  Nutzungsbefugnis, fehlende **416 44**
  Pflichten **416 22 ff; 417 2 ff**
  Rückgabeverpflichtung **416 45 ff**
  Schutzpflicht, allgemeine **416 34**
  Typus **416 5**
Lagerhalterbezogene Rechte/Pflichten **416 1**
Lagerkosten bei Pfandrechtsausübung **420 16**
Lagerkosten bei verspäteter Rücknahme **420 15**
Lagerkosten und Vertragsstörungen **420 6**
Lagerkostenanspruch **420 1 ff**
Lagermöglichkeiten, mehrere **416 26**
Lagerort, Wahl **Anh. III 424 § 43 ADSp 2 ff**
Lagerräume, Lagerungsvorrichtungen **416 26**
Lagerscheinarten **424 1 ff**
Lagerung (ADSp) **Anh. III 424 § 43 ADSp**
Lagerung und Aufbewahrung **416 6, 24 ff**
Leistungsgefahr/Preisgefahr bei unmöglicher Verwahrung **416 70 f**
Leistungsstörungen **416 68 ff**
Lieferschein und Freistellungserklärung **424 6**
Mängel des Gutes und Lagerhalterpflichten **416 3**
Miete, Abgrenzung **416 8**
Minderung des Gutes, Einlageeransprüche **423 5**
Miteigentumsanteil aufgrund Sammellagerung **419 10 ff**
Möbellagerung **Anh. I 415 § 2 ADSp 20**
Möbellagerung (ALB) **Anh. IV 424 §§ 1 ff ALB**
Möbeltransport (Allgemeine Lagerbedingungen) **Anh. IV 424 §§ 1–20 ALB**
Namenslagerschein **424 4, 26 ff; Anh. III 424 § 48 ADSp 54 f**
Namenslagerschein (ADSp) **Anh III 424 § 48 ADSp**
Nebengeschäft **416 9**
Nebenpflicht **416 7**
Nutzungsbefugnis, fehlende **416 44**
Obliegenheit des Einlagerers **Anh. III 424 § 45 ADSp 27 ff**
Orderlagerscheine
  s. dort
Ort der Erfüllung des Lagergeldanspruchs **420 19**
Ort der Lagerhalterverpflichtungen **416 75**
Ort der Lagerung **416 32 ff**

Ort der Lagerung (ADSp) **Anh. III 424 § 43 ADSp**
Ort der Rückgabe **416 51**
Pfandrecht bei Dritteinlagerung **Anh. III 424 § 43 ADSp 9**
Pfandrecht des Lagerhalters **416 52; 421 1 ff**
Pfandrechtserlöschen **421 11**
Pfandrechtsverwertung **421 10**
Proben, Entnahmen durch den Einlagerer **Anh. III 424 § 45 ADSp 27 ff**
Rechtswahrungspflicht bei Gutsbeschädigung **417 6**
Rückgabeanspruch **416 45 ff**
Rücknahmepflicht des Einlagerers **422 1 ff**
Sammellagerung (Lagerung vertretbarer Sachen) **419 1 ff**
Schadenabwendungspflicht **416 42**
Schadensersatzansprüche
  Dritteinlagerung ohne besondere Vereinbarung **416 32b**
  Einlagererhaftung aufgrund Lagerbetretens **Anh. III 424 § 46 ADSp 32 ff**
  Einlagererverpflichtung bei Überschreitung seiner Befugnisse **418 9**
  Einlagererverpflichtung für Betreten des Lagers (ADSp) **Anh. III 424 § 46 ADSp**
  Einlagererverpflichtung wegen Gutsbeschaffenheit **416 60 ff**
  Einlagererverpflichtung wegen unterlassener Rücknahme **422 7**
  Lagerhalterverpflichtung bei Verlust/Beschädigung des Gutes **417 11 ff**
  Lagerhalterverpflichtung wegen unberechtigter Sammellagerung **419 7**
  Lagerhalterverpflichtung wegen verletzte Kardinalpflichten **416 8**
  Schutzpflichtenverletzung vor Vertragsabschluß **416 16**
Schadensverhütung durch den Einlagerer **416 60 ff**
Schlechterfüllung durch den Lagerhalter **416 74**
Schlechterfüllung und Aufwendungsersatzanspruch **420 12**
Schlechterfüllung und Lagerkosten **420 7**
Schutz- und Erhaltungsmaßnahmen **416 30**
Schutzpflichten und Anzeigepflicht **416 34**
Schutzpflichten vor Vertragsabschluß **416 15 ff; 418 10**
Schweigen auf ein Angebot **416 19**
Selbsthilfeverkauf als Lagerhalterrecht **417 18**
Sicherung und Bewachung (ADSp) **Anh. III 424 § 43 ADSp**
Sicherung/Bewachung eigener, gemieteter Lagerräume **Anh. III 424 § 43 ADSp 12 f**

Lagergeschäft (Forts.)
 Sicherungsübereignung 416 11
 oder Speditionsgeschäft 416 33
 Speditionsgeschäft, Abgrenzung 416 9
 Speditionsversicherung (Verkehrsverträge) **Anh. II 415** § 2 SVS/RVS 4
 Subunternehmer 416 32a
 Typisierte Geschäftsabwicklung 416 27
 Umlagerung 416 32e
 Unerlaubte Handlung des Lagerhalters 416 16; 417 13
 UNIDROIT-Entwurf zur Haftung von internationalen Lagerhaltern 416 4a
 Unmöglichkeit der Rückgabe 416 53
 Unmöglichkeit der Verwahrung 416 70 f
 Unmöglichkeit und Aufwendungsersatzanspruch 420 13
 Unregelmäßige Lagerung 419 21
 Untersuchungspflicht, nicht bestehende 416 63
 Veränderungen am Gut 417 17
 Verjährung der Einlagereransprüche 423 1 ff
 Verjährung des Lagergeldanspruchs 420 19
 Verkehrsüblichkeit zumutbaren Aufwandes 416 27
 Verlorengegangenes Gut 417 17
 Verlust des Gutes, Einlagereransprüche 423 6
 Verlust und Lagerhalterhaftung 417 7 ff
 Vermischung (Sammellagerung vertretbarer Sachen) 419 1 ff
 Verpackung 416 27
 Verschlechterung der Lagerbedingungen 416 29
 Versicherung des Gutes 417 16
 Verspätete Gutsablieferung, Einlagereransprüche 423 5
 Vertrag zugunsten Dritter 416 45
 Vertragsabschluß 416 18 ff
 Vertragsabschluß (Übernahme) 416 13
 Vertragspartner als jedermann 416 21
 Verwahrungsvertrag, besonderer 416 22
 als Verwahrungsvertrag, besonderer 416 2
 Verzug des Einlagerers (Gläubigerverzug) 416 73; 422 7
 Verzug des Einlagerers (Gläubigerverzug) und Lagerkostenanspruch 420 11
 Verzug mit der Rückgabe 416 53
 Verzug mit der Verwahrung 416 72
 Vorschuß 420 18a
 Vorzeitige Rücknahme des Gutes und Lagerkostenanspruch 420 9
 Weisungen zur Lagerung 416 39
 Weisungsabweichung 416 42
 Wertpapiere 416 11
 Zeitpunkt der Rückgabe 416 49
 Zerstörung des Gutes 417 17
 Zurückbehaltungsrecht 423 9

Lagerhalter
 Gewerbsmäßigkeit 416 12
Lagerschein
 Arten 424 1
 Inhaberlagerschein 424 3
 und Lagerhalter-Pfandrecht 421 11
 Orderlagerscheine s. dort
 Speditionsgeschäft 407–409 135
Lagerung
 Speditionsgeschäft 407–409 102 ff, 224
Lagerversicherung
 und Spediteurshaftung **Anh. I 415** § 37 ADSp 1 ff
 Spediteursverpflichtung 407–409 44; **Anh. I 415** § 35 ADSp 1 ff
 und Speditionsversicherung, Verhältnis **Anh. I 415** § 39 ADSp 7 ff
Landfrachtrecht
 Speditionsrecht und Verweisung auf das – 412, 413 8
Leistungsgefahr
 Kommissionsgeschäft (Selbsteintritt) 400 36
 Lagergeschäft 416 70
Leistungsstörungen
 Ausführung der Kommission 383 72
 Lagergeschäft 416 68 ff
Leistungsvereinbarungen
 Speditionsgeschäft **Anh. I 415** § 20 ADSp 1
Leistungsverweigerungsrecht
 des Kommissionärs 399 5
Lieferschein
 und Freistellungserklärung 424 6
Lohnfuhrvertrag 407–409 15
Luftfrachtbriefe
 Speditionsgeschäft 407–409 135
Luftfrachtrecht
 ADSp-Anwendung **Anh I 415** § 2 ADSp 30
 ADSp-Anwendung (Aufrechnungsbeschränkungen) **Anh. I 415** § 32 ADSp 14
 Speditionsgeschäft und Verweisung auf das 412, 413 12
 Transport-Haftpflichtversicherung **Anh. I 415** § 39 ADSp 15

Maklervertrag
 und Kommissionär, Abgrenzung 383 7
 und Speditionsgeschäft, Abgrenzung 407–409 23
Mängel
 Kommissionsgeschäft und zugesandtes Gut 388 1 ff
 Lagergut 417 3
Mängelrüge
 Speditionsgut 407–409 141 f

Markt
Selbsteintritt des Kommissionärs (Ausführungsplatz) 400 12 f
Marktpreis
und Selbsteintritt bei der Kommission 400 14
Mietvertrag
und Speditionsgeschäft 407–409 15
Minderung
Lagergut 423 4
Speditionsgeschäft 414 6
Miteigentum
Sammellagerung 419 8
Mitverschulden
Lagergeschäft 416 63; 417 14a
Speditionsgeschäft 407–409 193
Möbellagerung
Allgemeine Lagerbedingungen 416 4; Anh. IV 424 §§ 1 ff ALB
Rechtsgrundlage, ADSp-Anwendung Anh. I 415 § 2 ADSp 20, 22
Möbeltransport
ADSp-Geltung Anh. I 415 § 2 ADSp 21
als Frachtführertätigkeit 407–409 12
Gesetzliche Grundlagen Anh. I 415 § 2 ADSp 13 ff
Speditionsgeschäft und Verweisung auf den Umzugstarif 412, 413 9
Transport-Haftpflichtversicherung Anh. I 415 § 39 ADSp 11
Montagearbeiten
ADSp-Anwendung bei ausschließlicher Tätigkeit von – Anh. I 415 § 2 ADSp 23
Multimodaler Transport
ADSp-Anwendung Anh. I 415 § 2 ADSp 33
Frachtrechtsverweisung 412, 413 15
Network-System 412, 413 15
Schwerpunktlehre 412, 413 51 ff
Spediteurpapiere, Ausstellung besonderer 407–409 136
Mündliche Erklärungen
Speditionsgeschäft, Beweislastregelung Anh. I 415 1 ff

Nachmann
Speditionsgeschäft 411 3
Nachnahme
Speditionsgeschäft 407–409 128 ff, 223
und Speditionsversicherung Anh. II 415 § 2 SVS/RVS 6
Namenslagerschein
Rechtsnatur, Gegenstand 424 4
Rechtsnatur, Wirkungen 424 26 ff; Anh. III 424 § 48 ADSp 54 f
Namhaftmachung
und Selbsthaftung des Kommissionärs 384 69 ff

Nebenpflichten
Erfüllungsort 383 64
Fixkostenspedition 412, 413 124
Speditionsgeschäft 407–409 101 ff
Network-System
Multimodaler Transport 412, 413 15
Nichtigkeit
Kommissionsgeschäft 383 54a, 55
Speditionsvertrag 407–409 213
Nichtkaufmann
und ADSp-Anwendung Anh. I 415 § 2 ADSp 7
Lagervertrag 416 21

Obhut
Speditionsgut 407–409 152, 179
Obhutszeit
Speditionsgut 407–409 152, 179
Orderlagerschein
Abzüge für Gewichtsverlust Anh. I 424 § 32 OLSchVO 1, 2; Anh. II 424 § 60 LagerO 107
Antrag auf Ermächtigungserteilung zur Ausstellung Anh. I 424 § 2 OLSchVO 1
Anzeigepflicht des Lagerhalters Anh. I 424 § 18 OLSchVO 1 f; Anh. II 424 § 27 LagerO 50
Anzuwendendes Recht Anh. II 424 § 55 LagerO 102
Ausfertigung einer Mehrheit 424 17
Auskunftserteilung Anh. II 424 § 40 LagerO 71
Auslieferung aus dem Gesamtvorrat Anh. I 424 § 31 OLSchVO 1; Anh. II 424 § 59 LagerO 106
Auslieferung, Annahme des Lagergutes Anh. I 424 § 26 OLSchVO 1, 2; Anh. II 424 § 53 LagerO 96 ff
Ausstellung des Lagerscheins Anh. II 424 § 61 LagerO 108
Ausstellung des Lagerscheins Anh. I 424 § 33 OLSchVO 1
Befristung Anh. I 424 § 35 OLSchVO 1; Anh. II 424 § 63 LagerO 110
Beschlagnahme Anh. II 424 § 10 Lager O 22
Besichtigung usw. des Lagergutes Anh. I 424 § 17 OLSchVO 1 f; Anh. II 424 § 25 LagerO 48
Bezeichnung des Lagerscheines Anh. I 424 § 36 OLSchVO 1; Anh. II 424 § 64 LagerO 111
Dauer der Lagerung, Kündigung Anh. I 424 § 24 OLSchVO 1
Dauer der Lagerung, Rücktritt Anh. II 424 §§ 50, 52 LagerO 90 ff
Empfang des Lagergutes Anh. I 424 § 16 OLSchVO 1

fette Zahl = §, magere Zahl = Rdn.　　　　　　　　　Pre

Orderlagerschein (Forts.)
　Erfüllungsort **Anh. II 424** § 55 LagerO 102
　Ermächtigung zur Ausstellung **Anh. I 424** § 1 OLSchVO 1
　Ermächtigungsinhalt **Anh. II 424** § 5 OLSchVO 1 f
　Ermächtigungsurkunde **Anh. I 424** § 6 OLSchVO 1
　Feuerschäden **Anh. II 424** § 30 LagerO 55
　Feuerversicherung **Anh. I 424** § 20 OLSchVO
　Form **Anh. I 424** § 39 OLSchVO 1; **Anh. II 424** § 66 LagerO 113
　Funktionen **424** 7
　Gerichtsstand **Anh. II 424** § 55 LagerO 102
　Gesetzliche Berufsvertretungen **Anh. I 424** § 4 OLSchVO 1
　Gutgläubiger Erwerb vom Nichtberechtigten **424** 14
　Haftung des Lagerhalters **Anh. II 424** § 11 ff LagerO
　Haftung des Lagerhalters für Lagerscheinangaben **Anh. II 424** § 67 LagerO
　Haftung für Inhaltsangaben **Anh. I 424** § 40 OLSchVO 1 ff
　Haftung für Verlust/Beschädigung **Anh. I 424** OLSchVO 1 f
　Indossierung **Anh. II 424** § 31 LagerO 56
　Inhalt des Lagerscheines **Anh. I 424** § 38 OLSchVO 1, 2
　Kraftloserklärung **Anh. I 424** § 42 OLSchVO 1; **Anh. II 424** § 69 LagerO
　Lagergeschäft, Rechtsgrundlage **Anh. I 424** § 14 OLSchVO 1 ff
　Lagergut (Annahmeverweigerungsrecht) **Anh. II 424** § 7 LagerO
　Lagergut, Empfang **Anh. II 424** § 15 LagerO 28 ff
　Lagergut, Prüfung und Pflege **Anh. I 424** § 29 OLSchVO 1; **Anh. II 424** § 57 LagerO 104
　Lagerhalter als Vertreter **Anh. II 424** § 8 LagerO 19
　Lagerhalterhaftung **Anh. I 424** § 15 OLSchVO 1
　Lagerkosten **Anh. I 424** § 21 OLSchVO 1 ff; **Anh. II 424** §§ 41 ff LagerO 72 ff
　Lagerordnung für die Güterlagerung gegen **Anh. II 424** §§ 1 ff LagerO
　Lagerräume **Anh. II 424** § 6 LagerO
　Lagervertrag **Anh. II 424** § 1 ff LagerO
　Mängel des Lagergutes **Anh. II 424** § 41 OLSchVO 1; **Anh. II 424** § 68 LagerO
　Mischlagerung **Anh. II 424** § 23 OLSchVO 1, § 49 LagerO 86 ff
　Notverkauf, Selbsthilfeverkauf **Anh. I 424** § 25 OLSchVO 1; **Anh. II 424** § 52 LagerO 94, 95
　OLSchVO (Übersicht) **416** 3
　Pfand- und Zurückbehaltungsrechte **424** 15; **Anh. I 424** § 22 OLSchVO 1 ff; **Anh. II 424** §§ 46 ff LagerO 80 ff
　Register **Anh. I 424** § 37 OLSchVO 1; **Anh. II 424** § 65 LagerO 112
　Sachliche Erfordernisse für die Ausstellungsermächtigung **Anh. I 424** § 4 OLSchVO 1
　Sammellagerung **Anh. I 424** § 28 OLSchVO 1; **Anh. II 424** §§ 56 ff LagerO 103 ff; **419** 6
　Schadensersatzansprüche, Legitimation **424** 16
　Schadensersatzumfang bei Gutsverlust **Anh. II 424** § 34 LagerO 58 ff
　Teilscheine **Anh. I 424** § 34 OLSchVO 1, 2; **Anh. II 424** § 62 LagerO 109
　Traditionsfunktion **424** 8
　Traditionswirkung, Voraussetzungen **424** 9 ff
　Übertragung, Rechtsfolgen **424** 14 ff
　Unwirksamkeit **424** 20
　Verfügungen ohne Übertragung des – **424** 18
　Verjährung **Anh. I 424** § 27 OLSchVO 1; **Anh. I 424** § 54 LagerO 100 f
　Verlust/Beschädigung (Haftung) **Anh. II 424** § 28 LagerO 51, 52
　und Vermischung von Lagergut **419** 20
　Vermischungsbefugnis, Miteigentum **Anh. I 424** § 30 OLSchVO 1; **Anh. II 424** § 58 LagerO 105
　Versicherung, Versicherungsauftrag **Anh. II 424** §§ 36 ff LagerO 63 ff
　Verzögerungen **Anh. II 424** § 32 LagerO 57
Organisationsverschulden
　Spediteurhaftung **Anh. I 415** Vor § 1 ADSp 49

Personengesellschaften
　und Kommissionsrecht **383** 31
Pfandrecht
　des Kommissionärs am Kommissionsgut **397** 1 ff
　Lagergeschäft **421** 1 ff
　Orderlagerschein, Übertragung **424** 15
　Pfändung eingelagerter Ware **416** 18
　Speditionsgeschäft **407–409** 234 ff
Positive Vertragsverletzung
　Lagergeschäft **416** 32b; **418** 9; **423** 3
　Speditionsgeschäft **407–409** 96, 169 ff
Preis
　Anerbieten einer Deckung durch den Kommissionär bei Preisunterschied **386** 13 ff
　Kommissionsgeschäft **383** 20, 21
　s. dort
　Selbsteintritt beim Kommissionsgeschäft **400** 22 ff

(21)

Preis (Forts.)
  Speditionsgeschäft **Anh. I** 415 § 20 ADSp 1
Preisbindungen
  und Kommissionsgeschäft 383 57
Preisgefahr
  Kommissionsgeschäft (Selbsteintritt) 400 36
  Lagergeschäft 416 71
Probenentnahme
  Lagergeschäft 418 3
Provision
  Auslieferungsprovision des Kommissionärs 396 17 f
  Bezirksagentur 383 37
  Delkredereprovision des Kommissionärs 394 11 ff
  Handelsvertreter 383 39
  Kommissionsagentur 383 39
  Kommissionsgeschäft s. dort
  Kommissionsgeschäft (Selbsteintritt) 403 1 ff
  Sammelladungsspedition 412, 413 141
  Speditionsgeschäft s. dort

Quittung
  Spediteursquittung 407–409 134

Rahmenvertrag
  ADSp-Einbeziehung **Anh. I** 415 Vor § 1 ADSp 14
  Speditionsgeschäft 407–409 8
  Speditionsvertrag/Frachtvertrag 412, 413 72
Rang
  Pfandrecht des Spediteurs 410 27
Raub
  und Spediteurshaftung 407–409 184; **Anh. I** 415 § 57 ADSp 9
Realakt
  Auslieferung aus dem Sammelbestand 419 16c
Rechenschaftslegung
  Kommissionsgeschäft 384 47 ff
  Kommissionsgeschäft (Selbsteintritt) 400 45
  Speditionsgeschäft 407–409 127
Rechnung eines anderen
  Speditionsgeschäft 407–409 72
Rechte
  Verlust 390 2
Rechtsgeschäft
  Ablieferung des Speditionsgutes **Anh. I** 415 § 33 ADSp 3
Rechtsvereinheitlichung
  Speditionsgeschäft 407–409 67
Rechtswahrung
  Kommissionsgeschäft, Mängel des zugesandten Gutes 388 6 ff
  Lagerhalterverpflichtung 417 6

Reisebüro
  und Speditionsgeschäft 407–409 24
Rembourskredit
  Vermittlung als Geschäftsbesorgungskommission 383 47
Risiko
  Aufklärung beim Kommissionsgeschäft 384 6
  Eigenhändler/Kommissionär-Abgrenzung 383 19
  Geschäftsbesorgung 383 15; 392 1
  Kommissionsgeschäft 383 6, 11, 18, 62
  und Spediteurshaftung **Anh. I** 415 § 57 ADSp 4
  Vertragshändler/Kommissionär 383 14
Rollfuhrversicherungsschein
  s. Speditions- und Rollfuhrversicherungsschein
Rückbeförderung
  Speditionsgeschäft **Anh. I** 415 § 22 ADSp 1
Rückfragen
  Spediteurspflicht **Anh. I** 415 § 6 ADSp 12; 407–409 122 ff, 215
Rückgabepflicht
  Lagergeschäft 416 44 ff
Rückgaberecht
  Konditionsgeschäft 383 43
Rücknahmeanspruch
  Empfänger-Zahlungsverpflichtung **Anh. I** 415 § 34 ADSp 10 f
  Lagergeschäft 422 1 ff, 5
Rücktritt
  Kommissionsgeschäft 383 84; 384 60
  Speditionsgeschäft 407–409 39, 82 f, 96
  Speditionsgeschäft (Leistungsstörungen) **Anh. I** 415 § 21 ADSp 4
  Speditionsgeschäft (Versendungshindernisse) **Anh. I** 415 § 18 ADSp 2
Rügeobliegenheit
  Einkaufskommission 391 3 ff
  Speditionsgeschäft 407–409 141 f
  Speditionsgeschäft und haftungsausschließende – **Anh. I** 415 § 60 ADSp 1 ff

Sachversicherung
  und Spediteurshaftung **Anh. I** 415 § 37 ADSp 1 ff
  Spediteursverpflichtung **Anh. I** 415 § 35 ADSp 1 ff
Sammelladungsspedition
  Bahnsammelgutverkehr 412, 413 129
  Beauftragung ohne Vorliegen gesetzlicher Voraussetzungen 412, 413 139
  Bedeutung, Organisation 412, 413 128 ff
  Berechtigung, Verpflichtung 412, 413 134 ff
  Bewirkung der Versendung 412, 413 136

fette Zahl = §, magere Zahl = Rdn. **Sic**

Sammelladungsspedition (Forts.)
  Empfangsspediteur 412, 413 142
  und Frachtführereigenschaft 412, 413 127
  Frachtführerstellung 407–409 35
  Frachtrechtsanwendung 412, 413 140
  Frachtvertrag für eigene Rechnung 412, 413 138
  Frachtvertragsanwendung 412, 413 16
  Gesamtbetrachtungslehre 412, 413 58
  durch Gesellschaften 412, 413 132
  Haftung des Spediteurs Anh. I 415 § 52 ADSp 13
  Hauptfrachtführerstellung 412, 413 41
  Inhaltskontrolle 412, 413 14
  Kraftfahrzeug-Sammelgutverkehr 412, 413 130
  Rechtsnatur 412, 413 127
  und Selbsteintritt beim Speditionsgeschäft 412, 413 87
  Sondertypus des Speditionsvertrages 412, 413 127
  Spediteursrecht zur – Anh. I 415 § 14 ADSp 1
  Spediteur-Versender-Rechtsbeziehungen 412, 413 131
  Speditionsrechtliche/frachtrechtliche Tätigkeiten, Differenzierung 412, 413 4
  Typische Vereinbarung 412, 413 63
  Vergütung, Auslagen 412, 413 141
  Verweisungsrecht als zwingendes/dispositives Recht 412, 413 5 f
  Zusammen mit Gütern anderer Versender 412, 413 137
Sammellagerung
  s. Lagergeschäft
Sammelversendungsspedition
  Speditionsvertrag 412, 413 68
Schadensersatzansprüche
  Kommissionsgeschäft
    s. dort
  Lagergeschäft
    s. dort
  Speditionsgeschäft
    s. dort
Schadhaftwerden
  Speditionsbetrieb und Spediteurshaftung Anh. I 415 § 57 ADSp 13
Schlechterfüllung
  Lagergeschäft 416 74; 420 7, 12
  Speditionsgeschäft 407–409 171
Schriftformklausel
  und ADSp-Klauseln Anh. I 415 Vor § 1 ADSp 84
Schuldbefreiung
  Abtretung des Kommissionärsanspruchs 383 72

Speditionsgeschäft Anh. I 415 § 30 ADSp 1 ff
Schuldversprechen
  und Delkrederehaftung 394 2
Schutzbedürftigkeit
  Handelsvertreter 383 34 f
  Kommissionär 383 12
  Kommissionsagentur 383 34, 41
Schutzmaßnahmen
  Lagerhalterpflicht 416 30
Schweigen
  Abschluß des Kommissionsvertrages 383 52
  Lagergeschäft 416 19
  Speditionsvertrag 407–409 76, 77
Schwerguttransporte
  und ADSp-Anwendung Anh. I 415 § 2 ADSp 23
Schwerpunktlehre
  Zusammengesetzte Beförderungsvorgänge 412, 413 43 ff
Seefrachtrecht
  ADSp-Anwendung Anh. I 415 § 2 ADSp 28
  ADSp-Anwendung (Aufrechnungsbeschränkungen) Anh. I 415 § 32 ADSp 15
  Möbeltransport Anh. I 415 § 2 ADSp 18
  Speditionsgeschäft und Verweisung auf das – 412, 413 10
  Transport-Haftpflichtversicherung Anh. I 415 § 39 ADSp 16
  Verfrachter von Seeschiffen 407–409 70
Selbständigkeit
  Kommissionär 383 4, 9
Selbsteintritt
  Effektenkommission
    s. dort
  Kommissionsgeschäft
    s. dort
  und Sammelladungsspedition 412, 413 127
  Speditionsgeschäft
    s. dort
  Willenserklärung oder Realakt 412, 413 133
Selbsthilfeverkauf
  Kommissionärsrecht bei verderblichem Gut 388 11
  Kommittentenverfügung, unterbliebene 389 3
  Lagerhalterrecht 417 18
Sicherungsinteressen
  und Kommissionsgeschäft 383 32
Sicherungsrechte
  Pfandrecht
    s. dort
  Speditionsgeschäft 407–409 234
  Zurückbehaltungsrecht
    s. dort
Sicherungsübereignung
  und Kommissionsgeschäft 383 45

(23)

Sorgfalt
Speditionsgeschäft 407–409 94
Speditions- und Rollfuhrversicherungsschein
Abreden, unübliche **Anh. II 415 § 5 SVS/RVS 9**
Abtretung der Versichertenrechte **Anh. II 415 § 11 SVS/RVS 1 ff**
Auswahl des Versicherer **Anh. I 415 § 39 ADSp 22 ff**
Auszahlung der Versicherungsleistung **Anh. II 415 § 10 SVS/RVS 12**
Bahnsammelgutverkehr **Anh. II 415 § 4 SVS/RVS 10**
Beschlagnahmeschäden, ausgeschlossene **Anh. II 415 § 5 SVS/RVS 13**
Beteiligungsliste **Anh. II 415 § 19 SVS/RVS**
Bruch und Leckage **Anh. II 415 § 4 SVS/RVS 12**
CMR-Schäden, ausgeschlossene **Anh. II 415 § 5 SVS/RVS 11**
Deckungspflicht **Anh. I 415 § 39 ADSp 19 ff**
Empfangsspediteur, Zwischenspediteur, Unterspediteur **Anh. II 415 § 4 SVS/RVS 4 ff**
Ersatzpflicht des Spediteurs **Anh. II 415 § 15 SVS/RVS**
Europäischer Zwischenspediteur **Anh. II 415 § 4 SVS/RVS 8**
Falsche Versandmitteilung **Anh. II 415 § 2 SVS/RVS 7**
Fehlverladungen **Anh. II 415 § 10 SVS/RVS 13**
Gerichtsbarkeit, Geschäftsverkehr **Anh. II 415 § 18 SVS/RVS**
Güterschäden bei Teilverbot **Anh. II 415 § 5 SVS/RVS 8**
Haftungsbeschränkungen (Leistungsausschlüsse) **Anh. II 415 § 5 SVS/RVS 1 ff**
Höchstgrenze der Ersatzleistung **Anh. II 415 § 9 SVS/RVS 1 ff**
Internationale europäische Güterbeförderungen **Anh. II 415 Anh.SVS/RVS**
Kündigung der Gesamtheit des SVS/RVS **Anh. II 415 § 16 SVS/RVS**
KVO-Abholung, KVO-Zuführung **Anh. II 415 § 4 SVS/RVS 11**
KVO-Schäden, ausgeschlossene **Anh. II 415 § 5 SVS/RVS 11**
Lagertätigkeiten **Anh. II 415 § 2 SVS/RVS 5**
Lagerversicherte oder versicherbare Schäden **Anh. II 415 § 5 SVS/RVS 7**
Leistungsverweigerung wegen mangelnder Versichertenstellung **Anh. II 415 § 1 SVS/RVS 11**
Nicht-Verkehrsverträge **Anh. II 415 § 5 SVS/RVS 9 ff**
Obliegenheiten (Versicherter/Spediteur) **Anh. II 415 § 10 SVS/RVS 1 ff**
Personenschäden, ausgeschlossene **Anh. II 415 § 5 SVS/RVS 12**
Prämienpflicht **Anh. II 415 § 13 SVS/RVS**
Prüfungsrecht der Versicherer **Anh. II 415 § 7 SVS/RVS 1**
Rückgriffsrecht des Versicherers **Anh. II 415 § 12 SVS/RVS 1**
Schadensanmeldung **Anh. II 415 § 10 SVS/RVS 2 ff**
Schadensbegriff **Anh. II 415 § 3 SVS/RVS 9**
Schadensbeteiligung des Spediteurs **Anh. II 415 § 14 SVS/RVS**
Schadensersatzgläubiger, verhinderter **Anh. II 415 § 1 SVS/RVS 9**
Speditionsversicherung und ADSp-Vereinbarung **Anh. II 415 § 2 SVS/RVS 3**
Speditionsversicherung, Eigenart **Anh. I 415 § 39 ADSp 1 ff**
und Speditionsvertrag **Anh. II 415 Vor § 1 SVS/RVS**
Transportversicherte, transportversicherbare Gefahren **Anh. II 415 § 5 SVS/RVS 3 ff**
Unterlassene Versicherung **Anh. I 415 § 41 ADSp 27 ff**
Unterwerfung unter Versicherungsbedingungen **Anh. I 415 § 40 ADSp 1 ff**
Verbotskunde **Anh. II 415 § 6 SVS/RVS 2**
Verhältnis ggü anderen Versicherungen **Anh. I 415 § 39 ADSp 7 ff**
Verkehrsbedingte Vor-Zwischen- und Nachlagerungen **Anh. II 415 § 3 SVS/RVS 7 f**
Verkehrsvertrag (Deckungsbereich) **Anh. II 415 § 2 SVS/RVS 1 ff**
Verkehrsvertrag, Anmeldung beim Speditionsversicherer **Anh. II 415 § 6 SVS/RVS 3**
Versicherter, versichertes Interesse **Anh. II 415 § 1 SVS/RVS 2 ff**
Versicherung für fremde Rechnung **Anh. II 415 § 1 SVS/RVS 1**
Versicherung statt Haftung
Nicht gedeckte Schäden **Anh. I 415 § 41 ADSp 12 ff**
Voraussetzungen der Haftungsbefreiung **Anh. I 415 § 41 ADSp 1 ff**
Versicherungsdeckung (besondere) **Anh. II 415 § 4 SVS/RVS 1 ff**
Versicherungsdeckung (Umfang) **Anh. II 415 § 3 SVS/RVS 1 ff**
Versicherungssumme **Anh. II 415 § 6 SVS/RVS 4 ff**
Versicherungsvermittlung, Fehler hierbei **Anh. II 415 § 9 SVS/RVS 4**

Speditions- und Rollfuhrversicherungsschein
(Forts.)
  Vertragliche, außervertragliche Ansprüche
    Anh. II 415 § 3 SVS/RVS 3 f
  Wertberechnung und Versicherungsleistung
    Anh. II 415 § 8 SVS/RVS 1 f
  Zahlungssicherung, Anweisungen hierfür
    Anh. II 415 § 2 SVS/RVS 6
  Zwischenspediteur, zu vertretende Schäden
    Anh. II 415 § 4 SVS/RVS 3 ff
Speditionsgeschäft
  Abfertigungsspedition 407–409 33
  Ablieferung des Speditionsgutes und Beginn kurzer Verjährung 414 10 ff
  Ablieferung des Speditionsgutes, unterbliebene 414 11
  Ablieferung und kaufrechtliche Rügepflicht 407–409 142
  Absendereigenschaft 407–409 71
  Adreßspediteur 407–409 1, 16, 142
  ADSp
    s. Speditionsgeschäft (ADSp)
  Akkreditiv und besondere Spediteurpapiere 407–409 136 ff
  Akkreditivfähige Papiere, zu beschaffende 407–409 135
  Annoncenspedition 407–409 1, 24
  Antrag, Annahme, formloses Zustandekommen 407–409 75
  Anwendungsbereich von Spedition und Frachtrecht **412, 413** 5 ff
    Atypische Geschäfte **Anh. I 415** Vor 1 ADSp 20
  Aufrechnung trotz Verjährung von Ersatzansprüchen gegen den Spediteur 414 13
  Auftragsentzug und Provisionsanspruch 407–409 210a
  Aufwendungsersatz 407–409 213 ff
  Aufwendungsersatzansprüche und gesetzliches Pfandrecht 410 17
  Ausführungsgeschäfte
    Frachtvertrag 407–409 42, 97 ff
    Lagervertrag 407–409 102 ff
    Versicherungsverträge 407–409 44
    Vertragsparteien 407–409 39
    Zwischenspeditionsvertrag 407–409 43
  Auskunftspflicht 407–409 126, 248
  Ausländischer Bestimmungsort 407–409 115
  Ausländisches Recht (Frachtrecht oder Speditionsrecht) **412, 413** 60 ff
  Ausländisches Speditionsrecht 407–409 66
  Auslandsbezug 407–409 54 ff
  Auslieferung unter Bedingungen 407–409 132
  Außervertragliche Ansprüche/vertragliche Haftungsbeschränkungen 407–409 41
  Außervertragliche Spediteurhaftung 407–409 196 f

Auswahlfragen für den Spediteur bei der Beförderung 407–409 98
Bahnspedition, Abgrenzung 407–409 1, 13
Beendigung des Vertrages 407–409 81 ff
Beförderervertrag 407–409 71
Befördern und Versenden, Abgrenzung 407–409 68
Beförderung von Personen und Nachrichten, abzugrenzende 407–409 24
Beförderungsauswahl 407–409 98 ff
Beförderungsdokumente **412, 413** 65 f
Befriedigungsrecht des Spediteurs wegen Verwendungen 410 60
Begleitpapiere 407–409 113
Benachrichtigungspflicht 407–409 122 ff
Berufliches Bild/typisierende Leistungen 407–409 3
Berufsständische Organisation 407–409 3
Beschädigung des Speditionsgutes 407–409 150 ff
Beschädigung des Speditionsgutes (Verjährung von Ersatzansprüchen) 414 1 ff
Besitzlage und gesetzliches Pfandrecht 410 4
Besorgung der Güterversendung 407–409 37, 97 ff
Besorgung der Versendung im eigenen Namen 407–409 71
Binnenschiffahrtsrecht (Frachtrechtsverweisung) **412, 413** 11
Binnenschiffahrtsspedition 407–409 177
Bordero 407–409 138
Chartervertrag 407–409 15
CMR (Frachtrechtsverweisung) **412, 413** 9
Culpa in contrahendo 407–409 79, 172
Dauervertrag, Rahmenvertrag 407–409 8
Deutsches Recht als Wirkungsstatut 407–409 65
Dienstvertrag 407–409 7
Dispositives Recht/zwingendes Frachtrecht **412, 413** 28 ff
Dokumente (internationale Spediteurdokumente) **Anh. IV 415** 1 ff
Dokumentenbeschaffung 407–409 133, 135 ff
Dritte als Auslieferer 407–409 130
Drittforderungen und Aufwendungsersatz 407–409 223
Dritthandlungen, Einstehenmüssen 407–409 95
Drittschadensliquidation 407–409 40, 131, 149
Drittunternehmer-Haftpflichtversicherung 407–409 44
Eigenleistungen und Aufwendungsersatz 407–409 224
Eigentum und gesetzliches Pfandrecht 410 5 ff

Speditionsgeschäft (Forts.)
Eigentümer-Besitzer-Verhältnis 407–409 196
Einfuhrumsatzsteuer und Erstattungsanspruch 407–409 226 ff
Einlagerung mit Abholung 407–409 46
Einziehung von Nachnahmen 407–409 128 ff
Eisenbahnrecht (keine Frachtrechtsverweisung) 412, 413 13
Empfangskosten 407–409 222
Empfänger-Rechtsstellung 407–409 46
Empfänger-Versender-Rechtsverhältnis/ Interessenwahrnehmungspflicht des Spediteurs 407–409 124
Empfangsbescheinigung und ADSp-Hinweis **Anh. I 415** § 34 ADSp 5
Empfangsspediteur 407–409 16, 142
Entgeltliche Geschäftsbesorgung 407–409 6
Entladung 407–409 112
Erfüllungsansprüche, praktische Bedeutung 407–409 96
EuGVÜ **Anh. I 415** § 65 ADSp 4 ff
Fahrzeugmiete 407–409 15
Faktischer Vertrag 407–409 80
FBL (Durchkonnossement) **Anh. IV 415** 13 f
FIATA FCR (Übernahmebescheinigung) **Anh. IV 415** 2 ff
FIATA-FCT (Transportbescheinigung) **Anh. IV 415** 11 f
Fixkostenspedition s. dort
Forderungsbesicherung durch gesetzliches Pfandrecht 410 13 ff
Frachtbeförderung im Selbsteintritt 407–409 45
Frachtbriefe, zu beschaffende 407–409 135
Frachtführer als Versender 407–409 70
Frachtführerauswahl 407–409 99
Frachtführertätigkeit, vom Spediteur geschuldete **412, 413** 4
Frachtführervergütung und Aufwendungsersatz 407–409 220
und Frachtgeschäft, Abgrenzung **412, 413** 1 ff
Frachtrechtanwendung s. Frachtgeschäft
Frachtrechtliche Tätigkeiten, Abgrenzung **412, 413** 4
Frachtvertrag, Abgrenzung 407–409 11, 140
Frachtvertrag als Ausführungsgeschäft 407–409 42
Frachtvertrag und gesetzliches Pfandrecht 410 15
Frachtvertragsabschluß als Spediteur-Hauptpflicht 407–409 97
Freihaltungsvereinbarungen bei Ausstellung von Empfangsdokumenten 407–409 139

Gefahrgutversendung 407–409 114
Gehilfenhaftung 407–409 178; **412, 413** 35
Gelegenheitsspedition **415** 1 ff
Gesamtbetrachtung und Schwerpunktlehre **412, 413** 43 ff
Geschäftsbesorgung 407–409 6, 7, 32, 143 ff, 226, 228
Geschäftsführung ohne Auftrag (Einfuhrumsatzsteuer) 407–409 229
Gesetzlicher Regelfall, tatsächliche Praxis 407–409 5
Gewerbsmäßigkeit 407–409 73
Grenzspediteur 407–409 1, 21
Grenzspediteur (Erstattung von Einfuhrumsatzsteuer) 407–409 226 ff
GüKG-Sonderregelung **412, 413** 21 ff
Gut, Mehrheit von Sachen und gesetzliches Pfandrecht 410 8 ff
Güterfernverkehrsspedition **412, 413** 48
Güterschutzmaßnahmen 407–409 108 ff
Güterversendung 407–409 69
Güterversicherung 407–409 117, 176
Gutsherausgabe durch den Spediteur 407–409 143 ff
Gutsuntersuchung, Mängelrüge 407–409 141
Gutsveränderung, natürliche, Haftungsausschluß **Anh. I 415** § 57 ADSp 16
Haftpflichtversicherung 407–409 44
Haftung und Speditionsversicherung 407–409 48 f, 121, 147 ff; **412, 413** 34
Haftungsbeschränkungen und außervertragliche Ansprüche 407–409 41
Handeln im eigenen Namen/Abgrenzung zur Stellvertretung 407–409 71
Handelsgeschäfte, Anwendung allgemeiner Regeln 407–409 47
Handelsvertretertätigkeit 407–409 71
Hauptfrachtführer als Spediteur **412, 413** 41
Hausspediteur 407–409 18, 142
Herausgabe erlangter Gegenstände durch den Spediteur 407–409 143
Inhaltskontrolle **Anh. I 415** Vor § 1 ADSp 39 ff
Interessenwahrnehmungspflicht 407–409 88, 100, 124, 142
Internationales Privatrecht 407–409 54 ff
Internationales Privatrecht (Frachtrecht oder Speditionsrecht) **412, 413** 61 ff
Kaufmann 407–409 2, 47
Kaufmännische Sorgfalt 407–409 91, 94
Kaufmännisches Bestätigungsschreiben 407–409 77
Kaufmännisches Zurückbehaltungsrecht 410 58
und kaufrechtliche Rügepflicht 407–409 141 ff

fette Zahl = §, magere Zahl = Rdn. Spe

Speditionsgeschäft (Forts.)
  Kausalität und Spediteurhaftung 407–409 155 ff
  Kennzeichnung der Güter 407–409 110
  und Kommissionsgeschäft, Abgrenzung 407–409 22
  und Kommissionsrecht, Verweisung 407–409 47, 53
  Konkurs des Versenders, des Spediteurs 407–409 84 f
  Konnexität (Pfandgut und Forderung) 410 21
  Konnossemente, zu beschaffende 407–409 135
  Kostenvorlage und Aufwendungsersatz 407–409 221
  Kühlung 407–409 108
  KVO (Frachtrechtsverweisung) 412, 413 9
  KVO-Sonderregelung 412, 413 21 ff
  Laderaum des Spediteurs, eigener 412, 413 71
  Ladescheine, zu beschaffende 407–409 135
  Lagerung als Nebenpflicht 407–409 102
  Lagerversicherung auf Anweisung 407–409 117
  Lagerversicherung/Spediteurversicherung 407–409 44
  Lagervertrag und Vergütungsanspruch 407–409 205
  Landtransport (Verweisung auf Frachtrecht) 412, 413 8
  Laufende Geschäftsbeziehungen und ADSp-Einbeziehung Anh. I 415 Vor § 1 ADSp 16
  Lohnfuhrvertrag 407–409 15
  Luftrecht (Frachtrechtsverweisung) 412, 413 12
  und Maklervertrag, Abgrenzung 407–409 23
  Mängelrüge und Gutsuntersuchung 407–409 141 ff
  Minderung des Speditionsgutes (Verjährung von Ersatzansprüchen) 414 1 ff
  Mißbräuchliche Berufung auf ADSp-Klauseln im Einzelfall Anh. I 415 Vor § 1 ADSp 52
  Mitwirkendes Verschulden des Versenders 407–409 195
  Möbelspediteur 407–409 1
  Möbelspedition, Abgrenzung 407–409 12
  Multimodaler Transport
    s. dort
  Nachnahmeneinziehung 407–409 128 ff
  Nachrichtenerteilung an den Versender 407–409 122 ff
  Nebenpflichten des Spediteurs 407–409 101 ff
  Nebenpflichtenverletzung (Verjährung von Ersatzansprüchen) 414 1 ff
  Nebenpflichtenverletzungen (positive Vertragsverletzung) 407–409 169 ff
  Nebentätigkeiten und Provisionsumfang 407–409 204 ff
  Paletten- und Containergestellung 407–409 107
  Personengesellschaft 407–409 2
  Pfandobjekt und Forderung (Konnexität) 410 21
  Pfandrecht (gesetzliches) 407–409 246; 410 1 ff
  Pfandrecht (Vertragspfandrecht)
    s. Speditionsgeschäft (ADSp)
  Pfandrecht am Gut 407–409 234 ff
  Pfandrechtserlöschen 410 28 ff
  Pfandrechtsinhalt, Pfandrechtsrang 410 26 f
  Positive Vertragsverletzung 407–409 169 ff, 208, 242
  Provisionsansprüche wegen Kostenvorlage 407–409 233
  Provisionsanspruch 407–409 199 ff
  Provisionsanspruch (Selbsteintritt) 412, 413 101 f
  Provisionsanspruch und nicht ausgeführte Spedition 407–409 207 ff
  Provisionsanspruch und gesetzliches Pfandrecht 410 16
  Quittungen des Spediteurs 407–409 134
  Rahmenvertrag, Dauervertrag 407–409 8
  Rangfolge der Bestimmungen 407–409 50
  Rechenschaftslegung durch den Spediteur 407–409 127
  Rechnung eines anderen (Versenderrechnung) 407–409 72
  Rechtsgrundlagen 407–409 47
  Rechtsnatur, Struktur 407–409 1
  Rechtsvereinheitlichung 407–409 67
  Rechtswahlklausel 407–409 64
  Reisebüros 407–409 24
  Rückfragepflicht 407–409 122 ff
  Sammelladungsspedition 407–409 35
    s. dort
  Schadensersatzansprüche
    wegen Ausstellung besonderer Spediteurpapiere 407–409 137
    Herausgabe von Spediteuransprüchen 407–409 145
    Nachnahmeneinziehung, unterlassene 407–409 131
    Pfandverwertung, fehlerhafte 410 33
    Spediteursansprüche 407–409 242 ff
    Spediteurshaftung (allgemeine Haftungsgrundsätze) 407–409 149
    Spediteurshaftung (Vertragshaftung nach gesetzlichen Vorschriften) 407–409 150 ff
  Spediteurshaftung nach ADSp
    s. Speditionsgeschäft (ADSp)
  Spediteurspflichten, verletzte 407–409 96
  Speditionsrecht oder Frachtrechtsanwendung 412, 413 34 ff

Speditionsgeschäft (Forts.)
   Unterlassen erforderlicher Benachrichtigungen/Rückfragen 407–409 123
   Versenderansprüche aus der Spedition 407–409 51 f
   Versicherung, unterlassene trotz Weisung 407–409 119
   Weisungen, nicht befolgte 407–409 160 ff
  Schadensursache und Spediteurhaftung 407–409 155 ff
  Schlechterfüllung der Hauptpflichten 407–409 171
  Schuldstatut-Bestimmung 407–409 54 ff
  Schutzmaßnahmen 407–409 108
  Schutzwirkungen Dritter 407–409 9
  Schweigen auf ein Angebot 407–409 76 ff
  Schwerpunktlehre 412, 413 43 ff
  Seefrachtrecht 407–409 70
  Seerecht (Frachtrechtsverweisung) 412, 413 10
  Selbsteintritt
   Frachtbeförderung 407–409 45
   Frachtführerstellung/Spediteurstellung 407–409 36; 412, 413 25, 73 ff
  Selbstversicherung 407–409 120
  Sicherungsrechte des Spediteurs 407–409 234 ff
  Spediteur als Treuhänder 407–409 40
  Spediteur, Sp´editionsvertrag 407–409 1
  Spediteurpapiere 412, 413 66
  Spediteurpapiere, Ausstellung besonderer 407–409 136 ff
  Spediteursansprüche und gesetzliches Pfandrecht 410 1 ff
  Spediteurspflichten 407–409 88 ff
  Spediteursrechte 407–409 198 ff
  Speditions- und Rollfuhrversicherungsschein s. dort
  Speditionsgewerbe, zusammenhängende Leistungen 407–409 3
  Speditionsversicherung/Speditions-Police (Text) **Anh. III 415** Sp-Police
  Speditionsversicherung und Frachtrechtsabgrenzung 412, 413 29
  Speditionsversicherung und Haftung 407–409 121, 148 ff
  Speditionsversicherung und Vertragsqualifikation 412, 413 70
  Speditionsversicherung
   s. a. unten unter Versicherung
  Speditionsvertrag
   Abgrenzungen 407–409 10 ff
   Abschluß 407–409 75 ff
   ADSp-Einbeziehung
    s. Speditionsgeschäft (ADSp)
   Beendigung 407–409 81 ff
   Dauervertrag 407–409 8
   Definition 407–409 5, 68 ff
   Faktischer Vertrag 407–409 80; 410 1
   und Frachtrechtsverweisung 412, 413 3 ff
   oder Frachtvertrag (primäre Qualifikation) 412, 413 61 ff
   Merkmale 407–409 68 ff
   und Provisionsentstehung 407–409 201
   Rechtsgrundlagen 407–409 47 ff
   Rechtsnatur 407–409 6, 7, 207, 209
   Vertrag zugunsten Dritter 407–409 9, 46
  Stellvertretung/Abgrenzung zum Handeln im eigenen Namen 407–409 71
  Tod einer Partei 407–409 86
  Transport- und Verpackungshilfsmittel 407–409 107
  Transportbescheinigung **Anh. IV 415** 11 f
  Transportfähigkeit und Verpackungspflicht 407–409 106
  Transportversicherung auf Anweisung 407–409 117
  Transportversicherung/Speditionsversicherung 407 44
  Treuhänderstellung des Spediteurs 407–409 40, 88
  Typenzuordnung 407–409 7
  Typisierende Leistungen 407–409 3
  Übernahme der Versendungsbesorgung 407–409
  Übernahmebescheinigung des Spediteurs **Anh. IV 415** 2 ff
  Umzugstarif (Frachtrechtsverweisung) 412, 413 9
  Unerlaubte Handlung des Spediteurs 407–409 197
  Unerlaubte Handlung des Spediteurs (Verjährung von Ersatzansprüchen) 414 4
  Unerlaubte Handlung des Versenders 407–409 243
  Ungerechtfertigte Bereicherung (Erstattung von Einfuhrumsatzsteuer) 407–409 232
  Unklarheitenregelung **Anh. I 415** Vor § 1 ADSp 31 ff
  Unmöglichkeit 407–409 169, 208, 242
  Unterfrachtführung und besondere Frachtrechtsnormen 407–409 105
  Unterfrachtverhältnis 412, 413 41
  und Unternehmensfirmierung 412, 413 67
  Unterschlagung, Veruntreuung **Anh. I 415** § 41 ADSp 22
  Unterspedition 407–409 29 ff
  Unterspedition und ADSp-Anwendung **Anh. I 415** § 2 ADSp 9
  Untersuchung und Mängelrüge 407–409 141
  Verfrachter als Versender 407–409 70

fette Zahl = §, magere Zahl = Rdn.

Speditionsgeschäft (Forts.)
Vergütung des Selbsteintritts 412, 413 101
Vergütungsansprüche 407–409 199 ff
Verjährung
  ADSp s. Speditionsgeschäft (ADSp)
  Aufwendungsersatzanspruch 407–409 241
  Frachtrechtsanwendung 412, 413 39
  Frachtanwendung oder Spediteurshaftung 412, 413 39
  Leistungspflichten 407–409 173
  Spediteursverpflichtungen (kurze Verjährung) 414 2 ff
  Spediteurverpflichtungen 407–409 159
  Vergütungsansprüche des Spediteurs 407–409 211
  Versenderverpflichtungen 407–409 245
Verladung 407–409 112
Verlust des Speditionsgutes 407–409 150 ff
Verlust des Speditionsgutes (Verjährung von Ersatzansprüchen) 414 1 ff
Verpackung als Nebenpflicht 407–409
Versender als Herr des Beförderungsvorganges 407–409 90
Versender als Vertragspartner 407–409 4
Versenderansprüche aus der Spedition 407–409 51 f
Versenderdokumente zur Finanzierung 407–409 135
Versender-Empfänger-Rechtsverhältnis/Interessenwahrnehmungspflicht des Spediteurs 407–409 124
Versenderpflichten 407–409 38
Versenderrechnung 407–409 72
Versenderrechte bei nichtbefolgten Weisungen 407–409 162 ff
Versenderverpflichtungen und gesetzliches Pfandrecht 410 1 ff
Versenderweisungen 407–409 89 ff
Versenderwiderruf 407–409 82
Versendung im eigenen Namen 407–409 71
Versendung und Beförderung, Abgrenzung 407–409 68
Versendung von Gütern 407–409 69
Versendung, ordnungsgemäße 407–409 37
Versendungsbegriff 407–409 68
Versendungsbesorgung, Abgrenzung 407–409 19
Versendungsbesorgung, Übernahme 407–409 74
Versendungskauf 407–409 25
Versicherung
  s. a. oben unter Speditionsversicherung
Versicherung des Gutes (Sachversicherung)/Abführung der Versicherungsleistung statt Haftung **Anh. I 415** § 37 ADSp 5 ff
Versicherung und Haftung 407–409 48 f

Versicherungsansprüche, vom Spediteur herauszugebende 407–409 145
Versicherungsanweisungen, unklare/unzureichende 407–409 123
Versicherungspflicht als Nebenpflicht 407–409 116
Versicherungsverträge als Ausführungsgeschäft 407–409 44
Vertrag zugunsten Dritter 407–409 9, 46
Vertragsabschlußstatut 407–409 61 ff
Vertragsfreiheit (zwingende Frachtrechtsanwendung) 412, 413 28
Vertragstyp **Anh. I 415** § 2 ADSp 2
Verwendungen des Spediteurs und Befriedigungsrecht 410 60
Verzollung 407–409 115
Verzug des Spediteurs 407–409 168, 208
Verzug des Spediteurs, Verjährung von Ersatzansprüchen 414 6
Verzug des Versenders 407–409 242
Vollmachtsspediteur 407–409 18, 142
Vorsatz und Verjährung 414 14
Vorschuß und gesetzliches Pfandrecht 410 18
Vorschußanspruch 407–409 240
Weisungen zur Transport- oder Lagerversicherung 407–409 117
Weisungen des Versenders 407–409 89 ff
Weisungen, Haftung für Nichtbefolgung 407–409 160 ff
Weisungseinholung 407–409 123
Werkvertrag 407–409 7
Wertdeklaration 407–409 111
Widerrufsrecht des Versenders 407–409 82
Zeitungsspedition 407–409 14
Zinsen als Aufwendungen 407–409 233
Zollschulden und Aufwendungsersatz 407–409 225
Zurückbehaltungsrecht des Spediteurs 407–409 246; 410 56 ff
Zurückbehaltungsrecht des Versenders 414 15
Zurückweisungsrecht des Versenders wegen Nichtbefolgung von Weisungen 407–409 163
Zusendung ohne Auftrag 407–409 78
Zwischenspedition 407–409 26 ff
  als Ausführungsgeschäft 407–409 43
  Begriff, Funktion 411 1 ff
  Gesetzlicher Forderungsübergang 411 11 ff
  Rechte/Pflichten des Zwischenspediteurs 411 6 ff
  oder Unterspedition 407–409 31 f
  und Unterspedition, Abgrenzung 411 4
Speditionsgeschäft (ADSp)
ABG Dritter, vereinbarte **Anh. I 415** § 2 ADSp 34

Speditionsgeschäft (ADSp) (Forts.)
Ablieferung mit befreiender Wirkung **Anh. I** 415 § 33 ADSp 1 ff
Ablieferung und Gutsannahme durch den Empfänger **Anh. I** 415 § 33 ADSp 3
Abtretung von Auftraggeberrechten an Dritte **Anh. I** 415 § 3 ADSp 1 ff
Adresse, Adressenänderung des Auftraggebers **Anh. I** 415 § 9 AdSp 1
ADSp/Speditionsgeschäft des HGB-Vergleich 407–409 48 ff
ADSp-Verdrängung durch das Frachtrecht 412, 413 30 ff
ADSp-Vereinbarung und Vertragsqualifikation 412, 413 69
AGB-Ordnungen, Verweisung auf mehrere **Anh.** 415 Vor § 1 ADSp 9 ff
Allgemeine Geschäftsbedigungen **Anh. I** 415 Vor § 1 ADSp 3
Angaben im Speditionsauftrag **Anh. I** 415 § 7 ADSp 1 ff
Angebote des Spediteurs/unverzügliche Annahme zur sofortigen Ausführung **Anh. I** 415 § 4 ADSp 1 ff
Annahme, abgelehnte **Anh. I** 415 § 22 ADSp 1
Arbeitskämpfe **Anh. I** 415 § 18 ADSp 1
Atypische Geschäfte und ADSp-Einbeziehung **Anh. I** 415 Vor § 1 ADSp 20
Aufbewahrung im Freien und Ausschluß der Verschuldensvermutung **Anh. I** 415 § 57 ADSp 8
Aufklärungspflicht und Spediteurshaftung **Anh. I** 415 § 51 ADSpG 4
Aufrechnungsausschluß (AGBG) **Anh. I** 415 § 32 ADSp 9
Aufrechnungseinschränkung (Gegenansprüche ohne entgegenst. Einwand) **Anh. I** 415 § 32 ADSp 1 ff
Aufträge, Weisungen, Erklärungen, Mitteilungen (Beweislastregelung) **Anh. I** 415 § 6 ADSp 1 ff
Auftragesbedingungen/ADSp-Kollision **Anh. I** 415 Vor § 1 ADSp 8
Auftraggeberangaben und Spediteursprüfung **Anh. I** 415 § 7 ADSp 7
Auftraggeberhandeln auf Drittrechnung **Anh. I** 415 § 12 ADSp 1
Auftragnehmer/Auftraggebereigenschaft des Spediteurs **Anh. I** 415 § 2 ADSp 4
Auftragsentzug, Folgenregelung **Anh. I** 415 § 21 ADSp 1 ff
Aufwendungsersatzanspruch bei Eingehung von Verbindlichkeiten **Anh. I** 415 § 30 ADSp 1 ff
Aufwendungsersatzanspruch und Auftragsentzug **Anh. I** 415 § 21 ADSp 2

Ausführungsgeschäft mit Drittunternehmen **Anh. I** 415 § 52 ADSp 1 ff
Ausgeschlossene Güter **Anh. I** 415 § 5 ADSp 1 ff
Auslagenersatzanspruch und fremde Währung **Anh. I** 415 § 28 ADSp 1
Auslagenersatzanspruch und Tätigkeitsumfang **Anh. I** 415 § 20 ADSp 2
Ausländischer Auftraggeber (Währung) **Anh. I** 415 § 27 ADSp 1
Auslandskunden, Auslandsverträge und ADSp-Einbeziehung **Anh. I** 415 19
Auslandsversendung und Fakturenwert **Anh. I** 415 § 24 ADSp 1
Auslandsversendung und Verzollungspflicht **Anh. I** 415 § 25 ADSp 1, 2
Auslegung, Revisibilität **Anh. I** 415 Vor § 1 ADSp 27 ff
Ausnahmen von der ADSp-Anwendung **Anh. I** 415 § 2 ADSp 9 ff
Bahnamtliche Rollfuhr, Versicherungszwang **Anh. I** 415 § 39 ADSp 12
Bahnspedition und ADSp-Anwendung **Anh. I** 415 § 2 ADSp 32
Befreiungsanspruch des Spediteurs **Anh. I** 415 § 30 ADSp 1 ff
Behördliche Akte und Spediteursrechte **Anh. I** 415 § 31 ADSp 1 ff
Beifügung des Textes **Anh. I** 415 Vor § 1 ADSp 7
Benachrichtigung (Avis) als Legitimationspapier **Anh. I** 415 § 10 ADSp 5
Benachrichtigungspflichten im Gefahrfall **Anh. I** 415 § 16 ADSp 3
Beschlagnahme des Gutes **Anh. I** 415 § 31 ADSp 1 ff
Beschlagnahmeschäden **Anh. I** 415 § 41 ADSp 16
Besitzschutz des Empfängers/Rücknahmerecht des Spediteurs **Anh. I** 415 § 34 ADSp 10
Beweislastregelung **Anh. I** 415 § 6 ADSp 2, § 51 ADSp 3
Beweislastveränderungen **Anh. I** 415 Vor § 1 ADSp 50
Beweislastveränderungen (Ausschluß der Verschuldensvermutung) **Anh. I** 415 § 57 ADSp 3 ff
Binnenschiffahrt (AGB-Kollisionen) **Anh. I** 415 Vor § 1 ADSp 10
Binnenschiffahrt und Haftpflichtversicherung **Anh. I** 415 § 39 ADSp 17
Binnenschiffahrtsspedition (Versicherung statt Haftung) **Anh. I** 415 § 57 ADSp 17 ff
CMR statt ADSp **Anh. I** 415 § 2 ADSp 27
CMR und ADSp-Aufrechnungseinschränkung **Anh. I** 415 § 32 ADSp 13 ff

Speditionsgeschäft (ADSp) (Forts.)
Dokumente (internationale Spediteurdokumente) **Anh. IV 415** 1 ff
Dokumentenbezugnahme auf ADSp **Anh. I 415** Vor § 1 ADSp
Dritte (am Vertrag nicht Beteiligte) **Anh. I 415** Vor § 1 ADSp 26, § 63 ADSp 6
Drittrechte, Geltendmachung gegen den Spediteur **Anh. I 415** § 3 ADSp 5 ff
Eigenverschulden und Freizeichnung durch Sachversicherung **Anh. I 415** § 37 ADSp 9
Eigenverschulden und Speditionsversicherung **Anh. I 415** § 41 ADSp 24
Einbeziehung der ADSp aufgrund Handelsbrauches **Anh. I 415** Vor § 1 ADSp 21 ff
Einbeziehung der ADSp durch Vereinbarung **Anh. I 415** Vor § 1 ADSp 6 ff
Einfuhr- und Ausfuhrbeschränkungen **Anh. I 415** § 19 ADSp 1
Einschreiben **Anh. I 415** § 10 ADSp 1
Einwirkung anderer Güter, Haftungsausschluß **Anh. I 415** § 57 ADSp 14
Einziehungsauftrag, nachträglich zurückgezogener **Anh. I 415** § 23 ADSp 1
Empfänger als Schuldner von Kosten/Nachnahmebeträge **Anh. I 415** § 34 ADSp 1 ff
Empfängerräume und befreiende Ablieferung **Anh. I 415** § 33 ADSp 1 ff
Empfänger-Zahlungsverpflichtung (Anwendungsfälle) **Anh. I 415** § 34 ADSp 1 ff
Empfangnahme und Kostenvorschuß **Anh. I 415** § 26 ADSp 1
Empfangsberechtigte Personen (Ablieferung mit befreiender Wirkung) **Anh. I 415** § 33 ADSp 4
Empfangsbescheinigung des Spediteurs, Wirkungen **Anh. I 415** § 7 ADSp 9
Empfangsbescheinigung und ADSp-Hinweis **Anh. I 415** § 34 ADSp 5
Empfangsspedition **Anh. I 415** § 2 ADSp 2
Entstehungsgeschichte **Anh. I 415** Vor § 1 ADSp 1 f
Erfüllungsort **Anh. I 415** § 65 ADSp 1 ff
Erhaltungsverpflichtung, Umfang **Anh. I 415** § 16 ADSp 1
Ermessen des Spediteurs mangels Weisungen **Anh. I 415** § 13 ADSp 1
EuGVÜ **Anh. I 415** § 65 ADSp 4 ff
Fahrlässige Auftraggeberunkenntnis und ADSp-Einbeziehung **Anh. I 415** Vor § 1 ADSp 17 ff
Fälligkeit der Spediteursforderungen **Anh. I 415** § 29 ADSp 1
Fehlerhafte, unvollständige Auftraggeberangaben **Anh. I 415** § 7 ADSp 2 ff

Forderungen Dritter und Befreiungsanspruch des Spediteurs **Anh. I 415** § 30 ADSp 1 ff
Frachtbriefübergabe und Spediteurs-Frachtpapier **Anh. I 415** § 15 ADSp 1
Frachtenforderungen und Befreiungsanspruch des Spediteurs **Anh. I 415** § 30 ADSp 1 ff
Frachtgeschäfte und Konfliktsituationen **Anh. I 415** § 2 ADSp 3
Frachtrecht, zwingendes und Speditionsversicherung **Anh. I 415** § 41 ADSp 23
Frachtrechtsanwendung und Empfängerpflicht zu Zahlungen **Anh. I 415** § 34 ADSp 1 ff
Frachtrechtsanwendung (unterschiedliche Passivlegitimation) **412, 413** 29
Frachtrechtsanwendung, zwingende **412, 413** 28 ff
Freizeichnung durch Sachversicherung des Gutes **Anh. I 415** § 37 ADSp 6
Fristen, nicht gewährleistete **Anh. I 415** § 17 ADSp 1
Gefahrfall und Benachrichtigungs- und Verbesserungspflichten **Anh. I 415** § 16 ADSp 3
Gefährliche Güter **Anh. I 415** § 5 ADSp 2
Gegenansprüche, denen ein Einwand nicht entgegensteht **Anh. I 415** § 32 ADSp 8
Gehilfenhaftung, Haftungsausschluß **Anh. I 415** § 52 ADSp 10 ff
Gelegenheitsspedition **Anh. I 415** Vor § 1 ADSp 20
Geltungsgrund der ADSp **Anh. I 415** Vor § 1 ADSp 5 ff
Gerichtsstand **Anh. I 415** § 65 ADSp 3 ff
Gesetzesrecht und ADSp **Anh. I 415** § 2 ADSp 35
Gewichtsbezeichnung für Schwergut, fehlende **Anh. I 415** § 7 ADSp 6
Gewichtsbezogene Haftungsbeschränkungen **Anh. I 415** § 54 ADSp 13 ff
Globalversicherungsschutz **Anh. I 415** § 37 ADSp 3
Großraumtransporte und ADSp-Ausschluß **Anh. I 415** § 2 ADSp 23
Güterfernverkehr und ADSp-Ausnahme **Anh. I 415** § 2 ADSp 25
Güternahverkehr und ADSp-Anwendung **Anh. I 415** § 2 ADSp 31
Güternahverkehr-Haftpflichtversicherung **Anh. I 415** § 39 ADSp 14
Gutsuntersuchung, Umfang **Anh. I 415** § 16 ADSp 1
Gutsveränderung, natürliche und Haftungsausschluß **Anh. I 415** § 57 ADSp 16
Gutsverwiegung **Anh. I 415** § 7 ADSp 8
GWB-Verbandsempfehlung **Anh. I 415** 2

Speditionsgeschäft (ADSp) (Forts.)
 Haftpflichtversicherung und Speditions-
  versicherung Anh. I 415 § 39 ADSp 8 ff
 Haftung des Spediteurs
  Ausführungsgeschäfte und Vertragspartner-
   Haftungsausschluß Anh. I 415 § 52
   ADSp 9
  Beendigung der Obhutszeit Anh. I 415
   § 53 ADSp 1 ff
  Einschränkungen, Erhöhung Anh. I 415
   § 51 ADSp 5 ff
  Erfüllungsgehilfen und Haftungsausschluß
   Anh. I 415 § 52 ADSp 10 ff
  Frachtrechtanwendung, zwingende 412,
   413 34 ff
  Gesetzliche Haftung/ADSp-Haftung im
   Vergleich 407–409 146 ff
  Haftungsausschlüsse (Übersicht) 407–409
   176 ff
  Haftungseinschränkungen (Übersicht)
   407–409 187 ff
  Haftungsersatz durch Abführung der Sach-
   versicherungsleistung Anh. I 415 § 37
   ADSp 5 ff
  Haftungsersatz durch Versicherung Anh. I
   415 § 41 ADSp 1 ff
  Höchstgrenzen Anh. I 415 § 54 ADSp
   1 ff
  Hochwertige Güter ohne Wertangabe
   (Haftungsausschluß) Anh. I 415 § 56
   ADSp 1 ff
  Rügepflicht ggü dem Spediteur, haftungs-
   ausschließende Anh. I 415 § 60 1 ff
  Sachteile, zusammengesetzte Sachen Anh.
   I 415 § 55 ADSp 1
  Schadensbegriff Anh. I 415 § 62 ADSp 1
  Schadensentstehung bei Drittunternehmen
   Anh. I 415 § 52 ADSp 1 ff
  Selbsteintritt Anh. I 415 § 52 ADSp 13
  Übersicht 407–409 48
  Unerlaubte Handlung Anh. I 415 § 63
   ADSp 1 ff
  Verschuldensvermutung, Ausschluß Anh.
   I 415 § 57 ADSp 1 ff
 Handelsbrauch und ADSp-Geltung Anh. I
  415 Vor § 1 ADSp 21, § 34 ADSp 6
 Handelsgeschäft für den Auftraggeber Anh. I
  415 § 2 ADSp 5
 Händler, Übergabe von Erzeugnissen zum
  Versand Anh. I 415 § 8 ADSp 1
 Herstellererzeugnisse, Übergabe zum Versand
  Anh. I 415 § 8 ADSp 1
 Hindernisse Anh. I 415 § 18 ADSp 1 ff; § 19
  ADSp 1
 Höhere Gewalt, Haftungsausschluß Anh. I
  415 § 57 ADSp 11
 Individualvertragliche Abreden Anh. I 415
  Vor § 1 ADSp 53 f
 Inhaltskontrolle Anh. I 415 § 2 ADSp 7
 Inhaltskontrolle (Haftungsbeschränkungen)
  Anh. I 415 § 54 ADSp 4 ff
 Interessenwahrnehmungspflicht Anh. I 415
  § 1 ADSp 1
 Internationaler Straßengüterverkehr und
  ADSp-Ausnahme Anh. I 415 25
 Internationaler Straßengüterverkehr-Haft-
  pflichtversicherungspflicht Anh. I 415 § 39
  ADSp 13
 Kaufmännische Kunden Anh. I 415 § 2
  ADSp 5 ff
 Kaufmännisches Bestätigungsschreiben und
  ADSp-Einbeziehung Anh. I 415 Vor § 1
  ADSp 15
 Klausel-Anwendbarkeit, Wirksamkeit
  (Prüfung) Anh. I 415 § 2 ADSp 11
 Kollo (gewichtsbezogene Haftungsbeschrän-
  kung) Anh. I 415 § 54 ADSp 15 ff
 Kostenvorschuß bei Empfangsauftrag Anh. I
  415 § 26 ADSp 1
 Kranarbeiten und ADSp-Ausschluß Anh. I
  415 § 2 ADSp 23
 KVO statt ADSp Anh. I 415 § 2 ADSp 26
 KVO/ADSp Anh. I 415 Vor § 1 ADSp 10
 KVO-Haftpflichtversicherungspflicht Anh. I
  415 § 39 ADSp 10
 KVO-zwingende Wirkung Anh. I 415 § 32
  ADSp 12
 Lagalzession, ausgeschlossene Anh. I 415 § 3
  ADSp 4
 Lagergeschäft als Nebengeschäft der Spedi-
  tion 416 4
 Lagerhaltereigenschaft Anh. I 415 § 2
  ADSp 2
 Lagerversicherung als Sachversicherung
  s. unter Versicherung des Gutes
 Lagerversicherung und Speditionsversiche-
  rung Anh. I 415 § 39 ADSp 7
 Leistungs- und Preisvereinbarungen Anh. I
  415 § 20 ADSp 1, 2
 Leistungsstörungen und Auftraggeber-Rück-
  trittsrecht Anh. I 415 § 21 ADSp 4
 Leistungsstörungen, vom Spediteur zu ver-
  tretende Anh. I 415 § 21 ADSp 2
 Lieferfristen, nicht gewährleistete Anh. I 415
  § 17 ADSp 1
 Lückenfüllung durch ergänzende Ver-
  tragsauslegung Anh. I 415 Vor § 1
  ADSp 51
 Luftrecht und ADSp-Anwendung Anh. I 415
  § 2 ADSp 30
 Luftrecht und ADSp-Aufrechnungsbeschrän-
  kung Anh. I 415 § 32 ADSp 14

Speditionsgeschäft (ADSp) (Forts.)
Luftverkehr und Haftpflichtversicherung
Anh. I 415 § 39 ADSp 15
Mängelanerkenntnisse Anh. I 415 § 16
ADSp 2
Messe- und Marktgut Anh. I 415 § 17 ADSp 1
Minderkaufmännische Kunden Anh. I 415
§ 2 ADSp 6
Möbeltransport, Möbellagerung (ADSp-
Ausnahme) Anh. I 415 § 2 ADSp 13
Möbeltransport-Haftpflichtversicherungs-
pflicht Anh. I 415 § 39 ADSp 11
Montagearbeiten und ADSp-Ausschluß
Anh. I 415 § 2 ADSp 23
Multimodaler Transport
s. dort
Mündliche Erklärungen (Ausschluß der Ver-
antwortlichkeit) Anh. I 415 § 6 ADSp 1 ff
Nachgeschobene Hinweise zur ADSp-Ein-
beziehung Anh. I 415 Vor § 1 ADSp 12
Nachnahmeauftrag, nachträglich zurück-
gezogener Anh. I 415 § 23 ADSp 1
Nebenspesenhinweis Anh. I 415 § 20 ADSp 2
Nebentätigkeiten und Vergütungsanspruch
(Übersicht) 407–409 206
Nichtkaufmännische Auftraggeber Anh. I
415 § 2 ADSp 7
Öffentlich-rechtliche Akte und Spediteurs-
rechte Anh. I 415 § 31 ADSp 1 ff
Palettendarlehen Anh. I 415 § 2 ADSp 2
Pfandrecht (Vertragspfandrecht) 410 34 ff
Provisionsanspruch bei zurückgezogenem
Nachnahmeauftrag Anh. I 415 § 23 ADSp 1
Provisionsanspruch für Verzollung Anh. I
415 § 25 ADSp 1, 2
Provisionsanspruch und Auftragsentzug
Anh. I 415 § 21 ADSp 2
Provisionsanspruch und behördliche Akte
Anh. I 415 § 31 ADSp 3 ff
Provisionsanspruch und Tätigkeitenumfang
Anh. I 415 § 20 ADSp 2
Prüfungspflicht, Entbindung bezgl. Unter-
schriften Anh. I 415 § 10 ADSp 2 ff
Prüfungspflichten ggü Auftraggeberangaben
Anh. I 415 § 7 ADSp 7
Rahmenverträge und ADSp-Einbeziehung
Anh. I 415 Vor § 1 ADSp 14
Rangfolge der Bestimmungen (Übersicht)
407–409 50 ff
Raub, schwerer Diebstahl und Verschuldens-
ausschluß Anh. I 415 § 57 ADSp 9
Rechtsnatur der ADSp Anh. I 415 Vor § 1
ADSp 3 ff
Rechtswahlklausel Anh. I 415 § 65 ADSp 10
Revisibilität, Auslegungsfragen Anh. I 415
Vor § 1 ADSp 27 ff

Rollgeldanspruch für Rückbeförderung Anh.
I 415 § 22 ADSp 1
Rückfragepflicht Anh. I 415 § 6 ADSp 12
Rücknahmerecht des Spediteurs/Zahlungs-
pflicht des Empfängers Anh. I 415 § 34
ADSp 8 ff
Rücktrittsrecht des Auftraggebers bei
Leistungsstörungen Anh. I 415 § 21
ADSp 4
Rücktrittsrecht des Auftraggebers bei Ver-
sendungshindernissen Anh. I 415 § 4
ADSp 4
Rücktrittsrecht des Spediteurs bei Ver-
sendungshindernissen Anh. I 415 § 18
ADSp 1 ff
Rügepflicht ggü dem Spediteur, haftungsaus-
schließende Anh. I 415 § 60 ADSp 1 ff
Sammeladungsspedition
s. dort
Schadehaftwerden von Geräten/Leitungen,
Haftungsausschluß Anh. I 415 § 57 ADSp 13
Schadensersatzansprüche
Auftraggeberangaben, fehlerhafte/unvoll-
ständige Anh. I 415 § 7 ADSp 3 ff
Auftraggeberhaftung bei gefährlichen/
verderblichen Gütern Anh. I 415 § 5
ADSp 6 ff
Befreiungsanspruch und Auftraggeberhaf-
tung Anh. I 415 § 30 ADSp 8
Güterschäden und Freizeichnung durch
Sachversicherung Anh. I 415 § 37 ADSp 6
Haftung des Spediteurs
s. Haftung des Spediteurs
Hochwertige Güter ohne Wertangabe
(Haftungsausschluß) Anh. I 415 § 56
ADSp 1 ff
Sachteile, zusammengehörige Sachen
(Begrenzung des Schadensersatzes) Anh. I
415 § 55 ADSp 1
Schadensbegriff Anh. I 415 § 62 ADSp 1
Verkaufs- oder Vernichtungsrecht Anh. I
415 § 5 ADSp 13
Versenderansprüche (Übersicht) 407–409
51 f
Schwerguttransporte und ADSp-Ausnahme
Anh. I 415 § 2 ADSp 23
Seerecht und ADSp-Aufrechnungsbeschrän-
kung Anh. I 415 § 32 ADSp 15
Seeverkehr und Haftpflichtversicherung
Anh. I 415 § 39 ADSp 16
Selbsteintritt und Spediteurshaftung Anh. I
415 § 52 ADSp 13
Spediteur als Auftraggeber Anh. I 415 § 2
ADSp 4
Spediteur als Erfüllungsgehilfe Anh. I 415
§ 2 ADSp 12

Speditionsgeschäft (ADSp) (Forts.)
　Spediteurshaftung/Haftung von Güterversicherer/Speditionsversicherer **Anh. I 415** § 37 ADSp 12
　Spediteurspflichten (Übersicht) 407–409 37
　Speditionsversicherung/Speditions-Police (Text) **Anh. III 415** Sp-Police
　Speditionsversicherung und Güterversicherung als Sachversicherung **Anh. I 415** § 37 ADSp 2 ff
　Speditionsversicherung, Nichtdeckung **Anh. I 415** § 32 ADSp 7
　Steuerforderungen und Befreiungsanspruch des Spediteurs **Anh. I 415** § 30 ADSp 1 ff
　Transport-Haftpflichtversicherung und Speditionsversicherung **Anh. I 415** § 39 ADSp 10 ff
　Transportversicherung als Sachversicherung s. Versicherung des Gutes
　Transportversicherung und Speditionsversicherung **Anh. I 415** § 39 ADSp 7
　Übergabe zum Versand ohne Inhaltsangabe **Anh. I 415** § 8 ADSp 1
　Überraschende Klauseln **Anh. I 415** Vor § 1 ADSp
　Übersicht 407–409 48 ff
　Unerlaubte Handlung
　　Aufrechnungseinschränkung **Anh. I 415** § 32 ADSp 4
　　Haftungsbeschränkungen für den Spediteur **Anh. I 415** § 63 ADSp 1 ff
　Ungerechtfertigte Bereicherung und Aufrechnungseinschränkung **Anh. I 415** § 32 ADSp 4
　Unterlassene Speditionsversicherung **Anh. I 415** § 41 ADSp 27
　Unterrichtung des Auftraggebers bei erforderlicher Schuldbefreiung **Anh. I 415** § 30 ADSp 7
　Unterschlagung, Veruntreuung (Haftungsbeschränkung) **Anh. I 415** § 54 ADSp 23 ff
　Unterschlagung/Veruntreuung und Speditionsversicherung **Anh. I 415** § 41 ADSp 22
　Unterschriften und Spediteurspflichten **Anh. I 415** § 10 ADSp 2 ff
　Unterspedition **Anh. I 415** § 2 ADSp 8
　Untersuchungsumfang **Anh. I 415** § 16 ADSp 1
　Unterwerfung unter ADSp aus einem anderen Grund **Anh. I 415** § 34 ADSp 4 ff
　Urheberrechtlicher Schutz **Anh. I 415** Vor § 1 ADSp 4
　Verbesserungspflichten im Gefahrfall **Anh. I 415** § 16 ADSp 3

　Verderbliche Güter **Anh. I 415** § 5 ADSp 3
　Vergütung für die Versicherungsbesorgung **Anh. I 415** § 38 ADSp 1
　Vergütungsvereinbarung und Auftragsentzug **Anh. I 415** § 21 ADSp 2
　Verjährung von Spediteursverpflichtungen 414 18 ff; **Anh. I 415** § 64 ADSp 1
　Verkaufs- und Vernichtungsrecht des Spediteurs **Anh. I 415** § 5 ADSp 10 ff
　Verladefristen, nicht gewährleistete **Anh. I 415** § 17 ADSp 1
　Vernichtung des Gutes zwecks Schuldbefreiung **Anh. I 415** § 30 ADSp 1 ff
　Verpackungsarbeiten und ADSp-Ausschluß **Anh. I 415** 23
　Verpackungsmängel und Verschuldensausschluß **Anh. I 415** § 57 ADSp 7
　Verpackungspflicht, Umfang **Anh. I 415** § 16 ADSp 1
　Verschuldensvermutung, Ausschluß **Anh. I 415** § 57 ADSp 1 ff
　Versendernahme der Transportversicherung **Anh. I 415** § 37 ADSp 1
　Versenderpflichten (Übersicht) 407–409 38
　Versendungshindernisse (behördliche) **Anh. I 415** § 19 ADSp 1
　Versicherung (Speditionsversicherung)
　　Deckungspflicht **Anh. I 415** § 39 ADSp 19 ff
　　Eigenart **Anh. I 415** § 39 ADSp 1 ff
　　und Haftpflichtversicherung **Anh. I 415** § 39 ADSp 8 ff
　　Haftungsbefreiung (Umfang) **Anh. I 415** § 41 ADSp 9 ff
　　Haftungsbefreiung (Versicherung statt Haftung) **Anh. I 415** § 41 ADSp 1 ff
　　Schadensfälle, nicht gedeckte **Anh. I 415** § 41 ADSp 12 ff
　　und Transport- und Lagerversicherung **Anh. I 415** § 39 ADSp 7
　　Unterlassung **Anh. I 415** § 41 ADSp 27 ff
　　Unterwerfung unter die Versicherungsbedingungen **Anh. I 415** § 40 ADSp 1 ff
　Versicherung des Gutes (Sachversicherung)
　　Abführung der Versicherungsleistung statt Haftung **Anh. I 415** § 37 ADSp 5 ff
　　Deckung, nicht ordnungsgemäße **Anh. I 415** § 37 ADSp 11
　　Deckungsrecht des Spediteurs **Anh. I 415** § 35 ADSp 6
　　Erfüllungsort und dortige Versicherungsbedingungen **Anh. I 415** § 36 ADSp 1
　　Haftung von Spediteur/Güterversicherer/Speditionsversicherer **Anh. I 415** § 37 ADSp 12

Speditionsgeschäft (ADSp) (Forts.)
  Spediteurshaftung/Speditionsversicherung/
    Güterversicherung **Anh. I 415 § 37
    ADSp** 2 ff
  Spediteurspflicht zur Besorgung **Anh. I
    415 § 35 ADSp** 1 ff
  Transport- und Lagerversicherung/Spediteurhaftung **Anh. I 415 § 37 ADSp** 4
  Vergütung für die Versicherungsbesorgung
    Anh. I 415 § 38 ADSp 1
  Versicherungsüberschneidungen **Anh. I 415
    § 37 ADSp** 3
  Vertragsangebot zur ADSp-Einbeziehung
    Anh. I 415 Vor § 1 ADSp 7 ff
  Vertragstypen, erfaßte **Anh. I 415 § 2 ADSp**
    2 f
  Vertragsverhältnis, fehlendes und ADSp-Ausschluß **Anh. I 415 § 2 ADSp** 9
  Verwendungshindernisse, unverschuldete
    Anh. I 415 § 18 ADSp 1 ff
  Verwiegung des Gutes **Anh. I 415 § 7
    ADSp** 8
  Verzögerung wegen unverschuldeter Versendungshindernisse **Anh. I 415 § 18
    ADSp** 1
  Verzollungspflicht **Anh. I 415 § 25 ADSp** 1, 2
  Verzug des Auftraggebers mit Zahlungen
    Anh. I 415 § 29 ADSp 2
  Verzug mit Verladung, Lieferung **Anh. I 415
    § 17 ADSp** 1
  Verzugszinsen **Anh. I 415 § 29 ADSp** 3
  Vorschuß für Kosten bei Empfangnahme
    Anh. I 415 § 26 ADSp 1
  Währungsfrage (Auslagenersatz) **Anh. I 415
    § 28 ADSp** 1
  Währungsfrage bei ausländischem Auftraggeber **Anh. I 415 § 27 ADSp** 1
  Weisung über das Gut **Anh. I 415 § 11 ADSp** 1
  Weisungen und Spediteursermessen **Anh. I
    415 § 13 ADSp** 1
  Weisungen und Verfügungsbefugnis **Anh. I
    415 § 11 ADSp** 2
  Widerrufsrecht als Auftragsentziehung
    Anh. I 415 § 21 ADSp 2
  Wissenmüssen und ADSp-Einbeziehung
    Anh. I 415 Vor § 1 ADSp 17 ff
  Witterungseinflüsse und Haftungsausschluß
    Anh. I 415 § 57 ADSp 12
  Zollforderungen und Befreiungsanspruch des
    Spediteurs **Anh. I 415 § 30 ADSp** 1 ff
  Zurückbehaltungsrecht (ADSp-Erweiterung)
    410 59
  Zurückbehaltungsrecht (Einschränkungen
    und AGBG) **Anh. I 415 § 32 ADSP** 10
  Zurückbehaltungsrecht, eingeschränktes
    Anh. I 415 § 32 ADSp 2

  Zwingendes Recht und ADSp **Anh. I 415
    Vor § 1 ADSp** 55, **§ 2 ADSp** 10
  Zwischenspedition, Versicherungsdeckung
    Anh. I 415 § 41 ADSp 8, 8a
  Zwischenspedition und Spediteurshaftung
    Anh. I 415 § 2 ADSp 8
  Zahlungssicherung, Anweisungen hierfür
    Anh. I 415 § 2 SVS/RVS 6
Spieleinwand
  und Kommissionsgeschäft **383** 56
Stellvertretung
  und Kommissionsgeschäft, vergleichbare
    Rechtsfiguren **383** 70
  Speditionsgeschäft, mündliche Erklärungen
    Anh. I 415 § 6 ADSp 3 ff
  und Speditionsgeschäft, Abgrenzung **407–409**
    71
Steuerrecht
  und Kommissionsgeschäft **383** 2
Strafrecht
  Kommissionär, Pflichtverletzung **383** 95
Surrogate
  Pfandrechtserwerb des Spediteurs **410** 12
Tarifrecht
  Speditionsgeschäft **407–409** 203, 220
Tausch
  als Kommissionsgeschäft **383** 4
Termingeschäfte
  Kommissionsgeschäft **383** 55 ff
Tod
  des Kommissionärs **383** 79
  des Kommittenten **383** 80
  des Spediteurs **407–409** 86
  des Versenders **407–409** 87
Traditionsfunktion
  Orderlagerschein **424** 8 ff
Transportversicherung
  und Spediteurshaftung **Anh. I 415 § 37
    ADSp** 1 ff
  Spediteursverpflichtung **407–409** 44; **Anh. I
    415 § 35 ADSp** 1 ff
  und Speditionsversicherung, Verhältnis **Anh.
    I 415 § 37 ADSp** 2, **§ 39 ADSp** 7 ff
  Versenderabschluß einer – **Anh. I 415 § 37
    ADSp** 1
Treu und Glauben
  Lagergeschäft (Besichtigungsrecht) **418** 2
  Lagerhalter-Pfandrecht **421** 8
Treuepflicht
  Kommissionsvertrag **384** 3
Treuhandschaft
  Speditionsgeschäft **407–409** 40
Übernahme
  Versendungsübernahme beim Speditionsgeschäft **407–409** 74

Übe　　　　　　　　　　Sachregister

Überraschende Klauseln
  ADSp **Anh. I 415** Vor § 1 ADSp 38
Übersicherung
  Pfandrecht des Lagerhalters 421 3
  Pfandrecht des Spediteurs 410 10
Umgehungsgeschäfte
  Ausführungsgeschäft bei der Kommission 383 71
Umlagerung
  Lagerhalterrecht zu – 416 32e
Umzugsspedition
  s. Möbelspedition
Unerlaubte Handlung
  des Dritten bei der Ausführung der Kommission 383 73
  des Kommittenten 383 72
  Lagergeschäft 416 66; 417 13
  Speditionsgeschäft 407–409 17, 41, 46, 197, 243; 414 4
  Speditionsgeschäft und Aufrechnungslage **Anh. I 415** § 32 ADSp 1 ff
Ungerechtfertigte Bereicherung
  BörsenG, Verstoß 383 55
  Speditionsgeschäft 407–409 213, 232
Unklarheitenregel
  ADSp **Anh. I 415** Vor § 1 ADSp 31 ff
Unmöglichkeit
  Kommissionsgeschäft 384 59 ff
  Lagergeschäft 416 70 f; 420 8, 13; 423 3
  Speditionsgeschäft 407–409 167, 209, 210, 242
Unregelmäßige Lagerung
  Begriff, Abgrenzung 419 21
Unterlassen
  Ersetzung einer Willenserklärung aufgrund – **Anh. I 415** Vor § 1 ADSp 17
Unterschlagung
  und Speditionsversicherung **Anh. I 415** § 41 ADSp 22
Unterschrift
  und Spediteurspflichten **Anh. I 415** § 10 ADSp 1 ff
Unterspediteur
  s. Speditionsgeschäft
Untersuchung
  Einkaufskommission 391 3 ff
  Lagergeschäft 416 63; 417 4
  Speditionsgut 407–409 141 f; **Anh. I 415** § 16 ADSp 1 ff
Untreue
  und Speditionsversicherung **Anh. I 415** § 41 ADSp 22
Urheberrecht
  ADSp-Schutz **Anh. I 415** Vor § 1 ADSp 4

Verantwortung
  als Schadensersatzverpflichtung 390 7

Verbindlichkeiten
  Befreiungsanspruch des Kommissionärs 396 35
  Delkrederehaftung des Kommissionärs 394 1 ff
  Eingehung durch den Kommissionär mit Rücksicht auf das Gut 397 11
Verbotskunde
  Speditionsgeschäft 407–409 147
Verderbliche Güter
  Speditionsgeschäft (Annahmeausschluß) **Anh. I 415** § 5 ADSp 1 ff
Verfügung
  Kommittentenverpflichtung 389 1 ff
  Lagergut und Orderlagerschein 424 18
Verfügungsbefugnis
  Lagergut und Lagerhalter-Pfandrecht 421 7
  Sammellagerung 419 10
  Speditionsgut und Pfandrechtserwerb 410 6
Vergütung
  Lagergeschäft 418 7
  Provisionsansprüche
    s. dort
  Selbsteintritt beim Speditionsgeschäft 412, 413 101
  Sonstige Vergütungsansprüche (Speditionsgeschäft) 407–409 204 ff, 233
  Speditionsgeschäft und Frachtrechtsanwendung 412
Verjährung
  Aufwendungsersatzanspruch des Kommissionärs 396 37
  Bezirksagentur 383 38
  Kommissionsgeschäft (Selbsteintritt) 400 40a
  Kommissionsgeschäft, Herausgabe des Erlangten 384 45
  Lagergeschäft 420 19; 423 1 ff
  Provisionsanspruch des Kommissionärs 396 15
  Speditionsgeschäft
    s. dort
Verkaufsgemeinschaft
  und Kommissionsgeschäft 383 31
Verkaufskommission
  s. Kommissionsgeschäft
Verkaufssyndikat
  und Kommissionsgeschäft 383 31
Verkaufsrecht
  Spediteursrecht (gefährliche, verderbliche Güter) **Anh. I 415** § 5 ADSp 10 ff
Verkehrssitte
  Versteigerung als Kommissionsgeschäft 383 49
Verkehrsvertrag
  und Speditionsversicherung **Anh. II 415** § 2 SVS/RVS 2 f

fette Zahl = §, magere Zahl = Rdn.

Verladung
  Speditionsgut 407–409 112
Verlust
  Kommissionsgut, verwahrtes 390 1 ff
  Lagergut 417 7 ff; 423 4
  Speditionsgut 407–409 150 ff; 414 6
Vermischung
  Sammellagerung 419 4
Vernichtungsrecht
  Spediteursrecht (gefährliche/verderbliche Güter) Anh. I 415 § 5 ADSp 10 ff
Verpackung
  ADSp-Anwendung bei ausschließlicher Tätigkeit der – Anh. I 415 § 2 ADSp 23
  Lagergeschäft 416 27
  Mängelanerkenntnis Anh. I 415 § 16 ADSp 2
  Spediteurshaftung und Verpackungsmängel Anh. I 415 § 57 ADSp 7
  Speditionsgut 407–409 106, 186
Verschulden bei Vertragsabschluß
  s. Culpa in contrahendo
Verschulden, Vertretenmüssen
  Haftung des Spediteurs 407–409 154, 158
  Haftung des Spediteurs (Ausschluß der Verschuldensvermutung) Anh. I 415 § 57 ADSp 3 ff
  Lagergeschäft und Gutseigenschaften 416 60 ff
  Lagergut, Verlust/Beschädigung 417 11
  Schuldbefreiung des Spediteurs Anh. I 415 § 30 ADSp 8
  Spediteurshaftung Anh. I 415 Vor § 1 ADSp 49
  Spediteurshaftung für vermutetes Verschulden Anh. I 415 § 51 ADSp 1 ff
  Speditionsauftrag, nicht ausgeführter 407–409 207 ff
  Speditionsgeschäft und Beförderungshindernisse Anh. I 415 § 31 ADSp 7
  Speditionsgut (gefährliche/verderbliche Güter) ohne Hinweis Anh. I 415 § 5 ADSp 6 ff
Versender
  s. Speditionsgeschäft
Versendung
  Übergebenes Speditionsgut zur– 407–409 151
Versendungskauf
  und Speditionsgeschäft, Abgrenzung 407–409 25
Versicherung
  Kommissionärsverpflichtung bezüglich des Gutes 390 9 f
  Lagergeschäft 417 16
  Lagerversicherung
    s. dort

Speditionsgeschäft
  s. dort
Speditions- und Rollfuhrversicherungsschein
  s. dort
Transportversicherung
  s. dort
Versicherung auf fremde Rechnung (Kommissionsrecht, anwendbares) 383 48
Versicherungsbesorgung und Vergütungsanspruch Anh. I 415 § 38 ADSp 1
Versteigerung
  und Kommissionsrecht 383 49
Vertrag (gegenseitiger)
  Kommissionsvertrag 384 57 ff
Vertrag zugunsten Dritter
  Kommissionsgeschäft 383 5
  Lagergeschäft 416 45
  Speditionsvertrag 407–409 9, 46
Vertragliche Einbeziehung
  Allgemeine Geschäftsbedingungen (ADSp) Anh. I 415 Vor § 1 ADSp 6 ff
Vertragsabschluß
  Ausführungsgeschäft bei der Kommission 383 68 ff
  Kommissionsgeschäft 383 51 ff
  Lagergeschäft
    s. dort
  Speditionsgeschäft
    s. dort
Vertragsabschlußstatut
  Speditionsgeschäft 407–409 61 ff
Vertragsfreiheit
  Speditionsgeschäft und zwingendes Frachtrecht 412, 413 28
Vertragshändler
  Begriff 383 50
  Handeln in fremdem Interesse, auf eigene Rechnung 383 14
  und Kommissionär, Abgrenzung 383 50
  und Kommissionshandel, wirtschaftliche Bedeutung 383 1
Vertragstyp
  und ADSp-Anwendung Anh. I 415 § 2 ADSp 2 ff
  Kommissionsgeschäft, Typenübergänge 383 13
  Kommissionsgeschäft 383 3
Vertretbare Sachen
  Sammellagerung 419 3 ff
Vertriebsbindungen
  und Kommissionsgeschäft 383 57
Verwahrung
  Kommissionärspflicht 390 4
  Lagergeschäft als Sonderform 416 2
  Lagervertrag als Form 416 22
  Speditionsgut 407–409 152

Verwiegung
  Speditionsgut 407–409 109; **Anh. I 415 § 7**
  ADSp 9
Verzug (Gläubigerverzug)
  Lagergeschäft 416 73; 420 1, 6
Verzug (Schuldnerverzug)
  Kommissionsgeschäft 384 65 ff
  Kommittentenpflicht zur Verfügung über das Gut 389 1 ff
  Lagergeschäft 416 73; 423 3
  Speditionsgeschäft 407–409 96, 168; 414 6
  Speditionsgeschäft, Zahlungsverzug **Anh. I 415 § 30** ADSp 2
Vollmachtsspediteur 407–409 18
Vormann
  Speditionsgeschäft 411 3
Vorschußanspruch
  des Kommissionärs 396 38
Vorschüsse
  Kommissionsgeschäft, unbefugte Gewährung an den Dritten 393 1 ff
  Speditionsgeschäft 410 18
Vorteilsausgleichung
  Lagergeschäft 417 14

Währung
  und Speditionsgeschäft **Anh. I 415 § 27** ADSp 1; **Anh. I 415 § 28** ADSp 1
Waren
  Begriff 383 4
Warenkommission
  s. Kommissionsgeschäft
Warenübergabe
  und Konditionsgeschäft 383 43
Wechselankauf
  Indossamentsverpflichtung des Kommissionärs 395 1 ff
Weisungen
  Kommissionsgeschäft 384 22 ff
  Kommissionsgeschäft (Selbsteintritt) 400 33
  Kommissionsgeschäft und Selbsthilfeverkauf 388 12
  Kommissionsgeschäft, Nichtbefolgung 385 1 ff
  Lagergeschäft
  s. dort
  Speditionsgeschäft
  s. dort
Werbemittelgestaltung
  Kommissionsgeschäft 383 22
Werklieferungsvertrag
  Kommissionsgeschäft 383 3 f
Werkvertrag
  Kommissionsgeschäft 383 58, 82 f
  Speditionsgeschäft 407–409 7

Wertdeklaration
  Speditionsgut 407–409 89
Wertpapiere
  Effektenkommission
  s. dort
Wettbewerbsverbot
  Ausführung der Kommission, Interessenkonflikte und – 383 57; 384 20 ff
Wichtiger Grund
  Rücknahmeanspruch des Lagerhalters 422 5
Widerruf
  Speditionsgeschäft 407–409 82
Willensmängel
  Ausführungsgeschäft bei der Kommission 383 69
Willenstheorie
  Zuordnung des Ausführungsgeschäfts bei der Kommission 383 74
Wissen, Wissenmüssen
  s. Kenntnis, Kennenmüssen
Witterung
  und Spediteurshaftung **Anh. I 415 § 57** ADSp 12

Zeitungsspedition 407–409 14
Zinsen, Verzinsung
  Speditionsgeschäft 407–409 233
Zoll, Verzollung
  Spediteursauftrag **Anh. I 415 § 25** ADSp 1, 2
  Speditionsgeschäft 407–409 115, 225 ff
  Speditionsgut 407–409 115
Zurückbehaltungsrecht
  Kommissionsgeschäft 384 68
  Kommissionsgeschäft und Preissetzungsvorgabe 386 5 ff
  Kommittent/Gläubiger des Kommissionärs-Verhältnis 392 20
  Kommittentenrecht beim Selbsteintritt 400 51
  Lagergeschäft 418 6; 423 8
  Nichtbefolgung von Kommittentenweisungen 385 1 ff
  Orderlagerschein, Übertragung 424 15
  Speditionsgeschäft 407–409 237; 410 56 ff;
  Anh. I 415 § 32 ADSp 1 ff
  Speditionsgeschäft 407–409 163 f
Zusendung
  Speditionsgut 407–409 78
Zwangsvollstreckung
  Kommittent/Gläubiger des Kommissionärs-Verhältnis 392 18
Zweckstörung
  Kommissionsvertrag 383 81
Zwischenspedition
  s. Speditionsgeschäft